# Deutsch
# Fremdwörter

Bedeutung und
Verwendung

Sonderausgabe

Baierbrunner Straße 27, 81379 München



Chefredaktion: Dr. Matthias Feldbaum
Redaktion: Birgit Albrecht, Jenny Ranft
Produktion: Ute Hausleiter
Titelabbildung: shutterstock.com/Slobodan Djajic (Reichstag), fotolia.com/moonrun (Flagge)
Gestaltung: textum GmbH, München
Umschlaggestaltung: Hartmut Baier; X-Design, München

ISBN: 978-3-8174-9975-5
381749975/1

www.compactverlag.de

# Inhaltsverzeichnis

# Vorwort

Dieses Fremdwörterbuch des Deutschen ist mit rund 150.000 Stichwörtern praxisorientiert konzipiert und zeichnet sich durch seine besondere Benutzerfreundlichkeit aus.

Alle durch die Rechtschreibreform geänderten Schreibweisen wurden selbstverständlich übernommen. Wo die alte Schreibung noch gültig geblieben ist, ist diese ebenfalls angegeben.

Neben seiner Aktualität zeichnet sich dieses Nachschlagewerk vor allem durch seine umfassenden Informationen zu jedem Stichwort aus. Verzeichnet sind alle wichtigen Hinweise zu Bedeutung, Anwendung, Aussprache, Betonung und Silbentrennung sowie die Herkunft der aufgeführten Stichwörter. Beschränkt sich die Verwendung des Fremdwortes überwiegend auf ein bestimmtes Fachgebiet, so ist dieses ebenfalls angegeben.

Dank der leicht verständlichen Erklärungen und des hohen Informationsgehaltes der Einträge ist das vorliegende Fremdwörterbuch ein idealer Begleiter in Schule, Studium und Beruf sowie überall dort, wo es sonst noch auf die sichere Beherrschung fremdsprachiger Ausdrücke ankommt.

# Benutzerhinweise

## 1. Schreibweisen

Die Stichwörter werden in allen nach der neuen deutschen Rechtschreibung gültigen Schreibweisen angegeben. Zusätzlich sind die Trennungsmöglichkeiten durch vertikale Striche markiert.

## 2. Betonung

Unter jedem Stichwort ist die Betonung durch einen waagerechten Strich bezeichnet.
Bei *Illustration* etwa wird das „o“ am Wortende am stärksten von der Stimme hervorgehoben; bei *Zeugma* besteht Anfangsbetonung auf dem Zwielaut oder Diphtong [-oi-], der in unserem Schriftsystem durch das Graphem „-eu“ ausgedrückt wird.

## 3. Aussprache

Bei Fremdwörtern, deren Aussprache Schwierigkeiten bereiten könnte, ist diese hinter dem Stichwort in internationaler Lautschrift angegeben. Das Lautschriftalphabet finden Sie auf Seite 10.

## 4. Wortarten

Nicht sämtliche Wortarten treten als Fremdwörter auf; so gibt es vermutlich keine Fürwörter oder Pronomen, die nicht-einheimisch sind.
Auch Adverbien kommen nur gelegentlich aus anderen Sprachen. Eine Ausnahme stellen die zahlreichen Vortragsbezeichnungen aus dem Italienischen dar, die man als Adverb auffassen kann. Sie beantworten die Frage „wie ist etwas zu spielen?“ – Antwort zum Beispiel: *legato*, also mit ineinander übergehenden Tönen, gebunden. Auch *dito* für „desgleichen“ ist ein Adverb. Präpositionen und Verhältniswörter können also in Einzelfällen erscheinen. Eine Möglichkeit, die räumliche Beziehung durch ein Fremdwort auszudrücken, wäre *trans* für „jenseits“; *ultra* für „über etwas hinaus“ wird häufig nur substantiviert als „der Ultra“, das heißt der „politisch Extreme“, verwendet.

Die bei weitem überwiegende Mehrzahl der Fremdwörter sind Substantive oder Hauptwörter. Die Klammerangaben (Artikel, Genitiv, Plural) kennzeichnen diese Wortart.

Daneben kommen auch Eigenschaftswörter oder Adjektive vor. Hier lautet der Zusatz (Adj.).

Die letzte wichtige Wortklasse für Fremdwörter sind die Verben. Sie haben im Fremdwörterbuch den Zusatz (V.). Beim Konjugieren erweisen sich Fremdwort-Verben naturgemäß als „schwach", das heißt, sie bilden keine unregelmäßigen Formen im Präteritum und als Partizip Perfekt.

Außerdem erscheinen als Sonderfälle die Ausrufewörter oder Interjektionen. Bei ihnen steht meist das Ausrufezeichen hinter dem Stichwort. Als neue Interjektion begegnet uns vor allem umgangssprachlich zum Beispiel *wow!*, als ganz alte wortähnliche Äußerung, die eine Empfindung ausdrückt, steht der Freudenruf des Bildungsbürger *heureka!* „Ich habe es gefunden!".

## 5. Die Bedeutung

Hinter der Klammer, die den Artikel, den Genitiv und den Plural eines Fremdwortes nennt, steht seine Bedeutung. Diese ist möglichst kurz gehalten bei Wörtern mit hohem Bekanntheitsgrad und ausführlicher, wenn es sich um weniger bekannte oder um neue Fremdwörter handelt. Zum Beispiel ist für *Adresse* unter **1** nur die Verdeutschung „*Anschrift*" angegeben; unter **2** steht die neue Bedeutung, die sich in der Computertechnik ergeben hat. Hier wird versucht, möglichst die Kurzdefinition, ähnlich wie sie in einem Lexikon stehen könnte, zu geben. Sind Bedeutungen klar trennbar, wie im eben genannten Fall, dann werden sie durch blau gedruckte Indexzahlen voneinander getrennt. Gehen Bedeutungen ineinander über, so steht das Semikolon. Wird eine Bedeutung durch ein Beispiel farbiger (oder überhaupt erst klar), ist ein Mustersatz, der das Wort in abgekürzter Form enthält, beigefügt worden.

## 6. Synonyme

Bei synonymen Einträgen (also Stichwörtern mit gleicher Bedeutung) wurde eine Entscheidung darüber getroffen, welcher als der meistgebrauchte Ausdruck gelten kann. Dieser wird dann in seiner Bedeutung ausführlich behandelt, während bei den bedeutungsgleichen Stichwörtern durch „=" auf diese Variante verwiesen wird. Beispiel: *Eskalierung = Eskalation*.

## 7. Anwendungsbereich

Wenn ein Fremdwort in seiner Anwendung beinahe ausschließlich auf einen Fachbereich beschränkt ist, so wird dieser in runden Klammern hinter der Bedeutungsangabe aufgeführt. Beispiel: Détente Entspannung (in der Politik).

## 8. Etymologien

Die Etymologie steht am Schluss des Wortartikels in eckigen Klammern. Sehr kurz wird darin die Herkunft eines Wortes aus einer Fremdsprache angegeben. Setzt sich ein Wort aus zwei oder mehr Bestandteilen zweier unterschiedlicher Sprachen zusammen, steht etwa: *Automobil...* [griech.-lat.], das heißt, der erste Wortbestandteil ist griechisch, der zweite lateinisch.

# Abkürzungsverzeichnis

| | |
|---|---|
| **Abk.** | Abkürzung |
| **Adj.** | Adjektiv |
| **Adv.** | Adverb |
| **afrikan.** | afrikanisch |
| **ägypt.** | ägyptisch |
| **altgr.** | altgriechisch |
| **altnord.** | altnordisch |
| **amerik.** | amerikanisch |
| **amhar.** | amharisch |
| **arab.** | arabisch |
| **aram.** | aramäisch |
| **austral.** | australisch |
| **aztek.** | aztekisch |
| **Bed.** | Bedeutung |
| **bes.** | besonders |
| **Bez.** | Bezeichnung |
| **Bio.** | Biologie |
| **Bot.** | Botanik |
| **breton.** | bretonisch |
| **Bw.** | Bewohner |
| **bzw.** | beziehungsweise |
| **chin.** | chinesisch |
| **dän.** | dänisch |
| **d.h.** | das heißt |
| **dt.** | deutsch |
| **engl.** | englisch |
| **eskim.** | Eskimosprache |
| **etc.** | et cetera |
| **Ew.** | Einwohner |
| **Ez.** | Einzahl |
| **f.** | für |
| **finn.** | finnisch |
| **frz.** | französisch |
| **Geo.** | Geographie |
| **Geol.** | Geologie |
| **germ.** | germanisch |
| **Ggs.** | Gegensatz |
| **gr.** | griechisch |
| **hebr.** | hebräisch |
| **Hindi** | Hindisprache |
| **hottentott.** | hottentottisch |
| **i. Ggs.** | im Gegensatz |
| **ind.** | indisch |
| **indian.** | indianisch |
| **Interj.** | Interjektion |
| **ir.** | irisch |
| **iran.** | iranisch |
| **iron.** | ironisch |
| **isländ.** | isländisch |
| **it.** | italienisch |
| **jakut.** | jakutisch |
| **jap.** | japanisch |
| **Jh.** | Jahrhundert |
| **jidd.** | jiddisch |
| **jmd.** | -m,-n,-s = jemand, jemandem, jemanden, jemandes |
| **karib.** | karibisch |
| **kath.** | katholisch |
| **kelt.** | keltisch |
| **kirgis.** | kirgisisch |
| **kommunist.** | kommunistisch |
| **kreol.** | kreolisch |
| **lapp.** | lappländisch |
| **lat.** | lateinisch |
| **litau.** | litauisch |
| **MA** | Mittelalter |
| **madagass.** | madagassisch |
| **malai.** | malaiisch |
| **Math.** | Mathematik |
| **Med.** | Medizin |
| **melanes.** | melanesisch |
| **mex.** | mexikanisch |
| **mikrones.** | mikronesisch |
| **militär.** | militärisch |
| **mongol.** | mongolisch |
| **Mus.** | Musik |
| **Mz.** | Mehrzahl |

| | |
|---|---|
| **nepales.** | nepalesisch |
| **neugr.** | neugriechisch |
| **niederdt.** | niederdeutsch |
| **niederl.** | niederländisch |
| **nlat.** | neulateinisch |
| **nordafrikan.** | nordafrikanisch |
| **norweg.** | norwegisch |
| **Num.** | Nummer |
| **o.Ä.** | oder Ähnliches |
| **österr.** | österreichisch |
| **pers.** | persisch |
| **Philos.** | Philosophie |
| **Phys.** | Physik |
| **Pol.** | Politik |
| **poln.** | polnisch |
| **polynes.** | polynesisch |
| **portugies.** | portugiesisch |
| **Präp.** | Präposition |
| **Psych.** | Psychologie |
| **rätoroman.** | rätoromanisch |
| **roman.** | romanisch |
| **Rotwelsch** | Gaunersprache |
| **rumän.** | rumänisch |
| **russ.** | russisch |
| **s.** | siehe |
| **sanskr.** | Sanskrit |
| **schott.** | schottisch |
| **schwed.** | schwedisch |
| **schweiz.** | schweizerisch |
| **semit.** | semitisch |
| **serbokroat.** | serbokroatisch |
| **skand.** | skandinavisch |
| **slaw.** | slawisch |
| **slowen.** | slowenisch |
| **somali.** | Somalisprache |
| **span.** | spanisch |
| **süddt.** | süddeutsch |
| **tamil.** | tamilisch |
| **tatar.** | tatarisch |
| **tibet.** | tibetanisch |
| **Theol.** | Theologie |
| **tschech.** | tschechisch |
| **türk.** | türkisch |
| **tungus.** | tungusisch |
| **u. a.** | und andere, anderen, anderer, anderes, unter anderem |
| **u.Ä.** | und Ähnliches |
| **ugs.** | umgangssprachlich |
| **ung.** | ungarisch |
| **usw.** | und so weiter |
| **V.** | Verb |
| **v. a.** | vor allem |
| **viell.** | vielleicht |
| **Wiss.** | Wissenschaft |
| **Wz.** | Warenzeichen |
| **z. B.** | zum Beispiel |
| **Zulu** | Zulusprache |
| **zw.** | zwischen |

# Lautschrift

## Konsonanten

| | |
|---|---|
| Baum | b |
| ich | ç |
| Damm | d |
| Gin | dʒ |
| engl.: Mother | ð |
| engl.: think | θ |
| fünf | f |
| gut | g |
| Hemd | h |
| ja | j |
| Kind | k |
| Lob | l |
| mir | m |
| nein | n |
| lang | ŋ |
| Post | p |
| Rand | r |
| nass | s |
| Schule | ʃ |
| Tisch | t |
| Weg | v |
| engl.: wish | w |
| lachen | x |
| sein | z |
| Genie | ʒ |
| Champagne | ɲ |
| Pfau | pf |
| Zelt | ts |
| Matsch | tʃ |

## Vokale

| | |
|---|---|
| blass | a |
| Bahn | aː |
| engl.: heart | ɑː |
| engl.: back | æ |
| egal | e |
| weh | eː |
| hätte | ɛ |
| Säge | ɛː |
| gefallen | ə |
| engl.: turn | ɜː |
| ist | ɪ |
| Diamant | i |
| Liebe | iː |
| Moral | o |
| Boot | oː |
| von | ɔ |
| engl.: short | ɔː |
| engl.: dog | ɒ |
| ökonomisch | ø |
| Öl | øː |
| völlig | œ |
| Zunge | u |
| Zug | uː |
| engl.: put | ʊ |
| engl.: run | ʌ |
| Stück | ʏ |
| Typ | ʏː |

## Diphtonge

| | |
|---|---|
| heiß | aɪ |
| Maus | au |
| engl.: now | aʊ |
| engl.: day | eɪ |
| engl.: chair | ɛə |
| engl.: go | əʊ |
| engl.: here | ɪə |
| neu | ɔʏ |
| engl.: joy | ɔɪ |
| engl.: shure | ʊə |

## Nasale

| | |
|---|---|
| Orange | ɑ̃ |
| Cousin | ɛ̃ |
| Saison | ɔ̃ |
| Bon | õ |
| Parfum | œ̃ |

# Fremdwörter

# A

**à** (Adv.) für, je, zu je [frz.]
**a.a.** (Abk. für ad acta) zu den Akten [lat.]
**Aba** (die, -, -s) **1** Mantelumhang der Araber von sackartigem Zuschnitt **2** grober Wollstoff
**Abachi** [-ʃi] (das, -(s), nur Ez.) ein westafrikanisches Nutzholz
**Abaddon** (der, -s, nur Ez.) **1** Totenreich im Alten Testament **2** Todesengel in der Offenbarung des Johannes [hebr.]
**Abade** (der, -, -s) nach einer iranischen Stadt benannter Teppich
**Abaka** (der, -, nur Ez.) Manilahanf [malai.]
**Abakus** (der, -, -) **1** antikes Rechenbrett **2** Deckplatte des Säulenkapitells [gr.-lat.]
**Abalienation** (die, -, -tionen) **1** Entfremdung **2** Entäußerung, Veräußerung (in der Rechtswissenschaft) [lat.]
**abalienieren** (V.) **1** entfremden **2** veräußern [lat.]
**Abalone** (die, -, -n) essbare amerikanische Meeresschnecke [span.]
**Abandon** [abɑ̃dɔ̃] (der, -s, -s) = Abandonnement [frz.]
**Abandonnement** [abɑ̃dɔnəmɑ̃] (das, -s, -s) Abtretung (von Rechten, Sachen) [frz.]
**abandonnieren** (V.) abtreten, aufgeben; das Abandonnement erklären
**à bas!** [aba] **1** nieder! **2** weg damit! [frz.]
**Abasie** (die, -, -sien) Gehunfähigkeit (durch psychische oder organische Erkrankung) [gr.]
**Abate** (der, -(n), -ten oder -ti) italienischer Pfarrer [it.]
**Abatis** [abati] (der oder das, -, nur Ez.) Gans- oder Truthahnklein, Flügel, Innereien, Hals [lat.-frz.]
**abatisch** (Adj.) **1** die Abasie betreffend **2** unfähig zu gehen [gr.]
**Abaton** (das, -s, -ta) das Allerheiligste; Altarraum (in orthodoxen Kirchen) [gr.]
**a battuta** nach vorheriger freier Partie im Takt spielen (Musik)
**Abba** Gebetsanrede an Gott im Neuen Testament
**Abbaside** (der, -n, -n) Angehöriger eines in Bagdad ansässigen Kalifengeschlechtes
**Abbé** [abɛ] (der, -s, -s) französischer Pfarrer [frz.]
**Abbevillien** [-viljɛ̃] (das, -s, nur Ez.) altsteinzeitliche Kulturstufe, nach dem Fundort Abbeville in Frankreich [frz.]
**Abbreviation** (die, -, -tionen) = Abbreviatur
**Abbreviatur** (die, -, -en) Abkürzung (in der Schrift, im Druck) [lat.]
**abbreviieren** (V.) abkürzen (von Wörtern) [lat.]
**abchangieren** (V.) beim Reiten vom Rechtsgalopp in den Linksgalopp wechseln [dt.-frz.]
**abchecken** [-tʃɛkən] (V.) prüfen, kontrollieren [engl.]
**Abderit** (der, -en, -en) einfältiger Mensch, Schildbürger (nach den Bewohnern der altgr. Stadt Abdera)
**abderitisch** (Adj.) einfältig, schildbürgerhaft
**Abdikation** (die, -, -tionen) Abdankung, Thronverzicht [lat.]
**abdikativ** (Adj.) **1** Abdankung oder Verzicht bewirkend **2** Abdankung oder Verzicht bedeutend
**abdizieren** (V.) abdanken, auf den Thron verzichten [lat.]
**Abdomen** (das, -s, - oder -mina) **1** Unterleib, Bauch (eines Menschen) **2** Hinterleib (eines Insekts, eines Krebstiers) [lat.]
**abdominal** (Adj.) zum Abdomen gehörig [lat.]
**Abdominalgravidität** (die, -, -en) Bauchhöhlenschwangerschaft (Med.)
**abdominell** (Adj.) = abdominal
**Abduktion** (die, -, -tionen) **1** (Med.) Abspreizung, Bewegung weg von der Körperachse **2** (Logik) Schluss von einem Ergebnis auf die Ursache [lat.]
**Abduktor** (der, -s, -en) Muskel, der eine Abduktion verursacht
**Abduktorenparalyse** (die, -, -n) Lähmung der Abduktoren, die die Stimmritze öffnen (Med.)

A

**ab|du|zie|ren** (V.) 1 (Med.) abspreizen, von der Körperachse wegbewegen 2 (Logik) vom Ergebnis auf die Ursache schließen

**Abe|ce|da|ri|er** (der, -s, -) Schulanfänger, ABC-Schütze

**Abe|le|spie|le** (nur Mz.) Bezeichnung der ältesten spätmittelalterlichen ernsten Dramen in niederl. Sprache

**Abel|mo|schus** (der, -, -se) Bisameibisch, eine aromatische Tropenpflanze, die zu den Malvengewächsen gehört

**Aber|deen|rind** (das, -(e)s, -er) hornlose schottische Rinderrasse, die nach der schottischen Stadt Aberdeen benannt ist

**Ab|er|ra|ti|on** (die, -, -ti|o|nen) 1 (Physik, Astron.) Ablenkung, Richtungsänderung (eines Strahlenganges) 2 (Biol.) Abweichung (innerhalb einer Art) [lat.]

**Abes|si|ni|en** (das, -s, nur Ez.) 1 ehemaliger Name von Äthiopien 2 scherzhaft verhüllend für Nacktbadestrand

**Ab|es|siv** (der, -s, -e) Kasus in den finnisch-ugrischen Sprachen, drückt das Nicht-Da-Sein eines Gegenstandes aus [lat.]

**ab|hor|res|zie|ren** (V.) verabscheuen, ablehnen, zurückschrecken [lat.]

**Abi|li|ty** (die, -, nur Ez.) durch Schulung oder Veranlagung bedingte Fähigkeit des Menschen eine bestimmte Leistung hervorzubringen [lat.-frz.-engl.]

**Abio|ge|ne|se** (die, -, nur Ez.) Urzeugung

**Abio|se** (die, -, nur Ez.) Leblosigkeit [gr.]

**abio|tisch** (Adj.) leblos [gr.]

**Abio|tro|phie** (die, -, -n) angeborene Minderwertigkeit oder vorzeitiges Absterben einzelner Organe oder Gewebe (Med.)

**ab|iso|lie|ren** (V.) die Isolierung entfernen (z. B. bei einem Kabelende)

**Abi|tur** (das, -s, nur Ez.) Abschlussprüfung an einem Gymnasium [lat.]

**Abi|tu|ri|ent** (der, -en, -en) jmd., der das Abitur machen will oder gemacht hat

**ab|jekt** (Adj.) verächtlich [lat.]

**ab|ji|zie|ren** (V.) verachten, verwerfen

**Ab|ju|di|ka|ti|on** (die, -, -ti|o|nen) gerichtliche Aberkennung [lat.]

**ab|ju|di|zie|ren** (V.) gerichtlich aberkennen, absprechen

**Ab|ju|ra|ti|on** (die, -, -ti|o|nen) Verzichtserklärung, die durch einen Eid bekräftigt wird, Abschwörung [lat.]

**ab|ju|rie|ren** (V.) unter Eid entsagen, abschwören

**ab|ka|pi|teln** (V.) jmdn. abkanzeln, schelten, einen (öffentlichen) Verweis erteilen

**ab|kom|man|die|ren** (V.) jmdn. irgendwohin beordern, an einer anderen Stelle einsetzen, dienstlich vorübergehend andernorts einsetzen

**ab|kon|ter|fei|en** (V.) jmdn. abmalen, abzeichnen, porträtieren

**Ab|lak|ta|ti|on** (die, -, nur Ez.) Aufhören zu stillen; Entwöhnung (Muttermilch) [lat.]

**Ab|la|ti|on** (die, -, -ti|o|nen) 1 Abschmelzen (von Gletschern, Schneemassen) 2 Abtragung (von Feststoffen) [lat.]

**Ab|la|tiv** (der, -s, -e) Beugungsfall des Substantivs (der meist auf die Frage „woher?“ antwortet; z. B. im Lat., Finn.) [lat.]

**Ab|le|gat** (der, -en, -en) päpstlicher Gesandter [lat.]

**Ab|le|pha|rie** (die, -, nur Ez.) angeborenes Fehlen oder der Verlust eines Augenlides [lat.-gr.]

**Ab|lep|sie** (die, -, nur Ez.) Blindheit [gr.]

**Ab|lo|ka|ti|on** (die, -, -ti|o|nen) 1 das Abtragen von Meeresablagerungen, die sich noch nicht verfestigt haben (Geol.) 2 Ausspülen der Gefäße und Waschung der Fingerspitzen bei der heiligen Messe

**Ab|mo|de|ra|ti|on** (die, -, en) Schlusswort eines TV-Moderators

**Ab|ne|ga|ti|on** [-tsjoːn] (die, -, -ti|o|nen) Teilnahmslosigkeit [lat.]

**ab|norm** (Adj.) nicht normal, vom Normalen abweichend [lat.]

**ab|nor|mal** (Adj.) vom allgemein Üblichen abweichend, von der Norm abweichend, nicht normal

**Ab|nor|mi|tät** (die, -, en) Abweichung vom Normalen [lat.]

**ab|o|lie|ren** (V.) 1 abschaffen 2 begnadigen

**Ab|o|li|ti|on** [-tsjoːn] (die, -, -ti|o|nen) 1 Abschaffung 2 Niederschlagung eines Strafverfahrens, bevor ein Urteil erlassen wurde

**Ab|o|li|ti|o|nis|mus** (der, -, nur Ez.) 1 Bewegung zur Abschaffung der Sklaverei in England und Nordamerika 2 Kampf gegen die Prostitution im 19. Jahrhundert, der von England ausging
**Ab|o|li|ti|o|nist** (der, -nis|ten, -nis|ten) Anhänger des Abolitionismus
**ab|o|mi|na|bel** (Adj.) abscheulich, scheußlich, widerlich [lat.-frz.]
**Abon|ne|ment** [-mã] (das, -s, -s) regelmäßiger Bezug (z. B. Zeitungen) [frz.]
**Abon|nent** (der, -en, -en) jmd., der ein Abonnement hat
**abon|nie|ren** (V.) regelmäßig beziehen (Zeitschriften, Theaterkarten)
**abon|niert sein** 1 ein Abonnement auf etwas besitzen 2 auf etwas verfallen sein; etwas mit gewisser Regelmäßigkeit immer wieder bekommen oder tun
**ab|oral** (Adj.) von der Mundpartie entfernt liegend (Med.)
**Ab|o|ri|gi|ne** (der, -s, -s) Ureinwohner Australiens [engl.]
**Ab|ort** (der, -s, -e) Fehlgeburt [lat.]
**ab|or|tie|ren** (V.) 1 fehlgebären (Med.) 2 Organe nicht ausbilden (Physiol.)
**ab|or|tiv** (Adj.) einen Abort herbeiführend
**Ab|or|ti|vum** (das, -s, -va) 1 Mittel zur Herbeiführung eines Aborts 2 Mittel, das die Heilung beschleunigt
**Ab|or|tus** (der, -, -) = Abort
**ab ovo** von Anfang an [lat.]
**Ab|pro|dukt** (das, -(e)s, -e) Abfall, nicht verwertbarer Reststoff aus einem Produktionsprozess, Rückstände
**ab|qua|li|fi|zie|ren** (V.) 1 jmdm. die Eignung für etwas absprechen 2 jmdn. oder etwas abwertend beurteilen
**Ab|ra|chi|us** (der, -, -en) Missgeburt, der einer oder beide Arme fehlen [lat.]
**Ab|ra|ka|da|bra** (das, -s, nur Ez.) magisches Wort, Zauberspruch
**Ab|ra|sax** = Abraxas
**Ab|rasch** (der, -s, nur Ez.) Farbabweichungen bei Orientteppichen [arab.]
**ab|ra|sie|ren** (V.) 1 Haare mit dem Rasierapparat oder -messer entfernen 2 dem Erdboden gleichmachen (ugs.)
**Ab|ra|sio** (die, -, -si|o|nen) Ausschabung, Auskratzung (besonders der Gebärmutter) (Med.)
**Ab|ra|si|on** (die, -, -si|o|nen) 1 Ausschabung der Gebärmutter (zur Entnahme von Schleimhaut) 2 Abtragung (einer Küste durch die Brandung) [lat.]
**Ab|ra|sit** (der, -s, -e) aus Bauxit gewonnenes Tonerdeprodukt, wird zur Herstellung von feuerfesten Materialien verwendet (Warenzeichen) [lat.]
**Ab|ra|xas** (der, -, nur Ez.) 1 Geheimname Gottes (in der Gnosis) 2 Zauberwort (auf Gemmen) [Herkunft unbekannt, viell. gr.]
**ab|re|a|gie|ren** (V.) 1 angestaute psychische Erregungen und Spannungen durch Entladung abbauen 2 zur Ruhe kommen, sich beruhigen
**Ab|re|ak|ti|on** (die, -, -ti|o|nen) 1 Entladung psychischer Erregungen und Spannungen in Handlungen 2 Beseitigung von psychischen Spannungen durch bewusstes Nacherleben der ursprünglich spannungsverursachenden Ereignisse
**Ab|re|go** (der, -s, -s) Südwestwind in Südspanien [span.]
**Ab|ri** (der, -s, -s) Felsüberhang (als Wohnstelle steinzeitlicher Menschen) [frz.]
**Ab|ro|ga|ti|on** (die, -, -ti|o|nen) 1 Abschaffung, Aufhebung (eines Gesetzes) 2 Zurücknahme (eines Auftrages) [lat.]
**ab|rupt** (Adj.) 1 plötzlich und unvermittelt eintretend 2 zusammenhanglos [lat.]
**ABS** [aːbeːɛ̃s] (das, -, nur Ez.) = **A**nti**b**lockier**s**ystem
**ab|sa|ven** [-seɪvən] (V.) 1 absichern, etwas prüfen 2 Daten auf dem Computer sichern [engl.]
**Ab|sence** [-sɑ̃ːs] (die, -, -n) 1 plötzliche, vorübergehende Aufhebung des Bewusstseins (bei Epilepsie) 2 Geistesabwesenheit [frz.]
**ab|sent** (Adj.) nicht anwesend [lat.]
**ab|sen|tie|ren** (V.) sich entfernen [frz.]
**Ab|senz** (die, -, -en) Abwesenheit [lat.]
**Ab|sinth** (der, -(e)s, -e) grünlicher Branntwein aus der Wermutpflanze [gr.]
**Ab|sin|this|mus** (der, -, nur Ez.) Vergiftung nach chronischem Absinthgenuss
**ab|so|lut** (Adj.) 1 vollkommen; z.B. absoluter Höhepunkt 2 für sich betrachtet; z.B. absolute Musik 3 uneingeschränkt; z.B. absolute Monarchie [lat.]

A

A

**Ab'so'lu'te** (das, -n, nur Ez.) das Sein, das rein in sich ruht und aus sich besteht (Philos.) [lat.]
**Ab'so'lu'ti'on** (die, -, -ti'o'nen) Lossprechung von Sünden (durch kath. Priester) [lat.]
**Ab'so'lu'tis'mus** (der, -, nur Ez.) Staatsform, bei der ein Monarch unbeschränkte Macht ausübt [lat.]
**ab'so'lu'tis'tisch** (Adj.) zum Absolutismus gehörig
**Ab'so'lu'to'ri'um** (das, -s, -en) (veraltet) Bescheinigung über die erteilte Befreiung (von einer Forderung) [lat.]
**Ab'sol'vent** (der, -en, -en) jmd., der eine Ausbildung erfolgreich absolviert hat
**ab'sol'vie'ren** (V.) **1** etwas erfolgreich durchlaufen; z.B. einen Lehrgang oder ein Studium absolvieren **2** etwas, das ausgeführt werden muss, ableisten **3** jmdm. die Absolution erteilen
**Ab'sor'bens** (das, -, -ben'zi'en oder -ben'tia) absorbierender Stoff bei der Absorption
**Ab'sor'ber** (der, -s, -) technische Vorrichtung zum Absorbieren [lat.-engl.]
**ab'sor'bie'ren** (V.) **1** etwas in sich aufnehmen; z.B. Stoffe, die Strahlung absorbieren **2** völlig beanspruchen; z.B. durch eine Arbeit absorbiert sein [lat.]
**Ab'sorp'ti'on** (die, -, -ti'o'nen) das Absorbieren
**Ab'sorp'ti'ons'prin'zip** (das, -s, nur Ez.) Grundsatz der Rechtswissenschaft, wonach bei mehreren Straftaten einer Person die Strafe nach dem Gesetz verhängt wird, das die schwerste Strafe androht
**Ab'sorp'ti'ons'spek'trum** (das, -s, -ren) Spektrum, das durch dunkle Linien die Bereiche angibt, in denen ein Stoff Strahlen absorbiert
**Ab'sorp'tiv** (das, -s, -e) Stoff, der von einem anderen absorbiert wird
**Ab'sten'ti'on** (die,-, -ti'o'nen) Verzicht, Erbschaftsverzicht [lat.]
**ab'sti'nent** (Adj.) enthaltsam, verzichtend (auf Alkohol) [lat.]
**Ab'sti'nenz** (die, -, nur Ez.) abstinentes Verhalten
**Ab'sti'nenz'ler** (der,-s, -) enthaltsam Lebender, besonders in Bezug auf Alkohol
**Ab'sti'nenz'the'o'rie** (die, -, nur Ez.) Zinstheorie, wonach der Sparer den Zins als Gegenwert für Konsumverzicht erhält (veraltet)
**Ab'stract** [æbstrækt] (der, -s, -s) kurze Inhaltsangabe eines Buches oder eines Artikels [lat.-engl.]
**ab'stra'hie'ren** (V.) **1** auf das Wesentliche bringen, verallgemeinern; z.B. etwas Typisches aus einem Gefüge abstrahieren **2** etwas nicht berücksichtigen; z.B. von einer Ausnahme abstrahieren [lat.]
**ab'strakt** (Adj.) nicht bildhaft, ohne deutlichen Bezug zum Wahrnehmbaren [lat.]
**Ab'strak'ten** (nur Mz.) die Teile einer Orgel, die die Tasten mit den Pfeifenventilen verbinden
**ab'strak'ti'fi'zie'ren** (V.) zunehmend abstrakter machen
**Ab'strak'ti'on** (die, -, -ti'o'nen) Verallgemeinerung eines Begriffs [lat.]
**ab'strak'tiv** (Adj.) **1** fähig zum Abstrahieren **2** durch Abstraktion gebildet [lat.]
**Ab'strak'tum** (das, -s, -ta) begriffliches, nichtdingliches Substantiv; z.B. Ehre, Wahrheit [lat.]
**ab'strus** (Adj.) verworren [lat.]
**Ab'stru'si'tät** (die, -, -en) Verworrenheit, Ungeordnetheit
**ab'surd** (Adj.) unsinnig [lat.]
**Ab'sur'di'tät** (die, -, -en) Unsinnigkeit [lat.]
**ab'sze'die'ren** (V.) eitern (Med.) [lat.]
**ab'szin'die'ren** (V.) abreißen, abtrennen [lat.]
**Ab'szess** (der, -es, -e) Eiteransammlung in einer neu entstandenen Körperhöhle [lat.]
**Ab'szis'se** (die, -, -n) Waagerechte in einem zweidimensionalen Koordinatensystem, x-Achse [lat.]
**abtörnen** (V.) = abturnen
**abturnen** (V.) die Lust an etwas nehmen [engl.]
**Abu** Bestandteil arab. Eigen-, Personennamen in der Bed. „Vater (des) …"; z.B. Abu Abbas, Abu Hanifa
**Abu'lie** (die, -, -li'en) krankhafte Willenlosigkeit, Unentschlossenheit [gr.]
**abu'lisch** (Adj.) **1** die Abulie betreffend **2** willenlos

**Abu'na** (der, -s, -s) Titel in Kirchen arabischsprachiger Länder für einen Geistlichen; besonders Titel für das Oberhaupt der äthiopischen Kirche
**ab'un'dant** (Adj.) reichlich, im Überfluss vorhanden [lat.]
**Ab'un'danz** (die, -, nur Ez.) **1** Überfluss, Überfülle **2** Häufigkeit (einer Tier- oder Pflanzenart) [lat.]
**ab ur'be con'di'ta** [seit Gründung der Stadt Rom] altrömische Zeitrechnung, die 753 v.Chr. beginnt [lat.]
**ab'u'siv** (Adj.) missbräuchlich [lat.]
**Ab'u'sus** (der, -, -) Missbrauch (besonders von Arzneimitteln) [lat.]
**Ab'u'ti'lon** (das, -s, -s) Gattung der Malvengewächse
**Abys'sal** (das, -, nur Ez.) Tiefsee (über 3000 Meter Tiefe) [gr.]
**abys'sisch** (Adj.) zum Abyssal gehörig; in großer Tiefe, abgrundtief
**Abys'sus** (der, -, nur Ez.) **1** Tiefe ohne Grund, Unterwelt, das Bodenlose **2** Meerestiefe **3** Vielfraß, Nimmersatt
**Aca'de'my-Award** [əkædəmɪ əwɔːd] (der, - -s, - -s) jährlich verliehener Preis für besondere Leistungen im amerikanischen Film (= Oscar)
**Acajou'nuss** (die, -, -nüs'se) = Cashewnuss
**Acan'thus** (der, -, -) = Akanthus
**a cap'pel'la** ohne Begleitung von Musikinstrumenten (ein- oder) mehrstimmig im Chor gesungen [it.]
**A-cap'pel'la-Chor** (der, -(e)s, -Chö're) Chor ohne Instrumentenbegleitung
**ac'ce'le'ran'do** [atʃe-] (Adv.) langsam schneller werdend (bei Musikstücken) [it.]
**Ac'cent ai'gu** [aksɑ̃tegyː] (der, - -, -s -s) französisches Aussprachezeichen für langes, geschlossenes e; z.B. bébé
**Ac'cent cir'con'flexe** [aksɑ̃sirkɔ̃flɛks] (der, - -, -s -s) französisches Aussprachezeichen für gedehnten Vokal; z.B. crêpe
**Ac'cent grave** [aksɑ̃graːv] (der, - -, -s -s) französisches Aussprachezeichen für langes, offenes e; z.B. crème
**Ac'cen'tus** (der, -, nur Ez.) Sprechgesang in der Liturgie
**Ac'ces'soire** [akseswaːr] (das, -s, -s; meist Mz.) modisches Zubehör; z.B. Gürtel, Hutschmuck [frz.]
**Ac'ciac'ca'tu'ra** [atʃakatuːra] (die, -, -ren) besondere Art des Tonanschlags beim Klavierspiel [it.]
**Ac'com'pa'gna'to** [-ɲaː-] (das, -(s), -s oder -ti) vom Orchester begleiteter rhythmisierter Sprechgesang [it.]
**Ac'cou'doir** [akudwar] (das, -s, -s) Armlehne am Chorgestühl
**Ac'count** [əkaʊnt] (der, -s, -s) Zugangsberechtigung zu einem EDV-Netzwerk oder Onlinesystem [engl.]
**Ac'coun'tant** [əkaʊntənt] (der, -s, -s) Bezeichnung für den Rechnungsprüfer oder Wirtschaftsprüfer in englischsprachigen Ländern und den Niederlanden [engl.]
**ac'cre'scen'do** anwachsend, lauter werdend [it.]
**Ac'cro'cha'ge** [akrɔʃaːʒ] (die, -, -n) Ausstellung in einer Galerie aus eigenen Beständen [frz.]
**Ac'croche-Cœur** [akrɔʃkœr] (das, -, -) Locke, die dem Träger einen schmachtenden Ausdruck verleihen soll, Schmachtlocke [frz. Herzensfänger]
**Acel'la** (das, -, nur Ez.) Kunststofffolie aus Vinylchlorid hergestellt
**Ace'ro'la** (die, -, -s) südamerikan. Frucht mit hohem Vitamin-C-Gehalt [arab.-span.]
**Ace'tal'de'hyd** [atseː-] (der, -s, nur Ez.) farblose, betäubend riechende Flüssigkeit; Ausgangsstoff oder Zwischenprodukt für chemische Synthesen
**Ace'ta'le** (nur Mz.) chemische Verbindung aus Aldehyden und Alkohol [lat.-arab.]
**Ace'tat** (das, -s, -e) **1** Salz oder Ester der Essigsäure **2** dehnbare Chemiefaser auf Zellulosebasis [lat.]
**Ace'to Bal'sa'mi'co** [atʃeːto-] (der, - -, nur Ez.) toskanischer Essig, der wie ein Sherry in Eichenfässern gelagert wird (und in hohen Jahrgängen sogar als Aperitif getrunken werden kann) [it.]
**Ace'ton** (das, -s, nur Ez.) organische Verbindung, Lösungsmittel [lat.]
**Ace'ty'len** (das, -s, nur Ez.) ein Kohlenwasserstoff, farbloses Gas [lat.]
**Acha'la'sie** (die, -, -n) Unfähigkeit der glatten Muskeln sich zu entspannen (Med.) [gr.]

A

**Achä̱ne** (die, -, -n) Schließfrucht, bei der Frucht- und Samenschale fest miteinander verwachsen sind (bei Korbblütlern) [gr.]
**Achat** (der, -s, -e) Schmuckstein, Mineral mit verschiedenfarbiger Bänderung [gr.]
**Acheirie** (die, -, -n) angeborenes Fehlen einer oder beider Hände (Med.) [gr.]
**Acheron** (der, -s, nur Ez.) **1** Fluss der Unterwelt in der griechischen Sage
**Acheuléen** [aʃøleɛ̃] (das, -(s), nur Ez.) altsteinzeitliche Kulturstufe [frz.]
**Achillesferse** (die, -, nur Ez.) verwundbare, empfindliche Stelle bei einem Menschen (benannt nach dem Helden der griechischen Sage, Achilles) [gr.-dt.]
**achlamydeisch** (Adj.) nacktblütig [gr.-lat.]
**Achlorhydrie** (die, -, nur Ez.) vollständiges Fehlen von Salzsäure im Magensaft (Med.) [gr.-lat.]
**Acholie** (die, -, nur Ez.) mangelhafte Absonderung von Gallenflüssigkeit (Med.) [gr.-lat.]
**a.Chr.n.** Abk. für ante Christum natum (vor Christi Geburt)
**Achroit** [akroi:t] (der, -s, -e) Turmalin [gr.-lat.]
**Achromasie** [a:kro-] (die, -, -n) Farbfehlerfreiheit (optischer Geräte) [gr.]
**Achromat** [a:kro-] (der, -s, -e) Linsensystem, bei dem der Farbfehler für zwei Farben beseitigt ist [gr.]
**achromatisch** [a:kro-] (Adj.) **1** zum Achromat gehörig **2** unbunt (schwarz, weiß oder grau)
**Achromatismus** (der, -, -men) = Achromasie [lat.]
**Achromatopsie** [a:kro-] (die, -, nur Ez.) völlige Farbenblindheit [gr.]
**Achromie** (die, -, nur Ez.) das Fehlen von Pigmenten in der Haut [gr.]
**achronistisch** (Adj.) ohne zeitlichen Zusammenhang verwendete Wörter oder Formen [gr.]
**Achsenzylinder** (der, -s, -) erregungsleitende Nervenfaser, die von einer Nervenzelle ausgeht
**Achylie** [a:xyli:] (die, -, nur Ez.) Fehlen des Magensaftes; Fehlen der Salzsäure im Magensaft [gr.]
**a.c.i.** = accusativus cum infinitivo
**Acid** [æsɪd] (das, -s, nur Ez.) LSD, ein Rauschmittel (Jargon) [lat.-engl.]
**Acid House** [æsidhaus] (das, -, -) bassbetonte, rhythmische Musik mit Sprechgesang [engl.]
**Acidimetrie** (die, -, nur Ez.) chemische Bestimmung des Säuregehalts [lat.-gr.]
**Acidität** (die, -, nur Ez.) Säuregehalt; Säurestärke [lat.]
**acidophil** (Adj.) **1** sauren Boden bevorzugend **2** mit sauren Farbstoffen färbbar [gr.-lat.]
**Acidose** (die, -, -n) Säurevergiftung, zu starke Säurebildung im Blut [lat.]
**Acidum** (das, -s, -da) Säure [lat.]
**Acidur** (das, -s, nur Ez.) säurebeständige Gusslegierung aus Eisen und Silicium
**Ackja** (der, -(s) , -s) Rentierschlitten; Rettungsschlitten der Bergwacht [finn.]
**Acme** (die, -, nur Ez.) = Akme
**à condition** [akɔ̃disjɔ̃] unter Vorbehalt der Rückgabe (im Buchhandel) [frz.]
**Aconitin** (das, -s, -e) = Akonitin
**a conto** auf Rechnung von [it.]
**Acquit** (das, -s, -s) Empfangsbescheinigung, Quittung [lat.-frz]
**Acre** [eker] (der, -s, -s) engl. und amerikan. Flächenmaß (ca. 4 $km^2$)
**Acridin** (das, -s, nur Ez.) stickstoffhaltige organische Verbindung, die aus Steinkohlenteer gewonnen wird [lat.]
**Acrolein** (das, -s, nur Ez.) stechend riechende Flüssigkeit (zur Herstellung von Tränengas)
**Acronal** (das, -s, nur Ez.) farbloser Lackrohstoff; Kunststoff
**across the board** an fünf aufeinander folgenden Tagen zur gleichen Zeit gesendet (z.B. Werbesendungen in Hörfunk und Fernsehen) [engl.]
**Acryl-** mit Acrylsäure (als Ausgangsstoff); z.B. Acrylfarben [lat.]
**Acrylnitril** (das, -s, nur Ez.) wichtiger Ausgangsstoff zur Herstellung zahlreicher Kunststoffe, Umweltgift [nlat.]
**Act** [ækt] (der, -s, -s) Auftritt einer Musikgruppe [eng.]
**Actingmanager** [æktɪŋ-] (der, -s, -) Organisator einer Musiktournee [engl.]
**Acting-out** [æktiŋaut] (das, -s, -s) Abreagieren [engl.]

**Ac'ti'nid** (das, -s, -e) = Actinoid
**Ac'ti'ni'um** (das, -s, nur Ez.) ein radioaktives Element [gr.-nlat.]
**Ac'ti'no'id** (das, -s, -e) jedes Element mit einer Ordnungszahl von 89 bis 103 (Actinium bis Lawrencium) [gr.]
**Ac'tion** [ækʃn] (die, -, nur Ez.) ereignisreiche Handlung, lebhaftes Tun, reges Geschehen [engl.]
**Ac'tion di'recte** (die, - -, -s -s) **1** unmittelbarer Anspruch im französischen Recht (nur Ez.) **2** direkte Aktion **3** Entschädigungsanspruch bei der Haftpflichtversicherung [lat.-frz.]
**Ac'tion'pain'ting** *auch:* Ac'tion-Pain'ting (das, -, nur Ez.) moderne Richtung innerhalb der amerikanischen abstrakten Malerei [engl.]
**Ac'tress** [æktrɪs] (die, -, -es) Schauspielerin [engl.]
**Ac'tu'ary** (der, -s, -s) **1** Gerichtsschreiber **2** Statistiker [engl.]
**A.D.** Abk. für **A**nno **D**omini (im Jahre des Herrn) [lat.]
**ad ab'sur'dum** etwas ad absurdum führen (eine Unsinnigkeit aufdecken) [lat.]
**ad ac'ta** zu den Akten; ad acta legen, als erledigt betrachten [lat.]
**ada'giet'to** [adadʒɛto] (Adv.) ruhig, ziemlich langsam (Anweisung in der Musik) [it.]
**Ada'giet'to** [adadʒɛto] (das, -s, -s) kurzes Adagio [it.]
**ada'gio** [-dʒo] (Adv.) langsam, ruhig (bei Musikstücken) [it.]
**ada'gis'si'mo** [adadʒissimo] (Adv.) äußerst langsam (Anweisung in der Musik) [it.]
**Adak'ty'lie** (die, -, nur Ez.) Fehlen von Fingern oder Zehen als angeborene Missbildung [gr.]
**Ada'lin** (das, -s, nur Ez.) Schlaf- und Beruhigungsmittel
**Ada'man'ti'nom** (das, -s, -e) Kiefergeschwulst [gr.-lat.]
**Ada'mit** (der, -en, -en) Angehöriger von Sekten, der zum Beweis seiner paradiesischen Unschuld zu seinen Kulthandlungen angeblich nackt erscheint
**ada'mi'tisch** (Adj.) **1** nach Art der Adamiten **2** nackt
**Ad'ap'ta'ti'on** (die, -, -ti'onen) **1** Anpassung (eines Organs an einen Reiz, eines Organismus an die Umwelt) **2** literarisch umgearbeitetes Werk für eine andere literatische Gattung oder Kommunikationsmedium (z.B. Film, Fernsehen) [lat.]
**Ad'ap'ta'ti'ons'syn'drom** (das, -s, -e) Anpassungsreaktion des Organismus auf krank machende Reize [lat.-gr.]
**Ad'ap'ter** (der, -s, -) Vorrichtung, die ein Gerät für weitere Zwecke verwendbar macht [lat.-engl.]
**ad'ap'tie'ren** (V.) anpassen [lat.]
**Ad'ap'ti'on** (die, -, -ti'onen) = Adaptation
**ad'ap'tiv** (Adj.) durch Adaptation sich anpassend [lat.]
**Ad'äquanz'the'o'rie** (die, -, nur Ez.) Lehre im Zivilrecht, nach der ein Schaden verursachendes Ereignis nur dann zu Schadenersatzpflicht führt, wenn es im Allgemeinen und nicht nur unter besonderen Umständen einen Schaden herbeiführt
**ad'äquat** (Adj.) angemessen, entsprechend
**a da'to** (auf Wechseln) vom Tag der Ausstellung an [it.]
**Ad'den'dum** (das, -s, -da) (meist Plural) Hinzufügung [lat.], Ergänzung, Nachtrag
**ad'die'ren** (V.) hinzuzählen, zusammenzählen [lat.]
**Ad'ding-up-The'o'rem** [ɛdɪŋap-] (das, -s, nur Ez.) gewinnlose Produktion [engl.]
**ad'dio!** (italienische Grußformel) mach's gut!
**Ad'di'ti'on** (die, -, -ti'onen) **1** das Hinzuzählen, Zusammenzählen **2** Zusammenlagerung zweier Moleküle [lat.]
**ad'di'tiv** (Adj.) hinzufügend; z.B. additive Wirkung: Wirkungsverstärkung (einer Stoffverbindung) durch Zusammenfügung der Wirkungsbestandteile [lat.]
**Ad'di'tiv** (das, -s, -e) chemisches Zusatzmittel
**ad'di'zie'ren** (V.) zuerkennen, zusprechen [lat.]
**Ad'duk'ti'on** (die, -, -ti'onen) zur Mittellinie des Körpers hinziehende Bewegung eines Gliedes [lat.]
**Ad'duk'tor** (der, -s, -en) Muskel, der ein Glied an den Körper heranzieht [lat.]
**ade!** adieu!

A

**Adel'phie** (die, -, nur Ez.) Vereinigung von Staubblättern zu Bündeln (Bot.) [gr.-lat.]
**Ade'ni'tis** (die, -, -iti̱den) **1** Drüsenentzündung **2** Kurzbezeichnung für Lymphadenitis [gr.-lat.]
**Ade'nom** (das, -s, -e) Drüsengeschwulst [gr.]
**Ade'novi'rus** (das oder der, -, -ren) Erreger von Drüsenkrankheiten (Med.) [gr.-lat.]
**Aden'ti'tis** (die, -, -ti'den) Lymphknotenentzündung [gr.]
**Adept** (der, -en, -en) **1** Eingeweihter; z.B. in die Alchemie **2** Schüler von **1** [lat.]
**Ader'min** (das, -s, nur Ez.) Vitamin B6, das hauptsächlich in Hefe, Getreidekeimen, Leber und Kartoffeln vorkommt [gr.-lat.]
**Adespo'ta** (nur Mz.) Werke unbekannter Verfasser (besonders bei Kirchenliedern)
**Ades'siv** (der, -s, -e) Kasus der finnisch-ugrischen Sprachen, der die unmittelbare Nähe angibt [lat.]
**à deux mains** [a dø mɛ] mit zwei Händen (bei Klavierstücken) [frz.]
**ad'hä'rent** (Adj.) anhaftend [lat.]
**Ad'hä'renz** (die, -, nur Ez.) das Anhaften [lat.]
**Ad'hä'si'on** (die, -, -sio̱nen) Anhaftung (eines Stoffes an einem anderen) [lat.]
**ad'hä'siv** (Adj.) auf Adhäsion beruhend
**ad hoc** eigens zu diesem Zweck [lat.]
**ad ho'mi'nem** auf den Menschen, die Person abgestimmt [lat.]
**ad hono'rem** zu Ehren, ehrenhalber [lat.]
**Ad'hor'ta'ti'on** (die, -, -tio̱nen) Ermahnung [lat.]
**ad'hor'ta'tiv** (Adj.) ermahnend [lat.]
**Ad'hor'ta'tiv** (der, -s, -e) der zu einer gemeinsamen Tat auffordernde Imperativ [lat.]
**Adi'a'ba'te** (die, -, -n) Kurve der Zustandsänderung von Gas (Luft), wenn Wärme weder zu- noch abgeführt wird (Phys.) [gr.-lat.]
**adi'a'ba'tisch** (Adj.) ohne Wärmeaustausch mit der Umgebung verlaufend (Phys.) [gr.-lat.]
**Adi'an'tum** (das, -s, -ten) Haarfarn [gr.-lat.]
**Adi'a'pho'ra** (nur Mz.) Gleichgültiges; moralisch Unerhebliches [gr.]
**adi'eu!** [adjøː] (Grußformel) mach's gut, leb wohl! [frz.]
**Ädi'ku'la** (die, -, -lä) Fenstereinfassung, Nische (in Kirchen) [lat.]
**Ädil** (der, -s oder -en, -en) altrömischer Beamter, der für die Polizeiaufsicht, die Lebensmittelversorgung und die Ausrichtung der öffentlichen Spiele verantwortlich war [lat.]
**ad in'fi'ni'tum** immer weiter [lat.]
**Adi'nol** (der, -s, -e) feinkörniges Gestein [gr.-lat.]
**ad in'te'rim** (Adj.) unterdessen, einstweilen; vorläufig [lat.]
**Adi'pin'säu're** (die, -, nur Ez.) organische Fettsäure zur Herstellung von Perlon und Nylon [lat.-dt.]
**Adi'po'ci're** (die, -, nur Ez.) wachsähnliches Fett, das in Leichen entsteht, die luftdicht verpackt in Wasser oder auf feuchtem Boden liegen [lat.-frz.]
**adi'pös** (Adj.) fettleibig [lat.]
**Adi'po'si'tas** (die, -, nur Ez.) Dick-, Fettleibigkeit [lat.]
**Adip'sie** (die, -, nur Ez.) mangelndes Trinkbedürfnis [gr.-lat.]
**à dis'cré'ti'on** [a diskresjɔ̃] nach Belieben [lat.-frz.]
**Adi'u're'tin** (das, -s, nur Ez.) = Vasopressin [gr.]
**Ad'ja'zent** (der, -en, -en) Anwohner, Anrainer, Grenznachbar [lat.]
**Ad'jek'tiv** (das, -s, -e) Eigenschaftswort [lat.]
**ad'jek'ti'visch** (Adj.) wie ein Adjektiv [lat.]
**Ad'junkt** (der, -s, -e) (Amts-)Gehilfe [lat.]
**Ad'junk'te** (die, -, -n) einem Element einer Determinante zugeordnete Unterdeterminante (Math.) [lat.]
**Ad'junk'ti'on** (die, -, -tio̱nen) **1** nicht ausschließende Disjunktion **2** das Hinzufügen eines sprachlichen Elements zu anderen im Satz an einer bestimmten Stelle
**Ad'jus'ta'ge** [-aːʒ] (die, -, -n) Abteilung in Walz- und Hammerwerken, in der Bleche zugeschnitten und sortiert werden [lat.-frz.]

**adjustieren** (V.) genau einstellen; normen, eichen [lat.]
**Adjustierung** (die, -, -en) 1 das Eichen, Feineinstellen von Werkstücken 2 Korrektur von Verschiebungen an Gelenken (Med.) 3 Uniform, Kleidung, Aufmachung
**Adjutant** (der, -en, -en) Hilfsoffizier [lat.]
**Adjutantur** (die, -, -en) Amt oder Dienststelle eines Adjutanten [lat.]
**Adjutor** (der, -s, -en) Helfer, Gehilfe
**Adlatus** (der, -, -ti oder -ten) Helfer (heute meist scherzhaft) [lat.]
**ad libitum** nach Belieben [lat.]
**Adligat** (das, -s, -e) selbstständiges Schriftstück, das mit anderen zu einem Band zusammengebunden worden ist [lat.]
**Administration** (die, -, -tionen) Verwaltung(sbehörde) [lat.]
**admirabel** (Adv.) bewundernswert (veraltet) [lat.]
**Admiral** (der, -s, -e oder -räle) 1 höchster Marineoffizier 2 ein Tagfalter [arab.-engl.]
**Admiralität** (die, -, -en) alle Admirale im Führungsstab
**Admiration** (die, -, -tionen) Bewunderung [lat.]
**admirieren** (V.) bewundern [lat.]
**Admittanz** (die, -, nur Ez.) Wechselstromleitwert [lat.-engl.]
**ad modum** nach Art und Weise [lat.]
**admonieren** (V.) erinnern, ermahnen, verwarnen [lat.]
**Admonition** (die, -, -tionen) Verweis, Ermahnung, Verwarnung [lat.]
**ad multos annos** (Glückwunsch) auf viele Jahre [lat.]
**Adnex** (der, -es, -e) Anhängsel [lat.]
**Adnexitis** (die, -, -itiden) Entzündung der Gebärmutteradnexe (Med.) [lat.]
**adnominal** (Adj.) dem Nomen zugeordnet; z.B. das Adjektiv „schön“ in „die schöne Frau“, das Possessivpronomen „sein“ in „sein Buch“ [lat.]
**ad notam** ad notam nehmen, zur Kenntnis nehmen [lat.]
**Adobe** (der, -, -s) luftgetrockneter Lehmziegel [span.]
**ad oculos** ad oculos demonstrieren, vor Augen führen [lat.]
**adoleszent** (Adj.) in der Adoleszenz befindlich (heranwachsend)
**Adoleszenz** (die, -, nur Ez.) Reifungsphase des Jugendalters [lat.]
**Adonai** (der, -, nur Ez.) Name Gottes (im Alten Testament) [hebr.]
**Adonis** 1 (der, -, -nisse) schöner Mann (scherzhaft) 2 (die, -, -) ein Hahnenfußgewächs; Adonidis herba: das Adonisröschen (als Heilpflanze) [gr.]
**adonisch** (Adj.) schön wie Adonis
**adoptieren** (V.) an Kindes statt annehmen
**Adoption** (die, -, -tionen) das Adoptieren [lat.]
**adoptiv** (Adj.) durch Adoptieren
**adorabel** (Adj.) anbetungswürdig, verehrungswürdig [lat.]
**Adorant** (der, -en, -en) stehende oder kniende, mit erhobenen Händen Gott anbetende oder einen Heiligen verehrende Gestalt in der christlichen Kunst [lat.]
**Adoration** (die, -, -tionen) Anbetung, Verehrung [lat.]
**ad publicandum** zur Veröffentlichung [lat.]
**ad referendum** zur Berichterstattung [lat.]
**ad rem** zur Sache [lat.]
**Adrema** (die, -, -s) Adressiermaschine
**adremieren** (V.) mit der Adrema beschriften
**Ad-rem-Verfahren** (das, -s, nur Ez.) Untersuchung von Werbung und Werbemethoden durch Testpersonen
**adrenal** (Adj.) die Nebenniere betreffend
**Adrenalin** (das, -s, nur Ez.) Nebennierenhormon [lat.]
**adrenalotrop** (Adj.) auf das Nebennierenmark wirkend [lat.]
**Adrenarche** (die, -, nur Ez. ) Beginn vermehrter Produktion von Androgen in der Nebennierenrinde (der Pubertät vorausgehend [lat.-gr.]
**adrenogenital** (Adj.) Nebenniere und Keimdrüsen betreffend
**Adrenolytikum** (das, -s, -ka) Substanz, die die Wirkung von Adrenalin aufhebt [gr.-lat.]
**Adressant** (der, -en, -en) Absender [lat.-frz.]

A

**Adres'sat** (der, -en, -en) Empfänger [lat.]
**Adres'se** (die, -, -n) 1 Anschrift 2 Eingabe; Schreiben; z.B. eine persönliche Adresse an jmdn. richten 3 Stelle in einem Computer, an der die Daten gespeichert sind [frz.]
**ad'rett** (Adj.) hübsch, ordentlich [frz.]
**Ad'rey** (das, -s, nur Ez.) Aluminiumlegierung mit sehr guter Leitfähigkeit
**Ad'ria** (das, -s, nur Ez.) 1 ripsartiges Gewebe 2 Kammgarn einer bestimmten Webart
**Adri'enne** [adrijɛn] (die, -, -s) langes loses Frauenüberkleid der Rokokozeit [frz.]
**ad sa'tu'ra'ti'o'nem** bis zur Sättigung [lat.]
**Ad'sor'bat** (das, -s, -e) = Adsorptiv
**Ad'sor'bens** (das, -, -benzi'en oder -ben'tia) Stoff, der einen anderen adsorbiert
**Ad'sor'ber** (der, -s, -) = Adsorbens [lat.-engl.]
**ad'sor'bie'ren** (V.) an der Oberfläche anlagern [lat.]
**Ad'sorp'ti'on** (die, -, -ti'o'nen) das Adsorbieren
**Ad'sorp'tiv** (das, -s, -e) der bei der Adsorption angelagerte Stoff [lat.]
**ad spec'ta'to'res** Äußerung, die eine Dramenfigur an die Zuschauer richtet; z.B. als Stilmittel im epischen Theater [lat.]
**Ad'strat** (das, -s, -e) auf dem Einfluss einer Sprache eines Nachbarlandes fußender fremdsprachlicher Bestandteil einer Sprache [lat.]
**Ad'strin'gens** (das, -, -genzi'en oder -gentia) zusammenziehendes Mittel [lat.]
**Adu'lar** (der, -s, -e) ein Mineral, Schmuckstein [it.]
**adult** (Adj.) erwachsen, geschlechtsreif (bei Tieren) [lat.]
**Adu'rol** (das, -s, nur Ez.) fotografische Entwicklersubstanz
**ad usum** zum Gebrauch [lat.]
**ad usum Del'phi'ni** Klassikerausgaben für Schüler, in denen anstößige Stellen gestrichen sind [lat.]
**ad usum me'di'ci** für den persönlichen Gebrauch des Arztes bestimmt [lat.]
**ad usum pro'pri'um** für den eigenen Gebrauch bestimmt [lat.]
**ad va'lo'rem** dem Wert entsprechend [lat.]
**Ad'van'tage** [-vɑːntɪdʒ] (der, -, -s) erster gewonnener Punkt nach dem Einstand (beim Tennis) [engl.]
**Advek'ti'on** (die, -, -ti'o'nen) waagrechter Luftmassentransport
**ad'vek'tiv** (Adj.) durch Advektion herbeigeführt [lat.-nlat.]
**Adve'ni'at** (das, -s, -s) Weihnachtsspende der Katholiken zur Unterstützung der Kirche Lateinamerikas [lat.]
**Advent** (der, -s, -e) die vier Wochen vor Weihnachten; einer der vier Sonntage in dieser Zeit [lat.]
**Adven'tis'mus** (der, -, nur Ez.) Glaubenslehre der Adventisten [lat.-engl.-amerik.]
**Adven'tist** (der, -en, -tis'ten) Angehöriger von Sekten, die an die baldige Wiederkehr Christi glauben [lat.-engl.-amerik.]
**ad'ven'tis'tisch** (Adj.) die Lehre des Adventismus betreffend
**ad'ven'tiv** (Adj.) 1 hinzugekommen; durch den Menschen absichtlich in ein Gebiet eingebracht (Pflanzen oder Tiere) 2 nebensächlich [lat.]
**Ad'verb** (das, -s, -bi'en oder -ben) Umstandswort [lat.]
**ad'ver'bal** (Adj.) 1 adverbial 2 zum Verb gehörig
**ad'ver'bi'al** (Adj.) zum Adverb gehörig, als Adverb gebraucht
**Ad'ver'bi'a'le** (das, -s, -li'en) Umstandsbestimmung, ein Satzglied [lat.]
**ad'ver'bi'ell** (Adj.) = adverbial
**Ad'ver'sa'ria** (nur Mz.) Aufzeichnungen, Notizen [lat.]
**ad'ver'sa'tiv** (Adj.) gegensätzlich [lat.]
**Ad'ver'tain'ment** (das, -s, nur Ez.) Fernsehunterhaltungssendungen, die ausschließlich auf Werbung ausgerichtet sind [engl.]
**Ad'ver'tise'ment** (das, -s, -s) Inserat, Anzeige [engl.]
**Advertising Agen'cy** [ɛdvətaɪzɪŋ ɛdʒəntsiː] (die, -, -s) Werbeagentur [engl.]
**Ad'ver'ti'zing** [-vətaɪzɪŋ] (das, -s, -s) Werbung (durch Annoncen) [engl.]
**Ad'vo'ca'tus Dei** (der, - -, -ti -) Fürsprecher (im kath. Heiligsprechungsprozess) [lat.]

**Advocatus Diaboli** (der, - -, -ti -) die Einwände Vorbringender (im kath. Heiligsprechungsprozess) [lat.]
**Advokat** (der, -en, -en) („der Herbeigerufene“) Fürsprecher; Rechtsanwalt (veraltet) [lat.]
**Adynamandrie** (die, -, nur Ez.) Funktionsunfähigkeit der männlichen Fortpflanzungsorgane einer Blüte (Bot.) [gr.-lat.]
**Adynamie** (die, -, -n) Muskelschwäche, Kraftlosigkeit [gr.-lat.]
**Adynamogynie** (die, -, nur Ez.) Funktionsunfähigkeit der weiblichen Fortpflanzungsorgane einer Blüte (Bot.) [gr.-lat.]
**Adyton** (das, -s, -ta) („das Unzugängliche“) das Allerheiligste in griechischen und römischen Tempeln [gr.]
**Aerenchym** [a-eränchim] (das, -s, -e) Luft führender Interzellularraum bei Wasser- und Sumpfpflanzen [gr.-lat.]
**aerob** (Adj.) Luftsauerstoff benötigend; z.B. aerobe Bakterien [gr.]
**Aerobic** (das, -, nur Ez.) eine Tanzgymnastik [frz.-engl.]
**Aerodynamik** (die, -, nur Ez.) Teilgebiet der Mechanik, das strömende Luft (Gase) untersucht [gr.]
**aerodynamisch** (Adj.) zur Aerodynamik gehörig, windschlüpfrig
**aerogen** (Adj.) Gasbildung bei Mikroorganismen
**Aerometer** (das, -s, -) Messgerät für Dichte und Gewicht der Luft
**Aeronautik** (die, -, nur Ez.) Luftfahrt
**Aerologie** (die, -, nur Ez.) Höhenwetterkunde [gr.]
**Aeronomie** (die, -, nur Ez.) Teilgebiet der Meteorologie, das höchste Luftschichten untersucht [gr.]
**Aerophagie** (die, -, -n) krankhaftes Luftschlucken [gr.]
**Aerophon** (das, -s, -e) Blasinstrument [gr.]
**Aeroplan** (der, -s, -e) Flugzeug (veraltet) [gr.]
**Aerosol** (das, -s, -e) **1** feinst verteilte Schwebstoffe in Gasen **2** so beschaffenes Heilmittel (zum Einatmen) [gr.-lat.]
**Aerostatik** (die, -, nur Ez.) Wiss. von den Gleichgewichtszuständen der Gase [gr.]
**Aetit** (der, -s, -e) Adlerstein, Eisenmineral [gr.-lat.]
**afebril** (Adj.) fieberfrei [gr.-lat.]
**affabel** (Adj.) gesprächig, leutselig [lat.]
**Affäre** (die, -, -n) **1** (unangenehme) Angelegenheit **2** Liebesverhältnis [frz.]
**Affekt** (der, -s, -e) plötzlicher Gefühlsablauf, heftige Erregung
**Affektation** (die, -, -tionen) Getue
**affektiert** (Adj.) gekünstelt, geziert [lat.]
**Affektion** (die, -, nur Ez.); (veraltet) **1** Vorliebe **2** Erkrankung, Befall [lat.-frz.]
**affektioniert** (Adj.) zugeneigt [lat.-gr.]
**affektisch** (Adj.) von Gefühl und Erregung beeinflusst [lat.]
**affektiv** (Adj.) gefühlsbetont
**Affektivität** (die, -, -en) Gefühlsleben, Reaktionsart [lat.]
**afferent** (Adj.) hinzuführend [lat.]
**affettuoso** (Adv.) bewegt, leidenschaftlich (bei Musikstücken) [it.]
**Affiche** [afiʃ] (die, -, -n) Anschlag, kleines Plakat [frz.]
**Affidavit** (das, -s, -s) **1** beeidigte Erklärung **2** Bürgschaft [lat.-engl.]
**affigieren** (V.) ein Affix hinzufügen
**Affigierung** (die, -, -en) das Anfügen eines Affixes an den Wortstamm
**Affiliation** (die, -, -tionen) Verhältnis von Sprachen, die aus einer gemeinsamen Grundsprache hervorgegangen sind, zueinander und zu der Grundsprache [lat.]
**affiliieren** (V.) aufnehmen, beigesellen
**affin** (Adj.) **1** wesensverwandt **2** (mathemat.) parallelverwandt [lat.]
**Affinage** [-naːʒ] (die, -, -en) = Affinierung [lat.-frz.]
**affiné** (Adj.) kohlenstofffrei (als Kennzeichnung bei Ferrolegierungen)
**Affineur** (der, -s, -e) Käseverfeinerer [frz.]
**Affinierung** (die, -, -en) mittels Schwefelsäure vorgenommene Trennung von Gold oder Silber aus ihren Legierungen
**Affinität** (die, -, nur Ez.) Wesensverwandtschaft, Neigung; affine Beschaffenheit
**Affinitygroup** [əfɪnɪti-] (die, -, -s) soziale Bezugsgruppe [engl.]

A

**Af'fi'ni'ty'mar'ke'ting** [əfınıti-] (das, -s, nur Ez.) Marketingform, die sich auf bestimmte Bezugsgruppen konzentriert [engl.]
**Af'fir'ma'ti'on** (die, -, nur Ez.) Zustimmung
**af'fir'ma'tiv** (Adj.) zustimmend [lat.]
**af'fir'mie'ren** (V.) zustimmen [lat.]
**Af'fix** (das, -es, -e) Wortbildungselement (Präfix, Infix oder Suffix) [lat.]
**af'fi'zie'ren** (V.) reizen, krankhaft verändern (Med.) [lat.]
**af'fi'ziert** (Adj.) **1** befallen (von einer Krankheit) **2** betroffen, erregt [lat.]
**af'fret'tan'do** schneller werden, lebhafter (Anweisung in der Musik) [it.]
**Af'fri'ka'ta** (die, -, -ka'tä) Verschlusslaut in Verbindung mit einem Reibelaut; z.B. pf, ts
**Af'front** [afrɔ̃] (der, -s, -s) aufreizende Beleidigung [frz.]
**af'fron'tie'ren** (V.) jmdn. herausfordern oder angreifen; z.B. durch eine Beleidigung oder Beschimpfung
**Af'gha'ne** (der, -n, -n) **1** Ew. Afghanistans **2** Windhundrasse
**Af'gha'ni** (der, -, -) afghanische Währungseinheit, 100 Puls
**Af'la'to'xin** (das, -s, -e) Schimmelpilzgift (besonders in Nüssen, Getreide) [Kunstwort]
**AFN** [eıefen] (der, -, nur Ez.) engl. Abk. für **A**merican **F**orces **N**etwork, Rundfunksender der US-Streitkräfte
**à fonds** gründlich, nachdrücklich [frz.]
**à fonds per'du** [afɔ̃perdyː] auf Verlustkonto [frz.]
**a fres'co** Wandmalerei auf feuchtem Putz
**Af'ri'kaan'der** (der, -s, -) Weißer mit Afrikaans als Muttersprache
**af'ri'kaans** (Adj.) kapholländisch
**Af'ri'kaans** (das, -, nur Ez.) Sprache der Buren in Südafrika
**Af'ri'ka'na** (die, nur Mz.) Werke über Afrika [lat.]
**Af'ri'kan'der** (der, -s, -) = Afrikaander
**Af'ri'ka'nis'tik** (die, -, nur Ez.) Wissenschaft von den Sprachen und Kulturen Afrikas
**af'ro'asi'a'tisch** (Adj.) Afrika und Asien betreffend
**Af'ro'look** [-luk] (der, -s, nur Ez.) lange, dichte Kraushaarfrisur [engl.]
**Af'ter'shave** [-ʃeıv] (das, -s, -s) Rasierwasser [engl.]
**Aga** (der, -s, -s) türkischer Beamter, Offizier (früher) [türk.]
**Aga'lak'tie** (die, -, -n) Unfähigkeit zu stillen, Fehlen der Milchsekretion [gr.-lat.]
**agam** (Adj.) zeugend ohne vorherige Befruchtung [gr.-lat.]
**Aga'me** (die, -, -n) tropische Echse [karib.]
**Aga'met** (der, -en, -en) durch Zellteilung entstandene Zelle niederer Lebewesen, die der ungeschlechtlichen Fortpflanzung dient [gr.-lat.]
**Aga'mie** (die, -, nur Ez.) Ehelosigkeit [gr.]
**aga'misch** (Adj.) ehelos, geschlechtslos
**Aga'mist** (der, -en, -mis'ten) Junggeselle
**Aga'mo'go'nie** (die, -, nur Ez.) ungeschlechtliche Vermehrung durch Zellteilung [gr.-lat.]
**Aga'pe** (die, -, -n) **1** schenkende Liebe Gottes **2** Liebesmahl gemeinsam mit Armen (in frühchristl. Gemeinden) [gr.]
**Agar-Agar** (das, -, nur Ez.) Verdickungsmittel aus Algen [malai.]
**Aga've** (die, -, -n) großblättrige tropische Pflanze [gr.]
**Agen'da** (die, -, -den) **1** Zusammenstellung von Verhandlungspunkten **2** Vormerkkalender **3** Liste zu erledigender Dinge [lat.]
**Agen'de** (die, -, -n) Zusammenstellung der Texte für die Gottesdienstordnung [lat.]
**Age'ne'sie** (die, -, nur Ez.) völliges Fehlen oder Verkümmerung der Organanlage (Med.) [gr.-lat.]
**Agens** (das, -, Agen'zi'en) wirkendes Mittel; wirkendes Prinzip [lat.]
**Agent** (der, -en, -en) **1** Spion **2** Vermittler; z.B. der Agent einer Handelsfirma [lat.]
**Agent Orange** [eıdʒənt ɒrındʒ] (ohne Artikel) ein Entlaubungsmittel, das im Vietnamkrieg eingesetzt wurde [engl.]
**Agent Pro'vo'ca'teur** *auch:* Agent pro'vo'ca'teur [aʒɑ̃ -tœr] (der, - -, -s -s) Lockspitzel [frz.]
**Agen'tur** (die, -, -en) **1** Büro zur Vermittlung politischer Nachrichten **2** Geschäftsnebenstelle **3** Vermittlungsstelle (für Künstler) [lat.]

**Ageratum** (das, -, nur Ez.) Leberbalsam [gr.-lat.]
**Agetheorie** *auch:* Age-Theorie (die, -, nur Ez.) Theorie, die das Verhalten von Neutronen bei einer Neutronenbremsung beschreibt [engl.-gr.]
**Ageusie** (die, -, -ien) Verlust der Geschmacksempfindungen [gr.-lat.]
**Agger** (der, -s, -es) Schleimhautwulst [lat.]
**Aggiornamento** [adʒornamento] (das, -s, nur Ez.) Anpassungsversuch der katholischen Kirchen und ihrer Glaubenslehren an die modernen Lebensverhältnisse [lat.-frz.-it.]
**Agglomerat** (das, -s, -e) zusammengeschmolzene Gesteinsmasse [lat.]
**Agglomeration** (die, -, -tionen) Zusammenballung; z.B. eine Agglomeration von Vororten [lat.]
**agglomerieren** (V.) zusammenballen
**Agglutination** (die, -, -tionen) **1** Verklumpung, Verklebung **2** Anhängung von Affixen an den Wortstamm [lat.]
**agglutinieren** (V.) Affixe an den Wortstamm anhängen; das Finnische ist eine agglutinierende Sprache [lat.]
**Agglutinin** (das, -s, -e) Antikörper im Blutserum, der fremde Blutkörperchen oder Bakterien unschädlich macht [lat.]
**Agglutinogen** (das, -s, -e) Antigen, das die Bildung von Agglutininen anregt [lat.]
**Aggravation** (die, -, -tionen) **1** Erschwerung, Verschlimmerung (Med.) **2** Übertreibung von Krankheitssymptomen [lat.]
**Aggregat** (das, -s, -e) **1** etwas Mehrgliedriges, das zu einer Einheit zusammengefasst ist; z.B. ein mathematischer Ausdruck, eine technische Funktionseinheit **2** regellos verwachsenes Mineralgebilde [lat.]
**Aggregation** (die, -, -tionen) Anhäufung, Zusammenlagerung [lat.]
**Aggregatszustand** (der, -s, -stände) Erscheinungsform eines Stoffes (gasförmig, flüssig, fest)
**aggregieren** (V.) anhäufen [lat.]
**Aggressine** (nur Mz.) Stoffe aus Bakterien, die die Wirkung der natürlichen Abwehrstoffe des Körpers schwächen [lat.]
**Aggression** (die, -, -sionen) Angriffsverhalten, gereizte Einstellung, offene Feindseligkeit
**aggressiv** (Adj.) **1** leicht angreifend **2** gern streitend **3** rücksichtslos [lat.]
**Aggressivität** (die, -, nur Ez.) **1** das Aggressivsein **2** aggressive Tat
**Aggressor** (der, -s, -soren) Angreifer [lat.]
**Aggriperlen** (nur Mz.) Glas- oder Steinperlen, die früher in Westafrika als Zahlungsmittel dienten
**Ägide** (die, -, nur Ez.) Schutz; Leitung [gr.]
**agieren** (V.) handeln [lat.]
**agil** (Adj.) beweglich, regsam [lat.]
**Agilität** (die, -, nur Ez.) das Agilsein, Beweglichkeit
**Ägilops** (der, -, nur Ez.) Windhafer
**Ägineten** (nur Mz.) Giebelfiguren des Aphäatempels der griech. Insel Ägina
**Agio** [aːdʒo] (das, -s, nur Ez.) über den Nennwert hinausgehender Betrag (bei Aktien) [it.]
**Agiotage** [aʒjɔtaːʒ] (die, -, -n) Spekulationsgeschäft, das Kursschwankungen an verschiedenen Börsen ausnutzt [it.-frz.]
**Agioteur** (der, -s, -e) **1** Börsenspekulant **2** jmd. der z.B. Eintrittskarten zu überhöhten Preisen verkauft
**Agiotheorie** (die, -, nur Ez.) Kapitalzinstheorie
**agiotieren** (V.) an der Börse spekulieren
**Agitatio** (die, -, -tionen) Erregtheit eines Kranken, körperliche Unruhe [lat.]
**Agitation** (die, -, -tionen) aggressiv-gezieltes politisches Werben [lat.]
**agitato** [adʒi-] (Adv.) sehr bewegt (bei Musikstücken) [it.]
**Agitator** (der, -s, -en) jmd., der agitiert, Aufrührer
**agitatorisch** (Adj.) hetzerisch werbend, aggressiv tätig [lat.-engl.]
**agitieren** (V.) aggressiv-gezielt politisch werben [lat.]
**Agitprop** (die, -, nur Ez.) Agitation und Propaganda [Kunstwort]
**Agitpropgruppe** (die, -, -n) Laienspielgruppe, die in kabarettistischer Art und Weise für die marxistisch-leninistische Ideologie Propaganda betreibt

A

**Agitproptheater** (das, -s, nur Ez.) eine spezielle Form des Laientheaters in den ehemaligen sozialistischen Ländern, durch die die allgemeine politische Bildung gefördert werden soll

**Aglobulie** (die, -, nur Ez.) Verminderung der Anzahl der roten Blutkörperchen (Med.) [gr.-lat.]

**Aglykon** (das, -s, -e) zuckerfreier Bestandteil der Glykoside [gr.-lat.]

**Agma** (das, -s, nur Ez.) Bezeichnung in der griechischen und lateinischen Grammatik für den velaren Nasallaut [gr.]

**Agnat** (der, -en, -en) jmd., der mit anderen unter der gleichen väterlichen Gewalt stand (im alten Rom) [lat.]

**Agnation** (die, -, nur Ez.) Blutsverwandtschaft väterlicherseits [lat.]

**agnatisch** (Adj.) im Verwandtschaftsverhältnis eines Agnaten stehend

**Agnition** (die, -, -en) Anerkennung von Rechtsverhältnissen [lat.]

**Agnomen** (das, -s, -mina) Beiname in der römischen Namengebung [lat.]

**Agnosie** (die, -, -n) krankhafte Unfähigkeit, gesehene Dinge zu erkennen [gr.]

**Agnostiker** (der, -s, -) jmd., der den Agnostizismus vertritt

**agnostisch** (Adj.) die Agnosie betreffend

**Agnostizismus** (der, -, nur Ez.) philosophische Lehre von der Unerkennbarkeit und Unerklärbarkeit Gottes oder der Wahrheit [gr.]

**agnostizistisch** (Adj.) die Lehre des Agnostizismus betreffend [gr.-lat.]

**agnoszieren** (V.) **1** anerkennen **2** identifizieren [lat.]

**Agnus Dei** (das, - -, nur Ez.) Lamm Gottes (Bez. für Jesus) [lat.]

**Agogik** (die, -, nur Ez.) Lehre von den Tempoformen als Ausdrucksmittel beim musikalischen Vortrag [gr.]

**agogisch** (Adj.) bezüglich eines musikalischen Tempos frei und individuell [gr.]

**à gogo** nach Belieben [frz.-engl.]

**Agon** (der, -s, -e) altgriechischer Wettkampf (in Sport, Tanz, Musik u.a.)

**agonal** (Adj.) den Agon betreffend, wettkampfmäßig [gr.-lat.]

**Agone** (die, -, -n) eine Linie, die alle Orte verbindet, an denen keine Magnetnadelabweichung von der Nordrichtung auftritt [gr.-lat.]

**Agonie** (die, -, -n) Todeskampf [gr.]

**Agonist** (der, -en, -nisten) **1** (altgriechischer) Wettkämpfer **2** Muskel, der dem Antagonisten entgegenwirkt [gr.]

**Agonistik** (die, -, nur Ez.) Wettkampfkunde, Wettkampfwesen

**Ägophonie** (die, -, nur Ez.) krankhafte Meckerstimme (Med.) [gr.-lat.]

**Agora** (die, -, nur Ez.) Volksversammlung der griech. Polis, Marktplatz (im antiken Griechenland) [gr.]

**Agoraphobie** (die, -, nur Ez.) krankhafte Furcht, freie Plätze zu überqueren, Platzangst

**Agraffe** (die, -, -n) **1** Gewandschließe, Schmuckspange **2** Wundklammer **3** Zierklammer vom Scheitel eines Rundbogens zum darüber laufenden Gesims [frz.]

**Agrammatismus** (der, -, -men) Unfähigkeit, die einzelnen Wörter beim Sprechen grammatisch korrekt aneinander zu fügen [gr.-lat.]

**Agranulozytose** (die, -, -n) Schwund der Hauptgruppe der weißen Blutkörperchen

**Agrapha** (nur Mz.) Aussprüche Jesu, die nicht in den vier Evangelien, sondern in anderen Schriften niedergelegt sind [gr.]

**Agraphie** (die, -, -n) krankhaftes Schreibunvermögen [gr.]

**Agrar-** Wortbestandteil in der Bed. „Landwirtschaft" [gr.-lat.]

**Agrarier** (der, -s, -) Großgrundbesitzer, Landwirt

**agrarisch** (Adj.) die Landwirtschaft betreffend

**Agreement** [əgriː-] (das, -s, -s) Übereinkommen [engl.]

**agreieren** (V.) genehmigen [lat.-frz.]

**Agrément** [-mɑ̃] (das, -s, -s) Billigung eines ausländischen Diplomaten durch die Regierung [frz.]

**Agrest** (der, -(e)s, -e) Erfrischungsgetränk aus unreifen Weintrauben [lat.-it.]

**Agrikultur** (die, -, -en) Ackerbau, Landwirtschaft [lat.]

**Agrobiologie** (die, -, nur Ez.) die Lehre von den biologischen Gesetzmäßigkeiten in der Landwirtschaft [gr.-lat.-russ.]

**Ag'ro'nom** (der, -en, -en) Diplomlandwirt

**Ag'ro'no'mie** (die, -, nur Ez.) Landwirtschaftswissenschaft [gr.]

**ag'ro'no'misch** (Adj.) zur Agronomie gehörig [gr.]

**Ag'ros'to'lo'gie** (die, -, nur Ez.) Gräserkunde [gr.-lat.]

**Ag'ro'tech'nik** (die, -, nur Ez.) Anbautechnik in der Landwirtschaft [gr.-lat.-russ.]

**Ag'ru'men** (nur Mz.) Zitrusfrüchte [it.]

**Ag'ryp'nie** (die, -, nur Ez.) Schlaflosigkeit [gr.]

**Agu'ja** [aguxa] (der, -s, -s oder die, -, -s) südamerikanischer Bussard [span.]

**Agu'ti** (das, -s, -s) etwa hasengroßes, hochbeiniges Nagetier Südamerikas [indian.]

**ägyp'tisch** (Adj.) zu Ägypten gehörig

**Ägyp'to'lo'gie** (die, -, nur Ez.) Wissenschaft vom ägyptischen Altertum [nlat.]

**Ahar** (der, -s, -s) fein geknüpfter Teppich mit schwerer Struktur

**Ahas'ver** (der, -, -s oder -e) ruhelos Umherirrender (nach der christlichen Legende vom Ewigen Juden) [hebr.]

**ahis'to'risch** (Adj.) geschichtliche Erwägungen nicht berücksichtigend

**Ai** (das, -(s), -s) Dreizehenfaultier [lautmalend]

**Ai'da** (das, -s, nur Ez.) Baumwoll- oder Zellwollgewebe, Grundstoff für Stickereien

**Aide-mé'moire** [ɛdmemwar] (das, -, -) Niederschrift einer mündlichen diplomat. Erklärung [frz.]

**Aids** *auch:* AIDS [eɪdz] (das, -, nur Ez.) Abk. für **A**cquired **I**mmune **D**eficiency **S**yndrome, erworbenes Immunschwäche-Syndrom, übertragbare Krankheit mit Verlust der körpereigenen Abwehrkräfte gegen Viren und Bakterien [engl.]

**Ai'gret'te** [ɛ-] (die, -, -n) **1** Helmzier, Kopfputz aus Federn **2** büschelförmiger Lichteffekt (beim Feuerwerk) [frz.]

**Ai'guiè're** [ɛgjɛːr] (die, -, -n) Wasserkanne aus Metall oder Keramik [lat.-frz.]

**Ai'guil'let'te** [egɥijɛt] (die, -, -n) **1** Streifen von gebratenem Fleisch oder Fisch **2** Achselschnur an Uniformen; Schnur an Kleidung [frz.]

**Ai'ken-Kode** *auch:* Ai'ken-Code (der, -s, nur Ez.) EDV-Code, der jeder Dezimalziffer eine aus vier Binärziffern aufgebaute Zahl zuordnet [engl.]

**Ai'ki'do** (das, -(s), nur Ez.) japanisches Selbstverteidigungssystem, das auch den Geist bilden soll

**Air** [eə] (das, -s, -s) **1** Aussehen; Haltung; sich ein Air geben **2** Lied, Melodie [frz.]

**Air'bag** [eəbæg] (der, -(s), -s) mit Luft gefülltes Kissen [engl.]

**Air'brush** [ɛərbrʌʃ] (das, -s, nur Ez.) Maltechnik, bei der der Künstler eine Farbspritzpistole verwendet [engl.]

**Air'bus** [eə-] (der, -ses, -se) Mittelstreckenflugzeug [engl.]

**Air'con'di'tio'ner** [eəkəndɪʃnə] (der, -s, nur Ez.) Klimaanlage [engl.]

**Aire'dale'ter'ri'er** [eədeɪl-] (der, -s, -) große Terrierrasse [engl.]

**Air'glow** [ɛərgləʊ] (das, -s, -s) athmosphärische Leuchterscheinung [engl.]

**Air'line** [ɛərlaɪn] (die, -, -s) Fluggesellschaft [engl.]

**Air'mail** [eəmeɪl] (die, -, nur Ez.) Luftpost [engl.]

**Air'shut'tle** [ɛərʃ√tl] (das, -s, -s) zwischen zwei Orten pendelndes Flugzeug [engl.]

**Aja'tol'lah** (der, -s, -s) schiitischer Würdenträger [pers.]

**à jour** [a ʒur] **1** auf dem Laufenden **2** durchsichtig (bei Gewebe) **3** eingefasst (bei Edelsteinen) [frz.]

**Aka'de'mie** (die, -, -n) **1** Vereinigung von Gelehrten **2** Fachschule, Fachhochschule [gr.]

**Aka'de'mi'ker** (der, -s, -) jmd., der an einer Universität oder Akademie studiert hat

**aka'de'misch** (Adj.) **1** zu einer Universität oder Akademie gehörig **2** weltfremd, trocken; z.B. eine rein akademische Theorie

**Aka'lit** (das, -s, nur Ez.) Kunststoff aus Kasein

**Akan'thit** (der, -s, nur Ez.) ein Mineral namens Silberglanz [gr.-lat.]

**Akan'thus** (der, -, -) **1** Bärenklaupflanze **2** Blattornamentform [gr.]

**Akar'di'a'kus** (der, -, nur Ez.) Zwillingsmissgeburt, wobei einem Zwilling das Herz fehlt (Med.) [gr.-lat.]

**Aka'ri'a'sis** (die, -, nur Ez.) Hauterkrankung, die durch Milben hervorgerufen wird [gr.-lat.]

**aka'ta'lek'tisch** (Adj.) in der antiken Metrik auf einen vollständigen Versfuß endend [gr.-lat.]

**Aka'this'tos** (der, -, -toi) im Stehen gesungener Marienhymnus in orthodoxen Kirchen [gr.]

**Aka'tho'lik** (der, -en, -en) ein nicht der katholischen Kirche Angehörender [gr.]

**akau'sal** (Adj.) ohne Grund, ohne Ursache, ohne einen ursächlichen Zusammenhang [gr.-lat.]

**Aka'zie** [-tsiə] (die, -, -n) ein Laubbaum mit gefiederten Blättern [gr.]

**Ake'lei** (die, -, -en) ein Hahnenfußgewächs

**ake'phal** (Adj.) **1** in der antiken Metrik ein Vers, der um die Anfangssilbe verkürzt ist **2** verstümmelter Anfang eines Werkes [gr.-lat.]

**Aki'do'pei'ras'tik** (die, -, nur Ez.) = Akupunktur

**Aki'na'kes** (der, -, -) Kurzschwert der Perser und Skythen

**Aki'ne'sie** (die, -, -n) **1** Bewegungshemmung **2** Sichtotstellen (bei Tieren) [gr.]

**Ak'kla'ma'ti'on** (die, -, -ti'o'nen) **1** Beifall **2** Abstimmung durch Zuruf [lat.]

**ak'kla'mie'ren** (V.) **1** Beifall spenden **2** durch Akklamation wählen

**Ak'kli'ma'ti'sa'ti'on** (die, -, nur Ez.) das Akklimatisieren

**ak'kli'ma'ti'sie'ren** (V.) sich an ein verändertes Klima oder veränderte Bedingungen anpassen [lat.]

**Ak'ko'la'de** (die, -, -n) **1** feierliche Umarmung (bei Ordensverleihungen) **2** geschweifte Klammer [frz.]

**ak'kom'mo'da'bel** (Adj.) **1** zweckmäßig, anpassungsfähig **2** anwendbar **3** beilegbar [lat.-frz.]

**Ak'kom'mo'da'ti'on** (die, -, -ti'o'nen) Anpassungsfähigkeit (des Auges an Entfernungen, eines Menschen) [lat.-frz.]

**Ak'kom'mo'do'me'ter** (das, -s, -) Instrument, mit dem die Einstellungsfähigkeit des Auges geprüft werden kann [lat.-gr.]

**Ak'kom'pa'gne'ment** [-paɲmɑ̃] (das, -s, -s) musikalische Begleitung [frz.]

**ak'kom'pa'gnie'ren** (V.) Gesang mit einem Instrument begleiten

**Ak'kom'pa'gnist** (der, -en, -nis'ten/-gnis'ten) musikalischer Begleiter

**Ak'kord** (der, -s, -e) **1** Zusammenklang von zwei oder mehr Tönen verschiedener Höhe **2** Bezahlung nach der Stückzahl **3** Vergleich (mit Gläubigern) [frz.]

**ak'kor'dant** (Adj.) sich an vorhandene Elemente von Struktur und Ordnung anpassend

**Ak'kor'dant** (der, -en, -en) für Stücklohn Arbeitender

**Ak'kor'danz** (die, -, -en) in der Geologie Anpassung bestimmter Steine an vorhandene Strukturelemente

**Ak'kord'dis'so'nanz** (die, -, -en) Dissonanz eines musikalischen Akkordes

**Ak'kor'de'on** (das, -s, -s) große Ziehharmonika [frz.]

**ak'kre'di'tie'ren** (V.) **1** einen Diplomaten bevollmächtigen **2** Kredit einräumen [frz.]

**Ak'kre'di'tiv** (das, -s, -e) **1** Zahlungsauftrag **2** Beglaubigungsschreiben (für Diplomaten)

**Ak'kres'zenz** (die, -, -en) das Anwachsen eines Erbteils [lat.]

**Ak'ku** (der, -s, -s) = Akkumulator [Kurzwort]

**Ak'kul'tu'ra'ti'on** (die, -, -ti'o'nen) kulturelle Angleichung [lat.]

**Ak'ku'mu'la'ti'on** (die, -, -ti'o'nen) das Akkumulieren; Anhäufung

**Ak'ku'mu'la'tor** (der, -s, -en) **1** Speicher für elektrische Energie **2** Speicher für Druckwasser [lat.]

**ak'ku'mu'lie'ren** (V.) anhäufen [lat.]

**ak'ku'rat** (Adj.) genau, sorgfältig [lat.]

**Ak'ku'ra'tes'se** (die, -, nur Ez.) Genauigkeit, Sorgfalt [lat.-frz.]

**Ak'ku'sa'ti'ons'prin'zip** (das, -s, nur Ez.) Prinzip des Strafprozessrechts, nach dem das Gericht ein Strafverfahren erst dann übernimmt, wenn durch die Staatsanwaltschaft Anklage erhoben worden ist [lat.]

**Ak'ku'sa'tiv** (der, -s, -e) Wenfall, 4. Fall [lat.]

**Ak'ku'sa'ti'vie'rung** (die, -, -en) Phänomen der Sprache der Gegenwart, an einem Geschehen beteiligte Menschen grammatisch als Akkusativobjekt zu behandeln [lat.]

**Akˈkuˈsaˈtivˈobˈjekt** (das, -s, -e) Ergänzung eines Verbs im 4. Fall [lat.]

**Akˈliˈne** (die, -, nur Ez.) Linie, die alle Orte ohne magnetische Inklination verbindet [gr.-lat.]

**Akˈme** (die, -, nur Ez.) Höhepunkt einer Entwicklung [gr.]

**Akˈmeˈisˈmus** (der, -, nur Ez.) literarische Richtung in Russland mit genauem Ausdruck und klaren Formen [gr.-russ.]

**Akˈmeˈist** (der, -en, -en) Vertreter des Akmeismus

**Akˈne** (die, -, -n) eitriger Mitesser [gr.]

**Akoˈasˈma** (das, -s, -men) krankhafte Gehörassoziationen [gr.-lat.]

**Akoˈnit** (das, -s, -e) Eisenhut, Sturmhut (Bot.) [gr.-lat.]

**Akoˈniˈtin** (das, -s, -e) Gift des Blauen Eisenhuts [gr.]

**Akonˈto** (das, -s, -ten) Anzahlung [it.]

**Akoˈrie** (die, -, -n) **1** Gefräßigkeit, Unersättlichkeit **2** pupillenlose Iris [gr.-lat.]

**Akosˈmisˈmus** (der, -, nur Ez.) philosophische Lehre, die Gott als einzig wahre Wirklichkeit behauptet und die selbständige Existenz der Welt leugnet [gr.-lat.]

**akoˈtyˈleˈdon** (Adj.) keimblattlos (Bot.) [gr.-lat.]

**akˈquiˈrieˈren** (V.) **1** Kunden anwerben **2** anschaffen, erwerben (veraltet) [lat.]

**Akˈquiˈsiˈteur** [-tøːɐ] (der, -s, -e) Kundenwerber (für Zeitungsanzeigen) [lat.-frz.]

**akˈquiˈsiˈtiv** (Adj.) erworben

**Akˈquiˈsiˈtiˈon** (die, -, -tiˈonen) **1** Errungenschaft, Erwerbung **2** Kundenwerbung [lat.]

**Akˈraˈniˈer** (nur Mz.) Meerestiere ohne Schädel und mit knorpelartigem Rückenstützapparat [gr.-lat.]

**Akˈraˈniˈus** (der, -, -niˈen) Missgeburt, bei der Schädel oder Schädeldecke fehlt [gr.-lat.]

**Akˈraˈtoˈpeˈge** (die, -, -n) kalte Mineralquelle [gr.-lat.]

**Akˈraˈtoˈtherˈme** (die, -, -n) warme Mineralquelle [gr.-lat.]

**Akˈren** (nur Mz.) vorstehende Extremitäten wie Nase oder Kinn [gr.-lat.]

**Akˈriˈbie** (die, -, nur Ez.) äußerste Genauigkeit

**akˈriˈbisch** (Adj.) mit Akribie [gr.]

**akˈriˈtisch** (Adj.) unkritisch [gr.-lat.]

**akˈroˈaˈmaˈtisch** (Adj.) **1** nur für den internen Lehrbetrieb bestimmt **2** nur den Eingeweihten vorbehalten **3** nur zum Anhören bestimmt [gr.]

**Akˈroˈbat** (der, -en, -en) Artist, der außergewöhnliche körperliche Leistungen vollbringt

**Akˈroˈbaˈtik** (die, -, nur Ez.) Akrobatenkunst

**akˈroˈbaˈtisch** (Adj.) wie ein Akrobat, kräftig und gewandt [gr.]

**akˈroˈkarp** (Adj.) die Früchte an der Spitze tragend

**Akˈroˈmeˈgaˈlie** (die, -, -n) Riesenwuchs der Körperenden (Hände, Füße, Nase, Ohren)

**Akˈroˈnym** (das, -s, -e) Kurzwort aus den Anfangsbuchstaben mehrerer Wörter [gr.]

**Akˈroˈpoˈlis** (die, -, -poˈlen) Burg in altgriechischen Städten

**Akˈrosˈtiˈchon**(das, -, -chen oder -cha) Gedicht, dessen Zeilenanfangsbuchstaben einen Sinn ergeben [gr.]

**Akˈroˈteˈriˈon** (das, -s, -riˈen) Giebelverzierung antiker Tempel [gr.]

**Akˈroˈzeˈphaˈlie** (die, -, -n) Ausbildung einer abnorm hohen und spitzen Schädelform, Wachstumsanomalie [gr.-lat.]

**Akt** **1** (der, -s, -en) = Akte **2** (der, -s, -e) Handlung, Vorgang; z.B. ein Akt der Selbstverwirklichung **3** Theateraufzug; z.B. erster Akt **4** nackter Körper in der Kunst; unbekleidete Pose **5** Geschlechtsakt [lat.]

**Akˈtant** (der, -en, -en) **1** der Sprecher (Sprachwissenschaft) **2** vom Verb gefordertes Satzglied

**Akˈte** (die, -, -n) gesammelte Behördenschriftstücke [lat.]

**Akˈtei** (die, -, -en) Aktensammlung

**Akˈteur** [-tøːɐ] (der, -s, -e) Handelnder; Darsteller [lat.-frz.]

**Akˈtie** [-tsjə] (die, -, -n) Anteilschein an einer Handelsgesellschaft, deren Gesellschafter mit Einlagen am Gesamtkapital beteiligt sind [gr.]

**Akˈtiˈenˈinˈdex** (der, -es, -iˈces) Messskala mit dem Durchschnitt des Wertes der bedeutendsten Aktienkurse

**Akˈtiˈnie** [-niə] (die, -, -n) Seeanemone [gr.]

A

**ak'ti'nisch** (Adj.) durch Strahlung verursacht
**Ak'ti'ni'um** (das, -s, nur Ez.)= Actinium
**Ak'ti'no'me'ter** (der, -s, -) Messgerät für Strahlungsenergie (von Lichtquellen) [gr.]
**ak'ti'no'morph** (Adj.) strahlig symmetrisch
**Ak'ti'no'my'ko'se** (die, -, -n) Strahlenpilzkrankheit [gr.]
**Ak'ti'on** (die, -, -ti'o'nen) Handlung [lat.]
**Ak'ti'o'när** (der, -s, -e) Aktienbesitzer
**Ak'ti'o'nis'mus** (der, -, nur Ez.) das Ziel durch gezielte Aktionen das bestehende Bewusstsein der Menschen oder die Zustände in der Gesellschaft oder in der Kunst zu verändern [lat.]
**Ak'ti'ons'ra'di'us** (der, -, -di'en) Reichweite, Wirkungsbereich [lat.]
**Ak'ti'ons'zen'trum** (das, -s, -tren) **1** Ort, von dem Aktionen ausgehen **2** Gebiet typischen Luftdrucks; z.B. das Azorenhoch
**ak'tiv** (Adj.) zum Aktiv gehörig; z.B. aktives Verb [lat.]
**ak'tiv** (Adj.) **1** geschäftig, regsam **2** regelmäßig teilnehmend; z.B. aktives Mitglied
**Ak'tiv** (das, -s, nur Ez.) Tatform des Verbs [lat.]
**Ak'tiv** (das, -s, -e) Personengruppe, die eine Aufgabe in der Gesellschaft erfüllt (in kommunist. Ländern) [lat.-russ.]
**Ak'ti'va** (nur Mz.) Vermögenswerte (eines Unternehmens) [lat.]
**Ak'ti'va'tor** (der, -s, -en) **1** Hilfsmittel zur Steigerung der Wirksamkeit eines Katalysators **2** Hilfsmittel zur Regulierung eines Kiefers **3** die Bildung von Antikörpern aktivierender Stoff (Med.) **4** Substanz zur Erzeugung von Leuchtstoff (Chem.) [lat.]
**Ak'tiv'ge'schäft** (das, -s, -e) Wertpapier- und Kreditgeschäfte der Banken mit Dritten
**ak'ti'vie'ren** (V.) in Schwung bringen, zu besserer Wirksamkeit verhelfen [lat.]
**Ak'ti'vis'mus** (der, -, nur Ez.) aktives, zielstrebiges Handeln [lat.]
**Ak'ti'vist** (der, -vis'ten, -vis'ten) **1** jmd., der aktiv und zielstrebig ist **2** ausgezeichneter Werktätiger (in der ehemaligen DDR) [nlat.]
**Ak'ti'vi'tät** (die, -, -en) **1** Tätigkeit **2** Wirksamkeit **3** Handlung [lat.]
**Ak'tiv'koh'le** (die, -, -n) Absorbtionsmittel
**Ak'tri'ce** [-is] (die, -, -n) Schauspielerin [frz.]
**ak'tu'al** (Adj.) **1** wirksam, tätig **2** eindeutig bestimmt, als Gegenteil von potenziell in der Sprachwissenschaft **3** sich vollziehend, tatsächlich vorliegend, vorhanden [lat.]
**ak'tu'a'li'sie'ren** (V.) aktuell machen
**Ak'tu'a'lis'mus** (der, -, nur Ez.) **1** philosophische Lehre, wonach die Wirklichkeit ein unveränderliches Sein ist **2** Meinung, dass die Naturgesetze und -kräfte der Gegenwart die gleichen sind wie die früherer Zeiten [lat.]
**Ak'tu'a'li'tät** (die, -, nur Ez.) Bedeutung für die Gegenwart [lat.]
**Ak'tu'a'li'täts'the'o'rie** (die, -, nur Ez.) **1** Theorie, nach der es eine Seele an sich nicht gibt, sie nur in den augenblicklichen seelischen Vorgängen besteht **2** Theorie von der unaufhörlichen Veränderung des Seins (Philos.) [lat.]
**Ak'tu'al'neu'ro'se** (die, -, -n) Neurose, die durch tatsächlich vorliegende Erlebnisse ausgelöst wird (Psych.) [lat.-gr.]
**Ak'tu'ar** (der, -s, -e) **1** Gerichtsangestellter (veraltet) **2** Schriftführer (schweiz.) [lat.]
**ak'tu'ell** (Adj.) bedeutend für die Gegenwart; brisant [frz.]
**Ak'tus** (der, -, -) Schulaufführung, Schulfeier [lat.]
**aku'mi'nös** (Adj.) scharf zugespitzt [lat.-frz.]
**Aku'pres'sur** (die, -, -en) Heilverfahren durch Druck und Massage bestimmter Hautpunkte mit der Hand [lat.]
**Aku'punk'tur** (die, -, -en) Heilverfahren durch Einstechen von Nadeln in bestimmte Hautpunkte [lat.]
**Akus'tik** (die, -, -en) **1** Klangverhältnisse **2** (nur Ez.) Wissenschaft vom Hörbaren [gr.]
**akus'tisch** (Adj.) zur Akustik gehörig, klanglich [gr.]
**akut** (Adj.) **1** dringlich **2** plötzlich auftretend, heftig verlaufend (Krankheiten) [lat.]

**Akut** (der, -s, -e) ein Aussprachezeichen für Vokale [lat.]
**akzedieren** (V.) beistimmen, beitreten [lat.]
**Akzeleration** (die, -, -tionen) Beschleunigung
**Akzelerationsprinzip** (das, -s, nur Ez.) Wirtschaftstheorie, wonach die Schwankung bei der Nachfrage nach Konsumgütern eine größere Schwankung bei den Investitionsgütern nach sich zieht [lat.]
**Akzelerator** (der, -s, -toren) Beschleuniger [lat.]
**akzelerieren** (V.) beschleunigen [lat.]
**Akzent** (der, -s, -e) **1** Aussprachezeichen für Vokale; z.B. der Akut **2** Nachdruck; z.B. besonderen Akzent auf die Mode legen **3** Tonfall; mit badischem Akzent sprechen [lat.]
**Akzentuation** (die, -, -tionen) das Akzentuieren [lat.]
**akzentuell** (Adj.) den Akzent betreffend [lat.]
**akzentuieren** (V.) betonen, hervorheben
**Akzentuierung** (die, -, -en) = Akzentuation [lat.]
**Akzept** (das, -s, -e) **1** Annahmeerklärung auf einem Wechsel **2** angenommener Wechsel
**akzeptabel** (Adj.) annehmbar [frz.]
**Akzeptabilität** (die, -, nur Ez.) Annehmbarkeit; z.B. die Akzeptabilität eines Satzes: die Beschaffenheit eines Satzes, als richtig und üblich angesehen zu werden [frz.]
**Akzeptant** (der, -en, -en) jmd., der einen Wechsel akzeptiert [lat.-frz.]
**Akzeptanz** (die, -, nur Ez.) Annehmbarkeit [lat.]
**Akzeptation** (die, -, -tionen) Anerkennung, Annahme; z.B. eines Schuldscheins [lat.]
**akzeptieren** (V.) annehmen, billigen
**Akzeptor** (der, -s, -toren) Atom, das ein Elektron aus dem Gitter aufnimmt [lat.]
**Akzess** (der, -es, -e) **1** Zutritt **2** Zulassung zu einem Amt (österr.) [lat.]
**Akzession** (die, -, -sionen) **1** Zugang, Erwerb **2** Beitritt (zu einem Staatsvertrag) [lat.]
**Akzessionsliste** (die, -, -n) Verzeichnis in Bibliotheken, in das neu aufgenommene Bücher eingetragen werden [lat.]
**Akzessorien** (nur Mz.) Samenanhängsel bei Pflanzen [lat.]
**akzessorisch** (Adj.) **1** hinzutretend **2** nebensächlich [lat.]
**Akzidens** (das, -, denzien) Zufälliges, Hinzukommendes [lat.]
**akzidentell** (Adj.) nebensächlich; zufällig
**akzidentiell** [-tsjɛl] (Adj.) = akzidentell
**Akzidenz** (die, -, -en) gelegentliche Druckarbeit; z.B. eine Versicherungstabelle [lat.]
**akzipieren** (V.) annehmen [lat.]
**Akzise** (die, -, -n) Verbrauchs-, Handelssteuer (veraltet) [lat.-frz.]
**à la** **1** nach Art; z.B. à la Bavière **2** im Stil von; z.B. à la Bismarck [frz.]
**à la baisse** [alabɛs] im Hinblick auf fallende Börsenkurse [frz.]
**Alabaster** (der, -s, -) heller, feinkörniger Gips [gr.]
**alabastern** (Adj.) aus Alabaster; wie Alabaster, hell und durchscheinend
**Alabastron** (das, -s, -tren) kleines Gefäß für Salböl in der Antike [gr.-lat.]
**à la bonne heure!** [alabɔnœːr] recht so! [frz.]
**à la carte** [alakart] nach der Speisekarte zusammengestellt, nicht als Menü [frz.]
**à la hausse** [alaos] im Hinblick auf steigende Börsenkurse [frz.]
**à la jardinière** [alaʒardinjɛr] nach Gärtnerinart, mit Gemüsegarnierung [frz.]
**Alalie** (die, -, -n) Unfähigkeit zur Bildung artikulierter Laute [gr.-lat.]
**à la longue** [alalɔ̃ːg] auf lange Sicht [frz.]
**à la mode** [alamɔd] nach der neuesten Mode [frz.]
**Alamodeliteratur** (die, -, nur Ez.) Richtung der deutschen Literatur im 17. Jh., die sehr von französischen Vorbildern geprägt war
**Alamodewesen** (das, -s, nur Ez.) modische und kulturelle Ausrichtung des Lebens im Deutschland des 17. Jahrhunderts nach französischem Vorbild
**alamodisch** (Adj.) das Alamodewesen betreffend
**Alan** (das, -s, -e) Aluminiumwasserstoff (Kunstwort)

**Alanin** (das, -s, nur Ez.) eine Aminosäure
**Alarm** (der, -s, -e) Warnsignal; Aufforderung zur Aufmerksamkeit bei Gefahr [frz.]
**alarmieren** (V.) durch Alarm warnen, herbeirufen
**Alastrim** (das, -s, nur Ez.) Pockenkrankheit mit meist gutartigem Verlauf (Med.)
**à la suite** [alasɥit] der Ehren wegen einem Truppenteil zugeteilt [frz.]
**Alaun** (der, -s, -e) Schwefeldoppelsalz (als blutstillendes Mittel) [lat.]
**alaunisieren** (V.) mit Alaun behandeln
**Alba** (die, -, -ben) langes, weißes Gewand (von Geistlichen) [lat.]
**Albaner** (der, -s, -) Ew. Albaniens
**albanisch** (Adj.) zu Albanien gehörig
**Albarello** (das, -s, -li) zylindrisches Apothekergefäß [it.]
**Albatros** (der, -, -se) großer Sturmvogel
**Albe** (die, -, -n) = Alba
**Albedo** (die, -, nur Ez.) Rückstrahlungsvermögen einer Fläche, auf die Licht einfällt; z.B. die Albedo des Mondes, von Schnee [lat.]
**Albedometer** (das, -s, -) Gerät zur Messung der Albedo [gr.-lat.]
**Alberge** (die, -, -n) kleine säuerliche Aprikose
**Albergo** (das, -s, -s oder -ghi) italienisches Gasthaus [german.-it.]
**Albertotypie** (die, -, -n) **1** Lichtdruckverfahren **2** Erzeugnisse, die durch dieses Lichtdruckverfahren hergestellt werden [dt.-gr.]
**Albigenser** (der, -s, -) Angehöriger einer Sekte im 12. und 13. Jh. in Südfrankreich und Oberitalien [lat.-span.]
**Albinismus** (der, -, nur Ez.) Pigmentmangel des Körpers [span.-nlat.]
**Albino** (der, -s, -s) **1** Mensch oder Tier mit fehlender Pigment- oder Farbstoffbildung **2** anomal weißes Blütenblatt bei Pflanzen [lat.-span.]
**albinotisch** (Adj.) zum Albinismus gehörig
**Albion** alte, dichterische Bezeichnung für England
**Albit** (der, -s, -e) Natronfeldspat [lat.]
**Albizzie** (die, -, -n) Mimosengewächs in den Tropen [lat.]
**Albolit** (das, -s, nur Ez.) Phenolharz [lat.-gr.]
**Albucid** (das, -s, nur Ez.) ein Sulfonamid
**Albugo** (die, -, -gines) weißer Fleck auf der Hornhaut [lat.]
**Album** (das, -s, -ben) Sammelbuch [lat.]
**Albumen** (das, -s, nur Ez.) Eiweiß (von Vogeleiern) [lat.]
**Albumin** (das, -s, -e) Eiweißstoff (in der Körperflüssigkeit von Menschen und Tieren) [lat.]
**Albuminat** (das, -s, -e) Alkalisalz der Albumine [lat.]
**Albuminimeter** (der, -s, -) Messgerät zur Bestimmung des Eiweißgehaltes im Harn (Med.) [lat.]
**albuminoid** (Adj.) eiweißähnlich [lat.-gr.]
**Albumose** (die, -, -n; meist nur Mz.) Spaltprodukt der Eiweißkörper [lat.]
**Albus** (der, -, -se) Weißpfennig, Groschenart aus Silber [lat.]
**Alcantara** (das, - oder -s, nur Ez.) samtähnlicher Kunststoff
**Alcarraza** [alkarasa] (die, -, -s) poröser Tonkrug in Spanien, um Wasser kühl zu halten [span.]
**Alchemie** (die, -, nur Ez.) mittelalterliche Chemie, Goldmacherei [arab.]
**Alchemist** (der, -misten, -misten) jmd., der sich mit Alchemie befasst
**Alchimie** (die, -, nur Ez.) = Alchemie
**alcyonisch** (Adj.) friedlich, ruhig [gr.]
**Aldehyd** (der, -s, -e) aus Alkohol durch Entzug von Wasserstoff entstehende organische Verbindung [arab.-lat.]
**al dente** bissfest, nicht zu weich (bei Nudeln) [it.]
**Alderman** [ɔːldəmən] (der, -, -men) Ratsherr (in angelsächs. Ländern) [engl.]
**Aldine** (die, -, -n) **1** halbfette Antiquaschrift **2** Druck von Aldus Manutius oder Nachfolger
**Aldose** (die, -, -n) Zuckerverbindung mit einer Aldehydgruppe
**Ale** [eɪl] (das, -(s), nur Ez.) helles englisches Bier [engl.]
**alea iacta est** der Würfel ist gefallen (Ausspruch Cäsars) [lat.]
**Aleatorik** (die, -, nur Ez.) Bezeichnung einer Kompositionsrichtung in der neu-

eren Musikgeschichte, in der der Zufall einen großen Stellenwert hat [lat.]
**aleatorisch** (Adj.) zufallsabhängig [lat.]
**alert** (Adj.) flink, munter [it.-frz.]
**Aleuron** (das, -s, nur Ez.) pflanzliches Eiweiß, Kleber [gr.]
**Alevit** (der, -en, -en) Anhänger einer islamischen Religionsgemeinschaft
**Alexandriner** (der, -s, -) zwölfsilbiger jambischer Reimvers [gr.-frz.]
**Alexandrit** (der, -s, -e) grüner, bei künstlichem Licht roter Schmuckstein [nlat.]
**Alexie** (die, -, -n) krankhafte Buchstabenleseschwäche, Wortblindheit [gr.]
**Alexin** (das, -s, -e) Schutzstoff gegen Bakteriengifte (im Blutserum) [gr.]
**alezithal** (Adj.) dotterarm [gr.-lat.]
**Alfalfa** (die, -, nur Ez.) Luzerne; vitaminreiche Sprossen gekeimter Luzerne (in der Vollwertküche) [arab.]
**al fine** nochmals, bis zum Schluss (bei Musikstücken) [it.]
**al fresco** auf die feuchte Kalkwand, Verputzfläche (gemalt) [it.]
**Alge** (die, -, -n) einfache, wurzellose Wasserpflanze [lat.]
**Algebra** (die, -, nur Ez.) Buchstabenrechnen, Erschließen von Unbekannten aus Gleichungen [arab.]
**algebraisch** (Adj.) zur Algebra gehörig, mit ihrer Hilfe
**Algerier** (der, -s, -) Ew. von Algerien
**algerisch** (Adj.) zu Algerien gehörig
**Algesie** (die, -, -n) **1** Schmerz **2** Schmerzempfindlichkeit [gr.]
**Alginat** (das, -s oder -es, -e) Salz der Alginsäure [lat.]
**Alginsäure** (die, -, nur Ez.) chemisches Produkt aus Algen zu vielfacher Verwendung in der Technik [lat.-dt.]
**ALGOL** (das, -, nur Ez.) Kurzwort für **ALGO**-rithmic **L**anguage; eine Programmiersprache für den technisch-wissenschaftlichen Bereich [engl.]
**Algolagnie** (die, -, -n) sexuelle Lustempfindung, die durch das Erleiden oder Zufügen von Schmerzen ausgelöst wird (Med.) [gr.-lat.]
**Algologie** (die, -, nur Ez.) Wissenschaft von den Algen [lat.-gr.]
**algonkisch** (Adj.) **1** zur indian. Völkerfamilie der Algonkin gehörig **2** z. Algonkium gehörig
**Algonkium** (das, -s, nur Ez.) Erdfrühzeit [indian.-nlat.]
**Algorithmus** (der, -, -men) schematisch- schrittweises Rechenverfahren [arab.-nlat.]
**Algraphie** *auch:* Algrafie (die, -, -n) **1** Flachdruckverfahren **2** nach Flachdruckverfahren hergestelltes Kunstblatt
**Alhidade** (die, -, -n) drehbarer Zeiger (am Winkelmesser) [arab.]
**alias** auch genannt, auch unter dem Decknamen bekannt [lat.]
**Alibi** (das, -s, -s) Abwesenheitsnachweis (zur Tatzeit) [lat.]
**Alien** [eɪliːən] (der oder das, -s, -s) Außerirdischer [engl.]
**Alienation** (die, -, -tionen) **1** Entfremdung **2** Verkauf, Veräußerung **3** spezielle Form einer Psychose (Med.)
**Alignement** [aliɲmɑ̃] (das, -s, -s) Abstecken einer Begrenzungslinie (beim Straßenbau) [frz.]
**alignieren** (V.) abmessen, Fluchtlinien abstecken
**alimentär** (Adj.) **1** mit der Ernährung zusammenhängend **2** durch die Ernährung bedingt [lat.]
**Alimentation** (die, -, -tionen) Besoldung, Lebensunterhalt [lat.]
**Alimente** (nur Mz.) Unterhaltsleistungen (an nichteheliche Kinder) [lat.]
**alimentieren** (V.) Alimente zahlen
**alimine** (Adv.) kurzerhand, ohne vorherige Prüfung [lat.]
**Alinea** (das, -s, -s) neue Druckzeile, die mit einem Absatz beginnt [lat.]
**alineieren** (V.) absetzen, einen Absatz machen [lat.]
**aliphatisch** (Adj.) mit Kohlenstoffatomen in offenen Ketten
**aliquot** (Adj.) ohne Rest teilend [lat.]
**Aliquotsaite** (die, -, -n) Saite eines Saiteninstrumentess, welche mit der angeschlagenen Saite mitklingt (Mus.)
**Aliquotton** (der, -(e)s, -töne) Oberton, der mit dem Grundton mitschwingt (Mus.)
**Aliud** (das, -, Alia) an Stelle einer tatsächlich geschuldeten fälschlich erbrachte Leistung [lat.]

A

**Aliudlieferung** (die, -, -en) Falschlieferung
**Alizarin** (das, -s, nur Ez.) Krapprot (Farbstoff) [arab.-frz.]
**Alk** (der, -en, -en) nordischer Tauchvogel [skandinav.]
**Alkahest** (das, -(e)s, -heste) Universallösemittel (in der Alchemie) [viell. arab.]
**alkäische Strophe** (die, -n -, -n -n) vierzeilige Odenstrophe
**Alkalde** (der, -n, -n) Bürgermeister in Spanien [arab.-span.]
**Alkali** (das, -s,-lien) alkalisch reagierende Verbindung [arab.]
**Alkalimetall** (das, -s, -e) jedes der Elemente Lithium, Natrium, Kalium, Rubidium, Cäsium und Francium [arab.-gr.]
**alkalin** (Adj.) alkalisch reagierend
**alkalisieren** (V.) Alkalien zusetzen
**Alkalität** (die, -, nur Ez.) = Basizität
**Alkaloid** (das, -(e)s, -e) basischer, stickstoffhaltiger Wirkstoff (in Pflanzen) [arab.-gr.]
**Alkanna** **1** ein Raublattgewächs **2** roter Naturfarbstoff [arab.]
**Alkazar** [-zar] (der, -s, -e) spanische Burganlage, Palast der Mauren in Spanien [arab.-span.]
**Alkine** (nur Mz.) Acetylenkohlenwasserstoffe
**Alkohol** (der, -s, -e) **1** Flüssigkeit, die die Hydroylgruppe enthält **2** Äthylalkohol [arab.]
**Alkoholika** (nur Mz.) alkhol. Getränke
**Alkoholiker** (der, -s, -) jmd., der an Alkoholismus leidet
**alkoholisch** (Adj.) Alkohol enthaltend
**alkoholisieren** (V.) **1** Alkohol zusetzen **2** betrunken machen (scherzhaft)
**Alkoholismus** (der, -, nur Ez.) **1** Trunksucht **2** Alkoholvergiftung
**Alkoven** (der, -s, -) **1** Bettnische **2** kleiner Nebenraum [arab.-frz.]
**Alkyl** (das, -s, -e) einwertiger Kohlenwasserstoff [arab.-gr.]
**Alkylation** (die, -, nur Ez.) Zuführung von Alkylgruppen in organische Verbindungen [gr.]
**alla breve** in beschleunigter Taktart (bei Musikstücken) [it.]
**Allachästhesie** (die, -, -n) Empfindung eines Reizes an einer anderen als der tatsächlich gereizten Stelle [gr.]
**Allah** (ohne Artikel, -s, nur Ez.) islam. Name Gottes [arab.]
**alla marcia** [-tʃa] marschmäßig (bei Musikstücken) [it.]
**Allantoin** (das, -s, nur Ez.) Produkt des Harnstoffwechsels [gr.-lat.]
**Allantois** [-ois] (die, -, nur Ez.) embryonaler Harnsack [gr.]
**alla polacca** [-laka] in der Art einer Polonäse (bei Musikstücken) [it.]
**alla prima** mit nur einer Farbschicht, ohne Untermalung oder Lasur [it.]
**allargando** langsamer werdend (Anweisung beim musikalischen Vortrag) [it.]
**alla rinfusa** unverpackt zu verladende Ware
**Allasch** (der, -s, -e) Kümmellikör [lett.]
**alla tedesca** nach Art eines deutschen Tanzes (bei Musikstücken) [it.]
**Allativ** (der, -s, -e) das Ziel angebender Kasus in der Sprachwissenschaft [lat.]
**alla turca** nach Art der türkischen Janitscharenmusik [it.]
**alla zingarese** in der Art von Zigeunermusik [it.]
**Allee** (die, -, -n) Straße mit Baumreihen zu beiden Seiten [frz.]
**Allegat** (das, -es oder -s, -e) Bibelzitat, angeführte Stelle [lat.]
**Allegation** (die, -, -tionen) Anführung einer Bibelstelle, eines Zitats [lat.]
**Allegatstrich** (der, -(e)s, -e) Strich als Hinweis auf eine Briefanlage
**allegieren** (V.) ein Zitat, eine Bibelstelle anführen [lat.]
**Allegorie** (die, -, -n) bildliche Darstellung eines abstrakten Begriffs (in der Malerei, Literatur) [gr.]
**allegorisch** (Adj.) sinnbildlich, gleichnishaft [gr.]
**allegretto** (Adv.) langsamer als allegro [it.]
**allegro** (Adv.) bewegt, lebhaft (in der Musik)
**Allel** (das, -s, -e) Zustandsform eines Gens, das zur Ausprägung unterschiedl. Erbanlagen führt; z.B. das Allel für die Haarfarbe [gr.]

A

**Al|le|o|pa|thie** (die, -, nur Ez.) gegenseitige Wirkung von Pflanzen aufeinander (Bot.) [gr.-lat.]
**al|le|lu|ja** (Interj.) = halleluja
**Al|le|man|de** [-mɑ̃:d] (die, -, -n) **1** ein alter Gesellschaftstanz in gemessenen Bewegungen **2** ein Satz der Suite [frz.]
**Al|ler|gen** (das, -s, -e) zu Allergie führender Stoff; z.B. Pollen, Reinigungsmittel [gr.]
**Al|ler|gie** (die, -, -n) Überempfindlichkeit gegen einen Stoff [gr.]
**Al|ler|gi|ker** (der, -s, -) jmd., der an einer Allergie leidet
**al|ler|gisch** (Adj.) Allergie zeigend
**al|lez!** [ale] vorwärts! [lat.-frz.]
**Al|li|ance** [-ɑ̃:s] (die, -, -n) = Allianz [frz.]
**Al|li|anz** (die, -, -en) **1** Bündnis **2** Vereinigung [frz.]
**Al|li|ga|ti|on** (die, -, -ti|o|nen) Mischung, Zusatz [lat.]
**Al|li|ga|tor** (der, -s, -to|ren) Familie der Krokodile in Amerika und China
**al|li|ie|ren** (V.) verbünden [frz.]
**Al|li|ier|te** (der oder die, -n, -n) **1** Verbündete **2** die im Ersten und Zweiten Weltkrieg gegen Deutschland verbündeten Staaten Russland, USA, Frankreich und England [lat.-frz.]
**Al|li|in** (das, -s, nur Ez.) Aminosäure von Lauchgewächsen [lat.]
**al|li|o|phil** (Adj.) gern Knoblauch essend (scherzhafte Neubildung) [lat.-gr.]
**Al|li|te|ra|ti|on** (die, -, -ti|o|nen) Stabreim [nlat.]
**al|li|te|rie|ren** (V.) stabend reimen [nlat.]
**al|li|ti|sche Ver|wit|te|rung** (die, -n -, -n -en) Verwitterung in feuchtem Klima, besonders im Winter, wobei Aluminiumverbindungen entstehen [lat.-gr.]
**Al|li|um** (das, -s, nur Ez.) ein Lauchgewächs; Knoblauch [lat.]
**Al|li|zin** (das, -s, nur Ez.) Wirkstoff des Knoblauchs, der Keime abtötet und die Bakterienflora des Magen-Darm-Traktes reguliert [lat.]
**All|men|de** (die, -, nur Ez.) Gemeindeland
**al|lo|ch|thon** (Adj.) andernorts entstanden (von Gestein) [gr.]
**Al|lod** (das, -s, -di|en) im mittelalterlichen Rechtsverständnis das Familiengut, der persönliche Besitz, kein Lehen [germ.]
**al|lo|di|al** (Adj.) zum Allod gehörend
**Al|lo|di|fi|ka|ti|on** (die, -, -ti|o|nen) die Umwandlung eines Lehngutes in den persönlichen Besitz [lat.]
**Al|lo|di|fi|zie|rung** (die, -, -en) = Allodifikation
**Al|lo|di|um** (das, -s, -di|en) = Allod
**Al|lo|ga|mie** (die, -, -n) Fremdbestäubung
**Al|lo|ku|ti|on** (die, -, -ti|o|nen) Ansprache des Papstes, offizielle mündliche Mitteilung des Papstes [lat.]
**Al|lo|la|lie** (die, -, -n) das Fehlsprechen von Geisteskranken [gr.-lat.]
**Al|lo|morph** (das, -s, -e) Morphemvariante; z.B. das stimmhafte und stimmlose „s" im Deutschen [gr.]
**Al|lo|mor|phie** (die, -, -n) = Allotropie [gr.]
**Al|lon|ge** [alɔ̃:ʒ] (die, -, -n) Verlängerungsstreifen für zusätzliche Angaben (an Wechseln) [frz.]
**Al|lon|ge|pe|rü|cke** [alɔ̃:ʒ-] (die, -, -n) langlockige Männerperücke [frz.]
**all'on|gha|re|se** (Adj.) in der Art der Zigeunermusik [it.]
**al|lons!** [alɔ̃] vorwärts!, los!, lasst uns gehen! [lat.-frz.]
**Al|lo|nym** (das, -s, -e) Name eines anderen als Pseudonym [gr.]
**Al|lo|pa|thie** (die, -, nur Ez.) herkömmliches Heilverfahren (im Gegensatz zur Homöopathie) [gr.]
**Al|lo|plas|tik** (die, -, -en) Gewebeverpflanzung unter Verwendung künstlichen Materials [gr.]
**Al|lo|t|ria** (das, -s, nur Ez.) fröhlicher Unfug, ausgelassener Tumult, reges Treiben [gr.]
**al|lo|trop** (Adj.) durch Allotropie bedingt
**Al|lo|tro|pie** (die, -, -n) das Vorkommen eines Elements in verschiedenen festen Zustandsformen; z.B. Kohlenstoff als Diamant und Graphit [gr.]
**all right!** [ɔ:l rait] in Ordnung! [engl.]
**All|round-** [ɔ:lraʊnd-] Vielseitig-; z.B. Allroundsportler [engl.]
**All|round|man** (der, -, -men) jmd., der sich auf so gut wie allen Gebieten auskennt [engl.]
**All-Star-Band** [ɔ:lstɑ:bænd] (die, -, -s) Band aus berühmten Musikern [engl.]
**all'un|ghe|re|se** = all'ongharese
**Al|lü|re** (die, -, -n) **1** Gangart (des Pferdes) **2** (Mz.) eigenwilliges Gehabe [frz.]

A

**Al'lu'si'on** (die, -, -si'onen) Anspielung auf Geschehnisse oder Bemerkungen der Vergangenheit [lat.]
**al'lu'vi'al** (Adj.) **1** zum Alluvium gehörig **2** angeschwemmt
**Al'lu'vi'on** (die, -, -vi'onen) an Fluss- und Seeufern neu angeschwemmtes Land [lat.]
**Al'lu'vi'um** (das, -s, nur Ez.) = Holozän [lat.]
**Al'lyl'al'ko'hol** (der, -s, nur Ez.) wichtigster ungesättigter Alkohol [lat.-gr.-arab.]
**Al'ma Ma'ter** (die, - -, nur Ez.) Universität (als durch Wissen nährende Mutter) [lat.]
**Al'ma'nach** (der, -s, -e) Jahrbuch; Buch mit Leseproben [arab.]
**Al'man'din** (der, -s, -e) dunkelrotes Mineral, Edelstein [nlat.]
**Al'me'mar** (das, -s, nur Ez.) erhöhter Platz in der Synagoge für die Verlesung der Thora [arab.-hebr.]
**Al'me'mor** (das, -s, nur Ez.) = Almemar
**Al'mo'sen** (das, -s, -) **1** (kleine) Spende, milde Gabe **2** abwertend für ein zu geringes Entgelt [gr.-lat.]
**Al'mo'se'nier** (der, -s, -e) geistlicher Almosenverteiler [gr.-frz.]
**Al'ni'co** (das, -s, nur Ez.) Legierung aus Aluminium, Nickel und Kobalt
**Aloe** [a:loe] (die, -, -n) südafrikan. Liliengewächs [hebr.-gr.]
**alo'gisch** (Adj.) vernunftwidrig, jeder Logik entbehrend [gr.]
**Al'pac'ca** (das, -s, nur Ez.) = Alpaka (Legierung)
**Al'paka** (das, -s, nur Ez.) **1** eine versilberte Legierung (für Bestecke) [viell. chines.] **2** (das, -s, -s) eine Lamarasse [indian.]
**al pa'ri** („zum Gleichen") zum Nennwert (bei Aktien) [it.]
**Al'pha** (das, -s, -s) erster Buchstabe des griechischen Alphabets [semit.-gr.]
**Al'pha'bet** (das, -s, -e) Buchstabenfolge einer Schrift [gr.]
**al'pha'be'tisch** (Adj.) in der Ordnung des Alphabets
**al'pha'be'ti'sie'ren** (V.) **1** in alphabetische Reihenfolge bringen **2** Lesen und Schreiben lehren
**al'pha'nu'me'risch** (Adj.) Dezimalziffern und Buchstaben enthaltend [gr.-lat.]
**Al'pha'teil'chen** (nur Mz.) beim radioaktiven Zerfall bestimmter Elemente entstehende Heliumkerne
**Al'pha'tier** (das, -s, -e) das anführende Leittier in Tiergruppen, die eine Rangordnung haben
**Al'pha'tron** (das, -s, -e) Messgerät für Gas
**al'pi'disch** (Adj.) die Alpen oder das Hochgebirge betreffend
**al'pin** (Adj.) zu den Alpen gehörig [lat.]
**Al'pi'nis'mus** (der, -, nur Ez.) Wandern und Bergsteigen im Hochgebirge [nlat.]
**Al'pi'nist** (der, -nis'ten, -nis'ten) jmd., der Alpinismus betreibt
**Al'pi'nis'tik** (die, -, nur Ez.) = Alpinismus
**Al'pi'no** (der, -s, -ni; meist Mz.) italienischer Gebirgsjäger
**Al'pi'num** (das, -s, -nen) Alpengarten [nlat.]
**al sec'co** auf die trockene Kalkwand, Verputzfläche (gemalt) [it.]
**al seg'no** [-seŋo] bis zum Zeichen (bei Wiederholung von Musikstücken) [it.]
**Alt** (der, -s, nur Ez.) **1** tiefe Stimmlage (bei Frauen und Knaben) **2** mittlere Stimmlage (bei Instrumenten) [it.]
**Al'tan** (der, -s, -e) Balkon mit Unterbau, Söller [it.]
**Al'ta'ne** (die, -, -n) Anbau in der Art eines Balkons, der vom Boden aus gestützt wird [lat.-it.]
**Al'tar** (der, -s, -tä're) tischähnl. Kultstätte (mit Aufbau); Opferstätte [lat.]
**Al'tar'sa'kra'ment** (das, -s, -e) Sakrament des Abendmahls [lat.]
**Al'te'rans** (das, -, -ran'tia) den Stoffwechsel umstimmendes Medikament [lat.]
**Al'te'ra'ti'on** (die, -, -ti'onen) **1** Erregung **2** Verschlimmerung (einer Krankheit) **3** Veränderung (eines Akkords) [lat.]
**al'te'ra'tiv** (Adj.) krankhaft verändernd [lat.]
**Al'ter Ego** (das, - -, nur Ez.) **1** bei Personen, die an Bewusstseinsspaltung leiden, der andere, abgespaltene seelische Bereich **2** eine sehr vertraute Person [lat.]
**al'te'rie'ren** (V.) sich aufregen, sich ärgern
**Al'ter'nanz** (die, -, -en) = Alternation [lat.]

**Al'ter'nat** (das, -s, nur Ez.) Wechsel in der Reihenfolge der Unterschriften und der Nennung des Staates (bei Staatsverträgen) [lat.]
**Al'ter'na'ti'on** (die, -, -ti'onen) Wechsel, Auftreten von Varianten [lat.]
**al'ter'na'tiv** (Adj.) 1 wechselweise 2 anders als in der Wachstumsideologie [frz.]
**Al'ter'na'ti've** (die, -, -n) Entscheidungsmöglichkeit [frz.]
**Al'ter'na'tiv'ener'gie** (die, -, -n) selbstregenerative Energieform, z.B Sonnenenergie oder Wasserkraft
**al'ter'nie'ren** (V.) abwechseln [lat.]
**Al'thea** (die, -, -the'en) = Althee
**Al'thee** (die, -, -the'en) ein Malvengewächs, schleimhaltige Arzneipflanze [gr.]
**Al'ti'graf** *auch:* Al'ti'graph (der, -en, -en) automatischer Höhenschreiber [lat.-gr.]
**Al'ti'me'ter** (das, -s, -) Höhenmesser [lat.-gr.]
**Al'tis'tin** (die, -, -en) Sängerin mit Altstimme
**Al'to'cu'mu'lus** (der, -, -li) Haufenwolke mittlerer Höhe [lat.]
**Al'to'stra'tus** (der, -, -ti) Schichtwolke mittlerer Höhe [lat.]
**Al'tru'is'mus** (der, -, nur Ez.) Selbstlosigkeit
**Al'tru'ist**(der, -is'ten, -is'ten) altruistischer Mensch
**al'tru'is'tisch** (Adj.) selbstlos [lat.-frz.]
**Al'tus** (der, -, -ti) 1 Männerstimme in Altlage 2 Sänger mit Altstimme [lat.]
**Alu** (das, -s, nur Ez.) = Aluminium [ıurz↓ wort]
**Alu'mi'ni'um** (das, -s, nur Ez.) ein Metall [lat.]
**Alum'nat** (das, -s, -e) 1 Schülerheim, das an eine Lehranstalt angeschlossen ist 2 kirchliche Erziehungsanstalt 3 Ausbildungsstätte für Geistliche in Österreich [lat.]
**Alum'ne** (der, -n, -n) Schüler im Alumnat
**al've'o'lär** (Adj.) wie eine Alveole, bläschenartig
**Al've'o'lar** (der, -s, -e) mit der Zungenspitze am Zahndamm der oberen Schneidezähne gebildeter Konsonant; z.B. d und t
**Al've'o'le** (die, -, -n) 1 Lungenbläschen 2 Zahnwurzelfach [lat.]
**Al'weg'bahn** (die, -, -en) eine Einschienenhochbahn
**a.m.** Abk. für **a**nte **m**eridiem, Uhrzeitangabe für vor 12 Uhr Mittag [engl.]
**ama'bi'le** (Adv.) lieblich (bei Musikstücken)
**ama'g'ne'tisch** (Adj.) nicht magnetisch [gr.-lat.]
**a ma'io'ri ad mi'nus** vom Großen ins Kleine [lat.]
**Amal'gam** (das, -s, -e) Quecksilberlegierung (für Zahnfüllungen)
**Amal'ga'ma'ti'on** (die, -, -ti'onen) Lösen von Gold aus Erz (mittels Quecksilber) [arab.-nlat.]
**amal'ga'mie'ren** (V.) 1 ein Amalgam herstellen 2 durch Amalgamation gewinnen [arab.-nlat.]
**Amant** [amɑ̃] (der, -s, -s) der Geliebte, der Liebhaber [lat.-frz.]
**Ama'nu'en'sis** (der, -, -ses) Schreiber oder Sekretär eines Gelehrten, Gehilfe [lat.]
**Ama'rant** (der, -s, -e) 1 südamerik. Getreide 2 eine rote Zierpflanze 3 Violettholz 4 ein Prachtfink [gr.]
**Ama'rel'le** (die, -, -n) eine Sauerkirschsorte
**Ama'rum** (das, -s, -ra) bitteres Mittel, um die Speichel- und Magensaftabsonderung anzuregen (Med.) [lat.]
**Ama'ryl** (der, -s, -e) künstlicher grüner Korund [gr.]
**Ama'ryl'lis** (die, -, -len) eine Zierpflanze [gr.]
**amas'sie'ren** (V.) aufhäufen [frz.]
**Ama'teur** [-tøːʀ] (der, -s, -e) Liebhaber; Nichtprofi [frz.]
**Ama'ti** (die, -, -s) eine Geige des 16./17. Jahrhunderts [it.]
**Amau'ro'se** (die, -, -n) Erblindung ohne jegliche Lichtempfindung [gr.]
**Amau'se** (die, -, -n) 1 Email 2 Schmuckstein aus Glas [fr.]
**Ama'zo'ne** (die, -, -n) 1 Angehörige eines sagenhaften kriegerischen Frauenvolks 2 Turnierreiterin 3 ein südamerik. Papagei [gr.]
**Ama'zo'nit** (der, -s, -e) grüner Schmuckstein
**Am'bas'sa'de** (die, -, -n) Gesandtschaft, Botschaft

**Ambassadeur** [-døːɐ] (der, -s, -e) Gesandter, Botschafter
**Ambe** (die, -, -n) Verbindung zweier Zahlen
**Amber** (der, -s, -) = Ambra [arab.-frz.]
**ambidexter** (Adj.) mit beiden Händen gleich geschickt [lat.]
**Ambidextrie** (die, -, -n) Beidhändigkeit, gleiche Geschicklichkeit beider Hände [lat.]
**Ambiente** (das, -s, nur Ez.) Umgebung, Atmosphäre [it.]
**ambig** (Adj.) zweideutig [frz.]
**Ambiguität** (die, -, nur Ez.) Zweideutigkeit, Doppelsinnigkeit [frz.]
**Ambition** (die, -, -tionen) Ehrgeiz, hohes Ziel [lat.]
**ambitioniert** (Adj.) ehrgeizig [lat.]
**ambitiös** (Adj.) geltungsbedürftig [lat.-frz.]
**Ambitus** (der, -, -) Tonumfang [lat.]
**ambivalent** (Adj.) doppelwertig, zwiespältig [lat.]
**Ambivalenz** (die, -, -en) das Ambivalentsein
**Amblygonit** (der, -s, nur Ez.) Mineral zur Erzeugung von Lithiumsalzen [gr.-lat.]
**Amblypode** (der, -en, -en) ausgestorbenes elefantengroßes Huftier aus dem Tertiär
**Ambo** (der, -s, -s) **1** = Ambe (österr.) **2** Lesepodest (Kirche) [gr.]
**Ambra** (das oder der, -s, -s) Ausscheidung des Pottwals, Parfümerierohstoff [arab.]
**Ambrosia** (die, -, nur Ez.) Unsterblichkeit verleihende Speise griechischer Götter [gr.-lat.]
**ambrosisch** (Adj.) göttlich; köstlich [gr.]
**ambulant** (Adj.) **1** umherziehend; z.B. ambulanter Handel **2** während der Sprechstunde; z.B. ambulante medizinische Versorgung [lat.]
**Ambulanz** (die, -, -en) Einrichtung für ambulante Behandlung (Krankenwagen, eine Krankenhausstation)
**Ambulatorium** (das, -s, -rien) = Ambulanz
**ambulieren** (V.) spazieren gehen, lustwandeln [lat.-frz.]
**Amelie** (die, -, -n) angeborenes Fehlen von Gliedmaßen [gr.]
**Amelioration** (die, -, -tionen) Bodenverbesserung [frz.]
**ameliorieren** (V.) die Bodenstruktur verbessern
**amen** (Adv.) Gebetsschlusswort [hebr.]
**Amendement** [amɑ̃dəmɑ̃] (das, -s, -s) Änderungs-, Ergänzungsantrag [frz.]
**amendieren** (V.) ein Amendement einreichen
**Amendment** [amɛ̃d-] (das, -s, -s) = Amendement [frz.-engl.]
**Amenorrhö** (die, -, -en) Ausbleiben der Menstruation [gr.]
**Amentia** [-tsja] (die, -, -tien) hilfloses Verwirrtsein [lat.]
**Amenz** (die, -, -zien) = Amentia
**American way of life** [əmerɪkən weɪ əv laɪf] (der, -, nur Ez.) der amerikanische Lebensstil (häufig auch ironisch verwendet) [engl.]
**Americium** (das, -s, nur Ez.) ein künstliches Element [nlat.]
**amerikanisieren** (V.) nach dem Vorbild der USA umgestalten [nlat.]
**Amerikanismus** (der, -, -men) aus den USA übernommene Spracherscheinung
**Amerikanist** (der, -nisten, -nisten) jmd., der sich mit Amerikanistik beschäftigt
**Amerikanistik** (die, -, nur Ez.) Wissenschaft von der Urbevölkerung Nordamerikas, der Geschichte u. Sprache der USA [nlat.]
**amerikanistisch** (Adj.) zur Amerikanistik gehörig
**Ames-Test** [eɪmz-] (der, -s, -s) Schnelltest zur Untersuchung der mutagenen (Krebs erzeugenden) Wirkung eines Stoffes [engl.]
**a metà** Gewinn und Verlust zu gleichen Teilen [it.]
**amethodisch** (Adj.) ohne Plan, ohne jede Methode [gr.]
**Amethodist** (der, -disten, -disten) jmd., der ohne Plan, ohne Methode vorgeht, Pfuscher [gr.]
**Amethyst** [-tʏst] (der, -s, -e) violettes Mineral, Schmuckstein [gr.]
**Ametrie** (die, -, -n) Missverhältnis, Ungleichmäßigkeit [gr.]

**Ameu'ble'ment** [amœbləmɑ̃] (das, -s, -s) Zimmer- und Wohnungseinrichtung [frz.]
**Ami** (der, -s, -s) **1** Amerikaner (in der Umgangssprache) **2** amerikanische Zigarette
**Ami'ant** (der, -s, nur Ez.) Asbestart [gr.-lat.]
**Amid** (das, -s, -e) basenähnliche Ammoniakverbindung [gr.]
**ami'kal** (Adj.) freundschaftlich [lat.]
**ami'kros'ko'pisch** (Adj.) unter dem Mikroskop nicht mehr zu erkennen
**Ami'mie** (die, -, -n) **1** maskenhafte Gesichtsstarre (Med.) **2** Unfähigkeit sich mimisch auszudrücken **3** Nichtverstehen der Mimik anderer (Med.) [gr.-lat.]
**Amin** (das, -s, -e) Ammoniakverbindung mit organischen Molekülgruppen; z.B. der wichtige Ausgangsstoff Anilin [gr.-lat.]
**Ami'no'säu're** (die, -, -n) organische Säure, Bestandteil der Eiweiße
**Ami'to'se** (die, -, -n) direkte Zellkernverteilung [gr.]
**Am'mo'ni'ak** (das, -s, nur Ez.) ein Wasserstoff-Stickstoff-Gas [gr.]
**am'mo'ni'aka'lisch** (Adj.) ammoniakhaltig
**Am'mo'nit** (der, -en, -en) fossiler Kopffüßer [ägypt.-nlat.]
**Am'mo'ni'um** (das, -s, nur Ez.) chem. Gruppe aus Stickstoff u. Wasserstoff [gr.-nlat.]
**Am'ne'sie** (die, -, -n) Erinnerungsverlust, Gedächtnisschwund [gr.]
**Am'nes'tie** (die, -, -n) Straferlass [gr.]
**am'nes'tie'ren** (V.) Amnestie gewähren
**Am'ni'on** (das, -s, nur Ez.) Embryonalhülle
**Am'ni'o'skop** (das, -(e)s, -e) konisches Rohr zur Durchführung der Amnioskopie [gr.-lat.]
**Am'ni'o'sko'pie** (die, -, -n) Fruchtwasseruntersuchung [gr.]
**Amö'be** (die, -, -n) Wechseltierchen [gr.]
**Amö'bi'a'sis** (die, -, -i'a̲sen) Erkrankung durch Amöbenbefall [gr.-lat.]
**amö'bo'id** (Adj.) amöbenartig [gr.-lat.]
**Amok** (der, -s, nur Ez.) blinde Wut [malai.]
**Amok'läu'fer** (der, -s, -) wahllos um sich schießende Person
**Amom** (das, -s, -e) Gewürzpflanze der Tropen [gr.-lat.]
**amön** (Adj.) lieblich, anmutig [lat.]
**Amö'ni'tät** (die, -, nur Ez.) Lieblichkeit, Anmut
**Amö'no'ma'nie** (die, -, nur Ez.) krankhafte Heiterkeit [lat.-gr.]
**Amo'ral** (die, -, nur Ez.) Unmoral [gr.-lat.]
**amo'ra'lisch** (Adj.) unmoralisch [gr.-lat.]
**Amo'ra'lis'mus** (der, -, nur Ez.) amoralische Einstellung
**Amo'ra'li'tät** (die, -, nur Ez.) amoralische Lebensführung
**Amor'ces** (nur Mz.) **1** Abfallstücke von belichtetem Filmmaterial **2** Zündhütchen für Spielzeugpistolen [lat.-frz.]
**Amo'ret'te** (die, -, -n) nackte, geflügelte Knabendarstellung
**amo'ro'so** (Adv.) schmachtend (bei Musikstücken) [it.]
**amorph** (Adj.) formlos [gr.]
**Amor'phie** (die, -, -n) Formlosigkeit [gr.]
**amor'ti'sa'bel** (Adj.) tilgbar [lat.-frz.]
**Amor'ti'sa'ti'on** (die, -, -ti'o̲nen) Tilgung [lat.]
**amor'ti'sie'ren** (V.) tilgen [lat.]
**Amour bleu** [amuːr blø] (die, -, nur Ez.) Männerliebe [frz.]
**Amou'ren** [amuː-] (nur Mz.) Liebschaften, Liebeleien [frz.]
**Amour fou** [amuːr fu̲ː] (die, -, nur Ez.) heftige und verhängnisvolle Liebe [frz.]
**amou'rös** [amu-] (Adj.) zu einer Liebschaft gehörig, verliebt [frz.]
**Am'pel** (die, -, -n) **1** Hängelampe **2** Verkehrssignalanlage [lat.]
**Am'pe'lo'gra'fie** *auch:* Am'pe'lo'gra'phie (die, -, nur Ez.) Rebsortenkunde, Beschreibung der Traubensorten [gr.-lat.]
**Am'pere** [-pɛːr] (das, -(s), -) Maßeinheit der Stromstärke [frz.]
**Am'pere'me'ter** (das, -s, -) Strommessgerät
**Am'phe'ta'min** (das, -s, -e) ein anregendes, dem körpereigenen Adrenalin ähnliches Präparat [ıurzwort]
**Am'phi'bie** [-biə] (die, -, -n) Lurch [gr.]
**am'phi'bisch** (Adj.) **1** zu den Amphibien gehörig **2** zu Land und Wasser (einsetzbar)
**Am'phi'bi'um** (das, -s, -bi'en) = Amphibie
**Am'phi'bol** (der, -s, -e) dunkles Mineral [gr.]

A

**Am|phi|bo|lie** (die, -, -n) Mehrdeutigkeit (eines Wortes) innerhalb eines Sinnzusammenhangs; z.B. Autos von Russen beschlagnahmt. (Ist der russische Besitzer gemeint oder eine Beschlagnahmung seitens russischer Zöllner?) [gr.]
**Am|phi|bra|chys** (der, -, -) dreisilbiger Versfuß in der antiken Metrik [gr.-lat.]
**Am|phi|dro|mie** (die, -, -n) kreisförmig verlaufende Gezeitenbewegung, die durch die Überlagerung der Gezeitenströme entsteht [gr.-lat.]
**Am|phi|go|nie** (die, -, -n) zweigeschlechtliche Fortpflanzung [gr.]
**am|phi|karp** (Adj.) zur Amphikarpie fähig [gr.-lat.]
**Am|phi|kar|pie** (die, -, nur Ez.) **1** das Hervorbringen zweierlei Fruchtformen an einer Pflanze **2** das Reifen der Früchte über und unter der Erde [gr.-lat.]
**Am|phi|kty|o|ne** (der, -n, -n) Angehöriger einer Amphiktyonie [gr.-lat.]
**Am|phi|kty|o|nie** (die, -, -n) kultischer und politischer Zusammenschluss von benachbarten Staaten oder Stämmen, die ein gemeinsames Heiligtum verehren (antikes Griechenland) [gr.]
**Am|phi|ma|cer** (der, -s, -) dreisilbiger Versfuß in der antiken Metrik [gr.-lat.]
**Am|phi|ma|zer** (der, -s, -) = Amphimacer
**Am|phi|o|le** (die, -, -n) eine Kombination aus einer Heilmittelampulle und einer Injektionsspritze
**Am|phi|o|xus** (der, -, nur Ez.) Lanzettfisch [gr.-lat.]
**am|phi|pneus|tisch** (Adj.) zwei Atemöffnungen, vorne und hinten, aufweisend [gr.-lat.]
**Am|phi|po|de** (der, -n, -n) Flohkrebs [gr.]
**Am|phi|pros|ty|los** (der, -, -ty|len) griechischer Tempel mit Säulenvorbauten an der Vorder- und Rückseite [gr.]
**am|phi|sto|ma|tisch** (Adj.) beidseitig mit Spaltöffnungen versehene Pflanzenblätter
**Am|phi|the|a|ter** (das, -s, -) Theater im Freien mit ansteigenden, (halb)kreisförmig um die Bühne angeordneten Sitzreihen [gr.]
**am|phi|the|a|tra|lisch** (Adj.) zum Amphitheater gehörend
**Am|pho|re** (die, -, -n) antikes Gefäß mit zwei Henkeln [gr.]
**am|pho|ter** (Adj.) basisch oder sauer reagierend [gr.]
**Am|pli|dy|ne** (die, -, -n) besondere elektrische Gleichstrommaschine [lat.-gr.]
**Am|pli|fi|ka|ti|on** (die, -, -ti|o|nen) Erweiterung (eines Gedankens) [lat.]
**am|pli|fi|zie|ren** (V.) erweitern, erweitert darlegen [lat.]
**Am|pli|tu|de** (die, -, -n) größter Schwingungsausschlag [lat.]
**Am|pul|le** (die, -, -n) beidseitig verschmolzenes Glasröhrchen [lat.]
**Am|pu|ta|ti|on** (die, -, -ti|o|nen) Abtrennung eines Körperteils [lat.]
**am|pu|tie|ren** (V.) abtrennen (einen Körperteil) [lat.]
**Am|ri|ta** (das, -s, nur Ez.) Unsterblichkeitstrank der indischen Götter
**Amu|lett** (das, -(e)s, -e) Gegenstand, der zur Unheilabwehr getragen wird [lat.]
**amü|sant** (Adj.) unterhaltsam [frz.]
**Amu|se-Gueule** [amy:zgøl] (das, -, -) Appetithäppchen [frz.]
**Amü|se|ment** [-mã] (das, -s, -s) unterhaltsamer Zeitvertreib [frz.]
**amü|sie|ren** (V.) unterhalten, vergnügen
**amu|sisch** (Adj.) nicht musisch [gr.]
**Amyg|da|lin** (das, -s, nur Ez.) blausäurehaltiges Glykosid (in Bittermandeln, Apfelkernen) [lat.]
**amy|la|id** (Adj.) stärkeähnlich
**Amy|lo|id** (das, -s, -e) krankhafter Eiweißkörper im Organgewebe [gr.]
**amy|thisch** (Adj.) ohne jeden Mythos [gr.-lat.]
**Ana|bap|tis|mus** (der, -, nur Ez.) Wiedertäufertum [gr.]
**ana|ba|tisch** (Adj.) aufsteigend [gr.-lat.]
**Ana|bi|o|se** (die, -, nur Ez.) herabgesetzter Stoffwechselzustand [gr.]
**ana|bol** die Anabolie betreffend [gr.-lat.]
**Ana|bo|lie** (die, -, -n) **1** Aufbaustoffwechsel **2** die Aneignung neuer Merkmale in der individuellen Entwicklung [gr.-lat.]
**Ana|bo|li|kum** (das, -s, -ka) Muskelaufbaupräparat aus androgenen Hormonen [gr.-lat.]
**Ana|bo|lis|mus** (der, -, nur Ez.) aufbauende Stoffwechselprozesse (Bio.)
**Ana|cho|ret** [-ko-] (der, -en, -en) Einsiedler
**ana|cho|re|tisch** (Adj.) zurückgezogen, einsiedlerisch [gr.-lat.]

**Ana'chro'nis'mus** [-kro-] (der, -, -men) 1 veraltete Einrichtung 2 Zeitverwechslung
**ana'chro'nis'tisch** (Adj.) unzeitgemäß [gr.]
**Ana'di'p'lo'se** (die, -, -n) Wiederholung des letzten Wortes oder der letzten Wortgruppe eines Verses oder Satzes zu Beginn des nächsten Verses oder Satzes aus Gründen der Verstärkung der Bedeutung oder des Klanges [gr.-lat.]
**Ana'di'p'lo'sis** (die, -, -sen) = Anadiplose [gr.-lat.]
**an'ae'rob** (Adj.) 1 ohne Sauerstoff lebend 2 ohne Sauerstoff ablaufend [gr.]
**An'ae'ro'bi'er** (der, -s, -) niederes Lebewesen, das ohne Sauerstoff existieren kann [gr.-lat.]
**An'ae'ro'bi'ont** (der, -en, -en) = Anaerobier
**An'ae'ro'bi'o'se** (die, -, nur Ez.) Bezeichnung für Lebensvorgänge, die vom Sauerstoff unabhängig verlaufen [gr.-lat.]
**Ana'ge'ne'se** (die, -, nur Ez.) Höherentwicklung innerhalb einer Stammesgeschichte (Bio.) [gr.-lat.]
**Ana'gly'phen** (nur Mz.) Bilder, die in den Komplementärfarben verschoben übereinander gedruckt oder projiziert sind und beim Betrachten durch eine Farbfilterbrille räumlich erscheinen [gr.-lat.]
**Ana'gno'ri'sis** (die, -, nur Ez.) das Wiedererkennen von Freunden oder Verwandten als Element der Dramatik in der antiken Tragödie [gr.]
**Ana'go'ge** (die, -, nur Ez.) 1 Emporführung des Eingeweihten zur Schau der Gottheit 2 Erläuterung eines Textes, indem ein höherer Sinn hineininterpretiert wird [gr.-lat.]
**ana'go'gisch** (Adj.) die Anagoge betreffend
**Ana'gramm** (das, -s, -e) Umstellung von Buchstaben zu neuem Wortsinn; z.B. Horst – Stroh [gr.]
**ana'gram'ma'tisch** (Adj.) wie ein Anagramm
**Ana'kar'die** (die, -, -n) Holzgewächs der Tropen [gr.-lat.]
**Ana'kla'sis** (die, -, nur Ez.) Vertauschung von Längen und Kürzen, die benachbarten, verschiedenen Versfüßen angehören [gr.]
**Ana'ko'luth** (das oder der, -s, -e) Durchbrechung der üblichen Satzkonstruktion, Satzbruch (als Stilmittel) [gr.]
**Ana'kon'da** (die, -, -s) südamerikanische Riesenschlange [ind.]
**Ana'kre'on'tik** (die, -, nur Ez.) Wein, Liebe und Lebensgenuss als Literaturthematik [gr.]
**Ana'kre'on'ti'ker** (der, -s, -) Vertreter der Anakreontik, Nachahmer der Dichtweise Anakreons
**Ana'kru'sis** (die, -, -sen) Auftakt, unbetonte Anfangssilbe eines Verses [gr.-lat.]
**Ana'ku'sis** (die, -, nur Ez.) Taubheit (Med.) [gr.-lat.]
**anal** (Adj.) 1 zum After gehörig 2 am After interessiert; z.B. anale Kindheitsphase [lat.]
**An'al'cim** (das, -s, nur Ez.) Mineral, das grau, fleischrot oder farblos sein kann [gr.-lat.]
**Ana'lek'ten** (nur Mz.) gesammelte Auszüge aus Dichterwerken [gr.]
**Ana'lep'ti'kum** (das, -s, -ka) Belebungsmittel
**ana'lep'tisch** (Adj.) belebend [gr.]
**Anal'ero'tik** (die, -, nur Ez.) sexuelles Interesse am After [lat.-gr.]
**Anal'fis'sur** (die, -, -en) Hautriss am After (Med.)
**Anal'fis'tel** (die, -, -n) Mastdarm- oder Afterfistel (Med.)
**An'al'ge'sie** (die, -, -n) Schmerzlosigkeit [gr.]
**An'al'ge'ti'kum** (das, -s, -ka) schmerzstillendes Mittel [gr.-nlat.]
**an'al'ge'tisch** (Adj.) schmerzstillend [gr.]
**An'al'gie** (die, -, -n) = Analgesie
**an'al'lak'tisch** (Adj.) unveränderlich [gr.-lat.]
**ana'log** (Adj.) entsprechend [gr.]
**Ana'lo'gat** (das, -(e)s, -e) analoges Verhältnis von Begriffen
**Ana'lo'gie** (die, -, -n) Entsprechung [gr.]
**ana'lo'gisch** (Adj.) nach Art einer Analogie
**Ana'lo'gis'mus** (der, -, -men) logischer Schluss durch Analogie [gr.-nlat.]
**Ana'lo'gon** (das, -s, -ga) ähnlicher Fall [gr.]
**An'al'pha'bet** (der, -en, -en) Lese- und Schreibunkundiger [gr.]

A

**Analˈverˈkehr** (der, -s, nur Ez.) Einführen des Penis in den After eines Menschen oder eines Tieres

**Anaˈlyˈsand** (der, -en, -en) jmd., der psychologisch analysiert wird

**Anaˈlyˈsaˈtor** (der, -s, -toˈren) **1** Messeinrichtung zum Nachweis linear polarisierten Lichts (Phys.) **2** Vorrichtung zum Zerlegen einer Schwingung in harmonische Schwingungen (Phys.) [gr.-lat.]

**Anaˈlyˈse** (die, -, -n) systematisch-zergliedernde Untersuchung [gr.]

**anaˈlyˈsieˈren** (V.) durch Analyse untersuchen

**Anaˈlyˈsis** (die, -, nur Ez.) analysierende Mathematik

**Anaˈlyˈtik** (die, -, nur Ez.) Kunst der Analyse

**anaˈlyˈtisch** (Adj.) mittels Analyse, zerlegend

**Anaˈlyst** (der, -s, -s) Börsenfachmann, der die Lage an der Wertpapierbörse analysiert

**Anaˈlyt** (der, -en, -en) der zu bestimmende Stoff in der Chemie [gr.]

**Anˈäˈmie** (die, -, -n) Blutarmut [gr.]

**anˈäˈmisch** (Adj.) blutarm [gr.]

**Anaˈmˈneˈse** (die, -, -n) Krankheitsvorgeschichte [gr.]

**Anaˈmˈneˈsis** (die, -, -sen) Wiedererinnerung der Seele an die Zeit vor der Geburt, an Wahrheiten, die vor der Vereinigung von Körper und Seele geschaut wurden (Philos.) [gr.-lat.]

**anaˈmˈnesˈtisch** (Adj.) = anamnetisch

**anaˈmˈneˈtisch** (Adj.) zur Anamnese gehörig

**Anˈamˈniˈer** (der, -s, -) Wirbeltier ohne Amnion [gr.]

**Anaˈmorˈphot** (der, -en, -en) Linse zur Entzerrung von Abbildungen, die bewusst verzerrt hergestellt worden waren [gr.-lat.]

**Anaˈnas** (die, -, -) **1** ein Bromeliengewächs **2** dessen Frucht **3** große Gartenerdbeere (veraltend) [indian.-portugies.]

**Anˈanˈkasˈmus** (der, -, -men) eine Zwangsneurose [gr.]

**Anˈanˈke** (die, -, nur Ez.) schicksalhafte Macht [gr.]

**Anˈanˈtaˈpoˈdoˈton** (das, -, -ta) das Fehlen des durch die zweite Konjunktion eingeleiteten Satzes bei Sätzen mit zweigliedrigen Konjunktionen [gr.]

**Anaˈnym** (das, -s, -e) spezielle Form des Pseudonyms, bei der der tatsächliche Name rückwärts geschrieben wird [gr.-lat.]

**Anaˈpäst** (der, -s, -päsˈte) Versfuß aus zwei unbetonten Silben und einer betonten Silbe [gr.]

**Anaˈphaˈse** (die, -, -n) bestimmtes Stadium bei der Zellkernteilung [gr.-lat.]

**Anaˈpher** (die, -, -n) Wiederholung des Anfangswortes (als Stilmittel); z.B. Das Wasser rinnt, das Wasser spinnt. [gr.]

**Anaˈphoˈra** (die, -, -rä) = Anapher

**anaˈphoˈrisch** (Adj.) wie eine Anapher

**Anˈaphˈroˈdiˈsiˈaˈkum** (das, -s, -ka) Mittel, das den Geschlechtstrieb vermindert [gr.-lat.]

**anaˈphyˈlakˈtisch** (Adj.) die Anaphylaxie betreffend (Med.)

**Anaˈphyˈlaˈxie** (die, -, en) schockartige allergische Reaktion (Med.)

**Anaˈptyˈxe** (die, -, -xiˈen) Bildung eines sogenannten Sprossvokals zwischen zwei Vokalen [gr.]

**Anˈarˈchie** (die, -, -n) Gesetzlosigkeit [gr.]

**anˈarˈchisch** (Adj.) gesetzlos [gr.]

**Anˈarˈchisˈmus** (der, -, nur Ez.) politische Bewegung zur Aufhebung der Staatseinrichtungen [gr.-nlat.]

**Anˈarˈchist** (der, -chisˈten, -chisˈten) Anhänger des Anarchismus

**anˈarˈchisˈtisch** (Adj.) zum Anarchismus gehörig

**Anˈarˈcho** (der, -s, -s) jmd. der sich gegen die bürgerliche Gesellschaft mit Gewalt und Aktionen auflehnt (ugs.)

**Anˈarˈchoˈsynˈdiˈkaˈlisˈmus** (der, -, nur Ez.) sozialrevolutionäre Bewegung zur Mobilisierung der Arbeiter in den romanischen Ländern, unter Einbeziehung der Gewerkschaften als Kampforgane

**Anˈäˈreˈsis** (die, -, -sen) in der antiken Rhetorik die Entkräftung eines Arguments [gr.]

**Anˈarˈthrie** (die, -, -rien) Unfähigkeit, Laute und Wörter trotz funktionierender Sprechorgane richtig zu bilden [gr.-lat.]

**Anaˈsarˈka** (die, -, nur Ez.) Hautwassersucht [gr.-lat.]

**Anastasis** (die, -, nur Ez.) künstlerische Darstellung der Auferstehung des Herrn [gr.-lat.]
**anastatisch** (Adj.) wieder auffrischend, erneuernd [gr.-lat.]
**Anasthem** (das, -s, -e) = Anathema
**Anästhesie** (die, -, -n) **1** Betäubung (durch Narkose) **2** Schmerzunempfindlichkeit [gr.]
**anästhesieren** (V.) betäuben; schmerzunempfindlich machen [gr.]
**Anästhesist** (der, -sisten, -sisten) Narkosearzt
**Anästhetikum** (das, -s, -ka) schmerzstillendes Mittel [gr.-nlat.]
**anästhetisch** (Adj.) Anästhesie bewirkend, zu ihr gehörig
**anästhetisieren** (V.) = anästhesieren
**Anastigmat** (der, -en, -en oder das, -s, -e) fotografisches Objektiv [gr.-lat.]
**Anastrophe** (die, -, -n) Umkehrung der üblichen Stellung der Wörter, insbesondere Präposition und Hauptwort im Satz [gr.-lat.]
**Anatexis** (die, -, nur Ez.) tektonisches Phänomen, das ein Schmelzen der Gesteine in der Erde bewirkt [gr.]
**Anathema** (das, -s, -mata) Kirchenbann [gr.]
**anational** (Adj.) nicht national eingestellt [gr.-lat.]
**Anatol** (der, -s, -s) handgeknüpfter Teppich
**Anatom** (der, -en, -en) jmd., der sich mit Anatomie beschäftigt
**Anatomie** (die, -, -n) **1** (nur Ez.) Wissenschaft vom Körperbau der Lebewesen **2** Lehrbuch darüber **3** Universitätsinstitut dafür [gr.]
**anatomisch** (Adj.) zur Anatomie gehörig; zergliedernd
**Anatozismus** (der, -, -men) Zinsenverzinsung [gr.-lat.]
**anatrop** (Adj.) gegenläufig, umgewendet [gr.-lat.]
**anaxial** (Adj.) nicht in Achsenrichtung
**anazyklisch** (Adj.) Wörter, die vorwärts und rückwärts gelesen den gleichen Wortlaut ergeben [gr.-lat.]
**ANC** (der, -, nur Ez.) Abk. für **A**frican **N**ational **C**ongress, polit. Partei der Schwarzen in Südafrika
**Anchorman** [æŋkəmæn] (der, -, -men) Moderator, der Beiträge einleitet und von einem zum andern überleitet (engl.)
**Anchovis** *auch:* Anschovis [-ʃoː-] (die, -, -) Sardelle
**Anciennität** [ɑ̃sjɛnitaˑt] (die, -, -en) **1** Auswahl nach dem Alter **2** Dienstalter, Reihenfolge nach Dienstalter [frz.]
**Anciennitätsprinzip** (das, -s, nur Ez.) Regelung, wonach der Dienstälteste Vorrang hat bei Beförderungen etc.
**Ancien Régime** [ɑ̃sjɛ̃ reʃim] (das, - -, nur Ez.) **1** Bezeichnung für das Herrschafts- und Gesellschaftssystem in Frankreich vor der Französischen Revolution **2** Bezeichnung für Gesellschaft und Staat in Europa zwischen dem 17. und dem 18. Jh. [frz.]
**Andalusit** (der, -s, -e) Aluminiumsilikat, Kreuzstein mit braungelblichen Kristallen [lat.]
**andante** (Adv.) mäßig langsam (bei Musikstücken) [it.]
**andantino** (Adv.) etwas schneller als andante [it.]
**Andesin** (der, -s, nur Ez.) Gestein bildendes Mineral, Feldspat [lat.]
**Andesit** (der, -s, nur Ez.) vulkanisches Gestein.
**Andorraner** (der, -s, -) Ew. Andorras
**andorranisch** (Adj.) zu Andorra gehörig
**Andragogik** (die, -, nur Ez.) die Wissenschaft von der Erwachsenenbildung [gr.-lat.]
**Androblastom** (das, -s, -e) Eierstockgeschwulst
**Androgamet** (der, -en, -en) männliche Keimzelle
**Androgamon** (das, -s, -e) Befruchtungsstoff des männlichen Gameten
**Androgen** (das, -s, -e) in der Nebennierenrinde erzeugtes, die sekundären männlichen Geschlechtsmerkmale bewirkendes Hormon [gr.]
**androgyn** (Adj.) **1** Androgynie aufweisend **2** männliche und weibliche Blüten an einem Blütenstand ausbildend [gr.-lat.]
**Androgynie** (die, -, nur Ez.) **1** Vermischung der männlichen und weiblichen Geschlechtsmerkmale in einer Person **2** Zwitterbildung bei Pflanzen [gr.-lat.]

**Androide** (der, -n, -n) einem Menschen in Aussehen und Bewegung ähnelnde Maschine [gr.-lat.]
**Andrologie** (die, -, nur Ez.) Männerheilkunde [gr.]
**Anekdote** (die, -, -n) kurze, witzige Erzählung, die eine Persönlichkeit charakterisiert
**anekdotisch** (Adj.) wie eine Anekdote [gr.]
**Anemochoren** (nur Mz.) Pflanzen, deren Samen vom Wind verbreitet wird [gr.-lat.]
**Anemogamie** (die, -, nur Ez.) Windbestäubung [gr.-lat.]
**Anemometer** (das, -s, -) Windmesser [gr.]
**Anemone** (die, -, -n) ein Hahnenfußgewächs, Buschwindröschen [gr.]
**Anenzephalie** (die, -, nur Ez.) Fehlen des Gehirns von Geburt an [gr.]
**Äneolithikum** (das, -s, nur Ez.) Phase der Jungsteinzeit
**Anepigrapha** (nur Mz.) Schriften ohne Titel [gr.]
**Anergie** (die, -, -n) **1** Energielosigkeit **2** Reizunempfindlichkeit **3** Energieverlust
**anergisch** (Adj.) **1** energielos **2** reizunempfindlich [gr.]
**Aneroid** (das, -s, -e) Dosenbarometer [gr.]
**Aneurin** (das, -s, nur Ez.) Vitamin B1 [ıurzwort]
**Aneurysma** (das, -s, -men oder -mata) örtliche Gefäßausbuchtung [gr.]
**anfixen** (V.) jemandem erstmalig Drogen verabreichen (Drogenszene)
**Angelika** (die, -, -s) Engelwurz [lat.]
**Angiitis** (die, -, -itiden) Blutgefäßentzündung [gr.-lat.]
**Angina** (die, -, -nen) fieberhafte Mandelentzündung
**Angina Pectoris** (die, - -, nur Ez.) Schmerzanfall nach Verengung der Herzkranzgefäße [lat.]
**Angiogramm** (das, -s, -e) Röntgenbild von Blutgefäßen
**Angiographie** *auch:* Angiografie (die, -, -n) Röntgendarstellung der Blutgefäße [gr.]
**Angiologie** (die, -, nur Ez.) Lehre von den Blutgefäßen [gr.]
**Angiom** (das, -s, -e) Geschwulst aus Blut- oder Lymphgefäßen
**Angiospermen** (nur Mz.) eine Pflanzengruppe, Bedecktsamer [gr.]
**Anglaise** [ɑ̃glɛːz] (die, -, -n) Gesellschaftstanz des 18./19. Jahrhunderts [frz.]
**anglikanisch** (Adj.) zur englischen Staatskirche gehörig [nlat.]
**anglisieren** (V.) nach englischer Art gestalten [nlat.]
**Anglist** (der, -en, -listen) jmd., der sich mit Anglistik beschäftigt
**Anglizismus** (der, -, -men) aus dem Englischen übernommene Spracherscheinung [nlat.]
**Angloamerikaner** (der, -s, -) Amerikaner englischer Abstammung [nlat.]
**anglophil** (Adj.) englandfreundlich [nlat.-gr.]
**Anglophilie** (die, -, nur Ez.) Englandvorliebe [nlat.-gr.]
**Anglophobie** (die, -, nur Ez.) Abneigung gegen alles Englische
**Angolaner** (der, -s, -) Ew. Angolas
**angolanisch** (Adj.) zu Angola gehörig
**Angophrasie** (die, -, -n) stakkatohaftes Sprechen, wobei unartikulierte Laute eingeschoben werden [lat.-gr.]
**Angora** (das, -s, nur Ez.) lange Haarwolle; früherer Name von Ankara
**Angostura** (der, -s, -s) Bitterlikör [span.]
**Angry young men** [æŋgrɪ jʌŋ men] (nur Mz.) Anhänger einer literarischen Richtung in England in den 50er-Jahren [engl.]
**Angster** (der, -s, -) Trinkglas aus dem 15. und 16. Jh. [lat.]
**Angstneurose** (die, -, -n) Angstzustände, die auf seelische Störungen zurückgehen
**Ångström** (das, -(s), -) frühere Maßeinheit der Wellenlänge [schwed.]
**angular** (Adj.) winklig, eckig [lat.]
**Anhedonie** (die, -, nur Ez.) sexuelle Empfindungslosigkeit (Med.) [gr.-lat.]
**Anhydrid** (das, -s, -e) durch Wasserentzug entstehendes Oxid [gr.]
**Anhydrit** (der, -s, -e) ein Mineral [gr.]
**Änigma** (das, -s, -ta) Rätsel [gr.-lat.]
**änigmatisch** (Adj.) rätselhaft, unverständlich

**änigmatisieren** (V.) etwas rätselhaft ausdrücken
**Anilin** (das, -s, nur Ez.) eine Flüssigkeit, Ausgangsstoff für Farben [arab.-frz.]
**animalisch** (Adj.) tierisch [lat.]
**Animalismus** (der, -, nur Ez.) religiöse Tierverehrung [lat.]
**Animalität** (die, -, nur Ez.) das Tiersein [lat.]
**Animateur** [-tøːɐ] (der, -s, -e) jmd., der Touristen am Urlaubsort mit Aktivspielen unterhält [frz.]
**Animation** (die, -, -en) Freizeitgestaltung für Urlauber [frz.]
**animato** (Adv.) beseelt (Musikstücke) [it.]
**Animator** (der, -s, -en) **1** Trickfilmzeichner **2** = Animateur [lat.]
**Animierdame** (die, -, -n) Barfrau, die zum Trinken animiert
**animieren** (V.) ermuntern [frz.]
**Animismus** (der, -, nur Ez.) religiöse Vorstellung von einer beseelten Natur [lat.]
**animos** (Adj.) feindselig
**Animosität** (die, -, nur Ez.) Widerwille, Abneigung [frz.]
**animoso** bewegt, beherzt (Mus.)
**Animus** (der, -, -mi) Gefühl, Neigung [lat.]
**Anion** (das, -s, ionen) negativ geladenes Ion
**Anis** (der, -es, -e) ein Gewürz [gr.]
**Anisette** (der, -s, -s) Anislikör [gr.-frz.]
**Anisöl** (das, -s, nur Ez.) ätherisches Öl des Anis
**anisotrop** (Adj.) richtungsabhängig [gr.]
**Ankathete** (die, -, -n) eine der beiden Seiten, die die Schenkel eines rechtwinkligen Dreiecks bilden [dt.-gr.-lat.]
**Ankependium** (das, -s, -dien) Verkleidung des Altarunterbaus [lat.]
**Anmoderation** (die, -, -en) Einführungsworte eines Fernseh- oder Rundfunkmoderators
**Annalen** (nur Mz.) Jahrbücher, chronologische Aufzeichnungen [lat.]
**Annalin** (das, -s, nur Ez.) feiner Gips [lat.]
**Annalist** (der, -listen, -listen) Verfasser von Jahrbüchern [lat.]
**Annaten** (nur Mz.) im Mittelalter Abgabe an den Papst für ein von ihm verliehenes Kirchenamt (lat.)
**annektieren** (V.) gewaltsam aneignen (fremdes Staatsgebiet) [lat.]
**Annex** (der, -es, -e) Anhang [lat.]
**Annexion** (die, -, -xionen) das Annektieren
**Annexionismus** (der, -, nur Ez.) Bestrebungen zur gewaltsamen Aneignung fremden Staatsgebiets
**anni currentis** laufenden Jahres [lat.]
**anni futuri** künftigen Jahres [lat.]
**Annihilation** (die, -, -tionen) Nichtigkeitserklärung [lat.]
**Anniversar** (das, -s, -e) jährliche Gedächtnisfeier (der kath. Kirche) [lat.]
**Anniversarium** (das, -s, -rien) = Anniversar
**anno, Anno** im Jahre [lat.]
**anno Domini, Anno Domini** nach Christi Geburt, im Jahr des Herrn [lat.]
**Annonce** [anɔ̃sə] (die, -, -n) **1** Zeitungsanzeige **2** Bekanntgabe [frz.]
**annoncieren** [anɔ̃siː-] (V.) durch Annonce ausschreiben [frz.]
**Annone** (die, -, -n) tropische Pflanze
**Annotation** (die, -, -tionen) Anmerkung [lat.]
**annuell** (Adj.) einjährig, jährlich [frz.]
**Annuität** (die, -, -en) jährliche Rate aus Tilgungsbetrag und Schuldzinsen [frz.]
**annullieren** (V.) nichtig erklären [lat.]
**Annuntiationsstil** (der, -s, nur Ez.) Zeitbestimmung des Mittelalters und der Neuzeit, bei der das Jahr am 25. März (Mariä Verkündigung) beginnt [lat.]
**Anoa** (das, -s, -s) Wildrind Indonesiens
**Anode** (die, -, -n) positive Elektrode [gr.]
**anogen** (Adj.) aus dem Erdinnern nach oben steigend (Geol.)
**Anökumene** (die, -, nur Ez.) unbewohnter Teil der Erde [gr.]
**Anolyt** (der, -s oder -en, -en) Elektrolyt im Anodenraum
**anomal** (Adj.) nicht normal [gr.]
**Anomalie** (die, -, -n) Abweichung vom Normalen [gr.]
**Anomie** (die, -, -n) Gesetzlosigkeit
**anonym** (Adj.) ohne Namensnennung [gr.]

**An'o'nym'i'tät** (die, -, nur Ez.) 1 Namenlosigkeit; Verschweigen des Namens 2 das Unpersönlichsein; z.B. die Anonymität neuer Städte [gr.]
**An'o'ny'mus** (der, -, -mi) anonymer Künstler
**An'o'phe'les** (die, -, -) Malariamücke [gr.]
**An'oph'tal'mie** (die, -, -n) Fehlen eines oder beider Augäpfel [gr.-lat.]
**Ano'rak** (der, -s, -s) 1 Jacke der Eskimos 2 windundurchlässige Jacke
**An'o'rek'ti'kum** (das, -s, -ka) Appetitzügler
**An'o'rex'ia nervosa** (die, -, nur Ez.) Magersucht [nlat.]
**An'o'rex'ie** (die, -, nur Ez.) Appetitlosigkeit [gr.-lat.]
**An'or'ga'nik** (die, -, nur Ez.) anorganische Chemie
**an'or'ga'nisch** (Adj.) nicht organisch, unbelebt [gr.]
**An'or'gas'mie** (die, -, nur Ez.) Ausbleiben des Orgasmus (Med.)
**anor'mal** (Adj.) nicht normal [lat.]
**An'or'tho'sit** (der, -s, nur Ez.) Gesteinsart
**An'os'mie** (die, -, nur Ez.) Fehlen des Geruchssinns [gr.-lat.]
**Ano'so'g'no'sie** (die, -, nur Ez.) Unfähigkeit eine Erkrankung an sich selbst zu bemerken [gr.-lat.]
**An'os'to'se** (die, -, -n) Knochenwachstumsstörung [gr.-lat.]
**ano'therm** (Adj.) kälter werdend mit zunehmender Tiefe des Gewässers [gr.]
**Ano'ther'mie** (die, -, nur Ez.) Temperatursenkung mit zunehmender Gewässertiefe [gr.]
**An'ox'ä'mie** (die, -, nur Ez.) Sauerstoffmangel im Blut [gr.-lat.]
**An'ta'go'nis'mus** (der, -, -men) 1 Widerstreit 2 Gegenwirkung [gr.-lat.]
**An'ta'go'nist** (der, -nis'ten, -nis'ten) 1 Widersacher, Gegenspieler 2 Muskel, der dem Agonisten entgegenwirkt [gr.]
**an'ta'go'nis'tisch** (Adj.) widerstreitend, unversöhnlich [gr.]
**Ant'aph'ro'di'si'a'kum** (das, -s, -ka) Mittel, das den Geschlechtstrieb vermindert [gr.-nlat.]
**ant'ark'tisch** (Adj.) zur Antarktis gehörig
**an'te** (Präp.) vor [lat.]
**An'te** (die, -, -n) pfeilerartige Stirn einer frei stehenden Mauer [lat.]
**an'te Chris'tum na'tum** vor Christi Geburt [lat.]
**an'te'da'tie'ren** (V.) auf zukünftiges Datum datieren [lat.]
**an'te mor'tem** vor dem Tode [lat.]
**An'ten'ne** (die, -, -n) 1 Empfangsleiter für elektromagnet. Wellen 2 Fühler [lat.]
**An'ten'tem'pel** (der, -s, -) ein mit Anten versehener Tempel [lat.]
**An'te'pen'di'um** (das, -s, -ien) Altarverkleidnug [lat.]
**An'te'pir'rhem** (das, -s, -rha'ta) Dialogverse in der attischen Komödie, die vom Chor vorgetragen werden [gr.]
**an'te'po'nie'rend** (Adj.) verfrüht erscheinend [lat.]
**an'te por'tas** im Kommen, im Anmarsch [lat.]
**An'te'ze'dens** (das, -, -den'zi'en) Voraussetzung [lat.]
**an'te'ze'die'ren** (V.) vorhergehen, vorausgehen (veraltet)
**An'te'zes'sor** (der, -s, -so'ren) Amtsvorgänger [lat.]
**An'the'mi'on** (das, -s, -mi'en) Zierband aus Blumen (an antiken Bauten) [gr.]
**An'the'mis** (die, -, -) Hundskamille
**An'the're** (die, -, -n) Staubbeutel [gr.]
**An'the'ri'di'um** (das, -s, -di'en) männliches Geschlechtsorgan (niederer Pflanzen) [lat.]
**An'the'se** (die, -, nur Ez.) Zeitraum zwischen Blütenaufbruch und Verwelken (Bot.) [lat.]
**An'tho'lo'gie** (die, -, -n) Sammlung ausgewählter Schriften verschiedener Dichter [gr.]
**An'tho'zo'on** (das, -, -zo'en) Korallentier
**An'thra'cen** (das, -s, -e) eine aromatische Verbindung, Bestandteil des Steinkohlenteers [gr.]
**An'thra'ko'se** (die, -, -n) 1 Kohlenstaublunge 2 eine Pflanzenkrankheit [gr.]
**An'thrax** (der, -, nur Ez.) Milzbrand [gr.]
**An'thra'zen** (das, -s, -e) = Anthracen
**an'thra'zit** (Adj.) grauschwarz
**An'thra'zit** (der, -s, -e) glänzende Steinkohle [it.-gr.-lat.]
**An'thro'po'bi'o'lo'gie** (die, -, nur Ez.) Lehre von der biologischen Beschaffenheit des Menschen (Med.) [gr.]

**An|thro|po|cho|rie** (die, -, nur Ez.) Samen- und Früchteverbreitung durch den Menschen [gr.]
**an|thro|po|gen** (Adj.) vom Menschen verursacht [gr.]
**An|thro|po|ge|ne|se** (die, -, nur Ez.) Lehre von der Abstammung des Menschen
**An|thro|po|ge|nie** (die, -, nur Ez.) = Anthropogenese
**an|thro|po|id** (Adj.) menschenähnlich [gr.]
**An|thro|po|ide** Menschenaffe
**An|thro|po|kli|ma|to|lo|gie** (die, -, nur Ez.) Wissenschaft von den Beziehungen zwischen Mensch und Klima
**An|thro|po|la|trie** (die, -, -n) gottähnliche Verehrung eines Menschen, Menschenkult
**An|thro|po|lo|ge** (der, -n, -n) Menschenkundler [gr.]
**An|thro|po|lo|gie** (die, -, nur Ez.) Menschenkunde [gr.]
**an|thro|po|lo|gisch** (Adj.) menschenkundlich [gr.]
**an|thro|po|morph** (Adj.) menschengestaltig
**an|thro|po|mor|phisch** (Adj.) die menschliche Gestalt betreffend
**An|thro|po|mor|phis|mus** (der, -, nur Ez.) Vermenschlichung [gr.]
**An|thro|po|pha|ge** (der, -n, -n) Menschenfresser [gr.]
**An|thro|po|pha|gie** (die, -, nur Ez.) Menschenfresserei [gr.]
**An|thro|po|so|phie** (die, -, nur Ez.) 1913 begründete Weltanschauungslehre Rudolf Steiners [gr.]
**an|thro|po|so|phisch** (Adj.) zur Anthroposophie gehörig
**an|thro|po|zen|trisch** (Adj.) den Menschen in den Mittelpunkt stellend [gr.-lat.]
**An|thro|pus** (der, -, nur Ez.) Frühmensch
**An|thu|rie** (die, -, -n) Flamingoblume [gr.-lat.]
**An|thu|ri|um** (das, -s, -ri|en) = Anthurie [gr.- lat.]
**An|ti|al|ko|ho|li|ker** (der, -s, -) Alkoholgegner [gr.-arab.]
**An|ti|asth|ma|ti|kum** (das, -s, -ka) Mittel gegen Asthma [gr.-lat.]
**an|ti|au|to|ri|tär** (Adj.) gegen (Erziehungs-) Autorität eingestellt [gr.-frz.]
**An|ti|ba|by|pil|le** (die, -, -n) Tablette, die durch die Unterdrückung des Eisprungs vor Empfängnis schützt [gr.-engl.-lat.]
**an|ti|bak|te|ri|ell** (Adj.) gegen Bakterien wirkend [gr.]
**An|ti|bar|ba|rus** (der, -, -ri) Werke, die falschen Sprachgebrauch aufführen und verbessern [gr.-lat.]
**An|ti|bi|o|se** (die, -, -n) Schadwirkung von Kleinstlebewesen auf andere Kleinstlebewesen [gr.]
**An|ti|bi|o|ti|kum** (das, -s, -ka) biologischer Wirkstoff, der Mikroorganismen im Wachstum hemmt
**an|ti|bi|o|tisch** (Adj.) Antibiose bewirkend
**An|ti|block** (der, -s, -s) Schachzug
**An|ti|blo|ckier|sys|tem** (Abk.: **ABS**) (das, -s, nur Ez.) Vorrichtung, die das Blockieren von Kfz-Rädern verhindert [gr.-frz.-gr.]
**an|ti|cham|brie|ren** [-ʃɑ̃-] (V.) im Vorzimmer warten; um Gunst bemüht sein [gr.]
**An|ti|chre|se** (die, -, -n) Pfandnutzungsabtretung an den Gläubiger [gr.-lat.]
**An|ti|christ** **1** (der, -s, nur Ez.) Teufel, Gegenspieler Christi **2** (der, -en, -en) Gegner des Christentums
**an|ti|christ|lich** (Adj.) gegen das Christentum eingestellt
**An|ti|de|pres|si|vum** (das, -s, -va) Mittel gegen Depressionen [gr.-lat.]
**An|ti|de|ra|pant** (der, -en, -en) Gleitschutzreifen [gr.-lat.]
**An|ti|di|a|be|ti|kum** (das, -s, -ka) Mittel gegen zu hohen Blutzucker [gr.]
**An|ti|di|ar|rho|i|kum** (das, -s, -ka) Mittel gegen Durchfall [gr.-lat.]
**An|ti|dot** (das, -s, -e) Gegengift [gr.]
**An|ti|fa|schis|mus** (der, -, nur Ez.) politische Überzeugung und Aktivitäten gegen Nationalsozialismus und Faschismus
**An|ti|fa|schist** (der, -schis|ten, -schis|ten) Gegner des Nationalsozialismus und Faschismus
**An|ti|fe|bri|le** (das, -s, -lia) fiebersenkendes Mittel [gr.-lat.]
**An|ti|fou|ling** [æntɪfaʊlɪŋ] Schutzanstrich für den Teil des Schiffes, der sich unter Wasser befindet [gr.-engl.]
**An|ti|gen** (das, -s, -e) Stoff, der die Bildung von Antikörpern bewirkt [gr.]

A

**An'ti'held** (der, -en, -en) Hauptfigur im Roman oder Drama, der sich negativ oder passiv verhält [gr.-dt.]
**An'ti'his'ta'mi'ni'kum** (das, -s, -ka) Medikament gegen eine Allergie
**an'tik** (Adj.) **1** zur Antike gehörig **2** alt und wertvoll
**An'ti'ka'gli'en** (nur Mz.) kleine antike Kunstgegenstände [lat.-it.]
**An'ti'ka'tho'de** *auch:* An'ti'ka'to'de (die, -, -n) Anode der Röntgenröhre [gr.]
**An'ti'ke** (die, -, nur Ez.) griechisch-römisches Altertum [frz.]
**An'ti'ken** (nur Mz.) antike Kunstwerke [frz.]
**an'ti'ki'sie'ren** (V.) antik gestalten
**an'ti'kle'ri'kal** (Adj.) kirchenfeindlich, gegen den Klerus
**An'ti'kle'ri'ka'lis'mus** (der, -, nur Ez.) kirchenfeindliche Einstellung
**An'ti'kli'max** (die, -, -e) vom stärkeren zum schwächeren Ausdruck (Stilmittel) [gr.]
**An'ti'ko'agu'lans** (das, - lan'tia/lan'zi'en) die Blutgerinnung verzögerndes Mittel
**An'ti'kom'mu'nis'mus** (der, -, nur Ez.) Ablehnung des Kommunismus
**An'ti'kon'zep'ti'on** (die, -, nur Ez.) Empfängnisverhütung
**an'ti'kon'zep'ti'o'nell** (Adj.) empfängnisverhütend [gr.-lat.]
**An'ti'kon'zep'ti'vum** (das, -s, -va) Mittel zur Empfängnisverhütung
**An'ti'kör'per** (der, -s, -) Abwehrstoff im Blutserum
**An'ti'kri'tik** (die, -, -en) Gegenkritik
**An'ti'la'be** (die, -, -n) Aufteilung eines Verses auf mehrere Personen [gr.]
**An'ti'lo'gie** (die, -, -n) Argumentation und Gegenargumentation über die Haltbarkeit eines Lehrsatzes
**An'ti'lo'pe** (die, -, -n) gehörntes Huftier (Asiens und Afrikas) [gr.]
**An'ti'ma'chi'a'vel'lis'mus** [-makjavɛ-] (der, -, nur Ez.) Meinung, die gegen die politische Schrift Machiavellis gerichtet ist
**An'ti'ma'te'rie** (die, -, nur Ez.) aus Antiteilchen bestehende Materie
**An'ti'me'ta'bo'le** (die, -, -n) Wiederholung von Wörtern und Sätzen in veränderter Stellung, um eine gedankliche Gegenargumentation zu verdeutlichen [gr.-lat.]
**an'ti'me'ta'phy'sisch** (Adj.) gegen die Metaphysik gerichet
**An'ti'me'ta'the'sis** (die, -, nur Ez.) Wiederholung der Glieder einer Antithese [gr.]
**An'ti'mi'li'ta'ris'mus** (der, -, nur Ez.) ablehnende Einstellung zum Militarismus
**An'ti'mo'der'nis'ten'eid** (der, -s, nur Ez.) die Ablehnung des Modernismus bezeugender Eid, der bis 1967 für katholische Priester vorgeschrieben war
**An'ti'mon** (das, -s, nur Ez.) ein Metall [gr.]
**an'ti'mo'nar'chis'tisch** (Adj.) der Monarchie feindlich gesinnt
**An'ti'mo'ra'lis'mus** (der, -, nur Ez.) ablehnende Einstellung zur herrschenden Moral
**An'ti'neu'ral'gi'kum** (das, -s, -ka) Nervenschmerzen linderndes Mittel [gr.-lat.]
**An'ti'neu'tron** (das, -s, -en) Elementarteilchen mit dem Neutron entgegengesetzten Eigenschaften
**An'ti'no'mie** (die, -, -n) Widerspruch zwischen zwei begründeten Behauptungen [gr.]
**An'ti'oxi'dans** (das, -, -dan'ti'en) organische Verbindung, die Stoffen (bes. Lebensmitteln) zugesetzt ist, um unerwünschte Veränderungen zu verhindern; z.B. ist Carotin ein Antioxidans in Margarine [gr.-nlat.]
**An'ti'ozo'nans** (das, -, -nan'tien) gegen die Einwirkung von Ozon schützender Zusatzstoff [gr.-lat.]
**An'ti'ozo'nant** (das, -s, -en) = Antiozonans [gr.-lat.]
**An'ti'par'ti'kel** (die, -, -n) Antiteilchen
**An'ti'pas'to** (der oder das, -(s), -ti) Vorspeise [it.]
**An'ti'pa'thie** (die, -, -n) Abneigung, Widerwille [gr.]
**an'ti'phlo'gis'tisch** (Adj.) entzündungshemmend [gr.]
**An'ti'phon** (die, -, -en) liturgischer Wechselgesang [gr.]
**An'ti'phra'se** (die, -, -n) Wortfigur, mit der man das Gegenteil des Gesagten meint, meist ironisch gebraucht [gr.-lat.]
**An'ti'po'de** (der, -n, -n) **1** Bewohner eines entgegengesetzten Teils der Erdkugel

2 jmd., der einen entgegengesetzten Standpunkt vertritt [gr.]

**Antipol** (der, -(e)s, -e) Gegenpol

**Anti-Poverty-Programm** (das, -s, nur Ez.) Förderungsprogramm in den USA, das Unterprivilegierten bessere Entwicklungs- und Berufschancen ermöglichen soll [amerik.- dt.]

**Antiproton** (das, -s, -tonen) Elementarteilchen mit dem Proton entgegengesetzten Eigenschaften

**Antiptose** (die, -, -n) Verwendung eines Kasus für einen anderen [gr.-lat.]

**Antipyrese** (die, -, nur Ez.) Fieberbekämpfung [gr.-lat.]

**Antipyretikum** (das, -s, -ka) fiebersenkendes Mittel [gr.-nlat.]

**Antiqua** (die, -, -s) lat. Druckschrift [lat.]

**Antiquar** (der, -s, -e) jmd., der mit antiquarischen Büchern handelt

**Antiquariat** (das, -s, -e) Laden mit antiquarischen Büchern

**antiquarisch** (Adj.) alt, gebraucht (aber wertvoll); z.B. antiquarische Bücher, Kunstdrucke [lat.]

**antiquiert** (Adj.) veraltet [lat.]

**Antiquität** (die, -, -en) alter, wertvoller Gegenstand [lat.]

**Antirakete** (die, -, -n) Rakete zur Abwehr von Interkontinentalraketen

**Antiraketenrakete** (die, -, -n) = Antirakete

**Antirrhinum** (das, -s, nur Ez.) Löwenmaul [gr.-lat.]

**antisem** eine entgegengesetzte Bedeutung habend [gr.-lat.]

**Antisemit** (der, -en, -en) Judenfeind [gr.-lat.]

**antisemitisch** (Adj.) judenfeindlich

**Antisemitismus** (der, -, nur Ez.) 1 Judenfeindlichkeit 2 politische Bewegung mit judenfeindlichen Inhalten [gr.-lat.]

**Antisepsis** (die, -, nur Ez.) Abtötung der Erreger in der Wunde [gr.]

**Antiseptikum** (das, -s, -ka) keimtötendes Mittel [gr.-nlat.]

**antiseptisch** (Adj.) keimtötend [gr.]

**Antiserum** (das, -s, -seren) Heilserum, das auf Antikörpern basiert

**Antispasmodikum** (das, -s, -ka) krampflösendes Mittel [gr.-lat.]

**Antistar** (der, -s, -s) öffentliche Persönlichkeit, die nicht die einen Star charakterisierenden Attribute pflegt

**Antistatikmittel** (das, -s, -) Mittel, das die elektrostatische Aufladung von Kunststoffen verhindert [gr.-lat.]

**Antistes** (der, -, -tistites) 1 antiker Priestertitel 2 Ehrentitel für katholische Bischöfe und Äbte [lat.]

**Antistrophe** (die, -, -n) Gegenverwendung des Chors zur Strophe in der antiken Tragödie

**Antiteilchen** (das, -s, -) Elementarteilchen, das zu anderen komplementäre Eigenschaften besitzt

**Antitheater** (das, -s, nur Ez.) Sammelbegriff für verschiedene Strömungen des modernen experimentellen Theaters

**Antithese** (die, -, -n) Gegenbehauptung, bedeutender Begriff der Dialektik

**antithetisch** (Adj.) gegensätzlich (als These) [gr.]

**Antitoxin** (das, -s, -e) Gegengift [gr.]

**Antitranspirant** (das, -s, -e) schweißhemmendes Mittel [gr.-lat.-engl.]

**Antitrinitarier** (der, -s, -) Gegner des Dogmas von der göttlichen Dreieinigkeit

**Antizipation** (die, -, -tionen) Vorwegnahme [gr.-lat.]

**antizipativ** (Adj.) etwas vorwegnehmend [lat.]

**antizipatorisch** (Adj.) = antizipativ

**antizipieren** (V.) etwas vorwegnehmen [lat.]

**antizyklisch** (Adj.) unregelmäßig (wiederkehrend) [gr.-lat.]

**Antizyklone** (die, -, -n) Hochdruckgebiet [gr.]

**Antonomasie** (die, -, -n) 1 Ersetzung eines Namens durch Kennzeichen oder Taten des zu Benennenden 2 Ersetzung einer Gattung durch Namen eines spezifischen Vertreters der Gattung [gr.-lat.]

**Antonym** (das, -s, -e) Wort entgegengesetzter Bedeutung; z.B. kalt zu warm [gr.]

**antörnen** (V.) 1 in Stimmung bringen 2 in Drogenrausch bringen [engl.]

**antrainieren** (V.) durch Training vermitteln

**anturnen** [-tœrnen] (V.) = antörnen

A

**Anuren** (nur Mz.) Froschlurche [gr.-lat.]
**Anurie** (die, -, -n) Versagen der Harnausscheidung [gr.-lat.]
**Anus** (der, -, Ani) After [lat.]
**Anus praeter** (der, -, -) künstlicher Darmausgang [lat.]
**anvisieren** (V.) 1 als Ziel ins Visier nehmen 2 ins Auge fassen, sich vornehmen [lat.-frz.]
**anvisualisieren** (V.) eine Idee oder einen Gedanken durch flüchtige Skizze festhalten [lat.-frz.]
**anzestral** (Adj.) altertümlich, stammesgeschichtlich [lat.-frz.-engl.]
**Aöde** (der, -n, -n) griechischer Dichter zur Zeit Homers [gr.]
**Äoline** (die, -, -n) Musikinstrument [gr.-lat.]
**Äolsharfe** (die, -, -n) Windharfe
**Äon** (der, -s, -en) unendlicher Zeitraum, Weltalter [gr.]
**Aorta** (die, -, -ten) Hauptschlagader [gr.]
**Aortitis** (die, -, tiden) Aortenentzündung (Med.)
**Apache** [apatsche] (der, -n, -n) 1 Angehöriger eines nordamerikanischen Indianerstammes 2 Großstadtganove [indian.-frz.]
**Apagoge** (die, -, nur Ez.) Schlussfolgerung in der griechischen Philosophie [gr.]
**Apanage** [-ʒə] (die, -, -n) Unterhaltszahlung an einen nicht regierenden Fürsten [frz.]
**apart** (Adj.) außergewöhnlich, ungewöhnlich, reizvoll [frz.]
**à part** [a paːr] beiseite sprechend (Theater) [frz.]
**Apartheid** (die, -, nur Ez.) Rassentrennung (in Südafrika) [afrikaans]
**Aparthotel** (das , -s, -s) aus Appartments bestehendes Hotel [engl.]
**Apartment** (das, -s, -s) kleine Wohnung [engl.]
**Apathie** (die, -, -n) Gleichgültigkeit, Teilnahmslosigkeit [gr.-lat.]
**apathisch** (Adj.) teilnahmslos; abgestumpft
**Apatit** (der, -s, -e) ein Mineral [gr.]
**Apatride** (der, -n, -n oder die, -, -n) Staatenlose[r] [gr.]
**Apeiron** (das, -, nur Ez.) das Unendliche [gr.]
**Apella** (die, -, nur Ez.) Volksversammlung in Sparta [gr.]
**Aperçu** [-syː] (das, -s, -s) geistreiche Bemerkung [frz.]
**Aperiens** (das, -, -rienzien) Abführmittel [lat.]
**aperiodisch** (Adj.) nicht periodisch, nicht regelmäßig
**Aperitif** (der, -s, -s) alkoholisches Getränk vor dem Essen (Appetitanreger) [frz.]
**Aperitivum** (das, -s, -va) mildes Abführmittel [lat.]
**Apersonalismus** (der, -, nur Ez.) buddhistische Vorstellung, dass der Mensch nur Verkörperung eines unpersönlichen Wesens ist [gr.-lat.]
**aperspektivisch** (Adj.) nicht auf den Standpunkt des Betrachters bezogen [gr.]
**Apertometer** (das, -s, -) Gerät zur Messung der Apertur [lat.-gr.]
**Apertur** (die, -, -en) Maß für das Auflösungsvermögen und die Bildhelligkeit (Optik) [lat.]
**apetal** (Adj.) ohne Blumenkrone (bei Blütenpflanzen)
**Apex** (der, -, Apizes) 1 Zielpunkt einer Gestirnsbewegung 2 Vokallängenzeichen [lat.]
**Apfelsine** (die, -, -n) Frucht des Orangenbaums [niederl.-niederdt.]
**Aphakie** (die, -, nur Ez.) das Fehlen der Augenlinse [gr.-lat.]
**Aphärese** (die, -, -n) Anlautschwund; z.B. „'s" für „das" [gr.]
**Aphasie** (die, -, nur Ez.) 1 Sprachverlust 2 Urteilsenthaltung [gr.]
**Aphel** [apheːl] oder [afeːl] (das, -s, -e) Punkt größter Sonnenferne (eines Planeten) [gr.]
**Aphongetriebe** (das, -s, -) Schaltgetriebe, das besonders geräuscharm arbeitet [gr.-dt.]
**Aphonie** (die, -, -n) krankhafte Flüsterstimme [gr.]
**Aphorismus** (der, -, -men) geistreicher Sinnspruch [gr.]
**Aphoristiker** (der, -s, -) Verfasser von Aphorismen
**aphoristisch** (Adj.) wie ein Aphorismus, geistreich und bündig
**aphotisch** (Adj.) lichtlos [gr.]

**Aphrasie** (die, -, -n) **1** Stummheit **2** Unvermögen korrekte Sätze zu bilden [gr.-lat.]
**Aphrodisiakum** (das, -s, -ka) den Geschlechtstrieb steigerndes Mittel [gr.]
**Aphrodisie**(die, -, -n) ins Krankhafte gesteigerte geschlechtliche Erregbarkeit [gr.-lat.]
**aphrodisisch** (Adj.) **1** zur Liebe, zu Aphrodite gehörig **2** den Geschlechtstrieb steigernd
**aphroditisch** (Adj.) = aphrodisisch
**Aphthe** [aftə] (die, -, -n) Bläschenausschlag der Mundschleimhaut [gr.]
**Aphthenseuche** (die, -, nur Ez.) Maul- und Klauenseuche
**Aphylle** (die, -, -n) blattlose Pflanze, z. B. Kaktus [gr.- lat.]
**Aphyllie** (die, -, nur Ez.) Blattlosigkeit
**aphyllisch** (Adj.) blattlos
**a piacere** [a piatʃeːre] nach Belieben, nach Gefallen (Tempoangabe in der Musik) [it.]
**Apiarium** (das, -s, -rien) Bienenstand [lat.]
**apikal** (Adj.) **1** zur Spitze hin gelegen, gerichtet; z.B. das apikale Wachstum einer Pflanze **2** mit der Zungenspitze gegen die oberen Schneidezähne gebildete Laute
**Apikultur** (die, -, -en) Imkerei [lat.]
**Apirie** (die, -, nur Ez.) Unerfahrenheit [gr.]
**Apis** (der, -, nur Ez.) im alten Ägypten verehrter heiliger Stier [ägypt.-gr.]
**Apisstier** (der, -es, -e) = Apis
**Aplanat** (der, -s oder -en, -en) Kombination von Linsen, mit der optische Unschärfen korrigiert werden [gr.-lat.]
**aplanatisch** (Adj.) den Aplanaten betreffend
**Aplasie** (die, -, -n) angeborenes Fehlen eines Organs [gr.]
**Aplazentalier** (der, -s, -, meist Mz.) Säugetier, dessen embryonale Entwicklung ohne Plazenta erfolgt [gr.-lat.]
**Aplit** (der, -s, nur Ez.) feinkörniges Ganggestein [gr.-lat.]
**Aplomb** [aplɔ̃] (der, -s, nur Ez.) **1** sicheres Auftreten **2** Abfangen einer Bewegung (im Ballett) [frz.]
**Apnoe** (die, -, nur Ez.) Atemlähmung [gr.-lat.]
**Apo** *auch:* APO (die, -, nur Ez.) außerparlamentarische Opposition [Kurzwort]
**Apochromat** [-kro] (der, -s, -e) Linsensystem mit Farbfehlerkorrektur [gr.]
**Apoden** (nur Mz.) **1** Tiergruppen ohne Füße **2** Sammelbezeichnung für Aale und Muränen [gr.-lat.]
**Apodiktik** (die, -, nur Ez.) Beweislehre [gr.-lat.]
**apodiktisch** (Adj.) unumstößlich, unwiderleglich [gr.]
**Apodisation** (die, -, nur Ez.) Verbesserung eines optischen Geräts hinsichtlich der Konturenauflösung [gr.-lat.]
**Apodosis** (die, -, -dosen) Nachsatz in einem Konditionalgefüge [gr.]
**Apogalaktikum** (das, -s, -ken) vom Mittelpunkt des Milchstraßensystems entferntester Punkt auf der Bahn eines Sterns dieser Milchstraße [gr.-lat.]
**apogam** (Adj.) sich ungeschlechtlich fortpflanzend [gr.-lat.]
**Apogamie** (die, -, nur Ez.) ungeschlechtliche Fortpflanzung [gr.-lat.]
**Apogäum** (das, -s, -gäen) Punkt größter Erdferne (eines Planeten) [gr.]
**Apograph** (das, -s, -en) Kopie, Nachschrift [gr.-lat.]
**Apographon** (das, -s, -pha) = Apograph [gr.-lat.]
**Apokalypse** (die, -, -n) endzeitliche Katastrophe; Unheil, Greuel [gr.]
**Apokalyptik** (die, -, nur Ez.) **1** Auslegung von Geschehnissen in Bezug auf das Ende der Welt **2** Schrifttum über das Ende der Welt [gr.-lat.]
**Apokalyptiker** (der, -s, -) Autor oder Interpret einer Schrift über das Ende der Welt [gr.-lat.]
**apokalyptisch** (Adj.) zur Apokalypse gehörig
**Apokamnose** (die, -, nur Ez.) krankhafte Ermüdbarkeit [gr.]
**apokarp** (Adj.) nicht verwachsen (von Fruchtblättern) [gr.]
**Apokarterese** (die, -, -n) Suizid (Selbstmord) durch Verweigerung der Nahrungsaufnahme [gr.]
**Apokatastase** (die, -, -en) Wiederkehr eines früheren, besseren Zustandes [gr.-lat.]

A

**Apöki̇e** (die, -, -n) Kolonisationsform in der Antike mit dem Ziel unabhängiger neuer Staaten [gr.]
**Apoˈkoiˈnu** (das, -s, -s) grammatische Konstruktion, wobei sich ein Satzteil oder Wort auf den vorausgehenden und den folgenden Satzteil bezieht [gr.]
**Apoˈkoˈpe** (die, -, -n) Auslautschwund; z.B. „ich würd“ statt „ich würde“ [gr.]
**apoˈkoˈpieˈren** (V.) durch Apokope verkürzen [gr.]
**apoˈkrin** (Adj.) ein Sekret produzierend und abgebend [gr.]
**apoˈkryph** [-kryːf] (Adj.) **1** zu den Apokryphen gehörig **2** unecht, später hinzugefügt
**Apoˈkryˈphe** [-kryːfə] (die, -, -n) nicht anerkannte, den biblischen Büchern hinzugefügte Schrift [gr.]
**apoˈliˈtisch** (Adj.) unpolitisch [gr.]
**Apoll** (der, -s, nur Ez.) = Apollo (**1**)
**apolˈliˈnisch** (Adj.) **1** wie Apollo **2** ausgeglichen, maßvoll [gr.]
**Apolˈlo** (der, -s, -s) **1** gr.-röm. Gott der Weissagungen, Künste u.Wissenschaften **2** schöner, junger Mann **3** ein Tagfalter [lat.]
**Apolˈloˈproˈgramm** *auch:* Apolˈlo-Programm (das, -, nur Ez.) Raumfahrtprogramm der USA in den 60er-Jahren des 20. Jh. mit Landung auf dem Mond
**Apoˈlog** (der, -s, -e) Erzählung, Lehrfabel [gr.-lat.]
**Apoˈloˈget** (der, -en, -en) **1** jmd., der seine Auffassung verteidigt **2** Verteidiger der christlichen Lehre [gr.]
**Apoˈloˈgeˈtik** (die, -, -en) Rechtfertigungskunst (der Kirche) [gr.]
**apoˈloˈgeˈtisch** (Adj.) eine Meinung, Ansicht verteidigen
**apoˈloˈgeˈtiˈsieˈren** (V.) verteidigen, rechtfertigen
**Apoˈloˈgie** (die, -, -n) Verteidigungsrede, -schrift [gr.]
**apoˈloˈgisch** (Adj.) erzählend, fabelartig
**apoˈloˈgiˈsieˈren** (V.) verteidigen, rechtfertigen
**apoˈmikˈtisch** (Adj.) sich ohne Befruchtung fortpflanzend [gr.-lat.]
**Apoˈmiˈxis** (die, -, nur Ez.) ungeschlechtliche Fortpflanzung [gr.-lat.]
**Apoˈneuˈroˈse** (die, -, -n) **1** Ansatzstück einer Sehne **2** breite Sehne [gr.-lat.]
**Apoˈpempˈtiˈkon** (das, -s, -ka) Abschiedsgedicht der gehenden Person an die Bleibenden [gr.]
**apoˈphanˈtisch** (Adj.) behauptend aussagend; nachdrücklich [gr.]
**Apoˈphoˈnie** (die, -, nur Ez.) Ablaut [gr.-lat.]
**Apoˈphˈtheˈgma** [apoftɛgma] (das, -s, -maˈta) Denkspruch [gr.]
**apoˈphˈtheˈgmaˈtisch** (Adj.) nach Art und Weise eines Apophthegmas gebildet [gr.]
**Apoˈphylˈlit** (der, -s, -e) Mineral [gr.]
**Apoˈphyˈse** (die, -, -n) Knochenfortsatz [gr.]
**Apoˈplekˈtiˈker** (der, -s, -) **1** jmd., der schlaganfallgefährdet ist **2** jmd., der an den Folgen eines Schlaganfalles leidet [gr.-lat.]
**apoˈplekˈtisch** (Adj.) **1** zu Schlaganfällen neigend **2** mit einem Schlaganfall zusammenhängend [gr.-lat.]
**Apoˈpleˈxie** (die, -, -n) **1** Schlaganfall, Gehirnschlag **2** unvermitteltes Absterben der Krone von Steinobstbäumen [gr.-lat.]
**Apoˈpˈtoˈse** (die, -, -n) genetisch programmierter Zelltod, der für die Entwicklung vielzelliger Organismen notwendig ist
**Apoˈrem** (das, -s, -maˈta) logische Unlösbarkeit [gr.]
**apoˈreˈmaˈtisch** (Adj.) zweifelhaft, unentscheidbar [gr.]
**Apoˈreˈtik** (die, -, nur Ez.) Beschäftigung mit schwierigen Fragen der Logik [gr.]
**Apoˈrie** (die, -, -n) **1** Ausweglosigkeit **2** Unmöglichkeit (einer philosophischen Frage) [gr.]
**Apoˈriˈnoˈsis** (die, -, nur Ez.) jegliche Art von Mangelkrankheit [gr.]
**Apoˈroˈgaˈmie** (die, -, nur Ez.) Befruchtungsvorgang bei Blütenpflanzen [gr.-lat.]
**Apoˈsiˈoˈpeˈse** (die, -, -n) absichtlicher Abbruch der Rede vor der eigentlich bedeutsamen Aussage [gr.-lat.]
**Apoˈstaˈsie** (die, -, -n) **1** Abkehr vom Glauben **2** Klosteraustritt eines Ordensmitgliedes unter Bruch des Gelübdes [gr.]

**Apostat** (der, -en, -en) Abtrünniger (vom christlichen Glauben) [gr.]
**Apostel** (der, -s, -) **1** Jünger Jesu **2** Sendbote (einer neuen Lehre) [gr.]
**Apostem** (das, -s, -temata) Geschwür, Abszess [gr.]
**Aposteriori** (das, -, -) Erfahrungserkenntnis [lat.]
**a posteriori** nachträglich [lat.]
**Apostilb** (das, -s, nur Ez.) spezielle Einheit der Leuchtdichte [gr.-lat.]
**Apostille** (die, -, -n) **1** Randbemerkung **2** Nachschrift zu einem Dokument [gr.-lat.]
**Apostolat** (das, auch der, -es, -e) Apostelamt, Kirchenauftrag [gr.-lat.]
**Apostolikum** (das, -s, nur Ez.) das Apostolische Glaubensbekenntnis
**apostolisch** (Adj.) zu den Aposteln gehörig; zum ältesten christlichen Glaubensbekenntnis gehörig
**Apostroph** (der, -s, -e) Auslassungshäkchen; z.B. in „manche mögen's" [gr.]
**Apostrophe** (die, -, -n) Hinwendung des Redners zum Publikum oder zu Abwesenden [gr.]
**apostrophieren** (V.) feierlich anreden; hervorhebend bezeichnen [gr.]
**Apotheke** (die, -, -n) Arzneimittelgeschäft
**Apotheker** (der, -s, -) Leiter einer Apotheke
**Apotheose** (die, -, -n) **1** Vergöttlichung **2** Verherrlichung [gr.]
**apotheotisch** (Adj.) **1** zu einer Apotheose gemacht **2** eine Apotheose darstellend [gr.-lat.]
**a potiori** nach der Mehrzahl [lat.]
**apotropäisch** (Adj.) Unglück abwendend [gr.-lat.]
**Apotropäum** (das, -s, -päa oder -päen) Zaubermittel, das Unglück abwenden soll [gr.]
**Apparat** (der, -s, -e) **1** Gerät (aus vielen Einzelteilen) **2** Hilfsmittel; z.B. der Apparat für ein Seminar **3** Anmerkungsteil; kritischer Apparat [lat.]
**apparativ** (Adj.) mittels eines Apparats; z.B. eine Krankheit apparativ behandeln [lat.-nlat.]
**App** (die/das, -(s), -s) Anwendungssoftware, die auf verschiedene Smartphones heruntergeladen werden kann
**Apparatur** (die, -, -en) Gesamtheit von Apparaten
**apparent** (Adj.) sichtbar, erkennbar [lat.-engl.]
**Apparition** (die, -, -tionen) Sichtbarwerdung
**Appartement** [apartmɑ̃ː] (das, -s, -s) Zimmerflucht (Hotel) [frz.]
**appassionato** (Adv.) leidenschaftlich (bei Musikstücken) [it.]
**Appeal** [əpiːl] (der, -s, nur Ez.) Anreiz [engl.]
**Appeasement** (das, -s, nur Ez.) Beschwichtigungspolitik, Nachgiebigkeit [lat.- frz.-engl.]
**Appell** (der, -s, -e) **1** Aufruf **2** Antreten (Militär) **3** Gehorsam (bei Jagdhunden) [frz.]
**appellabel** (Adj.) gerichtlich anfechtbar [lat.-frz.]
**Appellant** (der, -en, -en) Kläger in der Berufung [lat.]
**Appellat** (der, -en, -en) in der Berufung Beklagter [lat.]
**Appellation** (die, -, -tionen) Berufung [frz.]
**Appellativ** (das, -s, -e) Gattungsname (im Gegensatz zu Einzelnamen) [frz.]
**Appellativum** (das, -s, -va) = Appelativ
**appellieren** (V.) wachrufen; z.B. an jmds. Mitgefühl appellieren [frz.]
**Appendektomie** (die, -, -n) Blinddarmoperation [lat.-gr.]
**Appendix** (der, - oder -es, -e oder -dizes) **1** Anhang; Anhängsel **2** Blinddarmwurmfortsatz [lat.]
**Appendizitis** (die, -, -tiden) Entzündung des Appendix [lat.-gr.]
**Appertinens** (das, -, -nenzien) Zubehör [lat.]
**Apperzeption** (die, -, -tionen) Bewusstwerdung, Wahrnehmung [lat.]
**Appetenz** (die, -, -en) Suchverhalten [lat.]
**Appetit** (der, -s, nur Ez.) Esslust [frz.]
**appetitlich** (Adj.) **1** appetitfördernd **2** hygienisch **3** frisch, adrett
**Appetizer** [æpɪtaɪzə] (der, -s, -) Aperitif, appetitanregendes Getränk [engl.]
**applanieren** (V.) einebnen
**applaudieren** (V.) Beifall klatschen [lat.]
**Applaus** (der, -es, nur Ez.) Beifall, Händeklatschen [lat.]

A

**ap|pli|ka|bel** (Adj.) anwendbar [lat.]
**Ap|pli|ka|bi|li|tät** (die, -, nur Ez.) Anwendbarkeit [lat.]
**Ap|pli|kant** (der, -en, -en) Bewerber, Bittsteller [lat.]
**Ap|pli|ka|ti|on** (die, -, -ti|o̲nen) **1** Heilverordnung **2** aufgenähte Verzierung [lat.]
**Ap|pli|ka|tur** (die, -, -en) **1** zweckmäßiger Gebrauch (veraltet) **2** Fingersatz (beim Klavierspielen) [lat.]
**ap|pli|zie|ren** (V.) **1** aufnähen **2** verabreichen **3** auftragen [lat.]
**Ap|point** (der, -s, -e) Ausgleich, der eine Schuld gänzlich tilgt [lat.-frz.]
**Ap|point|ment** [əpo̲ɪntmənt] (das, -s, -s) Termin [engl.]
**ap|po|nie|ren** (V.) beifügen [lat.]
**ap|port!** bring! (Aufforderung an den Hund)
**Ap|port** (der, -s, -e) das Herbeibringen von Gegenständen (durch den Hund) [frz.]
**ap|por|tie|ren** (V.) herbeibringen (vom Hund) [frz.]
**Ap|po|si|ti|on** (die, -, -ti|o̲nen) Beifügung e. Substantivs; z.B. Herr X, der Abgeordnete [lat.]
**ap|po|si|ti|o|nal** (Adj.) = appositionell
**ap|po|si|ti|o|nell** (Adj.) als Apposition verwendet [lat.]
**ap|po|si|tiv** (Adj.) in der Apposition stehend [lat.]
**Ap|pre|hen|si|on**(die, -, -si|o̲nen) Begriffsvermögen [lat.]
**ap|pre|hen|siv** (Adj.) furchtsam; reizbar [lat.]
**ap|pre|tie|ren** (V.) Gewebe verschönern
**Ap|pre|tur** (die, -, -en) **1** das Appretieren **2** Mittel zum Appretieren [frz.]
**Ap|proach** [əprəʊtʃ] (der, -s, -s) **1** Sichtweise **2** Aufmerksamkeit erregender Beginn eines Werbetextes [engl.]
**Ap|pro|ba|ti|on** (die, -, -ti|o̲nen) Bestätigung, Zulassung (zu bestimmten Berufen) [lat.]
**ap|pro|bie|ren** (V.) bestätigen, zulassen; etwas behördlich a., einen Arzt a. [lat.]
**Ap|pro|pri|a|ti|on** (die, -, -ti|o̲nen) Aneignung, Inbesitznahme [lat.]
**ap|pro|pri|ie|ren** (V.) sich aneignen, in Besitz nehmen [lat.]
**Ap|pro|xi|ma|ti|on** (die, -, -ti|o̲nen) Annäherung, Näherung (in der Mathematik) [lat.]
**ap|pro|xi|ma|tiv** (Adj.) angenähert [lat.]
**Ap|ra|xie** (die, -, -n) Unfähigkeit zu sinnvollen Bewegungen auf Grund einer zentralen Störung (Med.) [gr.]
**Ap|rès-Ski** [aprɛʃi] (das, -, nur Ez.) **1** Vergnügen nach dem Skifahren **2** Kleidung dafür [frz.]
**a pri|ma vis|ta** vom Blatt, ohne zu üben (bei Musikstücken) [it.]
**a pri|o|ri** von vornherein; nicht aus Erfahrung
**Ap|ri|o|ri** (das, -, -) Vernunfterkenntnis [lat.]
**Ap|ri|o|ris|mus** (der, -, -men) Lehre, die eine von der Erfahrung unabhängige Erkenntnis voraussetzt (Philos.)
**ap|ro|pos** [-poː] (Adv.) übrigens [frz.]
**Ap|ro|se|xie** (die, -, -n) Konzentrationsschwäche [gr.-lat.]
**Ap|si|de** (die, -, -n) Punkt größter oder geringster Entfernung (der Umlaufbahn von Gestirnen) [gr.]
**ap|si|di|al** (Adj.) zur Apsis gehörig
**Ap|sis** (die, -, -si̲den) halbrunde Überwölbung (eines Kirchenraumes mit Altar) [gr.]
**Ap|ti|tu|de** [æptitjuːd] (die, -, nur Ez.) Begabung [engl.]
**Aqua des|til|la|ta** (das, - -, nur Ez.) destilliertes Wasser [lat.]
**Aquä|dukt** (der, auch das, -s, -e) Wasserleitung in Form einer Bogenbrücke [lat.]
**Aqua|far|ming** (das, -s, nur Ez.) Fischzucht im Meerwasser [engl.]
**Aqua|kul|tur** (die, -, -en) Gewässernutzung
**äqual** (Adj.) von gleicher Größe [lat.]
**Aqua|ma|ni|le** (das, -s, -n) liturgisches Handwaschgefäß (früher) [lat.]
**Aqua|ma|rin** (der, -s, -e) blaugrüner Schmuckstein, Härtegrad 7,5 bis 8 [lat.]
**Aqua|naut** (der, -en, -en) Unterwasserforscher [lat.-gr.]
**Aqua|pla|ning** (das, -s, nur Ez.) Wegrutschen der Autoreifen über einen Wasserfilm bei nasser Fahrbahn [lat.-engl.]
**Aqua|rell** (das, -s, -e) Wasserfarbenbild [it.]
**aqua|rel|lie|ren** (V.) mit Wasserfarben malen [it.]

**Aqua'rel'list** (der, -lis'ten, -lis'ten) jmd., der Aquarelle malt
**Aqua'ri'aner** (der, -s, -) Aquarienliebhaber
**Aqua'ri'den** (nur Mz.) zwei Meteorströme
**Aqua'ris'tik** (die, -, nur Ez.) Aquarienkunde
**Aqua'ri'um** (das, -s, -ri'en) bepflanzter Glasbehälter zur Haltung von Wassertieren [lat.]
**Aqua'strip'ping** (das, -s, nur Ez.) Entfernen des Anstrichs durch Wasser [engl.]
**Aqua'tel** (das, -s, -s) Hotel, das Hausboote statt Zimmer vermietet
**Aqua'tin'ta** (die, -, -tin'ten) grafische Ätztechnik auf Metalldruckplatten [it.]
**aqua'tisch** (Adj.) zum Wasser gehörig [lat.]
**Aqua'tone'ver'fah'ren** (das, -s, nur Ez.) Offsetdruckverfahren [engl.-dt.]
**Äqua'tor** (der, -s, -to'ren) größter Breitenkreis (der Erdkugel) [lat.]
**äqua'to'ri'al** (Adj.) den Äquator betreffend [lat.]
**Aqua'vit** (der, -s, -e) skandinavischer Kornschnaps [lat.]
**Aqui'clud** (der, -s, nur Ez.) grundwasserstauende Schicht
**äqui'dis'tant** (Adj.) mit gleichem Abstand entfernt [lat.]
**Äqui'dis'tanz** (die, -, -en) gleich große Entfernung [lat.]
**Äqui'li'brist** (der, -ris'ten/-bris'ten, -ris'ten/-bris'ten) Gleichgewichtskünstler [lat.]
**Äqui'li'bris'tik** (die, -, nur Ez.) Kunst eines Äquilibristen
**Äqui'li'bri'um** (das, -s, nur Ez.) Gleichgewicht [lat.]
**äqui'nok'ti'al** (Adj.) zum Äquinoktium gehörig [lat.]
**Äqui'nok'ti'al'ge'gen'den** (nur Mz.) Tropen
**Äqui'nok'ti'um** (das, -s, -ti'en) Tagundnachtgleiche [lat.]
**äqui'pol'lent** (Adj.) gleichbedeutend
**Äqui'tät** (die, -, nur Ez.) Gerechtigkeit [lat.]
**äqui'va'lent** (Adj.) gleichwertig [lat.]
**Äqui'va'lent** (das, -s, -e) Gleichwertiges [lat.]
**Äqui'va'lenz** (die, -, nur Ez.) Gleichwertigkeit [lat.]
**Äqui'va'lenz'prin'zip** (das, -s, nur Ez.) Satz von der Äquivalenz von träger und schwerer Masse (Phys.)
**äqui'vok** (Adj.) mehrdeutig [lat.]
**Ar** (das, -s, -e) ein Flächenmaß, 100 $m^2$ [frz.]
**Ara** (der, -s, -s) südamerikanischer Papagei [indian.]
**Ära** (die, -, Ä'ren) kennzeichnender Zeitabschnitt [lat.]
**Ara'ba** (die, -, -s) **1** vierrädriger Wagen mit Schutzverdeck (besonders für Frauen im arabischen Raum) **2** zweirädriger Wagen in Zentralasien [arab.]
**Ara'ber** (der, -s, -) **1** Bewohner Arabiens **2** eine Pferderasse
**ara'besk** (Adj.) verschnörkelt, verziert [arab.-gr.-lat.-it.-frz.]
**Ara'bes'ke** (die, -, -n) **1** Pflanzenornament **2** stilistischer Schnörkel [frz.]
**Ara'bes'que** [-bɛsk] (die, -, -s) Tanzfigur auf einem Standbein [arab.-gr.-lat.-it.-frz.]
**Ara'bis** (die, -, nur Ez.) Gänsekresse [gr.-lat.]
**ara'bisch** (Adj.) zu Arabien gehörig
**Ara'bist** (der, -bis'ten, -bis'ten) jmd., der sich mit Arabistik beschäftigt
**Ara'bis'tik** (die, -, nur Ez.) Wissenschaft von der arabischen Sprache und Literatur
**ara'bis'tisch** (Adj.) zur Arabistik gehörig
**Arach'no'dak'ty'lie** (die, -, -n) abnorme, überlange Hand- oder Fußknochen [gr.-lat.]
**Arach'no'i'den** (nur Mz.) Spinnen
**Arach'no'lo'gie** (die, -, nur Ez.) Spinnenkunde [gr.]
**Ara'lie** [-ljə] (die, -, -n) ein Efeugewächs, Zimmerpflanze [viell. indian.]
**Aran'zi'ni** [-tʃiː-] (nur Mz.) kandierte Orangenschalen (österr.) [it.]
**Arä'o'me'ter** (das, -s, -) Dichtemesser für Flüssigkeiten [gr.]
**Ara'pai'ma** (der, -(s), -s) südamerikan. Riesenfisch, größter Süßwasserfisch [indian.]
**Ärar** (das, -s, -e) Staatsschatz [lat.]
**ära'risch** (Adj.) staatlich, zum Ärar gehörend [lat.]
**Arau'ka'rie** [-riə] (die, -, -n) Nadelbaum der südlichen Südhalbkugel [nlat.]

A

**Arazzo** (der, -s, -zi) gewirkter Bildteppich [it.]
**Arbiter** (der, -s, -) Schiedsrichter, Sachverständiger [lat.]
**Arbitrage** [-ʒə] (die, -, -n) **1** Schiedsspruch (im Handelsrecht) **2** Ausnutzung von Kurs- und Preisschwankungen [frz.]
**arbiträr** (Adj.) willkürlich [lat.]
**Arbitration** (die, -, -tionen) Schiedswesen bei Streitfällen an der Börse [lat.]
**arbitrieren** (V.) schätzen [lat.]
**Arbitrium** (das, -s, -ria/ tria) Schiedsspruch, Gutachten [lat.]
**Arboreal** (das, -s, -e) der Wald als ökologischer Raum [lat.]
**Arboretum** (das, -s, -ten) Baumgarten, Baumschule [lat.]
**Arbuse** (die, -, -n) Wassermelone [pers.-russ.]
**ARC** Abk. für **A**merican **R**ed **C**ross, amerikanisches Rotes Kreuz [engl.]
**Archaik** (die, -, nur Ez.) frühzeitliche Kulturstufe [gr.]
**Archaiker** (der, -s, -) Künstler, der Kunstwerke archaischen Stils produziert [gr.]
**Archaikum** (das, -s, nur Ez.) Erdurzeit
**Archäikum** (das, -s, nur Ez.) = Archaikum
**archaisch** (Adj.) **1** frühzeitlich **2** zum Archaikum gehörig [gr.]
**archaisieren** (V.) altertümlich gestalten
**Archaismus** (der, -, -men) **1** archaischer Restbestandteil; z.B. ist die Verbform „erkor" ein Archaismus der deutschen Sprache **2** archaisierende Nachahmung
**Archaist** (der, -isten, -isten) jmd., der sich an einer frühzeitlichen Epoche orientiert [gr.]
**archaistisch** (Adj.) zum Archaismus gehörig
**Archäologe** (der, -n, -n) jmd., der sich mit Archäologie beschäftigt
**Archäologie** (die, -, nur Ez.) Altertumskunde aufgrund von Ausgrabungen [gr.]
**archäologisch** (Adj.) zur Archäologie gehörig [gr.]
**Archäometrie** (die, -, nur Ez.) Teilgebiet der Archäologie [gr.]
**Archäopteryx** (der, -, -e) Urvogel [gr.]
**Archäozoikum** (das, -s, nur Ez.) erdgeschichtliche Frühzeit [gr.]
**Archenzephalon** (das, -s, nur Ez.) Urhirn [gr.]
**Archetyp** (der, -s, -en) Urbild; älteste Fassung, Ausgangsform [gr.]
**archetypisch** (Adj.) dem Archetyp entsprechend
**Archidiakon** (der, -s, -e) erster Diakon [gr.]
**Archidiakonat** (das oder der, -es, -e) **1** Amt eines Archidiakons **2** Wohnung eines Archidiakons [gr.-lat.]
**Archilexem** (das, -s, -e) Wort als Oberbegriff eines Wortfeldes; z.B. ist „Rind" das Archilexem für „Kalb, Kuh und Stier" [gr.]
**Archilochius** Bezeichnung verschiedener Versformen in der Antike [gr.-lat.]
**Archimandrit** (der, -en, -en) Abt (in der Ostkirche) [gr.]
**archimedisch** (Adj.) von Archimedes ausgehend [gr.]
**Archipel** (der, -s, -e) Inselwelt [it.]
**Archipresbyter** (der, -s, -) Dekan in eher ländlichem Wirkungsbereich [gr.-lat.]
**Architekt** (der, -en, -en) Baumeister, Fachmann, der Baupläne entwirft [gr.]
**Architektonik** (die, -, nur Ez.) Aufbau, Gliederung (eines Bauwerks, Systems) [gr.]
**architektonisch** (Adj.) die Architektonik betreffend [gr.]
**Architektur** (die, -, -en) **1** Baukunst **2** Baustil [gr.]
**architektural** (Adj.) = architektonisch [gr.-lat.]
**Architrav** (der, -s, -e) Steinbalken über antiken Säulen [it.-lat.]
**Archiv** (das, -s, -e) Sammlung von Urkunden
**Archivale** (das, -s, -lien) Urkunde, Akte [gr.-lat.]
**archivalisch** (Adj.) urkundlich [gr.-lat.]
**Archivar** (der, -s, -e) Archivbetreuer
**archivarisch** (Adj.) das Archiv oder den Archivar betreffend [gr.-lat.]
**archivieren** (V.) in ein Archiv aufnehmen
**Archivistik** (die, -, nur Ez.) Archivwissenschaften
**Archivolte** (die, -, -n) gestalteter, eingefasster Rundbogen (in der Baukunst) [it.]
**Archon** (der, -s, -chonten) oberster Beamter (im antiken Athen) [gr.]

**Ar|chont** (der, -en, -en) = Archon
**Ar|chon|tat** (das, -es, -e) Amt oder Amtszeit eines Archonten [gr.]
**Ar|co|so|li|um** (das, -s, -li|en) Wandgrab in den Katakomben [lat.]
**Ar|da|bil** (der, -s, -s) handgeknüpfter Teppich
**Ar|de|bil** (der, -s, -s) = Ardabil
**Ar|do|me|ter** (das, -s, -) Temperaturmessgerät [lat.-gr.]
**Are** (die, -, -n) = Ar (schweiz.)
**Area 1** (die, -, -re|en oder -s) Kampfplatz [lat.] **2** (die, -, -s) südamerikanische Flächeneinheit [lat.-span.]
**Are|a|funk|ti|on** (die, -, -en) Umkehrfunktion zu einer Hyperbelfunktion (Math.) [lat.]
**Are|al** (das, -s, -e) Fläche; Gebiet [lat.]
**Are|al|kun|de** (die, -, nur Ez.) Wissenschaft von der Verbreitung von Tieren und Pflanzen
**Are|al|lin|gu|is|tik** (die, -, nur Ez.) Sprachgeografie
**are|li|gi|ös** (Adj.) nicht religiös [gr.-frz.]
**Are|na** (die, -, -nen) **1** Kampf-, Wettkampfplatz **2** Vorführplatz, Manege [lat.]
**Are|o|pag** (der, -s, -e) höchster Gerichtshof (im antiken Athen) [gr.]
**Are|ta|lo|gie** (die, -, -n) schriftliche Lobeshymne auf einen Gott oder Helden in der Antike [gr.]
**Ar|gand|bren|ner** [argɑ̃-] (der, -s, -) Gasbrenner
**Ar|gen|tan** (das, -s, nur Ez.) Neusilber [lat.]
**Ar|gen|ti|ne** (die, -, nur Ez.) Silberfarbe [lat.-frz.]
**Ar|gen|tit** (der, -s, nur Ez.) ein Silbererz [lat.]
**Ar|gen|tum** (das, -s, nur Ez.) Silber [lat.]
**Ar|gon** (das, -s, nur Ez.) ein Edelgas [gr.]
**Ar|go|naut** (der, -en, -en) **1** Besatzungsmitglied der Argo in der griechischen Sage **2** Tintenfischart [gr.-lat.]
**Ar|gu|ment** (das, -s, -e) **1** Beweis, überzeugende Erwiderung **2** unabhängige Variable (einer mathemat. Funktion) [lat.]
**Ar|gu|men|ta|ti|on** (die, -, -ti|o̲nen) das Argumentieren
**ar|gu|men|ta|tiv** (Adj.) Argumente betreffend, als Argument
**ar|gu|men|ta|to|risch** (Adj.) die Argumente betreffend [lat.]
**ar|gu|men|tie|ren** (V.) Beweise, überzeugende Erwiderungen vorbringen [lat.]
**Ar|gus** (der, -, -se) scharfer Wächter [gr.]
**Ar|hyth|mie** (die, -, -n) = Arrhythmie
**Ari|ad|ne|fa|den** (der, -s, nur Ez.) Hilfsmittel in aussichtsloser Lage
**arid** (Adj.) trocken (Klima) [lat.]
**Ari|di|tät** (die, -, nur Ez.) Trockenheit (des Klimas) [lat.]
**Arie** [ariə] (die, -, -n) opernhafter Sologesang mit Instrumentalbegleitung [lat.]
**Ari|er** (der, -s, -) **1** Mitglied indischer oder iranischer Völker in der Frühgeschichte **2** Mitglied der nordischen Rasse in der nationalsozialistischen Rassenideologie
**Ari|et|ta** (die, -, -e̲tten) kleine Arie [it.]
**ari|os** (Adj.) arienhaft, liedartig [it.]
**ari|o|so** (Adj.) = arios
**Ari|o|so** (das, -(s), -si) arienhaftes Lied, Instrumentalstück [it.]
**ari|sie|ren** (V.) (im Nationalsozialismus gebräuchlich) jüdischen Besitz durch Enteignung in arischen Besitz überführen
**Aris|tie** (die, -, -n) außergewöhnliche Tat eines Helden und ihre Verehrung in der Literatur [gr.]
**Aris|to|krat** (der, -en, -en) **1** Adliger **2** privilegierter, vornehmer Mensch [gr.]
**Aris|to|kra|tie** (die, -, -n) Aristokratenschicht
**aris|to|kra|tisch** (Adj.) zu den Aristokraten gehörig, sehr vornehm
**Aris|to|kra|tis|mus** (der, -, nur Ez.) Grundsätze und Handlungsweisen der Aristokraten
**Aris|tol** (das, -s, nur Ez.) Antiseptikum
**Aris|to|nym** (das, -s, -e) aus Adelsnamen bestehendes Pseudonym, Deckname [gr.-lat.]
**Aris|to|pha|ne|us** (der, -, -ne̲en) antiker Vers [gr.-lat.]
**aris|to|pha|nisch** (Adj.) geistvoll, witzig; nach Art und Weise des Aristophanes
**Aris|to|te|li|ker** (der, -s, -) Anhänger der aristotelischen Philosophie
**aris|to|te|lisch** (Adj.) die Philosophie des Aristoteles betreffend, ihr angehörend
**Aris|to|te|lis|mus** (der, -, nur Ez.) Philosophie des Aristoteles

**Arithmetik** (die, -, nur Ez.) das Zahlenrechnen [gr.]

**Arithmetiker** (der, -s, -) Fachmann für Arithmetik

**arithmetisch** (Adj.) zur Arithmetik gehörig

**Arithmogriph** (der, -en, -en) Zahlenrätsel [gr.-lat.]

**Arithmologie** (die, -, nur Ez.) die Lehre von den magischen Eigenschaften der Zahlen [gr.-lat.]

**Arithmomanie** (die, -, -n) Zählzwang [gr.-lat.]

**Arithmomantie** (die, -, nur Ez.) Wahrsagerei mithilfe von Zahlen [gr.-lat.]

**Arkade** (die, -, -n) säulengetragener Gewölbebogen, Teil eines Bogengangs [it.-frz.]

**Arkadien** (das, -s, nur Ez.) Idylle, in der glückliches Leben ohne Belastung durch Arbeit möglich ist

**Arkadier** (der, -s, -)1 Bewohner von Arkadien 2 Mitglied einer literarischen Vereinigung des 17. Jahrhunderts

**arkadieren** (V.) etwas mit Arkaden ausstatten

**arkadisch** (Adj.) Arkadien betreffend

**Arkandisziplin** (die, -, nur Ez.) das Verschweigen von Lehre und Sitte einer religiösen Gemeinschaft gegenüber Nichtmitgliedern [lat.]

**Arkanum** (das, -s, -na) 1 Geheimnis 2 geheimes (Wunder-)Mittel [lat.]

**Arkebuse** (die, -, -n) alte Handfeuerwaffe, Hakenbüchse [frz.-niederl.]

**Arkebusier** (der, -s, -e) Soldat mit Arkebuse [niederl.-frz.]

**Arkose** (die, -, nur Ez.) feldspatreicher Sandstein [frz.]

**Arkosol** (das, -s, -lien) Wandgrab in den Katakomben [lat.]

**Arktiker** (der, -s, -) Bewohner der Arktis [gr.-lat.]

**arktisch** (Adj.) zur Arktis gehörig

**Arkubaliste** (die, -, -listen) altertümliche Bogenschleuder [lat.]

**Arkus** (der, -, -) Winkelkreisbogen [lat.]

**Arlecchino** [arlekiːno] (der, -s, -s) Figur der italienischen Komödie, Hanswurst [frz.-it.]

**Armada** (die, -, -den oder -s) große Kriegsflotte [span.]

**Armageddon** (das, -, nur Ez.) = Harmageddon

**Armagnac** [-ɲak] (der, (s), -s) ein französischer Weinbrand

**Armarium** (das, -s, -ria oder -en) 1 antiker Schrank 2 Wandnische in der Nähe des Altars, Aufbewahrungsort für heilige Gegenstände [lat.]

**Armatolen** (nur Mz.) griechisches Befreiungsheer in der Türkenzeit [gr.]

**Armatur** (die, -, -en) Bedienungs-, Kontrollinstrument (an technischen Anlagen) [lat.]

**Armee** (die, -, -meen) gesamte Streitmacht eines Staates; Verband der Landstreitkräfte [frz.]

**Armenier** (der, -s, -) Ew. von Armenien

**armenisch** (Adj.) zu Armenien gehörig

**armieren** (V.)1 ausrüsten, bestücken 2 bewehren, verstärken [lat.]

**Armierung** (die, -, -en) 1 Ausrüstung, Bewaffnung 2 Stahleinlagen im Beton

**Armorial** (das, -s, -e) Wappenbuch [lat.-frz.]

**Armure** (die, -, -n) (Kunst-)Seidengewebe

**Armüre** (die, -, -n) = Armure

**Arnika** (die, -, -s) ein Korbblütler, Bergwohlverleih [viell. lat.]

**Aroma** (das, -s, -s oder -men) angenehmer Geruch; würziger Geschmack [gr.]

**Aromat** (der, -en, -en) ein ringförmiger Kohlenwasserstoff [gr.]

**aromatisch** (Adj.) 1 voller Aroma 2 zu den Aromaten gehörig

**aromatisieren** (V.) 1 mit Aroma versehen 2 einen Aromaten herstellen

**Aron(s)stab** (der, -s, -stäbe) Giftpflanze [gr.-lat.-dt.]

**Arpeggiatur** [-pedʒa-] (die, -, -en) Reihe von Arpeggien [it.-nlat.]

**arpeggieren** [-pedʒiː-] (V.) arpeggio spielen (Klavier) [it.]

**arpeggio** [-pedʒo] (Adv.) schnell nacheinander Akkorde anschlagen, spielen

**Arpeggio** [-pedʒo] (das, -s, -s oder peggien) arpeggio gespieltes Musikstück

**Arrak** (der, -s, -e oder -s) Reis-, Palmsaft- oder Dattelschnaps [arab.]

**Arrangement** [arãschmã] (das, -s, -s) 1 Zusammenstellung, Gestaltung 2 Übereinkunft 3 Einrichten eines Musikstückes für andere Instrumente [frz.]

**Ar|ran|geur** [arãschör] (der, -s, -e) jmd., der etwas arrangiert, Musikstücke einrichtet
**ar|ran|gie|ren** [-schi-] (V.) **1** vorbereiten, zustande bringen **2** zusammenstellen, gestalten **3** ein Musikstück einrichten **4** sich mit jmdm. verständigen [frz.]
**Ar|ray** (das oder der, -s, -s) **1** Anordnung gleichartiger Objekte **2** Elemente, die unter einem gemeinsamen Namen gespeichert sind (EDV) [engl.]
**Ar|ray|pro|zes|sor** (der, -s, -en) Rechner aus mehreren einzelnen Prozessoren
**Ar|ren|de** (die, -, -n) Pachtvertrag
**Ar|rest** (der, -s, -res|te) **1** leichter Freiheitsentzug **2** Sicherung der Zwangsvollstreckung [lat.]
**Ar|res|tant** (der, -en, -en) Person in Arrest
**Ar|res|tat** (der, -en, -en) Verhafteter [lat.]
**Ar|res|ta|ti|on** (die, -, -ti|o̲nen) Festnahme, Verhaftung [lat.]
**Ar|rêt** (der, -s, -s) heftiger Anzug des Zügels beim Reiten [frz.]
**ar|re|tie|ren** (V.) **1** in Arrest nehmen **2** blockieren, fest machen
**Ar|rêt|stoß** (der, -es, -stö|ße) Stoß beim Fechten [frz.]
**Ar|rhe|no|ge|nie** (die, -, -n) ausschließliche Erzeugung männlicher Nachkommen [gr.]
**ar|rhe|no|id** (Adj.) das Aufweisen männlicher Merkmale [gr.]
**Ar|rhe|no|i|die** (die, -, -n) Umwandlung weiblicher Wesen in männliche [gr.]
**Ar|rhe|no|to|kie** (die, -, -n) Entstehung von Männchen aus unbefruchteten Eiern [gr.]
**Ar|rhyth|mie** (die, -, -n) Störung des Rhythmus (besonders des Herzschlags) [gr.]
**ar|rhyth|misch** (Adj.) unregelmäßig, unrhythmisch [gr.-lat.]
**Ar|ri|val** (ohne Art.) Ankunft [engl.]
**ar|ri|vie|ren** (V.) vorwärts kommen [lat.-frz.]
**ar|ri|viert** (Adj.) gesellschaftlich anerkannt [frz.]
**Ar|ri|vist** (der, -vi̲s|ten, -vis|ten) Emporkömmling [lat.-frz.]
**ar|ro|gant** (Adj.) hochmütig, eingebildet [frz.]
**Ar|ro|ganz** (die, -, nur Ez.) das Arrogantsein
**ar|ron|die|ren** (V.) abrunden, zusammenlegen (Grundbesitz) [frz.]
**Ar|ron|dis|se|ment** [arõdismã] (das, -s, -s) französischer Verwaltungsbezirk, Untergliederung eines Départements oder einer Großstadt [frz.]
**Ar|ro|se|ment** (das, -s, nur Ez.) Umwandlung von Staatsanleihen [lat.-frz.]
**ar|ro|sie|ren** (V.) **1** bewässern **2** zuzahlen [lat.-frz.]
**Ar|ro|si|on** (die, -, -si|o̲nen) schleichende Zerstörung (von Blutgefäßen) durch entzündliche Vorgänge [lat.]
**Ar|row|root** [e̲rourut] (die, -, -s) Stärkemehl aus der tropischen Pfeilwurz [engl.]
**Ars aman|di** (die, - -, nur Ez.) Liebeskunst [lat.]
**Ars an|ti|qua** (die, - -, nur Ez.) mehrstimmige Musik des 12./13. Jahrhunderts [lat.]
**Ar|sen** (das, -s, nur Ez.) ein Element [viell. gr.]
**Ar|se|nal** (das, -s, -e) Waffenlager [arab.-ital.]
**Ar|se|nat** (das, -es, -e) Salz der Arsensäure [gr.-lat.]
**ar|se|nie|ren** (V.) etwas mit einer Arsenschicht überziehen
**ar|se|nig** (Adj.) arsenhaltig
**Ar|se|nik** (das, -s, nur Ez.) giftige Arsenverbindung, Arsentrioxid
**Ar|sis** (die, -, -sen) **1** unbetonter Taktteil in der antiken Metrik **2** betonter Taktteil in der modernen Metrik [gr.-lat.]
**Ars mo|ri|en|di** (die, - -, nur Ez.) Sterbe- und Trostbüchlein im Mittelalter [lat.]
**Ars no|va** (die, - -, nur Ez.) mehrstimmige Musik des 14./15. Jahrhunderts
**Art brut** [ar brüt] (die, - -, nur Ez.) Kunst von Geisteskranken [frz.]
**Art dé|co** [ar deko] (die, - -, nur Ez.) spezielle Kunstrichtung zwischen 1920 und 1940 [frz.]
**Art|di|rec|tor** (der, -s, -s) künstlerischer Leiter [engl.]
**ar|te|fakt** (Adj.) künstlich erzeugt [lat.]
**Ar|te|fakt** (das, -s, nur Ez.) **1** frühgeschichtlicher Gegenstand mit Formgebung von Menschenhand **2** künstlich hervorgerufene Verletzung [lat.]

A

**Ar'te'mi'sia** (die, -, nur Ez.) Beifuß (als Heilpflanze) [gr.]
**Ar'te'rie** (die, -, -n) Schlagader [gr.]
**ar'te'ri'ell** (Adj.) eine Arterie betreffend [gr.-lat.]
**Ar'te'ri'ix'tis** (die, -, ti'den) Arterienentzündung (Med.)
**Ar'te'rio'gramm** (das, -, -e) Röntgenbild einer Schlagader [gr.-lat.]
**Ar'te'rio'le** (die, -, -n) kleinste Arterien (Med.)
**Ar'te'rio'skle'ro'se** (die, -, -n) Arterienverkalkung [gr.]
**ar'te'sisch** (Adj.) durch Überdruck an die Oberfläche steigend; artesischer Brunnen [frz.]
**Ar'tes li'be'ra'les** (nur Mz.) die sieben freien Künste: Grammatik, Rhetorik, Dialektik, Arithmetik, Geometrie, Astronomie, Musik [lat.]
**Ar'thral'gie** (die, -, -n) Gelenkschmerz (Med.) [gr.]
**Ar'thri'ti'ker** (der, -s, -) jmd., der Arthritis hat
**Ar'thri'tis** (die, -, -ti'den) schmerzhafte Gelenkentzündung [gr.]
**ar'thri'ti'sch** (Adj.) die Arthritis betreffend [gr.-lat.]
**Ar'thri'tis'mus** (der, -, nur Ez.) erbliche Veranlagung zu Gicht, Asthma u.Ä. [gr.-lat.]
**Ar'thro'se** (die, -, -n) nicht entzündliches Gelenkabnutzungsleiden [gr.]
**ar'ti'fi'zi'ell** (Adj.) künstlich; gekünstelt [frz.]
**Ar'ti'kel** (der, -s, -) **1** Geschlechtswort; z.B. „der, die" **2** Abschnitt (eines Vertrags) **3** schriftlicher Beitrag **4** Glaubenssatz **5** Warengattung [lat.]
**ar'ti'ku'lar** (Adj.) zum Gelenk gehörig [lat.]
**Ar'ti'ku'la'ten** (nur Mz.) Gliedertiere
**Ar'ti'ku'la'ti'on** (die, -, -ti'o'nen) **1** deutliche Lautbildung, Aussprache **2** das Sagen (von Gedanken) **3** Sinngliederung und Gestaltung (in der Musik) **4** Gelenkverbindung [frz.]
**ar'ti'ku'la'to'risch** (Adj.) die Artikulation betreffend
**ar'ti'ku'lie'ren** (V.) **1** Laute deutlich bilden; deutlich aussprechen **2** (Gedanken) sagen **3** gliedern und gestalten (in der Musik) [frz.]
**Ar'til'le'rie** (*auch* [ar-]; die, -, -n) Geschütztruppe [frz.]
**Ar'til'le'rist** (*auch* [ar-]; der, -ris'ten, -ris'ten) Artilleriesoldat
**Ar'ti'san** (der, -s, -s) (Kunst-)Handwerker [lat.-it.-frz.]
**Ar'ti'scho'cke** (die, -, -n) Gemüsedistel
**Ar'tist** (der, -tis'ten, -tis'ten) Varieté-, Zirkuskünstler
**Ar'tis'tik** (die, -, nur Ez.) Artistenkunst [frz.]
**ar'tis'tisch** (Adj.) zur Artistenkunst gehörig, äußerst geschickt
**Art nou'veau** [arnuvo] (die, - -, nur Ez.) Jugendstil [frz.]
**Ar'to'thek** (die, -, -en) Einrichtung, die Kunstwerke verleiht [lat.-gr.]
**ASA** (das, -(s), -) Einheit der Lichtempfindlichkeit fotografischer Schichten [engl. Kurzwort]
**Asa foe'ti'da** *auch:* Asa fö'ti'da [-føː-] (die, -, nur Ez.) = Asant
**Asant** (der, -s, nur Ez.) eingetrockneter, stinkender Milchsaft (der tiermedizinisch bei Koliken u.a. verwendet wird) [lat.]
**As'best** (der, -bes'tes, -bes'te) faseriges, feuerfestes Mineral [gr.]
**As'bes'to'se** (die, -, -n) Asbeststaublunge
**As'ce'to'nym** (das, -s, -e) aus Heiligennamen bestehendes Pseudonym, Deckname [gr.-lat.]
**Asch'ke'na'sim** (nur Mz.) mittel- und osteuropäische Juden [hebr.]
**Asch'ram** (der, -s, -s) Meditationslager in Indien [sanskr.]
**Aschug** (der, -en, -en) wandernder Volksdichter im Kaukasus und Anatolien [russ.]
**Aschu'ge** (der, -n, -n) = Aschug [russ.]
**ASCII-Co'de** (der, -s, nur Ez.) Abk. für **A**merican **S**tandard **C**ode of **I**nformation **I**nterchange, normierter Code zum Datenaustausch (EDV) [engl.]
**As'cor'bin'säu're** (die, -, nur Ez.) = Askorbinsäure
**Ase'bie** (die, -, nur Ez.) Gottlosigkeit [gr.]
**a sec'co** = al secco
**Asei'tät** (die, -, nur Ez.) absolute Unabhängigkeit [lat.]
**Ase'mie** (die, -, -n) Unfähigkeit zur Gebärdensprache [gr.-lat.]

A

**Asepˈsis** (die, -, nur Ez.) Keimfreiheit [gr.]
**Asepˈtik** (die, -, nur Ez.) keimfreie Behandlung von Wunden [gr.-lat.]
**asepˈtisch** (Adj.) keimfrei [gr.]
**aseˈxuˈal** (Adj.) **1** gefühllos **2** geschlechtslos [gr.-lat.]
**Aseˈxuˈaˈliˈtät** (die, -, nur Ez.) **1** Nichtvorhandensein der Libido **2** Nichtvorhandensein der Geschlechtsdrüsen [gr.-lat.]
**aseˈxuˈell** (Adj.) = asexual
**Ashˈram** (der, -s, -s) = Aschram
**Asiˈaˈnisˈmus** (der, -, nur Ez.) antike Redekunst mit viel Schwulst [gr.-lat.]
**Asiˈat** (der, -en, -en) = Asiate
**Asiˈaˈte** (der, -n, -n) Bewohner Asiens
**Asiˈaˈtiˈka** (nur Mz.) Werke über Asien
**asiˈaˈtisch** (Adj.) zu Asien gehörig
**Asiˈdeˈrit** (der, -s, -e) eisenloser Meteorstein [gr.-lat.]
**Asˈkaˈri** (der,-s, -s) Eingeborenensoldat (in Deutsch-Ostafrika) [arab.]
**Asˈkeˈse** (die, -, nur Ez.) **1** streng enthaltsame Lebensweise **2** Bußübung [gr.]
**Asˈket** (der, -en, -en) jmd., der Askese übt
**asˈkeˈtisch** (Adj.) enthaltsam [gr.]
**asˈkleˈpiˈaˈdisch** (Adj.) **1** Versform [gr.] **2** den Dichter Asklepiades betreffend
**Asˈkoˈgon** (das, -s, -e) weibliches Geschlechtsorgan der Schlauchpilze
**Asˈkoˈmyˈzet** (der, -en, -en) Pilzart
**Asˈkorˈbinˈsäuˈre** *auch:* Asˈcorˈbinˈsäuˈre (die, -, nur Ez.) Vitamin C
**Äsˈkuˈlapˈstab** (der, -es, -stäˈbe) Berufssymbol der Ärzte nach dem Schlangenstab des Gottes der Heilkunde in der griechisch-römischen Mythologie
**Asˈkus** (der, -, Asˈzi) schlauch- oder keulenförmiger Sporenbehälter der Schlauchpilze
**asoˈmaˈtisch** (Adj.) unkörperlich, körperlos [gr.-lat.]
**Asomˈnie** (die, -, -n) Schlafstörung, Schlaflosgikeit [gr.-lat.]
**äsoˈpisch** (Adj.) **1** in der Art Äsops **2** lustig, witzig
**asoˈziˈal** (Adj.) gemeinschaftsschädigend, gesellschaftsunfähig
**Asˈpaˈraˈgus** (*auch* [-pa-] der, -, nur Ez.) Spargel; Spargelkraut [gr.]
**Asˈpekt** (der, -s, -e) **1** Betrachtungsweise **2** Stellung der Gestirne zueinander (Astrologie) **3** grammatische Kategorie, die die Verlaufsform einer verbalen Handlung beschreibt [lat.]
**asˈperˈgieˈren** (V.) besprengen mit Weihwasser [lat.]
**Asˈperˈgill** (das, -s, -e) Weihwasserwedel [lat.]
**asperˈmaˈtisch** (Adj.) ohne Samenzellen [gr.-lat.]
**Asperˈmaˈtisˈmus** (der, -, nur Ez.) fehlender Samenerguss [gr.]
**Asperˈmie** (die, -, nur Ez.) = Aspermatismus
**Asˈperˈsiˈon** (die, -, -siˈoˈnen) das Besprengen mit Weihwasser [lat.]
**Asˈphalt** (der, -(e)s, -e) verharzter, pechartiger Erdölrückstand [gr.]
**asˈphalˈtieˈren** (V.) mit einer Asphaltdecke versehen
**Asˈphaltˈmaˈkaˈdam** (der oder das, -s, -e) Stoff für Straßendecken [gr.-engl.]
**asphäˈrisch** (Adj.) nicht sphärisch, nicht kugelförmig
**asˈphykˈtisch** (Adj.) pulslos, fast erstickt
**Asˈphyˈxie** (die, -, -n) Atemstillstand (bei Neugeborenen) [gr.]
**Asˈpiˈdisˈtra** (die, -, -tren) Schildblume [gr.-lat.]
**Asˈpik** (der, -s, -e) säuerliches Würzgelee [frz.]
**Asˈpiˈrant** (der, -en, -en) **1** Anwärter, Bewerber **2** wissenschaftliche Nachwuchskraft [lat.]
**Asˈpiˈranˈtur** (die, -, -en) Stelle eines Aspiranten
**Asˈpiˈraˈta**(die, -, -en) behauchter Laut; z.B. das Rho im Altgriechischen [lat.]
**Asˈpiˈraˈteur** (der, -s, -e) Gerät zum Reinigen von Getreide [lat.-frz.]
**Asˈpiˈraˈtion** (die, -, -tiˈoˈnen) **1** das Aspirieren **2** das Einsaugen (von Flüssigkeit)
**Asˈpiˈraˈtor** (der, -s, -toˈren) Einsaugvorrichtung [lat.]
**asˈpiˈraˈtoˈrisch** (Adj.) mit Hauch artikuliert
**asˈpiˈrieˈren** (V.) **1** behaucht aussprechen **2** sich bewerben (österr.); auf einen Posten a.
**Asˈpiˈrin** (das, -s, nur Ez.) ein Schmerzmittel (Warenzeichen) [Kunstwort]
**Asˈpiˈroˈmeˈter** (das, -s, -) Gerät zum Bestimmen der Luftfeuchtigkeit [lat.]
**Asˈpisˈviˈper** (die, -, -n) Giftschlange [gr.-lat.]

A

**As'plit** (das, -s, nur Ez.) Kitt aus Phenolharz
**Ass** (das, -es, -e) **1** Spitzenkönner **2** Spielkarte
**as'sai** (Adv.) sehr, ziemlich (bei einer musikalischen Tempobezeichnung) [it.]
**As'sam** (der, -s, -s) Teesorte [ind.]
**as'sa'nie'ren** (V.) verbessern [lat.-frz.]
**As'sa'nie'rung** (die, -, -en) Verbesserung der Bebauung [lat.-frz.]
**As'sas'si'ne** (der, -n, -n) **1** Meuchelmörder **2** Angehöriger einer mohammedanischen Religionsgemeinschaft [arab.-it.]
**As'saut** [-soː] (der, -s, -s) Wettkampf im Fechten [lat.-frz.]
**As'se'ku'ra'deur** [-døːɐ] (der, -s, -e) selbstständiger Versicherungsagent [lat.-it.]
**As'se'ku'rant** (der, -en, -en) Versicherungsträger
**As'se'ku'ranz** (die, -, -en) Versicherung [it.]
**As'se'ku'rat** (der, -en, -en) Versicherter, Versicherungsnehmer
**as'se'ku'rie'ren** (V.) versichern
**As'sem'bla'ge** [assɛmblaːʒ] (die, -, -n) Kunstwerk, das aus verschiedenen Objekten oder Materialien komponiert ist [frz.]
**As'sem'blee** [asɑ̃-] (die, -, -leen/-bleen) Versammlung
**As'sem'bler** [əse-] (der, -s, nur Ez.) maschinengebundene Programmiersprache [engl.]
**As'sem'bling** [əsem-] (das, -s, -s) Zusammenschluss von Industriebetrieben [engl.]
**as'sen'tie'ren** (V.) zustimmen, beipflichten [lat.]
**As'sen'tie'rung** (die, -, -en) militärische Musterung [lat.]
**as'se'rie'ren** (V.) behaupten, versichern [lat.]
**As'ser'tion** (die, -, -tionen) Behauptung, Versicherung [lat.]
**as'ser'to'risch** (Adj.) behauptend, versichernd [lat.]
**As'ser'vat** (das, -s, -e) als Beweismittel verwahrte Sache [lat.]
**as'ser'vie'ren** (V.) als Beweismittel verwahren [lat.]
**As'sess'ment'cen'ter** *auch:* As'sess'ment-Cen'ter (das, -s, -) psychologischer Einstufungstest [engl.]
**As'ses'sor** (der, -s, -soren) Anwärter auf die höhere Beamtenlaufbahn [lat.]
**as'ses'so'ral** (Adj.) den Assessor betreffend, in der Art eines Assessors [lat.]
**As'set** (der, -s, -s) Wert eines Unternehmens (Wirtschaft)
**as'si'bi'lie'ren** (V.) einen Explosivlaut mit nachfolgendem Zischlaut aussprechen; z.B. das t zu ts assibilieren [lat.]
**As'si'du'i'tät** (die, -, nur Ez.) Beharrlichkeit [lat.]
**As'si'et'te** [asjɛt] (die, -, -n) **1** Teller **2** Stellung, Lage [lat.-frz.]
**As'si'gnant** (der, -en, -en) Aussteller einer Geldanweisung [lat.]
**As'si'gnat** (der, -en, -en) jmd., der die Geldanweisung bezahlt hat [lat.]
**As'si'gna'tar** (der, -s, -e) Empfänger der Geldanweisung [lat.]
**As'si'gna'te** (die, -, -en) Papiergeldschein der ersten französischen Republik [lat.-frz.]
**as'si'gnie'ren** (V.) Geld anweisen [lat.]
**As'si'mi'lat** (das, -(e)s, -e) durch Assimilation entstandenes Produkt [lat.]
**As'si'mi'la'ti'on** (die, -, -tionen) **1** Angleichung **2** Aufbau von Pflanzenstoffen aus CO2, Wasser und Sonnenlicht [lat.]
**as'si'mi'la'to'risch** (Adj.) zur Assimilation gehörig, dadurch entstanden
**as'si'mi'lie'ren** (V.) angleichen
**As'si'sen** (nur Mz.) **1** Schwurgericht in Frankreich und der Schweiz **2** Sitzungen dieses Gerichts [lat.-frz.]
**As'sis'tent** (der, -en, -en) wissenschaftlicher Mitarbeiter; Gehilfe [lat.]
**As'sis'tenz** (die, -, -en) Beistand, Hilfe [lat.]
**as'sis'tie'ren** (V.) Beistand leisten, helfend tätig werden [lat.]
**As'so'ci'a'ted Press** (die, - -, nur Ez.) amerikanisches Nachrichtenbüro [engl.]
**As'so'cié** [-sjeː] (der, -s, -s) Teilhaber (veraltet) [frz.]
**As'so'lu'ta** (die, -, -s) weiblicher Star in Oper oder Ballett [it.]
**As'so'nanz** (die, -, -en) unvollständiger Reim, Halbreim, Vokalreim; z.B. fegen – geben [lat.]
**as'sor'tie'ren** (V.) mit Waren versehen [frz.]
**As'sor'ti'ment** (das, -s, -e) Auswahl, Sortiment [frz.]

**As|so|zi|a|ti|on** (die, -, -ti|o̲nen) **1** Gedankenverknüpfung **2** Zusammenschluss [frz.]
**as|so|zi|a|tiv** (Adj.) durch Assoziation verbindend
**as|so|zi|ie|ren** (V.) **1** gedanklich verknüpfen **2** zusammenschließen
**As|so|zi|ie|rung** (die, -, -en) Zusammenschluss mehrerer Partner (Personen, Firmen, Staaten etc.) per Vertrag [lat.]
**as|su|mie|ren** (V.) annehmen, gelten lassen [lat.]
**As|sump|ti|on** (die, -, -ti|o̲nen) = Assumtion
**As|sum|ti|on** (die, -, -ti|o̲nen) Himmelfahrt der Jungfrau Maria [lat.]
**As|sun|ta** (die, -, -ten) Darstellung der Assumtion [it.]
**As|syr|io|lo|gie** (die, -, nur Ez.) Wissenschaft von der Sprache und Kultur Assyriens und Babylons [nlat.]
**As|ta|sie** (die, -, -n) Unfähigkeit zu stehen (Med.) [gr.-lat.]
**As|tat** (das, -s, nur Ez.) = Astatin
**as|ta|tisch** (Adj.) **1** unruhig **2** gegen elektromagnetische Feldeinwirkung geschützt [gr.]
**As|ter** (die, -, -n) ein Korbblütler, Gartenblume [gr.]
**as|te|risch** (Adj.) sternähnlich [gr.-lat.]
**As|te|ris|kus** (der, -, -ken) Sternchen (als Fußnotenhinweis, für erschlossene Sprachformen) [lat.]
**As|te|ris|mus** (der, -, nur Ez.) Eigenschaft mancher Kristalle, auffallendes Licht strahlenförmig zu reflektieren
**As|te|ro|id** (der, -en, -en) kleiner Planet [gr.]
**As|te|ro|nym** (das, -s, -e) ***-Zeichen statt des Verfassernamens [gr.-lat.]
**As|the|nie** (die, -, -n) Körperschwäche; Entkräftigung [gr.]
**As|the|ni|ker** (der, -s, -) jmd., der schmächtig und zartgliedrig ist [gr.]
**as|the|nisch** (Adj.) wie ein Astheniker
**Äs|the|sie** (die, -, nur Ez.) Empfindungsfähigkeit [gr.-lat.]
**Äs|the|si|o|lo|gie** (die, -, nur Ez.) Lehre von den Sinnesorganen
**Äs|thet** (der, -en, -en) jmd., der sich zum Schönen hingezogen fühlt [gr.]
**Äs|the|tik** (die, -, nur Ez.) Lehre vom Schönen; die Schönheit [gr.]
**Äs|the|ti|ker** (der, -s, -) Anhänger oder Lehrer der Ästhetik [gr.-lat.]
**äs|the|tisch** (Adj.) zur Ästhetik gehörig; schön (gestaltet)
**äs|the|ti|sie|ren** (V.) nur die ästhetische Seite berücksichtigen
**Äs|the|ti|zis|mus** (der, -, nur Ez.) ausschließlich auf das Ästhetische gerichtete Haltung
**Äs|the|ti|zist** (der, -zis|ten, -zis|ten) Anhänger oder Lehrer des Ästhetizismus [gr.-lat.]
**äs|the|ti|zis|tisch** (Adj.) den Ästhetizismus betreffend
**Asth|ma** (das, -s, nur Ez.) anfallsweise auftretende Atemnot [gr.]
**Asth|ma|ti|ker** (der, -s, -) Asthmakranker
**asth|ma|tisch** (Adj.) durch Asthma bedingt, daran leidend
**As|ti** (der, -(s), -) Wein aus Asti in Italien
**as|tig|ma|tisch** (Adj.) Punkte strichförmig verzerrend (Optik) [gr.]
**As|tig|ma|tis|mus** (der, -, nur Ez.) astigmatischer Abbildungsfehler (von Linsen, vom Auge) [gr.-nlat.]
**As|til|be** (die, -, -n) Zierpflanze aus der Familie der Steinbrechgewächse [lat.]
**Äs|ti|ma|ti|on** (die, -, -ti|o̲nen) Hochschätzung, Verehrung [lat.]
**äs|ti|mie|ren** (V.) hochschätzen [lat.]
**As|ti spu|man|te** (der, - -, nur Ez.) ein italienischer Sekt
**As|tra|gal** (der, -s, -e) Rundprofil bei einer Säule [gr.-lat.]
**as|tral** *auch:* astra̲l /astra̲l (Adj.) zu den Gestirnen gehörig [lat.]
**As|tral|leib** (der, -s, -er) **1** Ätherleib in esoterischen Anschauungen **2** höchste geistige Stufe in der anthroposophischen Lehre [gr.-lat.]
**As|tral|my|tho|lo|gie** (die, -, nur Ez.) Anschauung, wonach die Gestirne göttliche Mächte sind [gr.-lat.]
**As|tra|lon** (das, -s, nur Ez.) durchsichtiger Kunststoff
**As|tral|re|li|gi|on** (die, -, -en) religiöse Gestirneverehrung [lat.]
**As|trild** (der, -s, -e) afrikanischer Webervogel [afrikaans]
**As|tro|bi|o|lo|gie** (die, -, nur Ez.) Wissenschaft, die sich mit der Erforschung außerirdischen Lebens befasst

**As'tro'bo'ta'nik** (die, -, nur Ez.) Wissenschaft, die sich mit Pflanzen auf anderen Sternen beschäftigt

**As'tro'dy'na'mik** (die, -, nur Ez.) **1** Teilgebiet der Astrophysik **2** Teilgebiet der Raumflugtechnik [gr.-lat.]

**As'tro'gno'sie** (die, -, nur Ez.) Beschreibung des sichtbaren Sternenhimmels

**As'tro'graph** (der, -en, -en) Gerät zum Fotografieren von Sternen

**As'tro'gra'phie** (die, -, -n) Sternbeschreibung [gr.-lat.]

**As'tro'kom'pass** (der, -es, -e) Gerät zur Bestimmung der Nordrichtung unter Bezugnahme auf einen Himmelskörper

**As'tro'la'bi'um** (das, -s, -bi'en) altes astronomisches Winkelmessgerät [gr.]

**As'tro'la'trie** (die, -, nur Ez.) Sternverehrung [gr.-lat.]

**As'tro'lo'ge** (der, -n, -n) Sterndeuter [gr.-lat.]

**As'tro'lo'gie** (die, -, nur Ez.) Sterndeutung

**as'tro'lo'gisch** (Adj.) die Astrologie betreffend, mit den Mitteln der Astrologie

**As'tro'man'tie** (die, -, nur Ez.) das Wahrsagen aus der Konstellation der Planeten

**As'tro'me'te'o'ro'lo'gie** (die, -, nur Ez.) **1** Wissenschaft von den Atmosphären anderer Himmelskörper (besonders der Planeten) **2** Lehre vom Einfluss der Gestirne auf das Wetter

**As'tro'me'ter** (das, -s, -) Gerät zum Messen der Helligkeit der Sterne

**As'tro'me'trie** (die, -, nur Ez.) Wissenschaft, die sich mit der Stellung der Planeten beschäftigt

**As'tro'naut** (der, -en, -en) Weltraumfahrer

**As'tro'nau'tik** (die, -, nur Ez.) Weltraumfahrt

**As'tro'na'vi'ga'ti'on** (die, -, nur Ez.) Navigation mit Hilfe angepeilter Planeten

**As'tro'nom** (der, -en, -en) jmd., der sich mit Astronomie beschäftigt [gr.]

**As'tro'no'mie** (die, -, nur Ez.) Sternkunde

**as'tro'no'misch** (Adj.) **1** zur Astronomie gehörig **2** ungeheuer groß (ugs.) [gr.]

**As'tro'phyl'lit** (der, -s, -e) Mineralart

**As'tro'phy'sik** (die, -, nur Ez.) Teilgebiet der Astronomie, das sich mit den physikalischen Gegebenheiten der Gestirne befasst

**as'tro'phy'si'ka'lisch** (Adj.) die Astrophysik betreffend

**As'tro'phy'si'ker** (der, -s, -) Wissenschaftler, Spezialist für Astrophysik

**As'tro'spek'tros'ko'pie** (die, -, nur Ez.) Spektraluntersuchung von Sternen

**Äs'tu'ar** (das, -s, -e) trichterförmige Flussmündung [lat.]

**Äs'tu'a'ri'um** (das, -s, -en) = Ästuar

**Asyl** (das, -s, -e) **1** Zufluchtsort **2** Obdach

**Asy'lant** (der, -en, -en) jmd., der in einem anderen Staat Zuflucht sucht [gr.-lat.]

**Asy'lie'rung** (die, -, -en) Unterbringung in einem Asyl [gr.-lat.]

**Asym'b'las'tie** (die, -, nur Ez.) unterschiedliche Keimzeiten von Samen derselben Pflanze (Bot.) [gr.-lat.]

**Asym'me'trie** (die, -, nur Ez.) asymmetrische Beschaffenheit

**asym'me'trisch** (Adj.) nicht symmetrisch, ungleichmäßig [gr.]

**Asymp'to'te** (die, -, -n) Gerade, die eine Kurve erst im Unendlichen berührt [gr.]

**asymp'to'tisch** (Adj.) in der Art einer Asymptote verhaltend (Math.) [gr.-lat.]

**asyn'chron** (Adj.) nicht gleichzeitig [gr.]

**Asyn'chron'mo'tor** (der, -s, -e(n)) Wechsel- oder Drehstrommotor, dessen Drehzahl unabhängig von der Frequenz des Netzes geregelt werden kann

**asyn'de'tisch** (Adj.) nicht durch ein Bindewort verbunden [gr.]

**Asyn'de'ton** (das, -s, -ta) Aneinanderreihung ohne Bindewort (als Stilmittel); z.B. Sie trank, aß, lachte. [gr.]

**Asy'n'er'gie** (die, -, -n) Störung des Zusammenwirkens von Muskeln [gr.-lat.]

**Asy's'to'lie** (die, -, -n) Systolenschwächung oder -ausfall bei Herzschäden [gr.-lat.]

**as'zen'dent** (Adj.) aufsteigend [lat.]

**As'zen'dent** (der, -en, -en) **1** Verwandter in aufsteigender Linie **2** Aufgangspunkt eines Gestirns **3** bei Geburt am Osthorizont aufgehendes Tierkreiszeichen (im Horoskop) [lat.]

**As'zen'denz** (die, -, -en) **1** aufsteigende Verwandtschaftslinie **2** Aufgang (eines Gestirns)

**as'zen'die'ren** (V.) **1** aufsteigen **2** aufgehen

**As'zen'si'on** (die, -, -en) Himmelfahrt Christi [lat.]

**As|ze|se** (die, -, nur Ez.) = Askese
**As|zet** (der, -en, -en) = Asket
**atak|tisch** (Adj.) unregelmäßig, ungleichmäßig [gr.-lat.]
**Ata|man** (der, -s, -e) gewählter Stammesführer bei den Kosaken [russ.]
**Ata|rak|ti|kum** (das, -s, -ka) Beruhigungsmittel [gr.-lat.]
**Ata|ra|xie** (die, -, nur Ez.) Gleichmut in allen Lebenslagen [gr.]
**Ata|vis|mus** (der, -, -men) **1** Wiederauftreten alter stammesgeschichtl. Merkmale; z.B. Körperfellbildung beim Menschen **2** Rückfall in einen überwunden geglaubten Zustand [lat.]
**ata|vis|tisch** (Adj.) zum Atavismus gehörig
**Ata|xie** (die, -, -n) Störung der Muskelkoordination [gr.]
**atek|to|nisch** (Adj.) nicht auf den Gesetzen der Tektonik beruhend
**Ate|lie** (die, -, -n) **1** infantile Merkmale bei Erwachsenen (Med.) **2** Merkmal bei Tieren ohne biologischen Zweck (Biol.) [gr.-lat.]
**Ate|li|er** [-lje:] (das, -s, -s) Künstlerwerkstatt; Raum für Fotoaufnahmen u.a. [frz.]
**Atel|la|ne** (die, -, -n) Volksposse im alten Rom [lat.]
**a tem|po** **1** wieder im vorausgegangenen Tempo (bei Musikstücken) **2** sofort [it.]
**Atha|na|sie** (die, -, nur Ez.) Unsterblichkeit
**Äth|a|nol** *auch:* Etha|n͟ol (das, -s, nur Ez.) mit Wasser verdünnt trinkbarer Alkohol [ıurzwort]
**Athe|is|mus** (der, -, nur Ez.) Gottlosigkeit
**Athe|ist** (der, -is|ten, -is|ten) Gottloser [gr.]
**athe|is|tisch** (Adj.) gottlos [gr.]
**athe|ma|tisch** (Adj.) ohne Thema [lat.-gr.]
**Athe|nä|um** (das, -s, -nä|en) Tempel der Göttin Athene [lat.-gr.]
**Äther** *auch:* E͟ther (der, -s, nur Ez.) **1** Himmelsluft (veraltet) **2** die gesamte Welt ausfüllender Stoff (frühere Physik) **3** eine organische Verbindung; Narkosemittel [gr.]
**äthe|risch** (Adj.) **1** himmlisch **2** hauchzart; vergeistigt **3** ätherartig; aromatisch verdunstend
**äthe|ri|sie|ren** (V.) mit Narkoseäther behandeln
**ather|man** (Adj.) wärmeundurchlässig [gr.]
**Athe|sie** (die, -, -n) Treulosigkeit, Unbeständigkeit [gr.]
**Athes|mie** (die, -, -n) Zügellosigkeit [gr.]
**Ath|let** (der, -en, -en) **1** Wettkämpfer **2** kräftiger muskulöser Mann [gr.]
**Ath|le|tik** (die, -, nur Ez.) Wettkämpfe im antiken Griechenland [lat.-gr.]
**Ath|le|ti|ker** (der, -s, -) breitschultriger, schmalhüftiger Körperbautyp [gr.]
**ath|le|tisch** (Adj.) wie ein Athlet, Athletiker
**Äthyl** *auch:* Ethy͟l (das, -s, -e) einwertiges Kohlenwasserstoffradikal [lat.-gr.]
**Äthyl|al|ko|hol** (der, -s, nur Ez.) = Äthanol
**Äthy|len** (das, -s, nur Ez.) ein ungesättigter Kohlenwasserstoff [gr.-nlat.]
**Athy|mie** (die, -, nur Ez.) Antriebslosigkeit
**Äti|o|lo|gie** (die, -, nur Ez.) Lehre von den Ursachen (der Krankheiten) [gr.]
**äti|o|trop** (Adj.) die Ursache einer Krankheit angreifend [lat.-gr.]
**At|lant** (der, -en, -en) Männerfigur, die Gebäudeteile stützt [gr.]
**at|lan|tisch** (Adj.) zum Atlantischen Ozean gehörig; z.B. atlantisches Klima, atlantisches Tief [gr.]
**At|las** (der, - oder -las|ses, nur Ez.) **1** oberster Halswirbel [gr.] **2** (der, - oder -las|ses, -lan|ten) Kartenwerk [gr.] **3** (der, - oder -las|ses, -las|se) schwerer, glänzender Seidenstoff [arab.]
**At|man** (der, -(s), nur Ez.) Lebensprinzip, menschliches Selbst (in der indischen Philosophie) [sanskr.]
**At|mo|sphä|re** (die, -, -n) **1** Gashülle eines Himmelskörpers (besonders Lufthülle der Erde) **2** frühere Maßeinheit für den Druck **3** Stimmung, Umgebung [gr.]
**At|mo|sphä|ri|li|um** (das, -s, -li|en) in der Luft enthaltener Stoff
**at|mo|sphä|risch** (Adj.) **1** zur Atmosphäre gehörig **2** Atmosphäre erzeugend
**Atoll** (das, -s, -e) ringförmiges Korallenriff
**Atom** (das, -s, -e) kleinste Einheit eines chemischen Elements [gr.]

A

**ato'mar** (Adj.) 1 zum Atom gehörig; z.B. atomarer Aufbau 2 zu den Kernwaffen gehörig; z.B. atomare Rüstung

**Atom'bat'te'rie** (die, -, -n) Kernreaktor

**Atom'bom'be** (die, -, -n) Bombe, die Bindungsenergien der Atomkerne freisetzt

**Atom'e'ner'gie** (die, -, nur Ez.) durch Kernspaltung hergestellte Energie

**Atom'ge'wicht** (das, -(e)s, -e) Masse eines Atoms

**Atom'git'ter** (das, -s, -) Kristallgitter aus Atomen

**Ato'mi'seur** [atoːmizœr] (der, -s, -e) Zerstäuber [frz.]

**ato'mi'sie'ren** (V.) völlig zerstören [gr.]

**Ato'mis'mus** (der, -, nur Ez.) philosophische Lehre, dass alle Dinge aus kleinsten, unveränderbaren Einheiten aufgebaut sind [gr.-nlat.]

**Ato'mist** (der, -en, -en) Anhänger des Atomismus

**Ato'mi'zer** [ætəmaɪzər] (der, -s, -) = Atomiseur [engl.]

**Atom'müll** (der, -s, nur Ez.) radioaktiver Müll

**Atom'physik** (die, -, nur Ez.) Physik vom Atomkern und seinen Teilchen

**Atom'uhr** (die, -, -en) Uhr höchster Genauigkeit, die mit Eigenschwingungszahlen bestimmter Atome arbeitet

**ato'nal** (Adj.) ohne Ordnung nach Tonarten (Musik)

**Ato'na'list** (der, -lis'ten, -lis'ten) jmd., der sich mit atonaler Musik beschäftigt

**Ato'na'li'tät** (die, -, nur Ez.) atonale Kompositionsweise

**Ato'nie** (die, -, -n) Muskelerschlaffung

**ato'nisch** (Adj.) erschlafft [gr.]

**Ato'non** (das, -s, -na) unbetontes Wort [gr.]

**Ato'pie** (die, -, -n) Überempfindlichkeit gegen bestimmte Nahrung oder auch Personen [lat.-gr.]

**à tout prix** [atupri] um jeden Preis [frz.]

**ato'xisch** (Adj.) ungiftig [gr.]

**at'ra'men'tie'ren** (V.) Stahl zum Rostschutz mit Oxyd- oder Phosphatschicht überziehen [lat.]

**At're'sie** (die, -, -n) Fehlen natürlicher Öffnungen des Körpers [lat.-gr.]

**At'ri'chie** (die, -, -n) Fehlen der Körperhaare [lat.-gr.]

**At'ri'um** (das, -s, -tri'en/-ri'en) 1 Hauptraum des altrömischen Hauses 2 Innenhof (von Bungalows) 3 Säulenvorhalle (einer Basilika) 4 Vorhof (des Herzens) [lat.]

**at'rop** (Adj.) aufrecht, gerade [lat.-gr.]

**At'ro'phie** (die, -, -n) Schwund, Verkümmerung (von lebender Körpersubstanz) [gr.]

**at'ro'phie'ren** (V.) durch Atrophie schwinden, verkümmern

**at'ro'phisch** (Adj.) schwindend, an Atrophie kränkelnd [lat.-gr.]

**At'ro'pin** (das, -s, nur Ez.) Gift der Tollkirsche

**At'ro'zi'tät** (die, -, -en) Grausamkeit, Widerwärtigkeit [lat.]

**at'tac'ca** (Adv.) sofort anzuschließen (bei Musikstücken) [it.]

**At'ta'ché** [-ʃeː] (der, -s, -s) 1 Nachwuchsdiplomat 2 Diplomatenberater [frz.]

**At'ta'che'ment** [ataʃmɑ̃] (das, -s, -s) Anhänglichkeit, Zuneigung [frz.]

**at'ta'chie'ren** [-ʃiː-] (V.) zuteilen; jmdm. einen Berater attachieren [frz.]

**At'ta'cke** (die, -, -n) 1 Angriff; z.B. Reiterattacke 2 Anfall; z.B. Herzattacke [frz.]

**at'ta'ckie'ren** (V.) angreifen [frz.]

**At'ten'tat** [at-] (das, -s, -e) politischer Mordanschlag [frz.]

**At'ten'tä'ter** [at-] (der, -s, -) jmd., der ein Attentat verübt

**At'ten'tion** (die, -, nur Ez.) Aufmerksamkeit [frz.]

**At'ten'tis'mus** (der, -, nur Ez.) opportunistisches Zurückhalten der Entscheidung [frz.]

**At'test** (das, -s, -tes'te) ärztliche Bescheinigung

**at'tes'tie'ren** (V.) bescheinigen [lat.]

**At'ti'ka** (die, -, -ken) verzierte Blendwand über dem Hauptgesims [lat.]

**At'ti'la** (die, -, -s) schnurbesetzte Husarenjacke (nach dem Hunnenkönig benannt)

**at'ti'rie'ren** (V.) anlocken, bestechen [frz.]

**at'tisch** (Adj.) 1 auf Attika bezogen 2 geistreich [lat.-gr.]

**At'ti'tu'de** [-tʏd] (die, -, -s) bestimmte Figur beim Ballett [lat.-it.-frz.]

**At'ti'tü'de** (die, -, -n) (unechte) Haltung; Einstellung [lat.-it.-frz.]

A

**At'ti'zis'mus** (der, -, -men) Athener Sprechweise [lat.-gr.]
**At'ti'zist** (der, -zis'ten, -zis'ten) Verfechter der feinen Sprechweise des Attizismus [lat.-gr.]
**at'ti'zis'tisch** (Adj.) den Attizismus betreffend oder vertretend [lat.-gr.]
**At'to'ni'tät** (die, -, nur Ez.) Regungslosigkeit bei vollem Bewusstsein [lat.]
**At'trac'tants** [ətræktənts] (nur Mz.) Insektenlockmittel [lat.-engl.]
**At'trait** [atrɛ] (der, -s, -s) Reiz, Lockung [lat.-frz.]
**At'trak'ti'on** (die, -, -ti'o̱nen) **1** Anziehung(skraft) **2** Glanznummer; Anziehungspunkt [frz.]
**at'trak'tiv** (Adj.) anziehend [frz.]
**At'trak'ti'vi'tät** (die, -, nur Ez.) Anziehungskraft [frz.]
**At'trap'pe** (die, -, -n) täuschend ähnliche Nachbildung [frz.]
**at'tri'bu'ie'ren** (V.) **1** als Attribut beigesellen **2** als Attribut verwenden
**At'tri'but** (das, -s, -e) **1** Merkmal, Kennzeichen **2** Wort, das einen Begriff näher bestimmt, Beifügung [lat.]
**at'tri'bu'tiv** (Adj.) als Attribut [lat.]
**At'tri'bu'ti'vum** (das, -s, -va) als Beifügung gebrauchtes Wort [lat.]
**aty'pisch** (Adj.) nicht typisch [gr.]
**Au'ber'gi'ne** [obɛrʒiːnə] (die, -, -n) eine Gemüsefrucht [arab.-frz.]
**Au'bus'son** [obysɔ̃] (der, -s, -s) gewirkter Teppich [frz.]
**au con'traire** [okɔ̃trɛr] im Gegenteil [frz.]
**au cou'rant** [okurɑ̃ː] auf dem Laufenden [frz.]
**Au'di'a'tur et al'te'ra pars** auch der andere Teil muss gehört werden [lat.]
**Au'di'enz** (die, -, -en) feierlicher offizieller Empfang und Unterredung (mit einem Würdenträger) [lat.]
**Au'di'max** (das, -, nur Ez.) Kurzwort für Auditorium maximum
**Au'di'me'ter** (der, -s, -) Gerät zum Messen der Fernseh-Einschaltquoten bei Testpersonen
**Au'di'o'file** [-faɪl] (der, -s, -s) Datei mit digitalisierten Tönen (EDV)
**Au'di'on** (das, -s, -s) Gerät in Rundfunkgeräten zum Verstärken der hörbaren Schwingungen
**Au'di'o'me'ter** (das, -s, -) Hörmessgerät
**Au'di'o'phon** *auch:* Au'di'o'fon (das, -s, -e) Hörgerät [lat.-gr.]
**Au'di'o'vi'si'on** (die, -, nur Ez.) **1** Aufnahme-, Speicher- und Wiedergabetechnik von Bild und Ton **2** Information durch Bild und Ton [lat.]
**au'di'o'vi'su'ell** (Adj.) Auge und Ohr betreffend [lat.-frz.]
**Au'dit** (der oder das, -s, -s) unverhoffte Prüfung [lat.-engl.]
**Au'di'ti'on** (die, -, -en) Probesprechen
**au'di'tiv** (Adj.) das Hören betreffend [frz.]
**Au'di'tor** (der, -s, -en) Beamter, Richter [lat.]
**Au'di'to'ri'um** (das, -s, rixen) **1** Universitätshörsaal **2** Zuhörerschaft [lat.]
**Au'di'to'ri'um ma'xi'mum** (das, - -, nur Ez.) größter Hörsaal einer Universität
**au fait** [ofɛ] eigentlich, im Grunde genommen [frz.]
**au four** [ofu̱ːr] im Ofen gebraten [frz.]
**Au'gi'as'stall** (*auch* [a̱u-]; der, -es, nur Ez.) dreißig Jahre nicht gesäuberter Stall des Königs Augias in der griechischen Sage [gr.-lat.-dt.]
**Au'git** (der, -s, -e) ein Mineral [lat.]
**Aug'ment** (das, -s, -e) Präfix vor dem Verbstamm, das die Vergangenheit bezeichnet (im Griechischen, Sanskrit) [lat.]
**Aug'men'ta'ti'on** (die, -, -ti'o̱nen) Vermehrung
**aug'men'tie'ren** (V.) vermehren [lat.]
**Aug'men'ta'tiv'suf'fix** (das, -es, -e) Vergrößerungssuffix
**Au'gur** (der, -s oder -en, -en) römischer Zukunftsdeuter; Eingeweihter mit Vorausblick (übertragen) [lat.]
**Au'gu'ren'lä'cheln** (das, -s, nur Ez.) Lächeln unter Eingeweihten
**au'gu'rie'ren** (V.) weissagen
**Au'gus'ti'ner** (der, -s, -) Mönch des Augustinerordens
**Auk'ti'on** (die, -, -ti'o̱nen) Versteigerung [lat.]
**Auk'ti'o'na'tor** (der, -s, -to̱ren) Versteigerer
**auk'ti'o'nie'ren** (V.) versteigern [lat.]
**auk'to'ri'al** (Adj.) vorauswissend (vom Erzählstil eines Schriftstellers); z.B. einen Romanhelden auktorial kommentieren [lat.]

**Aula** (die, -, -len) 1 Festsaal (in Schulen) 2 Innenhof (eines altgriechischen Hauses) [gr.]
**Aulos** (der, -, Auloi) antikes Blasinstrument [gr.]
**au naturel** [onatʏrɛl] unverfälscht, ohne Beigabe (bei Speisen, Getränken) [frz.]
**au pair** [opɛr] auf Gegenleistung (statt Bezahlung) [frz.]
**au porteur** [opɔrtœr] auf den Besitzer lautend [frz.]
**Aura** (die, -, -ren) intensive Ausstrahlung, Positivwirkung (einer Person) [gr.]
**aural** (Adj.) = aurikular [lat.]
**Auramin** (das, -s, nur Ez.) gelber Farbstoff
**auratisch** (Adj.) zur Aura gehörend
**Aureole** (die, -, -n) 1 Heiligenschein 2 Leuchtkranz (um Mond oder Sonne bei Dunstwetter) [lat.]
**Aureus** (der, -, -rei) altrömische Goldmünze [lat.]
**Auripigment** (das, -s, nur Ez.) ein Mineral, Rauschgelb [lat.]
**Aurora** (die, -, -s) 1 Morgenröte 2 Bezeichnung eines Tagfalters [lat.]
**Aurum** (das, -s, nur Ez.) Gold [lat.]
**ausagieren** (V.) Gefühle spontan und ohne Hemmungen in Handlungen umsetzen [dt.-lat.]
**auschecken** (V.) Passieren der Kontrollen nach einem Flug [engl.]
**auschillen** (V.) sich nach einer Anstrengung ausruhen, entspannen (ugs.)
**ausdifferenzieren** (V.) sich in einem Differenzierungsprozess von etwas ablösen und verselbständigen
**ausklarieren** (V.) bei Ausfahrt Schiff und Güter verzollen [dt.-lat.]
**Ausklarierung** (die, -, -en) Verzollung bei Ausfahrt aus dem Hafen
**ausknocken** (V.) k.o. schlagen [dt.-engl.]
**Auskultant** (der, -en, -en) Zuhörer, Beisitzer (Rechtswesen) [lat.]
**Auskultation** (die, -, -tionen) Abhorchen der Körpergeräusche mit dem Stethoskop [lat.]
**Auskultator** (der, -s, -en) Gerichtsreferendar [lat.]
**auskultieren** (V.) durch Auskultation prüfen
**ausloggen** (V.) Beenden eines Programmes (EDV) [engl.]
**auslogieren** (V.) ausquartieren [dt.-frz.]
**ausmanövrieren** (V.) jmdn. ausschalten [dt.-lat.-frz.]
**Auspizium** (das, -s, -zien) 1 Wahrsagung (durch die Auguren) 2 Vorbedeutung 3 Obhut [lat.]
**ausquartieren** (V.) jmdn. aus einer Unterkunft entfernen
**ausstaffieren** (V.) ausrüsten, ausstatten [dt.-frz.-niederl.]
**austarieren** (V.) ins Gleichgewicht bringen
**Austerity** [ɒsterətɪ] (die, -, nur Ez.) Sparpolitik, Beschränkung, Einschränkung [gr.-lat.-frz.-engl.]
**austral** (Adj.) auf der südlichen Halbkugel seiend [lat.]
**Austral** (der, -, -) argentinische Währungseinheit, 100 Centavos [lat.-span.]
**Australier** (der, -s, -) 1 Bewohner Australiens 2 Ureinwohner Australiens
**australisch**(Adj.) zu Australien gehörig
**Austriazismus** (der, -, -men) österreichische Spracheigentümlichkeit
**Austromarxismus** (*auch:* [au-] der, -, nur Ez.) österreichische Sonderform des Marxismus [lat.]
**autark** (Adj.) wirtschaftlich unabhängig [gr.]
**Autarkie** (die, -, -n) das Autarksein
**Authentie** (die, -, nur Ez.) = Authentizität
**authentifizieren** (V.) die Echtheit beglaubigen [gr.-lat.]
**authentisch** (Adj.) echt, zuverlässig, verbürgt [gr.]
**authentisieren** (V.) glaubwürdig, rechtskräftig machen [gr.]
**Authentizität** (die, -, nur Ez.) Echtheit, Verbürgtheit [gr.-nlat.]
**Autismus** (der, -, nur Ez.) extreme Selbstversunkenheit [gr.]
**Autist** (der, -tisten, -tisten) jmd., der an Autismus leidet
**autistisch** (Adj.) zum Autismus gehörig, daran leidend
**Autoantikörper** (der, -s, -) den eigenen Körper schädigende Antikörper (Med.)
**Autobiografie** *auch:* Autobiographie (die, -, -n) Selbstbiografie [gr.]

**Au'to'cho'rie** (die, -, nur Ez.) Verbreitung von Samen durch die Pflanze selbst (Bio.)
**au'to'ch'thon** (Adj.) eingeboren, alteingesessen [gr.-lat.]
**Au'to'ch'tho'ne** (der oder die, -n, -n) Eingeborene(r), Alteingesessene(r), Ureinwohner(in) [gr.-lat.]
**Au'to'cross** *auch:* Au'to-Cross (das, -, nur Ez.) Autofahren im Gelände [engl.]
**Au'to'cue** [-kjuː] (der, -s, -s) = Teleprompter [engl.]
**Au'to'da'fé** (das, -s, -s) **1** Ketzerverbrennung **2** Bücherverbrennung [portugies.]
**Au'to'de'ter'mi'na'ti'on** (die, -, -ti'o'nen) Selbstbestimmungsrecht [gr.-lat.]
**Au'to'di'dakt** (der, -en, -en) jmd., der sich etwas selbst lehrt [gr.]
**au'to'di'dak'tisch** (Adj.) durch Selbstunterricht [gr.]
**Au'to'drom** (das, -s, -e) **1** = Motodrom **2** Autoskooter (österr.) [gr.]
**au'to'dy'na'misch** (Adj.) selbsttätig
**Au'to'e'ro'tis'mus** (der, -, nur Ez.) Lustgewinn ohne Bezug auf einen Partner [gr.- lat.]
**Au'to'fo'kus** (der, -, -se) Vorrichtung zur automatischen Bildschärfeeinstellung [gr.-lat.]
**au'to'gam** (Adj.) selbstbefruchtend [gr.-lat.]
**Au'to'ga'mie** (die, -, -n) Selbstbefruchtung [gr.]
**au'to'gen** (Adj.) **1** aus eigener Kraft; z.B. autogenes Training **2** ohne Bindematerial, nur mit der Flamme (beim Schweißen) [gr.]
**Au'to'gi'ro** [-ʒiro] (das, -s, -s) Vorläufer des Hubschraubers
**Au'to'gno'sie** (die, -, nur Ez.) Selbsterkenntnis [gr.-lat.]
**Au'to'gramm** (das, -s, -e) eigenhändige Unterschrift (einer Persönlichkeit) [gr.]
**Au'to'graph** *auch:* Au'to'graf (das, -en, -en) handgeschriebenes Schriftstück (einer Persönlichkeit) [gr.]
**Au'to'hyp'no'se** (die, -, -n) Selbsthypnose
**Au'to'in'fek'ti'on** (die, -, -ti'o'nen) Selbstansteckung [gr.-lat.]
**Au'to'in'to'xi'ka'ti'on** (die, -, -ti'o'nen) Selbstvergiftung (durch im eigenen Körper entstehende Stoffe) [gr.-nlat.]
**Au'to'kar'pie** (die, -, nur Ez.) Fruchtbildung nach Selbstbestäubung (Bio.)
**Au'to'ka'ta'ly'se** (die, -, n) selbstständig ablaufende katalytische Reaktion
**Au'to'ki'ne'se** (die, -, nur Ez.) scheinbare Eigenbewegung
**Au'to'klav** (der, -s, -en) Gefäß für Arbeiten bei hohem Druck und hoher Temperatur [gr.]
**Au'to'kor'rek'tur** (die, -, -en) Programm, das bei der Textverarbeitung Schreibfehler anzeigt und Korrekturvorschläge macht (EDV)
**Au'to'kor'so** (der, -s, -s) Umzug von Automobilen
**Au'to'krat** (der, -en, -en) unumschränkter Alleinherrscher [gr.]
**Au'to'kra'tie** (die, -, -n) unumschränkte Alleinherrschaft [gr.]
**au'to'kra'tisch** (Adj.) unumschränkt herrschend [gr.]
**Au'to'ly'se** (die, -, -n) Selbstauflösung (abgestorbenen Körpergewebes) [gr.]
**au'to'ly'tisch** (Adj.) selbstauflösend [gr.-lat.]
**Au'to'mat** (der, -en, -en) selbsttätiger Apparat [gr.]
**Au'to'ma'tik** (die, -, -en) selbsttätiges Wirken; selbsttätig wirkende Vorrichtung [gr.]
**Au'to'ma'ti'on** (die, -, nur Ez.) Einsatz automatischer Arbeitssysteme [gr.-nlat.]
**Au'to'ma'ti'sa'ti'on** (die, -, nur Ez.) = Automation
**au'to'ma'tisch** (Adj.) **1** mit Automatik, selbsttätig **2** unwillkürlich
**au'to'ma'ti'sie'ren** (V.) automatische Arbeitssysteme einsetzen
**Au'to'ma'tis'mus** (der, -, -men) **1** unbewusst ablaufender Vorgang; z.B. ein Reflex **2** selbsttätiger Vorgang; z.B. eine programmgesteuerte Maschinentätigkeit [gr.-nlat.]
**Au'to'mi'xis** (die, -, nur Ez.) Selbstbefruchtung [gr.]
**Au'to'mo'bil** (das, -s, -e) Personenkraftwagen [gr.-lat.]
**au'to'nom** (Adj.) unabhängig [gr.]
**Au'to'no'mie** (die, -, nur Ez.) Unabhängigkeit; Willensfreiheit [gr.]
**au'to'nym** (Adj.) unter eigenem Namen veröffentlicht [gr.-lat.]

**Au'to'phi'lie** (die, -, nur Ez.) Eigenliebe [gr.-lat.]
**Au'to'pi'lot** (der, -en, -en) automatisches Steuerungsgerät
**Au'to'plas'tik** (die, -, -en) Verpflanzung körpereigenen Gewebes [gr.]
**au'to'po'e'tisch** (Adj.) das eigene Schreiben bei Schriftstellern betreffend [gr.]
**Au'to'pol'ling** (das, -s, -s) = Polling (EDV)
**Au'to'po'ly'plo'i'die** (die, -, nur Ez.) Multiplikation des eigenen Chromosomensatzes bei einem Lebewesen
**Au'to'por'trät** (das, -s, -s) Selbstporträt
**Au'top'sie** (die, -, -n) **1** Leichenöffnung **2** eigener Augenschein (im Strafprozess) [gr.]
**Au'tor** (der, -s, -en) Urheber, Verfasser [lat.]
**Au'to're'peat** [-ripi:t] (das, -s, nur Ez.) Wiederholautomatik bei Abspielgeräten von Tonträgern [engl.]
**Au'to're'verse** [ɔ:tərɪvɜ:s] (das, -, nur Ez.) automatische Umschaltung bei Tonbandgeräten [gr.-lat.-engl.]
**Au'to'rhyth'mie** (die, -, -n) Aussendung rhythmischer Impulse [gr.-lat.]
**Au'to'ri'sa'ti'on** (die, -, -ti'onen) Vollmacht, Ermächtigung [lat.]
**au'to'ri'sie'ren** (V.) ermächtigen; genehmigen [frz.]
**Au'to'ri'sie'rung** (die, -, -en) Bevollmächtigung
**au'to'ri'tär** (Adj.) ungedingten Gehorsam fordernd [frz.]
**Au'to'ri'ta'ris'mus** (der, -, nur Ez.) absoluter Herrschaftsanspruch
**Au'to'ri'tät** (die, -, -en) **1** (nur Ez.) Ansehen **2** maßgebliche Persönlichkeit [frz.]
**Au'tor'kor'rek'tur** (die, -, -en) Korrektur durch den Autor
**Au'to'save** [-seɪv] (das, -, nur Ez.) automatisches Abspeichern von Daten (EDV) [engl.]
**Au'to'se'man'ti'kon** (das, -s, -ka) Wort mit selbstständiger Bedeutung [gr.-lat.]
**au'to'se'man'tisch** (Adj.) eine eigene Bedeutung habend
**Au'to'sen'si'bi'li'sie'rung** (die, -, -en) Antikörperentwicklung durch körpereigene Substanzen
**Au'to'sex** (der, -es, nur Ez.) **1** sexuelle Aktivitäten am eigenen Körper **2** Sex im Auto [lat.-engl.]
**Au'to'skoo'ter** [-sku:-] (der, -s, -) elektrisches Jahrmarktsauto [engl.]
**Au'to'sko'pie** (die, -, -n) direkte Kehlkopfuntersuchung ohne Spiegel (Med.)
**Au'to'som** (das, -s, -e) Chromosom, das nicht geschlechtsspezifisch ist [gr.]
**Au'to'sug'ges'ti'on** (die, -, -ti'onen) Selbstbeeinflussung [gr.-lat.]
**Au'to'to'mie** (die, -, -n) Abwerfen eines Körperteils (bei Gefahr); z.B. das Schwanzabwerfen bei Eidechsen [gr.]
**Au'to'to'xin** (das, -s, -e) im eigenen Körper entstandenes Gift [gr.]
**Au'to'trans'fu'si'on** (die, -, -si'onen) Übertragung eigenen Blutes (Med.)
**au'to'troph** (Adj.) sich durch Assimilation selbst ernährend [gr.]
**Au'to'ty'pie** (die, -, -n) Buchdruckverfahren, bei dem gerasterte Negative auf Platten kopiert werden [gr.]
**Au'to'zid'me'tho'de** (die, -, -en) biologische Schädlingsbekämpfung durch Sterilisation von Männchen
**Au'to'zoom** [-zu:m] (das, -s, -s) selbstständige Zoomregulierung in einer Kamera
**Au'tu'nit** (das, -s, nur Ez.) Uranmineral
**Au'a'no'me'ter** (das, -s, -) Messgerät für den Pflanzenwuchs [gr.]
**Au'xi'li'ar'verb** (das, -s, -en) Hilfszeitwort z.B. „haben", „sein" [lat.]
**Aval** (der, -s, -e) Wechselbürgschaft
**Avan'ce** [avɑ̃:sə] (die, -, -n) **1** Gewinn, Vorteil; Vorschuss (veraltet) **2** Ermutigung, jmdm. Avancen machen (= buhlen, flirten) [frz.]
**Avan'ce'ment** [avɑ̃smɑ̃:] (das, -s, -s) Beförderung [lat.-frz.]
**avan'cie'ren** [-si:ʁn] (V.) aufrücken, höher rücken [lat.-frz.]
**Avan'ta'ge** [-ta:ʒ] (die, -, -n) Gewinn, Vorteil [lat.-frz.]
**Avant'gar'de** [avɑ̃-] (die, -, -n) **1** Personengruppe, die neue Ideen vertritt **2** Vorhut (veraltet) [frz.]
**Avant'gar'dist** [avɑ̃-] (der, -dis'ten, -dis'ten) jmd., der zur Avantgarde gehört
**avant'gar'dis'tisch** (Adj.) vorkämpferisch
**avan'ti!** (Interj.) los! vorwärts! [it.]
**Ave'na** (die, -, nur Ez.) Hafer, Zierhafer [lat.]
**Ave'ni'da** (die, -, -den und -s) breite Prachtstraße [lat.-span.]

**Aven'tiu're** [avɑ̃tyːr] (die, -, -en) 1 Abenteuer, die für den Ritter eine Bewährungsprobe darstellen 2 Abschnitt eines mittelalterlichen Epos [lat.-frz.]
**Aven'tü're** (die, -, -n) Abenteuer [lat.-frz.]
**Aven'tu'rin** (der, -s, -e) schillernder Quarz, Schmuckstein, Härtegrad 7 [it.]
**Ave'nue** [-nyː] (die, -, -n) breite Zugangsstraße, Allee [frz.]
**Ave'rage** [ævərɪdʒ] (der, -, -s) Durchschnittswert [engl.]
**Aver'bo** (das, -s, -s oder -bi) alle Stammformen des Verbes
**Avers** (der, -es, -e) Münzvorderseite [frz.]
**Aver'si'on** (die, -, -si'o̲nen) Abneigung, Widerwillen [lat.]
**aver'tie'ren** (V.) benachrichtigen [frz.]
**Aver'tis'se'ment** [avɛrtɪsmɛ̃] (das, -s, -s) Benachrichtigung [frz.]
**Avi'a'ri'um** (das, -s, -ri'en) Vogelhaus
**Avi'a'tik** (die, -, nur Ez.) Flugwesen [lat.]
**AVI-For'mat** (das, -s, -e) Abk. für **A**udio **V**ideo **I**nterleaved, Format zum Abspeichern von Videos auf dem Computer (EDV)
**avi'ru'lent** (Adj.) nicht ansteckend [gr.-lat.]
**Avis** [aviː] (das, -, -) Ankündigung; Benachrichtigung [frz.]
**avi'sie'ren** (V.) ankündigen [frz.]
**Avi'so** (das, -s, -s) = Avis (österr.) [it.]
**a vis'ta** bei Vorlage fällig (von Wechseln) [it.]
**Avi'ta'mi'no'se** *auch:* A'vi'ta'mi'no̲'se (die, -, -n) Vitaminmangelkrankheit [gr.-lat.-gr.]
**Avo'ca'do** (die, -, -s) birnenförmige Tropenfrucht mit cremigem Fleisch [indian.-span.]
**AWACS** [awaks] (das, -, nur Ez.) Abk. für **A**irborne **W**arning **a**nd **C**ontrol **S**ystem, Radarüberwachung an Bord eines Flugzeugs, Frühwarnsystem der NATO [engl.]
**axi'al** (Adj.) in Achsenrichtung, achsrecht
**axil'lar** (Adj.) 1 zur Achselhöhle gehörig 2 achselständig (von Blättern) [lat.]
**A'i'nit** (der, -s, -e) Silicatmineralart
**A'i'o'lo'gie** (die, -, nur Ez.) Lehre von den Werten (Philos.)
**Axi'om** (das, -s, -e) Aussage, die nicht zu bewiesen werden braucht [gr.]
**Axi'o'ma'tik** (die, -, nur Ez.) Lehre von den Axiomen
**axi'o'ma'tisch** (Adj.) auf einem Axiom beruhend; unmittelbar überzeugend
**Axon** (das, -s, Ax'o̲nen) Erregungsableiter der Nervenzelle
**Aya'tol'lah** (der, -s, -s) = Ajatollah
**Ayur've'da** (der, - oder -s, nur Ez.) Sammlung bedeutender Bücher der altindischen Medizin [sanskr.]
**Aza'lee** *auch:* Aza̲'lie (die, -, -n) ein Heidekrautgewächs, Zierstrauch [gr.]
**azen'trisch** (Adj.) ohne Zentrum [gr.-lat.]
**aze'o'trop** (Adj.) Gemisch aus zwei od. mehr Flüssigkeiten mit konstantem Siedepunkt, der von dem der einzelnen Flüssigkeiten abweicht (Chem.)
**Aze'ri'den** (nur Mz.) wachslose Arzneimittel [gr.-lat.]
**Aze'tat** (das, -s, -e) = Acetat
**Azid** (das, -es, -e) Salz der Stickstoffwasserstoffsäure [gr.-frz.-lat.]
**Azi'di'tät** (die, -, nur Ez.) = Acidität
**Azi'ne** (die, nur Mz.) Stickstoffverbindungen (Chem.)
**azi'nös** (Adj.) traubenförmig [lat.]
**Azo'ben'zol** (das, -s, nur Ez.) organische Verbindung [gr.-frz.]
**Azo'o'sper'mie** (die, -, nur Ez.) Fehlen von Samenzellen in der Samenflüsigkeit (Med.)
**Azot** (das, -, nur Ez.) Stickstoff
**Azo'to'bak'ter** (der oder das, -s, -) Stickstoffbakterium
**Az'te'ke** (der, -n, -n) Angehöriger eines mexikanischen Indianervolkes
**az'te'kisch** (Adj.) zu den Azteken gehörig
**Azu'le'jos** [asulɛxɔs] (nur Mz.) bunte Fayenceplatten aus Spanien [span.]
**Azur** (der, -s, nur Ez.) Himmelsbläue
**Azu'rit** (der, -s, nur Ez.) azurblaues Kupfermineral, Härtegrad 3,5 bis 4
**Azy'a'nop'sie** (die, -, nur Ez.) Farbenblindheit für blaue Farben [gr.]
**azy'klisch** 1 nicht zyklisch, nicht kreisförmig 2 unregelmäßig; z.B. azyklische Blutung [gr.]

# B

**Baal** (der, -s, -e oder -im) Bezeichnung für eine heidnische Gottheit [hebr.]

**Ba'ba** (der, -, nur Ez.) Ehrentitel für Geistliche und sehr Fromme in der Türkei

**Bab'bitt'me'tall** (das, -s, -e) Gruppe von Blei- und Zinnbronzen

**Ba'bel** (das, -s, -) **1** Ort des Sittenverfalls **2** Ort, in dem viele Sprachen gesprochen werden [gr.-lat.-hebr.]

**Ba'be'si'en** (die, nur Mz.) durch Zeckenbiss übertragene Krankheitserreger (Med.)

**Ba'bis'mus** (der, -, nur Ez.) religiöse Bewegung des persischen Islam im 19. Jh. [pers.-lat.]

**Ba'busch'ka** (die, -, -s) alte Frau, Kosename für Großmutter in Russland [russ.]

**Ba'by** [beːbi] (das, -s, -s) **1** Säugling **2** Schätzchen (als Kosewort) [engl.]

**Ba'by'boom** [-buːm] (der, -s, nur Ez.) Ansteigen der Geburtenzahlen [engl.]

**Ba'by'doll** [beːbi-] (das, -(s), -s) leichtes kurzes Nachthemd mit kurzem Höschen [engl.]

**ba'by'lo'nisch** (Adj.) zu Babylonien gehörig

**Ba'by'sit'ter** [beːbi-] (der, -s, -) jmd., der während kurzer Abwesenheit der Eltern (für Geld) auf ein Baby aufpasst [engl.]

**Bac'ca'rat** [bakara] (das, -s, nur Ez.) = Bakkarat

**Bac'cha'nal** [ba'a-] (das, -s, -e) Trinkgelage (mit Wein) [lat.]

**Bac'chant** [ba'ant] (der, -en, -en) Weinzecher [lat.]

**bac'chan'tisch** [ba'an-] (Adj.) ausgelassen, weintrunken [lat.]

**Bac'chi'us** (der, -, -chi'en) antiker Versfuß (Literatur) [lat.]

**Ba'che'lor** [bætʃələ] (der, -s, -s) niedrigster akademischer Grad in angelsächsischen Ländern [engl.]

**Bach'ti'a'ri** (der, -s, -s) geknüpfter Teppich

**Ba'cil'lus** (der , -, -li) **1** Arzneistäbchen für enge Öffnungen **2** = Bazillus [lat.]

**back** (Adv.) hinten, zurück (seemänn.) [engl.]

**Back'bord** (das, -s, nur Ez.) linke Seite eines Schiffes

**Back'gam'mon** [bækgemən] (das, -s, nur Ez.) Brettspiel [engl.]

**Back'ground** [bækgraʊnd] (der, -s, -s) **1** Hintergrund **2** Herkunft **3** Erfahrung [engl.]

**Back'hand** [bækhænd] (die, -, -s) Rückhand (im Tennis) [engl.]

**Back'list** [bæk-] (die, -, -s) Verzeichnis von lieferbaren Büchern eines Verlages, die keine Neuerscheinungen sind [engl.]

**Back'packer** (der, -, -s) Rucksacktourist

**Back'spin** [bæk-] (der, -(s), -s) mit Rückwärtsdrall geschlagener Ball (Golf, Tennis, Tischtennis) [engl.]

**back'stage** [bæksteɪdʒ] (Adj.) hinter der Bühne [engl.]

**Back-up** [bækvʌp] (das, -s, -s) Sicherungskopie von Dateien (EDV) [engl.]

**Ba'con** [beɪkən] (der, -, nur Ez.) englischer Frühstücksspeck

**Bad Bank** (die, - -, - -s) Bank, die schlechte Kredite anderer Banken übernimmt und abwickelt [engl.]

**Badge** [bædʒ] (das, -, Bad'ges [-ʒɪz]) Anstecker, Namensschild [engl.]

**Ba'di'na'ge** [-ʒə] (die, -, -n) = Badinerie

**Ba'di'ne'rie** (die, -, -n) heiterer, schneller Suitensatz (im 18. Jh.) [frz.]

**Bad'min'ton** [bædmɪntən] (das, -, nur Ez.) sportliches Federballspiel, Wettkampfform des Federballs [engl.]

**Bad Trip** [bɛːdtrip] (der, -s, -s) = Horrortrip [engl.]

**Ba'fel** (der, -s, -) **1** Ausschuss **2** Geschwätz [hebr.]

**Ba'ga'ge** [-ʒə] (die, -, nur Ez.) **1** Reisegepäck (veraltet) **2** Gesindel, Pack [frz.]

**Ba'gas'se** (die, -, -n) Überrest bei der Rohrzuckergewinnung

**Ba'ga'tell'de'likt** (das, -(e)s, -e) Vergehen mit äußerst geringer Schuld des Täters (Rechtswesen)

**Ba'ga'tel'le** (die, -, -n) **1** unbedeutende Angelegenheit, Kleinigkeit **2** kurzes, leichtes Musikstück [ital.-frz.]

**ba'ga'tel'li'sie'ren** (V.) als Bagatelle herunterspielen

**Bag'pipe** [bɛːgpaɪp] (die, -, -s) Dudelsack [engl.]

**Ba'guet'te** [-gɛt] (die od. das, - od. -s, -n od. -s) **1** langes französisches Stangenweißbrot **2** ein Diamantenschliff [frz.]

**Ba'hai** (der, -, -s) Anhänger des Bahaismus [pers.]

**Ba'ha'is'mus** (der, -s, nur Ez.) aus dem Babismus entstandene Religion [pers.]

**Ba'ha'm[a']er** (der, -s, -) Einwohner des Staates, der Inselgruppe Bahamas

**Ba'ha'sa In'do'ne'sia** (das, - -, nur Ez.) die Staatssprache Indonesiens [malai.]

**Bah'rai'ner** [baˈraɪnər] (der, -s, -) Einwohner des Scheichtums Bahrain

**Baht** (der, -, -) thailändische Währungseinheit, 100 Stangs

**Ba'hu'wri'hi** (das, -, -) Wortzusammensetzung, die eine Sache nach einer kennzeichnenden Eigenschaft benennt; z.B. Dickwanst [sanskr.]

**Bai'ao** (der, -, nur Ez.) moderner Tanz in Lateinamerika

**Bai'ram** (der, -,s -s) türkische Bezeichnung zweier wichtiger islamischer Feste

**Bai'ser** [bezeː] (das, -s, -s) leichtes Eischaumgebäck [frz.]

**Bais'se** [bɛːs] (die, -, -n) Sinken der Wertpapierkurse und der Preise an der Börse [frz.]

**Bais'se'klau'sel** [bɛːs-] (die, -, -n) Vertragsklausel, bei der der Käufer einer Ware zurücktreten kann, wenn er sie woanders billiger bekommt [Wirtschaft]

**Bais'se'spe'ku'lant** [bɛːs-] (der, -en, -en) = Baissier

**Bais'si'er** [bɛːsjeː] (der, -s, -s) jmd., der auf Baisse spekuliert

**Ba'ja'de're** (die, -, -n) indische Tempeltänzerin [portugies.-frz.]

**Ba'ja'do** [baˈaːdo] (der, -s, -s) Fluss, der im Sommer austrocknet (Geol.) [span.]

**Ba'jaz'zo** (der, -s, -s) Hanswurst (im italienischen Theater) [it.]

**Ba'jo'nett** (das, -s, -e) lange Klinge, die auf das Gewehr als Stichwaffe aufgepflanzt wird, Seitengewehr [frz.]

**Ba'ke'lit** (das, -s, nur Ez.) ein Kunststoff [niederl.-nlat.]

**Bak'ka'lau're'at** (das, -s, -e) französisches Abitur [frz.]

**Bak'ka'lau're'us** (der, -, -rei [-rei]) jmd., der das Bakkalaureat hat

**Bak'ka'rat** [-ra] (das, -s, nur Ez.) ein Kartenglücksspiel [frz.]

**Bak'ken** (der, -(s), -) Sprungschanzentisch (Skispringen) [norweg.]

**Bak'la'va** (die, -, -s) türkisches Strudelgebäck [türk.]

**Bak'schisch** (das oder der, -(e)s, -e) Trinkgeld, Geld für eine Gefälligkeit [pers.]

**Bak'te'ri'ä'mie** (die, -, -n) große Mengen von Bakterien im Blut [gr.-lat.]

**Bak'te'rie** [-riə] (die, -, -n) pflanzliches Kleinstlebewesen, Spaltpilz, Krankheitserreger [gr.]

**bak'te'ri'ell** (Adj.) durch Bakterien hervorgerufen

**Bak'te'ri'o'lo'ge** (der, -n, -n) Wissenschaftler auf dem Gebiet der Bakteriologie [gr.-lat.]

**Bak'te'ri'o'lo'gie** (die, -, nur Ez.) Wissenschaft von den Bakterien

**bak'te'ri'o'lo'gisch** (Adj.) zur Bakteriologie gehörig

**bak'te'ri'o'ly'tisch** (Adj.) Bakterien vernichtend [gr.-lat.]

**Bak'te'ri'o'pha'ge** (der, -n, -n) virenähnliches Lebewesen [gr.-lat.]

**Bak'te'ri'o'se** (die, -, -n) durch Bakterien bedingte Krankheit bei Pflanzen [gr.-lat.]

**Bak'te'ri'o'sta'se** (die, -, -n) Wachstums- und Fortpflanzungshinderung von Bakterien [gr.-lat.]

**Bak'te'ri'um** (das, -s, -ri'en) = Bakterie [gr.-nlat.]

**Bak'te'ri'zid** (das, -s, -e) keimtötendes Mittel [gr.-lat.]

**Ba'la'din** (der, -s, -s) Schmierenkomödiant [frz.]

**Ba'la'lai'ka** (die, -, -ken) russisches Zupfinstrument

**Ba'lan'ce** [-lãːs] (die, -, nur Ez.) Gleichgewicht [frz.]

**Ba'lan'ce'akt** (der, -s, -e) Vorführung eines Gleichgewichtskünstlers, z.B. am Seil [lat.-frz.]

**Ba'lan'ce'ment** [balãsmɔ̃] (das, -, nur Ez.) Bebung, Schwanken des Tones (Mus.) [frz.]

B

**Ba'lan'ce of Po'wer** (die, - - -, nur Ez.) Gleichgewicht der Kräfte als außenpolitischer Grundgedanke [engl.]
**ba'lan'cie'ren** [-lɑ̃si:-] (V.) das Gleichgewicht halten [frz.]
**Ba'la'ni'tis** (die, -, -ti'den) Eichelentzündung [gr.]
**Ba'la'tum** (das, -s, nur Ez.) filzartiger Bodenbelag
**bal'bie'ren** (V.) = barbieren
**Bal'boa** (der, -, -) Währungseinheit von Panama, 100 Centesimos
**Bal'da'chin** (der, -s, -e) Stoffdach; dachähnliches Schutzgebilde [it.]
**Bal'dri'an** (der, -s, -e) **1** Heilpflanze **2** schlafförderndes Beruhigungsmittel aus dieser Pflanze [lat.]
**Ba'les'tra** (die, -, -ren) Angriffsbewegung beim Fechten [it.]
**Bal'la'de** (die, -, -n) trauriges, ergreifendes Erzählgedicht [frz.]
**bal'la'desk** (Adj.) balladenhaft
**Bal'last** (der, -s, -e) **1** Gewichte zum Gewichtsausgleich bei Schiffen **2** unnütze Belastung
**Bal'lei** (die, -, -en) Amtsbezirk [lat.]
**Bal'le'ri'na** (die, -, -nen) Solotänzerin [it.]
**Bal'le'ri'ne** (die, -, -n) = Ballerina
**Bal'le'ri'no** (der, -s, -s) Solotänzer [it.]
**Bal'le'ron** (der, -s, -s) Aufschnittwurst [frz.]
**Bal'lett** (das, -s, -e) **1** Bühnentanz **2** Bühnentanzgruppe [it.]
**Bal'let'en'sem'ble** [-ɑ̃sɑ̃bl] (das, -s, -s) Tanztruppe [frz.]
**Bal'let'teu'se** [-tø:-] (die, -, -n) Ballett-tänzerin [it.-frz.]
**Bal'lett'korps** (das, -, -) Gruppe von Tänzern, die keine Soli tanzen [frz.]
**ball'hor'ni'sie'ren** (V.) verballhornen
**Bal'lis'te** (die, -, -n) antike Wurfmaschine [gr.-lat.]
**Bal'lis'tik** (die, -, nur Ez.) Lehre von der Bewegung abgeschossener oder geworfener Körper [gr.-lat.]
**Bal'lis'ti'ker** (der, -s, -) Wissenschaftler im Bereich der Ballistik [gr.-lat.]
**bal'lis'tisch** (Adj.) die Ballistik betreffend
**Bal'lis'to'kar'di'o'gra'phie** *auch:* Bal'lis'to'kar'di'o'gra'fie (die, -, nur Ez.) Aufzeichnung der Arm- und Beinbewegungen mithilfe der Herztätigkeit (Med.)
**Bal'lo'e'lek'tri'zi'tät** (die, -, nur Ez.) elektrisches Aufladen von Wasserteilchen in der Luft durch den freien Fall (Phys.)
**Bal'lo'nett** (das, -[e]s, -e oder -s) Luft- oder Gaskammer von Ballons oder Luftschiffen [dt.-it.-frz.]
**Bal'loo'ning** [balu:nĩ] (das, -s, nur Ez.) **1** Ballonfahren **2** in die Höhe verschlagener Ball beim Golf (Sport) [engl.]
**Bal'lot** [bælət] (das, -s, -s) **1** geheime Abstimmung [dt.-it.-frz.-engl.] **2** kleiner Ballen einer Ware **3** Stückzählmaß [dt.-frz.]
**Bal'lo'ta'de** (die, -, -n) Sprung eines Pferdes bei der hohen Schule [dt.-it.-frz.]
**Bal'lo'ta'ge** [-ʒə] (die, -, -n) Geheimabstimmung mit weißen (Ja) und schwarzen (Nein) Kugeln [frz.]
**bal'lo'tie'ren** (V.) durch Ballotage abstimmen
**Bal'lo'ti'ne** (die, -, -n) Vorspeise aus Fleisch, Geflügel oder Fisch [frz.]
**Bal'ly'hoo** [bælɪhu:] (das, -, nur Ez.) reißerische Werbung, Marktschreierei [engl.]
**Bal'ne'o'the'ra'pie** (die, -, nur Ez.) Heilbehandlung durch Bäder
**Bal pa'ré** [-re:] (der, - -, -s -s) Gala-Ball-Veranstaltung [frz.]
**Bal'sa** (das, -s, nur Ez.) ein besonders leichtes Holz [span.]
**Bal'sam** (der, -s, -e) ätherisches Harz; Linderungsmittel [hebr.-gr.]
**bal'sa'mie'ren** (V.) einsalben
**Bal'sa'mi'ne** (die, -, -n) Springkrautgewächs, Impatiens
**bal'sa'misch** (Adj.) wie ein Balsam; wohltuend, lindernd
**Bal'to'lo'gie** (die, -, nur Ez.) Wissenschaft von baltischer (altpreußischer, lettischer, litauischer) Sprache und Kultur [nlat.]
**Ba'lus'ter** (der, -s, -) kleine Säule (als Geländerstütze) [gr.-it.]
**Ba'lus'tra'de** (die, -, -n) Brüstung, Geländer mit Balustern
**Ba'lyk** (der, -, nur Ez.) getrockneter Störrücken [russ.]
**Bam'bu'le** (die, -, -n) Proteste von Gefangenen [frz.]
**Bam'bus** (der, -ses, -se) Graspflanze [malai.-niederl.]
**Bam'bus'vor'hang** (der, -s, nur Ez.) ideologische Grenze zwischen kommu-

nistischen und nichtkommunistischen Machtblöcken in Südostasien

**Ban** (der, -(s), Ba'ni) rumänische Währungseinheit

**ba'nal** (Adj.) alltäglich; geistlos [frz.]

**ba'na'li'sie'ren** (V.) ins Banale ziehen

**Ba'na'li'tät** (die, -, -en) das Banalsein; banales Gerede

**Ba'na'ne** (die, -, -n) eine tropische Staudenfrucht [afrikan.]

**Ba'na'nen're'pu'blik** (die, -, -en) abhängiger tropischer Kleinstaat (geringschätzig)

**Ba'nau'se** (der, -n, -n) geistloser Spießbürger; jmd., der ohne Kulturverständnis ist [gr.]

**ba'nau'sisch** (Adj.) verständnislos gegenüber geistigen oder künstlerischen Dingen [gr.]

**Band** (die, -, -s) Jazz-, Rockgruppe [engl.]

**Ban'da** (die, -, -de) Blasorchester [dt.-it.]

**Ban'da'ge** [-ʒə] (die, -, -n) Stützverband [dt.-frz.]

**ban'da'gie'ren** [-ʒiː-] (V.) mit Bandagen umwickeln

**Ban'da'gist** (der, -gis'ten, -gis'ten) Bandagenhersteller

**Ban'de** (die, -, -n) Spielfeldeinfassung [dt.-frz.]

**Ban'deau** [-doː] (das, -s, -s) Bandgesims [dt.-frz.]

**Ban'de'lier** (das, -s, -e) Wehrgehänge [dt.-frz.]

**Ban'den'spek'trum** (das, -s, -tren) von Molekülen ausgesandtes Spektrum, bei dem die Linien zu einem Band verschmolzen sind

**Ban'de'ril'la** [-rɪlja] (die, -, -s) geschmückter kleiner Stierkampfspeer [span.]

**Ban'de'ril'le'ro** [-rɪljeː-] (der, -s, -s) Stierkämpfer, der den Stier mit Banderillas reizt [span.]

**Ban'de'ro'le** (die, -, -n) Streifband (mit Steuervermerken, Preisangaben) [it.-frz.]

**ban'de'ro'lie'ren** (V.) mit Banderole versehen

**Band'lea'der** [bændliːdə] (der, -s, -) Leiter einer Band [engl.]

**Ban'do'la** (die, -, -len) ukrainisches Saiteninstrument

**Ban'do'ne'on** (das, -s, -s) Ziehharmonika mit zahlreichen Spielknöpfen zu beiden Seiten [Kunstwort]

**Ban'do'ne'um** (das, -s, -s) = Bandoneon

**Ban'du'ra** (die, -, -s) = Bandola

**Ban'dur'ria** (die, -, -s) spanisches Saiteninstrument

**Ban'ga'le** (der, -n, -n) Ew. von Bangladesch

**Ban'gla** (das, -, nur Ez.) = Bengali

**Ba'ni** (Mz. von) Ban

**Ban'jan** (nur Mz.) indische Kaste der Kaufleute [sanskr.-Hindi-engl.]

**Ban'jo** [bɛndʒo] (das, -s, -s) amerikanisches gitarrenähnliches Instrument [gr.-engl.]

**Bank'ak'zept** (das, -s, -e) auf eine Bank gezogener Wechsel

**Ban'ker** [bɛ̃kər] Bankfachmann [engl.]

**ban'ke'rott** (Adj.) = bankrott

**Ban'kett** (das, -s, -e) **1** Festmahl **2** = Bankette [frz.]

**Ban'ket'te** (die, -, -n) Fahrbahnrandstreifen [frz.]

**Ban'kier** [-kjeː] (der, -s, -s) Bankinhaber, -leiter [dt.-it.-frz.]

**Ban'king** [bæ̃kɪŋ] (das, -s, nur Ez.) Bankverkehr, Bankwesen [engl.]

**Ban'ko'mat** (der, -en, -en) Geldautomat (Warenzeichen)

**bank'rott** (Adj.) zahlungsunfähig [dt.-it.]

**Bank'rott** (der, -s, -e) Zahlungsunfähigkeit [dt.-it.]

**Bank'rot'teur** [-tøːɐ] (der, -s, -e) jmd., der Bankrott gemacht hat

**bank'rot'tie'ren** (V.) Bankrott machen, zahlungsunfähig werden

**Ban'ner'head'line** (die, -, -s) groß gedruckte Überschrift auf Titelseiten einer Zeitung

**Ban'tam** (das, -s, nur Ez.) = Bantamgewicht

**Ban'tam'ge'wicht** (das, -s, nur Ez.) Leichtgewichtsklasse in der Schwerathletik [engl.]

**Ban'tam'huhn** (das, -s, -hüh'ner) englisches Zwerghuhn

**Ban'tu** **1** (der, -s, -s) Angehöriger einer Volksgruppe im südlichen Afrika **2** (das, -(s), nur Ez.) dessen Sprache

**Ba'nu** (der, -s, Ba'ni) = Ban

**Ba'o'bab** (der, -s, -s) Affenbrotbaum [afrikan.]

B

**Bap'tis'mus** (der, -, nur Ez.) protestant. Freikirchenbewegung mit Erwachsenentaufe [gr.-nlat.]
**Bap'tist** (der, -tis'ten, -tis'ten) Anhänger des Baptismus
**Bap'tis'te'ri'um** (das, -s, -ri'en) Taufkirche; Taufbecken [gr.-lat.]
**bap'tis'tisch** (Adj.) die Baptisten oder den Baptismus betreffend [gr.-lat.]
**Bar** (das, -, -) Luftdruck-Maßeinheit [gr.]
**Bar** (die, -, -s) Lokal, in dem man auf Hockern am Tresen sitzt [engl.]
**Ba'ra'cke** (die, -, -n) kellerloses Behelfshaus [span.-frz.]
**Ba'ratt** (der, -s, nur Ez.) Warentauschhandel [it.]
**Ba'rat'te'rie** (die, -, -n) unehrliches Verhalten einer Schiffsbesatzung gegenüber dem Schiffseigner [it.]
**ba'rat'tie'ren** (V.) gegen Ware eintauschen [it.]
**Bar'ba'di'er** (der, -s, -) Einwohner des mittelamerikanischen Inselstaates Barbados
**Bar'ba'ka'ne** (die, -, -n) Teil einer mittelalterlichen Festungsanlage [roman.]
**Bar'ba'rei** (die, -, -en) barbarischer Zustand; barbarisches Vorgehen [gr.]
**bar'ba'risch** (Adj.) kulturlos, roh; grausam
**Bar'ba'ris'mus** (der, -, -men) grober Sprachschnitzer [gr.-lat.]
**Bar'be** (die, -, -n) **1** Karpfenfisch **2** Spitzenband für Hauben [lat.]
**Bar'be'cue** [-kjuː] (das, -s, -s) **1** Garten-Grillfest mit großem Bratrost oder -spieß **2** Gerät dazu [indian.-engl.]
**Bar'bet'te** (die, -, -n) **1** Geschützbank **2** Geschützturmpanzer auf Kriegsschiffen [frz.]
**Bar'bier** (der, -s, -e) Bart-, Haarschneider (veraltet) [frz.]
**bar'bie'ren** (V.) rasieren (veraltet) [frz.]
**Bar'bi'ton** (das, -s, -s) altgriechisches Musikinstrument [gr.-lat.]
**Bar'bi'tos** (die, -, -) = Barbiton [gr.-lat.]
**Bar'bi'tu'rat** (das, -s, -e) ein Schlaf- und Beruhigungsmittel [nlat.]
**Bar'chan** (der, -s, -e) Binnendüne [russ.]
**Bar'chent** (der, -s, -e) Baumwollflanell [arab.]
**Bar'ches** (der, -, -) weißes Sabbatbrot der Juden [hebr.]
**Bar'code** (der, -s, -s) Strichcode [engl.]
**Bar'de** (der, -n, -n) **1** keltischer Sänger und Dichter **2** Liedermacher [kelt.] **3** (die, -, -n) Speckscheibe (zum Umwickeln von Bratenfleisch) [arab.-frz.]
**bar'die'ren** (V.) mit einer Barde umwickeln
**Bar'di'glio** [bardɪljo] (der, -s, nur Ez.) Marmorsorte aus der Gegend von Florenz [it.]
**Bar'di'tus** (der, -, -) Schlachtrufe der Germanen [lat.]
**Ba'rège** [barɛːʒə] (der, -s, nur Ez.) durchsichtiger Seidenstoff
**Ba'rett** (das, -s, -e) flache, randlose Mütze [it.-frz.]
**Bar'gai'ning** (das, -s, nur Ez.) **1** Verhandlung **2** Vertragsabschluss [engl.]
**Ba'ri'bal** (der, -s, -s) nordamerikanischer Schwarzbär
**Ba'ri'le** (das, -, -li) italienisches Flüssigkeitsmaß [it.]
**Ba'ri'o'la'ge** [barjɔlaːʒ] (die, -, -n) besonderer Toneffekt beim Spiel auf der Violine [frz.]
**ba'risch** (Adj.) den Luftdruck betreffend [gr.]
**Ba'ri'ton** (der, -s, -e) mittlere Männerstimmlage [gr.-it.]
**ba'ri'to'nal** (Adj.) in der Klangfarbe des Baritons [lat.]
**Ba'ri'to'nist** (der, -nis'ten, -nis'ten) Baritonsänger
**Ba'ri'um** (das, -s, nur Ez.) ein Erdalkalimetall [gr.-nlat.]
**Ba'ri'um'sul'fat** (das, -s, -e) Bariumsalz der Schwefelsäure
**Bark** (die, -, -en) Segelschiff (mit drei bis fünf Masten) [gr.-engl.]
**Bar'ka'ne** (die, -, -n) Fischerfahrzeug [gr.-lat.-it.]
**Bar'ka'ro'le** (die, -, -n) Gondellied [it.]
**Bar'kas'se** (die, -, -n) **1** größtes Beiboot (auf Kriegsschiffen) **2** großes Motorboot [it.-niederl.]
**Bar'ke** (die, -, -n) kleines Boot (auf dem Mittelmeer) [gr.-niederl.]
**Bar'kee'per** [-kiː-] (der, -s, -) Barmann, jmd., der Cocktails mixt [engl.]
**Bar-Miz'wa** **1** (der, -s, -s) 13-jähriger jüdischer Junge **2** (die, -, -s) Aufnahme eines 13-jährigen Jungen in die jüdische Glaubensgemeinschaft [hebr.]

**ba|rock** (Adj.) 1 zum Barock gehörig 2 überladen, wuchernd; z.B. eine barocke Fantasie 3 üppig; z.B. eine barocke Figur
**Ba|rock** (das oder der, -(s), nur Ez.) eine Kunstepoche des 17./18. Jahrhunderts [frz.-it.]
**ba|ro|ckal** (Adj.) dem Barock entsprechend
**ba|ro|cki|sie|ren** (V.) barock gestalten
**Ba|rock|per|le** (die, -, -n) nicht ganz runde Perle
**Ba|ro|graf** *auch:* Ba|ro|graph (der, -en, -en) selbst schreibender Luftdruckmesser [gr.]
**Ba|ro|lo** (der, -s, nur Ez.) italienische Weinsorte
**Ba|ro|me|ter** (das, -s, -) Luftdruckmesser (zur Vorhersage von Tief- oder Hochdruckwetter) [gr.]
**ba|ro|me|trisch** (Adj.) zur Luftdruckmessung gehörig [gr.]
**Ba|ron** (der, -s, -e) Freiherr [dt.-fr.]
**Ba|ro|nat** (das, -s, -e) Besitz, Würde eines Barons
**Ba|ro|nes|se** *auch:* Ba|ro|ness (die, -, -n) Freifräulein [dt.-frz.]
**Ba|ro|nie** (die, -, -n) = Baronat
**ba|ro|ni|sie|ren** (V.) in den Stand eines Barons erheben
**Ba|ro|trau|ma** (das, -s, -ta) Taucherschaden durch fehlenden Druckausgleich
**Bar|ra|ge** (die, -, -n) Sperrung, Schlagbaum
**Bar|ra|ku|da** (der, -s, -s) ein tropischer Raubfisch [span.]
**Bar|ran|da** (die, -, -s) Barriere in der Stierkampfarena [span.]
**Bar|ras** (der, -, nur Ez.) Militär
**Bar|re** (die, -, -n) Sandbank an Flussmündungen
**Bar|ré** (das, -(s), nur Ez.) Querlegen des (Zeige-)Fingers über alle oder mehrere Saiten (beim Gitarrenspiel) [frz.]
**Bar|rel** [bæ-] (das, -s, -s) Erdölhohlmaß, ca. 158 l [engl.]
**Bar|ren** (der, -s, -) 1 Gussform für Edelmetalle 2 Turngerät
**Bar|rie|re** (die, -, -n) Sperre [frz.]
**Bar|ri|ka|de** (die, -, -n) Straßensperre [frz.]
**Bar|sor|ti|ment** (das, -s, -e) Buchhandelsbetrieb zwischen Buchhandlung und Verlag
**Ba|ry|on** (das, -s, -ry|o|nen) jedes der schweren Elementarteilchen [gr.]
**Ba|ry|sphä|re** (die, -, -n) Erdkern [gr.]
**Ba|ryt** (der, -(e)s, -e) = Bariumsulfat
**Ba|ry|ton** (das, -s, -e) gambenähnliches Streichinstrument [gr.]
**Ba|ry|to|ne|se** (die, -, -n) Akzentverschiebung vom Wortende weg [gr.]
**Ba|ry|to|non** (das, -s, -na) Wort, dessen letzte Silbe unbetont ist [gr.]
**Ba|ryt|weiß** (das, -, nur Ez.) Malerfarbe
**Ba|ry|zen|trum** (das, -s, tren) Schwerpunkt (Phys.) [gr.]
**ba|sal** (Adj.) zur Basis gehörig
**Ba|sa|li|om** (das, -s, -e) Basalzellenkrebs, Hautgewächs [gr.-lat.]
**Ba|salt** (der, -s, -e) ein dunkles Vulkanitgestein [lat.]
**Ba|sa|ne** (die, -, -n) Schafleder für Bucheinbände [arab.-span.-frz.]
**Ba|sar** (der, -s, -e) 1 orientalisches Händlerviertel 2 Wohltätigkeitsverkauf [pers.]
**Base|ball** [beɪsbɔːl] (der, -s, nur Ez.) amerikanisches Schlagballspiel [engl.]
**Ba|se|dow|krank|heit** *auch:* Ba|se|dow-Krank|heit (die, -, nur Ez.) Schilddrüsenüberfunktion, die u.a. zur Kropfbildung führt
**Base|ment** [beɪs-] (das, -s, -s) Tiefparterre [engl.]
**Base|ment|store** (der, -s, -s) Ladengeschäft im Tiefparterre [engl.]
**BASIC** [beɪsɪk] (das, -, nur Ez.) Abk. für **B**eginner's **A**ll-Purpose **S**ymbolic **I**nstruction **C**ode, einfache Programmiersprache [engl.]
**Ba|sic-Eng|lish** [beɪsɪk ɪglɪʃ] (das, -, nur Ez.) vereinfachtes Grundenglisch
**Ba|sics** [beɪsɪks] (die, nur Mz.) Grundbedürfnisse [engl.]
**Ba|si|die** (die, -, -n) Sporenträger einiger Pilzsorten
**ba|sie|ren** (V.) zur Basis haben
**Ba|si|li|a|ner** (der, -s, -) Mönch eines griechisch-orthodoxen Ordens nach der Lehre des Basilius
**Ba|si|li|ka** (die, -, -ken) 1 frühchristliche Kirche 2 Kirche mit erhöhtem Mittelschiff [gr.]
**ba|si|li|kal** (Adj.) wie eine Basilika
**Ba|si|li|kum** (das, -s, nur Ez.) ein Lippenblütler, Gewürzpflanze [gr.-lat.]

B

**Ba'si'lisk** (der, -en, -en) **1** Drachenungeheuer mit tödlichem Blick und Hauch **2** ein südamerikanischer Leguan [gr.-lat.]
**Ba'si'lis'ken'blick** (der, -s, -bli'cke) böser Blick [gr.-lat.-dt.]
**Ba'si'on** (das, -s, nur Ez.) vorderster Punkt des Hinterhauptloches (des Schädels) [gr.-lat.]
**ba'si'pe'tal** (Adj.) absteigend (Bio.) [gr.]
**Ba'sis** (die, -, -sen) **1** Grundlage **2** Unterbau, Sockel eines Pfeilers oder einer Säule (Architektur) **3** Mitgliederschaft einer politischen Partei
**ba'sisch** (Adj.) mit pH-Wert über 7 (Chem.)
**Ba'sis'de'mo'kra'tie** (die, -, -n) Demokratieform, bei der die Bevölkerung unmittelbare Mitentscheidungsmöglichkeiten hat.
**Ba'sis'frak'tur** (die, -, -en) Schädelbasisbruch (Med.)
**Ba'sis'kurs** (der, -es, -e) Tageskurs eines Wertpapiers
**Ba'sis'wort** (das, -es, -wör'ter) Wort, das einem abgeleiteten Begriff zugrunde liegt
**Ba'si'zi'tät** (die, -, nur Ez.) Maß für die Stärke einer Lauge [nlat.]
**Bas'ke** (der, -n, -n) Angehöriger eines Volkes um den Golf von Biskaya
**Bas'ker'ville** [bæskəvɪl] (die, -, nur Ez.) Antiqua- und Kursivdruckschrift
**Bas'ket'ball** (das, -s, nur Ez.) amerikanisches Korbballspiel [engl.]
**bas'kisch** (Adj.) zu den Basken gehörig
**Bas'kü'le** (die, -, -n) Treibriegelverschluss (an Fenstern, Türen) [frz.]
**Bas'ma'ti** (der, -, nur Ez.) Reissorte [Hindi]
**Bas're'li'ef** [bɑrəljɛf] (das, -s, -s oder -e) Flachrelief [frz.]
**Bass** (der, -es, Bäs'se) **1** tiefe Männerstimmlage **2** Bassgitarre, Kontrabass [it.]
**bas'sa** (Adj.) tief, niedrig (Mus.) [it.]
**Bass'ba'ri'ton** (der, -s, -e) Gesangsstimmlage (Mus.) [it.]
**Bass'buf'fo** (der, -s, -fi) Sänger komischer Rollen mit Bassstimmlage (Mus.) [it.]
**Bas'se'lis'se** [bɑslɪs] (die, -, -n) Webart, bei der die Kette waagrecht verläuft [frz.]
**Bas'set** [bæsɪt] (der, -s, -s) kurzbeiniger Jagdhund mit Schlappohren [frz.-engl.]
**Bas'sett'horn** (das, -s, -hör'ner) Altklarinette (Mus.)
**Bas'sett'kla'ri'net'te** (die, -, -n) Klarinette mit einigen zusätzlichen tiefen Tönen [it.]
**Bas'sin** [-sɛ̃] (das, -s, -s) Wasserbecken [frz.]
**Bas'sist** (der, -sis'ten, -sis'ten) **1** Bass **2** jmd., der Bass spielt
**Bas'so** (der, -, Bas'si) Bassstimme als Begleitung, Bassmotiv [it.]
**Bas'sot'ti** (nur Mz.) dünne Makkaroni [it.]
**Bas'tard** (der, -s, -e) **1** Nachkomme von Eltern(tieren) mit genetisch verschiedenen Eigenschaften; Artbastard, Rassenbastard **2** uneheliches Kind (früher) **3** nichtswürdiger Mensch [frz.]
**bas'tar'die'ren** (V.) kreuzen (von Arten, Rassen) [frz.]
**Batch'pro'ces'sing** [bætʃprəʊsɛsɪŋ] (das, -, nur Ez.) Stapelverarbeitung (EDV)
**Bas'te** (die, -, -n) Trumpfkarte [span.]
**Bas'tei** (die, -, -en) vorspringender Festungsteil [lat.]
**Ba'tho'pho'bie** (die, -, nur Ez.) Schwindelgefühl beim Anblick großer Höhen
**Bas'til'le** [-stiːjə] (die, -, nur Ez.) 1789 erstürmtes Staatsgefängnis in Paris [frz.]
**Bas'ti'on** (die, -, -ti'o'nen) = Bastei [it.]
**Bas'to'na'de** (die, -, -n) Schläge auf die Fußsohlen (orientalische Prügelstrafe) [it.-frz.]
**bas'to'nie'ren** (V.) etwas mit Bollwerken versehen
**Ba'tail'le** (die, -, -n) Schlacht, Kampf [lat.-frz.]
**Ba'tail'lon** [-taljoːn] (das, -s, -e) ein Truppenverband (etwa drei Kompanien) [frz.]
**Ba'ta'te** (die, -, -n) tropische Süßkartoffel [indian.-span.]
**Ba'thy'gra'fie** *auch:* Ba'thy'gra'phie (die, -, nur Ez.) Tiefseeforschung
**Ba'thy'gra'phie** = Bathygrafie
**Ba'thy'skaph** (das, -en, -en) Tiefseetauchgerät (Piccards) [gr.]
**Ba'thy'sphä're** (die, -, nur Ez.) tiefste Schicht des Weltmeeres [gr.-lat.]
**Ba'tik** (die, -, -en) indonesische Färbetechnik für Stoffe [malai.]

**ba'ti'ken** (V.) durch Batik färben
**Ba'tist** (der, -(e)s, -tis'te) feines, leinenähnliches Gewebe [frz.]
**Bat'ta'glia** [-talja] (die, -, -en) Schlachtgetümmel ausdrückende Komposition [lat.-it.]
**Batte'ment** [batəmɑ̃] (das, -s, -s) trillerähnliches Vibrato (Mus.) [frz.]
**Bat'ter** (der, -s, -) Schlagmann beim Baseball
**Batte'rie** (die, -, -n) **1** Zusammenschaltung elektrischer Elemente **2** Artilleriegruppe [frz.]
**bat'tie'ren** (V.) dem Gegner auf die Klinge schlagen (beim Fechten) [frz.]
**Baud** (auch [boːd], das, -, -) Einheit für die Schrittgeschwindigkeit (Datenübertragung), ein Bit pro Sekunde [frz.]
**Bau'xit** (der, -s, -e) Rohstoff zur Aluminiumgewinnung [frz.-nlat.]
**Ba'va'ria** (die, -, nur Ez.) wuchtige Frauengestalt (als Sinnbild Bayerns) [nlat.]
**Ba'va'roi'se** [bavarwaːz] (die, -, nur Ez.) geschlagene Creme aus Milch, Zucker, Eiern und Gelatine, die mit Sahne und auf Eis gestürzt serviert wird [frz.]
**Ba'zar** [-zaːr] (der, -s, -e) = Basar
**ba'zil'lär** (Adj.) durch Bazillen hervorgerufen
**Ba'zil'le** (die, -, -n) = Bazillus
**Ba'zil'lus** (der, -, -len) Sporen bildende Bakterie (als Krankheitserreger) [lat.]
**Ba'zoo'ka** [-zuː-] (die, -, -s) amerikanische Panzerfaust [Slang]
**BBC** [biːbiːsiː] (die, -, nur Ez.) britische Rundfunkgesellschaft
**Bea'gle** [biːgl] (der, -s, -s) kleiner, dreifarbiger englischer Laufhund [frz.-engl.]
**Beam** [biːm] (der, -s, -s) Richtstrahl eines Satteliten [engl.]
**Bé'ar'naise'so'ße** [-nɛːz] (die, -, nur Ez.) kalte Soße (Weißwein, Butter, Eigelb, Estragon) [frz.]
**Beat** [biːt] (der, -s, nur Ez.) **1** Rockmusik (60er-Jahre) **2** harter Schlagrhythmus [engl.]
**Beatge'ne'ra'ti'on** *auch:* Beat-Ge'ne'ration [biːt dʒenəreɪʃn] (die, -, nur Ez.) Nachkriegsgeneration in den USA, die sich betont nonkonformistisch gab [engl.]
**Be'a'ti'fi'ka'ti'on** (die, -, -ti'o'nen) Seligsprechung
**be'a'ti'fi'zie'ren** (V.) selig sprechen [lat.]
**Bea'tle** [biːtl] (der, -s, -s) jmd., der die Popgruppe Beatles nachahmt (besonders in der Haartracht) [engl.]
**Beat'nik** [biːt-] (der, -s, -s) jmd. aus der Beatgeneration [engl.-russ.]
**Beat'pad** (der, -s, -s) Ort, an dem man illegale Drogen kaufen kann
**Beau** [boː] (der, -s, -s) schöner Mann [frz.]
**Beau'fort'ska'la** [bofɔːr-] (die, -, nur Ez.) 17-teilige Skala der Windstärken [engl.-it.]
**Beau'jo'lais** [boʒɔlɛ] (der, -, -) ein Rotwein aus Ostfrankreich
**Beau'ty'case** [bjuːtikeɪs] (der oder das, -s, -s) Schminkkoffer [engl.]
**Beau'ty'cen'ter** [bjuːti-] (das, -s, -) Geschäft für Kosmetik und Körperpflege [engl.]
**Beau'ty'farm** [bjuːti-] (die, -, -en) kommerzielle Kuranstalt zur Schönheitspflege [engl.]
**Bé'bé** (das, -s, -s) = Baby (schweiz.) [frz.]
**Be'bop** [biːbɒp] (der, -s, -s) **1** nordamerikanische Jazzmusik **2** Tanz [amerik.]
**Bé'cha'mel'so'ße** [-ʃa-] (die, -, -n) leicht gewürzte Soße (Mehl, Milch u. Butter) [frz.]
**be'cir'cen** [-tsɪrtsn] (V.) bezaubern, betören
**Bec'que'rel** [bɛkərɛl] (das, -s, -) Maßeinheit für die Stärke der Radioaktivität [frz.]
**Be'du'i'ne** (der, -en, -en) arabischer Wüstennomade [arab.-frz.]
**Beef'steak** [biːfsteɪk] (das, -s, -s) gebratene Rindfleischscheibe [engl.]
**Beef'tea** (der, -s, -s) kräftige Rinderbrühe [engl.]
**Beel'ze'bub** (oder [bɛltsə-]; der, -, nur Ez.) oberster Teufel [hebr.]
**Be'gard** (der, -en, -en) Mitglied einer halbklösterlichen Vereinigung von Männern im Mittelalter [niederl.]
**Be'gi'ne** (die, -, -n) Mitglied einer halbklösterlichen Vereinigung von Frauen im Mittelalter [niederl.]
**Be'go'nie** [-niə] (die, -, -n) ein Schiefblattgewächs, Zierpflanze [frz.]
**Be'gum** (die, -, -s) indische Fürstin [Hindi]

B

**Be'ha'vi'o'ris'mus** [bihe-] (der, -, nur Ez.) Lehre, die alles Verhalten auf Reiz und Reaktion zurückführt [engl.-nlat.]
**Be'he'moth** (der, -s, -s) **1** Nilpferd im Alten Testament **2** mythisches Endzeittier [hebr.-lat.]
**Bei** (der, -s, -s) türkischer Titel
**beige** [beːʃ] (Adj.) hellgraugelb; bräunlich weiß [frz.]
**Bei'gnet** [bɛɲɛː] (der, -s, -s) Ölgebackenes [frz.]
**Be'kas'si'ne** (die, -, -n) Schnepfenart [frz.]
**Bel** (das, -, -) Schwingungsdämpfungsmaß [engl.]
**Bel'a'mi** (der, -s, -s) Frauenliebling [frz.]
**Bel'can'to** *auch:* Bel'kan'to (der, -(s), nur Ez.) italienischer Kunstgesang, „schöner Gesang"
**Be'lem'nit** (der, -en, -en) versteinerter Kalkteil eines Tintenfisches, Donnerkeil [gr.]
**Bel'es'prit** [bɛlɛspriː] (der, -s, -s) Schöngeist [frz.]
**Bel'e'ta'ge** [bɛletaːʒ] (die, -, -n) erstes Stockwerk (veraltet) [frz.]
**Bel'gi'er** (der, -s, -) Einwohner Belgiens
**bel'gisch** (Adj.) zu Belgien gehörig
**Be'li'zer** [-sər] (der, -s, -) Einwohner von Belize in Mittelamerika [Maya]
**Bel'kan'to** (der, -(s), nur Ez.) = Belcanto
**Bel'la'don'na** (die, -, nur Ez.) = Atropin [it.]
**Bel'la'don'nin** (das, -s, nur Ez.) ein Alkaloid
**Belle Époque** [bɛlepɔk] (die, -, nur Ez.) Zeit des gesellschaftlichen Aufschwungs zu Beginn des 20. Jahrhunderts in Frankreich [frz.]
**Bel'le'trist** (der, -ris'ten/-tris'ten, -ris'ten/tris'ten) jmd., der Belletristik verfasst
**Bel'le'tris'tik** (die, -, nur Ez.) Unterhaltungsliteratur [frz.]
**Bel'le'vue** [bɛlvyː] (die, -, -n) schöne Aussicht (besonders als Name) [frz.]
**Bel'li'zist** (der, -zis'ten, -zis'ten) Kriegstreiber, Befürworter eines Krieges [lat.]
**Be'lu'ga** (der, -s, -s) **1** kleine Walart, Weißwal **2** (nur Ez.) Hausenkaviar [russ.]
**Bel've'de're** (das, -s, -s) Aussichtspunkt, schöner Ausblick (besonders als Name) [it.]
**Be'ma** (das, -s, -ta) Altarraum in orthodoxen Kirchen [gr.]
**Ben** Bestandteil arab., israel. Eigen-, Personennamen in der Bed. „Enkel, Sohn (des) …"; z.B. Asher Ben Nathan
**Bench'mark-Programm** [bɛntʃmaːk-] (das, -s, -e) Computerprogramm zum Testen der Leistungsfähigkeit eines Computers (EDV) [engl.]
**be'ne'dei'en** (V.) lobpreisen [lat.]
**Be'ne'dic'tus** (das, -, -) Lobgesang (während der kath. Messe) [lat.]
**Be'ne'dik'ti'ner** (der, -s, -) Mönch des Benediktinerordens
**Be'ne'dik'ti'on** (die, -, -ti'o'nen) Segnung [lat.]
**Be'ne'fiz** (das, -es, -e) Wohltätigkeitsveranstaltung [lat.]
**Be'ne'fi'zi'ar** (der, -s, -e) = Benefiziat
**Be'ne'fi'zi'at** (der, -en, -en) jmd., der ein Benefizium hat
**Be'ne'fi'zi'um** (das, -s, zi'en) **1** Pfründe **2** Wohltat (veraltet) [lat.]
**Be'ne'lux** Abk. für den wirtschaftlichen Zusammenschluss der Länder Belgien, Niederlande und Luxemburg
**Ben'ga'li** (das, -s, nur Ez.) Staatssprache von Bangladesch
**be'ni'gne** (Adj.) gutartig (bei Geschwülsten)
**Be'ni'gni'tät** (die, -, nur Ez.) Gutartigkeit (einer Geschwulst) [lat.]
**Be'ni'ner** (der, -s, -) Einwohner des Staates Benin [afrikan.]
**Ben'ja'min** (der, -s, -e) Jüngster [hebr.]
**Ben'ne** (die, -, -n) Schubkarren [schweiz.]
**Ben'thal** (das, -s, -e) Meeresboden (als Lebensraum) [gr.]
**Ben'thos** (das, -, nur Ez.) alle Lebewesen des Benthals
**Ben'zin** (das, -s, -e) ein Kraftstoff [nlat.]
**Ben'zoe** [-tsoe] (die, -, nur Ez.) ein tropisches Harz [arab.-frz.]
**Ben'zol** (das, -s, -e) einfachster aromatischer Kohlenwasserstoff, Bestandteil von Benzin, Lacken, Klebstoffen u.a. [nlat.]
**Benz'py'ren** (das, -s, -e) ein Krebs erzeugender Kohlenwasserstoff [arab.-gr.]
**Beo** (der, -s, -s) asiat. Star, Käfigvogel [malai.]

**Ber'ber** (der, -s, -) 1 nordafrikanisches Volk 2 Knüpfteppich
**Ber'be'rit'ze** (die, -, -n) ein Wildstrauch, Sauerdorn [lat.]
**Bé'ret** [berɛ] (die, -s, -s) Baskenmütze [lat.-frz.]
**Ber'ga'mot'te** (die, -, -n) 1 eine kleinasiat. Zitrusfrucht, deren Schalen ausgepresst werden, um Bergamottöl zu gewinnen 2 eine Birnensorte [türk.-frz.]
**Ber'ga'mott'öl** (das, -s, -e) Parfümrohstoff aus Bergamotte (1); das Bergamottöl ist in Earl Grey und Kölnischwasser enthalten
**Be'ri'be'ri** (die, -, nur Ez.) Vitamin-B1-Mangelkrankheit [singhales.]
**BERI-In'de** (der, -(es), -di'ces) Abk. für **B**usiness **E**nvironment **R**isk **I**ndex, Index, der zur Beurteilung der wirtschaftlichen und politischen Stabilität eines Staates dient [engl.]
**Ber'ke'li'um** (das, -s, nur Ez.) ein künstliches radioaktives Element [engl.-nlat.]
**Ber'lo'cke** (die, -, -n) Uhrkettenanhänger [frz.]
**Ber'mu'da'shorts** *auch:* Ber'mu'da-Shorts [-ʃɔːrts] (die, -, -) knielange Hose [engl.]
**Be'ro'li'na** (die, -, nur Ez.) 1 Frauengestalt als Sinnbild der Stadt Berlin 2 kräftige Frauengestalt [lat.]
**Ber'ser'ker** (der, -s, -) wilder Kämpfer [altnord.]
**Be'ryll** (der, -s, -e) ein Mineral, Edelstein [ind.-gr.]
**Be'ryl'li'um** (das, -s, nur Ez.) ein Leichtmetall von hellgrauer Farbe [ind.-gr.-nlat.]
**Bé'sigue** [beziːg] (das, -s, nur Ez.) Kartenspiel [frz.]
**Bes'se'mer'bir'ne** (die, -, -n) birnenförmiger Behälter zur Stahlherstellung
**bes'se'mern** (V.) nach Bessemers Methode Stahl herstellen
**Bes'ti'a'li'tät** (die, -, -en) Grausamkeit; viehische Tat, viehisches Verhalten [lat.]
**Bes'ti'a'ri'um** (das, -s, -ri'en) mittelalterliches Tierkundebuch [lat.]
**Bes'tie** [-stiə] (die, -, -n) wildes, gefährliches Tier [lat.]
**Bes'ti'en'ka'pi'tell** (das, -s, -e) mit Tiergestalten geschmücktes romanisches Kapitell
**Bes'ti'en'säu'le** (die, -, -n) mit kämpfenden Tieren geschmückte Säule
**best of** Zusammenstellung der berühmtesten Werke eines Komponisten oder einer Musikgruppe auf Tonträger [engl.]
**Best'sel'ler** (der, -s, -) Verkaufsschlager [engl.]
**Be'ta** (das, -s, -s) zweiter Buchstabe des griechischen Alphabets
**Be'ta'blo'cker** (der, -s, -) = Betarezeptorenblocker (Med.)
**Be'ta're'zep'tor** (der, -s, -en) Rezeptor im Nervensystem (Med.)
**Be'ta're'zep'to'ren'blo'cker** (der, -s, -) Medikament, das hemmend auf bestimmte Rezeptoren wirkt (Med.)
**Be'ta'strah'len** (die, -, nur Mz.) aus Elektronen bestehende radioaktive Strahlen [gr.-dt.]
**Be'ta'tron** *auch:* Betatron (das, -s, -trone) Gerät zum Beschleunigen von Betastrahlen, Elektronenschleuder [ıurzwort]
**Be'tel** (der, -s, nur Ez.) ein asiatisches Anregungsmittel; Betel kauen [malai.]
**Be'ti'se** (die, -, -n) Dummheit [lat.-frz.]
**Be'ton** [-tõː] oder [-tɔ̃] (der, -s, -s oder -e) Baustoff (Mischung aus Zement, Sand, Kies und Wasser) [frz.]
**Be'to'nie** (die, -, -n) rote Wiesenblume [lat.]
**be'to'nie'ren** (V.) mit Beton überziehen, ausbauen
**Be'tu'la** (die, -, nur Ez.) Birke; Betula folium: Birkenblätter (als Heilmittel) [lat.]
**Be'va'tron** (das, -s, -s oder -trone) Teilchenbeschleuniger (Phys.) [engl.]
**Bey** (der, -s, -s) = Bei
**be'zir'zen** (V.) = becircen
**Be'zo'ar** (der, -s, -e) steinähnlicher Haarballen im Wiederkäuermagen (als früheres Heilmittel) [pers.]
**Be'zo'ar'wur'zel** (die, -, -n) Wurzel eines südamerikanischen Maulbeergewächses, wird als Heilmittel bei Schlangenbiss verwendet
**Be'zo'ar'zie'ge** (die, -, -n) asiat. Wildziege
**Bha'ga'wad'gi'ta** (die, -, nur Ez.) altindische religionsphilosophische Lehrschrift [sanskr.]
**Bhag'van** (der, -(s), -s) = Bhagwan
**Bhag'wan** (der, -(s), -s) Ehrentitel eines Gurus [sanskr.]

B

**Bi|na|ti|on** (die, -, -en) zweimaliges Lesen der Messe an einem Tag durch einen Priester
**Bin|go** (das, -s, nur Ez.) englisches Glücksspiel [engl.]
**Bi|no|kel** (das, -s, -) 1 mit beiden Augen zu benutzendes optisches Gerät 2 ein Kartenspiel (schweiz.) [frz.]
**bi|no|ku|lar** (Adj.) für beidäugiges Sehen eingerichtet; z.B. ein binokulares Mikroskop [lat.]
**Bi|nom** (das, -s, -e) zweigliedriger Ausdruck (in der Mathematik) [lat.]
**Bi|no|mie** (die, -, nur Ez.) Wissenschaft von den Lebensgesetzen [gr.-lat.]
**bi|no|misch** (Adj.) zweigliedrig [lat.]
**Bio|bi|blio|gra|fie** *auch:* Bio|bi|blio|gra|phie (die, -, -n) Verzeichnis der Schriften, die über eine Person erschienen sind [gr.-lat.]
**Bio|chip** (der, -(s), -s) Computerbaustein aus gentechnisch hergestellten Eiweißmolekülen
**Bio|chor** (das, -s, -en) kleiner Lebensbereich in einem Biotop [gr.]
**Bio|ele|ment** (das, -s, -e) Spurenelement
**Bio|ener|ge|tik** (die, -, nur Ez.) Wissenschaft von der Gewinnung und Umsetzung der Energie im Körper
**Bio|ethik** (die, -, nur Ez.) Lehre, die die moralischen Grenzen in der Bio- und Medizinforschung auslotet
**Bio|feed|back** [-fi:dbæk] (das, -s, nur Ez.) Selbststeuerung biologischer Prozesse im Körper [gr.-engl.]
**Bio|gas** (das, -es, -e) Faulgas [gr.]
**bio|gen** (Adj.) von Lebewesen stammend
**Bio|ge|ne|se** (die, -, nur Ez.) Entwicklungsgeschichte der Lebewesen [gr.]
**Bio|ge|nie** (die, -, nur Ez.) Entwicklungsgeschichte der Lebewesen [gr.-lat.]
**Bio|gramm** (das, -s, -e) Aufzeichnung der Lebensvorgänge (als Methode der Verhaltensforschung) [gr.]
**Bio|graf** *auch:* Bio|graph (der, -en, -en) jmd., der eine Biografie erstellt [gr.]
**Bio|gra|fie** *auch:* Bio|gra|phie (die, -, -n) Lebensbeschreibung
**Bio|graph** (der, -en, -en) = Biograf
**Bio|gra|phie** (die, -, -n) = Biografie
**Bio|in|di|ka|tor** (der, -s, -en) Lebewesen, das den Zustand eines Ökosystems anzeigt; z.B. sind Algen im Hochmoor ein Bioindikator für dessen Überdüngung [gr.-lat.]
**Bio|kli|ma|to|lo|gie** (die, -, nur Ez.) Wissenschaft, die den Einfluss des Klimas auf Lebewesen untersucht
**Bio|ky|ber|ne|tik** (die, -, nur Ez.) Wissenschaft, die die allgemeinen Regeln in biologischen Systemen untersucht
**Bio|lith** (der, -s oder -en, -e oder -en) Sedimentgestein, das aus Lebewesen entstanden ist; z.B. Muschelkalk [gr.]
**Bio|lo|ge** (der, -n, -n) jmd., der sich mit Biologie beschäftigt
**Bio|lo|gie** (die, -, nur Ez.) Wissenschaft von den Lebewesen [gr.]
**bio|lo|gisch** (Adj.) 1 zur Biologie gehörig 2 naturgemäß; ohne künstliche Stoffe
**Bio|lo|gis|mus** (der, -, nur Ez.) pauschales Übertragen von aus der Biologie gewonnenem Gedankengut auf den Menschen, die Gesellschaft [gr.-lat.]
**Bio|ly|se** (die, -, nur Ez.) Abbau organischer Substanzen durch Organismen (Bio.)
**Biom** (das, -s, -e) großer Lebensraum, seine Tiere u. Pflanzen; z.B. die Tundra [gr.]
**Bio|man|tie** (die, -, nur Ez.) Voraussage der Lebensdauer einer Person auf Grund von biologischen Zeichen, z.B. Linien der Hand
**Bio|mas|se** (die, -, -n) Gesamtgewicht von Lebewesen eines Lebensraums; z.B. die Biomasse in der Nadelstreu eines Fichtenwalds [gr.-lat.]
**Bio|me|cha|nik** (die, -, nur Ez.) Wissenschaft, die sich mit mechanischen Vorgängen in Organismen befasst (Bio.)
**Bio|me|trie** (die, -, nur Ez.) Messung an Lebewesen [gr.]
**Bio|mo|ni|to|ring** (das, -s, -s) Beurteilung der Umweltbelastung einer Gegend
**bio|morph** (Adj.) von den Lebenskräften geprägt [gr.-lat.]
**Bio|mor|pho|se** (die, -, nur Ez.) Veränderung eines Lebewesens, die durch die Kräfte des Lebens bedingt ist [gr.-lat.]
**bio|ne|ga|tiv** (Adj.) lebensfeindlich, lebensschädlich [gr.-lat.]
**Bio|nik** (die, -, nur Ez.) Lösung technischer Probleme nach biolog. Vorbildern [Kurzwort]

**Biont** (der, -en, -en) Lebewesen [gr.]
**Bion'to'lo'gie** (die, -, nur Ez.) Wissenschaft von den Lebewesen [gr.-lat.]
**Bio'phar'ma'zie** (die, -, nur Ez.) Fachrichtung der Pharmazie, die physikalische und chemische Eigenschaften von Arzneien erforscht
**Bio'phy'sik** (die, -, nur Ez.) Physik der biologischen Vorgänge
**Bio'plas'tik** (das, -s, nur Ez.) biologisch abbaubarer Kunststoff
**Biop'sie** (die, -, -n) Gewebeentnahme aus dem lebenden Organismus [gr.]
**bi'op'tisch** (Adj.) die Biopsie betreffend
**Bio'rheu'se** (die, -, nur Ez.) Bezeichnung für den natürlichen Alterungsprozess [gr.-lat.]
**Bio'rhyth'mus** (der, -, -men) rhythmischer Ablauf von Lebensvorgängen; z.B. die seelische Beeinflussbarkeit in wechselnden, kurzen Zeitabständen [gr.]
**Bio'ri'sa'tor** (der, -s, -to'ren) Gerät zur Herstellung keimfreier Milch [gr.-lat.]
**bio'ri'sie'ren** (V.) keimfreie Milch herstellen [gr.-lat.]
**Bios** (der, -, nur Ez.) **1** das Leben, die belebte Welt **2** lebensnotwendiger pflanzlicher Wirkstoff [gr.]
**Bio'sen'sor** (der, -s, -en) Messfühler aus organischen Materialien zur Feststellung von chemischen u. biologischen Substanzen
**Bio'skop** (das, -s, -e) kinematographische Apparatur von 1891 [gr.-lat.]
**Bio'sphä're** (die, -, nur Ez.) von Lebewesen bewohnter Teil der Erde [gr.]
**Bios'stoff** (der, -s, -e) lebensnotwendiger pflanzlicher Wirkstoff
**Bio'sta'bi'li'sa'tor** (der, -s, -to'ren) Stoff, der Weichmacher und Zusätze in Kunststoffen vor Bakterien schützt [gr.-lat.]
**Bio'syn'the'se** (die, -, -n) Aufbau eines Naturstoffes durch die lebende Zelle; z.B. die Biosynthese von Eiweißen [gr.]
**Bio'tar** (das, -s, -e) fotografisches Objektiv
**Bio'tech'no'lo'gie** (die, -, nur Ez.) technologische Anwendung biologischer Vorgänge; z.B. von künstlichem Algenwachstum zur Eiweißproduktion [gr.]
**Bio'tin** (das, -s, nur Ez.) Vitamin H [lat.]
**bio'tisch** (Adj.) auf Leben oder Lebewesen bezogen [gr.]
**Bio'tit** (das, -s, -e) dunkler Glimmer [lat.]
**Bio'top** (der oder das, -s, -e) Lebensraum (bestimmter Tier- und Pflanzenarten) [gr.]
**Bio'treib'stoff** (der, -s, -e) Kraftstoff, der ganz oder teilweise aus Pflanzen gewonnen wird (Raps, Nüsse)
**Bio'zid** (das, -s, -e) Tier- und Pflanzen tötender Giftstoff (besonders Pestizid) [gr.-lat.]
**Bio'zö'no'se** (die, -, -n) Lebensgemeinschaft eines Biotops [gr.]
**bi'ped** (Adj.) zweifüßig [lat.]
**Bi'pe'de** (der, -n, -n) Zweifüßer [lat.]
**Bi'pe'die** (die, -, nur Ez.) Zweifüßigkeit, das menschliche Laufen [lat.]
**bi'pe'disch** (Adj.) = biped [lat.]
**bi'po'lar** (Adj.) zweipolig [gr.-lat.]
**Bi'po'la'ri'tät** (die, -, -en) Zweipoligkeit [gr.-lat.]
**Bir'die** [bɜːdɪ] (der, -(s), -s) Spielen eines Loches mit einem Schlag weniger als festgelegt (beim Golf) [engl.]
**Bir'ma'ne** (der, -n, -n) Ew. von Birma
**bir'ma'nisch** (Adj.) zu Birma gehörig
**Birr** (der, -, -) äthiopische Währungseinheit, 100 Cents
**Bi'sam** (der, -s, -e) **1** Fell der Bisamratte **2** (nur Ez.) = Moschus (veraltet) [hebr.]
**bi'se'ri'al** (Adj.) zweireihig, zweizeilig [lat.]
**Bi'se'xu'a'li'tät** (die, -, nur Ez.) **1** Doppelgeschlechtlichkeit **2** Nebeneinanderbestehen von sexuellen Neigungen zum anderen und zum eigenen Geschlecht [lat.]
**bi'se'xu'ell** (Adj.) doppelgeschlechtlich [lat.]
**Bis'kot'te** (die, -, -n) Löffelbiskuit (österr.)
**Bis'kuit** (das, -s, -s) Gebäckart
**Bis'kuitporzellan** (das, -s, -e) doppelt gebranntes, unglasiertes Porzellan
**Bis'mu'tum** (das, -s, nur Ez.) Wismut [nlat.]
**Bi'son** (der, -s, -s) nordamerikanischer Büffel [dt.-lat.]
**Bis'tou'ri** (das, -s, -s) Operationsmessser mit auswechselbarer Klinge (Med.)
**Bis'tro** (das, -s, -s) kleine Gaststätte mit einer Weinbar [frz.]
**bi'syl'la'bisch** (Adj.) zweisilbig

B

**Bit** (das, -s, -s) 1 Ziffer im binären Zahlensystem, 0 oder 1 2 kleinste Maßeinheit für die Information, Ja oder Nein (EDV) [engl. Kurzwort]
**Bit'map** (die, -, -s) Datenformat einer Grafik (EDV)
**Bi'tok** (der, -s, -s) gebratener Fleischkloß [russ.]
**bi'to'nal** (Adj.) zugleich auf zwei verschiedene Tonarten bezogen
**Bi'tu'men** (das, -s, -) klebrig zäher Erdölbestandteil [lat.]
**bi'tu'mi'nie'ren** (V.) mit Bitumen versetzen
**bi'tu'mi'nös** (Adj.) bitumenhaltig
**bi'va'lent** (Adj.) zweiwertig [lat.]
**Bi'va'lenz** (die, -, en) Zweiwertigkeit [lat.]
**Bi'wak** (das, -s, -s oder -e) Nachtlager im Freien [dt.-frz.]
**bi'wa'kie'ren** (V.) im Freien übernachten
**bi'zarr** (Adj.) sonderbar, wunderlich [it.-frz.]
**Bi'zar're'rie** (die, -, -n) das Bizarrsein
**Bi'zeps** (der, -es, -e) größter Oberarmmuskel (Beugemuskel)
**Black'box** *auch:* Black Box (die, -, -es) Teil eines kybernetischen Systems [engl.]
**Black'jack** *auch:* Black Jack (das, -, -) amerikanisches Kartenglücksspiel [amerik.]
**Black'mail** (das, -s, nur Ez.) Erpressung [engl.]
**Black-out** *auch:* Blackout [blækaʊt] (der, -s, -s) 1 Wahrnehmungs-, Bewusstseinstrübung 2 Theaterpointe, die durch plötzliches Lichtlöschen verstärkt wird 3 Ausfall (des Stroms, des Funkkontakts) [engl.]
**Black Pan'ther** (der, - -s, - -) Mitglied einer Bewegung gegen die Benachteiligung Schwarzer [engl.]
**Black Po'wer** (die, -, -) Bewegung schwarzer Amerikaner gegen Rassendiskriminierung [engl.]
**bla'ma'bel** (Adj.) beschämend [frz.]
**Bla'ma'ge** [-ʒə] (die, -, -n) Beschämung, Bloßstellung [frz.]
**bla'mie'ren** (V.) bloßstellen [frz.]
**blan'chie'ren** [-ʃiː-] (V.) kurz überbrühen; z.B. Wirsing blanchieren [frz.]
**bland** (Adj.) 1 reizlos (Diät) 2 harmlos verlaufend (Krankheit) [lat.]
**Blank** [blæ̃k] (das, -s, -s) Leerzeichen auf der Computertastatur (EDV)
**Blan'kett** (das, -s, -e) unausgefüllter Vordruck (mit Unterschrift)
**blan'ko** (Adv.) leer, unausgefüllt (mit Unterschrift) [german.-it.]
**Blan'ko'scheck** (der, -s, -s) unausgefüllter, aber unterschriebener Scheck
**Blan'ko'voll'macht** (die, -, -en) unbeschränkte Vollmacht
**Blank'vers** (der, -es, -e) reimloser fünffüßiger Jambus
**bla'siert** (Adj.) eingebildet (und voller Überdruss) [frz.]
**Bla'son** [-zɔ̃] (der, -s, -s) Wappenschild [frz.]
**bla'so'nie'ren** (V.) 1 ein Wappen malen 2 ein Wappen deuten, erklären
**Blas'phe'mie** (die, -, -n) Gotteslästerung [gr.]
**blas'phe'mie'ren** (V.) lästern, beschimpfen (Gott) [gr.-lat.]
**blas'phe'misch** (Adj.) gotteslästerlich [gr.]
**blas'phe'mis'tisch** (Adj.) = blasphemisch
**Blas'tom** (das, -s, -e) plötzliche, krankhafte Gewebeneubildung
**Blas'to'me're** (die, -, -n) Furchungszelle [gr.]
**Blas'tu'la** (die, -, -lae [lɛː]) embryonales Frühstadium (bei Tieren), Blasenkeim [gr.-lat.]
**Bla'zer** [bleɪzə] (der, -s, -) Jackett [engl.]
**Blea'ching** [bliːdʒɪŋ] (das, -s, nur Ez.) Bleichen der Zähne (Med.) [engl.]
**Blend** (der oder: das, -s, -s) Mischung verschiedener Sorten von Tee, Tabak oder Whiskey [engl.]
**bles'sie'ren** (V.) verwunden, verletzen [dt.-frz.]
**Bles'sur** (die, -, -en) Verletzung [frz.]
**bleu** [bløː] (Adj.) mattblau [frz.]
**Blind Date** [blaɪnd deɪt] (das, -s, -s) Verabredung mit jmd. Unbekanntem
**Bli'ni** (das, -s, -s) kleiner Buchweizenpfannkuchen [russ.]
**Blis'ter** (der, -s, -) 1 Arzneimittel für Beinverletzungen bei Pferden 2 Folienverpackung
**Bliz'zard** [blɪzəd] (der, -s, -s) Schneesturm (in Nordamerika) [engl.]

**Blockade** (die, -, -n) Sperrung [frz.]
**Blockbuster** [-bʌstə] (der, -s, -) überaus erfolgreicher Film [engl.]
**blockieren** (V.) sperren [frz.]
**Blog** (das/der, -s, -s) (kurz für *Weblog*) auf einer Website geführtes Tagebuch [engl.]
**Blonde** [blɔ̃:d] (die, -, -n) gemusterte Seidenspitze [frz.]
**blondieren** (V.) blond färben [frz.]
**Blondine** (die, -, -n) blonde Frau [frz.]
**Bloodhound** [blʌdhaʊnd] (der, -s, -s) englischer Spurensuchhund, Bluthund
**Blouson** [bluzɔ̃] (das oder der, (-s), -s) Jackenbluse [frz.]
**Blow-out** (der, -s, -s) unkontrollierter Ausbruch von Erdöl oder Erdgas [engl.]
**Blow-up** (das, -s, -s) Vergrößerung eines Fotos oder Fernsehbildes [engl.]
**Blue Baby** [blu: beɪbɪ] (das, - -s, - -s) „blaues Baby", Neugeborenes mit Herzfehler [engl.]
**Bluebo** [blu:-] (die, -, -es) spezielles Projektionsgerät für Hintergrundbilder im Fernsehen [engl.]
**Blueboverfahren** [blu:-] (das, -s, -) Verfahren, bei dem ein im Studio nicht vorhandener Hintergrund über eine Spezialwand in die Aufnahmekamera reflektiert wird (Fernsehtechnik) [engl.]
**Bluechip** [blu:tʃɪp] *auch:* Blue Chip (der, -s, -s) sicheres und kursstarkes Wertpapier an der Börse [engl.]
**Bluejeans** [blu:dʒi:nz] (die, -, -) blaue Baumwollhose [engl.]
**Blue Movie** (der oder das, - -s, - -s) erotischer bis pornografischer Film [engl.]
**Blues** [blu:z] (der, -, -) dreiteilige Liedform (der Rockmusik der schwarzen Amerikaner) mit typischen schwermütigen Klängen und Akkorden [engl.]
**Bluescreenverfahren** (das, -s, -) = Blueboxverfahren
**Bluff** [blœf] oder [blʌf] (der, -s, -s) verblüffende Irreführung [engl.]
**bluffen** [blœfn] (V.) durch Bluff täuschen
**Bö** (die, -, -en) starker Windstoß
**Boa** (die, -, -s) **1** eine Riesenschlange **2** sehr langer Schal (aus Federn, Pelz) [lat.]
**Board** [bɔrd] (das, -s, -s) Aufsichtsrat oder Führungsebene eines Konzerns (Wirtschaft) [engl.]
**Boardinghouse** (das, -, -s) Pension [engl.]
**Boardingschool** [bɔrdɪŋsku:l] (die, -, -s) Internat mit Hausgemeinschaften [engl.]
**Bob** (der, -s, -s) lenkbarer Rennschlitten mit Metallarmierung [engl.]
**bobben** (V.) ruckweise Oberkörperbewegung (beim Bobfahren)
**Bobby** (der, -s, -s) englischer Polizist (ugs.)
**Bobine** (die, -, -n) **1** Spule (für Garn) **2** Fördermaschine [frz.]
**Bobinet** (der, -s, -s) Gardinentüll [engl.]
**Bobo** (der, -s, -s) Narr im spanischen Theater [span.]
**Bobsleight** [-sleɪd] (der, -s, -s) lenkbarer Rennschlitten [engl.]
**Bobtail** [-teɪl] (der, -s, -s) zottiger, grauweißer englischer Schäferhund
**Boccia** [bɔtʃa] (das, -(s), nur Ez.) ein italienisches Kugelwurfspiel
**Bodega** (die, -, -s) spanische Weinstube
**Bodhisattwa** (der, -s, -s) künftiger Buddha [sanskr.]
**Bodoni** (die, -, nur Ez.) eine Antiqua-Druckschrift [it.]
**Bodybuilding** [-bɪl-] (das, -s, nur Ez.) intensives Muskeltraining [engl.]
**Bodycare** [bɔdikɛə] (die, -, nur Ez.) Körperpflege [engl.]
**Bodycheck** [-tʃek] (der, -s, -s) erlaubtes Rempeln des Angreifers in der Verteidigerzone (im Eishockey) [engl.]
**Bodyguard** (der, -s, -s) Leibwächter [engl.]
**Bodylotion** [bɔdiləʊʃn] (die, -, -s) Pflegeflüssigkeit oder -creme für die Haut [engl.]
**Bodypainting** [bɔdipeɪntɪŋ] (das, -s, nur Ez.) Bemalen des menschlichen Körpers [engl.]
**Bodystocking** (der, -s, -s) einteilige anliegende Unterkleidung [engl.]
**Bodysuit** (der, -s, -s) = Bodystocking [engl.]
**Böe** (die, -, -en) = Bö
**Bogey** [bəʊgɪ] (der, -(s), -s) Spielen eines Loches mit einem Schlag mehr als festgelegt (beim Golfspiel) [engl.]
**Boheme** [bɔɛm] oder [bohɛm] (die, -, nur Ez.) leichtlebiges Künstlertum [frz.]
**Bohemien** [bɔemjɛ̃] oder [bohemjɛ̃] (der, -s, -s) jmd., der zur Boheme gehört

**Boi'ler** (der, -s, -s) elektrisches Heißwassergerät und -speicher [engl.]

**Bo'jar** (der, -en, -en) 1 altruss. Adliger 2 altrumänischer adliger Großgrundbesitzer [russ.]

**Bo'je** (die, -, -n) verankertes Seezeichen [dt.-frz.-niederl.]

**Bo'le'ro** (der, -s, -s) 1 sehr kurzes offenes Jäckchen (ähnlich den Torerojacken) 2 ein spanischer Volkstanz [span.]

**Bo'lid** (der, -s oder -en, -e oder -en) 1 großer Meteor 2 Formel-I-Rennwagen [gr.]

**Bo'li'var** (der, -s, -) venezolanische Währungseinheit [span.]

**Bo'li'vi'a'no** (der, -s, -s) bolivianische Währungseinheit [span.]

**Bo'lo'gne'se** [-njeː-] (Adj.) nach Art der Küche Bolognas (mit Hackfleisch); Spaghetti Bolognese

**Bo'lo'gne'ser** [-njeː-] (der, -s, -) 1 Ew. Bolognas 2 eine Zwerghunderasse mit langen weißen Haaren [it.]

**Bo'lo'me'ter** (das, -s, -) Gerät zum Messen geringer Wärmestrahlung [gr.]

**Bol'sche'wik** (der, -en, -en oder -i) Mitglied der Kommunistischen Partei der ehem. Sowjetunion (bis 1952) [russ.]

**bol'sche'wi'sie'ren** (V.) bolschewistisch machen

**Bol'sche'wis'mus** (der, -, nur Ez.) Herrschaft der Bolschewiken [russ.-nlat.]

**Bol'sche'wist** (der, -wis'ten, -wis'ten) Anhänger des Bolschewismus

**bol'sche'wis'tisch** (Adj.) zum Bolschewismus gehörig

**Bo'lus** (der, -, Bo'li) 1 Tonerde 2 Klumpen, Bissen

**Bo'lus'tod** (der, -es, nur Ez.) Ersticken an einem verschluckten Gegenstand (Med.)

**Bom'ba'ge** [-ʒə] (die, -, -n) Aufwölbung (einer Konserve mit verdorbenem Inhalt)

**Bom'bar'de** (die, -, -n) altes Belagerungsgeschütz für Steinkugeln [frz.]

**Bom'bar'de'ment** [-mɑ̃] (das, -s, -s) das Bombardieren

**bom'bar'die'ren** (V.) Bomben abwerfen

**Bom'bast** (der, -(e)s, nur Ez.) Schwulst, hochtrabendes Gerede [pers.-engl.]

**bom'bas'tisch** (Adj.) sehr viel Aufwand treibend, schwülstig [pers.-engl.]

**Bom'be** (die, -, -n) mit Explosivstoff gefüllter, großer Hohlkörper [frz.]

**bom'bie'ren** (V.) aufbiegen, wölben (Blech, Glas) [frz.]

**Bom'hard** (der, -s, -s) 1 Holzblasinstrument 2 Zungenstimme bei der Orgel [gr.-lat.-frz.]

**Bom'hart** (der, -s, -s) = Bomhard

**Bon** [bɔ̃] (der, -s, -s) 1 Gutschein 2 Kassenzettel [frz.]

**bo'na fi'de** im guten Glauben [lat.]

**Bon'bon** [bɔ̃bɔ̃] auch [bɔ̃bɔ̃] (das, -s, -s) kleine Süßigkeit (zum Lutschen) [frz.]

**Bon'bon'nie're** [bɔ̃bɔnjeːrə] (die, -, -n) Schmuckdose für Bonbons; große Pralinenschachtel [frz.]

**Bond** (der, -s, -s) festverzinsliches Wertpapier (in Großbritannien und den USA) [engl.]

**Bon'dage** [bɒndɪdʒ] (das, -, nur Ez.) die sexuelle Begierde stimulierende Fesselung [engl.]

**Bon'der** (der, -, -) Phosphorsäurebeize, die zur Oberflächenbehandlung von Metallen verwendet wird

**Bonds'ra'te** (die, -, -n) Kapitalmarktzins

**Bon'dur** (das, -s, nur Ez.) Legierung aus Aluminium, Kupfer und Magnesium

**Bon'fest** (das, -es, -e) japanisches Allerseelenfest [jap.-dt.]

**bon'gen** (V.) bonieren, einen Bon tippen [lat.-frz.]

**Bon'go** (das, -s, -s) Doppeltrommel aus zwei unterschiedlich gestimmten Einzeltrommeln [Span.]

**Bon'go'si** (das, -, nur Ez.) sehr hartes westafrikanisches Nutzholz

**Bon'heur** [bɔ̃nœːr] (der, -s, nur Ez.) Glück, Zufall [frz.]

**Bon'ho'mie** [bɔnɔmiː] (die, -, nur Ez.) arglose Gutmütigkeit [frz.]

**Bon'homme** [bɔnɔm] (der, -s, -s) argloser, gutmütiger Mensch [frz.]

**bo'nie'ren** (V.) = bongen

**Bo'ni'fi'ka'ti'on** (die, -, -ti'o'nen) Vergütung [frz.]

**bo'ni'fi'zie'ren** (V.) vergüten [frz.]

**Bo'ni'tät** (die, -, -en) 1 Zahlungsfähigkeit; Kreditwürdigkeit 2 Güte (des Bodens, einer Ware) [lat.]

**bo'ni'tie'ren** (V.) abschätzen, einstufen [lat.]

**Bo'ni'to** (der, -s, -s) ein Thunfisch [span.]

**Bon'mot** [bɔ̃moː] (das, -s, -s) witzig treffender Ausspruch [frz.]

**Bon'sai** (der, -s, -s) Baum, der nach einer japanischen Methode zwergenhaft klein gezüchtet wird
**Bo'nus** (der, -, -i oder -nus'se) **1** Gutschrift **2** verbessernder Zuschlag
**Bonvi'vant** [bɔ̃vivɑ̃] (der, -s, -s) Lebemann, „Salontiger" [frz.]
**Bon'ze** (der, -n, -n) **1** buddhistischer Mönch, Priester (besonders in Tibet) **2** Geldaristokrat; Parteifunktionär (ugs.) [japan.]
**Boo'gie-Woo'gie** [buːgɪwuːgɪ] (der, -(s), -s) Blues in schnellem Tempo und charakteristischer Klavierbegleitung [engl.]
**Book'let** (das, -s, -s) Broschüre [engl.]
**Boom** [buːm] (der, -s, -s) plötzlicher, kurzfristiger Wirtschaftsaufschwung [engl.]
**boo'men** (V.) konjunkturell aufwärts gehen, einen wirtschaftlichen Aufschwung erleben [engl.]
**Boom'town** [buːmtaun] (die, -, -s) wirtschaftlich aufschwingende Stadt [engl.]
**Boos'ter** [buːstə] (der, -s, -) **1** Hilfstriebwerk (Luftfahrt) **2** leistungsstärkendes Zusatzteil (Elektronik) [engl.]
**Boot** (der, -s, -s) hoher Lederschuh [engl.]
**boo'ten** [buːtən] (V.) Neustart eines Computers (EDV) [engl.]
**Boot'leg** [buːtleg] (der, -s, -s) Raubkopie, verbotener Mitschnitt eines Musikkonzertes, der weiterverkauft wird [engl.]
**Boot'leg'ger** [buːt-] (der, -s, -) **1** Alkoholschmuggler (in den USA während der Prohibition) **2** Raubpressung (Schallplatte) [engl.]
**Boot'legging** [buːt-] (das, -s, nur Ez.) einen Bootlegger herstellen, Musikdiebstahl
**Bop** (der, -(s), -s) = Bebop [ıurzwort]
**Bor** (das, -, nur Ez.) ein Element [pers.-nlat.]
**Bo'ra** (die, -, -s) kalter Fallwind (an der dalmatinischen Adriaküste) [gr.-it.]
**Bord'case** [bɔːdkeɪs] (der oder das, -, -) kofferähnliches Gepäckstück (bei Passagierflugreisen) [engl.]
**Bord'com'pu'ter** (der, -s, -) Datenverarbeitungsanlagen in Flugzeugen, Raumschiffen oder Fahrzeugen [engl.]
**bor'deaux** [bɔrdoː] (Adj.) weinrot [frz.]
**Bor'deaux** [-doː] (der, -, - [doːs]) Wein aus dem Bordelais in Südwestfrankreich
**Bor'de'le'se** (der, -n, -n) Ew. von Bordeaux
**Bor'de'le'ser** (der, -s, -) = Bordelese
**Bor'dell** (das, -s, -e oder -s) Freudenhaus [frz.]
**Bor'de'reau** [-roː] (der oder das, -s, -s) Wertpapier-, Wechselverzeichnis [frz.]
**Bor'di'a'mant** (der, -en, -en) Stoff aus Aluminium und Bor, der annähernd die Eigenschaften von Diamant besitzt
**bor'die'ren** (V.) mit einer Borte, Bordüre einfassen [dt.-frz.]
**Bor'dun** (der, -s, -e) **1** mitklingender Basston **2** tiefes Orgelregister [frz.]
**Bor'dü're** (die, -, -n) farbige Randeinfassung (eines Kleids) [frz.]
**Bo're** (die , -, -n) Flutwelle bei Flüssen, die stromaufwärts treibt
**bo're'al** (Adj.) zum nördlichen Nadelwaldgürtel gehörig [gr.-nlat.]
**Bo're'al** (das, -s, nur Ez.) Wärmeperiode der Nacheiszeit
**Bo're'as** (der, -, nur Ez.) kalter Nordwind (in der Ägäis) [gr.]
**Bor'retsch** (der, -, nur Ez.) Gurkenkraut (Gewürzpflanze) [arab.-frz.]
**Bor'sa'li'no** (der, -s, -s) Herrenhut [it.]
**Borschtsch** (der, -s, nur Ez.) Eintopf aus Roten Rüben, Weißkraut, saurer Sahne u.a. (polnische oder russische Spezialität) [russ.]
**Bör'se** (die, -, -n) **1** Märkte für Waren, Wertpapiere oder Devisen u.ä. **2** Geldbeutel
**Bör'si'a'ner** (der, -s, -) Börsenspekulant, Börsenmakler [gr.-lat.]
**Bo'rus'se** (der, -n, -n) Preuße [lat.]
**Bo'rus'sia** (die, -, nur Ez.) Frauengestalt als Sinnbild Preußens
**Bo'sat'su** (der, -, nur Ez.) buddhistischer Heiligentitel [sanskr.-jap.]
**Bos'kett** (das, -s, -e) Buschgruppe (in barocken Parks) [it.-frz.]
**Bos'kop** (der, -s, -e) eine Apfelsorte [ndrl.]
**Bos'ni'a'ke** (der, -n, -n) muslim. Ew. Bosniens
**Bos'ni'er** (der, -s, -) Ew. Bosniens
**Boss** (der, -es, Bos'se) Chef eines Unternehmens oder einer Gruppe, Anführer, Vorgesetzter [niederl.-engl.]

B

**Bos'sa No'va** (der, - -, - -s) ein südamerikanischer Modetanz (um 1960) [portugies.]
**bos'sie'ren** (V.) roh bearbeiten, ausmeißeln; modellieren [frz.]
**Bos'ton** [bɒstən] (der, -s, -s) **1** langsamer amerikanischer Walzer (um 1920) **2** Hauptstadt des Staates Massachusetts [engl.]
**Bo'ta'nik** (die, -, nur Ez.) Pflanzenkunde [gr.]
**Bo'ta'ni'ker** (der, -s, -) jmd., der sich mit Botanik befasst
**bo'ta'nisch** (Adj.) zur Botanik gehörig
**Bo'ts'wa'ner** (der, -s, -) Einwohner von Botswana in Südafrika [bantu]
**Bot'te'ga** (die, -, -s) italienische Weinstube
**Bot'te'lier** (der, -s, -s) Verwalter der Lebensmittelvorräte auf einem Schiff [frz.]
**Bot'tle'neck** [bɒtl-] (das, -(s), -s) **1** Gitarrenspielweise mit über einen Finger gestülptem Flaschenhals **2** Engpass [engl.]
**Bot'tle'par'ty** [bɒtl-] (die, -, -s) Party, bei der jeder Gast eine Flasche (gefüllt) mitbringt [engl.]
**Bo'tu'lis'mus** (der, -, nur Ez.) Vergiftung durch verdorbenes Fleisch; Vogelsterben, durch dasselbe Bakteriengift verursacht [lat.]
**Bou'chée** [buʃeː] (die, -, -s) Appetithappen [frz.]
**Bou'clé** *auch:* Bu'k'lee [bukleː] (das, -s, -s) Stoff mit genoppter Oberfläche (für Kleider und Mäntel) [frz.]
**Bou'doir** [budwaː] (das, -s, -s) elegantes Damenzimmer [frz.]
**Bou'gain'vil'lea** [bugɛ̃-] (die, -, -s) tropischer Kletterstrauch, Zierpflanze [frz.-nlat.]
**Bouil'la'baisse** [bujabɛs] (die, -, -s) südfranzösischer Fischeintopf
**Bouil'lon** [buljɔ̃] (die, -, -s) klare Fleischbrühe [frz.]
**Boule** [buːl] (das, -, nur Ez.) französisches Kugelwurfspiel
**Bou'let'te** [bu-] (die, -, -n) = Bulette
**Bou'le'vard** [buləvaːr] (der, -s, -s) breite Prachtstraße [dt.-frz.]
**Bou'le'vard'pres'se** [buləvaːr-] (die, -, nur Ez.) alle Sensationszeitungen [dt.-frz.]
**Bou'le'vard'the'a'ter** [buləvaːr-] (das, -s, -) Unterhaltungstheater [dt.-frz.-gr.]
**Bounce** [baʊns] (der oder die, -, nur Ez.) rhythmische Spielweise im Jazz [engl.]
**Bounce'light** [baʊntslait] (das, -s, -s) indirekte Beleuchtungstechnik mit Blitzlicht [engl.]
**Bou'quet** [bukeː] (das, -s, -s) = Bukett
**Bou'qui'nist** [buki-] (der, -nis'ten, -nis'ten) Büchertrödler (am Pariser Seineufer) [frz.]
**Bour'bon** [bɜːbən] (der, -s, -) ein amerikanischer Whisky [engl.]
**Bour'bo'ne** (der, -n, -n) Angehöriger einer französischen Dynastie
**bour'geois** [burʒwa] (Adj.) zur Bourgeoisie gehörig
**Bour'geoi'sie** [burʒwaziː] (die, -, -n) sattes Bürgertum [frz.]
**Bour'rée** [bureː] (die, -, -s) **1** altfranzösischer Volkstanz **2** Suitensatz
**Bou'teil'le** [butɛj] (die, -, -n) Flasche [frz.]
**Bou'tique** [butiːk] (die, -, -n) kleiner Modeladen [gr.-frz.]
**Bou'zou'ki** [buzuː-] (die, -, -s) = Busuki
**Bow'le** [boːlə] (die, -, -n) kaltes alkoholisches Mischgetränk (das in einem großen, bauchigen Glasgefäß zubereitet wird) [engl.]
**Bow'ler** [bəʊ-] (der, -s, -s) **1** ein Herrenhut, „Melone" **2** Cricketspieler [engl.]
**Bow'ling** [bəʊ-] (das, -s, nur Ez.) amerikanisches Kegeln [engl.]
**Box** (die, -, -en) **1** Einstellraum; z.B. eine Box für Pferde **2** Kasten, Schachtel; z.B. eine Lautsprecherbox [engl.]
**Bo'xer** (der, -s, -) **1** jmd., der boxt, Faustkämpfer **2** kurzschnauzige Hunderasse [engl.]
**Boxer'mo'tor** (der, -s, -en) Kolbenmotor mit gegenüberliegenden, scheinbar gegeneinanderarbeitenden Zylindern
**Box'kalf** (das, -s, -s) chromgegerbtes Kalbsleder [engl.]
**Boy** (der, -s, -s) **1** Hotelbursche **2** Junge (ugs.) [engl.]
**Boy'group** [bɔɪgruːp] (die, -, -s) Musikgruppe, die sich aus jungen Männern zusammensetzt [engl.]
**Boy'kott** (der, -s, -s) Nichtbeachtung, Liefersperre, Ächtung (als politische Zwangsmaßnahme) [engl.]

B

**boy'kot'tie'ren** (V.) durch Boykott zu etwas zwingen (wollen)
**Boy'scout** [-skaut] (der, -s, -s) englischer Pfadfinder
**bra'chi'al** (Adj.) handgreiflich; mit brachialer Gewalt [lat.]
**Bra'chy'lo'gie** (die, -, nur Ez.) knapper, kurzer Ausdrucksstil (Rhetorik)
**Bra'ckets** [brækεts] (die, nur Mz.) Metallklammern für Zahnkorrekturen (Med.) [engl.]
**Bra'dy'kar'die** (die, -, -n) zu langsamer Herzschlag [gr.]
**Bra'dy'ki'ne'sie** (die, -, nur Ez.) verlangsamte Bewegungen (Med.)
**Brah'man** [bra'maːn] (das, -s, nur Ez.) Weltseele [sanskr.]
**Brah'ma'ne** [bra'-] (der, -n, -n) jmd., der zur höchsten Hindukaste gehört [sanskr.]
**Brah'ma'nis'mus** [bra'-] (der, -, nur Ez.) ältere Form des Hinduismus [sanskr.-nlat.]
**Brain'stor'ming** [breɪnstɔː-] (das, -s, nur Ez.) Stoffsammlung aus Spontaneinfällen (vor der Lösung eines Problems) [engl.]
**Brain'trust** [breɪntrʌst] (der, -s, -s) hochqualifizierter Beraterausschuss [engl.]
**brai'sie'ren** [bre-] (V.) in einer gut schließenden Stielkasserolle schmoren, dünsten [frz.]
**Brak'te'at** (der, -en, -en) Scheibenanhänger, goldener Schmuckstein des 5./6. Jahrhunderts [lat.]
**Bram** (die, -, -en) zweitoberste Verlängerung eines Schiffsmastes
**Bran'che** [brɑ̃ʃə] (die, -, -n) Geschäfts-, Wirtschaftszweig [frz.]
**Bran'chi'at** (der, -en, -en) durch Kiemen atmendes Wirbel- oder Gliedertier (Biol.) [gr.]
**Bran'chie** [-chiə] (die, -, -n) Kieme [gr.]
**Bran'ding** [brændɪŋ] (das, -s, nur Ez.) **1** modische Brandzeichen in der Haut **2** Aufbau und Entwicklung einer Marke [engl.]
**Bran'dy** [bræn-] (der, -s, -s) englischer Weinbrand
**Bra'sil** (die, -, -) Zigarre aus brasilianischem Tabak [portugies.]
**Bra'si'li'a'ner** (der, -s, -) Ew. Brasiliens
**Brass Band** [-bænd] (die, -, -s) Marschkapelle aus Blechblasinstrumenten [engl.]
**Bras'se** (die, -, -n) schweres Tau (zum Festhalten der Segel) [frz.]
**Bras'se'lett** (das, -s, -s) Armband [frz.]
**Bras'se'rie** (die, -, -n) Bierlokal [frz.]
**Bras'si'ère** [brasjɛrə] (die, -, -n) kurzes Oberteil, bis zur Taille reichend [frz.]
**Brat'sche** (die, -, -n) große Violine, Altgeige [it.]
**Brat'schist** (der, -schis'ten, -schis'ten) Bratschenspieler
**bra'vis'si'mo!** ausgezeichnet! [it.]
**bra'vo!** sehr gut! [it.]
**Bra'vo!** (das, -s, -s) Beifallsruf [it.]
**Bra'vour** (die, -, nur Ez.) = Bra'vur
**bra'vou'rös** (Adj.) = bra'vu'rös
**Bra'vur** *auch:* Bra'vour (die, -, nur Ez.) meisterhaftes Können [it.-frz.]
**bra'vu'rös** *auch:* bra'vou'rös (Adj.) mit Bravur
**break!** [breɪk] auseinander! (als Kommando des Box-Ringrichters an klammernde Gegner) [engl.]
**Break** [breɪk] (der, -s, -s) **1** das Durchbrechen des gegnerischen Aufschlags (Tennis) **2** Durchbruch eines Spielers durch die gegnerische Verteidigungslinie **3** Zwischensolo (im Jazz) **4** (kurze) Pause [engl.]
**Break'dance** [breɪkdænts] (der, -s, nur Ez.) akrobatischer Tanzstil [engl.]
**brea'ken** [breɪkεn] (V.) Das Aufschlagspiel des Gegners gewinnen (Tennis) [engl.]
**Bre'douil'le** [bredulјə] (die, -, nur Ez.) Patsche, Verlegenheit; in der Bredouille stecken [frz.]
**Bree'ches** [brɪtʃɪz] (nur Mz.) oben weite, kniewärts eng geschnittene Reithose [engl.]
**Bree'der** [briːdə] (der, -s, -) = Brutreaktor [engl.]
**Breg'ma** (das, -s, -ta oder -mem) Schädelbereich, wo beide Stirn- und Scheitelbeinhälften zuammenstoßen (Med.)
**Brek'zie** [-tsiə] (die, -, -n) Sedimentgestein aus kantigen, verkitteten Trümmern [it.]
**Bre'to'ne** (der, -n, -n) Ew. der Bretagne
**bre'to'nisch** (Adj.) zur Bretagne gehörig

B

**Breve** (das, -s, -n oder -s) kurzer, unfeierlicher päpstl. Erlass, Apostolischer Brief [lat.]
**Brevet** [-eː] (das, -s, -s) Abschlusszeugnis, Schutz-, Ernennungsurkunde [frz.]
**Brevier** (das, -s, -e) **1** katholisches Stundengebetbuch **2** kurze Gedichtsammlung (wichtiger Werke eines Meisters) **3** Leitfaden [lat.]
**brevi manu** kurzerhand [lat.]
**Brevis** (die, -, -ves) Note mit dem Wert von zwei ganzen Noten (Mus.)[lat.]
**Bridge** [brɪdʒ] (das, -s, nur Ez.) ein englisches Kartenspiel
**Brie** (der, -(s), nur Ez.) ein französischer Weichkäse
**Briefing** (das, -s, -s) kurzes Informationsgespräch [engl.]
**Brigade** (die, -, -n) **1** kleiner Kampfverband **2** Leistungsgruppe (ehem. DDR); z.B. Arbeiterbrigade
**Brigadier** [-djeː] (der, -s, -s) Anführer einer Brigade
**Brigant** (der, -en, -en) Straßenräuber [it.]
**Brigantine** (die, -, -n) **1** leichtes zweimastiges Segelschiff **2** Schuppenpanzerhemd [it.]
**Brigg** (die, -, -s) größere Brigantine [it.-engl.]
**Brighella** [brigɛla] (der, -, -s oder ghelle) Figur der Commedia dell'arte [it.]
**Brikett** (das, -s, -s) rechteckiges Presskohlestück [frz.]
**Brikole** (die, -, -n) Rückprall der Billardkugel von der Bande [frz.]
**brikolieren** (V.) durch Brikole treffen
**brillant** [-ljant] (Adj.) glänzend, hervorragend [frz.]
**Brillant** [-ljant] (der, -en, -en) geschliffener Diamant [frz.]
**Brillantine** [-ljan-] (die, -, nur Ez.) öliges Haarpflegemittel, das Glanz und Festigkeit gibt [frz.]
**Brillanz** [-ljants] (die, -, nur Ez.) meisterhaftes Können; das Brillantsein, Glanz
**brillieren** (V.) Brillanz zeigen
**Brimborium** (das, -s, nur Ez.) unnützer, wichtigtuerischer Aufwand [frz.]
**Brimsen** (der, -s, -) ein Schafkäse (österr.) [rumän.]
**Brio** (das, -s, nur Ez.) musikalisches Feuer [kelt.-it.]
**Brioche** [brijɔʃ] (die, -, -s) ein Butter-Hefe-Gebäck [frz.]
**brisant** (Adj.) **1** voller Sprengkraft; z.B. ein brisanter chemischer Stoff **2** spannungsgeladen; z.B. eine brisante politische Lage [frz.]
**Brisanz** (die, -, nur Ez.) das Brisantsein
**Brise** (die, -, -n) leichter Wind [frz.]
**Brisolett** (das, -s, -e) = Brisolette
**Brisolette** (die, -, -n) gebratenes Kalbfleischklößchen [frz.]
**britisch** (Adj.) zu Großbritannien gehörig
**Broadcasting** Rundfunk in England und Amerika [engl.]
**Broadway** [brɔːdweɪ] (in Zusammensetzungen) in der Art der Vergnügungstheater am Broadway in New York; z.B. ein Schaustück in Broadwaymanier [engl.]
**Broccoli** (der, -s, nur Ez.) = Brokkoli
**Broché** [-ʃeː] (das, -s, -s) Gewebe mit stickereiartigen Mustern [frz.]
**Broderie** (die, -, -n) Stickerei [frz.]
**Broiler** (der, -s, -) Brathähnchen [engl.]
**Brokat** (der, -s, -e) schweres Seidengewebe mit Gold- oder Silberfäden darin [it.]
**Brokatell** (der, -s, -e) = Brokatelle
**Brokatelle** (die, -, -n) schwerer Halbseidenstoff mit erhöhtem Muster [it.-frz.]
**Brokatglas** (das, -es, nur Ez.) Gefäß aus Glas, in das Gold- oder Silberfäden eingearbeitet sind
**Broker** (der, -s, -) Makler (an engl., amerikan. und japan. Börsen) [engl.]
**Brokkoli** (der, -s, nur Ez.) italienischer Blumenkohl mit gelbgrünen Blütenständen
**Brom** (das, -s, nur Ez.) ein Element, dunkelbraune Flüssigkeit [gr.]
**bronchial** (Adj.) zu den Bronchien gehörig
**Bronchie** [-chiə] (die, -, -n) Luftröhrenästchen [gr.]
**Bronchiole** (die, -, -n) feine Bronchienverzweigung [gr.-nlat.]
**Bronchitis** (die, -, -tiden) Bronchienschleimhautentzündung [gr.]
**Bronchus** (der, -, -chen) = Bronchie [gr.-lat.]
**Brontosaurus** (der, -, -rier) ein Dinosaurier der Kreidezeit [gr.]

**Bronze** [brɔ̃ːsə] (die, -, nur Ez.) Kupfer-Zinn-Legierung [frz.]
**bronzen** [brɔ̃ːsən] (Adj.) aus Bronze
**Brosche** (die, -, -n) rundes oder ovales Schmuckstück mit Anstecknadel [frz.]
**broschieren** (V.) heften oder leimen (von Druckbögen) [frz.]
**Broschur** (die, -, -en) das Broschieren; broschierte Druckbögen
**Broschüre** (die, -, -n) broschiertes Heft (mit Kartonumschlag)
**Browning** [braʊ-] (die, -, -s) amerikanische Selbstladepistole [engl.]
**Browser** [braʊsə] (der, -s, -) Programm, mit dessen Hilfe man sich im Internet bewegen kann (EDV) [engl.]
**Brucellose** [-tsɛ-] (die, -, -n) für den Menschen ansteckende Haustier-Infektionskrankheit [engl.-nlat.]
**Brumaire** [brʏmɛːr] (der, -(s), -s) zweiter Monat im französischen Revolutionskalender
**Brunch** [brʌntʃ] (der, -(e)s oder -, -(e)s oder -e) üppiges Spätfrühstück, Sonntagsfrühstück [engl.]
**brüsk** (Adj.) unvermittelt schroff, abweisend [it.-frz.]
**brüskieren** (V.) brüsk behandeln
**brutal** (Adj.) rücksichtslos gewalttätig [lat.]
**brutalisieren** (V.) **1** brutal machen **2** Gewalt antun
**Brutalität** (die, -, -en) rücksichtsloses, gewalttätiges Verhalten
**Brutreaktor** (der, -s, -en) Kernreaktor, der neuen Reaktorbrennstoff produziert, mehr als er selbst verbraucht
**brutto** (Adv.) **1** mit Verpackung **2** ohne späteren Abzug (vorläufig bezahlt) [it.]
**Bruttoregistertonne** (die, -, -n) Eigengewicht und Zuladung eines Schiffes
**Bruttosozialprodukt** (das, -s, -e) Gesamtheit der von einer Volkswirtschaft in einem Jahr erzeugten Güter und Dienstleistungen [it.-frz.-lat.]
**Bruismus** (der, -, nur Ez.) Zähneknirschen im Schlaf (Med.) [gr.]
**Bruyère** [brʏjɛːr] (das, -s, nur Ez.) schön gemasertes, rotbraunes Holz der Baumheide (für Tabakpfeifen) [frz.]
**Bryologie** (die, -, nur Ez.) Moospflanzenkunde [gr.]
**BSE** Abk. für Bovine spongiforme Enzephalopathie, tödlich verlaufende Rinderseuche [engl.]
**Bubo** (der, -s, -bonen) entzündliche Leistendrüsenschwellung [gr.]
**Bubonenpest** (die, -, nur Ez.) Beulenpest
**Buchara** (der, -s, -s) Teppich aus der usbekischen Oasenstadt Buchara
**Buckram** (der oder das, -s, -s) glattes Leinwandgewebe (für Bucheinbände) [engl.]
**Buckskin** (der, -s, -s) ein Gewebe (für Herrenanzüge) [engl.]
**Buddhismus** (der, -, nur Ez.) eine Weltreligion, Lehre Buddhas [sanskr.-nlat.]
**Buddhist** (der, -dhisten, -dhisten) Anhänger des Buddhismus
**Buddleia** (die, -, -s) Gartenstrauch mit stark duftenden violetten Blütenähren [engl.-nlat.]
**Budget** [bʏdʒeː] (das, -s, -s) Staatshaushaltsplan; Voranschlag für (öffentliche) Geldsummen [engl.-frz.]
**budgetär** [bʏdʒe-] (Adj.) z. Budget gehörig
**Budo** (das, -, nur Ez.) die japanischen Kampfsportarten
**Budogi** (das, -s, nur Ez.) die beim Budo getragene vorschriftsmäßige Wettkampfkleidung
**Büfett** (das, -s, -s) **1** Anrichtetisch **2** Speisen zum Selbstbedienen **3** Schrank (im Esszimmer) **4** Tresen [frz.]
**Buffa** (die, -, -s) = Opera Buffa [it.]
**Buffet** [bʏfeː] (das, -s, -s) = Büfett (schweiz.)
**Büffet** [bʏfeː] (das, -s, -s) = Büfett (österr.)
**Buffo** (der, -s, -s oder -fi) Sänger komischer Opernpartien [it.]
**Buggy** [bʌgɪ] (der, -s, -s) **1** leichter Einspänner (für Trabrennen) **2** offenes Freizeit-, Geländeauto **3** zusammenklappbarer Kinderwagen ohne Verdeck [engl.]
**bugsieren** (V.) **1** ins Schlepptau nehmen **2** (etwas Sperriges) mühselig an eine bestimmte Stelle bringen [lat.-niederl.]
**Buhurt** (der, -s, -e) mittelalterliches Kampfspiel (zw. zwei Ritterscharen)
**Bukanier** (der, -s, -) französischer Seeräuber (in der Karibik)

B

**Bu'kett** (das, -s, -s) 1 aufwendiger, hübscher Blumenstrauß 2 Aroma (des Weins) [frz.]

**Bu'klee** (das, -s, -s) = Bouclé

**Bu'ki'nist** (der, -nis'ten, -nis'ten) = Bouquinist

**Bu'ko'lik** (die, -, nur Ez.) Hirtendichtung [gr.]

**bu'ko'lisch** (Adj.) zur Bukolik gehörig; idyllisch

**bul'bös** (Adj.) wie ein Bulbus

**Bül'bül** (der, -s, -s) drosselähnlicher Singvogel, „persische Nachtigall" [arab.]

**Bul'bus** (der, -, -bi) 1 Knolle, Zwiebel 2 rundliche Anschwellung [lat.]

**Bu'let'te** (die, -, -n) gebratenes Hackfleischklößchen [frz.]

**Bul'gur** (der, -(s), nur Ez.) Weizenzubereitung aus dem Nahen Osten, vorgekochte, getrocknete Bruchkörner

**Bu'li'mie** (die, -, nur Ez.) gestörtes Essverhalten, wobei Fressgier und Erbrechen abwechseln [gr.]

**Bull'au'ge** (das, -s, -n) rundes Fenster eines Schiffes

**Bull'do'zer** (der, -s, -) Baustellenraupenfahrzeug [engl.]

**Bul'le'tin** (das, -s, -s) [engl.] 1 Tagesbericht 2 Zeitschriftentitel [frz.]

**Bul'lion** (das, -s, -s) Gold- oder Silberbarren [engl.]

**Bul'ly** (das, -s, -s) Anspiel beim Eishockey [engl.]

**Bu'me'rang** (der, -s, -s) zum Werfer zurückkehrendes Wurfholz [austral.-engl.]

**Bun'ga'low** [-loː] (der, -s, -s) einstöckiges Einfamilienhaus (mit flachem Dach) [Hindi-engl.]

**Bun'gee'jum'ping** [bʌndʒidʒʌmpɪŋ] *auch:* Bun'gee-Jum'ping (das, -s, nur Ez.) Sprung von einer Brücke oder einem Kran, wobei ein Gummiseil den Aufschlag auf den Boden verhindert [engl.]

**Bun'ker** (der, -s, -) 1 Schutzraum 2 Behälter für Kohle

**Bu're** (der, -n, -n) Ew. Südafrikas von niederländischer Abstammung [niederl.]

**Bu'reau** [byroː] (das, -s, -s) = Büro [frz.]

**Bü'ret'te** (die, -, -n) Glaszylinder mit Messskala und Abflusshahn [frz.]

**bu'risch** (Adj.) zu den Buren gehörig

**Bur'ki'ner** (der, -s, -) Einwohner von Burkina Faso

**bur'lesk** (Adj.) derb-komisch [it.]

**Bur'les'ke** (die, -, -n) burleskes Lustspiel

**Bur'ma'ne** (der, -n, -n) = Birmane

**bur'ma'nisch** (Adj.) = birmanisch

**Burn-out** [bɜːnaut] (der, -s, -s) letztes Ausbrennen des Raketenantriebs [engl.]

**Burn-out-Syndrom** [bɜːnĭaut] (das, -s, -s) Erschöpfungszustand durch körperlichen und geistigen Dauerstress [engl.]

**Bur'nus** (der, -, -nus'se) arabischer Kapuzenmantel [lat.-arab.]

**Bü'ro'krat** (der, -en, -en) Aktenmensch, unpersönlicher Sachverwalter [frz.-gr.]

**Bü'ro'kra'tie** (die, -, -n) Bürokratenherrschaft; Verwaltung durch Beamte

**bü'ro'kra'tisch** (Adj.) wie ein Bürokrat

**bur'schi'kos** (Adj.) jungenhaft, ungezwungen [lat.-gr.]

**Bur'schi'ko'si'tät** (die, -, -en) das Burschikossein

**Bur'si'tis** (die, -, -ti'den) Schleimbeutelentzündung [lat.-gr.]

**Burst** [bɜːst] (der, -s, -s) Strahlungsausbruch durch Sonneneruptionen [engl.]

**Bu'run'di'er** (der, -s, -) Einwohner von Burundi

**Bus** (der, Bus'ses, Bus'se) 1 Omnibus 2 Auto mit Schiebetür und Ladefläche 3 Leitungs- oder Verbindungssystem zwischen den Bauteilen eines Computers oder zwischen mehreren Geräten; z.B. Datenbus [lat.]

**Bu'shel** [-ʃl] (der, -s, -) Hohlmaß für Flüssigkeiten und Getreide (in den USA und Großbritannien), ca. 36 Liter [frz.-engl.]

**Busi'ness** [bɪznɪs] (das, -, nur Ez.) Geschäft(sleben) [engl.]

**Bu'si'ness'class** *auch:* Busi'ness-Class (die, -, nur Ez.) Beförderungsklasse in Linienflugzeugen [engl.]

**Bus'so'le** (die, -, -n) Magnetkompass [it.]

**Bus'ti'er** [bystjeː] (das, -s, -s) miederartiges, knappes Oberteil für Frauen [frz.]

**Bus'tro'phe'don** (das, -s, nur Ez.) Inschrift, deren Schrift abwechselnd nach links und rechts läuft [gr.]

**Bu'su'ki** (die, -, -s) griechische Laute

**Bu'tan** (das, -s, nur Ez.) ein gasförmiger Kohlenwasserstoff [nlat.]

**Bu'ten** (das, -s, nur Ez.) ungesättigter Kohlenwasserstoff (Chem.)
**But'ler** [bʌt-] (der, -s, -) englischer (ranghöchster) Diener [frz.-engl.]
**But'ter'fly** [bʌtəflaɪ] (der, -s, nur Ez.) Schmetterlingsschwimmen [engl.]
**But'ton** [bʌtn] (der, -s, -s) runder Anstecker, der eine Einstellung kundtun soll; z.B. ein Button „Atomkraft? Nein, danke!" [engl.]
**Bu'ty'ro'me'ter** (das, -s, -) Messgerät für den Fettgehalt der Milch [gr.]
**bye-bye!** auf Wiedersehen [engl.]
**By'pass** [baɪ-] (der, -es, -päs'se) künstliche Überbrückung verengter Herzkranzgefäße (Med.) [engl.]
**Byte** [baɪt] (das, -s, -s) Maßeinheit für eine Informationsmenge (EDV) [engl.]
**by'zan'ti'nisch** (Adj.) **1** zum Byzantinischen Reich gehörig **2** unterwürfig
**By'zan'ti'nis'tik** (die, -, nur Ez.) Wissenschaft von der Geschichte und Kultur des Byzantinischen Reichs

# C

C

**Cab** (das, -s, -s) **1** einspännige Droschke **2** amerikanisches Kurzwort für Taxi [engl.-amerik.]
**Ca'ba'let'ta** (die, -, -s) kleine Arie; Teil einer Arie [it.]
**Ca'bal'le'ro** [kabaljeː-] (der, -s, -s) **1** spanischer Edelmann, Ritter **2** spanische Anrede, Herr [span.]
**Ca'ban** (der, -s, -s) kurzer Herrenmantel [frz.]
**Ca'ba'nos'si** (die, -, -) grobe, gewürzte Wurst
**Ca'ba'ret** [kabareː] (das, -s, -s oder -e) **1** kleines zeitkritisches Theater **2** zeit- und sozialkritische Darbietung [frz.]
**Cab'cart** (das, -s, -s) einspänniger Wagen [engl.]
**Ca'bo** (der, -s, -s) Kap, Vorgebirge
**Ca'bo'chon** [-ʃɔ̃] (der, -s, -s) rund geschliffener Edelstein [frz.]
**Ca'bo'clo** (der, -s, -s) Abkömmling eines Weißen und einer Indianerin (in Brasilien) [indian.-portugies.]
**Ca'b'rio** *auch:* Ka'b'rio (das, -s, -s) = Abk. für Cabriolet
**Ca'b'ri'o'let** *auch:* Ka'b'ri'o'lett (das, -s, -s) offener Wagen [frz.]
**Cac'cia** (die, -, -s) zweistimmiger Kanon [lat.-it.]
**Ca'cha'ça** (der, -, nur Ez.) brasilian. Zuckerrohrschnaps
**Cache** [kaʃ] (der, -, -s) Speichereinheit im Computer zwischen Arbeitsspeicher und Prozessor (EDV) [engl.-fr.]
**Cache-cache** [kaʃkaʃ] (das, -, nur Ez.) Versteckspiel [frz.]
**Ca'che'te'ro** [katʃe-] (der, -s, -s) Stierkämpfer, der den Gnadenstoß gibt [lat.-span.]
**ca'chie'ren** (V.) = kaschieren
**Ca'chou** [-ʃuː] (der, -s, -s) Lakritzsaft mit Anis (als Hustenmittel) [malai.-frz.]
**Ca'chu'cha** [katʃuːtʃa] (die, -, -s) andalusischer Tanz [span.]
**CAD** (das, -, nur Ez.) Abk. für **C**omputer **A**ided **D**esign, computerunterstützte Konstruktion [engl.]
**Cad'die** [kædɪ] (der, -s, -s) **1** Junge, der Golfspielern die Schläger trägt **2** zweirädriger, kleiner Golfkarren [frz.-engl.]
**Cad'mi'um** (das, -s, nur Ez.) ein Schwermetall [gr.]
**Ca'd're'par'tie** (die, -, n) Variante des Billardspiels, bei der die Spielfläche in Felder aufgeteilt ist [frz.]
**CAE** Abk. für **C**omputer **A**ided **E**ngeneering, computerunterstütztes Ingenieurwesen
**Cae're'mo'ni'a'le** (das, -, -li'en) Sammlung von Liturgieanweisungen
**Cae'si'um** [tsɛː-] (das, -s, nur Ez.) = Zäsium
**Ca'fe'ti'er** [-tjeː] (der, -s, -s) Kaffeehausbesitzer (veraltet) [frz.]
**Ca'fu'so** (der, -s, -s) Abkömmling einer Verbindung zwischen Indianer(in) und Schwarze(r) (in Brasilien)
**CAI** Abk. für **C**omputer **A**ided **I**nstruction, computergesteuerter Unterricht (EDV) [engl.]
**Cais'son** [kɛsɔ̃] (der, -s, -s) Senkkasten für Unterwasserarbeiten [frz.]
**Cais'son'krank'heit** (die, -, -en) Taucherkrankheit
**Cake** [keɪk] (der, -s, -s) länglicher Sandkuchen [engl.]
**Cake'walk** (der, -s, -s) Gesellschaftstanz um 1900 [engl.]
**CAL** Abk. für **C**omputer **A**ided **L**earning, computerunterstütztes Lernen [engl.]
**Ca'la'ma'res** (nur Mz.) frittierte Tintenfischringe [span.]
**Ca'la'mus** (der, -, -mi) antikes Schreibrohr
**ca'lan'do** (Adv.) ruhiger, schwächer werdend, nachlassend (bei Musikstücken) [it.]
**Cal'cit** [-tsiːt] (der, -s, -e) Kalkspat [lat.]
**Cal'ci'um** [-tsi-] (das, -s, nur Ez.) ein Leichtmetall [lat.]
**Cal'ci'um'car'bo'nat** (das, -s, -e) Calziumsalz der Kohlensäure (Chem.)
**Cal'ci'um'o'xid** (das, -s, -e) gebrannter Kalk durch Einsturz oder Explosion entstanden

**Cal'de'ra** (die, -, -de̱ren) Kraterkessel eines Vulkans [span.]
**Ca'len'du'la** (die, -, -lae [lɛːː]) Ringelblume, Heilpflanze [nlat.]
**Calf** [kaːf] (das, -s, nur Ez.) Kalbsleder für Bucheinbände [engl.]
**Ca'li'for'ni'um** (das, -s, nur Ez.) ein künstliches radioaktives Element [nlat.]
**Ca'li'na** (die, -, -s) Lufttrübung durch Staub im Sommer [span.]
**Call'boy** [kɔːlbɔɪ] (der, -s, -s) telefonisch bestellter Prostituierter [engl.]
**Call'cen'ter** [kɔːlsɛntə] *auch:* Call-Cen'ter (das, -s, -) Telefonabteilung eines Unternehmens, das für Kundenberatung und Verkauf zuständig ist [engl.]
**Call'girl** [kɔːlgɜːrl] (das, -s, -s) telefonisch bestellbare Prostituierte [engl.]
**Call-in** [kɔːl-] (das, -, -s) Rundfunk- oder Fernsehsendung, in der Hörer bzw. Zuschauer anrufen können [engl.]
**Cal'ling'card** [kɔːlɪŋ-] (die, -, -s) Telefonkarte, die auch im Ausland gültig ist [engl.]
**Cal'va'dos** (der, -, -) Apfelbranntwein aus der Normandie [frz.]
**Cal'va'ria** (die, -, -ri'ae) Schädeldach (Med.) [lat.]
**Cal'vi'nis'mus** (der, -, nur Ez.) religiöse Lehre des Reformators Calvin [frz.-nlat.]
**Ca'lyp'so** (der, -(s), -s) Musikform der Insel Trinidad; Modetanz (um 1956) [viell. span.]
**CAM** (das, -, nur Ez.) Abk. für **C**omputer **A**ided **M**anufacturing, computerunterstützte Herstellung und Simulation von Arbeitsvorgängen [engl.]
**Cam'bi'a'ta** (die, -, -ten) Wechselnote (Mus.) [it.]
**Cam'bio** (der, -s, -s) Geldumtausch [it.]
**Cam'cor'der** (der, -s, -) Videokamera, die gleichzeitig als Abspielgerät geeignet ist [engl.]
**Ca'mem'bert** [-bɛːr] oder [kamɑ̃bɛːr] (der, -s, -s) ein französischer Weichkäse
**Ca'me'o** (der, -s, -s) Kurzauftritt eines Prominenten in einem Film
**Ca'me'ra ob'scu'ra** (die, - -, -rae -rae [-r~]) Lochkamera [lat.]
**Ca'mi'on** [-mjɔ̃] (der, -s, -s) Lastwagen (schweiz.) [frz.]
**Ca'mou'fla'ge** [-muflaːʒə] (die, -, -n) Tarnung, Täuschung [it.-frz.]
**Camp** [kæmp] (das, -s, -s) **1** Ferienlager **2** Gefangenenlager [engl.]
**Cam'pa'ni'le** (der, -(s), -) frei stehender Glockenturm (italienischer Kirchen)
**Cam'pa'ri** (der, -s, -s) ein bittersüßer italienischer Aperitif (Warenzeichen)
**Cam'pe'si'no** (der, -s, -s) Landarbeiter [lat.-span.]
**Cam'pi'gni'en** [kɑ̃pɪnjɛ̃ː] (das, -(s), nur Ez.) Kulturstufe der mittleren Steinzeit [frz.]
**Cam'pi'lit** (das, -s, nur Ez.) starkes Nervengift [gr.]
**Cam'pus** (der, -, nur Ez.) College-, Hochschulgelände
**Ca'nail'le** [kanaljə] (die, -, -n) = Kanaille
**Ca'nas'ta** (das, -s, nur Ez.) ein Kartenspiel [span.]
**Can'can** [kɑ̃kɑ̃ː] (der, -s, -s) französ. Revuetanz, bei dem die Tänzerinnen Rüschenunterwäsche tragen und die Beine hochwerfen [frz.]
**can'celn** [kæntsəln] (V.) abbrechen, absagen [engl.]
**Can'cer** (der, -s, -) Krebsgeschwulst [lat.-engl.]
**Can'ci'ón** [kanθiɔn] (das, -s, -s) Gedicht [lat.-span.]
**cand.** Abk. für **cand**idatus, Kandidat [lat.]
**Can'de'la** (die, -, -) Maßeinheit der Lichtstärke [lat.]
**Can'dle-Light-Din'ner** (das, -s, -s) gepflegtes romantisches Essen bei Kerzenschein [engl.]
**Ca'ni'us** (der, -, -ni) Eckzahn [lat.]
**Can'na'bis** (der, -, -) **1** Hanf **2** Haschisch (ugs.) [gr.]
**Can'ning** (das, -s, -s) Hülle um den Brennstoff in Kernreaktoren [engl.]
**Ca'ñon** [kanjɔn] (der, -s, -s) steilwandige Flussschlucht; z.B. in Amerika [span.]
**Ca'no'ti'er** [-tjeː] (der, -s, -s) flacher Strohhut [frz.]
**Cant** (der, -s, nur Ez.) Gaunersprache, Heuchelei
**can'ta'bi'le** [-leː] (Adv.) ausdrucksvoll (bei Musikstücken) [it.]
**can'tan'do** (Adv.) singend (bei Musikstücken) [it.]
**Can'to** (der, -s, -s oder -ti) Gesang [it.]

C

**Can'tus fir'mus** (der, - -, -tus -mi) Hauptmelodie (im mehrstimmigen Satz) [lat.]
**Can'yon** [kænjən] (der, -s, -s) = Cañon
**Can'yo'ning** [kænjənɪŋ] (das, -s, nur Ez.) Erlebnistour durch einen Canyon, Extremsportart [engl.]
**CAP** Abk. für **1** **C**omputer **A**ided **P**lanning, computergestützte Planung **2** **C**omputer **A**ided **P**ublishing, computerunterstützte Herausgabe von (Print-)Medien
**Ca'pa** (die, -, -s) Umhang und Kampfutensil des Matadors [lat.-span.]
**Cape** [keɪp] (das, -s, -s) Umhang [lat.-engl.]
**Ca'pe'ador** (der, -s, -es) Torero, der mit der Capa am Stier arbeitet [span.]
**Ca'po'ei'ra** (die, -, nur Ez.) Selbstbeherrschung fordernder Kampf- und Lebensstil aus Brasilien
**Ca'po'tas'to** (der, -, -ti) = Kapodaster
**Cap'puc'ci'no** [-putʃiːno] (der, -s, -s) Espresso mit aufgeschäumter Milch [it.]
**Ca'pric'cio** [-pritʃo] (das, -s, -s) launiges Prosa-, Musikstück [it.]
**ca'pric'cio'so** [-pritʃoː-] (Adv.) launig (bei Musikstücken) [it.]
**Ca'pri'ce** [-priːs] (die, -, -n) **1** Laune **2** = Capriccio [frz.]
**Cap'si'cum** (das, -s, nur Ez.) spanischer Pfeffer (als Heilpflanze) [gr.-lat.]
**Cap'si'en** (das, -s, nur Ez.) Kulturstufe der Alt- und Mittelsteinzeit
**Cap'ta'tio Be'ne'vo'len'ti'ae** [-tsjo -tsiɛː] (die, - -, nur Ez.) Trachten nach Wohlwollen (des Lesers) [lat.]
**Ca'pu'chon** [kapʏschɔ̃] (der, -s, -s) Damen-Kapuzenmantel [frz.]
**Ca'put** (das, -, Ca'pi'ta) **1** Buchkapitel **2** Kopf, Gelenk- oder Muskelkopf (Med.) [lat.]
**CAQ** Abk. für **C**omputer **A**ided **Q**uality, computerunterstützte Qualitätskontrolle [engl.]
**Ca'ra'bi'ni'e're** [-niɛː-] (der, -(s), -ri) italienischer Polizist
**ca'ram'ba! verdammt!** [span.]
**Ca'ram'bo'la** (die, -, -s) gelbe, fünfeckige Frucht, die quer aufgeschnitten sternförmige Scheibchen ergibt (als Verzierung für Cocktails) [span.]
**Car'bid** *auch:* Kar'bi̱d (das, -s, -e) eine Kohlenstoff-Metall-Verbindung [nlat.]
**Car'bo'nat** *auch:* Kar'bo'na̱t (das, -s, -e) Kohlensäuresalz
**Car'di'gan** [kaːrdɪgən] (der, -s, -s) Damenstrickweste [engl.]
**CARE** Kurzwort für **C**ooperative for **A**merican **R**emittances to **E**urope, Hilfsorganisation der USA für Europa nach dem Zweiten Weltkrieg [engl.]
**care of** [keə-] wohnhaft bei (in Adressen, Abk. c./o.) [engl.]
**ca'rez'zan'do** zärtlich, schmeichelnd, liebkosend (Mus.) [it.]
**Ca'ril'lon** [karijɔ̃] (das, -(e)s, -s) Glockenspiel (Mus.)
**Ca'ri'tas** (die, -, nur Ez.) ein Wohlfahrtsverband [lat.]
**Car'ja'cking** [kadʒækɪŋ] (das, -s, -s) Autodiebstahl unter Gewaltanwendung gegenüber dem Fahrer [engl.]
**Car'ma'gno'le** [-ɲoːl-] (die, -, -n) **1** (nur Ez.) ein französisches Revolutionslied **2** kurzes Jakobinerjäckchen
**Car'men** (das, -s, -mi'na) **1** Gedicht für unterschiedliche Gelegenheiten **2** (ohne Artikel) Oper von Bizet [lat.]
**Car'net de Pas'sa'ge** [karnɛ də pasɑːʒ] (das, -, -s) Zollpassierscheinheft für Kraftfahrzeuge [frz.]
**Car'ni'vo're** (der od. die, -n, -n) = Karnivore
**Ca'rob** (das, -(s), nur Ez.) Johannisbrot
**Ca'ro'tin** (das, -s, nur Ez.) ein roter Naturfarbstoff, Provitamin [nlat.]
**Car'pa'lia** (nur Mz.) die acht Handwurzelknochen (Med.) [engl.]
**Car'pac'cio** [-patʃo] (der, -, nur Ez.) hauchdünn geschnittenes kaltes Rinderfilet, das roh gegessen wird [it.]
**car'pe di'em** „pflücke den Tag", mach das Beste aus dem Tag [lat.]
**Car'pus** (der, -, -pi) Handwurzelknochen (Med.)
**Car'ri'er** [kæriə] (der, -s, -) Transportgesellschaft
**Car'sha'ring** *auch:* Car-Sha'ring (das, -s, nur Ez.) Initiative, bei der sich mehrere Benutzer einen Pkw teilen [engl.]
**Carte blanche** [kart blɑ̃ːʃ] (die, - -, -s -s) unumschränkte Vollmacht [frz.]
**Car'toon** [-tuːn] (der, -s, -s) **1** Folge gezeichneter Witzgeschichten **2** Karikatur [frz.-engl.]

**Car'ving'ski** (der, -s, - oder -er) kurzer, stark taillierter Ski

**Ca'sa'no'va** (der, -s, -s) Frauenverführer [it.]

**Ca'se'in** (das, -s, nur Ez.) ein Milcheiweißbestandteil, Käsestoff

**Cash** [kæʃ] (das, -s, nur Ez.) Bargeld; Barzahlung [tamil.-engl.]

**Cash-and-car'ry** [kæʃ ənd kærı] (das, -, nur Ez.) Barzahlung bei Selbstabholung (durch den Käufer) [tamil.-engl.]

**cash before delivery** [kæʃ bi:fɔ:r dılıvəri:] Zahlung der Ware vor Auslieferung (Wirtschaft) [engl.]

**Ca'shew'nuss** [kæʃju:] (die, -, -nüs'se) Brasilianische Frucht [engl.]

**Cash'flow** [kæʃfləʊ] (der, -s, nur Ez.) Überschuss (eines Unternehmens), Reingewinn und Abschreibungen [engl.]

**cash on de'li've'ry** [kæʃ ɔn dılıvəri:] Bezahlung bei Anlieferung der Ware (Wirtschaft) [engl.]

**Cä'si'um** [tsɛ:-] (das, -s, nur Ez.) = Zäsium

**Cas'sa'ta** (die, -, -s oder -te) italienisches Eis mit Nüssen und kandierten Früchten

**Cas'sis** [kasi:s] (der, -, -) französischer Likör aus schwarzen Johannisbeeren

**Cas'sou'let** [kasulɛ] (das, -s, -s) Eintopf aus weißen Bohnen und Hammel oder Gans, der im Ofen überbacken wird, Spezialität aus Südwestfrankreich

**Cast** (das, -s, -s) Mitwirkende, Filmtruppe [engl.]

**Cas'tel'la'no** (das, -s, nur Ez.) die spanische Sprache

**Cas'tize** (der, -n, -n) ein Mischling, Mestize/Weißer [span.]

**Ca'stle** (das, -, -s) Schloss, Burg [engl.]

**Ca'su'al'wear** [kəʒjuʊəl wer] *auch:* Ca'su'al Wear (die, -, nur Ez.) Freizeitkleidung [engl.]

**Ca'sus** (der, -, -) = Kasus

**Ca'sus Bel'li** (der, - -, - -) Kriegsfall, -grund [lat.]

**Cat'boot** (das, -(e)s, -e) [kætbu:t] kleines, einmastiges Segelboot [engl.]

**Catch-as-catch-can** [kætʃ əz kætʃ kæn] (das, -, nur Ez.) Berufsfreistilringen mit Showeffekten [engl.]

**cat'chen** [kɛtʃn] (V.) in der Art des Catch-as-catch-can kämpfen

**Cat'cher** [kɛtʃər] (der, -s, -) jmd., der Catch-as-catch-can betreibt

**Ca'te'nac'cio** [-natʃo] (der, -(s), nur Ez.) italienische Fußball-Verteidigungstechnik, Sperrriegel

**Ca'te'ring** (das, -s, nur Ez.) Verpflegungsbeschaffung [lat.-it.-frz.-engl.]

**Ca'ter'pil'lar** [kætəpılə] (der, -s, -s) Raupenschlepper [engl.]

**Ca'the'dra** (die, -, -rae/-drae) **1** Lehrstuhl **2** bischöflicher oder päpstlicher Ehrenstuhl [gr.-lat.]

**Cat'suit** [kætsju:t] (der, -s, -s) einteiliges, enganliegendes Kleidungsstück [engl.]

**Cau'dex** (der, -, -di'ces) **1** tiefer gelegener Teil des Hirns **2** Stamm der Palmen, der nicht verholzt ist [lat.]

**Cau'sa** (die, -, -sae [-ɛ:]) **1** Grund **2** Rechtsfall [lat.]

**Cause cé'lè'bre** [kozselɛbr] (die, - -, -s -s) Aufsehen erregende Angelegenheit [frz.]

**ca've ca'nem** Warnung vor dem Hunde [lat.]

**Ca'vum** (das, -s, -va) Hohlraum

**Ca'yenne'pfef'fer** [-jɛn-] (der, -s, nur Ez.) scharfes, rotes Chilipulver [frz.-ind.]

**CC** Abk. für **C**orps **C**onulaire, konsularisches Korps [frz.]

**CD** [tse:de] (die, -, -s) = **C**ompact **D**isc

**CD-Pla'yer** (der, -s, -) Abspielgerät für CDs

**CD-ROM** Abk. für **C**ompact **D**isk **R**ead **O**nly **M**emory, Speichereinheit für Computerprogramme (EDV) [engl.]

**CD-Spie'ler** (der, -s, -) = CD-Player

**Ce'di** (der, -, -) ghanaische Währung, 100 Pesewas

**Ce'dil'le** [sedi:jə] (die, -, -n) Häkchen unter dem c, wenn das c wie „s" ausgesprochen wird; z.B. in Façon [span.-frz.]

**Ce'les'ta** [tʃe-] (das, -s, -s oder -ten) ein Stahlplattenklavier [it.]

**Cel'la** [tsɛl-] (die, -, -lae [lɛ:]) **1** Tempelraum (der Antike) **2** Einsiedlerzelle [lat.]

**Cel'list** [tschɛ-] (der, -lis'ten, -lis'ten) jmd., der Cello spielt

**Cel'lo** [tʃɛ-] (das, -s, -li) = Violoncello [Kurzwort]

**Cel'lo'phan** [tsɛl-] (das, -s, nur Ez.) = Zellophan

C

**Cel'lu'la** (die, -, -lae) (Med.) kleine Körperzelle [lat.]
**Cel'lu'loid** [tsɛ-] (das, -(e)s, nur Ez.) = Zelluloid
**Cel'si'us** [tsɛl-] (ohne Art.) Maßeinheit der Temperatur [nlat.]
**Cem'ba'list** [tʃɛm-] (der, -lis'ten, -lis'ten) jmd., der Cembalo spielt
**Cem'ba'lo** [tʃɛm-] (das, -s, -s) Kurzwort für Clavicembalo, ein altes, klavierähnliches Tasteninstrument [it.]
**Cent** [sent] (der, -(s), -s) kleinste Währungseinheit (u. a. in den Euro-Staaten, den USA, Kanada, Australien und Südafrika) [lat.]
**Cen'ta'vo** [sɛn-] (der, -(s), -s) kleinste Währungseinheit (u.a. in Süd- und Mittelamerika) [portugies.-span.]
**Cen'ter** [sɛn-] (das, -s, -) Anlage, Zentrum
**Cen'té'si'mo** [sɛn-] (der, -(s), -s) kleinste Währungseinheit (u.a. in Uruguay) [span.]
**Cen'time** [sɑ̃tiːm] (der, -(s), -s) ehem. kleinste Währungseinheit (u. a. Frankreich) [frz.]
**Cén'ti'mo** [sɛn-] (der, -(s), -s) kleinste Währungseinheit (u.a. in Paraguay) [span.]
**Cen'tral In'tel'li'gence A'gen'cy** (die oder das, - - -, nur Ez.) US-amerikanischer Geheimdienst, Abk. CIA
**Cen'tre'court** [sɛntɐ kɔrt] *auch:* Centre-Court (der, -s, -s) Hauptplatz großer Tennisanlagen [engl.]
**CEPT** (die, -, nur Ez.) Abk. für **C**onférence **E**uropéenne des Administrations pour la **P**oste et la **T**élécommunication, europäische Organisation zur Verbesserung der technischen und Verwaltungsdienstleistungen der Mitgliedstaaten [frz.]
**Cer** [tseːɐ] (das, -s, nur Ez.) ein Metall aus der Gruppe der seltenen Erden [nlat.]
**Ce're'a'li'en** (nur Mz.) altrömisches, der Göttin Ceres geweihtes Fest [lat.]
**Ce're'bel'lum** (das, -s, -la) Kleinhirn [lat.]
**Ce're'brum** (das, -s, -ra/ -bra) Großhirn [lat.]
**Ce're'us** (der, -, nur Ez.) Säulenkaktus [lat.]
**Cer'to'sa** (die, -, -sen) italienisches Kartäuserkloster [it.]
**Cer'to'sa'mo'sa'ik** (das, -s, -en) Mosaik aus Elfenbein in der italienischen Renaissance
**Cer've'lat** [sɛr-] (die, -, -) Wurstsorte [frz.]
**Cer'vix** (die, -, -vi'ces) **1** Nacken, Hals **2** halsähnlicher Bereich eines Organs [lat.]
**C'est la guerre** [sɛlagɛr] nichts zu ändern, „so ist halt der Krieg" [frz.]
**C'est la vie** [sɛlaviː] „so ist nun mal das Leben" [frz.]
**Ce'ta'ce'um** (das, -s, nur Ez.) Fett aus Pottwalen [gr.-lat.]
**ce'te'ris pa'ri'bus** unter gleichen Umständen [lat.]
**Će'vap'či'ći** [tʃevaptʃitʃi] (nur Mz.) gegrillte Hackfleischwürstchen (ohne Haut) [serbokroat.]
**Cey'lo'ne'se** [tsaɪ-] (der, -n, -n) Ew. Ceylons, Srilanker
**cey'lo'ne'sisch** [tsaɪ-] (Adj.) zu Ceylon gehörig, srilankisch
**CFK** (nur Mz.) Abk. für **c**arbon**f**aserverstärkte **K**unststoffe
**Cha'blis** [ʃabliː] (der, -, -) ein weißer Burgunderwein [frz.]
**Cha-Cha-Cha** [tʃatʃatʃa] (der, -s, -s) ein aus Kuba stammender Gesellschaftstanz [span.]
**Cha'conne** [ʃakɔn] (die, -, -s oder -n) ein Tonstück im 3/4-Takt [span.-frz.]
**chacun à son goût** jeder nach seinem Geschmack [frz.]
**Chaî'ne** [ʃchɛn] (die, -, -n) Kettfaden [lat.-frz.]
**Chair'man** [tʃeəmən] (der, -, -men) Vorsitzender [engl.]
**Chai'se'longue** [ʃɛzlɔ̃] (die, -, -n) Liegesofa [frz.]
**Cha'la'zi'on** *auch:* Cha'la'zi'um (das, -s, -zien) entzündete Schwellung am Augenlid (Med.) [gr.]
**Cha'let** [ʃalɛ] (das, -s, -s) schweizerische Sennhütte, Ferien-, Landhaus [frz.]
**Cha'li'ko'se** (die, -, -n) Kalkstaublunge (Med.) [gr.-nlat.]
**Chal'ko'che'mi'gra'fie** (die, -, nur Ez.) Metallgravierung [arab.-gr.]
**Chal'ko'gra'fie** [çal-] (die, -, -n) Kupferstich (veraltet) [gr.]
**Cha'ly** (der, -s, nur Ez.) seidiger oder wollener Stoff, der dem Musselin ähnlich ist [frz.]

**Chal'ze'don** [kal-] (der, -s, -e) ein Mineral, Schmuckstein, Härte 7 [gr.]
**Cha'mä'le'on** [ka-] (das, -s, -s) zu starkem Farbwechsel befähigtes Reptil [gr.]
**Cha'mä'ze'pha'lie** (die, -, -n) Deformierung des Schädels [gr.-lat.]
**Cham'ber'tin** (der, -s, nur Ez.) Spitzenwein aus Burgund [frz.]
**Cham'bray** (der, -s, -s) leichtes Baumwollgewebe in Leinwandbindung mit farbigem Schuss- und weißem Kettfaden
**Cham'bre** [ʃɑ̃brə] (das, -, -s) Zimmer, Kammer [frz.]
**Cham'bre gar'nie** (das, - -, -s -s) möbliertes Zimmer zum Vermieten (veraltet)
**Cham'bre sé'pa'rée** (die, - -, -s -s) Nebenzimmer in Restaurants für intime Diners [frz.]
**cha'mois** [ʃamwa] (Adj.) ocker, gemsfarben [frz.]
**Cha'mois** [ʃamwa] (das, -, nur Ez.) besonders weiches Leder (der Gemse, Ziege) [frz.]
**Cham'pa'gner** [ʃampanjər] (der, -s, -) französischer Sekt aus der Champagne
**Cham'pi'gnon** [ʃampɪnjɔ̃] (der, -s, -s) heller, essbarer Blätterpilz, Egerling [frz.]
**Cham'pi'on** [tʃæmpjən] (der, -s, -s) Meister(sportler) [frz.-engl.]
**Cham'pi'o'nat** [ʃam-] (das, -s, -e) Meisterschaft (im Sport); Kampf, Spiel darum [frz.]
**Cham'sin** [kam-] oder [xam-] (der, -s , -e) heißer Wüstenwind (in Arabien)
**Chan** [kaːn] (der, -s, -e) = Khan
**Chan'cel'lor** [kæntsælə] (der, -s, -s) Kanzler [engl.]
**Change** [tʃeɪndʒ] (auch frz. [ʃɑ̃ːʒ] (der oder die, -) Geldwechsel [frz.-engl.]
**chan'geant** [ʃɑ̃ʒɑ̃ː] (Adj.) farbig schillernd (von Stoffen) [frz.]
**Chan'geant** [ʃɑ̃ʒɑ̃ː] (der, -, -s) farbig schillernder Stoff [frz.]
**Chan'ge'ment** [ʃɑ̃ʒmɑ̃] (das, -s, -s) Änderung, Vertauschung [frz.]
**Chan'ger** (der, -s, -) automatischer Wechsler für Schallplatten [lat.-frz.-engl.]
**chan'gie'ren** [ʃɑ̃ʒiː-] (V.) wechseln; schillern [frz.]
**Chan'son** [ʃɑ̃sɔ̃] (das, -s, -s) Kabarettlied
**Chan'son de geste** [ʃɔ̃sɔ̃ də ʒest] (das, -, -s) Heldenlied [frz.]
**Chan'son'net'te** *auch:* Chan'so'net'te [ʃɑ̃-] (die, -, -n) Chansonsängerin [frz.]
**Chan'son'ni'er** *auch:* Chan'so'ni'er [ʃɑ̃sɔnjeː] (der, -s, -s) Chansonsänger [frz.]
**Chan'son'ni'ère** *auch:* Chan'so'ni'e're (die, -, -n) = Chansonette [frz.]
**Chan'ta'ge** [ʃɑ̃taːʒ] (die, -, nur Ez.) erpresserische Drohung, etwas zu veröffentlichen [frz.]
**chan'ten** [ʃan-] (V.) die heiligen Gottesnamen singen, sprechen oder murmeln (in der Hare-Krischna-Bewegung) [viell. frz.]
**Chan'teu'se** (die, -, -n) Sängerin [frz.]
**Chan'til'ly'spit'ze** (die, -, -n) Klöppelspitze [frz.]
**Cha'nuk'ka** (die, -, nur Ez.) im Dezember stattfindendes Fest der Juden zur Tempelweihe [hebr.]
**Cha'os** [kaː-] (das, -, nur Ez.) Durcheinander, völlige Unordnung [gr.]
**Cha'os'the'o'rie** (die, -, nur Ez.) mathematisch-physikalische Theorie zur Beschreibung von zufälligen Abläufen
**Cha'ot** [ka-] (der, -en, -en) **1** jmd., der im Chaos lebt **2** jmd., der seine politischen Anschauungen durch Zerstörungsaktionen kundtut
**cha'o'tisch** (Adj.) durcheinander, völlig ungeordnet [gr.]
**Cha'peau** [ʃapoː] (der, -s, -s) Hut [frz.]
**Cha'peau claque** [ʃapoklak] (der, - -, -x -s) zusammenklappbarer Zylinderhut [frz.]
**Cha'pe'ron** (der, -s, -s) eng anliegende Kapuze im Mittelalter [lat.-frz.]
**cha'pe'ro'nie'ren** (V.) eine Dame beschützend begleiten [lat.-frz.]
**Cha'pe'to'nes** (nur Mz.) Neueinwanderer nach Südamerika [span.]
**Cha'pi'teau** [ʃapitoː] (die, -, -x) Zirkuszelt, Kuppel des Zirkuszeltes [lat.-frz.]
**Chap'li'na'de** (die, -, -n) burleskes Ereignis, grotesk-komisches Geschehen nach der Art Charlie Chaplins
**chap'li'nesk** (Adj.) in der Art Chaplins
**Chaps** [tʃæps] (nur Mz.) lederne Reithose [engl.]
**chap'ta'li'sie'ren** (V.) Wein durch die Zugabe von Zucker verändern
**Cha'ra'de** (die, -, -n) = Scharade

C

**Cha|rak|ter** [ka-] (der, -s, -te̱re) **1** Gepräge, Wesensart **2** (nur Ez.) Standhaftigkeit [gr.]

**cha|rak|te|ri|sie|ren** [ka-] (V.) kennzeichnen

**Cha|rak|te|ris|tik** [ka-] (die, -, -en) Kennzeichnung [frz.]

**Cha|rak|te|ris|ti|kum** [ka-] (das, -s, -en) Kennzeichen [gr.]

**cha|rak|te|ris|tisch** [ka-] (Adj.) kennzeichnend [gr.]

**Cha|rak|te|ro|lo|gie** [ka-] (die, -, nur Ez.) Charakterkunde, Persönlichkeitsforschung

**cha|rak|te|ro|lo|gisch** [ka-] (Adj.) zur Charakterologie gehörig

**Cha|rak|ter|rol|le** (die, -, -en) Film- oder Theaterrolle, die besonders einfühlsam Personen darstellt

**Char|don|nay** (der, -s, nur Ez.) hochwertige weiße Kreuzung aus Pinot und Gouais-Trauben, Weinrebensorte [frz.]

**Char|don|net|sei|de** (die, -, nur Ez.) die erste Kunstseide [frz.]

**Char|dschit** (der, -en, -en) Angehöriger einer islamischen Sekte [arab.]

**Char|ge** [ʃarʒə] (die, -, -n) **1** Amt, Rang; Dienstgrad **2** kleine, aber ausgeprägte Nebenrolle [frz.]

**char|gie|ren** [ʃarʒiːr-] (V.) **1** beauftragen **2** zu deutlich gestalten (bei Nebenrollen)

**Char|gier|te** [ʃarʒiːr-] (der, -n, -n) ein Vorsitzender einer Studentenverbindung

**Cha|ris** (die, -, -ri̱ten) **1** Anmut **2** Göttin der Anmut [gr.]

**Cha|ris|ma** [ça-] (das, -s, -ri̱s|ma|ta oder -ri̱s|men) **1** Ausstrahlung **2** göttliche Berufung [gr.]

**cha|ris|ma|tisch** [ça-] (Adj.) zum Charisma gehörig, Charisma besitzend

**Cha|ri|té** [scha-] (die, -, -s) Krankenhaus [lat.-frz.]

**Cha|ri|ten** [ça-] (nur Mz.) Göttinnen der Anmut, „Glanz, Frohsinn und Blüte" [gr.]

**Cha|ri|tin|nen** (nur Mz.) = Chariten

**Cha|ri|va|ri** [ʃa-] (der, -s, -s) Bauchkette aus Amuletten [frz.]

**Charles|ton** [tʃɑːlstən] (der, -, -s) schneller Modetanz (der 20er-Jahre) [engl.]

**Char|li|è|re** (die, -, nur Ez.) Luftballon, gefüllt mit Wasserstoffgas [frz.]

**Char|lot|te** (die, -, -n) Süßspeise aus Löffelbiskuit, Schlagsahne und Früchten

**Char|me|laine** [ʃarməlɛːn] (die, -, nur Ez.) Stoff aus Wollkammgarn mit gerippter rechter Seite und glatter, glänzender linker Seite (für Kleider und Mäntel) [frz.]

**Char|meur** [ʃarmøːʁ] (der, -s, -e) jmd., der seinen Charme einsetzt

**Char|meuse** [ʃarmøːz] (die, -, nur Ez.) maschenfeste Wirkware mit Trikotlegung auf der rechten und Tuchlegung auf der linken Seite [frz.]

**char|ming** (Adj.) liebenswürdig, gewinnend [engl.]

**Chä|ro|ma|nie** (die, -, n) krankhafte Heiterkeit [gr.-lat.]

**Chart** [tʃɑːt] **1** (der oder das, -s, -s) Zahlenreihen **2** (nur Mz.) Hitliste, Platzierung der Spitzenschlager [engl.]

**Char|ta** [kar-] (die, -, -s) Urkunde (in der Politik) [lat.]

**Char|ter** [tʃɑː-] (der, -s, -s) Miete (eines Verkehrsmittels) [frz.-engl.]

**Char|te|rer** [tʃar-] (der, -s, -) Mieter (eines Verkehrsmittels) [frz.-engl.]

**char|tern** [tʃar-] (V.) mieten (von Verkehrsmitteln) [frz.-engl.]

**Char|tis|mus** (der, -, nur Ez.) erste organisierte Bewegung der Arbeiter [lat.]

**Char|tist** (der, -tis|ten, -tis|ten) Verfechter des Chartismus

**Char|treu|se** [ʃartrøːz] (der, -, nur Ez.) grüner frz. Kräuterlikör (Warenzeichen)

**Char|tu|la|ria** (nur Mz.) gebundene Sammlung der Abschriften von Urkunden [ägypt.-gr.-lat.]

**Cha|ryb|dis** [ça-] (die, -, nur Ez.) ein Meeresungeheuer (der griechischen Sage)

**Cha|san** [xa-] (der, -s, -e) Synagogenvorbeter [hebr.]

**Chase** [tʃeɪs] (das oder die, -, nur Ez.) abwechselnde Improvisation mehrerer Solisten [lat.-frz.-engl.-amerik.]

**Chas|ma** (das, -s, -men) Gähnkrampf [gr.-lat.]

**chas|mo|gam** (Adj.) offenblütig (Bot.) [gr.-lat.]

**Chas|mo|ga|mie** (die, -, -n) Fremdbestäubung [gr.-lat.]

**Chas|mus** (der, -, -se oder -men) = Chasma [gr.-lat.]

**Chasse** (die, -, nur Ez.) 1 Billardspiel 2 dreistimmiger Kanon [lat.-frz.]
**Chas'seur** (der, -s, -e) Mitglied eines speziellen Teils der französischen Armee [lat.-frz.]
**Chas'si'dim** [xa-] (nur Mz.) Anhänger des Chassidismus
**Chas'si'dis'mus** [xas-] (der, -, nur Ez.) im 18. Jh. entstandene ostjüdische Glaubensbewegung [hebr.-nlat.]
**Chas'sis** [ʃasiː] (das, -[(s)], -[s]) Fahrgestell [frz.]
**Chat** [tʃæt] (der, -s, -s) Kommunikationsraum im Internet (EDV) [engl.]
**chat'ten** [tʃætɛn] (V.) via Tastatur im Internet kommunizieren (EDV) [engl.]
**Cha'teau** *auch:* Châ'teau [ʃatoː] (das, -s, -s) Herrenhaus, Gut [lat.-frz.]
**Cha'teau'bri'and** [ʃatobrijɑ̃ː] (das, -(s), -s) gebratenes Rindsfilet [frz.]
**Cha'te'laine** [ʃatlɛn] (die, -, -s) oder (das, -s, -s) 1 Metallgürtel für Frauen 2 Uhrkette [lat.-frz.]
**Chau'deau** [ʃodoː] (das, -s, -s) Weinschaumsauce [lat.-frz.]
**Chaud'froid** [ʃofrwa] (das, -s, -s) Vorspeise aus Fleisch- oder Fischstückchen [lat.-frz.]
**Chauffeur** [ʃoføːʁ] (der, -s, -e) jmd., der beruflich andere mit dem Auto befördert
**chauffie'ren** [ʃo-] (V.) mit dem Auto befördern (meist scherzhaft gebraucht) [frz.]
**Chaus'see** [ʃo-] (die, -, -n) Landstraße
**chaus'sie'ren** (V.) asphaltieren [lat.-frz.]
**Chau'vi** [ʃoːvi] (der, -s, -s) Gegner der Frauenbewegung [Kurzwort]
**Chau'vi'nis'mus** [ʃo-] (der, -, nur Ez.) übertriebenes Nationalgefühl [frz.-nlat.]
**Chau'vi'nist** [ʃo-] (der, -nis'ten, -nis'ten) jmd., der ein übertriebenes Nationalgefühl hat
**chau'vi'nis'tisch** [ʃo-] (Adj.) wie ein Chauvinist
**Cha'wer** (der, -s, -n) 1 Ehrentitel für Rabbiner 2 Kamerad, Freund [hebr.]
**Check** [tʃɛk] (der, -s, -s) = Bodycheck
**Check** [tʃɛk] (der, -s, -s) = Scheck (schweiz.)
**che'cken** [tʃɛk-] (V.) 1 prüfen 2 verstehen (ugs.) 3 rempeln (im Eishockey) [engl.]
**Che'cker** [tʃ-] (der, -s, -) Prüfer, Kontrolleur [engl.]
**Check-in** (das, -s, -s) Flugzeugabfertigung [engl.]
**Che'cking** (das, -s, -s) das Prüfen, das Checken [engl.]
**Check'list** (die, -, -s) Kontroll- oder Prüfliste [engl.]
**Check-out** [tʃɛkaut] (das, -s, -s) 1 Abfertigung nach der Landung am Flughafen 2 Warenendkontrolle [engl.]
**Check'point** [tʃɛk-] (der, -s, -s) Kontrollpunkt (an Grenzen) [engl.]
**Check-up** (der oder das, -s, -s) vorsorgliche Untersuchungen [engl.]
**Ched'dar** [tʃedə] (der, -s, -s) ein englischer Hartkäse
**Che'der'schu'le** (die, -, -n) traditionelle Grundschule der Juden [hebr.-dt.]
**chee'rio!** [tʃiː-] prost! [engl.]
**Cheer'lea'der** [tʃiːrliːdə] (der, -s, -) Mitglied einer Tanztruppe, die in Pausen bei Sportveranstaltungen auftritt und das Publikum in Stimmung bringen soll [engl.]
**Chefcoach** [ʃɛfkəʊtʃ] (der, -s, -s) leitender Trainer einer Sportmannschaft [engl.]
**Chef de Cui'sine** [ʃef də kviziːn] (der, -, -s) Küchenchef [frz.]
**Chef de Mis'si'on** (der, -, -s) Leiter einer sportlichen Abteilung bei Großveranstaltungen [frz.]
**Chef d'Œu'vre** [ʃɛdœːvrə] (das, - -, -s ) Meisterwerk [frz.]
**Chefe'ta'ge** (die, -, -n) Umschreibung der Firmen- oder Organisationsleitung
**Chefide'o'lo'ge** (der, -n, -n) wortführender Theoretiker einer Partei
**Chefin'ge'nieur** (der, -s, -e) leitender Techniker
**Chefre'dak'teur** (der, -s, -e) Leiter einer Verlags- oder Zeitungsredaktion
**Chei'ro'no'mie** [çeɪ-] (die, -, nur Ez.) Angabe der Tonhöhen durch Handbewegungen (früher) [gr.]
**Che'li'do'ni'um** (das, -s, nur Ez.) Schöllkraut (als Heilpflanze) [gr.-lat.]
**Chel'lé'en** [ʃeleɛ] (das, -s, nur Ez.) altsteinzeitliche Kulturstufe [frz.]
**Che'lo'nia** (die, -, -ni'ae) Suppenschildkröte [gr.-lat.]
**Chel'sea'por'zel'lan** [tʃelsɪ-] (das, -s, nur Ez.) englisches bemaltes Porzellan aus dem 18. Jh. [engl.]

C

**Che'mie** [çe-] oder [ke-] (die, -, nur Ez.) 1 Wissenschaft vom Aufbau der Stoffe und ihren Umwandlungen 2 Chemikalie (ugs.) [gr.]
**Che'mie'fa'ser** (die, -, -n) künstlicher Textilstoff
**Che'mi'gra'fie** *auch:* Che'mi'gra'phie [çe-] oder [ke-] (die, -, -n) Metallätzung; so hergestellte Druckplatte [gr.]
**che'mi'gra'fisch** *auch:* che'mi'gra'phisch (Adj.) mithilfe chemischer Mittel hergestellt [arab.-gr.]
**Che'mi'ka'lie** [çe-] oder [ke-] (die, -, -n) mithilfe der Chemie hergestelltes Produkt
**Che'mi'kant** (der, -en, -en) Bezeichnung für Facharbeiter in der chemischen Industrie [arab.-gr.]
**Che'mi'née** (das, -s, -s) offener Kamin [frz.]
**che'misch** [çe-] oder [ke-] (Adj.) zur Chemie gehörig, mit ihrer Hilfe
**Che'mise** [ʃəmiːz] (die, -, -n) Hemdkleid [frz.]
**Che'mi'sett** [ʃəmizɛt] *auch:* Che'mi'set'te (das, -s, -s oder-e) Hemdbrust; latzähnlicher Einsatz (vor Kleidern) [frz.]
**che'mi'sie'ren** (V.) verstärkte Verwendung chemischer Prozesse [arab.-lat.]
**Che'mi'si'er'kleid** (das, -s, -er) kittelartiges Kleid [lat.-frz.-dt.]
**Che'mis'mus** [çe-] oder [ke-] (der, -, nur Ez.) alle chemischen Vorgänge (in einem Ökosystem, bei Lebewesen)
**Che'mokeu'le** (die, -, -en) Sprühgerät mit Reizstoffen bei Polizeieinsätzen (ugs.)
**Che'mo'se** (die, -, -n) Ödem an der Bindehaut des Auges (Med.)
**che'mo'tak'tisch** [çe-] oder [ke-] (Adj.) zur Chemotaxis gehörig
**Che'mo'ta'xis** [çe-] oder [ke-] (die, -, -xen) durch chemische Reize ausgelöste Ortsveränderung (von Kleinstlebewesen) [gr.]
**Che'mo'the'ra'peu'ti'kum** (das, -s, -ka) chemisches Arzneimittel, das zur Wachstumshemmung bei Krankheitserregern führt (Med.)
**Che'mo'the'ra'pie** (die, -, -n) Behandlung von Krankheiten unter Verwendung chemischer Präparate (Med.)
**Che'nil'le** [ʃəniːjə] (die, -, -n) raupenähnliches Garn [frz.]
**Cheque** = Scheck
**Cher'chez la femme!** [ʃɛrʃelafam] „sucht die Frau (die dahinter steckt)!" [frz.]
**Cher'ry'bran'dy** [tʃɛrɪbrændɪ] (der, -s, -s) englischer Kirschlikör
**Che'rub** [çe-] oder [ke-] (der, -s, -ru'bim oder -ru'bi'nen) Engel (als Paradieswächter) [hebr.]
**che'ru'bi'nisch** [çe-] oder [ke-] (Adj.) engelhaft [hebr.]
**Ches'ter** [tʃe-] (der, -s, -) ein englischer Hartkäse
**Ches'ter'field** (der, -s, -s) eleganter Herrenmantel [engl.]
**che'va'le'resk** [ʃə-] (Adj.) ritterlich [frz.-it.]
**Che'va'le'rie** (die, -, nur Ez.) 1 Rittertum 2 Ritterlichkeit, Höflichkeit [lat.-frz.]
**Che'va'li'er** [ʃəvaljeː] (der, -s, -s) französischer Edelmann, Ritter
**Che'vau'le'ger** [ʃəvoleʒeː] (der, -s, -s) Kavallerist, „leichter Reiter" [frz.]
**che'vi'lie'ren** (V.) Seide oder Kunstseide glänzender machen [lat.-frz.]
**Che'vi'ot** [tʃevɪət] (der, -s, -s) ein englischer Wollstoff
**Che'vreau** [ʃəvroː] (das, -s, -s) Ziegenleder
**Che'vret'te** (die, -, -n) gegerbtes Schafleder [lat.-frz.]
**Che'vron** [ʃəvrɔ̃] (der, -s, -s) Wollstoff mit Fischgrätmusterung [frz.]
**Che'wing'gum** [tʃuːɪŋgʌm] (der, -(s), -s) Kaugummi [engl.]
**Chi** [çiː] (das, -s, -s) 22. Buchstabe des griechischen Alphabets
**Chi'an'ti** [kian-] (der, -s, -s) ein Rotwein aus der Toskana [it.]
**Chi'as'ma** [çi-] (das, -s, -ma'ta) 1 Überkreuzung beider Sehnerven (Gehirn) 2 Überkreuzung zweier Chromosomenspalthälften [gr.]
**Chi'as'ma'ge** [kiasmaːʒ] (die, -, -n) aus Teilen und Fetzen anderer Bilder oder Texte neu zusammengesetztes Kunstwerk [gr.-lat.-frz.]
**Chi'as'mus** (der, -, -men) Kreuzstellung von Sinneinheiten (in einem Satz); z.B. „Sie liebt Gesang, Musik liebt sie" [gr.-nlat.]
**chi'as'tisch** (Adj.) dem Chiasmus entsprechend, in dieser Form [gr.-lat.]

C

**Chi'a'vet'te** [kiawɛtə] (die, -, -n) Vokalmusik des 15.–17. Jahrhunderts [lat.-it.]
**chic** [ʃɪk] (Adj.) (nur unflektiert) = schick
**Chi'ca'go-Jazz** (der, -, nur Ez.) aus Chicago stammender besonderer Jazz-Stil
**Chi'cha** (die, -, nur Ez.) südamerikanisches Getränk [indian.-span.]
**Chi'chi** [ʃiʃiː] (das, -(s), nur Ez.) **1** unnützer Kram **2** Getue [frz.]
**Chi'co** (der, -s, -s) kleiner Junge [span.]
**Chi'co'rée** *auch:* Schi'ko'ree [ʃɪ-] (der, -s, nur Ez.) ein Salat, Bleichzichorie [frz.]
**Chief** (der, -s, -s) Oberhaupt, Chef [lat.-frz.-engl.]
**Chiffon** [ʃɪfɔ̃] (der, -s, -s) ein hauchdünnes Seidengewebe (für Blusenstoffe, schleierartige Abendkleider und Schals) [frz.]
**Chiffo'na'de** [die, -, -n] streifenförmige Gemüseeinlage in Suppen [frz.]
**Chiffon'nier** [ʃɪfɔnjeː] (der, -s, -s) hoher, schmaler (Schreib-)Schrank (veraltet) [frz.]
**Chiffon'ni'e're** (die, -, -n) **1** Nähtisch **2** Kleiderschrank [frz.]
**Chif'fre** [ʃɪfrə] (die, -, -n) Ziffer; Kennzahl; Geheimzeichen [arab.-frz.]
**Chiffreur** (der, -s, -e) jmd., der Chiffren entschlüsselt [arab.-lat.-frz.]
**chif'frie'ren** (V.) durch Chiffre verschlüsseln
**Chi'gnon** [ʃiɲɔ̃] (der, -s, -s) Haarknoten [lat.-frz.]
**Chi'hu'a'hua** [tʃiwaːwa] (der, -s, -s) mexikanischer Zwerghund [indian.]
**Chi'la'na** (die, -, nur Ez.) Wolle aus China
**Chi'le'ne** [çi-] oder [tʃi-] (der, -n, -n) Einwohner Chiles
**chi'le'nisch** [çi-] oder [tʃi-] (Adj.) zu Chile gehörig
**Chi'li** [tʃiː-] *auch:* Chil'li (der, -s, -s) **1** ein roter südamerikanischer Pfeffer **2** Gericht, das viel Chili enthält; z.B. Chili con carne [indian.-span.-engl.]
**Chi'li'a'de** [çi-] (die, -, -n) Folge von tausend
**Chi'li'as'mus** [çi-] (der, -, nur Ez.) Erwartung des Tausendjährigen Reiches Gottes [gr.- nlat.]
**Chi'li'ast** (der, -as'ten, -as'ten) Verfechter des Chiliasmus [gr.-lat.]
**chi'li'as'tisch** (Adj.) die Lehre des Chiliasmus betreffend [gr.-lat.]
**Chil'ler** (der, -s, -) Prosa oder Drama mit Schauerelementen [engl.]
**Chil'lies** (nur Mz.) Früchte des Chilis [indian.-span.-engl.]
**Chi'mä'ra** [çi-] (die, -, -n) Ungeheuer der griechischen Sage (Löwe/Ziege/Schlange) [gr.-lat.]
**Chi'mä're** (die, -, -n) **1** = Chimära **2** = Schimäre **3** Organismus aus genetisch verschiedenen Zellen
**Chi'na'cra'cker** [-krɛkər] (der, -s, -s) Feuerwerkskörper [engl.]
**Chi'na'lei'nen** (das, -s, nur Ez.) Grasleinen
**Chi'nam'pas** (nur Mz.) Gemüsebeete in der Art schwimmender Gärten in Mexiko [indian.-span.]
**Chi'na'rin'de** (die, -, nur Ez.) chininhaltige Rinde einer südamerikanischen Baumart [indian.-span.-dt.]
**Chi'na'town** [tʃainataʊn] (die, -, -s) Stadtviertel mit überwiegend chinesischer Bevölkerung (ugs.)
**Chixna'white** [tʃainawait] (das, -, -s) starkes Rauschmittel, besonders Heroin (ugs.)
**Chin'chil'la** [tʃɪntʃɪla] (die, -, -s) ein südamerikanisches Nagetier mit hellgrauem Fell [indian.-span.]
**chin-chin!** [tʃɪntʃɪn] prost! [chines.-engl.]
**Chi'né** [ʃineː] (das, -s, -s) Gewebe mit verschwommenen Farbmusterkonturen [frz.]
**Chi'ne'se** [çi-] *auch* [ki-] (der, -n, -n) Einwohner Chinas
**chi'ne'sisch** [çi-] *auch* [ki-] (Adj.) zu China gehörig
**chi'niert** (Adj.) zackengemustert [frz.]
**Chi'nin** [çi-] auch [ki-] (das, -s, nur Ez.) Fieber- und Malariamittel
**Chi'no** (der, -s, -s) Mischling aus Indianern und Schwarzen [span.]
**Chi'nois** [ʃinwa] (nur Mz.) kandierte Zwergorangen [frz.]
**Chi'noi'se'rie** [ʃinwazəriː] (die, -, -n) kunstgewerblicher Gegenstand im chinesischen Stil (zur Zeit des Rokoko) [frz.]
**Chi'nook** [tʃɪnuk] (der, -(s), nur Ez.) föhnähnlicher Fallwind an der Ostseite der Rocky Mountains [indian.]

**Chintz** [tʃɪnts] (der, -es, -e) ein bunt bedrucktes, glänzendes Baumwollgewebe [Hindi-engl.]
**Chip** [tʃɪp] (der, -s, -s) **1** (meist Mz.) ölgebackene Kartoffelscheibchen **2** Spielmarke **3** Mikrochip [engl.]
**Chip'kar'te** (die, -, -n) Plastikkarte mit Microchip, mit der man bargeldlos zahlen kann [engl.]
**Chip'pen'dale** [tʃɪpəndeɪl] (das, -s, nur Ez.) ein englischer Möbelstil
**Chip'py** (der, -s, -s) kleine Portionen konsumierender Rauschgiftanfänger [engl.]
**Chi'ra'gra** [çir-] (das, -s, nur Ez.) Handgelenkgicht [gr.]
**Chi'ri'mo'ya** (die, -, -s) Honigapfel, Zimtapfel [indian.-span.]
**Chi'ro'gno'mie** [çi-] (die, -, nur Ez.) = Chiromantie
**Chi'ro'gram'ma'to'man'tie** (die, -, -n) Handschriftendeutung [gr.-lat.]
**Chi'ro'lo'gie** (die, -, nur Ez.) = Chiromantie
**Chi'ro'mant** (der, -en, -en) Handlinienleser und -deuter [gr.-lat.]
**Chi'ro'man'tie** [çi-] (die, -, nur Ez.) Handlesekunst [gr.]
**Chi'ron'ja** (die, -, -s) Zitrusfrucht aus Puerto Rico [span.]
**Chi'ro'no'mie** [çi-] (die, -, nur Ez.) = Cheironomie
**Chi'ro'pä'die** (die, -, nur Ez.) Unterweisung in der Handfertigkeit [gr.-lat.]
**Chi'ro'prak'tik** [çi-] (die, -, nur Ez.) Wirbelsäulenheilbehandlung durch die Hände [gr.]
**Chi'ro'pte'ra** (nur Mz.) Fledermäuse [gr.-lat.]
**Chi'ro'pte'ro'ga'mie** (die, -, nur Ez.) Bestäubung durch Fledermäuse [gr.-lat.]
**Chi'ro'spas'mus** (der, -, -men) Schreibkrampf (Med.)
**Chi'rurg** [çir-] oder [kir-] (der, -en, -en) Facharzt, der operative Eingriffe durchführt
**Chi'rur'gie** [çir-] oder [kir-] (die, -, -n) **1** (nur Ez.) Heilbehandlung durch operativen Eingriff **2** Gebäude dafür [gr.]
**Chi'tar'ro'ne** (der, -s, -s und -ni) Bassinstrument [gr.-lat.-it.]
**Chi'tin** [çi-] (das, -s, nur Ez.) harter Stoff im Außenskelettpanzer (der Insekten, Krebstiere) [gr.]
**chi'ti'nig** (Adj.) dem Chitin ähnlich [gr.-lat.]
**chi'ti'nös** (Adj.) aus Chitin bestehend [gr.-lat.]
**Chi'ton** [çi-] (der, -s, -e) altgriech. Gewand
**chlad'ni'sche Klang'fi'gur** (die, -, -en) Strukturen auf einer mit Sand bestreuten Platte, die entstehen, wenn man die Platte Schwingungen aussetzt (Phys.)
**Chlai'na** (die, -, -nen) wollenes Übergewand für Männer in der Antike [gr.]
**Chla'mys** [çla-] (die, -, -) altgriechischer Umhang
**Chlo'as'ma** (das, -s, -men) Leberfleck, Hautfleck [gr.-lat.]
**Chlor** (das, -s, nur Ez.) ein gasförmiges Element [gr.]
**Chlo'ral** (das, -s, nur Ez.) ätzende Chlorverbindung [gr.]
**Chlo'ral'hy'drat** (das, -s, nur Ez.) Schlafmittel
**Chlo'ra'lis'mus** (die, -, -men) Chloralvergiftung
**Chlo'ra'min** (das, -s, nur Ez.) Bleichmittel, Desinfektionsmittel
**chlo'ren** [klo:-] (V.) mit Chlor entkeimen
**Chlo'rid** [klo-] (das, -s, nur Ez.) Verbindung der Chlorkohlenwasserstoffsäure mit einem Metall [gr.]
**chlo'rie'ren** (V.) **1** = chloren **2** chemisch mit Chlor verbinden
**Chlor'kalk** (der, -s, nur Ez.) Bleichmittel, Desinfektionsmittel
**Chlor'kaut'schuk** (der, -s, nur Ez.) chlorierter Naturkautschuk
**Chlo'ro'form** [klo-] (das, -s, nur Ez.) eine Flüssigkeit, Narkosemittel (früher) [gr.-nlat.]
**chlo'ro'for'mie'ren** (V.) mit Chloroform betäuben
**Chlo'rom** (das, -(e)s, -e) grünliche, bösartige Geschwulst (Med.)
**Chlo'ro'me'la'nit** (der, -s, -e) Mineral
**Chlo'ro'phan** (der, -s, -e) Korund, dunkelgrüner Edelstein (Geol.) [gr.]
**Chlo'ro'phyll** [klorofʏl] (das, -s, nur Ez.) Blattgrün [gr.]
**Chlo'ro'pren** (das, -s, nur Ez.) farbloser, giftiger Chlorkohlenwasserstoff (als Ausgangsflüssigkeit für synthetischen Kautschuk u.a.) [gr.-nlat.]

C

**Chlo·ro·py·zee** (die, -, -n) Grünalge [gr.]
**Chlo·ro·se** [klo-] (die, -, -n) Bleichsucht [gr.]
**Chlor·o·xid** (das, -(e)s, -e) Verbindung zwischen Chlor und Sauerstoff (Chem.)
**Chlyst** (der, -en, -en) Anhänger einer russischen Sekte [russ.]
**Cho·a·ne** (die, -, -n) hintere Nasenöffnung zum Rachenraum (Med.) [gr.]
**Choc** (der, -s, -s) = Schock
**Cho·cal·ho** [ʃukalju] (das, -(s), -s) zylinderförmiges Schüttelrohr, gefüllt mit Samenkörnern oder Perlen [portugies.]
**Choke** [tʃəʊk] (der, -s, -s) Vergaser-Luftklappe, die für den Kaltstart geschlossen wird und ein stärker benzinhaltiges Gemisch bewirkt [engl.]
**Choke·boh·rung** [tʃsəʊk-] (die, -, -n) zulaufende Verengung des Laufes bei einer Schrotflinte
**Cho·ker** (der, -s, -) = Choke
**cho·kie·ren** (V.) = schockieren
**Chol·an·gi·om** (das, -s, -e) Geschwulst im Bereich der Gallenwege (Med.) [gr.]
**Chol·an·gi·tis** (die, -, -ti·den) Entzündung der Gallengänge (Med.)
**Cho·le·ra** [koː-] (die, -, nur Ez.) seuchenartige Infektionskrankheit, die den Körper durch heftigen Durchfall auszehrt [gr.]
**Cho·le·ri·ker** [ko-] (der, -s, -) jmd., der zu Wutanfällen neigt [gr.]
**cho·le·risch** (Adj.) wie ein Choleriker
**Cho·les·te·rin** [ko-] oder [ço-] (das, -s, -e) ein Zellfett, Gallenfett [gr.]
**Chol·i·am·bus** [çoljam-] (der, -, -ben) eine Versart, unvollständiger Jambus [gr.]
**Cho·lo** (der, -s, -s) Mischling aus Mestize und Indianer [span.]
**chon·dral** (Adj.) den Knorpel betreffend (Med.) [gr.]
**Chon·drin** (das, -s, nur Ez.) Leim aus Knorpelsubstanz
**Chon·dri·xis** (die, -, -ti·den) Knorpelentzündung (Med.) [gr.]
**Chon·dro·blast** (der, -en, -en) Bindegewebszelle, von der die Knorpelbildung ausgeht (Med.)
**Chop·suey** [tʃɔpsuːi] (das, -(s), -) ein chinesisches Reisgericht mit Fleischstückchen, Gemüse und Sojasoße
**Chor** [koːr] (der, -s, Chö·re) **1** Sängergemeinschaft **2** offenes Kirchenobergeschoss [gr.]
**Cho·ral** [ko-] (der, -s, -rä·le) Lied der Kirchengemeinde [gr.-lat.]
**Cho·ral·kan·ta·te** (die, -, -n) Kirchenmusikstück, das auf Chorälen beruht (Mus.)
**Cho·ral·no·ta·ti·on** (die, -, -en) mittelalterliche Notenschrift, die nur die Tonhöhe, aber nicht die Tondauer angibt (Mus.)
**Chor·da** [kor-] (die, -, -den) Stützstrang (als Vorläufer der Wirbelsäule) [gr.]
**Chor·da·phon** (das, -s, -e) Saiteninstrument [gr.-lat.]
**Chor·da·ten** [kor-] (nur Mz.) Tier(gruppe) mit Chorda
**Chor·di·tis** [kor-] (die, -, -ti·den) Stimmbänderentzündung [gr.]
**Cho·rea** [ko-] (die, -, nur Ez.) Veitstanz [gr.]
**Cho·re·ge** (der, -n, -n) Chorleiter im antiken Theater [gr.]
**Cho·reo·graf** *auch:* Cho·reo·graph [ko-] (der, -en, -en) kreativer Gestalter einer Choreografie [gr.]
**Cho·reo·gra·fie** *auch:* Cho·reo·gra·phie [ko-] (die, -, -n) **1** Ballettregie **2** Aufzeichnung für die Tänzer, Tanzschrift [gr.]
**cho·reo·gra·fisch** *auch:* cho·reo·graphisch [ko-] (Adj.) zur Choreografie gehörig
**Cho·reut** [ço-] (der, -en, -en) altgriechischer Chorsänger, -tänzer
**Cho·ri·o·i·dea** (die, -, nur Ez.) Aderhaut des Auges [gr.-lat.]
**cho·risch** [koː-] (Adj.) zu einem Chor gehörig, durch ihn zu singen
**Cho·rist** [ko-] (der, -ris·ten, -ris·ten) Chorsänger
**Chör·lein** (das, -s, nur Ez.) halbrunder, kleiner Erker an Wohnhäusern des Mittelalters [gr.-lat.]
**Cho·ro·gra·fie** *auch:* Cho·ro·gra·phie [ko-] (die, -, nur Ez.) Raum-, Standortbeschreibung, Länderkunde [gr.]
**Cho·ro·lo·gie** [ko-] (die, -, nur Ez.) Verbreitungslehre (Tier- und Pflanzenarten) [gr.]
**Chor·re·gent** (der, -en, -en) Chorleiter eines katholischen Kirchenchors [gr.-lat.]
**Chor·ton** (der, -s, nur Ez.) Normalton, um Chor oder Orgel zu stimmen

**Chorus** [koː-] (der, -, nur Ez.) 1 Chor, Sängergemeinschaft (veraltet) 2 Jazzrefrain [gr.-lat.]

**Chose** *auch:* Schose [ʃoː-] (die, -, -n) Sache (ugs.) [frz.]

**Chow-Chow** [tʃaʊtʃaʊ] (der, -s, -s) eine chinesische Hunderasse, Großspitz

**Chrestomathie** [krɛ-] (die, -, -n) Textsammlung (für den Unterricht) [gr.]

**Chrie** (die, -, -n) Lebensweisheit [gr.-lat.]

**Chrisam** [çriː-] (das oder der, -s, nur Ez.) = Chrisma

**Chrisma** [çrɪs-] (das, -s, nur Ez.) geweihtes Salböl [gr.]

**Christ** (der, -en, -en) Anhänger des Christentums

**Christentum** (das, -s, nur Ez.) Religion, die auf Jesus Christus zurückgeht

**christianisieren** (V.) christlich machen, bekehren [gr.-frz.]

**Christianitas** (die, -, nur Ez.) Lebenshaltung, die auf Christlichkeit beruht

**Christian Science** [krɪstjən saɪəns] (die, - -, nur Ez.) eine christliche Sekte [engl.]

**Christmette** (die, -, -en) Mitternachtsgottesdienst in der Christnacht

**Christogramm** [krɪ-] (das, -s, -e) = Christusmonogramm

**Christolatrie** (die, -, nur Ez.) extreme Christusverehrung [gr.]

**Christologie** (die, -, nur Ez.) Christuslehre

**christologisch** [kri-] (Adj.) zur Christologie gehörig [gr.]

**Christus** [krɪ-] (der, -ti, nur Ez.) zusätzlicher Name Jesu [gr.-lat.]

**Christusmonogramm** [krɪ-] (das, -s, -e) die ineinander geschriebenen Anfangsbuchstaben „Chr" (für Christus) in griechischer Schrift

**Chrom** [kroːm] (das, -s, nur Ez.) Metall, chemische Grundsubstanz [gr.-lat.-frz.]

**Chromat** (das, -s, -e) Salz der Chromsäure (Chem.)

**Chromatid** [kro-] (der, -en, -en) Chromosomenspalthälfte [gr.]

**Chromatik** [kro-] (die, -, nur Ez.) 1 Veränderung der Tonleiterstufen um Halbtöne 2 Farbenlehre [gr.]

**Chromatin** [kro-] (das, -s, nur Ez.) anfärbbarer Zellkernbestandteil [gr.]

**chromatisch** [kro-] (Adj.) 1 in Halbtonschritten fortschreitend 2 zur Chromatik gehörig

**chromatisieren** (V.) das Überziehen von Metallen mit einer Chromatschicht als Rostschutz [gr.-lat.-frz.]

**Chromatometer** (das, -s, -) Messgerät, das die Grundfarben einer Farbmischung bestimmt

**Chromatophor** [kro-] (das, -s, -en) Farbstoffträger (einer Zelle) [gr.]

**Chromatopsie** (die, -, nur Ez.) Sehstörung, bei der Farben falsch gesehen werden (Med.)

**Chromatose** (die, -, -n) abnorme Farbablagerungen in der Haut (Med.)

**Chromatron** (das, -(e)s, -e) Bildröhre für Farbfernseher

**Chromgelb** (das, -(e)s, nur Ez.) gelbe Druck- und Malerfarbe

**Chromgrün** (das, -(e)s, nur Ez.) grüne Druck- und Malerfarbe

**chromieren** (V.) Wolle nach dem Färben mit Chromsalzlösung behandeln (zur Erhöhung der Farbtiefe)

**Chromleder** (das, -s, -) sehr widerstandsfähiges Leder, das mit Chromsalzen behandelt wurde

**chromogen** (Adj.) farbstoffbildend [gr.-lat.]

**Chromolith** (das, -s, -e oder -en) unglasiertes, farbiges Steingut

**Chromomer** (das, -s, -en) Träger bestimmter Erbinformationen (Bio.)

**Chromopapier** (das, -s, -e) einseitig weiß gestrichenes Papier für Stein- oder Offsetdruck

**Chromoplast** (der, -en, -en) Farbstoffträger bestimmter Pflanzenzellen (Bio.)

**Chromosom** [kro-] (das, -s, -en) die Gene tragender Zellkernteil [gr.]

**chromosomal** [kro-] (Adj.) zu den Chromosomen gehörig

**Chromosomenaberration** (die, -, -tionen) krankhafte Veränderung der Chromosomen (Bio.)

**Chromosomenanomalie** (die, -, -n) durch Mutation entstandene Chromosomenveränderung (Bio.)

**Chromosomenmutation** (die, -, -en) Änderungen im Erbgefüge der Chromosomen (Bio.)

C

**Chro'mo'sphä're** (die, -, nur Ez.) obere, glühende Gasschicht um die Sonne
**Chro'mo'ty'pie** (die, -, nur Ez.) Mehrfarbdruck
**Chrom'rot** (das, -, nur Ez.) rote Druck- und Malerfarbe
**Chro'nik** [kroː-] (die, -, -en) Aufzeichnung der zeitlichen Abfolge [gr.]
**chro'ni'ka'lisch** [kro-] (Adj.) in Form einer Chronik
**Chro'nique scan'da'leuse** [krɔnik skɑ̃daløːz] (die, - -, -s -s) Skandal- oder Klatschgeschichte [frz.]
**chro'nisch** [kroː-] (Adj.) hartnäckig, langwierig (bei Krankheiten) [gr.]
**Chro'nist** [kro-] (der, -nis'ten, -nis'ten) Verfasser einer Chronik
**Chro'nis'tik** (die, -, nur Ez.) Gattung der Geschichtsschreibung [gr.-lat.]
**Chro'ni'zi'tät** (die, -, nur Ez.) chronischer Verlauf einer Krankheit (Med.)
**Chro'no'bi'o'lo'gie** (die, -, nur Ez.) Teilgebiet der Biologie, das sich mit dem zeitlichen Ablauf von Vorgängen bei Lebewesen befasst
**Chro'no'gra'fie** *auch:* Chro'no'gra'phie [kro-] (die, -, -n) chronologische Geschichtsschreibung
**Chro'no'lo'gie** [kro-] (die, -, -n) Zeitablauf; Zeitrechnung [gr.]
**chro'no'lo'gisch** [kro-] (Adj.) nach dem Zeitablauf geordnet [gr.]
**Chro'no'me'ter** [kro-] (der, -s, -) genaue Uhr, Zeitmesser [gr.]
**Chro'no'me'trie** (die, -, nur Ez.) Zeitmessung (Phys.)
**Chro'no'pa'tho'lo'gie** (die, -, nur Ez.) Wissenschaft von dem gestörten zeitlichen Ablauf von Lebensvorgängen bei Krankheiten (Med.)
**Chro'no'skop** (das, -(e)s, -e) Uhr zum Messen kleiner Zeitspannen, die dabei normal weitergeht
**chro'no'trop** (Adj.) den Herzschlag beeinflussend (Med.)
**Chry'sa'li'de** (die, -, -n) Schmetterlingspuppe mit goldenen Flecken [gr.-lat.]
**Chry'san'the'me** [krʏ-] (die, -, -n) ein Korbblütler, Zierblume [gr.]
**Chry'so'pras** [krʏ-] (der, -es, -e) ein apfelgrüner Edelstein, Härte 7 [gr.]
**chtho'nisch** [çtoː-] (Adj.) **1** irdisch **2** unterirdisch [gr.]
**Chubb'schloss** (das, -es, -schlös'ser) Sicherheitsschloss (Warenzeichen) [engl.]
**Chur'ras'co** [ʃu-] (der, -s, -s) nach brasilianischer Art am Spieß gebratenes Fleisch
**Chut'ba** (die, -, -ben) Predigt im islamischen Gottesdienst an Freitagen und Feiertagen [arab.]
**Chut'ney** [tʃʌtnɪ] (das, -(s), -s) indische Würzpaste [Hindi-engl.]
**Chuz'pe** [xutspə] (die, -, nur Ez.) Unverfrorenheit [hebr.]
**Chy'mus** [çʏː-] (der, -, nur Ez.) Speisebrei (im Magen) [gr.]
**CIA** [siːaɪeɪ] (der, -, nur Ez.) **C**entral **I**ntelligence **A**gency, amerikanischer Geheimdienst [engl.]
**ciao!** [tʃaːo] (Abschieds)Gruß [it.]
**Ci'ce'ro** **1** (die oder der, -, nur Ez.) Zwölfpunktschrift **2** (ohne Art.) römischer Redner
**Ci'ce'ro'ne** [tʃitʃe-] (der, -(s), -ni) italienischer Fremdenführer
**Ci'ce'ro'ni'a'ner** (der, -s, -) Verfechter des Ciceronianismus [lat.]
**ci'ce'ro'ni'a'nisch** (Adj.) **1** wie Cicero **2** stilistisch vollkommen [lat.]
**Ci'ce'ro'ni'a'nis'mus** (der, -, nur Ez.) Rhetorik der Renaissancezeit nach dem Vorbild Ciceros [lat.]
**Ci'cis'beo** [tʃitʃɪs-] (der, -(s), -s) Liebhaber der Ehefrau [it.]
**Ci'd're** [siːdrə] (der, -(s), nur Ez.) nordwestfranzösischer Apfelwein [hebr.-frz.]
**cif** [tsɪf] (Handelsklausel) Kosten, Versicherung, Fracht im Preis inbegriffen [engl.]
**Cim'bal** (das, -s, -s) = Zimbal
**Cin'de'rel'la'kom'plex** (der, -es, nur Ez.) Furcht von Frauen vor der eigenen Unabhängigkeit
**Ci'ne'ast** [si-] (der, -as'ten, -as'ten) Filmfreund; Filmschaffender [it.]
**Ci'ne'as'tik** (die, -, nur Ez.) Filmkunst [gr.-frz.]
**ci'ne'as'tisch** die Filmkunst betreffend [gr.-frz.]
**Ci'né'ma** (das, -s, -s) Filmtheater, Kino [gr.-frz.]

**Ci̱ne̱ma̱gic** (das, -, nur Ez.) Vermischung von Real- und Trickaufnahmen in einem Film [engl.]
**Ci̱ne̱ma̱scope** [sɪnəmaskəʊp] (das, -(s), nur Ez.) Breitwandverfahren, -wiedergabe (bei Filmen; Warenzeichen) [engl.]
**Ci̱ne̱ma̱thek** (die, -, -en) Sammlung von Filmen
**Ci̱ne̱phi̱le** (der, -n, -n) Filmfan [gr.-frz.]
**Ci̱ne̱ra̱ma** [sɪ-] (das, -, nur Ez.) Breitwandverfahren, -wiedergabe (bei Filmen; Warenzeichen) [engl.]
**Cin̲que̱cen̲tist** (der, -tis̲ten, -tis̲ten) Künstler des Cinquecento [lat.-it.]
**Cin̲que̱cen̲to** [tʃĩkwetʃen-] (das, -s, nur Ez.) italienische Kunstepoche des 16. Jahrhunderts
**Cin̲vat̲brü̱cke** (die, -, nur Ez.) Totenbrücke in der iranischen Religion [iran.-dt.]
**Cin̲za̱no** (der, -s, -s) italienischer Wermut (Warenzeichen)
**Ci̱pol̲la̱ta** (die, -, -s oder -ten) **1** herzhaftes Gericht **2** kleines Würstchen [lat.-it.]
**Ci̱pol̲lin** (der, -s, nur Ez.) Zwiebelmarmor
**cir̲ca** [tsɪrka] (Adv.) = zirka [lat.]
**Cir̲ca̱ra̱ma** (das, -, nur Ez.) besonderes Wiedergabeverfahren beim Film, wodurch ein Rundbild entsteht [lat.-gr.]
**Cir̲ce** [tsɪrtsə] **1** (ohne Art.) Zauberin der griechischen Sage **2** (die, -, nur Ez.) verführerische Frau
**Cir̲cuit̲trai̱ning** [sɜːkɪt treɪ-] (das, -s, nur Ez.) Rundumtraining an im Kreis aufgestellten Geräten [engl.]
**Cir̲cu̱lus** (der, -, -li) kleiner Kreis [lat.]
**Cir̲cu̱lus vi̱ti̱o̱sus** [tsɪrkulus witsjoːsus] (der, - -, -li -si) **1** Zirkelschluss **2** negativer Kreislauf, Teufelskreis [lat.]
**Ci̱ré** (der, -s, -s) dem Chintz ähnliches Seidengewebe [lat.-frz.]
**Cir̲cus** (der, -, -se) = Zirkus
**Cir̲rus** [tsɪr-] (der, -, -) = Zirrus
**CISC** Abk. für **C**omplex **I**nstruction **S**et **C**omputing, Computerprozessor mit einem komplexen Befehlssatz, um die Arbeitsgeschwindigkeit zu erhöhen (EDV) [engl.]
**ci̱tis̲si̱me** [tsi-] (Adv.) sehr eilig (auf Vermerken; veraltet) [lat.]
**ci̱to** [tsiː-] (Adv.) eilig (auf Vermerken; veraltet) [lat.]
**Ci̱to̱y̱en** [sitwajɛ̃] (der, -s, -s) Bürger [lat.-frz.]
**Ci̱trin** (der, -s, -e) = Zitrin
**Ci̱ty** [sɪtɪ] (die, -, -s) Geschäftsviertel, Innenstadt [engl.]
**Ci̱ty̱bike** [sɪtibaik] (das, -s, -s) kleines Motorrad für den Stadtverkehr [engl.]
**Ci̱ty̱call** [sɪtikɔl] (der, -s, -s) Tonruf für kürzere Entfernungen
**Ci̱ty̱ruf** [sɪti-] (der, -s, -e) = Citycall
**Ci̱vet** [siveː] (das, -s, -s) Hasen- od. Wildkaninchenragout [frz.]
**Ci̱vi̱tas Dei** (die, - -, nur Ez.) Staat Gottes, der dem Staat des Teufels gegenübergestellt wird (nach Augustinus) [lat.]
**Clac̲to̱ni̱en** (das, -s, nur Ez.) altsteinzeitliche Kulturstufe
**Claim** [kleɪm] (das, -(s), -s) Besitzanspruch (auf eine Goldmine) [engl.]
**Clai̱ret** [klɛrɛː] (der, -s, -s) französischer Rotwein [lat.-frz.]
**Clai̱ret̲te** (die, -, nur Ez.) leichter französischer Weißwein [lat.-frz.]
**Clair-obs̲cur** [klɛr-ɔpskyːr] (das, -s, nur Ez.) Hell-Dunkel-Malerei [frz.]
**Clai̱ron** [klɛrɔ̃] (das, -s, -s) **1** Signalhorn **2** Bachtrompete [frz.]
**Clair̲vo̱y̱ance** [klɛrvwajɑ̃s] (die, -, nur Ez.) Hellsehen im somnambulen Zustand [lat.- frz.]
**Clan** [klæn] auch [klaːn] (der, -s, -s) Sippe, Verwandtschaftsverband (in Schottland) [kelt.-engl.]
**Claque** [klak] (die, -, -s) Gruppe von Claqueuren [frz.]
**Cla̱queur** [-køːɐ] (der, -s, -e) bezahlter Beifallsklatscher [frz.]
**Cla̱ri̱no** (das, -s, -s oder -ni) **1** Clairon **2** ein Orgelregister [it.]
**Cla̱ve̱cin** [-vsɛ̃] (das, -s, -s) = Cembalo [frz.]
**Cla̱ves** (nur Mz.) zwei Hartholzstäbchen, die mit zwei Händen gegeneinander geschlagen werden, Rumbastäbchen [span.]
**Cla̱vi̱cem̲ba̱lo** [-tʃɛm-] (das, -s, -li) = Cembalo
**Cla̱vi̱cu̱la** [klaviːkula] (die, -, -lae) Schlüsselbein [lat.]
**Cla̱vis** (die, -, - und -ves) **1** Orgeltaste **2** Notenschlüssel [lat.]

**Clavus** (die, -, -vi) purpurner oder goldener Streifen an der Kleidung hoher römischer Beamter [lat.]
**clean** [kliːn] (Adj.) nicht mehr rauschgiftsüchtig, „sauber" (Jargon) [engl.]
**Cleaner** [kliːnə] (der, -s, -) Profikiller [engl.]
**Clearing** [klɪərɪŋ] (das, -s, -s) Verrechnung, Abrechnung gegenseitiger Geldforderungen [engl.]
**Clematis** (die, -, -) eine rankende Zierpflanze [gr.]
**Clerk** (der, -s, -s) **1** kaufmännischer Angestellter **2** Gerichtsbeamter [gr.-lat.-frz.-engl.]
**clever** (Adj.) geschickt, gerissen [engl.]
**Cleverness** (die, -, nur Ez.) das Cleversein
**Clianthus** (der, -, nur Ez.) australischer Zierstrauch [gr.-lat.]
**Cliffhanger** [-hæ̃ə] (der, -s, -) spannender Schluss einer Serie im Fernsehen, die auf die nächste Folge neugierig machen soll [engl.]
**Clinch** [klɪntʃ] (der, -s, nur Ez.) **1** Umklammerung (beim Boxen) **2** zu intensives Beschäftigtsein (ugs.); z.B. mit der Diplomarbeit, der Freundin im Clinch sein [engl.]
**Clip** (der, -s, -s) **1** Ohrschmuck mit Druckklemme **2** Kurzform für Videoclip [engl.]
**Clipper** (der, -s, -) Langstreckenflugzeug [engl.]
**Clique** [klɪkə] (die, -, -n) **1** Bekanntenkreis **2** Bande, Sippschaft [frz.]
**Clochard** [klɔʃaːr] (der, -s, -s) Stadtstreicher, Penner [frz.]
**Cloche** [klɔʃ] (die, -, -s) Metallhaube, unter der Essen warm gehalten wird [frz.]
**Clog** (der, -s, -s) schwerer Holzpantoffel [engl.]
**Cloning** (das, -s, -s) künstliches Schaffen von Leben durch Genmanipulation [engl.]
**Clonus** (der, -, -se) künstlicher Mensch [lat.]
**Closed Shop** [kləʊzdʃɔp] (der, -s, -s) Unternehmen, das nur Gewerkschaftsmitglieder beschäftigt [engl.]
**Close-up** [kləʊzʊp] (das, -s, -s) Nahaufnahme im Film [engl.]
**Cloth** (der, -, nur Ez.) Atlasgewebe [engl.]
**Clou** [kluː] (der, -s, -s) Glanznummer; wesentlicher Punkt [frz.]
**Clown** [klaun] (der, -s, -s) Spaßmacher (im Zirkus) [engl.]
**Clownerie** [klau-] (die, -, -n) Benehmen, Spaßmacherei eines Clowns
**clownesk** [klau-] (Adj.) wie ein Clown
**Clownismus** (der, -, nur Ez.) hysterische Verrenkungen bei einem Anfall (Med.) [lat.]
**Club** (der, -s, -s) = Klub
**Cluniazenser** (der, -s, -) benediktinische kirchliche Reformbewegung des 11. und 12. Jahrhunderts
**Cluster** [klʌ-] (der, -s, -) ungeordnetes Ganzes; z.B. ein Cluster von sprachl. Merkmalen [engl.]
**Coach** [kəʊtʃ] (der, -s, -s) Betreuer, Trainer
**coachen** [kəʊtʃen] (V.) als Coach leiten
**Coat** (der, -s, -s) dreiviertellanger Mantel [engl.]
**Cob** (der, -s, -s) kleines englisches Gebrauchspferd [engl.]
**Cobaea** (die, -, -s) [lat.] mexikanische Zierpflanze [lat.]
**Cobbler** (der, -s, -s) alkoholhaltiges Erfrischungsgetränk
**COBOL** Abk. für **Co**mmon **B**usiness **O**riented **L**anguage, Programmiersprache für den kaufmännischen Bereich [engl.]
**Coca** (die, -, -s oder das, -s, -s) **1** Kurzwort für Coca-Cola (Warenzeichen) **2** Heilpflanze
**Cocarcinogene** (nur Mz.) Krebs auslösende Stoffe [lat.]
**Cochlea** (die, -, -eae) Teil des Innenohrs (Med.)
**Cochon** (der, -s, -s) unanständiger Mensch [frz.]
**Cochonnerie** (die, -, -ri̯en) Zote
**Cockney** [-nɪ] (das, -(s), nur Ez.) Londoner Mundart (der Unterschicht) [engl.]
**Cockpit** (das, -s, -s) Pilotensitz; Fahrersitz (in Rennwagen, Motorbooten) [engl.]
**Cocktail** [-teɪl] (der, -s, -s) **1** kaltes alkoholisches Mixgetränk (im kleinen Glas) **2** kalte Vorspeise; z.B. Hummercocktail [engl.]
**Cocktailkleid** (das, -es, -der) kurzes Kleid für Gesellschaften

**Cock'tail'par'ty** (die, -, -s) zwangloser Gesellschaftsabend [engl.]
**CoCom** (das, -, nur Ez.) Abk. für **Co**ordinating **Com**mittee for Multilateral Strategic Export Controls, Koordinationsausschuss für mehrseitige strategische Ausfuhrkontrollen [engl.]
**Co'coo'ning** (das, -s, nur Ez.) Rückzug ins Private aus Angstgefühlen heraus (Psych.) [engl.]
**Co'da** (die, -, -s) Schlussteil (eines Musikstücks) [lat.]
**Code** [koːd] (der, -s, -s) = Kode
**Code ci'vil** [kɔdsiviːl] (der, - -, nur Ez.) französisches Zivilrecht
**Co'de'in** (das, -s, nur Ez.) hustenstillendes Mittel (Med.)
**Code Na'po'lé'on** [kɔdnapɔleɔ̃] (der, - -, nur Ez.) Vorläufer des Code civil [frz.]
**Code'swit'ching** [kəʊdswitʃɪŋ] (das, -s, nur Ez.) Wechsel von einem Sprachsystem in ein anderes, z.B. von der Hochsprache in den Dialekt [engl.]
**Co'dex** (der, -es und -, -e und -di'ces) = Kodex
**Co'dex ar'gen'te'us** (der, - -, nur Ez.) Handschrift des Mittelalters in Silberschrift [lat.]
**Co'dex au're'us** (der, - -, Co'di'ces au'rei) Handschrift des Mittelalters in Goldschrift [lat.]
**Co'di'cil'lus** (der, -, -li) Notizbüchlein, kleiner Kodex [lat.]
**Cœur** [kœr] (das, -(s), -s) Herz (im französischen Kartenspiel)
**Coffe'in** (das, -s, nur Ez.) = Koffein
**Coffi'nit** (das, -s, nur Ez.) stark radioaktives Mineral
**co'gi'to, er'go sum** „ich denke, also bin ich" [lat.]
**Co'gnac** [-ɲak] (der, -s, -s) französ. Weinbrand (aus der Region um die Stadt Cognac, Warenzeichen)
**Coiffeur** [kwaføːɐ] (der, -s, -e) = Friseur [frz.]
**Coiffeu'se** (die, -, -en) Friseuse [frz.]
**Coiffure** (die, -, -en) **1** Frisierkunst **2** kunstvolle Frisur [frz.]
**Coil** (das, -s, nur Ez.) dünnes, aufgewickeltes Walzblech [engl.]
**Coin'treau** [kwɛ̃troː] (der, -s, nur Ez.) Orangenlikör [frz.]
**Co'i'tus** (der, -, - und -se) = Koitus
**Co'la** (das oder die, -(s), -s) coffeinhaltiges Erfrischungsgetränk; z.B. Coca-Cola
**Cold'cream** *auch:* Cold Cream (die, -, -s) pflegende Hautcreme mit kühlender Wirkung [engl.]
**Cold'tur'key** *auch:* Cold Tur'key (das, -s, -s) Drogenentzug, bei dem die Droge sofort ohne Übergang abgesetzt wird (ugs.)
**Co'le'op'ter** (der, -s, -) in senkrechter Position startendes und landendes Flugzeug [gr.]
**Co'le'us** (der, -, nur Ez.) Buntnessel
**col'la des'tra** mit der rechten Hand zu spielen (bei Musikstücken) [it.]
**Col'la'ge** [-ʒə] (die, -, -n) **1** aus vorhandenen Bildteilen zusammengeklebtes Kunstwerk **2** aus vorhandenem Material zusammengestelltes Kunstwerk; z.B. eine Klangcollage [frz.]
**col'la'gie'ren** (V.) eine Collage zusammenstellen, gestalten [frz.]
**col'la si'nis'tra** mit der linken Hand zu spielen (bei Musikstücken) [it.]
**Col'lege** [kɔlɪdʒ] (das, -s, -s) höhere Schule; Universitätsinstitut (in angelsächsischen Ländern) [lat.-engl.]
**Col'lège** [kɔlɛːʒ] (das, -, -s) höhere Schule [frz.]
**Col'le'gi'um** (das, -s, -gi'en) = Kollegium
**col le'gno** mit dem Holz des Bogens zu spielen (Musikanweisung für Streicher) [it.]
**Col'li'co** (das, -s, -s) zusammenlegbare Transportkiste (der Deutschen Bahn) [Kunstwort]
**Col'lie** [koli] (der, -s, -s) schottischer Schäferhund [engl.]
**Col'li'er** [koljeː] (das, -s, -s) wertvoller Halsschmuck (mehrere Schmuckreihen) [frz.]
**Col'lum** (das, -s, -la) **1** Hals **2** sich verjüngender Teil eines Organs [lat.]
**Co'lón** (der, -(s), -(s)) Währungseinheit (in Costa Rica, El Salvador) [span.]
**Co'lo'nel** (engl. [kɜːnl], frz. [kɔlɔnɛl]) (der, -s, -s) Oberst [it.]
**Co'lo'nia** (die, -, -ni'ae) in der Antike eine Siedlung außerhalb Roms [lat.]
**Co'lo'ra'do'kä'fer** (der, -s, -) = Koloradokäfer [engl.]

**Co'lor'bild** (das, -(e)s, -er) Farbbild [engl.]
**Co'lor'film** (der, -(e)s, -e) Farbfilm [engl.]
**Co'lor'ge'rät** (das, -(e)s, -e) Farbfernseher [engl.]
**Colt** (der, -s, -s) Trommelrevolver (im Wilden Westen) [engl.]
**Co'lum'bi'um** (das, -s, nur Ez.) = Niob (veraltet) [nlat.]
**Com'bine'pain'ting** [kɔmbaɪnpeɪntɪŋ] *auch:* Com'bine-Pain'ting (das, -s, nur Ez.) Malstil, der Malerei mit Collage zu dreidimensionalen Objekten vereinigt [engl.]
**Com'bo** (die, -, -s) = Band [engl.]
**Come-back** *auch:* Come'back [kʌmbæk] (das, -(s), -s) Rückkehr in die Öffentlichkeit [engl.]
**COMECON** *auch:* Co'me'con [kɔ-] (der oder das, -, nur Ez.) Abk. für **Co**uncil for **M**utual **Econ**omic Assistance, Rat für gegenseitige Wirtschaftshilfe; Wirtschaftsorganisation der Sowjetunion und ihrer Satellitenstaaten (1949–1991) [engl.]
**Come-down** (das, -s, -s) Nachlassen der Rauschwirkung nach Drogengenuss [engl.]
**Co'mes** (der, -, - oder -mi'tes) **1** hoher Beamter im kaiserlichen Rom **2** Gefolgsmann des Königs im Mittelalter **3** Wiederholung des Fugenthemas in der zweiten Stimme [lat.]
**co'me stà** ohne musikal. Verzierungen (so, wie es dasteht) zu spielen [it.]
**Co'mes'ti'b'les** [kɔmɛstiːbl] (nur Mz.) Feinkost (schweiz.) [frz.]
**Co'mic** [kɔmɪk] (das, -s, -s) **1** gezeichnete Geschichte (in Bildstreifen, mit Sprechblasen) **2** Heft mit solchen Geschichten [engl.]
**Co'mic'strip** (der, -s, -s) = Comic
**Co'ming-out** *auch:* Co'ming'out [kʌmɪŋ aut] (das, -s, -s) das öffentliche Bekennen seiner homosexuellen Veranlagung [engl.]
**comme ci, comme ça** [kɔmsikɔmsa] leidlich, nicht besonders [frz.]
**Com'me'dia dell'ar'te** (die, -, nur Ez.) italienische Komödie (mit typischen Kostümen, traditionellen Figuren und improvisierten Dialogen)
**comme il faut** [kɔmilfoː] vorbildlich; z.B. ein Ehemann comme il faut [frz.]
**Com'mer'cial** [kɔmɜrʃl] (das, -s, -s) Werbefilm [engl.]
**Com'mer'cial Pa'per** (das, - -s, - -s) Schuldverschreibung eines Unternehmens an eine Bank als Mittel der Geldbeschaffung [engl.]
**Com'mis** [-mi] (der, -, -) = Kommis
**Com'mis vo'ya'geur** [-mi vwajaʒœr] (der, - -, - -s) Handlungsreisender [frz.]
**com'mit'ten** (V.) sich zu etwas verpflichten [engl.]
**Com'mon'sense** *auch:* Com'mon Sense [kɒmən sɛns] (der, - -, nur Ez.) gesunder Menschenverstand; allgemein akzeptierte Sache [engl.]
**Com'mon'wealth** [kɒmənwɛlθ] (das, -, nur Ez.) mit Großbritannien verbundene Staatengemeinschaft; britisches Weltreich (früher) [engl.]
**co'mo'do** (Adv.) behaglich, gemächlich (bei Musikstücken) [it.]
**Com'pact Disc** *auch:* Com'pact Disk (die, -, -s) durch Laserabtastung abspielbare Schallplatte [engl.]
**Com'pa'gnon** [-ɲɔ̃] (der, -s, -s) = Kompagnon
**Com'pi'ler** [-paɪ-] (der, -s, -) Programm zur Übersetzung einer Programmiersprache in eine vom Computer lesbare Maschinensprache [engl.]
**Com'po'ser** (der, -s, -) elektr. Schreibmaschine, die druckähnliche Texte liefert [engl.]
**Com'pound** [-paʊnd] (der, -s, -s) Verbund(maschine) [engl.]
**Comp'toir** (das, -s, -s) Kontor (veraltet) [lat.-frz.]
**Com'pur** (der, -s, -e) Objektivverschluss einer Kamera
**Com'pu'ter** [-pjuː-] (der, -s, -) elektronische Datenverarbeitungsanlage [lat.-engl.]
**Com'pu'ter'a'ni'ma'ti'on** (die, -, -en) durch Computergrafik geschaffene bewegte Bilder
**Com'pu'ter'di'a'gnos'tik** (die, -, nur Ez.) Krankheitsdiagnostik, die mithilfe von Computern arbeitet (Med.)
**com'pu'te'ri'sie'ren** [-pju-] (V. ) **1** für den Computer lesbar machen; im Computer speichern **2** den Computer übermäßig einsetzen

C

**Com'pu'ter'kunst** (die, -, nur Ez.) Kunst, die mithilfe von Computern geschaffen wird
**Com'pu'ter'lin'gu'is'tik** (die, -, nur Ez.) Zweig der Sprachwissenschaft, der die EDV zur Auswertung bei Analysen verwendet
**Com'pu'ter'si'mu'la'ti'on** (die, -, -en) Tests, die statt in der Realität im Computer durchgeführt werden
**Com'pu'ter'to'mo'gra'phie** *auch:* Computertomografie (die, -, -n) leistungsfähiges Röntgenverfahren, das mittels Computern durchgeführt wird (Med.)
**Com'pu'ter'vi'rus** (der oder das, -, -vi'ren) illegal übermitteltes Computerprogramm, das andere Programme manipuliert (EDV)
**Comte** [kɔ̃t] (der, -s, -s) franz. Graf
**Com'tes'se** [kɔ̃tɛs] (die, -, -n) französische Grafentochter; Gräfin
**con** (Präp.) mit (bei Musikstücken; z.B. con fuoco „mit Feuer") [it.]
**con ab'ban'do'no** mit Hingabe, leidenschaftlich (Vortragsanweisung in der Musik) [lat.-it.]
**con a'ni'ma** mit Empfindung, mit Seele (Vortragsanweisung in der Musik) [lat.-it.]
**con brixo** mit Wärme (Mus.) [it.]
**con ca'lo're** mit Wärme (Vortragsanweisung in der Musik) [lat.-it.]
**Con'cept'art** *auch:* Con'cept-Art [kɔnsept-] (die, -, nur Ez.) Kunstrichtung, in der nur die Idee (nicht die Umsetzung) geliefert wird [engl.]
**Con'cer'ti'no** [-tʃɛr-] (das, -s, -s oder -ni) kleines Konzert [it.]
**Con'cer'to** [-tʃɛr-] (das, -s, -ti) Konzert [it.]
**Con'cer'to gros'so** [-tʃɛr-] (das, - -, -ti -si) barockes Konzert für Orchester und Soloinstrumente [it.]
**Con'ci'er'ge** [kɔ̃sjɛrʒ] (die, -, -s) französische Hausmeisterin
**Con'ci'er'ge'rie** (die, -, nur Ez.) Untersuchungsgefängnis in Paris, in dem viele prominente Opfer der Revolution inhaftiert waren [lat.-frz.]
**con'ci'ta'to** (Adv.) erregt, aufgeregt (Vortragsanweisung in der Musik) [lat.-it.]
**Con'cours hip'pique** [kɔ̃ku:ripik] (der, -, -s) pferdesportlicher Wettbewerb [frz.]
**Con'di'tio si'ne qua non** (die, - - - -, nur Ez.) unerlässliche Bedingung [lat.]
**Con'duk'tus** (der, -, -) **1** lateinisches Lied im Mittelalter für eine Stimme **2** eine Hauptform der mehrstimmigen Musik des Mittelalters [lat.]
**con es'pres'si'one** ausdrucksvoll (Mus.) [it.]
**con'fer! vergleiche!** [lat.]
**Con'fé'rence** [kɔ̃ferɑ̃s] (die, -, -n) Ansage (des Conférenciers)
**Con'fé'ren'ci'er** [kɔ̃ferɑ̃sje:] (der, -s, -s) unterhaltsamer Ansager (bei öffentlichen Veranstaltungen) [frz.]
**Con'fes'sio** (die, -, -si'o'nes) Bekenntnis (der Sünden, zum Glauben) [lat.]
**Con'fes'sor** (der, -s, -so'res) Glaubensbekenner [lat.]
**Con'fi'te'or** (das, -, nur Ez.) Sündenbekenntnis (im kath. Gottesdienst) [lat.]
**Con'foe'de'ra'tio Hel've'ti'ca** (die, - -, nur Ez.) Schweizerische Eidgenossenschaft [lat.]
**con for'za** mächtig, mit Kraft (Vortragsanweisung in der Musik) [lat.-it ]
**con fu'o'co** heftig, schnell (Vortragsanweisung in der Musik) [lat.-it.]
**Con'ga** (die, -, -s) **1** ein aus Kuba stammender Gesellschaftstanz **2** große Handtrommel, die beim Spielen zwischen den Knien gehalten wird [span.]
**con im'pe'to** stürmisch (Mus.) [it.]
**con mo'to** mit Bewegung, etwas beschleunigt (Vortragsanweisung in der Musik [lat.-it.]
**Con'nais'seur** [-nɛsø:ɐ] (der, -s, -s) Sachverständiger, Feinschmecker, Genießer [frz.]
**Con'nec'tion** [kənekʃn] (die, -, -s) Beziehung, Verbindung, Zusammenhang [engl.]
**con pie'tà** andächtig (Mus.) [it.]
**Con'se'cu'tio Tem'po'rum** (die, - -, nur Ez.) Zeitenfolge in Haupt- und Nebensätzen (Sprachwissenschaft) [lat.]
**Con'seil** [kɔ̃sɛj] (der, -s, -s) Rat, Ratsversammlung als Bezeichnung für verschiedene Institutionen in Frankreich [lat.-frz.]
**Con'sen'sus** (der, -, -) Übereinstimmung Konsens [lat.]
**con sen'ti'men'to** mit Gefühl (Mus.) [it.]

**Con'si'li'um** (das, -s, -li'en) = Konsilium
**Con'sis'ten'cy** [kɔnsɪstəntsi] (die, -, -s) in der Markt- und Meinungsforschung die Stimmigkeit der Befragungsergebnisse der Befragten [engl.]
**Con'so'la'tio** (die, -, -ti'o'nes) Trostschrift, Trostgedicht in der altrömischen Literatur [lat.]
**Con'som'mé** (die, -, -s) Kraftbrühe, Rinderbrühe [lat.-frz.]
**con spi'ri'to** spritzig, geistvoll (Mus.) [it.]
**Con'sti'tu'an'te** (die, -, -s) verfassungsgebende Nationalversammlung [frz.]
**Con'sul'ting** [kənsʌltɪŋ] (das, -s, nur Ez.) Beratung, Beratungstätigkeit [lat.-engl.]
**Con'tai'ner** [-teɪ-] (der, -s, -) Großbehälter (zur Beförderung, zum Abtransport) [engl.]
**con'tai'ne'ri'sie'ren** (V.) in Containern verschicken [lat.-frz.-engl.]
**Con'tai'ner'ter'mi'nal** (der oder das, -s, -s) Verladehafen für Container
**Con'tai'ner'schiff** (das, -s, -e) Großschiff, das speziell zur Beförderung von Containern konstruiert ist
**Con'tain'ment** (das, -s, -s) **1** Betonumhüllung für Kernreaktoren **2** Politik der Beschwichtigung [engl.]
**Con'te** (der, -, -ti) italienischer Graf
**Con'te'nance** [kɔ̃tənɑ̃ːs] (die, -, nur Ez.) Fassung, das Ansichhaltenkönnen [frz.]
**con te'ne'raz'za** zärtlich (Mus.) [it.]
**Con'ter'gan** (das, -s, nur Ez.) früheres Schlafmittel, das zu Missbildungen am Embryo führte (Warenzeichen) [Kunstwort]
**Con'ter'gan'kind** (das, -es, -er) Kind, das missgebildet geboren wird, weil die Mutter während der Schwangerschaft das Mittel Contergan eingenommen hat
**Con'tes'sa** (die, -, -sen oder -se) italienische Gräfin
**Con'tes'si'na** (die, -, -s) italienischer Adelstitel [lat.-it.]
**Con'test** (der, -(e)s, -s oder -e) Musikwettbewerb in der Sparte Unterhaltung [lat.-frz.-engl.]
**con'tra** = kontra
**Con'tra** (der, -s, -s) Gegner der Sandinisten (Nicaragua)
**Con'tra'dic'tio in ad'jec'to** (die, - - -, nur Ez.) Widerspruch, der durch das beigefügte Eigenschaftswort entsteht; z.B. koffeinfreier Kaffee [lat.]
**Con'tra'te'nor** (der, -s, -nö're) = Countertenor
**Con'tre'coup** [kɔ̃trəkuː] (der, -s, -s) Gegenstoß bei einem Aufprall (Med.) [frz.]
**Con'tre'danse** [kɔ̃trədɑ̃s] (der, -, -s) Tanz, bei dem die Paare die Figuren gegeneinander ausführen [frz.]
**Con'trol'ler** [-trəu-] (der, -s, -) Leiter des Rechnungswesens [engl.]
**Con'trol'ling** [kɔntrəʊliŋ] (das, -s, nur Ez.) Planungs- und Kontrollfunktion in Unternehmen [engl.]
**Con'trol'to'wer** (der, -s, -) = Tower [engl.]
**Con'val'la'ria** (die, -, nur Ez.) Maiglöckchen (als Heilpflanze) [lat.]
**Con'vey'er** (der, -s, -) Förderband [lat.-frz.-engl.]
**Coo'kie** [kʊki] (das, -s, -s) kleine Protokolleinheiten, die von Internetprovidern auf der Festplatte eines Benutzers installiert werden, um dessen Surfgewohnheiten auszuforschen (EDV) [engl.]
**cool** [kuːl] (Adj.) **1** gelassen (ugs.); z.B. ganz cool in eine Prüfung gehen **2** sehr gut, ein cooles Gitarrensolo [engl.]
**Cool'jazz** [kuːldʒæs] (der, -es, nur Ez.) undynamische Form des Jazz [engl.]
**Cool'ness** [kuːl-] Kaltschnäutzigkeit (ugs.) [engl.]
**Co'or'di'nates** (nur Mz.) kombinierbare, aufeinander abgestimmte Kleidungsstücke [lat.-engl.]
**Cop** (der, -s, -s) amerikanischer Polizist (ugs.) [engl.]
**Co'py'right** [kɒpɪraɪt] (das, -s, -s) Urheberrecht [engl.]
**Co'py'shop** [kɔpiʃɔp] (der, -s, -s) Laden, in dem man Kopien und kleinere Druck- und Bindearbeiten machen lassen kann [engl.]
**Co'py'test** [kɔpi-] (der, -s, -s) Testverfahren der Werbebranche zur Untersuchung des Mediennutzungsverhaltens [engl.]
**Coq au vin** [kɔkovɛ̃] (der oder das, -, nur Mz.) Hähnchen in Burgundersoße [frz.]
**Co'quil'le** (die, -, -n) **1** Muschelschale **2** Ragout, das in einer Muschelschale angerichtet wird [gr.-lat.-frz.]

C

**Cor** (das, -, nur Ez.) das Herz (Med.) [lat.]
**co'ram pu'bli'co** öffentlich, vor allen [lat.]
**Cord** (der, -s, -e oder -s) längs gerippter Stoff [lat.-engl.]
**Cór'do'ba** (der, -(s), - oder -s) Währungseinheit in Nicaragua [span.]
**Cor'don bleu** [kɔrdɔ̃blø:] (das, - -, -s -s) paniertes Schnitzel, gefüllt mit Kochschinken und Käse [frz.]
**Core** [kɔ:] (das, -(s), -s) Inneres eines Kernreaktors [engl.]
**Cor'fam** (das, -, nur Ez.) in Amerika entwickeltes, lederähnliches synthetisches Material
**Co'ri'o'lis'kraft** (die, -, -kräf'te) auf einen Körper wirkende Trägheitskraft in einem rotierenden Bezugssystem (Phys.)
**Cor'nea** [-nea] (die, -, -ne'ae) Augenhornhaut
**Cor'ned'beef** *auch:* Cor'ned Beef [kɔ:ndbi:f] (das, -, nur Ez.) gepökeltes Büchsenrindfleisch [engl.]
**Cor'ne'mu'se** (die, -, -s) Sackpfeife, Dudelsack [lat.-frz.]
**Cor'ner** (der, -s, -) **1** Ringecke beim Boxen **2** bewusst herbeigeführter Kursanstieg zum Schaden der Baissepartei im Börsenwesen **3** Eckball beim Fußballspiel [lat.-frz.-engl.]
**Cor'net'to** (das, -s, -s) kleines Grifflochhorn (Mus.) [it.]
**Corn'flakes** [-fleɪks] (nur Mz.) geröstete Scheibchen aus Maismehl [engl.]
**Cor'ni'chon** [-schɔ̃] (das, -s, -s) kleine Essiggurke [frz.]
**Co'ro'ner** (der, -s, -) Gerichtsmediziner [engl.]
**Cor'po'rate Iden'ti'ty** [kɔ:pərət aɪdentətɪ] (die, - -, - -ties) einheitliches, unverwechselbares Erscheinungsbild eines Betriebes in der Öffentlichkeit [engl.]
**Corps** [ko:r] (das, -, -) = Korps
**Corps con'su'laire** [kɔrkɔ̃sʏlɛ:r] (das, - -, - -s) Korps ausländ. Konsulatsangehöriger [frz.]
**Corps de Bal'let** [kɔrdəbalɛ] (das, - - -, - - -) Ballettkorps [frz.]
**Corps di'plo'ma'tique** [kɔr -ti:k] (das, - -, - -s) Diplomatenkorps [frz.]
**Cor'pus** (das, -, -po'ra) = Korpus
**Cor'pus'cu'lum** (das, -s, nur Ez.) kleines Gebilde im Organismus (Med.) [lat.]
**Cor'pus De'lic'ti** (das, - -, -po'ra -) Beweisstück [lat.]
**Cor'pus Ju'ris** (das, - -, nur Ez.) Gesetzbuch [lat.]
**Cor'ri'da de to'ros** (die, - - -, -s - -) spanische Bezeichnung für den Stierkampf [span.]
**cor'ri'ger la for'tune** [kɔriʒe: la fɔrtʏn] dem Glück nachhelfen, betrügen [frz.]
**Cor'tes** (nur Mz.) Volksvertretung in Spanien [lat.-span.]
**cor'ti'sches Or'gan** (das, -n -(e)s, -n -e) Teil des Innenohres (Med.)
**Co'sa Nos'tra** (die, - -, nur Ez.) mafiaähnliche Verbrecherorganisation (in den USA) [it.]
**Co'se'cans** (der, -, -) eine trigonometrische Funktion, Kehrwert des Sinus [lat.]
**Co'si'nus** (der, -, -) eine trigonometrische Funktion, Verhältnis von Ankathete zu Hypotenuse im rechtwinkligen Dreieck [lat.]
**Cos'ting** (das, -s, -s) Kostenberechnung [engl.]
**Co'tan'gens** (der, -, -) eine trigonometrische Funktion, Kehrwert des Tangens [lat.]
**Cô'te'lé** (der, -s, -s) fein gerippter Mantel und Kleiderstoff [frz.]
**Co'te'li'ne** (der, -s, -s) gerippter Möbelbezugsstoff [frz.]
**Cot'tage** [kɒtɪdʒ] (das, -, -s [-is]) englisches Landhaus
**Cot'tage'cheese** [kɒtɪdʒ tʃi:z] (der, - -, nur Ez.) körniger Frischkäse [engl.]
**Cot'ton** [kɒtn] (der oder das, -s, nur Ez.) Baumwolle [engl.]
**Cot'ton'öl** (das, -s, nur Ez.) aus Baumwollsamen gewonnenes Öl für Technik und Heilkunde
**Cot'ton'wood** (das, -s, nur Ez.) Holz der amerikanischen Pappel [engl.]
**Couch** [kaʊtʃ] (die, -, -s oder -en) gepolsterte Ruheliege mit Rücken- und Seitenlehnen [frz.-engl.]
**Cou'é'is'mus** (der, -, nur Ez.) Heilverfahren, das Entspannung durch Autosuggestion herbeizuführen versucht [lat.]

C

**Cou|leur** [kulø:r] (die, -, -s) **1** Farbe (einer Studentenverbindung) **2** Gesinnung, Weltanschauung [frz.]
**Cou|lis** (die, -, -) Basis für weiße oder braune Saucen [lat.-frz.]
**Cou|loir** [kulwa:r] (der, -s, -s) **1** ovaler Sprunggarten (für Pferde) **2** Korridor, Gang [frz.]
**Cou|lomb** [kulɔ̃] (das, -s, -) elektrische Ladungseinheit [frz.]
**Count** [kaunt] (der, -s, -s) engl. Titel für nichtbritischen Grafen
**Count-down** *auch:* Count|down [kauntdaʊn] (der, -s, -s) das Herunter-, Rückwärtszählen; z.B. bis zu einem Raketenstart [engl.]
**Coun|ter** [kaʊn-] (der, -s, -) Fahrkartenschalter (im Flug-, Schiffsverkehr) [engl.]
**Coun|ter|dis|play** [kaʊntədɪspleɪ] (das, -s, -s) Abbildung einer Ware auf dem Ladentisch [engl.]
**Coun|ter|part** [kaʊntəpa:t] (der, -s, -s) Gegenstück [engl.]
**Coun|ter|te|nor** [kaʊntə-] (der, -s, -ö|re) hoher Tenor
**Coun|tess** [kaʊntɪs] (die, -, -tes|ses [-tɪsɪz], -tes|sen) englische Gräfin
**Coun|try** [kʌntrɪ] (ohne Artikel) = Countrymusic
**Coun|try|mu|sic** *auch:* Coun|try-Mu|sic [kʌntrɪmju:zɪk] (die, -, nur Ez.) Volksmusik aus mittleren u. südlichen Teilen der USA; davon beeinflusste Unterhaltungsmusik [engl.]
**Coun|ty** [kaʊntɪ] (die, -, -s) englische Grafschaft, amerik. Verwaltungsbezirk
**Coup** [ku:] (der, -s, -s) Kunstgriff; Handstreich [frz.]
**Cou|pa|ge** (die, -, nur Ez.) Weinbrandverschnitt aus verschiedenen Branntweinen [frz.]
**Coup d'Etat** [kudeta] (der, - -, -s -) Staatsstreich [frz.]
**Cou|pé** *auch:* Ku|pee [kupe:] (das, -s, -s) **1** Eisenbahnabteil **2** geschlossenes, sportliches Auto [frz.]
**Cou|plet** [kuple:] (das, -s, -s) witziges Kabarettlied mit Kehrreim [frz.]
**Cou|pon** *auch:* Ku|pon [kupɔ̃] (der, -s, -s) **1** abtrennbarer Abschnitt (als Gutschein) **2** Zinsschein [frz.]
**Cour** [ku:r] (die, -, nur Ez.) Hof; einer Frau die Cour machen [frz.]
**Cou|ra|ge** [kura:ʒə] (die, -, nur Ez.) Mut [frz.]
**cou|ra|giert** [kuraʒi:rt] (Adj.) mutig [frz.]
**Cou|ran|te** (die, -, -n) **1** französischer Tanz in raschem, ungeradem Takt **2** zweiter Satz in der Suite der Musik des 18. Jahrhunderts [lat.-frz.]
**Course** [kɔs] (der, -, -s) Golfbahn [engl.]
**Court** [kɔt] (der, -s, -s) Tennisplatz [engl.]
**Cour|ta|ge** [kurta:ʒə] (die, -, -n) Maklergebühr (an der Börse) [frz.]
**Cour|toi|sie** [kurtwasi:] (die, -, -n) **1** Höflichkeit, feines Benehmen **2** Nachkommen bestimmter Bräuche im zwischenstaatlichen völkerrechtlichen Verkehr [lat.-frz.]
**Cous|cous** [kuskus] (der, -, nur Ez.) = Kuskus
**Cou|sin** [kuzɛ̃] (der, -s, -s) Vetter [frz.]
**Cou|si|ne** [ku-] (die, -, -n) = Kusine
**Cou|ture** [kutʏ:r] (die, -, nur Ez.) Schneiderkunst, Modeschneiderei [frz.]
**Cou|tu|ri|er** (der, -s, -s) Schneider, Modemacher [frz.]
**Cou|va|de** [kuva:-] (die, -, -n) Wöchneringebaren bei Männern (als Brauch bei Naturvölkern), Männerkindbett [frz.]
**Cou|vert** [kuve:r] (das, -s, -s) **1** Bettzeug **2** = Kuvert **3** Tafelgedeck [lat.-frz.]
**Cou|veu|se** (die, -, -n) Brutschrank für Frühgeburten (Med.)
**Co|ver** [kʌvə] (das, -s, -s) **1** Zeitungstitelblatt **2** Schallplattenhülle [engl.]
**Co|ver|boy** [kʊvəbɔɪ] (der, -s, -s) Bild eines attraktiven Mannes auf der Titelseite eines Magazins [engl.]
**Co|ver|girl** [kʊvəgɜ:rl] (das, -s, -s) Bild einer attraktiven Frau auf der Titelseite eines Magazins [engl.]
**co|vern** [kavərn] (V.) einen Song neu interpretieren [engl.]
**Co|ver|sto|ry** [kʊvəstɔ:ri] (die, -, -s) Titelgeschichte bei Magazinen [engl.]
**Co|ver-up** [kʊvəʊp] (das. -s, -s) volle Körperdeckung durch Anwinkeln der Arme beim Boxen (Sport)
**Co|ver|ver|sion** [kʌvəvɜ:ʃn] (die, -, -s) neu interpretierter Song [engl.]

C

**Cow'boy** [kau-] (der, -s, -s) amerikanischer Rinderhirt, bewaffneter Wildwestreiter [engl.]
**Co'xa** (die, -, -xae) Hüfte (Med.)
**Cox Oran'ge** [-oːrɑ̃ʒ] (der, -, -) Winterapfelsorte [engl.]
**Co'yo'te** (der, -n, -n) = Kojote
**CPU** Abk. für **C**entral **P**rocessing **U**nit, den zentralen Rechenbaustein eines Computers (EDV) [engl.]
**Crack** [kræk] (der, -s, -s) **1** Spitzensportler **2** Spitzenrennpferd **3** jmd., der auf einem Gebiet überragende Leistungen bringt (ugs.); z.B. er ist ein Crack in Fremdsprachen [engl.]
**Cra'cker** [krɛk-] (der, -s, -s) keksähnliches Salzgebäck [engl.]
**Cra'ni'um** (das, -s, -nia) Schädel [lat.]
**Cra'que'lé** [krakəleː] (der oder das, -s, -s) **1** künstliche Risse in Keramikglasur **2** rissiges Kreppgewebe [frz.]
**Crash** [kræʃ] (der, -s, -s) Verkehrsunfall (ugs.); simulierter Verkehrsunfall (zu Versuchszwecken) [engl.]
**Crash'kid** [kræʃ-] (das, -s, -s) Jugendlicher, der Autos stiehlt, nur um sie kaputtzufahren (ugs.) [engl.]
**Crash'kurs** [kræʃ-] (der, -es, -e) Schnellkurs [engl.]
**Cra'tae'gus(die,** -, nur Ez.) Weißdorn (als Heilpflanze) [gr.-lat.]
**Crawl** [krɔl] (das, - oder -s, nur Ez.) = Kraul
**Cream** [kriːm] (die, -, nur Ez.) Creme, Sahne, Rahm [engl.]
**Cré'a'tion** [kreɑsjɔ̃] (die, -, -s) = Kreation [frz.]
**Cre'do** *auch:* Kre'do (das, -s, -s) Glaubensbekenntnis [lat.]
**Creek** [kriːk] (der, -s, -s) außerhalb der Regenzeit ausgetrockneter kleiner Flusslauf (in Nordamerika) [engl.]
**creme** [kreːm] oder [krɛm] (Adj.) hellbeige, eierschalenfarben [frz.]
**Creme** (nicht trennbar!) *auch:* Krem, Kreme [kreːm] (die, -, -s) **1** (dickflüssige oder schaumige) Süßspeise **2** Hautpflegesalbe **3** (nur Ez.) das Beste; z.B. die Creme der Werbefotografen war zu Gast [frz.]
**Crème de la crème** [kræmdøːlakræm] (die, -, nur Ez.) gesellschaftliche Oberschicht (ugs.) [frz.]
**Crème fraîche** [kræmfrɛʃ] (die, - -, nur Ez.) Sauerrahm mit mindestens dreißig Prozent Fett [frz.]
**Cre'o'le** (die, -, -n) ringförmiger Ohrring [frz.]
**Crêpe** [krɛp] (die, -, -s) **1** dünner Eierkuchen **2** *auch:* Krepp Stoff mit sandig wirkender Oberfläche, Kreppgewebe [frz.]
**Crêpe de Chine** [krɛpdəʃin] (der, - - -, nur Ez.) Seidenkreppstoff [frz.]
**Crêpes Su'zette** [krɛpsʏzɛt] (nur Mz.) Crêpes mit karamelisiertem Zucker und in Grande Marnier flambiert [frz.]
**cre'scen'do** [kreʃɛndo] (Adv.) allmählich lauter werdend (bei Musikstücken, beim Nachtigallengesang) [it.]
**Cre'tonne** [kretɔn] (die oder der, -, -s) ein Baumwollstoff [frz.]
**Crew** [kruː] (die, -, -s) **1** Besatzung, Mannschaft **2** Kadettenjahrgang [engl.]
**Crime** [kraɪm] (das, -s, -s) Verbrechen [engl.]
**Cri'nis** (der, -, -nes) Haar (Med.) [lat.]
**Cri's'pi'na'den** (nur Mz.) Geschenke, die auf Kosten anderer gemacht werden [lat.]
**Cris'ta** (die, -, -tae) Knochenkamm, kammartiger Abschnitt eines Organs (Med.) [lat.]
**Crois'sant** [krwasɑ̃] (das, -(s), -s) Blätterteighörnchen [frz.]
**Cro'ma'gnon** [kromanjɔ̃] (der, -(s), -s) eiszeitliche Menschenrasse [frz.]
**Cro'ma'lin** (das, -s, -e) fotografisches Prüfverfahren für Farbabbildungen (in der Drucktechnik) [Kurzwort]
**Cro'mar'gan** (das, -s, nur Ez.) Chrom-Nickel-Stahl [Kunstwort]
**Croo'ner** (der, -s, -) Wimmerer, englische Bezeichnung für Schlagersänger [engl.]
**Cro'quette** [krɔkɛt] (die, -, -s) = Krokette
**Cro'quis** [krɔkiː] (das, -, -) = Kroki
**Cross** (der, -, -) **1** Diagonalschlag (im Tennis) **2** Querfeldeinrennen; z.B. Moto-Cross
**Cross'coun'try** *auch:* Cross-Coun'try [-kʌntrɪ] (das, -(s), -s) = Cross [engl.]
**Cros'sing-over** *auch:* Cros'sing'over [-əʊvə] (das, -, nur Ez.) Austausch von Erbanlagen zwischen homologen Chromosomen [engl.]

**Cross over** *auch:* Crossover (das. -, nur Ez.) Vermischung verschiedener Musikstile [engl.]
**Crossrate** (die, -, -n) Ermittlungsverfahren zur Feststellung des echten Wertes einer Währung
**Croupier** [krupjeː] (der, -s, -s) Spielbankangestellter [frz.]
**Croupon** (der, -s, -s) Hauptteil, Rückenstück einer gegerbten Haut
**crouponieren** (V.) aus einer gegerbten Haut herausschneiden
**Croûton** [krutɔ̃] (der, -(s), -s) gerösteter Weißbrotwürfel [frz.]
**Cru** [krʏː] (das, -s, -s) Hinweis auf Wachstum und Lage als Qualitätsbezeichnung für französische Weine [lat.-frz.]
**Cruisemissile** *auch:* Cruise-Missile [kruːz mɪsaɪl] (das, -s, -s) Marschflugkörper
**Cruiser** (der, -s, -) = Kreuzer
**Cruising** [kruːzɪŋ] (das, -s, nur Ez.) das Suchen nach einem Sexualpartner [engl.]
**Crus** (das, -, nur Ez.) **1** Schenkel, Unterschenkel **2** schenkelartiger Teil eines Organs oder Körperteils [lat.]
**Cruzeiro** [-zɛiru] oder [-seːro] (der, -(s), -s) brasilianische Währungseinheit
**Crwth** [kruːθ] (die, -, -) altkeltisches Saiteninstrument der Barden [kelt.]
**Csárda** [tʃaːrda] (die, -, -s) Puszta-Schänke [ung.]
**Csárdás** *auch:* Czárdás [tʃaːrdaːʃ] (der, -, -) oder (der, -es, -e) ungarischer Nationaltanz
**Csikós** [tʃikoːʃ] (der, -, -) ungarischer Pferdehirt
**CSSR** [tʃeː-] (die, -, nur Ez.) Abk. für Tschechoslowakei; ehem. Staatenbund von Tschechischer Republik und Slowakei
**Cubiculum** (das, -s, -la) **1** altrömisches Schlafzimmer **2** Grabkammer in den Katakomben [lat.]
**Cubitus** (der, -, -ti) Ellbogen (Med.)
**Cucurbita** (die, -, -tae) Zierkürbis mit verschiedenfarbigen Früchten [lat.]
**Cueva** (die, -, nur Ez.) schneller lateinamerikanischer Tanz
**cui bono?** wem nützt es? [lat.]
**Cuiteseide** (die, -, nur Ez.) durch ein Seifenbad behandelte, äußerst weiche Seide [frz.-dt.]
**Culpa** (die, -, nur Ez.) Schuld, Verschulden [lat.]
**Culpa lata** (die, - -, nur Ez.) grobe Fahrlässigkeit (in der Rechtswissenschaft) [lat.]
**Culpa levis** (die, - -, nur Ez.) leichte Fahrlässigkeit (in der Rechtswissenschaft) [lat.]
**Cumarin** (das, -s, nur Ez.) eine organ. Verbindung, Waldmeisterduftstoff [indian.-frz.]
**Cumberlandsauce** [kʌmbərləndzoːsə] (die, -, -n) kalte Soße aus rotem Johannisbeergelee, Rotwein und Gewürzen [engl.-frz.]
**cum grano salis** mit Einschränkung, „mit einem Körnchen Salz" [lat.]
**cum laude** gut, drittbeste Note der Doktorprüfung [lat.]
**cum tempore** eine Viertelstunde nach der angegebenen Zeit; z.B. bei akademischen Vorträgen [lat.]
**Cumulus** (der, -, -li) Haufenwolke [lat.]
**Cunnilingus** (der, -, -gi) sexuelle Stimulierung durch Erregen des weiblichen Geschlechtsorgans mit der Zunge [lat.]
**Cup** [kʌp] (der, -s, -s) **1** Pokal(wettbewerb) **2** Büstenhalterkörbchen [engl.]
**Cupal** (das, -s, nur Ez.) kupferüberzogenes Aluminium als Material in der Elektrotechnik
**Cuppa** (die, -, -pae) Schale eines Abendmahlkelches [lat.]
**Cuprum** (das, -s, nur Ez.) Kupfer
**Curare** (das, -(s), nur Ez.) ein indianisches Pfeilgift
**Curcuma** (die, -, -men) = Kurkuma
**Curé** [kyːre] (der, -s, -s) französischer Geistlicher
**Curettage** [kyrətaːʒə] (die, -, -n) Ausschabung der Gebärmutter (Med.) [frz.]
**Curie** [kʏriː] (das, -, -) Maßeinheit für die Radioaktivitätsstärke [frz.]
**Curium** (das, -s, nur Ez.) ein künstliches, radioaktives Element, Metall [nlat.]
**Curling** [kɜːr-] (das, -s, nur Ez.) schottisches Eisstockschießen [engl.]
**currentis** des laufenden Monats, Jahres (veraltet) [lat.]

**cur'ri'cu'lar** (Adj.) zum Curriculum gehörig
**Cur'ri'cu'lum** (das, -s, -la) Lehrprogramm, Lehrplan
**Cur'ri'cu'lum vi'tae** [-tɛː] (das, - -, nur Ez.) Lebenslauf [lat.]
**Cur'ry** [kœri] engl. [kʌrɪ] (der oder das, -s, -s) **1** gelbe indische Würzmischung **2** indisches Mischgericht [tamil.-engl.]
**Cur'sor** [kɜːsə] (der, -s, -s) bewegliches Zeichen auf dem Computerbildschirm, mit dem die Stelle markiert wird, an der Eingaben oder Veränderungen vorgenommen werden [engl.]
**Cus'to'di'an** [kʊstəʊdjən] (der, -s, -s) Verwalter eines Vermögens, das unter fremdstaatlicher Verfügung steht [engl.]
**Cut** (der, -s, -s) **1** = Cutaway **2** Filmschnitt
**Cut'a'way** [kʌtəweɪ] (der, -s, -s) dunkles Männeroberbekleidungsstück, Gehrock mit abgerundeten Schößen [engl.]
**Cu'ti'ku'la** (die, -, -s) dünnes Häutchen zum Schutz der äußeren Zellschicht (Bio.)
**Cu'tis** (die, -, nur Ez.) Haut [lat.]
**cut'ten** [kat-] (V.) schneiden (einen Film)
**Cut'ter** (der, -s, -) **1** Schnittmeister bei der Produktion von Filmen oder Tonbandaufnahmen, der den belichteten Film oder die Bänder schneidet und montiert **2** Fleischschneidemaschine zur Wurstbereitung [engl.]
**Cut'te'rin** [kat-] (die, -, -rin'nen) Frau, die den Film cuttet, Schnittmeisterin
**Cu'vée** [kyveː] (die, -, -s) Weinverschnitt (zur Sektherstellung) [frz.]
**Cy'a'nid** [tsy-] (das, -s, -e) Salz der Blausäure [gr.]
**Cy'an'ka'li** (das, -s, nur Ez.) = Zyankali
**Cy'ber'sex** [saɪbə-] (der, -, nur Ez.) durch Computer simulierte sexuelle Handlung (EDV) [engl.]
**Cy'ber'space** [saɪbəspeɪs] (der, -, nur Ez.) durch Hilfsmittel erfahrbare, aber nur simulierte Welt in einem Computer (EDV) [engl.]
**Cy'borg** [saɪbɔrg] Mensch, dem künstliche Körperbestandteile zur Unterstützung der eigenen Organe eingepflanzt sind [engl.]
**cy'clisch** [tsyːklɪʃ] (Adj.) ringförmig (bei chemischen Verbindungen) [gr.]
**Cy'clo'al'kan** [tsyklo-] (das, -s, -e) ringförmiger, gesättigter Kohlenwasserstoff [gr.-nlat.]
**Cy'to'bi'on** (das, -s, nur Ez.) = geschützter Begriff für ein Vitamin-B12-Präparat
**Czim'bal** (das, -s, -s) = Zimbal [ungar.]

# D

**da ca'po** noch einmal [it.]
**da ca'po al fi'ne** vom Anfang bis hier her alles wiederholen (Mus.) [it.]
**d'ac'cord** [dakɔr] einig, übereinstimmend [frz.]
**Da'cron** (das, -s, nur Ez.) synthetische Faser (veraltet) [frz.]
**Da'da** (der, -(s), nur Ez.) = Dadaismus
**Da'da'is'mus** (der, -, nur Ez.) Kunstrichtung des Unlogischen (um 1920) [nlat.]
**Da'da'ist** (der, -en, -en) Künstler des Dadaismus
**da'da'is'tisch** (Adj.) in dadaistischer Manier
**Dad'dy** [dædɪ] (der, -s, -s) Vati [engl.]
**Da'ges'tan** (der, -, -) Teppich aus Schafwolle geknüpft
**Da'guer're'o'ty'pie** [-gero-] (die, -, -n) frühes fotografisches Verfahren auf Metallplatten [frz.-gr.]
**Da'ha'bi'je** (die, -, -n) Nilschiff [arab.]
**Dah'lie** [-liə] (die, -, -n) ein Korbblütler, Zierpflanze [schwed.-nlat.]
**Dai'ly Soap** [deɪlisəʊp] (die, (-),-s) täglich ausgestrahlte Fernsehserie [engl.]
**Dai'qui'ri** [-kiː-] (der, -(s), - oder -s) ein Cocktail, Rum mit Zitronensaft und zerstampftem Eis [kreol.]
**Da'ka'po** (das, -s, -s) Wiederholung (in der Musik) [it.]
**dak'ty'liexren** (V.) sich in Finger- oder Gebärdensprache verständigen
**dak'ty'lisch** (Adj.) als Daktylus, in Daktylen
**Dak'ty'litis** (die, -, -ti'den) Entzündung der Finger (Med.)
**Dak'ty'lo** (die, -, -s) = Daktylografin [Kurzwort]
**Dak'ty'lo'gra'fie** *auch:* Dak'ty'lo'gra'phie (die, -, nur Ez.) Maschineschreiben
**dak'ty'lo'gra'fie'ren** *auch:* dak'ty'lo'gra'phie'ren (V.) auf der Schreibmaschine schreiben (schweiz.) [gr.]
**Dak'ty'lo'gra'fin** *auch:* Dak'ty'lo'gra'phin (die, -, -nen) Maschinenschreiberin (schweiz.) [gr.]
**Dak'ty'lo'gramm** (das, -s, -e) Fingerabdruck
**Dak'ty'lo'lo'gie** (die, -, nur Ez.) Fingersprache (der Taubstummen) [gr.]
**Dak'ty'lo's'ko'pie** (die, -, -n) Fingerabdruckverfahren [gr.]
**Dak'ty'lus** (der, -, ty'len) Versfuß aus einer betonten langen und zwei kurzen unbetonten Silben [gr.]
**Da'lai-La'ma** (der, -(s), -s) Oberhaupt des Lamaismus (in Tibet) [mongol.-tibet.]
**Dal'ber'gia** (die, -, -n) indischer Rosenholzbaum [nlat.]
**Dalk** (der, -es, -e) Mönchskutte, Kleidung eines Derwischs [pers.]
**Dal'le'o'chin** (das, -s, nur Ez.] grüne Farbe
**dal'li** (Adv.) schnell, schnell! (ugs.) [poln.]
**Dal'ma'tik** (die, -, -en) = Dalmatika
**Dal'ma'ti'ka** (die, -, -ken) liturgisches Gewand (der Diakone) [lat.]
**Dal'ma'ti'ner** (der, -s, -) **1** Ew. Dalmatiens **2** auffällig schwarzweiß getüpfelte Jagdhundrasse
**dal'ma'ti'nisch** (Adj.) zu Dalmatien gehörig
**dal'ma'tisch** (Adj.) = dalmatinisch
**dal se'gno** [-ɲo] vom Zeichen an zu wiederholen (bei Musikstücken) [it.]
**Dal'to'nis'mus** (der, -, nur Ez.) angeborene Farbenblindheit (Med.)
**Da'mast** (der, -(e)s, -mas'te) einfarbiger (Seiden-)Stoff mit eingewebtem Muster [lat.]
**da'mas'ten** (Adj.) aus Damast
**Da'mas'ze'ner** (der, -s, -) Ew. von Damaskus
**da'mas'ze'nisch** (Adj.) zu Damaskus gehörig
**da'mas'zie'ren** (V.) Stahl mit flammiger Musterung versehen (wie eine Damaszenerklinge)
**Da'me** (die, -, -) Brettspiel
**Da'me** (die, -, nur Ez.) Titel weiblicher Träger verschiedener Orden im Ritterstand
**Dam'mar** (das, -s, nur Ez.) = Dammarharz

**Dam'mar'harz** (das, -es, nur Ez.) Harz südostasiatischer Bäume, das als Bindemittel verwendet wird
**dam'na'tur** lateinische Zensurformel („wird verdammt") [lat.]
**Dam'no** (der oder das, -s, nur Ez.) = Damnum [it.]
D
**Dam'num** (das, -s, nur Ez.) Verlust, Einbuße (im Finanzwesen) [lat.]
**Da'mo'kles'schwert** (das, -(e)s, nur Ez.) ständig drohende Gefahr
**Dä'mon** (der, -s, -mo'nen) böser Geist [gr.]
**Dä'mo'nie** (die, -, -n) dämonische Macht
**dä'mo'nisch** (Adj.) wie ein Dämon, unerklärliche, negative Macht ausübend
**dä'mo'ni'sie'ren** (V.) jmdm. unheimliche Kräfte unterstellen
**Dä'mo'ni'um** (das, -s, -ni'len) innere Stimme
**Dä'mo'no'lo'gie** (die, -, -n) Lehre von Dämonen
**Dan** (der, -, -) Budo-Leistungsgrad [jap.]
**Da'na'er'ge'schenk** (das, -es, -e) unheilbringendes Geschenk
**Da'na'i'den'ar'beit** (die, -, -en) mühselige, aber vergebliche Arbeit
**Dance'floor** [dɑːnsflɔr] (der, -s, -s) **1** Tanzfläche **2** Musikstil [engl.]
**Dan'cing** [dɑːnsɪŋ] (das, -s, -s) Tanzen [engl.]
**Dan'dy** [dændɪ] (der, -s, -s) junger Mann, der zu viel Wert auf die Mode legt, Stutzer [engl.]
**Dä'ne** (der, -n, -n) Ew. Dänemarks
**dä'nisch** (Adj.) zu Dänemark gehörig
**Danse ma'ca'bre** [dɑ̃smakaːbrə] (der, --, -s, -s) Totentanz [frz.]
**dan'tesk** (Adj.) wie Dante, von seiner Wortgewalt [it.]
**Daph'ne** (die, -, -n) Seidelbast
**Daph'nie** [-niə] (die, -, -n) Wasserfloh [gr.]
**Da'ra'buk'ka** (die, -, -ken) arabische Trommel [arab.]
**Dar'jee'ling** [dɑːdʒiːlɪŋ] (der, -, -s) eine indische Teesorte [ind.-engl.]
**Dark'room** *auch:* Dark Room [dɑːkruːm] (der, - oder -s, -s) meist abgedunkelter Raum für sexuelle Kontakte in Homosexuellenlokalen [engl.]
**Dar'ling** (der, -,s, -s) Liebling (ugs.) [engl.]
**Darm'flo'ra** (die, -, -ren) alle Darmbakterien (Med.)
**Da'sy'me'ter** (das, -s, -) Gerät zur Bestimmung der Gasdichte
**Darts** (nur Mz.) englisches Wurfpfeilspiel
**Dar'wi'nis'mus** (der, -, nur Ez.) Lehre Darwins von der natürlichen Zuchtwahl, Selektionstheorie [engl.-nlat.]
**Dar'wi'nist** (der, -nis'ten, -nis'ten) Verfechter der Lehre Darwins
**dar'wi'nis'tisch** (Adj.) auf Darwins Anschauung fußend
**Dash** [dæʃ] (der, -s, -s) kleiner Spritzer (beim Getränkemixen) [engl.]
**DAT** Abk. für **D**igital **A**udio **T**ape, Digitaltonband
**Da'ta'rie** (die, -, nur Ez.) päpstliche Gnadenbehörde [lat.]
**Date** [deɪt] (das, -s, -s) Verabredung [engl.]
**Da'tei** (die, -, -en) Datensammlung
**Da'ten** (Mz. von Datum) Angaben, Werte
**Da'ten'bank** (die, -, -en) EDV-Anlage, die große Mengen von Datenbeständen speichert
**Da'ten'high'way** [-haɪweɪ] (der, -s, -s) hochentwickeltes Telekommunikationsnetz zur schnellen Übermittlung großer Datenmengen [engl.]
**Da'ten'kom'pri'mie'rung** (die, -, -en) Veränderung von Datenmengen zur Reduzierung des Speicherplatzes (EDV)
**Da'ten'pool** [-puːl] (der, -s, -s) Datenbasis in einer Datenbank (EDV)
**Da'ten'trans'fer** (der, -s, -s) Übermittlung von Daten zwischen verschiedenen Datenverarbeitungsanlagen (EDV)
**Da'ten'ty'pis'tin** (die, -, -nen) Frau, die Daten auf Datenträger abspeichert [lat. gr.]
**da'tie'ren** (V.) **1** mit Datum versehen; z.B. einen Brief **2** seit einer bestimmten Zeit bestehen; z.B. diese Urkunde datiert aus dem 17. Jh.
**Da'tiv** (der, -s, -e) 3. Fall, Wemfall [lat.]
**da'to** (Adv.) heute; z.B. bis dato [it.]
**Da'to'wech'sel** (der, -s, -) Wechsel, der zu einem festgelegten Termin eingelöst werden kann

**DAT-Re'cor'der** (der, -s, -) = DAT-Rekorder
**DAT-Re'kor'der** (der, -s, -) Abspielgerät für DAT-Kassetten
**Dat'scha** (die, -, -s) russisches Landhaus
**Dat'sche** (die, -, -n) = Datscha [russ.-dt.]
**Dat'tel** (die, -, -n) ovale, süße Frucht der Dattelpalme [gr.]
**Da'tum** (das, -s, Da'ten) Zeitangabe; Zeitpunkt [lat.]
**da'tum** geschrieben, ausgefertigt [lat.]
**Dau'phin** [dofɛ̃] (der, -s, -s) französischer Kronprinz
**Daus** (der, -es, -e oder Däu'ser) = Ass im deutschen Kartenspiel
**Da'vis'cup** *auch:* Da'vis-Cup [deɪvɪskʌp] (der, -s, nur Ez.) ein Tennis-Wanderpokal [engl.]
**Da'vit** [deː-] (der, -s, -s) Bootskran (auf dem Schiffsdeck) [engl.]
**D-Day** [diːdeɪ] (der, -s, -s) Tag der alliierten Invasion am 6. Juni 1944 in der Normandie
**DDT** Abk. für **D**ichlor**d**iphenyl**t**richlormethylmethan, ein Insektenvernichtungsmittel
**Dead'heat** *auch:* Dead Heat [ded hiːt] (das, -s, -s) unentschiedenes Rennen [engl.]
**Dead'line** [dɛdlaɪn] (die, -, -s) letztmöglicher Termin [engl.]
**Dead'weight** [dɛdweɪt] (das, -s, -s) die gesamte Tragfähigkeit eines Schiffes [engl.]
**de'ag'gres'si'vie'ren** (V.) Aggressionen abnehmen [lat.]
**de'ak'ti'vie'ren** (V.) ausschalten, abschalten
**Deal** [diːl] (der, -s, -s) Handel, (vorteilhaftes) Geschäft [engl.]
**dea'len** [diː-] (V.) mit Rauschgift handeln [engl.]
**Dea'ler** [diː-] (der, -s, -) **1** Rauschgifthändler **2** = Jobber [engl.]
**Dean** [diːn] (der, -s, -s) englischer Dekan
**De'ba'kel** (das, -s, -) schwere Niederlage; Zusammenbruch [frz.]
**De'bar'da'ge** [debardaːʒ] (die, -, -n) das Löschen von Fracht [frz.]
**De'bar'deur** [-døːʁ] **1** (der, -s, -e) jmd., der die Fracht löscht **2** (das, -s, -s) Hemdchen mit Trägern [frz.]
**de'bar'die'ren** (V.) Ladung löschen [frz.]
**de'bar'kie'ren** (V.) ausladen, eine Fracht löschen [frz.]
**De'bat'te** (die, -, -n) lebhafter Meinungsaustausch; Erörterung im Parlament [frz.]
**de'bat'tie'ren** (V.) eine Debatte abhalten
**De'bel'la'tion** (die, -, -tio'nen) Sieg durch völlige Vernichtung des Feindes [lat.]
**De'bet** (das, -s, -s) Schuld, Sollseite des Kontos [lat.]
**de'bil** (Adj.) leicht schwachsinnig [lat.]
**De'bi'li'tät** (die, -, nur Ez.) das Debilsein
**De'bit** (der, -s, nur Ez.) Warenabsatz
**debitieren** (V.) belasten (ein Konto) [lat.]
**De'bi'tor** (der, -s, -to'ren) Schuldner [lat.]
**de'block'ie'ren** (V.) berichtigen
**De'bug'ging** [dibʊgɪŋ] (das, -s, -s) Test und Fehlersuche bei einem neu entwickelten Programm (EDV) [engl.]
**De'büt** [-byː] (das, -s, -s) erstes öffentliches Auftreten [frz.]
**De'bü'tant** (der, -en, -en) jmd., der sein Debüt gibt
**De'bü'tan'tin** (die, -, -nen) **1** weiblicher Debütant **2** Mädchen, das auf einem Ball in die Gesellschaft eingeführt wird
**de'bü'tie'ren** (V.) als Debütant(in) auftreten
**De'cha'nat** (das, -s, -e) = Dekanat [österr.]
**De'cha'nei** (die, -, -en) = Dekanei [österr.]
**De'chant** (der, -en, -en) = Dekan [österr.]
**de'chif'frie'ren** [-ʃi-] (V.) entschlüsseln [frz.]
**De'chif'frie'rung** (die, -, -en) Entschlüsselung eines Codes
**De'ci'dua** [-tsiː-] (die, -, -du'ae [duœː]) oberste Gebärmutterschleimhautschicht in der Schwangerschaft, Siebhaut [lat.]
**De'co'der** [diː-] (der, -s, -) Geräteteil zur Dekodierung, Umsetzung [engl.]
**de'co'die'ren** (V.) = dekodieren
**Dé'col'le'té** [dekɔlteː] (das, -s, -s) = Dekolletee
**Dé'cou'vert** [dekuvɛːr] (das, -s, -s) Aktienmangel an der Börse
**de'cou'vrie'ren** (V.) = dekuvrieren
**de'cre'scen'do** [-ʃɛn-] (Adv.) abschwellend, allmählich leiser werdend (bei Musikstücken) [it.]
**de da'to** vom Tag der Ausstellung an (bei Wechseln (veraltet) [lat.]

**deˈdiˈtieˈren** (V.) Schulden tilgen [lat.]
**deˈdiˈzieˈren** (V.) widmen [lat.]
**Deˈdukˈtiˈon** (die, -, -tiˈonen) Ableitung des Besonderen aus dem Allgemeinen (als Beweisform) [lat.]
**deˈdukˈtiv** (Adj.) in der Art einer Deduktion
**deˈduˈzieˈren** (V.) in der Art einer Deduktion vorgehen
**Deepˈfreeˈzer** [diːpfriːzə] (der, -s, -) Tiefkühltruhe [engl.]
**Deˈesˈkaˈlaˈtiˈon** (die, -, -tiˈonen) Zurücknahme militärischer Maßnahmen [engl.]
**deˈesˈkaˈlieˈren** (V.) abschwächen, verringern
**de facˈto** tatsächlich [lat.]
**Deˈfaiˈtisˈmus** [-fɛ-] (der, -, nur Ez.) = Defätismus
**Deˈfäˈkaˈtiˈon** (die, -, -tiˈonen) Kotentleerung
**deˈfäˈkieˈren** (V.) Kot ausscheiden (Med.)
**Deˈfaˈtiˈgaˈtiˈon** (die, -, -en) Ermüdung, Überanstrengung (Med.)
**Deˈfäˈtisˈmus** (der, -, nur Ez.) Schwarzseherei, Zweifeln am Sieg trotz Befürworten der Aufgabe [frz.]
**Deˈfäˈtist** (der, -tisˈten, -tisˈten) jmd., der von Defätismus ergriffen ist
**deˈfäˈtisˈtisch** (Adj.) pessimistisch, resignativ [lat.-frz.]
**deˈfekt** (Adj.) schadhaft [lat.]
**Deˈfekt** (der, -s, -e) Schaden [lat.]
**Deˈfektˈeˈlekˈtron** (das, -s, -en) fehlendes Elektron einer Atomhülle (Phys.)
**deˈfekˈtiv** (Adj.) lücken-, mangelhaft [frz.]
**Deˈfekˈtiˈvum** (das, -s, -va) flektierbares Wort, dem aber die Flexionsformen fehlen (Sprachwissenschaft)
**Deˈfeˈmiˈnaˈtiˈon** (die, -, -tiˈonen) Geschlechtsumwandlung von Frau zu Mann [lat.]
**deˈfenˈsiv** (Adj.) verteidigend, zurückweichend [lat.]
**Deˈfenˈsiˈve** (die, -, -n) Verteidigung, zurückweichende Haltung [lat.]
**Deˈfenˈsiˈviˈtät** (die, -, nur Ez.) zurückhaltendes Verhalten
**Deˈfenˈsor Fiˈdei** (der, -(s) -, nur Ez.) Verteidiger des Glaubens, Ehrentitel d. engl. Königs
**Deˈfeˈrenˈtiˈtis** (die, -, -tiˈden) Samenleiterentzündung [lat.]
**deˈfeˈrieˈren** (V.) einen Antrag befürworten
**Deˈfibˈraˈtor** (der, -s, -toˈren) Maschine zur Zerschnipselung von Holz zur Herstellung von Holzfaserplatten
**Deˈfiˈcitˈspenˈding** *auch:* Deˈfiˈcit-Spending [-sɪt-] (das, -(s), nur Ez.) Finanzpolitik mit Deckungsdefiziten im Budget [engl.]
**Deˈfiˈguˈraˈtiˈon** (die, -, -tiˈonen) Entstellung [lat.]
**deˈfiˈguˈrieˈren** (V.) verunstalten, entstellen [lat.]
**Deˈfiˈlé** (das, -s, -leˈen) = Defilee
**Deˈfiˈlee** (das, -s, -s) Parade, Vorbeimarsch
**deˈfiˈlieˈren** (V.) parademäßig vorbeimarschieren [frz.]
**Deˈfiˈniˈenˈdum** (das, -s, -da) der zu definierende Begriff
**Deˈfiˈniˈens** (das, -, -enˈtiˈa) der definierende Begriff
**deˈfiˈnieˈren** (V.) als Begriff bestimmen [lat.]
**deˈfiˈnit** (Adj.) bestimmt, festgelegt [lat.]
**Deˈfiˈniˈtiˈon** (die, -, -tiˈonen) Begriffsbestimmung, Erklärung
**deˈfiˈniˈtiv** (Adj.) bestimmt, endgültig [lat.]
**Deˈfiˈniˈtiˈvum** (das, -s, -va) endgültiger Zustand
**deˈfiˈniˈtoˈrisch** (Adj.) durch Definition
**Deˈfiˈxiˈon** (die, -, -xiˈonen) das Bild eines Feindes durchbohren, um damit dem Feind zu schaden [lat.]
**deˈfiˈziˈent** (Adj.) unvollständig [lat.]
**Deˈfiˈziˈent** (der -en, -en) Dienstunfähiger
**Deˈfiˈzit** (das, -s, -e) **1** Fehlbetrag **2** Mangel; z.B. ein Gesprächsdefizit [lat.]
**deˈfiˈziˈtär** (Adj.) mit Defizit
**Deˈflaˈgraˈtiˈon** (die, --en) langsames Abbrennen eines Sprengsatzes
**Deˈflaˈtiˈon** (die, -, -tiˈonen) **1** Sinken des Preisniveaus **2** Windabtragung verwitterten Gesteins [lat.]
**deˈflaˈtiˈoˈnär** (Adj.) = deflationistisch
**deˈflaˈtiˈoˈnieˈren** (V.) den Geldumlauf senken
**deˈflaˈtiˈoˈnisˈtisch** (Adj.) zur Deflation gehörig, diese auslösend
**Deˈflaˈtiˈonsˈwanˈne** (die, -, -n) meist in Trockengebieten zu findende, vom Wind ausgeblasene Vertiefung

**deflatorisch** (Adj.) = deflationistisch
**Deflektor** (der, -s, -toren) Rauchkappe als Aufsatz eines Kamins [lat.]
**Deflexion** (die, -, -xionen) Ablenkung (besonders von Strahlen) [lat.]
**Defloration** (die, -, -tionen) Entjungferung [lat.]
**deflorieren** (V.) entjungfern [lat.]
**deform** (Adj.) verformt; verunstaltet [lat.]
**Deformation** (die, -, -tionen) Verformung; Verunstaltung [lat.]
**deformieren** (V.) verformen; verunstalten
**Deformität** (die, -, -en) Missbildung
**Defroster** (der, -s, -) Enteisungsvorrichtung (in Autos) [engl.]
**Degeneration** (die, -, -tionen) **1** Verlust positiver Eigenschaften, Niedergang **2** Rückbildung (von Körpergewebe) [lat.]
**degenerativ** (Adj.) durch Degeneration verursacht
**degenerieren** (V.) eine Degeneration durchmachen
**Deglutination** (die, -, -en) falsches Abtrennen eines Wortlauts (Sprachwissenschaft)
**Degout** [-guː] (der, -s, nur Ez.) Ekel [frz.]
**degoutant** [-gu-] (Adj.) ekelhaft [frz.]
**degoutieren** [-gu-] (V.) anekeln [frz.]
**Degradation** (die, -, -tionen) **1** das Degradiertwerden **2** Energieaufteilung
**degradieren** (V.) im Rang herabsetzen, den Rang entziehen, herabwürdigen [lat.]
**Degradierung** (die, -, -en) Qualitätsverlust bei Ackerböden
**degraissieren** (V.) beim Kochen Fett abschöpfen
**Degression** (die, -, -sionen) Herabsetzung, Abnahme (von Kosten) [lat.]
**degressiv** (Adj.) herabgesetzt, abnehmend (von Kosten) [lat.]
**Degustation** (die, -, -tionen) Kostprobe [lat.]
**de gustibus non est disputandum** über den Geschmack lässt sich nicht streiten [lat.]
**degustieren** (V.) kosten [lat.]
**Dehors** [dəɔr] (nur Mz.) Anstand, äußerer Schein [frz.]
**Dehumanisation** (die, -, nur Ez.) Entmenschlichung [lat.]
**dehumanisieren** (V.) entmenschlichen, herabwürdigen
**Dehydrase** (die, -, -n) Wasserstoff abspaltendes Enzym
**Dehydratation** (die, -, -tionen) Wasserentzug
**Dehydration** (die, -, -tionen) Wasserabspaltung [lat.-gr.-nlat.]
**dehydratisieren** (V.) Wasser entziehen
**dehydrieren** [de-iː-] (V.) Wasser abspalten, ziehen [lat.-gr.]
**Dehydrierung** (die, -, -en) = Dehydration
**Dehydrogenase** (die, -, -n) Dehydrase
**Deifikation** (die, -, -tionen) Vergottung [lat.]
**deifizieren** (V.) vergotten [lat.]
**Dei gratia** [-tsja] von Gottes Gnaden [lat.]
**deiktisch** (Adj.) hinweisend, durch Beispiele [gr.]
**Deinking** (das, -s, nur Ez.) Druckfarbenentfernung beim Altpapierrecycling [engl.]
**Deismus** (der, -, nur Ez.) religiöse Auffassung, nach der Gott nicht mehr in das Weltgeschehen eingreift [lat.]
**Deist** (der, -en, en) Anhänger des Deismus
**Deixis** (die, -, nur Ez.) deiktische Funktion
**Déjà-vu** [deʒavyː] (das, -(s), -s) Erlebnistäuschung, bei der man glaubt, Gegenwärtiges von früher zu kennen [frz.]
**Dejekt** (das, -s, -e) Auswurf, Kot [lat.]
**Dejektion** (die, -, -en) Auswurf, Entleerung
**Déjeuner** [deʒœneː] (das, -s, -s) **1** Vormittagszwischenmahlzeit **2** Mittagessen [frz.]
**de jure** auf rechtlicher Grundlage [lat.]
**Deka** (das, -s, -) = Dekagramm [Kurzwort]
**Dekade** (die, -, -n) zehn Tage, Jahre; Zehnzahl [gr.]
**dekadent** (Adj.) überfeinert und schwächlich [lat.]
**Dekadenz** (die, -, nur Ez.) das Dekadentsein
**dekadisch** (Adj.) auf die Zahl 10 bezogen; zehnteilig [gr.]

D

**De'ka'e'der** (der, -s, -) Zehnflächner [gr.]
**De'ka'gon** (das, -s, -e) Zehneck [gr.]
**De'ka'gramm** (das, -(s), -) zehn Gramm (österr.) [gr.]
**De'ka'li'ter** (das, -s, -) zehn Liter
**De'ka'log** (der, -s, -e) die Zehn Gebote Gottes [gr.]
**De'kal'kier'pa'pier** (das, -s, -e) saugfähiges Papier zu Herstellung von Aufklebern
**De'kla'ma'to'rik** (die, -, nur Ez.) Vortragskunst [lat.-nlat.]
**De'ka'me'ron** *auch:* De'k'a'me'ro'ne (das, -s, nur Ez.) Novellensammlung Boccaccios
**De'ka'me'ter** (das, -s, -) zehn Meter
**De'kan** (der, -s, -e) **1** Fakultäts-, Fachbereichsleiter **2** kirchlicher Würdenträger [lat.]
**De'ka'nat** (das, -s, -e) **1** Amt eines Dekans **2** Fakultäts-, Fachbereichsverwaltung
**De'ka'nei** (die, -, -en) Wohnung eines kirchlichen Dekans
**de'kan'tie'ren** (V.) eine Flüssigkeit über dem Bodensatz abgießen [frz.]
**De'kar** (das, -(e)s, -e) zehn Ar
**De'ka're** (die, -, -n) = Dekar
**de'kar'tel'lie'ren** (V.) = dekartellisieren
**de'kar'tel'li'sie'ren** (V.) Kartelle entflechten
**de'ka'tie'ren** (V.) Stoffe mit Wasserdampf behandeln [frz.]
**De'ka'tron** (das, -s, -tro'ne) Schaltelement zur Verarbeitung und Darstellung der Ziffern 0 bis 9 (EDV)
**De'ka'tur** (die, -, -en) das Dekatieren
**De'kla'ma'ti'on** (die, -, -ti'o̲nen) kunstgerechter Vortrag [lat.]
**De'kla'ma'tor** (der, -s, -to̲'ren) Vortragskünstler [lat.]
**de'kla'ma'to'risch** (Adj.) wie ein Deklamator
**de'ka'mie'ren** (V.) **1** kunstgerecht vortragen **2** überbetont sprechen [lat.]
**De'kla'rant** (der, -en, -en) jmd., der eine Deklaration abgibt
**De'kla'ra'ti'on** (die, -, -ti'o̲nen) Erklärung (in offizieller, feierlicher Form, über Einkommen, zollpflichtige Waren, usw.) [lat.]
**de'kla'ra'tiv** (Adj.) klarstellend, beweisend
**de'kla'ra'to'risch** (Adj.) = deklarativ
**de'kla'rie'ren** (V.) durch Deklaration bekannt geben; z.B. etw. beim Zoll deklarieren
**de'klas'sie'ren** (V.) **1** niedriger einstufen, herabsetzen **2** einen Gegner überdeutlich besiegen [frz.]
**de'kli'na'bel** (Adj.) deklinierbar
**De'kli'na'ti'on** (die, -, -ti'o̲nen) **1** grammatische Beugung, Bildung der Fälle **2** Abweichung der Magnetnadel (vom geografischen Nordpol), Missweisung [lat.]
**de'kli'nie'ren** (V.) grammatisch beugen [lat.]
**de'ko'die'ren** (V.) entschlüsseln (durch Kode) [engl.]
**De'kol'le'té** *auch:* De'kol'le'te̲e̲, De'col'le'té̲ [-kɔlteː] (das, -s, -s) tiefer Kleiderausschnitt bis zum Busenansatz [frz.]
**de'kol'le'tiert** [-kɔltiːrt] (Adj.) mit Dekolletee
**De'ko'lo'ni'sa'ti'on** (die, -, -ti'o̲nen) Entlassung einer Kolonie in die polit., wirtschaftl. und militär. Unabhängigkeit [lat.]
**de'ko'lo'ni'sie'ren** (V.) die Dekolonisation betreffend
**de'ko'lo'rie'ren** (V.) ausbleichen [lat.-frz.]
**De'kom'pen'sa'ti'on** (die, -, -en) Abfall der Leistungsfähigkeit eines Organs (Med.)
**de'kom'po'nie'ren** (V.) auflösen [lat.]
**De'kom'po'si'ti'on** (die, -, -en) Auflösung
**De'kom'po'si'tum** (das, -s, -ta oder -sie'ten) Weiterbildung aus einer sprachlichen Zusammensetzung (Sprachwissenschaft)
**De'kom'pres'si'on** (die, -, -si'o̲nen) Druckverringerung [lat.]
**De'kom'pres'si'ons'kam'mer** (die, -, -n) abgeschlossener Raum, in dem sich langsam der Druck senkt, zum Ausgleich für Überdrucken ausgesetzten Organismen
**de'kom'pri'mie'ren** (V.) den Druck vermindern
**De'kon'struk'ti'vis'mus** (der, -, nur Ez.) Literatur- und Architekturströmung seit den 80er-Jahren
**De'kon'ta'mi'na'ti'on** (die, -, -ti'o̲nen) das Dekontaminieren
**de'kon'ta'mi'nie'ren** (V.) entseuchen, entstrahlen [lat.-engl.]

**Dekonzentration** (die, -, -en) Zerstreuung, Zersplitterung, Auflösung, Verteilung
**dekonzentrieren** (V.) zerstreuen, zersplittern, auflösen, verteilen
**Dekor** (das, -s, -s) Verzierung, Ausstattung, Ausschmückung
**Dekorateur** [-tøːɐ] (der, -s, -e) Innenraum-, Schaufenstergestalter [frz.]
**Dekoration** (die, -, -tionen) **1** Ausschmückung **2** Auszeichnung, Ehrenzeichen [lat.]
**dekorativ** (Adj.) schmückend, wirkungsvoll [frz.]
**dekorieren** (V.) **1** ausschmücken **2** ehrend auszeichnen [lat.]
**Dekorierung** (die, -, -en) **1** Ausschmücken **2** Verleihung eines Ordens oder einer Auszeichnung
**Dekort** (der, -s, -e) Abzug vom Rechnungsbetrag (bei Warenmängeln) [lat.-frz.]
**dekortieren** (V.) einen Dekort machen
**Dekorum** (das, -s, nur Ez.) Schicklichkeit, Etikette [lat.]
**dekreditieren** (V.) in Verruf bringen [frz.]
**Dekrement** (das, -s, -e) Abnahme [lat.]
**dekrescendo** = decrescendo (Mus.)
**Dekreszenz** (die, -, -en) Abnahme
**Dekret** (das, -s, -e) Verfügung (einer Behörde)
**Dekretale** (das oder die, -, -lien oder -n) päpstliche Entscheidung [lat.]
**dekretieren** (V.) durch Dekret anordnen
**dekryptieren** (V.) Entschlüsseln eines Geheimtextes ohne den Code zu kennen
**dekupieren** (V.) ausschneiden (mit der Laubsäge) [frz.]
**Dekuvert** (das, -s, -s) Wertpapiermangel (Wirtschaft)
**dekuvrieren** (V.) aufdecken, entlarven [frz.]
**Delation** (die, -, -tionen) **1** Anzeige **2** (Erbschafts-)Übertragung [lat.]
**delatorisch** (Adj.) verleumderisch [lat.]
**Delay** [dɪleɪ] (die, -, nur Ez.) Verzögerung; Echo (Audio-, Videotechnik) [engl.]
**deleatur** bitte streichen, „es möge getilgt werden" (als Anweisung des Korrektors an den Setzer) [lat.]
**Deleatur** (das, -s, -) Tilgungszeichen
**Delegat** (der, -en, -en) Abgesandter (des Papstes) [lat.]
**Delegation** (die, -, -tionen) **1** das Delegieren **2** Abordnung
**delegieren** (V.) **1** abordnen **2** übertragen; z.B. Arbeiten, Aufgaben delegieren [lat.]
**delektabel** (Adj.) ergötzlich, voller Genuss [lat.]
**delektieren** (V.) ergötzen, gütlich tun [lat.]
**deletär** (Adj.) verderblich, todbringend [lat.]
**Deletion** (die, -, -en) Weglassprobe (Sprachwissenschaft)
**Delfin** *auch:* Delphin **1** (der, -s, -e) kleiner Zahnwal mit schnabelähnlicher Schnauze **2** (das, -, nur Ez.) ein Schwimmstil [gr. ]
**Delfinarium** (das, -s, -rien) Becken für Delfine
**Deliberation** (die, -, -tionen) Überlegung, Beratung [lat.]
**Deliberativstimme** (die, -, -n) nicht stimmberechtigte, beratende Stimme
**deliberieren** (V.) überlegen, beratschlagen
**delikat** (Adj.) **1** lecker **2** heikel [frz.]
**Delikatesse** (die, -, -n) **1** Leckerbissen **2** (nur Ez.) Behutsamkeit; z.B. ein Problem mit Delikatesse angehen [frz.]
**Delikt** (das, -s, -e) strafbare, unerlaubte Tat [lat.]
**delineavit** er hat (es) gezeichnet [lat.]
**Delinquent** (der, -en, -en) Verbrecher, der seiner Strafe zugeführt wird, abgeurteilter Missetäter [lat.]
**Delinquenz** (die, -, nur Ez.) Straffälligkeit
**delirieren** (V.) im Delirium reden
**Delirium** (das, -s, -rien) Wahnzustand [lat.]
**Delirium tremens** (das, - -, nur Ez.) Säuferwahn [lat.]
**deliziös** (Adj.) köstlich [frz.]
**Delkredere** (das, -, -) Haftung für eine Forderung [it.]
**delogieren** [-ʒiːrən] (V.) = exmittieren (österr.) [lat.-frz.]
**Delphin** (der, -s, -e) = Delfin
**Delphinarium** (das, -s, -rien) = Delfinarium
**delphisch** (Adj.) rätselhaft (wie das altgriechische Orakel von Delphi)

D

**Del|ta 1** (das, -s, -s) vierter Buchstabe des griechischen Alphabets **2** Flussmündungsgebiet mit verzweigten Wasserläufen
**Del|ta|me|tall** (das, -s, -e) Kupfer-Zink-Legierung
**Del|ta|mus|kel** (der, -s, -n) etwa dreieckiger Muskel über dem Schultergelenk [gr.-lat.]
**Del|ta|strah|len** (die, nur Mz.) durch radioaktive Strahlung mit dem Kontakt mit Materie freigesetzte Elektronenstrahlung (Phys.)
**Del|to|id** (das, -s, -e) ebenes Viereck aus zwei gleichschenkligen Dreiecken, die eine gemeinsame Grundlinie haben [gr.]
**De|lu|si|on** (die, -, -si|o|nen) Verspottung [lat.]
**de Luxe** [dəlʏks] mit Sonderausstattung, Luxus … [frz.]
**De|ly|sid** (das, -s, nur Ez.) Lysergsäurediäthylamid (LSD)
**De|ma|go|ge** (der, -n, -n) Volksverhetzer [gr.]
**De|ma|go|gie** (die, -, -n) Volksverhetzung
**de|ma|go|gisch** (Adj.) wie ein Demagoge
**De|man|to|id** (der, -s, -e) grünes Granatmineral [nlat.-gr.]
**De|mar|che** [-marʃ] (die, -, -n) diplomatischer Einspruch (bei einer fremden Regierung) [frz.]
**De|mar|ka|ti|on** (die, -, -ti|o|nen) vorläufige Grenzfestlegung [frz.]
**De|mar|ka|ti|ons|li|nie** (die, -, -n) vereinbarte, vorläufige Grenze von Gebieten in der Interessensphäre zweier Staaten
**de|mar|kie|ren** (V.) abgrenzen
**de|mas|kie|ren** (V.) die Maske abnehmen; entlarven [frz.]
**De|ma|te|ri|a|li|sa|ti|on** (die, -, -ti|o|nen) Auflösung von Materie, Unsichtbarwerdung [lat.]
**De|men|ti** (das, -s, -s) öffentliches Bestreiten; Richtigstellung [frz.]
**De|men|tia** [-tsja] (die, -, -ti|ae [-tsjɛː]) = Demenz
**de|men|tie|ren** (V.) öffentlich bestreiten; richtig stellen [frz.]
**De|menz** (die, -, -en) erworbener Schwachsinn [lat.]
**De|mes|ti|ka** (der, -s, - oder -s) ein griechischer Wein
**De|mi|john** [-dʒɔn] (der, -s, -s) Korbflasche [engl.]
**de|mi|li|ta|ri|sie|ren** (V.) Truppen abziehen, entmilitarisieren [dt.-lat.]
**De|mi|li|ta|ri|sie|rung** (die, -, -en) Abzug von Truppen aus einem Gebiet
**De|mi|mon|de** [dəmimɔ̃ː] (die, -, nur Ez.) Halbwelt [frz.]
**De|mi|ne|ra|li|sa|ti|on** (die, -, nur Ez.) Salzarmut des Körpers
**de|mi|ne|ra|li|sie|ren** (V.) Salze aus etwas entfernen
**de|mi-sec** [dəmisɛk] (Adj.) halbtrocken (bei Sekt) [frz.]
**De|mis|si|on** (die, -, -si|o|nen) Amtsrücktritt, -entlassung (eines Ministers) [frz.]
**de|mis|si|o|nie|ren** (V.) eine Demission einreichen, zurücktreten, aus einem Amt entlassen werden
**De|mi|urg** (der, -en, -en) Weltschöpfer [gr.]
**De|mo** (die, -, -s) **1** = Demonstration (ugs.) **2** (das, -s, -s) Probeaufnahme auf Tonband (zum Vorspielen bei Plattenproduzenten) [lat., Kurzwort]
**de|mo|bi|li|sie|ren** (V.) abrüsten [frz.]
**de|mo|du|lie|ren** (V.) gleichrichten (einer Schwingung) [lat.]
**De|mo|graf** *auch:* De|mo|graph (der, -en, -en) (der, -en, -en) Erforscher der Bevölkerungsstruktur
**De|mo|gra|fie** *auch:* De|mo|gra|phie (die, -, -n) Bevölkerungslehre [gr.]
**de|mo|gra|fisch** *auch:* de|mo|gra|phisch (Adj.) die Demografie betreffend
**De|mo|graph** (der, -en, -en) = Demograf
**De|mo|gra|phie** (der, -en, -en) = Demografie
**de|mo|gra|phisch** (Adj.) = demografisch
**De|moi|selle** (die, -, -n) junges Mädchen, Fräulein (veraltet)
**De|mö|ko|lo|gie** (die , -, nur Ez.) Teilgebiet der Ökologie, untersucht die Umwelteinflüsse auf ganze Populationen der Tier- und Pflanzenwelt
**De|mo|krat** (der, -en, -en) **1** Anhänger der Demokratie **2** Anhänger der Demokratischen Partei (in den USA)
**De|mo|kra|ti|sie|rung** (die, -, -en) das Demokratisieren
**De|mo|kra|tis|mus** (der, -, nur Ez.) übertriebene Anwendung demokratischer Prinzipien [gr.-nlat.]
**De|mo|kra|tie** (die, -, -n) **1** Regierungsform, bei der die Wähler die Regie-

renden auf Zeit bestimmen **2** Staat mit solcher Regierungsform **3** (nur Ez.) Anwendung freiheitlicher Prinzipien; z.B. die Demokratie in der Familie [gr.]
**de'mo'kra'tisch** (Adj.) zur Demokratie gehörig
**de'mo'kra'ti'sie'ren** (V.) einen Staat nach demokratischen Grundwerten umformen
**de'mo'lie'ren** (V.) blindwütig, absichtlich zerstören [frz.]
**de'mo'ne'ti'sie'ren** (V.) Geldmünzen aus dem Geldumlauf ziehen [lat.-frz.]
**De'mons'trant** (der, -en, -en) Demonstrationsteilnehmer
**De'mons'tra'ti'on** (die, -, -ti'o'nen) **1** öffentliche (Protest-)Kundgebung durch eine Menschenmasse **2** anschauliche Darlegung [lat.]
**de'mons'tra'tiv** (Adj.) **1** betont deutlich; z.B. sich jmdm. demonstrativ zuwenden **2** hinweisend (demonstratives Pronomen) [lat.]
**De'mons'tra'tiv** (das, -s, -e) = Demonstrativpronomen
**De'mons'tra'tiv'pro'no'men** (das, -s, -) hinweisendes Fürwort; z.B. „diese, jener" [lat.]
**De'mons'tra'ti'vum** (das, -s, -va) = Demonstrativpronomen
**De'mons'tra'tor** (der, -s, -to'ren) Vorführer
**de'mons'trie'ren** (V.) **1** an einer Demonstration teilnehmen **2** darlegen, zeigen [lat.]
**De'mon'ta'ge** [-ʒə] (die, -, -n) Abbau (von etwas Positivem) [frz.]
**de'mon'tie'ren** (V.) durch Demontage beseitigen
**De'mo'ra'li'sa'ti'on** (die, -, nur Ez.) Auflösung der Moral [frz.]
**de'mo'ra'li'sie'ren** (V.) die Moral auflösen, untergraben [frz.]
**de mor'tu'is nil ni'si be'ne** über Tote soll man nur Gutes sagen [lat.]
**De'mos** (der, -, De'men) Stadtstaat
**De'mo'skop** (der, -en, -en) Meinungsforscher
**De'mo'sko'pie** (die, -, -n) Meinungsforschung, -umfrage [gr.]
**de'mo'sko'pisch** (Adj.) durch Demoskopie ermittelt
**de'mo'tisch** (Adj.) volkstümlich [gr.]
**De'mo'ti'va'ti'on** (die, -, -ti'o'nen) das Schwächen eines Interesses [lat.]
**de'mo'ti'vie'ren** (V.) darauf zielen, dass das Interesse jmds. nachlässt [lat.]
**De'nar** (der, -s, -e) eine Silbermünze [lat.]
**De'na'tu'ra'li'sa'ti'on** (die, -, -ti'o'nen) Ausbürgerung [lat.]
**de'na'tu'ra'li'sie'ren** (V.) ausbürgern [lat.]
**de'na'tu'rie'ren** (V.) **1** von der Natur entfernen; z.B. den Menschen als Sachbearbeiter denaturieren **2** ungenießbar machen; z.B. Industriealkohol d. **3** künstlich verändern; z.B. Honig denaturieren und dadurch wertlos machen [frz.]
**de'na'zi'fi'zie'ren** (V.) = entnazifizieren [nlat.]
**Den'drit** (der, -en, -en) **1** pflanzenähnliche Zeichnung auf Gestein (die metallischen Ursprungs ist) **2** Fortsatz der Nervenzelle [gr.]
**den'dri'tisch** (Adj.) verästelt, verzweigt [gr.]
**Den'dro'chro'no'lo'gie** [-kro-] (die, -, nur Ez.) Altersbestimmung durch Zählen der Jahresringe von Bäumen [gr.]
**Den'dro'lo'gie** (die, -, nur Ez.) Baum-, Gehölzkunde [gr.]
**Den'dro'me'ter** (das, -s, -) Gerät zur Messung der Dicke und Höhe stehender Bäume
**De'ner'vie'rung** (die, -, -en) Unterbrechung der Nervenbahnen zu einem Organ (Med.)
**Den'gue'fie'ber** [dẽgə-] (das, -s, nur Ez.) eine Tropenkrankheit, Siebentagefieber [Span.]
**De'ni'er** [dənjeː] (das, -(s), nur Ez.) Maßeinheit für die Stärke von Kunstfasern [frz.]
**De'nim** (der od. das, -s, nur Ez.) blauer Jeansstoff
**de'nit'rie'ren** (V.) Nitrogruppen abspalten
**De'nit'ri'fi'ka'ti'on** (die, -, nur Ez.) Umwandlung von Stickstoffverbindungen zu elementarem Stickstoff [nlat.]
**de'no'bi'li'tie'ren** (V.) den Adelstitel entziehen [nlat.]
**De'no'mi'na'ti'on** (die, -, -ti'o'nen) Benennung [lat.]
**De'no'mi'na'tiv** (das, -s, -e) von einem Nomen abgeleitetes Wort [lat.]
**De'no'mi'na'ti'vum** (das, -s, -va) = Denominativ
**de'no'mi'nie'ren** (V.) benennen, ernennen

D

**De|no|tat** (das, -s, -e) begrifflicher Inhalt eines sprachlichen Zeichens, vom Sprecher bezeichneter Gegenstand [lat.]
**De|no|ta|ti|on** (die, -, -en) Grundbedeutung eines Wortes
**de|no|ta|tiv** (Adj.) die Denotation betreffend

D

**de|no|tiexren** (V.) bezeichnen
**Den|si|me|ter** (das, -s, -) Gerät zur Dichtemessung von Flüssigkeiten [lat.-gr.]
**Den|si|tät** (die, -, -en) Dichte (Physik)
**Den|si|to|me|ter** (das, -s, -) Gerät zur optischen Dichtemessung [lat.-gr.]
**Den|si|to|me|trie** (die, -, nur Ez.) Bestimmung der Dichte von Stoffen (Chem.)
**den|tal** (Adj.) **1** zu den Zähnen gehörig **2** mit der Zungenspitze an den Schneidezähnen gebildet; ein dentaler Laut [lat.]
**Den|tal** (der, -s, -e) dental (**2**) gebildeter Laut; z.B. „d" und „t"
**Den|t|al|gie** (die, -, -n) Zahnschmerz (Med.) [lat.-gr.]
**Den|ti|fi|ka|ti|on** (die, -, -en) Zahnbildung (Med.)
**Den|tin** (das, -s, nur Ez.) Zahnbein [lat.]
**Den|tist** (der, -tis|ten, -tis|ten) Zahnarzt ohne Hochschulausbildung [frz.]
**Den|ti|ti|on** (die, -, -ti|o|nen) das Zahnen
**den|to|gen** (Adj.) von den Zähnen ausgehend
**Den|to|lo|gie** (die, -, nur Ez.) Zahnheilkunde
**De|nu|da|ti|on** (die, -, -ti|o|nen) flächige Bodenabtragung (durch Wasser, Wind) [lat.]
**De|nun|zi|ant** (der, -en, -en) jmd., der denunziert
**De|nun|zi|a|ti|on** (die, -, -ti|o|nen) das Denunzieren
**de|nun|zi|a|to|risch** (Adj.) denunzierend
**de|nun|zie|ren** (V.) verleumderisch anzeigen, böswillig in Misskredit bringen [lat.]
**Deo gra|ti|as** Gott sei Dank! [lat.]
**De|on|to|lo|gie** (die, -, nur Ez.) Lehre von den Pflichten im Bereich der Ethik
**Deo|rol|ler** (der, -s, -) Rollstift für ein Deodorant
**Deo|spray** (das, -s, -s) = Deodorantspray
**De|par|te|ment** [-partəmɑ̃] (das, -s, -s) **1** französischer Verwaltungsbezirk **2** schweizerisches Ministerium
**De|part|ment** [di-] (das, -s, -s) Geschäftsbereich [engl.]
**De|par|ture** [dipaːtʃə] (das, -, -s.) Abflughalle am Flughafen
**De|pen|dance** [-pɑ̃dɑ̃s] (die, -, -n) **1** Nebengebäude **2** Zweigstelle [frz.]
**De|pen|denz** (die, -, -en) Abhängigkeit [lat.]
**De|pen|denz|gram|ma|tik** (die, -, nur Ez.) Grammatik, bei der das Verb bei der Bestimmung der Satzstruktur im Mittelpunkt steht (Sprachwissenschaft)
**de|pen|den|zi|ell** (Adj.) sich auf die Dependenzgrammatik beziehend
**De|per|so|na|li|sa|ti|on** (die, -, nur Ez.) Entpersönlichung, Selbstentfremdung [lat.]
**De|pe|sche** (die, -, -n) Eilbotschaft [frz.]
**de|pe|schie|ren** (V.) eine Depesche absenden
**de|pig|men|tie|ren** (V.) Farbstoff aus der Haut entfernen [lat.]
**De|pig|men|tie|rung** (die, -, -en) Verlust des Hautfarbstoffs
**De|pi|la|ti|on** (die, -, -ti|o|nen) kosmetische Enthaarung (mitsamt der Wurzel) [lat.]
**De|pi|la|to|ri|um** (das, -s, -ri|en) Enthaarungsmittel
**de|pi|lie|ren** (V.) eine Depilation vornehmen
**De|place|ment** [-plasmɑ̃] (das, -s, -s) Wasserverdrängung (von Schiffen) [frz.]
**de|pla|ciert** [-siːrt] oder [-tsiːrt] (Adj.) = deplatziert
**De|plan|ta|ti|on** (die, -, -en) Umpflanzung
**de|plan|tie|ren** (V.) verpflanzen [lat.]
**de|plat|zie|ren** (V.) an eine andere Stelle versetzen
**de|plat|ziert** (V.) (Adj.) fehl am Platz [frz.]
**De|po|la|ri|sa|ti|on** (die, -, -ti|o|nen) Aufhebung der Polarisation [lat.]
**de|po|la|ri|sie|ren** (V.) die Polarisation aufheben [lat.]
**De|po|nat** (das, -s, -e) etwas, das deponiert ist
**De|po|nent** (der, -en, -en) jmd., der etwas deponiert
**De|po|nie** (die, -, -n) Stelle, an der Abfall deponiert ist
**de|po|nie|ren** (V.) **1** ab-, niederlegen **2** hinterlegen, verwahren [lat.]
**De|po|pu|la|ti|on** (die, -, -ti|o|nen) Entvölkerung [lat.]

**De'port** (der, -s, -e) Vergütung (bei Termingeschäften) [frz.]
**De'por'ta'ti'on** (die, -, -ti'o̲nen) das Deportieren, Verschleppen; z.B. von Gefangenen
**de'por'tie'ren** (V.) verschleppen, zwangsverschicken (von Personen) [lat.]
**De'po'si'tar** (der, -s, -e) Verwahrer von Hinterlegtem [lat.]
**De'po'si'ten** (nur Mz.) hinterlegte Wertsachen, Bankeinlagen [lat.]
**De'po'si'ti'on** (die, -, -ti'o̲nen) Hinterlegung [lat.]
**De'po'si'to'ri'um** (das, -s, -ri'en) Aufbewahrungsraum [lat.]
**De'po'si'tum** (das, -s, -ten oder -ta) etwas Hinterlegtes [lat.]
**De'pot** [-poː] (das, -s, -s) **1** Lager, Aufbewahrungsplatz **2** Bodensatz (im Rotwein) [frz.]
**De'pot'be'hand'lung** (die, -, -en) Verabreichung von Medikamenten, die eine lange Wirkungsdauer haben
**de'po'ten'zie'ren** (V.) der Potenz, der Kraft berauben [lat.]
**De'pot'fett** (das, -(e)s, -e) in der Unterhaut gespeichertes Fett (Med.)
**De'pot'fund** (der, -es, -e) Ausgrabungsfund von Gegenständen aus vorgeschichtlicher Zeit
**De'pot'prä'pa'rat** (das, -s, -e) Medizin, die vom Körper langsam abgebaut wird und lange wirkt [frz.-lat.]
**De'pot'wech'sel** (der, -, -) Sicherung für einen Bankkredit, hinterlegter Wechsel
**De'pra'va'ti'on** (die, -, -ti'o̲nen) Wertminderung, Verschlechterung (Münzen, Sitten)
**de'pra'vie'ren** (V.) schlechter werden
**De'pre'ka'ti'on(die,** -, -ti'onen) Abbitte [lat.]
**De'pres'si'on** (die, -, -si'o̲nen) **1** seelische Verstimmtheit **2** wirtschaftlicher Niedergang **3** weitflächige Bodensenke [lat.]
**de'pres'siv** (Adj.) an seelischer Verstimmtheit leidend [frz.]
**De'pres'si'vi'tät** (die, -, nur Ez.) Niedergeschlagenheit (Med.)
**De'pre'ti'a'ti'on** (die, -, -ti'o̲nen) Entwertung [lat.]
**de'pre'ti'a'tiv(Adj.)** abschätzig, entwertet [lat.]
**de'pre'ti'ie'ren** (V.) entwerten, unterschätzen [lat.]
**de'pre'zie'ren(V.)** Abbitte leisten [lat.]
**de'pri'mie'ren** (V.) entmutigen, niederdrücken [lat.]
**De'pri'va'ti'on** (die, -, -ti'o̲nen) Entbehrung [lat.]
**De'pri'va'ti'ons'syn'drom** (das, -s, -e) körperlicher und seelischer Entwicklungsrückstand bei Kindern, die die Mutter oder eine andere Bezugsperson entbehren müssen (Med.)
**de'pri'vie'ren** (V.) jmdn. etwas entbehren lassen
**De pro'fun'dis** (das, -, nur Ez.) Klageruf, Anfang des 130. Psalms
**De'pu'rans** (das, -, -ran'ti'a od. -ran'zi'en) Abführmittel (Med.)
**De'pu'tat** (das, -s, -e) Naturalien (als Lohn)
**De'pu'ta'ti'on** (die, -, -ti'o̲nen) Abordnung [lat.]
**de'pu'tie'ren** (V.) abordnen [lat.]
**De'qua'li'fi'zie'rung** (die, -, -en) Entwertung vorhandener beruflicher Fähigkeiten infolge von fortschreitender technischer Entwicklung
**De'ran'ge'ment** [-rɑ̃ʒmɑ̃] (das, -s, -s) Verwirrung, Zerrüttung, Störung
**de'ran'gie'ren** (V.) verwirren, stören
**de'ran'giert** [-rɑ̃ʒiːrt] (Adj.) in Unordnung, verwirrt [frz.]
**Der'by** (das, -s, -s) **1** Pferderennen **2** aufsehenerregender Wettkampf; z.B. das Derby zwischen den Spitzenvereinen einer Stadt [engl.]
**de're'gu'lie'ren** (V.) Regeln aufheben
**De're'gu'lie'rung** (die, -, -en) die Aufhebung von bestehenden Regeln
**De'ri'vat** (das, -s, -e) **1** abgeleitete chemische Verbindung; z.B. ein Benzolderivat **2** abgeleitetes Wort; z.B. Getränk von trinken [lat.]
**De'ri'va'ti'on** (die, -, -ti'o̲nen) Bildung von sprachlichen Derivaten
**de'ri'va'tiv** (Adj.) durch sprachliche Ableitung entstanden [lat.]
**De'ri'va'tiv** (das, -s, -e) = Derivat
**De'ri'va'ti'vum** (das, -s, -va) = Derivat
**De'ri'va'tor** (der, -s, -to'ren) Gerät zur Berechnung einer Tangente zu einer vorgezeichneten Kurve (Geometrie)
**de'ri'vie'ren** (V.) ableiten (von Wörtern)

D

**Der'ma** (das, -s, -ta) Haut [gr.]
**Der'mal'gie** (die, -, -n) Schmerzen der Hautnerven (Med.)
**der'ma'tisch** (Adj.) die Haut betreffend [gr.]
**Der'ma'ti'tis** (die, -, -ti'ti'den) Hautentzündung [gr.]
**Der'ma'to'gen** (das, -(e)s, nur Ez.) Zellschicht, die Haut erzeugt (Bio.)
**Der'ma'to'lo'ge** (der, -n, -n) Hautfacharzt
**Der'ma'to'lo'gie** (die, -, nur Ez.) Hautkrankheitenlehre [gr.]
**Der'ma'tom** (das, -s, -e) Hautgeschwulst [gr.]
**Der'ma'to'my'ko'se** (die, -, -n) Hautpilzerkrankung [gr.]
**Der'ma'to'my'lom** (das, -s, -e) Geschwulst der Haut (Med.)
**Der'ma'to'plas'tik** (die, -, -en) Hautverpflanzung [gr.]
**Der'ma'to'psie** (die, -, nur Ez.) Lichtempfinden der Haut
**Der'ma'to'se** (die, -, -n) Hautkrankheit [gr.]
**Der'mo'gra'fie** *auch:* Der'mo'gra'phie (die, -, -n) = Dermografismus
**Der'mo'gra'fis'mus** *auch:* Der'mo'gra'phismus (der, -, -men) Auftreten von Streifen auf gereizter Haut, Hautschrift [gr.-nlat.]
**Der'mo'plas'tik** (die, -, -en) **1** = Dermatoplastik **2** eine Nachbildung von Großtieren; Präparationsverfahren [gr.]
**Der'nier Cri** [dɛrnjekri:] (der, - -, -s -s) der letzte Schrei, Modeneuheit [frz.]
**De'ro'ga'ti'on** (die, -, -ti'o'nen) Aufhebung, Abänderung (von Gesetzesbestimmungen) [lat.]
**de'ro'ga'tiv** (Adj.) aufhebend; abändernd
**de'ro'ga'to'risch** (Adj.) = derogativ [lat.]
**de'ro'gie'ren** (V.) einschränken, aufheben [lat.]
**De'rou'te** [-ru:t] (die, -, -n) **1** überstürzte Flucht **2** Kurs-, Preissturz [frz.]
**Der'rick'kran** (der, -s, -krä'ne) hoher Kran für Hoch- und Tiefbau
**Der'wisch** (der, -s, -e) islamischer Bettelmönch, der sich durch Tänze in Ekstase versetzt [pers.-frz.]
**des'ar'mie'ren** (V.) entwaffnen [frz.]
**De'sas'ter** (das, -s, -) schweres Unheil; großer Misserfolg [frz.]
**de's'a'vou'ie'ren** (V.) **1** leugnen **2** im Stich lassen **3** bloßstellen [frz.]
**Des'en'ga'ge'ment** [-ɑ̃gaʒmɑ̃] (das, -s, -s) = Disengagement [frz.]
**De'sen'si'bi'li'sa'ti'on** (die, -, -ti'o'nen) das Desensibilisieren
**De'sen'si'bi'li'sa'tor** (der, -s, -to'ren) Farbstoff, der Fotografien lichtunempfindlich macht
**de'sen'si'bi'li'sie'ren** (V.) die Empfindlichkeit herabsetzen; z.B. bei allergischen Erkrankungen [nlat.]
**De'ser'teur** [-tø:ɐ] (der, -s, -e) Fahnenflüchtiger [frz.]
**de'ser'tie'ren** (V.) Fahnenflucht begehen
**De'ser'ti'fi'ka'ti'on** (die, -, -ti'o'nen) Vordringen wüstenähnlicher Regionen
**De'si'de'rat** (das, -s, -e) **1** zur Anschaffung empfohlenes Buch **2** etwas Erwünschtes [lat.]
**De'si'de'ra'ti'vum** (das, -s, -va) Verb, das ein Verlangen ausdrückt (Sprachwissenschaft)
**De'sign** [dɪzaɪn] (das, -s, -s) künstlerische und zugleich zweckmäßige Formgebung [engl.]
**De'si'g'nat** (das, -(e)s, -e) das Bezeichnete (Sprachwissenschaft)
**De'si'g'na'ti'on** (die, -, -ti'o'nen) das Designieren; als Nachfolger bestimmen
**de'si'g'na'tus** im Voraus ernannt (als Zusatz, um den Doktortitel vor der eigentlichen Verleihung bereits führen zu können) [lat.]
**de'si'g'nen** [dizaɪnən] (V.) etwas entwerfen [engl.]
**De'si'g'ner** [dɪzaɪnɐ] (der, -s, -) jmd., der das Design macht
**De'si'g'ner'ba'by** (das, -s, -s) Kind, das aus einem künstlich gezeugten und nach genetischen Merkmalen ausgewähltem Embryo entstanden ist
**De'si'g'ner'dro'ge** [dizaɪnər-] (die, -, -n) synthetisches Rauschmittel [engl.]
**De'si'g'ner'food** [dizaɪnərfu:d] (das, -(s), nur Ez.) gentechnisch behandeltes Lebensmittel [engl.]
**De'si'g'ner'mo'de** [dizaɪnər-] (die, -, -n) exklusive Kleidung in geringer Stückzahl [engl.]
**de'si'g'nie'ren** (V.) **1** vornehmen; z.B. persönliche Ziele designieren **2** im Vor-

aus bestimmen; z.B. als Amtsnachfolger designieren [lat.]
**Des'il'lu'si'on** (die, -, -si'o̲nen) Zerstörung einer Illusion [lat.]
**des'il'lu'si'o'nie'ren** (V.) eine Illusion zerstören [lat.]
**Des'il'lu'si'o'nis'mus** (der, -, nur Ez.) desillusionierte Betrachtungsweise
**Des'in'fek'ti'on** (die, -, -ti'o̲nen) das Desinfizieren
**Des'in'fek'tor** (der, -s, -to̲'ren) Kammerjäger
**Des'in'fi'zi'ens** (das, -, -zi'e̲n'zi'en) Desinfektionsmittel
**des'in'fi'zie'ren** (V.) Krankheitskeime beseitigen, entseuchen [lat.]
**Des'in'for'ma'ti'on** (die, -, -ti'o'nen) bewusst falsche Information [lat.]
**Des'in'te'gra'ti'on** (die, -, -ti'o'nen) fehlende Integration, Aufspaltung [lat.]
**des'in'te'grie'ren** (V.) ausgliedern; aufspalten [lat.]
**Des'in'te'res'se** (das, -s, nur Ez.) fehlendes Interesse [lat.]
**des'in'te'res'siert** (Adj.) nicht interessiert
**Des'in'ves'ti'ti'on** (die, -, -en) Verringerung des Bestandes an Gütern für spät. Bedarf
**Desk're'search** [-risɜrtʃ] (das, - od. -s, - od. -es) Auswertung von Daten aus der Markt- und Meinungsforschung [engl.]
**de'skri'bie'ren** (V.) beschreiben
**De'skrip'ti'on** (die, -, -ti'o̲nen) Beschreibung [lat.]
**de'skrip'tiv** (Adj.) beschreibend [lat.]
**De'skrip'ti'vis'mus** (der, -, nur Ez.) Theorie der modernen Sprachwissenschaft [lat.]
**de'skrip'ti'vis'tisch** (Adj.) nach der Methode des Deskriptivismus
**De'skrip'tor** (der, -s, -to'ren) beschreibender Begriff des Inhalts von Informationen (EDV)
**Desk'top** (der, -s, -s) Benutzeroberfläche von Comutersoftware [engl.]
**Desk'top'pub'li'shing** *auch:* Desk'top-Pub'li'shing [-pʌblɪʃɪŋ] (das, -s, nur Ez.) Gestalten eines Textes mithilfe der EDV
**Des'mo'dont** (das, -s, nur Ez.) Wurzelhaut des Zahnes (Med.)
**de'so'lat** (Adj.) **1** verwüstet **2** traurig, trostlos [lat.]
**De'sor'dre** (der, -s, -s) Unordnung [frz.]
**Des'or'ga'ni'sa'ti'on** (die, -, nur Ez.) das Desorganisiertsein
**des'or'ga'ni'sie'ren** (V.) etwas in Unordnung bringen
**des'or'ga'ni'siert** (Adj.) nicht, schlecht organisiert [lat.]
**Des'or'ga'ni'sie'rung** (die, -, -en) Zerstören der Ordnung
**des'ori'en'tie'ren** (V.) jmdn. bewusst falsch informieren
**des'ori'en'tiert** (Adj.) nicht orientiert [lat.]
**Des'ori'en'tie'rung** (die, -, -en) Störung in der Empfindung von Zeit und Ort
**De'sorp'ti'on** (die, -, -en) Freiwerden eines zuvor aufgenommenen Stoffes (Chem.)
**Des'oxi'da'ti'on** (die, -, -ti'o̲nen) Entzug des als Oxid gebundenen Sauerstoffs [lat.]
**des'oxi'die'ren** (V.) einer Verbindung Sauerstoff entziehen (Chem.)
**De'soxy'ri'bo'nu'kle'in'säu're** (die, -, -n) = DNA [Kunstwort]
**de'spek'tie'ren** (V.) jmd. nicht besonders hochschätzen, verachten [lat.]
**de'spek'tier'lich** (Adj.) respektlos [lat.]
**De'spe'ra'do** (der, -s, -s) **1** Bandit **2** (anarchistischer) Verzweiflungstäter außerhalb der Gesellschaft [span.]
**de'spe'rat** (Adj.) hoffnungslos verzweifelt
**Des'pot** (der, -en, -en) Gewaltherrscher [gr.]
**Des'po'tie** (die, -, -n) Gewaltherrschaft [gr.]
**des'po'tisch** (Adj.) wie ein Despot
**des'po'ti'sie'ren** (V.) willkürlich behandeln
**Des'po'tis'mus** (der, -, nur Ez.) Despotie als System [gr.-nlat.]
**Des'sert** [-sɛr] (das, -s, -s) Nachspeise [frz.]
**Des'sert'wein** (der, -s, -e) süßer Wein
**Des'sin** [-sɛ̃] (das, -s, -s) Muster, Zeichnungsentwurf [frz.]
**Des'si'na'teur** [-tøːɐ] (der, -s, -e) jmd., der Dessins für Textilien entwirft
**des'si'nie'ren** (V.) als Muster zeichnen, entwerfen [frz.]
**des'si'niert** (Adj.) gemustert
**Des'sous** [dəsuːs] (nur Mz.) schöne Damenunterwäsche [frz.]

**destabilisieren** (V.) etwas unbeständig machen
**Destabilisierung** (die, -, -en) das Destabilisieren
**Destillat** (das, -s, -e) durch Destillation gewonnene Flüssigkeit
**Destillateur** [-tøːʁ] (der, -s, -e) **1** Brennmeister **2** Destillenbesitzer [lat.-frz.]
**Destillation** (die, -, -tionen) Trennung von Flüssigkeiten durch Verdampfen und Abkühlen [lat.]
**Destilator** (der, -s, -toren) Destillierapparat
**Destille** (die, -, -n) Schnapsausschank (im alten Berlin) [Kurzwort]
**Destillerie** (die, -, -n) Unternehmen, das Trinkbranntwein herstellt [frz.]
**Destinatar** (der, -s, -e) Empfänger (einer Schiffsfracht) [lat.]
**Destinatär** (der, -s, -e) = Destinatar [frz.]
**Destination** (die, -, -tionen) Zweckbestimmung [lat.]
**Destose** (die, -, nur Ez.) Süßstoff aus Stärkesirup
**destruieren** (V.) zerstören [lat.]
**Destruktion** (die, -, -tionen) Zerstörung [lat.]
**destruktiv** (Adj.) zerstörend, zersetzend
**Destruktivität** (die, -, nur Ez.) zerstörerische Handlungsweise
**deszendent** (Adj.) absteigend (Geol.)
**Deszendent** (der, -en, -en) **1** Abkömmling, Nachkomme **2** Untergangspunkt eines Gestirns (in der Astrologie) [lat.]
**Deszendenz** (die, -, -en) **1** (nur Ez.) Verwandtschaft in absteigender Linie **2** Untergang eines Gestirns (in der Astrologie) [lat.]
**Deszendenztheorie** (die, -, -n) = Abstammungslehre [lat.-gr.]
**deszendieren** (V.) absteigen; sinken [lat.]
**detachiert** (Adj.) sachlich, kühl
**Detachur** (die, -, -en) chemische Fleckenbeseitigung aus Geweben, Textilreinigung
**Detail** [detaj] (das, -s, -s) Einzelheit, Stück [frz.]
**Detailhandel** (der, -s, nur Ez.) Einzelhandel
**Detailhändler** (der, -s, -) Einzelhändler
**detaillieren** [-tajiː-] (V.) in Details darlegen
**detailliert** (Adj.) ausführlich, in allen Einzelheiten
**Detektei** (die, -, -en) Detektivbüro
**detektieren** (V.) herausfinden, aufspüren
**Detektiv** (der, -s, -e) **1** jmd., der gegen Bezahlung von Privatpersonen Ermittlungen übernimmt **2** Kriminalbeamter (in angelsächsischen Ländern) [lat.]
**detektivisch** (Adj.) in der Art eines Detektivs
**Detektor** (der, -s, -toren) **1** Nachweisgerät (für sinnlich nicht wahrnehmbare Stoffe; z.B. Strahlendetektor) **2** einfaches Radio; ein Bauelement [lat.-engl.]
**Détente** [-tɑ̃ːt] (die, -, nur Ez.) Entspannung (in der Politik) [frz.]
**Detergens** (das, -gentia, -gentien [-gɛnt-sjən]) **1** Stoff, der fettigen Schmutz bindet **2** Tensid
**Deterioration** (die, -, -tionen) Verschlechterung [frz.]
**deteriorieren** (V.) verschlechtern [frz.]
**Determinante** (die, -, -n) **1** etwas maßgeblich Bestimmendes; z.B. die Determinante der Familienrolle in der Gesellschaft **2** ein Lösungssystem für lineare Gleichungen [lat.]
**Determination** (die, -, -tionen) das Determinieren
**determinativ** (Adj.) bestimmend, eingrenzend
**Determinativ** (das, -s, -e) etwas begrifflich Einschränkendes, Bestimmendes [lat.]
**Determinativkompositum** (das, -s, -ta) Teil eines Wortes, das den anderen Teil näher bestimmt (Sprachwissenschaft)
**Determinativum** (das, -s, -va) = Determinativ
**determinieren** (V.) begrifflich einschränken, bestimmen [lat.]
**Determinismus** (der, -, nur Ez.) Auffassung, dass alles vorbestimmt ist [lat.]
**Determinist** (der, -nisten, -nisten) Anhänger des Determinismus
**deterministisch** (Adj.) zum Determinismus gehörig
**Determinologisierung** (die, -, -en) Übergang von Fachsprache zu Gemeinsprache
**detestabel** (Adj.) der Verabscheuung wert [lat.-frz.]

**detestieren** (V.) verwünschen, verabscheuen [lat.-frz.]
**Detonation** (die, -, -tionen) heftige Explosion
**Detonator** (der, -s, -toren) Initialsprengstoff [frz.-lat.]
**detonieren** (V.) heftig explodieren [frz.]
**Detriment** (das, -(e)s, -e) Schaden
**Detritus** (der, -, nur Ez.) organische Schwebe- und Sinkstoffe (im Wasser) [lat.]
**detto** (Adv.) = dito (österr.) [it.]
**Deuce** [du:s] (der, -, nur Ez.) Einstand, Punktegleichheit beim Tennis
**Deus** (der, -, Dei) Gott [lat.]
**Deus ex Machina** (der, - - -, nur Ez.) unerwarteter Helfer (im antiken Theater) [lat.]
**Deuteranomalie** (die, -, -n) Sehschwäche bei Grün (Med.)
**Deuteranopie** (die, -, -n) Rotgrünblindheit (Med.)
**Deuteronomium** (das, -s, nur Ez.) fünftes Buch Mose im Alten Testament
**Deuxpièces** *auch:* Deux-Pièces [døpjɛ:s] (das, -, -) zweiteiliges Kleid [frz.]
**Devaluation** (die, -, -tionen) = Devalvation
**Devalvation** (die, -, -tionen) Abwertung (von Geld) [nlat.]
**devalvationistisch** (Adj.) = devalvatorisch
**devalvatorisch** (Adj.) abwertend (in Bezug auf Geld) [nlat.]
**devalvieren** (V.) abwerten (von Geld) [nlat.]
**Devastation** (die, -, -tionen) Verwüstung [lat.]
**devastieren** (V.) verwüsten [lat.]
**Developer** (der, -s, -) Entwickler bei der Fotoentwicklung
**Deverbativ** (das, -s, -e) Substantiv oder Adjektiv, das von einem Verb abgeleitet ist [lat.]
**Deverbativum** (das, -s, -va) = Deverbativ
**devestieren** (V.) der Würde entkleiden
**Devestitur** (die, -, -en) das Devestieren
**deviant** (Adj.) von der sozialen Norm abweichend [lat.]
**Devianz** (die, -, nur Ez.) Abweichung von der Norm
**Deviation** (die, -, -tionen) das Deviieren
**Deviationist** (der, -nisten, -nisten) politischer Abweichler [lat.]
**deviieren** (V.) von der Richtung abweichen [lat.]
**Devise** (die, -, -n) Wahlspruch [frz.]
**Devisen** (nur Mz.) ausländische Zahlungsmittel [lat.]
**Devisenarbitrage** (die, -, -n) Devisengeschäft unter Ausnutzung unterschiedlicher Devisenkurse an verschiedenen Börsen
**devital** (Adj.) abgestorben, leblos [lat.]
**Devolution** (die, -, -tionen) Besitz-, Rechtsübergang auf einen anderen [lat.]
**devolvieren** (V.) auf einen anderen übergehen lassen (einen Besitz, ein Recht) [lat.]
**Devon** (das, -s, nur Ez.) eine mittlere Formation des Erdaltertums [engl.-nlat.]
**devonisch** (Adj.) das Devon betreffend
**devorieren** (V.) verschlucken [lat.]
**devot** (Adj.) unterwürfig [lat.]
**Devotion** (die, -, nur Ez.) das Devotsein
**Devotionalien** (nur Mz.) Gegenstände der privaten Frömmigkeit; z.B. Wallfahrtsandenken [lat.]
**Dexiografie** *auch:* Dexiographie (die, -, nur Ez.) Schreiben von links nach rechts
**dexiografisch** *auch:* dexiographisch (Adj.) von links nach rechts schreibend
**Dexiographie** (die, -, nur Ez.) = Dexiografie
**dexiographisch** (Adj.) = dexiographisch
**Dextrin** (das, -s, -e) ein Traubenzuckerprodukt [nlat.]
**Dextrokardie** (die, -, -n) Rechtslage des Herzens [lat.-gr.]
**Dextrose** (die, -, nur Ez.) Traubenzucker [lat.-gr.]
**Dezem** (der, -s, -s) Zehnt-Abgabe an die Kirche im Mittelalter [lat.]
**Dezemvir** (der, -s oder -n, -n) Mitglied eines Rates von zehn Beamten oder Priestern
**Dezemvirat** (das, -(e)s, -e) Rat von zehn Beamten oder Priestern
**Dezennium** (das, -s, -nien) Jahrzehnt [lat.]
**dezent** (Adj.) unaufdringlich [lat.]
**dezentral** (Adj.) entfernt vom Mittelpunkt

**De'zen'tra'li'sa'ti'on** (die, -, -ti'onen) das Dezentralisieren [lat.]
**de'zen'tra'li'sie'ren** (V.) eine zentrale Einrichtung aufspalten [lat.]
**De'zen'tra'li'sie'rung** (die, -, -en) = Dezentralisation
**De'zenz** (die, -, nur Ez.) das Dezentsein
**De'zer'nat** (das, -s, -e) Aufgabenbereich [lat.]
**De'zer'nent** (der, -en, -en) Dezernatsleiter
**De'zett** (das, -(e)s, -e) Musikstück für zehn Instrumente (Mus.)
**De'zi'bel** (das, -s, -) Maßeinheit der Lautstärke [nlat.]
**de'zi'die'ren** (V.) entscheiden (veraltet) [lat.]
**de'zi'diert** (Adj.) entschieden [lat.]
**De'zi'li'ter** (das od. der, -s, -) zehn Zentiliter
**de'zi'mal** (Adj.) zum Dezimalsystem gehörig
**De'zi'ma'le** (die, -, -n) Zahl rechts vom Komma [lat.]
**de'zi'ma'li'sie'ren** (V.) auf das Dezimalsystem umstellen
**De'zi'mal'klas'si'fi'ka'ti'on** (die, -, nur Ez.) ein Ordnungssystem (in Bibliotheken) [lat.]
**De'zi'mal'maß** (das, -es, -e) auf das Dezimalsystem bezogenes Maß
**De'zi'mal'sys'tem** (das, -s, -e) auf der Zahl 10 beruhendes Rechensystem [lat.-gr.]
**De'zi'me** (die, -, -n) **1** eine Strophenform **2** der zehnte Ton der diatonischen Tonleiter
**De'zi'me'ter** (der, -s, -) ein Zehntelmeter [lat.-gr.]
**de'zi'mie'ren** (V.) stark vermindern [lat.]
**De'zi'si'on** (die, -, -en) Entscheidung [lat.]
**de'zi'siv** (Adj.) entscheidend, bestimmt [lat.]
**De'zi'siv'stim'me** (die, -, -n) abstimmungsberechtigte Stimme
**De'zi'ton'ne** (die, -, -n) 100 Kilogramm
**Dham'ma** (das od. der, -s, -s) = Dharma
**Dhar'ma** (der, -s, -s) **1** Lehre Buddhas **2** Grundelement der Welt [sanskr.]
**d'Hondt'sche(s) Sys'tem** (das, -n, -s, nur Ez.) Auszählverfahrung bei Wahlen
**Dho'ti** (der, -s, -s) indisches Lendentuch [Hindi-engl.]
**Dia** (das, -s, -s) Positivfoto zur Projektion (auf eine Leinwand) [gr.]
**Di'a'bas** (der, -es, -e) ein Vulkanitgestein [gr.]
**Di'a'be'tes** (der, -, nur Ez.) Zuckerkrankheit [gr.]
**Di'a'be'ti'ker** (der, -s, -) Zuckerkranker [gr.]
**di'a'be'tisch** (Adj.) Diabetes betreffend
**Di'a'be'to'lo'gie** (die, -, nur Ez.) Wissenschaft zur Erforschung des Diabetes mellitus (Med.)
**Di'a'bo'lie** (die, -, nur Ez-) teuflische Bosheit, das Bösesein [gr.]
**Di'a'bo'lik** (die, -, nur Ez.) boshaftes Wesen [gr.]
**di'a'bo'lisch** (Adj.) teuflisch [gr.]
**Di'a'bo'lo** (das, -s, -s) Spiel mit einem Kreisel [it.]
**Di'a'bo'lus** (der, -s, nur Ez.) Teufel [gr.-lat.]
**dia'chron** (Adj.) = diachronisch
**Dia'chro'nie** (die, -, nur Ez.) vergleichende Sprachwissenschaft
**dia'chro'nisch** (Adj.) die sprachgeschichtliche Entwicklung betreffend (Sprachwissenschaft)
**Di'a'dem** (das, -s, -e) Stirnschmuck [gr.]
**Di'a'do'che** (der, -n, -n) Nachfolger Alexanders des Großen; eines anderen bedeutenden Herrschers [gr.]
**Di'a'fo'nie** *auch:* Di'a'pho'nie (die, -, -n) Missklang [gr.-lat.]
**Dia'ge'ne'se** (die, -, -n) Umbildung (in der Geologie) [gr.]
**dia'gly'phisch** (Adj.) gemeißelt, gestochen [gr.-lat.]
**Di'a'gno'se** (die, -, -n) Erkennung (von Krankheiten) [gr.]
**Di'a'gno'se'zen'trum** (das, -s, -tren) Klinik, die überwiegend für die Erkennung von Krankheiten zuständig ist (Med.)
**Di'a'gnos'tik** (die, -, -en) Diagnosewissenschaft
**di'a'gnos'tisch** (Adj.) zur Diagnose gehörig, durch Diagnose
**di'a'gnos'ti'zie'ren** (V.) erkennen (von Krankheiten) [gr.]
**dia'go'nal** (Adj.) schräg verlaufend; wie eine Diagonale verlaufend
**Dia'go'na'le** (die, -, -n) Verbindungsgerade zweier nicht benachbarter Ecken [gr.]
**Dia'graf** *auch:* Dia'graph (der, -en, -en) Gerät zum Zeichnen von Körperumrissen

**Di'a'gramm** (das, -s, -e) Schaubild [gr.]
**Di'a'graph** (der, -en, -en) = Diagraf
**Di'a'kaus'tik** (die, -, -en) die beim Einfall von parallelem Licht auf einer Linse entstehende Brennfläche
**Di'a'kon** (der, -s, -e) niederer Geistlicher [gr.]
**Di'a'ko'nat** (das, -s, -e) Diakonsamt, -wohnung
**Di'a'ko'nie** (die, -, nur Ez.) Arbeit für Hilfsbedürftige (in der evangelischen Kirche) [gr.]
**di'a'ko'nisch** (Adj.) die Diakonie betreffend
**Di'a'ko'nis'se** (die, -, -n) Angehörige einer evangelischen Schwesternschaft [gr.-lat.]
**Di'a'ko'nis'sin** (die, -, -nen) = Diakonisse
**Di'a'ko'nus** (der, -, -ko'nen) evangelischer Hilfsgeistlicher (veraltet) [gr.-lat.]
**Di'a'kri'se** *auch:* Di'a'kri'sis (die, -, -n) Entscheidung (im Krankheitsverlauf) [gr.]
**Di'a'kri'sis** (die, -, -kri'sen) = Diakrise
**di'a'kri'tisch** (Adj.) zur weiteren Unterscheidung notwendig; diakritisches Zeichen: grafisches Zeichen, das sonst gleiche Buchstaben unterscheidet; z.B. das Cedille [gr.]
**Di'a'lekt** (der, -s, -e) Mundart [gr.]
**di'a'lek'tal** (Adj.) zu einem Dialekt gehörig
**Di'a'lekt'ge'o'gra'fie** *auch:* Di'a'lekt'ge'o'graphie (die, -, nur Ez.) = Wissenschaft zur Erforschung der Dialektgrenzen (Sprachwissenschaft)
**Di'a'lek'tik** (die, -, nur Ez.) Beweisführungskunst [gr.]
**di'a'lek'tisch** (Adj.) **1** zur Dialektik gehörig **2** spitzfindig
**Di'a'lek'to'lo'gie** (die, -, nur Ez.) Mundartforschung
**Di'al'le'le** (die, -, -n) falscher logischer Schluss [gr.]
**Di'a'log** (der, -s, -e) Zwiegespräch [gr.]
**di'a'lo'gisch** (Adj.) in Dialogform
**di'a'lo'gi'sie'ren** (V.) in Dialogform bringen
**Di'a'lo'gis'mus** (der, -, -men) rhetorische Frage, die ein Redner sich selbst stellt
**Di'a'ly'sat** (das, -s, -e) Extrakt, das durch Dialyse gewonnen wurde
**Di'a'ly'sa'tor** (der, -s, -to'ren) Dialysegerät (Med.)
**Di'a'ly'se** (die, -, -n) **1** ein Trennverfahren, das verschieden große Moleküle durch eine Scheidewand sondert **2** Blutwäsche [gr.]
**Di'a'ly'se'ap'pa'rat** (der, -(e)s, -e) Blutreinigungsgerät bei eingeschränkter Nierenfunktion (Med.)
**Di'a'ly'se'zen'trum** (das, -s, -tren) Spezialklinik für Dialyse (Med.)
**di'a'ly'sie'ren** (V.) **1** eine Dialyse machen **2** eine Blutwäsche machen
**Di'a'ma'gne'tis'mus** (der, -, nur Ez.) Eigenschaft von Stoffen, deren Moleküle kein magnetisches Moment aufweisen (Phys.)
**Di'a'mant** (der, -en, -en) reiner kristallisierter Kohlenstoff, härtester Edelstein [gr.-frz.]
**Di'a'mant'boh'rer** (der, -s, -) mit Diamanten besetzter Bohrer für Zahnmedizin oder besonders hartes Gestein
**di'a'man'ten** (Adj.) **1** aus Diamant **2** hart wie ein Diamant
**Di'a'man'ti'ne** (die, -, nur Ez.) Poliermittel
**Di'a'man'tit** (das, -s, nur Ez.) Poliermittel
**Di'a'mat** (der, -s, nur Ez.) dialektischer Materialismus [Kurzwort]
**Di'a'me'ter** (der, -s, -) Durchmesser [gr.]
**di'a'me'tral** (Adj.) **1** genau gegenüberliegend **2** entgegengesetzt [gr.]
**di'a'me'trisch** (Adj.) dem Diameter entsprechend
**Di'a'min** (das, -s, -e) organische Verbindung mit zwei Aminogruppen
**Di'a'pa'son** (der, -s, -s oder -so'ne) **1** Kammerton **2** Stimmgabel [gr.]
**Di'a'pau'se** (die, -, -n) Ruhestadium während der Entwicklung; z.B. die Puppenruhe bei Schmetterlingen [gr.]
**di'a'phan** (Adj.) durchscheinend [gr.]
**Di'a'pha'nie** (die, -, -n) ein durch etwas durchscheinendes Bild
**Di'a'pha'ni'tät** (die, -, nur Ez.) Lichtstrahlendurchlässigkeit [gr.-lat.]
**Di'a'pha'no'sko'pie** (die, -, -n) Durchscheinen von Körperteilen oder Organen mit Licht zu diagnostischen Zwecken (Med.)
**Di'a'pho'nie** (die, -, -n) = Diafonie
**Di'a'pho'ra** (die, -, nur Ez.) **1** Betonung der Unterschiedlichkeit **2** Wortwiederholung mit abgewandelter Bedeutung [gr.]

**Diaphorese** (die, -, -n) das Schwitzen [gr.]
**Diaphoretikum** (das, -s, -ka) schweißtreibendes Mittel [gr.-nlat.]
**diaphoretisch** (Adj.) schweißtreibend
**Diaphragma** (das, -s, -men) **1** dünne Scheidewand **2** Zwerchfell **3** optische Blende **4** mechanisches Verhütungsmittel [gr.]
**Diaphyse** (die, -, -n) Mittelstücke eines Röhrenknochens (Med.)
**Diapir** (der, -s, -e) zumeist aus Salz bestehendes, pfropfen- oder pilzförmiges Gestein
**Diapositiv** (das, -s, -e) = Dia [gr.-frz.]
**Diaprojektor** (der, -s, -en) Gerät zum Ansehen von Diapositiven
**Diärese** *auch:* Diäresis (die, -, -n) **1** zweisilbige Aussprache nebeneinander stehender Vokale; z.B. in Citroën [-ɔɛ̃-] **2** Einschnitt im Vers **3** Begriffsteilung [gr.]
**Diäresis** (die, -, -äresen) = Diärese
**Diarrhö** (die, -, -en) Durchfall [gr.]
**diarrhöisch** (Adj.) mit Durchfall verbunden [gr.]
**Diarthrose** (die, -, -n) Gelenk (Med.)
**Diaskop** (das, -s, -e) = Diaprojektor
**Diaskopie** (die, -, -n) Röntgendurchleuchtung (Med.)
**Diaspor** (der, -s, -e) Mineral [gr.-lat.]
**Diaspora** (die, -, nur Ez.) **1** religiöse oder nationale Minderheit innerhalb einer andersartigen Umgebung; z.B. die Juden im antiken Mittelmeerraum **2** das Gebiet selbst [gr.]
**Diastole** (die, -, -n) rhythmische Ausdehnung des Herzens [gr.]
**diastrat** (Adj.) Sprachunterschiede betreffend, die auf Schichtunterschieden beruhen [gr.-lat.]
**diastratisch** (Adj.) = diastrat
**Diät** (die, -, -en) Schonkost; spezielle Ernährungsweise [gr.]
**Diätassistent** (der, -en, -en) Experte für die die Aufstellung von Diätplänen
**Diäten** (nur Mz.) Aufwandsentschädigungen, Tagegeld (für Abgeordnete) [gr.]
**Diätetik** (die, -, -en) Ernährungs-, Diätlehre (Med.)
**Diätetikum** (das, -s, -ka) für eine Diät geeignetes Lebensmitel (Med.)
**diätetisch** (Adj.) zur Diätetik gehörig
**Diathek** (die, -, -en) Sammlung von Dias [gr.]
**diatherman** (Adj.) wärmedurchlässig [gr.]
**Diathermie** (die, -, nur Ez.) Wärmebehandlung, Durchwärmung [gr.]
**Diathese** (die, -, -n) Krankheitsempfänglichkeit [gr.]
**diätisch** (Adj.) die Ernährung betreffend [gr.-lat.]
**Diatonik** (die, -, nur Ez.) Tonleitersystem mit Dur- und Molltönen, siebenstufige Tonleiter [gr.]
**diatonisch** (Adj.) zur Diatonik gehörig
**Diatribe** (die, -, -n) Schmähschrift, Abhandlung
**Diavolo** (der, -, -li) Teufel [it.]
**Dibrachys** (der, -, -) antiker Versfuß aus zwei Kürzen
**Dibbuk** (der, -s, -s) in einen Menschen fahrende sündige Seele eines Verstorbenen [hebr.]
**Dichoreus** (der, -, -reen) antikes Versmaß, doppelter Trochäus
**dichotom** (Adj ) zweigliedrig [gr.]
**Dichotomie** (die, -, -n) Zweigliedrigkeit; z.B. das Vorhandensein von Begriffspaaren [gr.]
**dichotomisch** (Adj.) = dichotom
**Dichromasie** (die, -, -n) = Dichromatopsie
**dichromatisch** (Adj.) zweifarbig
**Dichromatopsie** (die, -, -n) angeborene Farbenblindheit, bei der nur zwei der drei Grundfarben erkannt werden (Med.)
**Dichromie** [-kro-] (die, -, -n) Zweifarbigkeit [gr.]
**Dichromismus** [-kro-] (der, -, nur Ez.) = Dichromie [gr.-nlat.]
**Dictionnaire** [dɪktsjonɛːr] (das, -s, -e) Wörterbuch [frz.]
**Didaktik** **1** (die, nur Ez.) Wissenschaft des Lehrens **2** (die, -, -en) Unterrichtstheorie [gr.]
**didaktisch** (Adj.) zur Didaktik gehörig, lehrhaft
**Didgeridoo** [dɪdʒəriduː] (das, -s, -s) Blasinstrument der australischen Ureinwohner
**Didotantiqua** [dido:an-] (die, -, nur Ez.) besondere Druckerschrift
**Didym** (das, -s, nur Ez.) eine selten vorkommende Erde [gr.-lat.]

**Di'dy'mi'tis** (die, -, -ti'den) Hodenentzündung (Med.)
**Di'e'ge'se** (die, -, -n) weit ausholende Erörterung, Erzählung [gr.]
**Di'elek'tri'kum** (das, -s, -ka) Stoff, der in seinem Innern ein elektrisches Gegenfeld aufbaut [gr.-nlat.]
**di'elek'trisch** (Adj.) Elektrizität nicht leitend, isolierend
**Di'elek'tri'zi'täts'kon'stan'te** (die, -, -n) Wert zur Beschreibung elektrischer Felder [gr.-nlat.]
**Di'es aca'de'mi'cus** (der, -, nur Ez.) Feiertag an Universitäten [lat.]
**Di'es ater** (der, - -, nur Ez.) Unglückstag, „schwarzer Tag" [lat.]
**Di'es Irae** [iːrɛː] (der, - -, nur Ez.) Weltgerichtstag, „Tag des Zorns" [lat.]
**Diffa'ma'ti'on** (die, -, -en) Verleumdung
**diffa'mie'ren** (V.) verleumden [lat.]
**Diffa'mie'rung** (die, -, -en) Verleumdung, Herabsetzung
**diffe'rent** (Adj.) verschieden [lat.]
**Diffe'ren'ti'al'ana'ly'sa'tor** (der, -s, -en) = Differenzialanalysator
**Diffe'ren'ti'al'ge'trie'be** (das, -s, -) = Differenzialgetriebe
**Diffe'ren'ti'al'glei'chung** (die, -, -en) = Differenzialgleichung
**Diffe'ren'ti'al'rech'nung** (die, -, -en) = Differenzialrechnung
**Diffe'ren'ti'a'tion** (die, -, -en) = Differenziation
**diffe'ren'ti'ell** (Adj.) = differenziell
**Diffe'renz** (die, -, -en) **1** Unterschied **2** Unstimmigkeit; z.B. mit jmdm. Differenzen haben [lat.]
**diffe'ren'zi'al** *auch:* diffe'ren'ti'al [-tsjaːl] (Adj.) = differenziell
**Diffe'ren'zi'al** *auch:* Diffe'ren'ti'al [-tsjaːl] (das, -s, -e) Ausgleichsgetriebe [lat.]
**Diffe'ren'zi'al'ana'ly'sa'tor** *auch:* Diffe'ren'ti'al'ana'ly'sa'tor (der, -s, -en) Rechner zum Lösen von Differenzialgleichungen
**Diffe'ren'zi'al'ge'trie'be** *auch:* Diffe'ren'ti'al'ge'trie'be (das, -, -) Ausgleichsgetriebe bei Kraftfahrzeugen
**Diffe'ren'zi'al'glei'chung** *auch:* Diffe'ren'ti'al'glei'chung (die, -, -en) Gleichung zwischen Variablen einer mathematischen Funktion und deren Ableitung
**Diffe'ren'zi'al'rech'nung** *auch:* Diffe'ren'ti'al'rech'nung (die, -, -en) Teilgebiet der höheren Mathematik, das sich mit dem Übergang von enlichen zu unendlich kleinen Größen beschäftigt
**Diffe'ren'zi'a'ti'on** *auch:* Diffe'ren'ti'a'tion (die, -, -ti'o'nen) **1** genaues Unterscheiden; z.B. von Begriffen **2** unterschiedliches Entwickeln; z.B. die von Organismen **3** Anwendung der Differenzialrechnung [lat.]
**diffe'ren'zi'ell** *auch:* diffe'ren'ti'ell (Adj.) unterscheidend [frz.]
**diffe'ren'zie'ren** (V.) **1** unterscheiden; trennen **2** die Differenzialrechnung anwenden
**Diffe'ren'zie'rung** (die, -, -en) Abstufung, Unterscheidung
**diffe'rie'ren** (Adj.) voneinander abweichen
**diffi'zil** (Adj.) sehr schwierig [lat.]
**Diffl'u'enz** (die, -, -en) Gletschergabelung [lat.]
**Diffor'mi'tät** (die, -, -en) Missgestaltetheit [lat.]
**diffrakt** (Adj.) optisch gebeugt [lat.]
**Diffrak'ti'on** (die, -, -ti'o'nen) optische Beugung
**diffun'die'ren** (V.) eine Diffusion durchmachen [lat.]
**diffus** (Adj.) unscharf, verschwommen [lat.]
**Diffu'si'on** (die, -, -si'o'nen) **1** von selbst eintretende Mischung sich berührender Stoffe **2** allmählicher Durchgang; z.B. der Luft aus einer an sich dichten Hülle [lat.]
**Diffu'sor** (der, -s, -so'ren) sich erweiternder Teil (eines Geräts) [lat.]
**Di'gam'ma** (das, -s, -s) Buchstabe des ältesten griechischen Alphabets [gr.-lat.]
**di'gen** (Adj.) zweigeschlechtig („normal") gezeugt [gr.]
**di'ge'rie'ren** (V.) eine Digestion durchmachen
**Di'gest** [daɪdʒest] (der oder das, -(s), -s) Zusammenstellung populärer Texte [engl.]
**Di'ges'tif** [diʒɛstif] (der, -s, -s) alkoholisches Verdauungsgetränk nach dem Essen [frz.]
**Di'ges'ti'on** (die, -, -ti'o'nen) **1** Auslaugung **2** Verdauung [lat.]

D

**di'ges'tiv** (Adj.) verdauungsfördernd [lat.]
**Di'ges'ti'vum** (das, -s, -va) verdauungsförderndes Mittel (Med.)
**Di'git** [-dʒɪ] (das, -s, -s) elektronische Anzeigeneinheit; z.B. eine Ziffer [lat.-engl.]
**di'gi'tal** (Adj.) **1** mit den Fingern **2** als Digit darstellbar [lat.]
**Di'gi'tal-Ana'log-Kon'ver'ter** (der, -s, -) Gerät, das digitale Signale in analoge umwandelt (EDV.)
**Di'gi'tal-Ana'log-Wand'ler** (der, -s, -) = Digital-Analog-Konverter
**di'gi'ta'li'sie'ren** (V.) Darstellung jeglicher Information in Ziffern [lat.-engl.]
**Di'gi'tal'rech'ner** (der, -s, -) mit Binärziffern arbeitender elektronischer Rechner
**Di'gi'tal'ton'band** (das, -(e)s, -bän'der) Magnetband, das Schallwellen in digitalisierter Form speichert
**Di'gi'tal Na'tive** (der/die, - -s, - -s) Person, die routiniert ist im Umgang mit digitalen Technologien, weil sie mit ihnen aufgewachsen ist [engl.]
**Di'gi'tal'uhr** (die, -, -en) Uhr, die die Zeit in Ziffern, nicht mit Zeigern angibt
**Di'gi'to'xin** (das, -s, nur Ez.) Gift, das aus Digitalisblättern gewonnen wird
**Di'gi'tus** (der, -, -ti) **1** Finger **2** Zehe [lat.]
**Di'glos'sie** (die, -, -n) Zweisprachigkeit in einem Gebiet, wobei eine Hoch-, die andere Umgangssprache ist
**Di'glyph** (der, -s, -e) architektonisches Element, eine Platte mit zwei Streifen [gr.]
**Di'gni'tar** (der, -s, -e) Würdenträger (der kath. Kirche) [lat.]
**Di'gni'tär** (der, -s, -e) = Dignitar
**Di'gni'tät** (die, -, nur Ez.) Amt eines Dignitars
**Di'gres'si'on** (die, -, -si'onen) Abweichung, Abschweifung [lat.]
**di'hy'brid** (Adj.) sich in zwei Erbmerkmalen unterscheidend (Bio.)
**Di'jam'bus** (der, -, -ben) doppelter Jambus [gr.-lat.]
**di'ju'di'zie'ren** (V.) urteilen, etwas entscheiden [lat.]
**Di'ka'ry'ont** (das, -s, nur Ez.) Zweikernstadium [gr.-lat.]
**Di'kas'te'ri'um** (das, -s, -ri'en) Gerichtshof im antiken Griechenland [gr.-lat.]
**Di'ke'ri'on** (der, -s, -ri'en) zweiarmiger Leuchter [gr.]
**di'klin** (Adj.) eingeschlechtig (bei Blüten) [gr.]
**Di'ko'ty'le** (die, -, -n) zweikeimblättriges Gewächs [gr.-lat.]
**Di'ko'ty'le'do'ne** (die, -, -n) = Dikotyle
**Di'kro'tie** (die, -, -n) Doppelschlag des Pulses [gr.-lat.]
**Dik'ta'fon** *auch:* Dik'ta'phon (das, -s, -e) Diktiergerät [lat.gr.]
**Dik'tat** (das, -s, -e) **1** das Vorsagen eines Textes, der nachgeschrieben werden muss, Nachschrift **2** etwas Aufgezwungenes, Befehl [lat.]
**Dik'ta'tor** (der, -s, -to'ren) Herrscher in einer Diktatur
**dik'ta'to'risch** (Adj.) wie ein Diktator, unumschränkt herrschend
**Dik'ta'tur** (die, -, -en) politische Machtform eines unumschränkten Herrschers [lat.]
**dik'tie'ren** (V.) **1** so sprechen, dass der Text nachgeschrieben werden kann **2** aufzwingen, befehlen [lat.]
**Dik'ti'on** (die, -, -ti'onen) Ausdrucksweise; Schreibstil [lat.]
**Dik'ti'o'när** (das oder der, -s, -e) Wörterbuch (veraltet) [frz.]
**Dik'tum** (das, -s, -ta) Ausspruch [lat.]
**Dik'ty'o'ge'ne'se** (die, -, -n) großflächige Bewegungsformen der Erdkruste (Geol.) [gr.-lat.]
**di'la'ta'bel** (Adj.) dehnbar [lat.]
**Di'la'ta'ti'on** (die, -, -ti'onen) Ausdehnung, Erweiterung [lat.]
**Di'la'ta'ti'ons'fu'ge** (die, -, -n) Fuge bei langen Bauwerken, um keine Spannung im Gemäuer aufkommen zu lassen
**Di'la'ta'tor** (der, -s, -to'ren) **1** erweiternder Muskel **2** Gerät zur Dehnung von Körperhöhlen (Med.)
**di'la'tie'ren** (V.) ausdehnen; erweitern [lat.]
**Di'la'ti'on** (die, -, -ti'onen) Aufschub, Verzögerung [lat.]
**di'la'to'risch** (Adj.) aufschiebend, verzögernd [lat.]
**Dil'do** (der, -s, -s) künstlicher Penis
**Di'lem'ma** (das, -s, -s) Zwangslage [gr.]
**Di'let'tant** (der, -en, -en) **1** Laie **2** Pfuscher [lat.-it.]
**di'let'tan'tisch** (Adj.) wie ein Dilettant [it.]

**Dilettantismus** (der, -, nur Ez.) Betätigung eines Dilettanten [it.-nlat.]
**dilettieren** (V.) sich als Dilettant betätigen
**Diligence** [-ʒɑ̃ːs] (die, -, -n) Eilpostkutsche
**Diligenz** (die, -, nur Ez.) Sorgfalt, Fleiß [lat.]
**diluieren** (V.) verdünnen [lat.]
**Dilution** (die, -, -en) Verdünnung (Med.)
**Dimension** (die, -, -sionen) **1** Körperausdehnung, Richtungserstreckung **2** Bereich; z.B. ein Vorfall in der Dimension des Unfassbaren [lat.]
**dimensional** (Adj.) zur Dimension gehörig, die Ausdehnung betreffend
**dimensionieren** (V.) in den Dimensionen bestimmen
**dimer** (Adj.) zweiteilig (von Molekülen) [gr.]
**Dimerisation** (die, -, -en) Verbindung zweier gleicher Teilchen (Chem.)
**Dimeter** (der, -s, -) Vers aus zwei gleichen Metren [gr.]
**diminuendo** (Adv.) langsam leiser werdend (bei Musikstücken) [it.]
**diminuieren** (V.) verkleinern, vermindern
**Diminution** (die, -, -tionen) das Diminuieren
**diminutiv** (Adj.) verkleinernd [lat.]
**Diminutiv** (das, -s, -e) sprachliche Verkleinerungsform; z.B. ein Wort mit der Endsilbe -chen oder -lein [lat.]
**Diminutivsuffix** (das, -es, -e) Nachsilbe, die ein Wort in die Verkleinerungsform setzt (Sprachwissenschaft)
**Diminutivum** (das, -s, -va) = Diminutiv
**Dimission** (die, -, -sionen) = Demission
**dimittieren** (V.) entlassen (veraltet) [lat.]
**Dimmer** (der, -s, -) stufenloser Lichtschalter, Helligkeitsregler [engl.]
**dimorph** (Adj.) zweigestaltig [gr.]
**Dimorphie** (die, -, -n) Zweigestaltigkeit (chemischer Verbindungen) [gr.]
**Dimorphismus** (der, -, -men) Zweigestaltigkeit (bei Lebewesen) [gr.-nlat.]
**DIN** (ohne Art.) Abk. für „**D**eutsche **I**ndustrie**n**orm“, ein Normformat
**Dinanderie** (die, -, -n) Messingarbeit [frz.]
**Dinar** (der, -s, -e oder -) eine Währungseinheit (u.a. in Algerien) [lat.]
**dinarisch** (Adj.) zu den Dinariden gehörig
**Diner** [-neː] (das, -s, -s) festliches (Abend-) Essen [frz.]
**DIN-Format** (das, -(e)s, -e) genormtes Papierformat
**Dingo** (der, -s, -s) australischer Wildhund
**dinieren** (V.) in etwas festlicherem Rahmen speisen [lat.-frz.]
**Diningroom** [daɪnɪŋruːm] (der, -s, -s) Speisezimmer [engl.]
**Dinks** (nur Mz.) Kurzwort für engl. **d**ouble **i**ncome **n**o **k**ids, kinderloses Paar mit zwei Einkommen [engl.]
**Dinner** (das, -s, -s) **1** festliches Abendessen **2** Hauptmahlzeit (in England) [frz.-engl.]
**Diode** (die, -, -n) elektronisches Bauelement mit zwei Elektroden [gr.]
**Diolen** (das, -s, nur Ez.) eine reißfeste Kunstfaser (Warenzeichen) [Kunstwort]
**Dionysien** (nur Mz.) Weinfest zu Ehren des altgriechischen Gottes Dionysos; rauschhaftes Fest
**dionysisch** (Adj.) rauschhaft
**Diopsid** (der, -s, -e) ein Mineral [gr.-lat.]
**Dioptas** (der, -, -e) ein Mineral [gr.-lat.]
**Diopter** (das, -s, -) optische Visier-, Zielvorrichtung [gr.]
**Dioptrie** (die, -, -n) Maßeinheit des optischen Brechwerts; z.B. des Auges [gr.]
**Dioptrik** (die, -, nur Ez.) Lehre von der Lichtbrechung [gr.-lat.]
**dioptrisch** (Adj.) durchsichtig, zur Dioptrie gehörend
**Diorama** (das, -s, -men) plastischer (originalgroßer) Schaubildkasten [gr.]
**Diorismus** (der, -, -men) Begriffsbestimmung [gr.]
**Diorit** (der, -s, -e) ein Gestein [gr.]
**Dioskuren** (nur Mz.) unzertrennliche Freunde, „Kastor und Pollux“ [gr.]
**Dioxan** (das, -s, nur Ez.) eine organische Verbindung, Lösungsmittel
**Dioxid** *auch:* Dioyxd (das, -s, -e) Oxid mit zwei Sauerstoffatomen [gr.-nlat.]
**Dioxin** (das, -s, nur Ez.) ein Kohlenwasserstoff, Umweltgift [gr.-nlat.]
**Dioxyd** (das, -(e)s, -e) = Dioxid
**diözesan** (Adj.) zu einer Diözese gehörig

D

D

**Diözesan** (der, -en, -en) Mitglied einer Diözese [gr.-lat.]
**Diözese** (die, -, -n) Bistum [gr.]
**Diözie** (die, -, nur Ez.) Zweihäusigkeit bei Pflanzen
**diözisch** (Adj.) mit männlichen und weiblichen Blüten auf verschiedenen Pflanzenindividuen, zweihäusig [gr.]
**Dip** (der, -s, -s) dickflüssige, kalte Würztunke; z.B. zum Eintauchen von Staudensellerie, Grissini oder Crackers [engl.]
**DIP** (Abk. für **D**ual **I**nline **P**ackage); Chip mit zwei Anschlussreihen [engl.]
**Dipeptid** (das, -s, -e) Eiweißkörper [gr.-lat.]
**Dipeptidase** (die, -, -n) Dipeptide spaltendes Enzym [gr.-lat.]
**Diphtherie** [dɪftəriː] (die, -, -n) eine Infektionskrankheit, Rachenbräune [gr.]
**diphtherisch** (Adj.) durch Diphtherie verursacht [gr.-lat.]
**diphtheroid** (Adj.) **1** der Diphtherie ähnlich **2** die Diphtherie betreffend [gr.-lat.]
**Diphthong** [dɪftɔ̃] (der, -s, -e) Zwielaut; z.B. „au, ei, eu" [gr.]
**Diphthongie** (die, -, -n) gleichzeitige Bildung zweier verschiedener Töne [gr.-lat.]
**diphthongieren** (V.) einen Vokal zum Diphthong entwickeln [gr.-lat.]
**diphthongisch** (Adj.) **1** einen Diphthong enthaltend **2** als Diphthong lautend (in der Sprachwissenschaft)
**diphyletisch** (Adj.) stammesgeschichtlich auf zwei Ursprünge zurückzuleiten (Bio.)
**Diplakusis** (die, -, nur Ez.) einen Ton auf beiden Ohren verschieden hören [gr.-lat.]
**Diplegie** (die, -, -n) doppelseitige Lähmung [gr.-lat.]
**Diplodokus** (der, -, -ken) ausgestorbene Riesenechse [gr.-lat.]
**diploid** (Adj.) mit doppeltem Chromosomensatz [gr.]
**Diploidie** (die, -, nur Ez.) das Vorhandensein des vollständigen, also normalen (doppelten) Chromosomensatzes im Zellkern (Biol.) [gr.-nlat.]
**Diplom** (das, -s, -e) **1** ehrende Urkunde **2** akademischer Grad [gr.]
**Diplomand** (der, -en, -en) jmd., der sich auf eine Diplomprüfung vorbereitet
**Diplomat** (der, -en, -en) **1** Beamter im auswärtigen Dienst **2** jmd., der gewandt verhandelt [frz.]
**Diplomatie** (die, -, nur Ez.) **1** alle Diplomaten (eines Landes) **2** Verhandlungskunst [gr.]
**Diplomatik** (die, -, nur Ez.) Urkundenlehre
**Diplomatiker** (der, -s, -) Urkundenforscher
**diplomatisch** (Adj.) **1** zu den Diplomaten gehörig, sie betreffend **2** verhandlungsgewandt
**diplomieren** (V.) ein Diplom verleihen
**Diplont** (der, -en, -en) tierischer oder pflanzlicher Organismus [gr.-lat.]
**Diplopie** (die, -, nur Ez.) Doppeltsehen [gr.]
**Dipodie** (die, -, -n) Metrum mit zwei gleichen Versfüßen [gr.]
**dipodisch** (Adj.) wie eine Dipodie
**Dipol** (der, -s, -e) Gegenstand, Vorrichtung mit zwei gleich starken, entgegengesetzten Polen [gr.]
**Dipolantenne** (die, -, -n) Antenne mit zwei elektrisch leitenden Teilen
**dippen** (V.) **1** mit der Flagge durch kurzes Niederholen und Wiederaufziehen grüßen (Seemannssprache) **2** in einen Dip eintunken [engl.]
**Dipsomane** (der oder die, -n, -n) Trunksüchtige(r) [gr.-lat.]
**Dipsomanie** (die, -, -n) Quartalsäuferei [gr.]
**Dipteren** (die, nur Mz.) Zweiflügler (Mücke, Fliege) [gr.]
**Diptychon** (das, -s, -tychen) **1** zusammenklappbares Schreibtäfelchen (früher) **2** zweiteiliges Altarbild [gr.]
**Dipylonkultur** (die, -, nur Ez.) eisenzeitliche Kultur in Griechenland [gr.-lat.]
**Dipylonstil** (der, -s, nur Ez.) Stil frühgriechischer Vasenmalerei
**Dipylonvasen** (nur Mz.) Tongefäße der griechischen Vasenmalerei
**Dirae** (nur Mz.) altrömische Schmähverse [lat.]
**Direct Costing** [daɪrekt kɒstɪŋ] (das, -, -s) Sammelbegriff für verschiedene Teilkostenrechnungen [engl.]

**Di̱rect Mai̱ling** [daɪrektmeɪ-] (das, -(s), -s) Direktwerbung durch Zusenden von Werbematerial mit Rückantwortkarte [engl.]
**Di̱rect Maṟke̱ting** *auch:* Di̱rekṯmaṟke-ting (das, (-) -s, nur Ez.) Werbemaßnahme, die sich direkt an eine bestimmte Zielgruppe richtet [engl.]
**Di̱rec̱toire** [-twaːr] (das, -s, nur Ez.) französischer Kunststil zur Zeit des Direktoriums [lat.-frz.]
**Di̱rec̱tor's Cut** [daɪrɛktəs kʌt] (der, - -s, - -s) favorisierte Spielfilmfassung eines Regisseurs, die von der veröffentlichten Version der Filmproduktionsfirma abweicht [engl.]
**di̱rekt** (Adj.) unmittelbar [frz.]
**Di̱reḵti̱on** (die, -, -ti̱o̱nen) Leitung (eines Geschäfts) [frz.]
**di̱reḵtiv** (Adj.) Regeln zum Verhalten aufstellend [lat.]
**Di̱reḵti̱ve** (die, -, -n) Anweisung, Befehl [frz.]
**Di̱rekṯmaṉdat** (das, -s, -e) persönlich im Wahlkreis errungenes Mandat
**Di̱rekṯmaṟke̱ting** (das, (-) -s, nur Ez.) = Direct Marketing
**Di̱reḵtor** (der, -s, -to̱ren) Leiter, Vorsteher [lat.]
**Di̱reḵto̱rat** (das, -s, -e) Amt, Zimmer eines Direktors
**di̱reḵto̱ri̱al** (Adj.) einem Direktor angemessen, von einem Direktor initiiert, einem Direktor entsprechend [lat.]
**Di̱reḵto̱ri̱um** (das, -s, -ri̱en) **1** alle Direktoren, Vorstandsgruppe
**Di̱reḵtri̱ce** [-sə] (die, -, -n) leitende Angestellte (in der Bekleidungsbranche) [frz.]
**Di̱reṯtis̱si̱ma** (die, -, -s) Direktstrecke (zu einem Berggipfel) [it.]
**di̱reṯtis̱si̱mo** (Adj.) den direkten Weg nehmend [it.]
**Di̱rex** (der, -, -e) Kürzel für Direktor einer Schule (ugs.) [lat.]
**Dirge** [dɜːdʒ] (das, -, -s) Trauergedicht, Klagelied [lat.-engl.]
**Diṟham** (der, -(s), -s oder -) eine Währungseinheit (u.a. in Marokko, Kuwait) [gr.-arab.]
**Dirigent** (der, -en, -en) Leiter (eines Orchesters, Chores) [lat.]
**di̱ri̱gie̱ren** (V.) **1** musikalisch leiten und interpretieren; z.B. durch Anzeigen der Einsätze, des Tempos **2** lenken, lotsen [lat.]
**Di̱ri̱gis̱mus** (der, -s, nur Ez.) teilweise Wirtschaftslenkung (durch den Staat) [lat.]
**di̱ri̱gis̱tisch** (Adj.) in d. Art d. Dirigismus
**di̱ri̱mie̱ren** (V.) trennen, sich lösen [lat.-frz.]
**Dirt-Track-Reṉnen** [dɜrttræk-] (das, -s, -) Fahrrad- oder Motorradrennen auf einer Aschenbahn [engl.]
**diṟty** [dɜrti] (Adj.) drogensüchtig (ugs.) [engl.]
**Dis̱agio** [-aːdʒo] (das, -s, nur Ez.) Unterschiedsbetrag zwischen Nenn- und Kurswert (bei Aktien) [it.]
**dis̱am̱bi̱gu̱ie̱ren** (V.) sprachlich eindeutig machen; z.B. „Tor/Tor" durch Hinzufügen des Artikels „der Tor/das Tor" [lat.]
**Disc̱jo̱ckey** (der, -s, -s) = Diskjockey [engl.]
**Disc̱man** (der, -s, -s) tragbarer CD-Spieler [engl.]
**Dis̱count** [-kaʊnt] (der, -s, nur Ez.) Einzelhandel ohne Kundendienst, mit rein prakt. Gestaltung, „Billighandel, -laden" [engl.]
**Dis̱counṯla̱den** [-kaʊnt-] (der, -s, -läden) Einzelhandelsgeschäft mit Großmarktpreisen
**Dis̱eṉgage̱ment** [-geɪdʒ-] (das, -s, nur Ez.) politische Entspannung durch waffenfreie, neutrale Zonen, die die Machtblöcke „auseinander rücken" [engl.]
**Di̱seur** [-zøːɐ] (der, -s, -e) Vortragskünstler
**Di̱seu̱se** [-zøːzə] (die, -, -n) Vortragskünstlerin [frz.]
**dis̱gru̱ent** (Adj.) nicht übereinstimmend [lat.]
**Dis̱haṟmo̱nie** (die, -, -n) fehlende Harmonie, Missstimmigkeit [lat.]
**dis̱haṟmo̱nie̱ren** (V.) nicht einig sein, nicht zusammenstimmen [gr.-lat.]
**dis̱haṟmo̱nisch** (Adj.) **1** einen Missklang erzeugend **2** uneinig [gr.-lat.]
**Dis̱jeḵti̱on** (die, -, -ti̱o̱nen) Persönlichkeitsspaltung als Traumerlebnis [lat.]

D

**dis'junkt** (Adj.) getrennt, lückenhaft [lat.]
**Dis'junk'ti'on** (die, -, -ti'o'nen) 1 das Disjunktsein 2 logisches Einanderausschließen
**dis'junk'tiv** (Adj.) einander ausschließend (aber auf höherer Abstraktionsebene doch zusammengehörig) [lat.]
D
**Dis'kant** (der, -s, -e) höchste Stimmlage (einer Sängerin, eines Instruments) [lat.]
**Dis'kant'schlüs'sel** (der, -s, nur Ez.) Sopranschlüssel (Mus.)
**Dis'ket'te** (die, -, -n) schallplattenähnlicher EDV-Speicher [engl.-frz.]
**Disk'jo'ckey** *auch:* Disc'jo'ckey [-dʒɔkɪ] (der, -s, -s) Schallplattenaufleger (und -ansager) [engl.]
**Dis'ko** (die, -, -s) = [Kurzwort] Diskothek
**Dis'ko'gra'fie** *auch:* Dis'ko'gra'phie (die, -, -n) Verzeichnis über die veröffentlichten Tonträger eines bestimmten Interpreten oder Komponisten (Mus.)
**dis'ko'i'dal** (Adj.) scheibenförmig
**Dis'ko'lo'gie** (die, -, nur Ez.) Aufgabengebiet, das sich dem Verhältnis Musik-Tonträger widmet
**Dis'kont** (der, -s, -e) Zinsabzug, -vergütung [lat.-it.]
**Dis'kon'ten** (nur Mz.) inländische Wechsel [lat.-it.]
**Dis'kont'ge'schäft** (das, -s, -e) Wechselgeschäft
**dis'kon'tie'ren** (V.) 1 den Diskont abziehen 2 Wechsel vor der Fälligkeit mit Zinsvergütung kaufen [it.]
**dis'kon'ti'nu'ier'lich** (Adj.) nicht kontinuierlich, unterbrochen [lat.]
**Dis'kon'ti'nu'i'tät** (die, -, -en) zeitliche oder räumliche Unterbrechung
**Dis'kont'ra'te** (die, -, -n) = Diskontsatz
**Dis'kont'satz** (der, -es, -sät'ze) der der Diskontberechnung zu Grunde liegende Zinssatz
**Dis'ko'pa'thie** (die, -, -n) Bandscheibenleiden [gr.-lat.]
**dis'kor'dant** (Adj.) nicht übereinstimmend [lat.]
**Dis'kor'danz** (die, -, -en) das Diskordantsein [lat.-nlat.]
**Dis'ko'sound** (der, -s, -s) Musikstil [engl.]
**Dis'ko'thek** (die, -, -en) 1 Lokal mit Soundmaschinen 2 Schallarchiv (veraltet) [gr.-engl.]
**Dis'ko'the'kar** (der, -s, -e) Verwalter einer Diskothek (2); z.B. Rundfunkarchiv
**Dis'kre'dit** (der, -es, nur Ez.) schlechter Ruf [lat.-it.-frz.]
**dis'kre'di'tie'ren** (V.) in Misskredit bringen [lat.]
**dis'kre'pant** (Adj.) widersprüchlich, zwiespältig [lat.]
**Dis'kre'panz** (die, -, -en) Widersprüchlichkeit
**dis'kret** 1 vertraulich 2 rücksichtsvoll [frz.]
**Dis'kre'ti'on** (die, -, -ti'o'nen) Geheimhaltung, Verschwiegenheit
**dis'kre'ti'o'när** (Adj.) dem Urteil des Partners überlassend
**Dis'kri'mi'nan'te** (die, -, -n) mathemat. Entscheidungswert [lat.]
**Dis'kri'mi'na'ti'on** (die, -, -ti'o'nen) das Diskriminieren
**Dis'kri'mi'na'tor** (der, -s, -to'ren) Elektronenröhrenschaltung [lat.]
**dis'kri'mi'na'to'risch** (Adj.) diskriminierend
**dis'kri'mi'nie'ren** (V.) aussondernd und ungerecht behandeln, herabsetzen [lat.]
**Dis'kri'mi'nie'rung** (die, -, -en) das Diskriminieren [lat.]
**dis'kul'pie'ren** (V.) entschuldigen, rechtfertigen [lat.-frz.]
**dis'kur'rie'ren** (V.) erörtern [frz.]
**Dis'kurs** (der, -es, -e) Erörterung [lat.]
**dis'kur'siv** (Adj.) durch Erörterung fortschreitend [lat.]
**Dis'kus** (der, -, -kus'se) 1 Sportgerät, schwere Wurfscheibe 2 etw. Scheiben-, Tellerförmiges; z.B. ein orthodox. Altargerät [gr.]
**Dis'kus'her'nie** (die, -, -n) Bandscheibenvorfall [gr.-lat.]
**Dis'kus'si'on** (die, -, -si'o'nen) Aussprache, Meinungsgespräch [lat.]
**dis'ku'ta'bel** (Adj.) erwägenswert [frz.]
**Dis'ku'tant** (der, -en, -en) Diskussionsteilnehmer [lat.]
**dis'ku'tie'ren** (V.) eine Diskussion führen
**Dis'lo'ka'ti'on** (die, -, -ti'o'nen) Lageveränderung [lat.]
**Dis'lo'ka'ti'ons'be'ben** (das, -s, -) durch tektonische Verschiebungen verursachtes Erdbeben [lat.]
**dis'lo'yal** (Adj.) 1 gegen die Regierung eingestellt 2 untreu gegenüber jmdm. [lat.-frz.]

**dislozieren** (V.) die Lage verändern [lat.]
**Dislozierung** (die, -, -en) = Dislokation
**Dismembration** (die, -, -tionen) 1 Landzerstückelung bei Erbschaften 2 Zerfall eines Staates [lat.]
**Dismembrator** (der, -s, -toren) Zerkleinerer [lat.]
**Dispache** [-paʃ] (die, -, -n) Schadensverteilung (bei Havarie) [it.-frz.]
**Dispacheur** [-ʃøːɐ] (der, -s, -e) Sachverständiger für Dispachen
**dispachieren** (V.) eine Dispache machen
**disparat** (Adj.) ungleichartig [lat.]
**Disparität** (die, -, -en) Ungleichartigkeit [lat.]
**Dispatcher** [-pætʃə] (der, -s, -) Produktionsplaner, -überwacher [engl.]
**Dispens** (der oder die, -es oder -, -e oder -en) Ausnahmegenehmigung (im Kirchenrecht) [lat.]
**dispensabel** (Adj.) verzeihlich, entschuldbar [lat.]
**Dispensarium** (das, -s, -rien) Arzneibuch [lat.]
**Dispensation** (die, -, -tionen) das Dispensieren
**Dispensatorium** (das, -s, -rien) = Dispensarium
**Dispenser** (der, -s, -) verkaufsförderndes Hilfsmittel wie Warenständer, Verkaufsbox oder übergroße, leere Verpackungen [engl.]
**dispensieren** (V.) 1 freistellen 2 Medikamente bereiten und abgeben [lat.]
**Dispensierung** (die, -, -en) = Dispensation
**Dispergens** (das, -, -genzien oder -gentia) Lösungsmittel [lat.]
**dispergieren** (V.) fein verteilen [lat.]
**Dispermie** (die, -, -n) das Eindringen zweier Spermatozoen in dieselbe Eizelle [gr.-lat.]
**dispers** (Adj.) fein verteilt [lat.]
**Dispersants** (nur Mz.) Beimengungen zum Schmieröl, die Ablagerungen verhindern [lat.-engl.]
**Dispersion** (die, -, -sionen) 1 feinste Verteilung schwebender Stoffteilchen in einem anderen Stoff 2 Zerlegung des Lichts (durch Prismenbrechung) [lat.]
**Dispersität** (die, -, -en) Dispersionsverteilungsgrad [lat.]
**Dispersum** (das, -s, -s) Stoff in feinster Verteilung in einem Dispergens (Chem.)
**Displaced Person** [dɪspleɪst pɜrsn] (die, - -, - -s) nach Deutschland während des Zweiten Weltkrieges verschleppte Ausländer [engl.]
**Display** [-pleɪ] (das, -s, -s) 1 Dekorationsmaterial (für die Schaufensterwerbung) 2 Ablesefenster; z.B. am Personalcomputer, an elektronischen Schreibmaschinen [engl.]
**Displayer** [-pleɪ-] (der, -s, -) jmd., der Displays (1) entwirft
**Dispo** (der, -s, -s) Abk. für Dispositionskredit
**Dispondeus** (der, -, -deen) doppelter Spondeus [gr.-lat.]
**Disponenden** (nur Mz.) Bücher, die ein Sortimentsbuchhändler nicht absetzen kann u. mit Verlagsgenehmigung weiter lagert [lat.]
**Disponent** (der, -en, -en) Verfügungsberechtigter [lat.]
**disponibel** (Adj.) verfügbar [frz.]
**Disponibilität** (die, -, nur Ez.) Verfügbarkeit [lat.]
**disponieren** (V.) 1 einteilen 2 verfügen [lat.]
**disponiert** (Adj.) aufgelegt, empfänglich [lat.]
**Disposition** (die, -, -tionen) 1 Wartestand; z.B. zur Disposition stehende Hilfskräfte 2 Plan; z.B. die Disposition für einen Vortrag treffen 3 Empfänglichkeit; z.B. die Disposition für eine Krankheit [lat.]
**dispositionsfähig** (Adj.) geschäftsfähig
**Dispositionsfonds** (der, -, nur Ez.) frei verfügbarer Posten des Staatshaushalts
**Dispositionskredit** (der, -es, -e) Überziehungskredit
**dispositiv** (Adj.) verfügend, anordnend [lat.]
**Dispositiv** (das, -s, -e) Willenserklärung
**Dispositor** (der, -s, -oren) der die in einem Tierkreiszeichen befindlichen Himmelskörper beherrschende Planet
**Disproportion** (die, -, -tionen) Missverhältnis [lat.]

**Dis'pro'por'ti'o'na'li'tät** (die, -, -en) Missverhältnis [lat.]
**dis'pro'por'ti'o'niert** (Adj.) unproportioniert, im Missverhältnis [lat.]
**Dis'put** (der, -s, -e) Wortgefecht, Streit [lat.]
**dis'pu'ta'bel** (Adj.) strittig [lat.]
**Dis'pu'tant** (der, -en, -en) an einem Disput Teilnehmender [lat.]
**Dis'pu'ta'ti'on** (die, -, -ti'onen) wissenschaftliches Streitgespräch [lat.]
**dis'pu'tie'ren** (V.) ein Wortgefecht, wissenschaftliches Streitgespräch führen [lat.]
**Dis'qua'li'fi'ka'ti'on** (die, -, -ti'onen) **1** (nur Ez.) das Nichteignen **2** Ausschluss aus einem sportlichen Wettbewerb [lat.]
**dis'qua'li'fi'zie'ren** (V.) **1** die Nichteignung zeigen **2** von einem sportlichen Wettbewerb ausschließen [lat.]
**Dis'qua'li'fi'zie'rung** (die, -, -en) = Disqualifikation
**dis'se'cans** (Adj.) trennend, spaltend [lat.]
**Dis'se'mi'na'ti'on** (die, -, -ti'onen) Ausbreitung von Krankheitserregern oder einer Seuche (Med.) [lat.]
**dis'se'mi'niert** (Adj.) verbreitet, verstreut [lat.]
**Dis'sens** (der, -es, -e) Meinungsverschiedenheit [lat.]
**dis'sen'tie'ren** (V.) abweichender Meinung sein [lat.]
**Dis'ser'tant** (der, -en, -en) jmd., der an einer Doktorarbeit schreibt [lat.]
**Dis'ser'ta'ti'on** (die, -, -ti'onen) Doktorarbeit [lat.]
**dis'ser'tie'ren** (V.) eine Dissertation schreiben
**dis'si'dent** (Adj.) anders denkend, in der Meinung abweichend [lat.-engl.]
**Dis'si'dent** (der, -en, -en) **1** Abweichler (in kommunistischen Ländern) **2** Freidenker, Freireligiöser [lat.]
**Dis'si'denz** (die, -, -en) Widerstands-, Oppositionsbewegung
**Dis'si'di'en** (nur Mz.) Streitpunkte [lat.]
**dis'si'die'ren** (V.) **1** anders denken (veraltet) **2** aus der Kirche austreten (veraltet) [lat.]
**Dis'si'mi'la'ti'on** (die, -, -ti'onen) **1** Verfremdung **2** chemischer Abbau (hin zu einfachen, energiearmen Strukturen) [lat.]
**dis'si'mi'lie'ren** (V.) eine Dissimilation durchmachen
**Dis'si'mu'la'ti'on** (die, -, -ti'onen) bewusstes Verheimlichen einer Krankheit [lat.]
**dis'si'mu'lie'ren** (V.) verheimlichen (einer Krankheit) [lat.]
**Dis'si'pa'ti'ons'sphä're** (die, -, nur Ez.) äußerste Schicht der Erdatmosphäre
**dis'so'lu'bel** (Adj.) löslich (Chemie) [lat.]
**dis'so'lut** (Adj.) zügellos, haltlos [lat.]
**Dis'so'lu'ti'on** (die, -, -ti'onen) Auflösung, Trennung [lat.]
**Dis'sol'vens** (das, -, -ven'zi'en oder -ven'tia) auflösendes Mittel (Med.)
**Dis'sol'ven'ti'a** (nur Mz.) sich auflösende Arzneimittel (Med.)
**dis'sol'vie'ren** (V.) auflösen [lat.]
**dis'so'nant** (Adj.) **1** als Dissonanz erscheinend, misstönend **2** unstimmig
**Dis'so'nanz** (die, -, -en) **1** Klang, der zu einer Auflösung drängt (Mus.) **2** Unstimmigkeit [lat.]
**dis'so'nie'ren** (V.) in einer Dissonanz zusammenklingen; schlecht übereinstimmen
**dis'so'zi'al** (Adj.) unfähig, sich in die Gesellschaft einzuordnen [lat.-frz.-engl.]
**Dis'so'zi'a'li'tät** (die, -,nur Ez.) dissoziales Verhalten
**Dis'so'zi'a'ti'on** (die, -, -ti'onen) **1** psychischer Vorgang, in dessen Verlauf es zum Zerfall zusammengehöriger Denk- und Handlungsabläufe kommt **2** Molekülzerfall in einfache Bestandteile; z.B. Ionen [lat.]
**Dis'so'zi'a'ti'ons'kon'stan'te** (die, -, -n) Gleichgewichtskonstante bei der Teilung von Molekülen (Chem.)
**dis'so'zi'a'tiv** (Adj.) zur Dissoziation gehörig
**dis'so'zi'ie'ren** (V.) eine Dissoziation durchlaufen
**Dis'su'a'si'on** (die, -, -si'onen) Abschreckung [lat.]
**dis'tal** (Adj.) weiter entfernt liegend (als andere Teile zu einem Körperzentrum) [lat.]
**Dis'tanz** (die, -, -en) **1** Abstand, Entfernung **2** Zurückhaltung, Verständnisgrad; z.B. die Distanz gegenüber anderen Menschen **3** Wegstrecke; z.B. die Distanz eines Rennens **4** Zeit, Rundenzahl (im Boxen) [lat.]

**dis'tan'zie'ren** (V.) 1 abrücken; z.B. sich von einer Person distanzieren 2 hinter sich lassen; z.B. Läufer, die sich vom Feld distanzieren [lat.]
**dis'tan'ziert** (Adj.) zurückhaltend, auf einen angemessenen Abstand bedacht [lat.]
**Dis'tanz'kom'po'si'ti'on** (die, -, -ti'o̱nen) unfeste Zusammensetzung bei Verben
**Dis'tanz'ritt** (der, -(e)s, -e) Ritt über eine längere Strecke (Sport)
**Dis'tanz'wech'sel** (der, -s, -) Wechsel mit unterschiedlichem Ausstellungs- und Zahlungsort (Wirtsch.)
**Dis'tar'lin'se** (die, -, -n) Vorsatzlinse zur Brennweitenvergrößerung fotografischer Objektive [lat.-dt.]
**Di'sti'cho'my'thie** (die, -, -n) Dialogform im Versdrama, die aus zwei Verszeilen besteht [gr.-lat.]
**Di'sti'chon** (das, -s, -chen) ein Verspaar (aus Hexameter und Pentameter) [gr.]
**Di'stin'gem** (das, -s, -e) distinktives Sprachzeichen [lat.]
**di'stin'guie'ren** [-giːrən] (V.) unterscheiden, sich von etwas oder jmdm. abheben [lat.]
**di'stin'guiert** [-giːrt] (Adj.) vornehm, gewählt
**di'stinkt** (Adj.) abgegrenzt, deutlich [lat.]
**Di'stink'ti'on** (die, -, -ti'o̱nen) 1 (nur Ez.) Vornehmheit, Gewähltheit 2 Unterscheidungsmerkmal [frz.]
**Dis'tor'si'on** (die, -, -si'o̱nen) Verstauchung [lat.]
**dis'tra'hie'ren** (V.) auseinander ziehen [lat.]
**Dis'trak'ti'on** (die, -, -ti'o̱nen) das Distrahieren
**Dis'trak'tor** (der, -s, -to'ren) falsche Antwort, die bei Multiplechoicetests angeboten wird
**Dis'tri'bu'ent** (der, -en, -en) Verteiler [lat.]
**dis'tri'bu'ie'ren** (V.) verteilen, austeilen
**Dis'tri'bu'ti'on** (die, -, -ti'o̱nen) Verteilung, Verbreitung [lat.]
**dis'tri'bu'ti'o'nell** (Adj.) = distributional
**dis'tri'bu'tiv** (Adj.) verteilend [lat.]
**Dis'tri'bu'tiv'ge'setz** (das, -es, nur Ez.) Gesetz, das die Verknüpfungen mathematischer Größen bei Addition und Multiplikation regelt
**Dis'tri'bu'ti'vum** (das, -s, -va) Einteilungszahl; z.B. „je" in „je einer" [lat.]
**Di'strikt** (der, -s, -e) Verwaltungsbezirk [lat.]
**Dis'zes'si'on** (die -, -si'o̱nen) Abzug, Übertritt zu einer anderen Partei [lat.]
**Dis'zi'plin** (die, -, -en) 1 (nur Ez.) auferlegtes Verhalten, Zucht 2 Fachgebiet
**dis'zi'pli'när** (Adj.) zu einer Disziplin, einem Fachgebiet gehörig
**Dis'zi'pli'nar'ge'walt** (die, -, nur Ez.) Ordnungsgewalt
**dis'zi'pli'na'risch** (Adj.) mithilfe einordnender Gewalt, streng [lat.]
**dis'zi'pli'nell** (Adj.) = disziplinarisch
**dis'zi'pli'nie'ren** (V.) 1 zur Ordnung anhalten, erziehen 2 sich einer Disziplin unterwerfen, fügen 3 strafen, maßregeln [lat.]
**dis'zi'pli'niert** (Adj.) sich durch Disziplin einordnend, an sich haltend [lat.]
**Dis'zi'pli'nie'rung** (die, -, -en) 1 das (aktive) Disziplinieren 2 das (passive) Diszipliniertwerden
**dis'zi'plin'los** (Adj.) ohne Disziplin
**Di's'zis'si'on** *auch:* Di's'zi'si'o̱n (die, -, -si'o̱nen) Organ- oder Gewebeteilung durch Operation (Med.)
**Dit** [di̱] (das, -s, -s) altfranzösisches Lehrgedicht, in das eine Erzählung eingeflochten ist [lat.-frz.]
**Di'te'tro'de** (die, -, -n) spezielle Elektronenröhre [gr.-lat.]
**Di'the'ring** (das, -s, nur Ez.) Verfahren, mit dem auf dem Computerbildschirm nicht vorhandene Farben in der Darstellung simuliert werden
**Di'thy'ram'be** (die, -, -n) begeistertes Loblied
**di'thy'ram'bisch** (Adj.) begeistert [gr.-lat.]
**di'to** (Adv.) ebenso [it.-frz.]
**Di'tro'chä'us** (der, -, -en) Versfuß, doppelter Trochäus
**Dit'to'gra'fie** *auch:* Dit'to'gra'phi̱e (die, -, -n) 1 fehlerhafte Buchstabenwiederholung 2 doppelte Lesart
**Dit'to'lo'gie** (die, -, -n) doppeltes Aussprechen von Lauten, speziell beim Stottern [gr.-lat.]
**Di'ur'nal** (das, -s, -e) katholisches Gebetbuch, das die täglichen Gebete enthält [lat.]

D

**Di'ur'na'le** (das, -, -lia) = Diurnal
**Di'ur'num** (das, -s, -nen) Tagegeld [lat.]
**Di'va** (die, -, -s oder Diven) **1** gefeierter weiblicher Star **2** jmd., der sich extravagant benimmt [it.]
**Di'ver'bia** (nur Mz.) Dialoge in der altrömischen Komödie [lat.]
**di'ver'gent** (Adj.) abweichend, auseinander strebend [lat.]
**Di'ver'genz** (die, -, n) das Divergieren
**di'ver'gie'ren** (V.) abweichen, auseinander streben [lat.]
**di'ver'gie'rend** (Adj.) auseinander gehend, in entgegengesetzter Richtung strebend [lat.]
**di'vers** (Adj.) verschieden [lat.]
**Di'ver'sa** (nur Mz.) Vermischtes, Allerlei [lat.]
**Di'ver'sant** (der, -en, -en) Saboteur (ehem. DDR) [lat.-russ.]
**Di'ver'se** (Mz.) = Diversa
**Di'ver'si'fi'ka'ti'on** (die, -, -ti'onen) Angebots-, Fertigungsausweitung [lat.]
**di'ver'si'fi'zie'ren** (V.) ein Geschäft, eine Industrie auf neue Produkte umstellen [lat.]
**Di'ver'si'fi'zie'rung** (die, -, -en) = Diversifikation
**Di'ver'si'on** (die, -, -si'onen) Tätigkeit eines Diversanten
**Di'ver'si'tät** (die, -, nur Ez.) Vielfalt [lat.]
**di'ver'tie'ren** (V.) ergötzen [lat.-frz.]
**Di'ver'ti'kel** (das, -s, -) Ausbuchtung eines hohlen Organs (Med.) [lat.]
**Di'ver'ti'men'to** (das, -s, -s oder -ti) Folge tänzerisch heiterer Musikstücke [it.]
**Di'ver'tis'se'ment** [-tɪsmɑ̃] (das, -s, -s) = Divertimento [frz.]
**di'vi'de et im'pe'ra!** Teile und herrsche! [lat.]
**Di'vi'dend** (der, -en, -en) zu teilende Zahl
**Di'vi'den'de** (die, -, -n) Gewinnanteil (an einer Kapitalgesellschaft) [lat.]
**di'vi'die'ren** (V.) teilen (von Zahlen) [lat.]
**Di'vi'na'ti'on** (die, -, -ti'onen) Hellseherei [lat.]
**di'vi'na'to'risch** (Adj.) hellseherisch [lat.]
**Di'vi'ni'tät** (die, -, nur Ez.) Göttlichkeit [lat.]
**Di'vis** (das, -es, -e) Bindestrich; Trennungszeichen [lat.]
**di'vi'si** Vortragsanweisung in der Musik für die Streichergruppe
**di'vi'si'bel** (Adj.) teilbar [lat.]
**Di'vi'si'on** (die, -, -si'onen) **1** Teilung (von Zahlen) **2** großer Kampfverband [lat.]
**Di'vi'si'o'när** (der, -s, -e) Divisonsbefehlshaber (schweiz.) [frz.]
**Di'vi'si'o'nis'mus** (der, -, nur Ez.) Kunstrichtung in der modernen französischen Malerei [lat.]
**Di'vi'si'o'nist** (der, -nis'ten, -nis'ten) Anhänger des Divisionimus
**Di'vi'sor** (der, -s, -so'ren) Zahl, durch die geteilt wird [lat.]
**Di'vi'so'ri'um** (das, -, -ri'en) Blattklammer des Setzers in Gabelform, um die Vorlage zu halten [lat.]
**Di'vot** (der oder das, -s, -s) Rasenstück, das versehentlich beim Golf herausgeschlagen wurde (Sport)
**Di'vul'ga'tor** (der, -s, -to'ren) Propagandist [lat.]
**Di'vul'si'on** (die, -, -si'onen) gewaltsame Trennung (Med.) [lat.]
**Di'vus** römischer Kaisertitel (der Göttliche) [lat.]
**Di'wan** (der, -s, -e) **1** Polsterliege ohne Rückenlehne **2** Sofa (österr.) **3** orientalische Gedichtsammlung [pers.] **4** Staatsrat in der Türkei
**Di'xie** (der, -(s), nur Ez.) = Dixieland
**Di'xie'land** [-länd] (der, -(s), nur Ez.) eine Jazzform [engl.]
**di'zy'got** (Adj.) zweieiig, von zwei befruchteten Eizellen herrührend [gr.]
**DJ** [diːdʒeɪ] (der, -s, -s) Abk. für Diskjockey [engl.]
**Djixhad** (der, -s, nur Ez.) = Dschihad
**dl** Abk. für **Deziliter**
**dm** Abk. für **Dezimeter**
**DNA** [deː ɛn aː] (die, -, nur Ez.) eine organische Verbindung, die (in lebenden Zellen) die genetische Information trägt [engl., Kurzwort]
**DNS** (die, -, nur Ez.) = DNA
**Do** (das, -, -) der Ton C [it.]
**Dock** (das, -s, -s) Anlage zum Trockensetzen von Schiffen, Becken für Außenbordreparaturen [viell. engl.]
**do'cken** (V.) **1** ein Schiff ins Dock bringen **2** im Dock liegen **3** ein Docking durchführen [engl.]

**Do|cker** (der, -s, -) Dockarbeiter
**Do|cking** (das, -s, -s) Kopplungsmanöver (von Raumfahrzeugen) [engl.]
**Do|cking|ma|nö|ver** (das, -s, -) Ankoppeln eines Raumfahrzeugs an ein anderes [engl.]
**Do|de|ka|dik** (die, -, nur Ez.) = Duodezimalsystem [gr.]
**do|de|ka|disch** (Adj.) zur Dodekadik gehörig
**Do|de|ka|e|der** (das, -s, -) Zwölfflächner [gr.]
**Do|de|ka|log** (der, -s, nur Ez.) die „Zwölf Gebote" nach 5. Mose 27, 15–26 [gr.-lat.]
**Do|de|ka|pho|nie** (die, -, nur Ez.) Zwölftonmusik [gr.]
**do|de|ka|pho|nisch** (Adj.) zur Zwölftonmusik gehörig
**Do|de|ka|pho|nist** (die, -nis|ten, -nis|ten) Komponist oder Anhänger der Zwölftonmusik [gr.-lat.]
**Do|ga|res|sa** (die, -, -res|sen) Frau des Dogen [it.]
**Dog|cart** (der, -s, -s) zweirädriger, leichter Einspänner [engl.]
**Do|ge** [-ə] (der, -n, -n) Staatsoberhaupt (in Venedig und Genua, bis etwa 1800) [it.]
**Dog|ge** (die, -, -n) Hunderasse [engl.]
**Dog|ger** **1** (der, -s, nur Ez.) eine Formation der Erdgeschichte, Braunjura [engl.] **2** (der, -s, -) zweimastiges Fischerboot (an der niederländischen Nordseeküste) [niederl.]
**Dog|ma** (das, -s, -men) **1** verbindlicher Glaubenssatz (der kath. Kirche) **2** feste Lehrmeinung (die kritiklos geglaubt werden soll)
**Dog|ma|tik** (die, -, -en) wissenschaftliche Darstellung der Glaubenssätze [gr.]
**Dog|ma|ti|ker** (der, -s, -) **1** unflexibler Verfechter einer Theorie oder Ideologie **2** Lehrer der Dogmatik [gr.-lat.]
**dog|ma|tisch** (Adj.) in seiner Meinung unbeirrbar, im Dogmatismus wurzelnd
**dog|ma|ti|sie|ren** (V.) zum Dogma machen
**Dog|ma|tis|mus** (der, -, nur Ez.) Dogmendenken
**dog|ma|tis|tisch** (Adj.) unkritisch denkend, dem Dogmatismus anhängend
**do it your|self!** [dυ ɪt jɔːself] (das, - - -, nur Ez.) „Mach es selbst!" (handwerkliche Eigeninitiative) [engl.]

**Do|ki|ma|sie** (die, -, nur Ez.) **1** Prüfung für alle Anwärter des Staatsdienstes im antiken Griechenland **2** Prüfung eines Stoffes auf seinen (Edel-)Metallgehalt [gr.]
**Do|ki|mas|tik** (die, -, nur Ez.) = Dokimasie
**do|ki|mas|tisch** (Adj.) die Dokimasie betreffend
**Dok|tor** (der, -s, -to|ren) **1** höchster akademischer Grad **2** Arzt (ugs.) [lat.]
**Dok|to|rand** (der, -en, -en) jmd., der sich auf die Doktorprüfung vorbereitet
**Dok|to|rat** (das, -s, -e) Doktorwürde
**dok|to|rie|ren** (V.) = promovieren [lat.]
**Dok|trin** (die, -, -en) **1** verbindlicher Lehrsatz **2** politisches Programm [lat.]
**dok|tri|när** (Adj.) zu einer Doktrin gehörig, sie verfechtend; blindgläubig
**Dok|tri|när** (der, -s, -e) Verfechter einer Doktrin
**Dok|tri|na|ris|mus** (der, -, nur Ez.) unflexibles Beharren auf einer bestimmten Meinung oder Theorie (meist abwertend gebraucht) [lat.]
**dok|tri|nell** (Adj.) eine Doktrin betreffend
**Do|ku|ment** (das, -s, -e) Urkunde, schriftliches Beweisstück [lat.]
**Do|ku|men|ta|list** (der, -lis|ten, -lis|ten) = Dokumentar [frz.]
**Do|ku|men|tar** (der, -s, -e) jmd., der in einer Dokumentationsstelle arbeitet [lat.]
**Do|ku|men|tar|film** (der, -s, -e) Informationsfilm (über Kultur, Natur) [lat.-engl.]
**do|ku|men|ta|risch** (Adj.) durch Dokument, urkundlich
**Do|ku|men|ta|rist** (der, -ris|ten, -ris|ten) Verfasser von Dokumentarberichten, -filmen etc.
**Do|ku|men|tar|spiel** (das, -(e)s, -e) Spielfilm, der ein geschichtliches Ereignis getreu nachstellt
**Do|ku|men|ta|ti|on** (die, -, -ti|o|nen) das Dokumentieren
**Do|ku|men|ta|tor** (der, -s, -to|ren) = Dokumentarist
**do|ku|men|tie|ren** (V.) durch Dokumente belegen, sehr deutlich zeigen, beschreiben [lat.]
**Dol|by-Sys|tem** (das, -, -) Rauschunterdrückungssystem (bei Tonbandgeräten) (Warenzeichen) [engl.-gr.]

D

**dolce** [-tʃe] (Adj.) süß, sanft, lieblich (Vortragsanweisung in der Musik) [lat.-it.]
**Dolcefarniente** [-tʃefarniɛ-] (das, -, nur Ez.) süßes Nichtstun [it.]
**Dolce Vita** [-tʃə-] (das oder die, - -, nur Ez.) Luxusleben, Genussleben [it.]



**dolcissimo** [doltʃɪ-] (Adj.) sehr süß, überaus sanft, lieblich (Vortragsanweisung in der Musik) [lat.-it.]
**Doldrum** (das, -s, -s) windstille Zone am Äquator [engl.]
**Dolerit** (der, -s, -e) ein grobkörniges Vulkanitgestein [gr.]
**Dolichozephalie** *auch:* Dolichokephalie (die, -, nur Ez.) Langköpfigkeit [gr.]
**dolieren** (V.) Leder abschaben [lat.-frz.]
**Dollar** (der, -(s), -s) eine Währungseinheit (u.a. in den USA und in Kanada) [dt.-engl.]
**Dolly** (der, -s, -s) fahrbares Stativ oder fahrbarer Kamerawagen für Filmkamera [engl.]
**Dolma** (das, -s, -s) türkisches Nationalgericht aus Kohl, Weinblättern, Hammel und Reis [türk.]
**Dolmen** (der, -s, -) vorgeschichtliche Grabkammer, „Steintisch" [breton.-frz.]
**Dolmetsch** (der, -(e)s, -e) = Dolmetscher [österr.]
**dolmetschen** (V.) als Dolmetscher tätig sein
**Dolmetscher** (der, -s, -) jmd., der die Verständigung zwischen Personen verschiedener Sprache übernimmt [viell. türk.]
**Dolomit** (der, -s, -e) ein Mineral [frz.-nlat.]
**doloros** (Adj.) schmerzerfüllt [lat.-frz.]
**dolorös** (Adj.) = doloros
**doloroso** (Adv.) klagend (bei Musikstücken) [it.]
**dolos** (Adj.) böswillig, vorsätzlich (in der Juristensprache) [lat.]
**Dolus** (der, -, nur Ez.) Vorsatz, Arglist
**Dom** **1** (der, -s, -e) Kirche **2** (der, -s, -e) Dampfkesselaufsatz [frz.] **3** (der, -, nur Ez.) Herr [portugies.]
**Domain** [domeɪn] (die oder das, - od. -s, -s) Anbietersegment im Internet (EDV)
**Domäne** (die, -, -n) **1** staatliches Landgut **2** Arbeits-, Spezialgebiet [frz.]
**domanial** (Adj.) eine Domäne betreffend, zu einer Domäne gehörend [frz.]
**Domatium** (das, -s, -tien) Hohlräume an Pflanzenteilen, die für andere Organismen Wohnstatt bieten [lat.]
**Domestik** (der, -en, -en) Dienstbote (als Schimpfwort) [frz.]
**Domestikation** (die, -, -tionen) Zähmung; Haustierzüchtung [frz.]
**Domestike** (der, -n, -n) = Domestik
**Domestikin** (die, -, -nen) Masochistin, die an sich sadistische Handlungen vornehmen lässt [lat-frz.]
**domestizieren** (V.) der Domestikation unterwerfen
**Domina** (die, -, -nä) **1** Herrin, Vorsteherin eines Stifts **2** Frau, die einen Masochisten quält (ugs.) [lat.]
**dominal** (Adj.) in der Art und Weise einer Domina
**dominant** (Adj.) überdeckend, vorherrschend; überlegen [lat.]
**Dominantakkord** (der, -s, -e) = Dominante
**Dominante** (die, -, -n) **1** vorherrschendes Merkmal **2** Durdreiklang auf der fünften Tonleiterstufe [lat.]
**Dominanz** (die, -, -en) das Dominieren
**Dominat** (der oder das, -(e)s, -e) absolutes Kaisertum [lat.]
**Domination** (die, -, -tionen) das Beherrschen, die Vormachtstellung [lat.]
**dominieren** (V.) sich durchsetzen, vorherrschen; Überlegenheit zeigen; beherrschen [lat.]
**dominierend** (Adj.) **1** andere überragend, bestimmend **2** an einem anderen mit dessen Einwilligung sadistische Handlungen ausführend
**Dominikaner** (der, -s, -) **1** Angehöriger eines Mönchsordens **2** Ew. der Dominikanischen Republik [lat.]
**dominikanisch** (Adj.) die Dominikaner betreffend
**Dominion** [-mɪnjən] (das, -s, -s) selbstständiges Commonwealthland [engl.]
**Dominium** (das, -s, -nien) Herrschaftsgebiet, -verhältnis [lat.]
**Domino** (der, -s, -s) **1** langer, schwarzseidener Maskenmantel (im Karneval von Venedig) **2** dessen Träger [it.] **3** (das, -s, nur Ez.) ein Brettspiel, bei

dem Steine gleicher Punktaugenzahl aneinander gelegt werden [it.]

**Do'mi'nus** (der, -, -ni) Herr [lat.]

**Do'mi'zel'lar** (der, -s, -e) junger Kanoniker ohne Sitz und Stimme in der Körperschaft der Geistlichen [lat.]

**Do'mi'zil** (das, -s, -e) **1** Wohnsitz **2** Zahlungsort (im Wechselrecht) [lat.]

**do'mi'zi'lie'ren** (V.) **1** den Wohnsitz haben **2** an einen anderen Ort als den Wohnort des Bezogenen oder Ausstellers zur Zahlung anweisen (im Wechselrecht) [lat.]

**Dom'ka'pi'tel** (das, -s, -) alle Geistlichen einer Bischofskirche (als Gremium) [lat.]

**Dom'ka'pi'tu'lar** (der, -s, -e) Mitglied des Domkapitels, Domherr

**Domp'teur** [-tøːɐ] (der, -s, -e) Tierbändiger [frz.]

**Domp'teu'se** [-tøːzə] (die, -, -n) Tierbändigerin [lat.-frz.]

**Dom'ra** (die, -, -s oder -ren) altrussisches Lauteninstrument [türk.]

**Don** (der, -, nur Ez.) Herr [span.]

**Do'ña** [-nja] (die, -, nur Ez.) Frau (als Anrede)

**Do'na'rit** (der, -s) Ammoniumnitrat enthaltender Sprengstoff [lat.]

**Do'na'ti'on** (die, -, -ti'o̲nen) Schenkung [lat.]

**Do'na'tor** (der, -s, -to̲'ren) **1** Spender **2** elektronenabgebender Stoff [lat.]

**Dö'ner** (der, -(s), -) dünn geschnittenes Hammel- od. Kalbfleisch vom Drehspieß [türk.]

**Dö'ner'ke'bab** (der, -s, nur Ez.) = Döner

**Dong** (der, -(s), - oder -s) vietnamesische Währungseinheit

**Don'jon** [dɔ̃ʒɔ̃] (der, -s, -s) Wehrturm (französischer Burgen)

**Don Ju'an** (der, - -s, - -s) großer Frauenverführer [span.]

**Don'ju'a'nis'mus** (der, -, nur Ez.) neurotische Störung im männlichen Sexualverhalten, die sich in hemmungslosem Partnerwechsel äußert

**Don'key** [dɔ̃ki] (der, -s, -s) Zusatzkessel zum Betrieb von Ladevorrichtungen auf Schiffen

**Don'na** (die, -, nur Ez.) Frau, Fräulein (bei italienischen Adelsfamilien)

**Don'qui'chot'te'rie** [-kiʃɔtə-] (die, -, -n) weltfremdes Unterfangen, „Windmühlenkampf" [span.-frz.]

**Dontgeschäft** (das, -es, -e) spezielles Börsengeschäft, bei dem die Vertragserfüllung zwar zum Kurs des Abschlusstages, aber zeitlich erst später erfolgt [frz.-dt.]

**Do'num** (das, -s, -na) Geschenk, Schenkung (veraltet) [lat.]

**Do'nut** *auch:* Dough'nut [dəʊnʊt] (der, -s, -s) ringförmiges Hefegebäck [engl.]

**doo'deln** (V.) bei einer Tätigkeit oder in Gedanken nebenbei kritzeln, Strichmännchen malen etc. [engl.]

**Dope** [dəʊp] (das, -(s), nur Eż.) Rauschgift (ugs.) [engl.]

**do'pen** (V.) durch Aufputschmittel zu (sportlichen) Höchstleistungen bringen [engl.]

**Do'ping** (das, -s, nur Ez.) das Dopen

**Dop'pel'nel'son** (der, -s, -s) doppelter Nackenhebel beim Ringen oder als Rettungsgriff beim Schwimmen

**Dop'pik** (die, -, nur Ez.) doppelte Buchführung [Kunstwort]

**dop'pio mo'vi'men'to** doppelt so schnell (Vortragsanweisung in der Musik) [ital.]

**Do'ra'de** (die, -, -n) Goldmakrele [lat.-frz.]

**Do'ra'do** (das, -s, -s) = Eldorado

**do'risch** (Adj.) **1** zu den altgriechischen Dorern gehörig **2** zu einer Kirchentonart gehörig

**Dor'mi'to'ri'um** (das, -s, -ri'en) Klosterschlafsaal [lat.]

**dor'sal** (Adj.) dem Rücken zugewandt; rückseitig [lat.]

**Dor'sal** (der, -s, -e) Laut, der mit dem Rücken der Zunge gebildet wird [lat.]

**Dor'sa'le** (das, -s, -) Rückwand des Chorgestühls [lat.]

**DOS** (das, -, nur Ez.) Abk. für **D**isc **O**perating **S**ystem; Betriebssystem für Computer [engl.]

**Dos 1** (die, -, Do'tes) Mitgift (in der Juristensprache) [lat.] **2** Kürzel für „dolor" (Schmerz), Maßeinheit für Intensivität der Schmerzempfindung (Med.) [lat.]

**dos à dos** [dozadoː] Rücken an Rücken (Ballett) [frz.]

**Do'sa'ge** (die, -, -n) das Zusetzen von in Wein gelöstem Zucker (Schaumweinherstellung) [fr.]

**do'sie'ren** (V.) in einer bestimmten Dosis abmessen, geben
**Do'sie'rung** (die, -, -en) Abgabe, Mengenabmessung [gr.-lat.]
**Do'si'me'ter** (das, -s, -) Gerät zum Bestimmen der aufgenommenen radioaktiven Dosis; z.B. von Arbeitern in Kernkraftwerken getragen [gr.]

D

**Do'si'me'trie** (die, -, nur Ez.) Messung der Intensität von Röntgenstrahlung
**Do'sis** (die, -, -sen) Arzneigabe, -menge; abgemessene, messbare Menge (einer Arznei, Strahlung) [gr.]
**Dos'si'er** [-sjeː] (das, -s, -s) Aktenbündel, gesammelte Unterlagen und Schriftstücke zu einem Vorgang [frz.]
**dos'sie'ren** (V.) abschrägen [frz.]
**Dos'sie'rung** (die, -, -en) flache Böschung
**Do'tal'sys'tem** (das, -s, nur Ez.) eheliches Güterrecht im römischen Recht, wonach das Vermögen der Frau bei Heirat in das des Mannes übergeht [gr.-lat.]
**Do'ta'ti'on** (die, -, -ti'o̱nen) Schenkung, Geldzuwendung (durch den Staat) [lat.]
**Dot'com** (das, -s, -s) Bezeichnung für ein Unternehmen der New Economy, das seine Geschäfte überwiegend im Internet tätigt
**do'tie'ren** (V.) mit hoher Bezahlung verbinden; mit Geld ausstatten [lat.]
**Do'tie'rung** (die, -, -en) **1** das Dotieren **2** Gehalt gehobener Positionen [lat.-frz.]
**Dou'a'ne** [dwaːn] (ohne Artikel) Zoll [pers.-frz.]
**dou'beln** [duː-] (V.) als Double bei gefährlichen Filmszenen ersetzen
**Dou'b'la'ge** [dublaːʒ] **1** Vorgang des filmischen Synchronisierens **2** durch Synchronisieren angefertigtes Werk [lat.-frz.]
**Dou'ble** [duːbl] (das, -s, -s) jmd., der einen Schauspieler bei Filmaufnahmen ersetzt; z.B. bei Aufgaben, die eine besondere Geschicklichkeit erfordern [frz.]
**Dou'blé** [du-] (das, -s, -s) **1** = Dublee **2** Doppeltreffer (beim Fechten) [frz.]
**Dou'ble'fea'ture** [dʌbl fiːtʃə] (das, -s, -s) zwei Kinofilme (zum Preis von einem) [engl.]
**Dou'blet'te** (die, -, -n) = Dublette
**dou'blie'ren** [du-] = dublieren
**Dou'blu're** [dublyːr] = Dublüre
**dou'ce'ment** (Adj.) vorsichtig, behutsam, langsam [fr.]
**Dou'ceur** [dusœr] (das, -s, -s) **1** Süßigkeit **2** Geschenk, Trinkgeld [lat.-frz.]
**Dough'nut** [dəʊnʊt] (der, -s, -s) = Donut
**Dou'g'la'sie** [du-] (die, -, -n) eine Kiefernart, Waldbaum [engl.-nlat.]
**Dou'pi'on** (der oder das, -s, nur Ez.) Noppengewebe, der Naturseide ähnlich [frz.]
**Dou'ri'ne** (die, -, -n) Beschälseuche, Geschlechtskrankheit bei Pferden und Eseln
**doux** [duː] (Adj.) lieblich [lat.-frz.]
**Dow-Jones-In'dex** [daʊ-] (der, -, nur Ez.) gemittelter Index aus einem Aktienbündel ausgewählter Firmen (New Yorker Börse)
**Dow'las** [daʊləs] (das, -, nur Ez.) ein kräftiger Baumwollstoff [frz.-engl.]
**down** [daʊn] (Adj.) erschöpft, niedergeschlagen (ugs.) [engl.]
**Down'load** [daʊnləʊd] (das oder der, -s, -s) Programm, das man aus dem Internet heruntergeladen, kopiert hat (EDV)
**down'loa'den** [daʊnləʊdən] (V.) ein Programm aus dem Internet herunterladen (EDV)
**Down'syn'drom** *auch:* D̲own-Syn'drom [daʊn-] (das, -s, nur Ez.) = Mongolismus
**Do'xa'le** (das, -s, -s) **1** Kirchenschranke (in Barockkirchen), Lettner **2** Chor-, Orgelempore [gr.-lat.]
**Do'xo'lo'gie** (die, -, -n) christliche Lobpreisung [gr.]
**Do'yen** [dwajɛ̃] (der, -s, -s) Rangältester, Wortführer (im diplomatischen Korps) [frz.]
**Do'zent** (der, -en, -en) Hochschullehrer [lat.]
**Do'zen'tur** (die, -, -en) **1** akademischer Lehrauftrag **2** Stelle für einen Dozenten [lat.]
**do'zie'ren** (V.) **1** Vorlesungen halten **2** lehrhaft reden [lat.]
**dpi** Abk. für **d**ots **p**er **i**nch, Maßeinheit der Auflösung eines Bildschirmes oder Computerausdruckes (EDV) [engl.]
**Drach'me** (die, -, -n) **1** ehem. griechische Währungseinheit **2** altes Apothekergewicht, 3,75 Gramm

**Dra'gee** *auch:* Dra'gée [-ʒeː] (das, -s, -s) Zuckerpille
**dra'gie'ren** [-ʒiː-] (V.) mit Zucker überziehen [gr.-frz.]
**Dra'go'na'de** (die, -, -n) Zwangsmaßnahme (besonders die Bekehrungsversuche gegenüber den Hugenotten) [frz.]
**Dra'go'ner** (der, -s, -) 1 leichter Reiter, Kavallerist 2 Frau mit heftigem Wesen (ugs.)
**Drag'queen** [drægkwiːn] (die, -, -s) Transvestit, Mann, der in Frauenkleidern auftritt (ugs.) [engl.]
**Drain** [drɛ̃] (der, -s, -s) Röhrchen für die medizinische Dränage [frz.-engl.]
**Drai'na'ge** [drɛnaːʒ] (die, -, -n) = Dränage
**drai'nie'ren** [drɛ-] (V.) = dränieren
**Drai'si'ne** (die, -, -n) 1 altes Laufrad 2 Schienenkontrollfahrzeug [dt.-frz.]
**dra'ko'nisch** (Adj.) sehr streng, unnachsichtig [gr.]
**Dra'kon'tia'sis** (die, -, nur Ez.) durch Fadenwurm verursachte Wurmkrankheit des Menschen [gr.-lat.]
**Dra'kun'ku'lo'se** (die, -, -en) = Drakontiasis
**Dra'lon** (das, -s, nur Ez.) wollähnliche Synthetikfaser (Warenzeichen) [Kunstwort]
**Dra'ma** (das, -s, -men) 1 Bühnendichtung, -schauspiel 2 furchtbare Sache (mit traurigem Ausgang) [gr.]
**Dra'ma'tik** (die, -, nur Ez.) 1 dramatische Dichtung 2 aufregender, bewegter Ablauf
**Dra'ma'ti'ker** (der, -s, -) Dramenverfasser
**dra'ma'tisch** (Adj.) 1 zum Drama (1) gehörig 2 bewegend, erregend
**dra'ma'ti'sie'ren** (V.) 1 als Drama (1) gestalten 2 übertreiben
**Dra'ma'tis Per'so'nae** (nur Mz.) auftretende Personen eines Dramas [lat.]
**Dra'ma'turg** (der, -en, -en) jmd., der Bühnenstücke für den Spielplan prüft und bearbeitet
**Dra'ma'tur'gie** (die, -, -n) 1 Bühnenbearbeitung 2 Dramenlehre [gr.]
**dra'ma'tur'gisch** (Adj.) die Bearbeitung eines Dramas betreffend
**Dra'mo'lett** (das, -s, -e) kurzes dramenartiges Theaterstück [gr.-lat.-frz.]
**Drän** (der, -s, -s oder -e) Entwässerungsgraben [engl.-frz.]
**Drä'na'ge** *auch:* Drai'na'ge [-ʒə] (die, -, -n) 1 Bodenentwässerung 2 medizinische Flüssigkeits-, Sekretableitung [frz.]
**drä'nie'ren** *auch:* drai'nie'ren (V.) 1 entwässern (den Boden) 2 mit Drain ableiten [frz.]
**Drä'nung** (die, -, -en) = Dränage
**Drap** [draː] (der, -s, nur Ez.) fester, lederartiger Wollstoff [frz.]
**Dra'pa** (die, -, -pur) altnordische Gedichtform des 10.–13. Jahrhunderts
**Dra'pé** *auch:* Dra'pee (der, -s, -s) einfarbiger Anzugstoff (aus Kammgarn und Streichgarn) [frz.]
**Dra'peau** [-poː] (das, -s, -s) Banner, Flagge (veraltet) (frz.]
**Dra'pe'rie** (die, -, -n) dekorativer Faltenwurf
**dra'pie'ren** (V.) dekorativ behängen, ausschmücken [frz.]
**Dra'pie'rung** (die, -, -en) Faltenwurf [frz.]
**Drä'si'ne** (die, -, -n) = Draisine
**Dras'tik** (die, -, nur Ez.) das Drastischsein
**Dras'ti'kum** (das, -s, -ka) starkes Abführmittel [gr.-lat.]
**dras'tisch** (Adj.) 1 derb, grob; z.B. eine drastische Ausdrucksweise 2 schnell wirkend und energisch; z.B. eine drastische Abhilfe [gr.]
**Dra'zä'ne** (die, -, -n) Drachenbaum [gr.-lat.]
**Dread'locks** [dred-] (nur Mz.) kleine Zöpfe [engl.]
**Dread'nought** [drednɔːt] (der -s, -s) englisches Großkampfschiff (früher)
**Dream'team** [driːmtiːm] (das, -s, -s) als ideal empfundene Zusammensetzung einer Sportmannschaft [engl.]
**Dredge** *auch:* Dred'sche [dredʒ] (die, -, -n) Schleppnetz [engl.]
**Dred'sche** (die, -, -n) = Dredge
**Dreg'ge** (die, -, -n) kleiner Anker
**Dress** (der, -(es), -e) 1 Zweckkleidung (für den Sport) 2 Kleidung (ugs.) [engl.]
**Dres'sat** (das, -es, -e) 1 Ergebnis einer Tierdressur 2 anerzogene Verhaltensweise, die zur Gewohnheit geworden ist [lat.- frz.]
**Dres'seur** [-søːʁ] (der, -s, -e) Tierbändiger

**dres'sie'ren** (V.) **1** abrichten (bei Tieren) **2** übermäßig erziehen (bei Kindern) **3** hübsch herrichten; z.B. Geflügel [frz.]
**Dres'sing** (das, -s, -s) **1** Salatsoße **2** Geflügelfüllung [engl.]
**Dress'man** [-mən] (der, -s, -men) **1** männliches Model, das auf Modenschauen Herrenkleidung vorführt **2** gut angezogener, gut aussehender Mann (ugs., manchmal spöttisch) [engl.]
**Dres'sur** (die, -, -en) **1** das Dressieren **2** Vorführung dressierter Tiere
**drib'beln** (V.) einen (Fuß-)Ball geschickt führen (und Gegner umspielen) [engl.]
**Dribb'ling** (das, -s, -s) das Dribbeln
**Drive** [draɪv] (der, -s, -s) **1** (nur Ez.) innerer Antrieb (ugs.) **2** das Intensivieren des Jazz-Rhythmus **3** Treibschlag (beim Golfspiel) [engl.]
**Drive-in** [draɪv-] (das, -(s), -s) Imbisslokal mit Autoschalter [engl.]
**Drive-in-Ki'no** [draɪv-] (das, -s, -s) Autokino [engl.]
**Drive-in-Res'tau'rant** [draɪv-] (das, -s, -s) Gaststätte, bei der man am Auto bedient wird [engl.]
**Dri'ver** [draɪver] (der, -s, -) **1** Golfschläger für den Drive **2** (Renn-)Fahrer [engl.]
**Dro'ge** (die, -, -n) **1** Arzneistoff **2** Rauschgift
**Dro'gen'dea'ler** (der, -s, -) Rauschgifthändler [engl.]
**Dro'ge'rie** (die, -, -n) Geschäft für nicht apothekenpflichtige Arzneimittel, Kosmetikartikel u.a. [niederl.-frz.]
**Dro'gist** (der, -gis'ten, -gis'ten) Drogeriebesitzer, -angestellter
**Dro'le'rie** (die, -, -n) Drolligkeit, Lustigkeit [frz.]
**Dro'me'dar** (das, -s, -e) einhöckeriges Kamel
**Drop-out** *auch:* Drop'out [-aʊt] (der, -s, -s) **1** Aussteiger **2** technischer Ausfall [engl.]
**Drops** (der oder das, -, -) Fruchtbonbon [engl.]
**Drosch'ke** (die, -, -n) **1** Mietkutsche **2** Taxi [russ.]
**Dro'se'ra** (die, -, -rae) Fleisch fressende Pflanze namens Sonnentau [gr.-lat.]
**Dro'so'phi'la** (die, -, -s) Essigfliege (als Versuchstier der Genforschung) [gr.]
**Drug'store** [drʌgstɔː] (der, -s, -s) Gemischtwarengeschäft und Schnellgaststätte (in den USA) [engl.]
**Dru'i'de** (der, -n, -n) keltischer Priester
**dru'i'disch** (Adj.) zu den Druiden gehörend, die Druiden betreffend
**Drum'com'pu'ter** [dram-] (der, -s, -) elektronische Rhythmusmaschine und Schlagzeug
**Drum'lin oder** [drʌm-] (der, -s, -s) linsenförmiger Hügel aus aufgeschüttetem Grundmoränenmaterial [kelt.]
**Drum'mer** [drʌm-] (der, -s, -) Schlagzeuger
**Dru'schi'na** (die, -, nur Ez.) Schutztruppe russischer Fürsten [russ.]
**dry** [draɪ] (Adj.) trocken (u.a. vom Whisky)
**Dry'a'de** (die, -, -n) altgriechische Baumnymphe [gr.]
**Dry'far'ming** [draɪfaːmiŋ] *auch:* Dry Farming (das, -s, -s) Ackerbau in niederschlagsarmen Gebieten, in dem der Acker nach einem Jahr der Bebauung ein Jahr brach liegt [engl.]
**Dschai'na** (der, -s, -s) Anhänger des Dschainismus [sanskr.]
**Dschai'nis'mus** (der, -, nur Ez.) eine streng asketische, indische Religion [sanskr.]
**Dschai'nist** (der, -nis'ten, -nis'ten) = Dschaina [sanskr.-nlat.]
**Dsche'bel** (der, -s, -) Berg, Gebirge (in arabischen geografischen Namen)
**Dschel'la'ba** (die, -, -s) weites, wollenes Männergewand in Arabien [arab.]
**Dschi'had** (der, -, nur Ez.) der heilige Krieg der Mohammedaner zur Verbreitung und Verteidigung der islamischen Religion [arab.]
**Dschinn** (der, -s, -s) böser oder guter Dämon (im islamischen Volksglauben) [arab.]
**Dschiu-Dschit'su** (das, -(s), nur Ez.) = Jiu-Jitsu
**Dschun'gel** (der, -s, -) undurchdringbarer Urwald, der meistens sumpfig ist [sanskr.-engl.]
**Dschun'ke** (die, -, -n) chinesisches Segelschiff
**DTP** Abk. für **D**esk**t**op**p**ublishing
**du'al** (Adj.) zweiheitlich [lat.]

**Du'al** (der, -s, -e) grammatische Form für die Zweiheit, Zweizahl; z.B. in slawischen Sprachen [lat.]
**Du'a'lis** (der, -, -le) = Dual
**du'a'li'sie'ren** (V.) verdoppeln, verzweifachen [lat.]
**Du'a'lis'mus** (der, -s, nur Ez.) **1** Zweiheit, Zweiteilung **2** Nebeneinander, Widerstreit **3** Lehre von der Existenz zweier gegensätzlicher Grundprinzipien [lat.]
**du'a'lis'tisch** (Adj.) zum Dualismus gehörig, durch ihn hervorgerufen
**Du'a'li'tät** (die, -, -en) Zweiheit, gegenseitige Austauschbarkeit (in der Mathematik) [lat.]
**Du'al'sys'tem** (das, -s, -e) Zweiersystem, Zweiklassensystem [lat.-gr.]
**du'bi'os** (Adj.) unsicher, zweifelhaft, dunkel [lat.]
**du'bi'ös** (Adj.) = dubios
**Du'bi'o'sa** (nur Mz.) = Dubiosen
**Du'bi'o'sen** (nur Mz.) zweifelhafte Forderungen [lat.]
**Du'blee** *auch:* Dou'blé (das, -s, -s) unedles Metall; z.B. Kupfer mit dünnem Goldüberzug [frz.]
**Du'blet'te** *auch:* Dou'blette (die, -, -n) **1** Doppelstück **2** Doppeltreffer [frz.]
**du'blie'ren** (V.) ein Dublee herstellen; verdoppeln
**Du'blü're** *auch:* Dou'blure (die, -, -n) **1** Unterfutter **2** Aufschlag an Uniformen **3** verzierte Buchdeckelinnenseite [frz.]
**Duc** [dʏk] (der, -s, -s) französischer Herzog
**Du'ca** (der, -, -s) italienischer Herzog
**Du'ce** [duːtʃe] (der, -s, nur Ez.) Führer, Titel des ital. Diktators B. Mussolini [it.]
**Du'cen'tist** [-tʃɛn-] (der, -tisten, -tis'ten) Ducentokünstler
**Du'cen'to** [-tʃɛn-] (das, -(s), nur Ez.) das 13. Jahrhundert in Italien als Epoche der Kunstgeschichte
**Du'chesse** [dʏʃɛs] (die, -, -n) **1** französische Herzogin **2** glänzender, schwerer, aber feinfädiger Seidenstoff (für Kleider und Futterstoffe) [frz.]
**Duck'dal'be** *auch:* Dück'dal'be (die, -, -n, meist Mz.) Pfahl im Hafenbecken, der zum Festmachen von Schiffen dient
**Duc'tus** **1** „Führung, Leitung" [lat.] **2** (der, -, -) [-tuːs] Gang, Kanal, Ausführungsgang von Drüsen (Med.)
**Du'e'cen'to** [-tʃɛn-] (das, -(s), nur Ez.) = Ducento
**Du'ell** (das, -s, -e) Zweikampf (als Ehrenhandel) [lat.]
**Du'el'lant** (der, -en, -en) Duellkämpfer
**du'el'lie'ren** (V.) im Duell kämpfen
**Du'en'ja** (die, -, -s) Anstandsdame, Erzieherin
**Du'ett** (das, -s, -e) Musikstück für zwei Singstimmen oder Instrumente [it.]
**Du'et'ti'no** (das, -(s), -s oder -ni) kleines Duett
**Düf'fel** (der, -s, -) schwerer, stark angerauter Stoff (für das Innenfutter) [niederl.]
**Duf'fle'coat** [dʌflkəʊt] (der, -s, -s) halblanger Kapuzenmantel aus dickem Stoff [engl.]
**Du'gong** (der, -s, -s) Gabelschwanzseekuh [malai.]
**Du'ka'ten** (der, -s, -) eine alte Goldmünze [lat.]
**Duke** [djuːk] (der, -s, -s) englischer Herzog [frz.-engl.]
**duk'til** (Adj.) gut verformbar [lat.-engl.]
**Duk'ti'li'tät** (die, -, nur Ez.) Dehnbarkeit, Formbarkeit [lat.]
**Duk'tor** (der, -s, -to'ren) Stahlwalze in der Schnellpresse [lat.]
**Duk'tus** (der, -, nur Ez.) Linienführung, kennzeichnender Zug (einer Schrift, einer Künstlerhand) [lat.]
**Du'ma** (die, -, -s) **1** Rat des fürstlichen Gefolges in Russland **2** russische Stadtverordnetenversammlung **3** russisches Parlament
**Dum'dum** (das, -(s), -s) (völkerrechtlich verbotenes) Geschoss, das beim Auftreffen zerreißt und schwere Wunden verursacht [ind.-engl.]
**Dum'my** [dʌmɪ] (der, -s, -s) Attrappe; Menschenpuppe (für Verkehrstests) [engl.]
**Dum'ping** [dʌm-] (das, -s, nur Ez.) Schleuderverkauf eines Exportartikels am ausländischen Markt [engl.]
**Dun'ci'a'de** (die, -, -n) satirisches Spottgedicht [engl.]
**Dun'king** [dʌ˜kɪŋ] (das, -s, -s) Korbwurf beim Basketball, bei dem die Hände oberhalb des Korbrings sind [engl.]
**Duo** (das, -s, -s) Musikstück für zwei Instrumente [it.]

**duo'de'nal** (Adj.) zum Duodenum gehörig
**Duo'de'nal'ul'kus** Geschwür am Zwölffingerdarm (Med.) [lat.]
**Duo'de'ni'tis** (die, -, -ti'den) Entzündung des Zwölffingerdarms (Med.)
**Duo'de'num** (das, -s, -na) Zwölffingerdarm [lat.]
**Duo'dez** (das, -(es), nur Ez.) ein kleines Buchformat, Zwölftelbogen [lat.]
**Duo'dez'fürst** (der, -en, -en) Herrscher eines sehr kleinen, unbedeutenden Fürstentums in der Epoche der Territorialstaaten [lat.]
**duo'de'zi'mal** (Adj.) zum Duodezimalsystem gehörig
**Duo'de'zi'mal'sys'tem** (das, -s, nur Ez.) ein altes Zahlensystem, Zwölfersystem [lat.-gr.]
**Duo'de'zi'me** (die, -, -n) zwölfter Ton in der diatonischen Tonleiter [lat.]
**Duo'dez'staat** (der, -es, -en) sehr kleines Land in der Epoche der Territorialstaaten [lat.]
**Duo'di'o'de** (die, -, -n) Doppelzweipolröhre aus zwei vereinigten Dioden
**Duo'dra'ma** (das, -s, -men) Drama, in dem nur zwei Personen auftreten
**Duo'kul'tur** (die, -, -en) Doppelanbau von Kulturpflanzen auf demselben Feld
**Du'o'le** (die, -, -n) Aufteilung eines Dreierrhythmus in zwei aufeinander folgende, gleichwertige Noten
**dü'pie'ren** (V.) täuschen, übertölpeln [frz.]
**Du'plet** *auch:* Du'plett [-pleː] (das, -s, -s) zweilinsige Lupe [lat.]
**du'plie'ren** (V.) verdoppeln [lat.]
**Du'plik** (die, -, -en) Erwiderung auf eine Entgegnung, Gegenantwort [frz.]
**Du'pli'kat** (das, -s, -e) Abschrift, Doppel, Kopie [lat.]
**Du'pli'ka'ti'on** (die, -, -ti'o'nen) Verdopplung [lat.]
**Du'pli'ka'tur** (die, -, -en) Verdopplung [lat.]
**du'pli'zie'ren** (V.) verdoppeln [lat.]
**Du'pli'zi'tät** (die, -, -en) doppeltes Vorkommen, Doppelheit [frz.]
**Du'plum** (das, -s, -la/-pla) Doppel, Duplikat [lat.]
**Du'pren** (das, -s, nur Ez.) synthetischer Kautschuk

**Du'que** (der, - od. -s, -s) höchster Adelsrang Spaniens
**Dur** (das, -s, nur Ez.) Tonart [lat.]
**Du'ra** (die, -, nur Ez.) harte, äußere Hirnhaut [lat.]
**Du'ra'bi'li'tät** (die, -, nur Ez.) das Dauerhaftsein
**Du'ral** (das, -s, nur Ez.) harte Aluminiumlegierung (Warenzeichen) [lat., Kunstwort]
**Du'ra Ma'ter** (die, - -, nur Ez.) = Dura
**du'ra'tiv** (Adj.) andauernd; z.B. eine durative Aktionsart [lat.]
**Du'ra'ti'vum** (das, -s, -va) duratives Verb; z.B. „wachen" im Gegensatz zu „erwachen"
**durch'che'cken** (V.) etwas genau überprüfen (ugs.)[engl.]
**durch'sty'len** [-staɪlən] (V.) etwas modisch gestalten (ugs.)[engl.]
**Dutch'man** [dʌtʃmən] (der, -s, -men) deutscher Seemann (im abfälligen Sinne von englischsprachigen Seeleuten gebraucht)
**Du'ty-free-Shop** [djuːtɪ friː ʃɔp] (der, -s, -s) Laden mit zollfreier Ware; z.B. auf Flughäfen [engl.]
**Du'um'vir** (der, -n, -n) einer von zwei Beamten einer doppelt besetzten altrömischen Behörde [lat.]
**Du'um'vi'rat** (das, -s, -e) Amt, Würde der Duumvirn
**Duve'tine** (der, -s, -s) Samtimitation aus Baumwolle, Wolle oder Chemiefaser
**Du'vet** [dyvɛ] (das, -s, -s) Federbett (schweiz.) [frz.]
**Dux** (der, -, Du'ces) einstimmiges Fugenthema in der Haupttonart [lat.]
**Dy'a'de** (die, -, -n) Paar, Verknüpfung aus zwei Einheiten [gr.]
**Dy'a'dik** (die, -, nur Ez.) = Dualsystem [gr.]
**dy'a'disch** (Adj.) zur Dyadik gehörig
**Dy'as** (die, -, nur Ez.) = Perm (veraltet) [gr.]
**Dyn** (das, -, -) Maßeinheit der Kraft [gr.]
**Dy'na'mik** (die, -, nur Ez.) **1** Kraftentwicklung, Schwung **2** physikalische Lehre vom Kräfteeinfluss auf die Bewegung von Körpern [gr.]
**Dy'na'mis** (die, -, nur Ez.) Kraft, Vermögen (als philosophische Begriffe) [gr.]

**dy|na|misch** (Adj.) 1 zur Dynamik gehörig, nicht statisch 2 lebhaft, voller Antriebskraft
**Dy|na|mis|mus** (der, -, -men) 1 philosophische Anschauung, wonach alles auf Kräften und deren Wirkungen beruht 2 Glaube von Naturvölkern an übernatürliche Kräfte in Menschen und Dingen 3 Dynamik [gr.-lat.]
**dy|na|mis|tisch** (Adj.) den Dynamismus betreffend
**Dy|na|mit** (das, -s, nur Ez.) ein Sprengstoff auf Nitroglyzerinbasis [gr.-nlat.]
**Dy|na|mo** (der, -s, -s) einfacher Generator (am Fahrrad) (gr.-engl.)
**Dy|na|mo|me|ter** (das, -s, -) Messvorrichtung für mechanische Kräfte [gr.]
**Dy|nast** (der, -nas|ten, -nas|ten) Herrscher, „Kleinfürst" [gr.]
**Dy|nas|tie** (die, -, -n) Herrschergeschlecht
**dy|nas|tisch** (Adj.) zu einer Dynastie gehörig
**Dys|aku|sis** (die, -, nur Ez.) 1 krankhafte Überempfindlichkeit gegen bestimmte Töne 2 Schwerhörigkeit (Med.) [gr.-lat.]
**Dys|ar|thrie** (die, -, -n) mühsames Sprechen, Stammeln (Med.) [gr.-lat.]
**Dys|ba|sie** (die, -, -n) durch Durchblutungsstörungen verursachte Gehstörung (Med.) [gr.-lat.]
**Dys|bu|lie** (die, -, nur Ez.) Willensschwäche [gr.-lat.]
**Dy|s|en|te|rie** (die, -, -n) eine Darmkrankheit, Ruhr [gr.]
**dy|s|en|te|risch** (Adj.) ruhrartig
**Dy|s|er|gie** (die, -, nur Ez.) verminderte Widerstandskraft des Organismus (Med.)
**Dys|funk|ti|on** (die, -, -ti|o|nen) gestörte Tätigkeit von Organen [gr.-lat.]
**dys|funk|ti|o|nal** (Adj.) einer Funktion oder Wirkung abträglich
**Dys|glos|sie** (die, -, -n) durch Fehlbildung der Sprachwerkzeuge verursachte Sprachstörung
**Dys|gna|thie** (die, -, -n) zu einer abnormen Form und Funktion des Kiefers führende Fehlentwicklung
**Dys|gram|ma|tis|mus** (der, -, nur Ez.) Sprachstörung, die es dem Sprecher unmöglich macht, grammatisch korrekte Sätze zu bilden [gr.-lat.]
**Dys|hi|dro|se** (die, -, -n) verminderte oder vermehrte Schweißabsonderung (Med.)
**Dys|kal|ku|lie** (die, -, nur Ez.) Schwäche beim Rechnen
**Dys|ki|ne|sie** (die, -, -n) Störung der Bewegungsfähigkeit, der Motorik (Med.)
**Dys|kra|nie** (die, -, -n) Missbildung des Schädels (Med.)
**Dys|kra|sie** (die, -, -n) fehlerhafte Säftezusammensetzung (altgriech. Heilkunde)
**Dys|la|lie** (die, -, -n) Stammeln
**Dys|le|xie** (die, -, n) Lesestörung organischer oder seelischer Ursache [gr.-lat.]
**Dys|me|lie** (die, -, -n) angeborene Gliedmaßenfehlbildung [gr.]
**Dys|me|nor|rhö** (die, -, -en) schmerzhafte Menstruation [gr.]
**Dy|s|on|to|ge|nie** (die, -, -n) Fehlbildung [gr.-lat.]
**Dy|s|os|mie** (die, -, -n) Störung des Geruchssinns (Med.)
**Dy|s|os|to|se** (die, -, -n) Wachstumsstörung der Knochen (Med.)
**Dys|pep|sie** (die, -, -n) Verdauungsstörung
**Dys|pha|gi|a** (die, -, -gi|ae) Schluckstörung (Med.)
**Dys|pha|sie** (die, -, -n) Sprechstörung (Med.)
**dys|pho|tisch** (Adj.) lichtarm
**Dys|pla|sie** (die, -, -n) Fehlbildung (des Körpers) [gr.]
**Dys|pnoe** (die, -, -n) Atemnot [gr.]
**Dys|pro|si|um** (das, -s, nur Ez.) ein seltenes Metall, chem. Grundstoff [gr.]
**Dys|to|nie** (die, -, -n) Störung des normalen Tonus; z.B. der Muskelspannung [gr.]
**dys|troph** (Adj.) auf Dystrophie beruhend, sie auslösend [gr.]
**Dys|tro|phie** (die, -, -n) Ernährungsstörung
**Dys|u|rie** (die, -, -n) Harnzwang [gr.]

# E



**Eagle** [i:gl] (der, -s, -s) US-amerikanische Goldmünze [lat.-frz.-engl.]
**EAN-Code** (der, -s, -s) Abk. für **E**uropäischer **A**rtikel**n**ummer-Code, computerlesbarer Strichcode auf Handelswaren
**Earl** [ɜ:rl] (der, -s, -s) englischer Graf [engl.]
**Earl Grey** [ɜ:rl greɪ] (der, -s, nur Ez.) eine Teesorte mit Bergamottöl [engl.]
**Early English** [ɜ:lɪ̃glɪʃ] (das, -, nur Ez.) Frühstufe der Stilepoche der engl. Gotik [engl.]
**East** [i:st] Osten [engl.]
**easy** [i:zɪ] (Adj.) leicht, einfach, locker (Jugendsprache) [engl.]
**Easy Rider** [i:zɪraɪ-] (der, -, -) Motorrad mit hohem Lenker und Rückenlehne [engl.]
**Eat-Art** [i:t ɑ:t] (die, -, nur Ez.) künstlerische Richtung, die essbare Kunstgegenstände hervorbringt [engl.]
**Eau de Cologne** [odəkolɔɲə] (das, - - -, Eaux [o-] - -) ein Duftwasser, Kölnischwasser [frz.]
**Eau de Parfum** [o:dəparfɛ] (das, -, -x de Parfum) Duftwasser, das in der Intensität zwischen Eau de Toilette und Parfüm liegt [frz.]
**Eau de Toilette** [odətwalɛt] (das, - - -, Eaux [o-] - -) ein Duftwasser in der Stärke zwischen Eau de Cologne und Parfüm [frz.]
**E-Book** (das, -(s), -s) elektronisches Buch; Buch in digitaler Form [engl.]
**Ebolavirus** (der, -, -viren) Virus, der eine meist tödliche Infektionskrankheit hervorruft [von dem Fluss in Zaire]
**Ebonit** (das, -s, nur Ez.) eine Hartgummisorte (Warenzeichen) [engl.-nlat.]
**Ebullioskop** (das, -s, -e) Vorrichtung für die Ebullioskopie [lat.-gr.]
**Ebullioskopie** (die, -, nur Ez.) Molekularbestimmung
**Ecart** *auch:* Ekart [eka:r] (der, -s, -s) Unterschied zwischen zwei Börsenkursen [frz.]
**Ecarté** *auch:* Ekarté (das, -s, -s) ein französisches Kartenspiel
**Ecce-Homo** [ɛktsə-] (das, -(s), - oder -s) Andachtsbild, das den dornengekrönten Jesus darstellt [lat.]
**Ecclesia** [ɛk-] (die, -, nur Ez.) Kirche [gr.]
**Ecclesiastik** [ɛk-] (die, -, nur Ez.) = Ecclesiologie
**Ecclesiologie** (die, -, -n) Lehre von der Kirche [gr.]
**Echappé** [eʃape:] (das, -s, -s) Sprung aus der geschlossenen in eine offene Position der Füße (Ballett) [frz.]
**Echappement** [eʃapmɑ̃] (das, -s, -s) **1** Flucht (veraltet) **2** Unruhehemmung (mechanischer Uhren) **3** Mechanik am Klavier, durch die die angeschlagenen Hämmerchen zurückschnellen [frz.]
**Echarpe** [eʃarp] (die, -, -s) Schärpe oder (gemusterter) Schal [frz.]
**echauffieren** [eʃof-] (V.) aufregen, (sich) erhitzen [frz.]
**echauffiert** (Adj.) aufgeregt, aufgewühlt [lat.-frz.]
**Echinit** (der, -s oder -en, -en) versteinerter Seeigel [gr.-lat.]
**Echinokaktus** (der, -, -teen) Igelkaktus
**Echinokokkus** (der, -, -ken) Hundebandwurm
**Echinus** (der, -, -) **1** Seeigel **2** Kapitellwulst an dorischen Säulen zwischen Deckplatte und Säulenschaft [gr.-lat.]
**Echo** (das, -s, -s) Widerhall [gr.]
**Echoeffekt** (der, -es, -e) Nachhall
**Echografie** *auch:* Echographie (die, -, -n) Prüfungsmethode von Gewebedichten mithilfe von Schallwellen
**Echokinesie** (die, -, -n) Bestreben Geistesgestörter, anderer Menschen Bewegungen nachzuahmen [gr.-lat.]
**Echolalie** (die, -, -n) mechanisches Nachplappern von Wörtern bei Geistesgestörten oder Kleinkindern
**Echolot** (das, -s, -e) Tiefenmessgerät, das mit elektromagnetischen oder Schallwellen arbeitet [gr.-dt.]

**Echo'mi'mie** (die, -, nur Ez.) Nachahmung der Mimik und Gebärden
**Echo'phra'sie** (die, -, -n) = Echolalie
**Echo'pra'xie** (die, -, -n) = Echokinesie
**Echo'thy'mie** (die, -, nur Ez.) Vermögen, anderer Menschen Gefühle mitzuempfinden
**Ec'lair** [eklɛːr] (das, -s, -s) ein sahnegefülltes Gebäck, „Liebesknochen" [frz.]
**Ec'lat** [eklaː] = Eklat
**E-Com'merce** (der, -s, nur Ez.) elektronischer Handel über das Internet
**Eco'no'mi'ser** [ɪkɒnəmaɪzɐ] (der, -s, -) Wasservorwärmer (Dampfkessel) [engl.]
**Eco'no'my'class** (die, -s, nur Ez.) = Economyklasse
**Eco'no'my'klas'se** [ɪkɒnəmɪ-] (die, -, nur Ez.) Billigklasse im Flugverkehr [engl.]
**Ec'ra'sé** (das, -s, -s) grob genarbtes (Ziegen-)Leder [germ.-frz.]
**ec'ru** [ekrʏː] = ekrü
**Ecs'ta'sy** [ekstəzɪ] (das, -, nur Ez.) synthetisches Rauschmittel, Designerdroge [engl.]
**Ecu** [ekʏː] (der, -s, -s) oder (die, -, -) (Abkürzung für **E**uropean **C**urrency **U**nit) europäische Rechnungseinheit
**ECU** (der, -s, -s) oder (die, -, -) = Ecu
**Ecu'a'do'ri'a'ner** (der, -s, -) Einwohner des südamerikanischen Staates Ecuador [span.]
**Eda'fon** (das, -s, nur Ez.) = Edaphon
**eda'phisch** (Adj.) zum Erdboden, zum Edaphon gehörig
**Eda'phon** (das, -s, nur Ez.) der Erdboden als Lebensraum [gr.]
**Eden** (das, -s, nur Ez.) Paradies(garten) [hebr.]
**Eden'ta'ten** (nur Mz.) die Säugetierordnung der Zahnarmen [lat.]
**edie'ren** (V.) veröffentlichen, herausgeben (von Büchern und Ähnlichem) [lat.]
**Edikt** (das, -s, -e) Erlass; z.B. das Edikt von Nantes [lat.]
**edi'tie'ren** (V.) Daten eingeben, ändern oder löschen [lat.-frz.-engl.]
**Edi'ti'on** (die, -, -ti'o̲nen) **1** die Herausgabe (von Büchern, Musikwerken) **2** das Werk selbst
**Edi'tio prin'ceps** (die, -, -ti'o̲nes -ci'pes) Erstausgabe [lat.]
**Edi'tor** (der, -s, -to̲'ren) Herausgeber [lat.]
**Edi'tor** [ɛdɪtə] (der, -s, -s) Komponente eines Datenverarbeitungssystems zur Eingabe von Texten und Programmen (EDV) [engl.]
**Edi'to'ri'al** (das, -s, -s) **1** Vorwort **2** = Impressum [lat.]
**edi'to'risch** (Adj.) zur Edition gehörig, verlegerisch
**Edu'ka'ti'on** (die, -, nur Ez.) Erziehung (veraltet) [lat.]
**Edukt** (das, -s, -e) Ausgangsstoff [lat.]
**Edu'tain'ment** [ɛdjuteɪn-] (das, -s, -s) unterhaltsam gestaltetes Computerlernprogramm (Kunstwort aus „education" und „entertainment") [engl.]
**EDV** (die, -, nur Ez.) Abk. für „**E**lektronische **D**aten**v**erarbeitung" [Kurzwort]
**EEG** (das, -s, -s) = Elektroenzephalogramm
**Efen'di** (der, -s, -s) Herr (als frühere türkische Anrede) [gr.-türk.]
**Effekt** (der, -s, -e) Wirkung [lat.]
**Effek'ten** (nur Mz.) Wertpapiere [lat.]
**ef'fek'tiv** (Adj.) **1** wirklich; z.B. der effektive Lohn **2** lohnend; wirksam; z.B. eine effektive Tätigkeit
**Effek'tiv'do'sis** (die, -, -dosen) der tatsächlich wirksame Anteil der zugeführten Menge eines Medikamentes, Giftes etc.
**ef'fek'ti'vie'ren** (V.) die Effektivität steigern [lat.]
**Effek'ti'vi'tät** (die, -, nur Ez.) Wirkung, Wirkungsgrad [lat.]
**Ef'fek'tiv'lohn** (der, -s, -löhne) tatsächlich gezahlter Lohn inklusive zusätzlicher Leistungen
**Ef'fek'tiv'wert** (der, -s, -e) tatsächlich wirkender Durchschnittswert einer Wechselstromgröße
**Ef'fekt'kohle** (die, -, -n) Dochtkohle von Bogenlampen mit Leuchtsalzzusatz
**Effek'tor** (der, -s, -oren) Nerv, der Reize zu den Organen leitet und dort Reaktionen auslöst [lat.]
**effek'tu'ie'ren** (V.) ausführen [frz.]
**Effe'mi'na'ti'on** (die, -, nur Ez.) Verweiblichung [lat.]
**effe'mi'nie'ren** (V.) verweiblichen [lat.]
**Effen'di** (der, -s, -s) = Efendi
**effe'rent** (Adj.) von einem Organ herauskommend [lat.]

**efferveszieren** (V.) aufbrausen [lat.]
**Effet** [efeː] (der, -s, -s) durch Anschneiden bewirkte Drehbewegung (eines Balls, einer Billardkugel) [frz.]
**effettuoso** (Adv.) wirkungsvoll (bei Musikstücken) [it.]
**Efficiency** [-ʃənsɪ] (die, -, nur Ez.) Wirtschaftlichkeit [engl.]
**effilieren** (V.) ausdünnen (von Haaren) [frz.]
**effizient** (Adj.) wirksam [lat.]
**Effizienz** (die, -, -en) Wirksamkeit [lat.]
**effizieren** (V.) bewirken [lat.]
**effiziert** (Adj.) bewirkt, hervorgerufen
**Effloreszenz** (die, -, -en) **1** Hautausschlag **2** Salzausblühung; z.B. auf Böden [lat.]
**effloreszieren** (V.) eine Effloreszenz bilden [lat.]
**effluieren** (V.) ausfließen (Med.) [lat.]
**Effluvium** (das, -s, -vien) Erguss, Ausfluss, Ausdünstung (Med.)
**Effusion** (die, -, -sionen) der Lavaausfluss [lat.]
**effusiv** (Adj.) durch Lavaausfluss entstanden [lat.]
**EFTA** (die, -, nur Ez.) Abk. für **E**uropean **F**ree **T**rade **A**ssociation, die Gemeinschaft der Mitgliedsstaaten der Europäischen Freihandelszone [engl.]
**egal** (Adj.) **1** gleichartig, gleich **2** gleichgültig
**egalisieren** (V.) **1** gleichmäßig machen; z.B. eine Holzfläche egalisieren **2** einstellen (einen Rekord) [frz.]
**egalitär** (Adj.) auf Egalität zielend
**Egalitarismus** (der, -s, nur Ez.) Gleichheitsstreben [frz.-nlat.]
**Egalität** (die, -, nur Ez.) Gleichheit [frz.]
**Egalité** (die, -, nur Ez.) Gleichheit (als Schlagwort der Französischen Revolution)
**Egesta** (nur Mz.) Ausscheidungen des Körpers [lat.]
**Egestion** (die, -, -en) Stuhlgang (Med.) [lat.]
**Egghead** [-hed] (der, -s, -s) Intellektueller (als abwertende Bezeichnung in den USA), „Eierkopf" [engl.]
**E-Gitarre** (die, -, -n) elektrische Gitarre [Kurzwort]
**Ego** (das, -s, -s) das Ich [lat.]
**Egoismus** (der, -, nur Ez.) starkes Streben nach Selbstverwirklichung, rücksichtslose Selbstsucht [lat.]
**Egoist** (der, -isten, -isten) jmd., der vom Egoismus geprägt ist
**egoistisch** (Adj.) zum Egoismus gehörig, rücksichtslos selbstsüchtig
**egoman** (Adj.) krankhaft selbstbezogen [gr.-lat.]
**Egomane** (der, -ns, -n) krankhaft selbstbezogener Mensch [gr.-lat.]
**Egomanie** (die, -, nur Ez.) krankhafte Selbstbezogenheit [lat.]
**Egotismus** (der, -, nur Ez.) Neigung, sich selbst in den Vordergrund zu stellen [lat.-engl.]
**Egotist** (der, -tisten, -tisten) Anhänger des Egotismus [lat.-engl.]
**Egotrip** (der, -s, -s) egozentrische Lebensphase (ugs.) [lat.-engl.]
**Egouteur** [egutøːɐ] Papierwalze zur Herstellung der Wasserzeichen [lat.-frz.]
**Egozentrik** (die, -, nur Ez.) das Egozentrischsein
**Egozentriker** (der, -s, -) egozentrische Person [gr.-lat.]
**egozentrisch** (Adj.) alles auf die eigene Person beziehend, ichbezogen [lat.]
**Egozentrizität** (die, -, nur Ez.) = Egozentrik
**egrenieren** (V.) Trennung von Fasern und Samen der Baumwolle [lat.-frz.]
**Egreniermaschine** (die, -, -n) Maschine, die die Baumwollfasern vom Samen entfernt
**egressiv** (Adj.) das Ende von etwas bedeutend (zum Beispiel: vergehen) [lat.]
**Egyptienne** (die, -, nur Ez.) spezielle Antiquaschrift [frz.]
**Ehec** (die, -, nur Ez.) gefährliche Infektionserkrankung durch Kolibakterium
**Eidetik** (die, -, nur Ez.) Fähigkeit zu bildhaft-realer Vorstellung [gr.]
**eidetisch** (Adj.) zur Eidetik gehörig, anschaulich-bildhaft
**Eidologie** (die, -, nur Ez.) Theorie, die durch Beschreibung der Gestalt das Wesen der Dinge zu erforschen sucht (Philos.) [gr.]
**Eidolon** (das, -s, -la) Abbild, Spiegelbild, Trugbild [gr.]

**Ei'do'phor** (das, -s, -e) Anlage für Fernseh-Großbild-Projektionen [gr.-lat.]
**Ei'dos** (das, -, nur Ez.) Gestalt, Aussehen, Form [gr.]
**ein'bal'sa'mie'ren** (V.) einen Leichnam durch Behandlung mit konservierenden Mitteln vor Verwesung schützen [dt.-hebr.-gr.-lat.]
**ein'che'cken** (V.) Passagiere oder Gepäck abfertigen [dt.-engl.]
**Ein'he'ri'er** (der, -s, -) gefallener Held, der in Walhall eingegangen ist [isländ.]
**ein'log'gen** (V.) bestimmte Daten eingeben, um Verbindung zu einer Datenverarbeitungsanlage herzustellen (EDV) [dt.-engl]
**ein'quar'tie'ren** (V.) Soldaten unterbringen [dt.-lat.-frz.]
**ein'scan'nen** [-skɛn-] (V.) mit dem Scanner einlesen (EDV) [dt.-engl.]
**Ein'stei'ni'um** (das, -s, nur Ez.) ein künstliches radioaktives Element [dt.-nlat.]
**Ei'sen'vi'tri'ol** (das, -s, nur Ez.) kristallwasserhaltiges, grünes Eisensulfat [dt.-lat.]
**Eja'cu'la'tio prae'cox** [prɛː-] (die, - -, nur Ez.) vorzeitiger Samenerguss [lat.]
**Eja'ku'lat** (das, -s, -e) ausgespritzter Samen
**Eja'ku'la'ti'on** (die, -, -ti'o'nen) Samenerguss [lat.]
**eja'ku'lie'ren** (V.) eine Ejakulation haben
**Ejek'ti'on** (die, -, -en) **1** Ausschleudern von vulkanischem Material **2** Hinauswerfen, Vertreibung (veraltet) [lat.]
**Ejek'tiv** (der, -s, -e) Verschlusslaut, bei dem Luft aus der Mundhöhle strömt
**Ejek'tor** (der, -s, -to'ren) mechanischer Auswerfer (von Patronenhülsen) [lat.]
**eji'zie'ren** (V.) auswerfen, ausstoßen
**ejus'dem men'sis** desselben Monats (veraltet) [lat.]
**Ekart** *auch:* Ecart [ekaːr] (der, -s, -s) Unterschied zwischen zwei Börsenkursen [frz.]
**Ekar'té** *auch:* Ecar'té (das, -s, -s) ein französisches Kartenspiel
**Ek'chy'mo'se** (die, -, -n) Bluterguss [gr.]
**ek'de'misch** (Adj.) abwesend [gr.]
**Ek'dy'son** (das, -s, nur Ez.) Häutungshormon der Insekten
**EKG** [eːkageː] (das, -s, -s) = **E**lektro**k**ar**d**io**g**ramm
**Ek'kle'sia** (die, -, nur Ez.) = Ecclesia
**Ek'kle'si'as'tes** (der, -, nur Ez.) griechischer Name für das Buch „Prediger Salomo" des Alten Testamentes [gr.]
**Ek'kle'si'as'tik** (die, -, nur Ez.) = Ekklesiologie [gr.]
**Ek'kle'si'as'ti'kus** (der, -, nur Ez.) Titel des Buches „Jesus Sirach" aus dem Alten Testament [gr.]
**ek'kle'si'o'gen** (Adj.) durch Einflussnahme von Religion oder Kirche ermöglicht [gr.]
**Ek'kle'si'o'lo'gie** (die, -, -gi'en) = Ecclesiologie
**Ek'ky'kle'ma** (das, -s, -men) kleine bewegliche Bühne des antiken Theaters [gr.]
**Ek'lai'reur** [eklɛrøːɐ] Kundschafter, Späher, Aufklärer [lat.-frz.]
**Ek'lamp'sie** (die, -, -n) Bewusstlosigkeit, Krämpfe während der Schwangerschaft [gr.]
**Ek'lat** *auch:* Ec'lat [eklaː] (der, -s, -s) Aufsehen erregender Skandal [frz.]
**ek'la'tant** (Adj.) **1** Aufsehen erregend, skandalös **2** offenkundig [frz.]
**Ek'lek'ti'ker** (der, -s, -) unschöpferischer Denker, Künstler [gr.]
**ek'lek'tisch** (Adj.) unschöpferisch, nachahmend [gr.]
**Ek'lek'ti'zis'mus** (der, -, nur Ez.) unschöpferisches Nachahmen [gr.-nlat.]
**ek'lek'ti'zis'tisch** (Adj.) nach Art und Weise des Eklektizismus handelnd [gr.-lat.]
**Ek'lip'se** (die, -, -n) Sonnen-, Mondfinsternis
**Ek'lip'tik** (die, -, nur Ez.) scheinbare Sonnenbahn [gr.]
**ek'lip'ti'kal** (Adj.) auf die Eklipse bezogen [gr.-lat.]
**ek'lip'tisch** (Adj.) zur Eklipse gehörig
**Ek'lo'ge** (die, -, -n) Hirtengedicht (in der römischen Literatur) [lat.]
**Ek'mne'sie** (die, -, -n) Wahnvorstellung, in ein früheres Lebensstadium zurückversetzt worden zu sein (Med.) [gr.-lat.]
**Ek'noia** (die, -, nur Ez.) krankhaft gesteigerte Erregbarkeit in der Pubertät (Med.) [gr.]
**Ek'pho'rie** (die, -, -n) Erinnerungsvorgang
**Ek'phra'sis** (die, -, nur Ez.) genaue Beschreibung von Personen u. Ereignissen (Rhet.)

**Ekpyrosis** (die, -, nur Ez.) Auflösung der Welt im Feuer, Weltenbrand [gr.-lat.]
**Ekrasit** (das, -s, nur Ez.) ein Sprengstoff [gr.-nlat.]
**ekrü** *auch:* ecru (Adj.) naturfarben, roh (von Textilien) [frz.]
**Ekstase** (die, -, -n) verzücktes Außersichgeraten [gr.]
**Ekstatik** (die, -, nur Ez.) das Ekstatischsein
**Ekstatiker** (der, -s, -) erregter Schwärmer, sich in Ekstase Befindender [gr.-lat.]
**ekstatisch** (Adj.) rauschhaft, verzückt, außer sich [gr.]
**Ekstrophie** (die, -, -n) = Ektopie [gr.-lat.]
**Ektase** (die, -, -n) Vokaldehnung [gr.-lat.]
**Ektasie** (die, -, -n) Hohlorgandehnung [gr.-lat.]
**Ektasis** (die, -, nur Ez.) = Ektase
**Ektenie** (die, -, -n) orthodoxes Fürbittegebet [gr.]
**Ektomie** (die, -, -n) operative Ausschneidung [gr.]
**Ektoparasit** (der, -en, -en) Außenparasit
**Ektopie** (die, -, -n) Organverlagerung; z.B. Wanderniere [gr.]
**Ektoskelett** (das, -es, -e) Außen- oder Hautskelett bei Wirbellosen oder Wirbeltieren
**Ektoskopie** (die, -, -n) Krankheitserkennung durch bloßes Ansehen [gr.-lat.]
**Ektotoxin** von Bakterien ausgeschiedenes, für den Menschen giftiges Produkt
**Ektrodaktylie** (die, -, -n) angeborene Fehlbildung der Hände und Füße (fehlende Finger oder Zehen)
**Ektromelie** (die, -, -n) angeborene Verstümmelung der Glieder (Med.)
**ektropionieren** (V.) zum Zwecke einer Behandlung die Schleimhaut nach außen klappen [gr.-lat.]
**Ektypus** (der, -, -pen) Abbild, Kopie, Nachbildung [gr.]
**Ekzem** (das, -s, -e) juckende Hautentzündung [gr.]
**Ekzematiker** (der, -s, -) jmd., der zu Ekzemen neigt
**ekzematisch** (Adj.) wie ein Ekzem, durch Ekzeme bewirkt
**Ekzematoid** (das, -s, -e) Hauterkrankung [gr.]
**ekzematös** (Adj.) = ekzematisch
**El** (der, -, Elim) semitisches Wort für Gott [hebr.]
**Elaborat** (das, -s, -e) **1** Ausarbeitung **2** Machwerk [lat.]
**elaboriert** (Adj.) hoch entwickelt, ausgebildet [lat.]
**Elaïdin** (das, -s, -e) chemische Verbindung [gr.-lat.]
**Elan** (der, -s, nur Ez.) Begeisterung (von innen her), Schwung [frz.]
**Elan vital** [elɑ̃-] (der, -, nur Ez.) schöpferische bzw. metaphysische Kraft, die biologische Prozesse steuert (Philos.) [frz.]
**Elaste** (nur Mz.) natürliche und synthetische Stoffe mit gummiartiger Elastizität (Chem.) [gr.-lat.]
**Elastik** (das, -s, -s oder -e) und (die, -, -en) **1** dehnbares Gewebe **2** rohleinenes Zwischenfutter [gr.-lat.]
**elastisch** (Adj ) sehr dehnbar und federnd; geschmeidig [gr.]
**Elastizität** (die, -, nur Ez.) das Elastischsein
**Elastizitätsmodul** (der, -s, -n) Kennwert für elastische Materialeigenschaft [gr.-lat.]
**Elastomer** (das, -s, -e) gummielastischer Kunststoff
**Elativ** (der, -s, -e) absoluter Superlativ, der nicht durch einen Vergleich entsteht; z.B. schnellste, (das heißt „sehr schnelle") Verbindung [lat.]
**Elderstatesman** *auch:* Elder Statesman [-steɪtsmæn] (der, -, -men) Politiker, der nach seinem Ausscheiden weiterhin sehr angesehen ist [engl.]
**Eldorado** (das, -s, -s) ergiebiges Gebiet, „Goldland"; z.B. ein Elektronikmarkt als Eldorado für Bastler [span.]
**Eleate** (der, -n, -n) Mitglied einer Philosophenschule in der Antike [gr.-lat.]
**eleatisch** (Adj.) die Eleaten betreffend [gr.-lat.]
**Electric Jazz** (der, - -, nur Ez.) Jazzrichtung in den 1970er-Jahren mit elektroakust. Verstärkung [engl.]
**Electronic Banking** [bæŋkɪŋ] (das, -s, nur Ez.) Geldverkehr per Automat [engl.]
**Electronic Cash** [kæʃ] (das, -, nur Ez.) bargeldlose Bezahlung per Eurocheque-karte im Einzelhandel [engl.]

**Elec'tro'nic Church** (die, - -, nur Ez.) religiös ausgerichtete Fernsehsendungen
**Elec'tro'nic Mail** [-meɪl] (die, -, -s) elektronischer Schriftverkehr (via Internet) [engl.]
**Ele'fan'ti'a'sis** *auch:* Ele'phan'ti'a'sis (die, -, -ti'a'sen) riesige Gliedmaßenverdickung durch Lymphstau [gr.]
**ele'gant** (Adj.) **1** erlesen, fein-geschmackvoll **2** geschickt; z.B. eine elegante Lösung [frz.]
**Ele'gant** [-ɑ̃:] (der, -s, -s) Modenarr [frz.]
**Ele'ganz** (die, -, nur Ez.) das Elegantsein, die Gewandtheit
**Ele'gei'on** (das, -s, nur Ez.) Versmaß [gr.]
**Ele'gie** (die, -, -n) Klagegedicht [gr.]
**Ele'gi'ker** (der, -s, -) Dichter von Elegien [gr.]
**ele'gisch** (Adj.) zur Elegie gehörig, wehmütig [gr.]
**Eleg'jam'bus** (der, -, -ben) antikes Versmaß [gr.-lat.]
**Elei'son** (das, -s, -s) gottesdienstlicher Gesang, „erbarme dich" [gr.]
**Elek'ti'on** (die, -, -ti'o'nen) Auswahl [lat.]
**elek'tiv** (Adj.) auswählend [lat.]
**Elek'tor** (der, -s, -to'ren) Wähler [lat.]
**Elek'to'rat** (das, -es, -e) Kurfürstentum [lat.]
**Elek'tra'kom'plex** (der, -es, -e) extreme Vaterbindung (bei Mädchen) [gr.-lat.]
**Elek'tret** (der oder das, -s, -e) elektrischer Isolator, der an zwei gegenüber liegenden Flächen entgegengesetzte elektrische Ladung vorweist [gr.-engl.]
**Elek'tri'fi'ka'ti'on** (die, -, nur Ez.) das Elektrifizieren
**elek'tri'fi'zie'ren** (V.) auf elektrischen Betrieb ein-, umstellen [gr.-lat.]
**Elek'tri'fi'zie'rung** (die, -, -en) Umstellung auf Elektrobetrieb
**Elek'trik** (die, -, -en) elektrische Ausstattung
**Elek'tri'ker** (der, -s, -) Elektroinstallateur, Handwerker im Bereich der Elektrotechnik
**elek'trisch** (Adj.) zur Elektrizität gehörig, mit ihrer Hilfe
**Elek'tri'sche** (die, -n, -n) Straßenbahn (veraltet)
**elek'tri'sie'ren** (V.) der Wirkung elektrischen Stroms aussetzen
**Elek'tri'zi'tät** (die, -, nur Ez.) Eigenschaft geladener Elementarteilchen; Ladungsenergie [gr.-frz.]
**Elek'tro'akus'tik** (die, -, nur Ez.) Wissenschaft von der Umwandlung von Schallschwingungen in elektrische Spannungsschwankungen [gr.]
**Elek'tro'ana'ly'se** (die, -, nur Ez.) chemische Untersuchung durch Elektrolyse [gr.]
**Elek'tro'che'mie** (die, -, nur Ez.) Wissenschaft, die Zusammenhänge zwischen elektronischen und chemischen Vorgängen klärt [gr.]
**Elek'tro'chi'rur'gie** (die, -, nur Ez.) Anwendung von elektrischem Strom in der Chirurgie [gr.]
**Elek'tro'chord** (das, -s, -e) elektrisches Klavier [gr.-nlat.]
**Elek'tro'de** (die, -, -n) Stück eines Leiters, das den Strom ab- oder zuführt [gr.]
**Elek'tro'di'agnos'tik** (die, -, nur Ez.) Diagnose durch elektrophysikalische Methoden [gr.]
**Elek'tro'dy'na'mik** (die, -, nur Ez.) Wissenschaft von den elektromagnetischen Feldern
**Elek'tro'en'ze'pha'lo'gramm** (das, -s, -e) Aufzeichnung der Hirnstromkurve [gr.]
**Elek'tro'ero'si'on** (die, -, nur Ez.) Bearbeitungsverfahren für sehr harte Metalle, wobei zwischen zwei Elektroden kleine Teilchen abgetragen werden [gr.]
**Elek'tro'fahr'zeug** (das, -s, -e) Fahrzeug, das durch elektrischen Strom angetrieben wird
**elek'tro'ka'lo'risch** (Adj.) die Wärmewirkung des Stromes betreffend [gr.-lat.]
**Elek'tro'kar'di'o'gra'fie** *auch:* Elek'tro'kar'di'o'gra'phie (die, -, -n) Messung der Herzströme [gr.]
**Elek'tro'kar'di'o'gramm** (das, -s, -e) Aufzeichnung der Herzstromkurve [gr.]
**Elek'tro'ke'ra'mik** (die, -, nur Ez.) Bauteile aus Keramik für die Elektrotechnik
**Elek'tro'ly'se** (die, -, -n) chemische Umsetzung durch elektrischen Strom in Elektrolyten
**Elek'tro'ly'seur** (der, -s, -e) Vorrichtung zur Gasgewinnung durch Elektrolyse
**Elek'tro'lyt** (der, -en, -en) Lösung, deren Ionen sich durch elektrischen Strom in Bewegung setzen [gr.]

**elek'tro'ly'tisch** (Adj.) mithilfe der Elektrolyse, auf ihr beruhend

**Elek'tro'lyt'kon'den'sator** (der, -s, -en) kleiner Kondensator mit hoher Kapazität mit elektrolytisch aufgebrachtem Dielektrikum [gr.-lat.]

**Elek'tro'ma'gnet** (der, -en, -en) Vorrichtung, die durch elektrischen Strom ein Magnetfeld erzeugt

**elek'tro'ma'gne'tisch** (Adj.) zum Elektromagneten gehörig

**Elek'tro'me'tal'lur'gie** (die, -, nur Ez.) Metallgewinnung durch Elektrolyse [gr.]

**Elek'tro'me'ter** (das, -s, -) Messgerät für elektrischen Strom [gr.]

**Elek'tro'mo'tor** (der, -s, -en) Motor, der elektrische in mechanische Energie umwandelt

**Elek'tron** (das, -s, -tro'nen) **1** negativ geladenes Elementarteilchen **2** eine Gold-Silber-Verbindung [gr.]

**Elek'tro'nen'do'na'tor** (der, - s, -en) Atom, das in der Lage ist, ein Elektron abzugeben [gr.-lat.]

**Elek'tro'nen'mi'kro's'kop** (das, -s, -e) mit Elektronen- statt Lichtstrahlen arbeitendes Mikroskop [gr.]

**Elek'tro'nen'op'tik** (die, -, nur Ez.) Wissenschaft, die sich mit den der Optik ähnelnden Eigenschaften von Elektronenstrahlen befasst [gr.]

**Elek'tro'nen'ra'di'us** (der, -, -dien) Hälfte des Durchmessers eines Elektrons [gr.]

**Elek'tro'nen'röh're** (die, -, -n) luftleeres Gefäß, in dem zwei Elektroden angeordnet sind, das als elektrisches Steuerungsgerät dient

**Elek'tro'nen'spin** (der, -s, nur Ez.) Messgröße des Eigendrehimpulses von Elektronen [gr.-engl.]

**Elek'tro'nen'strahl** (der, -s, -en) Strahl aus Elektronen, der sich in eine Richtung bewegt

**Elek'tro'nen'volt** (das, -(s), -) eine Maßeinheit der Kernphysik [gr.-nlat.]

**Elek'tro'nik** (die, -, nur Ez.) **1** technische Anwendung der Elektronen **2** elektronische Ausstattung [gr.]

**Elek'tro'ni'ker** (der, -s, -) Elektroniktechniker [gr.-nlat.]

**elek'tro'nisch** (Adj.) zur Elektronik gehörig, mit ihrer Hilfe, durch Elektronen betätigt

**elek'tro'phil** (Adj.) elektrische Ladung anziehend [gr.]

**elek'tro'phob** (Adj.) elektrische Ladung abweisend [gr.]

**Elek'tro'pho're'se** (die, -, nur Ez.) Bewegung geladener, gelöster Teilchen im elektrischen Feld zweier Elektroden [gr.]

**Elek'tro're'zep'tor** (der, -s, -en) Sinnesorgan bestimmter Tiere, das elektrische Veränderungen ihrer Umgebung meldet (Bio.) [gr.-lat.]

**Elek'tro'schock** (der, -s, -s) Schockbehandlung durch elektrischen Strom (in der Psychiatrie)

**Elek'tro's'kop** (das, -s, -e) Gerät zum Nachweis elektrischer Ladungen [gr.]

**Elek'tro'smog** (der, -s, nur Ez.) eventuell gesundheitsschädliche elektromagnetische Strahlung von elektrischen Geräten [gr.-engl.]

**Elek'tro'sta'tik** (die, -, nur Ez.) Wissenschaft von ruhenden (statischen) elektrischen Ladungen

**Elek'tro'tech'nik** (die, -, nur Ez.) Bereich der Technik, in dem es um die Erzeugung und Anwendung von Elektrizität geht [gr.]

**Elek'tro'the'ra'pie** (die, -, -en) Therapie mithilfe von elektrischem Strom [gr.]

**Elek'tro'to'mie** (die, -, -n) Chirurgie mithilfe elektrisch aufgeheizter Schneidgeräte [gr.]

**Elek'trum** (das, -, nur Ez.) = Elektron [gr.-lat.]

**Ele'ment** (das, -s, -e) **1** chemischer Grundstoff **2** Bestandteil (einer Menge, eines Systems) **3** Urstoff (in der antiken Philosophie; Feuer, Wasser, Erde und Luft) [lat.] **4** (nur Ez.) Kraft

**ele'men'tar** (Adj.) **1** grundlegend; z.B. die elementaren Kenntnisse **2** als Element vorliegend; z.B. flüssiger elementarer Schwefel

**Ele'men'tar'a'na'ly'se** (die, -, -n) Elementebestimmung in organischen Stoffen

**Ele'men'tar'ge'dan'ke** (der, -ns, -n) völkerkundliche Annahme, dass es in unterschiedlichen Völkern ähnliche Grundvorstellungen gibt

**Elementarladung** (die, -, -en) kleinste elektrische Ladung, die nachweisbar ist
**Elementarmagnet** (der, -en, -en) kleinste (elementare) magnetische Einheit
**Elementarteilchen** (das, -s, -) kleinste nachweisbare Teilchen, aus denen Atome bestehen
**Elemi** (das, -s, nur Ez.) ein tropisches Harz [arab.-span.]
**Elen** (das, -s, -) Elch [litau.]
**Elenchus** (der, -, -chi oder -chen) Gegenbeweis [gr.-lat.]
**Elephantiasis** (die, -, -sen) = Elefantiasis
**Eleudron** (das, -s, nur Ez.) ein Sulfonamid
**Eleusinien** (nur Mz.) antikes Fruchtbarkeitsfest [gr.]
**eleusinisch** (Adj.) aus Eleusis stammend [gr.]
**Eleutheronomie** (die, -, nur Ez.) kantisches Freiheitsprinzip [gr.-lat.]
**Elevation** (die, -, -tionen) das Aufheben, Erhöhung [lat.]
**Elevationswinkel** (der, -s, -) Erhöhungswinkel (Math.) [lat.]
**Elevator** (der, -s, -toren) Güteraufzug, Förderwerk [lat.]
**Eleve** (der, -n, -n) Zögling; Schüler; z.B. ein Ballettanfänger, ein künftiger Forstwirt [frz.]
**Elevin** (die, -, -en) Schülerin (v.a. im Ballett) [frz.]
**elidieren** (V.) auslassen, tilgen [lat.]
**Elim** Mz. zu El
**Elimination** (die, -, -tionen) das Eliminieren
**eliminieren** (V.) beseitigen, entfernen [frz.]
**elisabethanisch** (Adj.) aus der Regierungszeit Königin Elisabeths I. von England stammend
**Elision** (die, -, -sionen) das Elidieren
**elitär** (Adj.) zur Elite gehörig
**Elite** (die, -, -n) Auslese der Besten [frz.]
**Elitisierung** (die, -, -en) Aufwertung, Entwicklung zu einer Oberschicht hin
**elitizieren** (V.) jmd. eine Aussage entlocken, zu einer Äußerung verleiten [lat.-engl.]
**Elixier** (das, -s, -e) **1** Wundertrank **2** alkoholischer Heilpflanzenextrakt [arab.-frz.]
**Ellipse** (die, -, -n) **1** ein Kegelschnitt, geschlossene Kurve in Form eines zusammengedrückten Kreises **2** Wortauslassung, Ersparnis von Redeteilen; z.B. „Zigarette?“ statt „Möchten Sie eine Zigarette haben?“ [gr.]
**ellipsoid** (Adj.) ellipsenähnlich [gr.-lat.]
**Ellipsoid** (das, -s, -e) Körper, der entsteht, wenn eine Ellipse um eine ihrer Achsen gedreht wird [gr.]
**elliptisch** (Adj.) in der Form einer (geometrischen, sprachlichen) Ellipse
**Eloge** [-ʒə] (die, -, -n) Lobrede; Schmeichelei [frz.]
**Elogium** (das, -s, -gia) **1** Grabinschriften in der Antike **2** Lobeshymne [gr.-lat.]
**Elongation** (die, -, -tionen) **1** Auslenkung (eines Schwingkörpers) **2** Winkelabstand eines Planeten von der Sonne [lat.]
**eloquent** (Adj.) beredt [lat.]
**Eloquenz** (die, -, nur Ez.) Beredsamkeit [lat.]
**Eloxal** (das, -s, nur Ez.) Aluminium mit verstärkter Oxidschicht (Warenzeichen) [Kunstwort]
**eloxieren** (V.) verstärken (der Oxidschicht (des Eloxals) auf Aluminium)
**Elukubration** (die, -, -tionen) wissenschaftliche Arbeit, die nachts verfasst wird (veraltet) [lat.]
**Elution** (die, -, -en) Herauslösen von adsorbierten Stoffen aus festen Trägersubstanzen [lat.]
**Eluvialhorizont** (der, -(e)s, nur Ez.) Verwitterungsboden (Geol.) [gr.-lat.]
**Eluvium** (das, -s, nur Ez.) grobkörniger Verwitterungsboden [lat.]
**elysäisch** (Adj.) zum Elysium gehörig, himmlisch, wonneerfüllt
**Elysee** [-li-] Kurzform für Elysee-Palast [gr.-lat.-frz.]
**elysisch** (Adj.) = elysäisch
**Elysium** (das, -s, nur Ez.) paradiesisches Land (der alten Griechen) [gr.-lat.]
**Elytron** (das, -s, -ren/-tren) Deckflügel; z.B. bei Käfern [gr.]
**Elzevir** (die, -, nur Ez.) Antiquadruckschrift
**Elzeviriana** (nur Mz.) besondere römische und griechische Klassikerausgaben im Duodezformat [lat.]

**Email** [emaj] (das, -s, -s) Schmelz, (farbiger) Glasfluss (als Schmuck- oder Schutzschicht) [germ.-frz.]
**E-Mail** [iːmeɪl] (die, -, -s) Abk. für **E**lectronic-**Mail**; elektronische Nachricht via Internet [engl.]
**Emaille** [emajə] (die, -, -n) = Email
**Emailleur** [emajøːr] (der, -s, -e) jmd., der emailliert [germ.-frz.]
**emaillieren** [emajiː-] (V.) mit Email überziehen
**Eman** (das, -s, -s) Maßeinheit für radioaktiven Gehalt [lat.]
**Emanation** (die, -, -tionen) **1** das Ausströmen, Ausstrahlung **2** (nur Ez.) radioaktives Edelgas **3** das Hervorgehen aller Dinge aus dem göttlichen Einen [lat.]
**Emanatismus** (der, -, nur Ez.) Philosophie mit dem Grundgedanken der Emanation [lat.]
**emanieren** (V.) ausströmen [lat.]
**Emanze** (die, -, -n) emanzipierte Frau (abwertend)
**Emanzipation** (die, -, -tionen) Befreiung (aus Herrschaftsgewalt), rechtl. u. gesellschaftl. Gleichstellung [lat.]
**emanzipativ** (Adj.) die Emanzipation betreffend [lat.]
**emanzipatorisch** (Adj.) auf Emanzipation gerichtet
**emanzipieren** (V.) befreien (aus Herrschaftsgewalt), gleichstellen [lat.]
**emanzipiert** (Adj.) **1** selbstständig **2** frauenbewusst [lat.]
**Emaskulation** (die, -, -tionen) **1** Entmannung durch operativen Eingriff **2** Verweichlichung [lat.]
**Emaskulator** (der, -s, -toren) Apparat zur Kastration von Hengsten
**emaskulieren** (V.) entmannen, verweichlichen
**Emaskulierung** (die, -, -en) = Emaskulation
**Emballage** [ɑ̃balaːʒə] (die, -, -n) Transportverpackung [frz.]
**emballieren** (V.) einpacken
**Embargo** (das, -s, -s) **1** Ausfuhr-, Handelsverbot **2** Beschlagnahme fremder Handelsschiffe [span.]
**Embarras** [ɑ̃bara] (der oder das, -, -) Verwirrung [frz.]
**embarrassieren** (V.) hindern, verwirren
**Embaterien** (nur Mz.) Marschlieder der Spartaner
**embetieren** (V.) langweilen [lat.-frz.]
**Emblem** (das, -s, -e) Abzeichen, Kennzeichen; Sinnbild [gr.-frz.]
**Emblematik** (die, -, nur Ez.) Wissenschaft von den Emblemen
**Embolie** (die, -, -n) Verstopfung eines Blutgefäßes [gr.]
**emboliform** (Adj.) pfropfenförmig [gr.-lat.]
**Embolus** (der, -, -li) Gefäßpfropfen, der Embolie verursacht [gr.-nlat.]
**Embonpoint** [ɑ̃bɔ̃pwɛ̃ː] (der oder das, -s, -s) Wohlbeleibtheit [frz.]
**Embouchure** [ɑ̃buʃyːr] (die, -, -n) **1** Instrumentenmundstück **2** Mundstellung beim Musizieren von Blasinstrumenten [frz.]
**embrassieren** [ɑ̃bras-] (V.) umarmen, küssen [lat.-frz.]
**Embros** (das, -, nur Ez.) Lammfell
**embrouillieren** [ɑ̃bruj-] (V.) verwirren [frz.]
**Embryo** (der, -s, -ryonen/-bryonen oder -s) entstehender Organismus, Leibesfrucht [gr.]
**Embryogenese** (die, -, nur Ez.) Entwicklung eines Keimes oder Embryos [gr.-lat.]
**Embryogenie** (die, -, nur Ez.) = Embryogenese
**Embryologie** (die, -, nur Ez.) Wissenschaft von der Entwicklung des Embryos [gr.]
**embryonal** (Adj.) zum Embryo gehörig, in seiner Entwicklungsphase
**Embryonentransfer** (der, -s, -s) Einpflanzen von außerhalb des Körpers befruchteten Eizellen [gr.-lat.]
**embryonisch** (Adj.) = embryonal
**Embryopathie** (die, -, -n) Erkrankung des Embryos [gr.]
**embryopathisch** (Adj.) die Embryopathie betreffend
**Embryosack** (der, -, -säcke) bei Blüten der innere Bereich der Samenanlage
**Embryotomie** (die, -, nur Ez.) operative Kindeszerstückelung des in der Gebärmutter abgestorbenen Kindes bei unüberwindlichen Schwierigkeiten während der Geburt

**Em'bryo'trans'fer** = Embryonentransfer
**Emen'da'ti'on** (die, -, -ti'onen) Berichtigung (eines falsch überlieferten Textes) [lat.]
**emen'die'ren** (V.) eine Emendation vornehmen
**Emer'genz** (die, -, nur Ez.) **1** philosophischer Begriff, in dem es um das Erreichen höherer Seinsstufen geht **2** Auswuchs einer Pflanze, an dessen Ausbildung tiefer liegendes Gewebe beteiligt ist [lat.]
**emer'gie'ren** (V.) auftauchen, hochkommen [lat.]
**Eme'rit** (der, -en, -en) = Emeritus
**eme'ri'tie'ren** (V.) in den Ruhestand versetzen (bei Universitätsprofessoren, Geistlichen) [lat.]
**eme'ri'tiert** (Adj.) im Ruhestand befindlich [lat.]
**Eme'ri'tie'rung** (die, -, -en) Verpflichtungsentbindung eines Professors
**eme'ri'tus** von seiner Lehrtätigkeit entbunden (als Zusatz hinter dem Titel eines Hochschullehrers) [lat.]
**Eme'ri'tus** (der, -, -ti) jmd., der emeritiert (entpflichtet) ist; Professor im Ruhestand, der noch berechtigt ist Vorlesungen zu halten
**emers** (Adj.) über den Wasserspiegel ragend (bei Wasserpflanzen) [lat.]
**Emer'si'on** (die, -, -si'onen) das Auftauchen (von Neuland durch Absinken des Meeresspiegels) [lat.]
**Eme'sis** (die, -, nur Ez.) Erbrechen [gr.]
**Eme'ti'kum** (das, -s, -ka) Brechmittel [gr.-nlat.]
**eme'tisch** (Adj.) als Emetikum wirkend
**Emeu'te** [emøt] (die, -, -n) Meuterei, Aufstand [lat.-frz.]
**Emi'grant** (der, -en, -en) Auswanderer (aus politischen Gründen) [lat.]
**Emi'gran'ten'li'te'ra'tur** (die, -, nur Ez.) Literatur der im zweiten Weltkrieg emigrierten Dichter
**Emi'gra'ti'on** (die, -, -ti'onen) Auswanderung
**emi'grie'ren** (V.) auswandern [lat.]
**Emin** (der, -s, -s) arabischer oder türkischer Aufseher [arab.]
**Émin'cé** [emɛ̃se:] (das, -s, -s) Geschnetzeltes; z.B. „Emincé à la zurichoise": Zürcher Kalbsgeschnetzeltes [frz.]
**emi'nent** (Adj.) außerordentlich, besonders [lat.]
**Emi'nenz** (die, -, -en) Hoheit (als Anrede für einen Kardinal) [lat.]
**Emir** (der, -s, -e) arabischer Fürst, Stammesführer
**Emi'rat** (das, -s, -e) Herrschaftsbereich eines Emirs
**emisch** (Adj.) bedeutungsunterscheidend (in der Sprachwissenschaft) [engl.]
**Emis'sär** (der, -s, -e) Abgesandter mit fest umrissener Aufgabe [lat.-frz.]
**Emis'si'on** (die, -, -si'onen) **1** Aussendung, Ausstrahlung (von Wellen) **2** Ausbringung (von Wertpapieren) **3** Ausströmen (verschmutzter Luft) **4** Radiosendung (schweiz.) [lat.]
**emis'si'ons'arm** (Adj.) wenig Schadstoffe in die Luft abgebend
**Emis'si'ons'schutz** (der, -es, nur Ez.) Maßnahmen zum Schutz vor Schadstoffausstoß
**Emis'si'ons'spek'trum** (das, -s, -tren) Spektrum, das von Atomen etc. ausgesendet wird [lat.-gr.]
**Emit'tent** (der, -en, -en) **1** Emissionsverursacher **2** Wertpapierausgeber [lat.]
**Emit'ter** (der, -s, -) Emissionselektrode eines Transistors [lat.-engl.]
**emit'tie'ren** (V.) ausgeben, in Umlauf bringen [lat.]
**Em'me'na'go'gum** (das, -s, -ga) die Monatsblutung auslösendes Mittel [gr.-lat.]
**Em'me'tro'pie** (die, -, nur Ez.) Normalsichtigkeit
**Emol'li'ens** (das, -, -en'zi'en) Mittel, um die Haut weich und geschmeidig zu halten [lat.]
**Emo'lu'ment** (das, -s, -e) **1** Vorteil **2** Nebeneinnahme [lat.]
**Emo'ti'on** (die, -, -ti'onen) Gefühlserregung [lat.]
**emo'ti'o'nal** (Adj.) aus einer Emotion heraus, gefühlsmäßig
**Emo'ti'o'na'le** (das, -n, nur Ez.) das Gefühlsmäßige [lat.]
**emo'ti'o'na'li'sie'ren** (V.) Emotionen hervorrufen, Emotionen verwenden [lat.]
**Emo'ti'o'na'lis'mus** (der, -, nur Ez.) Theorie, nach der alle Handlungen von Gefühlen und Affekten determiniert sind [lat.]

E

**Emotionalität** (die, -, nur Ez.) das Emotionalsein, Gefühlsbetontheit
**emotionell** (Adj.) = emotional
**emotiv** (Adj.) = emotional [lat.-engl.]
**Emotivität** (die, -, nur Ez.) gesteigerte Erregbarkeit des Gemüts
**Empathie** (die, -, nur Ez.) Einfühlungsvermögen [gr.]
**empathisch** (Adj.) einfühlsam [gr.]
**Emphase** (die, -, -n) Nachdruck, Eindringlichkeit (beim Sprechen) [gr.]
**emphatisch** (Adj.) mit Emphase
**Emphysem** (das, -s, -e) Gas-, Luftaufblähung (bes. in der Lunge) [gr.]
**emphysematisch** (Adj.) aufgebläht [gr.-lat.]
**Empire** [ɑ̃piːr] (das, -(s), nur Ez.) ein klassizistischer Kunststil (von 1801–1830) zur Zeit Napoleons I. [frz.]
**Empire** [-paɪə] (das, -(s), nur Ez.) das frühere britische Weltreich [frz.-engl.]
**Empirem** (das, -s, -e) Erfahrungstatsache
**Empirie** (die, -, nur Ez.) Sinneserfahrung (als Quelle wissenschaftlicher Erkenntnis)
**Empiriker** (der, -s, -) jmd., der sich auf die Empirie stützt
**Empiriokritizismus** (der, -, nur Ez.) Erkenntnistheorie, die auf kritischer Erfahrung basiert [gr.-lat.]
**Empiriokritizist** (der, -zisten, -zisten) Anhänger des Empiriokritizismus [gr.-lat.]
**empirisch** (Adj.) zur Empirie gehörig, erfahrungsgemäß
**Empirismus** (der, -, nur Ez.) philosophische Lehre, nach der nur Erfahrung grundlegende Erkenntnis bringt [gr.-nlat.]
**Empirist** (der, -risten, -risten) Anhänger des Empirismus
**empiristisch** (Adj.) zum Empirismus gehörig [gr.]
**Emplastrum** (das, -s, -stra) Wundpflaster [gr.-lat.]
**Employé** [ɑ̃plwajeː] (der, -s, -s) Angestellter (veraltet) [frz.]
**employieren** [-jiːrən] (V.) anwenden [lat.-frz.]
**Emporium** (das, -s, -rien) Handelsplatz, Marktplatz [gr.-lat.]
**Empressement** (das, -s, nur Ez.) Eifer, Diensteifer [lat.-frz.]
**Empyem** (das, -s, -e) Eiteransammlung; z.B. in der Brusthöhle [gr.]
**empyreisch** (Adj.) zum Empyreum gehörig, lichtüberstrahlt
**Empyreum** (das, -s, nur Ez.) oberster Feuerhimmel, Lichtreich (nach alter philosophischer Auffassung) [gr.-lat.]
**empyreumatisch** (Adj.) durch Verkohlung entstanden [gr.-lat.]
**Emu** (der, -s, -s) australischer Straußenvogel
**Emulation** (die, -, nur Ez.) 1 Wettleidenschaft 2 Eifersucht [lat.-engl.]
**Emulator** (der, -s, -oren) Gerät oder Programm zur Nachahmung der Funktion anderer Computer (EDV) [lat.-engl.]
**Emulgator** (der, -s, -toren) Emulsion bewirkender Stoff
**emulgieren** (V.) eine Emulsion bilden, zur Emulsion mischen
**emulieren** (V.) Funktionen eines Computers auf einem anderen nachahmen
**Emulsin** (das, -s, nur Ez.) Bittermandelferment [lat.]
**Emulsion** (die, -, -sionen) Flüssigkeitsgemisch aus feinstverteilten ungelösten Stoffen; z.B. Öl in Wasser [lat.]
**Emundantia** (nur Mz.) Mittel zur äußerlichen Reinigung [lat.]
**Enakiter** (nur Mz.) riesige Menschen
**Enakskinder** (nur Mz.) = Enakiter
**Enakssöhne** (nur Mz.) = Enakiter
**Enanthem** (das, -s, -e) Schleimhautausschlag [gr.]
**Enantiotropie** (die, -, -pien) wechselseitiges Annehmen unterschiedlicher Zustandsformen (in der Chemie) [gr.]
**Enation** (die, -, -tionen) Auswuchsbildung an Pflanzen (Bot.)
**en avant!** [ɑ̃nawɑ̃] vorwärts! (veraltet) [frz.]
**en bloc** [ɑ̃blɔk] insgesamt, im Ganzen [frz.]
**en canaille** (Adj.) verächtlich
**encanaillieren** (V.) sich zu unteren Schichten der Gesellschaft herablassen, sich mit niederen Klassen einlassen [frz.]
**Enceinte** [ɑ̃sɛ̃t] (die, -, -n) Wall einer Festung (historisch) [frz.]

**en'chan'té** [ãʃãte] (Adj.) entzückt, bezaubert [frz.]
**En'chan'te'ment** [ãʃãtmã] (das, -s, nur Ez.) Entzücktheit (veraltet) [frz.]
**en'chan'tiert** [ãʃã-] (Adj.) bezaubert, betört [frz.]
**en'chas'sie'ren** [ãʃasiː-] (V.) einen Edelstein einfassen [lat.-frz.]
**En'chas'su're** (die, -, -n) Einfassung für edle Steine [lat.-frz.]
**En'chei're'se** (die, -, -n) Operation, Handgriff (Med.)
**En'chi'ri'di'on** (das, -s, -di'en) knapp gefasstes Handbuch [gr.-lat.]
**en'chon'dral** (Adj.) innerhalb des Knorpels (Med.) [gr.-lat.]
**en'co'die'ren** (V.) = enkodieren
**En'co'ding** (das, -s, -s) Nachrichtenverschlüsselung [engl.]
**En'coun'ter** [-kaʊn-] (das oder der, -s, -) psychologisches Gruppentraining [engl.]
**En'coun'ter'grup'pe** [ɛnkaʊntə] (die, -, -n) von einem Therapeuten geleitete Selbsterfahrungsgruppe (Psych.) [engl.]
**en'cou'ra'gie'ren** (V.) anfeuern, aufbauen, ermutigen [lat.-frz.]
**En'cri'nus** (der, -, -ni) Gattung von Seelilien
**En'de'ca'sil'la'bo** (der, -, -bi) Vers mit elf Silben [gr.-lat.-it.]
**En'de'cha** [ɛndetʃa] (die, -, -s) spanische Strophenform [lat.-span.]
**En'de'mie** (die, -, -n) auf eine bestimmte Gegend beschränkte Infektionskrankheit, Ortsseuche [gr.]
**en'de'misch** (Adj.) auf eine bestimmte Gegend beschränkt (von Krankheiten, Tier- und Pflanzenarten) [gr.]
**En'de'mis'mus** (der, -, -men) das Endemischsein [gr.-nlat.]
**En'de'mit** (der, -en, -en) endemisches Lebewesen
**en'der'mal** (Adj.) in der Haut, in die Haut eingeführt [gr.-lat.]
**en'des'mal** (Adj.) im Bindegewebe befindlich [gr.-lat.]
**en dé'tail** [ãdetaj] im Einzelnen [frz.]
**En'di'vie** [-wjə] (die, -, -vi'en) eine Salatpflanze
**En'do'bi'ont** (der, -en, -en) in einem anderen Lebewesen lebendes Lebewesen [gr.]
**En'do'bi'o'se** (die, -, -n) Gemeinschaft verschiedenartiger Lebewesen, von denen eines im anderen lebt [gr.]
**En'do'der'mis** (die, -, -men) innerste Zellschicht der Pflanzenrinde (Bot.) [gr.-lat.]
**En'do'ga'mie** (die, -, nur Ez.) Heirat innerhalb einer bestimmten Gruppe; z.B. einer Kaste [gr.-nlat.]
**en'do'gen** (Adj.) von innen heraus (entstanden, kommend) [gr.]
**En'do'kan'ni'ba'lis'mus** (der, -, nur Ez.) das Verspeisen von Mitgliedern des eigenen Stammes [gr.-lat.-span.]
**En'do'kard** (das, -s, -e) Herzinnenhaut [gr.]
**En'do'kar'di'tis** (die, -, -ti̱den) Entzündung der Herzinnenhaut, speziell der Herzklappen (Med.) [gr.-lat.]
**En'do'kar'do'se** (die, -, -n) Entartungserscheinungen an der Innenhaut des Herzens (Med.) [gr.-lat.]
**En'do'karp** (das, -s, -e) Innenwandschicht (bei Früchten) [gr.]
**en'do'krin** (Adj.) zur inneren Sekretion gehörig [gr.]
**En'do'kri'nie** (die, -, nur Ez.) Krankheit, die durch Störung der inneren Ausscheidungen verursacht wird (Med.) [gr.-lat.]
**En'do'kri'no'lo'ge** (der, -n, -n) Wissenschaftler, der auf dem Gebiet der Endokrinologie tätig ist [gr.-lat.]
**En'do'kri'no'lo'gie** (die, -, nur Ez.) Lehre von den endokrinen Drüsen (Med.) [gr.-lat.]
**En'do'lym'phe** (die, -, -n) Flüssigkeit im häutigen Labyrinth des Innenohrs der Wirbeltiere und des Menschen
**En'do'me'tri'tis** (die, -, -iti̱den) Entzündung der Gebärmutterschleimhaut (Med.) [gr.-lat.]
**En'do'me'tri'um** (das, -s, -ri'en/-tri'en) Gebärmutterschleimhaut (Med.) [gr.-lat.]
**En'do'mi'to'se** (die, -, -n) unvollständige Kernteilung ohne folgende Zellteilung (Med.) [gr.]
**en'do'morph** (Adj.) die Endomorphie betreffend, durch die Endomorphie hervorgerufen [gr.-lat.]
**En'do'mor'phie** (die, -, nur Ez.) Konstitution eines kräftigen, stämmigen Menschen [gr.-lat.]

E

**En'do'mor'phis'mus** (der, -, -men) Abbildung einer algebraischen Ordnung in sich selbst [gr.-lat.]
**En'do'phle'bi'tis** (die, -, -itiden) Entzündung der Veneninnenhaut (Med.) [gr.-lat.]
**En'do'phyt** (der, -en, -en) Schmarotzerpflanze, die in anderen Organismen gedeiht [gr.-lat.]
**en'do'phy'tisch** (Adj.) nach innen wachsend [gr.-lat.]
**En'do'pro'the'se** (die, -, -n) Ersatzteil für im Organismus geschädigtes Körperteil aus Kunststoff oder Metall [gr.]
**En'dor'phin** (das, -s, -e) körpereigenes, schmerzstillendes Hormon (Med.) [gr.]
**En'do'ske'lett** (das, -s, -e) Innenskelett von Wirbeltieren [gr.]
**En'do'skop** (das, -s, -e) optisches Gerät zur Untersuchung von Körperhöhlen und Gewebsentnahme; z.B. ein Magenspiegel [gr.]
**En'do'sko'pie** (die, -, -n) Untersuchung einer Körperhöhle mit dem Endoskop
**en'do'sko'pisch** (Adj.) die Endoskopie betreffend, das Endoskop betreffend, mithilfe eines Endoskops [gr.-lat.]
**en'do'so'ma'tisch** (Adj.) innerhalb eines Körpers [gr.-lat.]
**En'do'sperm** (das, -s, -e) Nährgewebe im Pflanzensamen [gr.]
**En'do'sym'bi'o'se** (die, -, -n) Symbiose zwischen Gliedertieren und kleinen Organismen, die im Inneren ihrer Wirtstiere leben [gr.]
**En'do'thel** (das, -s, -e) Zellschicht an der Innenfläche; z.B. von Hohlorganen, des Herzens [gr.]
**en'do'therm** (Adj.) Wärme benötigend, bindend (von chemischen Reaktionen) [gr.]
**en'do'thym** (Adj.) den Bereich des Psychischen betreffend, der Gefühle, Affekte und das Unbewusste erfasst [gr.-lat.]
**En'do'to'xin** (das, -s, -e) Bakteriengift, das erst mit dem Zerfall der Bakterien wirksam wird [gr.-lat.]
**en'do'troph** (Adj.) sich innen ernährend (Bot.) [gr.-lat.]
**En'du'ro** (die, -, -s) Motorrad, das auf Grund seiner Bauweise für Geländefahrten geeignet ist [span.]
**Ener'geia** (die, -, nur Ez.) Wirksamkeit, tätige Kraft (Philos.) [gr.]
**Ener'ge'tik** (die, -, nur Ez.) **1** physikalische Energielehre **2** Denklehre, die die Energie als Grundlage allen Geschehens ansetzt [gr.]
**Ener'ge'ti'ker** (der, -s, -) Verfechter der Lehre der Energetik [gr.]
**ener'ge'tisch** (Adj.) **1** zur Energetik gehörig, sie betreffend **2** zur Energie gehörig [gr.]
**ener'gi'co** (Adj.) entschlossen, energisch (v. a. Mus.) [gr.-it.]
**Ener'gie** (die, -, -n) **1** nachdrückliche und entschiedene Kraft sowie Ausdauer, etwas durchzusetzen **2** geistige und körperliche Spannkraft **3** Fähigkeit eines Körpers oder Stoffes Arbeit zu verrichten, die sich aus Wärme oder Bewegung herleitet (Physik) [gr.-lat.-frz.]
**Ener'gie'kri'se** (die, -, -n) Engpass in der Energieversorgung
**Ener'gie'prin'zip** (das, -s, nur Ez.) Prinzip von der Erhaltung der Energie (Physik)
**Ener'gie'trä'ger** (der, -s, -) Stoff, der als Energielieferant gilt
**ener'gisch** (Adj.) zupackend, tatkräftig, entschlossen, nachdrücklich [gr.]
**ener'go'che'misch** (Adj.) durch chemische Reaktion erzeugt [gr.-arab.-roman.]
**Ener'va'ti'on** (die, -, -tionen) **1** Überbelastung der Nerven oder der seelischen Kräfte **2** das Kappen der Verbindung zwischen Nerv und Organ (Med.) [lat.]
**ener'vie'ren** (V.) nervös machen; entnerven
**Ener'vie'rung** (die, -, -en) = Enervation [lat.]
**en face** [ɑ̃fas] vorn, gegenüber, vis à vis [frz.]
**en fa'mille** [ɑ̃famij] im Kreis der Familie [frz.]
**En'fant ter'ri'ble** [ɑ̃fɑ̃tɛriːblə] (das, - -, -s -s) jmd., der (durch seine Freimütigkeit, sein ungezwungenes Verhalten) andere in Verlegenheit bringt [frz.]
**en'fi'lie'ren** [ɑ̃fi-] (Adj.) **1** einfädeln **2** ein Gelände beschießen (Militär) [lat.-frz.]
**en'flam'mie'ren** [ɑ̃fla-] (V.) begeistern, entzücken, entflammen [lat.-frz.]
**En'fle** [ɑ̃fl] (das, -s, -s) französisches Kartenspiel [lat.-frz.]

**En'fleu'ra'ge** (die, -, nur Ez.) Verfahren der Parfümindustrie, um feine Blumendüfte zu gewinnen [lat.-frz.]
**En'ga'ge'ment** [ɑ̃gaʒmɑ̃] (das, -s, -s) **1** (nur Ez.) persönlicher Einsatz **2** Anstellung, Verpflichtung (eines Bühnenkünstlers) **3** Erfüllung einer Zahlungsverpflichtung (an der Börse) [frz.]
**en'ga'gie'ren** [ɑ̃gaʒiː-] (V.) **1** sich persönlich für etw. einsetzen **2** anstellen, verpflichten (einen Bühnenkünstler) **3** zum Tanz auffordern [frz.]
**en'ga'giert** (Adj.) für etwas mit Nachdruck eintretend, für etwas starkes Interesse zeigend
**en garde!** für Fechter das Kommando ihre Fechtposition einzunehmen [frz.]
**En'gas'tri'mant** (der, -en, -en) jmd., der mithilfe des Bauchredens Wahrsagerei betreibt [gr.]
**En'gi'nee'ring** [-dʒɪnɪə-] (das, -s, nur Ez.) englische Bezeichnung für das Ingenieurwesen [engl.]
**En'gi'schi'ki** (das, -s, nur Ez.) Ritualbuch des japanischen Schintoismus aus dem 10. Jahrhundert [jap.]
**Eng'lish spo'ken** [ɪŋglɪʃ spəʊkən] hier wird auch Englisch gesprochen (als Hinweis in Geschäften)
**En'go'be** [ɑ̃gɔb] (die, -, -n) aufgebrannter farbiger Überzug (Keramik), Angussfarbe [frz.]
**en'go'bie'ren** [ɑ̃gɔ-] (V.) mit Engobe überziehen
**En'gor'ge'ment** (das, -s, -s) Stockung im Wirtschaftsleben [lat.-frz.]
**En'gramm** (das, -s, -e) Spur, die ein Reiz im Gedächtnis zurücklässt, biochemische Veränderung, die das Erinnerungsbild bewirkt [gr.]
**en gros** [ɑ̃groː] in großen Mengen [frz.]
**En'har'mo'nik** (die, -, nur Ez.) verschiedene Notierung und Benennung von Tönen und Akkorden bei gleichem Klang [gr.-lat.]
**en'har'mo'nisch** (Adj.) mit einem anders beschriebenen Ton harmonisch vertauschbar
**Enig'ma** (das, -s, -men) Rätsel [gr.]
**En'jam'be'ment** [ɑ̃ʒɑ̃bmɑ̃] (das, -s, -s) Übergreifen eines Satzes in die nächste Verszeile, Zeilensprung [frz.]
**en'kaus'tie'ren** (V.) das Malverfahren der Enkaustik gebrauchend [gr.-lat.]
**En'kaus'tik** (die, -, nur Ez.) eine antike Maltechnik, bei der heiße Wachsfarben verschmolzen werden [gr.]
**en'kaus'tisch** (Adj.) die Enkaustik betreffend, nach dieser Maltechnik verfahrend, mit dieser Maltechnik ausgeführt [gr.-lat.]
**En'kla've** (die, -, -n) vom eigenen Gebiet umschlossenes fremdes (Staats-)Gebiet [frz.]
**En'kli'se** (die, -, -n) Anlehnung eines unbetonten Wortes an ein vorausgehendes, betontes; z.B. „der" in „zur" [gr.]
**En'kli'sis** (die, -, -sen) = Enklise
**En'kli'ti'kon** (das, -s, -ka) durch Enklise zur Betonungseinheit gewordenes Wort
**en'kli'tisch** (Adj.) in der Art einer Enklise
**en'ko'die'ren** *auch:* en'co'die'ren (V.) durch Kode verschlüsseln [gr.-lat.-engl.]
**En'kol'pi'on** (das, -s, -pi'en) **1** Amulett oder Reliquienkapsel, das bzw. die auf der Brust getragen wird **2** Brustkreuz von Würdenträgern der orthodoxen Kirche [gr.]
**En'ko'mi'ast** (der, -as'ten, -as'ten) Lobredner [gr.]
**En'ko'mi'on** (das, -s, -mi'en) Preisrede [gr.]
**En'ko'mi'um** (das, -s, -mi'en) = Enkomion [gr.-lat.]
**En'kul'tu'ra'ti'on** (die, -, nur Ez.) das Aufgehen, Hineinwachsen eines Einzelnen in die Kultur der ihn umgebenden Gesellschaft
**en masse** [ɑ̃mas] massenweise [frz.]
**en mi'ni'a'ture** [ɑ̃minjatyːr] im Kleinen [frz.]
**En'ne'a'gramm** (das, -s, -e) esoterisches Erklärungsmodell zur Persönlichkeit [gr.]
**En'nui** [ɑ̃nɥi] (der oder das, -s, nur Ez.) Langeweile, Überdruss, Verdruss [lat.-frz.]
**en'nu'yant** [ɑ̃nɥijɑ̃] (Adj.) anödend, lästig (veraltet) [frz.]
**en'nu'yie'ren** [ɑ̃nɥijiː-] (V.) langweilen, lästig werden, ärgern
**En'oph'thal'mus** (der, -, nur Ez.) ungewöhnlich tiefe Lage des Augapfels in der Augenhöhle (Med.) [gr.]
**enorm** (Adj.) außerordentlich [frz.]

E

**Enormität** (die, -, -en) Übermaß, außergewöhnliche Größe [lat.-frz.]
**Enostose** (die, -, -n) Knochengeschwulst (Med.) [gr.-lat.]
**en passant** [ɑ̃pasɑ̃] beiläufig [frz.]
**en profil** [ɑ̃-] im Profil, von der Seite [frz.]
**Enquete** [ɑ̃kɛt] (die, -, -n) amtliche Erhebung, Rundfrage [frz.]
**Enquetekommission** [akɛt] (die, -, -en) vom Parlament gebildeter Beratungsausschuss
**enragieren** [ɑ̃raʒiː-] (V.) leidenschaftlich aufregen; z.B. sich bei einer Diskussion enragieren
**enrhümiert** (Adj.) erkältet, verschnupft [frz.]
**enrollieren** (V.) [ɑ̃rɔl-] Truppen anwerben [frz.]
**Ens** (das, -, nur Ez.) das Seiende, das Sein, Wesen, Idee (Philosophie)
**Ensemble** [ɑ̃βɑ̃bl] (das, -s, -s) **1** Gesamtheit; z.B. Bauwerke als Ensemble betrachtet **2** Künstlergruppe, die gemeinsam etwas aufführt; z.B. ein musikalisches Ensemble **3** aufeinander abgestimmte Kleidungsstücke; z.B. ein Ensemble aus Rock, Bluse und Jacke [frz.]
**Ensilage** [ɑ̃silaːʒ] (die, -, nur Ez.) Gärfutter [frz.]
**en suite** [ɑ̃sɥit] hintereinander [frz.]
**entanonymisieren** (V.) die Anonymität von personenbezogenen Daten aufheben [dt.-gr.-lat.]
**Entanonymisierung** (die, -, -en) das Entanonymisieren
**Entari** (das, -s, -s) orientalisches, kaftanähnliches Gewand [türk.]
**Entase** (die, -, -n) = Entasis
**Entasis** (die, -, -sen) geringfügiges Dickerwerden des Schaftes antiker Säulen (zur Mitte hin) [gr.]
**Entelechie** (die, -, -n) Lebensprinzip, das einen Organismus dazu treibt, sich zu vollenden [gr.]
**entelechisch** (Adj.) die Entelechie betreffend, auf der Entelechie beruhend, durch die Entelechie bewirkt [gr.-lat.]
**Entente** [ɑ̃tɑ̃ːt] (die, -, -n) Einverständnis, Bündnis [lat.-frz.]
**enteral** (Adj.) zum Darm, zu den Eingeweiden gehörig, von ihnen herrührend [gr.]
**Enteralgie** (die, -, -n) = Enterodynie
**Enteritis** (die, -, -tịden) Dünndarmentzündung [gr.]
**Enterodynie** (die, -, -n) Leibschmerz, Darmschmerz [gr.-lat.]
**enterogen** (Adj.) vom Darm ausgehend, in ihm entstanden
**Enteroklyse** (die, -, -n) Darmspülung (Med.) [gr.]
**Enterokokken** (nur Mz.) natürliche Darmbakterien des Menschen (Med.) [gr.]
**Enterokolitis** (die, -, -itịden) Entzündung des Dünn- und Dickdarms (Med.) [gr.]
**Enteron** (das, -s, -ra) Eingeweide, Darm (Med.) [gr.]
**Enteroskop** (das, -s, -e) Dickdarm-Endoskop [gr.]
**Enterostomie** (die, -, -n) Anlegen einer künstlichen Darmöffnung [gr.]
**Entertainer** [-teɪ-] (der, -s, -s) (Allein-)Unterhalter [frz.-engl.]
**Entertainment** [-teɪ-] (das, -s, nur Ez.) leichte Unterhaltung [engl.]
**Enthalpie** (die, -, -n) innere Wärme, Gesamtwärmemenge eines Systems (bei konstantem Druck) [gr.]
**Enthelminthe** (die, -, -n) Eingeweidewurm (Med.) [gr.]
**enthusiasmieren** (V.) begeistern [gr.]
**Enthusiasmus** (der, -, nur Ez.) Begeisterung [gr.]
**Enthusiast** (der, -asten, -asten) jmd., der sich leicht begeistern lässt, (naiver) Schwärmer
**enthusiastisch** (Adj.) wie ein Enthusiast, überschwänglich
**Enthymem** (das, -s, -e) Wahrscheinlichkeitsschluss, in Gedanken zu ergänzende, unvollendete Schlussfolgerung (Philosophie) [gr.-lat.]
**Entität** (die, -, -en) das Dasein (eines Dinges gegenüber seiner Wesenheit) [lat.]
**entmilitarisieren** (V.) Truppen abziehen, militärische Anlage abbauen [dt.-lat.]
**Entmilitarisierung** (die, -, -en) das Entmilitarisieren

**Ent'my'tho'lo'gi'sie'rung** (die, -, -en) 1 Befreiung der christlichen Botschaft von überkommenen Mythen 2 Denkprozess, der Wörter und Begrifflichkeiten von mythischen oder irrationalen Bedeutungen befreit [dt.-gr.-lat.]
**ent'na'zi'fi'zie'ren** (V.) 1 ehemalige Nationalsozialisten auf ihre politische Zuverlässigkeit hin überprüfen (nach dem Zweiten Weltkrieg durch die Alliierten) 2 Maßnahmen ergreifen, um nationalsozialistische Einflüsse im öffentlichen Leben zu verhindern (hist.) [dt.-lat.]
**En'to'derm** (das, -s, -e) inneres Keimblatt (des Embryos) [gr.]
**en'to'der'mal** (Adj.) aus dem inneren Keimblatt entstehend [gr.-lat.]
**en'to'mo'gam** (Adj.) auf die Bestäubung durch Insekten eingerichtet (Bot.) [gr.-lat.]
**En'to'mo'ga'mie** (die, -, nur Ez.) Art der Einrichtung von Blüten, die durch Insekten bestäubt werden, Insektenblütigkeit (Bot.) [gr.-lat.]
**En'to'mo'lo'ge** (der, -n, -n) Insektenforscher [gr.-lat.]
**En'to'mo'lo'gie** (die, -, nur Ez.) Insektenkunde [gr.]
**en'to'mo'lo'gisch** (Adj.) insektenkundlich [gr.]
**En'to'pa'ra'sit** (der, -en, -en) im Inneren anderer Pflanzen und Tiere lebender Organismus [gr.-lat.]
**en'to'pisch** (Adj.) einheimisch, örtlich [gr.]
**ent'op'tisch** (Adj.) im Innern des Auges gelegen (Med.) [gr.-lat.]
**ent'o'tisch** (Adj.) im Innern des Ohren gelegen (Med.) [gr.-lat.]
**En'tou'ra'ge** (die, -, nur Ez.) Umgebung, Gefolge [frz.]
**En'to'xis'mus** (der, -, -men) Vergiftung, Vergiftungserscheinung [gr.-lat.]
**En'to'zo'on** tierischer Parasit im Innern des Körpers (Med.) [gr.-lat.]
**ent'per'so'na'li'sie'ren** (V.) vom Bezug auf einzelne Personen lösen
**ent'per'sön'li'chen** (V.) die Persönlichkeit, den persönlichen Anteil bei etwas ausschalten oder beiseite lassen
**En'tre'akt** [ɑ̃trəakt] (der, -s, -e) Zwischenakt (-musik) [frz.]
**En'tre'chat** (der, -s, -s) Ballettsprung, bei dem die Füße sehr schnell über Kreuz und aneinander geschlagen werden [lat.-frz.]
**En'tre'cote** [ɑ̃trəkoːt] (das, -s, -s) Rippenstück vom Rind [frz.]
**En'tree** [ɑ̃treː] (das, -s, -s) 1 Eintritt(sgeld) 2 Eintritt(sraum) 3 Vorspeise 4 Vorspiel (im Ballett) [frz.]
**En'tre'filet** [ɑ̃trəfileː] (das, -s, -s) eingeschobene Zeitungsnachricht halbamtlicher Art [lat.-frz.]
**En'tre'lacs** [ɑ̃trəlɑ] (das, -, -) Ornament aus verschlungenen Linien und Bändern [frz.]
**En'tre'més** (das, -, -) Zwischenspiel beim spanischen Theater [span.]
**En'tre'me'tier** [ɑ̃trəmetjeː] (der, -s, -s) Spezialkoch für kleine Zwischengerichte und Suppen [lat.-frz.]
**En'tre'mets** [ɑ̃trəmɛ] (das, -, -) leichtes Gericht zwischen den Gängen [frz.]
**en'tre nous** [ɑ̃trənuː] unter uns [frz.]
**En'tre'pot** [ɑ̃trəpo] (das, -s, -s) Zollniederlage, -speicher [frz.]
**En'tre'pre'neur** (der, -s, -e) Unternehmer, Veranstalter, Agent [lat.-frz.]
**En'tre'prise** [ɑ̃trəpriːz] (die, -, -n) Unternehmung [lat.-frz.]
**En'tre'sol** (das, -s, -s) Zwischengeschoss, Halbgeschoss [lat.-frz.]
**En'tre'vue** [ɑ̃trəvʏː] (das, -s, -s) Zusammenkunft (von Monarchen; veraltet) [frz.]
**en'trie'ren** [ɑ̃tr-] (V.) beginnen, einleiten, versuchen [lat.-frz.]
**En'tro'pie** (die, -, -n) 1 Zustandsgröße der Thermodynamik, Grad der „Unordnung" eines abgeschlossenen Systems 2 mittlerer Informationsgehalt; Ungewissheitsgrad [gr.]
**En'tro'pi'um** (das, -, -pi'en) krankhafte Umstülpung des Augenlides (Med.)
**Enu'k'le'a'tion** (die, -, -ti'o̲nen) operative Ausschälung [lat.]
**enu'k'le'ie'ren** (V.) 1 entwickeln, erläutern 2 ausschälen, eine Enukleation durchführen (Med.) [lat.]
**Enu'me'ra'tion** (die, -, -ti'o̲nen) Aufzählung [lat.]
**enu'me'ra'tiv** (Adj.) aufzählend [lat.]
**enu'me'rie'ren** (V.) aufzählen [lat.]

**En'zi'a'ti'on** (die, -, -ti'o'nen) Aussage, Erklärung [lat.]
**En'u're'se** (die, -, -n) Bettnässen (Med.) [gr.-lat.]
**En've'lop'pe** [ɑ̃və-] (die, -, -n) 1 Briefhülle (veraltet) 2 einhüllende Kurve (in der Mathematik) [frz.]
**En'vers** [ɑ̃vɛːr] (der, -, nur Ez.) Kehrseite [lat.-frz.]

E

**En'vi'ron'ment** [-vaɪənmənt] (das, -s, -s) mit Objekten und Materialien gestalteter Raum als Kunstobjekt [engl.]
**En'vi'ron'to'lo'gie** (die, -, nur Ez.) Umweltforschung [frz.-engl.-gr.]
**en vogue** [ɑ̃voːg] in Mode [frz.]
**En'vo'yé** [ɑ̃vwajeː] (der, -s, -s) Gesandter [lat.-frz.]
**En'ze'pha'li'tis** (die, -, -ti'den) Gehirnentzündung [gr.]
**En'ze'pha'lo'gramm** (das, -s, -e) Röntgenbild der Gehirnkammern (Med.) [gr.-lat.]
**En'ze'pha'lo'gra'fie** *auch:* En'ze'pha'lo'gra'phie (die, -, -) Darstellung des Gehirns (durch Aufzeichnung der Gehirnströme oder Röntgenbild) [gr.]
**En'zo'o'tie** (die, -, nur Ez.) bestimmte Tierseuche [gr.]
**En'zy'kli'ka** (die, -, -ken) päpstliches Rundschreiben [gr.-lat.]
**en'zy'klisch** (Adj.) einen Kreis durchlaufend [gr.-lat.]
**En'zy'klo'pä'die** (die, -, -di'en) umfassendes Nachschlagewerk mit systematischer Darstellungsweise [gr.]
**en'zy'klo'pä'disch** (Adj.) in der Art einer Enzyklopädie; umfassend (gebildet)
**En'zy'klo'pä'dist** (der, -dis'ten, -dis'ten) Mitarbeiter und Herausgeber der großen französischen Encyclopédie
**En'zym** (das, -s, -e) Eiweißstoff, der Stoffwechselvorgänge steuert [gr.]
**en'zy'ma'tisch** (Adj.) durch ein Enzym bewirkt
**En'zym'de'fekt** (der, -(e)s, -e) Fehlen eines für den Stoffwechsel notwendigen Enzyms durch Mutation des entsprechenden Gens
**En'zy'mo'lo'gie** (die, -, nur Ez.) Wissenschaft von den Enzymen
**En'zy'mo'pa'thie** (die, -, -n) Enzymmangelkrankheit [gr.]
**en'zys'tie'ren** (V.) eine Zyste bilden, sich einkapseln [gr.-lat.]
**Eo'bi'ont** (der, -en, -en) Urzelle, erstes Lebewesen mit Zellstruktur [gr.]
**eo ip'so** von selbst [lat.]
**Eo'li'enne** (die, -, nur Ez.) fein geripptes Halbseidengewebe
**Eo'lith** (der, -en, -en) Feuerstein, dessen Verwitterungserscheinungen an frühmenschliche Bearbeitung erinnern [gr.]
**Eo'li'thi'kum** (das, -s, nur Ez.) vermeintlich früheste Kulturstufe [gr.-lat.]
**Eos** (die, -, nur Ez.) Morgenröte (nach der griech. Göttin) [gr.]
**Eo'sin** (das, -s, nur Ez.) ein roter Farbstoff, Färbemittel [gr.-nlat.]
**eo'zän** (Adj.) zum Eozän gehörig
**Eo'zän** (das, -s, nur Ez.) zweitältester Abschnitt des Tertiärs [gr.]
**Eo'zo'i'kum** (das, -s, nur Ez.) = Algonkium (veraltet) [gr.]
**Ep'a'go'ge** (die, -, nur Ez.) Denkvorgang der Logik, der vom Einzelnen zum Allgemeinen führt [gr.]
**ep'a'go'gisch** (Adj.) = induktiv (Logik) [gr.]
**Ep'a'kris** (die, -, nur Ez.) australische Gattung von Zierpflanzen [gr.-lat.]
**Epak'te** (die, -, -n) Zahl der Tage vom letzten Neumond des Jahres bis Neujahr [gr.]
**Ep'a'na'lep'se** (die, -, -n) rhetorische Figur, bei der im Satz ein Wort oder eine Wortgruppe wiederholt wird [gr.-lat.]
**Ep'a'na'lep'sis** (die, -, -sen) = Epanalepse [gr.]
**Ep'a'no'dos** (die, -, -doi) rhetorische Figur, bei der ein Satz mit umgedrehter Wortfolge wiederholt wird [gr.]
**Ep'arch** (der, -en, -en) Bischof (in der griechisch-orthodoxen Kirche) [gr.]
**Ep'ar'chie** (die, -, -n) Bereich eines Eparchen
**Epau'lett** [epo-] (das, -s, -s) = Epaulette
**Epau'let'te** [epolɛtə] (die, -, -n) Achselklappe, Schulterstück (an Uniformen) [frz.]
**Epa've** [-aːv] (die, -, nur Ez.) Trümmer, Strandgut [lat.-frz.]
**Ep'ei'so'di'on** (das, -s, -dia) Dialogszene zwischen zwei Chorliedern im antiken Drama [gr.]

**Ep'en'the'se** (die, -, -n) Lauteinschub zur Erleichterung der Aussprache [gr.-lat.]
**Ep'en'the'sis** (die, -, -sen) = Epenthese [gr.-lat.]
**Ep'ex'e'ge'se** (die, -, -n) appositionell hinzugefügte Erklärung [gr.-lat.]
**ep'ex'e'ge'tisch** (Adj.) in Form einer Epexegese verfasst [gr.-lat.]
**Ephe'be** (der, -n, -n) athenischer Jüngling zwischen 18 und 20 Jahren [gr.]
**Ephe'bie** (die, -, nur Ez.) Pubertät beim Jüngling [gr.-lat.]
**ephe'bisch** (Adj.) in der Art eines Epheben [gr.-lat.]
**ephe'bo'phil** (Adj.) zu jungen Männern eine homoerotische Neigung habend [gr.-lat.]
**Ephe'bo'phi'lie** (die, -, nur Ez.) homoerotische Neigung zu jungen Männern [gr.-lat.]
**Ephe'dra** (die, -, -rae/-ren) schachtelhalmähnliche Pflanze, aus der Ephedrin gewonnen wird, Meerträubchen [gr.-lat]
**Ephe'drin** (das, -s, nur Ez.) kreislaufanregender Wirkstoff aus der Pflanze Ephedra (Meerträubel) (Warenzeichen) [gr.-nlat.]
**Ephe'li'den** (nur Mz.) Sommersprossen (Med.) [gr.-lat.]
**ephe'mer** (Adj.) kurzlebig [gr.]
**Ephe'me'ra** (nur Mz.) Eintagesfieber (Med.) [gr.-lat.]
**Ephe'me'ri'de** (die, -, -n) **1** Tagebuch, -blatt (veraltet) **2** Tabelle mit dem Stand der Gestirne zu einer bestimmten Zeit [gr.]
**ephe'me'risch** (Adj.) = ephemer
**Ephor** (der, -en, -en) hoher Beamter in Sparta
**Epho'rat** (das, -es, -e) **1** Amt eines Ephoren **2** Amt eines Ephorus [gr.-lat.]
**Epho'rie** (die, -, -ri'en) kirchlicher Amtsbezirk, kirchlicher Aufsichtsbezirk [gr.]
**Epho'rus** (der, -, -'ren) Leiter eines theologischen Seminars (in der evangelischen Kirche) [gr.-lat.]
**Epi'bi'ont** (der, -en, -en) auf einem anderen Lebewesen lebendes Lebewesen [gr.]
**Epi'bi'o'se** (die, -, nur Ez.) Gemeinschaft verschiedenartiger Lebewesen, von denen eines auf dem anderen lebt [gr.]
**Epi'deik'tik** (die, -, nur Ez.) Festrede, Redestil, der bei festlichen Reden gebraucht wird [gr.]
**epi'deik'tisch** (Adj.) prahlend, prunkend, in den Vordergrund stellend [gr.]
**Epi'de'mie** (die, -, -n) Seuche [gr.]
**Epi'de'mi'o'lo'gie** (die, -, nur Ez.) Wissenschaft von den Epidemien [gr.]
**epi'de'mi'o'lo'gisch** (Adj.) die Epidemiologie betreffend
**epi'de'misch** (Adj.) seuchenartig [gr.]
**Epi'der'mis** (die, -, -der'men) Oberhaut; äußere Zellschicht [gr.]
**Epi'di'dy'mis** (die, -, -mi'den) Nebenhoden [gr.]
**Epi'di'dy'mi'tis** (die, -, -ti'den) Nebenhodenentzündung [gr.-lat.]
**Epi'dot** (der, -s, -e) ein Mineral [gr.]
**Epi'gas'tri'um** (das, -s, -ien) Oberbauchgegend [gr.]
**Epi'ge'ne'se** (die, -, -n) biologische Entwicklung als Kette von Neubildungen [gr.]
**Epi'glot'tis** (die, -, - glotti'den) Kehldeckel (Med.) [gr.]
**epi'go'nal** (Adj.) nachahmend
**Epi'go'ne** (der, -, -n) Nachahmer (vorhandener Stilrichtungen) [gr.]
**epi'go'nen'haft** (Adj.) nachahmend, in der Art eines Epigonen
**Epi'go'nen'tum** (das, -s, nur Ez.) epigonenhafte Art und Weise
**Epi'graf** *auch:* Epi'graph (das, -s, -e) antike Inschrift [gr.]
**Epi'gra'fik** *auch:* Epi'graphik (die, -, nur Ez.) Inschriftenkunde
**Epi'gra'fi'ker** *auch:* Epi'gra'phi'ker (der, -s, -) Inschriftenforscher
**Epi'gramm** (das, -s, -e) Sinngedicht, geistreich-spöttische Spruchformel [gr.]
**Epi'gram'ma'ti'ker** (der, -s, -) Verfasser von Epigrammen
**epi'gram'ma'tisch** (Adj.) wie ein Epigramm
**Epi'graph** (das, -en, -en) = Epigraf
**Epi'gra'phik** (die, -, nur Ez.) = Epigrafik
**Epi'gra'phi'ker** (der, -s, -) = Epigrafiker
**Epik** (die, -, nur Ez.) erzählende Prosa- und Versdichtung [gr.]
**Epi'ker** (der, -s, -) jmd., der epische Werke verfasst

**Epikie** (die, -, nur Ez.) Grundsatz der katholischen Moraltheologie zur Interpretation menschlicher Gesetze, wonach nicht in jedem Fall ein menschliches oder kirchliches Gesetz bindend ist [gr.]

**Epiklese** (die, -, -n) Anrufung des Heiligen Geistes (beim Abendmahl)

**Epikrise** (die, -, -n) Endbeurteilung (eines Krankheitsfalles) [gr.]



**Epikureer** (der, -s, -) Genussmensch [gr.]

**epikureisch** (Adj.) genussfreudig [gr.]

**Epikureismus** (der, -, nur Ez.) 1 Lehre des griechischen Philosophen Epikur 2 Lebensprinzip, das auf das Auskosten der materiellen Annehmlichkeiten des Lebens ausgerichtet ist [gr.-lat.]

**epikurisch** (Adj.) = epikureisch

**Epilation** (die, -, -tionen) kosmetische Enthaarung [lat.]

**Epilepsie** (die, -, nur Ez.) Gehirnerkrankung mit Krampfanfällen, Zuckungen und Bewusstlosigkeit, Fallsucht [gr.]

**epileptiform** (Adj.) einem epileptischen Anfall und seiner Äußerungsform vergleichbar [gr.-lat.]

**Epileptiker** (der, -s, -) jmd., der an Epilepsie leidet

**epileptisch** (Adj.) an Epilepsie leidend, fallsüchtig; durch Epilepsie verursacht

**epileptoid** (Adj.) = epileptiform

**epilieren** (V.) kosmetisch enthaaren [lat.]

**Epilimnion** (das, -s, -nien) Oberflächenschicht e. Gewässers (als Lebensraum) [gr.]

**Epilog** (der, -s, -e) Nachwort, -spiel [gr.]

**epimetheisch** (Adj.) erst handelnd, dann denkend, unbedacht [gr.]

**Epinastie** (die, -, -ien) verstärktes Wachstum der Oberseite des Blattes (Bot.) [gr.]

**epinastisch** (Adj.) verstärktes Wachstum der Blattoberseite aufweisend

**Epinglé** [epɛ̃gleː] (der, -s, -s) ein gerippter Stoff (für Kleider, Möbelbezüge) [frz.]

**Epinikion** (das, -s, -kien) Siegeslied, um einen Wettkampfsieger zu ehren [gr.]

**Epipaläolithikum** (das, -s, nur Ez.) Mittelsteinzeit [gr.]

**Epiphania** (die, -, nur Ez.) = Epiphanie

**Epiphanias** (das, -, -nien) Dreikönigsfest (protestantisch)

**Epiphanie** (die, -, nur Ez.) Erscheinung einer Gottheit bei den Menschen [gr.]

**Epiphanienfest** (das, -s, -e) Dreikönigsfest, Fest der Erscheinung des Herrn [gr.- dt.]

**Epiphänomen** (das, -s, -e) Begleiterscheinung (Philos.) [gr.]

**Epipharynx** (der, -, nur Ez.) Nasenrachenraum (Med.) [gr.]

**Epipher** (die, -, -n) rhetorische Figur der Wiederholung eines oder mehrerer Wörter am Ende aufeinander folgender Sätze oder Satzteile [gr.-lat.]

**Epiphora** (die, -, -rä) 1 Tränenfluss (Med.) 2 = Epipher [gr.-lat.]

**Epiphyse** (die, -, -n) 1 Zirbeldrüse 2 Röhrenknochenendstück [gr.]

**Epiphyt** [-fyːt] (der, -en, -en) Pflanze, die (um ans Licht zu gelangen) auf Bäumen wächst; z.B. tropische Orchideen [gr.]

**Epirogenese** (die, -, -n) Hebung und Senkung von Erdkrustenteilen (innerhalb langer Zeiträume) [gr.]

**episch** (Adj.) zur Epik gehörig, erzählend

**Episkop** (das, -s, -e) Projektor für undurchsichtige Bilder; z.B. Druckvorlagen [gr.]

**episkopal** (Adj.) bischöflich [gr.-lat.]

**Episkopale** (der, -n, -n) Anhänger einer protestantischen Kirchengemeinschaft in England oder Amerika [gr.-lat.]

**Episkopalismus** (der, -, nur Ez.) Kirchenleitung durch Bischöfe [gr.-lat.-nlat.]

**Episkopalist** (der, -en, -en) Verfechter des Episkopalismus

**Episkopat** (der oder das, -s, -e) 1 Bischofsamt, -würde 2 alle Bischöfe (eines Landes) [gr.- lat.]

**Episkopus** (der, -, -pi) Bischof [gr.-lat.]

**Episode** (die, -, -n) 1 nebensächliche Sache 2 eingeschobenes Zwischenstück; z.B. in der Bühnenkunst [gr.-frz.]

**episodisch** (Adj.) vorübergehend, dazwischengeschaltet [gr.-frz.]

**Epistasie** (die, -, -n) Überdeckung der Wirkung eines Gens durch ein anderes [gr.]

**Epistasis** (die, -, -sen) = Epistasie

**epistatisch** (Adj.) die Wirkung eines Gens durch ein anderes überdeckend [gr.]

**Epistaxis** (die, -, nur Ez.) Nasenbluten (Med.) [gr.]

**Epis'tel** (die, -, -n) 1 langer Brief; Sendschreiben 2 Strafpredigt [gr.]
**Epis'te'mo'lo'gie** (die, -, nur Ez.) Wissenschaftstheorie [gr.-engl.]
**Epis'to'lar** (das, -s, -ien) 1 liturgisches Buch 2 Briefsammlung bekannter Persönlichkeiten [gr.]
**Epis'to'lo'gra'fie** *auch:* Epistolographie (die, -, nur Ez.) Briefschriftstellerei[gr.]
**Epis'tro'pheus** (der, -, nur Ez.) zweiter Halswirbel bei Tier und Mensch (Med.) [gr.]
**Epis'tyl** (das, -s, -e) = Architrav [gr.]
**Epis'ty'li'on** (das, -s, -li'en) = Architrav [gr.]
**Epi'taph** (das, -s, -e) Grabinschrift; Erinnerungsmal mit Inschrift [gr.]
**Epi'ta'sis** (die, -, -asen) Steigerung der Handlung zur dramatischen Verwicklung (Literatur) [gr.]
**Epi'ta'xie** (die, -, -ien) Bildung von Kristallen auf einem anderen, gleichartigen Kristall (Chem.) [gr.]
**Epi'tha'la'mi'um** (das, -s, -mi'en) antikes Hochzeitskleid [gr.-lat.]
**Epi'thel** (das, -s, -e) oberste Zellschicht des Hautgewebes (beim Menschen, bei Wirbeltieren) [gr.]
**epi'the'li'al** (Adj.) zum Epithel gehörend [gr.-lat.]
**Epi'them** (das, -s, -e) pflanzliches Gewebe [gr.]
**Epi'the'se** (die, -, -n) Anhängen eines Lautes an ein Wort, um es leichter aussprechen zu können [gr.]
**Epi'the'ton** (das, -s, -ta) Attribut, Beiwort; z.B. ein schmückendes Epitheton [gr.]
**Epi'to'me** (die, -, -n) 1 wissenschaftlicher oder geschichtlicher Abriss oder Auszug 2 Auszug aus einer Schrift [gr.-lat.]
**Epi'tra'che'li'on** (das, -s, -li'en) Band in Art einer Stola, das Priester und Bischöfe der Ostkirche beim Gottesdienst um den Hals tragen [gr.-mgr.]
**Epi'trit** (die, -en, -en) altgriechischer Versfuß [gr.-lat.]
**Epi'tro'pe** (die, -, -n) 1 Vollmacht, das Erlauben 2 vorläufiges oder scheinbares Einräumen [gr.]
**epi'tro'pisch** (Adj.) 1 die Erlaubnis betreffend, eine Vormundschaft betreffend 2 scheinbar zugestehend [gr.]
**Epi'zen'trum** (das, -s, -ren/-tren) Gebiet senkrecht über einem Erdbebenherd [gr.-lat.]
**Epi'zo'on** (der, -s, -zoen) Tier, das auf anderen Lebewesen als Schmarotzer lebt [gr.]
**Epi'zo'o'no'se** (die, -, -n) durch Parasiten ausgelöste Hautkrankheit [gr.]
**Epi'zo'o'tie** (die, -, -ien) epidemieartige Tierkrankheit [gr.]
**Epi'zy'kel** (das, -s, -) = Epizykloide
**Epi'zy'klo'i'de** (die, -, -n) Kurve, die entsteht, wenn ein Punkt eines Kreises auf dem Umfang eines anderen Kreises abrollt [gr.]
**epo'chal** (Adj.) bedeutsam (für eine ganze Epoche)
**Epo'che** (die, -, -n) bedeutsamer Zeitabschnitt [gr.]
**Ep'o'de** (die, -, -n) 1 dritte Strophe (nach Strophe und Antistrophe), Abgesang (in der antiken Lyrik) 2 Gedichtform, bei der auf einen längeren Vers ein kürzerer folgt [gr.]
**Ep'o'nym** (das, -s, -e) auf einen Personennamen zurückgehende Gattungsbezeichnung [gr.]
**Epo'pöe** (die, -, -n) veraltet für Epos [gr.]
**Epos** (das, -, E'pen) breite, gewaltige Dichtung in gehobener Sprache, Heldendichtung [gr.]
**Ep'o'xid** (das, -s, -e) Kunstharz, das bei der Verarbeitung giftige Dämpfe ausscheidet [Kunstwort]
**Ep'rou'vet'te** [epruvɛt] (die, -, -n) Reagenzglas (österr.) [frz.]
**Ep'si'lon** (das, -s, -s) fünfter Buchstabe des griechischen Alphabets
**Epu'lis** (die, -, -iden) Zahnfleischgeschwulst (Med.) [gr.]
**Equa'li'zer** [iːkwəlaɪzə] (der, -s, -) Gerät zur Verbesserung des Klanges von Hi-Fi-Anlagen [engl.]
**Eques'trik** (die, -, nur Ez.) Reitkunst (im Zirkus) [lat.]
**Equi'den** (Plural: die, -) pferdeartige Tiere [lat.]
**Equi'li'brist** (der, -en, -en) = Äquilibrist
**Equi'pa'ge** [ekipaːʒ] (die, -, -n) 1 elegante Kutsche 2 Offiziersausrüstung (veraltet) [frz.]

E

**Equipe** [ekip] (die, -, -n) Mannschaft (im Turnierreiten) [frz.]
**equi'pie'ren** (V.) ausrüsten (veraltet) [frz.]
**Equip'ment** (das, -s, -s) Ausrüstung (besonders einer Musikband) [engl.]
**Equi'se'tum** (das, -s, -ten) Schachtelhalm (als Heilpflanze) [lat.]
**Er'bi'um** (das, -s, nur Ez.) ein chemischer Grundstoff, Seltenerdmetall [nlat.]

E

**Ere'bos** (der, -, nur Ez.) Totenreich, Unterwelt (der altgriechischen Mythologie)
**erek'til** (Adj.) zur Erektion fähig
**Erek'ti'on** (die, -, -tio'nen) **1** Steifwerden und Aufrichtung des Penis **2** Errichten, Aufrichten [lat.]
**Erek'to'me'ter** (das, -s, -) Gerät, das die Erektion des männlichen Gliedes aufzeichnet [lat.]
**Ere'mit** (der, -en, -en) Einsiedler [gr.]
**Ere'mi'ta'ge** [-ʒə] (die, -, -n) Nachbildung einer Eremitenbehausung (in Parkanlagen des 18. Jahrhunderts) [gr.-frz.]
**Ere'mi'tei** (die, -, -en) Einsiedelei [gr.-lat.]
**Ere'mu'rus** (der, -, -) Steppenkerze, Lilienschweif, asiatische Zierpflanze [gr.-lat.]
**Erep'sin** (das, -s, nur Ez.) Bauchspeicheldrüsen-, Dünndarmenzym [gr.]
**ere'thisch** (Adj.) krankhaft reizbar [gr.]
**Ere'this'mus** (der, -, nur Ez.) das Erethischsein [gr.-nlat.]
**Erg** (das, -s, -) Maßeinheit der Arbeit (früher)
**Er'ga'tiv** (der, -s, -e) Kasus der Grammatik, der bei zielenden Verben den Handelnden benennt [gr.]
**er'go** also, folglich [lat.]
**Er'go'graf** *auch:* Er'go'graph (der, -en, -en) Gerät zum Aufzeichnen der Muskelarbeit (med.) [gr.-lat.]
**Er'go'lo'gie** (die, -, nur Ez.) Wissenschaft von Arbeitsgebräuchen und -gerät [gr.]
**Er'go'me'ter** (das, -s, -) fest montiertes Fahrradgerät zum Messen der Leistungskraft [gr.]
**Er'gon** (das, -s, -e) sehr effektiver biologischer Wirkstoff [gr.]
**Er'go'no'mie** (die, -, nur Ez.) Wissenschaft von der Optimierung der Arbeitsbedingungen [gr.-engl.]
**Er'gos'te'rin** (das, -s, nur Ez.) ein Provitamin [frz.-nlat.]
**Er'go'the'ra'peut** (der, -en, -en) Therapeut, der Ergotherapie betreibt [gr.]
**Er'go'the'ra'peu'tin** (die, -, -en) Therapeutin, die Ergotherapie betreibt [gr.]
**Er'go'the'ra'pie** (die, -, -ien) Bewegungs- und Beschäftigungstherapie [gr.]
**Er'go'tis'mus** (der, -, nur Ez.) Mutterkornpilz-Vergiftung [frz.-nlat.]
**er'go'trop** (Adj.) leistungssteigernd (Med.) [gr.-lat.]
**eri'gi'bel** (Adj.) = erektil [frz.]
**eri'gie'ren** (V.) **1** ersteifen und aufrichten (des Penis) **2** errichten, aufrichten [lat.]
**Eri'ka** (die, -, -ken) Heidekraut [gr.]
**Erin'no'phi'lie** (die, -, nur Ez.) Teilgebiet der Philatelie, das Sammeln nicht postalischer Gedenkmarken [dt.-gr.]
**Erin'nye** (die, -, -n) griechische Rachegöttin
**Erin'nys** (die, -, -ny'en) = Erinnye
**Eris** (die, -, nur Ez.) griechische Göttin der Zwietracht (die durch einen geworfenen Apfel Streit entfacht)
**Eris'ap'fel** (der, -s, nur Ez.) Zankapfel, Gegenstand eines Streites [gr.]
**Eris'tik** (die, -, nur Ez.) Kunst des Redestreits
**Eris'ti'ker** (der, -s, -) Anhänger der philosophischen Schule des Eukleides von Megara, mit der Vorliebe zum Disput, zum wissenschaftlichen Streitgespräch [gr.]
**eris'tisch** (Adj.) die Eristik betreffend [gr.]
**ero'die'ren** (V.) geologischer Begriff für den Vorgang des Auswaschens und der Zerstörung [lat.]
**ero'gen** (Adj.) sexuell reizend; erogene Zone: Körperzone, deren Berührung sexuell reizt
**Ero'ge'ni'tät** (die, -, nur Ez.) die Eigenschaft erogen zu sein [gr.-lat.]
**ero'i'co** (Adj.) heldenmäßig, heldisch (Vortragsanweisung in der Musik) [gr.-lat.-it.]
**Eros** (der, -, nur Ez.) **1** griechischer Liebesgott **2** geschlechtliche Liebe
**Eros'cen'ter** [-sen-] (das, -s, -) Großbordell [gr.-lat.-engl.]
**Ero'si'on** (die, -, -si'o'nen) mechanische Abtragung; z.B. die Erosion fester

Oberflächen durch auswaschendes Fließwasser [lat.]
**ero'siv** (Adj.) zur Erosion gehörig, dadurch entstanden
**Eros'tess** (die, -, -en) Prostituierte
**Ero'te'ma** (das, -s, -te'ma'ta) Fragesatz, Frage [gr.]
**Ero'te'ma'tik** (die, -, nur Ez.) 1 Kunst des richtigen Fragens 2 Unterricht in Form von Fragen und Antworten [gr.]
**ero'te'ma'tisch** (Adj.) auf Fragen des Unterrichtenden beruhend
**Ero'ten** (nur Mz.) = Amorette [gr.-lat.]
**Ero'ti'cal** [-kl] (das, -s, -s) Film oder Bühnenstück mit erotischer Handlung [gr.engl.]
**Ero'tik** (die, -, nur Ez.) Liebeskunst; prickelnde Sexualität [gr.]
**Ero'ti'kon** (das, -s, -ka) Buch erotischen Inhalts
**ero'tisch** (Adj.) unaufdringlich sexuell, zur sinnlichen Liebe gehörig [gr.]
**ero'ti'sie'ren** (V.) erotisches Verlangen wecken, erotisch machen
**Ero'tis'mus** (der, -, nur Ez.) Überbetonung des Erotischen [gr.-lat.]
**Ero'ti'zis'mus** (der, -, nur Ez.) = Erotismus
**Ero'to'lo'gie** (die, -, nur Ez.) 1 Liebeslehre 2 wissenschaftliche Beschäftigung mit den unterschiedlichen Formen von Erotik und ihren Voraussetzungen [gr.-lat.]
**Ero'to'ma'ne** (der, -n, -n) an Erotomanie leidender Mann (Med.) [gr.]
**Ero'to'ma'nie** (die, -, nur Ez.) übersteigerte Sexualität, Liebeszwang [gr.]
**Ero'to'ma'nin** (die, -, -nen) an Erotomanie leidende Frau (Med.) [gr.]
**er'ra're hu'ma'num est** „Irren ist menschlich" [lat.]
**er'ra'tisch** (Adj.) verirrt; erratischer Block: Findling (Stein) [lat.]
**Er'ra'tum** (das, -s, -ta) Druckfehler [lat.]
**Eru'di'ti'on** (die, -, nur Ez.) Gelehrsamkeit [lat.]
**eru'ie'ren** (V.) ermitteln, herausfinden [lat.]
**Eru'ie'rung** (die, -, -en) das Eruieren [lat.]
**Eruk'ta'ti'on** (die, -, -ti'o'nen) nervöses Aufstoßen, Rülpsen (Med.) [lat.]
**eruk'tie'ren** (V.) aufstoßen, rülpsen [lat.]
**erup'tie'ren** (V.) ausbrechen (durch Vulkantätigkeit) [lat.]
**Erup'ti'on** (die, -, -ti'o'nen) 1 Ausbruchstätigkeit von Vulkanen 2 plötzl. Hautausschlag [lat.]
**erup'tiv** (Adj.) durch Eruption entstanden; wie eine Eruption
**Erup'tiv'ge'stein** (das, -s, nur Ez.) erstarrtes Vulkangestein
**Ery'si'pel** (das, -s, nur Ez.) Wundrose [gr.]
**Ery'thea** (die, -, -the'en) mittelamerikanische Gattung von Palmen [lat.]
**Ery'them** (das, -s, -e) entzündliche Hautrötung (nach überstarker Durchblutung) [gr.]
**Ery'thr'ä'mie** (die, -, -i'en) bestimmte Blutkrankheit [gr.]
**Ery'thr'in** (das, -s, -e) ein Mineral, Kobaltblüte [gr.-nlat.]
**Ery'thr'is'mus** (die, -, -men) 1 rote Färbung bei Tieren 2 Rothaarigkeit des Menschen [gr.]
**Ery'thro'blast** (der, -en, -en) unreife Vorstufe der roten Blutkörperchen (Med.) [gr.]
**Ery'thro'der'mie** (die, -, -i'en) bestimmte Hautentzündung (Med.) [gr.]
**Ery'thro'ly'se** (die, -, nur Ez.) Auflösen der roten Blutkörperchen (Med.) [gr.]
**Ery'thro'zyt** (der, -en, -en) rotes Blutkörperchen [gr.]
**ESA** (die, -, nur Ez.) Abk. für **E**uropean **S**pace **A**gency, Europäische Raumfahrtbehörde [engl.]
**Es'ca'lo'pes** [ɛskalɔp] (nur Mz.) dünne Scheiben gebratenen Fleisches [frz.]
**Es'cape'tas'te** [-keɪp-] (die, -, -n) Taste auf dem Computer, die meist den Befehl „verlassen" bedeutet (EDV) [engl.]
**Es'car'pins** [-pɛ̃] (nur Mz.) leichte Schnallenschuhe [it.-frz.]
**Es'cha'to'lo'gie** [-ça-] (die, -, nur Ez.) christliche Lehre von den letzten Dingen (von Tod und Auferstehung, vom Weltende und Jüngsten Gericht) [gr.]
**es'cha'to'lo'gisch** [-ça-] (Adj.) zur Eschatologie gehörig, endzeitlich
**Es'cu'do** (der, -s, -s) eine Währungseinheit (u.a. in Portugal, Mosambik) [portugies.]
**Es'ka'der** (die, -, -s) Schiffsgeschwader, Schiffsverband [lat.-it.-frz.]

**Es'ka'd'ra** (die, -, nur Ez.) die sowjetische Flotte im Mittelmeer [lat.-it.-frz.-russ.]
**Es'ka'la'de** (die, -, -n) mit Sturmleitern vorgenommene Erstürmung einer Festung [frz.]
**es'ka'la'die'ren** (V.) ersteigen (bes. die Eskaladier- oder Kletterwand), kletternd erstürmen [frz.]
**Es'ka'la'ti'on** (die, -, -ti'o'nen) schrittweise Steigerung (zum Negativen hin) [frz.-engl.]
**es'ka'lie'ren** (V.) eine Eskalation durchlaufen
**Es'ka'lie'rung** (die, -, -en) = Eskalation
**Es'ka'mo'ta'ge** [-ʒə] (die, -, -n) Taschenspielerei [span.-frz.]
**Es'ka'mo'teur** [-tøːɐ] (der, -s, -e) Zauberkünstler, Taschenspieler [lat.-span.-frz.]
**es'ka'mo'tie'ren** (V.) wegzaubern, verschwinden lassen (beispielsweise Unerwünschtes an einer Ideologie)
**Es'ka'pa'de** (die, -, -n) eigenwilliges Tun; mutwilliger Streich [frz.]
**Es'ka'pis'mus** (der, -, nur Ez.) Wirklichkeitsflucht [engl.-nlat.]
**es'ka'pis'tisch** (Adj.) 1 vor der Wirklichkeit in eine Traumwelt flüchtend 2 vergnügungssüchtig [lat.-it.-frz.]
**Es'ki'mo** (der, -(s), -s) 1 Oberbegriff für die indigenen Bewohner der Arktis 2 ein schwerer Streichgarnmantelstoff [indian.-frz.]
**es'ki'mo'isch** (Adj.) zu den Eskimos gehörig
**es'ki'mo'tie'ren** (V.) nach Eskimoart mit dem Kanu unter dem Wasser durchdrehen und in die Normallage zurückkehren [indian.-engl.]
**Es'kompte** (der, -s, -s) Barzahlungsrabatt [lat.-it.-frz.]
**es'kompt'ie'ren** (V.) 1 Rabatt gewähren 2 auf den Börsenkurs Einfluss nehmende Vorkommnisse voraussehen und den Kurs dementsprechend gestalten
**Es'kor'te** (die, -, -n) Geleit(mannschaft), Gefolge [frz.]
**es'kor'tie'ren** (V.) als Eskorte, mit einer Eskorte (ehrend, schützend) begleiten
**Es'me'ral'da** (die, -, -s) spanischer Tanz
**E'so'te'rik** (die, -, nur Ez.) Geheimlehre, Lehre des (neuen) Mystizismus [gr.]
**E'so'te'ri'ker** (der, -s, -) Anhänger einer Esoterik; über die materielle Welt hinaus Suchender
**e'so'te'risch** (Adj.) nur für Esoteriker verständlich
**Es'pa'da** (der, -s, -s) 1 spanischer Stierkämpfer, der den Stier tötet 2 Schwert [lat.-span.]
**Es'pa'd'ril'le** (die, -, -s) Leinenschuh mit einer Sohle aus Espartogras [gr.-lat.-span.-frz.]
**Es'pa'g'no'le** [-ɲɔl-] (die, -, -n) spanischer Tanz [frz.]
**Es'pa'g'no'let'te** [-ɲɔ-] (die, -, -n) Drehstangenverschluss (für Fenster) [frz.]
**Es'par'set'te** (die, -, -n) ein Schmetterlingsblütler, Futterpflanze [frz.]
**Es'par'to** (der, -s, -s) ein Süßgras, Flecht-, Papierrohstoff [span.]
**Es'par'to'gras** (das, -es, -grä'ser) 1 Steppengras in Spanien und Algerien 2 zur Papierfabrikation verwendetes Blatt des Espartograses [span.-dt.]
**Es'pé'rance** (die, -, -n) Glücksspiel mit zwei Würfeln [lat.-frz.]
**Es'pe'ran'tist** (der, -tis'ten, -tis'ten) Esperantoanhänger
**Es'pe'ran'to** (das, -s, nur Ez.) eine künstliche Sprache, Welthilfssprache [nlat.]
**Es'pe'ran'to'lo'ge** (der, -n, -n) sich mit Sprache und Literatur des Esperanto beschäftigender Wissenschaftler [lat.]
**Es'pe'ran'to'lo'gie** (die, -, nur Ez.) Wissenschaft von Sprache und Literatur des Esperanto [lat.]
**es'pi'ran'do** (Adv.) ersterbend (bei Musikstücken) [it.]
**Es'pla'na'de** (die, -, -n) freier Platz (anstelle einer geschliffenen Festungsanlage) [it.-frz.]
**es'pres'si'vo** (Adv.) ausdrucksvoll (bei Musikstücken) [it.]
**Es'pres'so 1** (der, -(s), -si oder -s) in Spezialgeräten zubereiteter italienischer Kaffee 2 (das, -(s), -s) kleines Café, in dem man Espresso trinken kann
**Es'prit** [-priː] (der, -s, nur Ez.) geistreich witzige Art, Geist [frz.]
**Es'quire** [-kwaɪə] (der, -s, -s) englische höfliche Anrede, „Hochwohlgeboren“ [frz.-engl.]
**Es'sai** [-seɪ] = Essay

**Essay** [ɛseː] oder [eseɪ] (der oder das, -s, -s) anspruchsvoller, literarischer Kurztext in Prosa; z.B. über ein Wissenschaftsthema [frz.-engl.]
**Essayist** [ɛse-] (der, -isten, isten) Verfasser von Essays
**Essayistik** [ɛse-] (die, -, nur Ez.) alle Essays (als Literaturform)
**essayistisch** [ɛse-] (Adj.) den Essay betreffend, in Form und Art eines Essays [lat.-frz.]
**Essener** (nur Mz.) altjüdische Sekte [hebr.-gr.]
**Essential** (das, -s, -s) Notwendigkeit, Unentbehrlichkeit [engl.]
**Essentialien** *auch:* Essenzialien (nur Mz.) wesentliche Bestandteile (in der Juristensprache) [lat.]
**essentiell** (Adj.) = essenziell
**Essenz** (die, -, -en) **1** (nur Ez.) Hauptbestandteil, Wesenskern **2** konzentrierter chemischer Auszug [lat.]
**Essenzialien** (nur Mz.) = Essentialien
**essenziell** *auch:* essentiell (Adj.) wesentlich [frz.]
**Establishment** [ɪstæblɪʃmənt] (das, -s, -s) vorherrschende, konservative Gesellschaftsschicht [frz.-engl.]
**Estaminet** (das, -s, -s) kleines Kaffeehaus, Kneipe [frz.]
**Estampe** [-tap] (die, -, -n) Abdruck eines Kupfer-, Holz- oder Stahlstichs [frz.]
**Estanzia** (die, -, -s) südamerikanisches Landgut (mit Rinderzucht) [span.]
**Este** (der, -n, -n) Ew. Estlands
**Ester** (der, -s, -) Verbindung aus Alkohol und organischer Säure; z.B. ein Fruchtester [Kunstwort]
**Esterharz** (das, -es, -e) bestimmtes Kunstharz
**estinguendo** (Adj.) verlöschend, ausgehend (Vortragsanweisung in der Musik) [lat.-it.]
**estnisch** (Adj.) zu Estland gehörig
**Estomihi** 7. Sonntag vor Ostern [lat.]
**Estrade** (die, -, -n) erhöhter Platz [span.-frz.]
**Estragon** (der, -s, nur Ez.) ein Korbblütler, Würzkraut [arab.-frz.]
**Estrich** (der, -s, -e) fugenfreier Fußboden; z.B. aus Zement [gr.-lat.]
**et** und [lat.]
**Eta** (das, -s, -s) siebter Buchstabe des griechischen Alphabets
**etablieren** (V.) einrichten, sich niederlassen, gründen, sich selbstständig machen [lat.-frz.]
**Etablissement** [-blismɑ̃] (das, -s, -s) fragwürdige Stätte (bes. Vergnügungslokal) [frz.]
**Etage** [-ʒə] (die, -, -n) Stockwerk [frz.]
**Etagère** [-ʒɛːr-] (die, -, -n) **1** (Schalen-, Stufen-)Gestell (z. B. für Konfekt) **2** aufhängbare Fächertasche (für Kosmetikartikel im Bad) [frz.]
**Etamin** (das, -s, nur Ez.) feiner, gitterartiger Vorhangstoff [frz.]
**Etappe** (die, -, -n) **1** Teilstrecke **2** Nachschubgebiet (militärische Front) [frz.]
**Etat** [etaː] (der, -s, -s) Haushaltsplan, -finanzen (eines Staates) [frz.]
**etatisieren** (V.) in den Etat aufnehmen
**Etatismus** (der, -, nur Ez.) **1** eingeschränkte Form der Planwirtschaft, wobei der staatliche Einfluss nur in den wichtigsten Industriezweigen zum Tragen kommt **2** Denkweise, die sich ausschließlich auf das Staatsinteresse stützt [lat.-frz.]
**etatistisch** (Adj.) den Etatismus betreffend
**et cetera** und so weiter [lat.]
**etepetete** (Adv.) **1** empfindlich, zimperlich, geziert **2** steif, gezwungen [niederdt.- frz.]
**eternisieren** (V.) verewigen [frz.]
**Eternit** (das, -s, nur Ez.) Asbestzement in Plattenform (Warenzeichen) [lat., Kunstwort]
**Etesien** (nur Mz.) trockene Nordwestwinde (sommers im östlichen Mittelmeerraum) [gr.]
**Ethan** (das, -s, nur Ez.) = Äthan
**Ethanograph** (der, -en, -en) Gerät zur Messung des Alkoholspiegels im Blut [gr.-lat.]
**Ethanol** (das, -s, nur Ez.) = Äthanol
**Ether** (der, -s, nur Ez.) = Äther
**Ethik** (die, -, -en) Sittlichkeitslehre, Normen der Lebensführung [gr.]
**ethisch** (Adj.) zur Ethik gehörig, sittlich
**Ethnie** (die, -, -n) Gruppe von Menschen mit einheitlicher Kultur [gr.-lat.]

**Eth'ni'kon** (das, -s, -ka) Name einer Völkergruppe, einer Personengruppe mit einheitlicher Kultur [gr.]
**eth'nisch** (Adj.) zu einem Volk gehörig, volksmäßig [gr.]
**Eth'no'gra'fie** *auch:* Eth'no'gra'phie (die, -, nur Ez.) systematische Beschreibung der Eigenheiten verschiedener Kulturen und Völker [gr.]
**Eth'no'gra'phie** (die, -, nur Ez.) = Ethnografie
**Eth'no'lo'ge** (der, -n, -n) Völkerkundler, Wissenschaftler der Ethnologie [gr.-lat.]
**Eth'no'lo'gie** (die, -, nur Ez.) Völkerkunde
**eth'no'lo'gisch** (Adj.) völkerkundlich
**Eth'no'pop** (der, -, nur Ez.) Popmusik, die von der Volksmusik bestimmter Kulturen beeinflusst ist
**Eth'no'zen'tris'mus** (der, -, nur Ez.) nationalistische Anschauung, wonach das eigene Volk als anderen Völkern überlegen gesehen wird [gr.-lat.]
**Etho'lo'ge** (der, -n, -n) Wissenschaftler auf dem Gebiet der Ethologie [gr.]
**Etho'lo'gie** (die, -, nur Ez.) Verhaltensforschung [gr.]
**Ethos** (das, -, nur Ez.) sittl. Bewusstsein [gr.]
**Eti'enne** [-tjɛn] (die, -, nur Ez.) bestimmte Antiquadruckschrift [frz.]
**Eti'kett** (das, -s, -en) Aufklebezettel, Aufschrift [niederl.-frz.]
**Eti'ket'te** (die, -, -n) **1** gesellschaftliche Regeln, Umgangsformen **2** = Etikett [frz.]
**eti'ket'tie'ren** (V.) mit Etikett versehen
**Etü'de** (die, -, -n) musikal. Übungsstück [frz.]
**Etui** [etɥiː] (das, -s, -s) kleines Schließbehältnis, Hülle [frz.]
**Ety'mo'lo'ge** (der, -n, -n) Etymologiefachmann
**Ety'mo'lo'gie** (die, -, -n) Wortherkunft, -geschichte [gr.]
**ety'mo'lo'gisch** (V.) zur Etymologie gehörig
**ety'mo'lo'gi'sie'ren** (V.) nach Herkunft und Wortgeschichte erforschen [gr.-lat.]
**Ety'mon** (das, -s, -ma) Stamm-, Wurzelwort [gr.]
**EU** (die, -, nur Ez.) „**E**uropäische **U**nion"
**Eu'bio'tik** (die, -, nur Ez.) Lehre von einer gesunden Lebensweise [gr.]
**Eu'bu'lie** (die, -, nur Ez.) Vernunft, Einsicht [gr.]
**Eu'cha'ris'tie** (die, -, -n) **1** Abendmahlsfeier (in der kath. Kirche) **2** Altarsakrament (Brot und Wein) [gr.]
**eu'cha'ris'tisch** (Adj.) zur Eucharistie gehörig; das Altarsakrament erneuernd
**Eu'dä'mo'nie** (die, -, nur Ez.) Glückseligkeit [gr.]
**Eu'dä'mo'nis'mus** (der, -, nur Ez.) Streben nach Glückseligkeit [gr.]
**Eu'do'xie** (die, -, -n) guter Ruf, richtiges Urteil [gr.]
**Eu'ge'nik** (die, -, nur Ez.) Erbgesundheitsforschung, Erbhygiene [gr.]
**eu'ge'nisch** (Adj.) zur Eugenik gehörig
**Eu'ka'lyp'tus** (der, -, -ten) Baum oder Strauch mit ledrigen, immergrünen Blättern, die ein ätherisches Öl enthalten [gr.]
**Eu'ki'ne'tik** (die, -, nur Ez.) in der Kunst des Tanzes die Lehre von den harmonischen und schönen Bewegungen [gr.-lat.]
**eu'kli'disch** (Adj.) zur Lehre des Euklid gehörig, euklidische Geometrie: klass. Geometrie [gr.]
**Eu'ko'lie** (die, -, nur Ez.) Zufriedenheit, heitere Verfassung des Gemüts [gr.]
**Eu'kra'sie** (die, -, nur Ez.) ideale Mischung der Körpersäfte (antike Heilkunde) [gr.]
**Eu'lan** (das, -s, nur Ez.) ein Motten- und Pelzkäferschutzmittel auf der Basis von Sulfonamiden (Warenzeichen) [gr.-lat., Kurzwort]
**Eu'me'ni'de** (die, -, -n) = Erinnye (verhüllend) [gr.]
**Eu'nuch** (der, -en, -en) kastrierter Mann (als Haremswächter) [gr.]
**Eu'phe'mis'mus** (der, -, -men) beschönigende Umschreibung; z.B. „jung geblieben" für „alt" [gr.]
**eu'phe'mis'tisch** (Adj.) in der Art eines Euphemismus, beschönigend
**Eu'pho'nie** (die, -, -n) Wohlklang [gr.]
**eu'pho'nisch** (Adj.) wohlklingend [gr.]
**Eu'phor'bie** (die, -, -ien) Gattung der Wolfsmilchgewächse [gr.-lat.]
**Eu'pho'rie** (die, -, -n) Hochgefühl; übersteigerte Hochstimmung [gr.]
**Eu'pho'ri'kum** (das, -s, -ka) Rauschmittel, das euphorische Wirkung hervorruft [gr.]

**eu'pho'risch** (Adj.) in Euphorie, (übersteigert) hochgestimmt
**eu'pho'ri'sie'ren** (V.) innere Hochgefühle erzeugen (durch Einnahme von Rauschmitteln) [gr.]
**Eu'pnoe** (die, -, nur Ez.) gleichmäßiges Atmen (Med.) [gr.]
**eu'ra'si'a'tisch** (Adj.) in Europa und Asien vorkommend (bei Tier- und Pflanzenarten)
**Eu'ra'sien** (das, -s, nur Ez.) Europa und Asien zusammen
**Eu'ra'si'er** (der, -s, -) 1 Bewohner Eurasiens 2 Mischling aus einem britischen („weißen“) und einem indischen Elternteil
**eu'ra'sisch** (Adj.) zu Europa und Asien (Eurasien) gehörig
**Eu'rhyth'mie** (die, -, nur Ez.) Bewegungskunst (in der Anthroposophie) [gr.]
**Eu'ro'cheque** [-ʃɛk] (der, -s, -s) = Euroscheck [frz.]
**Eu'ro'kom'mu'nis'mus** (der, -, nur Ez.) westeuropäische Form des Kommunismus mit kritischer Einstellung gegenüber der ehemaligen Sowjetunion
**eu'ro'pä'i'sie'ren** (V.) der (west-)europäischen Lebensart angleichen
**eu'ro'pid** (Adj.) zu den Europiden gehörig
**Eu'ro'pi'de** (der, -n, -n) Angehöriger der „weißen“ Großrasse; z.B. Araber, Inder, Skandinavier [semit.-gr.]
**Eu'ro'pi'um** (das, -s, nur Ez.) ein chemischer Grundstoff [semit.-gr.-nlat.]
**Eu'ro'pol** (die, -, nur Ez.) europäisches Kriminalamt
**Eu'ro'scheck** (der, -s, -s) Scheck, der in Verbindung mit einer Scheckkarte von Kreditinstituten in Nordamerika und Westeuropa eingelöst wird
**Eu'ro'star** (der, -s, -s) Hochgeschwindigkeitszug zwischen London und Paris/Brüssel
**eu'ro'zen'trisch** (Adj.) Europa als Mittelpunkt betrachtend
**eu'ry'ök** (Adj.) anspruchslos (hinsichtl. der Lebensraumansprüche); z.B. eine euryöke Insektenart
**Eu'ryth'mie** (die, -, nur Ez.) = Eurhythmie (in steinerscher Schreibung)
**Eu'se'bie** (die, -, nur Ez.) Frömmigkeit, Gottesfurcht [gr.]
**Eus'ta'sie** (die, -, -n) Schwankung der Meeresspiegelhöhe (durch Ab- und Zunahme der Erdwassermenge) [gr.]
**Eu'stress** (der, -s, -e) positiv anregender Stress, lebensnotwendiger Stress [gr.]
**Eu'tha'na'sie** (die, -, nur Ez.) 1 Sterbehilfe 2 Tötung von Geisteskranken u.a. (im Nationalsozialismus) [gr.]
**Eu'thy'mie** (die, -, nur Ez.) Heiterkeit, Frohsinn [gr.]
**Eu'to'kie** (die, -, nur Ez.) leichte Geburt (Med.) [gr.]
**Eu'to'nie** (die, -, nur Ez.) normale Spannung der Gefäße und Muskeln (Med.) [gr.]
**Eu'to'pie** (die, -, nur Ez.) normale Lage von Organen (Med.) [gr.]
**eu'troph** (Adj.) überdüngt (Gewässer) [gr.]
**Eu'tro'phie** (die, -, nur Ez.) Wohlgenährtheit (bei Säuglingen) [gr.]
**Eu'tro'phie'rung** (die, -, nur Ez.) Überdüngung (eines Gewässers) [gr.]
**Eva'ku'a'ti'on** (die, -, -ti'o̱nen) das Evakuieren, Luftleermachen [lat.]
**eva'ku'ie'ren** (V.) 1 luftleer machen 2 aussiedeln, von Menschen räumen (aus militär. Gründen, wegen drohender Gefahr) [lat.]
**Eva'ku'ie'rung** (die, -, -en) Bewohner eines Gebietes, Hauses etc., lang- oder kurzfristig aussiedeln [lat.]
**Eva'lu'a'ti'on** (die, -, -ti'o̱nen) Bewertung [frz.]
**eva'lu'a'tiv** (Adj. ) wertend [lat.-frz.-engl.]
**eva'lu'ie'ren** (V.) bewerten, beurteilen
**Eva'lu'ie'rung** (die, -, -en) Auswertung
**Evan'ge'li'ar** (das, -s, -e oder -a̱'ri'en) Buch, das alle vier Evangelien enthält [gr.-lat.]
**evan'ge'li'kal** (Adj.) gemäß dem Evangelium, seine Autorität vertretend
**Evan'ge'li'ka'le** (der, -n, -n) Angehöriger der evangelikalischen Richtung [gr.-lat.-engl.]
**Evan'ge'li'sa'ti'on** (die, -, -ti'o̱nen) das Evangelisieren
**evan'ge'lisch** (Adj.) 1 zum Evangelium gehörig 2 protestantisch
**evan'ge'li'sie'ren** (V.) zum Evangelium bekehren
**Evan'ge'list** (der, -li̱s'ten, -li̱s'ten) 1 Evangelienverfasser 2 Prediger des Evangeliums

**Evan|ge|lis|tar** (das, -s, -e oder -ta|ri|en) Buch, das die Evangelien abschnittsweise (für die Liturgie) enthält
**Evan|ge|li|um** (das, -s, -li|en) 1 die Botschaft Christi, „frohe Botschaft" 2 Lebensgeschichte Jesu [gr.-lat.]
**Eva|po|ra|ti|on** (die, -, -ti|o|nen) Verdunstung
**Eva|po|ra|tor** (der, -s, -to|ren) Verdampfer, der Süßwasser aus Meerwasser erzeugt [lat.]
**eva|po|rie|ren** (V.) verdunsten; durch Eindampfen dickflüssig machen [lat.]
**Eva|si|on** (die, -, -si|o|nen) das Entweichen [lat.]
**Eve|ne|ment** (das, -s, -s) 1 Ereignis 2 Erfolg [lat.-frz].
**Event** [ɪ-] (das, -s, -s) aufsehenerregende Veranstaltung [engl.]
**Even|tu|a|li|tät** (die, -, -en) Möglichkeit [frz.]
**even|tu|ell** (Adj.) möglicherweise [frz.]
**Ever|green** [evəgri:n] (der, -s, -s) Schlager, der lange Zeit beliebt ist [engl.]
**Evi|de|ment** (das, -s, -s) Ausschabung der Gebärmutterschleimhaut oder von Knochenteilen (Med.) [frz.]
**evi|dent** (Adj.) augenscheinlich, offenkundig, logisch [lat.]
**Evik|ti|on** (die, -, -en) richterliche Besitzentziehung (Rechtswiss.) [lat.]
**Evo|ka|ti|on** (die, -, -ti|o|nen) 1 das Hervorrufen (von Gedanken) 2 Vorladung (veraltet) [lat.]
**evo|ka|tiv** (Adj.) bestimmte Vorstellungen enthaltend [lat.]
**evo|ka|to|risch** (Adj.) bestimmte Vorstellungen erweckend [lat.]
**Evo|lu|te** (die, -, -n) geometrischer Ort der Krümmungsmittelpunkte einer Kurve [lat.]
**Evo|lu|ti|on** (die, -, -ti|o|nen) stammesgeschichtliche Höherentwicklung (der Lebewesen) [lat.]
**evo|lu|ti|o|när** (Adj.) zur Evolution gehörig, sich allmählich höher entwickelnd
**Evo|lu|ti|o|nis|mus** (der, -, nur Ez.) auf Evolutionsgedanken basierende naturphilosophische Richtung im 19. Jahrhundert [lat.]
**Evo|lu|ti|o|nist** (der, -nis|ten, -nis|ten) Anhänger des Evolutionismus [lat.]
**evo|lu|ti|o|nis|tisch** (Adj.) auf dem Evolutionismus beruhend [lat.]
**Evo|lu|ti|ons|the|o|rie** (die, -, -n) Theorie von der Entwicklung aller Lebewesen aus niederen, primitiveren Organismen
**Evol|ven|te** (die, -, -n) Kurve, deren Krümmungsmittelpunkte die Evolute bilden [lat.]
**Evol|ven|ten|ver|zah|nung** (die, -, -en) Verzahnungsart von Zahnrädern, wobei das Zahnprofil als Evolvente angelegt ist
**evol|vie|ren** (V.) entwickeln [lat.]
**evo|zie|ren** (V.) 1 hervorrufen (von Gedanken) 2 vorladen (veraltet) [lat.]
**Evo|ny|mus** (der/die, -, nur Ez.) Gattung der Spindelbaumgewächse, z.B. Pfaffenhütchen [gr.-lat.]
**ev|vi|va!** er lebe hoch! [it.]
**Ev|zo|ne** (der, -, -n) griechischer Nationalgardist mit Fes und kurzem, weißem Faltenrock
**ex** (Adv.) aus; z.B. etwas ex trinken [lat.]
**ex ae|quo** gleichermaßen [lat.]
**Ex|ag|ge|ra|ti|on** (die, -, -ti|o|nen) Übertreibung
**ex|ag|ge|rie|ren** (V.) übertreiben [lat.]
**exakt** (Adj.) genau [lat.]
**Ex|al|ta|ti|on** (die, -, nur Ez.) übertriebene Erregtheit; Überspanntheit [lat.]
**ex|al|tie|ren** (V.) sich übertrieben erregen, aufregen [lat.]
**ex|al|tiert** (Adj.) überspannt, aufgeregt [lat.-frz.]
**Ex|a|men** (das, -s, - oder -mi|na) Prüfung (als Hochschulabschluss) [lat.]
**Ex|a|mi|nand** (der, -en, -en) Prüfling
**Ex|a|mi|na|tor** (der, -s, -to|ren) Prüfer (im Examen)
**ex|a|mi|nie|ren** (V.) prüfen (im Examen)
**Ex|an|them** (das, -s, -e) Hautausschlag [gr.]
**Ex|a|ra|ti|on** (die, -, -en) Gesteinsabtragung durch Gletschereis (Geol.) [lat.]
**Ex|arch** (der, -en, -en) 1 byzantinischer Statthalter (in Italien) 2 Oberbischof (der griechisch-orthodoxen Kirche) [gr.]
**Ex|ar|chat** (das, -s, -e) Amt(sbezirk) eines Exarchen
**Ex|ar|ti|ku|la|ti|on** (die, -, -ti|o|nen) chirurgische Abtrennung eines Gliedes (im Gelenk) [lat.]
**ex ca|the|dra** vom Papst verkündet, „unfehlbar" [lat.]

**Exceptio** [-tsɛp-] (die, -, -tiones) juristischer Einspruch [lat.]
**Exchange** [ɪkstʃeɪndʒ] (die, -, -n) 1 Börse(nkurs) 2 (Ort zum) Geldumtausch [engl.]
**excudit** „hat ausgeführt" (als Zusatz zum Namen in der Druckgrafik) [lat.]
**ex definitione** gemäß der Definition [lat.]
**Exedra** (die, -, -edren) 1 gerundete Nische mit Sitzbank (in Bauwerken) 2 = Apsis [gr.]
**Exegese** (die, -, -n) Bibelauslegung [gr.]
**Exeget** (der, -en, -en) jmd., der sich mit Exegese beschäftigt
**Exegetik** (die, -, nur Ez.) Wissenschaft von der Exegese
**exegetisch** (Adj.) die Bibel erklärend
**exegieren** (V.) die Bibel erklären (veraltet) [gr.]
**Exekutant** (der, -en, -en) jmd. der etwas ausübt oder durchführt
**exekutieren** (V.) hinrichten [lat.]
**Exekution** (die, -, -tionen) Hinrichtung [lat.]
**Exekutionskommando** (das, -s, -s) Kommando, das die Exekution durchführt
**exekutiv** (Adj.) zur Exekutive gehörig, vollziehend
**Exekutive** (die, -, -n) vollziehende Staatsgewalt [lat.]
**Exekutor** (der, -s, -toren) Vollstrecker [lat.]
**exekutorisch** (Adj.) durch Zwangsvollstreckung erfolgend
**Exempel** (das, -s, -) 1 Beispiel; z.B. ein warnendes Exempel 2 Rechenaufgabe (veraltet) [lat.]
**Exemplar** (das, -s, -e) Einzelstück [lat.]
**exemplarisch** (Adj.) 1 beispielhaft 2 abschreckend [lat.]
**exempli causa** beispielshalber [lat.]
**Exemplifikation** (die, -, -tionen) Erläuterung (durch Beispiele) [lat.]
**exemplifizieren** (V.) erläutern (durch Beispiele) [lat.]
**exemt** (Adj.) pflichtbefreit [lat.]
**Exemtion** (die, -, -tionen) Pflichtbefreiung [lat.]
**Exequatur** (das, -s, -turen) 1 Erlaubnis zur Amtsausübung (eines Konsuls) 2 Vollstreckbarkeitserklärung eines ausländischen Zivilurteils (schweiz.) [lat.]
**Exequien** (nur Mz.) katholische Begräbnisriten [lat.]
**exequieren** (V.) Schulden eintreiben (veraltet) [lat.]
**exergonisch** (Adj.) Energie abgebend [gr.]
**exerzieren** (V.) 1 militärische Übungen machen (in der Formalausbildung) 2 anhaltend üben [lat.]
**Exerzitien** (nur Mz.) religiöse Übungen (innere Andacht, Gebet) [lat.]
**exeunt** [-eːunt] „sie gehen ab" (als Regieanweisung in Theaterstücken) [lat.]
**Exhalation** (die, -, -tionen) Aushauchung, Ausströmung (vulkan. Dämpfe, Gase) [lat.]
**exhalieren** (V.) aushauchen; ausströmen (durch Exhalation)
**Exhaustor** (der, -s, -toren) Absaugventilator [lat.]
**exhibieren** (V.) zur Schau stellen, darbieten [lat.]
**Exhibition** (die, -, -tionen) Zurschaustellung
**Exhibitionismus** (der, -, nur Ez.) 1 krankhafter Drang zur Entblößung der Genitalien 2 unangenehme Enthüllung von Intimitäten
**Exhibitionist** (der, -nisten, -nisten) jmd., der Exhibitionismus zeigt
**exhumieren** (V.) wieder ausgraben (einer Leiche; aus juristischen Gründen) [lat.]
**Exil** (das, -s, -e) 1 Verbannung 2 Verbannungsort [lat.]
**exilieren** (V.) ins Exil schicken
**Exilliteratur** (die, -, nur Ez.) im Exil entstandene Literatur (bes. politischer Flüchtlinge deutscher Sprache zur Zeit d. Nationalsozialismus) [lat.]
**eximieren** (V.) entpflichten [lat.]
**existent** (Adj.) vorhanden [lat.]
**existential** (Adj.) = existenziell
**Existentialismus** (der, -, nur Ez.) = Existenzialismus
**Existentialist** (der, -listen, -listen) = Existenzialist
**existentiell** (Adj.) = existenziell
**Existenz** (die, -, -en) 1 (nur Ez.) das Vorhandensein; z.B. die E. gefährdeter

Lebensräume **2** menschliches Dasein; z.B. die öde Existenz eines Ausgeschlossenen **3** Lebensgrundlage; z.B. seine Existenz sichern [lat.]

**exis'ten'zi'al** *auch:* e'xis'ten'ti'al (Adj.) = existentiell

**Exis'ten'zi'a'lis'mus** *auch:* E'xis'ten'ti'a'lis'mus (der, -, nur Ez.) **1** eine Richtung der Philosphie, die die menschliche Existenz in den Mittelpunkt stellt **2** nicht bürgerliche Lebenshaltung [lat.]



**exis'ten'zi'ell** *auch:* e'xis'ten'ti'ell (Adj.) zur Existenz gehörig, lebensnotwendig

**Exis'tenz'mi'ni'mum** (das, -s, -ma) Mindesteinkommen für den Lebensunterhalt [lat.]

**exis'tie'ren** (V.) **1** bestehen; z.B. Einrichtungen, die seit Jahren existieren **2** leben; schlecht leben; z.B. kein Geld haben und nur existieren [lat.]

**exit** „geht ab" (als Anweisung in Bühnenbearbeitungen) [lat.]

**Exit** (der, -s, -s) Gebäudeausgang [lat.]

**Exi'tus** (der, -, nur Ez.) Tod (eines Patienten) [lat.]

**Ex'ka'va'ti'on** (die, -, -en) Ausbuchtung eines Organs (Med.) [lat.]

**Ex'kla've** (die, -, -n) vom fremden (Staats-) Gebiet umschlossenes eigenes Gebiet [frz.]

**Ex'klu'si'on** (die, -, -en) Ausschließung [lat.]

**ex'klu'siv** (Adj.) außergewöhnlich und nicht für jeden bestimmt [lat.-engl.]

**ex'klu'si've** (Adv.) ausschließlich [lat.]

**Ex'klu'si'vi'tät** (die, -, nur Ez.) das Exklusivsein

**Ex'kom'mu'ni'ka'ti'on** (die, -, -ti'o'nen) Kirchenbann, Ausschluss aus der (katholischen) Kirche [lat.]

**ex'kom'mu'ni'zie'ren** (V.) mit Exkommunikation belegen

**Ex'kre'ment** (das, -s, -e) Kot [lat.]

**Ex'kret** (das, -s, -e) Ausscheidungsprodukt; z.B. Harnstoff, Schweiß [lat.]

**Ex'kre'ti'on** (die, -, -ti'o'nen) Ausscheidung (von Exkreten)

**ex'kre'to'risch** (Adj.) Exkretion bewirkend

**Ex'kul'pa'ti'on** (die, -, -ti'o'nen) Rechtfertigung, Schuldentlastung [lat.]

**ex'kul'pie'ren** (V.) rechtfertigen, von Schuld freisprechen [lat.]

**Ex'kurs** (der, -es, -e) Abschweifung, Nebenthema (eines wissenschaftlichen Textes) [lat.]

**Ex'kur'si'on** (die, -, -si'o'nen) wissenschaftlich vorbereiteter, geleiteter Ausflug, Lehrreise, Studienwanderung [frz.]

**ex'lex** (Adv.) geächtet, vogelfrei [lat.]

**Ex'li'b'ris** (das, -, -) künstlerisch gestaltetes Buchzeichen (eingeklebter Zettel) mit dem Eigentümernamen [lat.]

**Ex'ma'tri'kel** (die, -, -n) Hochschulabgangsbescheinigung [lat.]

**Ex'ma'tri'ku'la'ti'on** (die, -, -ti'o'nen) Abmeldung, Ausschluss von einer Hochschule [lat.]

**ex'ma'tri'ku'lie'ren** (V.) eine Exmatrikulation vornehmen

**Ex'mis'si'on** (die, -, -si'o'nen) das Exmittieren

**ex'mit'tie'ren** (V.) zwangsweise aus einer Wohnung setzen, zwangsräumen [lat.]

**Exo'bio'lo'gie** (die, -, nur Ez.) Wissenschaft vom Leben auf anderen Sternen [gr.]

**Exo'der'mis** (die, -, nur Ez.) äußere Zellschicht der Pflanzenwurzelrinde [gr.]

**Ex'o'dus** (der, -, nur Ez.) Auszug (des Volkes Israel aus Ägypten) [gr.-lat.]

**ex of'fi'cio** [-tsjo] von Amts wegen [lat.]

**Exo'ga'mie** (die, -, -n) Heirat außerhalb der eigenen Gruppe; z.B. einer Kaste [gr.]

**exo'gen** (Adj.) von außen (verursacht, kommend) [gr.]

**Exo'karp** (das, -s, -e) Außenwandschicht (bei Früchten) [gr.]

**exo'krin** (Adj.) zur äußeren Sekretion gehörig [gr.]

**Ex'o'ne'ra'ti'on** (die, -, -en) Entlastung (veraltet) [lat.]

**ex'or'bi'tant** (Adj.) übertrieben, gewaltig

**ex ori'en'te lux** aus dem Osten kommt das Licht (die göttliche Wahrheit, die Kultur) [lat.]

**ex'or'zie'ren** (V.) den Exorzismus ausüben, austreiben

**Ex'or'zis'mus** (der, -, nur Ez.) Teufels-, Dämonenaustreibung [gr.-lat.]

**Ex'or'zist** (der, -zis'ten, -zis'ten) **1** jmd., der den Exorzismus ausübt **2** ein Weihegrad (veraltet)

**Exo'ske'lett** (das, -s, -e) = Ektoskelett

**Exot** (der, -en, -en) = Exote

**Exosphäre** (die, -, nur Ez.) äußerste Schicht der Atmosphäre [gr.]
**Exotarium** (das, -s, -ien) Anlage, in der exotische Tiere gezeigt werden [gr.]
**Exote** (der, -n, -n) Mensch, Lebewesen aus einem exot. Land; etwas Ausgefallenes [gr.]
**exoterisch** (Adj.) allgemein verständlich, nicht esoterisch [gr.]
**exotherm** (Adj.) Wärme abgebend (von chemischen Reaktionen) [gr.]
**Exotik** (die, -, nur Ez.) das Exotischsein
**Exotika** (nur Mz.) fremdländische, exotische Kunstgegenstände
**exotisch** (Adj.) zu einem überseeischen, warmen Land gehörig, von dort stammend; ausgefallen, fremdartig [gr.]
**Exotismus** (der, -s, -men) Fremdwort, dessen Bedeutungsinhalt in unserer Umwelt nicht vorkommt (z.B. Cowboy) [gr.]
**Expander** (der, -s, -) Muskelübungsgerät aus dehnbaren Gummikabeln [engl.]
**expandieren** (V.) ausdehnen; zunehmen
**Expansion** (die -, -sionen) das Expandieren
**expansiv** (Adj.) sich ausbreitend, zunehmend [lat.]
**Expatriation** (die, -, -tionen) Ausbürgerung
**expatriieren** (V.) ausbürgern [frz.]
**Expedient** (der, -en, -en) jmd., der Waren für den Versand fertig macht [lat.]
**expedieren** (V.) die Arbeit eines Expedienten versehen
**Expedit** (das, -s, -e) Versandabteilung (österr.) [lat.]
**Expediteur** [-tøːɐ] (der, -s, -e) = Spediteur (österr.) [frz.]
**Expedition** (die, -, -tionen) **1** Wissenschaftsreise (in ein unerforschtes Gebiet) **2** Versand (-abteilung) [lat.]
**Expeditor** (der, -s, -toren) = Expedient (österr.)
**Expektorans** (das, -, -rantia oder -ranzien) schleimlösende, das Aushusten fördernde Arznei [lat.]
**Expensen** (nur Mz.) juristische Kosten [lat.]
**expensiv** (Adj.) kostspielig [lat.]
**Experiment** (das, -s, -e) **1** (wissenschaftlicher) Versuch **2** Wagnis [lat.]
**experimental** (Adj.) = experimentell
**experimentell** (Adj.) durch ein Experiment (nachweisbar, nachgewiesen)
**experimentieren** (V.) Experimente machen
**Experte** (der, -n, -n) Sachverständiger, Fachmann [lat.]
**Expertise** (die, -, -n) Expertengutachten
**Explanation** (die, -, -tionen) das Explanieren
**explanieren** (V.) erklären (einen Text) [lat.]
**Explantation** (die, -, -tionen) Gewebeverpflanzung [lat.]
**Expletiv** (das, -s, -e) Füllpartikel im Satz (z.B. „wohl“) [lat.]
**Explikation** (die, -, -tionen) Erklärung [lat.]
**explizieren** (V.) erklären, erläutern, ausführlich darstellen [lat.]
**explizit** (Adj.) ausdrücklich (und differenziert) [lat.]
**explodieren** (V.) platzen, auseinander bersten
**Exploitation** (die, -, -tionen) das Exploitieren
**exploitieren** (V.) ausbeuten; nutzbar machen (veraltet) [frz.]
**Exploration** (die, -, -tionen) **1** Erforschung **2** gezielte Befragung [lat.]
**explorieren** (V.) **1** erforschen **2** gezielt befragen [lat.]
**explosibel** (Adj.) = explosiv
**Explosion** (die, -, -sionen) das Explodieren
**explosiv** (Adj.) leicht explodierend
**Explosivlaut** (der, -es, -e) Verschlusslaut, z.B. „b“, „p“ [lat.]
**Exponat** (das, -s, -e) Ausstellungsstück [lat.]
**Exponent** (der, -en, -en) hochgestellte Zahl (bei Potenzen, Wurzeln) [lat.]
**Exponentialfunktion** (die, -, -en) Funktion der Form y = ax [lat.]
**Exponentialgleichung** (die, -, -en) mathematische Gleichung, bei der die Unbekannte auch als Exponent vorkommt
**exponieren** (V.) **1** einer Gefahr, Angriffen aussetzen **2** herausheben [lat.]
**Export** **1** (der, -s, -e) Ausfuhr [lat.] **2** (das, -, -) eine Biersorte [lat.]

**Ex'por'ten** (nur Mz.) Exportwaren
**Ex'por'teur** [-tøːɐ] (der, -s, -e) Ausfuhrhändler [lat.-frz.]
**ex'por'tie'ren** (V.) ins Ausland ausführen (Waren) [lat.]
**Ex'po'see** *auch:* Ex'po'sé (das, -s, -s) Bericht, ausgearbeiteter Entwurf (für ein Buch) [frz.]
**Ex'po'si'ti'on** (die, -, -ti'o'nen) **1** Einführung, vorbereitender Teil (eines Dramas, einer Sonate oder Fuge) **2** Gesamtheit der äußeren Einwirkungen, denen ein Organismus (oder Stoff) ausgesetzt ist [lat.]
**Ex'po'si'tur** (die, -, -en) seelsorgerische Nebenstelle [lat.]
**Ex'po'si'tus** (der, -, -ti) Expositurpfarrer
**ex'press** (Adv.) sehr eilig, mit Eilpost [lat.]
**Ex'press** (der, -es, -e) Fernschnellzug [lat.]
**Ex'pres'si'on** (die, -, -si'o'nen) gesteigerter Ausdruck [lat.]
**Ex'pres'si'o'nis'mus** (der, -, nur Ez.) Kunstrichtung, die den unmittelbaren Ausdruck erstrebt; z.B. in der Malerei, Literatur [lat.]
**ex'pres'sis ver'bis** ausdrücklich [lat.]
**ex'pres'siv** (Adj.) ausdrucksbetont [lat.]
**Ex'pres'si'vi'tät** (die, -, nur Ez.) das Expressivsein
**ex pro'fes'so** von Berufs, Amts wegen [lat.]
**Ex'pro'pri'a'ti'on** (die, -, -ti'o'nen) Enteignung [frz.]
**ex'pro'pri'ie'ren** (V.) enteignen [frz.]
**Ex'pul'si'on** (die, -, -si'o'nen) Austreibung, Entfernung [lat.]
**ex'pul'siv** (Adj.) abführend [lat.]
**ex'qui'sit** (Adj.) auserlesen, vorzüglich [lat.]
**Ex'se'kra'ti'on** (die, -, -ti'o'nen) zeremonielle Verwünschung [lat.]
**ex'se'krie'ren** (V.) zeremoniell verwünschen [lat.]
**Ex'sik'kans** (das, -, -kan'tia oder -kan'zien) Austrocknungsmittel (in der Chemie) [lat.]
**Ex'sik'ka'tor** (der, -s, -to'ren) Behälter zum Trocknen (von Chemikalien) [lat.]
**ex'spek'ta'tiv** (Adj.) abwartend [lat.]
**Ex'spi'ra'ti'on** (die, -, nur Ez.) Ausatmung [lat.]
**ex'spi'ra'to'risch** (Adj.) **1** zur Exspiration gehörig **2** nachdrücklich, stark betont
**ex'spi'rie'ren** (V.) ausatmen [lat.]
**Ex'stir'pa'ti'on** (die, -, -ti'o'nen) Totalentfernung (eines Organs) [lat.]
**ex'stir'pie'ren** (V.) Exstirpation vornehmen
**Ex'su'dat** (das, -s, -e) eiweißhaltige Gefäßabsonderung, Ausschwitzung (infolge Entzündung) [lat.]
**Ex'tem'po'ra'le** (die, -, -n oder -li'en) nicht angesagte schriftliche Klassenarbeit, Stegreifprüfung, Ex = Kurzform [lat.]
**ex tem'po're** unvorbereitet [lat.]
**ex'tem'po'rie'ren** (V.) aus dem Stegreif tun (sprechen, darstellen) [lat.]
**Ex'ten'ded** (die, -, nur Ez.) aus England stammende, breite Antiquadruckschrift
**Ex'ten'der** [ɪks-] (der, -s, -) billiger Zusatzstoff, Streckungsmittel [engl.]
**ex'ten'die'ren** (V.) ausdehnen, erweitern
**Ex'ten'si'bi'li'tät** (die, -, -en) Ausdehnbarkeit (veraltet)
**Ex'ten'si'on** (die, -, -si'o'nen) das Extendieren; z.B. die Extension eines Begriffs
**Ex'ten'si'tät** (die, -, nur Ez.) Ausdehnung, Umfang [lat.]
**ex'ten'siv** (Adj.) **1** ausgedehnt; z.B. eine extensive Wahlkampfbeeinflussung **2** weiträumig, aber nicht intensiv; z.B. die frühere extensive Landwirtschaft [lat.]
**ex'ten'si'vie'ren** (V.) ausdehnen, in die Breite wirken lassen [lat.]
**Ex'ten'si'vi'tät** (die, -, nur Ez.) das Extensivsein
**Ex'ten'sor** (der, -s, -so'ren) Streckmuskel
**Ex'te'ri'eur** [-øːɐ] (das, -s, -s) das Äußere; Außenansicht [frz.]
**Ex'ter'mi'na'ti'on** (die, -, -en) **1** Landesverweisung **2** Zerstörung [lat.]
**ex'tern** (Adj.) auswärtig; z.B. ein externer Internatsschüler [lat.]
**Ex'ter'nat** (das, -s, -e) Gegenteil von Internat; Schule, in der der Schüler nicht auch wohnt [lat.]
**Ex'tern'spei'cher** (der, -s, -) Speicher außerhalb des Zentralrechners
**Ex'ter'num** (das, -s, -na) äußerlich anzuwendendes Medikament (Med.) [lat.]
**ex'ter'ri'to'ri'al** (Adj.) außerhalb der Staatsgewalt (des Gastlandes); z.B. ein exterritoriales Botschaftsgebäude [lat.]

**exterritorialisieren** (V.) exterritorial machen
**Exterritorialität** (die, -, nur Ez.) das Exterritorialsein
**Extinktion** (die, -, -tionen) **1** Verminderung der Strahlungshelligkeit (eines Sterns) **2** Erlöschen (von Gelerntem) [lat.]
**extra** (Adj.) **1** besonders **2** eigens [lat.]
**Extra** (das, -s, -s) etwas Zusätzliches (das gesondert bezahlt werden muss) [lat.]
**extra dry** [draɪ] besonders trocken (von alkoholischen Getränken) [engl.]
**extragalaktisch** (Adj.) außerhalb unserer Galaxis, nicht in unserem Milchstraßensystem gelegen [lat.-gr.]
**extrahieren** (V.) **1** herausziehen (von Zähnen) **2** herauslösen; z.B. eine bestimmte Flüssigkeit aus einem Gemisch [lat.]
**extrakorporal** (Adj.) außerhalb des Körpers [lat.]
**Extrakt** (der, -s, -e) **1** Auszug; z.B. aus einer Heilpflanze **2** Zusammenfassung; z.B. eines Buchinhalts [lat.]
**Extrakteur** (der, -s, -e) Gerät zum Extrahieren [lat.-frz.]
**Extraktion** (die, -, -tionen) das Extrahieren
**extraktiv** (Adj.) durch Extrahieren herauslösend
**extralingual** (Adj.) außersprachlich, nicht zur Sprache gehörend [lat.]
**extramundan** (Adj.) außerweltlich [lat.]
**extra muros** außerhalb der Mauern [lat.]
**extran** (Adj.) ausländisch, fremd (veraltet) [lat.-nlat.]
**extraordinär** (Adj.) außergewöhnlich [frz.]
**Extraordinarius** (der, -, -ien) außerordentlicher Professor [lat.]
**Extrapolation** (die, -, -tionen) das Extrapolieren [lat.]
**extrapolieren** (V.) etwas nicht direkt Nachweisbares näherungsweise erschließen
**Extraposition** (die, -, -en) Herausstellung eines Teilsatzes an das Satzende [lat.]
**extraterrestrisch** (Adj.) außerirdisch [lat.]
**Extrasystolie** (die, -, -ien) bestimmte Art von Herzrhythmusstörung (Med.) [gr.-lat.]
**Extratour** [-tuːr] (die, -, -en) der Gruppe gegenläufiges Verhalten [lat.-frz.]
**extrauterin** [-aːu-] (Adj.) außerhalb der Gebärmutter [lat.]
**extravagant** (Adj.) aus dem Rahmen fallend, überspannt [frz.]
**Extravaganz** (die, -, -en) das Extravagantsein
**Extraversion** (die, -, nur Ez.) Weltoffenheit [lat.]
**extravertiert** (Adj.) weltoffen, nicht introvertiert [lat.]
**extrem** (Adj.) äußerst, übertrieben; radikal [lat.]
**Extrem** (das, -s, -e) äußerster Grenzwert [lat.]
**Extremismus** (der, -, -men) extreme (politische) Stellung
**Extremität** (die, -, -en) **1** Gliedmaße (Arm oder Bein) **2** das Extremsein
**Extremsport** (der, -s, nur Ez.) besondes beanspruchender und oft gefährlicher Sport
**extrinsisch** (Adj.) von außen (bewirkt, gesteuert); z.B. die extrinsischen Denkmaßstäbe [lat.-engl.]
**extrovertiert** (Adj.) = extravertiert
**Extruder** (der, -s, -) Strangpresse (für Formstücke) [lat.-engl.]
**extrudieren** (V.) Formstücke mit dem Extruder herstellen (Techn.)
**Extrusion** (die, -, -en) **1** Vulkanauswurf (Geol.) **2** Überstehen eines Zahnes über die anderen (Med.) [lat.]
**Extrusivgestein** (das, -s, nur Ez.) erstarrtes Ergussgestein (Geol.)
**ex usu** durch Übung [lat.]
**Exuvie** [-uːviə] (die, -, -n) bei der Häutung abgestreifte alte Haut; z.B. von Insekten [lat.]
**ex voto** auf Grund eines Gelübdes [lat.]
**Exvoto** (das, -s, -s) Votivbild [lat.]
**exzellent** (Adj.) vortrefflich, vorzüglich, ausgezeichnet [lat.]
**Exzellenz** (die, -, -en) hoch stehende Persönlichkeit; Anrede für Diplomaten, Bischöfe u.a. [lat.]

**ex'zel'lie'ren** (V.) hervorragen, glänzen [lat.]
**Ex'zen'ter** (der, -s, -) Steuerscheibe mit Drehpunkt außerhalb des Mittelpunkts [lat.]
**Ex'zen'trik** (die, -, nur Ez.) das Exzentrischsein
**Ex'zen'tri'ker** (der, -s, -) exzentrischer Mensch

E

**ex'zen'trisch** (Adj.) 1 überspannt, verschroben, übertrieben unangepasst 2 außerhalb des Mittelpunktes liegend
**Ex'zen'tri'zi'tät** (die, -, nur Ez.) 1 Abstand, Abweichung vom Mittelpunkt 2 exzentrisches Wesen, Verhalten
**Ex'zep'ti'on** (die, -, -ti'o'nen) Ausnahme [lat.]
**ex'zep'ti'o'nell** (Adj.) außergewöhnlich [frz.]
**ex'zer'pie'ren** (V.) ein Exzerpt herausschreiben
**Ex'zerpt** (das, -s, -e) schriftlicher Auszug (aus einer Textvorlage), Auswahl aus einem Werk [lat.]
**Ex'zess** (der, -es, -e) Ausschweifung
**ex'zes'siv** (Adj.) ausschweifend, unmäßig, zügellos
**ex'zi'die'ren** (V.) herausschneiden (kranken Gewebes) [lat.]
**ex'zi'pie'ren** (V.) als Ausnahme hinstellen (veraltet) [lat.]
**Ex'zi'si'on** (die, -, -si'o'nen) Ausschneidung (kranken Gewebes) [lat.]
**Ex'zi'tans** (das, -, -tan'tia oder -tan'zi'en) Reizmittel [lat.]
**Ex'zi'ta'ti'on** (die, -, -en) Erregung [lat.]
**Eye'cat'cher** [aɪkɛtʃə] (der, -s, -) Blickfang [engl.]
**Eye'li'ner** [aɪlaɪnə] (der, -s, -) Lidrandstift [engl.]
**Ey'rir** (der oder das, -s, Au'rar) kleinste isländische Währungseinheit [lat.-isländ.]

# F

**fa** Silbe, auf die man beim Solmisieren den Ton f singt [it.]
**Fa'bel** (die, -, -n) 1 moralisierende Tiergeschichte 2 Erfundenes 3 knappe Inhaltsangabe einer epischen oder dramatischen Dichtung [lat.]
**Fa'bis'mus** (der, -, nur Ez.) Erkrankung nach dem Genuss von Bohnen oder dem Einatmen ihres Blütenstaubs
**Fa'ble con've'nue** (die, - -, -s -s) erfundene Geschichte, die man als wahr gelten lässt
**Fa'brik** (die, -, -en) Betrieb, der mit Maschinen Waren in großer Anzahl herstellt [lat.]
**Fa'bri'kant** (der, -en, -en) Fabrikbesitzer
**Fa'bri'kat** (das, -s, -e) Fabrikware
**Fa'bri'ka'ti'on** (die, -, -ti'o'nen) Warenherstellung in einer Fabrik
**fa'bri'ka'to'risch** (Adj.) die Warenherstellung betreffend
**fa'bri'zie'ren** (V.) 1 herstellen (in der Fabrik) 2 schlecht herstellen, zusammenschustern (ugs.) [lat.]
**fa'bu'la do'cet** [-tsɛt] die Moral von der Geschichte … [lat.]
**Fa'bu'lant** (der, -en, -en) Geschichtenerzähler; Fantast [lat.]
**fa'bu'lie'ren** (V.) 1 lebhaft erzählen 2 wirres Zeug reden [lat.]
**Fa'bu'list** (der, -lis'ten, -lis'ten) Fabeldichter [lat.]
**fa'bu'lös** (Adj.) märchenhaft, unwirklich, unwahrscheinlich [lat.-frz.]
**Face'lif'ting** [feɪs-] (das, -s, -s) Gesichtsoperation, bei der Hautstreifen herausgeschnitten werden, um die Haut glatt erscheinen zu lassen [amerik.]
**Fa'cet'te** [-sɛt-] (die, -, -n) = Fassette
**Fa'cet'ten'au'ge** [-sɛt-] (das, -s, -n) = Fassettenauge
**fa'cet'tie'ren** [-sɛt-] (V.) = facettieren
**Face-to-Face-Kom'mu'ni'ka'ti'on** (die, -, -en) Gespräch unter vier Augen
**Fa'ci'a'lis** (der, -, nur Ez.) = Fazialis [lat.]
**Fa'ci'es** (die, -, -) = Fazies [lat.]
**Fa'ci'es ab'do'mi'na'lis** (die, - -, nur Ez.) blasses Gesicht bei Bauchfellentzündung (Med.)
**Fa'çon** [-sɔ̃] (die, -, -s) = Fasson
**Fa'con'né** [fasɔneː] der, - oder -s, -s) fein gemusterter Stoff [frz.]
**Fact** [fækt] (der, -s, -s) Tatsache [engl.]
**Fac'tion** (die, -, nur Ez.) dokumentarische Literatur [engl.]
**Fac'to'ring** [fæk-] (das, -s, nur Ez.) Finanzierung offener Lieferantenforderungen [engl.]
**Fa'cul'tas do'cen'di** [-tsɛn-] (die, -, nur Ez.) Lehrberechtigung (an Hochschulen) [lat.]
**Fa'den'mo'le'kül** (das, -s, -e) ein langgestrecktes, aus über tausend Atomen bestehendes Molekül
**Fa'des'se** (die, -, nur Ez.) langweilige Art und Weise [österr.]
**Fa'ding** [feɪ-] (das, -s, nur Ez.) Schwundeffekt (in der Technik) [engl.]
**Fa'do** [faðu] (der, -(s), nur Ez.) portugies. Lied in melancholischer Grundstimmung, das zur Gitarrenbegleitung gesungen wird
**Fa'ga'ra'sei'de** (die, -, nur Ez.) eine Wildseide [arab.-lat.-dt.]
**Fa'gott** (das, -s, -e) ein Holzblasinstrument (in sonorer Stimmlage) [it.]
**Fa'got'tist** (der, -tis'ten, -tis'ten) Fagottspieler
**Fai'ble** [fɛːbl] (das, -s, -s) Schwäche, Vorliebe [frz.]
**Fail'le** [faljə] (die, -, nur Ez.) geripptes Seidengewebe [frz.]
**fair** [fɛːr] (Adj.) anständig, ehrlich; den Regeln entsprechend [engl.]
**Fair'ness** [fɛːr-] (die, -, nur Ez.) faires Verhalten
**Fair'play** *auch:* Fair Play [fɛːrpleɪ] (das, -, nur Ez.) = Fairness
**Fair'way** [fɛərweɪ] (das, -s, -s) Platzabschnitt beim Golfsport [engl.]
**Fait ac'com'pli** [fɛt akɔ̃pliː] (der, --, -s -s) vollendete Tatsache [frz.]
**fä'kal** (Adj.) kotig [lat.]

F

**Fä|kal|dün|ger** (der, -s, -) natürlicher Dünger, z.B. Mist
**Fä|ka|li|en** (nur Mz.) Kot [lat.]
**Fä|kal|sta|se** (die, -, -n) Verstopfung (Med.) [lat.-gr.]
**Fa|kih** (der, -s, -s) islamischer Rechtsgelehrter [arab.]
**Fa|kir** (der, -s, -e) indischer Asket (der seine Schmerzunempfindlichkeit z.B. auf dem Nagelbrett demonstriert) [arab.]
**Fak|si|mi|le** (das, -s, -s) originalgetreue Nachbildung (eines Druckwerks) [lat.]
**fak|si|mi|lie|ren** (V.) als Faksimile herstellen
**Fakt** (der od. das, - (e)s, -en) = Fact, Factum
**Fak|ta|ge** (die, -, n) Gebühr für eine Beförderung [lat.-frz.]
**Fak|ten** (nur Mz.) Tatsachen [lat.]
**Fak|ti|on** (die, -, -ti|o|nen) politisch aktive Gruppe (veraltet) [lat.]
**fak|tisch** (Adj.) tatsächlich [lat.]
**fak|ti|tiv** (Adj.) zum Faktitivum gehörig, bewirkend
**Fak|ti|tiv** (das, -s, -e) = Faktitivum
**Fak|ti|ti|vum** (das, -s, -va) Bewirkungsverb; z.B. „tränken" = „trinken machen" [lat.]
**Fak|ti|zi|tät** (die, -, -en) Tatsächlichkeit [lat.]
**fak|to|lo|gisch** (Adj.) die Fakten betreffend [lat.]
**Fak|tor** (der, -s, -to|ren) **1** maßgeblicher Umstand; z.B. verschiedene Faktoren einer Entwicklung **2** Vervielfältigungszahl (in der Multiplikation) **3** Leiter einer Setzerei [lat.]
**Fak|to|rei** (die, -, -en) Handelsniederlassung (in Übersee; früher) [lat.]
**fak|to|ri|ell** (Adj.) in Faktoren zerlegt, aufgefächert [lat.]
**Fak|to|tum** (das, -s, -ten oder -ta) vielseitige Hilfskraft, „Mädchen für alles" [lat.]
**Fak|tum** (das, -s, -ten oder -ta) Tatsache (die nicht zu widerlegen ist) [lat.]
**Fak|tur** (die, -, -en) Warenrechnung; Lieferschein [lat.]
**fak|tu|rie|ren** (V.) Rechnungen schreiben
**Fak|tu|rier|ma|schi|ne** (die, -, -n) Gerät zum Erstellen von Rechnungen und Lieferscheinen
**Fak|tu|rist** (der, -ris|ten, -ris|ten) Rechnungsschreiber, -prüfer [lat.]
**fä|ku|lent** (Adj.) kotig, kotartig (Med.) [lat.]
**Fa|kul|tas** (die, -, nur Ez.) Lehrbefähigung, Vermögen [lat.]
**Fa|kul|tät** (die, -, -en) **1** Wissenschaftsabteilung einer Hochschule; z.B. philosoph. oder landwirtschaftl. Fakultät **2** eine Rechenreihe, die durch ein Ausrufezeichen hinter der Zahl verlangt wird; z.B. „3! = 1·2·3" [lat.]
**fa|kul|ta|tiv** (Adj.) wahlfrei, nicht zwingend [frz.]
**Fa|lan|ge** [falãxe] (die, -, nur Ez.) faschistische Staatspartei Spaniens unter dem Diktator Franco [gr.-span.]
**Fa|lan|gist** (der, -gis|ten, -gis|ten) Mitglied der Falange
**Fal|bel** (die, -, -n) Faltenbesatz an Kleidungsstücken [frz.]
**fäl|beln** (V.) mit Falbeln schmücken
**Fal|ko|nett** (das, -s, -e) kleinkalibriges Feldgeschütz [lat.-it.]
**Fal|la|zi|en** (nur Mz.) Fehlschlüsse, Täuschungen [lat.]
**fal|li|bel** (Adj.) dem Irrtum unterworfen [lat.]
**Fal|li|bi|lis|mus** (der, -, nur Ez.) Meinung der kritisch-rationalistischen Denkrichtung, nach der es keine unfehlbare Instanz der Erkenntnis gibt [lat.]
**Fal|li|bi|li|tät** (die, -, -en) Fehlbarkeit [lat.]
**Fal|lott** *auch:* Fa|lott (der, -en, -en) Gauner; Spitzbube (österr.) [it.]
**Fall-out** *auch:* Fall|out [fɔːlaut] (der, -s, -s) radioaktiver Niederschlag [engl.]
**Fa|lott** (der, -en, -en) = Fallott
**Fal|sett** (das, -s, nur Ez.) hoher Tonbereich der Männerstimme, Kopfstimme mit Brustresonanz [it.]
**fal|set|tie|ren** (V.) im Falsett singen
**Fal|set|tist** (der, -tis|ten, -tis|ten) Falsettsänger
**Fal|si|fi|kat** (das, -s, -e) gefälschter Gegenstand [lat.]
**Fal|si|fi|ka|ti|on** (die, -, -ti|o|nen) das Falsifizieren
**fal|si|fi|zie|ren** (V.) widerlegen; als falsch, verfälscht erkennen [lat.]
**Fal|staff** (der, -s, -e) Schlemmer, Prahlhans (nach einer komischen Figur Shakespeares)

**Fa'ma** (die, -, nur Ez.) Gerücht; z.B. es geht die Fama [lat.]
**fa'mi'li'al** (Adj.) die Familie als soziale Gruppierung betreffend [lat.]
**fa'mi'li'är** (Adj.) 1 die Familie betreffend 2 freundschaftlich, vertraulich
**Fa'mi'li'a're** (der, -, -n) Angehöriger eines Klosters, der jedoch kein Mitglied dieses Ordnens ist [lat.]
**fa'mi'li'a'ri'sie'ren** (V.) sich vertraut machen [lat.-frz.]
**Fa'mi'li'a'ri'tät** (die, -, -en) das Familiärsein
**Fa'mi'lie** [-liə] (die, -, -n) 1 Eltern und Kinder; Sippe 2 eine biologische Verwandtschaftsgruppe; z.B. die Familie der Hundeartigen [lat.]
**Fa'mi'lis'mus** (der, -, nur Ez.) Beschränkung der Sozialkontakte auf Familien-, Sippenmitglieder [nlat.]
**fa'mos** (Adj.) 1 beeindruckend, Bewunderung erweckend, großartig, prächtig, ausgezeichnet 2 (veraltet) berüchtigt, verrufen [lat.]
**Fa'mos'schrift** (die, -, -en) Schmähschrift in der Zeit des Humanismus und der Reformation
**Fa'mu'la** (die, -, -lä) weiblicher Famulus
**Fa'mu'lant** (der, -en, -en) Medizinstudent während der Famulatur
**Fa'mu'la'tur** (die, -, -en) Krankenhauspraktikum eines Medizinstudenten [lat.]
**fa'mu'lie'ren** (V.) die Famulatur ableisten
**Fa'mu'lus** (der, -, -li) 1 jmd., der seine Famulatur ableistet 2 Gehilfe (scherzhaft) [lat.]
**Fan** [fæn] (der, -s, -s) begeisterter Anhänger [engl.]
**Fa'nal** (das, -s, -e) weithin sichtbares („Feuer"-)Zeichen (als Ankündigung einer Wende) [gr.-frz.]
**Fa'na'ti'ker** (der, -s, -) jmd., der fanatisch ist, Eiferer
**fa'na'tisch** (Adj.) hitzig, blindgläubig überzeugt [lat.]
**fa'na'ti'sie'ren** (V.) fanatisch machen, anstacheln
**Fa'na'tis'mus** (der, -, nur Ez.) das Fanatischsein
**Fan'cy'dress** [fænsɪdres] (das, -, -es) Kostüm [engl.]
**Fan'cy'drink** [fænsɪdrɪnk] (der, -s, -s) Mixgetränk ohne festes Rezept [engl.]
**Fan'cy'work** [fænsɪwɜk] (das, - (s), -s) kunstvoll geflochtenes Tauwerk
**Fan'dan'go** (der, -s, -s) temperamentvoller spanischer Volkstanz, dem Flamenco zugeordnet
**Fan'fa're** (die, -, -n) 1 Trompetensignal im Dreiklang 2 ventillose Trompete [it.]
**Fan'glo'me'rat** (das, -s, -e) Schlammablagerungen von nur zeitweise Wasser führenden Flüssen [Geol.]
**Fan'go** (der, -s, nur Ez.) heißer Mineralschlamm (für Heilpackungen) [germ.-it.]
**Fan'klub** [fæn-] (der, -s, -s) Klub für die Anhänger eines bekannten Stars oder Sportklubs
**Fan'ta'sia** (die, -, -s) nordafrikanisches Reitergruppen-Kampfspiel [it.]
**Fan'ta'sie** *auch:* Phan'ta'sie (die, -, -n) 1 (nur Ez.) Einbildungskraft, Einfallsreichtum 2 Erzeugnis der Einbildungskraft, Traumbild, vorgestelltes Bild [gr.] 3 improvisiertes Potpourri aus Instrumentalstücken [gr.-it.]
**fan'ta'sie'ren** *auch:* phan'ta'sie'ren (V.) 1 sich seinen Fantasien hingeben, wach träumen 2 (im Fieber) irre reden 3 frei gestaltend, aus der Fantasie heraus spielen (in der Musik) 4 Unwahres, Unsinn reden, schwindeln (ugs.)
**Fan'tast** *auch:* Phan'tast (der, -tas'ten, -tas'ten) Mensch mit überspannten Ideen, Schwärmer [gr.]
**Fan'tas'te'rei** (die, -, -en) Schwärmerei, Träumerei
**Fan'tas'tik** (die, -, nur Ez.) Gesamtheit fantastischer Phänomene
**fan'tas'tisch** *auch:* phan'tas'tisch (Adj.) 1 nur in der Fantasie bestehend, unwirklich 2 überspannt, etwas verrückt 3 merkwürdig, wunderbar 4 großartig, herrlich
**Fan'ta'sy** (die, -, nur Ez.) Gattung von Romanen, Filmen, Spielen u.Ä., die märchenhafte und mythische Welten entwickeln und darstellen [engl.]
**Fan'zine** [fæntsaɪn] (das, -s, -s) Magazin für begeisterte Anhänger
**FAO** (die, -, nur Ez.) Abk. für **F**ood and **A**griculture **O**rganization, Ernährungs- und Landwirtschaftsorganisation der UNO [engl.]

**Farad** (das, -s, -) Maßeinheit der elektrischen Kapazität [engl.-nlat.]
**Faradaykäfig** (der, -s, -e) Gestell aus geflochtenen Drähten, das Elektrizität abschirmt (Phys.)
**Faradition** (die, -, -en) Heilbehandlung mit Elektrizität
**faradisieren** (V.) mit Elektrizität behandeln (Med.)
**Farbenmetrik** (die, -, nur Ez.) Lehre der quantitativen Farbbeziehungen
**Farce** [-sə] (die, -, -n) **1** lächerliche Sache; Posse **2** Füllung; z.B. für Geflügel [frz.]
**Farceur** (der, -s, -e) jmd., der ständig Possen reißt [lat.-frz.]
**farcieren** [-siː-] (V.) mit einer Farce (**2**) füllen
**Farfalle** (nur Mz.) schmetterlingsförmige Nudeln [it.]
**Farin** (der, -s, nur Ez.) **1** ungereinigter, feuchter Zucker von braungelber Farbe **2** Puderzucker [lat.]
**Farm** (die, -, -en) **1** landwirtschaftlicher Betrieb (in den USA) **2** landgutähnlicher Großbetrieb (zur Tierzucht) [engl.]
**Farmer** (der, -s, -) Farmbesitzer
**Fas** (das, -, nur Ez.) in der römisch-antiken Welt das von den Göttern Erlaubte [lat.]
**Fasanerie** (die, -, -n) Fasanengehege (früher) [gr.-frz.]
**Fasces** (nur Mz.) = Faszes
**Fasche** (die, -, -n) **1** Stoffverband für Verletzungen **2** weiße Fenster- und Türumrandung bei farbig bemalten Häusern **3** Befestigungsband aus Eisen [lat.-it.]
**faschen** (V.) mit einer Fasche umwickeln, einbinden [österr.]
**faschieren** (V.) Hackfleisch herstellen, durch den Wolf drehen (österr.) [frz.]
**Faschiermaschine** (die, -, -n) österr. für Fleischwolf
**Faschierte** (das, -n, nur Ez.) Gehacktes, Hackfleisch [österr.]
**Faschine** (die, -, -n) Reisigbündel (zur Uferbefestigung) [it.]
**faschisieren** (V.) faschistisch machen, durchsetzen
**Faschisierung** (die, -, -en) spürbare Zunahme faschistischer Tendenzen und Anschauungen in einer Gruppe, einem Staat o.Ä. [lat.-it.]
**Faschismus** (der, -, nur Ez.) **1** nationalistisches System Mussolinis **2** ähnliches antidemokratisches System [it.-nlat.]
**Faschist** (der, -schisten, -schisten) Anhänger des Faschismus
**faschistisch** (Adj.) zum Faschismus gehörig
**faschistoid** (Adj.) dem Faschismus ähnlich
**Fascho** (der, -s, -s) Faschist (ugs.)
**Fase** (die, -, -n) Kante, die abgeschrägt ist
**Fashion** [fæʃn] vornehmer Lebensstil; Mode [engl.]
**fashionabel** *auch:* fashionable [fæʃn-] (Adj.) vornehm; modisch [engl.]
**Fassade** (die, -, -n) **1** Außenseite, gestaltete Haupteingangsseite (an Gebäuden) **2** täuschende Schauseite; z.B. seine Liebenswürdigkeit ist nur Fassade [frz.]
**Fassette** *auch:* Facette [-βɛt-] (die, -, -n) **1** sechseckige Einzellinse des Komplexauges (von Gliedertieren) **2** Schliffflläche an Edelsteinen [frz.]
**Fassettenauge** *auch:* Facettenauge [-βɛt-] (das, -s, -n) Sehorgan von Insekten, das aus zahlreichen Einzelaugen zusammengesetzt ist
**fassettieren** *auch:* facettieren [-βɛt-] (V.) mit Facetten Lichtbrechungseffekte erzielen
**Fassion** (die, -, -sionen) **1** Geständnis, Bekenntnis **2** Steuererklärung [lat.]
**Fasson** [-sɔ̃] auch [-sɔ̃] (die, -, -s) richtige, übliche Form, Machart; Art und Weise; z.B. ein Anzug, eine Frisur mit Fasson; nach der eigenen Fasson selig werden [frz.]
**fassonieren** (V.) in Form bringen, formen
**Fassonierung** (die, -, -en) besonders geformter Rand von Geschirr
**Fassonschnitt** (der, -s, -e) Haarschnitt für Herren [österr.]
**Fastage** [-ʒə] (die, -, -n) = Fustage
**Fastback** [fɑːstbɛk] (das, - (s), - (s)) Fließheck beim Auto
**Fastbreak** *auch:* Fast Break [fɑːstbraɪk] (das, - (s), - (s)) überraschender Angriff aus der Verteidigung heraus (beim Basketball)

**Fast'food** *auch:* Fast Food [-fu:d] (das, -, -s) Gerichte, die in Schnellrestaurants angeboten werden [engl.]
**fas'ti'di'ös** (Adj.) widerwärtig, langweilig [frz.]
**Fas'ti'di'um** (das, -s, nur Ez.) Abneigung, Widerwille [lat.]
**Fas'zes** (nur Mz.) Rutenbündel (als Symbol altrömischer Amtsgewalt) [lat.]
**fas'zi'al** (Adj.) bündelweise [lat.]
**Fas'zie** [-tsiə] (die, -, -en) Muskelhaut [lat.]
**Fas'zi'kel** (der, -s, -) **1** Bündelchen (von Akten u.a.) **2** Lieferung (eines Wissenschaftswerkes) [lat.]
**fas'zi'ku'lie'ren** (V.) Schriften aktenmäßig bündeln, heften [lat.]
**Fas'zi'na'ti'on** (die, -, -tio̲nen) das Faszinieren
**fas'zi'nie'ren** (V.) bannen, bezaubern, größtes Interesse hervorrufen [lat.]
**Fas'zi'no'sum** (das, -s, nur Ez.) etwas, das auf merkwürdige Weise anzieht, fesselt, fasziniert [lat.]
**fa'tal** (Adj.) sehr unangenehm, verhängnisvoll [lat.]
**Fa'ta'lis'mus** (der, -, nur Ez.) ergebener Schicksalsglaube [lat.]
**Fa'ta'list** (der, -li̲s'ten, -li̲s'ten) jmd., der fatalistisch ist
**fa'ta'lis'tisch** (Adj.) schicksalsergeben [lat.]
**Fa'ta'li'tät** (die, -, nur Ez.) das Fatalsein
**Fa'ta Mor'ga'na** (die, - -, - -n oder - -s) durch Luftspiegelung entstandenes Bild von etwas, das an einem anderen Ort ist; Wahnbild [it.]
**Fa'thom** (das, -s, - od. -s) engl. Längenmaß (Schifffahrt)
**fa'tie'ren** (V.) **1** bekennen, angeben **2** eine Steuererklärung abgeben [lat.]
**fa'ti'gant** (Adj.) ermüdend, anödend [frz.]
**fa'ti'gie'ren** (V.) langweilen, ermüden [lat.-frz.]
**Fa'tu'i'tät** (die, -, nur Ez.) Blödsinn (Med.) [lat.]
**Fa'tum** (das, -s, -ta) Geschick, (verhängnisvolles) Schicksal [lat.]
**Fault** [fɔ:lt] (der, -s, -s) Fehler [engl.]
**Faun** (der, -s, -e) **1** gehörnter, bocksfüßiger Fruchtbarkeitsgott, antiker Waldgeist **2** triebhafter Mensch [lat.]
**Fau'na** (die, -, -nen) Tierwelt (eines Landes, Lebensraumes) [lat.]
**fau'nisch** (Adj.) wie ein Faun, triebhaft-lüstern
**Fau'nis'tik** (die, -, nur Ez.) Faunenlehre, Wissenschaft von der Fauna
**fau'nis'tisch** (Adj.) die Tierwelt und ihre Erforschung betreffend (Bio.)
**Fausse** [fo:s] (die, -, -) Fehlfarbe (beim Kartenspiel)
**faute de mieux** [fotdəmjø:] in Ermangelung eines Besseren [frz.]
**Fau'teuil** [fotœj] (der, -s, -s) Polstersessel (österr.) [germ.-frz.]
**Fau'vis'mus** [fo-] (der, -, nur Ez.) den flächenhaften, vereinfachenden Farbauftrag betonende Malereirichtung (um 1906) [frz.]
**Fau'vist** [fo-] (der, -vi̲s'ten, -vi̲s'ten) Anhänger des Fauvismus
**fau'vis'tisch** [fo-] (Adj.) den Fauvismus betreffend, zu ihm gehörend, im Stil des Fauvismus
**Faux'bour'don** [foburdɔ̃] (der, -s, -s) Unterstimme in einem mehrstimmigen Musikstück
**Faux'pas** [fopa] (der, -, -) Taktlosigkeit, „Tritt ins Fettnäpfchen" [frz.]
**Fa'vel'a** (die, -, -s) brasilianischer Slum [portugies.]
**fa'vo'ra'bel** (Adj.) geneigt; vorteilhaft (veraltet) [frz.]
**fa'vo'ri'sie'ren** (V.) bevorzugen; zum Favoriten erklären [frz.]
**Fa'vo'rit** (der, -en, -en) Günstling, voraussichtlicher Sieger [it.-frz.]
**Fa'vus** (der, -, -ven oder -vi) eine Hautpilzerkrankung, Erbgrind [lat.]
**Fax** (das, -, -e) Kurzform für „Telefax"
**fa'xen** (V.) Kurzform für das Verb „telefaxen"
**Fa'yence** [fajɑ̃:s] (die, -, -n) Feinkeramik mit Zinnoxidglasur [it.-frz.]
**Fa'yen'ce'rie** (die, -, -n) der Herstellung von Fayencen dienende Fabrik [frz.]
**Fa'zen'da** [fazɛnda] (die, -, -s) brasilianisches Landgut [port.]
**Fä'zes** (nur Mz.) Kot [lat.]
**Fa'ze'tie** [-tsiə] (die, -, -n) italienische Schwankerzählung (erotischen, satirischen Inhalts) [lat.]

**fazial** (Adj.) zum Gesichtsbereich gehörig [lat.]
**Fazialis** (der, -, nur Ez.) Nerv der Gesichtsmimik [lat.]
**Fazies** (die, -, -) alle Merkmale (eines Sedimentgesteins) [lat.]
**Fazilität** (die, -, nur Ez.) Leichtigkeit (veraltet) [frz.]
**Fazit** (das, -s, -s) Endergebnis, Schlussfolgerung [lat.]
**FBI** [efbi:aɪ] (das, -, nur Ez.) Abk. für **F**ederal **B**ureau of **I**nvestigation, amerikanisches Bundeskriminalamt [engl.]
**FCKW** Abk. für **F**luor**c**hlor**k**ohlen**w**asserstoff (Chem.)
**Feature** [fi:tʃə] (das, -s, -s) gestalteter, besonders aufgemachter Bericht (in der Presse, im Radio, Fernsehen) [engl.]
**febril** (Adj.) fieberhaft [lat.]
**Febris** (die, -, nur Ez.) Fieber (Med.) [lat.]
**fec.** Abk. für **fecit**
**fecit** „hat es gemacht" (Vermerk hinter e. Künstlernamen in der Druckgrafik) [lat.]
**Fedajin** (der, -s, -) Freischärler, Untergrundkämpfer (besonders in der palästinensischen Befreiungsbewegung [arab.]
**Fee** (die, -, -n) weibliche Märchengestalt [frz.]
**Feed-back** *auch:* Feedback [fi:dbæk] (das, -s, -s) Rückkopplung, -beeinflussung; erwartete Reaktion (um zu sehen, ob etwas Anklang gefunden hat), Widerhall [engl.]
**Feeling** [fi:-] (das, -s, nur Ez.) Einfühlungsvermögen, Gespür, Verständnis [engl.]
**Feerie** (die, -, -n) märchenhaft-prunkvolles Bühnenstück, Feenstück [frz.]
**fekund** (Adj.) fruchtbar [lat.]
**Fekundation** (die, -, -tionen) Befruchtung [lat.]
**Fekundität** (die, -, nur Ez.) Fruchtbarkeit [lat.]
**Felbel** (der, -s, nur Ez.) Seidenplüsch
**Feliden** (nur Mz.) Familie der Katzen und katzenartigen Raubtiere [lat.]
**Fellache** (der, -n, -n) ägyptischer Ackerbauer [arab.]
**Fellachin** (die, -, -chinnen) ägyptische Bauersfrau
**fellachisch** (Adj.) wie ein ägypt.Bauer
**Fellah** (der, -s, -s) = Fellache
**Fellatio** (die, -, nur Ez.) Reizung des Penis durch den Mund einer Frau [lat.]
**fellationieren** (V.) den Sexualpartner durch Fellatio befriedigen [lat.]
**Fellatrix** (die, -, -rizen/-trizen) die Fellatio ausübende Frau [lat.]
**fellieren** (V.) = fellationieren
**Fellow** [-ləʊ] (der, -s, -s) College-, Körperschaftsmitglied (in England); Stipendiat (in den USA) [engl.]
**Fellowship** [feləʊʃɪp] (die, -, -s) Stipendium (in den USA)
**Fellowtraveller** [feləʊtrævələ] (der, -s, -) nicht anerkannter politischer Anhänger, Mitläufer
**Feluke** (die, -, -n) zweimastiges Mittelmeer-Küstenschiff [arab.-frz.]
**Feminat** (das, -(e)s, -e) Partner- oder Gesellschaftssystem, in dem die Frau die bevorzugte Stellung einnimmt [lat.]
**feminieren** (V.) verweiblichen [lat.]
**feminin** (Adj.) weiblich; typisch fraulich [lat.]
**Femininum** (das, -s, -na) weibliches Geschlecht eines Substantivs, weibliches Substantiv [lat.]
**Feminisation** (die, -, -tionen) das Feminisieren, das Feminisiertsein [lat.]
**feminisieren** (V.) verweiblichen, weiblich machen [lat.]
**Feminisierung** (die, -, -en) = Feminisation
**Feminismus** (der, -, -men) **1** (nur Ez.) Frauenbewegung gegen Diskriminierung **2** Verweiblichung (bes. in der medizinischen Fachsprache) [lat.]
**Feminist** (der, -nisten, -nisten) jmd., der sich zu den Forderungen, Überzeugungen und Zielen des Feminismus bekennt [lat.]
**Feministin** (die, -, -nen) Anhängerin des Feminismus (1)
**feministisch** (Adj.) zum Feminismus gehörig
**Femme fatale** [famfatal] (die, - -, -s -s) charmant-verhängnisvolle Verführerin [frz.]
**femoral** (Adj.) zum Oberschenkel gehörend (Med.) [lat.]
**Femto...** das 10–15fache, ein Billiardstel (bei Maßeinheiten); z.B. ein Femtofarad [dän.-nlat.]

**Fe'mur** (das, -s, -mo'ra) Oberschenkelknochen (Med.)
**Fen'chel** (der, -s, nur Ez.) 1 Gemüse 2 Gewürz- und Heilpflanze [lat.]
**Fen'der** (der, -s, -) Puffer, Schutzpolster (an Schiffsaußenwänden) [lat.-engl.]
**Feng'shui** *auch:* Feng-Shui (das, -, nur Ez.) asiatische Philosophie der Raumgestaltung [chin.]
**Fe'ni'er** (der, -s, -s) Mitglied eines irischen Geheimbundes, der um die Jahrhundertwende für die Trennung Irlands von Großbritannien kämpfte [ir.-engl.]
**fen'no'skan'disch** (Adj.) zu Finnland und Skandinavien gehörig; z.B. die fennoskandischen Gesteinsbewegungen [nlat.]
**Fenz** (die, -, -en) Zaun, Begrenzung, Einfriedung [lat.-frz.-engl.]
**fen'zen** (V.) einfrieden, umzäunen
**Fe'ra'li'en** (nur Mz.) altröm. Totenfest [lat.]
**Fe'ria** (die, -, -ri'ae) 1 Wochentag (in der katholischen Liturgie) [lat.] 2 (die, -, -s) Feiertag, Jahrmarkt, Messe, Schau [span.]
**Fe'ri'al'tag** (der, - (e)s, -e) österr. Ferientag
**Fe'ri'en** (nur Mz.) arbeitsfreie Tage, bes. in Gericht und Schule [lat.]
**Fer'ma'te** (die, -, -n) musikalisches Aushalte-, Pausenverlängerungszeichen [it.]
**Fer'me** (die, -, -n) Landgut, Pachthof in Frankreich und Belgien
**Fer'ment** (das, -s, -e) = Enzym [lat.]
**Fer'men'ta'ti'on** (die, -, -ti'onen) Gärung (zur Bildung von Geschmacksstoffen), chemische Umwandlung von Stoffen [lat.]
**fer'men'ta'tiv** (Adj.) = enzymatisch
**Fer'men'ter** (der, -s, -) Anlage zur Züchtung von Mikroorganismen [lat.]
**fer'men'tie'ren** (V.) durch Fermentation aufbessern
**Fer'mi-Di'rac-Sta'tis'tik** (die, -, nur Ez.) Auflistung atomarer Teilchen nach den Physikern Fermi und Dirac
**Fer'mi'on** (das, -s, -mi'onen) Elementarteilchen mit halbzähligem Spin [it.-gr.]
**Fer'mi'um** (das, -s, nur Ez.) ein künstliches, radioaktives Element [it.-nlat.]
**fe'ro'ce** (Adv.) stürmisch (bei Musikstücken) [it.]
**Fer'ra'gos'to** (der, -, nur Ez.) Mariä Himmelfahrt; Betriebsferien (in Italien um den 15. August)
**Fer'rat** (das, -es, -e) Salz von Sauerstoffsäuren des Eisens
**Fer'rit** (das, -s, -e) 1 feinste Eisenkristalle 2 eisenoxidhaltiger Werkstoff [nlat.]
**Fer'rit'an'ten'ne** (die, -, -n) Rundfunkantenne aus Ferrit
**Fer'ro'e'lek'tri'zi'tät** (die , -, nur Ez.) starke Elektrizität (u.a. bei Eisen, Nickel, Kobalt)
**Fer'ro'graf** *auch:* Fer'ro'graph (der, -en, en) Gerät zur Messung von Magnetismus [lat.-gr.]
**Fer'ro'le'gie'rung** (die, -, -en) Eisenlegierung
**Fer'ro'ma'gne'ti'kum** (das, -s, -ka) Substanz, die sich wie Eisen magnetisch verhält [lat.]
**fer'ro'ma'gne'tisch** (Adj.) zum Ferromagnetismus gehörig
**Fer'ro'ma'gne'tis'mus** (der, -, nur Ez.) starker Magnetismus (u.a. bei Eisen, Nickel, Kobalt) [nlat.]
**Fer'ro'man'gan** (das, -s, nur Ez.) Verschmelzung von Eisen und Mangan [lat.]
**Fer'rum** (das, -s, nur Ez.) Eisen
**fer'til** (Adj.) fruchtbar [lat.]
**Fer'ti'li'sa'ti'on** (die, -, -ti'onen) Befruchtung [lat.]
**Fer'ti'li'tät** (die, -, nur Ez.) Fruchtbarkeit [lat.]
**fer'vent** (Adj.) eifrig, hitzig [lat.]
**Fes** *auch:* Fez (der, -(es), - oder -e) rote orientalische Kegelstumpfkappe mit langer, schwarzer Quaste [nordafrikan.-türk.]
**Fes'ti'val** (das, -s, -s) große Festveranstaltung [frz.-engl.]
**Fes'ti'vi'tät** (die, -, -en) festliche Veranstaltung, Festlichkeit [lat.]
**fes'ti'vo** (Adj.) festlich, feierlich (Vortragsanweisung in der Musik [lat.-it.]
**Fes'ton** [-stõ] (das, -s, -s) Ornamentband (aus hängenden Früchten, Laub; an klassizistischen Bauwerken, als Zierstich) [it.-frz.]
**fes'to'nie'ren** (V.) 1 Gebäude oder Bücher mit Schmuckmotiven verzieren

F

2 Stoffränder mit Zierstichen versehen [lat.-ital.-frz.]

**fes'to'so** (Adv.) feierlich, festlich (bei Musikstücken) [it.]

**Fes'zen'ni'nen** (nur Mz.) altitalienische Festlieder voll derben Hohns und Spotts [lat.]

**Fe'ta** (der, -s, nur Ez.) griechischer Schafskäse [neugr.]

**fe'tal** *auch:* fö'tal (Adj.) zum Fetus gehörig

F

**Fe'te** (die, -, -n) fröhliches, ungezwungenes (Spontan-)Fest [frz.]

**Fe'ti'a'len** (nur Mz.) altrömisches Priesterkollegium, das die Vorschriften und Regeln für den völkerrechtlichen Verkehr überwachte [lat.]

**fe'tie'ren** (V.) jmdn., durch ein Fest ehren [lat.-frz.]

**Fe'tisch** (der, -(e)s, -e) Gegenstand magischer Kraft (für Abwehr-, Schadenzauber); Götzenbild [portugies.]

**fe'ti'schi'sie'ren** (V.) etwas zum Fetisch machen, in etwas einen Abgott sehen [lat.]

**Fe'ti'schis'mus** (der, -, nur Ez.) 1 Anbetung, Verehrung eines Fetischs 2 sexuelle Bindung an Gegenstände, die mit einer (Beziehungs-)Person in Verbindung gebracht werden [portugies.-nlat.]

**Fe'ti'schist** (der, -schis'ten, -schis'ten) 1 Fetischanbeter 2 jmd., der fetischistisch veranlagt ist

**fe'ti'schis'tisch** (Adj.) den Fetischismus betreffend [lat.]

**Fe'tus** *auch:* Fö'tus (der, - oder -ses, -se oder -ten) die Leibesfrucht ab dem vierten Schwangerschaftsmonat (nach dem Stadium als Embryo) [lat.]

**feu'dal** (Adj.) adlig, hochvornehm, prunkvoll; zum Lehnswesen gehörig [lat.]

**Feu'dal'herr'schaft** (die, -, nur Ez.) Regierungsform, bei der alle Gewalten von adeligen Grundbesitzern ausgeführt werden

**Feu'da'lis'mus** (der, -, nur Ez.) Lehnswesen; Herrschaftsform adliger Großgrundbesitzer [lat.]

**feu'da'lis'tisch** (Adj.) auf das Lehnswesen beruhend

**Feu'da'li'tät** (die, -, nur Ez.) das Feudalsein

**Feu'dal'sys'tem** (das, -s, -e) = Feudalismus [nlat.-gr.]

**Feuil'la'ge** [fœja:ʒ] (die, -, nur Ez.) Laubwerk (als Ornament) [frz.]

**Feuil'le'ton** (das, -s, -s) kultureller, unterhaltender Teil einer Zeitung [frz.]

**feuil'le'to'ni'sie'ren** (V.) einen Beitrag für die Zeitung feuilletonistisch gestalten, der nicht zum Feuilleton gehört [lat.-frz.]

**Feuil'le'to'nis'mus** (der, -, -men) feuilletonistischer Sprachstil

**Feuil'le'to'nist** (der, -nis'ten, -nis'ten) Feuilletonschreiber

**feuil'le'to'nis'tisch** (Adj.) 1 zum Feuilleton gehörig 2 oberflächlich unterhaltsam; halbwissenschaftlich (geschrieben)

**Fez** (der, -s, -e) = Fes

**Fi'a'ker** (der, -s, -) Pferdedroschke (bes. in Wien) [frz.]

**Fi'a'le** (die, -, -n) schlankes Spitztürmchen (auf gotischen Streben, Fenstern u.a.) [it.]

**fi'an'chet'tie'ren** [-ke-] (V.) eine Schachpartie mit einem Fianchetto eröffnen [it.]

**Fi'an'chet'to** Eröffnung einer Schachpartie mit den Springerbauern [it.]

**Fi'as'ko** (das, -s, -s) großer Misserfolg, schwerer Reinfall [it.]

**Fi'bel** (die, -, -n) Gewandnadel, -schließe [lat.]

**Fi'ber** (die, -, -n) Faser (bei Muskeln, Pflanzen, Kunststoffen) [lat.]

**fi'bril'lär** (Adj.) faserig [lat.]

**Fi'bril'le** (die, -, -) feine Fiber (bei Muskeln, Nervenzellen)

**fi'bril'lie'ren** (V.) für die Papierherstellung Holz zerfasern

**Fi'brin** (das, -s, nur Ez.) die Blutgerinnung bewirkender Eiweißstoff [nlat.]

**Fi'bri'no'gen** (das, -s, nur Ez.) Eiweißstoff im Blut (Med.) [lat.-gr.]

**Fi'bri'no'ly'se** (die, -, -n) Auflösung von Eiweißgerinnseln im Blut (Med.)

**Fi'bri'no'ly'ti'kum** (das, -s, -ka) Medikament zur Beseitigung frisch entstandener Blutgerinnsel

**fi'bri'nös** (Adj.) fibrinhaltig (Med.) [lat.]

**Fi'bro'ade'nom** (das, -s, -e) gutartige Geschwulst aus Drüsengewebe (Med.)

**Fi'bro'blas'ten** (die, -, nur Mz.) Körperzellen, die das Bindegewebe bilden (Med.)
**Fi'bro'in** (das, -s, nur Ez.) Faserprotein der Naturseide
**Fi'brom** (das, -s, -e) Fasergeschwulst (des Bindegewebes) [nlat.]
**Fi'bro'ma'to'se** (die, -, -n) **1** Bindegewebsgeschwulst **2** vermehrtes Vorkommen von Fibromen
**fi'brös** (Adj.) aus Bindegewebe, faserig [nlat.]
**Fi'bro'se** (die, -, -n) Vermehrung von Organbindegewebe (Med.)
**Fi'bro'zyt** (der, -en, -en) Zelle im Bindegewebe (Med.)
**Fi'bu'la** (die, -, -lae [lɛ]) Wadenbein [lat.]
**Fiche** [fiːʃ] (das, -s, -s) Folie im Karteikartenformat, auf der fotographisch verkleinerte Daten festgehalten sind
**Fi'chu** [-ʃyː] (das, -s, -s) dreizipfliges, im Rücken gebundenes Schultertuch [frz.]
**Fic'tion** [fɪkʃən] (die, -, nur Ez.) = Fiktion
**Fi'cus** (der, -, -ci) Feigenbaum [lat.]
**Fi'dei'kom'miss** [-deːi-] (das, -es, -e) unveräußerliches Vermögensgut (bes. Grundbesitz) [lat.]
**Fi'de'is'mus** (der, -, nur Ez.) Denklehre, die Offenbarung als Erkenntnisursache betrachtet [lat.]
**Fi'de'ist** (der, -is'ten -is'ten) Verfechter des Fideismus [lat.]
**fi'de'is'tisch** (Adj.) den Fideismus betreffend
**fi'del** (Adj.) unbeschwert, vergnügt [lat.]
**Fi'del** (die, -, -n) Saiteninstrument des Mittelalters
**Fi'de'lis'mo** (der, -s, nur Ez.) revolutionäre, politische Bewegung in Kuba und Südamerika, auf der Basis marxistisch-leninistischen Gedankenguts
**Fi'de'list** (der, -lis'ten, -lis'ten) Anhänger Fidel Castros, Verfechter des Fidelismo
**Fi'de'li'tas** (die, -, nur Ez.) Frohsinn, Unbeschwertheit [lat.]
**Fi'di'bus** (der, - oder -ses, -se) gefalteter Papierstreifen zum Pfeifenanzünden
**Fid'schi'a'ner** (der, -s, -) Einwohner des Inselstaates Fidschi in Ozeanien [melanes.]
**Fi'duz** (das, -, nur Ez.) Vertrauen [lat.]
**fi'du'zi'a'risch** (Adj.) treuhänderisch [lat.]
**Fi'du'zit** (das, -, nur Ez.) lateinischer Ausruf mit der Bedeutung „vertraue darauf!"
**Fiel'dis'tor** (der, -s, -to'ren) Feldtransistor [engl.]
**Field're'search** [-rɪsɜːtʃ] (das, -(s), nur Ez.) Feldforschung [engl.]
**Field'spa'niel** [fiːld-] (der, -s, -s) Jagdhund von sehr kleiner Größe
**Field'work** [-wɜːk] (das, -s, nur Ez.) persönliche Befragung (Meinungsforschung) [engl.]
**Field'wor'ker** [fiːldwɜkə] (der, -s, -) Meinungsforscher, der Leute befragt
**Fi'e'rant** [fiə-] (der, -en, -en) Markthändler (österr.)
**fi'e'ro** (Adj.) wild, heftig (Vortragsanweisung in der Musik) [lat.-it.]
**Fi'es'ta** (die, -, -s) Volksfest (spanischsprachiger Länder)
**Fi'fa** *auch:* FIFA (die, -, nur Ez.) Abk. für **F**édération **I**nternationale de **F**ootball **A**ssociation, Internationaler Fußballverband (1904) mit Sitz in Zürich [frz.]
**fif'ty-fif'ty** halbe-halbe (ugs.) [engl.]
**Fi'ga'ro** (der, -s, -s) Friseur (scherzhaft) [it.]
**Fight** [faɪt] (der, -s, -s) verbissener Kampf; Boxkampf [engl.]
**figh'ten** [faɪ-] (V.) verbissen kämpfen; mit Einsatz boxen [engl.]
**Figh'ter** [faɪ-] (der, -s, -) jmd., der fightet
**Fi'gur** (die, -, -en) **1** Körperform, Gestalt; z.B. eine gute Figur haben **2** (stilisierte, verkleinerte) Nachbildung; z.B. eine Figur beim Schach; eine Figur, die ein Tier darstellt **3** Bewegungsablauf (beim Tanz) **4** Folge von Tönen; Klangfigur **5** gezeichnete Darstellung; z.B. die Figur eines Rechtecks [lat.]
**Fi'gu'ra** (die, -, nur Ez.) Bild, Figur [lat.]
**fi'gu'ral** (Adj.) aus Figuren zusammengesetzt, mit Figuren verziert
**Fi'gu'ra'li'tät** (die, -, nur Ez.) figürliche Beschaffenheit [lat.]
**Fi'gu'ral'mu'sik** (die, -, nur Ez.) mehrstimmige Kirchenmusik (im Unterschied zum einstimmigen Choral) [lat.-gr.]
**Fi'gu'rant** (der, -en, -en) Nebenperson; Statist [lat.]
**Fi'gu'ra'ti'on** (die, -, -ti'o'nen) das Figurieren

**fi'gu'ra'tiv** (Adj.) durch Figuren, figürlich; z.B. eine figurative Darstellung in der Ornamentik
**fi'gu'rie'ren** (V.) **1** musikalisch verzieren, umspielen **2** auftreten, eine Rolle spielen
**Fi'gu'ri'ne** (die, -, -n) kleine Figur, Statue Hintergrundgestalt (auf Bildern) [it.-frz.]
**fi'gür'lich** (Adv.) **1** sich auf die äußere Erscheinung beziehend **2** einen Körper darstellend in der Kunst **3** als bildlichen Ausdruck gebrauchend

F

**Fik'ti'on** (die, -, -ti'o'nen) etwas Ausgedachtes; Annahme [lat.]
**fik'ti'o'nal** (Adj.) = fiktiv
**fik'ti'o'na'li'sie'ren** (V.) als eine Fiktion darstellen [lat.]
**Fik'tio'na'lis'mus** (der, -, nur Ez.) Theorie der Fiktionen (Philos.)
**fik'tiv** (Adj.) auf Fiktion beruhend, nur angenommen [lat.]
**Fil-à-Fil** (das, -, nur Ez.) karierter Stoff [frz.]
**Fi'la'ment** (das, -s, -e) **1** Staubfäden (der Blüte) **2** Fadenwerk (in Muskelzellen) [lat.]
**Fi'lan'da** (die, -, -den) veraltet für „Seidenspinnerei" [it.]
**Fi'la'ri'en** (die, nur Mz.) krankheitserregende Fadenwürmer
**File** [faɪl] (das, -s, -s) Computerdatei [engl.]
**File'ac'cess** [faɪlækses] (der, -, nur Ez.) Zugriff auf eine Computerdatei [engl.]
**Fi'let** [-leː] (das, -s, -s) **1** feines Fleischstück (bes. Lende) **2** bestickter Netzgrund [frz.]
**Fi'le'te** (die, -, -n) **1** Stempel zum Aufdrucken von Goldverzierungen auf Bücher **2** Goldverzierung auf Büchern
**fi'le'tie'ren** (V.) in Filets schneiden (bei Fleischstücken)
**Fi'let'stück** (das, -s, -e) wertvoller Teil eines Ganzen (ugs.)
**Fi'li'a'le** (die, -, -n) Zweigstelle [lat.]
**Fi'li'al'ge'ne'ra'ti'on** (die, -, -ti'o'nen) Tochtergeneration (in der Genetik) [lat.]
**Fi'li'al'pro'ku'ra** (die, -, -ren) Handelsvollmacht, die auf die Filialen einer Firma beschränkt ist
**Fi'li'bus'ter** [-bʌ-] (der, -s, -) Marathonredner (im US-Parlament) [frz.-engl.]
**fi'lie'ren** (V.) ein Filet (**2**) anfertigen
**fi'li'form** (Adj.) fadenförmig (Med.) [lat.]
**fi'li'gran** (Adj.) aus Filigran bestehend, feinfadig verflochten
**Fi'li'gran** (das, -s, -e) Ziergeflecht (aus dünnen Edelmetalldrähten) [it.]
**Fi'li'gran'glas** (das, -es, -glä'ser) verziertes Kunstglas
**Fi'li'pi'no** (der, -s, -s) Ew. der Philippinen
**Fi'li'us** (der, -, -lii oder -li'us'se) Sohn, „Söhnchen" [lat.]
**Fil'lér** (der, -(s), -) kleinste ungarische Währungseinheit
**Film** (der, -s, -e) **1** dünne, häutchenartige Schicht; z.B. ein Film von Öl **2** lichtempfindlicher elastischer Streifen (für Aufnahmen mit der Film-, Fotokamera) **3** die Abfolge der Aufnahmen selbst; Lichtspiel(wesen) [engl.]
**fil'misch** (Adj.) zur Filmtechnik gehörig, mit ihrer Hilfe
**fil'mo'gen** (Adj.) als Stoff für eine Verfilmung geeignet
**Fil'mo'gra'fie** *auch:* Fil'mo'gra'phie (die, -, -n) Zusammenstellung aller filmischen Werke eines Regisseurs
**Fil'mo'thek** (die, -, -en) **1** Sammlung von Filmen, die einen wissenschaftlichen oder künstlerischen Wert haben **2** Gebäude, in dem diese Filmsammlung aufbewahrt und betreut wird [germ.-engl.]
**Fi'lo** (der, -s, -s) aus der Stoßrichtung drängender Fechtzug
**Fi'lou** [-luː] (der, -s, -s) Spitzbube, Schlitzohr
**Fils** (der, -, -) kleinste Währungseinheit (im Irak und in Jordanien) [arab.]
**Fil'ter** (der oder das, -s, -) **1** Vorrichtung zum Klären, zur Beseitigung bestimmter Stoffe **2** Vorrichtung zur Beseitigung bestimmter Wellenbereiche; z.B. von Frequenzen, Teilen des Lichtspektrums [lat.]
**Fil'trat** (das, -s, -e) filtrierte Flüssigkeit
**Fil'tra'ti'on** (die, -, -ti'o'nen) das Filtrieren
**fil'trie'ren** (V.) durch einen Filter gehen lassen, filtern
**Fi'lü're** (die, -, -en) Gewebe, Gespinst [lat.-frz.]
**Fil'zo'kra'tie** (die, -, -n) ineinander verflochtene Machtverhältnisse, die durch

unlautere Postenvergabe und Vetternwirtschaft zu Stande kommt [dt.-gr.]

**fi'nal** (Adj.) **1** abschließend **2** zweckbestimmt [lat.]

**Fi'nal' De'cay** [faınldıkeı] (der, -s, nur Ez.) Tonabfall nach Loslassen der Synthesizertaste

**Fi'na'le** (das, -s, -) **1** letzter Durchgang, Schlussrunde **2** Schlusssatz (eines Instrumentalwerkes) [it.]

**Fi'na'lis** (die, -, -les) Schlussnote, die Tonart bestimmender Endton in den Kirchentonarten (Musik) [lat.]

**Fi'na'list** (der, -lis'ten, -lis'ten) Teilnehmer an einem Finale (1), Schlussrundenspieler, -sportler

**Fi'na'li'tät** (die, -, nur Ez.) Zweckgerichtetheit [lat.]

**Fi'nal'satz** (der, -es, -sät'ze) Gliedsatz, der den Zweck, die Absicht eines Verhaltens angibt

**Fi'nan'ci'er** [-nɑ̃sjeː] (der, -s, -s) = Finanzier

**Fi'nanz** (die, -, -en) **1** (nur Ez.) Geldwesen (-Fachleute) **2** (nur Mz.) Geldmittel (einer Person, eines Staatshaushaltes) [frz.]

**Fi'nanz'aus'gleich** (der, - (e)s, nur Ez.) Umverteilung des Etats zwischen Bund, Ländern u. Gemeinden

**Fi'nan'zer** (der, -s, -) Zöllner, Grenzposten (ugs.) [österr.]

**fi'nan'zi'ell** (Adj.) geldlich, geldmäßig [frz.]

**Fi'nan'zi'er** *auch:* Fi'nan'ci'er [-tsjeː] (der, -s, -s) jmd., der etwas finanziert, Geldgeber [lat.-nlat.-frz.]

**fi'nan'zie'ren** (V.) die Geldmittel bereitstellen; auf Kredit kaufen [frz.]

**Fi'nanz'po'li'tik** (die, -, nur Ez.) alle staatlichen Maßnahmen, die direkten Einfluss auf die Staatsfinanzen haben

**Fi'nanz'wirt'schaft** (die, -, nur Ez.) Ökonomie des Bundes, der Länder und Gemeinden

**fi'nas'sie'ren** (V.) Tricks anwenden, Ränke schmieden, Kniffe gebrauchen [lat.-frz.]

**Fin'ca** (die, -, -s) mit großem Garten umgebenes Landhaus, Landgut [span.]

**Fin de Siè'cle** [fɛ̃dəsjɛkl] (das, - - -, nur Ez.) das Ende des 19. Jahrhunderts; z.B. Schnitzlers Diagnose der überfeinerten Wiener Fin-de-Siècle-Gesellschaft [frz.]

**Fi'ne** (das, -s, -s) musikalische Anweisung zur Wiederholung des ersten Teils eines Musikstücks [it.]

**Fines Herbes** [finzɛrb] (nur Mz.) fein gehackte Kräuter [frz.]

**Fi'nes'se** (die, -, -n) Kniff, Kunstgriff; Feinheit [frz.]

**fin'gie'ren** (V.) vortäuschen [lat.]

**Fi'ni'me'ter** (das, -s, -) Überwachungsinstrument in Gasschutzgeräten

**Fi'nis** (das, -, nur Ez.) Ende [lat.]

**Fi'nish** [-nɪʃ] (das, -s, -s) **1** End-, Entscheidungskampf **2** letzter Schliff (bei der Produktfertigung) [engl.]

**fi'ni'shen** [-ʃn] (V.) alles im Finish (Endspurt) herausholen (Pferderennsport)

**Fi'nis'seur** [-søːɐ] (der, -s, -e) Rennsportler mit starkem Endspurt [lat.]

**fi'nit** (Adj.) bestimmt; finites Verb: Verb in konjugierter Form [lat.]

**Fi'ni'tis'mus** (der, -, nur Ez.) philosophische Anschauung von der Endlichkeit der Welt und ihrer Bewohner [lat.]

**Fi'ni'tum** (das, -s, -ta) Verb, an dessen Endung Person, Numerus, Tempus und Modus erkennbar ist

**Finn-Din'gi** (das, -s, -s) Einmannjolle [engl.]

**fin'no'ug'risch** (Adj.) sich auf die finnisch-ungarische Sprachfamilie beziehend

**Fin'no'ug'rist** (der, -en, -en) Sprachwissenschaftler für finnougrische Sprachen

**Fin'no'ug'ris'tik** (die, -, nur Ez.) Wissenschaft von den finnougrischen Sprachen; z.B. vom Finnischen und Ungarischen [nlat.]

**Fi'noc'chio** [-nɔkio] (der, -(s), -noc'chi [-nəki]) Salat-, Gemüsefenchel [it.]

**Fin'te** (die, -, -n) **1** Scheinhieb beim Boxen oder Fechten **2** Ausflucht, Vorwand, Lüge [lat.-it.]

**fin'tie'ren** (V.) eine Finte ausführen, anwenden [lat.-it.]

**Fi'o'ret'te** (die, -, -n) = Fioritur [it.-frz.]

**Fi'o'ri'tur** (die, -, -en) Verzierung (beim Kunstgesang) [it.]

**Fire'figh'ter** [faıəfaıtər] (der, -s, -) jmd., der Großbrände löscht

**Fir'le'fanz** (der, -es, -e) **1** überflüssiges Zubehör **2** Unsinn, Torheit, Narretei

**Fir'le'fan'ze'rei** (die, -, -en) Possenreißerei
**firm** (Adj.) fest, sicher, bewandert sein [lat.-it.]
**Fir'ma** (die, -, -men) Betrieb, Unternehmen; Handelsregistername [it.]
**Fir'ma'ment** (das, -s, -e) Himmelsgewölbe [lat.]
**fir'men** (V.) jmd. segnen
**fir'mie'ren** (V.) einen Handelsregisternamen führen, damit unterzeichnen [lat.]
**Fir'mung** (die, -, -en) in der katholischen Kirche ein Sakrament, bei dem eine Stärkung im Glauben erwirkt wird
**Firm'ware** (die, -, -s) nicht veränderbare Software in der EDV, die einem Rechner fest zugeordnet ist
**Fir'nis** (der, -ses, -se) Schutzanstrich für Holz und andere Stoffe [frz.]
**fir'nis'sen** (V.) etwas mit Firnis behandeln [frz.]
**first class** [fɜːst klɑːs] von hohem Niveau, zur Spitzenklasse gehörig, erstklassig [engl.]
**First-Class-Hotel** [fɜːstklaːshəʊtel] (das, -s, -s) Hotel der gehobenen Klasse
**First-Day-Co'ver** [fɜːstdeɪkɑːvə] (der, -, -) Ersttagsbrief (Kostbarkeit für Briefmarkensammler)
**First La'dy** [fɜːst leɪdɪ] (die, - -, - -dys) Frau eines Staatsoberhauptes [engl.]
**Firth** [fɜθ] (der, -, -es) tief ins Landesinnere reichender Meeresarm [engl.]
**FIS** (die, -, nur Ez.) Abk. für „**F**édération **I**nternationale de **S**ki“, internationaler Skiverband [frz.]
**Fi'shing for Compli'ments** [fɪʃɪŋ fə kɔmplɪmənts] (das, -, nur Ez.) Komplimente bekommen wollen [engl.]
**Fi'si'ma'ten'ten** (nur Mz.) Ausflüchte; Flausen [viell. frz.]
**Fis'kal** (der, -s, -e) Staatskassenbeamter (eines früheren Landesherrn) [lat.]
**Fis'ka'lis'mus** (der, -, nur Ez.) Ausdehnungswille des Staats über das Volksvermögen
**fis'ka'lisch** (Adj.) zum Fiskus gehörig
**Fis'kus** (der, -, nur Ez.) der Staat als Vermögensträger; Finanzbehörde [lat.]
**Fi'so'le** (die, -, -n) grüne Bohne (österr.) [it.]
**fis'sil** (Adj.) spaltbar [lat.]
**Fis'si'li'tät** (die, -, nur Ez.) Spaltbarkeit
**Fis'si'on** (die, -, -si'o'nen) Spaltung, Teilung (eines Atomkerns, Zellkerns) [lat.]
**Fis'sur** (die, -, -en) Einriss (in einem Knochen, in der Schleimhaut) [lat.]
**Fis'tel** (die, -, -n) krankhafte oder künstl. Röhrenbildung (im menschl. Körper) [lat.]
**fis'teln** (V.) mit einer sehr hohen Stimme sprechen
**Fis'tel'stim'me** (die, -, -n) 1 Kopfstimme in der Musik 2 unangenehm hohe Stimme
**Fis'tu'la** (die, -, -lae [-lɛː]) 1 Rohr-, Panflöte 2 Orgelpfeife [lat.]
**fis'tu'lie'ren** (V.) mit Kopfstimme artikulieren; mit hoher, unangenehmer Stimme sprechen (bei Männern) [lat.]
**fit** (Adj.) gut trainiert; leistungsfähig, gut vorbereitet [engl.]
**fi'tie'ren** (V.) 1 schimpfen, tadeln 2 sich um etwas nicht bekümmern, sich darüber hinwegsetzen [lat.-frz.]
**Fi'tis** (der, -es, -e) sehr kleiner Vogel
**Fit'ness** (die, -, nur Ez.) körperliches Durchtrainiertsein [engl.]
**Fit'ness'cen'ter** [fɪtnəssentə] (das, -s, -) sportliche Einrichtung mit Trainingsgeräten [engl.]
**Fit'ness'stu'dio** (das, -s, -s) = Fitnesscenter
**Fit'ness'trai'ning** [fɪtnəstreɪnɪŋ] Sport zur Steigerung der körperlichen Leistungsfähigkeit
**fit'ten** (V.) anpassen (Math.)
**Fit'ting** (das, -s, -s) Verbindungsstück für Rohre
**Fi'u'ma'ra** (die, -, -ren) = Fiumare
**Fi'u'ma're** *auch:* Fi'u'ma'ra (die, -, -n) Fluss, der nur gelegentlich Wasser führt (in Italien)
**Five o'Clock Tea** [faɪvəklɒk tiː] (der, -, -s) Fünfuhrtee [engl.]
**fix** (Adj.) 1 gleich bleibend, fest; z.B. fixe Kosten 2 rasch, schnell (ugs.); z.B. etwas fix erledigen [lat.]
**Fi'xa'teur** [-tøːɐ] (der, -s, -e) 1 Vorrichtung zum Stabilisieren; z.B. von Knochenbrüchen 2 Fixativzerstäuber [frz.]
**Fi'xa'ti'on** (die, -, -ti'o'nen) 1 Befestigung, Ruhigstellung 2 das Fixiertsein (auf eine Person) [frz.]

**Fi'xa'tiv** (das, -s, -e) Lösung zum Fixieren (für leicht verwischbare Kohlezeichnungen u.a.) [frz.]
**fi'xen** (V.) Rauschgift mit einer Spritznadel injizieren [lat.-engl.]
**Fi'xer** (der, -s, -) jmd., der fixt
**Fix'fo'cus'ob'jek'tiv** (das, -s, -e) einfaches Objektiv für Fotoapparate ohne Entfernungseinstellung
**Fix'ge'schäft** (das, -es, -e) Abmachung mit genau festgelegten Fristen
**Fi'xier'bad** (das, -es, -bä'der) mit Flüssigkeit gefülltes Gefäß, in welches Fotos zum Fixieren gelegt werden
**fi'xie'ren** (V.) **1** (be-)festigen, härten; z.B. Fotografien in einer Salzlösung fixieren **2** festlegen; z.B. einen Termin fixieren **3** unentwegt ansehen; z.B. einen Nebenbuhler provozierend fixieren [frz.]
**Fi'xier'salz** (das, -es, -e) Substanz, die Fotos lichtbeständig macht
**fi'xiert** (Adj.) festgelegt
**Fi'xie'rung** (die, -, -en) **1** das Fixieren **2** Festlegung
**Fi'xing** (das, -s, nur Ez.) amtlich festgesetzter Tageskurs für Aktien oder Devisen an der Börse [engl.]
**Fi'xis'mus** (der, -, nur Ez.) Theorie, die eine feste Verbindung zwischen der Erdkruste und ihrem Untergrund annimmt
**Fi'xum** (das, -s, -xa) festes Einkommen [lat.]
**Fix'punkt** (der, -es, -e) fester Bezugspunkt in der Mathematik
**Fix'stern** (der, -s, -e) scheinbar feststehender Himmelskörper
**Fizz** [fɪz] (der, -, -es) prickelndes alkoholisches Mixgetränk; z.B. mit Sekt, Selters oder Soda [engl.]
**Fjäll** (der, -s, -s) = Fjell [schwed.]
**Fjell** *auch:* Fjäll (der, -s, -s) waldfreie Hochfläche (in Skandinavien) [norweg.]
**Fjord** (der, -s, -e) tief eingeschnittene, lang gestreckte Meeresbucht [norweg., schwed.]
**Fla'con** [-kɔ̃] (der od. das, -s, -s) = Flakon
**Fla'gel'lant** (der, -en, -en) **1** mittelalterlicher Asket, der durch Selbstgeißelung öffentlich Buße tat, Geißelbruder **2** jmd., der im Flagellantismus seine Sexualneurose auslebt [lat.]
**Fla'gel'lan'tis'mus** (der, -, nur Ez.) sexuelle Aktivität durch Peitschen oder Gepeitschtwerden [lat.]
**Fla'gel'la'ti'on** (die, -, -ti'o'nen) Ausübung des Flagellantismus
**Fla'gel'lo'ma'nie** (die, -, nur Ez.) = Flagellantismus [lat.-gr.]
**Fla'geo'lett** [-ʒɔlɛt] (das, -s, -s) **1** kleine Schnabelflöte **2** (hohes) Flötenregister der Orgel **3** flötenähnlicher Oberton (Streichinstrumente) [frz.]
**Flag'gen'al'pha'bet** (das, -s, nur Ez.) Verständigungsweise zwischen Schiffen mittels Winkzeichen
**Flagg'schiff** (das, -es, -e) Kommandoschiff mit der Fahne des Marineoffiziers
**fla'grant** (Adj.) ins Auge springend; in flagranti: auf frischer Tat [frz.]
**Flair** [flɛːr] (das, -s, nur Ez.) **1** angenehme Ausstrahlung **2** Spürsinn (schweiz.) [frz.]
**Fla'kon** *auch:* Fla'con [-kɔ̃] (der oder das, -s, -s) Glasfläschchen (für Parfüm) [frz.]
**Flam'beau** [flɑ̃boː] (der, -s, -s) **1** Fackel (veraltet) **2** hoher Armleuchter [frz.]
**Flam'bee** (das, -s, -s) flambierte Speise [lat.-frz.]
**Flam'berg** (der, -es, -e) gewelltes Landsknechtschwert, Flammenschwert [germ.]
**flam'bie'ren** (V.) mit Alkohol übergießen und brennend servieren; z.B. Süßspeisen [frz.]
**flam'bo'yant** [flɑ̃bwajɑ̃] (Adj.) **1** flammend, geflammt **2** farbenprächtig, schreiend bunt **3** heftig, energisch [lat.-frz.]
**Flam'bo'y'ant** [flɑ̃bwajɑ̃] (sub-)tropischer, blühender Zierbaum (Bot.)
**Flam'bo'y'ant'stil** [flɑbwajɑstiːl] (der, -es, nur Ez.) Baustil der Spätgotik
**Fla'me** (der, -n, -n) Ew. von Flandern
**Fla'men** (der, -, -mi'nes) Priester eines einzelnen Gottes im antiken Rom [lat.]
**Fla'men'co** (der, -s, -s) andalusisches (Tanz-)Lied [span.]
**Fla'men'ga** (der, -s, -) Krepp in Leinwandbindung mit Querrippen [span.]
**Flame-out** [fleɪm-aut] (der, -, nur Ez.) Ausfall eines Flugzeugtriebwerkes aufgrund Treibstoffmangels

F

**Flaˈminˈgo** (der, -s, -s) hochbeiniger, langhalsiger Wasservogel mit krummem Schnabel und rosarotem Gefieder [span.]
**fläˈmisch** (Adj.) zu Flandern gehörig
**Flamˈmeˈri** (der oder das, -(s), -s) Grieß-, Maisstärkepudding, der nach dem Erstarren gestürzt (und mit Fruchtsoße serviert) wird [kelt.-engl.]
**flanˈdˈrisch** (Adj.) = flämisch
**Flaˈnell** (der, -s, -e) weicher, angerauter Baumwollstoff [kelt.-frz.]

**flaˈnelˈlen** (Adj.) aus Flanell
**Flaˈneur** [-nøːʁ] (der, -s, -e) jmd., der flaniert
**flaˈnieˈren** (V.) behaglich spazieren gehen (um gesehen zu werden), ohne bestimmtes Ziel bummeln [frz.]
**Flanˈke** (die, -, -n) Längsseite
**flanˈkieˈren** (V.) zu beiden Seiten stehen, begleiten [germ.-frz.]
**Flap** [flɛp] (das, -s, -s) Start- und Landehilfe an den Tragflächen von Flugzeugen [engl.]
**Flare** [flɛːr] (das, -s, -s) chromosphärische Eruption
**Flash** [flæʃ] (der, -s, -s) **1** kurze Einblendung **2** Moment, in dem ein Rauschgift zu wirken beginnt [engl.]
**Flash-back** *auch:* Flashˈback [flæʃbæk] (der, -s, -s) Nachrausch [engl.]
**Flat** [flæt] (das, -s, -s) Mietwohnung [engl.]
**Flatˈteˈrie** (die, -, -n) Schmeichelei [germ.-frz.]
**Flatˈteur** [-tøːʁ] (der, -s, -e) Schmeichler (veraltet) [frz.]
**Flaˈtuˈlenz** (die, -, -en) Blähsucht [lat.]
**Flaˈtus** (der, -, -) abgehende Blähung [lat.]
**flauˈtanˈdo** (Adj.) bei Streichinstrumenten nahe am Griffbrett spielen (Mus.) [it.]
**Flaˈvon** (das, -s, -e) gelblicher Farbstoff in Pflanzen [lat.]
**Flaˈxor** (der, -s, -xoˈren) Beugemuskel [lat.]
**Fleece** (das, -, nur Ez.) synthetischer Stoff
**Fleeceˈpullˈover** [fliːs] (der, -s, -) Pullover aus Fleece
**flekˈtierˈbar** (Adj.) konjugierbar oder deklinierbar
**flekˈtieˈren** (V.) durch Flexion abwandeln, beugen
**fletˈschern** (V.) sehr gründlich kauen (nach der Methode des Amerikaners H. Fletcher)
**Fleur** [flœr] (die, -, -s) **1** Blume, Blüte **2** das Beste von etwas, Zierde [lat.-frz.]
**Fleuˈretˈte** (die, -, nur Ez.) durchsichtiges, kreppartiges Kunstseidengewebe [lat.-frz.]
**Fleuˈrin** (der, -s, -s) Verrechnungseinheit der internationalen Organisation der Blumengeschäfte [Kunstwort]
**Fleuˈrist** (der, -risˈten, -risˈten) Blumenfachmann, Blumenliebhaber, Blumenkenner [lat.- frz.]
**Fleuˈron** [flœrɔ̃] (das, -s, -s) **1** Blumenverzierung, -ornament (an Gebäuden) **2** (nur Mz.) ungesüßte Halbmonde aus Blätterteig (als Beilage) [frz.]
**fleˈxiˈbel** (Adj.) **1** biegsam **2** anpassungsfähig
**Fleˈxiˈbiˈliˈtät** (die, -, nur Ez.) das Flexibelsein
**Fleˈxiˈble Reˈsponse** [fkejsəbl rispɔns] das Vermögen flexibel reagieren zu können [engl.]
**Fleˈxiˈon** (die, -, -xioˈnen) Bildung der grammatischen Wortformen; z.B. die Abwandlung des Substantivs in den vier Fällen, des Verbs in den Zeitformen [lat.]
**Fleˈxiv** (das, -s, -e) Beugungsendung, die an den Wortstamm angehängt ist
**fleˈxiˈvisch** (Adj.) zur Flexion gehörig, sie zeigend
**Fleˈxoˈdruck** (der, -es, nur Ez.) Druckverfahren mit beweglichen Druckformen
**Fleˈxor** (der, -s, -oˈren) Beugemuskel (Med.)
**Fleˈxur** (die, -, -en) Verbiegung (einer geologischen Schicht, eines Organs) [lat.]
**Flic** (der, -s, -s) französischer Polizist
**Flickˈflack** (der, -s, -s) mehrfacher Handstandüberschlag rückwärts [frz.]
**Flieˈboot** (das, -s, -e) schnellfahrendes, kleines Fischerboot
**Flight** [flait] (der, -s, -s) Flug [engl.]
**Flimˈmerˈskoˈtom** (das, -s, -e) Augenmigräne
**Flint** (der, -s, -s) Feuerstein [engl.]

**Flint'glas** (das, -es, -glä'ser) optisches Glas mit vielen Brechungen
**Flip** (der, -s, -s) **1** alkoholisches Mixgetränk mit Ei **2** Erdnussflocke [engl.]
**Flip'chart** *auch:* Flip-Chart [fliptʃa:t] (das, -s, -s) Papiertafel für Demonstrationszwecke
**Flip'flop** (das, -s, -s) elektronische Kippschaltung [engl.]
**Flip'per** (der, -s, -) ein Spielautomat, bei dem eine Kugel durch elektrische Kontakte auf einem abschüssigen Feld am Abwärtsrollen gehindert werden soll [engl.]
**flip'pern** (V.) am Flipper spielen
**Flip'pie** (der, -s, -s) alberner, ausgeflippter Mensch (ugs.) [engl.]
**Flirt** [flɜ:rt] (der, -s, -s) Einleiten einer erotischen Beziehung, Liebesgeplänkel [engl.]
**flirten** [flɜ:-] (V.) einen Flirt beginnen, „anbändeln"
**floa'ten** [fləʊ-] (V.) Wechselkurse nach Angebot und Nachfrage schwanken lassen
**Floa'ting** [fləʊ-] (das, -s, -s) das Floaten, Freigabe der Wechselkurse [engl.]
**Flock'print** (der, -s, nur Ez.) Textildruckverfahren, bei dem eine Musterung durch das Aufkleben von Fasern entsteht [engl.]
**Flo'ka'ti** (der, -s, -s) heller, dem griechischen Hirtenteppich ähnlicher, zottiger Teppich aus Schurwolle [gr.]
**Floor** [flɔ:r] (der, -s, -s) **1** Raum, in dem sich Makler zu Termingeschäften treffen **2** Mindestzins bei Anleihen [engl.]
**Flop** (der, -s, -s) **1** (leichter) Misserfolg **2** = Fosbury-Flop [engl.]
**flop'pen** (V.) nicht erfolgreich sein
**Flop'py Disc** *auch:* Flop'py Di̱sk (die, -, -s) = Diskette [engl.]
**Flor** (der, -s, -e) **1** sehr feines, durchsichtiges Gewebe; z.B. als Band an der Trauerkleidung **2** hoch stehende Faserenden (bei Plüsch, Teppichen) [frz.-niederl.] **3** Blumenfülle, -pracht; z.B. ein Garten, der im vollen Flor steht [lat.]
**Flo'ra** (die, -, -ren) Pflanzenwelt (eines Landes, Lebensraumes) [lat.]
**flo'ral** (Adj.) **1** geblümt **2** Blumen darstellend
**Flo'ren'e'le'ment** (das, -es, -e) Gruppe von Pflanzenarten, die Gemeinsamkeiten wie z.B. die geografische Verbreitung ausweisen
**Flo'ren'ti'ner** (der, -s, -) **1** Ew. von Florenz **2** flachrundes Mandel-Honig-Gebäck mit Schokoladenüberzug auf einer Seite **3** breitkrempiger Damenstrohhut
**Flo'res** (die, nur Mz.) **1** gesungene Improvisation im Mittelalter **2** Blütenbestandteile in Drogen
**Flo'res'zenz** (die, -, -en) **1** Blütenstand **2** Blütezeit [lat.]
**Flo'rett** (das, -s, -e) dünner Stoßdegen mit vierkantiger Klinge [it.-frz.]
**flo'ret'tie'ren** (V.) mit dem Florett fechten [lat.-it.-frz.]
**Flo'rett'sei'de** (die, -, nur Ez.) Abfall der Naturseide
**flo'rid** (Adj.) rasch fortschreitend (bei Krankheiten) [lat.]
**flo'rie'ren** (V.) sich gut entwickeln (bes. von Geschäften), „blühen" [lat.]
**Flo'rin** (der, -s, -e oder -s) Gulden; eine englische Silbermünze [lat.]
**Flo'rist** (der, -ris'ten, -ris'ten) Blumenbinder [lat.]
**Flo'ris'tik** (die, -, nur Ez.) Wissenschaft von den Floren, der Pflanzenverbreitung
**flo'ris'tisch** (Adj.) **1** zur Flora, Floristik gehörig **2** blumenbinderisch
**Flos'kel** (die, -, -n) leere Redeformel [lat.]
**Flo'ta'ti'on** (die, -, -ti'o̱nen) Schwimmaufbereitung (von Erzen, Mineralgemischen) [engl.]
**flo'ta'tiv** (Adj.) die Flotation betreffend
**flo'tie'ren** (V.) durch Flotation sortieren
**Flot'te** (die, -, -n) **1** Gesamtheit der Schiffe eines Staates (Handels- u. Kriegsmarine) **2** größerer Verbund an Kriegsschiffen **3** Flüssigkeit, in der Textilien gebleicht, gefärbt oder imprägniert werden [germ.-roman.]
**flot'tie'ren** (V.) schweben; schwebend schwimmen [german.-frz.]
**Flot'til'le** (die, -, -n) Schiffsverband, -geschwader; z.B. kleine Kriegsschiffe, Fangschiffe [niederl.-span.]
**Flow** [fləʊ] (der, -s, -s) Fließen von Flüssigkeiten durch Körpergefäße (Med.) [engl.]

F

**Flowerpower** *auch:* Flower-Power [flaʊəpaʊə] Gewaltlosigkeit, Humanisierung durch Blumen (als „Schlagwort" der Hippie-Bewegung) [engl.]
**fluatieren** (V.) mit Fluorsilikat behandeln
**Fluffing** [flafɪŋ] (das, -s, -s) Flaumbildung [engl.]
**Fluidalstruktur** (die, -, -en) erstarrte Fließstruktur (Geol.)
**fluid** (Adj.) flüssig [lat.]
**Fluidics** (die, nur Mz.) hydromechanisch arbeitende Steuerelemente in technischen Apparaten [engl.-lat.]
**Fluidum** (das, -s, -da) besondere Ausstrahlung (eines Menschen, eines Raumes u.a.) [lat.]
**Fluidik** (die, -, nur Ez.) Theoriefeld über die Nutzung strömender Flüssigkeiten
**Fluke** (die, -, -n) Schwanzflosse (eines Wals)
**Fluktuation** (die, -, -tionen) das Fluktuieren
**fluktuieren** (V.) schwanken, wechseln [lat.]
**Fluor 1** (das, -s, nur Ez.) ein Element, gelbgrünes, giftiges Gas [lat.] **2** (der, -s, nur Ez.) Gebärmutter-, Scheidenausfluss [lat.]
**Fluorescein** *auch:* Fluorescin (das, -s, nur Ez.) grün fluoreszierender gelb-roter Farbstoff
**Fluoreszenz** (die, -, nur Ez.) Aufleuchten bei (Licht-)Bestrahlung [nlat.-engl.]
**Fluoreszenzmikroskopie** (die, -, nur Ez.) Mikroskopie, die das Fluoreszieren vieler Stoffe ausnutzt
**fluoreszieren** (V.) Fluoreszenz zeigen
**Fluorid** (das, -s, -e) Flusssäuresalz [nlat.]
**fluoridieren** (V.) mit Fluor anreichern
**Fluorit** (der, -s, -e) Flussspat [nlat.]
**fluorogen** (Adj.) mit Fluoreszenz versehen
**Fluorometer** (das, -s, -) Gerät zur Messung der Fluoreszenz
**Fluorsilikat** (das, -es, -e) = Fluat
**Flush** [flʌʃ] (der, -s, nur Ez.) **1** plötzliche Hitzewallung mit gleichzeitiger Hautrötung; z.B. Sexualflush **2** fünf Spielkarten gleicher Farbe (beim Pokern) **3** Blattaustrieb; Pflückung (beim Tee) [engl.]
**Flüte** (die, -, -n) Dreimaster des 17. und 18. Jahrhunderts [niederl.-frz.]
**Flutter** [flʊtə] (das, -s, nur Ez.) Tonzittern beim Abspielen von Kassetten und Schallplatten [engl.]
**fluvial** (Adj.) = fluviatil
**fluviatil** (Adj.) zu einem Fluss gehörig, durch ihn verursacht; z.B. eine fluviatile Schotteranschwemmung [lat.]
**fluvioglazial** (Adj.) vom Schmelzwasser abgetragen (Geol.) [lat.]
**Fluxion** (die, -, -en) Blutandrang, Wallung
**Fluxus** (der, -, nur Ez.) **1** das Fließen; z.B. von Eiter **2** eine Kunstrichtung, die versucht, verschiedene Kunstformen in Spontanaktionen zu vereinen [lat.]
**Fly-by** [flaɪbaɪ] (das, -s, -s) Steuermanöver in der Raumfahrt, bei dem die Anziehungskraft der Planeten ausgenutzt wird [engl.]
**Flyer** [flaɪə] (die, -s, -) **1** Prospektblatt unter fünf Gramm, das Postsendungen beigelegt wird **2** Flügelspinnmaschine **3** Arbeiter an einer solchen Spinnmaschine [engl.]
**Flying Dutchman** [flaɪɪŋ dʌtʃmən] (der, -, -men) schnelle Zweimannjolle [engl.]
**Fly-over** *auch:* Flyover [flaɪəʊvər] (der, -s, -s) Straßenüberführung
**föderal** (Adj.) = föderalistisch [frz.]
**Föderalismus** (der, -, nur Ez.) Streben (eines Teilstaates) nach größerer Selbstständigkeit innerhalb des Bundesstaates; Gliederung in Bundesstaaten [frz.-nlat.]
**föderalistisch** (Adj.) bundesstaatlich
**Föderation** (die, -, -tionen) Staatenbund; Bündnis [frz.]
**föderativ** (Adj.) zu einer Föderation gehörig
**föderieren** (V.) eine Föderation einrichten; verbünden
**Fog** (der, -s, nur Ez.) dichter („englischer") Nebel
**Foie gras** [fwagra] (die, -, -) Gänsestopfleber [frz.]
**fokal** (Adj.) zum Fokus gehörig
**Fokaldistanz** (die, -, -en) Brennweite
**Fokometer** (das, -s, -) Apparat zur Brennweitenbestimmung (Phys.) [lat.-gr.]
**Fokus** (der, -, -se) **1** Brennpunkt **2** Bakterienherd (in einer Körperhöhle) [lat.]

**fo'kus'sie'ren** (V.) in einem optischen Fokus zusammenbringen; scharfstellen
**Fo'kus'sie'rung** (die, -, -en) Lichtbündelung [lat.]
**Fol'der** [fəʊ-] (der, -s, -) Faltprospekt, Broschüre [germ.-engl.]
**Fo'li'ant** (der, -en, -en) großformatiges (altes) Buch [lat.]
**Fo'lie** [-liə] (die, -, -n) dünnes Metall-, Kunststoffblatt [lat.]
**fo'li'ie'ren** (V.) **1** eine Folie unter etwas legen **2** Papierbögen nummerieren
**Fo'lio** (das, -s, -s) ein altes Buchformat (von 35 bis 45 Zentimeter Höhe) [lat.]
**Fo'li'um** (das, -s, -lia oder -li'en) Blatt (einer getrockneten Heilpflanze) [lat.]
**Folk** [fəʊk] (der, -s, nur Ez.) auf englischsprachiger Volksmusik basierende Rockmusik
**Fol'ke'ting** (das, -s, nur Ez.) das Parlament Dänemarks
**Fol'ke'vi'se** (die, -, -r) skandinavisches mittelalterliches Tanzlied
**Fol'k'lo're** (die, -, nur Ez.) Brauchtum (in publikumswirksamer Aufmachung) [engl.]
**Fol'k'lo'rist** (der, -en, -en) Volkskundler, jmd. der die Folklore erforscht
**fol'k'lo'ris'tisch** ( Adj.) zur Folklore gehörig
**Fol'k'lo'ris'tik** (die, -, nur Ez.) Wissenschaft von tradierten Volksliedern und -bräuchen
**Folk'mu'sik** [fəʊk-] (die, -, nur Ez.) englische Volkslieder mit Rock- und Blueselementen
**Folk'song** [fəʊksɔ̃] (der, -s, -s) moderne Musik mit traditionellen Elementen
**Fol'li'kel** (der, -s, -) **1** Bläschen; z.B. ein Haarbalg **2** Hülle um die Eizelle im Eierstock [lat.]
**Fol'li'kel'hor'mon** (das, -s, -e) = Östrogen [lat. -gr.]
**Fol'li'kel'sprung** (der, -s, -sprün'ge) Eisprung
**fol'li'ku'lar** (Adj.) **1** schlauchartig **2** von einem Follikel ausgehend
**Fo'ment** (das, -es, -e) warmer Umschlag (Med.) [lat.]
**Fon** (das, -s, nur Ez.) Telefonangabe bei Briefköpfen
**Fo'na'ti'on** (die, -, nur Ez.) = Phonation
**Fond** [fɔ̃] (der, -s, -s) **1** (Hinter-)Grund; z.B. der Fond einer Bühne **2** Grundlage; z.B. der Fond eines Vermögens **3** Rücksitz im Wagen **4** Bodensatz beim Fleischanbraten (als Soßengrundlage) [frz.]
**Fon'dant** [fɔ̃dɑ̃ː] (der, -s, -s) weiche Zuckermasse (als Ausgangsstoff verschiedener Konditoreierzeugnisse) [frz.]
**Fonds** [fɔ̃] (der, -, - [fɔ̃ːs]) Geldvorrat; Vermögensgrundstock [frz.]
**Fon'due** [-dyː] (das, -s, -s) Gericht, bei dem aus einem durch Feuer erhitzten Spezialgefäß gegessen wird; z.B. in Käse getauchte Brotwürfel, in Öl gebratenes Fleisch [frz.]
**Fo'nem** (das, -s, -e) kleinste, bedeutungsunterscheidende, aber nicht betdeutungstragende sprachliche Einheit z.B. Kasse/Tasse [gr.]
**Fo'ne'ma'tik** (die, -, nur Ez.) = Phonematik
**fo'ne'ma'tisch** (Adj.) = phonematisch
**Fo'ne'mik** (die, -, nur Ez.) = Phonemik
**fo'ne'misch** (Adj.) = phonemisch
**fo'nen** (V.) telefonieren (ugs.)
**Fo'ne'tik** (die, -, nur Ez.) = Phonetik
**fo'ne'tisch** (Adj.) = phonetisch
**Fo'nis'mus** (der, -, -men) Tonempfindungen bei Sinnesreizen, z. B des Auges, die nicht den Hörnerv betreffen
**Fo'no'graf** (der, -en, -en) = Phonograf
**Fo'no'gra'fie** (die, -, -n) = Phongrafie
**Fo'no'gramm** (das, -s, -e) = Phonogramm
**Fo'no'kof'fer** (der, -s, -) = Phonokoffer
**Fo'no'lith** (der, -s oder –en, -e) = Phonolith
**Fo'no'lo'gie** (die, -, nur Ez.) = Phonologie
**fo'no'lo'gisch** (Adj.) = phonologisch
**Fon'tä'ne** (die, -, -n) hochspringender Flüssigkeitsstrahl; Springbrunnen [frz.]
**Fon'ta'nel'le** (die, -, -n) Stelle am Oberkopf eines Säuglings, an der die Schädelknochen noch nicht zusammengewachsen sind [it.]
**Food** [fuːd] Essen, Nahrung
**Food'de'sig'ner** [fuːddizainə] (der, -s, -) jmd., der Nahrungsmittel für Fotoaufnahmen dekorativ anordnet
**Food'en'gi'nee'ring** [fuːdændʒɪniːrɪŋ] (das, -s, nur Ez.) Entwicklung neuer Lebensmittel

**Foot** [fut] (der, -, Feet [fiːt]) englisches Längenmaß, etwa 30 Zentimeter
**Football** [futbɔːl] (der, -s, nur Ez.) amerikanisches Ballspiel
**Footing** [fuːtiŋ] (das, -s, -s) gleichbleibender Puls von 130/Minute beim Dauerlauf
**Foramen** (das, -s, -mina) Öffnung, Loch (Med.) [lat.]
**Foraminifere** (die, -, -n) meeresbewohnender Einzeller mit grazilem Kalkgehäuse, ein Kammerling [lat.]

F

**Force** [fɔrs] (die, -, -s) Kraft, Stärke, Gewalt
**Force de frappe** [fɔrsdəfrap] (die, - -, -, nur Ez.) französische Atomstreitmacht
**forcieren** [-siː-] (V.) erzwingen [frz.]
**Forechecking** [fɔtʃɛkɪŋ] (das, -s, -s) Störung des Angriffs des Gegners beim Eishockey
**Forehand** [fɔːhænd] (die, -, -s) Vorhand (im Tennis) [engl.]
**Foreign Office** [fɔrinɔfɪs] (das, -, nur Ez.) das auswärtige Amt Großbritanniens
**forensisch** (Adj.) gerichtlich; der Verbrechensbekämpfung dienlich [lat.]
**Forfaiteur** [fɔrfɛtøːr] (der, -s, -e) Kreditinstitut, das die Forderung aus einer Außenhandelsfinanzierung erwirbt [frz.]
**forfaitieren** [fɔrfɛt-] (V.) eine Forderung verkaufen
**Forfaitierung** [fɔrfɛt-] Außenhandelsfinanzierung über ein Kreditinstitut [frz.]
**Forfeit** [fɔːfɪt] (das, -s, -s) Abstandssumme beim Rücktritt von Verträgen
**Forint** (auch [-rɪnt]) (der, -(s), - oder -s) ungarische Währungseinheit [it.-ungar.]
**Formaggio** [fɔrmadʒo] (der, -s, -maggi) geformter Käse [it.]
**formal** (Adj.) zur Form gehörig, äußerlich; nur der Form nach
**formalästhetisch** (Adj.) die reine Form eines Kunstwerkes betreffend
**Formalausbildung** (die, -, -en) Truppenausbidung, Exerzieren
**Formaldehyd** (der, -s, nur Ez.) ein farbloses, stechend riechendes Gas, Ameisensäurealdehyd als Desinfektionsmittel, ein Umweltgift [nlat.]
**formalistisch** (Adj.) Überbetonung des Formalen
**formaljuristisch** (Adj.) das Recht betreffend
**Formalien** (nur Mz.) Äußerlichkeiten, Formvorschriften [lat.]
**Formalin** (das, -s, nur Ez.) wässrige Lösung des Formaldehyds
**formalisieren** (V.) in eine systematische Form bringen [lat.]
**Formalismus** (der, -, -men) mechanisch-gedankenlose Formbetonung, Formstarrheit [lat.]
**Formalist** (der, -listen, -listen) jmd., der Formen überbetont [lat.]
**Formalität** (die, -, -en) Vorschriftssache; überflüssige Äußerlichkeit [lat.]
**formaliter** (Adv.) förmlich [lat.]
**Formans** (das, -, -manzien) der Wortableitung dienendes Morphem; z.B. „Ge…" in Gesang [lat.]
**Format** (das, -s, -e) **1** bestimmte Größe, (genormtes) Ausmaß; z.B. Fotos in einem anderen Format bestellen **2** (nur Ez.) Bedeutung als Person; z.B. er hat kein Format [lat.]
**formatieren** (V.) bei Datenträgern die notwendige Einteilung vornehmen
**Formatierung** (die, -, -en) Einteilung eines Datenträgers zur Inbetriebnahme
**Formation** (die, -, -tionen) **1** Bildung, Gestaltung, Gruppierung; z.B. die Formation arbeitsfähiger Gremien **2** Untergliederung eines Erdzeitalters; (in einer bestimmten Zeit gebildete) Schicht der Erdkruste **3** militärische Gliederung; z.B. in marschmäßiger Formation auftreten [lat.]
**Formationsflug** (der, -s, -flüge) Flug einiger Flugzeuge in einer bestimmten Choreographie
**Formationstanz** (der, -es, -tänze) Tanz, bei dem acht Paare in einer bestimmten Aufstellung stehen
**formativ** (Adj.) gestaltend [lat.]
**Formel** (die, -, -n) **1** feststehender Text; z.B. bei einem Gelöbnis die vorgeschriebene Formel sprechen **2** durch Buchstaben und Zeichen formuliertes Gesetz (in der Mathematik, Physik); Symbolschrift für Verbindungen (in der Chemie) **3** feststehende Konstruk-

tionsmerkmale eines Rennwagens; z.B. Formel-1 [lat.]
**for'mell** (Adj.) **1** förmlich **2** der Form halber [frz.]
**for'mi'da'bel** (Adj.) ausgezeichnet [frz.]
**For'mi'at** (das, -es, -e) Salz der Ameisensäure (Chem.) [lat.]
**for'mie'ren** (V.) bilden, gestalten; anordnen
**For'mi'ka'tio** [fɔrmikazio] (die, -, nur Ez.) Jucken der Haut (Med.)
**For'mi'ka'ri'um** (das, -s, -i'en) künstlich angelegtes Ameisennest zur Verhaltensforschung
**For'mu'lar** (das, -s, -e) gedrucktes Formblatt, Vordruck
**for'mu'lie'ren** (V.) mit Worten möglichst genau ausdrücken [frz.]
**For'mu'lie'rung** (die, -, -en) sprachliche Form, Ausdruck
**For'nix** (der, -, ni'ces) gebogene Form von Organen (Med.) [lat.]
**For'sy'thie** [-tsiə] (die, -, -n) Zierstrauch mit goldgelben Blüten vor dem Blattaustrieb [engl.-nlat.]
**Fort** [fɔːr] (das, -s, -s) kleine Militärfestung, Palisadenbau [frz.]
**for'te** (Adv.) kräftig, laut (bei Musikstücken) [it.]
**For'te** (das, -s, -s oder -ti) immense Lautstärke
**for'te'for'tis'si'mo** (Adv.) äußerst laut (bei Musikstücken) [it.]
**For'te'pi'a'no** (das, -s, -s) **1** (nur Ez.) starkes Einsetzen und sofort darauf folgende, leise Tonstücke **2** Klavier (veraltet) [frz.]
**For'ti'fi'ka'ti'on** (die, -, -ti'o'nen) Befestigung (veraltet) [lat.]
**for'ti'fi'zie'ren** (V.) befestigen (veraltet) [lat.]
**For'tis** (die, -, -tes) die Konsonanten p, t, k
**for'tis'si'mo** (Adv.) sehr laut, stark (bei Musikstücken) [it.]
**for'tis'sis'si'mo** (Adv.) = fortefortissimo
**FORTRAN** (das, -s, nur Ez.) Abk. für **FOR**mular **TRAN**slator, Programmiersprache für mathematische Anwendungen [engl.]
**For'tune** (die, -, nur Ez.) Glück, Erfolg [frz.]
**For'tu'na** (die, -, nur Ez.) römische Glücksgöttin, das Glück [lat.]
**Fo'rum** (das, -s, -ren) **1** altrömischer Haupt-, Marktplatz **2** geistig-kulturelles Umschlagzentrum (mit Diskussionen, Veranstaltungen), das von einer Personengruppe geleitet wird [lat.]
**For'ward** [-wəd] (der, -s, -s) Stürmer (schweiz.) [engl.]
**for'zan'do** (Adv.) = sforzando
**for'za'to** (Adv.) = sforzato
**For'zeps** (der oder die, -, -zi'pes) Zange für schwierige Geburten (Med.)
**Fos'bu'ry'flop** *auch:* Fos'bu'ry-Flop [-bərɪ-] (der, -s, -s) Hochsprungtechnik, bei der der Körper die Latte rückwärts überquert [engl.]
**Fos'sa** (die, -, nur Ez.) Graben, Vertiefung (Med.)
**fos'sil** (Adj.) als Fossil erhalten, versteinert
**Fos'sil** (das, -s, -e) versteinerter Überrest, Abdruck eines urgeschichtlichen Lebewesens, Versteinerung [lat.]
**fos'si'lie'ren** (V.) zum Fossil werden, versteinern
**Fos'si'li'sa'ti'on** (die, -, -en) das Entstehen von Versteinerungen
**Fo'to** *auch:* Pho'to (das, -s, -s) = Fotografie *auch:* Photographie [Kurzwort]
**Fo'to'ap'pa'rat** *auch:* Pho'to'ap'pa'rat (der, -s, -e) Gerät, mit welchem Filme belichtet werden können
**Fo'to'bi'o'lo'gie** *auch:* Pho'to'bi'o'lo'gie (die, -, nur Ez.) Biologiezweig, der sich mit der Wirkung von Licht auf Flora und Fauna beschäftigt
**Fo'to-CD** *auch:* Pho'to-CD (die, -, -s) Compact Disc, auf der Fotos digital festgehalten werden
**Fo'to'che'mie** *auch:* Pho'to'che'mie (die, -, nur Ez.) Chemiezweig, der sich mit den chemischen Wirkungen des Lichts beschäftigt
**Fo'to'che'mi'gra'fie** *auch:* Pho'to'che'migrafie (die, -, nur Ez.) Produktion von Ätzungen in Lichtbildverfahren
**Fo'to'ef'fekt** *auch:* Pho'to'ef'fekt (der, -es, -e) Elektronenaustritt aus Stoffen, die mit Licht bestrahlt wurden
**fo'to'elek'trisch** *auch:* pho'to'e'lek'trisch (Adj.) auf Fotoelektrizität basierend

**Fo'to'elek'tri'zi'tät** *auch:* Pho'to'elek'tri'zi'tät durch Licht verursachte Elektrizität
**Fo'to'ele'ment** *auch:* Pho'to'ele'ment (das, -es, -e) elektrisches Element, das Lichtenergie in elektrische Energie verändert
**Fo'to'finish** [-fɪnɪʃ] Siegentscheid eines Wettrennens durch ein Foto, das den kaum sichtbaren Abstand der Teilnehmer beim Zieleinlauf zeigt
**fo'to'gen** *auch:* pho'to'gen (Adj.) gut zu fotografieren (bes. von Personen) [gr.]
**Fo'to'graf** *auch:* Pho'to'graph (der, -en, -en) jmd., der (beruflich) fotografiert
**Fo'to'gra'fie** *auch:* Pho'to'gra'phie (die, -, -n) **1** (nur Ez.) Verfahren, Bilder auf lichtempfindlichen Filmschichten zu erzeugen, Lichtbildnerei **2** das Bild selbst, Lichtbild [gr.]
**fo'to'gra'fie'ren** *auch:* pho'to'gra'phie'ren (V.) eine Fotografie herstellen
**fo'to'gra'fisch** *auch:* pho'to'gra'phisch (Adj.) zur Fotografie gehörig
**Fo'to'gramm** *auch:* Pho'to'gramm (das, -s, -e) Fotografie (**2**) für Messungen (von Gegenständen) [gr.]
**Fo'to'gra'vü're** *auch:* Pho'to'gra'vü're (die, -, -n) Tiefdruckverfahren
**Fo'to'ko'pie** *auch:* Pho'to'ko'pie (die, -, -n) durch Fotografie hergestellte Kopie
**fo'to'ko'pie'ren** *auch:* pho'to'ko'pie'ren (V.) eine Fotokopie machen
**Fo'to'la'bor** *auch:* Pho'to'la'bor (das, -s, -e) Einrichtung zum Entwickeln und Vergrößern von Fotos
**Fo'to'ly'se** *auch:* Pho'to'ly'se (die, -, -n) Zerstörung chemischer Verbindungen durch Licht
**fo'to'me'cha'nisch** *auch:* pho'to'me'cha'nisch (Adj.) mit Ätztechnik und Fotografie hantierend
**Fo'to'me'ter** *auch:* Pho'to'me'ter (das, -s, -) Apparat zur Messung der Lichtstärke
**Fo'to'me'trie** *auch:* Pho'to'me'trie (die, -, nur Ez.) Lehre der Lichtstärkemessung
**fo'to'me'trisch** *auch:* pho'to'me'trisch mithilfe der Lichtstärkemessung
**Fo'to'mo'dell** (das, -s, -e) jmd., der sich (beruflich) zu Werbezwecken fotografieren lässt [gr.-it.]
**Fo'to'mon'ta'ge** (die, -, -n) Zusammensetzung von Teilen verschiedener Fotografien zu einem neuen Bild [gr.-frz.]
**Fo'to'ob'jek'tiv** (das, -s, -e) Aufsatz an Fotoapparaten, in dem sich die Linse befindet
**Fo'to'op'tik** (die, -, -en) Kameraobjektiv
**fo'to'phil** *auch:* pho'to'phil (Adj.) lichtliebend
**fo'to'phob** *auch:* pho'to'phob (Adj.) lichtscheu
**Fo'to'pho'bie** *auch:* Pho'to'pho'bie (die, -, nur Ez.) starke Lichtempfindlichkeit, die in den Augen schmerzt (Med.)
**Fö'tor** (der, -s, nur Ez.) unangenehmer Geruch, Gestank (Med.)
**Fo'to're'a'lis'mus** (der, -, nur Ez.) **1** Fotografiestil, der die Umwelt schonungslos wirklich zeigt **2** Kunststil, bei dem ein Foto die Vorlage eines Gemäldes bildet
**Fo'to're'a'list** (der, -en, -en) Maler, der nach Fotos Gemälde malt
**Fo'to'sa'fa'ri** (die, -, -s) Reise in die Wildnis, um dort Tiere zu fotografieren
**Fo'to'set'ter** (der, -s, -) Lichtsetzmaschine mit austauschbaren Linsen zur Schriftgrößenverstellung
**Fo'to'sphä're** *auch:* Pho'to'sphä're (die, -, -n) Gashülle der Sonne
**Fo'to'syn'the'se** *auch:* Pho'to'syn'the'se (die, -, nur Ez.) Umwandlung von Kohlendioxid in Kohlenhydrate unter der Einwirkung der Sonne auf Grünpflanzen
**fo'to'tak'tisch** *auch:* pho'to'tak'tisch (Adj.) sich durch Lichtreize bewegend
**Fo'to'ta'xis** *auch:* Pho'to'ta'xis (die, -, -xen) durch Licht verursachte Bewegungsreaktion
**Fo'to'thek** (die, -, -en) große Fotografiesammlung
**Fo'to'the'ra'pie** *auch:* Pho'to'the'ra'pie (die, -, -n) Heilung von Hauterkrankungen durch die Bestrahlung mit Licht
**fo'to'trop** *auch:* pho'to'trop (Adj.) sich durch UV-Licht verfärbend
**Fo'to'tro'pie** *auch:* Pho'to'tro'pie (die, -, nur Ez.) Farbveränderung durch die Einwirkung von Sonnenstrahlen
**fo'to'tro'pisch** *auch:* pho'to'tro'pisch (Adj.) durch Fototropismus verursacht
**Fo'to'tro'pis'mus** *auch:* Pho'to'tro'pis'mus (der, -, nur Ez.) Pflanzenkrümmung bei einseitigem Lichteinfall
**Fo'to'vol'ta'ik** *auch:* Pho'to'vol'ta'ik (die, -, nur Ez.) direkte Energiegewinnung aus Licht durch Solarzellen

**fo'to'vol'ta'isch** *auch:* pho'to'vol'ta'isch (Adj.) die elektrische Energiegewinnung durch die Sonne betreffend
**Fo'to'zel'le** *auch:* Pho'to'zel'le (die, -, -n) Vorrichtung, die Strahlenenergie in elektrische Energie umwandelt
**Fo'to'zin'ko'gra'fie** *auch:* Pho'to'zin'ko'graphie (die, -, -n) Lichtbildverfahren zur Herstellung von Zinndrucken
**Fö'tus** (der, - oder -ses, -se oder -ten) = Fetus
**foul** [faʊl] (Adj.) regelwidrig, grob unsportlich [engl.]
**Foul** [faʊl] (das, -s, -s) Regelwidrigkeit, grobe Unsportlichkeit [engl.]
**Fou'lard** [fulaːr] (der, -s, -s) farbig gemusterter Seidenstoff (für Krawatten) [frz.]
**Fou'lé** [fuleː] (der, -(s), -s) ein weicher Anzugstoff [frz.]
**fou'len** [faʊ-] (V.) ein Foul begehen
**Four'gon** [furgɔ̃] (der, -s, -s) Militärlastwagen (schweiz.) [frz.]
**Four'let'ter'word** *auch:* Four-Let'ter-Word [fɔːrlɛtəwɜd] (das, -s, -s) vulgärer Ausdruck (nach engl. fuck)
**Fo'vea** (die, -e, -e'ae) Vertiefung in Knochen oder Organen (Med.) [lat.]
**Fox** (der, -, -) = Foxtrott [Kurzwort]
**Fox'hound** [-haʊnd] (der, -s, -s) rotschwarz-weiß gefleckter englischer (Fuchs-) Jagdhund
**Fox'ter'ri'er** (der, -s, -) kleine Jagdhundrasse mit Knickohren, Fleckenfell und Stummelschwanz [engl.]
**Fox'trott** (der, -, -s) ein Gesellschaftstanz im 4/4-Takt [engl.]
**Fo'yer** [fwajeː] (das, -s, -s) Wandelhalle (im Theater) [frz.]
**Fra** (ohne Artikel) it. Mönch, Bruder (Anrede in Verbindung mit einem Vornamen)
**Frack** (der, -es, Frä'cke) schwarze, festliche, knielange Jacke mit kürzerem Vorderteil
**fra'gil** (Adj.) zerbrechlich, zart [lat.]
**Fra'gi'li'tät** (die, -, nur Ez.) Zerbrechlichkeit, Zartheit
**Frag'ment** (das, -s, -e) Bruchstück; unvollendetes Werk [lat.]
**frag'men'ta'risch** (Adj.) bruchstückhaft, unvollendet [lat.]
**Frag'men'ta'ti'on** (die, -, -en) 1 Kernteilung (Bot.) 2 ungeschlechtliche Fortpflanzung bei Pflanzen z.B. durch Teilen der Mutterpflanze [lat.]
**frag'men'tie'ren** (V.) in Bruchstücke zerlegen [lat.]
**frais** [frɛːz] (Adj.) = fraise
**fraise** *auch:* frais [frɛːz] (Adj.) erdbeerfarben (bei Kleidern) [frz.]
**frak'tal** (Adj.) stark gebrochen
**Frak'tal** (das, -s, -e) komplexe, geometrische Struktur eines Objekts, z.B. eines Schwammes
**Frak'ti'on** (die, -, -ti'o'nen) 1 Parlamentsvertretung einer Partei; politische Sondergruppe 2 Zerlegung durch Trennverfahren (in der Chemie) [frz.]
**frak'ti'o'nell** (Adj.) 1 alles, was die Fraktion betrifft 2 eine Fraktion bildend
**Frak'ti'ons'chef** (der, -s, -s) jmd., der in der Fraktion das Sagen hat
**Frak'ti'ons'zwang** (der, -es, nur Ez.) Verpflichtung eines Fraktionsmitglieds zur einheitlichen Stimmenabgabe
**frak'ti'o'nie'ren** (V.) durch Trennverfahren zerlegen (in der Chemie) [frz.]
**Frak'tur** (die, -, -en) 1 (nur Ez.) eine Druckschrift, gotische, „deutsche" Schrift 2 Knochenbruch [lat.]
**Fram'bö'sie** (die, -, -n) tropische Hautkrankheit, Himbeerpocken [frz.]
**Frame** [freɪm] (der, -n, -n) Fahrgestell von Eisenbahnwagen
**Franc** [frɑ̃] (der, -, - oder -s) ehem. Währungseinheit (u.a. in Frankreich, Belgien)
**Fran'çai'se** [frɑ̃sɛːz] (die, -, -n) französischer Kontertanz
**Fran'chise** [fræntʃaɪz] (die, -, nur Ez.) Vertriebsform im Handel [engl.]
**Fran'chi'se** [frɑ̃ʃiːz] (die, -, -) Versicherungshaftung ab bestimmter Schadenshöhe [frz.]
**Fran'chi'sing** [fræntʃaizɪŋ] (das, -s, nur Ez.) Verkauf von Waren durch einen Einzelhändler in Lizenz eines großen Unternehmens
**Fran'ci'um** [-tsi-] (das, -s, nur Ez.) ein radioaktives Alkalimetall [nlat.]
**Fran'ka'tur** (die, -, -en) das Frankieren, Freimachen (Brief)
**fran'kie'ren** (V.) freimachen (einen Brief) [it.]

F

**Fran'ko'ka'na'dier** (der, -s, -) französischsprachige Bürger Kanadas
**fran'ko'phil** (Adj.) mit einer besonderen Vorliebe für alles Französische [nlat.-gr.]
**Fran'ko'phi'lie** (die, -, nur Ez.) Begeisterung für Frankreich
**fran'ko'phob** (Adj.) Frankreich unbegeistert gegenüberstehend
**Fran'ko'pho'bie** (die, -, nur Ez.) Verabscheuung Frankreichs
**Frank'ti'reur** [-røːʁ] (der, -s, -e) Freischärler [frz.]
**Fran'zis'ka'ner** (der, -s, -) Bettelmönch
**fran'zö'sie'ren** (V.) etwas französisch gestalten
**frap'pant** (Adj.) auffallend, überraschend, verblüffend [frz.]
**Frap'pee** (der, -s, -s) **1** durch Pressung entstandenes Muster auf einem Stoff **2** (das, -s, -s) Getränk mit kleingehacktem Eis
**frap'pie'ren** (V.) **1** verblüffen **2** mit Eis kühlen (beim Sekt) [frz.]
**Fras'ca'ti** (der, -s, -s) ein kräftiger italienischer Weißwein
**Frä'se** (die, -, -n) barocke Halskrause [frz.]
**Fra'ter** (der, -s, -tres) Mönch, der noch vor der priesterlichen Weihe steht
**Fra'ter'ni'sa'ti'on** (die, -, nur Ez.) das Fraternisieren [frz.]
**fra'ter'ni'sie'ren** (V.) sich verbrüdern (bei Soldaten gegenüber der Zivilbevölkerung)
**Fra'ter'ni'tät** (die, -, -en) **1** Brüderlichkeit, Verbrüderung **2** Bruderschaft
**Fra'ter'ni'té** (die -, nur Ez.) Brüderlichkeit (als Schlagwort der Französischen Revolution) [frz.]
**Freak** [friːk] (der, -s, -s) schrulliger, unbürgerlicher Mensch [engl.]
**frea'kig** [friːkɪg] (Adj.) ausgeflippt, unkonventionell
**Free'call** *auch:* Free-Call [friːkɔːl] ein Telefongespräch, das den Anrufer nichts kostet [engl.]
**Free'clim'bing** *auch:* Free-Clim'bing [friːklaimbɪŋ] (das, -, -s) Bergsteigen ohne Ausrüstung [engl.]
**Free Jazz** [friːdʒæs] improvisiertes Spielen von Jazzmusik
**Free'lance** [friːlæns] (der, -, -s) freie Mitarbeit, besonders im Journalismus [engl.]
**Free'lan'cer** [friːlænsə] (der, -s, -) freier Mitarbeiter [engl.]
**Free'sie** [-siə] (die, -, -n) ein Schwertliliengewächs, Zierpflanze [nlat.]
**Free'style** [friːstaɪl] (der, -s, nur Ez.) freie Wahl in Stilfragen [engl.]
**Free'ware** [friːweə] (die, -, nur Ez.) frei verfügbare, kostenlose Computersoftware
**Fre'gat'te** (die, -, -n) schnelles Kriegsschiff; Geleitschutzboot [frz.]
**fre'ne'tisch** (Adj.) rasend; z.B. frenetischer Beifall [frz.]
**Fre'nu'lum** (das, -s, -la) kleines Hautband (als Verbindung der Eichel mit der Vorhaut) [lat.]
**fre'quent** (Adj.) **1** häufig **2** beschleunigt (vom Puls) [lat.]
**fre'quen'tie'ren** (V.) häufig besuchen [lat.]
**Fre'quenz** (die, -, -en) **1** Häufigkeit **2** Schwingungszahl (pro Sekunde) [lat.]
**Fres'ke** (die, -, -n) = Fresko
**Fres'ko** (das, -s, -ken) Wandmalerei auf noch feuchten Kalkverputz [it.]
**Fres'ko'ma'le'rei** (die, -, -en) Pinselauftrag auf frischem, feuchtem Putz
**Fri'dat'te** (die, -, -n) = Frittate (österr.)
**fri'de'ri'zi'a'nisch** (Adj.) zur Ära Friedrichs des Großen gehörig
**Fries** (der, -es, -e) ornamentaler Zierstreifen an Wänden [frz.]
**fri'gid** *auch:* fri'gi'de (Adj.) sexuell unerregbar (bei Frauen)
**Fri'gi'da'rium** (das, -s, -i'en) **1** kühles Gewächshaus **2** Raum zum Abkühlen in altrömischen Bädern
**fri'gi'de** (Adj.) = frigid
**Fri'gi'di'tät** (die, -, nur Ez.) das Frigidsein [lat.]
**Fri'ka'del'le** *auch:* Fri'kan'del'le (die, -, -n) gebratenes Klößchen, mit Semmeln vermischtes Hackfleisch [frz.]
**Fri'kan'deau** [-kãdo] (das, -s, -s) zartes Keuleninnenstück, Kalbsnuss [frz.]
**Fri'kan'del'le** (die, -, -n) = Frikadelle
**Fri'kas'see** (das, -s, -s) klein geschnittenes Kochfleisch (Huhn, Kalb) in heller Soße [frz.]

**frikativ** (Adj.) durch Reibung erzeugt (von Lauten) [lat.]
**Frikativ** (der, -s, -e) Reibelaut; z.B. „f" [lat.]
**Friktion** (die, -, -tionen) Reibung; Einreibung
**Frisbee** [-biː] (das, -s, -s) Spielwurfscheibe aus Kunststoff [engl.]
**Frisée** (der, -, nur Ez.) Salatsorte
**Friseur** *auch:* Frisör [-zøːɐ] (der, -s, -e) jmd., der beruflich Haare schneidet, Frisuren macht [frz.]
**Friseuse** *auch:* Frisöse [-zøː-] (die, -, -n) weiblicher Friseur
**frisieren** (V.) 1 das Haar ordnen 2 beschönigend fälschen; z.B. eine Steuererklärung frisieren 3 die Motorleistung steigern [frz.]
**Frisör** (der, -s, -e) = Friseur
**Frisöse** (die, -, -n) = Friseuse
**Frisur** (die, -, -en) bestimmte Anordnung des Haars, Haartracht [frz.]
**Fritfliege** (die, -, -n) schwarze Fliege, deren Larve Getreide vernichtet
**Frittate** *auch:* Fridatte (die, -, -n) Pfannkuchenstreifen als Suppeneinlage [it.]
**Fritteuse** [-tøː-] (die, -, -n) Frittiergerät
**frittieren** (V.) in Öl schwimmend backen, braten [frz.]
**frivol** (Adj.) leichtfertig und ein wenig unanständig [frz.]
**Frivolität** (die, -, -en) das Frivolsein
**Fromage de Brie** [-maːʒ-] (der, - - -, nur Ez.) = Brie
**Fronde** [frɔ̃ːd] (die, -, nur Ez.) regierungsfeindliche Gruppe [frz.]
**Frondeszenz** (die, -, nur Ez.) das Heranwachsen von Pflanzenorganen zu Blättern (Bot.)
**Frondeur** [frɔ̃døːɐ] (der, -s, -e) jmd., der zur Fronde zählt, Regierungsgegner
**frondieren** (V.) opponieren, der Regierung Schranken setzen [frz.]
**Front** (die, -, -en) 1 Vorderseite 2 vorderstes Kampfgebiet beim Militär 3 Übergangsbereich zwischen warmen und kalten Luftmassen in der Wetterkunde 4 Zusammenschluss extremer Parteien z.B. Front Nationale
**frontal** (Adj.) von vorn [frz.]
**Frontalität** (die, -, nur Ez.) in der archaischen Kunst Frontaldarstellung von Körpern
**Frontispiz** (das, -es, -e) 1 Bild (Kupferstich) gegenüber der Buchtitelseite 2 Giebeldreieck (über dem mittleren vorspringenden Gebäudeteil) [lat.]
**Frontman** [frʊntmæn] (der, -s, -men) Sänger einer Rockband [engl.]
**Frottage** [-ʒə] (die, -, n) Abreibung eines unter das Blatt gelegten Gegenstandes mit Bleistift, Rötel u.a. (grafische Technik) [frz.]
**Frotté** (der, -(s), -s) = Frottee (österr.)
**Frottee** *auch:* Frotté (das oder der, -(s), -s) lockerer Schlaufengarnstoff (Handtücher u.a.) [frz.]
**Frotteur** [-tøːɐ] (der, -s, -e) jmd., der sich durch Genitalreibung an einer bekleideten Person sexuell betätigt [frz.]
**frottieren** (V.) intensiv abreiben (mit einem Handtuch) [frz.]
**Frottola** (die, -s, -olen) säkulares Lied zu Beginn der Neuzeit in Norditalien [it.]
**Froufrou** [frufru] (das oder der, -, nur Ez.) das Rascheln von seidenen Unterröcken (der Damenmode um 1900) [frz.]
**Fructose** *auch:* Fruktose (die, -, nur Ez.) Fruchtzucker [nlat.]
**frugal** (Adj.) einfach, nicht üppig; z.B. ein frugales Mahl [frz.]
**Frugalität** (die, -, nur Ez.) Einfachheit [lat.-frz.]
**Fruktifikation** (die, -, -tionen) Fruchtbildung (in der Botanik) [lat.]
**fruktifizieren** (V.) Früchte ausbilden [lat.]
**Fruktose** (die, -, nur Ez.) = Fructose
**Frust** (der, -(es), nur Ez.) = Frustration (ugs.)
**Frustration** (die, -, -tionen) Enttäuschungserlebnis (bei unterbrochener Triebbefriedigung) [lat.]
**frustrieren** (V.) enttäuschen durch Zwang zum Verzicht [lat.]
**Frutti di Mare** (nur Mz.) Meeresfrüchte; z.B. Muscheln [it.]
**Fuchsie** [fuksiə] (die, -, -n) ein Nachtkerzengewächs, Zierpflanze [lat.]
**Fuchsin** [fuk-] (das, -s, nur Ez.) ein roter Teerfarbstoff [nlat.]

**fu|dit** „hat gegossen" (als Vermerk hinter einem Metallgießernamen) [lat.]
**fu|gal** (Adj.) in der Art einer Fuge [lat.]
**fu|ga|to** (Adv.) fugenartig komponiert (jedoch nicht so formstreng) [it.]
**Fu|ge** (die, -, -n) ein streng schematisiertes Musikstück mit Durchführung eines Themas in allen Stimmen [it.]
**Fu|get|te** *auch:* Fu|ghe|tta (die, -, -n) kleine Fuge
**Fu|ghet|ta** (die, -, -ten) = Fugette
**fu|gie|ren** (V.) ein Musikthema fugenartig verarbeiten
**Ful|gu|rit** (der, -s, -e) durch Blitzeinschlag röhrenartig verschmolzene Gesteine oder Mineralien, Blitzröhre [nlat.]
**Full|dress** *auch:* Full Dress (der, - -, nur Ez.) Gesellschaftsanzug; Abendrobe [engl.]
**Full|house** *auch:* Full House [fʊlhaus] (das, -, -s) Kartenblatt beim Poker [engl.]
**Full Ser|vice** [fʊlsɜrvɪs] (der, -, -s) Dienst am Kunden, der alle Arbeiten einschließt [engl.]
**Full Speed** [fʊlspiːd] (die, -, nur Ez.) Höchstgeschwindigkeit (beim Autofahren)
**Full|time|job** *auch:* Fulltime-Job [fʊltaɪm dʒɒb] (der, -s, -s) Vollzeit-, Ganztagsbeschäftigung [engl.]
**Ful|mar** (der, -s, -e) Eissturmvogel [altnord.]
**ful|mi|nant** (Adj.) großartig [lat.]
**Fu|ma|ro|le** (die, -, -n) vulkanische Dampfquelle [it.]
**Fu|mé** [fʏ-] (der, -s, -s) Rußfarbabzug (eines Holzschnitts), Probeabzug [frz.]
**Fun** [fan] (der, -s, nur Ez.) Spaß [engl.]
**Fun|da|ment** (das, -s, -e) 1 Unterbau, Grundmauer, 2 Grundlage [lat.]
**fun|da|men|tal** (Adj.) grundlegend, von Bedeutung
**Fun|da|men|ta|lis|mus** (der, -, nur Ez.) Verteidigen einer Grundanschauung (bes. der Bibel als unmittelbares Gotteswort) [nlat.]
**Fun|da|men|ta|list** (der, -lis|ten, -lis|ten) Verfechter des Fundamentalismus, der hinsichtlich seiner ideologischen oder religiösen Prinzipien keine Kompromisse eingeht [lat.]
**Fun|da|men|tal|the|o|lo|gie** (die, -, nur Ez.) Lehre von den Grundlagen des katholischen Glaubens
**fun|da|men|tie|ren** (V.) auf ein Fundament gründen
**Fun|da|ti|on** (die, -, -ti|o|nen) 1 (Kirchen-)Stiftung 2 das Fundamentieren (schweiz.)
**Fun|di** (der, -s, -s) Kurzwort für Fundamentalist
**fun|die|ren** (V.) begründen; gründlich ausstatten [lat.]
**Fundrai|sing** *auch:* Fund-Rai|sing [fandreɪsɪŋ] (das, -s, nur Ez.) Veranstaltung, deren Erlös an Wohltätigkeitsvereine geht
**Fun|dus** (der, -, -) Grundlage; Grundbestand
**fu|nè|bre** [fʏnɛː-] (Adv.) düster (bei Musikstücken) [frz.]
**fu|ne|ra|le** (Adv.) traurig, ernst (Vortragsanweisung in der Musik) [lat.-it.]
**Fu|ne|ra|li|en** (nur Mz.) Begräbnisfeierlichkeiten [lat.]
**fun|gi|bel** (Adj.) austauschbar, ersetzbar [lat.]
**Fun|gi|bi|li|en** (nur Mz.) austauschbare, fungible Dinge [lat.]
**Fun|gi|bi|li|tät** (die, -, nur Ez.) 1 Austauschbarkeit, Ersetzbarkeit 2 beliebige Verwendbarkeit [lat.]
**fun|gie|ren** (V.) ein Amt, eine Funktion verrichten [lat.]
**fun|gi|zid** (Adj.) pilztötend [lat.]
**fun|gös** (Adj.) schwammig wie ein Pilz (Med.)
**Fun|gus** (der, -, -gi) Schwammgeschwulst (an Gelenken) [lat.]
**Funk** [fʌnk] (der, -(s), nur Ez.) rhythmisch betonte, auf Rock-, Blues- und Jazzelementen basierende Musik [engl.]
**fun|kig** [fãkɪg] (Adj.) der Funkmusik entsprechend
**Funk|ti|on** (die, -, -ti|o|nen) 1 Aufgabe, Tätigkeit, Zweck; 2 die Zuordnung einer abhängigen Größe (in Form einer Kurve im Koordinatensystem) [lat.]
**funk|ti|o|na|li|sie|ren** (V.) etwas rationell gestalten
**Funk|ti|o|na|lis|mus** (der, -, nur Ez.) 1 Architekturrichtung, die zweckorientiert Gebäude konstruiert 2 Darstellung von

inneren Abhängigkeiten von Systemen in der Sozialwirtschaft
**Funktionalität** (die, -, nur Ez.) zweckmäßige Beschaffenheit
**Funktionär** (der, -s, -e) Beauftragter (einer Partei, eines Sportverbandes u.a.) [frz.]
**funktionell** (Adj.) die Funktion erfüllend, zu einer Funktion gehörig, zweckbestimmt, zweckgerichtet
**funktionieren** (V.) richtig ablaufen, in Betrieb sein [frz.]
**Funktionsleiste** (die, -, -n) Aneinanderreihung von Icons auf der Bildschirmoberfläche in Text- und Tabellenkalkulationsprogrammen
**Funktor** (der, -s, -en) ein Begriff, der einen anderen Begriff näher definiert
**funky** [fãki] (Adj.) verrückt, bizarr
**Furage** [fura:gə] (die, -, nur Ez.) **1** Truppenverpflegung **2** Pferdefutter [frz.]
**furibund** (Adj.) tobend, rasend, tobsüchtig (Med.) [lat.]
**Furie** [-riə] (die, -, -n) **1** altrömische Rachegöttin **2** wütendes, rasendes Weib [lat.]
**furios** (Adj.) hitzig, leidenschaftlich; mitreißend [it.]
**furioso** (Adv.) leidenschaftlich, wild (bei Musikstücken) [it.]
**Furioso** (das, -s, -si) ein wildes, leidenschaftlich zu spielendes Musikstück (oder musikalischer Satz) [lat.]
**Furnier** (das, -s, -e) dünner Holzbelag (auf geringerwertigem Möbelmaterial, Spanplatten u.a.) [it.-frz.]
**furnieren** (V.) mit Furnier verblenden
**Furor** (der, -s, nur Ez.) Kampfwut, Raserei [lat.]
**Furore** (die, -, nur Ez.) erfolgreiches Aufsehen; rasender Beifall [it.]
**Furor poeticus** (der, -, nur Ez.) dichterische Begeisterung [gr.-lat.]
**Furunkel** (der, -s, -) eitrige Unterhautentzündung (durch Infizierung einer Talgdrüse mit Kugelbakterien) [lat.]
**Furunkulose** (die, -, -n) Auftreten vieler Furunkel am Körper [lat.-gr.]
**Füsilier** (der, -s, -e) Flintenträger (früher Infanterieschütze) (schweiz.) [frz.]
**füsilieren** (V.) standrechtlich erschießen [lat.-frz.]
**Füsillade** (die, -, -n) Massenerschießung standrechtlich Verurteilter (veraltet) [frz.]
**Fusion** (die, -, -sionen) Verschmelzung (zweier Kapitalgesellschaften, zweier Parteien, zweier Atomkerne) [lat.]
**fusionieren** (V.) eine Fusion bilden, verschmelzen
**Fusionsreaktor** (der, -s, -en) Anlage zur Energieerzeugung durch Atomkernfusion
**Fustage** [-ʒə] (die, -, -n) Leergut(preis) [frz.]
**Fustanella** (die, -, -len) der kurze Männerrock in der griechischen Nationaltracht [gr.-it.]
**Fusti** (nur Mz.) **1** unbrauchbare Warenbeimischung **2** Preisnachlass für Unreinheiten einer Ware [it.]
**Futhark** [-θark] (das, -s, -e) Runenalphabet [germ.]
**futil** (Adj.) nichtig, läppisch, von keinerlei Bedeutung, ohne Belang [lat.]
**Futilität** (die, -, -en) Belanglosigkeit, Nichtigkeit [lat.]
**Futon** (der, -s, -s) hart gepolsterte Matte als Matratze [jap.]
**Futteral** (das, -s, -e) Hülle, die der Form eines Gegenstands angepasst ist [altnord.-lat.]
**Futur** (das, -s, -e) Zukunftsform des Verbs; z.B. ich werde gehen [lat.]
**Futura** (die, -, nur Ez.) feine, schlanke Schriftart im Druckerwesen
**Future** [fju:tʃə] (der, -s, nur Ez.) Termingeschäft [engl.]
**Futurismus** (der, -, nur Ez.) Bruch mit Werten der Kunsttradition (als Stilrichtung um 1910) [nlat.]
**Futurist** (der, -risten, -risten) Futuriskünstler
**Futurologie** (die, -, -n) Zukunftsforschung [lat.-gr.]
**Fuzzylogik** *auch:* Fuzzylogic, Fuzzylogic (die, -, nur Ez.) math. Theorie, die nicht nur zwischen wahren und falschen Aussagen unterscheidet, sondern auch Annäherungswerte zulässt [engl.]
**Fuzzytheorie** (die, -, nur Ez.) Versuch des menschlichen Denkens durch Computer

# G

**Ga'bar'di'ne** [-diːn] (die oder der, -(s), nur Ez.) ein stark gerippter Stoff [span.-frz.]
**Ga'bu'ner** (der, -s, -) Einwohner des Staates Gabun in Westafrika [portugies.]
**Gad'get** [gædʒit] ] (das, -s, -s) kleiner kostenloser Werbeartikel [engl.]
**Gag** [gæg] (der, -s, -s) lustiger Überraschungseffekt; witziger Einfall [engl.]
**ga'ga** (Adj.) trottelig
**Ga'ga'ku** (das, -, nur Ez.) Orchester- oder Chormusik am japanischen Kaiserhof des Mittelalters [jap.]
**Ga'gat** (der, -s, -e) harte, glänzende Kohlensubstanz; z.B. für Trauerschmuck [gr.]
**Ga'ge** [-ʒə] (die, -, -n) Künstlergehalt [germ.-frz.]
**Ga'gist** (der, -is'ten, -is'ten) 1 jmd., der eine Gage bezieht 2 Staatsangestellter in der österreichisch-ungarischen Monarchie [germ.-frz.]
**Ga'gli'ar'de** *auch:* Gail'lar'de (die, -, -n) italienischer Springtanz
**Gag'man** [gægmən] (der, -s, -men) jmd., der die Gags (für einen Film, ein Bühnenstück) erfindet
**Gah'nit** (der, -s, -e) dunkelgrünes bis schwarzes Mineral
**Gail'lard** [gajaːr] (der, -s, -s) französische Bezeichnung für „Bruder Lustig" [frz.]
**Gail'lar'de** (die, -, -n) = Gagliarde
**Gai'ta** (die, -, -s) Sammelbezeichnung für verschiedene spanische Blasinstrumente [span.]
**Gal** (das, -s, -) Maßeinheit der Erdbeschleunigung (früher) [it., Kurzwort]
**Ga'la** (die, -, nur Ez.) 1 (vorgeschriebene) festliche Kleidung 2 prunkvolle Aufführung, Festlichkeit; z.B. eine Jubiläumsfeier in Form einer Gala [span.]
**Ga'la'bi'ya** (die, -, -s) weites Wollgewand der ärmeren Bevölkerung arabischer Länder [arab.]
**Ga'la'go** (der, -s, -s) kleiner afrikan. Halbaffe
**ga'lak'tisch** (Adj.) zur Galaxie gehörig
**Ga'lak'to'lo'gie** (die, -, nur Ez.) Wissenschaft von der Zusammensetzung der Milch
**Ga'lak'to'me'ter** (das, -s, -) Dichtemessgerät zur Bestimmung des Milchfettgehalts [gr.]
**Ga'lak'tor'rhö** (die, -, -en) Milchfluss nach der Stillzeit [gr.]
**Ga'lak'to'se** (die, -, -n) Milchzuckerbestandteil [gr.]
**Ga'lak'to'sta'se** (die, -, -n) Milchstauung (Med.)
**Ga'lak'to'ze'le** (die, -, -n) Milchzyste (Med.)
**Ga'la'lith** (das, -s, nur Ez.) ein Werkstoff, Kunsthorn (Warenzeichen) [gr.]
**Ga'lan** (der, -s, -e) Liebhaber (scherzhaft) [span.]
**ga'lant** (Adj.) höflich-zuvorkommend (gegenüber einer Dame) [frz.]
**Ga'lan'te'rie** (die, -, -n) das Galantsein; galante Redeweise
**Ga'lant'homme** [galɑ̃tɔm] (der, -s, -s) Ehrenmann, Mann von feiner Lebensart [frz.]
**Ga'lan'ti'ne** (die, -, -n) mit Aspik überzogene Fleisch- oder Fischpastete [frz.]
**Ga'lant'u'o'mo** (der, -s, -mi'ni) Ehrenmann, Mann von feiner Lebensart [it.]
**Ga'la'xi'as** (die, -, nur Ez.) Milchstraße (veraltet) [gr.]
**Ga'la'xie** (die, -, -n) Sternsystem; Spiralnebel [gr.-lat.]
**Ga'la'xis** (die, -, nur Ez.) Milchstraße [gr.]
**Gä'le** (der, -n, -n) keltischer Ew. Irlands und Schottlands
**Ga'le'as'se** *auch:* Gal'jass (die, -, -n) kleiner Ostsee-Frachtsegler [it.-frz.]
**Ga'lee're** (die, -, -n) antikes Ruderkriegsschiff (das meist von Sklaven vorangetrieben wurde) [gr.-it.]
**Ga'le'nik** (die, -, nur Ez.) Lehre von natürlichen pflanzlichen Heilmitteln
**Ga'le'ni'kum** (das, -s, -ka) aus Drogen (in der Apotheke) zubereitete Arzneimittel [lat.]

**ga|le|nisch** (Adj.) aus Drogen zubereitet
**Ga|le|nit** (der, -s, -e) ein Mineral, Bleiglanz
**Ga|le|o|ne** (die, -, -n) großes Segelkriegsschiff (der Zeit spanischer und portugiesischer Entdeckungsreisen) [it.]
**Ga|le|ot** (der, -en, -en) Galeerensklave [gr.-lat.-roman.]
**Ga|le|o|te** *auch:* Ga|li|o|te (die, -, -n) **1** kleines Küstenfahrzeug, der Galeasse ähnlich [gr.-lat.-roman.] **2** kleines Segelfrachtschiff (früher; an der Nord-, Ostseeküste) [it.-frz.]
**Ga|le|rie** (die, -, -n) **1** balkonähnlicher Einbau, oberer Laufgang (in Festsälen, als Theaterrang) **2** Kunsthandlung mit Ausstellungsräumen; Gemäldesammlung **3** überdachter Tunnel, der zur Talseite offen liegt [it.-frz.]
**Ga|le|rist** (der, -ris|ten, -ris|ten) Galeriebesitzer; Kunsthändler
**Ga|let|te** (die, -, -n) flacher Blätterteigkuchen [frz.]
**Gal|gant** (der, -s, -e) ein asiatisches Ingwergewächs; Gewürz, Magenmittel [arab.-lat.]
**Ga|li|ma|thi|as** (der, -, nur Ez.) dummes, wirres Gerede [frz.]
**Ga|li|on** (das, -s, -s) erkerartiger Vorbau am Bug alter Segelschiffe (mit der Galionsfigur) [span.-frz.]
**Ga|li|ons|fi|gur** (die, -, -en) **1** geschnitzte (Frauen-)Figur auf dem Galion **2** Vorzeigeperson (einer Partei)
**Ga|li|o|te** (die, -, -n) = Galeote
**Ga|li|pot** [-po] (der, -s, nur Ez.) Kiefernharz (als Rohstoff) [frz.]
**gä|lisch** (Adj.) inselkeltisch
**Ga|li|um** (das, -s, nur Ez.) Labkraut
**Gal|jass** (die, -, -en) = Galeasse
**Gal|lé|glas** (das, -es, -glä|ser) Kunstglas, benannt nach frz. Kunsthandwerker E. Gallé
**Gal|le|ri|a** (die, -, -s) hallenartiger Glasbau, der mehrere Gebäudeteile miteinander verbindet
**Gal|ler|te** (die, -, -n) elastische, durchsichtige Masse (aus eingedickter, nach dem Kaltwerden erstarrter Knochenbrühe u.a.) [lat.]
**gal|ler|tig** (Adj.) aus gallertähnlichem Stoff bestehend
**Gal|li|er** (der, -s, -) Ew. Galliens, Kelte im Gebiet des späteren Frankreichs
**gal|li|e|ren** (V.) Textilien zur Farbstoffaufnahme mit Flüssigkeiten behandeln, die Tannin oder Galläpfelauszug enthalten
**gal|li|ka|nisch** (Adj.) zum Gallikanismus gehörig
**Gal|li|ka|nis|mus** (der, -, nur Ez.) nationalkirchliche Bestrebungen der französischen katholischen Kirche (bis etwa 1870) [nlat.]
**gal|lisch** (Adj.) zu Gallien gehörig, Frankreich verkörpernd
**gal|li|sie|ren** (V.) bei der Weinproduktion dem Traubensaft eine Zuckerlösung beimengen, um den Alkoholgehalt zu erhöhen oder den Säuregehalt zu senken [lat.]
**Gal|li|um** (das, -s, nur Ez.) ein Element, Weichmetall [nlat.]
**Gal|li|zis|mus** (der, -, -men) französische Spracheigentümlichkeit (in einer Kontaktsprache) [nlat.]
**Gall|jam|bus** (der, -, -ben) antiker Vers aus ionischen Tetrametern [gr.-lat.]
**Gal|lo|ne** (die, -, -n) ein Hohlmaß (rund 3,8 Liter in den USA, rund 4,5 Liter in Großbritannien) [frz.-engl.]
**gal|lo|phil** (Adj.) = frankophil [lat.-gr.]
**Gal|lo|way** (das, -s, -s) schottische Rinderrasse [engl.]
**Gal|lup|me|tho|de** (die, -, nur Ez.) Art der Meinungsumfrage, die auf repräsentativen Stichproben beruht
**Ga|lon** *auch:* Ga|lo|ne [-lõ] (der, -s, -s) glänzendes, schmales Zierband (an den Hosenseitennähten) [it.- frz.]
**Ga|lo|ne** (die, -, -n) = Galon [it.]
**Ga|lopp** (der, -s, -e oder -s) Gangart des Pferdes
**Ga|lop|per** (der, -s, -) speziell für Galopprennen gezüchtetes Rennpferd [germ.-frz.-engl.]
**ga|lop|pie|ren** (V.) **1** schnellste Gangart des Pferdes **2** sich schnell negativ entwickeln, verschlimmern [germ.-frz.-it.]
**Ga|lo|sche** (die, -, -n) Gummiüberschuh (veraltet); alter, schlechter (Haus-) Schuh [frz.]
**Gal|va|ni|sa|ti|on** (die, -, -ti|o|nen) **1** das Galvanisieren **2** Elektrotherapie mit Gleichstrom

G

**gal'va'nisch** (Adj.) chemische in elektrische Energie umsetzend; z.B. im galvanischen Element [it.-nlat.]
**Gal'va'ni'seur** (der, -s, -e) Facharbeiter in der Galvanotechnik [it.-frz.]
**gal'va'ni'sie'ren** (V.) einen Metallüberzug durch Elektrolyse herstellen; z.B. einen Draht mit Kupfer galvanisieren [it.-nlat.]
**Gal'va'nis'mus** (der, -, nur Ez.) die Lehre vom galvanischen Strom [lat.-it.]
**Gal'va'no** (das, -s, -s) im galvanischen Bad hergestellter Abguss für Druckverfahren [Kurzwort]

**Gal'va'no'gra'fie** *auch:* Gal'va'no'gra'phie (die, -, nur Ez.) Verfahren zur Herstellung von Kupferdruckplatten
**Gal'va'no'me'ter** (das, -s, -) Messgerät für niedrige elektrische Ströme [it.-nlat.-gr.]
**Gal'va'no'plas'tik** (die, -, -en) Herstellung von Metallgegenständen durch Galvanisieren [it.-nlat.-griech.]
**Gal'va'no'punk'tur** (die, -, -en) Entfernung von Haaren durch Elektrizität
**Gal'va'no'skop** (das, -s, -e) = Galvanometer
**Gal'va'no'tech'nik** (die, -, -en) Technik des Galvanisierens, der Galvanoplastik
**Gal'va'no'the'ra'pie** (die, -, -n) Heilbehandlung mit Elektrizität
**Ga'ma'sche** (die, -, -n) Überzug des Fußstegs und der Knöchel; z.B. seitlich geknöpft; z.B. wasserdichte Gamaschen über den Bergschuhen im Frühjahr tragen [span.-frz.]
**Ga'ma'schen'dienst** (der, -es, nur Ez.) pedantischer und sinnloser Dienst in der Kaserne
**Gam'ba'de** (die, -, -n) **1** Luftsprung **2** Kapriole **3** schneller Entschluss [lat.-it.-frz.]
**Gam'be** (die, -, -n) Kniegeige [it.]
**Gam'bi'er** (der, -s, -) Einwohner von Gambia in Westafrika
**Gam'bist** (der, -bis'ten, -bis'ten) Gambenspieler
**Gam'bit** (das, -s, -s) Schachspieleröffnung mit einem Bauernopfer [it.-span.]
**Game** [geɪm] (das, -s, -s) Spielgewinn beim Tennis (Sport) [engl.]
**Ga'mel'le** (die, -, -n) Soldatengeschirr
**Game'show** *auch:* Game-Show [geɪm-] (die, -, -s) Fernsehlivesendung, bei der Kandidaten um Preise in verschiedenen Spielen konkurrieren
**Ga'met** (der, -en, -en) Geschlechtszelle; z.B. Ei- oder Samenzelle beim Menschen [gr.]
**Ga'min** (der, -s, -s) Gassenjunge, Bursche [frz.]
**Gam'ma** (das, -s, -s) dritter Buchstabe des griechischen Alphabets
**Gam'ma'glo'bu'lin** (das, -s, -e) ein Blutserum-Eiweißkörper, der (immunisierende) Schutzstoffe bildet [gr.-nlat.]
**Gam'ma'spek'trum** (das, -s, -tren oder -tra) Energiespektrum der Gammastrahlen (Phys.)
**Gam'ma'strah'len** (nur Mz.) radioaktive Strahlung
**Gam'ma'zis'mus** (der, -, nur Ez.) Ausspracheschwierigkeiten bei den Buchstaben g und k, die falsch durch d und t ersetzt werden
**Gam'me** (die, -, -n) Tonleiter, Skala [gr.-lat.- frz.]
**Ga'mo'ne** (nur Mz.) pflanzliche Lockstoffe, die zur Befruchtung abgegeben werden (Bio.)
**Ga'mont** (der, -en, -en) Phase im Entwicklungszyklus einzelliger Lebewesen, in der der Organismus Geschlechtszellen bildet
**ga'mo'phob** (Adj.) ehescheu [gr.]
**ga'mo'trop** (Adj.) die Geschlechtsorgane schützend (Bot.) [gr.]
**Ga'na'che** [-naʃ] (die, -, nur Ez.) süße Nachspeise aus Sahne und Schokolade [frz.]
**Ga'na'sche** (die, -, -n) hinterer muskulöser Unterkieferrand des Pferdes [frz.]
**Ga'neff** (der, -s, -e) Ganove (Gaunersprache)
**Gang** [gæŋ] (die, -, -s) Bande (gewalttätiger Jugendlicher) [engl.]
**Gan'gli'en'zel'le** (die, -, -n) Nervenzelle [gr.-lat.]
**Gan'gli'om** (das, -s, -e) bösartige Geschwulst (Med.) [gr.-lat.]
**Gan'gli'on** (das, -s, -li'en/-gli'en) **1** Nervenknoten **2** Überbein [gr.]
**Gan'gli'tis** (die, -, nur Ez.) Entzündung der Nervenknoten (Med.)
**Gang'spill** (das, -es, -e) Ankerwinde [niederl.]
**Gangs'ter** [gæŋ-] (der, -s, -) Schwerverbrecher, Bandenmitglied [engl.]

**Gang'way** [gæŋweɪ] (die, -, -s) Steg, Treppe zum Ein- und Aussteigen (für Flugzeug-, Schiffspassagiere) [engl.]
**Ga'ra'ge** [-ʒə] (die, -, -n) 1 Kfz-Abstellraum 2 Autowerkstatt (veraltet) [frz.]
**ga'ra'gie'ren** (V.) in einer Garage einstellen (österr.; schweiz.)
**Ga'ra'gist** (der, -gis'ten, -gis'ten) Inhaber einer Autowerkstätte, Mechaniker (schweiz.)
**Ga'ra'mond** [-mɔ̃] (die, -, nur Ez.) eine Antiquadruckschrift [frz.]
**Ga'rant** (der, -en , -en) Bürge, Garantiegeber
**Ga'ran'tie** (die, -, -n) Gewähr; Zusicherung (der Schadensdeckung) [germ.-frz.]
**ga'ran'tie'ren** (V.) eine Garantie geben, sich verbürgen
**ga'ran'tiert** (Adj.) ganz bestimmt, mit Sicherheit
**Gar'çon** [-sɔ̃] (der, -s, -s) Kellner (meist scherzhaft) [frz.]
**Gar'çon'ni'ère** [garsɔnjɛːr] (die, -, -n) Einzimmerwohnung [österr.]
**Gar'de** (die, -, -n) 1 Leibwache 2 Elitetruppe 3 Fastnachtsgarde, Prinzengarde [engl.-frz.]
**Garde'du'korps** (das/die, -, -) Leibwache [frz.]
**Gardekorps** (das , -, -) Gesamtheit der Gardetruppen [frz.]
**Gar'de'nie** [-niə] (die, -, -n) ein Rötegewächs, Zierpflanze [engl.-nlat.]
**Gar'den'par'ty** (die, -, -s) Gartenfest [engl.]
**Gar'de'ro'be** (die, -, -n) 1 Kleiderbestand; z.B. sich eine neue Garderobe schneidern lassen 2 Kleiderablage; Umkleideraum [frz.]
**Gar'de'ro'bi'er** [-bjeː] (der, -s, -s) Gewandmeister (im Theater) [frz.]
**Gar'de'ro'bi'ère** (die, -, -n) weiblicher Garderobier; Garderobenfrau
**gar'dez!** [-deː] (Interj.) Warnhinweis, wenn beim Schach die Dame bedroht ist (nicht offiziell verwendet) [frz.]
**Gar'di'ne** (die, -, -n) Fenstervorhang [frz.]
**Gar'dist** (der, -dis'ten, -dis'ten) Gardesoldat [german.-frz.]
**gar'ga'ri'sie'ren** (V.) gurgeln (Med.) [gr.-lat.-frz.]
**Ga'rigue** [-rig] (die, -, nur Ez.) Felsheide (im Mittelmeerraum) [frz.]
**Gar'ne'le** (die, -, -n) zierlicher (Meeres-) Krebs mit langen Fühlern [lat.]
**gar'nie'ren** (V.) verzieren; z.B. Speisen [frz.]
**Gar'nie'rit** (der, -s, -e) hellgrünes, nickelhaltiges Mineral
**Gar'ni'son** (die, -, -en) Truppenstandort im Frieden; die Truppe selbst [frz.]
**gar'ni'so'nie'ren** (V.) in Garnison liegen; in Garnison bringen
**Gar'ni'tur** (die, -, -en) 1 verzierender („garnierender") Bestandteil; z.B. die Garnitur an der Kleidung 2 zusammengehörige Stücke; z.B. eine Garnitur von Möbeln [frz.]
**Ga'rot'te** (die, -, -n) = Garrotte
**Gar'rot'te** *auch:* Ga'rot'te (die, -, -n) Halswürgeeisen (früher als Hinrichtungsgerät in Spanien)
**gar'rot'tie'ren** (V.) mit der Garrotte hinrichten
**Gas** (das, -es, -e) 1 luftartig aufgebauter Stoff 2 Treibstoff, -pedal (ugs.) [gr.-niederl.]
**Ga'sel** *auch:* Ga'se'le (das, -s, -e) eine ursprünglich orientalische Reimform nach dem Schema aa ba ca … xa [arab.]
**Ga'se'le** (die, -, -n) = Gasel
**ga'sie'ren** (V.) durch Absengen über Gasflammen Garne von Faserenden befreien [gr.-niederl.-nlat.]
**ga'si'fi'zie'ren** (V.) für den Gasbetrieb einrichten [gr.-niederl.-lat.]
**ga'sig** (Adj.) wie Gas
**Gas'ko'na'de** (die, -, -n) Aufschneiderei, Angeberei, Prahlerei [frz.]
**Ga'so'lin** (das, -s, nur Ez.) ein Zwischenprodukt bei der Erdöldestillation, Benzin mit niedrigem Siedepunkt; Benzin [amerik.]
**Ga'so'me'ter** (der, -s, -) Gaskessel, -speicher; z.B. für Stadtgas [frz.]
**gas'tral** (Adj.) zum Magen gehörig [gr.]
**Gas'tral'gie** (die, -, -n) Magenkrampf [gr.]
**Gas'trek'ta'sie** (die, -, -n) Magenerweiterung (Med.)
**Gas'trek'to'mie** (die, -, -n) operative Magenentfernung [gr.]
**Gas'trin** (das, -s, nur Ez.) hormonähnlicher Stoff, der die Absonderung von Magensaft anregt (Med.)

G

**gas'trisch** (Adj.) = gastral
**Gas'tri'tis** (die, -, -ti̱den) Magenschleimhautentzündung [gr.]
**Gas'tro'di'a'pha'nie** (die, -, -n) Magendurchleuchtung (Med.)
**Gas'tro'du'o'de'ni'tis** (die, -, -ti'den) Entzündung des Magens und des Zwölffingerdarms (Med.)
**Gas'tro'dy'nie** (die, -, -n) Magenkrampf (Med.)
**Gas'tro'en'te'ri'tis** (die, -, -ti̱den) Magen- und Darmentzündung [gr.]
**gas'tro'gen** (Adj.) vom Magen ausgehend
**Gas'tro'nom** (der, -en, -en) Gastwirt (und Kenner der Kochkunst) [frz.]
**Gas'tro'no'mie** (die, -, -n) **1** Gaststättengewerbe **2** Kochkunst [frz.]
**gas'tro'no'misch** (Adj.) zur Gastronomie gehörig
**Gas'tro'pa're'se** (die, -, -n) Schlaffheit des Magens (Med.)
**Gas'tro'pa'thie** (die, -, -n) Magenleiden (Med.)
**Gas'tro'po'de** (der, -n, -n) Schnecke [gr.]
**Gas'tro's'kop** (das, -s, -e) ein Endoskop, Magenspiegel [gr.]
**Gas'tro's'ko'pie** (die, -, -n) Magenspiegelung
**Gas'tro'spas'mus** (der, -, -men) Magenkrampf (Med.)
**Gas'tros'to'mie** (die, -, -n) Anlage einer Magenfistel zur künstlichen Ernährung (Med.)
**Gas'tro'to'mie** (die, -, -n) operative Öffnung des Magens (Med.)
**Gas'tro'tri'chen** (die, -, nur Mz.) mikroskopisch kleine Wimperntierchen, die im Wasser leben
**Gas'tru'la** (die, -, nur Ez.) ein Stadium in der Embryonalentwicklung, Becherkeim [gr.-lat.]
**Gas'tru'la'ti'on** (die, -, -ti'o̱nen) Bildung der Gastrula
**Gate** [geɪt] (das, -s, -s) Ankunfts- und Abflugstor der Maschinen auf dem Flughafen [engl.]
**Gate'fold** [geɪtfəʊld] (das, -s, -en) übergroße, daher gefaltete Seite eines Buches oder einer Zeitschrift
**GATT** (das, -, nur Ez.) Abk. für **G**eneral **A**greement on **T**arifs and **T**rade, Allgemeines Zoll- und Handelsabkommen; Organisation der UNO zum Abbau von Handelsschranken [engl.]
**Gau'chis'mus** [goʃis-] (der, -, nur Ez.) linksradikale politische Bewegung Frankreichs [frz.]
**Gau'chist** [goʃist] (der, -chi̱s'ten, -chi̱s'ten) Anhänger des Gauchismus [frz.]
**gau'chis'tisch** [goʃi-] (Adj.) den Gauchismus betreffend, darauf basierend [frz.]
**Gau'cho** [-tʃo] (der, -s, -s) berittener Rinderhirte der argentinischen Pampas [indian.-span.]
**Gau'de'a'mus igi'tur** „lasst uns also fröhlich sein" [lat.]
**Gau'di** (das oder die, -s oder -, nur Ez.) = Gaudium
**Gau'di'um** (das, -s, nur Ez.) ausgelassener Spaß [lat.]
**Gau'fra'ge** [gofraːʒə] (die, -, -n) Musterung von Papier und Gewebe [frz.]
**Gau'fré** [go-] (das, -s, -s) Gewebe mit eingepresstem Muster [frz.]
**gau'frie'ren** [go-] (V.) mit einer Prägevorrichtung Muster aufbringen (bei Leder, Stoffen, Papier) [frz.]
**Gau'frier'ka'lan'der** (der, -s, -) Walze zum Mustern von Papier und Gewebe
**Gaul'lis'mus** [go-] (der, -, nur Ez.) vom französischen Staatspräsidenten de Gaulle hervorgebrachtes neues Großmachtstreben Frankreichs [frz.-nlat.]
**Gaul'list** [go-] (der, -li̱s'ten, -li̱s'ten) Anhänger des Gaullismus
**gaul'lis'tisch** [go-] (Adj.) den Gaullismus betreffend, darauf basierend [frz.]
**Ga'vot'te** (die, -, -n) ein heiterer Tanz des 17./18. Jh.: Satz der Suite [frz.]
**gay** (Adj.) **1** fröhlich **2** homosexuell [engl.]
**Gay** [geɪ] (der, -s, -s) Homosexueller (im Jargon) [engl.]
**Ga'yal** (der, -s, -e) Haustierform des Gaurs [Hindi]
**Ga'ze** [-zə] (die, -, -n) durchsichtiger, gitterartiger Stoff; z.B. als Verbandmaterial [pers.]
**Ga'zel'le** (die, -, -n) zierlicher, antilopenähnlicher Paarhufer [arab.-it.]
**Ga'zet'te** (die, -, -n) Zeitung (abwertend) [it.]

**Gazpacho** [gaspatʃo] (der, -s, -s) kalte andalusische Gemüsesuppe [span.]
**Gecko** (der, -s, -s) Echse warmer Länder, die mit Haftzehen an senkrechten Wänden und Glasscheiben klettert [malai.]
**Gegenreformation** (die, -, nur Ez.) innere Erneuerung und Ausbreitung des Katholizismus im 16. und 17. Jh. als Gegenbewegung zur Reformation [dt.; lat.]
**gehandikapt** (Adj.) behindert, benachteiligt [engl.]
**Gehenna** (die, -, nur Ez.) Hölle [hebr.]
**Geiser** (der, -s, -) = Geysir
**Geisha** [geːʃa] (die, -, -s) japanische Teehaus-Gesellschafterin
**Geisir** (der, -s, -e) = Geysir
**Geison** (das, -s, -s oder Geisa) Abschluss eines antiken Giebels, Kranzgesims [gr.]
**Geitonogamie** (die, -, nur Ez.) Übertragung von Blütenstaub zu Blüten auf derselben Pflanze (Bio.)
**Gel** (das, -s, -e) gallertartiges Kolloid [nlat., Kurzwort]
**Gelatine** [ʒe-] (die, -, nur Ez.) gallertige Knochenleimsubstanz; z.B. zur Bereitung von Aspik [frz.]
**gelatinieren** [ʒe-] (V.) zu Gelatine erstarren, etwas in Gelatine verwandeln [lat.-it.-frz.]
**gelatinös** [ʒe-] (Adj.) wie Gelatine, gallertig und geschmacksfrei [frz.]
**Gelee** (der oder das, -s, -s) **1** Gallert **2** mit Zucker eingedickter Fruchtsaft
**Gelée royale** [ʒəleːrwɑjɑl] (das, - -, nur Ez.) dicklicher, weißer Saft, mit dem Arbeitsbienen die künftige Königin ernähren, Weiselfuttersaft (als Stärkungsmittel) [frz.]
**gelieren** [ʒe-] (V.) zu Gelee werden, eindicken
**Gelotripsie** (die, -, -n) punktuelle Massage zur Behandlung von Muskelverhärtungen [lat.-gr.]
**Gemara** (die, -, nur Ez.) zweiter Teil des Talmuds [aram.]
**Gemellus** (der, -, -li) Zwilling [lat.]
**Geminata** (die, -, -ten) doppelt gesprochener Konsonant; z.B. in italienisch „grosso" oder finnisch „paikka" [lat.]
**Gemination** (die, -, -tionen) Bildung der Geminaten
**geminieren** (V.) die Geminaten bilden
**Geminus** (der, -, -ni) Zwilling [lat.]
**Gemme** (die, -, -n) Schmuckstein mit eingeschnittenem Bild [it.]
**Gemmoglyptik** (die, -, nur Ez.) Steinschneidekunst [lat.]
**Gemmologie** (die, -, nur Ez.) Edelsteinkunde
**gemmologisch** (Adj.) die Edelsteinkunde betreffend [gr.-lat.]
**Gemmoskop** (das, -s, -e) Mikroskop mit zwei Okularen zum Untersuchen von Schmucksteinen [lat.-gr.]
**Gemmula** (die, -, -lae) äußerst widerstandsfähiger Fortpflanzungskörper der Schwämme (Bot.) [lat.]
**Gen** (das, -s, -e) Erbfaktor [gr.]
**genant** [ʒɛ-] (Adj.) sich leicht genierend; peinlich
**Genbank** (die, -, -en) Sammel- und Konservierungsstelle für Erbmaterial von Lebewesen
**Gendarm** [ʒɑ̃-] (der, -en, -en) Landpolizist (österr., schweiz.) [frz.]
**Gendarmerie** [ʒɑ̃-] (die, -, -n) Landpolizei (österr., schweiz.) [frz.]
**Gene** [ʒɛn] (die, -, nur Ez.) Selbstzwang (veraltet) [frz.]
**Genealogie** (die, -, -n) **1** (nur Ez.) Sippen-, Geschlechterkunde, Stammbaumforschung **2** Ableitung vom Ursprünglichen; z.B. die Genealogie eines Symbols erforschen [gr.]
**General** (der, -s, -e oder -räle) **1** jmd., der zur höchsten Offiziersrangklasse gehört **2** Vorsteher (eines kath. Ordens, der Heilsarmee u.a.) [frz.]
**Generalabsolution** (die, -, -tionen) sakramentale Lossprechung von allen Sünden ohne vorherige Beichte in Notfällen, vollkommener Sündenablass sowie Erlass der Strafe verbunden mit den Sakramenten der Buße und der Eucharistie für Sterbende oder Ordensmitglieder (katholische Religion) [lat.]
**Generalbass** (der, -es, -bässe) fortlaufende Bassstimme (Mus.)
**Generalat** (das, -s, -e) Amt, Würde eines Generals
**Generaldirektor** (der, -s, -toren) oberster Direktor (eines Unternehmens)

**Ge|ne|ra|le** (das, -s, -li|en) allgemein Gültiges [lat.]

**Ge|ne|ral|gou|ver|ne|ment** [-guvɛrnəmɑ̃] (das, -s, -s) 1 großes Gouvernement 2 das nach 1939 besetzte Polen [frz.]

**Ge|ne|ral|gou|ver|neur** [-guvɛrnøːɐ] (der, -s, -e) Leiter eines Generalgouvernements

**Ge|ne|ral|in|spek|teur** [-tøːɐ] (der, -s, -e) ranghöchster Bundeswehroffizier [frz.]

**Ge|ne|ral|in|ten|dant** (der, -en, -en) oberster Leiter eines großen Theaterunternehmens; z.B. mit Bühnenstücken, Opern und Ballettaufführungen [frz.]

G

**Ge|ne|ra|li|sa|ti|on** (die, -, -ti|o̲nen) das Generalisieren

**ge|ne|ra|li|sie|ren** (V.) verallgemeinern [frz.]

**Ge|ne|ra|li|sie|rung** (die, -, -en) Verallgemeinerung

**Ge|ne|ra|lis|si|mus** (der, -, -mi oder -musse) Höchstkommandierender (mit Regierungsgewalt) [it.]

**Ge|ne|ra|li|tät** (die, -, -en) alle Generale (eines Landes)

**Ge|ne|ral|pau|se** (die, -, -n) Pause aller Instrumente (Mus.)

**Ge|ne|ral|pro|be** (die, -, -n) letzte Probe vor einer Theateraufführung oder einem Konzert (Mus.)

**Ge|ne|ral|se|kre|tär** (der, -s, -e) Geschäftsführer; z.B. einer Partei; eines Wirtschaftsverbandes [frz.]

**Ge|ne|ra|ti|a|nis|mus** (der, -, nur Ez.) altchristliche Lehre von der Entstehung der Seele durch die elterliche Zeugung [lat.]

**Ge|ne|ra|ti|on** (die, -, -ti|o̲nen) Geschlechterstufenfolge; Alters-, Entwicklungsstufe; Zeitraum von rund 30 Jahren [lat.]

**Ge|ne|ra|ti|ons|kon|flikt** (der, -s, -e) Konflikt zwischen Personen verschiedener Altersstufen

**ge|ne|ra|tiv** (Adj.) 1 zur geschlechtlichen Fortpflanzung gehörig 2 grammatisch richtige Sätze erzeugend; z.B. in der generativen Semantik [lat.]

**Ge|ne|ra|tor** (der, -s, -to̲ren) 1 Vorrichtung, die mechanische in elektrische Energie umwandelt 2 ein Schachtofen zur Gaserzeugung (aus Holz, Kohle) [lat.]

**ge|ne|rell** (Adj.) allgemein, immer (gültig)

**ge|ne|rie|ren** (V.) bilden, hervorbringen; z.B. ein Computerzeichen durch punktweises Einspeichern in die Koordinaten generieren [lat.]

**Ge|ne|rie|rung** (die, -, nur Ez.) das Generieren von sprachlichen Äußerungen (Sprachwissenschaft)

**Ge|ne|ri|kum** (das, -s, -ka) Arzneipräparat, das einem bereits als Markenzeichen eingetragenen Mittel gleicht, billiger angeboten wird und mit der chemischen Kurzbezeichnung benannt wird [lat.-frz.-engl.]

**ge|ne|risch** (Adj.) das Genus betreffend

**ge|ne|rös** (Adj.) großzügig, freigiebig [frz.]

**Ge|ne|ro|si|tät** (die, -, -en) Großzügigkeit, Freigiebigkeit [frz.]

**Ge|ne|se** (die, -, -n) Entstehung [gr.-lat.]

**Ge|ne|sis** (die, -, nur Ez.) 1 Schöpfungsgeschichte; 1. Buch Mosis 2 = Genese [gr.]

**Ge|ne|tic En|gi|nee|ring** [dʒɪnetɪk endʒɪnɪərɪŋ] (das, - -, nur Ez.) = Genmanipulation [engl.]

**Ge|ne|tik** (die, -, nur Ez.) Vererbungslehre

**Ge|ne|ti|ker** (der, -s, -) Wissenschaftler auf dem Gebiet der Genetik [gr.-lat.]

**ge|ne|tisch** (Adj.) zur Genetik gehörig; z.B. die genetische Information; entstehungsgeschichtlich; z.B. die genetische Verwandtschaft von Lebewesen [gr.]

**Ge|ne|tiv** (der, -s, -e) = Genitiv

**Ge|ne|ver** [ʒə-] oder [ge-] (der, -s, -) holländischer Wacholderschnaps [frz.]

**ge|ni|al** (Adj.) Genie zeigend

**ge|ni|a|lisch** (Adj.) 1 die Veranlagung zu einem Genie zeigend 2 überschwänglich; unkonventionell

**Ge|ni|a|li|tät** (die, -, nur Ez.) Veranlagung eines Genies, Schöpferkraft

**Ge|nie** [ʒe-] (das, -s, -s) 1 (nur Ez.) höchste schöpferische Begabung 2 Mensch mit dieser Eigenschaft [frz.]

**Ge|nie|korps** [ʒeniːkoɐ] (das, -, -) Pioniertruppe (schweiz.) [frz.]

**ge|nie|ren** [ʒe-] (V.) 1 sich schämen 2 belästigen (veraltet oder ugs.); z.B. geniert's dich, wenn ich das Fenster öffne? [frz.]

**Ge|ni|sa** (die, -, -s) Raum in der Synagoge, in dem schadhafte Handschriften und Kultgegenstände aufbewahrt werden [hebr.]
**ge|ni|tal** (Adj.) zu den Genitalien gehörig
**Ge|ni|tal** (das, -s, -ta|li|en) = Genitale
**Ge|ni|ta|le** (das, -, -ta|li|en) äußere Geschlechtsorgane [lat.]
**ge|ni|ta|lisch** (Adj.) zum Genitale gehörend, sich auf das Genitale beziehend [lat.]
**Ge|ni|ta|li|tät** (die, -, nur Ez.) Stufe der Sexualität, die mit dem Eintritt in die genitale Phase beginnt [lat.]
**Ge|ni|tiv** *auch:* Ge|ne|tiv (der, -s, -e) zweiter Fall, Wesfall [lat.]
**ge|ni|ti|visch** (Adj.) zum Genitiv gehörend [lat.]
**Ge|ni|tiv|ob|jekt** (das, -es, -e) Ergänzung eines Verbs im zweiten Fall [lat.]
**Ge|ni|us** (der, -, -ni|en) **1** Schöpferkraft; schöpferischer Mensch **2** römischer Schutzgeist; Genius loci: Schutzgeist, geistiges Klima eines Ortes **3** geflügelte Gottheit (Kunst) [lat.]
**Gen|ma|ni|pu|la|ti|on** (die, -, -ti|o|nen) gezielte Veränderung von Erbfaktoren im Rahmen der Gentechnologie [gr.-lat.]
**Gen|mu|ta|ti|on** (die, -, -en) Veränderung eines Gens (Med.)
**Ge|nom** (das, -s, -e) alle Gene auf den Chromosomen; einfacher Chromosomensatz [gr.]
**Ge|nom|a|na|ly|se** (die, -, -n) Untersuchung der Erbanlagen von Lebewesen [gr.-lat.]
**Ge|no|typ** *auch:* Ge|no|ty|pus (der, -s, -en) alle Erbanlagen in den Chromosomen [gr.]
**ge|no|ty|pisch** (Adj.) zum Genotyp gehörig
**Ge|no|ty|pus** (der, -, -ty|pen) = Genotyp
**Ge|no|zid** (der oder das, -(e)s, -e oder -zi|di|en) Gruppen-, Völkermord; z.B. der Genozid an der amerikanischen Urbevölkerung [lat.]
**Gen|pool** [-pu:l] (der, -s, -s) alle Gene der Lebewesen eines Lebensraumes; z.B. der Amazonasurwald als Genpool für die Pflanzenzüchtung
**Gen|re** [ʒɑ̃:rə] (das, -s, -s) Gattung, Sorte (in der Kunst) [frz.]
**Gen|re|bild** [ʒɔ̃rə-] (das, -es, -er) Gemälde, das das Alltagsleben schildert [frz.]
**Gens** (die, -, Gen|tes) [-te:s] Sippe (im alten Rom) [lat.]
**Gent** [dʒent] (der, -s, -s) Modenarr, Stutzer [engl.]
**Gen|tech|no|lo|gie** (die, -, -n) technologisches Verfahren, Gene gezielt zu verändern (in der Pflanzen-, Tierzucht)
**Gen|ti|a|na** (die, -, nur Ez.) Enzian (als Heilpflanze); z.B. Gentianae radix: Wurzel des Gelben Enzians [lat.]
**gen|til** [ʒɛn-] oder [ʒɑ̃-] (Adj.) gut erzogen (veraltet) [frz.]
**Gen|ti|len** (nur Mz.) die Angehörigen der altrömischen Gentes [lat.]
**Gen|til|homme** [ʒɑ̃tijɔm] (der, -s, -s) = Gentleman [frz.]
**Gen|tle|man** [dʒentlmən] (der, -s, -men) Mann mit Charakter und feinem Lebensstil [engl.]
**gen|tle|man|like** [dʒentlmənlaɪk] (Adj.) wie ein Gentleman [engl.]
**Gen|tle|man's Ag|ree|ment** *auch:* -men's [dʒentlmənz əgri:mənt] (das, -s, -s) Übereinkunft auf der Basis gegenseitigen Vertrauens [engl.]
**Gen|trans|fer** (der, -s, -s) Übertragung von genetischen Informationen in einen Zellkern (Bio.)
**Gen|try** [dʒentrɪ] (die, -, nur Ez.) niederer englischer Adel [frz.-engl.]
**Ge|nua** (die, -, -) großes Vorsegel
**Ge|nua|samt** (der, -(e)s, nur Ez.) Rippensamt für Möbelbezüge
**ge|nu|in** (Adj.) **1** angeboren **2** echt, unverfälscht [lat.]
**Ge|nus** (das, -, -ne|ra) **1** grammatisches Geschlecht **2** Art, Gattung (veraltet) [lat.]
**Ge|nus Ver|bi** (das, -, Ge|ne|ra -) Aktionsform des Verbs, Aktiv oder Passiv [lat.]
**Geo|bi|o|lo|gie** (die, -, nur Ez.) die Wissenschaft, die sich mit dem Verhältnis zwischen Geosphäre und Mensch befasst [gr.-lat.]
**Geo|bi|ont** (die, -en, -en) Lebewesen im Erdboden
**Geo|bo|ta|nik** (die, -, nur Ez.) Wissenschaft von der Pflanzenverbreitung [gr.]
**Geo|che|mie** [-çe-] oder [-ke-] (die, -, nur Ez.) Wissenschaft von der chemischen Zusammensetzung der Erdkruste [gr.-arab.]

G

**Geo'chro'no'lo'gie** (die, -, nur Ez.) Wissenschaft von der Bestimmung geologischer Zeitalter.
**Geo'dä'sie** (die, -, nur Ez.) Vermessungskunde [gr.]
**Geo'dät** (der, -en, -en) Landvermesser [gr.]
**Geo'de** (die, -, -n) vollständige Ausfüllung eines Gesteinshohlraumes [gr.]
**Geo'dy'na'mik** (die, -, nur Ez.) Geologie der Dynamik fester Körper (Geol.)
**Geo'ge'ne'se** (die, -, nur Ez.) Wissenschaft von der Entstehung der Erde [gr.-lat.]
**Geo'ge'nie** (die, -, nur Ez.) = Geogenese
**Geo'go'nie** (die, -, nur Ez.) = Geogenese
**Geo'graf** *auch:* Geo'graph (der, -en, -en) Erdkundler [gr.]
**Geo'gra'fie** *auch:* Geo'gra'phie (die, -, nur Ez.) Erdkunde [gr.]
**geo'gra'fisch** *auch:* geo'gra'phisch (Adj.) erdkundlich [gr.]
**Geo'id** (das, -s, -e) wirkliche (nicht genau kugelförmige) Erdfigur [gr.]
**Geo'lo'ge** (der, -n, -n) Geologiewissenschaftler
**Geo'lo'gie** (die, -, nur Ez.) Wissenschaft vom Aufbau und der Geschichte der Erde (bes. der Erdkruste) [gr.]
**geo'lo'gisch** (Adj.) zur Geologie gehörig
**Geo'ma'gne'tik** (die,-, nur Ez.) Wissenschaft erdmagnetischer Erscheinungen zur Erforschung von geologischen Verhältnissen
**Geo'man'tie** (die, -, nur Ez.) eine Orakelform, Erdweissagung [gr.]
**Geo'man'tik** (die, -, nur Ez.) = Geomantie
**Geo'me'di'zin** (die, -, nur Ez.) Wissenschaft von der Beeinflussung von Krankheiten durch geografische oder klimatische Faktoren (Med.)
**geo'me'di'zi'nisch** (Adj.) die Geomedizin betreffend
**Geo'me'ter** (der, -s, -) = Geodät (veraltet)
**Geo'me'trie** (die, -, nur Ez.) Mathematik ebener und räumlicher Figuren, Raumlehre
**geo'me'trisch** (Adj.) zur Geometrie gehörig, mit Hilfe ihrer Gesetze [gr.]
**Geo'mor'pho'lo'gie** (die, -, nur Ez.) Wissenschaft von den Formen der Erdrinde und ihrer Entstehung [gr.]
**Geo'nym** (das, -s, -e) Pseudonym, das aus einem geografischen Namen oder Hinweis gebildet wird [gr.-lat.]
**Geo'pha'gie** (die, -, nur Ez.) Brauch einiger Naturvölker, salz-, ton- oder fetthaltige Erden zu essen
**geo'pha'tisch** (Adj.) durch geographische, klimatische und meteorologische Bedingungen Krankheiten verursachend
**Geo'phon** (das, -s, -e) Gerät für geophysikalische Untersuchungen
**Geo'phy'sik** (die, -, nur Ez.) Wissenschaft von den natürlichen physikalischen Erscheinungen auf der Erde [gr.]
**Geo'phyt** (der, -en, -en) Pflanze, die trockene oder kalte Jahreszeiten als Zwiebel, Knolle o.Ä. überdauert (Bio.)
**Geo'plas'tik** (die, -, -en) räumliche Darstellung der Erdoberfläche [gr.-lat.]
**Geo'po'li'tik** (die, -, nur Ez.) die Wissenschaft, die die Einwirkungen geografischer Faktoren auf politische Vorgänge und Kräfte untersucht [gr.-lat.]
**Geor'gette** (die, -, nur Ez.) schleierartiger Stoff aus Seide [frz.]
**Ge'or'gi'er** (der, -s, -) Ew. von Georgien
**Ge'or'gi'ne** (die, -, -n) Dahlie [nlat.]
**ge'or'gisch** (Adj.) zu Georgien gehörig
**Geo'sphä're** (die, -, nur Ez.) Erdoberfläche, Bereich, in dem sich Atmosphäre und Erdball berühren
**Geo'ta'xis** (die, -, -xen) Orientierungsbewegung bestimmter Tiere und Pflanzen, die in ihrer Richtung durch die Schwerkraft der Erde bestimmt ist [gr.-lat.]
**Geo'tek'to'nik** (die, -, nur Ez.) Wissenschaft von der Beschaffenheit und Entwicklung der Erdkruste
**Geo'the'ra'pie** (die, -, nur Ez.) klimatische Heilbehandlung (Med.) [gr.-lat.]
**geo'ther'misch** (Adj.) zur Erdwärme gehörig; z.B. die geothermische Energie ausnutzen [gr.]
**geo'trop** (Adj.) zum Geotropismus gehörig, durch ihn bewirkt
**Geo'tro'pis'mus** (der, -, nur Ez.) Fähigkeit (mancher Pflanzen), eine durch die Schwerkraft bestimmte Wachstumsrichtung einzunehmen [gr.]
**Geo'wis'sen'schaf'ten** (nur Mz.) alle Wissenschaftszweige, die sich mit der Erforschung der Erde beschäftigen [gr.-dt.]

**Geo'zen'trik** (die, -, nur Ez.) System der Welt, das die Erde als Mittelpunkt annimmt [gr.-lat.]
**geo'zen'trisch** (Adj.) 1 auf die Erde als Mittelpunkt bezogen 2 auf den Erdmittelpunkt bezogen 3 vom Erdmittelpunkt aus gerechnet [gr.-lat.]
**Geo'zo'o'lo'gie** (die, -, nur Ez.) Wissenschaft, die sich mit der geografischen Verbreitung der Tiere beschäftigt, Zoogeografie [gr.-lat.]
**geo'zy'klisch** (Adj.) den Umlauf der Erde um die Sonne betreffend [gr.-lat.]
**Ge'pard** (der, -s, -e) schnelles katzenartiges Raubtier in Indien und Afrika [lat.-frz.]
**Ge'phy'ro'pho'bie** (die, -, -n) Angstgefühl vor dem Betreten einer Brücke [gr.-lat.]
**Ge'ra'nie** [-niə] (die, -, -n) ein Storchschnabelgewächs, Zierpflanze [gr.]
**Ge'rant** (der, -en, -en) Geschäftsführer (schweiz.) [frz.]
**Ger'be'ra** (die, -, -s) ein Korbblütler, Zierpflanze [nlat.]
**Ger'i'a'ter** (der, -s, -) Facharzt auf dem Gebiet der Altersheilkunde [gr.-lat.]
**Ger'i'a'trie** (die, -, nur Ez.) Altersheilkunde [gr.]
**Ger'i'a'tri'kum** (das, -s, -ka) Mittel zur Behandlung von Alterserscheinungen [gr.-lat.]
**ge'rie'ren** (V.) sich benehmen als, auftreten als [lat.]
**Ger'ma'nin** (das, -s, nur Ez.) Arzneimittel gegen die Schlafkrankheit (Warenzeichen)
**ger'ma'ni'sie'ren** (V.) eindeutschen [nlat.]
**Ger'ma'nis'mus** (der, -, -men) deutsche Spracheigentümlichkeit in einer fremden Sprache; z.B. die Vorsilbe „ge-“ im Schwedischen [nlat.]
**Ger'ma'nist** (der, -nis'ten, -nis'ten) Germanistikwissenschaftler
**Ger'ma'nis'tik** (die, -, nur Ez.) Wissenschaft von der deutschen Sprache und Literatur
**ger'ma'nis'tisch** (Adj.) die Germanistik betreffend [lat.]
**Ger'ma'ni'um** (das, -s, nur Ez.) ein Element, Metall [nlat.]
**ger'ma'no'phil** (Adj.) alles Deutsche liebend [nlat.-gr.]
**ger'ma'no'phob** (Adj.) deutschfeindlich [nlat.-gr.]
**ger'mi'nal** (Adj.) zum Pflanzenkeim gehörig [lat.]
**Ger'mi'nal** (der, -s, -s) der siebte Monat im Revolutionskalender der Französischen Revolution (21. März bis 19. April) [lat.-frz.]
**Ger'mi'na'ti'on** (die, -, -ti'o'nen) Keimbildungsperiode (der Pflanzen) [lat.]
**Ger'mish** [dʒɜːmɪʃ] (das, -, nur Ez.) übermäßig mit Anglizismen, Amerikanismen durchsetztes Deutsch (ugs.) [engl.]
**Ge'ro'der'ma** (das, -s, -ta) schlaffe, welke Haut [gr.-lat.]
**Ge'ront** (der, -en, -en) Ältester (im altgriechischen Staatsleben)
**Ge'ron'to'lo'gie** (die, -, nur Ez.) Altersforschung [gr.]
**Ge'run'di'um** (das, -s, -di'en) Beugungsform des Infinitivs (im Lateinischen; z.B. „venandi“ in „ars cum avibus venandi“ = die Kunst, mit Vögeln zu jagen)
**Ge'run'div** (das, -s, -e) grammatische Konstruktion, welche die Notwendigkeit eines Verhaltens ausdrückt; Partizip des Passivs des Futur [lat.]
**ge'run'di'visch** (Adj.) in der Art des Gerundivs, das Gerundiv betreffend [lat.]
**Ge'run'di'vum** (das, -s, -va) (veraltet) = Gerundiv [lat.]
**Ge'ru'sia** (die, -, nur Ez.) Rat der Geronten [gr.]
**Ge'sei'er** (das, -s, nur Ez.) eintöniges, klagendes Gerede [jidd.]
**Ge'sei'res** (das, -, nur Ez.) = Geseier
**Ge'span** (der, -es, -e) Beamter in der ungarischen Verwaltung [ung.]
**Ge'span'schaft** (die, -, -en) Amtsbereich eines Gespans; Grafschaft
**Ges'ta'gen** (das, -s, -e) weibliches Hormon, Gelbkörperhormon [lat.-gr.]
**Ges'ta Ro'ma'no'rum** (nur Mz.) Titel einer lateinischen Novellensammlung aus dem Mittelalter [lat.]
**Ges'te** (die, -, -n) Ausdrucksbewegung (der Hände), Gebärde [lat.]
**Ges'tik** (die, -, nur Ez.) alle Gesten, Gebärdensprache
**Ges'ti'ku'la'ti'on** (die, -, -ti'o'nen) das Gestikulieren

**ges'ti'ku'lie'ren** (V.) lebhafte, wilde Gesten machen
**Ges'ti'on** (die, -, -ti'o'nen) Führung, Verwaltung [lat.]
**ges'tisch** (Adj.) durch Gestik
**Ges'to'se** (die, -, -n) schwangerschaftsbedingte Erkrankung [lat.-gr.]
**Ges'tus** (der, -, nur Ez.) Gestik; Haltung [lat.]
**Get'ter** (der, -, -) Fangstoff, um Gase in Röhren zu binden [engl.]
**get'tern** (V.) Gase durch Getter binden, etwas mit einem Getter versehen
G
**Get'te'rung** (die, -, -en) Bindung von Gasen durch Getter
**Get'to** *auch:* Ghet'to (das, -s, -s) abgeschlossenes Minderheiten-Wohnviertel [it.]
**Get'to'blas'ter** *auch:* Ghet'to'blas'ter (der, -s, -) tragbarer, sehr leistungsstarker Radiorekorder (ugs.)
**get'to'i'sie'ren** (V.) **1** jmd. in ein Getto bringen **2** ein Gebiet zu einem Getto erklären
**Gey'sir** *auch:* Gei'sir [gai-] (der, -s, -e) heiße Springquelle [isländ.]
**Gha'na** (ohne Artikel) afrikanischer Staat
**gha'na'isch** (Adj.) = zu Ghana gehörig (der, -n, -n) Ew. Ghanas
**Gha'sel** (das, -s, -e) = Gasel
**Ghet'to** (das, -s, -s) = Getto
**Ghet'to'blas'ter** (der, -s, -) = Gettoblaster
**Ghost'word** (das, -s, -s) sprachliche Neuschöpfung, die ihr Entstehen einem Schreib-, Druck- oder Aussprachefehler verdankt [engl.]
**Ghost'wri'ter** [gəʊstraɪtə] (der, -s, -) jmd., der anonym für eine Person schreibt; z. B. ein Verfasser von Politikerreden [engl.]
**G.I.** *auch:* GI [dʒiːaɪ] (der, -(s), -s) Abk. für „**G**eneral **I**ssue", amerikanischer Soldat [engl.]
**Gi'aur** [-auɐ] (der, -s, -s) Nichtmohammedaner [arab.-türk.]
**Gib'bon** (der, -s, -s) langarmiger asiatischer Menschenaffe [malai.-frz.]
**Gi'bel'li'ne** (der, -n, -n) italienische Anhänger der Hohenstauferkaiser und Gegner der Guelfen [it].
**Gib'li** (der, -, nur Ez.) trockenheißer libyscher Wüstenwind, der Staub und Sand mit sich führt [arab.-it.]
**Gie'bel** (der, -s, -) **1** ein Fisch **2** dreieckiges Wandstück am Dach
**Gien** (das, -s, -e) schweres Takel (Seemannssprache)
**Gig** **1** (das, -s, -s) leichter Einspänner mit Gabeldeichsel [engl.] **2** (der, -s, -s) Engagement für nur einen Abend (bei Jazz-, Rockmusikern) [engl.] **3** (die, -, -s) leichtes Ruderboot; Beiboot
**Gi'ga...** das Milliardenfache, $10^9$-fache (einer Maßeinheit; z.B. Gigawatt) [gr.]
**Gi'ga'byte** [-baɪt] (das, -s, -s) zehn Milliarden Byte (EDV)
**Gi'gant** (der, -en, -en) **1** Riese (der griechischen Mythologie) **2** etwas besonders Großes, Mächtiges; z.B. ein Stahlgigant, Rüstungsgigant
**gi'gan'tesk** (V.) ins Riesige übersteigert, riesengroß, übertrieben [gr.-lat.]
**Gi'g'an'thro'pus** (der, -, nur Ez.) Form der Urmenschen mit übergroßen Körpermaßen [gr.-lat.]
**gi'gan'tisch** (Adj.) riesig [gr.]
**Gi'gan'tis'mus** (der, -, nur Ez.) krankhafter Riesenwuchs [gr.-nlat.]
**Gi'gan'to'ma'chie** (die, -, nur Ez.) Kampf der Giganten gegen Zeus in der griechischen Mythologie [gr.]
**Gi'gan'to'ma'nie** (die, -, nur Ez.) Größenwahn (in der Gestaltung von Bauwerken)
**Gi'go'lo** [ʒi-] (der, -s, -s) jmd., der in einem Tanzlokal als Tanzpartner angestellt ist, Eintänzer (früher) [frz.]
**Gigue** [ʒig] (die, -, -n) **1** ein schneller Tanz des 17. Jh.s **2** seit dem 17. Jh. Satz der Suite [frz.]
**Gi'la** (die, -, -s) giftiges mexikanisches Reptil, Krustenechse [nach einem Flussnamen]
**Gil'den'so'zi'a'lis'mus** (der, -, nur Ez.) Anfang des 20. Jahrhunderts in England entstandene Lehre von der Verwirklichung eines praktischen Sozialismus
**Gi'let** [ʒileː] (das, -s, -s) hochgeschlossene Weste (veraltet) [arab.-frz.]
**Gil'ka** (der, -s, -s) ein Kümmellikör
**Gim'mick** (der, -s, -s) ungewöhnlicher Einfall (in der Werbung) [engl.]
**Gim'pe** (die, -, -n) Kleiderbesatz, metalloder seidenumsponnenes Stück Schnur [engl.]

**Gin** [dʒɪn] (der, -s, - oder -s) englischer Wacholderschnaps

**Ginˈfizz** *auch:* Gin-Fizz [dʒɪnfɪz] (der, -, -) Sodawasser mit gezuckerter Zitrone und Gin [engl.]

**Ginˈger** [dʒɪndʒə] (der, -s, -) Ingwer; z.B. Gingerbread: Plätzchen mit Ingwer [engl.]

**Ginˈgerˈale** [dʒinʒəeɪl] (das, -s, nur Ez.) alkholfreies Ingwerbier [engl.]

**Ginˈgiviˈtis** (die, -, -tiˈden) Zahnfleischentzündung [lat.-gr.]

**Ginkˈgo** *auch:* Ginˈko (der, -s, -s) urtümlicher ostasiatischer Baum, Parkbaum [chin.-jap.]

**Ginˈseng** [-sɛ̃] (der, -s, -s) ostasiatisches Efeugewächs, dessen Wurzel zur Steigerung der Drüsenfunktion verwendet wird, Anregungsmittel [chin.]

**Gin Toˈnic** (der, - oder -s, -) Mixgetränk aus Gin, Tonicwater und Zitrone

**gioˈcoˈso** [dʒo-] (Adv.) scherzend (bei Musikstücken) [it.]

**Giˈraffe** (die, -, -n) extrem langhalsiger Paarhufer Afrikas [arab.-frz.]

**Giˈralˈgeld** [ʒi-] (das, -es, -er) Buchgeld des bargeldlosen Giroverkehrs [gr.-lat.-it.-dt.]

**Giˈranˈdoˈla** [dʒi-] (die, -, -doˈlen) = Girandole

**Giˈranˈdoˈle** *auch:* Giˈranˈdoˈla [dʒi-] (die, -, -n) **1** ein Feuerwerkskörper, Feuerrad **2** mehrarmiger (Barock-)Leuchter [it.-frz.]

**Giˈrant** [ʒi-] (der, -en, -en) jmd., der ein Orderpapier durch Giro überträgt [it.]

**Giˈraˈtar** [ʒi-] (der, -s, -e) jmd., der ein Orderpapier durch Giro empfängt [it.]

**giˈrieˈren** [ʒi-] (V.) in Umlauf bringen (von Orderpapieren) [it.]

**Girl** [gɜːl] (das, -s, -s) Mädchen (ugs.); Revuetänzerin [engl.]

**Girˈlanˈde** (die, -, -n) durchhängendes, langes Gewinde (aus Papier, Blumen u.a.) [frz.]

**Girˈlie** [gɜrliː] (das, -s, -s) junge Frau, die nach einer Modeerscheinung der 90er mit enger, mädchenhafter Kleidung auftritt (ugs.) [engl.]

**Giˈro** [ʒiː-] (das, -s, -s) **1** bargeldloser Zahlungsverkehr durch Kontoumbuchungen **2** Übertragungsvermerk (auf e. Wechsel) [it.]

**Giˈroˈkonˈto** [ʒiː-] (das, -s, -s oder -ten) Konto für Giro

**Giˈronˈdist** [ʒiː-] (der, -disˈten, -disˈten) gemäßigter Republikaner in der Französischen Revolution

**Giˈtaˈna** (die, -, nur Ez.) mit Kastagnetten begleiteter Tanz der span. Roma [span.]

**Giˈtarˈre** (die, -, -n) ein Zupfinstrument [gr.-span.]

**Giˈtarˈrist** (der, -risˈten, -risˈten) Gitarrenspieler

**giusˈto** [dʒusto] (Adv.) angemessen, richtig (Vortragsanweisung in der Musik) [lat.-it.]

**Glace** [glas] (die, -, -n) **1** Speiseeis (schweiz.) **2** stark reduzierte, sirupartig erstarrte Brühe, Grundsoße; z.B. „Glace de viande": ein Extrakt aus Kalbfleischknochen [frz.]

**Glaˈcé** *auch:* Glaˈcee [-seː] (das, -(s), -s) **1** glänzendes Weichleder (Handschuhe) **2** glänzender Stoff [frz.]

**glaˈcieˈren** [-siː-] (V.) **1** eine Speise mit geleeartigem Fleischsaft überziehen **2** (veraltet) zum Gefrieren bringen [lat.-frz.]

**Glaˈcis** [-si] (das, -, -) Festungsvorfeld [frz.]

**Glaˈdiˈaˈtor** (der, -s, -toˈren) altrömischer Arenakämpfer [lat.]

**Glaˈdiˈoˈle** (die, -, -n) ein Schwertliliengewächs, Zierpflanze [lat.]

**Glaˈgoˈliˈza** (die, -, nur Ez.) altkirchenslawische Schrift [serbokroat.]

**Glaˈmour** [glæmə] (das oder der, -(s), nur Ez.) betörende Glanzfassade, Hollywood-Aufmachung [frz.-engl.]

**Glaˈmourˈgirl** [glæməgɜːl] (das, -s, -s) Mädchen im Glamour-Look [engl.]

**glaˈmouˈrös** (Adj.) äußerlich blendend schön, betörend aufgemacht

**Glanˈdel** (die, -, -n) Drüse (Med.)

**Glanˈduˈla** (die, -, -lae [-lɛː]) Drüse [lat.]

**glanˈduˈlär** (Adj.) zu einer Drüse gehörig [lat.]

**Glans** (die, -, Glanˈdes [-deːs]) Eichel (des Schwellkörpers) [lat.]

**Glasˈfaˈserˈopˈtik** (die, -, nur Ez.) Wissenschaft, die sich mit der Bewegung des Lichtes in dünnen Glasfasern beschäftigt, wichtig für die moderne Nachrichtentechnik (Phys.)

G

**Glasnost** (ohne Artikel) russ. für Offenheit; Gorbatschows Reformkurs, der das Ende der Sowjetunion einleitete [russ.]
**Glaukom** (das, -s, -e) eine Augenkrankheit, grüner Star [gr.]
**glazial** (Adj.) eiszeitlich [lat.]
**Glazial** (das, -s, -e) Eiszeit [lat.]
**Glazialerosion** (die, -, en) Ausschürfungen des Bodens durch einen Gletscher
**Glazialfauna** (die, -, nur Ez.) Tierwelt der Eiszeit
**Glazialflora** (die, -, nur Ez.) Pflanzenwelt der Eiszeit
**Glaziallandschaft** (die, -, -en) durch Eis und Gletscher geformte Landschaft
**Glazialzeit** (die, -, -n) Eiszeit
**glazigen** (Adj.) durch Eis oder Gletscher entstanden
**glaziofluvial** (Adj.) durch Schmelzwasser entstanden
**Glaziologie** (die, -, nur Ez.) Gletscherkunde [lat.-gr.]
**Glee** (der, -s, -s) einfaches Lied in englischen Männerklubs des 17. bis 19. Jahrhunderts für drei oder mehr Stimmen [engl.]
**Glefe** (die, -, -n) = Gleve
**Glencheck** [-tʃek] (der, -s, -s) Stoff mit groß kariertem („Schotten"-)Muster [engl.]
**Gleve** *auch:* Glefe (die, -, -n) **1** mittelalterliches Stangenschwert mit einer Schneide **2** kleinste Einheit eines Ritterheeres im Mittelalter **3** in der Heraldik obere Hälfte einer Lilie [lat.-frz.]
**Gley** [glai] (der, -s, nur Ez.) nasser Mineralboden [russ.]
**Glia** (die, -, nur Ez.) Stütz- und Nährgewebe der Gehirnnervenzellen [gr.]
**Glider** [glaɪ-] (der, -s, -) Lastensegler ohne eigenen Motorantrieb [engl.]
**Glima** (die, -, nur Ez.) traditionelle, heute noch übliche Form des Ringkampfs in Island
**Gliom** (das, -s, -e) Geschwulst im Nervenstützgewebe [gr.]
**Glissade** (die, -, -n) Gleitschritt in der Tanzkunst [frz.]
**glissando** (Adv.) gleitend, eine Tonfolge überstreichend (bei Musikstücken) [it.]
**Glissonschlinge** (die, -, -n) Vorrichtung zur Streckung der Wirbelsäule bei der Behandlung von Wirbelsäulenerkrankungen
**global** (Adj.) **1** umfassend, weltweit **2** nicht detailliert [lat.]
**globalisieren** (V.) etwas allgemein, im Ganzen erfassen oder beurteilen
**Globalisierung** (die, -, nur Ez.) weltweite Vernetzung oder Verbreitung
**Global Marketing** (das, - oder -s, nur Ez.) weltumspannende Erschließung und Sicherung von Märkten (Wirtschaft) [engl.]
**Global Player** [gləʊbəlpleɪə] (der, -s, -) international arbeitendes Unternehmen [engl.]
**Globalstrahlung** (die, -, nur Ez.) die gesamte auf die Erde fallende Strahlung
**Globetrotter** (der, -s, -) Weltenbummler
**Globigerine** (die, -, -n) Meerschlamm bildende Foraminifere [lat.]
**Globin** (das, -s, nur Ez.) farbloser Eiweißstoff im Hämoglobin [nlat.]
**Globule** (die, -, -n) kugelförmiger Dunkelnebel (als angenommenes Anfangsstadium eines Sterns) [lat.]
**Globulin** (das, -s, -e) kugelförmiger Eiweißstoff (im Blutplasma) [nlat.]
**Globulus** (der, -, -li) Arzneimittel in Kugelform (Med.) [lat.]
**Globus** (der, - oder -busses, Globen oder -busse) eine Kugel mit Darstellung der Erdoberfläche; Erdkugel [lat.]
**Gloria** (die oder das, -, nur Ez.) Glanz, Herrlichkeit (vergangener Monarchien) [lat.]
**Gloria in excelsis Deo** [-tsɛl-] „Ehre sei Gott in der Höhe" [lat.]
**Glorie** [-riə] (die, -, -n) **1** (nur Ez.) Glanz, Ruhm **2** Lichtschein, Heiligenschein **3** konzentrische Farbringe als meteorologische Erscheinung; z.B. auf Wolken [lat.]
**Glorifikation** (die, -, -tionen) Verherrlichung
**glorifizieren** (V.) verherrlichen [lat.]
**Gloriole** (die, -, -n) Heiligenschein [lat.]
**glorios** (Adj.) ruhmreich [lat.]
**Glossa** (die, -, nur Ez.) Zunge (Med.) [gr.-lat.]
**Glossar** (das, -s, -e) Sammlung von Glossen; Wörterverzeichnis (im Anhang) [gr.-lat.]

**Glos'sa'tor** (der, -s, -to̲ren) Verfasser von Glossen (1) [gr.-lat.]
**Glos'se** (die, -, -n) **1** Worterklärung, Zeilenkommentar **2** Spöttelei [gr.]
**Glos'sem** (das, -s, -e) kleinste sprachliche Einheit (Sprachwissenschaft) [gr.]
**Glos'se'ma'tik** (die, -, nur Ez.) strukturalistische Sprachtheorie (Sprachwissenschaft)
**glos'sie'ren** (V.) **1** mit Glossen versehen **2** über jmdn. Glossen machen
**Glos'so'gra'fie** *auch:* Glos'so'gra'phi̲e (die, -, -n) Erläuterung durch Glossen
**Glos'so'la'lie** *auch:* Glot'to'la'lie (die, -, -n) Stammeln in religiöser Verzückung, Zungenreden [gr.]
**glot'tal** (Adj.) in der Stimmritze gebildet (von Lauten) [gr.]
**Glot'tis** (die, -, -tes) [-te:s] Kehlkopfstimmritze [gr.]
**Glot'to'la'lie** (die, -, -n) = Glossolalie
**Glu'ko'se** *auch:* Glu'co̲'se (die, -, nur Ez.) Traubenzucker [gr.]
**Glu'ta'mat** (das, -s, -e) Salz der Glutaminsäure; Natriumsalz dieser Säure, Würzpulver
**Glu'ta'min** (das, -s, -e) eine Aminosäure
**Glu'ten** (das, -s, nur Ez.) Eiweißstoff in (Weizen-)Körnern, Getreidekleber [lat.]
**Glu'tin** (das, -s, nur Ez.) ein Eiweißstoff, wesentlicher Bestandteil der Gelatine [nlat.]
**Gly'ce'rin** [-tsɐ-] (das, -s, nur Ez.) = Glyzerin
**Gly'kä'mie** (die, -, nur Ez.) normaler Zuckergehalt des Blutes [gr.]
**Gly'ko'gen** (das, -s, nur Ez.) ein Polysaccharid, Leberstärke [gr.]
**Gly'ko'koll** (das, -s, nur Ez.) Aminoessigsäure [gr.]
**Gly'kol** (das, -s, nur Ez.) ein giftiger, öliger Alkohol (als Frostschutz- und Desinfizierungsmittel) [gr.-nlat.]
**Gly'ko'ne'us** (der, -, -ne̲'en) antikes achtsilbiges Versmaß [gr.-lat.]
**Gly'ko'se** (die, -, nur Ez.) Traubenzucker (veraltet) [gr.]
**Gly'ko'su'rie** (die, -, -n) übermäßige Zuckerausscheidung im Harn [gr.]
**Gly'phe** (die, -, -n) = Glypte
**Glyp'te** (die, -, -n) geschnittener Stein [gr.]
**Glyp'tik** (die, -, nur Ez.) Steinschneidekunst; Bildhauerei [gr.]
**Glyp'to'don** (das, -s, -ten) ausgestorbenes Riesengürteltier [gr.]
**Glyp'to'thek** (die, -, -en) Glypten-, Skulpturensammlung [gr.]
**Gly'san'tin** (das, -s, nur Ez.) ein Frostschutzmittel (für den Kühler) (Warenzeichen) [nlat.]
**Gly'ze'rin** *auch:* Gly'ce'rin (das, -s, nur Ez.) ein öliger, süßer Alkohol [gr.-frz.]
**Gly'zi'ne** *auch:* Gly'zi̲'nie (die, -, -n) ein ostasiatischer Schmetterlingsblütler, Zierkletterpflanze
**Gly'zi'nie** [-niə] (die, -, -n) = Glyzine
**Gna'tho'lo'gie** (die, -, nur Ez.) Lehre von der Kaufunktion der Kiefer (Med.)
**Gnoc'chi** [-ɔki] (nur Mz.) Klößchen, kleine Nockerl [it.]
**Gnom** (der, -en, -en) Kobold, Zwerg, abwertend für sehr kleiner Mensch
**Gno'me** (die, -, -n) belehrender Sinnspruch in Vers oder Prosa [gr.-lat.]
**Gno'mi'ker** (der, -s, -) Verfasser von Gnomen [gr.]
**gno'misch** (Adj.) die Gnome betreffend, in der Art und Weise der Gnome
**Gno'mo'lo'gie** (die, -, -n) Sammlung von Lehr- und Weisheitssprüchen, Anekdotensammlung [gr.]
**gno'mo'lo'gisch** (Adj.) die Gnomologie betreffend
**Gno'mon** (der, -s, -mo̲ne) antiker Sonnenhöhenmesser; Sonnenuhr(zeiger) [gr.]
**Gno'se'o'lo'gie** (die, -, nur Ez.) Erkenntnislehre [gr.]
**Gno'sis** (die, -, nur Ez.) Gotterkenntnis (als Erlösung) [gr.]
**Gnos'tik** (die, -, nur Ez.) Lehre der Gnosis
**Gnos'ti'ker** (der, -s, -) Anhänger einer Gnosis
**Gnos'ti'zis'mus** (der, -, nur Ez.) = Gnosis
**Gno'to'bi'o'lo'gie** (die, -, nur Ez.) Wissenschaft, die die keimfreie Aufzucht von Tieren im Dienst der Immunologie erforscht (Med.)
**Gno'to'phor** (das, -s, -e) keimfrei zur Welt gebrachtes und aufgezogenes Versuchstier, das mit Mikroorganismen infiziert wird [gr.]

G

G

**Gnu** (das, -s, -s) rinderähnliche afrikanische Antilope [hottentott.]
**Go** (das, -s, nur Ez.) ein japanisches Brettspiel
**Goal** [gəʊl] (das, -s, -s) Tor; Treffer (bes. im Fußball; österr., schweiz.) [engl.]
**Goal'get'ter** [gəʊlgɛtə] (der, -s, -) Torjäger (Sport) [engl.]
**Goal'kee'per** [gəʊlkiːpɐ] (der, -s, -) Torwart (österr., schweiz.) [engl.]
**Go'be'let** [-lɛ] (der, -s, -s) Becher oder Pokal mit Gold-, Silber oder Glasfuß [frz.]
**Go'be'lin** [-lɛ̃] (der, -s, -s) gewirkter (Wand-)Bildteppich [frz.]
**Go'be'lin'ma'le'rei** (die, -, nur Ez.) Nachahmung gewirkter Wandbildteppiche durch Malerei
**Go'de** (der, -n, -n) Priester und Vorsteher im alten Island und Skandinavien
**Go'de'mi'ché** [gɔdmiʃeː] (der, -, -s) künstliche Nachbildung eines erigierten Penis, die von Frauen zur Selbstbefriedigung oder beim gleichgeschlechtlichen Verkehr benutzt wird [frz.]
**Go'det** [gɔdɛ] (das, -s, -s) Keil, der in ein Kleidungsstück eingesetzt wird [frz.]
**Go'dron** (das, -s, -s) ausgeschweifter Rand oder Buckel an Gegenständen aus Metall [frz.]
**go'dro'nie'ren** (V.) ausschweifen, fälteln [frz.]
**Goe'the'a'na** [gø-] (nur Mz.) Werke über Goethe [nlat.]
**Go-go-Girl** [-gɜːl] (das, -s, -s) Vortänzerin in Diskotheken [engl.]
**Goi** (der, -(s), Go'jim) Nichtjude [hebr.]
**Go-in** [gəʊ-] (das, -(s), -s) Demonstration, bei der in ein Gebäude; z.B. einen Hörsaal eingedrungen wird, um eine Diskussion zu erzwingen (in den 60er-Jahren) [engl.]
**Go'kart** (der, -s, -s) kleines, einsitziges Rennauto ohne Karosserie [engl.]
**Go'lat'sche** (die, -, -n) ein Hefegebäck, Quarktasche [österr.-tschech.]
**Gol'den De'li'cious** [gəʊldən dɪlɪʃəs] (der, -, -) eine gelbgrüne Apfelsorte [engl.]
**Gol'den Goal** [gəʊldəngəʊl] (das, -s, -s) bei einem Unentschieden nach der regulären Spielzeit entscheidendes Tor (Sport) [engl.]
**Go'lem** (der, -s, -s) Menschenwesen aus Lehm (im jüdischen Volksglauben) [hebr.]
**Golf 1** (das, -s, nur Ez.) ein Rasenspiel [engl.] **2** (der, -s, -e) große Meeresbucht, Meerbusen [gr.-it.]
**Gol'fer** (der, -s, -) Golfspieler
**Gol'ga'tha** (das, -, nur Ez.) Kreuzigungsstätte Jesu [hebr.-lat.]
**Go'li'ar'de** (der, -n, -n) umherziehender französischer Kleriker und Scholar des 13. Jahrhunderts [frz.]
**Go'li'ath** (der, -s, -s) Riesenwüchsiger [hebr.]
**Go'lil'la** [golɪlja] (die, -, -s) kleiner, runder, steifer Männerkragen des 17. Jahrhunderts [span.]
**Gon** (das, -s, -e oder -) hundertster Teil eines rechten Winkels [gr.]
**Go'na'de** (die, -, -n) Geschlechtskeimdrüse (Med.) [gr.]
**Go'n'ag'ra** (das, -, nur Ez.) Gicht im Kniegelenk (Med.)
**Go'n'arth'ri'tis** (die, -, nur Ez.) Kniegelenkentzündung (Med.)
**Gon'del** (die, -, -n) **1** venezianisches Ruderboot **2** Kabine (außerhalb eines Luftschiffs, bei einer Seilbahn u.a.) **3** Korb (eines Freiluftballons) [it.]
**gon'deln** (V.) ziellos fahren (ugs.) [it.]
**Gon'do'li'e'ra** [-liɛː-] (die, -, -ren) italienisches Schifferlied
**Gon'do'li'e're** [-liɛː-] (der, -(s), -ri) Gondelruderer [it.]
**Gond'wa'na** (das, -, nur Ez.) Urkontinent auf der Südhalbkugel [ind.]
**Gong** (der, -s, -s) Metallschlagbecken, das mit einem Klöppel zum Klingen gebracht wird; hallender Ton [malai.]
**gon'gen** (V.) **1** den Gong schlagen, betätigen **2** das Ertönen des Gongs
**Gon'go'ris'mus** (der, -, nur Ez.) literarischer Stil im Spanien des 17. Jahrhunderts, der durch zahlreiche Analogien und Anspielungen auf die antike Mythologie gekennzeichnet ist
**Gon'go'rist** (der, -ris'ten, -ris'ten) Vertreter des Gongorismus
**Go'ni'o'me'ter** (das, -s, -) Winkelmesser [gr.]
**Go'ni'o'me'trie** (die, -, nur Ez.) Winkelmessung, Teilgebiet der Trigonometrie [gr.]

**Go'no'kok'kus** (der, -, -ken) Gonorrhöbakterium [gr.]
**Go'nor'rhö** *auch:* Go'nor'rhö̲e (die, -, -en) Tripper [gr.]
**Go'nor'rhöe** [-røː] (die, -, -en) = Gonorrhö
**go'nor'rho'isch** (Adj.) zur Gonorrhö gehörig
**good bye!** auf Wiedersehen! [engl.]
**Good'will** [gʊd-] (der, -s, nur Ez.) **1** Wohlwollen **2** Aussehen **3** Unternehmens-, Geschäftswert [engl.]
**Good'will'tour** [gʊdwɪltuːɐ] (die, -, -en) Reise zur Gunstwerbung (eines Politikers) [engl.]
**Go'pak** *auch:* H̲opak (der, -s, -s) schneller Tanz für einen oder mehrere Tänzer in der Ukraine und Weißrussland
**Go'ral** (der, -s, -e) zottig behaarte Wildziege im asiatischen Hochgebirge [viell. ind.]
**gor'disch** (Adj.) unlösbar erscheinend (wie der gordische Knoten) [gr.]
**Gor'go** (die, -, -go̲nen) weibliches Ungeheuer der altgriechischen Mythologie mit Schlangenhaaren und versteinerndem Blick
**Gor'go'nid** (der, -en, -en) Hornkoralle (Bio.)
**Gor'gon'zo'la** (der, -s, -s) ein italienischer Schimmelpilzkäse, benannt nach dem gleichnamigen Ort
**Go'ril'la** (der, -s, -s) **1** großer, schwarzer Menschenaffe Afrikas **2** Türsteher, Leibwächter, Rausschmeißer (ugs.)
**Go'sa'in** (der, -s, -s) in religiöser Meditation lebender Mensch in Indien [sanskr.-Hindi]
**Gösch** (die, -, -en) **1** kleine Landesflagge, die an Feiertagen im Hafen gesetzt wird **2** andersfarbige obere Ecke am Flaggenstock als Teil der Landesflagge [frz.-niederl.]
**Go-slow** [gəʊsləʊ] (der oder das, -s, -s) Bummelstreik, Dienst nach Vorschrift im Flugwesen [engl.]
**Gos'pel** (der oder das, -s, -s) = Gospelsong [engl.]
**Gos'pel'song** (der, -s, -s) Form des Negro Spiritual mit starkem Einfluss europäischer Musikformen
**Gos'po'din** (der, -s, -d̲a) Herr (als Anrede) [russ.]
**Go'swa'mi** (der, -s, -s) Ehrentitel für einen Bettelasketen [sanskr.]
**Got'cha** (das, -s, nur Ez.) Kampfspiel, bei dem die Teilnehmer mit Farbpatronen aufeinander schießen [engl.]
**Go'tik** (die, -, nur Ez.) ein Kunststil des (späten) Mittelalters [frz.]
**go'tisch** (Adj.) **1** zu den Goten gehörig **2** zur Gotik gehörig
**Got'lan'di'um** (das, -s, nur Ez.) = Silur
**Gou'ache** [gwaʃ] (die, -, -n) Malerei mit Wasserfarben, die durch harzartige Mittel gebunden sind und nicht ineinander fließen [frz.]
**Gou'da** [gau-] (der, -s, -s) hellgelber holländischer Schnittkäse [niederl.]
**Gou'dron** [gudrɔ̃] (der, -s, nur Ez.) eine Asphaltmischung (für Abdichtungen) [frz.]
**Gourde** [gurd] (der, -(s), - oder -s) haitische Währungseinheit [frz.]
**Gour'mand** [gurmɑ̃] (der, -s, -s) **1** Schlemmer, jmd., der gerne gut und reichlich isst **2** Fresser (Schimpfwort) [frz.]
**Gour'met** [gurmeː] (der, -s, -s) Speisen- und Getränkekenner, Feinschmecker [frz.]
**Gout** [guː] (der, -s, -s) Geschmack, Wohlgefallen [frz.]
**gou'tie'ren** [gu-] (V.) gutheißen [frz.]
**Gou'ver'nan'te** [gu-] (die, -, -n) Erzieherin (früher) [frz.]
**Gou'ver'ne'ment** [guvɛrnəmɑ̃] (das, -s, -s) Statthalterschaft; Verwaltungsbezirk [frz.]
**Gou'ver'neur** [guvɛrnøːɐ] (der, -s, -e) Statthalter; oberster Verwaltungsbeamter [frz.]
**Gracht** (die, -, -en) Stadtkanal (in Belgien und den Niederlanden); die daran entlangführende Straße [niederl.]
**Gra'ci'o'so** (der, -s, -s) komische Person in der spanischen Komödie, meist der lustige, seinen Herren parodierende Bedienstete [lat.-span.]
**Grad** (der, -s, - oder -e) **1** Messstufe **2** neunzigster Teil eines rechten Winkels **3** Rang
**gra'da'tim** (Adv.) stufenweise [lat.]
**Gra'da'ti'on** (die, -, -ti'o̲nen) **1** Abstufung **2** Steigerung [lat.]

G

**Gra'di'ent** (der, -en, -en) Gefälle; Anstieg
**Gra'dier'ei'sen** (das, -s, -) Bildhauermeißel
**gra'die'ren** (V.)**1** konzentrieren, verstärken **2** abstufen **3** in Grade einteilen [lat.]
**Gra'dier'werk** (das, -s, -e) mit Reisig belegtes Holzgerüst über das Sole hinabläuft, um die Luft zu Kurzwecken salzhaltig zu machen
**gra'du'al** (Adj.) gradmäßig [lat.]
**Gra'du'a'le** (die, -, -n) kurzer Psalmgesang in der katholischen Messe nach dem Vorlesen der Epistel

G

**Gra'du'a'ti'on** (die, -, -ti'o'nen) Gradeinteilung an Messgeräten und -gefäßen
**gra'du'ell** (Adj.) grad-, stufenweise [frz.]
**gra'du'ie'ren** (V.) **1** in Grade unterteilen **2** einen akademischen Grad verleihen
**Grae'cum** *auch:* Grä'kum [grɛ:-] (das, -s, nur Ez.) Griechischprüfung [lat.]
**Graf** *auch:* Graph (der, -en, -en) grafische Darstellung eines Größenzusammenhangs [gr.]
**Gra'fem** *auch:* Gra'phem (das, -s, -e) bedeutungsunterscheidender Buchstabe (neue Linguistik) [gr.]
**Gra'fe'ma'tik** *auch:* Gra'phe'ma'tik (die, -, nur Ez.) in der Sprachwissenschaft die Wissenschaft von den Graphemen und ihrer Bedeutung innerhalb des Alphabets [gr.]
**Gra'fe'o'lo'gie** *auch:* Gra'phe'o'lo'gie (die, -, nur Ez.) Wissenschaft von der Verschriftung von Sprache und von den Systemen der Schreibung [gr.]
**Graf'fi'a'to** (der, -s, -ti) Schmuckverzierung an Tongefäßen, wobei in eine angegossene Farbschicht ein Ornament eingegraben wird [germ.-it.]
**Graf'fi'ti** (das, -s, -s) mit Farbspray auf Außenwände gesprühtes Bild [it.-engl.]
**Graf'fi'to** (das oder der, -s, -ti) in eine Mauer geritzte Inschrift [it.]
**Gra'fie** *auch:* Gra'phie (die, -, -n) Schreibung, Schreibweise [gr.]
**Gra'fik** *auch:* Gra'phik (die, -, -en) **1** (nur Ez.) künstlerische Abbildungstechnik mit zeichnerischen, farbgebenden Mitteln oder als Druckverfahren **2** so hergestelltes Bild, Werk; Illustration [gr.]
**Gra'fi'ker** *auch:* Gra'phi'ker (der, -s, -) Künstler im Bereich der Grafik
**Gra'fik'kar'te** *auch:* Gra'phik'kar'te (die, -, -n) Steck-Erweiterung für Computer, um Grafiken besser darstellen und erarbeiten zu können (EDV)
**gra'fisch** *auch:* gra'phisch (Adj.) zur Graphik gehörig, mit ihrer Hilfe; zeichnerisch vereinfacht; z.B. ein grafisches Modell
**Gra'fit** *auch:* Gra'phit (der, -s, -e) schwarzgrauer, metallisch glänzender Weichkohlenstoff; z.B. in Bleistiftminen, als Schmiermittel für Türschlösser u.a. [gr.-nlat.]
**gra'fi'tie'ren** *auch:* gra'phi'tie'ren (V.) etwas mit Grafit überziehen
**gra'fi'tisch** *auch:* gra'phi'tisch (Adj.) aus Grafit bestehend
**Gra'fo'lo'ge** *auch:* Gra'pho'lo'ge (der, -en, -en) auf dem Gebiet der Grafologie forschender Wissenschaftler [gr.-lat.]
**Gra'fo'lo'gie** *auch:* Gra'pho'lo'gie (die, -, nur Ez.) Deutung des Charakters aus der Handschrift [gr.]
**Gra'ham'brot** (das, -es, -e) Vollkornbrot ohne Zusatz von Sauerteig
**Grain** [greɪn] (das, -s, - oder -s) ein angelsächsisches Feingewicht, rund 0,06 Gramm [engl.]
**grai'nie'ren** (V.) einseitig aufrauen, körnen (von Papier) [frz.]
**Grä'ko'ma'ne** (der, -n, -n) besessener Imitator, Liebhaber und Bewunderer alles Griechischen [gr.-lat.]
**Grä'ko'ma'nie** (die, -, nur Ez.) übersteigerte Vorliebe für (das alte) Griechenland
**Grä'kum** (das, -s, nur Ez.) = Graecum
**Gral** (der, -s, nur Ez.) wundertätiger Stein oder wundertätiges Gefäß mit Heilwirkung, in dem das Blut Christi aufgefangen worden sein soll (in der mittelalterlichen Dichtung) [frz.]
**Gra'mi'ne'en** (nur Mz.) zusammenfassende systematische Bezeichnung der Gräser [lat.]
**Gramm** (das, -s, -) eine Gewichtseinheit, 1/1000 Kilogramm [frz.]
**Gram'ma'tik** (die, -, nur Ez.) **1** Beschreibung des Regelsystems einer Sprache, Sprachlehre **2** Buch darüber [gr.]
**Gram'ma'ti'ka'li'sa'ti'on** (die, -, -ti'o'nen) das Absinken eines Wortes mit selbstständiger Bedeutung zu einem reinen grammatischen Hilfsmittel [gr.-lat.]

**gram'ma'ti'ka'lisch** (Adj.) zur Grammatik gehörig, nach ihren Regeln geformt
**gram'ma'tisch** (Adj.) = grammatikalisch
**Gram'mo'fon** *auch:* Gram'mo'phon (das, -s, -e) alter mechanischer Plattenspieler [gr.]
**Gram'my** [græmɪ] (der, -s, -s) amerikanischer Schallplattenpreis
**gram'ne'ga'tiv** (Adj.) sich rot färbende Bakterien (nach dem gramschen Färbeverfahren) (Med.)
**Gra'mo'la'ta** (die, -, -s) halb gefrorene Limonade [it.]
**gram'po'si'tiv** (Adj.) sich dunkelblau färbende Bakterien (nach dem gramschen Färbeverfahren) (Med.)
**Gran** (das, -s, -) altes Apothekergewicht, rund 65 Milligramm [lat.]
**Grän** (das, -s, -) altes Gewicht für Edelmetalle, 1/12 Karat [lat.-frz.]
**Gra'na'dil'le** (die, -, -n) = Grenadille
**Gra'nat** (der, -s, -e) meist dunkel-braunrotes Mineral, Edelstein, Härte 7 bis 7,5 [lat.]
**Gra'nat'ap'fel** (der, -s, -äp'fel) dem Apfel ähnelnde Beerenfrucht des Granatbaumes [lat.; dt.]
**Gra'na'te** (die, -, -n) mit Sprengstoff gefüllter Wurfkörper [it.]
**Grand** [grɑ̃ː] (der, -s, -s) höchstes Spiel im Skat
**Grand Cru** [grɔ̃kryː] (der, -, -s) Weinklassifizierung des Bordeaux [frz.]
**Gran'de** (der, -n, -n) Angehöriger des spanischen Hochadels
**Grande Na'tion** [grɔ̃dnasjɔ̃] (die, -, nur Ez.) Selbstbezeichnung Frankreichs [frz.]
**Gran'deur** [grɔ̃døʀ] (der, -s, nur Ez.) Erhabenheit [frz.]
**Gran'dez'za** (die, -, nur Ez.) Würde, menschliche Größe [it.]
**Grand'ho'tel** [grɑ̃-] (das, -s, -s) großes Luxushotel [frz.]
**gran'dig** (Adj.) stark, groß, großartig [lat.-roman.]
**gran'di'os** (Adj.) großartig [it.]
**Gran'di'o'si'tät** (die, -, nur Ez.) überwältigende Großartigkeit, unvorstellbare Pracht, Erhabenheit
**gran'di'o'so** (Adj.) großartig, erhaben
**Grand Mal** [grɑ̃-] (der, - -, nur Ez.) großer epileptischer Anfall [frz.]
**Grand Mar'ni'er** [grɑ̃marnieː] (der, - -, nur Ez.) ein französischer Likör auf der Grundlage von Cognac und Bitterorangen (Warenzeichen) [frz.]
**Grand Prix** [grɑ̃pri] (der, - -, - -) Großer (Rennsport-)Preis [frz.]
**Grand'sei'gneur** [grɑ̃sɛɲøːʀ] (der, -s, -s oder -e) vornehmer und erfahrener älterer Herr [frz.]
**Grand Slam** [grændslæm] (der, -s, -s) im Tennis Gewinn der australischen, französischen, englischen und amerikanischen Meisterschaften innerhab eines Jahres (Sport) [engl.]
**gra'nie'ren** (V.) 1 aufrauen (der Metallplatte für den Kupferstich) [lat.] 2 Papier aufrauhen
**Gra'nier'stahl** (der, -s, nur Ez.) gezähntes Instrument zum Aufrauhen der Platte beim Kupferstechen
**Gra'nit** (der, -s, -e) hartes Tiefengestein aus Feldspat, Glimmer und Quarz [it.]
**gra'ni'ten** (Adj.) hart wie Granit, aus Granit [lat.-it.]
**gra'ni'tisch** (Adj.) den Granit betreffend [lat.-it.]
**Gra'nit'por'phyr** (der, -s, -e) Granit mit größeren Sprengseln und Körnern
**Gran'ny Smith** [grænɪ smɪθ] (der, -, -) eine grüne, saftige Apfelsorte [engl.]
**gra'nu'lär** (Adj.) = granulös
**Gra'nu'lat** (das, -s, -e) körniges (nicht staubendes) Material [nlat.]
**Gra'nu'la'ti'on** (die, -, -ti'o'nen) das Granulieren
**Gra'nu'le** (die, -, -n) Gaswirbel auf der Sonnenoberfläche
**gra'nu'lie'ren** (V.) 1 mit Edelmetallkörnchen verzieren (bei Schmuckstücken) 2 in Körnchenform bringen; z.B. staubförmige Futtermittel; körnchenförmig werden; z.B. eine glatte Substanz, die später granuliert hat
**Gra'nu'lom** (das, -s, -e) Geschwulst aus feinkörnigem Bindegewebe [lat.]
**gra'nu'lös** (Adj.) körnig [frz.]
**Gra'nu'lo'zyt** (das, -en, -en) weißes Blutkörperchen mit körniger Struktur (Med.)
**Gra'nu'lum** (das, -s, -la) Arzneikörnchen (Med.)

**Grapefruit** [greɪpfruːt] (die, -, -s) große, gelbe Zitrusfrucht mit bittersüßem Saft [engl.]
**Graph** (der, -en, -en) = Graf
**Graphem** (das, -s, -e) = Grafem
**Graphematik** (die, -, nur Ez.) = Grafematik
**Grapheologie** (die, -, nur Ez.) = Grafeologie
**Graphie** (die, -, -n) = Grafie
**Graphik** (die, -, -en) = Grafik
**Graphiker** (der, -s, -) = Grafiker
**Graphikkarte** (die, -, -n) = Grafikkarte (EDV)
**graphisch** (Adj.) = grafisch
**Graphit** (der, -s, -e) = Grafit
**graphitieren** (V.) = grafitieren
**graphitisch** (Adj.) = grafitisch
**Graphologe** (der, -en, -en) = Grafologe
**Graphologie** (die, -, nur Ez.) = Grafologie
**Grappa** (der, -s, -s) italienischer Schnaps aus Weintrester
**Grass** (das, -, nur Ez.) umgangssprachlicher Ausdruck für Marihuana [engl.-amerik.]
**grassieren** (V.) umgehen, wüten (von Krankheiten, Gerüchten) [lat.]
**Gratifikation** (die, -, -tionen) Sonderzuwendung an Arbeitnehmer (bes. das Weihnachtsgeld) [lat.]
**gratifizieren** (V.) vergüten
**Gratin** [-tɛ̃] (das, -s, -s) durch Gratinieren entstandene Speise [frz.]
**gratinieren** (V.) im Backofen nochmals erhitzen, damit eine knusprige Außenschicht entsteht; z.B. mit Käse überbacken [frz.]
**gratis** (Adj.) kostenlos [lat.]
**Gratulant** (der, -en, -en) Glückwunschüberbringer [lat.]
**Gratulation** (die, -, -tionen) **1** der Glückwunsch [lat.] **2** das Gratulieren
**Gratulationscour** [-kuːɐ] (die, -, -en) offizielle Beglückwünschung [lat.-frz.]
**gratulieren** (V.) beglückwünschen [lat.]
**Gravamen** (das, -s, -mina) Beschwerden, Vorwürfe gegen Kirche und Klerus im 15. und 16. Jahrhundert [lat.]
**Gravation** (die, -, -tionen) Beschwerung, Belastung [lat.]
**grave** (Adv.) ernst, feierlich, schwer (Vortragsanweisung in der Musik) [lat.-it.]
**Gravettien** (das, -s, nur Ez.) altsteinzeitliche Kulturstufe
**Graveur** [-vøːɐ] (der, -s, -e) jmd., der (beruflich) graviert; z.B. ein Stempelschneider
**gravid** (Adj.) schwanger [lat.]
**Gravida** (die, -, -dae) schwangere Frau [lat.]
**gravide** (Adj.) schwanger [lat.]
**Gravidität** (die, -, -en) Schwangerschaft
**gravieren** (V.) erhitzen, fein einschneiden (in harte Materialien) [frz.]
**gravierend** (Adj.) erschwerend; belastend [lat.]
**Gravierung** (die, -, -en) **1** das Gravieren **2** die eingravierte Schrift oder Verzierung [lat.]
**Gravimetrie** (die, -, nur Ez.) **1** Schwerkraftmessung **2** chemische Gewichtsanalyse
**Gravis** (der, -, -) Zeichen über einem Vokal (zur Betonung; z.B. in italienisch „città") [lat.]
**Gravisphäre** (die, -, nur Ez.) Umgebung eines Himmelskörpers, in dem seine Anziehungskraft noch stärker ist als die anderer Körper (Phys.)
**Gravität** (die, -, nur Ez.) gemessene Würde (veraltet) [lat.]
**Gravitation** (die, -, nur Ez.) Schwerkraft
**gravitätisch** (Adj.) **1** gemessen würdig **2** lächerlich würdevoll (einherschreitend)
**gravitieren** (V.) **1** durch Schwerkraftwirkung einer Stelle zustreben **2** sich hingezogen fühlen [frz.]
**Gravur** (die, -, -en) das Gravieren; etwas Eingraviertes
**Gravüre** (die, -, -n) Abzug von einer künstlerischen Gravur [frz.]
**Grazie** (die, -, -n) **1** eine der drei Göttinnen der Anmut **2** hübsches Mädchen (ugs.); z.B. da vorn laufen die beiden Grazien von gestern Abend **3** (nur Ez.) Anmut [lat.]
**grazil** (Adj.) zerbrechlich, zierlich [lat.]
**Grazilisation** (die, -, nur Ez.) allmählicher Wandel von groben zu grazileren Skelettformen (Anthropologie) [lat.]
**Grazilität** (die, -, nur Ez.) Zierlichkeit, von feiner Ausbildung [lat.]

**gra'zi'ös** (Adj.) anmutig [frz.]
**gra'zi'o'so** (Adv.) anmutig, lieblich (bei Musikstücken) [it.]
**grä'zi'sie'ren** (V.) griechisch machen; z.B. den Familiennamen Schwarzerd zu Melanchthon gräzisieren [lat.]
**Grä'zis'mus** (der, -, -men) altgriechische Spracheigentümlichkeit in einer anderen Sprache [nlat.]
**Grä'zist** (der, -zis'ten, -zis'ten) Kenner altgriechicher Sprache und Literatur [nlat.]
**Grä'zis'tik** (die, -, nur Ez.) die Wissenschaft von der altgriechischen Sprache und Kultur [gr.-lat.]
**grä'zis'tisch** (Adj.) 1 die Gräzistik betreffend 2 nach dem Vorbild des Altgriechischen
**Grä'zi'tät** (die, -, nur Ez.) das Wesen der altgriechischen Sprache und Gepflogenheiten [gr.-lat.]
**Green** [gri:n] (das, -s, -s) Rasenfläche um das Loch beim Golf (Sport) [engl.]
**Green'card** *auch:* Green Card [gri:n↓ ka:d] (die, -, -s) Arbeitserlaubnis für die USA [engl.]
**Green'horn** [gri:n-] (das, -s, -s) unerfahrener Neuling, Grünschnabel [engl.]
**Green'peace** [gri:npi:s] (ohne Artikel) internationale Umweltschutzorganisation [engl.]
**Gre'ga'ri'nen** (nur Mz.) tierische Parasiten, die sich im Innern von wirbellosen Tieren einnisten [lat.]
**Grège** [grɛ:ʒ] (die, -, nur Ez.) Rohseide [frz.]
**Gre'go'ri'a'nik** (die, -, nur Ez.) einstimmiger Kirchenchorgesang ohne instrumentale Begleitung in lateinischer Sprache, gregorianischer Gesang [gr.]
**gre'go'ri'a'nisch** (Adj.) zur Gregorianik gehörig
**gre'go'ri'a'ni'sie'ren** (V.) in der Art des gregorianischen Gesangs komponieren [lat.]
**Gre'mi'um** (das, -s, -mi'en) Ausschuss; z.B. ein beratendes Gremium von Experten [lat.]
**Gre'na'der** (der, -s, -) Einwohner des Inselstaates Grenada in der Karibik
**Gre'na'dier** (der, -s, -e) 1 Infanteriesoldat 2 niedrigster Dienstgrad in der Infanterie [lat.-it.-frz.]
**Gre'na'dil'le** *auch:* Gra'na'dil'le (die, -, -n) Frucht der tropischen Passionsblume [span.]
**Gre'na'din** (der oder das, -s, -s) kleine gebratene Fleischschnitte [lat.-it.-frz.]
**Gre'na'di'ne** (die, -, nur Ez.) Granatapfelsirup (für Mixgetranke) [frz.]
**Grey'hound** [greɪhaʊnd] (der, -s, -s) 1 Windhund 2 Omnibus im Überlandverkehr in den Vereinigten Staaten [engl.]
**Gri'blet'te** (die, -, -n) kleine gespickte Fleischschnitte [frz.]
**Grif'fon** [-fɔ̃] (der, -s, -s) eine rauhaarige Vorstehhundrasse [frz.]
**gri'gnar'die'ren** (V.) org. Substanzen nach einem bestimmten Verfahren synthetisieren
**Grill** (der, -s, -s) Bratrost [lat.-frz.-engl.]
**Gril'la'de** [grija:də] (die, -, n) Rostbratstück
**gril'len** (V.) auf dem Rost braten [lat.-frz.-engl.]
**gril'lie'ren** (V.) = grillen
**Grill'room** [-ru:m] (der, -s, -s) Gaststätte mit überwiegend Grillgerichten [engl.]
**Gri'mas'se** (die, -, -n) verzerrtes Gesicht [frz.]
**gri'mas'sie'ren** (V.) Grimassen schneiden (auch krankhaft) [frz.]
**Grin'go** (der, -s, -s) Angelsachse, Nichtromane (als lateinamerikan. Spottname) [span.]
**Gri'ot** [grio:] (der, -s, -s) westafrikanischer Zauberer [frz.]
**grip'pal** (Adj.) zur Grippe gehörig; grippeähnlich
**Grip'pe** (die, -, -n) eine Virusinfektion mit Fieber [germ.-frz.]
**grip'pös** ( Adj .) = grippal
**Gri'sail'le** [-sai-] (die, -, -n) Malerei in Grautönen [frz.]
**Gri'set'te** (die, -, -n) leichtlebiges Pariser Mädchen (früher) [frz.]
**Gris'li** (der, -s, -s) *auch:* Grizz'ly amerikan. Graubär [engl.]
**Gri'son** (der, -s, -s) in Mittel- und Südamerika ansässiges Mardertier [frz.]
**Gris'si'ni** (nur Mz.) fingerdicke, knusprige Gebäckstangen [it.]
**Grizz'ly** [grɪz-] (der, -s, -s) = Grisli
**Grog** (der, -s, - oder -s) heißes Wasser mit Rum und Zucker [engl.]

**groggy** (Adj.) angeschlagen; erschöpft [engl.]
**Groom** [gruːm] (der, -s, -s) Reitknecht, Diener, Page [engl.]
**Groove** [gruːv] (der, -s, -s) Art, Musik auf eine rhythmisch-gefühlsbetonte Weise zu machen [engl.]
**groo'ven** [gruː-] (V.) es sich gut gehen lassen (Jargon); z. B. beim Blues mitgrooven [engl.]
**Groo'ving** [gruːvɪŋ] (das, -s, nur Ez.) Einfräsen von Rillen in eine Fahrbahn, um diese griffiger zu machen [engl.]
**Gros** [groː] (das, -, -) **1** Hauptmasse (von Personen) **2** zwölf Dutzend [frz.]
**Groß'in'qui'si'tor** (der, -s, -en) oberster Ankläger und Richter der spanischen Inquisition [dt.; lat.]
**Gros'sist** (der, -sis'ten, -sis'ten) Großhändler [dt.; frz.]
**gros'so mo'do** im großen Ganzen, ungefähr [lat.-ital.]
**Grosz** [grɔʃ] (der, -, -e (nach Zahlen: -)) kleinste polnische Währungseinheit [dt.-poln.]
**gro'tesk** (Adj.) übertrieben lächerlich; verzerrt [it.-frz.]
**Gro'tesk** (die, -, nur Ez.) Antiquaschrift ohne Serifen
**Gro'tes'ke** (die, -, -n) **1** groteske Darstellung (in der Literatur) **2** ein verspieltes Ranken-Figuren-Ornament
**Gro'tesk'film** (der, -s, -e) Spielfilm mit völlig sinnloser Situationskomik
**Grot'te** (die, -, -n) natürliche oder künstliche Felshöhle (in malerischer Lage am Meer, in Barockgärten) [it.]
**Ground'hos'tess** [graʊnd-] (die, -, -en) Angestellte einer Fluggesellschaft, die für die Betreuung der Fluggäste am Flughafen zuständig ist [engl.]
**Grou'pie** [gruː-] (das, -s, -s) Mädchen, das Betterlebnisse mit Rockstars sammelt [engl.]
**Growl** [graʊl] (der oder das, -s, -s) Klangeffekt durch Dämpfung beim Jazz [engl.]
**Grunge** [granʒ] (der, -, nur Ez.) gitarrenbetonter, lässiger Stil der Rockmusik [engl.]
**Grupp** (der, -s, -s) Geldpaket [it.]
**Grup'pen'dy'na'mik** (die, -, nur Ez.) **1** Wissenschaft von der Gruppendynamik **2** gegenseitige, abgestimmte Steuerung des Verhaltens der Individuen in einer Gruppe zum Zwecke therapeutischer Lernprozesse [dt.; gr.-lat.]
**grup'pen'dy'na'misch** (Adj.) zur Gruppendynamik gehörend, die Gruppendynamik betreffend [dt.; gr.-lat.]
**Gru'si'cal** [-kl] (das, -s, -s) Gruselstück (scherzhaft) [dt.-engl.]
**Gru'si'ni'er** (der, -s, -) = Georgier
**gru'si'nisch** (Adj.) = georgisch
**Gruy'ère** [grʏjɛr] (der, -s, -s) würziger Schweizer Hartkäse, Greyerzer [frz.]
**G-String** (der, -s, -s) sehr knappes, nur die primären Geschlechtsorgane bedeckendes Kleidungsstück [engl.]
**Gu'a'ja'kol** (das, -s, nur Ez.) ein aromatischer Alkohol (u.a. als fiebersenkendes Mittel) [indian.-nlat.]
**Gu'a'ja've** *auch:* Gu'a've (die, -, -n) rundliche, gelbrote Tropenfrucht [indian.-span.]
**Gu'a'na'ko** (das, -s, -s) Wildform des Lamas und Alpakas [Ketschua]
**Gu'a'nin** (das, -s, nur Ez.) eine der vier Nucleobasen der Desoxyribonucleinsäure [Ketschua-nlat.]
**Gu'a'no** (der, -s, nur Ez.) südamerikanischer Seevogelkot als Dünger [Ketschua]
**Gu'a'ra'ni** (das, -, nur Ez.) **1** eine Indianersprache (neben Spanisch Staatssprache in Paraguay) **2** (der, -(s), - oder -s) Währungseinheit in Paraguay
**Gu'ar'dia ci'vil** (die, - -, nur Ez.) spanische Gendarmerie [span.]
**Gu'ar'di'an** (der, -s, -e) Vorsteher (eines Franziskaner-, Kapuzinerklosters) [lat.]
**Gu'ar'ne'ri** (die, -, -s) wertvolle Geige aus der Werkstatt der Geigenbauerfamilie Guarneri aus Cremona
**Gu'ar'ne'ri'us** (die, -, -rii) = Guarneri
**Gu'a'te'mal'te'ke** (der, -n, -n) Ew. Guatemalas
**Gu'a've** (die, -, -n) = Guajave
**Gu'el'fe** (der, -n, -n) italienische Anhänger der gegen den Hohenstaufenkaiser gerichteten Politik des Papstes und Gegner der Gibellinen [it.]
**Gue'ril'la** [gerɪlja] (der, -s, -s) bewaffneter Widerstandskämpfer (Dritte Welt) [span.]

**Gue|ril|le|ro** [gerɪljeːro] (der, -s, -s) mittel-, südamerikanischer Guerilla [span.]
**Guide** [gaɪd] (der, -s, -s) 1 Fremdenführer 2 Reisehandbuch [engl.]
**Gui|gnol** [giɲɔl] (der, -s, -s) die Figur des Kasperle im französischen Puppentheater [frz.]
**Guil|loche** [gijɔʃ] (die, -, -n) verschlungene Linienmusterung (auf Banknoten, Wertpapieren) [frz.]
**Guil|lo|cheur** [gijɔʃøːɐ] (der, -s, -e) jmd., der beruflich guillochiert
**guil|lo|chie|ren** [gijɔʃiː-] (V.) mit einer Guilloche mustern
**Guil|lo|ti|ne** [gijɔ-] (die, -, -n) Fallbeil [frz.]
**guil|lo|ti|nie|ren** [gijɔ-] (V.) durch die Guillotine hinrichten
**Gui|nea** [gɪnɪ] (die, -, -s) 1 alte englische Goldmünze; davon abgeleitete Rechnungseinheit 2 Staat in Westafrika
**Gui|ne|er** (der, -s, -) Ew. Guineas [berberisch]
**gui|ne|isch** (Adj.) zu Guinea gehörig
**Gu|lag** (das, -, nur Ez.) russisches Kurzwort für die Hauptverwaltung des Straflagersystems in der Sowjetunion unter der Herrschaft Stalins
**Gu|lasch** (das oder der, -s, -e oder -s) würziges Gericht aus gedünsteten Fleischwürfeln, Zwiebeln und Paprika [ungar.]
**Gul|ly** (der, -s, -s) Abwasser-Einlaufschacht der Kanalisation [engl.]
**Gum|ma** (das, -s, -ta oder -men) Gummigeschwulst bei Syphilis [nlat.]
**Gum|mi** (der, -s, -s) 1 dehnbare, vulkanisierte Kautschukmasse 2 Erzeugnis daraus [ägypt.-gr.]
**Gum|mi|a|ra|bi|kum** (das, -s, nur Ez.) Binde-, Klebemittel aus Akazienmilchsaft [lat.]
**gum|mie|ren** (V.) mit Klebstoff, wasserdichtem Kunststoff u.a. beschichten [nlat.]
**Gum|mi|gutt** (das, -s, nur Ez.) ein asiatisches Gummiharz; z.B. als Abführmittel [nlat.-malai.]
**Gum|mi|pa|ra|graf** (der, -en, -en) sehr allgemein formulierte Gesetzesvorschrift, die verschiedene Auslegungen zulässt
**Gum|mo|se** (die, -, -n) krankhafter, übermäßiger Harzausfluss bei Obstbäumen (Bio.)
**Gun** [gʌn] (die, -, -s) oder (der oder das, -s, -s) 1 Schusswaffe 2 Spritze, um sich Rauschgift in die Venen zu spritzen [engl.-amerik.]
**Gup|py** (der, -s, -s) ein tropischer Zahnkarpfen, Aquarienfisch [engl.]
**Gu|ra|mi** (der, -s, -s) südostasiatischer Labyrinthfisch, Aquarienfisch [malai.]
**Gur|kha** (der, -(s), -s) 1 Angehöriger eines Volkes in Nepal 2 Elitesoldat aus diesem Volk (im brit. Kolonialreich)
**Gu|ru** (der, -s, -s) geistlicher Lehrmeister (im Hinduismus) [Hindi]
**Gus|la** *auch:* Gusle (die, -, -s oder -len) südslawisches Streichinstrument [serbokroat.]
**Gus|lar** (der, -en, -en) Guslaspieler [serbokroat.]
**Gus|le** (die, -, -s oder -n) = Gusla
**Gus|li** (die, -, -s) harfenähnliches Klavichord, russisches Instrument des 18. Jahrhunderts [russ.]
**gus|tie|ren** (V.) = goutieren [lat.-it.]
**gus|ti|ös** (Adj.) appetitanregend, lecker [österr.]
**Gus|to** (der, -s, nur Ez.) Appetit; Geschmack (österr.) [it.]
**Gus|to|me|trie** (die, -, nur Ez.) medizinische Prüfung des Geschmackssinnes mittels bestimmter Schmecklösungen [lat.-gr.]
**Gut|ta|per|cha** (das oder die, -, nur Ez.) kautschukähnlicher Stoff aus dem Milchsaft südostasiatischer Bäume, Isoliermaterial [malai.]
**Gut|ta|ti|on** (die, -, -ti|o|nen) selbsttätige Wasserausscheidung (bei Pflanzen) [lat.]
**Gut|ti** (das, -s, nur Ez.) = Gummigutt
**gut|tie|ren** (V.) das Wasserausscheiden bei Pflanzen [lat.]
**Gut|ti|fe|ren** (nur Mz.) bestimmte Pflanzenfamilie
**Gut|ti|o|le** (die, -n, -n) Tropfflasche, Fläschchen zum Einträufeln von Medizin [lat.]
**gut|tu|ral** (Adj.) zur Kehle gehörig, kehlig [lat.]
**Gut|tu|ral** (der, -s, -e) Kehl-, Gaumenlaut

G

G

**Gu'ya'ner** (der, -s, -) Einwohner des Staates Guyana im Norden Südamerikas [indian.]
**gym'na'si'al** (Adj.) zum Gymnasium gehörig
**Gym'na'si'arch** (der, -en, -en) Bezeichnung für den Leiter eines antiken Gymnasiums [gr.-lat.]
**Gym'na'si'ast** (der, -as'ten, -as'ten) Schüler eines Gymnasiums
**Gym'na'si'um** (das, -s, -si'en) höhere Schule mit Abiturabschluss, Oberschule [gr.-lat.]
**Gym'nast** (der, -nas'ten, -nas'ten) Trainer der Athleten in der altgriechischen Gymnastik [gr.]
**Gym'nas'tik** (die, -, nur Ez.) Leibesübungen; rhythmisiertes Turnen [gr.]
**Gym'nas'ti'ker** (der, -s, -) jmd., der Gymnastik treibt
**Gym'nas'tin** (die, -, -tin'nen) Gymnastiklehrerin
**gym'nas'tisch** (Adj.) zur Gymnastik gehörig
**gym'nas'ti'zie'ren** (V.) die Muskeln von Pferd und Reiter systematisch durchbilden, um höchsten Anforderungen zu genügen
**Gym'no'lo'gie** (die, -, nur Ez.) Wissenschaft von der Leibeserziehung, der Rekreation und Therapie der Bewegungen [gr.-lat.]
**Gym'no'sper'me** (die, -, -n) Nacktsamer [gr.]
**Gy'nae'ce'um** (das, -s, -ce'en) Gesamtmenge der weiblichen Blütenorgane einer Pflanze [gr.-lat.]
**Gy'nä'kei'on** (das, -s, -kei'en) das Gemach der Frauen in einem altgriechischen Haus [gr.]
**Gy'nä'ko'kra'tie** (die, -, -n) Gesellschaftsordnung, in der die Frau die beherrschende Position in Staat und Familie einnimmt und in der die soziale Position und der Erbgang der weiblichen Linie folgt; Frauenherrschaft [gr.]
**Gy'nä'ko'lo'ge** (der, -n, -n) Frauenarzt [gr.]
**Gy'nä'ko'lo'gie** (die, -, nur Ez.) Frauenheilkunde [gr.]
**gy'nä'ko'lo'gisch** (Adj.) frauenheilkundlich
**Gy'nä'ko'mas'tie** (die, -, -n) weibliche Brustbildung bei Männern (Med.) [gr.-lat.]
**Gy'nä'ko'pho'bie** (die, -, nur Ez.) Abneigung gegen alles Weibliche [gr.-lat.]
**Gy'nä'ko'sper'mi'um** (das, -s, -mi'en) ein ein X-Chromosom enthaltender Samenfaden, wodurch das Geschlecht als weiblich definiert wird [gr.-lat.]
**Gy'n'an'drie** (die, -, nur Ez.) Nebeneinander männlicher und weiblicher Geschlechtsmerkmale an einem Lebewesen [gr.]
**Gy'n'an'thro'pos** (der, -, -thro'pen und -thro'poi) (Fraumann) menschlicher Zwitter (veraltet)
**Gy'n'a'tre'sie** (die, -, -n) Fehlen der Geschlechtsöffnung bei Frauen von Geburt an
**Gy'nä'ze'um** (das, -s, -ze'en) Gesamtheit der weiblichen Geschlechtsorgane der Blüte (Bio.)
**Gy'no'ga'met** (der, -en, -en) Eizelle, weibliche Geschlechtszelle (Bio.)
**Gy'no'ge'ne'se** (die, -, nur Ez.) ungeschlechtliche Fortpflanzung, Scheinbefruchtung (Bio.)
**Gy'no'ste'mi'um** (das, -s, -ien) Griffel bei der Orchideenblüte (Bot.)
**Gy'ro'ma'gne'tis'mus** (der, -, nur Ez.) Kreiselmagnetismus, hervorgerufen durch die Wechselwirkung zwischen der Drehung eines Körpers und seinem magnetischen Moment (Phys.)
**Gy'ro'me'ter** (der, -s, -) Umdrehungsmesser (Phys.)
**Gy'ros** (der, -, -) vom Drehspieß geschnittenes Fleisch (gr. Spezialität) [neugr.]
**Gy'ro's'kop** (das, -s, -e) Gerät zum Nachweis der Erddrehung (Phys.)

# H

**Ha'ba'ne'ra** (die, -, -s) kubanisch-spanischer Tanz (Gesang), langsam und tangoähnlich
**Hab'da'la** (die, -, -s) Gebet am Ausgang des Sabbats, mit dem der Hausherr einer jüdischen Familie den Herrn lobpreist [hebr.]
**Ha'be'as Cor'pus** lat. für: „du habest den Körper"; Floskel am Anfang eines mittelalterlichen Haftbefehls
**Ha'be'as'kor'pus'ak'te** (die, -, nur Ez.) englisches Gesetz aus dem Jahr 1679, das einen Bürger vor willkürlicher Verhaftung schützt [lat.]
**ha'be'mus Pa'pam** lat. für: „wir haben einen Papst"; vorgeschriebener Ausruf nach vollzogener Papstwahl
**ha'bil** (Adj.) fähig, gewandt [lat.]
**Ha'bi'li'tand** (der, -en, -en) jmd., der sich habilitieren will
**Ha'bi'li'ta'ti'on** (die, -, -ti'o̲nen) Verfahren zum Erwerb der Lehrbefugnis an einer Hochschule [lat.]
**ha'bi'li'ta'tus** (Adj.) mit Lehrberechtigung an einer Hochschule oder Universität [lat.]
**ha'bi'li'tie'ren** (V.) die Lehrbefugnis an einer Hochschule erwerben [lat.]
**Ha'bit** [ha̲-] (der oder das, -s, -e) **1** Amtstracht **2** seltsame Kleidung, Aufzug
**Ha'bi'tat** (das, -s, -e) bestimmter Lebensraum (einer Tier- oder Pflanzenart) [lat.]
**ha'bi'tu'a'li'sie'ren** (V.) zur Gewohnheit machen, werden [lat.]
**Ha'bi'tu'a'ti'on** (die, -, -ti'o̲nen) Gewöhnung, Reaktionsermüdung hinsichtlich eines zu oft erfolgten Reizes [lat.]
**ha'bi'tu'ell** (Adj.) **1** gewohnheitsmäßig **2** gewohnheitsmäßig dem Verhalten eigen (Psych.) [lat.]
**Ha'bi'tus** (der, -, nur Ez.) **1** Aussehen **2** Verhalten [lat.]
**Ha'boob** (der, -s, nur Ez.) Sandsturm (in Nordafrika und Indien) [arab.]
**Háček** [haːtʃɛk] (das, -s, -s) ein Aussprachezeichen; z.B. č [tʃ] in west- und südlawischen Sprachen [tschech.]
**Ha'ché** (das, -s, -s) = Haschee
**Ha'ci'en'da** [asiɛn-] (die, -, -s) = Hazienda
**Ha'ci'en'de'ro** [asiendeːro] (der, -s, -s) = Haziendero [span.]
**Hack** [hæk] (der, -s, -s) Kurzform von Hackney [engl.]
**Ha'cker** (der, -s, -) jmd., der über seinen Personalcomputer und eine Telefonleitung unberechtigt in andere Computersysteme eindringt [engl.]
**Hack'ney** [hæknɪ] (der, -s, -s) rassenloses Reitpferd [engl.]
**Ha'dal** (das, -s, nur Ez.) die Tiefsee unterhalb von 5000 Metern [gr.-nlat.]
**Had'dock** [hædək] (der, -s, -s) geräucherter Schellfisch [engl.]
**Ha'des** (der, -, nur Ez.) **1** das Reich der Toten, die Unterwelt **2** Planet, der jenseits des Pluto vermutet wird [gr.]
**Ha'dith** (der oder das, -, -e) Überlieferung angeblicher Aussprüche Mohammeds als hauptsächliche Quelle des Islam neben dem Koran [arab.]
**Hadsch** (der, -, nur Ez.) Pilgerreise nach Mekka [arab.]
**Ha'd'schar** (der, -s, nur Ez.) der schwarze Stein in der Kaaba, den die Mekkapilger küssend verehren [arab.]
**Ha'd'schi** (der, -s, -s) **1** Ehrentitel eines Mohammedaners, der den Hadsch durchgeführt hat **2** christlicher Jerusalempilger im Orient [arab.-türk.]
**Hae'man'thus** (der, -, -thi) bestimmtes Narzissengewächs [gr.]
**Hae'moc'cult-Test** [hɛm-] (der, -s, -s) Test auf Vorhandensein nicht sichtbaren Blutes im Kot (Warenzeichen) [gr.-lat.-engl.]
**Ha'fis** (der, -, nur Ez.) Ehrentitel für einen Mann, der den gesamten Koran auswendig kennt [arab.]
**Haf'ni'um** (das, -s, nur Ez.) ein Element, Metall [nlat.]
**Haf'ta'ra** (die, -, -ro̲th) beim jüdischen Gottesdienst die Lesung aus den Propheten als Schluss des Wochenabschnitts [hebr.]

**Ha'ga'na** (die, -, nur Ez.) jüdische militärische Organisation in Palästina, aus der die reguläre Armee Israels entstand [hebr.]
**Hag'ga'da** (die, -, nur Ez.) erzählender Teil der mündlichen jüdischen Überlieferung (Legenden, Sprichwörter u.a.) [hebr.]
**Ha'gio'gra'fa** *auch:* Ha'gio'gra'pha (nur Mz.) = Hagiografen
**Ha'gio'gra'fen** *auch:* Ha'gio'gra'phen (nur Mz.) späteste Schriften des Alten Testaments [gr.]
**Ha'gio'gra'fie** *auch:* Ha'gio'gra'phie (die, -, -n) Lebensbeschreibung eines Heiligen, Literatur über einen Heiligen [gr.]
**Ha'gio'la'trie** (die, -, -n) Heiligenverehrung [gr.]
**Ha'gio'lo'gie** (die, -, nur Ez.) Lehre von den Heiligen [gr.]
**Ha'gi'o'nym** (das, -s, -e) Name eines Heiligen als Deckname [gr.]
**Hai'duck** (der, -du'cken, -du'cken) = Heiduck
**Hai'ku** (das, -s, -s) japanische Gedichtform [jap.]
**Hair'sty'list** [hɛəstaɪlɪst] (der, -en, -en) Frisör [engl.]
**Ha'i'ti'a'ner** [haːi-] (der, -s, -) Ew. Haitis
**ha'i'tisch** (Adj.) zu Haiti gehörig
**Ha'ka'ma** (der, -s, -s) schwarzer Hosenrock bei jap. Kampfsportarten [jap.]
**Ha'kim** (der, -s, -s) Arzt, Gelehrter (im Nahen Osten) [arab.].
**Ha'la'li** (das, -s, -s) ein Hornsignal; Ende der Jagd [frz.]
**Ha'lér** [-lɛːrʃ] (der, -, -le'ru) tschechische Währungseinheit [dt.-tschech.]
**Hal'fa** (die, -, nur Ez.) Süßgras, Papierrohstoff [arab.]
**Half'back** [haːfbæk] (der, -s, -s) Läufer einer Fußballmannschaft [engl.]
**Half'court** [haːfkɔːt] (der, -s, -s) Mitte des Spielfeldes [engl.]
**Half'pipe** [haːfpaɪp] (die, -, -s) längs halbierte Röhre zum Skateboard- oder BMX-Radfahren [engl.]
**Half'time** [haːftaɪm] (die, -, -s) Halbzeit (Sport) [engl.]
**Ha'li'tus** (der, -, nur Ez.) Atem, Ausdünstung (Med.) [lat.]
**hal'le'lu'ja!** (Interj.) „lobet den Herrn!" [hebr.]
**Hal'lo'ween** [hæləʊviːn] (das, -s, -s) der Tag vor Allerheiligen, der besonders in den Vereinigten Staaten gefeiert wird [engl.]
**Hal'lu'zi'nant** (der, -en, -en) jmd., der an Halluzinationen leidet [lat.]
**Hal'lu'zi'na'ti'on** (die, -, -ti'o'nen) Sinnestäuschung [lat.]
**hal'lu'zi'na'tiv** (Adj.) = halluzinatorisch
**hal'lu'zi'na'to'risch** (Adj.) zu einer Halluzination gehörig, in Form einer Sinnestäuschung
**hal'lu'zi'nie'ren** (V.) eine Halluzination haben
**hal'lu'zi'no'gen** (Adj.) Halluzinationen hervorrufend, fördernd [lat.-gr.]
**Hal'lu'zi'no'gen** (das, -s, -e) Halluzinationen erzeugendes Rauschgift; z.B. LSD [lat.-gr.]
**Hal'ma** (das, -s, nur Ez.) ein Brettspiel [gr.]
**Ha'lo** (der, -s, -s oder -lo'nen) ringförmige Lichterscheinung, „Hof"; z.B. um den Mond herum [gr.]
**ha'lo'bi'ont** (Adj.) salzreiche Umgebung liebend [gr.]
**Ha'lo'bi'ont** (der, -en, -en) salzreiche Umgebung liebendes Lebewesen [gr.]
**Ha'lo-Ef'fekt** (der, -s, -e) voreingenommene Beurteilung des Charakters einer Person, die nur aus dem ersten Eindruck resultiert (Psych.) [gr.-engl.]
**ha'lo'gen** (Adj.) Salz bildend [gr.]
**Ha'lo'gen** (das, -s, -e) ein Element der siebenten Gruppe des Periodensystems, Salzbildner (Fluor, Chlor, Brom, Jod und Astat) [gr.]
**Ha'lo'ge'nid** (das, -s, -e) salzartige Verbindung eines Halogens mit einem Metall
**ha'lo'ge'nie'ren** (V.) Salz bilden [gr.]
**Ha'lo'gen'lam'pe** (die, -, -n) mit Edelgas gefüllte, sehr helle Glühlampe
**Ha'lo'me'ter** (das, -s, -) Messgerät zur Salzgehaltbestimmung [gr.]
**Ha'lon** (das, -s, nur Ez.) Halogenkohlenwasserstoff als Löschmittel [gr.]
**ha'lo'phil** (Adj.) einen salzreichen Lebensraum bevorzugend; z.B. Bakterien, Küstenpflanzen können halophil sein [gr.]
**Ha'lo'phyt** [-fyːt] (der, -en, -en) Salz liebende Pflanze [gr.]

**Ha|lun|ke** (der, -n, -n) Gauner [tschech.]
**Hal|wa** (die, -, -s) eine orientalische Süßigkeit aus gerösteten Sesamkörnern, Zucker u.a.
**Häm** (das, -s, nur Ez.) Farbstoff des Hämoglobins [gr., Kurzwort]
**Ha|ma|dan** (der, -s, -s) aus Kamelwolle handgeknüpfter Teppich mit stilisierten Mustern
**Häm|ag|glu|ti|na|ti|on** (die, -, -en) Verklumpung roter Blutkörperchen (Med.) [gr.-lat.]
**Ha|ma|me|lis** (die, -, nur Ez.) winterblütiger Zierstrauch, Zaubernuss [gr.]
**Ham and Eggs** [hæm ənd egz] (nur Mz.) Spiegeleier und gebratener Schinken (als Frühstück) [engl.]
**Häm|an|gi|om** (das, -s, -e) Blutgefäßgeschwulst [gr.]
**Ha|mar|tie** (die, -, -n) **1** in der antiken Tragödie der Irrtum oder die Sünde, die die Verwicklungen verursachen **2** lokaler Defekt des Gewebes infolge embryonaler Fehlentwicklung des Keimgewebes (Med.) [gr.]
**Ha|ma|sa** (die, -, -s) Titel berühmter arabischer Anthologien [arab.]
**Hä|ma|tit** (der, -s, -e) ein Mineral, (schwarz-)rotes Eisenoxid [gr.-nlat.]
**hä|ma|to|gen** (Adj.) Blut bildend [gr.]
**Hä|ma|to|gramm** (das, -s, -e) Blutbild (Med.) [gr.]
**Hä|ma|to|lo|gie** (die, -, nur Ez.) Wissenschaft vom Blut und seinen Krankheiten [gr.]
**Hä|ma|tom** (das, -s, -e) Bluterguss [gr.]
**Hä|ma|to|po|e|se** (die, -, nur Ez.) Blutbildung (Med.) [gr.]
**Hä|ma|tor|rhö** (die, -, -en) Blutsturz [gr.]
**Hä|ma|to|sko|pie** (die, -, -n) Blutuntersuchung (Med.) [gr.]
**Hä|ma|to|zo|on** (das, -s, -zoen) im Blut lebende Parasiten (Med.) [gr.]
**Hä|ma|to|zy|to|ly|se** (die, -, nur Ez.) Auflösung der roten Blutkörperchen (Med.) [gr.]
**Hä|ma|to|me|tra** (die, -, nur Ez.) Menstrualblutansammlung in der Gebärmutter bei verschlossenem Muttermund (Med.)
**Ham|bur|ger** (der, -s, -) weiches Brötchen, das mit Hackfleischscheiben und diversen Zutaten belegt ist [dt.-engl.]
**Hä|min** (das, -s, nur Ez.) ein Bestandteil des Hämoglobins
**ha|mi|tisch** (Adj.) zu den Hamiten gehörig
**Ham|ma|da** (die, -, -s) Fels-, Steinwüste (in Nordafrika) [arab.]
**Ham|mal** (der, -s, -s) Lastenträger im Vorderen Orient [arab.]
**Ham|mam** (der, -s, -s) Badehaus im Vorderen Orient [arab.]
**Ham|mond|or|gel** [hæmənd-] (die, -, -n) elektronisch verstärkte und in der Klangfarbe variierbare Orgel (in der U-Musik) [engl.-lat.]
**Hä|mo|blast** (der, -en, -las|ten/-blas|ten) Blut bildende Knochenmarkzelle [gr.]
**Hä|mo|di|a|ly|se** (die, -, -n) Reinigung des Blutes (Med.) [gr.]
**Hä|mo|glo|bin** (das, -s, nur Ez.) roter Blutfarbstoff [gr.-nlat.]
**Hä|mo|gramm** (das, -s, -e) tabellarische Beurteilung eines Blutbildes (Med.) [gr.]
**Hä|mo|ly|se** (die, -, -n) krankhafte Auflösung der roten Blutkörperchen [gr.]
**Hä|mo|pa|thie** (die, -, -ien) Blutkrankheit (Med.) [gr.]
**Hä|mo|phi|lie** (die, -, -n) Bluterkrankheit [gr.]
**Hä|mor|rha|gie** (die, -, -n) Blutung (im Körperinnern) [gr.]
**hä|mor|rho|i|dal** *auch:* hä|mor|ri|dal [-roːi-] (Adj.) zu den Hämorrhoiden gehörig, von ihnen ausgehend
**Hä|mor|rho|i|de** *auch:* Hä|mor|ri|de [hɛmoːroːiːdə] (die, -, -n) knotig verdickte Mastdarmvene [gr.]
**Hä|mo|the|ra|pie** (die, -, -ien) Therapie durch Eigenblutspritzen (Med.) [gr.]
**Hä|mo|to|xi|ko|se** (die, -, -n) Schädigung der blutbildenden Zentren im Knochenmark durch Vergiftung (Med.)
**Hä|mo|zyt** (der, -en, -en) Blutkörperchen
**han|deln** [hæn-] (V.) gebrauchen, handhaben [engl.]
**Han|di|cap** [hændıkæp] (das, -s, -s) = Handikap
**Han|di|kap** *auch:* Han|di|cap [hændikæp] (das, -s, -s) **1** behindernder Nachteil **2** gezielte Erschwernis für einen Leistungsstarken; Vorgabe für einen Leistungsschwächeren; z.B. im Pferderennsport [engl.]

H

**Hand'ling** [hænd-] (das, -s, nur Ez.) Handhabung [engl.]
**Hand-out** *auch:* Hand'out [hændaʊt] (das, -s, -s) informierendes Schriftstück, das vor einem Seminar an alle Teilnehmer ausgegeben wird [engl.]
**Hands** [hændz] (das, -, -) unerlaubtes Handspiel (im Fußball; österr; schweiz.) [engl.]
**Han'dy** [hændi] (das, -s, -s) Mobiltelefon [engl.]
**Han'dy'man** [hændɪmæn] (der, -s, -men) Bastler, Heimwerker [engl.]
**Han'gar** [-gaːɐ] (der, -s, -s) Flugzeughalle [germ.-frz.]
**Hän'ge'par'tie** (die, -, -n) abgebrochene Schachpartie, die zu einem späteren Zeitpunkt wieder aufgenommen wird [dt.-lat.-frz.]
**Hang-over** *auch:* Hang'over [hæŋ-] (der, -s) Katerstimmung nach übermäßigem Konsum von Alkohol oder Drogen, Durchhänger [engl.]
**han'tie'ren** (V.) mit etwas beschäftigt sein, sich hörbar betätigen [frz.-niederl.]
**Ha'nu'man** (der, -s, -s) = Hulman [ind.]
**Ha'o'ma** (der, -, nur Ez.) heiliges Opfergetränk der Parsen
**Ha'o'ri** (der, -s, -s) Überwurf über den Kimono [jap.]
**Ha'ph'al'ge'sie** (die, -, nur Ez.) außergewöhnliche Schmerzempfindlichkeit der Haut (Med.) [gr.-lat.]
**Ha'p'lo'gra'fie** (die, -, -ien) fehlerhafte Auslassung zweier gleicher oder ähnlicher Laute oder Wortteile in der geschriebenen Sprache [gr.]
**ha'p'lo'id** (Adj.) mit einfachem Chromosomensatz (bei Zellkernen) [gr.]
**Ha'p'lo'i'die** (die, -, nur Ez.) Auftreten des einfachen Chromosomensatzes in der Zelle [gr.]
**Ha'p'lo'lo'gie** (die, -, -ien) Zusammenziehen zweier gleicher oder ähnlicher Silben [gr.]
**Ha'p'lom** (das, -s, -e) haploider Chromosomensatz
**Hap'pe'ning** [hæp-] (das, -s, -s) spontanes, überraschendes Geschehen (als Kunstform) [engl.]
**hap'py** [hɛpi] (Adj.) glücklich, zufrieden, selig [engl.]
**Hap'py'end** *auch:* Hap'py End [hɛpi-] (das, -(s), -s) glücklicher Ausgang (wie im Film) [engl.]
**Hap'py Few** [hæpɪfjuː] (nur Mz.) die glückliche Minderheit [engl.]
**Hap'py Hour** [hæpɪauə] (die, -, -s) Zeit, zu der in manchen Lokalen Getränke billiger angeboten werden [engl.]
**Hap'tik** (die, -, nur Ez.) Wiss. vom Tastsinn [gr.]
**hap'tisch** (Adj.) zum Tastsinn gehörig [gr.]
**Hap'to'nas'tie** (die, -, -n) Pflanzenbewegung, die durch einen Berührungsreiz ausgelöst wird (Bot.) [gr.-lat.]
**Ha'ra'ki'ri** (das, -(s), -s) japanische Art des Selbstmordes durch Bauchaufschlitzen
**Ha'ram** (der, -s, -s) heiliger und verbotener Bezirk im islamischen Orient [arab.]
**Ha'rass** (der, -es, -e) Lattenkiste (zum Verpacken zerbrechlichen Guts) [frz.]
**Hard'bop** *auch:* Hard Bop (der, -s, -s) bestimmter Jazzstil [engl.]
**Hard'co'py** *auch:* Hard Co'py (die, -, -s) Ausdruck von Daten über einen Drucker oder Plotter (EDV) [engl.]
**Hard'core** [-kɔː] (der, -s, -s) **1** harter Kern von Elementarteilchen **2** Kurzform von „Hardcorepornofilm" [engl.]
**Hard'court** [-kɔːt] *auch:* Hard Court (der, -s, -s) Hartplatz (v. a. beim Tennis) [engl.]
**Hard'co'ver** [-kʌvə] (das, - -s, - -s) fester Bucheinband [engl.]
**Hard'disk** *auch:* Hard'disc, Hard Disk/Hard Disc (die, -, -s) Festplatte (EDV) [engl.]
**Hard'drink** *auch:* Hard Drink (der, - -s, - -s) starkes alkoholisches Getränk [engl.]
**Hard'edge** [-ɛdʒ] (die, -, nur Ez.) Stilrichtung der modernen Malerei, in der farbliche Kontraste und klare Formen eingesetzt werden [engl.]
**Hard'li'ner** [-laɪ-] (der, -s, -) jmd., der einen unnachgiebigen („harten") Kurs verfolgt
**Hard'rock** *auch:* Hard Rock (der, - -(s), nur Ez.) einfache, wuchtige Rockmusik, Weiterentwicklung des Rock'n' Roll [engl.]

**Hard'top** (das, -s, -s) festes, abnehmbares Sportwagenverdeck [engl.]
**Hard'ware** [-weə] (die, -, -s) Geräteteile, technische Einrichtungen einer EDV-Anlage (ohne Programm) [engl.]
**Ha'rem** (der, -s, -s) 1 Frauenräume eines islamischen Hauses 2 seine Bewohnerinnen [arab.-türk.]
**Hä're'si'arch** (der, -en, -en) Begründer und geistliches Oberhaupt einer von der offiziellen Kirchenlehre abweichenden Meinung [gr.]
**Hä're'sie** (die, -, -n) Ketzerei [gr.]
**Hä're'ti'ker** (der, -s, -) Ketzer [gr.]
**hä're'tisch** (Adj.) ketzerisch, vom Dogma abweichend [gr.-lat.]
**Ha'ri'cots** [ariko] (nur Mz.) grüne Bohnen
**Har'le'kin** (der, -s, -e) Spaßmacher in der Commedia dell'arte [it.]
**Har'le'ki'na'de** (die, -, -n) Possenspiel, Spaß [it.-frz.]
**har'le'ki'nisch** (Adj.) in der Art und Weise eines Harlekins, lustig wie ein Harlekin
**Har'ma'ged'don** (das, -, nur Ez.) Ort der letzten Schlacht zwischen den Königen der Welt und Gott (nach Apokalypse 16); Weltuntergang [hebr.]
**Har'mat'tan** (der, -s, nur Ez.) afrikanischer Nordostwind [afrikan.]
**Har'mo'nie** (die, -, -n) 1 wohltönender Zusammenklang (in der Musik) 2 Wohlabgewogenheit; friedvolle Übereinstimmung [gr.]
**Har'mo'nie'leh're** (die, -, -n) 1 Teilgebiet der Musikwissenschaft, das sich mit den harmonischen Verbindungen von Tönen und Akkorden in einem musikalischen Satz befasst 2 sich mit den harmonischen Verbindungen von Tönen und Akkorden befassende Theorie, die von einem Musikwissenschaftler oder Komponisten aufgestellt wird [gr.-lat.]
**har'mo'nie'ren** (V.) eine Harmonie bilden
**Har'mo'nik** (die, -, nur Ez.) musikalische Harmonielehre
**Har'mo'ni'ka** (die, -, -s) Musikinstrument, das Töne durch luftstrombewegte Metallzungen hervorbringt [gr.]
**har'mo'ni'kal** (Adj.) den Gesetzen der Harmonie entsprechend, folgend, sie einhaltend
**har'mo'nisch** (Adj.) voller Harmonie; wohlklingend; übereinstimmend; ausgewogen
**har'mo'ni'sie'ren** (V.) 1 harmonisch machen 2 mit passenden Akkorden versehen
**Har'mo'ni'um** (das, -s, -ni'en) ein orgelähnliches Tasteninstrument [gr.-frz.]
**Harp'si'chord** [haːpsɪkɔːd] (das, -s, -s) Cembalo [engl.]
**Har'pu'ne** (die, -, -n) Unterwasserspeer mit Widerhaken [frz.]
**Har'pu'nier** (der, -s, -e) jmd., der harpuniert
**har'pu'nie'ren** (V.) mit der Harpune erlegen
**Har'py'ie** [-pyːjə] (die, -, -n) 1 griechischer Sturmdämon in Gestalt eines (hässlichen) Mädchens mit Vogelflügeln 2 große Greifvogelart Mittel- und Südamerikas
**Har'ras** (der, -, nur Ez.) ein leichtes Kammgarngewebe, benannt nach der franz. Stadt Arras
**Har'ry** [hærɪ] (der, -s, nur Ez.) 1 englischer Vorname 2 Szenebegriff für Heroin [engl.]
**Ha'ru'spex** (der, -, -e oder -spi'zes) altrömischer Wahrsager, Eingeweideschauer [lat.]
**Ha'ru'spi'zi'um** (das, -s, -zi'en) Wahrsagung aus den Eingeweiden [lat.]
**Ha'sard** (das, -s, nur Ez.) Glücksspiel; leichtsinniges Wagnis [arab.-frz.]
**ha'sar'die'ren** (V.) sein Glück aufs Spiel setzen [arab.-frz.]
**Hasch** (das, -s, nur Ez.) Kurzform von Haschisch (ugs.)
**Ha'schee** *auch:* Ha'ché (das, -s, -s) Gericht aus fein zerkleinerter Kochlunge, Hackfleisch oder Fleischresten [frz.]
**ha'schie'ren** (V.) zu Haschee machen, Fleisch fein zerkleinern
**Ha'schi'mi'den** (nur Mz.) arabische Dynastie [arab.]
**Ha'schisch** (das oder der, -, nur Ez.) Rauschmittel aus den verharzten Triebspitzen einer Hanfsorte [arab.]
**Hat'trick** [hæt-] (der, -s, -s) 1 dreimaliger Sieg bei einem Turnier o.Ä. 2 dreifacher Torerfolg innerhalb eines Spielabschnitts (Sport) [engl.]

H

**Hau'bit'ze** (die, -, -n) Geschütz für Flach- und Steilfeuer [tschech.]
**Haus** (der, -, -) Angehöriger eines hamitischen Volkes in der Sahelzone
**Hau'sa** (der, -(s), -(s); das, -, nur Ez.) = Haussa
**Haus'sa** *auch:* Hau'sa **1** (der, -(s), -(s) Angehöriger einer afrikanischen Volksgruppe **2** (das, -, nur Ez.) afrikanische Sprache (West- u. Zentralafrika)
**Haus'se** [oːs] (die, -, -n) Ansteigen der Börsenkurse; Wirtschaftsaufschwung [frz.]
**Haus'si'er** [oːsjeː] (der, -s, -s) jmd., der auf eine Hausse spekuliert
**haus'si'e'ren** [os-] (V.) im Kurswert steigen (Wertpapiere im Börsenwesen) [lat.-frz.]
**Haus't're** (die, -, -n) durch Muskelzusammenziehung entstehender Dickdarmabschnitt [lat.]
**Haut'bois** [oːbwa] (die, -, -) Oboe [frz.]
**Haute Coif'fure** [oːtkwafyːr] (die, -, nur Ez.) modebestimmende Frisierkunst (v. a. in Paris) [frz.]
**Haute Cou'ture** [oːtkutʏːʁ] (die, - -, nur Ez.) Modeschaffen, Modelle Pariser Modeschöpfer [frz.]
**Haute'finance** [oːtfinɑ̃s] (die, -, nur Ez.) Hochfinanz [frz.]
**Haute'vo'lee** [oːtvoleː] (die, -, nur Ez.) vornehmste Gesellschaftsschicht [frz.]
**Haut'gout** [oːguː] (der, -s, nur Ez.) **1** Geschmack, Geruch lange genug abgehangenen Wildbrets **2** Anrüchigkeit [frz.]
**Haut Mal** [oːmal] (das, - -, nur Ez.) = Grand mal [frz.]
**Haut're'li'ef** [oːrəljɛf] (das, -s, -s oder -e) Hochrelief [frz.]
**Haut-Sau'ternes** [oːsotɛrn] (der, -, nur Ez.) ein weißer Bordeauxwein [frz.]
**Ha'van'na** (die, -, -s) Zigarre aus kubanischem Tabak [span.]
**Ha'va'rie** (die, -, -n) **1** Unfall(schaden) eines Schiffs oder seiner Ladung **2** kleiner Unfallschaden am Auto (österr.) [arab.-frz.]
**ha'va'rie'ren** (V.) **1** durch eine Havarie beschädigt werden [arab.-frz.] **2** einen Autounfall haben [österr.]
**ha'va'riert** (Adj.) durch eine Havarie beschädigt, durch einen Unfall beschädigt
**Ha'va'rist** (der, -ris'ten, -ris'ten) Eigner eines durch Havarie geschädigten Schiffes
**Ha've'lock** (der, -s, -s) langer Mantel mit einem Schulterkragen, der bis zu den Ellbogen reicht [engl.]
**Ha'wai'i'a'ner** (der, -s, -) Ew. Hawaiis
**ha'wai'i'a'nisch** *auch:* ha'wai'isch (Adj.) zu Hawaii gehörig
**Ha'waii'gi'tar're** (die, -, -n) eine Gitarre mit gleitend-bebendem Klang
**ha'wai'isch** (Adj.) = hawaiianisch
**Ha'zi'en'da** [asiɛn-] (die, -, -s) Landgut (in Mittel- oder Südamerika) [span.]
**Ha'zi'en'de'ro** (der, -s, -s) Besitzer einer Hazienda [span.]
**HDTV** (das, -s, nur Ez.) Abk. für **H**igh **D**efinition **T**ele**V**ision, Fernsehen mit höherer Bild- und Tonqualität [engl.]
**Head'crash** [hædkrɛʃ] (der, -s, -s) Auftreffen des Lesekopfes einer Festplatte auf die Plattenoberfläche, was zu Datenverlusten führt (EDV) [engl.]
**Head'hun'ter** [hædhʌntə] (der, -s, e) Führungskräfte abwerbender Kopfjäger [engl.]
**Head'line** [hedlaɪn] (die, -, -s) Schlagzeile [engl.]
**Head'quar'ter** [hedkwɑtə] (das, -s, -s) Hauptquartier [engl.]
**Hea'ring** [hɪə-] (das, -s, -s) Anhörung [engl.]
**hea'vy** [hevɪ] (Adj.) extrem (Jargon); z.B. der Film war noch heavyer [engl.]
**Hea'vy Me'tal** [hevɪ metl] (das, - -(s), nur Ez.) extremer Hardrock [engl.]
**He'be'phre'nie** (die, -, -n) Jugendirresein
**He'brä'er** (der, -s, -) Israelit (im Alten und Neuen Testament)
**He'bra'i'cum** (das, -s, nur Ez.) Prüfung in der hebräischen Sprache (für Theologiestudenten) [lat.]
**He'bra'i'ka** (nur Mz.) Bücher über hebräische Kultur und Geschichte [gr.-lat.]
**he'brä'isch** (Adj.) zu den Hebräern gehörig, in der semitischen Sprache der Israeliten oder Juden
**He'bra'ist** (der, -is'ten, is'ten) Hebraistikwissenschaftler

**Hebraistik** (die, -, nur Ez.) Wissenschaft von hebräischer Sprache und Kultur
**Hedgegeschäft** [hɛdʒ-] (das, -s, -e) Warentermingeschäft, das zur Preisabsicherung mit einem anderen Geschäft gekoppelt ist [engl.-dt.]
**Hedonik** (die, -, nur Ez.) = Hedonismus [gr.]
**Hedoniker** (der, -s, -) Anhänger des Hedonismus
**Hedonismus** *auch:* Hedonik (der, -, nur Ez.) philosophische Lehre vom Genuss als Lebensziel [gr.-nlat.]
**Hedonist** (der, -nisten, -nisten) Vertreter der Lehre des Hedonismus [gr.-lat.]
**hedonistisch** (Adj.) **1** den Hedonismus betreffend, auf ihm beruhend **2** dem Lustprinzip gehorchend, es befolgend
**Hedschra** (die, -, nur Ez.) Weggang Mohammeds von Mekka nach Medina; Beginn islamischer Zeitrechnung (622 n.Chr.) [arab.]
**Hegelianer** (der, -s, -) Anhänger der Philosophie Hegels [nlat.]
**Hegemon** (der, -en, -en) über andere Fürsten herrschender Fürst [gr.]
**hegemonial** (Adj.) die Vormachtstellung habend oder sie erstrebend [gr.-lat.]
**Hegemonie** (die, -, -n) Vorherrschaft [gr.]
**Hegemonikon** (das, -, nur Ez.) **1** herrschender Teil der Seele, die Vernunft **2** Gott (in der Lehre der Stoiker) [gr.-lat.]
**hegemonisch** (Adj.) zur Hegemonie gehörig; Hegemonie anstrebend
**Hegumenos** (der, -, -noi) Vorsteher eines orthodoxen Klosters [gr.]
**Heiduck** *auch:* Haiduck (der, -ducken, -ducken) ungarischer Söldner, Freischärler; ungarischer Hofbeamter
**Hekatombe** (die, -, -n) riesige (Verlust-) Menge [gr.]
**Hektar** (das oder der, -(s), -) ein Flächenmaß, 10 000 Quadratmeter [gr.-frz.]
**Hektik** (die, -, nur Ez.) übertriebene Betriebsamkeit, rastlose Unruhe [gr.]
**Hektiker** (der -s, -) **1** jmd., der voller Hektik agiert **2** (veraltet) jmd., der an Lungenschwindsucht leidet (Med.) [gr.-lat.]
**hektisch** (Adj.) **1** voller Hektik **2** mit Lungentuberkulose einhergehend **3** fiebrig erregt
**Hektografie** *auch:* Hektographie (die, -, -ien) **1** Vervielfältigungsverfahren **2** Vervielfältigung, die mit dem Hektografen gemacht wurde [gr.]
**hektografieren** *auch:* hektographieren (V.) Vervielfältigungen mithilfe einer Spezialtinte und Gelatine-Druckplatte machen [gr.]
**Hektographie** = Hektografie
**Hektoliter** (der oder das, -s, -) hundert Liter [gr.-frz.]
**Hektopascal** (das, -s, -) 100 Pascal
**Helanca** (das, -, nur Ez.) ein elastisches Nylon-Perlon-Garn (Warenzeichen) [Kunstwort]
**Helianthus** (der, -, -then) Sonnenblume [gr.]
**Helikon** (das, -s, -s) ein Blechblasinstrument (in der Militärmusik), gewundene Kontrabasstuba [gr.]
**Helikopter** *auch:* Helikopter (der, -s, -) Hubschrauber
**Heliobiologie** (die, -, nur Ez.) Bereich der Biologie, in dem es um den Einfluss der Sonne auf die Bioshäre geht [gr.]
**Heliodor** (der, -s, -e) grüngelber Beryll, Schmuckstein [gr.]
**Heliograf** *auch:* Heliograph (der, -en, -en) **1** Fernrohr mit Kamera für Sonnenaufnahmen **2** Signalgerät für Sonnenlicht-Blinkzeichen [gr.]
**Heliografie** *auch:* Heliographie (die, -, nur Ez.) **1** Druckverfahren auf fototechnischem Wege **2** Zeichengeben mit dem Heliografen [gr.]
**Heliogravüre** (die, -, -n) **1** Tiefdruckverfahren zur Bildreproduktion auf fototechnischem Wege **2** durch Heliogravüre hergestellter Druck [gr.-frz.]
**Heliometer** (das, -s, -) besonderes Fernrohr, um besonders kleine Winkel zwischen zwei Sternen zu bestimmen [gr.]
**heliophil** (Adj.) Sonnenlicht, -wärme bevorzugend; z.B. Eidechsen sind heliophile Tiere [gr.]
**heliophob** (Adj.) Sonnenlicht, -wärme meidend [gr.]

H

**He'li'o'skop** (das, -s, -e) das Sonnenlicht schwächender Filter (zur direkten Sonnenbeobachtung) [gr.]
**He'li'o'stat** (der, -en, -en) Gerät zur Beobachtung des Sonnenlichts [gr.]
**He'li'o'the'ra'pie** (die, -, nur Ez.) Heilbehandlung mit Sonnenlicht [gr.]
**He'li'o'trop** 1 (der, -s, -e) ein Edelstein, Blutjaspis [gr.] 2 (das, -s, -e) ein Raublattgewächs, die Zierpflanze Sonnenwende, deren Blüten nach Vanille duften [gr.]
**He'li'o'tro'pis'mus** (der, -, nur Ez.) Phototropismus (veraltet) [gr.]
**he'li'o'zen'trisch** (Adj.) auf die Sonne als Mittelpunkt bezogen [gr.-lat.]



**He'li'port** (der, -s, -s) Landeplatz für Hubschrauber (Kurzwort aus „Helikopter“ und „Airport“) [gr.-engl.]
**He'li'ski'ing** (das, -s, nur Ez.) Skilauf in nicht erschlossenem Gelände, bei dem der Skiläufer mit dem Hubschrauber auf den Berggipfel transportiert wird [engl.]
**He'li'um** (das, -s, nur Ez.) ein Element, Edelgas [gr.-nlat.]
**He'lix** (die, -, -li'ces [-tse:s]) spiralige Struktur (des DNA-Moleküls) [gr.]
**He'li'zi'tät** (die, -, nur Ez.) Übertragung des Spins eines Elementarteilchens auf seine Bewegungsrichtung [gr.]
**Hel'la'di'kum** (das, -s, nur Ez.) Kultur der Bronzezeit auf dem griechischen Festland [gr.-lat.]
**hel'la'disch** (Adj.) das Helladikum betreffend
**Hel'le'ne** (der, -n, -n) Grieche (der Antike)
**hel'le'nisch** (Adj.) altgriechisch
**hel'le'ni'sie'ren** (V.) = gräzisieren [gr.]
**Hel'le'nis'mus** (der, -, nur Ez.) spätes Griechentum, Zentren: Alexandria, Pergamon, Rhodos, Athen [gr.-lat.]
**Hel'le'nist** (der, -nis'ten, -nis'ten) Wissenschaftler, der sich mit der hellenistischen Sprache und Kultur beschäftigt [gr.]
**Hel'le'nis'tik** (die, -, nur Ez.) 1 Wissenschaft, die sich mit dem nachklassischen Griechentum befasst 2 Jude der Spätantike, der die griechische Sprache beherrscht und zur hellenistischen Kultur neigt [gr.]
**hel'le'nis'tisch** (Adj.) zum Hellenismus gehörig
**Hel'le'no'phi'lie** (die, -, nur Ez.) Vorliebe für die hellenistische Kultur [gr.]
**He'lo'bi'ae** (nur Mz.) Pflanzenordnung der Sumpflilien (u.a. Froschlöffel, Wasserpest) (Bot.) [gr.-nlat.]
**He'lo'kre'ne** (die, -, -n) Quellsumpf [gr.]
**He'lo'phyt** (der, -en, -en) Sumpfpflanze [gr.]
**He'lot** *auch:* He'lo'te (der, -en, -en) Staatssklave in Sparta [gr.]
**He'lo'tis'mus** (der, -, nur Ez.) eine Ernährungsgemeinschaft zwischen Tier und Pflanze, aus der ein Teil mehr Nutzen hat als der andere [gr.-lat.]
**Hel've'ti'ka** (nur Mz.) Bücher über die Schweiz [lat.]
**hel've'tisch** (Adj.) zum keltischen Alpenvolk der Helvetier gehörig; die Schweiz als Staat betreffend
**Hel've'tis'mus** (der, -, -men) schweizerische Spracheigentümlichkeit; z.B. der Wandel der Vokale und Konsonanten in „Schwyzer Luutverschiebig“ [nlat.]
**He'me'ro'phyt** (der, -en, -en) nur im menschlichen Kulturbereich gedeihende Pflanze [gr.]
**He'mi'an'äs'the'sie** (die, -, -ien) halbseitige Empfindungslosigkeit (Med.) [gr.]
**He'mi'an'op'sie** (die, -, -ien) Ausfall einer Hälfte des Gesichtsfeldes (Med.) [gr.]
**He'mi'kra'nie** (die, -, -ien) halbseitiger Kopfschmerz (Med.) [gr.-lat.]
**He'mi'pa're'se** (die, -, -n) leichte halbseitige Lähmung (Med.) [gr.]
**He'mi'ple'gie** (die, -, -n) halbseitige Lähmung [gr.]
**He'mi'ple'gi'ker** (der, -s, -) halbseitig Gelähmter (Med.) [gr.]
**He'mi'sphä're** (die, -, -n) 1 Erdkugelhälfte, Halbkugel 2 Hirnhälfte [gr.]
**He'mi'to'nie** (die, -, -ien) halbseitiger Muskelkrampf (Med.) [gr.]
**he'mi'zyk'lisch** (Adj.) kreis- oder spiralenförmig angeordnet (bei Pflanzenblättern) [gr.]
**Hem'lock** (die, -, -s) asiatisches und nordamerikan. Kieferngewächs, Schierlingstanne
**He'na'de** (die, -, -n) = Monad
**Hen'de'ka'gon** (das, -s, -e) Elfeck [gr.]
**Hen'di'a'dy'oin** (das, -s, -e) Erhöhung der Ausdruckskraft durch zwei gleichbe-

deutende Wörter, Stilfigur; z.B. entflieh, entfahr den Haftbanden [gr.]
**Hen'na** (das, -s, nur Ez.) ein Weiderichgewächs warmer Länder; rotes (Haar-) Färbemittel aus seinen Wurzeln [arab.]
**Hen'nin** (der oder das, -s, -s) hohe Frauenhaube in der Form eines Kegels, an dessen Spitze ein Schleier angebracht war [frz.]
**He'no'the'is'mus** (der, -, nur Ez.) Verehrung eines höchsten Gottes unter anderen Göttern
**Hen'ry** (das, -, -) Maßeinheit der Induktivität [engl.]
**He'or'to'lo'gie** (die, -, nur Ez.) Teil der Liturgik, der die kirchlichen Feste betrifft [gr.]
**He'or'to'lo'gi'um** (der, -s, nur Ez.) kirchlicher Festkalender [gr.]
**He'par** (das, -s, -pa'ta) Leber [gr.]
**He'pa'rin** (das, -s, nur Ez.) Substanz, die die Blutgerinnung hemmt [gr.]
**He'pa'tal'gie** (die, -, -ien) Leberkolik (Med.) [gr.]
**He'pa'ti'ka** (die, -, -ken) Leberblümchen [gr.]
**he'pa'tisch** (Adj.) zur Leber gehörig [gr.]
**He'pa'ti'tis** (die, -, -ti'ti'den) Leberentzündung [gr.]
**he'pa'to'gen** (Adj.) **1** in der Leber entstanden **2** von der Leber hervorgerufen (bei Krankheiten) [gr.]
**He'pa'to'lith** (der, -en, -en) in den Gallengängen der Leber befindlicher Gallenstein (Med.) [gr.]
**He'pa'to'lo'gie** (die, -, nur Ez.) Lehre von der Leber [gr.]
**Hep'ta'chord** (der, -s, -e) große Septime (Mus.) [gr.-lat.]
**Hep'ta'e'der** (das, -s, -) Körper mit sieben Flächen [gr.]
**Hep'ta'gon** (das, -s, -e) Siebeneck [gr.]
**Hep'ta'me'ron** (das, -s, nur Ez.) Erzählung „Sieben Tage“ von Margarete von Navarra, ähnlich dem Dekameron [gr.-frz.]
**Hep'ta'me'ter** (der, -s, -) siebenfüßiger Vers [gr.]
**Hep'tan** (das, -s, nur Ez.) ein Kohlenwasserstoff mit sieben Kohlenstoffatomen [gr.]
**Hep'ta'to'nik** (die, -, nur Ez.) System der Siebentonigkeit (Mus.) [gr.]
**He'rai'on** (das, -s, -s) Tempel der Göttin Hera [gr.]
**He'ral'dik** (die, -, nur Ez.) Wappenkunde [frz.]
**He'ral'di'ker** (der, -s, -) Wappenforscher [germ.-lat.-frz.]
**he'ral'disch** (Adj.) zur Heraldik gehörig
**Her'ba'list** (der, -en, -en) Kräuterkundiger [lat.]
**Her'bar** (das, -s, -ba'ri'en) = Herbarium
**Her'ba'ri'um** (das, -s, -ri'en) Sammlung gepresster, getrockneter Pflanzen [lat.]
**Her'bi'vo're** (der, -n, -n) Pflanzenfresser [lat.]
**Her'bi'zid** (das, -s, -e) chemisches Unkrautvernichtungsmittel [lat.]
**he're'die'ren** (V.) erben [lat.]
**he're'di'tär** (Adj.) erblich [frz.]
**He're'di'tät** (die, -, -en) **1** Erbschaft **2** Erbfolge [lat.]
**He're'do'pa'thie** (die, -, -ien) Erbkrankheit (Med.) [gr.]
**He're'ke** (der, -s, -s) türkischer Knüpfteppich, benannt nach einem Ort in der Türkei
**He'ri'ta'bi'li'tät** (die, -, nur Ez.) Erblichkeitsgrad (in der Genetik) [frz.]
**Her'ku'les** (der, -, -se) **1** (nur Ez.) griechische Sagengestalt, Herakles **2** überaus kräftiger Mensch
**her'ku'lisch** (Adj.) überaus kräftig (wie Herkules)
**Her'm'aph'ro'dis'mus** (der, -, nur Ez.) = Hermaphroditismus
**Her'm'aph'ro'dit** (der, -en, -en) Zwitter [gr.]
**her'm'aph'ro'di'tisch** (Adj.) zwittrig [gr.]
**Her'm'aph'ro'di'tis'mus** *auch:* Her'm'aph'ro'dis'mus (der, -, nur Ez.) Zwittrigkeit [gr.-nlat.]
**Her'me** (die, -, -n) künstlerisch gestaltete Vierkantsäule [gr.]
**Her'me'neu'tik** (die, -, nur Ez.) Kunst der Auslegung (antiker Werke); philosophische Theorie des Verstehens [gr.]
**her'me'neu'tisch** (Adj.) mithilfe der Hermeneutik, auslegend
**Her'me'tik** (die, -, nur Ez.) **1** Alchimie, Magie (veraltet) **2** luftdichte Apparatur [gr.-lat.-engl.]
**her'me'tisch** (Adj.) dicht verschlossen [gr.]

H

**her'me'ti'sie'ren** (V.) luft- und wasserdicht verschließen [gr.-lat.]
**Her'me'tis'mus** (der, -, nur Ez.) 1 Stilrichtung der modernen italienischen lyrischen Dichtkunst 2 eine vieldeutige, mysteriöse Aussage als Hauptmerkmal einer modernen Poesie
**Her'nie** [-niə] (die, -, -n) Eingeweidebruch [lat.]
**Her'nio'to'mie** (die, -, -ien) Bruchoperation (Med.) [gr.]
**He'ro'en'kult** (der, -es, -e) Heldenverehrung
**He'ro'i'de** (die, -, -n) Heldenbrief, Liebesbrief eines Heroen oder einer Heroin als Gattung der Literatur [gr.]

H

**He'ro'ik** (die, -, nur Ez.) Heldenhaftigkeit [gr.]
**He'ro'in** 1 (das, -s, nur Ez.) ein Rauschgift; weißer, pulverförmiger Morphinabkömmling 2 [-ro:-] (die, -, -nen) Heldin [gr.]
**He'ro'i'ne** (die, -, -n) Heldendarstellerin [gr.]
**He'ro'i'nis'mus** (der, -, nur Ez.) Heroinsucht [gr.-lat.]
**he'ro'isch** (Adj.) heldenhaft [gr.]
**he'ro'i'sie'ren** [-ro:i-] (V.) verherrlichen, zum Heros erheben
**He'ro'is'mus** (der, -, nur Ez.) Heldenmut, Heldentum [gr.-nlat.]
**He'rold** (der, -es, -e) 1 Überbringer oder Verkünder einer Botschaft 2 wappenkundiger Hofbeamter im Mittelalter [germ.-frz.]
**He'rolds'li'te'ra'tur** (die, -, nur Ez.) mittelalterliche Literatur, in der die Beschreibung fürstlicher Wappen mit der Huldigung ihrer Träger verbunden wird
**He'ro'on** (das, -, -roa) Heldenkultstätte, Grabmal [gr.]
**He'ros** (der, - oder -ro'en, -ro'en) 1 griechischer Halbgott 2 Held
**He'ro'strat** (der, -en, -en) Verbrecher aus Ruhm-, Geltungssucht [gr.]
**he'ro'stra'tisch** (Adj.) wie ein Herostrat
**Her'pan'gi'na** (die, -, -nen) Mundentzündung mit Bildung von Bläschen [gr.]
**Her'pes** (der, -, nur Ez.) Bläschenausschlag (bes. im Mundwinkel), der durch ein ständig im Körper vorhandenes Virus zeitweise verursacht wird [gr.]
**Her'pe'to'lo'gie** (die, -, nur Ez.) Kriechtierkunde, Wissenschaft von den Amphibien und Reptilien [gr.]
**Hertz** (das, -es, nur Ez.) Einheit der Frequenz [nach Heinrich Rudolf Hertz]
**Hes'pe'ri'de** (die, -, -n) Nymphe, die im Land gen Westen einen Baum voll goldener Äpfel hütet [gr.]
**Hes'pe'ros** (der, -, nur Ez.) Abendstern in der gr. Mythologie [gr.]
**He'tä're** (die, -, -n) gebildete, politisch einflussreiche Hure (im alten Griechenland)
**He'tä'rie** (die, -, -n) griechischer Geheimbund
**he'te'ro** (Adj.) Kurzform von heterosexuell [gr.]
**He'te'ro** (der, -s, -s) heterosexueller Mann [gr.]
**He'te'ro'au'xin** (das, -s, nur Ez.) bedeutendster Wachstumsstoff der höheren Pflanzen [gr.-lat.]
**He'te'ro'chro'mie** (die, -, -ien) verschiedenartige Färbung (z.B. der Augen) [gr.]
**he'te'ro'cyc'lisch** [-tsʏ:-] (Adj.) = heterozyclisch
**he'te'ro'dox** (Adj.) andersgläubig [gr.]
**He'te'ro'ga'mie** (die, -, -n) Ungleichartigkeit der Partner bei der Partnerwahl [gr.-lat.]
**he'te'ro'gen** (Adj.) uneinheitlich, nicht homogen [gr.]
**He'te'ro'ge'ne'se** (die, -, nur Ez.) anormale Gewebebildung (Med.) [gr.-lat.]
**He'te'ro'ge'ni'tät** (die, -, nur Ez.) das Heterogensein
**He'te'ro'go'nie** (die, -, nur Ez.) 1 die Entstehung aus Andersartigem 2 die Entstehung aus anderen Wirkungen als den eigentlich beabsichtigten 3 spezielle Form des Generationswechsels bei Tieren, wobei sich geschlechtlich fortpflanzende Generationen mit sich aus unbefruchteten Eiern entwickelnden Generationen abwechseln [gr.-lat.]
**He'te'ro'gra'fie** (die, -, nur Ez.) 1 verschiedene Schreibung trotz gleicher Aussprache 2 Verwendung gleicher Buchstaben(kombinationen) für verschiedene Laute [gr.]
**he'te'ro'klin** (Adj.) sich vermehrend durch Fremdbestäubung [gr.]

**heˈteˈroˈlog** (Adj.) abweichend, nicht übereinstimmend [gr.]
**heˈteˈroˈmer** (Adj.) verschieden gegliedert (Bot.) [gr.]
**heˈteˈroˈmorph** (Adj.) verschiedengestaltig [gr.]
**Heˈteˈroˈmorˈphoˈse** (die, -, -n) Regeneration eines verloren gegangenen Organs durch Bildung eines anderen (Bio.) [gr.]
**heˈteˈroˈnom** (Adj.) unselbstständig, nicht autonom [gr.]
**Heˈteˈroˈnoˈmie** (die, -, nur Ez.) **1** von außen bezogene Gesetzgebung, Fremdgesetzlichkeit **2** Abhängigkeit von anderer als der eigenen sittlichen Gesetzlichkeit **3** Ungleichwertigkeit, Ungleichartigkeit [gr.-lat.]
**heˈteˈroˈnym** (Adj.) das Heteronym betreffend
**Heˈteˈroˈnym** (das, -s, -e) **1** ein Wort, das von einem anderen Stamm gebildet ist als dasjenige, mit dem es eng zusammengehört **2** ein Wort, das in einem anderen Sprachsystem dasselbe bedeutet [gr.]
**Heˈteˈroˈnyˈmie** (die, -, nur Ez.) **1** Bildung sachlich zusammengehörender Wörter unterschiedlicher Wurzeln **2** die Existenz mehrerer Wörter aus unterschiedlichen Sprachen und Bereichen mit gleicher Bedeutung [gr.]
**heˈteˈroˈphag** (Adj.) **1** pflanzliche und tierische Nahrung fressend **2** auf verschiedenen Wirten schmarotzend (Bio.) [gr.]
**Heˈteˈroˈphylˈlie** (die, -, nur Ez.) verschiedenartige Ausbildung der Blätter (einer Pflanzenart) [gr.]
**Heˈteˈroˈplasˈtik** (die, -, -en) Verpflanzung tierischen Gewebes auf den Menschen [gr.]
**heˈteˈroˈpoˈlar** (Adj.) entgegengesetzt geladen [gr.]
**Heˈteˈroˈseˈxuˈaˈliˈtät** (die, -, nur Ez.) auf das andere Geschlecht gerichtete Sexualität [gr.-lat.]
**heˈteˈroˈseˈxuˈell** (Adj.) sexuell auf das andere Geschlecht bezogen, nicht homosexuell [gr.-lat.]
**Heˈteˈroˈsom** (das, -s, -en) geschlechtsbestimmendes Chromosom [gr.]
**Heˈteˈroˈsphäˈre** (die, -, nur Ez.) Bereich der Atmosphäre ab ca. 100 km Höhe [gr.]
**Heˈteˈroˈtoˈnie** (die, -, -ien) ständige Blutdruckschwankungen (Med.) [gr.]
**Heˈteˈroˈtroˈphie** (die, -, nur Ez.) Ernährung durch organische Nahrung [gr.]
**heˈteˈroˈzyˈgot** (Adj.) mischerbig [gr.]
**Heˈteˈroˈzyˈgoˈtie** (die, -, nur Ez.) Mischerbigkeit [gr.]
**heˈteˈroˈzyˈklisch** *auch:* heˈteˈroˈcyˈclisch (Adj.) außer Kohlenstoff noch andere Elemente als Ringglieder enthaltend (bei organischen Verbindungen) [gr.-lat.]
**heuˈreˈka!** (Interj.) ich hab's (gefunden, gelöst)! [gr.]
**Heuˈrisˈtik** (die, -, nur Ez.) die Kunst neue Erkenntnisse zu finden [gr.]
**heuˈrisˈtisch** (Adj.) zur Heuristik gehörig, auf ihren Methoden aufbauend; erfinderisch
**Heˈvea** (die, -, -veˈen) der Kautschukbaum [Ketschua-nlat.]
**Heˈxaˈdeˈziˈmalˈsysˈtem** (das, -s, nur Ez.) Zahlensystem auf der Basis der Zahl 16 (Math.) [gr.]
**Heˈxaˈeder** (der oder das, -s, -) Sechsflächner
**Heˈxaˈeˈmeˈron** (das, -s, nur Ez.) Sechstagewerk der Schöpfung [gr.]
**Heˈxaˈgon** (das, -s, -e) Sechseck [gr.]
**Heˈxaˈgramm** (das, -s, -e) sechseckiger Stern aus zwei ineinander geschobenen gleichseitigen Dreiecken, Davidstern [gr.]
**Heˈxaˈmeˈter** (der, -s, -) sechsfüßiger Vers [gr.]
**Heˈxan** (das, -s, nur Ez.) ein Kohlenwasserstoff mit sechs Kohlenstoffatomen [gr.]
**Heˈxaˈpoˈde** (der, -n, -n) Insekt [gr.]
**Hiˈaˈtus** (der, -, -) **1** Spalt, Kluft, Lücke (in der Medizin, der Geologie) **2** Aufeinandertreffen zweier Vokale am Ende und Anfang verschiedener Wörter oder Silben; z.B. uˈa in „du auch" oder iˈi in „Freiin" [lat.]
**hiˈberˈnal** (Adj.) winterlich [lat.]
**Hiˈberˈnaˈtiˈon** (die, -, -tiˈoˈnen) Winterschlaf [lat.]
**Hiˈbisˈkus** (der, -, -ken) Malvengewächs, Eibisch [lat.]
**hic et nunc** hier und jetzt [lat.]
**Hiˈckoˈry** (der, -s, -s) nordamerikanisches Walnussgewächs, Nutzbaum

**hic Rhodus, hic salta** zeig hier, was du kannst! [lat.]
**Hidalgo** (der, -s, -s) **1** niederer spanischer Adliger **2** mexikanische Goldmünze
**Hidradenitis** (die, -, -tiden) Entzündung einer Schweißdrüse [gr.]
**Hidroa** (nur Mz.) Schwitzbläschen [gr.]
**Hidrose** (die, -, nur Ez.) die Schweißabsonderung [gr.]
**Hierarch** (der, -en, -en) oberster Priester im antiken Griechenland [gr.]
**Hierarchie** (die, -, -n) Abfolge von Rangunterschieden [gr.]
**hierarchisch** (Adj.) als Hierarchie gegliedert
**hierarchisieren** (V.) Rangordnungen entwickeln [gr.-lat.]
**hieratisch** (Adj.) priesterlich [gr.]
**Hierodule** (der oder die, -(n), -n) Tempelsklave, -sklavin im alten Griechenland
**Hieroglyphe** (die, -, -n) **1** Bilderschriftzeichen; z.B. ägyptische Hieroglyphe, aztektische Hieroglyphe **2** unleserlicher Buchstabe (ugs.) [gr.]
**Hieroglyphik** (die, -, nur Ez.) Wissenschaft von den Hieroglyphen [gr.-lat.]
**hieroglyphisch** (Adj.) die Hieroglyphen betreffend, in der Art und Weise der Hieroglyphen [gr.-lat.]
**Hierogramm** (das, -s, -e) Zeichen einer geheimen Schrift eines altägyptischen Priesters [gr.-lat.]
**Hierokratie** (die, -, -n) Priesterherrschaft [gr.]
**Hieromant** (der, -en, -en) Seher, der aus geopferten Tieren weissagt [gr.-lat.]
**Hieromantie** (die, -, nur Ez.) Weissagung aus der Beschaffenheit von Eingeweiden geopferter Tiere [gr.]
**Hieronym** (das, -s, -e) heiliger Name, der dem neuen Mitglied einer Kultgemeinschaft beim Eintritt verliehen wird [gr.-lat.]
**Hieronymie** (die, -, nur Ez.) Namenswechsel beim Eintritt in eine Kultgemeinschaft [gr.-lat.]
**Hierophant** (der, -en, -en) altgriechischer Oberpriester
**Hi-Fi** [haɪfɪ] auch [haɪfaɪ] (das, -, nur Ez.) Abk. für **H**igh **Fi**delity [engl.]
**high** [haɪ] (Adj.) in Rauschmitteleuphorie [engl.]
**Highbrow** [haɪbrəʊ] (der, -s, -s) sich übertrieben intellektuell gebender Mensch [engl.]
**High Fidelity** [haɪ fɪdelətɪ] (die, - -, nur Ez.) **1** originalgetreue Tonwiedergabe **2** Musikanlage dafür [engl.]
**High Heels** [haɪhiːls] (nur Mz.) Schuhe mit hohen Absätzen [engl.]
**High Impact** [haɪɪmpɛkt] (der, -s, -s) hoher Belastungsgrad [engl.]
**Highlife** *auch:* High Life [haɪlaɪf] (das, -(s), nur Ez.) **1** Leben in der Highsociety **2** das ausgiebige Feiern (ugs.); z.B. am Feierabend Highlife machen [engl.]
**highlighten** (V.) auf einem Bildschirm optisch hervorheben (EDV)
**Highlights** [haɪlaɪts] (nur Mz.) Glanz-, Höhepunkte [engl.]
**Highschool** [haɪskuːl] (die, -s, -s) höhere Schule in Amerika [engl.]
**High Snobiety** [haɪsnɔbaɪətɪ] (die, -, nur Ez.) Teil der Gesellschaft, der meint, durch übertrieben versnobtes Gehabe zur Highsociety zu gehören (scherzhaft) [engl.]
**High Society** [haɪsəsaɪətɪ] (die, -, nur Ez.) vornehme Gesellschaft, „die oberen Zehntausend" [engl.]
**Hightech** [haɪtɛk] (die, -, nur Ez.) hochwertige Technik; ausgefeilte Technologie [engl.]
**Highway** [haɪweɪ] (der, -s, -s) amerikanische Fernstraße [engl.]
**Hijacker** [haɪdʒækə] (der, -s, -) Flugzeugentführer [engl.]
**Hilarität** (die, -, nur Ez.) Heiterkeit (veraltet) [lat.]
**Hindi** (das, -(s), nur Ez.) neuindische (Staats-)Sprache
**Hindu** (der, -s, -s) Anhänger des Hinduismus
**Hinduismus** (der, -, nur Ez.) indische Volksreligion [pers.-nlat.]
**hinduistisch** (Adj.) zum Hinduismus gehörig
**Hindustani** (das, -(s), nur Ez.) die Verkehrssprache Hindi oder Urdu [pers.]
**Hiobsbotschaft** (die, -, -en) Unglücksbotschaft

**hip** (Adj.) gerade sehr modern (Jugendsprache) [engl.]
**Hip'hop** *auch:* Hip-Hop (der, -s, nur Ez.) auf dem Rap basierende Musikrichtung, stark rythmisch und zum Tanzen geeignet [engl.]
**Hip'pi'a'trie** (die, -, nur Ez.) = Hippiatrik
**Hip'pi'a'trik** (die, -, nur Ez.) Pferdeheilkunde [gr.]
**Hip'pie** (der, -s, -s) bunt gekleideter, über Gewaltlosigkeit u.a. theoretisierender Drogenkonsument, „Blumenkind" (früher) [engl.]
**Hip'po'drom** (das, -s, -e) Reitbahn (auf Volksfesten) [gr.]
**hip'po'kra'tisch** (Adj.) zur Lehre des altgriechischen Arztes Hippokrates gehörig, hippokratischer Eid: zu ärztlicher Ethik verpflichtender Eid [gr.]
**Hip'po'kre'ne** (die, -, nur Ez.) durch Hufschlag des Pegasus entstandene (Musen-) Quelle [gr.]
**Hip'po'lo'ge** (der, -n, -n) Pferdekundler [gr.]
**Hip'po'lo'gie** (die, -, nur Ez.) Pferdekunde [gr.]
**hip'po'lo'gisch** (Adj.) pferdekundlich [gr.]
**Hip'po'po'ta'mus** (der, -, -) Flusspferd [gr.]
**Hip'po'the'ra'pie** (die, -, nur Ez.) Reittherapie zur Behandlung von körperlichen Behinderungen
**Hips'ter** (der, -s, -) Jazzfan [engl.]
**Hi'ra'ga'na** (die, -, nur Ez.) japanische Silbenschrift
**Hi'ru'din** (das, -s, nur Ez.) die Blutgerinnung hemmender Stoff aus den Speicheldrüsen der Blutegel [lat.]
**His'bol'lah** (die, -, nur Ez.) schiitische, radikale Partei mit dem Ziel, einen islamistisch-fundamentalistischen Staat zu errichten [arab. für „Partei Gottes"]
**His'pa'ni'dad** (die, -, nur Ez.) Spaniertum; das Bewusstsein aller Spanisch sprechenden Völker um ihre gemeinsame Kultur, ihre gemeinsamen Wurzeln [span.]
**his'pa'ni'sie'ren** (V.) spanisch machen; z.B. die Versuche, das baskische Volk zu hispanisieren [nlat.]
**His'pa'nis'mus** (der, -, -men) eine bewusst oder fälschlicherweise vorgenommene Übertragung einer für die spanische Sprache charakteristischen Eigenschaft oder Erscheinung auf eine nicht spanische Sprache in lexikalischer oder syntaktischer Hinsicht
**His'pa'nist** (der, -nis'ten, -nis'ten) Bezeichnung für jemanden, der sich wissenschaftlich mit der Hispanistik befasst
**His'pa'nis'tik** (die, -, nur Ez.) die Wissenschaft von der spanischen Sprache und Literatur
**His'pa'ni'tät** (die, -, nur Ez.) = Hispanidad
**His'pa'no'a'me'ri'ka'ner** (der, -s, -) in Amerika lebender Einwanderer aus einem lateinamerikanischen Land, wo spanisch gesprochen wird
**His'ta'min** (das, -s, nur Ez.) ein Gewebshormon [gr.-nlat.]
**His'to'che'mie** (die, -, nur Ez.) Lehre vom chem. Aufbau des Gewebes und den darin sich abspielenden Vorgängen [gr.]
**His'to'ge'ne'se** (die, -, nur Ez.) Gewebeentstehung [gr.]
**His'to'lo'gie** (die, -, nur Ez.) Wissenschaft vom Gewebe(aufbau) [gr.]
**His'to'ly'se** (die, -, -n) Gewebeauflösung [gr.]
**His'to'pa'tho'lo'gie** (die, -, nur Ez.) Lehre von den Gewebeveränderungen [gr.]
**His'to'ra'di'o'gra'fie** *auch:* His'to'ra'di'o'gra'phie (die, -, -ien) Röntgenaufnahme von hauchdünnen Gewebeschnitten [gr.]
**His'to'ra'di'o'gra'phie** (die, -, -ien) = Historadiografie
**His'to'rie** (die, -, -n) **1** Weltgeschichte **2** Geschichtswissenschaft **3** (veraltet) erdichtete abenteuerliche Erzählung, Bericht [gr.-lat.]
**His'to'ri'en'bi'bel** (die, -, -n) mittelalterliche, volkstümlich bebilderte Darstellung der biblischen Erzählungen
**His'to'ri'en'ma'le'rei** (die, -, -en) bildliche Darstellung von Ereignissen aus der Geschichte, der Mythologie und der Dichtkunst, Geschichtsmalerei [gr.-lat.; dt.]
**His'to'rik** (die, -, nur Ez.) **1** Geschichtswissenschaft **2** die Lehre von der historischen Methode der Geschichtswissenschaft [gr.-lat.]
**His'to'ri'ker** (der, -s, -) Geschichtswissenschaftler, Geschichtsforscher [gr.-lat.]
**His'to'rio'graf** *auch:* His'to'rio'graph (der, -en, -en) Geschichtsschreiber [gr.]

H

**His'to'ri'o'gra'fie** *auch:* His'to'ri'o'gra'phie (die, -, nur Ez.) Geschichtsschreibung [gr.]
**His'to'ri'o'lo'gie** (die, -, nur Ez.) Studium und Kenntnis der Geschichte [gr.-lat.]
**his'to'risch** (Adj.) geschichtlich (bedeutsam)
**his'to'ri'sie'ren** (V.) das Geschichtliche (über-)betonen [gr.]
**His'to'ris'mus** (der, -, nur Ez.) **1** Geschichtlichkeit; Geschichtsverständnis aus den Zusammenhängen heraus **2** Baustil (der Jahrhundertwende) mit einer Vielzahl übernommener historischer Stilformen [gr.-nlat.]
**His'to'rist** (der, -ris'ten, -ris'ten) Vertreter des Historismus [gr.-lat.]
**his'to'ris'tisch** (Adj.) zum Historismus gehörig
**His'to'ri'zis'mus** (der, -, nur Ez.) Überbetonung des Geschichtlichen [gr.-nlat.]
**His'to'ri'zi'tät** (die, -, nur Ez.) Geschichtsbewusstsein, Geschichtlichkeit [gr.-lat.]
**His'tri'o'ne** (der, -n, -n) altrömischer Schauspieler [lat.]
**Hit** (der, -s, -s) etwas Erfolgreiches; Schlager
**hitch'hi'ken** [hɪtʃhaɪkn] (V.) per Anhalter fahren [engl.]
**HIV-In'fek'ti'on** (die , -, -en) Infektion mit Aidserregern (**H**uman **I**mmunodefiency **V**irus) [engl.-lat.]
**HIV-ne'ga'tiv** (Adj.) von HIV-Erregern nicht befallen
**HIV-po'si'tiv** (Adj.) von HIV-Erregern befallen
**Hob'bock** (der, -s, -s) verschließbares Versandgefäß aus Blech; z.B. für Fett [engl.]
**Hob'by** (das, -s, -s) Freizeitbeschäftigung aus Liebhaberei [engl.]
**Ho'bo** (der, -s, -s) auf der Suche nach Jobs herumwandernder Arbeiter in den Vereinigten Staaten zu Beginn des 20. Jahrhunderts [amerik.]
**hoc an'no** „in diesem Jahr" [lat.]
**hoc est** „das ist" [lat.]
**Hoche'pot** [ɔʃpo] (das, -s, nur Ez.) Ragout von verschiedenem Fleisch mit Kastanien oder Rüben [frz.]
**Hoch'fre'quenz** (die, -, nur Ez.) Teilgebiet der Elektrotechnik, das sich mit hochfrequenten Wellen befasst; elektrische Schwingungen oberhalb von ca. 20 000 Hertz (Physik)
**Ho'ckey** [-kɪ] (das, -(s), nur Ez.) Mannschafts-Rasenspiel mit unten abgeknickten Schlägern [engl.]
**Ho'do'me'ter** (das, -s, -) Schrittzähler [gr.]
**Ho'd'scha** (der, -s, -s) **1** geistlicher Lehrer **2** Zweig der Ismailiten unter Aga Khan [pers.-türk.]
**Ho'ke'tus** (der, -, nur Ez.) bes. Art der Komposition v. 12. bis 15. Jh., wobei die Melodie auf verschiedene Stimmen verteilt wird [lat.]
**Hok'ko** (der, -s, -s) baumbewohnender südamerikanischer Hühnervogel [indian.]
**Ho'kus'po'kus** (der, -, nur Ez.) **1** ein Zauberwort **2** Spinnerei; unnützes Tun; z.B. Was soll der ganze Hokuspokus? [viell. lat.]
**Hol'ding** [həʊl-] (die, -, -s) Dachgesellschaft mit Anteilen an einer produzierenden Tochtergesellschaft [engl.]
**Hol'ding'ge'sell'schaft** (die, -, -en) = Holding
**Hole** [həʊl] (das, -s, -s) Loch (beim Golfspiel) [engl.]
**Hol'ly'wood'schau'kel** (die, -, -n) frei aufgehängte, gepolsterte, überdachte Bank, die wie eine Schaukel schwingen kann
**Hol'mi'um** (das, -s, nur Ez.) ein Seltenerdmetall [schwed.-nlat.]
**Ho'lo'caust** [ho-] (der, -(s), -e) Massenmord; Judenvernichtung [gr.-engl.]
**Ho'lo'en'zym** (das, -s, -e) vollständiges Enzym [gr.]
**Ho'lo'gra'fie** *auch:* Ho'lo'gra'phie (die, -, nur Ez.) Verfahren zur Herstellung dreidimensionaler Bilder durch Abtasten mit einem Laserstrahl [gr.]
**Ho'lo'gramm** (das, -s, -e) durch Holografie entstandenes Bild
**ho'lo'kris'tal'lin** (Adj.) ganz kristallin [gr.]
**Ho'lo'me'ta'bo'lie** (die, -, nur Ez.) vollständige Verwandlung (eines Insekts in der Puppenruhe) [gr.]
**Ho'lo'pa'ra'sit** (der, -en, -en) Pflanze, die komplett von ihrem Wirt lebt [gr.-lat.]
**ho'lo'phras'tisch** (Adj.) bestehend aus einem Wort [gr.-lat.]

**Ho|lo|thu|rie** [-riə] (die, -, -n) Seewalze, Seegurke [gr.]
**ho|lo|tisch** (Adj.) ganz, vollständig [gr.]
**Ho|lo|zän** (das, -s, nur Ez.) Abschnitt der Erdgeschichte seit der Eiszeit, geologische Gegenwart [gr.]
**Hols|ter** (das, -s, -)**1** offene Ledertasche, um eine Handfeuerwaffe griffbereit mit sich tragen zu können **2** Jagdtasche in der Jägersprache [niederl.-engl.]
**Home|ban|king** *auch:* Home-Ban|king [həʊmbæŋkɪŋ] (das, -, nur Ez.) Erledigung von Bankgeschäften mittels Telekommunikation von zu Hause aus [engl.]
**Home|base** *auch:* Home-Base [həʊmbeɪs] (das, -, -s) Markierung zwischen den Schlägerboxen beim Baseball [engl.]
**Home|com|puter** *auch:* Home-Com|puter [həʊmkəmpjuːtə] (der, -s, -) Computer zur Nutzung im privaten Bereich [engl.]
**Home|dress** *auch:* Home-Dress [həʊm-] (der, -es, -e) bequeme Kleidung für zu Hause [engl.]
**Home|figh|ter** *auch:* Home-Figh|ter [həʊmfaɪtə] (der, -s, -) Boxer, der im heimischen Boxring besonders viele Siege erzielt [engl.]
**Home|land** [həʊmlænd] (das, -s, -s) Selbstverwaltungsgebiet der Bantu in der Republik Südafrika [engl.]
**Home|page** [həʊmpeɪdʒ] (die, -, -s) persönliche Internetseite einer Firma oder Privatperson [engl.]
**Ho|me|ri|de** (der, -n, -n) **1** Mitglied einer altgriechischen Sängervereinigung auf der Insel Chios, die sich von Homer herleitete **2** Rhapsode, der die homerischen Werke vortrug [gr.-lat.]
**ho|me|risch** (Adj.) wie von Homer geschrieben, breit episch
**Home|rule** [həʊmruːl] (die, -, nur Ez.) engl. für „Selbstregierung"; Schlagwort der irischen Unabhängigkeitsbewegung
**Home|run** *auch:* Home-Run [həʊmrʌn] (der, -s, -s) Treffer im Baseball, wodurch der Schläger nach Berühren des ersten, zweiten und dritten Base das Schlagmal wieder erreichen kann [engl.]
**Home|shop|ping** *auch:* Home-Shop|ping [həʊmʃɔpɪŋ] (das, -s, nur Ez.) Einkaufen via Telekommunikation von zu Hause aus [engl.]
**Home|sit|ting** *auch:* Home-Sit|ting [həʊm-] (das, -s, nur Ez.) Hüten eines Hauses [engl.]
**Home|spun** [həʊmspʌn] (das, -s, -s) ein grobes Streichgarngewebe [engl.]
**Home|trai|ner** *auch:* Home-Trai|ner [həʊmtreɪnə] (der, -s, -) Fitnessgerät für zu Hause [engl.]
**Home|wear** [həʊmwɛə] (die, -, nur Ez.) Kleidung für zu Hause [engl.]
**Ho|mi|le|tik** (die, -, nur Ez.) Predigtlehre (als Teil der praktischen Theologie) [gr.]
**ho|mi|le|tisch** (Adj.) zur Homiletik gehörig
**Ho|mi|lie** (die, -, -ien) Predigt über einen Bibelabschnitt [gr.]
**Ho|mi|ni|de** (der, -n, -n) Menschenartiger, ausgestorbene oder gegenwärtige Menschenrasse [lat.-gr.]
**Ho|mi|ni|sa|ti|on** (die, -, nur Ez.) Menschwerdung, [lat.]
**ho|mi|ni|sie|ren** (V.) sich zum Menschen entwickeln [lat.]
**Ho|mi|nis|mus** (der, -, nur Ez.) die philosophische Lehre, die jegliche Erkenntnis nur in Beziehung zum Menschen akzeptiert, nicht als eventuelle Wahrheit an sich [lat.]
**ho|mi|nis|tisch** (Adj.) **1** den Hominismus betreffend, auf ihm basierend **2** auf den Menschen bezogen, nur für den Menschen geltend [lat.]
**Hom|mage** [ɔmaːʒ] (die, -, -n) Huldigung-(sausstellung); z.B. eine Hommage an Beuys [frz.]
**Homme de Let|tres** [ɔmdəlɛtrə] (der, -, -s) Literat [frz.]
**ho|mo** (Adj.) Kurzform für homosexuell [gr.]
**Ho|mo** (der, -, -mi|nes) **1** frühe Form des Menschen, Angehöriger der Gattung der Hominiden **2** homosexueller Mann [gr.]
**Ho|mö|ark|ton** (das, -s, -ta) Figur in der Rede, bei der die Anfänge aufeinander folgender Wörter gleich oder ähnlich klingen [gr.-lat.]
**Ho|mo|chro|nie** (die, -, -n) gleichzeitiges Auftreten oder gleichzeitiger Beginn eines Phänomens an verschiedenen Punkten der Erde [gr.-lat.]

**ho|mo|dont** (Adj.) mit gleichartigen Zähnen versehen [gr.-lat.]
**Ho|mo|emo|tio|na|li|tät** (die, -, nur Ez.) das gefühlsmäßige Angezogensein vom gleichen Geschlecht [gr.-lat.]
**Ho|mo|erot** (der, -en, -en) jmd., dessen sexuelle Wünsche und Gefühle auf gleichgeschlechtliche Partner gerichtet sind [gr.-lat.]
**Ho|mo|ero|tik** (die, -, nur Ez.) Erotik unter Homosexuellen; Homosexualität
**Ho|mo|ero|ti|ker** (der, -s, -) = Homoerot [gr.-lat.]
**ho|mo|ero|tisch** (Adj.) sich vom gleichen eigenen Geschlecht auf Grund sinnlicher Reize angezogen fühlend [gr.-lat.]
**Ho|mo|ero|tis|mus** (der, -, nur Ez.) Empfindungsweise, deren erotisch-sexuelle Wünsche auf das gleiche Geschlecht gerichtet sind, auf Grund hoher Sublimierungsleistung aber oft nur latent vorhanden [gr.-lat.]
**Ho|mo Fa|ber** (der, -, nur Ez.) der Werkzeug und Hilfsmittel schaffende Mensch [lat.]
**ho|mo|fon** *auch:* ho|mo|phon (Adj.) **1** gleichstimmig, der Hauptstimme untergeordnet **2** gleich lautend, aber verschieden geschrieben; z.B. Märe/Mähre/Meere [gr.]
**Ho|mo|fon** *auch:* Ho|mo|phon (das, -s, -e) Bezeichnung für ein Wort, das von einem anderen Wort verschieden geschrieben wird, mit diesem aber gleich lautet [gr.]
**Ho|mo|fo|nie** *auch:* Ho|mo|pho|nie (die, -, nur Ez.) eine Satztechnik in der Musik, bei der die Melodiestimme herausragt, die anderen Stimmen nur begleiten [gr.]
**ho|mo|fo|nisch** *auch:* ho|mo|pho|nisch (Adj.) auf die Homophonie bezogen, sie betreffend [gr.]
**Ho|mo|ga|mie** (die, -, nur Ez.) **1** gleichzeitige Reifung von männlichen und weiblichen Blütenorganen bei zwittrigen Blüten (Bot.) **2** Gleichartigkeit der Partner bei der Partnerwahl [gr.-lat.]
**ho|mo|gen** (Adj.) einheitlich [gr.]
**ho|mo|ge|ni|sie|ren** (V.) nicht mischbare Flüssigkeiten gleichmäßig vermischen; z.B. die Fetttröpfchen in frischer Milch homogenisieren [gr.]
**Ho|mo|ge|ni|sie|rung** (die, -, -en) Vermischung prinzipiell verschiedener Teile und Elemente [gr.-lat.]
**Ho|mo|ge|ni|tät** (die, -, nur Ez.) das Homogensein
**Ho|mo|go|nie** (die, -, nur Ez.) Entstehung aus Gleichartigem (in der Philosophie) [gr.-lat.]
**ho|mo|grad** (Adj.) auf qualitative Unterschiede achtend [gr.-lat.]
**Ho|mo|graf** *auch:* Ho|mo|graph (das, -s, -e) = Homogramm [gr.-lat.]
**Ho|mo|gramm** (das, -s, -e) ein Wort, das sich in der Aussprache von einem anderen unterscheidet, obwohl beide gleich geschrieben werden [gr.-lat.]
**ho|mo|log** (Adj.) **1** entsprechend; aus gleichen Anlagen entstanden (von Organen) **2** aufeinander folgend (in der Chemie) [gr.]
**Ho|mo|log** (das, -s, -e) chemische Verbindung einer homologen Reihe [gr.]
**Ho|mo|lo|ga|ti|on** (die, -, -tio|nen) Regel, wonach die Einstufung in eine bestimmte Wettbewerbskategorie bei Rennen für Automobilmodelle von der Produktion einer bestimmten Mindeststückzahl des betreffenden Modells abhängt [gr.-lat.]
**Ho|mo|lo|gie** (die, -, -n) das Homologsein [gr.]
**ho|mo|lo|gie|ren** (V.) **1** einen Serienwagen in die internationale Zulassungsliste zur Einteilung in Klassen für Automobilrennen aufnehmen **2** eine Skirennstrecke nach bestimmten Normen festlegen [gr.-lat.]
**Ho|mo lu|dens** (der, -, nur Ez.) der spielende Mensch [lat.]
**ho|mo|nym** (Adj.) gleich lautend, aber bedeutungsverschieden; z.B. Tor/„Narr“ und Tor/„Eingang“ [gr.]
**Ho|mo|nym** (das, -s, -e) homonymes Wort
**Ho|mo|ny|mie** (die, -, nur Ez.) die Relation zwischen homonymen Wörtern [gr.-lat.]
**ho|mo|ny|misch** (Adj.) auf die Homonymie bezogen [gr.-lat.]
**Ho|mö|onym** (das, -s, -e) **1** Bezeichnung für ein ähnlich lautendes Wort oder einen Namen **2** Bezeichnung für ein Wort, das mit einem anderen teilweise syno-

nym ist, die gleiche Sache benennt, aber vom Gefühlswert her von diesem Synonym verschieden ist [gr.-lat.]
**Hoˈmöoˈpath** (der, -en, -en) Homöopathiearzt
**Hoˈmöoˈpaˈthie** (die, -, nur Ez.) Heilmethode, bei der Gleiches mit Gleichem geheilt wird; kleinste Mengen desselben Stoffes werden eingesetzt, der die Krankheit verursacht [gr.]
**hoˈmöoˈpaˈthisch** (Adj.) zur Homöopathie gehörig
**Hoˈmöoˈplaˈsie** (die, -, nur Ez.) eine organähnliche Neubildung
**Hoˈmöoˈplasˈtik** (die, -, -en) Operation, in der arteigenes Gewebe für verloren gegangenes eingepflanzt wird [gr.]
**hoˈmöoˈpoˈlar** (Adj.) gleichartig elektrisch geladen [gr.-lat.]
**Hoˈmöoˈproˈphoˈron** (das, -s, -ra) rhetorische Figur, bei der aufeinander folgende Wörter gleich oder ähnlich klingende Laute aufweisen [gr.-lat.]
**Hoˈmöoˈptoˈton** (das, -s, -ta) rhetorische Figur, bei der aufeinander folgende Wörter die gleiche Kasusendung aufweisen [gr.-lat.]
**Hoˈmöoˈstaˈse** *auch:* Hoˈmöˈoˈstaˈsie/ Homöoˈstaˈsis (die, -, -n) Gleichgewicht der physiologischen Körperfunktionen, Stabilität von Blutdruck, Temperatur etc. [gr.-lat.]
**Hoˈmöoˈstat** (der, -en, -en) technisches System, das in seiner Stabilität nicht von den Umweltbedingungen abhängt (Kybernetik) [gr.-lat.]
**hoˈmöoˈstaˈtisch** (Adj.) die Homöostase betreffend, zur Homöostase gehörend [gr.-lat.]
**Hoˈmöoˈteˈleuˈton** (das, -s, -ta) rhetorische Figur, bei der aufeinander folgende Wörter oder Wortgruppen Gleichklang aufweisen [gr.-lat.]
**hoˈmöoˈtherm** (Adj.) warmblütig, gleich bleibend warm (bei Tieren, deren Körpertemperatur von der Umgebung unabhängig ist) [gr.-lat.]
**Hoˈmöoˈtherˈmie** (die, -, nur Ez.) Warmblütigkeit (Zoologie) [gr.-lat.]
**hoˈmoˈphag** (Adj.) **1** nur pflanzliche oder tierische Nahrung fressend **2** auf einem Wirtsorganismus schmarotzend [gr.-lat.]
**hoˈmoˈphil** (Adj.) = homosexuell [gr.]
**Hoˈmoˈphiˈlie** (die, -, nur Ez.) = Homosexualität [gr.]
**hoˈmoˈphob** (Adj.) die Homophobie betreffend [gr.]
**Hoˈmoˈphoˈbie** (die, -, -n) Abneigung gegen und Angst vor Homosexualität [gr.]
**hoˈmoˈphon** (Adj.) = homofon
**Hoˈmoˈphon** (das, -s, -e) = Homofon
**Hoˈmoˈphoˈnie** (die, -, nur Ez.) = Homofonie
**hoˈmoˈphoˈnisch** (Adj.) = homofonisch
**hoˈmorˈgan** (Adj.) mit dem gleichen Artikulationsorgan gebildet (Lautlehre) [gr.-lat.]
**Hoˈmo saˈpiˈens** (der, - -, nur Ez.) der Mensch (als wissenschaftlicher Artname); der „vernunftbegabte Mensch“ (oft iron.) [lat.]
**hoˈmoˈsem** (Adj.) = synonym [gr.-lat.]
**Hoˈmoˈsexˈuaˈliˈtät** (die, -, nur Ez.) gleichgeschlechtliche Sexualität [gr.-lat.]
**hoˈmoˈseˈxuˈell** (Adj.) in der Sexualität auf das gleiche Geschlecht gerichtet [gr.-lat.]
**Hoˈmoˈseˈxuˈelˈle** (der oder die, -n, -n) männliche beziehungsweise weibliche homosexuelle Person [gr.-lat.]
**Hoˈmoˈsphäˈre** (die, -, nur Ez.) untere Erdatmosphäre [gr.]
**hoˈmoˈtheˈtisch** (Adj.) = synthetisch [gr.-lat.]
**Hoˈmoˈtroˈpie** (die, -, nur Ez.) fachsprachliche Bezeichnung für die homoerotisch-homosexuelle Orientierung zum eigenen Geschlecht [gr.-lat.]
**Hoˈmoˈuˈsie** (die, -, nur Ez.) Wesensgleichheit von Gottvater und Gottsohn [gr.]
**Hoˈmöˈuˈsie** (die, -, nur Ez.) = Homousie [gr.]
**hoˈmoˈzenˈtrisch** (Adj.) von einem Punkt ausgehend und in einem Punkt zusammentreffend [gr.-lat.]
**hoˈmoˈzyˈgot** (Adj.) reinerbig [gr.]
**Hoˈmoˈzyˈgoˈtie** (die, -, nur Ez.) Reinerbigkeit [gr.]
**Hoˈmunˈkuˈlus** (der, -, -li) künstliches Menschlein [lat.]
**Hoˈnanˈseiˈde** (die, -, -n) Rohseide mit leichten Fadenverdickungen
**hoˈnett** (Adj.) ehrenhaft, rechtschaffen [frz.]

**Ho'ney** (der, -s, -s) 1 Honig 2 Liebling, Schatz [engl.]
**Ho'ney'moon** (der, -s, -s) Flitterwochen [engl.]
**Ho'ni soit qui mal y pense** [ɔniswakimalipɑ̃s] ein Schuft, wer Arges dabei denkt (als Wahlspruch des Hosenbandordens) [frz.]
**Hon'ky'tonk** (das, -, -s) 1 ländliche Kneipe, Spelunke, in der Musik gespielt wird; 2 in den USA auf Volksmusik basierende Musikrichtung [engl.]
**Hon'neurs** [ɔnœr] (nur Mz.) Ehrenbezeigungen; die Honneurs machen: die Gastgeberpflichten erfüllen [frz.]
H
**ho'no'ra'bel** (Adj.) ehrenwert (veraltet) [frz.]
**Ho'no'rant** (der, -en, -en) derjenige, der einen Wechsel anstelle des Bezogenen annimmt und bezahlt [lat.]
**Ho'no'rar** (das, -s, -e) Bezahlung (für Freiberufler) [lat.]
**Ho'no'rar'pro'fes'sor** (der, -s, -en) Ehrentitel für einen nicht verbeamteten Universitätsprofessor [lat.]
**Ho'no'rat** (der, -en, -en) derjenige, für den ein Wechsel bezahlt wird [lat.]
**Ho'no'ra'ti'o'ren** (nur Mz.) die angesehensten Bürger [lat.]
**Ho'no'ra'ti'o'ren'de'mo'kra'tie** (die, -, nur Ez.) Bezeichnung für eine Demokratie, in der die Politiker hauptsächlich aus dem Besitz- oder Bildungsbürgertum stammen (bes. 19. Jh.) [gr.-lat.]
**Ho'no'ra'ti'o'ren'par'tei** (die, -, nur Ez.) Bezeichnung für eine Partei, in der sowohl Mitglieder wie Führungskräfte hauptsächlich aus dem Besitz- oder Bildungsbürgertum stammen [gr.-lat.]
**ho'no'rie'ren** (V.) 1 bezahlen, vergüten 2 anerkennen [frz.]
**ho'no'rig** (Adj.) ehrenhaft; freigebig (meist spöttisch) [lat.]
**ho'no'ris cau'sa** ehrenhalber [lat.]
**Ho'no'ri'tät** (die, -, -en) 1 Ehrenhaftigkeit 2 ehrenhafte Person [lat.]
**Hon'véd** (die, -, nur Ez.) die ungarische Streitmacht (von 1919–1945)
**Hook** [hʊk] (der, -s, -s) 1 Haken beim Boxen; spezieller Schlag beim Golf, bei dem der Ball in einer Kurve fliegt, die der Schlaghand entgegengesetzt ist 2 hakenartiger Handersatz an künstlichen Armen zum Greifen und Halten [engl.]
**hooked** [hʊkt] (Adj.) im Jargon Ausdruck für von einer harten Droge abhängig sein [engl.]
**hoo'ken** [hʊ-] (V.) einen Hook spielen [engl.]
**Hoo'ker** [huːkə] (der, -s, -) Golfspieler, der den Hook besonder gut beherrscht [engl.]
**Hook'shot** [huːkʃɔt] (der, -s, -s) Korbwurf im Basketball, wobei der Ball meist im Sprung mit gestrecktem Arm geworfen wird [engl.]
**Hook'spin** [huːkspɪn] (der, -s, -s) mit seitlichem Drall geschlagener Ball im Golf [engl.]
**Hoo'li'gan** [huːlɪgən] (der, -s, -s) rücksichtslos schlägernder Randalierer bei Massenveranstaltungen [engl.]
**Ho'pak** (der, -s, -s) = Gopak
**Ho'plit** (der, -en, -en) altgr. Fußsoldat
**Ho'ra** 1 (die, -, -ren) Gebetsstunde in der katholischen Kirche 2 kirchliches Gebet zu verschiedenen Tageszeiten [lat.] 3 (die, -, -s) jüdischer Volkstanz 4 rumänischer Volkstanz [gr.]
**Ho'ra'ri'um** (das, -s, -ri'en) Gebetbuch für Laien, Stundenbuch [lat.]
**Hor'de'in** (das, -, nur Ez.) Eiweißkörper in der Gerste [lat.]
**Hor'de'o'lum** (das, -s, -la) Abszess am Augenlid, Gerstenkorn [lat.]
**Ho're** (die, -, -n) = Hora
**Ho'ren** (nur Mz.) griechische Göttinnen der Jahreszeiten und der sittlichen Ordnung [gr.-lat.]
**Ho'ri'zont** (der, -s, -e) 1 ferne Grenzlinie zwischen Himmel und Erde 2 Ausmaß der geistigen Wahrnehmung; z.B. einen begrenzten Horizont haben 3 Boden-, Gesteinsschicht (als kleinste Einheit) [gr.]
**ho'ri'zon'tal** (Adj.) waagrecht [gr.]
**Ho'ri'zon'ta'le** (die, -, -n) Waagrechte [gr.]
**Ho'ri'zon'tal'in'ten'si'tät** (die, -, nur Ez.) Stärke des Erdmagnetfeldes in der Waagrechte
**ho'ri'zon'tie'ren** (V.) geologisch fachsprachliche Bezeichnung für das Einmessen der verschiedenen Höhenlage eines Horizonts [gr.-lat.]

**hor|misch** (Adj.) triebhaft zielgerichtet [gr.-engl.]
**Hor|mon** (das, -s, -e) von inneren Drüsen gebildeter körpereigener Wirkstoff [gr.]
**hor|mo|nal** *auch:* hor|mo|nell (Adj.) zu den Hormonen gehörig, durch sie bewirkt
**hor|mo|nell** (Adj.) = hormonal
**Hor|mon|im|plan|ta|ti|on** (die, -, -ti|o|nen) das Einpflanzen von Hormontabletten unter die Haut (Med.) [gr.-lat.]
**Hor|mon|prä|pa|rat** (das, -s, -e) Medikament aus künstlich erzeugtem Hormon (Med.) [gr.-lat.]
**Hor|mon|the|ra|pie** (die, -, -n) medizinische Behandlung mit Hormonpräparaten, um die Menge an überschüssigen oder mangelnden eigenen Hormonen auszugleichen [gr.-lat.]
**Horn|back** [-bæk] (das oder der, -s, -s) der verhornte Rücken einer Krokodilhaut, deren Maserung zum Vorschein kommt, wenn sie abgeschliffen wird [engl.]
**Hor|ni|to** (der, -s, -s) Aufwölbung in der Form eines Kegels über den Austrittsstellen von Lava [span.]
**Ho|ro|log** (das, -s, -e oder -gi|en) Stundengebetbuch; Uhr [gr.]
**Ho|ro|lo|gi|on** (das, -s, -gi|en) **1** liturgisches Buch der orthodoxen Kirche, das die Texte für die Stundengebete enthält **2** (veraltet) Uhr oder Herolog [gr.-lat.]
**Ho|ro|lo|gi|um** (das, -s, -gi|en) = Horologion [gr.-lat.]
**Ho|ro|skop** (das, -s, -e) Schicksalsdeutung mithilfe der Astrologie [gr.]
**ho|ro|sko|pie|ren** (V.) ein Horoskop erstellen [gr.-lat.]
**ho|ro|sko|pisch** (Adj.) das Horoskop betreffend, auf einem Horoskop beruhend [gr.-lat.]
**hor|rend** (Adj.) **1** ein normales Maß extrem überschreitend **2** (veraltet) durch seinen geistigen Gehalt Entsetzen hervorrufend [lat.]
**hor|ri|bel** (Adj.) schrecklich (veraltet) [frz.]
**hor|ri|bi|le dic|tu** „es ist schrecklich davon zu sprechen" [lat.]
**Hor|ri|bi|li|tät** (die, -, nur Ez.) Schrecklichkeit (veraltet) [frz.]
**Hor|ror** (der, -s, nur Ez.) Entsetzen, Schauder, Schrecken; z.B. einen Horror vor etwas haben [lat.]
**Hor|ror|film** (der, -s, -e) Film, der den Zuschauer in Grauen und Angst versetzen will
**Hor|ror|trip** (der, -s, -s) panischer Angstzustand während des Drogenrauschs [lat.-engl.]
**Hor|ror Va|cui** (der, - -, nur Ez.) Angst vor der Leere [lat.]
**hors con|cours** [ɔrkõkuːr] außer Wettbewerb [frz.]
**Hors d'œu|vre** [ɔrdœvrə] (das, -s, -s) Vorspeise, appetitanregendes Vorgericht [frz.]
**Horse** (das, -s, nur Ez.) in der Jargonsprache für Heroin [engl.]
**Horse|po|wer** (die, -, nur Ez.) Pferdestärke, in Großbritannien gebrauchte Maßeinheit der Leistung [engl.]
**Hor|ta|tiv** (der, -s, -e) zu einer gemeinsamen Tat auffordernder Imperativ [lat.]
**Hor|ten|sie** [-siə] (die, -, -n) rosafarbene oder hellblaue Gartenblume mit großen Kugelblüten [frz.-nlat.]
**Hor|ti|kul|tur** (die, -, nur Ez.) Gartenbau [lat.]
**ho|san|na!** (Interj.) = hosianna!
**ho|si|an|na!** *auch:* ho|san|na! (Interj.) Jubelruf (beim Einzug Jesu in Jersualem) [hebr.]
**Hos|pi|tal** (das, -s, -e oder -tä|ler) **1** Krankenhaus **2** Pflegeheim (veraltet) [lat.]
**hos|pi|ta|li|sie|ren** (V.) in ein Krankenhaus oder ein Pflegeheim einliefern [lat.]
**Hos|pi|ta|lis|mus** (der, -, nur Ez.) **1** zusätzliche Erkrankung durch Ansteckung im Krankenhaus **2** psychische Störung bei Kindern in Pflegeheimen; z.B. dauernde Bewegungsunruhe; auch bei Zootieren [lat.]
**Hos|pi|ta|li|tät** (die, -, nur Ez.) Gastfreundschaft (veraltet) [lat.]
**Hos|pi|ta|li|ter** (der, -s, -) Mitglied einer religiösen Gemeinschaft im Mittelalter, das sich der Krankenpflege widmet [lat.]
**Hos|pi|tant** (der, -en, -en) jmd., der hospitiert
**Hos|pi|tanz** (die, -, -en) Aufenthalt zum Zwecke des Lernens in einer Organisation, einem Unternehmen, Gasthören an einer Schule oder Hochschule [lat.]

**Hos'pi'tes'se** (die, -, -n) als Krankenschwester und Sozialarbeiterin ausgebildete Frau, die in Krankenhäusern zur Betreuung bestimmter Gruppen von Patienten eingesetzt wird [lat.]
**hos'pi'tie'ren** (V.) als Gast bei Unterrichtsveranstaltungen zuhören [lat.]
**Hos'piz** (das, -es, -e) christliches, klösterliches Übernachtungsheim [lat.]
**Host'com'puter** (der, -s, -) vom Netzwerk unabhängiger Computer, der nur zur Verarbeitung und Speicherung übermittelter Daten dient (EDV) [engl.]
**Hos'tess** (die, -, -en) **1** Betreuerin (an Auskunftsstellen, im Reiseverkehr) **2** Prostituierte (verhüllend) [engl.]
**Hos'tie** [-stiə] (die, -, -n) geweihte Abendmahlsoblate [lat.]
**hos'til** (Adj.) feindselig (veraltet) [lat.]
**Hos'ti'li'tät** (die, -, -en) Feindseligkeit [lat.]
**Hot** (der, -s, nur Ez.) Spielweise im Jazz, bei der scharf synkopiert und akzentuiert wird [engl.-amerik.]
**Hotch'potch** (das, -, -es) Eintopfgericht [engl.]
**Hot'dog** *auch:* Hot Dog (der oder das, -s, -s) heißes Würstchen (mit Ketchup, Senf) in einem Brötchen [engl.]
**Ho'tel** (das, -s, -s) Übernachtungsbetrieb (mit Verpflegungsmöglichkeit), Gasthof [frz.]
**Ho'te'li'er** [-ljeː] (der, -s, -s) Hotelbesitzer, -leiter
**Ho'tel'le'rie** (die, -, nur Ez.) Hotelgewerbe
**Hot Jazz** [hɒtdʒæz] (der, -, nur Ez.) sehr akzentuierter Jazzstil [engl.]
**Hot'key** [hɒtkɪː] (der, -s, -s) Taste oder Tastenkombination am Computer zur Abkürzung der Eingabe eines Befehls (EDV) [engl.]
**Hot'line** [hɒtlaɪn] (die, -, -s) schneller Servicedienst über Telefon [engl.]
**Hot'mo'ney** *auch:* Hot Mo'ney [-mʌnɪ] (das, -, nur Ez.) von Land zu Land transferiertes Geld, womit Währungsgewinne erzielt werden [engl.-amerik.]
**Hot'pants** *auch:* Hot Pants [-pænts] (nur Mz.) sehr enge, kurze Damenhose, „heiße Höschen" (der 70er-Jahre) [engl.]
**hot'ten** (V.) **1** Hotjazz spielen **2** umgangssprachlich für zu Jazzmusik tanzen [engl.]
**Hot'ten'tot'te** (der, -n, -n) Angehöriger eines Volkes im südlichen Afrika [niederl.]
**Houppe'lande** [uplɑ̃ːd] (die, -, -s) langes glockenförmiges Männeroberkleid des 14. Jahrhunderts [frz.]
**Hour'di** (der, -s, -s) Hohlstein aus gebranntem Ton [frz.]
**House** [haʊs] (der, -, nur Ez.) Variante der Musikrichtung des Dancefloor [engl.]
**House'mu'sic** [haʊsmjusɪk] (die, -, nur Ez.) = House
**House of Com'mons** [haʊs ɒv kɒməns] (das, - - -, nur Ez.) das britische Unterhaus [engl.]
**House of Lords** [haʊs ɒv lɔːdz] (das, - - -, nur Ez.) das britische Oberhaus [engl.]
**Ho'ver'craft** [-krɑːft] (das, -s, -s) Luftkissenfahrzeug [engl.]
**Hu'er'ta** [uɛr-] (die, -, -s) künstlich bewässertes Anbaugebiet (in Spanien)
**Hu'ge'not'te** (der, -n, -n) **1** Anhänger des Calvinismus in Frankreich **2** Nachkomme eines aus Frankreich zur Zeit der Hugenottenverfolgung geflohenen Calvinisten [dt.-frz.]
**hu'ius an'ni** „dieses Jahres" [lat.]
**hu'ius men'sis** „dieses Monats" [lat.]
**Huk** (die, -, -en) in der Seemannssprache die Bezeichnung für eine Landzunge, die einen geradlinigen Küstenverlauf unterbricht [niederl.]
**Hu'ka** (die, -, -s) orientalische Wasserpfeife [arab.]
**Huk'boot** (das, -es, -e) kleines Beiboot des Hukers [niederl.]
**Hu'ker** (der, -s, -) breites und flaches Segelschiff, das in der Hochseefischerei verwendet wurde [niederl.]
**Hu'la** (der auch die, -(s), -s) hawaiianischer Tanz
**Hu'la-Hoop** *auch:* Hu'la-Hopp [-huːp] (der, -(s), -s) Plastikreifen, der, z.B. durch Hüftschwingen, um den Körper bewegt wird [polynes.-engl.]
**Hulk** (die, -, -en) oder (der, -es, -en) abgetakelter Schiffskörper [engl.]
**Hul'man** (der, -s, -s) großer Schlankaffe, „heiliger Affe" Indiens
**hu'man** (Adj.) **1** zum Menschen gehörig, menschentypisch; z.B. humane Fähig-

keiten 2 menschenwürdig 3 menschenfreundlich [lat.]
**Hu'man'bio'lo'ge** (der, -n, -n) auf dem Gebiet der Humanbiologie tätiger Wissenschaftler [lat.]
**Hu'man'bio'lo'gie** (die, -, nur Ez.) Biologie des Menschen [lat.-gr.]
**hu'man'bio'lo'gisch** (Adj.) die Humanbiologie betreffend [lat.]
**Hu'man En'ge'nee'ring** [hjuːmən ɛndʒɪniːrɪŋ] (das, -, nur Ez.) Gestaltung von Arbeitsplätzen unter Berücksichtigung von Faktoren, die das Wohlbefinden des Menschen beeinflussen [engl.]
**Hu'man'etho'lo'gie** (die, -, nur Ez.) Zweig der Verhaltensbiologie, Verhaltensforschung am Menschen, Untersuchung der Sitten und Gebräuche [lat.-gr.]
**Hu'man'ge'ne'tik** (die, -, nur Ez.) Teilgebiet der Genetik, das sich mit der Vererbung körperlicher, geistiger und seelischer Merkmale und Eigenschaften des Menschen befasst [lat.]
**Hu'man'ge'ne'ti'ker** (der, -s, -) auf dem Gebiet der Humangenetik tätiger Wissenschaftler [gr.-lat.]
**hu'man'ge'ne'tisch** (Adj.) die Humangenetik betreffend [gr.-lat.]
**Hu'ma'ni'o'ra** (nur Mz.) Bezeichnung für das griechisch-römische Altertum als Bildungsgut und Grundlage von Lehr- und Prüfungsfächern (veraltet) [lat.]
**hu'ma'ni'sie'ren** (V.) menschenwürdig machen [lat.]
**Hu'ma'ni'sie'rung** (die, -, -en) das Humanisieren [lat.]
**Hu'ma'nis'mus** (der, -, nur Ez.) 1 Achtung, Streben nach Menschenwürde 2 Pflege antiker Überlieferung (im 14. bis 16. Jh.) [lat.]
**Hu'ma'nist** (der, -nis'ten, -nis'ten) 1 Vertreter, Anhänger des Humanismus 2 jmd., der ein Gymnasium mit Griechisch und Latein (als wesentliche Bestandteile des Lehrplans) besucht hat
**hu'ma'nis'tisch** (Adj.) antikes Überlieferungsgut pflegend; altsprachlich [lat.]
**hu'ma'ni'tär** (Adj.) menschenfreundlich, menschlicher Not gedenkend [frz.]
**Hu'ma'ni'ta'ris'mus** (der, -, nur Ez.) Bezeichnung für eine menschenfreundliche Gesinnung [lat.]
**Hu'ma'ni'tas** (die, -, nur Ez.) Menschenliebe und Menschlichkeit als Basis allen sittlichen Denkens und Handelns [lat.]
**Hu'ma'ni'tät** (die, -, nur Ez.) das Humanitärsein
**Hu'ma'ni'täts'a'pos'tel** (der, -s, -) ironisierende Benennung für jmdn., der humanitäre Ideen mit kompromisslosem Einsatz durchzusetzen versucht [lat.]
**Hu'man'me'di'zin** (die, -, nur Ez.) die sich mit dem Menschen befassende Medizin (im Unterschied zur Tiermedizin)
**Hu'man'me'di'zi'ner** (der, -s, -) Arzt der Humanmedizin [lat.]
**hu'man'me'di'zi'nisch** (Adj.) die Humanmedizin betreffend, auf ihr basierend [lat.]
**Hu'man'öko'lo'ge** (der, -n, -n) auf dem Gebiet der Humanökologie tätiger Wissenschaftler [lat.]
**Hu'man'öko'lo'gie** (die, -, nur Ez.) Bereich der ökologischen Forschung, in dem man sich mit dem Verhältnis Mensch – Umwelt auseinandersetzt [lat.]
**hu'man'öko'lo'gisch** (Adj.) die Humanökologie betreffend, auf ihr basierend [lat.]
**Hu'man'phy'sio'lo'gie** (die, -, nur Ez.) Wissenschaft von den normalen Lebensvorgängen beim Menschen [lat.]
**Hu'man'psy'cho'lo'ge** (der, -n, -n) auf dem Gebiet der Humanpsychologie tätiger Wissenschaftler [lat.]
**Hu'man'psy'cho'lo'gie** (die, -, nur Ez.) Wissenschaft, die sich mit der Psyche des Menschen beschäftigt [lat.]
**hu'man'psy'cho'lo'gisch** (Adj.) die Humanpsychologie betreffend, auf ihr basierend [lat.]
**Hu'man Re'la'ti'ons** [hjuːmən rɪleɪʃəns] (nur Mz.) Personal- und Sozialpolitik in Betrieben, die zwischenmenschliche Beziehungen am Arbeitsplatz berücksichtigt [engl.]
**Hu'man Re'sour'ces** [hjuːmən rɪsɔːsəs] (nur Mz.) die menschliche Arbeitskraft in der Wirtschaft [engl.]
**Hu'man Touch** [hjuːmən tʌtʃ] (der, -, nur Ez.) menschlicher Zug [engl.]
**Hu'man'wis'sen'schaft** (die, -, -en) allgemeine Bezeichnung für jede Einzelwissenschaft, die sich mit dem Menschen

befasst, wie Soziologie, Psychologie etc. [lat.]
**Hum'bug** (der, -s, nur Ez.) dummes Zeug [engl.]
**Hu'me'ra'le** (das, -s, -lia oder -li'en) Schultertuch des kath. Geistlichen [lat.]
**Hu'me'rus** (der, -, -ri) Oberarmknochen (Med.) [lat.]
**hu'mid** *auch:* hu'mi'de (Adj.) feucht; regenreich [lat.]
**hu'mi'de** (Adj.) = humid
**Hu'mi'di'tät** (die, -, nur Ez.) das Humidsein
**Hu'mi'fi'ka'ti'on** (die, -, nur Ez.) Humusbildung [lat.]
**hu'mi'fi'zie'ren** (V.) zu Humus werden [lat.]

H

**Hu'mi'fi'zie'rung** (die, -, nur Ez.) = Humifikation [lat.]
**hu'mi'li'ant** (Adj.) demütigend, unterwerfend (veraltet) [lat.]
**Hu'mi'li'a'ten** (nur Mz.) Anhänger einer Bußbewegung im 11. und 12. Jh. [lat.]
**Hu'mi'li'a'ti'on** (die, -, -ti'o'nen) (veraltet) Demütigung, Unterwerfung [lat.]
**Hu'mi'li'tät** (die, -nur Ez.) Demut [lat.]
**Hu'mor** (der, -s, nur Ez.) heitere Grundhaltung; Äußerung von Frohsinn [lat.]
**hu'mo'ral** (Adj.) die Körperflüssigkeit betreffend [lat.]
**Hu'mo'res'ke** (die, -, -n) humoristische Erzählung [lat.-it.]
**hu'mo'rig** (Adj.) mit Humor, launig [lat.]
**Hu'mo'rist** (der, -ris'ten, -ris'ten) jmd., der humoristische Texte verfasst oder vorträgt
**Hu'mo'ris'ti'kum** (das, -s, -ka) etwas Lustiges, Humorvolles [lat.]
**hu'mo'ris'tisch** (Adj.) heiter, humorvoll
**hu'mos** (Adj.) aus Humus bestehend; humusreich
**Hu'mu'lus** (der, -, nur Ez.) Hopfen [germ.-lat.]
**Hu'mus** (der, -, nur Ez.) dunkle, fruchtbare Bodenschicht aus abgestorbener organischer Substanz [lat.]
**Hun'dred'weight** [hʌndrədweɪt] (das, -, -s) englisches Handelsgewicht, knapp 51 Kilogramm
**Hun'ga'ri'ka** (nur Mz.) Schriften über Ungarn [lat.]
**Hun'ga'ris'tik** (die, -, nur Ez.) Wissenschaft von der ungarischen Sprache und Literatur [lat.]
**Hun'ga'ro'lo'gie** (die, -, nur Ez.) Wissenschaft von der ungar. Sprache u. Literatur
**Hun'ter** [hʌn-] (der, -s, -) kräftiges englisches Jagdpferd
**Hur'dy-Gur'dy** [hɜːdɪgɜːdɪ] (die, -, -s) ein Musikinstrument, Drehleier [engl.]
**Hu'ri** (die, -, -s) islamische Paradiesjungfrau [arab.-pers.]
**Hur'ling** (das, -s, nur Ez.) in Irland noch gespieltes Schlagballspiel, das dem Hockey ähnlich ist [engl.]
**Hu'ron** (das, -s, nur Ez.) das mittlere Algonikum in Nordamerika (Geologie)
**Hur'ri'kan** [hʌrɪkən] (der, -s, -e oder -s) Wirbelsturm (in Mittelamerika und den südlichen USA) [engl.]
**Hu'sar** (der, -en, -en) leicht bewaffneter (ungarischer) Reitersoldat [it.-ung.]
**Hus'ky** [hʌskɪ] (der, -s, -s) kanadischer Schlittenhund, Eskimohund [eskim.-engl.]
**Hus'le** (die, -, -n) altertümliches, geigenähnliches Streichinstrument der Wenden [slaw.]
**Hus'se** (die, -, -n) Überwurf für Sitzmöbel [frz.]
**Hus'sit** (der, -en, -en) Anhänger einer religiösen aufständischen Bewegung im 15. und 16. Jh. in Böhmen [lat.]
**Hus'si'tis'mus** (der, -, nur Ez.) **1** Lehre der Hussiten **2** Bewegung der Hussiten [lat.]
**Hustle** (der, -s, -s) moderner Tanz, bei dem die Tänzer in Reihen stehen [germ.-engl.]
**Hustler** (der, -s, -) den Hustle Tanzender [germ.-engl.]
**Hy'a'den** (nur Mz.) **1** in der griechischen Mythologie eine Gruppe von Nymphen **2** Anhäufung von Sternen im Sternbild des Stiers [gr.-lat.]
**hy'a'lin** (Adj.) glasartig, durchscheinend [gr.]
**Hy'a'lin** (das, -s, -e) glasiges Eiweiß, das aus Gewebe umgewandelt wurde [gr.-lat.]
**Hy'a'lit** (der, -s, -e) durchsichtiger Quarz, Glasopal [gr.]
**Hy'a'lo'gra'fie** *auch:* Hy'a'lo'gra'phie (die, -, -i'en) Glasradierung [gr.]
**Hy'a'lo'plas'ma** (das, -s, nur Ez.) flüssige, durchscheinende Grundsubstanz des Zellplasmas [gr.]

**Hyäne** (die, -, -n) ein Raubtier Asiens und Afrikas [gr.]
**Hyazinth** (der, -s, -e) ein Mineral, Edelstein [gr.]
**Hyazinthe** (die, -, -n) ein Liliengewächs, Zierpflanze [gr.]
**hybrid** (Adj.) von zweierlei Herkunft, zwitterhaft [gr.]
**Hybridantrieb** (der, -s, -e) Antrieb durch zwei verschiedenartige Motoren
**Hybride** (der oder die, -n oder -, -n) aus einer Kreuzung hervorgegangenes Lebewesen, Bastard [gr.]
**Hybridfahrzeug** (das, -s, -e) Pkw mit kombiniertem Antrieb aus Verbrennungs- und Elektromotor für den Stadtverkehr
**Hybridisation** (die, -, -en) Artenkreuzung [gr.]
**hybridisch** (Adj.) sich auf eine Kreuzung, eine Mischung beziehend, eine Kreuzung betreffend [lat.]
**hybridisieren** (V.) kreuzen [gr.]
**Hybridisierung** (die, -, -en) **1** Kreuzung von Pflanzen oder Tieren, die durch Inzucht geprägt sind, zum Zwecke von Leistungs- oder Wachstumssteigerung **2** quantenmechanischer Vorgang in der Chemie [lat.]
**Hybridrakete** (die, -, -n) Rakete, die sowohl durch festen als auch flüssigen Brennstoff angetrieben wird
**Hybridrechner** (der, -s, -) aus einer Mischung aus Analog- und Digitalrechner bestehender elektronischer Rechner
**Hybridtechnik** (die, -, nur Ez.) Verfahren zur Herstellung elektron. Schaltkreise aus Einzelbauelementen auf einer Trägersubstanz
**Hybris** (die, -, nur Ez.) frevelhafter Übermut, Erhebung über die Götter (in der Antike); Vermessenheit [gr.]
**Hydarthrose** *auch:* Hydrarthrose (die, -, -n) Gelenkwassersucht [gr.]
**Hydathode** (die, -, -n) Öffnung bei den Blättern von Pflanzen zur Abgabe von Wasser (Bot.)
**Hydra** (die, -, -ren/-dren) ein Süßwasserpolyp; ein Wasserungeheuer (in der griechischen Mythologie) [gr.]
**Hydragogum** (das, -s, -ga) die Wasserausscheidung anregendes Mittel [gr.]
**Hydrämie** (die, -, -n) erhöhter Wassergehalt des Blutes [gr.]
**Hydrant** (der, -en, -en) Zapfstelle zur Wasserentnahme aus Rohren (auf der Straße) [gr.]
**Hydrargyrum** (das, -s, nur Ez.) Quecksilber [gr.]
**Hydrargytismus** (der, -, -men) Quecksilbervergiftung [gr.]
**Hydrarthrose** (die, -, -n) = Hydarthrose
**Hydrat** (das, -s, -e) Wasser enthaltende chemische Verbindung [gr.]
**Hydratation** (die, -, -tionen) = Hydration
**Hydration** *auch:* Hydratation (die, -, -tionen) Bildung von Hydraten [gr.]
**hydratisieren** (V.) in Hydrate umwandeln
**Hydraulik** (die, -, nur Ez.) Verfahren zur Kraftübertragung mittels Flüssigkeit; Anlage, Vorrichtung dazu [gr.]
**Hydrauliker** (der, -s, -) Fachmann, der sich mit der Hydraulik beschäftigt
**hydraulisch** (Adj.) auf Hydraulik beruhend
**Hydraulit** (der, -s, -e) Stoff, um Baustoffe bindefähiger zu machen [gr.]
**Hydrazin** (das, -s, nur Ez.) chem. Verbindung aus Stickstoff und Wasserstoff
**Hydria** (die, -, -rien/-drien) altgriechischer Krug mit einem senkrechten und zwei waagerechten Henkeln
**Hydrid** (das, -s, -e) Verbindung von Wasserstoff und einem anderen chem. Element [gr.]
**hydrieren** (V.) Wasserstoff (an eine chemische Verbindung) anlagern [gr.]
**Hydrobiologie** (die, -, nur Ez.) Wissenschaft von den im Wasser lebenden Pflanzen und Tieren [gr.]
**Hydrochinon** (das, -s, nur Ez.) eine chemische Verbindung, fotografischer Entwickler
**Hydrochorie** [-ko-] (die, -, nur Ez.) Verbreitung von Samen und Früchten durch Wasser [gr.]
**Hydrodynamik** (die, -, nur Ez.) Wissenschaft von den strömenden Flüssigkeiten, Strömungslehre [gr.]
**hydrodynamisch** (Adj.) auf Hydrodynamik beruhend
**hydroenergetisch** (Adj.) durch Wasserkraft angetrieben, auf Wasserkraft beruhend [gr.]

**Hy'dro'ga'mie** (die, -, nur Ez.) Übertragung von Blütenpollen durch Wasser als Transportmittel, Wasserbestäubung (z.B. Seegras) [gr.]
**Hy'dro'ge'ni'um** (das, -s, nur Ez.) ein chemisches Element, Wasserstoff [gr.]
**Hy'dro'ge'o'lo'gie** (die, -, nur Ez.) Grundwasserkunde [gr.]
**Hy'dro'gra'fie** *auch:* Hy'dro'gra'phie (die, -, nur Ez.) Wissenschaft vom Wasserkreislauf [gr.]
**Hy'dro'kar'pie** (die, -, nur Ez.) Reifung von Früchten im Wasser (Bot.) [gr.]
**Hy'dro'ke'pha'lus** (der, -, -alen oder -li) = Hydrozephalus
**Hy'dro'kul'tur** (die, -, -en) **1** (nur Ez.) Pflanzenaufzucht in Nährlösung **2** die Vorrichtung dazu mit den Pflanzen [gr.-lat.]
**Hy'dro'la'se** (die, -, -n) Enzym, das Verbindungen durch Anlagerung von Wasser spaltet
**Hy'dro'lo'ge** (der, -n, -n) Forscher auf dem Gebiet der Hydrologie
**Hy'dro'lo'gie** (die, -, nur Ez.) Wissenschaft vom Wasser [gr.]
**hy'dro'lo'gisch** (Adj.) die Hydrologie betreffend
**Hy'dro'ly'se** (die, -, -n) Spaltung chemischer Verbindungen durch Wasser [gr.]
**Hy'dro'me'cha'nik** (die, -, nur Ez.) Technik der Anwendung von strömenden und ruhenden Flüssigkeiten [gr.]
**Hy'dro'me'te'o're** (nur Mz.) Niederschläge und Wolken [gr.]
**Hy'dro'me'ter** (das, -s, -) Gerät zum Messen der Geschwindigkeit strömenden Wassers (bes. in Rohrleitungen) [gr.]
**Hy'dro'me'trie** (die, -, nur Ez.) Messung der Geschwindigkeit strömenden Wassers [gr.]
**Hy'dro'pa'thie** (die, -, nur Ez.) Wasserheilkunde [gr.]
**hy'dro'phil** (Adj.) Wasser anziehend, Wasser liebend [gr.]
**Hy'dro'phi'lie** (die, -, nur Ez.) Eigenschaft, Wasser anzuziehen [gr.]
**hy'dro'phob** (Adj.) Wasser abstoßend, wasserscheu [gr.]
**Hy'dro'pho'bie** (die, -, -ien) **1** krankhafte Wasserscheu **2** Eigenschaft, Wasser zu meiden [gr.]
**hy'dro'pho'bie'ren** (V.) Stoffe gegen Wasser impregnieren [gr.]
**Hy'dro'phyt** (der, -en, -en) Wasserpflanze
**Hy'dro'plan** (der, -s, -e) **1** Wasserflugzeug **2** Gleitboot [gr.]
**hy'dro'pneu'ma'tisch** (Adj.) angetrieben durch Luft und Wasser [gr.]
**Hy'dro'po'nik** (die, -, nur Ez.) = Hydrokultur (1) [gr.]
**Hy'drop'sie** (die, -, nur Ez.) Wassersucht [gr.]
**Hy'dro'sphä're** (die, -, nur Ez.) Gesamtheit der Gewässer und des Grundwassers der Erde [gr.]
**Hy'dro'sta'tik** (die, -, nur Ez.) Wissenschaft von den ruhenden Flüssigkeiten und dem Gleichgewicht ihrer Kräfte [gr.]
**Hy'dro'tech'nik** (die, -, nur Ez.) Technik des Wasserbaues [gr.]
**hy'dro'the'ra'peu'tisch** (Adj.) zur Hydrotherapie gehörend (Med.)
**hy'dro'ther'mal** (Adj.) aus verdünnten Lösungen ausgeschieden (von Mineralien)
**Hy'dro'the'ra'pie** (die, -, -n) Heilbehandlung mit Wasser [gr.]
**Hy'dro'tho'rax** (der, -(es), nur Ez.) Brustwassersucht [gr.]
**Hy'dro'xid** (das, -s, -e) eine anorganische chemische Verbindung, die eine oder mehrere Hydroxylgruppen enthält [gr.]
**Hy'dro'xyl'grup'pe** (die, -, -n) Wasserstoff-Sauerstoff-Gruppe (einer chemischen Verbindung) [gr.]
**Hy'dro'ze'le** (die, -, -n) Wasseransammlung zwischen Gewebsschichten [gr.]
**Hy'dro'ze'pha'lus** *auch:* Hy'dro'ke'pha'lus (der, -, -pha'len) infolge Wasseransammlung vergrößerter Schädel, Wasserkopf [gr.-lat.]
**Hy'e'to'gra'fie** *auch:* Hy'e'to'gra'phie (die, -, nur Ez.) Messung der Niederschläge und Beschreibung ihrer Verteilung [gr.]
**Hy'gi'e'ne** (die, -, nur Ez.) **1** Wissenschaft von der Gesundheit **2** Gesundheitspflege, -vorsorge; **3** Sauberkeit
**hy'gi'e'nisch** (Adj.) auf Hygiene beruhend, die Gesundheit fördernd, sauber
**Hy'gro'graf** *auch:* Hy'gro'graph (der, -en, -en) = Hygrometer

**Hy'grom** (das, -s, -e) wässerige oder schleimige Geschwulst bei Schleimbeutelentzündung
**Hy'gro'me'ter** (das, -s, -) Gerät zum Messen der Luftfeuchtigkeit [gr.]
**hy'gro'phil** (Adj.) einen feuchten Standort liebend (von Pflanzen) [gr.]
**Hy'gro'phyt** (der, -en, -en) einen feuchten Standort liebende Pflanze [gr.]
**Hy'gro'skop** (das, -s, -e) Gerät zur ungefähren Messung der Luftfeuchtigkeit [gr.]
**hy'gro'sko'pisch** (Adj.) Wasser anziehend [gr.]
**Hy'gro'stat** (der, -en, -en) Gerät zur Aufrechterhaltung einer bestimmten Luftfeuchtigkeit [gr.]
**Hy'gro'ta'xis** (die, -, nur Ez.) Fähigkeit von Tieren, Wasser zu finden [gr.]
**Hy'läa** (die, -, nur Ez.) tropisches Gebiet mit Regenwäldern am Amazonas [gr.-lat.]
**Hy'le** (die, -, nur Ez.) Urstoff, Ursubstanz (in der altgriechischen Naturphilosophie)
**Hy'le'mor'phis'mus** (der, -, nur Ez.) philosophische Anschauung bei Aristoteles, wonach alle körperlichen Substanzen aus Stoff und Form bestehen [gr.-lat.]
**Hy'li'ker** (der, -, -) Angehöriger derjenigen Klasse von Menschen, die auf niederster Stufe stehen und denen die Erlösung versagt bleiben wird (in der Gnosis) [gr.]
**hy'lisch** (Adj.) stofflich, materiell, körperlich [gr.]
**Hy'lis'mus** (der, -, nur Ez.) philosophische Anschauung, wonach der Stoff die einzige Substanz der Welt ist [gr.-lat.]
**hy'lo'trop** (Adj.) bei gleich bleibender chemischer Konstellation in andere Formen überführbar [gr.-lat.]
**Hy'lo'tro'pie** (die, -, nur Ez.) Überführbarkeit eines Stoffes in einen anderen, ohne seine chemische Zusammensetzung zu verändern [gr.-lat.]
**Hy'lo'zo'is'mus** (der, -s, nur Ez.) Lehre von der ursprünglichen Belebtheit aller Materie (in der altgriechischen Naturphilosophie)
**hy'lo'zo'is'tisch** (Adj.) den Hylozoismus betreffend [gr.]
**Hy'men** **1** (der, -s, -) altgriechisches Hochzeitslied **2** (das, -s, -) dünne, ringförmige Haut am Scheideneingang (die meist beim ersten Geschlechtsverkehr zerreißt), Jungfernhäutchen [gr.]
**Hy'me'nai'os** (der, -, -oi) = Hymen, griech. Hochzeitsgott [gr.]
**Hym'nar** (das, -s, -e) Hymnenverzeichnis
**Hym'ne** (die, -, -n) Lobgesang, Festgesang, preisendes Gedicht [gr.]
**Hym'nik** (die, -, nur Ez.) Kunst, Hymnen zu komponieren oder zu dichten
**hym'nisch** (Adj.) in der Art einer Hymne; überschwänglich, übermäßig lobend
**Hym'no'die** (die, -, nur Ez.) Hymnendichtung [gr.]
**Hym'no'graf** *auch:* Hym'no'graph (der, -en, -en) Hymnenschreiber in der Antike [gr.]
**Hym'no'lo'gie** (die, -, nur Ez.) Wissenschaft von den kirchlichen Hymnen [gr.]
**hym'no'lo'gisch** (Adj.) die Hymnologie betreffend [gr.-lat.]
**Hym'nos** (der, -, -nen) = Hymne [gr.]
**Hym'nus** (der, -, -nen) = Hymne
**Hy'pa'ku'sis** (die, -, nur Ez.) Schwerhörigkeit (Med.) [gr.]
**Hyp'al'bu'mi'no'se** (die, -, -n) verminderter Eiweißgehalt des Blutes [gr.]
**Hyp'al'ga'tor** (der, -s, -to'ren) Narkosegerät [gr.-nlat.]
**Hyp'al'ge'sie** (die, -, nur Ez.) herabgesetzte Schmerzempfindlichkeit (Med.) [gr.]
**hyp'al'ge'tisch** (Adj.) vermindert schmerzempfindlich (Med.) [gr.]
**Hyp'al'la'ge** (die, -, nur Ez.) Vertauschung von Satzteilen [gr.]
**Hyp'äs'the'sie** (die, -, nur Ez.) herabgesetzte Empfindlichkeit (bes. der Haut) [gr.]
**Hype** [haɪp] (der, -s, -s) **1** Werbung **2** Betrug, Trick [engl.]
**hy'per...** (in Zusammensetzungen) über,- übermäßig [gr.]
**hy'per'ak'tiv** (Adj.) übermäßig, krankhaft aktiv (bei Kindern) [gr.-lat.]
**Hy'per'aku'sie** (die, -, nur Ez.) krankhaft gesteigerte Hörfähigkeit (Med.) [gr.]
**Hy'per'al'ge'sie** (die, -, nur Ez.) erhöhtes Schmerzempfinden (Med.) [gr.]
**Hy'per'ämie** (die, -, -n) vermehrte Durchblutung (eines Körperbezirks) [gr.]

**Hy'per'äs'the'sie** (die, -, nur Ez.) erhöhte Empfindlichkeit (bes. der Haut) [gr.]
**Hy'per'ba'sis** (die, -, -sen) Abweichung von der normalen Wortstellung im Satz [gr.]
**Hy'per'bel** (die, -, -n) **1** aus zwei getrennten Ästen bestehende geometrische Kurve, Kegelschnitt **2** (dichterische) Übertreibung [gr.]
**Hy'per'bel'funk'ti'on** (die, -, -ti'onen) die mathematische Größe, die aus Summe oder Differenz zweier Exponentialfunktionen entwickelt wird [gr.-lat.]
**Hy'per'bo'li'ker** (der, -s, -) Person, die in ihrem Ausdruck zu extremen Übertreibungen neigt [gr.-lat.]



**hy'per'bo'lisch** (Adj.) **1** in der Form einer Hyperbel **2** (dichterisch) übertreibend
**Hy'per'bo'lo'id** (der, -s, -e) aus der Drehung einer Hyperbel um ihre Achse entstehender Körper
**hy'per'bo're'isch** (Adj.) im hohen Norden lebend [gr.]
**Hy'per'bu'lie** (die, -, nur Ez.) krankhafter Drang, sich zu betätigen (besonders bei psychischen Erkrankungen) [gr.-lat.]
**Hy'per'cha'rak'te'ri'sie'rung** (die, -, -en) der Vorgang, etwas durch mehr als ein spezifisches Merkmal zu charakterisieren [gr.-lat.]
**Hy'per'dak'ty'lie** (die, -, -n) angeborene Bildung überzähliger Finger oder Zehen [gr.]
**Hy'per'eme'sis** (die, -, nur Ez.) überaus heftiges Erbrechen (Med.) [gr.]
**Hy'per'funk'ti'on** (die, -, -ti'onen) Überfunktion (eines Organs) [gr.-lat.]
**Hy'per'ga'lak'tie** (die, -, -ien) besonders starker Milchfluss bei stillenden Frauen [gr.]
**Hy'per'ge'ni'ta'lis'mus** (der, -, nur Ez.) übermäßige und frühzeitige Entwicklung der Geschlechtsorgane (Med.) [gr.-lat.]
**Hy'per'geu'sie** (die, -, -n) extrem und abnorm verfeinerter Geschmackssinn (Med.) [gr.-lat.]
**Hy'per'gly'kä'mie** (die, -, -n) vermehrter Blutzuckergehalt [gr.]
**Hy'per'he'do'nie** (die, -, nur Ez.) Bezeichnung in der Psychologie für ein ins krankhafte übersteigertes Lustgefühl (Med.) [gr.-lat.]
**Hy'per'hi'dro'se** (die, -, -n) übermäßiges Schwitzen [gr.]
**Hy'per'ka'ta'le'xe** (die, -, -n) Versverlängerung über seine regelmäßige Länge hinaus [gr.]
**Hy'per'ki'ne'se** (die, -, -n) übermäßiger Drang zur Bewegung (Med.) [gr.]
**hy'per'kor'rekt** (Adj.) übermäßig korrekt [gr.-lat.]
**hy'per'kri'tisch** (Adj.) übermäßig kritisch [gr.-lat.]
**Hy'per'kul'tur** (die, -, nur Ez.) überfeinerte Kultur, Überfeinerung [gr.-lat.]
**Hy'per'link** [haɪpə-] (der, -s, -s) Stelle am Bildschirm, durch deren Anklicken weitere Informationen aufgerufen werden [engl.]
**Hy'per'me'dia** (das, -, nur Ez.) Multimedia mit durch Hyperlinks erreichter Verknüpfung von verschiedenen medialen Elementen (Text, Bild, Ton, etc.) [engl.]
**Hy'per'me'ter** (der, -s, -) Vers, der durch seine letzte Silbe mit dem Beginn des nächsten Verses verbunden ist [gr.]
**Hy'per'me'trie** (die, -, nur Ez.) Phänomen, zu ausholende Bewegungen zu machen (Med.) [gr.]
**Hy'per'me'tro'pie** (die, -, nur Ez.) Weitsichtigkeit [gr.]
**hy'per'mo'dern** (Adj.) übertrieben modern
**hy'per'morph** (Adj.) verstärkt ausprägend (Bio.) [gr.]
**Hy'pe'ro'don'tie** (die, -, -ien) Überzahl an Zähnen (Med.) [gr.-lat.]
**Hy'pe'ron** (das, -s, -ro'nen) Elementarteilchen, dessen Masse größer ist als die eines Neutrons [gr.]
**Hy'pe'ro'nym** (das, -s, -e) lexikalischer Überbegriff [gr.]
**Hy'per'os'mie** (die, -, nur Ez.) gesteigerter Geruchssinn (Med.) [gr.]
**Hy'per'pla'sie** (die, -, -n) Vergrößerung (von Organen und Geweben) durch krankhaft gesteigerte Zellvermehrung [gr.]
**hy'per'sen'si'bel** (Adj.) übermäßig sensibel [gr.-lat.]
**hy'per'sen'si'bi'li'sie'ren** (V.) übermäßig empfindlich machen [gr.-lat.]
**Hy'per'so'mie** (die, -, nur Ez.) Riesenwuchs [gr.]

**Hy|per|ten|si|on** (die, -, nur Ez.) = Hypertonie [gr.-lat.]
**Hy|per|text** (der, -s, -e) Netz von Texten, durch Hyperlinks verbunden [gr.-engl.]
**Hy|per|ther|mie** (die, -, nur Ez.) Wärmestau im Körper (Med.) [gr.]
**Hy|per|thy|mie** (die, -, nur Ez.) unnormal gute Laune, gesteigerte Betriebsamkeit (Psych.) [gr.]
**Hy|per|to|nie** (die, -, nur Ez.) 1 gesteigerte Muskelspannung 2 erhöhter Augendruck 3 erhöhter Blutdruck [gr.]
**Hy|per|to|ni|ker** (der, -s, -) jmd., der an zu hohem Blutdruck leidet [gr.]
**hy|per|troph** (Adj.) 1 zu stark vergrößert (von Organen, Geweben) 2 übermäßig selbstbewusst [gr.]
**Hy|per|tro|phie** (die, -, -n) 1 übermäßige Vergrößerung (von Organen, Geweben) 2 übersteigertes Selbstbewusstsein [gr.]
**Hy|per|ven|ti|la|ti|on** (die, -, nur Ez.) zu schnelles und starkes Atmen (Med.) [gr.-lat.]
**Hy|per|vi|ta|mi|no|se** (die, -, -n) Erkrankung infolge übermäßiger Aufnahme von Vitaminen [gr.]
**Hyp|no|ana|ly|se** (die, -, nur Ez.) Psychoanalyse mithilfe von vorausgehender Hypnose [gr.]
**hyp|no|id** (Adj.) ähnlich dem Schlaf oder der Hypnose [gr.]
**Hyp|no|pä|die** (die, -, nur Ez.) Unterricht oder Erziehung im Schlaf bzw. unter Hypnose [gr.]
**Hyp|no|se** (die, -, -n) durch Suggestion herbeigeführter schlafähnlicher Zustand, in dem der Schlafende durch den Hypnotiseur in seinem Handeln und Empfinden leicht zu beeinflussen ist [gr.]
**Hyp|no|the|ra|pie** (die, -, -ien) Psychotherapie mithilfe von Hypnose [gr.]
**Hyp|no|ti|kum** (das, -s, -ka) Schlafmittel [gr.-lat.]
**hyp|no|tisch** (Adj.) auf Hypnose beruhend
**Hyp|no|ti|seur** [-zøːɐ] (der, -s, -e) jmd., der einen anderen in Hypnose versetzt oder versetzen kann
**hyp|no|ti|sie|ren** (V.) in Hypnose versetzen
**Hy|po|chon|der** (der, -s, -) jmd., der sich ständig einbildet, an einer (und immer wieder neuen) Krankheit zu leiden [gr.]
**Hy|po|chon|drie** (die, -, nur Ez.) Einbildung, an immer wechselnden Krankheiten zu leiden [gr.]
**hy|po|chon|drisch** (Adj.) in der Art eines Hypochonders
**Hy|po|dak|ty|lie** (die, -, -n) angeborenes Fehlen von Fingern oder Zehen [gr.]
**Hy|po|don|tie** (die, -, -ien) Fehlen von Zähnen (Med.) [gr.-lat.]
**Hy|po|funk|ti|on** (die, -, -ti|o|nen) Unterfunktion (eines Organs) [gr.-lat.]
**Hy|po|ga|lak|tie** (die, -, -ien) zu geringer oder vorzeitig aufhörender Milchfluss bei stillenden Frauen (Med.) [gr.]
**Hy|po|gas|tri|um** (das, -s, -tri|en) Unterleib, Unterbauchregion
**Hy|po|geu|sie** (die, -, nur Ez.) herabgesetzter Geschmackssinn (Med.) [gr.]
**Hy|po|glos|sus** (der, -, -sae) Zungenmuskelnerv [gr.]
**Hy|po|gly|kä|mie** (die, -, -n) zu geringer Blutzuckergehalt [gr.]
**hy|po|gyn** (Adj.) unter dem Fruchtknoten stehend, unterständig (von Blüten) [gr.]
**Hy|po|kaus|tum** (das, -s, -ten) Fußbodenheizung (in der Antike und im Mittelalter) [gr.-lat.]
**Hy|po|ki|ne|se** (die, -, -n) herabgesetzte Bewegungsfähigkeit (Med.) [gr.]
**Hy|po|kri|sie** (die, -, nur Ez.) Scheinheiligkeit, Heuchelei [gr.]
**hy|po|kri|tisch** (Adj.) scheinheilig, heuchlerisch [gr.]
**Hy|po|lim|ni|on** (das, -s, -ni|en) untere Schicht eines stehenden Gewässers (und die darin lebenden Organismen) [gr.]
**Hy|po|li|thal** (das, -s, nur Ez.) Lebensraum unter Steinen (für manche Schnecken oder Käfer) [gr.-nlat.]
**Hy|po|ma|nie** (die, -, -ien) leichte Ausprägung der Manie, unnormale heitere Laune (Med.) [gr.]
**Hy|po|m|ne|sie** (die, -, -ien) geringes Erinnerungsvermögen, mangelhaftes Gedächtnis (Med.) [gr.]
**hy|po|morph** (Adj.) schwächer ausprägend (Bio.) [gr.]
**Hy|po|nym** (das, -s, -e) lexikalischer Unterbegriff [gr.-lat.]
**Hy|po|ny|mie** (die, -, -ien) lexikalische Untergeordnetheit [gr.-lat.]
**Hy|po|phy|se** (die, -, -n) Hirnanhangdrüse

H

**Hypoplasie** (die, -, -n) Unterentwicklung (von Organen und Geweben) [gr.]
**Hyposmie** (die, -, -ien) herabgesetzter Geruchssinn (Med.) [gr.]
**Hyposomie** (die, -, -n) Kümmerwuchs [gr.]
**Hypostase** (die, -, -n) **1** Grundlage, Unterlage **2** Stoff, Gegenstand (einer Abhandlung) **3** Personifizierung einer göttlichen Eigenschaft oder religiösen Vorstellung **4** Absinken des Blutes in tiefer gelegene Körperteile; z.B. bei Bettlägrigen; Blutstauung **5** Übergang eines Wortes in eine andere Wortart; z.B. teilnehmen in Teilnehmer [gr.]
**hypostasieren** (V.) **1** personifizieren; vergegenständlichen, verdinglichen **2** unterstellen, als vorhanden voraussetzen **3** in eine andere Wortart übergehen lassen [gr.]
**Hypostylon** (das, -s, -la) überdachter Säulengang, Tempel mit Säulengang [gr.]
**hypotaktisch** (Adj.) in der Art der Hypotaxe, unterordnend
**Hypotaxe** (die, -, -n) Unterordnung (eines Satzes oder Satzteils unter einen anderen) [gr.]
**Hypotension** (die, -, nur Ez.) = Hypotonie [gr.-lat.]
**Hypotenuse** (die, -, -n) dem rechten Winkel gegenüberliegende Seite (im rechtwinkligen Dreieck) [gr.]
**Hypothalamus** (der, -, nur Ez.) Teil des Zwischenhirns unterhalb des Thalamus [gr.]
**Hypothek** (die, -, -en) durch Zahlung erworbenes Pfandrecht an einem Grundstück [gr.]
**hypothekarisch** (Adj.) in Form einer Hypothek
**Hypothermie** (die, -, -ien) zu geringe Körpertemperatur (Med.) [gr.]
**Hypothese** (die, -, -n) unbewiesene Annahme von Fakten oder Gesetzmäßigkeiten, die später bewiesen werden sollen; unterstellte Voraussetzung [gr.]
**hypothetisch** (Adj.) in der Art einer Hypothese, auf einer Hypothese beruhend, unbewiesen, unterstellend
**Hypotonie** (die, -, nur Ez.) **1** verminderte Muskelspannung **2** verminderter Augendruck **3** niedriger Blutdruck [gr.]
**hypotroph** (Adj.) zu wenig entwickelt (von Organen, Geweben) [gr.]
**Hypotrophie** (die, -, -n) **1** mangelhafte Entwicklung (von Organen, Geweben) **2** Unterernährung [gr.]
**Hypovitaminose** (die, -, -n) Vitaminmangelkrankheit [gr.]
**Hypoxämie** (die, -, -n) Sauerstoffmangel im Blut [gr.]
**Hypoxie** (die, -, nur Ez.) Sauerstoffmangel im Gewebe (Med.) [gr.]
**Hypozentrum** (das, -s, -ren/-tren) Erdbebenherd, Ausgangspunkt eines Erdbebens im Erdinnern [gr.-lat.]
**Hypsiphobie** (die, -, -n) Höhenangst, Schwindelgefühl in großer Höhe [gr.]
**Hypsometer** (das, -s, -) Gerät zur Höhenmessung [gr.]
**Hypsometrie** (die, -, nur Ez.) Höhenmessung [gr.]
**Hysteralgie** (die, -, -ien) Schmerz der Gebärmutter (Med.) [gr.]
**Hysterektomie** (die, -, -ien) Entfernung der Gebärmutter (Med.) [gr.]
**Hysterie** (die, -, -n) Erregungszustand mit abnormen seelischen und körperlichen Erscheinungen; Neigung zu unkontrollierten Gefühlsausbrüchen; Überspanntheit, Übererregtheit [gr.]
**Hysteriker** (der, -s, -) jmd., der an Hysterie leidet
**hysterisch** (Adj.) auf Hysterie beruhend, an Hysterie leidend; überspannt, übererregt
**Hysterophyt** (der, -en, -en) Schmarotzerpflanze [gr.]
**Hysteroptose** (die, -, -n) Gebärmuttervorfall [gr.]
**Hysteroskop** (das, -s, -e) Endoskop zur Gebärmutteruntersuchung
**Hysteroskopie** (die, -, -n) Untersuchung der Gebärmutter mit dem Gebärmutterspiegel [gr.]
**Hysterotomie** (die, -, -n) Gebärmutterschnitt [gr.]
**Hz** Zeichen für „Hertz“

# I

**IAEA** (die, -, nur Ez.) Abk. für **I**nternational **A**tomic **E**nergy **A**gency Internationale Atomenergieagentur, Organisation der UNO zur Kontrolle kerntechnischer Anlagen [engl.]
**Iambus** (der, -, -ben) = Jambus
**Iatrik** (die, -, nur Ez.) Heilkunde [gr.]
**iatrisch** (Adj.) zur Heilkunst gehörend (Med.) [gr.]
**Iatrochemie** (die, -, nur Ez.) chemische Heilkunst (von Paracelsus begründet) [gr.]
**iatrogen** (Adj.) durch Maßnahmen des Arztes entstanden (Med.) [gr.-lat.]
**Iatrologie** (die, -, nur Ez.) Lehre von der Heilkunst der Ärzte [gr.]
**iatrologisch** (Adj.) die Iatrologie betreffend [gr.-lat.]
**Iberis** (die, -, -) Schleifenblume, Zierpflanze mit zahlreichen Arten [gr.-lat.]
**iberisch** (Adj.) die Pyrenäenhalbinsel betreffend [gr.-lat.]
**Iberoamerika** (das, -, nur Ez.) Lateinamerika, das von Spanien und Portugal aus kolonisiert worden ist
**iberoamerikanisch** (Adj.) Iberoamerika betreffend
**ibidem** (Adv.) am schon erwähnten Ort, ebenda (in wissenschaftl. Texten) [lat.]
**Ibis** (der, -, -se) ein Schreitvogel [ägypt.]
**Ibn Sohn** (als Bestandteil arabischer Personennamen)
**Ibrik** (der oder das, -s, -s) orientalische Wasserkanne [pers.]
**IC** [iːtseː] (der, -s, -s) = Intercity
**ICE** (der, -s, -s) Abk. für „**I**nter**c**ity**e**xpress"; sehr schneller Personenzug, der nur große Städte anfährt [engl.]
**Ichnogramm** (das, -s, -e) Fußabdruck [gr.]
**Ichor** (der, -s, nur Ez.) **1** bei Homer das Blut der Götter **2** in der Medizin blutige Absonderungen von Geschwüren **3** granitische Lösung, die beim Aufschmelzen von Gestein entsteht (Geol.) [gr.]
**Ichthyolith** (der, -s oder -en, -e oder -en) versteinerter Fisch(rest) [gr.]
**Ichthyologie** (die, -, nur Ez.) Fischkunde
**Ichthyophage** (der, -n, -n) Zugehöriger von Küstenvölkern, deren Hauptnahrungsmittel Fisch ist [gr.-lat.]
**Ichthyosaurier** (der, -s, -) ausgestorbene Fischechse des Erdmittelalters [gr.]
**Ichthyosaurus** (der, -, -rier) = Ichthyosaurier [gr.-nlat.]
**Icing** [aɪsɪŋ] (das, -s, -s) unerlaubter Weitschuss oder Befreiungsschlag beim Eishockey [engl.-amerik.]
**Icon** Bildsymbol auf grafischen Benutzeroberflächen von Computerprogrammen, das bei Anklicken einen Befehl auslöst [engl.]
**ideagen** (Adj.) durch Vorstellung ausgelöst (Psych.) [gr.-lat.]
**ideal** (Adj.) nur in der Vorstellung vorhanden, nur gedacht; den höchsten Vorstellungen entsprechend, vollkommen [gr.-lat.]
**Ideal** (das, -s, -e) **1** Verkörperung von etwas Vollkommenem, Idealbild **2** als höchster Wert begriffenes Ziel, Ideenverwirklichung [gr.-lat.]
**idealisch** (Adj.) dem Ideal entsprechend oder nahe kommend [gr.-lat.]
**idealisieren** (V.) zum Ideal erheben, vollkommen gut oder schön darstellen, verklären [gr.-lat.]
**Idealismus** (der, -, nur Ez.) Glauben an Ideale, Streben nach Idealen; philosophische Anschauung, nach der nur das Geistige wirklich existiert und das Materielle nur dessen Erscheinungsform ist [gr.-lat.]
**Idealist** (der, -listen, -listen) jmd., der an Ideale glaubt, nach Idealen strebt; Anhänger des philosophischen Idealismus
**idealistisch** (Adj.) in der Art eines Idealisten; zum philosoph. Idealismus gehörig
**Idealität** (die, -, nur Ez.) ideale Beschaffenheit, Vollkommenheit; das Sein als Idee, als Vorstellung (in der Philosophie)

**ide'a'li'ter** (Adj.) idealerweise [gr.-lat.]
**Ide'al'kon'kur'renz** (die, -, nur Ez.) Tateinheit (Rechtswissenschaft) [lat.]
**Ide'al'typ** (der, -s, -en) Einzelner, der alle bestimmenden Merkmale der Zugehörigkeit zu einer Gruppe aufweist
**Ide'a'ti'on** (die, -, -ti'onen) Bildung eines Begriffs, einer Idee [gr.-lat.]
**Idee** (die, -, -n) **1** Urbild, Leitbild (in der Philosophie); Gedanke, Vorstellung; z.B. keine Idee von etwas haben; Einfall; eine Idee haben **2** Kleinigkeit, Winzigkeit, „Spur"; z.B. eine Idee Zucker [gr.]
**Idée fixe** [-fıks] (die, -, -s) **1** Zwangsvorstellung **2** Grundgedanke eines musikalischen Werkes [frz.]
I
**ide'ell** (Adj.) auf einer Idee beruhend, gedacht, gedanklich, geistig [gr.-lat.]
**Ide'en'as'so'zi'a'ti'on** (die, -, -ti'onen) unbewusst hervorgerufene und unwillkürlich sich einstellende Gedankenverbindung [gr.-lat.]
**Ide'en'dra'ma** (das, -s, -men) Drama mit einer von einer allgemein gültigen Idee oder Weltanschauung bestimmten Dramenhandlung [gr.-lat.]
**idem** (Adv.) derselbe, dasselbe [lat.]
**Iden** (nur Mz.) Mitte des Monats (im altrömischen Kalender); z.B. die Iden des März [lat.]
**Iden'ti'fi'ka'ti'on** (die, -, -ti'onen) Feststellung der Identität; Gleichsetzung [lat.]
**iden'ti'fi'zie'ren** (V.) die Identität (von etwas oder jmdm.) feststellen; gleichsetzen, als dasselbe betrachten; sich mit etwas oder jmdm. identifizieren: ganz mit etwas oder jmdm. übereinstimmen [lat.]
**Iden'ti'fi'zie'rung** (die, -, -en) das Identifizieren [lat.]
**iden'tisch** (Adj.) ein und dasselbe, ein und der-, dieselbe [lat.]
**Iden'ti'tät** (die, -, nur Ez.) völlige Gleichheit, Übereinstimmung; jmds. Identität feststellen: feststellen, wer jmd. ist; die innere (geistig-leiblich-seelische) Einheit der Persönlichkeit [lat.]
**Iden'ti'täts'karte** (die, -, -n) Personalausweis (schweizerisch)
**Iden'ti'täts'nach'weis** (der, -es, -e) Nachweis, dass eine Person wirklich sie selbst ist
**ideo'gen** (Adj ) durch Vorstellung ausgelöst (Psych.) [gr.-lat.]
**Ideo'gra'fie** *auch:* Ideo'gra'phie (die, -, -n) Bilderschrift; z.B. die chinesische Schrift [gr.]
**ideo'gra'fisch** *auch:* ideo'gra'phisch (Adj.) die Ideografie betreffend
**Ideo'gramm** (das, -s, -e) einen Begriff, einen Gegenstand ausdrückendes Schriftzeichen; z.B. die chinesischen Schriftzeichen [gr.]
**Ideo'ki'ne'se** (die, -, -n) von einer korrekten Vorstellung ausgehende Bewegung, die auf Grund krankhafter Nervenbahnen falsch ausgeführt wird (Med.) [gr.-lat.]
**Ideo'lo'ge** (der, -n, -n) jmd., der eine Ideologie vertritt
**Ideo'lo'gem** (das, -s, -e) Gedankengebilde, Vorstellung [gr.-lat.]
**Ideo'lo'gie** (die, -, -n) Gesamtheit der Denkvorstellungen einer Gesellschaft(-sschicht); politische Theorie, politische Anschauung [gr.]
**Ideo'lo'gie'kri'tik** (die, -, nur Ez.) **1** in der soziologischen Wissenschaft das Hinweisen auf die materielle Relativität einer Ideologie **2** bei Textinterpretationen die Kritik an den gesellschaftlichen Prämissen
**Ideo'lo'gisch** (Adj.) zu einer Ideologie gehörig, ihr entsprechend
**ideo'lo'gi'sie'ren** (V.) zu einer Ideologie machen; aus einer Ideologie heraus betrachten und beurteilen
**ideo'mo'to'risch** (Adj.) unwillentlich, unbewusst ausgeführt [gr.-lat.]
**Idio'ma'ti'sie'rung** (die, -, -en) völlige Eingliederung eines Fremdwortes in eine Sprache (Sprachwissenschaft) [gr.-lat.]
**id est** das ist, das heißt [lat.]
**Idio'blast** (der, -blas'ten, -blas'ten) Zelle oder Zellgruppe mit besonderen Aufgaben, die in eine andersartige Zelle oder Zellgruppe eingelagert ist [gr.]
**idio'chro'ma'tisch** (Adj.) eigenfarbig, ohne Fremdfärbung [gr.-lat.]
**Idio'fon** *auch:* Idio'phon (das, -s, -e) selbstklingendes Musikinstrument wie Glocke, Triangel etc. [gr-.lat.]
**idio'gra'fisch** *auch:* idio'gra'phisch (Adj.) eigenhändig geschrieben [gr.]

**Idio'gramm** (das, -s, -e) eigenhändige Unterschrift [gr.]
**Idio'ki'ne'se** (die, -, -n) Veränderung der Erbmasse durch Umwelteinflüsse [gr.-lat.]
**Idio'kra'sie** (die, -, -n) = Idiosynkrasie
**Idio'la'trie** (die, -, nur Ez.) Selbstvergötterung [gr.]
**Idio'lekt** (der, -s, -e) Spracheigentümlichkeit, Ausdrucksweise einer einzelnen Person [gr.]
**Idi'om** (das, -s, -e) Spracheigentümlichkeit, charakteristische Redewendung oder Ausdrucksweise (einer Mundart oder einer Sprache) [gr.]
**Idio'ma'tik** (die, -, -en) Gesamtheit der Idiome (einer Mundart oder Sprache); Teil der Sprachwissenschaft, der sich mit den Idiomen befasst
**idio'ma'tisch** (Adj.) einer Mundart oder Sprache eigentümlich, nur in ihr vorkommend [gr.]
**idio'ma'ti'sie'ren,** sich (V.) zu einem Idiom werden [gr.-lat.]
**idio'morph** (Adj.) begrenzt durch Kristallflächen [gr.]
**idio'pa'thisch** (Adj.) selbstständig, von sich aus entstanden (Med.) [gr.-lat.]
**Idio'phon** (das, -s, -e) = Idiofon
**Idio'plas'ma** (das, -s, nur Ez.) Keimplasma
**Idio'syn'kra'sie** (die, -, -n) **1** Überempfindlichkeit (gegen bestimmte Stoffe) **2** Abneigung, Widerwille [gr.]
**idio'syn'kra'tisch** (Adj.) **1** gegen bestimmte Reize überempfindlich (Med.) **2** extreme Abneigung gegenüber Personen, Reizen, Anschauungen etc. (Psych.) [gr.-lat.]
**Idi'ot** (der, -en, -en) schwachsinniger Mensch; Dummkopf, Trottel [gr.]
**Idi'o'tie** (die, -, nur Ez.) Schwachsinn; Unsinnigkeit, Widersinnigkeit [gr.]
**Idi'o'ti'kon** (das, -s, -ka oder -ken) Mundartwörterbuch; z.B. das Schweizerische Idiotikon [gr.]
**idi'o'tisch** (Adj.) schwachsinnig; unsinnig, widersinnig, sehr töricht [gr.]
**Idi'o'tis'mus** (der, -, -men) **1** eigentümlicher Ausdruck eines Idioms; **2** Schwachsinn; idiotische Äußerung [gr.]
**idio'ty'pisch** (Adj.) durch das Erbgut determiniert [gr.-lat.]
**Idio'ty'pus** (der, -, -pen) das gesamte Erbgut [gr.-lat.]
**Idio'va'ri'a'ti'on** (die, -, -ti'o'nen) Veränderung der Erbmasse, Genmutation [gr.-lat.]
**Ido** (das, -s, nur Ez.) aus dem Esperanto weiterentwickelte künstliche Weltsprache
**Idol** (das, -s, -e) Götzenbild; vergötterter, übermäßig geliebter oder bewunderter Mensch [gr.]
**Ido'la'trie** (die, -, nur Ez.) kultische Verehrung von Götzenbildern, Götzendienst [gr.]
**ido'li'sie'ren** (V.) zum Idol machen [gr. lat.]
**Ido'li'sie'rung** (die, -, -en) das Idolisieren
**Ido'lo'la'trie** = (die, -, nur Ez.) Idolatrie
**Ido'nei'tät** (die, -, -en) **1** Tauglichkeit **2** passender Zeitpunkt [lat.]
**Idsch'ti'had** (der, -, nur Ez.) juristisch-theologisches Prinzip zur individuellen Meinungsbildung in Rechtsfragen, die nicht im Koran u. Hadith geklärt werden (im Islam)
**Idyll** (das, -s, -e) Zustand oder Bild eines einfachen, friedlichen Lebens [gr.]
**Idyl'le** (die, -, -n) Darstellung eines Idylls; z.B. die Hirtendichtung [gr.]
**Idyl'lik** (die, -, nur Ez.) idyllische Atmosphäre, idyllische Wesensart [gr.-lat.]
**idyl'lisch** (Adj.) in der Art eines Idylls, einfach und friedlich, beschaulich
**Ige'lit** (das, -s, nur Ez.) ein Kunststoff: polymeres Vinylchlorid
**Ig'lu** (der oder das, -s, -s) aus Schneeblöcken bestehende, runde Hütte der Inuit (Eskimos) [eskim.]
**Ig'no'rant** (der, -en, -en) jmd., dem Wissen und Kenntnisse gleichgültig sind [lat.]
**Ig'no'ranz** (die, -, nur Ez.) Gleichgültigkeit gegenüber Wissen und Kenntnissen [lat.]
**ig'no'rie'ren** (V.) absichtlich nicht beachten, absichtlich übersehen [lat.]
**Ig'nos'zenz** (die, -, nur Ez.) Verzeihung, Vergebung (veraltet)
**Igu'a'na** (die, -, -nen) großer Leguan der tropischen Gebiete Amerikas [indian.-span.]
**Igu'a'no'don** (das, -s, -s oder -do'n'ten) ein Pflanzen fressender Dinosaurier der Kreidezeit, der auf den Hinterbeinen lief [gr.]

**Ikarier** (der, -s, -) Mitglied einer Gruppe von Artisten, die auf dem Rücken liegend mit den Füßen ihre Partner durch die Luft wirbeln [gr.]
**Ikebana** (das, -, nur Ez.) die Kunst des japanischen symbolischen Blumenordnens
**Ikon** (das, -s, -e) stilisierte Abbildung eines Gegenstandes [gr.]
**Ikone** (die, -, -n) Heiligenbild (in der Ostkirche) [gr.]
**ikonisch** (Adj.) **1** in der Art von Ikonen **2** anschaulich [gr.]
**Ikonismus** (der, -, -men) anschauliches, verständliches Bild (in den Sprachen) [gr.-lat.]
**Ikonodule** (der, -n, -n) Bilderverehrer [gr.-lat.]
**Ikonodulie** (die, -, nur Ez.) Bilderverehrung [gr.-lat.]
**Ikonograf** *auch:* Ikonograph (der, -en, -en) **1** auf dem Gebiet der Ikonographie tätiger Wissenschaftler **2** Vorrichtung für Lithographen, um ein Bild abzuzeichnen [gr.]
**Ikonografie** *auch:* Ikonographie (die, -, nur Ez.) Beschreibung und Bestimmung antiker Bildnisse; Beschreibung und Deutung alter (bes. christlicher) Bilder [gr.]
**ikonografisch** *auch:* ikonographisch (Adj.) zur Ikonographie gehörig, mit ihrer Hilfe
**Ikonoklasmus** (der, -, nur Ez.) Zerstörung von Heiligenbildern, Bildersturm [gr.-nlat.]
**Ikonoklast** (der, -klasten, -klasten) Bilderstürmer [gr.]
**ikonoklastisch** (Adj.) bilderstürmerisch, den Ikonoklasmus betreffend [gr.]
**Ikonolatrie** (die, -, nur Ez.) = Idolatrie
**Ikonologie** (die, -, nur Ez.) = Ikonographie
**Ikonometer** (das, -s, -) Rahmensucher an einem Fotoapparat
**Ikonoskop** (das, -s, -e) speichernde Röhre für Fernsehaufnahmen [gr.]
**Ikonostase** (die, -, -n) mit Ikonen bedeckte, dreitürige Wand zwischen Altar- und Gemeinderaum (in griech.-orthodoxen Kirchen)
**Ikosaeder** (der, -s, -) von 20 Flächen begrenzter Körper, Zwanzigflächner [gr.]
**Ikositetraeder** (das, -s, -) Kristallform aus 24 Vierecken [gr.]
**Iktus** (der, -, - oder -ten) starke Betonung (im Vers); plötzliches, schweres Krankheitszeichen; Stoß, Schlag [lat.]
**Ilang-Ilang** *auch:* Ylang-Ylang (das, -, nur Ez.) ein Parfümrohstoff aus südostasiat. Blüten [malai.]
**Ileitis** (die, -, -itiden) Entzündung des Ileums (Med.) [gr.]
**Ileum** (das, -s, nur Ez.) unterer Teil des Dünndarms, Krummdarm [lat.]
**Ileus** (der, -, -leen) Darmverschluss (Med.) [lat.]
**Ilex** (die oder der, -, nur Ez.) Stechpalme [lat.]
**illativ** (Adj.) (veraltet) folgernd, konsekutiv [lat.]
**illegal** (Adj.) nicht legal, gesetzwidrig, ohne amtliche Genehmigung [lat.]
**Illegalität** (die, -, nur Ez.) Gesetzwidrigkeit, Ungesetzlichkeit [lat.]
**illegitim** (Adj.) nicht legitim, ungesetzlich; illegitimes Kind; uneheliches Kind [lat.]
**Illegitimität** (die, -, nur Ez.) Ungesetzlichkeit, Unrechtmäßigkeit [lat.]
**illiberal** (Adj.) nicht liberal, engherzig, voller Vorurteile [lat.]
**Illiberalität** (die, -, nur Ez.) illiberale Gesinnung, Engherzigkeit
**illimitiert** (Adj.) unbeschränkt [lat.]
**illiquid** (Adj.) zahlungsunfähig [lat.]
**Illiquidität** (die, -, nur Ez.) Zahlungsunfähigkeit [lat.]
**illiterat** (Adj.) ungelehrt, nicht wissenschaftlich gebildet [lat.]
**Illiterat** (der, -en, -en) nicht wissenschaftlich Gebildeter, Ungelehrter
**Illokution** (die, -, -en) Sprechhandlung mit Kommunikationsfunktion
**illoyal** (Adj.) nicht loyal, verräterisch, untreu [lat.]
**Illoyalität** (die, -, nur Ez.) illoyale Gesinnung, illoyales Verhalten, Treulosigkeit
**Illuminat** (der, -en, -en) **1** Mitglied einer geheimen Loge, eines Ordens **2** Angehöriger des Illuminatenordens; 1776 gegr., Mitglieder: Herder, Goethe, Knigge [lat.]
**Illuminatenorden** (der, -s, nur Ez.) Geheimgesellschaft zur Zeit der Aufklärung

**Il'lu'mi'na'ti'on** (die, -, -ti'o'nen) Beleuchtung mit vielen kleinen Lämpchen; farbige Verzierung (von alten Handschriften); Erleuchtung, religiöse Erkenntnis [lat.]

**Il'lu'mi'na'tor** (der, -s, -to'ren) **1** Künstler der Buchmalerei **2** Beleuchtungseinrichtung (an optischen Geräten) [lat.]

**il'lu'mi'nie'ren** (V.) **1** mit vielen kleinen Lämpchen festlich erleuchten **2** farbig verzieren (in der Buchmalerei) [lat.]

**Il'lu'mi'nist** (der, -nis'ten, -nis'ten) = Illuminator [lat.]

**Il'lu'si'on** (die, -, -si'o'nen) (schöne) falsche Vorstellung, Selbsttäuschung; trügerische Sinneswahrnehmung; Vortäuschung von Wirklichkeit (in einem Kunstwerk) [lat.-frz.]

**il'lu'si'o'när** (Adj.) auf (schönen) falschen Vorstellungen beruhend [lat.-frz.]

**il'lu'si'o'nie'ren** (V.) etwas vormachen, eine Illusion wecken, vortäuschen [lat.-frz.]

**Il'lu'si'o'nis'mus** (der, -, nur Ez.) **1** philosophische Auffassung, dass Wahrheit und Schönheit nur Illusionen seien **2** Vortäuschung eines Raumeindrucks (auf Bildern)

**Il'lu'si'o'nist** (der, -nis'ten, -nis'ten) **1** Vertreter des philosophischen Illusionismus **2** jmd., der Illusionen hat, wirklichkeitsfremder Mensch **3** Zauberkünstler

**il'lu'si'o'nis'tisch** (Adj.) = illusionär; auf dem philosophischen Illusionismus beruhend

**il'lu'so'risch** (Adj.) nur als Illusion bestehend, trügerisch; überflüssig, vergeblich, hinfällig

**il'lus'ter** (Adj.) vornehm, erlesen, glänzend, berühmt; z.B. illustre Gäste [lat.]

**Il'lus'tra'ti'on** (die, -, -ti'o'nen) **1** Abbildung (in einem Text, Buch) **2** Erläuterung, Veranschaulichung [lat.]

**il'lus'tra'tiv** (Adj.) mithilfe von Illustrationen erläuternd, veranschaulichend

**Il'lus'tra'tor** (der, -s, -to'ren) jmd., der einen Text, ein Buch illustriert (hat)

**il'lus'trie'ren** (V.) mit Illustrationen ausstatten; erläutern, erklären, deutlich machen; z.B. etwas durch ein Beispiel illustrieren

**Il'lus'trier'te** (die, -, -n) Zeitschrift mit vielen Bildberichten, mit bebilderten Reportagen [lat.]

**Il'lus'trie'rung** (die, -, -en) Erläuterung, Veranschaulichung [lat.]

**il'lu'vi'al** (Adj.) durch Einschwemmung entstanden; z.B. illuviale Böden [lat.]

**Il'ly'rist** (der, -ris'ten, -ris'ten) auf dem Gebiet der Illyristik tätiger Wissenschaftler [lat.]

**Il'ly'ris'tik** (die, -, nur Ez.) Wissenschaft, die sich mit den illyrischen Sprachresten im Namengut Europas beschäftigt [lat.]

**Il'me'nit** (der, -s, -e) ein Mineral, Titaneisen [nlat.]

**ILS** (das, -, nur Ez.) Abk. für **I**nstrument **L**anding **S**ystem; Navigationsverfahren, das die Landung trotz schlechter Sicht erlaubt [engl.]

**Image** [ɪmɪdʒ] (das, -s, -s) Vorstellung, die sich die Öffentlichkeit von einer Person, Firma u.a. gemacht hat; z.B. ein solches Verhalten schadet seinem Image [lat.-engl.]

**Image'trans'fer** [ɪmɪdʒ-] (der, -s, nur Ez.) Versuch, das gute Image eines Produkts auf ein neues zu übertragen; z.B. Sportwagen-Design auf Sonnenbrillen [engl.]

**ima'gi'na'bel** (Adj.) vorstellbar, erdenkbar [lat.-frz.-engl.]

**ima'gi'nal** (Adj.) das vollständig ausgebildete Insekt betreffend (Bio.)

**Ima'gi'nal'sta'di'um** (das, -s, -di'en) Stadium (eines Insekts) nach abgeschlossener Entwicklung [lat.]

**ima'gi'när** (Adj.) nur in der Vorstellung vorhanden, eingebildet; [lat.-frz.]

**Ima'gi'na'ti'on** (die, -, -ti'o'nen) Einbildungskraft [lat.]

**ima'gi'na'tiv** (Adj.) auf Einbildung beruhend, nur in der Einbildung vorhanden [lat.]

**ima'gi'nie'ren** (V.) sich einbilden, sich ausdenken [lat.]

**Ima'gis'mus** (der, -, nur Ez.) dichterische Schule in England und Amerika von 1912–1917, die auch in der Lyrik den Gebrauch der Alltagssprache forderte [lat.-engl.]

**Ima'gist** (der, -gis'ten, -gis'ten) Verfechter des Imagismus [lat.-engl.]

**ima'gis'tisch** (Adj.) den Imagismus betreffend, zum Imagismus gehörend [lat.]

**Ima'go** (die, -, -gines) **1** voll entwickeltes Insekt **2** ein in der Kindheit geprägtes

Bild einer geliebten Person, das als Leitbild wirkt [lat.]

**Imam** (der, -s, -s oder -e) 1 Vorbeter in der Moschee, Gelehrter des Islam 2 religiöses Oberhaupt der Schiiten 3 Titel der Herrscher in Jemen [arab.]

**Iman** (das, -s, nur Ez.) Glaubensbegriff im Islam [arab.]

**Imbalance** (die, -, -s) gestörtes Gleichgewicht, Ungleichgewicht (Chemie) (Med.) [engl.]

**Imbroglio** [-brɔljo] (das, -s, -s oder -li/-gli) 1 Verwirrung, Unordnung 2 Vermischung mehrerer Taktarten (in der Musik) [ital.]

**Imitat** (das, -es, -e) Kurzform für Imitation [lat.]

**Imitation** (die, -, -tionen) Nachahmung, Nachbildung [lat.]

**imitativ** (Adj.) nachahmend, nacheifernd [lat.]

**Imitativ** (das, -s, -e) sprachwissenschaftliche Bezeichnung für ein Verb des Nachahmens; z.B. watscheln = gehen wie eine Ente [lat.]

**Imitator** (der, -s, -toren) jmd., der etwas nachahmen kann; z.B. Tierstimmen-Imitator [lat.]

**imitatorisch** (Adj.) nachahmend [lat.]

**imitieren** (V.) nachahmen, nachbilden [lat.]

**Immaculata** (die, -, nur Ez.) die Unbefleckte, d.h. die unbefleckt Empfangene (in der kath. Kirche Beiname Marias) [lat.]

**immanent** (Adj.) (in etwas) enthalten, innewohnend [lat.]

**Immanenz** (die, -, nur Ez.) das Enthaltensein (in etwas), das Innewohnen [lat.]

**immanieren** (V.) beinhalten [lat.]

**Immaterialgüterrecht** (das, -s, nur Ez.) Recht an geistigen Gütern

**Immaterialismus** (der, -, nur Ez.) philosophische Lehre, dass nur das Geistige (nicht das Materielle) wirklich sei [lat.]

**immateriell** (Adj.) nicht materiell, nicht körperlich, rein geistig [lat.]

**Immatrikulation** (die, -, -tionen) Einschreibung in die Matrikel einer Hochschule [lat.]

**immatrikulieren** (V.) 1 in die Matrikel einer Hochschule einschreiben 2 anmelden; z.B. ein Kraftfahrzeug; schweiz. [lat.]

**immens** (Adj.) unermesslich, riesig (groß) [lat.]

**Immensität** (die, -, nur Ez.) Unermesslichkeit [lat.]

**immensurabel** (Adj.) nicht messbar [lat.]

**Immensurabilität** (die, -, nur Ez.) Unmessbarkeit [lat.]

**Immersion** (die, -, -sionen) 1 Eintauchen, Untertauchen 2 Einbettung eines Körpers in einen Stoff mit bestimmten physikalischen Eigenschaften 3 Eintritt eines Himmelskörpers in den Schatten eines anderen 4 lang andauerndes Bad (in der Medizin) [lat.]

**Immigrant** (der, -en, -en) Einwanderer [lat.]

**Immigration** (die, -, -tionen) Einwanderung [lat.]

**immigrieren** (V.) einwandern [lat.]

**imminent** (Adj.) nahe bevorstehend, drohend (bes. in der Medizin) [lat.]

**Immission** (die, -, -sionen) 1 Einsetzung, Einweisung in ein Amt; das Einführen 2 Ablassen (von schädlichen Stoffen in die Erdatmosphäre, in Gewässer oder benachbarte Grundstücke) [lat.]

**Immissionsgrenzwert** (der, -es, -e) Grenzwert für in die Luft geleitete schädliche Stoffe

**Immissionskonzentration** (die, -, -en) Konzentration von in die Luft geleiteten schädlichen Stoffen [lat.]

**Immissionsschutz** (der, -es, nur Ez.) Schutz vor dem Ableiten schädlicher Stoffe in die Luft

**immobil** (Adj.) unbeweglich; nicht für den Einsatz bereit oder ausgerüstet

**Immobilien** (nur Mz.) unbewegliches Vermögen, Häuser, Grundstücke [lat.]

**Immobilisation** (die, -, nur Ez.) das Ruhigstellen von Gelenken oder Gliedern als medizinische Maßnahme [lat.]

**Immobilisator** (der, -s, -toren) Gerät, um Gelenke oder Glieder ruhig zu stellen [lat.]

**immobilisieren** (V.) 1 unbeweglich machen, ruhig stellen (durch Schiene, Verband) 2 rechtlich wie Immobilien

behandeln **3** der Handlungsfreiheit berauben [lat.]
**Im'mo'bi'lis'mus** (der, -, nur Ez.) Unbeweglichkeit, Unflexibilität als geistige Einstellung [lat.]
**Im'mo'bi'li'tät** (die, -, nur Ez.) Unbeweglichkeit; Zustand des Nichteinsetzbarseins (für den Krieg) [lat.]
**im'mo'ra'lisch** (Adj.) unsittlich, unmoralisch [lat.]
**Im'mo'ra'lis'mus** (der, -, nur Ez.) Ablehnung der in der eigenen Gesellschaft geltenden Moralgesetze [lat.]
**Im'mo'ra'list** (der, -lis'ten, -lis'ten) jmd., der Geltung und Gültigkeit der herrschenden Moral leugnet [lat.]
**Im'mo'ra'li'tät** (die, -, nur Ez.) Gleichgültigkeit gegenüber den geltenden Moralgesetzen, Unmoral [lat.]
**Im'mor'ta'li'tät** (die, -, nur Ez.) Unsterblichkeit [lat.]
**Im'mor'tel'le** (die, -, -n) Strohblume [lat.]
**im'mun** (Adj.) **1** unempfindlich (gegen bestimmte Krankheiten) **2** rechtlich nicht zu belangen, Immunität genießend (von Parlamentsangehörigen) [lat.]
**Im'mun'bio'lo'gie** (die, -, nur Ez.) Wissenschaft, die sich mit Fragen der Immunität und Abwehrreaktionen beschäftigt [gr.-lat.]
**Im'mun'che'mie** (die, -, nur Ez.) Wissenschaft, die sich mit den chemischen Vorgängen bei Abwehrreaktionen beschäftigt [gr.-lat.]
**Im'mun'de'fekt** (der, -s, -e) Schwäche im Immunsystem [lat.]
**im'mun'ge'ne'tisch** (Adj.) die Entstehung und Entwicklung einer Immunität betreffend [lat.]
**im'mu'ni'sie'ren** (V.) unempfindlich (gegen bestimmte Krankheiten) machen [lat.]
**Im'mu'ni'sie'rung** (die, -, -en) das Bewirken von Immunität, in den Status der Immunität erheben [lat.]
**Im'mu'ni'tät** (die, -, nur Ez.) **1** Unempfindlichkeit (gegen Krankheiten) **2** rechtlicher Schutz (von Parlamentsangehörigen) vor Strafverfolgung, Unantastbarkeit [lat.]
**Im'mun'kör'per** (der, -s, -) Antikörper
**Im'mu'no'lo'gie** (die, -, nur Ez.) Wissenschaft von der Unempfindlichkeit gegen bestimmte Krankheiten [lat.-gr.]
**Im'mun'sys'tem** (das, -s, -e) körpereigenes Schutzsystem, das Immunität bewirkt [lat.-gr.]
**Im'mu'ta'bi'li'tät** (die, -, nur Ez.) Unveränderlichkeit [lat.]
**Im'pact** [-pækt] (der, -s, -e) Eindruck, Wirkung (einer Werbemaßnahme), Werbewirksamkeit [lat.-engl.]
**im'pair** [ɛ̃pɛr] (Adj.) ungerade Zahlen (Roulettespiel) [frz.]
**Im'pakt** (der, -s, -e) der Einschlag eines Meteoriten [lat.-engl.]
**Im'pa'la** (die, -, -s) mittelgroße Gazelle der ostafrikanischen Savannen, Schwarzfersenantilope [Suaheli]
**Im'pa'ri'tät** (die, -, nur Ez.) Ungleichheit [lat.]
**Im'pas'to** (das, -s, -s oder -ti) dicker Farbauftrag (in der Malerei) [it.]
**Im'peach'ment** [ɪmpiːtʒmənt] (das, -s, -s) Anklage gegen einen hohen Staatsbeamten wegen Amtsmissbrauchs vor dem Senat (in den USA) [engl.]
**Im'pe'di'ment** (das, -es, -e) ein rechtliches Hindernis (etwas zu tun) [lat.]
**im'pe'ne'tra'bel** (Adj.) undurchdringlich [lat.]
**im'pe'ra'tiv** (Adj.) befehlend, bindend, zwingend [lat.]
**Im'pe'ra'tiv** (der, -s, -e) **1** Befehlsform (in der Grammatik) **2** Pflichtgebot (in der Philosophie) [lat.]
**Im'pe'ra'tiv'satz** (der, -es, -sätze) Satz in der Befehlsform
**im'pe'ra'ti'visch** (Adj.) in der Art, Form eines Imperativs
**Im'pe'ra'tor** (der, -s, -to'ren) Herrscher, Kaiser [lat.]
**Im'pe'ra'trix** (die, -, -tri'ces) weibliche Form von „Imperator" [lat.]
**Im'per'fekt** (das, -s, -e) = Präteritum (Vergangenheit) [lat.]
**im'per'fek'ti'bel** (Adj.) zur Vervollkommnung unfähig [lat.-frz.]
**Im'per'fek'ti'bi'li'tät** (die, -, nur Ez.) Unfähigkeit zur Vervollkommnung [lat.-frz.]
**im'per'fek'tisch** (Adj.) das Imperfekt betreffend [lat.]
**im'pe'ri'al** (Adj.) zum Imperium gehörig, kaiserlich [lat.]

**Im|pe|ri|a|lis|mus** (der, -, nur Ez.) Streben (von Staaten) nach Macht und (Land-) Besitz [lat.]
**Im|pe|ri|a|list** (der, -lis|ten, -lis|ten) Vertreter des Imperialismus
**im|pe|ri|a|lis|tisch** (Adj.) auf dem Imperialismus beruhend
**Im|pe|ri|um** (das, -s, -ri|en) großes Kaiserreich, Weltreich [lat.]
**im|per|me|a|bel** (Adj.) undurchlässig [lat.]
**Im|per|me|a|bi|li|tät** (die, -, nur Ez.) Undurchlässigkeit; z.B. einer Membran [lat.]
**Im|per|so|na|le** (das, -s, -lia) nur in der dritten Person verwendbares Verb (z.B. „es regnet") [lat.]

I

**im|per|ti|nent** (Adj.) unverschämt, frech, aufsässig [lat.]
**Im|per|ti|nenz** (die, -, nur Ez.) Unverschämtheit, Frechheit [lat.]
**im|per|zep|ti|bel** (Adj.) nicht wahrnehmbar [lat.]
**im|pe|tu|o|so** (Adv.) heftig, ungestüm, stürmisch (Vortragsanweisung in der Musik) [lat.-it.]
**Im|pe|tus** (der, -, nur Ez.) starker Antrieb, Schwungkraft, Ungestüm, Drang vorwärts [lat.]
**Im|pi|e|tät** (die, -, nur Ez.) Gottlosigkeit, Lieblosigkeit [lat.]
**Im|plan|tat** (das, -(e)s, -e) eingepflanztes Gewebsstück [lat.]
**Im|plan|ta|ti|on** (die, -, -ti|o|nen) Einnistung (des befruchteten Eies in die Gebärmutterschleimhaut); Einpflanzung (eines nicht körpereigenen Gewebsstücks in den Körper) [lat.]
**im|plan|tie|ren** (V.) einpflanzen (ein Gewebsstück in den Körper) [lat.]
**Im|plan|to|lo|gie** (die, -, nur Ez.) Wissenschaft von den Implantationen [lat.-gr.]
**im|plau|si|bel** (Adj.) nicht plausibel, unglaubhaft
**Im|ple|ment** (das, -es, -e) Erfüllung, Ergänzung [lat.]
**im|ple|men|tie|ren** (V.) einsetzen, einbauen, einführen [lat.-engl.]
**Im|ple|men|tie|rung** (die, -, -en) das Implementieren [lat.-engl.]
**Im|pli|kat** (das, -(e)s, -e) in etwas anderes Einbezogenes [lat.]
**Im|pli|ka|ti|on** (die, -, -ti|o|nen) Einbeziehung (einer Sache in eine andere unter einer bestimmten Bedingung) [lat.]
**im|pli|zie|ren** (V.) einbeziehen, mit einschließen [lat.]
**im|pli|zit** (Adj.) mit eingeschlossen, inbegriffen [lat.]
**im|pli|zi|te** [-tɛ] (Adv.) einschließlich [lat.]
**im|plo|die|ren** (V.) durch Druck von außen zerstört werden [lat.]
**Im|plo|si|on** (die, -, -si|o|nen) plötzliche Zerstörung (eines Hohlkörpers) durch Überdruck von außen [lat.]
**Im|plo|siv|laut** (der, -es, -e) Verschlusslaut, bei dem der Luftstrom nicht unterbrochen wird
**Im|plu|vi|um** (das, -s, -vi|en) Becken zum Auffangen des Regenwassers (im Hof des altrömischen Hauses) [lat.]
**im|pon|de|ra|bel** (Adj.) (veraltet) unwägbar [lat.]
**Im|pon|de|ra|bi|li|en** (nur Mz.) unberechenbare, nicht vorhersehbare (oder nicht abwägbare) Dinge (Ereignisse, Einflüsse usw.), Gefühlswerte [lat.]
**Im|pon|de|ra|bi|li|tät** (die, -, nur Ez.) Unberechenbarkeit [lat.]
**im|po|nie|ren** (V.) großen Eindruck machen, Bewunderung erwecken [lat.]
**Im|port** (der, -s, -e) Einfuhr [lat.]
**im|por|tant** (Adj.) wichtig, bedeutend [lat.-frz.]
**Im|por|tanz** (die, -, nur Ez.) Bedeutung, Wichtigkeit [lat.-frz.]
**Im|por|te** (die, -, -n) Einfuhrware; importierte Zigarre [lat.]
**Im|por|teur** [-tøːɐ] (der, -s, -e) Kaufmann oder Firma, die Waren aus dem Ausland einführen [lat.]
**im|por|tie|ren** (V.) etwas aus dem Ausland einführen [lat.-frz.-engl.]
**im|por|tun** (Adj.) ungeeignet, ungelegen, nicht passend [lat.]
**im|po|sant** (Adj.) groß, stattlich und eindrucksvoll [frz.]
**Im|po|sanz** (die, -, nur Ez.) eindrucksvolle Größe [lat.]
**im|pos|si|bel** (Adj.) (veraltet) unmöglich [lat.]
**Im|pos|si|bi|li|tät** (die, -, -en) (veraltet) Unmöglichkeit [lat.]

**im'po'tent** (Adj.) unfähig zum Geschlechtsverkehr (von Männern) [lat.]
**Im'po'tenz** (die, -, nur Ez.) das Impotentsein
**Im'präg'na'ti'on** (die, -, -ti'o'nen) **1** Eindringen von mineralhaltigen Flüssigkeiten in die Poren von Gesteinen **2** Anfärben von Zellen (in der Histologie) [lat.]
**im'präg'nie'ren** (V.) mit einem Schutzmittel tränken und damit widerstandsfähig machen; z.B. Holz, Textilien [lat.]
**im'prak'ti'ka'bel** (Adj.) nicht durchführbar [lat.]
**Im'pre'sa'rio** (der, -s, -s oder -ri oder -rien) Agent eines Künstlers, der für seinen Klienten Verträge abschließt, Engagements organisiert etc. [lat.-it.]
**Im'pres'si'on** (die, -, -si'o'nen) Sinnes-, Gefühlseindruck, der vom Bewusstsein registriert wird; Wahrnehmung [lat.]
**im'pres'si'o'na'bel** (Adj.) für Eindrücke, Empfindungen, Wahrnehmung äußerst empfänglich, beeindruckbar [lat.]
**Im'pres'si'o'nis'mus** (der, -, nur Ez.) Kunstrichtung Ende des 19. Jh.s, in der u.a. versucht wird, den subjektiven Eindruck des Künstlers von der Wirklichkeit, seine Stimmungen, Gefühlsregungen usw. darzustellen [lat.]
**Im'pres'si'o'nist** (der, -nis'ten, -nis'ten) Künstler des Impressionismus
**im'pres'si'o'nis'tisch** (Adj.) zum Impressionismus gehörig, im Stil des Impressionismus
**Im'pres'sum** (das, -s, -sen) Vermerk über Copyright, Verlag, Verlagsort, Erscheinungsjahr usw. (in Büchern, Zeitungen und Zeitschriften) [lat.]
**im'pri'ma'tur** lat. für: es werde gedruckt; Druckfreigabe eines Autors auf dem letzten Korrekturabzug [lat.]
**Im'pri'ma'tur** (das, -s, nur Ez.) Druckerlaubnis [lat.]
**Im'pri'mé** [ɛ̃prime:] (der, -s, -s) bedruckter Seidenstoff [frz.]
**im'pri'mie'ren** (V.) für druckfertig erklären, zum Druck freigeben [lat.]
**Im'print** (das oder der, -s, -s) **1** Impressum **2** nicht mehr eigenständiger Verlag, unter dessen Namen ein anderer Verlag Bücher publiziert
**Im'promp'tu** [ɛ̃prɔ̃ptʏ:] (das, -s, -s) frei gestaltetes Musikstück (bes. für Klavier) [frz.]
**Im'pro'vi'sa'teur** [-tø:ɐ] (der, -s, -e) zur Unterhaltung am Klavier Improvisierender, jmd., der aus dem Stegreif spielt [lat.-frz.]
**Im'pro'vi'sa'ti'on** (die, -, -ti'o'nen) Handlung, Vortrag aus der augenblicklichen Eingebung heraus, ohne Vorbereitung [lat.]
**Im'pro'vi'sa'tor** (der, -s, -to'ren) jmd., der improvisiert
**im'pro'vi'sa'to'risch** (Adj.) aus dem Stegreif, in der Art eines Improvisateurs [lat.-frz.]
**im'pro'vi'sie'ren** (V.) aus einer augenblicklichen Eingebung heraus, ohne Vorbereitung handeln, spielen, etwas vortragen, gestalten
**Im'puls** (der, -es, -e) **1** plötzlicher Antrieb, Anstoß, Anregung **2** Produkt aus Masse und Geschwindigkeit eines Körpers (in der Physik); Produkt aus Kraft und Dauer eines Stoßes [lat.]
**im'pul'siv** (Adj.) einem Impuls folgend, aus einem plötzlichen Antrieb heraus (handelnd)
**Im'pul'si'vi'tät** (die, -, nur Ez.) impulsive Wesensart, impulsives Verhalten
**Im'pu'ta'bi'li'tät** (die, -, nur Ez.) Zurechnungsfähigkeit [lat.]
**in ab'sen'tia** in Abwesenheit; z.B. einen Angeklagten in absentia verurteilen (Recht) [lat.]
**in abs'trac'to** ohne Berücksichtigung der Wirklichkeit, abstrakt ausgedrückt [lat.]
**in'ad'ä'quat** (Adj.) nicht adäquat, nicht gleichwertig, nicht passend
**In'ad'ä'quat'heit** (die, -, -en) Unangemessenheit [lat.]
**in'ak'tiv** (Adj ) **1** nicht aktiv, nicht tätig; im Ruhestand; nicht zur Teilnahme an Veranstaltungen (eines Vereins, einer Studentenverbindung) verpflichtet **2** keine Reaktion zeigend, unwirksam (in der Chemie) [lat.]
**in'ak'ti'vie'ren** (V.) unwirksam machen; in den Ruhestand versetzen [lat.]
**In'ak'ti'vi'tät** (die, -, nur Ez.) mangelnde Aktivität, Untätigkeit, Unwirksamkeit [lat.]

I

**inˈakzepˈtaˈbel** (Adj.) nicht akzeptabel
**Inˈakzepˈtaˈbiˈliˈtät** (die, -, nur Ez.) Unannehmbarkeit [lat.]
**inan** (Adj.) nichtig, leer, hohl [lat.]
**inˈapˈpaˈrent** (Adj.) nicht wahrnehmbar, nicht erkennbar, nicht sichtbar [lat.-engl.]
**inˈapˈpelˈlaˈbel** (Adj.) nicht durch Berufung anfechtbar (veraltet) [lat.]
**Inˈapˈpeˈtenz** (die, -, nur Ez.) mangelndes Verlangen (z.B. nach Nahrung) [lat.]
**inˈäˈqual** (Adj.) (veraltet) verschieden, ungleich [lat.]
**inˈarˈtiˈkuˈliert** (Adj.) undeutlich, ohne Struktur [lat.]
**Inˈauˈguˈralˈdisˈserˈtaˈtiˈon** (die, -, -tiˈonen) Doktorarbeit [lat.]
**Inˈauˈguˈraˈtiˈon** (die, -, -tiˈonen) feierliche Einsetzung in ein akademisches Amt oder in eine Würde [lat.]
**inˈauˈguˈrieˈren** (V.) feierlich in ein Amt einsetzen; ins Leben rufen, begründen; einweihen (österr.) [lat.]
**in breˈvi** (Adv.) in Kürze [lat.]
**Inch** [ɪntʃ] (der oder das, -, - oder -es) angelsächsisches Längenmaß, 2,54 cm [engl.]
**inˈciˈdit** (V.) „dies hat geschnitten" (Inschrift vor dem Namen eines Kupferstechers) [lat.]
**inˈciˈpit** (V.) „es beginnt" (Inschrift am Anfang von Handschriften) [lat.]
**Inˈciˈsiˈvi** (nur Mz.) die Schneidezähne [lat.]
**Inˈcluˈse** (die, -, -n) Einschluss eines Lebewesens oder von Teilen davon in fossilem Harz; z.B. ein Insekt als Incluse in Bernstein [lat.]
**Inˈcoˈming** (das, -s, nur Ez.) organisierte Betreuung von Touristen
**in conˈcert** [ɪn kɒnsɜːt] (adverbiale Bestimmung) öffentlich auftreten, in einem Konzert [engl.]
**in conˈcreˈto** in Wirklichkeit, konkret ausgedrückt [lat.]
**inˈcorˈpoˈraˈted** (Adj.) engl. für: eingetragen; steht bei Warenzeichen, Vereinen, Körperschaften etc. oft abgekürzt als „Inc.". [engl.-amerik.]
**in corˈpoˈre** (adverbiale Bestimmung) gemeinsam [lat.]
**inˈdeˈbiˈte** (Adj.) irrtümlich und ohne rechtliche Grundlage geleistet (von Zahlungen) [lat.]
**inˈdeˈciˈso** [-tʃiː-] (Adj.) unbestimmt (Vortragsanweisung in der Musik) [lat.-it.]
**inˈdeˈfiˈniˈbel** (Adj.) unerklärbar, nicht bestimmbar, nicht definierbar [lat.]
**inˈdeˈfiˈnit** (Adj.) unbestimmt (bes. in der Grammatik) [lat.]
**inˈdeˈkliˈnaˈbel** (Adj.) nicht deklinierbar
**inˈdeˈliˈkat** (Adj.) unfein, unzart [lat.-frz.]
**inˈdemˈniˈsieˈren** (V.) entschädigen, vergüten [lat.-frz.]
**Inˈdemˈniˈtät** (die, -, nur Ez.) nachträgliche Billigung einer anfangs abgelehnten Maßnahme der Regierung durch das Parlament [lat.]
**inˈdeˈmonsˈtraˈbel** (Adj.) nicht beweisbar, nicht vorführbar, nicht demonstrierbar [lat.]
**Inˈdentˈgeˈschäft** (das, -s, -e) Exportgeschäft mit vermindertem Risiko für den Exporteur [engl.-dt.]
**Inˈdeˈpenˈdent** (der, -en, -en) Anhänger einer radikalen Strömung im England des 17. Jh.s [lat.]
**Inˈdeˈpenˈdenz** (die, -, nur Ez.) Unabhängigkeit [lat.]
**Inˈder** (der, -s, -) Ew. von Indien
**inˈdeˈterˈmiˈnaˈbel** (Adj.) unbestimmbar, unbestimmt [lat.]
**Inˈdeˈterˈmiˈnaˈtiˈon** (die, -, nur Ez.) **1** Unbestimmtheit (Philos.) **2** (veraltet) Unentschlossenheit [lat.]
**inˈdeˈterˈmiˈniert** (Adj.) unbestimmt, frei, nicht festgelegt [lat.]
**Inˈdeˈterˈmiˈnisˈmus** (der, -, nur Ez.) philosophische Lehrmeinung, die nicht an Vorbestimmung glaubt [lat.]
**Inˈdex** (der, - oder -es, -e oder -diˈzes oder -diˈces) alphabetisch geordnetes Verzeichnis (von Namen, Orten, auch von verbotenen Büchern) [lat.]
**inˈdeˈxieˈren** (V.) einen Index anlegen [lat.-nlat.]
**Inˈdeˈxieˈrung** (die, -, -en) das Indexieren
**Inˈdexˈklauˈsel** (die, -, -n) Klausel zur Wertsicherung eines geschuldeten Betrages, die sich nach dem Preisindex richtet
**Inˈdexˈwähˈrung** (die, -, -en) Währung, deren Wert durch die Notenbank beeinflusst wird
**Inˈdexˈzifˈfer** (die, -, -n) Ziffer, die die Änderung eines Wertes kennzeichnet

**indezent** (Adj.) nicht dezent, unanständig, unschicklich [lat.]
**Indezenz** (die, -, nur Ez.) indezentes Verhalten, Unschicklichkeit
**Indiaca** (das, -s, nur Ez.) ein aus Südamerika stammendes, dem Volleyball ähnliches Spiel, bei dem der (einem Federball ähnliche) Ball mit der Hand geschlagen wird
**Indianapolisstart** (der, -s, -s) bestimmte Art des Starts beim Autorennen (fliegender Start; die Fahrer absolvieren vor der eigentlichen Überquerung der Startlinie schon eine Runde)
**Indianer** (der, -s, -) Ureinwohner von Amerika
**indianisch** (Adj.) zu den Indianern gehörig, von ihnen stammend
**Indianist** (der, -nisten, -nisten) Wissenschaftler der Indianistik
**Indianistik** (die, -, nur Ez.) Wissenschaft von den indianischen Sprachen und Kulturen
**indianistisch** (Adj.) zur Indianistik gehörig
**indifferent** (Adj.) unbestimmt, auf keinen Reiz ansprechend; gleichgültig [lat.]
**Indifferentismus** (der, -, nur Ez.) Gleichgültigkeit gegenüber bestimmten Dingen oder Anschauungen, Uninteressiertheit [lat.]
**Indifferenz** (die, -, nur Ez.) Unbestimmtheit; Gleichgültigkeit [lat.]
**indigen** (Adj.) einheimisch [lat.]
**Indigestion** (die, -, -tionen) Verdauungsstörung [lat.]
**Indignation** (die, -, nur Ez.) Unwilligkeit, peinliches Berührtsein [lat.]
**indignieren** (V.) Unwillen hervorrufen, Entrüstung erzeugen [lat.]
**indigniert** (Adj.) unangenehm berührt, unwillig [lat.]
**Indignität** (die, -, nur Ez.) Unwürdigkeit (veraltet) [lat.]
**Indigo** (der oder das, -s, -s) dunkelblauer, ursprünglich pflanzlicher Farbstoff (Chemie) [lat.]
**Indikation** (die, -, -tionen) Anzeichen, Merkmal; Grund, ein bestimmtes Heilverfahren anzuwenden, Heilanzeige; Grund für einen Schwangerschaftsabbruch [lat.]
**Indikationsmodell** (das, -s, -e) Modell, bei dem der Schwangerschaftsabbruch bei bestimmter Indikation erlaubt ist
**Indikativ** (der, -s, -e) Wirklichkeitsform des Verbs [lat.]
**indikativisch** (Adj.) den Indikativ betreffend, im Indikativ stehend [lat.]
**Indikator** (der, -s, -toren) 1 Anzeichen, das auf eine Entwicklung, einen Vorgang hinweist 2 Stoff, der beim Eintauchen in eine Lösung durch Farbänderung anzeigt, wie die Lösung reagiert [lat.]
**Indikatorpapier** (das, -s, -e) Papier, das mit einem Indikator zur Bestimmung des Säure- oder Basengehaltes einer Lösung versehen ist
**Indikatrix** (die, -, nur Ez.) Hilfsmittel zur Feststellung der Krümmung einer Fläche (in der Mathematik); Maß zur Feststellung der Verzerrung einer gekrümmten Fläche bei der Abbildung (in der Kartografie) [lat.]
**Indiktion** (die, -, -tionen) 1 Zeitraum von 15 Jahren (im alten Rom zur Berechnung der Steuern), Römerzinszahl 2 kirchliches Aufgebot; Ansage, Ankündigung [lat.]
**Indio** (der, -s, -s) Indianer Süd- und Mittelamerikas
**indirekt** (Adj.) nicht direkt, mittelbar, auf Umwegen [lat.]
**indisch** (Adj.) zu Indien gehörig; aus Indien stammend
**indiskret** (Adj.) nicht diskret, nicht verschwiegen, zudringlich-neugierig in Bezug auf die Privatsphäre Anderer [lat.]
**Indiskretion** (die, -, -tionen) das Indiskretsein
**indiskutabel** (Adj.) nicht diskutabel, nicht wert, darüber zu sprechen [lat.]
**indispensabel** (Adj.) unerlässlich [lat.]
**indisponibel** (Adj.) nicht verfügbar; z.B. Gelder [lat.]
**indisponiert** (Adj.) nicht disponiert, in nicht guter Verfassung, nicht gut bei Stimme (von Sängern) [lat.]
**Indisponiertheit** (die, -, nur Ez.) Zustand schlechter Stimmung [lat.]
**Indisposition** (die, -, nur Ez.) nicht zufriedenstellende gesundheitliche Verfassung, Unpässlichkeit [lat.]

**indisputabel** (Adj.) unbestreitbar, nicht zu disputieren [lat.]
**Indisziplin** (die, -, nur Ez.) mangelnde Disziplin [lat.]
**Indium** (das, -s, nur Ez.) ein chemisches Element, Metall [nlat.]
**Individualdiagnose** (die, -, -n) psychologische Methode zur Persönlichkeitsbestimmung eines Menschen [gr.-lat.]
**Individualisation** (die, -, -en) Betrachtung, Behandlung des Einzelwesens [lat.]
**individualisieren** (V.) als Einzelwesen betrachten; das Besondere, Eigentümliche (von etwas) hervorheben [lat.]
**Individualismus** (der, -, nur Ez.) Auffassung, die dem Einzelmenschen, dem Einzelwesen den Vorrang vor der Gemeinschaft gibt; Vertretung der eigenen Interessen, eigenen Ziele [lat.]
**Individualist** (der, -listen, -listen) jmd., der den Individualismus praktiziert, der seine eigenen Wege geht, sich nicht in die Gemeinschaft einordnet
**individualistisch** (Adj.) in der Art des Individualismus, eines Individualisten
**Individualität** (die, -, -en) eigenes, besonderes Gepräge, Eigenartigkeit; Einzelwesen in seiner Eigenart [lat.]
**Individualpsychologie** (die, -, nur Ez.) Erforschung des Individuums in seinen psychologischen Besonderheiten [gr.-lat.]
**Individuation** (die, -, -tionen) Entwicklung der Eigenart des Einzelmenschen, Entwicklung der Persönlichkeit [lat.]
**individuell** (Adj.) in der Art eines Individuums, einem Individuum eigentümlich; je nach Art des Einzelmenschen; z.B. das ist individuell verschieden
**individuieren** (V.) eine individuelle Persönlichkeit werden, eine persönliche Struktur bekommen [lat.]
**Individuierung** (die, -, -en) = Individuation [lat.]
**Individuum** (das, -s, -duen) einzelnes Lebewesen, Einzelwesen, Einzelmensch; Kerl, Person (abwertend) [lat.]
**indivisibel** (Adj.) unteilbar [lat.]
**Indiz** (das, -es, -zien) Umstand, der auf einen bestimmten Sachverhalt schließen lässt [lat.]
**indiziell** (Adj.) Indizien betreffend [lat.]
**Indizienbeweis** (der, -es, -e) Beweis, der sich lediglich auf starke Verdachtsmomente stützt
**Indizienprozess** (der, -es, -e) Prozess, der nur mit Indizienbeweisen geführt wird
**indizieren** (V.) **1** auf etwas hinweisen, auf etwas schließen lassen; als ratsam erscheinen lassen **2** auf den Index (der verbotenen Bücher) setzen [lat.]
**indiziert** (Adj.) angezeigt, ratsam [lat.]
**Indizierung** (die, -, -en) das Indizieren [lat.]
**Indizium** (das, -s, -zien) = Indiz (veraltet) [lat.]
**indoeuropäisch** = neuerer Begriff für „indogermanisch"
**indogermanisch** (Adj.) die Indogermanen betreffend (meist auf Sprachen bezogen)
**Indogermanistik** (die, -, nur Ez.) Wissenschaft von den indogermanischen Sprachen und Kulturen
**Indoktrination** (die, -, -tionen) das Indoktrinieren
**indoktrinativ** (Adj.) auf indoktrinierende Art und Weise [lat.]
**indoktrinieren** (V.) beeinflussen, durchdringen (im Sinne einer Doktrin) [lat.]
**Indoktrinierung** (die, -, -en) das Indoktrinieren [lat.]
**indolent** (Adj.) unempfindlich gegenüber Schmerzen; gleichgültig und träge, unempfänglich (für Eindrücke) [lat.]
**Indolenz** (die, -, nur Ez.) Unempfindlichkeit gegenüber Schmerzen; träge Gleichgültigkeit, Unempfindlichkeit (gegenüber Eindrücken) [lat.]
**Indologe** (der, -n, -n) Wissenschaftler der Indologie
**Indologie** (die, -, nur Ez.) Wissenschaft von den indischen Sprachen und Kulturen [nlat.-gr]
**indologisch** (Adj.) zur Indologie gehörig [gr.-nlat.]
**Indonesier** (der, -s, -) Ew. von Indonesien
**indonesisch** (Adj.) zu Indonesien gehörig, von dort stammend
**Indoorfußball** (der, -s, nur Ez.) Hallenfußball [engl.-dt.]

**Indossament** (das, -(e)s, -e) Vermerk über die Übertragung eines Wechsels (auf der Rückseite) [lat.]

**Indossant** (der, -en, -en) = Girant

**Indossat** (der, -en, -en) jmd., auf den ein Wechsel übertragen wird [lat.]

**indossieren** (V.) (einen Wechsel) auf jmdn. übertragen [lat.]

**Indosso** (das, -s, -s oder -si) = Indossament [lat.]

**Indri** (der, -s, -s) madegassischer Halbaffe, größte Lemurenart

**in dubio** im Zweifel(sfall); in dubio pro reo: im Zweifelsfall (wird) für den Angeklagten (entschieden) [lat.]

**Induktanz** (die, -, nur Ez.) induktiver Widerstand [lat.]

**Induktion** (die, -, -tionen) **1** das Schließen vom Besonderen aufs Allgemeine (in der Philosophie) **2** Erzeugung elektrischer Spannung in einem Leiter durch ein Magnetfeld **3** Auslösung eines Vorgangs (in der Biologie) [lat.]

**Induktionsapparat** (der, -es, -e) Funkeninduktor; Transformator, der hohe Spannung erzeugt [lat.]

**Induktionskrankheit** (die, -, -en) Scheinkrankheit, die echte Symptome mit sich bringt, aber auf suggestivem Weg durch Kontakt mit einem wirklich Kranken entstanden ist

**Induktionsofen** (der, -s, -) Schmelzofen für Metalle

**Induktionsstrom** (der, -s, -ströme) Strom, der durch Induktion erzeugt wird

**induktiv** (Adj.) **1** vom Besonderen aufs Allgemeine schließend (in der Philosophie) **2** durch Induktion wirkend (in der Physik)

**Induktivität** (die, -, nur Ez.) Maß für die Größe einer Induktion

**Induktor** (der, -s, -toren) Induktionsapparat [lat.]

**indulgent** (Adj.) nachsichtig [lat.]

**Indulgenz** (die, -, -en) **1** Nachsicht **2** Erlass einer Strafe **3** Sündennachlass, Ablass [lat.]

**Indulin** (das, -s, -e) blaugrauer Teerfarbstoff (Chem.)

**Indult** (der oder das, -(e)s, -e) **1** Fristeinräumung für den Schuldner bei Zahlungsverzug **2** völkerrechtlich verbindliche Frist bei Kriegsausbruch, innerhalb derer sich feindliche Handelsschiffe in Sicherheit bringen können **3** zeitlich begrenzte Befreiung von einer gesetzlichen Verpflichtung im katholischen Kirchenrecht [lat.]

**in duplo** doppelt (veraltet)

**Induration** (die, -, -en) Verhärtung von Organen oder Gewebe (Med.) [lat.]

**Industrial Engineering** (das, -s, nur Ez.) Technik zur Rationalisierung von industriellen Arbeitsabläufen [engl.]

**industrialisieren** (V.) (in einem Land) eine Industrie aufbauen; in der Art einer Industrie gestalten; z.B. die Landwirtschaft industrialisieren

**Industrialismus** (der, -, nur Ez.) Überwiegen der Industrie in der Wirtschaft eines Landes

**Industrie** (die, -, -trien/-rien) Herstellung von Waren in großer Menge mit technischen Mitteln; Gesamtheit der dazu nötigen Betriebe [lat.]

**industriell** (Adj.) zur Industrie gehörig, mithilfe der Industrie

**Industrielle** (der, -n, -n) Eigentümer eines Industriebetriebes, Unternehmer

**induzieren** (V.) **1** vom speziellen Einzelfall auf das Allgemeine schließen und damit eine Gesetzmäßigkeit erstellen **2** durch bewegte Magnetfelder elektrische Ströme und Spannungen erzeugen [lat.]

**Ineditum** (das, -s, -ta) noch nicht herausgegebene Schrift [lat.]

**ineffektiv** (Adj.) nicht effektiv, unwirksam [lat.]

**Ineffektivität** (die, -, nur Ez.) mangelnde Effektivität, Unwirksamkeit [lat.]

**ineffizient** (Adj.) nicht effizient, nicht leistungsfähig, unwirtschaftlich [lat.]

**Ineffizienz** (die, -, nur Ez.) mangelnde Effizienz, mangelnde Leistungsfähigkeit, Unwirtschaftlichkeit [lat.]

**inegal** (Adj.) ungleich [lat.-frz.]

**inert** (Adj.) (veraltet) untätig, träge, unbeteiligt [lat.]

**Inertie** (die, -, nur Ez.) Langsamkeit, Trägheit [lat.]

**inessenziell** *auch:* inessentiell (Adj.) unwesentlich [lat.]

**inˈexˈakt** (Adj.) ungenau [lat.]
**inˈexisˈtent** (Adj.) nicht existent, nicht vorhanden, nicht bestehend [lat.]
**Inˈexisˈtenz** (die, -, nur Ez.) 1 das Nichtvorhandensein 2 das Enthaltensein in etwas (Philos.) [lat.]
**inˈexˈploˈsiˈbel** (Adj.) nicht explodierend [lat.]
**in exˈtenˈso** ausführlich, in allen Einzelheiten [lat.]
**in facˈto** in Wirklichkeit, tatsächlich, in der Tat [lat.]
**inˈfalˈliˈbel** (Adj.) unfehlbar [lat.]
**Inˈfalˈliˈbiˈliˈtät** (die, -, nur Ez.) Unfehlbarkeit [lat.]
**inˈfam** (Adj.) niederträchtig, gemein; abscheulich, sehr schlimm (ugs.); z.B. infame Schmerzen, es tut infam weh [lat.]
**Inˈfaˈmie** (die, -, nur Ez.) niederträchtige, gemeine Handlung; Niedertracht, Gemeinheit [lat.]
**inˈfaˈmieˈren** (V.) verleumden, jmdn. für ehrlos erklären [lat.]
**Inˈfant** (der, -en, -en) Titel der spanischen und portugiesischen königlichen Prinzen (früher) [lat.-span.]
**Inˈfanˈteˈrie** [in-] (die, -, -n) zu Fuß kämpfende Truppe, Fußtruppe [lat.]
**Inˈfanˈteˈrist auch** [in-] (der, -risˈten, -risten) Soldat der Infanterie
**inˈfanˈtil** (Adj.) in einem kindlichen Stadium zurückgeblieben, kindisch [lat.]
**inˈfanˈtiˈliˈsieˈren** (V.) jmd. in seiner geistigen Entwicklung auf dem Stand eines Kindes halten, bevormunden [lat.]
**Inˈfanˈtiˈlisˈmus** (der, -, -men) das Stehenbleiben auf der Entwicklungsstufe eines Kindes in körperlicher oder geistiger oder in beider Hinsicht [lat.]
**Inˈfanˈtiˈliˈtät** (die, -, nur Ez.) Zurückgebliebensein in einem kindlichen Stadium, Unreife [lat.]
**Inˈfanˈtin** (die, -, -nen) Titel der spanischen und portugiesischen königlichen Prinzessinnen (früher) [lat.-span.]
**Inˈfanˈtiˈzid** (der, -(e)s, -e) Tötung eines Jungtieres durch die Elterntiere [lat.]
**Inˈfarkt** (der, -(e)s, -e) Absterben eines Gewebestückes in einem Organ (Lunge, Herz) infolge mangelnder Versorgung mit Blut [lat.]
**Inˈfekt** (der, -(e)s, -e) ansteckende Krankheit (Med.)
**Inˈfekˈtiˈon** (die, -, -tiˈonen) Ansteckung [lat.]
**inˈfekˈtiˈös** (Adj.) ansteckend [lat.]
**Inˈfeˈrenz** (die, -, -en) durch logische Folgerungen gewonnenes Wissen [lat.]
**inˈfeˈriˈor** (Adj.) untergeordnet, ohne Verantwortung; z.B. inferiore Arbeit [lat.]
**Inˈfeˈriˈoˈriˈtät** (die, -, nur Ez.) das Untergeordnetsein, Abhängigkeit [lat.]
**inˈferˈnaˈlisch** (Adj.) höllisch, teuflisch; kaum erträglich; z.B. ein infernalischer Gestank [lat.]
**Inˈferˈno** (das, -s, -s) Hölle, Unterwelt; entsetzliches Geschehen großen Ausmaßes; Ort, an dem sich etwas Entsetzliches ereignet (hat) [lat.]
**inˈferˈtil** (Adj.) nicht fertil, unfruchtbar [lat.]
**Inˈferˈtiˈliˈtät** (die, -, nur Ez.) mangelnde Fertilität, Unfruchtbarkeit
**Inˈfiˈbuˈlaˈtiˈon** (die, -, -en) Manipulation der Geschlechtsorgane, um (aus rituellen Gründen) Geschlechtsverkehr bis zur Hochzeit unmöglich zu machen [lat.]
**Inˈfight** [-faɪt] (der, -s, -s) Schlagabtausch aus geringster Entfernung (beim Boxen) [engl.]
**Inˈfilˈtrat** (das, -(e)s, -e) Zellen oder Flüssigkeiten, die in Gewebe eingedrungen sind, in das sie nicht gehören [lat.]
**Inˈfilˈtraˈtiˈon** (die, -, -tiˈonen) Eindringen von Zellen oder Flüssigkeiten in Gewebe, in das sie nicht gehören; Eindringen fremder Ideen (in ein Volk, eine Gesellschaftsschicht), ideologische Unterwanderung [lat.]
**inˈfilˈtrieˈren** (V.) (in etwas) eindringen, (etwas) durchsetzen, durchtränken; (jmdm. etwas) einflößen, eingeben [lat.]
**Inˈfilˈtrieˈrung** (die, -, -en) das Infiltrieren
**inˈfiˈnit** [in-] (Adj.) unbestimmt (in der Grammatik) [lat.]
**Inˈfiˈniˈtät** (die, -, nur Ez.) Unbestimmtheit
**Inˈfiˈniˈteˈsiˈmalˈrechˈnung** (die, -, nur Ez.) Differenzial- und Integralrechnung (Math.) [lat.-dt.]
**Inˈfiˈniˈtisˈmus** (der, -, nur Ez.) Lehre von der Unendlichkeit (Philos.) [lat.]

**In|fi|ni|tiv** (der, -s, -e) Grundform des Verbs, Nennform [lat.]
**In|fi|ni|tum** (das, -s, nur Ez.) Unendlichkeit [lat.]
**In|fir|mi|tät** (die, -, nur Ez.) Gebrechlichkeit (Med.) [lat.]
**in|fi|zie|ren** (V.) anstecken; mit Krankheitserregern verunreinigen [lat.]
**in fla|gran|ti** während der Tat, auf frischer Tat; z.B. jmdn. in flagranti erwischen [lat.]
**in|flam|ma|bel** (Adj.) entzündbar, brennbar [lat.]
**In|flam|ma|ti|on** (die, -, -ti|o|nen) Brennbarkeit, Entzündbarkeit [lat.]
**in|flam|mie|ren** (V.) in Begeisterung versetzen [lat.]
**In|fla|ti|on** (die, -, -ti|o|nen) Geldentwertung [lat.]
**in|fla|ti|o|när** (Adj.) auf Inflation beruhend, sie bewirkend
**in|fla|ti|o|nie|ren** (V.) eine Inflation herbeiführen; im Wert mindern, entwerten
**In|fla|ti|o|nis|mus** (der, -, nur Ez.) Beeinflussung der Wirtschaft durch Erhöhung der umlaufenden Geldmenge [lat.]
**In|fla|ti|ons|ra|te** (die, -, -n) (jährliche) Preissteigerungsrate
**in|fla|ti|o|nis|tisch** (Adj.) auf Inflationismus beruhend
**in|fla|to|risch** (Adj.) = inflationär
**in|fle|xi|bel** (Adj.) 1 nicht flexibel, starr 2 nicht flektierbar (in der Grammatik)
**In|fle|xi|bi|le** (das, -s, -bi|lia) nicht konjugierbares oder deklinierbares Wort [lat.]
**In|fle|xi|bi|li|tät** (die, -, nur Ez.) mangelnde Flexibilität, Starrheit
**In|flo|res|zenz** (die, -, -en) Blütenstand [lat.]
**in flo|ri|bus** (adverbiale Bestimmung) in Blüte [lat.]
**In|flu|enz** (die, -, -en) 1 Einwirkung, Einfluss 2 Beeinflussung eines elektrisch ungeladenen Körpers durch Annäherung eines elektrischen Feldes [lat.]
**In|flu|en|za** (die, -, nur Ez.) Grippe (veraltet)
**in|flu|en|zie|ren** (V.) einen elektrisch ungeladenen Körper durch die Annäherung eines geladenen Körpers beeinflussen
**In|fo** (der, die oder das, - oder -s, -s) Information, Informationsblatt, Informationsstand (Kurzwort)
**In|fo|line** [-laın] (die, -, -s) telefonischer Informationsservice [engl.]
**In|for|mand** (der, -en, -en) jmd., der informiert wird
**In|for|mant** (der, -en, -en) jmd., der einen anderen informiert
**In|for|ma|tik** (die, -, nur Ez.) Wissenschaft von der elektronischen Datenverarbeitung [lat.]
**In|for|ma|ti|ker** (der, -s, -) Wissenschaftler der Informatik
**In|for|ma|ti|on** (die, -, -ti|o|nen) 1 Mitteilung, Nachricht, vermittelte Kenntnis 2 Folge physikalischer Signale, die Mitteilungswert haben (in der Kybernetik) [lat.]
**In|for|ma|ti|ons|the|o|rie** (die, -, nur Ez.) Richtung der Psychologie, die Zusammenhänge bei Übertragung, Speicherung und Erhalt von Informationen erforscht
**in|for|ma|tiv** (Adj.) Informationen vermittelnd, einen Einblick verschaffend
**in|for|ma|to|risch** (Adj.) eine vorläufige Kenntnis, einen ungefähren Einblick, Überblick verschaffend [lat.]
**In|for|mel** (das, -, nur Ez.) völlig regelfreie Strömung der modernen Malerei [lat.-frz.]
**in|for|mell** (Adj.) nicht formell, zwanglos [lat.]
**in|for|mie|ren** (V.) in Kenntnis setzen, mit Informationen versehen, benachrichtigen; sich informieren: sich Informationen verschaffen, sich Einblick, Überblick verschaffen
**In|fo|tain|ment** [-teın-] (das, -s, nur Ez.) Mischung aus Information und Entertainment; unterhaltsam aufgelockerte Methode, Informationen zu vermitteln [lat.-engl.]
**In|fo|thek** (die, -, -en) Speicher für Informationen [lat.-gr.]
**in|fra|rot** (Adj.) zum Bereich des Infrarots gehörig
**In|fra|rot** (das, -(s), nur Ez.) nicht sichtbare Wärmestrahlen, die im Spektrum jenseits des roten Lichtes liegen [lat.]
**In|fra|rot|film** (der, -s, -e) Film, der für Infrarot-Strahlen empfindlich ist

I

**Infrarotmelder** (der, -s, -) Feuermelder, der auf Wärmestrahlung reagiert

**Infraschall** (der, -s, nur Ez.) Schall mit einer Frequenz von weniger als 20 Hertz

**Infrastruktur** (die, -, -en) alle für die Wirtschaft, das Militär eines Landes und für die Daseinsfürsorge der Bevölkerung notwendigen Einrichtungen und Anlagen; z.B. Verkehrsnetz, Krankenhäuser [lat.]

**infrastrukturell** (Adj.) die Infrastruktur betreffend

**Infratest** (der, -s, -s) Messung der Einschaltquoten von Fernsehsendungen, um deren Beliebtheit zu testen

**infundieren** (V.) mittels Infusion in den Körper einbringen

**Infusion** (die, -, -sionen) Einführung einer größeren Flüssigkeitsmenge mittels Hohlnadel in den Körper [lat.]

**in genere** im Allgemeinen [lat.]

**ingeneriert** (Adj.) angeboren [lat.]

**Ingenieur** [-enjøːɐ] (der, -s, -e) Techniker mit wissenschaftlicher Ausbildung an einer Hoch- oder Fachschule [frz.]

**ingeniös** (Adj.) sinnreich, kunstvoll, scharfsinnig erdacht; erfinderisch, scharfsinnig, geistreich [lat.]

**Ingeniosität** (die, -, nur Ez.) Erfindungsgabe, Scharfsinn [lat.]

**Ingenium** (das, -s, -nien) natürliche schöpferische Gabe, Genie, Erfindungsgabe [lat.]

**Ingenuität** (die, -, nur Ez.) **1** der natürliche Status eines Freigeborenen, Freiheit **2** Freimut, Offenheit [lat.]

**Ingestion** (die, -, nur Ez.) Nahrungsaufnahme [lat.]

**in globo** (adverbiale Bestimmung) im Ganzen [lat.]

**Ingrainfärbung** [ɪngreɪn-] (die, -, -en) Färbung in der Wolle [frz.-dt.]

**Ingrainpapier** [ɪngreɪn-] (das, -s, nur Ez.) Zeichenpapier, das durch Wollfasern eine raue Struktur erhält [frz.-dt.]

**Ingrediens** (das, -, -enzien) = Ingredienz

**Ingredienz** *auch:* Ingrediens (die, -, -en) Bestandteil (einer Mischung, einer Arznei), Zutat [lat.]

**Ingression** (die, -, -sionen) langsames Eindringen des Meeres in eine Senke des Festlandes [lat.]

**in grosso** im Großen [it.]

**Ingroup** [-gruːp] (die, -, -s) Gruppe, der man sich zugehörig und verbunden fühlt [engl.]

**Ingwer** (der, -s, nur Ez.) eine tropische und subtropische Gewürzpflanze; aus deren Wurzel hergestelltes Gewürz [ind.-frz.]

**Inhalation** (die, -, -tionen) das Einatmen, Einziehen in die Lunge [lat.]

**Inhalator** (der, -s, -oren) Gerät zur Inhalation [lat.]

**inhalieren** (V.) einatmen, in die Lunge einziehen [lat.]

**inhärent** (Adj.) (einer Sache) innewohnend, anhaftend [lat.]

**Inhärenz** (die, -, nur Ez.) das Anhaften, Innewohnen; Verhältnis von Eigenschaften zu ihrem Träger (in der Philosophie) [lat.]

**inhärieren** (V.) anhaften, an etwas anhängen [lat.]

**inhibieren** (V.) etwas verhindern, Einhalt gebieten [lat.]

**Inhibitor** (der, -s, -toren) Hemmstoff, der chemische Abläufe bremst [lat.]

**inhibitorisch** (Adj.) verhindernd, verbietend [lat.]

**in hoc salus** (Auflösung der Abkürzung I.H.S., der frühchristlichen griechischen Form des Namen Jesu) „In diesem ist Heil" [lat.]

**inhomogen** (Adj.) nicht homogen, nicht gleichartig, aus nicht gleichartigen Einzelteilen oder Einzelwesen bestehend [lat.]

**Inhomogenität** (die, -, nur Ez.) mangelnde Homogenität, Ungleichartigkeit [lat.]

**inhuman** (Adj.) nicht human, unmenschlich, grausam

**Inhumanität** (die, -, nur Ez.) inhumanes Verhalten, inhumane Beschaffenheit, Unmenschlichkeit

**inintelligibel** (Adj.) unverständlich, nicht verstehbar, nicht erkennbar [lat.]

**Initial** [-tsjal] (das, -s, -e) = Initiale

**Initiale** *auch:* das Initial (die, -, -n) großer Anfangsbuchstabe, Majuskel [lat.]

**initialisieren** (V.) einen bestimmten Ausgangszustand bei einem Computer,

einem Programm etc. herstellen (EDV) [lat.]
**Initialisierung** (die, -, -en) das Initialisieren (EDV) [lat.]
**Initialstadium** (das, -s, -dien) Anfangsstadium eines Krankheitsverlaufs
**Initialwort** (das, -es, -e) aus Anfangsbuchstaben gebildetes Kurzwort (z.B. UNO)
**Initialzündung** (die, -, -en) Zündung mit Initialsprengstoff
**Initiant** [-tsjand] (der, -en, -en) jmd., der die Initiative ergreift
**Initiation** [-tsja-] (die, -, -tionen) mit besonderen Riten verbundene Aufnahme in eine Gemeinschaft [lat.]
**initiativ** [-tsja-] (Adj.) den Anstoß, eine Anregung gebend; initiativ werden: die Initiative ergreifen
**Initiativantrag** (der, -s, -träge) Antrag zu einem Gesetzesentwurf im Parlament
**Initiative** [-tsja-] (die, -, -n) **1** Unternehmungsfreude, Entschlusskraft; z.B. Initiative haben; Anstoß, Anregung; z.B. die Initiative ergreifen: den Anfang machen, den Anstoß geben **2** Gruppe von Personen, die sich zur Durchsetzung von Forderungen zusammengeschlossen haben; z.B. Bürgerinitiative; Volksbegehren (schweiz.) [lat.]
**Initiativrecht** (das, -s, nur Ez.) Recht, Gesetzesentwürfe vorzubringen
**Initiator** [-tsja:-] (der, -s, -toren) jmd., der eine Sache anregt, beginnt, den ersten Anstoß gibt [lat.]
**initiatorisch** (Adj.) anstiftend, einleitend, veranlassend [lat.]
**Initien** (nur Mz.) Anfänge [lat.]
**initiieren** [-itsji:-] (V.) den Anstoß (zu etwas) geben, (etwas) beginnen, anregen [lat.]
**Injektion** (die, -, -tionen) **1** Einspritzung in den Körper **2** Eindringen von Magma in Gesteinsspalten **3** Einspritzen von Beton u.a. zum Festigen [lat.]
**injizieren** (V.) in den Körper einspritzen [lat.]
**Injunktion** (die, -, -tionen) Befehl, Vorschrift [lat.]
**Injurie** [-riə] (die, -, -n) Beleidigung durch Worte oder Taten [lat.]
**injuriieren** (V.) beleidigen [lat.]
**injuriös** (Adj.) beleidigend, ehrenrührig [lat.]
**Inka** (der, -(s), - oder -s) Ureinwohner von Peru; Angehöriger der Adelsschicht im alten Peru; König des Inkareiches [Ketschua]
**Inkantation** (die, -, -tionen) Beschwörung, Bezauberung [lat.]
**Inkardination** (die, -, -en) Einführung eines katholischen Geistlichen in eine Diözese oder einen Orden
**inkarnat** (Adj.) fleischfarben
**Inkarnat** (das, -(e)s, nur Ez.) Fleischfarbe, zartrosa Farbe [lat.]
**Inkarnation** (die, -, -tionen) Menschwerdung (eines göttlichen oder geistigen Wesens), Verkörperung; Eindringen der Seele in den Fötus in der Mitte der Schwangerschaft [lat.]
**inkarnieren** (V.) sich auf der Erde verkörpern, ein Lebewesen werden [lat.]
**inkarniert** (Adj.) verkörpert, Fleisch geworden [lat.]
**Inkasso** (das, -s, -s oder -si) das Einziehen (von Geldforderungen) [it.]
**Inkassobüro** (das, -s, -s) Firma, die sich um offen stehende Forderungen kümmert
**Inklination** (die, -, -tionen) **1** Neigung, Vorliebe; **2** Neigung, Anfälligkeit (für eine Krankheit) **3** Neigung der Ebene einer Planeten- oder Kometenbahn zur Ebene der Erdbahn [lat.]
**inklinieren** (V.) eine Inklination haben
**inkludieren** (V.) einschließen, beinhalten [lat.]
**Inklusen** (nur Mz.) Bezeichnung für die Frauen und Männer, die sich einmauern ließen, um sich in Askese zu üben [lat.]
**Inklusion** (die, -, -sionen) Einschluss, Einschließung [lat.]
**inklusive** (Präp.) einschließlich [lat.]
**inkognito** (Adv.) unter anderem Namen, unerkannt; z.B. inkognito reisen [lat.]
**Inkognito** (das, -s, -s) Geheimhaltung des wirklichen Namens; z.B. sein Inkognito wahren, lüften, preisgeben [lat.]
**inkohärent** [in-] (Adj.) nicht kohärent, unzusammenhängend
**Inkohärenz** [ in-] (die, -, nur Ez.) mangelnde Kohärenz, Zusammenhanglosigkeit

I

**inkommensurabel** (Adj.) nicht vergleichbar [lat.]
**inkommodieren** (V.) belästigen, Mühe, Unbequemlichkeit bereiten (veraltet, noch scherzhaft); bitte inkommodieren Sie sich nicht!: bitte machen Sie sich nicht so viel Mühe! [lat.]
**Inkommodität** (die, -, -en) Unbequemlichkeit, Lästigkeit [lat.]
**inkomparabel** [in-] (Adj.) nicht vergleichbar; nicht steigerbar (in der Grammatik) [lat.]
**inkompatibel** (Adj.) unvereinbar, nicht zusammenpassend [lat.]
**Inkompatibilität** (die, -, nur Ez.) Unvereinbarkeit [lat.]
**inkompetent** (Adj.) nicht kompetent, nicht zuständig, nicht Bescheid wissend
**Inkompetenz** (die, -, nur Ez.) Mangel an Kompetenz, Unzuständigkeit
**inkomplett** (Adj.) nicht vollständig [lat.-frz.]
**inkompressibel** (Adj.) nicht zusammenpressbar [lat.]
**inkongruent** (Adj.) nicht kongruent, nicht deckungsgleich
**Inkongruenz** (die, -, nur Ez.) mangelnde Kongruenz, mangelnde Deckungsgleichheit
**inkonsequent** (Adj.) nicht konsequent, nicht folgerichtig, nicht beständig
**Inkonsequenz** (die, -, -en) Mangel an Konsequenz, nicht folgerichtiges, unbeständiges Verhalten
**inkonsistent** (Adj.) nicht konsistent, nicht dauernd, keinen Bestand habend; unhaltbar
**Inkonsistenz** (die, -, nur Ez.) Mangel an Konsistenz, Unhaltbarkeit
**inkonstant** (Adj.) nicht konstant, nicht bleibend, veränderlich
**inkonvenient** (Adj.) (veraltet) unpassend, unschicklich [lat.-frz.]
**Inkonvenienz** (die, -, -en) Unschicklichkeit, Ungehörigkeit [lat.-frz.]
**inkonvertibel** (Adj.) nicht konvertibel, nicht umkehrbar; nicht austauschbar
**inkonziliant** (Adj.) nicht konziliant, nicht entgegenkommend
**Inkonzilianz** (die, -, nur Ez.) Mangel an Konzilianz, Mangel an Entgegenkommen, Unverbindlichkeit
**Inkoordination** (die, -, -en) fehlendes Aufeinanderabgestimmtsein von Bewegungen (Med.) [lat.]
**inkoordiniert** (Adj.) nicht aufeinander abgestimmt [lat.]
**Inkorporation** (die, -, -tionen) Aufnahme in eine Gemeinschaft oder Körperschaft; Eingliederung, Eingemeindung [lat.]
**inkorporieren** (V.) aufnehmen; eingliedern, eingemeinden [lat.]
**Inkorporierung** (die, -, -en) das Inkorporieren [lat.]
**inkorrekt** (Adj.) nicht korrekt, nicht einwandfrei, nicht richtig
**Inkorrektheit** (die, -, -en) Fehlerhaftigkeit, unangemessenes Verhalten
**Inkrement** (das, -(e)s, -e) Zunahme, Zuwachs, Betrag, um den etwas zunimmt [lat.]
**Inkret** (das, -(e)s, -e) von Drüsen mit innerer Sekretion in den Körper abgegebener Stoff (Hormon) [lat.]
**Inkretion** (die, -, -tionen) Absonderung ins Innere des Körpers, innere Sekretion
**inkretorisch** (Adj.) der inneren Sekretion zugehörend (Med.)
**inkriminieren** (V.) beschuldigen [lat.]
**inkriminiert** (Adj.) zur Last gelegt, öffentlich beschuldigt, öffentlich Anstoß genommen [lat.]
**Inkrustation** (die, -, -tionen) **1** Krustenbildung, Überzug mit einer Kruste (in der Geologie) **2** farbige Verzierung durch Einlagen aus anderem Material [lat.]
**inkrustieren** (V.) **1** mit einer Kruste überziehen, überkrusten **2** mit Einlagen aus anderem Material farbig verzieren [lat.]
**Inkubation** (die, -, -tionen) **1** Schlaf im Tempel (in der Antike, um göttliche Offenbarung oder Heilung zu erlangen), Tempelschlaf **2** das Sicheinnisten (von Krankheitserregern im Körper) [lat.]
**Inkubationszeit** (die, -, -en) Bezeichnung für den Zeitraum von der Ansteckung bis zum Ausbruch einer Krankheit (Med.) [lat.]
**Inkubator** (der, -s, -toren) **1** Behälter mit medizinischen Einrichtungen zum Aufziehen zu früh geborener Kinder,

Brutkasten **2** Behälter zum Bebrüten von Fischeiern **3** Behälter für Bakterienkulturen [lat.]

**In'ku'bus** (der, -, -ku'ben) Alpträume verursachender Dämon (im altrömischen Volksglauben); mit einer Frau Geschlechtsverkehr treibender Teufel (im Volksglauben des Mittelalters) [lat.]

**in'ku'lant** (Adj.) nicht kulant, ungefällig (bes. Kunden, Geschäftspartnern gegenüber) [frz.]

**In'ku'lanz** (die, -, nur Ez.) das Inkulantsein

**In'kul'pant** (der, -en, -en) Ankläger, Beschuldiger (veraltet)

**In'kul'pat** (der, -en, -en) Angeklagter, Angeschuldigter (veraltet)

**In'ku'na'bel** (die, -, -n) aus dem 15. Jh. stammendes Buch, Wiegendruck [lat.]

**In'ku'na'b'list** (der, -en, -en) Wissenschaftler auf dem Gebiet der Inkunabelkunde

**in'ku'ra'bel** (Adj.) nicht heilbar [lat.]

**In'kur'va'ti'on** (die, -, -en) Krümmung (veraltet) [lat.]

**In'laid** [-leɪd] (der, -s, -e) farbig gemustertes Linoleum (schweiz.) [engl.]

**In'lay** [-leɪ] (das, -s, -s) gegossene Zahnfüllung (z.B. aus Gold oder Silber) [engl.]

**In'lett** (das, -s, -s) Innenbezug von Federbetten [engl.]

**In'li'ner** [-laɪnə] (der, -s, -) Rollschuh mit nur einer in der Mitte angeordneten Reihe von Rollen [engl.]

**In'line'skate** [-laɪnskeɪt] (das, -s, -s) = Inliner [engl.]

**In'line'ska'ter** [-laɪnskeɪtə] (der, -s, -) jemand, der Inlineskates fährt [engl.]

**In'line'ska'ting** [-laɪnskeɪtɪŋ] (das, -s, nur Ez.) das Inlineskates-Fahren [engl.]

**in ma'io'rem Dei glo'ri'am** (adverbiale Bestimmung) „zum Ruhm des großen Gottes" [lat.]

**in me'di'as res** „mitten in die Dinge hinein", gleich zur Sache [lat.]

**in me'mo'ri'am** zum Gedächtnis, in Erinnerung [lat.]

**in na'tu'ra** „in Natur", leibhaftig, wirklich; in Naturalien, in Waren [lat.]

**In'ner'va'ti'on** (die, -, -en) Leitung der Reize zu den Organen durch die Nervenbahnen [lat.]

**in'ner'vie're'n** (V.) mit Nerven oder Nervenreizen versorgen [lat.]

**in no'mi'ne Dei** im Namen Gottes [lat.]

**in no'mi'ne Do'mi'ni** im Namen des Herrn [lat.]

**In'no'va'ti'on** (die, -, -ti'o'nen) Erneuerung, Verbesserung (von technischen Verfahren usw.), Entwicklung neuer Techniken [lat.]

**in'no'va'tiv** (Adj.) Neues entwickelnd, erneuernd, verbessernd [lat.]

**in'no'va'to'risch** (Adj.) = innovativ

**in nu'ce** [-tsə] im Kern, eigentlich; in Kürze, kurz gesagt [lat.]

**In'nu'en'do** (das, -s, -s) Anspielung, versteckte Andeutung [lat.-engl.]

**in'offen'siv** (Adj.) nicht angriffslustig [lat.]

**in'offi'zi'ell** (Adj.) nicht offiziell, nicht amtlich [frz.]

**In'oku'la'ti'on** (die, -, -en) Impfung (Med.), Einimpfung (Bot.) [lat.]

**in'ope'ra'bel** [in-] (Adj.) nicht durch Operation zu heilen [frz.]

**in'oppor'tun** (Adj.) nicht opportun, nicht angebracht, nicht günstig [lat.]

**In'oppor'tu'ni'tät** (die, -, -en) Unzweckmäßigkeit, Unangebrachtsein [lat.]

**in'oxi'die'ren** *auch:* in'oxy'die'ren (V.) eine Oxidschicht aufbringen [lat.]

**in per'so'na** in Person, persönlich, selbst [lat.]

**in pet'to** bereit, in Bereitschaft; z.B. einen Vorschlag, eine Überraschung in petto haben [lat.]

**in ple'no** vollzählig [lat.]

**in pra'xi** in der Praxis, beim praktischen Gebrauch, in Wirklichkeit [lat.]

**in punc'to** (mit Genitiv) im Punkte der ..., des ..., hinsichtlich der ..., des ..., was ... betrifft; in puncto puncti (sexti): im Punkt des (sechsten) Punktes, d.h. des sechsten Gebotes, der Keuschheit [lat.]

**In'put** (der oder das, -s, -s) **1** Gesamtheit der einem Computer eingegebenen Daten **2** Gesamtheit der in einem Produktionsbetrieb eingesetzten Produktionsmittel [engl.]

**In'put-Out'put-A'na'ly'se** [-aʊt-] (die, -, -n) Analyse der Zusammenhänge zwischen den einzelnen volkswirtschaftlichen Sektoren

**In|qui|lin** (der, -en, -en) Insekt, das in Hohlräumen der Körper anderer Lebewesen lebt [lat.]
**in|qui|rie|ren** (V.) erforschen, untersuchen; verhören [lat.]
**In|qui|si|ti|on** (die, -, -ti|o|nen) (vom 12. bis zum 18. Jh.) von der kath. Kirche eingesetztes Gericht gegen Abtrünnige [lat.]
**In|qui|si|tor** (der, -s, -to|ren) Richter der Inquisition
**in|qui|si|to|risch** (Adj.) zur Inquisition gehörig; in der Art einer Inquisition, unerbittlich streng
**in|san** (Adj.) geistig krank (Med.) [lat.]
**In|sa|nia** (die, -, nur Ez.) Wahnsinn (Med.) [lat.]
**in|schal|lah** [inʃalla] wenn Allah will, vielleicht [arab.]
**In|seat|vi|deo** [-siːt-] (das, -s, -s) im Sitz eingebautes Videogerät (meist im Flugzeug) [engl.-lat.]
**In|sekt** (das, -(e)s, -en) sechsfüßiges Gliedertier, Kerbtier (meist geflügelt) [lat.]
**In|sek|ta|ri|um** (das, -s, -ri|en) Anlage für Insekten [lat.]
**In|sek|ti|vo|re** (der, -n, -n) Insekten fressendes Tier, Insekten fressende Pflanze [lat.]
**in|sek|ti|zid** (Adj.) Insekten tötend [lat.]
**In|sek|ti|zid** (das, -s, -e) Insekten tötendes Mittel [lat.]
**In|se|mi|na|ti|on** (die, -, -ti|o|nen) das Eindringen des Samenfadens in das Ei; künstliche Befruchtung [lat.]
**In|sen|si|bi|li|tät** (die, -, nur Ez.) Schmerz- und Reizunempfindlichkeit [lat.]
**in|se|quent** (Adj.) nicht in Beziehung zu den Schichten der Erde stehend (Geol.) [lat.]
**In|se|rat** (das, -(e)s, -e) Anzeige (in einer Zeitung, Zeitschrift) [lat.]
**In|se|rent** (der, -en, -en) jmd., der inseriert, der ein Inserat aufgegeben hat
**in|se|rie|ren** (V.) ein Inserat aufgeben, durch Inserat bekanntgeben
**In|sert** [-sɜːt] (das, -s, -s) in eine Fernsehsendung eingeblendete, kurze andere Sendung; z.B. Werbung [engl.]
**In|ser|ti|on** (die, -, -ti|o|nen) das Aufgeben eines Inserates; Ansatzstelle, Art des Ansatzes (eines Pflanzenteiles am Stängel, eines Muskels am Knochen u.a.) [lat.]
**In|side** [-saɪd] (der, -s, -s) Innenstürmer
**In|si|der** [-saɪ-] (der, -s, -) jmd., der in etwas eingeweiht ist, der in einem Bereich die Verhältnisse und Vorgänge kennt [engl.]
**In|si|gni|en** (nur Mz.) Zeichen staatlicher oder ständischer Würde [lat.]
**In|si|nu|a|ti|on** (die, -, -ti|o|nen) Einflüsterung, Zuträgerei (veraltet); Unterstellung; Eingabe an ein Gericht (veraltet) [lat.]
**in|si|nu|ie|ren** (V.) jmdm. etwas zutragen, einflüstern; (jmdm. etwas) unterstellen; (beim Gericht) einreichen (veraltet) [lat.]
**in|si|pid(e)** (Adj.) (veraltet) fade, töricht, albern [lat.]
**in|sis|tent** (Adj.) auf etwas bestehend [lat.]
**In|sis|tenz** (die, -, nur Ez.) Hartnäckigkeit, Beharrlichkeit, Beständigkeit [lat.]
**in|sis|tie|ren** (V.) (auf etwas) bestehen, beharren [lat.]
**in si|tu** am Ort, an der Fundstelle, an der ursprünglich richtigen Stelle [lat.]
**in|skri|bie|ren** (V.) einschreiben, (in eine Liste u.a.) eintragen [lat.]
**In|skrip|ti|on** (die, -, -ti|o|nen) Einschreibung, Eintragung [lat.]
**In|so|la|ti|on** (die, -, -ti|o|nen) **1** Einstrahlung der Sonne (auf die Erde) **2** Sonnenstich [lat.]
**in|so|lent** [in-] (Adj.) unverschämt, anmaßend [lat.]
**In|so|lenz** (die, -, nur Ez.) Anmaßung, Unverschämtheit [lat.]
**in|so|lie|ren** (V.) sich sonnen (veraltet) [lat.]
**in|so|lu|bel** (Adj.) unlöslich (Chem.) [lat.]
**in|sol|vent** [in-] (Adj.) nicht solvent, zahlungsunfähig
**In|sol|venz** (die, -, nur Ez.) Zahlungsunfähigkeit [lat.]
**In|som|nie** (die, -, nur Ez.) Schlaflosigkeit (Med.) [lat.]
**in spe** zukünftig; z.B. meine Schwiegermutter in spe [lat.]
**In|spek|teur** [-tøɐ] (der, -s, -e) Leiter einer Aufsichtsbehörde; ranghöchster Offizier einer Streitkraft der Bundeswehr [lat.-frz.]

**In'spek'ti'on** (die, -, -ti'onen) prüfende Besichtigung, Aufsichtsbehörde [lat.]
**In'spek'tor** (der, -s, -to'ren) Aufsichtsbeamter [lat.]
**In'spek'to'rat** (das, -(e)s, -e) Amt eines Inspektors (veraltet)
**In'spi'ra'ti'on** (die, -, -ti'onen) **1** Einatmung **2** schöpferischer Einfall, Erleuchtung [lat.]
**in'spi'ra'tiv** (Adj.) auf Inspiration beruhend
**In'spi'ra'tor** (der, -s, -to'ren) jmd. der eine andere Person inspiriert
**in'spi'ra'to'risch** (Adj.) = inspirativ
**in'spi'rie'ren** (V.) schöpferisch anregen, erleuchten [lat.]
**In'spi'rier'te** (der oder die, -n, -n) Anhänger einer Sekte des 18. Jh.s, die an göttliche Eingebung bei ihren Mitgliedern glaubte
**In'spi'zi'ent** (der, -en, -en) Aufsichtsbeamter; Angestellter (beim Theater, Funk, Fernsehen), der für den reibungslosen Ablauf der Aufführungen und Sendungen sorgt [lat.]
**in'spi'zie'ren** (V.) prüfend besichtigen [lat.]
**in'sta'bil** (Adj.) nicht stabil, unsicher
**In'sta'bi'li'tät** (die, -, nur Ez.) mangelnde Stabilität, Unsicherheit
**In'stal'la'teur** [-tøːɐ] (der, -s, -e) Handwerker, der Gas- und Wasserleitungen sowie Heizungen einbaut [lat.]
**In'stal'la'ti'on** (die, -, -ti'onen) **1** Einbau von Gas- und Wasserleitungen sowie Heizungen **2** Einweisung (in ein geistliches Amt) **3** Anordnung von Gegenständen, mit der eine bestimmte Wirkung erreicht werden soll (in der Kunst) [lat.]
**in'stal'lie'ren** (V.) einbauen; (in ein geistliches Amt) einweisen; bequem und auf Dauer einrichten; sich installieren: sich häuslich niederlassen
**In'stant...** (in Zusammensetzungen) sofort gebrauchsfertig, sofort löslich; z.B. Instantkaffee [engl.]
**In'stanz** (die, -, -en) zuständige Behörde; z.B. Gericht [lat.]
**in sta'tu nas'cen'di** [-tsen-] im Zustand des Entstehens [lat.]
**in sta'tu quo** (adverbiale Bestimmung) im jetzigen Zustand [lat.]
**in'sti'gie'ren** (V.) anregen, anstacheln, antreiben [lat.]
**In'stil'la'ti'on** (die, -, -ti'onen) tropfenweises Einbringen (von Arzneimitteln in den Körper)
**in'stil'lie'ren** (V.) tropfenweise in den Körper einbringen, einträufeln [lat.]
**In'stinkt** (der, -(e)s, -e) angeborene Verhaltensweise, Trieb; sicheres Gefühl (für etwas)
**in'stink'tiv** (Adj.) aus einem Instinkt heraus, unbewusst und sicher [lat.]
**in'sti'tu'ie'ren** (V.) **1** einrichten **2** anordnen, stiften [lat.]
**In'sti'tut** (das, -(e)s, -e) (zu einem bestimmten Zweck geschaffene) Anstalt; z.B. Forschungsinstitut [lat.]
**In'sti'tu'ti'on** (die, -, -ti'onen) **1** öffentliche (dem Staat oder der Kirche unterstehende) Einrichtung mit bestimmtem Zweck; z.B. Behörde **2** Einsetzung in ein kirchliches Amt (verlatet) [lat.]
**in'sti'tu'ti'o'na'li'sie'ren** (V.) zur Institution machen; in eine feste, oft starre Form bringen, erstarren [lat.]
**In'sti'tu'ti'o'na'li'sie'rung** (die, -, nur Ez.) das Institutionalisieren
**In'sti'tu'ti'o'na'lis'mus** (der, -, nur Ez.) sozialökonomische Lehre (nach Th. Veblen)
**in'sti'tu'ti'o'nell** (Adj.) auf einer Institution beruhend; zu einem Institut gehörig, ein Institut betreffend
**in'stra'die'ren** (V.) **1** in Marsch setzen (Soldaten; veraltet) **2** den Weg bestimmen **3** über eine bestimmte Straße leiten (schweizerisch) [lat.]
**In'stra'die'rung** (die, -, -en) das Instradieren
**in'stru'ie'ren** (V.) in Kenntnis von etwas setzen, mit Anweisungen versehen, Verhaltensmaßregeln geben [lat.]
**In'struk'teur** [-tøːɐ] (der, -s, -e) jmd., der andere anleitet, unterweist; z.B. im Gebrauch von Maschinen [frz.]
**In'struk'ti'on** (die, -, -ti'onen) Anweisung, Verhaltensmaßregel [lat.]
**in'struk'tiv** (Adj.) Kenntnisse vermittelnd, anschaulich und lehrreich [lat.]
**In'struk'tiv** (der, -s, -e) finnisch-ugrischer Kasus zur Bezeichnung der Art und Weise
**In'struk'tor** (der, -s, -to'ren) Lehrer, Erzieher (veraltet) [lat.]

**In's'tru'ment** (das, -(e)s, -e) **1** feines, kompliziertes Werkzeug **2** Gerät zum Musizieren

**in's'tru'men'tal** (Adj.) **1** mithilfe eines Instruments **2** das Mittel bezeichnend (in der Grammatik) [lat.]

**In's'tru'men'tal** *auch:* In's'tru'men'ta'lis (der, -s, -e) das Mittel, das Werkzeug bezeichnender Fall (in der Grammatik; z.B. der slawischen Sprachen) [lat.]

**In's'tru'men'ta'lis** (der, -, -ta'les) = Instrumental

**In's'tru'men'ta'lis'mus** (der, -, nur Ez.) amerik. Form des Pragmatismus: Denken als Herrschaftswerkzeug (Phil.)

**In's'tru'men'ta'list** (der, -lis'ten, -lis'ten) Musiker, der ein Instrument spielt

**In's'tru'men'tal'mu'sik** (die, -, nur Ez.) Musik, die nur aus Instrumentenklängen, nicht aus Gesang besteht

**In's'tru'men'tal'so'list** (der, -en, -en) Solist in einem Orchester oder Ensemble

**In's'tru'men'tal'satz** (der, -es, sät'ze) Adverbialsatz des Mittels oder Werkzeuges

**In's'tru'men'ta'ri'um** (das, -s, -ri'en) **1** alle für einen bestimmten Zweck nötigen Instrumente **2** alle in einem Bereich oder einer Epoche verwendeten Musikinstrumente

**In's'tru'men'ta'ti'on** (die, -, -ti'o'nen) Einrichtung (eines Musikstückes, das nur für ein einziges Instrument komponiert ist) zum Spiel mit verschiedenen Instrumenten

**in's'tru'men'ta'to'risch** (Adj.) die Instrumentation betreffend

**in's'tru'men'tell** (Adj.) mithilfe von Instrumenten

**in's'tru'men'tie'ren** (V.) **1** zum Spiel mit verschiedenen Musikinstrumenten einrichten **2** bei der Operation dem Arzt die Instrumente reichen

**In'sub'or'di'na'ti'on** (die, -, -ti'o'nen) Gehorsamsverweigerung (beim Militär) [lat.]

**in'suf'fi'zi'ent** (Adj.) ungenügend, nicht ausreichend [lat.]

**In'suf'fi'zi'enz** (die, -, -en) **1** mangelnde Leistungsfähigkeit (eines Organs) **2** Unfähigkeit, Gläubiger voll zu befriedigen [lat.]

**In'su'la'ner** (der, -s, -) Inselbewohner [lat.]

**in'su'lar** (Adj.) die Insel betreffend [lat.]

**In'su'lin** (das, -s, nur Ez.) **1** Bauchspeicheldrüsenhormon **2** Medikament für Diabetiker [lat.]

**In'su'lin'schock** (der, -s, -s) Schock durch zu hohe Insulindosis

**In'sult** (der, -(e)s, -e) **1** Beleidigung, Beschimpfung **2** Anfall (in der Medizin) [lat.]

**In'sul'ta'ti'on** (die, -, -en) Beleidigung [lat.]

**in'sul'tie'ren** (V.) beleidigen, beschimpfen

**in sum'ma** im Ganzen, insgesamt [lat.]

**In'sur'gent** (der, -en, -en) Aufständischer [lat.]

**in'sur'gie'ren** (V.) zum Aufstand aufwiegeln; einen Aufstand anzetteln [lat.]

**In'sur'rek'ti'on** (die, -, -ti'o'nen) Aufstand, Aufruhr [lat.]

**in'sze'na'to'risch** (Adj.) die Inszenierung betreffend

**in'sze'nie'ren** (V.) **1** zur Aufführung (im Theater, Film, Funk, Fernsehen) gestalten, in Szene setzen **2** hervorrufen, veranlassen [lat.]

**In'sze'nie'rung** (die, -, -en) Gestaltung und Aufführung eines Stückes (auf der Bühne, im Film, Funk, Fernsehen); das aufgeführte Stück selbst [lat.]

**In'ta'glio** [-taljo] (das, -s, -li'en/-gli'en [-jən]) = Gemme [it.]

**in'takt** (Adj.) ganz, heil, ohne Beschädigung, einwandfrei funktionierend [lat.]

**In'tar'si'a'tor** (der, -s, -to'ren) Kunsthandwerker, der Intarsien anfertigt

**In'tar'sie** *auch:* In'tar'sia [-siə] (die, -, -n) Einlegearbeit, Verzierung von Holz (durch andersfarbiges Holz, Elfenbein oder Perlmutt) [arab.-it.]

**in'tar'sie'ren** (V.) mit Intarsien verzieren

**in'te'ger** (Adj.) anständig, rechtschaffen, unbestechlich [lat.]

**in'te'gral** (Adj.) ein Ganzes bildend, für sich bestehend [lat.]

**In'te'gral** (das, -s, -e) eine Summe unendlich kleiner Größen; z.B. zur Berechnung von Flächeninhalten [lat.]

**In'te'gral'bau'wei'se** (die, -, nur Ez.) Konstruktionsverfahren v.a. im Flugzeugbau, wo große Teile in einem Stück gebaut werden

**In'te'gral'glei'chung** (die, -, -en) Gleichung, bei der die Variable unter dem Integral auftaucht
**In'te'gral'helm** (der, -s, -e) Motorradhelm mit Visier, der Kopf und Hals bedeckt
**In'te'gra'lis'mus** (der, -, nur Ez.) zeitweilige Bestrebung der katholischen Kirche, alle Lebensbereiche nach kirchlichen Maßstäben zu gestalten
**In'te'gral'rech'nung** (die, -, nur Ez.) Gebiet der Infinitesimalrechnung
**In'te'gra'ti'on** (die, -, -ti'onen) **1** Verbindung zu einer Einheit, Herstellung eines Ganzen, Zusammenschluss, Vereinigung, Einbeziehung in ein größeres Ganzes **2** Berechnung eines Integrals
**In'te'gra'ti'ons'grad** (der, -es, nur Ez.) Maß der Packungsdichte elektronischer Bauelemente
**In'te'gra'ti'ons'pro'zess** (der, -es, -e) Prozess der Integration [lat.]
**in'te'gra'tiv** (Adj.) einbeziehend, eine Integration darstellend [lat.]
**in'te'grie'ren** (V.) **1** zu einem Ganzen vereinigen, zu einer Einheit verbinden; in ein größeres Ganzes einbeziehen **2** das Integral (von etwas) berechnen [lat.]
**in'te'grie'rend** (Adj.) unbedingt notwendig, für das Ganze unerlässlich [lat.]
**in'te'griert** (Adj.) aus vielen Einzelteilen zusammengesetzt [lat.]
**In'te'gri'tät** (die, -, nur Ez.) das Integersein
**In'te'gu'ment** (das, -s, -e) Körperdecke, Haut, Fell; Hülle der Samenanlage (bei Pflanzen) [lat.]
**In'tel'lekt** (der, -(e)s, -e) Denk-, Erkenntnisvermögen, Verstand [lat.]
**In'tel'lek'tu'a'lis'mus** (der, -, nur Ez.) philosophische Auffassung, die dem Intellekt den Vorrang gegenüber dem Gefühl gibt; ausschließlich verstandesmäßiges Denken
**in'tel'lek'tu'a'lis'tisch** (Adj.) zum Intellektualismus gehörig
**in'tel'lek'tu'ell** (Adj.) auf dem Intellekt beruhend; ausschließlich verstandesmäßig; auf den Verstand hin orientiert, geistig ausgerichtet
**In'tel'lek'tu'el'le** (der oder die, -n, -n) auf den Verstand hin orientierte Person, Verstandesarbeiter(in) [lat.]
**In'tel'li'gence Ser'vice** [ɪntelɪdʒəns sɛːvɪs] (der, - -, nur Ez.) der britische Geheimdienst [engl.]
**in'tel'li'gent** (Adj.) Verstandeskräfte, geistige Fähigkeiten besitzend, rasch auffassend, einsichtig [lat.]
**In'tel'li'genz** (die, -, nur Ez.) Verstandeskräfte, geistige Fähigkeiten, rasche Auffassungsgabe und Einsichtigkeit [lat.]
**In'tel'li'genz'quo'ti'ent** (der, -en, -en) in einer Zahl ausgedrückter Grad der Intelligenz im Verhältnis zum Lebensalter
**In'tel'li'genz'test** (der, -s, -s) Test, der den Intelligenzquotienten messen soll
**in'tel'li'gi'bel** (Adj.) nur durch den Intellekt erfassbar, nicht sinnlich wahrnehmbar
**In'ten'dant** (der, -en, -en) **1** Leiter eines Theaters, einer Rundfunk- oder Fernsehanstalt **2** (bis 1945) militärischer Verwaltungsbeamter [lat.]
**In'ten'dan'tur** (die, -, -en) **1** Amt des Intendanten **2** (bis 1945) militärische Verwaltungsbehörde
**In'ten'danz** (die, -, -en) Amt eines Intendanten; Arbeitsräume eines Intendanten; Gesamtheit der mit der Leitung eines Theaters, einer Rundfunk- und Fernsehanstalt betrauten Personen
**in'ten'die'ren** (V.) beabsichtigen, planen, anstreben [lat.]
**In'ten'si'me'ter** (das, -s, -) Messgerät (bes. für Röntgenstrahlen) [lat.-gr.]
**In'ten'si'on** (die, -, -si'onen) **1** Anspannung der inneren Kräfte **2** Inhalt einer Aussage, Sinn eines Begriffes (in der Logik) [lat.]
**In'ten'si'tät** (die, -, nur Ez.) **1** angespannte, gesteigerte Kraft; Ausmaß, Wirkung einer Kraft **2** Wirksamkeit, Leuchtkraft (von Farben); Eindringlichkeit (von Tönen) [lat.]
**in'ten'siv** (Adj.) **1** angespannt, angestrengt; z.B. intensiv arbeiten, nachdenken **2** gründlich, alle Möglichkeiten ausnutzend; z.B. intensive Landwirtschaft **3** kräftig, stark (von Gerüchen, vom Geschmack, von Eindrücken) [lat.]
**in'ten'si'vie'ren** (V.) verstärken, steigern
**In'ten'si'vi'tät** (die, -, nur Ez.) = Intensität
**In'ten'siv'kurs** (der, -es, -e) Kurs, der viel Unterrichtsstoff in wenig Zeit vermittelt

**In'ten'siv'sta'ti'on** (die, -, -ti'o'nen) Krankenhausstation, in der lebensgefährlich Erkrankte ständig betreut und durch intensive ärztliche Maßnahmen (meist mithilfe technischer Geräte) behandelt werden [lat.]

**In'ten'ti'on** (die, -, -ti'o'nen) Absicht, Bestreben, Vorhaben, Plan, Zielsetzung [lat.]

**in'ten'ti'o'nell** (Adj.) zweckbestimmt, zielgerichtet [lat.]

**In'ter'ak'ti'on** (die, -, -ti'o'nen) wechselweises Vorgehen [lat.]

**in'ter'ak'tiv** (Adj.) wechselseitig vorgehend, handelnd [lat.]

**in'ter'al'li'iert** (Adj.) mehrere Verbündete betreffend, zu mehreren Verbündeten gehörig

**In'ter'bri'ga'dist** (der, -dis'ten, -dis'ten) Mitglied der internationalen antifaschistischen Brigaden, die im spanischen Bürgerkrieg auf Seiten der Republikaner kämpften

**In'ter'ci'ty** [-sıti] (der, -s, -s) Intercityzug, D-Zug, der zwischen bestimmten Großstädten verkehrt [lat.-engl., Kurzwort]

**In'ter'ci'ty'ex'press** (der, -es, nur Ez.) sehr schneller Personenzug, der große Städte anfährt

**In'ter'den'tal** (der, -s, -e) zwischen den Schneidezähnen gebildeter Laut; z.B. engl. „th“ [lat.]

**in'ter'de'pen'dent** (Adj.) voneinander abhängig [lat.]

**In'ter'de'pen'denz** (die, -, nur Ez.) wechselseitige Abhängigkeit [lat.]

**In'ter'dikt** (das, -(e)s, -e) Verbot, kirchliche Amtshandlungen vorzunehmen [lat.]

**In'ter'dik'ti'on** (die, -, -ti'o'nen) Entmündigung, Untersagung, Verbot [lat.]

**in'ter'dis'zi'pli'när** (Adj.) mehrere (Wissenschafts-)Disziplinen umfassend [lat.]

**in'ter'di'zie'ren** (V.) untersagen, verbieten, entmündigen [lat.]

**in'te'res'sant** (Adj.) **1** lehrreich, aufschlussreich und spannend; z.B. ein interessanter Film; Aufmerksamkeit weckend und anziehend; z.B. ein interessanter Mann **2** nützlich, Erfolg versprechend; z.B. ein interessantes Angebot [lat.]

**In'te'res'se** (das, -s, -n) **1** Aufmerksamkeit, Zuwendung, Teilnahme, Neigung; z.B. Interesse erregen **2** Nutzen, Vorteil; z.B. seine Interessen wahrnehmen **3** Absicht, Bestrebung; z.B. politische, wirtschaftliche Interessen [lat.]

**In'te'res'sen'sphä're** (die, -, -n) Einflussgebiet von Staaten

**In'te'res'sent** (der, -en, -en) jmd., der an etwas Interesse hat, der etwas mitmachen möchte [lat.]

**in'te'res'sie'ren** (V.) jmdn. interessieren: jmds. Interesse erregen; sich für etwas interessieren: Interesse für etwas haben, etwas gern haben wollen; z.B. sich für Sport interessieren; sich für jmdn. interessieren: jmdn. gern kennen lernen wollen [lat.]

**in'te'res'siert** (Adj.) Interesse zeigend, aufgeschlossen, Kenntnisse erwerben wollend; z.B. interessierte Leser, Teilnehmer; an etwas interessiert sein: etwas wünschen, gern haben wollen

**In'ter'face** [-feıs] (das, -, -s) Schnittstelle zwischen Computern, Programmen, Schaltkreisen oder Geräten [engl.]

**in'ter'fas'zi'ku'lär** (Adj.) den Kambiumstreifen betreffend (Bot.) [lat.]

**In'ter'fe'renz** (die, -, -en) **1** Überlagerung mehrerer Schwingungen, die von derselben Quelle ausgehen **2** Beeinflussung eines biologischen Vorgangs durch einen gleichartigen anderen **3** Einwirkung einer vertrauten Sprache auf eine andere, noch zu erlernende; z.B. Verwechslung von Wörtern oder Lauten [lat.]

**in'ter'fe'rie'ren** (V.) überlagern, überschneiden [lat.]

**In'ter'fe'ro'me'ter** (das, -s, -) Gerät zum Messen von Licht- oder Schallwellen, das die Interferenz ausnützt [lat.-gr.]

**In'ter'fe'ron** (das, -s, -e) von Körperzellen zur Abwehr von Viren gebildetes Eiweiß [lat.]

**in'ter'frak'ti'o'nell** (Adj.) mehrere Fraktionen betreffend oder umfassend

**in'ter'ga'lak'tisch** (Adj.) zwischen mehreren Galaxien

**in'ter'gla'zi'al** (Adj.) zwischen zwei Eiszeiten [lat.]

**In'ter'gla'zi'al** (das, -s, -e) Zeit höherer Temperaturen zwischen zwei Eiszeiten [lat.]

**Interieur** [ɛ̃terjœːr] (das, -s, -s oder -e) Innenraum; Darstellung eines Innenraumes (in der Malerei) [frz.]
**Interim** (das, -s, -s) vorläufiger Zustand, Zwischenzeit [lat.]
**interimistisch** (Adj.) vorläufig, einstweilig [lat.]
**Interjektion** (die, -, -tionen) Ausruf, der keinen Inhalt hat, sondern nur eine Empfindung ausdrückt; z.B. ach!, oh!, au!, bäh! [lat.]
**interkalar** (Adj.) in der Zählung eingeschoben (von Schaltjahren) [lat.]
**interkonfessionell** (Adj.) mehrere Konfessionen betreffend oder umfassend
**interkontinental** (Adj.) mehrere Kontinente betreffend oder umfassend
**Interkontinentalrakete** (die, -, -n) Rakete, deren Reichweite ausreicht, um einen anderen Kontinent zu erreichen
**interkostal** (Adj.) zwischen den Rippen (befindlich) [lat.]
**interkranial** (Adj.) im Inneren des Kopfes [lat.]
**interkrustal** (Adj.) in der Erdkruste liegend oder entstanden [lat.]
**interkulturell** (Adj.) die Beziehungen zwischen den verschiedenen Kulturen betreffend [lat.]
**interkurrent** (Adj.) hinzukommend [lat.]
**interlinear** (Adj.) zwischen den Zeilen (Linien) stehend, zwischen die Zeilen geschrieben [lat.]
**Interlinearversion** (die, -, -sionen) Übersetzung Wort für Wort (die in alten Texten zwischen die Zeilen geschrieben wurde) [lat.]
**interlingual** (Adj.) mehrere Sprachen betreffend [lat.]
**Interlinguistik** (die, -, nur Ez.) Zweig der Sprachwissenschaft, die sich mit Übersetzung, Mehrsprachigkeit und Sprachvergleichen beschäftigt [lat.]
**Interludium** (das, -s, -dien) Zwischenspiel (in einem größeren Musikstück) [lat.]
**Interlunium** (das, -s, -nien) Zeit des Neumondes [lat.]
**Intermaxillarknochen** (der, -s, -) Zwischenkieferknochen [lat.-dt.]
**intermediär** (Adj.) zwischen zwei Dingen oder Vorgängen (befindlich, sich abspielend), ein Zwischenglied bildend [lat.]
**Intermedium** (das, -s, -dien) musikalisches Zwischenspiel [lat.]
**Intermenstruum** (das, -s, -ua) Zeit zwischen zwei Menstruationen (Med.) [lat.]
**Intermezzo** (das, -s, -s oder -zi) heiteres Zwischenspiel (Drama und Opera seria); kurzes, oft heiteres Musikstück; lustiger Zwischenfall [lat.]
**Intermission** (die, -, nur Ez.) vorübergehendes Abklingen von Krankheitssymptomen [lat.]
**intermittierend** (Adj.) zeitweilig aussetzend [lat.]
**intermolekular** (Adj.) zwischen den Molekülen (befindlich, sich abspielend)
**intern** (Adj.) **1** innerlich, im Innern; innerhalb einer Gemeinschaft (stattfindend), nur für eine Gemeinschaft bestimmt **2** im Internat wohnend [lat.]
**internalisieren** (V.) in sich aufnehmen und als gültig anerkennen, verinnerlichen; in sein Inneres einschließen; z.B. einen Konflikt internalisieren [lat.]
**Internat** (das, -s, -e) höhere Schule, in der die Schüler(innen) auch wohnen und verpflegt werden [lat.]
**international** (Adj.) zu mehreren Nationen gehörig, mehrere oder alle Nationen umfassend, nicht staatlich begrenzt [lat.]
**Internationale** (die, -, nur Ez.) **1** Internationale Arbeiterassoziation, Vereinigung sozialistischer und sozialdemokratischer Parteien **2** Kampflied dieser Vereinigung
**internationalisieren** (V.) international machen; z.B. Verkehrswege internationalisieren, einen (militärischen) Konflikt internationalisieren
**Internationalismus** (der, -, nur Ez.) **1** Streben nach Zusammenschluss vieler Staaten **2** Wort, das in vielen Sprachen gleich lautet; z.B. Radio [lat.]
**Internationalität** (die, -, nur Ez.) Zustand des Internationalseins, Überstaatlichkeit

**In'ter'net** (das, -s, nur Ez.) internationales Computernetzwerk (aus „international" und „network") [engl.]
**in'ter'net'af'fin** (Adj.) das Internet gern und häufig benutzend [engl.-lat.]
**In'ter'net'ca'fé** (das, -s, -s) Café, in dem Rechner zur Benutzung des Internets zur Verfügung stehen [engl.-frz.]
**In'ter'net'fern'se'hen** (das, -s, nur Ez.) Fernsehen, das über das Internet verbreitet wird [engl.-dt.]
**in'ter'nie'ren** (V.) in staatlichen Gewahrsam nehmen, in der Bewegungsfreiheit beschränken (Zivilpersonen eines feindlichen, Krieg führenden Staates); getrennt von gesunden Personen unterbringen, isolieren (Kranke) [lat.]
**In'ter'nie'rung** (die, -, -en) das Internieren
**In'ter'nist** (der, -nis'ten, -nis'ten) Facharzt für innere Erkrankungen [lat.]
**In'ter'nun'ti'us** (der, -, -ti'en) päpstlicher Botschafter in kleineren Ländern [lat.]
**in'ter'o'ze'a'nisch** (Adj.) mehrere Ozeane verbindend
**in'ter'par'la'men'ta'risch** (Adj.) die Parlamente mehrerer Staaten betreffend
**In'ter'pel'la'ti'on** (die, -, -ti'o'nen) Einspruch, Einrede (veraltet); Anfrage im Parlament an die Regierung [lat.]
**in'ter'pel'lie'ren** (V.) im Parlament eine Anfrage an die Regierung richten [lat.]
**in'ter'pla'ne'tar** (Adj.) = interplanetarisch
**in'ter'pla'ne'ta'risch** *auch:* in'ter'pla'ne'tar (Adj.) zwischen den Planeten (befindlich)
**In'ter'pol** (die, -, nur Ez.) Internationale kriminalpolizeiliche Kommission, zur Verfolgung von Straftaten, die im nationalen Bereich nicht geahndet werden können (mit Sitz in Paris) [Kurzwort]
**In'ter'po'la'ti'on** (die, -, -ti'o'nen) **1** Errechnung von Werten, die zwischen bekannten Werten liegen (in der Mathematik) **2** nachträgliches (unberechtigtes) Einfügen von Wörtern in einen Text [lat.]
**in'ter'po'lie'ren** (V.) eine Interpolation vornehmen
**In'ter'po'si'ti'on** (die, -, -en) **1** Lage von Weichteilen, die sich zwischen Knochenbruchstücken befinden **2** operative Platzierung der Gebärmutter zwischen vorderer Scheidenwand und Blase (Med.) [lat.]
**In'ter'pret** (der, -en, -en) jmd., der einen Text interpretiert; Musiker, der ein Musikstück bei seiner Darbietung interpretiert
**In'ter'pre'ta'ti'on** (die, -, -ti'o'nen) Ausdeutung, Auslegung, Erklärung [lat.]
**in'ter'pre'ta'to'risch** (Adj.) ausdeutend, auslegend, erklärend [lat.]
**In'ter'pre'ter** (der, -s, -) Computerprogramm, das Anweisungen einer anderen Programmiersprache versteht [engl.]
**in'ter'pre'tie'ren** (V.) (einen Text) im Sinne des Verfassers deuten, auslegen, erklären; (ein Musikstück) so darbieten, dass die Absicht des Komponisten deutlich wird [lat.]
**in'ter'punk'tie'ren** (V.) mit Satzzeichen versehen [lat.]
**In'ter'punk'ti'on** (die, -, -ti'o'nen) Anwendung von Satzzeichen, Zeichensetzung, die Satzzeichen (in einem Text) [lat.]
**In'ter'reg'num** (das, -s, -nen/-gnen auch -na/-gna) vorläufig eingesetzte Regierung; Zeitraum, in dem eine vorläufige Regierung tätig ist; Zeitraum ohne Regierung [lat.]
**in'ter'ro'ga'tiv** (Adj.) fragend (in der Grammatik) [lat.]
**In'ter'ro'ga'tiv'ad'verb** (das, -s, -bi'en) fragendes Adverb; z.B. warum, wozu, wann
**In'ter'ro'ga'tiv'pro'no'men** (das, -s, - oder -mi'na) fragendes Pronomen; z.B. wer, was, welcher [lat.]
**In'ter'ro'ga'tiv'satz** (der, -es, -sät'ze) Fragesatz
**In'ter'rup'ti'on** (die, -, -ti'o'nen) Schwangerschaftsabbruch [lat.]
**In'ter'rup'tus** (der, -, -) kurz für „Coitus interruptus"; unterbrochener Geschlechtsverkehr [lat.]
**In'ter'sex** (das, -es, -e) Merkmale der Intersexualität aufweisender Mensch [lat.]
**In'ter'se'xu'a'li'tät** (die, -, nur Ez.) Auftreten von Geschlechtsmerkmalen an einem einzigen Individuum, die normalerweise getrennt an zwei Individuen auftreten müssten [lat.]
**in'ter'se'xu'ell** (Adj.) Intersexualität aufweisend

**In'ter'shop** [-ʃɔp] (der, -s, -s) Geschäft, in dem Waren nur gegen bestimmte ausländische Währung verkauft werden (in der ehemaligen DDR) [lat.-engl.]
**in'ter'stel'lar** (Adj.) zwischen den Fixsternen (befindlich) [lat.]
**in'ter'sti'ti'ell** (Adj.) in Zwischenräumen (bes. zwischen Organen) liegend (von Körpergewebe oder Gewebsflüssigkeiten) (Bio.) [lat.]
**In'ter'sti'ti'um** (das, -s, -ti'en) **1** Zwischenraum (bes. zwischen Organen) **2** vorgeschriebener Zeitraum zwischen dem Empfang zweier geistlicher Weihen [lat.]
**in'ter'sub'jek'tiv** (Adj.) zwei oder mehreren Personen gemeinsam, von ihnen gleichermaßen nachvollziehbar [lat.]
**in'ter'ter'ri'to'ri'al** (Adj.) zwei oder mehrere Staaten umfassend, betreffend [lat.]
**In'ter'tri'go** (die, -, -gi'nes) eine Hauterkrankung, „Wolf" [lat.]
**In'ter'vall** (das, -s, -e) **1** zeitlicher Abstand, Pause **2** Abstand zwischen zwei gleichzeitig oder nacheinander erklingenden Tönen (in der Musik) **3** schmerz- und symptomfreie Zeitspanne (in einem Krankheitsverlauf) **4** Bereich zwischen zwei Punkten oder Zahlen (einer Skala) [lat.]
**In'ter've'ni'ent** (der, -en, -en) jmd., der interveniert
**in'ter've'nie'ren** (V.) dazwischentreten, sich einmischen, eingreifen [lat.]
**In'ter'ven'ti'on** (die, -, -ti'o̲nen) das Dazwischentreten, Einmischung [lat.]
**In'ter'ven'ti'o'nis'mus** (der, -, nur Ez.) Einmischung des Staates in die Wirtschaft [lat.]
**in'ter'ver'te'bral** (Adj.) zwischen den Wirbeln [lat.]
**In'ter'view** [-vjuː] (das, -s, -s) Befragung einer bekannten Persönlichkeit durch einen Reporter [lat.-engl.]
**in'ter'vie'wen** [-vjuː-] (V.) in einem Interview befragen
**In'ter'vie'wer** [-vjuː-] (der, -s, -) jmd., der eine Person in einem Interview befragt
**In'ter'vi'si'on** (die, -, nur Ez.) Organisation osteuropäischer Fernsehanstalten zum Austausch oder gemeinsamen Ausstrahlen von Programmen [lat., Kurzwort]
**in'ter'ze'die'ren** (V.) dazwischentreten, bürgen [lat.]
**in'ter'zel'lu'lar** *auch:* in'ter'zel'lu'la̲r (Adj.) zwischen den Zellen (befindlich)
**in'ter'zel'lu'lär** (Adj.) = interzellular
**In'ter'zes'si'on** (die, -, -en) Übernahme der Schuld eines anderen [lat.]
**in'ter'zo'nal** (Adj.) zwischen zwei Zonen, zwei Bereichen
**in'tes'ta'bel** (Adj.) rechtlich nicht fähig, als Zeuge vor Gericht auszusagen oder ein Testament zu machen [lat.]
**In'tes'tat'erb'fol'ge** (die, -, nur Ez.) gesetzliche Erbfolge
**In'tes'tat'er'be** (der, -n, -n) gesetzlicher Erbe, wenn kein Testament vorliegt
**in'tes'ti'nal** (Adj.) zum Intestinum (Darmtrakt) gehörend
**In'tes'ti'num** (das, -s, -nen oder -na) Eingeweide, Darm [lat.]
**In'thro'ni'sa'ti'on** (die, -, -ti'o̲nen) das Inthronisieren
**in'thro'ni'sie'ren** (V.) auf den Thron erheben, feierlich in ein Amt einsetzen; z.B. einen Bischof, den Papst inthronisieren [lat.]
**In'ti'fa'da** (die, -, nur Ez.) „Volkserhebung" [arab.]
**in'tim** (Adj.) **1** vertraut, innig, eng; z.B. ein intimer Freund **2** ganz persönlich, geheim; z.B. intime Gedanken, Wünsche **3** den sexuellen Bereich betreffend. z.B. intime Beziehungen **4** gemütlich, behaglich; z.B. eine intime Atmosphäre [lat.]
**In'ti'ma** (die, -, -mä) **1** innerste Gefäßhaut (Med.) **2** enge Vertraute [lat.]
**In'ti'mi'da'ti'on** (die, -, -ti'o̲nen) (veraltet) Einschüchterung [lat.]
**In'ti'mi'tät** (die, -, -en) Vertrautheit, Innigkeit; Intimitäten: plumpe Vertraulichkeiten, Geschlechtsverkehr [lat.]
**In'tim'sphä're** (die, -, -n) sorgfältig geschützter Bereich des persönlichen Lebens (bes. des Geschlechtsverkehrs) [lat.-gr.]
**In'tim'spray** [-spreɪ] (das, -s, -s) Geruch tilgendes Spray für das weibliche äußere Geschlechtsteil [lat.-engl.]
**In'ti'mus** (der, -, -mi) enger, vertrauter Freund [lat.]
**In'ti'tu'la'ti'on** (die, -, -ti'o̲nen) (veraltet) Betitelung, Überschrift [lat.]

I

**in'to'le'ra'bel** (Adj.) so, dass man es nicht tolerieren kann, unerträglich [lat.]
**in'to'le'rant** (Adj.) nicht tolerant, unduldsam
**In'to'le'ranz** (die, -, nur Ez.) Mangel an Toleranz, Unduldsamkeit [lat.]
**In'to'na'ti'on** (die, -, -ti'onen) das Intonieren (von Streich- und Blasinstrumenten) [lat.]
**in'to'nie'ren** (V.) **1** den Ton ansetzen (beim Sprechen, Singen oder Spielen eines Streich- oder Blasinstruments) **2** zu singen, zu spielen beginnen, (ein Lied) anstimmen, (ein Musikstück auf Klavier oder Orgel) präludierend einleiten [lat.]
**in to'to** im Ganzen [lat.]
**In'tou'rist** [-tu-] (der, -, nur Ez.) staatliches russisches Reisebüro für Auslandsreisen [russ.]
**In'to'xi'ka'ti'on** (die, -, -ti'onen) Vergiftung [lat.]
**in'tra'ab'do'mi'nal** (Adj.) innerhalb des Bauchraums [lat.]
**in'tra'al've'o'lar** (Adj.) innerhalb der Alveolen [lat.]
**In'tra'bi'li'tät** (die, -, nur Ez.) Eintritt von Stoffen durch die äußere Plasmahaut in das Zellplasma (Bio.)
**In'tra'da** *auch:* In'tra'de (die, -, -den) festliches musikalisches Einleitungsstück; z.B. in der Suite [lat.]
**In'tra'de** (die, -, -n) = Intrada
**in'tra'grup'pal** (Adj.) Beziehungen innerhalb einer sozialen Gruppe betreffend
**in'tra'kar'di'al** (Adj.) innerhalb des Herzens [lat.]
**in'tra'kon'ti'nen'tal** (Adj.) in einen Kontinent eingebettet [lat.]
**in'tra'ku'tan** (Adj.) in der Haut (befindlich); in die Haut hinein [lat.]
**in'tra'lin'gu'al** (Adj.) innersprachlich [lat.]
**in'tra'mo'le'ku'lar** (Adj.) in einem Molekül (sich abspielend) [lat.]
**in'tra'mon'tan** (Adj.) im Gebirge eingebettet [lat.]
**in'tra mu'ros** (Adj.) geheim, unter Ausschluss der Öffentlichkeit [lat.]
**in'tra'mus'ku'lär** (Adj.) in einem Muskel (befindlich), in einen Muskel hinein (von Einspritzungen) [lat.]
**In'tra'net** (das, -s, -s) Computernetzwerk innerhalb einer Firma oder Institution zur Informationsübermittlung [lat.-engl.]
**in'tran'si'gent** (Adj.) zu keinem Entgegenkommen bereit, nicht zu Verhandlungen geneigt, unversöhnlich [lat.]
**In'tran'si'genz** (die, -, nur Ez.) das Intransigentsein
**in'tran'si'tiv** (Adj.) kein Akkusativobjekt fordernd (von Verben) [lat.]
**In'tran'si'ti'vum** (das, -s, -va) intransitives Verb
**in'tra'oku'lar** (Adj.) innerhalb des Auges [lat.]
**in'tra'o'ral** (Adj.) innerhalb der Mundhöhle, in die Mundhöhle hinein [lat.]
**in'tra'pul'mo'nal** (Adj.) innerhalb der Lunge [lat.]
**in'tra'u'te'rin** (Adj.) in der Gebärmutter, im Uterus (befindlich) [lat.]
**in'tra'va'gi'nal** (Adj.) innerhalb der Scheide [lat.]
**in'tra've'nös** (Adj.) in einer Vene (befindlich); in eine Vene hinein (von Einspritzungen)
**in'tra'zel'lu'lar** *auch:* in'tra'zel'lu'lär (Adj.) in den Körperzellen (befindlich, stattfindend) [lat.]
**in'tra'zel'lu'lär** (Adj.) = intrazellular
**in'tri'gant** (Adj.) gern Intrigen spinnend, hinterhältig [frz.]
**In'tri'gant** (der, -en, -en) Ränkeschmied, jmd., der intrigiert
**In'tri'ganz** (die, -, nur Ez.) intrigantes Verhalten, Heimtücke, Hinterhältigkeit
**In'tri'ge** (die, -, -n) Handlung, bei der jmd. getäuscht, gegen einen anderen ausgespielt wird [frz.]
**in'tri'gie'ren** (V.) Intrigen spinnen, hinterhältig vorgehen
**in'tri'kat** (Adj.) verwickelt, verworren, verfänglich (veraltet)
**in'trin'sisch** (Adj.) von innen her, aus eigenem Antrieb [lat.]
**In'tro** (das, -s, -s) **1** musikalische Einleitung **2** Vorbemerkung [lat.-engl.]
**In'tro'duk'ti'on** (die, -, -ti'onen) Einleitung, Vorspiel [lat.]
**In'tro'i'tis** (die, -, ti'den) Entzündung des Scheideneingangs [lat.]
**In'tro'i'tus** (der, -, -) **1** Chorgesang beim Eintritt des Priesters (in der kath. Kir-

che); den Gottesdienst einleitendes Lied (in der evangelischen Kirche), einleitender Satz (einer Orgelkomposition) **2** Eingang eines Hohlorgans (bes. der Scheide) [lat.]

**Introjektion** (die, -, -en) unbewusste Einbeziehung fremder Ideen in das eigene Ich (Psych.)

**intros** (Adj.) auf die Blütenachse zu, nach innen gewendet (von Staubgefäßen) [lat.]

**Introspektion** (die, -, -tionen) **1** Einsicht in das Körperinnere (in der Medizin) **2** Selbstbeobachtung, Selbstanalyse [lat.]

**introspektiv** (Adj.) durch Selbstbeobachtung [lat.]

**Introversion** (die, -, nur Ez.) das Nachinnengekehrtsein, Hinwendung zum eigenen Inneren, zum eigenen Seelenleben [lat.]

**introvertiert** (Adj.) nach innen gerichtet, mehr auf das eigene Seelenleben als auf die Außenwelt gerichtet [lat.]

**Intrusion** (die, -, -sionen) Eindringen von Magma in die Erdkruste [lat.]

**Intubation** (die, -, -tionen) Einführung eines Röhrchens durch den Mund in die Luftröhre (bei Erstickungsgefahr bzw. zu Narkosezwecken oder zum Einbringen eines Heilmittels) [lat.]

**Intuition** (die, -, -tionen) Erkennen eines Sachverhalts vom Gefühl her, ohne Überlegung, gefühlsmäßiges Erfassen, Eingebung [lat.]

**intuitiv** (Adj.) auf Intuition beruhend

**Intumeszenz** (die, -, -en) Anschwellung (des Geschlechtsorgans bei sexueller Erregung) [lat.]

**Inturgeszenz** (die, -, -en) = Intumeszenz

**intus** (Adv.) inwendig, innen; etwas intus haben: etwas gegessen, getrunken haben, etwas begriffen, gelernt haben [lat.]

**Inuit** (nur Mz.) eskim. für: Menschen; Selbstbezeichnung der Eskimos [eskim.]

**Inundation** (die, -, -tionen) Überflutung von Land [lat.]

**Inunktion** (die, -, -en) Einreibung (mit Salbe etc.) [lat.]

**invadieren** (V.) in fremdes Territorium einfallen [lat.]

**Invagination** (die, -, -tionen) Einstülpung eines Darmteils in den nächsten [lat.]

**invalid** (Adj.) = invalide

**invalide** *auch:* invalid (Adj.) dauernd arbeits-, erwerbsunfähig; behindert [lat.]

**Invalide** (der oder die, -n, -n) invalide Person

**Invalidität** (die, -, nur Ez.) dauernde Arbeits-, Erwerbsunfähigkeit; Behinderung [lat.]

**invariabel** (Adj.) unveränderlich [lat.]

**invariant** (Adj.) unverändert bleibend (von Messgrößen) [lat.]

**Invariante** (die, -, -n) unveränderliche Größe (in der Mathematik) [lat.]

**Invarianz** (die, -, nur Ez.) Unveränderlichkeit [lat.]

**Invasion** (die, -, -sionen) **1** Einfall feindlicher Truppen **2** Eindringen von Krankheitserregern ins Blut [lat.]

**Invasor** (der, -s, -soren) (in ein Land) eindringender Feind [lat.]

**Invektive** (die, -, -n) Schmähschrift oder Schmährede, Beleidigung, Anwurf [lat.]

**Inventar** (das, -s, -e) Gesamtheit der zu einem Raum, Grundstück, Betrieb gehörenden Gegenstände, Vermögenswerte, Tiere; Verzeichnis darüber; lebendes Iventar: Tiere; totes Iventar: Möbel, Vermögenswerte [lat.]

**Inventarisation** (die, -, -tionen) das Aufnehmen, Aufzeichnen des Inventars, Bestandsaufnahme [lat.]

**inventarisieren** (V.) in das Verzeichnis des Inventars aufnehmen

**Invention** (die, -, -tionen) **1** Erfindung (veraltet) **2** kleines Musikstück ohne besondere Form mit nur einem Thema [lat.]

**Inventur** (die, -, -en) schriftliche Aufstellung des Inventars zu einem bestimmten Zeitpunkt [lat.]

**invers** (Adj.) umgekehrt [lat.]

**Inversion** (die, -, -sionen) Umkehrung, Umstellung, Umwandlung [lat.]

**Invertebrat** (der, -en, -en) wirbelloses Tier [lat.]

**invertieren** (V.) umkehren, umstellen, umwandeln [lat.]

**in|ver|tiert** (Adj.) umgekehrt; sexuell zum eigenen Geschlecht hinneigend, homosexuell
**in|ves|tie|ren** (V.) 1 in ein Amt einweisen; z.B. Geistliche 2 langfristig anlegen; z.B. Kapital 3 aufwenden, einsetzen [lat.]
**in|ves|ti|ga|tiv** (Adj.) nachforschend, aufdeckend [lat.-engl.]
**In|ves|ti|ti|on** (die, -, -ti|o̲nen) langfristiges Anlegen von Kapital [lat.]
**In|ves|ti|ti|ons|för|de|rung** (die, -, -en) Förderung von Investitionen
**In|ves|ti|ti|ons|gü|ter** (nur Mz.) Güter, die als Investition angeschafft wurden
**In|ves|ti|tur** (die, -, -en) Einsetzung in ein Amt
**in|ves|tiv** (Adj.) in Form einer Investition
**In|ves|tiv|lohn** (der, -es, -löh|ne) Teil des Lohns, der zwangsweise dem Sparen dient
**In|vest|ment** (das, -s, -s) = Investitionen [engl.]
**In|vest|ment|fonds** [-fɔ̃] (der, -, -) Wertpapierbestand von Kapitalanlagegesellschaften [lat.-engl.-frz.]
**In|vest|ment|ge|schäft** (das, -(e)s, -e) Geschäft einer Kapitalanlagegesellschaft
**In|vest|ment|ge|sell|schaft** (die, -, -en) Kapitalanlagegesellschaft
**In|vest|ment|trust** [-trʌst] (der, -s, -s) Investmentgesellschaft [engl.]
**In|ves|tor** (der, -s, -to̲ren) jmd., der Kapital investiert
**in vi|no ve|ri|tas** im Wein (ist, liegt) Wahrheit, d.h. wenn man getrunken hat, plaudert man leicht die Wahrheit aus [lat.]
**in|vi|si|bel** (Adj.) unsichtbar [lat.]
**in vi|tro** im Reagenzglas, d.h. im Laboratorium; einen Versuch in vitro durchführen [lat.]
**In-vi|tro-Fer|ti|li|sa|ti|on** (die, -, -ti|o̲nen) künstliche Befruchtung [lat.]
**in vi|vo** am lebenden Objekt [lat.]
**In|vo|ka|ti|on** (die, -, -ti|o̲nen) Anrufung (Gottes und der Heiligen) [lat.]
**In|vo|lu|ti|on** (die, -, -ti|o̲nen) Rückbildung (von Organen; z.B. der Gebärmutter nach der Entbindung oder im Alter) [lat.]
**in|vol|vie|ren** (V.) in sich schließen, enthalten, zur Voraussetzung haben, einbegreifen; nach sich ziehen [lat.]
**In|zest** (der, -(e)s, -ze̲s|te) Geschlechtsverkehr zwischen Blutsverwandten (Eltern und Kindern oder Geschwistern) [lat.]
**in|zes|tu|ös** (Adj.) in der Art eines Inzests; z.B. inzestuöse Beziehung
**In|zi|denz** (die, -, -en) 1 Vorfall 2 Aufweisen gemeinsamer Punkte (Math.) 3 Einfall von Teilchen (Astronomie) 4 Umstand, dass öffentliche Gelder nicht ihrem zugedachten Begünstigten zufallen [lat.]
**in|zi|die|ren** (V.) einschneiden, einen Einschnitt (in etwas) machen [lat.]
**in|zi|pi|ent** (Adj.) beginnend (Med.) [lat.]
**In|zi|si|on** (die, -, -si|o̲nen) Einschnitt, Öffnung durch Schnitt; z.B. eines Geschwürs [lat.]
**In|zi|siv** (der, -s, -en) Schneidezahn (Med.) [lat.-nlat.]
**In|zi|sur** (die, -, -en) Einbuchtung, Einsenkung an Knochen oder Organen [lat.]
**IOK** (das, -, nur Ez.) Abk. für **I**nternationales **O**lympisches **K**omitee
**Ion** (das, -s, -en) elektrisch geladenes Teilchen [gr.]
**Io|nen|aus|tau|scher** (der, -s, -) Ionen abspaltender und andere dafür aufnehmender hochmolekularer Stoff (Chem.)
**Io|nen|re|ak|ti|on** (die, -, -en) chemische Reaktion, die durch Ionen ausgelöst wird
**Io|nen|trieb|werk** (das, -s, -e) Raketentriebwerk, das durch beschleunigte Ionen angetrieben wird
**Io|ni|sa|ti|on** (die, -, -ti|o̲nen) Übergang von Atomen oder Molekülen in den Zustand der elektrischen Ladung von Ionen
**Io|ni|sa|tor** (der, -s, -to̲ren) Gerät zur Ionisation [gr.-lat.]
**io|nisch** (Adj.) aus der altgriechischen Landschaft Ionien stammend
**io|ni|sie|ren** (V.) in den Zustand von Ionen versetzen, elektrisch aufladen
**Io|ni|um** (das, -s, nur Ez.) radioaktives Zerfallsprodukt des Urans [gr.]
**Io|no|me|ter** (das, -s, -) Gerät zum Messen der Ionisation [gr.]
**Io|no|sphä|re** (die, -, nur Ez.) die ionisierte oberste Schicht der Erdatmosphäre
**Io|ta** (das, -(s), -s) = Jota

**Ip|sa|ti|on** (die, -, -en) Selbstbefriedigung [lat.]
**ip|se fe|cit** hat (es) selbst gemacht (Vermerk des Künstlers auf alten Stichen und Gemälden) [lat.]
**Ip|sis|mus** (der, -, nur Ez.) Selbstbefriedigung, Masturbation (veraltet) [lat.]
**ip|so fac|to** (adverbiale Bestimmung) durch die Tat selbst eingetreten (Rechtswissenschaft) [lat.]
**ip|so ju|re** (adverbiale Bestimmung) durch das Recht selbst eingetreten (Rechtswiss.) [lat.]
**IQ** [iːkuː] (der, -s, -s) = Intelligenzquotient
**Ira|de** (der oder das, -s, -n) Erlass des Sultans [arab.-türk.]
**Ira|ker** (der, -s, -) Ew. des Irak [arab.]
**Ira|ner** (der, -s, -) Ew. des Iran
**ira|nisch** (Adj.) zum Iran gehörig, aus ihm stammend
**Ira|nist** (der, -nis|ten, -nis|ten) Wissenschaftler der Iranistik
**Ira|nis|tik** (die, -, nur Ez.) Wissenschaft von der Sprache und Kultur des Irans
**ira|nis|tisch** (Adj.) zur Iranistik gehörig
**Ire** (der, -n, -n) Ew. Irlands
**Ire|nik** (die, -, nur Ez.) theologische Lehre vom Frieden, die nach Verständigung und Aussöhnung der verschiedenen Konfessionen strebt [gr.]
**ire|nisch** (Adj.) zur Irenik gehörig, friedlich, friedfertig
**Iri|dek|to|mie** (die, -, -n) operative Entfernung eines Teils der Iris des Auges [gr.]
**Iri|di|um** (das, -s, nur Ez.) ein Element, Edelmetall [gr.]
**Iri|do|lo|gie** (die, -, nur Ez.) Diagnose von Krankheiten auf Grund von Veränderungen des Augenhintergrundes, Augendiagnose [gr.]
**Iris** (die, -, Iri|den) **1** Regenbogenhaut des Auges **2** (nur Ez.) Schwertlilie [gr.]
**Irish Coffee** [aɪərɪʃ kɒfɪ] (der, - -s, - -s) Kaffee mit etwas Whisky, Zucker und Schlagsahne obenauf [engl.]
**Irish Stew** [aɪərɪʃ stjuː] (das, - -s, - -s) klein geschnittenes gekochtes Hammelfleisch mit Weißkohl und Kartoffelstückchen [engl.]
**iri|sie|ren** (V.) in den Regenbogenfarben schimmern [gr.]
**Iri|tis** (die, -, -ti|den) Entzündung der Iris des Auges, Regenbogenhautentzündung
**Iro|ke|se** (der, -, -n) Angehöriger eines nordamerikanischen Indianerstammes
**Iro|ko** (das, -s, nur Ez.) mittelhartes afrikanisches Nutzholz [Yoruba]
**Iro|nie** (die, -, nur Ez.) feiner Spott, bei dem man das Gegenteil dessen sagt, was man meint; Ironie des Schicksals: Zusammentreffen von Ereignissen, das dem normalen und erwünschten Verlauf widerspricht [gr.]
**Iro|ni|ker** (der, -s, -) jmd., der gern ironische Bemerkungen macht
**iro|nisch** (Adj.) auf Ironie beruhend, fein spöttisch
**iro|ni|sie|ren** (V.) ironisch darstellen oder beurteilen
**Iron|man** [-aɪrənmæn] (der, -s, nur Ez.) jährlich in Hawaii stattfindender Triathlonwettkampf, der als der härteste der Welt gilt. [engl.]
**Irons** [-aɪrəns] (nur Mz.) Eisenschläger beim Golf [engl.]
**Iro|nym** (das, -s, -e) eine ironische Wendung als Pseudonym verwenden [lat.]
**Ir|ra|di|a|ti|on** (die, -, -ti|o|nen) **1** Ausstrahlung von Schmerzen über den betroffenen Körperteil hinaus **2** optische Täuschung, bei der eine dunkle Figur auf hellem Grund kleiner erscheint als eine gleich große helle Figur auf dunklem Grund [lat.]
**ir|ra|di|ie|ren** (V.) ausstrahlen, als eine Irradiation wirken [lat.]
**ir|ra|ti|o|nal** (Adj.) mit der Vernunft, dem Verstand nicht fassbar, nicht erklärbar; irrationale Zahl: Zahl, die nicht als gemeiner Bruch, sondern nur als Dezimalbruch mit unbegrenzt vielen, nicht periodischen Stellen dargestellt werden kann [lat.]
**Ir|ra|ti|o|na|lis|mus** (der, -, nur Ez.) jede philosophische Lehre, nach der Wesen und Ursprung der Welt nicht mit Verstand oder Vernunft erklärbar sind; irrationales Denken oder Verhalten [lat.]
**Ir|ra|ti|o|na|li|tät** (die, -, nur Ez.) das Irrationalsein, irrationale Beschaffenheit
**ir|ra|ti|o|nell** (Adj.) außerhalb des Verstehbaren [lat.]

**irreal** (Adj.) nicht real, unwirklich [lat.]
**Irrealis** (der, -, -les) Aussageweise der Unwirklichkeit, des Wunsches (im Deutschen durch den Konjunktiv wiedergegeben) [lat.]
**Irrealität** (die, -, nur Ez.) Unwirklichkeit [lat.]
**irregulär** (Adj.) nicht regulär, nicht der Regel entsprechend; nicht den Gesetzen entsprechend, ungesetzlich; irreguläre Truppen: nicht zur staatlichen Streitmacht gehörige Truppen; z.B. Partisanen [lat.]
**Irregularität** (die, -, nur Ez.) Unregelmäßigkeit, Ungesetzlichkeit [lat.]
**irrelevant** (Adj.) unerheblich, unbedeutend, unwichtig [lat.]
**Irrelevanz** (die, -, nur Ez.) Unerheblichkeit, Unwichtigkeit [lat.]
**irreligiös** (Adj.) nicht religiös [lat.]
**Irreligiosität** (die, -, nur Ez.) Mangel an Religiosität [lat.]
**irreparabel** (Adj.) nicht reparierbar, nicht heilbar [lat.]
**irresponsabel** (Adj.) nicht zu verantworten [lat.]
**irreversibel** (Adj.) nicht reversibel, nicht umkehrbar, nicht in umgekehrter Richtung möglich [lat.]
**Irrigation** (die, -, -tionen) Darmspülung, Einlauf [lat.]
**Irrigator** (der, -s, -toren) Spülkanne für Einläufe [lat.]
**irritabel** (Adj.) erregbar, reizbar (bes. von Nerven); leicht in Verwirrung zu bringen, leicht zu verunsichern (ugs.) [lat.]
**Irritabilität** (die, -, nur Ez.) Erregbarkeit, Reizbarkeit [lat.]
**Irritation** (die, -, -tionen) Erregung, Reizung, Verwirrung (ugs.) [lat.]
**irritieren** (V.) erregen, reizen; verwirren, unsicher machen (ugs.) [lat.]
**Irvingianer** (der, -s, -) Anhänger einer schwärmerischen, katholisch-apostolischen Sekte des 19. Jh.s in England; erwartete die baldige Wiederkunft Christi
**Isagogik** (die, -, nur Ez.) Kunst der Einführung (in eine Wissenschaft oder Lehre) [gr.]
**ISBN** (die, -, -s) Abk. für International Standard Book Number; Kennnummer von Büchern [engl.]
**Ischämie** [ɪsçɛ-] (die, -, -n) Blutleere (in Organen) [gr.]
**ischämisch** (Adj.) blutleer (Med.) [gr.]
**Ischiadikus** (der, -, nur Ez.) Ischiasnerv, Hüftnerv [gr.-lat.]
**Ischias** (der, -, nur Ez.) anfallartige Schmerzen in der Hüfte [gr.]
**ISDN** (das, -, nur Ez.) Abk. für Integrated Services Digital Network; schnelles Kommunikationsnetz [engl.]
**Islam** (der, -s, nur Ez.) von Mohammed im 7. Jh. begründete, monotheistische (bes. in Asien und Afrika verbreitete) Religion [arab.]
**islamisch** (Adj.) zum Islam gehörig
**islamisieren** (V.) zum Islam bekehren
**Islamismus** (der, -, nur Ez.) Ideologie, die dem islamischen Fundamentalismus zugrunde liegt [arab.-nlat.]
**islamitisch** (Adj .) = islamisch
**Ismus** (der, -, -men) eine bloße Theorie, eine der vielen auf -ismus endenden Theorien
**ISO** (die, -, nur Ez.) Abk. für International Standard Organisazion; internationaler Normenausschuss für den Maschinenbau [engl.]
**Isobare** (die, -, -n) Verbindungslinie zwischen Orten mit gleichem Luftdruck [gr.]
**Isobathe** (die, -, -n) Linie, die Punkte mit gleicher Wassertiefe verbindet [gr.]
**Isobronte** (die, -, -n) Linie, die Orte vebindet, wo Donner gleichzeitig hörbar ist [gr.]
**Isobutan** (das, -s, nur Ez.) ein gesättigter Kohlenwasserstoff [gr.-lat.]
**isochromatisch** [-kro-] (Adj.) gleich empfindlich für alle Farben (von fotografischen Schichten) [gr.]
**isochron** (Adj.) gleich lang dauernd [gr.]
**Isochrone** [-kro:-] (die, -, -n) Verbindungslinie zwischen Orten, an denen eine Naturerscheinung zur gleichen Zeit auftritt [gr.]
**isocyclisch** (Adj.) = isozyklisch
**Isogameten** (nur Mz.) gleich gestaltete weibliche und männliche Geschlechtszellen
**Isogamie** (die, -, nur Ez.) Vereinigung von gleich gestalteten männlichen und weiblichen Geschlechtszellen [gr.]

**Isoglosse** (die, -, -n) Linie, die das Gebiet begrenzt, in dem gleiche sprachliche oder mundartliche Wörter oder Erscheinungen auftreten [gr.]
**Isogon** (das, -s, -e) regelmäßiges Vieleck [gr.]
**isogonal** (Adj.) mit gleichen Winkeln versehen [gr.]
**Isohelie** [-liə] (die, -, -n) Verbindungslinie zw. Orten mit gleicher Sonneneinstrahlung
**Isohypse** (die, -, -n) Verbindungslinie zwischen Orten, die in gleicher Höhe über dem Meeresspiegel liegen, Höhenlinie [gr.]
**Isolation** (die, -, -tionen) **1** Vereinsamung, Vereinzelung **2** Absonderung von Personen mit einer ansteckenden Krankheit (auch von Geisteskranken), Häftlingen von allen übrigen Personen **3** Abdichtung gegen Ströme aller Art (Gas, Licht, Wärme usw.) [lat.]
**Isolationismus** (der, -, nur Ez.) Bestreben (von Staaten), sich von anderen Staaten abzuschließen, Auseinandersetzungen und Bündnisse zu vermeiden [lat.]
**isolationistisch** (Adj.) auf Isolationismus beruhend
**Isolationshaft** (die, -, nur Ez.) Haft ohne Kontakt zu anderen Häftlingen
**Isolator** (der, -s, -toren) Stoff, der Ströme (Wärme, Schall, elektrischen Strom) nicht oder schlecht leitet [lat.]
**isolieren** (V.) **1** absondern, von anderen Personen getrennt halten **2** gegen Ströme (Wärme, Schall, Licht, Wasser, elektrischen Strom) abdichten [lat.]
**Isolinie** (die, -, -n) Verbindungslinie zwischen Orten, die gleiche physikalische, geografische, meteorologische usw. Werte aufweisen oder an denen Naturerscheinungen gleichzeitig auftreten [gr.]
**isomer** (Adj.) Isomerie aufweisend
**Isomere** (das, -n, -n) chemische Verbindung, die trotz gleicher Anzahl gleicher Atome gegenüber anderen Verbindungen infolge abweichender Anordnung der Teilchen eine andere Struktur hat [gr.]
**Isomerie** (die, -, nur Ez.) abweichendes chemisches und physikalisches Verhalten eines Isomeren
**Isometrie** (die, -, nur Ez.) **1** Gleichheit der Längenverhältnisse (bei Landkarten) **2** gleiches Organwachstum in Übereinstimmung mit dem Gesamtwachstum (in der Biologie)
**isometrisch** (Adj.) von gleicher Längenausdehnung, maßstabgetreu; isometrisches Training: Training durch Anspannung der Muskeln ohne Bewegung [gr.]
**Isometropie** (die, -, nur Ez.) gleich starke Sehkraft auf beiden Augen [gr.]
**isomorph** (Adj.) von gleicher Gestalt (bes. bei Kristallen) [gr.]
**Isomorphie** (die, -, nur Ez.) das Isomorphsein
**Isopode** (der, -n, -n) Assel [gr.]
**Isopren** (das, -s, nur Ez.) ein ungesättigter Kohlenwasserstoff [gr.]
**Isoseiste** (die, -, -n) Verbindungslinie zwischen Orten mit gleicher Erdbebenstärke
**isosmotisch** (Adj.) gleichen osmotischen Druck aufweisend (von Lösungen) [gr.]
**Isostasie** (die, -, nur Ez.) Zustand des Gleichgewichts zwischen einzelnen Teilen der Erdkruste [gr.]
**isotherm** (Adj.) gleiche Temperatur aufweisend [gr.]
**Isotherme** (die, -, -n) Verbindungslinie zwischen Orten mit gleicher Temperatur zur gleichen Zeit [gr.]
**Isothermie** (die, -, -n) gleich bleibende Temperatur [gr.]
**Isoton** (das, -s, -e) Atomkern, der gegenüber einem anderen die gleiche Anzahl von Neutronen, aber eine andere Anzahl von Protonen besitzt [gr.]
**isotonisch** (Adj.) den gleichen osmotischen Druck habend [gr.]
**Isotop** (das, -s, -e) Atomkern, der gegenüber einem anderen des gleichen chemischen Elements eine unterschiedliche Masse aufweist [gr.]
**Isotopentherapie** (die, -, -n) Therapie unter Verwendung von radioaktiven Isotopen
**Isotron** (das, -s, -trone) Gerät zum Trennen von Isotopen [gr.]
**isotrop** (Adj.) nach allen Richtungen hin die gleichen physikalischen Eigenschaften aufweisend [gr.]

**iso'zy'k'lisch** *auch:* i'so'cy'c'lisch (Adj.) ringförmig und nur Kohlenstoffatome aufweisend (von organischen Verbindungen) [gr.-lat.]
**Is'pa'han** (der, -s, -s) handgeknüpfter Teppich mit Blütenranken oder Arabeskenmuster [iran.]
**Is'ra'e'li** [-ae:-] (der, -s, -s) Ew. des Staates Israel
**is'ra'e'lisch** [-ae:-] (Adj.) zu Israel gehörig
**Is'ra'e'lit** [-rae-] (der, -en, -en) Angehöriger des Volkes Israel
**is'ra'e'li'tisch** [-rae-] (Adj.) zu den Israeliten gehörig
**Isth'mus** (der, -, men) Landenge [gr.-lat.]
**Itai-Itai** (das, -, nur Ez.) durch Einwirkung von Cadmiumsulfat verursachte Krankheit, bei der es zu Nierenschäden und einer Entkalkung des Skeletts kommt [jap.]
**Ita'la** (die, -, nur Ez.) älteste, um 200 in Italien entstandene lateinische Bibelübersetzung
**Ita'ler** (der, -s, -) Ew. der Apennin-Halbinsel (in der Antike)
**ita'li'a'ni'sie'ren** (V.) italienisch machen, nach italienischem Muster gestalten
**Ita'li'a'nist** (der, -nis'ten, -nis'ten) Italienspezialist innerhalb der Romanistik, die italienische Sprache und Literatur erforschender Wissenschaftler [lat.]
**Ita'li'e'ner** (der, -s, -) **1** Ew. von Italien **2** eine Hühnerrasse
**ita'li'e'nisch** (Adj.) zu Italien gehörig
**Ita'li'ker** (der, -s, -) = Italer
**Ita'lique** [-lik] (die, -, nur Ez.) Kursivschrift [frz.]
**ita'lisch** (Adj.) das antike Italien betreffend [lat.]
**Ita'lo'wes'tern** (der, -, -) durch italienische Regisseure geprägte Stilrichtung von Westernfilmen
**item** desgleichen; kurzum (veraltet) [lat.]
**Item** [aɪtəm] (das, -s, -s) **1** Posten, Einzelpunkt **2** einzelner Fragepunkt in einem Test [lat.-engl.]
**ite, mis'sa est** Schlussworte, mit denen die Gläubigen nach der römischen Messe entlassen werden, „Gehet hin, ihr seid entlassen“ [lat.]
**Ite'ra'ti'on** (die, -, -ti'o'nen) **1** Verdoppelung, Wiederholung (eines Wortes oder einer Silbe; z.B. nein, nein!) **2** Rechenverfahren durch schrittweises Annähern an die Lösung [lat.]
**ite'ra'tiv** (Adj.) **1** wiederholend **2** sich der Lösung schrittweise nähernd (in der Mathematik) [lat.]
**Iti'ne'rar** (das, -s, -e) Straßenverzeichnis (im alten Rom); Karte mit den aufgezeichneten Routen von Reisen und Kriegszügen (im Mittelalter); Aufzeichnung der Wege (bei Expeditionen in unerforschtes Gebiet) [lat.]
**Iti'ne'ra'ri'um** (das, -s, -ri'en) = Itinerar
**Ivo'r** [vover] (der, -s, -) Einwohner des westafrikanischen Staates Elfenbeinküste [zum frz. Landesnamen Côte d'Ivoire]
**Iwan** (der, -s, -s) Russe, sowjetischer Soldat; Gesamtheit der sowjetischen Soldaten (als Spitzname im Zweiten Weltkrieg)
**Iw'rith** (das, -(s), nur Ez.) Neuhebräisch, Amtssprache in Israel

# J

**Jab** [dʃæb] (der, -s, -s) hakenartiger Schlag aus geringster Entfernung (beim Boxen) [engl.]
**Ja'bot** [ʒaboː] (das, -s, -s) Rüsche an der Vorderseite von Männerhemden und Frauenblusen (bes. im 18. Jh.) [frz.]
**Ja'cket'kro'ne** (die, -, -n) Mantelkrone für Zähne aus Porzellan oder Kunstharz [engl.- dt.]
**Ja'ckett** [ʒa-] (das, -s, -s) Jacke (des Herrenanzugs) [frz.]
**Jack'pot** [dʒæk-] (der, -s, -s) sehr hohe Gewinnquote im Lotto oder Toto, die aus fehlenden Gewinnern in vorangegangenen Auslosungen herrührt [engl.]
**Jack'stag** [dʒæk-] (das, -s, -e) Schiene, die dazu dient, das Segel fest zu machen [engl.-niederdt.]
**Jac'quard** [ʒakaːr] (der, -s, -s) auf besonderen Maschinen hergestellter Stoff mit kunstvollem eingewebtem Muster [frz.]
**Jac'que'rie** (die, -, nur Ez.) Bauernaufstand im Frankreich des 14. Jahrhunderts [frz.]
**ja'de** (Adj.) blassgrün [lat.-span.-frz.]
**Ja'de** (der oder die, -(s), nur Ez.) ein grünes Mineral, Schmuckstein [span.]
**Ja'de'it** (der, -s, nur Ez.) ein grünes Mineral
**j'adoube** [ʒaduːb] (V.) „ich stelle zurecht"; Ausdruck im Schach, wenn der Spieler keinen Zug machen will, sondern nur eine Figur korrekt positionieren möchte [frz.]
**Jah've** (der, -s, nur Ez.) = Jahwe
**Jah'vist** (der, -en, nur Ez.) = Jahwist
**Jah'we** (der, -s, nur Ez.) Gottes Name im Alten Testament [hebr.]
**Jah'wist** (der, -en, nur Ez.) Quellenschrift des Pentateuchs [hebr.]
**Jai'nis'mus** [dʒai-] = Dschainismus
**Jak** (der, -s, -s) langhaariges Rind des asiatischen Hochgebirges [tibet.]
**Ja'ka'ran'da'holz** (das, -es, -hölzer) Palisander [indian.-portugies.-dt.]
**Ja'ko** (der, -s, -s) afrikanischer Graupapagei [frz.]
**Ja'ko'bi'ner** (der, -s, -) **1** Mitglied der wichtigsten politischen Vereinigung während der Französischen Revolution **2** (selten) Bezeichnung für französische Dominikaner
**Ja'ko'bi'ner'müt'ze** (die, -, -n) die rote Wollmütze der Jakobiner während der Französischen Revolution, die zum Symbol der Freiheit wurde
**ja'ko'bi'nisch** (Adj.) die Jakobiner betreffend, zu den Jakobinern gehörend
**Ja'ko'bit** (der, -en, -en) **1** Anhänger der Nationalkirche Syriens (nach dem Bischof Jakob Baradäus, 6. Jh.) **2** Anänger des vertriebenen engl. Königs Jakob II
**Jak'ta'ti'on** (die, -, nur Ez.) unruhiges Hin- und Herwälzen von Kranken [lat.]
**Ja'ku'te** (der, -n, -n) Angehöriger eines Turkvolkes in Sibirien
**Ja'leo** [xaleːo] (der, -s, -s) lebhafter, traditioneller spanischer Tanz [span.]
**Ja'lon** [ʒalɔ̃] (der, -s, -s) Messlatte, Pfahl zum Abstecken (beim Vermessen von Gelände) [frz.]
**Ja'lou'set'te** [ʒaluzɛt] (die, -, -n) leichte Jalousie (aus Kunststofflamellen) [frz.]
**Ja'lou'sie** [ʒaluziː] (die, -, -n) außen am Fenster angebrachter, aufziehbarer oder aufrollbarer Vorhang aus Lamellen oder genau aneinander passenden Brettchen, Verschluss (für Ventilatoren u.a.) aus Lamellen [frz.]
**jam'bisch** (Adj.) in Jamben abgefasst
**Jam'bo'ree** [dʒæmbəriː] (das, -s, -s) internationales Pfadfindertreffen; geselliges Beisammensein mit Unterhaltungsprogramm [engl.]
**Jam'bus** *auch:* Iam'bus (der, -, -ben) Versfuß aus einer betonten und einer unbetonten Silbe [gr.]
**Jams** (das, -, -) eine tropische Kletterpflanze mit essbaren Wurzeln [pers.-arab.]
**Jam'ses'sion** [dʒæmsɛʃən] *auch:* Jam Ses'sion (die, -, -s) Zusammenkunft von Jazzmusikern, um gemeinsam aus dem Stegreif zu spielen [engl.]

**Jams|wur|zel** (die, -, -n) tropische Kletterpflanze, deren Wurzel als Nahrungsmittel dient

**Ja|nit|schar** (der, -en, -en) vom 14. bis zum 17. Jh. Soldat der aus christlichen Kriegsgefangenen und ihren Nachkommen gebildeten türkischen Kerntruppe

**Jan|maat** (der, -es, -e oder -en) scherzhafte Bezeichnung für Matrose [niederl.]

**Jän|ner** (der, -s, -) Januar (besonders in Süddeutschland, Österreich und der Schweiz) [lat.]

**Jan|se|nis|mus** (der, -, nur Ez.) katholisch-theologische Richtung im Frankreich des 17. und 18. Jahrhunderts, die gegen Rom feindlich eingestellt war [lat.]

**Jan|se|nist** (der, -nis|ten, -nis|ten) Anhänger des Jansenismus [lat.]

J

**jan|se|nis|tisch** (Adj.) die Jansenisten betreffend, zu den Jansenisten gehörend [lat.]

**Ja|nus|kopf** (der, -es, -köp|fe) Kopf mit zwei Gesichtern, die in die entgegengesetzte Richtung schauen

**Ja|pa|no|lo|ge** (der, -n, -n) Wissenschaftler der Japanologie

**Ja|pa|no|lo|gie** (die, -, nur Ez.) Wissenschaft v. d. japanischen Sprache und Kultur

**Ja|po|nis|mus** (der, -, -men) aus dem Japanischen stammender Begriff

**Jar|di|ni|e|re** [ʒardinjɛːr] (die, -, -n) Schale oder Korb für Pflanzen mit Wurzeln [frz.]

**Jar|gon** [ʒargɔ̃] (der, -s, -s) Ausdrucksweise eines sozialen oder beruflichen Gesellschaftskreises; z.B. Schülerjargon, Medizinerjargon [frz.]

**Jarl** (der, -s, -s) königlicher Statthalter (in Skandinavien im Mittelalter); normannischer Edelmann [altnord.]

**Jar|mul|ke** (die, -, -s oder -ka) das Samtkäppchen der Juden [poln.-jidd.]

**Ja|ro|wi|sa|ti|on** (die, -, -ti|o|nen) künstliche Kältebehandlung von Samen und Keimlingen zum Zweck der Entwicklungsbeschleunigung [russ.-lat.]

**ja|ro|wi|sie|ren** (V.) Saatgut einer künstlichen Kältebehandlung aussetzen [russ.-lat.]

**Jasch|mak** (der, -s, -s) Schleier der wohlhabenden türkischen Frauen [türk.]

**Jas|min** (der, -s, -e) Strauch oder Kletterpflanze mit stark duftenden Blüten, Ölbaumgewächs [pers.-arab.]

**Jas|pis** (der, - oder -ses, -se) ein Mineral, Schmuckstein [hebr.-gr.]

**Jas|tik** (der, -s, -s) als Vorleger oder Sitzbelag verwendeter orientalischer Gebrauchsteppich [türk.]

**Ja|ta|gan** [-an] (der, -s, -e) türkischer Krummsäbel

**Jau|se** (die, -, -n) kleine Mahlzeit am Nachmittag [österr.-poln.]

**jau|sen** *auch:* jaus|nen (V.) die Jause einnehmen

**jaus|nen** (V.) = jausen

**Jazz** [dʒæz] oder [jats] (der, -, nur Ez.) aus der Volksmusik der schwarzen Bevölkerung Nordamerikas entstandener Musizierstil [engl.]

**Jazz|dance** [dʒæsdæns] (der, -, nur Ez.) ballettartige, moderne Tanzrichtung zu Jazzmusik [engl.]

**jaz|zen** (V.) Jazzmusik spielen oder danach tanzen

**Jaz|zer** [dʒæzə] (der, -s, -) Musiker, der Jazzmusik spielt oder komponiert

**Jazz|gym|nas|tik** [dʒæs-] (die, -, nur Ez.) rhythmische Gymnastik zu Jazzmusik oder anderer moderner Musik

**Jeans** [dʒiːnz] (nur Mz.) **1** einfache bügelfaltenlose (Baumwoll-)Hose, „Wash-and-wear"-Freizeithose **2** verwaschener blauer Farbton (ugs.) [engl.]

**Jeep** [dʒiːp] (der, -s, -s) kleiner, geländegängiger Kraftwagen mit Vierradantrieb (Warenzeichen) [engl.]

**Je|ho|va** = Jahwe

**Je|me|nit** (der, -en, -en) Einwohner der Arab. Republik Jemen und der Demokrat. Volksrepublik Jemen

**Jen** = Yen

**Je|re|mi|a|de** (die, -, -n) wortreiche Klage, Gejammer [hebr.-frz.]

**Je|rez** [xereθ] (der, -, nur Ez.) bernsteinfarbener süßer Wein, Sherry [span.]

**Je|ri|cho|ro|se** (die, -, -n) im Mittelmeerraum wachsende Pflanze, die ihre Zweige bei Trockenheit einrollen kann

**Jerk** [dʒɛːk] (der, -s, -s) Schlag beim Golf, bei dem der Schläger plötzlich abgebremst wird, sobald er den Ball trifft [engl.]

**Je'schi'wa** (die, -, -s) Talmudschule für Gelehrte und Rabbiner [hebr.]
**Jer'sey** [dʒɜːzi] (der, -s, -s) gewirkter Wollstoff [engl.]
**je'su'a'nisch** (Adj.) auf Jesus zurückgehend, auf Jesus bezogen [lat.]
**Je'su'it** (der, -en, -en) Angehöriger des von Ignatius von Loyola im 16. Jh. gegründeten Ordens (Jesuitenordens, Societas Jesu)
**Je'su'i'ten'dra'ma** (das, -s, -men) Dramendichtung der Jesuiten im 16. und 17. Jahrhundert
**Je'su'i'ten'or'den** (der, -s, nur Ez.) Orden, der 1534 von Ignatius v. Loyola gegründet wurde
**Je'sus Peo'ple** [dʒiːzəs piːpl] (nur Mz.) etwa seit 1970 von Amerika ausgehende religiöse Bewegung junger Leute [engl.]
**Jet** [dʒet] (der, -s, -s) Düsenflugzeug [engl.]
**Jet'bag** [dʒɛtbæg] (der, -s, -s) aerodynamischer Dachkoffer für Autos [engl.]
**Jet'lag** [dʒetlæg] (der, -s, -s) Unwohlsein, verursacht durch einen Flug über mehrere Zeitzonen [engl.]
**Jet'li'ner** [dʒetlaɪnə] (der, -s, -) Düsenverkehrsflugzeug [engl.]
**Je'ton** [ʒətɔ̃] (der, -s, -s) Spielmünze, Spielmarke [frz.]
**Jet'pi'lot** [dʒɛt-] (der, -en, -en) Pilot eines Jets
**Jet'schwung** [dʒɛt-] (der, -s, -schwünge) beschleunigender Drehschwung im Skisport
**Jet'set** [dʒetset] (der, -s, -s) Gesamtheit von Angehörigen reicher Gesellschaftsschichten (die in Jets durch die Welt reisen)
**Jet'stream** [dʒetstriːm] (der, -s, -s) starker Luftstrom in hohen Schichten der Troposphäre [engl.]
**Jett** [dʒɛt] (der, -s, nur Ez.) harte, oft zu Schmucksteinen verarbeitete Braunkohle
**Jet'ta'to're** [dʒɛta-] (der, -, -ri) Mensch, der einen bösen Blick hat [it.]
**jet'ten** [dʒɛtn] (V.) mit dem Jet reisen
**Jeu** [ʒøː] (das, -s, -s) Glücks-, Kartenspiel [frz.]
**jeu'en** [ʒøː-] (V.) in einem Kasino, einer Spielbank spielen [lat.-frz.]
**Jeu'nesse do'rée** [ʒœnɛsdɔreː] (die, - -, nur Ez.) reiche, elegante, leichtlebige junge Leute [frz.]
**jid'disch** (Adj.) zu den Juden in Deutschland und Osteuropa gehörend, von ihnen stammend
**Jid'dis'tik** (die, -, nur Ez.) Wissenschaft von der jiddischen Sprache und Kultur
**jid'dis'tisch** (Adj.) zur Jiddistik gehörig
**Jig'ger** [dʒɪgə] (der, -s, -) **1** kleines Segel am hintersten Mast von Viermastern; damit ausgerüstetes Fischerboot **2** ein Golfschläger **3** Färbemaschine (Warenzeichen) **4** Flüssigkeitsmaß für Cocktails [engl.]
**Jin'gle** [dʒiygl] (der, -s, -s) leicht ins Ohr gehender (gesungener) Werbespruch [engl.]
**Jin'go** [dʒiygəʊ] (der, -s, -s) Bezeichnung für einen Nationalisten oder Chauvinisten in England [engl.]
**Jin'go'is'mus** [dʒiy-] (der, -, nur Ez.) englische Bezeichnung für Chauvinismus [engl.]
**Jin und Jang** (das, -, nur Ez.) in der chinesischen Naturphilosophie die beiden Weltprinzipien, das empfangende Weibliche und das schaffende Männliche
**Jit'ter'bug** [dʒɪtəbʌg] (der, -, nur Ez.) ein Modetanz (um 1945) mit akrobatischen Figuren (zu Boogie-Woogie) [engl.]
**Jiu-Jit'su** [dʒiːudʒɪtsu] (der, -, nur Ez.) japanischer Kampfsport, Technik zur Selbstverteidigung ohne Waffen
**Jive** [dʒaɪv] (der, -, nur Ez.) schnelle, schwungvolle Swingmusik; entschärfte Variante des Jitterbug [engl.]
**Job** [dʒɔp] (der, -s, -s) Arbeit, Beschäftigung, Gelegenheit zum Geldverdienen, Anstellung [engl.]
**job'ben** [dʒɔbn] (V.) Gelegenheitsarbeit verrichten; Berufsarbeit ausüben (ugs.) [engl.]
**Job'ber** [dʒɔbɐ] (der, -s, -) **1** Gelegenheitsarbeiter **2** Börsenspekulant; Händler (an der Londoner Börse), der nur auf eigene Rechnung Geschäfte abschließen darf [engl.]
**Job'eva'lu'a'tion** [dʒɒb-] *auch:* Job-Eva'lu'a'tion (die, -, -en) qualitative Bewertung von Arbeitsplätzen [engl.-lat.]

J

**Job'hop'ping** [dʒɒb-] (das, -s, -s) häufiges Wechseln des Arbeitsplatzes, um bessere Positionen zu erlangen [engl.]
**Job'kil'ler** [dʒɒb-] (der, -s, -) etwas, das Arbeitsplätze vernichtet [engl.]
**Job'ro'ta'ti'on** [dʒɒb-] (die, -, -s) Durchlaufen von verschiedenen Arbeitsplätzen in einer Firma, um Erfahrung zu gewinnen [engl.]
**Job'sha'ring** [dʒɒbʃærɪŋ] (das, -s, nur Ez.) Aufteilen eines Arbeitsplatzes unter zwei Arbeitnehmern [engl.]
**Job'ti'cket** [dʒɒb-] (das, -s, -s) Fahrkarte für öffentliche Verkehrsmittel (zur Benutzung für den Weg in die Arbeit), die ein Arbeitnehmer über die Firma zu einem günstigen Preis erwerben kann [engl.]
**Jo'ckey** *auch:* Jo'ckei [dʒɔki] (der, -s, -s) berufsmäßiger Rennreiter [engl.]
**Jo'cket'te** [dʒɔ-] (die, -, -n) weiblicher Jockey
**Jod** (das, -s, nur Ez.) ein Element; Desinfektionsmittel
**Jod'ak'ne** (die, -, nur Ez.) Hautausschlag bei Jodüberempfindlichkeit
**Jodh'pur'hose** [dʒɔdpʊə-] (die, -, -n) Reithose, die oben weit und von den Knien ab eng ist [engl.-dt.]
**Jo'dis'mus** (der, -, nur Ez.) Jodvergiftung
**Jo'ga** (der oder das, -(s), nur Ez.) = Yoga
**jog'gen** [dʒɔ-] (V.) in der Art des Joggings gehen oder laufen
**Jog'ger** [dʒɔ-] (der, -s, -) jmd., der Jogging betreibt
**Jog'ging** [dʒɔ-] (das, -s, nur Ez.) sportliches Laufen, schnelles Gehen oder langsamer Dauerlauf [engl.]
**Jo'ghurt** *auch:* Jo'gurt (der, -s, -s) durch Zusatz von Bakterien gewonnenes Milchprodukt [türk.]
**Jo'gi** (der, -s, -s) = Yogi
**Jo'gurt** (der, -s, -s) = Joghurt
**Jo'han'nis'brot** (das, -es, -e) Frucht des Johannisbrotbaumes
**Jo'han'nis'trieb** (der, -s, -e) zweiter Trieb von Bäumen und Büschen im Juni oder Juli
**Jo'han'ni'ter** (der, -s, -) Angehöriger des Johannisordens
**Joint** [dʒɔɪnt] (der, -s, -s) selbst gedrehte Zigarette, deren Tabak Haschisch oder Marihuana enthält [engl.]
**Joint Ven'ture** [dʒɔɪnt ventʃə] (das, -(s), -s) Zusammenschluss von Unternehmen auf internationaler Ebene für die gemeinsame Durchführung eines Projektes [engl.]
**Jo'jo'ba** (die, -, -s) bestimmtes Buchsbaumgewächs [mex.]
**Joke** [dʒəʊk] (der, -s, -s) Witz (Jugendsprache) [engl.]
**Jo'ker** [dʒəʊkə] (der, -s, -) Spielkarte, die für jede andere Karte eingesetzt werden kann [engl.]
**Jo'ku'la'tor** (der, -s, -to'ren) umherziehender Sänger, Musiker und Spaßmacher zugleich (im Mittelalter) [lat.]
**Jo'kus** (der, -, nur Ez.) Spaß, Jux, Ulk [lat.]
**Jol'le** (die, -, -n) einmastiges Segelboot; flaches Ruderboot als Arbeits- oder Beiboot [niederl.]
**Jom Kip'pur** (der, - -, nur Ez.) Versöhnungsfest, hoher jüdischer Feiertag [hebr.]
**Jon'g'la'ge** (die, -, -n) Darbietung, Vorstellung eines Jongleurs
**Jon'g'leur** [ʒɔ̃gløːɐ] (der, -s, -e) Artist (im Varieté und Zirkus), der Bälle, Teller u.a. in die Höhe wirft und auffängt [frz.]
**jon'g'lie'ren** [ʒɔ̃-] (V.) **1** geschickt und rasch werfen und wieder auffangen; z.B. mit Bällen, Tellern jonglieren **2** geschickt etwas benutzen; z.B. mit Worten jonglieren [frz.]
**Jon'ny** [dʒɔ-] (der, -s, -s) umgangssprachlich salopp für Penis [engl.]
**Jo'non** (das, -s, nur Ez.) nach Veilchen riechender Duftstoff [gr.-lat.]
**Jop'pe** (die, -, -n) bequeme Jacke, Hausjacke; z.B. Lodenjoppe [arab.-frz.]
**Jor'da'ni'er** (der, -s, -) Einwohner Jordaniens
**Jo'ru'ri** [dʒoː-] (das, -(s), -s) japanisches Puppenspiel mit Musik [jap.]
**Jo'ta** *auch:* Io'ta (das, -(s), -s) **1** neunter Buchstabe des griechischen Alphabets **2** Kleinigkeit, bisschen; z.B. das ist um kein Jota besser
**Joule** [dʒaʊl] oder [dʒuːl] (das, -(s), -) Maßeinheit der Energie [engl.]
**Jour** [ʒuːr] (der, -s, -s) Empfangstag (früher); Jour fixe: festgesetzter Tag, an dem man sich regelmäßig trifft [frz.]

**Jour'nail'le** [ʒʊrnaljə] (die, -, nur Ez.) verantwortungslos, hetzerisch arbeitende Journalisten [frz.]
**Jour'nal** [ʒʊr-] (das, -s, -e) **1** Rechnungsbuch, Tagebuch des Buchhalters **2** Zeitschrift [frz.]
**Jour'na'lis'mus** [ʒʊr-] (der, -, nur Ez.) Zeitungswesen; schriftstellerische Tätigkeit für Zeitungen, Zeitschriften, Rundfunk und Fernsehen [frz.]
**Jour'na'list** [ʒʊr-] (der, -listen, -listen) für Zeitungen, Zeitschriften, Funk und Fernsehen arbeitender Schriftsteller [frz.]
**Jour'na'lis'tik** [ʒʊr-] (die, -, nur Ez.) Zeitungswissenschaft
**jour'na'lis'tisch** [ʒʊr-] (Adj.) zum Journalismus, zur Journalistik gehörig, sie betreffend; in der Art eines Journalisten
**jo'vi'al** (Adj.) betont umgänglich, leutselig, wohlwollend u. etw. herablassend [lat.]
**Jo'vi'a'li'tät** (die, -, nur Ez.) joviales Verhalten
**Joy'stick** (der, -s, -s) Steuerhebel für Computerspiele [engl.]
**Ju'bi'lar** (der, -s, -e) jmd., zu dessen Ehren ein Jubiläum gefeiert wird
**Ju'bi'lä'um** (das, -s, -läen) Jahrestag (eines Ereignisses), Gedenktag [lat.]
**Ju'bi'lee** [dʒuːbɪliː] (das, -s, -s) religiöses Lied der Schwarzen in Nordamerika [engl.]
**ju'bi'lie'ren** (V.) jubeln; laut singen (von Vögeln) [lat.]
**Juch'ten** (der, -s, nur Ez.) **1** mit Birkenteeröl wasserdicht gemachtes Leder **2** Parfüm aus Birkenteeröl [russ.]
**Ju'da'i'ka** (nur Mz.) Bücher, Bilder über das Judentum
**Ju'da'is'mus** (der, -, nur Ez.) jüdische Religion; streng am mosaischen Gesetz orientierte Richtung im Urchristentum [nlat.]
**Ju'da'is'tik** (die, -, nur Ez.) Wissenschaft von der jüdischen Geschichte und Kultur [nlat.]
**Ju'di'ka'ti'on** (die, -, -en) Verurteilung; Beurteilung [lat.]
**Ju'di'ka'ti've** (die, -, nur Ez.) richterliche Gewalt (im Staat) [lat.]
**Ju'di'ka'tur** (die, -, nur Ez.) Rechtsprechung [lat.]
**ju'di'zie'ren** (V.) Recht sprechen (veraltet) [lat.]
**Ju'do** (das, -(s), nur Ez.) sportlich betriebenes Jiu-Jitsu [jap.]
**Ju'do'ka** (der, -(s), -(s)) Sportler, der Judo betreibt [jap.]
**Jug** [dʒʌg] (der, -s, -s) afroamerikanisches Blasinstrument [engl.]
**Ju'go'sla'we** (der, -n, -n) Ew. des ehemaligen Jugoslawiens
**ju'gu'lar** (Adj.) zum Jugulum gehörig
**Ju'gu'lum** (das, -s, -la) Grube über dem Brustbein zwischen den Schlüsselbeinen, Drosselgrube [lat.]
**Juice** [dʒuːs] (der, -, -s) Obst- oder Gemüsesaft [engl.]
**Juke'box** [dschuk-] (die, -, -es) Musikautomat, der gegen Münzeinwurf Unterhaltungsmusik spielt [engl.]
**Ju-Jut'su** (das, -s, nur Ez.) japanischer Selbstverteidigungssport [jap.]
**Jul** (das, -(s), nur Ez.) **1** germanisches Fest der Wintersonnwende **2** Weihnachtsfest in Skandinavien [altnord.]
**Jul'bock** (der, -s, -böcke) in Skandinavien zur Weihnachtszeit gehörende Gestalt mit Fellen und gehörntem Ziegenkopf [schwed.]
**Ju'lep** (der oder das, -s, -s) besonders in den angelsächsischen Ländern beliebtes alkoholisches Erfrischungsgetränk [pers.-arab.-frz.-engl.]
**Jul'fest** (das, -es, -e) = Jul
**ju'li'a'nisch** (Adj.) (in der Verbindung „julianischer Kalender") von Julius Cäsar eingeführter Kalender
**Jul'klapp** (der, -s, nur Ez.) skandinavische Sitte, am Weihnachtsabend verpackte Geschenke ins Zimmer zu werfen und dazu „Julklapp!" zu rufen, ohne sich zu zeigen; das Geschenk selbst [schwed.]
**Jum'bo** (der, -s, -s) = Jumbojet
**Jum'bo'jet** *auch:* Jum'bo-Jet [-dʒɛt] (der, -s, -s) Großraumdüsenflugzeug [engl.]
**Ju'me'lage** (die, -, -n) Städtepartnerschaft zwischen Städten verschiedener Länder [frz.]
**Jump** [dʒʌmp] (der, -s, -s) **1** dritter Sprung bei der Leichtathletikdisziplin des Dreisprungs **2** bestimmter Jazzstil [engl.]
**Jum'per** [dʒʌmpə] (der, -s, -) pulloverähnliches Kleidungsstück für Frauen [engl.]

J

**jun'gie'ren** (V.) (veraltet) verbinden, zusammenlegen [lat.]
**Jun'gle'stil** [dʒʌ˜gl-] *auch:* Jun'gle'style (der, -s, nur Ez.) bestimmte Spielweise der Blasinstrumente in der Jazzmusik [engl.]
**Jun'gle'style** [dʒʌ˜glstaɪl] = Junglestil
**ju'ni'or** der jüngere (nach Personennamen); z.B. Walter Schulz jr. [lat.]
**Ju'ni'or** (der, -s, -oren) der Sohn, der Jüngere; junger Sportler (zwischen dem 18. und 23. Jahr); Jugendlicher (bes. in der Mode) [lat.]
**Ju'ni'o'rat** (das, -(e)s, -e) = Minorat
**Ju'ni'or'chef** (der, -s, -s) mitarbeitender Sohn des Chefs
**Ju'ni'or'part'ner** (der, -s, -) meist jüngerer Geschäftspartner, der weniger Rechte als der Seniorpartner hat
J
**Ju'ni'pe'rus** (die, -, nur Ez.) Wacholder (als Heilpflanze) [lat.]
**Junk** [dʒʌk] (der, -s, nur Ez.) Rauschgift (Ausdruck der Drogenszene) [engl.]
**Junk-Art** [dʒʌk-] *auch:* Junk'art (die, -, nur Ez.) moderne Kunstrichtung, die für ihre Kunstwerke Abfallprodukte verwendet [engl.]
**Junk'food** *auch:* Junk-Food [dʒʌkfuːd] (das, -s, nur Ez.) Nahrungsmittel, die wenig Nährwert, aber viele Kalorien enthalten und oft zwischendurch statt ordentlicher Mahlzeiten konsumiert werden [engl.]
**Jun'kie** [dʒʌkɪ] (der, -s, -s) Rauschgiftsüchtiger [engl.]
**Junk'tim** (das, -s, -s) Verbindung mehrerer Gesetzesvorlagen, die nur gemeinsam angenommen oder abgelehnt werden können [lat.]
**Junk'tur** (die, -, -en) **1** Verbindung (veraltet) **2** Knochenverbindung im Skelett (Med.) **3** eine Grenze zwischen sprachlichen Einheiten verdeutlichende Sprechpause [lat.]
**ju'no'nisch** (Adj.) von erhabener Schönheit, von stattlicher Schönheit, wie die römische Göttin Juno [lat.]
**Jun'ta** [xʊ-] (die, -, -ten) **1** Regierungsausschuss, dessen Tätigkeit zeitlich begrenzt ist (besonders in Spanien, Portugal und Lateinamerika) **2** Kurzwort für: Militärjunta [span.]
**Jupe** (die, -s, -s) **1** Damenrock **2** (veraltet) bis zu den Knöcheln reichender Damenunterrock [arab.-it.-frz.]
**Ju'pi'ter'lam'pe** (die, -, -n) sehr starke Lampe für Film und Fernsehen der Firma „Jupiterlicht"
**Ju'pon** [ʒʏpɔ̃] (der, -s, -s) knöchellanger Unterrock; Unterrock (schweiz.) [frz.]
**Ju'ra** **1** (nur Mz.) Rechtswissenschaft, Rechtslehre [lat.] **2** (der, -s, nur Ez.) eine Formation des Mesozoikums [kelt.-lat.]
**Ju'ras'si'er** (der, -s, -) Bw. des Schweizer Kantons Jura
**ju'ras'sisch** (Adj.) **1** zur Formation des Jura gehörig; z.B. eine jurassische Faltung **2** zum Schweizer Kanton Jura gehörig
**ju'rie'ren** (V.) als Mitglied einer Jury agieren [lat.]
**Ju'rie'rung** (die, -, -en) das Jurieren [lat.]
**Ju'ris'dik'ti'on** (die, -, -tionen) Rechtsprechung, Gerichtsbarkeit [lat.]
**Ju'ris'pru'denz** (die, -, nur Ez.) Rechtswissenschaft [lat.]
**Ju'rist** (der, -risten, -risten) Rechtswissenschaftler, Rechtsgelehrter [lat.]
**ju'ris'tisch** (Adj.) zur Rechtswissenschaft gehörig, den Vorschriften der Rechtswissenschaft entsprechend, rechtlich (veraltet, noch österr.) [lat.]
**Ju'ror** (der, -s, -roren) Mitglied einer Jury
**Jur'te** (die, -, -n) rundes Filzzelt mittelasiatischer Nomaden [russ.]
**Ju'ry** [ʒʏːri] oder [ʒʏriː], auch [dʒʊərɪ] (die, -, -s) **1** Ausschuss von Sachverständigen als Preisrichter (bei Kunstausstellungen, sportlichen, musikalischen u.a. Wettbewerben) **2** Schwurgericht (bes. in England und USA) [frz.]
**Jus** **1** (das, -, Ju'ra) Recht; z.B. Jus studieren; Jus gentium: Völkerrecht; Jus naturale: Naturrecht; Jus primae noctis: Recht des Grundherrn auf die erste Nacht einer neu vermählten Leibeigenen (in der Feudalzeit) [lat.] **2** [ʒʏː] (die, -, nur Ez.) Soßengrundlage aus eingekochten Kalbsknochen; Fruchtsaft (schweiz.) [frz.]
**Jus'ta'ge** [ʒystaːʒ] (die, -, -n) Justierung [frz.]
**jus'ta'ment** (Adv.) eben, gerade (veraltet) [lat.]

**jus'tie'ren** (V.) auf ein genaues Maß, die größtmögliche Schärfe einstellen; z.B. eine Waage, ein Fernglas justieren; Münzen justieren: auf das vorgeschriebene Gewicht hin prüfen [lat.]
**Jus'ti'fi'ka'ti'on** (die, -, -tio̱nen) Genehmigung, Anerkennung der Richtigkeit [lat.]
**Ju'sti'fi'ka'tur** (die, -, -en) Rechnungsprüfung und -anerkennung [lat.]
**jus'ti'fi'zie'ren** (V.) die Richtigkeit (von etwas) prüfen und anerkennen [lat.]
**just in time** [dʒʌstɪntaɪm] (Adv.) genau rechtzeitig; gleichzeitig [engl.]
**Just-in-time-Pro'duk'ti'on** [dʒʌstɪntaɪm-] (die, -, nur Ez.) Produktionsprinzip, bei dem Termine der Zulieferung und der Produktion genau aufeinander abgestimmt werden
**Jus'ti'tia** (die, -, nur Ez.) **1** römische Göttin der Gerechtigkeit **2** die Gerechtigkeit [lat.]
**Jus'ti'ti'ar** (der, -s, -e) = Justiziar
**Jus'tiz** (die, -, nur Ez.) **1** das Rechtswesen **2** Behörden des Rechtswesens [lat.]
**Jus'ti'ti'um** (das, -s, -ti'en) = Justizium
**Jus'ti'zi'ar** *auch:* Jus'ti'ti'a̱r (der, -s, -e) für alle rechtlichen Angelegenheiten zuständiger Mitarbeiter eines Betriebes oder einer Behörde [lat.]
**Jus'ti'zi'um** *auch:* Jus'ti̱'ti'um (das, -s, -zien) Unterbrechung der Rechtspflege (durch außergewöhnliche, schwerwiegende Ereignisse) [lat.]
**Jus'tiz'mord** (der, -es, -e) Hinrichtung eines Unschuldigen auf Grund eines Justizirrtums
**Ju'te** (die, -, -n) eine indische Art der Lindengewächse; deren Faser; ähnliche Faser anderer Pflanzen [sanskr.]
**ju've'na'lisch** (Adj.) spöttisch, beißend, satirisch [lat.]
**ju've'nil** (Adj.) jugendlich; juveniles Wasser: aus dem Erdinnern kommendes und zum ersten Mal am Wasserkreislauf teilnehmendes Wasser [lat.]
**Ju've'ni'li'tät** (die, -, nur Ez.) Jugendlichkeit [lat.]
**Ju'wel** (das, -s, -e) **1** geschliffener Edelstein, kostbares Schmuckstück; etwas Kostbares, Wertvolles **2** sehr tüchtiger Mensch, dem man jede Arbeit anvertrauen kann (ugs., scherzhaft) [lat.-niederl.]
**Ju'we'lier** (der, -s, -e) Juwelenhändler
**Jux** (der, -es, -e) Spaß, Ulk [lat.]
**ju'xen** (V.) Spaß, Jux machen
**Jux'ta** (die, -, -ten) Streifen an der Seite von Wert- oder ähnlichen Papieren (der zur Kontrolle abgetrennt und einbehalten werden kann) [lat.]
**Jux'ta'po'si'ti'on** (die, -, -tio̱nen) **1** Anlagerung kleinster Teilchen an Kristalle **2** Zusammenrückung, Nebeneinanderstellung von Wörtern; z.B. Hans Guckindieluft [lat.]

# K

**Ka'a'ba** (die, -, nur Ez.) Hauptheiligtum des Islams in der großen Moschee von Mekka [arab.]
**Ka'ba'le** (die, -, -n) hinterhältige Handlung, Intrige (veraltet) [frz.]
**ka ba'lie'ren** (V.) Kabalen verüben, intrigieren (veraltet)
**Ka'ba'list** (der, -lis'ten -lis'ten) Intrigant, hinterlistiger Gegner [hebr.-frz.]
**Ka'ba'nos'si** (die, -, -) = Cabanossi
**Ka'ba'rett** (das, -s, -e oder -s) **1** kleine Bühne für witzige, zeitkritische Darbietungen **2** die Kunstform dieser Darbietungen **3** drehbare Platte mit abgeteilten Fächern für Speisen
**Ka'ba'ret'tist** (der, -tis'ten, -tis'ten) Künstler an einem Kabarett
**ka'ba'ret'tis'tisch** (Adj.) in der Art der Kabarettkunst [frz.]
**Kab'ba'la** (die, -, nur Ez.) eine jüdische Geheimlehre (bes. im Mittelalter) Buchstaben- und Zahlendeutung [hebr.]
**Kab'ba'list** (der, -lis'ten, -lis'ten) Anhänger, Kenner der Kabbala
**Kab'ba'lis'tik** (die, -, nur Ez.) Lehre der Kabbala
**kab'ba'lis'tisch** (Adj.) auf die Kabbala bezogen, geheimnisvoll [hebr.-frz.]
**Ka'bi'ne** (die, -, -n) Wohn- und Schlafraum für Passagiere (auf Schiffen); sehr kleiner Raum [frz.]
**Ka'bi'nett** (das, -s, -e) kleiner Raum; Gesamtheit der Minister (einer Staatsregierung) [frz.]
**Ka'bi'nett'for'mat** (das, -s, nur Ez.) Bildformat von 10 cm x 14 cm
**Ka'bi'netts'jus'tiz** (die, -, nur Ez.) Rechtsprechung des Staatsoberhauptes in einem Rechtsstreit
**Ka'bi'nett'wein** (der, -s, -e) Prädikatswein der ersten Kategorie
**Ka'bo'ta'ge** [-ʒə] (die, -, nur Ez.) **1** Küstenschifffahrt zwischen den Häfen desselben Staates **2** Luftverkehr im Hoheitsgebiet eines fremden Staates [frz.]
**Ka'b'rio** (das, -s, -s) = Cabrio
**Ka'b'ri'o'lett** (das, -s, -s) = Cabriolet
**Ka'bu'ki** (das, -(s), - oder -s) japanisches Volksschauspiel mit Musik und Tanz
**Ka'by'le** (der, -n, -n) Angehöriger eines Berbervolkes
**Ka'da'ver** (der, -s, -) toter Körper eines Tieres, der schon in Verwesung übergeht [lat.]
**Ka'da'ver'ge'hor'sam** (der, -s, nur Ez.) blinder Gehorsam unter völliger Aufgabe des eigenen Willens und der individuellen Persönlichkeit [lat.-dt.]
**Ka'da've'rin** (das, -s, nur Ez.) Leichengift [lat.]
**Kad'disch** (das, - oder -s, nur Ez.) jüdisches Gebet [aram.]
**Ka'denz** (die, -, -en) **1** abschließende Akkordfolge; verzierende Wiederholung des Themas durch den Solisten (im Instrumentalkonzert) **2** Art des Schlusses (beim Vers; z.B. Reim) [it.]
**Ka'der** (der, -s, -) erfahrene Stamm-, Kerntruppe; Gruppe von leitenden Personen (schweiz.); Gruppe ideologisch geschulter Führungskräfte; Mitglied dieser Gruppe [frz.]
**Ka'dett** (der, -en, -en) Zögling einer militärischen Erziehungsanstalt (mit dem Ziel des Offiziersberufes) [frz.]
**Ka'di** (der, -s, -s) Richter (in islamischen Ländern) [arab.]
**kad'mie'ren** (V.) mit einer Kadmiumschicht überziehen
**Kad'mi'um** (das, -s, nur Ez.) = Cadmium
**ka'du'zie'ren** (V.) bei Zahlungsverzug geleistete Einlagen und Bürgschaften als verfallen erklären [lat.]
**Ka'du'zie'rung** (die, -, -en) Verfallserklärung für getätigte Einlagen bei Zahlungsverzug [lat.]
**Kaf** (das oder der, -s, nur Ez.) legendäres Gebirge in der islamischen Mythologie, das als Grenze zwischen dem Sitz der Götter und Dämonen und der Erde gilt [arab.]
**Kaffee** [-feː] (der, -s, -s) eine tropische Pflanze, deren Samen, Kaffeebohne; Getränk daraus [arab.]

**Kaffer** **1** (der, -n, -n) früher: Angehöriger eines südafrikanischen Bantuvolkes [arab.] **2** (der, -s, -) Dummkopf, Trottel [jidd.]
**Kafiller** (der, -s, -) Schinder, Abdecker in der Gaunersprache [hebr.-jidd.]
**Kafillerei** (die, -, nur Ez.) Abdeckerei in der Gaunersprache [hebr.-jidd.]
**Kafir** (der, -s, -n) abwertender Begriff für Nichtmohammedaner [arab.]
**kafkaesk** (Adj.) unerklärlich, rätselhaft, unheimlich, bedrohlich, im Stil Kafkas
**Kaftan** (der, -s, -e) mantelartiges Obergewand der orthodoxen Juden [pers.-türk.]
**Kai** *auch:* Quai (der, -s, -s) gemauerte Anlegestelle für Schiffe [frz.]
**Kaik** (der, -s, -s) Ruderboot, leichtes Küstenfahrzeug [türk.]
**Kaiman** (der, -s, -e) im tropischen Südamerika beheimatetes Krokodil, Alligator [indian.-span.]
**Kainit** [kai-] (der, -s, -e) ein Mineral, Düngemittel [nlat.]
**Kainsmal** (das, -es, -e) Zeichen der Schuld, mit dem jmd. gezeichnet ist, das jmd. sichtbar trägt
**kairophob** (Adj.) Situationsangst empfindend (Psych., Med.) [gr.]
**Kairophobie** (die, -, -bien) Situationsangst (Psych., Med.) [gr.]
**Kairos** (der, -, -roi) **1** günstiger Moment, entscheidender Augenblick, richtiger Zeitpunkt (Philos.) **2** Zeitpunkt der Entscheidung [gr.]
**Kaizen** [-zen] (das, -, nur Ez.) Methode der jap. Fertigungstechnik: Einsatz von eigenverantwortlichen Mitarbeitern soll die kontinuierliche Verbesserung aller Betriebsprozesse bewirken [jap.]
**Kajak** (der auch das, -s, -s) fast ganz geschlossenes, einsitziges Paddelboot der Eskimos; Sportpaddelboot
**Kajalstift** (der, -s, -e) Schminkstift zur Verstärkung der Augenkonturen
**Kaje** (die, -, -n) Uferbefestigung, Schutzdeich gegen Überschwemmungen [niederl.]
**Kajüte** (die, -, -n) Raum im Inneren eines Schiffes
**Kakadu** (der, -s, -s) ein Papagei mit Federtolle [malai.]
**Kakao** [-kau] (der, -s, -s) Samen des Kakaobaumes; daraus hergestelltes Pulver; Getränk daraus [indian.]
**Kakemono** (das, -s, -e) asiatisches hochformatiges Gemälde, das auf einer Rolle aus Seide oder Papier gemalt ist [jap.]
**Kakerlak** *auch:* Kakerlake (der, -s oder -en, -en) Küchenschabe [niederl.]
**Kakerlake** (die, -, -n) = Kakerlak
**Kakidrose** (die, -, nur Ez.) stinkende Schweißsekretion (Med.) [gr.-lat.]
**Kakirit** (der, -s, -e) Gestein, das durch tektonische Bewegungen von Rutsch- und Kluftflächen gezeichnet ist (Geo.)
**Kakogeusie** (die, -, nur Ez.) schlechter Geschmack (im Mund) [gr.]
**Kakophonie** (die, -, -n) schlecht klingende Folge von Tönen oder Lauten, Missklang [gr.]
**Kaktee** (die, -, -n) = Kaktus
**Kaktus** (der, - oder -tusses, -teen oder -tusse) aus den Wüstengebieten Amerikas stammende, dickfleischige Stachelpflanze [gr.-lat.]
**Kala-Azar** (die, -, nur Ez.) tropische Infektionskrankheit [Hindi]
**Kalabasse** (die, -, -n) = Kalebasse
**Kalabrese** (der, -n, -n) Ew. von Kalabrien
**Kalabreser** (der, -s, -) breitkrempiger Filzhut mit spitzem Kopf [it.]
**Kalamaika** (die, -, -ken) schwungvoller ukrainischer Tanz mit Gesang [russ.]
**Kalamit** (der, -en, -en) baumhoher Schachtelhalm des Karbons [gr.]
**Kalamität** (die, -, -en) **1** unangenehme Umstände, Schwierigkeit, Verlegenheit **2** infolge massiven Schädlingsbefalls hervorgerufene Erkrankung von Monokulturen mit wirtschaftlichen Folgen [lat.]
**Kalander** (der, -s, -) Walzmaschine zum Pressen und Prägen von Textilien und Papier [frz.]
**kalandern** (V.) mit dem Kalander behandeln
**Kalasche** (die, -, -n) Schläge, eine Tracht Prügel [russ.]
**kalaschen** (V.) prügeln [russ.]
**Kalaschnikow** (die, -, -s) eine Maschinenpistole russ. Bauart

**Ka|la|si|ris** (die, -, -) Frauen- und Männergewand im antiken Griechenland und Ägypten [ägypt.-gr.]
**Ka|lau|er** (der, -s, -) Wortspiel, Witz, der meist auf Wortverdrehungen und Umdeutungen beruht [frz.]
**Kal|da|ri|um** (das, -s, -ri|en) 1 heißes Bad im antiken Rom 2 (veraltet) warmes Gewächshaus [lat.]
**Kal|dau|ne** (die, -, -n) Innereien, Eingeweide des Schlachtviehs [lat.]
**Kal|de|ra** (die, -, -ren) = Caldera [lat.-span.]
**Ka|le|bas|se** *auch:* Ka|la|bas|se (die, -, -n) aus einem ausgehöhlten Flaschenkürbis hergestelltes Gefäß [span.-frz.]
**Ka|lei|do|skop** (das, -s, -e) 1 rohrartiges Spielzeug mit Spiegeln, in dem sich bunte Glassteinchen beim Drehen zu immer neuen Mustern ordnen 2 abwechslungsreiche Folge, bunter Wechsel [gr.]
**ka|lei|do|sko|pisch** (Adj.) 1 das Kaleidoskop betreffend 2 ständig wechselnd, in buntem raschen Wechsel [gr.-lat.]
**Ka|lei|ka** (das, -s, nur Ez.) Umstand, Aufheben [poln.]
**ka|len|da|risch** (Adj.) nach dem Kalender [lat.]
**Ka|len|da|ri|um** (das, -s, -ri|en) 1 Verzeichnis von Zinsen, die am Ersten des Monats fällig waren (im alten Rom) 2 Verzeichnis der kirchlichen Gedenk- und Feiertage; Terminkalender [lat.]
**Ka|len|den** (nur Mz.) 1 der erste Tag des altrömischen Monats 2 etwas vertagen mit dem Wissen, dass es nie getan wird [lat.]
**Ka|len|der** (der, -s, -) Verzeichnis aller Tage, Wochen und Monate des Jahres [lat.]
**Ka|le|sche** (die, -, -n) leichter, eleganter, vierrädriger Pferdewagen [poln.]
**Kal|fak|ter** (der, -s, -) = Kalfaktor
**Kal|fak|tor** *auch:* Kal|fak|ter (der, -s, -to|ren) Strafgefangener als Helfer des Gefängnisaufsehers, jmd., der alle möglichen Dienste verrichtet; Zwischenträger, Aushorcher [lat.]
**kal|fa|tern** (V.) mit Teer abdichten [gr.-it.]
**Ka|li** (das, -s, -s) Kalisalz, Kalium [Kurzwort]

K

**Ka|li|ber** (das, -s, -) 1 lichte Weite (von Rohren, Schächten); Durchmesser (von Geschossen) 2 Art, Wesensart, Sorte (ugs., scherzhaft) [arab.-frz.]
**ka|li|brie|ren** (V.) auf das richtige Maß (Kaliber) bringen
**Ka|lif** (der, -en, -en) Titel islamischer Herrscher (als Nachfolger Mohammeds) [arab.]
**Ka|li|fat** (das, -s, -e) Amt, Herrschaftsbereich eines Kalifen
**Ka|li|ko** (der, -s, -s) feines, dichtes, beschichtetes Baumwollgewebe [engl.]
**Ka|li|um** (das, -s, nur Ez.) ein Element, Metall
**Ka|li|um|per|man|ga|nat** (das, -(e)s, nur Ez.) übermangansaures Kalium
**Kal|ko|o|lith** (der, -s, -e) Kalkkörper, der durch Ausscheidung aus kalkhaltigem Wasser entstanden ist
**Kal|kül** (das, -s, -e) Rechnung, Berechnung, Überlegung [frz.]
**kal|ku|la|bel** (Adj.) kalkulierbar, berechenbar
**Kal|ku|la|ti|on** (die, -, -ti|o|nen) Berechnung (von Kosten) [lat.]
**Kal|ku|la|tor** (der, -s, -to|ren) Rechnungsprüfer (im betrieblichen Rechnungswesen) [lat.]
**kal|ku|la|to|risch** (Adj.) kalkulierend, rechnungsmäßig [lat.]
**kal|ku|lie|ren** (V.) berechnen; die Kosten (für etwas) berechnen; überlegen, vermuten, rechnen, schätzen [lat.]
**Kal|la** (die, -, -s) ein afrikanisches Aronstabgewächs; eine aus Nordostamerika stammende Sumpfpflanze
**Kal|li|graf** *auch:* Kal|li|graph (der, -en, -en) Schönschreiber [gr.]
**Kal|li|gra|fie** *auch:* Kal|li|gra|phie (die, -, nur Ez.) Kunst des Schönschreibens [gr.]
**kal|li|gra|fisch** *auch:* kal|li|gra|phisch (Adj.) in der Art der Kalligraphie, sehr genau, sehr deutlich (von der Schrift)
**Kal|mar** (der, -s, -e) Kopffüßer, Tintenfisch [it.]
**Kal|me** (die, -, -n) völlige Windstille [gr.-lat.-it.-frz.]
**Kal|men|gür|tel** (der, -s, -) in der Meteorologie Gebiet häufiger Windstillen und nur sehr schwacher Winde [gr.-lat.-it.-frz.-dt.]

**Kal·men·zo·ne** (die, -, nur Ez.) in der Meteorologie Gebiet totaler Windstille in der Nähe des Äquators
**Kal·mück** (der, -mü̲cken, -mü̲cken) Angehöriger eines westmongolischen Volkes
**Kal·mus** (der, -, -se) ein Aronstabgewächs, Zier- und Heilpflanze [gr.-lat.]
**Ka·lo** (der, -s, -s) Gewichtsverlust bei Waren durch Eintrocknen oder Auslaufen [it.]
**Ka·lo·bi·o·tik** (die, -, nur Ez.) die Kunst, ein der geistigen Natur des Menschen entsprechendes schönes und harmonisches Leben zu führen [gr.]
**Ka·lo·rie** (die, -, -n) Maßeinheit für Wärmemenge und Energiewert (früher) [lat.]
**ka·lo·ri·en·arm** (Adj.) wenig Kalorien enthaltend
**Ka·lo·rik** (die, -, nur Ez.) Wärmelehre
**Ka·lo·ri·me·ter** (das, -s, -) Gerät zum Messen von Wärmemengen [lat.-gr.]
**Ka·lo·ri·me·trie** (die, -, nur Ez.) das Messen von Wärmemengen [lat.-gr.]
**ka·lo·ri·sie·ren** (V.) mit einem Mittel gegen Rost und Korrosion überziehen [lat.]
**Ka·lot·te** (die, -, -n) **1** Fläche eines Kugelabschnitts (Math.) **2** flache Kuppel (in der Baukunst) **3** Scheitelkäppchen **4** Schädeldecke [it.-frz.]
**Ka·lu·met** (das, -s, -s) Friedenspfeife (der nordamerikanischen Indianer) [frz.]
**Ka·lup·pe** (die, -, -n) baufälliges, primitives Haus [tschech.]
**Kal·va** [-va] (die, -, -ven) Kalotte, Schädeldecke (Med.) [lat.]
**Kal·va·ri·en·berg** (der, -(e)s, -e) Schädelstätte, Hinrichtungsstätte, Golgatha; Berg mit den Stationen der Leidensgeschichte Christi (und meist auch Wallfahrtskirche) [lat.]
**Kal·vill** [-vil] (der, -s, -en) *auch:* Kal·vi̲l·le [-vil-] (die, -, -n) Apfelsorte mit lockerem Fruchtfleisch und fetter Schale
**Kal·vi·nis·mus** (der, -, nur Ez.) = Calvinismus
**Ka·ly·kan·thus** (der, -, nur Ez.) ein Gartenzierstrauch, Gewürzstrauch [gr.]
**Ka·lyp·tra** (die, -, -tren) Hülle um die Wurzelspitze (Farn- und Samenpflanzen); Hülle der Sporenkapsel (Laubmoose) [gr.]
**Kal·ze·o·la·rie** [-riə] (die, -, -n) Pantoffelblume [lat.]
**kal·zi·fi·zie·ren** (V.) verkalken [lat.]
**kal·zi·fug** (Adj.) kalkhaltigen Boden vermeidend [lat.]
**kal·zi·phil** (Adj.) kalkhaltigen Boden aufsuchend [lat.-gr.]
**Kal·zi·um** (das, -s, nur Ez.) = Calcium
**Ka·man·gah** [-dzaː] (die, -, -s) Streichinstrument, das vor allem im Vorderen Orient verbreitet ist (Mus.) [arab.]
**Ka·ma·res·va·se** [-va-] (die, -, -n) Tongefäß aus Kreta, das in Erdfarben mit Ornamenten bemalt ist
**Kam·bi·um** (das, -s, -bi·en) das Dickenwachstum der Pflanzen veranlassendes Bildungsgewebe [lat.]
**Kam·bo·dscha·ner** (der, -s, -) Einwohner Kambodschas
**kam·brisch** (Adj.) zum Kambrium gehörig
**Kam·bri·um** (das, -s, nur Ez.) unterste Formation des Paläozoikums [kelt.]
**Ka·me** [keim] (der, -s, -s) 10–20 m hoher Hügel aus Kies oder Sand, der durch eiszeitliche Schmelzwässer entstanden ist
**Ka·mee** (die, -, -n) Schmuckstein mit erhaben herausgearbeiteter figürlicher Darstellung [lat.-frz.]
**Ka·me·lie** [-liə] (die, -, -n) eine aus Ostasien stammende Zierpflanze mit immergrünen Blättern [tschech.-nlat.]
**Ka·mel·le** (die, -, -n) **1** Karamellbonbon **2** Geschichte, Sache, Angelegenheit; „olle Kamellen" (ugs.): längst bekannte, überholte Dinge [lat.]
**Ka·me·lott 1** (der, -s, -s) feines Kammgarngewebe **2** französischer Zeitungsverkäufer (der, -s, -s) [frz.]
**Ka·me·ra** (die, -, -s) Gerät für fotografische Aufnahmen [lat.]
**Ka·me·rad** (der, -en, -en) Gefährte, Genosse [lat.-frz.]
**ka·me·ral** (Adj.) Konzeption in der Wirtschaft, in der für die Leistungserstellung nicht nur die Nachfrage des Marktes bestimmend ist, sondern auch andere Faktoren wie Umwelt und wirtschaftliche Wachstumsgrenzen

**Ka|me|ra|lis|tik** (die, -, nur Ez.) 1 Finanzwissenschaft 2 System für wirtschaftliche Abrechnungen, die den Staat betreffen
**Ka|me|ru|ner** (der, -s, -) Einwohner des zentralafrikanischen Staates Kamerun
**Ka|mi** (der, -, -) schintoistische Gottheit [jap.]
**ka|mie|ren** (V.) beim Fechten die Klinge des Gegners umgehen [it.]
**Ka|mi|ka|ze** (der, -, -) japanischer Pilot, der sich mit seinem Flugzeug einschließlich Bomben auf das feindliche Ziel stürzte (im Zweiten Weltkrieg)
**Ka|mil|le** (die, -, -n) ein Korbblütler, Heilpflanze [gr.-lat.]
**ka|mi|nie|ren** (V.) 1 = kamieren 2 im Kamin nach oben klettern (beim Bergsteigen) [it.]
**Ka|mö|ne** (die, -, -n) italienische Quellnymphe, Muse [lat.]
K
**Ka|mor|ra** (die, - nur Ez.) süditalienischer, neapolitanischer Geheimbund, mafiaähnliche Organisation [it.]
**Kamp** (der, -(e)s, Käm|pe) 1 Stück Land, das mit einem Zaun umgeben ist 2 Grasplatz 3 Baumschule 4 Flussinsel [lat.]
**Kam|pa|gne** *auch:* Cam|pa|gne [-panjə] (die, -, -n) 1 Feldzug 2 Hauptbetriebszeit (in manchen Industrien); aktives Vorgehen zu bestimmtem Zweck; z.B. Wahlkampagne, Pressekampagne [lat.-frz.]
**Kam|pa|ni|le** (der, -, -) = Campanile
**Kamp|fer** (der, -s, nur Ez.) aus dem Holz eines ostasiatischen Baumes hergestelltes, harzartiges Heil- und Desinfektionsmittel [Sanskrit-lat.]
**kam|pie|ren** (V.) 1 im Freien lagern, zelten 2 behelfsmäßig wohnen, vorläufig untergebracht sein [lat.-it.-frz.]
**Kam|sin** (der, -s, -e) heißer und trockener Sandwind in der ägyptischen Wüste [arab.]
**Ka|na|da|bal|sam** (der, -s, nur Ez.) farbloses Harz, das aus den Tannen Nordamerikas extrahiert wird, und in der Optik Anwendung findet
**Ka|na|di|er** (der, -s, -) 1 Ew. von Kanada 2 Boot der kanadischen Indianer; Sportpaddelboot [Algonkin-engl.]
**ka|na|disch** (Adj.) zu Kanada gehörig
**Ka|nail|le** *auch:* Ca|nail|le [-naljə] (die, -, -n) 1 Lump, Schuft, Schurke 2 (nur Ez.) Gesindel, Pack [frz.]
**Ka|na|ke** (der, -, -n) 1 Bewohner der polynesischen und Südsee-Inseln (veraltet) 2 ausländischer Arbeiter (abwertend) [polynes.]
**Ka|nal** (der, -s, -nä|le) 1 künstlicher Wasserweg, unterirdischer Graben; z.B. Abwasser 2 schlauchartiger Durchgang; z.B. Magen-Darm-Kanal 3 Frequenzbereich (eines Senders)
**Ka|na|li|sa|ti|on** (die, -, -ti|o|nen) das Kanalisieren, System von Kanälen (für Abwässer)
**ka|na|li|sie|ren** (V.) Kanäle (in etwas) anlegen; z.B. eine Stadt kanalisieren; schiffbar machen; z.B. einen Fluss kanalisieren
**Ka|na|pee** (das, -s, -s) 1 Sofa (meist scherzhaft) 2 geröstete, belegte Weißbrotscheibe [gr.-frz.]
**Ka|na|ri** (der, -s, -) nach den Kanarischen Inseln benannter Kanarienvogel [frz.]
**Ka|na|rie** (die, -, -n) Kanarienvogel in der Fachsprache [frz.]
**Ka|nas|ter** (das, -s, nur Ez.) = Canasta
**Kan|da|re** (die, -, -n) Art des Zaums, Stangengebiss [ung.]
**Kan|de|la|ber** (der, -s, -) mehrarmiger Leuchter, Laternenmast [frz.]
**Kan|di|dat** (der, -en, -en) jmd., der sich um ein Amt bewirbt; jmd., der sich darum bewirbt, gewählt zu werden; jmd., der sich einer Prüfung (an einer Hochschule) unterzieht, Prüfling [lat.]
**Kan|di|da|tur** (die, -, -en) Bewerbung (um ein Amt, um die Wahl) [lat.]
**kan|di|die|ren** (V.) sich (um ein Amt, um die Wahl für einen Sitz in einer Volksvertretung) bewerben [lat.]
**kan|die|ren** (V.) mit Zucker überziehen und dadurch haltbar machen [it.]
**Kan|dis** (der, -, nur Ez.) Zuckerstückchen in Form von Kristallen [arab.-it.]
**Kan|di|ten** (nur Mz.) Zuckerwaren (österr.) [it.]
**Kan|dschur** (der, -s, nur Ez.) 1 übersetztes Wort Buddhas 2 die heilige Schrift des Lamaismus [tibet.]
**Ka|neel** (der, -s, nur Ez.) weißer Zimt [lat.-portugies.]

**Ka'ne'pho're** (die, -, -n) junges Mädchen, das bei Festlichkeiten Opfergeräte in einem Korb auf dem Kopf herbeitrug (im alten Griechenland)
**Kän'gu'ru** (das, -s, -s) australisches Beuteltier mit sehr langen Hinterbeinen
**Ka'ni'de** (der, -n, -n) Mitglied der Familie der hundeartigen Raubtiere und der Hunde [lat.]
**Ka'nin** (das, -s, -e) Fell des Wild- und Hauskaninchens
**Ka'nis'ter** (der, -s, -) tragbarer, meist viereckiger Behälter für Flüssigkeiten [gr.-lat.]
**kan'krös** (Adj.) krebsartig (Med.)
**Kan'ne'le** (die, -, -n) „Röhrchen", Vertiefung, Rille [lat.]
**kan'ne'lie'ren** (V.) mit senkrechten Rillen versehen [frz.]
**Kan'ne'lü're** (die, -, -n) senkrechte Rille (an Säulen) [frz.]
**Kan'ni'ba'le** (der, -n, -n) Menschenfresser
**kan'ni'ba'lisch** (Adj.) in der Art der Kannibalen; roh, grausam, brutal
**Kan'ni'ba'lis'mus** (der, -, nur Ez.) Sitte der Kannibalen, Teile des getöteten Feindes zu verzehren [frz.-nlat.]
**Ka'non** (der, -s, -s) **1** Regel, Richtschnur **2** Gesamtheit der für einen Bereich geltenden Regeln **3** musikalische Komposition, bei der die Stimmen nacheinander mit derselben Melodie einsetzen **4** (nur Ez.) Verzeichnis der Heiligen (in der kath. Kirche) **5** (nur Ez.) Verzeichnis der als mustergültig betrachteten Schriftsteller (in der Antike) **6** (nur Ez.) Gesamtheit der als echt anerkannten Schriften der Bibel **7** Teil der kath. Messe, Gebet während der Wandlung **8** (Mz: Ka'no̲nes) Bestimmung, Vorschrift (im kath. Kirchenrecht) **9** Zeittafel (in der Astronomie) [gr.]
**Ka'no'na'de** (die, -, -n) schweres Geschützfeuer, Beschießung mit Kanonen
**Ka'no'ne** (die, -, -n) **1** schweres Geschütz **2** jmd., der auf einem Gebiet bes. hervorragt; z.B. Sportskanone [frz.]
**Ka'no'nier** (der, -s, -e) Soldat, der eine Kanone bedient
**ka'no'nie'ren** (V.) mit Kanonen schießen
**Ka'no'nik** (die, -, nur Ez.) Bestimmung der Töne und ihres Verhältnisses zueinander (in der Musik) [gr.]
**Ka'no'ni'kat** (das, -(e)s, -e) Amt eines Kanonikus
**Ka'no'ni'ker** (der, -s, -) Angehöriger eines nach einem bestimmten Kanon (**1**) lebenden geistlichen Kapitels
**Ka'no'ni'sa'ti'on** (die, -, -en) **1** Heiligsprechung **2** Aufnahme in das Verzeichnis der Heiligen (Kanon)
**ka'no'nisch** (Adj.) einem Kanon (**2**) gemäß; kanonisches Recht: kath. Kirchenrecht
**ka'no'ni'sie'ren** (V.) in den Kanon (**4**) aufnehmen
**Ka'no'pe** (die, -, -n) altägyptischer Krug mit Deckel in Form eines Menschen- oder Tierkopfes zur Bestattung der Eingeweide einer Mumie [ägypt.]
**Kä'no'phy'ti'kum** (das, -s, nur Ez.) Neophytikum, Neuzeit der floralen Entwicklung, die an das Mesophytikum anschließt [gr.]
**Ka'nos'sa'gang** (der, -s, -gän'ge) demütigender Bittgang
**Kä'no'zo'i'kum** (das, -s, nur Ez.) jüngstes Zeitalter der Erdgeschichte, Tertiär und Quartär [gr.]
**kan'ta'bel** (Adj.) gut zu singen, sanglich [lat.]
**kan'ta'bi'le** [-le:] (Adj.) getragen, weich (Mus.) [lat.]
**Kan'ta'bi'li'tät** (die, -, nur Ez.) gute Singbarkeit (Mus.)
**Kan'ta'te** (die, -, -n) Musikstück für Singstimmen und Chor mit Instrumentalbegleitung [lat.]
**Kan'te'le** (die, -, -n) finnisches Zupfinstrument mit zwischen fünf und 30 Saiten [finn.]
**Kan'ter** [kɛn-] (der, -s, -) kurzer, leichter Galopp [engl.]
**kan'tern** (V.) kurz und leicht galoppieren (im Pferdesport) [engl.]
**Kan'ter'sieg** (der, -s, -e) haushoher und leichter Sieg im Sport [engl.; dt.]
**Kan'tha'ros** (der, -, -roi) altgriechisches bauchiges Trinkgefäß mit zwei Henkeln (und Fuß)
**Kan'ti'le'ne** (die, -, -n) fließend, gebunden zu singende oder zu spielende Tonfolge [it.]
**Kan'til'le** [-tile] oder [-tilje] (die, -, -n) zur Fertigung von Borten platt gewalzter Metalldraht

K

**Kan'ti'ne** (die, -, -n) Speiseraum mit Küche (in Betrieben, Kasernen) [it.-frz.]
**Kan'ton** (der, -s, -e) Wehrverwaltungsbezirk (früher in Preußen), Bundesland (der Schweiz); kleiner Verwaltungsbezirk (in Frankreich und Belgien) [frz.]
**kan'to'nal** (Adj.) zu einem Kanton gehörend; einen Kanton betreffend
**Kan'to'nist** (der, -nis'ten, -nis'ten) ausgehobener Rekrut (früher) [frz.]
**Kan'tor** (der, -s, -to'ren) Vorsänger (im gregorianischen Gesang); Leiter des Kirchenchores und Organist [lat.]
**Kan'to'rat** (das, -s, -e) Amt des Kantors
**Kan'to'rei** (die, -, -en) 1 Wohnung des Kantors 2 Kirchenchor (evangel. Kirche)
**Kan't'schu** (der, -s, -s) Riemenpeitsche [türk.-slaw.]
**Kan'tus** (der, -, -se) Gesang [lat.]
**Ka'nu** (das, -s, -s) Paddelboot (der nordamerikanischen Indianer); Sportpaddelboot, Kajak, Kanadier [karib.]

K

**Ka'nü'le** (die, -, -n) Röhrchen zum Einführen und Ableiten von Luft oder Flüssigkeit; Hohlnadel (der Injektionsspritze) [lat.-frz.]
**Ka'nu'te** (der, -n, -n) Kanufahrer
**Kan'zel'le** (die, -, -n) 1 Chorschranke (in der altchristlichen Kirche) 2 Windkanal (an Orgel und Harmonium) [lat.]
**kan'zel'lie'ren** (V.) ungültig machen mittels Durchstreichen mit sich kreuzenden Strichen
**kan'ze'ro'gen** (Adj.) Krebs erzeugend [lat.-gr.]
**Kan'ze'ro'lo'ge** (der, -n, -n) Facharzt für die Diagnostizierung und Behandlung von Krebserkrankungen (Med.) [lat.-gr.]
**Kan'ze'ro'lo'gie** (die, -, nur Ez.) Lehre von der Erkennung und Behandlung bösartiger Tumore (Med.) [lat.-gr.]
**Kan'ze'ro'pho'bie** (die, -, -n) Angst, an Krebs erkrankt zu sein (Med.) [lat.]
**kan'ze'rös** (Adj.) krebsartig [lat.]
**Kanz'lei** (die, -, -en) Büro eines Rechtsanwaltes, einer Behörde oder einer ähnlichen Institution [lat.]
**Kanz'lei'for'mat** (das, -(e)s, nur Ez.) 33 cm x 42 cm Papierformat
**Kanz'lei'stil** (der, -(e)s, nur Ez.) schwerfällige, umständliche Sprache, altertümliche Amtssprache
**Kan'zo'ne** (die, -, -n) provenzalische und französische lyrische Gedichtform; Lied oder sangliches Instrumentalstück [lat.]
**Kan'zo'net'te** (die, -, -n) kleine Kanzone
**Ka'o'lin** (das, -s, -e) weißer, weicher, formbarer Ton [chin.]
**Ka'o'li'nit** (der, -s, -e) ein Mineral
**Kap** (das, -s, -s) Vorsprung (einer Felsenküste) [lat.-frz.]
**ka'pa'bel** (Adj.) fähig, begabt, befähigt, qualifiziert [lat.-frz.]
**Ka'paun** (der, -s, -e) kastrierter, gemästeter Hahn [frz.]
**Ka'pa'zi'tät** (die, -, -en) 1 Fassungs-, Aufnahmevermögen, Leistungsfähigkeit (einer Maschine); Umfang (einer Produktion in einem bestimmten Zeitraum) 2 hervorragender Fachmann [lat.]
**Ka'pe'lan** (der, -s, -e) Lachsfisch
**Ka'pel'le** 1 (die, -, -n) kleine Kirche 2 kleines Orchester [lat.] 3 Schmelztiegel zum Trennen von Metallen 4 Raum mit Abzug zum Untersuchen gesundheitsschädlicher Stoffe [frz.]
**Ka'per** 1 (der, -s, -) privates Schiff, das im Handelskrieg berechtigt war, feindliche Schiffe zu erbeuten [niederl.] 2 (die, -, -n) Blütenknospe des Kapernstrauches
**ka'pern** (V.) erbeuten; (jmdn.) für etwas gewinnen; (sich) etwas aneignen [niederl.]
**Ka'pern'strauch** (der, -(e)s, -sträu'cher) Kapern tragender Gewürzstrauch aus dem Mittelmeergebiet
**ka'pie'ren** ( V.) begreifen, verstehen [lat.]
**ka'pil'lar** (Adj.) 1 die Haar- bzw. Blutgefäße betreffend 2 sehr fein, eng [lat.]
**Ka'pil'lar'ana'ly'se** (die, -, -n) chemische Untersuchung von Stoffen, die durch unterschiedliche Kapillarwirkung getrennt werden
**Ka'pil'la're** (die, -, -n) feines Blutgefäß, Haargefäß; feines Röhrchen [lat.]
**Ka'pil'lar'wir'kung** (die, -, -en) physikalisches Phänomen, dass an der Membran von Flüssigkeiten Spannungen auftreten, die unterschiedliche Flüssigkeiten verschiedene Höhe einnehmen lassen
**ka'pi'tal** (Adj.) 1 grundlegend, hauptsächlich; z.B. ein kapitaler Irrtum 2 ein starkes, ebenmäßiges Geweih tragend (vom Hirsch, Rehbock) [lat.]

**Kapital** (das, -s, -e oder -lien) Vermögen (an Geld und Wertpapieren) [lat.]
**Kapitäl** (das, -s, -e) = Kapitell
**Kapitalband** (das, -(e)s, -bänder) an der oberen und unteren Kante eines Buchrückens verlaufendes Band
**Kapitälchen** (das, -s, -) Großbuchstabe in der Höhe der Kleinbuchstaben [lat.]
**Kapitale** (die, -, -n) **1** Hauptstadt **2** = Kapitalis [lat.]
**Kapitalis** (die, -, nur Ez.) altrömische Schrift mit nur großen Buchstaben [lat.]
**kapitalisieren** (V.) zu Kapital, zu Geld machen; z.B. Sachen kapitalisieren
**Kapitalismus** (der, -, nur Ez.) Wirtschaftssystem, das von privaten Unternehmern getragen und vom Gewinnstreben des einzelnen erhalten wird und bei dem der Arbeiter keinen Anteil an den Produktionsmitteln hat
**Kapitalist** (der, -listen, -listen) Vertreter des Kapitalismus, jmd., der über viel Kapital verfügt (ugs.) [lat.]
**kapitalistisch** (Adj.) zum Kapitalismus gehörig
**Kapitän** (der, -s, -e) **1** Kommandant eines Schiffes oder zivilen Flugzeugs **2** Anführer einer Sportmannschaft [lat.-frz.]
**Kapitel** (das, -s, -) **1** größerer Abschnitt (in einem Schriftwerk) **2** Körperschaft der Geistlichen einer Dom- oder Stiftskirche [lat.]
**kapitelfest** (Adj.) bibelfest, gutes Allgemeinwissen besitzend
**Kapitell** *auch:* Kapitäl (das, -s, -e) oberster Teil einer Säule oder eines Pfeilers (meist künstlerisch gestaltet) [lat.]
**Kapitol** (das, -s, nur Ez.) **1** Stadtburg (im alten Rom) **2** Parlamentsgebäude (der USA in Washington) [lat.]
**Kapitular** (der, -s, -e) Mitglied eines geistlichen Kapitels
**Kapitulation** (die, -, -tionen) **1** Vertrag, durch den sich ein Soldat zu einer längeren als der gesetzlich vorgeschriebenen Dienstzeit verpflichtete (früher) **2** Unterwerfung (einer Truppe), Übergabe (einer Festung, Stadt usw.) [lat.]
**kapitulieren** (V.) **1** eine Kapitulation unterschreiben (früher) **2** den Kampf aufgeben, sich ergeben
**Kaplaken** (das, -s, -) Prämie für den Schiffskapitän über sein Gehalt hinaus
**Kaplan** (der, -s, -pläne/-läne) kath. Hilfsgeistlicher; kath. Geistlicher mit besonderen Aufgaben; z.B. im Heer [lat.]
**Kapo** (der, -s, -s) Unteroffizier (im Soldatenjargon); Anführer einer Arbeitsgruppe von Häftlingen im Konzentrationslager [it.]
**Kapodaster** (der, -s, -) auf den Saiten sitzender, verschiebbarer Steg zum Verändern der Saitenlänge (bei Gitarren) [it.]
**Kaponniere** (der, -n, -n) bombensicherer Gang in einer Festung [lat.-span.-it.-frz.]
**kapores** (Adj.) kaputt (ugs.) [jidd.]
**Kaposisarkom** (das, -s, nur Ez.) Sarkom als Folge von AIDS (Med.)
**Kapotte** (die, -, -n) kleiner, unter dem Kinn mit Band zu befestigender Damenhut (im 19. Jh.) [frz.]
**Kapriole** (die, -, -n) **1** Luftsprung (in der Reitkunst) **2** verrückter Streich [frz.]
**Kaprize** (die, -, -n) = Caprice (österr.)
**kaprizieren** (V.) sich auf etwas kaprizieren: auf etwas beharren, (eigensinnig) auf etwas bestehen; auf etwas kapriziert sein: etwas besonders bevorzugen [frz.]
**kapriziös** (Adj.) eigenwillig, launenhaft [lat.-it.-frz.]
**Kapsid** (das, -s, -e) aus Proteinbausteinen aufgebaute Hülle eines Virusgenoms (Bio.)
**Kapsikum** (das, -s, nur Ez.) scharfes Gewürz aus Mittelamerika (span. Pfeffer)
**Kaptalband** (das, -(e)s, -bänder) = Kapitalband
**Kaptation** (der, -, -tionen) Erbschleicherei [lat.]
**kaptativ** (Adj.) etwas haben wollend, etwas zu besitzen wünschend [lat.]
**Kaption** (die, -, -tionen) verfänglicher Trugschluss, verfängliche Fragestellung [lat.]
**Kaptivation** (die, -, -tionen) Gefangennahme [lat.]
**kaptivieren** (V.) gefangen nehmen, für sich gewinnen [lat.]
**Kaptivität** (die, -, nur Ez.) Gefangenschaft [lat.]

K

**Kaptur** (die, -, -en) Beschlagnahme, Aneignung [lat.]
**Kaput** (der, -s, -e) Mantel, Soldatenmantel (vornehmlich in der Schweiz) [lat.]
**kaputt** (Adj.) entzwei, zerbrochen, zerrissen; müde, erschöpft; körperlich und oder seelisch zerrüttet, heruntergekommen [frz.]
**Kapuze** (die, -, -n) am Mantel oder an der Jacke befestigte Mütze für Kopf und Hals [it.]
**Kapuziner** (der, -s, -) Angehöriger eines Zweiges des Franziskanerordens [lat.]
**Kapverdier** (der, -s, -) Einwohner des westafrikanischen Inselstaates Kap Verde [portugies.]
**Karabiner** (der, -s, -) Gewehr mit kurzem Lauf und geringer Schussweite [frz.]
**Karabinerhaken** (der, -s, -) Verschlusshaken, der federnd konstruiert ist und als Sicherheitshaken verwendet wird [frz.-dt.]



**Karabinier** [-njeː] (der, -s, -s) **1** mit einem Gewehr der Marke Karabiner ausgerüsteter Reiter **2** Jäger [frz.]
**Karabiniere** (der, -s, -ri) italienischer Polizist [frz.-it.]
**Karbondruck** (der, -(e)s, -e) Druck, bei dem die farbige Blattrückseite durchschreibt
**Karacho** (nur in der ugs. Redewendung) mit Karacho: mit Wucht, mit großem Schwung [span.]
**Karaffe** (die, -, -n) geschliffene Glasflasche mit Glasstöpsel [arab.-frz.]
**Karaibe** (der, -n, -n) = Karibe
**Karakal** (der, -s, -s) Wüstenluchs [türk.]
**Karakul** (das, -s, -e) Fettschwanzschaf; dessen Fell liefert Persianerpelze [türk.]
**Karambolage** [-ʒə] (die, -, -n) **1** Treffer (im Billard) **2** Zusammenstoß [frz.]
**Karambole** (die, -, -n) **1** die rote Kugel beim Billard **2** = Carambola [frz. bzw. span.]
**karambolieren** (V.) **1** eine Karambolage machen (im Billard) **2** zusammenstoßen
**Karamell** (der oder das, -s, nur Ez.) erhitzter gebräunter Zucker [frz.]
**Karamelle** (die, -, -n) Bonbon aus Milch und karamellisiertem Zucker
**karamellieren** (V.) braun werden (vom Zucker in der Pfanne) [frz.]
**karamellisieren** (V.) erhitzen und bräunen, mit gebräuntem Zucker übergießen oder in Zucker bräunen [frz.]
**Karaoke** (das, -, nur Ez.) Veranstaltung, bei der die Teilnehmer ihre Lieblingssänger nachahmen und zu Instrumentalaufnahmen deren Lieder singen
**Karat** (das, -s, -) Gewichtseinheit für Edelsteine; Maß (Feingehalt) von Gold [gr.frz.]
**Karate** (das, -(s), nur Ez.) sportlich betriebene Art der Selbstverteidigung [japan.]
**Karateka** (der, -(s), - oder -s) jmd., der Karate betreibt
**Karausche** (die, -, -n) ein karpfenähnlicher Süßwasserfisch [gr.]
**Karavelle** (die, -, -n) **1** Segelschiff mit drei Masten und hohem Heckaufbau **2** französischer Flugzeugtyp [frz.]
**Karawane** (die, -, -n) Zug von Kaufleuten, Reisenden, Pilgern u.a. durch Wüstengebiete (meist mit Kamelen) [pers.-frz.]
**Karawanserei** (die, -, -en) Herberge für Karawanen
**Karbatsche** (die, -, -n) aus Riemen geflochtene Peitsche [türk.]
**karbatschen** (V.) mit der Riemenpeitsche schlagen [türk.]
**Karbid** (das, -(e)s, -e) = Carbid
**Karbol** (das, -s, nur Ez.) ein Desinfektionsmittel [lat.]
**Karbon** (das, -s, nur Ez.) eine Formation des Paläozoikums [lat.]
**Karbonade** (die, -, -n) gebratenes Rippenstück, Kotelett [it.-frz.]
**Karbonat** (das, -(e)s, -e) = Carbonat
**karbonisch** (Adj.) zum Karbon gehörig, daraus stammend
**Karbunkel** (das, -s, -) mehrere dicht nebeneinander liegende Furunkel [lat.]
**Kardamom** (der oder das, -s, -e oder -en) ein aus Ingwergewächsen gewonnenes, scharfes Gewürz [gr.-lat.]
**Kardanantrieb** (der, -(e)s, nur Ez.) Antrieb über ein Kardangelenk
**Kardanwelle** (die, -, -n) Antriebswelle, die mit einem Kardangelenk ausgestattet ist

**kar'da'nisch** (Adj.) in der Fügung: kardanische Aufhängung: Vorrichtung zur drehbaren Aufhängung eines Körpers [it.]
**Kar'dät'sche** (die, -, -n) grobe Bürste; Brett mit Handgriff (zum Aufbringen von Putz)
**kar'dät'schen** (V.) mit der Kardätsche bürsten oder aufrauen [it.]
**Kar'de** (die, -, -n) **1** eine distelähnliche Pflanze **2** Gerät zum Auflösen von Faserbüscheln und zum Beseitigen von Verunreinigungen und kurzen Fasern (in der Spinnerei) [lat.]
**kar'den** (V.) mit der Karde bearbeiten
**Kar'dia** (die, -, nur Ez.) **1** Herz **2** Mageneingang (Med.) [gr.]
**Kar'di'a'kum** (das, -s, -ka) Mittel zum Anregen der Herztätigkeit [gr.-nlat.]
**kar'di'al** (Adj.) das Herz betreffend, von ihm ausgehend [gr.-nlat.]
**Kar'di'al'gie** (die, -, -n) **1** Herzschmerz **2** Magenschmerz infolge Kardiospasmus [gr.]
**kar'die'ren** (V.) = karden
**kar'di'nal** (Adj.) wichtig, hauptsächlich [lat.]
**Kar'di'nal** (der, -s, -näle) **1** höchster kath. Würdenträger nach dem Papst **2** ein amerikanischer Fink **3** bowlenartiges Getränk aus Weißwein und Pomeranzen
**Kar'di'o'graf** *auch:* Kar'di'o'graph (der, -en, -en) Gerät zur Herstellung eines Kardiogramms
**Kar'di'o'gramm** (das, -s, -e) Aufzeichnung der Herzbewegungen [gr.]
**Kar'di'o'lo'gie** (die, -, nur Ez.) Wissenschaft vom Herzen [gr.]
**Kar'di'o'me'ga'lie** (die, -, -n) Vergrößerung des Herzens (Med.) [gr.]
**Kar'di'o'pa'thie** (die, -, -n) Herzfehler, -leiden (Med.) [gr.]
**Kar'di'o'spas'mus** (der, -, -men) Magenkrampf [gr.]
**kar'di'o'vas'ku'lär** [-vas-] (Adj.) Herz und Gefäße betreffend
**Kar'di'tis** (die, -, -ti'den) Herzentzündung (Med.) [gr.]
**Ka'renz** (die, -, -en) **1** Wartezeit, Sperrfrist **2** Verzicht (auf bestimmte Nahrungsmittel)
**Ka'renz'zeit** (die, -, -en) Wartezeit, Sperrfrist [lat.-dt.]
**Ka'ret'te** (die, -, -n) Meeresschildkröte [span.]
**Ka'rez'za** (die, -, nur Ez.) Form des Geschlechtsverkehrs, bei dem der Samenerguss absichtlich zurückgehalten und vermieden wird [lat.-it.]
**Kar'fi'ol** (der, -s, nur Ez.) Blumenkohl (österr.) [it.]
**Kar'fun'kel** (der, -s, -) jeder rot leuchtende Edelstein [lat.]
**Kar'ga'deur** *auch:* Kar'ga'dor [-døːɐ] (der, -s, -e) Begleiter und Überwacher einer Schiffsladung, der bis zur Übergabe an den Empfänger dabei ist [lat.-span.-frz.]
**Kar'ga'dor** (der, -s, -e) = Kargadeur [lat.-span.]
**Kar'go** *auch:* Car'go (der, -s, -s) Schiffsladung [span.]
**Ka'ri'be** *auch:* Ka'ra'i'be (der, -n, -n) Angehöriger eines mittelamerikanischen Indianervolkes
**ka'ri'bisch** (Adj.) zu den Kariben gehörig
**Ka'ri'bu** (das, -s, -s) nordamerikanisches Ren [Algonkin]
**ka'rie'ren** (V.) mit Karos oder sich rechtwinklig schneidenden Streifen mustern
**ka'riert** (Adj.) **1** gekästelt, gewürfelt **2** in der Kombination „kleinkariert": spießig, hinterwäldlerisch [lat.-frz.]
**Ka'ri'es** (die, -, nur Ez.) Erkrankung mit Zerstörung der Knochen oder der festen Zahnsubstanz, Knochenfraß, Zahnfäule [lat.]
**ka'ri'ka'tiv** (Adj.) komisch verzerrt, in der Art einer Karikatur, übertreibend [lat.-it.]
**Ka'ri'ka'tur** (die, -, -en) komisch oder satirisch übertreibende (bes. zeichnerische) Darstellung [lat.-it.]
**Ka'ri'ka'tu'rist** (der, -ris'ten, -ris'ten) Zeichner von Karikaturen
**ka'ri'ka'tu'ris'tisch** (Adj.) in der Art einer Karikatur
**ka'ri'kie'ren** (V.) in der Art einer Karikatur darstellen
**ka'ri'o'gen** (Adj.) Karies verursachend [lat.]
**ka'ri'ös** (Adj.) von Karies befallen
**Ka'ri'tas** (die, -, nur Ez.) Wohltätigkeit, Nächstenliebe [lat.]
**ka'ri'ta'tiv** (Adj.) wohltätig
**Kar'kas'se** (die, -, -n) **1** Unterbau eines Gummireifens **2** im Mittelalter eine

metallgerippte Brandkugel 3 Geflügelrumpf [frz.]

**Karma** (das, -s, -s) Schicksal des Menschen, das durch sein Handeln im Lauf seiner Wiedergeburten beeinflusst wird [sanskr.]

**Karmeliter** (der, -s, -) Angehöriger eines kath. Bettelordens [hebr.]

**Karmesin** (das, -s, nur Ez.) = Karmin

**Karmin** (das, -s, nur Ez.) aus der Kermes-Koschenilleschildlaus gewonnener roter Farbstoff [frz.]

**karmosieren** (V.) mit Edelsteinen umrahmen

**Karnaubapalme** (die, -, -n) bis zu 30 m hohe Palme

**Karneol** (der, -s, -e) ein rötlich brauner Schmuckstein [lat.]

**Karner** (der, -s, -) 1 Fleisch- und Räucherkammer 2 Beinhaus

**Karneval** (der, -s, -e oder -s) Fastnachtsfest

**Karnevalist** (der, -listen, -listen) Teilnehmer am Karneval [lat.]

**karnevalistisch** (Adj.) den Karneval betreffend, bezüglich des Karnevals [it.]

**Karnies** (das, -es, -e) Verzierung am Gesims mit s-förmigem Querschnitt [gr.-frz.]

**Karnivore** 1 (der, -n, -n) sich überwiegend von Fleisch ernährendes Tier 2 (die, -, -n) fleischfressende Pflanze [lat.]

**Karo** (das, -s, -s) auf der Spitze stehendes Quadrat oder ebensolcher Rhombus; Spielkartenfarbe (roter Rhombus) [lat.]

**Karoshi** (der, -s, nur Ez.) Tod durch Überarbeitung [jap.]

**Karosse** (die, -, -n) vierrädriger, eleganter Pferdewagen (für Personen) [it.-frz.]

**Karosserie** (die, -, -n) Oberteil (von Kraftwagen) [frz.]

**karossieren** (V.) ein Gefährt mit einer Karosserie versehen [lat.-it.-frz.]

**Karotin** (das, -s, nur Ez.) = Carotin

**Karotis** (die, -, -tiden) Halsschlagader [gr.]

**Karottieren** (das, -s, nur Ez.) 1 die Auslese der Rippen bei den Tabakblättern 2 ein spezielles Verteidigungsspiel beim Billard [gr.-lat.-frz].

**Karpell** (das, -s, -e) weibliches Geschlechtsorgan der Blüte, Fruchtblatt [gr.-nlat.]

**Karpellum** (das, -s, -la) = Karpell

**Karpolith** (der, -s oder -en, -e oder -en) versteinerte Früchte und Samen [gr.]

**Karpologie** (die, -, nur Ez.) Lehre von den Früchten [gr.]

**Karree** (das, -s, -s) 1 Viereck 2 Rippenstück (von Kalb, Schwein oder Hammel) [frz.]

**Karrete** (die, -, -n) schlechter, alter Wagen

**Karrette** (die, -, -n) Schubkarren; schmalspuriges Transportfahrzeug für Gebirgstruppen; kleiner, zweirädriger Einkaufswagen (schweiz.) [it.]

**Karriere** [-rie:-] (die, -, -n) 1 (nur Ez.) schneller Galopp (bei Pferden) 2 rascher beruflicher Aufstieg [frz.]

**Karrierismus** [-rie-] (der, -, nur Ez.) ehrgeiziges Streben, Karriere zu machen

**Karrierist** [-rie-] (der, -risten, -risten) jmd., der unbedingt Karriere machen will oder rücksichtslos Karriere gemacht hat

**karrieristisch** [-rie-] (Adj.) rücksichtslos, nach Art eines Karrieristen [lat.-frz.]

**karriolen** (V.) unsinnig und schnell fahren

**Kartätsche** (die, -, -n) mit Bleikugeln gefülltes Geschoss (früher) [it.]

**Kartaune** (die, -, -n) ein schweres Geschütz des 16. und 17. Jahrhunderts [lat.-it.]

**Kartause** (die, -, -n) Kloster der Kartäuser; Einsiedelei [frz.]

**Kartäuser** (der, -s, -) Angehöriger eines kath. Einsiedlerordens [frz.]

**Kartell** (das, -s, -e) Vereinigung von Betrieben desselben Wirtschaftszweiges, die aber selbstständig und unter ihrem Namen arbeiten [it.-frz.]

**Kartellamt** (das, -(e)s, -ämter) Amt, das die Einhaltung der Kartellgesetze überwacht

**kartellieren** (V.) zu einem Kartell vereinigen

**Kartesianismus** (der, -, nur Ez.) Lehre des französischen Philosophen und Mathematikers René Descartes (1596–1650)

**kar'tie'ren** (V.) 1 auf einer Karte aufzeichnen, darstellen (Geo.) 2 in eine Kartei einordnen [ägypt.-gr.-lat.-frz.]
**Kar'ting** (das, -s, nur Ez.) professionelles Fahren mit motorgetriebenen Gokarts [engl.]
**Kar'to'graf** *auch:* Kar'to'graph (der, -en, -en) Zeichner oder Bearbeiter von Landkarten [lat.-gr.]
**Kar'to'gra'fie** *auch:* Kar'to'gra'phie (die, -, nur Ez.) (Wissenschaft von der) Herstellung von Landkarten
**kar'to'gra'fie'ren** *auch:* kar'to'gra'phie'ren (V.) kartografisch darstellen, in eine Karte aufnehmen [ägypt.-gr.-lat.-frz.]
**kar'to'gra'fisch** *auch:* kar'to'gra'phisch (Adj.) zur Kartographie gehörig, auf ihr beruhend
**Kar'to'gramm** (das, -s, -e) auf statistischen Daten beruhende grafische Darstellung in einer Landkarte [lat.-gr.]
**Kar'to'man'tie** (die, -, nur Ez.) die Kunst, aus Karten die Zukunft vorherzusagen, das Kartenlegen
**Kar'to'me'ter** (das, -s, -) Kurvenmesser (Math.)
**Kar'to'me'trie** (die, -, nur Ez.) Flächen-, Längen- und Winkelmessung auf Landkarten
**Kar'ton** [-tɔ̃] (der, -s, -s) 1 dünne Pappe, festes, steifes, dickes Papier; Pappschachtel 2 Skizze zu einem Wandgemälde [it.-frz.]
**Kar'to'na'ge** [-ʒə] (die, -, -n) Verpackung aus Karton; Bucheinband aus Karton
**kar'to'nie'ren** (V.) in Kartons einpacken; in Karton einbinden
**Kar'to'thek** (die, -, -en) geordnete Sammlung von Karteikarten [lat.-gr.]
**Kar'tu'sche** (die, -, -n) 1 Metallhülse mit der Pulverladung eines Geschosses 2 rechteckige Fläche (für Inschriften) mit Rahmen aus halb aufgerollten Blättern (in der Baukunst) 3 Ornament aus halb aufgerollten Blättern [it.-frz.]
**Ka'ru'be** (die, -, -n) Johannisbrot [arab.-lat.-frz.]
**Ka'run'kel** (die, -, -n) kleine Warze (Med.) [lat.]
**Ka'rus'sell** (das, -s, -s) große, sich drehende Scheibe mit Tierfiguren, kleinen Wagen oder nur Sitzen für Fahrgäste [arab.-it.]
**Ka'rya'ti'de** (die, -, -n) gebälktragende Säule in Form einer weiblichen Gestalt [gr.]
**Ka'ry'o'ga'mie** (die, -, -n) Zusammentreffen von Eizelle und Samenkern [gr.]
**Ka'ry'o'ki'ne'se** (die, -, -n) Kernteilung (Bio.)
**Ka'ry'o'lo'gie** (die, -, nur Ez.) Wissenschaft vom Zellkern [gr.]
**Ka'ry'o'ly'se** (die, -, -n) Kernauflösung [gr.]
**Ka'ry'o'plas'ma** (das, -s, nur Ez.) Plasma des Zellkerns [gr.]
**Kar'zer** (der, -s, -) 1 Raum für kleine Freiheitsstrafen (früher in Schulen und an Hochschulen) 2 (nur Ez.) die Strafe selbst [lat.]
**kar'zi'no'gen** (Adj.) = kanzerogen [gr.]
**Kar'zi'no'id** (das, -s, -e) krebsähnliche Geschwulst
**Kar'zi'no'lo'gie** (die, -, nur Ez.) Wissenschaft von den Karzinomen [gr.]
**Kar'zi'nom** (das, -s, -e) Krebsgeschwulst [gr.]
**kar'zi'no'ma'tös** (Adj.) von einem Karzinom befallen
**Ka'sa'che** (der, -n, -n) Einwohner von Kasachstan
**Ka'sack** (der, -s, -s) über Rock oder Hose getragene, mit Gürtel gehaltene Bluse [it.-frz.]
**Ka'sak** (der, -s, -s) Knüpfteppich aus dem Kaukasus
**Ka'sa't'schok** (der, -s, -s) akrobatischer Kosakentanz, bei dem die Beine aus der Hocke nach vorn geschleudert werden [russ.]
**Kas'bah** (die, -, -s) Schloss, Burg (in Marokko); arabisches Viertel (in afrikanischen Städten) [arab.]
**Ka'scha** (die, -, nur Ez.) russische Buchweizengrütze
**Ka'schem'me** (die, -, -n) schlechte, anrüchige Kneipe mit ungehobelten Gästen [Zigeunersprache]
**ka'schen** (V.) erwischen, verhaften [viell. engl.]
**Ka'scheur** (der, -s, -e) Bühnendekorateur, der plastische Teile des Bühnenbildes mit Holz, Pappe, Gips etc. baut [lat.-frz.]

K

**ka'schie'ren** (V.) mit einer Masse aus Sägespänen, Leim u.a. überziehen; z.B. Teile des Bühnenbildes kaschieren: mit buntem Papier bekleben; verdecken, verbergen [frz.]

**Kasch'mir** (der, -s, -e) feiner Wollfaden oder Kammgarnstoff

**Ka'schu'be** (der, -n, -n) Angehöriger eines westslawischen Volksstammes

**ka'schu'bisch** (Adj.) zu den Kaschuben gehörig

**Ka'sel** (die, -, -n) Messgewand (bes. der kath. Priester) [lat.]

**Ka'se'mat'te** (die, -, -n) schusssicherer Raum (in Festungen); gepanzerter Geschützraum (auf Kriegsschiffen) [gr.-frz.]

**ka'se'mat'tie'ren** (V.) etwas mit Kasematten versehen [gr.-it.-frz.]

**Ka'ser'ne** (die, -, -n) Gebäude zur ständigen Unterbringung von Truppen [lat.-frz.]

K

**ka'ser'nie'ren** (V.) in Kasernen unterbringen

**Ka'si'no** (das, -s, -s) 1 Haus für gesellige Zusammenkünfte, Speiseraum; z.B. für Offiziere; auch in Betrieben 2 Unternehmen für Glücksspiele [it.]

**Kas'ka'de** (die, -, -n) 1 künstlicher, in Stufen angelegter Wasserfall 2 kühner Sprung (in der Artistik) [it.]

**Kas'ka'den'bat'te'rie** (die, -, -n) Stromquelle, bei der mehrere Einzelbatterien hintereinander geschaltet werden

**Kas'ka'den'schal'tung** (die, -, -en) Schaltung, die aus Wechselspannungen eine Gleichspannung erzeugen kann

**Kas'kett** (das, -s, -e) Lederhelm, einfacher Helm mit Visier [lat.-span.-frz.]

**Kas'ko** (der, -s, -s) 1 Schiffsrumpf, Fahrzeug (im Unterschied zur Ladung) 2 Spielart des Lombers 3 (die, -, -s) eine Versicherung gegen Schäden von außen [span.]

**Kas'sa** (die, -, -sen) Kasse (österr.), gegen Kassa kaufen: kaufen und bar bezahlen [it.]

**Kas'sa'ge'schäft** (das, -(e)s, -e) Abschluss eines Börsengeschäfts, das sofort oder kurzfristig erfüllt werden soll

**Kas'san'dra** (die, -, -dren/ -ren) trojanische Königstocher, die u.a. Unheil verkündende Warnungen ausspricht [gr.]

**Kas'sa'ti'on** (die, -, -ti'o'nen) 1 Ungültigkeitserklärung; Aufhebung (eines Urteils); bedingungslose Entlassung (früher) 2 Musikstück aus mehreren Sätzen für Instrumente (im 18. Jahrhundert) [lat.]

**Kas'sa've** (die, -, -n) = Maniok [indian.]

**Kas'se** (die, -, -n) 1 verschließbarer Geldkasten 2 Vorrat an Geld; z.B. knapp bei Kasse sein: wenig Geld haben 3 Raum oder Schalter zum Ein- und Auszahlen von Geld (in Banken, Betrieben) 4 (kurz für) Sparkasse; z.B. Geld von der Kasse holen 5 (kurz für) Krankenkasse [lat.-it.]

**Kas'se'rol'le** (die, -, -n) flacher Topf zum Braten und Kochen [frz.]

**Kas'set'te** (die, -, -n) 1 Kästchen; Papphülle für mehrere Bücher oder Schallplatten; lichtdichter Behälter für fotografische Filme oder Platten; 2 viereckiges vertieftes Feld in der Decke (eines Raumes) 3 flacher Behälter mit eingebauten Tonbandspulen [frz.]

**Kas'set'ten're'kor'der** (der, -s, -) Tonbandgerät für Tonbänder in Kassetten [frz.-engl.]

**Kas'si'ber** (der, -s, -) heimlich weitergegebene schriftliche Mitteilung zwischen Strafgefangenen und der Außenwelt oder untereinander [Rotwelsch]

**Kas'si'de** (die, -, -n) Gedichtgattung in Arabien [arab.]

**kas'sie'ren** (V.) 1 sich zahlen lassen, einziehen, sich geben lassen 2 verhaften (ugs.) [it.] 3 für ungültig erklären; z.B. ein Urteil kassieren 4 entlassen (veraltet); z.B. einen Beamten kassieren [lat.]

**Kas'ta'gnet'te** [-njɛtə] (die, -, -n) kleines Instrument aus zwei beweglich aneinander befestigten Holzschalen, die mit einer Hand gegeneinander geschlagen werden (bes. in der span. Musik)

**Kas'ta'nie** [-niə] (die, -, -n) ein Laubbaum; dessen Frucht [gr.-lat.]

**Kas'te** (die, -, -n) gesellschaftlicher Stand mit eigenen Normen und strenger Trennung von anderen (bes. in Indien) [span.]

**kas'tei'en** (V.) sich kasteien: strenge Enthaltsamkeit üben, auf vieles verzichten [lat.]

**Kas'tell** (das, -s, -e) 1 Befestigungsanlage, Burg, Schloss 2 Aufbau auf dem Vorder- und Hinterdeck (von Schiffen) [lat.]
**Kas'tel'lan** (der, -s, -e) 1 Burg-, Schlossvogt (hist.) 2 Aufsicht in öffentl. Gebäuden u. Schlössern
**Kas'ti'ga'tor** (der, -s, -to̲ren) Korrektor in der Frühzeit des Buchdrucks [lat.]
**Kas'trat** (der, -en, -en) kastrierter Mann, Entmannter; in der Kindheit entmannter Sänger mit Sopranstimme
**Kas'tra'ti'on** (die, -, -tio̲nen) das Kastrieren
**kas'trie'ren** (V.) durch Entfernen der Keimdrüsen fortpflanzungsunfähig machen, entmannen, verschneiden [lat.]
**ka'su'al** (Adj.) zufällig, nicht vorhersehbar [lat.]
**Ka'su'a'li'en** (nur Mz.) zufällige Ereignisse; kirchliche Amtshandlungen bei besonderen Ereignissen; z.B. Taufe; Vergütung dafür
**ka'su'ell** (Adj.) den Kasus betreffend [lat.-frz.]
**Ka'su'is'tik** (die, -, nur Ez.) altgriechische und kath. Lehre vom richtigen Verhalten in besonderen Fällen; den Einzelfall besonders berücksichtigende Untersuchung und Beurteilung (im Rechtswesen); Haarspalterei, Wortklauberei [lat.]
**ka'su'is'tisch** (Adj.) zur Kasuistik gehörig
**Ka'sus** (der, -, -) Beugungs-, Deklinationsfall (in der Grammatik) [lat.]
**Kat** (der, -s, -s) Katalysator, Vorrichtung zum Filtern der Abgase (beim Personenkraftwagen) [Kurzwort]
**ka'ta'bol** (Adj.) den Abbaustoffwechsel betreffend (Med.)
**Ka'ta'bo'lie** (die, -, nur Ez.) Abbau der Stoffe (im Körper durch den Stoffwechsel) [gr.]
**Ka'ta'bo'lis'mus** (der, -, nur Ez.) = Katabolie
**Ka'ta'chre'se** [-çre:-] (die, -, -n) Vermischung von nicht zusammenpassenden bildlichen Ausdrücken, Stilblüte [gr.]
**Ka'ta'dyn'ver'fah'ren** (das, -s, -) Abtöten von Keimen zur Trinkwasseraufbereitung durch Silberionen [gr.]
**Ka'ta'falk** (der, -s, -e) schwarz verhängtes Gestell für den Sarg (bei der Trauerfeier) [frz.]
**Ka'ta'kaus'tik** (die, -, nur Ez.) Brennfläche (statt des Brennpunktes) auf Hohlspiegeln beim Einfall paralleler Lichtstrahlen [gr.]
**Ka'ta'kla'se** (die, -, -n) Zerbrechen- oder Zerriebenwerden von Mineralien im Gestein durch tektonische Kräfte [gr.]
**Ka'ta'klys'mus** (der, -, -men) erdgeschichtliche Katastrophe [gr.-nlat.]
**Ka'ta'kus'tik** (die, -, nur Ez.) Echolehre
**Ka'ta'kom'be** (die, -, -n) unterirdische Begräbnisstätte [gr.]
**Ka'ta'la'ne** (der, -n, -n) Ew. von Katalonien
**ka'ta'la'nisch** (Adj ) zu Katalonien gehörig
**ka'ta'lek'tisch** (Adj.) unvollendet, unvollkommen (veraltet); katalektischer Vers: Vers mit einem unvollständigen Versfuß am Schluss [gr.]
**Ka'ta'log** (der, -(e)s, -e) Verzeichnis (von Büchern, Bildern, Waren) [gr.]
**ka'ta'lo'gi'sie'ren** (V.) in einen Katalog aufnehmen, in einem Katalog zusammenstellen
**Ka'ta'ly'sa'tor** (der, -s, -to̲ren) Stoff, der eine chemische Reaktion herbeiführt oder beeinflusst, selbst aber unverändert bleibt [gr.]
**Ka'ta'ly'se** (die, -, -n) 1 Herbeiführung oder Beeinflussung einer chemischen Reaktion durch einen Katalysator 2 Einfügung in ein Textfragment
**ka'ta'ly'sie'ren** (V.) eine chemische Reaktion katalysieren: durch einen Katalysator herbeiführen oder beeinflussen
**ka'ta'ly'tisch** (Adj.) mithilfe einer Katalyse oder eines Katalysators
**Ka'ta'ma'ran** (der, -s, -e) Segelboot mit zwei Rümpfen nebeneinander [tamil.]
**Ka'ta'me'ni'en** (nur Mz.) Menstruation [gr.]
**Ka'ta'm'ne'se** Aufzeichnungen des Arztes über den Zustand des Patienten nach beendeter Behandlung [gr.]
**Ka'ta'pha'sie** (die, -, nur Ez.) Sprechstörung, bei der Sätze wiederholt werden (Med.)
**Ka'ta'pho're'se** (die, -, -n) Wanderung elektrisch geladener Teilchen in einer nicht leitenden Flüssigkeit unter Einwirkung elektrischer Spannung in Richtung der Kathode
**Ka'ta'phrakt** (der, -en, -en) gepanzerter Reiter auf gepanzertem Pferd in den Reiterheeren der Antike [gr.-lat.]

K

**Ka|ta|pla|sie** (die, -, -n) Rückbildung (von Körpergewebe) [gr.]
**ka|ta|plek|tisch** (Adj.) von Kataplexie befallen
**Ka|ta|ple|xie** (die, -, -n) plötzliche Lähmung der Muskeln vor Schreck, Schreckstarre [gr.]
**Ka|ta|pult** (das, -(e)s, -e) **1** Gerät zum Schleudern (früher von Geschossen, dann von Steinen, zum Starten von Flugzeugen) **2** Schleudersitz (im Flugzeug) [gr.]
**ka|ta|pul|tie|ren** (V.) mittels Katapults wegschleudern, starten lassen
**Ka|ta|pult|start** (der, -s, -s) Flugzeugstart mittels eines Katapults
**Ka|ta|rakt** (der, -(e)s, -e) **1** Wasserfall **2** Stromschnelle **3** grauer Star (in der Medizin) [gr.]
**Ka|ta|rer** (der, -s, -) Einwohner des Scheichtums Katar am Persischen Golf [arab.]

K

**Ka|tarrh** *auch:* Ka|tarr (der, -s, -e) Schleimhautentzündung mit Absonderung von Sekret [gr.]
**ka|tarr|ha|lisch** *auch:* ka|tarr|a|lisch (Adj.) mit Katarrh einhergehend
**Ka|ta|sta|se** (die, -, -n) Intensivierung des Knotens im Drama bis zur Lösung in der Katastrophe [gr.]
**Ka|tas|ter** (der oder das, -s, -) amtliches Verzeichnis steuerpflichtiger Personen (früher); amtliches Verzeichnis der Grundstücke (eines Bezirks) [gr.]
**Ka|tas|tral|ge|mein|de** (die, -, -n) Steuerbezirk, -gemeinde [österr.]
**ka|ta|stro|phal** (Adj.) fürchterlich
**Ka|ta|stro|phe** (die, -, -n) schweres Unglück, großes Unheil [gr.]
**Ka|ta|to|nie** (die, -, -n) mit Spannungszuständen der Muskeln einhergehende Geistesstörung [gr.]
**Ka|ta|wert** (der, -(e)s, -e) messbarer Wert zur Bestimmung der Größenordnung von Behaglichkeitsempfinden beeinflussenden Abkühlungsvorgängen, die durch verschiedene Klimagrößen entstehen
**Ka|te|che|se** (die, -, -n) Religionsunterricht
**Ka|te|chet** (der, -en, -en) Religionslehrer (bes. außerhalb der Schule) [gr.]
**Ka|te|che|tik** (die, -, nur Ez.) Lehre von der Katechese
**ka|te|che|tisch** (Adj.) die kirchliche Unterrichtung in der Christenlehre betreffend [gr.-lat.]
**Ka|te|chin** (das, -s, -e) Stoff, der die Wirksamkeit mancher Hormone hemmt (Med.)
**ka|te|chi|sie|ren** (V.) Religionsunterricht erteilen [gr.-lat.]
**Ka|te|chis|mus** (der, -, -men) Lehrbuch für die Katechese
**Ka|te|chist** (der, -chis|ten, -chis|ten) eingeborener Laienhelfer in der kath. Mission [gr.]
**Ka|te|chu|me|nat** (das, -s, -e) vorbereitender Unterricht für die Erwachsenentaufe [gr.]
**Ka|te|chu|me|ne** (der, -n, -n) Anwärter auf die Erwachsenentaufe [gr.]
**Ka|te|go|rie** (die, -, -n) Grundbegriff, von dem andere Begriffe abgeleitet werden können; Klasse, Gruppe, in die etwas eingeordnet werden kann [gr.]
**ka|te|go|risch** (Adj.) behauptend, aussagend; zwingend, unbedingt gültig; kategorischer Imperativ: unbedingt gültiges ethisches Pflichtgebot (nach Kant); mit Nachdruck, bestimmt, keinen Widerspruch duldend; z.B. etwas kategorisch fordern [gr.]
**ka|te|go|ri|sie|ren** (V.) in Kategorien einordnen; z.B. Begriffsklassen, -gruppen kategorisieren
**Ka|te|ne** (die, -, -n) fortlaufende Bibelerläuterung, die aus freien Wiedergaben der Bibelkommentare der Kirchenväter sowie aus gereihten Auszügen besteht (seit dem 16. Jh.) [lat.]
**Kat|fisch** (der, -(e)s, -e) Seewolf, bekannt als Karbonaden- oder Austernfisch
**Kat|gut** (das, -s, nur Ez.) Faden zum Vernähen von Operationswunden (der sich im Körper auflöst) [engl.]
**Ka|tha|rer** (der, -s, -) Mitglied einer asketischen Sekte (Süd- und Westeuropa bis Balkan) [gr.]
**Ka|thar|sis** *auch:* [-tar-] (die, -, nur Ez.) seelische Reinigung, Läuterung (bes. im antiken Drama) [gr.]
**ka|thar|tisch** (Adj.) auf Katharsis beruhend

**Ka'the'der** (das oder der, -s, -) erhöhter Platz im Raum (für den Lehrer oder Prediger), Podium, Kanzel; Lehrstuhl (an einer Hochschule, veraltet) [gr.]
**Ka'the'dra'le** (die, -, -n) bischöfliche oder erzbischöfliche Kirche (in Frankreich, Spanien, England); Hauptkirche einer Stadt (in Deutschland), Dom, Münster [gr.]
**Ka'the'dral'ent'schei'dung** (die, -, -en) 1 Entscheidung des Papstes ex cathedra 2 unwiderrufliche Entscheidung
**Ka'the'dral'glas** (das, -es, nur Ez.) undurchsichtiges Schmuckglas
**Ka'the'te** (die, -, -n) jede der beiden Seiten, die die Schenkel des rechten Winkels bilden (im rechtwinkligen Dreieck) [gr.]
**Ka'the'ter** (der, -s, -) Röhrchen (zum Ablassen von Flüssigkeiten aus Körperhöhlen) [gr.]
**ka'the'te'ri'sie'ren** (V.) mittels Katheters untersuchen oder von Flüssigkeit befreien; z.B. die Harnblase katheterisieren
**ka'the'tern** (V.) = katheterisieren
**Ka'tho'de** *auch:* Ka'to'de (die, -, -n) negative Elektrode [gr.]
**Ka'tho'den'strahl** *auch:* Ka'to'den'strahl (der, -(e)s, -en) Strahl, erzeugt durch das Passieren von Elektronen durch verdünnte Gase
**Ka'tho'lik** (der, -en, -en) Angehöriger der kath. Kirche
**Ka'tho'li'kos** (der, -, nur Ez.) Titel des Oberhauptes einiger Ostkirchen [gr.]
**ka'tho'lisch** (Adj.) 1 die ganze Erde umfassend, allgemein (von der Kirche Christi) 2 zur kath. Kirche gehörig; katholische Kirche: die dem Papst unterstehende christliche Kirche [gr.]
**ka'tho'li'sie'ren** (V.) in die kath. Kirche aufnehmen, zum kath. Glauben bekehren
**Ka'tho'li'zis'mus** (der, -, nur Ez.) Lehre der kath. Kirche
**Kat'i'on** (das, -s, -en) positiv geladenes Ion
**Ka'to'de** (die, -, -n) = Kathode
**Ka'to'den'strahl** (der, -(e)s, -en) = Kathodenstrahl
**ka'to'nisch** (Adj.) unnachgiebig, schonungslos, nicht kompromissbereit (nach dem römischen Zensor Cato)
**Kat'op'trik** (die, -, nur Ez.) Lehre von der kontinuierlichen Spiegelung der Lichtstrahlen [gr.]
**Ka'to'ther'mie** (die, -, nur Ez.) Erhöhung der Wassertemperatur in tiefer werdenden Gewässern [gr.]
**Kat'tun** (der, -s, -e) bedruckter Baumwollstoff [arab.]
**Kaue** (die, -, -n) 1 Bauwerk über der Schachtöffnung eines Bergwerks (früher) 2 Waschraum der Bergleute (heute)
**Kau'ka'si'er** (der, -s, -) Ew. des Kaukasus
**kau'ka'sisch** (Adj.) zum Kaukasus gehörig
**kau'li'flor** (Adj.) unmittelbar am Stamm oder Ast ansetzend (von Blüten) [gr.-lat.]
**Kau'ma'zit** (der, -(e)s, -e) Koks aus Braunkohle [gr.]
**Kau'ri** (die, -, -s) Schnecke des Indischen Ozeans (ihr Gehäuse früher als Zahlungsmittel bei Naturvölkern) [Maori]
**kau'sal** (Adj.) auf Ursache und Wirkung beruhend, ursächlich [lat.]
**Kau'sal'ge'setz** (das, -es, -e) auf dem Zusammenhang von Ursache und Wirkung begründetes Gesetz
**Kau's'al'gie** (die, -, -n) brennender, durch Nervenverletzung hervorgerufener Schmerz
**Kau'sa'li'tät** (die, -, nur Ez.) Zusammenhang von Ursache und Wirkung, Ursächlichkeit
**Kau'sal'ne'xus** (der, -, nur Ez.) Kausalzusammenhang [lat.]
**Kau'sal'the'ra'pie** (die, -, -n) Behandlung der Krankheitsursache und der Symptome
**kau'sa'tiv** (Adj.) bewirkend, verursachend
**Kau'sche** (die, -, -n) Stahlöse zur Verstärkung eines Seiles oder Taues [frz.]
**Kaus'tik** (die, -, -en) Brennfläche anstelle des Brennpunktes (in der Optik); Zerstörung von Körpergewebe (durch elektrischen Strom oder Chemikalien; in der Medizin) [gr.]
**Kaus'ti'kum** (das, -s, -ka) ätzendes Mittel (in der Medizin) [gr.-nlat.]
**kaus'tisch** (Adj.) ätzend, beißend, scharf [gr.]
**Kau'tel** (die, -, -en) Vorsichtsmaßnahme, Vorbehalt [lat.]

**Kau'ti'on** (die, -, -ti'onen) Hinterlegung von Geld (als Sicherheitsleistung); die hinterlegte Geldsumme [lat.]
**kau't'schie'ren** (V.) = kautschutieren
**Kau't'schuk** (der, -s, -e) Milchsaft des Kautschukbaumes
**Kau't'schuk'pa'ra'graf** *auch:* Kau't'schukpara'graph (der, -en, -en) Bestimmung, die auf verschiedene Weise ausgelegt (gedehnt) werden kann, Gummiparagraf
**kau't'schu'tie'ren** (V.) mit Kautschuk überziehen
**Ka'val** [-va:l] (der, -s, -s) Ritter im Kartenspiel Tarock
**Ka'va'lier** (der, -s, -e) **1** Reiter, Ritter (früher) **2** Begleiter einer Dame, höflicher, zuvorkommender Mann [frz.]
**Ka'val'ka'de** (die, -, -n) Reiteraufzug, Pferdeschau [it.]
**Ka'val'le'rie** [-ri] (die, -, -n) Reitertruppe [it.-frz.]
**Ka'val'le'rist** (der, -ris'ten, -ris'ten) Soldat der Kavallerie
**Ka'va'ta** [-va:-] (die, -, -ten) lyrischer Schluss eines Rezitativs (Mus.)
**Ka'va'ti'ne** (die, -, -n) liedartiges Sologesangsstück (bes. in der Oper) oder Instrumentalstück [it.]
**Ka've'ling** (die, -, -en) kleinste Warenmenge, die ersteigert werden muss (auf Auktionen) [niederl.]
**Ka'vent** [-vɛnt] (der, -en, -en) **1** Bürge **2** beleibter, wohlhabender Mann **3** Stück von beeindruckender Größe, Prachtexemplar **4** besonders hohe Welle (Seemannssprache) [lat.]
**Ka'ver'ne** (die, -, -n) **1** durch Gewebszerfall entstandener Hohlraum (bes. in der Lunge) **2** künstlicher unterirdischer Hohlraum (für militärische Einrichtungen, Müll u.a.) [lat.]
**ka'ver'ni'kol** [-vɛr-] (Adj.) in Höhlen wohnend [lat.]
**Ka'ver'nom** (das, -s, -e) Blutschwamm, Geschwulst aus Blutgefäßen (Med.) [lat.]
**ka'ver'nös** (Adj.) eine oder mehrere Kavernen aufweisend (in der Medizin)
**Ka'vi'ar** (der, -s, -e) mit Salz konservierter Rogen einiger Störarten [türk.]
**Ka'vi'tät** [-vi-] (die, -, -en) Hohlraum, Höhlung [lat.]

K

**Ka'wa** (die, -, nur Ez.) polynesisches, leicht berauschendes Getränk aus Wurzeln des Kawastrauches
**Ka'zoo** [kʌzu:] (das, - oder -s, -s) Rohrblasinstrument [engl.]
**Ke'bab** (der, -(s), -s) am Spieß gebratene Hammelfleischstückchen [türk.]
**Kee'per** (ki:-] (der, -s, -) Torwart [engl.]
**Keep'smi'ling** [ki:p smaɪlĩ] (das, -s, nur Ez.) optimistische Lebensauffassung auch in schwierigen Lagen [engl.]
**Ke'fir** (der, -s, nur Ez.) durch Zusatz von Hefe und Bakterien vergorene Milch [türk.]
**Keks** (der, -(es), -e) kleines, trockenes Gebäck [engl.]
**Ke'lim** *auch:* Ki'lim (der, -s, -s) gewebter Teppich oder Wandbehang (aus dem vorderen Orient) [türk.]
**Ke'lo'to'mie** (die, -, -n) Bruchoperation (Med.) [gr.]
**Kel'te** (der, -n, -n) Angehöriger einer Völkergruppe in Mittel-, West- und Südeuropa
**kel'tisch** (Adj.) zu den Kelten gehörig
**Kel'tis'tik** (die, -, nur Ez.) = Keltologie
**Kel'to'lo'ge** (der, -n, -n) Wissenschaftler der Keltologie
**Kel'to'lo'gie** (die, -, nur Ez.) Wissenschaft von den keltischen Sprachen und Literaturen
**Kel'vin** (das, -s, -) Maßeinheit der auf den absoluten Nullpunkt (–273,15°) bezogenen Temperatur [engl.]
**Ke'ma'lis'mus** (der, -, nur Ez.) türkische Reform nach dem Ersten Weltkrieg nach dem Vorbild westlicher Gesellschaftsformen (nach dem türkischen Politiker Kemal Atatürk, 1881–1939)
**Ken** (das, -, -) japanischer Verwaltungsbezirk [jap.]
**Ken'do** (das, -(s), nur Ez.) japanische Fechtkunst mit Schwertern oder Bambusschwertern
**Ken'do'gi** (das, -(s), nur Ez.) Wettkampfkleidung beim Kendo
**Ke'ni'a'ner** (der, -s, -) Einwohner des ostafrikanischen Staates Kenia
**Ken'nel** (der, -s, -) Zwinger für die Hunde der Parforcejagd [engl.]
**Ke'no'se** (die, -, nur Ez.) Christi freiwillige Entbehrung seiner göttlichen Eigen-

schaften während seines Menschseins (Theol.) [gr.]
**Ke'no'taph** (der, -s, -e) leeres Grabmal (als Gedenkstätte) [gr.]
**Ken'taur** (der, -en, -en) = Zentaur
**Ken'zan** (der, -s, -s) Blumenigel, mit Stacheln versehene Platte zum Befestigen von Blumengebinden [jap.]
**Ke'pha'l'al'gie** (die, -, -n) Kopfschmerzen [gr.]
**Ke'phal'hä'ma'tom** (das, -s, -e) Bluterguss am Schädel eines Neugeborenen, verursacht durch den Geburtsvorgang (Med.) [gr.]
**Ke'pha'lo'graf** *auch:* Ke'pha'lo'graph (der, -en, -en) Gerät zur Aufzeichnung der Schädelform (Med.) [gr.]
**Ke'ra'mik** (die, -, -en) **1** (nur Ez.) Verfahren zur Herstellung von Gegenständen aus gebranntem Ton **2** (nur Ez.) Gesamtheit von Gegenständen aus gebranntem Ton **3** einzelner Gegenstand aus gebranntem Ton [gr.]
**Ke'ra'mi'ker** (der, -s, -) Handwerker, der Keramiken herstellt
**ke'ra'misch** (Adj.) zur Keramik gehörig
**Ke'ra'tin** (das, -s, nur Ez.) Eiweißkörper (in Haut, Haaren und Nägeln), Hornstoff [gr.]
**Ke'ra'ti'tis** (die, -, -ti'ti'den) Hornhautentzündung (des Auges) [gr.]
**Ke'ra'tom** (das, -s, -e) hornige Geschwulst der Haut [gr.]
**Ke'ra'to'plas'tik** (die, -, -en) Übertragung gesunder Hornhaut auf die eines erkrankten Auges [gr.]
**Ke'ra'to'se** (die, -, -n) krankhafte Verhornung der Haut [gr.]
**Ker'mes** (der, -, -) mit rotem Saft gefüllte Eier und Hüllen der Kermesschildlaus [arab.]
**Kern'ener'gie** (die, -, nur Ez.) Energie, die durch Kernspaltung oder -fusion gewonnen wird
**Kern'kraft'werk** (das, -(e)s, -e) Kernreaktor, Atomkraftwerk
**Kern'phy'sik** (die, -, nur Ez.) Gebiet der Physik, das sich mit der Atomforschung beschäftigt
**Kern're'ak'ti'on** (die, -, -en) physikalischer Vorgang in Atomkernen vor allem beim Zusammenstoß mit energiereichen Teilchen
**Kern're'ak'tor** (der, -s, -en) Atomkraftwerk, Kraftwerk, in dem die kontrollierte Kernspaltung von Atomen zur Gewinnung elektrischer Energie genutzt wird
**Kern'spin'to'mo'gra'fie** *auch:* Kern'spin'to'mo'gra'phie (die, -, nur Ez.) med. Verfahren, um durch elektromagnetische Wellen eine dreidimensionale Darstellung z.B. des menschlichen Körpers zu erhalten
**Ke'ro'gen** (das, -s, -e) organische Substanz der Ölschiefer
**Ke'ro'sin** (das, -s, nur Ez.) aus Erdöl gewonnener Treibstoff [gr.]
**Kerr'effekt** *auch:* Kerr-Effekt (der, -(e)s, -e) Entdeckung des Effektes, dass durchsichtige Körper in starken elektrischen Feldern doppelt brechend auf elektromagnetische Wellen wirken
**Ke'ryg'ma** (das, -s, nur Ez.) Verkündigung (bes. des Evangeliums) [gr.]
**ke'ryg'ma'tisch** (Adj.) zum Kerygma gehörig, verkündigend
**Ke'schan** (der, -s, -s) = Kaschan
**Ket'ch'up** [kɛt-ʃap] oder [kɛtʃep] (der oder das, - oder -s, -s) = Ketschup
**Ke'ton** (das, -s, -e) eine organische Verbindung
**Ket'schua** (das, -, nur Ez.) Sprache eines südamerikanischen Indianervolkes
**Ket'sch'up** *auch:* Ketch'up [kɛtʃap] (der oder das, -s, -s) pikante, dicke Soße zum Würzen; z.B. Tomatenketschup [malai.]
**Kett'car** (der oder das, -s, -s) Kinderfahrzeug, das über Pedal und Kette angetrieben wird [dt.- engl.]
**Key-Ac'count-Ma'nage'ment** [kiːə-kaʊntmɛnidʒment] (das, -s, nur Ez.) Management, das besonders auf die Zusammenarbeit mit Großkunden und den frühzeitigen Miteinbezug ihrer wirtschaftlichen Bedürfnisse abzielt [engl.]
**Keyboard** [kiːbɔːdz] (das, -s, -s) Tasteninstrument (im Jazz und Rock) [engl.]
**Keyne'si'a'nis'mus** [keɪnzia-] (der, -, nur Ez.) wirtschaftspolitische Theorie nach dem Zweiten Weltkrieg, die das erste Mal die Möglichkeit eines wirtschaftlichen Gleichgewichts bei Unterbeschäftigung thematisierte [engl.]

K

**Key'point** [ki:pɔynt] (der, -s, -s) Hauptpunkt, springender Punkt, entscheidender Faktor [engl.]
**KG** *auch:* K.G. Abk. für **K**ommandit**g**esellschaft
**Kha'ki** *auch:* Kaki (der, -(s), nur Ez.) gelbbrauner Stoff (für Tropenuniformen) [pers.-engl.]
**Khan** (der, -s, -s) Titel mongolisch-türkischer Fürsten und hoher persischer Beamter
**Kha'nat** (das, -s, -e) Amt und Herrschaftsbereich eines Khans
**Khmer** (der, -, -) Angehöriger des kambodschanischen Staatsvolkes
**Kib'buz** (der, -, -e oder -im) ländliches Kollektiv in Israel [hebr.]
**Ki'b'la** (die, -, nur Ez.) die Richtung nach Mekka, in die sich die Mohammedaner beim Gebet verneigen [arab.]
**Kick** (der, -s, -s) **1** Stoß, Tritt (beim Fußball) **2** Schwung, Anregung (ugs.) **3** Wirkung (eines Rauschgiftes) [engl.]
**Kick-and-Rush** [kɪkændrаʃ] (der oder das, -, nur Ez.) Taktik beim Fußball, wenn die Verteidigung den Ball meist ungezielt nach vorne spielt und er dort neu erkämpft werden muss; Schießen und Vorwärtsstürmen [engl.]
**Kick'bo'xen** (das, -s, nur Ez.) Nahkampfsportart, in der auch Tritte erlaubt sind
**Kick-down** *auch:* Kick'down [-daʊn] (das, -s, -s) Durchtreten des Gaspedals (zum raschen Beschleunigen)
**ki'cken** (V.) mit dem Fuß stoßen, Fußball spielen (ugs.) [engl.]
**Ki'cker** (der, -s, -) Fußballspieler (oft abwertend) [engl.]
**Kick-off** *auch:* Kick'off (der, -s, -s) Anstoß (beim Fußball; schweiz.) [engl.]
**Kick'ser** (der, -s, -) Fehlstoß im Fußball oder Billard
**Kick'xia** [kɪksja] (die, -, -xi'en) ein westafrikanisches Hundsgiftgewächs, das Kautschuk liefert [niederl.-nlat.]
**Kid** (das, -s, -s) feines Leder von Kalb, Lamm, Ziege [engl.]
**Kid'dusch** (der, -s, -im) jüdisches Gebet, das am Sabbat über einem Becher Wein gesprochen wird, um für den Sabbat zu danken [hebr.]
**kid'nap'pen** [-næp-] (V.) entführen (um Lösegeld zu erpressen oder bestimmte Forderungen durchzusetzen) [engl.]
**Kid'nap'per** [-næp-] (der, -s, -) jmd., der jemanden gekidnappt hat
**Kid'nap'ping** [-næp-] (das, -s, nur Ez.) das Kidnappen, Kindesentführung, Menschenraub
**Kids** (nur Mz.) Kinder, Teenager (Szenensprache) [engl.]
**Kif** (der, -s, nur Ez.) = Haschisch [arab.]
**kif'fen** (V.) Kif rauchen
**Kif'fer** (der, -s, -) Haschisch oder Marihuana Rauchender [arab.-amerik.]
**Ki'lim** (der, -s, -s) = Kelim
**kil'len** (V.) **1** ermorden (ugs.) [engl.] **2** flattern (vom Segel) [niederl.]
**Kil'ler** (der, -s, -) bezahlter Auftragsmörder [engl.]
**Kil'ler'al'ge** (die, -, -n) giftige Alge, vor allem an den Küstenregionen
**Kil'ler'sa'tel'lit** (der, -en, -en) Satellit, der in die Erdumlaufbahn geschossen wird mit dem Ziel, einen anderen Satelliten zu zerstören
**Ki'lo** (das, -s, -) Kilogramm [Kurzwort]
**Ki'lo'byte** (das, - oder -s, -s) Einheit für die Speicherkapazität einer EDV-Anlage
**Ki'lo'gramm** (das, -s, -) 1000 Gramm [gr.]
**Ki'lo'me'ter** (der, -s, -) 1000 Meter
**Ki'lo'volt** (das, -s, -) 1000 Volt [gr.-it.]
**Ki'lo'watt** (das, -s, -) 1000 Watt [gr.-engl.]
**Kilt** (der, -s, -s) kurzer, karierter Rock (der Schotten) [engl.]
**Ki'mo'no** (der, -s, -s) mantelartiges japanisches Obergewand mit weiten, angeschnittenen Ärmeln
**Ki'n'äs'the'sie** (die, -, nur Ez.) Bewegungsempfindung, Empfindung der eigenen körperlichen Bewegung [gr.]
**Ki'n'äs'the'tik** (die, -, nur Ez.) Lehre von der Bewegungsempfindung (Med.)
**Ki'ne'ma'thek** (die, -, -en) Sammlung von (Kino-)Filmen [gr.]
**Ki'ne'ma'tik** (die, -, nur Ez.) = Kinetik
**Ki'ne'ma'to'graf** *auch:* Ki'ne'ma'to'graph (der, -en, -en) erster Apparat zur Aufnahme und Wiedergabe bewegter Bilder [gr.]
**Ki'ne'ma'to'gra'fie** *auch:* Ki'ne'ma'to'gra'phie (die, -, nur Ez.) Filmtechnik, Filmkunst (in der Frühzeit des Films)

K

**Ki'ne'se** (die, -, -n) Geschwindigkeitsveränderung bei der Fortbewegung von Tieren
**Ki'ne'si'o'lo'gie** (die, -, nur Ez.) Bewegungslehre, Erforschung der Bewegung, des Bewegungsapparats und seiner Steuerung
**Ki'ne'si'o'the'ra'pie** (die, -, nur Ez.) Krankengymnastik, Bewegungstherapie (Med.)
**Ki'ne'tik** (die, -, nur Ez.) Wissenschaft von der Bewegung durch Kräfte [gr.]
**ki'ne'tisch** (Adj.) auf Bewegung beruhend
**Ki'ne'to'se** (die, -, -n) Bewegungskrankheit, die durch Reizung des Gleichgewichtsorgans verursacht wird (z.B. Seekrankheit) (Med.)
**King'size** (die oder das, -, nur Ez.) Großformat, Überlänge [engl.]
**Ki'no** (das, -s, -s) Gebäude zur Vorführung von Filmen, Filmtheater, Lichtspielhaus [gr.]
**Kin'topp** (der oder das, -s, -s oder -töppe) Kino
**Ki'o'ni'tis** (die, -, -ti'den) Entzündung des Gaumenzäpfchens
**Ki'osk** (der, -(e)s, -e) **1** kleines Verkaufshäuschen für Zeitungen, Zigaretten etc. **2** Gartenhäuschen im Orient **3** Erker vor den Räumen der oberen Stockwerke orientalischer Paläste [pers.-türk.-frz.]
**Kir'gi'se** (der, -n, -n) Ew. von Kirgisien
**kir'gi'sisch** (Adj.) zu den Kirgisen gehörig
**Ki'ri'ba'ti'er** (der, -s, -) Einwohner des Inselstaates Kiribati in Ozeanien [engl.-mikrones.]
**Kis'met** (das, -s, nur Ez.) das von Allah dem Menschen zugeteilte Schicksal (im Islam) [arab.]
**Ki'su'a'he'li** (das, -(s), nur Ez.) = Suaheli
**Kit** (der oder das, -s, -s) **1** Modellbausatz **2** Satz zueinander gehörender Einzelteile [engl.]
**Kit'che'nette** [kɪtʃɛnɛt] (die, -, -s) Kochnische, sehr kleine Küche [engl.]
**Ki'tha'ra** (die, -, -s oder -tha'ren) ein altgriechisches Zupfinstrument
**Ki'wi** **1** (die, -, -s) eiförmige Frucht der Subtropen mit brauner Schale und grünem Fruchtfleisch, das reich an Vitamin C ist [engl.] **2** (der, -s, -s) hühnergroßer, flugunfähiger Vogel Neuseelands [polynes.]
**kla'bas'tern** (V.) klappernd, polternd gehen [viell. it.]
**Kla'mot'te** (die, -, -n) **1** zertrümmerter Mauerstein **2** wertloser Gegenstand **3** altes, wieder aufgeführtes Theaterstück [viell. tschech.]
**Kla'mot'ten** (nur Mz.) persönliche Gegenstände, bes. Kleider [Rotwelsch]
**Klan** (der, -s, -e oder -s) = Clan
**klan'des'tin** (Adj.) heimlich (veraltet); klandestine Ehe: nicht kirchlich geschlossene und daher ungültige Ehe (früher) [lat.]
**Kla'rett** (der, -s, -s oder -e) gewürzter Rotwein [frz.]
**kla'rie'ren** (V.) die Ladung (eines Schiffes) verzollen [lat.]
**Kla'ri'net'te** (die, -, -n) ein Holzblasinstrument [it.]
**Kla'ri'net'tist** (der, -tis'ten, -tis'ten) Musiker, der Klarinette spielt [it.]
**Kla'ris'se** (die, -, -n) Angehörige eines kath. Nonnenordens [lat.]
**Kla'ris'sin** (die, -, -nen) = Klarisse
**Klas'se** (die, -, -n) **1** Gruppe von Lebewesen, Gegenständen, Begriffen mit gleichen Merkmalen **2** Wert-, Rangstufe, Güte, Qualität; z.B. Kaffee erster Klasse [lat.]
**Klas'se'ment** [-mã], schweiz. [-mɛnt] (das, -s, -s) Einteilung; Ordnung; Rangliste (im Sport) [frz.]
**Klas'si'fi'ka'ti'on** (die, -, -ti'o'nen) das Klassifizieren, Einteilung in Klassen [lat.]
**klas'si'fi'zie'ren** (V.) in Klassen einteilen
**Klas'sik** (die, -, nur Ez.) durch künstlerisch bedeutende und als vorbildlich anerkannte Leistungen gekennzeichneter Zeitabschnitt (bes. die Hochblüte der griechischen und römischen antiken Kultur, der deutschen Literatur und österreichischen Musik um 1800) [lat.]
**Klas'si'ker** (der, -s, -) **1** Vertreter der Klassik; als vorbildlich, richtungsweisend geltender Künstler **2** Sache, Gegenstand, der klassisch ist
**klas'sisch** (Adj ) zur Klassik gehörig, aus ihr stammend; vorbildlich, mustergültig, zeitlos

**Klas'si'zis'mus** (der, -, nur Ez.) am Vorbild der griechisch-römischen Klassik ausgerichteter Kunststil (bes. in Europa im 16./17. Jh. und 1770–1830)
**klas'si'zis'tisch** (Adj.) zum Klassizismus gehörend, in der Art des Klassizismus
**Klas'si'zi'tät** (die -, nur Ez.) Vorbildlichkeit, Mustergültigkeit [lat.]
**Klau'se** (die, -, -n) **1** Klosterzelle, Einsiedelei; kleiner, abgesonderter, ruhiger Raum **2** Engpass, Schlucht **3** Teilfrucht (von Lippenblütlern u.a.) [lat.] **4** Engpass, Schlucht (in den Alpen)
**Klau'sel** (die, -, -n) Nebenbestimmung, Vorbehalt (in Verträgen) [lat.]
**Klaus'ner** (der, -s, -) Einsiedler, (mönchischer) Bewohner einer Klause [lat.]
**Klaus'tro'phi'lie** (die, -, nur Ez.) Drang, sich abzusondern, sich einzuschließen [gr.]
**Klaus'tro'pho'bie** (die, -, nur Ez.) krankhafte Furcht vor dem Aufenthalt in geschlossenen Räumen [gr.]

K

**klaus'tro'pho'bisch** (Adj.) an Klaustrophobie leidend
**Klau'sur** (die, -, -en) **1** (nur Ez.) Abgeschlossenheit, Einsamkeit; z.B. in Klausur leben **2** Teil eines Gebäudes (bes. eines Klosters), den Außenstehende nicht betreten dürfen **3** Prüfungsarbeit, die in einem Raum allein oder zu mehreren unter Aufsicht anzufertigen ist
**Klau'sur'ta'gung** (die, -, -en) nicht öffentliche Tagung (Pol.)
**Kla'via'tur** (die, -, -en) Gesamtheit der Tasten (eines Tasteninstruments) [lat.]
**Kla'vi'chord** [-kɔrt] (das, -(e)s, -e) kleines Tasteninstrument, bei dem die Saiten durch Metallplättchen angeschlagen werden [lat.-gr.]
**Kla'vier** (das, -s, -e) Tasteninstrument, dessen Saiten durch Filzhämmer angeschlagen werden [lat.]
**Kla'vi'zim'bel** (das, -s, -) = Cembalo (veraltet)
**kleis'to'gam** (Adj.) sich selbst befruchtend in der Art der Kleistogamie
**Kleis'to'ga'mie** (die, -, nur Ez.) Selbstbefruchtung (von zweigeschlechtigen Pflanzen) bei geschlossener Blüte [gr.]
**Kle'ma'tis** (die, -, -) = Clematis
**Kle'men'ti'ne** (die, -, -n) Mandarinensorte ohne Kerne [frz.]

**Klep'sy'dra** (die, -, -sy̱dren/-sy̱dren) Uhr, bei der die Zeit durch langsam auslaufendes Wasser gemessen wird, Wasseruhr [gr.]
**Klep'to'ma'ne** (der, -n, -n) jmd., der an Kleptomanie leidet
**Klep'to'ma'nie** (die, -, nur Ez.) Sucht zu stehlen [gr.]
**Klep'to'pho'bie** (die, -, -n) krankhafte Furcht, zu stehlen oder bestohlen zu werden [gr.]
**kle'ri'kal** (Adj.) zur kath. Kirche gehörig, sie betreffend [lat.]
**Kle'ri'ka'lis'mus** (der, -, nur Ez.) Streben der kath. Kirche, ihren Einfluss auf den Staat und das öffentliche Leben zu verstärken [lat.]
**Kle'ri'ker** (der, -s, -) kath. Geistlicher [lat.]
**Kle'rus** (der, -, nur Ez.) Gesamtheit der kath. Geistlichen [gr.-lat.]
**Klez'mer** [klezmər] **1** (die oder der, -, nur Ez.) traditionelle jüdische Instrumentalmusik **2** (der, -s, -) Musiker [jidd.]
**Kli'ent** (der, -en, -en) Auftraggeber, Kunde (bes. eines Rechtsanwalts) [lat.]
**Kli'en'tel** (die, -, -en) Gesamtheit der Klienten
**Kli'ma** (das, -s, -s oder -ma̱'te) **1** charakteristischer Ablauf der Witterung (in einem Gebiet) **2** allgemeine Stimmung, Atmosphäre (in einer Gemeinschaft, bes. in einem Betrieb) [gr.]
**Kli'ma'ge'o'gra'fie** *auch:* Kli̱'ma'ge'o'gra'phie (die, -, nur Ez.) Gebiet der Geographie, das sich mit dem Klima und Klimazonen befasst
**kli'mak'te'risch** (Adj.) zum Klimakterium gehörig [gr.]
**Kli'mak'te'ri'um** (das, -s, -ri'en) Zeitraum (bei Frauen), in dem die Tätigkeit der Eierstöcke und die Menstruation allmählich aufhören
**Kli'ma'the'ra'pie** (die, -, -n) med. Behandlung, in der die Wirkung des Klimas zur Genese beitragen soll (Med.)
**kli'ma'tisch** (Adj.) das Klima betreffend [gr.]
**kli'ma'ti'sie'ren** (V.) Räume klimatisieren: Luftfeuchtigkeit und Temperatur in Räumen regulieren
**Kli'ma'to'lo'gie** (die, -, nur Ez.) Wissenschaft vom Klima [gr.]

**Klimax** (die, -, -e) **1** Höhepunkt **2** = Klimakterium **3** Steigerung zu einem stärkeren Ausdruck (Stilmittel) [gr.]
**Klinik** (die, -, -en) **1** Krankenhaus **2** (nur Ez.) Unterricht (der Medizinstudenten) am Krankenbett [gr.]
**Klinikum** (das, -s, -ken) **1** (nur Ez.) Ausbildung (der Medizinstudenten) im Krankenhaus **2** große, aus vielen Gebäuden bestehende Krankenhausanlage [gr.-nlat.]
**klinisch** (Adj.) zur Klinik gehörig, in der Klinik stattfindend; klinischer Tod: Stillstand von Herzschlag und Atmung, solange noch Möglichkeit zur Wiederbelebung besteht
**Klinometer** (das, -s, -) Instrument zum Messen der Neigung gg. die Horizontale
**Klipp** (der, -s, -s) federnde Klammer, z.B. am Kugelschreiber, zum Feststecken [engl.]
**Klipper** (der, -s, -) **1** schnelles Segelschiff (im 19. Jh.) **2** schnelles (amerikanisches) Verkehrsflugzeug [engl.]
**Klips** (der, -(es), -e) Schmuckstück mit Klammer zum Festklemmen; federnde Klammer [engl.]
**Klischee** (das, -s, -s) **1** Druckstock, Druckplatte **2** nichts sagende Nachahmung **3** abgegriffener, zu oft gebrauchter Ausdruck [frz.]
**klischieren** (V.) ein Klischee (von etwas) herstellen
**Klister** (der, -, nur Ez.) weiches Skiwachs für Firnschnee
**Klistier** (das, -s, -e) Darmeinlauf [gr.]
**klistieren** (V.) eine Darmspülung geben, ein Klistier setzen [gr.-lat.]
**klitoral** (Adj.) die Klitoris betreffend [gr.]
**Klitoris** (die, -, - oder -toriides) sensibelster Teil des weiblichen Geschlechtsorgans, Kitzler [gr.]
**Klitsche** (die, -, -n) kleines, wenig ertragreiches Landgut [poln.]
**Klo** (das, -s, -s) Klosett [Kurzwort]
**Kloake** (die, -, -n) **1** (unterirdischer) Abwasserkanal **2** gemeinsamer Ausführungsgang von Darm, Harnblase und Geschlechtsorgan; z.B. bei Vögeln [lat.]
**Klobasse** *auch:* Klobassi (die, -, -bassen) gewürzte, grobe Wurst [österr.]
**Klon** (der, -s, -e) alle aus ungeschlechtlicher Fortpflanzung hervorgegangenen Nachkommen [gr.]
**klonen** (V.) aus künstlicher ungeschlechtlicher Fortpflanzung hervorgehen (lassen) [gr.]
**Kloning** (das, -s, -s) Klonen
**klonisch** (Adj.) in der Art eines Klonus
**Klonus** (der, -, -ni) rasche, krampfartige Muskelzuckungen, Schüttelkrampf [gr.-nlat.]
**Klosett** (das, -s, -s) Raum und Vorrichtung (mit Wasserspülung) zum Beseitigen der menschlichen Ausscheidungen, Abort, Toilette [engl.]
**Klub** *auch:* Club (der, -s, -s) Vereinigung von Personen zur Pflege gleicher Interessen; Gebäude, Räume dafür [engl.]
**Klubgarnitur** (die, -, -en) Couch mit zusammengehörenden Polstersesseln
**Klus** (die, -, -en) Talenge
**Klüse** (die, -, -n) Loch (in der Schiffswand für Ketten oder Taue) [niederl.]
**Klüver** (der, -s, -) dreieckiges Segel am Bug [niederl.]
**Klysma** (das, -s, -men) = Klistier [gr.]
**Klystron** (das, -s, -s oder -trone/-rone/-strone) Elektronenröhre zum Erzeugen kurzwelliger elektromagnetischer Strahlung [gr.]
**Knaster** (der, -s, -) schlechter Tabak [niederl.]
**Knesset(h)** (die, -, nur Ez.) Parlament (in Israel) [hebr.]
**Knickerbocker** [nɪk-] (die, -, -s) weite, unter dem Knie geschlossene, überfallende Hose [engl.]
**Knight** [nait] (der, -s, -s) unterstes Adelsprädikat, das nicht vererbt wird, sondern vom jeweiligen Monarchen bei besonderen Verdiensten verliehen wird [engl.]
**knock-down** *auch:* knockdown [nɒk-daʊn] (Adj.) zu Boden geschlagen (beim Boxen) [engl.]
**Knock-down** *auch:* Knockdown [nɒk-daʊn] (der oder das, -s, -s) Schlag, der den Gegner zu Boden zwingt, das Niederschlagen (beim Boxen) [engl.]
**knock-out** *auch:* knockout [nɒkaʊt] (Adj.) besiegt, kampfunfähig (beim Boxen) [engl.]

K

**Knock-out** *auch:* Knock'out [nɒkaʊt] (der oder das, -(s), -s) kampfunfähig machender Schlag; Kampfunfähigkeit, Niederlage (beim Boxen) [engl.]

**Know-how** *auch:* Know'how [nəɒhaʊ] (das, -(s), nur Ez.) Wissen, wie man etwas zustande bringen kann, „Gewusst wie" [engl.]

**Know'how-Trans'fer** [nəʊhaʊ-] (der, -s, -s) Vermittlung des „gewusst-wie", z.B. von technischem Wissen an industriell weniger entwickelte Länder [engl.]

**Knu'te** (die, -, -n) Riemenpeitsche; Gewaltherrschaft [russ.]

**knu'ten** (V.) tyrannisieren, knechten, unterdrücken [germ.-russ.]

**Ko'adap'ti'on** (die, -, -en) **1** vermehrte Anpassungsfähigkeit an veränderte Umweltverhältnisse durch Veränderung der Genkombination (Bio.) **2** Veränderung nicht unmittelbar betroffener Organe durch veränderte Umwelteinflüsse (Psych.)

K

**Ko'ad'ju'tor** (der, -s, -to'ren) Gehilfe eines kath. Geistlichen (mit dem Recht der Nachfolge) [lat.]

**Ko'agu'lans** (das, -, -lan'tia oder -lan'zi'en) die Blutgerinnung förderndes Mittel [lat.]

**Ko'agu'la'ti'on** (die, -, -ti'o'nen) Gerinnung, Ausflockung [lat.]

**ko'agu'lie'ren** (V.) gerinnen, ausflocken [lat.]

**Ko'agu'lum** (das, -s, -la) Blutgerinnsel (Med.)

**Ko'a'la** (der, -s, -s) kleines australisches, einem Bären ähnelndes Beuteltier

**Ko'a'les'zenz** (die, -, -en) **1** Verwachsung **2** Lautwandelprozess, in dem naheliegende Phoneme verschmelzen

**ko'a'lie'ren** (V.) eine Koalition miteinander bilden

**Ko'a'li'ti'on** (die, -, -ti'o'nen) Vereinigung von Staaten oder Parteien [lat.]

**Ko'au'tor** (der, -s, -to'ren) Mitverfasser [lat.]

**ko'axi'al** (Adj.) eine gemeinsame Achse habend [lat.]

**Ko'baltka'no'ne** (die, -, -n) Gerät zur Strahlentherapie, das radioaktive Kobaltisotope enthält

**Ko'bra** (die, -, -s) südasiatische Brillenschlange [portugies.]

**Kock'pit** *auch:* Cock'pit (das, -s, -s) **1** tief gelegener Sitz des Steuermannes **2** Vorratsraum eines Schiffes **3** Sitz des Piloten [engl.]

**Ko'da** (die, -, -s) = Coda

**Kode** *auch:* Code (der, -s, -s) Zeichenschlüssel; verabredetes Zeichen [engl.]

**Ko'dex** *auch:* Co'dex (der, - oder -es, -e oder -di'zes) Gesetzessammlung; Gesamtheit aller in einer Gesellschaft oder Gesellschaftsschicht maßgebenden Normen; z.B. Ehrenkodex, Sittenkodex [lat.]

**Ko'di'akbär** (der, -en, -en) Braunbärart in Alaska

**ko'die'ren** (V.) = codieren

**Ko'di'fi'ka'ti'on** (die, -, -ti'o'nen) das Kodifizieren

**ko'di'fi'zie'ren** (V.) in einem Gesetzbuch zusammenfassen [lat.]

**Ko'edi'ti'on** (die, -, -en) **1** Mitherausgeberschaft **2** gleichzeitige Herausgabe unterschiedlicher Editionen eines Werkes durch verschiedene Verlage

**Ko'edu'ka'ti'on** (die, -, -ti'o'nen) Gemeinschaftserziehung von Jungen und Mädchen (in Schulen) [lat.]

**Ko'ef'fi'zi'ent** (der, -en, -en) Faktor, der durch eine Zahl bezeichnet wird; Zahl (ohne Maßangabe), die das Verhältnis zweier Zahlen der gleichen Maßangabe ausdrückt; Zahl, die einen physikalischen oder technischen Vorgang kennzeichnet; z.B. Ausdehnungskoeffizient [lat.]

**Ko'exis'tenz** (die, -, nur Ez.) gleichzeitiges Vorhandensein; friedliches Nebeneinanderbestehen (verschiedener gesellschaftlicher oder anderer Systeme) [lat.]

**ko'exis'tie'ren** (V.) nebeneinander bestehen [lat.]

**Koffe'in** *auch:* Coffe'in (das, -s, nur Ez.) anregender Wirkstoff (Tee, Kaffee)

**Koffer** (der, -s, -) rechteckiger Behälter zum Transportieren von Kleidung u.a. Gegenständen; ausgehobenes Bodenstück (im Straßenbau) [gr.-frz.]

**Ko'gnak** [kɔnjak] (der, -s, -s) in der französischen Stadt Cognac hergestellter Branntwein [frz.]

**Ko'gnat** (der, -en, -en) Blutsverwandter [lat.]

**Ko'gna'ti'on** (die, -, nur Ez.) Blutsverwandtschaft [lat.]

**ko'gna'tisch** (Adj.) den Kognaten betreffend [lat.]
**Ko'gni'ti'on** (die, -, -ti'o'nen) (veraltet) eine gerichtliche Untersuchung [lat.]
**ko'gni'tiv** (Adj.) auf Erkenntnis beruhend, zur Erkenntnis fähig [lat.]
**Ko'gno'men** (der, -s, - oder -mi'na) Familienname (im alten Rom) [lat.]
**Ko'go** (das, -s, -s) kleines, kunstvoll gestaltetes, getöpfertes Behältnis für Räucherwerk [jap.]
**ko'hä'rent** (Adj.) zusammenhängend, verbunden mit [lat.]
**Ko'hä'renz** (die, -, nur Ez.) Zusammenhang [lat.]
**Ko'hä'renz'prin'zip** (das, -s, nur Ez.) Prinzip, dass alles Seiende in Zusammenhang miteinander steht
**ko'hä'rie'ren** (V.) zusammenhängen [lat.]
**Ko'hä'si'on** (die, -, nur Ez.) durch Anziehungskraft bewirkter Zusammenhalt der Moleküle [lat.]
**ko'hä'siv** (Adj.) auf Kohäsion beruhend, zusammenhaltend
**Koh'len'di'oxid** *auch:* Koh'len'di'oxyd (das, -s, nur Ez.) farbloses, nicht brennbares Gas, $CO_2$
**Koh'len'hy'drat** (das, -(e)s, -s) **1** chemische Verbindung, die Kohlenstoff und Wasserstoff im Verhältnis 2:1 enthält **2** Saccharide, die meisten Zucker
**Koh'len'mo'no'xid** *auch:* Koh'len'mo'noxyd, Koh'len'oxid (das, (e)s, nur Ez.) bei nicht vollständiger Verbrennung von Kohlenstoff entstehendes, giftiges Gas
**Ko'hor'te** (die, -, -n) Truppeneinheit (im alten Rom), zehnter Teil einer Legion [lat.]
**Koi'non** (das, -, nur Ez.) **1** politischer oder sakraler Zusammenschluss im antiken Griechenland **2** Bundesstaat oder Staatenbund im Zeitalter des Hellenismus [gr.]
**ko'in'zi'dent** (Adj.) zusammentreffend, -fallend, zur gleichen Zeit stattfindend [lat.]
**Ko'in'zi'denz** (die, -, nur Ez.) Zusammentreffen (von Ereignissen, Vorgängen) [lat.]
**ko'in'zi'die'ren** (V.) zusammentreffen, -fallen, zur gleichen Zeit geschehen [lat.]
**ko'i'tie'ren** (V.) Geschlechtsverkehr haben, den Beischlaf ausüben [lat.]
**Ko'i'tus** *auch:* Co'i'tus (der, -, - oder -se) geschlechtliche Vereinigung, einzelner Geschlechtsverkehr [lat.]
**Ko'je** (die, -, -n) schmales Bett (in der Kajüte); kleiner, an einer Seite offener Raum für Ausstellungsgegenstände [lat.-niederl.]
**Ko'jo'te** *auch:* Co'yo'te (der, -n, -n) **1** Wildhund Nordamerikas, Präriewolf [indian.] **2** Schuft (abwertend)
**Ko'ka** (die, -, -s) in Peru und Bolivien heimischer Strauch, aus den Blättern Kokain gewonnen wird [indian.]
**Ko'ka'in** [-ka:in] (das, -s, nur Ez.) aus den Blättern des Kokastrauches gewonnenes Rauschgift
**Ko'ka'i'nis'mus** [-ka:i-] (der, -, nur Ez.) Kokainsucht, Kokainvergiftung
**Ko'ka'i'nist** (der, -nis'ten, -nis'ten) Kokainsüchtiger [indian.-span.-lat.]
**Ko'kar'de** (die, -, -n) kleine Rosette (als nationales Abzeichen an der Uniformmütze) [frz.]
**ko'ken** (V.) Koks (Brennstoff) herstellen
**Ko'ker** (der, -s, -) **1** Arbeiter in einer Kokerei [engl.] **2** Öffnung für das Ruder am Schiffsheck
**Ko'ke'rei** (die, -, -en) **1** Gewinnung von Koks **2** Anlage zur Gewinnung von Koks
**ko'kett** (Adj.) durch Gebärden, Mimik und Worte darauf bedacht, Männern zu gefallen, sie erotisch zu reizen [frz.]
**Ko'ket'te** (die, -, -n) eine Frau, die es darauf anlegt, Männern zu gefallen, mit ihnen ohne ernsthafte Absichten zu spielen [frz.]
**Ko'ket'te'rie** (die, -, nur Ez.) kokettes Benehmen
**ko'ket'tie'ren** (V.) sich kokett benehmen; mit jmdm. kokettieren: jmdn. durch kokettes Benehmen zu reizen versuchen; mit etwas kokettieren: scherzhaft etwas betonen, um Staunen oder Widerspruch hervorzurufen
**Kok'ke** (die, -, -n) = Kokkus
**Ko'kil'le** (die, -, -n) Gussschale aus Metall, in der mehrfach Abgüsse hergestellt werden können [frz.]
**Kok'kus** (der, -, -ken) kugelförmiges Bakterium [lat.]

**Ko'kon** [-kɔ̃ː] oder [-kõ] (der, -s, -s) von Insektenlarven (bes. der Seidenraupe) gesponnene Hülle, in der sich die Larve zum Insekt entwickelt [frz.]

**Ko'kos'pal'me** (die, -, -n) die Kokosnuss liefernde Palme [span.]

**Ko'kot'te** (die, -, -n) Halbweltdame, gehobeneren Ansprüchen genügende Dirne (veraltet) [frz.]

**Koks** **1** (das od. der, - oder -es, -e) durch Verschwefelung gewonnener Brennstoff aus Stein- oder Braunkohle [engl.] **2** (der, - oder -es, nur Ez.) = Kokain (ugs.)

**Kok-Sa'ghys** (der, -, nur Ez.) Pflanze, aus deren Wurzeln Kautschuk hergestellt wird

**kok'sen** (V.) Kokain nehmen (ugs.)

**Kok'zi'die** [-diə] (die, -, -n) schmarotzendes Sporentierchen, Krankheitserreger [gr.]

**Kok'zi'di'o'se** (die, -, -n) durch Kokzidien verursachte Krankheit

**Ko'lanuss** (die, -, nur Ez.) Coffein enthaltender Samen des Kolastrauchs [afrikan.]

**Kol'chos** (der, -, -cho'sen) landwirtschaftliche Produktionsgenossenschaft im Sozialismus [russ.]

**Kol'cho'se** (die, -, -n) = Kolchos

**Ko'li'bak'te'ri'um** (das, -s, -ri'en) Dickdarmbakterium [gr.-lat.]

**Ko'li'bri** (der, -s, -s) sehr kleiner Vogel Mittel- und Südamerikas mit bunt schillerndem Gefieder [viell. karib.]

**ko'lie'ren** (V.) durch ein Tuch seihen (veraltet) [lat.]

**Ko'lik** (die, -, -en) krampfartiger Schmerz (in einem inneren Organ) [gr.]

**Ko'li'tis** (die, -, -ti'den) Dickdarmentzündung [gr.]

**kol'la'bie'ren** (V.) **1** einen Kollaps erleiden (Med.) **2** in sich zusammenfallen (von Sternen) [lat.]

**Kol'la'bo'ra'teur** [-tøːr] (der, -s, -e) jmd., der kollaboriert

**Kol'la'bo'ra'ti'on** (die, -, -ti'o'nen) das Kollaborieren, Zusammenarbeit mit dem Feind [lat.]

**kol'la'bo'rie'ren** (V.) mit dem Feind oder mit der Besatzungsmacht zusammenarbeiten

**Kol'la'ge** [kolaːʒ] *auch:* Col'la'ge (die, -, -n) aus verschiedenen Materialien hergestelltes und zusammengeklebtes Bild

**Kol'la'gen** (das, -s, -e) Eiweißstoff der Knochen und des Stütz- und Bindegewebes [gr.]

**Kol'la'ge'no'se** (die, -, -n) Bindegewebserkrankung

**Kol'laps** (der, -es, -e) Schwächeanfall, Zusammenbruch infolge Kreislaufversagens

**Kol'lar** (das, -s, -e) steifer Halskragen des katholischen Geistlichen [lat.]

**kol'la'te'ral** (Adj.) seitlich, auf der gleichen Körperseite; nebenherlaufend; einem Seitenzweig (einer Familie) angehörend [lat.]

**Kol'la'te'ral'ge'fäß** (das, -es, -e) Umgehungsgefäß des Blutkreislaufs

**Kol'la'ti'on** (die, -, -ti'o'nen) **1** Vergleich (zwischen Urschrift und Abschrift) **2** Zusammentragen der Druckbogen (eines Buches) **3** Ausgleich (zwischen Erben) **4** leichte Mahlzeit (an Fasttagen) [lat.]

**kol'la'ti'o'nie'ren** (V.) vergleichen (auf die Richtigkeit hin); zusammentragen in der richtigen Reihenfolge, zusammenstellen (von Druckbogen) [lat.]

**Kol'la'tur** (die, -, -en) das Recht, ein geistliches Amt zu besetzen

**Kol'lau'da'ti'on** (die, -, -ti'o'nen) amtliche Prüfung und abschließende Genehmigung (eines Baues; schweiz.) [lat.]

**kol'lau'die'ren** (V.) prüfen und abschließend genehmigen (schweiz.) [lat.]

**Kol'leg** (das, -s, -s) Vorlesung (an einer Hochschule); kath. Studienanstalt [lat.]

**Kol'le'ge** (der, -n, -n) jmd., der im gleichen Beruf tätig ist; Mitarbeiter im gleichen Betrieb [lat.]

**kol'le'gi'al** (Adj.) wie es unter (guten) Kollegen üblich ist, freundlich-kameradschaftlich

**Kol'le'gi'al'ge'richt** (das, -(e)s, -e) Gericht, bei dem mehrere Richter entscheiden

**Kol'le'gi'a'li'tät** (die, -, nur Ez.) kollegiales Verhalten, kollegiale Einstellung, gutes Einvernehmen unter Kollegen

**Kol'le'gi'at** (der, -en, -en) **1** Mitbewohner eines Stifts **2** Schüler der Kollegstufe [lat.]

**Kol'le'gi'um** (das, -s, -gi'en) Gemeinschaft von Personen mit dem gleichen Amt oder Beruf; Ausschuss [lat.]
**Kol'leg'stu'fe** (die, -, -n) Schulform für die drei letzten Klassen des Gymnasiums mit Ausrichtung auf Studium oder Beruf
**Kol'lek'ta'ne'en** (nur Mz.) Auszüge aus literarischen oder wissenschaftlichen Werken, Lesefrüchte [lat.]
**Kol'lek'te** (die, -, -n) Sammlung freiwilliger Spenden (in der Kirche nach dem Gottesdienst) [lat.]
**Kol'lek'teur** [-tøːɐ] (der, -s, -e) jmd., der für wohltätige Zwecke sammelt; Lotterieeinnehmer [lat.-frz.]
**Kol'lek'ti'on** (die, -, -ti'o'nen) Sammlung (von Gegenständen); Auswahl von Mustern, Modellen [lat.]
**kol'lek'tiv** (Adj.) gemeinschaftlich; umfassend [lat.]
**Kol'lek'tiv** (das, -s, -e) Gruppe von Personen, die zusammen an einer Sache arbeiten; Arbeitsgemeinschaft [lat.]
**kol'lek'ti'vie'ren** (V.) in Kollektive zusammenfassen; in das Eigentum von Kollektiven überführen
**Kol'lek'ti'vis'mus** (der, -, nur Ez.) Auffassung, nach der das Kollektiv den Vorrang vor dem Einzelnen hat
**kol'lek'ti'vis'tisch** (Adj.) auf dem Kollektivismus beruhend
**Kol'lek'ti'vum** (das, -s, -va) Wort, das eine Gruppe gleichartiger Lebewesen oder Dinge zusammenfasst; z.B. Vieh, Konifere, Streichinstrument [lat.]
**Kol'lek'tiv'ver'trag** (der, -(e)s, -träge) 1 völkerrechtlicher Vertrag 2 Gesamtarbeitsvertrag zwischen Gewerkschafts- und Unternehmensverband eines Berufszweiges 3 Vertrag zwischen Betriebs- und Betriebsgewerkschaftsleitung über die beiderseitigen Pflichten zu Erfüllung der Betriebspläne
**Kol'lek'tor** (der, -s, -to'ren) Teil einer technischen Anlage, der Strahlung sammelt; z.B. Sonnenkollektor, Strom aufnimmt oder/und abgibt [lat.]
**kol'li'die'ren** (V.) zeitlich zusammentreffen; zusammenstoßen [lat.]
**Kol'li'ma'ti'on** (die, -, -ti'o'nen) Zusammenfallen zweier Linien (bei optischen oder Messgeräten), Übereinstimmung eines Winkels mit der Einstellung auf dem Winkelmessgerät
**Kol'li'qua'ti'on** (die, -, nur Ez.) Flüssigmachen fester organischer Stoffe, meist mittels Bakterien [lat.]
**Kol'li'si'on** (die, -, -si'o'nen) zeitliches Zusammentreffen; Zusammenstoß; Widerstreit; z.B. mit den Interessen anderer in Kollision kommen [lat.]
**Kol'lo** (das, -s, -s oder -li) Fracht-, Gepäckstück [it.]
**Kol'lo'di'um** (das, -s, nur Ez.) zähflüssige Lösung; z.B. zum Verschließen von Wunden [gr.-nlat.]
**Kol'lo'id** (das, -s, -e) Lösung, in der die gelösten Teilchen größer als $10^{-6}$ cm sind [gr.]
**kol'lo'i'dal** [-loiː-] (Adj.) die Eigenschaft eines Kolloids besitzend
**Kol'lo'ka'ti'on** (die, -, -en) 1 Zusammenstellung nach bestimmter Reihenfolge 2 bedeutungsmäßige Verträglichkeit von Wörtern miteinander [lat.]
**Kol'lo'qui'um** (das, -s, -qui'en) 1 wissenschaftliches Gespräch oder Prüfung 2 Zusammenkunft, Beratung von Wissenschaftlern, Fachleuten oder Politikern über bestimmte Probleme [lat.]
**kol'lu'die'ren** (V.) mit jemandem im geheimen Einverständnis gegen einen Dritten handeln [lat.]
**Kol'lum'kar'zi'nom** (das, -s, -e) Krebs des Gebärmutterhalses [lat.]
**Kol'lu'si'on** (die, -, -si'o'nen) 1 sittenwidrige Vereinbarung in der Rechtswissenschaft, betrügerische Absprachen 2 Verdunkelung oder Verschleierung von Beweismaterial [lat.]
**Kol Ni'dre** (das, -, nur Ez.) jüdisches Gebet [aram.]
**Ko'lo'bom** (das, -s, -e) angeborene Spaltbildung in der Regenbogenhaut oder im Gaumen [gr.]
**Ko'lo'fo'ni'um** *auch:* Ko'lo'pho'ni'um (das, -s, nur Ez.) beim Erhitzen von Harz entstehender Stoff (für Lacke, Leime u.a.) [gr.]
**Ko'lom'bi'ne** (die, -, -n) Geliebte des Arlecchinos (in der Commedia dell'Arte) [it.]
**Ko'lon** (das, -s, -s oder -la) 1 Doppelpunkt 2 Dickdarm [gr.]

**Ko|lo|nel** (die, -, nur Ez.) 7-Punkt-Schriftgrad [frz.]
**ko|lo|ni|al** (Adj.) Kolonien betreffend, aus ihnen stammend
**ko|lo|ni|a|li|sie|ren** (V.) ein Land in koloniale Abhängigkeit bringen [lat.-frz.]
**Ko|lo|ni|a|lis|mus** (der, -, nur Ez.) Bestreben (von Staaten), Kolonien zu erobern oder zu erwerben und zu nutzen [lat.]
**Ko|lo|ni|a|list** (der, -lis|ten, -lis|ten) Anhänger des Kolonialismus, Ausbeuter abhängiger Länder [lat.]
**ko|lo|ni|a|lis|tisch** (Adj.) nach den Regeln des Kolonialismus handelnd, dem Kolonialismus entsprechend [lat.]
**Ko|lo|ni|al|stil** (der, -(e)s, nur Ez.) Baustil in den Kolonien auf Grundlage des mutterländischen Baustils
**Ko|lo|nie** (die, -, -n) **1** Ansiedlung von Personen in einem fremden Staat; ausländisches Besitztum eines Staates (bes. in Übersee) **2** Verband gesellig lebender Tiere; Verband von Zellen **3** Lager; z.B. Ferienkolonie, Verbrecherkolonie [lat.]
**Ko|lo|ni|sa|ti|on** (die, -, nur Ez.) das Kolonisieren
**Ko|lo|ni|sa|tor** (der, -s, -to|ren) jmd., der eine Kolonie erobert oder erwirbt
**ko|lo|ni|sa|to|risch** (Adj.) die Kolonisation betreffend [lat.]
**ko|lo|ni|sie|ren** (V.) **1** Kolonien erobern oder erwerben **2** urbarmachen, besiedeln und bebauen [lat.]
**Ko|lo|ni|sie|rung** (die, -, -en) das Kolonisieren, der Vorgang des Kolonisierens [lat.-frz.]
**Ko|lon|na|de** (die, -, -n) von Säulen flankierter Gang [frz.]
**Ko|lon|ne** (die, -, -n) **1** geordnete, sich vorwärts bewegende Gruppe von Personen oder Fahrzeugen **2** Arbeitstrupp **3** Reihe; z.B. Zahlenkolonne **4** Trennungssäule (bei der Destillation) [frz.]
**Ko|lo|pho|ni|um** (das, -s, nur Ez.) = Kolofonium [gr.]
**Ko|lo|ra|tur** (die, -, -en) virtuoser, durch schnelle Läufe und Intervallsprünge verzierter Gesang in hoher Lage [lat.]
**ko|lo|rie|ren** (V.) farbig ausmalen [lat.]
**Ko|lo|ri|me|ter** (das, -s, -) Instrument zur Bestimmung der Farbintensität einer Lösung [lat.]
**Ko|lo|ris|mus** (der, -, nur Ez.) durch Betonung der Farbe gekennzeichnete Art der Malerei [lat.]
**Ko|lo|rist** (der, -ris|ten, -ris|ten) jmd., der Zeichnungen, Stiche koloriert; Vertreter des Kolorismus [lat.]
**ko|lo|ris|tisch** (Adj.) die Farbgebung, Farbwirkung betreffend, betonend [lat.]
**Ko|lo|rit** (das, -s, -e) **1** Farbwirkung, Farbgebung **2** Klangfarbe (in der Musik) **3** Stil, Stimmung, eigentümlicher Charakter [lat.]
**Ko|lo|skop** (das, -s, -e) Gerät zur inneren Betrachtung des Dickdarms [Med.]
**Ko|lo|sko|pie** (die, -, -n) Untersuchung des Dickdarms mit einem Koloskop
**Ko|loss** (der, -es, -se) riesiges, massiges Standbild; ebensolcher Gegenstand; großer, schwerer Mensch (ugs. scherzhaft) [gr.]
**ko|los|sal** (Adj.) **1** riesig, massig, schwer **2** sehr, ungeheuer, äußerst (ugs.) [gr.]
**Ko|los|sa|li|tät** (die, -, nur Ez.) sehr großes, riesenhaftes Ausmaß [gr.-lat.]
**Ko|los|trum** (das, -s, nur Ez.) milchartige Absonderung der Brustdrüsen kurz vor, während und kurz nach der Entbindung, erste Nahrung des Neugeborenen [lat.]
**Ko|lo|to|mie** (die, -, -n) operative Öffnung des Dickdarms [gr.]
**Kol|por|ta|ge** [-schə] (die, -, -n) **1** Handel mit Büchern von Tür zu Tür (früher) **2** literarisch minderwertige Geschichte; z.B. Kolportage-Roman **3** Verbreitung von Gerüchten **4** Gerücht, unverbürgte Nachricht [frz.]
**Kol|por|ta|ge|li|te|ra|tur** (die, -, nur Ez.) billige Schundliteratur, unterhaltender Lesestoff ohne literarischen Wert [lat.-frz.]
**Kol|por|teur** [-tøːr] (der, -s, -e) **1** jmd., der mit Büchern hausiert **2** jmd., der Gerüchte verbreitet [frz.]
**kol|por|tie|ren** (V.) von Tür zu Tür feilbieten (bes. Bücher); ohne genaue Kenntnis der Sache, als Gerücht weitererzählen; z.B. eine Nachricht k. [frz.]
**Ko|lum|ba|ri|um** (das, -s, -ri|en) Grabkammer mit Nischen für die Urnen (im alten Rom); Urnenhalle (im Krematorium) [lat.]
**Ko|lum|bi|a|ner** (der, -s, -) Einwohner des südamerikanischen Staates Kolumbien

**Ko'lum'bi'ne** (die, -, -n) = Kolombine
**Ko'lum'ne** (die, -, -n) senkrechte Reihe (von Zahlen u.a.); Spalte (einer Zeitungsseite); Druckseite [lat.]
**Ko'lum'nen'ti'tel** (der, -s, -) Überschrift einer Buchseite
**Ko'lum'nist** (der, -nis'ten, -nis'ten) jmd., der regelmäßig Artikel für eine bestimmte Seite einer Zeitung schreibt [lat.]
**Ko'ma 1** (die, -, -s) durch Sonnenlicht zum Leuchten gebrachte Nebelhülle um den Kopf eines Kometen; Abbildungsfehler einer Linse in Form eines Kometenschweifs [gr.] **2** (das, -s, -s) tiefe Bewusstlosigkeit [gr.]
**ko'ma'tös** (Adj.) in der Art eines Komas (2) [gr.-nlat.]
**kom'bat'tant** (Adj.) kämpferisch [lat.-frz.]
**Kom'bat'tant** (der, -en, -en) Angehöriger einer kämpfenden Truppe [frz.]
**Kom'bi** (der, -s, -s) kurz für: kombinierter Personen- und Lieferwagen
**Kom'bi'nat** (das, -s, -e) Vereinigung von Betrieben verschiedener, aber eng zusammenarbeitender Industriezweige (in sozialistischen Staaten) [lat.]
**Kom'bi'na'ti'on** (die, -, -ti'o'nen) **1** Verbindung, Zusammenfügung **2** mehrere verschiedene, aber zusammengehörige und -passende Kleidungsstücke **3** Arbeitsanzug aus einem Stück **4** Verbindung mehrerer sportlicher Disziplinen in einem Wettkampf [lat.]
**Kom'bi'na'ti'ons'ton** (der, -(e)s, -tö'ne) Ton, der beim Zusammenklingen zweier Töne hörbar wird und dessen Frequenz sich aus den Frequenzen der sich überlagernden Töne ermitteln lässt
**Kom'bi'na'to'rik** (die, -, nur Ez.) Kunst, Begriffe oder Dinge zu einem System zusammenzustellen; Gebiet der Mathematik, das sich mit den Anordnungsmöglichkeiten einzelner Elemente befasst [lat.]
**kom'bi'na'to'risch** (Adj.) verbindend, verknüpfend, zusammenstellend [lat.]
**kom'bi'nie'ren** (V.) verbinden, verknüpfen, zusammenstellen, in einen (gedanklichen) Zusammenhang bringen [lat.]
**Kom'bü'se** (die, -, -n) Küche (auf Schiffen)
**kom'bus'ti'bel** (Adj.) leicht verbrennbar [lat.]
**Kom'bus'ti'bi'li'en** (nur Mz.) Brennstoffe [lat.]
**Kom'bus'ti'on** (die, -, -ti'o'nen) Verbrennung (Med.) [lat.]
**Ko'met** (der, -en, -en) Himmelskörper mit Schweif, Schweifstern, Haarstern [gr.]
**Kom'fort** [-foːɐ] (der, -s, nur Ez.) Bequemlichkeit, Annehmlichkeit; bequeme, behagliche Einrichtung (von Wohnungen, Räumen)
**kom'for'ta'bel** (Adj.) Komfort aufweisend, bequem und behaglich [frz.]
**Ko'mik** (die, -, nur Ez.) das Komischsein, komische Wirkung [gr.]
**Ko'mi'ker** (der, -s, -) Darsteller komischer Rollen; Vortragskünstler, der mit seinen Darbietungen Heiterkeit erregt [gr.]
**ko'misch** (Adj.) zum Lachen reizend [gr.]
**Ko'mi'tee** (das, -s, -s) Gruppe von Personen, die mit Aufgaben für einen bestimmten Zweck betraut sind; z.B. Festkomitee [frz.]
**Kom'ma** (das, -s, -s oder -ma'ta) **1** Satzzeichen (kleiner, senkrechter Strich), der eine leichte Trennung bezeichnet, Beistrich; Trennungszeichen zwischen den ganzen Zahlen und den Bruchzahlen (bei Dezimalbrüchen) **2** Differenz zwischen zwei fast gleich hohen Tönen [gr.]
**Kom'man'dant** (der, -en, -en) Befehlshaber einer Stadt, Festung, Garnison oder eines Flugplatzes [lat.]
**Kom'man'dan'tur** (die, -, -en) Amtsgebäude eines Stadtkommandanten
**Kom'man'deur** [-døːɐ] (der, -s, -e) Befehlshaber einer Truppeneinheit [frz.]
**kom'man'die'ren** (V.) den Befehl (über etwas) haben: (jmdm.) im Befehlston Anweisungen geben; im Befehlston sprechen [lat.]
**Kom'man'di'tär** (der, -s, -e) Kommanditist (schweiz.) [frz.]
**Kom'man'dit'ge'sell'schaft** (die, -, -en) Handelsgesellschaft, deren Teilhaber teils persönlich, teils mit ihrer Einlage haften
**Kom'man'di'tist** (der, -tis'ten, -tis'ten) Teilhaber einer Kommanditgesellschaft, der mit seiner Einlage haftet [frz.]

**Kom'man'do** (das, -s, -s) **1** Befehl **2** (nur Ez.) Befehlsgewalt **3** kleine Truppe für eine bestimmte Aufgabe; z.B. Wachkommando [it.]

**Kom'me'mo'ra'ti'on** (die, -, -ti'o'nen) Erinnerung, Andenken (veraltet); kirchliche Gedenkfeier

**Kom'men'de** (die, -, -n) **1** kirchliche Pfründe ohne Amtsverpflichtung **2** Komturei

**kom'men'su'ra'bel** (Adj.) vergleichbar, mit dem gleichen Maß messbar [lat.]

**Kom'men'su'ra'bi'li'tät** (die, -, nur Ez.) Vergleichbarkeit, Messbarkeit mit dem gleichen Maß [lat.]

**Kom'ment** [-mã] (der, -s, -s) Gesamtheit der Sitten und Gebräuche (in einer Gemeinschaft, bes. Studentenverbindungen); einzelner Brauch [frz.]

**Kom'men'tar** (der, -s, -e) Erklärung, Erläuterung, Stellungnahme [lat.]



**Kom'men'ta'ti'on** (die, -, -en) **1** erläuternde Abhandlung **2** Sammlung wissenschaftlicher Schriften [lat.]

**Kom'men'ta'tor** (der, -s, -to'ren) jmd., der etwas; z.B. literarischen Text erläutert, der Stellung zu Tagesereignissen nimmt [lat.]

**kom'men'tie'ren** (V.) erklären, erläutern, Stellung zu etwas nehmen [lat.]

**Kom'mers** (der, -es, -e) Trinkabend in feierlichem Rahmen (in Studentenverbindungen) [frz.]

**Kom'mers'buch** (das, -(e)s, -bü'cher) studentisches Gesangsbuch

**Kom'merz** (der, -es, nur Ez.) Handel, Verkehr, Wirtschaft [frz.]

**kom'mer'zi'a'li'sie'ren** (V.) öffentliche Schulden kommerzialisieren: in privatwirtschaftliche Schulden umwandeln; etwas kommerzialisieren: etwas dem Geschäft, der Geschäftemacherei preisgeben [frz.]

**kom'mer'zi'ell** (Adj.) Handel, Verkehr und Wirtschaft betreffend, auf ihnen beruhend; auf Geschäftemachen, Gewinn ausgerichtet

**Kom'mi'li'to'ne** (der, -n, -n) Mitstudent, Studiengenosse [lat.]

**Kom'mis** [-miː] (der, -, -) kaufmännischer Angestellter (veraltet) [frz.]

**Kom'miss** (der, -es, nur Ez.) Militär, Militärdienst [lat.]

**Kom'mis'sar** (der, -s, -e) jmd., der im Auftrag eines Staates handelt und bestimmte Vollmachten hat; Beamter (eines bestimmten Bereichs); z.B. Kriminalkommissar [lat.]

**Kom'mis'sär** (der, -s, -e) = Kommissar (schweiz.) [frz.]

**Kom'mis'sa'ri'at** (das, -(e)s, -e) Amtsräume, Dienststelle eines Kommissars

**kom'mis'sa'risch** (Adj.) einstweilig, vertretungsweise [lat.]

**Kom'mis'si'on** (die, -, -si'o'nen) **1** Gruppe von Beauftragten **2** (nur Ez.) Auftrag, etwas in Kommission geben: den Auftrag geben, etwas zu verkaufen; etwas in Kommission nehmen: den Auftrag übernehmen, etwas zu verkaufen [lat.]

**Kom'mis'si'o'när** (der, -s, -e) jmd., der im eigenen Namen, aber in fremdem Auftrag Waren kauft und verkauft [frz.]

**Kom'mis'si'ons'buch'han'del** (der, -s, nur Ez.) Zwischenbuchhandel (zwischen Verlag und Sortiment)

**Kom'mis'si'ons'ge'schäft** (das, -(e)s, -e) Geschäft im eigenen Namen für fremde Rechnung

**Kom'mit'tent** (der, -en, -en) Auftraggeber eines Kommissionärs

**Kom'mo'de** (die, -, -n) kastenförmiges, halbhohes Möbelstück mit Schubfächern [frz.]

**Kom'mo'do're** (der, -s, -s oder -n) Kapitän im Admiralsrang (bei der Marine); Führer eines Geschwaders (bei der Marine und Luftwaffe); ältester, verdienter Kapitän (in der Handelsschiffahrt) [it.-engl.]

**kom'mu'nal** (Adj.) eine Gemeinde, einen Landkreis betreffend, zu ihr gehörig, gemeindeeigen [lat.]

**kom'mu'na'li'sie'ren** (V.) der Gemeindeverwaltung unterstellen, in Gemeindebesitz überführen [lat.]

**Kom'mu'nar'de** (der, -n, -n) **1** Angehöriger der Pariser Kommune **2** Mitglied einer Wohngemeinschaft

**Kom'mu'ne** (die, -, -n) **1** Stadtstaat mit republikanischer Verfassung (im Mittelalter) **2** [-mün] (die, -, nur Ez.) revolutionäre Gegenregierung in Paris 1792–1871 **3** Gemeinde **4** Wohngemeinschaft junger Leute **5** (nur Ez.)

kommunistische Partei, Kommunisten (abwertend) [lat.]

**Kom'mu'ni'kant** (der, -en, -en) Teilnehmer an der Kommunion (kath. Kirche) [lat.]

**Kom'mu'ni'ka'ti'on** (die, -, -ti'onen) Verbindung, Zusammenhang, Verständigung, Austausch von Informationen [lat.]

**Kom'mu'ni'ka'ti'ons'for'schung** (die, -, nur Ez.) Forschung, die sich mit dem Wesen, der Struktur, der Funktion etc. von Kommunikation beschäftigt

**Kom'mu'ni'ka'ti'ons'netz** (das, -, nur Ez.) alle offiziell bestehenden Kommunikationsbeziehungen zwischen den Mitarbeitern eines Unternehmens

**Kom'mu'ni'ka'ti'ons'zen'trum** (das, -s, -tren) Begegnungszentrum, Treffpunkt

**kom'mu'ni'ka'tiv** (Adj.) Verständigung, zwischenmenschlichen Verkehr erstrebend, darauf beruhend [lat.]

**Kom'mu'ni'kee** [-mʏnike:] (das, -s, -s) = Kommuniqué [frz.]

**Kom'mu'ni'on** (die, -, -en) Abendmahl (in der kath. Kirche) [lat.]

**Kom'mu'ni'qué** *auch:* Kom'mu'ni'kee [-mʏnike:] (das, -s, -s) amtliche Bekanntmachung, Mitteilung (bes. einer Regierung) [frz.]

**Kom'mu'nis'mus** (der, -, nur Ez.) wirtschaftliche und politische Lehre mit dem Ziel der Beseitigung des Privateigentums und Aufhebung der Klassengegensätze; darauf beruhende Gesellschaftsform [lat.]

**Kom'mu'nist** (der, -nis'ten, -nis'ten) Anhänger der Lehre des Kommunismus

**kom'mu'nis'tisch** (Adj.) auf dem Kommunismus beruhend

**Kom'mu'ni'tät** (die, -, -en) Gemeinschaft; Gemeingut (veraltet) [lat.]

**kom'mu'ni'zie'ren** (V.) **1** zusammenhängen, in Verbindung stehen, kommunizierende Röhren: unten miteinander verbundene, oben offene Röhren, in denen eine Flüssigkeit gleich hoch steht **2** die Kommunion empfangen **3** sich verständigen, miteinander sprechen, verkehren [lat.]

**kom'mu'ta'bel** (Adj.) vertauschbar, veränderbar [lat.]

**Kom'mu'ta'ti'on** (die, -, -ti'onen) **1** Vertauschbarkeit, Veränderbarkeit **2** Winkel, dessen Schenkel von der Sonne zur Erde und von der Sonne zu einem anderen Planeten gehen

**kom'mu'ta'tiv** (Adj.) vertauschend, verändernd [lat.]

**Kom'mu'ta'tor** (der, -s, -to'ren) = Kollektor

**kom'mu'tie'ren** (V.) **1** Größen umstellen **2** Richtung des Stroms ändern

**Ko'mö'di'ant** (der, -en, -en) Schauspieler (im 17./18. Jh.; heute meist abwertend); Heuchler [gr.-lat.]

**Ko'mö'die** [-diə] (die, -, -n) heiteres Schauspiel, Lustspiel; Theater, in dem Lustspiele aufgeführt werden; Täuschung, Vortäuschung, Verstellung [gr.-lat.]

**Ko'mo'rer** (der, -s, -) Einwohner des ostafrikanischen Inselstaates Komoren [arab.]

**Kom'pa'gnie** [-paniː] (die, -, -n) Handelsgesellschaft (veraltet, noch schweiz.) [frz.]

**Kom'pa'gnon** [-njɔ̃] (der, -s, -s) Mitinhaber, Teilhaber [lat.-frz.]

**kom'pakt** (Adj.) dicht, fest, schwer zu durchdringen; stämmig, gedrungen, kurz gefasst [frz.]

**Kom'pakt'an'la'ge** (die, -, -n) Stereoanlage, bei der Verstärker, Tuner und Kassettendeck fest zusammengefügt sind

**Kom'pa'nie** (die, -, -n) **1** Einheit der Infanterie **2** Handelsgesellschaft [lat.-frz.]

**kom'pa'ra'bel** (Adj.) vergleichbar; steigerungsfähig (in der Grammatik) [lat.]

**Kom'pa'ra'ti'on** (die, -, -ti'onen) Steigerung (des Adjektivs, in der Grammatik) [lat.]

**Kom'pa'ra'tis'tik** (die, -, nur Ez.) **1** vergleichende Sprachwissenschaft **2** vergleichende Literaturwissenschaft

**kom'pa'ra'tiv** (Adj.) vergleichend; steigernd (in der Grammatik) [lat.]

**Kom'pa'ra'tiv** (der, -s, -e) zweite Stufe der Komparation, Vergleichsstufe (in der Grammatik) [lat.]

**kom'pa'rie'ren** (V.) vergleichen (veraltet), steigern (in der Grammatik) [lat.]

**Kom'par'se** (der, -n, -n) Darsteller einer stummen Rolle (im Theater und Film) [it.]

**Kom'par'se'rie** (die, -, -n) Gesamtheit der Komparsen

**Kom'pass** (der, -es, -e) Gerät zum Feststellen der Nordsüdrichtung mittels Magnetnadel [it.]
**kom'pa'ti'bel** (Adj.) zusammenpassend, verbindbar, vereinbar; austauschbar (in der EDV) [frz.]
**Kom'pa'ti'bi'li'tät** (die, -, nur Ez.) **1** Verknüpfbarkeit, z.B. von Computerteilen **2** Verträglichkeit, z.B. bei Medikamenten
**Kom'pen'di'um** (das, -s, -di'en) **1** kurzgefasstes Lehrbuch **2** Sonnenblende mit ausziehbarem Balg (an Kameras) [lat.]
**Kom'pen'sa'ti'on** (die, -, -ti'o̲nen) das Kompensieren, Ausgleich; Aufhebung von Kräften, von Wirkungen; Erstattung, Vergütung, Verrechnung [lat.]
**Kom'pen'sa'tor** (der, -s, -to̲'ren) **1** Gerät zum Messen elektrischer Spannung **2** verbindendes Rohrstück zum Ausgleich der Längenausdehnung bei Temperaturschwankungen
**kom'pen'sa'to'risch** (Adj.) ausgleichend
**kom'pen'sie'ren** (V.) ausgleichen, aufheben; verrechnen [lat.]
**kom'pe'tent** (Adj.) zuständig, urteilsfähig
**Kom'pe'tenz** (die, -, -en) Zuständigkeit, Befugnis; Fähigkeit, mit den Elementen einer Sprache umzugehen und richtige von falschen Äußerungen zu unterscheiden [lat.]
**Kom'pi'la'ti'on** (die, -, -ti'o̲nen) Zusammentragung, Sammlung; aus anderen Werken zusammengetragenes Werk [lat.]
**Kom'pi'la'tor** (der, -s, -to̲'ren) Verfasser einer Kompilation
**kom'pi'lie'ren** (V.) zusammentragen, zusammenstellen und ohne schöpferische Eigenleistung wiedergeben [lat.]
**Kom'ple'ment(das,** -(e)s, -e) Ergänzung, ergänzendes Element [lat.-frz.]
**kom'ple'men'tär** (Adj.) ergänzend [lat.-frz.]
**Kom'ple'men'tär** (der, -s, -e) **1** persönlich haftender Gesellschafter einer Kommanditgesellschaft **2** Eigentümer einer privaten Firma mit Staatsbeteiligung (DDR)
**Kom'ple'men'tär'far'be** (die, -, -n) Ergänzungsfarbe
**Kom'ple'men'tär'ge'ne** (nur Mz.) voneinander abhängige Gene, die nur gemeinsam wirken
**Kom'po'nen'ten'ana'ly'se** (die, -, -n) Beschreibung der Bestandteile einer sprachlichen Einheit
**kom'ple'men'tie'ren** (V.) ergänzen [lat.]
**Kom'plet** **1** [-plɛt] (die, -, -e) abschließendes Stundengebet (in der kath. Kirche) **2** [kõple:] (das, -s, -s) kurzer Mantel oder lange Jacke und Kleid aus demselben Stoff [lat.-frz.]
**kom'ple'tiv** (Adj.) ergänzend [lat.]
**kom'plett** (Adj.) vollständig; völlig [frz.]
**kom'plet'tie'ren** (V.) vervollständigen, ergänzen [lat.]
**kom'plex** (Adj.) aus vielen Elementen bestehend, aber ein Ganzes bildend [lat.]
**Kom'plex** (der, -es, -e) **1** Gesamtheit, aus vielen einzelnen Elementen bestehendes Ganzes **2** Gruppe von Atomen im Molekül **3** Gruppe von Vorstellungsinhalten, die ins Unterbewusstsein verdrängt worden sind und die Handlungsweise nachteilig beeinflussen [lat.]
**Kom'plex'au'ge** (das, -s, -n) Facettenauge
**Kom'ple'xi'on** (die, -, -xi'o̲nen) **1** Zusammenfassung (veraltet) **2** Gesamtheit von Haar-, Augen-, Hautfarbe
**Kom'ple'xi'tät** (die, -, nur Ez.) das Komplexsein, komplexe Beschaffenheit
**Kom'pli'ce** (der, -n, -n) = Komplize
**Kom'pli'ka'ti'on** (die, -, -ti'o̲nen) Schwierigkeit, erschwerender Vorfall [lat.]
**Kom'pli'ment** (das, -(e)s, -e) höfliche, schmeichelhafte Redensart; Verbeugung (veraltet)
**kom'pli'men'tie'ren** (V.) mit höflichen Redensarten begleiten, (an einen Ort) bringen; mit Geschick und sanfter Gewalt (an einen Ort) bringen [frz.]
**Kom'pli'ze** *auch:* Kom'pli'ce (der, -n, -n) Mittäter, Helfer (bei einer Straftat) [frz.]
**kom'pli'zie'ren** (V.) erschweren, schwierig(er) machen [lat.]
**kom'pli'ziert** (Adj.) schwierig; z.B. komplizierter Knochenbruch; verwickelt, schwer durchschaubar
**Kom'plott** (das, -(e)s, -e) Verabredung zu einer heimlichen Handlung oder einer Straftat [frz.]

K

**kom|plot|tie|ren** (V.) ein Komplott schmieden
**Kom|po|nen|te** (die, -, -n) Bestandteil (eines Ganzen, einer Kraft u.a.) [lat.]
**kom|po|nie|ren** (V.) nach bestimmten Gesichtspunkten, Gesetzen aufbauen, zusammensetzen; in Töne setzen, vertonen [lat.]
**Kom|po|nist** (der, -nis|ten, -nis|ten) Schöpfer eines Musikstücks, Tonsetzer, Tondichter [lat.]
**Kom|po|si|te** (die, -, -n) Korbblütler, Pflanze mit korbförmigen Blütenständen
**Kom|po|si|teur** [-tøːɐ] (der, -s, -e) Komponist (veraltet) [frz.]
**Kom|po|si|ti|on** (die, -, -ti|o|nen) (kunstvolle) Zusammensetzung, Anordnung, (kunstvoller) Aufbau; Musikstück [lat.]
**kom|po|si|ti|o|nell** (Adj.) = kompositorisch
**Kom|po|sit|ka|pi|tell** (das, -s, -e) aus den Elementen des ionischen und korinthischen Kapitells zusammengesetztes Kapitell (einer Säule) [lat.]
**kom|po|si|to|risch** (Adj.) hinsichtlich der Komposition
**Kom|po|si|tum** (das, -s, -ta) zusammengesetztes Wort [lat.]
**Kom|post** (der, -(e)s, -pos|te) Dünger aus Pflanzenresten, Erde (und Jauche) [lat.-engl.]
**kom|pos|tie|ren** (V.) zu Kompost machen, werden lassen
**Kom|pott** (das, -(e)s, -e) mit Zucker gekochtes Obst [frz.]
**Kom|pre|hen|si|on** (die, -, nur Ez.) Zusammenfassen von Mannigfaltigem zu einem Ganzen, Begreifen von Mannigfaltigem als Einheit [lat.]
**kom|press** (Adj.) zusammengedrängt, dicht ohne Durchschuss (in der Typografie) [lat.]
**Kom|pres|se** (die, -, -n) feuchter Umschlag [lat.-frz.]
**kom|pres|si|bel** (Adj.) zusammendrückbar, verdichtbar [frz.]
**Kom|pres|si|bi|li|tät** (die, -, nur Ez.) Zusammendrückbarkeit, Verdichtbarkeit [frz.]
**Kom|pres|si|on** (die, -, -si|o|nen) Zusammenpressung, Zusammendrückung, Quetschung [lat.]
**Kom|pres|sor** (der, -s, -so|ren) Vorrichtung zum Verdichten von Gasen und Dämpfen
**kom|pri|mie|ren** (V.) zusammendrücken, verdichten [lat.]
**Kom|pro|miss** (der, -es, -e) Ausgleich, Übereinkunft durch Nachgeben beider Seiten, Vergleich [lat.]
**kom|pro|mit|tie|ren** (V.) bloßstellen, in eine peinliche Lage bringen [frz.]
**Kom|so|mol** (der, -, nur Ez.) kommunistische Jugendorganisation (in der ehem. UdSSR) [russ., Kurzwort]
**Kom|so|mol|ze** (der, -n, -n) Mitglied des Komsomol
**Kom|tess** *auch:* Kom|tes|se (die, -, -en) Tochter eines Grafen [frz.]
**Kom|tes|se** (die, -, -n) = Komtess
**Kom|tur** (der, -s, -e) Ordensritter; Inhaber eines Ordens höherer Klasse [lat.]
**Kom|tu|rei** (die, -, -en) Verwaltungsbezirk, Sitz des Komturs
**Ko|na|ti|on** (die, -, -en) Anstrengung, Trieb, zielgerichtete Tätigkeit
**Kon|cha** (die, -, -chen) = Konche
**Kon|che** *auch:* Kon|cha (die, -, -n) **1** Apsis; Halbkuppel über der Apsis; Muschelschale **2** muschelähnlicher Teil eines Organs [gr.-lat.]
**kon|chi|form** (Adj.) muschelförmig [lat.]
**Kon|dem|na|ti|on** (die -, -ti|o|nen) Verdammung, Verurteilung (veraltet); gerichtliche Verfügung, ein seeuntüchtig gewordenes Schiff zu verkaufen [lat.]
**Kon|den|sat** (das, -(e)s, -e) durch Kondensation entstandene Flüssigkeit [lat.]
**Kon|den|sa|ti|on** (die, -, -ti|o|nen) Verdichtung, Verflüssigung, Vereinigung zweier Moleküle unter Abspaltung eines einfachen Stoffes zu einem neuen Molekül [lat.]
**Kon|den|sa|ti|ons|punkt** (der, -(e)s, nur Ez.) vom Druck abhängiger Punkt der Temperaturskala, bei dem ein Stoff vom gasförmigen in den flüssigen Zustand übergeht
**Kon|den|sa|tor** (der, -s, -to|ren) Gerät zum Kondensieren von Dämpfen; Gerät zum Speichern elektrischer Ladungen [lat.]
**kon|den|sie|ren** (V.) (sich) verdichten, (sich) verflüssigen; eindicken [lat.]
**Kon|den|sor** (der, -s, -so|ren) Sammellinse zur gleichmäßigen Beleuchtung eines

Objekts (im Mikroskop oder Projektionsapparat) [lat.]

**Kon|di|ti|on** (die, -, -ti|o̲nen) **1** (meist Mz.) Liefer-, Zahlungsbedingung **2** körperliche Verfassung, Leistungsfähigkeit (bes. eines Sportlers) [lat.]

**kon|di|ti|o|nal** (Adj.) bedingend; eine Bedingung angebend [lat.]

**Kon|di|ti|o|nal** (der, -s, -e) = Konditionalis

**Kon|di|ti|o|na|lis** (der, -, -les) Aussageweise des Verbums (im Deutschen durch den Konjunktiv wiedergegeben) [lat.]

**Kon|di|ti|o|na|lis|mus** (der, -, nur Ez.) Lehre, die den Begriff der Ursache durch den der Bedingung ersetzt

**kon|di|ti|o|nie|ren** (V.) vorbereitend behandeln; bestimmten Bedingungen anpassen; so beeinflussen, dass eine bestimmte Reaktion eintreten kann (in der Psychologie) [lat.]

K

**Kon|di|ti|o|nie|rung** (die, -, nur Ez.) **1** Feuchtigkeitsentzug zum Verfestigen flüssiger (radioaktiver) Abfälle **2** Provokation einer bestimmten Reaktion

**Kon|di|ti|ons|trai|ning** (das, -s, -s) allgemeines sportliches Training zur Entwicklung von körperlicher Fitness und zur Konditionssteigerung

**Kon|di|tor** (der, -s, -to̲ren) Feinbäcker [lat.]

**Kon|di|to|rei** (die, -, -en) **1** Feinbäckerei (meist mit kleinem Café verbunden) **2** Feinbackwaren [lat.]

**Kon|do|lenz** (die, -, -en) **1** (nur Ez.) Beileid **2** Beileidsbezeigung [lat.]

**kon|do|lie|ren** (V.) (jmdm.) sein Beileid aussprechen [lat.]

**Kon|dom** (das, -s, -e) = Präservativ [engl.]

**Kon|do|mi|ni|um** (das, -s, -ni|en) Gebiet, das unter der gemeinsamen Herrschaft mehrerer Staaten steht [lat.]

**Kon|dor** (der, -s, -e) riesiger Neuweltgeier der Gebirge Südamerikas [Ketschua]

**Kon|dukt** (das, -(e)s, -e) feierliches Geleit (veraltet); Trauergefolge (veraltet) [lat.]

**Kon|duk|teur** [-tøːɐ] (der, -s, -e) Straßenbahn-, Eisenbahnschaffner (veraltet, noch österr. und schweiz.) [frz.]

**Kon|duk|to|me|trie** (die, -, nur Ez.) Bestimmung der Zusammensetzung einer chemischen Verbindung durch Messen der sich ändernden Leitfähigkeit während des Verlaufs bestimmter Reaktionen [lat.-gr.]

**Kon|duk|tor** (der, -s, -to̲ren) **1** Hauptleiter (an der Elektrisiermaschine) **2** Träger und Überträger einer Erbkrankheit, der selbst gesund ist [lat.]

**Kon|fekt** (das, -(e)s, nur Ez.) feine Süßigkeiten (bes. Pralinen) [lat.]

**Kon|fek|ti|on** (die, -, -ti|o̲nen) serienmäßige Herstellung von Kleidungsstücken; Bekleidungsindustrie [lat.]

**Kon|fek|ti|o|när** (der, -s, -e) Hersteller von Fertigkleidung; leitender Angestellter in einem Konfektionsgeschäft [lat.]

**Kon|fek|ti|o|neu|se** [-nøː-] (die, -, -n) weiblicher Konfektionär

**kon|fek|ti|o|nie|ren** (V.) serienmäßig herstellen [lat.]

**Kon|fe|renz** (die, -, -en) Besprechung, Beratung, Sitzung [lat.]

**Kon|fe|renz|schal|tung** (die, -, -en) telefonische Schaltung, die ein Gespräch von mehreren Teilnehmern (an mehreren Orten) per Telefon ermöglicht

**kon|fe|rie|ren** (V.) sich beraten, miteinander Überlegungen anstellen; eine Sitzung abhalten [lat.]

**Kon|fes|si|on** (die, -, -si|o̲nen) Glaubensbekenntnis; Glaubensgemeinschaft; Bekenntnisschrift [lat.]

**Kon|fes|si|o|na|lis|mus** (der, -, nur Ez.) Betonung, Überbetonung der Richtigkeit der eigenen Konfession; starres Festhalten an der Trennung der Konfessionen

**kon|fes|si|o|nell** (Adj.) hinsichtlich der Konfession

**Kon|fes|si|ons|schu|le** (die, -, -n) Bekenntnisschule; Schule mit Schülern und Lehrern gleicher Konfession

**Kon|fet|ti** (das, -(s), nur Ez.) kleine, bunte Papierblättchen (die beim Fasching und zu Silvester geworfen werden) [it.]

**Kon|fi|gu|ra|ti|on** (die, -, -ti|o̲nen) **1** Gestaltung, Bildung (veraltet) **2** Stellung, Gruppierung **3** Anpassen von Computersoftware [lat.]

**kon|fi|gu|rie|ren** (V.) gestalten

**Kon|fir|mand** (der, -en, -en) Jugendlicher, der konfirmiert werden soll

**Kon|fir|ma|ti|on** (die, -, -ti|o|nen) feierliche Aufnahme in die Gemeinschaft der Erwachsenen (in der evangel. Kirche), Einsegnung
**kon|fir|mie|ren** (V.) die Konfirmation erteilen, einsegnen; (auch) bestätigen [lat.]
**Kon|fi|se|rie** *auch:* Con|fi|se|rie (die, -, -n) feines Backwerk (schweiz.); Konditorei (schweiz.) [frz.]
**Kon|fi|seur** [-zøːɐ] (der, -s, -e) Konditor (schweiz.) [frz.]
**Kon|fis|ka|ti|on** (die, -, -ti|o|nen) das Konfiszieren, das Konfisziertwerden, Beschlagnahme, Enteignung
**kon|fis|zie|ren** (V.) beschlagnahmen, entschädigungslos enteignen (seitens des Staates oder einer Behörde) [lat.]
**Kon|fi|tü|re** (die, -, -n) mit Zucker eingedicktes Obstmus [lat.-frz.]
**Kon|flikt** (der, -(e)s, -e) Widerstreit (von Gefühlen, Absichten); Streit, Zerwürfnis; milit. Auseinandersetzung [lat.]
**Kon|flu|enz** (die, -, -en) Zusammenfluss zweier gleich großer Flüsse) [lat.]
**kon|flu|ie|ren** (V.) zusammenfließen [lat.]
**Kon|fö|de|ra|ti|on** (die, -, -ti|o|nen) Bündnis (von Staaten) [lat.]
**kon|fö|de|rie|ren** (V.) sich verbünden [lat.]
**Kon|fö|de|rier|te** (der, -n, -n) **1** Verbündeter **2** Anhänger der Südstaaten im amerikanischen Sezessionskrieg (hist.)
**kon|form** (Adj ) übereinstimmend; mit etwas konform gehen: mit etwas übereinstimmen; mit jmdm. konform gehen: sich mit jmdm. einig sein [lat.]
**kon|for|mie|ren** (V.) anpassen, zur Übereinstimmung bringen (veraltet)
**Kon|for|mis|mus** (der, -, nur Ez.) Streben nach Übereinstimmung, nach Anpassung [lat.]
**Kon|for|mist** (der, -mis|ten, -mis|ten) **1** jmd., der bestrebt ist, sich der herrschenden Meinung anzupassen **2** Anhänger der anglikanischen Kirche [lat.]
**kon|for|mis|tisch** (Adj.) auf Konformismus beruhend
**Kon|for|mi|tät** (die, -, nur Ez.) Übereinstimmung, Angepasstheit; Winkel- und Maßstabtreue [lat.]
**Kon|fron|ta|ti|on** (die, -, -ti|o|nen) **1** Gegenüberstellung (von Personen, Sachverhalten, Meinungen) **2** Auseinandersetzung [lat.]
**kon|fron|tie|ren** (V.) gegenüberstellen; z.B. jmdn. mit jmdm. konfrontieren; jmdn. mit einem Sachverhalt konfrontieren [lat.]
**kon|fus** (Adj.) verwirrt; verworren, unklar, undurchschaubar [lat.]
**Kon|fu|si|on** (die, -, -si|o|nen) Verwirrung, Durcheinander [lat.]
**Kon|fu|zi|a|ner** (der, -s, -) Anhänger des Konfuzianismus
**kon|fu|zi|a|nisch** (Adj.) auf der Lehre des altchinesischen Philosophen Konfuzius beruhend, sie vertretend
**Kon|fu|zi|a|nis|mus** (der, -, nur Ez.) ethnische und staatspolit. Weltanschauung, die auf der Lehre des altchinesischen Philosophen Konfuzius beruht
**kon|ge|ni|al** (Adj.) geistig ebenbürtig, geistesverwandt [lat.]
**Kon|ge|ni|a|li|tät** (die, -, nur Ez.) geistige Ebenbürtigkeit, Geistesverwandtschaft [lat.]
**kon|ge|ni|tal** (Adj.) angeboren [lat.]
**Kon|glo|me|rat** (das, -(e)s, -e) **1** Sedimentgestein aus Geröllen, die durch ein Bindemittel verschmolzen sind **2** Gemenge, aus verschiedenartigen, zusammengetragenen Einzelteilen bestehendes Ganzes [lat.]
**Kon|go|le|se** (der, -n, -n) Ew. der Republik Kongo
**kon|go|le|sisch** (Adj.) zur Republik Kongo gehörig
**Kon|gre|ga|ti|on** (die, -, -ti|o|nen) kath. Vereinigung mit einfachem oder ohne Gelübde; Verband von Klöstern innerhalb eines Ordens
**Kon|gress** (der, -es, -e) **1** Versammlung, Tagung (größeren Umfangs) **2** Parlament (in den USA) [lat.]
**kon|gru|ent** (Adj.) übereinstimmend; deckungsgleich (von Dreiecken); den gleichen Rest ergebend (von Zahlen, die durch die gleiche Zahl geteilt werden) [lat.]
**Kon|gru|enz** (die, -, nur Ez.) kongruente Beschaffenheit, Übereinstimmung
**kon|gru|ie|ren** (V.) übereinstimmen, sich decken [lat.]
**Ko|ni|fe|re** (die, -, -n) Nadelbaum [lat.]

**Ko'ni'me'ter** (das, -s, -) Gerät zur Messung der in der Luft befindlichen Staubteilchen
**Ko'ni'o'to'mie** (die, -, -n) konische Operation am Kehlkopf bei drohender Erstickung (Med.)
**ko'nisch** (Adj.) kegelförmig [gr.-lat.]
**Kon'jek'tur** (die, -, -en) Vermutung (veraltet); vermutlich richtige Textverbesserung, vermutlich richtige Lesart [lat.]
**Kon'ju'ga'ti'on** (die, -, -ti'o'nen) **1** Bildung der Personal- und Zeitformen, Beugung, Abwandlung (der Verben) **2** vorübergehende Verschmelzung zweier Einzeller (zur Fortpflanzung) [lat.]
**kon'ju'gie'ren** (V.) beugen, abwandeln, in die Personal- und Zeitformen setzen; z.B. Verben konjugieren [lat.]
**Kon'junk'ti'on** (die, -, -ti'o'nen) **1** Wort, das zwei Sätze oder Satzteile verbindet, Bindewort **2** Stellung zweier Himmelskörper auf dem gleichen Längengrad **3** Verbindung zweier Aussagen, die nur wahr ist, wenn jede der beiden Aussagen wahr ist (in der Logik) [lat.]
**kon'junk'ti'o'nal** (Adj.) durch eine Konjunktion (**1**) eingeleitet oder verbunden
**kon'junk'tiv** (Adj.) verbindend [lat.]
**Kon'junk'tiv** (der, -s, -e) Aussageweise des Verbs, die einen Wunsch, eine Möglichkeit ausdrückt [lat.]
**Kon'junk'ti'va** (die, -, -vä) Bindehaut (des Auges) [lat.]
**Kon'junk'ti'vi'tis** (die, -, -ti'den) Bindehautentzündung [lat.]
**Kon'junk'tur** (die, -, -en) Wirtschaftslage, Ablauf des Wirtschaftsgeschehens, Wirtschaftsaufschwung
**kon'junk'tu'rell** (Adj.) die Konjunktur betreffend
**Kon'ju'ra'ti'on** (die, -, -ti'o'nen) Verschwörung (veraltet) [lat.]
**kon'kav** (Adj.) nach innen gewölbt [lat.]
**Kon'kav'lin'se** (die, -, -n) nach innen gewölbte Linse
**Kon'kav'spie'gel** (der, -s, -) nach innen gewölbter Spiegel, der einfallendes Licht in seinem Brennpunkt sammelt
**Kon'kla've** (die, -, -n) streng abgeschlossener Versammlungsraum der Kardinäle (für die Papstwahl); die Versammlung selbst [lat.]
**kon'klu'dent** (Adj.) eine bestimmte Schlussfolgerung erlaubend, schlüssig; folgerichtig [lat.]
**kon'klu'die'ren** (V.) folgern, schließen, eine Schlussfolgerung ziehen (veraltet) [lat.]
**Kon'klu'si'on** (die, -, -si'o'nen) Schlussfolgerung [lat.]
**kon'klu'siv** (Adj.) folgernd, schließend [lat.]
**kon'ko'mi'tant** (Adj.) überflüssig
**Kon'ko'mi'tanz** (die, -, -en) **1** Bedingung für ein gemeinsames Vorkommen von unterschiedlichen Wortklassen **2** Präsenz Christi in Brot und Wein (Theol.)
**kon'kor'dant** (Adj.) **1** übereinstimmend **2** gleichmäßig gelagert (von Gesteinsschichten) [lat.]
**Kon'kor'danz** (die, -, -en) **1** Übereinstimmung **2** gleichmäßige Lagerung (von Gesteinsschichten) **3** übereinstimmendes Merkmal **4** alphabetisches Verzeichnis der in einem Buch vorkommenden Wörter mit Belegstellen; z.B. Bibelkonkordanz **5** eine typografische Maßeinheit [lat.]
**Kon'kor'dat** (das, -(e)s, -e) Abkommen, Übereinkunft; Vertrag zwischen einem Staat und dem Vatikan [lat.]
**Kon'kor'di'a** (die, -, nur Ez.) Eintracht [lat.]
**Kon'kor'di'en'buch** (das, -(e)s, -bü'cher) Sammlung der Bekenntnisschriften der lutherischen Kirche
**Kon'kor'di'en'for'mel** (die, -, -n) letzte Bekenntnisschrift der lutherischen Kirche zur Klärung von Lehrstreitigkeiten (1577)
**Kon'kre'ment** (das, -(e)s, -e) körniges, aus einer Körperflüssigkeit sich abscheidendes Gebilde in einem Hohlorgan; z.B. Gallenstein [lat.]
**kon'kret** (Adj.) gegenständlich, sinnlich wahrnehmbar; anschaulich, sächlich; z.B. konkrete Vorstellungen, Angaben [lat.]
**Kon'kre'ti'on** (die, -, -ti'o'nen) **1** Vergegenständlichung, Veranschaulichung **2** Bildung von Konkrementen **3** kugelige Ansammlung mineralischer Stoffe (in Gestein) [lat.]
**kon'kre'ti'sie'ren** (V.) konkret darstellen, anschaulich machen

**Kon'kre'tum** (das, -s, -ta) etwas sinnlich Wahrnehmbares bezeichnendes Substantiv [lat.]
**Kon'ku'bi'nat** (das, -(e)s, -e) eheähnliche Gemeinschaft (veraltet) [lat.]
**Kon'ku'bi'ne** (die, -, -n) Geliebte, Mätresse (veraltet) [lat.]
**Kon'kur'rent** (der, -en, -en) jmd., der mit einem anderen konkurriert, Mitbewerber
**Kon'kur'renz** (die, -, -en) **1** Wettstreit, Wettbewerb (bes. in der Wirtschaft) **2** als Konkurrent tätige Firma, Gesamtheit der Konkurrenten **3** Verletzung mehrerer Strafgesetze auf einmal [lat.]
**kon'kur'ren'zie'ren** (V.) konkurrieren (schweiz., österr.)
**Kon'kur'renz'klau'sel** (die, -, nur Ez.) vertraglich vereinbartes Wettbewerbsverbot
**kon'kur'rie'ren** (V.) **1** in Wettbewerb, Wettstreit stehen **2** mehrere Strafgesetze zugleich verletzen [lat.]
**Kon'kurs** (der, -es, -e) Zahlungsunfähigkeit, Einstellung der Zahlungen; Verfahren zur Befriedigung der Gläubiger eines zahlungsunfähigen Unternehmens [lat.]
**kon'na'tal** (Adj.) **1** angeboren **2** während der Schwangerschaft oder Geburt erworben (Med.) [lat.]
**Kon'nek'tor** (der, -s, -toren) Verbindungsstelle von in Programmen aus- und eintretenden Daten verarbeitenden Stellen
**Kon'nex** (der, -es, -e) Verbindung, Zusammenhang; Umgang, Kontakt (mit jmdm.)
**Kon'ne'xi'on** (die, -, -xionen, meist Mz.) einflussreiche, vorteilhafte Beziehung, Bekanntschaft [lat.]
**Kon'ne'xi'tät** (die, -, nur Ez.) Sachzusammenhang einander gegenüberstehender Ansprüche
**kon'ni'vent** (Adj.) duldsam, nachsichtig (bes. von Vorgesetzten gegenüber Untergebenen, die sich im Betrieb strafbar machen) [lat.]
**Kon'ni'venz** (die, -, nur Ez.) konniventes Verhalten, Duldsamkeit, Nachsicht
**Kon'nos'se'ment** [-mɑ̃] (das, -s, -s) Frachtbrief (im Seeverkehr) [frz.]
**Ko'no'id** (der, -s, -e) kegelähnlicher Körper (Math.)
**Kon'no'tat** (das, -(e)s, -e) **1** assoziativer Vorstellungsgehalt eines sprachlichen Zeichens **2** übergreifender Begriff aller Konnotationen
**Kon'no'ta'ti'on** (die, -, -en) mit einem Wort verbundene zusätzliche Vorstellung, Begriffsinhalt
**kon'no'tiert** Konnotation aufweisen
**Kon'quis'ta'dor** (der, -s, -en) spanischer Eroberer Mittel- und Südamerikas (im 16. Jh.) [span.]
**Kon'rek'tor** (der, -s, -toren) Stellvertreter des Rektors [lat.]
**Kon'san'gu'i'ni'tät** (die, -, nur Ez.) Blutsverwandtschaft
**Kon'seil** [kɔnseɪ] (der, -s, -s) Rat, Ratsversammlung, Körperschaft
**Kon'se'kra'ti'on** (die, -, -tionen) Weihe (in der kath. Kirche); Wandlung von Brot und Wein
**kon'se'krie'ren** (V.) weihen [lat.]
**kon'se'ku'tiv** (Adj.) die Folge bezeichnend, folgend [lat.]
**Kon'se'mes'ter** (das, -s, -) Student/Studentin im gleichen Semester
**Kon'sens** (der, -es, -e) Einwilligung, Billigung; Übereinstimmung [lat.]
**kon'sen'tie'ren** (V.) einwilligen, billigen; übereinstimmen, einig sein [lat.]
**kon'se'quent** (Adj.) folgerichtig; grundsatztreu, beständig [lat.]
**Kon'se'quenz** (die, -, -en) **1** (nur Ez.) Folgerichtigkeit **2** (nur Ez.) Beständigkeit **3** Folge; z.B. die Konsequenzen seiner Handlungsweise tragen **4** Schlussfolgerung; z.B. die Konsequenzen aus etwas ziehen [lat.]
**Kon'ser'va'ti'on** (die, -, nur Ez.) das Konservieren (veraltet)
**Kon'ser'va'tis'mus** (der, -, nur Ez.) = Konservativismus
**kon'ser'va'tiv** (Adj.) am Alten, am Hergebrachten hängend, es erhalten wollend; althergebracht, seit langem üblich; z.B. konservatives Verfahren; auf Erhaltung bedacht (in der Medizin); z.B. konservative Behandlung [lat.]
**Kon'ser'va'ti'vis'mus** (der, -, nur Ez.) Einstellung, die das Alte, Herkömmliche erhalten möchte [lat.]

**Kon|ser|va|tor** (der -s, -to|ren) jmd., dem die Instandhaltung von Ausstellungsgegenständen (in Museen) und Kunstdenkmälern obliegt [lat.]
**Kon|ser|va|to|rist** (der, -ris|ten, -ris|ten) Schüler an einem Konservatorium
**kon|ser|va|to|ris|tisch** (Adj.) zu einem Konservatorium gehörend; konservatoristische Ausbildung: Ausbildung an einem Konservatorium
**Kon|ser|va|to|ri|um** (das, -s, -ri-en) Musikfachhochschule für die Ausbildung von Musikern
**Kon|ser|ve** (die, -, -n) 1 in Blechdose od. Glas eingekochtes Nahrungsmittel 2 auf Tonband festgehaltene Aufnahme [lat.]
**kon|ser|vie|ren** (V.) haltbar machen (und aufbewahren); auf Schallplatte oder Tonband speichern [lat.]
**Kon|si|gnant** (der, -en, -en) jmd., der etwas in Kommission gibt (im Überseehandel) [lat.]
**Kon|si|gna|tar** (der, -s, -e) jmd., der etwas in Kommission nimmt (im Überseehandel) [lat.]
**Kon|si|gna|ti|on** (die, -, -ti|o|nen) Übergabe oder Übernahme in Kommission (im Überseehandel) [lat.]
**kon|si|gnie|ren** (V.) 1 in Kommission übergeben (im Überseehandel) 2 mit besonderem Auftrag absenden 3 beglaubigen, urkundlich niederlegen [lat.]
**Kon|si|li|ar|arzt** (der, -es, -ärz|te) zur Beratung hinzugezogener Arzt [lat.]
**Kon|si|li|a|ri|us** (der, -, -rii) = Konsiliararzt
**Kon|si|li|um** (das, -s, -li|en) Beratung (bes. mehrerer Ärzte über einen Krankheitsfall) [lat.]
**kon|sis|tent** (Adj.) 1 dicht, dickflüssig, zusammenhängend 2 sich nicht verändernd, dauerhaft; z.B. konsistenter Stoff 3 logisch, widerspruchsfrei [lat.]
**Kon|sis|tenz** (die, -, nur Ez.) konsistente Beschaffenheit
**Kon|sis|to|ri|um** (das, -s, -ri|en) Versammlung der Kardinäle unter Vorsitz des Papstes; Verwaltungsbehörde (der evangel. Kirche) [lat.]
**kon|skri|bie|ren** (V.) zum Heeres-, Kriegsdienst ausheben (früher) [lat.]
**Kon|skrip|ti|on** (die -, -ti|o|nen) Aushebung zum Heeres-, Kriegsdienst (früher) [lat.]

K

**Kon|sol** (der, -s, -s) staatliche Schuldverschreibung [engl.]
**Kon|so|le** (die, -, -n) Mauervorsprung, Wandbrett [frz.]
**Kon|so|li|da|ti|on** (die, -, -ti|o|nen) das Konsolidieren, das Sichkonsolidieren
**kon|so|li|die|ren** (V.) 1 festigen, sichern, auf eine feste Grundlage stellen 2 zusammenfassen; z.B. Bilanzen, öffentliche Anleihen konsolidieren 3 kurzfristige Schulden konsolidieren: in langfristige Schulden umwandeln 4 sich konsolidieren: fest werden, verknöchern, sich versteifen [lat.]
**Kon|so|li|die|rung** (die, -, -en) 1 Festigung, Sicherung eines Unternehmens 2 Umwandlung kurzfristiger Staatsschulden in Anleihen
**Kon|so|li|die|rungs|pha|se** (die, -, -n) Zeitraum, in dem sich etwas konsolidiert
**kon|so|nant** (Adj.) gut zusammenklingend
**Kon|so|nant** (der, -en, -en) Mitlaut; z.B. „b, t, s" [lat.]
**Kon|so|nanz** (die, -, -en) 1 harmonischer Zusammenklang 2 Häufung von Konsonanten
**kon|so|nie|ren** (V.) zusammen-, mitklingen
**Kon|sor|ten** (nur Mz.) Mittäter, Mitschuldige, Beteiligte [lat.]
**Kon|sor|ti|al|ge|schäft** (das, -(e)s, -e) Geschäft, zu dem sich aufgrund eines großen Kapitalumfangs mehrere Mitglieder eines Konsortiums zu einem Konsortium zusammenschließen
**Kon|sor|ti|um** (das, -s, -ti|en) vorübergehender Zusammenschluss von Unternehmern oder Banken zur Finanzierung größerer Geschäfte mit hohem Risiko [lat.]
**Kon|so|zi|a|ti|on** (die, -, -en) feststehende Verbindung zweier Wörter
**Kon|spekt** (der, -(e)s, -e) 1 Aufzeichnung, Übersicht 2 Verzeichnis [lat.]
**Kon|spi|rant** (der, -en, -en) Verschwörer
**Kon|spi|ra|teur** (der, -(e)s, -e) Verschwörer
**Kon|spi|ra|ti|on** (die, -, -ti|o|nen) Verschwörung [lat.]
**kon|spi|ra|tiv** (Adj.) verschwörerisch [lat.]
**kon|spi|rie|ren** (V.) sich verschwören [lat.]

**Kon'stab'ler** (der, -s, -) 1 Geschützmeister, Büchsenmeister im Rang eines Unteroffiziers (früher) 2 Polizist (in England und den USA)
**kon'stant** (Adj.) unveränderlich, gleich bleibend [lat.]
**Kon'stan'te** (die, -, -n) unveränderliche Größe, gleich bleibender Wert [lat.]
**Kon'stanz** (die, -, nur Ez.) Unveränderlichkeit, Stetigkeit, Beständigkeit [lat.]
**kon'sta'tie'ren** (V.) feststellen [lat.]
**Kon'stel'la'ti'on** (die, -, -ti'onen) gleichzeitiges Vorhandensein, Zusammentreffen (bestimmter Umstände); Lage, die sich daraus ergibt; Stellung (von Gestirnen zueinander), Planetenstand (Astronomie) [lat.]
**Kon'ster'na'ti'on** (die, -, nur Ez.) Bestürzung, Betroffensein (veraltet) [lat.]
**kon'ster'nie'ren** (V.) bestürzen, betroffen machen [lat.]
**kon'ster'niert** (Adj.) bestürzt, betroffen und verwirrt [lat.]
**Kon'sti'pa'ti'on** (die, -, -ti'onen) Darmverstopfung [lat.]
**Kon'sti'tu'an'te** (die, -, -n) 1 = Constituante 2 Organ, das für Veränderungen der Verfassung zuständig ist
**Kon'sti'tu'ens** (das, -, -en'zi'en) konstitutiver, wesentlicher Teil
**Kon'sti'tu'en'te** (die, -, -n) ein Element einer größeren Einheit
**kon'sti'tu'ie'ren** (V.) gründen, bilden; konstituierende Versammlung: verfassunggebende Versammlung, sich konstituieren: sich bilden, sich organisieren, zusammentreten [lat.]
**Kon'sti'tut** (das, -(e)s, -e) wiederholter Vortrag
**Kon'sti'tu'ti'on** (die, -, -ti'onen) 1 Anordnung, Zusammensetzung 2 Körperbeschaffenheit; z.B. kräftige, schwache Konstitution 3 Verfassung (eines Staates), Grundgesetz [lat.]
**Kon'sti'tu'ti'o'na'lis'mus** (der, -, nur Ez.) Staatsform mit einer Konstitution [lat.]
**kon'sti'tu'ti'o'nell** (Adj.) durch eine Konstitution gebunden; z.B. konstitutionelle Monarchie; auf Grund der körperlichen Konstitution; z.B. konstitutionelle Krankheiten
**Kon'sti'tu'ti'ons'typ** (der, -s, -en) eine der Grundtypen des menschlichen Körperbaus
**kon'sti'tu'tiv** (Adj.) grundlegend, bestimmend, wesentlich, unerlässlich; rechtsbegründend [lat.]
**Kon'strik'ti'on** (die, -, -ti'onen) Zusammenschnürung, Zusammenpressung, Abschnürung [lat.]
**Kon'strik'tor** (der, -s, -toren) Schließmuskel
**kon'strin'gie'ren** (V.) zusammenschnüren, -pressen, abschnüren; sich zusammenziehen
**kon'stru'ie'ren** (V.) 1 nach gegebenen Größen entwerfen, bauen, zeichnen; z.B. eine Maschine, eine geometrische Figur konstruieren 2 nach gramm. Regeln zusammenfügen; z.B. einen Satz konstruieren 3 logisch aufbauen, erfinden, sich ausdenken; z.B. einen Fall, die Handlung eines Dramas konstruieren; der Film ist, wirkt konstruiert: zu formal aufgebaut, wirklichkeitsfremd [lat.]
**Kon'strukt** (das, -(e)s, -e) gedankliche Konstruktion als Hilfsmittel zur Beschreibung von Erscheinungen, die nur aus Daten erschlossen werden können [lat.]
**Kon'struk'teur** [-tøːɐ] (der, -s, -e) Entwerfer, Erbauer (von technischen Geräten, Maschinen) [frz.]
**Kon'struk'ti'on** (die, -, -ti'onen) 1 Aufbau, Gefüge 2 Entwurf 3 zeichnerische Darstellung (einer geometrischen Figur) 4 wirklichkeitsfremde, allzu formale Darstellung [lat.]
**kon'struk'tiv** (Adj.) eine Konstruktion betreffend; (sinnvoll) aufbauend; zur Entwicklung, Förderung beitragend; z.B. ein konstruktiver Vorschlag, eine konstruktive Kritik [lat.]
**Kon'struk'ti'vis'mus** (der, -, nur Ez.) Richtung der Kunst, die die Konstruktionselemente ihrer Objekte bes. hervorhebt [lat.]
**Kon'struk'ti'vist** (der, -vis'ten, -vis'ten) Anhänger des Konstruktivismus
**kon'struk'ti'vis'tisch** (Adj.) in der Art des Konstruktivismus
**Kon'sub'stan'ti'a'ti'on** (die, -, nur Ez.) Verbindung der realen Gegenwart Christi mit Brot und Wein beim Abendmahl

**Kon'sul** (der, -s, -n) höchster Staatsbeamter (im alten Rom und im napoleonischen Frankreich); ständiger Vertreter eines Staates in einem anderen Staat (mit bes. wirtschaftlichen Aufgaben) [lat.]

**Kon'su'lar'agent** (der, -en, -en) Bevollmächtigter eines Konsuls

**kon'su'la'risch** (Adj.) zu einem Konsul gehörig, durch einen Konsul

**Kon'su'lat** (das, -(e)s, -e) Amt, Amtsräume eines Konsuls

**Kon'sul'ta'ti'on** (die, -, -ti'onen) Beratung (durch einen Wissenschaftler, bes. Arzt, oder von Vertrags-, Bündnispartnern) [lat.]

**kon'sul'ta'tiv** (Adj.) beratend [lat.]

**kon'sul'tie'ren** (V.) um fachmännischen Rat fragen; z.B. einen Arzt konsultieren [lat.]

**Kon'sul'tie'rung** (die, -, -en) Beratung, um Rat gefragt werden



**Kon'sum** (der, -s, nur Ez.) **1** Verbrauch (von Bedarfsgütern, bes. Lebensmitteln) **2** (meist [kon-]) Verkaufsstelle einer Konsumgenossenschaft [lat.]

**Kon'sum'ter'ror** (der, -s, nur Ez.) Konsumzwang

**Kon'su'ma'ti'on** (die, -, -ti'onen) Verbrauch, Verzehr (schweiz.) [lat.]

**Kon'su'ment** (der, -en, -en) Verbraucher [lat.]

**kon'su'mie'ren** (V.) verbrauchen, verzehren [lat.]

**Kon'sump'ti'on** (die, -, -ti'onen) = Konsumtion

**Kon'sum'ti'bi'li'en** (nur Mz.) Verbrauchsgüter [frz.]

**Kon'sum'ti'on** (die, -, -ti'onen) **1** Verbrauch, Verzehr **2** körperliche Auszehrung (in der Medizin) **3** Aufgehen einer Straftat in einer anderen, schwerer wiegenden [lat.]

**kon'sum'tiv** (Adj.) auf dem Konsum beruhend, für den Konsum bestimmt

**Kon'ta'gi'on** (die, -, -gi'onen) Ansteckung [lat.]

**kon'ta'gi'ös** (Adj.) ansteckend [lat.]

**Kon'ta'gi'um** (das, -s, -gi'en) Ansteckungsstoff

**Kon'ta'gi'o'si'tät** (die, -, nur Ez.) Höhe der Ansteckungsgefahr einer Krankheit, Ansteckungsfähigkeit

**Kon'takt** (der, -(e)s, -e) **1** Berührung, Verbindung; elektrischen Strom leitende Verbindung **2** menschliche Beziehung [lat.]

**Kon'takt'ad'res'se** (die, -, -n) Adresse, über die man mit jemandem oder einer Einrichtung Kontakt aufnehmen kann

**kon'tak'ten** (V.) Kontakte (menschlicher, geschäftlicher Art) herstellen

**Kon'tak'ter** (der, -s, -) Mitarbeiter in der Werbung, der Kontakte mit der Öffentlichkeit herstellt und unterhält

**kon'tak'tie'ren** (V.) Kontakt aufnehmen, sich treffen, zusammenkommen, Kontakt pflegen

**Kon'takt'in'fek'ti'on** (die, -, -en) Ansteckung durch Berührung

**Kon'takt'lin'se** (die, -, -n) geschliffene Sehhilfe (kleine Kunststoffschale), die man direkt vor der Pupille anbringt

**Kon'takt'me'ta'mor'pho'se** (die, -, -n) Umwandlung (von Gestein) durch aufsteigendes Magma [lat.-gr.]

**Kon'takt'per'son** (die, -, -en) jmd., der mit einem anderen, der an einer ansteckenden Krankheit leidet, in Berührung gekommen ist

**Kon'takt'stu'di'um** (das, -s, -di'en) weitere Ausbildung nach abgeschlossenem Studium zum Kennenlernen neuer Forschungsergebnisse

**Kon'ta'mi'na'ti'on** (die, -, -ti'onen) **1** Verschmelzung zweier Wörter oder Wortteile zu einem neuen Wort; z.B. Futter und frz. fourage zu Futterage **2** Verunreinigung mit schädlichen, bes. radioaktiven Stoffen [lat.]

**kon'ta'mi'nie'ren** (V.) verschmelzen, sich vermischen [lat.]

**kon'tant** (Adj.) bar, gegen sofortige Zahlung [it.]

**Kon'tan'ten** (nur Mz.) Bargeld; Geldsorten; Münzen, die als Ware gehandelt werden [lat.]

**Kon'tem'pla'ti'on** (die, -, -ti'onen) Betrachtung, Anschauung; betrachtende Versenkung in das Wort und Werk Gottes [lat.]

**kon'tem'pla'tiv** (Adj.) (nur) betrachtend, (nur) anschauend [lat.]

**kon'tem'po'rär** (Adj.) zeitgenössisch, gleichzeitig [lat.]

**Konte'nance** [kõtənãs] (die, -, nur Ez.) = Contenance
**Kon'ten'ten** (die, nur Mz.) Ladeverzeichnisse der Seeschiffe
**Kon'ten'tiv'verband** (der, -(e)s, -bän'de) ruhig stellender medizinischer Stützverband
**Kon'ter** (der, -s, -) aus der Verteidigung heraus geführter Schlag (beim Boxen) [engl.]
**Kon'ter'ad'mi'ral** (der, -s, -e oder -rä'le) Marineoffizier im Rang eines Generalmajors
**kon'ter'agie'ren** (V.) gegen jmd. oder etw. handeln
**Kon'ter'ban'de** (die, -, nur Ez.) Ware, die neutrale Staaten nicht in Krieg führende Staaten einführen dürfen (im Völkerrecht); Schmuggelware [frz.]
**Kon'ter'fei** (das, -s, -e oder -s) Bild (einer Person), Porträt (veraltet, noch scherzhaft) [frz.]
**kon'ter'fei'en** (V.) ein Konterfei (von jmdm.) machen [frz.]
**kon'ter'ka'rie'ren** (V.) hintertreiben, behindern [frz.]
**Kon'ter'mi'ne** (die, -, -n) **1** von Belagerten gelegte Mine zur Abwehr (im Festungswesen) **2** Gegenmaßnahme **3** Börsenspekulation, die mit dem Fallen der Kurse rechnet [frz.]
**kon'ter'mi'nie'ren** (V.) Gegenmaßnahmen treffen, entgegenarbeiten [frz.]
**kon'tern** (V.) **1** auf die richtige Seite drehen, umdrehen **2** mit einem Gegenschlag abwehren; schlagfertig antworten [engl.]
**Kon'ter're'vo'lu'ti'on** (die, -, -ti'o̲nen) Gegenrevolution
**Kon'ter're'vo'lu'ti'o'när** (der, -s, -e) Gegenrevolutionär, jemand, der an einer Gegenrevolution beteiligt ist
**kon'tes'tie'ren** (V.) anfechten, bestreiten [lat.]
**Kon'text** (der, -es, -e) ein ein Wort umgebender Text, der oft den Sinn des Wortes erst deutlich macht; Zusammenhang [lat.]
**kon'tie'ren** (V.) auf ein Konto verbuchen
**Kon'ti'gu'i'tät** (die, -, nur Ez.) zeitliches Zusammentreffen, Zusammenfall, Berührung [lat.]
**Kon'ti'nent** (der, -(e)s, -e) große Landmasse, Erdteil; Festland [lat.]
**kon'ti'nen'tal** (Adj.) zu einem Kontinent gehörig, festländisch
**Kon'ti'nen'tal'drift** (die, -, -en) langzeitige, kontinentweite Auf- oder Abwärtsbewegung der Erdkruste, Epirogenese
**Kon'ti'nen'tal'kli'ma** (das, -s, -ma'ta) Klima im Inneren eines Kontinents, mit starken Temperaturschwankungen
**Kon'ti'nen'tal'ver'schie'bung** (die, -, -en) = Kontinentaldrift
**Kon'ti'nenz** (die, -, nur Ez.) Fähigkeit, Harn und Stuhlgang zurückzuhalten [lat.]
**Kon'tin'gent** (das, -(e)s, -e) Pflichtbeitrag, -anteil; begrenzte, zugeteilte Menge (von nicht frei verfügbaren Waren); bestimmte Menge von Truppen (die ein Mitglied einer Verteidigungsgemeinschaft innerhalb des Gesamtheeres zu stellen hat) [lat.]
**kon'tin'gen'tie'ren** (V.) einteilen und beschränkt zuteilen; z.B. Waren, Lebensmittel kontingentieren [lat.]
**Kon'tin'genz** (die, -, nur Ez.) **1** das Möglichsein (ohne Notwendigkeit), Zufälligkeit **2** Häufigkeit von zugleich auftretenden oder sich gleich verhaltenden Merkmalen oder Sachverhalten [lat.]
**kon'ti'nu'ier'lich** (Adj.) stetig, andauernd, gleichmäßig (fortschreitend) [lat.]
**Kon'ti'nu'i'tät** (die, -, nur Ez.) Stetigkeit, Gleichmäßigkeit (des Fortschreitens)
**Kon'ti'nu'um** (das, -s, -nua) etwas, das ununterbrochen, gleichmäßig fortschreitet, lückenlos zusammenhängt [lat.]
**Kon'to** (das, -s, -s oder -ten oder -ti) ständig geführte Aufzeichnung von Ein- und Ausgaben, Guthaben und Schulden [it.]
**Kon'to'kor'rent** (das, -s, -e) laufende Gegenüberstellung und regelmäßige Abrechnung von Guthaben und Schulden zwischen zwei Geschäftspartnern [lat.]
**Kon'tor** (das, -s, -e) **1** Geschäftsräume (eines Kaufmannes; veraltet) **2** Niederlassung (einer Firma im Ausland) [frz.]
**Kon'to'rist** (der, -ri̲s'ten, -ri̲s'ten) Angestellter eines kaufmännischen Betriebes [frz.]
**Kon'tor'si'on** (die, -, -si'o̲nen) Verrenkung [lat.]
**kon'tra** *auch:* co̲n'tra (Präp. und Adv.) gegen, dagegen [lat.]

K

**Kon'tra** *auch:* Con'tra (das, -s, -s) das Entgegengesetzte; das Pro und das Kontra: das Für und das Wider; Gegenansage (im Kartenspiel) [lat.]
**Kon'tra'bass** (der, -es, -bäs'se) größtes und tiefstes Streichinstrument, Bassgeige [it.]
**Kon'tra'bas'sist** (der, -en, -en) Musiker, der Kontrabass spielt
**Kon'tra'dik'ti'on** (die, -, -ti'o'nen) Gegensatz (zweier Begriffe oder Aussagen); Widerspruch [lat.]
**kon'tra'dik'to'risch** (Adj.) einander widersprechend, gegensätzlich [lat.]
**Kon'tra'fa'gott** (das, -s, -e) eine Oktave tiefer als das Fagott stehendes Holzblasinstrument (Mus.)
**kon'tra'fak'tisch** (Adj.) der Realität nicht entsprechend
**Kon'tra'ha'ge** [-haːgə] (die, -, -n) Forderung zum Duell
**Kon'tra'hent** (der, -en, -en) Vertragspartner; Gegner (im Wettkampf, beim Duell) [lat.]
**kon'tra'hie'ren** (V.) **1** zusammenziehen (von Muskeln) **2** zum Duell fordern (veraltet) **3** abschließen; z.B. einen Vertrag kontrahieren [lat.]
**Kon'tra'in'di'ka'ti'on** (die, -, -ti'o'nen) Umstand, der in einem besonderen Fall eine sonst zweckmäßige Behandlung als nicht geboten erscheinen lässt, Gegensatzanzeige (in der Medizin) [lat.]
**kon'tra'in'di'ziert** (Adj.) in einem besonderen Fall nicht zweckmäßig (in der Medizin) [lat.]
**Kon'trakt** (der, -(e)s, -e) Vertrag, Abmachung, Abkommen [lat.]
**kon'trak'til** (Adj.) zusammenziehbar, fähig, sich zusammenzuziehen [lat.]
**Kon'trak'ti'on** (die, -, -ti'o'nen) Zusammenziehung [lat.]
**Kon'trak'tur** (die, -, -en) dauernde Verkürzung, Verkrümmung (in der Medizin) [lat.]
**Kon'tra'post** (der, -(e)s, -e) unterschiedliche Gestaltung der beiden Körperhälften in Bewegung und Ruhe (in der bildenden Kunst) [lat.]
**Kon'tra'punkt** (der, -(e)s, -e) das Nebeneinanderherlaufen und -führen mehrerer Stimmen in selbstständigen Melodielinien (in der Musik) [lat.]
**Kon'tra'punk'tik** (die, -, nur Ez.) Lehre vom Kontrapunkt
**kon'tra'punk'tisch** (Adj.) in der Art des Kontrapunkts, auf ihm beruhend
**kon'trär** (Adj.) gegensätzlich, widersprüchlich; z.B. konträre Ansichten [frz.]
**Kon'trast** (der, -(e)s, -ras'te/-tras'te) (starker) Unterschied, Gegensatz [it.]
**kon'tras'tie'ren** (V.) einen Kontrast zueinander bilden, sich (stark) voneinander unterscheiden
**Kon'trast'pro'gramm** (das, -s, -e) sich (stark) von anderen Programmen unterscheidendes Programm (das dem Rundfunkhörer oder Fernsehzuschauer eine Auswahlmöglichkeit bietet)
**Kon'tra'sub'jekt** (das, -(e)s, -e) kontrapunktische Stimme, in die bei der Fuge der erste Themeneinsatz mündet (Mus.)
**Kon'tra've'ni'ent** (der, -en, -en) jmd., der einer Verordnung zuwiderhandelt [lat.]
**kon'tra've'nie'ren** (V.) gesetz-, vertrags-, ordnungswidrig handeln (Rechtsw. veraltet)
**Kon'tra'ven'ti'on** (die, -, -en) Zuwiderhandlung, Übertretung z.B. eines Gesetzes [lat.-nlat.]
**Kon'tra'zep'ti'on** (die, -, nur Ez.) Empfängnisverhütung [lat.]
**kon'tra'zep'tiv** (Adj.) die Empfängnis verhütend [lat.]
**Kon'tra'zep'ti'vum** (das, -s, -va) empfängnisverhütendes Mittel [nlat.]
**Kon'tre** (der, -s, -s) Tanz mit zwei oder vier einander gegenüberstehenden Paaren, Kontertanz [frz.]
**Kon'tri'ti'on** (die, -, -en) für die Absolution (Sündenvergebung) notwendige vollkommene Reue [lat.]
**Kon'tri'ti'o'nis'mus** (der, -, nur Ez.) katholische Lehre von der Notwendigkeit der echten Reue als Voraussetzung für die Gültigkeit des Bußsakramentes [lat.-nlat.]
**Kon'trol'le** (die, -, -n) Überwachung, Aufsicht; prüfende Betrachtung, Prüfung (auf eine bestimmte Sache hin); Herrschaft, Gewalt (über eine Sache; z.B. über ein Fahrzeug)
**Kon'trol'ler** (der, -s, -) Fahr-, Steuerschalter (an Elektromotoren) [engl.]

**Kon'trol'leur** [-løːɐr] (der, -s, -e) jmd., der etwas kontrolliert; z.B. Fahrscheinkontrolleur [frz.]
**kon'trol'lie'ren** (V.) die Kontrolle (über etwas oder jmdn.) ausüben, überwachen, beaufsichtigen; prüfen, zur Prüfung betrachten; beherrschen, unter Aufsicht haben; z.B. ein Gebiet, ein Land kontrollieren
**Kon'troll'kom'mis'si'on** (die, -, -en) eingesetzter Ausschuss, der die Einhaltung bestimmter Verpflichtungen überwacht
**kon't'ro'vers** (Adj.) 1 gegeneinander gerichtet 2 strittig, bestritten
**Kon't'ro'ver'se** (die, -, -n) Meinungsverschiedenheit, Auseinandersetzung [lat.]
**Kon'tu'maz** (die, -, nur Ez.) (veraltet) das Nichterscheinen vor Gericht [lat.]
**Kon'tur** (die, -, -en) Umrisslinie [frz.]
**kon'tu'rie'ren** (V.) nur in Umrissen zeichnen, andeuten; in kräftigen Umrissen darstellen; z.B. eine klar, deutlich konturierte Gestalt (in einem Roman) [lat.]
**Ko'nus** (der, -, -se, auch -nen) Kegel, Kegelstumpf; das Schriftbild tragendes Oberteil (der Druckletter) [gr.-lat.]
**Kon'va'les'zenz** (die, -, nur Ez.) 1 Genesung 2 nachträgliches Gültigwerden eines ungültigen Rechtsgeschäftes
**Kon'vek'ti'on** (die, -, -ti'o̲nen) überwiegend auf- oder abwärts gerichtete Luftströmung; Transport von elektrischer Ladung oder Energie durch kleinste Teilchen in einer Strömung [lat.]
**kon'vek'tiv** (Adj.) auf Konvektion beruhend
**Kon'vek'tor** (der, -s, -to̲ren) Heizkörper, der Luft erwärmt
**kon've'na'bel** (Adj.) 1 zuträglich, passend 2 annehmbar
**kon've'ni'ent** (Adj.) 1 erlaubt, schicklich 2 angenehm, bequem
**Kon've'ni'enz** (die, -, nur Ez.) 1 das nach den gesellschaftlichen Normen Schickliche, Erlaubte 2 Bequemlichkeit, Zuträglichkeit [lat.]
**kon've'nie'ren** (V.) erlaubt sein, schicklich sein, den gesellschaftlichen Normen entsprechen; bequem, angenehm, zuträglich sein [lat.]
**Kon'vent** (der, -s, -e) 1 Versammlung, Zusammenkunft 2 Kloster, Stift 3 Volksvertretung (in der Französischen Revolution) [lat.]
**Kon'ven'ti'kel** (das, -s, -) heimliche Zusammenkunft; private religiöse Versammlung
**Kon'ven'ti'on** (die, -, -ti'o̲nen) 1 Abkommen, Vereinbarung 2 gesellschaftlicher Brauch, Norm, Herkommen 3 völkerrechtlicher Vertrag [lat.]
**kon'ven'ti'o'nal** (Adj.) auf einer Konvention beruhend
**Kon'ven'ti'o'nal'stra'fe** (die, -, -n) (bei Vertragsabschluss festgelegte) Geldsumme od. Leistung, die ein Vertragspartner bei Nichterfüllung der vertraglich vereinbarten Leistung erbringen muss (Rechtsw.)
**kon'ven'ti'o'nell** (Adj.) den gesellschaftlichen Gepflogenheiten entsprechend, herkömmlich, förmlich; mit herkömmlichen Mitteln hergestellt [frz.]
**Kon'ven'tu'a'le** (der, -n, -n) stimmberechtigtes Mitglied eines Konvents (2)
**kon'ver'gent** (Adj ) aufeinander zulaufend, sich annähernd; z.B. konvergente Linien; übereinstimmend, einander entsprechend; z.B. konvergente Meinungen [lat.]
**Kon'ver'genz** (die, -, nur Ez.) 1 Annäherung, Übereinstimmung von u.a. Meinungen, Zielen 2 Entwicklung gleichartiger Merkmale bei nicht verwandten Lebewesen im gleichen Lebensraum (Bio.) 3 beim Sehen die gleichsinnige Bewegung der Augen nach innen (Med.) 4 Vorhandensein einer Annäherung od. eines Grenzwertes konvergenter Linien u. Reihen (Math.) 5 das Sichschneiden von Lichtstrahlen (Phys.) 6 als Prinzip der psychischen Entwicklung das Zusammenwirken von Anlage und Umwelt (Psych.) 7 Zusammentreffen von verschiedenen Strömungen des Meerwassers 8 in den unterschiedlichen Klimazonen das Auftreten von gleichen od. ähnlichen Oberflächenformen [lat.]
**Kon'ver'genz'kri'te'ri'um** (das, -s, -ri'en) 1 Kriterium dafür, dass Reihen oder Folgen einen Grenzwert besitzen (Math.) 2 eines von fünf Kriterien, deren inhaltliche Ansprüche ein potenzieller Mitgliedstaat der Europäischen Währungsunion zu erfüllen hat

K

**Konvergenztheorie** (die, -, -n) **1** Lehre, nach der sich aufgrund der Industrialisierung die kommunistischen und die kapitalistischen Gesellschaftsordnungen einander annähern **2** Theorie, nach der die Persönlichkeitsentwicklung sich durch das Zusammenwirken von Umwelt und Anlage vollzieht

**konvergieren** (V.) **1** aufeinander zustreben, zulaufen **2** übereinstimmen, dasselbe Ziel haben [lat.]

**konvers** (Adj.) umgekehrt, gegensätzlich

**Konversation** (die, -, -tionen) leichte, gewandte Unterhaltung (bes. über Tagesereignisse) [lat.]

**Konversationslexikon** (das, -s, -ka) alphabetisch geordnetes, großes Nachschlagewerk über alle Wissensgebiete

**Konversion** (die, -, -sionen) Umwandlung, Veränderung, Übertritt zu einer anderen Konfession; Wortartwechsel; z.B. Wechsel eines Verbs zum Substantiv: gehen – das Gehen [lat.]



**Konverter** (der, -s, -) Vorrichtung zur Erhöhung der Brennweite eines Teleobjektivs [lat.-engl.]

**konvertibel** (Adj.) umwandelbar, umwechselbar; z.B. frei konvertible Währung [frz.]

**Konvertibilität** (die, -, nur Ez.) Umtauschbarkeit, Möglichkeit, umgewechselt zu werden; z.B. die Konvertibilität von Währungen [frz.]

**konvertieren** (V.) die Konfession wechseln, (zu einer anderen Konfession) übertreten; umtauschen, umwechseln; z.B. Geld in eine andere Währung konvertieren; Informationen von einem Datenträger auf einen anderen übertragen; z.B. Informationen konvertieren [lat.]

**Konvertierung** (die, -, -en) **1** das Konvertieren **2** Konversion (Wirtschaft)

**Konvertit** (der, -en, -en) jmd., der zu einer anderen Konfession konvertiert ist

**konvex** (Adj.) nach außen gekrümmt; z.B. Linsen, optische Gläser [lat.]

**Konvexlinse** (die, -, -n) konvex gekrümmte Linse

**Konvikt** (das, -(e)s, -e) Wohnheim für kath. Schüler und Theologiestudenten; Internat (österr.) [lat.]

**Konviktuale** (die, -, -n) in einem Konvikt lebender Schüler oder Student (veraltet)

**Konvivium** (das, -s, -vi-en) Gastmahl, Festgelage [lat.]

**Konvoi** (der, -s, -s) im Schutz von Fahrzeugen, Schiffen oder Flugzeugen fahrende Fahrzeuge oder Schiffe; die begleitenden Fahrzeuge, Schiffe oder Flugzeuge, Geleitzug [frz.]

**Konvokation** (die, -, -tionen) **1** Einberufung (von Körperschaften) **2** über die Verleihung der Ehrendoktorwürde entscheidendes Gremium (an englischen und amerikanischen Universitäten) [lat.]

**Konvolut** (das, -(e)s, -e) Bündel, Stoß (von Schriftstücken); Sammelmappe; Knäuel (von Darmschlingen) [lat.]

**Konvulsion** (die, -, -sionen) Zuckung, Schüttelkrampf [lat.]

**konvulsivisch** (Adj.) krampfhaft; z.B. konvulsivische Zuckungen [lat.]

**Konya** (der, -(s), -s) Gebetsteppich mit stilisiertem Muster

**konzedieren** (V.) zugestehen, erlauben, einräumen [lat.]

**Konzentrat** (das, -(e)s, -e) sehr gehaltreiche Lösung; hochprozentiger Auszug (Pflanzen, Früchte); gedrängte Zusammenfassung [lat.]

**Konzentration** (die, -, -tionen) **1** Zusammenballung, Zusammendrängung **2** Angereichertsein, Gehalt (einer Lösung) **3** (nur Ez.) Anspannung (der geistigen Kräfte, der Aufmerksamkeit) [lat.]

**Konzentrationslager** (das, -s, -) **1** von den Engländern während der Burenkriege errichtete Lager, um die Kampfmoral des Gegners durch Internierung der Familien zu untergraben **2** Zwangsarbeits- und Massenvernichtungslager für Juden und Gegner des Nationalsozialismus (Abk. KZ, 1933–1945)

**konzentriert** (Adj.) **1** geistig angespannt, mit gesammelter Aufmerksamkeit; z.B. konzentriert arbeiten **2** verdichtet, gehaltreich, einen Stoff in großer Menge enthaltend; z.B. konzentrierte Lösung

**konzentrieren** (V.) **1** (um einen Mittelpunkt) sammeln **2** (an einem Ort) zusammenziehen, versammeln **3** verdichten, anreichern **4** sich konzentrieren:

seine geistigen Kräfte, seine Aufmerksamkeit anspannen [lat.]
**kon'zen'trisch** (Adj.) einen gemeinsamen Mittelpunkt habend, auf einen gemeinsamen Mittelpunkt zustrebend [gr.-lat.]
**Kon'zept** (das, -(e)s, -e) **1** Entwurf, erste, noch zu korrigierende Niederschrift **2** Vorstellung (wie etwas getan werden soll) [lat.]
**Kon'zep'tion** (die, -, -ti'o'nen) **1** Empfängnis **2** Entwurf, Plan **3** genaue Vorstellung (von einem zu erarbeitenden Werk) [lat.]
**kon'zep'tio'nell** (Adj.) hinsichtlich der Konzeption (**2**, **3**), auf Konzeption (**2**, **3**) beruhend
**Kon'zep'tu'a'lis'mus** (der, -, nur Ez.) Lehre, in der das Allgemeine nur als (subjektiver) Begriff existiert
**Kon'zern** (der, -(e)s, -e) Zusammenschluss von Unternehmen zu einer wirtschaftlichen Einheit ohne Aufgabe ihrer rechtlichen Selbstständigkeit [lat.-mlat., fr., engl.]
**kon'zer'nie'ren** (V.) zu einem Konzern vereinigen
**Kon'zert** (das, -(e)s, -e) **1** Aufführung von Musikwerken; Musikstück für Soloinstrument(e) und Orchester **2** Zusammenwirken (von Kräften u.a.) [lat.]
**kon'zer'tant** (Adj.) in der Art eines Konzerts
**kon'zer'tie'ren** (V.) ein Konzert geben; konzertierte Aktion: verabredetes Vorgehen von Personen(gruppen) in einer bestimmten Angelegenheit
**kon'zer'tiert** (Adj.) (nur als) gemeinsames, zwischen Partnern abgestimmtes Handeln (Wirtschaft)
**Kon'zer'ti'na** (die, -, -s) sechseckige Handharmonika
**Kon'zes'si'on** (die, -, -si'o'nen) **1** behördliche Genehmigung, vom Staat erteiltes Recht **2** Zugeständnis [lat.]
**Kon'zes'si'o'när** (der, -s, -e) jmd., der eine Konzession (für etwas) besitzt
**kon'zes'si'o'nie'ren** (V.) behördlich genehmigen, zulassen [lat.]
**kon'zes'siv** (Adj.) einräumend (in der Grammatik) [lat.]
**Kon'zil** (das, -s, -e oder -li'en) Versammlung hoher kirchlicher Würdenträger (in der kath. Kirche) [lat.]
**kon'zi'li'ant** (Adj.) umgänglich, freundlich, entgegenkommend [lat.]
**Kon'zi'li'anz** (die, -, nur Ez.) konziliantes Verhalten, freundliches Entgegenkommen
**kon'zinn** (Adj.) gefällig, harmonisch, hübsch [lat.]
**Kon'zi'pi'ent** (der, -en, -en) **1** Verfasser eines Schriftstücks (veralt.) **2** Jurist zur Ausbildung im Anwaltsbüro (österr.) [lat.]
**kon'zi'pie'ren** (V.) **1** einen Entwurf (zu etwas) machen; etwas planen, entwerfen, entwickeln **2** schwanger werden (Med.) [lat.]
**kon'zis** (Adj.) kurz gefasst, bündig [lat.]
**Ko'ope'ra'ti'on** (die, -, -ti'o'nen) Zusammenarbeit
**ko'ope'ra'tiv** (Adj.) zusammenwirkend, gemeinsam [lat.]
**Ko'ope'ra'ti've** (die, -, -n) Vereinigung, Gemeinschaft mit dem Ziel der Kooperation
**Ko'op'ta'ti'on** (die, -, -ti'o'nen) Wahl neuer Mitglieder (durch die alten) [lat.]
**ko'op'tie'ren** (V.) hinzuwählen (zur Ergänzung) [lat.]
**Ko'or'di'na'te** (die, -, -n) **1** Zahl, die die Lage eines Punktes (im Raum oder in der Ebene) angibt **2** (Sammelbegriff für) Abszisse und Ordinate [lat.]
**Ko'or'di'na'ten'sys'tem** (das, -s, -e) Bezugssystem mit zwei Achsen in der ebenen, drei Achsen in der räumlichen Darstellung, bei höherer Mathematik auch mehr (Math.)
**Ko'or'di'na'ti'on** (die, -, nur Ez.) **1** Abstimmen verschiedener Vorgänge, Pläne usw. aufeinander **2** geordnetes Zusammenwirken (von Muskeln) **3** Neben-, Beiordnung (von Satzteilen, in der Grammatik) [lat.]
**Ko'or'di'na'tor** (der, -s, -to'ren) jmd., der die Bereiche eines Sachgebietes aufeinander abstimmt (bes. die Programme der Rundfunk- und Fernsehanstalten) [lat.]
**ko'or'di'nie'ren** (V.) **1** aufeinander abstimmen (damit ein reibungsloses Zusammenwirken gewährleistet ist) **2** neben-, beiordnen; z.B. Sätze, Satzteile koordinieren [lat.]

K

**Ko'pal** (der, -s, -e) Harz mehrerer tropischer Bäume (zur Herstellung von Lack) [indian.-span.]
**Ko'pe'ke** (die, -, -n) russische und ukrainische Münze
**ko'per'ni'ka'nisch** (Adj.) auf der Lehre des Astronomen N. Kopernikus beruhend
**Ko'pho'sis** (die, -, nur Ez.) Taubheit [gr.]
**Koph'ta** (der, -s, nur Ez.) sagenhafter ägyptischer Magier
**Ko'pie** (die, -, -n) **1** Abschrift, Durchschlag **2** Abzug (in der Fotografie) **3** Nachbildung (eines Kunstwerks durch einen anderen Künstler) [lat.]
**ko'pie'ren** (V.) **1** abschreiben **2** (kurz für) fotokopieren **3** nachbilden; z.B. ein Gemälde, eine Plastik k. **4** nachahmen; z.B. jmdn., jmds. Sprechweise kopieren [lat.]
**Ko'pie'rer** (der, -s, -) Gerät zum Fotokopieren
**Ko'pier'schutz** (der, -es, nur Ez.) Programm, das das Erstellen von Raubkopien verhindert (EDV) [lat., dt.]
**Ko'pi'lot** (der, -en, -en) zweiter, vertretender Pilot; zweiter Fahrer (bei Autorennen)
**Ko'pi'o'pie** (die, -, nur Ez.) Sehschwäche, Ermüdung [gr.]
**ko'pi'ös** (Adj.) reichlich, in Fülle, zahlreich (in der Medizin) [lat.-frz.]
**Ko'pist** (der, -pis'ten, -pis'ten) jmd., der etwas kopiert, abschreibt (veraltet)
**Ko'p'ra** (die, -, nur Ez.) zerkleinerte, getrocknete Kokosnusskerne (zur Ölgewinnung) [tamil.]
**Ko'pro'duk'ti'on** (die, -, -ti'o'nen) Gemeinschaftsproduktion (eines Films)
**Ko'pro'la'lie** (die, -, nur Ez.) Ausdrucksweise, in der häufig Wörter und Wendungen gebraucht werden, die mit den menschlichen Ausscheidungen und Ausscheidungsorganen zusammenhängen [gr.]
**Ko'pro'lith** (der, -en, -en) versteinerter Kot (urweltlicher Tiere); Gebilde aus verhärtetem Kot und Mineralsalzen (im Darm) [gr.]
**Ko'prom** (das, -s, -e) Kotgeschwulst, Geschwulst im Darm (Med.)
**ko'pro'phag** (Adj.) sich von Mist ernährend [gr.]
**Ko'pro'pha'ge** (der, -n, -n) Tier, das sich vom Kot anderer Tiere ernährt [gr.]
**Ko'pro'pha'gie** (die, -, nur Ez.) krankhaftes Essen des eigenen Kotes [gr.]
**ko'pro'phil** (Adj.) Kot als Grundlage des Lebensraumes bevorzugend (z.B. Tiere und Pflanzen)
**Kops** (der, -es, -e) aus aufgewickeltem Garn gebildete Rolle [engl.]
**Kop'te** (der, -n, -n) christlicher Nachkomme der alten Ägypter (mit arabischer Sprache und eigener Kirche) [arab.]
**kop'tisch** (Adj.) zu den Kopten gehörig
**Kop'to'lo'gie** (die, -, nur Ez.) Wissenschaft von der koptischen Sprache und Literatur
**Ko'pu'la** (die, -, -s oder -lä) **1** Teil des Prädikats (Hilfsverb oder eine Form von scheinen, bleiben, heißen; veraltet) **2** Begattung (der Tiere) [lat.]
**Ko'pu'la'ti'on** (die, -, -ti'o'nen) **1** Trauung (veraltet) **2** Befruchtung **3** Veredlung (von Pflanzen) **4** Begattung (von Tieren) [lat.]
**ko'pu'la'tiv** (Adj.) anreihend, verbindend
**ko'pu'lie'ren** (V.) **1** trauen (veraltet); z.B. ein Brautpaar kopulieren **2** anreihen, verbinden **3** veredeln (in der Botanik) **4** verschmelzen (von Geschlechtszellen) **5** den Geschlechtsakt ausführen [lat.]
**Ko'rah** (nur in der Fügung) eine Rotte Korah: eine wilde, zügellose Bande [hebr.]
**Ko'ral'le** (die, -, -n) ein Hohltier tropischer Meere; aus dessen Skelett hergestellter Schmuck [gr.]
**ko'ram** vor aller Augen, in Gegenwart anderer (veraltet); jmdn. koram nehmen: jmdn. nachdrücklich zur Rede stellen, zurechtweisen [lat.]
**Ko'ran** (der, -s, nur Ez.) heilige Schrift des Islams [arab.]
**ko'ran'zen** (V.) = kuranzen
**Kord** *auch:* Cord (der, -s, -e) geripptes Gewebe [engl.]
**Kor'del** (die, -, -n) Schnur aus zusammengedrehten Fäden [frz.]
**kor'di'al** (Adj ) umgänglich, herzlich, freundschaftlich [lat.]
**Kor'di'a'li'tät** (die, -, nur Ez.) kordiales Verhalten
**kor'die'ren** (V.) aufrauen; durch Ritzen mit schnurartigen Linien verzieren [frz.]
**Kor'don** [-dɔ̃] (der, -s, -s) **1** Schnur, Band **2** Spalierbaum **3** Postenkette [frz.]

**Kordonettseide** (die, -, -n) aus mehreren Fäden gedrehter Seidenfaden [frz.]
**Korduan** (das, -s, nur Ez.) feines Ziegenoder Schafsleder [span.]
**Kore** (die, -, -n) weibliche Statue (in der griechischen Kunst)
**Koreaner** (der, -s, -) Ew. Koreas
**Koreferat** (das, -(e)s, -e) = Korreferat
**Koreferent** (der, -en, -en) = Korreferent
**koreferieren** (V.) = korreferieren
**Korfiot** (der, -en, -en) Ew. von Korfu
**korfiotisch** (Adj.) Korfu betreffend, von dort stammend
**Koriander** (der, -s, nur Ez.) ein Doldengewächs der Mittelmeerländer; aus seinen Früchten gewonnenes Gewürz [gr.]
**Koriandoli** (das, -(s), -) Konfetti (österr.)
**Korinthe** (die, -, -n) getrocknete blaue Weinbeere [gr.]
**Kork** **1** (der, -s, nur Ez.) Rinde der Korkeiche **2** (der, -s, -en) = Korken [niederl.]
**Korken** (der, -s, -) Pfropfen, Stöpsel aus Kork
**Kormophyt** (der, -en, -en) aus Wurzel, Stängel und Blättern bestehende Farnoder Samenpflanze, Sprosspflanze [gr.]
**Kormoran** (der, -s, -e) ein dunkel gefärbter Tauchvogel, Ruderfüßer [frz.]
**Kormus** (der, -, nur Ez.) in Wurzel, Sprossachse und Blätter gegliederter Pflanzenkörper [gr.-lat.]
**Kornea** (die, -, nur Ez.) Hornhaut des Auges (Med.)
**Korner** (der, -s, -) Vereinigung von Großkaufleuten, die Waren aufkaufen und zurückhalten, um die Preise zu steigern [engl.]
**Kornett** **1** (der, -(e)s, -s oder -e) Fähnrich der Reiterei (veraltet) **2** (das, -(e) s, -s oder -e) ein kleines Blechblasinstrument [frz.]
**kornisch** (Adj.) zu Cornwall (im Süden von England) gehörig
**Korolla** (die, -, -len) = Corolla
**Korona** (die, -, -nen) **1** Strahlenkranz (der Sonne) **2** Heiligenschein (einer Figur in der Kunst) **3** Glimmentladung (an Hochspannungsleitungen) **4** (fröhliche) Runde [lat.]
**koronar** (Adj.) zu den Herzkranzgefäßen gehörig, auf ihnen beruhend [lat.]
**Koronargefäß** (das, -es, -e) (meist Plural) Blutgefäß des Herzens (Kranzgefäß) (Med.) [gr.-lat., dt.]
**Koronarinsuffizienz** (die, -, -en) ungenügende Durchblutung und Sauerstoffversorgung des Herzmuskels durch die Herzkranzgefäße [lat.]
**Koronarsklerose** (die, -, -n) Verkalkung der Herzkranzadern (Med.)
**Korporal** (der, -s, -e oder räle) Unteroffizier (veraltet) [it.]
**Korporale** (das, -s, -) Tuch als Unterlage für Hostie und Kelch (in der kath. Kirche bei der Messe) [lat.]
**Korporation** (die, -, -tionen) Körperschaft; Studentenverbindung [lat.]
**korporativ** (Adj.) zu einer Korporation gehörig, körperschaftlich [lat.]
**Korps** *auch:* Corps [koːɐ] (das, - [koːɐs], - [koːɐs]) **1** aus mehreren Waffengattungen bestehender Truppenverband **2** Studentenverbindung **3** Gemeinschaft von Personen desselben Berufes; z.B. diplomatisches Korps [frz.]
**Korpsstudent** [koːr-] (der, -en, -en) studentische Mitgliedschaft in einem Korps
**korpulent** (Adj.) dick, füllig, beleibt [lat.]
**Korpulenz** (die, -, nur Ez.) Beleibtheit, Körperfülle [lat.]
**Korpus** **1** (das, -, -pora) Sammlung von Texten (des Mittelalters oder der Antike oder als Material für sprachwissenschaftliche Untersuchungen) [lat.] **2** (der, -, nur Ez.) Schallkörper (eines Musikinstruments); Kernstück, Grundteil (eines Möbelstücks) **3** (der, -, nur Ez.) Leib Christi **4** (der, -, -se) Körper, Leib (ugs.) [lat.]
**Korpus** (die, -, nur Ez.) ein Schriftgrad (in der Typografie) [lat.]
**Korpuskel** (das oder die, -(s), -n) kleinstes Teilchen (der Materie), Elementarteilchen [lat.]
**Korpuskulartheorie** (die, -, -n) Theorie, nach der sich das Licht aus unzähligen schnell bewegten Materieteilchen zusammensetzt
**Korral** (der, -s, -e) umzäunter Platz (für eingefangene, wild lebende Tiere) [span.]

**Korrasion** (die, -, -sionen) Abschleifen, Abtragung (von Gestein durch Flugsand) [lat.]

**Korrealgläubiger** (der, -s, -) Gesamtgäubiger

**Korrealschuldner** (der, -s, -) Gesamtschuldner

**Korreferat** *auch:* Koreferat (das, -(e)s, -e) ergänzendes Referat zu einem Referat [lat.]

**Korreferent** *auch:* Koreferent (der, -en, -en) **1** jmd., der ein Korreferat hält **2** zweiter Gutachter bei der Beurteilung einer wissenschaftlichen Arbeit

**korreferieren** *auch:* koreferieren (V.) ein Korreferat halten

**korrekt** (Adj.) den Vorschriften entsprechend, richtig, fehlerfrei [lat.]

**korrektiv** (Adj.) verbessernd, ausgleichend, zurechtweisend

**Korrektiv** (das, -s, -e) Mittel zum Verbessern, Berichtigen, Ausgleichen [lat.]



**Korrektor** (der, -s, -toren) Angestellter (einer Druckerei oder eines Verlages), der den Schriftsatz auf Fehler hin prüft und verbessert [lat.]

**Korrektorat** (das, -(e)s, -e) Abteilung der Korrektoren (in Druckerei oder Verlag)

**Korrektur** (die, -, -en) Verbesserung, Berichtigung [lat.]

**korrelat** (Adj.) wechselseitig, die notwendige Ergänzung füreinander bildend [lat.]

**Korrelat** (das, -(e)s, -e) Begriff (oder Wort), der (das) zu einem andern in wechselseitiger Beziehung steht, die notwendige Ergänzung zu einem andern bildet; z.B. „dass" als Korrelat zu „dadurch", „Männchen" als Korrelat zu „Weibchen" [lat.]

**Korrelation** (die, -, -tionen) wechselseitige Beziehung, Aufeinanderbezogensein [lat.]

**korrelativ** (Adj.) = korrelat

**korrelieren** (V.) in wechselseitiger Beziehung stehen, aufeinander bezogen sein [lat.]

**korrepetieren** (V.) am Klavier mit einem Opernsänger dessen Gesangsrolle einstudieren [lat.]

**Korrepetition** (die, -, -tionen) das Korrepetieren

**Korrepetitor** (der, -s, -toren) Musiker, der am Klavier mit Opernsängern deren Gesangsrolle einstudiert; Assistent des Dirigenten [lat.]

**Korrespondent** (der, -en, -en) Angestellter, der die (bes. ausländische) Korrespondenz führt; auswärtiger Berichterstatter; Briefpartner [lat.]

**Korrespondenz** (die, -, -en) **1** Briefwechsel **2** das Entsprechen, das Zueinanderpassen

**Korrespondenzbüro** (das, -s, -s) Büro zur Lieferung von Pressematerial

**korrespondieren** (V.) **1** entsprechen, zueinander passen **2** Briefe (mit jmdm.) wechseln, im Briefwechsel (mit jmdm.) stehen [lat.]

**Korridor** (der, -s, -e) Flur, Gang (in einer Wohnung); schmaler Landstreifen (der durch das Hoheitsgebiet eines anderen Staates führt) [it.]

**Korrigendum** (das, -s, -da; meist Mz.) etwas zu Verbesserndes; Korrigenda: Gesamtheit der zu berichtigenden Druckfehler

**Korrigens** (das, -, -gentia oder -genzien) geschmacksverbessernder Zusatz (zu Arzneien) [lat.]

**korrigieren** (V.) verbessern, berichtigen [lat.]

**korrodieren** (V.) angreifen, zerstören, zerfressen; zerstört werden; z.B. Eisen durch Rost [lat.]

**Korrosion** (die, -, -sionen) Zerstörung, chemische Veränderung [lat.]

**korrosiv** (Adj.) Korrosion bewirkend, zerstörend

**korrumpieren** (V.) **1** bestechen, durch Bestechung moralisch verderben **2** fehlerhaft verändern, entstellen (bei alten Handschriften) [lat.]

**korrumpiert** (Adj.) **1** moralisch verdorben (durch Bestechung, rücksichtsloses Gewinnstreben) **2** unleserlich geworden, verdorben, entstellt (von alten Handschriften)

**korrupt** (Adj.) **1** bestechlich **2** moralisch verdorben [lat.]

**Korruptel** (die, -, -en) verderbte Stelle in einem Text [lat.]

**Korruption** (die, -, -tionen) Bestechung, Bestechlichkeit; moralische Verdorbenheit [lat.]

**Kor'sa'ge** [-ʒə] (die, -, -n) auf Figur gearbeitetes, versteiftes, trägerloses Oberteil (eines Kleides), Büstenhalter und Korsett in einem Stück [frz.]
**Kor'sar** (der, -en, -en) 1 Seeräuberschiff; Seeräuber 2 Jolle für zwei Mann (im Segelsport) [it.]
**Kor'se** (der, -n, -n) Ew. von Korsika
**Kor'se'lett** (das, -s, -s oder -e) kleines Korsett
**Kor'sett** (das, -s, -s) die Figur formendes, mit Stäbchen und Schnürung oder mit Gummieinsätzen versehenes Kleidungsstück (für Frauen); dem ähnliche Vorrichtung zum Stützen der Wirbelsäule [frz.]
**kor'sisch** (Adj.) zu Korsika gehörig
**Kor'so** (der, -s, -s) 1 Wettrennen von Pferden ohne Reiter (früher) 2 festliche Auffahrt geschmückter Wagen 3 breite, prächtige, meist baumbestandene Straße [it.]
**Kor'te'ge** (das, -s, -s) Gefolge, Ehrengeleit [lat.-it.-frz.]
**Ko'rund** (der, -s, -e) ein Mineral, Edelstein, Härte 9 [sanskr.]
**Ko'ru'na** (die, -, -ny) Währungseinheit, 1 Koruna = 100 Heller; Krone
**Kor'vet'te** (die, -, -n) 1 kleines Kriegsschiff 2 Sprung in den Handstand (im Turnen) [frz.]
**Ko'ry'bant** (der, -en, -en) Priester der kleinasiatischen Göttin Kybele [gr.]
**ko'ry'ban'tisch** (Adj.) rasend begeistert, wild tobend [gr.-lat.]
**Ko'ry'phäe** (die, -, -n) hervorragender Könner (auf einem Gebiet) [gr.]
**Ko'ry'za** (die, -, nur Ez.) Schnupfen, Entzündung der Nasenschleimhaut (Med.) [gr.-lat.]
**Ko'sak** (der, -en, -en) als freier Krieger lebender Angehöriger einer ursprünglich leibeigenen, im südlichen und südöstlichen Russland angesiedelten Bevölkerungsgruppe (Ende des 18. Jh.); leichter Reiter (im alten Russland)
**Ko'sche'nil'le** [-nɪljə] (die, -, nur Ez.) aus der Scharlachschildlaus gewonnener roter Farbstoff
**ko'scher** (Adj ) rein (nach den jüdischen Speisevorschriften); unbedenklich, in Ordnung (ugs.); z.B. die Sache kommt mir nicht ganz koscher vor [jidd.]
**Ko'si'nus** (der, -, - und -se) im rechtwinkligen Dreieck die Relation von Ankathete zu Hypotenuse [lat.]
**Kos'me'tik** (die, -, nur Ez.) Schönheitspflege, bes. Gesichtspflege [gr.]
**Kos'me'ti'ke'rin** (die, -, -nen) Frau, beruflich auf dem Gebiet der Kosmetik tätig
**Kos'me'ti'kum** (das, -s, -ka) Mittel zur Schönheitspflege [gr.-nlat.]
**Kos'me'to'lo'gie** (die, -, nur Ez.) Wissenschaft von der Kosmetik
**kos'misch** (Adj.) den Kosmos betreffend, aus ihm stammend, zu ihm gehörig
**Kos'mo'bio'lo'ge** (der, -n, -n) auf dem Gebiet der Kosmobiologie forschender Wissenschaftler [gr.-lat.]
**Kos'mo'bio'lo'gie** (die, -, nur Ez.) die Wissenschaft, die die Lebensbedingungen im Weltraum sowie die Einflüsse des Weltraums auf alles irdische Leben erforscht [gr.-lat.]
**kos'mo'bio'lo'gisch** (Adj.) die Kosmobiologie betreffend [gr.-lat.]
**Kos'mo'drom** (das, -s, -e) der ehemals sowjetische Startplatz für Weltraumraketen [gr.-russ.]
**Kos'mo'go'nie** (die, -, -n) Lehre, Auffassung von der Entstehung des Kosmos [gr.]
**kos'mo'go'nisch** (Adj.) die Kosmogonie betreffend [gr.]
**Kos'mo'graf** *auch:* Kos'mo'graph (der, -en, -en) Verfasser einer Kosmografie [gr.-lat.]
**Kos'mo'gra'fie** *auch:* Kos'mo'gra'phie (die, -, -n) 1 Beschreibung der Entstehung und Entwicklung des Kosmos 2 mittelalterliche Bezeichnung für Geografie [gr.-lat.]
**kos'mo'gra'fisch** *auch:* kos'mo'gra'phisch (Adj.) die Kosmografie betreffend [gr.-lat.]
**Kos'mo'gramm** (das, -s, -e) = Horoskop [gr.-lat.]
**Kos'mo'kra'tor** (der, -s, nur Ez.) (in der Kunst) Christus als Weltbeherrscher, thronend auf einer Weltkugel [gr.]
**Kos'mo'lo'gie** (die, -, -n) Wissenschaft von der Entstehung des Kosmos [gr.]
**kos'mo'lo'gisch** (Adj.) zur Kosmologie gehörig
**Kos'mo'naut** (der, -en, -en) Weltraumfahrer

**Kosmopolit** (der, -en, -en) 1 jmd., der sich allen Völkern der Erde gleichermaßen verbunden fühlt, Weltbürger 2 über die ganze Erde verbreitete Pflanzen- oder Tierart [gr.]
**kosmopolitisch** (Adj.) 1 weltbürgerlich 2 weltweit verbreitet
**Kosmos** (der, -, nur Ez.) Weltall, Weltraum
**Kosmotron** (das, -s, -e) Teilchenbeschleuniger; energiereiche Partikelstrahlungen erzeugendes Gerät
**Kostotomie** (die, -, -n) operative Durchtrennung der Rippen [gr.-lat.]
**Kostüm** (das, -s, -e) Kleidung (einer Epoche, einer Theaterfigur); Maskenanzug, Faschingsanzug; zweiteiliges Damenkleidungsstück aus Jacke und Rock [frz.]
**Kostümier** [-mjeː] (der, -s, -s) 1 Theaterschneider 2 Aufseher der Theatergarderoben [lat.-it.-frz.]

K

**kostümieren** (V.) mit einem Masken-, Faschingskostüm bekleiden, (jmdn., sich) verkleiden
**Kotau** (der, -s, -s) Kniefall mit Verbeugung bis zur Erde (früher bei den Chinesen); vor jmdm. Kotau machen: sich vor jmdm. demütigen [chin.]
**Kote** (die, -, -n) durch Höhenmessung ermittelte Höhe eines Geländepunktes [frz.]
**Kotelett** (das, -s, -s) Rippenstück mit Knochen (vom Schwein, Kalb, Hammel) [frz.]
**Koteletten** (nur Mz.) sehr kurzer Backenbart [frz.]
**Koterie** (die, -, -n) sich gegenseitig fordernde Gruppe, Klüngel [frz.]
**Kothurn** (der, -s, -e) Schuh mit sehr dicker Sohle (von den Schauspielern der altgriechischen Tragödie getragen); auf Kothurnen schreiten: sich sehr erhaben gebärden [gr.]
**kotieren** (V.) zum Handel an der Börse zulassen (von Wertpapieren) [frz.]
**Kotierung** (die, -, -en) die Zulassung eines Wertpapiers zur Notierung an der Börse [lat.-frz.]
**Kotillon** [-tɪljɔ̃] oder [-tijɔ̃ː] (der, -s, -s) Spiel in Form eines Gesellschaftstanzes, bei dem kleine Geschenke zu gewinnen sind [frz.]
**Koto** (das, -s, -s oder die, -, -s) ein japanisches Saiteninstrument
**Koton** (der, -s, -s) Baumwolle [arab.-frz.]
**Kotyledone** (die, -, -n) 1 Keimblatt (der Samenpflanzen) 2 Zotte der Plazenta (bei Wiederkäuern) 3 Saugwarze [gr.]
**Koxalgie** (die, -, -n) Hüftschmerzen
**Krake** (der, -n, -n) 1 Kopffüßer 2 Meeresungeheuer (in der nordischen Mythologie) [norweg.]
**Krakeel** (der, -s, nur Ez.) Krach, lauter Streit [niederl.]
**Krakelee** (das, -s, -s) = Craquelé
**krakelieren** (V.) die Oberfläche von Keramiken oder Gläsern mit Craquelés, feinen Rissen, verzieren [frz.]
**Krakelüre** (die, -, -n) feiner Riss (auf alten Gemälden) [frz.]
**Krakowiak** (der, -s, -s) polnischer Nationaltanz
**Kral** (der, -s, -e) afrikanisches Runddorf; Viehhof in dessen Mitte [portugies.]
**Krampus** 1 (der, -, -pi) Muskelkrampf (Med.) 2 (der, -ses, -se) Begleiter des heiligen Nikolaus in Gestalt eines Teufels [österr.]
**kranial** (Adj.) zum Schädel gehörig [gr.]
**Kraniologie** (die, -, nur Ez.) Wissenschaft vom menschlichen Schädel [gr.]
**Kraniometer** (das, -s, -) Gerät zur Schädelmessung
**Kraniometrie** (die, -, nur Ez.) Schädelmessung [gr.]
**Kraniotomie** (die, -, -n) 1 Öffnung des Schädels 2 operative Verkleinerung des Schädels eines toten Kindes bei der Geburtshilfe (Med.)
**krass** (Adj.) sehr stark, extrem (groß) [lat.]
**Krater** 1 [kraː-] (der, -s, -) kessel- oder trichterförmige Öffnung eines Vulkans 2 [-tɛːɐ] (der, -s, -e) altgriechisches Trinkgefäß mit zwei Henkeln und Fuß [gr.]
**Kratogen** (das, -s, nur Ez.) fester, nicht mehr verformbarer Teil der Erdkruste [gr.]
**Kraton** (das, -s, nur Ez.) = Kratogen
**Kraul** (das, -s, nur Ez.) Schwimmstil, bei dem mit den Armen geschaufelt wird, während die Beine einen Wechselschlag ausführen [altnord.-engl.]

**krau|len** (V.) schwimmen, indem man die Arme abwechselnd von hinten nach vorn und unter Wasser zurückführt und die Beine locker aus der Hüfte auf und nieder schlägt [engl.]
**Krau|ler** (der, -s, -) im Kraulstil Schwimmender
**Kra|wall** (der, -s, -e) **1** großer Lärm, Krach **2** (nur Ez.) Aufruhr [frz.]
**Kra|wat|te** (die, -, -n) **1** Schlips, Binder, schmaler Pelzkragen **2** unerlaubter Würgegriff beim Ringkampf im griechisch-römischen Stil [dt.-frz.]
**Kra|weel|bau** (der, -(e)s, nur Ez.) Bauweise für Holzboote (Kravelle)
**Kra|yon** (der, -s, -s) Bleistift, Drehbleistift; Kreidestift (veraltet) [frz.]
**kra|yon|nie|ren** (V.) etwas mit Kohle oder Kreide zeichnen oder abzeichnen [lat.-frz.]
**Kre|as** (das, -, nur Ez.) ungebleichte Leinwand [span.]
**Kre|a|ti|a|nis|mus** (der, -, nur Ez.) die christliche Anschauung, dass Gott jede einzelne Seele aus dem Nichts erschaffe [lat.]
**Kre|a|tin** (das, -s, nur Ez.) in Muskeln vorkommendes Stoffwechselprodukt des Eiweißes [gr.]
**Kre|a|ti|on** (die, -, -ti|o|nen) Schöpfung, Schaffung (bes. Modeschöpfung) [frz.]
**Kre|a|ti|o|nist** (der, -nis|ten, -nis|ten) Wissenschaftler, der an die Schöpfung glaubt [frz.]
**kre|a|tiv** (Adj.) schöpferisch [frz.]
**Kre|a|ti|vi|tät** (die, -, nur Ez.) schöpferische Kraft [frz.]
**Kre|a|tur** (die, -, -en) Geschöpf, Lebewesen; bedauernswerter oder verachtenswerter Mensch; willenloser, kritiklos-gehorsamer Mensch [lat.]
**kre|a|tür|lich** (Adj.) für ein Geschöpf typisch, einem lebenden Wesen eigen [lat.]
**Kre|denz** (die, -, -en) halbhoher Schrank zum Bereit- und Abstellen von Speisen und für Geschirr, Anrichte (veraltet) [lat.]
**kre|den|zen** (V.) etwas anbieten, auftischen, feierlich darreichen [lat.-it.]
**Kre|dit** **1** [-di:t] (der, -(e)s, -e) kurzfristig gegen Zins überlassene Geldmittel **2** (der, -(e)s, nur Ez.) Vertrauenswürdigkeit; bei jmdm. Kredit haben: das Vertrauen bei jmdm. genießen, Schulden in absehbarer Zeit zu bezahlen **3** [kre:-] (das, -s, -s) Habenseite (bei der Kontenführung) [lat.]
**kre|di|tär** (Adj.) Kredite oder das Kreditwesen betreffend [lat.-it.-frz.]
**kre|di|tie|ren** (V.) jmdm. etwas kreditieren: jmdm. etwas als Kredit überlassen, gutschreiben
**Kre|di|tiv** (das, -s, -e) Vollmacht, Beglaubigung(-sschreiben) [lat.-it.-frz.]
**Kre|di|tor** (der, -s, -to|ren) Gläubiger [lat.]
**Kre|dit|pla|fond** [-ɔ] (der, -s, -s) **1** Kreditlimit, das öffentlichen Kreditnehmern gesetzlich gewährleistet wird **2** Obergrenze des von einem Geldinstitut gewährten Kreditvolumens
**Kre|do** (das, -s, -s) = Credo
**Kre|du|li|tät** (die, -, nur Ez.) (veraltet) Leichtgläubigkeit
**kre|ie|ren** (V.) **1** etwas Neues, eine Moderichtung, eine Linie, eine Rolle etc. erfinden, entwickeln **2** etwas Bedeutendes schaffen **3** einen Kardinal ernennen [lat.-frz.]
**Krem** *auch:* Kre|me (die, -, -s, ugs. auch der, -s, -e oder -s) = Creme
**Kre|ma|ti|on** (die, -, -ti|o|nen) Leichenverbrennung [lat.]
**Kre|ma|to|ri|um** (das, -s, -ri|en) Anlage zur Leichenverbrennung [lat.]
**Kre|me** (die, -, -s, ugs. auch der, -s, -s) = Krem
**kre|mie|ren** (V.) im Krematorium verbrennen, einäschern
**Kreml** (der, -(s), -) **1** Stadtburg in russischen Städten **2** (nur Ez.) Stadtburg in Moskau und Sitz der Regierung **3** (nur Ez.) die russische Regierung
**Kren** (der, -s, nur Ez.) Meerrettich [tschech.]
**kre|ne|lie|ren** (V.) eine Burg mit Zinnen bestücken [frz.]
**Kre|o|don** (das, -s, -don|ten) ausgestorbenes Urraubtier [gr.-lat.]
**Kre|o|le** (der, -n, -n) **1** Nachkomme europäischer Einwanderer in Südamerika **2** in Südamerika geborener Schwarzer **3** (die, -, -n) ringförmige Ohranhänger [span.-frz.]

K

**Kreolin** (das, -s, nur Ez.) Desinfektionsmittel, aus Teer gewonnen (Warenzeichen) [lat.]

**Kreosot** (das, -s, nur Ez.) aus Holzteer gewonnenes Arzneimittel [gr.]

**krepieren** (V.) **1** platzen, bersten, explodieren (von Sprengkörpern) **2** verenden, sterben (von Tieren); elend zugrunde gehen (von Menschen; ugs., derb) [lat.-it.]

**Krepitation** (die, -, -tionen) knirschendes Geräusch beim Aneinanderreiben rauer Flächen, z.B. bei Knochenbrüchen; rasselndes Atemgeräusch (bei Lungenentzündung) [lat.]

**Krepon** [-ɔ̃] (der, -s, -s) leinwandbindiges Gewebe mit krauser Oberfläche

**Krepp** (der, -s, -s oder -e) = Crêpe

**Kresol** (das, -s, -e) ein aromatischer Kohlenwasserstoff, Desinfektionsmittel

**Kreszenz** (die, -, -en) Wachstum, Herkunft (bes. vom Wein) [lat.]

**kretazisch** (Adj.) = kretazeisch

**kretazeisch** *auch:* kretazisch (Adj.) zur Kreide, der jüngsten Form des Mesozoikums, gehörig, kretazeische Formation: Kreideformation (in der Geologie) [lat.]

**Kreter** (der, -s, -) Ew. von Kreta

**Kretikus** (der, -, -tizi) ein antiker, drei- bis fünffüßiger Versfuß

**Kretin** [-tɛ̃] (der, -s, -s) missgestalteter, schwachsinniger Mensch [frz.]

**Kretinismus** (der, -, nur Ez.) angeborener, mit körperlicher Missbildung verbundener Schwachsinn [frz.]

**kretinoid** (Adj.) einem Kretin ähnlich, wie ein Kretin (Med.) [gr.-lat.-frz.]

**kretisch** (Adj.) zu Kreta gehörig

**Krevette** *auch:* Crevette (die, -, -n) Nordseegarnele [niederl.]

**Kricket** (das, -s, -s) englisches Ballspiel zwischen zwei Mannschaften, den Werfern und den Schlägern [engl.]

**Krida** (die, -, nur Ez.) betrügerischer Konkurs (österr.) [lat.]

**Kridar** (der, -s, -e) Konkursschuldner

**Kridatar** (der, -s, -e) = Kridar

**Kriek** (der, -s, -e) **1** kleiner Wasserlauf **2** kleiner Hafen, Hafenbucht [engl.]

**Krimi** (der, -s, -s) kurz für: Kriminalroman, -film usw.

**kriminal** (Adj.) zum Strafrecht gehörend, strafrechtlich [lat.]

**Kriminal** (das, -s, -e) österreichische Bezeichnung für ein Zuchthaus, eine Strafanstalt [lat.]

**Kriminale** (der, -n, -n) = Kriminaler

**Kriminaler** (der, -s, -) Kriminalbeamter

**kriminalisieren** (V.) kriminell machen, zum Verbrechen treiben; als kriminell darstellen

**Kriminalisierung** (die, -, -en) **1** das Kriminalisieren von jmdm. **2** das Kriminalisiertwerden [lat.]

**Kriminalist** (der, -listen, -listen) Kriminalbeamter oder -wissenschaftler

**Kriminalistik** (die, -, nur Ez.) Wissenschaft von den Verbrechen, ihren Ursachen, ihrer Aufdeckung usw., Kriminalwissenschaft [lat.]

**kriminalistisch** (Adj.) zur Kriminalistik gehörig, auf ihr beruhend

**Kriminalität** (die, -, nur Ez.) **1** Straffälligkeit **2** allgemeine Benennung für die strafbaren Handlungen insgesamt in einem bestimmten Gebiet, in einem bestimmten Zeitraum, von einer bestimmten Tätergruppe [lat.]

**Kriminalsoziologie** (die, -, nur Ez.) Zweig der Soziologie, der sich mit den Herkunftsbedingungen des Täters und der Tat befasst

**kriminell** (Adj.) verbrecherisch; bedenklich, schwierig (ugs., scherzhaft); unzumutbar, unverschämt, rücksichtslos (ugs.) [lat.]

**Kriminelle** (der oder die, -n, -n) abwertende Bezeichnung für denjenigen, der eine strafbare Handlung begangen hat [lat.-frz.]

**kriminogen** (Adj.) zu strafbaren Handlungen führend, Verbrechen hervorrufend [lat.-gr.]

**Kriminologie** (die, -, nur Ez.) = Kriminalistik [lat.-gr.]

**kriminologisch** (Adj.) **1** die Kriminologie und ihre Arbeitsweise betreffend **2** mit den Methoden und Mitteln der Kriminologie arbeitend [lat.-gr.]

**Krimmer** (der, -s, -) Fell des Fettschwanzschafes von der Krim; dem ähnliches Wollgewebe

**Krinoline** (die, -, -n) stark nach hinten ausladender, über einem Gestell getragener Rock (im 19. Jh.) [frz.]

**Kri'po** (die, -, selten -s) Kurzwort für Kriminalpolizei
**Kris** (der, -(es), -e) malaiischer Dolch mit zweischneidiger (oft gewundener) Klinge
**Kri'se** (die, -, -n) **1** schwieriger, entscheidender Zustand, schwieriger Wendepunkt **2** = Krisis [gr.]
**kri'seln** (V.) gären, unheildrohend bevorstehend [gr.-lat.-frz.]
**Kri'sen'herd** (der, -s, -e) **1** Gebiet, in dem es öfter zu politischen oder wirtschaftlichen Instabilitäten kommt **2** Situation, die häufig zu Krisen führt
**Kri'sen'ma'nage'ment** [-mænɪdʒmənt] (das, -s, nur Ez.) Planung von stabilitätsherstellenden Maßnahmen in Krisenzeiten
**Kri'sis** *auch:* Kri'se (die, -, -sen) Höhepunkt (einer Krankheit) [gr.]
**Kris'tall** (der, -s, -e) **1** von ebenen, gleichmäßig angeordneten Flächen begrenzter Körper **2** (das, -s, nur Ez.) reines, geschliffenes Glas; Gegenstand daraus [gr.]
**kris'tal'lin** (Adj.) aus Kristallen (**1**) bestehend
**Kris'tal'li'sa'ti'on** (die, -, -ti'o'nen) das Kristallisieren, Kristallbildung
**kris'tal'li'sie'ren** (V.) Kristalle bilden
**Kris'tal'lo'gra'fie** *auch:* Kris'tal'lo'graphie (die, -, nur Ez.) Wissenschaft von den Kristallen (**1**) [gr.]
**Kris'tal'lo'id** (der, -s, -e) kristallähnlicher Körper
**Kris'tall'was'ser** (das, -s, nur Ez.) Wassermoleküle im Kristallgitter einer chemischen Verbindung
**Kri'te'ri'um** (das, -s, -ri'en) **1** kennzeichnendes, unterscheidendes Merkmal **2** Straßenrennen in Runden mit Punktewertung (im Radsport) [lat.]
**Kri'tik** (die, -, -en) **1** Beurteilung, Begutachtung, Wertung **2** Rüge, Tadel **3** (nur Ez.) Urteilsvermögen **4** (nur Ez.) Gesamtheit der Kritiker [gr.]
**kri'ti'ka'bel** (Adj.) der Kritik unterworfen, einer Kritik zu unterziehen [gr.-lat.-frz.]
**Kri'ti'ka'li'tät** (die, -, -en) in der Kernphysik das Kritischwerden eines Reaktors, das Erreichen des gefährlichen Punktes, wonach eine Kettenreaktion nicht mehr abreißt
**Kri'ti'kas'ter** (der, -s, -) jmd., der kleinliche Kritik übt
**Kri'ti'ker** (der, -s, -) jmd., der Kritik übt; jmd., der beruflich Kritiken (über Bücher, Theaterstücke, Filme) schreibt
**Kri'ti'kus** (der, -, -se) **1** Kritiker **2** kritischer Zug beim Kunstschach [gr.-lat.]
**kri'tisch** (Adj.) **1** gewissenhaft, streng prüfend, beurteilend **2** einen Wendepunkt ankündigend **3** gefährlich, bedrohlich [gr.]
**kri'ti'sie'ren** (V.) beurteilen, begutachten; tadeln, rügen [gr.]
**Kri'ti'zis'mus** (der, -, nur Ez.) von Kant eingeführtes Verfahren, vor der Aufstellung eines neuen philosophischen Systems die Möglichkeiten und Grenzen der menschlichen Erkenntnisfähigkeit festzustellen [gr.]
**Kri'ti'zist** (der, -zis'ten, -zis'ten) Vertreter des Kritizismus [gr.-lat.]
**Kro'a'te** (der, -n, -n) Ew. von Kroatien
**kro'a'tisch** (Adj.) zu Kroatien gehörig
**Kro'cket** [-kɛt] (das, -s, -s) englisches Rasenkugelspiel
**kro'ckie'ren** (V.) die Kugel, den Ball krockieren: wegschlagen (beim Krocket)
**Kro'kant** (der, -s, nur Ez.) erhärtete Masse aus Mandel- oder Nussstückchen und karamellisiertem Zucker [frz.]
**Kro'ket'te** (die, -, -n) in Fett gebackenes Klößchen (Kartoffelbrei u.a.) [frz.]
**Kro'ki** (das, -s, -s) einfache Kartenskizze [frz.]
**kro'kie'ren** (V.) in einem Kroki darstellen
**Kro'ko** (das, -s, -s) kurz für: Krokodilleder
**Kro'ko'dil** (das, -s, -e) großes, im Wasser lebendes Reptil, Beutegreifer (zahlreiche Arten, bis zu 10 m lang) [gr.]
**Kro'kus** (der, -, - oder -se) ein Liliengewächs, Frühjahrsblume [gr.-lat.]
**Krom'lech** (der, -s, -s oder -e) jungsteinzeitliche Grab- und Kultstätte aus kreisförmig aufgestellten Steinen [kelt.]
**Kro'ta'lin** (das, -s, nur Ez.) Gift der Klapperschlange
**Kro'ton** (der, -s, -s) ein tropisches Wolfsmilchgewächs [gr.]
**krud** (Adj.) **1** unverdaulich **2** roh, brutal, grausam [lat.]
**Kru'de'li'tät** (die, -, nur Ez.) Grausamkeit, Rohheit, Grobheit [lat.]

K

**Kru'di'tät** (die, -, nur Ez.) krude Beschaffenheit

**Krupp** (der, -s, nur Ez.) Entzündung und Schwellung der Kehlkopfschleimhaut; z.B. Krupphusten [engl.]

**Krup'pa'de** (die, -, -n) = Croupade

**krup'pös** (Adj.) in der Art des Krupps, mit Krupp einhergehend

**Krus'ta'zee** (die, -, -n) Krebstier [lat.]

**Kru'zi'fe're** (die, -, -n) Pflanze mit kreuzweise angeordneten Blütenblättern, Kreuzblütler [lat.]

**Kru'zi'fix** (das, -es, -e) plastische Darstellung des gekreuzigten Christus [lat.]

**Kru'zi'fi'xus** (der, -, nur Ez.) der gekreuzigte Christus (in der Kunst) [lat.]

**Kry'äs'the'sie** (die, -, nur Ez.) Kälteüberempfindlichkeit

**Kryo'bio'lo'gie** (die, -, nur Ez.) Teilgebiet der Biologie, das die Wirkung tiefer Temperaturen auf Lebewesen erforscht

**Kryo'chi'rur'gie** (die, -, nur Ez.) Verfahren der lokalen Anwendung von tiefen oder sehr tiefen Temperaturen in der Chirurgie

**Kryo'ko'nit** (der, -s, -e) Gesteinsfragment auf Gletschereis, das durch erhöhte Wärmeadsorption in das Eis einsinkt, wobei Röhrchen und Vertiefungen entstehen

**Kryo'lith** (der, -s oder -en, -e) Mineral [gr.]

**Kryo'me'ter** (das, -s, -) Thermometer für sehr tiefe Temperaturen [gr.]

**Kryo'mik** (die, -, nur Ez.) Kältetechnik im Bereich sehr tiefer Temperaturen

**Kryo'phyt** (der, -en, -en) Pflanze, die im oder unter Schnee und Eis existieren kann

**Kryo'the'ra'pie** (die, -, nur Ez.) Einsatz von Eis zur Zerstörung von krankem Gewebe durch Einfrieren (Med.)

**Kryo'tron** (das, -s, -tro'ne) Datenspeicher auf der Basis der Supraleitung mit sehr tiefen Temperaturen

**Kryp'ta** (die, -, -ten) **1** unterirdische Grabanlage **2** unterirdischer Kirchenraum **3** (nur Mz.) Krypten: verborgene Höhlen in den Rachenmandeln [gr.]

**Kryp'to'ga'me** (die, -, -n) blütenlose Pflanze, Sporenpflanze [gr.]

**kryp'to'gen** (Adj.) von unbekannter Entstehung [gr.]

**Kryp'to'gra'fie** *auch:* Kryp'to'gra'phie (die, -, -n) **1** Geheimschrift (veraltet) **2** bei einer Beschäftigung, z.B. beim Telefonieren, entstandene Kritzelzeichnung [gr.]

**Kryp'to'gramm** (das, -s, -e) Verse, deren Anfangsbuchstaben oder -wörter ein Wort oder einen Satz ergeben; Text mit geheimer Nebenbedeutung (veraltet) [gr.]

**Kryp'to'lo'gie** (die, -, nur Ez.) Lehre von der Ver- und Entschlüsselung von Daten

**kryp'to'mer** (Adj.) mit bloßem Auge nicht erkennbar [gr.]

**Kryp'ton'lam'pe** (die, -, -n) mit Krypton gefüllte Glühbirne

**Kryp't'o'nym** (das, -s, -e) Deckname, der in mehreren Wörtern verborgen ist oder der nur aus einigen Buchstaben des wirklichen Namens besteht [gr.]

**Kryp't'or'chis'mus** (der, -, nur Ez.) abnormes Zurückbleiben eines oder beider Hoden in der Bauchhöhle oder im Leistenkanal [gr.]

**Kryp'to'skop** (das, -s, -e) Gerät, mit dem Röntgenstrahlen bei Tages- oder Kunstlicht nachgewiesen werden

**Kte'ni'di'um** (das, -s, -di'en) kammartiges Atmungsorgan mancher Weichtiere, Kammkieme [gr.]

**kte'no'id** (Adj.) kammartig [gr.]

**Ku'ba'ner** (der, -s, -) Ew. Kubas

**Ku'ba'tur** (die, -, -en) **1** Erhebung in die dritte Potenz **2** Berechnung des Rauminhalts [lat.]

**Kub'ba** (die, -, -ben) Kuppel; Grabbau mit Kuppel (in der islamischen Baukunst) [arab.]

**Ku'be'be** (die, -, -n) getrocknete Frucht eines indonesischen Pfeffergewächses [arab.]

**ku'bie'ren** (V.) **1** in die dritte Potenz erheben **2** den Rauminhalt (von etwas) berechnen [lat.]

**Ku'bik'de'zi'me'ter** (der oder das, -s, -) Raummaß von je einem Dezimeter Höhe, Länge und Breite [lat.-gr.]

**Ku'bik'ki'lo'me'ter** (der oder das, -s, -) Raummaß von je einem Kilometer Länge, Breite und Höhe [lat.-gr.]

**Ku'bik'me'ter** (der oder das, -s, -) Raummaß von je einem Meter Länge, Breite und Höhe [lat.-gr.]

**Ku'bik'mil'li'me'ter** (der oder das, -s, -) Raummaß von je einem Millimeter Länge, Breite und Höhe [lat.-gr.]
**Ku'bik'zen'ti'me'ter** (der oder das, -s, -) Raummaß von je einem Zentimeter Länge, Breite und Höhe [lat.-gr.]
**ku'bisch** (Adj.) 1 in Form eines Kubus, würfelförmig 2 in die dritte Potenz erhoben
**Ku'bis'mus** (der, -, nur Ez.) Richtung in Malerei und Plastik, die die stereo- und geometrischen Formen (Würfel, Kegel, Kugel, Zylinder, Dreieck) besonders betonte [lat.]
**Ku'bist** (der, -bis'ten, -bis'ten) Vertreter des Kubismus
**ku'bis'tisch** (Adj.) zum Kubismus gehörig
**ku'bi'tal** (Adj.) zum Ellenbogen gehörend [lat.]
**Ku'bus** (der, -, -ben) 1 Würfel 2 dritte Potenz [lat.]
**Ku'du** (der, -s, -s) afrikanische Antilope
**Ku'fi'ja** (die, -, -s) Kopftuch der Araber, Palästinensertuch [arab.]
**ku'jo'nie'ren** (V.) peinigen, quälen, schikanieren (veraltet) [lat.]
**Ku'kul'le** (die, -, -n) weiter Mantel, Teil der Mönchskleidung
**Ku'kum'ber** *auch:* Ku'ku'mer (die, -, -n) Gurke (rheinfränkisch) [lat.]
**Ku'ku'mer** (die, -, -n) = Kukumber
**Ku'ku'ruz** (der, -es, nur Ez.) Mais (österr.) [rumän.]
**Ku'lak** (der, -en, -en) Großbauer (im zaristischen Russland)
**ku'lant** (Adj.) entgegenkommend, großzügig (im Geschäftsverkehr) [frz.]
**Ku'lanz** (die, -, nur Ez.) kulantes Verhalten, Großzügigkeit
**Ku'li** (der, -s, -s) 1 Tagelöhner, Lastträger (in Ostasien) 2 Plantagenarbeiter (in Mittel- und Südamerika) 3 Kugelschreiber 4 kleines Gefährt zum Transportieren von Handgepäck auf Bahnhöfen, Kofferkuli [neuind.]
**ku'li'na'risch** (Adj.) 1 auf die feinere Kochkunst bezogen 2 dem Genuss dienend, leicht Genuss verschaffend [lat.]
**Ku'lis'se** (die, -, -n) 1 bemalte oder plastisch gestaltete Wand (als seitlicher und hinterer Teil des Bühnenbildes) 2 Gesamtheit der Personen, die auf eigene Rechnung an der Börse spekulieren 3 Hebel mit verschiebbarem Drehpunkt [frz.]
**Kul'mi'na'ti'on** (die, -, -ti'o'nen) Erreichen des Höhepunktes, Durchgang durch den Höhepunkt [lat.]
**Kul'mi'na'ti'ons'punkt** (der, -(e)s, -e) höchster oder tiefster Punkt, den die Sonne erreicht
**kul'mi'nie'ren** (V.) den Höhepunkt erreichen, den Höhepunkt durchlaufen [lat.]
**Kult** *auch:* Kul'tus (der, -(e)s, -e) mit bestimmten geregelten Handlungen ausgeübter Gottesdienst; übertriebene Verehrung; z.B. einen Kult mit etwas treiben [lat.]
**Kult'buch** (das, -(e)s, -bü'cher) verehrtes und immer wieder gelesenes Buch
**Kul'te'ra'nist** (der, -nis'ten, -nis'ten) Vertreter des Kultismus [lat.]
**kul'tisch** (Adj.) zum Kult gehörig, auf einem Kult beruhend; z.B. kultische Handlungen, kultische Verehrung
**Kul'tis'mus** (der, -, nur Ez.) spanischer literarischer Stil des 17. Jahrhunderts, der mittels Fremdwörter, lateinischer Syntax, Metaphern und vielfältiger Anspielungen auf die antike Mythologie gekennzeichnet ist [lat.]
**Kul'ti'va'tor** (der, -s, -to'ren) Gerät zum Lockern des Bodens, Grubber [lat.]
**kul'ti'vie'ren** (V.) 1 urbar, anbaufähig machen 2 veredeln; z.B. Pflanzen kultivieren 3 verfeinern
**kul'ti'viert** (Adj.) 1 gebildet und äußerlich gepflegt, von feiner Lebensart 2 sorgfältig geschult, verfeinert; z.B. kultivierter Geschmack; kultivierte Stimme eines Sängers [lat.]
**Kul'tur** (die, -, -en) 1 Bebauung des Bodens 2 Anbau, Aufzucht von Pflanzen und Bakterien 3 Gesamtheit der gezogenen Pflanzen und Bakterien 4 Gesamtheit der geistigen und künstlerischen Errungenschaften eines Volkes 5 (nur Ez.) verfeinerte Lebensart [lat.]
**kul'tu'ral** (Adj.) die Kultur an sich betreffend [lat.]
**kul'tu'ra'lis'tisch** (Adj.) auf die Kultur ausgerichtet [lat.]
**Kul'tur'at'ta'ché** [-ʃeː] (der, -s, -s) Abgeordneter für den Bereich Kultur

K

**kul'tu'rell** (Adj.) zur Kultur gehörig, sie betreffend
**kul'tur'his'to'risch** (Adj.) kulturgeschichtlich [lat.]
**Kul'tur'pes'si'mis'mus** (der, -, nur Ez.) kritisch-pessimistische Haltung gegenüber der Kultur eines Volkes
**Kul'tur'spon'so'ring** (das, -s, nur Ez.) finanzielle Förderung von Kunst und Kultur durch Unternehmen, die als Gegenleistung eine Verbreitung des angestrebten Unternehmensimages (durch Werbung) erwarten
**Kul'tus** (der, -, -te) = Kult
**Kum'pan** (der, -s, -e) Genosse, Gefährte [frz.]
**Kum'pa'nei** (die, -, -en) **1** Gruppe von Kumpanen **2** Freundschaft und Zusammengehörigkeitsgefühl unter Kumpanen [lat.-frz.]
**Ku'mu'la'ti'on** (die, -, -ti'o̱nen) Anhäufung, Anreicherung (bes. von Giften im Körper durch ständigen Gebrauch) [lat.]
**ku'mu'la'tiv** (Adj.) anhäufend, sich anreichernd [lat.]
**ku'mu'lie'ren** (V.) (sich) anhäufen, anreichern [lat.]
**Ku'mu'lus** (der, -, -li) = Cumulus
**Ku'myss** *auch:* Ku̱mys (der, -, nur Ez.) Getränk aus vergorener Stutenmilch (in Innerasien) [russ.]
**ku'ne'i'form** [-neːi-] (Adj.) keilförmig [lat.]
**Kü'net'te** (die, -, -n) Abzugsgraben des Festungsgrabens [frz.]
**Kung-Fu** (das, -, nur Ez.) Form der Selbstverteidigung [chin.]
**Kunk'ta'tor** (der, -s, -to̱ren) (veraltet) Unentschlossener, Zauderer [lat.]
**Kü'pe** (die, -, -n) **1** Kessel zum Färben **2** Färbebad
**Ku'pee** (das, -s, -s) = Coupé
**Ku'pel'le** (die, -, -n) = Kapelle
**ku'pel'lie'ren** (V.) in der Kupelle (Schmelztiegel) von unedlen Beimengungen trennen
**Ku'pi'di'tät** (die, -, nur Ez.) Lüsternheit, Geilheit, Begierde [lat.]
**Ku'pi'do** (die, -, nur Ez.) Verlangen, sinnliche Begierde [lat.]
**ku'pie'ren** (V.) **1** kürzer schneiden, stutzen **2** lochen, knipsen **3** mildern; z.B. einen Schnupfen kupieren

**Kur** (die, -, -en) systematisch durchgeführtes Heilverfahren [lat.]
**ku'ra'bel** (Adj.) heilbar [lat.]
**ku'rant** (Adj.) gängig, umlaufend, gültig (von Währungen, Münzen) [lat.]
**Ku'rant** (der, -en, -en) Kurgast (schweiz.)
**Ku'rant'geld** (das, -(e)s, -er) vollwertiges Geld, d.h. der Metallwert entspricht dem aufgeprägten Geldwert
**ku'ran'zen** *auch:* ko'ra̱n'zen (V.) = kujonieren
**Ku'ra're** (das, -(s), nur Ez.) = Curare
**Kü'rass** (der, -es, -e) Harnisch
**Kü'ras'sier** (der, -s, -e) Reiter mit Kürass, schwerer Reiter (früher) [frz.]
**Ku'ra'tel** (die, -, -en) Vormundschaft, Pflegschaft; z.B. unter Kuratel stehen [lat.]
**ku'ra'tiv** (Adj.) heilend [lat.]
**Ku'ra'tor** (der, -s, -to̱'ren) **1** Vormund, Pfleger **2** Verwalter (einer Stiftung), Beamter (in der Universitätsverwaltung) [lat.]
**Ku'ra'to'ri'um** (das, -s, -ri'en) aufsichtsführender Ausschuss, Aufsichtsbehörde [lat.]
**Kur'bet'te** (die, -, -n) = Courbette
**Kur'de** (der, -n, -n) Angehöriger einer ethnischen Volksgruppe i. d. Türkei, im Irak, im Iran u. in Syrien
**Kü'ret'ta'ge** [-ʒə] (die, -, -n) Ausschabung (der Gebärmutter) [frz.]
**Kü'ret'te** (die, -, -n) Instrument zur Ausschabung der Gebärmutter [frz.]
**kü'ret'tie'ren** (V.) mit der Kürette ausschaben
**ku'ri'al** (Adj.) zur Kurie gehörig
**Ku'ri'a'len** (nur Mz.) die geistlichen und weltlichen Beamten der päpstlichen Kurie
**Ku'ri'at'stim'me** (die, -, -en) Gesamtstimme mehrerer Stimmberechtigter
**Ku'rie** [-riə] (die, -, -n) **1** Einheit von Familienverbänden (im alten Rom) **2** (nur Ez.) Versammlungsort des Senats (im alten Rom) **3** (nur Ez.) Gesamtheit der päpstlichen Behörden [lat.]
**Ku'rier** (der, -s, -e) Bote, Eilbote [frz.]
**ku'rie'ren** (V.) heilen [lat.]
**ku'ri'os** (Adj.) sonderbar, merkwürdig und komisch, wunderlich [lat.]
**Ku'ri'o'si'tät** (die, -, -en) **1** (nur Ez.) kuriose Beschaffenheit, Sonderbarkeit, Wun-

derlichkeit **2** sonderbarer, merkwürdiger Gegenstand

**Kuriosum** (das, -s, -sa) etwas Kurioses, kurioser Sachverhalt

**Kurkuma** (die, -, -men) ein südasiatisches Ingwergewächs, gelber Ingwer [arab.-span.]

**Kurrendaner** (der, -s, -) Mitglied einer Kurrende

**Kurrende** (die, -, -n) Schülerchor, der in der Adventszeit, bei Begräbnissen u.a. gegen kleine Spenden vor den Häusern geistliche Lieder sang (früher); Jugendchor (einer evangel. Kirche) [lat.]

**kurrent** (Adj.) laufend, ständig

**Kurrentschrift** (die, -, nur Ez.) zügig geschriebene Schrift, Schreibschrift

**Kurrikulum** (das, -s, -la) = Curriculum

**Kurs** (der, -es, -e) **1** Fahrt-, Flugrichtung **2** Richtung (Politik) **3** Preis (von Wertpapieren, von Währungen) **4** Lehrgang [lat.]

**kursieren** (V.) in Umlauf sein, die Runde machen [lat.]

**kursiv** (Adj.) schräg (von der Druckschrift)

**Kursive** (die, -, -n) schräge Druckschrift

**kursorisch** (Adj.) **1** fortlaufend, nacheinander, ununterbrochen **2** rasch, zum Zweck des raschen Überblicks; z.B. etwas kursorisch lesen [lat.]

**Kursus** (der, -, -se) = Kurs

**Kurtage** [-ʃə] (die, -, -n) Courtage, Maklergebühr

**Kurtine** (die, -, -n) **1** Hauptwall einer Festungsanlage **2** in Österreich die Bezeichnung für den Mittelvorhang auf der Theaterbühne [lat.-frz.]

**Kurtisan** (der, -s, -e) Liebhaber, Höfling [lat.-it.-frz.]

**Kurtisane** (die, -, -n) Geliebte (eines hohen Adligen); vornehme Dirne [frz.]

**Kurvatur** (die, -, -en) Krümmung, Wölbung

**Kurve** (die, -, -n) gekrümmte Linie, Krümmung, Biegung [lat.]

**kurven** (V.) in Kurven fahren (ugs.); in Kurven, in einer Kurve zeichnen

**Kurvimeter** (das, -s, -) Gerät zum Messen gekrümmter Linien (auf Landkarten), Kurvenmesser [lat.-gr ]

**Kusine** *auch:* Cousine (die, -, -n) Tochter des Onkels oder der Tante [frz.]

**Kuskus** *auch:* Couscous (der oder das, -, nur Ez.) in Nordafrika beliebte Speise aus einem scharfen Ragout aus klein geschnittenem Hammelfleisch, dazu Gemüse, Grieß oder Mehl in Brühe [viell. arab.]

**Kustode** **1** (der, -n, -n) = Kustos **2** (die, -, -n) Zahl oder Buchstabe zur Kennzeichnung der einzelnen Lagen einer Handschrift (früher) **3** Wort am Ende einer Buch- oder Briefseite, das auf die folgende Seite hinweist (früher)

**Kustos** (der, -, -toden) **1** wissenschaftlicher Verwalter einer Sammlung (bes. eines Museums, veraltet) **2** Küster (veraltet) [lat.]

**kutan** (Adj.) zur Haut gehörig [lat.]

**Kutsche** (die, -, -n) Pferdewagen (für Personen) [ung.]

**Kutter** (der, -s, -) **1** Segelschiff mit einem Mast **2** Jacht mit der Takelung eines Kutters **3** Fischerboot mit Motorantrieb **4** Beiboot eines Kriegsschiffes [engl.]

**Küvelage** [-ʒə] (die, -, -n) wasserdichter Ausbau eines Schachtes mit gusseisernen Ringen [frz.]

**Kuvert** [-veːɐ] oder [-vɛrt] (das, -s, -s) **1** Briefumschlag **2** Gedeck für eine Person bei Tisch (veraltet) [frz.]

**kuvertieren** (V.) in ein Kuvert (**1**) stecken

**Kuvertüre** (die, -, -n) Masse aus Kakao, Kakaobutter und Zucker zum Überziehen (von Pralinen und Gebäck) [frz.]

**Küvette** (die, -, -n) **1** Abzugsgraben für Regenwasser (im Festungsbau) **2** flache Glasschale für Laboruntersuchungen [frz.]

**kuvrieren** (V.) bedecken, verbergen (veraltet) [lat.-frz.]

**Kuwaiter** (der, -s, -) Ew. des Scheichtums Kuwait [arab.]

**Kuweiti** [-wɛɪ-] (der, -, -s) = Kuwaiter

**Kwannon** (die, -, nur Ez.) weibliche buddhistische Gottheit [jap.]

**kyanisieren** (V.) mit einer Quecksilberchloridlösung imprägnieren [engl.]

**Kyat** (der, -, -) birmanische Währungseinheit, 100 Pyas

**Kybernetik** (die, -, nur Ez.) Wissenschaft von den Steuerungs- und Regelungsvorgängen in Technik und Biologie [gr.]

**ky'ber'ne'tisch** (Adj.) zur Kybernetik gehörig, auf ihr beruhend

**Ky'ma'ti'on** (das, -s, -ti'en oder -s) Ornament aus stilisierten Blattformen (am griechischen Tempel) [gr.]

**Ky'mo'graf** *auch:* Ky'mo'graph (der, -en, -en) Gerät zum Aufzeichnen rhythmischer Bewegungen; z.B. des Pulses [gr.]

**Ky'mo'gra'fie** *auch:* Ky'mo'gra'phie (die, -, nur Ez.) Verfahren zur Darstellung sich bewegender Organe mittels Röntgenstrahlen [gr.]

**ky'mo'gra'fie'ren** *auch:* ky'mo'gra'phieren (V.) ein Kymogramm (von etwas) herstellen

**Ky'mo'gramm** (das, -s, -e) Röntgenbild eines sich bewegenden Organs [gr.]

**Ky'ni'ker** (der, -s, -) Angehöriger einer griechischen Philosophenschule im 3./4. Jh. v. Chr., die absolute Bedürfnislosigkeit erstrebte

**Ky'no'lo'ge** (der, -n, -n) Hundezüchter, Hundekenner

**Ky'no'lo'gie** (die, -, nur Ez.) Wissenschaft von Züchtung und Dressur des Hundes [gr.]

**Ky'pho'se** (die, -, -n) Wirbelsäulenverkrümmung nach hinten [gr.]

**Ky'rie** [-riʔ] (das, -, -s) kurz für: Kyrieeleison (Bittruf am Anfang der kath. Messe bzw. der evangel. Lithurgie) [gr.]

**Ky'rie e'lei'son** [-riə] (das, - -, nur Ez.) Herr, erbarme dich!

**ky'ril'lisch** (Adj.) kyrillische Schrift: kirchenslawische Schrift

**Ky'ril'li'za** (die, -, nur Ez.) kyrillische Schrift [slaw.]

**KZ** (das, -s, -s) Abk. für Konzentrationslager

K

# L

**La Bam'ba** (die, --, --s) lateinamerikanischer rhythmischer Modetanz [portugies.]

**La'ba'rum** (das, -, nur Ez.) **1** Heeresfahne des Kaisers in der spätrömischen Zeit mit Christusmonogramm **2** das Christusmonogramm

**La'bel** [leɪ] (das, -s, -s) Aufklebeschildchen, Etikett, Klebemarke; (auf dem Etikett angegebene) Firmenbezeichnung (bei Schallplatten) [engl.]

**La'bel'sys'tem** [leibɛl-] (das, -s, nur Ez.) Markierung und Empfehlung von Betrieben, die arbeiterfreundlich herstellen

**la'bi'al** (Adj.) **1** zu den Labialen gehörig, wie ein Labial **2** zum Labium gehörig

**La'bi'al** (der, -s, -e) Lippenlaut; z.B. „b“ [lat.]

**la'bil** (Adj.) unsicher, schwankend, leicht aus dem Gleichgewicht zu bringen; z.B. labile Gesundheit; leicht zu beeinflussen (von Personen) [lat.]

**la'bi'li'sie'ren** (V.) labil werden lassen, etwas labil machen [lat.]

**La'bi'li'sie'rung** (die, -, nur Ez.) das Labilisieren [lat.]

**La'bi'li'tät** (die, -, -en) labile Beschaffenheit, Schwäche

**la'bio'den'tal** (Adj.) mit den Oberzähnen und der Unterlippe gebildet [lat.]

**La'bio'den'tal** (der, -s, -e) mit den Oberzähnen und der Unterlippe gebildeter Laut; z.B. „f“ [lat.]

**La'bio've'lar** [-ve-] (der, -s, -e) Labiovelarlaut, mit Lippen und Gaumen gebildeter Schnalzlaut

**La'bi'um** (das, -s, -bi'en) **1** Lippe **2** Schamlippe **3** Lippe (der Lippenblütler) **4** Unterlippe (der Insekten) **5** schräge Kante (am Oberteil der Blockflöte und der Labialpfeife der Orgel) [lat.]

**La'bor** (das, -s, -s oder -e) Laboratorium [Kurzwort]

**La'bo'rant** (der, -en, -en) ausgebildete Hilfskraft in Laboratorien

**La'bo'ra'to'ri'um** (das, -s, -ri'en) Arbeitsstätte für medizinische, chemische, biologische und physikalische Forschungen und Untersuchungen [lat.]

**la'bo'rie'ren** (V.) an etwas laborieren: sich mit etwas abplagen, mühen; etwas nicht loswerden; an einer Krankheit laborieren: eine Krankheit lange nicht überwinden [lat.]

**La'bo'ris'mus** (der, -, nur Ez.) Konzentration auf die Interessen der Arbeitnehmer

**La'b'ra'dor** (der, -s, -e) **1** Abart des Feldspats, Labradorit **2** eine Jagdhundrasse [engl.]

**La'b'ra'do'rit** (der, -s, -e) Feldspat, der als Schmuckstein verwendet wird

**La'b'rum** (das, -s, -ren/-ra) **1** Lippe (Med.) **2** Oberlippe der Insektenmundwerkzeuge (Bio.) [lat.]

**Labs'kaus** (das, -, nur Ez.) seemännisches Eintopfgericht aus Fleisch und Fisch mit Kartoffeln und Salzgurken [engl.]

**La'by'rinth** (das, -s, -e) **1** Irrgarten **2** innerer Teil des Ohres (bei Menschen und Wirbeltieren) **3** Durcheinander, Wirrnis [gr.]

**la'by'rin'thisch** (Adj.) verschlungen angelegt, in der Art eines Labyrinths [gr.-lat.]

**La'by'rin'tho'don** (das, -s, -don'ten) gepanzertes Kriechtier (ausgestorben) [lat.]

**La'by'rinth'or'gan** (das, -s, nur Ez.) zur Atmung notwendige Kiemenhöhle (oberhalb der blutgefäßreichen Kammer) der Labyrinthfische [lat.]

**la'ckie'ren** (V.) mit Lack überziehen

**Lack'mus** (das oder der -, nur Ez.) aus einer Flechte gewonnener, blauer Farbstoff, der sich in einer Säure rot, in einer Lauge wieder blau färbt [niederl.]

**Lack'mus'pa'pier** (das, -s, -e) Papier, das durch die Behandlung mit Lackmus Säuren oder Basen anzeigt

**la'cri'mo'so** (Adv.) traurig, klagend (bei Musikstücken) [it.]

**La'crosse** [lakrɔs] (das, -, nur Ez.) dem Hockey ähnliches Spiel aus Kanada, bei dem zwei Mannschaften versuchen, einen Gummiball mit Schlägern, an denen Fangnetze befestigt sind, ins gegnerische Tor zu bringen

**Lactam** *auch:* Laktam (das, -s, -e) eine organisch-chemische Verbindung durch Wasserabspaltung aus Aminosäuren [lat.]

**Lactase** *auch:* Laktase (die, -, nur Ez.) ein Enzym [lat.]

**Lactat** *auch:* Laktat (das, -s, -e) Milchsäure

**Lactose** *auch:* Laktose (die, -, nur Ez.) Milchzucker [lat.]

**Ladanum** *auch:* Labdanum (das, -s, nur Ez.) wohlriechendes, aus Zistrosen hergestelltes Harz (für Räuchermittel und Parfüme) [gr.-lat.]

**lädieren** (V.) verletzen, beschädigen, anschlagen [lat.]

**Lädierung** (die, -, -en) Verletzung, Beschädigung

**Ladiner** (der, -s, -) Angehöriger eines rätoromanischen Volkes in Südtirol

L

**ladinisch** (Adj.) zu den Ladinern gehörig

**Ladino** (der, -s, -s) 1 Mischling aus einem indianischen und einem weißen Elternteil (in Mittelamerika) 2 (nur Ez.) ein jüdisch-spanischer Dialekt

**Lady** [leɪ-] (die, -, -s) Dame, adlige Frau (in England) [engl.]

**ladylike** [leɪdilaɪk] (Adj.) wie es sich für eine Lady gehört, damenhaft [engl.]

**Ladyshaver** [leɪdiʃeɪvə] (der, -s, -) Damenrasierapparat

**Lafette** (die, -, -n) fahrbares Gestell (eines Geschützes) [frz.]

**lafettieren** (V.) ein Geschütz auf eine Lafette montieren [lat.-frz.]

**Lag** [lɛːg] (der, -s, -s) Zeitdauer zwischen dem Beginn eines konjunkturellen Ereignisses und dem Beginn soziokultureller Begleitumstände, Verzögerung [engl.]

**lagrimoso** *auch:* lagrimando (Adj.) traurig, voller Tränen [it.]

**Lagune** (die, -, -n) durch einen Landstreifen oder Riffe vom Meer getrennter Meeresteil, Strandsee, Haff [it.]

**Lahar** (der, -s, -s) Schlammstrom aus Asche und Wasser, der bei Vulkanausbrüchen austritt [malai.]

**Lai** [lɛː] (das, -s [lɛː], -s [lɛː]) zum Saitenspiel gesungenes Lied (im MA); französische und provenzalische Verserzählung (im Mittelalter) [frz.]

**Laie** (der, -n, -n) 1 jeder Angehörige der christlichen Kirche, der nicht Geistlicher ist 2 Nichtfachmann [lat.]

**laisieren** [laːi-] (V.) in den Laienstand zurückversetzen, wieder zum Laien (1) machen

**Laisierung** [-laːi-] (die, -, -en) das Laisieren [gr.-lat.]

**Laisse** [lɛs] (die, -, -s) verschieden langer Abschnitt in den Chanson de Geste, der durch den Gleichklang zwischen zwei oder mehreren Wörtern verbunden ist [lat.-frz.]

**Laisser-faire** [lɛsefɛːr] (das, -, nur Ez.) Nichteinmischung (bes. früher des Staates in die Wirtschaft), Gewährenlassen, Duldung, Ungezwungenheit, Ungebundenheit [frz.]

**Laizismus** [laːi-] (der, -, nur Ez.) die strikte Trennung von Kirche und Staat fordernde Weltanschauung [gr.-lat.]

**Laizist** [laːi-] (der, -zisten, -zisten) Verfechter des Laizismus [gr.-lat.]

**laizistisch** [laːi-] (Adj.) 1 den Laizismus betreffend, auf dem Laizismus basierend 2 das Laientum in der katholischen Kirche hervorhebend [gr.-lat.]

**Lakai** (der, -en, -en) Diener in Livree (bes. in fürstlichem Dienst); übertrieben diensteifriger, unterwürfiger Mensch [frz.]

**Lakkolith** (der, -s oder -en, -e oder -en) Tiefengesteinskörper, Magma, das unter der Erdoberfläche in eine andere geologische Schicht gedrungen ist

**Lakonik** (die, -, nur Ez.) Kürze, Bündigkeit (der Ausdrucksweise) [gr.]

**lakonisch** (Adj.) kurz, sich auf das Wesentliche beschränkend [gr.]

**Lakonismus** (der, -, -men) 1 (nur Ez.) = Lakonik 2 kurze, nur das Wesentliche mitteilende Aussage [gr.]

**Lakritz** (der oder das, -es, -e) *landsch.:* Lakritze (die, -, -n) schwarze, aus eingedicktem Saft des Süßholzes hergestellte, zähe Süßigkeit [lat.]

**Laktam** (das, -s, -e) = Lactam

**Laktase** (die, -, nur Ez.) = Lactase

**Lak'ta'ti'on** (die, -, -ti'o̱nen) Milchabsonderung aus den Brustdrüsen; Zeit des Stillens; das Stillen [lat.]
**Lak'ta'ti'ons'pe'ri'o'de** (die, -, -n) Zeit der Milchabsonderung beim Menschen und bei Säugetieren
**lak'tie'ren** (V.) Milch absondern; säugen, stillen [lat.]
**Lak'to'den'si'me'ter** (das, -s, -) Gerät zur Errechnung des spezifischen Gewichts der Milch
**Lak'to'se** (die, -, nur Ez.) = Lactose
**Lak'to'skop** (das, -s, -e) Gerät zur Bestimmung der Durchsichtigkeit der Milch
**la'ku'när** (Adj.) **1** schwammig (Med.) **2** mit Ausbuchtungen versehen **3** Höhle oder Lücke in der Substanz des Groß-, Mittel- oder Zwischenhirns
**La'ku'ne** (die, -, -n) **1** Hohlraum (im Körpergewebe) **2** Lücke (in einem Text) **3** kleiner Defekt in der Hirnsubstanz [lat.]
**la'kus'trisch** (Adj.) in Seen vorkommend oder sich dort bildend
**La'lem** (das, -s, -e) durch die Artikulation bestimmte Sprecheinheit [gr.]
**La'lo'pa'thie** (die, -, -thi̱en) Sprachstörung [gr.]
**La'lo'pho'bie** (die, -, nur Ez.) Angst vorm Sprechen bei Stotterern
**La'ma** (der, -s, -s) **1** buddhist. Priester in Tibet **2** (das, -s, -s) kleines höckerloses Kamel Südamerikas [Ketschua]
**La'ma'is'mus** (der, -, nur Ez.) Form des Buddhismus in Tibet
**La'ma'ist** (der, -i̱s'ten, -i̱s'ten) Verfechter, Anhänger des Lamaismus [tibet.-lat.]
**la'ma'is'tisch** (Adj.) den Lamaismus betreffend, auf dem Lamaismus basierend [tibet.-lat.]
**La'mäng** aus der Lamäng: aus der Hand (ugs., scherzhaft); aus der freien, kalten Lamäng: ohne Vorbereitung (ugs., scherzhaft) [eigtl. frz. la main „die Hand"]
**La'mar'ckis'mus** (der, -, nur Ez.) Annahme, dass neue Arten durch die Vererbung erworbener Eigenschaften entstehen
**Lam'ba'da** (die, -, -s oder der, -s, -s) aus Brasilien stammender Modetanz in latein-amerikanischem Rhythmus [portugies.]
**Lamb'da'zis'mus** (der, -, nur Ez.) Aussprache von r als l [gr.]
**Lam'bi'tus** (der, -, nur Ez.) gegenseitiges Küssen und Lecken der Geschlechtsteile [lat.]
**Lam'bre'quin** [lɑ̃brəkɛ̃] (der, -s, -s) mit Fransen besetzter Querbehang (an Fenstern u.a.); ähnliche Verzierung aus Stein, Stuck [frz.]
**Lam'bris** [lɑ̃briː] (der, - [-briːs], - [-briːs]) Wandverkleidung aus Holz, Marmor oder Stuck (österr.) [frz.]
**Lam'brus'co** (der, -s, - nur Ez.) leicht süßer, prickelnder italienischer Rotwein [it.]
**Lamb'skin** [llæm-] (das, -, -s) Lammfellimitation aus Plüsch [engl.]
**Lambs'wool** [læmzwuːl] (die, -, nur Ez.) Lammwolle [engl.]
**La'mé** *auch:* La'me̱e̱ (das, -s, nur Ez.) Seidengewebe mit Schlussfäden aus feinem Metall [frz.]
**La'mee** (das, -s, nur Ez.) = Lamé
**la'mel'lar** (Adj.) in der Art von Lamellen
**La'mel'le** (die, -, -n) **1** feine, dünne Scheibe, Blättchen **2** jedes der Blättchen unter dem Hut von Blätterpilzen (als Sporenträger) **3** Rippe (von Heizkörpern) [lat.]
**la'men'ta'bel** (Adj.) bedauernswert, beweinenswert, jämmerlich [lat.]
**La'men'ta'ti'on** (die, -, -ti'o̱nen) Jammern, Wehklagen; Klagelied (bes. die Klagelieder (Lamentationen) Jeremias im Alten Testament) [lat.]
**la'men'tie'ren** (V.) laut klagen, jammern [lat.]
**La'men'to** (das, -s, -s) laute Klage, lautes Jammern [it.]
**la'men'to'so** (Adj.) traurig, wehklagend (Vortragsanweisung in der Musik) [lat.-it.]
**La'met'ta** (das, -s, nur Ez.) **1** sehr schmale, lange, silber- auch goldfarbene Metallstreifen (als Christbaumschmuck) **2** (viel) Ordensschmuck (an der Brust; ugs., ironisch) [it.]
**La'mi'na** (die, -, -nae [-neː]) **1** Fläche des Blattes, Blattspreite (in der Botanik) **2** blattförmiger Teil eines Organs **3** dünnes Metallplättchen [lat.]
**la'mi'nar** (Adj.) geordnet, ruhig nebeneinanderher fließend, wirbelfrei; z.B. laminare Strömung [lat.]

**La'mi'nat** (das, -(e)s, -e) Schichtpressstoff für witterungs- und chemikalienbeständige Beschichtung
**la'mi'nie'ren** (V.) **1** strecken (damit sich die Fasern längs richten; z.B. Spinnmaterial). **2** mit einer Folie beziehen; z.B. einen Buchdeckel laminieren [lat.]
**La'mi'um** (das, -s, nur Ez.) Taubnessel [lat.]
**Lam'pas** (der, -, -) schwerer Damast (als Möbelbezug) [frz.]
**Lam'pas'sen** (nur Mz.) Längsstreifen (an den Seiten von Uniformhosen) [frz.]
**Lam'pi'on** [-pjɔ̃], österr., süddt. [-pjoːn] (der oder das, -s, -s) Papierlaterne mit Kerze innen [frz.]
**Lam'pro'phyr** (der, -s, -e) dunkles Ganggestein, Eruptivgestein
**Lan'ça'de** [lɑ̃saː-] (die, -, -n) Sprung des auf die Hinterbeine aufgerichteten Pferdes nach vorn (in der hohen Schule) [frz.]
**lan'cie'ren** [lɑ̃siː-] (V.) mit Geschick in der Öffentlichkeit bekannt machen oder an eine bestimmte Stelle bringen [frz.]
L
**Land'art** *auch:* Land-Art [lænd-] (die, -, nur Ez.) Stilrichtung in der Kunst, in der die Natur künstlich verändert wird
**Land'ro'ver** [lænd-] (der, -s, -) geländegängiger Personenkraftwagen mit Vierradantrieb (Warenzeichen) [engl.]
**Lan'ga'ge** [lɑ̃gaːʒ] (die, -, nur Ez.) Sprach- und Sprechfähigkeit des Menschen [frz.]
**Lan'get'te** (die, -, -n) Schlingenstich (an Stoffrändern, damit sie nicht ausfransen)
**Lan'go'bar'de** (der, -n, -n) Angehöriger eines ostgermanischen Volkes
**Lan'gus'te** (die, -, -n) scherenloser, schmackhafter Panzerkrebs, der im Mittelmeer und im Atlantischen Ozean vorkommt [lat.-frz.]
**La'no'lin** (das, -s, nur Ez.) aus Schafwolle gewonnenes Fett (als Salbengrundlage) [lat.]
**Lan'ta'na** (die, -, nur Ez.) Zierpflanze mit unterschiedlicher Blütenfarbe
**Lan'than** (das, -s, nur Ez.) chemischer Grundstoff, Metall [gr.]
**La'nu'go** (die, -, -gi'nes) Flaumhaar (des Embryos und Neugeborenen) [lat.]
**Lan'zett'bo'gen** (der, -s, -bö'gen) englische Form des gotischen Spitzbogens
**Lan'zet'te** (die, -, -n) kleines, zweischneidiges Operationsmesser [frz.]
**La O'la** (die, - -, - -s) wellenartiges Aufstehen und Hinsetzen der Zuschauer [span.]
**La'o'te** (der, -n, -n) Ew. von Laos
**La'pa'ro'skop** (das, -s, -e) Gerät zum Untersuchen der Bauchhöhle [gr.]
**La'pa'ro'sko'pie** (die, -, -n) Untersuchung der Bauchhöhle mit dem Lamparoskop [gr.]
**La'pa'ro'to'mie** (die, -, -n) operative Öffnung der Bauchhöhle [gr.]
**la'pi'dar** (Adj.) kurz und das Wesentliche treffend [lat.]
**La'pi'där** (der, -s, -e) Schleif- und Poliermaschine [lat.]
**La'pi'da'ri'um** (das, -s, -ri'en) Sammlung von Steindenkmälern [lat.]
**La'pil'li** (nur Mz.) kleine, beim Vulkanausbruch ausgeworfene Lavastücke [lat.]
**La'pis** (der, -, -pi'des) Stein [lat.]
**La'pis'la'zu'li** (der, -s, -) ein blaues Mineral, Schmuckstein [arab.-lat.]
**Lap'pa'lie** (die, -, -n) belanglose Kleinigkeit, unbedeutende Angelegenheit [dt.-lat.]
**Lap'sus** (der, -, -) kleiner Fehler, Verstoß, Versehen; Lapsus Linguae: versehentliches Versprechen [lat.]
**Lap'top** [læptɒp] (der oder das, -s, -s) tragbarer Computer, im Ggs. zu Desktop PC [engl. Kunstwort aus lapsize computer]
**La'ren** (nur Mz.) Schutzgeister des Hauses (in der röm. Mythologie)
**large** [laːdʒ] (Adj.) groß in der Kleidergröße [engl.]
**lar'ghet'to** (Adv.) etwas langsam und getragen (bei Musikstücken) [it.]
**lar'go** (Adv.) langsam und getragen (bei Musikstücken) [it.]
**Lar'go** (das, -s, -s oder -ghi) largo zu singender oder zu spielender Teil eines Musikstücks [it.]
**la'ri'fa'ri** oberflächlich, nachlässig [it.]
**La'ri'fa'ri** (das, -s, nur Ez.) törichtes, unüberlegtes Gerede, Unsinn [it.]
**lar'mo'yant** [-mwajɑ̃] (Adj.) rührselig, klagend, sentimental-weinerlich, mit allzu viel Gefühl [frz.]

**Lar'mo'yanz** (die, -, nur Ez.) Rührseligkeit, Weinerlichkeit [lat.-frz.]
**Lar'nax** (die, -, -na'kes) archäologische Bezeichnung für eine Urne oder einen kleinen Sarkophag [gr.]
**L'art pour l'art** [laːrpurlaːr] (das, - - -, nur Ez.) frz. für: „die Kunst für die Kunst", Auffassung, dass die Kunst nur nach rein künstlerischen (nicht moralischen u.a.) Gesichtspunkten zu beurteilen sei
**lar'val** (Adj.) zur Larve gehörig
**Lar've** (die, -, -n) **1** Jugendform mancher Tiere **2** Gesichtsmaske [lat.]
**La'ryn'gal** (der, -s, -e) im Kehlkopf gebildeter Laut [gr.]
**la'ryn'ge'al** (Adj.) zum Kehlkopf gehörig, ihn betreffend [gr.]
**La'ryn'gek'to'mie** (die, -, -n) operative Entfernung des Kehlkopfes [gr.]
**La'ryn'gen** Plural von Larynx
**La'ryn'gi'tis** (die, -, -ti'den) Kehlkopfentzündung
**La'ryn'go'lo'gie** (die, -, nur Ez.) Lehre vom Kehlkopf [gr.]
**La'ryn'go's'kop** (das, -s, -e) Gerät zum Untersuchen des Kehlkopfs, Kehlkopfspiegel [gr.]
**La'ryn'go's'ko'pie** (die, -, -n) Untersuchung des Kehlkopfs
**La'ryn'go'to'mie** (die, -, -n) Kehlkopfschnitt
**La'rynx** (der, -, -ryn'gen) Kehlkopf [gr.]
**La'rynx'kar'zi'nom** (das, -s, -e) Kehlkopfkrebs
**La'sa'g'ne** [lasanje] (nur Mz.) italienisches Gericht aus breiten Bandnudeln, die mit Hackfleisch gefüllt und mit Käse überbacken werden [gr.-lat.-it.]
**La'ser** [lei-] (der, -s, -) Gerät zum Erzeugen stark gebündelter Lichtstrahlen gleicher Wellenlänge [engl.]
**La'ser'disc** [leɪsə-] (die, -, -s) Platte, auf der Daten gespeichert werden, die mit einem Laser gelesen werden können [engl.]
**La'ser'dru'cker** [leɪsə-] (der, -s, -) Druckgerät für Computer, bei dem der Ausdruck mithilfe von Laserstrahlen übertragen wird
**La'ser'ka'no'ne** [leɪsə-] (die, -, -n) Apparat, der mittels Laser eine besonders hohe Strahlungsleistung vollbringt und somit zur Werkstoffverarbeitung einsetzbar ist
**La'ser'show** [leɪsə-] (die, -, -s) Lichteffekte mittels bunter Laserstrahlen
**la'sie'ren** (V.) mit Lasur überziehen
**Lä'si'on** (die, -, -si'o'nen) Verletzung, Funktionsstörung (in der Medizin) [lat.]
**Las'sa'fie'ber** (das, -s, nur Ez.) lebensgefährliche Viruserkrankung
**Las'so** (das, -s, -s) langes Seil mit Schlinge zum Einfangen von Tieren [span.]
**last but not least** [laːst bʌt nɔt liːst] engl. für „zuletzt (genannt), aber nicht am geringsten" (in der Bedeutung, im Wert)
**La'sur** (die, -, -en) durchscheinende Lack- oder Farbschicht [lat.]
**La'su'rit** (der, -s, -e) Mineral
**las'ziv** ( Adj ) zweideutig; lüstern [lat.]
**Las'zi'vi'tät** (die, -, nur Ez.) das Lasziv-sein, Lüsternheit
**Late Hit** [leɪt-] (der, -s, -s) verspäteter Schlag (Golf) [engl.]
**La'tein'ame'ri'ka'ner** (der, -s, -) Bw. Süd- und Mittelamerikas mit spanischer oder portugiesischer Sprache
**la'tei'nisch** (Adj.) lateinische Sprache: urspr. Sprache der Latiner, dann der Ew. des Römischen Reiches
**la'tent** (Adj.) verborgen, nicht in Erscheinung tretend [lat.]
**La'tenz** (die, -, nur Ez.) latente Beschaffenheit, Verborgenheit, Unsichtbarkeit (trotz Vorhandenseins)
**La'tenz'pe'ri'o'de** (die, -, -n) Zeitraum, in dem die sexuelle Entwicklung des Menschen zurücktritt
**la'te'ral** (Adj.) seitlich, seitwärts, an der Seite (gelegen) [lat.]
**La'te'ral** (der, -s, -e) Laut, bei dem die Luft aus den Mundseiten und nicht durch die Mitte entweicht (Sprachwissenschaft) [lat.]
**La'te'ral'in'farkt** (der, -s, -e) Seiteninfarkt im Bereich der linken Herzkammer
**la'te'ra'li'sie'ren** (V.) **1** seitlich verschieben, verlagern (Med.) **2** die Zuordnung von Gehirnhälften zu psychischen Funktionen entwickeln lassen [lat.]
**La'te'ra'li'tät** (die, -, nur Ez.) die Dominanz einer Körperseite wie Rechts- oder Linkshändigkeit [lat.]

**La'te'ral'laut** (der, -es, -e) = Lateral
**La'te'ral'plan** (der, -es, -plä'ne) Fläche des Längsschnittes des unter Wasser liegenden Schiffteiles
**La'te'ral'skle'ro'se** (die, -, -n) Sklerose der Seitenstränge des Rückenmarks
**La'te'ran** (der, -s, nur Ez.) päpstlicher Palast in Rom außerhalb der Vatikanstadt [it.]
**La'te'ri'sa'ti'on** (die, -, -ti'o'nen) die Entstehung von Laterit [lat.]
**La'te'ri'sie'rung** (die, -, -en) = Laterisation
**La'ter'na ma'gi'ca** (die, - -, -nae -cae) [-nɛː -kɛː] ältester Projektionsapparat [lat.]
**La'ter'ne** (die, -, -n) **1** durch Glas oder Papier geschützte Lichtquelle **2** Türmchen auf einer Kuppel **3** weißer Stirnfleck bei Tieren **4** (~ des Aristoteles) Muskelapparat bei Seeigeln zur Bewegung der um den Mund stehenden Zähne
**La'tex** (der, -, -ti'zes) Milchsaft einiger tropischer Pflanzen, aus dem Kautschuk u.a. hergestellt wird [gr.-lat.]
**La'ti'fun'di'um** (das, -s, -di'en) **1** von Sklaven bewirtschaftetes Landgut (im Römischen Reich) **2** (nur Mz.) großer Land- oder Waldbesitz [lat.]
**La'ti'ner** (der, -s, -) Ew. der antiken mittelitalischen Landschaft Latium
**la'ti'ni'sie'ren** (V.) der lateinischen Sprachform angleichen
**La'ti'nis'mus** (der, -, -men) in eine andere Sprache übernommene lateinische Spracheigentümlichkeit
**La'ti'nist** (der, -nis'ten, -nis'ten) Wissenschaftler, der sich mit der lateinischen Sprache und Literatur beschäftigt [lat.]
**La'ti'ni'tät** (die, -, nur Ez.) mustergültige lateinische Schreib- und Ausdrucksweise
**La'ti'no** (der, -s, -s) Lateinamerikaner, der in die USA eingewandert ist
**La'tin'lo'ver** *auch:* La'tin Lo'ver (der, - -(s), - -(s)) südländischer Liebhaber, Papagallo [engl.]
**La'ti'num** (das, -s, nur Ez.) Prüfung in der lateinischen Sprache
**La'ti'tü'de** (die, -, -n) **1** Breite in der Geografie **2** Weite [frz.]
**La'trie** (die, -, nur Ez.) die Gott und Christus allein zustehende Verehrung und Anbetung [gr.-lat.]
**La'tri'ne** (die, -, -n) primitives Klosett, Abort [lat.]
**La'tri'nen'pa'ro'le** (die, -, -n) Gerücht (im Soldatenjargon)
**Lat'wer'ge** (die, -, -n) **1** stark eingekochtes Mus **2** angerührtes Pulver, das als Arznei eingenommen wird
**Lau'da** (die, -, -de) volkstümliche, geistliche Lieder in Italien im 13.-17. Jh.
**lau'da'bel** (Adj.) lobenswert [lat.]
**Lau'da'tio** (die, -, -ti'o'nes) Lobrede; z.B. auf einen Preisträger [lat.]
**Lau'da'ti'on** (die, -, -ti'o'nen) Lobrede [lat.]
**Lau'da'tor** (der, -s, -to'ren) Lobredner, Redner bei Preisverleihungen, der die Laudatio hält [lat.]
**Lau'des** [-deːs] (nur Mz.) **1** Lobgesänge **2** Morgengebet (im kath. Brevier) [lat.]
**lau'die'ren** (V.) **1** loben **2** einen Zeugen nennen, vorschlagen (in der Rechtswissenschaft) [lat.]
**Lau'dis'ten** (nur Mz.) Psalmen- und Hymnensänger des 13. bis 16. Jahrhunderts [lat.]
**laun'chen** [lɔːntʃ] (V.) lancieren, auf den Markt bringen
**Lau're'at** (der, -en, -en) mit dem Lorbeerkranz gekrönter Dichter; Preisträger [lat.]
**Lau'ren'tia** (die, -, nur Ez.) Urkontinent, Kernstück des nordamerikanischen Kontinents (Geol.)
**Lau'rus** (der, - oder -ses, - oder -se) Lorbeer [lat.]
**Lau'tal** (das, -s, nur Ez.) Legierung aus Kupfer und Aluminium
**Lau'te'nist** (der, -nis'ten, -nis'ten) berufsmäßiger Lautenspieler [lat.]
**La'va** (die, -, -ven) der bei Vulkanausbrüchen ausfließende Schmelz und das durch Erstarrung aus diesem Schmelzfluss entstehende Gestein [it.]
**La'va'bel** (der, -s, -) weicher, waschbarer Seiden- oder Kunstseidenkrepp [frz.]
**La'va'bo** (das, -s, -s) Handwaschung des Priesters während der Messe; die dafür verwendeten Geräte; Waschbecken (schweiz.) [lat.]
**la'ven'del** (Adj.) blauviolett [lat.-it.]
**La'ven'del** (der, -s, -) eine Heil- und Gewürzpflanze; Duftstoff [lat.]

**la'vie'ren** (V.) 1 die aufgetragenen Farben (und damit die Konturen) verwischen (in der Malerei) [frz.] 2 im Zickzackkurs gegen den Wind segeln, kreuzen; geschickt vorgehen [niederl.]
**La'vi'pe'di'um** [-vi-] (das, -s, -di'en) Fußbad [lat.]
**La'voir** [lawoa:r] (das, -s, -s) Waschbecken
**Lä'vu'lo'se** (die, -, nur Ez.) Fruchtzucker [lat.]
**Law and Or'der** engl. für Gesetz und Ordnung; Schlagwort bei der Bekämpfung von Kriminalität und Gewalt durch verschärfende Gesetzesvorhaben und Polizeimaßnahmen [amerik.]
**La'wi'ne** (die, -, -n) 1 niederstürzende Schnee-, Stein- oder Staubmasse 2 große, aufeinanderfolgende Menge (von Ereignissen, Dingen) [lat.]
**Lawn'ten'nis** [lɔ:n-] (das, -, nur Ez.) auf Rasen gespieltes Tennis [engl.]
**Law'ren'ci'um** [lɒ-] (das, -s, nur Ez.) ein Element, Transuran [nlat.]
**lax** (Adj.) schlaff, lässig, nachlässig; z.B. laxe Haltung, laxes Benehmen [lat.]
**La'xans** (das, -, -xan'tia oder -xan'zi'en) Abführmittel [lat.]
**La'xa'tiv** (das, -s, -e) = Laxans
**La'xa'ti'vum** (das, -s, -va) mildes Abführmittel [lat.]
**la'xie'ren** (V.) abführen, die Verdauung anregen [lat.]
**La'xis'mus** (der, -, nur Ez.) von der Kirche verurteilte Anschauung der kath. Moraltheologie, wonach Handlungen als erlaubt angenommen werden, auch wenn für deren Erlaubtsein nur eine geringe Wahrscheinlichkeit besteht [lat.]
**Lay-out** *auch:* Lay'out [leɪaʊt] (das, -s, -s) Entwurf für die Text- und Bildgestaltung (eines Buches, einer Zeitschrift, eines Plakats u.a.) [engl.]
**Lay'ou'ter** [leɪaʊ-] (der, -s, -) jmd., der Layouts herstellt
**La'za'rett** (das, -(e)s, -e) Militärkrankenhaus [it.]
**La'za'rist** (der, -ris'ten, -ris'ten) Angehöriger einer kath. Priesterkongregation für die Mission [frz.]
**La'za'rus** 1 Name eines Mannes, den Jesus von den Toten auferweckte 2 (der, -ses, -se) schwer Leidender, Geplagter [lat.]
**La'ze'ra'ti'on** (die, -, -ti'o'nen) Einriss (im Körpergewebe) [lat.]
**la'ze'rie'ren** (V.) reißen, einreißen (in der Medizin)
**La'zer'te** (die, -, -n) Eidechse
**La'zu'lith** (der, -s, -e) ein Mineral, Edelstein [pers.-gr.]
**LCD** Abk. für „**L**iquid **C**ristal **D**isplay", Leuchtkristallanzeige [engl.]
**Lead** [li:d] (das, -s, nur Ez.) 1 Führungsstimme (in einer Jazzband) [engl.] 2 Beginn, kurze Einleitung einer Rede
**Lea'der** [li:-] (der, -s, -) 1 Kapellmeister einer Jazzkapelle, Bandleader 2 Sportler, der im Wettkampf in Führung liegt; führende Mannschaft (in einer Meisterschaftsrunde) [engl.]
**Lead'gi'tar're** [li:d-] (die, -, -n) elektrische Gitarre, die auf dem Rhythmus spielt (Mus.)
**Leaf'let** [li:flɛt] (das, -s, -s) Werbebroschüre
**Lean Ma'nage'ment** [li:nmænɪdʒmənt] (das, -s, nur Ez.) kostengünstige Unternehmensführung
**Lean Pro'duc'tion** [li:nprodʌktʃn] (die, -, nur Ez.) preisgünstige Herstellung in der Industrie [engl.]
**Lear'ning by Do'ing** [lɜ:rniŋ bai du:iŋ] (das, -, nur Ez.) Lernen durch die praktische Tätigkeit
**Lear'ning on the Job** [lɜ:rniŋ ɔn ðe dʒɔ:b] (das, -, nur Ez.) Erlernen eines Berufs durch seine praktische Ausübung
**lea'sen** [li:-] (V.) durch einen Leasingvertrag mieten oder vermieten [engl.]
**Lea'sing** [li:-] (das, -s, -s) Mieten oder Vermieten von Investitionsgütern, Autos u.a. (wobei die Miete bei einem späteren Kauf auf den Kaufpreis angerechnet wird)
**Le'cka'ge** [lɛka:ʒ] (die, -, -n) undichte Stelle
**le'gal** (Adj.) gesetzlich [lat.]
**Le'gal'de'fi'ni'ti'on** (die, -, -en) gesetzlich festgelegte Begriffsdefinition
**Le'ga'li'sa'ti'on** (die, -, -ti'o'nen) das Legalisieren
**le'ga'li'sie'ren** (V.) legal machen; amtlich bestätigen, beglaubigen [lat.]

L

**Legalismus** (der, -, nur Ez.) strikte Befolgung von Gesetzen, Regeln, Paragraphen und Vorschriften [lat.]

**legalistisch** (Adj.) an Paragraphen und Vorschriften kleinlich festhaltend, auf dem Legalismus basierend, zu ihm gehörend [lat.]

**Legalität** (die, -, nur Ez.) das Legalsein, Gesetzlichkeit, Verpflichtetsein dem Gesetz gegenüber [lat.]

**Legalitätsprinzip** (das, -s, -zipien) Verpflichtung der Staatsanwaltschaft, im öffentlichen Interesse gegen Straftaten vorzugehen

**legasthen** (Adj.) die Legasthenie betreffend [lat.-gr.]

**Legasthenie** (die, -, -ien) Lese- und Rechtschreibschwäche (bei normaler Intelligenz) [gr.]

**Legastheniker** (der, -s, -) jmd., der an Legasthenie leidet

**legasthenisch** (Adj.) an Legasthenie leidend

L

**Legat** (der, -en, -en) **1** Gesandter, Statthalter (im alten Rom); päpstlicher Gesandter **2** (das, -(e)s, -e) Vermächtnis, testamentarische Zuwendung [lat.]

**Legatar** (der, -s, -e) jmd., der ein Legat (Zuwendung) erhält

**Legation** (die, -, -en) Gesandtschaft (des Papstes) [lat.]

**legatissimo** (Adj.) sehr gebunden (Mus.) [lat.]

**legato** (Adv.) gebunden (zu singen oder zu spielen) [it.]

**Legato** (das, -s, -s) gebundene Sing- oder Spielweise [it.]

**lege artis** nach dem Gesetz der Kunst (Med.) [lat.]

**Legendar** (das, -s, -e) Sammlung von Heiligenlegenden [lat.]

**legendär** (Adj.) **1** sagenhaft, legendenhaft **2** unwahrscheinlich

**Legende** (die, -, -n) **1** Erzählung über eine(n) Heilige(n) **2** lange zurückliegendes, nicht mehr nachprüfbares Ereignis **3** Erläuterung, Zeichenerklärung (zu einer Abbildung oder Landkarte) [lat.]

**leger** [lleʒeːɐ] (Adj.) lässig, ungezwungen; z.B. legere Haltung, legeres Benehmen; bequem; z.B. legere Kleidung [frz.]

**leggiero** (Adj.) leicht, spielerisch (Mus.) [it.]

**Leggings** *auch:* Leggins (nur Mz.) **1** hosenähnliches, aus Leder gefertigtes Kleidungsstück der nordamerikanischen Indianer **2** eng anliegende Damenhose aus elastischem Garn [engl.]

**Leggins** (nur Mz.) = Leggings

**legieren** (V.) **1** mischen; z.B. geschmolzene Metalle legieren **2** mit Mehl binden, eindicken; z.B. legierte Suppe [it.]

**Legierung** (die, -, -en) durch Mischung mehrerer geschmolzener Metalle entstandenes Metall [it.]

**Legion** (die, -, -gionen) **1** Truppeneinheit (im alten Rom) **2** (nur Ez.) Name von Freiwilligentruppen; z.B. Fremdenlegion **3** (nur Ez.) sehr große Menge [lat.]

**legionär** (Adj.) die Legion betreffend, von ihr ausgehend [lat.-frz.]

**Legionär** (der, -s, -e) Soldat einer römischen Legion [lat.]

**Legionärskrankheit** (die, -, nur Ez.) Infektionskrankheit

**Legionelle** (die, -, -n) Bakterie, die Lungenentzündung verursacht [gr.-lat.]

**legislativ** (Adj.) gesetzgebend [lat.]

**Legislative** (die, -n, -n) gesetzgebende Versammlung, gesetzgebende Gewalt (im Staat) [lat.]

**legislatorisch** (Adj.) gesetzgeberisch [lat.]

**Legislatur** (die, -, -en) Gesetzgebung [lat.]

**legitim** (Adj.) **1** rechtmäßig, gesetzlich anerkannt **2** ehelich (von Kindern) **3** berechtigt, vertretbar, allgemein anerkannt [lat.]

**Legitimation** (die, -, -tionen) **1** Beglaubigung, amtliche Bestätigung **2** Ehelichkeitserklärung (für ein vor- oder unehelich geborenes Kind) **3** Ausweis [lat.]

**legitimieren** (V.) **1** beglaubigen, (amtlich) bestätigen **2** für ehelich erklären (Kind) **3** sich legitimieren: sich ausweisen, durch Ausweis nachweisen, wer man ist [lat.]

**Legitimität** (die, -, nur Ez.) Rechtmäßigkeit, Gesetzlichkeit, Übereinstimmung mit der Verfassung [lat.]

**Leguan** (der, -s, -e) tropische Baumechse mit Rückenkamm [indian.-span.]

**Le|gu|men** (das, -s, -) Hülsenfrucht [lat.]
**Le|gu|min** (das, -s, nur Ez.) Eiweiß der Hülsenfrüchte [lat.]
**Le|gu|mi|no|se** (die, -, -n) Hülsenfrüchtler [lat.]
**Leg|war|mer** (der, -s, -s) wollener, fußloser Beinwärmer, der von den Knöcheln bis zu den Knien reicht [engl.]
**lei|po|gram|ma|tisch** (Adj.) Fehlen eines bestimmten Buchstaben in literarischen Textspielereien [gr.]
**Leis** (der, - oder -es, -e oder -en) mittelalterliches Volkslied
**Leit|fos|sil** (das, -s, -li|en) Versteinerung eines Organismus, die eine bestimmte Erdschicht kennzeichnet
**Lek** (der, -(s), - oder -s) Währungseinheit in Albanien
**Lek|ti|on** (die, -, -ti|o|nen) **1** Kapitel, Abschnitt im Lehrbuch **2** Lehrstunde, Vorlesung **3** Zurechtweisung [lat.]
**Lek|ti|o|nar** (das, -s, -e oder -ri|en) **1** liturgisches Buch mit den Bibelabschnitten für den Gottesdienst **2** das Lesepult, an dem die Lesung der vorgeschriebenen Bibelabschnitte vorgenommen wird [lat.]
**Lek|ti|o|na|ri|um** (das, -s, -ri|en) = Lektionar [lat.]
**Lek|tor** (der, -s, -to|ren) **1** Hochschullehrer (bes. für praktische Übungen) **2** Verlagsangestellter, der Manuskripte liest, begutachtet und bearbeitet [lat.]
**Lek|to|rat** (das, -(e)s, -e) **1** Gutachten eines Lektors (2) **2** Stelle eines Lektors (2) **3** Verlagsabteilung, in der Manuskripte gelesen und bearbeitet werden [lat.]
**lek|to|rie|ren** (V.) als Lektor begutachten; z.B. ein Manuskript lektorieren [lat.]
**Lek|tü|re** (die, -, -n) das Lesen; Lesestoff [frz.]
**Le|ky|thos** (der, -, -ky|then) altgriechisches Gefäß mit Henkel, Ausguss und Fuß [gr.]
**Le-Mans-Start** [le:mɔ-] (der, -(e)s, -s) Art des Starts für Autorennen: beim Startzeichen laufen die Fahrer erst zu ihren Wagen
**Lem|ma** (das, -s, -ta) **1** Vordersatz eines Schlusses (in der Philosophie) **2** Hilfssatz in einer Beweisführung **3** Stichwort und Artikel in einem Lexikon [gr.]
**lem|ma|ti|sie|ren** (V.) **1** zum Stichwort für ein Nachschlagewerk machen **2** mit einem Stichwort versehen und dementsprechend ordnen [gr.-lat.]
**Lem|ming** (der, -s, -e) skandinavische Wühlmaus [dän.]
**Lem|nis|ka|te** (die, -, -n) mathematische (algebraische) Kurve in Form einer liegenden Acht [gr.]
**Le|mur** *auch:* Le|mu|re (der, -en, -en) **1** Geist eines Verstorbenen (in der röm. Mythologie) **2** ein Halbaffe [lat.]
**Le|mu|re** (der, -n, -n) = Lemur
**le|mu|ren|haft** (Adj.) gespenstisch [lat.]
**Le|mu|ria** (die, -, nur Ez.) Landmasse, die von den Geologen für die Triaszeit zwischen Vorderindien und Madagaskar angenommen wird [lat.]
**le|mu|risch** (Adj.) zu den Lemuren gehörend, lemurenhaft [lat.]
**Le|ni|nis|mus** (der, -, nur Ez.) der von Wladimir I. Lenin weiterentwickelte Marxismus
**Le|ni|nist** (der, -nis|ten, -nis|ten) Anhänger des Leninismus
**le|ni|nis|tisch** (Adj.) zum Leninismus gehörig, darauf beruhend
**le|ni|tiv** (Adj.) lindernd, mit schmerzstillener Wirkung [lat.]
**Le|ni|ti|vum** [-v-] (das, -s, -va) Abführmittel
**len|tan|do** (Adj.) langsamer werdend
**Len|ti|go** (die, -, -gines) dunkler Fleck auf der Haut
**len|ti|ku|lar** *auch:* len|ti|ku|lär (Adj.) linsenförmig, zur Augenlinse gehörig [lat.]
**len|ti|ku|lär** (Adj .) = lentikular
**len|to** (Adv.) langsam (bei Musikstücken) [it.]
**Le|o|ni|den** (nur Mz.) Ansammlung von Sternschnuppen
**Le|o|pard** (der, -s, -en) gelbschwarz gefleckte Großkatze Afrikas und Asiens [lat.]
**Le|pi|do|kro|kit** (der, -s, -e) Mineral
**Le|pi|do|p|te|re** (der, -n, -n) Schmetterling
**Le|po|rel|lo** (das, -s, -s) **1** Operngestalt in Mozarts Don Giovanni **2** = Leporelloliste **3** Faltblatt
**Le|po|rel|lo|al|bum** (das, -s, -ben) eine Bilderreihe, die harmonikaartig zusammengefaltet werden kann

L

**Le'po'rel'lo'lis'te** (die, -, -n) aufzählendes Verzeichnis der Geliebten, das harmonikaartig zusammengefaltet werden kann
**Le'pra** (die, -, nur Ez.) zu starken Entstellungen führende, ansteckende Hautkrankheit, Aussatz [gr.]
**Le'prom** (das, -s, -e) durch Lepra entstandener Knoten in der Haut
**le'prös** (Adj.) durch Lepra verursacht; an Lepra leidend
**Lep'to'ke'pha'lie** (die, -, nur Ez.) Langköpfigkeit [gr.]
**Lep'to'me'nin'gi'tis** (die, -, -ti'den) Entzündung der weichen Hirnhaut
**Lep'ton 1** (das, -s, -ta) altgriechisches Gewicht; ehem. kleine neugriechische Währungseinheit **2** (das, -s, -tonen) Elementarteilchen, das leichter ist als ein Proton
**lep'to'som** (Adj.) schmalwüchsig, schlank [gr.]
**Lep'to'spi're** (die, -, -n) schraubenförmiges Bakterium [gr.-lat.]

L

**Les'be** (die, -, -n) = Lesbierin (ugs., leicht abwertend)
**Les'bi'a'nis'mus** (der, -, nur Ez.) Homosexualität bei Frauen [gr.]
**Les'bi'e'rin** [-biə-] (die, -, -nen) homosexuelle Frau [gr.]
**les'bisch** (Adj.) homosexuell (in Bezug auf Frauen)
**Le'so'ther** (der, -s, -) Einwohner des von Südafrika umschlossenen Königreichs Lesotho [Bantu]
**les'to** (Adj.) hurtig, rasch (Mus.) [it.]
**Let** (das, -s, -s) **1** ungültiger Aufschlag (Tennis) **2** Behinderung durch den Gegner (Squash) [engl.]
**le'tal** (Adj.) tödlich (bes. von Giften) [lat.]
**Le'tal'do'sis** (die, -, -sen) tödliche Menge
**Le'ta'li'tät** (die, -, nur Ez.) Sterblichkeit, Zahl der Todesfälle (im Verhältnis zur Zahl der Erkrankten) [lat.]
**Le'thar'gie** (die, -, nur Ez.) krankhafte Schlafsucht; Teilnahmslosigkeit, Trägheit, Schlaffheit [gr.]
**le'thar'gisch** (Adj.) an Lethargie leidend; teilnahmslos, träge, schlaff
**Le'the** (die, -, nur Ez.) Strom der Unterwelt, aus dem die Toten Vergessen trinken (in der altgriechischen Mythologie); das Vergessen [gr.]
**Let'kiss** (der, -, nur Ez.) Kettentanz mit Hüpfschritten im Polkarhythmus, bei dem man sich häufig küssen muss (bes. um 1964) [finn.-engl.]
**Let'ter** (die, -, -n) Druckbuchstabe [lat.]
**Let'ter'set'druck** (der, -(e)s, nur Ez.) Druckverfahren
**Lett'ner** (der, -s, -) Trennwand zwischen Chor und Mittelschiff
**Leu** (der, -, Lei) Währungseinheit aus Rumänien
**Leu'kä'mie** (die, -, -n) schwere Erkrankung durch Vermehrung der weißen Blutkörperchen („Weißblütigkeit") [gr.]
**leu'kä'misch** (Adj.) an Leukämie erkrankt; die Leukämie betreffend
**Leu'k'an'ä'mie** (die, -, nur Ez.) Mischform von Leukämie und Blutarmut [gr.-lat.]
**Leu'ko'der'mie** (die, -, -n) stellenweise Entfärbung, Weißfleckigkeit der Haut [gr.]
**Leu'kom** (das, -s, -e) weißer Fleck oder weiße Narbe auf der Hornhaut des Auges [gr.]
**Leu'ko'ma'to'se** (die, -, -n) Bildung weißer Hautflecken (Med.) [gr.]
**Leu'ko'me'ter** (das, -s, -) Messgerät zur Messung des Reflexionsgrades des Lichtes von Papier
**Leu'ko'pe'nie** (die, -, -n) krankhafte Reduktion der weißen Blutkörperchen (Med.) [gr.]
**Leu'ko'plast** (der, -plas'ten, -plas'ten) **1** farbloser Bestandteil einer pflanzlichen Zelle **2** (das, -(e)s, -e) Heftpflaster (Warenzeichen) [gr.-lat.]
**Leu'kor'rhö** (die, -, -en) weißlicher Ausfluss aus der Scheide (bei Gebärmutterentzündung) [gr.]
**Leu'ko'zyt** (der, -en, -en) weißes Blutkörperchen [gr.]
**Leu'ko'zy'to'se** (die, -, -) Vermehrung der Leukozyten (als Abwehrvorgang bei Entzündung, Infektion u.a.) [gr.]
**Leut'nant** (der, -s, -s selten -e) Offizier der untersten Rangstufe [frz.]
**Le'va'de** (die, -, -n) Aufrichten des Pferdes auf die Hinterbeine (in der hohen Schule) [frz.]
**Le'val'loi'si'en** [levalɔazɪɛ̃] (das, - oder -s, nur Ez.) eine der nächsten Stufen der Altsteinzeit

**Le'van'te** (die, -, nur Ez.) die östlich von Italien liegenden Mittelmeerländer [lat.-it.]
**Le'van'ti'ner** (der, -s, -) Mischling aus einem europäischen und einem orientalischen Elternteil (in der Levante)
**le'van'ti'nisch** (Adj.) die Levante oder die Levantiner betreffend [lat.-it.]
**Le'vee** [ləveː] (die, -, -s) Aushebung von Rekruten (früher) [frz.]
**Le'vel** (der, -s, -s) erreichtes Niveau, Leistungsstand, Stufe, Ebene [engl.]
**Le'ver** [ləveː] (das, -s, -s) Morgenempfang, morgendliche Audienz (bei einem Fürsten; früher) [frz.]
**Le'vi'a'than** *auch:* Le'vi'a'tan (der, -s, -e) **1** Meeresungeheuer, Riesenschlange (in der altorient. Mythologie) **2** Maschine zum Waschen und Entfetten von Rohwolle [hebr.]
**Le'vi'rat** (das, -(e)s, -e) Ehe mit der Frau des ohne Nachkommen gestorbenen Bruders (bei Naturvölkern und den Israeliten) [lat.]
**Le'vit** (der, -en, -en) **1** Angehöriger eines israelischen Stammes **2** jüdischer Priester **3** Diakon in der katholischen Kirche
**Le'vi'ta'ti'on** (die, -, -ti'o'nen) berührungsloses Schweben eines Körpers (Parapsychologie)
**Le'vi'ten** (nur Mz.) jmdm. die Leviten lesen: jmdn. energisch zurechtweisen [hebr.]
**le'vi'tie'ren** (V.) sich erheben, frei schweben, abheben (in der Parapsychologie) [lat.]
**Le'vit'town** [-taʊn] (die, -, -s) Stadt aus überwiegend gleichen Fertighäusern
**Lev'ko'je** *auch:* Lev'ko'ie (die, -, -n) eine Zierpflanze, Kreuzblütler [gr.]
**Lew** [lɛf] (der, -s, Le'wa) Währungseinheit in Bulgarien
**Lex** (die, -, Le'ges [-geːs]) Gesetzesantrag, Gesetz (meist in Verbindung mit dem Namen des Veranlassers) [lat.]
**Le'xem** (das, -s, -e) Wort (im Sinne der Morphologie) [gr.]
**Le'xe'ma'tik** (die, -, nur Ez.) Lehre von den Lexemen
**Le'xik** (die, -, nur Ez.) Wortschatz (einer Sprache oder Fachsprache) [gr.]
**Le'xi'ko'gra'fie** *auch:* Le'xi'ko'gra'phie (die, -, nur Ez.) Lehre von den Wörterbüchern [gr.]
**Le'xi'kon** (das, -s, -ka) **1** alphabetisch geordnetes Nachschlagewerk **2** Gesamtheit der Lexeme einer Sprache, Wortschatz [gr.]
**Le'xi'ko'thek** (die, -, -en) Sammlung verschiedener Nachschlagewerke
**le'xisch** (Adj.) zur Lexik gehörig
**L'hom'bre** [lɔ̃ːbrə] (das, -s, nur Ez.) = Lomber
**Li** (das, -, -) altes chinesisches Längenmaß; chinesisches Münzgewicht; durchlochte chinesische Kupfermünze
**Li'ai'son** [liɛzɔ̃] (die, -, -s) **1** Liebesverhältnis, Liebschaft **2** Verbindung, Vereinigung, enge Bindung **3** Verbindung zweier Wörter, wobei der stumme Auslaut des ersten Wortes mit dem Anlaut des zweiten Wortes verbunden und ausgesprochen wird [frz.]
**Li'a'ne** (die, -, -n) Kletterpflanze des tropischen Regenwaldes [frz.]
**Li'as** (der oder die, -, nur Ez.) untere Abteilung des Juras [engl.]
**li'as'sisch** (Adj.) zum Lias gehörig, aus ihm stammend
**Li'ba'ne'se** (der, -n, -n) Ew. des Libanons
**Li'ba'ti'on** (die, -, -ti'o'nen) Trankspende, Trankopfer für Verstorbene und Götter (im alten Rom) [lat.]
**Li'bell** (das, -s, -e) Klageschrift (im alten Rom), Schmähschrift [lat.]
**Li'bel'le** (die, -, -n) **1** langes, schlankes Insekt mit sehr großen Augen **2** Vorrichtung an Messgeräten zur Einstellung der Horizontalen und Vertikalen; z.B. an der Wasserwaage [lat.]
**Li'bel'list** (der, -en, -en) Verfasser einer Schmähschrift
**Li'ber** (das, -s, -) Fünffrankenstück (schweiz.)
**li'be'ral** (Adj.) freiheitlich gesinnt, vorurteilslos [lat.]
**li'be'ra'li'sie'ren** (V.) freier, großzügiger gestalten [lat.]
**Li'be'ra'lis'mus** (der, -, nur Ez.) politische, wirtschaftliche und gesellschaftliche Anschauung, die größtmögliche Freiheit und freie Entfaltung des Einzelnen erstrebt [lat.]

**Li'be'ra'list** (der, -lis'ten, -lis'ten) Anhänger des Liberalismus
**li'be'ra'lis'tisch** (Adj.) zum Liberalismus gehörig, auf ihm beruhend
**Li'be'ra'li'tät** (die, -, nur Ez.) freiheitliche, vorurteilslose Gesinnung [lat.]
**Li'be'ra'ti'on** (die, -, -en) Befreiung [lat.]
**Li'be'ri'er** (der, -s, -) Einwohner des westafrikanischen Staates Liberia [nlat.]
**Li'be'ro** (der, -s, -s) freier Verteidiger, der sich auch in den Angriff einschalten kann (beim Fußball) [it.]
**Li'ber'tät** (die, -, -en) Freiheit [lat.]
**Li'ber'tin** [-tɛ̃] (der, -s, -s) Freigeist, Freidenker; ausschweifend lebender Mensch [frz.]
**Li'ber'ti'na'ge** [-ʒə] (die, -, -n) Zügellosigkeit, Ausschweifung [frz.]
**Li'ber'ti'nis'mus** (der, -, nur Ez.) Zügellosigkeit [lat.]
**li'bi'di'nös** (Adj.) auf Libido beruhend, triebhaft
**Li'bi'do auch** [-biː-] (die, -, nur Ez.) Begierde, Trieb (bes. Geschlechtstrieb) [lat.]
**Li'bra'ti'on** (die, -, -en) Schwankung des Mondkörpers
**Li'bres'so** (das, -s, -s) österreichisches Kaffeehaus mit Büchern, Zeitungen und Zeitschriften [lat.-it.]
**li'bret'ti'sie'ren** (V.) in die Form eines Librettos bringen [lat.-it.]
**Li'bret'tist** (der, -tis'ten, -tis'ten) Verfasser eines Librettos
**Li'bret'to** (das, -s, -s oder -ti) Text (zu einem musikalischen Bühnenwerk); z.B. Opernlibretto [it.]
**Li'bri** Mz. von Liber [lat.]
**Li'by'er** (der, -s, -) Einwohner des nordafrikanischen Staates Libyen
**li'cet** es ist erlaubt [lat.]
**Li'chen** (der, -s, -) **1** stark juckende Hautkrankheit mit Knötchenbildung, Knötchenflechte **2** Flechte (in der Botanik) [gr.-lat.]
**Li'che'no'lo'gie** (die, -, nur Ez.) Wissenschaft von den Flechten (in der Botanik) [gr.-lat.]
**Li'cker** (der, -s, -) Fettgemisch, das auf Leder aufgetragen wird [engl.]
**Li'do** (der, -s, -s) Landstreifen, der einen flachen Meeresteil vor der Küste vom offenen Meer trennt [it.]
**Liek** (das, -s, -en) Leine in den Segelkanten
**Li'en** (der, -s, -es) Milz [lat.]
**Li'e'ni'tis** (die, -, -tiden) Milzentzündung
**Lieue** [ljøː] (die, -, -s) altes französisches Längenmaß, 4–5 km
**Life'ja'cket** [laifdʒækɪt] (das, -s, -s) Westen, die zur Lebensrettung angezogen werden (Flugzeug oder Schiff) [engl.]
**Lift** **1** (der, -(e)s, -e oder -s) Aufzug, Fahrstuhl **2** (der oder das, -s, -s) = Lifting **3** (der, -s, -s) Mitfahrgelegenheit [engl.]
**Lift'boy** [-bɔɪ] (der, -s, -s) Jugendlicher, der einen Lift bedient [engl.]
**liften** (V.) durch Lifting heben, straffen
**Lifting** (das, -s, -s) kosmetische Operation zum Straffen erschlafften Gewebes (bes. der Gesichtshaut und des Busens) [engl.]
**Li'ga** (die, -, -gen) **1** Bündnis, Bund **2** eine Wettkampfklasse, Spitzenklasse [span.]
**Li'ga'de** (die, -, -n) Fachterminus beim Fechten, Abwehren der Klinge [frz.]
**Li'ga'ment** (das, -(e)s, -e) Band aus Bindegewebe [lat.]
**Li'ga'tur** (die, -, -en) Verbindung zweier Buchstaben zu einer Drucktype; z.B. c; Verbindung zweier Noten durch Bogen (in der Musik); Abbinden eines Blutgefäßes [lat.]
**light** [lait] (Adj.) leicht, einfach, in Bezug auf Nahrungs- oder Genussmittel: kalorienarm [engl.]
**Light'show** [laitʃəʊ] (die, -s, -s) Show aus Lichteffekten [engl.]
**Li'gist** (der, -gis'ten, -gis'ten) Angehöriger einer Liga
**Lig'nin** (das, -s, -e) festigender Bestandteil des Holzes, Holzstoff [lat.]
**Lig'nit** (der, -s, -e) Braunkohle mit noch erkennbarer Holzstruktur [lat.]
**Lig'nos'tone** [-stəʊn] (das, -s, nur Ez.) verdichtetes, sehr hartes Pressholz (Warenzeichen) [lat.-engl.]
**Li'gro'in** (das, -s, nur Ez.) Bestandteil des Erdöls, Leichtöl
**Li'gu'la** (die, -, -lae [-læː]) Blatthäutchen (bei manchen Gräsern) [lat.]
**Li'gus'ter** (der, -s, -) ein Ölbaumgewächs mit weißen Blüten, häufig als Heckenpflanze [viell. lat.]

**li'ie'ren** (V.) eng verbinden; sich mit jmdm. liieren: mit jmdm. eine Liebesbeziehung eingehen; mit jmdm. liiert sein: eine Liebes- oder Geschäftsbeziehung zu jmdm. unterhalten [frz.]
**Li'kör** (der, -s, -e) süßer Branntwein [frz.]
**Lik'tor** (der, -s, -to'ren) Diener eines höheren Beamten (im alten Rom) [lat.]
**li'la** (Adj.) hellviolett [arab.-frz.]
**Li'lie** [-ljə] (die, -, -n) artenreiche Pflanzengruppe mit großen, trichterförmigen Blüten, Zierpflanze [lat.]
**Li'li'pu'ta'ner** (der, -s, -) zwergenhaft kleiner Mensch [engl.]
**Li'ma'ko'lo'gie** (die, -, nur Ez.) Schneckenkunde [lat.-gr.]
**Lim'ba** (das, -(s), nur Ez.) hartes Nutzholz aus Kamerun und dem Kongo [afrikan.]
**Lim'bo** (der, -s, -s) Tanz aus Westindien
**Lim'bus** (der, -, -bi) **1** Aufenthaltsort (ohne Pein) der vorchristlichen Gerechten und der ungetauft gestorbenen Kinder, Vorhölle (nach kath. Auffassung) **2** Teil des Winkelmessgeräts, auf dem die Größe des Winkels abgelesen wird **3** Blütensaum [lat.]
**Lime'juice** [laɪmdʒuːs] (der, -, nur Ez.) Zitronensaft (in Cocktails) [engl.]
**Li'me'rick** (der, -s, -s) Gedicht aus fünf Zeilen mit groteskem Schlusseffekt (nach der irischen Stadt) [engl.]
**Li'mes** (der, -, nur Ez.) **1** Grenzwall des Römischen Reiches **2** mathematischer Wert, dem eine Zahlenfolge zustrebt, Grenzwert [lat.]
**Li'met'ta** (die, -, -ten) = Limette
**Li'met'te** *auch:* Li'metta (die, -, -ten) dünnschalige Zitrone Mittelamerikas [frz.]
**li'mi'kol** (Adj.) Schlamm bewohnend
**Li'mi'ko'le** (die, -, -n) Strandläufer, Wattvogel [lat.]
**Li'mit** (das, -s, -s) äußerste Grenze (die nicht überschritten werden darf) [engl.]
**Li'mi'ta'ti'on** (die, -, -ti'o'nen) Begrenzung, Beschränkung [lat.]
**li'mi'ta'tiv** (Adj.) begrenzend, einschränkend
**li'mi'ted** [-tɪd] mit beschränkter Haftung (bei engl. und amerik. Firmennamen) [engl.]
**Li'mi'ted E'di'ti'on** [lɪmɪtɪd edɪʃn] (die, -, -s) beschränkte Auflage [engl.]
**li'mi'tie'ren** (V.) begrenzen, beschränken, einschränken [lat.]
**Lim'ni'graf** *auch:* Lim'ni'graph (der, -en, -en) = Limnimeter [gr.]
**Lim'ni'me'ter** (das, -s, -) Wasserstandsanzeiger (für Seen) [gr.]
**lim'nisch** (Adj.) im Süßwasser lebend oder abgelagert
**Lim'no'graf** *auch:* Lim'no'graph (der, -en, -en) = Limnimeter
**Lim'no'lo'gie** (die, -, nur Ez.) Wissenschaft von den Binnengewässern und den in ihnen lebenden Organismen, Seenkunde [gr.]
**Lim'no'plank'ton** (das, -s, nur Ez.) Plankton des Süßwassers [gr.]
**Li'mo'na'de** (die, -, -n) Getränk aus Wasser mit Obstsaft oder -essenz, Zucker (und Kohlensäure) [it.]
**Li'mo'ne** (die, -, -n) eine dickschalige Zitrone [pers.-it.]
**li'mos** *auch:* li'mös (Adj.) schlammig, sumpfig [lat.]
**Li'mou'si'ne** [-mu-] (die, -, -n) geschlossener Personenkraftwagen [frz.]
**lim'pid** (Adj.) durchsichtig, durchscheinend [lat.]
**Li'mu'lus** (der, -, nur Ez.) Schwertschwanz, Fisch
**Lin'dan** (das, -s, nur Ez.) ein Chlorkohlenwasserstoff als Schädlingsbekämpfungsmittel u.a., Umweltgift [Kunstwort]
**Li'ne'age** [liːneaːʒ] (die, -, -s) Geschlecht, Linie von Verwandten, die alle auf einen Ahnen zurückgeführt werden können [engl.]
**Li'ne'al** (das, -s, -e) meist mit Messskala versehenes Gerät zum Ziehen von geraden Linien [lat.]
**Li'ne'a'ment** (das, -(e)s, -e) Linie (in der Hand) [lat.]
**li'ne'ar** (Adj.) linienförmig, durch Linien dargestellt oder gebildet; kontrapunktisch abgebildet [lat.]
**Li'ne'ar'be'schleu'ni'ger** (der, -s, -) Gerät zur Beschleunigung elektrischer Teilchen, die das elektrische Feld auf linearer Bahn durchlaufen
**Li'ne'ar'erup'ti'on** (die, - , -en) Aktivität eines Vulkans, die meist in Erdspalten beginnt

L

**Li'ne'ari'tät** (die, -, nur Ez.) lineare Beschaffenheit
**Li'ne'a'tur** (die, -, -en) Liniensystem, Gesamtheit von Linien (in einer Zeichnung, in einem Schulheft)
**Li'ner** [laɪnə] (der, s, -) Linienschiff [engl.]
**Li'net'te** [-nɛt] (die, -, nur Ez.) dem Linon ähnliches Gewebe [frz.]
**Lin'gam** *auch:* Lin'ga (das, -s, -s) Phallus, Penis (in der indischen Religion Sinnbild der Zeugungskraft) [sanskr.]
**Lin'ge'rie** [lɛ̃ʒəriː] (die, -, -n) Wäschekammer, betriebseigene Wäscherei (schweiz.) [frz.]
**lin'gu'al** (Adj.) zur Zunge gehörig, mit der Zunge gebildet [lat.]
**Lin'gu'al'laut** (der, -s, -e) mit der Zunge gebildeter Laut [lat.]
**Lin'gu'ist** (der, -is'ten, -is'ten) Sprachwissenschaftler [lat.]
**Lin'gu'is'tik** (die, -, nur Ez.) Sprachwissenschaft [lat.]
**lin'gu'is'tisch** (Adj.) zur Linguistik gehörig
**Li'nie** [-niə] (die, -, -n) **1** gebogener oder gerader Strich **2** Strecke, auf der ein Verkehrsmittel regelmäßig fährt **3** das Verkehrsmittel selbst **4** Folge von Nachkommen **5** Ebene, Höhe, z.B. das liegt auf der gleichen Linie **6** Richtung, Kurs; z.B. einer Partei **7** Figur, Gestalt (ugs., scherzhaft); auf die schlanke Linie achten **8** Hinsicht; z.B. in erster Linie **9** (meist Mz.) Linien: Umrisse [lat.]
**Li'ni'en'spek'trum** (das, -s, -tren) Gesamtheit der absobierten Spektrallinien
**li'nie'ren** *auch:* li'ni'ie'ren (V.) mit parallelen Linien versehen
**li'ni'ie'ren** (V.) = linieren
**Li'ni'ment** (das, -(e)s, -e) dickflüssiges Arzneimittel zum Einreiben [lat.]
**Link** (der, -s, -s) **1** Verbindung **2** Abk. für Hyperlink (EDV)
**Lin'krus'ta** (die, -, nur Ez.) linoleumähnliche Tapete [lat.]
**Li'no'le'um** (das, -s, nur Ez.) ein Fußbodenbelag aus Leinöl und Trockenstoff auf Textilunterlage [lat.]
**Li'nol'schnitt** (der, -s, -e) **1** Herausarbeitung bildlicher Darstellungen aus einer Linoleumplatte **2** Abdruck dieser Darstellungen

**Li'non** [-nɔ̃ː] (der, -s, -s) feines Baumwoll- oder Leinengewebe [frz.]
**Li'num** (das, -s, nur Ez.) Lein (als Heilpflanze); Lini semen: Leinsamen [lat.]
**Li'pä'mie** (die, -, -n) erhöhter Fettgehalt des Blutes [gr.]
**li'pä'misch** (Adj.) an Lipämie leidend
**Li'pa'rit** (der, -s, -e) ein Ergussgestein [it.]
**Li'pa'se** (die, -, nur Ez.) Fett spaltendes Enzym [gr.]
**Li'pid** (das, -s, -e) Fett, fettähnlicher Stoff [gr.]
**Li'pi'do'se** (die, -, -n) Störung des Fettstoffwechsels [gr.]
**Li'piz'za'ner** (der, -s, -) eine Warmblutpferderasse (Schimmel ab 4. Lebensjahr) [it.]
**li'po'id** (Adj.) fettähnlich [gr.]
**Li'po'id** (das, -s, -e) fettähnlicher Stoff, Fett; Lipid [gr.]
**Li'po'ly'se** (die, -, -n) Fettspaltung, Fettverdauung [gr.]
**Li'pom** *auch:* Li'po'ma (das, -s, -e) Fettgeschwulst [gr.]
**Li'po'ma'to'se** (die, -, -n) Fettsucht, Bildung gutartiger Fettgeschwulste
**li'po'phil** (Adj.) in Fett löslich; zu Fettansatz neigend [gr.]
**li'po'phob** (Adj.) nicht in Fett löslich [gr.]
**Li'po'plast** (der, -en, -en) Zelle, die Fettgewebe bildet
**Li'pu'rie** (die, -, -n) krankhafte Ausscheidung von Fett im Urin [gr.]
**Li'que'fak'ti'on** (die, -, -ti'o'nen) Umwandlung eines festen Stoffes in eine Flüssigkeit, Verflüssigung [lat.]
**li'quet** es ist erwiesen [lat.]
**li'quid(e)** (Adj.) **1** flüssig **2** zahlungsfähig [lat.]
**Li'qui'da** (die, -, -dä oder -qui'den) Laut, bei dem die ausströmende Atemluft durch Verengung des Mundkanals in Schwingungen versetzt wird; z.B. „r“ [lat.]
**Li'qui'da'ti'on** (die, -, -ti'o'nen) das Liquidieren; Rechnung
**li'qui'die'ren** (V.) **1** eine Firma liquidieren: auflösen und ihre laufenden Geschäfte abwickeln **2** Kosten, Leistungen liquidieren: fordern, berechnen **3** jmdn. liquidieren: umbringen, töten (ugs.) [lat.]

**Li'qui'di'tät** (die, -, nur Ez.) Zahlungsfähigkeit
**Li'quor** (der, -s, -quo̱res) Körperflüssigkeit; flüssiges Arzneimittel [lat.]
**Li'ra** (die, -, -ren) **1** mittelalterliches Instrument **2** (die, -, -re) (frühere) ital. Währung
**Li'se'ne** (die, -, -n) flacher Mauerstreifen (zur Gliederung einer Fläche) [frz.]
**Li'si'e're** (die, -, -n) **1** Saum **2** Waldrand
**Li'ta'nei** (die, -, -en) **1** vom Geistlichen und von der Gemeinde im Wechsel gesungenes Gebet **2** endlose Aufzählung oder Erzählung, langweiliges Gerede [lat.]
**Li'ter** (der oder das, -s, -) ein Hohlmaß, 1000 Kubikzentimeter [frz.]
**Li'te'rar'his'to'ri'ker** (der, -s, -) Wissenschaftler auf dem Gebiet der Literaturgeschichte
**li'te'rar'his'to'risch** (Adj.) die Literaturgeschichte betreffend, zu ihr gehörend
**li'te'ra'risch** (Adj.) zur Literatur gehörig, sie betreffend
**Li'te'rat** (der, -en, -en) Schriftsteller; gewandter, aber oberflächlich schreibender Schriftsteller [lat.]
**Li'te'ra'tur** (die, -, -en) Gesamtheit der schriftlichen Werke (eines Volkes oder einer Epoche, eines Wissens-, Fachgebietes) [lat.]
**Li'te'ra'tur'his'to'ri'ker** (der, -s, -) = Literarhistoriker
**Li'te'ra'tur'so'zio'lo'gie** (die, -, nur Ez.) Forschung über die Wechselwirkung zwischen Literatur und Gesellschaft
**Li'tew'ka** (die, -, -ken) bequemer, zweireihiger Uniformrock mit Umlegekragen [poln.]
**Li'th'a'go'gum** (das, -s, -ga) Mittel zum Abführen von Gallen-, Nieren- und Blasensteinen [gr.]
**Li'thi'a'sis** (die, -, -thi'a̱sen) Steinbildung (in inneren Organen) [gr.]
**Li'thi'kum** (das, -s, -ka) = Lithagogum [gr.-lat.]
**Li'tho'graf** *auch:* Li'tho'graph (der, -en, -en) Zeichner auf und in Stein, Hersteller von Platten für den Steindruck [gr.]
**Li'tho'gra'fie** *auch:* Li'tho'gra'phie̱ (die, -, -n) **1** (nur Ez.) Druckverfahren, bei dem die Vorlage auf Stein übertragen und von dort abgedruckt wird, Steindruck **2** der so entstandene Abdruck, Steinzeichnung, Steindruck [gr.]
**li'tho'gra'fie'ren** *auch:* li'tho'gra'phie̱'ren (V.) mittels Lithografie herstellen
**Li'tho'klast** (der, -en, -en) Gerät zum Zertrümmern von Blasensteinen [gr.]
**Li'tho'lo'gie** (die, -, nur Ez.) Gesteinskunde, insbesondere in Bezug auf Sedimentgesteine [gr.]
**Li'tho'ly'se** (die, -, -n) Auflösung von Gallen-, Nieren-, Blasensteinen mit Hilfe von Medikamenten [gr.]
**li'tho'phag** (Adj.) Gesteine auflösend, sich in Gesteine hineinfressend (von Tieren; z.B. Bohrmuscheln) [gr.]
**li'tho'phil** (Adj.) **1** Gestein bevorzugend (als Lebensraum; z.B. Tiere) **2** die Erdkruste bildend
**Li'tho'phyt** (der, -en, -en) Pflanze, die auf felsigem Boden gedeiht [gr.]
**Li'tho'sphä're** (die, -, nur Ez.) oberste, aus Gesteinen bestehende Schicht der Erde, Erdkruste [gr.]
**Li'tho'trip'sie** (die, -, -n) Zertrümmerung von Blasensteinen mittels eines Lithoklasten [gr.]
**Li'th'ur'gik** (die, -, nur Ez.) Wissenschaft von Gebrauch und Verarbeitung von Gesteinen und Mineralien [gr.]
**li'to'ral** (Adj.) zur Küste, zum Ufer gehörig [lat.]
**Li'to'ra'le** (das, -s, -s) Küstenstrich, Uferzone
**Li'to'ral'fau'na** (die, -, -nen) Tierwelt der Küstenlandschaft
**Li'to'ral'flo'ra** (die, -, -ren) Pflanzenwelt der Küstenlandschaft
**Li'to'ri'na** (die, -, -nen) eine Strandschnecke [nlat.]
**Lit'schi** (die, -, -s) aus China stammende, kirschgroße, rauschalige Frucht mit weißem, wohlschmeckendem Fleisch
**Li'turg** (der, -en, -en) die Liturgie ausführender Geistlicher
**Li'tur'ge** (der, -n, -n) der Geistliche, der die Liturgie, den Gottesdienst hält [gr.-lat.]
**Li'tur'gie** (die, -, -n) Gesamtheit der gottesdienstlichen Handlungen; Wechselgesang zwischen Geistlichem und Gemeinde (in der evangel. Kirche) [gr.]

L

**Li'tur'gik** (die, -, nur Ez.) Lehre von der Liturgie
**li'tur'gisch** (Adj.) zur Liturgie gehörig
**live** [laɪv] (Adv.) direkt (im Rundfunk und Fernsehen); z.B. eine Veranstaltung live senden, übertragen [engl.]
**Live'act** [laifækt] (der, -s, -s) Konzertauftritt nicht klassischer Musik
**Live'sen'dung** [laif-] (die, -, -en) Direktübertragung
**Live'show** *auch:* Live-Show [laɪvʃəʊ] (die, -, -s) **1** unmittelbar, live ausgestrahlte Unterhaltungssendung **2** Peepshow, Vorführung sexueller Handlungen auf der Bühne eines Nachtclubs oder ähnlichem [engl.]
**Li'v're** (der oder das, -s, - oder -s) alte französische Gewichts- und Währungseinheit (bis Ende 18. Jh.)
**Li'v'ree** (die, -, -n) uniformartige Kleidung (für Diener, Kutscher, Portiers u.a.) [frz.]
**li'v'riert** (Adj.) in Livree gekleidet
**Li'zenz** (die, -, -en) **1** behördliche Erlaubnis (zur Ausübung eines Gewerbes u.a.); z.B. die von einem Verlag an einen anderen Verlag erteilte Befugnis, eine Buchausgabe herauszubringen **2** Genehmigung, Erlaubnis, Befugnis [lat.]
**li'zen'zie'ren** (V.) etwas lizenzieren: eine Lizenz für etwas erteilen
**li'zen'zi'ös** (Adj.) frei, ungebunden, zügellos [lat.]
**Li'zi'tant** (der, -en, -en) bei Versteigerungen Mitbietender; Meistbietender [lat.]
**Li'zi'ta'ti'on** (die, -, -ti'o'nen) Versteigerung [lat.]
**li'zi'tie'ren** (V.) versteigern [lat.]
**Lla'no** [lja:-] (der, -s, -s) baumlose od. baumarme steppenartige Ebene in Südamerika [span.]
**Lob** (der, -s, -s) über den am Netz stehenden Gegner hinweggeschlagener Ball (im Tennis und Volleyball) [engl.]
**lob'ben** (V.) einen Lob schlagen
**Lob'by** (die, -, -s) **1** Wandelhalle im Parlamentsgebäude (in England und den USA) **2** Gruppe von Personen, die die Abgeordneten im Sinne ihrer eigenen Interessen zu beeinflussen suchen **3** Vestibül, Hotelhalle [engl.]
**Lob'by'ing** [lɔbiiŋ] (das, -s, -s) Einflussnahme auf Politiker durch Unternehmen oder andere Interessengruppen [engl.]
**Lob'by'is'mus** (der, -, nur Ez.) System der Einflussnahme auf Politiker durch verschiedene Interessengruppen
**Lob'by'ist** (der, -is'ten, -is'ten) Angehöriger einer Lobby
**Lo'be'lie** [-liə] (die, -, -n) eine Zierpflanze mit glockigen Blüten [nlat.]
**Lo'bus** (der, -, -bi) **1** Teil eines Organs **2** Ausstülpung bei Gletschern
**Lo'ca'tion** [lokeɪʃn] (die, -, -s) **1** Ort einer Veranstaltung **2** Drehort [engl.]
**Lo'chi'en** (nur Mz.) Ausfluss a. d. Scheide nach der Entbindung, Wochenfluss [gr.]
**Lock'out** (das, -(s), -s) Aussperrung (von Arbeitern) [engl.]
**lo'co** am Ort, greifbar, vorrätig in ... (von Waren); z.B. loco München [lat.]
**lo'co ci'ta'to** [-tsi-] am angeführten Ort, an der bereits angeführten Stelle (im Buch) [lat.]
**Loft** (der oder das, -(s), -s) **1** Fabrik oder Fabriketage als Wohnung **2** Neigungsgrad der Schlagfläche eines Golfschlägers [engl.]
**Log** (das, -s, -e oder -ge) Gerät zum Messen der Fahrgeschwindigkeit (eines Schiffes) [engl.]
**lo'ga'rith'mie'ren** (V.) mit Logarithmen rechnen; den Logarithmus (einer Zahl) bestimmen
**lo'ga'rith'misch** (Adj.) einen Logarithmus anwendend, ihm folgend; z.B. logarithmische Kurve
**Lo'ga'rith'mus** (der, -, -men ) Zahl, mit der man eine andere Zahl potenzieren muss, um eine dritte, vorgegebene Zahl zu erhalten [gr.-lat.]
**Lo'gas'the'nie** (die, -, nur Ez.) Gedächtnisstörung, die sich im Vergessen von Wörtern und anderen Sprachstörungen äußert
**Log'buch** (das, -(e)s, -bü'cher) Buch, in das alle nautischen Beobachtungen und Vorkommnisse an Bord eingetragen werden; Schiffstagebuch
**Lo'ge** [-ʒə] (die, -, -n) **1** kleiner Seitenraum; z.B. Pförtnerloge (veraltet) **2** kleiner, abgeteilter Zuschauerraum mit nur wenigen Sitzplätzen (im Theater)

3 Vereinigung von Freimaurern 4 deren Versammlungsort [frz.]
**loggen** (V.) mit dem Log messen
**Logger** (der, -s, -) Fischerboot mit Motor und Hilfssegel [niederl.]
**Loggia** [lɔdʒa] (die, -, -gien [-dʒiən]) 1 nach einer oder mehreren Seiten offene Säulenhalle 2 auf einer Seite nach außen offener Raum vor einem Zimmer [it.]
**logieren** [-ʒiː-] (V.) 1 beherbergen, bei sich wohnen lassen (veraltet) 2 (als Gast) wohnen [frz.]
**Logik** (die, -, nur Ez.) 1 Lehre von den Formen und Gesetzen des Denkens, vom richtigen Schließen (aus Aussagen) 2 Fähigkeit, richtig zu denken und zu folgern [gr.]
**Logiker** (der, -s, -) 1 Lehrer der Logik 2 jmd., der logisch, klar und scharf denkt
**Log-in** *auch:* Login (das, -s, -s) 1 Eintreten in ein Computersystem durch ein Passwort 2 Verbindung mit einem anderen Computer innerhalb des Netzes
**Logis** [-ʒiː] (das, -, - [-ʒiːs]) 1 Wohnung, Unterkunft 2 Mannschaftsraum (auf Schiffen) [frz.]
**logisch** (Adj.) 1 zur Logik gehörig, ihr entsprechend, folgerichtig, schlüssig 2 klar, einleuchtend [gr.]
**Logismus** (der, -, -men) 1 logische, gültige Schlussfolgerung 2 (nur Ez.) Lehre, dass die Welt logisch aufgebaut sei
**Logistik** (die, -, nur Ez.) 1 mathematische Logik 2 Teil der (militärischen) Verwaltung für Versorgung (der Truppe) und Nachschub
**logistisch** (Adj.) auf der mathematischen Logik beruhend
**Logizität** (die, -, nur Ez.) logische Beschaffenheit, das Logischsein
**logo** (Adj.) 1 (allein stehend oder mit „sein") klar, selbstverständlich (bes. als Bekräftigung, ugs.) 2 (nur allein stehend) einverstanden (ugs.)
**Logo** (das, -s, -s) Abk. für Logogramm (das, -s, -e) Kurzform für einen Firmennamen
**Logogriph** (der, -s oder -en, -en) Rätsel, bei dem aus einem Wort durch Wegnehmen, Hinzufügen oder Ändern von Buchstaben ein neues Wort entstehen soll [gr.]
**Logoneurose** (die, -, -n) Sprachstörung, die neurotisch bedingt ist
**Logopäde** (der, -n, -n) Wissenschaftler auf dem Gebiet der Logopädie
**Logopädie** (die, -, nur Ez.) Wissenschaft von den Sprachstörungen und ihrer Heilung, Sprachheilkunde [gr.]
**logopädisch** (Adj.) zur Logopädie gehörig, auf ihr beruhend
**logorrhoisch** (Adj.) krankhaft redselig
**Logos** (der, -, -goi) 1 Wort, Rede, Lehre 2 Begriff, Sinn 3 (nur Ez.) Vernunft, göttliche Vernunft, Weltvernunft [gr.]
**Logotherapie** (die, -, nur Ez.) psychotherapeutisches Verfahren, das dem Kranken helfen soll, einen Daseinssinn zu finden
**Log-out** *auch:* Logout [lɔgaut] (das, -s, -s) 1 Austreten aus einem Computersystem 2 Beenden einer Verbindung innerhalb des Netzes
**Loipe** (die, -, -n) Spur zum Skilanglauf [norweg.]
**Lok** (die, -, -s) kurz für: Lokomotive
**lokal** (Adj.) 1 örtlich, einen Ort, Bereich betreffend, auf einen Ort, Bereich begrenzt 2 den Ort bezeichnend (in der Grammatik) [lat.]
**Lokal** (das, -s, -e) 1 Gaststätte 2 Raum für Zusammenkünfte [lat.]
**Lokalanästhesie** (die, -, -n) örtliche Betäubung [lat.-gr.]
**Lokalisation** (die, -, -tionen) das Lokalisieren
**lokalisieren** (V.) 1 auf einen Ort, Bereich begrenzen, beschränken 2 den Ort, Bereich (von etwas) bestimmen [lat.]
**Lokalität** (die, -, -en) 1 Raum, Gebäude, Lokal 2 (Mz.) die Lokalitäten: die Toilette (ugs.) [lat.]
**Lokalkolorit** (das, -s, -e) künstlerische Darstellung der Umgebung, der Landschaft um einen Schauplatz, des Lebens an einem Schauplatz [lat.]
**Lokalpatriotismus** (der, -, nur Ez.) starke oder übertriebene Begeisterung für die engere Heimat [lat.]
**Lokalposse** (die, -, -n) volkstümliche, an eine Landschaft oder Stadt gebundene Komödie [lat.]

**Lo'kal'ter'min** (der, -s, -e) **1** Besichtigungstermin eines Tatorts **2** Besichtigungstermin des Ortes, über den die Kläger widersprüchliche Aussagen machen
**Lo'ka'tiv** (der, -s, -e) den Ort bezeichnender Kasus; z.B. im Lateinischen [lat.]
**Lo'ko'ge'schäft** (das, -(e)s, -e) Geschäft über sofort lieferbare Ware
**Lo'ko'mo'bi'le** (die, -, -n) fahrbare Dampfmaschine [lat.]
**Lo'ko'mo'ti'on** (die, -, -ti'o'nen) den Ort verändernde Bewegung; z.B. der Gang [lat.]
**Lo'ko'mo'ti've** (die, -, -n) auf Schienen geführte Zugmaschine für Eisenbahnwagen [lat.]
**lo'ko'mo'to'risch** (Adj.) auf Lokomotion beruhend
**Lo'kus** (der, -, -se) Toilette (ugs.) [lat.]
**Lom'bard** (der oder das, -s, -e) Darlehen gegen Pfand [frz.]
**Lom'bar'de** (der, -n, -n) Ew. der Lombardei; aus der Lombardei stammender Pfandleiher (Ende des MA)
**Lom'bard'satz** (der, -es, -sät'ze) von der Zentralbank festgesetzter Zinssatz
**Lom'ber** *auch:* Lom'bre (das, -s, nur Ez.) Kartenspiel für drei Spieler mit französischen Karten ohne 8, 9, 10 [frz.]
**Lom'bre** [lɔ̃brə] (das, -s, nur Ez.) = Lomber
**Lon'gä'vi'tät** (die, -, nur Ez.) Langlebigkeit
**Long'drink** *auch:* Long Drink (der, -s, -s) Mischgetränk mit viel Flüssigkeit und wenig Alkohol [engl.]
**Lon'ge** [lɔ̃:ʒ] (die, -, -n) lange Leine (an der Pferde bei der Dressur im Kreis geführt werden; für Schwimmschüler sowie für Sportler beim Erlernen schwieriger Übungen in größerer Höhe) [frz.]
**lon'gie'ren** (V.) an der Longe führen (Pferde)
**Lon'gi'me'trie** (die, -, -n) Längenmessung
**lon'gi'tu'di'nal** (Adj.) in der Längsrichtung, längs gerichtet; die geografische Länge betreffend [lat.]
**long'line** [lɔ̃laɪn] (Adv.) entlang der seitlichen Linie (Tennis)
**Long'sel'ler** (der, -s, -) Buch, das sich lange Zeit gut verkauft [engl.]
**Look** [lʊk] (der, -s, -s) Aussehen, Äußeres [engl.]
**Look'alike** [lʊkəlaik] (das, -s, -s) jmd., der einer bekannten Person ähnlich sieht
**Loo'ping** [lu:-] (das oder der, -s, -s) Flug in senkrechter Schleife, Überschlag (im Kunstflug) [engl.]
**Lor'bass** (der, -es, -e) Schlingel, Lümmel
**Lord** (der, -s, -s) Titel für Angehörige des englischen hohen Adels, auch als Anrede; Träger dieses Titels
**Lor'do'se** (die, -, -n) Wirbelsäulenverkrümmung nach vorn [gr.]
**Lo're** (die, -, -n) kleines, offenes Schienenfahrzeug (meist mit kegelförmigem Längsschnitt, zum Kippen) [engl.]
**Lo'ret'te** (die, -, -n) Lebedame, leichtfertiges Mädchen [frz.]
**Lor'gnet'te** [-ɲɛt] (die, -, -n) Stielbrille (früher) [frz.]
**lor'gnet'tie'ren** [-ɲɛti:-] (V.) **1** durch eine Stielbrille, eine Lorgnette betrachten **2** scharf mustern [frz.]
**Lor'gnon** *auch:* Lor'gnon [-ɲɔ̃:] (das, -s, -s) Stielbrille für nur ein Auge [frz.]
**Lo'ri** (der, -s, -s) **1** ein Halbaffe Südostasiens und Afrikas mit kurzem oder ohne Schwanz **2** Papagei Südostasiens mit Borstenzunge [malai.] **3** (das, -s, -s) = Lore
**Lo'ro'kon'to** (das, -s, -ten) Konto, das eine Bank für eine andere Bank führt [it.]
**Lost Ge'ne'ra'ti'on** (die, - -, nur Ez.) („verlorene Generation"; von Schriftstellerin Gertrude Stein geprägter Begriff) **1** Bezeichnung für die Gruppe der jungen amerikanischen Schriftsteller der Zwanzigerjahre, die durch die Erlebnisse des Ersten Weltkrieges desillusioniert und pessimistisch waren **2** die junge amerikanische und europäische Generation nach dem Ersten Weltkrieg [engl.]
**Lo'ti'on** [ləʊʃn] (die, -, -s) oder [-tsjo:n] (die, -, -ti'o'nen) Gesichtswasser [engl.]
**Lo'tos** (der, -, -) ein Seerosengewächs Vorderasiens und Indiens [gr.]
**Lot'se** (der, -n, -n) **1** Seemann, der durch schwierige Gewässer leiten kann **2** Helfer, der durch schwieriges und gefährliches Gebiet leiten kann (z.B. Schullotsen)

**Lot'te'rie** (die, -, -n) Zahlenglücksspiel, bei dem Lose gekauft und gezogen werden; Verlosung, Glücksspiel mit Karten [niederl.]
**Lot'to** (das, -s, -s) Art Lotterie, bei der auf Zahlen gewettet wird; Kartenspiel für Kinder [it.]
**Lou'is** [luːi] (der, -, - [luːis]) Zuhälter [frz.]
**Lou'is'dor** [lui-] (der, -s, -s oder -) französische Goldmünze (im 17. Jh., vom Namen Ludwigs XIII)
**Lounge** [laʊndʒ] (die, -, -s) Gesellschaftsraum z.B. in Hotels; (Cocktail) Bar mit ansprechender Atmosphäre
**Loup de mer** [ludəmɛːr] (der, - - -, -s - ) ein Speisefisch, Seewolf [frz.]
**love** [lʌv] **1** Zählweise im Tennis für „Null" **2** ~game Rückschlagspiel, das zu null gewonnen wird [engl.]
**Lo'ver** [lʌvə] (der, -s, -) Geliebter [engl.]
**Love'sto'ry** [lʌv-] (die, -, -s) Liebesgeschichte [engl.]
**Low-im'pact** [ləʊɪmpækt] (der, -s, -s) geringe Belastung (z.B. im Sport)
**Lo'xo'dro'me** (die, -, -n) Linie, die alle Längenkreise der Erde unter dem gleichen Winkel schneidet [gr.]
**lo'xo'go'nal** (Adj.) schiefwinklig [gr.]
**lo'y'al** [lwajaːl] (Adj.) regierungstreu; treu, zu jmdm. haltend, Abmachungen einhaltend, redlich [frz.]
**Lo'y'a'li'tät** (die, -, -en) loyales Verhalten, Treue, Redlichkeit
**LSD** (das, -(s), nur Ez.; Abk. für Lysergsäurediäthylamid) Psychopharmakon, das schizophrenieartige Zustände hervorrufen kann
**Lu'dus** (der, -, -di) **1** altrömische Festspiele **2** mittelalterliches geistliches Drama [lat.]
**Lu'es** (die, -, nur Ez.) = Syphilis [lat.]
**lu'e'tisch** (Adj.) = luisch
**Luf'fa** (die, -, -s) **1** ein tropisches Kürbisgewächs **2** aus dessen Fruchtfasern hergestellter Schwamm (zum Frottieren, als Einlage für Tropenhelme u.a.) [arab.]
**Luft'kor'ri'dor** (der, -s, -e) abgegrenzter Flugraum über einem Hoheitsgebiet eines Staates, der von ausländischen Flugzeugen gemieden werden muss
**Lu'gu'bri'tät** (die, -, nur Ez.) Traurigkeit, Trübsinnigkeit
**Lu'i'ker** (der, -s, -) jmd., der an der Krankheit Lues leidet
**lu'isch** (Adj.) auf Lues beruhend, an Lues leidend
**Lu'kar'ne** (die, -, -n) Dachfenster, Dachluke [frz.]
**lu'kra'tiv** (Adj.) einträglich, gewinnbringend
**lu'krie'ren** (V.) (altertümelnd) einen Gewinn machen, gewinnen [lat.]
**Lu'ku'bra'tion** (die, -, -en) (altertümelnd) wissenschaftliches Arbeiten bei Nacht [lat.]
**lu'ku'lent** (Adj.) (altertümelnd) klar, lichtvoll [lat.]
**lu'kul'lisch** (Adj.) üppig, reichhaltig und erlesen; z.B. ein lukullisches Mahl [lat.]
**Lu'kul'lus** (der, -, -se) Schlemmer (nach dem römischen Feldherrn Lucius L. Lucullus) [lat.]
**Lul'la'by** [lʌlʌbai] (das, -s, -s) Wiegenlied, Schlaflied [engl.]
**Lum'ba'go** (die, -, nur Ez.) **1** Muskelrheumatismus im Bereich der Lendenwirbelsäule, Hexenschuss **2** meist tödliche Muskelerkrankung des Pferdes, Harnwinde [lat.]
**lum'bal** (Adj.) zu den Lenden gehörig, von ihnen ausgehend, Lenden… [lat.]
**Lum'bal'an'äs'the'sie** (die, -, -n) örtl. Betäubung durch Verabreichung des Anästhetikums am unteren Ende des Rückenmarks
**Lum'ber'jack** [lʌmbədʒæk] (der, -s, -s) Leder- oder Tuchjacke mit gestrickten Bündchen an Taille und Ärmeln [engl.]
**Lu'men** (das, -s, - oder -mi'na) **1** innerer Durchmesser von schlauchförmigen Hohlorganen **2** Hohlraum in pflanzlichen und tierischen Zellen und Organen **3** Maßeinheit des Lichtstroms **4** Könner, intelligenter Mensch, „Licht", „Leuchte" (ugs., scherzh.) [lat.]
**Lu'men'stun'de** (die, -, -n) Maßeinheit für die Lichtmenge
**Lu'mi'nes'zenz** (die, -, -en) Leuchten eines Stoffes ohne Erhöhung der Temperatur [lat.]
**lu'mi'nes'zie'ren** (V.) Lumineszenz zeigen, kalt leuchten

**Lu'mi'no'gra'fie** *auch:* Lu'mi'no'gra'phie (die, -, nur Ez.) Verfahren zur Herstellung von Fotokopien mittels Leuchtplatten [lat.]
**Lu'mi'no'phor** (der, -s, -e) Stoff, der nach Bestrahlung mit Licht einige Zeit leuchtet, Leuchtstoff [lat.-gr.]
**Lum'pa'zi'va'ga'bun'dus** (der, -, -di oder -se) Herumtreiber, Landstreicher (scherzhaft) [latinisierend]
**Lump'sum** [lʌmpsʌm] (die, -, -s) Pauschalsumme [engl.]
**Lu'na** (die, -, nur Ez.) Mond [lat.]
**lu'nar** (Adj.) zum Mond gehörig [lat.]
**Lu'na'ri'um** (das, -s, -ri'en) Gerät zum Darstellen der Mondbewegung [lat.]
**Lu'na'ti'ker** (der, -s, -) jmd., der an Lunatismus leidet
**Lu'na'ti'on** (die, -, -en) Mondumlauf
**lu'na'tisch** (Adj.) mondsüchtig [lat.]
**Lu'na'tis'mus** (der, -, nur Ez.) Mondsüchtigkeit [lat.]
**Lunch** [lʌntʃ] (der, -s, -s) leichte Mittagsmahlzeit [engl.]
**lun'chen** [lʌntʃn] (V.) den Lunch einnehmen [engl.]
**Lü'net'te** (die, -, -n) **1** halbmondförmiges Feld (über Fenstern, Türen u.a.) **2** Vorrichtung an Maschinen zum Unterstützen langer Werkstücke [frz.]
**lu'ni'so'lar** (Adj.) Mond- und Sonnenlauf beachtend
**Lu'no'lo'gie** (die, -, nur Ez.) Wissenschaft, die sich mit dem Mond beschäftigt
**Lu'nu'la** (die, -, -lae oder -nu'len) **1** halbmondförmiger bronzezeitlicher Halsschmuck **2** halbmondförmiger Hostienbehälter **3** halbmondförmiger weißer Fleck (an Finger- und Zehennagel) [lat.]
**lu'nu'lar** (Adj ) halbmondförmig [lat.]
**Lu'pa'nar** (das, -s, -e) altrömisches Bordell [lat.]
**Lu'pe** (die, -, -n) Vergrößerungsglas [frz.]
**Lu'pi'ne** (die, -, -n) ein Schmetterlingsblütler, Futter- und Zierpflanze [lat.]
**Lu'pi'no'se** (die, -, -n) Vergiftung (von Wiederkäuern) bei Fütterung mit bitteren Lupinen
**lu'pös** (Adj.) von Lupus befallen
**Lup'pe** (die, -, -n) kohlenstoffarmes Eisen
**Lu'pu'lin** (das, -s, nur Ez.) aus Hopfen gewonnener Bitterstoff (zur Bierbrauerei und als Beruhigungsmittel) [lat.]
**Lu'pus** (der, -, - oder -se) tuberkulöse Hauterkrankung mit Knötchen- und Narbenbildung, Wolf [lat.]
**Lu're** (die, -, -n) nordisches Blasinstrument aus der Bronzezeit
**lu'sin'gan'do** (Adv.) schmeichelnd, zart, spielerisch (bei Musikstücken) [it.]
**Lu'si'ta'no** (der, -, -s) aus Portugal stammende Pferderasse, die auch zum Stierkampf eingesetzt wird [portugies.]
**Lus'ter** (der, -s, -) Kronleuchter (österr.) [frz.]
**Lüs'ter** (der, -s, -) **1** Kronleuchter **2** glänzender Überzug auf Keramiken **3** glänzend machendes Mittel (für Lederwaren u.a.) **4** ein glänzendes Halbwollgewebe [frz.]
**Lus'tra'ti'on** (die, -, -ti'o'nen) kultische Reinigung (durch Opfer u.a.) [lat.]
**lus'tra'tiv** (Adj.) kultisch reinigend [lat.]
**lus'trie'ren** (V.) kultisch reinigen (durch Opfer u.a.) [lat.]
**lüs'trie'ren** (V.) glänzend machen (Gewebe, Garne) [frz.]
**Lu'te'in** (das, -s, nur Ez.) gelber Farbstoff (in Eidotter, Butter, grünen Blättern) [lat.]
**Lu'te'om** (das, -s, -e) Eierstockgeschwulst [lat.]
**Lu'te'ti'um** (das, -s, nur Ez.) ein chemischer Grundstoff, Metall [lat.]
**Lu'tro'pho'ros** (der, -, -en) Gefäß aus der gr. Antike [gr.]
**lut'tu'o'so** (Adj.) traurig, melancholisch (Vortragsweise) [it.]
**Lux** (das, -, -) Maßeinheit für die Beleuchtungsstärke [lat.]
**Lu'xa'ti'on** (die, -, -ti'o'nen) Verrenkung [lat.]
**lu'xie'ren** (V.) verrenken [lat.]
**Lux'me'ter** (das, -s, -) Messgerät zur Bestimmung der Beleuchtungsstärke
**lu'xu'rie'ren** (V.) üppig, übermäßig wachsen (in der Botanik, Zoologie); üppig vorhanden sein [lat.]
**lu'xu'ri'ös** (Adj.) üppig, prächtig, verschwenderisch [lat.]
**Lu'xus** (der, -, nur Ez.) üppige, reiche, kostbare Ausstattung, Prunk, Verschwendung [lat.]
**Lu'xus'li'ner** (der, -s, -) im Liniendienst eingesetztes Schiff mit viel Komfort

**Lu|zer|ne** (die, -, -n), auch Alfalfa, ein Schmetterlingsblütler, Futterpflanze [frz.]
**lu|zid** (Adj.) durchsichtig, hell [lat.]
**Lu|zi|di|tät** (die, -, nur Ez.) **1** Klarheit, Verständlichkeit **2** Helle, Durchsichtigkeit **3** Hellsehen (Psych.) [frz.]
**Lu|zi|fer** (der, -s, nur Ez.) **1** der Morgenstern (Astronomie) **2** Teufel, Satan (Theol.)
**Lu|zi|fe|rin** (das, -s, nur Ez.) Leuchtstoff (von manchen Tieren und Pflanzen) [lat.]
**lu|zi|fe|risch** (Adj.) teuflisch
**Ly|ko|po|di|um** (das, -s, -di|en) artenreiche Sporenpflanzengruppe, Bärlapp (Heilpflanze) [gr.]
**Lymph|ade|ni|tis** (die, -, -ti|den) Lymphknotenentzündung [lat.-gr.]
**Lymph|ade|nom** (das, -s, -e) = Lymphom
**Lym|ph|an|gi|om** (das, -s, -e) gutartige Lymphgefäßgeschwulst [lat.-gr.]
**Lym|ph|an|gi|tis** (die, -, -ti|den) Lymphgefäßentzündung [lat.-gr.]
**lym|pha|tisch** (Adj.) die Lymphe, Lymphknoten und -gefäße betreffend, von ihnen ausgehend
**Lym|phe** (die, -, -n) **1** (nur Ez.) hellgelbe Körperflüssigkeit **2** Impfstoff gegen Pocken [lat.]
**Lymph|kno|ten** (der, -s, -) Organ innerhalb des Lymphgefäßsystems, produziert Lymophozyten
**Lym|pho|gra|fie** *auch:* Lym|pho|gra|phie (die, -, -n) röntgenologische Untersuchung zur Darstellung der Lymphknoten und -gefäße
**Lym|phom** (das, -s, -e) Lymphknotengeschwulst [lat.]
**Lym|pho|sta|se** (die, -, -n) Lymphstauung [lat.-gr.]
**Lym|pho|zyt** (der, -en, -en) im lymphatischen Gewebe entstehende Zelle [lat.-gr.]
**Lym|pho|zy|to|se** (die, -, -n) krankhafte Vermehrung der Lymphozyten [lat.-gr.]
**lyn|chen** (V.) mittels Lynchjustiz verurteilen und töten
**Lynch|jus|tiz** (die, -, nur Ez.) ungesetzliche Justiz (des Volkes) zur Selbsthilfe [engl.-lat.]
**lyo|phil** (Adj.) leicht löslich [gr.]
**lyo|phob** (Adj.) schwer löslich [gr.]
**Ly|ra** (die, -, -ren) **1** ein Zupfinstrument (in der altgriechischen Musik) **2** Glockenspiel (in der Militärmusik) **3** ein Streichinstrument (zwischen Fidel und Violine) **4** Drehleier [gr.]
**Ly|rik** (die, -, nur Ez.) rhythmische Dichtungsart in Versen, die Gefühle, Stimmungen, Erlebnisse ausdrückt, oft mit Reimen und in Strophen gegliedert [gr.]
**Ly|ri|ker** (der, -s, -) Dichter, der überwiegend Lyrik schreibt
**ly|risch** (Adj.) **1** zur Lyrik gehörig, in der Art der Lyrik **2** stimmungs-, gefühlsbetont
**Ly|ris|mus** (der, -, -men) **1** (nur Ez.) gefühls-, stimmungsbetonte Darstellung **2** lyrisches Element (in einer Dichtung), lyrische Einzelheit [gr.-nlat.]
**Ly|ri|zi|tät** (die, -, nur Ez.) das Lyrischsein, lyrische Beschaffenheit
**Ly|se** (die, -, -n) = Lysis
**ly|si|gen** (V.) durch Auflösung entstanden [gr.-lat.]
**Ly|si|me|ter** (das, -s, -) Gerät, das die Niederschlagsmenge und Verdunstungsrate misst (Landwirtschaft)
**Ly|sin** (das, -s, -e) Stoff, der körperfremde Zellen und Krankheitserreger auflösen kann
**Ly|sis** *auch:* Ly|se (die, -, -sen) **1** allmählicher Rückgang des Fiebers **2** Auflösung von körperfremden Zellen [gr.]
**Lys|sa** (die, -, nur Ez.) Tollwut [gr.-lat.]
**ly|ze|al** (Adj.) das Lyzeum betreffend, zum Lyzeum gehörend [gr.-lat.]
**Ly|ze|um** (das, -s, -ze|en) höhere Mädchenschule (früher) [gr.]

L

# M

**Mä'an'der** (der, -s, -) in regelmäßigen Windungen verlaufender Fluss; Ornament aus einer regelmäßig rechtwinklig gebrochenen Linie [gr.]

**mä'an'drie'ren** *auch:* mä'an'dern (V.) in der Art eines Mäanders verlaufend

**mä'an'drisch** (Adj.) in der Art, Form eines Mäanders

**Maar** (das, -(e)s, -e) Bodenvertiefung vulkanischen Ursprungs, die mit Wasser gefüllt ist [lat.]

**Mac** [mæk] (vor schottischen und irischen Familiennamen) Sohn des ...; z.B. MacKenzie

**Mac'chia** *auch:* Mac'chie [makia] (die, -, -chi'en [-kiən]) niedriger, dichter, immergrüner Buschwald der Mittelmeerländer [it.]

**Mac'chie** [makjə] (die, -, -n) = Macchia

**Ma'che'te** [-tʃeː-] (die, -, -n) breites, langes Messer, Buschmesser [span.]

**Ma'che'tik** (die, -, nur Ez.) Kampflehre, Gefechtslehre [gr.]

**Ma'chi'a'vel'lis'mus** [makia-] (der, -, -nur Ez.) Politik, die dem Machtstreben den Vorrang vor der Moral gibt [it.]

**ma'chi'a'vel'lis'tisch** (Adj.) **1** auf dem Machiavellismus beruhend **2** rücksichtslos (Pol.)

**Ma'chi'na'ti'on** (die, -, -ti'o'nen) heimtückischer Anschlag, Machinationen: Ränke, Winkelzüge [lat.]

**Ma'chis'mo** [-tʃɪs-] (der, -s, nur Ez.) vermeintliches Bewusstsein der männlichen Überlegenheit, Männlichkeitswahn [span.]

**Ma'cho** [tʃo-] (der, -s, -s) sich betont männlich-überlegen gebärdender Mann [span.]

**Ma'chor'ka** (der, -s, -s) russischer Bauerntabak [russ.]

**Ma'ck'in'tosh** (der, - oder -s, -s) gummierter Regenmantel [engl.]

**Ma'da'gas'se** (der, -n, -n) Einwohner von Madagaskar

**ma'da'gas'sisch** (Adj.) Madagaskar betreffend, zu ihm gehörig

**Ma'dam 1** [-dam] (die, -, -s oder -en) Hausherrin; dicke Frau (ugs., abwertend) **2** [mɛ-dəm] (die, -, -s) engl. Anrede für: Frau [frz.]

**Ma'dame** [-dam] (die, -, Mes'dames [medam]) Frau (als französische Anrede)

**made in** [meɪd ɪn] hergestellt in; z.B. made in Germany [engl.]

**Ma'dei'ra** [deː-] (der, -s, -s) Süßwein von der portugiesischen Insel Madeira

**Ma'de'moi'selle** [madmwazɛl] (die, -, Mes'de'moi'selles [medmwazɛl]) Fräulein (als französische Anrede)

**Ma'di'son** [mædɪsən] (der, -s, -s) dem Twist ähnelnder Modetanz, der in Gruppen getanzt wird

**Ma'd'jar** *auch:* Mag'yar (der, -en, -en) Ungar [ung.]

**Ma'don'na** (die, -, -nen) **1** (nur Ez.) die Jungfrau Marias, Mutter Jesu, Muttergottes **2** Darstellung der Jungfrau Maria (in der Kunst) [it.]

**Ma'dre'po're** *auch:* Ma'd're'po'ra'rie (die, -, -n) Steinkoralle [it.]

**Ma'd'ri'gal** (das, -s, -e) Hirtenlied; lyrisches Gedicht der Renaissance; Kunstlied (im 16./17. Jh.) [it.]

**ma'd'ri'ga'lesk** (Adj.) das Madrigal betreffend, im Stil eines Madrigals = madrigalistisch [it.]

**Ma'd'ri'ga'lis'mus** (der, -s, nur Ez.) mehrstimmiger Kompositionsstil des 16. Jahrhunderts [it.-lat.]

**Ma'd'ri'ga'list** (der, -lis'ten, -lis'ten) Komponist eines Madrigals, Vertreter des Madigalstils [it.-lat.]

**Ma'd'ri'ga'lis'tik** (die, -, nur Ez.) die Kunst der Madrigalkomposition [it.-lat.]

**ma'd'ri'ga'lis'tisch** (Adj.) = madrigalesk [it.-lat.]

**Ma'd'ri'ga'lon** (das, -s, -e) Madrigal mit mehr als 15 Zeilen

**Ma'es'tà** [mae-] (die, -, nur Ez.) Darstellung der inmitten von Engeln und Heiligen thronenden Madonna (in der Kunst); insbesondere im 12. und 13. Jahrhundert [it.]

**maˈesˈtoˈso** [maɛ-] (Adv.) majestätisch, getragen, feierlich (bei Musikstücken) [it.]
**Maˈesˈtro** [-mae-] (der, -s, -tri/-ri/-stri) Meister, Lehrer; Künstler, Dirigent [it.]
**Mäˈeuˈtik** (die, -, nur Ez.) Methode, aus dem Schüler die richtige Antwort durch geschickte Fragen herauszulocken, sogenannte Hebammenkunst [gr.]
**Maffia** (die, -, nur Ez.) = Mafia
**Maˈfia** *auch:* Maffia (die, -, nur Ez.) terroristischer Geheimbund (bes. auf Sizilien) [it.]
**Maˈfiˈoˈso** (der, -(s), -si) Angehöriger der Mafia
**Maˈfiˈoˈte** (der, -, -n) = Mafioso
**Maˈgaˈzin** (das, -s, -e) **1** Vorratsraum oder -haus, Lagerraum oder -haus **2** Aufbewahrungsräume für die Bücher einer Bibliothek **3** Patronenkammer (in Handfeuerwaffen) **4** unterhaltende, bebilderte Zeitschrift **5** über Tagesereignisse informierende Rundfunk- oder Fernsehsendung [arab.-frz.]
**maˈgaˈziˈnieˈren** (V.) ins Magazin aufnehmen, im Magazin aufbewahren
**Maˈgenˈta** [-dʒɛn-] (das, -s, nur Ez.) roter synthetischer Farbstoff [it.]
**magˈgioˈre** [madʒoː-] = Dur [it.]
**Maˈghˈreb** (der, -, nur Ez.) **1** der Westen **2** die im westlichen Teil der arabisch-mohammedanischen Welt angesiedelten Staaten Tunesien, Nordalgerien, Marokko [arab.]
**maˈghˈreˈbiˈnisch** (Adj.) nordafrikanisch, zum Westen gehörig [arab.]
**Maˈgie** (die, -, nur Ez.) Zauberkunst, Geisterbeschwörung [gr.]
**Maˈgiˈer** [-giɐ] (der, -s, -) Zauberer, Geisterbeschwörer [gr.]
**Maˈgiˈker** (der, -s, -) **1** persischer Zauberpriester **2** Zauberkünstler [pers.-gr.-lat.]
**maˈgisch** (Adj.) **1** auf Magie beruhend, mit ihrer Hilfe **2** geheimnisvoll
**Maˈgisˈter** (der, -s, -) **1** Lehrer (früher) **2** akademischer Grad, mit einem Diplom gleichwertig **3** (in Österreich Titel für) Apotheker [lat.]
**maˈgisˈtral** (Adj.) bereitet nach ärztlicher Anweisung [lat.]
**Maˈgisˈtraˈle** (die, -, -n) **1** die Hauptdurchgangsstraße, Hauptverkehrslinie einer Großstadt [lat.] **2** repräsentative Einkaufsstraße mit Geschäften, Gaststätten etc. [lat.-russ.]
**Maˈgisˈtrat** (der, -(e)s, -e) **1** hoher Beamter (im alten Rom) **2** Stadtverwaltung **3** (der, -en, -en) Mitglied der Regierung (schweiz.) [lat.]
**Magˈma** (das, -, -men) geschmolzenes Gestein (im Erdinnern), knetbare Masse, Brei (Med.) [gr.]
**magˈmaˈtisch** (Adj.) wie Magma, aus dem Magma stammend
**Magˈmaˈtisˈmus** (der, -, nur Ez.) Erscheinungen, die durch Magma hervorgerufen werden
**Magˈmaˈtit** (der, -s, -e) Gestein, das aus erstarrtem Magma besteht
**maˈgna cum lauˈde** mit großem Lob bei der Doktorprüfung bestanden = zweitbeste Auszeichnung: sehr gut [lat.]
**Maˈgnat** (der, -en, -en) **1** Angehöriger des hohen Adels (früher in Polen und Ungarn) **2** Großgrundbesitzer **3** Großindustrieller (Zeitungs-, Ölmagnat)
**Maˈgneˈsia** (die, -, nur Ez.) Magnesiumoxid in Pulverform
**Maˈgneˈsit** (der, -s, -e) ein Mineral, Edelstein [gr.]
**Maˈgneˈsiˈum** (das, -s, nur Ez.) ein Element, Metall [gr.-nlat.]
**Maˈgneˈsiˈumˈchloˈrid** (das, -s, -e) farbloses Salz aus Meer und Salzseen
**Maˈgnet** (der, -en, -en) **1** Eisen- oder Stahlkörper, der ferromagnetische Stoffe anzieht **2** von elektrischem Strom durchflossene Spule mit Eisenkern [gr.]
**Maˈgnetˈband** (das, -(e)s, -bänder) Band, auf dem durch Magnetisieren Informationen gespeichert werden können
**Maˈgnetˈfeld** (das, -(e)s, -er) Feld in der Umgebung eines Magneten
**maˈgneˈtisch** (Adj.) Eisen, Kobalt oder Nickel anziehend
**Maˈgneˈtiˈseur** [-zøːɐ] (der, -s, -e) Heilkundiger, der Magnetismus anwendet
**maˈgneˈtiˈsieˈren** (V.) **1** magnetisch machen **2** mit Magnetismus behandeln
**Maˈgneˈtisˈmus** (der, -, nur Ez.) **1** das Magnetischsein; Fähigkeit, Eisen, Kobalt oder Nickel anzuziehen **2** Fähigkeit

(von manchen Menschen), Heilkräfte auszustrahlen und wirksam werden zu lassen **3** darauf beruhendes Heilverfahren **4** Wissenschaft von den magnetischen Erscheinungen

**Magnetit** (der, -s, -e) ein Mineral, Magnetiteisenerz

**Magnetograf** *auch:* Magnetograph (der, -en, -en) Gerät, das selbsttätig erdmagnetische Schwankungen aufzeichnet [gr.]

**Magnetometer** (das, -s, -) Gerät zum Messen des Erdmagnetismus und der magnetischen Feldstärke [gr.]

**Magneton** (das, -s, -(s)) (Kernphysik) Maßeinheit für magnetische Stärke (von Elementarteilchen)

**Magnetooptik** (die, -, nur Ez.) Untersuchung der Einwirkungen magnetischer Felder auf Lichtstrahlen

**Magnetopath** (der, -en, -en) = Magnetiseur [gr.]

**Magnetopathie** (die, -, nur Ez.) auf Magnetismus beruhendes Heilverfahren; magnetische Kräfte

**Magnetosphäre** (die, -, nur Ez.) Bereich, der der Erde am nächsten ist und der durch das Erdmagnetfeld (Elektronen und Ionen) beeinflusst wird

**Magnetplatte** (die, -, -n) Platte für Datenspeicherung

**Magnetron** (das, -s, -s oder -trone) eine Elektronenröhre, die magnetische Energie verwendet

**Magnetstreifen** (der, -s, -) Streifen auf der Rückseite von Kreditkarten etc. zur Speicherung von Daten

**Magnifikat** (das, -(s), -s) **1** Lobgesang (im Lukasevangelium) **2** auf diesen Text komponiertes Chorwerk [lat.]

**Magnifikus** (der, -, -fizi) Bezeichnung für den Rektor einer Hochschule, Rector magnificus [lat.]

**Magnifizenz** (die, -, -en) (Titel und Anrede für) Rektor (einer Hochschule): Euer, Eure Magnifizenz [lat.]

**Magnitude** (die, -, -n) Maßeinheit zur Messung von Erdbebenstärken

**Magnolie** [-liə] (die, -, -n) ein Zierbaum mit tulpenähnlichen Blüten (aus China und Japan) [frz.]

**Magnum** (die, -, -gna) Wein- oder Sektflasche mit großem Inhalt

**Magyar** [-dʒaːr] (der, -en, -en) = Madjar

**Mahagoni** (das, -s, nur Ez.) wertvolles rötliches Holz des Mahagonibaumes Mittelamerikas sowie zahlreicher ähnlicher Baumarten [indian.]

**Maharadscha** (der, -s, -s) indischer Großfürst [sanskr.]

**Maharani** (die, -, -s) Ehefrau eines Maharadschas

**Maharischi** (der, -s, -s) Respekt bezeugende Bezeichnung für einen geistig-religiösen Führer in Indien [Hindi]

**Mahatma** (der, -s, -s) indischer Ehrentitel für geistig hochstehenden Mann, der verehrt wird

**Mahdi** (der, -s, nur Ez.) von den Moslems erwarteter, von Gott gesandter Prophet, der das Werk Mohammeds vollenden wird

**Mah-Jongg** *auch:* Ma-Jongg [madzɔ̃] (das, -, nur Ez.) chin. Gesellschaftsspiel

**Maiden** [meɪdn] (das, -s, -) junges, bei Rennen noch nicht erprobtes Rennpferd [engl.]

**Mail Art** [meɪlaːt] (die, -, nur Ez.) künstlerische Gestaltung von Postkarten

**Mailbox** [meɪl-] (die, -, -en oder -es) papierlose Nachrichtenübermittlung über Postleitung, elektronischer Briefkasten [engl.]

**mailen** [meɪlən] (V.) eine elektronische Nachricht verschicken, etwas als E-Mail senden

**Mailing** [meɪl-] (das, -s, -s) fachsprachliche Bezeichnung für das Versenden von Werbematerial auf dem postalischen Weg [amerik.]

**Mailingliste** [meɪlɪŋlɪst] (die, -, -n) Themenliste im Internet

**Mailorder** [meɪl-] (die, -, nur Ez.) Vertrieb von Waren nach Bestellung aufgrund von Prospekten [engl.]

**Mainliner** [meɪnlaɪnə] (der, -s, -) Rauschgiftsüchtiger, der sich selbst intravenös spritzt [engl.]

**Mainstream** [meɪnstriːm] (der, -(s), nur Ez.) Hauptrichtung; z.B. Mainstreamrock: Rockmusik in der jeweiligen Moderichtung (ohne Neues) [engl.]

**Maire** [mɛːə] (der, -s, -s) der Bürgermeister [frz.]

**Mais** (der, -es, -e) eine aus Amerika stammende bis zu 3 m hoch werdende Getreidepflanze [indian.-span.]
**Maisonette** *auch:* Maisonnette [mɛzɔnɛt] (die, -, -s) mehrstöckige Wohnung (innerhalb eines größeren Hauses) [frz.]
**Maître de Plaisir** [mɛ:trə də plɛzi:ʁ] (der, - - -, -s - -) jmd., der eine unterhaltende gesellschaftliche Veranstaltung leitet (veraltet, noch scherzhaft) [frz.]
**Maitresse** [mɛ-] = Mätresse
**Majestas Domini** (die, - -, nur Ez.) Darstellung des thronenden Christus [lat.]
**Majestät** (die, -, -en) **1** (nur Ez.) Erhabenheit, Würde **2** (nur Ez.) Titel und Anrede für: Kaiser, König **3** Kaiser, König; die Majestäten: das kaiserliche, königliche Paar [lat.]
**majestätisch** (Adj.) würdevoll, erhaben, hoheitsvoll [lat.]
**majeur** [maʒœ:r] = Dur [frz.]
**Majolika** (die, -, -liken) = Fayence [it.]
**Majonäse** (die, -, -n) = Mayonnaise
**major** [meɪdʒə] = Dur [engl.]
**Major** (der, -s, -e) **1** militärischer Rang zwischen Hauptmann und Oberstleutnant **2** Offizier in diesem Rang [lat.]
**Majoran** [ma-] (der, -s, -e) eine Gewürzpflanze, Lippenblütler [frz.]
**Majorat** (das, -(e)s, -e) **1** Recht des ältesten Sohnes auf das Erbgut, Ältestenrecht **2** das Erbgut selbst [lat.]
**Majordomus** (der, -, -) oberster Hofbeamter; Befehlshaber des Heeres (bei den fränkischen Königen) [lat.]
**majorisieren** (V.) durch Stimmenmehrheit besiegen, überstimmen [lat.]
**Majorität** (die, -, -en) Stimmenmehrheit [lat.]
**Majoritätsprinzip** (das, -s, nur Ez.) Prinzip, bei dem die Mehrheit der Stimmen z.B. eine Wahl entscheidet
**Majorz** (der, -(e)s, nur Ez.) Mehrheitswahl (schweiz.) [lat.]
**Majuskel** (die, -, -n) Großbuchstabe [lat.]
**makaber** (Adj.) **1** schaurig, an den Tod erinnernd **2** mit dem Tod und dem Grausigen spaßend [frz.]
**Makadam** (der oder das, -s, -e) ein Straßenbelag [engl.]
**makadamisieren** (V.) mit Makadam beschichten
**Makak** (der, -s oder -en, -en) ein meerkatzenartiger Affe; z.B. der Rhesus [portugies.]
**Makarismus** (der, -, -men) Seligpreisung [gr.]
**Make-up** [meɪkʌp] (das, -s, -s) **1** Verschönerung mit kosmetischen Mitteln **2** Creme zum Glätten und Tönen der Gesichtshaut [engl.]
**Maki** (der, -s, -s) = Lemur
**Makimono** (das, -s, -s) Rollbild aus Ostasien [jap.]
**Makkaroni** (nur Mz.) lange, dünne, röhrenförmige Nudel [it.]
**makkaronisch** (Adj.) in schlechtem Latein abgefasst, aus lateinischen Brocken und latinisierten Wörtern [it.]
**makkaronische Dichtung** (die, -n -, nur Ez.) Knödeldichtung, wobei in die verwendete Sprache lateinische Wörter eingestreut werden [it.]
**makkaronisieren** (V.) lateinische Wörter in einem anderssprachigen Zusammenhang verwenden [it.]
**Mako** (der, die oder das, -(s), nur Ez.) ägyptische Baumwolle; daraus hergestelltes Gewebe [ägypt.]
**Makramee** (das, -s, -s) **1** arabische Knüpftechnik mit kunstvollen Mustern **2** das in dieser Knüpftechnik gefertigte Werk [arab.-türk.-it.]
**Makrele** (die, -, -n) ein Meeresfisch, Speisefisch [niederl.]
**Makroanalyse** (die, -, -n) Analyse vergleichbar großer Mengen [gr.]
**Makroästhesie** (die,-, -n) Täuschung, bei der Gegenstände als größer empfunden werden, als sie sind [gr.]
**Makroaufnahme** (die, -, -n) Aufnahme mittels Makrofotografie
**Makrobefehl** (der, -s, -e) einheitlicher Befehl als Kurzform für die Gesamtheit von sich häufig wiederholenden Befehlen im EDV-Bereich
**Makrobiose** (die, -, nur Ez.) Langlebigkeit (Med.) [gr.]
**Makrobiotik** (die, -, nur Ez.) **1** Kunst, das Leben zu verlängern **2** gesunde Ernährungsweise auf der Grundlage von Getreide und Gemüse [gr.]
**Makrodaktylie** (die, -, -n) übernormale Größe der Finger [gr.]

**Ma'kro'evo'lu'ti'on** (die, -, -en) bedeutungsvoller Schritt in der Evolution, der einen neuen Zweig des Stammbaums entstehen lassen kann
**Ma'kro'fau'na** (die, -, -nen) sichtbare Tierwelt
**Ma'kro'fo'to'gra'fie** (die, -, -n) Aufnahmeverfahren, das stark vergrößern kann
**Ma'kro'kli'ma** (das, -s, nur Ez.) Klima eines größeren Gebietes [gr.]
**Ma'kro'kos'mos** (der, -, nur Ez.) Weltall, Weltraum [gr.]
**Ma'kro'mo'le'kül** (das, -s, -e) aus tausend und mehr Atomen aufgebautes Molekül [gr.]
**Ma'kro'ne** (die, -, -n) kleines Gebäck aus Nüssen, Zucker und Eiweiß [frz.]
**Ma'kro'ob'jek'tiv** (das, -s, -e) Objektiv für Nahaufnahmen
**Ma'kro'öko'no'mik** (die, -, nur Ez.) Gebiet der Wirtschaftswissenschaften, das gesamtwirtschaftliche Größen erforscht
**Ma'kro'so'mie** (die, -, -n) Riesenwuchs
**Ma'kro'vi'rus** (der, -, -viren) Computervirus
**Ma'kro'zyt** (der, -en, -en) unreifes rotes Blutkörperchen
**Ma'ku'la'tur** (die, -, -en) schadhafte, fehlerhafte, ausgeschiedene Druckbogen; Papierabfälle, Altpapier [lat.]
**ma'ku'lie'ren** (V.) zu Makulatur machen, einstampfen
**Ma'la'chit** (der, -s, -e) ein grünes Mineral [gr.]
**ma'la'd(e)** (Adj.) krank, erschöpft, sehr müde und lustlos [frz.]
**Ma'la'ga** (der, -s, -s) Süßwein aus der spanischen Provinz Malaga
**Ma'la'ga'sy** (das, -, nur Ez.) die malaiische Sprache Madagaskars, madagass. Sprache
**Ma'la'gue'ña** [malagɛnja] (die, -, -s) spanischer Tanz, wobei der Sänger innerhalb eines ständig wiederholten Themas frei improvisieren kann [span.]
**Ma'laie** (der, -n, -n) Angehöriger einer Völkergruppe in Südostasien (bes. Indonesien)
**ma'lai'isch** (Adj.) zu den Malaien gehörig, von ihnen stammend
**Ma'lai'se** *auch:* Ma'lä'se [-lɛː-] (die, -, -n; österr. das, -s, -n) **1** Übelkeit, Unbehagen **2** ungünstiger Umstand, widrige Sache [frz.]
**Ma'la'ko'lo'gie** (die, -, nur Ez.) Wissenschaft von den Weichtieren [gr.]
**Ma'la'ria** (die, -, nur Ez.) in warmen Ländern auftretende Infektionskrankheit mit Fieberanfällen, Sumpffieber, Wechselfieber [it.]
**Ma'lä'se** (die, -, -n) = Malaise
**Ma'la'wier** (der, -s, -) Ew. von Malawi; dem früheren Nyassaland [Bantu]
**Ma'la'ya'lam** (das, -s, nur Ez.) eine drawidische Sprache
**ma'lay'sisch** (Adj.) zu Malaysia gehörig
**Ma'le'di'ver** (der, -s, -) Einwohner des südasiatischen Inselstaates Malediven [arab.]
**ma'le'di'zie'ren** (V.) verwünschen [span.]
**Ma'le'fi'kant** (der, -en, -en) Übeltäter [lat.]
**Ma'le'fi'kus** (der, -, - oder -fi'zi) = Malefikant [lat.]
**Mal'heur** [maløːɐ] (das, -s, -e) Missgeschick, kleiner Unfall, kleines Unglück [frz.]
**Ma'li'ce** [-s] (die, -, -n) Bosheit, boshafte Äußerung [frz.]
**Ma'li'er** (der, -s, -) Einwohner des westafrikanischen Staates Mali
**ma'lig'ne** (Adj.) bösartig (von Geschwülsten) [lat.]
**Ma'lig'ni'tät** (die, -, nur Ez.) Bösartigkeit (Med.) [lat.]
**Ma'lig'nom** (das, -s, -e) entartete Geschwulst [lat.]
**ma'li'zi'ös** (Adj.) boshaft, hämisch [frz.]
**Malm** (der, -(e)s, nur Ez.) obere Abteilung des Juras [engl.]
**Ma'loc'chio** [-ɔkio] (der, -s, -s oder -chi [-ki]) böser Blick [it.]
**Ma'lo'che** [malɔːxə] (die, -s, -n) anderes Wort für Arbeit (ugs.)
**ma'lo'chen** (V.) schwer arbeiten, schuften (ugs.) [jidd.]
**Ma'lo'cher** (der, -s, -) Arbeiter [hebr.-jidd.]
**Ma'los'sol** (der, -s, nur Ez.) schwach gesalzener Kaviar [russ.]
**Mal'te'ser** (der, -s, -) **1** Ew. von Malta **2** Schoßhundrasse mit sehr langem, weißem Haar, das seidig schimmert **3** Angehöriger des kathol. Melteserordens
**mal'te'sisch** (Adj.) zu Malta gehörig

M

**Mal'thu'si'a'nis'mus** (der, -, nur Ez.) Lehre des englischen Nationalökonomen Th. R. Malthus, dass die Erdbevölkerung schneller zunehme als der Bodenertrag und deshalb drastische Mittel zur Begrenzung der Bevölkerungszahl notwendig seien [engl.-nlat.]
**Mal'to'se** (die, -, nur Ez.) Malzzucker [engl.]
**mal'trä'tie'ren** (V.) 1 misshandeln, peinigen 2 überbeanspruchen, rücksichtslos (mit etwas) umgehen [frz.]
**Malt'whis'ky** [mɔltvɪski] (der, -s, -s) Whisky aus Malz
**Ma'lus** (der, - oder -ses, - oder -se) 1 nachträglicher Prämienaufschlag (bei Häufung von Schadensfällen in der Versicherung) 2 Punktnachteil, Abschlag [lat.]
**Mal'va'sier** (der, -s, nur Ez.) ein süßer Südwein [gr.-it.]
**Mal've** (die, -, -n) Käsepappel, eine Heil- und Zierpflanze
**Mam'ba** (die, -, -s) eine afrikanische Giftschlange
**Mam'bo** (der, -(s), -s) lateinamerikan. Tanz um 1950 [afrokuban.]
**Ma'me'luck** (der, -lu̲cken, -lu'cken) 1 türkischer Sklave am persischen und ägyptischen Hof (früher) 2 Angehöriger eines ägyptischen Herrschergeschlechts (vom 13. bis Anfang des 16. Jh.) [arab.]
**Ma'mil'la** (die, -, -len) Brustwarze [lat.]
**Mam'ma** (die, -, -mae [-mɛ:]) 1 weibliche Brust, Brustdrüse (Med.) 2 Zitze von Säugetieren (Bio.) [lat.]
**Mam'ma'kar'zi'nom** (das, -s, -e) Brustkrebs
**Mam'ma'lia** (nur Mz.) Säugetiere [lat.]
**Mam'mo'gra'fie** *auch:* Mam'mo'gra'phi̲e (die, -, -n) Röntgenuntersuchung der weiblichen Brust [lat.-gr.]
**Mam'mon** (der, -s, nur Ez.) Geld, Reichtum (abwertend) [gr.-jidd.]
**Mam'mo'nis'mus** (der, -, nur Ez.) 1 Geldgier 2 Herrschaft des Geldes
**Mam'mo'plas'tik** (die, -, -en) Wiederherstellung der weiblichen Brust durch Operation
**Mam'mut** (das, -s, -s oder -e) ausgestorbener Elefant der Eiszeit mit langer Behaarung [jakut. oder tungus.-russ.]
**Mam'sell** (die, -, -s oder -en) 1 Fräulein (veraltet, noch scherzhaft) 2 Wirtschafterin (in Hotels und auf Landgütern) [frz.]
**Mä'na'de** (die, -, -n) ekstatische Begleiterin des griechischen Weingottes Dionysos [gr.]
**Ma'nage'ment** [mænɪdʒmənt] (das, -s, -s) 1 wirtschaftliche Leitung (eines Unternehmens) 2 Gesamtheit der leitenden Angestellten [engl.]
**Ma'nage'ment-Buy-out** (der oder das, -(s), -s) Übernahme einer Aktiengesellschaft durch die Unternehmensführung mithilfe von Aktienkäufen [engl.]
**ma'na'gen** [mɛnɪdʒn] (V.) 1 zustande bringen, bewerkstelligen 2 betreuen (und in den Vordergrund bringen); z.B. einen Sportler managen [engl.]
**Ma'na'ger** [mɛnɪdʒɐ] (der, -s, -) 1 Leiter (eines Unternehmens) 2 Betreuer (eines Sportlers oder Künstlers) [engl.]
**Ma'na'ger'krank'heit** [mɛnɪdʒər-] (die, -, nur Ez.) stressbedingte Krankheit, die zu plötzlichem Herztod führt
**man'can'do** leiser werdend, mit abnehmender Lautstärke (Mus.)
**Man'ches'ter** [mæntʃɪstə] (der, -s, nur Ez.) kräftiger Cordsamt [engl.]
**Man'da'la** (das, -(s), -s) kreisförmiges oder viereckiges Bild mit deutlichem Mittelpunkt (bes. als Hilfsmittel zur Meditation; in den indischen Religionen) [sanskr.]
**Man'dant** (der, -en, -en) Kunde, Auftraggeber (eines Rechtsanwalts, Steuerberaters) [lat.]
**Man'da'rin** (der, -s, -e) europäische Bezeichnung für: hohen chinesischen Beamten (früher) [portugies.]
**Man'da'ri'ne** (die, -, -n) kleine, süße, apfelsinenähnliche Frucht
**Man'dat** (das, -(e)s, -e) 1 Auftrag, Vollmacht 2 Amt eines gewählten Abgeordneten 3 von einem Staat verwaltetes Gebiet [lat.]
**Man'da'tar** (der, -s, -e) jmd., der ein Mandat erhalten hat, der im Auftrag eines anderen handelt; z.B. Steuerberater; Abgeordneter (österr.) [lat.]
**man'da'tie'ren** (V.) bevollmächtigen, beauftragen [lat.]

**Manˈdaˈtor** (der, -s, -toˈren) Bezeichnung für den Boten in Byzanz [lat.]
**Manˈdatsgeˈbiet** (das, -(e)s, -e) Gebiet, das durch einen fremden Staat verwaltet wird
**Manˈdaˈtum** (das, -s, -ta) in der katholischen Kirche die Fußwaschungszeremonie am Gründonnerstag [lat.]
**Manˈdiˈbel** (die, -, -n) **1** Unterkieferknochen (bei Wirbeltieren und beim Menschen) **2** Mandibeln: erstes Paar der Mundwerkzeuge (bei Insekten und Krebsen) [lat.]
**Manˈdiˈbuˈla** (die, -, -lae) Unterkiefer
**Manˈdinˈgo** (der, -s, -s) künstlicher Penis, der von Frauen zu masturbatorischen und gleichgeschlechtlichen Praktiken verwendet wird [afrikan.]
**Manˈdoˈla** *auch:* Manˈdoˈra (die, -, -len) ein Zupfinstrument (größer und eine Oktave tiefer als die Mandoline) [it.]
**Manˈdoˈliˈne** (die, -, -n) ein Zupfinstrument
**Manˈdorˈla** (die, -, -dorˈlen) mandelförmiger Heiligenschein um die ganze Gestalt (in der Kunst) [it.]
**Manˈdraˈgoˈra** *auch:* Manˈdraˈgoˈre (die, -, -ren) ein stängelloses Nachtschattengewächs, dessen (nach dem Volksglauben zauberkräftige) Wurzel als „Alraune" bezeichnet wird [viell. pers.]
**Manˈdrill** (der, -s, -e) ein afrikanischer Affe mit buntfarbigem Gesicht und Hinterteil [span.-engl.]
**Maˈneˈge** [-ʒə] (die, -, -n) kreisrunder Platz für Darbietungen (im Zirkus, in einer Reitschule); Reitbahn [frz.]
**Maˈnen** (nur Mz.) die guten Geister der Verstorbenen (in der römischen Mythologie)
**Manˈgaˈbe** (die, -, -n) ein meerkatzenartiger afrikanischer Affe
**Manˈgan** (das, -s, nur Ez.) ein Element, Metall [gr.]
**Manˈgaˈnit** (der, -s, -e) ein Mineral [gr.-nlat.]
**Manˈgo** (die, -, -s oder -goˈhen) eine tropische, eiförmige größere Frucht mit großem Kern [malai.]
**Manˈgroˈve** (die, -, -n) Pflanze mit Luftwurzeln, immergrün
**Maˈniˈchäˈer** (der, -s, -) Anhänger des Manichäismus
**Maˈniˈchäˈisˈmus** (der, -, nur Ez.) eine altpersische, mit christlichen Elementen durchsetzte Religion [pers.-nlat.]
**Maˈniˈchiˈno** [-kiː-] (der, -s, -s) Gliederpuppe (für Kleiderentwürfe) [frz.-it.]
**Maˈnie** (die, -, -n) **1** mit Erregung, übersteigertem Selbstgefühl u.a. verbundene Gemütskrankheit **2** leidenschaftliche Liebhaberei, Trieb, Sucht [gr.]
**Maˈnier** (die, -, -en) **1** (nur Ez.) Art und Weise, Eigenart **2** (nur Ez.) gekünstelte Nachahmung bestimmter Formen **3** (meist Mz.) Umgangsformen, Benehmen [frz.]
**maˈnieˈriert** (Adj.) gekünstelt, übertrieben, verfeinert [frz.]
**Maˈnieˈriertˈheit** (die, -, -en) Künstelei, Unnatürlichkeit des Ausdrucks [lat.-frz.]
**Maˈnieˈrisˈmus** (der, -, nur Ez.) eine Stilrichtung in der Kunst zwischen Renaissance und Barock; gekünstelte Nachahmung eines Stils
**Maˈnieˈrist** (der, -risˈten, -risˈten) Vertreter des Manierismus [frz.]
**maˈnieˈrisˈtisch** (Adj.) in der Art des Manierismus
**maˈnierˈlich** (Adj.) mit guten Manieren, wohlerzogen
**maˈniˈfest** (Adj.) deutlich erkennbar, offenkundig [lat.]
**Maˈniˈfest** (das, -fesˈtes, -feˈste) **1** Grundsatzerklärung, Darlegung eines Programms **2** öffentliche Erklärung **3** Verzeichnis der Ladung (eines Schiffes) [lat.]
**Maˈniˈfesˈtaˈtiˈon** (die, -, -tiˈoˈnen) **1** das Erkennbarwerden, Offenbarwerden **2** öffentliche Erklärung **3** Demonstration (schweiz.) [lat.]
**maˈniˈfesˈtieˈren** (V.) öffentlich erklären, darlegen; sich manifestieren: erkennbar, sichtbar werden
**Maˈniˈküˈre** (die, -, -n) **1** (nur Ez.) Pflege der Fingernägel **2** Friseuse oder Kosmetikerin, die zugleich Maniküre betreibt **3** Kästchen mit den Geräten für die Fingernagelpflege [frz.]
**maˈniˈküˈren** (V.) die Fingernägel pflegen
**Maˈniˈok** (der, -s, -s) ein südamerikanisches Wolfsmilchgewächs mit essbarer Wurzel [Tupi-span.]

**Ma|ni|pel** 1 (der, -s, -) Abteilung einer Kohorte (im alten Rom) 2 (der oder die, -(s), - oder -n) gesticktes, über dem linken Unterarm getragenes Band des Messgewandes [lat.]

**Man|po|wer** [mɛnpaʊər] (die, -, nur Ez.) menschliche Arbeitskraft, Personal (Wirtschaft) [engl.]

**Ma|ni|pu|lant** (der, -en, -en) jmd., der andere manipuliert

**Ma|ni|pu|la|ti|on** (die, -, -tio|nen) 1 Zurichten und Färben (von Fellen) 2 Handgriff, Kunstgriff, geschicktes Vorgehen 3 gezielte, aber unmerkliche Beeinflussung [lat.]

**ma|ni|pu|la|tiv** (Adj.) in der Art einer Manipulation

**Ma|ni|pu|la|tor** (der, -s, -to|ren) 1 Zauberkünstler, Taschenspieler 2 jmd., der andere manipuliert 3 Gerät, mit dem radioaktive, staubempfindliche oder ähnliche Gegenstände aus größerer Entfernung oder durch Schutzwände hindurch bewegt werden können [lat.]

**ma|ni|pu|la|to|risch** (Adj.) mithilfe einer Manipulation

**ma|ni|pu|lier|bar** (Adj.) beeinflussbar, lenkbar, handhabbar [lat.]

**ma|ni|pu|lie|ren** (V.) 1 (Felle) zurichten und färben 2 geschickte Handgriffe machen, (etwas) geschickt handhaben 3 (in eine bestimmte Richtung) steuern, lenken; jmdn. manipulieren; gezielt, aber unmerklich beeinflussen [lat.]

**Ma|ni|pu|lie|rer** (der, -s, -) = Manipulator [lat.]

**Ma|ni|pu|lie|rung** (die, -, -en) = Manipulation [lat.]

**ma|nisch** (Adj.) an Manie leidend

**ma|nisch-de|pres|siv** (Adj.) psychol. Fachbegriff für krankhafte, unvermittelte Stimmungsschwankungen von großer Heiterkeit bis tiefster Schwermut [gr.-lat.]

**Ma|nis|mus** (der, -, nur Ez.) Verehrung der Manen, Totenkult

**Ma|ni|tu** (der, -s, nur Ez., auch ohne Artikel) allen Dingen und Naturerscheinungen innewohnende, übersinnliche Macht, auch als Geist personifiziert (bei nordamerikanischen Indianern) [Algonkin]

**Man|ko** (das, -s, -s) 1 Fehlbetrag 2 Fehler, Mangel [it.]

**Man|na** (das oder die, -(s), nur Ez.) 1 vom Himmel stammende Nahrung der Juden bei ihrer Wanderung durch die Wüste (im AT) 2 Saft aus der Rinde mancher Bäume 3 Ausscheidung der in den Mittelmeerländern vorkommenden Mannaschildlaus [hebr.]

**Man|ne|quin** [-kɛ̃] (das, -s, -s) 1 Gliederpuppe (für Maler und Bildhauer), Schaufensterpuppe (früher) 2 Frau, die neue Modelle der Damenmode vorführt [niederl.-frz.]

**Man|nit** (der, -s, -e) ein in Manna, Oliven, Sellerie vorkommender, süßer Alkohol

**Ma|no|me|ter** (das, -s, -) Gerät zum Messen des Druckes von Gasen und Flüssigkeiten, Druckmesser [gr.]

**ma|no des|tra** *auch:* des|tra ma|no (in der Musik) mit der rechten Hand (zu spielen), Abk. m.d., d.m. [it.]

**ma non tan|to** aber nicht so sehr (in der Musik); z.B. allegro ma non tanto [it.]

**ma non trop|po** aber nicht sehr (in der Musik); z.B. allegro ma non troppo [it.]

**ma|no si|nis|tra** *auch:* si|nis|tra ma|no (bei Musikstücken) mit der linken Hand (zu spielen), Abk. m.s., s.m. [it.]

**Ma|nö|ver** (das, -s, -) 1 Truppen-, Flottenübung größeren Ausmaßes 2 Wendung, Bewegung (des Schiffes oder Flugzeugs) 3 Maßnahme, Vorgehen zur Täuschung eines anderen [frz.]

**ma|növ|rie|ren** (V.) 1 ein Manöver ausführen 2 geschickt und gezielt vorgehen (um jmdn. oder sich in eine bestimmte Lage zu bringen); z.B. jmdn. in eine unangenehme Lage manövrieren [frz.]

**manque** [mã:k] die Zahlen 1 bis 18 im Roulett [frz.]

**Man|sar|de** (die, -, -n) ausgebautes Dachgeschoss, Dachzimmer [frz.]

**Man|schet|te** (die, -, -n) 1 Aufschlag (am langen Hemd- oder Blusenärmel) 2 Hülle aus Krepppapier (für Blumentöpfe) 3 ein verbotener Griff am Hals (beim Ringen) 4 Dichtungsring (an Maschinenteilen) 5 (Mz.) Manschetten: Handfesseln (in der Gaunersprache); Manschetten haben: Angst haben (ugs.) [frz.]

**Man|til|le** [-tɪljə] (die, -, -n) Schulterumhang (für Frauen; früher); Kopf und

Schultern bedeckendes Spitzentuch [span.]
**Man'tis'se** (die, -, -n) hinter dem Komma stehende Zahl (bei Logarithmen) [lat.]
**Man'tra** (das, -(s), -s) Lebensweisheit, Lebensformel, magische Bedeutung, über die meditiert wird; z.B. ein Wort mit einer bestimmten Kraft; Hinduismus, Esoterikszene; sein Mantra absingen [ind.]
**Ma'nu'al** (das, -s, -e) **1** Tagebuch (veraltet) **2** Tastenreihe, die mit den Händen gespielt wird (an Orgel und Cembalo) [lat.]
**ma'nu'ell** (Adj.) mit der Hand, Hand… [lat.]
**Ma'nu'fak'tur** (die, -, -en) **1** Herstellung mit der Hand, Handarbeit **2** mit der Hand hergestellter Gegenstand der Industrie **3** Betrieb, in dem die Waren mit der Hand hergestellt werden (früher) [lat.]
**ma'nu'fak'tu'rie'ren** (V.) mit der Hand herstellen [lat.]
**Ma'nul'druck** (der, -(e)s, nur Ez.) Flachdruckverfahren
**Ma'nu'skript** (das, -(e)s, -e) mit der Hand oder Maschine geschriebener Text (als Druckvorlage) [lat.]
**Man'za'nil'la** [-anılja] (der, -s, nur Ez.) ein nach Kamille duftender Süßwein [span.]
**Mao'is'mus** (der, -, nur Ez.) von Mao Tse-tung entwickelte chinesische Form des Kommunismus [chin.-nlat.]
**Mao'ist** (der, -is'ten, -is'ten) Anhänger des Maoismus
**mao'is'tisch** (Adj.) den Maoismus betreffend, auf ihm beruhend
**Mao'look** (der, -s, nur Ez.) unter Mao in China eingeführte uniformartige Kleidung, die aus einem Anzug mit hochgeschlossener blauer oder grüner Jacke und einer Schirmmütze in den gleichen Farben besteht [chin.-engl.]
**Ma'o'ri 1** (der, -s, -s oder -) Eingeborener Neuseelands **2** (das, -(s), nur Ez.) dessen Sprache
**MAP** Abk. für **M**anufacturing **A**utomation **P**rotocol (Datenübertragung zwischen Rechnern unterschiedlicher Arbeitsbereiche) [engl.]
**Ma'quet'te** [-kɛt] (die, -, -n) Entwurf, Skizze, Modell [frz.]
**Ma'quil'la'ge** [makija:ʒə] (die, -, -n) Zinken, unerlaubte Kennzeichnung von Spielkarten [frz.]
**Ma'quis** [maki:] (der, -, nur Ez.) **1** frz. Widerstandsorganisation während der Besetzung durch die deutschen Nationalsozialisten **2** Buschwald, häufig als Versteck von Räubern [frz.]
**Ma'qui'sard** [makiza:] (der, -s, -s) Mitglied der französischen Widerstandsbewegung „Maquis" (im Zweiten Weltkrieg) [frz.]
**Ma'ra'bu** (der, -s, -s) ein Schreitvogel (Südasiens und Afrikas) mit Kehlsack [arab.]
**Ma'ra'but** (der, -(e)s oder -, -s oder -) islamischer Einsiedler
**Ma'ra'ca** (die, -, -s) mit Körnchen gefüllte, gestielte Kugelrassel (als Begleitinstrument in der lateinamerikan. Musik) [portugies.]
**Ma'ra'cu'ja** (die, -,-s) Frucht der Passionsblume [portugies.]
**Ma'ras'chi'no** [-ki:-] (der, -s, -s) aus einer jugoslawischen Sauerkirsche hergestellter Likör [it.]
**Ma'ras'mus** (der, -, -men) körperlicher und geistiger Kräfteverfall [gr.]
**Ma'ra'thon 1** (der, -s, -s) der Langstreckenlauf über die Marathondistanz von 42,2 km **2** (das, -s, -s) überdurchschnittlich lange Dauerndes [gr.]
**Mar'ble'wood** (das, -s, nur Ez.) Ebenholz (Handelsbezeichnung) [engl.]
**mar'ca'to** (Adv.) markant, deutlich hervorgehoben (zu spielen; bei Musikstücken) [it.]
**Mar'che'se** [-ke:-] (der, -(s), -n) Angehöriger des italienischen Adels zwischen Graf und Herzog [it.]
**Mar'cia** [martʃa] (die, -, -s oder -cie [-tʃe]) Marsch; Marcia funebre: Trauermarsch [it.]
**Ma're** (das, -, - oder -ria) dunkle Ebene auf der Oberfläche von Himmelskörpern; z.B. des Mondes [lat.]
**Ma'rel'le** (die, -, -n) = Marille
**Ma'ren'da** (die, -, -den) = Marende
**Ma'ren'de** *auch:* Ma'ren'da (die, -, -n) Nachmittagsmahlzeit, Vesper (schweiz.) [it.]
**Ma'ren'go** (der, -s, -s) schwarz-weiß meliertes Wollgewebe [it.]

**Mar'ga'rin** (die, -, -en) = Margarine (österr.)
**Mar'ga'ri'ne** *auch:* Mar'ga'rin (die, -, -n) aus pflanzlichen oder pflanzlichen und tierischen Fetten hergestelltes Speisefett [gr.]
**Mar'ge** (die, -, -n) **1** Abstand, Spanne, Spielraum **2** Spanne zwischen Einkaufs- und Verkaufspreis, zwischen Kursen [frz.]
**Mar'ge'ri'te** (die, -, -n) eine Wiesen- und Ackerblume [frz.]
**mar'gi'nal** (Adj.) **1** auf dem Rand (einer Buchseite u.a.) stehend **2** am Rande, auf der Grenze liegend **3** nebensächlich **4** randständig (von Samenanlagen; in der Botanik)
**Mar'gi'na'le** (das, -s, -li'en) = Marginalie [lat.]
**Mar'gi'nal'exis'tenz** (die, -, -en) **1** Zugehörigkeit zu weder der einen noch der anderen Gruppe **2** Außenseiter
**Mar'gi'na'lie** *auch:* Mar'gi'na'le [-liə] (die, -, -li'en) an den Rand geschriebene Bemerkung; kleine Überschrift auf dem Rand der Buchseite [lat.-frz.]
**mar'gi'na'li'sie'ren** (V.) einen Text mit Marginalien versehen [lat.]
**Mar'gi'na'lis'mus** (der, -, nur Ez.) eine nicht von absoluten Werten, sondern von Grenzwerten ausgehende Theorie der Volkswirtschaft [lat.]
**Mar'gi'na'li'tät** (die, -, nur Ez.) Existenz am Rande einer gesellschaftlichen Gruppe oder zwischen zwei Gruppen, Marginalexistenz [frz.]
**Ma'ri'a'ge** [-ʒə] (die, -, -n) **1** Zusammentreffen von König und Dame (im Kartenspiel) [frz.]
**ma'ri'a'nisch** (Adj.) zur Jungfrau Maria gehörig
**Ma'ri'hu'a'na** (das, -s, nur Ez.) aus den getrockneten und zerriebenen Blättern des mexikanischen Hanfs hergestelltes Rauschgift
**Ma'ril'le** *auch:* Ma're'l'le (die, -, -n) = Aprikose (österr.) [it.]
**Ma'rim'ba** (die, -, -s) xylophonähnl. Musikinstrument mit Resonanzkörpern [afrikan.-span.]
**ma'rin** (Adj.) zum Meer gehörig, aus dem Meer stammend, im Meer lebend [lat.]
**Ma'ri'na'de** (die, -, -n) saure, gewürzte Tunke (zum Einlegen von Fleisch oder Fisch); die darin eingelegten Fleisch- oder Fischteile [frz.]
**Ma'ri'ne** (die, -, -n) Gesamtheit der Schiffe (einschließlich Besatzungen) und der dem Seehandel und Seekrieg dienenden Einrichtungen (eines Staates) [lat.]
**Ma'ri'ner** (der, -s, -) Soldat der Marine
**ma'ri'nie'ren** (V.) in eine Marinade einlegen
**Ma'rio'la'trie** (die, -, nur Ez.) Verehrung der Jungfrau Maria [hebr.-gr.]
**Ma'ri'o'net'te** (die, -, -n) **1** kleine, an Fäden aufgehängte und durch sie bewegte Gliederpuppe **2** willenloser, anderen als Werkzeug dienender Mensch [frz.]
**ma'ri'tim** (Adj.) **1** zum Meer, zur See gehörig; maritimes Klima: Seeklima **2** zum Seewesen gehörig [lat.]
**markant** (Adj.) **1** deutlich ausgeprägt, auffallend **2** scharf geschnitten (von Gesichtszügen) [frz.]
**Mar'ker** (der, -s, -) **1** Filzstift, der dick schreibt **2** Kennzeichen in der Sprachwissenschaft **3** genetisches Merkmal
**Mar'ke'ten'der** (der, -s, -) Händler, der die kämpfende Truppe begleitet und mit Lebensmitteln versorgt (früher) [it.]
**Mar'ke'te'rie** (die, -, -n) = Intarsie [frz.]
**Mar'ke'ting** (das, -s, nur Ez.) den Absatz fördernde Politik (eines Unternehmens) [engl.]
**Mar'ke'ting re'search** [maːkɪtɪŋrɪsəːtʃ] (das, - oder -es, -s) statistisches Erforschen von Absatzmärkten, Produktplatzierung etc. [engl.]
**mar'kie'ren** (V.) **1** kennzeichnen, durch ein Zeichen hervorheben **2** vortäuschen **3** andeuten, andeutungsweise singen oder spielen (bei Theaterproben) **4** (ein Tor) schießen, erzielen **5** eine Duftmarke setzen (von manchen Tieren), ein wenig Harn lassen (um das eigene Revier zu bezeichnen) [frz.]
**Mar'kie'rung** (die, -, -en) **1** das Markieren **2** Zeichen, das etwas markiert
**Mar'ki'se** (die, -, -n) **1** aufrollbares Dach aus Stoff (als Sonnenschutz) **2** ein Edelsteinschliff [frz.]
**Mark'ka** (die, -, -) Währungseinheit in Finnland [germ.-finn.]

**Mar'kör** *auch:* Mar'keur (der, -s, -e) **1** Schiedsrichter, Zähler der Punkte (beim Billard) **2** beim Billard bedienender Kellner (österr.) **3** Gerät zum Ziehen der Furchen auf dem Acker oder Beet [frz.]
**Mar'me'la'de** (die, -, -n) mit Zucker eingekochter Fruchtbrei [portugies.-it.]
**Mar'mor** (der, -s, -e) ein (meist schön geäderter) Kalkstein [gr.]
**mar'mo'rie'ren** (V.) wie Marmor aussehen lassen
**mar'mo'riert** (Adj.) wie Marmor gemustert, geädert
**Mar'mot'te** (die, -, -n) Murmeltier [frz.]
**Ma'ro'cain** [-kɛ̃] (der oder das, -s, -s) ein kreppartiges Gewebe [frz.]
**ma'ro'de** (Adj.) marschunfähig; müde, erschöpft [frz.]
**Ma'ro'deur** [-døːʁ] (der, -s, -e) plündernder Nachzügler einer (kämpfenden) Truppe [frz.]
**ma'ro'die'ren** (V.) plündernd umherziehen (von Soldaten) [frz.]
**Ma'rok'ka'ner** (der, -s, -) Einwohner des Königreichs Marokko in Nordwestafrika [arab.]
**Ma'ro'ne** (die, -, -n oder -ni) Frucht der Edelkastanie [it.]
**Ma'rot'te** (die, -, -n) wunderliche Laune, Vorliebe oder Gewohnheit [frz.]
**Mar'quess** [mɑːkwɪs] (der, -, -) Angehöriger des englischen Adels zwischen Graf und Herzog
**Mar'quis** [-kiː] (der, -, - [kiːs]) Angehöriger des französischen Adels zwischen Graf und Herzog
**Mar'qui'se** [-kiː-] (die, -, -n) Ehefrau oder Tochter eines Marquis
**Mars** (der, -, -e) **1** Planet **2** Plattform zur Führung und Befestigung der Marsstenge (Seefahrt)
**Mar'sa'la** (der, -s, -s) ein Süßwein aus der sizilianischen Stadt Marsala
**Mar'seil'lai'se** [marsɛjɛːz] (die, -, nur Ez.) aus einem Revolutionslied entstandene französische Nationalhymne
**Marsh'mal'low** [maːʃmɛlo] (das, -s, -s) Süßigkeit aus den USA, ähnlich dem dt. „Babyspeck"
**mar'ti'a'lisch** [-tsjaː-] (Adj.) wild, kriegerisch, grimmig [lat.]
**Mar'tin'gal** (das, -s, -e) Riemen, der um den Pferdehals gelegt wird und am Sattelgurt und Zügeln befestigt ist
**Mär'ty'rer** (der, -s , -) **1** Christ, der für seinen Glauben gestorben ist **2** jmd., der für seine Überzeugung Leiden erduldet [gr.]
**Mar'ty'ri'um** (das, -s, -ri'en) Tod für den Glauben, für eine Überzeugung; Qual, großes Leiden, Pein [gr.-lat.]
**Mar'ty'ro'lo'gi'um** (das, -s, -gi'en) Verzeichnis der Märtyrer [gr.-lat.]
**Mar'xis'mus** (der, -, nur Ez.) ökonomische, gesellschaftliche und politische Theorien als Grundlage der Ideologie des kommunistischen Sozialismus
**Ma'ry Jane** [meərɪ dʒeɪn] (die, - -, nur Ez.) Marihuana (ugs. verhüllend) [engl.]
**Mar'zi'pan** (das oder der, -s, -e) Süßigkeit aus geriebenen Mandeln, Zucker u.a. [it.]
**Mas'ca'ra** (das, -, -s) Wimperntusche [ital.]
**Ma'schi'ne** (die, -, -n) **1** Gerät, das Kraft überträgt (Kraftmaschine) oder Arbeitsgänge selbsttätig verrichtet (Arbeitsmaschine) **2** (kurz für) Schreib-, Wasch-, Nähmaschine **3** Motorrad **4** Flugzeug **5** Rennwagen **6** dicke, behäbige Frau (ugs., scherzhaft) [lat.-frz.]
**Ma'schi'ne'rie** (die, -, -n) Gesamtheit von zusammenarbeitenden Maschinen; Ablauf von Vorgängen, in den man kaum oder gar nicht eingreifen kann [lat.-frz.]
**Ma'schi'nist** (der, -nis'ten, -nis'ten) Facharbeiter, der eine oder mehrere Maschinen bedient und überwacht
**Ma'shie** [meʃi] (der, -s, -s) Golfschläger mit einem Eisenkopf [engl.]
**Mas'ka'ron** [-rɔ̃] (der, -s, -e) fratzenhaftes Gesicht (als Ornament in der Baukunst) [it.-frz.]
**Mas'ke** (die, -, -n) **1** Nachbildung eines Gesichts oder Tierkopfes aus Pappe **2** durch Perücke und Schminke verändertes Gesicht (eines Schauspielers) **3** das halbe Gesicht bedeckendes Stück Stoff mit Löchern für die Augen (zum Unkenntlichmachen auf Bällen) **4** Verkleidung **5** verkleidete Person **6** Haube zum Schutz von Gesicht und Kopf; z.B. Gasmaske **7** kosmetische Creme, die auf das Gesicht aufgetragen wird und eine Weile einwirken muss **8** Schablone zum

Abdecken von Negativen beim Belichten **9** Verstellung, Vortäuschung

**Mas'ke'ra'de** (die, -, -n) **1** Verkleidung **2** Fest mit Masken, Maskenball [frz.]

**mas'kie'ren** (V.) **1** mit einer Maske (**1**, **3**) verhüllen **2** verkleiden, vermummen **3** verdecken, verbergen, tarnen

**Mas'kott'chen** (das, -s, -) *auch:* Mas'kotte (die, -, -n) kleine Puppe oder Tier (auch Mensch), welche Glück bringen sollen [frz.]

**mas'ku'lin** [-li:n] (Adj.) männlich, männlichen Geschlechts, männliche Wesenszüge, männliches Äußeres zeigend [lat.]

**Mas'ku'li'num** [-li:-] (das, -s, -na) männliches Substantiv [lat.]

**Ma'so'chis'mus** (der, -, nur Ez.) geschlechtliche Befriedigung durch Erdulden körperlicher und/oder seelischer Misshandlungen [lat.]

**Ma'so'chist** (der, -chis'ten, -chis'ten) jmd., der Masochismus betreibt

**Mas'sa'ge** [-ʒə] (die, -, -n) mechanische Einwirkung auf den Körper oder auf Körperteile (Kneten, Klopfen u.a.) zu Heilzwecken [frz.]

**Mas'sai** (der, -s, - oder -s) Angehöriger eines ostafrikanischen Volksstammes

**Mas'sa'ker** (das, -s, -) massenweise grausame Tötung, Blutbad, Gemetzel [frz.]

**mas'sa'krie'ren** (V.) brutal töten, niedermetzeln [frz.]

**Mas'sel** (der, -s, nur Ez.) Glück; z.B. Massel haben [hebr.-jidd.]

**Mas'sen'de'fekt** (der, -(e)s, -e) das Phänomen, dass die tatsächliche Masse von Atomkernen geringer ist, als die Summe der sie aufbauenden Elektronen

**Mas'sen'me'di'um** (das, -s, -dien) Medien mit großem Bekanntheitsgrad zur Nachrichtenübermittlung und Unterhaltung

**Mas'sen'psy'cho'lo'gie** (die, -, nur Ez.) Gebiet in der Psychologie, in dem das Verhalten der Massen bzw. die Beeinflussung des Einzelnen durch diese Massen untersucht wird

**Mas'sen'spek'tro'graf** *auch:* Mas'sen'spek'tro'graph (der, -en, -en) Aufzeichnung von Spektren zur Bestimmung der Massen von Atomen, Molekülen

**Mas'seur** [-sø:ʁ] (der, -s, -e) jmd., der berufsmäßig Massagen ausführt [frz.]

**Mas'seu'se** [-sø:-] (die, -, -n) weiblicher Masseur (veraltet, heutige Bezeichnung:) Masseurin

**mas'sie'ren** (V.) mit Massage behandeln [frz.]

**mas'siv** (Adj-) **1** aus einheitlichem Material, dicht, fest **2** voll, nicht hohl und nicht mit anderer Masse gefüllt; z.B. Figur aus massiver Schokolade **3** dauerhaft, kräftig **4** groß, wuchtig; z.B. massiver Bau **5** sehr energisch, sehr deutlich, grob; z.B. massiv werden; massive Vorwürfe [frz.]

**Mas'siv** (das, -s, -e) Masse alter Gesteine, die durch Abtragung freigelegt wurden, Grundgebirge; Gebirgsstock, mehrere zusammenhängende Berge [frz.]

**Mas'si'vi'tät** (die, -, nur Ez.) massive Beschaffenheit

**Mas'so'ra** (die, -, nur Ez.) Sammlung von Anmerkungen zum Alten Testament [hebr.]

**Mas'ta'ba** (die, -, -s oder -taben) rechteckiges, altägyptisches Grab [arab.]

**Mast'ek'to'mie** (die, -, -n) Abnahme der weiblichen Brust durch Operation (Med.)

**Mas'ter** (der, -s, -) **1** (in England Anrede für) junger Herr **2** (in England und den USA) akademischer Grad **3** Anführer einer Parforcejagd **4** Leiter; z.B. Showmaster [engl.]

**Ma'ster'ko'pie** (die, -, -n) vom Original hergestellte Positiv-Kontaktkopie

**Mas'ters** (das, -, -) Sportveranstaltung, an der nur die Besten teilnehmen [engl.]

**Mas'tiff** (der, -s, -s) große, schwere englische Hunderasse [engl.]

**Mas'tix** (der, -(e)s, nur Ez.) **1** ein Harz (für Lack, Kitt, als Kaumittel u.a.) **2** ein Straßenbelag aus Asphalt und Steinen [lat.]

**Mas'to'don** (das, -s, -s oder -don'ten) ein ausgestorbenes Rüsseltier, viell. Vorläufer des Elefanten [gr.]

**mas'to'id** (Adj.) brustwarzenförmig [gr.]

**Mas'tur'ba'ti'on** (die, -, -ti'o'nen) geschlechtliche Selbstbefriedigung [lat.]

**mas'tur'bie'ren** (V.) sich geschlechtlich selbst befriedigen [lat.]

**Ma'sur'ka** (die, -, -ken oder -s) feuriger polnischer Tanz [poln.]

**Ma'ta'dor** (der, -s, -e) **1** Stierkämpfer, der dem Stier den Todesstoß gibt **2** durch eine Fähigkeit sich hervortuender Mann **3** Sieger [span.]
**Match** [mætʃ] (das, -s, -s auch -e(s)) Wettkampf, Wettspiel [engl.]
**Match'ball** [metʃbɔːl] (der, -(e)s, -bälle) der entscheidende Schlag (bes. Tennis)
**Matched groups** *auch:* Matched Groups [metʃtgruːp] (nur Mz.) Gruppe, die in bestimmten Merkmalen übereinstimmt, z.B. im Alter, Herkunft etc., und daher bei Tests verglichen werden kann
**Matched sam'ples** *auch:* Matched Samples [metʃtsæmple] (nur Mz.) Messungen von zwei unterschiedlichen Gruppen, wobei die eine als Maßstab für die andere gilt [engl.]
**Mat'ching** [metʃĩ] (das, -s, -s) = Matched Samples
**Ma'te** (die, -, -n) **1** ein südamerikanisches Stechpalmengewächs **2** (der, -, nur Ez.) aus dessen Blättern hergestellter, leicht koffeinhaltiger Tee [Ketschua]
**Ma'ter** (die, -, -n) in Pappe geprägtes, negatives Abbild einer Druckvorlage zur Herstellung von Galvanos [lat.]
**Ma'ter do'lo'ro'sa** (die, - -, nur Ez.) „schmerzensreiche Mutter", Darstellung der Gottesmutter im Schmerz [lat.]
**ma'te'ri'al** (Adj.) stofflich, körperlich; sich auf den Inhalt beziehend [lat.]
**Ma'te'ri'al** (das, -s, -ri'a'li'en) **1** Rohstoff, Werkstoff **2** Zutaten **3** Unterlagen, Schriftstücke, Belege (für eine Arbeit, Sammlung u.a.) [lat.]
**Ma'te'ri'a'li'sa'ti'on** (die, -, -ti'o'nen) das Materialisieren, das Sichmaterialisieren
**ma'te'ri'a'li'sie'ren** (V.) **1** in Materie umwandeln; z.B. Energiestrahlung materialisieren **2** in eine körperliche Erscheinung verwandeln, körperlich, stofflich werden lassen; sich materialisieren: zu einer körperlichen Erscheinung werden (im Okkultismus) [lat.]
**Ma'te'ri'a'lis'mus** (der, -s, nur Ez.) **1** Lehre, dass die Materie das einzig Wirkliche in der Welt sei und das Geistige nur dessen Eigenschaft und Wirkung **2** Streben nach Lebensgenuss ohne ethische Ziele [lat.]
**Ma'te'ri'a'list** (der, -lis'ten, -lis'ten) **1** Anhänger des Materialismus **2** jmd., für den Besitz, Gewinn, leibliche Genüsse usw. das Wesentliche sind
**ma'te'ri'a'lis'tisch** (Adj.) auf dem Materialismus beruhend
**Ma'te'ri'a'li'tät** (die, -, nur Ez.) das Stofflich-, Körperlichsein, Stofflichkeit [lat.]
**Ma'te'rie** [-riə] (die, -, -n) **1** (nur Ez.) Urstoff, Ursubstanz, Ungeformtes **2** Stoff, Substanz (in der Physik) **3** die außerhalb des Bewusstseins vorhandene Wirklichkeit **4** Gegenstand, Thema (einer Arbeit, Untersuchung u.a.) [lat.]
**ma'te'ri'ell** (Adj.) **1** zur Materie gehörig, aus Materie bestehend, stofflich, körperlich, gegenständlich **2** finanziell hinsichtlich des Besitzes; z.B. es geht ihm materiell sehr gut
**Ma'ter'ni'tät** (die, -, nur Ez.) Mutterschaft [lat.]
**Ma'te'tee** (der, -s, nur Ez.) anregender Tee, der aus den Blättern des Matestrauchs gewonnen wird
**Ma'the'ma'tik** (die, -, nur Ez.) Wissenschaft von den Zahlen und Figuren [gr.]
**Ma'the'ma'ti'ker** (der, -s, -) Wissenschaftler auf dem Gebiet der Mathematik
**ma'the'ma'tisch** (Adj.) zur Mathematik gehörig, auf ihr beruhend
**Ma'ti'nee** (die, -, -n) künstlerische Veranstaltung am Vormittag [frz.]
**Ma'trat'ze** (die, -, -n) langes, rechteckiges Polster aus Wolle, Seegras, Rosshaar oder Schaumstoff; federnder Betteinsatz (hauptsächlich für Betten) [arab.- it.]
**Mä'tres'se** (die, -, -n) **1** Geliebte eines Fürsten (hist.) **2** Geliebte eines Ehemannes (abwertend) [frz.]
**ma'tri'ar'cha'lisch** (Adj.) auf dem Matriarchat beruhend [nlat.]
**Ma'tri'ar'chat** (das, -s, -e) Gesellschaftsform, in der die Mutter die erste Stelle in der Familie innehat und in der die weibliche Erbfolge gilt [lat.-gr.]
**Ma'tri'kel** (die, -, -n) Verzeichnis (von Personen) [lat.]
**ma'tri'li'ne'al** *auch:* ma'tri'li'ne'ar (Adj.) mutterrechtlich, bezüglich der Erbfolge der mütterlichen Seite folgend [lat.]
**ma'tri'li'ne'ar** (Adj.) = matrilineal

M

**Ma|tri|lo|ka|li|tät** (die, -, nur Ez.) in matrilinealen Kulturkreisen die Übersiedlung des Mannes in die Familie oder an den Wohnort der Frau [lat.]
**ma|tri|mo|ni|al** *auch:* ma|tri|mo|ni|ell (Adj.) ehelich, zur Ehe gehörend, die Ehe betreffend [lat.]
**ma|tri|mo|ni|ell** (Adj.) = matrimonial [lat.]
**ma|tri|sie|ren** (V.) Papier anfeuchten (Buchwissenschaft) [lat.-frz.]
**Ma|trix** (die, -, -trizen oder -trizes oder trices) **1** Mutterboden, Muttersubstanz; z.B. Keimschicht der Haarzwiebel, Nagel-, Krallenbett der Wirbeltiere, Hülle der Chromosomen, Gestein, in das Mineralien eingebettet sind **2** in senkrechten und waagerechten Reihen angeordnetes Schema von Elementen einer Menge (Mathematik) oder von zusammengehörenden Faktoren (EDV) [lat.]
**Ma|trix|dru|cker** (der, -s, -) Drucker, bei dem eine Anzahl in einer Matrix angeordneter Nadeln Zeichen bilden und diese durch ein Farbband auf Papier übertragen
**Ma|tri|ze** (die, -, -n) **1** Negativform zur Herstellung von Abdrücken **2** Gussform für Lettern **3** gewachstes Papier zur Herstellung von Vervielfältigungen
**Ma|tro|ne** (die, -, -n) ältere, würdige, stattliche Frau, auch abwertend für füllige Frau [lat.]
**Ma|tro|sch|ka** (die, -, -s) bemalte Holzpuppen, die immer kleiner werden, sodass man sie ineinander setzen kann
**Ma|tro|se** (der, -n, -n) Seemann (nach dreijähriger Lehrzeit); Soldat der Kriegsmarine im untersten Dienstrang [frz.-niederl.]
**matsch** (Adj.) **1** besiegt (im Kartenspiel) **2** müde, erschöpft (ugs.) [it.]
**Matsch** (der, -(e)s, nur Ez.) völliger Verlust eines Spiels (im Kartenspiel) [it.]
**Ma|tu|ra** (die, -, nur Ez.) = Abitur (österr., schweiz.) [lat.]
**Ma|tu|rand** *auch:* Maturent (der, -en, -en) = Abiturient (schweiz.) [lat.]
**Mat|ze** (die, -, -n) ungesäuertes Osterbrot (der Juden) [hebr.]
**Mau|re** (der, -n, -n) Berber (in der Antike); Berber-Araber (im MA); arabisch-berberischer Ew. von Mauretanien (heute)
**Mau|res|ke** *auch:* Mo|res|ke (die, -, -n) Ornament aus stilisierten Blüten und Blättern (in der islamischen Kunst) [frz.]
**Mau|re|ta|ni|er** (der, -s, -) Einwohner des Staates Mauretanien in Nordwestafrika
**mau|risch** (Adj.) zu den Mauren gehörig, von ihnen stammend
**Mau|ri|ti|er** (der, -s, -) Einwohner des südostafrikanischen Inselstaates Mauritius
**Mau|schel** (der, -s, -) **1** Moses **2** armer Jude [hebr.-jidd.]
**mau|scheln** (V.) **1** Mauscheln spielen **2** jiddisch sprechen **3** unverständlich reden, murmeln **4** unsaubere Geschäfte machen [jidd.]
**Mau|scheln** (das, -s, nur Ez.) ein Kartenspiel
**Mau|so|le|um** (das, -s, -leen) großräumiges, prachtvolles Grabmal [gr.]
**Maus|pad** *auch:* Mouse|pad [-pɛd] (das, -s, -s) Unterlage für die Maus am Computer [engl.]
**mauve** [mo:v] (Adj.) malvenfarbig, helllila [frz.]
**Ma|xi** (ohne Artikel) knöchellange Mode, knöchellange Kleidung (ugs.) [lat.]
**Ma|xil|la** (die, -, -lae [-læ:] oder -len) **1** Oberkiefer (der Wirbeltiere) **2** (Mz.) Maxillen: zweites und drittes Paar der Mundwerkzeuge (von Insekten und Krebsen) [lat.]
**ma|xil|lar** (Adj.) zur Maxilla gehörig
**ma|xi|mal** (Adj.) größtmöglich, höchstmöglich [lat.]
**Ma|xi|mal|do|sis** (die, -, -sen) höchste Ration eines Medikaments, die verabreicht werden darf (Med.)
**Ma|xi|mal|prin|zip** (das, -s, -pien) Prinzip, nach dem mit geringstmöglichem Einsatz der größtmögliche Erfolg erzielt werden soll (Wirtschaft)
**Ma|xi|me** (die, -, -n) Grundsatz, Leitsatz, Lebensregel [lat.]
**ma|xi|mie|ren** (V.) den Höchstwert, die größtmögliche Steigerung (von etwas) anstreben [lat.]
**Ma|xi|mum** (das, -s, -ma) Höchstwert, Höchstmaß [lat.]

M

**Ma'xi'sin'gle** [-sĭl] (die, -, -s) Single, auf der oft zusätzliche Titel enthalten sind
**Ma'ya** 1 (der, -s, - oder -s) Angehöriger eines Indianervolkes in Mittelamerika 2 (das, -(s), nur Ez.) dessen Sprache
**May'day** [meɪdeɪ] (das, -s, nur Ez.) neuere Bezeichnung für: SOS [frz.-engl.]
**Ma'yon'nai'se** *auch:* Ma'jo'nä̲se [-nɛːzə] (die, -, -n) kalte Tunke aus Eidotter, Öl und Gewürzen [frz.]
**MAZ** (die, -, nur Ez.) Abk. für magnetische Bildaufzeichnung, z.B. fürs Fernsehen
**Mä'zen** (der, -s, -e) Kunstfreund und reicher Förderer von Künstlern [lat.]
**Mä'ze'na'ten'tum** (das, -(e)s, nur Ez.) finanzielle Unterstützung eines Künstlers, freigebige Kunstpflege [lat.]
**mä'ze'na'tisch** (Adj.) als Mäzen handelnd, nach Art und Weise eines Mäzens [lat.]
**Ma'ze'ra'ti'on** (die, -, -ti'o̲nen) 1 Erweichung von menschlichem und tierischem Gewebe unter Luftabschluss durch Wasser; z.B. bei Wasserleichen 2 Verfahren zum Auflösen von tierischem Gewebe 3 Gewinnung von Extrakten durch Auslaugen von Pflanzenteilen in Wasser bei Zimmertemperatur [lat.]
**ma'ze'rie'ren** (V.) Mazeration (bei etwas) durchführen, erweichen, auflösen, auslaugen
**Ma'zis** (der, -, nur Ez.) Gewürz aus den getrockneten Samenhüllen der Muskatnuss [frz.]
**Ma'zur'ka** [-zʊr-] (die, -, -ken oder -s) = Masurka
**mea cul'pa** (es ist) meine Schuld [lat.]
**Me'cha'nik** (die, -, -en) 1 (nur Ez.) Wissenschaft von den Kräften und ihrer Einwirkung auf Körper 2 Getriebe, Mechanismus [lat.]
**Me'cha'ni'ker** (der, -s, -) 1 Facharbeiter, der Maschinen instand hält 2 Facharbeiter für schwierige feine Metallarbeiten, Feinschlosser, Feinmechaniker [lat.]
**me'cha'nisch** (Adj.) 1 auf Mechanik beruhend, mit Hilfe eines Mechanismus 2 durch äußere Kräfte bewirkt; z.B. mechanische Abnutzung 3 gedankenlos, gewohnheitsmäßig
**me'cha'ni'sie'ren** (V.) auf mechanische Arbeitsweise umstellen, auf Betrieb durch Maschinen einstellen
**Me'cha'nis'mus** (der, -, -men) 1 bewegliche technische Vorrichtung, Getriebe, Triebwerk 2 gesetzmäßiger oder gewohnheitsmäßiger Ablauf [lat.]
**me'cha'nis'tisch** (Adj.) nur mechanische Ursachen (im Naturgeschehen) anerkennend
**Me'dail'le** [-daljə] (die, -, -n) 1 Münze ohne Geldwert; z.B. Gedenkmünze 2 ehrende Auszeichnung in Form einer Münze [frz.]
**Me'dail'leur** [-daljøːɐ] (der, -s, -e) Künstler, der Prägestempel für Medaillen herstellt
**me'dail'lie'ren** [-daljiː-] (V.) jmdn. mit einer Medaille auszeichnen [gr.-lat.-it.-frz.]
**Me'dail'lon** [-dajɔ̃] (das, -s, -s) 1 rundes oder ovales Ornament 2 rundes oder ovales, gerahmtes Bildchen 3 runde oder ovale Kapsel (als Anhänger) 4 rund oder oval geschnittene Scheibe Fleisch [frz.]
**Me'dia** (die, -, -diä oder -di'en) 1 stimmhafter Verschlusslaut; z.B. „d, b" 2 mittlere Schicht der Wand von Blut- und Lymphgefäßen [lat.]
**Me'dia'ana'ly'se** [die, -, -n] Untersuchung der Effektivität von Werbeträgern
**me'di'al** (Adj.) 1 nach der Mitte, der Mittellinie zu gelegen 2 die Eigenschaften eines Mediums habend [lat.]
**Me'dia'man** [miːdjəmæn] (der, -s, -men [mən]) *auch:* Me'dia'mann (der, -(e)s, -männer) Fachmann für die Werbung in den Medien (siehe Medium 2) [engl.]
**me'di'an** (Adj.) in der Mitte befindlich, die Mitte bildend [lat.]
**Me'di'a'ne** (die, -, -n) Symmetrieebene durch einen Körper [lat.]
**Me'di'an'te** (die, -, -n) mittlerer Ton (der Tonleiter) [lat.]
**Me'di'an'wert** (der, -(e)s, -e) Mittelwert
**Me'di'a'ti'on** (die, -, -ti'o̲nen) Vermittlung, vermittelndes Dazwischentreten (bes. zwischen Staaten) [lat.]
**me'di'a'ti'sie'ren** (V.) aus der reichsunmittelbaren Stellung herausnehmen und einem Landesherrn unterstellen [lat.]
**me'di'ä'val** (Adj.) mittelalterlich [lat.]
**Me'di'ä'vist** (der, -vi̲s'ten, -vi̲s'ten) Wissenschaftler auf dem Gebiet der Mediävistik

**Me'di'ä'vis'tik** (die, -, nur Ez.) Wissenschaft von der Geschichte und Kultur des Mittelalters [lat.]
**Me'di'en** Mz. von Media, Medium
**Me'di'en'pä'da'go'gik** (die, -, nur Ez.) 1 Teil der Erziehungswissenschaft, die den pädagogischen Einfluss der Massenmedien untersucht 2 Anleitung zum kritischen Umgang mit Massenmedien 3 Unterricht mittels Medien
**Me'di'ka'ment** (das, -(e)s, -e) Arzneimittel
**me'di'ka'men'tös** (Adj.) mithilfe von Medikamenten
**Me'di'ka'ti'on** (die, -, -ti'o'nen) Verabreichung, Anwendung eines Medikaments
**Me'di'kus** (der, -, -di'zi oder -se) Arzt (ugs., scherzhaft) [lat.]
**me'dio** zum Zeitpunkt des Medio, Mitte
**Me'dio** (der, -(s), -s) der 14./15. Tag eines Monats; z.B. medio, Medio Januar (Kaufmannssprache) [lat.]
**me'di'o'ker** (Adj.) mittelmäßig [lat.]
**Me'dio'thek** (die, -, -en) Sammlung von Medien (siehe Medium 2); Räume, Gebäude dafür
**Me'di'ta'ti'on** (die, -, -ti'o'nen) 1 religiöse Versenkung 2 tiefes, entspanntes Nachsinnen [lat.]
**me'di'ta'tiv** (Adj.) in der Art der Meditation, auf ihr beruhend
**me'di'ter'ran** (Adj.) zum Mittelmeer, zu den Mittelmeerländern gehörig, daraus stammend, mittelmeerisch, mittelländisch [lat.]
**me'di'tie'ren** (V.) Meditation ausüben, betreiben; über etwas meditieren: tief über etwas nachsinnen
**Me'di'um** (das, -s, -di'en) 1 Mittel, Hilfsmittel 2 etw., das Informationen vermittelt; z.B. Zeitung, Plakat, Tonband 3 Stoff, in dem physikalische Vorgänge ablaufen 4 Form des Verbs, bei der sich das Geschehen auf das Subjekt bezieht (im Dt. durch die reflexive Form wiedergegeben) 5 Jmd. der Botschaften aus dem Jenseits aufnehmen kann (im Okkultismus) [lat.]
**Me'di'zin** (die, -, -en) 1 (nur Ez.) Wissenschaft vom gesunden und kranken Menschen, von den Krankheiten, Heilkunde 2 Arznei, Heilmittel [lat.]
**Me'di'zi'ner** (der, -s, -) jmd., der Medizin studiert hat oder studiert
**me'di'zi'nisch** (Adj.) 1 auf der Medizin beruhend, mit ihrer Hilfe 2 auf einer Medizin beruhend 3 in der Art einer Medizin
**Med'ley** [medlı] (das, -s, -s) bunte Folge von Melodien, Potpourri [engl.]
**Mé'doc** (der, -s, -s) Rotwein aus der südwestfranzösischen Landschaft Médoc
**Me'dre'se** (die, -, -n) islamische Hochschule für Juristen und Theologen
**Me'du'se** (die, -, -n) 1 (nur Ez.) weibliches Ungeheuer, dessen Blick jeden versteinert, der es ansieht (in der griechischen Mythologie) 2 eine Qualle [gr.]
**mee'ten** [miː-] (V.) ein Meeting abhalten (ugs.)
**Mee'ting** [miː-] (das, -s, -s) Treffen, Zusammenkunft [engl.]
**me'fi'tisch** (Adj.) aus Schwefelquellen stammend, übelriechend [lat.]
**Me'ga...** Vorsilbe in den Bedeutungen „sehr groß, riesenhaft; millionenfach" [gr.]
**Me'ga'bit** (das, -, -) Maßeinheit für eine Million Bit (EDV)
**Me'ga'byte** [-baıt] (das, -, -) Maßeinheit für eine Million Byte, Abk. MB (EDV)
**Me'ga'chip** [-tʃıp] (das, -s, -s) ein elektronisches Bauelement, das eine große Menge elektrischer Schaltungen trägt [gr.-engl.]
**Me'ga'fon** *auch:* Me'ga'phon (das, -s, -e) trichterförmiges Gerät zum Verstärken der Stimme, Sprachrohr (meist mit Mikrofon) [gr.]
**me'ga-in** (Adj.) sehr aktuell, absolut modern (ugs.)
**Me'ga'lith** (der, -s oder -en, -en) großer, unbehauener Steinblock eines vorgeschichtlichen Grabmals [gr.]
**Me'ga'li'thi'ker** (der, -s, -) Angehöriger der Megalithkultur
**Me'ga'lith'kul'tur** (die, -, nur Ez.) durch Megalithen und Schnurkeramik gekennzeichnete Kultur der Jungsteinzeit
**me'ga'lo'man** (Adj.) größenwahnsinnig [gr.]
**Me'ga'lo'ma'nie** (die, -, nur Ez.) Größenwahnsinn [gr.]
**Me'ga'phon** (das, -s, -e) = Megafon
**Me'ga'lo'po'lis** *auch:* Me'ga'lo'po'le (die, -, -polen) Riesenstadt [gr.]

**Meˈgaˈloˈzyt** (der, -en, -en) außergewöhnlich großes rotes Blutkörperchen [gr.]

**meˈga-out** [-aut] (Adj.) absolut unmodern, total veraltet (ugs.)

**Meˈgäˈre** (die, -, -n) eine der Erinnyen; rasende, wütende Frau [gr.]

**Meˈgaron** (das, -s, -ra) älteste griechische Hausform aus nur einem Raum; (später) Hauptraum des griechischen Hauses

**Meˈgaˈstar** (der, -s, -s) Steigerung von Superstar, herausragender Star [gr.-engl.]

**Meˈgaˈwatt** (das, -s, -) eine Million Watt, Abk. MW

**Meiˈoˈse** (die, -, -n) Reifungsteilung, Teilung des Zellkerns, wobei die Chromosomenzahl halbiert wird [gr.]

**Mekˈka** (das, -s, -s) Zentrum für eine bestimmte Sache, das von den Anhängern dieser Sache besucht wird (nach der im Islam heiligen Stadt Mekka) [arab.]

**Meˈkoˈniˈum** (das, -s, nur Ez.) schwärzlicher Stuhlgang des Neugeborenen, Kindspech [gr.]

**Meˈlaˈmin** (das, -s, nur Ez.) ein Kunstharz [gr.-nlat.]

**Meˈlanˈchoˈlie** [-ko-] (die, -, -n) Schwermut, Trübsinn, bis zur Gemütskrankheit reichende Traurigkeit [gr.]

**Meˈlanˈchoˈliˈker** [-koː-] (der, -s, -) jmd., der zur Melancholie neigt, schwermütiger Mensch

**meˈlanˈchoˈlisch** [-koː-] (Adj.) an Melancholie leidend, trübsinnig, traurig, schwermütig

**Meˈlanˈge** [-lɑ̃ːʒ] (die, -, -n) **1** Mischung **2** buntfarbiges Garn **3** Milchkaffee (österr.) [frz.]

**Meˈlaˈnin** (das, -s, -e) Farbstoff, der bei Mensch und Tier die schwarze oder braune Haut- und Haarfarbe hervorbringt [gr.]

**Meˈlaˈnisˈmus** (der, -, nur Ez.) **1** krankhafte Dunkelfärbung der Haut (als Folge innerer Erkrankungen) **2** Auftreten von dunkelfarbigen Exemplaren innerhalb einer hellen Art (bei Tieren) [gr.]

**Meˈlaˈnit** (der, -s, -e) schwarzes Mineral, Edelstein [gr.]

**Meˈlaˈnom** (das, -s, -e) meist bösartige Geschwulst aus Melanin produzierenden Zellen (Med.)

**Meˈlaˈnoˈse** (die, -, -n) = Melanismus

**Meˈlaˈphyr** (der, -s, -e) schwarzer Porphyr

**Meˈlasˈma** (das, -s, -men) krankhafte Bildung schwärzlicher Flecken auf der Haut [gr.]

**Meˈlasˈse** (die, -, -n) Rückstand bei der Zuckergewinnung [frz.]

**meˈlieˈren** (V.) mischen, sprenkeln [lat.-frz.]

**meˈliert** (Adj.) verschiedenfarbig gemischt; z.B. meliertes Haar, meliertes Garn; grau meliert [frz.]

**Meˈlik** (die, -, nur Ez.) gesungene Lyrik [gr.]

**Meˈliˈoˈraˈtiˈon** (die, -, -tionen) Verbesserung (bes. des Bodens) [lat.]

**meˈliˈoˈraˈtiv** (Adj.) verbessernd [lat.]

**Meˈliˈoˈraˈtiˈvum** (das, -s, -va) Bezeichnung in der Sprachwissenschaft für ein Wort, dessen Bedeutung sich ins Positive gewandelt hat [lat.]

**meˈlisch** (Adj.) liedhaft, sanglich [gr.]

**Meˈlisˈma** (das, -s. , -men) melodische Verzierung, Koloratur (Mus.)

**Meˈlisˈmaˈtik** (die, -, nur Ez.) Kunst, Stil der Verzierung einer Melodie [gr.]

**meˈlisˈmaˈtisch** (Adj.) verziert; melismatischer Gesang: Gesang, bei dem eine Silbe auf mehrere Noten verteilt wird [gr.]

**Meˈlisˈse** (die, -, -n) eine Heil- und Gewürzpflanze, nach Zitrone duftender Lippenblütler [gr.-lat.]

**Meˈloˈdie** (die, -, -n) einprägsame, ausdrucksvolle, in sich geschlossene Folge von Tönen [gr.]

**Meˈloˈdik** (die, -, nur Ez.) **1** Lehre von der Gestaltung einer Melodie **2** Eigenart hinsichtlich der Melodie(n), Art der Melodie(n)

**Meˈloˈdiˈker** (der, -s, -) Komponist melodischer Tonfolgen [gr.-lat.]

**Meˈloˈdiˈon** (das, -s, -s) Tasteninstrument [gr.-lat.]

**meˈloˈdiˈös** (Adj.) schon in der Melodie wohlklingend, harmonisch

**meˈloˈdisch** (Adj.) hinsichtlich der Melodie, die Melodie betreffend; (auch) = melodiös

**Meˈloˈdist** (der, -disten, -disten) Melodienkomponist für Kirchenlieder [gr.-lat.]

**Me'lo'dram** (das, -s, -en) 1 melodramatischer Teil einer Oper 2 = Melodrama [gr.-lat.]
**Me'lo'dra'ma** *auch:* Me'lo'dram (das, -s, -men) 1 gesprochene Dichtung mit Musikbegleitung 2 rührseliges Bühnenstück 3 leidenschaftliche, tränenreiche Auseinandersetzung [gr.]
**me'lo'dra'ma'tisch** (Adj.) 1 in der Art eines Melodramas 2 leidenschaftlich und tränenreich, rührselig
**Me'lo'ma'ne** (der, -n, -n) ein von der Musik Besessener [gr.-lat.]
**Me'lo'ma'nie** (die, -, nur Ez.) Musikbesessenheit [gr.-lat.]
**Me'lo'mi'mik** (die, -, nur Ez.) die Umsetzung des Inhalts eines Musikstückes in einen Tanz oder Ähnliches [gr.-lat.]
**Me'lo'ne** (die, -, -n) 1 ein Kürbisgewächs 2 runder, steifer Herrenhut [gr.]
**Me'los** (das, -, nur Ez.) Melodie, Melodielinie
**Mem'bran** *auch:* Mem'bra̲ne (die, -, -en) 1 dünnes, schwingfähiges Blättchen (zum Übertragen von Schallwellen) 2 dünnes Häutchen; z.B. Trommelfell, feine Oberflächenschicht [lat.]
**Mem'bra'ne** (die, -, -n) = Membran
**Mem'b'rum** (das, -s, -bra) Körperglied, Extremität
**Me'men'to** (das, -s, -s) 1 Mahnung, Mahnruf 2 Fürbitte (in der kath. Messe) [lat.]
**Me'men'to mo'ri!** Gedenke des Todes! Denke an den Tod! [lat.]
**Me'mo** (das, -s, -s) Merkzettel [lat.]
**Me'moire** [memoaː] (das, -s, -s) Denkschrift [lat.]
**Me'moi'ren** [-mwaː-] (nur Mz.) Lebenserinnerungen (die zeitgeschichtlich interessant sind)
**me'mo'ra'bel** (Adj.) denkwürdig [lat.]
**Me'mo'ra'bi'li'en** (nur Mz.) Erinnerungen, Denkwürdigkeiten [lat.]
**Me'mo'ran'dum** (das, -s, -den) 1 Tagebuch (veraltet) 2 Denkschrift, (meist politische) Stellungnahme [lat.]
**Me'mo'ri'al** 1 [-aːl] (das, -s, -e oder -ri'ali'en) Tagebuch; Notizbuch; Bittschrift; Gedenkfest (für einen Toten) 2 [mə mɔːrɪəl] (das, -s, -s) sportlicher Wettkampf zum Gedenken an einen Toten [lat.-engl.]
**me'mo'rie'ren** (V.) auswendig lernen, an etwas erinnern [lat.]
**Me'na'ge** [-ʒə] (die, -, -n) 1 kleines Gestell für Essig, Öl, Salz, Pfeffer usw. zur Mahlzeit auf dem Tisch 2 Traggestell für große Essensbehälter 3 militärische Verpflegung (österr.) [frz.]
**Me'n'ar'che** (die, -, nur Ez.) erste Regelblutung [gr.]
**Men'de'lis'mus** (der, -, nur Ez.) auf den mendelschen Gesetzen beruhende Vererbungslehre (Bio.)
**Me'ne'te'kel** (das, -s, -) Unheil verkündendes Zeichen, drohendes Warnzeichen [se-mit.]
**Me'nin'gi'tis** (die, -, -ti̲den) Gehirnhautentzündung [gr.]
**Me'nin'go'kok'ke** (die, -, -n) bakterieller Erreger der Hirnhautentzündung (Med.)
**Me'nis'kus** (der, -, -ken) 1 halbmondförmiger Zwischenknorpel im Kniegelenk 2 gewölbte Oberfläche einer in einer Röhre stehenden Flüssigkeit 3 Linse mit zwei nach derselben Seite gekrümmten Flächen (in der Optik) [gr.]
**Men'no'nit** (der, -en, -en) Angehöriger einer evangelischen Freikirche, der u.a. den Waffendienst ablehnt [dt.-nlat.]
**Me'no'pau'se** (die, -, -n) Aufhören der Menstruation in den Wechseljahren [gr.]
**Me'no'ra** (die, -, -) siebenarmiger Leuchter der Juden [hebr.]
**Me'nor'rha'gie** (die, -, -n) zu starke und zu lange Menstruation [gr.]
**Me'nor'rhö** (die, -, -en) = Menstruation [gr.]
**Me'no'sta'se** (die, -, -n) Ausbleiben der Menstruation [gr.]
**Men'sa** (die, -, -sen) kurz für: 1 Mensa Domini: Tisch des Herrn, Altar 2 Mensa academica: akademischer (Mittags-) Tisch, Speiselokal für Studenten mit verbilligtem Mittagessen [lat.]
**Men'sche'wik** (der, -en, -en) Anhänger des Menschewismus
**Men'sche'wis'mus** (der, -, nur Ez.) die gemäßigte Richtung der russischen sozialdemokratischen Arbeiterpartei [russ.-nlat.]
**Men'sis** (die, -, -ses [-zeːs]) = Menstruation
**Mens'tru'a'ti'on** (die, -, -ti̲o̲nen) Monatsblutung, Regelblutung (der Frau) [lat.]

**mens'tru'ie'ren** (V.) die Menstruation, Regelblutung haben

**Men'sur** (die, -, -en) 1 Maß, Maßverhältnis, Messung 2 Abstand zweier Fechter von einander 3 studentischer Zweikampf (mit Säbel oder Degen) 4 Verhältnis der Maße von Musikinstrumenten 5 Maß, das das Verhältnis der Notenwerte zueinander bestimmt 6 Messglas, Messzylinder [lat.]

**men'su'ra'bel** (Adj.) messbar [lat.]

**men'su'riert** (Adj.) in bestimmten Maßverhältnissen zueinander stehend, abgemessen [lat.]

**men'tal** (Adj.) 1 zum Geist gehörig, auf ihm beruhend, geistig 2 heimlich, in Gedanken (veraltet) [lat.]

**Men'ta'li'tät** (die, -, -en) Geistesart, Denkweise, Anschauungsweise, geistige Einstellung [lat.]

**Men'tal'sug'ges'ti'on** (die, -, -ti'o'nen) Gedankenübertragung [lat.]

**men'te cap'tus** 1 nicht zurechnungsfähig 2 begriffsstutzig

**Men'tha** (die, -, nur Ez.) Minze (als Heilpflanze) [gr.]

M

**Men'thol** (das, -s, nur Ez.) Bestandteil des Pfefferminzöls [lat.]

**Men'tor** (der, -s, -to'ren) väterlicher Berater, Erzieher, Lehrer [gr.]

**Me'nu** [-nʏː] (das, -s, -s) = Menü (schweiz.)

**Me'nü** (das, -s, -s) 1 festgelegte Speisenfolge 2 Mahlzeit aus mehreren Gängen 3 Übersicht über die Möglichkeiten eines Computerprogramms [frz.]

**Me'nu'ett** (das, -s, -e) altfranzösischer Volkstanz; höfischer Gesellschaftstanz (im 17. Jh.); Satz der Sinfonie, Sonate, Suite u.a. [frz.]

**Me'nü'leis'te** (die, -, -n) Symbolleiste auf dem Bildschirm zur Anzeige und zum Aufrufen der dem Programm zur Verfügung stehenden Menüs (EDV)

**me'phis'to'phe'lisch** (Adj.) in der Art des Mephistopheles, teuflisch

**Mer'ca'tor'pro'jek'ti'on** (die, -, -en) winkeltreuer Kartennetzentwurf

**Mer'ce'ri'sa'ti'on** (die, -, nur Ez.) = Merzerisation

**Mer'chan'di'sing** [mɜːtʃəndaɪzɪŋ] (das, -s, nur Ez.) Gesamtheit der absatz- und verkaufsfördernden Maßnahmen (eines Unternehmens) [engl.]

**Mer'cu'ri'um** (das, -s, nur Ez.) Quecksilber

**Mer'ger** [mɜːdʒə] (der, -s, -) Zusammenschluss von Unternehmen

**Me'ri'di'an** (der, -s, -e) 1 der die Pole verbindende geografische Längenkreis 2 größter Kreis an der Himmelskugel, der durch Zenit, Südpunkt, Nadir und Nordpunkt verläuft; Mittagskreis [lat.]

**me'ri'di'o'nal** (Adj.) zum Meridian gehörig

**Me'ri'di'o'na'li'tät** (die, -, nur Ez.) südliche Lage oder Richtung (Geografie) [lat.]

**Me'ri'no** (der, -s, -s) 1 aus nordafrikanisch-spanischer Züchtung stammendes Schaf mit feiner, reinweißer Wolle 2 Gewebe aus dieser Wolle [span.]

**Me'ri'ten** (nur Mz.) Verdienste [lat.]

**me'ri'tie'ren** (V.) verdienen, wert sein, sich verdient machen [lat.-frz.]

**Me'ri'to'kra'tie** (die, -, -n) die Vorherrschaft einer durch Leistung und Verdienst definierten Schicht in einer leistungsorientierten Gesellschaft, Verdienstadel [lat.-gr.]

**me'ri'to'kra'tisch** (Adj.) die Meritokratie betreffend [gr.-lat.]

**Me'ri'tum** (das, -s, -ri'ten) das Verdienst [lat.]

**mer'kan'til** (Adj.) den Handel betreffend, auf ihm beruhend, kaufmännisch [it.]

**mer'kan'ti'lisch** (Adj.) = merkantil [lat.-it.-frz.]

**Mer'kan'ti'lis'mus** (der, -, nur Ez.) Wirtschaftspolitik (im 16.–18. Jh.) zur Förderung des Außenhandels und der Industrie [it.]

**Mer'kan'ti'list** (der, -lis'ten, -lis'ten) Verfechter des Merkantilismus [lat.-it.-frz.]

**mer'kan'ti'lis'tisch** (Adj.) auf dem Merkantilismus beruhend

**Mer'ku'ri'a'lis'mus** (der, -, nur Ez.) Quecksilbervergiftung [lat.]

**Mer'lan** (der, -s, -e) ein Schellfisch der europäischen Küstengewässer [frz.]

**Mer'le** (die, -, -n) Amsel [lat.]

**Mer'lin** [-liːn] (der, -s, -e) kleiner Falke Nordeuropas [engl.]

**Mer'sey-Beat** [mɜːzɪbiːt] (der, -(s), nur Ez.) modische Richtung der Liverpool-Bands, verpoppte Rockmusik (um 1962) [engl.]

**Mer'ze'ri'sa'ti'on** *auch:* Mer'ce'ri'sa'ti'on (die, -, nur Ez.) das Merzerisieren
**mer'ze'ri'sie'ren** (V.) verdichten und glänzend machen (Baumwolle) [engl.]
**Mesa** (die, -, nur Ez.) Tafelberg [span.]
**Me'sal'li'ance** [-aljɑ̃s] (die, -, -n) nicht standesgemäße Heirat (oder Liebschaft), Missheirat [frz.]
**me'schant** (Adj.) boshaft, gemein, niederträchtig [frz.]
**me'schug'ge** (Adj.) verrückt (ugs.) [hebr.-jidd.]
**Mes'dames** [medam] Mz. von Madame
**Mes'ka'lin** (das, -s, nur Ez.) aus einem mexikanischen Kaktus (Peyotl) gewonnenes Rauschgift [indian.-span.]
**Mes'me'ris'mus** (der, -, nur Ez.) Heilmagnetismus, aus der Hypnosetherapie entwickelt
**Me'so'blast** (das, -(e)s, -las'te/blas'te) mittleres Keimblatt (des menschlichen und tierischen Embryos) [gr.]
**Me'so'derm** (das, -s, -e) = Mesoblast
**Me'so'karp** (das, -s, -e) fleischiges Gewebe der Steinfrüchte [gr.]
**Me'so'kli'ma** (das, -s, -ma'ta) Klima eines kleineren Gebietes
**Me'so'li'thi'kum** (das, -s, nur Ez.) mittlere Steinzeit [gr.]
**Me'son** (das, -s, -so'nen) ein Elementarteilchen [gr.]
**Me'so'pau'se** (die, -, nur Ez.) obere Grenze der Mesosphäre in ungefähr 80 km Höhe
**Me'so'phy'ti'kum** (das, -s, nur Ez.) Zeitabschnitt in der Entwicklung des Pflanzenreichs [gr.]
**Me'so'sphä're** (die, -, nur Ez.) Atmosphärenschicht in 50–80 km Höhe
**Me'so'tes** (die, -, nur Ez.) Wert, der die Mitte zwischen zwei Extremen einnimmt [Philos.]
**Me'so'tron** (das, -s, -tro'nen) = Meson
**Me'so'zo'i'kum** (das, -s, nur Ez.) mittleres Zeitalter der Erdgeschichte, Erdmittelalter (Trias, Jura, Kreide) [gr.]
**Mes'sage** [mesɪdʒ] (die, -, -s) **1** Nachricht, die in Zeichen verschlüsselt ist (Fachsprache) **2** Botschaft [engl.]
**Mes'sa Vo'ce** [-voːtʃə] Abk. für Messa di Voce (Mus.) [it.]
**Mes'se** (die, -, -n) **1** Hauptgottesdienst (in der kath. Kirche, mit Eucharistiefeier) **2** dafür komponiertes Musikwerk für Singstimmen und Orchester **3** Ausstellung von Industriewaren **4** Jahrmarkt **5** Aufenthalts- und Speiseraum der Offiziere oder Unteroffiziere (auf Schiffen) **6** deren Tischgemeinschaft [engl.]
**Mes'sen'ger RNA** [-mɛsənʒə] (die, -, nur Ez.) RNA, die den genetischen Code weitergibt [engl.]
**Mes'si'a'de** (die, -, -n) Dichtung, die das Leben und Leiden des Messias schildert
**mes'si'a'nisch** (Adj.) **1** zum Messias gehörig, von ihm ausgehend **2** zum Messianismus gehörig
**Mes'si'a'nis'mus** (der, -, nur Ez.) Glaube an die Erlösung durch den verheißenen Messias
**Mes'si'as** (der, -, -se) **1** der den Juden verheißene Erlöser (im Alten Testament) **2** (Beiname für) Jesus Christus (im Neuen Testament) [hebr.]
**Mes'sier'ka'ta'log** [-mɛsjeː] (der, -(e)s, nur Ez.) Sternkatalog
**Mes'sieurs** [mesjøː] Mz. von Monsieur
**Mes'ti'ze** (der, -n, -n) Mischling aus einem indianischen und einem weißen Elternteil [span.]
**mes'to** traurig (zu spielen) (Mus.) [it.]
**Me'ta'bi'o'se** (die, -, -n) Symbiose zweier Organismen, die darauf beruht, dass der eine die Lebensbasis für den anderen schafft
**Me'ta'blas'te** (die, -, nur Ez.) Umwandlung von Gesteinen
**Me'ta'bo'lie** (die, -, -n) Umwandlung, Veränderung (in der Biologie) [gr.]
**me'ta'bo'lisch** (Adj.) zur Metabolie, zum Metabolismus gehörig, darauf beruhend
**Me'ta'bo'lis'mus** (der, -, nur Ez.) Stoffwechsel [gr.]
**Me'ta'chro'nis'mus** (der, -, -men) Einordnung in eine spätere Zeit
**Me'ta'ge'ne'se** (die, -, -n) Wechsel zwischen einer sich geschlechtlich und einer sich ungeschlechtlich fortpflanzenden Generation, Generationswechsel [gr.]
**Me'ta'kom'mu'ni'ka'tion** (die, -, nur Ez.) **1** Sprechen über die Sprache **2** alles, was die Kommunikation begleitet, z.B. Gestik

**Me|ta|kri|tik** (die, -, nur Ez.) Kritik an der Kritik
**Me|tall** (das, -s, -e) chemisches Element, das sich durch Glanz, Undurchsichtigkeit sowie die Fähigkeit, Elektrizität und Wärme zu leiten und mit anderen ähnlichen Stoffen Legierungen zu bilden, auszeichnet [gr.-lat.]
**Me|tal|lo|ge|ne|se** (die, -, -n) Bildung von Erzablagerungen in der Erdkruste
**Me|tal|lo|gie** (die, -, nur Ez.) Wissenschaft von den Metallen und ihren Verarbeitungsmöglichkeiten [gr.]
**Me|tal|lo|gra|fie** *auch:* Me|tal|lo|gra|phie (die, -, nur Ez.) Wissenschaft von den Metallen [gr.]
**Me|tal|lur|gie** (die, -, nur Ez.) Wissenschaft von der Gewinnung und Verarbeitung von Metallen, Hüttenkunde [gr.]
**Me|ta|ma|the|ma|tik** (die, -, nur Ez.) Bereich der mathematischen Grundlagenforschung
**me|ta|mer** (Adj.) die Metamerie betreffend, in gleiche Abschnitte gegliedert
M
**me|ta|morph** (Adj.) fähig, den Zustand oder die Gestalt zu wandeln [gr.]
**Me|ta|mor|pho|se** (die, -, -n) Umwandlung, Umgestaltung; z.B. vom Ei über die Larve zum Insekt [gr.]
**me|ta|no|e|tisch** (Adj.) das Denken übersteigend [Philos.]
**Me|ta|noia** (die, -, nur Ez.) **1** Buße (Theol.) **2** Aneignung einer neuen Weltsicht (Philos.)
**Me|ta|pha|se** (die, -, -n) Stadium der Kernteilung einer Zelle
**Me|ta|pher** (die, -, -n) bildlicher Ausdruck; z.B. am häuslichen Herd statt „zu Hause“ [gr.]
**Me|ta|pho|rik** (die, -, nur Ez.) Verwendung von Metaphern [gr.]
**me|ta|pho|risch** (Adj.) in übertragenem Sinne, bildlich, mithilfe einer Metapher
**Me|ta|phra|se** (die, -, -n) wortgetreue Übersetzung; z.B. eines Gedichtes in Prosa [gr.]
**Me|ta|phy|la|xe** (die, -, -n) Nachbehandlung eines Patienten nach der Krankheit (Med.) [gr.]
**Me|ta|phy|sik** (die, -, nur Ez.) Lehre von den Urgründen und nicht erkennbaren Zusammenhängen des Seins, vom Übersinnlichen [gr.]
**me|ta|phy|sisch** (Adj.) zur Metaphysik gehörig
**Me|ta|spra|che** (die, -, -n) wissenschaftliche Beschreibung und Analyse einer Sprache
**Me|ta|sta|se** (die, -, -n) **1** an eine andere Stelle des Körpers gewanderter Ableger einer Geschwulst, Tochtergeschwulst **1** Redefigur [gr.]
**me|ta|sta|sie|ren** (V.) Metastasen bilden
**Me|ta|the|o|rie** (die, -, -n) Theorie über eine Theorie
**Me|ta|the|se** (die, -, -n) Umstellung von Lauten bei der Übernahme des Wortes in eine andere Sprache oder Sprachstufe oder -ebene; z.B. Brigitte gegenüber Birgit [gr.]
**Me|ta|zen|trum** (das, -s, -ren/-tren) (beim Schiffbau) Schnittpunkt der vertikalen Achse (eines geneigten Schiffes) und der Auftriebsrichtung [gr.-lat.]
**Me|ta|zo|on** (das, -s, -zo|en) vielzelliges Tier
**Me|tem|psy|cho|se** (die, -, -n) Seelenwanderung [gr.]
**Me|te|or** (der, -s, -e) Gesteinsstück aus dem Weltraum, das beim Eintritt in die Erdatmosphäre verglüht, Sternschnuppe [gr.]
**Me|te|o|ris|mus** (der, -, -men) starke Blähungen im Darm [gr.]
**Me|te|o|rit** (der, -en, -en) nicht verglühtes, in die Erdatmosphäre eingedrungenes Bruchstück eines Meteors [gr.]
**Me|te|o|ro|graf** *auch:* Me|te|o|ro|graph (der, -en, -en) Gerät zum selbsttätigen Aufzeichnen von Luftdruck, -temperatur und -feuchtigkeit [gr.]
**Me|te|o|ro|lo|ge** (der, -n, -n) Wissenschaftler auf dem Gebiet der Meteorologie
**Me|te|o|ro|lo|gie** (die, -, nur Ez.) Wissenschaft vom Wetter und Klima [gr.]
**me|te|o|ro|lo|gisch** (Adj.) zur Meteorologie gehörig, mit ihrer Hilfe
**Me|tha|don** (das, -s, nur Ez.) Ersatzdroge für Heroin [gr.-lat.]
**Me|than** (das, -s, nur Ez.) farb- und geruchloses, brennbares Gas [gr.]
**Me|tha|nol** (das, -s, nur Ez.) = Methylalkohol

**Me'thod-Ac'ting** (das, -s, nur Ez.) seelisches und körperliches Hineinversetzen in die Rolle, Methode nach der russischen Schauspielschule [engl.]
**Me'tho'de** (die, -, -n) planmäßiges Verfahren, planmäßiges Vorgehen; Planmäßigkeit; z.B. Methode in etwas bringen [gr.]
**Me'tho'dik** (die, -, -en) Lehre von den verschiedenen Methoden (eines Bereichs; z.B. des Unterrichtens)
**Me'tho'di'ker** (der, -s, -) jmd., der nach einer bestimmten Methode, mit Methode handelt
**me'tho'disch** (Adj.) auf einer Methode beruhend; hinsichtlich der Methode; planmäßig, durchdacht, wohlüberlegt
**Me'tho'dis'mus** (der, -, nur Ez.) aus der anglikanischen Kirche hervorgegangene Bewegung mit dem Ziel der religiösen Erneuerung
**Me'tho'dist** (der, -dis'ten, -dis'ten) Anhänger des Methodismus [gr.]
**me'tho'dis'tisch** (Adj . ) zum Methodismus gehörig
**Me'tho'do'lo'gie** (die, -, -n) Lehre von den wissenschaftlichen Methoden
**Me'thu'sa'lem** (der, -s, -s) sehr alter Mann
**Me'thyl** (das, -s, nur Ez.) einwertiger Rest des Methans, Grundlage vieler organisch-chemischer Verbindungen [gr.]
**Me'thyl'al'ko'hol** (der, -s, nur Ez.) sehr giftiger Alkohol
**Me'thyl'a'min** (das, -s, -e) leicht nach Ammoniak riechendes, brennbares Gas, einfachste organische Base
**Me'ti'er** [-tjeː] (das, -s, -s) Handwerk, Beruf; z.B. das ist sein Metier: das kann er sehr gut, darin weiß er Bescheid [frz.]
**Me'to'ny'mie** (die, -, -n) Gebrauch eines Begriffes für einen anderen, verwandten Begriff; z.B. „die ganze Firma“ für „alle Angestellten der Firma“ [gr.]
**Me'to'pe** (die, -, -n) meist mit Relief verziertes Feld zwischen den Triglyphen (am dorischen Tempel) [gr.]
**Me'trik** (die, -, -en) **1** Lehre von den Versmaßen (Gesetzmäßigkeit), Kunst des Gebrauchs der Versmaße **2** Lehre vom Takt (in der Musik) [gr.]
**me'trisch** (Adj.) zur Metrik gehörig, hinsichtlich der Metrik **2** auf dem Meter als Grundmaß aufbauend; z.B. metrisches Maßsystem [gr.]
**Me'tro** (die, -, -s) Untergrundbahn (ursprünglich die in Paris) [frz.]
**Me'tro'lo'gie** (die, -, nur Ez.) Lehre von den Maßen und Gewichten [gr.]
**Me'tro'nom** (das, -s, -e) auf ein bestimmtes Tempo einstellbares Gerät, das durch Ticken den Takt angibt [gr.]
**Me'tro'po'le** (die, -, -n) **1** Hauptstadt, Weltstadt; Zentrum **2** Mittelpunkt, Knotenpunkt [gr.]
**Me'tro'po'lit** (der, -en, -en) **1** Erzbischof (in der kath. Kirche) **2** leitender Geistlicher (in der Ostkirche) [gr.]
**me'tro'po'li'tan** (Adj.) zu einem Metropoliten gehörig
**Me'trop'to'se** (die, -, -n) Gebärmuttervorfall [gr.]
**Me'tror'rha'gie** (die, -, -n) Blutung aus der Gebärmutter außerhalb der Menstruation (Med.) [gr.]
**Me'trum** (das, -s, -ren/(älter:) -tra) **1** Versmaß **2** Taktmaß [gr.-lat.]
**Met'ta'ge** [-ʒə] (die, -, -n) Zusammenstellung des Schriftsatzes zu einer Buch- oder Zeitungsseite, Umbruch [frz.]
**Met'teur** [-tøːɐ] (der, -s, -e) Schriftsetzer, der den Schriftsatz zu Seiten zusammenstellt
**Meu'ble'ment** [mœbləmɑ̃] (das, -s, -s) Gesamtheit der Möbel (einer Wohnung, veraltet) [frz.]
**Me'xi'ka'ner** (der, -s, -) Einwohner des mittelamerikanischen Staates Mexiko [aztek.]
**Mez'za'nin** (das, -s, -e) Zwischengeschoss über dem Erdgeschoss (in Renaissance- und Barockbauten) [it.]
**mez'za vo'ce** [-voːtʃe] mit halber Stimme, halblaut (zu singen) [it.]
**mez'zo'for'te** (Adv.) mittellaut (bei Musikstücken) [it.]
**mez'zo'pi'a'no** (Adv.) mittelleise, halbleise (bei Musikstücken) [it.]
**Mez'zo'so'p'ran** (der, -s, -e) mittlere Stimmlage (bei Frauen) zwischen Sopran und Alt [it.]
**Mez'zo'tin'to** (das, -s, -s oder -ti) **1** (nur Ez.) Art des Kupferstichs, bei der die Zeichnung in der aufgerauten Platte mit dem Schabeisen glatt geschabt wird, so-

M

dass sie heller hervortritt, Schabkunst (besonders im 19. Jahrhundert) 2 Erzeugnis dieses Verfahrens, Schabkunstblatt [it.]

**Mi'as'ma** (das, -, -men) Gifthauch, der nach früherer Annahme Krankheiten verursacht hat

**Mid'gard** (der, -, nur Ez.) von Menschen bewohnte Welt, die zwischen der Götter- und der Dämonenwelt liegt (nordischer Mythos)

**Mi'di** (ohne Artikel) halblange Mode, halblange Kleidung [viell. engl.]

**Mid'life'cri'sis** *auch:* Mid'life-Cri'sis [mɪdlaɪf kraɪsɪs] (die, -, nur Ez.) im mittleren Lebensalter auftretende Enttäuschung darüber, das erstrebte Ziel nicht erreicht zu haben und nicht mehr erreichen zu können [engl.]

**Mi'drasch** (der, -, -im) 1 Auslegung des Alten Testaments nach den vorgeschriebenen Verfahren der jüdischen Schriftgelehrten 2 Sammlung dieser Schriftauslegungen [hebr.]

**Mi'gnon** [miɲɔ̃] (die, -, -s) 1 jugendliche Geliebte 2 Schriftgrad von sieben typographischen Punkten (veraltet) [frz.]

M

**Mi'grä'ne** (die, -, -n) anfallsweise auftretender, heftiger, meist halbseitiger und oft mit Erbrechen und Sehstörungen begleiteter Kopfschmerz [gr.-frz.]

**Mi'gra'ti'on** (die, -, -ti'o̱nen) Wanderung, Bewegung, Umstellung (von Personengruppen, Zugvögeln, Parasiten, Erdöl und Erdgas) [lat.]

**mi'grie'ren** (V.) wandern (von Personengruppen, Zugvögeln, Parasiten u.a.); durch Wanderung übertragen [lat.]

**Mih'rab** [-xraː] (der, -(s), -s) Gebetsnische auf der nach Mekka gelegenen Seite (des islamischen Tempels) [arab.]

**Mijn'heer** *auch:* Myn'he̱er [məneːɐ] (der, -s, -s) Herr (als niederländische Anrede)

**Mi'ka'do** 1 (der, -s, -s) Kaiser (früher in Japan); wichtigstes Stäbchen im Mikado 2 (das, -s, -s) Geschicklichkeitsspiel mit dünnen Holzstäbchen

**Mi'krat** (das, -s, -e) sehr stark verkleinertes, nur durch ein Mikroskop lesbares Schriftstück [gr.]

**Mi'kro'ana'ly'se** (die, -, -n) Analyse kleinster Stoffmengen

**Mi'kro'auf'nah'me** (die, -, -n) Aufnahme mittels Mikrofotografie

**Mi'kro'bar** (das, -s, -) ein millionstel Bar

**Mi'kro'be** (die, -, -n) mikroskopisch kleines, pflanzliches oder tierisches Lebewesen; Mikroorganismus [gr.]

**Mi'kro'bio'lo'gie** (die, -, nur Ez.) Lehre von den Mikroben

**Mi'kro'che'mie** (die, -, nur Ez.) Chemie kleinster Mengen

**Mi'kro'chip** [-tʃɪp] (der, -s, -s) auf einem Siliziumplättchen aufgebrachter hochintegrierter Schaltkreis

**Mi'kro'chi'rur'gie** (die, -, nur Ez.) Gebiet der Chirurgie, bei der Operationen per Mikroskop durchgeführt werden

**Mi'kro'do'ku'men'ta'ti'on** (die, -, -en) Reproduktionen von Dokumenten in starker Verkleinerung, z.B. auf Mikrofiche

**Mi'kro'fa'rad** (das, -s, -) ein millionstel Farad; Zeichen: µF

**Mi'kro'fa'ser** (die, -, -n) extrem feine Chemiefaserfäden, sich zu atmungsaktiven, Regen abweisenden Stoffen verarbeiten lassen

**Mi'kro'fau'na** (die, -, -fau'nen) nur unter dem Mikroskop erkennbare Lebewesen (Biol.)

**Mi'kro'fiche** [-fiʃ] (der, -s, -s) etwa postkartengroßer Mikrofilm, der mehrere 100 Reihen von Mikrokopien enthält [gr.-frz.]

**Mi'kro'film** (der, -s, -e) Film, auf dem stark verkleinerte Texte, Mikrokopien, aufgenommen sind [gr.]

**Mi'kro'fon** *auch:* Mi'kro'pho̱n (das, -s, -e) Gerät zur Umwandlung von Schallwellen in elektrische Wellen zur Übertragung über Lautsprecher

**Mi'kro'fo'to'gra'fie** *auch:* Mi'kro'fo'to'graphie (die, -, -n) Aufnahmeverfahren für kleinste Objekte

**Mi'kro'kli'ma** (das, -s, nur Ez.) Klima in einem räumlich begrenzten Gebiet (bes. in Bodennähe)

**Mi'kro'ko'pie** (die, -, -n) mittels Fotografie stark verkleinerte Text- oder Bildvorlage; für das bloße Auge nicht erkennbar

**Mi'kro'kos'mos** (der, -, nur Ez.) 1 die Welt der Kleinstlebewesen 2 die (vergleichsweise kleine) Welt des Menschen (gegenüber dem Weltall) [gr.]

**Mi'kro'me'ter** (das, -s, -) **1** ein millionstel Meter; Zeichen: µm **2** Gerät zum Messen sehr kleiner Größen [gr.]
**Mi'kron** (das, -s, -) = Mikrometer (veraltet) [gr.]
**Mi'kro'ne'si'er** (der, -s, -) Einwohner der Föderierten Staaten von Mikronesien; z.B. der Yap-Inseln [gr.]
**mi'kro'ne'sisch** (Adj.) zur pazifischen Inselwelt, zu Mikronesien gehörig
**Mi'kro'öko'no'mik** (die, -, nur Ez.) Gebiet der Wirtschaftswissenschaften, das sich mit dem einzelwirtschaftlichen Verhalten von Haushalten und Unternehmen befasst
**Mi'kro'or'ga'nis'mus** (der, -, -men ) = Mikrobe
**Mi'kro'phon** (das, -s, -e) = Mikrofon
**Mi'kro'phy'sik** (die, -, nur Ez.) Physik der Moleküle und Atome
**Mi'kro'phyt** (der, -en, -en) pflanzliche Mikrobe [gr.]
**Mi'kro'pro'zes'sor** (der, -s, -so'ren) Schaltzentrale eines Computers (Rechen- und Steuerfunktion) [gr.-lat.]
**Mi'kro'p'sie** (die, -, nur Ez.) etw. kleiner sehen, als es in Wirklichkeit ist
**Mi'kro's'kop** (das, -s, -e) Gerät zum Vergrößern sehr kleiner Gegenstände [gr.]
**Mi'kro's'ko'pie** (die, -, -n) Untersuchung mit dem Mikroskop
**mi'kro's'ko'pie'ren** (V.) mit dem Mikroskop untersuchen
**mi'kro's'ko'pisch** (Adj.) mithilfe des Mikroskops, die Mikroskopie betreffend, nur mit dem Mikroskop erkennbar; sehr klein, winzig (scherzhaft)
**Mi'kro'so'mie** (die, -, nur Ez.) Zwergwuchs (Med.)
**Mi'kro'thek** (die, -, -en) Sammlung von Mikrokopien; Behälter dafür [gr.]
**Mi'kro'tom** (das, -s, -e) (Biol., Med.) Präzises Gerät zur Herstellung feinster Gewebeschnitte (zur mikroskopischen Untersuchung) [gr.]
**Mi'kro'wel'le** (die, -, -n) **1** Abk. für Mikrowellengerät (oder -herd) **2** elektromagnetische Welle von 1 mm bis 10 cm Länge, die insbesondere in der Radartechnik zur Wärmeerzeugung zum Einsatz kommt **3** Bestrahlung mit Mikrowellen
**Mi'kro'zyt** (der, -en, -en) anormal kleines rotes Blutkörperchen (Med.)
**Mi'lan** [mi:-] (der, -s, -e) ein Greifvogel mit gegabeltem Schwanz [frz.]
**Mi'li'eu** [-ljø:] (das, -s, -s) **1** Umgebung, Gesamtheit der Lebensumstände (eines Lebewesens) **2** Welt der Prostituierten (schweiz.) [frz.]
**mi'li'tant** (Adj.) kämpferisch, streitbar, betont energisch [lat.]
**Mi'li'tanz** (die, -, nur Ez.) kämpferisches, streitbares Verhalten [lat.]
**Mi'li'tär** **1** (das, -s, nur Ez.) Gesamtheit der Streitkräfte **2** (der, -s, -s) hoher Offizier [frz.]
**Mi'li'tär'at'ta'ché** (der, -s, -s) Offizier als Vertreter der militärischen Interessen einer diplomatischen Vertretung
**Mi'li'ta'ria** (nur Mz.) das Militär betreffende Angelegenheiten (veraltet); Bücher, Bilder über das Militär [lat.]
**mi'li'tä'risch** (Adj.) zum Militär gehörig, entsprechend, in der Art des Militärs
**mi'li'ta'ri'sie'ren** (V.) mit Truppen und militärischen Einrichtungen ausstatten
**Mi'li'ta'ris'mus** (der, -, nur Ez.) Vorherrschaft, starker Einfluss des Militärs (im Staat); militärische Gesinnung
**Mi'li'ta'rist** (der, -ris'ten, -ris'ten) Anhänger des Militarismus
**mi'li'ta'ris'tisch** (Adj.) zum Militarismus gehörend, auf ihm beruhend
**Mi'li'tär'jun'ta** (die, -, -ten) aus Angehörigen des Militärs gebildeter Zusammenschluss
**Mi'li'ta'ry** [-təri] (die, -, -s) Prüfung im Reitsport, die aus Dressur, Geländeritt und Springen besteht [engl.]
**Mi'liz** (die, -, -en) **1** kurz ausgebildete Truppe **2** halbmilitärische Polizei (in kommunistischen Staaten) [lat.]
**Mi'li'zi'o'när** (der, -s, -e) Angehöriger der Miliz
**Milk'shake** (das, -s, -s) Milchmixgetränk
**Mil'le'fi'o'ri'glas** (das, -es, nur Ez.) aus Scheiben farbiger Glasstäbe bestehendes Glas
**Mille'fleurs** [milflœ:r] (der, -, nur Ez.) Stoff mit Streublumenmuster [frz.]
**Mil'le Mi'g'lia** [-milja] (die, -, nur Ez.) größtes Langstreckenrennen für Sportwagen in Italien [it.]

**mil'le'nar** (Adj.) tausendfältig, tausendfach [lat.]
**Mil'len'ni'um** (das, -s, -ni'en) Zeitraum von tausend Jahren [lat.]
**Mil'li'am'pere** [-peːɐ] (das, -s, -) Maßeinheit für die Stromstärke, 1/1000 Ampere
**Mil'li'ar'där** (der, -s, -e) jmd., der ein Vermögen von mehr als einer Milliarde Euro besitzt
**Mil'li'ar'de** (die, -, -n) tausend Millionen [frz.]
**Mil'li'ards'tel** (das, -s, -) der milliardste Teil
**Mil'li'bar** (das, -s, -s) Maßeinheit des Luftdrucks, 1/1000 Bar
**Mil'li'gramm** (das, -s, -e) 1/1000 Gramm
**Mil'li'li'ter** (der oder das, -s, -) 1/1000 Liter
**Mil'li'me'ter** (der oder das, -s, -) 1/1000 Meter
**Mil'li'on** (die, -, -en) 1000 mal 1000 [it.]
**Mil'li'o'när** (der, -s, -e) jmd., der ein Vermögen von mehr als einer Million Euro besitzt
**Mil'li'ons'tel** (das, -s, -) der millionste Teil
**Mil'li'pond** (das, -s, -) 1/1000 Pond
**Mi'me** (der, -n, -n) Schauspieler (veraltet) [gr.]
**mi'men** (V.) **1** als Schauspieler darstellen **2** vortäuschen, so tun, als ob; z.B. die Beleidigte mimen [gr.]
**Mi'me'se** (die, -, -n) schützende äußere Ähnlichkeit von Tieren mit leblosen Gegenständen ihrer Umgebung [lat.]
**Mi'me'sis** (die, -, -me̱sen) **1** spottende Wiederholung der Worte eines anderen (in der Rhetorik) **2** Charakterisierung eines anderen, indem man ihm Worte in den Mund legt, die kennzeichnend für ihn sind **3** Nachahmung von Gebärden [lat.]
**Mi'mik** (die, -, nur Ez.) Mienenspiel, Wechsel des Gesichtsausdrucks [gr.-lat.]
**Mi'mi'kry** (die, -, nur Ez.) schützende äußere Ähnlichkeit wehrloser Tiere mit wehrhaften Tieren oder mit Gegenständen ihrer Umgebung [lat.-engl.]
**mi'misch** (Adj.) mit Hilfe der Mimik, hinsichtlich der Mimik
**Mi'mo'se** (die, -, -n) **1** eine Pflanze mit gefiederten Blättern, die sich bei Berührung zusammenlegen **2** übertrieben empfindlicher, leicht gekränkter Mensch (ugs.) [gr.-frz.]
**Mi'mus** (der, -, -men) **1** Schauspieler (in der Antike) **2** improvisierte Darstellung derber, komischer Szenen aus dem Alltag (im Mittelalter) **3** Possenreißer, der solche Szenen vorführte [gr.-lat.]
**Mi'na'rett** (das, -s, -e) Turm der Moschee (von dem aus die Gebetsstunden ausgerufen werden) [arab.]
**Mi'ne** (die, -, -n) **1** unterirdischer Gang **2** Sprengkörper, der durch Lunte, Berührung u.a. zum Explodieren gebracht wird; gegen Personen, Landfahrzeuge und Schiffe einsetzbar **3** Bergwerk **4** Erzlagerstätte **5** Einlage, farbgebender Teil (von Bleistiften und Kugelschreibern) [frz.]
**Mi'ne'ral** (das, -s, -e oder -ra̱li'en) anorganischer Stoff als Bestandteil der Erdkruste [nlat.]
**Mi'ne'ral'fa'ser** (die, -, -n) Faser mit großer Hitzebeständigkeit
**Mi'ne'ra'li'sa'ti'on** (die, -, nur Ez.) das Mineralisieren
**mi'ne'ra'lisch** (Adj.) aus Mineralien entstanden, Mineralien enthaltend
**mi'ne'ra'li'sie'ren** (V.) zum Mineral werden; die Bildung von Mineralien (in etwas) bewirken
**Mi'ne'ra'lo'ge** (der, -n, -n) Wissenschaftler der Mineralogie
**Mi'ne'ra'lo'gie** (die, -, nur Ez.) Wissenschaft von den Mineralen
**mi'ne'ra'lo'gisch** (Adj.) zur Mineralogie gehörig
**Mi'nes'tra** (die, -, -tren/-ren) = Minestrone [it.]
**Mi'nes'tro'ne** (die, -, -ni) italienische Gemüsesuppe mit Reis und Parmesan
**mi'neur** [-nøːɐ] = Moll [frz.]
**Mi'neur** [-nøːɐ] (der, -s, -e) **1** Bergarbeiter (früher) **2** für das Minenlegen ausgebildeter Soldat (früher) [frz.]
**Mi'ni** (ohne Artikel) sehr kurze Kleidermode; sehr kurze Kleidung [lat.]
**Mi'ni'a'tor** (der, -s, -to̱ren) Maler, Zeichner von Miniaturen, Buchmaler [lat.]
**Mi'ni'a'tur** (die, -, -en) **1** gemaltes oder gezeichnetes Bild (in einer alten Handschrift oder einem alten Buch) **2** sehr kleines, zierliches Bildnis [lat.]

M

**mi|nia|tu|ri|sie|ren** (V.) verkleinern [lat.-it.]
**Mi|nia|tu|ri|sie|rung** (die, -, -en) Verkleinerung [lat.-it]
**Mi|nia|tu|rist** (der, -ris|ten, -ris|ten) = Miniator
**Mi|ni|car** (der, -s, -s) 1 Kleinstwagen 2 Kleintaxi [engl.]
**mi|nie|ren** (V.) unterirdische Gänge anlegen, Stollen legen [kelt.-lat.-frz.]
**Mi|ni|golf** (das, -s, nur Ez.) dem Golf ähnliches Spiel mit kleinen Schlägern auf kleiner Spielfläche
**mi|ni|mal** (Adj.) sehr klein, sehr gering, kleinstmöglich [lat.]
**Mi|ni|mal Art** [mɪnɪml ɑːt] (die, - -, nur Ez.) Richtung der modernen Kunst, die mit den einfachsten geometrischen Formen und geringfügigsten Abweichungen von diesen arbeitet [engl.]
**Mi|ni|mal Mu|sic** (die, -, nur Ez.) Stilrichtung der modernen Musik, die nur einfachste Rhythmen oder Melodien verwendet; unaufhörliche Wiederholung dieser
**Mi|ni|mal|paar** (das, -(e)s, -s) sich nur durch ein Phonem unterscheidendes Wortpaar einer Sprache in der Linguistik (z.B. Haus und Maus)
**Mi|ni|mal|prin|zip** (das, -s, -pien) größtmöglicher Erfolg mit geringstmöglichem Mitteleinsatz, Prinzip aus der Wirtschaft
**mi|ni|mie|ren** (V.) den kleinsten Wert (von etwas) anstreben, etw. so weit wie möglich verringern oder verkleinern [lat.]
**Mi|ni|mum** (das, -s, -ma) kleinster Wert, kleinstes Maß [lat.]
**Mi|nis|ter** (der, -s, -) Mitglied der Regierung (eines Staates oder Landes), Leiter eines Ministeriums [lat.]
**Mi|nis|te|ri|a|le** (der, -n, -n) 1 unfreier Dienstmann im Hof- und Kriegsdienst (im MA) 2 Angehöriger des niederen Adels (im 14./ 15. Jh.) [lat.]
**mi|nis|te|ri|ell** (Adj.) zu einem Minister oder Ministerium gehörend, von ihm ausgehend
**Mi|nis|te|ri|um** (das, -s, -ri|en) oberste Verwaltungsbehörde (eines Staates oder Landes) [lat.]
**Mi|nis|ter|prä|si|dent** (der, -en, -en) 1 Leiter der Regierung eines Bundeslandes der Bundesrepublik Deutschland 2 Leiter der Regierung (in anderen Ländern) 3 Vorsitzender des Ministerrates (in der ehem. DDR)
**Mi|nis|trant** (der, -en, -en) Gehilfe des Priesters (in der katholischen Messe), Messdiener [lat.]
**mi|nis|trie|ren** (V.) als Ministrant bei der Messe dienen
**mi|nor** [maɪnə] = Moll [engl.]
**Mi|no|rat** (das, -(e)s, -e) 1 Recht des jüngsten Sohnes auf das Erbgut, Jüngstenrecht 2 das Erbgut selbst [lat.]
**mi|no|re** = Moll [it.]
**Mi|no|rit** (der, -en, -en) Franziskaner, Minderbruder [lat.]
**Mi|no|ri|tät** (die, -, -en) Minderheit, Minderzahl [lat.]
**Mi|no|taur** (der, -s, nur Ez.) = Minotaurus
**Mi|no|tau|rus** *auch:* Mi|no|taur (der, -, nur Ez.) menschenfressendes Ungeheuer auf Kreta mit dem Kopf eines Stieres und dem Leib eines Menschen (in der griechischen Mythologie) [gr.]
**Mins|trel** (der, -s, -s) Spielmann und Sänger im Dienst eines Adligen (in England im Mittelalter) [engl.]
**mint** (Adj.) blassgrün
**Mi|nu|end** (der, -en, -en) Zahl, von der eine andere Zahl abgezogen werden soll [lat.]
**mi|nus** (Adj.) 1 weniger (in der Mathematik) 2 unter dem Gefrierpunkt, unter null Grad
**Mi|nus** (das, -, nur Ez.) Fehlbetrag, Verlust, Mangel, Nachteil [lat.]
**Mi|nus|kel** (die, -, -n) Kleinbuchstabe [lat.]
**Mi|nu|te** (die, -, -n) 1 60. Teil einer Stunde 2 100. Teil eines Gons [lat.]
**mi|nu|ti|ös** *auch:* mi|nu|zi|ös (Adj.) genau bis ins Kleinste, bis in die Einzelheiten [lat.]
**mi|nu|zi|ös** (Adj.) = minutiös
**Mi|o|zän** (das -s, nur Ez.) zweitjüngste Abteilung des Tertiärs [gr.]
**Mi|ra|bel|le** (die, -, -n) kleine, gelbe, kugelrunde Pflaume [frz.]
**Mi|rage** [miraːʒ] (die, -, -n) 1 Luftspiegelung 2 Täuschung [frz.]
**Mi|ra|kel** (das, -s, -) 1 Wunder, wunderbares Ereignis 2 Legendenspiel des MA, Mirakelspiel [lat.]

M

**mi̱ra̱ku̱lös** (Adj.) wunderbar (veraltet) [lat.]
**Mi̱s̱aṉdri̱e** (die, -, nur Ez.) krankhafte Abneigung gegen Männer, Männerfeindlichkeit (bei Frauen) [gr.]
**Mi̱s̱aṉthro̱p** (der, -en, -en) Menschenfeind, Menschenhasser
**Mi̱s̱aṉthro̱pie** (die, -, nur Ez.) Menschenfeindlichkeit, Menschenhass, Menschenscheu [gr.]
**mi̱s̱aṉthro̱pisch** (Adj.) menschenfeindlich, -scheu
**Miscẖpo̱ke** *auch:* Miscẖpo̱che (die, -, nur Ez.) Verwandtschaft; Gesellschaft (abwertend) [hebr.-jidd.]
**Mi̱se** (die, -, -n) **1** Einsatz (beim Glücksspiel) **2** auf einmal bezahlte Versicherungsprämie [frz.]
**Mise en Scène** (die, -, -s) **1** Inszenierung **2** wirkungsvoller Auftritt [frz.]
**mi̱se̱ra̱bel** (Adj.) schlecht, elend, erbärmlich; z.B. mir geht es miserabel; eine miserable Leistung [lat.-frz.]
**Mi̱se̱re** (die, -, -n) Not, Elend, missliche Lage [lat.]
**Mi̱se̱re̱re** (das, -s, nur Ez.) **1** Anfangswort (und Bezeichnung) des 51. Psalms, Bußpsalm **2** Kotbrechen (bei Darmverschluss) [lat.]
**Mi̱se̱ri̱koṟdie** [-diə] (die, -, -n) kleiner, oft geschnitzter Vorsprung an der Unterseite der Klappsitze im Chorgestühl (als Stütze beim längeren Stehen) [lat.]
**Mis̱nick** (der, -s, -s) hässlicher Mensch [jidd.]
**Mi̱so** (das, -(s), -s) aus Sojabohnen, Getreide und Salz gewonnenes Würzmittel (Vollwertküche) [jap.]
**Mi̱so̱gam** (der, -s oder -en, -en) Ehefeind [gr.]
**Mi̱so̱ga̱mie** (die, -, nur Ez.) Ehescheu [gr.]
**Mi̱so̱gyn** (der, -s, -en) Frauenfeind [gr.]
**Mi̱so̱gy̱nie** (die, -, nur Ez.) krankhafte Abneigung gegen Frauen, Frauenfeindlichkeit (bei Männern) [gr.]
**Mi̱so̱lo̱gie** (die, -, nur Ez.) Feind der Logik, Feind der Vernunft, Gegner sachlicher, vernunftgeregelter Auseinandersetzung [gr.-lat.]
**Mi̱so̱pä̱die** (die, -, -n) krankhafter Hass auf die eigenen Nachkommen [gr.-lat.]
**Mis̱pel** (die, -, -n) Kernobstbaum

**Miss** (die, -, Misses [-sɪz]) Fräulein (als Anrede in englischsprachigen Ländern) [engl.]
**Mis̱sa** (die, -, -sae) Messe (Mus., Theol.) [lat.]
**Mis̱sal** *auch:* Mis̱sa̱le (das, -s, -e) Buch mit den Lesungen für die kath. Messe, Messbuch [lat.]
**Mis̱sa̱le** (das, -s, -) = Missal
**Mis̱sile** (das, -s, -s) [ˈmɪsɑil *auch:* ˈmɪsl] ferngesteuerter Flugkörper (milit.)
**Mis̱sing Link** (das oder der, - -s, - -s) fehlendes Bindeglied (in einer Entwicklung, bes. vom Affen zum Menschen oder in tierischen und pflanzlichen Stammbäumen) [engl.]
**Mis̱si̱on** (die, -, -si̱o̱nen) **1** ernster, wichtiger Auftrag, Sendung **2** (nur Ez.) Verbreitung der christlichen Lehre, Bekehrung der Heiden (Äußere Mission); Innere Organisation der evangel. Kirche zur religiösen Erneuerung und Unterstützung Bedürftiger **3** Gruppe von Personen, die mit besonderem Auftrag ins Ausland entsandt worden ist [lat.]
**Mis̱si̱o̱nar** (der, -s, -e) Geistlicher in der Mission
**mis̱si̱o̱nie̱ren** (V.) als Missionar tätig sein, Mission treiben; andere zu etwas bekehren wollen (ugs., scherzhaft)
**Mist** (der, -s, -e) leichter Nebel (in der Seemannssprache) [engl.]
**mis̱ten** (V.) leicht neblig sein (in der Seemannssprache) [engl.]
**Mis̱ter** (der, -s, -) (in englischsprachigen Ländern Anrede für) Herr (in Verbindung mit dem Namen)
**Mis̱tral** (der, -s, -e) kalter Nordwind in Südfrankreich [frz.]
**Mis̱tress** [-strɪs] (die, -, -es) (in englischsprachigen Ländern) **1** (Anrede für) Frau **2** Hausfrau, Herrin
**Mis̱zeḻla̱ne̱en** *auch:* Mis̱ze̱llen (nur Mz.) kleine Aufsätze, kleine Artikel mit verschiedenem Inhalt (in wissenschaftlichen Zeitschriften) [lat.]
**Mis̱zeḻlen** (nur Mz.) = Miszellaneen
**Mi̱ti̱ga̱ti̱on** (die, -, -en) **1** Linderung (Med.) **2** Strafminderung (Jura)
**Mi̱to̱se** (die, -, -n) indirekte Teilung des Zellkerns, wobei die Chromosomenzahl gleich bleibt [gr.]

M

**Mi'tra** (die, -, -s oder -ren/-tren) **1** Stirnbinde (im alten Griechenland) **2** hohe, mützenartige Kopfbedeckung (von Herrschern im alten Orient) **3** Bischofsmütze aus zwei hohen, etwa dreieckigen Teilen (in der kath. Kirche) [lat.]

**Mix** (der, -, -e) Mischung

**Mixed** [mɪkst] (das, - oder -s, - oder -s) Spiel zwischen zwei Paaren, gemischtes Doppel (im Tennis, Tischtennis, Badminton) [engl.]

**Mixed Grill** [mɪkst-] (der, - -s, - -s) mehrere verschiedene, gegrillte Fleischstücke und Würstchen [engl.]

**Mixed Me'dia** [mɪkst miːdjə] (die, - -, nur Ez.) künstlerische Veranstaltung, die verschiedene Kunstzweige umfasst (Musik, Theater, Film, Tanz usw.); Kombination von Medien [engl.]

**Mixedpi'ck'les** *auch:* Mixed Pick'les, Mixpick'les [mɪkst pɪklz] (nur Mz.) pikant gewürzte, in Essig eingelegte Stückchen roher Gemüsesorten [engl.]

**mi'xen** (V.) mischen; z.B. einen Cocktail mixen [engl.]

**Mi'xer** (der, -s, -) **1** jmd., der Getränke mischt; z.B. Barmixer **2** elektrisches Gerät zum Zerkleinern und Mischen **3** Techniker, der die getrennt aufgenommenen Tonspuren von gesprochenem Text, Musik und Geräuschen auf einem Tonband vereinigt, Tonmeister (beim Film und Fernsehen) [engl.]

**Mix'tur** (die, -, -en) **1** Mischung; z.B. von flüssigen Arzneimitteln **2** Orgelregister, bei dem auf jeder Taste der durch Oktave, Quinte, Terz oder Septime verstärkte Ton erklingt

**Mne'me** (die, -, nur Ez.) **1** Gedächtnis, Erinnerung **2** das Vermögen, wichtige Informationen im Gedächtnis zu speichern [gr.]

**Mne'mis'mus** (der, -, nur Ez.) die Anschauung, dass alle lebenden Organismen eine Mneme haben [gr.-lat.]

**Mne'mo'nik** (die, -, nur Ez.) das Verfahren, durch bestimmte, systematische Übungen die Gedächtnisleistung zu optimieren, sich etwas leichter einzuprägen [gr.]

**Mne'mo'ni'ker** (der, -s, -) jmd., der die Mnemonik beherrscht [gr.]

**mne'mo'nisch** (Adj.) die Mnemonik betreffend [gr.]

**Mne'mo'tech'nik** (die, -, -en) = Mnemonik [gr.]

**Mne'mo'tech'ni'ker** (der, -s, -) = Mnemoniker [gr.]

**mne'mo'tech'nisch** (Adj.) = mnemonisch [gr.]

**mnes'tisch** (Adj.) die Mneme betreffend [gr.]

**Mob** (der, -s, nur Ez.) Gesindel, Pack, Pöbel [engl.]

**Mob'bing** (das, -s, nur Ez.) **1** Angriffsverhalten von Vogelgruppen gegenüber Greifen, Eulen (Verhaltensforschung) **2** Schikanieren von Arbeitskolleg(inn)en, mit der Absicht, sie vom Arbeitsplatz zu vertreiben [engl.]

**mo'bil** (Adj.) **1** beweglich, nicht an einen Standort gebunden **2** munter, gesund **3** kriegsbereit [frz.]

**Mo'bi'le** (das, -s, -s) Zimmerschmuck aus an Drähten und Fäden frei hängenden Gegenständen, die sich beim geringsten Luftzug bewegen [lat.]

**Mo'bil'funk** (der, -s, nur Ez.) **1** bewegliche Funkdienste **2** Funktelefonnetz

**Mo'bi'li'ar** (das, -s, nur Ez.) Gesamtheit der Möbel (einer Wohnung, eines Hauses)

**Mo'bi'li'en** (nur Mz.) bewegliche Güter; Hausrat

**Mo'bi'li'sa'ti'on** (die, -, -en) das Mobilisieren, Mobilmachung

**mo'bi'li'sie'ren** (V.) **1** beweglich machen **2** in Bewegung setzen, zum Handeln veranlassen **3** kriegsbereit machen [lat.]

**Mo'bi'lis'mus** (der, -, nur Ez.) Theorie von der freien Beweglichkeit von Teilen der Erdkruste

**Mo'bi'li'tät** (die, -, nur Ez.) **1** Beweglichkeit **2** Häufigkeit des Wohnsitzwechsels [lat.]

**Mo'bil'ma'chung** (die, -, -en) das Mobilmachen

**Mo'bil'te'le'fon** (das, -s, -e) schnurloses Telefon

**Mobs'ter** (der, -s, -) Bandit, Gangster [lat.-engl.-amerik.]

**Moc'ca** (der, -s, -s) = Mokka (österr.)

**Mod** (der, -s, -s) Anhänger einer in den 60er-Jahren verbreiteten Jugendbewegung [engl.]

**mo|dal** (Adj.) **1** die Art und Weise bezeichnend (in der Grammatik) **2** durch die Verhältnisse, die Umwelt bestimmt [lat.]
**Mo|da|li|tät** (die, -, -en) Art und Weise (eines Geschehens, eines Beschlusses, des Denkens, des Seins usw.) [lat.]
**Mo|da|li|tä|ten|lo|gik** (die, -, nur Ez.) Untersuchungsgebiet, in dem der Wert einer Modalitätenaussage, z.B. möglich, zufällig etc., untersucht wird
**Mo|de** (die, -, -n) Brauch, Sitte (bes. sich zu kleiden und zu frisieren) zu einem bestimmten Zeitpunkt; (elegante) dem Zeitgeschmack entsprechende Kleidung [frz.]
**Mo|del** (der, -s, -) **1** Maßeinheit für die Berechnung architektonischer Verhältnisse (in der Antike und Renaissance) **2** Hohlform (für Gebäck u.a.) **3** geschnittener Stempel (für Tapeten- und Textildruck) [lat.]
**Mo|dell** (das, -s, -e) **1** Vorbild, Muster **2** Entwurf oder Nachbildung in stark verkleinertem Maßstab (für oder von Bauten, von Maschinen; z.B. Flugzeugen u.a.) **3** Holz- oder Tonform für die Herstellung einer Gussform **4** vereinfachte, nur die wesentlichsten Züge aufweisende Darstellung (einer geistigen Vorstellung; z.B. Denkmodell, eines komplizierten Gegenstandes u.a.) **5** Person oder Gegenstand als Vorbild für Maler, Bildhauer, Fotografen u.a. **6** Mannequin [it.]
**Mo|del|leur** [-løːɐ] (der, -s, -e) Facharbeiter, der Modelle entwirft, Musterformer
**mo|del|lie|ren** (V.) aus Ton, Wachs, Knetmasse oder ähnlichem weichen Material formen [it.]
**mo|deln** (V.) gestalten
**Mo|dem** (der oder das, -s, -e) Transfer von Gleichstrom- auf Wechselstromsignale, z.B. beim Übertragen von Daten über die Fernsprechleitung
**mo|de|rat** (Adj.) maßvoll, gemäßigt [lat.]
**Mo|de|ra|ti|on** (die, -, -ti|o̲nen) Leitung einer Diskussion oder erläuternde Leitung einer Funk- oder Fernsehsendung [lat.]
**mo|de|ra|to** (Adv.) mäßig schnell, mäßig bewegt (in der Musik) [it.]
**Mo|de|ra|tor** (der, -s, -to̲ren) **1** Leiter einer Diskussion **2** Sprecher, der eine Rundfunk- oder Fernsehsendung mit verbindenden und erläuternden Worten begleitet **3** Substanz, die die Geschwindigkeit von Neutronen auf die für die Kernspaltung notwendige Geschwindigkeit abbremst [lat.]
**mo|de|rie|ren** (V.) **1** mäßigen, einschränken (veraltet) **2** erläuternde Worte in einer Rundfunk- oder Fernsehsendung sprechen [lat.]
**mo|dern** (Adj.) **1** der Mode entsprechend **2** der Gegenwart, der augenblicklichen Zeit entsprechend; z.B. die moderne Musik [lat.]
**Mo|der|ne** (die, -, nur Ez.) moderne Richtung (der Kunst); die heutige Zeit
**mo|der|ni|sie|ren** (V.) der heutigen Zeit, dem Zeitgeschmack entsprechend umgestalten [frz.]
**Mo|der|nis|mus** (der, -, nur Ez.) **1** liberale, wissenschaftlich-kritische Richtung innerhalb der kath. Kirche (von Papst Pius X. 1907 verurteilt) **2** Bejahung alles Modernen, Streben nach Modernem
**mo|der|nis|tisch** (Adj.) zum Modernismus gehörig, von ihm ausgehend
**Mo|der|ni|tät** (die, -, -en) das Modernsein, moderne Beschaffenheit
**Mo|dern Jazz** (der, -, nur Ez.) moderne Form der Jazzmusik seit etwa 1945 (Mus.)
**mo|dest** (Adj.) maßvoll, bescheiden (veraltet) [lat.]
**Mo|di|fi|ka|ti|on** (die, -, -ti|o̲nen) **1** das Modifizieren, Umgestaltung **2** durch äußere Einflüsse verursachte Abweichung vom Normalen (bei Lebewesen) **3** abweichende Erscheinungsform eines chemischen Stoffes infolge unterschiedlicher physikalischer Eigenschaften [lat.]
**Mo|di|fi|ka|tor** (der, -s, -to̲ren) etwas, das eine modifizierende Wirkung hat
**mo|di|fi|zie|ren** (V.) verändern, umgestalten, verstärken oder abschwächen [lat.]
**Mo|dis|tin** (die, -, -nen) Herstellerin von Damenhüten, Putzmacherin [frz.]
**Mo|dul** (der, -s, -n) **1** = Model (1) **2** Maß für die Berechnung von Zähnen (an Zahnrädern) **3** Verhältniszahl **4** Materialkonstante [lat.- engl.]

M

**Mo'du'la'ti'on** (die, -, -ti'o'nen) 1 Abwandlung, Veränderung; z.B. der Frequenz 2 Übergang von einer Tonart in die andere 3 Abstufung von Tonstärke und Klangfarbe [lat.]
**mo'du'lie'ren** (V.) 1 abwandeln, verändern 2 von einer Tonart in eine andere übergehen 3 eine Frequenz verändern [lat.]
**Mo'dus** (der, -, -di) 1 Art und Weise, Form (eines Geschehens, Ablaufs); Modus Vivendi: Art und Weise des Miteinanderlebens 2 Verbform, die die Art und Weise einer Aussage angibt (Indikativ, Konjunktiv, Imperativ) 3 Melodie, nach der verschiedene Lieder gesungen werden können 4 Kirchentonart [lat.]
**Mo'dus O'pe'ran'di** (der, -, Modi) Art des Verfahrens [lat.]
**Mo'gi'la'lie** (die, -, -n) Schwierigkeit, bestimmte Laute aussprechen zu können
**Mo'gi'pho'nie** (die, -, -n) Versagen der Stimme bei Überanstrengung, z.B. bei Sängern
**Mo'gul** (der -s, -n) Angehöriger eines islamischen Herrschergeschlechts in Indien [pers.]
**Mo'hair** *auch:* Mo'här [-hɛːɐ] (der oder das, -s, -s) Haar der Angoraziege; daraus hergestellter, haariger Wollfaden oder Stoff [arab.-frz.]
**Mo'ham'me'da'ner** (der, -s, -) = Moslem
**mo'ham'me'da'nisch** (Adj.) = islamisch
**Mo'här** (der oder das, -s, -s) = Mohair
**Mo'hi'ka'ner** (der, -s, -) Angehöriger eines nordamerikanischen Indianerstammes
**Moi'ra** (die, -, -ren) von den Göttern dem Menschen zugeteiltes Schicksal (nach altgriechischem Glauben) [gr.]
**Moi'ré** [mwa-] 1 (der oder das, -s, -s) Seiden- oder Kunstfasergewebe oder Pelz mit wellenförmiger Musterung 2 (das, -s, -s) störende punktförmige Musterung (auf Reproduktionen); störende strichförmige Musterung (auf Fernsehbildern) [frz.]
**moi'rie'ren** [mwa-] (V.) mit wellenförmiger Musterung versehen [frz.]
**Mois'tu'ri'zer** (der, -s, -) Feuchtigkeitscreme
**Mois'tu'ri'zing'cream** *auch:* Mois'tu'ri'zing Cream (die, -, -s) = Moisturizer
**mo'kant** (Adj.) spöttisch, boshaft [frz.]
**Mo'kas'sin** (der, -s, -s oder -e) bestickter, wildlederner Stiefel ohne Absatz (bei nordamerikanischen Indianern)
**mo'kie'ren** (V.) sich mokieren: sich lustig machen, spötteln [frz.]
**Mok'ka** *auch:* Moc'ca (der, -s, -s oder -) eine Kaffeesorte mit kleinen Bohnen; starker Kaffee daraus [arab.]
**Mo'lar** (der, -s, -en) Backenzahn [lat.]
**Mo'las'se** (die, -, nur Ez.) tertiäre Ablagerung (Geol.)
**Mo'le** (die, -, -n) 1 vom Ufer senkrecht vorspringender Hafendamm [it.] 2 abgestorbene Leibesfrucht [gr.-lat.]
**Mo'le'kül** (das, -s, -e) kleinstes, aus zwei oder mehr Atomen bestehendes Teilchen einer chemischen Verbindung [frz.]
**mo'le'ku'lar** (Adj.) zu den Molekülen gehörend
**Mo'le'ku'lar'bio'lo'gie** (die, -, nur Ez.) Gebiet der Biologie, in dem der Aufbau von Organismen im Molekularbereich untersucht wird
**Mo'le'ku'lar'ge'wicht** (das, -(e)s, -e) Summe der Atomgewichte der in einem Molekül gebundenen Atome
**Mo'le'ku'lar'psy'cho'lo'gie** (die, -, nur Ez.) Gebiet der Psychologie, das sich mit den Zusammenhängen zwischen psychischem Verhalten und molekularen Prozessen befasst
**Mo'les'ten** (nur Mz.) Beschwerden, Belästigungen (veraltet) [lat.]
**Moll** 1 (das, -, nur Ez.) Tongeschlecht mit kleiner Terz im Dreiklang der Tonika 2 (der, -(e)s, -s oder -e) = Molton [lat.]
**Mol'lus'ke** (die, -, -n) Tier mit knochen- und wirbellosem Körper, Weichtier [it.]
**Mo'lo** (der, -s, Mo'li) = Mole (österr.)
**Mo'loch** (der, -s, -e) 1 Macht, die alles verschlingt 2 eine australische Echse [hebr.-gr.]
**Mo'lo'tow'cock'tail** (der, -s,-s) selbst gebastelte Brandbombe aus einer mit einer leicht brennbaren Flüssigkeit gefüllten Flasche
**mol'to** (Adv.) sehr (in der Musik); z.B. allegro molto [it.]
**Mol'ton** (der, -s, -s) weiches, beidseitig gerautes Baumwollgewebe [frz.]

**Mo'lyb'dän** (das, -s, nur Ez.) Element, Metall [gr.]
**Mo'ment 1** (der, -(e)s, -e) kurze Zeitspanne, Augenblick **2** (das, -(e)s, -e) Produkt aus der Größe einer Kraft und dem Hebelarm; z.B. Drehmoment; Merkmal, Umstand, Gesichtspunkt [lat.]
**mo'men'tan** (Adj.) im Moment, augenblicklich
**Mo'ment mu'si'cal** [mɔmɑ̃myzikal] (das, - -, -s mu'si'caux [mɔmɑ̃myziko]) kurzes, stimmungsvolles Musikstück (bes. für Klavier) [frz.]
**Mo'na'de** (die, -, -n) in sich vollkommene, unteilbare Einheit [gr.]
**Mo'na'do'lo'gie** (die, -, nur Ez.) Lehre von den Monaden [gr.]
**Mo'n'arch** (der, -en, -en) Alleinherrscher, Kaiser, König, Fürst [gr.]
**Mo'n'ar'chie** (die, -, -n) Staatsform mit einer einzigen legitiemierten Person als Staatsoberhaupt [gr.]
**mo'n'ar'chisch** (Adj.) zur Monarchie, zum Monarchen gehörig, von ihr, ihm ausgehend, die Monarchie betreffend
**Mo'n'ar'chis'mus** (der, -, nur Ez.) Streben, die Monarchie zu erhalten, eine Monarchie durchzusetzen, Betonung der Rechte des Monarchen [gr.-nlat.]
**Mo'n'ar'chist** (der, -chis'ten, -chis'ten) Anhänger des Monarchismus
**mo'n'ar'chis'tisch** (Adj.) auf dem Monarchismus beruhend
**Mo'nas'te'ri'um** (das, -s, -ri'en) Kloster [lat.]
**mo'nas'tisch** (Adj.) mönchisch [lat.]
**mo'n'au'ral** (Adj.) **1** (nur) ein Ohr betreffend, für nur ein Ohr bestimmt **2** einkanalig (in der Technik) [gr.-lat.]
**Mon'da'min** (das, -s, nur Ez.) Maisstärke (Warenzeichen) [engl.]
**mon'dän** (Adj.) betont elegant und lässig, überlegen [frz.]
**mon'di'al** (Adj.) weltweit, weltumspannend [lat.]
**Mon'di'al** (das, -s, nur Ez.) Bezeichnung für eine künstliche Weltsprache [lat.]
**mon dieu!** mein Gott [frz.]
**Mo'ne'gas'se** (der, -n, -n) Ew. von Monaco
**mo'ne'gas'sisch** (Adj.) zu Monaco gehörig

M

**Mo'nem** (das, -s, -e) die kleinste Spracheinheit, die eine eigene Bedeutung besitzt [gr.]
**mo'ne'tär** (Adj.) geldlich [lat.]
**Mo'ne'ta'ris'mus** (der, -, nur Ez.) die Theorie in der Wirtschaftswissenschaft, wonach die Wirtschaft hauptsächlich über die Geldmenge gesteuert werden solle, weil ihr eine besondere Bedeutung zukommt [lat.]
**Mo'ne'ta'rist** (der, -ris'ten, -ris'ten) Verfechter des Monetarismus [lat.]
**mo'ne'ta'ris'tisch** (Adj.) den Monetarismus betreffend, auf dieser Theorie beruhend [lat.]
**Mo'ne'ten** (nur Mz.) Geld (ugs.) [lat.]
**mo'ne'ti'sie'ren** (V.) zu Geld machen, in Bargeld umwandeln, z.B. Grundstücke monetisieren
**Mo'ne'ti'sie'rung** (die, -, nur Ez.) die Umwandlung in Geld [lat.]
**Mo'ney'ma'ker** [mʌnɪmeɪkə] (der, -s, -) jmd. (bes. Geschäftsmann, Großverdiener), der aus allem Geld herauszuschlagen sucht (ugs. abwertend) [engl.]
**Mon'go'le** (der, -n, -n) **1** Angehöriger eines aus zahlreichen Stämmen bestehenden Volkes in Ostasien **2** Ew. der Mongolischen Volksrepublik
**mon'go'lid** (Adj.) zu der in Ostasien heimischen Großrasse der Mongolen gehörig
**mon'go'lisch** (Adj.) zu den Mongolen gehörig
**Mon'go'lis'mus** (der, -, nur Ez.) mit Schwachsinn und mongolider Gesichtsbildung verbundene Entwicklungsstörung
**Mon'go'list** (der, -lis'ten, -lis'ten) Wissenschaftler der Mongolistik
**Mon'go'lis'tik** (die, -, nur Ez.) Wissenschaft von den mongolischen Sprachen und Kulturen
**mon'go'lo'id** (Adj.) **1** einige Merkmale der mongolischen Rasse aufweisend **2** an Mongolismus leidend, heute Downsyndrom genannt
**mo'nie'ren** (V.) beanstanden, rügen, tadeln, mahnen [lat.]
**Mo'nis'mus** (der, - nur Ez.) eine Anschauung, die alles von einer Grundannahme ausgehend erklärt [gr.-lat.]

**Mo'nist** (der, -nis'ten, -nis'ten) Anhänger des Monismus [gr.-lat.]
**mo'nis'tisch** (Adj.) den Monismus betreffend, auf ihm basierend [gr.-lat.]
**Mo'ni'tor** (der, -s, -to'ren) 1 Bildschirm, auf dem das gesendete Bild kontrolliert werden kann (beim Fernsehen) 2 Gerät zur Überwachung elektronischer Anlagen und radioaktiver Strahlung 3 Computerbildschirm [lat.]
**Mo'ni'to'ring** (das, -s,-s) sorgsames Dauerüberwachen einer bestimmten Situation oder eines Systems [engl.]
**Mo'ni'tum** (das, -s, -ta) Tadel, Rüge, Beanstandung [lat.]
**mo'no** (Adj.) kurz für: monofon
**Mo'no'chord** [-kɔrt] (das, -s, -e) altgriechisches Musikinstrument zur Bestimmung von Tonhöhen und Intervallen [gr.]
**mo'no'chrom** [-kroːm] (Adj.) einfarbig [gr.]
**mo'no'cy'clisch** (Adj.) = monozyklisch
**Mo'no'dra'ma** (das, -s, -men) Drama mit nur einer Person [gr.]
**mo'no'fon** *auch:* mo'no'phon (Adj.) auf Monofonie beruhend, einkanalig
**Mo'no'fo'nie** *auch:* Mo'no'pho'nie (die, -, nur Ez.) Tonaufzeichnung und/oder -wiedergabe über nur einen Kanal [gr.]
**mo'no'gam** (Adj.) auf nur einen Geschlechtspartner ausgerichtet; in Einehe lebend [gr.]
**Mo'no'ga'mie** (die, -, nur Ez.) Ehe mit nur einem Partner [gr.]
**Mo'no'ge'ne'se** *auch:* Mo'no'ge'ne'sis (die, -, -ne'sen) ungeschlechtliche Fortpflanzung (Bio.) [gr.]
**Mo'no'gra'fie** *auch:* Mo'no'gra'phie (die, -, -n) Abhandlung über einen einzelnen Gegenstand oder über eine einzige Person [gr.]
**Mo'no'gramm** (das, -s, -e) die Anfangsbuchstaben des Vor- und Nachnamens [gr.]
**Mo'no'gra'phie** (die, -, -n) = Monografie
**mo'no'kau'sal** (Adj.) aus einem Grund ableitbar
**Mo'n'o'kel** (das, -s, -) Brille für nur ein Auge, Einglas; durch die Muskulatur der Augenlider gehaltene Korrekturlinse [gr.]
**Mo'no'kul'tur** (die, -, -en) Anbau nur einer einzigen Pflanze (auf einer Fläche) [gr.-lat.]
**mo'no'la'te'ral** (Adj.) einseitig
**Mo'no'la'trie** (die, -, nur Ez.) Verehrung nur eines Gottes
**Mo'no'lith** (der, -s oder -en, -en) Steinblock; aus einem einzigen Stein gemeißeltes Bildwerk [gr.]
**Mo'no'log** (der, -s, -e) Selbstgespräch [gr.]
**mo'no'lo'gi'sie'ren** (V.) einen Monolog führen
**mo'no'man** (Adj.) an Monomanie leidend, von einer fixen Idee besessen
**Mo'no'ma'ne** (der, -n, -n) jmd., der an Monomanie leidet
**Mo'no'ma'nie** (die, -, -n) krankhaft übersteigerter Trieb, Besessenheit von einer Wahnidee, Zwangsvorstellung [gr.]
**Mo'no'pho'bie** (die, -, nur Ez.) Angst vor dem Alleinsein
**mo'no'phon** (Adj.) = monofon
**Mo'no'pho'nie** (die, -, nur Ez.) = Monofonie
**Mo'no'ph'thong** (der, -s, -e) einfacher Vokal; z.B. a, e [gr.]
**Mo'no'ple'gie** (die, -, -n) Lähmung eines einzelnen Gliedes oder Gliedteiles [gr.]
**Mo'no'pol** (das, -s, -e) Vorrecht, alleiniger Anspruch (etwas zu produzieren oder mit etwas zu handeln) [gr.]
**mo'no'po'li'sie'ren** (V.) etwas monopolisieren: sich das Monopol über etwas aneignen, etwas in einer Hand vereinigen
**Mo'no'po'lis'mus** (der, -, nur Ez.) Streben, den Markt durch Monopole zu beherrschen
**Mo'no'po'list** (der, -lis'ten, -lis'ten) Inhaber eines Monopols; Anhänger des Monopolismus
**Mo'no'p'te'ros** (der, -, -te'ren/-pte'ren) kleiner Säulenrundbau [gr.]
**Mo'no'sti'chon** (das, -s, -cha) einzelner Vers [gr.]
**Mo'no'syl'la'bum** (das, -s, -ba) einsilbiges Wort
**Mo'no'the'is'mus** (der, -, nur Ez.) Glaube an einen einzigen Gott [gr.-lat.]
**mo'no'the'is'tisch** (Adj.) in der Art des Monotheismus; z.B. monotheistische Religion

M

**moˈnoˈton** (Adj.) eintönig, gleichförmig [gr.]
**MoˈnoˈtoˈnieI** (die, -, nur Ez..) Eintönigkeit, Gleichförmigkeit [gr.]
**moˈnoˈtrop** (Adj.) nur begrenzt anpassungsfähig
**MoˈnˈoˈxidI** *auch:* Moˈnˈoˈxyd (das, -s, -e) Sauerstoffverbindung, die nur ein Sauerstoffatom enthält [gr.]
**MoˈnoˈzelˈleI** (die, -, -n) kleine Batterien mit zylindrischem Trockenelement
**moˈnˈözisch** (Adj.) einhäusig, die Monözie betreffend
**moˈnoˈzyˈkˈlisch** *auch:* moˈnoˈcyˈkˈlisch (Adj.) nur einen Benzolring enthaltend [gr.-lat.]
**Monˈseiˈgneur** [mõsɛɲøːʁ] (der, -s, -e oder -s) Prinz, hoher Geistlicher; Abk.: Mgr (franz. Titel)
**Monˈsiˈeur** [məsjøː] (der, -s, Messiˈeurs [mɛsjøː]) Herr (als französische Anrede)
**Monˈsiˈgnoˈre** [monsiɲoːre] (der, -(s), -noˈri/-gnoˈri) hoher geistlicher Würdenträger in Italien (Titel) [it.]
**Monsˈter** (das, -s, -) = Monstrum
**Monsˈteˈra** (die, -, -rae [rɛː]) eine tropische Kletterpflanze mit Luftwurzeln, Aronstabgewächs [lat.]
**Monsˈtˈranz** (die, -, -en) kostbarer Behälter zum Zeigen und Tragen der geweihten Hostie [lat.]
**monsˈtˈrös** (Adj.) 1 missgestaltet, unförmig, groß und hässlich 2 ungeheuerlich [lat.]
**Monsˈtˈroˈsiˈtät** (die, -, nur Ez.) monströses Aussehen
**Monsˈtˈrum** (das, -s, -tren oder -tra) 1 missgestaltetes Wesen, Ungeheuer, Monster 2 großer, schwerer, unförmiger Gegenstand, Ungetüm (ugs., scherzhaft) [lat.]
**Monˈsun** (der, -s, -e) 1 halbjährlich wechselnder Wind in Asien 2 Sommerregenzeit in Süd- und Ostasien [arab.-it.]
**Monˈtaˈge** [-ʒə] (die, -, -n) 1 Zusammenbau und Aufstellen (einer Maschine, technischen Anlage) 2 Zusammenstellen der einzelnen Einstellungen eines Films zu einem Ganzen nach künstlerischen Gesichtspunkten 3 Zusammensetzung einer Bildkomposition aus einzelnen Fotografien oder Teilen davon (Fotomontage) sowie das Bild selbst 4 Werk der modernen Kunst, das aus Teilen zusammengesetzt ist, die ursprünglich nicht zusammengehören [frz.]
**monˈtan** (Adj.) zum Bergbau und Hüttenwesen gehörig [lat.]
**Monˈtanˈinˈdusˈtrie** (die, -, nur Ez.) Vereinigung der Bergbau- und Hüttenindustrie in Westeuropa
**monˈtaˈnisˈtisch** (Adj.) = montan
**Monˈteur** [-tøːʁ] (der, -s, -e) Facharbeiter für die Montage von Maschinen
**Montˈgolˈfieˈre** (die, -, -n) mit Heißluft als Auftriebsmittel schwebender Ballon
**monˈtieˈren** (V.) zusammenbauen, -fügen, -setzen, aufbauen, befestigen [frz.]
**Monˈtur** (die, -, -en) Dienstkleidung, Uniform (veraltet); Arbeitsanzug [frz.]
**Moˈnuˈment** (das, -(e)s, -e) großes Denkmal, Mahnmal [lat.]
**moˈnuˈmenˈtal** (Adj.) 1 denkmalartig 2 groß und wuchtig, gewaltig [lat.]
**Moˈnuˈmenˈtalˈfilm** (der, -s, -e) Film mit riesigem Aufwand an Material, Menschen etc.
**Moˈnuˈmenˈtaˈliˈtät** (die, -, nur Ez.) monumentale Beschaffenheit, Größe und Wuchtigkeit
**Moˈped** (das, -s, -s) leichtes Motorrad mit Pedalen [Kurzwort]
**Mopp** (der, -s, -s) besenartiges Gerät mit Fransen aus Baumwolle (statt der Borsten) [engl.]
**moppen** mit dem Mop kehren
**mopˈsen** (V.) geringfügig stehlen [Rotwelsch]
**Mora** 1 (die, -, nur Ez.) ital. Fingerspiel 2 (die, -, -ren) Verzug, Verzögerung
**Moˈral** (die, -, nur Ez.) 1 System von Grundsätzen und Regeln für das richtige Verhalten des Einzelnen in der Gemeinschaft 2 darauf beruhende innere Einstellung, Haltung, Sittlichkeit 3 Lehre von der Moral 4 Standhaftigkeit, Kampfesmut; z.B. die Moral der Truppe ist gut, schlecht 5 Gehalt, der beherzigt werden soll, Lehre, Folgerung; z.B. die Moral von der Geschichte
**Moˈraˈlin** (das, -s, nur Ez.) übertriebene, allzu betonte Moral

**Mo'ral In'san'ity** (die, -, nur Ez.) moralische Krankheit, Fehlen sittlicher Urteilsfähigkeit
**mo'ra'lisch** (Adj.) 1 auf Moral beruhend 2 hinsichtlich der Moral
**mo'ra'li'sie'ren** (V.) Moral predigen, sich allzu sehr dafür einsetzen; Betrachtungen über Moral (1) anstellen
**Mo'ra'lis'mus** (der, -, nur Ez.) 1 Anerkennung der Moral 2 Überbetonung der Moral
**Mo'ra'list** (der, -lis'ten, -lis'ten) 1 sich nach der Moral richtender Mensch 2 Schriftsteller, der sich mit Moral beschäftigt 3 jmd., der die Moral allzu sehr betont
**Mo'ra'li'tät** (die, -, -en) 1 (nur Ez.) moralische Gesinnung, Bewusstsein von der Richtigkeit der Moral 2 lehrhaftes Schauspiel im MA, in dem Tugenden und Laster personifiziert wurden
**Mo'ral'phi'lo'so'phie** (die, -, nur Ez.) philosophische Disziplin, die nach den theoretischen Grundlagen der Sittlichkeit und deren praktischer Umsetzung fragt
**Mo'rä'ne** (die, -, -n) von einem Gletscher abgelagerter Gesteinsschutt [frz.]
**Mo'ra'to'ri'um** (das, -s, -ri'en) Zahlungsaufschub [lat.]
**mor'bid** (Adj.) 1 kränklich 2 brüchig, morsch, angekränkelt [lat.]
**Mor'bi'di'tät** (die, -, nur Ez.) morbide Beschaffenheit
**Mor'bus** (der, -, -bi) Krankheit [lat.]
**Mo'rel'le** (die, -, -n) Sauerkirsche [ital.]
**mo'ren'do** leiser werdend, absterbend (Mus.)
**Mo'res** (nur Mz.) jmdn. Mores lehren: jmdm. Anstand beibringen, jmdm. energisch die Meinung sagen [lat.]
**Mo'res'ke** (die, -, -n) = Maureske
**Morgue** [mɔrg] (die, -, -n) berühmtes Leichenschauhaus in Paris [germ.-frz.]
**mo'ri'bund** (Adj.) kurz vor dem Tode stehend, dem Sterben nahe, todgeweiht [lat.]
**Mo'ris'ca** (die, -, nur Ez.) = Moresca
**Mo'ris'ke** (der, -n, -n) nach dem Ende der arabischen Herrschaft in Spanien zurückgebliebener Maure, der sich hatte taufen lassen
**Mo'ri'tat** (die, -, -en) zur Drehorgel vorgetragenes Lied über ein schreckliches Ereignis
**Mor'mo'ne** (der, -n, -n) Angehöriger einer (nach dem Propheten Mormon benannten) nordamerikanischen Sekte auf christlicher Grundlage
**Morph** (das, -(e)s, -e) kleinste bedeutungstragende Einheit einer Sprache, die noch nicht klassifiziert ist (Linguistik)
**Mor'phem** (das, -s, -e) kleinste bedeutungstragende sprachliche Einheit; z.B. die zwei Morpheme in lust(ig) [gr.-frz.]
**Mor'phe'ma'tik** (die, -, nur Ez.) Wissenschaft von den Morphemen
**mor'phen** (V.) ein Bild oder eine Gestalt verwandeln
**Mor'phin** (das, -s, nur Ez.) ein Alkaloid des Opiums, Mittel zur Schmerzlinderung [gr.]
**Mor'phing** (das, -s, nur Ez.) Verwandlung eines Bildes in ein anderes per Computer
**Mor'phi'nis'mus** (der, -, nur Ez.) Vergiftung durch Gewöhnung an Morphin, Morphiumsucht
**Mor'phi'nist** (der, -nis'ten, -nis'ten) jmd., der an Morphinismus leidet
**Mor'phi'um** (das, -s, nur Ez.) = Morphin
**Mor'pho'ge'ne'se** (die, -, -n) Entwicklung der äußeren Form (von Lebewesen) [gr.]
**mor'pho'ge'ne'tisch** (Adj.) zur Morphogenese gehörig
**Mor'pho'ge'nie** (die, -, -n) = Morphogenese
**Mor'pho'lo'gie** (die, -, nur Ez.) 1 Wissenschaft von der Formenbildung, der Entwicklung der Formen 2 Wissenschaft von den Formveränderungen der Wörter durch Deklination und Konjugation, Formenlehre [gr.]
**mor'pho'lo'gisch** (Adj.) 1 zur Morphologie gehörig, auf ihr beruhend 2 hinsichtlich der Form
**Mor'pho'me'trie** (die, -, nur Ez.) Messung der äußeren Formen (von Organen u.a.); Messung der Geländeformen; Teilgebiet der Geomorphologie [gr.]
**Mor'se'al'pha'bet** (das, -(e)s, nur Ez.) von dem Nordamerikaner S. Morse erfundenes Alphabet aus Punkten und Strichen

M

zur Übermittlung von Nachrichten mithilfe von Ton- oder Lichtsignalen
**mor'sen** (V.) mithilfe des Morsealphabets übermitteln
**Mor'ta'del'la** (die, -, -s) eine Wurstsorte aus Kalb- oder Schweinefleisch [it.]
**Mor'ta'li'tät** (die, -, nur Ez.) Sterblichkeit; Verhältnis der Sterbefälle zur Gesamtzahl der betreffenden Personengruppe [lat.]
**Mor'ti'fi'ka'ti'on** (die, -, nur Ez.) das Mortifizieren
**mor'ti'fi'zie'ren** (V.) **1** absterben lassen, abtöten; z.B. Körpergewebe mortifizieren; Begierden mortifizieren **2** für ungültig erklären [lat.]
**Morula** früheste Entwicklungsstufe des Embryos, Maulbeerkeim [lat.]
**Mo'sa'ik** (das, -s, -en) aus verschiedenfarbigen Steinchen oder Glasstückchen zusammengesetztes Bild oder Ornament (auf Mauern oder Fußböden) [frz.]
**mo'sa'isch** (Adj.) von Moses stammend
**Mo'sa'ist** (der, -is'ten, -is'ten) Mosaiken fertigender Künstler; Künstler, der mit Musivgold arbeitet [gr.-lat.-it.-frz.]
**mo'sa'is'tisch** (Adj.) Mosaiken betreffend [gr.-lat.-it.-frz.]
**Mo'sa'i'zist** (der, -zis'ten, -zis'ten) = Mosaist [gr.-lat.it.-frz.]
**Mo'sam'bi'ka'ner** (der, -s, -) Einwohner des südostafrikanischen Staates Mosambik
**Mo'schee** (die, -, -n) islamisches Gotteshaus [arab.-frz.]
**Mo'schus** (der, -, nur Ez.) aus der Absonderung der Geschlechtsdrüse des Moschustiers (asiatische Hirschart) gewonnener Duftstoff [pers.-gr.]
**Mos'ki'to** (der, -s, -s) tropische Stechmücke
**Mos'lem** (der, -s, -s) Angehöriger des Islams [arab.]
**mos'le'mi'nisch** (Adj.) = moslemisch
**mos'le'misch** (Adj.) zu den Moslems, zum Islam gehörig
**Mos'li'me** (die, -, -n) weiblicher Moslem
**mos'so** (Adv.) lebhaft bewegt, rasch (bei Musikstücken) [it.]
**Mo'tet'te** (die, -, -n) mehrstimmiges Gesangsstück für Chor (meist ohne Instrumentalbegleitung) [it.]
**Mo'ti'li'tät** (die, -, nur Ez.) Beweglichkeit, Bewegungsmöglichkeit (der Muskeln) [lat.]
**Mo'ti'on** (die, -, -ti'o'nen) **1** Bewegung (veraltet) **2** schriftlicher Antrag im Parlament (schweiz.) **3** Abwandlung der Adjektive nach dem Genus [lat.]
**Mo'tion'pic'ture** (das, -, -s) Spielfilm [engl.]
**Mo'tiv** (das, -s, -e) **1** Beweggrund, Antrieb, Grund (aus dem man etwas tut, sagt) **2** kennzeichnender Bestandteil des Inhalts einer Dichtung, z.B. das Motiv des verzauberten Prinzen **3** kleinste melodische Einheit (eines Musikstücks) **4** Gegenstand der Darstellung (in der bildenden Kunst) [frz.]
**Mo'ti'va'ti'on** (die, -, -ti'o'nen) Gestimmtheit, Bereitschaft (etwas zu tun, zu sagen) [lat.]
**mo'ti'vie'ren** (V.) **1** den Beweggrund, das Motiv (für etwas) angeben, erklären; z.B. seine Tat motivieren **2** jmdn. motivieren: jmdm. ein Motiv geben (etwas zu tun, zu sagen)
**mo'ti'viert** (Adj.) **1** voller Antrieb, Interesse **2** durchsichtig, auf den Benennungsgrund hin durchschaubar (von Wörtern); z.B. sind onomatopoetische Bezeichnungen motiviert [frz.]
**Mo'ti'vik** (die, -, nur Ez.) Kunst der Verarbeitung von (musikalischen) Motiven
**mo'ti'visch** (Adj.) das Motiv, die Motive betreffend, hinsichtlich des Motivs, der Motive
**Mo'to'cross** *auch:* Mo'to-Cross (das, -, -e) Geländefahrt als Wettbewerb für Geschwindigkeit und Geschicklichkeit (im Motorsport) [engl.]
**Mo'to'drom** (das, -s, -e) Rundrennbahn für Motorfahrzeuge [lat.-gr.]
**Mo'tor** [-toːɐ] (der, -s, -to'ren) **1** Kraftmaschine zum Erzeugen von Bewegung **2** treibende Kraft [lat.]
**Mo'to'rik** (die, -, nur Ez.) **1** Gesamtheit der willkürlichen Bewegungen (des Körpers) **2** gleichmäßig sich wiederholender Bewegungsablauf **3** gleichmäßiger, lebhafter Rhythmus [lat.]
**mo'to'risch** (Adj.) auf Motorik beruhend
**mo'to'ri'sie'ren** (V.) mit Kraftmaschinen, mit Motorfahrzeugen ausstatten; moto-

risiert sein: ein Kraftfahrzeug besitzen (ugs.)
**Motto** (das, -s, -s) Leitspruch, Wahlspruch; einem Buch oder Kapitel vorangestellter Spruch zur Kennzeichnung des Inhalts oder der beabsichtigten Aussage [it.]
**Motuproprio** (das, -s, -s) Erlass des Papstes aus eigenem Antrieb [lat.]
**Mouches volantes** (nur Mz.) Sehstörung, die sich durch mückenartig erscheinende Wahrnehmungen äußert
**Mound** [maʊnd] (der, -s, -s) Grab- oder Tempelhügel (im vorkolumbianischen Amerika) [engl.]
**Mount** [maʊnt] (der, -, nur Ez.) Berg (vor Eigennamen) [engl.]
**Mountainbike** *auch:* Mountain-Bike (das, -s, -s) Fahrrad mit Profilreifen zum Geländefahren
**Mouse** (die, -, -s) Eingabegerät, dessen Bewegungen außerhalb des Computers in Bewegungen des Cursors auf dem Bildschirm umgewandelt werden (EDV)
**Mousepad** *auch:* Mauspad (das, -s, -s) Unterlage für die Maus zur Erleichterung der Bewegung und als Schutz
**Moussaka** (das, -s, -s) griechiches Gericht aus Auberginen, Kartoffeln und Hackfleisch
**Mousse** [muːs] (die, -, -s) Süßspeise mit Eischnee [frz.]
**Mousseux** (der, -, -) Schaumwein [frz.]
**moussieren** [musiː-] (V.) prickeln, schäumen [frz.]
**Moustérien** [musterjɛ̃ː] (das, -s, nur Ez.) Stufe der jüngeren Altsteinzeit [frz.]
**Movens** (das, -, nur Ez.) treibende Kraft, Antriebskraft [lat.]
**Movie** [muːvɪ] (das, -s, -s) Bezeichnung für ein Kino oder einen Kinofilm [lat.-frz.-engl.-amerik.]
**movieren** (V.) **1** ein Wort nach dem jeweiligen Geschlecht abwandeln **2** zu einer maskulinen Personenbezeichnung die feminine Bezeichnung bilden [lat.]
**Movierung** (die, -, -en) das Movieren [lat.]
**Movimento** (das, -s, -ti) das Zeitmaß, das Tempo (in der Musik) [lat.-it.]
**Mozaraber** (der, -s, -) christlicher Ew. Spaniens während der arabischen Herrschaft, der die maurische Sprache und Kultur angenommen hatte [arab.]
**Mozzarella** (der, -s, -s) ein aus Büffelmilch hergestellter ital. Frischkäse
**MP3** (das, -(s), -s) **1** meistverwendetes Dateiformat für komprimierte Audiodateien **2** Datei im Format MP3 [engl.]
**MP3-Player** (der, -s, -) tragbares Gerät, mit dem Audiodateien im MP3-Format wiedergegeben werden können [engl.]
**MTA** Abk. für **m**edizinisch-**t**echnische **A**ssistentin
**Mucor** (der, -s, nur Ez.) ein Schimmelpilz
**Mudejar** [-dɛxar] (der, -s, -jaren [xa]) nach der arabischen Herrschaft in Spanien zurückgebliebener Maure [arab.-span.]
**Mudejarstil** [-dɛxar-] (der, -(e)s, nur Ez.) spanische Kunstrichtung, die nach arabischen Kunsthandwerkern benannt ist (besonders in der Architektur)
**Mudschaheddin** (Mz.) Sammelbezeichnung für moslemische Rebellengruppen in Afghanistan; Freischärler [paschtu f. heilige Krieger]
**Muezzin** (der, -s, -s) islamischer Beamter, der die Gebetsstunden ausruft [arab.-türk.]
**Muff** (der, -s, -e) Kleidungsstück aus Pelz für beide Hände [frz.]
**Muffe** (die, -, -n) Verbindungsstück für Rohre und Kabel [frz.]
**Muffin** [mʌf-] (der, -s, -s) brötchenartiges Kleingebäck aus Mürbeteig [engl.]
**Mufflon** (das, -s, -s) Wildschaf (auf Korsika und Sardinien) [frz.]
**Mufti** (der, -s, -s) islamischer Rechtsgelehrter [arab.]
**mukös** (Adj.) schleimig [lat.]
**Mulatte** (der, -n, -n) Mischling aus einem schwarzen und einem weißen Elternteil [span.]
**Muleta** (die, -, -s) das rote Tuch der Stierkämpfer [lat.-span.]
**Muli** (das, -s, -s) Maulesel (österr.) [lat.]
**Multi** (der, -s, -s) kurz für: multinationales Unternehmen (ugs.)
**Multiaccess** (der, -, nur Ez.) gleichzeitiger Zugang zu denselben Daten von verschiedenen Benutzern (EDV)

**multidisziplinär** (Adj.) vielen Disziplinen angehörig
**Multifunktionsdisplay** (das, -s, -s) elektronisches Anzeigefeld, z.B. am Telefon, das mehrere Funktionen ausführen kann
**multikulturell** (Adj.) mehrere verschiedene Kulturen betreffend
**multilateral** (Adj.) viele Personen oder Staaten umfassend oder betreffend [lat.]
**multimedial** (Adj.) mehrere Medien umfassend, für mehrere Medien bestimmt
**Multimediashow** (die, -, -s) Unterhaltungsveranstaltung, bei der verschiedene Medien genutzt werden
**Multimediasystem** (das, -s, -e) Unterrichts- und Informationssystem, das mehrere Medien benutzt
**Multimillionär** (der, -s, -e) jmd., der ein Vermögen von vielen Millionen Euro besitzt
**multinational** (Adj.) mehrere Staaten umfassend, in mehreren Staaten vorhanden



**Multipack** (das, -s, -s) Verpackungsform, bei der mehrere Produkte zusammengepackt sind
**Multipara** (die, -, -paren) Frau, die schon mehrere Kinder geboren hat [lat.]
**multipel** (Adj.) vielfach, vielfältig; multiple Sklerose: Erkrankung des Zentralnervensystems mit vielen sich verhärtenden Herden und fortschreitenden Lähmungen [lat.]
**Multiple-Choice-Verfahren** [mʌltɪpltʃɔɪs-] (das oder die, -, nur Ez.) Testverfahren, bei dem man aus mehreren zur Auswahl gegebenen Antworten die richtige herausfinden soll [engl.]
**multiplex** (Adj.) vielfach [lat.]
**Multiplikand** (der, -en, -en) Zahl, die mit einer anderen multipliziert werden soll
**Multiplikation** (die, -, -tionen) das Vervielfachen von Zahlen, das Malnehmen [lat.]
**multiplikativ** (Adj.) vervielfachend [lat.]
**Multiplikator** (der, -s, -toren) die multiplizierende Zahl; z.B. die 3 in 3 x 6 [lat.]
**multiplizieren** (V.) vervielfachen, malnehmen [lat.]
**multivalent** (Adj.) mehrwertig, vielwertig; multivalenter Test, Test der mehrere Lösungen zulässt
**Multivalenz** (die, -, -en) Mehr-, Vielwertigkeit [lat.]
**Mumie** [-miə] (die, -, -n) einbalsamierte Leiche [pers.-it.]
**Mumifikation** (die, -, -tionen) das Mumifizieren
**mumifizieren** (V.) **1** einbalsamieren (und dadurch vor Verwesung schützen) **2** eintrocknen, absterben lassen (in der Medizin) [lat.]
**Mumifizierung** (die, -, -en) Einbalsamierung eines Leichnams zum Schutz vor Verwesung [pers.-arab.-lat.]
**Mummy** [mʌmɪ] (der, -s, -s) Auftraggeber eines Ghostwriters [engl.]
**Mumps** (der, -, nur Ez.) Infektionskrankheit mit schmerzhafter Entzündung und Anschwellung der Ohrspeicheldrüsen, Ziegenpeter [engl.]
**mundan** (Adj.) weltlich, zur Welt gehörig
**Mungo** (der, -s, -s) eine Schleichkatze Indiens [tamil.]
**Munition** (die, -, nur Ez.) Schießmaterial (bes. Geschosse) für Feuerwaffen [lat.]
**munizipal** (Adj.) städtisch (veraltet) [lat.]
**Munizipium** (das, -s, -pien) Stadtverwaltung, Stadtgemeinde (veraltet) [lat.]
**Muräne** (die, -, -n) aalartiger Fisch warmer Meere [gr.-lat.]
**muriatisch** (Adj.) Kochsalz enthaltend (von Heilquellen) [lat.]
**Muring** (die, -, -e) Vorrichtung zum Auswerfen zweier Anker [engl.]
**Musaget** (der, -en, -en) Freund der Musen, Gönner von Kunst und Wissenschaft [gr.lat.]
**Muscadet** [myskadeː] (der, -s, -s) leichter, trockener französischer Weißwein [frz.]
**Muschik** (der, -s, -s) Bauer in Russland unter der Zarenherrschaft [russ.]
**Muschkote** (der, -n, -n) Fußsoldat, Infanterist (früher, abwertend) [frz.]
**Muse** (die, -, -n) Göttin der Kunst oder Wissenschaft [gr.]
**museal** (Adj.) zum Museum gehörig
**Muselman** (der, -en, -en) = Moslem (veraltet)

**Mu'sette** [-zɛt] (die, -, -n oder -s) **1** französische Form des Dudelsacks **2** ländlicher Tanz mit Bassbegleitung, die den Dudelsack nachahmt **3** Satz der Suite [frz.]
**Mu'se'um** (das, -s, -se̲en) Räume, Gebäude zum Ausstellen von Gegenständen aus Kunst und Wissenschaft [lat.]
**Mu'si'cal** [mjuːzɪkl] (das, -s, -s) heiter-volkstümliches Singspiel (meist mit aktuellem Stoff) [engl.]
**Mu'si'cal'clown** [mjuːzɪkl klaʊn] (der, -s, -s) Clown, der komische, vorwiegend groteske und zugleich virtuose musikalische Darbietungen auf verschiedenen Instrumenten zeigt [engl.]
**Mu'sic'box** (die, -, -es) = Musikbox
**mu'siert** (Adj.) = musivisch
**Mu'sik** (die, -, -en) **1** (nur Ez.) Kunst, Töne nach- und nebeneinander nach bestimmten Regeln zu einem in sich geschlossenen Werk zusammenzustellen **2** das Erzeugnis, Werk dieser Kunst selbst **3** Gesamtheit der Werke dieser Kunst (einer Epoche, eines Künstlers) **4** Musikkapelle; z.B. die Musik spielte einen Walzer [lat.]
**Mu'si'ka'li'en** (nur Mz.) Notenbücher
**mu'si'ka'lisch** (Adj.) **1** zur Musik gehörig, hinsichtlich der Musik **2** für Musik begabt **3** klangvoll, wie Musik
**Mu'si'ka'li'tät** (die, -, nur Ez.) **1** Begabung für Musik **2** musikalische Wirkung
**Mu'si'kant** (der, -en, -en) **1** Musiker, der Unterhaltungs- und Tanzmusik spielt **2** sehr musikalischer, musikbesessener, musikverständiger Mensch
**mu'si'kan'tisch** (Adj.) musikverständig, musikbesessen
**Mu'sik'box** *auch:* Mu'si̲c'box (die, -, -en) Automat, der nach Einwurf von Münzen Schallplatten spielt
**Mu'si'ko'lo'ge** (der, -n, -n) Musikwissenschaftler [lat.-gr.]
**Mu'si'kus** (der, -, -se oder -si'zi) Musiker (veraltet, noch scherzhaft)
**mu'sisch** (Adj.) **1** zu den Musen gehörig, von ihnen stammend **2** begabt, empfänglich für Kunst, kunstliebend; musisches Gymnasium, Gymnasium, das die künstlerischen Fächer in den Vordergrund stellt
**mu'si'visch** (Adj.) mosaikartig, mit farbigen Steinchen, Glasstückchen verziert [lat.]
**mu'si'zie'ren** (V.) **1** gemeinsam Musik machen **2** mit Musikinstrumenten darbieten
**Mus'ka'rin** (das, -s, nur Ez.) Gift des Fliegenpilzes (früher ein Rauschmittel) [lat.]
**Mus'kat** (der, -(e)s, -e) aus den Samen des tropischen Muskatnussbaumes gewonnenes Gewürz [sanskr.-frz.]
**Mus'ka'tel'ler** (der, -s, -) eine Traubensorte mit muskatähnlichem Geschmack; Wein daraus
**Mus'kel** (der, -s, -n) der Bewegung dienendes Organ (bei Mensch und Tier) [lat.]
**Mus'ke'te** (die, -, -n) Gewehr mit großem Kaliber (früher) [it.-frz.]
**Mus'ke'tier** (der, -s, -e) mit Muskete bewaffneter Soldat
**Mus'ko'vit** *auch:* Mus'ko'wi̲t (der, -s, -e) ein Mineral [lat.]
**mus'ku'lär** (Adj.) zu den Muskeln gehörig, von ihnen ausgehend
**Mus'ku'la'tur** (die, -, -en) Gesamtheit der Muskeln
**mus'ku'lös** (Adj.) mit starken, kräftigen Muskeln ausgestattet
**Mus'lim** (der, -s, -e oder -s) = Moslem
**mus'li'misch** (Adj.) = moslemisch
**Mus'se'lin** (der, -s, -e) feines Woll- oder Baumwollgewebe [it.-frz.]
**Mus'se'ron** [-rɔ̃] (der, -s, -s) nach Knoblauch riechender Pilz [frz.]
**Mus'tang** (der, -s, -s) verwildertes, in der Prärie Nordamerikas lebendes Pferd [span.]
**Mu'ta** (die, -, -tä) = Explosiv [lat.]
**mu'ta'bel** (Adj.) veränderlich [lat.]
**Mu'ta'bi'li'tät** (die, -, nur Ez.) Veränderlichkeit [lat.]
**mu'ta'gen** (Adj.) Mutationen hervorrufend [lat.-gr.]
**Mu'tant** *auch:* die Mu'ta̲n'te (der, -en, -en) **1** durch Mutation verändertes Lebewesen **2** Chorknabe im Stimmbruch
**Mu'tan'te** (die, -, -n) = Mutant
**Mu'ta'ti'on** (die, -, -tio̲'nen) **1** plötzliche Veränderung im Erbgut **2** Stimmwechsel, Stimmbruch [lat.]

M

**mu'ta'tis mu'tan'dis** mit gewisser Abänderung nur ungefähr passend (bei Vergleichen) [lat.]
**Mu'ta'zis'mus** (der, -, -men) = Mutismus
**mu'tie'ren** (V.) 1 sich plötzlich erblich verändern 2 im Stimmwechsel sein [lat.]
**Mu'ti'la'ti'on** (die, -, -ti'o'nen) Verstümmelung [lat.]
**mu'ti'lie'ren** (V.) verstümmeln [lat.]
**Mu'tis'mus** *auch:* Mu'ta'zis'mus (der, -, nur Ez.) krankhafte, seelisch begründete Stummheit [lat.]
**Mu'tist** (der, -tis'ten, -tis'ten) jmd., der an Mutismus leidet
**mu'tu'al** *auch:* mu'tu'ell (Adj.) gegenseitig, wechselseitig [lat.]
**Mu'tu'a'lis'mus** (der, -, nur Ez.) 1 gegenseitige Duldung 2 nicht lebensnotwendige, aber für beide Partner nützliche Wechselbeziehung (zwischen Pflanzen oder Tieren) [lat.]
**Mu'tu'a'li'tät** (die, -, nur Ez.) Gegenseitigkeit, Wechselseitigkeit [lat.]
**mu'tu'ell** (Adj.) = mutual
**My'al'gie** (die, -, -n) Muskelschmerz [gr.]
M
**My'e'li'tis** (die, -, -li'ti'den) Rückenmarksentzündung [gr.]
**My'ko'lo'gie** (die, -, nur Ez.) Wissenschaft von den Pilzen [gr.]
**My'kor'rhi'za** (die, -, -zen) Lebensgemeinschaft zwischen den Wurzeln höherer Pflanzen und Pilzen [gr.]
**My'ko'se** (die, -, -n) durch Pilze hervorgerufene Erkrankung [gr.]
**My'la'dy** [mɪleɪdɪ] Lady, Dame (als engl. Anrede)
**Mylord** [mɪlɔːd] Lord (als Anrede) [engl.]
**Myn'heer** (der, -s, -s) = Mijnheer
**Myo'kard** (das, -s, nur Ez.) Herzmuskel [gr.]
**Myo'kar'di'tis** (die, -, -di'ti'den) Herzmuskelentzündung [gr.]
**Myo'lo'gie** (die, -, nur Ez.) Wissenschaft von den Muskeln [gr.]
**My'om** (das, -s, -e) gutartige Muskelgeschwulst [gr.]
**Myo'pa'thie** (die, -, -n) Muskelerkrankung [gr.]
**Myo'to'mie** (die, -, -n) chirurgische Muskeldurchtrennung [gr.]
**My'ri'a'de** (die, -, -n) 1 Menge von 10 000 2 unzählbare Menge [gr.]
**My'rio'po'de** (der, -n, -n) Tausendfüßer [gr.]
**Myr're** *auch:* Myr'rhe (die, -, -n) aus ostafrikanischen Bäumen gewonnenes, wohlriechendes Harz [semit.-gr.]
**Myr'te** (die, -, -n) immergrüner Baum oder Strauch des Mittelmeergebietes mit weißen Blüten [gr.]
**mys'te'ri'ös** (Adj.) geheimnisvoll, rätselhaft, nicht durchschaubar [gr.-lat.]
**Mys'te'ri'um** (das, -s, -ri'en) 1 Geheimlehre, geheimer Götterkult (früher) 2 Geheimnis 3 (Mz.) Mysterien: kultische Spiele; geistliche Dramen des Mittelalters [gr.-lat.]
**Mys'ti'fi'ka'ti'on** (die, -, -ti'o'nen) das Mystifizieren
**mys'ti'fi'zie'ren** (V.) geheimnisvoll, rätselhaft machen, mit einem geheimnisvollen Schleier umgeben [gr.-lat.]
**Mys'tik** (die, -, nur Ez.) 1 Streben, durch geistige Versenkung und Askese die Vereinigung mit dem Göttlichen zu erleben 2 religiöse Richtung auf dieser Grundlage [gr.]
**Mys'ti'ker** (der, -s, -) Anhänger der Mystik
**mys'tisch** (Adj.) 1 zur Mystik gehörend, von ihr ausgehend 2 geheimnisvoll, rätselhaft, dunkel
**Mys'ti'zis'mus** (der, -, -men) religiöse Schwärmerei, Wunderglaube [gr.-lat.]
**My'tho'lo'gie** (die, -, -n) 1 Lehre von den Mythen 2 Gesamtheit der Mythen (eines Volkes) [gr.]
**my'tho'lo'gisch** (Adj.) zur Mythologie gehörig, auf ihr beruhend
**my'tho'lo'gi'sie'ren** (V.) in der Art eines Mythos darstellen
**My'thos** *auch:* My'thus (der, -, -then) 1 überlieferte Geschichte, Sage (von Göttern, Helden, Entstehung der Welt usw.) 2 zur Legende gewordene, lange zurückliegende Begebenheit; (auch) bedeutende, verehrte Persönlichkeit der Geschichte [gr.]
**My'thus** (der, -, -then) = Mythos [gr.-lat.]
**My'xö'dem** (das, -s, -e) auf Unterfunktion der Schilddrüse beruhende körperliche und geistige Erkrankung mit starken Hautschwellungen [gr.]
**My'xom** (das, -s, -e) gutartige Geschwulst aus Schleim bildendem Gewebe [gr.]

# N

**Na'bob** (der, -s, -s) **1** Statthalter einer indischen Provinz (früher) **2** reicher Mann [arab.]
**Nach'rich'ten'sa'tel'lit** (der, -en, -en) technischer, in geostationärer Bahn die Erde umkreisender Flugkörper, der für die Übertragung von Telefonverbindungen, Rundfunk- und Fernsehprogrammen eingesetzt wird
**Na'dir** (der, -s, nur Ez.) dem Zenit gegenüberliegender Punkt auf der Himmelskugel, Fußpunkt [arab.]
**Nae'vus** (der, -, -vi) Mal, Muttermal (Med.) [lat.]
**Na'gai'ka** (die, -, -s) aus Lederriemen geflochtene Peitsche der Kosaken [tatar.]
**Na'gu'a'lis'mus** (der, -, nur Ez.) mittelamerikanischer Aberglaube an einen persönlichen Schutzgeist, den man sich in Form eines Tieres oder einer Pflanze vorstellt und mit dem man schicksalhaft verbunden ist [aztek.-gr.-lat.]
**Nai'ra** (der, -, -) nigerianische Währungseinheit, 100 Kabo
**na'iv** (Adj.) **1** kindlich, treuherzig, ohne Hintergedanken, arglos, unbefangen **2** ursprünglich, natürlich; z.B. naive Malerei **3** einfältig, töricht [frz.]
**Na'i've** [nai:-] (die, -n, -n) jugendlich-naive Liebhaberin (als Rollenfach im Theater) [frz.]
**Na'i'vi'tät** [nai:-] (die, -, nur Ez.) naives Verhalten, naives Denken
**Na'iv'ling** (der, -s, -e) einfältiger, törichter Mensch (ugs., scherzhaft)
**Na'ja'de** (die, -, -n) **1** in Quellen und Flüssen lebende Nymphe (in der griechischen Mythologie) **2** Süßwasser- oder Flussmuschel [gr.]
**Na'liw'ka** (die, -, -ki) russischer Branntwein aus Früchten [russ.]
**Na'mas** (das, -, nur Ez.) das fünfmalige tägliche Stundengebet der Mohammedaner [sanskr.-pers.-türk.]
**Name'drop'ping** (das, -s, -s) die Strategie, Namen bekannter Persönlichkeiten so in ein Gespräch einfließen zu lassen, dass sie als persönliche Bekannte des Sprechers erscheinen und diesen dadurch aufwerten [engl.]
**Na'mu'ri'an** (das, -s, nur Ez.) Stufe des Erdzeitalters Karbon, vor 325–350 Millionen Jahren
**Nan'du** (der, -s, -s) straußähnlicher Laufvogel Südamerikas [indian.]
**Nä'nie** [-niə] (die, -, -n) altrömische Totenklage [lat.]
**Na'nis'mus** (der, -, nur Ez.) Zwergwuchs
**Nan'king** (der, -s, -e oder -s) glatter Baumwollstoff, der meist als Futter verwendet wird
**Nan'no'plank'ton** (das, -s, nur Ez.) feines Plankton, das durch Zentrifugieren gewonnen wird [gr.-lat.]
**Na'no'cu'rie** [-ky-] (das, -(s), -) ein milliardstel Curie (in Österreich für Becquerel)
**Na'no'me'ter** (der oder das, -s, -) ein milliardstel Meter [gr.]
**Na'os** (der, -, nur Ez.) **1** wichtigster Raum im antiken griechischen Tempel, in dem sich das Kult- oder Götterbild befand **2** in der orthodoxen Kirche der Hauptraum für die Gläubigen [gr.]
**Na'palm** (das, -s, nur Ez.) schwer löschbare Mischung aus Benzin, Öl, Naphthen, Palmitinsäure; für Brandbomben (Warenzeichen)
**Naph'tha** (das oder die, -s oder -, nur Ez.) (veraltet) Roherdöl [pers.-gr.-lat.]
**Naph'tha'lin** (das, -s, nur Ez.) ein im Steinkohlenteer vorkommender aromatischer Kohlenwasserstoff [nlat.]
**Naph'then** (das, -s, -e) eine gesättigte organische Verbindung [nlat.]
**Na'po'le'on'dor** (der, -s, -e) französische Goldmünze zur Zeit Napoleons I. und III.
**Na'po'li'tain** (das, -s, -s) kleines Schokoladentäfelchen [frz.]
**Na'po'li'taine** (die, -, nur Ez.) flanellähnliches Wollgewebe
**Nap'pa** (das, -s, -s) waschbares Glacéleder aus Ziegen- oder Schaffell [engl.]

**nap'pie'ren** (V.) (veraltet) maskieren [frz.]

**Nar'de** (die, -, -n) Sammelbezeichnung: wohlriechende Pflanze zur Herstellung von Salben u.a. [gr.]

**Nar'gi'leh** (die oder das, -(s), -s) orientalische Wasserpfeife [türk.]

**Nar'ko'ana'ly'se** (die, -, -n) psychiatrische Befragung (des Patienten) im seelisch aufgelockerten Zustand nach Verabreichung eines Narkotikums [gr.]

**Nar'ko'lep'sie** (die, -, -n) kurzer, unvermittelt und anfallartig auftretender Schlafdrang (Med.)

**Nar'ko'lo'gie** (die, -, nur Ez.) Lehre von der Schmerzbetäubung (Med.)

**Nar'ko'ma'nie** (die, -, nur Ez.) = Narkotismus [gr.]

**Nar'ko'se** (die, -, -n) künstlich herbeigeführter Zustand der Bewusstlosigkeit und Schmerzunempfindlichkeit [gr.]

**Nar'ko'ti'kum** (das, -s, -ka) Betäubungsmittel [gr.-lat.]

**nar'ko'tisch** (Adj.) auf Narkose beruhend, durch Narkose herbeigeführt, betäubend

**nar'ko'ti'sie'ren** (V.) in Narkose versetzen, einschläfern (Med.)

**Nar'ko'tis'mus** (der, -, nur Ez.) Sucht nach Betäubungsmitteln [gr.-lat.]

**Nar'ra'ti'on** (die, -, -ti'o̲nen) Erzählung, Bericht [lat.]

**nar'ra'tiv** (Adj.) erzählend, in erzählender Form ausführen, darstellen [lat.]

**Nar'ra'ti'vik** (die, -, nur Ez.) die Wissenschaft, die sich mit der Kunst des Erzählens beschäftigt, die die Erzählstrukturen erforscht [lat.]

**Nar'ra'tor** (der, -s, -to̲'ren) Erzähler, Romancier [lat.]

**nar'ra'to'risch** (Adj.) **1** den Erzähler betreffend **2** die Erzählung betreffend **3** erzählerisch [lat.]

**Nar'thex** (der, -, -thi'zes [-titse:s]) Vorhalle im Innern einer altchristlichen und byzantinischen Basilika [gr.]

**Nar'wal** (der, -s, -e) Wal des nördlichen Eismeers mit langem Stoßzahn

**Nar'ziss** (der, - oder -es, -e) eitler, sich selbst bewundernder Mensch [gr.]

**Nar'zis'se** (die, -, -n) Zierpflanze, ein Amaryllisgewächs [gr.]

**Nar'ziss'mus** (der, -, nur Ez.) krankhafte Eitelkeit, Selbstbewunderung; erotische Hinwendung zum eigenen Körper [gr.-nlat.]

**Nar'zisst** (der, -en, -en) jmd., der an Narzissmus leidet

**nar'ziss'tisch** (Adj.) in der Art des Narzissmus, krankhaft eitel

**NASA** (die, -, nur Ez.) Abk. für **N**ational **A**eronautics and **S**pace **A**dministration, Weltraumbehörde der USA [engl.]

**na'sal** (Adj.) zur Nase gehörig, durch die Nase (gesprochen) [nlat.]

**Na'sal** (der, -s, -e) durch die Nase gesprochener Laut, Vokal oder Konsonant; z.B. m, ng [nlat.]

**na'sa'lie'ren** (V.) durch die Nase aussprechen; z.B. nasalierter Laut [nlat.]

**Na'sa'lie'rung** (die, -, -en) einen Laut als Nasal, durch die Nase, aussprechen [lat.]

**Na'sal'laut** (der, -es, -e) = Nasal [lat.-dt.]

**Na'sal'vo'kal** (der, -s, -e) nasalierter Vokal [lat.]

**Na'si'go'reng** (das, -s, -s) scharf gewürzte indonesische Speise aus Reis, Fleisch und Gemüse (auch Krabben)

**Na'si'räer** (der, -s, -) Jude, der ein spezielles Gelübde zur Enthaltsamkeit abgelegt hat; z.B. Johannes der Täufer oder Samson [hebr.-gr.]

**nas'zie'rend** (Adj.) im Werden sein, entstehend [lat.]

**Na'ta'li'ci'um** (das, -s, -ci'en) Heiligenfest, Todestag eines Märtyrers, der als Geburtstag zum ewigen Leben gefeiert wird [lat.]

**Na'ta'li'tät** (die, -, nur Ez.) Häufigkeit der Geburten im Verhältnis zu einer bestimmten Personenzahl [lat.]

**Na'ti'on** (die, -, -ti'o̲nen) innerhalb einer Staatsgrenze lebende Gemeinschaft von Menschen mit gemeinsamer Herkunft, Sprache, kultureller und politischer Entwicklung [frz.]

**na'ti'o'nal** (Adj.) zur Nation gehörig, charakteristisch für eine Nation; die Interessen der eigenen Nation vertretend

**Na'ti'o'nale** (das, -s, -) Angaben zur Person, Personalien (österr.) [frz.]

**Na'ti'o'nal'epos** (das, -, -pen) Heldenepos eines Volkes, in dem spezielle Wesens-

merkmale eben dieses Volkes wichtige Handlungs- und Strukturmerkmale sind [lat.]
**Na|ti|o|nal|hym|ne** (die, -, -n) Lied, das die Zugehörigkeit zum eigenen Land und zur eigenen Nation zum Ausdruck bringt und bei feierlichen Anlässen gesungen oder gespielt wird [frz.-gr.]
**na|ti|o|na|li|sie|ren** (V.) **1** verstaatlichen, in staatlichen Besitz überführen **2** jmdn. nationalisieren: jmdm. die Staatsbürgerschaft verleihen [frz.]
**Na|ti|o|na|li|sie|rung** (die, -, -en) **1** Verstaatlichung **2** Verleihung der Staatsangehörigkeit [lat.]
**Na|ti|o|na|lis|mus** (der, -, nur Ez.) übersteigertes Bewusstsein von der Macht und Bedeutung der eigenen Nation [frz.-nlat.]
**Na|ti|o|na|list** (der, -lis|ten, -lis|ten) jmd., der die Macht und Bedeutung der eigenen Nation übertrieben betont
**na|ti|o|na|lis|tisch** (Adj.) in der Art des Nationalismus, eines Nationalisten
**Na|ti|o|na|li|tät** (die, -, -en) **1** Zugehörigkeit zu einer Nation, Staatsangehörigkeit **2** in einem fremden Staat lebende Volksgruppe, nationale Minderheit
**Na|ti|o|nal|öko|nom** (der, -en, -en) Volkswirtschaftler
**Na|ti|o|nal|öko|no|mie** (die, -, nur Ez.) Volkswirtschaftslehre [gr.]
**Na|ti|o|nal|so|zi|a|lis|mus** (der, -, nur Ez.) radikale, nationalistische politische Bewegung in Deutschland, deren Führer 1933–45 die Macht ausübten
**Na|ti|o|nal|so|zi|a|list** (der, -lis|ten, -lis|ten) Anhänger, Vertreter des Nationalsozialismus
**na|ti|o|nal|so|zi|a|lis|tisch** (Adj.) auf dem Nationalsozialismus beruhend, zu ihm gehörig
**Na|ti|o|nal|the|a|ter** (das, -s, -) **1** Theater, in dem überwiegend die Stücke der eigenen Nation aufgeführt werden **2** besonders schönes und großes Theater (einer Stadt oder eines Landes)
**Na|tis** (die, -, -tes) **1** Gesäßbacke **2** (nur Mz.) Gesäß [lat.]
**na|tiv** (Adj.) **1** angeboren **2** auf natürliche Weise entstanden, im Naturzustand befindlich [lat.]
**Na|tive** [neɪtɪv] (der, -s, -s) Eingeborener einer britischen Kolonie [engl.]
**Na|tive|spea|ker** [neɪtɪfspiːkə] (der, -s, -) Muttersprachler [engl.]
**Na|ti|vis|mus** (der, -, nur Ez.) Auffassung, dass dem Menschen bestimmte Vorstellungen und Verhaltensweisen angeboren seien [nlat.]
**na|ti|vis|tisch** (Adj.) in der Art des Nativismus, auf ihm beruhend
**Na|ti|vi|tät** (die, -, -en) **1** Geburt, Geburtsstunde **2** Stand der Gestirne bei der Geburt (in der Astrologie) [lat.]
**NATO** *auch:* Na|to (die, -, nur Ez.) Abk. für **N**orth **At**lantic **T**reaty **O**rganization, Nordatlantikpakt [engl.]
**Na|tri|um** (das, -s, nur Ez.) chemisches Element, Alkalimetall [arab.-nlat.]
**Na|tri|um|bi|kar|bo|nat** (das, -(e)s, nur Ez.) = Natron
**Na|tri|um|chlo|rid** (das, -(e)s, nur Ez.) = Kochsalz
**Na|tron** (das, -s, nur Ez.) doppeltkohlensaures Natrium [arab.]
**Nat|té** (der, -s, -s) feines, glänzendes Gewebe in Panama- oder Würfelbindung, das für Wäsche, Damenkleider oder Vorhänge verwendet wird [lat.-frz.]
**Na|tur** (die, -, -en) **1** (nur Ez.) den Menschen umgebende Welt (soweit sie nicht von ihm geschaffen ist) **2** (nur Ez.) Wald, Wiese, Feld und Gewässer mit Pflanzen und Tieren **3** (nur Ez.) im ursprünglichen Zustand Befindliches oder Belassenes **4** Körperbeschaffenheit, Wesensart, Veranlagung **5** (durch bestimmte Körperbeschaffenheit, Wesensart gekennzeichneter) Mensch; z.B. er ist eine robuste, heitere Natur [lat.]
**na|tu|ral** (Adj.) = naturell
**Na|tu|ra|li|en** (nur Mz.) **1** Naturerzeugnisse, Lebensmittel, Rohstoffe **2** Gegenstände einer naturkundlichen Sammlung (selten) [lat.]
**Na|tu|ra|li|en|ka|bi|nett** (das, -s, -e) naturkundliche Sammlung
**Na|tu|ra|li|sa|ti|on** (die, -, -ti|o|nen) **1** Einbürgerung, Verleihung der Staatsbürgerschaft **2** allmähliche Anpassung (von Tieren und Pflanzen) an einen Lebensraum **3** Ausstopfen (von Tierbälgen) [lat.]

**na'tu'ra'li'sie'ren** (V.) **1** einbürgern, (jmdm.) die Staatsbürgschaft gewähren **2** ausstopfen (Tierbälge) **3** sich naturalisieren: sich an einen Lebensraum anpassen [lat.]

**Na'tu'ra'lis'mus** (der, -, -men) **1** Richtung in der Kunst, die eine möglichst genaue Wiedergabe der Wirklichkeit erstrebt **2** Wirklichkeitstreue, Wirklichkeitsnähe [nlat.]

**Na'tu'ra'list** (der, -lis'ten, -lis'ten) Anhänger des künstlerischen Naturalismus

**na'tu'ra'lis'tisch** (Adj.) zum Naturalismus gehörig, auf ihm beruhend, in der Art des Naturalismus

**Na'tu'ral'lohn** (der, -(e)s, -löh'ne) Lohn in Form von Sachleistungen

**Na'tu'ral'ob'li'ga'ti'on** (die, -, -en) Rechtsanspruch, den man nicht einklagen kann, z.B. Spielschulden

**Na'tu'ral're'sti'tu'ti'on** (die, -, -ti'o'nen) Wiederherstellung des ursprünglichen Zustandes (nach einem Schadensfall), Schadenersatz [lat.]

**na'ture** [-tyːr] (Adj.) = naturell [frz.]

**na'tu'rell** (Adj.) ohne künstlichen Zusatz, natürlich, ungefärbt [frz.]

**Na'tu'rell** (das, -s, -e) Wesensart, Gemütsart; z.B. er hat ein heiteres Naturell [frz.]

**Na'tu'ris'mus** (der, -, nur Ez.) Freikörperkultur, Nacktkultur (veraltet) [nlat.]

**Na'tu'rist** (der, -ris'ten, -ris'ten) Anhänger des Naturismus

**Nau'p'li'us** (der, -, -li'en/-pli'en) frei schwimmende Larve im ursprünglichen Stadium niederer Krebstiere [gr.-lat.]

**Na'u'ru'er** (der, -s, -) Einwohner des ozeanischen Inselstaates Nauru

**Nau'sea** (die, -, nur Ez.) Übelkeit (bes. bei Seekrankheit) [gr.-lat.]

**Nau'te** (die, -, nur Ez.) Süßigkeit aus Mohn, Nüssen und Honig, die am Tag des Purim-Festes gegessen wird [hebr.-jidd.]

**Nau'tik** (die, -, nur Ez.) Wissenschaft von der Führung eines Schiffes, seiner Standortbestimmung, der Berechnung von Wind und Wetter usw., Schifffahrtskunde [gr.]

**Nau'ti'ker** (der, -s, -) jmd., der die Nautik beherrscht

**Nau'ti'lus** (der, -, - oder -se) Kopffüßer mit schneckenhausähnlicher, in Kammern unterteilter Schale, Perlboot [lat.]

**nau'tisch** (Adj.) zur Nautik gehörig

**Na'vel'oran'ge** (die, -, -n) kernlose Orangensorte

**Na'vets** [navɛː] (nur Ez.) weiße Rübchen [frz.]

**Na'vi'cert** (das, -s, -s) Unbedenklichkeitszeugnis für neutrale Handelsschiffe, das von Konsulaten einer Krieg führenden Nation ausgestellt wird [lat.-engl.]

**Na'vi'cu'la** (die, -, -lae) Gefäß in der katholischen Kirche, in dem der Weihrauch aufbewahrt wird [lat.]

**Na'vi'ga'teur** [navigatøːɐ] (der, -s, -e) die Navigation beherrschender Seemann [lat.-frz.]

**Na'vi'ga'ti'on** (die, -, nur Ez.) Standort- und Kursbestimmung sowie Einhaltung des Kurses (eines Schiffes oder Flugzeuges) [lat.]

**Na'vi'ga'ti'ons'sys'tem** (das, -s, -e) elektronisches System zur Positionskontrolle und zur Orientierung bei Schiffen, Flugzeugen und Autos, mitunter auch satellitengesteuert

**Na'vi'ga'tor** (der, -s, -to'ren) jmd., der für die Orientierung und Kursbestimmung auf Schiffen und Flugzeugen zuständig ist

**na'vi'gie'ren** (V.) Standort und Kurs (eines Schiffes oder Flugzeuges) bestimmen [lat.]

**Na'xa'it** (der, -en, -en) Anhänger einer linksradikalen politischen Bewegung in Indien

**Nay** (der, -s, -s) flötenähnliches Blasinstrument in Persien und den arabischen Ländern [pers.-arab.]

**Na'za'rä'er** (der, -s, -) **1** Beiname Jesu **2** Mitglied der syrischen Judenchristen [hebr.-gr.-lat.]

**Na'za're'ner** (der, -s, -) **1** Ew. von Nazareth **2** (nur Ez.) der Nazarener: Jesus Christus **3** Angehöriger einer Gruppe deutscher Maler, die eine Erneuerung ihrer Kunst im Sinne der mittelalterlichen Malerei erstrebte

**Na'zi** (der, -s, -s) Kurzwort für Nationalsozialist (abwertend)

**Na'zis'mus** (der, -, nur Ez.) Kurzwort für Nationalsozialismus (abwertend)

N

**Na'zis'se** (die, -, -n) Kurzwort für Nationalsozialistin [lat.]
**na'zis'tisch** (Adj.) Kurzwort für nationalsozialistisch (abwertend)
**Ne'a'po'li'ta'ner** (der, -s, -) Ew. von Neapel
**ne'a'po'li'ta'nisch** (Adj.) zu Neapel gehörig, von dort stammend
**Ne'ark'tis** (die, -, nur Ez.) Grönland, Kanada, Nordamerika und Mexiko umfassender Bereich (in der Tier- und Pflanzengeografie)
**ne'ark'tisch** (Adj.) zur Nearktis gehörig
**neb'bich!** 1 wenn schon! 2 schade! [jidd.]
**Neb'bich** (der, -s, -e) abwertende Bezeichnung für jemanden, der als unwichtig angesehen wird, ein Niemand, ein Unbedeutender [jidd.]
**Ne'bu'lar'hy'po'the'se** (die, -, nur Ez.) Theorie von I. Kant, dass unser Sonnensystem aus einem Gasnebel entstanden ist
**ne'bu'los** *auch:* ne'bu'lös (Adj.) = verschwommen, unklar
**Ne'ces'saire** *auch:* Nes'ses'sär [nesesɛːɐ] (das, -s, -s) Behälter für kleine Gegenstände eines bestimmten Bereichs; z.B. für Utensilien zur Nagelpflege, Näh-, Waschzeug [frz.]
**Neck** (der, -s, -s) Wassergeist, Wassermann [schwed.]
**Ne'cking** (das, -s, nur Ez.) Austausch von Zärtlichkeiten unter Jugendlichen [engl.]
**Need** [niːd] (das, -s, nur Ez.) in der Psychologie die Bezeichnung für die Gesamtheit von Bedürfnissen, Wünschen und Haltungen etc. [engl.]
**Ne'fas** (das, -, nur Ez.) das von den Göttern Verbotene in der römischen Antike [lat.]
**Ne'ga'ti'on** (die, -, -ti'o'nen) Verneinung; Verneinungswort; z.B. nicht [lat.]
**ne'ga'tiv** (Adj.) 1 verneinend 2 ablehnend 3 ungünstig; z.B. negative Auswirkung 4 ohne Ergebnis 5 keine Krankheitserreger aufweisend; z.B. negativer Befund 6 kleiner als null 7 in den Farben bzw. in den Helligkeitswerten gegenüber dem Original vertauscht (in der Fotografie) 8 mehr Elektronen als Protonen aufweisend [lat.]
**Ne'ga'tiv** (das, -s, -e) fotografisch aufgenommenes Bild nach dem Entwickeln, bei dem gegenüber dem Original die Helligkeitswerte vertauscht sind bzw. die Komplementärfarben erscheinen [lat.]
**Ne'ga'ti've** (die, -, -n) Ablehnung, Verneinung
**Ne'ga'ti'vis'mus** (der, -, nur Ez.) 1 negative, ablehnende Haltung und Einstellung; meist als jugendliches Trotzverhalten in bestimmter Entwicklungsphase 2 Widerstand gegen Beeinflussung von außen sowie gegen den eigenen Trieb (bei Geisteskranken)
**Ne'ga'ti'vi'tät** (die, -, nur Ez.) verneinendes, ablehnendes Verhalten [lat.]
**ne'gie'ren** (V.) verneinen, ablehnen [lat.]
**Ne'gie'rung** (die, -n, -en) = Negation
**Ne'glek'ti'on** (die, -, -ti'o'nen) Vernachlässigung [lat.]
**ne'gli'geant** *auch:* ne'gli'geant (Adj.) nachlässig, sorglos, unachtsam [lat.-frz.]
**Ne'gli'gee** *auch:* Ne'gli'gé [-ʒeː] (das, -s, -s) bequeme, aufreizend-lässige, zarte, meist durchsichtige Frauenkleidung (für morgens nach dem Aufstehen) [frz.]
**ne'gli'gen'te** nachlässig, flüssig (Mus.) [it.]
**Ne'gli'genz** [...ʒents] (die, -, -en) Nachlässigkeit, Sorglosigkeit, Unachtsamkeit [lat.-frz.]
**ne'gli'gie'ren** (V.) vernachlässigen [lat.-frz.]
**ne'go'zi'a'bel** (Adj.) handelsfähig (Ökonomie) [lat.-roman.]
**Ne'go'zi'ant** (der, -en, -en) Geschäftsmann, Kaufmann [lat.-roman.]
**Ne'go'zi'a'ti'on** (die, -, -ti'o'nen) 1 Verkauf von Wertpapieren 2 Verkauf oder Verwertung eines Wechsels [lat.-roman.]
**ne'go'zi'ie'ren** (V.) Handel treiben [lat.-roman.]
**Né'gri'tu'de** [-tyːd] (die, -, nur Ez.) aus der Rückbesinnung der Schwarzen auf ihre afrikanische Kulturtradition entstandene Einstellung [frz.]
**Ne'gro'spi'ri'tu'al** [niːgrəʊ spɪrɪtʃʊəl] (das oder der, -s, -s) geistliches Volkslied der Schwarzen im Süden Nordamerikas mit schwermütiger Melodie und synkopiertem Rhythmus [engl.]
**Ne'gus** (der, -, -se) Kaiser (früher Titel des Kaisers von Äthiopien) [amhar.]

**Ne'kro'bi'o'se** (die, -, nur Ez.) langsames Absterben von Zellen (Bio.)
**Ne'kro'log** (der, -s, -e) **1** Nachruf auf einen Verstorbenen **2** Verzeichnis der Todestage von Angehörigen einer kirchlichen Gemeinschaft (im MA) [gr.]
**Ne'kro'lo'gie** (die, -, nur Ez.) Lehre und statistische Erfassung der Ursachen der Sterblichkeit
**Ne'kro'lo'gi'um** (das, -s, -gi'en) = Nekrolog [gr.-lat.]
**Ne'kro'ma'nie** (die, -, nur Ez.) = Nekrophilie
**Ne'kro'mant** (der, -en, -en) Geisterbeschwörer, Totenbeschwörer (des Altertums) [gr.-lat.]
**Ne'kro'man'tie** (die, -, -n) **1** Geister-, Totenbeschwörung **2** darauf beruhende Weissagung
**Ne'kro'pha'ge** (der, -n, -n) Tier, das sich nur von toten Organismen ernährt [gr.]
**Ne'kro'phi'lie** (die, -, -n) krankhafter Trieb, an Toten sexuelle Handlungen vorzunehmen (Psychol., Med.) [gr.]
**Ne'kro'pho'bie** (die, -, nur Ez.) krankhafte Furcht vor Toten oder vor dem Tod [gr.]
N
**Ne'kro'po'le** *auch:* Ne'kro'po'lis (die, -, -po'len) große, antike Grabstätte, Totenstadt der vorgeschichtlichen Zeit [gr.]
**Ne'krop'sie** (die, -, -n) Leichenöffnung, Totenschau [gr.]
**Ne'kro'se** (die, -, -n) Absterben von Zellen oder Gewebe, Gewebstod als pathologische Reaktion auf bestimmte Einwirkungen [gr.]
**Ne'kro'sper'mie** (die, -, nur Ez.) Zeugungsunfähigkeit infolge toter männlicher Samenzellen oder deren Unbeweglichkeit (Med.)
**ne'kro'tisch** (Adj ) auf Nekrose beruhend, abgestorben
**Nek'tar** (der, -s, nur Ez.) **1** Unsterblichkeit verleihender Trank (der griechischen Götter) **2** zuckerhaltige Absonderung des Nektariums **3** Getränk aus Fruchtfleisch, Zucker und Wasser [gr.]
**Nek'ta'ri'ne** (die, -, -n) Art des Pfirsichs mit glatter Haut [nlat.]
**nek'ta'risch** (Adj.) **1** süß wie Nektar **2** göttlich [gr.-lat.]
**Nek'ta'ri'um** (das, -s, -ri'en) Honigdrüse (der Blüten) [gr.-lat.]
**nek'tie'ren** (V.) verknüpfen, verbinden [lat.]
**Nek'ti'on** (die, -, -ti'o'nen) Verknüpfung mehrerer gleichartiger Satzteile oder Sätze (Sprachwissenschaft) [lat.]
**Nek'tiv** (das, -s, -e) koordinierende Konjunktion in der Sprachwissenschaft [lat.]
**Nek'ton** (das, -s, nur Ez.) biologische Bezeichnung für die Gesamtheit aller sich im Wasser aktiv bewegenden Tiere [gr.]
**Ne'ky'ia** (die, -, -ky'ien) Totenbeschwörung, Totenopfer [gr.]
**Ne'ky'man'tie** (die, -, nur Ez.) = Nekromantie [gr.-lat.]
**Nel'son** [-sn] (der, -s, -s) am Nacken ansetzender Griff (beim Ringen), Nackenhebel [engl.]
**Ne'ma'ti'zid** (das, -s, -e) Planzenschutzmittel
**Ne'ma'to'de** (der, -n, -n) Fadenwurm [gr.]
**Ne'ma'to'zid** (das, -s, -e) Wurmmittel (Med.)
**Ne'me'sis** (die, -, nur Ez.) strafende, ausgleichende Gerechtigkeit [gr.]
**Neo'dym** (das, -s, nur Ez.) chemisches Element, Metall [gr.]
**Neo'fa'schis'mus** (der, -, nur Ez.) faschistische Bestrebungen nach dem Zweiten Weltkrieg
**Neo'gen** (das, -s, nur Ez.) jüngere Abteilung des Tertiärs, Jungtertiär [gr.]
**Neo'klas'si'zis'mus** (der, -, nur Ez.) an den Klassizismus anknüpfender Kunststil (20. Jh.)
**Neo'kom** (das, -s, nur Ez.) Stufe der Kreidezeit
**Neo'li'thi'kum** (das, -s, nur Ez.) Jungsteinzeit
**neo'li'thisch** (Adj.) zum Neolithikum gehörig, aus ihm stammend [gr.]
**Neo'lo'gie** (die, -, -n) sprachliche Neuerung (Sprachwissenschaft)
**Neo'lo'gis'mus** (der, -, -men) neue Wortbildung; z.B. Alpha-Entspannung [gr.]
**Neo'mor'ta'li'tät** (die, -, nur Ez.) Frühsterblichkeit bei Säuglingen (Med.)
**Ne'on** (das, -s, nur Ez.) chemisches Element, ein Edelgas [gr.]
**Neo'na'to'lo'gie** (die, -, nur Ez.) Teilgebiet der Medizin, das sich mit Physiognomie und Pathologie Neugeborener beschäftigt (Med.)

**Neo'na'zi** (der, -s, -s) Anhänger des Neofaschismus
**Neo'na'zis'mus** (der, -, nur Ez.) nationalsozialistische Bestrebungen nach dem Zweiten Weltkrieg (abwertend)
**Ne'on'fisch** (der, -(e)s, -e) kleiner bunter Fisch des Amazonas, beliebter Aquarienfisch
**Ne'on'röh're** (die, -, -n) gasgefüllte Leuchtstoffröhre
**Neo'pal'li'um** (das, -s, -li'en) Großhirnrinde
**Ne'o'phyt** (der, -en, -en) **1** jmd., der getauft und in die Gemeinde neu aufgenommen worden ist (im Urchristentum) **2** in einen Geheimbund Aufgenommener **3** Pflanze, die in historischer Zeit in ein fremdes Gebiet gebracht wurde und sich dort eingebürgert hat
**Neo'plas'ma** (das, -s, -men) anomale Gewebsbildung, Geschwulst [gr.]
**Neo'plas'ti'zis'mus** (der, -, nur Ez.) Stilrichtung der modernen Malerei
**Neo'pla'to'nis'mus** (der, -, nur Ez.) antike philosophische Richtung um Plutarch und Plotin (Philos.)
**Neo'po'si'ti'vis'mus** (der, -, nur Ez.) philosophische Richtung des 20. Jahrhunderts (Philos.)
**Ne'ot'tia** (die, -, nur Ez.) Nestwurz, eine Orchideenart (Bio.)
**Neo've'ris'mus** (der, -, nur Ez.) von Italien ausgehende Kunstströmung zur Erneuerung des Verismus nach dem Zweiten Weltkrieg [gr.-lat.]
**Neo'zo'i'kum** (das, -s, nur Ez.) jüngstes Zeitalter der Erdgeschichte, Känozoikum, Erdneuzeit [gr.]
**Ne'pa'le'se** (der, -n, -n) Ew. des südasiatischen Königreichs Nepal
**Ne'per** (das, -, -) Maßeinheit für die Verstärkung und Dämpfung von elektrischen und akustischen Schwingungen [engl.]
**Ne'phe'lo'me'ter** (das, -s, -) Gerät, um die Trübung von Flüssigkeiten zu messen (Chem.)
**Ne'phe'lo'met'rie** (die, -, nur Ez.) Messung der Trübung von Flüssigkeiten (Chem.)
**Ne'pho'me'ter** (das, -s, -) Gerät zum Messen der Dichte und Zuggeschwindigkeit von Wolken [gr.]
**Ne'pho's'kop** (das, -s, -e) Gerät zum Bestimmen der Richtung und Geschwindigkeit des Wolkenzuges [gr.]
**Ne'phral'gie** (die, -, -n) Nierenschmerzen (Med.)
**Ne'ph'rek'to'mie** (die, -, -n) Entfernung der Nieren (Med.)
**Ne'ph'rit** (der, -s, -e) grünes bis graugrünes Mineral, Schmuckstein [gr.]
**Ne'ph'ri'tis** (die, -, -i'den) Nierenentzündung (Med.) [gr.]
**Ne'ph'ro'lit** (der, -s, -e oder -en) Nierenstein
**Ne'phro'li'thi'a'se** (die, -, -n) Nierensteinbildung (Med.)
**Ne'ph'ro'lo'gie** (die, -, nur Ez.) Lehre der Nierenkrankheiten (Med.)
**Ne'ph'rom** (das, -s, -e) Nierengeschwulst (bösartig) [gr.]
**Ne'ph'ro'pa'thie** (die, -, -n) Nierenleiden (Med.)
**Ne'ph'rop'to'se** (die, -, -n) Senkniere (Med.)
**Ne'ph'ro'se** (die, -, -n) nicht entzündliche Nierenerkrankung mit Gewebszerstörung, -schädigung [gr.]
**Ne'ph'ro'skle'ro'se** (die, -, -n) Nierenerkrankung mit der Folge von Schrumpfung und Verhärtung der Niere (Med.)
**Ne'ph'ro'to'mie** (die, -, -n) Operation an den Nieren (Med.)
**Ne'po'te** (der, -n, -n) **1** Neffe **2** Enkel **3** Vetter **4** Verwandter [lat.]
**ne'po'ti'sie'ren** (V.) nahe Verwandte begünstigen [lat.]
**Ne'po'tis'mus** (der, -, nur Ez.) Bevorzugung von Verwandten beim Vergeben von Ämtern usw., Vetternwirtschaft [lat.]
**ne'po'tis'tisch** (Adj.) durch Nepotismus begünstigt, den Nepotismus betreffend [lat.]
**Nepp** (der, -s, nur Ez) Forderung zu hoher Preise, Übervorteilung [Rotwelsch]
**nep'pen** (V.) einen zu hohen Preis (von jmdm.) verlangen, übervorteilen [Rotwelsch]
**nep'tu'nisch** (Adj.) den römischen Gott des Meeres betreffend [lat.]
**Nep'tu'nis'mus** (der, -, nur Ez.) Annahme der Geologen, wonach sämtliches Gestein Ablagerung im Wasser sei [lat.]

N

**Nep'tu'nist** (der, -nis'ten, -nis'ten) Vertreter des Neptunismus [lat.]
**Nep'tu'ni'um** (das, -s, nur Ez.) ein Element, radioaktives Metall [nlat.]
**Ne're'i'de** (die, -, -n) **1** Meerjungfrau **2** frei schwimmender Borstenwurm des Meeres
**ne'ri'tisch** (Adj.) zum Küstengewässer, zum Flachmeer gehörig [gr.]
**Nerv** (der, -s, -en) **1** faser- oder strangartiges Gebilde im Körper zur Weiterleitung von Reizen **2** (nur Mz.) geistige, seelische Spannkraft; z.B. gute, schlechte Nerven haben **3** Rippe, Leitbündelstrang (im Blatt), Blatt-'ader **4** Ader (im Insektenflügel) **5** Sehne (veraltet) **6** kritischer Punkt, empfindliche Stelle; z.B. mit einer Bemerkung einen Nerv treffen [lat.]
**ner'val** (Adj.) zur Tätigkeit der Nerven gehörig, durch sie bewirkt
**Ner'va'tur** (die, -, -en) Gesamtheit der Nerven (im Blatt oder Insektenflügel)
**ner'ven** (V.) belästigen, stören, nervös machen (ugs.)
**ner'vig** (Adj.) sehnig, schmal und kräftig; z.B. nervige Hände
**nerv'lich** (Adj.) die Nerven betreffend, hinsichtlich des Nervenzustandes
N
**ner'vös** (Adj.) **1** zu den Nerven gehörend, die Nerven betreffend; z.B. nervöser Reflex, nervöse Erschöpfung **2** reizbar, unruhig
**Ner'vo'si'tät** (die, -, nur Ez.) Reizbarkeit, Unruhe, Erregtheit [lat.]
**Ner'vus Re'rum** (der, - -, nur Ez.) treibende Kraft, Triebfeder [lat.]
**Nes'chi** [nεski] (das oder die, -, nur Ez.) arabische Schreibschrift [arab.]
**Nes'ses'sär** (das, -s, -s) = Necessaire
**Nes'tor** (der, -s, -to'ren) **1** Ältester (in einer Gemeinschaft oder auf einem Wissensgebiet) **2** weiser alter Mann, kluger alter Berater [gr.]
**Net'su'ke** [netsuke] (die, -, -(s) oder das, -(s), -(s)) kleine Plastik aus Holz oder Elfenbein am Gürtel zum Befestigen kleinerer Gegenstände [jap.]
**net'sur'fen** [nεtsɜːrfən] (V.) Umherblättern im Internet; wahlloser oder gezielter Abruf von Informationen (EDV) [engl.]
**net'to** (Adv.) **1** nach Abzug der Unkosten, Steuern usw. **2** ohne Verpackung [it.]
**Net'to're'gis'ter'ton'ne** (die, -, -n) Maß für den Nutzraum eines Schiffes, Abk. NRT
**Net'to'so'zi'al'pro'dukt** (das, -(e)s, -e) gesamte Wertschöpfung einer Volkswirtschaft
**Net'work** [nεtwɜːk] (das, -s, -s) Sendenetz (EDV)
**neu'a'pos'to'lisch** (Adj.) der neuapostolischen Religionsgemeinschaft angehörend, dem neuapostolischen Bekenntnis entsprechend
**Neu'mi'nu'te** (die, -, -n) der hundertste Teil eines Gons in der Mathematik [dt.-lat.]
**neu'ral** (Adj.) Nerven betreffend, von den Nerven ausgehend [gr.]
**Neu'ral'gie** (die, -, -n) anfallsweise auftretender Nervenschmerz [gr.]
**neu'ral'gisch** (Adj.) auf einer Neuralgie beruhend; neuralgischer Punkt: schwieriger, empfindlicher Punkt
**Neu'ral'the'ra'pie** (die, -, -n) Behandlung von Krankheiten durch das Einwirken auf das örtliche Nervensystem (Med.)
**Neu'ras'the'nie** (die, -, -n) Nervenschwäche; Erschöpfung nervöser Art; reizbare Schwäche (veraltet)
**Neu'ras'the'ni'ker** (der, -s, -) jmd., der an Neurasthenie leidet [gr.]
**Neu'rek'to'mie** (die, -, -n) chirurgische Entfernung (Herausschneiden) eines Nervenstücks [gr.]
**Neu'rin** (das, -s, nur Ez.) in faulendem Fleisch entstehendes, starkes Gift [gr.]
**Neu'ri'nom** (das, -s, -e) Nervenfasergeschwulst (Med.)
**Neu'rit** (der, -en, -en) lang gestreckter, der Reizleitung dienender Fortsatz der Nervenzelle [gr.]
**Neu'ri'tis** (die, -, -ri'ti'den) Nervenentzündung [gr.]
**Neu'ro'bi'o'lo'gie** (die, -, nur Ez.) Lehre, die sich mit Aufbau und Funktion von Nervensystemen beschäftigt (Bio.)
**Neu'ro'bi'o'nik** (die, -, nur Ez.) Forschungsbereich, der mithilfe von Mikrochips defektes Nervengewebe ersetzen will (Med.)
**Neu'ro'chi'rur'gie** (die, -, nur Ez.) Chirurgie am Gehirn, dem Rückenmark und dem Nervensystem (Med.)

**Neu'ro'cra'ni'um** (das, -s, -ni'en) Teil des Schädels, der das Gehirn umschließt (Med.)
**Neu'ro'der'ma'to'se** (die, -, -n) nervöse Hauterkrankung [gr.]
**Neu'ro'der'mi'tis** (die, -, -mi'ti'den) entzündliche, von Nerven ausgehende Hauterkrankung mit starkem Juckreiz, Juckflechte
**Neu'ro'fi'bril'le** (die, -, -n) feinste Nervenfaser (Med., Bio.)
**neu'ro'gen** (Adj.) von Nerven ausgehend
**Neu'ro'lep'ti'kum** (das, -s, -ka) Psychopharmakon zur Eindämmung von Ängsten und Verwirrtheit (Med.)
**Neu'ro'lin'gu'is'tik** (die, -, nur Ez.) mit der Untersuchung von Sprachstörungen befasstes Teilgebiet der Sprachwissenschaft
**Neu'ro'lo'ge** (der, -n, -n) Wissenschaftler, Arzt auf dem Gebiet der Neurologie
**Neu'ro'lo'gie** (die, -, nur Ez.) Wissenschaft von den Nerven [gr.]
**neu'ro'lo'gisch** (Adj.) zur Neurologie gehörig, mit ihrer Hilfe
**Neu'rom** (das, -s, -e) Geschwulst aus wuchernden Nervenfasern und -zellen [gr.]
**Neu'ron** (das, -s, -ren oder -ro'nen) aus einer Nervenzelle mit ihren Fortsätzen bestehende Einheit des Nervensystems [gr.]
**Neu'ro'pa'tho'lo'gie** (die, -, nur Ez.) Wissenschaft von den Nervenerkrankungen [gr.]
**Neu'ro'p'te'ren** (nur Mz.) Netzflügler (Bio.)
**Neu'ro'se** (die, -, -n) meist auf unverarbeiteten seelischen Konflikten beruhende seelische (und oft auch körperliche) Störung [gr.]
**Neu'ro'ti'ker** (der, -s, -) jmd., der an einer Neurose leidet
**neu'ro'tisch** (Adj.) 1 auf einer Neurose beruhend 2 an einer Neurose leidend
**Neu'ro'to'mie** (die, -, -n) chirurgische Durchtrennung eines Nervs [gr.]
**Neu'ro'to'xin** (das, -s, -e) die Nerven angreifendes Gift [gr.]
**neu'tral** (Adj.) 1 unabhängig, unbeteiligt, keine Partei ergreifend, an keine Partei, kein Bündnis, keine Interessengruppe gebunden 2 nicht am Krieg teilnehmend 3 sächlich (in der Grammatik) 4 weder basisch noch sauer reagierend, weder positiv noch negativ (in der Chemie, Physik) 5 zu allem passend; z.B. neutrale Farbe [lat.]
**Neu'tra'li'sa'ti'on** (die, -, -ti'o'nen) das Neutralisieren
**neu'tra'li'sie'ren** (V.) 1 vertraglich zur Neutralität verpflichten 2 unwirksam machen 3 durch Zugabe einer Säure oder Base an der sauren oder basischen Reaktion hindern 4 unterbrechen und eine bestimmte Zeit nicht bewerten; z.B. einen Wettkampf neutralisieren [lat.]
**Neu'tra'lis'mus** (der, -, nur Ez.) Grundsatz der Nichteinmischung in fremde Bereiche (bes. in der Politik)
**Neu'tra'li'tät** (die, -, nur Ez.) das Neutralsein, neutrales, unparteiisches Verhalten, Nichteinmischung [lat.]
**Neu'tri'no** (das, -s, -s) masseloses, elektrisch neutrales Elementarteilchen [it.]
**Neu'tron** (das, -s, -tro'nen) ungeladenes Elementarteilchen mit wenig größerer Masse als das Proton [lat.]
**Neu'tro'nen'bom'be** *auch:* Neu'tro'nen'bom'be (die, -, -n) Kernwaffe, die tödliche Neutronenstrahlung freisetzt und damit Lebewesen schädigt oder tötet, Objekte aber unbeschädigt lässt
**Neutrum** *auch:* Neu'trum (das, -s, -ren/-tren oder -ra/-tra) sächliches Substantiv, sächliches Geschlecht [lat.]
**New Age** [njuː eɪdʒ] (das, - -, nur Ez.) engl. für: neues Zeitalter; Weltbild mit esoterischen und okkulten Inhalten
**New'co'mer** [njuːkʌmə] (der, -s, -) jmd., der noch nicht lange bekannt ist, aber bereits Erfolg hat [engl.]
**New Deal** [njuː diːl] (der, - -s, nur Ez.) Bezeichnung für das wirtschaftliche und soziale Reformprogramm des amerikanischen Präsidenten Roosevelt [engl.]
**New Look** [njuː lʊk] (der, - -s, - -s) neues Aussehen, neues Äußeres, neuer Stil (bes. in der Mode) [engl.]
**New-Or'leans-Jazz** [njuːɔːliːnz dʒæz] (der, - -, nur Ez.) frühester improvisierender Stil des Jazz [engl.]
**News** [njuːs] (nur Mz.) Nachrichten [engl.]

N

**Newsletter** [njusletə] (der, -s, -) elektronische Nachricht, Rundschreiben (EDV)
**Newton** [njuːtn] (das, -s, -) Maßeinheit der Kraft, 0,1 Kilopond [engl.]
**Nexus** (der, -, -) Zusammenhang, Verbindung; z.B. Kausalnexus [lat.]
**Nezessität** (die, -, -en) Notwendigkeit [lat.]
**Niblick** (der, -s, -s) schwerer Golfschläger mit Eisenkopf (Sport)
**Nicaraguaner** (der, -s, -) Ew. des mittelamerikanischen Staates Nicaragua [indian.]
**Nicotin** (das, -s, nur Ez.) = Nikotin
**Nidation** (die, -, -tionen) Einnistung des befruchteten Eies in die Gebärmutterschleimhaut (bei Säugetieren und Menschen) [lat.]
**Nidationshemmer** (der, -s, -) Verhütungsmittel (Med.)
**Niello** (das, -s, -s oder -li oder -len) in Metall (bes. Gold oder Silber) eingeritzte und mit schwarzer Masse (aus Blei u.a.) ausgefüllte Zeichnung [it.]
**Nifekern** (der, -s, -e) aus Eisen und Nickel bestehender Erdkern (Geol.)
**Nigerianer** (der, -s, -) Einwohner des westafrikanischen Staates Nigeria
**Nigger** (der, -s, -) Schwarzer (abwertend) [frz.-engl.]
**Nightclub** [naɪtklʌb] (der, -s, -s) Nachtlokal [engl.]
**Nigrer** (der, -s, -) Einwohner des westafrikanischen Staates Niger
**Nigromant** (der, -en, -en) Wahrsager, Zauberer, Magier [lat.-gr.]
**Nigromantie** (die, -, nur Ez.) die schwarze Kunst, Magie [lat.-gr.]
**Nigrosin** (das, -s, -e) indigoähnlicher Farbstoff für Papier, Leder, Kunststoffe [lat.]
**Nihilismus** (der, -, nur Ez.) **1** philosophische Auffassung, dass alles Bestehende, Seiende nichtig sei **2** Verneinung gesellshaftlicher Werte, Ziele und Normen
**Nihilist** (der, -listen, -listen) Anhänger des Nihilismus [nlat.]
**nihilistisch** (Adj.) auf dem Nihilismus beruhend, alles verneinend
**Nikotin** *auch:* Nicotin (das, -s, nur Ez.) giftiges Alkaloid des Tabaks [frz.]
**Nikotinismus** (der, -, nur Ez.) Nikotinvergiftung [frz.-nlat.]
**Niktation** (die, -, -en) krampfhafte Zuckung des Augenlids (Med.)
**Nimbostratus** (der, -, nur Ez.) dichte und sehr große, tief herabhängende, gleichmäßig dunkle Regenwolke (Meteorologie) [lat.]
**Nimbus** (der, -, -se) **1** Heiligenschein **2** Ansehen, Würde, glanzvoller Ruf; z.B. im Nimbus der Heiligkeit stehen; das schadet seinem Nimbus **3** Ausstrahlung, Zauberkreis; z.B. ihn umgibt der Nimbus eines großen Künstlers [lat.]
**Nimrod** (der, -s, -e) leidenschaftlicher Jäger [hebr.]
**Ninja** [nɪnʒa] (der, -s, -s) vermummter japanischer (Schwert-)Kämpfer, Schattenkrieger
**Niob** (das, -s, nur Ez.) ein Element, hellgrau glänzendes Schwermetall
**Nippes** (nur Mz.) kleine Gegenstände (bes. aus Porzellan oder Glas, die zur Zierde aufgestellt sind) [frz.]
**Nirwana** (das, -(s), nur Ez.) Zustand des wunschlosen, friedvollen Nichtseins (im Buddhismus) [sanskr.]
**Nitrat** (das, -(e)s, -e) Salz der Salpetersäure [gr.-lat.]
**Nitrid** (das, -s, -e) Verbindung aus Stickstoff und Metall [gr.-lat.]
**nitrieren** (V.) mit konzentrierter Schwefel- und Salpetersäure behandeln (z.B. Sprengstoff-, Farbstoffgewinnung) [gr.-lat.]
**Nitrifikation** (die, -, -tionen) Oxidation von Ammoniak durch Bodenbakterien zur Salpetergewinnung [lat.]
**nitrifizieren** (V.) durch Bodenbakterien Nitrate bilden [lat.]
**Nitrit** (das, -s, -e) farbloses Salz der salpetrigen Säure [gr.-lat.]
**Nitroglycerin** *auch:* Nitroglyzerin (das, -s, nur Ez.) ein hoch empfindlicher Sprengstoff; auch Arzneimittel (Med.) [gr.]
**nitros** (Adj.) Stickstoffoxid enthaltend [gr.-lat.]
**nival** (Adj.) zum Schnee gehörig, im Schnee lebend [lat.]
**Nival** (das, -s, -) Bezeichnung für ein Gebiet, das ständig oder über lange Zeit-

räume mit Schnee und Eis bedeckt ist [lat.]
**Niveau** [-vo:] (das, -s, -s) **1** waagerechte Ebene in bestimmter Höhe **2** Höhenlage, Höhenstufe **3** Energiezustand; z.B. eines Atoms **4** Stufe, Stand; z.B. Bildungsniveau **5** geistige Höhe, geistiger, künstlerischer Rang; z.B. er hat kein Niveau; sein Vortrag hat Niveau [frz.]
**Nivellement** [nivɛlmɑ̃] (das, -s, -s) **1** das Nivellieren, Einebnung **2** Messen von Höhenunterschieden **3** dessen Ergebnis [frz.]
**nivellieren** (V.) **1** auf einheitliche Höhe bringen, gleichmachen, einebnen **2** die Höhenunterschiede (von Punkten im Gelände) feststellen **3** durch Ausgleichen beseitigen; z.B. Gegensätze nivellieren [frz.]
**Nivellierinstrument** (das, -s, -e) Gerät zum Messen von Höhen und Höhenunterschieden
**nivellitisch** (Adj.) das Nivellement betreffend; mithilfe eines Nivellierinstrumentes erfolgend [lat.-frz.]
**N.N.** **1** Abk. für **N**ormal**n**ull, Höhe des Meeresspiegels **2** Abk. für **n**omen **n**escio, Name unbekannt [lat.]
**No** (das, - oder -s, - oder -s) nach strengen Regeln aufgebautes altjapanisches Singspiel
**nobel** (Adj.) **1** vornehm, edel **2** großzügig, freigebig [lat.-frz.]
**Nobelgarde** (die, -, nur Ez.) päpstliche Ehrenwache
**Nobelium** (das, -s, nur Ez.) chemisches Element, ein Transuran [schwed.-nlat.]
**Nobelkarosse** (die, -, -n) luxuriöses Auto (ugs.)
**Nobelpreis** (der, -es, -e) jährlich verliehener Preis für die besten Leistungen in den Gebieten Chemie, Medizin, Literatur, Physik und Frieden
**Nobiles** (nur Mz.) die Angehörigen des Amtsadels im antiken Rom [lat.]
**Nobili** (nur Mz.) die adeligen Geschlechter in den ehemaligen Freistaaten Italiens [lat.-it.]
**Nobilität** **1** (die, -, nur Ez.) der Amtsadel im antiken Rom [lat.] **2** (die, -, -en, nur Mz.) die hohen Herrschaften (ironisch)
**Nobilitation** (die, -, -tionen) die Erhebung in den Adelsstand [lat.]
**nobilitieren** (V.) in den Adelsstand erheben [lat.]
**Nobilitierung** (die, -, -en) = Nobilitation [lat.]
**Nobility** (die, -, nur Ez.) Adel, berühmte Person [engl.]
**Noblesse** [-blɛs] (die, -, nur Ez.) **1** Vornehmheit, Edelmut; noblesse oblige: Adel verpflichtet (vornehm zu handeln) **2** Großzügigkeit, Freigebigkeit [frz.]
**noblesse oblige** [nɔblɛs ɔbli:ʒ] Adel verpflichtet [frz.]
**Nobody** [nəʊbədɪ] (der, -s, -s) ein Niemand, jmd., der noch ein Niemand ist [engl.]
**Nocturne** [-tʏrn] (das, -s, -s) = Notturno [frz.]
**Nodus** (der, -, -di) **1** Knoten; z.B. Gicht-, Lymphknoten **2** verdickte Ansatzstelle (des Blattes) **3** Verdickung, Knauf [lat.]
**Noem** (das, -s, -e) Gedanke, Sinn, Begriff (Philos.)
**Noematik** (die, -, nur Ez.) Theorie der Noeme (Sprachwissenschaft)
**Noesis** (die, -, nur Ez.) das Denken, Denkakt [gr.]
**Noetik** (die, -, nur Ez.) Lehre vom Denken und Erkennen [gr.]
**No-Go** (das, -(s), -s) **1** Ein Faktor ist nicht erfüllt (im Risikomanagement) **2** Tabu (z. B. „No-go-Area" = Sperrgebiet, Tabuzone) [engl.]
**noir** [nwar] schwarz (Roulette) [frz.]
**no iron** [nəʊ aɪən] bügelfrei (Hinweis in Textilien) [engl.]
**noisette** [nwazɛt] (Adj.) mit gemahlenen Haselnüssen [frz.]
**Noisette** [nwazɛt] (die, -, -s) Schokolade mit gemahlenen Haselnüssen [frz.]
**NOK** Abk. für **N**ationales **O**lympisches **K**omitee
**Noktambulismus** (der, -, nur Ez.) Schlafwandeln [lat.]
**nolens volens** lat. für: „(halb) nicht wollend, (halb) wollend, wohl oder übel" [lat.]
**Nolimetangere** (das, -, -) **1** Kraut, das seine Samen bei Berührung wegschleudert, Springkraut, Rührmichnichtan

2 Worte des auferstandenen Christus zu Maria Magdalena, als er ihr am Grab erscheint; Darstellung dieser Szene (in der Kunst) [lat.]

**No'ma** (die, -, -mae) Erkrankung der Mundschleimhaut bei Kindern (Med.)

**No'ma'de** (der, -n, -n) Angehöriger eines nicht sesshaften Volkes [gr.]

**no'ma'disch** (Adj.) in der Art von Nomaden, wandernd, nicht sesshaft

**no'ma'di'sie'ren** (V.) nicht sesshaft leben, umherziehen wie Nomaden

**No'ma'dis'mus** (der, -, nur Ez.) 1 nomadische Gesellschafts-, Lebens- und Wirtschaftsform 2 fortwährende Wanderung von Tierarten in größeren Verbänden zum Zwecke der Nahrungssuche oder zur Befriedigung des Bewegungsdranges [gr.-lat.]

**Nom de Plume** [nɔ̃ də plym] (der, -, -s) Deckname bei Schriftstellern, Pseudonym [frz.]

**No'men** (das, -s, - oder -mi'na) 1 Wort, das dekliniert werden kann (bes. Substantiv); Nomen Agentis: von einem Verb abgeleitetes Substantiv; z.B. Läufer 2 Name (veraltet); nomen est omen: der Name ist ein Zeichen, d.h., der Name gibt schon einen Hinweis; Nomen proprium: Eigenname [lat.]

N

**No'men'kla'tur** (die, -, -en) Gesamtheit der Fachausdrücke (eines Wissensbereiches, einer Kunst); Verzeichnis dieser Fachausdrücke [lat.]

**no'mi'nal** (Adj.) 1 in der Art eines Nomens, als Nomen 2 zum Nennwert (im Bankwesen) [lat.]

**No'mi'nal'de'fi'ni'ti'on** (die, -, -en) Begriffserklärung

**No'mi'nal'ein'kom'men** (das, -s, -) von der Kaufkraft unabhängiges, reales Einkommen

**No'mi'nal'form** (die, -, -en) nicht konjugierte Verbform (Sprachwissenschaft)

**No'mi'na'lis'mus** (der, -, nur Ez.) philosophische Lehre, nach der Begriffe nichts mit der bezeichneten Sache zu tun haben

**No'mi'nal'ka'pi'tal** (das, -s, nur Ez.) Geldgrundbestand einer Aktiengesellschaft

**No'mi'nal'satz** (der, -es, -sät'ze) Satz ohne Verb

**No'mi'nal'stil** (der, -s, nur Ez.) Schreibstil, bei dem vor allem Hauptwörter verwendet werden

**No'mi'nal'wert** (der, -es, -e) auf Geld und Wertpapieren angegebener Wert, auch wenn dieser vom realen Wert abweicht

**No'mi'na'ti'on** (die, -, -en) = Nominierung

**No'mi'na'tiv** (der, -s, -e) erster Fall der Deklination, Werfall [lat.]

**no'mi'na'ti'visch** (Adj.) den Nominativ betreffend (Sprachwissenschaft)

**no'mi'nell** (Adj.) 1 zum Nomen gehörig 2 (nur) dem Namen nach, nicht in der Praxis

**no'mi'nie'ren** (V.) benennen, bestimmen ernennen [lat.]

**No'mi'nie'rung** (die, -, -en) Ernennung, Aufstellung

**No'mo'gra'fie** *auch:* No'mo'gra'phie (die, -, nur Ez.) Teilgebiet der Mathematik; Verfahren, mithilfe von Nomogrammen mathematische Probleme zu lösen [gr.]

**No'mo'gramm** (das, -s, -e) zeichnerische Darstellung der Zusammenhänge zwischen veränderlichen Größen (in der Mathematik) [gr.]

**No'mos** (der, -, -moi) 1 Gesetz, Rechtsvorschrift, Norm 2 Sitte, Herkommen, Brauch 3 Singweise (in der altgriechischen Musik) [gr.]

**Non** (die, -, -en) = None

**No'na** (die, -, -nen) = None

**Non'cha'lance** [nɔ̃ʃalɑ̃ːs] (die, -, nur Ez.) Lässigkeit, Ungezwungenheit [lat.-frz.]

**non'cha'lant** [nɔ̃ʃalɑ̃] (Adj.) lässig, unbekümmert, formlos [lat.-frz.]

**No'name'pro'dukt** *auch:* No-Name-Pro'dukt [nəʊneɪm-] (das, -s, -e) Ware ohne Firmenzeichen auf der Verpackung [engl.]

**Non'book'ar'ti'kel** *auch:* Non-Book-Ar'ti'kel [nɒn bʊk-] (der, -s, -) Produkt, das in der Buchhandlung erhältlich, aber kein Buch ist

**Non'co'ope'ra'tion** *auch:* Non-Co'ope'ra'tion [nɒn kəʊɒpəreɪʃən] (die, -, nur Ez.) passiver Widerstand durch Meidung bestimmter Institutionen oder Firmen [engl.]

**No'ne** (die, -, -n) 1 neunter Ton der diatonischen Tonleiter 2 Intervall von neun Tönen 3 Gebet zur neunten Stunde des

Tages (etwa 3 Uhr nachmittags; in der kath. Kirche) [lat.]

**No'nett** (das, -(e)s, -e) Musikstück für neun Instrumente; die neun Spieler dieser Instrumente [it.]

**Non'fiction'li'te'ra'tur** *auch:* Non-Fic'tion-Li'te'ra'tur [-fıkʃn-] (die, -, nur Ez) Sammelbegriff für: Sach- und Fachbücher [engl.]

**non'fi'gu'ra'tiv** (Adj.) ungegenständlich (in der Malerei) [lat.]

**Non'food'ar'ti'kel** *auch:* Non-Food-Ar'ti'kel [nɒnfuːd-] (der, -s, -) in Lebensmittelgeschäften angebotene Ware, die kein Lebensmittel ist [engl.]

**No'ni'us** (der, -, -ni'en oder -se) Hilfsmaßstab an Messinstrumenten zum Ablesen von Zehntelgrößen der kleinsten Einheiten [lat.]

**Non'kon'for'mis'mus** (der, -, nur Ez.) individualistische Haltung, die z.B. in politischen und weltanschaulichen Fragen nicht mit der herrschenden Meinung übereinstimmt [lat.]

**Non'kon'for'mist** (der, -mis'ten, -mis'ten) jmd., dessen Meinung nicht mit der herrschenden Meinung übereinstimmt [lat.]

**non'kon'for'mis'tisch** (Adj.) **1** auf Nonkonformismus beruhend **2** sich in seiner Meinung nicht nach der Mehrheit richtend **3** im Sinne eines Nonkonformisten denkend oder handelnd [lat.-engl.]

**Non'kon'for'mi'tät** (die, -, nur Ez.) Unangepasstheit [lat.-engl.]

**non li'quet** es lässt sich nicht entscheiden [lat.]

**non olet** „es (das Geld) stinkt nicht", d.h. man merkt dem Geld nicht an, ob es auf unsaubere Weise verdient worden ist [lat.]

**Non'pa'per** *auch:* Non-Pa'per [nɒnpeɪpə] (das, -s, -) nicht zitierfähige, weil nicht offizielle Veröffentlichung [engl.]

**Non'plus'ul'tra** (das, -, nur Ez.) Schönstes, Bestes, Höchstes [lat.]

**Non'pro'fit'ma'nage'ment** *auch:* Non-Pro'fit-Ma'nage'ment [nɒnprɔfıt-] (das, -s, -s) Verwaltung von Institutionen, die nicht auf Gewinnbasis arbeiten [engl.]

**Non'pro'fit'or'ga'ni'sa'ti'on** *auch:* Non-Pro'fit-Or'ga'ni'sa'ti'on (die, -, -en) Institu'tionen, die nicht auf Gewinnbasis arbeiten, z.B. Kirchen- und Sozialverbände [engl.]

**Non'pro'li'fe'ra'tion** [-reɪʃn] (die, -, nur Ez.) Nichtweitergabe (von Kernwaffen an andere Länder) [engl.]

**non scho'lae, sed vi'tae dis'ci'mus** Nicht für die Schule, für das Leben lernen wir [lat.]

**Non'sens** (der, - oder -es, nur Ez.) Unsinn, dummes Zeug [engl.]

**Non'stop...** *auch:* Non-Stop-... (in Zusammensetzungen) ohne Unterbrechung [engl.]

**Non'stop'flug** *auch:* Non-Stop-Flug (der, -(e)s, -flü'ge) Langstreckenflüge ohne Zwischenlandung [engl.]

**non tan'to** nicht so sehr (Mus.) [it.]

**non trop'po** nicht zu viel (Mus.) [it.]

**Non'va'lenz** (die, -, -en) Zahlungsunfähigkeit

**Non'va'leur** [nɔ̃valœːr] (der, -s, -s) **1** wertlos gewordenes oder wertlos erscheinendes Wertpapier **2** unrentable Investition **3** veraltete, unverkäufliche Ware [frz.]

**non'ver'bal** (Adj.) etwas durch optische Zeichen wie Mimik, Gestik anstelle von Sprache vermittelnd [lat.]

**Norm** (die, -, -en) **1** allgemein geltende Regel, Richtschnur, Vorschrift; z.B. gesellschaftliche Normen **2** Vorschrift für Größen, Qualitäten u.a.; z.B. DIN-Norm **3** vorgeschriebene Arbeitsleistung **4** auf der ersten Seite eines Druckbogens unten stehende Ziffer des Bogens mit dem Namen des Verfassers und der Kurzform des Buchtitels [lat.]

**nor'mal** (Adj.) **1** der Norm, dem Gewohnten entsprechend **2** gewöhnlich, durchschnittlich, üblich **3** geistig und körperlich gesund

**Nor'mal** (das, -s, -e) **1** genauer Maßstab einer Maßeinheit als Kontrollwerkzeug für andere Maßstäbe **2** Kurzwort für Normalbenzin [gr.-lat.]

**Nor'ma'li'en** (nur Mz.) Grundformen, Regeln, Vorschriften [lat.]

**nor'ma'li'sie'ren** (V.) wieder normal machen, auf das normale Maß, in den normalen Zustand zurückführen; sich normalisieren: in den normalen Zustand zurückkehren

**Nor'ma'li'tät** (die, -, nur Ez.) das Normalsein, normale Beschaffenheit

**Normalnull** (das, -s, nur Ez.) festgelegte Höhe, von der alle Höhenmessungen ausgehen [lat.]

**Normanne** (der, -n, -n) **1** = Wikinger **2** Ew. der Normandie

**normativ** (Adj.) als Norm geltend, maßgeblich

**Normativismus** (der, -, nur Ez.) philosophische Lehre vom Vorrang des Sollens gegenüber dem Sein

**Normblatt** (das, -(e)s, -blätter) Verzeichnis der DIN-Normen

**normen** (V.) nach einer Norm bemessen in den Maßen einheitlich festlegen

**Normenkontrollklage** (die, -, -n) Klage beim Bundesverfassungsgericht zur grundsätzlichen Klärung der Gültigkeit einer Rechtsnorm

**normieren** (V.) = normen

**Normierung** (die, -, -en) festgelegte Vereinheitlichung von Größen

**normoton** (Adj.) normalen Blutdruck haben (Med.)

**Norne** (die, -, -n) nordische Schicksalsgöttin

**Norther** (der, -s, -) **1** kalter Nordwind Nordamerikas **2** australischer Wüstenwind



**Nosografie** *auch:* Nosographie (die, -, nur Ez.) Beschreibung der Krankheiten [gr.]

**Nosologie** (die, -, nur Ez.) systematische Einordnung und Kennzeichnung der Krankheiten [gr.]

**Nosomanie** (die, -, -n) eingebildete schwere Krankheit (Med.)

**Nosophobie** (die, -, -n) Angst vor Krankheiten

**No-Spiel** (das, -(e)s, -e) jap. Singspiel

**Nostalgie** (die, -, nur Ez.) Sehnsucht nach einer vergangenen Zeit (die als besser, glücklicher betrachtet wird) [gr.]

**Nostalgiker** (der, -s, -) sich der Nostalgie Hingebender [gr.-lat.]

**nostalgisch** (Adj.) in der Art der Nostalgie, sehnsüchtig

**nostrifizieren** (V.) **1** einbürgern; z.B. einen Ausländer nostrifizieren **2** staatlich anerkennen; z.B. ein ausländisches Examen nostrifizieren [lat.]

**Nostrokonto** (das, -s, -ten) Konto, das eine Bank bei einer anderen Bank für sich führen lässt [lat.]

**Nota** (die, -, -s) **1** Aufzeichnung, Notiz, Anmerkung **2** Auftrag; z.B. etwas in Nota geben, nehmen **3** Rechnung [lat.]

**notabel** (Adj.) bemerkenswert, merkwürdig [lat.-frz.]

**Notabeln** (nur Mz.) **1** die durch Bildung, Rang, Vermögen führende Oberschicht (in Frankreich vom 14. Jh. bis 1789) **2** gebildete, angesehene Personen [lat.]

**notabene** (Adv.) **1** wohlgemerkt! (eingeschoben) **2** was ich noch sagen wollte, übrigens, nebenbei bemerkt [lat.]

**Notabene** (das, -s, -s) Merkzeichen, Vermerk [lat.]

**Notabilität** (die, -, -en) **1** Vornehmheit, **2** vornehme, berühmte Persönlichkeit [lat.-frz.]

**Notalgie** (die, -, -n) Rückenschmerz

**Notar** (der, -s, -e) staatlich vereidigter Jurist, der berechtigt ist, Schriftstücke zu beglaubigen und Rechtsgeschäfte zu beurkunden [lat.]

**Notariat** (das, -(e)s, -e) Amt und Büro eines Notars

**notariell** (Adj.) durch einen Notar; z.B. eine Unterschrift notariell beglaubigen lassen

**Notation** (die, -, -tionen) **1** Aufzeichnung in Notenschrift (von Musikstücken) **2** Aufzeichnung (einer Schachpartie) [lat.]

**Note** (die, -, -n) **1** musikalisches Schriftzeichen **2** (Mz.) Noten: Notenbücher und -hefte **3** Beurteilung (einer Leistung), Zensur (meist durch Ziffer ausgedrückt) **4** Bewertung (im Sport, durch Punkte ausgedrückt) **5** Anmerkung; z.B. Fußnote **6** Geldschein **7** schriftliche Mitteilung (einer Regierung an eine andere) **8** Eigenart, Prägung; z.B. der Raum hat eine besondere Note [lat.]

**Notebook** (das, -s, -s) tragbarer Computer im DIN-A4-Format [engl.]

**Notepad** [nəʊtpæd] (das, -s, -s) auch Pen-Computer, auf dessen Bildschirm Daten mit einem elektronischen Stift eingegeben werden [engl.]

**Note sensible** (die, -, -s) Leitton (Mus.) [lat.-frz.]

**notieren** (V.) **1** in wenigen Worten aufschreiben (zum besseren Merken); jmdn. notieren: jmds. Namen und Ad-

resse aufschreiben 2 in Notenschrift aufzeichnen 3 festsetzen und veröffentlichen; einen Kurswert notieren [lat.]
**No|tie|rung** (die, -, -en) 1 schriftliches Vermerken, Aufzeichnen 2 das Aufzeichnen von Musik in Noten 3 Kurs- und Preisfestsetzung an der Börse [lat.]
**No|ti|fi|ka|ti|on** (die, -, -ti|o|nen) 1 Anzeige, Benachrichtigung 2 Übergabe einer diplomatischen Note, offizielle, mit Rechtsfolgen verbundene Benachrichtigung im Völkerrecht [lat.]
**no|ti|fi|zie|ren** (V.) benachrichtigen, anzeigen [lat.]
**No|tio** *auch:* No|ti|on (die, -, -ti|o|nes/-en) Begriff, Gedanke (Philos.)
**No|tiz** (die, -, -en) kurze schriftliche Aufzeichnung, Bemerkung; von etwas oder jmdm. keine Notiz nehmen: etwas oder jmnd. nicht beachten [lat.]
**no|to|risch** (Adj.) 1 wie jeder weiß, für alle erkennbar; z.B. er ist notorisch unbegabt 2 gewohnheitsmäßig; z.B. ein notorischer Lügner [lat.]
**Not|tur|no** (das, -s, -s oder -ni) für nächtliche Aufführung bestimmtes, stimmungsvolles Musikstück [lat.-it.]
**Nou|gat** (das oder der, -s, -s) = Nugat
**Nou|veau Ro|man** [nuvo-] (der, - -, nur Ez.) literarische Stilrichtung in Frankreich nach dem Zweiten Weltkrieg [frz.]
**Nou|veau|té** [nuvoteː] (die, -, -s) Neuheit, Neuigkeit [frz.]
**Nou|velle Cui|sine** [nuvɛl kyizin] (die, - -, nur Ez.) moderne Kochkunst Frankreichs [frz.]
**No|va** (die, -, -vä) 1 neuer Stern 2 plötzlich stark aufleuchtender Fixstern 3 = Mz. von Novum [lat.]
**No|va|ti|on** (die, -, -ti|o|nen) 1 Erneuerung 2 Umwandlung einer Schuld [lat.]
**No|ve|cen|to** [-tʃɛn-] (das, -s, nur Ez.) künstlerische Stilepoche in Italien nach 1900 [it.]
**No|vel|food** *auch:* No|vel Food [nɒvɛlfuːd] (das, (-) -s, nur Ez.) gentechnisch veränderte Nahrungsmittel [engl.]
**No|vel|le** (die, -, -n) 1 ein ungewöhnliches Ereignis schildernde, sich steigernde Erzählung mit Schlusseffekt 2 Nachtrag zu einem Gesetz [frz.]
**No|vel|let|te** (die, -, -n) kleine Novelle; (Mus.) Charakterstück mit meist heiteren aneinandergereihten Themen
**no|vel|lie|ren** (V.) ergänzen oder ändern; z.B. ein Gesetz novellieren [lat.-frz.]
**No|vel|list** (der, -lis|ten, -lis|ten) Verfasser einer Novelle (1)
**No|vel|lis|tik** (die, -, nur Ez.) Novellendichtung
**no|vel|lis|tisch** (Adj.) 1 die Novelle betreffend 2 die Novellistik betreffend 3 in der Art einer Novelle [lat.-it.]
**No|ve|ne** (die, -, -n) neun Tage andauernde katholische Andacht [lat.]
**No|vi|tät** (die, -, -en) Neuheit, Neuerscheinung [lat.]
**No|vi|ze** (der, -n, -n) Mönch während der Probezeit bis zum Ablegen der Gelübde [lat.]
**No|vi|zi|at** (das, -(e)s, -e) Probezeit (eines Mönchs oder einer Nonne) bis zum Ablegen der Gelübde [lat.]
**No|vi|zin** (die, -, -nen) Nonne während der Probezeit [lat.]
**No|vo|ca|in** (das, -s, nur Ez.) Mittel zur örtlichen Betäubung (Warenzeichen) [Kunstwort]
**No|vum** (das, -s, -va) Neuheit, neue Sache, neue Betrachtungsweise [lat.]
**No|xe** (die, -, -n) Ursache einer Krankheit, den Organismus schädigender Umstand oder Stoff [lat.]
**Nu|an|ce** [nyɑ̃ːsə] (die, -, -n) winzige Kleinigkeit, feiner Unterschied [frz.]
**nu|an|cie|ren** [nyɑ̃siː-] (V.) mit feinen Unterschieden darstellen, fein abstufen, geringfügig verändern [frz.]
**nu|an|ciert** [nyɑ̃s-] (Adj.) 1 pointiert 2 differenziert [lat.-frz.]
**Nu|dis|mus** (der, -, nur Ez.) Nacktkultur [lat.]
**Nu|dist** (der, -dis|ten, -dis|ten) Anhänger des Nudismus
**nu|dis|tisch** (Adj.) den Nudismus betreffend [lat.]
**Nu|di|tät** (die, -, -en) 1 (nur Ez.) Nacktheit 2 (pikante) Darstellung des nackten Körpers 3 sexuell anzügliche Bemerkung [lat.]
**Nu|gat** *auch:* Nou|gat [nuː-] (das oder der, -s, -s) Süßigkeit aus Kakao, Kakaobutter, Zucker, geriebenen Mandeln [frz.]

N

**Nugget** [nʌgɪt] (das, -s, -s) Goldklümpchen [engl.]
**nu'kle'ar** (Adj.) 1 zum Atomkern gehörig, von ihm ausgehend 2 zur Kernspaltung gehörig, auf ihr beruhend 3 Atom-, Kernwaffen betreffend [lat.]
**Nu'kle'ar'me'di'zin** (die, -, nur Ez.) medizinisches Teilgebiet, das sich Behandlungsmethoden mit radioaktiven Stoffen widmet (Med.)
**Nu'kle'ar'waffe** (die, -, -n) Kernwaffe
**Nu'kleo'ba'se** (die, -, -n) organische Stickstoffverbindung als Bestandteil der Nucleinsäuren in den Zellkernen [lat.-gr.]
**Nu'kle'on** (das, -s, -le'o̲nen/-kle'o̲nen) Baustein des Atomkerns, Proton oder Neutron [lat.]
**Nu'kle'us** (der, -, -lei [-kleiː]) 1 Zellkern 2 Atomkern 3 Kern der Zwischenwirbelscheibe 4 Steinrest, von dem in vorgeschichtlicher Zeit Stücke zur Herstellung von Werkzeugen abgeschlagen wurden [lat.]
**Nu'klid** (das, -(e)s, -e) durch Ordnungs- und Massenzahl bestimmte Atomart [lat.]
**null** (Zahlw.) 1 nicht einer, nicht eins, kein; z.B. null Fehler; null Uhr fünf: fünf Minuten nach 24 Uhr; zwei Grad über, unter null 2 nichts; z.B. null und nichtig (verstärkend): ungültig [lat.]
**Null** (die, -, -en) 1 Ziffer, Zahl 0 2 bedeutungsloser, nichts leistender Mensch (ugs.) 3 (der oder das, -s, -s) Spiel, bei dem der Spieler keinen Stich machen darf, Nullspiel (beim Skat) [lat.]
**nul'la poe'na si'ne le'ge** [- pøːna - -] „keine Strafe ohne Gesetz“ [lat.]
**Null-Bock-Ge'ne'ra'ti'on** (die, -, nur Ez.) duch Desinteresse gekennzeichnete, junge Generation (ugs.)
**Null'di'ät** (die, -, -en) Diät fast ohne Kalorienzufuhr
**Nul'li'fi'ka'ti'on** (die, -, -ti'o̲nen) das Nullifizieren
**nul'li'fi'zie'ren** (V.) für ungültig, für nichtig erklären [lat.]
**Nul'li'pa'ra** (die, -, -pa̲'ren) Frau, die noch kein Kind geboren hat [lat.]
**Nul'li'tät** (die, -, -en) 1 (nur Ez.) Wertlosigkeit 2 (nur Ez.) Ungültigkeit 3 Nichtigkeit, unbedeutende Sache, unbedeutende Person
**Null'me'ri'di'an** (der, -s, nur Ez.) Längengrad, der durch Greenwich bei London läuft und von dem aus alle weiteren Längengrade bestimmt werden
**Null'ni'veau** [-nivo̲ː] (das, -s, -s) Höhenlage, von der aus Höhenmessungen durchgeführt werden
**Null'num'mer** (die, -, -n) Probeausgabe einer Zeitung oder Zeitschrift
**Null'ope'ra'ti'on** (die, -, -ti'o̲nen) Eingabe in einen Computer, die keinen Rechenvorgang bewirkt, sondern Speicherkapazität freihält [lat.]
**Null ou'vert** [-uvɛːr] (der oder das, -s, -s) Spiel, bei dem der Spieler seine Karten vor dem ersten Stich offen hinlegen muss (beim Skat) [frz.]
**Null'punkt** (der, -(e)s, -e) den Wert Null angebender Punkt
**Null'se'rie** [-riə] (die, -, -n) versuchsweise hergestellte Serie (vor Beginn der Serienproduktion)
**Null'ta'rif** (der, -s, -e) Tarif von null Euro; z.B. eine Fahrt zum Nulltarif: eine unentgeltliche Fahrt
**Nul'lum** (das, -s, nur Ez.) Unbegründetes, Gegenstandsloses (Rechtswesen)
**Nu'men** (das, -s, nur Ez.) göttliches Wesen ohne Gestalt, aber mit Wirkkraft [lat.]
**Nu'me'ra'le** (das, -s, -lia oder -li'en) Zahlwort; z.B. drei, dreimal [lat.]
**nu'me'risch** (Adj.) der Zahl nach, auf Zahlen beruhend [lat.]
**Nu'me'ro** (das, -s, -s) (mit nachfolgender Zahl) Nummer; z.B. Numero drei [lat.]
**Nu'me'ro'lo'gie** (die, -, nur Ez.) okkulte Zahlenlehre
**Nu'me'rus** (der, -, -ri) 1 Zahl 2 Zahlform, Singular, Plural [lat.]
**Nu'me'rus clau'sus** (der, -, -) beschränkte Anzahl an Zulassungen für ein Studium oder einen Beruf
**nu'mi'nos** (Adj.) göttlich [lat.]
**Nu'mis'ma'tik** (die, -, nur Ez.) Wissenschaft von den Münzen [lat.]
**Num'mer** (die, -, -n) 1 Zahl, Kennzahl, Kennziffer 2 einzelnes Exemplar (einer Zeitung, Zeitschrift) 3 einzelne Darbietung (im Zirkus u.a.) 4 Mensch, Per-

son (ugs., scherzhaft); z.B. eine ulkige Nummer [lat.]
**num'me'rie'ren** (V.) mit fortlaufenden Nummern, Zahlen versehen [lat.]
**Num'mern'kon'to** (das, -s, -ten) anonymes, nur durch Ziffern gekennzeichnetes Konto
**Num'mu'lit** (der, -s oder -en, -en) versteinertes einzelliges Meerestier des Tertiärs [lat.]
**Nu'na'tak** (der, -s, -s) aus dem Eis ragende Bergspitze bei Gletschern oder Inlandeis
**Nun'ti'a'tur** (die, -, -en) Amt und Amtsgebäude eines Nuntius
**Nun'ti'us** (der, -, -ti'en) diplomatischer Vertreter des Vatikans bei einer ausländischen Regierung [lat.]
**nup'ti'al** (Adj.) ehelich, hochzeitlich (veraltet) [lat.]
**Nup'tu'ri'en'ten** (nur Mz.) Brautleute [lat.]
**Nurse** [nɜːs] (die, -, -s) englische Bezeichnung für: Kinderpflegerin, Kinderkrankenschwester [engl.]
**Nu'ta'ti'on** (die, -, -ti'o'nen) **1** periodische Schwankung **2** Krümmungsbewegung (von Pflanzen bei ungleichem Wachstum) [lat.]
**Nu'tria** (die, -, -s) Nagetier Südamerikas mit braunem Fell, Biberratte, Sumpfbiber; dessen Pelz [span.]
**nu'trie'ren** (V.) ernähren [lat.]
**Nu'tri'ment** (das, -(e)s, -e) Nahrungsmittel (Med.) [lat.]
**Nu'tri'ti'on** (die, -, nur Ez.) Ernährung (Med.) [lat.]
**nu'tri'tiv** (Adj.) nahrhaft, der Ernährung dienend [lat.]
**Ny** (das, -(s), -s) dreizehnter Buchstabe des griechischen Alphabets
**Nyk'ta'lo'pie** (die, -, -n) Nachtblindheit [gr.]
**Nyk'ti'nas'tie** (die, -, -n) Schlafbewegung (der Pflanzen; z.B. das Zusammenklappen der Blätter beim Sauerklee) [gr.]
**Nyk'ti'tro'pie** (die, -, -n) = Nyktinastie [gr.]
**Nyk'ti'tro'pis'mus** (der, -, -men) = Nyktinastie [gr.]
**Nyk'tu'rie** (die, -, -n) starker nächtlicher Harndrang
**Ny'lon** [naɪ-] (das, -s, -s) **1** (nur Ez.) eine Kunstfaser (Warenzeichen) **2** (Mz.) Nylons: Strümpfe aus Nylon (veraltet) [engl.]
**Nym'pha** (die, -, -phae oder -phen) kleine Schamlippe (Med.) [gr.-lat.]
**Nym'phäa** *auch:* Nym'phäe (die, -, -phä'en) See-, Wasserrose
**Nym'phä'um** (das, -s, -phä'en) **1** Heiligtum einer Nymphe (1) **2** künstlerisch gestaltete Brunnenanlage (bes. als Abschluss von langen Gartenwegen) [gr.-lat.]
**Nymph'chen** (das, -s, -) sehr junges verführerisches Mädchen [gr.-lat.]
**Nym'phe** (die, -, -n) **1** weibliche Naturgottheit (der griechischen Mythologie); z.B. Baumnymphe, Quellnymphe **2** Entwicklungsstufe mancher Insekten zwischen Larve und Puppe **3** kleine Schamlippe [gr.]
**nym'pho'man** (Adj.) an Nymphomanie leidend, mannstoll
**Nym'pho'ma'nie** (die, -, nur Ez.) krankhaft gesteigerter Geschlechtstrieb (bei Frauen), Mannstollheit [gr.]
**Nym'pho'ma'nin** (die, -, -nen) an Nymphomanie leidende Frau
**nym'pho'ma'nisch** (Adj.) = nymphoman [gr.-lat.]
**Nys'tag'mus** (der, -, nur Ez.) Zittern des Augapfels, Augenzittern [gr.-lat.]

N

# O

**OAS** (die, -, nur Ez.) Abk. für „Organization of American States", Organisation amerikanischer Staaten [engl.]

**Oase** (die, -, -n) **1** von Wüste umgebenes Gebiet mit Grundwassernähe und reichem Pflanzenwachstum **2** Ort der Ruhe [gr.]

**Obduktion** (die, -, -tionen) Leichenöffnung (zur Feststellung der Todesursache) [lat.]

**Obduzent** (der, -en, -en) jmd., der eine Obduktion vorzunehmen hat

**obduzieren** (V.) eine Leiche obduzieren: (zur Feststellung der Todesursache) öffnen [lat.]

**Obedienz** (die, -, nur Ez.) **1** Gehorsamspflicht (eines Geistlichen gegenüber seinem Vorgesetzten) **2** Anhängerschaft eines Kandidaten (für die Papst- oder Bischofswahl) [lat.]

**Obelisk** (der, -en, -en) vierkantiger, sich nach oben verjüngender Pfeiler [gr.]

**Obi** (der oder das, -s, -s) **1** breiter Kimonogürtel aus Seide **2** Gürtel der Kampfbekleidung beim Judo [jap.]

O

**Objekt** (das, -(e)s, -e) **1** Gegenstand, Sache (um die es sich handelt) **2** Gegenstand (des Wahrnehmens, Erkennens) **3** substantivisches Satzglied, das eine Ergänzung zum Verb bildet, Satzergänzung **4** Gegenstand des Alltagslebens, der (künstlich umgestaltet) als Kunstwerk betrachtet wird; z.B. ein Bettgestell als Objekt von Beuys [lat.]

**Objekterotik** (die, -, nur Ez.) sexuelle Handlung mit Gegenständen

**Objektion** (die, -, -tionen) Übertragung einer Empfindung auf einen Gegenstand, Sachverhalt oder eine Erscheinung; z.B. die Empfindung eines Hauses als düster [lat.]

**objektiv** (Adj.) **1** gegenständlich, wirklich, tatsächlich **2** unparteiisch, sachlich, vorurteilsfrei [lat.]

**Objektiv** (das, -s, -e) dem Gegenstand zugewandte Linse (eines optischen Gerätes) [lat.]

**Objektivation** (die, -, -tionen) das Objektivieren, Vergegenständlichung [lat.]

**Objektive** (das, -, nur Ez.) das vom Subjektiven unabhängig Seiende (Philos.)

**objektivieren** (V.) **1** zum Objekt machen, vergegenständlichen **2** von persönlicher Betrachtungsweise, subjektivem Einfluss befreien; z.B. eine Auffassung, Vorstellung objektivieren

**Objektivismus** (der, -, nur Ez.) **1** philosophische Lehre, dass es vom Subjekt unabhängige Werte und Wahrheiten gibt **2** Streben nach objektiven Maßstäben [lat.]

**objektivistisch** (Adj.) zum Objektivismus gehörig, darauf beruhend, in der Art des Objektivismus

**Objektivität** (die, -, nur Ez.) objektive Betrachtungsweise, Vorurteilsfreiheit [lat.]

**Objektkunst** (die, -, nur Ez.) Richtung der modernen Kunst, die mit herkömmlichen Produkten und Fundstücken arbeitet

**Objektlibido** (die, -, nur Ez.) = Objekterotik

**Objektschutz** (der, -es, nur Ez.) militärischer oder polizeilicher Schutz für Gebäude, Anlagen

**Objektsprache** (die, -, -n) Sprache, die Gegenstand einer sprachwissenschaftlichen Untersuchung ist

**Objektträger** (der, -s, -) Glasplatte, auf der Präparate unter das Mikroskop geschoben werden

**Oblate** (die, -, -n) **1** kleine, dünne Scheibe aus Weizenmehl (als Unterlage für Kleingebäck) **2** noch nicht geweihte Hostie **3** dünne Waffel [lat.]

**Oblation** (die, -, -en) **1** = Offertorium **2** Opfergabe der Gläubigen in der Eucharistiefeier, Kollekte [lat.]

**obligat** (Adj.) **1** unerlässlich, notwendig **2** als Begleitinstrument selbstständig geführt (und deshalb unentbehrlich); z.B. obligates Cembalo [lat.]

**Obligation** (die, -, -tionen) **1** Verpflichtung, Verbindlichkeit **2** festverzinsliches Wertpapier [lat.]

**Ob'li'ga'ti'o'när** (der, -s, -e) Inhaber einer Obligation (2) (schweiz.)
**ob'li'ga'to'risch** (Adj.) verbindlich vorgeschrieben, nicht weglassbar, als Pflicht auferlegt; z.B. obligatorische Vorlesungen; der obligatorische Blumenstrauß zum Geburtstag (scherzhaft) [lat.]
**Ob'li'ga'to'ri'um** (das, -s, -ri'en) Pflicht, Verpflichtung, Pflichtfach, -leistung (schweiz.) [lat.]
**Ob'li'go** (das, -s, -s) (Wirtsch.) Verpflichtung, Haftung, ohne Obligo (o.O.): ohne Gewähr [lat.]
**Ob'li'te'ra'ti'on** (die, -, -ti'o'nen) **1** Löschung, Tilgung (Wirtsch.) **2** Ausfüllung (eines Hohlraums durch krankhaft wachsendes Gewebe; Med.) [lat.]
**ob'li'te'rie'ren** (V.) **1** löschen, tilgen **2** verstopfen, ausfüllen; z.B. ein Blutgefäß obliterieren [lat.]
**Oboe** (die, -, -n) ein Holzblasinstrument mit näselndem Klang [frz.]
**Obo'ist** (der, -is'ten, -is'ten) Oboenspieler
**Obo'lus** (der, -, - oder -lus'se) **1** kleine Münze und Gewichtseinheit (im alten Griechenland) **2** kleine Geldgabe, kleiner Beitrag [gr.-lat.]
**Ob'se'kra'ti'on** (die, -, -ti'o'nen) Beschwören, inständiges Bitten [lat.]
**ob'se'krie'ren** (V.) beschwören, eindringlich bitten [lat.]
**ob'se'quent** (Adj.) entgegen der Ausrichtung von Gesteinsschichten fließend (bei Flüssen) [lat.]
**Ob'se'qui'en** (nur Mz.) = Exequien
**ob'ser'va'bel** (V.) bemerkenswert, beachtenswert [lat.]
**ob'ser'vant** (Adj.) streng die Regeln befolgend [lat.]
**Ob'ser'vant** (der, -en, -en) Mönch, der der strengeren Richtung (von zweien) eines Ordens angehört [lat.]
**Ob'ser'vanz** (die, -, -en) **1** die strengere von zwei vorhandenen Regeln oder Richtungen (bes. eines Mönchsordens) **2** Gewohnheitsrecht [lat.]
**Ob'ser'va'ti'on** (die, -, -ti'o'nen) **1** wissenschaftliche Beobachtung **2** Wahrnehmung, Erfahrung [lat.]
**Ob'ser'va'tor** (der, -s, -to'ren) wissenschaftlicher Beobachter an einem (astronomischen) Observatorium
**Ob'ser'va'to'ri'um** (das, -s, -ri'en) Beobachtungsstation (in der Astronomie, Meteorologie, Geophysik) [lat.]
**ob'ser'vie'ren** (V.) **1** wissenschaftlich beobachten **2** überwachen; z.B. einen Tatverdächtigen observieren [lat.]
**Ob'ses'si'on** (die, -, -si'o'nen) Zwangsvorstellung
**ob'ses'siv** (Adj.) in der Art einer Zwangsvorstellung [lat.]
**Ob'si'di'an** (das, -s, -e) schwarzes, glasähnliches Gestein vulkanischen Ursprungs, Lavaglas, Edelstein, Härte ca. 5,5 [lat.]
**Ob'si'gna'ti'on** (die, -, -ti'o'nen) **1** Bestätigung, Genehmigung **2** (gerichtliche) Versiegelung [lat.]
**ob'skur** (Adj.) unklar, dunkel, undurchschaubar, schwer verständlich, bedenklich, verdächtig [lat.]
**Ob'sku'ran'tis'mus** (der, -, nur Ez.) **1** der Versuch, anderen bewusst Wissen und Informationen vorzuenthalten und sie an Übernatürliches glauben zu lassen **2** feindselige Haltung gegenüber Aufklärung und Fortschritt [lat.]
**ob'sku'ran'tis'tisch** (Adj.) dem Obskurantismus entsprechend [lat.]
**Ob'sku'ri'tät** *auch:* Ob'sku'ri'tät (die, -, -en) obskure Beschaffenheit, zweifelhafte Herkunft
**Ob'so'les'zenz** (die, -, nur Ez.) das Veralten [lat.]
**ob'so'les'zie'ren** (V.) veralten, ungebräuchlich werden, aus der Mode kommen [lat.]
**ob'so'let** (Adj.) veraltet, nicht mehr gebräuchlich [lat.]
**Ob'ste'trik** (die, -, nur Ez.) die Wissenschaft von der Geburtshilfe [lat.]
**ob'sti'nat** (Adj.) eigensinnig, widerspenstig, störrisch, unbelehrbar
**Ob'sti'na'ti'on** (die, -, nur Ez.) Eigensinn, Widerspenstigkeit [lat.]
**Ob'sti'pa'ti'on** (die, -, -ti'o'nen) Verstopfung (Med.) [lat.]
**ob'sti'pie'ren** (V.) verstopfen, die Verdauung hemmen; obstipiert sein: an Verstopfung leiden [lat.]
**Ob'struc'tion'box** [ɒbstrʌkʃən bɒks] (die, -, -es) Gerät zur Messung des Futtertriebes bei Tieren

**ob'st'ru'ie'ren** (V.) 1 behindern, hemmen, verzögern, Widerstand leisten 2 verstopfen (in der Medizin) [lat.]
**Ob'st'ruk'ti'on** (die, -, -ti'o'nen) Behinderung, Hemmung, Verzögerung, Störung, Verstopfung (Med.) [lat.]
**ob'st'ruk'tiv** (Adj.) behindernd, hemmend, verzögernd, verstopfend [lat.]
**ob'szön** (Adj.) 1 auf den Sexual- und Fäkalbereich bezogen das Schamgefühl verletzend, unanständig, schlüpfrig 2 sittliche Entrüstung hervorrufend [lat.]
**Ob'szö'ni'tät** (die, -, -en) 1 (nur Ez.) Unanständigkeit, Anstößigkeit 2 unanständige, anstößige Bemerkung oder Darstellung, auf den Sexual-, Fäkalbereich bezogen [lat.]
**Ob'tu'ra'ti'on** (die, -, -en) Verschließen von Hohlräumen und Gefäßen im Körper
**Oc'ca'si'on** (die, -, -si'o'nen) = Okkasion [lat.-frz.]
**Och'lo'kra'tie** (die, -, -n) entartete Demokratie, Pöbelherrschaft [gr.]
**och'lo'kra'tisch** (V.) die Ochlokratie betreffend [gr.]
**Ocker** (der oder das, -s, -) eisenoxidhaltige Tonerde; daraus hergestellter, gelbbrauner Farbstoff; gelbbraune Farbe [gr.-lat.]
O
**OCR** Abk. für **O**ptical **C**harakter **R**ecognition, optisches Verfahren zum Erfassen und Umwandeln von Schriftzeichen durch einen Scanner (EDV) [engl.]
**Oc'tan** *auch:* Ok'tan (das, -s, -e) ein gesättigter Kohlenwasserstoff [lat.]
**Oda'lis'ke** (die, -, -n) weiße Sklavin in einem türkischen Harem (früher) [türk.-frz.]
**Odds** (nur Mz.) 1 Wette mit ungleichen Einsätzen 2 Vorgabe (im Sport) [engl.]
**Ode** (die, -, -n) feierliches Gedicht in freien Rhythmen [gr.]
**Ödem** (das, -s, -e) Schwellung durch krankhafte Ansammlung von wässeriger Flüssigkeit in Zellen und Geweben [gr.]
**öde'ma'tös** (Adj.) in der Art eines Ödems, mit Ödemen einhergehend
**Ode'on** (das, -s, -s) 1 rundes Gebäude für künstlerische Aufführungen (in der Antike) 2 (Name für) Tanz-, Theatersaal, Vergnügungsstätte [gr.]
**Ode'um** (das, -s, -de'en) antiker theaterähnlicher Rundbau für Musik- und Theatervorführungen [gr.-lat.]
**Odeur** [ɔdœːr] (das, -s, -s oder -e) 1 wohlriechender Duft 2 seltsamer, undefinierbarer Geruch [lat.-frz.]
**odi'os** (Adj.) = odiös
**odi'ös** *auch:* odi'os (Adj.) widerwärtig, verhasst [lat.]
**Odi'o'si'tät** (die, -, -en) Gehässigkeit, Widerwärtigkeit [lat.]
**ödi'pal** (Adj.) vom Ödipuskomplex bestimmt, dem Ödipuskomplex entsprechend [isr.-lat.]
**Ödi'pus'kom'plex** (der, -es, nur Ez.) in früher Kindheit sich entwickelnde, übersteigerte Bindung an den andersgeschlechtlichen Elternteil (insbesondere Verhältnis Mutter – Sohn) [gr.-lat.]
**Odi'um** (das, -s, nur Ez.) 1 übler Beigeschmack einer Sache 2 Makel, unangenehme Note [lat.]
**Odon'tal'gie** (die, -, -n) Zahnschmerz (Med.) [gr.]
**Odon'ti'tis** (die, -, -ti'den) Zahn- oder Zahnfleischentzündung (Med.)
**odon'to'gen** (Adj.) von den Zähnen herrührend (Med.)
**Odon'to'lo'gie** (die, -, nur Ez.) Wissenschaft von den Zähnen, Zahnheilkunde [gr.]
**Odor** (der, -s, -do'res) Geruch [lat.]
**odo'rie'ren** (V.) nicht riechende Stoffe mit riechenden Substanzen anreichern [lat.]
**Odo'rie'rung** (die, -, -en) das Odorieren [lat.]
**Odys'see** (die, -, -n) 1 lange, hindernisreiche Reise oder Unternehmung 2 Irrfahrt des Odysseus (gr. Mythologie) [gr.]
**OECD** (die, -, nur Ez.) Abk. für **O**rganization for **E**conomic **C**ooperation and **D**evelopment, Organisation für wirtschaftliche Zusammenarbeit und Entwicklung [engl.]
**Oe'no'the'ra** (die, -, the'ren) Nachtkerze [lat.]
**Œufs d'es'car'got** [ødɛskargoː] (nur Mz.) Schneckeneier (als Delikatesse) [frz.]
**Œu'vre** [œːvrə] (das, -s, -s) 1 (frz. Bezeichnung für) Opus 2 Werk, Gesamtwerk (eines Künstlers) [frz.]

**off** (Adv.) **1** ausgeschaltet (Vermerk auf elektrischen oder elektronischen Geräten) **2** hinter der Bühne, außerhalb der Leinwand oder des Bildschirms [engl.]
**Off** (das, -, nur Ez.) Bereich außerhalb des Bildschirms oder der Leinwand; z.B. Sprecher, Stimme aus dem Off; im Off bleiben [engl.]
**Off'brands** [ɒfbrænds] Waren ohne Markennamen [engl.]
**offen'siv** (Adj.) angriffslustig, angreifend, feindselig [lat.]
**Offen'si've** (die, -, -n) **1** Angriffshaltung, feindselige Haltung **2** Angriffsschlacht [lat.]
**Offe'rent** (der, -en, -en) derjenige, der jemandem eine Offerte macht [lat.]
**offe'rie'ren** (V.) anbieten [lat.]
**Offert** (das, -(e)s, -e) = Offerte (österr.)
**Offer'te** *auch:* das Offert (die, -, -n) schriftliches Angebot (einer Ware) [frz.]
**Offer'to'ri'um** (das, -s, -ri'en) Darbringung von Brot und Wein (in der kath. Messe) [lat.]
**Office** **1** [ɒfɪs] (das, -, -s [-fɪsɪz]) Büro, Dienststelle [engl.] **2** [ɔfis] (das, -, -s) Anrichteraum (in Gaststätten) (schweiz.) [frz.]
**Offi'ci'um** (das, -s, -cia) = Offizium
**Offi'zi'al** (der, -s, -e) Vertreter des Bischofs im Offizialat
**Offi'zi'a'lat** (das, -(e)s, -e) bischöfliche Gerichtsbehörde (in der kath. Kirche) [lat.]
**Offi'zi'al'de'likt** (das, -(e)s, -e) von Amts wegen automatisch verfolgte Straftat, auch ohne Klage eines Geschädigten (Recht)
**Offi'zi'al'ma'xi'me** (die, -, nur Ez.) Verpflichtung des Gerichts, von Amts wegen Ermittlungen in einer Sache anzustellen (Recht)
**Offi'zi'al'prin'zip** (das, -, nur Ez.) = Offizialmaxime
**Offi'zi'al'ver'tei'di'ger** (der, -s, -) vom Gericht gestellter Pflichtverteidiger
**Offi'zi'ant** (der, -en, -en) den Gottesdienst haltender Geistlicher (in der kath. Kirche) [lat.]
**offi'zi'ell** (Adj.) **1** öffentlich, in der Öffentlichkeit **2** amtlich, von einer Behörde ausgehend; z.B. offizielle Verlautbarung **3** förmlich, den gesellschaftlichen Formen entsprechend; z.B. ein offizieller Besuch [lat.-frz.]
**Offi'zier** (der, -s, -e) Soldat vom Leutnant an aufwärts [frz.]
**Offi'zier(s)'korps** (das, -, -) alle Offiziere einer Armee
**offi'zi'nal** *auch:* offi'zi'nell (Adj.) arzneilich; als Arzneimittel amtlich anerkannt [lat.]
**offi'zi'nell** (Adj.) = offizinal
**offi'zi'ös** (Adj.) nicht ganz offiziell, halbamtlich [frz.]
**Offi'zi'um** *auch:* Offi'ci'um (das, -s, -zi'en) Gottesdienst (der kath. Kirche) [lat.]
**off li'mits** Zutritt verboten [engl.]
**off'line** [-lain] indirekt mit einer EDV-Anlage verbunden, im Zwischenspeicher gesammelt, dafür bestimmt [engl.]
**Off-off-Büh'ne** (die, -, -n) kleines Theater außerhalb des geförderten, etablierten Theaters
**off'peak** [ɒfpiːk] (Adj.) verbilligt [engl.]
**off'road** [ɒfrəʊdə] (Adj.) außerhalb der Straße [engl.]
**Off'roa'der** [ɒfrəʊdə] (der, -s, -) Geländefahrzeug [engl.]
**Off'set** (der, -s, -s) ein Flachdruckverfahren, bei dem die Druckfarbe von der Druckplatte durch Gummituch auf das Papier übertragen wird
**Off'set'druck** (der, -(e)s, -e) Flachdruckverfahren
**Off'shore** *auch:* Off-Shore [-ʃɔːɐ] (in Zusammensetzungen) etwas entfernt von der Küste, im Meer; z.B. ein Offshorevorkommen von Erdöl [engl.]
**Off'shore'boh'rung** *auch:* Off-Shore-Bohrung [ɒfʃɔː-] (die, -, -en) Ölbohrung im Meer auf einer Plattform [engl.]
**off'side** [ɒfsaɪd] (Adj.) abseits (Sport) [engl.]
**Off'stim'me** *auch:* Off-Stim'me (die, -, -n) nicht sichtbarer Sprecher im Fernsehen
**off'white** (Adj.) weiß mit gelblichem oder grauem Schimmer
**Oger** (der, -s, -) menschenfressendes Ungeheuer (im frz. Märchen) [frz.]
**Ogi'ven** (nur Mz.) Staubanlagerungen auf Gletschern [frz.]

**ogygisch** (Adj.) uralt [gr.-lat.]
**o.k., O.K.** [əʊkeɪ] = okay, Okay
**Okapi** (das, -s, -s) der Giraffe ähnliches Tier, aber mit kürzerem Hals [afrikan.]
**okay** [əʊkeɪ] in Ordnung, recht so [engl.]
**Okay** [əʊkeɪ] (das, -s, -s) Zustimmung, Genehmigung [engl.]
**Okeanide** (die, -, -n) Meeresnymphe [gr.-lat.]
**okkludieren** (V.) verschließen, absperren [lat.]
**Okklusion** (die, -, -sionen) **1** Sperre, Hemmung **2** normale Stellung der Zähne beim Aufeinanderbeißen **3** Aufeinandertreffen von Warm- und Kaltfront **4** Verschluss eines Hohlorgans [lat.]
**okklusiv** (Adj.) sperrend, hemmend [lat.]
**Okklusivpessar** (das, -s, -e) den Muttermund verschließende Einlage zur Empfängnisverhütung (Med.)
**okkult** (Adj.) **1** verborgen, geheim **2** übersinnlich, mit dem Übersinnlichen zusammenhängend [lat.]
**Okkultismus** (der, -, nur Ez.) Lehre von den über- oder außersinnlichen Erscheinungen [lat.]
**Okkultist** (der, -tisten, -tisten) Anhänger des Okkultismus [lat.]
**okkultistisch** (Adj.)- zum Okkultismus gehörig, darauf beruhend
**Okkultologe** (der, -n, -n) sich auf dem Gebiet des Okkultismus betätigender Wissenschaftler [lat.-gr.]
**Okkulttäter** (der, -s, -) eine dem Okkultismus ergebene, von abergläubischen Vorstellungen bestimmte Person, die sich als Wunderheiler, Wahrsager etc. betätigt und dabei gegen Vorschriften und Gesetze des Strafrechts verstößt [lat.-dt.]
**Okkupant** (der, -en, -en) jmd., der etwas okkupiert (hat)
**Okkupation** (die, -, -tionen) **1** Besetzung (fremden Staatsgebietes) **2** Aneignung (herrenlosen Gutes) [lat.]
**Okkupativ** (das, -s, -e) Verbum des Beschäftigtseins
**okkupieren** (V.) **1** besetzen, mit Beschlag belegen **2** sich aneignen **3** sehr okkupiert sein: sehr beschäftigt sein (mit etwas), gedanklich sehr in Anspruch genommen sein
**Okkupierung** (die, -, -en) das Okkupieren, das Besetzen [lat.]
**Okkurrenz** (die, -, -en) Bezeichnung in der Sprachwissenschaft für das Vorkommen einer sprachlichen Einheit in einem Text oder einem Kommunikationsakt [lat.-engl.]
**oknophil** (Adj.) aus Verlustangst den Partner mit seiner Liebe erdrückend [gr.]
**Ökoaudit** (der oder das, -s, -s) Betriebsprüfung zur Umweltverträglichkeit eines Unternehmens
**Ökobilanz** (die, -, -en) abschließender Überblick über die Auswirkungen eines Produktes oder Produktionsverfahrens für die Umwelt
**Ökologie** (die, -, nur Ez.) Wissenschaft von den Beziehungen zwischen den Lebewesen und ihrem Lebensraum [gr.]
**ökologisch** (Adj.) zur Ökologie gehörig, darauf beruhend; die Beziehungen zwischen Lebewesen und ihrem Lebensraum betreffend, darauf beruhend
**Ökonom** (der, -en, -en) **1** Landwirt, Gutsverwalter (veraltet) **2** Wirtschaftswissenschaftler (selten) [gr.]
**Ökonomie** (die, -, -ien) **1** Wirtschaftswissenschaft **2** Sparsamkeit, sparsames Umgehen (mit den vorhandenen Mitteln) [gr.]
**Ökonomik** (die, -, nur Ez.) **1** Wirtschaftskunde **2** Wirtschaftlichkeit, Sparsamkeit **3** wirtschaftliche Verhältnisse [gr.]
**ökonomisch** (Adj.) **1** zur Ökonomie (**1**) gehörig, darauf beruhend **2** sparsam, wirtschaftlich; z.B. mit den Mitteln umgehen
**ökonomisieren** (V.) auf eine wirtschaftliche, sparsame Grundlage stellen, wirtschaftlich gestalten [gr.-lat.]
**Ökonomisierung** (die, -, -en) Erhöhung der Wirtschaftlichkeit
**Ökonomismus** (der -, nur Ez.) Betrachtung nur vom ökonomischen Standpunkt aus
**ökonomistisch** (Adj.) auf Ökonomismus beruhend, einseitig ökonomisch
**Ökosystem** (das, -s, -e) kurz für: ökologisches System, Einheit von Lebewesen und ihrem Lebensraum

**Öko'top** (das, -s, -e) in den Beziehungen zwischen Lebewesen und ihrem Lebensraum einheitliches, ausgeglichen gestaltetes Gebiet [gr.]
**Öko'tro'pho'lo'ge** (der, -n, -n) Haushalts- und Ernährungswissenschaftler [gr.]
**Öko'tro'pho'lo'gie** (die, -, nur Ez.) Wissenschaft von Haushalt und Ernährung [gr.]
**Öko'ty'pus** (der, -, -pen) einem bestimmten Lebensraum angepasste Tier- oder Pflanzengruppe [gr.-lat.]
**Ok'ra** (die, -, -s) längliche, gelbgrüne Gemüseschote der südöstlichen Mittelmeerländer [gr.]
**Ok'ta'chord** [-kɔ-] (das, -(e)s, -e) achtsaitiges Instrument [gr.-lat.]
**Ok'ta'e'der** (das, -s, -) von acht Flächen begrenzter Körper [gr.]
**Ok'ta'gon** (das, -s, -e) = Oktogon
**Ok'tan** (das, -s, nur Ez.) = Octan
**Ok'tant** (der, -en -en) **1** Achtelkreis **2** Winkelmessgerät für die astronomische Navigation [gr.]
**Ok'tan'zahl** (die, -, -en) Maßeinheit zur Klopffestigkeit von Kraftstoffen
**Ok'tav 1** (das, -s, nur Ez.) Buchformat in der Größe eines Achtelbogens **2** (die, -, -en) = Oktave (österr.) [lat.]
**Ok'ta've** (die, -, -n) achter Ton der diatonischen Tonleiter; Intervall von acht Tönen [lat.]
**ok'ta'vie'ren** (V.) eine Oktave höher spielen (als angegeben)
**Ok'tett** (das, -(e)s, -e) Musikstück für acht Singstimmen oder Instrumente; Gruppe der acht Sänger oder Spieler [lat.]
**Ok'to'de'ka'gon** (das, -s, -e) Achtzehneck
**Ok'to'dez** (das, -es, -e) Buchformat
**Ok'to'gon** *auch:* Ok'ta'gon (das, -s, -e) Achteck [gr.]
**ok'to'go'nal** (Adj.) achteckig [gr.]
**Ok'to'po'de** (der, -n, -n) achtarmiger Tintenfisch, Achtfüßer [gr.]
**ok'troy'ie'ren** [-trwajiː-] oder [-troiː-] (V.) jmdm. etwas oktroyieren; jmdm. etwas auferlegen, aufzwingen, jmdn. zu etwas zwingen [frz.]
**oku'lar** (Adj.) mit dem Auge, für das Auge, das Auge betreffend, dem Auge zugewandt, Augen… [lat.]
**Oku'lar** (das, -s, -e) dem Auge zugewandte Linse (in optischen Geräten) [lat.]
**Oku'lar'in'spek'ti'on** (die, -, -en) Besichtigung mit bloßem Auge (Med.)
**Oku'la'ti'on** (die, -, -ti'o'nen) das Okulieren, Veredelung
**oku'lie'ren** (V.) durch Einsetzen des Auges eines Pfropfreises in die eingeschnittene Rinde (einer anderen Pflanze) veredeln [lat.]
**Öku'me'ne** (die, -, -n) **1** (nur Ez.) die bewohnte Erde (als Lebensraum der Menschen) **2** die ökumenische Bewegung [gr.-lat.]
**öku'me'nisch** (Adj.) die ganze bewohnte Erde betreffend, zu ihr gehörend; ökumenische Bewegung: Bestrebung der nicht katholischen Christen zur Einigung in allen religiösen Fragen; ökumenisches Konzil: Konzil der Vertreter der kath. Kirchen; ökumenische Trauung: Trauung eines Brautpaares, das zwei verschiedenen Konfessionen angehört, durch je einen Geistlichen dieser Konfessionen
**Öku'me'nis'mus** (der, -, nur Ez.) Versuch der katholischen Kirche seit dem Zweiten Vatikanischen Konzil, alle christlichen Konfessionen zusammenzuführen [gr.-lat.]
**Ok'zi'dent** (der, -s, nur Ez.) Abendland [lat.]
**ok'zi'den'tal** *auch:* ok'zi'den'ta'lisch (Adj.) zum Okzident gehörig, abendländisch
**ok'zi'den'ta'lisch** (Adj.) = okzidental [lat.]
**ok'zi'pi'tal** (Adj.) das Hinterhaupt betreffend (Med.) [lat.]
**Ok'zi'ta'nisch** (das, -, nur Ez.) = Provenzalisch
**Ol'die** (der, -s, -s) **1** alter, beliebter, wieder gespielter Schlager oder Film **2** wertvolle alte Schallplatte **3** Angehöriger der älteren Generation (ugs.) [engl.]
**Old'ti'mer** [-taɪ-] (der, -s, -)**1** altes Fahrzeug, Schiff oder Flugzeug aus der Anfangszeit der Technik **2** bewährtes, langjähriges Mitglied (ugs.) [engl.]
**olé!** spanischer Ausruf der Begeisterung und Anfeuerung, etwa: los!, Hurra!

**Ole'an'der** (der, -s, -) ein Zierstrauch der Mittelmeerländer, ein Hundsgiftgewächs [gr.]
**Ole'as'ter** (der, -, nur Ez.) wild wachsende Variante des Ölbaums [gr.-lat.]
**Ole'at** (das, -s, -e) Salz der Ölsäure [lat.]
**Ole'fin** (das, -s, -e) ein ungesättigter Kohlenwasserstoff [lat.]
**Ole'in** (das, -s, -e) Ölsäure [lat.]
**Ole'um** (das, -s, -lea) **1** Öl **2** rauchende Schwefelsäure [lat.]
**Ol'fak'to'me'ter** (das, -s, -) Gerät zum Testen des Geruchssinns
**Ol'fak'to'me'trie** (die, -, nur Ez.) Messung des Geruchssinns
**ol'fak'to'risch** (Adj.) zum Olfaktorius gehörig, den Geruchssinn betreffend [lat.]
**Ol'fak'to'ri'um** (das, -s, -ri'en) Riechstoff
**Ol'fak'to'ri'us** (der, -, -rii oder -rien) Riechnerv, [lat.]
**Oli'ba'num** (das, -s, nur Ez.) Weihrauch [lat.]
**Oli'fant** (der, -(e)s, -e) elfenbeinernes Jagd- und Trinkhorn des MA [gr.-frz.]
**Oli'gä'mie** (die, -, -n) Blutarmut (infolge von Verminderung der Gesamtblutmenge des Körpers) [gr.]
**Oli'gar'chie** (die, -, -n) Herrschaft einer kleinen Gruppe, einer kleinen Oberschicht [gr.]
**Oli'go'me'nor'rhö** (die, -, -en) zu seltene Monatsblutung (Med.)
**oli'go'phag** (Adj ) sich von nur wenigen Futterpflanzen oder Beutetieren ernährend (bestimmte Tiere) [gr.]
**Oli'go'pha'ge** (der, -n, -n) oligophag lebendes Tier
**Oli'go'pha'gie** (die, -, nur Ez.) Ernährungsweise von nur wenigen Futterpflanzen oder Beutetieren [gr.]
**Oli'go'phre'nie** (die, -, -n) Intelligenzdefekt bei Kindern, erblich bedingt oder im frühen Kindesalter erworben
**Oli'go'sper'mie** (die, -, -n) verminderte Spermienzahl in der Samenflüssigkeit (Med.)
**Oli'go'tri'chie** (die, -, -n) mangelnder Haarwuchs (Med.)
**oli'go'troph** (Adj.) humus-, nährstoffarm; z.B. ein oligotrophes Gewässer [gr.]
**Oli'go'zän** (das, -s, nur Ez.) mittlere Abteilung des Tertiärs [gr.]
**Oli've** (die, -, -n) Steinfrucht des Ölbaums [gr.-lat.]
**Oli'vin** (der, -s, -e) olivgrünes Mineral, Eisenmagnesiumsilicat
**Olymp** (der, -s, nur Ez.) **1** Wohnsitz der Götter (in der griechischen Mythologie) **2** der oberste Rang im Theater (ugs., scherzhaft)
**Olym'pia** (das, -s, nur Ez.) **1** altgriechische Kultstätte auf dem Peloponnes **2** Olympische Spiele [gr.]
**Olym'pia'de** (die, -, -n) **1** Zeitraum von vier Jahren zwischen zwei Olympischen Spielen (im alten Griechenland) **2** die Olympischen Spiele (heute) **3** (auch) Wettbewerb (gelegentlich in Zusammensetzungen)
**Olym'pi'er** (der, -s, -) **1** Bewohner des Olymps **2** Mann von ruhiger, erhabener Überlegenheit
**Olym'pio'ni'ke** (der, -n, -n) Teilnehmer an, Sieger bei den Olympischen Spielen
**olym'pisch** (Adj.) **1** zum Olymp gehörend **2** zu den Olympischen Spielen gehörend **3** gelassen, überlegen; z.B. mit olympischer Ruhe
**om** heilige Silbe der Brahmanen, die als Mittel der Meditation gesprochen wird [sanskr.]
**Oma'ner** (der, -s, -) Einwohner des Sultanats Oman [arab.]
**Oma'sus** (der, -, nur Ez.) Blättermagen, Teil des Magens bei Wiederkäuern, nimmt den Nahrungsbrei nach dem Wiederkäuen auf (Bio.)
**Om'bra'ge** (die, -, nur Ez.) **1** Schatten **2** Verdacht, Misstrauen [lat.-frz.]
**Om'bré** (der, -(s), -s) farblich schattierendes Textil [lat.-frz.]
**om'briert** (Adj.) schattiert (verschwommene Farben in Textilien) [lat.-frz.]
**Om'bro'graf** *auch:* Om'bro'graph (der, -en, -en) Gerät zum Aufzeichnen der Regenmenge, Regenmesser [gr.]
**Om'bro'me'ter** (das, -s, -) Regenmesser = Ombrograf
**om'bro'phil** (Adj.) Feuchtigkeit (Regen) liebend (Bio.)
**om'bro'phob** (Adj.) Trockenheit liebend (Bio.)
**Om'buds'mann** (der, -(e)s, -män'ner) Beauftragter des Parlaments, der die

O

Bürger gegenüber Behörden vertreten kann [schwed.]
**Ome|ga** (das, -s, -s) letzter Buchstabe des griechischen Alphabets
**Ome|lett** *auch:* die Ome|lette [ɔm-] (das, -(e)s, -e oder -s) in der Pfanne gebackene Speise aus Eiern, Eischnee, Mehl, Zucker und Milch [frz.]
**Ome|lette** [ɔmlɛt] (die, -, -n) = Omelett
**Omen** (das, -s, - oder -mi|na) Zeichen, Vorzeichen, Vorbedeutung; z.B. das ist ein gutes, böses Omen [lat.]
**Omer|tà** (die, -, nur Ez.) das Gesetz des Schweigens (in der Mafia) [it.]
**Omi|kron** (das, -s, -s) 15. Buchstabe des griechischen Alphabets
**omi|nös** (Adj.) 1 von schlimmer Vorbedeutung (veraltet) 2 bedenklich, anrüchig [lat.]
**Omis|siv|de|likt** (das, -(e)s, -e) strafbare Unterlassung; z.B. einer Hilfeleistung [lat.]
**Om|ma|ti|di|um** (das, -s, -di|en) einzelnes Auge eines Facettenauges (Bio.)
**Om|ni|bus** (der, - oder -ses, -se) Kraftwagen zur Beförderung einer größeren Menge von Personen [lat.]
**om|ni|po|tent** (Adj.) allmächtig [lat.]
**Om|ni|po|tenz** (die, -, nur Ez.) Allmacht (Gottes); absolute Machtstellung [lat.]
**om|ni|prä|sent** (Adj.) allgegenwärtig [lat.]
**Om|ni|prä|senz** (die, -, nur Ez.) Allgegenwart (Gottes) [lat.]
**Om|ni|um** (das, -s, -ni|en) 1 aus mehreren Wettbewerben bestehendes Bahnradrennen 2 Rennen, an dem jedes Pferd teilnehmen kann [lat.]
**om|ni|vor** (Adj.) allesfressend (Bio.)
**Om|ni|vo|re** (der, -n, -n) Tier, das sich von Pflanzen und Tieren ernährt, Allesfresser [lat.]
**Om|ni|zid** (der oder das, -(e)s, -e) Selbstvernichtung aller Menschen
**Omo|pha|gie** (die, -, nur Ez.) das Verspeisen des rohen Fleisches eines geopferten Tieres, um sich dessen Kraft anzueignen [gr.-lat.]
**Om|rah** (die, -, nur Ez.) kleine Pilgerfahrt nach Mekka [arab.]
**on** (Adv.) 1 angeschaltet (Vermerk auf elektrischen oder elektronischen Geräten) 2 auf der Leinwand, auf dem Bildschirm sichtbar [lat.]
**On** (das, -, nur Ez.) Bereich innerhalb des Bildes, auf der Leinwand, auf dem Bildschirm; z.B. Sprecher im On; im On bleiben [engl.]
**Ona|nie** (die, -, nur Ez.) = Masturbation [hebr.]
**ona|nie|ren** (V.) = masturbieren [hebr.]
**Ona|nist** (der, -nis|ten, -nis|ten) jemand, der sich in sexueller Hinsicht selbst befriedigt [engl.]
**ona|nis|tisch** (Adj.) die Selbstbefriedigung betreffend
**on call** [-kɔːl] (Adj.) auf Bestellung [engl.]
**On|dit** [ɔ̃diː] (das, -(s), -s) Gerücht; z.B. einem Ondit zufolge [frz.]
**On|du|la|ti|on** (die, -, -ti|o|nen) das Ondulieren
**on|du|lie|ren** (V.) in Wellen legen (bes. mit der Brennschere); das Haar ondulieren [frz.]
**One-Man-Show** (die, -, -s) eine Veranstaltung, die ein Unterhaltungskünstler allein gestaltet [engl.]
**One-Night-Stand** [wan naɪt stænd] (der, -s, -s) auf eine Nacht beschränktes sexuelles Abenteuer [engl.]
**One|stepp** (der, -s, -s) nordamerikanischer Tanz [engl.-amerik.]
**Oni|o|ma|nie** (die, -, nur Ez.) krankhafter Kauftrieb (Med.) [gr.-lat.]
**On|ko|ge|ne|se** (die, -, -n) Entstehung von Geschwüren (Med.)
**On|ko|lo|gie** (die, -, nur Ez.) Wissenschaft von den Geschwülsten [gr.]
**On|ko|ly|se** (die, -, -n) Abtötung von Tumoren (Med.)
**on|ko|zid** (Adj.) Tumore tötend (Med.)
**on|line** [-laɪn] direkt mit einer EDV-Anlage verbunden, in den Computer eingespeichert [engl.]
**On|line|be|trieb** [ɔnlaɪn-] (der, -(e)s, -e) Art der elektronischen Datenverarbeitung, bei der der Computer direkt mit einer anderen Datenverarbeitungsanlage verbunden ist (EDV) [engl.]
**On|line|dienst** [ɔnlaɪn-] (der, -(e)s, -e) Telekommunikationsdienst, der Leitungen für Computeranwendungen erbringt, meist Anbieter im Internet (EDV)

**Öno'lo'gie** (die, -, nur Ez.) Wissenschaft vom Weinbau [gr.]
**Ono'man'tie** (die, -, nur Ez.) das Wahrsagen aus Namen [gr.-lat.]
**Ono'ma'sio'lo'gie** (die, -, nur Ez.) Zweig der Sprachwissenschaft, der untersucht, welche Wörter für jeweils einen Begriff gebraucht werden oder gebraucht worden sind, Bezeichnungslehre [gr.]
**Ono'mas'tik** (die, -, nur Ez.) Wissenschaft von den Namen, Namenkunde [gr.]
**Ono'mas'ti'kon** (das, -s, -ka) Namenverzeichnis (in der Antike und im Mittelalter)
**Ono'ma'to'lo'gie** (die, -, nur Ez.) = Onomastik [gr.]
**Ono'ma'to'po'e'sie** (die, -, nur Ez.) = Onomatopöie [gr.]
**Ono'ma'to'po'e'ti'kon** *auch:* Ono'ma'to'po'eti'kum (das, -s, -ka) lautmalerisches Wort
**ono'ma'to'po'e'tisch** (Adj.) in der Art der Onomatopöie, lautnachahmend, lautmalend
**Ono'ma'to'pö'ie** (die, -, -ien) Nachahmung von Klängen, Geräuschen durch Wörter, Lautmalerei [gr.]
**Öno'me'ter** (das, -s, -) Gerät zum Messen des Alkoholgehalts vom Wein [gr.]
**on the road** [-ðərəʊd] auf Reisen, unterwegs [engl.]
**on the rocks** über Eiswürfel gegossen (von Getränken) [engl.]
**on'tisch** (Adj.) seiend, dem Sein nach, unabhängig vom Bewusstsein betrachtet [gr.]
**On'to'ge'ne'se** (die, -, nur Ez.) Entwicklung eines Lebewesens von der befruchteten Eizelle bis zur Geschlechtsreife [gr.]
**on'to'ge'ne'tisch** (Adj.) zur Ontogenese gehörig, auf ihr beruhend
**On'to'ge'nie** (die, -, nur Ez.) = Ontogenese
**On'to'lo'gie** (die, -, nur Ez.) Lehre vom Sein [gr.]
**on'to'lo'gisch** (Adj.) zur Ontologie gehörig, auf ihr beruhend
**on tour** [-tuːr] auf Tournee [engl.]
**Onus** (das, -, -ne'ra) **1** Bürde, Last **2** Verbindlichkeit (in der Rechtswissenschaft) [lat.]

**Ony'cho'pha'gie** (die, -, -n) Nägelkauen (Med.)
**Onyx** (der, -(es), -e) ein Mineral, ein Quarz, Schmuckstein [gr.]
**Oo'ge'ne'se** *auch:* Ovo'ge'ne'se [oːo-] (die, -, -n) Bildung, Entwicklung der Eizelle [gr.]
**oo'ge'ne'tisch** [oːo-] (Adj.) auf Oogenese beruhend
**Oo'lith** [oːo-] (der, -s oder -en, -e oder -en) aus kleinen Kalkkügelchen bestehendes Gestein; z.B. Kalkoolith, Rogenstein [gr.]
**Oo'lo'gie** [oːo-] (die, -, nur Ez.) Lehre von den Vogeleiern [gr.]
**Oo'pho'ri'tis** (die, -, -ti'den) Eierstockentzündung (Med.)
**OP** Abk. für **Op**erationssaal, **Op**eration (Med.)
**opak** (Adj.) durchscheinend, trüb [lat.]
**Opal** (der, -s, -e) in zarten Farben schimmerndes Mineral, Schmuckstein [gr.-lat.]
**Opa'les'zenz** (die, -, nur Ez.) das Opaleszieren
**opa'les'zie'ren** (V.) in zarten Farben schimmern (wie der Opal)
**opa'li'sie'ren** (V.) = opaleszieren
**Opan'ke** (die, -, -n) absatzloser Schuh der Südslawen mit aufgebogener Spitze [serb.]
**Opa'zi'tät** (die, -, nur Ez.) opake Beschaffenheit, Trübheit
**OPEC** Abk. für **O**rganization of **P**etroleum **E**xporting **C**ountries, Organisation Erdöl exportierender Länder
**Open-Air-Fes'ti'val** [-eə] (das, -s, -s) kulturelle große Veranstaltung im Freien (bes. mit Popmusik) [engl.]
**open end** [əʊpən-] ohne zeitliche Begrenzung [engl.]
**Oper** (die, -, -n) in Musik gesetztes Bühnenstück; Gebäude dafür [it.]
**ope'ra'bel** (Adj.) so beschaffen, dass man es operieren kann
**Ope'ra buf'fa** (die, -, -re -fe) Komische Oper (Mus.) [it.]
**Ope'ra'teur** [-tøːɐ] (der, -s, -e) **1** Arzt, der operiert **2** Vorführer im Lichtspieltheater **3** = Operator [frz.]
**Ope'ra'ting** [ɔːpəreɪtɪ̃] (das, -s, -s) Bedienen von Computern oder Maschinen [engl.]

**Ope'ra'ti'on** (die, -, -ti'onen) 1 chirurgischer Eingriff 2 militärische Unternehmung, Truppenbewegung 3 Rechenvorgang 4 Verfahren, Ablauf, Arbeitsvorgang [lat.]

**Ope'ra'ti'o'na'lis'mus** (der, -, nur Ez.) Wissenschaftstheorie, die Ergebnisse nur anerkennt, wenn sie durch physikalische Operationen gewonnen wurden

**ope'ra'tiv** (Adj.) 1 mithilfe einer Operation 2 planvoll, voraus-, weitschauend

**Ope'ra'tor** (der, -s, -to'ren) 1 [ɔ̃pɛrətɐ] jmd., der beruflich eine EDV-Anlage bedient 2 Mittel, Verfahren zur Durchführung einer Operation [lat.-engl.]

**Ope'ret'te** (die, -, -n) unterhaltendes, heiteres Bühnenstück mit Musik und gesprochenen Dialogen [it.]

**ope'rie'ren** (V.) 1 einen chirurgischen Eingriff (an jmdm.) vornehmen 2 eine Operation durchführen 3 vorgehen, handeln; z.B. geschickt, vorsichtig operieren; 4 mit etwas operieren: etwas (geschickt) benutzen [lat.]

**Ophi'o'la'trie** (die, -, nur Ez.) religiöse Verehrung der Schlange als Vermittlerin der Erkenntnis [gr.]

**Ophir** (das, -s, nur Ez.) sagenhaftes Goldland im Alten Testament [hebr.-gr.-lat.]

**Ophit** 1 (der, -en, -en) Anhänger der Ophiolatrie, Schlangenanbeter 2 (der, -s, -e) ein Mineral [gr.]

**ophi'tisch** (Adj.) zur Sekte der Ophiten, die die Schlange des Paradieses als Erkenntnisvermittlerin verehren, gehörend [gr.]

**Oph'thal'mi'at'rie** *auch:* Oph'thal'mi'a'trik (die, -, nur Ez.) Wissenschaft vom Auge und von den Augenkrankheiten, Augenheilkunde

**Oph'thal'mie** (die, -, -n) Augenentzündung (Med.)

**Oph'thal'mi'kum** (das, -s, -ka) Medikament für die Augen (Med.)

**oph'thal'misch** (Adj.) zum Auge gehörend

**Oph'thal'mo'lo'ge** (der, -n, -n) Augenarzt

**Oph'thal'mo'lo'gie** (die, -, nur Ez.) = Ophthalmiatrie

**Oph'thal'mo'skop** (das, -s, -e) Gerät zum Untersuchen des Auges, Augenspiegel (Med.) [gr.]

**Oph'thal'mo'sko'pie** (die, -, -n) Untersuchung mit dem Ophthalmoskop, Ausspiegelung des Augenhintergrundes

**Opi'at** (das, -(e)s, -e) Opium enthaltendes Arzneimittel

**Opi'ni'o com'mu'nis** (nur Mz.) allgemeine Meinung [lat.]

**Opi'um** (das, -s, nur Ez.) aus dem Saft des Schlafmohns gewonnenes Arznei- und Rauschmittel [gr.-lat.]

**Opos'sum** (das, -s, -s) Beutelratte Nordamerikas; deren Fell [Algonkin]

**Op'po'nent** (der, -en, -en) Gegner im Streitgespräch, in der Diskussion [lat.]

**op'po'nie'ren** (V.) die gegenteilige Meinung vertreten, widersprechen; gegen etwas opponieren: gegen etwas sprechen [lat.]

**op'po'niert** (Adj.) entgegengestellt, dagegengesetzt, gegenüberstehend [lat.]

**op'por'tun** (Adj.) nützlich, passend, (in der augenblicklichen Situation) günstig

**Op'por'tu'nis'mus** (der, -, nur Ez.) Anpassung an die jeweilige Lage, sofern dies Vorteile bringt, Handeln, Vorgehen, wie es im Augenblick am günstigsten ist [lat.]

**Op'por'tu'nist** (der, -nis'ten, -nis'ten) jmd., der sich in seinem Handeln der jeweiligen Situation anpasst, der so handelt, wie es augenblicklich am günstigsten ist [lat.]

**op'por'tu'nis'tisch** (Adj.) in der Art eines Opportunisten, sich jeweils der augenblicklichen Lage anpassend [lat.]

**Op'por'tu'ni'tät** (die, -, -en) Zweckmäßigkeit (in der augenblicklichen Situation)

**op'po'si'tär** (Adj.) gegensätzlich, einen Gegensatz ausdrückend [lat.]

**Op'po'si'ti'on** (die, -, -ti'onen) 1 Gegensatz, Widerstand; z.B. in der Opposition sein; Opposition machen: widersprechen, sich widersetzen 2 Gesamtheit der nicht zur Regierung gehörigen Parteien bzw. der mit dem Handeln der Regierung nicht einverstandenen Parteien und Bevölkerungsgruppen 3 entgegengesetzte Stellung, Stellung im Winkel von 180° (in der Astronomie) 4 Stellung gegenüber [lat.]

**op'po'si'ti'o'nell** (Adj.) 1 in der Opposition befindlich, gegensätzlich, widersetzlich 2 zur Opposition gehörig

**Op'pres'si'on** (die, -, -si'o̲nen) 1 Bedrückung, Unterdrückung 2 Beklemmung [lat.]
**op'pres'siv** (Adj.) gegensätzlich, einen Gegensatz ausdrückend [lat.]
**Op'so'nin** (das, -s, -e) Stoff im Blut, der Fremdbakterien verändert, um sie unschädlich zu machen (Med.)
**Op'tant** (der, -en, -en) jmd., der optiert, der die Möglichkeit zu optieren hat
**op'ta'tiv** (Adj.) im Optativ stehend, einen Wunsch ausdrückend
**Op'ta'tiv** (der, -s, -e) Verbform, die einen Wunsch, die Möglichkeit eines Geschehens ausdrückt (im Deutschen durch den Konjunktiv wiedergegeben) [lat.]
**op'tie'ren** (V.) 1 für jmdn., für einen Staat optieren: sich für jmdn., für die Zugehörigkeit zu einem Staat entscheiden 2 auf etwas optieren: vom Vorkaufsrecht für etwas Gebrauch machen [lat.]
**Op'tik** (die, -, -en) 1 (nur Ez.) Wissenschaft vom Licht 2 aus geschliffenen Linsen bestehendes System zur Verstärkung der Leistung des Auges 3 optische Wirkung 4 Betrachtungsweise (ugs.) [lat.]
**Op'ti'ker** (der, -s, -) Hersteller von optischen Geräten; Händler mit optischen Geräten
**op'ti'ma fi'de** im besten Glauben [lat.]
**op'ti'ma for'ma** in bester Form [lat.]
**op'ti'mal** (Adj.) der, die, das Beste, bestmöglich [lat.]
**Op'ti'me'ter** (das, -s, -) Feinmessgerät zur Bestimmmung der Dicke und Länge von Blechen, Papier u.a
**op'ti'mie'ren** (V.) so gut wie möglich gestalten oder ausnutzen [lat.]
**Op'ti'mis'mus** (der, -, nur Ez.) positive, bejahende, zuversichtliche Einstellung, Lebensbejahung [lat.]
**Op'ti'mist** (der, -mi̲s'ten, -mi̲s'ten) jmd., der dem Leben und allen Dingen positiv, bejahend, zuversichtlich gegenübersteht [lat.]
**op'ti'mis'tisch** (Adj.) in der Art des Optimismus, eines Optimisten, bejahend, zuversichtlich
**Op'ti'mum** (das, -s, -ma) günstigstes Verhältnis, günstigstes Ergebnis, Bestes, Höchstmaß [lat.]
**Op'ti'on** (die, -, -ti'o̲nen) 1 das Optieren, Entscheidung (für jmdn. oder einen Staat) 2 Vorkaufsrecht [lat.]
**op'ti'o'nal** (Adj.) nicht zwingend [lat.]
**op'tisch** (Adj.) 1 zum Sehen gehörig, optische Täuschung: Täuschung infolge falscher Wahrnehmung durch die Augen 2 zum Licht gehörig 3 mit einer Optik ausgestattet; z.B. optische Geräte 4 hinsichtlich des äußeren Eindrucks, der äußeren Wirkung
**Op'to'me'ter** (das, -s, -) Instrument zum Messen der Sehkraft (Med.)
**Op'to'me'trie** *auch:* Op'to'me'tri̲e̲ (die, -, nur Ez.) Messen der Sehkraft, Bestimmung der Sehschärfe [gr.]
**opu'lent** (Adj.) reichhaltig, reichlich, üppig; z.B. ein opulentes Mahl [lat.]
**Opu'lenz** (die, -, nur Ez.) opulente Beschaffenheit, Reichhaltigkeit, Üppigkeit
**Opun'tie** [-tsiə] (die, -, -n) ein Kaktusgewächs mit fleischigen, essbaren Früchten, Feigenkaktus [gr.]
**Opus** (das, -, -pe'ra) Werk, Kunstwerk; einzelnes Werk (eines Künstlers); Opus postumum (*auch:* posthumum): nachgelassenes Werk, nach dem Tode veröffentlichtes Werk [lat.]
**ora et la'bo'ra!** bete und arbeite! [lat.]
**Ora'kel** (das, -s, -) 1 Stätte, an der Seherinnen in der Antike ihre Weissagungen oder Aussagen zu anstehenden Entscheidungen verkündeten 2 durch das Orakel erhaltene, rätselhafte Aussage [lat.]
**ora'kel'haft** (Adj.) rätselhaft, undurchschaubar [lat.-dt.]
**ora'keln** (V.) in Andeutungen sprechen, sich rätselhaft ausdrücken [lat.]
**oral** (Adj.) zum Mund gehörig, durch den Mund; z.B. orale Einnahme eines Arzneimittels; mit dem Mund; mündlich; z.B. orale Überlieferung [lat.]
**oran'ge** [ɔrɑ̃:ʒ] (Adj.) von der Farbe der Orange, apfelsinenfarbig, rötlichgelb
**Oran'ge** [ɔrɑ̃:ʒə] (die, -, -n) eine Zitrusfrucht, Apfelsine [frz.]
**Oran'gea'de** [ɔrɑ̃:ʒa:də] (die, -, -n) Orangenlimonade
**Oran'geat** [ɔrɑ̃:ʒa:t] (das, -s, nur Ez.) kandierte Schalen von Orangen
**Oran'ge Pe'koe** [ɔrɪndʒ pikəʊ] (der, -, nur Ez.) indische Teesorte [engl.]

O

**Orangerie** [ɔrɑ̃ːʒə-] (die, -, -n) Gewächshaus zum Züchten von Apfelsinenbäumen; Garten mit Apfelsinenbäumen (bes. in Schlossparks) [frz.]
**Orang-Utan** (der, -s, -s) ein Menschenaffe auf Borneo und Sumatra [malai.]
**Orans** *auch:* Orant (der, -ten, -ten) betende Gestalt [lat.]
**Orator** (der, -s, -toren) begabter, schwungvoller Redner (in der Antike) [lat.]
**Oratorianer** (der, -s, -) Angehöriger eines Oratoriums (2)
**oratorisch** (Adj.) rednerisch; z.B. mit oratorischem Schwung [lat.]
**Oratorium** (das, -s, -rien) **1** Betraum, Hauskapelle **2** Kongregation von Priestern und Laien (zur Seelsorge und Erziehung) **3** episch-dramatisches Musikwerk für Chor, Solostimmen und Orchester [lat.]
**Orbis** (der, -, nur Ez.) **1** Kreis, Erdkreis **2** Umlaufbahn eines künstlichen Satelliten [lat.]
**Orbis pictus** gemalte Welt [lat.]
**Orbita** (die, -, -tae [-tɛː]) Augenhöhle [lat.]
**orbital** (Adj.) **1** zur Orbita gehörig **2** in einem Orbit befindlich
**Orbital** (das, -s, -e) bestimmte, energetisch bedingte Umlaufbahn eines Elektrons, das sich um einen Atomkern bewegt [lat.]
**Orbitalrakete** (die, -, -n) Flugkörper, der eine Last in die Erdumlaufbahn bringt
**Orbitalstation** (die, -, -en) Forschungsstation in einer Umlaufbahn um die Erde oder einen anderen Himmelskörper
**Orbiter** (der, -s, -) Flugkörper, der sich in einer Umlaufbahn um die Erde befindet
**Orchester** [-kɛ-] (das, -s, -) Gesamtheit von Spielern verschiedener Instrumente zum Zusammenspiel unter Leitung eines Dirigenten
**Orchestra** [-kɛ-] (die, -, -tren/-ren/-stren) runder Raum für den Chor (im altgriechischen Theater) [gr.]
**orchestral** [-kɛ-] (Adj.) in der Art eines Orchesters; z.B. orchestraler Klang, zu einem Orchester gehörig, durch ein Orchester, das Orchester betreffend [gr.]
**Orchestration** [-kɛ-] (die, -, -tionen) das Orchestrieren, Bearbeitung für Orchester, Instrumentation
**orchestrieren** [-kɛ-] (V.) für Orchester bearbeiten, so bearbeiten, dass es von einem Orchester gespielt werden kann; z.B. ein Klavierstück orchestrieren
**Orchestrion** [-kɛ-] (das, -s, -trien/-rien/-strien) mechanisches Musikinstrument (Vorläufer des Grammophons); tragbare Orgel; Orgelklavier; Drehorgel [gr.]
**Orchidee** *auch:* [-deː] (die, -, -n) in vielen Arten vorkommende Pflanze mit eigentümlich gestalteten, schönen Blüten [gr.-frz.]
**Orchis** **1** (der, -, -) Hoden **2** (die, -, -) eine Orchidee, Knabenkraut [gr.]
**Orchitis** (die, -, -chitiden) Hodenentzündung [gr.]
**Orchitomie** (die, -, -n) Entfernung des Hodens (Med.)
**Order** (die, -, -s oder -n) **1** Befehl, Anordnung, Order parieren: gehorchen (veraltet) **2** Auftrag [frz.]
**ordern** (V.) einen Auftrag (für etwas) erteilen, bestellen [frz.]
**Ordinale** (das, -s, -lia) Ordnungszahl, einordnendes Zahlwort; z.B. erster [lat.]
**Ordinalzahl** (die, -, -en) = Ordinale
**ordinär** (Adj.) **1** landläufig, gebräuchlich (veraltet) **2** zum Ladenpreis, das Buch kostet ordinär zehn Euro **3** gewöhnlich, unfein, unanständig [lat.]
**Ordinariat** (das, -(e)s, -e) **1** Amt eines Ordinarius **2** bischöfliche Verwaltungsbehörde
**Ordinarium** (das, -s, -rien) **1** Staats-, Gemeindehaushalt **2** handschriftlich aufgezeichnete Gottesdienstordnung (in der kath. Kirche) [lat.]
**Ordinarius** (der, -, -rien) **1** ordentlicher Professor (einer Hochschule) **2** Klassenlehrer (einer höheren Schule; veraltet) **3** Inhaber eines kirchlichen Amtes, dem die Rechtsprechung zukommt; z.B. Diözesanbischof [lat.]
**Ordinärpreis** (der, -es, -e) im Buchhandel vom Verleger festgesetzter Verkaufspreis
**Ordinate** (die, -, -n) parallel zur senkrechten Achse (im Koordinatensystem) gemessener Linienabschnitt [lat.]

**Or'di'na'ten'ach'se** (die, -, -n) = Ordinate
**Or'di'na'ti'on** (die, -, -ti'o'nen) 1 Priesterweihe (kath. Kirche) 2 Einsetzung eines Pfarrers (evang. Kirche) 3 ärztliche Verordnung 4 Sprechstunde (des Arztes) 5 Untersuchungszimmer (des Arztes) (österr.) [lat.]
**or'di'nie'ren** (V.) 1 zum Priester weihen (in der kath. Kirche) 2 als Pfarrer einsetzen (in der evang. Kirche) 3 ärztlich verordnen 4 Sprechstunde halten (von Ärzten) [lat.]
**Or'don'nanz** *auch:* Or'do'nanz (die, -, -en) Soldat, der einem Offizier für bestimmte Aufgaben zugeteilt ist
**Öre** (das oder die, -(s), -) Währungseinheit in Dänemark, Schweden, Norwegen
**Ore'a'de** (die, -, -n) Bergnymphe (in der griechischen Mythologie)
**Ore'ga'no** (der, -(s), nur Ez.) = Origano
**Or'gan** (das, -s, -e) 1 Körperteil mit bestimmter Funktion; z.B. Sinnesorgan 2 Stimme (ugs.); z.B. ein lautes Organ haben 3 Personengruppe oder Behörde mit bestimmten Aufgaben; z.B. ausführendes Organ 4 Zeitung oder Zeitschrift (die für einen Fachbereich oder im Sinne einer Partei schreibt); 5 Empfänglichkeit; z.B. dafür habe ich kein Organ [gr.]
**Or'gan'bank** (die, -, -en) Aufbewahrungsstelle für Organe, die wieder zu Transplantationen verwendet werden (Med.)
**Or'gan'dy** (der, -s, -s) festes, durchscheinendes Baumwollgewebe [frz.]
**Or'ga'nell** (das, -s, -en) *auch:* Or'ga'nel'le (die, -, -n) einem Organ ähnliches Teil eines einzelligen Lebewesens [gr.]
**Or'ga'nik** (die, -, nur Ez.) Wissenschaft von den Organen (Med.)
**Or'ga'ni'sa'ti'on** (die, -, -ti'o'nen) 1 (nur Ez.) das Organisieren (1) 2 Aufbau, Gliederung, Ordnung 3 Personengruppe, die sich zu einem bestimmten Zweck zusammengeschlossen hat, Verband, Vereinigung [lat.]
**Or'ga'ni'sa'tor** (der, -s, -to'ren) jmd., der etwas organisiert (1)
**or'ga'ni'sa'to'risch** (Adj.) zum Organisieren gehörig, hinsichtlich der Organisation
**or'ga'nisch** (Adj.) 1 zu einem Organ gehörig, hinsichtlich der Organe; z.B. ihm fehlt organisch nichts 2 von einem Organ ausgehend; z.B. organische Erkrankung 3 der belebten Natur angehörig, sich damit befassend; z.B. organische Verbindung, organische Chemie 4 auf natürliche Weise, gesetzmäßig, das hat sich organisch entwickelt
**or'ga'ni'sie'ren** (V.) 1 planvoll, sinnvoll gestalten, aufbauen, einrichten 2 geschickt oder auf nicht ganz einwandfreie Weise beschaffen (ugs.) 3 sich organisieren: sich einer Partei oder Gewerkschaft anschließen, sich dazu zusammenschließen [lat.]
**or'ga'nis'misch** (Adj.) zu einem Organismus gehörend, in der Art eines Organismus
**Or'ga'nis'mus** (der, -, -men) 1 Lebewesen 2 sinnvoll gegliedertes Ganzes, Gefüge [lat.]
**Or'ga'nist** (der, -nis'ten, -nis'ten) Orgelspieler
**or'ga'no'gen** (Adj.) aus organischen Stoffen, aus Organismen gebildet, entstanden; aus organischen Stoffen bestehend [gr.]
**Or'ga'no'ge'ne'se** (die, -, -n) Organbildung (Med.)
**or'ga'no'id** (Adj.) organähnlich [gr.]
**Or'ga'no'lo'gie** (die, -, nur Ez.) 1 Wissenschaft von den Organen 2 Lehre vom Bau der Musikinstrumente [gr.]
**Or'ga'non** (das, -s, -na) 1 Gesamtheit der logischen Schriften des Aristoteles 2 logische Schrift [gr.]
**Or'ga'no'zo'on** (das, -s, -zo'en) in einem Organ lebender Parasit (Med.)
**Or'gan'spen'der** (der, -s, -) jmd., der zu Lebzeiten oder nach seinem Tod seine Organe zur Transplantation freigibt (Med.)
**Or'gan'za** (der, -s, nur Ez.) dünne Gewebeart
**Or'gas'mus** (der, -, -men) Höhepunkt der geschlechtlichen Erregung [gr.-lat.]
**or'gas'tisch** (Adj.) auf dem Orgasmus beruhend
**Or'gel'pro'spekt** (das, -es, -e) kunstvoll gestaltete Schauseite einer Orgel mit den Orgelpfeifen

**Or'gi'as'mus** (der, -, -men) ausschweifendes Feiern kultischer Feste (im alten Griechenland) [gr.-lat.]
**or'gi'as'tisch** (Adj.) zum Orgiasmus gehörend; in der Art von Orgien, ausschweifend, wild, zügellos
**Or'gie** [-giə] (die, -, -n) wilde kultische Feier (im alten Griechenland); wildes, zügelloses Trinkgelage [gr.]
**Ori'ent** (der, -s, nur Ez.) Morgenland [lat.]
**Ori'en'ta'le** (der, -n, -n) Bewohner des Orients, Morgenländer
**ori'en'ta'lisch** (Adj.) zum Orient gehörig, aus ihm stammend, morgenländisch
**Ori'en'ta'list** (der, -lis'ten, -lis'ten) Wissenschaftler der Orientalistik
**Ori'en'ta'lis'tik** (die, -, nur Ez.) Wissenschaft von den Sprachen und Kulturen des (vorderen) Orients
**ori'en'ta'lis'tisch** (Adj.) zur Orientalistik gehörend
**ori'en'tie'ren** (V.) **1** jmdn. orientieren: jmdn. (von etwas) in Kenntnis setzen, benachrichtigen **2** sich orientieren: sich Kenntnisse (über etwas) verschaffen, sich zurechtzufinden suchen, seinen Standort bestimmen; z.B. sich nach den Sternen orientieren; sich an seinem Bruder orientieren: sich seinen Bruder zum Vorbild nehmen **3** etwas orientieren: etwas nach einer Himmelsrichtung ausrichten, bauen [frz.]
**Ori'ga'mi** (das, -, nur Ez.) japanische Kunst des Papierfaltens
**Ori'gano** *auch:* Ore'ga'no (der, -(s), nur Ez.) = Origanum [it.]
**Ori'ga'num** *auch:* Ori'ga'no/Ore'ga'no (das, -s, nur Ez.) Dost, wilder Majoran [lat.]
**ori'gi'nal** (Adj.) **1** echt, eigenhändig (hergestellt), urschriftlich **2** schöpferisch, eigenständig; das Bild ist eine originale Leistung [lat.]
**Ori'gi'nal** (das, -s, -e) **1** erste, eigenhändige Niederschrift, ursprüngliche Fassung, Urtext **2** eigenhändig, vom Künstler selbst gemaltes Bild **3** eigenartiger, bemerkenswerter, meist auch witziger Mensch [lat.]
**Ori'gi'na'li'tät** (die, -, -en) **1** Ursprünglichkeit, Echtheit **2** Eigenart, bemerkenswerte Besonderheit [lat.]
**ori'gi'när** (Adj.) ursprünglich; z.B. die originäre Form eines Wortes [frz.]
**ori'gi'nell** (Adj.) **1** eigenartig, besonders, neuartig **2** merkwürdig und witzig; z.B. ein origineller Kerl [lat.]
**Or'kan** (der, -s, -e) Sturm der höchsten Windstärke, sehr starker Sturm [span.-niederl.]
**Or'kus** (der, -, nur Ez.) Unterwelt, Reich der Toten (in der römischen Mythologie) [lat.]
**Or'le'ans** (der, -, nur Ez.) leichter Baumwollstoff
**Or'lon** (das, -s, nur Ez.) weiche, wollähnliche Kunstfaser (Warenzeichen)
**Or'na'ment** (das, -(e)s, -e) Verzierung, Schmuck; Schmuckform [lat.]
**or'na'men'tal** (Adj.) als Ornament schmückend
**or'na'men'tie'ren** (V.) mit Ornamenten ausstatten, verzieren
**Or'na'men'tik** (die, -, nur Ez.) **1** Gesamtheit, Art der Ornamente; z.B. eines Bauwerks, eines Kunststils **2** Kunst der Verzierung
**Or'nat** (der, -(e)s, -e) feierliche Amtskleidung
**Or'nis** (die, -, nur Ez.) Vogelwelt, Gesamtheit der Vögel; z.B. einer Landschaft [gr.]
**Or'ni'tho'ga'mie** (die, -, nur Ez.) Bestäubung (von Blüten) durch Vögel [gr.]
**Or'ni'tho'lo'ge** (der, -n, -n) Wissenschaftler, Kenner der Ornithologie
**Or'ni'tho'lo'gie** (die, -, nur Ez.) Wissenschaft von den Vögeln, Vogelkunde [gr.]
**Or'ni'tho'phi'lie** (die, -, nur Ez.) = Ornithogamie [gr.]
**Or'ni'tho'se** (die, -, -n) von Vögeln auf Menschen übertragbare Krankheit, Papageienkrankheit [gr.]
**Oro'ge'ne'se** (die, -, -n) Bildung von Gebirgen [gr.]
**oro'ge'ne'tisch** (Adj.) zur Orogenese gehörig, auf ihr beruhend
**Oro'ge'nie** (die, -, nur Ez.) Wissenschaft von der Entstehung der Gebirge
**Oro'gra'fie** *auch:* Oro'gra'phie (die, -, -n) Beschreibung der Geländeformen der Erdoberfläche [gr.]
**Or'phe'um** (das, -s, -phe'en) Konzertsaal [gr.-lat.]

**Or'phik** (die, -, nur Ez.) altgriechische Geheimlehre über die Entstehung der Welt, die Unsterblichkeit der Seele, Seelenwanderung u.a. [gr.]
**Or'phi'ker** (der, -s, -) Anhänger der Orphik [gr.-lat.]
**or'phisch** (Adj.) 1 zur Orphik gehörend 2 geheimnisvoll, dunkel
**Or'phis'mus** (der, -, nur Ez.) = Orphik [gr.-lat.]
**Or'phi'zis'mus** (der, -, nur Ez.) = Orphik [gr.-lat.]
**Or'ping'ton** [-tn] 1 (die, -, -s) zur Mast geeignete Entenrasse 2 (das, -s, -s) eine Haushuhnrasse [engl.]
**Or'tho'chro'ma'sie** [-kro-] (die, -, nur Ez.) Empfindlichkeit für alle Farben (außer Rot) [gr.]
**Or'tho'don'tie** (die, -, -n) kieferorthopädische Zahnregulierung [gr.]
**or'tho'dox** (Adj.) 1 rechtgläubig, orthodoxe Kirche, die von Rom getrennte kath. Kirche, Ostkirche 2 streng, starr an einer Lehrmeinung festhaltend [gr.]
**Or'tho'do'xie** (die, -, nur Ez.) 1 Rechtgläubigkeit 2 starres Festhalten an einer Lehrmeinung [gr.]
**or'tho'drom** (Adj.) in der Art einer Orthodrome
O
**Or'tho'dro'me** (die, -, -n) kürzeste Verbindungslinie zwischen zwei Punkten auf der Erdoberfläche [gr.]
**Or'tho'epie** (die, -, nur Ez.) der Hochsprache entsprechende richtige Aussprache der Wörter [gr.]
**Or'tho'epik** (die, -, nur Ez.) = Orthoepie
**Or'tho'ge'ne'se** (die, -, -n) stammesgeschichtliche Entwicklung von einigen Lebewesen in gerader Linie von einer Ursprungsform an [gr.]
**Or'tho'gneis** (der, -es, -e) Schieferart, aus magmatischem Gestein hervorgegangen
**Or'tho'gon** (das, -s, -e) Rechteck [gr.]
**or'tho'go'nal** (Adj.) rechtwinklig [gr.]
**Or'tho'gra'fie** *auch:* Or'tho'gra'phie (die, -, -n) richtige Schreibung der Wörter, Rechtschreibung [gr.]
**or'tho'gra'fisch** *auch:* or'tho'gra'phisch (Adj.) zur Orthografie gehörig, hinsichtlich der Orthografie
**or'th'onym** (Adj.) unter dem eigenen Namen veröffentlichen
**Or'tho'pä'de** (der, -n, -n) Facharzt der Orthopädie
**Or'tho'pä'die** (die, -, nur Ez.) Fachgebiet der Medizin, das sich mit der Behandlung von Fehlern und Erkrankungen der Haltungs- und Bewegungsorgane (Knochen, Gelenke, Muskeln) befasst [gr.]
**or'tho'pä'disch** (Adj.) zur Orthopädie gehörig, mit ihrer Hilfe, in ihr verwendet
**Or'tho'pä'dist** (der, -dis'ten, -dis'ten) Hersteller von orthopädischen Geräten
**Or'th'op'tik** (die, -, nur Ez.) Behandlung von Fehlern der Augenmuskeln, Förderung des beidäugigen Sehens [gr.]
**Or'th'op'tis'tin** (die, -, -nen) Helferin des Augenarztes, die Sehschärfenprüfungen, Augenmuskeltraining, Schielwinkelmessungen u.a. eigenständig durchführt [gr.]
**Or'tho'skop** (das, -s, -e) Mikroskop zur Untersuchung von Kristallen [gr.]
**Or'tho'sko'pie** (die, -, nur Ez.) unverzerrte Wiedergabe durch Linsen, winkeltreue Abbildung [gr.]
**Or'tho'sta'se** (die, -, nur Ez.) aufrechte Körperhaltung (Med.)
**Or'tho'stat** (der, -en, -en) hochkant stehender Quader
**Or'tho'ze'pha'lie** (die, -, -n) mittelhohe Kopfform [gr.]
**Or'to'lan** (der, -s, -e) ein Singvogel, Gartenammer [it.]
**Os'car** (der, -s, -s) Name der Statue, die in der Filmbranche als Academy Award vergeben wird [amerik.]
**Os'ma'ne** (der, -n, -n) türkischer Ew. des ehemaligen Osmanischen Reiches
**Os'mi'um** (das, -s, nur Ez.) ein Element, Schwermetall [gr.]
**Os'mo'lo'gie** (die, -, nur Ez.) Lehre von den Duftstoffen
**Os'mo'se** (die, -, nur Ez.) Konzentrationsausgleich der Zellflüssigkeit (durch eine halbdurchlässige Membran) [gr.]
**os'mo'tisch** (Adj.) zur Osmose gehörig
**Öso'pha'gis'mus** (der, -, -men) Speiseröhrenkrampf (Med.)
**Öso'pha'gi'tis** (die, -, -ti'den) Entzündung der Speiseröhre (Med.)
**Öso'pha'go'to'mie** (die, -, -n) operativer Eingriff in die Speiseröhre (Med.)

**Ösophagus** (der, -, -gi) Speiseröhre [gr.]
**ossal** (Adj.) die Knochen betreffend (Med.)
**Ossarium** *auch:* Ossuarium (das, -s, -rien) **1** Urne zum Aufbewahren von Gebeinen (in der Antike) **2** Raum, Gebäude zur Aufbewahrung von Gebeinen, Beinhaus (auf Friedhöfen) [lat.]
**ossia** oder, auch, weist auf eine andere Lesart für Noten hin (Mus.)
**Ossifikation** (die, -, -tionen) **1** Knochenbildung **2** Verknöcherung (von Gewebe) [lat.]
**ossifizieren** (V.) verknöchern [lat.]
**Ossuarium** (das, -s, -rien) = Ossarium
**Ostealgie** (die, -, -n) Knochenschmerzen (Med.)
**ostensiv** (Adj.) = ostentativ
**ostentativ** (Adj.) augenfällig, betont, herausfordernd deutlich; z.B. jmdn. ostentativ übersehen, nicht beachten [lat.]
**Osteoblast** (der, -en, -en) knochenbildende Zelle (Med.)
**Osteoblastom** = Osteom
**Osteoektomie** (die, -, -n) Herausmeißeln eines Knochenstücks [gr.]
**osteogen** (Adj.) von den Knochen ausgehend [gr.]
**Osteogenese** (die, -, -n) Knochenbildung [gr.]
**Osteoklast** (der, -en, -en) **1** Knochen abbauende Zellen (Med.) **2** (das, -s, -en) medizinisches Instrument
**Osteologie** (die, -, nur Ez.) Wissenschaft von den Knochen [gr.]
**Osteolyse** (die, -, -n) Auflösung von Knochengewebe [gr.]
**Osteom** (das, -s, -e) Geschwulst im Knochengewebe [gr.]
**Osteomalazie** (die, -, nur Ez.) Knochenerweichung [gr.]
**Osteomyelitis** (die, -, -litiden) Knochenmarkentzündung [gr.]
**Osteopathie** (die, -, -n) Knochenerkrankung (Med.)
**Osteplastik** (die, -, -en) Knochenersatz [gr.]
**Osteoporose** (die, -, -n) Poröswerden von Knochen (Med.)
**Osteotaxis** (die, -, -xen) Einrenkung von Knochenbrüchen (Med.)
**Osteotomie** (die, -, -n) operative Durchtrennung eines Knochens [gr.]
**Osteria** (die, -, -rien) *auch:* Osterie (die, -, -n) italienische Gaststätte
**ostinat** *auch:* ostinato (Adj.) ständig wiederholt, immer wiederkehrend (in der Musik) [it.]
**Ostitis** (die, -, -titiden) Knochenentzündung [gr.]
**Ostrakode** (der, -n, -n) Muschelkrebs (Bio.)
**Ostrakon** (das, -s, -ka) Scherbe eines Tongefäßes (im alten Griechenland als Schreibmaterial verwendet) [gr.]
**Ostrazismus** (der, -, nur Ez.) Volksabstimmung mittels Ostraka (siehe Ostrakon), aufgrund deren ein Bürger verbannt werden konnte, Scherbengericht (im alten Athen) [gr.-lat.]
**Östrogen** (das, -s, -e) ein weibliches Geschlechtshormon mit Wirkung des Follikelhormons [gr.]
**Oszillation** (die, -, -tionen) das Oszillieren, Schwingung
**Oszillator** (der, -s, -toren) **1** Gerät zum Erzeugen elektrischer Schwingungen **2** schwingendes physikalisches System [lat.]
**oszillieren** (V.) **1** schwingen, pendeln **2** sich heben und senken [lat.]
**Oszillograf** *auch:* Oszillograph (der, -en, -en) Gerät zur Aufzeichnung von Schwingungen [lat.-gr.]
**Oszillogramm** (das, -s, -e) Aufzeichnung einer Schwingung [lat.-gr.]
**Otalgie** (die, -, -n) Ohrenschmerz (med.) [gr.]
**Otiatrie** (die, -, nur Ez.) = Otologie [gr.]
**Otitis** (die, -, -titiden) Ohrenentzündung [gr.]
**otogen** (Adj.) vom Ohr ausgehend (Med.)
**Otolith** (der, -en, -en) Steinchen als Teil des Gleichgewichtsorgans im Ohr [gr.]
**Otologie** (die, -, nur Ez.) Wissenschaft vom Ohr, Ohrenheilkunde [gr.]
**O-Ton** (der, -s, -Töne) Kurzwort für Originalton
**Otorhinolaryngologie** (die, -, nur Ez.) Nasen-Ohren-Heilkunde (Med.)
**Otosklerose** (die, -, -n) Verknöcherung des Mittelohres [gr.]

**O|to|skop** (das, -s, -e) Gerät zur Untersuchung des Innenohres, Ohrenspiegel [gr.]
**O|to|sko|pie** (die, -, -n) Untersuchung mit dem Otoskop
**O|to|zy|on** (der, -s, -s) Löffelfuchs, afrik. Fuchs mit großen Ohren
**ot|ta|va** in der Oktave (zu spielen); ottava alta: eine Oktave höher; ottava bassa: eine Oktave tiefer [it.]
**Ot|to|ma|ne** (die, -, -n) breites Ruhebett (veraltet) [frz.]
**Ounce** [aʊns] (die, -, -s) [aʊnsɪz] englische und amerikanische Gewichtseinheit, Unze, 28,35 g
**out** [aʊt] (Adv.) **1** aus, im Aus, außerhalb des Spielfeldes **2** nicht modern, aus der Mode; out sein [engl.]
**Out** [aʊt] (das, -s, -s) Bereich außerhalb des Spielfeldes [engl.]
**Out|back** [aʊtbæk] (das, -s, nur Ez.) das kaum besiedelte Landesinnere Australiens [engl.]
**Out|board** [aʊtbɔːrd] (der, -s, -s) Außenbordmotor beim Schiff [engl.]
**Out|burst** [aʊtbɜːrst] (der, -s, -s) Explosion eines Vulkanes [engl.]
**Out|cast** [aʊtkɑːst] (der, -s, -s) jmd., der von seiner Gesellschaft nicht anerkannt wird, Paria [engl.]
**Out|drop** (der, -s, -s) Aussteiger [engl.]
**ou|ten** [aʊtən] (V.) etwas öffentlich machen [engl.]
**Out|fit** [aʊt-] (das, -s, -s) Ausrüstung, Ausstattung [engl.]
**Ou|ting** [aʊtɪ̃] (das, -s, -s) Öffentlichmachung der eigenen Homosexualität [engl.]
**Out|law** [aʊtlɔː] (der -s, -s) **1** jmd., der gegen die Gesetze seiner Gesellschaft verstößt, Verbrecher **2** jmd., der aus der Gesellschaft ausgestoßen worden ist, Geächteter [engl.]
**Out|place|ment** [aʊtpleɪsmənt] (das, -s, -s) Arbeitsvermittlung für gekündigte Mitarbeiter eines Unternehmens [engl.]
**Out|put** [aʊt-] (der, -s, -s) **1** von einem Unternehmen produzierte Güter, Ausstoß **2** Ausgangsleistung (einer Antenne oder eines Verstärkers) **3** von einer EDV-Anlage ausgegebene, ausgedruckte Daten, Ausdruck [engl.]
**ou|trie|ren** (V.) etwas übertrieben darstellen
**ou|triert** (Adj.) gekünstelt
**out|side** [aʊtsaɪd] (Adj.) außerhalb des Spielfeldes (schweiz.) [engl.]
**Out|si|der** [aʊtsaɪdə] (der, -s, -) Außenseiter [engl.]
**out|sour|cen** [aʊtsɔːrsn] (V.) Produktion ins Ausland verlagern, Outsourcing betreiben [engl.]
**Out|sour|cing** [aʊtsɔːrsɪ̃] (das, -s, nur Ez.) Verlagerung der Produktion eines Unternehmens ins Ausland [engl.]
**Ou|ver|tü|re** [u-] (die, -, -n) **1** einleitendes instrumentales Vorspiel (zu einer Oper, Operette oder Suite) **2** Suite (bei Bach) [frz.]
**oval** (Adj.) eiförmig, länglich-rund [frz.]
**Oval** (das, -s, -e) ovale Form, ovale Fläche [frz.]
**ova|ri|al** (Adj.) zum Ovarium gehörig, von ihm ausgehend, in ihm stattfindend
**Ova|ri|ek|to|mie** (die, -, -n) operative Entfernung eines Eierstocks (oder beider) [lat.-gr.]
**Ova|ri|um** (das, -s, -ri|en) paarige weibliche Keimdrüse, Eierstock [lat.]
**Ova|ti|on** (die, -, -ti|o|nen) stürmische Beifallskundgebung [lat.]
**Over|all** [əʊvərɔːl] (der, -s, -s) Arbeits- oder Schutzanzug aus einem Stück [engl.]
**over|dressed** [-drest] (Adj.) zu vornehm, zu feierlich gekleidet [engl.]
**Over|drive** (der, -s, -s) zusätzlicher Gang im Getriebe (eines Kraftfahrzeugs), der bei einer gewissen Geschwindigkeit die Motordrehzahl und damit den Kraftstoffverbrauch herabsetzt [engl.]
**Over|flow** [əuvəfləu] (der, -s, nur Ez.) Überschreiten des Speicherplatzes (EDV) [engl.]
**Over|head|pro|jek|tor** [-hed-] (der, -s, -toren) Gerät, das mithilfe eines Spiegels Bild und Text vom Pult des Vortragenden hinter diesen auf die Wand projiziert [engl.-lat.]
**Over|kill** (der oder das, -s, nur Ez.) **1** Waffenvorrat (eines Staates), der größer ist, als notwendig wäre, um einen Gegner zu vernichten **2** Überflutung, Übersättigung [engl.]

**Over'ride** [əʊvəraɪd] (der, -(s), -s) Vorrichtung zur Vergrößerung der Vorschubgeschwindigkeit (beim Computer) [engl.]
**over'sized** [əuvəsaɪzd] (Adj.) übergroß [engl.]
**Over'state'ment** [-steɪt-] (das, -s, -s) übertreibende Ausdrucksweise [engl.]
**over'styled** [əuvəstaɪld] auffällig zurechtgemacht [engl.]
**Ovi'dukt** (der, -(e)s, -e) Kanal zwischen Eierstock und Gebärmutter, Eileiter [lat.]
**ovi'par** (Adj.) Eier legend [lat.]
**Ovi'pa'rie** (die, -, nur Ez.) Fortpflanzung durch Ablage von Eiern, die außerhalb des Mutterleibes oder während der Ablage befruchtet werden [lat.]
**Ovi'zid** (das, -s, -e) Mittel zur Abtötung von Insekteneiern
**Ovo'ge'ne'se** (die, -, -n) = Oogenese
**ovo'id** *auch:* ovo'i'disch (Adj.) eiförmig
**ovo'vivi'par** (Adj.) Eier mit mehr oder weniger entwickelten Embryonen legend [lat.]
**Ovu'la'ti'on** (die, -, -ti'o'nen) Austritt eines Eies aus dem Eierstock, Eisprung [lat.]
**Ovu'la'ti'ons'hem'mer** (der, -s, -) Empfängnisverhütungsmittel, das den Eisprung verhindert
**Ovu'lum** (das, -s, -la) Ei, Eizelle [lat.]
**Ovum** (das, -s, -va) Eizelle [lat.]
**Oxa'lat** (das, -s, -e) Salz der Oxalsäure [gr.-lat.]
**Oxer** (der, -s, -) Sprunghindernis beim Reitsport
**Ox'for'di'an** (das, -, nur Ez.) Zeitstufe des Jura (Geol.)
**Oxi'bi'o'se** (die, -, nur Ez.) Leben in Sauerstoff enthaltender Umgebung
**Oxid** *auch:* Oxyd (das, -s, -e) Verbindung eines chemischen Elements mit Sauerstoff [gr.-frz.]
**Oxi'da'ti'on** *auch:* Oxy'da'ti'on (die, -, -ti'o'nen) das Oxidieren
**oxi'die'ren** (V.) sich mit Sauerstoff verbinden [gr.-frz.]
**Oxi'di'me'trie** (die, -, nur Ez.) Bestimmen der Menge einer Substanz mit Hilfe von Oxidationsvorgängen [gr.]
**Oxyd** (das, -s, -e) = Oxid
**Oxy'da'ti'on** (die, -, -ti'o'nen) = Oxidation
**Oxy'gen** (das, -, nur Ez.) Sauerstoff
**Oxy'ge'ni'um** (das, -s, nur Ez.) Sauerstoff [gr.]
**Oxy'mo'ron** (das, -s, -ra) Redefigur aus zwei sich widersprechenden Begriffen; z.B. alter Knabe, weißer Rabe [gr.]
**Oxy'u're** (die, -, -n) Madenwurm (Med.)
**OZ** Abk. für **O**ktan**z**ahl
**Oze'an** (der, -s, -e) großes zusammenhängendes Gewässer der Erdoberfläche, Weltmeer
**Oze'a'na'ri'um** (das, -s, -ri'en) großes Aquarium mit Meerwasser [gr.-lat.]
**oze'a'nisch** (Adj.) **1** zum Ozean gehörig **2** zu Ozeanien gehörig
**Oze'a'nis'tik** (die, -, nur Ez.) Wissenschaft von den Sprachen und Kulturen der Völker Ozeaniens
**Oze'a'no'graf** (der, -en, -en) Meeresbiologe
**Oze'a'no'gra'fie** *auch:* Oze'a'no'gra'phie (die, -, nur Ez.) Wissenschaft von den Ozeanen, Meereskunde [gr.]
**Oze'a'no'graph** (der, -en, -en) = Ozeanograf
**Oze'a'no'lo'gie** (die, -, nur Ez.) = Ozeanografie [gr.]
**Ozel'le** (die, -, -n) primitives Lichtsinnesorgan (niederer Tiere) [lat.]
**Oze'lot** (der, -s, -s oder -e) mittelgroße, gelbschwarze Raubkatze Südamerikas; deren Fell [indian.]
**Ozon** (der, -s, nur Ez.) giftige Form des Sauerstoffs, die in hohen Luftschichten die kurzwellige UV-Strahlung zurückhält [gr.]
**Ozon'loch** (das, -s, -lö'cher) Klima veränderndes Loch in der Ozonschicht
**Ozo'no'sphä're** *auch:* O'zo'no'sphä're (die, -, nur Ez.) obere Schicht der Erdatmosphäre mit starkem Ozongehalt [gr.]
**Ozon'the'ra'pie** (die, -, -n) medizinische Behandlung mit Ozon

O

# P

**Pace** [peɪs-] (die, -, nur Ez.) Geschwindigkeit, in der ein Pferderennen, Geländeritt u.a. gelaufen wird [engl.]
**Pace'ma'cher** [peɪs-] (der, -s, -) = Pacemaker [engl.-dt.]
**Pace'ma'ker** *auch:* Pace'ma'cher (der, -s, -) **1** Schrittmacher, führendes Pferd in einem Rennen, das für ein anderes das Tempo vorgibt **2** Schrittmacherzelle der glatten Muskulatur (Med.) **3** elektrisches Gerät zur Anregung der Herztätigkeit, Herzschrittmacher (Med.) [engl.]
**Pa'chy'ak'rie** (die, -, -n) Finger- und Zehenverdickung (Med.) [gr.-lat.]
**Pa'chy'me'nin'gi'tis** (die, -, -ti'den) Entzündung der harten Haut des Gehirns und Rückenmarks (Med.)
**Pa'ci'fi'ca'le** [patsifik-] (das, -s, nur Ez.) lateinische Bezeichnung für das mit Darstellungen Christi, Mariens oder anderer Heiliger verzierte Täfelchen, das früher zur Weitergabe des liturgischen Friedenskusses in der Messe diente [lat.]
**Pack** (das, -, -s) Gewicht für Leinen, Wolle und Ähnliches [engl.]
**Pa'ckage'tour** (die, -, -en) durch ein Reisebüro bis in alle Einzelheiten organisierte Tour mit dem eigenen Wagen [engl.]
**Pä'da'go'ge** (der, -n, -n) Wissenschaftler der Pädagogik; Lehrer, Erzieher, Erziehungswissenschaftler
**Pä'da'go'gik** (die, -, nur Ez.) Erziehungswissenschaft [gr.]
**Pä'da'go'gi'kum** (das, -s, -ka) Prüfung in Erziehungswissenschaft für Lehramtskandidaten innerhalb des ersten Staatsexamens [gr.-lat.]
**pä'da'go'gisch** (Adj.) zur Pädagogik gehörig, auf ihr beruhend; erzieherisch, die richtige Erziehung betreffend
**pä'da'go'gi'sie'ren** (V.) etwas unter pädagogischen Gesichtspunkten betrachten, für pädagogische Zwecke auswerten [gr.-lat.]
**Pä'da'go'gi'um** (das, -s, -gi'en) **1** (veraltet) Erziehungsanstalt **2** auf ein Studium an einer pädagogischen Hochschule vorbereitende Schule [gr.-lat.]
**Pä'da'tro'phie** (die, -, nur Ez.) ernste Ernährungsstörung bei Kleinkindern (Med.) [gr.-lat.]
**Pad'del** (das, -s, -) freihändig zu führendes Ruder mit Blatt an einem oder an beiden Enden [engl.]
**pad'deln** (V.) mit dem Paddelboot fahren
**Pad'dock** [pædɔk] (der, -s, -s) eingezäunter Weideplatz für Pferde [engl.]
**Pad'dy** [pædɪ] **1** (der, -s, nur Ez.) ungeschälter Reis; Speise daraus [malai.-engl.] **2** (der, -s, -s) Ire, Irländer (scherzhaft) [engl.]
**Pä'de'rast** (der, -ten, -'ten) Mann, der Päderastie betreibt [gr.]
**Pä'de'ras'tie** (die, -, nur Ez.) geschlechtliche Beziehung zwischen Männern und Knaben, Sexualempfinden von Päderasten
**Pä'di'a'ter** (der, -s, -) Facharzt der Pädiatrie, Kinderarzt [gr.]
**Pä'di'a'trie** (die, -, nur Ez.) Teilgebiet der Medizin, Wissenschaft von den Kinderkrankheiten, Kinderheilkunde
**pä'di'a'trisch** (Adj.) zur Kinderheilkunde gehörend, auf ihr basierend, sie betreffend [gr.-lat.]
**Pa'di'schah** (der, -s, -s) islamischer Fürst (früher) (Titel) [pers.]
**Pä'do** (der, -s, -s) Kurzwort für Pädosexueller oder Pädophiler [gr.]
**Pä'do'au'dio'lo'ge** (der, -n, -n) Spezialist auf dem Gebiet der Pädoaudiologie [gr.-lat.]
**Pä'do'au'dio'lo'gie** (die, -, nur Ez.) **1** Wissenschaft vom Hören und den Hörstörungen im Kindesalter **2** Hörerziehung des Kindes [gr.-lat.]
**pä'do'au'dio'lo'gisch** (Adj.) die Pädoaudiologie betreffend, auf der Pädoaudiologie basierend [gr.-lat.]
**Pä'do'don'tie** (die, -, nur Ez.) Kinderzahnheilkunde [gr.]
**Pä'do'ge'ne'se** (die, -, nur Ez.) ungeschlechtliche Fortpflanzung im Larvenstadium [gr.]

**Pä'do'ge'ne'sis** (die, -, nur Ez.) = Pädogenese
**pä'do'ge'ne'tisch** (Adj.) sich im Larvenstadium fortpflanzend [gr.-lat.]
**Pä'do'lin'gu'is'tik** (die, -, nur Ez.) Teilgebiet der Sprachwissenschaft, die sich mit den Stadien des Spracherwerbs von Kindern beschäftigt
**Pä'do'lo'ge** (der, -n, -n) im Bereich der Pädologie Forschender [gr.-lat.]
**Pä'do'lo'gie** (die, -, nur Ez.) Kinder- und Jugendpsychologie [gr.]
**pä'do'lo'gisch** (Adj.) die Pädologie betreffend, auf der Pädologie basierend [gr.-lat.]
**pä'do'phil** (Adj.) die Pädophilie betreffend, auf der Pädophilie basierend [gr.-lat.]
**Pä'do'phi'le** (der, -n, -n) jmd. der zu Kindern erotisch-sexuelle Zuneigung empfindet [gr.-lat.]
**Pä'do'phi'lie** (die, -, nur Ez.) perverse sexuelle Neigung zu Kindern [gr.]
**Pä'do'se'xu'el'le** (der, -n, -n) = Pädophile [gr.-lat.]
**Pa'd're** (der, -s, -ri) Vater (Anrede für italienische Ordenspriester)
**Pa'd'ro'na** (die, -, -ne) italienische Hausherrin, Wirtin
**Pa'd'ro'ne** (der, -s, -ni) italienischer Hausherr, Wirt
**Pa'du'a'na** (die, -, -nen) **1** weit verbreiteter Tanz des 16. Jh.s **2** = Pavane [it.]
**Pa'el'la** [-ɛlja] (die, -, -s) spanische Speise aus Reis, Fleisch und Muscheln oder Fisch u.a.
**pa'gan** (Adj.) heidnisch [lat.]
**pa'ga'ni'sie'ren** (V.) dem Heidentum zuführen [lat.]
**Pa'ga'nis'mus** (der -, -men) **1** (nur Ez.) Heidentum **2** heidnisches Element im christlichen Glauben und Brauchtum [lat.]
**Pa'gat** (der, -(e)s, -e) Tarockkarte [it.]
**pa'ga'to'risch** (Adj.) Zahlungen betreffend, auf verrechnungsmäßigen Buchungen basierend [lat.-it.]
**Pa'ge** [-ʒə] (der , -n, -n) **1** junger Adliger im Dienst eines Fürsten, Edelknabe **2** junger livrierter Diener [it.-frz.]
**Pa'ger** [peɪʒə] (der, -s, -) Meldeempfänger [engl.]
**Pa'ge'rie** [-ʒə-] (die, -, -n) Ausbildungsanstalt für Pagen [frz.]
**Pa'gi'na** (die, -, -nä) Seite (im Buch); Seitenzahl [lat.]
**Pa'ging** [peɪʒɪŋ] (das, -, nur Ez.) Speicherverwaltungsverfahren (EDV) [engl.]
**pa'gi'nie'ren** (V.) mit Seitenzahlen bezeichnen [lat.]
**Pä'g'ni'um** (das, -s, -g'nia) kleines scherzhaftes Gedicht in der altgriechischen Dichtung [gr.-lat.]
**Pa'go'de** **1** (die, -, -n) turmartiger buddhistischer Tempel in China und Japan **2** (der, -n, -n) kleine, sitzende ostasiatische Götterfigur mit beweglichem Kopf [sanskr.]
**Pah'le'wi** (das, -(s), nur Ez.) = Pehlewi
**Pai'deia** (die, -, nur Ez.) Erziehungsideal im antiken Griechenland, das besonders die musische, sportliche und politische Bildung betonte [gr.]
**Pai'deu'ma** (das, -s, nur Ez.) Kulturseele (Philos.) [gr.]
**pail'le** [pɑjə] (Adj.) strohfarben, strohgelb [lat.-frz.]
**Pail'let'te** [pajɛtə] (die, -, -n) kleines rundes Metallplättchen (das auf Kleider aufgenäht wird) [frz.]
**Paint-in** [paɪnt-] (das, -s, -s) Ausstellung von Bildern, in der das Publikum (bes. Kinder) auch selbst malen kann [engl.]
**pair** [pɛːr] (Adj.) gerade (im Roulette) [frz.]
**Pair** [pɛːr] (der, -s, -s) Angehöriger des Hochadels (früher in Frankreich) [frz.]
**Pai'rie** [periː] (die, -, nur Ez.) Würde eines Pairs
**Pai'ring** (das, -s, nur Ez.) Partnerschaft, partnerschaftliches Verhalten [engl.]
**Pa'ka** (das, -s, -s) südamerikanisches Nagetier [indian.-span.]
**Pa'ket** (das, -(e)s, -e) **1** zusammengelegte und verschnürte gleichartige Dinge; z.B. Aktenpaket, Kleiderpaket **2** eingepackte Dinge (als Postsendung) **3** mehrere politische Pläne, Vorschläge usw., die zusammen vorgebracht und behandelt werden [frz.]
**pa'ke'tie'ren** (V.) als Paket(e) verpacken
**Pa'kis'ta'ni** (der, -(s), - oder -s) Ew. von Pakistan
**Pa'ko'til'le** (die, -, -n) den Seeleuten gehörendes, frachtfreies Gepäck auf einem Schiff [niederl.-span.-frz.]

**Pakt** (der, -(e)s, -e) Vertrag, politisches oder militärisches Bündnis, Vereinbarung [lat.]
**pak'tie'ren** (V.) 1 einen Pakt abschließen 2 heimlich etwas vereinbaren
**Pa'lä'an'thro'po'lo'ge** (der, -n, -n) Wissenschaftler, der sich mit der Abstammung und Entwicklung des Menschen beschäftigt [gr.-lat.]
**Pa'lä'an'thro'po'lo'gie** (die, -, nur Ez.) Wissenschaft von der Abstammung und Entwicklung des Menschen, auf fossile Funde gegründet [gr.]
**pa'lä'an'thro'po'lo'gisch** (Adj.) die Paläanthropologie betreffend, auf der Paläanthropologie basierend, zu ihr gehörend [gr.-lat.]
**Pa'lä'ark'tis** (die, -, nur Ez.) Bereich, der Europa und Teile von Asien und Afrika umfasst (in der Tier- und Pflanzengeografie) [gr.]
**pa'lä'ark'tisch** *auch:* pa'läo'ark'tisch (Adj.) zur Paläarktis gehörig
**Pa'la'din** (der, -s, -e) 1 jeder der zwölf Begleiter Karls des Großen 2 treuer Gefolgsmann [lat.]
**Pa'la'don** (das, -s, nur Ez.) Kunststoff für Zahnersatz (Warenzeichen)
**Pa'lais** [-lɛː] (das, - [-lɛːs], -[-lɛːs]) Palast, Schloss
**Pa'lan'kin** (der, -s, -s oder -e) indische Sänfte [sanskr.-frz.]
**Pa'lä'o'an'thro'po'lo'gie** (die, -, nur Ez.) = Paläanthropologie [gr.-lat.]
**pa'läo'ark'tisch** (Adj.) = paläarktisch [gr.]
**Pa'läo'bio'lo'gie** (die, -, nur Ez.) Forschungsbereich, der sich mit fossilen Organismen, ihren Lebensumständen und ihren Relationen zur Umwelt beschäftigt; Teilgebiet der Paläonthologie [gr.-lat.]
**Pa'läo'bo'ta'nik** (die, -, nur Ez.) Wissenschaft von ausgestorbenen Pflanzen
**pa'läo'bo'ta'nisch** (Adj.) die Paläobotanik betreffend
**Pa'läo'gen** (das, -s, nur Ez.) Zeitabschnitt des Tertiärs
**Pa'läo'geo'gra'fie** (die, -, nur Ez.) Wissenschaft von den geografischen Verhältnissen der Vorzeit
**Pa'läo'geo'gra'phie** (die, -, nur Ez.) = Paläogeografie

P

**Pa'läo'gra'fie** *auch:* Pa'läo'gra'phie (die, -, nur Ez.) Wissenschaft von den Schriften und Schreibmaterialien der Antike und des MA [gr.]
**Pa'läo'kli'ma'to'lo'gie** (die, -, nur Ez.) klimatologisches Teilgebiet, das sich mit dem Klima der Vorzeit befasst
**Pa'läo'lith** (der, -s, -e) vorgeschichtliches Steinwerkzeug
**Pa'läo'li'thi'kum** (das, -s, nur Ez.) Altsteinzeit [gr.]
**Pa'läon'to'gra'fie** auch: Paläontographie (die, -, nur Ez.) Wissenschaft von den Vesteinerungen
**Pa'läon'to'lo'gie** (die, -, nur Ez.) Wissenschaft von den ausgestorbenen Tieren und Pflanzen vergangener Erdzeitalter [gr.]
**Pa'läo'phy'ti'kum** (das, -s, nur Ez.) Pflanzenwelt der Vorzeit
**Pa'läo'phy'to'lo'gie** (die, -, nur Ez.) = Paläobotanik
**Pa'läo'tro'pis** (die, -, nur Ez.) Pflanzenwelt der vorgeschichtlichen Tropen
**Pa'läo'zän** (das, -s, nur Ez.) älteste Abteilung des Tertiärs [gr.]
**Pa'läo'zo'i'kum** (das, -s, nur Ez.) Epoche der Erdgeschichte, in der die ersten Spuren von Leben auftraten, Erdaltertum [gr.]
**Pa'las** (der, -, -se) Haupthaus einer Ritterburg [lat.-frz.]
**Pa'läs'tra** (die, -, -tren) Übungsplatz der Ringer im antiken Griechenland [gr.-lat.]
**pa'la'tal** (Adj.) (Sprachwissenschaft) zum Gaumen gehörig, am Gaumen gebildet (von Lauten) [lat.]
**Pa'la'tal** (der, -s, -e) am vorderen Mund am harten Gaumen gebildeter Laut; z.B. g, k vor i und e [lat.]
**Pa'la'ta'lis** (die, -, -les) = Palatal [lat.]
**pa'la'ta'li'sie'ren** (V.) = mouillieren [lat.]
**Pa'la'tal'laut** (der, -(s), -e) Gaumenlaut, Palatal [lat.-dt.]
**Pa'la'tin** (der, -s, -e) 1 Pfalzgraf (früher) 2 Stellvertreter des Königs (in Ungarn bis 1848) [lat.]
**Pa'la'ti'nat** (das, -(e)s, -e) Pfalzgrafschaft [lat.-frz.]
**Pa'la'ti'ne** (die, -, -n) 1 Umrandung für den Halsausschnitt aus Pelz, Stoff oder Spitze 2 Hals- oder Brusttuch [lat.-frz.]

**pa|la|ti|nisch** (Adj.) 1 den Palatin betreffend 2 pfälzisch [lat.-frz.]
**Pa|lat|schin|ke** (die, -, -n) gefüllter Eierkuchen (österr.) [ung.]
**Pa|la|tum** (das, -s, -ta) Gaumen [lat.]
**Pa|la|ver** (das, -s, -) Verhandlung, Unterredung, langes (überflüssiges) Gerede [portugies.]
**pa|la|vern** (V.) verhandeln; sich miteinander unterhalten [portugies.]
**Pa|laz|zo** (der, -s, -zi) Schloss, großes, vornehmes Wohnhaus (in Italien)
**Pa|lea** (die, -, -le|en) 1 Spreuschuppe bei Farnen und Korbblütlern 2 Blütenspelze der Gräser [lat.]
**Pa|le|tot** [-toː] (der -s, -s) 1 zweireihiger, leicht taillierter Herrenmantel (früher) 2 dreiviertellanger (Damen- oder Herren-)Mantel [frz.]
**Pa|let|te** (die, -, -n) 1 runde Scheibe (mit Loch für den Daumen) zum Anrühren der Farben beim Malen 2 Platte zum Stapeln von Waren (die mit dem Gabelstapler gehoben und gesenkt werden kann) 3 (reiche) Auswahl; z.B. eine Palette von Möglichkeiten [frz.]
**pa|let|ti** (nur in der Wendung) alles paletti! (ugs.) alles in Ordnung! [viell. it.]
**pa|let|tie|ren** (V.) mit der Palette (2) stapeln und verladen
**pa|let|ti|sie|ren** (V.) etwas auf einer Palette stapeln [lat.-frz.]
**Pa|li|la|lie** (die, -, nur Ez.) krankhafte Wiederholung von Wörtern oder Sätzen (Med.) [gr.-lat.]
**Pa|limp|sest** (der oder das, -(e)s, -e) beschriebenes Pergament, das schon einmal beschrieben und wieder gereinigt worden war (in der Antike und im MA) [gr.]
**Pa|lin|drom** (das, -s, -e) Wort oder Satz, das bzw. der vorwärts und rückwärts gelesen werden kann und den gleichen oder einen anderen Sinn ergibt; z.B. Reittier; Leg in eine so helle Hose nie'n Igel [gr.]
**Pa|lin|ge|ne|se** (die, -, -n) 1 Wiedergeburt der Seele durch Seelenwanderung (im Buddhismus) 2 Wiederholung von stammesgeschichtlichen Merkmalen während der Embryonalentwicklung 3 Bildung neuen Gesteins durch wiederholtes Schmelzen und Aufsteigen von Eruptivgestein [gr.]
**Pa|li|sa|de** (die, -, -n) Pfahl (einer Befestigung; Schanzpfahl); Hindernis aus Pfählen (Pfahlzaun) [frz.]
**Pa|li|san|der** (der, -s, -) ein südamerikanisches Edelholz [span.]
**pa|li|san|dern** (Adj.) aus Palisanderholz [indian.-frz.]
**pa|li|sie|ren** (V.) junge, neu eingesetzte Bäume so anbinden, dass sie in einer bestimmten Richtung wachsen [lat.-provenzal.-frz.]
**Pal|la** (die, -, -s) 1 Frauenmantel im alten Rom 2 gesticktes Leinentuch, das über den Messkelch gelegt wird [lat.]
**Pal|la|di|a|nis|mus** (der, -, nur Ez.) besonders in Westeuropa und in England gepflegter, klassizistischer Architekturstil im 17. und 18. Jh. [lat.]
**Pal|la|di|um** (das, -s, -di|en) 1 Kultbild der griechischen Göttin Pallas Athene in Troja 2 schützendes Heiligtum 3 (nur Ez.) chemisches Element, ein Metall [gr.-lat.]
**Pal|lasch** (der, -(e)s, -e) schwerer Säbel [türk.-ung.]
**Pal|li|a|ta** (die, -, -ten) Komödie des antiken Rom mit griechischem Stoff und griechischen Kostümen [lat.]
**pal|li|a|tiv** (Adj.) die Beschwerden einer Krankheit lindernd, schmerzlindernd [lat.]
**Pal|li|a|tiv** (das, -s, -e) Mittel, das die Beschwerden, aber nicht die Ursache einer Krankheit beseitigt; schmerzlinderndes Mittel [lat.]
**Pal|li|a|ti|vum** (das, -s, -va) = Palliativ
**Pal|li|no** (der, -(s), -s) kleine Setzkugel (beim Boccia) [it.]
**Pal|li|um** (das, -s, -li|en) 1 mantelartiger Umhang (im alten Rom) 2 Kaisermantel (im MA) 3 lange, mit Kreuzen verzierte, über Brust, Schultern und Rücken reichende Binde (des päpstlichen und bischöflichen Ornats) 4 Großhirnrinde [lat.]
**Pal|lo|ti|ner** (der, -s, -) Mitglied einer katholischen Vereinigung zur Förderung des Laienapostolats und der Mission [it.]
**Pal|lo|ti|ne|rin** (die, -, -nen) Schwester in einer katholischen Missionskongregation [it.]

**Pal'me** (die, -, -n) hoher, schlanker Baum der Tropen mit gefiederten Blättern und unverzweigtem Stamm [lat.]
**Pal'met'te** (die, -, -n) 1 einem Palmenblatt ähnliche, fächerförmige Verzierung 2 Spalierbaumform
**pal'mie'ren** (V.) 1 beide Augen mit den Händen verdecken (Med.) 2 bei einem Trick etwas hinter der Hand verschwinden lassen [lat.-frz.]
**Pal'min** (das, -s, nur Ez.) aus der Kokosnuss gewonnenes Speisefett [Kunstwort]
**Pal'mi'tat** (das, -(e)s, -e) Salz der Palmitinsäure [lat.-frz.]
**Pal'mi'tin** (das, -s, nur Ez.) Hauptbestandteil der meisten Fette [lat.-frz.]
**Palm'top** (der, -s, -s) ungefähr handtellergroßer Computer (Warenzeichen) [engl.]
**Pal'pa'ti'on** (die, -, -en) Untersuchung durch Palpieren
**pal'pa'to'risch** (Adj.) befühlend, abtastend (Med.) [lat.]
**Pal'pe** (die, -, -n) fühlerartiger, mit Sinnesorganen ausgestatteter Anhang (der Mundwerkzeuge von Insekten) [lat.]
**pal'pie'ren** (V.) mit den Fingerspitzen betastend, beklopfend untersuchen [lat.]
**Pal'pi'ta'ti'on** (die, -, -en) beschleunigter Puls, Herzklopfen [lat.]
**pal'pi'tie'ren** (V.) schlagen, klopfen (Med.) [lat.]
**Pa'lu'da'ri'um** (das, -s, -ri'en) Anlage zur Haltung von Moor- und Sumpfpflanzen und -tieren [lat.]
**Pa'ly'no'lo'gie** (die, -, nur Ez.) Wissenschaftszweig der Botanik, der die Blütenpollen erforscht [gr.-lat.]
**Pa'mir'schaf** (das, -(e)s, -e) Wildschaf im Hochland von Pamir
**Pam'pa** (die, -, -s) Grassteppe Südamerikas [Ketschua]
**Pam'pel'mu'se** (die, -, -n) große gelbe, säuerlich-bittere Zitrusfrucht [niederl.]
**Pam'pe'ro** (der, -s, -s) kalter und stürmischer Wind in der Pampa Argentiniens [indian.-span.]
**Pam'ph'let** (das, -(e)s, -e) politische Streit-, Schmähschrift [engl.]
**Pam'ph'le'tist** (der, -en, -en) Verfasser eines Pamphlets
**pam'ph'le'tis'tisch** (Adj.) in der Art eines Pamphlets [engl.-frz.]
**Pa'na'de** (die, -, -n) Weißbrot und Ei (für Füllungen); Semmelbrösel und Ei (zum Panieren) [it.-frz.]
**pan'af'ri'ka'nisch** (Adj.) alle afrikanischen Staaten, den Panafrikanismus betreffend, auf ihm basierend [gr.-lat.]
**Pan'af'ri'ka'nis'mus** (der, -, nur Ez.) der Versuch, die ökonomische, kulturelle und politische Kooperation aller afrikanischen Staaten zu fördern [gr.-lat.]
**Pa'na'gia** *auch:* Pan'ha'gia (die, -, -gi'en) 1 der Beiname Marias 2 (nur Ez.) liturgisches Marienmedaillon des Bischofs 3 Marienbild in der dreitürigen Bilderwand im Altarraum 4 Brotsegnung zu Ehren Marias [gr.]
**Pa'na'ma** (der, -s, -s) 1 Gewebe in Würfelbindung, sogenannte Panamabindung 2 breitkrempiger Strohhut
**Pa'na'ma'er** (der, -s, -) Einwohner des mittelamerikanischen Staates Panama
**pan'a'me'ri'ka'nisch** (Adj.) alle amerikanischen Staaten, den Panamerikanismus betreffend, auf ihm basierend [gr.-lat.]
**Pan'a'me'ri'ka'nis'mus** (der, -, nur Ez.) der Versuch, die ökonomische und politische Kooperation aller amerikanischen Staaten zu fördern [gr.-lat.]
**Pa'na'me'se** (der, -n, -n) = Panamaer
**Pa'nasch** (der, -(e)s, -e) Federbusch (als Helmzier) [lat.-frz.]
**pa'na'schie'ren** (V.) 1 mit bunten Streifen mustern 2 seine Stimme für mehrere Kandidaten (verschiedener Parteien) abgeben [frz.]
**Pa'na'schie'rung** (die, -, -en) weiße Musterung an Pflanzenblättern, die durch den Mangel an Blattgrün in den Farbstoffträgern hervorgerufen wird [lat.-it.-frz.]
**Pa'na'schü're** (die, -, -n) weiße Musterung auf Pflanzenblättern [frz.]
**Pan'a'the'nä'en** (nur Mz.) jährliches (insbesondere alle vier Jahre) Fest zu Ehren der Athene im antiken Athen [gr.]
**Pa'nax** (der, -, -) Araliengewächs, auch als Ginseng geläufig [gr.-lat.]
**Pa'na'zee** (die, -, -n) Wundermittel, Allheilmittel [gr.-lat.]
**pan'chro'ma'tisch** [-kro-] (Adj.) für alle Farben gleich empfindlich (von Filmen) [gr.]

**Pan'da** (der, -s, -s) Kleinbär; großer Panda: Bambusbär; kleiner Panda: Katzenbär [nepales.]
**Pan'dai'mo'ni'on** (das, -s, -ni'en) = Pandämonium [gr.]
**Pan'dä'mo'ni'um** *auch:* Pan'dai'mo'ni'on (das, -s, -ni'en) Gesamtheit aller bösen Geister; ihr Versammlungsort (in der griechischen Mythologie) [gr.lat.]
**Pan'da'nus** (der, -, -) = Pandane [malai.-lat.]
**Pan'dek'ten** (nur Mz.) Sammlung von Rechtsgrundsätzen (Hauptteil des Corpus Iuris Civilis) [gr.]
**Pan'de'mie** (die, -, -n) über Länder sich ausbreitende Seuche [gr.]
**pan'de'misch** (Adj.) sich über mehrere Landstriche ausbreitend (Med.) [gr.]
**Pan'der'ma** (der, -s, -s) türkischer Gebetsteppich
**Pan'der'mit** (der, -s, -e) seltenes Mineral, das in feinen Knollen vorkommt [lat.]
**Pan'de'ro** (der, -s, -s) Schellentrommel der Basken [span.]
**Pan'dit** (der, -s, -e oder -s) Gelehrter (indischer Titel) [sanskr.]
**Pan'do'ra** (die, -, nur Ez.) die erste Frau in der griechischen Mythologie, die Hüterin des Unheils [gr.-lat.]
**Pand'sch'a'bi** **1** (der, - oder -s, - oder -s) Ew. des Pandschabs **2** (das, - oder -s, nur Ez.) dessen Sprache
**Pan'dur** (der, -en, -en) bewaffneter ungarischer Diener; ungarischer Infanterist (17./ 18. Jh.)
**Pa'neel** (das, -s, -e) Täfelung, einzelnes Brettchen der Täfelung [niederl.]
**pa'nee'lie'ren** (V.) mit Paneel verkleiden
**Pa'ne'gy'ri'ker** (der, -s, -) Verfasser von Panegyrika [gr.-lat.]
**Pa'ne'gy'ri'kon** (das, -s, -ka) liturgisches Buch der orthodoxen Kirche mit Lobreden auf die Heiligen [gr.]
**Pa'ne'gy'ri'kos** (der, -, -koi) *auch:* Pa'ne'gy'ri'kus (der, -, -ken oder -zi) Fest-, Lobrede, Lobgedicht (in der Antike) [gr.]
**Pa'ne'gy'ri'kus** (der, -, -ken oder -zi) = Panegyrikos [lat.]
**pa'ne'gy'risch** (Adj.) lobrednerisch, den Panegyrikos betreffend [gr.]
**Pa'nel** [pænl] (das, -s, -s) **1** eingegrenzte Fläche; z.B. bei Druckmustern oder auf Werbemitteln **2** für die Meinungsforschung repräsentativ ausgewählte Personengruppe, die regelmäßig nach einem bestimmten Programm befragt wird [engl.]
**Pa'nel'ana'ly'se** (die, -, -n) Auswertung einer Befragung
**pa'nem et cir'cen'ses** „Brot und (Zirkus)-Spiele", d.h. Lebensunterhalt und Vergnügen (Forderung des römischen Volkes an die Kaiser) [lat.]
**Pan'en'the'is'mus** (der, -, nur Ez.) religiös-philosophische Lehre, dass das Weltall und die Natur in Gott eingeschlossen seien [gr.-lat.]
**pan'en'the'is'tisch** (Adj.) den Panentheismus betreffend, auf ihm basierend, in der Art des Panentheismus [gr.-lat.]
**Pa'net'to'ne** (der, -s, -ni) italienischer Hefekuchen mit kandierten Früchten [it.]
**Pan'eu'ro'pa** (das, -s, nur Ez.) die künftige Gemeinschaft aller europäischen Staaten [gr.-lat.]
**pan'eu'ro'pä'isch** (Adj.) gesamteuropäisch [gr.-lat.]
**Pan'film** (der, -(e)s, -e) mit panchromatischer Schicht ausgestatteter Film
**Pan'flö'te** (die, -, -n) Holzblasinstrument aus fünf bis sieben verschieden langen Pfeifen, Faunflöte [gr.-dt.]
**Pan'ge'ne** (nur Mz.) kleinste Zellteilchen, die nach Darwin zur Vererbung erworbener Eigenschaften dienen [gr.-lat.]
**Pan'ge'ne'sis'the'o'rie** (die, -, nur Ez.) Vererbungstheorie Darwins, wonach kleinste Zellteilchen auch später erworbene Eigenschaften weitervererben können [gr.-lat.]
**pan'ger'ma'nisch** (Adj.) den Pangermanismus betreffend, auf ihm basierend [gr.-lat.]
**Pan'ger'ma'nis'mus** (der, -, nur Ez.) politische Anschauung, die die Gemeinsamkeiten aller germanischen Völker betont [gr.-lat.]
**Pan'ha'gia** (die, -, -gi'en) = Panagia [gr.]
**pan'hel'le'nisch** (Adj.) alle Griechen betreffend, zu ihnen gehörend [gr.-lat.]
**Pan'hel'le'nis'mus** (der, -, nur Ez.) der Versuch, alle griechischen Länder in einem großen griechischen Reich zu vereinigen [gr.-lat.]

**Pa'nier** **1** (das, -s, -e) Fahne, Banner, Wahlspruch **2** (die, -, nur Ez.) österreichische Bezeichnung für Panade [germ.-frz.]

**pa'nie'ren** (V.) in Ei und Mehl oder Semmelbrösel wälzen (vor dem Braten) [frz.]

**Pa'nik** (die, -, -en) plötzlich ausbrechende Angst und Verwirrung [gr.]

**pa'nisch** (Adj.) **1** in der Art einer Panik, angstvoll und verwirrt; z.B. in panischer Flucht **2** das ganze Innere erfüllend; z.B. panische Angst

**Pan'is'la'mis'mus** (der, -, nur Ez.) der Versuch, alle islamischen Länder in einem großen islamischen Reich zu vereinigen [gr.-lat.]

**pan'is'la'mis'tisch** (Adj.) alle islamischen Länder und Menschen betreffend, zu ihnen gehörend [gr.-lat.]

**Pan'je'pferd** (das, -(e)s, -e) osteuropäischer Pferdetyp

**Pan'je'wa'gen** (der, -s, -) kleiner Pferdewagen

**Pan'kar'di'tis** (die, -, -ti'den) Entzündung aller Schichten der Herzwand [gr.]

**Pan'kre'as** *auch:* Pan'cre'as (das, -, nur Ez.) Bauchspeicheldrüse [gr.]

**Pan'kre'a'tek'to'mie** *auch:* Pan'cre'a'tek-tomie (die, -, -n) Entfernung der Bauchspeicheldrüse (Med.)

**Pan'kre'a'ti'tis** (die, -, -ti'den) Entzündung der Bauchspeicheldrüse (Med.)

P

**Pan'lo'gis'mus** (der, -, nur Ez.) die philosophische Anschauung, wonach das Universum eine logische Ordnung hat und das ganze Universum als Verwirklichung der Vernunft verstanden wird [gr.-lat.]

**Pan'mi'xie** (die, -, -n) ungezielte Vermischung von Erbanlagen bei zufälliger Kreuzung [gr.]

**Pan'ne** [pan] (der, -(s), -s) Spiegelsamt [lat.- frz.]

**Pan'ne** (die, -, -n) Unfall, Schaden, Störung, Missgeschick [frz.]

**Pan'neau** [-noː] (der, -s, -s) **1** Platte oder Tafel aus Holz zum Bemalen **2** Sattelkissen für Kunstreiter [frz.]

**Pan'ny'chis** (die, -, nur Ez.) nächtliche Vorfeier hoher Feste der Ostkirche [gr.]

**Pa'nop'ti'kum** (das, -s, -ken) **1** Wachsfigurenkabinett **2** Kuriositätenkabinett [gr.]

**pa'nop'tisch** (Adj.) von überall einsehbar [gr.-lat.]

**Pa'no'ra'ma** (das, -s, -men) **1** Ausblick, Rundblick (über eine Landschaft) **2** Rundbild (zur Vortäuschung einer weiten Landschaft) [gr.]

**pa'no'ra'mie'ren** *auch:* pan'o'ra'mie'ren (V.) durch Schwenken der Filmkamera ein weiträumiges Bild vorführen [gr.]

**Pan'pho'bie** (die, -, -n) krankhafte Furcht vor allen Ereignissen in der Außenwelt (Med.) [gr.-lat.]

**Pan'ple'gie** (die, -, -n) vollständige Lähmung der Muskulatur (Med.) [gr.-lat.]

**Pan'psy'chis'mus** (der, -, nur Ez.) die philosophische Anschauung, wonach alle Natur, auch die nicht belebte, beseelt ist [gr.-lat.]

**Pan'ro'man** (das, -s, nur Ez.) Welthilfssprache, Vorgängerin des Universals (Kunstwort)

**Pan'sen** (der, -s, -) erster Magen von Wiederkäuern (Bio.)

**Pan'se'xu'a'lis'mus** (der, -, nur Ez.) frühe Richtung der Psychoanalyse Sigmund Freuds, die von nur sexuellen Trieben ausgeht, in ihnen allen Ursprung von seelischen Krankheiten sieht [gr.-lat.]

**Pans'flö'te** (die, -, -n) = Panflöte

**Pan'sla'wis'mus** (der, -, nur Ez.) der Versuch, alle slawischen Länder in einem großen slawischen Reich zu vereinigen [gr.-lat.]

**Pan'sla'wist** (der, -en, -en) Anhänger des Panslawismus [gr.-lat.]

**pan'sla'wis'tisch** (Adj.) den Panslawismus betreffend, auf ihm basierend [gr.-lat.]

**Pan'so'phie** (die, -, nur Ez.) religiös-philosophische Bewegung des 16.–18. Jh., die ein weltweites Gelehrten- und Friedensreich anstrebte [gr.-lat.]

**pan'so'phisch** (Adj.) die Pansophie betreffend, auf ihr basierend, zu ihr gehörend [gr.-lat.]

**Pan'sper'mie** (die, -, nur Ez.) Theorie in der Biologie, wonach das Leben auf der Erde durch Keime von anderen Planeten entsteht [gr.-lat.]

**pan'ta'gru'e'lisch** (Adj.) derb, heftig, lebensprall (nach Rabelais, Romanfigur Pantagruel)

**Pan'ta'le'on** (das, -s, -s) Hackbrett mit Darm- und Drahtsaiten sowie einem doppelten Resonanzboden

**Pan'ta'lo'ne** (der, -s, -s oder -ni) komischer Alter (Figur der Commedia dell'Arte) [it.]

**Pan'ta'lons** [pɑ̃talɔ̃] (nur Mz.) lange Männerhosen (die während der Frz. Revolution in Mode kamen) [frz.]

**pan'ta rhei** „alles fließt", d.h. alles ist in ununterbrochenem Werden und Vergehen [gr.]

**Pan'te'lis'mus** (der, -, nur Ez.) die philosophische Anschauung, wonach das gesamte Seiende teleologisch erklärbar ist [gr.-lat.]

**Pan'ter** *auch:* Pan'ther (der, -s, -) Leopard [gr.]

**Pan'the'is'mus** (der, -, nur Ez.) philosophische Lehre, dass Gott überall in der Natur sei, dass Gott und die Welt eins seien [gr.-lat.]

**Pan'the'ist** (der, -en, -en) Anhänger des Pantheismus [gr.-lat.]

**pan'the'is'tisch** (Adj.) den Pantheismus betreffend, auf ihm basierend [gr.-lat.]

**Pan'the'lis'mus** (der, -, nur Ez.) die philosophische Anschauung, wonach der Wille der innerste Kern aller Dinge ist [gr.-lat.]

**Pan'the'on** (das, -s, -s) **1** Tempel für alle Götter (in der Antike) **2** Ehrentempel **3** Gesamtheit der Götter (eines Volkes) [gr.]

**Pan'ther** (der, -s, -) = Panter

**Pan'ti'ne** (die, -, -n) großer Pantoffel [frz.]

**Pan'tof'fel** (der, -s, -n) Hausschuh ohne Fersenteil [it.]

**pan'tof'feln** (V.) mit einem pantoffelförmigen Werkzeug Leder weich klopfen [frz.]

**Pan'to'graf** *auch:* Pan'to'graph (der, -en, -en) Gerät zum vergrößernden oder verkleinernden Übertragen von Zeichnungen; Storchschnabel [gr.]

**Pan'to'gra'fie** *auch:* Pan'to'gra'phie (die, -, -n) mit einem Pantografen gefertigtes Bild [gr.-lat.]

**Pan'to'kra'tor** (der, -s, -en) **1** (nur Ez.) Allesbeherrscher (Bez. für Gott oder den auferstandenen Christus) **2** Darstellung des thronenden Christus (in der Kunst) [gr.]

**Pan'to'let'te** (die, -, -n) leichter Schuh ohne Fersenteil [it.-frz.]

**Pan'to'me'ter** (das, -s, -) ein Winkelmessgerät [gr.]

**Pan'to'mi'me 1** (die, -, -n) Darstellung einer Handlung oder eines Vorgangs nur mit Bewegungen, Gebärden und Mienenspiel **2** (der, -n, -n) Künstler, der solche Handlungen und Vorgänge darstellt [gr.]

**Pan'to'mi'mik** (die, -, nur Ez.) Kunst der Pantomime

**pan'to'mi'misch** (Adj.) in der Art einer Pantomime; z.B. sich pantomimisch verständlich machen

**pan'to'phag** (Adj.) alles fressend, pflanzliche und tierische Nahrung verdauend (Zoologie) [gr.-lat.]

**Pan'to'pha'ge** (der, -n, -n) Tier, das sich von Pflanzen und Tieren ernährt, Allesfresser [gr.]

**Pan'to'pha'gie** (die, -, nur Ez.) Allesfresserei (Zoologie) [gr.-lat.]

**Pan'tra'gis'mus** (der, -, nur Ez.) das das menschliche Leben bestimmende, tragische und unüberwindbare Weltgesetz vom Kampf zwischen dem Einzelnen und der Umwelt [gr.-lat.]

**Pan'try** [pæn-] (die, -, -s) Anrichteraum, Speisekammer (auf Schiffen und in Flugzeugen) [engl.]

**Pant'schen-La'ma** (der, -(s), -s) neben dem Dalai-Lama zweites Oberhaupt des Lamaismus [tibet.]

**Pan'ty** [pæntɪ] (die, -, -s) **1** Miederhöschen **2** Strumpfhose [engl.]

**Pä'nu'la** (die, -, -len) rund geschnittenes Übergewand im antiken Rom [gr.-lat.]

**Pä'nul'ti'ma** (die, -, -mä oder -men) vorletzte Silbe eines Wortes (in der lat. Grammatik) [lat.]

**Pan'vi'ta'lis'mus** (der, -, nur Ez.) die philosophische Anschauung, wonach das ganze Weltall lebendig ist [gr.-lat.]

**pan'vi'ta'lis'tisch** (Adj.) den Panvitalismus betreffend, auf ihm basierend [gr.-lat.]

**Pä'on** (der, -s, -e) in der antiken Metrik verwendeter Versfuß [gr.-lat.]

**Pä'o'nie** [-niə] (die, -, -n) Pfingstrose [gr.]

**Pa'pa** (der, -s, -s) **1** Vater **2** kirchliche Bezeichnung des Papstes **3** Titel höherer geistlicher Würdenträger in der orthodoxen Kirche [gr.-lat.]

**Paˈpaˈbiˈli** (nur Mz.) Bezeichnung für die Kardinäle, die potentielle Papstkandidaten sind [lat.-it.]

**Paˈpaˈgalˈlo** (der, -s, -s oder -li) einheimischer junger Mann (in Mittelmeerländern, bes. Italien), der sich Touristinnen für Liebesabenteuer zur Verfügung stellt [it.]

**Paˈpaˈgaˈyos** (nur Mz.) kalte Fallwinde in den Anden [span.]

**Paˈpaˈgei** (der, -s, -en) gelehriger, farbenprächtiger tropischer Vogel [westafrikan.]

**Paˈpaˈin** (das, -s, nur Ez.) pflanzliches Enzym, das Eiweiß spaltet [span.-lat.]

**paˈpal** (Adj.) päpstlich [gr.-lat.]

**Paˈpaˈlisˈmus** (der, -, nur Ez.) kirchenrechtliches System, nach dem der Papst die oberste Gewalt ausübt [lat.]

**Paˈpaˈlist** (der, -en, -en) Anhänger des Papalismus [gr.-lat.]

**paˈpaˈlisˈtisch** (Adj.) im Sinne des Papalismus, den Papalismus betreffend [gr.-lat.]

**Paˈpalˈsysˈtem** (das, -s, nur Ez.) = Papalismus

**Paˈpaˈrazˈzo** (der, -s, -zi) aufdringlicher Fotoreporter, Skandaljournalist [it.]

**Paˈpas** (der, -, -) Geistlicher (der Ostkirche)

**Paˈpat** (das oder der, -(e)s, nur Ez.) Amt und Würde des Papstes [lat.]

**Paˈpaˈveˈraˈzeˈen** [-tseːə] (nur Mz.) Mohngewächs [lat.]

**Paˈpaˈya** *auch:* Paˈpaye (die, -, -s) eine melonenähnliche Frucht [karib.]

**Paˈpel** (die, -, -n) kleine biolinsengroße entzündliche Erhebung auf der Haut, Bläschen [lat.]

**Paˈper** [peɪpə] (das, -s, -s) Schriftstück, schriftliche Unterlage [engl.]

**Paˈperˈback** [peɪpəbæk] (das, -s, -s) broschiertes Buch mit biegsamem Einband [engl.]

**Paˈpeˈteˈrie** (die, -, -n) Schreibwarenhandlung (schweiz.) [frz.]

**Paˈpeˈteˈrist** (der, -en, -en) schweizerische Bezeichnung für einen Schreibwarenhändler [gr.-lat.-frz.]

**Paˈpier** (das, -s, -e) **1** sehr dünnes, biegsames Material zum Beschreiben, Bemalen, Bedrucken, Einpacken in den verschiedensten Größen **2** Schriftstück, Vertrag **3** Wertpapier, Aktie, Pfandbrief **4** (Mz.) Papiere: Ausweise [gr.-lat.]

**Paˈpierˈmaˈschee** *auch:* Paˈpierˈmaˈché [-maʃeː] (das, -s, -s) formbares Hartpapier [frz.]

**paˈpiˈliˈform** (Adj.) warzenförmig

**Paˈpiˈliˈoˈnaˈzeˈen** (nur Mz.) Familie der Schmetterlingsblütler (Botanik) [lat.]

**Paˈpilˈla** (die, -, -lae) **1** Brustwarze **2** Erhebung an der Organoberfläche **3** haarähnliche Ausstülpung an der Pflanzenoberhaut [lat.]

**paˈpilˈlar** (Adj.) in der Art einer Papille, warzenartig

**Paˈpilˈle** (die, -, -n) kleine Erhebung auf der Haut mit rissiger Oberfläche [lat.]

**Paˈpilˈlom** (das, -s, -e) warzenartige Geschwulst [lat.]

**Paˈpilˈlon** [-jɔ̃] (der, -s, -s) **1** französisch für: Schmetterling **2** flatterhafter Mensch **3** feinfädiges Wollgewebe [lat.-frz.]

**paˈpilˈlös** (Adj.) warzig (Med.; Biologie) [lat.]

**Paˈpilˈloˈte** [-jɔtə] (die, -, -n) Lockenwickel aus Papier [frz.]

**paˈpilˈloˈtieˈren** (V.) die einzelnen Haarsträhnen auf Papilloten aufwickeln, um das Haar zu wellen [lat.-frz.]

**Paˈpiˈrosˈsa** (die, -, -sy) russische Zigarette mit langem, hohlem Mundstück

**Paˈpisˈmus** (der, -, nur Ez.) Papsttum, Papsttreue (abwertend) [lat.]

**Paˈpist** (der, -en, -en) Anhänger des Papstes (abwertend)

**paˈpisˈtisch** (Adj.) den Papismus betreffend, auf ihm basierend, päpstlich [gr.-lat.]

**Papˈpaˈtaˈciˈfieˈber** [-tʃi] (das, -s, nur Ez.) im Mittelmeergebiet, Süd- und Ostasien auftretende Infektionskrankheit mit Hautausschlag und dreitägigem Fieber, Dreitagefieber [it.]

**Paˈpriˈka** (der, -s, -s) ein Nachtschattengewächs; dessen hohle, vitaminreiche Frucht; daraus hergestelltes, scharfes Gewürz [lat.-ung.]

**paˈpriˈzieˈren** (V.) mit Paprika würzen (bes. Österr.) [lat.-ung.]

**Paˈpua** (der, - oder -s, - oder -s) Bevölkerungsgruppe im indonesisch besetzten West-Papua [malai.]

**Pa|pua-Neu|gui|ne|er** (der, -s, -) Einwohner des Staates Papua-Neuguinea auf der Osthälfte der Insel Neuguinea
**Pa|pu|la** (die, -, -lae) = Papel [lat.]
**Pa|py|rin** (das, -, nur Ez.) Pergamentpapier [gr.-lat.]
**Pa|py|ro|lo|ge** (der, -n, -n) Wissenschaftler auf dem Gebiet der Papyrologie [gr.-lat.]
**Pa|py|ro|lo|gie** (die, -, nur Ez.) Wissenschaft von den Papyri (s. Papyrus 3) [gr.]
**pa|py|ro|lo|gisch** (Adj.) die Papyrologie betreffend [gr.-lat.]
**Pa|py|rus** (der, -, -ri) **1** ein Riedgras des tropischen Afrika **2** aus dessen Halmmark gewonnenes Schreibmaterial (in der Antike) **3** Schriftstück daraus [gr.-lat.]
**Par** (das, -(s), -s) für jedes Loch (Golf) festgelegte Mindestanzahl von Schlägen [engl.]
**Pa|ra** (der, -s, - oder -s) kleinste türkische (früher) und zweite serbische Währungseinheit [pers.-türk.]
**Pa|ra|ba|se** (die, -, -n) satirisch-politischer Einschub aus Gesang und Rezitation in der antiken Komödie [gr.]
**Pa|ra|bel** (die, -, -n) **1** eine mathematische, symmetrische, ins Unendliche laufende Kurve **2** lehrhafte Erzählung [gr.]
**Pa|ra|bel|lum** (die, -, -s) Kunstwort für Parabellumpistole (Warenzeichen) [lat.]
**Pa|ra|bel|lum|pis|to|le** (die, -, -n) Selbstladepistole
**Pa|ra|bi|ont** (der, -en, -en) Lebewesen, das in Parabiose lebt
**Pa|ra|bi|o|se** (die, -, -n) Zusammenleben zweier gleichartiger, miteinander verwachsener Lebewesen; z.B. von siamesischen Zwillingen [gr.]
**Pa|ra|blacks** [pɑːrəblæks] (nur Mz.) Kunststoffklötze, die an den Skispitzen montiert werden, um ein Überkreuzen der Skier zu verhindern [engl.]
**Pa|ra|bol|an|ten|ne** (die, -, -n) Antenne zum Empfang von Ultrakurzwellen in Form eines paraboloiden Hohlspiegels [gr.-lat.-it.]
**pa|ra|bo|lisch** (Adj.) in der Art einer Parabel
**Pa|ra|bo|lo|id** (der, -s, -e) durch Drehung einer Parabel (2) entstehender Körper
**Pa|ra|bol|spie|gel** (der, -s, -) Hohlspiegel in Form eines Paraboloids [gr.-lat.-dt.]
**Pa|ra|de** (die, -, -n) **1** prunkvoller Aufmarsch, Vorbeimarsch (von Truppen) **2** Abwehr eines Angriffs (im Sport) **3** Verringern der Gangart oder Anhalten (des Pferdes beim Reiten) [span.-frz.]
**Pa|ra|den|ti|tis** (die, -, -ti|den) = Parodontitis [gr.-lat.]
**Pa|ra|den|to|se** (die, -, -n) = Parodontose [gr.-lat.]
**pa|ra|die|ren** (V.) **1** feierlich vorbei-, aufmarschieren **2** auffällig aufgehängt, aufgestellt sein **3** mit etwas paradieren: mit etwas prunken
**Pa|ra|dies** (das, -es, -e) **1** Garten Gottes, Himmel **2** Vorhalle mit Brunnen (in der altchristlichen Basilika) **3** Ort der Freude [gr.]
**pa|ra|die|sisch** (Adj.) **1** das Paradies betreffend **2** herrlich, friedlich, wunderbar [gr.-lat.]
**Pa|ra|dig|ma** (das, -s, -men oder -ta) Denkmuster; Beispiel [gr.-lat.]
**pa|ra|dig|ma|tisch** (Adj.) **1** als Muster oder Beispiel fungierend **2** das Paradigma betreffend **3** die Relationen zwischen sprachlichen Elementen betreffend [gr.-lat.]
**Pa|ra|dig|men|wech|sel** (der, -s, -) Wechsel des Denkmusters [gr.-lat.-dt.]
**Pa|ra|dor** (der oder das, -s, -e) für Touristen geschaffenes, staatliches Luxushotel in Spanien [span.]
**pa|ra|dox** (Adj.) widersinnig, in sich einen Widerspruch enthaltend [gr.-lat.]
**Pa|ra|dox** (das, -es, -e) auf eine höhere Wahrheit hinweisende, scheinbar falsche Aussage [gr.-lat.]
**Pa|ra|do|xa** (Mz.) von Paradoxon [gr.-lat.]
**pa|ra|do|xal** (Adj.) = paradox [gr.-lat.]
**Pa|ra|do|xie** (die, -, -n) das Widersinnige, der Widerspruch in sich [gr.]
**Pa|ra|do|xi|tät** (die, -, -en) das Paradoxsein [gr.-lat.]
**Pa|ra|do|xon** (das, -s, -xa) = Paradox [gr.-lat.]
**Pa|raf|fin** (das, -s, -e) zur Fertigung von Bohnerwachs oder Kerzen geeignetes, farbloses Gemisch unlöslicher gesättigter Kohlenwasserstoffe [lat.]

**pa'raf'fi'nie'ren** (V.) mit Paraffin behandeln [lat.]
**pa'raf'fi'nisch** (Adj.) aus Paraffin bestehend, dem Paraffin entsprechend [lat.]
**Pa'ra'ge'ne'se** *auch:* Pa'ra'ge'ne'sis (die, -, nur Ez.) geologische Bezeichnung für das gesetzmäßige Vorkommen bestimmter Mineralien bei der Bildung von Gesteinen [gr.-lat.]
**Pa'ra'ge'ne'sis** (die, -, nur Ez.) = Paragenese [gr.-lat.]
**pa'ra'ge'ne'tisch** (Adj.) die Paragenese betreffend [gr.-lat.]
**Pa'ra'gli'ding** [pɑːrəglaɪdɪ̃] (das, -s, nur Ez.) das Fliegen mit fallschirmähnlichen Gleitsegeln [engl.]
**Pa'ra'gno'sie** (die, -, -n) übersinnliche Wahrnehmung [gr.-lat.]
**Pa'ra'gnost** (der, -en, -en) Medium mit übersinnlichen Wahrnehmungsfähigkeiten [gr.-lat.]
**Pa'ra'graf** *auch:* Pa'ra'graph (der, -en, -en) Abschnittszeichen in wissenschaftlichen Werken oder Gesetzbüchern [gr.-lat.]
**Pa'ra'gra'fen'rei'ter** *auch:* Pa'ra'gra'phen'rei'ter (der, -s, -) abwertend für jmdn. der übergenau mit den Vorschriften ist (ugs.)
**Pa'ra'gra'fie** *auch:* Pa'ra'gra'phie (die, -, -n) Störung der Fähigkeit zu schreiben durch Vertauschung von Buchstaben, Silben oder ganzen Wörtern [gr.-lat.]

P

**pa'ra'gra'fie'ren** *auch:* pa'ra'gra'phie'ren (V.) in Paragrafen einteilen [gr.-lat.]
**Pa'ra'gramm** (das, -s, -e) den Sinn scherzhaft entstellende Buchstabenänderung in einem Wort oder Namen [gr.-lat.]
**Pa'ra'gram'ma'tis'mus** (der, -, -men) Sprechstörung, durch die der Satzbau auseinander bricht [gr.-lat.]
**Pa'ra'gram'ma'zis'mus** (der, -, -men) Sprechstörung, bei der an Stelle von g und k ein d und t gesprochen wird (Med.; Psychologie) [gr.-lat.]
**Pa'ra'gu'a'yer** (der, -s, -) Einwohner des südamerikanischen Staates Paraguay
**Pa'ra'ki'ne'se** (die, -, -n) Störung im geordneten Ablauf der Bewegungen aufgrund von Störungen der Muskelkoordination [gr.]
**Pa'ra'kla'se** (die, -, -n) durch Erdbeben u.a. entstandene Spalte im Gestein [gr.]
**Pa'ra'klet** (der, -(e)s oder -en, -e oder -en) Fürsprecher [gr.]
**Pa'ra'la'lie** (die, -, -n) Sprachstörung durch Lautverwechslungen und Lautveränderungen (Med.) [gr.-lat.]
**Pa'ra'le'xie** (die, -, -n) Lesestörung durch Verwechslung der gelesenen Wörter (Med.) [gr.-lat.]
**Pa'ral'ge'sie** *auch:* Pa'ral'gie (die, -, -n) gestörte Schmerzempfindung, wobei Schmerzreize als angenehm empfunden werden (Med.) [gr.-lat.]
**Pa'ral'gie** (die, -, -n) = Paralgesie [gr.-lat.]
**Pa'ra'lin'gu'is'tik** (die, -, nur Ez.) Teilgebiet der Sprachwissenschaft, das sich mit sprachbegleitenden Erscheinungen befasst die selbst nicht sprachlich sind (Sprechintensität, Mimik etc.)
**Pa'ra'li'po'me'non** (das, -s, -na) Nachtrag, Ergänzung (zu einem literarischen Werk) [gr.]
**Pa'ra'li'po'pho'bie** (die, -, nur Ez.) Bezeichnung für die zwanghafte Vorstellung, dass es Unheil mit sich bringt, wenn man bestimmte Handlungen nicht ausführt (Psychologie) [gr.-lat.]
**Pa'ra'lip'se** (die, -, -n) die rhetorische Figur, etwas besonders zu betonen, indem man vorgibt, es übergehen zu wollen [gr.]
**pa'ral'lak'tisch** (Adj.) auf Parallaxe beruhend [gr.]
**Pa'ral'la'xe** (die, -, -n) **1** (Phys.) Winkel, der dadurch entsteht, dass ein Punkt von zwei verschiedenen Punkten auf einer Geraden betrachtet wird **2** (Astron.) Entfernung eines Sterns, die aus einem solchen Winkel (zwischen Stern und zwei Punkten auf einer Gerade) bestimmt werden kann **3** (Fotogr.) Unterschied zwischen dem Bildausschnitt im Sucher der Kamera und dem Ausschnitt, der auf dem Film erscheint
**pa'ral'lel** (Adj.) **1** in gleichem Abstand nebeneinander (verlaufend) **2** vergleichbar ähnlich und gleichzeitig [gr.]
**Pa'ral'lel'be'trieb** (der, -s, -e) zeitgleicher Ablauf mehrerer Programme (EDV)
**Pa'ral'le'le** (die, -, -n) **1** Gerade, die in gleichem Abstand neben einer anderen Geraden verläuft (Math.) **2** ähnlicher, vergleichbarer Fall, ähnliches Ereignis, Entsprechung [gr.]

**Pa|ral|lel|epi|ped** (das, -s, -e) von drei Paaren paralleler Ebenen begrenzter Körper; z.B. Würfel [gr.]
**Pa|ral|le|lis|mus** (der, -, -men) **1** Übereinstimmung von Dingen und Vorgängen **2** gleichmäßiger Bau (von Sätzen oder Satzgliedern) [gr.]
**Pa|ral|le|li|tät** (die, -, nur Ez.) das Parallelsein, der Gleichlauf, die Gleichheit, Ähnlichkeit
**Pa|ral|lel|kreis** (der, -es, -e) Breitenkreis
**Pa|ral|le|lo|gramm** (das, -s, -e) von zwei Paaren paralleler Seiten begrenztes Viereck [gr.]
**Pa|ral|lel|pro|jek|ti|on** (die, -, -tionen) durch parallele Strahlen auf einer Ebene zeichnerisch dargestelltes, räumliches Gebilde
**Pa|ral|lel|ton|art** (die, -, -en) Moll- und Durtonart mit jeweils gleichem Vorzeichen (Mus.)
**Pa|ra|lo|gie** (die, -, -n) **1** Vernunftwidrigkeit **2** falscher Gebrauch von Wörtern und dadurch Verfehlen eines Problems, an einer Sache vorbeireden **3** krankhaftes Vertauschen von Wörtern [gr.]
**Pa|ra|lo|gis|mus** (der, -, -men) Fehlschluss [gr.-lat.]
**Pa|ra|lo|gis|tik** (die, -, nur Ez.) die Verwendung von Trugschlüssen in der Logik [gr.-lat.]
**Pa|ra|lym|pics** (die, nur Mz.) zeitgleich zur Olympiade ausgetragener Wettbewerb für Behindertensportler
**Pa|ra|ly|se** (die, -, -n) völlige Lähmung, progressive Paralyse: fortschreitende Gehirnerweichung (Spätstadium der Syphilis) [gr.]
**pa|ra|ly|sie|ren** (V.) **1** lähmen **2** unwirksam machen, lahmlegen [gr.]
**Pa|ra|ly|sis** (die, -, -sen) = Paralyse [gr. lat.] Paralysis agitans: Schüttellähmung
**Pa|ra|ly|ti|ker** (der, -s, -) jmd., der an Paralyse leidet
**pa|ra|ly|tisch** (Adj.) auf Paralyse beruhend, daran leidend
**Pa|ra|me|di|zin** (die, -, nur Ez.) bezüglich Diagnose und Behandlung von Krankheiten von der Schulmedizin abweichende Anschauung [gr.-lat.]
**Pa|ra|ment** (das, -(e)s, -e) Gegenstand aus Stoff (Tuch, Decke, Vorhang) für gottesdienstliche Zwecke [lat.]
**Pa|ra|men|tik** (die, -, nur Ez.) **1** wissenschaftliche Paramentenkunde **2** Kunst der Paramentenfertigung [lat.]
**Pa|ra|me|ter** (der, -s, -) **1** entweder konstante oder unbestimmte Hilfsgröße (für mathematische Berechnungen) **2** Unterstellung bestimmter Bedingungen (zur Berechnung von technischen Abläufen) **3** veränderliche Größe, durch die ein Wirtschaftsprozess beeinflusst werden kann; z.B. Kosten [gr.]
**pa|ra|mi|li|tä|risch** (Adj.) halbmilitärisch [gr.-lat.-frz.]
**Pa|ra|mi|mie** (die, -, nur Ez.) Bezeichnung für das Missverhältnis zwischen einem seelischen Zustand und seiner mimischen oder gestischen Umsetzung (Psychologie) [gr.-lat.]
**Pa|ram|ne|sie** (die, -, -n) Gedächtnisstörung, Erinnerungstäuschung, wobei sich der Erinnernde an Ereignisse zu erinnern glaubt, die überhaupt nicht stattgefunden haben (Psych., Med.) [gr.-lat.]
**Pa|rä|ne|se** (die, -, -n) Mahnpredigt, Rede oder Schrift zur Ermahnung; Nutzanwendung einer Predigt [gr.-lat.]
**pa|rä|ne|tisch** (Adj.) **1** die Paränese betreffend, in der Art einer Paränese verfasst 2 ermahnend [gr.-lat.]
**Pa|ra|noia** (die, -, nur Ez.) mit Wahnvorstellungen verbundene Geisteskrankheit [gr.]
**pa|ra|no|id** (Adj.) der Paranoia ähnlich
**Pa|ra|no|i|ker** (der, -s, -, ) jmd., der an Paranoia leidet
**pa|ra|no|isch** (Adj.) **1** die Paranoia betreffend **2** geistesgestört (Med.) [gr.-lat.]
**Pa|ra|no|is|mus** (der, -, nur Ez.) eine Form des Verfolgungswahns [gr.-lat.]
**pa|ra|nor|mal** (Adj.) übersinnlich, nicht natürlich erklärbar [gr.-lat.]
**Pa|ra|nuss** (die, -, -nüs|se) hartschalige Nussart aus Südamerika
**Pa|ra|pett** (das, -s, -s) Brustwehr eines Walles [lat.-it.]
**Pa|ra|pha|ge** (der, -n, -n) Tier, das auf einem Wirtstier lebt, ohne diesem zu schaden oder zu nutzen (Bio.)
**Pa|ra|pha|sie** (die, -, -n) mit Verwechslung von Wörtern, Silben, Buchstaben verbundene Sprachstörung [gr.]
**Pa|ra|phe** (die, -, -n) Namenszeichen, Namenszug, Namensstempel

**paˈraˈphieˈren** (V.) mit der Paraphe unterzeichnen [gr.]
**paˈraˈphil** (Adj.) die Paraphilie betreffend [gr.]
**Paˈraˈphiˈlie** (die, -, -n) von der als normal angesehenen Form sexueller Betätigung abweichendes Verhalten [gr.]
**Paˈraˈphraˈse** (die, -, -n) **1** Wiedergabe mit anderen Worten, Umschreibung **2** freie Übertragung (aus einer anderen Sprache) **3** musikalische Verzierung [gr.]
**paˈraˈphraˈsieˈren** (V.) **1** mit anderen Worten wiedergeben, umschreiben **2** verzieren; z.B. eine Melodie paraphrasieren [gr.]
**paˈraˈphrasˈtisch** (Adj.) in der Art einer Paraphrase
**Paraˈphreˈnieˈ** (die, -, -n) leichte Schizophrenie mit Wahnvorstellungen [gr.-lat.]
**Paˈraˈphyˈse** (die, -, -n) **1** sterile Zelle bei Pilzen **2** haarähnliche Zellen bei Moosen und Farnen [gr.]
**Paˈraˈplaˈsie** (die, -, -n) krankhafte Bildung, Missbildung [gr.]
**Paˈraˈplasˈma** (das, -s, -men) Zellprotoplasma [gr.-lat.]
**Paˈraˈpleˈgie** (die, -, -n) Lähmung symmetrisch gegenüberliegender Gliedmaßen, doppelseitige Lähmung [gr.]
**paˈraˈpsyˈchisch** (Adj.) **1** übersinnlich **2** zu den von der Parapsychologie erforschten Phänomenen gehörend, diese betreffend
**Paˈraˈpsyˈchoˈloˈgie** (die, -, nur Ez.) Zweig der Psychologie, der sich mit außersinnlichen Erscheinungen befasst
**Paˈrarˈthˈrie** (die, -, -n) Sprachstörung, die durch fehlerhafte Artikulation von Silben gekennzeichnet ist (Med.) [gr.-lat.]
**Paˈraˈsanˈge** (die, -, -n) Wegemaß im alten Persien [pers.-gr.-lat.]
**Paˈraˈsche** (die, -, -n) **1** einer der 54 Abschnitte der Thora **2** Gesetzeslesung aus diesem Abschnitt im jüdischen Gottesdienst [hebr.]
**paˈraˈsem** (Adj.) in der Sprachwissenschaft semantisch nebengeordnet [gr.-lat.]
**Paˈraˈsem** (das, -s, -e) in der Sprachwissenschaft semantisch nebengeordneter Begriff [gr.-lat.]
**Paˈraˈsit** (der, -en, -en) **1** Lebewesen, das von einem anderen lebt und dieses dadurch schädigt oder beeinträchtigt, Schmarotzer **2** jmd., der auf Kosten anderer lebt [gr.]
**paˈraˈsiˈtär** (Adj.) in der Art eines Parasiten, schmarotzerisch
**paˈraˈsiˈtieˈren** (V.) schmarotzen (Bio.)
**paˈraˈsiˈtisch** (Adj.) parasitär, in der Art eines Schmarotzers [gr.-lat.]
**Paˈraˈsiˈtisˈmus** (der, -, nur Ez.) Leben, Art eines Parasiten, Schmarotzertum
**Paˈraˈsiˈtoˈloˈge** (der, -n, -n) sich mit dem Bereich der Parasitologie beschäftigender Forscher [gr.-lat.]
**Paˈraˈsiˈtoˈloˈgie** (die, -, nur Ez.) Wissenschaft von den Parasiten (1)
**paˈraˈsiˈtoˈloˈgisch** (Adj.) die Parasitologie betreffend, ihr zugeordnet [gr.-lat.]
**paˈraˈsiˈtoˈtrop** (Adj.) gegen Parasiten wirkend (Med.) [gr.-lat.]
**Paˈraˈski** (der, -, nur Ez.) Wintersportdisziplin, die aus einer Kombination von Fallschirmspringen und Riesenslalom besteht
**Paˈraˈsol** **1** (der oder das, -s, -s) Sonnenschirm (veraltet) **2** (der, -s, -e oder -s) ein essbarer Blätterpilz, Schirmpilz [it.]
**Parˈäsˈtheˈsieˈ** (die, -, -n) anomale Körperempfindung; z.B. Kribbeln, Eingeschlafensein von Gliedern [gr.]
**Paraˈsymˈpaˈthiˈkus** (der, -, nur Ez.) dem Sympathikus entgegengesetzt wirkender Teil des vegetativen Nervensystems [gr.-lat.]
**paˈrat** (Adj.) gebrauchsfertig, bereit, vorrätig; z.B. einen Gegenstand, eine Entschuldigung parat haben [lat.]
**paˈraˈtakˈtisch** (Adj.) in der Art einer Parataxe, nebenordnend
**Paˈraˈtaˈxe** (die, -, -n) Nebeneinander, Nebenordnung (von Hauptsätzen) [gr.]
**Paˈraˈtaˈxie** (die, -, -en) **1** Störung zwischenmenschlicher Beziehungen durch Projektionen subjektiver, aber falscher Vorstellungen auf den Partner **2** nicht perspektivische Wiedergabe [gr.-lat.]
**Paˈraˈtaˈxis** (die, -, -xen) = Parataxe [gr.-lat.]
**Paˈraˈthiˈon** (das, -s, nur Ez.) Wirkstoff in Insektiziden, E 605 [gr.]
**Paˈraˈtyˈphus** (der, -, nur Ez.) dem Typhus ähnliche Infektionskrankheit

**pa'ra'ty'pisch** (Adj.) nicht erblich (Med.) [gr.-lat.]
**pa'ra've'nös** (Adj.) neben einer Vene sich befindend (Med.) [gr.-lat.]
**Pa'ra'vent** [-vɑ̃] (der oder das, -s, -s) zusammenklappbarer Wandschirm [frz.]
**pa'ra'ver'te'bral** (Adj.) neben einem Wirbel oder der Wirbelsäule sich befindend (Med.) [gr.-lat.]
**par a'vi'on** [paravjɔ̃] durch Luftpost (Vermerk auf Postsendungen) [frz.]
**Pa'ra'zen'te'se** (die, -, -n) Durchstechen (bes. des Trommelfells) [gr.]
**pa'ra'zen'tral** (Adj.) neben den Gehirnwindungen sich befindend (Med.) [gr.-lat.]
**pa'ra'zen'trisch** (Adj.) um den Mittelpunkt liegend, sich um das Zentrum bewegend [gr.-lat.]
**par'boiled** [paːrbɔɪld] (Adv.) vorbehandelt
**Par'cours** [-kuːɐ] (der, - [-kuːɐs], - [-kuːɐs]) von den Pferden zu durchlaufende Rennstrecke (bei Hindernisrennen, Jagdrennen, Jagdspringen) [frz.]
**par dis'tance** [-stɑ̃s] aus der Entfernung, über eine gewisse Entfernung, mit jmdm. par distance verkehren, förmlich, nicht freundschaftlich [frz.]
**Par'don!** [-dɔ̃] Verzeihung!, entschuldigen Sie! [frz.]
**Par'don** [-dɔ̃] (der oder das, -, nur Ez.) Verzeihung, Gnade, Begnadigung; z.B. keinen Pardon geben
**par'do'na'bel** (Adj.) (altertümlich) verzeihlich, entschuldbar [lat.-frz.]
**par'do'nie'ren** (V.) jmdn. pardonieren: jmdm. Pardon geben, verzeihen, jmdn. begnadigen, schonen
**Par'dun** *auch:* die Par'du'ne (das, -s, -s) Tau, das Masten und Stangen von hinten hält [niederl.]
**Par'du'ne** (die, -, -n) = Pardun
**Pa're'che'se** (die, -, -n) in der Rhetorik das Zusammenstellen hinsichtlich des Lautes gleicher oder ähnlicher Wörter mit unterschiedlicher Herkunft [gr.]
**Pa'ren'chym** (das, -s, -e) **1** bes. dem Stoffaustausch dienendes, saftiges, dünnwandiges pflanzliches Gewebe, Grundgewebe **2** Organ-, Drüsengewebe [gr.]
**pa'ren'tal** (Adj.) zur Generation der Eltern gehörig, von ihr stammend [lat.]
**Pa'ren'tel** (die, -, -en) Gesamtheit des Stammvaters und seiner Nachkommen [lat.]
**pa'ren'te'ral** (Adj.) nicht über den Verdauungsweg, parenterale Nahrungsaufnahme: Nahrungsaufnahme über die Körperoberfläche durch Infusion u.a. [gr.]
**Pa'ren'the'se** (die, -, -n) **1** Klammer (als Satzzeichen) **2** in Klammern oder Gedankenstriche eingeschlossener, eingeschobener Satz oder Satzteil [gr.]
**pa'ren'the'tisch** (Adj.) eingeschoben, nebenbei (erwähnt) [gr.]
**Pa'reo** (das, -s, -s) großes Wickeltuch, dass um die Hüfte geschlungen wird
**Pa're're** (das, -s, -s) **1** Gutachten über kaufmännische Streitsachen **2** in Österreich das ärztliche Attest, das eine Einweisung in eine psychiatrische Klinik ermöglicht [lat.-it.]
**Pa'rer'gon** (das, -s, -ga) **1** Nachtrag, Anhang, Beiwerk (zu einem literarischen Werk) **2** (Mz.) Parerga: gesammelte kleine Schriften [gr.]
**Pa're'se** (die, -, -n) **1** Erschlaffung **2** leichte Lähmung eines Muskels oder einer Muskelgruppe (Med.) [gr.]
**pa're'tisch** (Adj.) geschwächt, teilweise gelähmt [gr.]
**par ex'cel'lence** [parɛksɛlɑ̃ːs] im wahrsten Sinn des Wortes [frz.]
**par exem'ple** [paːrɛksɔmplə] zum Beispiel [frz.]
**Par'fait** [parfɛː] (das, -s, -s) **1** Fleisch- oder Fischpastete **2** Halbgefrorenes [frz.]
**Par'force'jagd** [-fɔrs] (die, -, -n) Hetzjagd zu Pferd mit Hunden [frz.]
**Par'force'ritt** (der, -(e)s, -e) schneller Ritt über eine große Distanz
**Par'fum** *auch:* Par'fūm (das, -s, -s oder -e) wässrig-alkoholische Lösung von Duftstoffen [frz.]
**Par'fü'me'rie** (die, -, -n) **1** Industrie zur Herstellung von Parfüms **2** Geschäft, in dem Parfüms, Seifen, kosmetische Mittel usw. verkauft werden [frz.]
**Par'fü'meur** [-møːɐ] (der, -s, -e) Fachmann in der Parfümherstellung [lat.-it.-frz.]
**par'fü'mie'ren** (V.) **1** wohlriechend machen, mit Duftstoff versetzen **2** mit Parfüm bestäuben, betupfen

**Pa|ri** (der, -(s), nur Ez.) Nennwert; z.B. Wertpapiere stehen unter, über Pari [it.]
**Pa|ria** (der, -s, -s) 1 außerhalb der Kasten stehender oder der niedersten Kaste angehöriger Inder 2 von der Gesellschaft Ausgestoßener [tamil.]
**pa|rie|ren** (V.) 1 abwehren, auffangen 2 zum Stehen bringen; z.B. das Pferd parieren [lat.-frz.] 3 gehorchen
**Pa|ri|fi|ka|ti|on** (die, -, -nen) (altertümelnd) Gleichstellung [lat.]
**Pa|ri|kurs** (der, -es, -e) dem Nennwert eines Wertpapiers entsprechender Kurs (Wirtschaft)
**Pa|ri|ser** (der, -s, -) umgangssprachlich salopp für Präservativ
**Pa|ri|si|enne** [-zjɛn] (die, -, nur Ez.) 1 französisches Freiheitslied in der Revolution von 1830 2 mit Metallfäden durchwirktes Seidengewebe [frz.]
**pa|ri|tal** (Adj.) 1 an der Wand des Fruchtknotens stehend 2 zur Wand (des Körpers, eines Organs) hin gelegen, seitlich 3 zum Scheitelbein gehörig [lat.]
**Pa|ri|tät** (die, -, -en) 1 Gleichstellung, Gleichberechtigung, Gleichwertigkeit 2 Verhältnis des Wertes zweier Währungen [lat.]
**pa|ri|tä|tisch** (Adj.) gleichgestellt [lat.]
**Park** (der, -s, -s) 1 sehr großer, meist baumreicher Garten 2 Gesamtheit der Fahrzeuge (eines Betriebes, meist in Zusammensetzungen); z.B. Fuhrpark, Wagenpark [engl.]
**Par|ka** (der, -s, -s) knielanger, meist wattierter Anorak mit Kapuze [eskim.]
**Park-and-ride-Sys|tem** [-ənraɪd-] (das, -s, nur Ez.) Verkehrssystem, bei dem von auswärts kommende Kraftfahrer ihre Fahrzeuge am Stadtrand abstellen und mit öffentlichen Verkehrsmitteln ins Zentrum fahren [engl.]
**par|ken** (V.) 1 stehen lassen, abstellen; z.B. einen Wagen am Stadtrand parken 2 abgestellt sein, vorübergehend stehen; z.B. parkende Autos 3 seinen Wagen abstellen, stehen lassen; z.B. kann ich hier parken? [engl.]
**Par|kett** (das, -(e)s, -e oder -s) 1 Fußbodenbelag aus Holzbrettchen, die in Mustern aufgeklebt oder -genagelt werden; sich auf dem Parkett bewegen können (ugs.): sich in guter Gesellschaft einwandfrei und ungezwungen benehmen können 2 vordere Reihen im Zuschauerraum (des Theaters) 3 Raum zum Abschließen der Geschäfte (an der Pariser Börse) 4 (auch) Börsenverkehr [frz.]
**Par|ket|te** (die, -, -n) Brettchen des Parkettbodens (österr.)
**par|ket|tie|ren** (V.) mit Parkett (1) belegen
**par|kie|ren** (V.) = parken (schweiz.)
**Par|kin|so|nis|mus** (der, -, -men) nach dem Arzt Parkinson benannte Schüttellähmung [lat.]
**Par|kin|son|syn|drom** *auch:* Par|kin|son-Syn|drom (das, -s, nur Ez.) Schüttellähmung aufgrund von Hirnschädigungen (Med.)
**Park|stu|di|um** (das, -s, nur Ez.) aufgenommenes Studium, um die Wartezeit für ein zulassungsbeschränktes Studium zu überbrücken
**Par|la|ment** (das, -(e)s, -e) aus gewählten Vertretern des Volkes bestehende Gruppe von Personen mit beratender oder gesetzgebender Funktion, Abgeordnetenhaus [frz.-engl.]
**Par|la|men|tär** (der, -s, -e) Vermittler (zwischen zwei feindlichen Heeren), der eine Mitteilung überbringt oder den Waffenstillstand einleitet [frz.]
**Par|la|men|ta|ri|er** (der, -s, -) Mitglied eines Parlaments
**par|la|men|ta|risch** (Adj.) zum Parlament gehörig, von ihm ausgehend, in ihm üblich, stattfindend
**par|la|men|ta|ri|sie|ren** (V.) den Parlamentarismus einführen [gr.-lat.-frz.]
**Par|la|men|ta|ris|mus** (der, -, nur Ez.) Regierungsform, bei der das Parlament an der Regierung mitwirkt
**par|lan|do** (Adv.) im Sprechgesang, halb sprechend, halb singend [it.]
**Par|lan|do** (das, -s, -s oder -di) Sprechgesang (in der Oper) [it.]
**par|lie|ren** (V.) fließend sprechen, rasch und eifrig sprechen; sich angeregt unterhalten
**Par|me|lia** (die, -, -li|en) Schüsselflechte auf Rinden und Steinen [gr.-lat.]
**Par|me|san** (der, -s, nur Ez.) Hartkäse aus Parma (bes. zum Reiben)

P

**Par'nass** (der, - oder -es, nur Ez.) Berg der Musen (in der griechischen Mythologie); Reich der Dichtkunst
**par'nas'sisch** (Adj.) den Parnass betreffend, zu ihm gehörend [gr.-lat.]
**Par'nas'sos** (der, -, nur Ez.) = Parnass [gr.- lat.]
**Par'nas'sus** (der, -, nur Ez. ) = Parnass [gr.- lat.]
**Par'nes** (der, -, -) Vorsteher einer jüdischen Gemeinde [hebr.]
**pa'ro'chi'al** (Adj.) zur Pfarrei, zum Kirchspiel gehörend
**Pa'ro'chie** (die, -, -n) Pfarrbezirk, Kirchspiel [gr.]
**Pa'ro'die** (die, -, -n) **1** komische, übertreibende Nachahmung (eines literarischen Werkes oder eines Stils, z.B. Tanzstils) **2** Unterlegung einer Melodie mit anderem Text oder umgekehrt **3** Austausch von geistlichen und weltlichen Texten und Kompositionen **4** Austausch von Kompositionen innerhalb des eigenen Gesamtwerkes [gr.]
**pa'ro'die'ren** (V.) in der Parodie verspotten, nachahmen
**pa'ro'disch** (Adj.) die Parodie betreffend, die Mittel der Parodie anwendend, mit ihren Mitteln umwandelnd [gr.-lat.- frz.]
**Pa'ro'dist** (der, -en, -en) jmd., der etwas parodiert
**Pa'ro'dis'tik** (die, -, nur Ez.) die Kunst der Parodie, der Gebrauch der Parodie [gr.-lat.-frz.]
**pa'ro'dis'tisch** (Adj.) in der Art einer Parodie; die Parodie betreffend
**Pa'ro'don'ti'tis** *auch:* Pa'ra'den'ti'tis (die, -, -ti'den) Zahnfleischentzündung mit eitrigen Zahnfleischtaschen [gr.]
**Pa'ro'don'to'se** (die, -, -n) krankhafte Rückbildung des Zahnfleisches und Zahnbettgewebes [gr.]
**Pa'ro'dos** (der, -, -) („das Entlangziehen“) das Einzugslied des Chores in der antiken Tragödie [gr.]
**Pa'ro'le** (die, -, -n) **1** Wort(e) als Erkennungszeichen **2** Leitspruch, Wahlspruch, Spruch als Aufforderung oder Zielsetzung; z.B. Wahlparole **3** Meldung, Behauptung (unwahr) [frz.]
**Pa'ro'li** (das, -s, -s) Verdoppelung des ersten Einsatzes (im Pharaospiel); jmdm. Paroli bieten: jmdm. entgegentreten, Widerstand leisten, sich energisch widersetzen [it.-frz.]
**Pa'r'ö'mio'graf** *auch:* Pa'r'ö'mio'graph (der, -en, -en) Gelehrter, der die Denksprüche und Sprichworte zusammenstellt [gr.]
**Pa'r'ö'mio'lo'gie** (die, -, nur Ez.) Wissenschaft von den Sprichwörtern, Sprichwortkunde [gr.]
**Pa'r'o'no'ma'sie** (die, -, -n) in der Rhetorik das Zusammenstellen hinsichtlich des Lautes gleicher oder ähnlicher Wörter mit gleicher Herkunft [gr.-lat.]
**pa'r'o'no'mas'tisch** (Adj.) die Paronomasie betreffend, zu ihr gehörend [gr.-lat.]
**Pa'r'o'ny'mie** (die, -, nur Ez.) das Ableiten von einem Stammwort in der Sprachwissenschaft [gr.]
**Pa'r'o'ny'mik** (die, -, nur Ez.) ein Teilgebiet der Sprachwissenschaft, das die Paronymie betrifft [gr.-lat.]
**pa'r'o'ny'misch** (Adj.) die Paronymie betreffend, vom gleichen Stamm abgeleitet (veraltet) [gr.-lat.]
**Pa'r'o'ny'mon** (das, -s, -ma oder -nyme) Wort, das mit anderen vom gleichen Stamm abgeleitet ist [gr.-lat.]
**par or'd're** [pa'rɔrdr̥ə̧] auf Befehl [lat.-frz.]
**Pa'r'o're'xie** (die, -, -n) medizinische Bezeichnung für das krankhafte Verlangen, nach ungewöhnlichen oder unverdaulichen Speisen [gr.-lat.]
**Pa'r'os'mie** *auch:* Pa'r'os'phre'sie (die, -, -n) Störung in der Wahrnehmung von Gerüchen (Med.) [gr.-lat.]
**Pa'r'os'phre'sie** (die, -, -n) = Parosmie [gr.-lat.]
**pa'r'oxys'mal** (Adj.) schubweise auftretend, anfallsweise auftretend, sich steigernd (Med.) [gr.-lat.]
**Pa'r'oxys'mus** (der, -, -men) **1** (Med.) anfallartiges Auftreten oder höchste Steigerung einer Krankheitserscheinung **2** (Geogr.) aufs Höchste gesteigerter tektonischer Vorgang (bes. vulkanischer Ausbruch) [gr.]
**Par'se** (der, -n, -n) Anhänger des Parsismus
**par'sen** (V.) maschinenlesbare Daten analysieren, segmentieren und kodieren (EDV) [engl.]

P

**Par'sing** (das, -s, nur Ez.) das Parsen (EDV) [engl.]
**par'sisch** (Adj.) die Parsen betreffend, zum Parsismus gehörend, auf ihm basierend [pers.-lat.]
**Par'sis'mus** (der, -, nur Ez.) eine Form der Lehre Zarathustras in Persien und (heute noch) in Indien
**Pars pro To'to** (das, - - -, - - -) Redefigur, bei der ein Teilbegriff statt des Gesamtbegriffs verwendet wird; z.B. „Brot" statt „Nahrung" [lat.]
**Part** (der, -s, -e oder -s) **1** Anteil am Miteigentum eines Schiffes **2** Stimme (eines Vokal- oder Instrumentalstücks) **3** Rolle (in einem Theaterstück) [lat.]
**Par'te** (die, -, -n) Todesanzeige (österr.) [it.]
**Par'tei** (die, -, -en) **1** Gruppe von Personen mit den gleichen politischen Ansichten, die sich zur Durchsetzung ihrer Ziele vereinigt haben **2** Partner (eines Vertrages) **3** Gegner (im Rechtsstreit) **4** jede von zwei oder mehreren gegeneinander spielenden oder miteinander streitenden Gruppen **5** Mieter (einer Wohnung) [frz.]
**Par'te'ke** (die, -, -n) Stückchen Brot als Almosen [gr.-lat.]
**par'terre** [-tɛr] (Adv.) im Parterre; z.B. parterre wohnen; parterre sein (ugs.): niedergeschlagen sein
**Par'ter're** [-tɛr] (das, -s, -s) **1** Erdgeschoss **2** mittlere und hintere Sitzreihen im Zuschauerraum (veraltet) **3** Gesamtheit kunstvoll angelegter Blumenbeete [frz.]
**Par'ter're'ak'ro'ba'tik** [-tɛr-] (die, -nur Ez.) artistisches Bodenturnen
**Par'the'ni'en** (nur Mz.) altgriechische Hymnen für die Chöre der Jungfrauen [gr.]
**Par'the'no'ge'ne'se** (die, -, -n) **1** Geburt eines Gottes oder Helden durch eine Jungfrau (in der Mythologie) **2** Entstehung einer Eizelle ohne Befruchtung, Jungfernzeugung [gr.]
**par'the'no'ge'ne'tisch** (Adj.) ohne Befruchtung entstehend, die Parthenogenese betreffend [gr.-lat.]
**par'the'no'karp** (Adj.) ohne Befruchtung entstanden, die Parthenokarpie betreffend [gr.-lat.]
**Par'the'no'kar'pie** (die, -, -n) Entstehung von (samenlosen) Früchten ohne Befruchtung, Jungfernfrüchtigkeit [gr.]
**par'ti'al** (Adj.) = partiell [lat.]
**Par'ti'al'kon'trol'le** (die, -, -n) Überprüfung von Produziertem durch Stichproben
**Par'ti'al'ob'li'ga'ti'on** (die, -, -ti'o̲nen) Teilschuldverschreibung [lat.]
**Par'tie** (die, -, -n) **1** Teil, Abschnitt, Ausschnitt; z.B. die obere Partie des Bildes **2** Rolle (in Oper, Operette, Oratorium) **3** Warenmenge (meist Rest); z.B. eine Partie Handtücher **4** Ausflug (veraltet, noch in Zusammensetzungen); z.B. Landpartie **5** einzelnes Spiel; z.B. eine Partie Schach **6** Heiratsmöglichkeit; z.B. eine gute Partie machen: einen reichen Partner heiraten; eine gute Partie sein: viel Geld mit in die Ehe bringen [frz.]
**par'ti'ell** [-tsjɛl] (Adj.) teilweise (vorhanden) [frz.]
**Par'ti'kel** (die, -, -n) **1** kleiner Bestandteil, Teilchen **2** undeklinierbares Wort; z.B. Adverb [lat.]
**par'ti'ku'lar** *auch:* par'ti'ku'la̲r (Adj.) nur als Teil vorhanden, einzeln [lat.]
**par'ti'ku'lär** (Adj.) = partikular
**Par'ti'ku'la'ris'mus** (der, -, nur Ez.) **1** Bestreben (von kleinen Ländern oder Teilstaaten), die eigenen Interessen gegenüber dem Ganzen durchzusetzen **2** Klein-, Vielstaaterei [lat.]
**Par'ti'ku'la'rist** (der, -en, -en) Anhänger des Partikularismus
**par'ti'ku'la'ris'tisch** (Adj.) auf dem Partikularismus beruhend
**Par'ti'san** (der, -s oder -en, -en) Angehöriger einer im Rücken des Feindes kämpfenden, nicht zu einem Truppenverband gehörigen Gruppe, Freischärler, der aus dem Hinterhalt operiert [it.-frz.]
**Par'ti'sa'ne** (die, -, -n) spießartige Waffe mit zweischneidiger Klinge (im 15.–17. Jh.) [it.-frz.]
**Par'ti'ta** (die, -, -ten) = Suite [it.]
**Par'ti'te** (die, -, -n) bestimmte Warenmenge [it.]
**Par'ti'ti'on** (die, -, -en) **1** Teilung, Einteilung **2** Zerlegung eines Begriffs in seine Merkmale (in der Logik) [lat.]

**par'ti'tiv** (Adj.) teilend, eine Teilung bezeichnend [lat.]
**Par'ti'tiv'zahl** (die, -, -en) Bruchzahl
**Par'ti'tur** (die, -, -en) Aufzeichnung aller Stimmen eines vielstimmigen Musikstücks Takt für Takt untereinander [lat.-it.]
**Par'ti'zip** (das, -s, -pi'en) Form des Verbs, die wie ein Adjektiv gebraucht und dekliniert werden kann, Mittelwort (im Präsens oder Perfekt) [lat.]
**Par'ti'zi'pa'ti'on** (die, -, -en) das Partizipieren, Teilhabe
**par'ti'zi'pi'al** (Adj.) in der Art, mithilfe eines Partizips
**Par'ti'zi'pi'al'satz** (der, -es, -sät'ze) Nebensatz, der mit einem Partizip, Mittelwort gebildet wird
**par'ti'zi'pie'ren** (V.) an etwas partizipieren: an etwas teilhaben, einen Anteil von etwas bekommen [lat.]
**Part'ner** (der, -s, -) jmd., der mit jmdm. etwas zusammen tut, unternimmt, der an etwas teilhat, der an derselben Stelle wie jmd. beteiligt ist; z.B. Geschäftspartner, Ehepartner, Tanzpartner [engl.]
**Part'ner'look** (der, -s, nur Ez.) bewusst ähnliche ode gleiche Kleidung bei Paaren [engl.]
**par'tout** [-tu:] (Adv.) unbedingt, durchaus; z.B. er will partout dabei sein [frz.]
**Par'tus** (der, -, -) Geburt, Entbindung (Med.) [lat.]
**Part'work** [pa:rtwɜ:rk] (das, -s, -s) in Teillieferungen erscheinende Buch- oder Zeitschriftenreihe [engl.]
**Par'ty** [-tɪ] (die, -, -s) geselliges Beisammensein, zwangloses Fest [engl.]
**Par'ty'ser'vice** [-sɜ:rvɪs] (der, -, -s) Gaststätte, die für Feste das Essen oder aber auch Personal liefert [engl.]
**Pa'ru'sie** (die, -, nur Ez.) **1** Wiederkunft Christi zum jüngsten Gericht **2** Anwesenheit, Gegenwart der Ideen in den Dingen (bei Plato) [gr.]
**Par've'nü** (der, -s, -s) Emporkömmling [frz.]
**Par'ze** (die, -, -n) jede der drei Schicksalsgöttinnen (in der griech. und römischen Mythologie)
**Par'zel'le** (die, -, -n) kleines vermessenes Stück Bauland (als kleinste im Grundbuch eingetragene Einheit) [frz.]
**par'zel'lie'ren** (V.) in Parzellen aufteilen
**Pas** [pa] (der, -, - [pas]) Tanzschritt; Folge von Tanzschritten; Pas de deux: Tanz zu zweit (im Ballett), Pas de trois: Tanz zu dritt [frz.]
**Pas'cal** (das, -s, -) Maßeinheit für den Luftdruck
**PASCAL** Abk. für **P**rimary **A**lgorithmic **S**cientific **C**ommercial **A**pplication **L**anguage, Programmiersprache (EDV)
**Pasch** (der, -s, -e oder Pä̲sche) **1** Wurf mit mehreren Würfeln, bei dem auf allen Würfeln die gleiche Augenzahl erscheint **2** Dominostein mit der gleichen Augenzahl auf beiden Hälften **3** zwei oder mehrere dicht zusammenstehende Gewinnzahlen (beim Lotto) [niederl.]
**Pa'scha** (der, -s, -s) **1** höherer Beamter oder Offizier (früher in der Türkei und Ägypten) **2** anspruchsvoller Mann, der sich gern bedienen lässt (ugs., scherzhaft) [türk.]
**Pa'scha'lik** (das, -s, -e oder -s) **1** Paschawürde **2** Amtsbezirk eines Paschas [türk.]
**pa'schen** (V.) **1** würfeln [niederl.] **2** schmuggeln [hebr.l
**Pa'scher** (der, -s, -) umgangssprachliche Bezeichnung für Schmuggler [hebr.]
**Pasch'tu** (das, -(s), nur Ez.) Amtssprache in Afghanistan
**Pas de deux** [padədø:] (der, - -, - -) Balletttanz für einen Solotänzer und eine Solotänzerin [lat.-frz.]
**Pas de trois** [padətrwa] (der, - -, - -) Balletttanz für drei Tänzer [lat.-frz.]
**Pa'seo** (der, -s, -s) **1** Einzug der Matadore in die Arena beim Stierkampf **2** Promenade, Spaziergang [lat.-span.]
**Pa'si'gra'fie** *auch:* Pa'si'gra'phie (die, -, -n) Allgemeinschrift ohne Laute, die von allen Völkern verstanden wird [gr.-lat.]
**Pa'si'la'lie** (die, -, nur Ez.) Wissenschaft von den künstlichen Weltsprachen [gr.-lat.]
**Pa'si'lin'gua** (die, -, nur Ez.) Welthilfssprache, die Steiner 1885 aufgestellt hat [gr.-lat.]
**Pa'si'lo'gie** (die, -, nur Ez.) = Pasilalie [gr.-lat.]
**Pa'so** (der, -, -s) **1** Pass, Gebirgspass **2** komisches Zwischenspiel im klassischen spanischen Theater [lat.-span.]

**Pa'so do'b'le** (der, - -, - -) rascher Gesellschaftstanz im 2/4-Takt [span.]
**Pas'pel** (die, -, -n) schmaler Stoffstreifen zur Verzierung (an Nähten von Kleidungsstücken) [frz.]
**pas'pe'lie'ren** (V.) mit einer Paspel, mit Paspeln verzieren
**pas'peln** (V.) = paspelieren
**Pass** (der, -es, Päs'se) **1** Einschnitt im Gebirge als Übergangsweg **2** Wechsel (von manchen Wildarten) **3** Personalausweis (für Reisen ins Ausland) **4** Ornament des gotischen Maßwerks aus mehreren Dreiviertelkreisen **5** Ballabgabe, Zuspiel (im Sport) **6** Gangart (mancher Vierfüßler), bei der beide Beine derselben Seite zur gleichen Zeit vorgesetzt werden, Passgang [it.]
**pas'sa'bel** (Adj.) leidlich, ganz gut, annehmbar; z.B. eine passable Leistung [frz.]
**Pas'sa'ca'g'lia** [-kalja] (die, -, -li'en) [-kaljən]) **1** spanisch-italienischer Tanz **2** langsames Instrumentalstück im Dreiertakt mit ostinatem Bass [span.-it.]
**Pas'sa'de** (die, -, -n) kurzer Galopp mit Fußwechsel beim Wenden (in der hohen Schule) [frz.]
**Pas'sa'ge** [-ʒə] (die, -, -n) **1** das Durchgehen, Durchfahren, Überqueren, Durchgang, Durchfahrt **2** Meerenge (als Möglichkeit zur Durchfahrt) **3** überdachte Ladenstraße **4** schnelle Tonfolge, Lauf **5** langsamer Trab mit schwungvoll gehobenen Vorderbeinen (in der hohen Schule) [frz.]
**pas'sa'ger** (Adj.) (bei Krankheiten) nur vorübergehend auftretend (Med.) [lat.-frz.]
**Pas'sa'gier** [-ʒiːɐ] (der, -s, -e) Fahrgast, Fluggast [frz.]
**Pas'sah** (das, -s, nur Ez.) achttägiges jüdisches Fest im März [hebr.]
**Pas'sa'me'z'zo** (der, -s, -zi) **1** traditioneller italienischer Tanz **2** Teil einer Suite [lat.-it.]
**Pas'sant** (der, -en, -en) Vorübergehender, Fußgänger [frz.]
**Pas'sat** (der, -(e)s, -e) beständiger, in Richtung auf den Äquator wehender Wind in den Tropen; Nordostpassat, Südostpassat [niederl.]
**pas'see** *auch:* pas'sé (Adj.) vorbei, vergangen, nicht mehr modern; z.B. das ist passee [frz.]
**Passe'par'tout** [paspartuː] (das oder der, -s, -s) **1** Bilderrahmen aus Karton **2** für alle Türen eines Gebäudes passender Schlüssel, Hauptschlüssel (veraltet) **3** längere Zeit geltende Fahr- oder Eintrittskarte (veraltet, noch schweiz.) [frz.]
**Passe'pi'ed** [paspjeː] (der, -s, -s) alter französischer Rundtanz in raschem Dreiertakt [frz.]
**Pas'se're'l'le** (die, -, -n) **1** Fußgängerbrücke **2** überdachte Ladenpassage [frz.]
**pas'sie'ren** (V.) **1** sich ereignen, geschehen, (jmdm.) zustoßen **2** überschreiten, überfliegen, überqueren **3** etwas, jmdn. passieren: an etwas, jmdm. vorbeigehen; z.B. den Wachtposten passieren **4** breiartig machen, zermusen; z.B. geschälte Tomaten passieren
**Pas'sier'schlag** (der, -(e)s, -schlä'ge) beim Tennis, das Vorbeispielen des Balles am Gegner, der ans Netz gegangen ist (Sport)
**Pas'si'flo'ra** (die, -, -ren) eine Kletterpflanze, Passionsblume [lat.]
**pas'sim** (Adv.) hier und da, an verschiedenen Stellen (bei der Angabe von Belegstellen in Texten) [lat.]
**Pas'si'me'ter** (das, -s, -) Feinmessgerät für die Messung des Inneren eines Werkstücks
**Pas'sio** (die, -, nur Ez.) das Erdulden, das Erleiden [lat.]
**Pas'si'on** (die, -, -en) **1** starke Vorliebe, starke Liebhaberei, Leidenschaft **2** (nur Ez.) Leidensgeschichte Christi **3** deren Darstellung (in der Kunst) [lat.]
**Pas'si'o'nal** (das, -s, -e) = Passionar
**Pas'si'o'na'le** (das, -s, -) = Passionar
**Pas'si'o'nar** (das, -s, -e) mittelalterliches Buch mit Legenden von Heiligen und Märtyrern [lat.]
**pas'si'o'na'to** (Adv.) leidenschaftlich (in der Musik) [it.]
**Pas'si'o'na'to** (das, -s, -s oder -ti) leidenschaftlicher musikalischer Vortrag [it.]
**pas'si'o'nie'ren** (V.) sich begeistern, sich leidenschaftlich für etwas engagieren [lat.-frz.]

**pas'si'o'niert** (Adj.) leidenschaftlich, begeistert (für etwas); z.B. ein passionierter Fußballspieler [frz.]
**Pas'si'ons'frucht** (die, -, -früch'te) Frucht der Passionsblume, Maracuja
**Pas'si'ons'spiel** (das, -es, -e) volkstümliche Darstellung der Leidensgeschichte Christi [lat.-frz.]
**pas'siv** [pas-] (Adj.) **1** nicht tätig, nichts bewirkend **2** untätig, träge
**Pas'siv** (das, -s, -e) Handlungsform des Verbs, die ausdrückt, dass mit dem Subjekt etwas geschieht, getan wird, Leideform [lat.]
**Pas'si'va** *auch:* Pas'si'ven (nur Mz.) Schulden, Verbindlichkeiten [lat.]
**pas'si'vie'ren** (V.) **1** (in der Bilanz) von der Habenseite auf die Sollseite setzen **2** in den Zustand herabgesetzter Reaktionsfähigkeit überführen (in der Chemie bei Metallen) **3** ins Passiv setzen [lat.]
**pas'si'visch** (Adj.) im Passiv (stehend)
**Pas'si'vis'mus** (der, -, nur Ez.) vollständiger Verzicht auf Aktivität [lat.]
**Pas'si'vi'tät** (die, -, nur Ez.) **1** passives Verhalten, Untätigkeit, Trägheit **2** herabgesetzte Reaktionsfähigkeit, Widerstandsfähigkeit gegen chemische Einflüsse [lat.]
**Pas'sus** (der, -, -) Abschnitt, Stelle (in einem Text) [lat.]
**Pas'ta 1** (die, -, -ten) = Paste; z.B. Zahnpasta **2** (die, -, -te) italienische Nudelspeise [it.]
**Pas'ta as'ciut'ta** *auch:* Pas'ta'sciut'ta [pastaʃʊta] (die, -, Pas'te asciut'te [pasteʃʊte]) italienische Speise aus Nudeln mit Tomaten- oder Hackfleischsoße und geriebenem Käse
**Pas'te** *auch:* Pas'ta (die, -, -n) dicke, streichbare Masse [it.]
**Pas'tell** (das, -s, -e) Zeichnung mit sanften, hellen Farben (Pastellfarben), die aus Kreide, Ton und Bindemitteln bestehen [it.]
**pas'tel'len** (Adj.) mit Pastellfarben gemalt, in der Art, wie mit Pastellfarben [gr.-lat.-it.-frz.]
**Pas'te'te** (die, -, -n) **1** mit fein geschnittenem Fleisch, Fisch oder Gemüse gefülltes Blätterteiggebäck **2** bes. feine Leberwurst [it.]
**Pas'teu'ri'sa'ti'on** [-stø-] (die, -, -en) der Vorgang der Entkeimung und Haltbarmachung von Lebensmitteln durch schonendes Erhitzen [lat.-frz.]
**pas'teu'ri'sie'ren** [-stø-] (V.) durch kurzes Erhitzen keimfrei und haltbar machen, durch Pasteurisation entkeimen [frz.]
**Pas'teu'ri'sie'rung** [-stø-] (die, -, -en) das Pasteurisieren [lat.-frz.]
**Pas'tic'cio** [-stitʃo] (das, -s, -s oder -ci [-stitʃi]) **1** in betrügerischer Absicht in der Art eines bekannten Malers gemaltes Bild **2** aus den Werken verschiedener Komponisten zusammengestellte Oper mit neuem Text, Flickoper [it.]
**Pas'tiche** [-stiʃ] (die, -, -n) = Pasticcio [frz.]
**Pas'til'le** (die, -, -n) Kügelchen (zum Lutschen oder Einnehmen), dem Heilmittel oder Geschmacksstoffe zugesetzt sind [lat.]
**Pas'ti'nak** *auch:* die Pas'ti'na'ke (der, -s, -e) ein Doldengewächs mit essbarer Wurzel [lat.]
**Pas'ti'na'ke** (die, -, -n) = Pastinak
**Pas'tor** (der, -s, -to'ren) Geistlicher, Pfarrer [lat.]
**pas'to'ral** (Adj.) **1** in der Art der Hirten, ländlich, idyllisch **2** zum Pastor gehörig, ihm zustehend **3** in der Art eines Pastors, belehrend und würdevoll
**Pas'to'ral** (die, -, nur Ez.) die praktische Theologie der katholischen Kirche, die Lehre von der Seelsorge, katholische Pastoraltheologie [lat.]
**Pas'to'ra'le 1** (die, -, -n) ländlich-idyllisches Musikstück; Schäferspiel der Barockzeit; Darstellung einer Szene aus dem Leben von Hirten **2** (das, -s, -s) Krummstab (des kath. Bischofs) [lat.]
**Pas'to'ra'li'en** (nur Mz.) die Angelegenheiten des Pfarramtes [lat.]
**Pas'to'ral'theo'lo'gie** (die, -, nur Ez.) praktisch ausgerichtete Theologie der katholischen Kirche, aktive Seelsorge
**Pas'to'rat** (das, -(e)s, -e) Amt und Amtsräume sowie Wohnung des Pastors, Pfarramt, Pfarrhaus
**Pas'to'ra'ti'on** (die, -, -en) die seelsorgerische Betreuung der Pfarrgemeinde oder einer Anstalt, eines Krankenhauses etc. [lat.]

P

**Pas'to'rel'le** (die, -, -n) Hirten-, Schäferlied (Zwiegespräch zwischen Schäfer und Schäferin) [it.]
**Pas'to'rin** (die, -, -nen) weiblicher Pastor
**pas'tos** (Adj.) dickflüssig, dick aufgetragen
**pas'tös** (Adj.) aufgedunsen, aufgeschwemmt [it.]
**Pas'to'si'tät** (die, -, nur Ez.) pastose Beschaffenheit, Dickflüssigkeit
**Patch** [pætʃ] (der oder das, - oder -s, -s) Zusatzprogramme zur Fehlerbehebung bei Programmen (EDV) [engl.]
**Patch'work** [pætʃwɜːk] (das, -s, -s) Gegenstand (Stoff, Decke, Wandbehang), der aus Stoff- oder Lederstückchen zusammengesetzt ist [engl.]
**Patch'work'fam'i'ly** [pætʃwɜːrkfæmɪli] (die, -, -s) durch Heirat entstandene Familie, deren Kinder nicht oder in verschiedenen Graden verwandt sind [engl.]
**Pa'te** (der, -n, -n) Zeuge bei der Taufe bzw. Firmung, der sich zur Mitverantwortung für die christliche Erziehung des Kindes verpflichtet [lat.]
**Pa'tel'la** (die, -, -len) Kniescheibe [lat.]
**pa'tel'lar** (Adj.) zur Patella gehörig, von ihr ausgehend
**Pa'tel'lar're'flex** (der, -(e)s, -e) Reflex (Ausschlag des Unterschenkels) beim Schlag unter die Patella, Kniesehnenreflex
**Pa'te'ne** (die, -, -n) Teller zur Darreichung der Hostie (beim Abendmahl) [lat.]
**pa'tent** (Adj.) **1** geschickt, tüchtig und hilfsbereit; z.B. ein patenter Kerl **2** praktisch, leicht zu handhaben [nlat.]
**Pa'tent** (das, -(e)s, -e) **1** Recht zur alleinigen Benutzung und Verwertung einer Erfindung sowie die Urkunde darüber **2** Urkunde über die Ernennung zum Offizier **3** Erlaubnis zur Ausübung eines Berufes oder einer Tätigkeit sowie die Urkunde darüber (schweiz.) [lat.]
**pa'ten'tie'ren** (V.) **1** durch Patent (**1**) vor Nachahmung und Verwertung schützen **2** durch Bleibad veredeln
**Pa'tent're'zept** (das, -(e)s, -e) einfache, alle Schwierigkeiten behebende Lösung
**Pa'ter** (der, -s, - oder -tres) Vater (Anrede für Ordenspriester) [lat.]
**Pa'ter'fa'mi'li'as** (der, -, -) Familienoberhaupt, Familienvater [lat.]
**Pa'ter'na'lis'mus** (der, -, nur Ez.) väterliche Bevormundung, bevormundende Fürsorge [lat.]
**pa'ter'na'lis'tisch** (Adj.) in der Art des Paternalismus, bevormundend
**pa'ter'ni'tär** (Adj.) **1** die Vaterschaft betreffend **2** von einer patriarchalischen Gesellschaftsordnung bestimmt [lat.]
**Pa'ter'ni'tät** (die, -, nur Ez.) Vaterschaft [lat.]
**Pa'ter'nos'ter** **1** (das, -s, -) Vaterunser **2** (der, -s, -) Personen- oder Güteraufzug ohne Tür, der ohne anzuhalten fährt [lat.]
**Pa'ter'pec'ca'vi** (das, -, -) reuevolles Geständnis [lat.]
**pa'te'ti'co** (Adv.) leidenschaftlich, erhaben, pathetisch (Vortragsanweisung in der Musik) [gr.-lat.-it.]
**Path'er'gie** (die, -, -n) Bezeichnung für alle Gewebeerkrankungen, z.B. Entzündungen, Allergien (Med.) [gr.-lat.]
**Pa'the'tik** (die, -, nur Ez.) erhabene Feierlichkeit, übertriebenes Pathos
**pa'thé'tique** [pateti:k] (Adj.) leidenschaftlich, erhaben, pathetisch [gr.-lat.-frz.]
**pa'the'tisch** (Adj.) **1** feierlich, erhaben **2** übertrieben gefühlvoll
**pa'tho'gen** (Adj.) krankheitserregend [gr.]
**Pa'tho'ge'ne'se** (die, -, -n) Gesamtheit der Faktoren, die an der Entstehung und Entwicklung einer Krankheit beteiligt sind (Med.) [gr.-lat.]
**pa'tho'ge'ne'tisch** (Adj.) die Pathogenese betreffend, ihr angehörend (Med.) [gr.-lat.]
**Pa'tho'gno'mik** (die, -, nur Ez.) **1** Pathognostik, Krankheitserkennung aus charakteristischen Symptomen **2** Deutung des seelischen Befindens aus Mimik und Gestik (Med.) [gr.-lat.]
**pa'tho'gno'mo'nisch** (Adj.) für eine Krankheit oder ein Krankheitsbild charakteristisch (Med.) [gr.-lat.]
**Pa'tho'gnos'tik** (die, -, nur Ez.) Krankheitserkennung aus charakteristischen Symptomen (Med.) [gr.- lat.]
**pa'tho'gnos'tisch** (Adj.) für ein Krankheitsbild kennzeichnend, charakteristisch (Med.) [gr.-lat.]

**Paˈthoˈgraˈfie** *auch:* Paˈthoˈgraˈphie (die, -, -n) die Erforschung und Darstellung von Krankheitseinflüssen auf die Entwicklung und Leistung des Menschen (Med., Psychol.) [gr.-lat.]
**Paˈthoˈloˈge** (der, -n, -n) auf dem Gebiet der Pathologie forschender Wissenschaftler [gr.-lat.]
**Paˈthoˈloˈgie** (die, -, nur Ez.) Wissenschaft vom kranken Menschen, von den Krankheiten [gr.]
**paˈthoˈloˈgisch** (Adj.) **1** zur Pathologie gehörig, auf ihr beruhend **2** krankhaft
**Paˈthoˈphoˈbie** (die, -, -n) die krankhafte Angst, krank zu sein oder zu werden (Med.) [gr.-lat.]
**Paˈthoˈpsyˈchoˈloˈgie** (die, -, nur Ez.) Wissenschaft von den Krankheitserscheinungen im Seelenleben [gr.]
**Paˈthos** (das, -, nur Ez.) leidenschaftlich bewegter, feierlicher Gefühlsausdruck [gr.]
**Paˈtiˈence** [pasjɑ̃ːs] (die, -, -n) Geduldsspiel mit Karten [frz.]
**Paˈtiˈens** (das, -, nur Ez.) Ziel des Geschehens im Satz, Akkusativobjekt [lat.]
**Paˈtiˈent** [-tsjɛnt] (der, -en, -en) Kranker, der von einem Arzt oder Heilpädagogen behandelt wird [lat.]
**Paˈtin** (die, -, -nen) weiblicher Pate
**Paˈtiˈna** (die, -, nur Ez.) **1** grünliche Schicht auf Gegenständen aus Kupfer und Kupferlegierungen, Edelrost **2** Spuren häufigen Gebrauchs, leichte Abgenutztheit [it.]
**paˈtiˈnieˈren** (V.) mit künstlicher Patina überziehen
**Paˈtio** (der, -s, -s) Innenhof (im südspanischen Haus)
**Paˈtisˈseˈrie** (die, -, -n) **1** feines Backwerk (veraltet, noch schweiz.) **2** Konditorei (veraltet, noch schweiz.) [frz.]
**Paˈtisˈsier** [-sjeː] (der, -s, -s) Konditor, Zuckerbäcker [gr.-lat.-frz.]
**Patˈnaˈreis** (der, -es, -e) nach der indischen Stadt Patna benannter Langkornreis
**Paˈtriˈarch** (der, -en, -en) **1** Stammvater (bes. der Israeliten), Erzvater **2** Titel einiger Bischöfe der kath. und der Ostkirche **3** Oberbischof der Ostkirche **4** alter, ehrwürdiger Mann [gr.]
**Paˈtriˈarˈchaˈde** (die, -, -n) ihre Themen aus den Patriarchengeschichten des Alten Testaments schöpfende epische Dichtung des 18. Jh.s [gr.-lat.]
**paˈtriˈarˈchal** (Adj.) = patriarchisch [gr.lat.]
**paˈtriˈarˈchaˈlisch** (Adj.) **1** zum Patriarchen gehörig, ihm zustehend **2** zum Patriarchat gehörig, auf ihm beruhend **3** ehrwürdig, altväterlich **4** väterlich-herrisch, väterlich-bevormundend
**Paˈtriˈarˈchalˈkirˈche** (die, -, -n) Kirche, die dem Papst in Rom unmittelbar untersteht (z.B. Peterskirche, Laternabasilika)
**Paˈtriˈarˈchat** (das, -(e)s, -e) **1** Gesellschaftsform, in der der Mann den Vorrang in der Familie und im Staat genießt; Vaterherrschaft, in der die männliche Linie bei Erbfolge und sozialer Stellung ausschlaggebend ist **2** Amt, Würde eines Patriarchen
**paˈtriˈarˈchisch** (Adj.) auf dem Patriarchat beruhend
**paˈtriˈliˈneˈal** *auch:* paˈtriˈliˈneˈar (Adj.) vaterrechtlich, in der Erblinie der väterlichen Linie nachkommend [gr.-lat.]
**paˈtriˈliˈneˈar** (Adj.) = patrilineal [gr.-lat.]
**paˈtriˈmoˈniˈal** (Adj.) zum Patrimonium gehörig, erbrechtlich
**Paˈtriˈmoˈniˈum** (das, -s, -niˈen) **1** väterliches Erbgut (im römischen Recht) **2** Patrimonium Petri: Grundbesitz der römischen Kirche; Kirchenstaat [lat.]
**Paˈtriˈot** (der, -en, -en) jmd., der sein Vaterland liebt und für es eintritt, patriotisch gesinnt ist [lat.]
**paˈtriˈoˈtisch** (Adj.) vaterlandsliebend, vaterländisch gesinnt [lat.]
**Paˈtriˈoˈtisˈmus** (der, -, nur Ez.) Vaterlandsliebe [lat.]
**Paˈtrisˈtik** (die, -, nur Ez.) Wissenschaft von den Schriften der Kirchenväter; altchristliche Literaturgeschichte [lat.]
**Paˈtrisˈtiˈker** (der, -s, -) auf dem Gebiet der Patristik forschender Wissenschaftler [lat.]
**paˈtrisˈtisch** (Adj.) zur Patristik gehörig
**Paˈtriˈze** (die, -, -n) in Stahl geschnittener Prägestempel mit erhaben herausgearbeitetem Bild [lat.]
**paˈtriˈziˈal** (Adj.) = patrizisch [lat.]
**Paˈtriˈziˈat** (das, -(e)s, -e) Gesamtheit der Patrizier

**Pa'tri'zi'er** (der, -s, -) 1 Angehöriger des Adels (im alten Rom) 2 wohlhabender, vornehmer Bürger (im MA) [lat.]
**pa'tri'zisch** (Adj.) zu den Patriziern gehörig, von ihnen stammend, vornehm, wohlhabend
**Pa'tro'lo'ge** (der, -n, -n) = Patristiker [gr.- lat.]
**Pa'tro'lo'gie** (die, -, nur Ez.) = Patristik [gr.]
**pa'tro'lo'gisch** (Adj.) = patristisch [gr.-lat.]
**Pa'tron** (der, -s, -e) 1 Schutzherr seiner freigelassenen Sklaven (im alten Rom) 2 Schutzheiliger (einer Kirche, Berufsgruppe) 3 Stifter (einer Kirche) 4 Schiffseigentümer, Handelsherr 5 Kerl, Bursche (abwertend); z.B. ein großer, übler Patron [lat.]
**Pa'tro'na** (die, -, -nä) Schutzheilige [lat.]
**Pa'tro'na'ge** [-ʒə] (die, -, -n) Bevorzugung von Günstlingen [frz.]
**Pa'tro'nanz** (die, -, nur Ez.) 1 Patronage (veraltet) 2 österreichisch für Patronat [lat.]
**Pa'tro'nat** (das, -(e)s, -e) 1 Würde und Amt eines Patrons 2 mit bestimmten Rechten verbundene Stellung eines Patrons 3 Schirmherrschaft
**Pa'tro'ne** (die, -, -n) 1 Sprengstoff- und Zündvorrichtung enthaltender Behälter für Handfeuerwaffen 2 lichtdichter Behälter (für Kleinbildfilm) 3 auf kariertem Papier aufgezeichnetes Muster (für Jacquardweberei) [frz.]
**pa'tro'nie'ren** (V.) Zimmerwände mithilfe einer Schablone bemalen (österr.) [lat.-frz.]
**Pa'tro'nin** (die, -, -nen) Schutzherrin, Schutzheilige [lat.]
**Pa'tro'ny'mi'kon** (das, -s, -ka) vom Namen des Vaters abgeleiteter Name; z.B. Petersen, Iwanowitsch [gr.]
**pa'tro'ny'misch** (Adj.) das Patronymikon betreffend [gr.-lat.]
**Pa'trouil'le** [-trʊljə] (die, -, -n) 1 Gruppe von Soldaten (zur Erkundung oder Bewachung), Streife 2 Erkundungs-, Bewachungsgang; z.B. Patrouille gehen [frz.]
**pa'trouil'lie'ren** [-trʊlji:-] (V.) Patrouille gehen (fahren, fliegen) als Wache oder Posten auf und ab gehen, die Runde machen [frz.]

P

**Pat'schu'li** (das, -s, -s) ein Lippenblütler Südostasiens, aus dessen Blüten ein ätherisches Öl zur Parfümherstellung gewonnen wird [tamil.]
**patt** (Adj.) zugunfähig (im Schach) [it.]
**Patt** (das, -s, -s) 1 zugunfähige Stellung, unentschiedener Ausgang 2 Stellung zweier Parteien, in der keine einen Angriff riskieren kann [it.]
**Pat'tern** [pætən] (das, -s, -s) Muster, Modell, Schema, bes. Verhaltens-, Denkschema; auch Satzbaumuster, zur Nach- und Weiterbildung sprachlicher Einheiten [engl.]
**pat'tie'ren** (V.) rastern, mit Notenlinien versehen [frz.]
**Pat'ti'nan'do** (das, -s, -s oder -di) Ausfallschritt beim Fechten [it.]
**Pau'kal** (der, -s, -e) eine kleine Anzahl ausdrückender Numerus [lat.]
**Paume'spiel** [po:mʃpi:l] (das, -(e)s, -e) traditionelles französisches Ballspiel [lat.-frz.-dt.]
**Pau'pe'ris'mus** (der, -, nur Ez.) Verarmung (großer Teile der Bevölkerung), Massenarmut, Verelendung [lat.]
**Pau'pe'ri'tät** (die, -, nur Ez.) Armut, Dürftigkeit [lat.]
**pau'schal** (Adj.) 1 abgerundet zusammenfassend 2 Einzelheiten nicht berücksichtigend, ungenau, zu allgemein; z.B. ein pauschales Urteil [nlat.]
**Pau'scha'le** (die, -, -n) Preis für alle Leistungen zusammen (statt für jede einzelne Leistung), einmal zu zahlende größere Summe (statt mehrerer kleinere) [nlat.]
**pau'scha'lie'ren** (V.) zu einer Pauschale zusammenzählen, auf- oder abrunden
**pau'scha'li'sie'ren** (V.) pauschal betrachten oder behandeln, Einzelheiten zu wenig beachten
**Pausch'be'trag** (der, -(e)s, -trä'ge) nachweisloser Steuerfreibetrag
**Pausch'quan'tum** (das, -s, -ten) abgerundete Gesamtmenge
**Pau'se 1** (die, -, -n) Unterbrechung, Rast, Zeit des Ausruhens [gr.-lat.] 2 Durchzeichnung, mithilfe durchsichtigen Papiers hergestelltes Doppel
**pau'sen** (V.) durchzeichnen, eine Pause (Kopie von etwas) machen

**pau'sie'ren** (V.) eine Pause (Rast) machen, rasten, ausruhen
**Pa'va'ne** (die, -, -n) langsamer Reigentanz, Schreittanz [it.]
**Pa've'se** (die, -, -n) großer Schild zum Schutz der Armbrustschützen im Mittelalter [it.]
**Pa'vi'an** (der, -s, -e) meerkatzenartiger Affe mit langer Schnauze und roten Gesäßschwielen [frz.]
**Pa'vil'lon** [-vijɔ̃] oder [-viljɔ̃] (der, -s, -s) **1** kleines, leicht gebautes, meist rundes Gartenhaus **2** vorspringender Eckbau (an Barockschlössern) **3** frei stehender Ausstellungsstand **4** großes, viereckiges Zelt (auf Volksfesten) [frz.]
**Pa'vo'naz'zo** (der, -, nur Ez.) dem carrarischen Marmor ähnlicher Marmor [lat.-frz.]
**Pa'vor** (der, -s, nur Ez.) Angst, Schreck als Anfall erlebt (Med.) [lat.]
**Paw'lat'sche** (die, -, -n) **1** Balkon **2** baufälliges Haus (österr.) **3** Bretterbühne [tschech.]
**Pax** (die, -, nur Ez.) **1** Friede **2** Friedensgruß **3** Friedenskuss in der katholischen Eucharistiefeier [lat.]
**Pax** (der, -es, -e) Abkürzung für Fluggast, Passagier im Fachjargon
**Pax Chris'ti** (die, - -, nur Ez.) katholische Weltfriedensbewegung, die auf den Bischof von Lourdes zurückgeht [lat.]
**Pax Ro'ma'na** (die, - -, nur Ez.) **1** Römischer Friede als Bezeichnung für das befriedete römische Kaiserreich **2** Name einer internationalen katholischen Studentenvereinigung [lat.]
**Pay-back** *auch:* Payback [peɪbæk] (das, -s, nur Ez.) Rückgewinnung (investierten Kapitals) [engl.]
**Pay'card** [peɪkaːrd] (die, -, -s) Plastikkarte mit einem Mikrochip zum bargeldlosen Zahlungsverkehr [engl.]
**Pay'ing Guest** [peɪĩ gest] (der, - - oder - -s, - -s) Gast in einer Familie, der für Unterkunft und Verpflegung zahlt [engl.]
**Pay-out** [peɪaʊt] (das, -s, -s) = Payback [engl.]
**Pay-per-View** [peɪpəvɪjuː] (das, -, nur Ez.) gebührenpflichtiges Fernsehprogramm, bei dem man nur die tatsächlich angeschauten Filme bezahlt [engl.]
**Pay-TV** (das, -, nur Ez.) gebührenpflichtiges Fernsehen, das mithilfe eines Decoders empfangen werden kann
**Pa'zi'fik** (der, -s, nur Ez.) der Pazifische Ozean [lat.-engl.]
**Pa'zi'fi'ka'ti'on** (die, -, -en) Befriedung, Beruhigung [lat.]
**pa'zi'fisch** (Adj.) zum Pazifik gehörig
**Pa'zi'fis'mus** (der, -, nur Ez.) Bestreben, den Frieden unter allen Umständen zu erhalten, Ablehnung des Krieges [lat.]
**Pa'zi'fist** (der, -fis'ten, -fis'ten) Anhänger des Pazifismus
**pa'zi'fis'tisch** (Adj.) zum Pazifismus gehörig, auf ihm beruhend
**pa'zi'fi'zie'ren** (V.) etwas befreien [lat.]
**PC** [peːtseː] (der, -(s), -s) = **P**ersonal**c**omputer
**PCP** [peːtseːpeː] (das, -, nur Ez.) = **P**enta**c**hlor**p**henol
**Peak** [piːk] (der, -s, -s) **1** Berggipfel, Spitze **2** spitzes Maximum einer Kurve **3** Stadtteil und Berg von Hongkong [engl.]
**Pea'nuts** [piːnʌts] (nur Mz.) scherzhaft für Kleinigkeit, kleine Geldsumme (ugs.) [engl.]
**Pe'dal** (das, -s, -e) **1** Fußhebel zum Bedienen eines Mechanismus **2** Tastenreihe, die mit den Füßen bedient wird (an der Orgel oder am Klavier) **3** Fuß (ugs., scherzhaft) [lat.]
**pe'da'len** (V.) schweizerisch mundartlich für: Rad fahren [lat.]
**Pe'da'le'rie** (die, -, -n) Pedalanlage in einem Fahrzeug [lat.]
**Pe'dal'kla'vi'a'tur** (die, -, -en) mit den Füßen zu spielende Klaviatur bei Tasteninstrumenten [lat.]
**pe'dant** (Adj.) = pedantisch (österr.) [gr.-it.- frz.]
**Pe'dant** (der, -en, -en) übertrieben genauer, ordentlicher Mensch [lat.]
**Pe'dan'te'rie** (die, -, nur Ez.) übertriebene Genauigkeit, übertriebene Ordnungsliebe
**pe'dan'tisch** (Adj.) übertrieben genau, übertrieben ordentlich [lat.]
**Pe'dan'tis'mus** (der, -, nur Ez.) (altertümelnd) Pedanterie [gr.-it.-frz.]
**Pe'di'ca'tio** (die, -, -ti'ones) Analverkehr (Med.)

**Pe|di|gree** [-griː] (der, -s, -s) **1** Stammbaum (von Tieren, bes. Pferden und Hunden) **2** militärisches Führungszeugnis (österr.) [engl.]
**Pe|di|ku|lo|se** (die, -, -n) Läusebefall beim Menschen und damit einhergehende krankhafte Erscheinungen (Med.)
**Pe|di|kü|re** (die, -, -n) **1** (nur Ez.) Pflege der Fußnägel **2** Fußpflegerin [frz.]
**pe|di|kü|ren** (V.) die Füße, die Fußnägel pflegen [frz.]
**Pe|di|skript** (das, -(e)s, -e) mit den Füßen geschriebenes Schriftstück [lat.]
**Pe|do|lo|gie** (die, -, nur Ez.) Bodenkunde [gr.-nlat.]
**Pe|do|me|ter** *auch:* Po|do|me|ter (das, -s, -) Gerät, das eine zu Fuß zurückgelegte Wegstrecke dadurch misst, dass es die bei jedem Schritt entstehende Erschütterung aufzeichnet, Schrittzähler, Wegzähler [lat.-gr.]
**Pe|dum** (das, -s, -da) Krummstab des Bischofs [lat.]
**Pee|ling** [piliŋ] (das, -s, -s) die kosmetische Schälung der Gesichtshaut, um die Unreinheiten der Haut zu entfernen [engl.]
**Peep|show** [piːpʃəʊ] (die, -, -s) Unternehmen für die Zurschaustellung nackter Frauen, die gegen Münzeinwurf durch ein Fensterchen betrachtet werden können [engl.]
**Peer** [pɪə] (der, -s, -s) **1** Angehöriger des englischen hohen Adels **2** Mitglied des Oberhauses im britischen Parlament
**Pee|rage** [pɪərɪdʒ] (die, -, nur Ez.) Würde eines Peers, Gesamtheit der Peers
**Peer|group** [-gruːp] (die, -, -s) jugendliche Gemeinschaft, die familienähnliche Strukturen aufbaut und deren Mitglieder sich vom Elternhaus loslösen [engl.]
**Pe|ga|sus** *auch:* Pe|ga|sos (der, -, nur Ez.) geflügeltes Pferd, Sinnbild der Dichtkunst und der dichterischen Fantasie; den Pegasus besteigen: zu dichten beginnen [gr.-lat.]
**Pe|ge** (die, -, -n) Quelle von weniger als 20 °C Temperatur, kalte Quelle [gr.]
**Pe|ha|me|ter** (das, -s, -) Gerät z. Bestimmung d. Säuregehaltes einer Lösung
**Peh|le|wi** *auch:* Pah|le|wi [pɛç-] (das, -(s), nur Ez.) mittelpersische Sprache und Schrift
**Pe|es** (nur Mz.) Schläfenlocken (der orthodoxen Juden) [hebr.-jidd.]
**Pe|jo|ra|ti|on** (die, -, -en) Verschlechterung der Bedeutung eines Wortes im Lauf seiner Geschichte; z.B. ordinär [lat.]
**pe|jo|ra|tiv** (Adj.) bedeutungsverschlechternd [lat.]
**Pe|jo|ra|ti|vum** (das, -s, -va) abwertend verwendetes Wort mit einem verkleinernden oder abschwächenden Suffix [lat.]
**Pe|ka|ri** (das, -s, -s) wildschweinähnliches Tier Amerikas [indian.]
**Pe|ki|ne|se** (der, -n, -n) eine langhaarige Zwerghundrasse
**Pe|koe** [piːkəʊ] (der, -s, nur Ez.) gute Teesorte aus dünnen Blättern oder Blattspitzen
**Pek|tin** (das, -s, -e) quellfähiger, das Gelieren bewirkender Stoff in saurem Obst [gr.]
**pek|to|ral** (Adj.) zur Brust(höhle) gehörig, von ihr ausgehend [lat.]
**Pek|to|ra|le** (das, -(s), -s oder -li|en) **1** Brustschmuck (im MA) **2** Brustkreuz (hoher kath. geistlicher Würdenträger) [lat.]
**pe|ku|ni|är** (Adj.) geldlich, das Geld betreffend [lat.]
**Pe|la|de** (die, -, -en) krankhafter Haarausfall [lat.-frz.]
**pe|la|gi|al** (Adj.) = pelagisch
**Pe|la|gi|al** (das, -s, nur Ez.) **1** Meere und große Binnenseen als Lebensraum **2** die darin lebenden Organismen [gr.]
**Pe|la|gi|a|ner** (der, -s, -) Anhänger des Pelagianismus [lat.]
**Pe|la|gi|a|nis|mus** (der, -, nur Ez.) die menschliche Freiheit des Willens betonende Lehre des Pelagius, die von der Kirche verurteilt wird [lat.]
**pe|la|gisch** (Adj.) zum Pelagial gehörig, darin lebend; (ständig) auf dem offenen Meer lebend; z.B. Seevögel im Winter
**Pel|ar|go|nie** [-niə] (die, -, -n) Zierpflanze mit großen, leuchtenden Blütendolden, Storchschnabelgewächs (als Balkonblume beliebt)
**Pe|le|ri|ne** (die, -, -n) weiter Umhang; z.B. Regenpelerine, Lodenperlerine [frz.]
**Pel|ham** (das, -s, -s) Zaumzeugart

**Pe|li|kan** (der, -s, -e) großer Vogel mit Kehlsack und Schwimmhäuten, Ruderfüßer [gr.]
**Pel|la|gra** (die, -, nur Ez.) durch Vitaminmangel (bes. B2) hervorgerufene Krankheit mit Hautausschlag [it.-gr.]
**Pel|lets** (nur Mz.) kleine Kugeln oder gekrümmte Plättchen aus elastischem Material (für Verpackungszwecke) [engl.]
**pel|lu|zid** (Adj.) lichtdurchlässig, durchscheinend [lat.]
**Pe|lo|ta** (die, -, nur Ez.) baskisches Ballspiel, bei dem der Ball mit Schlägern gegen eine Wand geschleudert wird [span.]
**Pe|lo|ton** (das, -s, -s) **1** Schützenzug **2** Exekutionskommando **3** Hauptfeld bei Straßenrennen [lat.-frz.]
**Pe|lot|te** (die, -, -n) kleines Polster (als Schuheinlage u.a.) [frz.]
**Pe|nal|ty** [-nltɪ] (der, -(s), -s) Strafstoß (beim Fußball und Eishockey) [engl.]
**Pe|na|ten** (nur Mz.) Haus und Herd schützende Götter (in der römischen Mythologie)
**Pence** [pens] Mz. von Penny
**Pen|chant** [pɑ̃ʃɑ̃] (der, -s, -s) Hang, Neigung [lat.-frz.]
**PEN-Club** *auch:* P.E.N.-Club (der, -s, nur Ez.) internationale Vereinigung von Schriftstellern (**P**oets, **E**ssayists, **N**ovelists) [engl.]
**Pen|dant** [pɑ̃dɑ̃] (das, -s, -s) einem andern ähnlicher, entsprechender Gegenstand, Gegenstück [frz.]
**Pen|del** (das, -s, -) unter dem Einfluss einer Kraft frei schwingender Körper [lat.]
**pen|dent** (Adj.) unerledigt, anhängig, noch schwebend [lat.-it.]
**Pen|den|tif** [pɑ̃dɑ̃-] (das, -s, -s) dreieckiger Bauteil, der eine Ecke eines quadratischen Unterbaus mit der darüberliegenden runden Kuppel verbindet, Bogenzwickel [frz.]
**Pen|denz** (die, -, -en) noch in der Schwebe befindliche Angelegenheit, unerledigte Sache [lat.]
**Pen|du|le** [pɑ̃dyːl] (die, -, -n) = Pendüle [lat.-frz.]
**Pen|dü|le** *auch:* Pen|du|le (die, -, -n) kleine Pendeluhr, Stutzuhr [frz.]
**pe|ne|tra|bel** (Adj.) durchdringend, durchdringbar [lat.-frz.]
**pe|ne|trant** (Adj.) **1** in störender Weise durchdringend; z.B. ein penetranter Geruch **2** hartnäckig, aufdringlich, sich nicht abweisen lassend [lat.]
**Pe|ne|tranz** (die, -, nur Ez.) **1** penetrante Beschaffenheit, durchdringende Schärfe **2** in Prozent ausgedrückte Häufigkeit, mit der sich ein Merkmal bei Lebewesen mit gleichem Erbgut ausbilden kann [lat.]
**Pe|ne|tra|ti|on** (die, -, -en) das Penetrieren, Durchdringung
**pe|ne|trie|ren** (V.) **1** durchdringen, durchsetzen **2** mit dem Penis unangenehm oder gewaltsam in die weibliche Scheide eindringen (Wort der Frauenszene) [lat.]
**Pe|ne|tro|me|ter** (das, -s, -) Gerät zur Messung der Härte von Materialien, der Penetration
**pe|ni|bel** (Adj.) sorgfältig, sehr genau, übertrieben, kleinlich [frz.]
**Pe|ni|bi|li|tät** (die, -, nur Ez.) Sorgfalt, große Genauigkeit [frz.]
**Pe|ni|cil|lin** *auch:* Pe|ni|zil|lin [-tsi-] (das, -s, nur Ez.) ein Antibiotikum [lat.]
**Pe|ni|cil|li|um** [-tsiː-] (das, -s, nur Ez.) der Schimmelpilz, aus dem das Penicillin gewonnen wird [lat.]
**Pen|in|su|la** (die, -, -lae) Halbinsel [lat.]
**pen|in|su|lar** (Adj.) zu einer Halbinsel gehörend [lat.]
**pen|in|su|la|risch** (Adj.) = peninsular [lat.]
**Pe|nis** (der, -, -se oder Pe|nes) Begattungsorgan vieler Tiere und des Menschen, männliches Glied, Zeugungsglied [lat.]
**Pe|ni|zil|lin** (das, -s, nur Ez.) = Penicillin
**Pen|ne** (die, -, -n) Kneipe [hebr.]
**pen|nen** (V.) schlafen (ugs.) [Rotwelsch]
**Pen|ner** (der, -s, -) Landstreicher, Stadtstreicher [Rotwelsch]
**Pen|ni** (der, -s, - oder -s oder -niä) ehem. Währungseinheit in Finnland
**Pen|ny** [-nɪ] (der, -s, Pence [pɛns] oder -s) Währungseinheit in Großbritannien, 1/100 Pfund [engl.]
**Pen|ny|weight** [-nɪweɪt] (das, -, -) britische Gewichtseinheit für Münzen, Metalle, Edelsteine [engl.]
**pen|see** [pɑ̃seː] (Adj.) dunkellila [frz.]

P

**Pen'see** [pãse:] (das, -s, -s) Stiefmütterchen [frz.]
**pen'sie'ro'so** (Adv.) tiefsinnig, gedankenschwer (Vortragsanweisung in der Musik) [lat.-it.]
**Pen'sion** [pã-] bayr., österr., schweiz. [pɛn-] (die, -, -si'onen) **1** Ruhestand (von Beamten) **2** Ruhegehalt (von Beamten) **3** (meist kleines) Hotel, in dem man auch verköstigt wird **4** Verköstigung (in der Unterkunft); z.B. Zimmer mit, ohne Pension **5** = Pensionat (veraltet) [frz.]
**Pen'sio'när** [pã-] bayr., österr., schweiz. [pɛn-] (der, -s, -e) **1** Ruheständler, Beamter in Pension **2** Gast in einer Pension (3) **3** Zögling eines Pensionats (veraltet)
**Pen'sio'nat** [pã-] bayr., österr., schweiz. [pɛn-] (das, -(e)s, -e) Internat (veraltet) [frz.]
**pen'si'o'nie'ren** [pã-] bayr., österr., schweiz. [pɛn-] (V.) in den Ruhestand versetzen [frz.]
**Pen'sio'nist** [pã-] bayr., österr., schweiz. [pɛn-] (der, -en, -en) = Pensionär
**Pen'sum** (das, -s, -sa oder -sen) **1** Arbeit von bestimmtem Umfang, die in einer bestimmten Zeit erledigt werden soll; z.B. mein tägliches Pensum **2** in einer bestimmten Zeit durchzunehmender Lehrstoff; z.B. Unterrichtspensum [lat.]
**Pen'ta'chlor'phe'nol** (das, -s, nur Ez.) ein Chlorkohlenwasserstoff, Umweltgift in Lösungsmitteln [gr.]
**Pen'ta'chord** [-pɛkɔrt] (das, -(e)s, -e) Saiteninstrument mit fünf Saiten [gr.]
**Pen'ta'de** (die, -, -n) Bezeichnung in der Meteorologie für den Zeitraum von fünf aufeinander folgenden Tagen [gr.-lat.]
**Pen'ta'eder** (der, -s, -) von fünf Flächen begrenzter Körper [gr.]
**Pen'ta'glot'te** (die, -, -n) Buch in fünf Sprachen [gr.]
**Pen'ta'gon** (das, -s, -e) **1** Fünfeck **2** [pɛn-] das fünfeckige Verteidigungsministerium der USA in Washington [gr.]
**Pen'ta'gramm** (das, -s, -e) fünfzackiger Stern, der mit fünf gleich langen Linien in einem Zug gezeichnet werden kann [gr.]
**Pen'ta'me'ron** (das, -s, nur Ez.) Sammlung von neapolitanischen Märchen (Herausgeber Basile), die an fünf Tagen erzählt wurden [gr.]
**Pen'ta'me'ro'ne** (das, -s, nur Ez.) = Pentameron
**Pen'ta'me'ter** (der, -s, -) antiker Vers mit fünf (im Deutschen sechs) Hebungen, der mit dem Hexameter zusammen ein Distichon bildet [gr.]
**Pen'tan** (der, -s, -e) ein gesättigter Kohlenwasserstoff [gr.]
**Pen'ta'pris'ma** (das, -s, -men) fünfkantiges Prisma (in optischen Systemen) [gr.]
**Pen'ta'teuch** (der, -s, nur Ez.) die fünf Bücher Mosis im AT [gr.]
**Pen'tath'lon** (der, -s, nur Ez.) aus fünf versch. Einzelkämpfen bestehender Wettkampf, Fünfkampf (in der Antike): Diskus-, Speerwurf, Wettlauf, Weitsprung, Ringen [gr.]
**Pen'ta'to'nik** (die, -, nur Ez.) auf einer Tonleiter von fünf Tönen beruhende Musik, Fünftonmusik [gr.]
**pen'ta'to'nisch** (Adj.) zur Pentatonik gehörig
**Pen'te're** (die, -, -n) antikes Kriegsschiff
**Pent'haus** (das, -es, -häu'ser) Wohnung auf dem flachen Dach eines größeren Wohnhauses [engl.]
**Pent'house** (das, -, -s) = Penthaus
**Pen'ti'men'ti** (nur Mz.) wieder sichtbar gewordene Linien oder Untermalungen auf Gemälden [lat.-it.]
**Pen'to'de** (die, -, -n) Elektronenröhre mit fünf Elektroden [gr.]
**Pen'to'se** (die, -, -n) aus fünf Kohlenstoffatomen bestehender Zucker [gr.]
**Pe'num'bra** (die, -, nur Ez.) Rand eines Sonnenflecks, der nicht ganz dunkel ist [lat.]
**Pe'nun'se** *auch:* Pe'nun'ze (die, -, -n) Geld (ugs.) [Rotwelsch]
**Pe'nun'ze** (die, -, -n) = Penunse [poln.]
**Pe'nu'ria** (die, -, nur Ez.) belastender, drückender Geldmangel [lat.]
**Pep** (der, -s, nur Ez.) mitreißender Schwung, Elan [engl.]
**Pe'pe'rin** (der, -s, -e) vulkanisches Tuffgestein [sanskr.-lat.-it.]
**Pe'pe'ro'ne** (die, -s, -ni) kleine, scharfe, in Essig eingelegte Paprikafrucht [it.]

P

**Pe|pe|ro|ni** (die, -, -) = Peperone
**Pe|pi|nie|re** (die, -, -n) (altertümlich) Baumschule [frz.]
**Pe|pi|ta** 1 (das, -(s), nur Ez.) kleines Hahnentrittmuster 2 (der, -s, -s) Gewebe mit diesem Muster [span.]
**Pe|plo|pau|se** (die, -, nur Ez.) Obergrenze der untersten Luftschicht der Atmosphäre in ca. 1500 bis 2500 m Höhe
**Pe|plos** (der, -, -len) = Peplon
**Pep|ping** (der, -s, -e oder -s) kleiner Apfel [engl.]
**Pep|sin** (das, -s, -e) ein Enzym des Magensaftes [gr.]
**Pep|tid** (das, -s, -e) beim Abbau von Proteinen entstehender Stoff [gr.]
**per** (Präp.) durch, mit; z.B. per Eilboten [lat.]
**per Ad|res|se** über die Anschrift von, wohnhaft bei [lat.]
**per an|num** jährlich (veraltet) [lat.]
**per as|pe|ra ad as|tra** auf rauhen Wegen zu den Sternen [lat.]
**per cas|sa** in bar, gegen Bargeld [it.]
**per con|to** auf Rechnung [it.]
**Per|cus|sion** (die, -, -s) = Perkussion
**per de|fi|ni|ti|o|nem** wie es sich schon im Wort ausdrückt, wie es schon der Ausdruck sagt [lat.]
**per|du** [-dyː] (Adv.) verloren, weg [frz.]
**pe|r|emp|to|risch** *auch:* pe|r|em|to|risch (Adj.) aufhebend, vernichtend, ungültig machend [lat.]
**Pe|ren|ne** (die, -, -n) unterirdisch überwinternde, mehrjährige Pflanze (Bio.)
**pe|ren|nie|rend** (Adj.) 1 überwinternd, ausdauernd, mehrere Jahre blühend 2 das ganze Jahr hindurch, wenn auch schwankend, Wasser führend [lat.]
**Pe|res|tro|i|ka** (ohne Artikel) Reform, Umgestaltung (des politischen Systems in der Sowjetunion) [russ.]
**per ex|em|plum** zum Beispiel (veraltet) [lat.]
**per fas** auf redliche Weise [lat.]
**per|fekt** (Adj.) 1 vollkommen (ausgebildet); z.B. sie ist im Kochen perfekt 2 fließend; z.B. perfekt Französisch sprechen 3 abgemacht, abgeschlossen, gültig; z.B. die Sache ist perfekt [lat.]
**Per|fekt** (das, -s, -e) Zeitform des Verbs, die eine Handlung, einen Vorgang, Zustand als vergangen und abgeschlossen bezeichnet; z.B. ich bin viel gereist [lat.]
**per|fek|ti|bel** (Adj.) vollendungsfähig, zur Vervollkommnung befähigt [lat.]
**Per|fek|ti|bi|lis|mus** (der, -, nur Ez.) aufklärerische Position, wonach der Sinn jeglicher Geschichte in der fortschreitenden Vervollkommung der Menschheit liegt [lat.]
**Per|fek|ti|bi|list** (der, -en, -en) Anhänger des Perfektibilismus [lat.]
**Per|fek|ti|bi|li|tät** (die, -, nur Ez.) die Fähigkeit, Befähigung zur Vervollkommung [lat.]
**Per|fek|ti|on** (die, -, -en) Vollendung, Vollkommenheit [lat.]
**per|fek|ti|o|nie|ren** (V.) vollkommen machen [lat.]
**Per|fek|ti|o|nie|rung** (die, -, nur Ez.) das Perfektionieren, das Vervollkommnen [lat.]
**Per|fek|ti|o|nis|mus** (der, -, nur Ez.) 1 philosophische Lehre von der Vervollkommnung des Menschen (als Ziel der Menschheitsentwicklung) 2 übertriebenes Streben nach Vollkommenheit (bes. in technischer Hinsicht) [lat.]
**Per|fek|ti|o|nist** (der, -en, -en) 1 jmd., der übertrieben nach Perfektion strebt 2 Angehöriger einer nordamerikanischen Sekte, die durch innere Wiedergeburt vollkommene Sündlosigkeit erstrebt
**per|fek|ti|o|nis|tisch** (Adj.) allzu sehr auf Perfektion bedacht
**per|fek|tisch** (Adj.) das Perfekt betreffend [lat.]
**per|fek|tiv** (Adj.) eine zeitliche Begrenzung eines Geschehens ausdrücken [lat.]
**Per|fek|tiv** (das, -s, -e) Aktionsart des Verbs, die das Ende einer Handlung, eines Geschehens, Zustandes ausdrückt (in slawischen Sprachen) [lat.]
**per|fek|ti|vie|ren** (V.) ein Verb mithilfe von Partikeln in die perfekte Aktionsart überführen (Sprachwissenschaft) [lat.]
**per|fek|ti|visch** (Adj.) = perfektiv
**per|fid** (Adj.) heimtückisch, niederträchtig
**per|fi|de** (Adj.) = perfid
**Per|fi|die** (die, -, -n) 1 (nur Ez.) Heimtücke, Niedertracht 2 perfide Tat
**Per|fi|di|tät** (die, -, nur Ez.) = Perfidie (1)
**per|fo|rat** (Adj.) durchlöchert [lat.]

P

**Per'fo'ra'ti'on** (die, -, -en) 1 Durchlöcherung, Durchbohrung (in der Medizin) 2 durchlochte Linie [lat.]

**Per'fo'ra'tor** (der, -s, -en) 1 Gerät zum Perforieren (von Papier) 2 Gerät zum Übertragen von Texten auf Lochkarten [lat.]

**per'fo'rie'ren** (V.) durchdringen, durchbrechen, durchstoßen (in der Medizin) 2 mit gleichmäßigen Lochreihen versehen [lat.]

**Per'for'mance** (die, -, -s) künstlerische Aktion, Happening [engl.]

**per'for'ma'tiv** (Adj.) eine Handlung sprachlich äußernd und gleichzeitig vollziehend (jmdm. Glück wünschen) [lat.-engl.]

**per'for'ma'to'risch** (Adj.) = performativ [lat.-engl.]

**Per'fu'si'on** (die, -, -en) Ernährung und Reinigung des Körpergewebes durch das Durchströmen von Flüssigkeit und Blut (Med.)

**Per'ga'ment** (das, -(e)s, -e) 1 enthaarte, geglättete Tierhaut als Schreibmaterial 2 Schriftstück auf solcher Haut [lat.]

**per'ga'men'ten** (Adj.) aus Pergament [gr.-lat.]

**Per'ga'men'ter** (der, -s, -) der Pergamenthersteller [gr.-lat.]

**per'ga'men'tie'ren** (V.) 1 ein Papier fertigen, das dem Pergament ähnlich ist 2 Baumwollgewebe durch Schwefelsäure pergamentähnlich machen [gr.-lat.]

P

**Per'ga'min** *auch:* Per'ga'myn (das, -s, nur Ez.) durchscheinendes, dem Pergament ähnliches Papier [gr.-lat.]

**Per'ga'myn** (das, -s, nur Ez.) = Pergamin [gr.-lat.]

**Per'go'la** (die, -, -len) Laube, Laubengang (meist von Kletterpflanzen umrankt) [it.]

**per'hor'res'zie'ren** (V.) verabscheuen, mit Nachdruck zurückweisen [lat.]

**Pe'ri** (der oder die, -(s), -s) feenhaftes Wesen (der altpersischen Mythologie) [pers.]

**Pe'ri'anth** *auch:* Pe'ri'an'thi'um (das, -s, -e) 1 Blütenhülle (bei Bedecktsamern) 2 blattartige Hülle um die Fortpflanzungsorgane (bei Moosen) [gr.]

**Pe'ri'ar'thri'tis** (die, -, -ti'den) Entzündung der Umgebung von Gelenken [gr.]

**Pe'ri'bo'los** (der, -, -loi) 1 Umfriedung 2 heiliger Bezirk rund um den antiken Tempel [gr.]

**Pe'ri'chon'dri'um** (das, -s, -ri'en/-dri'en) Knorpelhaut [gr.]

**pe'ri'cu'lum in mo'ra** es ist gefährlich zu zögern, (d.h. „Gefahr ist im Verzug") [lat.]

**Pe'rie'ge'se** (die, -, -n) Beschreibung von Orten und Ländern besonders im antiken Griechenland [gr.-lat.]

**Pe'rie'get** (der, -en, -en) der Verfasser von Orts-, Länder-, Bau- oder Denkmalsbeschreibungen besonders im antiken Griechenland [gr.-lat.]

**pe'rie'ge'tisch** (Adj.) die Periegeten oder die Periegesen betreffend [lat.]

**pe'ri'fo'kal** (Adj.) um einen Krankheitsherd herum (Med.)

**Pe'ri'gä'um** (das, -s, -gä'en) Punkt der geringsten Entfernung auf der Bahn eines Himmelskörpers von der Erde, Erdnähe [gr.]

**pe'ri'gla'zi'al** (Adj.) die Umgebung von Gletschern und Eisflächen betreffend

**Pe'ri'gramm** (das, -s, -e) Diagramm, in dem die Größenverhältnisse mit Kreisen dargestellt werden

**Pe'ri'hel** (das, -s, -e) Punkt der geringsten Entfernung auf der Bahn eines Himmelskörpers von der Sonne, Sonnennähe [gr.]

**Pe'ri'kard** (das, -(e)s, -e) Hülle des Herzens, Herzbeutel [gr.]

**Pe'ri'kar'dek'to'mie** (die, -, -n) Entfernung des Herzbeutels (Med.)

**Pe'ri'kar'dio'to'mie** (die, -, -n) Öffnung des Herzbeutels (Med.)

**Pe'ri'kar'di'tis** (die, -, -ti'den) Herzbeutelentzündung [gr.]

**Pe'ri'karp** (das, -(e)s, -e) Fruchtwand (bei Früchten von Samenpflanzen) [gr.]

**Pe'ri'klas** (der, - oder -es, -e) ein Mineral [gr.]

**pe'rik'li'tie'ren** (V.) sich in Gefahr begeben, wagen, sich einer Gefahr aussetzen, Gefahr laufen [lat.]

**Pe'ri'ko'pe** (die, -, -n) 1 zum Vorlesen während des Gottesdienstes bestimmter Bibelabschnitt 2 größerer metrischer Abschnitt, Strophengruppe [gr.]

**Pe'ri'ko'pen'buch** (das, -(e)s, -bü'cher) = Evangelistar

**Pe|ri|lun** (das, -s, -e) kürzeste Entfernung eines Raumflugkörpers zur Mondoberfläche bei dessen Umkreisung
**Pe|ri|me|ter** (der oder das, -s, -) Gerät zum Bestimmen der Größe des Gesichtsfeldes; Umfang einer Figur (Math.) [gr.]
**Pe|ri|me|trie** (die, -, -n) Messen der Grenzen des Gesichtsfeldes (Med.)
**Pe|ri|me|tri|tis** (die, -, -ti|den) Bauchfellentzündung (Med.)
**pe|ri|na|tal** (Adj.) die Zeit kurz vor, während oder nach der Entbindung betreffend, in diesen Zeitraum fallend [gr.-lat.]
**Pe|ri|ne|um** (das, -s, -ne|en) Abschnitt zwischen After und Geschlechtsteil, Damm [gr.-nlat.]
**Pe|ri|o|de** (die, -, -n) **1** Zeitabschnitt **2** Abschnitt einer Formation der Erdgeschichte **3** Umlaufzeit (eines Himmelskörpers) **4** Schwingungsdauer **5** Menstruation, Regel **6** mehrfach zusammengesetzter Satz **7** sich unendlich wiederholende Zahl oder Zahlengruppe hinter dem Komma eines Dezimalbruches **8** musikalischer Satz aus 8 oder 16 Takten mit zwei einander entsprechenden Teilen [gr.]
**Pe|ri|o|den|sys|tem** (das, -s, nur Ez.) tabellarische Anordnung der chemischen Elemente nach deren Eigenschaften (Chem.)
**Pe|ri|o|di|kum** *auch:* Pe|ri|o|di|cum (das, -s, -ka) regelmäßig erscheinende Zeitschrift [gr.-lat.]
**pe|ri|o|disch** (Adj.) regelmäßig (wiederkehrend), in gleichen Abständen [gr.]
**pe|ri|o|di|sie|ren** (V.) in Zeitabschnitte einteilen [gr.-nlat.]
**Pe|ri|o|di|zi|tät** (die, -, nur Ez.) periodische Wiederkehr [gr.-nlat.]
**Pe|ri|o|do|lo|gie** (die, -, nur Ez.) die Lehre vom Bau musikalischer Sätze [gr.-lat.]
**Pe|ri|o|don|ti|tis** (die, -, -ti|den) Wurzelhautentzündung der Zähne [gr.]
**pe|ri|oral** (Adj.) in der Nähe des Mundes, um den Mund herum sich befindend (Med.) [gr.-lat.]
**Pe|ri|ost** (das, -es, -e) Knochenhaut [gr.]
**Pe|ri|os|ti|tis** (die, -, -ti|den) Knochenhautentzündung [gr.]
**Pe|ri|pa|te|ti|ker** (der, -s, -) Schüler des Aristoteles [gr.]
**pe|ri|pa|te|tisch** (Adj.) die Peripatetiker betreffend [gr.-lat.]
**Pe|ri|pa|tos** (der, -, nur Ez.) Wandelgang [gr.]
**Pe|ri|pe|tie** (die, -, -n) Wendepunkt, Umschwung (bes. im Drama) [gr.]
**pe|ri|pher** (Adj.) am Rand, an der Peripherie liegend; unwichtig, unbedeutend, nur am Rand interessierend [gr.]
**Pe|ri|phe|rie** (die, -, -n) **1** Umfangslinie, äußere Linie (bes. des Kreises) **2** Rand; z.B. an der Peripherie der Stadt [gr.]
**Pe|ri|phra|se** (die, -, -n) Umschreibung, Bezeichnung durch eine Eigenschaft; z.B. „Götter in Weiß" für „Ärzte" [gr.]
**pe|ri|phra|sie|ren** (V.) mit einer Periphrase umschreiben
**Pe|rip|te|ros** (der, -, -ren) griechischer Tempel mit umgebendem Säulengang [gr.]
**Pe|ri|skop** (das, -s, -e) Fernrohr, mit dem man über Hindernisse hinweg und (bei U-Booten) in getauchtem Zustand über die Wasserfläche sehen kann [gr.]
**Pe|ri|stal|tik** (die, -, nur Ez.) wellenförmige Bewegung (von Hohlorganen; z.B. der Speiseröhre) [gr.]
**pe|ri|stal|tisch** (Adj.) wellenförmig (fortschreitend) [gr.]
**Pe|ri|sta|se** (die, -, -n) Gesamtheit der auf ein Lebewesen vor und nach der Geburt einwirkenden Einflüsse [gr.]
**Pe|ris|te|ri|um** (das, -s, -ri|en) mittelalterlicher Behälter für Hostien in Form einer Taube [gr.-lat.]
**Pe|ri|styl** *auch:* Pe|ri|sty|li|um (das, -s, -e) von Säulen umgebener Innenhof (des altgriechischen Hauses) [gr.]
**Pe|ri|sty|li|um** (das, -s, -li|en) = Peristyl [gr.-lat.]
**Per|kal** (der, -s, -e) feinfädiges, dichtes Baumwollgewebe (für Wäsche) [pers.]
**Per|ka|lin** (das, -s, -e) Baumwollgewebe für Bucheinbände [pers.-türk.-frz.]
**Per|ko|lat** (das, -(e)s, -e) durch Perkolation gewonnener Auszug
**Per|ko|la|ti|on** (die, -, -en) Gewinnung von Auszügen aus kleinstgeschnittenen Pflanzen auf kaltem Wege durch ständig fließendes Lösungsmittel [lat.]
**per|ko|lie|ren** (V.) durch Perkolation gewinnen [lat.]

**Per'kus'si'on** (die, -, -en) 1 Erschütterung, Stoß 2 Zündung durch Schlag auf ein Zündhütchen 3 ärztliche Untersuchung durch Beklopfen 4 Vorrichtung am Harmonium, die Hämmerchen gegen die Metallzungen schlagen lässt (zum Erzeugen klarerer Töne) [lat.] 5 [pəkʌʃn] (die, -, -s) Schlagzeug in Jazz-, Rockbands [lat.-engl.]

**per'kus'siv** (Adj.) vom Rhythmus geprägt, bestimmt, durch rhythmische Geräusche erzeugt [lat.]

**per'kus'so'risch** (Adj.) mittels Perkussion

**per'ku'tan** (Adj.) durch die Haut hindurch [lat.]

**per'ku'tie'ren** (V.) beklopfen (in der Medizin) [lat.]

**per'ku'to'risch** (Adj.) = perkussorisch [lat.]

**Per'la'tor** (der, -s, -en) kleine Vorrichtung für Wasserhähne, die ein weiches Fließen des Wassers ohne Spritzen ermöglicht [nlat.]

**Per'lon** (das, -s, nur Ez.) eine Kunstfaser (Warenzeichen) [Kunstwort]

**Per'lus'tra'tion** (die, -, -en) das Perlustrieren (österr.)

**per'lus'trie'ren** (V.) zur Feststellung der Identität anhalten und genau untersuchen (österr.); z.B. einen Verdächtigen perlustrieren [lat.]

P

**Perm** (das, -s, nur Ez.) jüngste Formation des Paläozoikums [russ.]

**per'ma'nent** (Adj.) ununterbrochen, ständig, dauernd [lat.]

**Per'ma'nent'farb'stoff** (der, -es, -e) lichtechte Farbe

**Per'ma'nent'ma'gnet** (der, -es, oder -e) Dauermagnet, der nur einmal magnetisiert werden muss

**Per'ma'nenz** (die, -, nur Ez.) ununterbrochene Dauer, in Permanenz: ununterbrochen, dauernd [lat.]

**Per'man'ga'nat** (das, -s, -e) Salz der Übermangansäure

**per'me'abel** (Adj.) durchlässig, durchdringbar [lat.]

**Per'me'a'bi'li'tät** (die, -, nur Ez.) 1 Durchlässigkeit, Durchdringlichkeit 2 Verhältnis von magnetischer Induktion und magnetischer Feldstärke (im magnetischen Feld) [lat.]

**per'mis'siv** (Adj.) Freizügigkeit gewährend, frei handeln und sich bewegen lassend [lat.]

**Per'mis'si'vi'tät** (die, -, nur Ez.) Freizügigkeit, Gewährenlassen [lat.]

**Per'mit** [pɜːrmɪt] (das, -s, -s) Erlaubnis [engl.]

**per'mu'ta'bel** (Adj.) vertauschbar, austauschbar [lat.]

**Per'mu'ta'tion** (die, -, -en) Vertauschung, Umstellung der Reihenfolge [lat.]

**per'mu'tie'ren** (V.) vertauschen, austauschen, umstellen [lat.]

**per ne'fas** auf unerlaubte Weise (lat.)

**Per'nio** (der, -, -ni'o'nes) Frostbeule (Med.)

**Per'ni'o'sis** (die, -, -sen) Frostschaden (der Haut), Frostbeulen [lat.]

**per'ni'zi'ös** (Adj.) bösartig, unheilbar [lat.-frz.]

**Per'nod** [-noː] (der, -s, -s) alkoholisches Getränk aus Wermut, Anis u.a. (Warenz.) [frz.]

**per'oral** (Adj.) durch den Mund [lat.]

**Per'oxid** *auch:* Peroxyd (das, -s, -e) sauerstoffreiche chemische Verbindung [lat.]

**per pe'des** zu Fuß (ugs., scherzhaft) [lat.]

**Per'pen'di'kel** (der oder das, -s, -) 1 Uhrpendel 2 Abstand zwischen den (gedachten) Senkrechten durch Vorder- und Achtersteven (eines Schiffes, entspricht dessen Länge) [lat.]

**per'pen'di'ku'lar** *auch:* per'pen'di'ku'lär (Adj.) senkrecht, die Senkrechte betonend [lat.]

**per'pe'tu'ier'lich** (Adj.) beständig

**Per'pe'tu'um mo'bi'le** (das, - -, - -s oder -tua -bilia) 1 praktisch nicht konstruierbare Maschine, die sich ohne Energiezufuhr ständig bewegt 2 Musikstück voller gleichmäßiger schneller Bewegung [lat.]

**per'plex** (Adj.) verblüfft, überrascht [lat.]

**Per'ple'xi'tät** (die, -, nur Ez.) Bestürzung

**per pro'cu'ra** (Abk.: p.p.) in Vollmacht (vor dem Namen in der Unterschrift); z.B. et cetera p.p.[lat.]

**per rec'tum** (Adj.) rektal, durch den After (Med.)

**Per'ron** [-rɔ̃] österr., schweiz. [-rɔn] (der, -s, -s) **1** Bahnsteig (veraltet) **2** Plattform (der Straßenbahn, früher) [frz.]
**per sal'do** wie der Saldo zeigt, aufgrund des Saldos; z.B. per saldo noch 1000,– Euro auf dem Konto haben [it.]
**per se** durch sich selbst [lat.]
**Per'se'i'den** (nur Mz.) regelmäßiger Meteorenstrom Anfang August
**Per'sen'ning** *auch:* Pre'sen'ning (die, -, -s oder -en) wasserdichtes Gewebe (für Segel, Zeltbahnen); Schutzüberzug daraus [niederl.]
**Per'ser** (der, -s, -) **1** Ew. von Persien **2** aus Persien stammender Teppich
**Per'se've'ranz** (die, -, nur Ez.) Beharrlichkeit [lat.]
**Per'se've'ra'ti'on** (die, -, -en) beharrliches Wiederauftauchen, Wiederkehren (von Vorstellungen im Bewusstsein) [lat.]
**per'se've'rie'ren** (V.) immer wiederkehren, immer wieder auftauchen (von Vorstellungen im Bewusstsein) [lat.]
**Per'shing** [pɜːʃɪ] (die, -, -s) eine US-amerikanische Rakete
**Per'si'a'ner** (der, -s, -) Fell des neugeborenen Karakulschafes
**Per'si'co** (der, -s, -s) = Persiko
**Per'sif'la'ge** [-ʒə] (die, -, -n) geistreiche Verspottung durch Ironie, Übertreibung (bes. literarisch, filmisch) [frz.]
**per'si'flie'ren** (V.) geistreich verspotten [frz.]
**Per'si'ko** *auch:* Per'si'co (der, -s, -s) ein Pfirsichlikör; z.B. Rixdorfer mit Persiko: eine Berliner Weiße mit einem Schuss Persiko [frz.]
**per'sis'tent** (Adj.) beharrlich, anhaltend [lat.]
**Per'sis'tenz** (die, -, nur Ez.) Beharrlichkeit, Ausdauer, Dauerhaftigkeit; über längere Zeit bestehenbleibender Zustand [lat.]
**per'sis'tie'ren** (V.) auf etwas bestehen
**Per'son** (die, -, -en) **1** Mensch als Einzelwesen; z.B. Fahrkarten für zehn Personen **2** Mensch in seiner Eigenart **3** Mensch als Teil der staatlichen Gemeinschaft; juristische Person: Gruppe, Vereinigung, Körperschaft, die rechtlich als ein einziger Mensch behandelt wird **4** Frau, Mädchen; z.B. eine reizende Person; diese Person! (abwertend) **5** Figur, Gestalt (im Theaterstück, Film) **6** Sprecher, Angesprochener (in der Grammatik); z.B. erste, zweite Person [lat.]
**Per'so'na gra'ta** (die, - -, nur Ez.) gern gesehener, willkommener Mensch [lat.]
**Per'so'na in'gra'ta** (die, - -, nur Ez.) **1** nicht mehr gern gesehener, unwillkommener, in Ungnade gefallener Mensch **2** nicht mehr erwünschter ausländischer Diplomat [lat.]
**per'so'nal** (Adj.) **1** durch eine Person bestimmt, eine Person bezeichnend; z.B. die personalen Formen des Verbs **2** = personell [lat.]
**Per'so'nal** (das, -s, nur Ez.) Gesamtheit der Diener, der dienstleistenden Angestellten [lat.]
**Per'so'nal Com'pu'ter** [-pjuː-] (der, -s, -) kleiner Computer für den persönlichen Bedarf mit zahlreichen Anwendungsmöglichkeiten, leicht zu bedienen
**Per'so'na'li'en** (nur Mz.) Angaben über Name, Wohnung, Personenstand, Beruf usw. einer Person
**per'so'nal'in'ten'siv** (Adj.) nach Möglichkeit Personen (statt Maschinen) einsetzend
**Per'so'na'lis'mus** (der, -, nur Ez.) Glaube an einen persönlichen Gott
**Per'so'na'li'tät** (die, -, -en) Persönlichkeit, Gesamtheit der eine Person kennzeichnenden Eigenschaften
**Per'so'na'li'ty'show** *auch:* Per'so'na'li'ty-Show [pɜːrsonælɪti-] (die, -, -s) Unterhaltungssendung, die sich um die Fähigkeiten eines bestimmten Künstlers dreht [engl.]
**Per'so'nal'pro'no'men** (das, -s, - oder -mina) persönliches Fürwort; z.B. ich, er [lat.]
**Per'so'nal'uni'on** (die, -, -en) **1** Vereinigung zweier selbstständiger Staaten unter einem Herrscher **2** Vereinigung mehrerer Ämter in der Hand einer Person [lat.]
**Per'so'na non gra'ta** = Persona ingrata
**per'so'nell** (Adj.) das Personal betreffend
**Per'so'nen'kult** (der, -(e)s, -e) übersteigerte Verehrung einer öffentlichen Person
**Per'so'ni'fi'ka'ti'on** (die, -, -en) das Personifizieren, Personifiziertwerden, Vermenschlichung

P

**per'so'ni'fi'zie'ren** (V.) als Person darstellen, vermenschlichen; z.B. eine Eigenschaft
**Per'spek'tiv** (das, -s, -e) kleines Fernrohr [lat.]
**Per'spek'ti've** (die, -, -n) **1** scheinbares Aufeinanderzulaufen von parallelen Linien in der Tiefe des Raumes und ihre scheinbare Verkürzung **2** Darstellung des Raumes und räumlicher Gegenstände auf einer ebenen Fläche **3** Blickwinkel; z.B. von seinem Standpunkt, aus seiner Perspektive sieht das anders aus **4** Zukunftsaussicht [lat.]
**per'spek'ti'visch** (Adj.) die Perspektive betreffend, hinsichtlich der Perspektive, räumlich, entsprechend ihren Regeln; in die Zukunft gerichtet, planend
**Per'spek'ti'vis'mus** (der, -, nur Ez.) philosophische Lehre, dass die Erkenntnis der Welt durch die persönliche Perspektive des Betrachters bestimmt werde
**Per'spi'ra'ti'on** (die, -, nur Ez.) Hautatmung (Med.) [lat.-nlat.]
**Per'sua'si'on** (die, -, -en) Überredung
**per'sua'siv** (Adj.) überredend, überzeugend
**Per'ti'nenz** (die, -, -en) Zugehörigkeit
**Per'tur'ba'ti'on** (die, -, -en) Störung in den Bewegungen (eines Gestirns) [lat.]
**Pe'ru'a'ner** (der, -s, -) Einwohner des südamerikanischen Staates Peru



**Pe'rü'cke** (die, -, -n) **1** zur Frisur zusammengearbeitete Haare oder Fasern (als Haarersatz) **2** krankhafte Wucherung am Gehörn oder Geweih [frz.]
**per ul'ti'mo** am letzten Tag des Monats (zu zahlen, zu liefern) [lat.]
**per'vers** (Adj.) widernatürlich, unnatürlich (bes. im geschlechtlichen Bereich) [lat.]
**Per'ver'si'on** (die, -, -en) krankhafte Abweichung vom Natürlichen, Normalen (bes. in geschlechtlicher Hinsicht) [lat.]
**Per'ver'si'tät** (die, -, nur Ez.) das Perverssein, perverse Beschaffenheit oder Veranlagung
**per'ver'tie'ren** (V.) **1** vom Normalen, Üblichen abweichen, sich zum Negativen verändern **2** verfälschen, falsch, verhängnisvoll anwenden [lat.]
**Per'zent** (das, -(e)s, -e) = Prozent (österr.) [lat.]
**per'zen'tu'ell** = prozentual (österr.) [lat.]
**per'zep'ti'bel** (Adj.) wahrnehmbar, erfassbar, begreiflich [lat.]
**Per'zep'ti'bi'li'tät** (die, -, nur Ez.) perzeptible Beschaffenheit, Wahrnehmbarkeit
**Per'zep'ti'on** (die, -, -ti'o'nen) **1** Wahrnehmung (als erste Stufe zur Erkenntnis) **2** Aufnahme von Reizen (durch Sinneszellen) [lat.]
**per'zep'tiv** (Adj.) auf Perzeption beruhend, durch sie ermöglicht
**per'zep'to'risch** (Adj.) = perzeptiv
**per'zi'pie'ren** (V.) wahrnehmen, mit den Sinneszellen aufnehmen [lat.]
**Pe'sa'de** (die, -, -n) = Levade [frz.]
**Pe'se'ta** *auch:* Pe'se'te (die, -, -ten) ehem. Währungseinheit in Spanien
**Pe'so** (der, -s, -s oder -) Währungseinheit in Mittel- und Südamerika u.a. [span.]
**Pes'sar** (das, -s, -e) ring- oder schalenförmiger Körper, der auf den Gebärmuttermund aufgesetzt wird (zum Stützen oder zur Empfängnisverhütung) [lat.]
**Pes'si'mis'mus** (der, -, nur Ez.) Neigung, nur die Schattenseiten des Lebens und der Welt zu sehen, negative Lebenseinstellung [lat.]
**Pes'si'mist** (der, -en, -en) jmd., der nur die Schattenseiten des Lebens und der Welt sieht, Schwarzseher [lat.]
**pes'si'mis'tisch** (Adj.) in der Art des Pessimismus, eines Pessimisten, schwarzseherisch
**Pes'si'mum** (das, -s, -ma) das Schlechteste, Ungünstigste, das Schlechtestmögliche [lat.]
**Pest** (die, -, nur Ez.) **1** schwere epidemische Infektionskrankheit **2** etwas Unerträgliches, sehr Unangenehmes, Übel [lat.]
**Pes'ti'lenz** (die, -, -en) schwere Seuche (veraltet) [lat.]
**Pes'ti'zid** (das, -(e)s, -e) chemisches Schädlingsbekämpfungsmittel [lat.]
**Pe'tal** *auch:* Pe'ta'lum (das, -s, -en) Kronblatt (einer Blüte) [lat.]
**Pe'tar'de** (die, -, -n) **1** mit Sprengstoff gefülltes Gefäß (früher zum Sprengen von Festungstoren) **2** knallender Feuerwerkskörper [frz.]
**Pe'tit** (die, -, nur Ez.) kleiner Schriftgrad, 8 Punkt

**Petition** (die, -, -en) Bittschrift, Eingabe [lat.]
**Petitesse** (die, -, -n) Kleinigkeit [frz.]
**Petit Four** [pətifuːɐ] (das, - -, - -s) feines, kleines, würfelförmiges Gebäckstück mit farbiger Zuckerglasur [frz.]
**Petitum** (das, -s, -ta) Antrag [lat.]
**Petong** (das, -, nur Ez.) Kupferlegierung
**Petrefakt** (das, -(e)s, -e oder -en) Versteinerung [lat.]
**Petrifikation** (die, -, -tionen) das Versteinern, Versteinerung (als Vorgang) (Geol., Bio.) [lat.]
**petrifizieren** (V.) versteinern (Geol., Bio.) [lat.]
**Petrochemie** (die, -, nur Ez.) **1** Wissenschaft von der chemischen Zusammensetzung der Gesteine **2** (unkorrekte, aber übliche Bezeichnung für) Petrolchemie [gr.]
**Petrogenese** (die, -, -n) Entstehung der Steine [gr.]
**Petroglyphe** (die, -, -n) vorgeschichtliche Felszeichnung [gr.]
**Petrografie** *auch:* Petrographie (die, -, nur Ez.) Wissenschaft von den Gesteinen, ihrer Zusammensetzung, Klassifizierung usw., beschreibende Gesteinskunde [gr.]
**Petrolchemie** (die, -, nur Ez.) Wissenschaft vom Erdöl und Erdgas, Zweig der technischen Chemie [gr.]
**Petroleum** (das, -s, nur Ez.) Destillationsprodukt des Erdöls [gr.-lat.]
**Petrologie** (die, -, nur Ez.) Wissenschaft von der Bildung und Umwandlung der Gesteine, ihrer mineralogischen und chemischen Zusammensetzung [gr.]
**petrophil** (Adj.) steinigen Untergrund mögend (Bio.)
**Petschaft** (das, -s, -e) Siegelstempel [tschech.]
**Petticoat** [-kəʊt] (der, -s, -s) weiter, steifer Unterrock [engl.]
**Petting** (das, -s, -s) sexuelles Spiel ohne Geschlechtsakt (bes. bei Jugendlichen) [engl.]
**petto** = in petto
**Petunie** [-nie] (die, -, -n) ein Nachtschattengewächs aus Südamerika mit trichterförmigen Blüten, als Balkonpflanze beliebt [indian.]
**peu à peu** [pøapøː] nach und nach [frz.]
**pexieren** (V.) = pekzieren
**Pefferone** (der, -, -ni oder -n) = Peperoni (österr.)
**Pfefferoni** (der, -, -) = Peperoni (österr.)
**Phagozyt** (der, -en, -en) weißes Blutkörperchen, das eingedrungene Krankheitserreger unschädlich machen kann, Fresszelle [gr.]
**Phalanx** (die, -, -langen) **1** geschlossene Schlachtreihe in mehreren Gliedern (in der Antike) **2** geschlossene, Widerstand leistende Front **3** Finger-, Zehenglied [gr.]
**phallisch** (Adj.) **1** in der Art eines Phallus; z.B. phallisches Symbol **2** zum Phalluskult gehörig [gr.]
**Phalloplastik** (die, -, -n) Nachbildung oder Umformung des Penis durch eine Operation (Med.)
**Phallus** (der, -, -li oder -len) erigiertes männliches Glied [gr.-lat.]
**Phalluskult** (der, -(e)s, nur Ez.) kultische Verehrung des Phallus als Fruchtbarkeitssymbol
**Phanerogame** (die, -, -n) Blütenpflanze [gr.]
**Phänologie** (die, -, nur Ez.) Wissenschaft von den jahreszeitlich wechselnden Erscheinungsformen bei Tieren und Pflanzen [gr.]
**Phänomen** (das, -s, -e) **1** mit den Sinnen wahrnehmbare Erscheinung **2** seltenes, ungewöhnliches Ereignis **3** Mensch mit außergewöhnlicher Begabung [gr.]
**phänomenal** (Adj.) außergewöhnlich, sehr erstaunlich [gr.]
**Phänomenologie** (die, -, nur Ez.) Lehre von den Erscheinungen der Dinge, von den Dingen, wie sie sich darbieten [gr.]
**phänomenologisch** (Adj.) zur Phänomenologie gehörig
**Phänotyp** (der, -s, -en) Erscheinungsbild (eines Lebewesens) [gr.]
**Phantasie** (die, -, -n) = Fantasie
**phantasieren** (V.) = fantasieren
**Phantasma** (das, -s, -men) Sinnestäuschung, Trugbild [gr.]
**Phantasmagorie** (die, -, -n) **1** Zauberbild, Trugbild, Wahngebilde **2** Darstellung von Geistererscheinungen, Trugbildern usw. auf der Bühne [gr.]

**phantasmagorisch** (Adj.) in der Art einer Phantasmagorie
**Phantast** (der, -en, -en) = Fantast
**phantastisch** (Adj.) = fantastisch
**Phantom** (das, -s, -e) **1** Trugbild, unwirkliche Erscheinung **2** Nachbildung eines Körperteils (als Unterrichtsmittel) [gr.]
**Phantombild** (das, -(e)s, -er) nach Zeugenbeschreibung angefertigtes Bild eines Täters
**Phäophyzee** [-tseːə] (die, -, -n) Braunalge, Tang
**Pharao** **1** (der, -s, -raonen) König, Herrscher (im alten Ägypten) **2** Träger dieses Titels **3** (das, -s, nur Ez.) ein französisches Kartenglücksspiel [ägypt.]
**pharaonisch** (Adj.) zu den Pharaonen gehörig, von ihnen stammend
**Pharisäer** (der, -s, -) **1** Angehöriger der führenden altjüdischen religiös-politischen, streng gesetzestreuen Partei **2** selbstgerechter, engstirniger Mensch [hebr.-gr.]
**pharisäisch** (Adj.) **1** zu den Pharisäern gehörig, von ihnen ausgehend **2** selbstgerecht und engstirnig, heuchlerisch
**Pharmakeule** (die, -, -n) sehr hoch dosiertes Medikament (ugs.) (Med.)
**Pharmakodynamik** (die, -, nur Ez.) Wissenschaft von der Wirkungsweise von Medikamenten (Med.)
**Pharmakognosie** (die, -, nur Ez.) Wissenschaft von der Erkennung und Wirkung von Arzneistoffen; pharmazeutische Biologie (Med.)
**Pharmakologie** (die, -, nur Ez.) Wissenschaft von den Arzneimitteln [gr.]
**Pharmakon** (das, -s, -ka) Arzneimittel
**Pharmakopöe** (die, -, -n) amtliches Arzneibuch
**Pharmareferent** (der, -en, -en) Vertreter eines Arzneimittelherstellers, der bei Ärzten und Krankenhäusern für dessen Produkte wirbt
**Pharmazeut** (der, -en, -en) Fachmann auf dem Gebiet der Pharmazeutik, Apotheker
**Pharmazeutik** (die, -, nur Ez.) Lehre von der Zubereitung und Anwendung der Arzneien [gr.]
**Pharmazeutikum** (das, -s, -ka) = Pharmakon [gr.-lat.]
**pharmazeutisch** (Adj.) zur Pharmazeutik gehörig, auf ihr beruhend
**Pharmazie** (die, -, nur Ez.) = Pharmazeutik
**pharyngal** (Adj.) den Pharynx betreffend, sprachwissenschaftliche Bezeichnung für Laute, die im Pharynx gebildet werden.
**Pharyngismus** (der, -, -men) Verkrampfung der Schlundmuskeln (Med.)
**Pharyngitis** (die, -, -tiden) Rachenkatarrh [gr.]
**Pharyngologe** (der, -n, -n) Facharzt auf dem Gebiet der Pharyngologie
**Pharyngologie** (die, -, nur Ez.) Wissenschaft vom Rachen [gr.]
**pharyngologisch** (Adj.) die Pharyngologie betreffend
**Pharyngoskop** (das, -s, -e) Gerät zur Untersuchung des Rachens, Rachenspiegel (Med.) [gr.]
**Pharyngoskopie** (die, -, -n) Untersuchung, Ausspiegelung des Rachens mit dem Pharyngoskop
**Pharyngotomie** (die, -, -n) operative Öffnung des Schlundes
**Pharynx** (der, -, -ryngen) Rachen [gr.]
**Phase** (die, -, -n) **1** Abschnitt (einer Entwicklung), Stufe **2** Zustandsform **3** eine von drei Stromleitungen **4** Schwingungszustand (an einem bestimmten Wellenabschnitt) [gr.-frz.]
**phasisch** (Adj.) in Phasen verlaufend, wiederkehrend
**phatisch** (Adj.) Kontakt herstellend und bewahrend (Sprachwissenschaft)
**phatt** [fɛt] (Adj.) hervorragend, z.B. phatte Beats (jugendl.) [engl.]
**Phazelie** (die, -, -n) Wasserblattgewächs, Büschelschön
**Phelloderm** (das, -s, -e) unverkorktes und blattgrünreiches Rindengewebe (Bio.)
**Phellogen** (das, -s, -e) Kork bildendes Pflanzengewebe [gr.]
**Phelloid** (das, -(e)s, -e) unverkorktes Gewebe in der Korkschicht (Bio.)
**Phelonium** (das, -s, -nien) Messegewand eines Priesters der orthodoxen Kirche, einem Mantel ähnelnd
**Phenacetin** (das, -s, nur Ez.) Name von schmerzstillenden und fiebersenkenden Mitteln [gr.-lat.]

**Phe'nan'th'ren** (das, -s, nur Ez.) aromatische Verbindung, die im Steinkohlenteer auftritt, Grundstoff vieler Vitamine und der Sexualhormone
**Phe'nol** (das, -s, -e) Karbolsäure [gr.-frz.]
**Phe'nol'harz** (das, -es, -e) künstlich hergestelltes Harz aus einer Verbindung von Phenol mit Formaldehyd
**Phe'nol'ph'ta'le'in** (das, -(e)s, nur Ez.) ein Farbstoff, der in der Chemie als Indikator verwendet wird.
**Phe'no'plast** (der, -(e)s, -e) = Phenolharz
**Phe'nyl** (das, -s, -e) einwertige Atomgruppe, die in vielen aromatischen Kohlenwasserstoffen enthalten ist (Chem.)
**Phe'nyl'grup'pe** (die, -, -n) = Phenyl
**Phe'ro'mon** (das, -s, -e) Stoff, der von manchen Tieren nach außen abgegeben wird und auf Tiere der gleichen Art bestimmte Wirkung ausübt; z.B. Sexuallockstoff [gr.]
**Phi** (das, -s, -s) einundzwanzigster griechischer Buchstabe
**Phi'a'le** (die, -, -n) flache, altgriechische Opfer- oder Trinkschale
**Phi'l'an'th'rop** (der, -en, -en) Menschenfreund
**Phi'l'an'th'ro'pie** (die -, nur Ez.) Menschenliebe, Menschenfreundlichkeit [gr.]
**phi'l'an'th'ro'pisch** (Adj.) menschenliebend, menschenfreundlich, menschlich gesinnt [gr.]
**Phi'l'an'th'ro'pi'nis'mus** *auch:* Phi'l'an'th'ro'pis'mus (der, -, nur Ez.) auf Basedow gegründete Lehre, die eine natur- und vernunftgemäße Erziehung vertritt
**Phi'l'a'te'lie** (die, -, nur Ez.) Briefmarkenkunde, Sammeln von Briefmarken [gr.]
**Phi'l'a'te'list** (der, -lis'ten, -lis'ten) Kenner der Philatelie, jmd., der systematisch Briefmarken sammelt
**Philhar'mo'nie** (die, -, -n) Name für: 1 Gesellschaft zur Pflege der Musik 2 sehr gutes Orchester 3 Konzertsaal [gr.]
**Phil'har'mo'ni'ker** (der, -s, -) 1 Angehöriger eines philharmonischen Orchesters 2 (Mz.) Gesamtheit der Musiker eines philharmonischen Orchesters
**phil'har'mo'nisch** (Adj.) zur Musikliebe und -pflege gehörend, damit beschäftigt; philharmonisches Orchester: (Name für) sich der Musikpflege besonders widmendes Orchester [gr.]
**Phil'hel'le'nis'mus** (der, -, nur Ez.) romantisch-politische Bewegung zur Unterstützung der Griechen in ihrem Kampf gegen die Türken [gr.]
**Phi'l'ip'pi'ka** (die, -ken) leidenschaftliche, kämpferische Rede, heftige Strafrede [gr.]
**Phi'l'ip'pi'ner** (der, -s, -) = Filipino
**Phi'lis'ter** (der, -s, -) 1 Angehöriger eines nichtsemitischen Volkes in Palästina 2 engstirniger, kleinbürgerlicher Mensch
**phi'lis'trös** (Adj.) engstirnig, kleinbürgerlich [hebr.]
**Phil'lu'me'nie** (die, -, nur Ez.) Sammeln von Streichholzschachteln und deren Etiketten
**Phi'lo'den'd'ron** (der, -s, -ren/-dren) 1 eine tropische Kletterpflanze mit glattrandigen Blättern, ein Aronstabgewächs 2 eine Kletterpflanze mit großen, zerschlitzten Blättern, Monstera [gr.]
**Phi'lo'gyn** (der, -en, -en) frauenfreundlicher Mann
**Phi'lo'lo'ge** (der, -n, -n) Wissenschaftler der Philologie
**Phi'lo'lo'gie** (dic, -, nur Ez.) Sprach- und Literaturwissenschaft [gr.]
**phi'lo'lo'gisch** (Adj.) 1 zur Philologie gehörend, darauf beruhend 2 wissenschaftlich trocken
**Phi'lo'me'la** *auch:* Phi'lo'me'le (die, -, me'len) Nachtigall
**Phi'lo'se'mit** (der, -en, -en) den Juden freundlich gesinnter Mensch, Gegner des Antisemitismus [gr.]
**Phi'lo'se'mi'tis'mus** (der, -, nur Ez.) freundliche Gesinnung gegenüber dem Judentum
**Phi'lo'soph** (der, -en, -en) 1 jmd., der nach den Ursprüngen der Welt und des Seins fragt, nach Wahrheit und Erkenntnis strebt 2 Begründer einer Philosophie
**Phi'lo'so'phas'ter** (der, -s, -) Bezeichnung für jmdn., der oberflächlich scheinbar philosophisch redet, philosophischer Schwätzer
**Phi'lo'so'phem** (das, -s, -e) Ergebnis philosophischer Forschung, philosophischer Ausspruch, Lehrsatz [gr.]

P

**Phi'lo'so'phie** (die, -, -n) Lehre vom Sein, von den Ursprüngen der Welt, vom Denken
**phi'lo'so'phie'ren** (V.) Philosophie treiben, sich mit philosophischen Fragen beschäftigen, nachdenklich, grübelnd darüber reden
**Phi'lo'so'phi'kum** (das, -s, -ka) Teil der Prüfungen zum ersten Staatsexamen für Lehramtskandidaten im Bereich der Philosophie
**phi'lo'so'phisch** (Adj.) zur Philosophie gehörend, darauf beruhend, in der Art eines Philosophen [gr.]
**Phil'trum** (das, -s, -tren) Einkerbung in der Oberlippe (Med.)
**Phi'mo'se** (die, -, -n) Verengung der Vorhaut (des Penis) [gr.]
**Phi'o'le** (die, -, -n) kleine, birnenförmige Glasflasche mit langem Hals [gr.-lat.]
**Phle'bi'tis** (die, -, -ti̲den) Venenentzündung [gr.]
**phle'bo'gen** (Adj.) von den Venen ausgehend (Med.)
**Phle'bo'to'mie** (die, -, -n) Aderlass
**Phleg'ma** (das, -s, nur Ez.) Trägheit, träge Ruhe, Langsamkeit [gr.]
**Phleg'ma'sie** (die, -, -n) Entzündung (Med.)
**Phleg'ma'ti'ker** (der, -s, -) phlegmatischer Mensch
**Phleg'ma'ti'kus** (der, -, -se) phlegmatischer Mensch (ugs., scherzhaft)
**phleg'ma'tisch** (Adj.) voller Phlegma, träge, durch nichts aus der Ruhe zu bringen
**Phleg'mo'ne** (die, -, -n) Entzündung des Zellgewebes [gr.]
**Phlo'em** (das, -s, -e) Siebteil der pflanzlichen Leitbündel (Bio.)
**phlo'gis'tisch** (Adj.) auf einer Entzündung beruhend (Med.)
**Phlo'go'se** (die, -, -n) Entzündung (Med.)
**Phlox** (der, -es, -e) Zierpflanze
**Phlo'xin** (das, -s, nur Ez.) roter Farbstoff
**Phlyk'tä'ne** (die, -, -n) Bläschen an der Augenbindehaut (Med.)
**Pho'bie** (die, -, -n) krankhafte Furcht (vor bestimmten Dingen, Tätigkeiten, Situationen) [gr.]
**pho'bisch** (Adj.) Phobie betreffend
**Phon** (das, -s, -) Maßeinheit der Lautstärke [gr.]
**Pho'nas'te'nie** *auch:* Fo'nas'te'nie (die, -, -n) Stimmversagen (Med.)
**Pho'na'ti'on** *auch:* Fo'na'ti'o̲n (die, -, nur Ez.) Laut- und Stimmbildung
**Pho'nem** *auch:* Fo'ne̲m (das, -s, -e) kleinste lautliche, bedeutungsunterscheidende Einheit [gr.]
**pho'ne'ma'tisch** *auch:* fo'ne'ma̲tisch (Adj.) das Phonem betreffend
**Pho'ne'mik** *auch:* Fo'ne̲'mik (die, -, nur Ez.) = Phonologie
**pho'ne'misch** *auch:* fo'ne̲'misch (Adj.) = phonematisch
**Pho'ne'tik** *auch:* Fo'ne̲'tik (die, -, nur Ez.) 1 Art und Erzeugung der Laute, das Sprechen 2 Wissenschaft davon, Lautlehre [gr.]
**Pho'ne'ti'ker** *auch:* Fo'ne̲'ti'ker (der, -s, -) Wissenschaftler der Phonetik
**pho'ne'tisch** *auch:* fo'ne̲'tisch (Adj.) zur Phonetik gehörig, hinsichtlich der Phonetik
**Pho'ni'a'trie** *auch:* Fo'ni'a'tri̲e (die, -, nur Ez.) Teilgebiet der Medizin, das sich mit den Hör-, Stimm- und Sprechkrankheiten befasst (Med.)
**pho'nisch** *auch:* fo'nisch (Adj.) zur Stimme, zum Ton, zum Klang gehörig, darauf beruhend [gr.]
**Pho'nis'mus** *auch:* Fo'nis'mus (der, -, -men) Wahrnehmung von Tönen ohne den Gehörsinn in Anspruch zu nehmen (Med.)
**Phö'nix** (der, -(es), -e) Vogel, der sich selbst verbrennt und verjüngt aus der Asche aufsteigt, Sinnbild der Unsterblichkeit [gr.]
**Pho'no'dik'tat** *auch:* Fo̲'no'dik'tat (das, -(e)s, -e) auf Tonband gesprochenes Diktat
**pho'no'gen** *auch:* fo'no'ge̲n (Adj.) zum Sprechen im Rundfunk und Fernsehen geeignet; z.B. phonogene Stimme [gr.]
**Pho'no'graph** *auch:* Fo'no'gra̲f (der, -en, -en) Gerät zum Aufzeichnen von Tönen auf Wachsplatten
**Pho'no'gramm** *auch:* Fo'no'gra̲mm (das, -s, -e) Aufzeichnung von Tönen auf Schallplatte, Tonband usw. [gr.]
**Pho'no'gra'phie** *auch:* Fo'no'gra̲'fie (die, -, nur Ez.) Aufzeichnung von Tönen zum Sichtbarmachen der Schwingungen zum

Zwecke der Wiedergabe auf Schallplatten und ähnlichen Tonträgern

**Pho'no'koffer** *auch:* Fo'no'koffer (der, -s, -) transportabler Plattenspieler mit Verstärker und Lautsprecher [gr.-frz.]

**Pho'no'lith** *auch:* Fo'no'lith (der -en, -en) ein Ergussgestein das beim Anschlagen hell klingt, Klingstein [gr.]

**Pho'no'lo'ge** *auch:* Fo'no'lo'ge (der, -n, -n) Wissenschaftler der Phonologie

**Pho'no'lo'gie** *auch:* Fo'no'lo'gie (die, -, nur Ez.) Wissenschaft von den Lauten hinsichtlich ihrer Bedeutung für die Wörter [gr.]

**pho'no'lo'gisch** *auch:* fo'no'lo'gisch (Adj.) zur Phonologie gehörend, auf ihr beruhend

**Pho'no'ma'nie** (die, -, -n) Mordsucht (Med.)

**Pho'no'me'ter** *auch:* Fo'no'me'ter (das, -s, -) Gerät zum Messen von Tönen und zum Prüfen des Hörvermögens [gr.]

**Pho'no'me'trie** *auch:* Fo'no'me'trie (die, -, nur Ez.) von E. Zwirner begründete Wissenschaft anstelle von Phonetik und Phonologie

**pho'no'me'trisch** *auch:* fo'no'me'trisch (Adj.) die Phonometrie betreffend

**Pho'no'thek** *auch:* Fo'no'thek (die, -, -en) Sammlung von Tonaufzeichnungen (Schallplatten, Tonbändern, Kassetten) [gr.]

**Pho'no'ty'pis'tin** *auch:* Fo'no'ty'pis'tin (die, -, -nen) Angestellte, die Phonodiktate in Maschinenschrift überträgt [gr.-lat.]

**Pho're'sie** (die, -, nur Ez.) temporärer Zusammenschluss artverschiedener Tiere, wobei das eine Tier das andere zum Transport benutzt, ohne es zu schädigen

**Phor'minx** (die, -, -min'gen) altgriechisches Saiteninstrument (Mus.)

**Pho'ro'no'mie** (die, -, nur Ez.) = Kinematik

**Phos'gen** (das, -s, nur Ez.) ein farbloses, giftiges Gas, das nach faulendem Heu riecht, Kampfgas [gr.]

**Phos'phat** (das, -(e)s, -e) Salz der Phosphorsäure; z.B. tragen Phosphate in Waschmitteln zur Gewässerverschmutzung bei

**Phos'pha'ta'se** (die, -, -n) Enzym, das bei Stoffwechselvorgängen Phosphorsäureester zu spalten vermag

**Phos'pha'tid** (das, -es -e) organische Verbindung, die zum Wachstum des Nervengewebes wichtig ist (Chem.)

**Phos'phen** (das, -s, -e) subjektiv wahrgenommene Lichterscheinungen, hervorgerufen durch eine Reizung des Sehnervs (Med.)

**Phos'phid** (das, -(e)s, -e) Verbindung von Phosphor mit einem Metall

**Phos'phin** (das, -s, nur Ez.) Phosphorwasserstoff

**Phos'phit** (das, -s, -e) Salz der phosphorigen Säure

**Phos'phor** (der, -s, nur Ez.) ein chemisches Element [gr.]

**Phos'pho'res'zenz** (die, -, nur Ez.) vorübergehendes Leuchten mancher Stoffe nach Bestrahlung mit Lichtwellen [gr.]

**phos'pho'res'zie'ren** (V.) nach Bestrahlung mit Lichtwellen (vorübergehend) leuchten; z.B. Schneeflächen, die beim Alpenglühen phosphoreszieren

**phos'pho'rig** (Adj.) Phosphor enthaltend

**Phos'pho'ris'mus** (der, -, nur Ez.) Phosphorvergiftung

**Phos'pho'rit** (das, -s, -e) Mineral

**Phos'pho'ry'lie'rung** (die, -, -en) Stoffwechsel, bei dem ein Phosphatrest übertragen wird

**pho'to..., Pho'to...** = foto..., Foto...

**Pho'to'bio'lo'gie** (die, -, nur Ez.) = Fotobiologie

**pho'to'bio'lo'gisch** (Adj.) = fotobiologisch

**Pho'to'che'mie** (die, -, nur Ez.) = Fotochemie

**Pho'to'che'mie'gra'phie** (die, -, nur Ez.) = Fotochemigrafie

**pho'to'che'misch** (Adj.) = fotochemisch

**pho'to'chrom** (Adj.) = fotochrom

**Pho'to'effekt** (der, -(e)s, nur Ez.) = Fotoeffekt

**Pho'to'elek'tri'zi'tät** (die, -, nur Ez.) = Fotoelektrizität

**Pho'to'elek'tron** (das, -s, -en) = Fotoelektron

**Pho'to'ele'ment** (das, -(e)s, -e) = Fotoelement

**pho'to'gen** (Adj.) = fotogen

**Pho'to'gramm** (das, -s, -e) = Fotogramm

**Pho'to'graph** (der, -en, -en) = Fotograf

**Pho'to'gra'vü're** (die, -, -n) = Fotogravüre

P

**Pho'to'ki'na** (die, -, -ki'ni'en) alle zwei Jahre stattfindende Fotomesse in Köln
**Pho'to'ko'pie** (die, -, -n) = Fotokopie
**Pho'to'ly'se** (die, -, -en) = Fotolyse
**Pho'tom** (das, -s, -e) = Fotom
**pho'to'me'cha'nisch** (Adj.) = fotomechanisch
**Pho'to'me'ter** (das, -, -) = Fotometer
**Pho'to'me'trie** (die, -, -n) = Fotometrie
**pho'to'me'trisch** (Adj.) = fotometrisch
**Pho'ton** (das, -s, -to'nen) = Foton
**Pho'to'ob'jek'tiv** (das, -s, -e) = Fotoobjektiv
**Pho'to'op'tik** (die, -, -en) = Fotooptik
**Pho'to'pe'ri'o'dis'mus** (der, -, -men) = Fotoperiodismus
**pho'to'phil** (Adj.) = fotophil
**pho'to'phob** (Adj.) = fotophob
**Pho'to'pho'bie** (die, -, -n) = Fotophobie
**Pho'to're'a'lis'mus** (der, -, nur Ez.) = Fotorealismus
**Pho'to're'a'list** (der, -en, -en) = Fotorealist
**Pho'to'sa'fa'ri** (die, -, -s) = Fotosafari
**Pho'to'sphä're** (die, -, nur Ez.) = Fotosphäre
**Pho'to'syn'the'se** (die, -, nur Ez.) = Fotosynthese
**pho'to'tak'tisch** (Adj.) = fototaktisch
**Pho'to'ta'xis** (die, -, nur Ez.) = Fototaxis
**Pho'to'the'ra'pie** (die, -, -n) = Fototherapie
**pho'to'trop, pho'to'tro'pisch** (Adj.) = fototrop, fototropisch
**Pho'to'tro'pie** (die, -e, nur Ez.) = Fototropie
**Pho'to'tro'pis'mus** (der, -, -men) = Fototropismus
**Pho'to'vol'ta'ik** (die, -, nur Ez.) = Fotovoltaik
**pho'to'vol'ta'isch** (Adj.) = fotovoltaisch
**Pho'to'zel'le** (die, -, -n) = Fotozelle
**Pho'to'zin'ko'gra'phie** (die, -, -n) = Fotozinkographie
**Phra'se** (die, -, -n) **1** Satz, Teil eines Satzes **2** abgegriffene, leere Redensart **3** kleiner, selbstständiger Abschnitt eines Musikstücks
**Phra'sen'struk'tur'gram'ma'tik** (die, -, nur Ez.) Grammatik, die durch Einteilung einzelner Phrasen komplexe sprachliche Einheiten analysiert
**Phra'seo'le'xem** (das, -s, -e) festgelegte phraseologische Einheit
**Phra'seo'lo'gie** (die, -, -n) **1** Gesamtheit der für eine Sprache kennzeichnenden Wortverbindungen, Redensarten und Redewendungen **2** Sammlung solcher Redensarten [gr.]
**phra'seo'lo'gisch** (Adj.) zu einer Phraseologie gehörend; phraseologisches Wörterbuch: Wörterbuch der für eine Sprache kennzeichnenden Redensarten und Redewendungen
**Phra'seo'lo'gis'mus** (der, -, -men) feste Redewendung
**Phra'se'o'nym** (das, -s,-e) Deckname
**phra'sie'ren** (V.) in kleine, melodisch-rhythmische Abschnitte einteilen; z.B. ein Musikstück phrasieren [gr.]
**Phra'sie'rung** (die, -e, -en) Einteilung eines Musikstücks in kleine, melodisch rhythmische Abschnitte (Mus.)
**Phra'trie** (die, -, -n) Sippengemeinschaft [gr.]
**Phre'ne'sie** (die, -, -n) Wahnvorstellung, Wahnsinn (Med.)
**phre'ne'tisch** (Adj.) geistesgestört [gr.]
**Phre'ni'tis** (die, -, -ti'den) Zwerchfellentzündung (Med.)
**Phre'no'kar'die** (die, -, -n) Herzkrankheit mit Atemnot und Herzklopfen (Med.)
**Phre'no'lo'ge** (der, -n, -n) Vertreter der Phrenologie
**Phre'no'lo'gie** (die, -, nur Ez.) = Kraniologie [gr.]
**phre'no'lo'gisch** (Adj.) die Phrenologie betreffend
**phry'gisch** (Adj.) **1** zu Phrygien gehörig, daraus stammend **2** phrygische Tonart: eine altgriechische Tonart; eine Kirchentonart
**Phtha'lat** (das, -(e)s, -e) Salz der Phthalsäure (Chem.)
**Phtha'le'in** (das, -s, -e) ein synthetischer Farbstoff [gr.]
**Phthal'säu're** (die, -, -n) organische Säure zur Erzeugung chemischer Produkte
**Phthi'ri'a'se** *auch:* Phthi'ri'a'sis (die, -, -n oder -sen) Läusebefall (Med.)
**Phthi'se** (die, -, -n) = Phtisis (Med.)
**Phthi'si'ker** (der, -s, -) jmd., der an Phthisis erkrankt ist

**Phthi'sis** (die, -, -sen) **1** Lungentuberkulose **2** allgemeiner körperlicher Verfall, Auszehrung, Schwindsucht [gr.]
**phthi'sisch** *auch:* phthi'tisch (Adj.) die Phtisis betreffend
**pH-Wert** (der, -(e)s, -e) Skala zur Bestimmung der Protonenkonzentration
**Phy'ko'ery'th'rin** (das, -s, nur Ez.) roter Farbstoff, in Algen vorkommend
**Phy'ko'lo'gie** (die, -, nur Ez.) Fachgebiet der Botanik, Algen betreffend (Bio.)
**Phy'ko'my'zet'en** (nur Mz.) Algenpilze
**Phy'le** (die, -, -n) früherer politischer Verband im Stadtstaat Athen [gr.]
**phy'le'tisch** (Adj.) die Herkunft betreffend
**Phyl'lit** (der, -s, -e) kristallines, schieferiges Gestein [gr.]
**phyl'li'tisch** (Adj.) feinblättrig (in Bezug auf Gestein) (Geol.)
**Phyl'lo'kak'tus** (der, -, -teen) Blattkaktus mit großen Blüten [gr.-lat.]
**Phyl'lo'kla'di'um** (das, -s, -i'en) blattverwandter Pflanzenspross (Bio.)
**Phyl'lo'pha'ge** (der, -n, -n) Pflanzenfresser
**Phyl'lo'po'de** (der, -n, -n) Blattfußkrebs [gr.]
**Phyl'lo'ta'xis** (die, -, -xen) Blattstellung (Bio.)
**Phyl'lo'xe'ra** (die, -, -ren) Blattlaus (Bio.)
**Phy'lo'ge'ne'se** (die, -, -n) Stammesgeschichte (der Lebewesen) [gr.]
**phy'lo'ge'ne'tisch** (Adj.) zur Phylogenese gehörig, stammesgeschichtlich
**Phy'lo'ge'nie** (die, -, -n) = Phylogenese
**Phy'lum** (das, -s, -la) systematische Benennung eines Tier- oder Pflanzenstamms (Bio.)
**Phy'ma** (das, -s, -ta) knollenartige Geschwulst
**Phy'sa'lis** (die, -, -len) Nachtschattenpflanze mit essbaren Früchten
**Phy'si'a'ter** (der, -s, -) Naturheilkunde anwendender Arzt [gr.]
**Phy'si'a'trie** (die, -, nur Ez.) Naturheilkunde
**Phy'sik** (die, -, nur Ez.) Wissenschaft von den Grundgesetzen der Natur, von Aufbau und Bewegungen der unbelebten Natur, von den Kraftfeldern und Strahlungen [gr.]
**phy'si'ka'lisch** (Adj.) zur Physik gehörig, sie betreffend; physikalische Chemie = Zweiggebiet der Chemie, das sich mit den physikalischen Erscheinungen in chemischen Vorgängen befasst; physikalische Therapie = Physiotherapie
**Phy'si'ka'lis'mus** (der, -, nur Ez.) physikalische Vorgehensweise zur Beobachtung biologischer Prozesse (Philos.)
**phy'si'ka'lis'tisch** (Adj.) den Physikalismus betreffend
**Phy'si'ker** (der, -s, -) Wissenschaftler der Physik
**Phy'si'ko'che'mie** (die, -, nur Ez.) physikalische Chemie
**Phy'si'ko'che'mi'ker** (der, -s, -) Wissenschaftler der physikalischen Chemie
**phy'si'ko'che'misch** (Adj.) die Physikochemie betreffend
**Phy'si'kum** (das, -s, -ka) medizinische Zwischenprüfung in den naturwissenschaftlichen Fächern und in Anatomie nach dem vierten Semester [gr.-lat.]
**Phy'si'kus** (der, -, -se) Kreis-, Bezirksarzt (früher) [gr.-lat.]
**phy'sio'gen** körperlich hervorgerufen (Psych.)
**Phy'sio'geo'gra'fie** *auch:* Phy'sio'geo'graphie (die, -, nur Ez.) physikalische Geografie
**phy'sio'geo'gra'fisch** *auch:* phy'sio'geographisch (Adj.) die Physiogeografie betreffend
**Phy'sio'geo'gra'phie** (die, -, nur Ez.) = Physiogeografie
**phy'sio'geo'gra'phisch** (Adj.) = physiogeografisch
**Phy'si'o'gnom** (der, -en, -en) = Physiognomiker
**Phy'si'o'gno'mie** (die, -, -n) äußere Erscheinung (eines Lebewesens), bes. Gesichtszüge und Gesichtsausdruck [gr.]
**Phy'si'o'gno'mik** (die, -, nur Ez.) Deutung der Physiognomie hinsichtlich der charakterlichen Eigenschaften
**Phy'si'o'gno'mi'ker** (der, -s, -) jmd., der das Aussehen eines Menschen wissenschaftlich auslegt
**phy'si'o'gno'misch** (Adj.) zur Physiognomie gehörig, sie betreffend
**Phy'sio'gra'fie** *auch:* Phy'sio'gra'phie (die, -, nur Ez.) Beschreibung von Landschaft und Natur
**phy'sio'gra'fisch** *auch:* phy'sio'gra'phisch (Adj.) die Physiografie betreffend

**Phy|sio|gra|phie** (die, -, nur Ez.) = Physiografie
**phy|sio|gra|phisch** (Adj.) = physiografisch
**Phy|sio|kra|tie** (die, -, nur Ez.) Naturherrschaft
**phy|sio|kra|tisch** (Adj.) die Physiokratie betreffend
**Phy|sio|lo|ge** (der, -n, -n) Wissenschaftler der Physiologie [gr.]
**Phy|sio|lo|gie** (die, -, nur Ez.) Wissenschaft von den Vorgängen im gesunden Lebewesen
**phy|sio|lo|gisch** (Adj.) zur Physiologie gehörig, sie betreffend
**Phy|sio|no|mie** (die, -, nur Ez.) Lehre der Naturgesetze
**Phy|sio|the|ra|peut** (der, -en, -en) jmd., der mit Physiotherapien behandelt
**Phy|sio|the|ra|pie** (die, -, -n) Heilbehandlung mit natürlichen Mitteln, z.B. Wasser, Licht, Wärme, Luft [gr.]
**Phy|sis** (die, -, nur Ez.) natürliche körperliche Beschaffenheit (eines Lebewesens)
**phy|sisch** (Adj.) die Physis betreffend, zur Physis gehörig, hinsichtlich der Physis; z.B. er ist physisch krank (nicht seelisch); in der Natur begründet, natürlich
**Phy|so|stig|min** (das, -s, nur Ez.) Heilsubstanz, die aus den Samen einer afrikanischen Bohnenart gewonnen wird

P

**Phy|to|che|mie** (die, -, nur Ez.) Chemie der Pflanzen
**phy|to|gen** (Adj.) **1** aus Pflanzen entstanden **2** durch pflanzliche Stoffe verursacht; z.B. phytogene Allergie [gr.]
**Phy|to|geo|gra|fie** *auch:* Phy|to|geo|gra|phie (die, -, nur Ez.) Geografie der Pflanzen
**Phy|to|geo|gra|phie** (die, -, nur Ez.) = Phytogeografie
**Phy|to|hor|mon** (das, -s, -e) Pflanzenhormon
**Phy|to|kli|ma** (das, -s, -s oder -te) ein durch Pflanzen bedingtes Klima
**Phy|to|lith** (der, -s oder -en, -e(n)) Gestein, das hauptsächlich aus Pflanzen hervorgegangen ist
**Phy|to|lo|gie** (die, -, nur Ez.) Pflanzenkunde
**Phy|to|me|di|zin** (die, -, nur Ez.) Teilgebiet der Medizin, das die Entstehung und Verhinderung von Pflanzenkrankheiten untersucht
**phy|to|pa|tho|gen** Pflanzenkrankheiten hervorrufend
**Phy|to|pa|tho|lo|gie** (die, -, nur Ez.) Wissenschaft von den Pflanzenkrankheiten [gr.]
**phy|to|pa|tho|lo|gisch** (Adj.) die Phytopathologie betreffend
**phy|to|phag** Pflanzen fressend
**Phy|to|pha|ge** (der, -n, -n) Tier, das sich von Pflanzen ernährt, Pflanzenfresser [gr.]
**Phy|to|plank|ton** (das, -, nur Ez.) alle pflanzlichen Organismen, die auf dem Wasser schweben
**Phy|to|the|ra|pie** (die, -, nur Ez.) Heilpflanzenkunde [gr.]
**Phy|to|to|mie** (die, -, nur Ez.) Lehre von der Anatomie der Pflanzen
**Phy|to|zo|on** (das, -s, -o|en) Meerestier mit pflanzenartigem Äußeren
**Pi** (das, -(s), -s) **1** sechzehnter griechischer Buchstabe **2** (nur Ez.) Zahl, die das Verhältnis von Kreisumfang und Kreisdurchmesser angibt (unendlicher Dezimalbruch, 3, 14…), ludolfsche Zahl
**Pi|a|ce|re** [-tʃeː-] (das, -, nur Ez.) nach Belieben, Willkür (beim musikalischen Vortrag) [lat.-it.]
**pi|a|ce|vo|le** [-tʃeː-] (Adv.) lieblich, gefällig (Vortragsanweisung in der Musik) [lat.-it.]
**Pi|af|fe** (die, -, -n) Trab auf der Stelle (in der hohen Schule) [frz.]
**pi|af|fie|ren** (V.) eine Piaffe ausführen
**Pia Ma|ter** (die, - -, nur Ez.) weiche Gehirnhaut (Med.) [lat.]
**Pia Ma|ter spi|na|lis** (die, - - -, nur Ez.) weiche Haut des Rückenmarks (Med.) [lat.]
**pi|an|gen|do** (Adv.) klagend, weinend (Vortragsanweisung in der Musik) [lat.-it.]
**Pi|a|ni|no** (das, -s, -s) kleines Klavier [it.]
**pi|a|nis|si|mo** (Adv.) sehr leise (bei Musikstücken) [it.]
**Pi|a|nis|si|mo** (das, -s, -s oder -mi) sehr leises Spielen oder Singen [lat.-it.]
**pi|a|nis|sis|si|mo** (Adv.) so leise wie möglich (bei Musikstücken) [it.]
**Pi|a|nist** (der, -nis|ten, -nis|ten) Klavierspieler [it.]

**pi|a|nis|tisch** (Adj.) zum Klavierspiel gehörig, hinsichtlich des Klavierspiels; z.B. pianistische Begabung
**pi|a|no** (Adv.) leise (bei Musikstücken) [it.]
**Pi|a|no** (das, -s, -s oder -ni) **1** leises Spielen oder Singen, leise zu spielende oder zu singende Stelle **2** Klavier [it.]
**Pi|a|no|ak|kor|de|on** (das, -s, -s) Akkordeon mit Klaviertastatur auf der Melodieseite [lat.-it.]
**Pi|a|no|chord** [-kɔ-] (das, -(e)s, -e) kleines Übungsklavier [lat.-it.-gr.]
**Pi|a|no|for|te** (das, -s, -s) Klavier (veraltet)
**Pi|a|no|la** (das, -s, -s) automatisch spielendes Klavier [it.]
**Pi|a|rist** (der, -en, -en) Mitglied eines priesterlichen Lehrordens [lat.]
**Pi|a|ris|ten|or|den** (der, -s, -) priesterliche Gemeinschaft der Piaristen
**Pi|as|sa|va** (die, -, -ven) Blattfaser verschiedener Palmen, aus der Matten, Bürsten, Taue hergestellt werden [indian.-portugies.]
**Pi|as|ter** (der, -s, -) Währungseinheit in Ägypten, Syrien, im Libanon und Sudan, 1/100 Pfund, auf Zypern 1/180 Pfund [it.]
**Pi|at|ti** (nur Mz.) Musikinstrument (Schlaginstrument) aus zwei Becken [it.]
**Pi|az|za** (die, -, -ze oder -s) Platz, Marktplatz (in Italien)
**Pi|az|zet|ta** (die, -, -te) kleine Piazza [it.]
**Pi|b|roch** (der, -s, -s) traditionelles schottisches Musikstück mit Variationen für den Dudelsack [schott.-engl.]
**Pi|ca** [piːka] (die, -, nur Ez.) genormte Schriftgröße der Schreibmaschinenschrift [lat.]
**Pi|ca|dor** *auch:* Pi|ka|dor (der, -s, -es) berittener Stierkämpfer, der den Stier durch Lanzenstiche in den Nacken reizt [span.]
**Pi|ca|ro** [pikaro] (der, -s, -s) spanische Bezeichnung für Schelm, Spitzbube [span.]
**Pic|ca|lil|li** [pɪkəlɪlɪ] (nur Mz.) eine Art Mixed Pickles [engl.]
**Pic|cio|li|ni** [pitʃoliːni] (nur Mz.) eingemachte Oliven [it.]
**Pic|co|lo** *auch:* Pik|ko|lo **1** (der, -s, -s) Kellnerlehrling **2** (die, -, -(s)) kleine Sektflasche (Warenzeichen) **3** (das oder der, -s, -s) kleine Querflöte, Pikkoloflöte [it.]
**Pic|co|lo|flö|te** *auch:* Pik|ko|lo|flö|te (die, -, -n) kleine, höher klingende Querflöte
**Pi|cker** (der, -s, -) Teil des mechanischen Webstuhls, das das Schiffchen durch das Fach schlägt [engl.]
**Pi|ckles** [pɪklz] (nur Mz.) = Mixed Pickles [engl.]
**Pick|nick** (das, -s, -s oder -e) kalte Mahlzeit im Freien während eines Ausflugs [frz.]
**pick|ni|cken** (V.) ein Picknick abhalten
**Pick-up** [pɪk-ʌp] (der, -s, -s) kleiner, offener Pritschenwagen, Kleinstlaster (ursprünglich in der Landwirtschaft, heute auf dem Freizeitmarkt) [engl.]
**Pick-up-Shop** (der, -s, -s) Geschäft, in dem der Käufer seine unhandlichen Waren selbst nach Hause tragen muss [engl.]
**pi|co|bel|lo** *auch:* pi|ko|bel|lo (Adj.) tadellos [it.]
**Pi|co|fa|rad** (das, -s, -) ein Billionstel Farad
**Pi|cot** [-koː] (der, -s, -s) **1** Häkchen oder Zäckchen am Rand von Spitzen **2** Spitzkeil [frz.]
**Pi|co|ta|ge** (die, -, -n) Ausbau eines wasserdichten Grubenschachts mit Spitzkeilen [frz.]
**Pid|gin** [pidʒin] Mischsprache
**Pid|gin|eng|lisch** *auch:* Pid|gin-Eng|lisch [pɪdʒɪn-] (das, -, nur Ez.) **1** Mischsprache aus Englisch und Chinesisch als Verkehrssprache zwischen Europäern und Ostasiaten **2** vereinfachtes Englisch als Verkehrssprache zwischen Europäern und Afrikanern, in Papua-Neuguinea u.a. [engl.]
**pid|gi|ni|sie|ren** (V.) eine Sprache durch verminderten Gebrauch ihrer Morphologie zum Pidgin machen [engl.]
**Pie** [paɪ] (die, -, -s) in den angelsächsischen Ländern beliebte warme Fleisch- oder Obstpastete [engl.]
**Pi|e|ce** [pjɛːs] (die, -, -n) Musikstück, Theaterstück (veraltet) [frz. bzw. engl.]
**Pie|des|tal** [pje-] (das, -s, -e) Sockel, kleines Gestell, kleines Podest [it.-frz.]

P

**Piek** (die, -, nur Ez.) **1** spitzes Ende **2** vorderster und hinterster Abschnitt im Schiffsraum
**pi'e'no** (Adv.) mit voller Stimme (Vortragsanweisung) [lat.-it.]
**Pier** (der, -s, -e oder -s; seemannssprachl. die, -, -s) senkrecht oder schräg zum Ufer verlaufender Hafendamm [engl.]
**Pier'cing** [piːrsɪŋ] (das, -s, -s) Durchstechen der Haut an verschiedenen Körperteilen, um Schmuck anzubringen [engl.]
**Pier'cingstu'dio** [piːrsɪŋ-] (das, -s, -s) Studio, in dem Piercings angefertigt werden
**Pi'e'ri'den** (nur Mz.) die nach Pierien, der südlichsten Küstenlandschaft des alten Mazedoniens, benannten Musen [gr.-lat.]
**Pi'er'ret'te** [pjɛrɛt] (die, -, -n) weiblicher Pierrot
**Pi'er'rot** [pjɛroː] (der, -s, -s) komisch-melancholische Figur mit weiß geschminktem Gesicht (in der frz. Pantomime) [frz.]
**Pi'e'ta** *auch:* Pi'e'tà [piːe-] (die, -, -s) Darstellung Marias mit dem Leichnam Christi auf den Knien [it.]
**Pi'e'tät** [piːe-] (die, -, nur Ez.) Ehrfurcht vor den Toten; Achtung, Rücksichtnahme gegenüber dem religiösen Empfinden anderer [lat.]
**Pi'e'tis'mus** [piːe-] (der, -, nur Ez.) Bewegung in der evangel. Kirche gegen die protestantische Orthodoxie zur Erneuerung des kirchlichen Lebens aufgrund einer gefühlsbetonten Gläubigkeit und praktischen Nächstenliebe (im 17./18. Jh.) [lat.]
**Pi'e'tist** [piːe-] (der, -tis'ten, -tis'ten) Anhänger des Pietismus
**pi'e'tis'tisch** [piːe-] (Adj.) zum Pietismus gehörig, auf ihm beruhend
**pi'e'to'so** (Adv.) andächtig, mitleidsvoll (Vortragsanweisung in der Musik) [lat.-it.]
**Pi'e'tra du'ra** (die, - -, nur Ez.) **1** harter Stein **2** Bezeichnung für Florentiner Mosaik [it.]
**Pi'e'zo'che'mie** [pieː-] (die, -, nur Ez.) Erforschung chemischer Wirkungen unter hohem Druck [gr.-arab.]
**pi'e'zo'elek'trisch** (Adj.) elektrisch durch Druckeinwirkung
**Pi'e'zo'elek'tri'zi'tät** [pieː-] (die, -, nur Ez.) durch Druck entstehende elektrische Spannung (bei manchen Kristallen) [gr.]
**Pi'e'zo'me'ter** [pieː-] (das, -s, -) Gerät zum Messen der Zusammendrückbarkeit von Flüssigkeiten und Gasen [gr.]
**Pi'e'zo'quarz** (der, -es, -e) Quarz mit piezoelektrischen Eigenschaften
**Pif'fe'ra'ri** (nur Mz.) Hirten, die zur Weihnachtszeit in Rom die Querpfeife blasen [it.]
**Pif'fe'ra'ro** (der, -s, -ri) Querpfeife, Schalmei [it.]
**Pif'fe'ro** (der, -s, -ri) = Pifferaro [it.]
**Pi'geon'eng'lish** *auch:* Pi'geon-Eng'lish [pɪdʒɪn ɪŋglɪʃ] (das, -, nur Ez.) = Pidginenglisch
**Pig'ment** (das, -(e)s, -e) **1** Farbstoff (menschlicher und tierischer Zellen) **2** fein zerriebener, unlöslicher, mit einem Bindemittel versetzter Farbstoff [lat.]
**Pig'men'ta'ti'on** (die, -, nur Ez.) das Pigmentieren, das Pigmentiertwerden
**Pig'ment'druck** (der, -s, -e) fotografisches Kopierverfahren, durch das ein reliefartiges Bild entsteht
**pig'men'tie'ren** (V.) **1** mit Pigment färben **2** in kleinste Teilchen zerreiben
**Pig'men'tie'rung** (die, -, nur Ez.) Vorhandensein von Pigmenten
**Pi'gno'le** *auch:* Pi'gno'lie [-njoː-] (die, -, -n) Samenkern der Pinie [it.]
**Pi'gno'lie** [-njoːliə] (die, -, -n) = Pignole
**Pi'ja'cke** (die, -, -n) blaue Überjacke für den Seemann [engl.-dt.]
**Pi'ji'ki** (nur Mz.) die Felle der Rentierkälber [lapp.]
**Pik 1** (der, -s, nur Ez.) Groll, Abneigung; einen Pik auf jmdn. haben: jmdn. nicht leiden können **2** (das, -s, -s) Farbe des französischen Kartenspiels, Schippe [frz.]
**Pi'ka'de** (die, -, -n) Urwaldpfad, Durchhau [lat.-span.]
**Pi'ka'dor** (der, -s, -es) = Picador
**pi'kant** (Adj.) **1** angenehm scharf, kräftig gewürzt (Essen, Wein u.a.) **2** anzüglich, geistvoll-zweideutig [frz.]
**Pi'kan'te'rie** (die, -, -n) **1** (nur Ez.) Anzüglichkeit, geistvolle Zweideutigkeit **2** pikante Bemerkung

P

**pi'ka'resk** (Adj.) in der Art des Picaro [span. Schelm], vom Picaro handelnd; pikaresker Roman: Schelmenroman [span.]
**pi'ka'risch** (Adj.) = pikaresk [span.]
**Pi'ka'zis'mus** (der, -, -men) **1** medizinische Bezeichnung für das krankhafte Verlangen, nach ungewöhnlichen oder unverdaulichen Speisen **2** krankhaftes sexuelles Verlangen, mit den Sekreten des Geschlechtspartners versehene Nahrungsmittel zu sich zu nehmen [lat.]
**Pi'ke** (die, -, -n) Spieß (des Landknechts); von der Pike auf: von der untersten Stufe an, von den Anfangsgründen an [frz.]
**Pi'kee** *auch:* Pi'qué (der oder das, -s, -s) Baumwollgewebe mit erhabenem Muster [frz.]
**Pi'ke'nier** (der, -s, -e) Landsknecht, der mit der Pike kämpft
**Pi'kett** (das, -(e)s, -e) **1** (nur Ez.) ein französisches Kartenspiel, in dem es keine Trumpffarbe gibt **2** einsatzbereite Mannschaft (beim Heer und bei der Feuerwehr; schweiz.) [frz.]
**Pi'kett'stel'lung** (die, -, -en) (schweizer.) Bereitstellung
**pi'kie'ren** (V.) **1** mit dem Pflanzholz ins Freie pflanzen **2** zusammen- oder festnähen, ohne dass die Stiche sichtbar werden [frz.]
**pi'kiert** (Adj.) leicht beleidigt
**Pik'ko'lo** = Piccolo
**Pik'ko'lo'flö'te** = Piccoloflöte
**pi'ko'bel'lo** (Adj.) = picobello
**Pi'ko'fa'rad** = Picofarad
**Pi'kör** (der, -s, -e) Vorreiter (bei der Parforcejagd) [frz.]
**pi'ko'tie'ren** (V.) einen Grubenschaft wasserdicht ausbauen [lat.-frz.]
**Pi'k'rat** (das, -s, -e) Salz der Pikrinsäure (Chem.)
**Pi'k'rin'säu're** (die, -, -n) explosive organische Verbindung (chem.)
**Pi'k'ro'pe'ge** (die, -, -n) Quelle mit Bitterwasser [gr.]
**Pik'to'gramm** (das, -s, -e) Bild, Zeichen mit international verständlicher Bedeutung; z.B. Verkehrszeichen [lat.-gr.]
**Pik'to'gra'fie** *auch:* Pik'to'graphie (die, -, -fi'en/-phi'en) Schrift, in der ein Wort oder eine Wortgruppe durch ein Bild wiedergegeben wird, Bilderschrift [lat.-gr.]
**pik'to'gra'fisch** *auch:* pik'to'gra'phisch (Adj.) die Piktografie betreffend [lat.-gr.]
**Pi'kul** (der oder das, -s, -) **1** asiatisches Gewichtsmaß **2** indonesisches Hohlmaß [malai.]
**Pi'laf** (der, -s, nur Ez.) = Pilaw
**Pi'lar** (der, -en, -en) zwei Pfosten, zwischen denen das Pferd während der Dressur angebunden wird [span.]
**Pi'las'ter** (der, -s, -) Wandpfeiler [it.]
**Pi'lau** (der, -s, nur Ez.) = Pilaw
**Pi'law** *auch:* Pi'lau [-laf] (der, -s, nur Ez.) oriental. Speise aus Hammel- oder Geflügelfleisch mit Reis
**Pil'chard** [-tʃəd] (der, -s, -s) Sardine [engl.]
**Pile** [paɪl] (das, -s, -s) Kernreaktor [engl.]
**Pi'lea** (die, -, -s) südamerikanische Kanonierblume [lat.]
**pi'lie'ren** (V.) stampfen, zerstoßen [lat.-frz.]
**pil'lie'ren** (V.) landwirtschaftlicher Fachbegriff für das Anreichern der Aussaat mit Nährstoffen und das Formen zu Kügelchen, Pillen [lat.-frz.]
**Pil'ling'ef'fekt** (der, -s, -e) lästige Knötchenbildung auf Textiloberflächen
**Pil'low'la'va** [pɪləʊ-] (die, -, nur Ez.) untermeerischer Lavaerguss mit charakteristischem kissenartigem Aussehen [engl.]
**Pi'lo'kar'pin** (das, -s, nur Ez.) giftiger Pflanzenbestandteil der Jaborandiblätter, der schweiß- und speicheltreibend wirkt
**Pi'lo'se** (die, -, -n) außergewöhnlicher Haarwuchs (Med.) [lat.]
**Pi'lo'sis** (die, -, -sen) = Pilose [lat.]
**Pi'lot** (der, -en, -en) **1** Flugzeugführer **2** Autorennfahrer **3** ein räuberisch lebender Knochenfisch **4** strapazierfähiges Baumwollgewebe [it.-frz.]
**Pi'lot'an'la'ge** (die, -, -n) technische Testanlage
**Pi'lot'bal'lon** (der, -s, -e) unbemannter Ballon zur Messung des Höhenwindes
**Pi'lo'te** (die, -, -n) Pfahl zum Einrammen
**Pi'lot'film** (der, -(e)s, -e) einer neuen Fernsehserie vorausgehender Film in

P

Spielfilmlänge, mit dem die Charaktere eingeführt werden und das Interesse des Publikums geweckt werden soll [gr.-it.-frz.-dt.]

**pi'lo'tie'ren** (V.) **1** Pfähle pilotieren: einrammen [frz.] **2** (V.) einen Rennwagen pilotieren: steuern [it.-frz.]

**Pi'lotpro'jekt** (das, -(e)s, -e) Ausführung einer Pilotstudie

**Pi'lot'sen'dung** (die, -, -en) Sendung, die das Verhalten der Zuschauer testet, bevor die eigentliche Sendung ausgestrahlt wird

**Pi'lot'stu'die** [-diə] (die, -, -n) vorbereitende, wegweisende Untersuchung

**Pi'lot'ton** (der, -(e)s, -tö'ne) hochfrequentes, zusätzlich gesendetes Signal, das zur Entschlüsselung aller übertragenen Signale dient

**Pi'me'lo'se** (die, -, nur Ez.) Fettleibigkeit (Med.) [gr.-lat.]

**Pi'ment** (das oder der, -(e)s, nur Ez.) aus den unreifen, getrockneten Beeren eines mittelamerikanischen Baumes gewonnenes Gewürz, Jamaikapfeffer, Nelkenpfeffer [lat.-span.]

**Pim'per'nell** (der, -s, -e) Doldenblütler, zur Verwendung als Gemüse, Würzkraut oder Arznei

**Pin** (der, -s, -s) **1** getroffener Kegel beim Bowling **2** Stift, der zum Nageln von Knochen verwendet wird (Med.) **3** Stecknadel [engl.]

P

**PIN** Abk. für **P**ersönliche **I**dentifikations**n**ummer

**Pi'na'ko'id** (das, -(e)s, -e) offene Kristallform, die nur aus zwei parallelen Flächen geformt wird

**Pi'na'ko'thek** (die, -, -en) Gemäldesammlung; Gebäude dafür [gr.]

**Pi'nas'se** (die, -, -n) **1** dreimastiges Segelschiff (früher) **2** Beiboot (heute) [frz.]

**Pin'board** [-bɔːd] (das, -s, -s) Pinnwand, Brett zum Anstecken von Merkzetteln und Notizen [engl.]

**Pin'ce'nez** [pɛ̃sneː] (das, -, -) Brille ohne Bügel, Zwicker, Kneifer [frz.]

**Pinch'effekt** [pɪntʃ-] (der, -(e)s, -e) Erscheinung bei Starkstromgasentladungen, sodass Plasma durch das eigene Magnetfeld komprimiert wird (Phys.)

**Pi'ne'al'or'gan** (das, -s, -e) äußerst lichtempfindliches Sinnesorgan der Reptilien [gr.-lat.]

**Pine'ap'ple** [paɪnæpl] (der, -(s), -s) Ananas, -saft (in Cocktails) [engl.]

**Pi'nen** (das, -s, -e) Hauptbestandteil der Terpentinöle [lat.]

**Ping'pong** (das, -s, nur Ez.) amateurhaft betriebenes Tischtennis [engl.]

**Pin'gu'in** (der, -s, -e) flugunfähiger, aber schwimmfähiger Vogel der Antarktis

**Pin'holes** [pɪnhəʊls] (nur Mz.) kleine, längliche Gasblasen, die sich unmittelbar unter der Oberfläche von Gussstücken befinden [engl.]

**Pi'nie** [-niə] (die, -, -n) Kiefer der Mittelmeerländer [lat.]

**Pi'nio'le** (die, -, -n) = Pignole

**Pink** (das, -s, nur Ez.) die Farbe leuchtend Rosa

**Pink'co'lour** [-kʌlə] (das, -s, nur Ez.) roter Farbstoff, der in der Porzellan- und Fayencemalerei benutzt wird [engl.]

**Pin'ke** (die, -, nur Ez.) Geld [Rotwelsch]

**Pin'na** (die, -, nur Ez.) Vogelmuschel des Mittelmeeres [lat.]

**Pi'noc'chio** (der, -, nur Ez.) Märchenfigur [it.]

**Pi'no'le** (die, -, -n) Teil einer Spitzendrehbank, in dem die Spitze gelagert ist [lat.-it.]

**Pi'no'zy'to'se** (die, -, -n) Transport flüssiger Stoffe ins Zellinnere in Tröpfchenform (Bio.)

**Pin'scher** (der, -s, -) Hunderasse

**Pint** [paɪnt] (das, -s, -) englisches und nordamerikanisches Flüssigkeitsmaß, entspricht etwas mehr als einem halben Liter, Abk. pt.

**Pin'te** (die, -, -n) **1** altes Flüssigkeitsmaß, 0,9 l **2** Blechkanne (schweiz.) **3** kleines, einfaches Wirtshaus, Kneipe [frz.]

**Pin-up-Girl** [pɪnʌpgɜːl] (das, -s, -s) **1** Bild eines anziehenden, leicht bekleideten Mädchens (aus einer illustrierten Zeitschrift ausgeschnitten und an die Wand geheftet) **2** einem solchen Bild gleichendes Mädchen [engl.]

**pinx.** ( Abk.) = pinxit [lat.]

**pin'xit** (Abk.: pinx.) hat (es) gemalt (Vermerk auf Gemälden vor oder nach dem Namen des Künstlers) [lat.]

**Pin Yin** (das, - -, nur Ez.) offizielles chinesisches Transkriptionssystem zur Wiedergabe der einheimischen Schreibweisen in lateinischer Schrift; z.B. wird „Peking“ in Pin Yin zu „Beijing“
**Pin'zet'te** (die, -, -n) kleines Instrument mit zwei geraden, federnden Schenkeln zum Greifen [frz.]
**pin'zie'ren** (V.) entspitzen, bei Pflanzen die Kopftriebe abschneiden [frz.]
**Pi'om'bi** (nur Mz.) **1** Bleidächer **2** durch den dort inhaftierten Casanova berühmt gewordenes Gefängnis in Venedig [lat.-it.]
**Pi'on** (der, -, -s) **1** Fußsoldat **2** Bauer beim Schach [lat.-frz.]
**Pi'on** (das, -s, -onen) Elementarteilchen [gr.]
**Pi'o'nier** (der, -s, -e) **1** für technische Arbeiten an der Front (Wege-, Brückenbau u.a.) ausgebildeter Soldat **2** Bahnbrecher, Wegbereiter **3** Angehöriger der Kinderorganisation „Junge Pioniere“ der ehem. DDR [frz.]
**Pi'pa** (die, -, -s) chinesisches Zupfinstrument mit vier Saiten
**Pipe** [paɪp] **1** (die oder das, -(s), -s) englisches und nordamerikanisches Flüssigkeitsmaß (für Wein und Branntwein), 400–570 l **2** (die, -, -s) durch vulkanische Ausbrüche entstandenes, röhrenförmiges Gebilde [engl.]
**Pipe'line** [paɪplaɪn] (die, -, -s) Rohrleitung (bes. für Erdöl und Erdgas) [engl.]
**Pi'pe'ri'din** (das, -s, -e) aromatische, stickstoffhaltige, organische Verbindung (Chem.)
**Pi'pe'rin** (das, -s, nur Ez.) organische Verbindung, die den Geschmack von schwarzem Pfeffer ausmacht
**Pi'pet'te** (die, -, -n) Glasröhrchen zum Ansaugen von kleinen Flüssigkeitsmengen, Stechheber [frz.]
**Pi'que** [pik] (das, -, -s) = Pik
**Piqué** [pikə] (das, -s, -s) Maß für Einschlüsse bei Diamanten, die man ohne Lupe sehen kann
**Pi'queur** [pikœr] (der, -s, -e) = Pikör
**Pi'ran'ha** *auch:* Pi'raya [-ranja] (der, -s, -s) kleiner, räuberisch lebender, in Schwärmen auftretender Fisch Südamerikas [indian.-portugies.]
**Pi'rat** (der, -en, -en) Seeräuber [gr.-lat.]
**Pi'ra'te'rie** (die, -, nur Ez.) Seeräuberei
**Pi'ra'ya** (der, -s, -s) = Piranha
**Pi'ro'ge** (die, -, -n) Einbaum der Eingeborenen Südamerikas mit seitlich aufgesetzten Planken [karib.]
**Pi'rog'ge** (die, -, -n) mit Fleisch oder Fisch, Reis oder Kraut gefüllte russ. Hefepastete
**Pi'ro'plas'mo'se** (die, -, -n) malariaähnliche Rinderkrankheit, die durch Zecken übertragen wird [lat.-gr.]
**Pi'rou'et'te** [-ru-] (die, -, -n) **1** mehrmalige Drehung um die eigene Längsachse (im Ballett, Eiskunstlauf) **2** Drehung des Pferdes im Galopp um den inneren Hinterfuß (in der hohen Schule) **3** Drehung, um sich aus einem Griff zu befreien (beim Ringen) [frz.]
**pi'rou'et'tie'ren** [-ru-] (V.) eine Pirouette ausführen
**Pi'sang** (der, -s, -e) Banane [malai.]
**Pi'sang'fa'ser** (die, -, -n) Textilfaser aus Bananen
**Pi'sang'fres'ser** (der, -s, -) tropischer etwa krähengroßer Waldvogel, Bananenfresser [malai.; dt.]
**Pi'sang'hanf** (der, -, nur Ez.) = Manilahanf [malai.-dt.]
**Pis'ci'na** [-tsiː-] (die, -, -nen) **1** Taufbecken (im Baptisterium) **2** Ausgussbecken (für das während der gottesdienstlichen Handlungen gebrauchte Wasser; in der kath. Kirche) [lat.]
**Pi'see'bau** (der, -(e)s, nur Ez.) Bauart für Mauern, bei der die Baumaterialien in Schalungen gestopft werden
**Pis'soir** [-swaːɐ] (das, -s, -s) Bedürfnisanstalt (für Männer) [frz.]
**Pis'ta'zie** (die, -, -n) **1** immergrüner Baum oder Strauch des Mittelmeeres **2** Frucht des Pistazienbaumes [pers.-gr.-lat.]
**Pis'te** (die, -, -n) **1** Hang zum Rodeln und Skifahren **2** Radrennbahn **3** Rollbahn (auf Flugplätzen) **4** Einfassung der Manege (im Zirkus) **5** nicht ausgebauter, aber für Kraftfahrzeuge befahrbarer Weg [it.-frz.]
**Pis'till** (das, -s, -e) **1** Stößel (des Mörsers), Stampfer **2** Stempel (der Blüte) [lat.]
**Pis'tol** (das, -s, -en) (veraltet) = Pistole [tschech.]

**Pistole** 1 kleine Handfeuerwaffe 2 (die, -, -n) Goldmünze in Spanien u.a. (früher) [viell. it.]
**Pistolero** (der, -s, -s) Revolverheld
**Piston** [-stɔ̃] (das, -s, -s) 1 Kolben (bei Pumpen) 2 Ventil (von Blechblasinstrumenten) 3 = Kornett 4 Zündstift (bei alten Gewehren) [it.]
**Pita** 1 (die, -, -s) griechisches Fladenbrot [neugr.] 2 (die, -, nur Ez.) Blattfaser, die zur Erzeugung von Stricken und Säcken benutzt wird
**Pitahanf** (der, -s, nur Ez.) = Pita
**Pitaval** (der, -s, -s) nach dem französischen Rechtsgelehrten (1673–1743) benannte Sammlung von Strafrechtsfällen
**Pitbull** (der, -s, -s) Kampfhundrasse
**pitchen** [pɪtʃən] (V.) einen Pitchshot ausführen (Sport) [engl.]
**Pitchpine** [pɪtʃpaɪn] (die, -, -s) Holz nord-amerikanischer Kiefern [engl.]
**Pitchshot** [pɪtʃʃot] steiler Golfschlag (Sport) [engl.]
**Pithekanthropus** (der, -, -pi) Vorform des Menschen auf Java und in China, Affenmensch [gr.-lat.]
**pithekoid** (Adj.) affenähnlich [gr.-lat.]
**Pitotrohr** (das, -s, -e) Gerät zur Bestimmung des Staudrucks und der Strömungsgeschwindigkeit von Flüssigkeiten
**pitoyabel** (Adj.) [pitwaja:bl] (altertümlich) kläglich, erbärmlich [lat.-frz.]
**Pittings** (nur Mz.) kleine, durch Korrosion entstandene Vertiefungen auf Maschinenteilen [engl.]
**pittoresk** (Adj.) malerisch [it.]
**Pityriasis** (die, -, -asen) Hautkrankheit (Med.)
**più** (Adv.) mehr (in der Musik); z.B. più allegro [it.]
**Piva** (die, -, -ven) 1 italienisch für Dudelsack 2 schneller italienischer Tanz [lat.-it.]
**Pivot** [-vo:] (der, -s, -s) Zapfen, um den ein Kran oder Geschütz geschwenkt werden kann [frz.]
**Pixel** (das, -s, -) kleinstmöglicher Bildpunkt
**Piz** (der, -es, -e) Spitze (bes. in Namen von Bergen) [rätoroman.]
**Pizza** (die, -, -s oder -ze oder -zen) italienische Speise in runder Form aus Hefeteig mit verschiedenstem Belag
**Pizzeria** (die, -, -rien) italienische Gaststätte, in der es bes. Pizza gibt
**pizzicato** (Adv.) mit den Fingern gezupft (zu spielen; auf Streichinstrumenten) [it.]
**Pizzikato** (das, -s, -ti) Spiel mit gezupften (nicht gestrichenen) Saiten [it.]
**Placebo** [-tse:-] (das, -s, -s) Medikament ohne Inhaltsstoffe, das trotzdem wirken kann [lat.]
**Placement** [plasmɑ̃] (das, -s, -s) 1 Anlage (von Kapital) 2 Absatz (von Waren) 3 = Platzierung [frz.]
**Placenta** (die, -, -s oder -ten) = Plazenta
**placet** [-tsɛt] lat. für: es wird genehmigt, es gefällt [lat.]
**placido** (Adv.) [pla:tʃido] gemessen, ruhig (Musik) [lat.-it.]
**placieren** [-tsi:-]oder [-si:-] = platzieren (veraltet)
**Placitum** [-tsi-] (das, -s, -ta) Gutachten, Verordnung [lat.]
**Plädeur** [-dø:ʀ] (der, -s, -e) (altertümelnd) Strafverteidiger [lat.-frz.]
**plädieren** (V.) auf etwas plädieren: im Plädoyer beantragen; z.B. auf drei Jahre Gefängnis, auf Freispruch plädieren; für etwas plädieren: für etwas sprechen, sich (mit Worten) für etwas einsetzen [frz.]
**Plädoyer** [-dwaje:] oder [-dɔʏje:] (das, -s, -s) zusammenfassende Rede (des Staatsanwalts oder Verteidigers) vor Gericht (Rechtswissenschaft) [frz.]
**Plafond** [-fɔ̃] (der, -s, -s) Zimmerdecke (veraltet) [frz.]
**plafonieren** (V.) nach oben hin begrenzen, beschränken (schweiz.) [frz.]
**plagal** melodische Schlussfolge mit Vermeidung der Dominante
**Plagiar** (der, -s, -e) (altertümlich) Plagiator [lat.]
**Plagiarius** (der, -, -ri) (altertümlich) Plagiator [lat.]
**Plagiat** (das, -(e)s, -e) Verwendung des wissenschaftlichen oder künstlerischen (bes. schriftlichen) Werkes (oder Teile davon) eines anderen im eigenen Werk oder Veröffentlichung als eigenes Werk, Diebstahl geistigen Eigentums [lat.-frz.]

**Pla'gi'a'tor** (der, -s, -to'ren) jmd., der ein Plagiat begangen hat
**pla'gi'a'to'risch** (Adj.) den Plagiator betreffend [lat.]
**pla'gi'ie'ren** (V.) als eigenes geistiges Werk ausgeben, was ein anderer geschaffen hat
**pla'gio'geo'trop** (Adj.) schräg zur Schwerkraft ausgerichtet
**Pla'gi'o'klas** (der, -es, -e) eine Gruppe von Mineralen, Feldspat [gr.]
**pla'gio'trop** (Adj.) = plagiogeotrop
**Pla'gi'o'ze'pha'lie** (die, -, -n) Schädelmissbildung mit unsymmetrischem Aussehen (Med.)
**Plaid** [plæd] (der oder das, -s, -s) Reisedecke, großes Tuch (meist kariert) [engl.]
**Pla'kat** (das, -(e)s, -e) großes Blatt Papier mit Werbung oder Bekanntmachung [niederl.]
**pla'ka'tie'ren** (V.) als Plakat öffentlich aushängen, ankleben, anschlagen
**Pla'ka'tie'rung** (die, -, -en) das Plakatieren, das öffentliche Anschlagen von Plakaten [niederl.]
**Pla'ka'ti'on** (die, -, -ti'o'nen) = Plakatierung [niederl.]
**pla'ka'tiv** (Adj.) sehr oder allzu deutlich, nachdrücklich, betont in der Art eines Plakats
**Pla'ket'te** (die, -, -n) kleine Platte mit Bild oder Text (zum Anstecken oder als Gedenkmünze) [frz.]
**Pla'ko'derm** (der, -s, -en) ausgestorbener, kieferloser Panzerfisch
**Pla'ko'id'schup'pe** (die, -, -n) Schuppe von Haien
**plan** (Adj.) flach, eben, platt [lat.]
**Pla'nar** (das, -s, -e) Kunstbegriff für ein spezielles Kameraobjektiv
**Pla'na'rie** [-riə] (die, -, -n) Strudelwurm mit stark abgeplattetem Körper [lat.]
**Planche** (die, -, -n) Fechtbahn [lat.-frz.]
**Plan'chet'te** (die, -, -n) Anlage, Gerät zum automatischen Schreiben für ein spiritistisches Medium [lat.-frz.]
**Pla'net** (der, -en, -en) Himmelskörper, der sich auf einer elliptischen Bahn um die Sonne bewegt und nicht selbst leuchtet, Wandelstern [gr.]
**pla'ne'tar** (Adj.) = planetarisch [gr.-lat.]
**Pla'ne'ta'ri'en** = Mz. von Planetarium [gr.- lat.]
**pla'ne'ta'risch** *auch:* pla'ne'tar (Adj.) zu den Planeten gehörig, in der Art von Planeten
**Pla'ne'ta'ri'um** (das, -s, -ri'en) **1** Gerät zum Darstellen der Lage, Größe und Bewegung der Himmelskörper **2** Gebäude mit Kuppel, in der diese Erscheinungen dargestellt werden [gr.-lat.]
**Pla'ne'ten'ge'trie'be** (das, -s, -) Getriebe, bei dem sich die Zahnräder um zwei unterschiedliche Achsen drehen
**Pla'ne'ten'sys'tem** (das, -s, -e) alle Planeten zusammen, die um einen Fixstern kreisen
**Pla'ne'to'id** (der, -en, -en) kleiner Planet [gr.]
**Pla'ne'to'lo'gie** (die, -, nur Ez.) die Wissenschaft, die sich mit der geologischen Erforschung von Planeten und ihrer Oberfläche beschäftigt [gr.-lat.]
**Plan'film** (der, -s, -e) Filmmaterial, aus einzelnen Blättern zusammengesetzt
**Pla'nier'bank** (die, -, -bän'ke) Gerät, das zur Erzeugung runder, hohler Metallstücke verwendet wird
**pla'nie'ren** (V.) plan, flach machen
**Pla'nier'rau'pe** (die, -, -n) Maschine, die bei Bauarbeiten ausgehobenes Erdreich transportiert und verteilt
**Pla'ni'fi'ka'teur** [-tøːɐ] (der, -s, -e) Spezialist für die Gesamtplanung der Volkswirtschaft [lat.-frz.]
**Pla'ni'fi'ka'ti'on** (die, -, -ti'o'nen) die Erstellung eines gesamtökonomischen, staatlich organisierten Programmes [lat.]
**Pla'ni'glob** (das, -s, -en) Darstellung der Erdhalbkugeln auf einer Ebene [lat.]
**Pla'ni'glo'bi'um** (das, -s, -bi'en) zweidimensionale kartografische Darstellung der Erdhälften [lat.]
**Pla'ni'me'ter** (das, -s, -) Gerät, das krummlinige, ebene Flächen mechanisch ausmisst
**Pla'ni'me'trie** (die, -, nur Ez.) Gebiet der Geometrie, das sich mit den Flächeninhalten ebener Figuren befasst; Lehre von den geometrischen Gebilden [lat.-gr.]
**pla'ni'me'trie'ren** (V.) Flächen mit dem Planimeter ausmessen
**pla'ni'me'trisch** (Adj.) die Planimetrie betreffend

**plan'kon'kav** (Adj.) auf einer Seite plan, auf der andern Seite konkav (von Linsen)
**plan'kon'vex** (Adj.) auf einer Seite plan, auf der andern Seite konvex (von Linsen)
**Plank'ter** (der, -s, -e) = Planktont
**Plank'ton** (das, -s, nur Ez.) Gesamtheit der frei im Wasser ohne Eigenbewegung schwebenden Organismen [gr.]
**plank'to'nisch** *auch:* plank'ton'tisch (Adj.) das Plankton betreffend [gr.]
**Plank'tont** (der, -en, -en) einzelner Organismus des Planktons
**plank'ton'tisch** (Adj.) = planktonisch
**pla'no** (Adj.) glatt, ohne Falz (Fachbegriff bei Druckbogen) [lat.]
**plan'pa'ral'lel** (Adj.) exakt parallel ausgerichtet
**Plan'qua'drat** (das, -s, -e) durch jeweils parallele Linien eingefasstes, räumlich abgegrenztes Quadrat
**Plan'ta'ge** [-ʒə] (die, -, -n) große Pflanzung; z.B. Teeplantage, Erdbeerplantage [frz.]
**plan'tar** (Adj.) die Fußsohle betreffend, zu ihr gehörend [lat.]
**Plan'ta'tion'song** *auch:* Plan'ta'tion-Song [plænteɪʃnsɔ̃] (der, -s, -s) Lied der schwarzen Sklaven, die auf den Baumwollfeldern der Südstaaten der USA arbeiteten [amerik.]

**Pla'nu'la** (die, -, -s) schwimmende Larve der Nesseltiere
**Pla'num** (das, -s, nur Ez.) geglätteter Ober- und Untergrund im Straßenbau
**Plaque** [plak] (die, -, -s) **1** Hautfleck (Med.) **2** Zahnbelag (Med.) **3** durch Bakterienauflösung entstandenes, rundes Loch in einem Nährboden (Biologie) [frz.]
**Pla'qué** [plakeː] (das, -s, -s) eine plattierte Arbeit [frz.]
**Plä'san'te'rie** (die, -, -n) Scherz, Belustigung [lat.-frz.]
**Plä'sier** (das, -s, -e) Vergnügen, Spaß [frz.]
**plä'sier'lich** (Adj.) vergnüglich, heiter, angenehm [lat.-frz.]
**Plas'ma** (das, -s, -men) **1** Protoplasma **2** flüssiger Bestandteil des Blutes **3** ein Aggregatzustand, elektrisch leitendes Heißgas
**Plas'ma'bren'ner** (der, -s, -) Apparat zur Herstellung eines heißen Strahls, der aus Plasma besteht
**Plas'ma'phe're'se** (die, -, -n) Anreicherung von Blutplasma, wobei dem Spender die roten und weißen Blutkörperchen wieder zugeführt werden (Med.)
**Plas'ma'phy'sik** (die, -, nur Ez.) Fachgebiet der Physik, das sich mit Plasmazuständen beschäftigt
**plas'ma'tisch** (Adj.) Plasma betreffend
**Plas'mo'des'men** (nur Mz.) sehr dünne Verknüpfungen benachbarter Zellen, aus Protoplasma gebildet
**Plas'mo'di'um** (das, -s, -di'en) **1** Einzeller, Schmarotzer im Blut, Malariaerreger **2** Protoplasmakörper [gr.-lat.]
**Plas'mo'go'nie** (die, -, nur Ez.) Theorie, die eine Urzeugung aus toten, organischen Substanzen annimmt
**Plas'mo'ly'se** (die, -, nur Ez.) Ablösung des Protoplasmas einer pflanzlichen Zelle und Kontraktion des Protoplasmas um den Kern herum (Bio.)
**Plas'mon** (das, -s, nur Ez.) Gesamtheit des Erbgutes im Zytoplasma [gr.]
**Plas'te** (die, -, -n) Kunststoff (ugs.)
**Plas'tics** [plæstɪks] = Plaste [engl.]
**Plas'ti'de** (die, -, -n) Summe aller Chromatophoren und Leukoplasten einer Pflanzenzelle
**plas'ti'fi'zie'ren** (V.) weicher, geschmeidiger machen [gr.-lat.]
**Plas'tik** (die, -, -en) **1** (nur Ez.) Bildhauerkunst **2** Erzeugnis der Bildhauerkunst; z.B. Statue **3** chirurgischer Ersatz von zerstörten oder entfernten Organ- und Gewebeteilen; das so ersetzte Teil selbst **4** Kunststoff [gr.]
**Plas'tik'bom'be** (die, -, -n) Sprengkörper aus Plastiksprengstoff, der mit einem Zünder ausgestattet ist
**Plas'ti'ker** (der, -s, -) Künstler, der Plastiken erzeugt, Bildhauer
**Plas'tik'spreng'stoff** (der, -s, -e) form- oder knetbarer Sprengstoff
**Plas'ti'lin** (das, -s, nur Ez.) farbige Knetmasse zum Modellieren (Warenzeichen)
**plas'tisch** (Adj.) **1** zur Plastik (1) gehörend **2** in der Art einer Plastik, räumlich **3** knetbar, formbar **4** anschaulich, deutlich

**Plas'ti'zi'tät** (die, -, nur Ez.) 1 Formbarkeit, Knetbarkeit, Geschmeidigkeit 2 Anschaulichkeit [gr.-nlat.]
**Plas'tron** [-strɔ̃] (das, -s, -s) 1 Brustpanzer (im MA) 2 Polster für Brust und Arm (bei Fechtübungen) 3 breite Krawatte (zum festlichen Anzug) 4 verzierter Latz (an Frauenkleidern; früher) 5 Bauchpanzer von Schildkröten [it.-frz.]
**Pla'ta'ne** (die, -, -n) Laubbaum mit glatter, sich blättrig ablösender Rinde [gr.-lat.]
**Pla'teau** [-toː] (das, -s, -s) 1 Hochebene 2 ebene Fläche auf einem Felsen [frz.]
**pla'te'resk** (Adj.) kleinfigurig, kleinteilig; plateresker Stil: Ornamentstil der spanischen Spätgotik [span.]
**Pla'te'resk** (das, -es, nur Ez.) plateresker Stil [gr.-lat.-span.]
**Pla'te'res'ken'stil** (der, -s, nur Ez.) Baustil der spanischen Spätgotik und der italienischen Frührenaissance, der üppig verzierte Fassaden einsetzt
**Pla'tin** (das, -s, nur Ez.) chemisches Element, ein Edelmetall [span.]
**Pla'ti'ne** (die, -, -n) eine Leiterplatte; z.B. als Träger einer Speichererweiterung im Computer [frz.]
**pla'ti'nie'ren** (V.) mit Platin überziehen
**Pla'ti'nit** (das, -s, nur Ez.) in der Technik Platin ersetzende Eisen-Nickel-Legierung (Warenzeichen)
**Pla'tin'mohr** (das, -s, nur Ez.) feinst verteiltes Platin, das als Katalysator verwendet wird
**Pla'ti'no'id** (das, -es, -e) aus Kupfer, Nickel, Zink und Wolfram bestehende Legierung zur Fertigung elektrischer Widerstände [span.-gr.]
**Pla'ti'tu'de** (die, -, -n) = Plattitüde [frz.]
**Pla'to'ni'ker** (der, -s, -) Verfechter von Platos Philosophie (Platonismus) [gr.-lat.]
**pla'to'nisch** (Adj.) 1 zur Philosophie Platos gehörend 2 nicht sinnlich, rein geistig-seelisch; z.B. platonische Liebe
**Pla'to'nis'mus** (der, -, nur Ez.) Weiterentwicklung der Philosophie Platos [gr.-lat.]
**Plat'ten'kon'den'sa'tor** (der, -s, -en) Kondensator mit parallel angeordneten Platten entgegengesetzter Ladung (Phys.)
**plat'tie'ren** (V.) unedle Metalle mit edleren Metallen beschichten
**Plat'ti'tü'de** *auch:* Pla'ti'tu'de (die, -, -n) nichtssagende, geistlose Redensart
**plat'zie'ren** (V.) 1 an eine Stelle bringen, setzen, werfen, schlagen usw. 2 unterbringen, anlegen; z.B. Kapital platzieren; jmdn. platzieren: jmdm. einen Platz zuweisen [frz.]
**Plat'zie'rung** [-tsiː-] (die, -, -en) 1 das Platzieren 2 Einlauf (beim Pferderennen)
**plau'si'bel** (Adj.) einleuchtend, klar [lat.]
**plau'si'bi'li'e'ren** (V.) plausibel machen, erklären
**plau'si'bi'li'sie'ren** (V.) = plausibilieren
**Plau'si'bi'li'tät** (die, -, nur Ez.) das Begreiflichsein, Plausibelsein [lat.-frz.]
**plau'si'bi'li'tie'ren** (V.) = plausibilisieren [lat.-frz.]
**Pla'ya** (die, -, -s) 1 spanisches Wort für Strand 2 Salztonebene in Trockengebieten [span.]
**Play-back** *auch:* Play'back [pleɪbæk] (das, -s, -s) 1 Abstimmung der Bildstreifen mit den vorher aufgenommenen Tonstreifen (in Film und Fernsehen) 2 Verfahren, bei dem der Sänger zu dem vorher auf Tonband aufgenommenen Gesang nur noch die Lippen bewegt (in Film und Fernsehen) [engl.]
**Play'board** [pleɪbɔːrd] (das, -s, -s) Spielbrett [engl.]
**Play'boy** [pleɪbɔɪ] (der, -s, -s) junger Mann, der aufgrund seines Reichtums seinem Vergnügen leben kann [engl.]
**Pla'ye** (die, -, -n) Salztonebene [span.]
**Play'girl** [pleɪgɜːl] (das, -s, -s) junges, attraktives Mädchen, das aufgrund seines Reichtums seinem Vergnügen leben kann oder einen reichen Mann als ständigen Begleiter hat [engl.]
**Play'mate** [pleɪmeɪt] (das, -s, -s) in Magazinen hüllenlos abgebildetes Mädchen [engl.]
**Play-off** *auch:* Play'off [pleɪɒf-] (das, -, -) Ausscheidungsrunde, Entscheidungsspiel (im Eishockey); z.B. ein Play-off-Modus zwischen den vier besten Mannschaften der Liga [engl.]
**Pla'zen'ta** (die, -, -s oder -ten) Organ, das während der Schwangerschaft dem

P

Stoffwechsel zwischen Mutter und Kind dient, Mutterkuchen [lat.]

**plazental** *auch:* plazentar (Adj.) die Plazenta betreffend (Med.)

**Plazentalier** (der, -s, -) Säugetier, dessen Embryo sich mithilfe einer Plazenta entwickelt

**Plazentation** (die, -, -en) Bildung der Plazenta

**Plazentitis** (die, -, -tiden) Plazentaentzündung (Med.)

**Plazet** (das, -s, -s) Einwilligung, Zustimmung [lat.]

**Plazidität** (die, -, nur Ez.) Ruhe, Sanftheit (veraltet) [lat.]

**Pleban** (der, -s, -e) Seelsorger [lat.]

**Plebanus** (der, -, -ni) = Pleban [lat.]

**Plebejer** (der, -s, -) **1** Angehöriger der Plebs (im alten Rom) **2** ungehobelter, ungebildeter Mensch [lat.]

**plebejisch** (Adj.) **1** zu den Plebejern (1) gehörig **2** in der Art eines Plebejers, ungehobelt, ungebildet

**Plebiszit** (das, -s, -e) Volksabstimmung [lat.]

**plebiszitär** (Adj.) durch ein Plebiszit

**Plebs 1** (die, -, nur Ez.) das Volk, niedere Volksschichten **2** (der, -, nur Ez.) das ungebildete, niedere Volk, Pöbel (abwertend) [lat.]

**Pléiade** [pleja:d] (die, -, nur Ez.) Gruppe von sieben französischen Dichtern im 16. Jahrhundert [gr.-lat.-frz.]

**Pleias** [pleɪas] (die, -, nur Ez.) Gruppe von sieben Tragikern im alten Alexandria [gr.]

**Pleinair** [plɛnɛ:r] (das, -s, -s) **1** Art der Freilichtmalerei **2** ein in dieser Art gefertigtes Bild [frz.]

**Pleinairismus** [plɛnɛ:r-] (der, -, nur Ez.) Malerei in der freien Natur, Freilichtmalerei [frz.]

**Pleinairist** [plɛnɛ:r-] (der, -risten, -risten) Vertreter der Freilichtmalerei; Maler, der Pleinairs malt [frz.]

**Pleinairmalerei** [plɛnɛ:r-] (die, -, nur Ez.) die Freilichtmalerei [frz.-dt.]

**Pleinpouvoir** [plɛ̃puvwa:r] (das, -s, -s) unbeschränkte Vollmacht [frz.]

**pleistozän** (Adj.) das Pleistozän betreffend

**Pleistozän** (das, -s, nur Ez.) älteste Abteilung des Quartärs, Diluvium [gr.]

**pleite** (Adv.) ohne Geldmittel, zahlungsunfähig; z.B. pleite sein; pleite gehen: Bankrott machen [Rotwelsch]

**Pleite** (die, -, -n) **1** Zahlungsunfähigkeit; z.B. die Firma hat Pleite gemacht: Bankrott gemacht **2** Misserfolg, Reinfall (ugs.) [Rotwelsch]

**Plejaden** (nur Mz.) **1** Sternbild **2** die sieben Töchter von Pleione und Atlas

**Plektenchym** (das, -s, -e) festes Flechtwerk von Pilzfäden (Bio.)

**Plektron** *auch:* Plektrum (das, -s, -ren/-tren) Plättchen (aus Kunststoff, Metall), mit dem die Saiten eines Zupfinstruments angerissen werden [gr.]

**Plektrum** (das, -s, -ren/-tren) = Plektron

**Plenarsaal** (der, -s, -säle) großer Sitzungssaal

**Plenilunium** (das, -s, nur Ez.) Vollmond [lat.]

**plenipotent** (Adj.) Plenipotenz besitzend

**Plenipotenz** (die, -, nur Ez.) **1** uneingeschränkte Vollmacht **2** Allmächtigkeit

**Plenum** (das, -s, nur Ez.) Vollversammlung, Versammlung aller Mitglieder, insbesondere eines Parlaments [lat.]

**Pleochroismus** [-kro-] (der, -, nur Ez.) Eigenschaft mancher Kristalle, bei Bestrahlung mit Licht in verschiedenen Richtungen verschiedene Farben zu zeigen, Mehrfarbigkeit [gr.]

**pleomorph** (Adj.) = polymorph

**Pleomorphismus** (der, -, -men) = Polymorphie [gr.]

**Pleonasmus** (der, -, -men) („Überfluss, Übermaß") Häufung sinngleicher oder sinnverwandter Ausdrücke; z.B. schon bereits, neu renovieren [gr.]

**pleonastisch** (Adj.) in der Art eines Pleonasmus

**Pleoptik** (die, -, nur Ez.) aktive Übungsanwendung, um das Sehvermögen eines fehlsichtigen Auges zu korrigieren

**Plerem** (das, -s, -e) kleinstmögliche sprachliche Einheit (Sprachwissenschaft)

**Plerematik** *auch:* Pleremik (die, -, nur Ez.) Fachgebiet der Sprachwissenschaft, das sich mit der Entstehung der Sprachzeichen als Grundlage der Sprache befasst

**Ple'rom** (das, -s, -e) Zentralzylinder einer Pflanzenwurzel, der gerade entsteht (Bio.)
**Ple'si'an'thro'pus** (der, -, -pi) ausgestorbene, südafrikanische Frühform des Menschen [gr.]
**Ple'sio'sau'ri'er** (der, -s, -) Saurier der Jura- und Kreidezeit mit flossenähnlichen Gliedmaßen [gr.]
**Ples'si'me'ter** (das, -s, -) kleines Klopfplättchen aus Hartgummi oder Holz zur Organuntersuchung (Med.)
**Ple'tho'ra** (die, -, -ren) übermäßiger Flüssigkeitsgehalt (z.B. Blut) (Med.) [gr.]
**Pleu'ra** (die, -, -ren) Rippenfell, Brustfell [gr.]
**pleu'ral** (Adj.) zur Pleura gehörig
**Pleu'reu'se** [plœrøːzə] (die, -, -n) **1** Trauerflor, Trauerrand (veraltet) **2** Straußenfedern (als Hutschmuck) [frz.]
**Pleu'ri'tis** (die, -, -ti'den) Rippenfellentzündung [gr.]
**Pleu'ro'dy'nie** (die, -, -n) Schmerzen im Rippenfell- oder Brustfellbereich (Med.)
**Pleu'ro'pneu'mo'nie** (die, -, -n) Rippenfell-, Lungenentzündung (Med.)
**Pleus'ton** (das, -s, nur Ez.) Gesamtheit der an der Wasseroberfläche treibenden Organismen [gr.]
**ple'xi'form** (Adj.) geflechtartig (von Nerven, Blut- oder Lymphgefäßen) [lat.]
**Ple'xi'glas** (das, -es, nur Ez.) glasähnlicher Kunststoff (Warenzeichen)
**Ple'xus** (der, -, -) Geflecht aus Nerven, Blut- oder Lymphgefäßen [lat.]
**Plin'se** (die, -, -n) **1** Art Eierkuchen; z.B. Hefeplinse **2** Kartoffelpuffer [slaw.]
**Plin'the** (die, -, -n) Sockel (von Säulen, Pfeilern, Statuen) [gr.-lat.]
**plio'zän** (Adj.) das Pliozän betreffend
**Plio'zän** (das, -s, nur Ez.) jüngste Abteilung (des Tertiärs) [gr.]
**Plis'see** (das, -s, -s) schmale, gepresste Falten rundherum (im Rock) [frz.]
**plis'sie'ren** (V.) mit Plissee versehen, in schmale Falten legen und pressen
**PLO** Abk. für **P**alestine **L**iberation **O**rganisation: Palästinensische Befreiungsorganisation
**Plom'ba'ge** [-ʒə] (die, -, -n) veraltet für Plombe [lat.-frz.]
**Plom'be** (die, -, -n) **1** mit Draht oder Faden versehene kleine Platte (zum Verschließen von Behältern, Räumen, auch als Gütezeichen) **2** Masse, mit der ein erkrankter, ausgebohrter Zahn gefüllt ist [frz.]
**plom'bie'ren** (V.) mit einer Plombe versehen oder füllen
**plo'siv** (Adj.) als Plosiv artikuliert [lat.]
**Plo'siv** (der, -es, -e) Bezeichnung in der Sprachwissenschaft für den Explosivlaut [lat.]
**Plo'siv'laut** (der, -(e)s, -e) = Explosivlaut [lat.]
**Plot** (der oder das, -s, -s) **1** Aufbau, Entwicklung der Handlung, Konflikt (im Drama, Roman, Film) **2** grafische Darstellung eines Ergebnisses (in der EDV) [engl.]
**plot'ten** (V.) mit einem Plotter zeichnen, darstellen [engl.]
**Plot'ter** (der, -s, -) Gerät zur Darstellung eines Plots (2) [engl.]
**Plöt'ze** (die, -, -n) ein Karpfenfisch, Rotauge [poln.]
**Plum'bat** (das, -s, -e) Salz der Bleisäure (Chem.)
**Plum'bum** (das, -s, nur Ez.) das chemische Element Blei [lat.]
**Plu'meau** [plʏmoː] (das, -s, -s) Federbett [frz.]
**Plum'pud'ding** [plʌm-] (der, -s, -s) Rosinenkuchen [engl.]
**Plu'mu'la** (die, -, -lae) Knospe beim Pflanzenkeimling [lat.]
**Plun'ger** *auch:* Plun'scher [plʌndʒə] (der, -s, -) langer Kolben an Arbeitsmaschinen [engl.]
**Plun'scher** (der, -s, -) = Plunger
**plu'ral** (Adj.) pluralistisch, den Pluralismus betreffend [lat.]
**Plu'ral** (der, -s, -e) Zahlform (des Substantivs, Pronomens, Adjektivs und Verbs), die eine Vielzahl oder mehrmals Vorkommendes bezeichnet, Mehrzahl [lat.]
**Plu'ra'le'tan'tum** (das, -s, -s oder -li'a'tan'tum) Wort, das nur im Plural vorkommt; z.B. Einkünfte [lat.]
**Plu'ra'lis** (der, -, -les) veraltet für Plural [lat.]
**plu'ra'lisch** (Adj.) als Plural, im Plural

**Plu'ra'lis Ma'jes'ta'tis** (der, - -, nur Ez.) die Pluralform „wir" statt „ich" (von Herrschern oder von Autoren im eigenen Werk gebraucht) [lat.]
**Plu'ra'lis'mus** (der, -, nur Ez.) 1 philosophische Lehre, nach der die Welt aus vielen selbständigen Wesen besteht und keine Einheit bildet 2 Nebeneinanderbestehen vieler unterschiedlicher gesellschaftlicher Gruppen, Wert- und politischer Systeme u.a. [lat.]
**Plu'ra'list** (der, -lis'ten, -lis'ten) Verfechter des Pluralismus [lat.]
**plu'ra'lis'tisch** (Adj.) auf dem Pluralismus beruhend, aus vielen unterschiedlichen Gruppen, Systemen usw. bestehend
**Plu'ra'li'tät** (die, -, -en) Mehrheit, Vielheit [lat.]
**plu'ri'lin'gue** (Adj.) vielsprachig, in mehreren Sprachen verfasst [lat.]
**Plu'ri'pa'ra** (die, -, -pa'ren) mehrfache Mutter (Med.) [lat.]
**plus** (Adv.) 1 und, dazu, zuzüglich, hinzuzurechnen 2 über null Grad; z.B. drei Grad plus [lat.]
**Plus** (das, -, -) 1 Überschuss, Mehrbetrag, Gewinn 2 Vorteil [lat.]
**Plüsch** (der, -(e)s, -e) Gewebe mit langem, aufrecht stehendem Flor [it.-frz.]
**Plus'pol** (der, -s, -e) positiver Pol
**Plus'quam'per'fekt** (das, -s, -e) Zeitform des Verbs, die ein vergangenes Geschehen bezeichnet, das noch vor einem ebenfalls vergangenen Geschehen liegt; z.B. ich hatte schon gegessen, als … [lat.]
**Plu'te'us** (der, -, nur Ez.) Larvenform von Seeigeln und Schlangensternen (Bio.)
**Plu'to'krat** (der, -en, -en) 1 Angehöriger der Plutokratie 2 reicher Mann [gr.]
**Plu'to'kra'tie** (die, -, -n) Staatsform, in der die Macht von einer reichen Oberschicht ausgeübt wird [gr.]
**plu'to'kra'tisch** (Adj.) zur Plutokratie gehörend, auf ihr beruhend
**plu'to'nisch** (Adj.) 1 zur Unterwelt gehörig (in der griechischen Mythologie) 2 auf Plutonismus beruhend
**Plu'to'nis'mus** (der, -, nur Ez.) Gesamtheit aller Vorgänge und Erscheinungen, die auf dem Empordringen von Stoffen aus dem Erdinnern beruhen, Vulkanismus
**Plu'to'nist** (der, -nis'ten, -nis'ten) Anhänger des Plutonismus [gr.-lat.]
**Plu'to'nit** (der, -s, -e) plutonisches Gestein [gr.-lat.]
**Plu'to'ni'um** (das, -s, nur Ez.) chemisches Element, ein Transuran [gr.-nlat.]
**Plu'vi'a'le** (das, -s, -(s)) 1 Umhang der kath. Geistlichen bei manchen gottesdienstlichen Handlungen 2 Krönungsmantel (von Königen und Kaisern; früher) [lat.]
**Plu'vi'al'zeit** (die, -, nur Ez.) der Zeitraum in subtropischen Gebieten, in dem das Klima kühler und Niederschlag häufiger wird
**Plu'vio'graf** *auch:* Plu'vio'graph (der, -en, -en) Gerät zur selbsttätigen Aufzeichnung der Niederschlagsmenge [lat.-gr.]
**Plu'vio'me'ter** (das, -s, -) Gerät zum Messen der Niederschläge, Regenmesser [lat.-gr.]
**Plu'vio'ni'vo'me'ter** (das, -s, nur Ez.) Niederschlagmessgerät, das auf Regen oder Schnee reagiert
**Pneu** (der, -s, -s) 1 (kurz für) Pneumothorax 2 (kurz für) Pneumatik (1)
**Pneu'ma** (das, -s, nur Ez.) 1 luftartige Substanz, Lebensprinzip, Lebenskraft (in der griechischen Philosophie) 2 Geist Gottes (in der Theologie) [gr.]
**Pneu'ma'tik** (die, -, -en) 1 Luftreifen (österr.) 2 Lehre von der Luft und anderen Gasen 3 deren technische Anwendung [gr.]
**Pneu'ma'ti'ker** (der, -s, -) 1 Vertreter einer antiken ärztlichen Auffassung, wonach im Atem (Pneuma) der Träger des Lebens zu sehen ist 2 Angehöriger der höchsten Stufe des Menschen, der allein es vorbehalten ist, Gott zu erkennen (Gnosis) [gr.-lat.]
**Pneu'ma'ti'sa'ti'on** (die, -, -ti'o'nen) Bildung lufthaltiger Zellen in Geweben oder Knochen (Med.) [gr.-lat.]
**pneu'ma'tisch** (Adj.) 1 zum Pneuma gehörig, darauf beruhend 2 vom Geist Gottes erfüllt (in der Gnosis)
**Pneu'ma'tis'mus** (der, -, nur Ez.) die philosophische Anschauung, wonach die Wirklichkeit eine Erscheinungsform des Geistes ist [gr.-lat.]
**Pneu'ma'to'chord** [-kɔrt] (das, -s, -e) windgespielte Harfe [gr.]

P

**Pneu'ma'to'lo'gie** (die, -, nur Ez.) **1** Lehre vom Pneuma **2** Lehre vom Heiligen Geist, von den Engeln und Dämonen (in der Theologie) [gr.]
**Pneu'ma'to'ly'se** (die, -, -n) Auswirkung der Gase einer Schmelze auf die erkaltende Schmelze selbst und auf das Nachbargestein (Geol.)
**Pneu'ma'to'me'ter** (das, -s, -) Gerät zum Messen der Ein- und Ausatmung [gr.]
**pneu'ma'to'ly'tisch** (Adj.) durch Pneumatolyse hervogerufen
**Pneu'ma'to'phor** (das, -s, -e) Atemwurzel von Mangroven (Bio.)
**Pneu'm'ek'to'mie** (die, -, -en) = Pneumonektomie
**Pneu'mo'graf** *auch:* Pneu'mo'graph (der, -en, -en) Gerät zum Aufzeichnen der Atembewegungen des Brustkorbs [gr.]
**Pneu'mo'kok'ke** *auch:* Pneu'mo'kok'kus (der, -, -ken) Bakterium, das u.a. Lungenentzündung hervorruft (Med.)
**Pneu'mo'ko'ni'o'se** (die, -, -n) Erkrankung der Lunge infolge jahrelangen Einatmens von Staub, Staublunge [gr.]
**Pneu'mo'lith** (der, -s oder -en, -e(n)) Lungenstein, der sich durch Kalkablagerungen bildet (Med.)
**Pneu'mo'lo'gie** (die, -, nur Ez.) Lungenheilkunde
**Pneu'mo'ly'se** (die, -, -n) operative Ablösung eines Lungenflügels von der Brustwand (zum Ruhigstellen) [gr.]
**Pneu'mo'n'ek'to'mie** (die, -, -n) operative Entfernung eines Lungenflügels [gr.]
**Pneu'mo'nie** (die, -, -n) Lungenentzündung [gr.]
**Pneu'mo'nik** (die, -, nur Ez.) pneumatische Bedienungstechnik ohne mechanisch bewegliche Teile
**pneu'mo'nisch** (Adj.) die Pneumonie betreffend, zum Krankheitsbild der Lungenentzündung gehörend
**Pneu'mo'no'lo'gie** (die, -, nur Ez.) = Pneumologie
**Pneu'mo'pleu'ri'tis** (die, -, -ti'den) starke Rippenfellentzündung einhergehend mit einer leichten Lungenentzündung (Med.)
**Pneu'mo'tho'rax** (der, -es, -e) krankhafte Füllung eines Brustfellraumes mit Luft, auch künstlich zur Ruhigstellung eines Lungenflügels [gr.]
**pneu'mo'trop** (Adj.) die Lunge befallend (Med.)
**Poc'cet'ta** *auch:* Po'che't'te [-tʃɛ-] (die, -, -ten) kleine, etwas höher gestimmte Taschengeige der alten Tanzmeister [germ.-it.]
**Po'chet'te** (die, -, -n) = Poccetta [germ.-it.]
**po'chie'ren** [-ʃiː-] (V.) in wenig Flüssigkeit fast kochend garen; Eier pochieren: Eier aufschlagen, in fast kochendes Essigwasser gleiten lassen und garen [frz.]
**Po'cket'ka'me'ra** (die, -, -s) Taschenkamera [engl.]
**Pock'holz** (das, -es, nur Ez.) Holz des Guajakbaumes (Heilmittel)
**po'co** (Adv.) wenig (bei Musikstücken); z.B. poco adagio; poco a poco: nach und nach [it.]
**Po'da'gra** (das, -s, nur Ez.) Gicht der großen Zehe [gr.]
**po'da'grisch** (Adj.) an Fußgicht leidend (Med.) [gr.-lat.]
**Po'da'grist** (der, -en, -en) (altertümlich) an Fußgicht Leidender (Med.) [gr.-lat.]
**Po'dal'gie** (die, -, -n) Fußschmerzen (Med.) [gr.-lat.]
**Po'dest** (das, -(e)s, -e) **1** kleines Podium **2** Treppenabsatz [lat.]
**Po'des'ta** *auch:* Po'destà (der, -s, -s) Ortsvorsteher, Bürgermeister in Italien [lat.-it.]
**Po'dex** (der, -es, -e) Gesäß, Popo (scherzhaft) [lat.]
**Po'di'um** (das, -s, -di'en) etwas höher als der Fußboden liegender, zweiter Fußboden im Raum [lat.]
**Po'do'me'ter** (das, -s, -) = Pedometer [gr.]
**Po'do'phyl'lin** (das, -s, nur Ez.) starkes Abführmittel [gr.-lat.]
**Pod'sol** (der, -s, nur Ez.) mineralsalzarmer, wenig fruchtbarer Boden, graue bis weiße Bleicherde [russ.]
**Po'em** (das, -s, -e) (größeres) Gedicht (oft abwertend) [gr.-lat.]
**Po'e'sie** [poːe-] (die, -, -n) **1** (nur Ez.) Dichtkunst, bes. in gebundener Rede, in Versen **2** Erzeugnis dieser Kunst, Dichtung **3** (nur Ez.) Stimmungszauber [gr.]
**Po'et** (der, -en, -en) Dichter [gr.-lat.]
**Po'eta doc'tus** (der, -, -tae -ti) gelehrter Dichter [lat.]

**Po'e'ta lau're'a'tus** (der, - -, -tae -ti) **1** mit dem Lorbeerkranz bekränzter Dichter (in der Antike) **2** (im MA und noch in England) mit gewissen Vorrechten ausgestatteter, größter Dichter [lat.]

**Po'e'tas'ter** [poːe-] (der, -s, -) schlechter Dichter [lat.]

**Po'e'tik** [poeː-] (die, -, nur Ez.) **1** Lehre von der Poesie **2** Lehrbuch der Poesie **3** poetische Beschaffenheit [gr.-lat.]

**po'e'tisch** [poeː-] (Adj.) voller Poesie, stimmungsvoll, dichterisch überhöht, über das Alltägliche hinausgehoben

**po'e'ti'sie'ren** [poːe-] (V.) poetisch gestalten, mit Poesie durchdringen

**Po'e'to'lo'gie** [poːe-] (die, -, nur Ez.) = Poetik [gr.]

**po'e'to'lo'gisch** (Adj.) zur Poetik gehörig

**Po'fe'se** (die, -, -n) = Pafese

**Po'gat'sche** (die, -, -n) kleiner, flacher, süßer Eierkuchen mit Grieben [ung.]

**Po'grom** (der oder das, -s, -e) gewalttätige Ausschreitungen, Hetze gegen rassische, religiöse, nationale Gruppen; z.B. Judenprogom [russ.]

**Poi'ki'lo'ther'me** (der, -n, -n) Tier, dessen Körpertemperatur von der Temperatur seiner Umgebung abhängt, Kaltblüter, Wechselwarmblüter [gr.]

**Poi'ki'lo'ther'mie** (die, -, -n) schwankende Körpertemperatur (Med.)

P

**Poi'lu** [pwalyː] (der -s, -s) französischer Soldat (als Spitzname im 1. Weltkrieg) [frz.]

**Point** [pwɛ̃] (der, -s, -s) **1** Stich (im Kartenspiel) **2** Auge, Punkt (auf dem Würfel) [frz.]

**Poin'te** [pwɛ̃ːtə] (die, -, -n) Höhepunkt, Knalleffekt (eines Witzes, einer Erzählung) [frz.]

**Poin'ter** [pɔɪn-] (der, -s, -) gescheckter engl. Vorstehhund [engl.]

**poin'tie'ren** [pwɛ̃-] (V.) den Höhepunkt, das Wesentliche (einer Sache) hervorheben, betonen, pointiert erzählen: spannend, den Höhepunkt hervorhebend erzählen

**poin'tiert** [pwɛ̃-] (Adj.) betont, zugespitzt, auf den Punkt gebracht [lat.-frz.]

**poin'til'lie'ren** [pwɛ-] (V.) in der Art des Pointillismus malen; mit der Technik des Pointillismus [lat.-frz.]

**Poin'til'lis'mus** [pwɛ-] (der, -, nur Ez.) Richtung der Malerei am Ende des Impressionismus, die mit dichtem Nebeneinandersetzen von Punkten aus unvermischten Farben besondere Wirkung erstrebte [frz.-nlat.]

**Poin'til'list** [pwɛ-] (der, -en, -en) Vertreter des Pointillismus

**poin'til'lis'tisch** [pwɛ-] (Adj.) zum Pointillismus gehörig, in der Art des Pointillismus

**Po'kal** (der, -s, -e) Trinkgefäß aus Edelmetall oder Kristall mit Fuß und oft Deckel (gelegentlich als Preis bei Wettbewerben) [gr.-it.]

**Po'ker** (das, -s, nur Ez.) ein Kartenglücksspiel

**po'kern** (V.) Poker spielen [engl.]

**po'ku'lie'ren** (V.) kräftig trinken, zechen (veraltet) [lat.]

**Pol** (der, -s, -e) **1** Drehpunkt, Zielpunkt, Mittelpunkt **2** Endpunkt der Erdachse (Nordpol, Südpol) **3** Schnittpunkt der verlängerten Erdachse mit dem Himmelsgewölbe (Himmelspol) **4** Punkt, der eine bestimmte Bedeutung hat, Bezugspunkt **5** Aus- und Eintrittsstelle des Stromes (bei elektrischen Stromquellen) sowie der Kraftlinien (beim Magneten) [gr.-lat.]

**po'lar** (Adj.) **1** zum Nord- oder Südpol gehörig, in ihrer Umgebung gelegen oder vorkommend **2** gegensätzlich

**Po'lar'ach'se** (die, -, nur Ez.) die gedachte Linie zwischen den beiden Polen (Geo.)

**Po'lar'front** (die, -, -en) Gebiet, in dem kalte polare und warme tropische Luftströme aufeinandertreffen

**Po'la'ri'sa'ti'on** (die, -, -en) **1** Herausbildung von Gegensätzen **2** gegensätzliches Verhalten (von chemischen Stoffen oder Erscheinungen) **3** Polarisation des Lichts: Vereinigung aller Lichtschwingungen in einer Ebene [frz.]

**po'la'ri'sie'ren** (V.) **1** Licht polarisieren: in eine Schwingungsebene bringen **2** sich polarisieren: sich zu Gegensätzen entwickeln, Gegensätze herausbilden [frz.]

**Po'la'ri'tät** (die, -, nur Ez.) **1** Vorhandensein zweier Pole (Geogr., Astron., Phys.) **2** Gegensätzlichkeit

**Po'la'ro'id'ka'me'ra** (die, -, -s) Kamera, die wenige Minuten nach der Aufnahme das fertige Bild liefert (Warenzeichen)

**Pol'der** (der, -s, -) eingedeichtes Marschland [niederl.]

**Po'lei** (der, -s, -e) Art der Minze (Bio.)

**Po'le'mik** (die, -, -en) **1** wissenschaftlicher (meist in der Öffentlichkeit ausgetragener) Streit **2** unsachliche Kritik, unsachlicher Angriff [gr.-frz.]

**Po'le'mi'ker** (der, -s, -) **1** ein in einer polemischen Auseinandersetzung Stehender **2** zur Polemik neigender, scharfe Kritik Übender [gr.-frz.]

**po'le'misch** (Adj.) **1** in der Art einer Polemik **2** unsachlich und feindselig, unsachlich angreifend

**po'le'mi'sie'ren** (V.) **1** wissenschaftlich streiten **2** unsachlich Kritik üben, unsachlich angreifen [gr.-frz.]

**Po'le'mo'lo'gie** (die, -, nur Ez.) Konfliktforschung, Kriegsforschung [gr.-frz.]

**Po'len'ta** (die, -, -s oder -en) italienische Speise aus Maisgrieß

**Po'len'te** (die, -, nur Ez.) Polizei (abwertend) [Rotwelsch]

**Pole'po'si'ti'on** *auch:* Pole-Po'si'ti'on [pəulpoziʃn] (die, -, -s) vorderste Startreihe bei einem (Auto)rennen [engl.]

**Po'li'ce** [-liːs] (die, -, -n) Urkunde über eine abgeschlossene Versicherung [it.-frz.]

**Po'li'chi'nelle** [-ʃinɛl] (der, -s, -s) = Pulcinella [it.-frz.]

**Po'li'ci'nel'lo** [-tʃi-] (der, -(s), -li) = Pulcinella

**Po'lier** (der, -s, -e) Vorarbeiter (der Maurer und Zimmerleute) [frz.]

**po'lie'ren** (V.) **1** glänzend machen **2** fein schleifen [frz.]

**Po'li'kli'nik** (die, -, -en) Krankenhaus (oder Abteilung davon) zur ambulanten Behandlung [gr.]

**Po'li'ment** (das, -(e)s, -e) **1** zum Polieren geeignetes Material **2** fettige Unterlage für Blattgold [lat.-frz.]

**Po'lio** (die, -, nur Ez.) = Poliomyelitis

**Po'lio'my'eli'tis** (die, -, -ti̯den) Kinderlähmung [gr.]

**Po'li'o'sis** (die, -, -sen) Grauwerden der Haare (Med.)

**Po'lis** (die, -, -leis) Stadtstaat (im alten Griechenland)

**Po'lit'bü'ro** (das, -s, -s) kurz für: Politisches Büro, zentraler leitender Ausschuss einer kommunistischen Partei

**Po'li'tes'se** (die, -, -n) Hilfspolizistin (bes. für den ruhenden Verkehr)

**Political Correctness** [polıtıkʌlkovɛktnəs] (die, -, nur Ez.) Vorurteilslosigkeit, Vermeidung von Diskriminierung [engl.]

**Po'li'tik** (die, -, -en) **1** alle Maßnahmen zur Führung eines Staates oder Gemeinwesens **2** berechnendes Verhalten oder Vorgehen [gr.]

**Po'li'ti'kas'ter** (der, -s, -) jmd., der über Politik redet, ohne etwas davon zu verstehen

**Po'li'ti'ker** (der, -s, -) jmd., der tätig an der Politik teilnimmt

**Po'li'ti'kum** (das, -s, -ka) Sache, Erscheinung von politischer Bedeutung [gr.-nlat.]

**po'li'tisch** (Adj.) zur Politik gehörig, darauf beruhend, hinsichtlich der Politik

**po'li'ti'sie'ren** (V.) **1** über Politik reden **2** etwas politisieren: in den Bereich der Politik bringen, zu einer politischen Sache machen

**Po'li'to'lo'ge** (der, -n, -n) Wissenschaftler der Politologie

**Po'li'to'lo'gie** (die, -, nur Ez.) Wissenschaft von der Politik [gr.]

**po'li'to'lo'gisch** (Adj.) zur Politologie gehörig, auf ihr beruhend

**Po'lit'thril'ler** [-θrılə] (der, -s, -) spannender Film mit kriminellen Verstrickungen von Politikern [engl.]

**Po'li'tur** (die, -, -en) **1** (nur Ez.) durch Polieren hervorgebrachter Glanz **2** Mittel zum Polieren

**Po'li'zei** (die, -, -en) **1** Behörde, die über die Erhaltung der öffentlichen Ordnung und Sicherheit zu wachen hat **2** deren Amtsräume oder Amtsgebäude **3** Gesamtheit der Polizisten, Gruppe von Polizisten [gr.-lat.]

**Po'li'zist** (der, -en, -en) Beamter der Polizei

**Pol'ka** (die, -, -s) böhmischer Rundtanz [tschech.]

**Poll** (der, -s, -s) Meinungsumfrage

**Pol'len** (der, -s, -) Blütenstaub [lat.]

**Pol'ling** (das, -s, -s) Fernabfrage von Faxgeräten [engl.]

P

**Pol'lu'ti'on** (die, -, -en) unwillkürlicher Samenerguss (bes. im Schlaf) [lat.]
**Po'lo** (das, -s, nur Ez.) dem Hockey ähnliches Ballspiel zu Pferde (oder vom Fahrrad aus) [tibet.]
**Po'lo'nai'se** [-nɛ:-] (die, -, -n) = Polonäse
**Po'lo'nä'se** *auch:* Po'lo'nai'se (die, -, -n) **1** polnischer Schreittanz (meist zur Eröffnung des Tanzes) **2** Reihenpolonäse, bei der man sich, die Hände auf den Schultern des Vordermannes, durchs Lokal bewegt (im Fasching) [frz.]
**Po'lo'ni'um** (das, -s, nur Ez.) chemisches Element, ein Metall [lat.]
**Po'ly'amid** (das, -s, -e) ein Kunststoff
**Po'ly'an'drie** (die, -, nur Ez.) Ehegemeinschaft einer Frau mit mehreren Männern, Vielmännerei [gr.]
**Po'ly'ar'thri'tis** (die, -, -ti'den/-ti'den) Entzündung mehrerer Gelenke zugleich [gr.]
**Po'ly'äthy'len** *auch:* Po'ly'ethy'len (das, -s, nur Ez.) ein Kunststoff, thermoplastisch [gr.]
**Po'ly'chä'te** (der, -n, -n) Borstenwurm [gr.]
**po'ly'chrom** [-kro:m] vielfarbig [gr.]
**Po'ly'chro'mie** [-kro-] (die, -, nur Ez.) Vielfarbigkeit [gr.]
**Po'ly'dä'mo'nis'mus** (der, -, nur Ez.) Glaube an eine Vielzahl von Naturgeistern
**Po'ly'dip'sie** (die, -, nur Ez.) krankhafter Durst (Med.)
**Po'ly'eder** (der, -s, -) von drei oder mehr Flächen begrenzter Körper [gr.]
**Po'ly'es'ter** (der, -s, -) ein Kunststoff [gr.]
**po'ly'fon** *auch:* po'ly'phon (Adj.) nach den Regeln der Polyfonie komponiert, mehrstimmig [gr.]
**Po'ly'fo'nie** *auch:* Po'ly'pho'nie (die, -, nur Ez.) Musik mit mehreren selbstständig geführten Stimmen, ohne akkordische Bindung, Mehrstimmigkeit [gr.]
**po'ly'gam** (Adj.) **1** in Polygamie lebend **2** mit mehreren Partnern zugleich sexuell verkehrend **3** ein- und zweigeschlechtige Blüten aufweisend [gr.]
**Po'ly'ga'mie** (die, -, nur Ez.) Ehegemeinschaft mit mehreren Partnern (Polyandrie, Polygynie), bes. Ehegemeinschaft mit mehreren Frauen [gr.]
**po'ly'gen** (Adj.) durch mehrere Erbfaktoren bestimmt; durch mehrere Ursachen ausgelöst [gr.]
**Po'ly'ge'nie** (die, -, nur Ez.) durch mehrere Erbfaktoren bewirkte Ausbildung eines Merkmals [gr.]
**po'ly'glott** (Adj.) **1** mehrsprachig; z.B. polyglottes Wörterbuch **2** viele Sprachen sprechend [gr.]
**Po'ly'glot'te** **1** (die oder die -, -n) Buch, Wörterbuch in mehreren Sprachen **2** (der oder die, -n, -n) jmd., der viele Sprachen spricht [gr.]
**Po'ly'gon** (das, -s, -e) Vieleck [gr.]
**po'ly'go'nal** (Adj.) vieleckig [gr.]
**Po'ly'graf** *auch:* Po'ly'graph (der, -en, -en) Gerät zum Aufzeichnen mehrerer körperlicher Vorgänge zugleich, aus denen sich Erregungszustände ablesen lassen (in der Kriminologie als sogenannter Lügendetektor verwendet) [gr.]
**Po'ly'gy'nie** (die, -, nur Ez.) Ehegemeinschaft eines Mannes mit mehreren Frauen, Vielweiberei [gr.]
**Po'ly'his'tor** (der, -s, -en) jmd., der Kenntnisse auf vielen Gebieten hat; z.B. wurde Leibniz als letzter Polyhistor bezeichnet [gr.]
**po'ly'hy'brid** (Adj.) sich in mehreren erblichen Merkmalen unterscheidend (von pflanzlichen u. tierischen Bastarden) [gr.]
**po'ly'karp** *auch:* po'ly'kar'pisch (Adj.) in einem bestimmten Zeitraum mehrmals Früchte tragend [gr.]
**Po'ly'me'lie** (die, -, -n) angeborene überzählige Gliedmaße (Med.)
**Po'ly'me'nor'rhö** (die, -, -en) übermäßig häufige Regelblutung (Med.)
**po'ly'mer** (Adj.) aus Molekülketten bestehend
**Po'ly'mer** *auch:* Po'ly'me're (das, -s, -e) Verbindung aus Molekülketten [gr.]
**Po'ly'me'ter** (das, -s, -) Gerät zum Messen von Temperatur, Luftfeuchtigkeit, Taupunkt u.a. [gr.]
**po'ly'morph** (Adj.) in vielen Gestalten auftretend, vielgestaltig [gr.]
**Po'ly'mor'phie** (die, -, nur Ez.) Vielgestaltigkeit [gr.]
**Po'ly'mor'phis'mus** (der, -, nur Ez.) = Polymorphie
**Po'ly'ne'si'er** (der, -s, -) Ew. Polynesiens

P

**po'ly'ne'sisch** (Adj.) zu Polynesien gehörig, von dort stammend
**Po'ly'neu'ri'tis** (die, -, -ti'den) Entzündung an mehreren Nerven (Med.)
**Po'ly'nom** (das, -s, -e) mathematischer Ausdruck aus mehr als zwei Gliedern, die zu addieren oder zu subtrahieren sind [gr.]
**Po'ly'o'pie** (die, -, -n) Vielfachsehen von Gegenständen (Med.)
**Po'lyp** (der, -en, -en) **1** (oft gestielte) Schleimhautgeschwulst **2** Kopffüßer (veraltet, noch ugs.) **3** festsitzendes Nesseltier [gr.]
**Po'lyp** (der, -s, -en) Polizist (ugs., scherzhaft) [Rotwelsch]
**po'ly'phag** (Adj.) sich von verschiedenen Pflanzen und Tieren ernährend [gr.]
**Po'ly'pha'ge** (der, -n, -n) polyphag lebendes Tier, Allesfresser
**Po'ly'pha'gie** (die, -, nur Ez.) Ernährung von verschiedenen Pflanzen und Tieren [gr.]
**po'ly'phon** (Adj.) = polyfon
**Po'ly'pho'nie** (die, -, nur Ez.) = Polyfonie
**po'ly'plo'id** (Adj.) mehr als zwei Chromosomensätze aufweisend [gr.]
**Po'ly'p'ty'chon** (das, -s, -chen) Flügelaltar mit mehr als zwei Flügeln [gr.]
**Po'ly'sac'cha'rid** *auch:* Po'ly'sa'cha'rid [-zaxa-] (das, -s, -e) aus zahlreichen Molekülen einfacher Zucker aufgebautes Kohlenhydrat [gr.]
**Po'ly'se'mie** (die, -, -n) mehrfache Bedeutung einer Lautform; z.B. Feld, in den Bedeutungen „Anbaugebiet, Tätigkeitsbereich, Kriegsschauplatz" [gr.]
**Po'ly'sper'mie** (die, -, -n) Verschmelzung mehrerer Samenzellen mit einer Eizelle (bei der Befruchtung) [gr.]
**Po'ly'sty'rol** (das, -s, -e) formenreicher, vielseitig verwendbarer Kunststoff [gr.]
**Po'ly'syl'la'bum** (das, -s, -ba) aus vielen Silben bestehendes Wort [gr.]
**po'ly'syn'de'tisch** (Adj.) in der Art eines Polysyndetons, durch das gleiche Bindewort verbunden
**Po'ly'syn'de'ton** (das, -s, -ta) durch das gleiche Bindewort verbundene Wörter oder Sätze [gr.]
**Po'ly'syn'the'se** (die, -, -n) Zusammenfassung vieler Teile [gr.]
**po'ly'syn'the'tisch** (Adj.) aus vielen Teilen zusammengesetzt [gr.]
**Po'ly'tech'ni'kum** (das, -s, -ka oder -ken) höhere technische Fachschule [gr.-nlat.]
**Po'ly'the'is'mus** (der, -, nur Ez.) Glaube an viele Götter, Vielgötterei [gr.-nlat.]
**po'ly'the'is'tisch** (Adj.) zum Polytheismus gehörig
**po'ly'to'nal** (Adj.) mehrere Tonarten gleichzeitig in verschiedenen Stimmen aufweisend
**Po'ly'to'na'li'tät** (die, -, nur Ez.) Nebeneinander mehrerer Tonarten in den verschiedenen Stimmen (eines Musikstücks) [gr.]
**Po'ly'tri'chie** (die, -, -n) übermäßig starker Haarwuchs (Med.)
**po'ly'trop** (Adj.) sehr anpassungsfähig (von Organismen) [gr.]
**Po'ly'ure'than** (das, -s, -e) ein Kunststoff, der durch Polymerisation von Alkoholen und Isocyanaten hergestellt wird [gr.-nlat.]
**po'ly'va'lent** (Adj.) in mehrfacher Beziehung wirksam; z.B. von Arzneimitteln [gr.-lat.]
**Po'ly'vi'nyl'a'ce'tat** (das, -s, -e) ein Kunststoff [gr.-nlat.]
**Po'ly'vi'nyl'chlo'rid** (das, -s, -e) = PVC
**Po'ly'zy'thä'mie** (die, -, -n) krankhafte Vermehrung der roten Blutkörperchen [gr.]
**Po'ma'de** (die, -, -n) parfümiertes Fett; z.B. Haarpomade, Lippenpomade [it.]
**po'ma'di'sie'ren** (V.) mit Pomade einreiben (Haare)
**Po'me'ran'ze** (die, -, -n) kleine, orangenähnliche Zitrusfrucht mit bitterem Geschmack [it.]
**Pom'mer** (der, -s, -) altes, schalmeiähnliches Holzblasinstrument, Bombarde [frz.]
**Pom'mes** (nur Mz.) = Pommes frites (ugs.); z.B. Pommes mit Majo: Pommes frites mit Majonäse (norddt.)
**Pommes al'lu'mettes** [pɔmzalymɛt] (nur Mz.) streichholzdünn geschnittene Pommes frites [frz.]
**Pommes frites** [pɔmfrit] (nur Mz.) roh in Fett gebackene Kartoffelstäbchen [frz.]
**Po'mo'lo'gie** (die, -, nur Ez.) Wissenschaft vom Obstbau [lat.-gr.]

P

**Pomp** (der, -s, nur Ez.) sehr große Pracht, übertriebener Aufwand [frz.]
**Pom'pa'dour** [-duːɐ] (der, -s, -e oder -s) beutelförmige Damenhandtasche (früher) [frz.]
**Pom'pon** [pɔ̃pɔ̃] (der, -s, -s) dicke, runde Quaste, Bommel [frz.]
**pom'pös** (Adj.) übertrieben prächtig, pomphaft [frz.]
**pon'ceau** [pɔ̃soː] (Adj.) hochrot [frz.]
**Pon'ceau** [pɔ̃soː] (das, -s, nur Ez.) rotoranger Farbstoff [frz.]
**Pon'cho** [-tʃo] (der, -s, -s) **1** viereckiger Umhang der süd- und mittelamerikanischen Indianer mit einem Loch in der Mitte für den Kopf [indian.] **2** mantelartiger Umhang, bes. für Frauen
**Pon'de'ra'bi'li'en** (die, nur Mz.) fassbare, wägbare Dinge
**Pö'ni'tent** (der, -en, -en) Beichtender, Büßender (in der kath. Kirche) [lat.]
**Pö'ni'tenz** (die, -, -en) Buße, Bußübung (in der kath. Kirche) [lat.]
**Pö'ni'ten'zi'ar** *auch:* Pö'ni'ten'ti'ar (der, -s, -e) Beichtvater (in der kath. Kirche) [lat.]
**Pon'ti'fex** (der, -, -fi'ces oder -fi'zes) Oberpriester (im alten Rom); Pontifex maximus: Titel des Kaisers, später des Papstes [lat.]
**pon'ti'fi'kal** (Adj.) zum Bischof gehörig, ihm zustehend, von ihm durchgeführt, bischöflich [lat.]
**Pon'ti'fi'ka'li'en** (nur Mz.) **1** Amtshandlungen des Bischofs **2** Gewänder und Abzeichen, die er dabei trägt [lat.]
**Pon'ti'fi'kat** (das oder der, -(e)s, -e) Amt, Würde, Amtszeit des Bischofs bzw. des Papstes [lat.]
**pon'tisch** (Adj.) steppenhaft [gr.]
**Pon'ton** [pontɔ̃] (der, -s, -s) **1** breiter, flacher Kahn als Teil einer schwimmenden Brücke **2** Schwimmkörper; z.B. schwimmendes Dock [frz.]
**Po'ny** **1** (das, -s, -s) Vertreter einer kleinen Pferderasse **2** (der, -s, -s) glatte, die Stirn bedeckende Haare [engl.]
**Pool** [puːl] (der, -s, -s) **1** Vereinigung von Firmen zur gemeinsamen Beteiligung am Gewinn **2** Spieleinsatz [engl.] Kurzform von Poolbillard
**Pool** [puːl] (der, -s, -s) Schwimmbecken, Swimmingpool [engl.]
**Pop...** (in Zusammensetzungen) modern und auffallend (in den 70er-Jahren); z.B. Popfarbe [engl.]
**Po'panz** (der, -es, -e) **1** Schreckgespenst **2** spaßige Gestalt, Strohpuppe **3** vom Willen anderer abhängiger Mensch [tschech.]
**Pop-Art** (die, -, nur Ez.) Richtung der modernen Kunst, die mit Zusammenstellung von Gegenständen des Alltags bestimmte Wirkungen zu erzielen sucht [engl.]
**Pop'corn** (das, -s, nur Ez.) durch Rösten aufgequollene und aufgeplatzte Maiskörner, Puffmais [engl.]
**Po'pe** (der, -n, -n) Geistlicher (der russisch- und griechisch-orthodoxen Kirche) [russ.]
**Po'pe'lin** *auch:* die Po'pe'li'ne (der, -s, -e) fester Baumwollstoff (für Herrenhemden, Mäntel u.a.) [frz.]
**Po'pe'li'ne** [-lin] (die, -, -n) = Popelin
**Pop'mu'sik** (die, -, nur Ez.) dem Beat und Rock nahe stehende Unterhaltungsmusik [engl.-lat.]
**Pop'per** (der, -s, -) eleganter, angepasster Jugendlicher [viell. engl.]
**Pop'pers** (nur Mz.) gefäßerweiternde Droge [engl.]
**pop'pig** (Adj.) modern und auffallend, grell bunt [engl.]
**po'pu'lär** (Adj.) volkstümlich, im Volk beliebt, dem Volk verständlich, beim Volk Zustimmung findend [lat.]
**po'pu'la'ri'sie'ren** (V.) populär machen, dem Volk nahe bringen
**Po'pu'la'ri'tät** (die, -, nur Ez.) populäre Beschaffenheit, populäre Art, Beliebtheit beim Volk, Volkstümlichkeit
**Po'pu'la'ti'on** (die, -, -en) **1** Bevölkerung **2** Gesamtheit der Angehörigen einer Pflanzen- oder Tierart in einem Gebiet **3** Gesamtheit der Sterne gleichen Alters, ähnlicher räumlicher Stellung und chemischer Zusammensetzung **4** Klasse von Gegenständen, die zu untersuchen sind (in der Statistik) [lat.]
**Po're** (die, -, -n) **1** feine Öffnung, feines Loch **2** Mündung der Schweißdrüsen (in der Haut) [lat.]
**Por'no** (der, -s, -s) kurz für: pornografischer Roman oder Film, pornografisches Heft

**Por'no'gra'fie** *auch:* Por'no'gra'phie (die, -, -n) aufreizende Darstellung sexueller Vorgänge mit primitiven Mitteln [gr.]
**por'no'gra'fisch** *auch:* por'no'gra'phisch (Adj.) zur Pornografie gehörig, auf ihr beruhend
**po'rös** (Adj.) durchlässig
**Po'ro'si'tät** (die, -, nur Ez.) poröse Beschaffenheit, Durchlässigkeit
**Por'phyr** (der, -s, -e) feinkörniges Ergussgestein mit Einsprenglingen von Kristallen [gr.]
**Por'ree** (der, -s, -s) Lauch [lat.]
**Por'ridge** [-rɪdʒ] (das oder der, -s, nur Ez.) Haferbrei (in angelsächsischen Ländern Frühstücksspeise) [engl.]
**Port** (der, -s, -e) **1** Hafen **2** Zufluchtsort [lat.]
**Por'ta'ble** [pɔːtəbl] (das, -s, -s) tragbares Fernsehgerät [engl.]
**Por'tal** (das, -s, -e) hohes, breites Tor (oft architektonisch verziert) [lat.]
**Por'ta'men'to** (das, -s, -ti) weiches, gleitendes Verbinden von Tönen (beim Gesang und Spielen von Streichinstrumenten) [it.]
**Por'ta'tiv** (das, -s, -e) kleine, tragbare Orgel
**Porte'feuille** [pɔrtəfœj] (das, -s, -s) (veraltet) **1** Brieftasche **2** Amtsbereich (eines Ministers) **3** Bestand an Wertpapieren (einer Bank) [frz.]
**Porte'man'teau** [pɔrtmɑ̃toː] (das, -s, -s) zwei Morpheme, die zu einem verschmolzen sind; z.B. am = an dem [frz.]
**Porte'mon'naie** (das, -s, -s) = Portmonee
**Porte'pee** (das, -s, -s) Quaste am Degen oder Säbel (des Offiziers) [frz.]
**Por'ter** [pɔː-] (der oder das, -s, -) dunkles englisches Bier [engl.]
**Por'ter'house** [-haʊs] (das, -, nur Ez.) Schnittart für Steaks, Stück von der dicksten Stelle des Nierenstücks mit Filet und Lende [engl.]
**Por'ti'er** [-tjeː] (der, -s, -s) Pförtner [frz.]
**Por'ti'e're** [-tjɛːrə] (die, -, -n) Vorhang zu beiden Seiten der Tür aus schwerem Stoff [frz.]
**por'tie'ren** (V.) zur Wahl vorschlagen
**Por'ti'kus** (der, -, - oder -ken) Säulenhalle [lat.]
**Por'ti'on** (die, -, -en) abgemessene Menge (bes. von Speisen) [lat.]
**Port'mo'nee** *auch:* Porte'mon'naie (das, -s, -s) Geldbeutel, Geldtasche, -börse [frz.]
**Por'to** (das, -s, -ti) Gebühr (für Postsendungen) [it.]
**Por'trait** [-trɛː] (das, -s, -s) = Porträt
**Por't'rät** [-trɛː] (das, -s, -s) Bildnis, Brustbild eines Menschen [frz.]
**por'trä'tie'ren** (V.) jmdn. porträtieren: von jmdm. ein Porträt malen oder zeichnen
**Por'trä'tist** (der, -en , -en) Porträtmaler
**Por'tu'gie'se** (der, -n, -n) Einwohner von Portugal
**Por'tu'gie'ser** (der, -s, -) **1** eine Traubensorte **2** Wein, der aus dieser Traube gekeltert wird
**por'tu'gie'sisch** (Adj.) zu Portugal gehörig, daraus stammend
**Por'tu'lak** (der, -s, -s oder -e) eine Zier- und Gemüsepflanze, deren Blätter als Salat gegessen werden [lat.]
**Por'zel'lan** (das, -s, -e) **1** feine, weiße Tonware **2** Gegenstände, Geschirr daraus [it.]
**Po'sa'men'ten** (nur Mz.) Borten, Schnüre, Litzen, Bänder (die als Kleiderbesatz dienen) [frz.]
**Po'sau'ne** (die, -, -n) ein Blechblasinstrument mit zwei ineinanderliegenden Rohren, von denen eins verschiebbar ist [frz.]
**po'sau'nen** (V.) **1** auf der Posaune spielen **2** laut rufen, laut verkünden (ugs., scherzhaft)
**Po'sau'nist** (der, -en, -en) Posaunenspieler
**po'schie'ren** (V.) = pochieren
**Po'se** (die, -, -n) **1** bestimmte Haltung, Stellung **2** gekünstelte, wichtigtuerische Haltung [frz.]
**Po'seur** [-zøːɐ] (der, -s, -e) jmd., der sich gern in Pose setzt, der gern posiert
**po'sie'ren** (V.) **1** eine bestimmte Pose einnehmen **2** sich gekünstelt, wichtigtuerisch benehmen
**Po'si'ti'on** (die, -, -en) **1** Bejahung **2** Setzung, Aufstellung (einer These) **3** Haltung, Stellung (in der sich jmd. befindet) **4** Stellung (im Beruf) **5** Standort, Lage (eines Flugzeugs, Schiffes, Gestirns) **6** Stellung (in einem System) **7** einzeln aufgeführter Gegenstand (in einer Liste, bes. Warenliste) [lat.]

**po'si'ti'o'nell** (Adj.) hinsichtlich der Position, der Stellung, Lage
**po'si'ti'o'nie'ren** (V.) anordnen, zuordnen, in eine bestimmte Stellung bringen
**po'si'tiv** (V.) 1 bejahend, zustimmend 2 günstig, angenehm, erfreulich, vorteilhaft 3 größer als null; z.B. positive Zahlen 4 Krankheitserreger aufweisend; z.B. positiver Befund 5 mehr Protonen als Elektronen aufweisend [lat.]
**Po'si'tiv** 1 (der, -s, -e) nicht gesteigerte Form, Grundform der Adjektive, Grundstufe 2 (das, -s, -e) Lichtbild, bei dem die Helligkeitswerte oder Farben der Wirklichkeit entsprechen 3 (das, -s, -e) kleine Orgel
**Po'si'ti'vis'mus** (der, -, nur Ez.) philosophische Lehre, die das Wirkliche, Tatsächliche als allein maßgebend für die Erkenntnis betrachtet und jegliche Metaphysik ablehnt [lat.]
**Po'si'ti'vist** (der, -en, -en) Anhänger des Positivismus
**po'si'ti'vis'tisch** (Adj.) zum Positivismus gehörig
**Po'si'ti'vum** (das, -s, -va) positive Sache [lat.]
**Po'si'tiv'ver'fah'ren** (das, -s, -) Herstellung von fotografischen Positivabzügen ohne Negative
**Po'si'tron** (das, -s, -en, -en) Elementarteilchen mit elektrisch positiver Ladung; Masse gleich der Elektronenmasse [lat.-gr.]
**Po'si'tur** (die, -, -en) für eine bestimmte Situation eingenommene Haltung, Stellung; z.B. sich in Positur setzen [lat.]
**Pos'se** (die, -, -n) derbe, niveaulose Komödie
**pos'ses'siv** (Adj.) besitzanzeigend (in der Grammatik) [lat.]
**Pos'ses'siv'pro'no'men** (das, -s, - oder -mina) besitzanzeigendes Fürwort; z.B. mein
**Pos'ses'si'vum** (das, -s, -va) = Possessivpronomen
**Post** (die, -, nur Ez.) 1 (meist staatliches) Unternehmen zum Befördern von Briefen, Paketen, Geldsendungen u.a., zum Vermitteln von Telefongesprächen, Telegrammen 2 Gebäude dafür, Postamt 3 durch die Post beförderte Sendung, Postsendung 4 Zustellung von Postsendungen; z.B. Briefpost, Paketpost 5 Postkutsche (früher) [lat.]
**pos'ta'lisch** (Adj.) zur Post gehörig, sie betreffend; z.B. postalische Angaben, postalische Einrichtungen; mithilfe der Post; z.B. auf postalischem Wege, durch sie befördert; z.B. postalische Sendung
**Pos'ta'ment** (das, -(e)s, -e) Sockel, Unterbau [it.-lat.]
**post Chris'tum na'tum** nach Christus bzw. nach Christi Geburt [lat.]
**Post'de'bit** (der, -s, nur Ez.) Zeitungsvertrieb durch die Post [frz.]
**Pos'ten** (der, -s, -) 1 jmd., bes. Soldat, der Wache steht, Wachposten, Wache 2 Stellung (im Beruf), Amt 3 Menge gleicher Waren; z.B. ein Posten Taschentücher 4 Einzelbetrag (in einer Rechnung) [it.]
**Pos'ter** (der oder das, -s, -) plakatartig aufgemachtes, großes Bild [engl.]
**poste re'stante** [pɔstrɛstɑ̃:t] postlagernd (veraltet) [frz.]
**pos'te'ri'or** (Adj.) 1 verspätet 2 verschoben [lat.]
**Pos'te'ri'o'ra** 1 (nur Mz.) Nachfolgendes 2 scherzhaft für Gesäß [lat.]
**Pos'te'ri'o'ri'tät** (die, -, nur Ez.) 1 das Spätersein, späteres Erscheinen 2 Nachstehen im Amt (veraltet) [lat.]
**Pos'te'ri'tät** 1 (die, -, -en) Nachkommenschaft 2 Nachwelt [lat.]
**post fes'tum** „nach dem Fest", hinterher [lat.]
**post'gla'zi'al** (Adj.) nach der Eiszeit, nacheiszeitlich [lat.]
**Pos'thi'tis** (die, -, -ti'den) Entzündung der Vorhaut (Med.)
**post'hum** *auch:* pos'tum (Adj.) nach dem Tode des Verfassers, Komponisten (veröffentlicht), nachgelassen; z.B. ein postum erschienenes Werk [lat.]
**pos'tie'ren** (V.) an einer Stelle aufstellen [lat.-it.]
**Pos'til'le** (die, -, -n) Buch mit erbaulichen Betrachtungen, Erzählungen u.a., Erbauungsbuch, Andachtsbuch (früher) [lat.]
**pos'ten** (V.) schreiben und senden von Beiträgen in Newsgroups oder Internetforen [lat.-it.-frz.-engl.]
**Po'stil'lon d'Amour** [pɔstijɔ̃damu:r] (der, - -, -s -) Überbringer eines Liebes-

P

briefes, auch einer mündlichen Liebesbotschaft [frz.]

**Post'lu'di'um** (das, -s, -di'en) Nachspiel (in der Musik) [lat.]

**post'mor'tal** (Adj.) nach dem Tode (eintretend, eingetreten) [lat.]

**post mor'tem** nach dem Tod [lat.]

**post'na'tal** (Adj.) nach der Geburt, nach der Entbindung (eintretend, eingetreten) [lat.]

**post'nu'me'ran'do** (Adv.) nach dem Empfang; z.B. postnumerando bezahlen [lat.]

**Post'nu'me'ra'tion** (die, -, -en) Nachzahlung

**Pos'to** (nur in der Fügung:) Posto fassen: sich aufstellen, einen Platz einnehmen [it.]

**post'ope'ra'tiv** (Adj.) nach der Operation (eintretend, eingetreten) [lat.]

**Post'skript** (das, -(e)s, -e) Nachschrift (unter einem Brief) [lat.]

**Post'skrip'tum** (das, -s, -ten oder -ta) = Postskript

**Pos'tu'lant** (der, -en, -en) **1** Bewerber **2** Mitglied eines kath. Ordens während der Probezeit [lat.]

**Pos'tu'lat** (das, -(e)s, -e) **1** einleuchtende, aber nicht beweisbare Annahme **2** sittliche Forderung **3** Probezeit vor dem Eintritt in einen kath. Orden [lat.]

**pos'tu'lie'ren** (V.) **1** als wahr, glaubhaft annehmen **2** als sittliche Forderung aufstellen, zur Bedingung machen

**pos'tum** (Adj.) = posthum

**Pot** (das, -s, nur Ez.) Haschisch, Marihuana [engl.]

**po'tent** (Adj.) **1** leistungsfähig, mächtig **2** vermögend, zahlungskräftig **3** fähig zum Geschlechtsverkehr [lat.]

**Po'ten'tat** (der, -en, -en) Herrscher, regierender Fürst [lat.]

**po'ten'ti'al** (Adj.) = potenzial

**Po'ten'ti'al** (das, -s, -e) = Potenzial

**Po'ten'ti'a'lis** (der, -, -les) = Potenzialis

**po'ten'ti'ell** (Adj.) = potenziell

**Po'ten'tio'me'ter** (das, -s, -) = Potenziometer

**Po'tenz** (die, -, -en) **1** Leistungsfähigkeit, Kraft **2** Fähigkeit zum Geschlechtsverkehr **3** Produkt mehrerer gleichartiger Faktoren; eine Zahl in die vierte Potenz erheben: sie viermal mit sich selbst malnehmen **4** Verdünnungsgrad (eines Arzneimittels; in der Homöopathie) [lat.]

**po'ten'zi'al** *auch:* po'ten'ti'a̲l (Adj.) **1** als Möglichkeit vorhanden **2** eine Möglichkeit ausdrückend [lat.]

**Po'ten'zi'al** *auch:* Po'ten'ti'a̲l (das, -s, -e) **1** Maß (an Leistungsfähigkeit, Möglichkeiten) **2** Maß für die Stärke eines Kraftfeldes an einem Punkt im Raum [lat.]

**Po'ten'zi'a'lis** *auch:* Po'ten'ti'a̲'lis (der, -, -les) Aussageweise des Verbs, die eine Möglichkeit ausdrückt [lat.]

**po'ten'zi'ell** *auch:* po'ten'ti'e̲ll (Adj.) möglich, denkbar, als Möglichkeit vorhanden [lat.-frz.]

**po'ten'zie'ren** (V.) **1** in die Potenz erheben, mit sich selbst malnehmen **2** sich stark steigern, sich stark erhöhen [lat.]

**Po'ten'zio'me'ter** *auch:* Po'ten'tio'me̲'ter (das, -s, -) Gerät zum Teilen einer elektrischen Spannung in Teilspannungen, Spannungsleiter [lat.-gr.]

**Pot'pour'ri** [-puri] (das, -s, -s) **1** Zusammenstellung mehrerer Musikstücke oder mehrerer Melodien aus einem Musikstück zu einem neuen Musikwerk **2** Allerlei, bunte Mischung [frz.]

**Pou'lard** (das, -s, -s) = Poularde

**Pou'lar'de** [pu-] (die, -, -n) gemästetes Huhn [frz.]

**Poule** [pu:l] (die, -, -n) Spieleinsatz [frz.]

**Poulet** [pu:le] (das, -s, -s) junges Hähnchen oder Hühnchen zum Braten [frz.]

**Pound** [paʊnd] (das, -, -s oder -) **1** britische und nordamerikanische Gewichtseinheit 453,6 g **2** britische Währungseinheit, Pfund [engl.]

**Pour le Mé'rite** [purləmerit] (der, - - -, nur Ez.) 1740–1918 und seit 1952 hoher deutscher Verdienstorden [frz.]

**Pous'sa'ge** [pusa:ʒə] (die, -, -n) Liebschaft, Liebesverhältnis (veraltet) [frz.]

**pous'sie'ren** [pusi:-] (V.) ein Liebesverhältnis (mit jmdm.) haben oder beginnen (veraltet); z.B. mit jmdm. poussieren [frz.]

**Pou'voir** [puvwa:r] (das, -s, -s) Handlungsvollmacht (österr.) [frz.]

**po'wer** (Adj.) arm, armselig, dürftig [lat.-frz.]

P

**Power** [paʊə] (die, -, nur Ez.) Kraft, Stärke (ugs.) [engl.]
**powern** [pauɐn] (V.) Macht ausüben, nach Macht streben; sich voll einsetzen (ugs.) [engl.]
**Powerplay** [paʊəpleɪ] (das, -s, nur Ez.) voller Einsatz (um einen Rückstand auszugleichen; z.B. im Fußball) [engl.]
**Powidl** (der, -s, nur Ez.) Pflaumenmus (österr.) [tschech.]
**PR** [peːɛr] (die, -, nur Ez.) = **P**ublic **R**elations
**Prä** (das, -s, nur Ez.) **1** Vorrang; z.B. er hat das Prä **2** Vorteil; z.B. ein Prä jmdm. gegenüber haben [lat.]
**Präambel** (die, -, -n) **1** Vorspiel (im Orgel-, Lautenspiel) **2** Einleitung (zu einem Staatsvertrag, einer Verfassungsurkunde) [lat.]
**Präbendar** (der, -s, -e) *auch:* Präbendarius (der, -, -rien) Inhaber einer Präbende, Pfründner
**Präbende** (die, -, -n) mit Einkünften verbundenes Kirchenamt, Pfründe [lat.]
**Prädestination** (die, -, nur Ez.) Vorbestimmung [lat.]
**prädestinieren** (V.) vorbestimmen; für etwas prädestiniert sein: für etwas besonders geeignet sein [lat.]
**Prädikant** (der, -en, -en) Hilfsprediger (in der evangel. Kirche) [lat.]
P
**Prädikat** (das, -(e)s, -e) **1** Titel, Rangbezeichnung; z.B. Adelsprädikat **2** Bewertung, Beurteilung; z.B. das Prädikat „sehr gut“ erhalten **3** besondere Bezeichnung für eine Bewertung; z.B. ein Wein mit dem Prädikat „Kabinett“ **4** Satzteil (Verb), der eine Tätigkeit des Subjekts ausdrückt [lat.]
**prädikativ** (Adj.) als Prädikat; z.B. prädikative Verwendung
**prädiktabel** (Adj.) durch wissenschaftliche Verallgemeinerung vorhersagbar
**Prädiktion** (die, -, -en) Voraussage [lat.]
**prädisponieren** (V.) vorausbestimmen; für eine Krankheit prädisponiert sein: für eine Krankheit besonders empfänglich sein [lat.]
**Prädisposition** (die, -, -en) Empfänglichkeit (für eine Krankheit) [lat.]
**Prädomination** (die, -, nur Ez.) das Vorherrschen [lat.]
**prädominieren** (V.) vorherrschen, überwiegen [lat.]
**praecox** [prɛː-] (Adj.) vorzeitig (auftretend, eintretend) [lat.]
**Präexistenz** (die, -, nur Ez.) das Vorherbestehen, das Vorhandensein vorher; z.B. der Seele vor ihrem Eintritt in den Körper [lat.]
**Präfation** (die, -, -en) Gesang des Priesters vor der Wandlung (in der kath. Messe) [lat.]
**Präfekt** (der, -en, -en) **1** hoher Beamter (im alten Rom) **2** hoher Verwaltungsbeamter eines Departements (in Frankreich) **3** Schüler, der die Aufsicht über jüngere Schüler führt (in englischen Internaten) **4** Mitglied eines Schulchores, der den Chorleiter vertreten kann **5** kath. Geistlicher mit besonderen Aufgaben [lat.]
**Präfektur** (die, -, -en) Amt und Amtsräume eines Präfekten
**Präfix** [-fɪks] (das, -es, -e) Vorsilbe [lat.]
**präglazial** (Adj.) vor der Eiszeit, voreiszeitlich [lat.]
**Pragmatik** (die, -, -en) **1** Ausgerichtetsein auf das Nützliche, Sinn für das Sachliche, für Tatsachen **2** Dienstordnung (österr.) **3** Zweig der Sprachwissenschaft, der das Sprachverhalten des Menschen untersucht
**Pragmatiker** (der, -s, -) **1** Vertreter des Pragmatismus **2** jmd., dessen Handeln und Denken nur auf den praktischen Nutzen ausgerichtet ist [gr.]
**pragmatisch** (Adj.) **1** auf die Tatsachen bezogen, (nur) die Tatsachen berücksichtigend **2** auf den praktischen Nutzen ausgerichtet **3** zur Pragmatik gehörig, das Sprachverhalten betreffend [gr.]
**Pragmatismus** (der, -, nur Ez.) philosophische Lehre, dass nur das Handeln des Menschen für die Erkenntnis maßgebend sei, danach Wert und Unwert des Denkens bemessen wird und das Handeln und Denken auf den praktischen Nutzen gerichtet sein sollte [gr.]
**Pragmatist** (der, -en, -en) Vertreter, Anhänger des Pragmatismus
**prägnant** (Adj.) kurz und treffend, kurz und genau [lat.]

**Präg'nanz** (die, -, nur Ez.) prägnante Beschaffenheit, Kürze und Genauigkeit, Knappheit des Ausdrucks

**Prä'his'to'rie** [-riə] (die, -, nur Ez.) geschichtlicher Zeitraum vor den ersten schriftlichen Aufzeichnungen, Vorgeschichte [lat.]

**Prä'his'to'ri'ker** (der, -s, -) Wissenschaftler der Prähistorie

**prä'his'to'risch** (Adj.) zur Prähistorie gehörig, vorgeschichtlich

**Prahm** (der, -(e)s, -e) Lastkahn

**Prä'ju'diz** (das, -es, -e) **1** richterliche Entscheidung, die für spätere Entscheidungen in ähnlichen Fällen maßgebend ist **2** Vorwegnahme einer Entscheidung (aus zwingenden Gründen) **3** vorgefasste Meinung, Vorentscheidung [lat.]

**prä'ju'di'zie'ren** (V.) einer Entscheidung vorgreifen [lat.]

**Prä'kam'bri'um** (das, -s, nur Ez) Sammelbezeichnung für die erdgeschichtliche Frühzeit des Archaikums und Algonkiums

**Prä'klu'si'on** (die, -, -en) Verweigerung; z.B. eines Anspruchs; im Rechtswesen [lat.]

**prä'klu'siv** (Adj.) ausschließend, ein Recht verwirkend [lat.]

**Prä'ko'gni'ti'on** (die, -, nur Ez.) außersinnliche Wahrnehmung, Voraussehen künftiger Ereignisse (in der Parapsychologie) [lat.]

**prä'ko'lum'bisch** (Adj.) vor der Entdeckung durch Kolumbus; das präkolumbische Amerika

**Prä'ko'ni'sa'ti'on** (die, -, -en) das Präkonisieren

**prä'ko'ni'sie'ren** (V.) vor den Kardinälen feierlich zum Bischof ernennen [lat.]

**Pra'krit** (das, -s, nur Ez.) mehrere mittelindische Mundarten zwischen 500 v. Chr. und 1000 n. Chr.

**prak'ti'fi'zie'ren** (V.) in die Praxis umsetzen in der Praxis anwenden, praktizieren [lat.]

**Prak'tik** (die, -, -en) **1** Ausübung, Handhabung, Verfahren **2** Kniff, Trick [lat.]

**prak'ti'ka'bel** (Adj.) **1** brauchbar, benutzbar, durchführbar **2** fest, zum Begehen eingerichtet, nicht gemalt (von Dekorationsteilen auf der Bühne) [lat.]

**Prak'ti'kant** (der, -en, -en) jmd., der sein Praktikum macht

**Prak'ti'ker** (der, -s, -) jmd., der bes. für praktische Arbeit geeignet ist, der praktische Erfahrung hat, der praktisch vorgeht

**Prak'ti'kum** (das, -s, -ka) **1** Ausbildung in der praktischen Arbeit (als Teil der Ausbildung) **2** Kurs mit praktischen Übungen

**Prak'ti'kus** (der, -, -se) Praktiker, praktischer Mensch (ugs., scherzhaft)

**prak'tisch** (Adj.) **1** in der Praxis, in Wirklichkeit; z.B. das ist praktisch unmöglich **2** leicht zu handhaben, gut brauchbar, zweckmäßig **3** zu einem Praktikum gehörig, mit Übungen verbunden; z.B. praktische Ausbildung **4** geschickt, einfallsreich. z.B. ein praktischer Mensch **5** praktischer Arzt: Arzt für alle Krankheiten, Arzt ohne Spezialausbildung

**prak'ti'zie'ren** (V.) **1** in der Praxis anwenden, praktisch durchführen **2** geschickt (an eine Stelle) bringen, setzen, legen, stellen **3** in der Praxis tätig sein; praktizierender Arzt, Arzt mit eigener Praxis, nicht an der Hochschule tätiger Arzt [gr.-nlat.]

**Prä'lat** (der, -en, -en) **1** geistlicher Würdenträger (mit bestimmten Befugnissen; in der kath. Kirche) **2** leitender Geistlicher (in einigen evangel. Landeskirchen) [lat.]

**Prä'la'tur** (die, -, -en) Amt und Amtsräume eines Prälaten

**Prä'li'mi'na're** (das, -s, -rien) **1** einleitende diplomatische Verhandlungen **2** Vorbereitungen, Einleitung [lat.]

**prä'li'mi'nie'ren** (V.) vorläufig bestimmen

**Pra'li'ne** *auch:* Pra'li'nee/Pra'li'né) (die, -, -n) Süßigkeit aus Schokolade mit Füllung [frz.]

**Pra'li'né** (das, -s, -s) = Praline

**Pra'li'nee** (das, -s, -s) = Praline (österr.)

**prä'lu'die'ren** (V.) als Einleitung frei gestaltend etwas spielen (auf dem Klavier oder der Orgel) [lat.]

**Prä'lu'di'um** (das, -s, -di'en) musikalisches Vorspiel [lat.]

**prä'ma'tur** (Adj.) vorzeitig eintretend, frühreif

**Prä'mie** (die, -, -n) **1** Preis, Belohnung (für eine Leistung) **2** regelmäßig zu zahlende Versicherungssumme [lat.]

**prä'mie'ren** *auch:* prä'mi'ie'ren (V.) mit einer Prämie auszeichnen

**prä'mi'ie'ren** (V.) = prämieren
**Prä'mis'se** (die, -, -n) Voraussetzung, Vordersatz (eines logischen Schlusses) [lat.]
**prä'mor'tal** (Adj.) vor dem Tode (eintretend, eingetreten) [lat.]
**Pra'na** (das, -(s), nur Ez.) Odem, Lebensenergie (Hinduismus, Esoterik-Szene) [ind.]
**prä'na'tal** (Adj.) vor der Geburt, vor der Entbindung (eintretend, eingetreten) [lat.]
**Prä'no'va** (die, -, -vä) Fixstern im Übergang zu einer Nova [lat.]
**prä'nu'me'ran'do** (Adv.) vor dem Empfang, im Voraus; z.B. pränumerando bezahlen [lat.]
**Prä'pa'rat** (das, -(e)s, -e) **1** etwas, das für einen bestimmten Zweck sachgemäß zubereitet worden ist; z.B. medizinisches, kosmetisches Präparat **2** (für mikroskopische Untersuchung) vorbereitetes Gewebsstück eines Organismus **3** getrocknete Pflanze oder ausgestopftes Tier (zu Lehrzwecken) [lat.]
**Prä'pa'ra'ti'on** (die, -, -en) **1** Vorbereitung für den Unterricht (veraltet) **2** Zubereitung, Herstellung eines Präparates [lat.]
**Prä'pa'ra'tor** (der, -s, -en) jmd., der beruflich Präparate (3) herstellt
**prä'pa'rie'ren** (V.) **1** zerlegen, zerschneiden (für Lehrzwecke); z.B. Gewebsteile von toten Organismen präparieren **2** dauerhaft, haltbar machen; z.B. Pflanzen, tote Tiere präparieren **3** lesen und übersetzen (als Vorbereitung für den Unterricht); z.B. einen Text präparieren **4** sich präparieren: sich für den Unterricht vorbereiten [lat.]
**Prä'pon'de'ranz** (die, -, nur Ez.) Vorherrschaft (bes. eines Staates); Übergewicht [lat.]
**prä'pon'de'rie'ren** (V.) vorherrschen, die Vorherrschaft ausüben; das Übergewicht haben, überwiegen [lat.]
**Prä'po'si'ti'on** (die, -, -en) Wort, das ein räumliches, zeitliches, logisches Verhältnis zu einem andern Wort angibt, Verhältniswort; z.B. in, nach, für [lat.]
**prä'po'si'ti'o'nal** (Adj.) mit einer Präposition verbunden; z.B. präpositionales Attribut
**prä'po'tent** (Adj.) **1** übermächtig (veraltet) **2** aufdringlich, überheblich (österr.) [lat.]
**Prä'po'tenz** (die, -, -en) Übermacht (veraltet) [lat.]
**Prä'pu'ti'um** (das, -s, -ti'en) Vorhaut (des männlichen Gliedes) [lat.]
**Prä'raf'fa'e'lit** (der, -en, -en) Angehöriger einer 1848 gegründeten Vereinigung von englischen Malern, die im Sinne der Vorläufer von Raffael der Kunst einen neuen, seelisch vertieften Inhalt zu geben suchten
**Prä'rie** (die, -, -n) Grassteppe im mittleren Westen Nordamerikas [frz.]
**Prä'ro'ga'tiv** (das, -s, -e) Vorrecht (bes. des Herrschers) [lat.]
**Prä'ro'ga'ti've** (die, -, -n) = Prärogativ
**Prä'sens** (das, -, -sen'tia oder -sen'zi'en) Zeitform des Verbs, die ein Geschehen, einen Zustand als gegenwärtig bezeichnet, Gegenwartsform; z.B. ich lese, er ist krank; historisches Präsens: Gegenwartsform, die um der größeren Lebendigkeit willen ein bereits vergangenes Geschehen schildert [lat.]
**prä'sent** (Adj.) **1** gegenwärtig, anwesend **2** im Gedächtnis; z.B. einen Vorfall nicht präsent haben [lat.]
**Prä'sent** (das, -(e)s, -e) Geschenk [lat.]
**Prä'sen'tant** (der, -en, -en) jmd., der etwas vorlegt, präsentiert: z.B. Präsentant einer Urkunde, eines fälligen Wechsels
**Prä'sen'ta'ti'on** (die, -, -ti'o'nen) das Präsentieren, Vorlegen; z.B. Präsentation eines fälligen Wechsels
**prä'sen'tie'ren** (V.) vorlegen, zeigen, vorzeigen; z.B. einen fälligen Wechsel präsentieren; das Gewehr präsentieren: das Gewehr senkrecht vor den Körper halten (als Ehrenbezeigung) [lat.]
**Prä'senz** (die, -, nur Ez.) Anwesenheit, Gegenwart [lat.]
**Prä'senz'bi'b'li'o'thek** (die, -, -en) Bibliothek, in der die Bücher nur im Lesesaal benutzt werden dürfen (nicht ausleihbar)
**Pra'se'o'dym** (das, -s, nur Ez.) chemisches Element, Metall [gr.]
**Prä'ser'va'tiv** (das, -s, -e) hauchdünner Gummi, der über den Penis gestreift wird, Schutzmittel, Verhütungsmittel [lat.]
**Prä'ser've** (die, -, -n) nicht völlig keimfreie Konserve, Halbkonserve [lat.]

**Prä'ses** (der oder die, -, -si'des oder -siden) **1** geistlicher Vorstand eines kath. kirchlichen Vereins **2** Vorsitzender; z.B. einer evangel. Synode [lat.]

**Prä'si'dent** (der, -en, -en) Vorsitzender (einer Versammlung); Leiter (einer Behörde, Akademie, eines Vereins); Oberhaupt (einer Republik) [lat.]

**prä'si'di'al** (Adj.) zum Präsidenten, Präsidium gehörig, von ihm ausgehend

**prä'si'die'ren** (V.) die Leitung innehaben; eine Versammlung präsidieren (schweiz.): eine Versammlung leiten [lat.]

**Prä'si'di'um** (das, -s, -di'en) **1** Vorsitz, Leitung **2** leitende Gruppe **3** Amtsgebäude des Präsidenten; z.B. Polizeipräsidium [lat.]

**prä'skrip'tiv** (Adj.) auf Vorschriften beruhend; präskriptive Grammatik: eine Grammatik, die nicht versucht, die Regeln einer Sprache abzubilden, sondern sie ihr vorzuschreiben [lat.]

**prä'su'mie'ren** (V.) voraussetzen, vermuten, annehmen [lat.]

**Prä'sum'ti'on** *auch:* Prä'sump'ti'on (die, -, -ti'onen) Voraussetzung, Vermutung, Annahme [lat.]

**prä'sum'tiv** (Adj.) auf einer Voraussetzung, Vermutung beruhend [lat.]

**Prä'ten'dent** (der, -en, -en) jmd., der Anspruch auf etwas (ein Amt, bes. den Thron) hat oder erhebt [lat.]

**prä'ten'die'ren** (V.) beanspruchen, fordern; auf etwas prätendieren: Anspruch auf etwas erheben

**Prä'ten'ti'on** (die, -, -ti'onen) Anspruch, Forderung [lat.]

**prä'ten'ti'ös** (Adj.) anspruchsvoll, anmaßend

**Prä'te'ri'tum** (das, -s, -ta) Zeitform des Verbs, Vergangenheit; z.B. ich kam [lat.]

**Prä'tor** (der, -s, -toren) höchster Justizbeamter (im alten Rom) [lat.]

**Prä'to'ri'a'ner** (der, -s, -) Angehöriger der Leibwache (der Kaiser und Feldherren im alten Rom) [lat.]

**Prau** (die, -, -e) Segelboot der Malaien mit Auslegern [malai.]

**prä'va'lent** (Adj.) vorherrschend, überwiegend [lat.]

**Prä'va'lenz** (die, -, nur Ez.) das Vorherrschen, Überwiegen [lat.]

**Prä'ven'ti'on** (die, -, -ti'onen) **1** das Zuvorkommen; z.B. mit einer Rechtshandlung **2** Vorbeugung, Abschreckung (durch gerichtliche Maßnahmen) [lat.]

**prä'ven'tiv** (Adj.) vorbeugend [lat.]

**Pra'xis** (die, -, -xen) **1** (nur Ez.) praktische Ausübung oder Anwendung, Tätigkeit in der Wirklichkeit **2** (nur Ez.) praktische Erfahrung, Berufserfahrung, z.B. Praxis (auf einem Gebiet) haben **3** (nur Ez.) Tätigkeitsbereich (eines Arztes oder Anwalts) **4** Räume zur Ausübung dieser Tätigkeit **5** (nur Ez.) Sprechstunde; z.B. Praxis halten [gr.]

**Prä'ze'denz** (die, -, -en) Vorrang, Vortritt (Rangordnung der kath. Kirche) [lat.]

**Prä'ze'denz'fall** (der, -es, -fäl'le) Fall, der für spätere ähnliche Fälle beispielhaft ist oder sein kann

**Prä'zep'tor** (der, -s, -to'ren) Erzieher, Lehrer (veraltet) [lat.]

**Prä'zes'si'on** (die, -, -si'onen) abweichende Bewegung der Achse eines rotierenden Körpers unter Einwirkung einer äußeren Kraft [lat.]

**Prä'zi'pi'ta'ti'on** (die, -, -ti'onen) Ausfällung, Ausflockung [lat.]

**prä'zi'pi'tie'ren** (V.) ausfällen, ausflocken [lat.]

**Prä'zi'pu'um** (das, -s, -pua) Betrag, der vor der Aufteilung des Gewinns einer Gesellschaft an einen Gesellschafter für besondere Leistungen gezahlt wird [lat.]

**prä'zis** *auch:* prä'zi'se (Adj.) **1** genau, sorgfältig **2** treffend, eindeutig [lat.]

**prä'zi'se** (Adj.) = präzis

**prä'zi'sie'ren** (V.) genauer, treffender ausdrücken [lat.]

**Prä'zi'si'on** (die, -, nur Ez.) Genauigkeit, Sorgfalt [lat.]

**Pre'del'la** *auch:* Pre'del'le (die, -, -s oder -len) Sockel (des Flügelaltars) [it.]

**pre'kär** (Adj.) schwierig, bedenklich, misslich, unangenehm; z.B. eine prekäre Lage [frz.]

**Pre'ka'ri'at** (das, -s, -e) soziologischer Begriff, der aus den Wörtern „prekär" und „Proletariat" gebildet wurde und eine neue Form von ausgebeuteter Gesellschaftsklasse bezeichnet (u.a. durch befristete Arbeitsverhältnisse, Minijobs, Dauerpraktika)

**Prélude** [-lyːd] (das, -s, -s) 1 (frz. Bezeichnung für) Präludium 2 frei gestaltetes Musikstück für Klavier oder Orchester
**Premier** [prəmjeː] (der, -s, -s) kurz für Premierminister
**Premiere** (die, -, -n) Ur- oder Erstaufführung [frz.]
**Premierminister** [-mjeː-] (der, -s, -) erster Minister (in Großbritannien und einigen anderen Ländern), Leiter der Regierung [frz.-lat.]
**Preprint** (der, -s, -s) Vorabdruck (z.B. eines wissenschaftlichen Werkes)
**Presbyter** (der, -s, -) 1 Gemeindeältester (im Christentum) 2 Angehöriger des Presbyteriums (2) 3 Priester (in der kath. Kirche) [gr.]
**Presbyterianismus** (der, -, nur Ez.) Kirchenverwaltung durch Presbyter und Geistliche (in der evangel.-reformierten Kirche)
**Presbyterium** (das, -s, -rien) 1 Chorraum (der Kirche) 2 von der Gemeinde gewählter Kirchenvorstand (in der evangel.-reformierten Kirche) 3 Priesterschaft (in der kath. Kirche) [gr.-nlat.]
**Presenning** (die, -, -e(n) oder -s) = Persenning
**preservieren** (V.) erhalten, haltbar machen
**pressant** (Adj.) eilig, dringlich [frz.]
**pressieren** (V.) eilig, dringlich sein; z.B. die Sache pressiert; es pressiert; es pressiert mir: ich habe es eilig [frz.]
**Pression** (die, -, -sionen) Erpressung, Nötigung, Zwang, Druck [lat.]
**Pressuregroup** *auch:* Pressure-Group [preʃəgruːp] (die, -, -s) Gruppe (von Personen), die mit Propaganda, oft auch mit Druckmitteln bei einer Partei, Regierung, bei der Verwaltung usw. ihre Interessen durchzusetzen sucht [engl.]
**Prestige** [-stiːʒ] (das, -s, nur Ez.) äußeres Ansehen, Geltung [frz.]
**prestissimo** (Adv.) sehr schnell (bei Musikstücken) [it.]
**presto** (Adv.) schnell (in der Musik) [it.]
**pretiös** (Adj.) = preziös
**Pretiosen** (nur Mz.) = Preziosen
**Preview** [priːviuː] (die, -, -s) Voraufführung eines Filmes [engl.]
**preziös** *auch:* pretiös (Adj.) geziert, gekünstelt [frz.]
**Preziosen** *auch:* Pretiosen (nur Mz.) kostbarer Schmuck, Kostbarkeiten (veraltet, noch scherzhaft) [lat.]
**Priamel** (die, -, -n) Spruchgedicht des späten MA mit überraschender Schlusswendung
**Priapismus** (der, -, nur Ez.) anhaltende, schmerzhafte Erektion des Penis [gr.]
**Prim** (die, -, -en) 1 Morgengebet (des kath. Breviers) 2 eine bestimmte Haltung der Klinge (beim Fechten) 3 = Prime (1) [lat.]
**prima** (Adj.) 1 erstklassig 2 hervorragend, ausgezeichnet 3 tüchtig, kameradschaftlich, charakterlich einwandfrei; z.B. ein prima Kerl
**Prima** (die, -, -men) jede der beiden letzten Klassen des Gymnasiums (Oberprima, Unterprima) [lat.]
**Primadonna** (die, -, -nen) erste Sängerin (einer Opernbühne; früher) [it.]
**Primage** [-ʒə] (die, -, -n) Zuschlag zu den Frachtkosten, der dem Kapitän eines Schiffes vom Auftraggeber gewährt werden kann, Primgeld [frz.]
**Primaner** (der, -s, -) Schüler der Prima
**Primar** (der, -s, -e) = Primararzt
**primär** (Adj.) 1 zuerst vorhanden, zuerst entstanden, ursprünglich; z.B. eine primäre Infektion 2 die Grundlage, Voraussetzung bildend; z.B. eine primäre Frage [lat.-frz.]
**Primäraffekt** (der, -(e)s, -e) erste krankhafte Veränderung im Körper, erstes Anzeichen (einer Infektionskrankheit)
**Primararzt** (der, -es, -ärzte) leitender Arzt einer Krankenhausabteilung (österr.)
**Primärenergie** (die, -, -n) unbehandelte, unveredelte Energieträger, die zur Energiegewinnung verwendet werden wie z.B. Kohle, Erdgas
**Primarius** (der, -, -rien) 1 erster Geiger (in der Kammermusik) 2 = Primararzt [lat.]
**Primärliteratur** (die, -, nur Ez.) die dichterischen Werke, die Quellen (im Unterschied zur Sekundärliteratur)
**Primas** (der, -, -se) 1 oberster Bischof der kath. Kirche (eines Landes) mit be-

P

sonderen Rechten **2** auch [-maʃ] erster Geiger (einer Zigeunerkapelle) [lat. bzw. ung.]

**Pri'mat 1** (der oder das, -(e)s, -e) erster Rang, erste Stelle, Vorrangstellung, Erstgeburtsrecht **2** (der, -en, -en) Angehöriger der höchstentwickelten Ordnung der Säugetiere (Halbaffe, Affe, Mensch) [lat.]

**pri'ma vis'ta** „auf den ersten Blick", vom Blatt, ohne geübt zu haben; ein Musikstück prima vista spielen [it.]

**pri'ma vol'ta** beim ersten Mal (in der Musik) [it.]

**Pri'me** (die, -, -n) **1** erster Ton der diatonischen Tonleiter, Primton **2** Angabe des Verfassers und abgekürzten Titels auf der ersten Seite eines Druckbogens [lat.]

**Prime'time** *auch:* Prime Time [praɪmtaɪm] (die, (-)-, (-)-s) Hauptsendezeit [engl.]

**Pri'meur** [primøːɐ] (der, -s, -s) neuer Wein (bes. Beaujolais Primeur) [frz.]

**Pri'mi'pa'ra** (die, -, -en) Frau, die zum ersten Mal ein Kind bekommt, Erstgebärende [lat.]

**pri'mi'tiv** (Adj.) **1** ursprünglich, auf niedriger Kulturstufe stehend, primitive Völker: Naturvölker **2** einfach, dürftig, kunstlos **3** geistig anspruchslos, mit engem geistigem Horizont **4** sehr vereinfacht (um der Deutlichkeit willen) [lat.]

**Pri'mi'ti'vis'mus** (der, -, nur Ez.) Richtung der Kunst, die sich an die Kunst der Naturvölker anlehnt [lat.]

**Pri'mi'ti'vi'tät** (die, -, nur Ez.) das Primitivsein, primitive Beschaffenheit

**Pri'miz** (die, -, -en) erste Messe eines neu geweihten kath. Geistlichen [lat.]

**Pri'mi'zi'ant** (der, -en, -en) neu geweihter kath. Priester

**Pri'mi'zi'en** (nur Mz.) die als Opfer den Göttern dargebrachten ersten Früchte oder ersten jungen Tiere des Jahres, Erstlinge (im alten Rom) [lat.]

**pri'mo** erster, erste, erstes (in der Musik); primo tempo: erstes Tempo; primo violino: erste Geige [it.]

**Pri'mo** (das, -s, nur Ez.) erste Stimme (beim vierhändigen Klavierspiel) [it.]

**Pri'mo'ge'ni'tur** (die, -, -u'ren) Erbfolgerecht des Erstgeborenen [lat.]

**Pri'mu'la** (die, -, nur Ez.) Primel, Schlüsselblume (als Heilpflanze); z.B. Primulae radix: Wurzel der Schlüsselblume [lat.]

**Pri'mus** (der, -, -se oder -mi) bester Schüler (einer Schulklasse), Klassenbester, Klassenerster (veraltet); Primus inter Pares: Erster unter Ranggleichen [lat.]

**Prim'zahl** (die, -, -en) Zahl, die nur durch 1 und durch sich selbst teilbar ist; z.B. 13

**Prince of Wales** [prɪns əv weɪlz] (der, -, nur Ez.) Prinz von Wales (Titel des englischen Thronfolgers)

**Prin'te** (die, -, -n) harter, flacher, rechteckiger Lebkuchen [niederl.]

**Prin'ted in Ger'ma'ny** [prɪntɪd ɪn dʒɜːmənɪ] in Deutschland gedruckt [engl.]

**Prin'ter** (der, -s, -) Ausgabeeinheit eines Computers, Drucker [engl.]

**Print'me'di'um** (das, -s, -di'en) Gedrucktes, wie z.B. Zeitung, Magazin, Buch usw.

**Prin'zeps** (der, -, -zi'pes [-peːs]) **1** Senator, der bei Abstimmungen als Erster gefragt wurde (im alten Rom) **2** römischer Kaiser (seit Augustus Titel) **3** Landesfürst [lat.]

**Prin'zip** (das, -s, -zi'pi'en) **1** Regel, Richtschnur **2** Grundlage, Ursprung; im Prinzip: im Grunde, eigentlich **3** Gesetzmäßigkeit; z.B. Lebensprinzip [lat.]

**Prin'zi'pal 1** (der, -s, -e) Geschäftsinhaber, Lehrherr **2** (das, -s, -e) ein Orgelregister, die Grundlage des Gesamtklanges bildende Hauptstimme [lat.]

**prin'zi'pi'ell** (Adj.) **1** auf einem Prinzip beruhend; z.B. prinzipielle Fragen **2** hinsichtlich des Prinzips; z.B. das ist prinzipiell richtig **3** dem Prinzip entsprechend, grundsätzlich; etw. prinzipiell ablehnen

**Pri'or** (der, -s, -o'ren) **1** Vorsteher (eines Klosters) **2** Stellvertreter (eines Abtes) [lat.]

**Pri'o'rat** (das, -(e)s, -e) Amt, Würde eines Priors

**Pri'o'ri'tät** (die, -, -en) Vorrang, Prioritäten: Wertpapiere, die vor andern der gleichen Art bevorzugt sind; Prioritäten setzen: bestimmten Dingen den Vorrang geben [lat.]

**Pri|se** (die, -, -n) 1 Menge (einer pulverigen oder körnigen Masse), die man mit drei Fingerspitzen fassen kann; z.B. eine Prise Salz 2 von einem Krieg führenden Staat beschlagnahmtes feindliches oder Konterbande führendes, neutrales Handelsschiff bzw. dessen Ladung
**Pris|ma** (das, -s, -men) 1 von ebenen Flächen begrenzter Körper, bei dem Deck- und Grundfläche kongruent und parallel, die Seitenflächen Parallelogramme sind 2 keilförmiger Körper, der Licht reflektiert oder es in seine Spektralfarben zerlegt (in der Optik) [gr.]
**pris|ma|tisch** (Adj.) in der Art eines Prismas
**Pris|ma|to|id** (das, -(e)s, -e) einem Prisma ähnlicher Körper
**pri|vat** (Adj.) 1 nicht öffentlich, nicht für die Öffentlichkeit bestimmt, Einzelnen vorbehalten; z.B. privater Eingang 2 die eigene Person angehend, persönlich; z.B. private Gründe 3 nicht staatlich; z.B. privates Unternehmen, private Schule 4 häuslich, familiär, vertraut; z.B. in privatem Kreis [lat.]
**Pri|vat** (ohne Artikel) Privatperson; z.B. Vermietung von Privat an Privat; Verkauf nur an Privat
**Pri|vat|do|zent** (der, -en, -en) nicht im Beamtenverhältnis stehender Hochschullehrer
**Pri|va|ti|er** [-tjeː] (der, -s, -s) jmd., der privatisiert
**pri|va|tim** (Adv.) persönlich, vertraulich; z.B. privatim mit jmdm. sprechen [lat.]
**Pri|vat|in|i|ti|a|ti|ve** [-ɪnitsja-] (die, -, -n) eigener Antrieb
**pri|va|ti|sie|ren** (V.) vom eigenen Vermögen oder einer nicht staatlichen Rente leben, ohne beruflich zu arbeiten [lat.]
**pri|va|tis|si|me** [-me] (Adv.) streng vertraulich; z.B. jmdm. etwas privatissime mitteilen [lat.]
**Pri|va|tis|si|mum** (das, -s, -ma) 1 Vorlesung für nur eine kleine Hörerzahl 2 Ermahnung unter vier Augen [lat.]
**Pri|vat|per|son** (die, -, -en) nicht mit einer staatlichen Institution, einem Unternehmen usw. verbundene Person
**Pri|vi|leg** (das, -s, -e oder -le|gi|en) Vorrecht, Sonderrecht [lat.]
**pri|vi|le|gie|ren** (V.) mit Privilegien ausstatten; z.B. privilegierte Schichten oder Personen der Gesellschaft
**Prix** [priː] (der, -, -) Preis; Grand Prix: großer Preis [frz.]
**pro** 1 (Präp.) für, je; z.B. pro Person, pro Stück zehn Euro 2 (Adv.) für, dafür; er ist pro: er ist für die Sache (von der die Rede ist) [lat.]
**Pro** (das, -s, nur Ez) das Pro: das Für, das, was dafür spricht; das Pro und das Kontra: das Für und das Wider, das, was dafür und was dagegen spricht [lat.]
**pro an|no** jährlich, für ein Jahr; er verdient pro anno soundso viel [lat.]
**Pro|band** (der, -en, -en) 1 jmd., für den eine Ahnentafel aufgestellt wird 2 Versuchsperson [lat.]
**pro|bat** (Adj.) bewährt, erprobt [lat.]
**Prob|lem** (das, -s, -e) 1 schwierige Frage, die zu lösen ist 2 Schwierigkeit; z.B. da gibt es keine Probleme; mit etwas Probleme haben [gr.]
**Prob|le|ma|tik** (die, -, nur Ez.) Schwierigkeit (einer Sache) [gr.]
**prob|le|ma|tisch** (Adj.) schwierig, Schwierigkeiten bereitend, voller Problematik [gr.]
**prob|le|ma|ti|sie|ren** (V.) schwierig machen, zum Problem machen, die Problematik diskutieren
**Pro|ce|de|re** *auch:* Pro|ze|de|re [-tseː-] (das, -, -) Vorgehensweise, Ablauf bei der Lösung eines bestimmten (Arbeits-) Problems [lat.]
**pro cen|tum** [-tsɛ-] auf hundert (Stück, Personen), vom Hundert [lat.]
**Pro|de|kan** (der, -s, -e) Vertreter des Dekans (einer Hochschule) [lat.]
**pro do|mo** zum eigenen Vorteil, Nutzen, für sich selbst; z.B. pro domo sprechen [lat.]
**Pro|drom** *auch:* Pro|dro|mal|symp|tom (das, -s, -e) Vorzeichen einer Krankheit [gr.]
**Pro|duct|place|ment** *auch:* Pro|duct-Place|ment (das, -s, nur Ez.) Werbung durch Platzieren von Waren oder Firmennamen; z.B. in Filmen [engl.]
**Pro|dukt** (das, -(e)s, -e) 1 Erzeugnis 2 Ergebnis [lat.]
**Pro|duk|ti|on** (die, -, -en) 1 Herstellung, Erzeugung, Herstellungsabteilung 2 Er-

zeugnis; z.B. der Film ist eine dänische Produktion **3** Gesamtheit der Erzeugnisse; z.B. ein Teil der Produktion geht ins Ausland [lat.]

**pro'duk'tiv** (Adj.) **1** Produkte erzeugend, hervorbringend, fruchtbar **2** schöpferisch; z.B. produktive Arbeit

**Pro'duk'ti'vi'tät** (die, -, nur Ez.) **1** Fähigkeit, Produkte hervorzubringen, Leistungsfähigkeit, Ergiebigkeit **2** schöpferische Kraft [lat.]

**Pro'duktpi'ra'te'rie** (die, -, nur Ez.) Fälschung von Markenprodukten und deren Verkauf

**Pro'du'zent** (der, -en, -en) Hersteller, Erzeuger [lat.]

**pro'du'zie'ren** (V.) **1** herstellen, erzeugen, schaffen **2** sich produzieren: seine Fähigkeiten zur Schau stellen, etwas vorführen, vormachen [lat.]

**pro'fan** (Adj.) **1** weltlichen (nicht kirchlichen) Zwecken dienend; z.B. profanes Bauwerk **2** alltäglich, gewöhnlich [lat.]

**Pro'fa'na'ti'on** (die, -, -en) Entwürdigung, Entweihung [lat.]

**Pro'fan'bau** (der, -s, -ten) weltlichen Zwecken dienendes Gebäude

**pro'fa'nie'ren** (V.) entweihen, entwürdigen, ins Alltägliche herabziehen [lat.]

**Pro'fa'ni'tät** (die, -, nur Ez.) profane Beschaffenheit

**Pro'fess 1** (der, -en, -en) Ordensmitglied nach Ablegung der Gelübde **2** (die, -, -e) Ablegung der Ordensgelübde [lat.]

**Pro'fes'si'on** (die, -, -en) Beruf [lat.]

**Pro'fes'sio'nal** [-feʃənl] (der, -s, -s) Berufssportler, (meist) Profi [engl.]

**pro'fes'si'o'na'li'sie'ren** (V.) zum Beruf, zur Geldquelle machen [lat.]

**Pro'fes'si'o'na'lis'mus** (der, -, nur Ez.) berufliche Ausübung (des Sports) [lat.]

**pro'fes'si'o'nell** (Adj.) berufsmäßig [lat.]

**Pro'fes'si'o'nist** (der, -en, -en) ausgebildeter Arbeiter, Fachmann (österr.) [lat.]

**Pro'fes'sor** (der, -s, -en) **1** Hochschullehrer im Beamtenverhältnis **2** verdienter Gelehrter oder Künstler (Ehrentitel) **3** Lehrer an einer höheren Schule (früher Titel) [lat.]

**pro'fes'so'ral** (Adj.) **1** zu einem Professor gehörig, ihm zustehend **2** in der Art eines Professors, gemessen, würdevoll (ugs., scherzhaft)

**Pro'fes'sur** (die, -, -en) Lehramt an einer Hochschule, Lehrstuhl [lat.]

**Pro'fi** (der, -s, -s) jmd., der etwas beruflich betreibt, bes. Berufssportler [lat.]

**Pro'fil** (das, -s, -e) **1** Seitenansicht **2** Längsschnitt oder Querschnitt **3** Kerbung, Riffelung (von Schuhsohlen, Reifen) **4** Höhe und/ oder Breite (eines Tor-, Brückenbogens u.a.) **5** ausgeprägte Eigenart **6** klare, eindeutige Haltung [it.-frz.]

**pro'fi'lie'ren** (V.) **1** mit einem Profil versehen; z.B. Reifen **2** sich profilieren: seine persönliche Eigenart ausbilden, sich in eine Richtung deutlich entwickeln, eine klare Haltung einnehmen

**Pro'fil'neu'ro'se** (die, -, -n) Neurose aufgrund angestrengten Bestrebens, sich zu profilieren

**Pro'fit** (der, -(e)s, -e) Gewinn, Vorteil [lat.]

**pro'fi'ta'bel** (Adj.) Profit einbringend, Gewinn bringend

**Pro'fit'cen'ter** *auch:* Pro'fit-Cen'ter [prɔfɪt-] (der, -s, -) für den wirtschaftlichen Erfolg eigenverantwortlicher Bereich eines Unternehmens [engl.]

**pro'fi'tie'ren** (V.) einen Gewinn, Vorteil (von etwas) haben [frz.]

**pro for'ma** der Form wegen, um den nötigen, üblichen Formalitäten zu genügen [lat.]

**Pro'fos** (der, -es oder -en, -e oder -en) Leiter des Militärstrafgerichts (im MA) [lat.-niederl.]

**pro'fund** (Adj.) gründlich, in die Tiefe reichend, grundlegend; z.B. profunde Kenntnisse haben [lat.]

**pro'fus** (Adj.) reichlich; sehr stark [lat.]

**Pro'ges'te'ron** (das, -s, nur Ez.) ein Gelbkörperhormon [lat.]

**Pro'gno'se** (die, -, -n) Voraussage von zukünftigen Entwicklungen [gr.]

**pro'gnos'tisch** (Adj.) voraussagend, die Prognose betreffend [gr.]

**pro'gnos'ti'zie'ren** (V.) voraussagen, vorher erkennen [gr.]

**Pro'gramm** (das, -s, -e) **1** Plan, Pläne, Vorhaben **2** öffentliche Darlegung der Tätigkeiten und Ziele (einer Partei, einer literarischen Richtung u.a.) **3** Folge von

Darbietungen; z.B. Rundfunkprogramm **4** Übersicht darüber **5** Gesamtheit von inhaltlich zusammengehörigen Darstellungen (in der Malerei und bildenden Kunst) **6** Gesamtheit mehrerer angebotener, gleicher oder zusammengehöriger Waren **7** Anweisung für eine Rechenoperation (in der EDV) **8** Folge von Schaltvorgängen [gr.]

**Pro'gram'ma'tik** (die, -, -en) Zielsetzung [gr.]

**Pro'gram'ma'ti'ker** (der, -s, -) jmd., der ein Programm aufgestellt hat

**pro'gram'ma'tisch** (Adj.) **1** einem Programm entsprechend **2** zielsetzend, richtungsweisend

**pro'gram'mie'ren** (V.) **1** ein Programm (für etwas) entwerfen, aufstellen **2** mit Anweisungen für Rechenvorgänge versehen (in der EDV); z.B. einen Computer programmieren **3** programmierter Unterricht; Unterricht, bei dem der Lernstoff in kleine Lernschritte unterteilt ist, die jederzeit überprüft werden können **4** programmierte Verhaltensweisen: durch die Entwicklungsgeschichte festgelegte Verhaltensweisen

**Pro'gram'mie'rer** (der, -s, -) jmd., der Programme erarbeitet

**Pro'gramm'mu'sik** *auch:* Pro'gramm-Musik (die, -, -en) Musik, die außermusikalische Töne, z.B. Geräusche, auch Vorgänge, mit musikalischen Mitteln wiederzugeben sucht

P

**Pro'gre'di'enz** (die, -, nur Ez. ) fortschreitende Verschlimmerung (einer Krankheit) [lat.]

**Pro'gress** (der, -es, -e) Fortgang, Fortschritt [lat.]

**Pro'gres'si'on** (die, -, -si'o'nen) Steigerung, Fortschreiten, Zunahme, Stufenfolge [lat.]

**Pro'gres'sist** *auch:* Pro'gres'si'vist (der, -sis'ten, -sis'ten) Anhänger einer Fortschrittspartei [lat.]

**pro'gres'siv** (Adj.) **1** fortschreitend, sich entwickelnd, zunehmend **2** fortschrittlich [lat.]

**Pro'hi'bi'ti'on** (die, -, -en) **1** Verbot (veraltet) **2** Verbot der Herstellung von Alkohol [lat.]

**Pro'hi'bi'ti'o'nist** (der, -en, -en) Anhänger des Verbots der Herstellung von Alkohol

**pro'hi'bi'tiv** (Adj.) verbietend, verhindernd; vorbeugend [lat.]

**Pro'jekt** (das, -(e)s, -e) **1** Plan, Vorhaben, Absicht **2** Entwurf **3** geplante oder in Erarbeitung befindliche Sache [lat.]

**Pro'jek'teur** [-tøːɐ] (der, -s, -e) jmd., der Projekte erarbeitet, Planer [lat.-frz.]

**pro'jek'tie'ren** (V.) planen, entwerfen [lat.]

**Pro'jek'til** (das, -s, -e) Geschoss [frz.]

**Pro'jek'ti'on** (die, -, -en) **1** Abbildung eines räumlichen Gebildes auf einer Ebene **2** Abbildung der Erdoberfläche auf einer Ebene **3** Wiedergabe eines Bildes auf einer Wand mittels Lichtstrahlen **4** Übertragung von eigenen Wünschen, Gefühlen u.a. auf einen anderen mit der Vorspiegelung, es seien dessen Wünsche, Gefühle usw. [lat.]

**Pro'jek'tor** (der, -s, -en) Gerät zur Projektion

**pro'ji'zie'ren** (V.) **1** abbilden; z.B. ein räumliches Gebilde auf eine Fläche projizieren; ein Bild mittels Lichtstrahlen auf eine Wand projizieren **2** übertragen; z.B. eigene Wünsche auf eine andere Person projizieren: sich einreden, die andere Person habe diese Wünsche [lat.]

**Pro'kla'ma'ti'on** (die, -, -ti'o'nen) öffentliche Erklärung, Bekanntmachung, Aufruf, amtliche Verkündigung [lat.]

**pro'kla'mie'ren** (V.) öffentlich bekanntmachen, verkünden [lat.]

**Pro'kon'sul** (der, -s, -n) Statthalter einer Provinz, der vorher Konsul war (im alten Rom) [lat.]

**Prok'to'lo'gie** (die, -, nur Ez.) Wissenschaft von den Erkrankungen des Mastdarms (Med.)

**Prok'to'sko'pie** (die, -, -n) Mastdarmuntersuchung mit einem Endoskop (Med.)

**Prok'to'to'mie** (die, -, -n) Operation am Mastdarm (Med.)

**Pro'ku'ra** (die, -, -ren) im Handelsregister eingetragene Handlungsvollmacht [lat.]

**Pro'ku'ra'tor** (der, -s, -en) **1** Provinzstatthalter (im alten Rom) **2** jeder der neun höchsten Staatsbeamten (in der Republik Venedig) **3** Vertreter (einer Person im kath. kirchlichen Prozess)

**Pro'ku'rist** (der, -en, -en) Angestellter eines Unternehmens, der die Prokura hat

**pro|la|bie|ren** (V.) aus der Öffnung hervortreten, vorfallen (von inneren Organen) [lat.]
**Pro|laps** *auch:* Pro|lap|sus (der, -es, -e) Heraustreten aus der Öffnung, Ausstülpung, Vorfall (eines inneren Organs) [lat.]
**Pro|let** (der, -en, -en) **1** Proletarier (abwertend) **2** ungebildeter, ungehobelter Mensch
**Pro|le|ta|ri|at** (das, -(e)s, -e) Klasse der Proletarier
**Pro|le|ta|ri|er** (der, -s, -) **1** Angehöriger der vermögenslosen Klasse, die nicht besteuert wurde (im alten Rom) **2** abhängiger Lohnempfänger ohne Besitz an Produktionsmitteln (nach Marx und Engels) [lat.]
**pro|le|ta|risch** (Adj.) **1** zu den Proletariern gehörig **2** ungebildet, ungehobelt, gewöhnlich
**pro|le|ta|ri|sie|ren** (V.) zu Proletariern machen
**Pro|li|fe|ra|ti|on** (die, -, -en) **1** Wucherung infolge Zellvermehrung **2** [-reɪʃn] (die, -, nur Ez.) Weitergabe von Kernwaffen oder kerntechnischen Verfahren an Länder, die keine Kernwaffen besitzen [lat. bzw. lat.-engl.]
**pro|li|fe|ra|tiv** (Adj.) infolge Zellvermehrung wuchernd (in der Medizin) [lat.]
**pro|li|fe|rie|ren** (V.) infolge Zellvermehrung wuchern [lat.]
**Pro|lo** (der, -s, -s) Spießbürger; Prolet (ugs.)
**Pro|log** (der, -(e)s, -e) Vorrede
**Pro|lon|ga|ti|on** (die, -, -en) Verlängerung (einer Frist); Stundung (einer Schuld) [lat.]
**pro|lon|gie|ren** (V.) **1** verlängern; z.B. eine Frist prolongieren **2** hinausschieben; z.B. einen Termin prolongieren **3** stunden; z.B. eine Schuld prolongieren [lat.]
**pro me|mo|ria** zur Erinnerung an, zum Gedächtnis von [lat.]
**Pro|me|na|de** (die, -, -n) **1** Spaziergang (veraltet) **2** ebener, bequemer Weg zum Spazierengehen [frz.]
**pro|me|nie|ren** (V.) spazieren gehen, schlendern [frz.]
**Pro|me|thi|um** (das, -s, nur Ez.) ein Element, Metall [gr.-lat.]
**pro mil|le** auf tausend (Stück, Personen), vom Tausend [lat.]
**Pro|mil|le** (das, -s, -) ein Tausendstel [lat.]
**pro|mi|nent** (Adj.) allgemein bekannt, bedeutend (von Personen) [lat.]
**Pro|mi|nenz** (die, -, nur Ez.) Gruppe, Gesamtheit prominenter Personen
**Pro|mis|ku|i|tät** (die, -, nur Ez.) Geschlechtsverkehr mit häufig wechselnden Partnern [lat.]
**Pro|mo|ter** (der, -s, -) Veranstalter (von sportlichen Berufswettkämpfen, Festivals u.a.) [engl.]
**Pro|mo|ti|on** (die, -, -en) Erlangen, Verleihen der Doktorwürde [lat.]
**Pro|mo|tor** (der, -s, -en) Förderer, Manager [lat.]
**pro|mo|vie|ren** (V.) die Doktorarbeit schreiben, die Doktorwürde erlangen; jmdn. promovieren: jmdm. die Doktorwürde verleihen [lat.]
**prompt** (Adj.) sofort, umgehend, sehr rasch danach; ohne nachzudenken, ohne etwas zu merken; z.B. er ist prompt in die Falle gegangen [lat.]
**Pro|mul|ga|ti|on** (die, -, -en) öffentliche Bekanntmachung, Veröffentlichung; z.B. eines Gesetzes [lat.]
**pro|mul|gie|ren** (V.) öffentlich bekannt geben, veröffentlichen [lat.]
**Pro|no|men** (das, -s, - oder -mi|na) Wort, das für ein Nomen steht oder auf ein Nomen hinweist, Fürwort; z.B. ich, mein, dieser, jeder [lat.]
**pro|no|mi|nal** (Adj.) als Pronomen (verwendet)
**pro|non|ciert** [-nɔ̃siːɐt] (Adj.) **1** deutlich; z.B. etwas prononciert aussprechen **2** deutlich ausgesprochen und daher nachdrücklich; z.B. etwas prononciert zum Ausdruck bringen [frz.]
**Pro|pä|deu|tik** (die, -, nur Ez.) Einführung in eine Wissenschaft, Vorübung [gr.]
**Pro|pa|gan|da** (die, -, nur Ez.) werbende Tätigkeit, Werbung (bes. im politischen Bereich) [lat.]
**Pro|pa|gan|dist** (der, -en, -en) jmd., der Propaganda treibt
**pro|pa|gan|dis|tisch** (Adj.) Propaganda machend, werbend; z.B. propagandistische Tätigkeit

**proˈpaˈgieˈren** (V.) etwas propagieren: für etwas Propaganda machen
**Proˈpan** (das, -s, nur Ez.) ein geruchs- und farbloser, gasförmiger Kohlenwasserstoff (als Heizgas verwendet) [gr.]
**Proˈpelˈler** (der, -s, -) Schraube zum Antrieb (von Flugzeugen und Schiffen) [lat.]
**Proˈpen** (das, -s, nur Ez.) ein ungesättigter Kohlenwasserstoff [gr.]
**proˈper** (Adj.) reinlich und ordentlich [frz.]
**Proˈphet** (der, -en, -en) **1** Verkünder einer göttlichen Botschaft **2** jmd., der Künftiges voraussagt, Weissager [gr.]
**Proˈpheˈtie** (die, -, -n) Weissagung [gr.]
**proˈpheˈtisch** (Adj.) weissagend, voraussagend [gr.]
**proˈpheˈzeiˈen** (V.) voraussagen, weissagen [gr.]
**Proˈphyˈlakˈtiˈkum** (das, -s, -ka) vorbeugendes Mittel [gr.]
**proˈphyˈlakˈtisch** (Adj.) vorbeugend, schützend [gr.]
**Proˈphyˈlaˈxe** (die, -, -n) Vorbeugung, Verhütung (von Krankheiten) [gr.]
**Proˈpoˈlis** (die, -, nur Ez.) Kittharz, Baustoff der Bienenwabe mit keimtötender Wirkung [lat.-gr.]
**proˈpoˈnieˈren** (V.) vorschlagen (veraltet) [lat.]
**Proˈporˈtiˈon** (die, -, -en) **1** Größenverhältnis **2** Verhältnisgleichung (in der Mathematik) [lat.]
**proˈporˈtiˈoˈnal** (Adj.) eine Proportion ausdrückend, im gleichen Verhältnis
**Proˈporˈtiˈoˈnaˈliˈtät** (die, -, -en) Beschaffenheit hinsichtlich der Proportionen, Verhältnismäßigkeit
**proˈporˈtiˈoˈniert** (Adj.) hinsichtlich der Größen-, Maßverhältnisse; z.B. ein gut, richtig proportioniertes Bauwerk; eine schlecht proportionierte Figur [lat.]
**Proˈporz** (der, -es, -e) Proportionalwahl, Verhältniswahl (schweiz.)
**Proˈpyˈläˈen** (nur Mz.) Säulenvorhalle; Durchgang mit Säulen zu beiden Seiten [gr.]
**Proˈrekˈtor** (der, -s, -n) Stellvertreter des Rektors (einer Hochschule) [lat.]
**Proˈroˈgaˈtiˈon** (die, -, -en) Verlängerung (der Amtszeit), Aufschub, Vertagung [lat.]
**proˈroˈgaˈtiv** (Adj.) aufschiebend, verlängernd [lat.]
**proˈroˈgieˈren** (V.) aufschieben, vertagen, verlängern [lat.]
**Proˈsa** (die, -, nur Ez.) erzählende Sprach- oder Schriftform (ohne Reim und Rhythmus); z.B. er schreibt eine gute, kunstvolle Prosa **2** erzählende Dichtung, (Sammelbegriff für) Roman, Erzählung, Novelle usw. **3** Sachlichkeit, Nüchternheit [lat.] **4** geistliches Lied des frühen Mittelalters
**Proˈsaˈiˈker** (der, -s, -) **1** = Prosaist **2** nüchterner, sachlicher Mensch ohne Sinn für Poesie
**proˈsaˈisch** (Adj.) **1** in Prosa (abgefasst) **2** nüchtern, sachlich, alltäglich
**Proˈsaˈist** (der, -en, -en) Schriftsteller, der überwiegend Prosa schreibt
**Proˈsecˈco** (der, -s, -s) italienischer Schaumwein
**Proˈseˈkuˈtiˈon** (die, -, -en) gerichtliche Verfolgung [lat.]
**Proˈseˈlyt** (der, -en, -en) jmd., der soeben zu einer anderen Religion übergetreten ist; Proselyten machen: Leute rasch bekehren, ohne sie wirklich überzeugt zu haben [gr.]
**Proˈseˈmiˈnar** (das, -s, -e) vorbereitendes, einführendes Seminar (Hochschule) [lat.]
**Proˈsenˈchym** (das, -s, -e) Verband aus faserähnlichen Zellen, Grundform des Pflanzengewebes [gr.]
**proˈsit!** *auch:* prost! wohl bekomms! auf dein, Ihr Wohl! [lat.]
**Proˈsit** (das, -s, -s) das Zutrinken, Trunk zu jmds. Wohl; z.B. ein Prosit auf das Geburtstagskind [lat.]
**Proˈskripˈtiˈon** (die, -, -en) Ächtung (politischer Gegner) [lat.]
**Proˈsoˈdie** (die, -, nur Ez.) **1** Art der Behandlung der Sprache in Vers und Rhythmus, Abmessung der Länge und Betonung der Silben in der antiken Metrik **2** Gesamtheit der sprachlichen Erscheinungen bei der gesprochenen Rede, Tonfall, Betonung usw. **3** Verhältnis zwischen Ton und Wort (in der Musik) [gr.]
**Proˈsoˈdik** *auch:* Prosˈodik (die, -, nur Ez.) = Prosodie
**proˈsoˈdisch** (Adj.) zur Prosodie gehörig, hinsichtlich der Prosodie

**Pro'spekt** (der, -(e)s, -e) **1** bildliche Darstellung, Ansicht (eines Gebäudes, Platzes, einer Stadt, meist perspektivisch verkürzt) **2** Leinwand mit darauf gemalter oder projizierter Landschaft (als hinterer Abschluss der Bühne), Rundhorizont **3** zum Kirchenraum hin verziertes Gehäuse der Orgel (Orgelprospekt) **4** bebilderte Werbeschrift; z.B. Verlagsprospekt [lat.]

**pro'spek'tie'ren** (V.) durch geologische Beobachtungen erkunden, untersuchen; z.B. Lagerstätten prospektieren (Bergbau) [lat.]

**Pro'spek'ti'on** (die, -, -en) das Prospektieren; Drucksachenwerbung mit Prospekten

**pro'spek'tiv** (Adj.) **1** eine Möglichkeit, Aussicht, Weiterentwicklung in sich schließend **2** vorausschauend [lat.]

**pro'spe'rie'ren** (V.) gedeihen, vorankommen, sich gut entwickeln (bes. wirtschaftlich) [lat.]

**Pro'spe'ri'tät** (die, -, nur Ez.) Gedeihen, Blüte (bes. wirtschaftlich) [lat.]

**Pro'sta'ta** (die, -, -tae) am Anfang der Harnröhre liegende Drüse, in der die Samenflüssigkeit gebildet wird, Vorsteherdrüse (beim Mann und männlichen Säugetier) (Med.) [gr.]

**Pro'sta'ti'tis** (die, -, -itiden) Entzündung der Prostata

**pro'sti'tu'ie'ren** (V.) **1** öffentlich bloßstellen, erniedrigen **2** missbrauchen (für einen niedrigen Zweck) **3** sich prostituieren: Prostitution betreiben; (um eines Vorteils willen) etwas tun, was dem eigenen Ansehen schadet

**Pro'sti'tu'ier'te** *auch:* Pro'sti'tu'ier'te (die, -n, -n) Frau, die sich gewerbsmäßig Männern zum Geschlechtsverkehr zur Verfügung stellt, Dirne, Hure, Nutte [lat.]

**pro'sti'tu'tiv** (Adj.) die Prostitution betreffend

**Pro'stra'ti'on** *auch:* Pros'tra'ti'on, Pro'strati'on (die, -, -en) **1** Kniefall, Sichniederwerfen **2** starke Erschöpfung [lat.]

**Pro'sty'los** (der, -, -loi) griechischer Tempel mit Säulenvorhalle

**Pro'sze'ni'um** (das, -s, -ni'en) Platz vor der Skene (im antiken Theater); vorderer Teil der Bühne zwischen Vorhang und Rampe [gr.-lat.]

**Prot'ac'ti'ni'um** (das, -s, nur Ez.) radioaktives chemisches Element, ein Metall [gr.-lat.]

**Pro'ta'go'nist** (der, -en, -en) **1** erster Schauspieler (im altgriechischen Theater) **2** Vorkämpfer, Bahnbrecher **3** (auch) Handelnder, Beteiligter [gr.]

**Prot'an'drie** (die, -, nur Ez.) Entwicklung der männlichen Blütenteile vor den weiblichen (bei zweigeschlechtlichen Pflanzen, um Selbstbefruchtung zu verhindern) [gr.]

**Pro'te'gé** [-ʒeː] (der, -s, -s) jmd., der protegiert wird, Schützling, Günstling

**pro'te'gie'ren** [-ʒiː-] (V.) fördern, begünstigen [lat.-frz.]

**Pro'te'in** (das, -s, -e) Eiweiß [gr.-nlat.]

**Pro'tek'ti'on** (die, -, -en) Förderung, Begünstigung, Bevorzugung [lat.]

**Pro'tek'ti'o'nis'mus** (der, -, nur Ez.) außenhandelspolitische Maßnahmen eines Staates zum Schutz der einheimischen Wirtschaft vor ausländischer Konkurrenz

**Pro'tek'tor** (der, -s, -en) **1** jmd., der einen andern protegiert, Förderer, Gönner **2** Schutzherr, Schirmherr

**Pro'tek'to'rat** (das, -(e)s, -e) **1** Schutzherrschaft (über ein Gebiet) **2** unter Schutzherrschaft stehendes Gebiet [lat.]

**Pro'te'ran'drie** (die, -, nur Ez.) = Protandrie

**Pro'te'ro'zo'i'kum** (das, -s, nur Ez.) = Archäozoikum

**Pro'test** (der, -(e)s, -e) **1** Einspruch, Widerspruch, Missfallenskundgebung **2** Beurkundung, dass ein Wechsel vergeblich präsentiert worden ist; einen Wechsel zu Protest gehen lassen: beurkunden lassen, dass ein Wechsel nicht angenommen oder eingelöst worden ist [lat.]

**Pro'tes'tant** (der, -en, -en) Angehöriger der protestantischen Kirche

**pro'tes'tan'tisch** (Adj.) zum Protestantismus gehörig, zur protestantischen Kirche gehörig, protestantische Kirche: die aus der Reformation hervorgegangene, evangelische Kirche

**Pro'tes'tan'tis'mus** (der, -, nur Ez.) aus der Reformation hervorgegangene Richtung der christlichen Kirche, die die

P

verschiedenen evangelischen Kirchen umfasst, protestantische Konfession
**pro'tes'tie'ren** (V.) Einspruch, Widerspruch erheben, sein Missfallen äußern [lat.]
**Pro'the'se** (die, -, -n) künstlicher Ersatz eines abgenommenen Gliedes oder mehrerer gezogener Zähne; z.B. Armprothese, Zahnprothese [gr.]
**Pro'the'tik** (die, -, nur Ez.) Anfertigung von Prothesen
**pro'to'gen** (Adj.) am Fundort entstanden (Erzlagerstätten) [gr.]
**Pro'to'gy'nie** (die, -, nur Ez.) Entwicklung der weiblichen Blütenteile vor den männlichen (bei zweigeschlechtigen Pflanzen) [gr.]
**Pro'to'koll** (das, -s, -e) **1** gleichzeitige Niederschrift (einer Verhandlung oder eines Verhörs); eine Aussage zu Protokoll geben oder nehmen: eine Aussage niederschreiben (lassen) **2** Gesamtheit der Regeln über die äußeren Formen im diplomatischen Verkehr [gr.-lat.]
**Pro'to'kol'lant** (der, -en, -en) jmd., der das Protokoll (1) führt
**pro'to'kol'la'risch** (Adj.) in Form eines Protokolls, als Protokoll; z.B. eine Unterredung protokollarisch festhalten, die Aussage ist protokollarisch belegt
**pro'to'kol'lie'ren** (V.) das Protokoll führen; im Protokoll festhalten, aufzeichnen
**Pro'ton** (das, -s, -to'nen) positiv geladenes Elementarteilchen [gr.]
**Pro'to'phy'te** (die, -, -n) *auch:* Pro'to'phyton (das, -s, -y'ten) einzellige Pflanze [gr.]
**Pro'to'plas'ma** (das, -s, nur Ez.) Grundsubstanz der lebenden Zelle [gr.]
**Pro'to'typ** (der, -s, -en) **1** Urbild, Muster, besonders ausgeprägter, beispielhafter Typ **2** erste Ausführung eines Fahrzeugs, Flugzeugs, einer Maschine zur Erprobung vor Beginn der Serienanfertigung **3** Rennwagen, der nur als Einzelstück hergestellt wird **4** erster Abdruck [gr.]
**pro'to'ty'pisch** (Adj.) urbildlich, das Muster betreffend [gr.-lat.]
**Pro'to'zo'on** (das, -s, -zo'en) einzelliges Tier [gr.]
**pro'tra'hie'ren** (V.) durch Dosierung die Wirkung einer Behandlung verzögern oder verlängern (Med.) [lat.]
**pro'tra'hiert** (Adj.) verzögert oder verlängert wirkend (Med.) [lat.]
**Pro'trak'ti'on** (die, -, -en) bewusste Verzögerung einer Arzneimittelwirkung oder einer Behandlung (Med.) [lat.]
**Pro'trep'tik** (die, -, nur Ez.) der Teil didaktischen Schrifttums in der Antike, der die Studierenden zum Studium ermahnte oder ermunterte [gr.]
**pro'trep'tisch** (Adj.) ermunternd, ermahnend, die Protreptik betreffend [gr.]
**Pro'tru'si'on** (die, -, -en) Verlagerung eines Organs von der normalen Lage nach außen (Med.) [lat.]
**Pro'tu'be'ranz** (die, -, -en) **1** Eruption von Gasmassen (in der Sonne) **2** Vorsprung (an Knochen, Organen) [lat.]
**pro'ty'pisch** (Adj.) vorbildlich, mustergültig [gr.-lat.]
**Pro'ty'pon** (das, -s, -pen) Vorbild, Muster [gr.]
**Pro'ty'pus** (der, -, -pen) = Protypon [gr.]
**Pro've'ni'enz** (die, -, -en) Herkunft, Ursprung [lat.]
**Pro'ven'za'le** (der, -n, -n) Ew. der Provence
**pro'ven'za'lisch** (Adj.) zur Provence gehörig
**Pro'ven'za'lisch** (das, -, nur Ez.) romanische Sprache im Süden Frankreichs
**Pro'verb** (das, -s, -en) Sprichwort [lat.]
**pro'ver'bi'al** *auch:* pro'ver'bi'ell (Adj.) sprichwörtlich [lat.]
**pro'ver'bi'a'lisch** (Adj.) = proverbial [lat.-frz.]
**pro'ver'bi'ell** (Adj.) = proverbial [lat.-frz.]
**Pro'ver'bi'um** (das, -s, -bi'en) = Proverb [lat.]
**Pro'vi'ant** (der, -s, -e) Lebensmittel für einen begrenzten Zeitraum; z.B. Reiseproviant, Wegzehrung [it.]
**pro'vi'an'tie'ren** (V.) verproviantieren, mit Proviant versorgen, Proviant beschaffen [lat.-it.-frz.]
**pro'vi'den'ti'ell** (Adj.) = providenziell
**Pro'vi'denz** (die, -, nur Ez.) Vorsehung (veraltet) [lat.]
**pro'vi'den'zi'ell** *auch:* pro'vi'den'ti'ell (Adj.) von der Vorsehung bestimmt [lat.-frz.]

**Pro|vinz** (die, -, -en) 1 Verwaltungsgebiet 2 ländliche und meist kulturell etwas rückständige Gegend [lat.]
**pro|vin|zi|al** (Adj.) zu einer Provinz gehörig
**Pro|vin|zi|al** (der, -s, -e) Vorsteher einer (mehrere Klöster umfassenden) Ordensprovinz
**Pro|vin|zi|a|le** (der, -n, -n) Bewohner der Provinz [lat.]
**Pro|vin|zi|a|lis|mus** (der, -, -men) 1 (nur Ez.) Kleinbürgerlichkeit, kulturelle Rückständigkeit (wie in der Provinz) 2 mundartlicher Ausdruck; z.B. Schrippe (berlinisch) für „Brötchen", Gaudi (bayr.) für „Spaß"
**Pro|vin|zi|a|list** (der, -en, -en) kulturell rückständiger Kleinbürger [lat.]
**pro|vin|zi|ell** (Adj.) kleinstädtisch, etwas beschränkt, kulturell rückständig (wie in der Provinz)
**Pro|vinz|ler** (der, -s, -) = Provinzialist [lat.-dt.]
**pro|vinz|le|risch** (Adj.) 1 in der Art eines Provinzlers (abwertend) 2 ländlich [lat.-dt.]
**Pro|vi|si|on** (die, -, -en) 1 Vergütung durch prozentualen Anteil am Gewinn 2 Vermittlungsgebühr [lat.]
**Pro|vi|sor** (der, -s, -en) Verwalter einer Apotheke [lat.]
**pro|vi|so|risch** (Adj.) behelfsmäßig, vorläufig; z.B. eine provisorische Reparatur [lat.]
**Pro|vi|so|ri|um** (das, -s, -ri|en) vorläufiger, vorübergehender Zustand, behelfsmäßige Lösung [lat.]
**Pro|vi|ta|min** (das, -s, -e) Vorstufe eines Vitamins (Chem.)
**pro|vo|kant** (Adj.) herausfordernd; z.B. eine provokante Bemerkung [lat.]
**Pro|vo|kant** (der, -en, -en) (veraltet) Herausforderer, Kläger, Provokateur [lat.]
**Pro|vo|ka|teur** (der, -s, -e) Provozierer, Aufwiegler [lat.-frz.]
**Pro|vo|ka|ti|on** (die, -, -en) 1 Herausforderung 2 künstliche Reizung von Krankheitssymptomen (Med.) [lat.]
**pro|vo|ka|tiv** (Adj.) = provokatorisch
**pro|vo|ka|to|risch** *auch:* pro|vo|ka|tiv (Adj.) eine Provokation bezweckend; z.B. provokatorisches Verhalten [lat.]
**pro|vo|zie|ren** (V.) 1 jmd. provozieren: zu einer unbedachten Handlung verleiten, veranlassen, aufreizen 2 etwas provozieren: herausfordern; z.B. Widerspruch provozieren 3 künstlich hervorrufen; z.B. eine Krankheitserscheinung provozieren [lat.]
**pro|xi|mal** (Adj.) der Körpermitte zu gelegen, dem zentralen Teil eines Körpergliedes zu gelegen (Med.) [lat.]
**Pro|ze|de|re** (das, -, -) = Procedere [lat.]
**pro|ze|die|ren** (V.) verfahren, vorgehen, zu Werke gehen [lat.]
**Pro|ze|dur** (die, -, -en) schwieriges Verfahren, langwieriger Ablauf [lat.]
**pro|ze|du|ral** (Adj.) den äußeren Verlauf einer Sache betreffend, verfahrensmäßig [lat.]
**Pro|zent** (das, -(e)s, -e oder (nach Mengenangaben) -) Hundertstel; Prozente bekommen: Preisnachlass erhalten, einen Gewinnanteil bekommen [lat.]
**pro|zen|tisch** (Adj.) = prozentual [lat.-it.]
**pro|zen|tu|al** (Adj.) in Prozenten (gerechnet, ausgedrückt), in einem bestimmten Verhältnis zum Ganzen
**pro|zen|tu|ell** (Adj.) = prozentual
**pro|zen|tu|ie|ren** (V.) etwas in Prozenten ausdrücken [lat.-it.]
**Pro|zess** (der, -es, -e) 1 Ablauf, Verlauf; z.B. Reifungsprozess, Lernprozess, chemischer Prozess 2 Rechtsstreit, Gerichtsverfahren [lat.]
**pro|zes|sie|ren** (V.) einen Prozess führen
**Pro|zes|si|on** (die, -, -en) 1 feierlicher Umzug (in der kath. Kirche); z.B. Fronleichnamsprozession 2 große Menge von in Reihen hintereinander gehenden Menschen [lat.]
**Pro|zes|sor** (der, -s, -en) Funktionseinheit in digitalen Rechenanlagen [lat.]
**pro|zes|su|al** (Adj.) 1 einen Prozess, Verlauf, Ablauf betreffend 2 eine Gerichtsverhandlung betreffend [lat.]
**Pro|zes|su|a|list** (der, -en, -en) auf dem Gebiet des Verfahrensrechts tätiger Wissenschaftler [lat.]
**pro|zy|k|lisch** (Adj.) dem jeweils gegenwärtigen Zustand der Konjunktur entsprechend [lat.-gr.]
**prü|de** (Adj.) übertrieben empfindlich (im Hinblick auf sexuelle Dinge), zimperlich [frz.]

**Prüderie** (die, -, nur Ez.) übertriebene Empfindlichkeit (im Hinblick auf sexuelle Dinge), Zimperlichkeit [frz.]
**Prünelle** (die, -, -n) unreif geerntete, geschälte, entsteinte, getrocknete Pflaume [frz.]
**Prunus** (die, -, nur Ez.) Gattung der Steinobstgewächse [gr.-lat.]
**pruriginös** (Adj.) juckend, mit Hautjucken verbunden (Med.) [lat.]
**Prurigo** (der oder die, -(s), nur Ez.) Hauterkrankung mit juckenden Knötchen [lat.]
**Pruritus** (der, -, nur Ez.) Hautjucken, Juckreiz [lat.]
**Prytane** (der, -n, -n) Mitglied der regierenden Behörde in altgriechischen Staaten [gr.-lat.]
**Prytaneion** (das, -s, -neien) Versammlungsort der Prytanen [gr.]
**Prytaneum** (das, -s, -neen) = Prytaneion [gr.-lat.]
**psaligrafisch** *auch:* psaligraphisch (Adj.) die Psaligrafie betreffend [gr.-lat.]
**Psaligrafie** *auch:* Psaligraphie (die, -, -en) **1** (nur Ez.) Kunst des Scherenschnitts **2** Scherenschnitt [gr.]
**Psalm** (der, -s, -en) geistliches Lied (im Alten Testament) [gr.]
**Psalmist** (der, -en, -en) Psalmdichter oder -sänger
**Psalmodie** (die, -, -n) Singen von Psalmen im Sprechgesang [gr.]
**psalmodieren** (V.) im Sprechgesang singen [gr.]
**psalmodisch** (Adj.) die Psalmodie betreffend [gr.-lat.]
**Psalter** (der, -s, -) **1** (nur Ez.) Buch der Psalmen im AT **2** = Psalterium **3** Teil des Magensystems der Wiederkäuer, Blättermagen [gr.]
**Psalterium** (das, -s, -rien) dreieckiges oder trapezförmiges Zupfinstrument des MA [gr.-nlat.]
**Psammit** (der, -s, -e) Sandstein [gr.-lat.]
**psammophil** (Adj.) Sand liebend (Fachbegriff der Botanik für bestimmte Pflanzen und Tiere) [gr. -lat.]
**Psammophyt** (der, -en, -en) Pflanze, die auf Sand existiert
**Psellismus** (der, -, nur Ez.) das Stammeln (Med.) [gr.-lat.]
**Pseudandronym** (das, -s, -e) aus einem männlichen Namen bestehender Deckname einer Frau [gr.-lat.]
**Pseudanthium** (das, -s, -thien) Scheinblüte von Pflanzen, z.B. bei Korbblütlern (Botanik) [gr.-lat.]
**Pseudarthrose** (die, -, -n) an Bruchstellen von Knochen sich bildendes, falsches Gelenk [gr.]
**pseudo** nachgeahmt, nachgemacht, nicht echt [lat.]
**Pseudogynym** (das, -s, -e) aus einem weiblichen Namen bestehender Deckname eines Mannes [gr.-lat.]
**Pseudokrupp** (der, -s, nur Ez.) Kehlkopfentzündung durch Luftverschmutzung (Med.)
**Pseudologie** (die, -, -n) krankhafte Sucht zu lügen (Med., Psych.) [gr.-lat.]
**pseudologisch** (Adj.) krankhaft lügnerisch, zwanghaft verlogen (Med., Psych.) [gr.-lat.]
**pseudonym** (Adj.) unter einem Decknamen; z.B. ein pseudonym erschienenes Buch [gr.]
**Pseudonym** (das, -s, -e) Deckname (eines Schriftstellers) [gr.]
**Pseudopodium** (das, -s, -dien) vorübergehend gebildeter Fortsatz aus Plasma, der zur Fortbewegung dient, Scheinfüßchen (bei Wurzelfüßern) [gr.-nlat.]
**Psi** (das, -(s), -s) **1** 23. griechischer Buchstabe **2** Träger außersinnlicher Wahrnehmungen (in der Parapsychologie)
**Psilomelan** (der, -s, -e) ein Mineral, Hartmanganerz [gr.]
**Psittakose** (die, -, -n) bei Papageien auftretende, auf den Menschen übertragbare Infektionskrankheit mit Symptomen einer schweren Grippe, Papageienkrankheit [gr.]
**Psoriasis** (die, -, -sen) Schuppenflechte
**Psychagogik** (die, -, nur Ez.) Kinder- und Jugendlichen Heilpädagogik (für Gesunde und Kranke) [gr.]
**Psychalgie** (die, -, -n) psychisch bedingte Schmerzen (Med.)
**Psyche** (die, -, -n) **1** Seele, seelisch-geistiges Leben **2** Frisiertoilette mit dreiteiligem Spiegel (österr.) [gr.]
**psychedelisch** *auch:* psychodelisch (Adj.) Bewusstsein erweiternd [gr.]

**Psy'chi'a'ter** (der, -s, -) Facharzt für Geistes- und Gemütskrankheiten; Psychiatrie [gr.]
**Psy'chi'a'trie** (die, -, nur Ez.) Wissenschaft von den Geistes- und Gemütskrankheiten (Erkennung, Ursachen, Behandlung, Systematik)
**psy'chi'a'trie'ren** (V.) psychiatrisch, auf den Geisteszustand hin untersuchen (österr.) [gr.]
**psy'chi'a'trisch** (Adj.) zur Psychiatrie gehörend, auf ihr beruhend, mit ihrer Hilfe
**Psy'chi'ker** (der, -s, -) Angehöriger der mittleren Stufe des Menschen, der allein zu Glauben und sittlicher Erkennntnis fähig ist, nicht aber Gott zu erkennen (Gnosis) [gr.]
**psy'chisch** (Adj.) zur Psyche gehörig, seelisch, hinsichtlich des seelischen Zustandes
**Psy'chis'mus** (der, -, -men) **1** idealistische Anschauung, wonach das Psychische der Kern aller Wirklichkeit ist **2** psychische Verhaltensweise, Erscheinung [gr.-lat.]
**Psy'cho'ana'ly'se** (die, -, -n) Verfahren zur Heilung psychischer Störungen [gr.]
**psy'cho'ana'ly'sie'ren** (V.) mit den Mitteln und Methoden der Psychoanalyse vorgehen, behandeln [gr.-lat.]
**Psy'cho'ana'ly'ti'ker** (der, -s, -) Psychotherapeut auf dem Gebiet der Psychoanalyse
**psy'cho'ana'ly'tisch** (Adj.) zur Psychoanalyse gehörig, mit ihrer Hilfe, die Psychoanalyse betreffend
**Psy'cho'bio'lo'gie** (die, -, nur Ez.) die Anschauung, die psychischen Vorgänge als bloße Funktionen von Nerven und Gehirn zu betrachten [gr.-lat.]
**psy'cho'de'lisch** (Adj.) = psychedelisch [gr.-engl.]
**Psy'cho'dra'ma** (das, -s, -men) **1** Monodrama, in dem die seelischen Konflikte der handelnden Person dargestellt werden **2** Methode in der Psychotherapie zur Verarbeitung von Erlebtem und Gedachten
**psy'cho'gen** (Adj.) durch seelische Vorgänge verursacht [gr.]
**Psy'cho'ge'ne'se** *auch:* Psy'cho'ge'nesis (die, -, -n) Entstehung und Entwicklung der Seele beziehungsweise des Seelenlebens (entwicklungspsychologisches Forschungsgebiet) [gr.-lat.]
**Psy'cho'ge'ne'sis** (die, -, -sen) = Psychogenese [gr.-lat.]
**Psy'cho'ge'nie** (die, -, nur Ez.) psychische Ursache einer Erkrankung [gr.-lat.]
**Psy'cho'g'los'sie** (die, -, -n) seelisch bedingtes Stottern (Med.) [gr.-lat.]
**Psy'cho'g'no'sie** (die, -, nur Ez.) das Erkennen und Deuten von Psychischem [gr.-lat.]
**Psy'cho'g'nos'tik** (die, -, nur Ez.) auf psychologischen Untersuchungen und Forschungen basierende Menschenkenntnis [gr.-lat.]
**Psy'cho'g'nos'ti'ker** (der, -s, -) auf dem Gebiet der Psychognostik forschender Wissenschaftler [gr.-lat.]
**psy'cho'g'nos'tisch** (Adj.) die Psychognostik betreffend, auf ihr basierend [gr.-lat.]
**Psy'cho'gramm** (das, -s, -e) durch Psychografie gewonnenes Bild (einer Persönlichkeit) [gr.]
**Psy'cho'graf** *auch:* Psy'cho'graph (der, -en, -en) Anlage, Gerät zum automatischen Aufschreiben aus dem Unterbewusstsein kommender Aussagen [gr.-lat.]
**Psy'cho'gra'fie** *auch:* Psy'cho'gra'phie (die, -, -en) Untersuchung der seelischen Struktur und Verfassung einer Person aufgrund von schriftlichen und mündlichen Äußerungen ihrer selbst und anderer [gr.]
**psy'cho'id** (Adj.) seelenähnlich, in der Art einer Seele [gr.-lat.]
**Psy'cho'id** (das, -(e)s, nur Ez.) nach C. G. Jung das Seelenähnliche, das unfähig zu Bewusstsein an den Instinkt gebunden ist und das zur Tiefenschicht des kollektiven Unbewussten gehört [gr.-lat.]
**Psy'cho'ki'ne'se** (die, -, nur Ez.) nicht erklärbare Einwirkung des Menschen auf Gegenstände, ohne diese zu berühren
**Psy'cho'lin'guis'tik** (die, -, nur Ez.) Teilgebiet der Linguistik, das sich mit Spracherwerb und Sprachstörungen befasst (Sprachwissenschaft)
**Psy'cho'lo'ge** (der, -n, -n) Wissenschaftler der Psychologie; jmd., der Menschen beobachten, durchschauen und beurteilen kann

**Psy'cho'lo'gie** (die, -, nur Ez.) Wissenschaft von der Seele, vom Seelenleben [gr.]
**psy'cho'lo'gisch** (Adj.) zur Psychologie gehörig
**psy'cho'lo'gi'sie'ren** (V.) unter psychologischen Gesichtspunkten betrachten
**Psy'cho'path** (der, -en, -en) im seelisch-geistig-charakterlichen Bereich gestörter Mensch [gr.]
**Psy'cho'pa'thie** (die, -, -en) Störung im geistig-seelisch-charakterlichen Bereich [gr.]
**psy'cho'pa'thisch** (Adj.) auf einer Psychopathie beruhend; an einer Psychopathie leidend
**Psy'cho'phar'ma'kon** (das, -s, -ka) auf die Psyche wirkendes Arzneimittel [gr.]
**Psy'cho'se** (die -, -n) seelische Krankheit [gr.]
**Psy'cho'so'ma'tik** (die, -, nur Ez.) Wissenschaft von der Bedeutung seelischer Störungen für die Entstehung einer physischen Krankheit [gr.]
**psy'cho'so'ma'tisch** (Adj.) auf der Einheit von Seele und Körper beruhend; durch seelische Störungen oder Vorgänge verursacht oder beeinflusst [gr.]
**Psy'cho'ter'ror** (der, -s, nur Ez.) Methode zur Einschüchterung oder Erpressung eines Gegners mit psychischem Druck
**Psy'cho'the'ra'peut** (der, -en, -en) mit den Verfahren der Psychotherapie behandelnder Arzt oder Psychologe
**Psy'cho'the'ra'pie** (die, -, -n) Behandlung seelischer Störungen oder Krankheiten durch die Beschäftigung mit seelischen Vorgängen [gr.]
**Psy'cho'thril'ler** [-θrɪlə] (der, -s, -) spannender Film, der überwiegend mit psychologischen Mitteln arbeitet [engl.]
**Psy'cho'ti'ker** (der, -s, -) jmd., der an einer Psychose leidet
**psy'cho'tisch** (Adj.) auf einer Psychose beruhend; an einer Psychose leidend
**Psy'chro'me'ter** (das, -s, -) Gerät zum Messen der Luftfeuchtigkeit [gr.]
**Pte'ro'po'de** (der, -n, -n) Meeresschnecke mit ruderförmigem Fuß, Ruderschnecke [gr.]
**Pto'le'mä'er** (der, -s, -) Angehöriger eines altägyptischen Herrschergeschlechts
**Pto'ma'in** (das, -s, -e) Leichengift [gr.]
**Pub** [pʌb] (das oder der, -s, -s) engl. Bezeichnung für: kleine Gastwirtschaft
**pu'be'ral** (Adj.) mit der Geschlechtsreife zusammenhängend, zu ihr gehörend [lat.]
**pu'ber'tär** (Adj.) zur Pubertät gehörend
**Pu'ber'tät** (die, -, nur Ez.) Zeit der beginnenden Geschlechtsreife [lat.]
**pu'ber'tie'ren** (V.) in die Pubertät eintreten, in der Pubertät sein
**Pu'bes** (die, -, -) **1** Behaarung der Scham **2** Schamgegend, die äußeren Genitalien [lat.]
**pu'bes'zent** (Adj.) geschlechtsreif, heranwachsend (Med.) [lat.]
**Pu'bes'zenz** (die, -, nur Ez.) Ausbildung der sekundären Geschlechtsmerkmale [lat.]
**pu'bisch** (Adj.) die Behaarung der Scham, die Schamgegend, die äußeren Genitalien betreffend [lat.]
**Pub'lic-Do'main-Soft'ware** [pʌblɪkdomeɪnsɔftwεə] (die, -, nur Ez.) frei zugängliche und frei kopierbare Software (EDV)
**pub'li'ce** [-tse] (Adv.) öffentlich (veraltet) [lat.]
**Pub'li'city** [pʌblɪsətɪ] (die, -, nur Ez.) Bekanntsein in der Öffentlichkeit, öffentliches Aufsehen [engl.]
**Pub'lic Re'la'tions** [pʌblɪk rɪleɪʃnz] (nur Mz.) Arbeit in der Öffentlichkeit, Kontaktpflege, Bemühen um das Vertrauen der Öffentlichkeit [engl.]
**pub'lik** (Adj.) in der Öffentlichkeit bekannt [lat.]
**Pub'li'kan'dum** (das, -s, -da) öffentliche Anzeigen, zu Veröffentlichendes (veraltet) [lat.]
**Pub'li'ka'ti'on** (die, -, -en) **1** Veröffentlichung, Publizierung **2** veröffentlichtes Schriftwerk [lat.]
**Pub'li'kum** (das, -s, -ka) **1** Gesamtheit der Zuschauer, Zuhörer, Leser, Besucher **2** Öffentlichkeit, Allgemeinheit [lat.]
**pub'li'zie'ren** (V.) veröffentlichen, bekannt machen [lat.]
**Pub'li'zie'rung** (die, -, -en) die Veröffentlichung eines Werkes [lat.]
**Pub'li'zist** (der, -en, -en) **1** Zeitungswissenschaftler **2** jmd., der für Zeitungen und Zeitschriften schreibt [lat.]

**Pu'bli'zis'tik** (die, -, nur Ez.) Zeitungswissenschaft [lat.]
**pu'bli'zis'tisch** (Adj.) zur Publizistik gehörend, vom Standpunkt der Publizistik aus, zeitungswissenschaftlich
**Pu'bli'zi'tät** (die, -, nur Ez.) das Publiksein, Bekanntsein in der Öffentlichkeit; Zugänglichkeit der Massenmedien
**Puck** (der, -s, -s) aus einer Hartgummischeibe bestehender Spielball (beim Eishockey) [engl.]
**Pud** (das, -(s), -) altes russisches Gewicht, 16,38 kg
**pud'deln** (V.) aus Roheisen Schweißstahl gewinnen [engl.]
**Pud'ding** (der, -s, -s oder -e) **1** im Wasserbad gekochte, warme Speise **2** kalte, gestürzte Süßspeise [engl.]
**pu'den'dal** (Adj.) die Schamgegend, die äußeren Genitalien betreffend, zu ihr beziehungsweise ihnen gehörend (Med.) [lat.]
**Pu'der** (der, -s, -) sehr feines Pulver (als Heilmittel und Mittel zur Körperpflege) [frz.]
**Pu'du** (der, -s, -s) südamerikanischer Zwerghirsch [indian.-span.]
**Pu'eb'lo 1** (der, - oder -s, - oder -s) Angehöriger eines im Südwesten der USA lebenden Indianervolkes **2** (das, -s, -s) Siedlung der Puebloindianer aus terrassenartig übereinander gebauten, kastenförmigen Häusern [span.]
**pu'e'ril** (Adj.) kindlich; kindisch [lat.]
**Pu'e'ri'lis'mus** (der, -, nur Ez.) krankhaftes Kindischsein [lat.]
**Pu'e'ri'li'tät** (die, -, nur Ez.) Kindlichkeit, kindliches Verhalten [lat.]
**Pu'er'pe'ra** (die, -, -rä) Wöchnerin (Med.) [lat.]
**pu'er'pe'ral** (Adj.) das Wochenbett betreffend, zu ihm gehörend (Med.) [lat.]
**Pu'er'pe'ral'fie'ber** (das, -s, nur Ez.) Kindbettfieber [lat.]
**Pu'er'pe'ri'um** (das, -s, -ri'en) der Zeitraum von etwa sechs Wochen nach der Entbindung (Med.) [lat.]
**Pu'er'to Ri'ca'ner** (der, -s, -) Ew. von Puerto Rico, einer Antilleninsel, deren Einwohner Bürger der USA sind [span.]
**Pu'gi'lis'mus** (der, -, nur Ez.) (veraltet) Boxsport, Faustkampf [lat.]
**Pu'gi'list** (der, -en, -en) veraltete Bezeichnung für einen Faustkämpfer, Boxer [lat.]
**Pu'gi'lis'tik** (die, -, nur Ez.) = Pugilismus [lat.]
**pu'gi'lis'tisch** (Adj.) den Boxkampf betreffend, boxsportlich [lat.]
**Pul'ci'nel'la** *auch:* Pul'ci'nell [-tʃi-] (der, -(s), -le) Hanswurst (in der Commedia dell'Arte) [it.]
**Pulk** *auch:* Pul'ka (der -s, -e) **1** lockerer Verband militärischer Kraftfahr- oder Flugzeuge **2** Trupp, Schar, dichter Haufen; z.B. Menschenpulk **3** bootförmiger Schlitten [poln.]
**Pul'ka** (der, -s, -s) = Pulk (3)
**pul'len** (V.) **1** rudern **2** ungestüm vorwärts drängen (vom Reitpferd) [engl.]
**Pul'li** (der, -s, -s) Pullover, bes. kurzärmeliger oder ärmelloser Pullover [engl.]
**Pull'man** (der, -s, -s) Kurzwort für Pullmanwagen [engl.]
**Pull'man'kap'pe** (die, -, -n) österreichische Bezeichnung für Baskenmütze [engl.-dt.]
**Pull'man'wa'gen** *auch:* Pull'man-Wa'gen (der, -s, -) ein nach dem amerikanischen Konstrukteur benannter komfortabler Schnellzugwagen [engl.; dt.]
**Pull'o'ver** (der, -s, -) gestricktes oder gewirktes Kleidungsstück für den Oberkörper, das man über den Kopf zieht [engl.]
**Pull'un'der** (der, -s, -) ärmelloser Pullover, unter dem man eine Bluse trägt [engl.]
**Pul'mo** (der, - oder -s, -nes) Lunge [lat.]
**Pul'mo'lo'gie** (die, -, nur Ez.) medizinisches Teilgebiet, das sich mit der Lunge und den Krankheiten der Lunge befasst (Med.)
**Pulp** (der, -s, -en) **1** Fruchtmark **2** Faserbrei (bei der Papierherstellung) [lat.]
**Pul'pa** (die, -, -pae) weiches, gefäß- und nervenreiches Gewebe in der Zahnhöhle, Zahnmark [lat.]
**Pulp'fic'tion** [palpfɪktʃn] Groschenheft, Schundliteratur [engl.]
**Pul'pi'tis** (die, -, -ti̯den) Entzündung der Pulpa [lat.-gr.]
**pul'pös** (Adj.) fleischig, weich, aus weicher Masse [lat.]

P

**Pul'que** [-kə] (der, -s, nur Ez.) berauschendes Getränk der Indianer Mexikos aus Agavensaft
**Puls** (der -es, -e) an manchen Stellen des Körpers (bes. innen am Handgelenk) fühlbarer Herzschlag [lat.]
**Pul'sar** (der, -s, -e) Stern, der regelmäßig Radiostrahlung abgibt [lat.]
**Pul'sa'ti'on** (die, -, -en) **1** rhythmische Tätigkeit des Herzens **2** dadurch bewirkte regelmäßige Druckwelle in den Arterien **3** regelmäßige Veränderung (eines Sterndurchmessers oder einer Größe in einem elektrischen System) [lat.]
**Pul'sa'tor** (der, -s, -en) Gerät, das eine rhythmische Bewegung, einen Druckwechsel erzeugt; z.B. in der Melkmaschine [lat.]
**pul'sen** (V.) = pulsieren
**pul'sie'ren** (V.) sich rhythmisch, stoßweise, wellenartig bewegen; z.B. das Blut pulsiert; pulsierendes Leben in einer Stadt [lat.]
**Pul'si'on** (die, -, -en) regelmäßige stoßende oder schlagende Bewegung [lat.]
**Pul'ver** (das, -s, -) **1** feste, fein zerriebene Masse **2** Arzneimittel in dieser Form; z.B. ein Pulver einnehmen **3** Schießpulver (veraltet) **4** Geld (ugs.) [lat.]
**Pul've'ri'sa'tor** (der, -s, -en) Gerät zum Pulverisieren
P
**pul've'ri'sie'ren** (V.) zu Pulver zerreiben
**Pu'ma** (der, -s, -s) eine Raubkatze Amerikas [Ketschua]
**Pump** (der, -s, nur Ez.) das Leihen, Borgen (ugs.) [Rotwelsch]
**pum'pen** (V.) borgen, leihen (ugs.) [Rotwelsch]
**Pumps** [pœmps] (der, -, -) leichte, ausgeschnittene Damenschuhe ohne Verschluss mit hohem oder halb hohem Absatz [engl.]
**Pu'na** (die, -, nur Ez.) steppenähnliche Hochebene der südamerikanischen Anden [indian.-span.]
**Pu'na'lua'ehe** (die, -, nur Ez.) ehemaliges Ehearrangement auf Hawaii, wonach unter den Verwandten der gleichen Generation Frauen- und Männergemeinschaft herrschte [polynes.-dt.]
**Punch** [pʌntʃ] (der, -s, -s) **1** Boxhieb **2** Boxtraining am Punchingball **3** Schlagkraft (eines Boxers) [engl.]
**Pun'cher** [pʌntʃə] (der, -s, -) **1** am Punchingball trainierender Boxer **2** Boxer mit starker Schlagkraft [engl.]
**Pun'ching'ball** [pʌntʃĩ-] (der, -(e)s, -bäl'le) frei hängender, schwerer Ball zum Trainieren für Boxer [engl.]
**Punk** [pʌ˜k] (der, -s, -s) **1** stark vereinfachte, extrem schnell gespielte Rockmusik **2** Anhänger dieser Musik (in skurriler Aufmachung, wie Irokesenschnitt u.a.) [engl.]
**Pun'ker** [pʌ˜kə] (der, -s, -) = Punk (2)
**Punkt** (der, -(e)s, -e) **1** geometrische Größe ohne Ausdehnung, Schnittstelle zweier Linien **2** sehr kleiner Fleck **3** kleines Satzzeichen (bes. am Schluss des Satzes) **4** Notenzeichen, das eine Note um ihren halben Wert verlängert **5** Stelle, Ort; z.B. Aussichtspunkt **6** Angelegenheit, Gegenstand (der Erörterung); z.B. in diesem Punkt stimme ich zu **7** Bewertungseinheit (im Spiel, Sport); z.B. Minuspunkt **8** (nur Ez.) genau (in Zeitangaben); z.B. Punkt zwei Uhr **9** Maßeinheit des Schriftsatzes (typographischer Punkt); z.B. eine Schrift von acht Punkt [lat.]
**Punk'tat** (das, -(e)s, -e) durch Punktion entnommene Körperflüssigkeit
**Punk'ta'ti'on** (die, -, -en) **1** Kennzeichnung der Vokale in der hebräischen Schrift durch Punkte unter oder über den Konsonanten **2** unverbindlicher Vorvertrag, Festlegung der wichtigsten Punkte [lat.]
**punk'tie'ren** (V.) **1** durch Punkte andeuten **2** mit einem Punkt (4) versehen **3** jmdn. punktieren: an jmdm. eine Punktion vornehmen [lat.]
**Punk'ti'on** (die, -, -en) Entnahme von Flüssigkeit aus einer Körperhöhle mittels Hohlnadel [lat.]
**punk'tu'ell** (Adj.) nur einzelne Punkte betreffend, auf bestimmte Punkte bezogen
**Punk'tum!** Schluss! und damit Punktum! [lat.]
**Punk'tur** (die, -, -en) **1** = Punktion **2** Einstechen von Nadeln (in den Körper)
**Punsch** (der, -(e)s, -e) heißes Getränk aus Rum oder Arrak und Wasser oder Tee mit Zucker, Zitronensaft und Gewürz [sanskr.]

**Punze** (die, -, -n) 1 meißelartiges Gerät zum Verzieren von Leder oder Metall mit erhabenen Mustern 2 Prüfzeichen für den Gehalt an Edelmetall [it.]
**punzen** (V.) = punzieren
**punzieren** *auch:* punzen (V.) mit der Punze verzieren oder stempeln
**Pupill** (der, -en, -en) Mündel, Pflegling [lat.]
**pupillar** (Adj.) 1 zur Pupille gehörig 2 = pupillarisch
**pupillarisch** (Adj.) das Mündel betreffend, zum Mündel gehörig (im Rechtswesen, veraltet) [lat.]
**Pupille** (die, -, -n) kreisrunde Öffnung der Regenbogenhaut (des Auges), Sehloch [lat.]
**pupinisieren** (V.) eine Pupinspule einbauen
**pupipar** (Adj.) Larven gebärend, die sich sofort verpuppen [lat.]
**Puppet** [papɛt] (das, -s, -s) Marionette [engl.]
**pur** (Adj.) rein, unverdünnt, unvermischt [lat.]
**Purana** (das, -s, -s) 1 alte Erzählung 2 mythisch-religiöse Schriften des Hinduismus [sanskr.]
**Püree** (das, -s, -s) Brei; z.B. Erbspüree [frz.]
**Purga** (die, -, -gi) Schneesturm in Sibirien und Nordrussland [russ.]
**Purgans** (das, -, -gantia oder -ganzien) Abführmittel [lat.]
**Purgation** (die, -, -en) 1 Reinigung, Läuterung 2 gerichtliche Rechtfertigung [lat.]
**purgativ** (Adj.) die Verdauung anregend, abführend [lat.]
**Purgativ** (das, -s, -e) starkes Abführmittel (Med.) [lat.]
**Purgativum** (das, -s, -va) = Purgativ [lat.]
**Purgatorium** (das, -s, -rien) Fegefeuer [lat.]
**purgieren** (V.) die Verdauung anregen, abführen [lat.]
**pürieren** (V.) zu Püree machen
**Purifikation** (die, -, en) Reinigung (bes. des Kelches in der kath. Kirche) [lat.]
**Purifikatorium** (das, -s, -rien) Tuch zum Reinigen des Kelches (in der kath. Kirche) [lat.]
**purifizieren** (V.) reinigen, läutern (veraltet) [lat.]
**Purim** (das, -s, nur Ez.) ein jüdisches Fest im Februar/März [hebr.]
**Purin** (das, -s, -e) organische Verbindung aus der Nukleinsäure des Zellkerns [lat.]
**Purismus** (der, -, nur Ez.) (übertriebenes) Bestreben, die Sprache von Fremdwörtern rein zu halten oder ein Bauwerk (bes. Kirche) von stilfremden Elementen zu befreien [lat.]
**Purist** (der, -en, -en) Anhänger des Purismus
**puristisch** (Adj.) in der Art des Purismus
**Puritaner** (der, -s, -) 1 Anhänger des Puritanismus 2 übertrieben sittenstrenger Mensch
**puritanisch** (Adj.) 1 zum Puritanismus gehörig, auf ihm beruhend, von ihm ausgehend 2 übertrieben sittenstreng, übertrieben einfach und sparsam
**Puritanismus** (der, -, nur Ez.) calvinistische Richtung in der englischen protestantischen Kirche [lat.]
**Purität** (die, -, nur Ez.) Reinheit, Sittenreinheit [lat.]
**Purohita** (der, -s, -s) indischer Hauptgeistlicher und Berater des Königs während der Hochzeit der wedischen Religion [sanskr.]
**Purpur** (der, -s, nur Ez.) 1 bläulich rote Farbe 2 festliches Gewand in dieser Farbe (von Herrschern und Kardinälen) [gr.-lat.]
**Purpurin** (das, -s, nur Ez.) roter Farbstoff aus der Krappwurzel [lat.]
**Purser** [pɜːr-] (der, -s, -) 1 Bezeichnung für den Zahlmeister auf einem Schiff 2 Chefsteward im Flugzeug [engl.]
**purulent** (Adj.) eitrig [lat.]
**Purulenz** (die, -, -en) Eiterung [lat.]
**puschen** (V.) antreiben, vorantreiben, in Schwung bringen [engl.]
**Push** [pʊʃ] (der, -s, -s) 1 kräftige Unterstützung durch Werbung 2 spezieller Schlag beim Golf [engl.]
**pushen** *auch:* puschen (V.) mittels Werbung Aufmerksamkeit auf jmd., etwas lenken
**Pusher** [pʊʃ-] (der, -s, -) mit harten Drogen handelnder Rauschgiftdealer [engl.]
**pustulös** (Adj.) voller Pusteln, mit Pusteln einhergehend

P

**Pusz'ta** (die, -, -ten) Grassteppe [ung.]
**pu'ta'tiv** (Adj.) irrtümlich [lat.]
**Pu'tre'fak'ti'on** (die, -, -en) Verwesung, Fäulnis [lat.]
**pu'tres'zie'ren** (V.) verwesen, faulen [lat.]
**pu'trid** (Adj.) faulig, übel riechend, verwesend (Med.) [lat.]
**Putt** [pʌt] (der, -s, -s) kurzer Schlag beim Golf (Sport)
**Put'te** (die, -, -n) kleine Engelsfigur (in der bildenden Kunst bes. des Barocks) [it.]
**put'ten** (V.) den Ball so schlagen, dass er (am Ende der Spielbahn) ins Loch rollt (beim Golf) [engl.]
**Put'ter** (der, -s, -) Golfschläger zum Putten
**puz'zeln** [pazln] (V.) ein Puzzle spielen
**Puz'zle** [pazl] (das, -s, -s) Geduldsspiel, bei dem aus vielen kleinen Einzelteilen ein Bild zusammengesetzt wird [engl.]
**PVC** [pe:fautse:] (das, -s, nur Ez.) Abk. für „**P**oly**v**inyl**c**hlorid"; weitverbreiteter Kunststoff, der u.a. für Fußbodenbeläge Verwendung findet
**Py'ämie** (die, -, -n) Blutvergiftung durch Eitererreger im Blut [gr.]
**Py'ar'thro'se** (die, -, -n) eitrige Gelenkentzündung [gr.]
**Py'e'li'tis** (die, -, -ti'den) Nierenbeckenentzündung [gr.]
**Py'e'lo'gramm** (das, -s, -e) Röntgenaufnahme der Niere [gr.]
**Pyg'mäe** (der, -n, -n) Angehöriger mehrerer zwergwüchsiger Völker in Afrika und Südostasien [gr.]
**pyg'mä'isch** (Adj.) zwergwüchsig [gr.-lat.]
**pyg'mid** (Adj.) zu den Pygmiden gehörend, sie betreffend [gr.-lat.]
**Pyg'mi'de** (die oder der, -n, -n) kleinwüchsiger Mensch mit Merkmalen des Pygmäen [gr.-lat.]
**Py'ja'ma** [-ʒa:-] (der, -s, -s) Schlafanzug [Hindi]
**Py'kni'ker** (der, -s, -) Mensch mit pyknischem Körperbau
**py'knisch** (Adj.) gedrungen, untersetzt und zu Fettansatz neigend [gr.]
**Py'kno'me'ter** (das, -s, -) Gerät zum Bestimmen des spezifischen Gewichts von Flüssigkeiten [gr.]
**Py'lon** (der, -en, -en) **1** Eingangstor mit zwei wuchtigen Türmen zu beiden Seiten (in der ägyptischen Baukunst) **2** Seil oder Kette tragender Pfeiler (einer Hängebrücke) **3** kleiner Kegel (zum Sperren einer Straße) [gr.]
**Py'lo'ne** (die, -, -n) = Pylon
**Py'lo'ro'spas'mus** (der, -, -men) Krampf des Magenpförtners, Pförtnerkrampf [gr.]
**Py'lo'rus** (der, -, -ren) Magenpförtner [gr.]
**py'o'gen** (Adj.) Eiterung erregend [gr.]
**Py'or'rhö** (die, -, -en) Eiterfluss [gr.]
**py'ra'mi'dal** (Adj.) **1** in der Form einer Pyramide **2** riesig, gewaltig, gigantisch [ägypt.-gr.-lat.]
**Py'ra'mi'de** (die, -, -n) **1** Körper mit einem Quadrat als Grundfläche und dreieckigen Seitenflächen, die in einer Spitze zusammenlaufen **2** altägyptischer Grabbau [gr.]
**Py'r'a'no'me'ter** (das, -s, -) meteorologisches Gerät zum Messen der Sonnen- und Himmelsstrahlung [gr.]
**Py're'ti'kum** (das, -s, -ka) Fieber erzeugendes Mittel [gr.-nlat.]
**Py'rit** (der, -s, -e) ein Mineral, Schwefelkies, Eisenkies [gr.]
**py'ro'gen** (Adj.) **1** Fieber hervorrufend **2** aus Magma entstanden [gr.]
**Py'ro'ly'se** (die, -, -n) Zersetzung von chemischen Verbindungen durch hohe Temperatur [gr.]
**Py'ro'ma'ne** (der, -n, -n) jmd., der an Pyromanie leidet
**Py'ro'me'ter** (das, -s, -) Gerät zum Messen hoher Temperaturen [gr.]
**py'ro'phor** (Adj.) selbstentzündlich [gr.]
**Py'ro'tech'nik** (die, -, nur Ez.) Herstellung, Gebrauch von Feuerwerkskörpern, Munition und Sprengstoffen [gr.]
**Pyr'rhus'sieg** (der, -(e)s, -e) Scheinsieg; mit großen Verlusten verbundener Triumph, der eher einer Niederlage gleicht (nach opferreichen Siegen des Königs Pyrrhus von Epirus)
**Py'thia** (die, -, -thi'en) Weissagerin (ugs., scherzhaft) [gr.]
**py'thisch** (Adj.) geheimnisvoll, rätselhaft, orakelhaft [gr.]
**Py'thon** (der, -s, -s oder -tho'nen) Eier legende Riesenschlange [gr.]
**Py'xis** (die, -, -xi'den oder -xi'des [-de:s]) Hostienbehälter im Tabernakel [gr.]

P

# Q

**Qi'gong** (das, -s, nur Ez.) chinesische Heilmethode
**qua** (Präp.) **1** als, in der Eigenschaft als; z.B. qua Philologe lehne ich das ab **2** gemäß; z.B. qua Testament [lat.]
**Quack'sal'ber** (der, -s, -) abwertend für vermeintlich schlechten Arzt (ugs.)
**Qua'der** (der, -s, -) **1** von drei Paar einander gegenüberliegenden Seiten begrenzter Körper **2** rechteckig behauener Block [lat.]
**Qua'dran'gel** (das, -s, -) Viereck [lat.]
**qua'dran'gu'lär** (Adj.) viereckig [lat.]
**Qua'drant** (der, -en, -en) **1** Viertelkreis **2** Gerät zum Messen von Höhen über dem Horizont (früher) [lat.]
**Qua'drat** (das, -(e)s, -e) **1** Viereck aus vier gleichen, rechtwinklig aufeinanderstehenden Seiten **2** zweite Potenz **3** 90° Winkelabstand zwischen Planeten [lat.]
**Qua'drat'de'zi'me'ter** (der oder das, -s, -) Quadrat, dessen Seiten je 1 dm lang sind [lat.-gr.]
**qua'dra'tisch** (Adj.) **1** in der Form eines Quadrats **2** in die zweite Potenz erhoben (in der Mathematik)
**Qua'drat'ki'lo'me'ter** (der oder das, -s, -) Quadrat, dessen Seiten je 1 km lang sind [lat.-gr.]
**Qua'drat'me'ter** (der oder das, -s, -) Quadrat, dessen Seiten je 1 m lang sind [lat.-gr.]
**Qua'drat'mil'li'me'ter** (der oder das, -s, -) Quadrat, dessen Seiten je 1 mm lang sind [lat.-gr.]
**Qua'dra'tur** (die, -, -ren) das Quadrieren; geometrische Konstruktion: Umwandlung einer ebenen Fläche in ein Quadrat
**Qua'drat'zen'ti'me'ter** (der oder das, -s, -) Quadrat, dessen Seiten je 1 cm lang sind [lat.-gr.]
**Qua'dri'en'na'de** (die, -, -n) Ausstellung, die immer im Abstand von vier Jahren stattfindet
**Qua'dri'en'ni'um** (das, -s, -ni'en) Zeitraum von vier Jahren
**qua'drie'ren** (V.) mit sich selbst malnehmen, ins Quadrat erheben
**Qua'dri'ga** (die, -, -gen) zweirädriger Wagen mit vier nebeneinander gespannten Pferden (in der Antike) [lat.]
**Qua'dril'le** [kadriːjə] (die, -, -n) Tanz mit vier einander gegenüberstehenden Tänzern oder Paaren [frz.]
**Qua'dril'li'on** (die, -, -en) vierte Potenz einer Million, $10^{24}$ [lat.]
**Qua'dri'nom** (das, -s, -e) viergliedrige mathematische Größe [lat.]
**Qua'dri'vi'um** (das, -, nur Ez.) Lehrgang der vier höheren Freien Künste an mittelalterlichen Universitäten
**qua'dro'fon** *auch:* qua'dro'phon (Adj.) mithilfe der Quadrofonie, vierkanalig (bzgl. Übertragung von Musik)
**Qua'dro'fo'nie** *auch:* Qua'dro'pho'nie (die, -, nur Ez.) Stereophonie mit vier Kanälen und vier Lautsprechern, quadrofone Übertragungstechnik [lat.-gr.]
**Qua'dru'pel** (das, -s, -) vier zusammengehörige Zahlen oder mathematische Größen [lat.]
**Qua'dru'pe'de** (der, -n, -n) Vierfüßer
**Quaes'tio** [kvɛ-] (die, -, -ti'o'nes) [-neːs] juristische Frage [lat.]
**Quai** [keː] (der oder das, -s, -s) frz. Schreibung von: Kai
**Quä'ker** (der, -s, -) Angehöriger einer englisch-amerikanischen, evangelischen Gemeinschaft [engl.]
**Qua'li'fi'ka'tion** (die, -, -ti'o'nen) **1** das Qualifizieren, Ausbildung **2** Befähigung, Eignung **3** Befähigungsnachweis [lat.]
**qua'li'fi'zie'ren** (V.) **1** fähig machen, geeignet machen, ausbilden; z.B. jmdn. oder sich qualifizieren; seine Kenntnisse qualifizieren ihn zum Abteilungsleiter **2** beurteilen, einstufen [lat.]
**qua'li'fi'ziert** (Adj.) **1** Kenntnisse, Fähigkeiten erfordernd; z.B. qualifizierte Arbeit **2** Kenntnisse, Fähigkeiten besitzend; z.B. qualifizierter Arbeiter
**Qua'li'fi'zie'rung** (die, -, -en) das Qualifizieren [lat.]

**Qualität** (die, -, -en) 1 Beschaffenheit, Art; z.B. Stoff von sehr fester, rauer, weicher Qualität 2 Güte, Sorte; z.B. erste, beste Qualität 3 Eigenschaft, Fähigkeit 4 (gute) Färbung (eines Vokals) [lat.]

**qualitativ** (Adj.) bezüglich der Qualität

**Qualitativ** (das, -s, -e) = Adjektiv (in der Sprachwissenschaft) [lat.]

**Quant** (das, -s, -en) kleinste, nicht weiter teilbare physikalische Größe [lat.]

**quanteln** (V.) in Quanten darstellen

**Quantenbiologie** (die, -, nur Ez.) Zweig der Biologie, der die physikalische Quantentheorie auf biologische Vorgänge bezieht

**Quantenmechanik** (die, -, nur Ez.) Teilgebiet der Mechanik, das sich mit Vorgängen des Mikrokosmos beschäftigt (Phys.)

**Quantenphysik** (die, -, nur Ez.) Teilgebiet der Physik, das sich mit Quanten und deren Erscheinung befasst

**Quantenstatistik** (die, -, nur Ez.) statistische Untersuchung, die sich mit den atomaren Teilchen beschäftigt, die sich nach den Gesetzen der Quantentheorie bewegen

**Quantentheorie** (die, -, nur Ez.) Theorie, nach der Strahlungsenergie sprunghaft in Portionen entsteht (Phys.)

**quantifizieren** (V.) in Zahlen, Mengenbegriffen, messbaren Größen darstellen [lat.]

**quantisieren** (V.) = quanteln

**Quantität** (die, -, -en) 1 Menge, Anzahl, Größe 2 Dauer (eines Vokals) [lat.]

**quantitativ** (Adj.) bezüglich der Quantität

**Quantité négligeable** [kãtite: negliʒa:bl] (die, - -, nur Ez.) geringfügige und daher außer Acht zu lassende Menge, Belanglosigkeit [frz.]

**Quantum** (das, -s, -ten) abgemessene Menge, gewisse Menge; z.B. ein ordentliches Quantum [lat.]

**quantum satis** in ausreichender Menge [lat.]

**Quarantäne** [ka-] (die, -, nur Ez.) Absonderung (von kranken oder wahrscheinlich infizierten Personen, um die Ausbreitung epidemischer Krankheiten zu verhindern oder zu beschränken) [frz.]

**Quark** [kwɔ:k] (das, -s, -s) hypothetisches Elementarteilchen [engl.]

**Quart** (das, -s, -e) 1 altes Maß für Flüssigkeiten 0,24–1,1 l 2 altes Buchformat in Größe eines Viertelbogens 3 (die, -, -en) eine Haltung der Klinge (beim Fechten) 4 = Quarte [lat.]

**Quarta** (die, -, -ten) dritte Klasse des Gymnasiums [lat.]

**Quartal** (das, -s, -e) Vierteljahr [lat.]

**Quartaner** (der, -s, -) Schüler der Quarta

**Quartär** (das, -s, nur Ez.) jüngste Formation des Känozoikums [lat.]

**Quarte** (die, -, -n) 1 vierte Stufe der diatonischen Tonleiter 2 Intervall von vier Stufen

**Quarter** [kwɔ:tə] (das, -s, -) 1 englische Gewichtseinheit, 12,7 kg 2 englisches und amerikanisches Hohlmaß, etwa 290 l 3 amerikanisches Getreidemaß, 21,7 kg [lat.-engl.]

**Quarterdeck** [kwɔ:tə-] (das, -s, -s) hintere Deckebene auf einem Schiff, Achterdeck [engl.]

**Quartermeister** (der, -s, -) Steuermann auf einem Schiff

**Quartett** (das, -(e)s, -e) 1 Musikstück für vier Instrumente oder Singstimmen 2 die ausführenden Musiker oder Sänger 3 Kartenspiel für Kinder [lat.-it.]

**Quartier** (das, -s, -e) 1 Unterkunft; z.B. Nachtquartier 2 Stadtviertel (schweiz.-österr.) [lat.-frz.]

**Quarz** (der, -es, -e) Mineral aus Siliciumoxid

**quarzen** (V.) rauchen (ugs.)

**Quarzuhr** (die, -, -en) Uhr hoher Ganggenauigkeit, basierend auf einem Quarzkristall

**Quasar** (der, -s, -e) sternähnliches Objekt mit starker Radiostrahlung [lat.]

**quasi** (Adj.) gewissermaßen, sozusagen, gleichsam [lat.]

**quasioptisch** (Adj.) ähnlich den Lichtwellen sich fast geradlinig ausweitend (Phys.)

**quasistellar** (Adj.) sternartig (Phys.)

**Quästion** (die, -, -en) in einer Diskussion gestellte und gelöste wissenschaftliche Frage

**Quatember** (der, -s, -) jeder der vier Fastentage zu Beginn einer Jahreszeit (in der kath. Kirche) [lat.]

**qua|ter|när** (Adj.) aus vier Bestandteilen zusammengesetzt [lat.]
**Qua|ter|ne** (die, -, -n) vier Gewinnzahlen auf einmal [it.]
**Qua|ter|nio** (der, -s, -ni|o|nen) aus vier Einheiten bestehendes Ganzes [lat.]
**Quat|tro|cen|tist** (der, -tis|ten, -tis|ten) Künstler des Quattrocentos
**Quat|tro|cen|to** [-tʃɛn-] (das, -(s), nur Ez.) künstlerische Stilepoche in Italien von 1400 bis 1500 [it.]
**Que|chu|a** [kɛtʃua] (das, -s, nur Ez.) südamerikanische Indianersprache
**Quee|chie** [kwiːtʃɪ] (der, -s, -s) alberner Teenager, der alles „süß" findet [engl.]
**Queen** [kwiːn] (die, -, -s) **1** englische Königin (Titel) **2** beliebte, begehrte weibliche Person, die im Mittelpunkt ihrer Umgebung steht
**Quel|len|pro|gramm** (das, -s, -e) EDV-Code, der erst übersetzt werden muss, bevor er verwendet werden kann (EDV)
**Quell|text** (der, -es, -e) = Quellenprogramm
**Quem|pas** (der, -, nur Ez.) Lieder im Wechselgesang über die Weihnachtsgeschichte [lat.]
**Que|re|le** (die, -, -n) Streit, Streitigkeit [lat.]
**Que|ru|lant** (der, -en, -en) ständiger Nörgler, jmd., der an allem etwas auszusetzen hat [lat.]
**Que|ru|lanz** (die, -, nur Ez.) querulatorisches Verhalten, wobei das Gefühl des Nörglers, Recht zu haben, krankhaft übersteigert ist [lat.]
**Que|ru|la|ti|on** (die, -, -ti|o|nen) Beschwerden, Klage [lat.]
**que|ru|la|to|risch** (Adj.) streitsüchtig, nörglerisch [lat.]
**que|ru|lie|ren** (V.) an allem etwas auszusetzen haben, sich beschweren, nörgeln [lat.]
**Quer|ze|tin** (das, -s, nur Ez.) in einigen Pflanzen enthaltener, gelber Farbstoff (heute als Arzneimittel verwendet) [lat.-frz.]
**Quet|zal** **1** (der, -s, -s) zu den Trogons gehöriger Vogel Mittelamerikas mit langen, metallisch grünen Schwanzfedern **2** (der, -s, -) Währungseinheit in Guatemala, 100 Centavos [indian.-span.]
**Queue** [køː] **1** (das oder der, -s, -s) Billardstock **2** (die, -, -s) Ende (einer marschierenden Kolonne); lange Reihe (wartender Personen) [frz.]
**Quib|ble** [kwɪbl] (das, -s, -s) **1** spitzfindige Ausrede **2** sophistisch-witziges Wortspiel [engl.]
**Quiche** [kiʃ] (die, -, -s) herzhafter, warm gegessener Kuchen mit Auflage von Speckstückchen, Käse, geschlagenen Eiern, Sahne u.a.; Quiche Lorraine: lothringischer Kuchen [frz.]
**Qui|ckie** (der, -s, -s) schnell vollzogener Geschlechtsakt [engl.]
**Qui|ck-out** [-aut] (das, -s, -s) Autoradio, das mit Verlassen des Wagens mitgenommen werden kann
**Quick|stepp** (der, -s, -s) stampfend-rhythmischer Standardtanz [engl.]
**Quick|wert** (der, -s, -e) Blutgerinnungsfaktor (Med.)
**Quid|di|tas** (die, -, nur Ez.) das Wesen (Philos.) [lat.]
**Quid|di|tät** (die, -, -en) das Was-Sein (eines Dinges) [lat.]
**Quid|pro|quo** (das, -s, -s) Missverständnis, Verwechslung [lat.]
**Qui|es|zenz** (die, -, nur Ez.) **1** Ruhe **2** Ruhestand [lat.]
**qui|es|zie|ren** (V.) **1** ruhen **2** jmd. in den Ruhestand versetzen [lat.]
**Qui|e|tis|mus** [kviːe-] (der, -, nur Ez.) **1** Lehre, die das Einswerden mit Gott durch das willen- und wunschlose Ergeben in seinen Willen erstrebt **2** Lebens- und Geisteshaltung in völliger innerer Ruhe [lat.]
**Qui|e|tist** [kviːe-] (der, -tis|ten, -tis|ten) Anhänger des Quietismus [lat.]
**qui|e|tis|tisch** [kviːe-] (Adj.) in der Art des Quietismus
**Qui|e|tiv** (das, -s, -e) *auch:* Qui|e|ti|vum (das, -s, -va) Beruhigungsmittel (Med.)
**qui|e|to** [kuiɛːto] (Adv.) ruhig (bei Musikstücken) [it.]
**Quilt** [kɪlt] (der, -s, -s) aus Stoffresten gefertigte, bunt gemusterte Steppdecke [engl.]
**quil|ten** [kɪl-] (V.) einen Quilt anfertigen [engl.]
**Qui|nar** (der, -s, -e) altrömische Silbermünze

**Quin'dar** [kɪn-] (der, -, -dar'ka) Währungseinheit in Albanien, 1/100 Lek
**quin'ke'lie'ren** *auch:* quin'qui'lie'ren (V.) **1** zwitschern, singen (von Vögeln) **2** leise vor sich hin singen, trällern [lat.]
**quin'qui'lie'ren** (V.) = quinkelieren
**Quin'quen'ni'um** (das, -s, -ni'en) Zeitraum von fünf Jahren [lat.]
**Quint** (die, -, -en) **1** = Quinte **2** eine Haltung der Klinge (beim Fechten) [lat.]
**Quin'ta** (die, -, -ten) zweite Klasse des Gymnasiums [lat.]
**Quin'tal frz.** [kɛ̃-], span. und portugies. [kin-] (der -s, -e) Gewichtseinheit in Spanien, Mittel- und Südamerika, 45–59 kg (früher) [arab.]
**Quin'ta'ner** (der, -s, -) Schüler der Quinta
**Quin'te** (die, -, -n) **1** fünfte Stufe der diatonischen Tonleiter **2** Intervall von fünf Stufen [lat.]
**Quin'ter'ne** (die, -, -n) fünf Gewinnzahlen auf einmal [it.]
**Quint'es'senz** (die, -, -en) Ergebnis, Wesen, Kern (einer Sache) [lat.]
**Quin'tett** (das, -(e)s, -e) **1** Musikstück für fünf Instrumente oder Singstimmen **2** die ausführenden Musiker oder Sänger [lat.-it.]
**Quin'til'li'on** (die, -, -en) fünfte Potenz einer Million, 1030 [lat.]
**Quin'to'le** (die, -, -n) Gruppe von fünf Noten im Taktwert von vier (auch drei oder sechs) Noten [lat.-it.]

**Qui'pro'quo** (das, -s, -s) Verwechslung (von zwei Personen) [lat.]
**Qui'ri'nal** (der, -s, nur Ez.) **1** einer der sieben Hügel Roms **2** Sitz des italienischen Staatspräsidenten [lat.]
**Qui'ri'te** (der, -n, -n) Bezeichnung für einen römischen Vollbürger in der Antike [lat.]
**quitt** (Adj.) ausgeglichen, frei von Schulden; z.B. mit jmdm. quitt sein oder werden [frz.]
**quit'tie'ren** (V.) **1** den Empfang (von etwas) bescheinigen; z.B. einen Betrag, eine Lieferung quittieren; eine Rechnung quittieren; **2** den Empfang eines Rechnungsbetrages bescheinigen **3** beantworten; etwas mit einem dankbaren Blick quittieren **4** (in der Werbung) den Dienst quittieren; den Dienst aufgeben, den Abschied nehmen [frz.]
**Quit'tung** (die, -, -en) **1** Empfangsbescheinigung **2** unangenehme Folgen, Vergeltung; z.B. die Quittung für eine Verhaltensweise bekommen [frz.]
**Qui'vive** [kiviːv] (das, nur in der Wendung) auf dem Quivive sein: aufpassen, aufmerksam, wachsam sein [frz.]
**Quiz** [kvɪs] (das, -, -) Frage- und Antwortspiel [engl.]
**Quiz'mas'ter** [kwɪz-] (der, -s, -) Leiter eines Quiz [engl.]
**quiz'zen** [kvɪsn] (V.) ein Quiz spielen
**Qum'ran'rol'le** (die, -, -n) Schriftrollen mit Texten des Alten Testaments, die 1947 entdeckt wurden
**quod erat de'mons'tran'dum** was zu beweisen war (Formel am Schluss einer Beweisführung) [lat.]
**Quod'li'bet** (das, -s, -s) **1** mehrstimmiges Gesangsstück mit humorvollen Texten und wechselnden Melodien **2** buntes Durcheinander (veraltet) [lat.]
**quod li'cet Io'vi, non li'cet bo'vi** was Jupiter darf, darf der Ochse nicht [lat.]
**Quo'rum** (das, -s, -ren) für einen Beschluss in einer Körperschaft notwendige Zahl anwesender Mitglieder [lat.]
**quos'que tan'dem?** Wie lange noch? [lat.]
**Quo'ta'ti'on** (die, -, -ti'o'nen) **1** Berechnung eines Anteils **2** Kursnotierung (an der Börse) [nlat.]
**Quo'te** (die, -, -n) verhältnismäßiger Anteil [lat.]
**Quo'ten'me'tho'de** (die, -, -n) Stichprobenverfahren bei der Meinungsforschung
**quo'ti'di'an** (Adj.) täglich [lat.]
**Quo'ti'ent** (der, -en, -en) **1** Ergebnis einer Division **2** Zähler und Nenner eines Bruches
**quo'tie'ren** (V.) den Preis oder Kurs (von etwas) angeben [lat.]
**quo'ti'sie'ren** (V.) eine Menge, einen Wert in Quoten aufteilen
**quo va'dis?** Wohin gehst du? [lat.]

# R

**Ra|batt** (der, -(e)s, -e) Preisnachlass [it.]
**Ra|bat|te** (die, -, -n) schmales Zierbeet [frz.]
**ra|bat|tie|ren** (V.) Rabatt gewähren
**Ra|batz** (der, -es, nur Ez.) **1** Geschrei, mit Lärm verbundenes Toben, Krach **2** lautstark vorgebrachter Protest [dt.-frz.-niederl.]
**Ra|bau** (der, -s oder -en, -en) **1** Rabauke **2** kleines graues Exemplar einer Renette, einer süßen Apfelsorte [dt.-frz.-niederl.]
**Ra|bau|ke** (der, -n, -n) Rohling, grobschlächtiger Kerl [dt.-frz.-niederl.]
**Rab|bi** (der, -(s), -s oder -binen) Titel eines Rabbiners; jüdischer Schriftgelehrter [hebr.]
**Rab|bi|nat** (das, -(e)s, -e) Amt, Würde eines Rabbiners [hebr.-lat.]
**Rab|bi|ner** (der, -s, -) jüdischer Geistlicher
**rab|bi|nisch** (Adj.) zu einem Rabbiner gehörig
**Rab|bit|punch** *auch:* Rab|bit-Punch [ræbɪt pʌntʃ] (der, -s, -s) ein im Boxsport unerlaubter Schlag ins Genick oder an den Unterteil des Schädels [engl.]
**ra|bi|at** (Adj.) rücksichtslos handelnd [lat.]
**Ra|bi|es** (die, -, nur Ez.) Tollwut [lat.]
**Ra|bu|list** (der, -listen, -listen) Haarspalter; Rechtsverdreher [lat.]
**Ra|bu|lis|tik** (die, -, nur Ez.) Gerede eines Rabulisten
**ra|bu|lis|tisch** (Adj.) haarspalterisch, in der Art eines Rabulisten vorgetragen, die Rabulistik betreffend [lat.]
**Ra|bu|se** (die, -, nur Ez.) = Rapuse
**Ra|ce|mat** (das, -es, -e) = Razemat
**Ra|chi|tis** (die, -, -chi|ti|den) schwere Vitamin-D-Mangelkrankheit mit Knochenverbiegungen [gr.]
**ra|chi|tisch** (Adj.) an Rachitis leidend, durch sie hervorgerufen
**Ra|cing|rei|fen** [reɪsɪŋ-] (der, -s, -) widerstandsfähige Autoreifen für Autorennen [engl.]
**Rack** [ræk] (das, -s, -s) Regal (für eine Stereoanlage) [engl.]
**Ra|cket** *auch:* Ra|kett [ræk-] (das, -s, -s) Tennisschläger [frz.-engl.]
**Ra|cke|teer** [rækətɪə] (der, -s, -s) Erpresser, Gangster [engl.-amerik.]
**Ra|ckett** (das, -s, -e) Holzblasinstrument des 15. bis 17. Jahrhunderts
**Rack|job|bing** *auch:* Rack-Job|bing [rækdʒɔbɪŋ] (das, -s, -s) Verkauf von Waren durch den Hersteller auf angemieteten Verkaufsflächen [engl.]
**Ra|clette** [-klɛt] (die, -, -s) schweizerisches (Gesellschafts-)Essen, bei dem Käse (Raclette) mit Beilagen (bes. Pellkartoffeln) in einem Spezialgerät geschmolzen wird [frz.]
**Rac|quet|ball** (der, -(e)s, nur Ez.) Squash ähnliches Rückschlagspiel [engl.]
**Rad** (das, -(s), -) Maßeinheit der Energiedosis (früher) [engl., Kurzwort]
**Ra|dar** (der oder das, -s, -e) Funkmessverfahren; Gerät dafür [engl., Kurzwort]
**Ra|dar|as|tro|no|mie** (die, -, nur Ez.) Untersuchung des Weltraums mit Radarwellen (Phys.)
**Rad|dop|pio** (der, -s, -s) spezielle Figur beim Fechten [lat.-it.]
**ra|di|al** (Adj.) strahlenförmig aus einem Punkt hervortretend [lat.]
**Ra|di|a|li|tät** (die, -, nur Ez.) strahlenförmige Anordnung [lat.]
**Ra|di|al|li|nie** (die, -, -n) österreichische Bezeichnung für eine Straße oder Straßenbahnlinie, die vom Zentrum zum Stadtrand führt [lat.]
**Ra|di|al|rei|fen** (der, -s, -) Gürtelreifen [lat.-dt.]
**Ra|di|al|sym|me|trie** (die, -, nur Ez.) Grundstruktur von Körpern bestimmter Lebewesen, die neben einer Hauptachse mehrere untereinander gleiche senkrechte Nebenachsen aufweisen [lat.]
**ra|di|al|sym|me|trisch** (Adj.) die Radialsymmetrie betreffend, in dieser Art angeordnet [lat.]

**Radialturbine** (die, -, -n) Dampf- oder Wasserturbine [lat.]
**Radiant** (der, -en, -en) Winkel, dessen Bogenmaß 1 ist [lat.]
**radiär** (Adj.) strahlenförmig
**radiärsymmetrisch** (Adj.) = radialsymmetrisch [lat.-frz.]
**Radiästhesie** (die, -, nur Ez.) die in der Wissenschaft nicht unbestrittene Fähigkeit bestimmter Menschen, Erdstrahlungen mithilfe von Wünschelruten wahrzunehmen und auf diese Weise Wasseradern oder Ähnliches aufzuspüren [lat.-gr.]
**radiästhetisch** (Adj.) die Radiästhesie betreffend, auf ihr basierend [lat.-gr.]
**Radiation** (die, -, -tionen) Strahlung [lat.]
**Radiator** (der, -s, -toren) Wärmestrahler bei Heizungen
**Radicchio** [-dikio] (der, -s, -chi [-ki]) dunkelviolettrote, etwas bittere Salatpflanze [it.]
**Radien** (nur Mz.) **1** Mz. von Radius **2** Flossenstrahlen der Fische **3** Strahlen der Vogelfeder **4** Achsen oder Strahlen radialsymmetrischer Tiere [lat.]
**radieren** (V.) **1** (mit dem Radiergummi) wegschaben **2** mit der Radiernadel in einen Ätzgrund auf einer Kupferplatte einritzen (als grafisches Verfahren) [lat.]
**Radierer** (der, -s, -) **1** Künstler, der radiert **2** Radiergummi (ugs.)
**Radierung** (die, -, -en) **1** Tiefdruckverfahren, bei dem von der in eine Wachs-Harz-Schicht eingeritzten Zeichnung Abzüge gemacht werden **2** durch das Radierverfahren hergestellte Grafik [lat.]
**radikal** (Adj.) **1** gründlich, restlos **2** bis zum Äußersten gehend **3** politisch extrem [lat.]
**Radikal** (das, -s, -e) **1** Atom oder Molekül mit freiem Elektron **2** durch Wurzelzeichen erhaltener mathematischer Ausdruck [lat.]
**Radikal** (das, -s, -e) **1** Bezeichnung in der Psychologie für eine Grundeigenschaft zum Aufbau einer Person, die nicht auf andere Eigenschaften zurückgeht **2** Grundelement des chinesischen Schriftzeichens **3** sehr reaktionsfähige Gruppe von Atomen [lat.-frz.]
**Radikalinski** (der, -s, -s) abwertende Bezeichnung für einen politisch radikalen Menschen [lat.-frz.]
**radikalisieren** (V.) politisch radikal machen
**Radikalisierung** (die, -, -en) Entwicklung zu einer radikalen Anschauung, Haltung, Form [lat.-frz.]
**Radikalismus** (der, -, nur Ez.) grundsätzlich ablehnende Haltung gegenüber Bestehendem (bes. in der Politik)
**Radikalist** (der, -listen, -listen) Vertreter des Radikalismus [lat.-frz.]
**radikalistisch** (Adj.) den Radikalismus betreffend, auf ihm basierend, in der Art des Radikalismus [lat.-frz.]
**Radikand** (der, -en, -en) Zahl, aus der die Wurzel gezogen werden soll [lat.]
**Radikula** (die, -, nur Ez.) botanische Bezeichnung für die Keimwurzeln von Samenpflanzen [lat.]
**radiär** (Adj.) strahlig, strahlenförmig symmetrisch [frz.]
**Radio** (das auch der (ugs.), -s, -s) **1** Rundfunk(gerät) **2** (nur Ez.) Rundfunk [lat.-engl.]
**radioaktiv** (Adj.) Radioaktivität aufweisend
**Radioaktivität** (die, -, nur Ez.) Aussenden von Strahlung bei instabilem, zerfallendem Atomkern [lat.]
**Radioastronomie** (die, -, nur Ez.) astronomisches Forschungsgebiet, das sich mit der aus bestimmten Himmelsgebieten (Gestirne, kosmische Objekte, interstellarer Raum) einfallenden, kurzwelligen Strahlung befasst [lat.-gr.]
**Radiobiochemie** (die, -, nur Ez.) Gebiet der Radiochemie, auf dem hauptsächlich biochemische Vorgänge und Materialien mit radiochemischen Methoden untersucht werden [lat.-gr.]
**Radiobiologie** (die, -, nur Ez.) Strahlenbiologie [gr.]
**Radiocarbonmethode** (die, -, nur Ez.) = Radiokarbonmethode
**Radiochemie** (die, -, nur Ez.) Chemie radioaktiver Elemente und Substanzen, Teilgebiet der Kernchemie
**radiochemisch** (Adj.) die Radiochemie betreffend, auf ihr basierend, mit der Methode der Radiochemie [lat.-gr.]

**Ra|dio|chro|no|lo|gie** (die, -, nur Ez.) Altersbestimmung eines Objektes anhand des radioaktiven Zerfalls seiner Bestandteile (Phys.)
**Ra|dio|ele|ment** (das, -(e)s, -e) chemischer Grundstoff mit natürlicher Radioaktivität [lat.-gr.]
**ra|dio|fon** *auch:* ra|dio|phon (Adj.) die Radiofonie betreffend [lat.-gr.]
**Ra|dio|fo|nie** *auch:* Ra|dio|pho|nie (die, -, nur Ez.) drahtloses Fernsprechwesen
**Ra|dio|fre|quenz|strah|lung** (die, -, -en) elektromagnetische Strahlung aus dem Weltraum
**Ra|dio|gen** (das, -s, -e) Element, das durch den Zerfall eines radioaktiven Stoffes entsteht [lat.-gr.]
**Ra|dio|go|ni|o|me|ter** (das, -s, -) Winkelmesser bei der Funkpeilung [lat.-gr.]
**Ra|dio|go|ni|o|me|trie** (die, -, nur Ez.) die Winkelmessung bei der Funkpeilung [lat.-gr.]
**Ra|dio|gra|fie** *auch:* Ra|dio|gra|phie (die, -, -fi|en/phi|en) Röntgenuntersuchung [lat.-gr.]
**Ra|dio|in|di|ka|tor** (der, -s, -to|ren) ein auf künstlichem Wege radioaktiv gemachtes Isotop [lat.-gr.]
**Ra|dio|in|ter|fe|ro|me|ter** (das, -s, -) Gerät zur Verbesserung der Auflösung beim Radioteleskop [lat.-gr.]
**Ra|dio|jod|test** (der, -(e)s, -s oder -e) Test der Schilddrüsenfunktion durch die Einnahme von radioaktiv angereichertem Jod [lat.-gr.]
**Ra|dio|kar|bon|me|tho|de** *auch:* Radiocar|bon|me|tho|de (die, -, nur Ez.) Verfahren zur Bestimmung des Alters ehemalig organischer Materialien durch Feststellung ihres Gehalts an radioaktivem Kohlenstoff [lat.-gr.]
**Ra|dio|la|rie** [-riə] (die, -, -n) Kleinstlebewesen mit filigranem (Kieselsäure-) Skelett, Strahlentierchen [lat.]
**Ra|dio|la|ri|en|schlamm** (der, -(e)s, -e oder -schläm|me) Ablagerung von Skeletten abgestorbener Strahlentierchen [lat.-gr.]
**Ra|dio|la|rit** (der, -s, nur Ez.) rotbraunes hartes Gestein, das aus den Skeletten der Radiolarien entstanden ist [lat.-gr.]
**Ra|dio|lo|ge** (der, -n, -n) Facharzt für Röntgenologie und Strahlenheilkunde [lat.-gr.]
**Ra|dio|lo|gie** (die, -, nur Ez.) Strahlenkunde (bes. im medizinischen Bereich; z.B. Röntgendiagnostik) [lat.-gr.]
**ra|dio|lo|gisch** (Adj.) die Radiologie betreffend, auf ihr basierend [lat.-gr.]
**Ra|dio|ly|se** (die, -, -n) durch ionisierende Strahlung hervorgerufene Veränderung in einem chemischen System [lat.-gr.]
**Ra|dio|me|te|o|ro|lo|gie** (die, -, nur Ez.) Erforschung der Atmosphäre mithilfe von Radiowellen (Phys.)
**Ra|dio|me|ter** (das, -s, -) Messgerät für Lichtstrahlungsdruck [lat.-gr.]
**Ra|dio|me|trie** (die, -, nur Ez) **1** Messung von Wärmestrahlung **2** Messung von radioaktiver Strahlung [lat.-gr.]
**Ra|dio|nu|k|lid|bat|te|rie** (die, -, -n) Batterie, die mit radioaktiven Stoffen funktioniert (Phys.)
**ra|dio|phon** (Adj.) = radiofon
**Ra|dio|pho|nie** (die, -, nur Ez.) = Radiofonie
**Ra|dio|quel|le** (die, -, -n) Ursprung einer Strahlung im Kosmos (Phys.)
**Ra|dio|re|kor|der** (der, -s, -) aus Radio und Kassettenrekorder kombiniertes Gerät zur Aufnahme und Wiedergabe [lat.-gr.]
**Ra|dio|s|ko|pie** (die, -, -n) Durchleuchtung mit Röntgenstrahlen (Med.) [lat.-gr.]
**Ra|dio|son|de** (die, -, -n) die Erdatmosphäre erforschendes, meteorologisches Gerät, das aus Messgeräten und einem Kurzwellensender besteht und an Wetterballons aufgelassen wird [lat.-gr.]
**Ra|dio|stern** (der, -s, -e) Stern, der elektromagnetische Strahlung aussendet (Phys.)
**Ra|dio|te|le|fo|nie** (die, -, nur Ez.) drahtloses Fernsprechwesen [lat.-gr.]
**Ra|dio|te|le|gra|fie** *auch:* Ra|dio|te|le|gra|phie (die, -, nur Ez.) drahtlose Fernübertragung mithilfe vereinbarter Zeichen [lat.-gr.]
**Ra|dio|te|le|s|kop** (das, -s, -e) Parabolspiegel-Antenne der Radioastronomie [lat.-gr.]
**Ra|dio|the|ra|pie** (die, -, -n) Behandlung von Krankheiten mit radioaktiven Strahlen oder Röntgenstrahlen [lat.-gr.]
**Ra|dio|wel|le** (die, -, -n) elektromagnetische Strahlung (Phys.)

**Ra|di|um** (das, -s, nur Ez.) ein Element, radioaktives Metall [nlat.]
**Ra|di|us** (der, -, -di|en) halber Durchmesser, Halbmesser (bei Kreisen, Kugeln) [lat.]
**Ra|dix** (die, -, -di|zes) Wurzel (einer Arzneipflanze, eines Organs) [lat.]
**ra|di|zie|ren** (V.) aus einer Zahl die Wurzel ziehen [lat.]
**Ra|dom** (das, -s, -s) Wetterschutzkuppel (um Radaranlagen), für elektromagnetische Strahlen durchlässig [engl., Kurzwort]
**Ra|don** (das, -s, nur Ez.) ein radioaktives Edelgas [nlat.]
**Ra|do|ta|ge** [-ʒə] (die, -, -n) leeres, sinnloses Geschwätz [frz.]
**Ra|do|teur** [-tøːɐ] (der, -s, -e) Schwätzer, Quassler [frz.]
**ra|do|tie|ren** (V.) ungehemmt schwatzen, quasseln [frz.]
**Rad|scha** (der, -s, -s) indischer Fürst [Hindi]
**Raf|fia|bast** (der, -es, nur Ez.) = Raphiabast [madagass.-lat.-dt.]
**Raf|fi|na|ge** [-naʒə] (die, -, -n) Veredlung, Verfeinerung [lat.-frz.]
**Raf|fi|nat** (das, -(e)s, -e) das veredelte und verfeinerte (Raffinations-)produkt [lat.-frz.]
**Raf|fi|na|ti|on** (die, -, -ti|o|nen) das Raffinieren
**Raf|fi|ne|ment** [-mɑ̃] (das, -s, nur Ez.) = Raffinesse
**Raf|fi|ne|rie** (die, -, -n) Anlage zum Reinigen und Veredeln; z.B. von Zucker, Erdöl [frz.]
**Raf|fi|nes|se** (die, -, -n) **1** Verfeinerung, besondere Ausstattung, Vervollkommnung **2** Gerissenheit [frz.]
**Raf|fi|neur** [-nøːɐ] (der, -s, -e) Gerät zum Feinmahlen von Holzschliff [lat.-frz.]
**raf|fi|nie|ren** (V.) in einer Anlage reinigen und veredeln; (Zucker, Erdöl u.a. Naturprodukte) [frz.]
**raf|fi|niert** (Adj.) **1** mit Raffinesse (zusammengestellt, erdacht); z.B. eine raffinierte Mischung von Düften **2** gerissen, durchtrieben, schlau; z.B. ein raffiniertes Biest **3** gereinigt (Techn.) [frz.]
**Raf|fi|niert|heit** (die, -, -en) Gerissenheit, Schläue, Durchtriebenheit [lat.-frz.]
**Raf|fi|no|se** (die, -, nur Ez.) in Zuckerrübenmelasse vorkommendes Kohlehydrat [lat.-frz.]
**ra|fraî|chie|ren** [rafreʃiːrən] (V.) kochende Lebensmittel mit kaltem Wasser abschrecken [frz.]
**Raft** (das, -s, -s) schwimmende Insel
**Raf|ting** (das, -s, nur Ez.) Bezeichnung für das Wildwasserfahren im Schlauchboot in Gruppen [engl.]
**Rag** [ræg] (der, -s, nur Ez.) = Ragtime [Kurzwort]
**Ra|ga** (der, -s, -s) spezielle Art von Melodie in der indischen Musik, die zu bestimmten Anlässen gespielt wird [sanskr.-Hindi]
**Ra|ge** [-ʒə] (die, -, nur Ez.) aufgeregte Wut; höchste Empörung [frz.]
**Ra|gio|ne** [-dʒoː-] (die, -, -n) ins Handelsregister eingetragene Firma (schweiz.) [it.]
**Ra|glan|är|mel** (der, -s, -) Ärmelschnitt, bei dem Ärmel und Schulterteil ein Stück bilden [engl.-dt.]
**Rag|na|rök** (die, -, nur Ez.) Götterdämmerung, Weltuntergang [isländ.]
**Ra|gout** [-guː] (das, -s, -s) Schmorgericht aus Fleischstücken in heller Soße; z.B. Kalbsragout, Wildragout [frz.]
**Ra|gout fin** [ragufɛ̃] (das, - -, -s -s) Geflügelragout in Blätterteig [frz.]
**Rag|time** [rægtaɪm] (der, -(s), nur Ez.) stark synkopierter, früher (Klavier-)Jazz [engl.]
**Raid** [reɪd] (der, -s, -s) militärische Operation, begrenzter militärischer Streifzug [engl.]
**Rai|gras** (das, -es, nur Ez.) Futterpflanze in Eurasien und Afrika [engl.-dt.]
**Rail|le|rie** [rɑjəriː] (die, -, -n) (altertümlich) Scherz, Spöttelei [lat.-frz.]
**rail|lie|ren** [rɑjiːrən] (V.) (altertümlich) scherzen, spotten, verspotten [frz.]
**Ra|is** [raiːs] (der, -, -e oder Ru|a|sa) **1** Titel führender Persönlichkeiten, besonders des Präsidenten **2** Träger dieses Titels [arab.]
**Rai|son** (die, -, nur Ez.) [rɛzɔ̃] = Räson
**Ra|jah** (der, -, -) ehemals türkischer Untertan, der nicht dem Islam angehörte [arab.-türk.]
**ra|jo|len** (V.) tief pflügen oder umgraben [niederl.-frz.-dt.]

R

**Ra|kan** (der, -s, -s) japanische Bezeichnung für einen Heiligen der obersten Stufe, der als Gott verehrt wird [sanskr.-jap.]
**Ra|ke|te** (die, -, -n) durch Rückstoß angetriebener Flugkörper [it.]
**Ra|ke|ten|ap|pa|rat** (der, -(e)s, -e) bei der Rettung von Schiffbrüchigen verwendetes Gerät, mit dem eine Rettungsleine zum gestrandeten Schiff geschossen wird [germ.-it.]
**Ra|ke|ten|ba|sis** (die, -, -sen) (meist militärische) Anlage, von der aus Raketen abgeschossen werden [germ.-it.]
**Ra|kett** (das, -s, -e oder -s) = Racket [arab.-frz.-engl.]
**Ra|ki** (der, -(s), -s) türkischer Anis-Rosinen-Schnaps [arab.]
**Ra|ku** (das, -s, nur Ez.) nach einer japanischen Töpferfamilie benannte Keramikart [jap.]
**ral|len|tan|do** (Adv.) langsamer werdend (bei Musikstücken) [it.]
**Ral|lie|ment** [-limɑ̃] (das, -s, -s) 1 die Sammlung verstreuter Truppen 2 die Annäherung der katholischen Kirche an die französische Republik gegen Ende des 19. Jahrhunderts [lat.-frz.]
**ral|li|ie|ren** (V.) verstreute Truppen sammeln [lat.-frz.]
**Ral|lye** [rali] oder [rælɪ] (die, -, -s) Motorsport-Wettfahrt (in Etappen, mit Sonderprüfungen), Sternfahrt [frz.-engl.]
**RAM** Abk. für **R**andom **A**ccess **M**emory, Hauptspeicher eines Computers (EDV)
**Ra|ma|dan** (der, -(s), -e) islamischer Fastenmonat [arab.]
**Ra|ma|gé** [-ʒeː] (der, -, -s) Gewebe mit rankenartiger Jacquardmusterung [lat.-frz.]
**Ra|ma|ja|na** (das, -s, nur Ez.) religiöses indisches Nationalepos, das von den Taten des göttlichen Helden Rama berichtet [sanskr.]
**Ra|ma|san** (der, -s, nur Ez.) türkische und persische Bezeichnung für Ramadan [arab.-türk.-pers.]
**ra|mas|sie|ren** (V.) 1 (altertümlich) anhäufen, zusammenfassen 2 unruhig und schlampig arbeiten, unordentlich arbeiten [frz.]
**ra|mas|siert** (Adj.) dick, gedrungen, untersetzt [frz.]
**Ra|ma|su|ri** (die, -, nur Ez.) großer Wirbel, Durcheinander [rumän.]
**Ram|bla** (die, -, -s) 1 Promenade, breite Flanierstraße in Spanien, speziell in Katalonien 2 ausgetrockenetes Bett der Regenbäche in Spanien 3 Bezeichnung für den Boden eines bereits leicht bewachsenen Flusssediments [arab.-span.]
**Ram|bur** (der, -s, -e) säuerlicher Apfel [frz.]
**RAM-Card** (die, -, -s) externe Speichererweiterung eines tragbaren Computers (EDV)
**RAM-Disk** (die, -, -s) virtuelle Festplatte im Arbeitsspeicher eines Computers (EDV)
**Ra|mie** (die, -, -n) ein südasiatisches Nesselgewächs, Faserpflanze [malai.]
**Ra|mi|fi|ka|ti|on** (die, -, -ti|o|nen) Verzweigung bei Pflanzen (Botanik) [lat.]
**ra|mi|fi|zie|ren** (V.) sich verzweigen (in der Botanik auf Pflanzen bezogen) [lat.]
**Ram|ming** (die, -, -s) Fachbegriff der Seemannssprache für eine Kollision, einen Zusammenstoß [engl.]
**ram|po|nie|ren** (V.) stark beschädigen [frz.]
**Ra|mus** (der, -, -mi) 1 Zweig eines Nervs, einer Arterie oder einer Vene 2 ein einem Ast ähnlicher Teil eines Knochens (Med.) [lat.]
**Ranch** [ræntʃ] (die, -, -(e)s) amerikanische Farm (mit Rinder-, Pferdezucht) [span.-engl.]
**Ran|cher** [ræntʃə] (der, -s, -) Ranchbesitzer
**Ran|che|ria** [rantʃ-] (die, -s, -s) kleine Siedlung in Südamerika [span.-engl.]
**Ran|che|ro** [-tʃeː-] (der, -s, -s) ein auf einem Landgut, einer Ranch Lebender und Arbeitender [span.-engl.]
**Ran|cho** [rantʃo] (der, -s, -s) kleiner Wohnplatz, Hütte [span.-engl.]
**Rand** (der, -(s), - oder -s) südafrikanische Währungseinheit [engl.]
**Ran|dal** (der, -s, -e) Lärm, Gejohle
**Ran|da|le** (die, -, nur Ez.) das Randalieren
**ran|da|lie|ren** (V.) lautstark und zerstörerisch tätig werdend umherziehen [Kunstwort]
**ran|do|mi|sie|ren** (V.) eine Zufallsstichprobe machen [engl.]

R

**Ran'ger** [reɪndʒə] (der, -s, -s) **1** berittener amerikanischer Polizist **2** Waldhüter in amerikanischen Nationalparks **3** speziell ausgebildeter Soldat für den Einsatz hinter den feindlichen Linien [engl.]

**ran'gie'ren** [-ʃiː-] (V.) **1** verschieben; z.B. einen Waggon rangieren **2** einen bestimmten Rang einnehmen; z.B. in der Weltbestenliste auf Platz **3** rangieren [frz.]

**Ran'king** [rækɪŋ] (das, -s, -s) Bewertung, Rangliste (Wirtschaft) [engl.]

**Ran'kü'ne** (die, -, -n) heimliche Feindschaft; Groll [frz.]

**Ra'nu'la** (die, -, -lä) Zyste nahe des Zungenbändchens, Froschgeschwulst (Med.) [lat.]

**Ra'nun'kel** (die, -, -n) ein Hahnenfußgewächs, Zierblume [lat.]

**Ra'nun'ku'la'zee** (die, -, -n) Hahnenfußgewächs (Bio.)

**Ran'zi'on** (die, -, -zio̱nen) Lösegeld zum Freikauf von Kriegsgefangenen oder auch gekaperten Schiffen [lat.-frz].

**ran'zi'o'nie'ren** (V.) Kriegsgefangene oder gekaperte Schiffe freikaufen [lat.-frz.]

**Rap** [ræp] (der, -s, -s) rhythmischer Sprechgesang in Reimen (als Musikform der 80er Jahre) [engl.]

**ra'pid** (Adj.) = rapide

**ra'pi'da'men'te** (Adv.) sehr schnell, rasend (Vortragsanweisung in der Musik) [lat.-it.]

**ra'pi'de** (Adj.) sehr schnell; z.B. eine rapide Entwicklung [frz.]

**Ra'pi'di'tät** (die, -, nur Ez.) Blitzesschnelle, Windeseile [lat.-frz.]

**ra'pi'do** (Adv.) sehr schnell, rasch (Vortragsanweisung in der Musik) [lat.-it.]

**Ra'pier** (das, -s, -e) eine Fechtwaffe, Florett-Vorläufer [frz.]

**Rap'pell** (der, -s, nur Ez.) **1** Rückberufung eines Gesandten **2** das Schreiben zur Abberufung [lat.-frz.]

**Rap'ping** [ræpɪŋ] (das, -s, nur Ez.) = Rap [engl.]

**Rap'port** (der, -(e)s, -e) **1** dienstlicher Bericht (bes. beim Militär) **2** Kontakt zwischen Psychotherapeut und Patient **3** Zusammenhang, Beziehung [frz.]

**rap'por'tie'ren** (V.) einen Rapport machen

**Rap'pro'che'ment** [raprɔʃmɑ̃] (das, -s, -s) Wiederversöhnung, die politische Wiederversöhnung [lat.-frz.]

**Rap'tus** (der, -, -se) plötzliche Geistesstörung; Koller [lat.]

**Ra'pu'se** (die, -, nur Ez.) **1** Plünderung, Raub, Verlust, Wirrwarr **2** ein Kartenspiel [tschech.]

**rar** (Adj.) selten, aber gefragt, nur in geringer Menge oder Anzahl existent [lat.-frz.]

**Ra'ra** (nur Mz.) seltene Bücher [lat.]

**Ra'ra Avis** (die, - -, nur Ez.) **1** seltener Vogel **2** etwas Seltenes, Rares [lat.]

**Ra're'fi'ka'ti'on** (die, -, -tio̱nen) Gewebsschwund, speziell der Knochen (Med.) [lat.]

**ra're'fi'zie'ren** (V.) **1** auflockern, verdünnen **2** schwinden (von Gewebe oder Knochen in der Medizin) [lat.]

**Ra'ri'tät** (die, -, -en) Seltenheit [lat.]

**Ras** (der, -, -) **1** abessinischer Titel **2** Vorgebirge, Berggipfel [arab.]

**ra'sant** (Adj.) **1** rasch, schwungvoll **2** flach verlaufend (bei der Flugbahn eines Geschosses) [frz.]

**Ra'sanz** (die, -, nur Ez.) das Rasantsein

**Ra'seur** [razøːɐ] (der, -s, -e) altertümelnd für Barbier [lat.-frz.]

**Rash** [ræʃ] (der, -(es), -s) masern- oder scharlachartiger Hautausschlag [lat.-frz.-engl.]

**ra'sie'ren** (V.) **1** (Bart-)Haare kurz abschneiden, abschaben **2** durch Entlangstreifen beschädigen (ugs.); z.B. eine Leitplanke rasieren [frz.]

**Ras'kol** (der, -, nur Ez.) Spaltung, Kirchenspaltung, Schisma [russ.]

**Ras'kol'nik** (der, -s, -i oder -en) Sektenangehöriger in Russland, speziell der sogenannten Altgläubigen seit dem 17. Jahrhundert [russ.]

**Rä'son** *auch:* Rai'son [-zɔ̃] oder [-zɔ̃] (die, -, nur Ez.) Einsicht, Vernunft [frz.]

**rä'so'na'bel** (Adj.) **1** vernünftig **2** gehörig [lat.-frz.]

**Rä'so'neur** [-nøːɐ] (der, -s, -e) jmd., der räsoniert

**rä'so'nie'ren** (V.) Unmut äußern, nörgeln

**Rä'son'ne'ment** [-mɑ̃] (das, -s, -s) **1** vernünftige Überlegung, Beurteilung, sinn-

R

volle Abwägung **2** (etwas abwertend) Vernünftelei [lat.-frz.]

**Ras'pa** (die, -, -s) um 1950 aufgekommener lateinamerikanischer Gesellschaftstanz [span.]

**Ras'sis'mus** (der, -, nur Ez.) Rassenhetze, verqueres Rassendenken [lat.-it.-frz.]

**Ras'sist** (der, -sis'ten, -sis'ten) Verfechter des Rassismus [lat.-it.-frz.]

**ras'sis'tisch** (Adj.) den Rassismus betreffend, auf ihm basierend, zu ihm gehörend [lat.-it.-frz.]

**Ras'ta** (der, -s, -s) Kurzform von Rastafari [engl.]

**Ras'ta'fa'ri** (der, -s, -s) **1** Anhänger einer religiösen Bewegung in Jamaika, die den äthiopischen Kaiser als Gott verehrt **2** Anhänger und Vertreter einer Musikrichtung, die von traditioneller jamaikanischer Musik beeinflusst ist [engl.]

**Ras'ter'elek'tro'nen'mi'kro'skop** (das, -s, -e) hochauflösendes Mikroskop, das das zu vergrößernde Objekt mit einem Elektronenstrahl abtastet (Phys.)

**Ras'ter'fahn'dung** (die, -, -en) polizeiliche Fahndungsart, bei der große Personengruppen computertechnisch überprüft werden

**Ras'tral** (das, -s, -e) fünfzinkiges Gerät zum Ziehen von Notenlinien [lat.]

**ras'trie'ren** (V.) Notenlinien ziehen [lat.]

**Ra'sul Al'lah** (der, - -, nur Ez.) **1** der Gesandte, der Prophet Gottes **2** Bezeichnung für Mohammed [arab.]

**Ra'sur** (die, -, -en) **1** das Rasieren; rasierte Haut **2** das Radieren, radierte Stelle [lat.]

**Rät** *auch:* Rhät (das, -s, nur Ez.) Abschnitt der Erdgeschichte, Stufe des Keupers [nlat.]

**Ra'ta'fia** (der, -s, -s) Fruchtlikör [frz.-it.]

**Ra'ta'touille** [ratatuj] (die, -, -s oder das, -s, -s) französischer Aubergineneintopf (mit Tomaten Zwiebeln u.a.)

**Ra'te** (die, -, -n) **1** Teilzahlungsbetrag **2** Zahlenverhältnis; z.B. die sinkende Rate an Eheschließungen [it.]

**Rä'ter** (der, -s, -) Ew. von Rätien

**Ra'te'ro** (der, -s, -s) Gauner, Taschendieb [span.]

**ra'tier'lich** (Adj.) in Raten (Kaufmannssprache) [lat.-it.-dt.]

**Ra'ti'fi'ka'ti'on** (die, -, -ti'o̲nen) das Ratifizieren

**ra'ti'fi'zie'ren** (V.) genehmigen, annehmen (von zwischenstaatlichen Verträgen) [lat.]

**Ra'ti'fi'zie'rung** (die, -, -en) Bestätigung oder Genehmigung eines von einer Regierung abgeschlossenen völkerrechtlichen Vertrages durch eine gesetzgebende Institution [lat.]

**Ra'ti'né** (der, -s, -s) ratinierter Stoff mit noppenähnlicher Musterung

**Ra'ting** [reɪŋ-] (das, -s, -s) **1** Methode zur Einschätzung und Beurteilung von Personen oder Situationen mithilfe von Ratingskalen (Med.; Psych.) **2** Einschaltquote beim Fernsehen **3** Prüfung der Kreditwürdigkeit von Unternehmen [engl.]

**Ra'ting'ska'la** [reɪtɪŋ-] (die, -, -len) Bewertungsskala zur Einschätzung von Menschen [engl.]

**ra'ti'nie'ren** (V.) die Oberfläche kräuseln, wellen (von Stoffen) [frz.]

**Ra'tio** (die, -, nur Ez.) Vernunft [lat.]

**Ra'ti'on** (die, -, -ti'o̲nen) zugeteilte Menge (an Nahrungsmitteln) [frz.]

**ra'ti'o'nal** (Adj.) vernunftgemäß [lat.]

**Ra'ti'o'na'le** (das, -, nur Ez.) als Auszeichnung dienender, liturgischer Schulterschmuck einiger katholischer Bischöfe [lat.]

**Ra'ti'o'na'li'sa'tor** (der, -s, -to̲ren) mit der Durchführung von Rationalisierungsmaßnahmen betrauter Angestellter eines Unternehmens [lat.]

**ra'ti'o'na'li'sie'ren** (V.) **1** zweckmäßig vereinfachen (von Arbeitsabläufen) **2** rechtfertigen (in der Psychologie) [frz.]

**Ra'ti'o'na'li'sie'rung** (die, -, -en) Straffung und Vereinheitlichung veralteter Verfahren durch zweckmäßigere und durchdachtere Methoden [lat.]

**Ra'ti'o'na'lis'mus** (der, -, nur Ez.) Vernunftglaube [lat.]

**Ra'ti'o'na'list** (der, -lis̲'ten, -lis̲'ten) Anhänger des Rationalismus

**ra'ti'o'na'lis'tisch** (Adj.) dem Rationalismus entsprechend, ihn betreffend, auf ihm basierend [lat.]

**Ra'ti'o'na'li'tät** (die, -, nur Ez.) das Rationalsein

**ra'ti'o'nell** (Adj.) zweckmäßig [frz.]

**rationieren** (V.) etwas Knappes planmäßig kontrollieren, einschränken und zuteilen [frz.]
**Ratonkuchen** (der, -s, -) Napfkuchen [frz.-dt.]
**Rätoromane** (der, -n, -n) Nachkomme der rätischen Bevölkerung in der Schweiz, in den Dolomiten und Friaul
**rätoromanisch** (Adj.) zu den Rätoromanen gehörig
**Rattan** (das, -s, -e) aus Rotangpalmen gewonnenes Rohr, das zur Fertigung von Korbwaren verwendet wird [malai.-engl.]
**Raumsonde** (die, -, -n) unbemannter Flugkörper, der zu Forschungszwecken in den Weltraum geschossen wird
**ravagieren** (V) (veralt. verheeren, verwüsten
**Rave** [reɪv] (der oder das, -s, -s) rhythmischer, schneller Musikstil der 90er
**Ravioli** (nur Mz.) gefüllte Nudeltäschchen, Maultaschen [it.]
**ravvivando** (Adv.) schneller werdend, sich wieder belebend (Vortragsanweisung in der Musik) [lat.-it.]
**Rayé** [rejeː] (der, -s, -s) fein längs gestreifter Stoff [frz.]
**Rayon** [rɛjɔ̃] (der, -s, -s) Abteilung, Dienstbereich [german.-frz.]
**Rayonchef** [rɛjɔ̃-] (der, -s, -s) Abteilungsleiter eines Warenhauses [lat.-frz.]
**Razemat** (das, -(e)s, -e) Gemisch, das aus rechts- und linksdrehenden Molekülen besteht [lat.]
**razemisch** (Adj.) die Eigenschaften eines Razemates habend [lat.]
**Razzia** (die, -, -zien oder -s) polizeiliche Fahndungsaktion (in Lokalen) [arab.-frz.]
**Re** (das, -s, -s) Entgegnung auf Kontra (beim Skat) [lat.]
**Reader** [riː-] (der, -s, -) Zusammenstellung von (wissenschaftlichen) Texten verschiedener Autoren [engl.]
**ready** [redɪ] (Adj.) fertig [engl.]
**Readymade** *auch:* Ready-made [redɪmeɪd] (das, -, -s) als Kunstwerk deklarierter Gebrauchsgegenstand [engl.]
**Reafferenz** (die, -, nur Ez.) die Rückmeldung über eine ausgeführte Bewegung, die über die Nervenbahnen erfolgt [lat.]
**Reagens** (das, -, -genzien) jeder Stoff, der mit einem anderen verbunden eine bestimmte Reaktion hervorruft und diesen dadurch identifiziert [lat.]
**Reagenz** (das, -es, -genzien) = Reagens [lat.]
**Reagenzglas** (das, -es, -gläser) Prüf- und Experimentierglas [lat.-dt.]
**Reagenzien** Mz. von Reagens und Reagenz [lat.]
**reagibel** (Adj.) sensibel reagierend, bei geringsten Anlässen reagierend [lat.]
**Reagibilität** (die, -, nur Ez.) die Eigenschaft oder das Vermögen, sehr sensibel zu reagieren [lat.]
**reagieren** (V.) **1** eine chemische Reaktion eingehen **2** auf etwas ansprechen [lat.]
**Reakt** (der, -(e)s, -e) in der Psychologie jegliche Antworthandlung auf Verhaltensweisen der Mitmenschen, die eine Erwiderung, eine Ablehnung, ein Mitmachen etc. sein kann [lat.]
**Reaktant** (das, -en, -en) der Stoff, der mit einem anderen eine Reaktion eingeht [lat.]
**Reaktanz** (die, -, -en) **1** ein Blindwiderstand, der durch Kapazitäten und Induktivitäten in Wechselstromkreisen bewirkt wird **2** Widerstand auf persönliche Einschränkung [lat.]
**Reaktion** (die, -, -tionen) **1** das Reagieren **2** reaktionäres Bestreben; alle Reaktionäre
**reaktionär** (Adj.) politisch rückschrittlich [frz.]
**Reaktionär** (der, -s, -e) politischer Rückschrittler [frz.]
**Reaktionsgeschwindigkeit** (die, -, -en) die Zeit, die ein chemischer, physiologischer oder ähnlicher Prozess für seinen Ablauf benötigt [lat.-dt.]
**Reaktionsnorm** (die, -, -en) die in der Regel angeborene Art und Weise, wie ein Organismus auf Umweltreize reagiert [lat.dt.]
**Reaktionswärme** (die, -, nur Ez.) Erhitzung, die bei chemischen Reaktionen entsteht (Chem.)
**reaktiv** **1** zurückwirkend **2** reaktionsfähig
**Reaktiv** (das, -s, -e) psychische Verhaltensweise, die unmittelbar auf Umweltreize zurückzuführen sind [lat.]

**re|ak|ti|vie|ren** (V.) wieder aktiv werden lassen, wieder einstellen; wieder wirksam werden lassen [lat.-frz.]
**Re|ak|ti|vi|tät** (die, -, -en) **1** das Reaktivsein **2** Maß für die Zahl der Kernspaltungen eines Reaktors
**Re|ak|tor** (der, -s, -to|ren) chemischer, physikalischer Reaktionsbehälter (bes. ein Kernreaktor)
**re|al** (Adj.) wirklich; sachlich [lat.]
**Re|al** (der, -s, -es oder portugies. Reis) alte Münze (in Spanien, Portugal und Brasilien)
**Re|al|akt** (der, -(e)s, -e) rein tatsächliche, nicht rechtsgeschäftliche Handlung, die nur auf einen äußeren Erfolg gerichtet ist, an den jedoch vom Gesetz Rechtsfolgen geknüpft sind, wie etwa der Erwerb eines Besitzes (Rechtswissenschaft) [lat.]
**Re|al|de|fi|ni|ti|on** (die, -, -ti|o|nen) in der Philosophie eine Sachbestimmung, die sich auf den Wirklichkeitsgehalt der zu definierenden Sache bezieht [lat.]
**Re|al|ein|kom|men** (das, -s, -) Einkommen unter dem Gesichtspunkt der tatsächlichen Kaufkraft [lat.-dt.]
**Re|a|len** (nur Mz.) in der Philosophie die letzten wirklichen Bestandteile des Seins [lat.]
**Re|al|en|zy|klo|pä|die** (die, -, -n) Lexikon, das die Sachbegriffe einer Wissenschaft oder eines Wissenschaftsgebietes enthält; Reallexikon [lat.-gr.]
**Re|al|gar** (der, -s, -e) ein arsenhaltiges Mineral, Rauschrot [arab.-frz.]
**Re|al|gym|na|si|um** (das, -s, -si|en) ehemalige, dem heutigen neusprachlichen Gymnasium entsprechende, höhere Lehranstalt [lat.-gr.]
**Re|a|li|en** (nur Mz.) **1** wirkliche Dinge **2** Sachkenntnisse **3** Sachwissen vermittelnde Schulfächer [lat.]
**Re|align|ment** [rɪəlaɪn-] (das, -s, nur Ez.) Neufestsetzung von Wechselkursen nach einer Frist d. Floatings [engl.]
**Re|al|in|dex** (der, -es, -e oder -di|zes) Sachverzeichnis, Sachregister [lat.]
**Re|al|in|ju|rie** (die, -, -n) tätliche Beleidigung [lat.]
**Re|al|in|spi|ra|ti|on** (die, -, -ti|o|nen) die Eingebung des sachlichen Inhalts der Heiligen Schrift durch den Heiligen Geist (theologische Lehre) [lat.]
**Re|a|li|sat** (das, -s, -e) künstlerisches Erzeugnis, Werk [lat.]
**Re|a|li|sa|ti|on** (die, -, -ti|o|nen) das Realisieren
**Re|a|li|sa|tor** (der, -s, -to|ren) **1** Hersteller, Autor, Fertiger **2** geschlechtsbestimmender Faktor in den Fortpflanzungszellen des Menschen und vieler Tiere und Pflanzen [lat.]
**re|a|li|sie|ren** (V.) **1** verwirklichen **2** sich bewusst machen **3** zu Geld machen [lat.]
**Re|a|li|sie|rung** (die, -, -en) das Realisieren [lat.]
**Re|a|lis|mus** (der, -, nur Ez.) **1** Wirklichkeitssinn **2** philosophische Lehre von einer menschenunabhängigen, aber wahrnehmbaren Realität **3** Kunstrichtung, die sich an der Wirklichkeit orientiert; z.B. in der Literatur, Malerei [lat.]
**Re|a|list** (der, -lis|ten, -lis|ten) **1** jmd., der Wirklichkeitssinn besitzt **2** Realismuskünstler
**Re|a|lis|tik** (die, -, nur Ez.) Realitätsbezug, Wirklichkeitsnähe
**re|a|lis|tisch** (Adj.) realitätsbezogen, wirklichkeitsnah; nüchtern-sachlich
**Re|a|li|tät** (die, -, -en) **1** Wirklichkeit, Tatsache **2** (nur Mz.) = Immobilien (österr.) [frz.]
**Re|a|li|tä|ten** (nur Mz.) Immobilien
**re|a|li|ter** (Adv.) in Wirklichkeit [lat.]
**Re|a|li|ty|show** *auch:* Re|a|li|ty-Show (die, -, -s) [riːælɪtɪʃəʊ] Unterhaltungssendung, die wahre Unglücke live sendet oder nachstellt [engl.]
**Re|a|li|ty-TV** [riːælɪtɪtiːviː] (das, -s, nur Ez.) Fernsehsparte, die Realityshows zeigt [engl.]
**Re|al|ka|ta|log** (der, -(e)s, -e) Bücherverzeichnis, das nach dem sachlichen Inhalt des betreffenden Werkes angelegt ist, Sachkatalog [lat.]
**Re|al|kon|kor|danz** (die, -, -en) eine ein alphabetisches Verzeichnis von Dingen enthaltende Konkordanz [lat.]
**Re|al|kon|kur|renz** (die, -, nur Ez.) mehrfache Übertretung des Strafgesetzes, Tatenmehrheit [lat.]
**Re|al|le|xi|kon** (das, -s, -ka) Lexikon, das die Sachbegriffe einer Wissenschaft

oder eines Wissenschaftsgebietes enthält; Realenzyklopädie [lat.]

**Re|a|lo** (der, -s, -s) Anhänger, Mitglied der Partei der Grünen, der sich im Gegensatz zu den Fundamentalisten an den realen Begebenheiten und Machbarkeiten orientiert [lat.]

**Re|al|po|li|tik** (die, -, nur Ez.) eine Politik, die sich nüchtern an den realen Begebenheiten und Machbarkeiten orientiert und nicht um moralische oder ideologische Grundsätze oder nationale Überlegungen und Ressentiments kümmert [lat.]

**Re|al|prä|senz** (die, -, nur Ez.) die wirkliche Gegenwart Christi in Brot und Wein beim heiligen Abendmahl [lat.]

**Re|al|re|pu|g|nanz** (die, -, nur Ez.) nach Kant der in der Sache liegende Widerspruch im Gegensatz zu dem im Begriff liegenden [lat.]

**Real-Time-Ver|fah|ren** [rɪəltaɪm-] (das, -s, -) Verfahren, das Audio- und Videosignale in Echtzeit übermittelt, wichtig im Multimediabereich (EDV)

**Real-Time-Pro|ces|sing** [rɪəltaɪmprəʊsɛsɪŋ] (das, -s, nur Ez.) Dateneingabe und -erfassung in Echtzeit (EDV)

**Re|al|uni|on** (die, -, -ni|o|nen) die Verbindung selbstständiger Staaten durch gemeinsame Institutionen [lat.]

**re|ama|teu|ri|sie|ren** (V.) einen Berufssportler wieder in den Amateurstatus versetzen [lat.-frz.]

**Re|ani|ma|ti|on** (die, -, -ti|o|nen) Wiederbelebung [lat.]

**re|ani|mie|ren** (V.) wieder beleben (Med.) [lat.]

**re|ar|mie|ren** (V.) wieder bewaffnen, ein Kriegsschiff wieder ausrüsten [lat.]

**Re|as|se|ku|ranz** (die, -, -en) Rückversicherung [lat.]

**re|as|su|mie|ren** (V.) ein Verfahren wieder aufnehmen (Rechtswissenschaft) [lat.]

**Re|as|sump|ti|on** (die, -, -ti|o|nen) Wiederaufnahme eines Verfahrens in der Rechtswissenschaft [lat.]

**Reb|bach** (der, -(s), nur Ez.) = Reibach

**Re|bec** (der, -s, -s) mittelalterliches Musikinstrument in Form einer gehälfteten Birne mit zwei bis drei Saiten [pers.-arab.-span.-frz.]

**Re|bell** (der, -en, -en) Aufrührer, Aufständischer, Empörer [frz.]

**re|bel|lie|ren** (V.) sich auflehnen, sich öffentlich empören, um eine Änderung durchzusetzen [frz.]

**Re|bel|li|on** (die, -, -li|o|nen) Aufruhr, offene Auflehnung [frz.]

**re|bel|lisch** (Adj.) wie ein Rebell, aufrührerisch

**Re|bound** [riːbaʊnd] (der, -s, -s) vom Korbring oder Brett abprallender Ball (Basketball) [engl.]

**Re|break** [riːbreɪk] (der oder das, -s, -s) Gewinn des gegnerischen Aufschlagspiels beim Tennis direkt nach dem Verlust des eigenen

**Re|bus** (der oder das, -, -se) Bilderrätsel [lat.]

**Re|call** [rɪkɔːl] (der, -s, -s) **1** Rückruf eines fehlerhaften Produkts **2** Erinnerung, Mahnung

**Re|call|test** [rɪkɔːlʌ-] (der, -s, -s) Prüfungsmethode, mit der untersucht wird, welche Werbeaussagen, -appelle etc. bei den Versuchspersonen im Gedächtnis haften geblieben sind [engl.]

**Re|cei|ver** [rɪsiː-] (der, -s, -) Hi-Fi-Radio mit Verstärker [engl.]

**Re|chaud** [reʃoː] (der oder das, -s, -s) Warmhaltevorrichtung mit Brenner; z.B. für Fondue-Gerichte [frz.]

**Re|cher|che** [-ʃɛrʃə] (die, -, -n) Nachforschung [frz.]

**Re|cher|cheur** [-ʃɛrʃøːɐ] (der, -s, -e) jmd., der recherchiert

**re|cher|chie|ren** [-ʃɛrʃiː-] (V.) Nachforschungen anstellen; z.B. im Zeitungswesen [frz.]

**Re|ci|tal** [rɪsaɪtl] (das, -s, -s) Solistenkonzert; Konzert mit Werken nur eines Komponisten [frz.-engl.]

**re|ci|tan|do** [-tsi-] (Adv.) sprechend, vortragend (bei Musikstücken) [it.]

**re|com|man|dé** [-mɑ̃deː] frz. für: eingeschrieben (Postwesen) [lat.-frz.]

**Re|con|quis|ta** (die, -, nur Ez.) Kampf der christlichen Bevölkerung Spaniens gegen die arabische Herrschaft im Mittelalter [lat.-span.]

**Re|cor|der** (der, -s, -) = Rekorder

**rec|te** (Adv.) richtig [lat.]

**re|cy|celn** [rɪsaɪk-] (V.) dem Recycling-prozess zuführen [engl.]

**Re'cy'cling** [rɪsaɪk-] (das, -s, -s) Wiederaufbereitung, -verwendung (von Wertstoffen im Müll) [engl.]
**Re'cy'clingpa'pier** [rɪsaɪk-] (das, -, nur Ez.) aus 100 Prozent Altpapier hergestelltes Papier [engl.]
**Re'dak'teur** [-tøːɐ] (der, -s, -e) Verlags-, Rundfunkangestellter, der Veröffentlichungen, Beiträge beurteilt (und ausformuliert)
**Re'dak'ti'on** (die, -, -ti'o̲nen) **1** alle Redakteure einer publizierenden Einrichtung **2** Arbeit eines Redakteurs; z.B. die Redaktion zu einem Manuskript machen [frz.]
**re'dak'ti'o'nell** (Adj.) zur Redaktion gehörig, Manuskript bearbeitend
**Re'dak'tor** (der, -s, -to̲ren) **1** wissenschaftlicher Redakteur, Herausgeber **2** = Redakteur (schweiz.) [lat.]
**Re'dak'tri'ce** [-s] (die, -, -n) Redakteurin (österr.)
**Red'di'ti'on** (die, -, -ti'o̲nen) **1** Rückgabe **2** Vorbringen eines Rechtsgrundes [lat.]
**Re'demptorist** (der, -ri̲sten, -ri̲sten) Mitglied der katholischen Kongregation vom allerheiligsten Erlöser, die im 18. Jahrhundert gegründet wurde und sich besonders in der Missionsarbeit betätigt [lat.]
**red'hi'bie'ren** (V.) Gekauftes wegen eines Mangels zur Zeit des Kaufs gegen Kaufpreiserstattung zurückgeben [lat.]
**Red'hi'bi'ti'on** (die, -, -ti'o̲nen) die Rückgabe einer gekauften Sache wegen eines verborgenen Mangels zur Zeit des Kaufs gegen Kaufpreiserstattung [lat.]
**red'hi'bi'to'risch** (Adj.) **1** die Redhibition betreffend **2** eine Redhibition zum Ziel habend; redhibitorische Klage: Klage auf Wandlung des Kaufvertrages [lat.]
**re'di'gie'ren** (V.) die Arbeit eines Redakteurs verrichten, für die Veröffentlichung bearbeiten [frz.]
**re'di'mie'ren** (V.) (veraltet) (Kriegs-)gefangene freikaufen [lat.]
**Re'din'gote** (die, -, -n) taillierter Damenmantel mit Reverskragen [engl.-frz.]
**Red'in'te'gra'ti'on** (die, -, -ti'o̲nen) Wiedereingliederung, Wiederherstellung, Reintegration [lat.]
**Re'dis'kont** (der, -s, -e) Weiterverkauf eines diskontierten Wechsels durch die Bank [it.]
**re'dis'kon'tie'ren** (V.) einen diskontierten Wechsel durch die Bank weiterverkaufen [it.]
**Re'dis'tri'bu'ti'on** (die, -, -ti'o̲nen) Korrektur der Einkommensverteilung durch finanzwirtschaftliche Maßnahmen [lat.]
**re'di'vi'vus** (Adj.) wieder erstanden [lat.]
**Re'don'dil'la** (die, -, -s) spanische Strophe mit vier achtsilbigen Versen, die in Romanzen und Dramen verwendet werden [lat.-span.]
**Re'dopp** (der, -s, nur Ez.) kürzester Galopp in der hohen Schule des Reitens [lat.-it.]
**Re'dou'te** [-duːtə-] (die, -, -n) **1** großer Maskenball **2** Saal für festliche Veranstaltungen (veraltet) **3** ein Festungswerk [frz.]
**Re'dox'sys'tem** (das, -s, -e) chemisches System mit Reduktions- und Oxidationsmittel im Gleichgewicht [Kurzwort]
**Re'du'it** [redɥi] (das, -s, -s) Verteidigungsanlage im Zentrum einer Festung, die vor Beschuss sicher ist [lat.-frz.]
**Re'duk'ta'se** (die, -, -n) reduzierendes Enzym in roher Milch [lat.]
**Re'duk'ti'on** (die, -, -ti'o̲nen) **1** das Reduzieren **2** Sauerstoffentzug
**re'dun'dant** (Adj.) überreichlich; überflüssig; z.B. eine bedeutungsüberladene Worterklärung [lat.]
**Re'dun'danz** (die, -, -en) das Redundantsein
**Re'du'pli'ka'ti'on** (die, -, -ti'o̲nen) Verdopplung (eines Lautes) [lat.]
**re'du'pli'zie'ren** (V.) verdoppeln, der Reduplikation unterworfen sein [lat.]
**Re'du'zent** (der, -en, -en) ein Organismus (wie Bakterien oder Pilze) der organische Stoffe mineralisiert, in anorganische überführt [lat.]
**re'du'zi'bel** (Adj.) reduzierbar
**re'du'zie'ren** (V.) **1** etwas verringern; herabsetzen, sich vermindern **2** Sauerstoff entziehen [lat.]
**Re'du'zie'rung** (die, -, -en) das Reduzieren [lat.]
**Red'wood** [-wʊd] (das, -s, -s) Mammutbaum(holz) [engl.]
**Reel** [riːl] (der, -s, -s) schottischer und irischer Tanz kreolischen Ursprungs [engl.]

**reell** (Adj.) 1 begründet, wirklich; z.B. eine reelle Chance 2 anständig, zuverlässig; z.B. eine reelle Geschäftsverbindung [frz.]
**Reellität** (die, -, nur Ez.) Ehrlichkeit, Redlichkeit, Anständigkeit im Geschäftsleben [lat.-frz.]
**Reengagement** [-ɑ̃gaʒmɑ̃:] (das, -s, -s) Wiederverpflichtung [frz.]
**reengagieren** (V.) wieder verpflichten
**reesen** (V.) voller Eifer erzählen, übertreiben, Seemannsgarn spinnen (Seemannssprache) [engl.]
**Reevolution** (die, -, -tionen) Wiederkehr der geistigen Funktionen nach einem epileptischen Anfall (Med.) [lat.]
**Reexport** (der, -(e)s, -e) Ausfuhr importierter Waren [lat.]
**Reexportation** (die, -, -tionen) = Reexport [lat.]
**Refait** (das, -s, -s) Kartenspiel mit unentschiedenem Ausgang [lat.-frz.]
**Refaktie** (die, -, -n) Vergütung für unbrauchbare Ware [lat.]
**refaktieren** (V.) Nachlass gewähren [lat.-niederl.]
**Refektorium** (das, -s, -rien) Klosterspeisesaal [lat.]
**Referat** (das, -(e)s, -e) 1 kurzer, erörternder Vortrag 2 schriftlicher Bericht mit Beurteilung, Kurzbesprechung 3 Arbeitsfeld eines Referenten [lat.]
**Referee** (der, -s, -s) Schiedsrichter, Ringrichter [engl.]
**Referenda** Mz. von Referendum [lat.]
**Referendar** (der, -s, -e) Akademiker im Vorbereitungsdienst auf die Beamtenlaufbahn [lat.]
**Referendariat** (das, -(e)s, -e) Vorbereitungsdienst für Referendare [lat.]
**Referendum** (das, -s, -da oder -den) Volksentscheid [lat.]
**Referens** (das, -, -rentia) in einem Satz das erste Glied einer aus zwei Objekten bestehenden Beziehung, das das handelnde Objekt wiedergibt (im Beispielsatz „Der Matador tötete den Stier“ ist Matador das Referens) (Sprachwissenschaft) [lat.]
**Referent** (der, -en, -en) 1 jmd., der ein Referat hält 2 Sachbearbeiter
**referentiell** (Adj.) = referenziell
**Referenz** (die, -, -en) 1 Empfehlung, günstige Auskunft über jmdn. 2 Vertrauensperson, die eine günstige Auskunft über jmdn. geben kann 3 Beziehung eines Wortes zur realen Welt (in der Linguistik) [frz.]
**referenziell** *auch:* referentiell (Adj.) die Referenz betreffend [lat.]
**referieren** (V.) ein Referat halten, berichten
**refinanzieren** (V.) fremde Mittel aufnehmen, um selbst jemand anderem Kredit zu gewähren [lat.-frz.]
**Refinanzierung** (die, -, -en) Aufnahme von Krediten, um selbst Kredite zu geben
**Reflation** (die, -, -tionen) Ausweitung des Geldumlaufs (als finanzpolitische Maßnahme) [lat.]
**reflationär** (Adj.) zur Reflation gehörig, durch Reflation
**reflektieren** (V.) 1 nachdenken 2 zurückstrahlen, spiegeln [lat.]
**Reflektor** (der, -s, -toren) Rückstrahler; z.B. ein Parabolspiegel [lat.]
**reflektorisch** (Adj.) reflexbedingt
**Reflex** (der, -es, -e) 1 nicht vom Willen gesteuerte, rasche Reaktion 2 Lichtwiderschein [lat.-frz.]
**Reflexion** (die, -, -xionen) das Reflektieren [lat.-frz.]
**reflexiv** (Adj.) 1 sich auf das Subjekt des Satzes zurückbeziehend (vom Verb durch ein Pronomen), rückbezüglich 2 durch Reflexion (erkannt) [lat.]
**Reflexiv** (das, -s, -e) = Reflexivpronomen
**Reflexivpronomen** (das, -s, - oder -mina) rückbezügliches Fürwort, z.B. sich (Sprachwissenschaft) [lat.]
**Reflexivum** (das, -s, -xiva) = Reflexivpronomen
**Reflexologie** (die, -, nur Ez.) Wissenschaft der bedingten und unbedingten Reflexe
**Reflexzonentherapie** (die, -, -n) die Therapie, bei der eine bestimmte Stelle am Körper (Fuß, Hand etc.) massiert wird, um eine andere Stelle des Körpers zu beeinflussen [lat.]
**Reflux** (der, -es, nur Ez.) medizinischer Fachbegriff für Rückfluss (zum Beispiel beim Erbrechen) [lat.]

**Re'form** (die, -, -en) verbessernde Neuordnung [frz.]
**Re'for'ma'ti'on** (die, -, -ti'o'nen) 1 Wiederherstellung (eines frühen Zustandes); Erneuerung 2 (nur Ez.) eine religiöse Bewegung des 16. Jh.s, Vorstufe des Protestantismus [lat.]
**Re'for'ma'tor** (der, -s, -to'ren) jmd., der eine Reformation durchführt, Erneuerer
**re'for'ma'to'risch** (Adj.) zur Reformation gehörig, erneuernd, umgestaltend
**Re'for'mer** (der, -s, -) Erneuerer, Verbesserer, jmd., der etwas umgestaltet [lat.-frz.-engl.]
**re'for'me'risch** (Adj.) nach Erneuerung, Verbesserung strebend, Reformen durchführend [lat.-frz.]
**Re'form'haus** (das, -es, -häu'ser) Fachgeschäft für vollwertige und vitaminreiche Nahrungsmittel [lat.-frz.-dt.]
**re'for'mie'ren** (V.) verbessernd neuordnen [frz.]
**re'for'miert** (Adj.) evangelisch-reformiert [lat.]
**Re'for'mier'te** (der oder die, -n, -n) Mitglied der reformierten Kirche [lat.]
**Re'for'mie'rung** (die, -, -en) Verbesserung, Neugestaltung [lat.]
**Re'for'mis'mus** (der, -, nur Ez.) Politik gemäßigter sozialer Reformen
**Re'for'mist** (der, -mis'ten, -mis'ten) Anhänger des Reformismus
**re'for'mis'tisch** (Adj.) den Reformismus betreffend, auf ihn bezogen [lat.]
**Re'form'kom'mu'nis'mus** (der, -, nur Ez.) nationale Besonderheiten berücksichtigende Variante des Kommunismus, die die orthodoxe Linie Moskaus ablehnt [lat.]
**Re'form'kon'zil** (das, -s, -e oder -zi'li'en) Kirchenversammlung des 15. und 16. Jahrhunderts mit dem Ziel, die katholische Kirche des Spätmittelalters umzugestalten [lat.]
**Re'form'kost** (die, -, nur Ez.) natürliche, nährstoffreiche Lebensmittel
**Re'form'pä'da'go'gik** (die, -, nur Ez.) pädagogische Bewegung, die besonders auf die Psychologie des Kindes Rücksicht nimmt und stures Erlernen von Wissen ablehnt [lat.]
**Re'fos'co** (der, -s, -s) dunkelroter dalmatinischer Wein [it.]
**re'fraî'chie'ren** (V.) = rafraichieren [frz.]
**Re'frain** [rəfrɛ̃] (der, -s, -s) wiederkehrende Laut- oder Wortfolge in einem Lied oder Gedicht, Kehrreim [frz.]
**re'frak'tär** (Adj.) medizinisch unbeeinflussbar [lat.]
**Re'frak'ti'on** (die, -, -ti'o'nen) Richtungsänderung eines Lichtstrahls durch Brechung [lat.]
**Re'frak'to'me'ter** (das, -s, -) Brechzahlmesser [lat.-gr.]
**Re'frak'to'me'trie** (die, -, nur Ez.) die physikalische Lehre von der Bestimmung der Brechungsgrößen [lat.-gr.]
**re'frak'to'me'trisch** (Adj.) mithilfe eines Refraktometers durchgeführt [lat.-gr.]
**Re'frak'tor** (der, -s, -to'ren) astronomisches Fernrohr mit Sammellinse als Objektiv [lat.]
**Re'frak'tu'rie'rung** (die, -, -en) erneutes Brechen eines Knochens bei schlecht verheiltem Knochenbruch aus operativen Gründen (Med.) [lat.]
**Re'fri'ge'ran'tia** *auch:* Re'fri'ge'ran'zi'en (nur Mz.) kühlende, erfrischende Mittel [lat.]
**Re'fri'ge'ran'zi'en** (nur Mz.) = Refrigerantia [lat.]
**Re'fri'ge'ra'ti'on** (die, -, -ti'o'nen) Erkältung [lat.]
**Re'fri'ge'ra'tor** (der, -s, -to'ren) Gefrieranlage [lat.]
**Re'fuge** [-fyːʒ] (das, -s, -s) Schutzhütte, Notquartier in den Bergen [lat.-frz.]
**Re'fu'gi'al'ge'biet** (das, -(e)s, -e) Gebiet, in das sich in ihrem Lebensraum bedrohte Arten zurückziehen mit dem Ziel der Arterhaltung [lat.-dt.]
**Re'fu'gié** [refyʒjeː] (der, -s, -s) Glaubensflüchtling (bes. Hugenotte) [frz.]
**Re'fu'gi'um** (das, -s, -gi'en) Zufluchtsstätte [lat.]
**re'fun'die'ren** (V.) (veraltet) zurückzahlen, ersetzen [lat.]
**Re'füs** (der, -, nur Ez.) = Refus [lat.-frz.]
**Re'fus** *auch:* Re'füs (der, -, nur Ez.) Ablehnung, Weigerung, Verweigerung, abschlägige Antwort [lat.-frz.]
**Re'fu'si'on** (die, -, -si'o'nen) Rückerstattung, Rückgabe [lat.]
**Reg** (die, -, -) hamitische Bezeichnung für eine Geröllwüste

**re'gal** (Adj.) königlich, fürstlich [lat.]
**Re'gal** (das, -s, -e) 1 Fächergestell 2 Schriftkastengestell (Druckw.) [viell. lat.]
**Re'gal** (das, -s, -li'en) nutzbares, dem König zustehendes Hoheitsrecht, z.B. Zoll-, Münz-, Postrecht [lat.]
**re'ga'lie'ren** (V.) 1 unentgeltlich bewirten, freihalten 2 sich an etwas gütlich tun, satt essen [frz.]
**Re'ga'li'tät** (die, -, -en) Anspruch auf Regalien
**Re'gat'ta** (die, -, -ten) Bootswettfahrt [it.]
**Re'ge'la'ti'on** (die, -, nur Ez.) das erneute Gefrieren von Wasser zu Eis bei Druckentlastung nach vorheriger Schmelzung bei Druckzunahme [lat.]
**Ré'gence** [-ʒɑ̃s] (die, -, nur Ez.) französische Kunstrichtung um 1720
**Re'gen'cy** [riːdʒənsɪ] (das, -s, nur Ez.) englische Kunstrichtung um 1815
**Re'ge'ne'ra'ti'on** (die, -, -ti'o'nen) 1 Neubildung (von Gewebe, Zellen); Heilungsvorgang 2 Neubelebung, Erholung [lat.]
**re'ge'ne'ra'tiv** (Adj.) 1 durch Regeneration entstanden 2 Regeneration bewirkend
**Re'ge'ne'ra'tiv'ver'fah'ren** (das, -s, -) Verfahren zur Rückgewinnung von Wärme, die bei technischen Prozessen entsteht
**re'ge'ne'rie'ren** (V.) 1 neu bilden (von Gewebe, Zellen) 2 neu beleben, erholen, wiederherstellen [lat.]
**Re'gens** (der, -, -gen'tes oder -gen'ten) Vorsteher eines katholischen Priesterseminars [lat.]
**Re'gent** (der, -en, -en) regierender Monarch; dessen Stellvertreter [lat.]
**Re'gent'schaft** (die, -, -en) 1 Amtszeit eines Regenten 2 Herrschaft eines Regenten [lat.-dt.]
**Re'gest** (das, -(e)s, -ges'ten) knappe Zusammenfassung eines Urkundeninhalts [lat.]
**Re'ges'tum** (das, -s, -ta) = Regest
**Reg'gae** [regeɪ] (der, -(s), nur Ez.) jamaikanische Stilrichtung der Rockmusik [viell. engl.]
**Re'gie** [-ʒiː] (die, -, -ien) 1 (künstlerische) Leitung, Inszenierung (von Bühnenstücken, Filmen) 2 (öffentliche) Verwaltung; z.B. eine Maßnahme unter staatlicher Regie [frz.]
**Re'gi'en** [-ʒiː-] (nur Mz.) Verwaltungskosten (österr.) [frz.]
**re'gie'ren** (V.) 1 (be)herrschen, leiten 2 fördern; z.B. die Präposition „trotz" regiert den Genitiv [frz.]
**Re'gime** [-ʒiːm] (das, -(e)s, nur Ez.) Regierung (meist abwertend) [frz.]
**Re'gi'ment** (das, -(e)s, -er oder -e) 1 ein Truppenverband 2 (nur Ez.) Macht, Befehlsgewalt; z.B. zu Hause das Regiment führen [lat.]
**Re'gi'o'lekt** (der, -(e)s, -e) Dialekt in geografischer, nicht soziologischer Hinsicht [lat.]
**Re'gi'on** (die, -, -gi'o'nen) Bereich, Gegend; Planungsfeld [lat.]
**re'gi'o'nal** (Adj.) zu einer Region gehörig, gebietsmäßig
**Re'gi'o'na'lis'mus** (der, -, -men) 1 Bestreben innerhalb einer Region, eines Staatsteiles mehr Eigenständigkeit zu erlangen 2 Spracheigentümlichkeit einer Region
**Re'gi'o'na'list** (der, -lis'ten, -lis'ten) Verfechter des Regionalismus [lat.]
**Re'gi'o'nal'li'ga** (die, -, -gen) Spielklasse verschiedener Sportarten auf regionaler Ebene [lat.]
**Re'gi'o'nal'pro'gramm** (das, -s, -e) Rundfunk- und Fernsehprogramm für ein bestimmtes Sendegebiet, eine Region [lat.]
**re'gi'o'när** (Adj.) einen bestimmten Bereich des Körpers betreffend (Med.) [lat.]
**Re'gis'seur** [-ʒisøːɐ] (der, -s, -e) Regieleiter
**Re'gis'ter** (das, -s, -) 1 Verzeichnis; z.B. ein alphabetisches Register der Stichwörter 2 Ton-, Stimmbereich (einer Orgel, eines Sängers) [lat.]
**re'gis'tered** [redʒɪstəd] 1 in ein Register eingetragen; patentiert 2 eingeschrieben (bei Postsendungen) [engl.]
**Re'gis'ter'ton'ne** (die, -, -n) Einheit für das Raummaß bei Schiffen
**Re'gis'tra'tur** (die, -, -en) 1 Ablagestelle, in der der Schriftverkehr geordnet wird; das Registrieren 2 alle Registerzüge (einer Orgel, eines Harmoniums)
**re'gis'trie'ren** (V.) 1 in einem Register erfassen, ordnend verzeichnen 2 bewusst, aber schweigend wahrnehmen,

R

zur Kenntnis nehmen; z.B. eine Fehlleistung eines Mitarbeiters registrieren **3** die Register einer Orgel, eines Harmoniums ziehen

**Reglement** [-mɑ̃] (das, -s, -s,) Dienstvorschrift; Regeln, Bestimmungen (in einer Sportart) [frz.]

**reglementarisch** (Adj.) dem Reglement gemäß

**reglementieren** (V.) einem Reglement unterwerfen, durch Vorschriften streng regeln, einschränken

**Reglementierung** (die, -, -en) **1** das Reglementieren **2** die Unterstellung einer Person oder Personengruppe unter behördliche Aufsicht [lat.]

**Reglette** (die, -, -n) flaches Metallstück, das (beim Handsatz) zwischen die Buchstabenzeilen gelegt wird und im Druck den Zwischenraum bewirkt [frz.]

**Regredient** (der, -en, -en) einen Regress in Anspruch Nehmender (Rechtswissenschaft) [lat.]

**regredieren** (V.) **1** auf Früheres zurückgreifen, zurückgehen **2** in Regress nehmen (Rechtswissenschaft) [lat.]

**Regress** (der, -es, -e) **1** Ersatzanspruch, Rückgriff auf den Verantwortlichen (Rechtsw.) **2** Rückschluss von der Ursache auf die Wirkung (Logik) [lat.]

**Regressand** (der, -en, -en) abhängige veränderliche Größe eines Regressionsvorganges [lat.]

**Regressat** (der, -en, -en) Rückgriffsschuldner, der dem Ersatzschuldner, den der Gläubiger in Anspruch genommen hat, für dessen Haftung einstehen muss (Rechtswissenschaft) [lat.]

**Regression** (die, -, -sionen) Zurückweichen; Rückfall; Abnahme, langsamer Rückzug [lat.]

**regressiv** (Adj.) **1** zurückgreifend (durch einen Regress) **2** zurückweichend; abnehmend (durch Regression) **3** rückschrittlich

**Regressivität** (die, -, nur Ez.) regressives Verhalten [lat.]

**Regula Falsi** (die, -, nur Ez.) ein mathematisches Näherungsverfahren [lat.]

**Regula Fidei** (die, -, nur Ez.) Glaubensregel [lat.]

**regulär** (Adj.) **1** vorschriftsmäßig; z.B. eine reguläre Entscheidung **2** regelmäßig; z.B. ein reguläres Vieleck [lat.]

**Regular** (der, -s, -e) ein feierliches Gelübde ablegendes Mitglied eines katholischen Ordens [lat.]

**Regularien** (nur Mz.) auf der Tagesordnung stehende, geschäftliche Angelegenheiten [lat.]

**Regularität** (die, -, nur Ez.) das Regulärsein

**Regulation** (die, -, -tionen) Ausgleich, Regelung [lat.]

**regulativ** (Adj.) regelnd [lat.]

**Regulativ** (das, -s, -e) **1** regelndes Element **2** Vorschrift [lat.]

**Regulator** (der, -s, -toren) regulierende Vorrichtung

**regulatorisch** (Adj.) regulierend, steuernd [lat.]

**regulieren** (V.) regeln, ordnen [lat.]

**Regulierung** (die, -, -en) **1** Regelung **2** das Erreichen eines gleichmäßigen korrekten Ganges einer Maschine, eines Motors etc. **3** Begradigung eines Flusslaufs [lat.]

**regulinisch** (Adj.) aus reinem Metall bestehend [lat.]

**Regulus** (der, -, -li oder -se) **1** aus Erzen ausgeschmolzener Metallklumpen **2** Gattung von Singvögeln [lat.]

**Regur** (der, -s, nur Ez.) Schwarzerde in Südindien [Hindi]

**Rehabilitand** (der, -en, -en) jmd., der rehabilitiert wird

**Rehabilitation** (die, -, -tionen) das Rehabilitieren

**Rehabilitationszentrum** (das, -s, -ren/-tren) Heilanstalt zur Wiedereingliederung (Sucht-) Kranker in das berufliche, gesellschaftliche Leben [lat.]

**rehabilitativ** (Adj.) die Rehabilitation betreffend, ihr dienend [lat.]

**rehabilitieren** (V.) **1** den ursprünglichen guten Ruf wiederherstellen, frühere Ehrenrechte zurückgeben **2** wieder eingliedern (von Kranken, Süchtigen etc.) [lat.]

**Rehabilitierung** (die -, -en) **1** Wiederherstellung von Ansehen, Prestige, Rechten **2** Wiedereingliederung in Gesellschaft und Berufsleben [lat.]

**Rektorat** (das, -(e)s, -e) Amt, Räume eines Rektors
**Rektoskop** (das, -s, -e) Mastdarmspiegel (Med.) [lat.]
**Rektozele** (die, -, -n) Mastdarmvorfall (Med.)
**Rektum** (das, -s, -ta) Mastdarm [lat.]
**rekultivieren** (V.) unfruchtbar gewordenen Boden wieder nutzbar machen, erneut als Kulturland nutzen [lat.-frz.]
**Rekuperation** (die, -, -tionen) Luftvorwärmung durch Abgase
**Rekuperator** (der, -s, -toren) Vorwärmer in Feuerungsanlagen [lat.]
**Rekurrensfieber** (das, -s, nur Ez.) Rückfallfieber (Med.) [lat.]
**rekurrent** (Adj.) schrittweise auf Bekanntes zurückgreifend, zurückgehend [lat.]
**Rekurrenz** (die, -, nur Ez.) = Rekursivität [lat.]
**rekurrieren** (V.) 1 Zuflucht nehmen (veraltet) 2 Beschwerde gegen Justizorgane einlegen 3 Bezug nehmen, zurückgreifen [lat.]
**Rekurs** (der, -es, -e) 1 Berufung, Beschwerde gegen ein Justizorgan 2 Bezugnahme, Rückgriff [lat.]
**Rekursion** (die, -, nur Ez.) = Rekurrenz [lat.]
**rekursiv** (Adj.) schrittweise auf Bekanntes zurückgehend, zurückgreifend [lat.]
**Rekursivität** (die, -, nur Ez.) Eigenschaft einer Grammatik, mit der nach bestimmten Formationsregeln unendlich viele Sätze gebildet werden können [lat.]
**Rekusation** (die, -, -tionen) in der Rechtswissenschaft die Ablehnung eines für befangen erachteten Richters [lat.]
**Relais** [rəlɛː] (das, - [lɛːs], - [lɛːs]) 1 Poststationenreihe; Pferdewechselstelle (früher) 2 elektrische Schalteinrichtung, die mit geringen Strömen größere steuert [frz.]
**Relaisbeben** [rəlɛː-] (das, -s, -) Erdbeben, das von einem anderen ausgelöst wurde (Geol.)
**Relaisstation** [rəlɛː-] (die, -, -tionen) Empfangsstation, die Nachrichten weiterleitet; z.B. ein Verstärker in einem Überseekabel, ein Satellit [frz.]
**Relance** [-lɑ̃s] (die, -, -n) in der Schweiz das Wiederaufgreifen einer politischen Idee [frz.]
**Relaps** (der, -es, -e) Rückfall (in der Medizin) [lat.]
**Relation** (die, -, -tionen) Beziehung, Verhältnis; z.B. die Relation eines Pronomens zu einem Substantiv [lat.]
**relational** die Relation betreffend, auf ihr basierend, in Beziehung stehend [lat.]
**Relationalismus** (der, -, nur Ez.) die Anschauung, dass Wahrheiten nur bezüglich menschlicher Auffassung gültig und nicht absolut wahr sind [lat.]
**Relationismus** (der, -, nur Ez.) = Relationalismus [lat.]
**Relationsadjektiv** (das, -s, -e) ein Adjektiv, das eine allgemeine Beziehung ausdrückt und in der Regel nicht steigerungsfähig ist [lat.]
**relativ** (Adj.) 1 bedingt, verhältnismäßig, auf etwas bezogen 2 ziemlich, eingeschränkt 3 auf ein vorhergehendes Wort bezogen (Relativpronomen) [lat.]
**Relativ** (das, -s, -e) = Relativpronomen
**Relativadjektiv** (das, -s, -e) = Relationsadjektiv [lat.]
**Relativadverb** (das, -s, -bien) bezügliches Umstandswort [lat.]
**relativieren** (V.) 1 in eine Beziehung setzen 2 einschränken [lat.]
**relativisch** (Adj.) das Relativ betreffend, als Relativ verwendet [lat.]
**Relativismus** (der, -, nur Ez.) Anschauung, dass Wahrheiten nur bezüglich menschlicher Auffassung gültig sind (und nicht absolut) [lat.]
**Relativist** (der, -visten, -visten) Verfechter der Anschauung, dass alle Erkenntnis nur subjektiv ist, es keine objektive Wahrheit gibt, Vertreter des Relativismus [lat.]
**relativistisch** (Adj.) 1 den philosophischen Relativismus betreffend, auf ihm basierend 2 die Relativitätstheorie betreffend, auf ihr basierend 3 die Relativität betreffend [lat.]
**Relativität** (die, -, -en) das Relativsein
**Relativitätstheorie** (die, -, nur Ez.) Einsteins Theorie, die Raum und Zeit relativiert, sodass sie nur bezüglich eines Bewegungszustandes im System gelten

**Re'la'tiv'pro'no'men** (das, -s, - oder -mi'na) bezügliches Fürwort; z.B. „welche" in „Die Frau, welche …" [lat.]
**Re'la'tiv'satz** (der, -es, -sät'ze) Nebensatz oder Gliedteilsatz, der durch ein Relativ eingeleitet ist [lat.-dt.]
**Re'la'ti'vum** (das, -s, -va) = Relativpronomen
**Re'la'tor** (der, -s, -to'ren) mehrstellige, zur Vorhersage eines Merkmals herangezogene Variable in der Statistik [lat.]
**Re'la'tum** (das, -s, -ta) in einem Satz das zweite Glied einer aus zwei Objekten bestehenden Beziehung, das das Objekt wiedergibt, auf das die Handlung gerichtet ist (im Beispielsatz „Der Matador tötete den Stier" ist der Stier das Relatum) (Sprachwissenschaft) [lat.]
**Re'launch** (der oder das, -es, -es) verstärkter Werbeeinsatz für ein Produkt, das schon geraume Zeit auf dem Markt ist [engl.]
**Re'la'xans** (das, -, -xan'tia oder -xan'zi'en) Arzneimittel, das (Muskel-)Entspannung, Erschlaffung bewirkt [lat.]
**Re'la'xa'ti'on** (die, -, -ti'o'nen) **1** Erschlaffung, Entspannung **2** verzögerte Reaktion eines Körpers auf Außeneinwirkungen (in der Physik) [lat.]
**re'laxed** [rɪlækst] (Adj.) entspannt, locker (ugs.) [engl.]
**re'la'xen** [rɪlæksən] (V.) sich entspannen [engl.]
**Re'lease'cen'ter** *auch:* Re'lease-Cen'ter [rɪliːs-] (das, -s, -) Selbsthilfeorganisation zur Beratung Drogensüchtiger [engl.-amerik.]
**Re'lea'ser** [rɪliːsə-] (der, -s, -) bei der Behandlung von Rauschgiftsüchtigen mitwirkender Sozialarbeiter oder Psychotherapeut
**Re'lease'zen'trum** *auch:* Re'lease-Zen'trum (das, -s, -ren/-tren) = Releasecenter
**Re'le'ga'ti'on** (die, -, -ti'o'nen) das Relegieren
**Re'le'ga'ti'ons'spiel** (das, -s, -e) Entscheidungsspiel um den Verbleib oder den Aufstieg in eine höhere Liga (Sport)
**re'le'gie'ren** (V.) von einer (Hoch-)Schule verweisen [lat.]
**re'le'vant** (Adj.) erheblich, wichtig [lat.]
**Re'le'vanz** (die, -, nur Ez.) Erheblichkeit, Wichtigkeit [lat.]
**Re'le'va'ti'on** (die, -, -ti'o'nen) **1** Erleichterung **2** Befreiung von einer rechtlichen Verbindlichkeit (Rechtswissenschaft) [lat.]
**re'li'a'bel** (Adj.) verlässlich, zuverlässig [lat.-frz.-engl.]
**Re'li'a'bi'li'tät** (die, -, nur Ez.) Prüf-, Testgenauigkeit (eines psycholog. Verfahrens) [lat.]
**Re'li'ef** (das, -s, -s oder -e) **1** aus einer Fläche erhaben herausgearbeitetes Bildwerk **2** plastische Landkarte [frz.]
**Re'li'ef'druck** (der, -(e)s, -e) Einprägen von Motiven oder Schrift in Platten oder Buchdeckel
**re'li'e'fie'ren** (V.) mit einem Relief ausstatten, mit einem Relief versehen [lat.-frz.]
**Re'li'e'fie'rung** (die, -, -en) das Herausarbeiten eines Reliefs [lat.-frz.]
**Re'li'ef'in'tar'sia** *auch:* Re'li'ef'in'tar'sie (die, -, -si'en) Kombination von Einlegearbeit und Schnitzerei [lat.- frz.]
**Re'li'ef'kli'schee** (das, -s, -s) Rasterätzung mit reliefartiger Prägung auf der Rückseite, wodurch die entsprechenden Stellen auf der Vorderseite besser zur Geltung kommen (im Buchdruck) [lat.-frz.]
**Re'li'gio** (die, -, -nes) religiöse katholische Vereinigung mit eigener Regel und öffentlichen Gelübden [lat.]
**Re'li'gi'on** (die, -, -gi'o'nen) Glaube an eine übersinnliche, nicht menschliche Leitgestalt; Glaubensbekenntnis [lat.]
**re'li'gi'ös** (Adj.) zu einer Religion gehörig; fromm, gläubig [lat.]
**Re'li'gi'o'se** (der oder die, -n, -n) Mitglied religiöser Genossenschaften (im katholischen Kirchenrecht) [lat.]
**Re'li'gi'o'si'tät** (die, -, nur Ez.) Gläubigkeit
**re'li'gio'so** (Adv.) andächtig, feierlich (Vortragsanweisung in der Musik) [lat.-it.]
**re'likt** (Adj.) in Resten vorhanden, vorkommend [lat.]
**Re'likt** (das, -(e)s, -e) Überbleibsel (aus einer vergangenen Epoche) [lat.]
**Re'lik'ten'fau'na** (die, -, -nen) die letzten noch lebenden Tiere einer aussterbenden Gattung
**Re'lik'ten'flo'ra** (die, -, -ren) die letzten noch lebenden Pflanzen einer aussterbenden Gattung

**Re'li'quiar** [-kwi-] (das, -s, -e) Reliquienbehälter
**Re'li'quie** [-kwiə] (die, -, -n) Überrest eines Heiligen; Teil seiner Kleidung u.a. (als Gegenstand kultischer Verehrung) [lat.]
**Re'lish** [relɪʃ] (das, -s, -es [-is]) dicke Würzsoße (aus zerkleinerten Mixedpickles; z.B. zu Schnellgerichten) [engl.]
**Rem** (das, -, -) Maßeinheit für die biologische Wirksamkeit radioaktiver Strahlung [engl., Kurzwort]
**Re'mai'ling** [riːmeɪlɪŋ] (das, -s, nur Ez.) Massenpostversendung zu den günstigsten Bedingungen, sei es im Inland oder über das Ausland [engl.]
**Re'make** [riːmeɪk] (das, -s, -s) Neufassung; z.B. einer Schallplatte mit verbesserter Tontechnik [engl.]
**re'ma'nent** (Adj.) verbleibend, zurückbleibend [lat.]
**Re'ma'nenz** (die, -, -en) das Verbleiben, Zurückbleiben; z.B. die Remanenz im zerebralen Erinnerungsbereich [lat.]
**Rem'bours** [rɑ̃buːr] (der, -, -) Auslagenerstattung (im Überseehandel) [frz.]
**Re'me'di'um** (das, -s, -di'en oder -dia) **1** Heilmittel **2** zulässige Abweichung vom Münzgewicht [lat.]
**Re'mi'grant** (der, -en, -en) zurückkehrender Emigrant [lat.]
**re'mi'li'ta'ri'sie'ren** (V.) die Armee eines Landes neu gründen
**Re'mi'nis'zenz** (die, -, -en) wohlwollende Rückerinnerungsgeste; Anklang; z.B. eine Collage als Reminiszenz an Dalis Kunstschaffen [lat.]
**re'mis** [rəmiː] (Adj.) unentschieden (beim Schach) [frz.]
**Re'mi'se** (die, -, -n) **1** Abstellschuppen für Wagen **2** Feldgehölz als Äsungs- und Deckungsplatz (für Niederwild) [frz.]
**re'mi'sie'ren** (V.) ein Remis erzielen, im Schach unentschieden spielen
**Re'mis'si'on** (die, - , -si'onen) **1** Rücksendung **2** vorübergehende Besserung (eines Krankheitsbildes) [lat.]
**Re'mit'ten'de** (die, -, -n) vom Buchhändler an den Verlag zurückgesandtes (unverkäufliches, beschädigtes) Buch [lat.]
**Re'mit'tent** (der, -en, -en) Wechselnehmer [lat.]
**re'mit'tie'ren** (V.) **1** zurücksenden (von Büchern) **2** vorübergehend nachlassen, zurückgehen (von Krankheitserscheinungen) [lat.]
**re'mons'trie'ren** (V.) Einwände erheben [lat.]
**re'mon'tant** (Adj.) wiederkehrend blühen (Bio.)
**Re'mon'te** [-mɔ̃-] (die, -, -n) junges Militärpferd, Ausbildungspferd [frz.]
**Re'mor'queur** [remɔrkøːr] (der, -s, -e) Schleppdampfer [frz.]
**Re'mou'la'de** [-mu-] (die, -, -n) Mayonnaisesoße mit Kräutern und Gewürzen [frz.]
**REM-Pha'se** (die, -, -n) Traumphase des Schlafes
**Re'mu'ne'ra'ti'on** (die, -, -ti'onen) Entschädigung, Sondervergütung (österr.) [lat.]
**Ren** (das, -s, -s oder Re'ne) eine hochnordische Hirschart [skandinav.]
**Re'nais'sance** [rənɛsɑ̃ːs] (die, -, -n) **1** (nur Ez.) Wiederbelebung antiker Kunst- und Kulturformen im 13. bis 16. Jh. **2** Wiederbelebung früherer Kunst- und Kulturformen [frz.]
**re'nal** (Adj.) zu den Nieren gehörig [lat.]
**Re'na'tu'rie'rung** (die, -, -en) Rückführung in einen naturnahen Zustand
**Ren'dant** (der, -en, -en) Gemeindekassenführer [lat.]
**Ren'de'ment** [rɑ̃dmɑ̃] (das, -s, -s) Rohstoffausbeute, -gehalt [frz.]
**Ren'dez'vous** *auch:* Ren'dezvous (schweiz.) [rɑ̃devuː] (das, - [-wus], - [-wus]) **1** Verabredung (zweier Verliebter), Stelldichein **2** Weltraum-Koppelmanöver [frz.]
**Ren'di'te** (die, -, -n) Gewinn, Verzinsung (aus einer Kapitalanlage) [it.]
**Re'ne'gat** (der, -en, -en) Abtrünniger [frz.]
**Re'ne'ga'ti'on** (die, -, -en) Abfall von einem Glauben
**Re'ne'klo'de** *auch:* Rei'ne'clau'de (die, -, -n) runde, violette oder grüngelbe Pflaumensorte [frz.]
**Re'net'te** *auch:* Rei'net'te (die, -, -n) gelber Apfel mit roter Streifung; z.B. Cox Orange [frz.]
**re'ni'tent** (Adj.) widersetzlich [lat.]

**Re|ni|tenz** (die, -, -en) Widersetzlichkeit [lat.]
**Re|no|gra|fie** *auch:* Re|no|gra|phie (die, -, -n) Röntgendarstellung
**Re|no|gra|phie** (die, -, -n) = Renografie
**Re|nom|mee** (das, -s, -s) Ansehen, Ruf [frz.]
**re|nom|mie|ren** (V.) prahlen [frz.]
**re|nom|miert** (Adj.) mit gutem Ruf, namhaft
**Re|nom|mist** (der, -mis|ten, -mis|ten) Prahler [frz.]
**Re|non|ce** [rənɔ̃s] (die, -, -n) Fehlfarbe (beim Kartenspiel) [frz.]
**Re|no|va|ti|on** (die, -, -ti|o|nen) das Renovieren
**re|no|vie|ren** (V.) erneuern, instand setzen (von Gebäuden, Räumen) [lat.]
**ren|ta|bel** (Adj.) lohnend, vorteilhaft [frz.]
**Ren|ta|bi|li|tät** (die, -, nur Ez.) das Rentabelsein, Wirtschaftlichkeit
**Ren|te** (die, -, -n) regelmäßiges Einkommen aus Versicherungs-, Versorgungsansprüchen oder Vermögen [frz.]
**Ren|ti|er** [-tjeː] (der, -s, -s) jmd., der von einer Rente lebt (veraltet) [frz.]
**ren|tie|ren** (V.) Gewinn bringen, sich lohnen [frz.]
**Re|nu|me|ra|ti|on** (die, -, -ti|o|nen) Rückzahlung
**re|nu|me|rie|ren** (V.) zurückzahlen [lat.]
**re|nun|zie|ren** (V.) abdanken [lat.]
**Re|or|ga|ni|sa|ti|on** (die, -, -ti|o|nen) Umorganisation, Neuregelung [lat.]
**re|or|ga|ni|sie|ren** (V.) umorganisieren, neu regeln [lat.]
**re|pa|ra|bel** (Adj.) reparierbar
**Re|pa|ra|ti|on** (die, -, -ti|o|nen) **1** Ersatz geschädigten Gewebes (durch den Körper selbst) **2** (nur Mz.) Zahlungsverpflichtung einer besiegten Staatsmacht, Kriegsentschädigung [lat.]
**re|par|tie|ren** (V.) aufteilen (von Kosten); zuteilen (von Wertpapieren) [frz.]
**Re|par|ti|ti|on** (die, -, -ti|o|nen) das Repartieren
**re|pa|tri|ie|ren** (V.) in die Heimat zurückführen, zurückkehren lassen (von Kriegsgefangenen); wieder einbürgern [lat.]
**Re|peat** [ripiːt] Wiederholung [engl.]
**Re|pel|lents** (nur Mz.) chemische Insektenabschreckungsmittel; z.B. eine stark riechende Substanz, die gegen Mückenstiche auf die Haut gerieben wird [lat.-engl.]
**Re|per|kus|si|on** (die, -, -en) Rückprall [engl.]
**Re|per|toire** [-twaːr] (das, -s, -s) alle eingeübten Darbietungsnummern (eines Künstlers), einstudierter Vorrat an Kompositionen, Bühnenrollen [frz.]
**Re|per|to|ri|um** (das, -s, -ri|en) Register, Verzeichnis [lat.]
**Re|pe|tent** (der, -en, -en) Schüler, der eine Klasse wiederholt [lat.]
**re|pe|tie|ren** (V.) wiederholen (eine Lernübung, eine Schulklasse) [lat.]
**Re|pe|ti|ti|on** (die, -, -ti|o|nen) das Repetieren, Wiederholung
**re|pe|ti|tiv** (Adj.) sich wiederholend
**Re|pe|ti|tor** (der, -s, -to|ren) jmd., der mit Studierenden den Lehrstoff nochmals durchnimmt, Einpauker [lat.]
**Re|pe|ti|to|ri|um** (das, -s, -ri|en) **1** Wiederholungsunterricht **2** Wiederholungslehrbuch [lat.]
**Re|place|ment** [riːpleɪsmənt] (das, -s, -s) Ersatz, vor allem das Ersetzen von Arbeitskräften durch Maschinen [engl.]
**Re|plan|ta|ti|on** (die, -, -ti|o|nen) = Reimplantation
**Re|plik** (die, -, -en) **1** Erwiderung (auf eine These); Einrede (bei Gericht) **2** Nachbildung eines Kunstwerks (durch den Künstler selbst) [lat.]
**Re|pli|kat** (das, -s, -e) Nachbildung (Kunstwissenschaft) [lat.]
**re|pli|zie|ren** (V.) **1** durch eine Replik antworten (Rechtsw.) **2** eine Replik anfertigen (Kunstw.)
**re|po|ni|bel** (Adj.) reponierbar
**re|po|nie|ren** (V.) wieder einrichten (von ausgekugelten Gelenken u.a.) [lat.]
**Re|port** (der -(e)s, -e) Bericht (nach eingehender Untersuchung)
**Re|por|ta|ge** [-ʒə] (die, -, -n) Reporterbericht [frz.]
**Re|por|ter** (der, -s, -) Berichterstatter (für Presse, Rundfunk, Fernsehen) [frz.-engl.]
**Re|po|si|ti|on** (die, -, -ti|o|nen) das Reponieren

R

**re|prä|sen|ta|bel** (Adj.) ansehnlich, wirkungsvoll, vorzeigbar [frz.]
**Re|prä|sen|tant** (der, -en, -en) Abgeordneter; Interessenvertreter; Vertreter einer Firma [frz.]
**Re|prä|sen|tanz** (die, -, -en) **1** Unternehmens-, Interessenvertretung **2** (nur Ez.) das Repräsentativsein
**Re|prä|sen|ta|ti|on** (die, -, -ti|o|nen) **1** Vertretung; z.B. die Repräsentation der Minderheiten durch einen Abgeordneten **2** würdiges Gehabe; gesellschaftliches Auftreten; Zurschaustellung [frz.]
**re|prä|sen|ta|tiv** (Adj.) **1** etwas statistisch richtig zeigend, typisch für den Bevölkerungsdurchschnitt **2** zur Repräsentation gehörig, ansehnlich, repräsentabel, eindrucksvoll, der Repräsentation dienend
**re|prä|sen|tie|ren** (V.) **1** eine Firma, Personen, etwas vertreten; darstellen **2** repräsentabel auftreten
**Re|pres|sa|lie** [-liə] (die, -, -n) (meist Mz.) Druckmittel; Vergeltungsmaßnahme [lat.]
**Re|pres|si|on** (die, -, -si|o|nen) Unterdrückung, Bedürfnishemmung; politische Gewaltanwendung [lat.]
**re|pres|siv** (Adj.) Repression ausübend, unterdrückend
**Re|print** [ri:-] (der, -s, -s) unveränderter Nachdruck, Neudruck; z.B. eines vergriffenen Buches [engl.]
**Re|pri|se** (die, -, -n) **1** Wiederholung, Wiederaufnahme (eines Bühnenstücks, eines Sonatenteils) **2** kompensierende Erholung (des Börsenkurses) **3** Nachhieb (beim Fechten) [frz.]
**re|pri|va|ti|sie|ren** (V.) verstaatlichtes Eigentum (z.B. ein Unternehmen) in Privatbesitz zurückführen [lat.]
**Re|pro** (die oder das, -(s), -s) = Reproduktion [Kurzwort]
**Re|pro|ba|ti|on** (die, -, -en) Zurückweisung [lat.]
**Re|pro|duk|ti|on** (die, -, -ti|o|nen) **1** Nachbildung; Wiedergabe (durch ein Druckverfahren), Abbilden, Vervielfältigen **2** Fortpflanzung [lat.]
**re|pro|duk|tiv** (Adj.) **1** nachbildend **2** wieder erzeugend [lat.]
**re|pro|du|zie|ren** (V.) **1** nachbilden; wiedergeben (durch ein Druckverfahren) **2** sich fortpflanzen [lat.]
**Re|pro|gra|fie** *auch:* Re|pro|gra|phie (die, -, -fien/-phien) Kopierverfahren, drucktechnisches Reproduktionsverfahren; Produkt der Reprografie [lat.-gr.]
**Re|pro|gra|phie** (die, -, -n) = Reprografie [lat.-gr.]
**Rep|til** (das, -s, -e oder -ien) Kriechtier [lat.]
**Re|pu|blik** (die, -, -en) Staat, der nicht von einem Fürsten regiert wird; vom Volk gewählte Regierung [lat.]
**Re|pu|bli|ka|ner** (der, -s, -) Anhänger oder Mitglieder einer (konservativen) US-Partei; Anhänger der republikanischen Staatsform [lat.]
**re|pu|bli|ka|nisch** (Adj.) zu einer Republik, zu den Republikanern gehörig; die Republik betreffend
**Re|pu|gnanz** (die, -, -en) Gegensatz, Widerspruch [lat.]
**re|pul|siv** (Adj.) zurückstoßend
**Re|pun|ze** (die, -, -n) Feingehaltsstempel (auf Edelmetall) [lat.]
**re|pun|zie|ren** (V.) mit einer Repunze kennzeichnen
**Re|pu|ta|ti|on** (die, -, nur Ez.) Ansehen [lat.]
**Re|qui|em** (das, -s, -s oder -qui|en) **1** kath. Totenmesse **2** Komposition über dieses Thema [lat.]
**re|qui|es|cat in pa|ce** [-tse] er, sie ruhe in Frieden [lat.]
**re|qui|rie|ren** (V.) beschlagnahmen (für Militärzwecke) [lat.]
**Re|qui|sit** (das, -(e)s, -en) Zubehör (bes. für die Bühnenausstattung) [lat.]
**Re|qui|si|teur** [-tøːɐ] (der, -s, -e) Requisitenverwalter
**Re|qui|si|ti|on** (die, -, -ti|o|nen) das Requirieren
**Re|search** [rɪsɜːtʃ] (das, -(s), -s) Markt-, Meinungsforschung [engl.]
**Re|se|da** (die, -, -s) = Resede
**Re|se|de** *auch:* Re|se|da (die, -, -n) eine Färberpflanze, Zierpflanze [lat.]
**Re|sek|ti|on** (die, -, -ti|o|nen) das Resezieren
**Re|ser|vat** (das, -(e)s, -e) **1** Schutzgebiet (für Pflanzen, Tiere, Volksgruppen) **2** Sonderrecht [lat.]
**Re|ser|va|tio men|ta|lis** (die, -, -ti|o|nes -les) geheimer Vorbehalt, nur gedanklicher, unausgesprochener Vorbehalt [lat.]

R

**Reservation** (die, -, -tionen) Ureinwohnern zugewiesenes Gebiet (in den USA), Reservat [lat.]
**Reserve** (die, -, -n) **1** Rücklage; Vorrat **2** (nur Ez.) alle Reservisten; Ersatztruppe **3** Zurückhaltung; z.B. jmdn. aus der Reserve locken
**reservieren** (V.) freihalten, zurückhalten; vorbestellen [frz.]
**reserviert** (Adj.) zurückhaltend, unnahbar
**Reservist** (der, -visten, -visten) Wehrpflichtiger, der nicht mehr im aktiven Dienst ist, aber noch zu Reserveübungen herangezogen werden kann
**Reservoir** [-vwa:r] (das, -s, -e) Sammelbehälter, Speicher (für Wasser) [frz.]
**Reset** (der oder das, -s, -s) Computerneustart (EDV)
**resezieren** (V.) ein Organ teilweise oder ganz entfernen (Med.)
**Resident** (der, -en, -en) Schutzmachtvertreter, Statthalter [frz.]
**Residenz** (die, -, -en) Wohnsitz eines hohen weltlichen oder geistlichen Würdenträgers; Hauptstadt (einer Monarchie) [lat.]
**residieren** (V.) als Residenz bewohnen, Hof halten
**Residuum** (das, -s, -duen) Rest, Rückstand (in der Chemie, Medizin) [lat.]
**Resignation** (die, -, -tionen) das Resignieren [lat.]
**resignativ** (Adj.) durch Resignation gekennzeichnet; resigniert
**resignieren** (V.) den Mut verlieren, nach Negativerlebnissen sich in das Schicksal ergeben [lat.]
**resigniert** (Adj.) mutlos, schicksalergeben, entsagend [lat.]
**Résistance** [-stɑ̃:s] (die, -, nur Ez.) französische Widerstandsbewegung im Zweiten Weltkrieg
**resistent** (Adj.) gefeit, widerstandsfähig [lat.]
**Resistenz** (die, -, -en) das Resistentsein
**resistieren** (V.) widerstehen; ausdauern [lat.]
**reskribieren** (V.) schriftlich antworten [lat.]
**resolut** (Adj.) sich energisch durchsetzend [frz.]
**Resolution** (die, -, -tionen) **1** Entschließung, das Einreichen politischer Forderungen **2** Rückgang von Krankheitserscheinungen (Med.) [frz.]
**Resonanz** (die, -, -en) **1** Mitschwingen (eines Körpers) **2** Anteilnahme; Widerhall [lat.]
**Resopal** (das, -s, nur Ez.) ein Kunststoff; z.B. als Küchentischbeschichtung (Warenzeichen) [Kunstwort]
**resorbieren** (V.) aufsaugen [lat.]
**Resorption** (die, -, -tionen) das Aufsaugen; z.B. von Geruchsstoffen durch die Schleimhaut, fettlöslichen Verbindungen durch die Haut
**resozialisieren** (V.) in die Gesellschaft wieder eingliedern [lat.]
**Respekt** (der, -(e)s, nur Ez.) Hochachtung, bewundernde Scheu [frz.]
**respektabel** (Adj.) achtbar, Respekt einflößend
**Respektblatt** (das, -(e)s, -blätter) leeres Blatt am Buchanfang
**respektive** (Konj.) beziehungsweise [lat.]
**Respiration** (die, -, nur Ez.) Atmung (Med.) [lat.]
**respiratorisch** (Adj.) zur Atmung gehörig [lat.]
**respirieren** (V.) atmen [lat.]
**respondieren** (V.) im Responsorium entgegnen; (veraltet:) antworten, entsprechen, widerlegen
**responsabel** (Adj.) verantwortlich [frz.]
**Response** [rɪspɒns] (die, -, -s [is]) Antwort (auf einen Stimulus) [engl.]
**Responsorium** (das, -s, -rien) liturgischer Wechselgesang [lat.]
**Ressentiment** [rəsɑ̃timɑ̃] (das, -s, -s) unterschwellige (unbegründete) Abneigung [frz.]
**Ressort** [-ɔ:r] (das, -s, -s) Aufgabenbereich (innerhalb eines Ministeriums) [frz.]
**Ressource** [-sursə] (die, -, -n) Hilfsquelle; Existenzgrundlage [frz.]
**Restant** (der, -en, -en) **1** Schuldner **2** Reststück [lat.]
**Restanz** (die, -, -en) Restbetrag (schweiz.) [lat.]
**Restauration** (die, -, -tionen) **1** das Restaurieren **2** = Restaurant (österr.) **3** nach

einem Umsturz Wiederherstellung der sozialen und politischen Ordnung
**restaurativ** (Adj.) politisch wiederherstellend [frz.]
**Restaurator** (der, -s, -toren) jmd., der beruflich Kunstwerke restauriert
**restaurieren** (V.) **1** Kunstwerke erhalten oder wiederherstellen **2** frühere (politische) Zustände herstellen [frz.]
**restituieren** (V.) **1** zurückerstatten **2** wieder einsetzen [lat.]
**Restitution** (die, -, -tionen) **1** Rückerstattung, Wiedergutmachung **2** Wiederherstellung
**Restitutionsklage** (die, -, -n) Klage auf Wiederaufnahme eines rechtskräftig abgeschlossenen Verfahrens (Recht)
**Restriktion** (die, -, -tionen) Be-, Einschränkung [lat.]
**restriktiv** (Adj.) be-, einschränkend, einengend [frz.]
**restringieren** (V.) be-, einschränken; zusammenziehen (Med.) [lat.]
**restrukturieren** (V.) neu gestalten
**Resultante** (die, -, -n) Summe sich überlagernder physikalischer Kräfte [frz.]
**resultativ** (Adj.) ein Resultat hervorbringend
**resultieren** (V.) als Ergebnis, Folge haben [frz.]
**Resümee** (das, -s, -s) zusammenfassendes Ergebnis, Schlussfolgerung, das Resümee ziehen: das Wesentliche festhalten [frz.]
**resümieren** (V.) ein Resümee machen, zusammenfassen
**Resurrektion** (die, -, -tionen) Auferstehung [lat.]
**Retabel** (das, -s, -) Altaraufsatz [frz.]
**Retake** [riːteɪk] (das, -s, -s) erneute Aufnahme einer missglückten Filmszene [engl.]
**retard** (Adj.) verzögert wirkend (Med.)
**Retardation** (die, -, -tionen) Verzögerung (in der Entwicklung) [frz.]
**retardieren** (V.) verzögern [frz.]
**retardiert** (Adj.) zurückgeblieben; verzögert [frz.]
**Retention** (die, -, -tionen) Zurück(be)haltung [lat.]
**retikular** (Adj.) = retikulär
**retikulär** *auch:* retikular (Adj.) netzartig; z.B. bei Bindegewebszellen [lat.]
**Retikulom** (das, -s, -e) gutartige Wucherung (Med.)
**Retikulose** (die, -, -n) Wucherungen im Bereich Knochenmark, Lymphknoten und Milz (Med.)
**Retikulum** (das, -s, -la) Netzmagen von Wiederkäuern (Bio.)
**Retina** (die, -, -nae [-nɛː]) Netzhaut [lat.]
**Retinitis** (die, -, -nitiden) Netzhautentzündung [lat.-gr.]
**retirieren** (V.) sich zurückziehen (meist scherzhaft) [frz.]
**Retorsion** (die, -, -sionen) spontane Vergeltung; z.B. im Strafrecht [frz.]
**Retorte** (die, -, -n) birnenförmiges Destilliergefäß; aus der Retorte: künstlich [frz.]
**Retortenbaby** [-beːbi] (das, -s, -s) durch künstliche Befruchtung entstandenes Baby (ugs.) [frz.-engl.]
**retour** [-tuːɐ] (Adv.) zurück (landsch., ansonsten veraltet) [frz.]
**Retourkutsche** [-tuːɐ-] (die, -, -n) erwiderter Vorwurf, zurückgegebene Beleidigung [frz.-ungar.]
**retournieren** [-tur-] (V.) zurückgeben, -senden [frz.]
**Retraite** [rətrɛːt] (die, -, -n) **1** Rückzug (veraltet) **2** Zapfenstreich (der Kavallerie) [frz.]
**Retraktion** (die, -, -tionen) Schrumpfung, Verkürzung (eines Organs) [lat.]
**Retransfusion** (die, -, -en) = Reinfusion
**Retribution** (die, -, -tionen) Erstattung, Rückgabe [lat.]
**Retriever** (der, -s, -s) eine kanadische Jagdhundrasse [frz.-engl.]
**retroaktiv** (Adj.) rückwirkend
**Retroflex** (der, -es, -e) mit zurückgebogener Zungenspitze gebildeter Laut; z.B. das s und t im Schwedischen [lat.]
**retrograd** (Adj.) rückläufig, entgegen der Hauptrichtung laufend [lat.]
**retrolental** (Adj.) hinter der Augenlinse liegend (Med.)
**retronasal** (Adj.) im Nasen-Rachenraum gelegen (Med.)
**retrospektiv** (Adj.) rückblickend, rückschauend [lat.]

**Re|tro|spek|ti|ve** (die, -, -n) **1** Rückblick **2** rückblickende Zusammenfassung; z.B. eine filmische Retrospektive auf die 50er-Jahre; Rückschau (auf ein Kunstschaffen) [lat.]
**Re|tro|ver|si|on** (die, -, -en) Rückwärtsbewegung (Med.)
**Re|tro|zes|si|on** (die, -, -si|o|nen) **1** Wiederabtretung **2** Rückversicherung (des Rückversicherers selbst) [lat.]
**Ret|si|na** (der, -s, -s) geharzter griechischer Wein [gr.-lat.]
**Re|turn** [rɪtɜːn] (der, -s, -s) zurückgeschlagener Ball (beim Tennis) [engl.]
**Re|tu|sche** (die, -, -n) manuelle Korrektur (von Farbtönen, Verschönerung) von Fotoaufnahmen, reproduzierten Bildern [frz.]
**Re|tu|scheur** [-ʃøːʁ] (der, -s, -e) jmd., der beruflich Retuschen vornimmt
**re|tu|schie|ren** (V.) **1** Retuschen vornehmen **2** beschönigen, schönfärben
**re|vak|zi|nie|ren** (V.) erneut impfen (Med.)
**re|va|li|die|ren** (V.) wieder gültig werden [lat.]
**Re|val|va|ti|on** (die, -, -ti|o|nen) Währungsaufwertung [lat.]
**Re|van|che** [-vɑ̃ːʃ] oder [-vãʃə] (die, -, -n) **1** Rache **2** Möglichkeit, eine Wettkampfniederlage auszugleichen [frz.]
**re|van|chie|ren** [-vɑ̃ʃiː-] oder [-vãʃiː-) (V.) **1** sich rächen **2** sich erkenntlich zeigen [frz.]
**Re|van|chis|mus** [-vɑ̃ʃɪs-] oder [-vãʃɪs-] (der, -, nur Ez.) Wiedervergeltungspolitik [frz.-nlat.-russ.]
**Re|veil|le** [revɛj] (die, -, -n) Wecksignal (früher) [frz.]
**Re|ve|nue** [rəvənʏ] (die, -, -n) Vermögenseinkünfte [frz.]
**Re|ve|rend** (der, -s, -s) englischer Geistlicher [lat.-engl.]
**Re|ve|renz** (die, -, -en) Ehrerbietung; Ehrenbezeigung, seine Reverenzen machen [lat.]
**Re|ve|rie** (die, -, -n) musikalische Träumerei [frz.]
**Re|vers** (der, -es, -e) **1** Münzrückseite **2** Verpflichtungserklärung [lat.]
**Re|vers** [-vɛːr] (das oder (österr.) der, -, -) Aufschlag, Umschlag mit Kragen (an Jacken, Mänteln) [frz.]
**Re|verse** [rɪvɜːs] (das, -, nur Ez.) Umschaltautomatik, die es ermöglicht, die Rückseite eines Tonbandes zu spielen, ohne die Kassette aus dem Gerät zu nehmen [engl.]
**re|ver|si|bel** (Adj.) umkehrbar [frz.]
**Re|ver|si|bi|li|tät** (die, -, nur Ez.) Umkehrbarkeit [lat.]
**Re|ver|si|ble** [-vɛrsiːblə] (der, -s, -s) beidseitig tragbarer Stoff mit unterschiedlicher Vorder- und Rückseite [frz.]
**re|vi|die|ren** (V.) überprüfen und korrigieren [lat.]
**Re|vier** (das, -s, -e) **1** Jagdbezirk **2** Polizeistation **3** Sanitätsbereich **4** Bergbaugebiet **5** Territorium; Tätigkeitsfeld [frz.]
**Re|view** [rɪvjuː] (die, -s, -s) Rundschau, Übersicht (als englischer Zeitschriftentitel) [lat.-engl.]
**Re|vi|re|ment** [-mɑ̃] (das, -s, -s) Umbesetzung (im diplomatischen Dienst) [frz.]
**re|vi|si|bel** (Adj.) juristisch anfechtbar [frz.]
**Re|vi|si|on** (die, -, -si|o|nen) **1** das Revidieren **2** Überprüfung
**Re|vi|si|o|nis|mus** (der, -, nur Ez.) Bestreben, starre (marxistische) Denkregeln aufzulösen
**Re|vi|sor** (der, -s, -so|ren) Buchprüfer [lat.]
**Re|vi|val** [rɪvaɪvl] (das, -s, -s) Wiederbelebung; z.B. einer Musikepoche [engl.]
**Re|vo|ka|ti|on** (die, -, -ti|o|nen) Widerruf [lat.]
**Re|voke** [riːvəʊk] (die, -, -s) unabsichtliches Falschlegen von Karten beim Spiel [engl.]
**Re|vol|te** (die, -, -n) bewaffneter Aufstand (einer kleinen Gruppe) [frz.]
**re|vol|tie|ren** (V.) eine Revolte machen; sich auflehnen
**Re|vo|lu|ti|on** (die, -, -ti|o|nen) Umsturz; stürmische Änderung, Umwälzung [frz.]
**re|vo|lu|ti|o|när** (Adj.) in der Art einer Revolution, umstürzlerisch; sensationell neu
**Re|vo|lu|ti|o|när** (der, -s, -e) Umstürzler [frz.]
**re|vo|lu|ti|o|nie|ren** (V.) völlig neuartig gestalten, umwälzen [frz.]

**Revoluzzer** (der, -s, -) Möchtegernrevolutionär [frz.-it.]
**Revolver** (der, -s, -) 1 Faustfeuerwaffe mit Trommelmagazin 2 drehbare Vorrichtung (an Maschinen u.a.) [lat.-engl.]
**Revolverpresse** (die, -, nur Ez.) reißerische Sensationszeitung
**revolvieren** (V.) zurückdrehen [lat.]
**Revolvingsystem** [riːvɔlvɪŋ-] (das, -s, nur Ez.) Finanzierung langfristiger Projekte durch aufeinanderfolgende kurzfristige Kapitalbeschaffung [engl.]
**revozieren** (V.) widerrufen [lat.]
**Revue** [-vʏː] (die, -, -n) 1 Rundschau, Überblick (als Zeitschriftentitel) 2 farbiges Bühnenstück, musikalisches Ausstattungsstück [frz.]
**Rex** (der, -, Reges) König [lat.]
**Reyon** [rɛjɔ̃] (der oder das, -, nur Ez.) Kunstseide [frz.]
**Rezensent** (der, -en, -en) Verfasser einer Rezension
**rezensieren** (V.) neue Texte, wissenschaftliche Arbeiten (in einem Fachblatt) besprechen [lat.]
**Rezension** (die, -, -sionen) 1 das Rezensieren; Buchbesprechung 2 Schriftenvergleich vor einer textkritischen Bearbeitung (zur Wiederherstellung des Urtextes)
**rezent** (Adj.) gegenwärtig vorkommend; z.B. eine rezente Tierart [lat.]
**Rezepisse** (das, - oder -s, -) Empfangsbestätigung
**rezeptieren** (V.) ein Rezept ausstellen
**Rezeption** (die, -, -tionen) 1 das Rezipieren 2 Empfangsstelle (eines Hotels) [lat.]
**Rezeptionsästhetik** (die, -, nur Ez.) Erforschung der Wirkungsgeschichte von literarischen, musikalischen Werken und solchen der bildenden Kunst
**rezeptiv** (Adj.) aufnehmend; empfänglich
**Rezeptor** (der, -s, -toren) Sinneszelle [lat.]
**Rezeptur** (die, -, -en) 1 Arzneimittelzubereitung nach Rezept; Raum dafür 2 Arzneimittelzusammensetzung
**Rezession** (die, -, -sionen) Konjunkturrückgang [lat.]
**rezessiv** (Adj.) überdeckt, zurücktretend, nicht dominant (von Erbfaktoren) [lat.]
**Rezessivität** (die, -, nur Ez.) das Rezessivsein
**rezidiv** (Adj.) rückfällig [lat.]
**Rezidiv** (das, -s, -e) Rückfall [lat.]
**rezidivieren** (V.) als Rückfall wiederkehren [lat.]
**Rezipient** (der, -en, -en) 1 jmd., der etwas rezipiert 2 Vakuumgefäß
**rezipieren** (V.) sich zu eigen machen, (gedanklich) aufnehmen, verstehend lesen [lat.]
**reziprok** (Adj.) umgekehrt, wechselseitig, den Kehrwert (einer Zahl) betreffend; reziprokes Pronomen: wechselbezügliches Fürwort (z.B. sich gegenseitig) [lat.]
**Reziprozität** (die, -, nur Ez.) das Reziproksein, Gegen-, Wechselbezüglichkeit
**Rezitation** (die, -, -tionen) das Rezitieren
**Rezitativ** (der, -s, -e) begleiteter Solisten-Sprechgesang; z.B. in der Oper [it.]
**Rezitator** (der, -s, -toren) jmd., der etwas rezitiert
**rezitieren** (V.) Dichtung angemessen, ausdrucksvoll vortragen [lat.]
**Rhabarber** (der, -s, nur Ez.) ein Knöterichgewächs, u.a. Kompottpflanze [gr.-lat.]
**Rhagade** (die, -, -n) Hautschrunde [gr.]
**Rhamnus** (der, -, nur Ez.) Kreuzdorn (als Heilpflanze) [gr.-lat.]
**Rhapsode** (der, -n, -n) altgriechischer fahrender Sänger
**Rhapsodie** (die, -, -n) 1 Vortrag eines Rhapsoden 2 Tonstück in (balladenähnlicher) freier Form (über ein folkloristisches Thema)
**rhapsodisch** (Adj.) 1 in der Art einer Rhapsodie 2 bruchstückhaft
**Rhät** (das, -s, nur Ez.) = Rät
**Rhema** (das, -s, -ta) die wesentlichen Informationen tragender Teil eines Satzes (Sprachwissenschaft)
**Rhenium** (das, -s, nur Ez.) ein Element, hartes Schwermetall [nlat.]
**Rheologie** (die, -, nur Ez.) (Physik) Verformbarkeit von Körpern, auf die von außen eine Kraft einwirkt, Fließkunde [gr.]
**Rheometer** (das, -s, -) Strommesser
**rheophil** (Adj.) strömendes Wasser bevorzugend (Bio.)

**Rheostat** (der, -(e)s oder -en, -e oder -en) genau regelbarer elektrischer Widerstand [gr.]
**Rhesus** (der, -, -) ein asiatischer Affe, Makake [nlat.]
**Rhesusfaktor** (der, -s, -en) ein vererbliches Blutkörperchenmerkmal, das zu Unverträglichkeiten in der Schwangerschaft und bei Transfusionen führen kann [nlat.]
**Rhetor** (der, -s, -toren) antiker Redner; Beredsamkeitslehrer, Redekünstler [gr.]
**Rhetorik** (die, -, nur Ez.) **1** Redekunst **2** Schönrednerei [gr.]
**Rhetoriker** (der, -s, -) **1** jmd., der die Rhetorik (1) beherrscht **2** Schönredner
**rhetorisch** (Adj.) **1** zur Rhetorik gehörig **2** schönrednerisch
**Rheum** (das, -s, nur Ez.) Rhabarber (als Heilpflanze) [gr.-lat.]
**Rheuma** (das, -s, nur Ez.) = Rheumatismus
**Rheumatiker** (der, -s, -) jmd., der an Rheumatismus leidet
**rheumatisch** (Adj.) zum Rheumatismus gehörig, daran leidend
**Rheumatismus** (der, -, -men) eine Erkrankung des Kollagens im Bindegewebe, die sich u.a. auf Muskeln und Gelenke auswirkt, Gliederreißen [gr.-nlat.]
**Rheumatologe** (der, -n, -n) Rheumafacharzt
**Rhinalgie** (die, -, -n) Nasenschmerz (Med.)
**Rhinallergose** (die, -, -n) Heuschnupfen (Med.)
**Rhinitis** (die, -, -tiden) Nasenschleimhautentzündung [gr.]
**Rhinologie** (die, -, nur Ez.) Nasenheilkunde
**Rhinophym** (das, -s, -e) Knollennase (Med.)
**Rhinoplastik** (die, -, -en) Neuformung der äußeren Nase (Med.)
**Rhinorrhagie** (die, -, -n) starkes Nasenbluten (Med.)
**Rhinoskopie** (die, -, -n) Nasenspiegelung (Med.)
**Rhinozeros** (das, - oder -ses, -se) Nashorn [gr.]
**Rhizom** (das, -s, -e) Wurzelstock [gr.]
**Rhizosphäre** (die, -, -n) mit Pflanzenwurzeln durchwobene Bodenschicht
**Rho** (das, -(s), -s) siebzehnter Buchstabe des griechischen Alphabets
**Rhodamin** (das, -s, -e) roter Farbstoff zum Färben von Textilien
**Rhodium** (das, -s, nur Ez.) ein Element, Platinmetall [gr.-nlat.]
**Rhododendron** (der oder das, -s, -ren/-dren) ein Heidekrautgewächs, Zierstrauch mit lederartigen Blättern [gr.]
**Rhodonit** (der, -s, -e) rosarotes Mineral mit schwarzer Marmorierung, Mangankiesel [gr.]
**Rhodopsin** (das, -s, nur Ez.) Sehpurpur [gr.]
**rhombisch** (Adj.) rautenförmig [gr.]
**Rhomboeder** (das, -s, -) durch sechs Rhomben begrenzter Körper
**Rhomboid** (das, -(e)s, -e) ungleichseitiges Parallelogramm
**Rhombus** (der, -, -ben) Raute [gr.- lat.]
**Rhotazismus** (der, -, -men) Entwicklung des Lautes „s" zu „r"; z.B. mittelhochdeutsch „verliesen" wird zu „verlieren" [gr.-nlat.]
**Rhythm and Blues** [rɪðəm ənd bluːz] (der, - -, nur Ez.) Rockmusik mit durchgängigen Gitarrenriffs [engl.]
**Rhythmik** (die, -, nur Ez.) rhythmischer Ausdruck; Rhythmuslehre
**Rhythmiker** (der, -s, -) Rhythmusmusiker
**rhythmisch** (Adj.) voller Rhythmus; in einem bestimmten Rhythmus
**rhythmisieren** (V.) rhythmisch machen
**Rhythmus** (der, -, -men) **1** durchgängiger Taktverlauf, musikalische Gliederung nach gleichen Zeitabschnitten **2** gleichmäßig abfolgende Bewegung; z.B. Laufrhythmus **3** Gliederung durch gleichartige Elemente; z.B. ornamentaler Rhythmus [gr.-lat.]
**Ria** (die, -, -s) flussartig schmale Meeresbucht; z.B. im Nordwesten Spaniens [span.]
**Rial** (der, -(s), - oder -s) eine Währungseinheit (u.a. im Iran, im Jemen) [span.-arab.]
**Ribattuta** (die, -, -ten) langsam beginnender, mit fortschreitender Dauer im-

mer schneller werdender Triller in der Musik [lat.-it.]
**Ri'bi'sel** (die, -, -n) Johannisbeere (österr.) [it.]
**Ri'bo'fla'vin** (das, -s, -e) Vitamin B2; Laktoflavin [nlat.]
**Ri'bo'se** (die, -, -n) einfacher Zucker (in lebenden Zellen) [Kunstwort]
**Ri'bo'som** (das, -s, -en) Proteinkörnchen (das in lebenden Zellen Eiweiße biosynthetisiert) [Kunstwort]
**Ri'cer'car** *auch:* Ri'cer'ca're [-tʃɛr-] (das, -s/-(s), -e/-ri) vielstimmiges Instrumentalstück des 16./17. Jh., Vorform der Fuge [it.]
**Ri'cer'ca're** [-tʃɛr-] (das, -(s), -ri) = Ricercar
**Ri'ckett'si'en** [-tsiə]) (nur Mz.) Angehörige einer Bakteriengattung; z.B. als Erreger des Fleckfiebers [engl.-nlat.]
**Ri'deau** [-doː] (der, -s, -s) Gardine (schweiz.) [frz.]
**Ri'el** (der, -, -) kambodschanische Währungseinheit, 100 Sen
**ri'en ne va plus** [rjɛ̃nnəvaplyː] nichts geht mehr (beim Roulett) [frz.]
**Ries** (das, -, -) ein altes Papiermaß; z.B. 500 Bogen [arab.]
**Riff** (der, -s, -s) ständig wiederholtes, bestimmendes Klangelement; z.B. im Rhythm and Blues [engl.]
**ri'gid** *auch:* ri'gi'de (Adj.) starr; unnachsichtig [lat.]
**ri'gi'de** (Adj.) = rigid
**Ri'gi'di'tät** (die, -, nur Ez.) = das Rigidsein
**Ri'go'le** (die, -, -n) Auflockerung der Bodenschicht (für Anpflanzungen) [frz.]
**ri'go'len** (V.) pflügen, umgraben
**Ri'go'ris'mus** (der, -, nur Ez.) starrer Moralismus; Unerbittlichkeit [nlat.]
**Ri'go'rist** (der, -ris'ten, -ris'ten) Vertreter des Rigorismus [lat.]
**ri'go'ris'tisch** (Adj.) den Rigorismus betreffend, auf ihm basierend [lat.]
**ri'go'ros** (Adj.) äußerst streng [frz.]
**Ri'go'ro'si'tät** (die, -, nur Ez.) das Rigorossein, Unerbittlichkeit
**ri'go'ro'so** (Adv.) genau, taktstreng (bei Musikstücken) [it.]
**Ri'go'ro'sum** (das, -s, -sa) mündlicher Teil der Doktorprüfung [nlat.]
**Rig've'da** = Rigweda
**Rig'we'da** (der, -, nur Ez.) Sammlung der ältesten indischen Opferhymnen und Teil der Weden [sanskr.]
**Ri'kam'bio** (der, -s, -bi'en) = Ritratte [it.]
**Rik'scha** (die, -, -s) Fahrrad mit einem Vorbau zur Gepäck- und Personenbeförderung (in Südostasien) [jap.-engl.]
**Riks'mål** [-moːl] (das, -(s), nur Ez.) = Bokmål
**ri'la'scian'do** [-ʃan-] (Adv.) im Takt nachlassend, langsamer werdend (Vortragsanweisung in der Musik) [lat.-it.]
**Ri'mes'se** (die, -, -n) **1** Fechtangriff aus der Ausgangsstellung **2** in Zahlung gegebener Wechsel [it.]
**Ri'na'sci'men'to** [-ʃi-] italienisch für Renaissance [lat.-it.]
**rin'for'zan'do** (Adv.) verstärkt (bei Musikstücken) [it.]
**Ring'git** (der, -, -) malaysische Währungseinheit, 100 Sen
**R.I.P.** Abk. für **r**equiescat **i**n **p**ace, ruhe in Frieden [lat.]
**ri'pi'e'no** (Adv.) voll besetzt, mit dem ganzen Orchester [it.]
**Ri'pos'te** (die, -, -n) unmittelbarer Gegenstoß (beim Fechten) [it.]
**ri'pos'tie'ren** (V.) beim Fechten nach einem parierten Angriff unmittelbar einen Gegenstoß ausführen [lat.-it.]
**Rips** (der, -es, -e) gerippter Stoff; z.B. Gabardine [engl.]
**ri'pu'a'risch** (Adj.) zur Mundart im Raum Köln-Aachen gehörig [lat.]
**Ri'sa'lit** (der, -s, -e) Gebäudeteil, der in ganzer Höhe der Fassade hervortritt [it.]
**Ri'schi** *auch:* Ri'shi (der, -s, -s) Seher und Weiser, dem man die Hymnen des Rigweda zu verdanken glaubt [sanskr.]
**Ri'si'ko** (das, -s, -s oder -ken) Wagnis [it.]
**Ri'si'ko'pa'ti'ent** (der, -en, -en) Patient, der aufgrund früherer Erkrankungen besonders gefährdet ist (Med.)
**Ri'si-Pi'si** *auch:* Ri'si'pi'si (das, -(s), -) Erbsen mit Butterreis und Parmesan [it.]
**ris'kant** (Adj.) gewagt, gefährlich [it.-frz.]
**ris'kie'ren** (V.) wagen, etwas aufs Spiel setzen [it.-frz.]
**ri'so'lu'to** (Adv.) entschlossen, kraftvoll (Vortragsanweisung in der Musik) [lat.-it.]

**Ri'sor'gi'men'to** (das, -s, nur Ez.) **1** Wiedererstehen **2** Einigungsbestrebungen im 19. Jahrhundert in Italien [lat.-it.]
**Ri'sot'to** (das auch der, -s, -s) Reis mit Tomatensoße und Parmesan [it.]
**Ri'spet'to** (das, -s, -ti) **1** Verehrung **2** Verehrung der Geliebten **3** Gedichtform, die aus sechs oder zehn Versen besteht [lat.-it.]
**Ri'spos'ta** (die, -, -ten) die Antwortstimme in der Fuge, die nachahmende Stimme im Kanon (Musik) [lat.-it.]
**ris'so'lé** (Adj.) knusprig, braun gebraten [lat.-frz.]
**Ris'so'le** (die, -, -n) kleine Pastete [lat.-frz.]
**Ris'so'let'te** (die, -, -n) geröstetes, mit Hackfleisch belegtes Brötchen [lat.-frz.]
**ri'stor'nie'ren** (V.) ein Ristorno vornehmen [lat.-it.]
**Ri'stor'no** (der oder das, -s, -s) Prämienrückgabe an den Versicherungsnehmer, Rückbuchung [it.]
**ri'sve'gli'an'do** [rizvelijando] (Adv.) wieder munterer, wieder lebhafter werdend (Vortragsanweisung in der Musik) [lat.-it.]
**ri'tar'dan'do** (Adv.) langsamer werdend (bei Musikstücken) [it.]
**ri'te** (Adv.) gerade noch ausreichend (als Doktorprüfungsnote) [lat.]
**Ri'ten'kon'gre'ga'ti'on** (die, -, nur Ez.) Kardinalskongregation für die Liturgie der römisch-katholischen Kirche und die Prozesse für die Seligsprechung und Heiligsprechungen [lat.]
**ri'te'nu'to** (Adv.) zögernd (bei Musikstücken) [it.]
**ri'tor'nan'do al tem'po** (Adv.) zum Hauptzeitmaß zurückkehrend [it.]
**Ri'tor'nell** (das, -s, -e) **1** musikalischer Wiederholungssatz **2** eine Gedichtform nach dem Schema a–b–a [it.]
**Ri'trat'te** (die, -, -n) Rückwechsel (Finanzwesen) [it.]
**ri'tu'al** (Adj.) = rituell
**Ri'tu'al** (das, -s, -e oder -a'li'en) **1** religiöser Brauch **2** schematisiertes, feierliches Vorgehen; z.B. das Ritual der Weihnachtsvorbereitungen [lat.]
**Ri'tu'a'le** (das, -, nur Ez.) das liturgische Buch für die Amtshandlungen des katholischen Priesters [lat.]
**ri'tu'a'li'sie'ren** (V.) als Ritual gestalten
**Ri'tu'a'li'sie'rung** (die, -, -en) Verselbstständigung einer Verhaltensweise zu einem Zeremoniell, zu einem Ablauf nach fest gefügter Ordnung [lat.]
**Ri'tu'a'lis'mus** (der, -, nur Ez.) eine Fraktion der anglikanischen Kirche im 19. Jahrhundert, die den Kultus umgestalten wollte [lat.]
**Ri'tu'a'list** (der, -lis'ten, -lis'ten) Anhänger des Ritualismus [lat.]
**ri'tu'a'lis'tisch** (Adj.) **1** das Ritual betreffend, **2** das Ritual befolgend **3** den Ritualismus betreffend [lat.]
**ri'tu'ell** *auch:* ritu'al (Adj.) zu einem Ritual oder Ritus gehörig
**Ri'tus** (der, -, -ten) religiöse Zeremonie; festgelegter, symbolträchtiger Handlungsablauf; religiöser Brauch in Worten, Gesten, Handlungen [lat.]
**Ri'va'le** (der, -n, -n) gegnerischer Mitbewerber, Nebenbuhler [frz.]
**ri'va'li'sie'ren** (V.) um die Gunst streiten, wetteifern [frz.]
**Ri'va'li'tät** (die, -, -en) feindseliger Wettbewerb, Nebenbuhlerschaft [frz.]
**Ri'ver** **1** Fluss **2** Bezeichnung der feinsten Farbqualität bei Brillanten: weiß mit blauem Schimmer [engl.]
**Ri'ver'boat'shuf'fle** *auch:* Ri'ver'boat-Shuffle [rɪfəbəʊtʃʌfl] (die, -, -s) Fahrt auf einem Vergnügungsdampfer [engl.]
**ri'ver'so** (Adv.) rückwärts zu spielen, in umgekehrter Reihenfolge der Töne zu spielen (Vortragsanweisung in der Musik) [lat.-it.]
**Ri'y'al** (der, -(s), - oder -s) eine Währungseinheit (u.a. in Saudi-Arabien, Katar) [span.-arab.]
**Ri'zi'nus** (der, -, - oder - se) ein Wolfsmilchgewächs, tropischer Baum [lat.]
**Road'ie** [rəʊ-] (der, -s, -s) Rockgruppenbegleiter, der u.a. die technischen Anlagen aufbaut [engl.]
**Road'mo'vie** [rəʊdmuːviː] (das, -s, -s) Spielfilm, dessen Handlung großteils auf einer Autofahrt spielt [engl.]
**Roads'ter** [rəʊ-] (der, -s, -) = Cabriolet [engl.]
**Roa'ring Twen'ties** [rɔːr-] (nur Mz.) engl. für die „brüllenden zwanziger“

Jahre des 20. Jahrhunderts, die infolge der guten wirtschaftlichen Situation der Nachkriegszeit besonders in den USA und Westeuropa gekennzeichnet waren von Vergnügungssucht und Verbrechertum [amerik.]

**Roast'beef** [rəʊstbiːf] (das, -s, -s) kalter, halb roher Rinderlendenbraten [engl.]

**Rob'ber** (der, -s, -) Doppelpartie im Bridge- oder Whistspiel [engl.]

**Ro'be** (die, -, -n) **1** kostbares Abendkleid **2** Amtstracht von Geistlichen und Gerichtspersonal [germ.-frz.]

**Ro'be'ron'de** (die, -, -n) Kleid des 18. Jahrhunderts mit runder Schleppe [frz.]

**Ro'bi'nie** [-niə] (die, -, -n) ein Schmetterlingsblütler, Park-, Alleebaum [frz.-nlat.]

**Ro'bin'so'na'de** (die, -, -n) Abenteuer(roman) in der Art der literarischen Figur des Robinson Crusoe, Schiffbrüchigenabenteuer

**Ro'bo'rans** (das, -, -ran'tia oder -ran'zi'en) Stärkungsmittel [lat.]

**ro'bo'rie'rend** (Adj.) stärkend (Med.)

**ro'bo'ten** (V.) schwer arbeiten [poln.-tschech.]

**Ro'bo'ter** (der, -s, -) gesteuerter Apparat für bestimmte Arbeiten, Maschinenmensch [tschech.]

**Ro'bu'rit** (der, -s, nur Ez.) Sicherheitssprengstoff [lat.]

**ro'bust** (Adj.) kräftig, stämmig, widerstandsfähig [lat.]

**Ro'caille** [-kajə] (die oder das, -, -s) muschelförmiges Ornament (des Rokoko) [frz.]

**Roch** (der, -, nur Ez.) besonders starker Riesenvogel des arabischen Märchens [pers.- arab.]

**Ro'cha'de** [-θaː-] (die, -, -n) Platzwechsel zwischen König und Turm (beim Schachspiel) [frz.]

**Ro'chett** [-ʃɛt] (das, -s, -s) Chorhemd (eines kath. Geistlichen) [frz.]

**ro'chie'ren** [-θiː-] (V.) **1** eine Rochade machen **2** eine Mannschaftsposition auswechseln

**Rock** (der, -(s), -(s)) **1** Riesenvogel (arabischer, persischer Märchen) **2** Musik von Bands mit Elektroverstärkern; z.B. Rock and Roll [engl.]

**Rock and Roll** [rɒk ənd rəʊl] *auch:* Rock 'n' Roll [rɒkənrəʊl] (der, -, nur Ez.) Rockmusik der 50er-Jahre, parallel dazu jugendliche Protestkultur (Teddyboys, Rocker); Tanzstil nach seinem Rhythmus [engl.]

**ro'cken** (V.) Rockmusik machen

**Ro'cker** (der, -s, -) Mitglied einer jugendlichen, streng hierarchisierten Motorradbande, für die Lederbekleidung und das Motorrad Lebensinhalt und Statussymbole sind [amerik.]

**Ro'de'ña** [-ja] (die, -, -s) spanischer Nationaltanz mit Gitarren- und Kastagnettenbegleitung [lat.-span.]

**ro'dens** (Adj.) nagend, fressend

**Ro'deo** (das, -s, -s) Show-Wettkampf (in den USA und Kanada), bei dem es u.a. darum geht, möglichst lange auf einem noch nicht zugerittenen Mustang zu bleiben [span.-engl.]

**Ro'do'mon'ta'de** (die, -, -n) Prahlerei (veraltet) [it.-frz.]

**ro'ger** [rɔdʒə] verstanden [engl.]

**Ro'kam'bo'le** (die, -, -n) perlartig schimmernde Brutzwiebel verschiedener Laucharten [dt.-frz.]

**Ro'ko'ko** (das, -(s), nur Ez.) Endphase des Barocks mit leichteren, zierlicheren Stilformen [frz.]

**rol'lie'ren** (V.) **1** einen dünnen Stoff für den Saum umlegen **2** systematisch und turnusmäßig auswechseln **3** die Oberfläche eines zylindrischen Werkstückes einebnen [lat.-frz.-dt.]

**Rol'lo** *auch:* Rou'leau [ruloː] (das, -s, -s) Rollvorhang [frz.-dt.]

**ROM** Abk. für **r**ead **o**nly **m**emory, Datenspeicher, dessen Daten nur gelesen, aber nicht verändert werden können (EDV)

**Rom** (der, -, -a) Angehöriger versch. als Sinti u. Roma bezeichneten Bevölkerungsgruppen

**Ro'ma'dur** (der, -(s), -s) ein französischer Weichkäse

**Ro'man** (der, -s, -e) Prosaerzählung mit großem Seitenumfang, die ein Personenschicksal behandelt [frz.]

**Ro'man'ci'er** [-mɑ̃sjeː] (der, -s, -s) Romanschriftsteller [frz.]

**Ro'ma'ne** (der, -n, -n) Angehöriger eines europäischen Volkes, dessen Sprache sich aus dem Lateinischen entwickelt hat; z.B. Portugiese, Rumäne [lat.]

**ro|ma|nesk** (Adj.) **1** sehr detailliert, ausschweifend **2** nicht ganz glaubwürdig

**Ro|ma|nia** (die, -, nur Ez.) der romanische Sprach-, Kulturbereich (in Europa)

**Ro|ma|nik** (die, -, nur Ez.) eine Stilepoche (der Architektur) um 1000 bis 1250 [lat.]

**ro|ma|nisch** (Adj.) **1** zu den Romanen gehörig **2** zur Romanik gehörig

**ro|ma|ni|sie|ren** (V.) romanisch machen; latinisieren

**Ro|ma|nis|mus** (der, -, -men) **1** romanische Spracheigentümlichkeit, Sprache **2** eine Richtung der niederländischen Malerei im 16. Jh. [nlat.]

**Ro|ma|nist** (der, -nis|ten, -nis|ten) Romanistikwissenschaftler

**Ro|ma|nis|tik** (die, -, nur Ez.) **1** Wissenschaft von den romanischen Sprachen und Literaturen **2** römische Rechtslehre

**ro|ma|nis|tisch** (Adj.) die Romanistik betreffend [lat.]

**Ro|ma|ni|tät** (die, -, nur Ez.) romanisches Kulturbewusstsein [lat.]

**Ro|man|tik** (die, -, nur Ez.) **1** eine Geistes-, Kunstbewegung (in Deutschland, England) um 1800 bis 1830 **2** romantische Stimmung

**Ro|man|ti|ker** (der, -s, -) **1** Vertreter der Romantik **2** jmd., der romantisch ist

**ro|man|tisch** (Adj.) **1** zur Romantik gehörig **2** traumhaft, stimmungsvoll, idealisierend [frz.-engl.]

**ro|man|ti|sie|ren** (V.) **1** im Stil der Romantik gestalten **2** schönfärben

**Ro|man|ti|zis|mus** (der, -, -men) sich auf die Romantik beziehende Geisteshaltung [lat.]

**ro|man|ti|zis|tisch** (Adj.) den Romantizismus betreffend, auf diesem basierend, ihm entsprechend [lat.]

**Ro|man|ze** (die, -, -n) **1** volksliedhafte Verserzählung (um einen populären Helden) **2** liedhaftes Instrumental- oder Gesangsstück **3** romantisches Liebeserlebnis [frz.]

**Ro|man|ze|ro** (der, -s, -s) Sammlung von spanischen Romanzen [lat.-span.]

**Rom|mee** *auch:* Rom|mé (das, -s, nur Ez.) ein Kartenspiel

**Ron|dat** (der, -s, -s) Drehüberschlag auf ebener Erde [lat.-it.]

**Ron|de** [rɔ̃:d] (die, -, -n) nächtlicher Gang zur Kontrolle der Wachen (bei der Marine), der durchführende Offizier selbst [frz.]

**Ron|deau** [rɔ̃do:] (das, -s, -s) **1** eine Gedichtform, Ringelgedicht **2** Rondell [frz.]

**Ron|dell** *auch:* Run|dell (das, -s, -e) **1** rundes Beet (in Parks oder als Verkehrsinsel) **2** runder Platz **3** Rundbau [frz.]

**Ron|do** (das, -s, -s) Musikstück mit mehrfach wiederholtem Hauptthema (bes. als Schlusssatz) [it.]

**Rond|schrift** (die, -, nur Ez.) eine Zierschrift [lat.-frz.-dt.]

**Rönt|gen|as|tro|no|mie** (die, -, nur Ez.) Erforschung des Weltraums mithilfe von Röntgenstrahlung

**Rönt|gen|der|ma|ti|tis** (die, -, -ti|den) Hautschäden aufgrund überhöhter Röntgenbestrahlung (Med.)

**rönt|ge|ni|sie|ren** (V.) österreichisch für röntgen [dt.]

**Rönt|ge|no|gra|fie** *auch:* Rönt|ge|no|gra|phie (die, -, -n) Untersuchung mit Bildaufnahme mit Röntgenstrahlen [dt.-gr.]

**rönt|ge|no|gra|fisch** *auch:* rönt|ge|no|gra|phisch (Adj.) durch Röntgenographie erfolgend [dt.-gr.]

**Rönt|ge|no|lo|ge** (der, -n, -n) Facharzt für Röntgenologie [dt.-gr.]

**Rönt|ge|no|lo|gie** (die, -, nur Ez.) von dem deutschen Physiker Röntgen begründetes Teilgebiet der Physik, in dem die Eigenschaften, die Möglichkeiten und die Wirkungen von Röntgenstrahlen erforscht werden [dt.-gr.]

**Rönt|gen|strah|len** (die, -, -) elektromagnetische Strahlungsart

**Rönt|gen|te|le|skop** (das, -s, -e) Gerät, mit dessen Hilfe die von Sternen ausgesandte Röntgenstrahlung empfangen und analysiert werden kann

**Roo|ming-in** *auch:* Roo|ming|in [ru:-] (das, -(s), nur Ez.) Unterbringung des Babys im Zimmer der Mutter (auf der Entbindungsstation) [engl.]

**Roque|fort** [rɔkfɔ:r] (der, -s, -s) fetter, scharf gewürzter Grünschimmelkäse [frz.]

**Ro'ra'te** (das, -, -) Votivmesse im Advent zu Ehren der Jungfrau Maria [lat.]
**Ro'sa'ri'um** (das, -s, -ri'en) Rosengarten [lat.]
**ro'sé** (Adj.) (zart-)rosa [frz.]
**Ro'sé** (der, -s, -s) hellrötlicher Wein, Weißherbst [frz.]
**Ro'se'no'bel** (der, -s, -) alte englische Goldmünze
**Ro'se'o'la** (die, -, -len) = Roseole
**Ro'se'o'le** *auch:* Ro'se'o̲la (die, -, -n) linsenförmige Hautrötung (u.a. bei Syphilis) [lat.]
**Ro'set'te** (die, -, -n) Verzierung in Form einer Rose [frz.]
**Ro'si'nan'te** (die, -, -n) schlechtes Pferd (scherzhaft) [span.]
**Ro'si'ne** (die, -, -n) getrocknete Weinbeere [lat.-frz.]
**Ros'tra** (die, -, -tren/-ren/-stren) altrömische Rednertribüne [lat.]
**Ros'trum** (das, -s, -tren/-ren/-stren) Fortsätze wie Schnäbel oder Ähnliches am vorderen Ende eines Tierkörpers [lat.]
**Ro'ta** (die, -, nur Ez.) Gerichtshof der katholischen Kirche [lat.-it.]
**Ro'tang** *auch:* Ro̲tan (der, -s, -e) dünnstämmige Palme, Schilfpalme; z.B. als Peddigrohr verbreitet
**Ro'ta'print** (die, -, -s) Offsetdruckmaschine (für kleinformatige Akzidenzen; Warenzeichen) [nlat.-engl.]
**Ro'ta'ri'er** (der, -s, -) Mitglied des Rotary Clubs
**Ro'ta Ro'ma'na** (die, -, nur Ez.) päpstliches Berufungsgericht [lat.]
**Ro'ta'ry Club** oder [rəʊtərɪ klʌb] (der, - -, -s) weltweite, in Clubs organisierte Vereinigung von Männern (u.a. zur Freundschaftspflege) [engl.]
**Ro'ta'ti'on** (die, -, -ti'o̲nen) das Rotieren
**Ro'ta'ti'ons'ma'schi'ne** (die, -, -n) Druckmaschine
**Ro'ta'ti'ons'prin'zip** (das, -s, nur Ez.) Verfahren, bei dem ein Amt nach einer festen Zeit an jmd. anderes abgegeben wird
**Ro'ta'to'ri'en** (nur Mz.) Rädertierchen (Bio.)
**ro'tie'ren** (V.) sich ausdauernd um die eigene Achse drehen [lat.]
**Ro'tis'se'rie** (die, -, -n) französisches Grillrestaurant
**Ro'tor** (der, -s, -to̲ren) rotierendes Maschinenteil; Hubschrauberpropeller [lat.-engl.]
**Rot'ta** *auch:* Ro̲t'te (die, -, -ten) Zupfinstrument aus dem 9. Jahrhundert [kelt.-lat.]
**Rot'te** (die, -, -ten) = Rotta [kelt.-lat.]
**Ro'tu'lus** (der, -, -li) **1** Rädchen, Rolle **2** Stapel Urkunden **3** Aktenverzeichnis **4** Theaterrolle [lat.]
**Ro'tun'de** (die, -, -n) Rundbau [lat.]
**Ro'tü're** (die, -, nur Ez.) (veraltet) abwertende Bezeichnung für die Schicht der Bürgerlichen, der Nichtadeligen [lat.-frz.]
**Roué** [rueː] (der, -s, -s) Lebemann [frz.]
**Rouge** [ruːʒ] (das, -(s), -s) **1** rote Schminke **2** Rot (beim Roulette) [frz.]
**Rouge et noir** [ruːʒenwaːr] (das, -, nur Ez.) ein Kartenspiel (in Spielkasinos) [frz.]
**Rou'la'de** [ru-] (die, -, -n) gefüllte, zusammengerollte (Rind-)Fleischscheibe, die in einer Kasserolle geschmort wird [frz.]
**Rou'leau** [ruloː] (das, -s, -s) = Rollo [frz.]
**Rou'lett** *auch:* Rou'le̲tte [rulɛt] (das, -s, -s) Glücksspiel, bei dem man auf Zahlen von 1–36 und die 0 setzt und damit versucht, das gleiche Nummernfach der Drehscheibe zu erraten, die anschließend bewegt wird [frz.]
**rou'lie'ren** [ru-] (V.) (altertümlich) umlaufen, rollieren [lat.-frz.]
**Round-Ta'ble-Kon'fe'renz** [raʊnd teɪbl-] (die, -, -en) (internationale) Konferenz ohne Hierarchie, Gespräch am runden Tisch [engl.]
**Rou'te** [ruː-] (die, -, -n) Fahr-, Wegstrecke; z.B. die Haute Route [frz.]
**Rou'ter** [raʊtə] (der, -s, -) Fräsmaschine zur Druckplattenherstellung
**Rou'ti'ne** [ru-] (die, -, nur Ez.) durch Erfahrung gewonnene Fertigkeit; mechanische Gewohnheitsübung [frz.]
**Rou'ti'ni'er** [rutinjeː] (der, -s, -s) jmd., der Routine (im positiven Sinne) hat
**rou'ti'niert** [ru-] (Adj.) wie ein Routinier, geübt

**Row'dy** [raʊdɪ] (der, -s, -s) streitlustiger Rüpel [engl.]
**ro'y'al** (Adj.) königlich [frz.]
**Ro'y'a'lis'mus** (der, -, nur Ez.) Königstreue
**Ro'y'a'list** (der, -lis'ten, -lis'ten) Königstreuer [frz.]
**ro'y'a'lis'tisch** (Adj.) königstreu, sich zur Königsherrschaft bekennend, den Royalismus betreffend [frz.]
**ru'ba'to** (Adv.) mit Temposchwankungen (bei Musikstücken) [it.]
**Rub'ber** [rʌb-] (der, -s, nur Ez.) **1** Gummi, Kautschuk **2** im Whist- oder Bridgespiel eine Doppelpartie [engl.]
**Ru'bel** (der, -s, -) ehem. sowjetische, dann russische Währungseinheit [russ.]
**Ru'bi'di'um** (das, -s, nur Ez.) ein Element, Weichmetall [nlat.]
**Ru'bin** (der, -s, -e) roter Korund, Schmuckstein [lat.]
**Ru'bor** (der, -s, nur Ez.) Hautrötung (Med.)
**Ru'brik** (die, -, -en) **1** Überschrift **2** Ordnungsspalte, Kategorie [lat.]
**ru'bri'zie'ren** (V.) **1** in eine Rubrik einfügen, kategorisieren **2** mit Überschriften versehen (veraltet)
**Ru'brum** (das, -s, -ra/-bra oder -bren) Aktenaufschrift mit Kurzangaben über den Inhalt [lat.]
**Ru'co'la** *auch:* Ru'ko'la (der, -s, nur Ez.) Salatpflanze
**Rud'be'ckie** *auch:* Rud'be'ckia (die, -, -n) nordamerikanischer Korbblütler, Zierblume, „Sonnenhut"
**Ru'di'ment** (das, -(e)s, -e) **1** Rest eines funktionslosen Organs; z.B. der Blinddarmwurmfortsatz beim Menschen **2** Überbleibsel aus der Vergangenheit; z.B. die Rudimente der einstigen Monarchien [lat.]
**ru'di'men'tär** (Adj.) andeutungsweise vorhanden, rückgebildet, verkümmert
**Rug'by** [rʌgbi] (das, -s, nur Ez.) ein kampfbetontes Ballspiel [engl.]
**Ru'i'ne** (die, -, - n) verfallenes Gebäude [frz.]
**ru'i'nie'ren** (V.) vernichten, zerstören, zugrunde richten [frz.]
**ru'i'nös** (Adj.) den Ruin bringend
**Rum** (der, -s, -s) Zuckerrohr- oder Melassebranntwein [engl.]
**Rum'ba** (die oder der, - oder -s, -s) ein lateinamerikanischer Gesellschaftstanz [span.]
**Ru'mor** (der, -s, nur Ez.) Lärm, Tumult (veraltet) [lat.]
**ru'mo'ren** (V.) dumpf lärmen [lat.]
**Rump'steak** [-steɪk] (das, -s, -s) gebratenes (oder geschmortes) Rinderlendenstück [engl.]
**Run** [rʌn] (der, -s, -s) **1** Ansturm (bes. auf eine Bank in Krisenzeiten) **2** Lauf des Baseball-Schlagmannes [engl.]
**Run'ning Gag** [rʌnɪŋgæg] (der, -s, -s) sich wiederholender Witz, der beim Publikum zum Selbstläufer wird [engl.]
**Ru'no'lo'gie** (die, -, nur Ez.) Erforschung der Runenschrift
**Run'way** [rʌnweɪ] (die oder der, -, -s) Start- und Landebahn auf Flughäfen [engl.]
**Ru'pi'ah** (die, -, - oder -s) indonesische Währungseinheit [Hindi]
**Ru'pie** [-piə] (die, -, -n) Währungseinheit (u.a. in Indien, Pakistan) [Hindi]
**Rup'tur** (die, -, -en) **1** Zerreißung (von Gewebe) **2** Gesteinsriss [lat.]
**ru'ral** (Adj.) ländlich (veraltet) [lat.]
**Rush'hour** [rʌʃaʊə] (die, -, -s) Stoßzeit, Hauptverkehrszeit [engl.]
**Rus'ti'ka** (die, -, nur Ez.) Mauer aus unregelmäßigen, roh behauenen Quadern
**rus'ti'kal** (Adj.) **1** in der Art bäuerlicher Volkskunst **2** ländlich, deftig [lat.]
**Ru'the'ni'um** (das, -s, nur Ez.) ein Element, Platinmetall [nlat.]
**Ru'til** (der, -s, -e) ein Mineral, Titandioxid
**Ru'ti'lis'mus** (der, -, nur Ez.) **1** Rothaarigkeit **2** übermäßige Neigung zum Erröten

# S

**Sabadille** (die, -, -n) ein mittelamerikanisches Liliengewächs mit alkaloidhaltigen Samen, „Läusekraut“ [span.]

**Sabayon** *auch:* Zabaione [-jɔ̃] (das, -s, -s) Weinschaumcreme [frz.]

**Sabbat** (der, -s, -e) Ruhetag der jüdischen Woche, Freitag- bis Samstagabend [hebr.]

**Sabbatarier** (der, -s, -) Angehöriger bestimmter christlicher Sekten, bei denen der Sabbat geheiligt wurde [hebr.-gr.-lat.]

**Sabbatist** (der, -tisten, -tisten) = Sabbatarier

**Sabbatjahr** (das, -es, -e) jedes siebente Jahr, in dem Land nicht bebaut werden darf

**Sabinismus** (der, -, nur Ez.) Erkrankung durch das stark abführend wirkende Sabinaöl des Sadebaumes [lat.]

**Sabot** [saboː] (der, -s, -s) Damenschuh [frz.]

**Sabotage** [-ʒə] (die, -, -n) gewollte Vereitelung wirtschaftlicher od. militärischer Vorhaben; gezielte Zerstörung (aus politischer Absicht) [frz.]

**Saboteur** [-tøːɐ] (der, -s, -e) jmd., der Sabotage treibt

**sabotieren** (V.) Sabotage treiben

**Sabre** (der, -s, -s) in Israel geborenes, jüdisches Einwandererkind [hebr.]

**Saccharimeter** [zaxa-] (das, -s, -) Senkwaage zur Bestimmung des Zuckergehalts einer Lösung [gr.]

**Saccharin** *auch:* Sacharin [zaxa-] (das, -s, nur Ez.) Süßstoff [sanskr.-Pali-gr.-lat.]

**Saccharometer** [zaxa-] (das, -s, -) = Saccharimeter

**Saccharose** [zaxa-] (die, -, nur Ez.) Rohrzucker [sanskr.-Pali-gr.-lat.]

**Sacharin** (das, -s, nur Ez.) = Saccharin

**Sachet** [-ʃeː] (das, -s, -s) kleines, mit duftenden Kräutern gefülltes Kissen [frz.]

**Sadduzäer** (der, -s, -) Angehöriger einer altjüdischen politisch-religiösen Gruppe

**Sadebaum** (der, -s, -bäume) in heißen Regionen wachsender Nadelbaum [lat.-dt.]

**Sadhu** [saːdu] (der, -(s), -s) als Heiliger geltender hinduistischer Asket, indischer Wandermönch [sanskr.]

**Sadismus** (der, -, nur Ez.) lustbetonte Neigung zu Grausamkeiten (als sexuelle Perversion) [frz.-nlat.]

**Sadist** (der, -disten, -disten) jmd., der seinem Hang zum Sadismus nachgeht

**sadistisch** (Adj.) zum Sadismus gehörig, lustbetont grausam

**Sadomaso** (der, -, nur Ez.) = Sadomasochismus (ugs.)

**Sadomasochismus** (der -, nur Ez.) lustbetonte Neigung zum Austeilen und Empfangen von Grausamkeiten (als sexuelle Perversion) [frz.-nlat.]

**sadomasochistisch** (Adj.) anderen oder sich selbst körperliche und seelische Schmerzen zufügend

**Safari** (die, -, -s) Gesellschaftsreise in Afrika [arab.-Suaheli]

**Safe** [seɪf] (der, -s, -s) Geldschrank; Bankfach [engl.]

**Saffian** (der, -s, nur Ez.) weiches (gefärbtes) Ziegenleder [pers.-poln.]

**Saflor** (der, -s, -e) Färberdistel [arab.-it.]

**Safran** (der, -s, nur Ez.) Speisefärbemittel und Gewürz aus den Narben einer mediterranen Krokusart [arab.-it.]

**Saga** (die, -, -s) isländische Prosaerzählung (über Leben und Kampf von Bauern); ausführliche Erzählung; Familiengeschichte, -chronik (in Literatur oder Fernsehen) (ugs.)

**Sage-femme** [saʒfam] (die, -, nur Ez.) über gynäkologisches Wissen verfügende Frau, Hebamme [frz.]

**sagittal** (Adj.) parallel zur Mittelachse; von vorn nach hinten verlaufend (in der Anatomie) [lat.]

**Sago** (der, -s, nur Ez.) Stärkemehl aus Palmmark [malai.]

**Sagopalme** (die, -, -n) Pflanze, aus der feinkörniges Stärkemehl gewonnen wird

**Sa|g|ra|da|rin|de** (die, -, nur Ez.) in Nordamerika vorkommende Faulbaumrinde (ein Abführmittel) [span.-dt.]
**Sa|gum** (das, -s, -ga) römischer Soldatenmantel aus dickem Wollstoff [kelt.-lat.]
**Sa|hib** (der, -(s), -s) Herr (als Anrede für einen Europäer in Indien und Pakistan) [arab.]
**Sai|ga** (die, -, -s) in Asien vorkommende, dem Schaf ähnelnde Antilope [russ.]
**Saint-Si|mo|nis|mus** (der, -, nur Ez.) nach dem frz. Sozialtheoretiker C.H. de Saint Simon (1760–1825) benannte, sozialistische Theorie, nach der u.a. Produktionsmittel Gemeineigentum sein sollten [lat.]
**Saint-Si|mo|nist** (der, -nis|ten, -nis|ten) Anhänger der sozialistischen Theorie des Saint-Simonismus
**Sai|son** [sɛzɔ̃ː] (die, -, -s) Hauptzeit (für das Tourismus-, Modegeschäft u.a.); Spielzeit (beim Theater) [frz.]
**sai|so|nal** [sɛ-] (Adj.) saisonbedingt, die Saison betreffend
**Sa|ke** (der, -(s), nur Ez.) japanischer Reiswein
**sak|ka|diert** (Adj.) medizinischer Ausdruck für ruckartig, stoßartig; z.B. von Atem [frz.]
**Sak|ko** [auch: -koː] (das oder der, -s, -s) Anzugjacke, Herrenjackett [it.]
**sa|k|ral** (Adj.) **1** zum Gottesdienst gehörig, geweiht; Heiliges, Religiöses betreffend **2** zum Kreuzbein gehörig [lat.]
**Sa|k|ral|bau** (der, -s, -ten) im Gegensatz zum Profanbau ein kirchliches Bauwerk, religiösen Zwecken dienend
**Sa|k|ra|ment** (das, -(e)s, -e) göttliches Gnadenzeichen, geheiligte Handlung (insbes. in der katholischen Kirche) [lat.]
**sa|k|ra|men|tal** (Adj.) zum Sakrament gehörig, ein Sakrament betreffend
**Sa|k|ra|men|ta|li|en** (nur Mz.) Gegenstände, Handlungen des Sakraments, durch Sakramentalien geweihte Dinge
**Sa|k|ra|ments|häus|chen** (das, -s, -) kunstvoll verzierter, turmartiger Schrein in gotischen Kirchen, in dem die geweihten Hostien aufbewahrt werden; befindet sich im Chor von Kirchen
**Sa|k|ri|fi|zi|um** (das, -s, -zi|en) katholisches (Mess-)Opfer [lat.]
**Sa|k|ri|leg** (das, -s, -e) Entweihung, (religiöser) Frevel [lat.]
**Sa|k|ri|le|gi|um** (das, -s, -gi|en) = Sakrileg
**Sa|k|ris|tan** (der, -s, -e) (katholischer) Kirchendiener, Küster [lat.]
**Sa|k|ris|tei** (die, -, -en) Kirchennebenraum (als Umkleide, für rituelle Gerätschaften u.a.) [lat.]
**Sa|k|ro|dy|nie** (die, -, nur Ez.) medizinischer Begriff für Schmerzen in der Kreuzbeingegend [lat.-gr.]
**sa|k|ro|sankt** (Adj.) geheiligt, unverletzlich [lat.]
**sä|ku|lar** (Adj.) **1** einmalig nur alle hundert Jahre wiederkehrend **2** weltlich [lat.]
**Sä|ku|lar|fei|er** (die, -, -n) Hundertjahrfeier
**Sä|ku|la|ri|sa|ti|on** (die, -, nur Ez.) das Säkularisieren
**sä|ku|la|ri|sie|ren** (V.) kirchlichen Besitz aufheben und einziehen; verweltlichen [lat.]
**Sä|ku|la|ri|sie|rung** (die, -, nur Ez.) **1** Ablösung des Individuums, des Staats oder einzelner Gruppen von der Bindung an die Kirche seit dem ausgehenden Mittelalter; Verweltlichung **2** Erlaubnis für Ordensgeistliche, außerhalb des Klosters zu leben (kath. Kirche)
**Sä|ku|lar|kle|ri|ker** (der, -s, -) Geistlicher, der nicht an ein Kloster gebunden ist, Weltgeistlicher
**Sä|ku|lum** (das, -s, -la) Jahrhundert [lat.]
**Sa|lam!** *auch:* Se|lam! Friede! (als islamische Grußformel) [arab.]
**Sa|la|man|der** (der, -s, -) überwiegend landbewohnender Schwanzlurch, Erdmolch [lat.]
**Sa|la|mi** (die, -, -(s)) italienische oder ungarische Hartwurst [it.]
**Sa|la|mi|tak|tik** (die, -, nur Ez.) schrittweise Taktik, ein längerfristiges (politisches) Ziel durch kleinere Übergriffe oder Forderungen, die die Gegenseite nach und nach anerkennt bzw. erfüllt, zu erreichen
**Sa|lan|ga|ne** (die, -, -n) südostasiatischer Vogel, dessen Speichelnester zu „Schwalbennestersuppe" verarbeitet werden [malai.]
**Sa|lär** (das, -s, -e) Gehalt, Lohn [frz.]

**sa|la|rie|ren** (V.) besolden, durch Einkommen vergüten (schweiz.) [frz.]
**Sal|chow** [-ço] (der, -(s), -s) ein Schlittschuh-Drehsprung [schwed.]
**sal|die|ren** (V.) **1** den Saldo ermitteln **2** bezahlen
**Sal|do** (der, -s, -s oder -den oder -di) Unterschied zwischen Soll- und Habenseite (eines Kontos); Restbetrag [it.]
**Sa|lem!** = Salam!
**Sa|lep** (der, -s, -s) aus den Wurzelknollen von Knabenkraut hergestelltes Heilmittel [arab.]
**Sales|ma|na|ger** [seɪlzmænɪdʒə] (der, -s, -) Verkaufsleiter in einem Unternehmen [engl.]
**Sales|man|ship** [seɪlsmənʃɪp] (das, -, nur Ez.) in Amerika entwickeltes Verfahren zum gewinnbringenden Verkaufen [engl.]
**Sales|pro|mo|ter** [seɪlz-] (der, -s, -) jmd., der Salespromotion betreibt, Ausbilder des Verkaufspersonals, Vertriebsberater
**Sales|pro|mo|tion** [seɪlzprəməʊʃn] (die, -, nur Ez.) Verkaufsförderung (durch Werbung) [engl.]
**Sa|let|tel** *auch:* Sa|lettl (das, -s, - oder -n) Gartenhäuschen (österr.) [it.]
**Sa|li|er** (nur Mz.) kriegerische Kulttänze aufführende Priester im antiken Rom [lat.]
**Sa|li|ne** (die, -, -n) Salzwerk [lat.]
**sa|li|nisch** (Adj.) salzartig
**sa|lisch** (Adj.) überwiegend aus Kieselsäure und Tonerde bestehend (von Mineralien) [lat.]
**Sa|li|va|ti|on** (die, -, -en) starker Speichelfluss (Med.) [lat.]
**Sa|li|zin** (das, -s, nur Ez.) Mittel gegen Fieber [lat.]
**Salk|impf|ung** [sɔːk-] (die, -, -en) Impfung gegen Kinderlähmung
**Salk|vak|zi|ne** *auch:* Salk-Vak|zi|ne (die, -, nur Ez.) nach dem amerikanischen Bakteriologen J.E. Salk benannter Impfstoff gegen Kinderlähmung
**Salm** (der, -s, -e) **1** Lachs (Fischart) [lat.] **2** umgangssprachlich für inhaltsloses Gerede, Geschwätz [gr.-lat.]
**Sal|mi|ak oder** [-ak] (der oder das, -s, nur Ez.) Ammoniumchlorid; z.B. in wässriger Lösung als Reinigungsmittel [lat.]
**Sal|mo|nel|le** (die, -, -n) Bakterium, das Darminfektionen hervorruft [engl.-nlat.]
**Sal|mo|nel|lo|se** (die, -, -n) durch Salmonellen hervorgerufene Vergiftung; z.B. Typhus
**Sal|mo|ni|den** (nur Mz.) Lachsfische [lat.]
**sa|lo|mo|nisch** (Adj.) weise und gerecht (wie der biblische König Salomo)
**Sa|lon** [-lɔ̃] *auch* [-lɔ̃ː] (der, -s, -s) **1** Empfangs-, Ausstellungsraum; Kosmetik-, Modegeschäftsraum u.a. **2** Empfang (für literarisch Interessierte u.a.; veraltet) [frz.]
**Sa|lon|da|me** (die, -, -n) Rolle der weltgewandten, eleganten, teils intriganten Dame der Gesellschaft im Schauspiel
**Sa|lon|mu|sik** (die, -, nur Ez.) im 19. Jahrhundert beliebte, leichte Unterhaltungsmusik
**Sa|lon|or|ches|ter** (das, -s, -) kleines Ensemble aus Streichern und Klavier für Unterhaltungsmusik
**Sa|loon** [səluːn] (der, -s, -s) Bar in Städten des sogenannten Wilden Westens [amerik.]
**sa|lopp** (Adj.) bequem, zwanglos [frz.]
**Sal|pe** (die, -, -n) gallertiges Manteltier [gr.]
**Sal|pe|ter** (der, -s, nur Ez.) Alkalimetallsalz einer Mineralsäure (als Düngemittel) [lat.]
**Sal|pin|gi|tis** (die, -, -i|ti|den) medizinischer Begriff für Eileiterentzündungen [gr.-lat.]
**Sal|pinx** (die, -, -pin|gen) **1** altgriechisches trompetenähnliches Instrument **2** röhrenförmiges Organ (Eileiter, Ohrtrompete) [gr.]
**Sal|sa** (der, -, nur Ez.) auf südamerikanischer Volksmusik aufbauende Rockmusik [span.]
**Sal|se** (die, -, -n) Schlammkegel, Schlammaufsprudelung (in Sumpfgebieten) [it.]
**Sal|ta** (das, -s, nur Ez.) Brettspiel für zwei Personen mit je fünfzehn Figuren [lat.]
**Sal|ta|rel|lo** (der, -s, -li) italienischer Hüpftanz
**sal|ta|to** (Adv.) mit springendem Bogen (u.a. bei Violinstücken) [it.]

**Sal|ta|to** (das, -s, -s oder -ti) Technik von Streichern, mit hüpfendem Bogen zu spielen, um ein sogenanntes Staccato zu erzeugen

**Sal|tim|boc|ca** [-boka] (das, -s, -s) doppeltes Kalbsschnitzel mit Salbei, rohem Schinken, Käse und Weißweinsoße [it.]

**Sal|to** (der, -s, -s oder -ti) Luftrolle, freier Überschlag [it.]

**Sal|to mor|ta|le** (der, -, - - oder -ti -li) Dreifachsalto

**sa|lü** (schweiz.) [sa-] (als Grußformel) Hallo, grüß dich, mach's gut [frz.]

**sa|lu|ber** (Adj.) heilsam, (körperlich) gesund [lat.]

**Sa|lu|bri|tät** (die, -, nur Ez.) das Salubersein; gesunder Zustand (körperlich)

**Sa|lu|ki** (der, -s, -s) persischer Windhund [arab.]

**Sa|lut** (der, -s, -e) militärischer Ehrengruß; Ehrensalve [lat.]

**sa|lu|tie|ren** (V.) mit Ehrenbezeigung (militärisch) grüßen [lat.]

**Sa|lu|tist** (der, -tis|ten, -tis|ten) Heilsarmist [lat.]

**Sal|var|san** (das, -s, nur Ez.) Arzneimittel zur Syphilisbehandlung (früher; Warenzeichen) [Kunstwort]

**Sal|va|ti|on** (die, -, -ti|o|nen) Rettung (veraltet) [lat.]

**Sal|va|tion Ar|my** [sælveɪʃn aːmɪ] (die, - -, nur Ez.) englischer Ausdruck für Heilsarmee [engl.]

**Sal|va|tor** (der, -s, -to|ren) **1** (Christus als) Erlöser **2** (nur Ez.) ein Münchner Starkbier (Warenzeichen) [lat.]

**sal|ve** (als Grußformel) sei gegrüßt (meist scherzhaft) [lat.]

**Sal|ve** (die, -, -n) gleichzeitiges Abfeuern (mehrerer Gewehre oder Geschütze) [lat.]

**Sal|via** (die, -, nur Ez.) Salbei (als Heilpflanze)

**sal|vo er|ro|re** Irrtum vorbehalten [lat.]

**Sa|ma|ri|ter** (der, -s, -) barmherziger (Sanitäts-)Helfer [hebr.-lat.]

**Sa|ma|ri|um** (das, -s, nur Ez.) ein Element, Metall [nlat.]

**Sa|mar|kand** (der, -(s), -s) nach der russischen Stadt benannter, geknüpfter Teppich mit Medaillonmuster auf gelbem Grund

**Sam|ba** (der oder die, -(s), -s) ein brasilianischer Tanz; rhythmisches Trommeln, Trillerpfeifen brasilianischer Sportfans; z.B. erstmals war die Samba auch bei den alpinen Skiweltmeisterschaften zu hören [afrikan.-portugies.]

**Sam|bal** (das, -s, -s) indonesisches Reisgewürz [malai.]

**Sam|bi|er** (der, -s, -) Einwohner von Sambia, dem früheren Nordrhodesien

**sam|bisch** (Adj.) zum afrikanischen Staat Sambia gehörig

**Sa|me** (der, -n, -n) = Lappe (als Eigenbezeichnung)

**Sa|mi|el** (der, -s, nur Ez.) Satan; z.B. Samiel hilf: Ausruf beim Würfeln [hebr.-gr.]

**sä|misch** (Adj.) fettgegerbt (von Leder) [slaw.]

**Sa|mi|sen** (die, -, -) dreisaitige, in Japan erfundene Gitarre, die mit einem Kiel gezupft wird [jap.]

**Sa|mo|je|de** (der, -n, -n) **1** Angehöriger eines nordsibirischen Nomadenvolks **2** eine Schlittenhundrasse

**Sa|mos** (der, -, -) ein süßer griechischer Wein

**Sa|mo|war** (der, -s, -e) russ. Teemaschine

**Sam|pan** (der, -s, -s) flaches, breites Wohnboot (in Südostasien) [chin.]

**Sam|ple** [sɑːmpl] (das, -(s), -s) **1** repräsentative Stichprobe (Statistik) **2** in der Markt- und Meinungsforschung aus einer größeren Menge repräsentativ ausgewählte Gruppe von Individuen **3** Muster, Warenprobe [engl.]

**Sam|pler** [sɑːmp-] (der, -s, -) Langspielplatte, auf der (Hit-)Musikstücke (einer Gruppe) zusammengestellt sind [engl.]

**Sam|sa|ra** (der, -, nur Ez.) in indischen Erlösungsreligionen immer wiederkehrende Abfolge von Tod und Wiedergeburt, deren Aufhebung angestrebt wird [sanskr.]

**Sa|mum** (der, -s, -s) trockenheißer Wüstenwind, Sandwind (in Arabien, Nordafrika) [arab.]

**Sa|mu|rai** (der, -(s), - oder -s) japanischer Ritter; Schwertträger mit strengen Ehrbegriffen [jap.]

**sa|na|bel** (Adj.) heilbar [lat.]

**Sa|na|to|gen** (das, -s, nur Ez.) Aufbaumittel aus hochwertigem Eiweiß [lat.-gr.]

**Sa'na'to'ri'um** (das, -s, -ri'en) von Ärzten geleitete Erholungsstätte [lat.]
**San'cho Pan'sa** [-tʃo-] (der, - -, - -s) bauernschlauer Helfer [span.]
**sanc'ta sim'pli'ci'tas!** [-tsi-] heilige Einfalt! (Erstaunen ausdrückender Ausruf angesichts der naiven Dummheit von jmdm.) [lat.]
**Sanc'ti'tas** (die, -, nur Ez.) Heiligkeit (des Papstes) [lat.]
**Sanc'tus** (das, -, -) kath. Messegesang, Lobgesang [lat.]
**San'dal** (das, -s, -s) schmales, langes, spitz zulaufendes türkisches Boot [pers.-arab.-türk.]
**San'da'le** (die, -, -n) flacher Riemenschuh
**San'da'let'te** (die, -, -n) leichte Sandale [frz.]
**San'da'rak** (der, -s, nur Ez.) ein Zypressenharz (für fotografische Lacke u.a.) [sanskr.-gr.]
**San'der** (der, -s, -) Sand-, Geröllfläche (in Island)
**San'di'nist** (der, -nis'ten, -nis'ten) Anhänger der nationalen Befreiungsfront in Nicaragua
**San'dschak** (der, -s, -s) **1** alte türkische Fahne (Hoheitszeichen) **2** türkisches Lehnsgebiet [türk.]
**Sand'wich** (das oder der, -s oder -es, -s oder -e oder -es) zusammengeklappte belegte Weißbrotschnitte [engl.]
**Sand'wich'board** [sændwɪtʃbɔːd] (das, -s, -s) Holzplatte, bei der der innere Teil mit zwei gleichen Außenteilen eingefasst ist
**Sand'wich'tech'nik** (die, -, nur Ez.) die Verbindung von Platten unterschiedlicher Stärke und Materialien, bei der Herstellung von Skiern und Flugzeugen bevorzugtes Verfahren
**San'for** (ohne Artikel) Kennzeichnung für Baumwollgewebe, die nicht eingehen
**san'fo'ri'sie'ren** (V.) Gewebe dahingehend präparieren, dass sie nicht eingehen
**San'gria** (die, -, -s) spanisches Rotweinmischgetränk mit Früchten
**San'gri'ta** (die, -, -s) mexikanischer Tomatensaft mit Gewürzen (Warenzeichen) [span.]
**San'gu'i'ni'ker** (der, -s, -) Mensch mit heiterer, temperamentvoller Grundstimmung [lat.]
**san'gu'i'nisch** (Adj.) wie ein Sanguiniker
**san'gu'i'no'lent** (Adj.) medizinischer Ausdruck für blutvermischt; z.B. Urin
**Sa'ni** (der, -s, -s) = Sanitäter [Kurzwort]
**Sa'ni'din** (der, -s, -e) Feldspat
**sa'nie'ren** (V.) **1** bessern, heilen **2** bewohnbar machen, modernisieren **3** die wirtschaftliche Leistungsfähigkeit wiederherstellen; die Geldnot überwinden [lat.]
**sa'ni'tär** (Adj.) gesundheitsdienlich, hygienefördernd, hygienisch [frz.]
**sa'ni'ta'risch** (Adj.) = sanitär (schweiz.) [lat.]
**Sa'ni'tät** (die, -, nur Ez.) Militärgesundheitswesen (schweiz.) [lat.]
**Sa'ni'tä'ter** (der, -s, -) jmd., der beruflich erste Hilfe leistet, Krankenpfleger [lat.]
**sa'ni'tized** [sænɪtaɪzd] (Adj.) frei von Bakterien [engl.]
**Sank'ti'on** (die, -, -ti'o'nen) das Sanktionieren; Strafmaßnahme
**sank'ti'o'nie'ren** (V.) **1** zum Gesetz erklären **2** gutheißen **3** Normabweichungen durch bestimmte, einschränkende Maßnahmen verurteilen, Sanktionen verhängen [lat.]
**Sank'tis'si'mum** (das, -s, nur Ez.) Allerheiligstes [lat.]
**Sank'tu'ar** (das, -s, -e) = Sanktuarium
**Sank'tu'a'ri'um** (das, -s, -ri'en) **1** Altarraum in der katholischen Kirche **2** Reliquienschrein sowie dessen Aufbewahrungsort [lat.]
**San-Ma'ri'ne'se** (der, -n, -n) Einwohner der Republik San Marino im mittleren Italien
**San'nya'si** (der, -(s), -n) Angehöriger einer auf hinduistischem Gedankengut aufbauenden Sekte [sanskr.]
**Sans'cu'lot'te** [sɑ̃kʏlɔt] (der, -n, -n) radikaler Republikaner (während der Französischen Revolution)
**San'se'vi'e'ria** *auch:* San'se'vi'e'rie (die, -, -ri'en) tropisches Liliengewächs, Faser-, Zierpflanze [it.-nlat.]
**Sans'krit** (das, -s, nur Ez.) Altindisch (als Gelehrtensprache)
**sans'kri'tisch** (Adj.) zum Sanskrit gehörig, in Sanskrit abgefasst

**Sans'sou'ci** [sɑ̃susiː] franz. für „ohne Sorge" (als Name von Schlössern) [frz.]
**San'ta Claus** [sæntəklɔːz] amerikanische Bezeichnung für den Weihnachtsmann [niederl.-engl.-amerik.]
**San-To'me'er** (der, -s, -) Einwohner der westafrikanischen Inselrepublik São Tomé und Principe [portugies.]
**sa'pe're au'de** **1** lat. für „wage es, weise zu sein" (Horaz) **2** nach Kant „habe Mut, dich deines eigenen Verstandes zu bedienen!" = Wahlspruch der Aufklärung [lat.]
**Sa'phir** [saː-] (der, -s, -e) **1** blauer Korund, Schmuckstein **2** Plattenspielernadel [semit.-gr.]
**sa'pi'en'ti sat** für den Eingeweihten genug (der Erklärung) [lat.]
**Sa'pi'ne** (die, -, -n) *auch:* Sa'pin (der, -s, -e) Werkzeug zum Wegziehen von Baumstämmen [frz.]
**Sa'po'na'ria** (die, -, nur Ez.) Heilpflanze [lat.]
**Sa'po'nin** (das, -s, -e) Pflanzenglykosid (als Waschmittelzusatz) [lat.]
**Sap'pe** (die, -, -n) Laufgraben (im Stellungskrieg) [frz.]
**sap'phisch** [zafɪʃ] oder [zapfɪʃ] (Adj.) **1** leidenschaftlich bewegt (wie die Strophen der Dichterin Sappho) **2** lesbisch [gr.]
**Sap'phis'mus** (der, -, nur Ez.) lesbische Liebe [gr.]
**Sa'prä'mie** (die, -, -mi'en) schwere Blutvergiftung [gr.-lat.]
**sa'pris'ti** Ausruf höchsten Erstaunens [lat.-frz.]
**Sa'pro'bie** (die, -, -n) = Saprobiont
**Sa'pro'bi'ont** (der, -en, -en) Lebewesen, das sich von Zersetzungsstoffen ernährt; z.B. Schlammamöben [gr.]
**sa'pro'gen** (Adj.) Fäulnis erregend [gr.]
**Sa'pro'pel** (das, -s, -e) Faulschlamm, entsteht in Seen und Meeren unter Sauerstoffabschluss [gr.]
**Sa'pro'pha'ge** (der, -n, -n) (meist Mz.) Pflanzen oder Tiere, die sich von faulenden Stoffen ernähren
**sa'pro'phil** (Adj.) als Organismus auf/in/von faulenden Stoffen lebend
**Sa'pro'phyt** (der, -en, -en) pflanzlicher Saprobiont; z. B. bestimmte Bakterien [gr.]
**sa'pro'phy'tisch** (Adj.) als Pflanze auf/von faulenden Stoffen lebend
**Sa'rab** (der, -s, -s) schwerer, handgeknüpfter Teppich [iran.]
**Sa'ra'ban'da** *auch:* Sa'ra'ban'de (die, -, -n) spanischer Tanz; ein Satz der Suite [arab.-span.]
**Sa'ra'fan** (der, -s, -e) ausgeschnittenes russisches Frauenkleid, das über einer Bluse getragen wurde [pers.-russ.]
**Sa'ra'ze'ne** (der, -n, -n) muslimischer Bewohner des Mittelmeerraums (früher) [arab.]
**sa'ra'ze'nisch** (Adj.) die Sarazenen betreffend, zu ihnen gehörend
**Sar'de** (der, -n, -n) Ew. Sardiniens
**Sar'del'le** (die, -, -n) kleiner Heringsfisch warmer Meere; derselbe Fisch filetiert in Würzmarinade [it.]
**Sar'di'ne** (die, -, -n) kleiner Heringsfisch (größer als die Sardelle, auch Pilchard) gemäßigter Meere (der besonders in Ölkonserven verarbeitet wird) [it.]
**sar'disch** (Adj.) zu Sardinien gehörig
**sar'do'nisch** (Adj.) hämisch, (grimmig) verkrampft [gr.-lat.]
**Sar'do'nyx** (der, -(es), -e) braun-weißer Onyx, Schmuckstein [gr.]
**Sa'ri** (der, -s, -s) Wickelgewand (indischer Frauen) [Hindi]
**Sar'kas'mus** (der, -, -men) beißender Hohn [gr.-lat.]
**sar'kas'tisch** (Adj.) beißend höhnisch [gr.]
**Sar'ko'lemm** (das, -s, -en) Muskelfaserhülle (Med.)
**Sar'kom** *auch:* Sar'ko'ma (das, -s, -e oder -ta) bösartige Bindegewebsgeschwulst [gr.]
**Sar'ko'ma** (das, -s, -ta) = Sarkom
**sar'ko'ma'tös** (Adj.) zum Sarkom gehörig, sich als Sarkom ausbreitend
**Sar'ko'phag** (der, -s, -e) Prunksarg (aus Marmor, Bronze u.a.) [gr.]
**Sa'rong** (der, -s, -s) langer, gewickelter Hüftrock (indonesischer Frauen) [malai.]
**Sa'ros'pe'ri'o'de** (die, -, -n) astronomischer Begriff für die Phase, nach der sich eine Sonnen- und Mondfinsternis annähernd wiederholen (1 Sarosperiode = 18 Jahre und 11 Tage) [gr.]

S

**Sarrass** (der, -es, -e) schwerer Säbel [poln.]
**Sarrusofon** *auch:* Sarrusophon [sarʏsɔ-foːn] (das, -s, -e) nach dem frz. Militärkapellmeister Sarrus benanntes Blechblasinstrument [frz.-gr.]
**Sarsaparilla** [-rɪlja] (die, -, -s) = Sarsaparille
**Sarsaparille** *auch:* Sarsaparilla (die, -, -n) tropische Stechwinde; deren saponinhaltige Wurzel [span.]
**Sarsenett** (der, -(e)s, -e) Futterstoff aus Baumwolle [gr.-lat.-frz.-engl.]
**Sassafras** (der, -, -) amerikanisches Lorbeergewächs, Fenchelholzbaum von intensivem Duft [indian.-frz.]
**Sassanide** (der, -n, -n) Angehöriger eines 224–651 regierenden persischen Herrschergeschlechts [pers.]
**sassanidisch** (Adj.) das Herrschergeschlecht der Sassaniden betreffend
**Satan** (der, -s, -e) **1** (nur Ez. ) der Teufel **2** bösartiger Mensch [hebr.]
**Satanas** (der, -, -se) = Satan [hebr.-gr.]
**satanisch** (Adj.) teuflisch [hebr.]
**Satanismus** (der, -, nur Ez.) **1** Teufelsverehrung **2** in der Literatur thematische Darstellung des Bösen, Krankhaften und Grausamen
**Satellit** (der, -en, -en) **1** technischer Flugkörper in Erdumlaufbahn **2** Himmelskörper, der einen Planeten umkreist, „Mond"
**Satellitenbox** (die, -, -en) mitverwendete kleine Lautsprecherbox zur Übertragung mittlerer und hoher Frequenzen
**Satellitenfernsehen** (das, -s, nur Ez.) Empfang von Fernsehkanälen mithilfe eines Satelliten
**Satellitenmeteorologie** (die, -, nur Ez.) Meteorologie, die Satellitendaten zur Hilfe nimmt
**Satellitenprogramm** (das, -s, -e) Fernsehprogramm, das mittels Satellit gesendet wird
**Satellitenreceiver** [-risiːvə] (der, -s, -) Gerät, um Satellitenprogramme zu empfangen
**Satellitenstaat** (der, -es, -en) abwertender Begriff für einen nur formal selbstständigen Staat, der tatsächlich jedoch abhängig ist von den Weisungen eines anderen Staates
**Satellitenstadt** (die, -, -städte) Wohn- und Schlafstadt im Einzugsbereich einer Großstadt
**Satellitenübertragung** (die, -, -en) Übertragung per Satellit
**Satemsprache** (die, -, -n) ostindogermanische Sprache
**Satin** [-tɛ̃] (der, -s, -s) feinfädiger, glänzender Atlasstoff [arab.-frz.]
**Satinage** [-ʒə] (die, -, -n) das Satinieren
**satinieren** (V.) eine glänzende, glatte Oberfläche geben (bei Leder, Papier) [frz.]
**Satiniermaschine** (die, -, -n) Maschine mit Walzen, die Papier oder Leder glättet
**Satire** (die, -, -n) Spottschrift, Ironisierung [lat.]
**Satiriker** (der, -s, -) jmd., der Satiren verfasst; Spötter
**satirisch** (Adj.) in der Art einer Satire
**Satisfaktion** (die, -, -tionen) Genugtuung, Wiederherstellung der Ehre (durch Duell) [lat.]
**Satrap** (der, -en, -en) altpersischer Provinzstatthalter [gr.]
**Satrapie** (die, -, -pien) Statthalteramt (historisch)
**Satsang** (das oder der, -s, nur Ez.) Unterrichtung in Kult und Methode einer Meditation [sanskr.]
**Satsuma** (die, -, -s) kernlose Mandarine [jap.]
**Saturation** (die, -, -tionen) Sättigung (bei der Zuckerherstellung) [lat.]
**saturieren** (V.) sättigen; befriedigen
**saturiert** (Adj.) gesättigt anspruchslos; politisch inaktiv und selbstzufrieden [lat.]
**Saturnalien** (nur Mz.) ausgelassene Feier zu Ehren des Gottes Saturn
**Saturnismus** (der, -, -men) medizinischer Begriff für Bleivergiftung [lat.]
**Satyr** (der, -s oder -n, -n) altgriechischer Fruchtbarkeitsdämon, derb-lüsterner Bockmensch
**Satyriasis** (die, -, nur Ez.) übermäßiger, bis zum krankhaften gesteigerter Geschlechtstrieb bei Männern [gr.-lat.]
**Sauce** [zoːsə] (die, -, -n) = Soße

**Sau'ci'e're** [sosjɛ:rə] (die, -, -n) Soßengefäß mit Gießrand [frz.]
**sau'cie'ren** [sosi:rən] (V.) Tabak mit einer beizenden Soße tränken
**Sau'di** (der, -s, -s) Einwohner von Saudi-Arabien
**Sau'na** (die, -, -s oder -nen) finnisches Schwitzbad
**sau'nen** (V.) = saunieren
**sau'nie'ren** (V.) in die Sauna gehen
**Sau'ri'er** (der, -s, -) oft riesenwüchsige Echse des Erdmittelalters [gr.]
**Sau'ro'lith** (der, -en, -en) versteinerter Saurier [gr.]
**Sau'ro'po'de** (der, -n, -n) Sammelbegriff für pflanzenfressende Riesensaurier
**Sau'ternes** [sotɛrn] (der, -, -) schwerer, süßer Weißwein aus der Gegend südlich von Bordeaux [frz.]
**sau'tie'ren** [so-] (V.) kurz braten; in heißem Fett schwenken [frz.]
**sauve qui peut!** [sovkipø:] rette sich, wer kann! [frz.]
**Sa'van'ne** (die, -, -n) baumbestandene Tropengrassteppe [indian.]
**Sa'va'rin** (der, -s, -s) Hefekuchen, der mit Rum getränkt wird
**Sa'voir-vi'vre** [savwarvi:vrə] (das, -, nur Ez.) Lebenskunst [frz.]
**Sa'vo'yar'de** (der, -n, -n) Einwohner von Savoyen
**Sa'xi'fra'ga** (der, -s, -gen) eine Pflanzengattung, Steinbrech [lat.]
**Sa'xo'fon** *auch:* Sa'xo'phon (das, -s, -e) ein Blechblasinstrument mit Klarinettenmundstück [niederl.-gr.]
**Sa'xo'fo'nist** *auch:* Sa'xo'pho'nist (der, -nisten, -nis'ten) Saxofonspieler
**sa'xo'ni'sche Tek'to'nik** (die, -n -, -n -en) geologischer Begriff für Bruchfaltengebirgsformen nördlich der Alpen
**Sa'zer'do'ti'um** (das, -s, nur Ez.) Priester-, Papstwürde (veraltet) [lat.]
**S-Bahn-Sur'fen** [-sɜ:fən] (das, -s, nur Ez.) lebensgefährliche Mutprobe, bei der man auf dem Einstiegsbrett der S-Bahn mitfährt
**Sbir're** (der, -n, -n) veraltete Bezeichnung für einen im Kirchenstaat tätigen Geheimagenten; Scherge
**Sbrinz** (der, -, nur Ez.) nach der Stadt Brienz benannter Käse

**Sca'gli'o'la** [skalio:la] (die, -, nur Ez.) für Marmorimitate verwendetes Material, Stuckmarmor [it.]
**Sca'ling** [skeɪlɪŋ] (das, -s, nur Ez.) Größenanpassung von Bildvorlagen vor der Verwendung in Prospekten oder Anzeigen [engl.]
**Scal'ping Ope'ra'tions** [skælpɪŋ opəreɪʃns] (nur Mz.) Börsengeschäfte, die aus geringen Kursschwankungen Gewinn ziehen wollen [engl.]
**Scam'pi** (nur Mz.) Garnelen [it.]
**Scan'di'um** (das, -s, nur Ez.) ein Element, Leichtmetall [nlat.]
**scan'nen** [skænən] (V.) Gegenstände mit einem Scanner abtasten [engl.]
**Scan'ner** [skæn-] (der, -s, -) ein optisches Gerät zur Wiedergabe von durch einen (Laser-)Strahl abgetasteten Gegenständen [engl.]
**Scan'ner'kas'se** [skænə-] (die, -, -n) Kasse, die zum Abrechnen einen Scanner benutzt
**Scat** [skæt] (der, -s, nur Ez.) das Singen bedeutungsloser Silben (im Jazz) [engl.]
**Scat'te'ring-Ver'fah'ren** [skætətɪŋ] (das, -s, nur Ez.) nachrichtentechnisches Verfahren zur Erzielung von Überreichweiten [engl.]
**sce'man'do** [ʃemando] Anweisung im Notentext für abnehmende Lautstärke, schwächer werdend [lat.-ital.]
**Sce'na'rio** [ʃen-] (das, -s, -ri'en) = Szenario
**Scene** [si:n] (die, -, nur Ez.) maßgebliche Personen für einen Trend (bei Jugendlichen; ugs.); ihr Umfeld [engl.]
**Schab'ber** (der, -, -) kleines Brecheisen [hebr.]
**Schab'bes** (der, -, -) = Sabbat [jidd.]
**Scha'blo'ne** (die, -, -n) ausgestanzte Vorlage zur Vervielfältigung
**Scha'bot'te** (die, -, -n) Unterbau für einen Maschinenhammer [frz.]
**Scha'bra'cke** (die, -, -n) sattelförmige Verkleidung (auf andersfarbigem Grund); sich farblich abhebende Decke unter dem Sattel [türk.]
**Schach** (das, -s, nur Ez.) ein Brettspiel; Stellung, in der der König unmittelbar bedroht ist [pers.]
**Scha'cher** (der, -s, nur Ez.) unlautere Geschäftemacherei [hebr.-jidd.]

**schachern** (V.) **1** Tauschhandel betreiben (abwertend) **2** raffgierig Geld anhäufen [hebr.-jidd.]
**schachmatt** (Adv.) **1** unfähig, den König beim Schachspiel auf ein Feld zu setzen, das nicht vom Gegner bedroht ist, eine Schachpartie verlierend **2** in seiner Handlungsfähigkeit gelähmt [pers.-arab.-roman.]
**schächten** (V.) nach jüdischer und islamischer Religionsvorschrift durch Schlagaderschnitt schlachten [hebr.]
**Schaduf** (der, -s, -s) Schöpfvorrichtung, bei der eine Kelle an einem Hebebaum befestigt ist [ägypt.]
**Schafiit** (der, -en, -en) Gelehrter an mohammedanischer Rechtsschule [arab.]
**Schafott** (das, -(e)s, -e) Hinrichtungstribüne, Blutgerüst [lat.-niederl.]
**Schah** (der, -s, -s) iranischer Monarch [pers.]
**Schah-in-Schah** (der, -s, -s) Bezeichnung für den höchsten Herrscher im monarchistisch regierten Iran [pers.]
**Schaitan** (der, -s, -e) Dämon [arab.]
**Schaiwa** *auch:* Shavai (der, -s, -s, meist Mz.) Angehöriger einer hinduistischen Religionsgemeinschaft, die den Gott Schiwa verehrt [sanskr.]
**Schakal** (der, -s, -e) mittelgroßer Wildhund warmer Länder [sanskr.-türk.]
**Schakaré** (der, -s, -s) in Südamerika vorkommende, breitmaulige Krokodilart [indian.-portugies.]
**Schakta** *auch:* Shakta (der, -s, -s) die Göttin Schaktas verehrender Hindu [sanskr.]
**Schakti** *auch:* Shakti (die, -, nur Ez.) die Kraft der Hochgöttin/des Hochgottes im Hinduismus, der/die bildlich meist weiblich dargestellt wird [sanskr.]
**Schal** (der, -s, -s oder -e) langes, wärmendes Halstuch [pers.-engl.]
**Schalom!** *auch:* Shalom Friede! (als Grußformel in Israel)
**Schalotte** (die, -, -n) kleine Zwiebelart, Esslauch [frz.]
**Schaluppe** (die, -, -n) großes, einfaches Boot; schlechtes Schiff (ugs.) [niederl.-frz.]
**Schalwar** (der, -s, -s) im Orient von Frauen getragene lange, weite Hose [pers.-türk.]

S

**Schamade** (die, -, -n) Aufgabesignal (durch Trompetenstoß; früher) [frz.]
**Schamane** (der, -n, -n) ekstatischer Geisterheiler, Zauberpriester (nordasiatischer Völker) [tungus.]
**Schamanismus** (der, -, nur Ez.) Glaube an außerirdische Kontaktaufnahme durch einen Schamanen
**Schambock** (der, -s, -e und -s) Nilpferdpeitsche [niederl.]
**Schammes** (der, -, -) Synagogendiener [hebr.-jidd.]
**Schamott** (der, -s, nur Ez.) = Schamotte
**Schamotte** *auch:* der Schamott (die, -, nur Ez.) feuerfester Tonstein (zum Ofenausbau) [viell. frz.]
**schamottieren** (V.) mit Schamotte ausbauen
**Schampon** (das, -s, -s) = Shampoo
**schamponieren** (V.) = shampoonieren
**schanghaien** (V.) (von der chinesischen Stadt Schanghai abgeleitet) einen Matrosen zum Anheuern pressen
**Schangrila** (das, -(s), nur Ez.) mystischer Ort (Hinduismus, Esoterikszene) [ind.]
**Schanker** (der, -s, -) Geschwür an den äußeren Geschlechtsteilen [frz.]
**Schantungseide** (die, -, -n) nach der chinesischen Provinz Schantung benannte Wildseide; Stoff aus Kunstfaser mit wildseidenähnlicher Oberflächenstruktur
**Schappe** (die, -, -n) Stoff aus Abfallseide [frz.]
**Scharade** (die, -, -n) Rätsel, bei dem die Silben eines zusammengesetzten Wortes pantomimisch dargestellt werden [frz.]
**Scharaff** (der, -s, nur Ez.) in Israel vorkommender, heißer Wüstenwind [hebr.]
**Schäre** (die, -, -n) kleine Felsinsel [schwed.]
**Scharia** *auch:* Scheria (die, -, nur Ez.) im Koran und Hadith niedergeschriebene Regelungen für das gesamte islamische Leben [arab.]
**Scharlach** (der, -s, nur Ez.) **1** eine durch rötlichen Hautausschlag gekennzeichnete Infektionskrankheit **2** kräftiges Rot, himbeerrot
**Scharlatan** (der, -s, -e) jmd., der Kenntnisse oder Fähigkeiten vortäuscht [it.]

**Schar'la'ta'ne'rie** (die, -, -n) Tat, Vorgehensweise eines Scharlatans [it.-frz.]
**Scharm** (der, -(e)s, nur Ez.) = Charme
**Schar'müt'zel** (das, -s, -) unbedeutendes Kleingefecht [germ.-it.]
**schar'mut'zie'ren** (V.) flirten (veraltet)
**Schar'nier** (das, -s, -e) Drehgelenk; z.B. an Türen [frz.]
**Schar'pie** (die, -, nur Ez.) zerzupfter Stoff (als früheres Verbandsmaterial) [frz.]
**schar'rie'ren** (V.) Steine mit Steinmetzeisen behauen [lat.-frz.]
**Schar'te'ke** (die, -, -n) altes, verschmutztes/vergilbtes, wertloses Buch, dicker Schmöker [niederdt.]
**Schar'wen'zel** *auch:* Scher'wen'zel (der, -s, -) **1** in Kartenspielen der Bube bzw. Unter **2** umgangssprachlich einer, der jedem zu Diensten ist **3** in der Jägersprache Bezeichnung für Pudel [tschech.]
**schar'wen'zeln** *auch:* scher'wen'zeln (V.) jmdn. schmeichlerisch begleiten
**Schasch'lik** (der oder das, -s, -s) auf einem Spieß gebratene oder gegrillte Fleisch-, Speck-, Innereien-, Zwiebelstückchen u.a. [türk.-russ.]
**schas'sen** (V.) hinauswerfen (ugs.) [frz.]
**Scha'tul'le** (die, -, -n) Geld-, Schmuckkästchen [germ.-it.]
**Sche'be'cke** (die, -, -n) Schiff mit zwei bis drei Masten, mit dem im 17./18. Jahrhundert das Mittelmeer befahren wurde [arab.-span.-it.-frz.]
**Scheck** *auch:* Check(der, -s, -s) gedrucktes Formular mit einer Zahlungsanweisung [pers.-frz.]
**Sche'da** (die, -, -den) veraltet für ein Einzelblatt [lat.]
**Sched'bau** *auch:* Shed'bau (der, -(e)s, -ten) einstöckiges Bauwerk mit Satteldach [engl.]
**Sched'dach** *auch:* Shed'dach (das, -s, -dä'cher) aus verschiedenen großen und geneigten Flächen bestehendes Dach, Sattel- oder Sägedach [engl.]
**Scheich** *auch:* Scheik (der, -s, -s oder -e) islamischer Ehrentitel (für Stammesführer, weltliche und geistliche Würdenträger) [arab.]
**Sche'kel** (der, -s, -) israelische Währungseinheit [hebr.]
**Schelf** (der oder das, -s, -e) untermeerischer Festlandsockel [engl.]
**Schel'lack** (der, -s, -la'cke) ein von Schildläusen produzierter, harzartiger Stoff
**Sche'ma** (das, -s, -s oder -ta) Muster, Form; vereinfachte Darstellung [gr.]
**sche'ma'tisch** (Adj.) zu einem Schema gehörig, vereinfacht
**sche'ma'ti'sie'ren** (V.) nach einem Schema behandeln, einem Schema unterwerfen
**Sche'ma'tis'mus** (der, -, -men) **1** (geistloses) Festhalten an einem Schema **2** Amtspersonenverzeichnis (österr.) [gr.-nlat.]
**Schen** *auch:* Scheng (das, -s, -s) chinesische Mundharmonika [chin.]
**Sche'ol** (der, -s, nur Ez.) das Totenreich im Alten Testament [hebr.]
**Sche'ria** (die, -, nur Ez.) = Scharia
**Sche'rif** *auch:* Scha'rif (der, -en, -e oder -en) Nachkomme Mohammeds [arab.]
**scher'zan'do** [ske-] (Adv.) heiter, scherzend (bei Musikstücken) [it.]
**Scher'zo** [sker-] (das, -s, -s oder -zi) scherzando gespieltes Musikstück; schneller Sonatensatz [it.]
**Schi** (der, -(s), - oder -er) = Ski
**Schia** (die, -, nur Ez.) eine Hauptrichtung des Islams (der die Schiiten anhängen) [arab.]
**schick** (Adj.) modisch; schön (oft ironisch) [frz.]
**Schick** (der, -s, nur Ez.) schickes Aussehen
**Schi'cke'ria** (die, -, nur Ez.) unangenehme, schicke Personengruppe [frz.-it.]
**Schi'cki'mi'cki** (die, -, -s) jemand, der immer schick im Trend ist (ugs.)
**schif'ten** (V.) **1** die Position wechseln **2** verrutschen
**Schi'is'mus** (der, -, nur Ez.) Lehre der Schia
**Schi'it** (der, -en, -en) Anhänger der Schia
**schi'i'tisch** (Adj.) zur Schia gehörig
**Schi'ka'ne** (die, -, -n) **1** böswillig bereitete Schwierigkeit; mit allen Schikanen: mit allem Luxus **2** schwieriger Kurvenabschnitt (bei Autorennen) [frz.]
**schi'ka'nie'ren** (V.) Schikanen bereiten, peinigen

**schi'ka'nös** (Adj.) Schikanen bereitend

**Schi'ko'ree** (der, -s, nur Ez.) = Chicorée

**Schi'mä're** *auch:* Chi'mä're (die, -, -n) Hirngespinst, Trugbild [gr.-frz.]

**schi'mä'risch** *auch:* chi'mä'risch (Adj.) trügerisch [gr.-lat.-frz.]

**Schim'pan'se** (der, -n, -n) Menschenaffe [afrikan.]

**schim'pan'so'id** (Adj.) den Schimpansen ähnlich [afrikan.-gr.]

**Schi'na'kel** (das, -s, -n) kleines (Ruder-)Boot; schlechtes Boot (österr.) [ung.]

**Schin'to'is'mus** *auch:* Shin'to'is'mus (der, -, nur Ez.) eine japanische Religion (mit Verehrung von Naturkräften u.a.) [jap.-nlat.]

**Schin'to'ist** *auch:* Shin'to'ist (der, -is'ten, -is'ten) Anhänger des Schintoismus

**Schi'ras** (der, -, -) ein persischer Teppich

**Schi'rok'ko** (der, -s, -s) trocken-warmer Südwind (in den Mittelmeerländern) [arab.-it.]

**Schir'ting** (der, -s, -e oder -s) Baumwollgewebe, das als Futterstoff benutzt wird

**Schir'wan** (der, -s, -s) ein kaukasischer Teppich

**Schis'ma** (das, -s, -men) Kirchenspaltung [gr.]

**Schis'ma'ti'ker** (der, -s, -) jmd., der ein Schisma bewirkt; Anhänger einer schismatischen Gruppe

**schis'ma'tisch** (Adj.) zu einem Schisma gehörig, ein Schisma bewirkend, kirchenspalterisch

**Schi'wa** einer der Hauptgötter im Hinduismus

**schi'zo'gen** (Adj.) durch Spaltung entstanden (in der Botanik) [gr.]

**Schi'zo'go'nie** (die, -, -n) ungeschlechtliche Vermehrung durch Zellteilung [gr.]

**schi'zo'id** (Adj.) leicht schizophren [gr.]

**Schi'zo'my'zet** (der, -en, -en, meist Mz.) sich ungeschlechtlich durch Zellteilung vermehrende Bakterie, Spaltpilz

**Schi'zo'pha'sie** (die, -, -n) Äußerung zusammenhangloser Wörter und Sätze

**schi'zo'phren** (Adj.) **1** an Schizophrenie leidend **2** absurd, unverständlich

**Schi'zo'phre'nie** (die, -, -ien) seelische Krankheit mit Selbstentfremdungserlebnissen u.a.; z.B. Paranoia [gr.]

**schi'zo'thym** (Adj.) an einer latent vorhandenen Schizophrenie leidend

**Schi'zo'thy'mie** (die, -, nur Ez.) Veranlagung zur Schizophrenie, die nicht virulent wird

**Schlach'ta** (die, -, nur Ez.) polnischer Adel (früher) [dt.-poln.]

**Schla'mas'sel** (der oder das, -s, nur Ez.) umgangssprachliche Bezeichnung für Widrigkeiten, Unglück [jidd.]

**Schla'wi'ner** (der, -s, -) **1** pfiffiger, schlauer Bursche [süddt.] **2** Nichtsnutz [österr.]

**Schle'mihl** (der, -s, -e) **1** Unglücksrabe **2** Schlitzohr [hebr.]

**Schlipp** (der, -s, -s) = Slip

**Schmal'te** (die, -, -n) blaue Schmelze aus Kobalt [germ.-it.]

**Schma'sche** (die, -, -n) Fell totgeborener Lämmer [poln.]

**Schmon'zes** (der, -, nur Ez.) dummes Geschwätz [jidd.]

**Schmu** (der, -s, -) kleine, auf nicht ganz ehrliche Weise zur Seite gebrachte Geldbeträge [jidd.]

**Schmuggel** (der, -s, nur Ez.) Ausführen von Waren ohne Zoll zu bezahlen, Schleichhandel [niederdt.]

**schmug'geln** (V.) Ware außer Landes bringen ohne Zoll zu bezahlen, Schleichhandel betreiben [niederdt.]

**Schmus** (der, -es, nur Ez.) leeres Gerede, Geschwätz, Tratsch

**Schock** (der, -(e)s, -s) schwerer körperlicher oder seelischer Erschütterungszustand [frz.-engl.]

**scho'ckant** (Adj.) empörend (veraltet) [frz.]

**scho'cken** (V.) **1** = schockieren **2** durch künstlichen Schock behandeln

**Scho'cker** (der, -s, -) etwas Schockierendes (bes. ein Film); schockierende Person

**scho'ckie'ren** (V.) empören; Grauen einjagen [frz.]

**Schock'the'ra'pie** (die, -, -n) Erwirken von Heilung bei seelischen Erkrankungen, indem der Patient erneut einem Schock ausgesetzt wird

**Scho'far** (der, -(s), -, -fa'roth) Widderhorn, das am jüdischen Neujahrstag geblasen wird [hebr.]

**scho'fel** (Adj.) kleinlich; schäbig [hebr.-jidd.]
**Scho'gun** (der, -s, -e) = Shogun
**Scho'ko'la'de** (die, -, -n) **1** Kakaomasse mit Milch, Gewürzen u.a. **2** heißes Milchgetränk daraus [mex.]
**scho'ko'la'den** (Adj.) aus Schokolade
**scho'ko'lie'ren** (V.) etwas mit einem Schokoladenüberzug versehen [mex.-span.-niederl.-lat].
**Scho'lar** *auch:* Scho'last (der, -en, -en) fahrender Schüler (im Mittelalter) [lat.]
**Scho'las'tik** (die, -, nur Ez.) **1** eine mittelalterliche Kirchenphilosophie **2** engstirnige Schulweisheit [gr.]
**Scho'las'ti'ker** (der, -s, -) **1** Vertreter der Scholastik **2** Buchstabengelehrter studierender Ordensgeistlicher (Jesuiten)
**scho'las'tisch** (Adj.) **1** zur Scholastik gehörig **2** haarspalterisch, scheingelehrt
**Scho'las'ti'zis'mus** (der, -, nur Ez.) = Scholastik [gr.-nlat.]
**Scho'lie** [-liə] (die, -, -n) erklärende Anmerkung (die von einem Gelehrten an schwierigen Textstellen von Klassikern vorgenommen wurde) [gr.]
**Scho'li'on** (das, -s, -li'en) = Scholie
**Scho'ner** (der, -s, -) mehrmastiges Segelschiff mit Gaffelsegeln [engl.]
**Schöps** (der, -es, -e) Hammel (österr.) [tschech.]
**Scho'se** (die, -, -n) = Chose
**Schott** (der, -s, -s) nordafrikanische Salzwüste, Salzsumpf [arab.]
**Schot'te** (der, -n, -n) Ew. Schottlands
**schot'tisch** (Adj.) zu Schottland gehörig
**schraf'fen** (V.) = schraffieren
**schraf'fie'ren** (V.) mit (schrägen) Parallelstrichen bedecken; z.B. eine Schattenfläche in einer Zeichnung schraffieren [it.-frz.]
**Schraf'fur** (die, -, -en) schraffierte Fläche
**Schrap'nell** (das, -s, -e oder -s) Artilleriegeschoss mit Sprengladung, die kurz vor dem Auftreffen zerbirst [engl.]
**Schred'der** (der, -s, -) technische Vorrichtung zum Verschrotten von Autowracks [engl.]
**Schrimp** (der, -s, -s) = Shrimp
**Schu'bi'ack** (der, -s, -s oder -e) gemeiner Mensch, Gauner [niederl.]
**Schwa** (das, -s, -s) Laut, der in unbetonten Silben anstelle des vollen Vokals gesprochen wird [hebr.]
**Schwa'dron** (die, -, -en) kleinste Kavallerieeinheit [it.]
**Schwa'dro'na'de** (die, -, -n) das Schwadronieren, prahlendes Gerede
**Schwa'dro'neur** [-nøːɐ] (der, -s, -e) jmd., der schwadroniert
**schwa'dro'nie'ren** (V.) breit, lautstark und aufdringlich erzählen, wortreich, aber nichtssagend schwafeln [it.-frz.]
**schwoi'en** *auch:* schwo'jen [ʃvɔʏən] (V.) durch Strömung oder Wind vor Anker bewegt werden [altnord.-niederl.]
**Sci'ence-Fic'tion** *auch:* Sci'ence'fic'tion [saɪənsfɪkʃn] (die, -, nur Ez.) Literatur über Geschehnisse in der Zukunft (mit Schilderung naturwissenschaftlicher Sachverhalte) [engl.]
**Sci'en'to'lo'gy** [saiəntɔlɔdʒi] (die, -, nur Ez.) Sekte, die eine Theorie zur Erlangung vollkommener Gesundheit pflegt (Warenzeichen) [amerik.]
**sci'li'cet** [stsiːlitsɛt] (Adv.) nämlich [lat.]
**sciol'to** [ʃɔlto] in Phrasierung und Dynamik frei, Anweisung im Notentext [lat.-it.]
**Scoop** [skuːp] (der, -s, -s) Sondermeldung in den Medien [engl.]
**Scoo'ter** [skuːtə] (der, -s, -) Boot mit stählernen Kufen, um auf Wasser oder Eis zu segeln
**Scor'da'tu'ra** (die, -, -ren) = Skordatur [it.]
**Score** [skɔːr] (das, -s, -s) Spielstand; Punktzahl [engl.]
**sco'ren** (V.) einen Punkt, ein Tor machen [engl.]
**Scotch** [skɒtʃ] (der, -s, -s) schottischer Whisky [engl.]
**Scotch'ter'rier** [skɒtʃ-] (der, -s, -) kleine schwarze Jagdhunderasse [engl.]
**Scot'land Yard** (der, - -, nur Ez.) Hauptsitz der Kriminalpolizei in London [engl.]
**Scout** [skaʊt] (der, -s, -s) Pfadfinder [engl.]
**Scrab'ble** [skræbl] (das, -s, nur Ez.) ein Wortlegespiel (Warenzeichen) [engl.]
**Scra'pie** [skreɪpiː] (die, -, nur Ez.) Traberkrankheit, BSE ähnlich

**Scraps** (nur Mz.) aus den bodennahen Blättern der Tabakpflanze hergestellter Tabak [altnord.-engl.]
**scrat'chen** [skrætʃn] (V.) eine Schallplatte auf dem Plattenteller so hin- und herbewegen, dass besondere akustische Effekte entstehen [engl.]
**Scrat'ching** [skrætʃɪŋ] (das, -s, nur Ez.) Hervorbringen akustischer Effekte duch Scratchen [engl.]
**Screen** [skriːn] (der, -s, -s) Computerbildschirm [engl.]
**Screen'shot** [skriːnʃɔt] (der, -s, -s) Ausdruck d. grafischen Oberflächenansicht d. Computerbildschirms auf Papier [engl.]
**Screw'ball'ko'mö'die** [skruːbɔl-] (die, -, -n) temporeiche, freche Filmkomödie mit überdrehten Hauptfiguren [engl.]
**Scrib'ble** [skrɪbl] (das, -s, -s) Entwurf, Skizze (für eine Werbegrafik) [engl.]
**Scrip** (der, -s, -s) Gutschein; amerikanisches Besatzungsgeld (in Deutschland) [engl.]
**Script'girl** [-gɜːl] (das, -s, -s) Sekretärin des Regisseurs (im Filmatelier) [engl.]
**scrol'len** (V.) Ansichten am Computerbildschirm auf- und abbewegen [engl.]
**Scrol'ling** (das, -s, nur Ez.) Bewegen von Bildschirmansichten [engl.]
**Scrub** [skrʌb] (der, -s, -s) trockenes australisches Dornbuschland [engl.]
**Scu'do** (der, -, -di) antike italienische Münze
**sculp'sit** hat es gestochen (hinter dem Namen eines Kupferstechers) [lat.]
**Scyl'la** *auch:* Szyl'la (die, -, nur Ez.) sechsköpfiges Seeungeheuer in den Schriften von Homer
**SDI** [ɛsdiːaɪ] (das, -, nur Ez.) Abk. für **S**trategic **D**efense **I**nitiative, amerik. Forschungsprojekt für ein Raketenabwehrsystem im Weltraum [engl.]
**Seal** [siːl] (der oder das, -s, -s) Pelz des Seebären [engl.]
**Seal'skin** [siːl-] (der oder das, -s, -s) = Seal
**Séan'ce** [seɑ̃ːs] (die, -, -n) spiritistische Sitzung [lat.-frz.]
**Sea'son** (die, -, -s) englische Bezeichnung für Zeiten des Hochbetriebs, Saison [engl.]

S

**Seb'cha** [sɛbxa] (die, -, -s) Salzsumpf in der Sahara (Geo.) [arab.]
**Se'bor'rhö** (die, -, -en) übermäßige Absonderung der Talgdrüsen (bes. am Kopf, im Gesicht) [lat.-gr.]
**SECAM-Sys'tem** (das, -s, nur Ez.) französisches Farbfernsehsystem
**sec'co** (Adj.) trocken [ital.]
**Sec'co'ma'le'rei** (die, -, -en) Wandmalerei auf trockenem Untergrund [lat.-it.]
**Se'cen'tis'mus** (der, -, nur Ez.) Stilrichtung der italienischen Barockdichtung des 17. Jh.
**Se'cen'to** [-tʃɛn-] (das, -(s), nur Ez.) = Seicento
**se'con'da vol'ta** erste Wiederholung eines Teils in einem Musikstück [lat.-it.]
**se'cond'hand** [sekəndhænd] (Adj.) gebraucht (bes. von Kleidung) [engl.]
**Se'cret Service** [siːkrɪt sɜːvɪs] (der, - -, nur Ez.) britischer Geheimdienst [engl.]
**Sec'tio au'rea** (die, --, nur Ez.) bestimmtes, ausgewogenes Verhältnis zweier verschieden großer Teilstrecken zueinander, bei dem sich der kleinere Teil zum größeren ebenso verhält wie der größere zum Ganzen, goldener Schnitt [lat.]
**Sec'tio cae'sa'rea** (die, -, nur Ez.) Kaiserschnitt (Med.)
**se'da'tiv** (Adj.) beruhigend [lat.]
**Se'da'tiv** (das, -s, -e) = Sedativum
**Se'da'ti'vum** (das, -s, -va) Beruhigungsmittel [lat.]
**Se'dez** (das, -es, nur Ez.) aus 16-blättrigen Bögen gebundenes Buch [lat.]
**se'die'ren** (V.) ruhig stellen (durch Verabreichung eines Sedativums) (Med.)
**Se'die'rung** (die, -, -en) **1** Schmerzlinderung durch Verabreichung von Medikamenten **2** Beruhigung eines Patienten (Med.)
**Se'di'le** (das, -s, -li'en) **1** Sitz ohne Lehne für die amtierenden Priester beim Hochamt **2** ausklappbarer Sitz im Chorgestühl [lat.]
**Se'di'ment** (das, -(e)s, -e) abgelagertes Gestein; Gesteinsschicht [lat.]
**se'di'men'tär** (Adj.) durch Sedimentation entstanden, abgelagert
**Se'di'men'ta'tion** (die, -, -ti'o'nen) Ablagerung (von festem Material, Gestein) [lat.]

**Se'dis'va'kanz** (die, -, -en) Zeitraum, in dem ein Bischofs-, Papststuhl nach dem Tod des Inhabers unbesetzt bleibt [lat.]
**Se'di'ti'on** (die, -, -ti'o'nen) veraltet für Aufstand, Aufruhr
**se'di'ti'ös** (Adj.) aufständisch, aufrührerisch [lat.]
**Se'duk'ti'on** (die, -, -ti'o'nen) veraltet für Verführung [lat.]
**Se'dum** (das, -s, -da) Dickblattgewächs [lat.]
**se'du'zie'ren** (V.) veraltet für: verführen [lat.]
**Seg'ment** (das, -(e)s, -e) **1** Abschnitt, Teilstück (von etwas Gegliedertem) **2** Fläche, die eine Gerade (oder Ebene) von einem Kreis (oder einer Kugel) abschneidet **3** sprachlich bedeutungsvoller Abschnitt; z.B. die Morpheme, Phoneme eines Wortes [lat.]
**seg'men'tal** (Adj.) als Segment, segmentförmig
**seg'men'tär** (Adj.) aus Segmenten gebildet
**Seg'men'ta'ti'on** (die, -, -ti'o'nen) Aufgliederung in Segmente
**seg'men'tie'ren** (V.) in Segmente teilen
**Se'gno** [seɲo] (das, -s, -s oder -ni) Zeichen im Notentext, ab dem oder bis zu dem ein Teil wiederholt werden soll [lat.-it.]
**Se'gre'ga'ti'on** (die, -, -ti'o'nen) räumliche Trennung, Absonderung (von Bevölkerungsgruppen) [lat.]
**se'gre'gie'ren** (V.) eine Segregation vornehmen, aufspalten
**Se'gui'dil'la** [zegidɪlja] (die, -, nur Ez.) spanischer Tanz, den die Tänzer selbst mit Kastagnetten begleiten [lat.-span.]
**Sei'cen'to** *auch:* Se'cen'to [seitʃɛnto] (das, -(s), nur Ez.) das 17. Jh. als italienische Stilepoche
**Seiches** [sɛːʃ] (nur Mz.) Schwingungen des Wasserspiegels (in Buchten, Seen) [frz.]
**Sei'gnette'salz** [sɛ̃ɛt-] abführend wirkendes Kaliumnatriumsalz der Weinsäure [frz.]
**Sei'gneur** [sɛɲøːʁ] (der, -s, -s) **1** französischer Lehnsherr **2** = Grandseigneur, vornehmer, gewandter Herr
**Sei'sing** (das, -s, nur Ez.) kurzes Seilstück in der Schifffahrt
**Seis'mik** (die, -, nur Ez.) = Seismologie
**seis'misch** (Adj.) zur Seismologie gehörig; zu einem Erdbeben gehörig
**Seis'mo'graf** *auch:* Seis'mo'graph (der, -en, -en) Gerät, das selbsttätig Erdbeben misst und Schwingungsstöße in Seismogrammen aufzeichnet [gr.]
**Seis'mo'gramm** (das, -s, -e) Aufzeichnung eines Seismografen [gr.]
**Seis'mo'lo'gie** (die, -, nur Ez.) Erdbebenkunde [gr.]
**seis'mo'lo'gisch** (Adj.) zur Seismologie gehörig, mit ihrer Hilfe
**Seis'mo'me'ter** (das, -s, -) Gerät, das Stärke, Größe und die Art von Erdbeben misst
**Seis'mo'nas'tie** (die, -, nur Ez.) Pflanzenbewegung, die durch Stoß hervorgerufen wird und nicht mit der Reizrichtung zusammenhängt
**Seis'mo'skop** (das, -s, -e) veraltetes Messgerät zur Registrierung von Erdbeben
**Sejm** (der, -s, nur Ez.) poln. Volksvertretung
**Se'junk'ti'on** [-tsjoːn] (die, -, -ti'o'nen) fehlende oder eingeschränkte Fähigkeit, Bewusstseinsinhalte zu verbinden [lat.]
**Se'kans** (der, -, -kan'ten) Verhältnis der Hypotenuse zur Ankathete (im rechtwinkligen Dreieck) [lat.]
**Se'kan'te** (die, -, -n) Gerade, die eine Kurve schneidet [lat.]
**Se'kel** *auch:* Sche'kel (der, -s, -) altes hebräisches, orientalisches Gewicht [hebr.]
**sek'kant** (Adj.) lästig (österr.) [it.]
**sek'kie'ren** (V.) **1** jmdn. schikanieren, quälen **2** jmdn. necken [it.]
**Sek'ko'ma'le'rei** (die, nur Ez.) = Seccomalerei
**Se'kond** (die, -, -en) eine Klingenhaltung (beim Fechten) [it.]
**se'kret** (Adj.) geheim (veraltet); abgesondert [lat.]
**Se'kret** (das, -(e)s, -e) Drüsenabsonderung; vertrauliche Mitteilung [it.]
**Se'kre'tar** (der, -s, -e) Geschäftsführer, Abteilungsleiter
**Se'kre'tär** (der, -s, -e) **1** Schreiber (früher) **2** Geschäfts-, Schriftführer; Beamter des mittleren Dienstes **3** Schreibschrank **4** ein hochbeiniger afrikanischer Greifvogel [frz.]

**Se'kre'ta'ri'at** (das, -(e)s, -e) Verwaltungsabteilung, Dienststelle eines Sekretärs (2), Raum eines Sekretariats
**Se'kre'ta'rie** (die, -, -n) päpstliche Behörde
**Se'kre'ta'ri'us** (der, -, -rii) veraltet für Sekretär [lat.]
**se'kre'tie'ren** (V.) **1** (als Sekret) absondern, ausscheiden **2** unter Verschluss halten; z.B. Schriftstücke
**Se'kre'ti'on** (die, -, -ti'onen) Absonderung (von Drüsenstoffen, von Lösungen in Gestein) [lat.]
**se'kre'to'risch** (V.) zur Sekretion gehörig (Med.)
**Sekt** (der, -(e)s, -e) Schaumwein mit mind. 10% Alkoholgehalt [it.-frz.]
**Sek'te** (die, -, -n) Glaubensgemeinschaft, die sich von einer bereits bestehenden religiösen Großgruppierung losgelöst hat (meist abwertend) [lat.]
**Sek'tie'rer** (der, -s, -) Abweichler; Sektenangehöriger
**sek'tie're'risch** (Adj.) Anhänger einer Sekte sein [lat.]
**Sek'ti'on** (die, -, -ti'onen) **1** das Sezieren **2** Gruppe, Unterabteilung, Bereich
**Sek'ti'ons'chef** (der, -s, -s) Abteilungsleiter eines Amts
**Sek'tor** (der, -s, -to'ren) **1** Abschnitt, Teilgebiet **2** Ausschnitt (eines Kreises, einer Kugel) [lat.]
**Se'kund** (die, -, -en) = Sekunde (österr.)
**Se'kun'da** (die, -, -den) zehntes und elftes Schuljahr (an Gymnasien) [lat.]
**Se'kun'da'ner** (der, -s, -) Schüler der Sekunda
**Se'kun'dant** (der, -en, -en) Zweikampfbetreuer; z.B. beim Boxen; Duellbeistand, -zeuge [lat.]
**Se'kun'danz** (die, -, -en) **1** Aufgaben eines Sekundanten **2** Beistand [lat.]
**se'kun'där** (Adj.) **1** zweitrangig, untergeordnet **2** nachträglich [lat.]
**Se'kun'där'emis'si'on** (die, -, -en) nach mehreren Teilprozessen auftretende Emission
**Se'kun'där'ener'gie** (die, -, -n) aus Primärenergie abgeschöpfte Energie
**Se'kun'där'in'fek'ti'on** (die, -, -ti'onen) nochmalige Infektion (eines bereits infizierten Kranken) [lat.]
**Se'kun'där'li'te'ra'tur** (die, -, nur Ez.) Schrifttum über bereits bestehende Texte; z.B. die Interpretationen eines Gedichts
**Se'kun'där'roh'stoff** (der, -(e)s, -e) Altmaterial
**Se'kun'dar'schu'le** (die, -, -n) in der Schweiz eine höhere Volksschule
**Se'kun'där'sta'tis'tik** (die, -, -en) Auswertung von Informationen, die primär nicht zu statistischen Zwecken gesammelt wurden
**Se'kun'dar'stu'fe** (die, -, -n) **1** Klassen der Hauptschule (5.–9. Schuljahr) **2** Klassen des Gymnasiums (5.–13. Schuljahr)
**Se'kun'de** (die, -, -n) **1** sechzigster Teil einer Minute **2** (*auch:* Se'kund) zweite Stufe der diatonischen Tonleiter [lat.]
**se'kun'die'ren** (V.) als Sekundant beistehen, helfen
**Se'kun'do'ge'ni'tur** (die, -, -en) Besitzrecht der Linie der zweitgeborenen Söhne in Fürstenhäusern [lat.]
**Se'ku'rit** (das, -s, nur Ez.) ein splittersicheres Glas (Warenzeichen) [Kunstwort]
**Se'ku'ri'tät** (die, -, nur Ez.) Sicherheit (veraltet) [lat.]
**Se'la** (das, -s, -s) ein alttestamentliches Psalmenzeichen [hebr.]
**Se'la'chi'er** [selaxi:r] (der, -s, -) Hai
**Se'la'don** (das, -s, -s) grün glasiertes chinesisches Porzellan [frz.]
**Se'la'gi'nel'la** *auch:* Se'la'gi'nel'le (die, -, -n) Moosfarn
**Se'lam** (der, -s, nur Ez.) = Salam [arab.]
**Se'lam a'lei'kum** arab. für: Friede sei mit Euch! (Gruß)
**Se'lam'lik** (der, -s, -s) Raum zur Begrüßung der Gäste in einem vornehmen muslimischen Haus [türk.]
**Sel'dschu'ke** (der, -n, -n) Angehöriger eines türkischen Herrschergeschlechts in Kleinasien, im Iran (früher)
**se'lek'tie'ren** (V.) auswählen [lat.]
**Se'lek'ti'on** (die, -, -ti'onen) **1** Auswahl, Auslese **2** Auslese und Fortentwicklung der bestangepassten Lebewesen, Zuchtwahl [lat.]
**se'lek'ti'o'nie'ren** (V.) = selektieren
**se'lek'tiv** (Adj.) **1** auswählend **2** trennscharf (bei Radios) [lat.-engl.]
**Se'lek'ti'vi'tät** (die, -, nur Ez.) das Selektivsein

**Se'len** (das, -s, nur Ez.) ein Element [gr.]
**Se'le'nat** (das, -(e)s, -e) Salz der Selensäure [gr.]
**Se'le'nit** (der, -s, -e) Gips [gr.]
**Se'le'no'gra'fie** *auch:* Se'le'no'gra'phie (die, -, -n) Mondbeschreibung (durch kartographische Darstellung) [gr.]
**Se'le'no'lo'ge** (der, -n, -n) Mondforscher, Mondgeologe [gr.-lat.]
**Se'le'no'lo'gie** (die, -, nur Ez.) Wissenschaft von der geologischen Beschaffenheit des Mondes [gr.-lat.]
**se'le'no'lo'gisch** (Adj.) die Mondkunde betreffend [gr.-lat.]
**Se'len'zel'le** (die, -, -n) Fotozelle, die Lichtimpulse in elektrische Stromschwankungen umwandelt
**Selfak'tor** [sɛlfæktə] (der, -s, -s) Maschine zum Spinnen, bei der sich die Spindeln auf einem beweglichen Wagen befinden [engl.]
**Self'ap'peal** [sɛlfəpiːl] (der, -s, nur Ez.) Eigenwerbewirkung einer Ware
**Self'ful'fil'ling Pro'phe'cy** [ʃɛlffʊlfɪlɪŋ prɔfɪsi] (die, - -, - -s) Anstieg der Wahrscheinlichkeit dafür, dass eine Begebenheit stattfindet, weil man sie vorher bereits erwartet hat [engl.]
**Selfmade'man** [selfmeɪdmæn] (der, -s, -men) jmd., der aus eigener Kraft wohlhabend geworden ist [engl.]
**Self'ser'vice** (der, -, nur Ez.) Selbstbedienung [engl.]
**Sel'le'rie** (der, -s, -s) ein Doldengewächs, Gemüse-, Würzpflanze [gr.]
**Sel'ler-Tel'ler** (der, -s, -) (wöchentliche) Hitliste der bestgehenden Buchtitel [engl.]
**Sem** (das, -s, -e) kleinstes bedeutungsunterscheidendes Merkmal [gr.]
**Se'man'tem** (das, -s, -e) inhaltliche Bedeutung eines Wortes (Sprachwissenschaft)
**Se'man'tik** (die, -, nur Ez.) Lehre von der Bedeutung von Wörtern und sprachlichen Zeichen [gr.]
**se'man'tisch** (Adj.) zur Semantik gehörig
**Se'ma'phor** (das oder der, -s, -e) Signalmast mit verstellbaren Armen [gr.]
**Se'ma'sio'lo'gie** (die, -, nur Ez.) = Semantik (ältere Bezeichnung); historische (Wort-)Bedeutungslehre [gr.]
**Se'mé** (das, -, nur Ez.) **1** mit Ornamenten, Wappen und anderen Motiven verzierter Bucheinband im 16. bis 18. Jahrhundert **2** gleichmäßige Anordnung verschiedener Motive um ein Wappen [lat.-frz.]
**Se'mei'o'gra'fie** *auch:* Se'mei'o'gra'phie (die, -, nur Ez.) Zeichenschrift, Notenschrift [gr.-lat.]
**Se'mem** (das, -s, -e) semantisches Merkmal; z.B. das Merkmal „weiblich“ beim Wort „Löwin“
**Se'mes'ter** (das, -s, -) Studienhalbjahr [lat.]
**se'mes'tral** (Adj.) veraltet für halbjährig, halbjährlich [lat.]
**se'mi'arid** (Adj.) halbtrocken (Geo.)
**Se'mi'fi'na'le** (das, -s, -) Halbfinale, Vorschlussrunde [lat.-it.]
**Se'mi'ko'lon** (das, -s, -s oder -la) Strichpunkt [lat.-gr.]
**Se'mi'mi'ni'ma** (die, -, -mae) Viertelnote (Mus.) [lat.]
**se'mi'lu'nar** (Adj.) halbmondförmig [lat.]
**Se'mi'nar** (das, -s, -e auch -na'ri'en) Bildungsstätte; Fortbildungskurs; Gemeinschaft von Lernenden [lat.]
**Se'mi'na'rist** (der, -ris'ten, -ris'ten) Seminarteilnehmer
**se'mi'na'ris'tisch** (Adj.) das Seminar, den Seminaristen betreffend [lat.]
**Se'mio'lo'gie** (die, -, nur Ez.) = Semiotik
**Se'mi'o'tik** (die, -, nur Ez.) **1** Lehre von den sprachlichen Zeichen und ihrer Nachrichtenfunktion **2** = Symptomatologie [gr.]
**se'mi'o'tisch** (Adj.) zur Semiotik gehörig
**se'mi'per'me'a'bel** (Adj.) halbdurchlässig, z. B. eine semipermeabele Membran [lat.]
**Se'mit** (der, -en, -en) Angehöriger einer Sprach- (und Völker-)Familie im Nahen Osten und in Nordafrika; z.B. Araber, Israeli, Äthiopier [hebr.-nlat.]
**se'mi'tisch** (Adj.) zu den Semiten gehörig
**Se'mi'tist** (der, -tis'ten, -tis'ten) Wissenschaftler für neusemitische Sprachen und Literatur [lat.]
**Se'mi'tis'tik** (die, -, nur Ez.) Wissenschaft von den semitischen Sprachen und Literaturen, Teilgebiet der Orientalistik
**se'mi'tis'tisch** (Adj.) zur Semitistik gehörig

**Se'mi'to'ni'um** (das, -s, -nia und -ni'en) Halbtonschritt in der Musik [lat.]
**sem'per ali'quid hae'ret** [-hɛː-] immer bleibt etwas hängen (bei übler Nachrede) [lat.]
**sem'per idem** Bemerkung Ciceros über den Gleichmut des Sokrates „immer der-, dasselbe" [lat.]
**Sem'per'vi'vum** (das, -s, -va) Dickblattgewächs [lat.]
**sem'pli'ce** [-plitʃe] Vortragsanweisung im Notentext mit der Bedeutung einfach, schlicht [lat.-it.]
**sem'pre** Anweisung im Notentext mit der Bedeutung „immer" [lat.]
**Sen** (der, -(s), - oder -s) kleinste Währungseinheit (u.a. in Indonesien, Japan, Malaysia) [chin.]
**Se'nat** (der, -(e)s, -e) **1** altrömischer Ältestenrat **2** Regierung (u.a. in Hamburg, Berlin) **3** Richterkollegium **4** beratendes Gremium; Selbstverwaltungsgremium **5** erste Kammer (der US-Volksvertretung) [lat.]
**Se'na'tor** (der, -s, -to'ren) Senatsmitglied
**se'na'to'risch** (Adj.) zum Senat gehörig
**Se'ne'ga'le'se** (der, -n, -n) Einwohner der Republik Senegal in Westafrika
**Se'ne'ga'wur'zel** (die, -, -n) als Heilmittel verwendete Wurzel einer nordamerikanischen Kreuzblume [indian.-dt.]
**Se'ne'schall** (der, -s, -e) für die Hofhaltung zuständiger Beamter während der Merowingerzeit [germ.-frz.]
**Se'nes'zenz** (die, -, nur Ez.) das (biologische) Altern [lat.]
**Sen'hor** [sɛɲoːɐ] (der, -s, -es) Herr (als portugiesische Anrede)
**Sen'ho'ra** [sɛɲoːra] (die, -, -s) Frau (als portugiesische Anrede)
**Sen'ho'ri'ta** (die, -, -s) Fräulein (als portugiesische Anrede)
**se'nil** (Adj.) altersschwach, vergreist [lat.]
**Se'ni'li'tät** (die, -, nur Ez.) das Senilsein
**se'ni'or** der Ältere (hinter einem Familiennamen) [lat.]
**Se'ni'or** (der, -s, -en) **1** der Ältere, Älteste; ältester Sportler (einer Mannschaft, Wettkampfdisziplin) **2** (nur Mz.) ältere Bürger [lat.]
**Se'ni'o'rat** (das, -(e)s, -e) Ältestenrecht, -würde [lat.]
**Se'ni'or'chef** (der, -s, -s) Inhaber eines Unternehmens, in dem auch sein Sohn beschäftigt ist
**Se'ni'um** (das, -s, nur Ez.) Greisenalter (Med.) [lat.]
**Sen'nes'blät'ter** (nur Mz.) als Abführmittel verwendete, getrocknete Blätter verschiedener indischer und ägyptischer Pflanzen [arab.-roman.-dt.]
**Se'non** (das, -s, nur Ez.) zweitjüngste Schicht in der oberen Kreideformation (Geol.)
**Se'ñor** [-ɲoːɐ] (der, -s, -es) Herr (als spanische Anrede)
**Se'ño'ra** [-ɲoːra] (die, -, -s) Frau (als spanische Anrede)
**Se'ño'ri'ta** [-ɲo-] (die, -, -s) Fräulein (als spanische Anrede
**Sen'sal** (der, -s, -e) freiberuflicher Makler (österr.) [it.]
**Sen'sa'lie** *auch:* Sen'sa̲rie [-liə] (die, -, -n) Maklergebühr (österr.) [it.]
**Sen'sa'rie** [-riə] (die, -, -n) = Sensalie
**Sen'sa'ti'on** (die, -, -ti'o̲nen) **1** Aufsehen erregendes Ereignis **2** Empfindung [frz.]
**sen'sa'ti'o'nell** (Adj.) Aufsehen erregend [frz.]
**sen'si'bel** (Adj.) empfindsam; reizempfindlich [frz.]
**Sen'si'bi'li'sa'tor** (der, -s, -to̲'ren) chemischer Stoff, der die Lichtempfindlichkeit fotografischer Schichten erhöht [lat.]
**sen'si'bi'li'sie'ren** (V.) empfindlich(er) machen für Reize und Eindrücke [frz.]
**Sen'si'bi'li'sie'rung** (die, -, -en) **1** angeborene oder durch Krankheit angeregte Fähigkeit des Körpers, Antikörper zu bilden **2** durch z.B. Impfung veranlasste Bildung von Antikörpern [lat.]
**Sen'si'bi'li'tät** (die, -, nur Ez.) das Sensibelsein
**Sen'si'le** (die, -, -n) Sinneszelle
**sen'si'tiv** (Adj.) sehr sensibel [frz.]
**sen'si'ti'vie'ren** (V.) fotografische Schichten stark empfindlich machen [lat.]
**Sen'si'ti'vi'täts'trai'ning** *auch:* Sen'si'ti̲'vi'ty-trai'ning [sensɪtɪvətɪ treɪnɪŋ] (das, -s, nur Ez.) Therapiemethode, in Gruppen bestimmte menschliche Verhaltensweisen verstehen und damit umgehen zu lernen [engl.]

**Sen|si|to|me|trie** (die, -, nur Ez.) Messung der Empfindlichkeit fotografischer Schichten [lat., gr.]
**sen|so|mo|to|risch** (Adj.) zum Zusammenwirken der Sinneseindrücke und der Bewegung gehörig, darauf beruhend [lat.]
**Sen|sor** (der, -s, -so|ren) Messfühler (der über einen chemischen, physikalischen Zustand Auskunft gibt und ihn beeinflusst) [lat.]
**sen|so|ri|ell** (Adj.) = sensorisch
**Sen|so|ri|en** (nur Mz.) die Zellen in der Großhirnrinde, die für die bewusste Wahrnehmung von Sinnesreizen zuständig sind [lat.]
**sen|so|risch** (Adj.) zu den Sinnesorganen, -wahrnehmungen gehörig [lat.]
**Sen|so|ri|um** (das, -s, nur Ez.) alle Sinneswahrnehmungen; der sie hervorbringende Gehirnbereich [lat.]
**Sen|su|a|lis|mus** (der, -, nur Ez.) philosophische Lehre, die Erkenntnis auf Sinneswahrnehmung zurückführt [lat.]
**Sen|su|a|list** (der, -lis|ten, -lis|ten) Vertreter des Sensualismus
**sen|su|a|lis|tisch** (Adj.) den Sensualismus betreffend
**Sen|su|a|li|tät** (die, -, nur Ez.) Wahrnehmungsvermögen [lat.]
**sen|su|ell** (Adj.) mit den Sinnen wahrnehmbar [frz.]
**Sen|sus** (der, -, -) Sinn, Wahrnehmung [lat.]
**Sen|sus com|mu|nis** (der, -, nur Ez.) gesunder Menschenverstand [lat.]
**Sen|tenz** (die, -, -en) Urteil mit Anspruch auf Allgemeingültigkeit; Sinnspruch [lat.]
**sen|ten|zi|ös** (Adj.) als Sentenz formuliert
**Sen|ti|ment** [sãtimã] (das, -s, -s) Empfindung, (negatives) Gefühl [frz.]
**sen|ti|men|tal** (Adj.) übertrieben gefühlvoll, rührselig [frz.]
**Sen|ti|men|ta|le** (die, -n, -n) Rollenfach der jugendlich-sentimentalen Mädchengestalt im Schauspiel
**sen|ti|men|ta|li|sie|ren** (V.) veraltet für: sich affektiert benehmen [lat.-frz.-engl.]
**Sen|ti|men|ta|li|tät** (die, -, -en) das Sentimentalsein, Rührseligkeit

**Se|nus|si** (der, -, - oder -sen) Mitglied eines kämpferischen islamischen Ordens, der in Nordafrika ansässig ist
**sen|za** (Adv.) ohne; z.B. senza pedale, senza sordino: ohne Pedal, ohne Dämpfer (in der Musik) [it.]
**Se|pa|ran|dum** (das, -s, -da, meist Mz.) Medikament, das besonders sicher verwahrt wird wie Opiate oder Gift [lat.]
**se|pa|rat** (Adj.) abgesondert, einzeln [lat.]
**Se|pa|ra|ta** (Mz.) Sonderdrucke [lat.]
**Se|pa|ra|ti|on** (die, -, -ti|o|nen) Absonderung, Abtrennung [lat.]
**Se|pa|ra|tis|mus** (der, -, nur Ez.) Streben nach Separation (eines Staatsteiles)
**Se|pa|ra|tist** (der, -tis|ten, -tis|ten) Separatismusanhänger
**Se|pa|ra|tor** (der, -s, -to|ren) Trennvorrichtung [lat.]
**se|pa|ra|tis|tisch** (Adj.) **1** den Separatismus betreffend **2** eine Neigung zum Separatismus habend **3** die Meinungen des Separatismus vertretend
**Sé|pa|ree** *auch:* Se|pa|rée (das, -s, -s) abgetrennter Raum, Nebenraum; z.B. um ungestört zu zweit zu speisen [frz.]
**se|pa|rie|ren** (V.) absondern, trennen [lat.]
**Se|phar|dim** (nur Mz.) von der Iberischen Halbinsel ausgewanderte, Spanisch sprechende Juden [hebr.]
**se|phar|disch** (Adj.) die Sephardim betreffend
**se|pia** (Adj.) stumpf, schwärzlich graubraun
**Se|pia** (die, -, -pi|en) **1** ein Tintenfisch **2** Farbe aus seinem Drüsensekret [gr.]
**Se|pie** (die, -, -n) = Sepia
**Se|pio|lith** (der, -en, -en) Meerschaum [gr.]
**Sep|pu|ku** (das, -(s), -s) = Harakiri [jap.]
**Sep|sis** (die, -, -sen) Blutvergiftung [gr.]
**Sept** (die, -, -en) = Septime [lat.]
**Sep|ten|nat** (das, -(e)s, -e) Zeitraum von sieben Jahren [lat.]
**Sep|ten|ni|um** (das, -s, -ni|en) = Septennat
**sep|ten|tri|o|nal** (Adj.) nördlich [lat.]
**Sep|tett** (das, -(e)s, -e) **1** siebenstimmiges Musikstück **2** siebenköpfiges Musikerensemble [lat.]
**Sept|hä|mie** (die, -, -n) = Sepsis
**Sep|tim** (die, -, -en) = Septime

**Septima** (die, -, -men) siebente Gymnasiumsklasse (österr.) [lat.]
**Septime** *auch:* Septim [sɛp-] (die, -, -n) siebente Stufe der diatonischen Tonleiter; über sieben Töne reichendes Intervall [lat.]
**septisch** (Adj.) **1** zur Sepsis gehörig **2** nicht keimfrei
**Septole** (die, -, -n) Gruppe von sieben Noten auf den Wert von sechs oder acht Noten [lat.]
**Septuagesima** (die, -, nur Ez.) neunter Sonntag vor Ostern [lat.]
**Septuaginta** (die, -, nur Ez.) älteste und wichtigste Übersetzung des Alten Testaments ins Griechische [lat.]
**Septum** (das, -s, -ta oder -ten) Scheidewand; z.B. der Nase [lat.]
**sepulkral** (Adj.) ein Begräbnis betreffend
**sequentiell** (Adj.) = sequenziell [lat.]
**Sequenz** (die, -, -en) **1** Aufeinanderfolge von Gleichartigem, Reihe **2** Wiederholung einer Tonfolge auf höherer oder niedrigerer Tonstufe [lat.]
**Sequenzer** (der, -s, -) Kleincomputer im Synthesizer, der Tonfolgen speichert, dehnt, komprimiert und wiedergibt
**sequenziell** *auch:* sequentiell (Adj.) Schritt für Schritt zu verarbeiten (bei Ausweisungen eines Computerprogramms) [lat.]
**sequenzieren** (V.) eine Sequenz durchführen [lat.]
**Sequester** (der, -s, -) **1** jmd., der bis zur Klärung eines Streitfalles vom Gericht als Verwalter eingesetzt ist **2** oder (das, -s, -) abgestorbenes, abgelöstes Stück Knochengewebe [lat.]
**Sequestration** (die, -, -tionen) **1** Sachwahrung durch einen Sequester (Rechtsw.) **2** Abstoßung eines Sequesters (Med.)
**sequestrieren** (V.) **1** durch einen Sequester verwahren, zwangsverwalten **2** einen Sequester bilden **3** ein abgestorbenes Knochenstück abstoßen (Med.)
**Sequoia** (die, -, -ien) = Sequoie
**Sequoie** *auch:* Sequoia (die, -, -n) Mammutbaum [indian.-nlat.]
**Sérac** (der, -s, -s) durch einen stärkeren Gefällsknick ausgelöster Eisbruch oder Gletschersturz [frz.]
**Serafim** (Mz.) = Seraphim
**Serail oder** [-raj] (das, -s, -s) Sultanspalast [pers.-türk.]
**Serapeion** (das, -s, -eia) Tempelanlage zur Verehrung des ägyptisch-griechischen Gottes Serapis
**Seraph** (der, -s, -e oder -im) sechsflügliger Engel mit Schlangenleib [hebr.]
**Seraphim** *auch:* Serafim Mz. von Seraph
**seraphisch** (Adj.) wie ein Seraph, engelsgleich
**Serbe** (der, -n, -n) Ew. Serbiens
**serbisch** (Adj.) zu Serbien gehörig
**Serenade** (die, -, -n) **1** Abendmusik, Ständchen **2** freies, fünf- bis siebensätziges Instrumentalstück [it.]
**Serenissimus** (der, -, -mi) **1** Durchlaucht (als Fürstenanrede; veraltet) **2** Fürst eines Kleinstaats (ironisierend) [lat.]
**Serenität** (die, -, nur Ez.) veraltet für Heiterkeit
**Serge** *auch:* Sersche [sɛrʒ] (die auch der, -, -n) ein Futterstoff [frz.]
**Sergeant** [-ʒɑ̃ː] oder [sɑːdʒənt] (der, -en oder -s, -en oder -s) Unteroffizier [frz.-engl.]
**Serial** [sɪərɪəl] (das, -s, -s) **1** Fernsehserie **2** Fortsetzungsroman [engl.]
**Serie** [-riə] (die, -, -n) Folge, Reihe (von etwas Gleichartigem) [lat.]
**seriell** (Adj.) **1** als Serie, nacheinander gereiht; z.B. Bildfolgen seriell verbinden **2** sich auf die zwölf Töne der Zwölftonmusik in der Komposition beziehend, feststehende Tonreihen verwendend [frz.]
**Serife** (die, -, -n) kleiner Ansatz- oder Abschlussstrich, Querstrich (bei Antiquabuchstaben) [viell. niederl.]
**Serigrafie** *auch:* Serigraphie (die, -, -n) Siebdruck [lat.-gr.]
**serio** ernst, getragen, bedächtig (Mus.)
**seriös** (Adj.) **1** ernsthaft **2** gediegen; vertrauenswürdig [frz.]
**Seriosität** (die, -, nur Ez.) das Seriössein; Vertrauenswürdigkeit
**Serir** (die, -, -e) Kies- oder Geröllwüste in Libyen [arab.]
**Sermon** (der -s, -e) langweiliges, weitschweifiges Gerede [lat.]

**Se|ro|di|ag|nos|tik** (die, -, nur Ez.) das Erstellen einer Diagnose durch serologische Überprüfung (Med.)
**Se|ro|lo|gie** (die, -, nur Ez.) Wissenschaft vom Serum [lat.-gr.]
**se|rös** (Adj.) 1 serumähnliche Drüsenflüssigkeit absondernd 2 serumhaltig
**Se|ro|sa** (die, -, -sen) sehr dünne Haut, die innere Organe umgibt (Med.)
**Se|ro|si|tis** (die, -, -ti|den) Entzündung der Serosa (Med.)
**Ser|pent** (der, -(e)s, -e) Blechblasinstrument, das drei Oktaven umfasst
**Ser|pen|tin** (der, -s, -e) grünliches, „genattertes" Mineral [lat.]
**Ser|pen|ti|ne** (die, -, -n) in Schlangenlinien verlaufender Weg, die einzelne Windung selbst [lat.]
**Ser|tão** [sɛrtãːu] (der, -, -s) schwer zu durchquerendes, trockenes Wald- und Buschgebiet in Brasilien [portugies.]
**Se|rum** (das, -s, -ra oder -ren) wässrige Blutflüssigkeit (ohne die Blutkörperchen u.a.); dieselbe Flüssigkeit mit Immunkörpern als Impfstoff [lat.]
**Ser|val** (der, -s, -e oder -s) großohrige, hochbeinige Wildkatze afrikanischer Steppen [portugies.]
**Ser|van|te** (die, -, -n) 1 Geschirrschrank 2 Glasschrank für Nippes
**Serve-and-Vol|ley** [sɜfændvɔleɪ] (das, -s, nur Ez.) Aufschlag mit darauffolgendem Netzangriff, damit der zurückgeschlagene Ball volley gespielt werden kann
**Ser|ve|lat|wurst** (die, -, -) = Zervelatwurst
**Ser|ver** [sɜvə] (der, -s, -) 1 Aufschlagender beim Tennis 2 zentraler Rechner, der im Internet bestimmte Funktionen bereitstellt [engl.]
**Ser|vice** 1 [sɜːvɪs] (der, -, -s [-vɪsɪz]) Bedienung, Kundendienst 2 Aufschlag, -ball (im Tennis) 3 [-viːs] (das, -, -[-viːsə]) zusammengehöriges (Porzellan-)Geschirr [frz. bzw. engl.]
**ser|vie|ren** (V.) Speisen auftragen; bedienen [frz.]
**Ser|vie|re|rin** (die, -, -nen) weibliche Bedienung in einem Lokal
**Ser|vi|et|te** (die, -, -n) Mundtuch, Papier zum Mund-, Händeabwischen [frz.]
**ser|vil** (Adj.) unterwürfig diensteifrig [lat.]
**Ser|vi|lis|mus** (der, -, -men) 1 demütiges, unterwürfiges Verhalten (ohne Plural) 2 von Unterwürfigkeit geprägte Handlungsweise [lat.]
**Ser|vi|tut** (das, -(e)s, -e) Nutzungsrecht an fremdem Besitz
**Ser|vo|ge|rät** (das, -s, -e) Zusatzgerät für schwer zu bedienende Steuereinrichtungen
**Ser|vo|mo|tor** (der, -s, -en) Zusatzmotor zur leichteren Handhabung von Steuervorrichtungen
**ser|vus!** (als bayr.-österr. Grußformel) grüß dich! mach's gut! [lat.]
**Se|sam** (der, -s, -s) ein tropisches Gewächs, dessen essbarer Samen [semit.-gr.]
**Se|sel** (der, -s, -) Bergfenchel [gr.-lat.]
**ses|sil** (Adj.) festsitzend; z.B. ein sessiles Korallentier [lat.]
**Ses|si|on** [sɛʃn] (die, -, -s) freies Zusammenspiel von (Jazz-, Rock-)Musikern [lat.-engl.]
**Ses|terz** (der, -es, -e) altrömische Silbermünze [lat.]
**Ses|ti|ne** (die, -, -n) 1 sechszeilige Strophe 2 aus sechs Strophen mit je sechs Zeilen bestehende Gedichtform mit einer dreizeiligen Strophe am Schluss [lat.-it.]
**Set** (das oder der, -(s), -s) 1 Satz zusammengehöriger Dinge; z.B. Bastelset 2 sechs Spiele (im Tennis) 3 Untersetzer (für Gläser, Geschirr) [engl.]
**Set|te|cen|to** [-tʃɛn-] (das, -(s), nur Ez.) das 18. Jahrhundert als italienische Kunstepoche
**Set|ter** (der, -s, -) langhaariger (braunroter) englischer Jagdhund, Vorstehhund
**Set|ting** (das, -s, -s) Umgebung von Drogensüchtigen und Dealern [engl.]
**Sett|le|ment** [setlmənt] (das, -s, -s) 1 Siedlung, Kolonie 2 (nur Ez.) am Ende des 19. Jahrhunderts auftretende soziale Bewegung in England [engl.]
**Set-Top-Box** (die, -, -en) = Set-Top-Decoder
**Set-Top-De|co|der** (der, -s, -) Decoder, der Signale digitaler Fernsehprogramme für analoge Fernsehgeräte aufbereitet
**Se|ve|ri|tät** (die, nur Ez.) veraltete Bezeichnung für „Strenge" [lat.]

**Sè'vres'por'zel'lan** [sɛːvrə-] (das, -s, nur Ez.) in der staatlichen Porzellanmanufaktur des Pariser Vorortes Sèvre hergestelltes, besonders kostbares Porzellan
**Sex** (der, -(es), nur Ez.) **1** = Sexualität **2** Geschlechtsverkehr (ugs.) **3** Geschlecht, Sexus [engl., Kurzwort]
**Se'xa'ge'si'ma** (die, -, nur Ez.) achter Sonntag vor Ostern [lat.]
**Se'xa'gon** (das, -s, -e) Sechseck
**Sex and Crime** [seks ənd kraım] Filme oder auch Zeitschriften mit thematischer Verknüpfung von Sexualität und kriminellen Handlungen [engl.]
**Sex'ap'peal** *auch:* Sex-Ap'peal [-əpiːl] (der, -(s), nur Ez.) sexuelle Anziehungskraft [engl.]
**Se'xis'mus** (der, -, nur Ez.) Diskriminierung aufgrund des Geschlechts
**Se'xo'lo'gie** (die, -, nur Ez.) Wissenschaft vom Geschlechtsverkehr, Sexualforschung [lat.-gr.]
**Sext** (die, -, -en) **1** drittes Tagesgebet des Breviers zur sechsten Tagesstunde (12 Uhr) **2** = Sexte (österr.) [lat.]
**Sex'ta** (die, -, -ten) erste Gymnasiumsklasse [lat.]
**Sext'ak'kord** (der, -es, -e) in der Harmonielehre die erste Umkehrung des Dreiklangs mit der Terz im Bass [lat.]
**Sex'ta'ner** (der, -s, -) Schüler der Sexta
**Sex'tant** (der, -en, -en) Winkelmessgerät zur Ermittlung der Gestirnshöhe über dem Horizont (in der Seefahrt) [lat.]
**Sex'te** *auch:* Sext (österr.) (die, -, -n) sechster Ton der diatonischen Tonleiter; Tonintervall von der ersten bis zur sechsten Stufe [lat.]
**Sex'tett** (das, -(e)s, -e) Musikstück für sechs Personen; die Musiker selbst [lat.]
**Sex'tou'ris'mus** (der, -, nur Ez.) Tourismus mit der Absicht, sexuell zu verkehren
**Se'xu'al'de'likt** (das, -(e)s, -e) sexuelles Vergehen
**Se'xu'al'hor'mon** (das, -s, -e) Geschlechtshormon
**Se'xu'al'hy'gi'e'ne** (die, -, nur Ez.) Hygiene, die sich auf die Sexualität bezieht
**Se'xu'a'li'tät** (die, -, nur Ez.) Geschlechtlichkeit, Geschlechtsleben [lat.]
**Se'xu'al'neu'ro'se** (die, -, nur Ez.) Neurose, die die Sexualität betrifft (Med.)
**Se'xu'al'or'gan** (das, -s, -e) Geschlechtsorgan
**Se'xu'al'pä'da'go'gik** (die, -, nur Ez.) Fachgebiet der Pädagogik, das sich mit sexueller Erziehung und Aufklärung beschäftigt
**se'xu'ell** (Adj.) geschlechtlich [frz.]
**Se'xus** (der, -, nur Ez.) = Sexualität [lat.]
**se'xy** (Adj.) sexuell reizvoll [engl.]
**Sey'chel'ler** [zeʃɛlɐ] (der, -s, -) Einwohner der ostafrikanischen Inselrepublik Seychellen
**se'zer'nie'ren** (V.) absondern; z.B. ein Sekret sezernieren [lat.]
**Se'zes'si'on** (die, -, -si'o'nen) **1** Loslösung, Trennung; z.B. einer Künstlergruppe von der herrschenden Kunstrichtung **2** (nur Ez.) Jugendstil in Österreich [lat.]
**Se'zes'si'o'nist** (der, -nis'ten, -nis'ten) Angehöriger einer Sezession
**se'zes'si'o'nis'tisch** (Adj.) zur Sezession gehörig, losgelöst
**Se'zes'si'ons'krieg** (der, -s, nur Ez.) der nordamerikanische Bürgerkrieg von 1861 bis 1865 [lat.-engl.-dt.]
**Se'zes'si'ons'stil** (der, -s, nur Ez.) Wiener Jugendstil (um 1897)
**se'zie'ren** (V.) anatomisch untersuchen; genau zergliedern [lat.]
**sfor'zan'do** (Adv.) = sforzato
**sfor'za'to** *auch:* sfor'zan'do (Adv.) stark betont (bei Musikstücken) [it.]
**sfu'ma'to** (Adv.) verschwimmend (gemalt) [it.]
**Sgraf'fi'to** (das, -s, -s oder -ti) Fassadenverzierung, bei der die Muster in noch feuchte Putzschichten eingekratzt werden, Kratzputz [it.]
**Shake** [ʃeık] (der, -s, -s) **1** ein Modetanz der 60er-Jahre mit schüttelnden Körperbewegungen **2** ein Mixgetränk; z.B. Milchshake [engl.]
**Shake'hands** [ʃeıkhændz] (das, -, nur Ez.) das Händeschütteln [engl.]
**Sha'ker** [ʃeıkə] (der, -s, -) Mixbecher [engl.]
**Sham'poo** *auch:* Scham'pon, Sham'poon [ʃæmpuː] (das, -s, -s) Haarwaschmittel [Hindi-engl.]
**Sham'poon** [ʃampoːu] (das, -s, -s) = Shampoo

S

**sham'poo'nie'ren** *auch:* scham'po'nie'ren [ʃampo-] (V.) die Haare mit Shampoo einreiben, waschen
**Sham'rock** [ʃɛm-] (der, -(s), -s) Wahrzeichen der irischen Bevölkerung in Form eines Kleeblatts
**Shan'ty** [ʃæntɪ] (das, -s, -s) Seemannslied [engl.]
**Sha'ping** [ʃeɪpɪŋ] (das, -(s), nur Ez.) mit der Zeit angepasstes Verhalten an ein gewünschtes Endverhalten
**Share** [ʃeə] (der, -, -s) = Aktie [engl.]
**Share'hol'der** [ʃɛərhəʊldə] (der, -s, -) Aktionär [engl.]
**Share'hol'der'va'lue** *auch:* Share'hol'der-Va'lue [ʃɛərhəʊldəvæljuː] (der, -s, -s) Eigenkapital eines Unternehmens, das auf die Shareholder verteilt wird [engl.]
**Share'ware** [ʃɛərwɛə] (die, -, nur Ez.) billige Software, die man erst bezahlen muss, wenn sie funktioniert
**Shar-Pei** [ʃar-] (der, -(s), -s) chinesischer Faltenhund
**She'riff** [ʃe-] (der, -s, -s) höchster Vollzugsbeamter (einer englischen Grafschaft); gewählter Beamter mit Vollzugsbefugnissen (in den USA) [engl.]
**Sher'pa** [ʃɛr-] (der, -s, -s) Angehöriger eines tibetanischen Volks, oft als Lastenträger für Gipfelexpeditionen angeworben [tibet.-engl.]
**Sher'ry** [ʃerɪ] (der, -s, -s) Apéritifwein aus Jerez de la Frontera in Spanien [span.-engl.]
**Shet'land** [ʃet-] (der, -s, -s) grober Wollstoff von den Shetlandinseln [engl.]
**Shi'at'su** (das, -, nur Ez.) = Akupressur [chines.]
**Shi'gel'le** [ʃi-] (die, -, -n, meist Mz.) zu den Salmonellen gehörende Bakterienart [nlat.]
**Shil'ling** [ʃɪl-] (der, -s, - oder -s) englische Währungseinheit, 1/20 Pfund (früher)
**Shim'my** [ʃɪmɪ] (der, -s, -s) nordamerikanischer Gesellschaftstanz, Schütteltanz (um 1920) [engl.]
**Shin'to'is'mus** [ʃin-] = Schintoismus
**Shin'to'ist** (der, -is'ten, -is'ten) = Schintoist
**Shirt** [ʃɜːt] (das, -s, -s) kurzärmeliges Hemd aus Baumwolle [engl.]
**Shit** [ʃɪt] (der, -s, nur Ez.) = Haschisch (Jargon) [engl.]
**Shoa** *auch:* Scho'ah (die, -, nur Ez.) der von den Nazis verübte Völkermord an den Juden
**sho'cking** [ʃɒk-] (Adj.) anstößig [engl.]
**Sho'gun** *auch:* Scho'gun (der, -s, -e) jmd., der den Titel eines japanischen kaiserlichen Feldherrn trägt
**Shoo'ting'star** [ʃuː-] (der, -s, -s) jmd., der (durch einen Hit) ganz plötzlich an der Spitze steht [engl.]
**Shop** [ʃɔp] (der, -s, -s) Geschäft, Laden [engl.]
**Shop'ping** [ʃɔp-] (das, -s, -s) Einkaufsbummel [engl.]
**Shop'ping'cen'ter** *auch:* Shop'ping-Cen'ter [ʃɒpɪŋsentə] (das, -s, -) Einkaufszentrum [engl.]
**Shorts** [ʃɔːts] (nur Mz.) kurze oder knielange Hosen [engl.]
**Short'sto'ry** *auch:* Short Sto'ry [ʃɔːtstɔːrɪ] (die, - -, -s) Kurzgeschichte [engl.]
**Shor'ty** [ʃɔːrtiː] (das oder der, -s, -s) Damenpyjama mit Shorts [engl.]
**Show** [ʃoː] oder [ʃəʊ] (die, -, -s) Unterhaltungsschau, -darbietung [engl.]
**Show'busi'ness** [ʃəʊbɪznɪs] (das, -, nur Ez.) Unterhaltungsbranche [engl.]
**Show-down** *auch:* Show'down [ʃəʊdaʊn] (der, -s, -s) dramatischer Entscheidungskampf (in Wildwestfilmen) [engl.]
**Show'man** [ʃəʊmən] (der, -s, -men) Mann im Showgeschäft; jmd., der sich in den Vordergrund spielt [engl.]
**Show'mas'ter** [ʃoː-] oder [ʃəʊ-] (der, -s, -) jmd., der eine Show leitet [engl.]
**Shred'der** *auch:* Schred'der [ʃred-] (der, -s, -) Maschine zum Zerkleinern schrottreifer Autos [engl.]
**Shrimp** *auch:* Schrimp [ʃrɪmp] (der, -s, -s) Garnele [engl.]
**Shuffle'board** [ʃaflbɔːd] (das, -s, nur Ez.) Spiel, bei dem Scheiben mithilfe von Holzstöcken möglichst genau platziert werden müssen [engl.]
**Shunt** [ʃʌnt] (der, -s, -s) Nebenschlusswiderstand [engl.]
**Shut'tle** [ʃatl] (der, -s, -s) ein dem Transport dienendes Gefährt (z.B. Spaceshuttle, Shuttlebus) [engl.]

**Shylock** [ʃailɔk] (der, -(s), -s) gefühlloser, hartherziger Kreditgeber [engl.]
**Sial** (das, -s, nur Ez.) oberer Teil der Erdkruste [nlat., Kurzwort]
**Sialadenitis** (die, -, -tiden) Speicheldrüsenentzündung (Med.)
**Siamese** (der, -n, -n) = Thai (veraltet)
**siamesisch** (Adj.) zu Siam (Thailand) gehörig, siamesische Zwillinge: miteinander verwachsene Zwillinge
**Siamosen** (nur Mz.) Sammelbegriff für Schürzenstoffe mit Karo- oder Streifenmuster in Leinenwebart [lat.]
**Sibilant** (der, -en, -en) Zischlaut; z.B. „sch" [lat.]
**sibilieren** (V.) Laute zu Sibilanten machen [lat.]
**sibirisch** (Adj.) **1** zu Sibirien gehörig **2** frostig kalt (ugs.)
**Sibylle** (die, -, -n) altgriechische Wahrsagerin, alte Seherin
**Sibyllinen** (nur Mz.) Weissagungsbücher aus dem hellenistisch-jüdischen Kulturraum [gr.-lat.]
**sibyllinisch** (Adj.) geheimnisvoll weissagend (wie eine Sybille)
**sic!** es steht wirklich so da! (bei Zitaten, in denen Fehler stehen; als Zusatz in eckigen Klammern) [lat.]
**sic transit gloria mundi** so vergeht der Ruhm der Welt [lat.]
**Sideboard** [saidbɔ:d] (das, -s, -s) Anrichte
**siderisch** (Adj.) zu den Sternen gehörig, auf sie bezogen [lat.]
**Siderit** (der, -s, -e) ein Mineral, Eisenspat
**Sideronym** (das, -s, -e) Deckname, der aus einem astronomischen Ausdruck besteht [lat.-gr.]
**Sideropenie** (die, -, nur Ez.) Eisenmangel im Körper [gr.-lat.]
**siderophil** (Adj.) eine Affinität zu Eisen habend (bei bestimmten Stoffen), sich mit eisenhaltigen Farbstoffen leicht färben lassend (bei chemischen Elementen) [gr.-lat.]
**Siderosphäre** (die, -, nur Ez.) eisen-, nickelhaltiger Erdkern [gr.]
**SI-Einheit** (die, -, -en) physikalische Einheit nach dem **S**ysteme **I**nternational d'Unites, nach internationalem Standard
**siena** (Adj.) die nach der italienischen Stadt Siena benannte rotbraune Farbe
**Siena** (das, -, nur Ez.) rotbraune Farbe (aus gebrannter Tonerde) [it.]
**Sienaerde** (die, nur Ez.) aus Siena stammende gebrannte Erde, die als Farbpigment in der Malerei verwendet wird
**Sierra** (die, -, -s oder -ren) Gebirgszug (in spanischen geografischen Namen)
**Sierra-Leoner** (der, -s, -) Einwohner des westafrikanischen Staates Sierra Leone
**Siesta** (die, -, -s) Mittagsruhe (in südl. Ländern) [span.]
**Sigel** *auch:* Sigle (das, -s, -) Kürzel; z.B. in der Stenografie [lat.]
**Sightseeing** [saɪtsi:ɪŋ] (das, -s, -s) touristische Besichtigungsfahrt [engl.]
**Sigle** (die, -, -n) = Sigel [frz.]
**Sigma** (das, -s, -s) achtzehnter Buchstabe des griechischen Alphabets
**Sigmatismus** (der, -, nur Ez.) Lispeln, S-Laute nicht als Zischlaute aussprechen können [gr.-lat.]
**Signal** (das, -s, -e) **1** Zeichen (optisch/akustisch), mit dem eine Nachricht übertragen wird **2** Verhalten, das eine Information übermittelt [frz.]
**Signalement** [-mã] (das, -s, -s) **1** kurze Charakterisierung (einer Person) [frz.] **2** Gesamtheit der Merkmale, die ein Tier charakterisieren (z.B. Pferdezucht)
**signalisieren** (V.) etwas durch ein Signal ankündigen, Zeichen geben
**Signatar** (der, -s, -e) Unterzeichner (eines internationalen Vertrages) (Rechtsw. veraltet) [lat.]
**signatum unterzeichnet** (als Vermerk auf Schriftstücken) [lat.]
**Signatur** (die, -, -en) **1** festgelegtes Ordnungszeichen; z.B. als Bereichsangabe auf einem Buchrücken **2** Unterschrift; Namenszeichen [lat.]
**Signet** [siɲe:] (das, -s, -s) Zeichen (eines Verlags, einer Firma) [frz.]
**signieren** (V.) mit einem Namenszeichen versehen; unterzeichnen [lat.]
**signifikant** (Adj.) **1** wichtig **2** typisch [lat.]
**Signifikant** (der, -en, -en) nur der Zeichenkörper ohne Inhalt [lat.]
**Signifikanz** (die, -, nur Ez.) Bedeutsamkeit, Wesentlichkeit [lat.]

**Si|gni|fi|kat** (das, -(e)s, -e) Inhalt eines sprachlichen Zeichens [lat.]
**si|gni|fi|ka|tiv** (Adj.) bedeutungsunterscheidend in Bezug auf sprachliche Einheiten; signifikant [lat.]
**Si|gnor** [siɲoːɐ] (der, -, -i) Herr (als italienische Anrede mit nachfolgendem Namen; siehe Signore)
**Si|gno|ra** [-ɲoː-] (die, -, -s oder -re) Frau (als italienische Anrede)
**Si|gno|re** [-ɲoː-] (der, -, -ri) Herr (als italienische Anrede ohne nachfolgenden Namen; siehe Signor)
**Si|gno|ri|na** [-ɲo-] (die, -, -s oder -ne) Fräulein (als italienische Anrede)
**Si|gnum** (das, -s, -na/-gna) Zeichen, Signatur [lat.]
**Si|grist** (der, -ris|ten, -ris|ten) Küster (schweiz.) [lat.]
**Sikh** (der, -s, -s) Angehöriger einer aus Indien stammenden Religion (gekennzeichnet durch langes Haupt- und Barthaar, Turban und Dolch) [Hindi]
**Sik|ka|tiv** (das, -s, -e) Trocknungsbeschleuniger; z.B. für Ölfarben [lat.]
**Si|la|ge** [-ʒə] (die, -, -n) gärendes Grünfutter im Silo [frz.]
**Sild** (der, -s, -e) eingelegter Junghering [norweg.]
**Si|len|ti|um** (das, -s, -ti|en) Ruhe (als auffordernder Anruf); das Schweigen [lat.]
**Sil|hou|et|te** [silwɛt] (die, -, -n) Umriss; Schattenriss [frz.]
**sil|hou|et|tie|ren** [silwɛ-] (V.) Scherenschnitt machen oder im Schattenriss zeichnen [frz.]
**Si|li|ca|gel** [-geːl] (das, -s, nur Ez.) Kieselgel (Trocknungsmittel) (Warenzeichen)
**Si|li|cat** (das, -(e)s, -e) = Silikat
**Si|li|ci|um** [-tsi-] (das, -s, nur Ez.) = Silizium
**Si|li|con** (das, -s, -e) = Silikon
**Si|li|co|se** (die, -, -n) = Silikose
**si|lie|ren** (V.) Futterpflanzen als Silage einlagern
**Si|li|fi|ka|ti|on** (die, -, -en) Verkieselung [nlat.]
**si|li|fi|zie|ren** (V.) verkieseln [nlat.]
**Si|li|kat** *auch:* Si|li|cat (das, -(e)s, -e) Salz einer Kieselsäuse [nlat.]
**Si|li|kon** *auch:* Si|li|con (das, -s, -e) ein elastischer Kunststoff [nlat.]
**Si|li|ko|se** *auch:* Si|li|co|se (die, -, -n) Quarzstaublunge (bei Glasschleifern) [lat.-gr.]
**Si|li|zi|um** *auch:* Si|li|ci|um (das, -s, nur Ez.) ein Element, Halbmetall [lat.]
**Silk** (der, -s, -s) Stoff aus Seide [engl.]
**Sil|len** (nur Mz.) altgriechische Spottgedichte auf Dichter und Philosophen unter Verwendung Homerischer Verse [gr.]
**Sil|lo|graf** *auch:* Sil|lo|graph (der, -en, -en) Schreiber von Sillen [gr.-lat.]
**Si|lo** (der auch das, -s, -s) zylindrischer Großspeicher (für Futtermittel, Zement u.a.) [span.]
**Si|lu|min** (das, -s, nur Ez.) geschützter Begriff für eine Legierung aus Silicium und Aluminium (Warenzeichen)
**Si|lur** (das, -s, nur Ez.) ein mittlerer Abschnitt des Erdzeitalters Paläozoikum [nlat.]
**si|lu|risch** (Adj.) **1** das Silur betreffend **2** im Silur entstanden
**Sil|vae** [-vɛː] (nur Mz.) Gedichtsammlungen der Antike und des Mittelalters [lat.]
**Sil|ves|ter** (der oder das, -s, -) der 31. Dezember [lat.]
**Si|ma** **1** (das, -s, nur Ez.) unterer Teil der Erdkruste; Magmazone [nlat., Kurzwort] **2** (die, -, -s oder -men) Traufe (an antiken Tempeln) [lat.]
**Si|man|dron** (das, -s, -ren/-dren) hölzerne Trommel in orthodoxen Klöstern [gr.]
**Sim|bab|wer** (der, -s, -) Ew. des Staates Simbabwe [Bantu]
**Si|mi|la|ri|tät** (die, -, -en) Ähnlichkeit
**si|mi|le** (Adj.) ebenso, im Notentext die Anweisung, die vorgegebene Figur entsprechend fortzusetzen [lat.-it.]
**Si|mi|li** (das oder der, -s, -s) Nachahmung (von Edelsteinen) [lat.]
**Si|mo|nie** (die, -, -n) Ämterkauf [lat.]
**si|mo|nisch** (Adj.) zur Simonie gehörig, durch Ämterkauf, Amtserschleichung
**si|mo|nis|tisch** (Adj.) = simonisch
**sim|pel** (Adj.) sehr einfach; geistig anspruchslos [lat.]
**Sim|pel** (der, -s, -) umgangssprachlich für **1** naiv-dummer Mensch **2** Eingebildeter
**sim|peln** (V.) **1** unüberlegt sprechen **2** vor sich hin starren

**Simˈplex** (das, -(es), -e oder -liˈzia/-pliˈzia) einfaches, nicht zusammengesetztes Wort; z.B. „Wand" im Gegensatz zum Kompositum „Hauswand" [lat.]
**simˈpliˈciter** [-tsi-] (Adv.) schlechthin (veraltet) [lat.]
**simˈpliˈfiˈzieˈren** (V.) sehr stark, zu stark vereinfachen
**Simˈpliˈfiˈzieˈrung** (die, -, -en) Vereinfachung [lat.]
**Simˈpliˈziˈtät** (die, -, nur Ez.) Einfachheit; Einfalt [lat.]
**Simˈplum** (das, -s, -la/-pla) einfacher Steuersatz [lat.]
**simˈsen** (V.) (ugs.) **1** eine SMS senden **2** etw. per SMS mitteilen
**Siˈmuˈlant** (der, -en, -en) jmd., der simuliert
**Siˈmuˈlaˈtion** (die, -, -tiˈonen) das Simulieren
**Siˈmuˈlaˈtor** (der, -s, -toˈren) Vorrichtung, die etwas simuliert; z.B. ein Windkanal
**siˈmuˈlieˈren** (V.) **1** vortäuschen (bes. eine Krankheit vorgeben) **2** realistisch nachbilden; z.B. die Verhältnisse in einem Raumschiff [lat.]
**siˈmulˈtan** (Adj.) gleichzeitig; z.B. einen Dialog simultan dolmetschen [lat.]
**Siˈmulˈtaˈneˈiˈtät** *auch:* Siˈmulˈtaˈniˈtät [-neːi-] (die, -, nur Ez.) Gleichzeitigkeit [lat.]
**Siˈmulˈtaˈneˈum** [-neːum] (das, -s, nur Ez.) vertragliche Vereinbarung verschiedener Konfessionen kirchliche Einrichtungen gemeinsam zu nutzen [lat.]
**Siˈmulˈtaˈniˈtät** (die, -, nur Ez.) = Simultaneität
**siˈne anˈno** ohne Jahr (als Vermerk in Bibliografien, wenn in einem Buch kein Erscheinungsjahr angegeben ist) [lat.]
**siˈne ira et stuˈdio** ohne Hass und Eifer, unparteiisch [lat.]
**Siˈneˈkuˈre** (die, -, -n) verpflichtungsfreie Pfründe [lat.]
**siˈne loˈco** ohne Ort (ˈ sine anno) [lat.]
**siˈne temˈpoˈre** zur ausgewiesenen Uhrzeit (nicht eine Viertelstunde später, wie bei cum tempore; z.B. als Angabe in Vorlesungsverzeichnissen) [lat.]
**Sinˈfoˈnie** *auch:* Symˈphoˈnie (die, -, -n) großes, mehrstimmiges Orchesterwerk; zusammenklingende Fülle [it.]
**Sinˈfoˈniˈetˈta** (die, -, -ten) kleine Sinfonie
**Sinˈfoˈnik** *auch:* Symˈphoˈnik (die, -, nur Ez.) Lehre, Kunst sinfonischen Gestaltens
**Sinˈfoˈniˈker** *auch:* Symˈphoˈniˈker (der, -s, -) **1** Angehöriger eines Sinfonieorchesters **2** Sinfonienkomponist
**sinˈfoˈnisch** *auch:* symˈphoˈnisch (Adj.) wie eine Sinfonie [gr.-lat.-it.]
**Sinˈgaˈpuˈrer** (der, -s, -) Einwohner des südostasiatischen Staates Singapur [ind.]
**Sinˈgle** [sĩgl] **1** (der, -(s), -s) jmd., der ohne Partner lebt **2** (die, -, -s) kleine Schallplatte **3** (das, -(s), -s) Einzelspiel (im Tennis) [engl.]
**Sing-Sing** (das, -, nur Ez.) Gefängnis (ugs.)
**sinˈguˈlär** (Adj.) einzeln, vereinzelt vorkommend [lat.]
**Sinˈguˈlar** (der, -s, -e) Einzahl (in der Grammatik) [lat.]
**Sinˈguˈlaˈreˈtanˈtum** (das, -s, -s oder -riˈaˈtanˈtum) Substantiv, das nur im Singular vorkommt; z.B. Hass, Weltall [lat.]
**sinˈguˈlaˈrisch** (Adj.) zum Singular gehörig, im Singular stehend
**Sinˈguˈlaˈriˈtät** (die, -, -en) **1** (nur Ez.) Seltenheit, Besonderheit **2** regelmäßig wiederkehrende Wettererscheinung; z.B. die Wärmeperiode vor Weihnachten
**Sinˈguˈlarˈsukˈzesˈsiˈon** (die, -, -en) Annahme eines bestimmten Rechtsverhältnisses
**siˈnisˈter** (Adj.) finster, unheilvoll [lat.]
**Siˈnoˈloˈge** (der, -n, -n) Sinologiewissenschaftler
**Siˈnoˈloˈgie** (die, -, nur Ez.) Wissenschaft über Sprache, Literatur, Geschichte und Religion Chinas [lat.-gr.]
**siˈnoˈloˈgisch** (Adj.) zur Sinologie gehörig
**Sinˈto** (der, -s, -ti) Zigeunerstamm
**siˈnuˈös** (Adj.) faltige, gewundene Oberflächenstruktur von Organen oder Organteilen [lat.]
**Siˈnus** (der, -, - oder -se) **1** eine Winkelfunktion, Verhältnis der Gegenkathete zur Hypotenuse **2** Höhlung (in der Medizin) [lat.]
**Siˈnuˈsiˈtis** (die, -, -tiˈden) Nasennebenhöhlenentzündung (Med.)

**Si'pho** [-fo] (der, -s, -pho'nen) Atmungsröhre; z.B. bei im Watt vergrabenen Muscheln [lat.]
**Si'phon** [-fɔ̃ː] oder [-foːn] (der, -s, -s) **1** U-förmiger Geruchsverschluss; z.B. ein Rohrstück einer Abwasserleitung **2** Gefäß, das mit Kohlensäurepatronen gefüllt wird und aus dem durch Druck auf einen Hebel sprudelnde Getränke ausgeschenkt werden [frz.]
**Sir** [sɜː] (der, -s, -s) Herr (als englische Anrede); Angehöriger des niedrigen englischen Adels [frz.-engl.]
**Sire** [siːr] (der, -s, -s) Majestät (als französische Anrede)
**Si're'ne** (die, -, -n) **1** altgriechische Meeresdämonin, schöne, Unheil bringende Frau **2** Gerät, das Heulsignale abgibt **3** ein Säugetier, Seekuh
**Sir'ta'ki** (der, -s, -s) neugriechischer (Männer-)Rundtanz; Lied mit schneller werdendem Rhythmus
**Si'rup** (der, -s, -e) zähe, süße Flüssigkeit; z.B. Ahornsirup, Rübenzuckersirup [arab.-lat.]
**Si'sal** (der, -s, nur Ez.) Blattfasern der Sisalagave; z.B. für Seile [mex.]
**sis'tie'ren** (V.) **1** aufhalten, vorläufig beenden **2** festnehmen und zur Wache bringen [lat.]
**Sis'tie'rung** (die, -, -en) **1** in der Rechtswissenschaft die vorläufige Einstellung eines Verfahrens **2** Aufnehmen der Personalien durch die Polizei [lat.]
**Sis'trum** (das, -s, -tren/-ren/-stren) antike ägyptische Rassel; durch Metallstäbe werden klirrende Geräusche hervorgerufen [gr.-lat.]
**Si'sy'phus'ar'beit** (die, -, nur Ez.) nach der griechischen mythologischen Gestalt des Sisyphos, der von den Göttern dazu verdammt war, immer wieder einen Stein einen Hang hinaufzurollen, bezeichnete nutzlose, nie enden wollende Arbeit oder Anstrengung [gr.-dt.]
**SI-Sys'tem** (das, -s, nur Ez.) System, das die SI-Einheiten beinhaltet
**Si'tar** (der, -, -s) ein indisches Zupfinstrument [pers.-Hindi]
**Sit'com** (die, -, -s) Situationskomödie
**Sit-in** *auch:* Sit'in (das, -(s), -s) Sitzstreik (als passiver Protest) [engl.]
**Si'ti'o'ma'nie** (die, -, -n) krankhafte Esssucht (Med.)
**Sit'tich** (der, -s, -e) kleiner, langschwänziger Papagei [gr.-lat.]
**Si'tu'a'ti'on** (die, -, -ti'o'nen) Lage, Zustand [frz.]
**Si'tu'a'ti'o'nist** (der, -nis'ten, -nis'ten) Mensch, der sich nur auf seinen Vorteil bedacht jeder Meinung und Gegebenheit anpasst [lat.-frz.]
**si'tu'a'tiv** (Adj.) zu einer bestimmten Situation gehörig, durch sie hervorgerufen
**si'tu'iert** (Adj.) in einer bestimmten Lebenslage; (wohl)gestellt [frz.]
**Si'tu'ie'rung** (die, -, -en) das an einen bestimmten Ort, in eine bestimmte Lage gesetzt werden
**Si'tu'la** (die, -, -tu'len) vorgeschichtliches Bronzegefäß [lat.]
**Si'tus** (der, -, - [-tuːs]) Lagebezeichnung (von Körperorganen u.a.) [lat.]
**sit ve'nia ver'bo** ich bitte, mir diese Ausdrucksweise nachzusehen [lat.]
**Six'pack** [-pæk] (der oder das, -s, -s) Sechserpackung (z.B. Bier) [engl.]
**Si'zi'li'a'ne** (die, -, -n) aus Sizilien stammende Gedichtform, der Stanze ähnlich
**Si'zi'li'a'ner** (der, -s, -) Einwohner Siziliens
**si'zi'li'a'nisch** (Adj.) zu Sizilien gehörig
**Ska'bi'es** (die, -, nur Ez.) Krätze [lat.]
**ska'bi'ös** (Adj.) an Skabies leidend, krätzig
**Ska'bi'o'se** (die, -, -n) eine Wiesenblume; z.B. die hellviolette Taubenskabiose [lat.]
**Skai** (das, -(s), nur Ez.) ein Kunstleder; z.B. für Umhängetaschen (Warenzeichen) [Kunstwort]
**Ska'la** (die, -, -len) **1** gestufte Reihenfolge von etwas Zusammengehörigem (bes. von Farbtönen; z.B. Rotskala **2** Maßeinteilung (aus feinen Strichen) [it.]
**ska'lar** (Adj.) durch einen Skalenwert gekennzeichnet
**Ska'lar** (der, -s, -e) **1** richtungsunabhängige Größe, die durch einen Zahlenwert vollständig gekennzeichnet ist; z.B. die Temperatur **2** ein Aquarienfisch, Segelflosser [lat.]
**Skal'de** (der, -n, -n) altnordischer Dichter und Sänger

**skalieren** (V.) eine mit einer Skala verbundene Werthierarchie zur statistischen Auswertung bilden [lat.-it.]

**Skalp** (der, -s, -e) Kopfhaut mit Haaren (als Trophäe nordamerikanischer Indianer) [engl.]

**Skalpell** (das, -s, -e) ärztliches Messerchen mit fest stehender Klinge [lat.]

**skalpieren** (V.) die Kopfhaut rundum einschneiden und den Skalp abziehen

**Skandal** (der, -s, -e) großes, Aufsehen erregendes Ärgernis [frz.]

**Skandalon** (das, -s, nur Ez.) das, was zum Skandal führt, was Anstoß erregt [gr.]

**skandalös** (Adj.) unglaublich, ungeheuer; Anstoß erregend [gr.-lat.-frz.]

**skandieren** (V.) die Hebungen (von Versen) stark betonen [lat.]

**Skandinavier** (der, -s, -) Ew. Skandinaviens (Norweger, Schwede, Finne und Däne)

**skandinavisch** (Adj.) zu Skandinavien gehörig

**Skapolith** (der, -s, -e) ein Mineral, Aluminiumsilicat [gr.]

**Skarabäus** (der, -, -bäen) ein Mistkäfer, Pillendreher; dessen Nachbildung als altägyptisches Amulett [gr.-lat.]

**Skaramuz** (der, - und -es, -e) Charaktertyp des aufschneiderischen Soldaten in der italienischen Stegreifkomödie [lat.-germ.]

**Skarifikation** (die, -, -tionen) kleiner Schnitt in die Haut zur Blut- oder Flüssigkeitsabnahme [gr.-lat.]

**skarifizieren** (V.) die Haut leicht ritzen, um Blut zu diagnostischen oder therapeutischen Zwecken zu entnehmen [gr.-lat.]

**Skarn** (der, -s, -e) Depot, das Eisen und Edelmetalle enthält und das durch Kontaktmetamorphose gebildet wurde (Geol.) [schwed.]

**Skat** (der, -s, nur Ez.) ein Kartenspiel; zwei Karten, die als „Skat" verdeckt bleiben [it.]

**Skateboard** [skeɪtbɔːd] (das, -s, -s) kleines Rollbrett (als Sport- und Spielgerät) [engl.]

**skaten** (V.) Skat spielen

**Skater** (der, -s, -) Skatspieler

**Skatol** (das, -s, nur Ez.) ein übel riechendes Zersetzungsprodukt (im Kot) [gr.]

**Skatologie** (die, -, nur Ez.) **1** (medizinische) Untersuchung des Kots **2** Fäkalsprache

**skatologisch** (Adj.) **1** die wissenschaftliche Untersuchung von Kot betreffend **2** eine Vorliebe für eine schmutzige, schlüpfrige Ausdrucksweise habend

**Skatophagie** (die, -, nur Ez.) = Koprophagie [gr.]

**Skatophilie** (die, -, nur Ez.) eine als nicht normal geltende Vorliebe für Schmutz

**Skeetschießen** [skit] (das, -(s), nur Ez.) Tontaubenschießen [engl.]

**Skeleton** (der, -s, -s) kleiner, flacher Stahlrohr-Rennschlitten [engl.]

**skeletotopisch** (Adj.) die auf das Skelett bezogene Angabe der Lage eines Organs bezeichnend [gr.-lat.]

**Skelett** (das, -(e)s, -e) **1** Gerippe, Knochengerüst **2** tragende Konstruktion; z.B. Stahlskelett [gr.]

**skelettieren** (V.) **1** das Skelett bloßlegen; z.B. Piranhas, die ein Rind skelettieren **2** bis auf die Blattrippen kahl fressen; z.B. Blattkäfer, die einen Strauch skelettieren [gr.]

**Skenografie** *auch:* Skenographie (die, -, nur Ez.) altgriechische Bühnendekorationsmalerei [gr.]

**Skepsis** (die, -, nur Ez.) Zweifel(-sucht); philosophisches Anzweifeln der Möglichkeit, Wahrheit zu erkennen [gr.]

**Skeptiker** (der, -s, -) jmd., der voller Skepsis ist

**skeptisch** (Adj.) zur Skepsis neigend

**Skeptizismus** (der, -, nur Ez.) grundsätzliche Skepsis [gr.-nlat.]

**Sketsch** *auch:* Sketch [sketʃ] (der, -(e)s, -e) kurzes, witziges (Bühnen-)Stück [engl.]

**Ski** *auch:* Schi [schi] (der, -s, -er oder -) eins von zwei schmalen Brettern mit Haltevorrichtung für den Fuß zum Gleiten auf Schnee [norweg.]

**Skiagrafie** *auch:* Skiagraphie (die, -, -n) Technik in der Malerei, durch gemalte Schatten Raumwirkung erzielen [gr.-lat.]

**Skibob** *auch:* Schibob [ʃiː-] (der, -s, -s) lenkbarer Sitzschlitten mit Skikufen [norweg.-engl.]

**Skiff** (das, -(e)s, -e) schmales, leichtes Rennruderboot [engl.]
**Skiffle** [-fl] (der oder das, -(s), nur Ez.) Jazzmusik auf Waschbrettern u.a. [engl.]
**Ski'fu'ni** *auch:* Schi'fu'ni [ʃiː-] (der, -s, -s) Schlittenlift (schweiz.) [norweg.-it.]
**Ski'kjö'ring** *auch:* Schi'jö'ring [ʃiːjøːrɪŋ] (das, -s, nur Ez.) Skifahren, während man sich von einem Pferd, Motorschlitten ziehen lässt [norweg.]
**Skin'head** [-hed] (der, -s, -s) gewalttätiger Jugendlicher mit kahl geschorenem Kopf [engl.]
**Skink** (der, -s, -e) glatthäutige, kurzbeinige Echse warmer Länder [gr.-lat.]
**Skip'per** (der, -s, -) Jachtkapitän [niederl.- engl.]
**Skiz'ze** (die, -, -n) **1** flüchtige Zeichnung (als Entwurf, zu Studienzwecken) **2** umrisshafte Schilderung [it.]
**skiz'zie'ren** (V.) **1** eine Skizze machen **2** umrisshaft schildern
**Skla've** (der, -n, -n) jmd., der in völliger Zwangsabhängigkeit von jmdm. lebt; willenlos Ergebener [gr.-lat.]
**Skla've'rei** (die, -, nur Ez.) Knechtschaft, die die völlige Rechtlosigkeit des Betroffenen mit einschließt
**skla'visch** (Adj.) wie ein Sklave, willenlos ergeben, abhängig
**Skle'ra** (die, -, -ren) das Weiße im Auge, Augenlederhaut [gr.]
**Skle'ra'de'ni'tis** (die, -, -ti'den) Drüsenverhärtung (Med.)
**Skle'ri'tis** (die, -, -ri'ti'den) Skleraentzündung
**Skle'ro'der'mie** (die, -, -n) krankhafte Hautverhärtung, „Maskengesicht" [gr.]
**Skle'rom** (das, -s, -e) Bindegewebsverhärtung [gr.]
**Skle'ro'me'ter** (das, -s, -) Gerät zum Bestimmen der Härte von Mineralien
**Skle'ro'se** (die, -, -n) krankhafte Organverhärtung [gr.]
**Skle'ro'ti'ker** (der, -s, -) jmd., der an Sklerose leidet
**skle'ro'tisch** (Adj.) an Sklerose leidend, sklerosekrank
**Sko'li'o'se** (die, -, -n) seitliche Rückgratverbiegung [gr.]
**Sko'lo'pen'der** (der, -s, -) tropischer Riesenhundertfüßer [gr.]
**skon'tie'ren** (V.) das Skonto abziehen
**Skon'to** (das oder der, -s, -s) geringfügiger Preisnachlass (bei Barzahlung) [it.]
**Skon'tra'ti'on** (die, -, -ti'o'nen) das Skontrieren [lat.-it.]
**skon'trie'ren** (V.) Ein- und Ausgänge mengenmäßig aufzeichnen (in der Kaufmannssprache) [it.]
**Skon'tro** (das, -s, -s) Buch mit den Ergebnissen des Skontrierens
**Skoo'ter** [skuː-] (der, -s, -) = Autoskooter
**Sko'po'phi'lie** (die, -, -n) krankhafte Schaulust, Neugier [gr.]
**Skop'ze** (der, -n, -n) Angehöriger einer russischen Sekte, nach der die Erbsünde durch Selbstverstümmelung gesühnt werden kann [russ.]
**Skor'but** (der, -(e)s, nur Ez.) Vitamin-C-Mangelkrankheit [lat.]
**skor'bu'tisch** (Adj.) an Skorbut erkrankt [lat.]
**Skor'da'tur** *auch:* Scor'da'tu'ra (die, -, -en) Umstimmung von Saiten (um besondere Klangwirkungen zu erzielen) [it.]
**Skor'pi'on** (der, -s, -e) dickleibiges Spinnentier mit Krebsscheren und einem Giftstachel am (hoch gekrümmten) Schwanz [gr.-lat.]
**Sko'tom** (das, -s, -e) Sehnerverkrankung mit blinden Stellen im Gesichtsfeld [gr.]
**Sko'to'pho'bie** (die, -, -n) krankhafte Angst, beobachtet zu werden [gr.]
**Skri'bent** (der, -en, -en) Schreiberling, Vielschreiber [lat.]
**Skri'bi'fax** (der, -(e)s, -e) scherzhafte Bezeichnung für einen viel schreibenden Menschen, Schreiberling [lat.]
**Skript** (das, -(e)s, -en oder -s) Manuskript; kurze schriftliche Aufzeichnung [lat.-engl.]
**Skrip'tor** (der, -s, -to'ren) Buchschreiber in Antike und Mittelalter [lat.]
**Skrip'to'ri'um** (das, -s, -ri'en) mittelalterliche Klosterschreibstube [lat.]
**Skrip'tum** (das, -s, -ten) = Skript [lat.]
**Skro'fel** (die, -, -n) Kinderkrankheit, bei der Haut und Lymphknoten lädiert sind
**skro'fu'lös** (Adj.) zur Skrofulose gehörig, daran erkrankt
**Skro'fu'lo'se** (die, -, -n) Verlaufsform der Tuberkulose, Lymphknotenschwellung des Halsraumes [lat.-gr.]

**skro'tal** (Adj.) zum Skrotum gehörig
**Skro'tum** (das, -s, -ta) Hodensack [lat.]
**Skrubs** [skrʌps] (nur Mz.) zweitklassige Tabakblätter
**Skru'pel** (der, -s, -) Bedenken, Gewissensbisse [lat.]
**skru'pu'lös** (Adj.) voller Skrupel
**Skru'pu'lo'si'tät** (die, -, -en) übertriebene Bedenklichkeit
**Skru'ti'ni'um** (das, -s, -i'en) Einsammeln und Prüfen der abgegebenen Stimmen bei einer katholischen kirchlichen Wahl
**skul'len** (V.) sportlich rudern [engl.]
**Skul'ler** (der, -s, -) Ruderboot, bei dem zwei Ruder von einer Person bedient werden
**skulp'tie'ren** (V.) als Skulptur gestalten
**Skulp'tur** (die, -, -en) Bildhauerkunst; durch sie entstandenes Werk [lat.]
**skulp'tu'ral** (Adj.) wie eine Skulptur [lat.]
**skulp'tu'rie'ren** (V.) = skulptieren
**Skunk** (der, -s, -s oder -e) ein amerikanischer Marder, Stinktier [Algonkin-engl.]
**skur'ril** (Adj.) sonderbar, schrullig, sehr ungewöhnlich [lat.]
**Skur'ri'li'tät** (die, -, -en) das Skurrilsein
**Sky'light** [skaɪlaɪt] (das, -s, -s) Oberlicht (auf Schiffen) [engl.]
**Sky'line** [skaɪlaɪn] (die, -, -s) Umrisse einer Stadt (am Horizont); z.B. die Skyline von Manhattan [engl.]
**Sky'phos** (der, -, -oi) Trinkbecher mit waagrechten Henkeln [gr.]
**Sla'lom** (der, -s, -s) Torlauf (beim Skifahren); Kajak-, Kanufahrt durch Tore; Zickzackfahrt [norweg.]
S **Slang** [slæŋ] (der, -s, nur Ez.) Umgangssprache (manchmal abwertend) [engl.]
**Slap'stick** [slæp-] (der, -s, -s) groteske Komik (der Stummfilmzeit; z.B. Tortenwerfen) [engl.]
**slar'gan'do** Anweisung im Notentext, langsamer werdend [lat.-it.]
**Sla'we** (der, -n, -n) Angehöriger einer indogermanischen Sprach- und Volksgruppe in Ost- und Südosteuropa
**sla'wisch** (Adj.) zu den Slawen gehörig
**sla'wi'sie'ren** (V.) slawisch machen
**Sla'wis'mus** (der, -, -men) slawische Spracheigentümlichkeit in einer nicht slawischen Sprache [nlat.]
**Sla'wist** (der, -wis'ten, -wis'ten) Slawistikwissenschaftler
**Sla'wis'tik** (die, -, nur Ez.) Wissenschaft von den slawischen Sprachen und Literaturen (sowie Kulturen)
**sla'wis'tisch** (Adj.) zur Slawistik gehörig
**Sla'wo'phi'le** (der oder die, -n, -n) **1** jmd., der eine besondere Vorliebe für die slawischen Sprachen und Kultur hat **2** Anhänger einer politisch-philosophischen Richtung im Russland des 19. Jahrhunderts, die die Besonderheit der Kultur und Geschichte Russlands gegenüber den restlichen europäischen Staaten betonte [slaw.-gr.]
**Slee'per** [sliːpə] (der, -s, -) **1** Sitzplatz in der ersten Klasse eines Flugzeugs, der zum Schlafen geeignet ist **2** verdeckter Ermittler
**Sli'bo'witz** (der, -(es), -e) = Sliwowitz [serb.]
**Slice** [slaɪs] (der, -, -s [-is]) angeschnittener Ball; z.B. im Badminton, Golf, Tennis [engl.]
**Slip** (der, -s, -s) **1** Damenunterhöschen **2** schiefe Ebene, die ins Wasser führt (in Werften) **3** Abrechnungszettel (im Börsenwesen) [engl.]
**Sli'pon** (der, -s, -s) bequemer, sportlicher Mantel für Herren [engl.]
**slip'pen** (V.) **1** auf einem Slip entlanggleiten lassen **2** lösen; z.B. eine Ankerkette **3** seitwärts nach unten gleiten (von Flugzeugen) [engl.]
**Slip'per** (der, -s, -) leichter Flachschuh (zum Hineinschlüpfen); Hausschuh [engl.]
**Sli'wo'witz** *auch:* Sli'bo'witz (der, -(es), -e) Zwetschgenwasser (aus den Balkanländern (serb.-kroat.-bosn.), Österreich) [kroat.]
**Slo'gan** [-gən] (der, -s, -s) Schlagwort (in der Werbung, bei Wahlkampagnen) [schott.- engl.]
**Slo'ka** (der, -, -s) aus zwei 16-silbigen Versen bestehende Strophe, die in Sanskritdichtungen verwendet wird [sanskr.]
**Sloop** *auch:* Slup [sluːp] (die, -, -s) ein Küstensegelschiff [niederl.-engl.]
**Slop** (der, -s, -s) 2/4-taktiger Tanz, bei dem sich die Partner in Reihen gegenüberstehen [engl.-amerik.]

**Sloughi** [slu:gi] (der, -s, -s) glatthaariger Windhund Nordafrikas [arab.]
**slow** [sləʊ] (Adj.) Tempobezeichnung in der Jazzmusik [amerik.]
**Slowake** (der, -n, -n) Ew. der Slowakei
**slowakisch** (Adj.) zur Slowakei gehörig
**Slowene** (der, -n, -n) Ew. Sloweniens
**slowenisch** (Adj.) zu Slowenien gehörig
**Slowfox** [sləʊ-] (der, -(es), -e) langsamer Foxtrott [engl.]
**Slow Motion** [sləʊməʊʃn] (die, -, nur Ez.) Zeitlupe [engl.]
**Slum** [slʌm] (der, -s, -s) Elendsviertel (in Großstädten) [engl.]
**Slump** [slʌmp] (der, -(s), -s) starkes Abfallen der Börsenkurse [engl.]
**Slup** (die, -, -s) = Sloop
**Slush** [slʌʃ] (das, -(s), Slushes [slʌʃɪz]) trinkbare Eiscreme (aus Amerika) [engl.]
**Smalltalk** *auch:* Small Talk [smɔ:ltɔ:k] (der, - -s, - -s) Konversation; belangloses Gerede; z.B. bei Stehempfängen [engl.]
**Smaragd** (der, -(e)s, -e) grüner Beryll, Schmuckstein [semit.-gr.]
**smart** (Adj.) pfiffig, gewitzt; flott [engl.]
**Smartphone** (*auch:* Smart Phone) (das, -s, -s) Handy mit großem Display und erweitertem Funktionsumfang
**Smash** [smæʃ] (der, -(s), -s) Schmetterball, -schlag (beim Tennis) [engl.]
**Smog** (der, -(s), -s) Dunst aus Abgasen und Rauch (bei Inversionswetterlage über Großstädten) [engl.]
**Smokarbeit** (die, -, -en) Stickerei, die durch Raffung des Stoffes besondere Muster erzielt [engl.-dt.]
**Smoking** (der, -s, -s) dunkler Herrenabendanzug mit Seidenrevers [engl.]
**Smörrebröd** (das, -s, -s) bunt belegtes Brot (nach dänischer Art)
**smorzando** (Adv.) ersterbend, immer schwächer werdend (bei Musikstücken) [it.]
**SMS** (der/o. Art., -, -) (Abk.) **s**hort **m**essage **s**ervice. Mobilfunkdienst für Kurznachrichten [engl.]
**Snack** [snæk] (der, -s, -s) Imbiss [engl.]
**Snackbar** [snæk-] (die, -, -s) Nebentheke mit Snacks (in Bars u.a.); Imbissstube [engl.]
**Sneaker** [sni:kə] (der, -s, -s) Turnschuh, der kaum Gewicht hat [engl.]
**Sniffing** (das, -s, nur Ez.) Einatmen von Klebstoffdämpfen, um in einen Rauschzustand zu kommen [engl.]
**Snob** (der, -s, -s) jmd., der sich durch Extravaganz, überfeinerten Lebensstil aus der Masse hervorheben möchte
**Snobiety** [snɔbeɪəti:] (die, -, nur Ez.) snobistische, pseudo-vornehme Gesellschaft [engl.]
**Snobismus** (der, -, -men) Lebensführung, Art eines Snobs [engl.-nlat.]
**snobistisch** (Adj.) wie ein Snob
**Snow** [snəʊ] (der, -s, nur Ez.) engl. für: Schnee; Name für weißpulvrige Rauschmittel, Kokain [amerik.]
**Snowboard** [snəubɔ:d] (das, -s, -s) Gleitbrett zum Schneesurfen [engl.]
**Snowmobil** [snəʊmobi:l] (das, -s, -e) für Fahrten auf Schnee geeignetes, motorisiertes Fortbewegungsmittel [engl.-lat.]
**Soapopera** *auch:* Soap-Opera [səʊpɒpəra] (die, -, -s) engl. für: Seifenoper; in Funk und Fernsehen ausgestrahlte Fortsetzungsgeschichten mit melodramatischem Inhalt, die in den USA häufig von Waschmittelproduzenten finanziert wurden
**soave** (Adv.) mild, süß (bei Musikstücken)
**Soave** (der, -(s), -) gelblicher Wein aus Venetien [it.]
**Sobor** (der, -, nur Ez.) Konzil der russisch-orthodoxen Kirche [russ.]
**Sobrietät** (die, -, nur Ez.) Mäßigkeit (veraltet) [lat.]
**Soccer** [sɒkə] (das oder der, -s, nur Ez.) amerikanische Bezeichnung für Fußballspiel [engl.]
**Soccus** (der, -, -ci) **1** leichter, flacher Frauenschuh in der Antike **2** zum Kostüm des Komödienschauspielers gehöriger Schuh (im Gegensatz zum Kothurn genannten Schuh des Tragödiendarstellers) [gr.-lat.]
**Social Media** (Pluralwort, --, --) digitale Medien, über die sich Nutzer untereinander austauschen können [engl.]
**Socket** [sɔkɪt] (das, -s, -s) Steckdose [engl.]

**So'da** (die oder das, -s, nur Ez.) **1** Natriumcarbonat; ein weißes Pulver, das in Wasser basisch reagiert **2** basisches, Soda enthaltendes Mineralwasser [it.]
**So'da'le** (der, -n, -n) jmd., der einer Sodalität angehört
**So'da'li'tät** (die, -, -en) katholische Bruderschaft [lat.]
**So'da'lith** (der, -s, -e) ein Mineral, Natriumaluminiumsilicat; Edelstein [it.-gr.]
**So'da'was'ser** (das, -s, nur Ez.) Mineralwasser mit Kohlensäure
**So'di'um** (das, -s, nur Ez.) in England und Frankreich Bezeichnung für Natrium [span.-lat.]
**So'do'mie** (die, -, nur Ez.) eine sexuelle Perversion, Geschlechtsverkehr mit Tieren [hebr.-lat.]
**So'do'mit** (der, -en, -en) jmd., der Sodomie treibt
**so'do'mi'tisch** (Adj.) zur Sodomie gehörig, Sodomie treibend
**So'fa** (das, -s, -s) Polsterliege mit Arm- und Rücklehnen [arab.]
**Sof'fit'te** *auch:* Suffit'te (die, -, -n) **1** vom Schnürboden herabhängende Dekoration als obere Bühnenbegrenzung **2** röhrenförmige Glühlampe, der von beiden Seiten Spannung zugeführt wird [it.-frz.]
**Sof'fit'ten'lam'pe** (die, -, -n) Glühlampe in Form einer Röhre
**soft** (Adj.) weich, bestimmte Art der Vortragsweise im Jazz [engl.]
**Sof'ta** (der, -s, -s) Student an einer islamischen Hochschule [pers.-türk.]
**Soft'drink** *auch:* Soft Drink (der, - -s, - -s) alkoholfreies oder leicht alkoholisches Getränk [engl.]
**Sof'tie** (der, -s, -s) weichl. Mann [engl.]
**Soft'ware** [-weə] (die, -, -s) Programme, Speichermethoden (eines EDV-Systems) [engl.]
**So'har** (der, -, nur Ez.) Hauptwerk der jüdischen Kabbala [hebr.]
**soi'gniert** [swaɲiːɐt] (Adj.) gepflegt, stilvoll, seriös, gediegen; z. B. ein soignierter älterer Herr [frz.]
**Soi'ree** [swa-] (die, -, -re̲en) besondere Abendveranstaltung [frz.]
**So'ja** (die, -, -jen) Eiweiß, Lecithin der Sojabohne [chines.]
**So'ja'boh'ne** (die, -, -n) südostasiatische, eiweißreiche Hülsenfrucht [jap.-niederl.-dt.]
**So'k'ra'ti'ker** (der, -s, -) Anhänger der Lehre Sokrates', Sokratesschüler, sokratischer Mensch
**so'k'ra'tisch** (Adj.) zur Lehre des altgriechischen Philosophen Sokrates gehörig, einsichtig, weise
**Sol 1** (der, -(s), - oder -s) peruanische Währungseinheit [span.] **2** (das, -s, -e) kolloidale Lösung [lat., Kurzwort]
**so'la fi'de** allein durch den Glauben [lat.]
**So'la'nin** (das, -s, -e) giftiges Alkaloid (in Nachtschattengewächsen) [nlat.]
**So'la'num** (das, -s, -nen) Gattung der Nachtschattengewächse; z.B. Kartoffel, Tomate [lat.]
**so'lar** *auch:* so'la'risch (Adj.) zur Sonne gehörig, von ihr herrührend [lat.]
**So'lar'ener'gie** (die, -, nur Ez.) Sonnenenergie [lat.-gr.]
**so'la'risch** (Adj.) = solar
**So'la'ri'um** (das, -s, -ri'en) Anlage zur Bräunung des Körpers mit einer Lichtquelle, die dem Sonnenspektrum ähnliche Strahlung aussendet [lat.]
**So'lar'ple'xus** [-plɛ̲-] (der, -, nur Ez.) großes Nervenknotengeflecht unterm Zwerchfell, Sonnengeflecht [lat.]
**So'la'wech'sel** (der, -s, -) Wechsel, bei dem der Aussteller selbst eine bestimmte Summe zahlen muss
**Sol'da'tes'ka** (die, -, -ken) zügellose Soldatenschar [it.]
**so'lenn** (Adj.) feierlich, festlich [frz.]
**So'len'ni'tät** (die, -, nur Ez.) Feierlichkeit (veraltet)
**Sol'fa'ta'ra** (die, -, -ren) = Solfatare
**Sol'fa'ta're** *auch:* Sol'fa'ta̲ra (die, -, -n) schwefelhaltige Heißdampfquelle [it.]
**sol'feg'gie'ren** [-dʒiː-] (V.) ein Solfeggio singen
**Sol'feg'gio** (das, -s, -gien) Singübung auf Tonsilben (bes. „do, re, mi, fa, so".) [it.]
**so'lid** (Adj.) = solide
**so'li'da'risch** (Adj.) übereinstimmend; mitverantwortlich [frz.]
**so'li'da'ri'sie'ren** (V.) sich unterstützend auf jmds. Seite stellen [frz.]
**So'li'da'ri'tät** (die, -, nur Ez.) **1** das Solidarischsein, wechselseitige Verbundenheit

S

2 eine polnische Gewerkschaftsorganisation
**so'li'de** *auch:* so'lid (Adj.) gediegen, maßvoll; zuverlässig [lat.]
**so'li'die'ren** (V.) bekräftigen; sichern (veraltet) [lat.]
**So'li'di'tät** (die, -, nur Ez.) das Solidesein
**So'lip'sis'mus** (der, -, nur Ez.) Meinung, dass nur das eigene Ich real ist, die anderen dagegen irreal
**So'list** (der, -lis'ten, -lis'ten) jmd., der etwas allein vorträgt, Solomusiker
**so'li'tär** (Adj.) einzeln; nicht Staaten bildend; z.B. eine solitäre Wespenart [frz.]
**So'li'tär** (der, -s, -e) 1 großer, einzeln gefasster Diamant 2 ein Stiftesteckspiel für eine Person [frz.]
**So'li'tu'de** *auch:* So'li'tü'de (die, -, -n) Einsamkeit (als Name von Schlössern) [frz.]
**Sol'mi'sa'ti'on** (die, -, -ti'o'nen) Sechstonreihe mit Tonsilben (do, re, mi, fa, so, la, si entsprechend c, d, e, f, g, a, h) [it.]
**sol'mi'sie'ren** (V.) entsprechend der Solmisation singen
**so'lo** (Adj.) allein, einzeln [it.]
**So'lo** (das, -s, -s oder -li) 1 Einzeldarbietung; z.B. in der Musik; Instrumentalpassage innerhalb eines Musikstücks 2 Einzelspiel (beim Fußball, Kartenspiel) [it.]
**so'lo'nisch** (Adj.) weise vermittelnd (wie der altgriechische Staatsmann Solon)
**So'lö'zis'mus** (der, -, -men) grober sprachlicher Fehler, Satzbaufehler [gr.-lat.]
**Sol'sti'ti'um** *auch:* Sol'sti (das, -(e)s, -ti'en/-e) Sonnwende [lat.]
**so'lu'bel** *auch:* so'lu'bi'le (Adj.) löslich (von chemischen Substanzen) [lat.]
**So'lu'tio** (die, -, -nes) = Solution
**So'lu'ti'on** *auch:* So'lu'tio (die, -, -ti'o'nen) Arzneilösung [lat.]
**So'lu'tré'en** [sɔlytreɛ̃] (das, -(s), nur Ez.) Kulturstufe der jüngeren Altsteinzeit (nach dem frz. Fundort Solutré) [frz.]
**Sol'vens** (das, -, -ven'tia oder -ven'zi'en) schleimlösendes Mittel [lat.]
**sol'vent** (Adj.) zahlungsfähig [lat.]
**Sol'venz** (die, -, -en) Zahlungsfähigkeit [lat.]
**sol'vie'ren** (V.) 1 (auf)lösen 2 (ab)zahlen
**So'ma** (das, -s, -ta) Körper (in der Medizin) [gr.]
**So'ma'li** 1 (der, -(s), -s oder So'mal) Ew. von Somalia 2 (das, -(s), nur Ez.) dessen Sprache
**so'ma'tisch** (Adj.) zum Soma gehörig, körperlich
**So'ma'to'lo'gie** (die, -, nur Ez.) Wissenschaft vom menschlichen Körper [gr.]
**Som'b're'ro** (der, -s, -s) breitrandiger (Stroh-)Hut (v.a. Mexiko) [span.]
**som'nam'bul** (Adj.) schlafwandlerisch [frz.]
**Som'nam'bu'lis'mus** (der, -, nur Ez.) das Schlafwandeln [frz.-nlat.]
**som'no'lent** (Adj.) benommen (nach Gehirnschädigung) [lat.]
**Som'no'lenz** (die, -, nur Ez.) das Somnolentsein
**So'nant** (der, -en, -en) Selbstlaut, Vokal [lat.]
**So'na'te** (die, -, -n) mehrsätziges Instrumentalstück [it.]
**So'na'ti'ne** (die, -, -n) kleine Sonate
**Son'de** (die, -, -n) 1 biegsamer, dünner Stab zum Untersuchen von Körperhöhlen 2 Probebohrung 3 physikalisches Messgerät; z.B. Raumsonde [frz.]
**son'die'ren** (V.) 1 mit einer Sonde untersuchen 2 vorsichtig erkunden, vorfühlen
**So'ne** (die, -, -) Maßeinheit für Lautstärke [lat.]
**So'nett** (das, -(e)s, -e) Gedicht mit dem Reimschema abba abba cde cde [it.]
**Song** (der, -s, -s) (kritisches, balladenhaftes) Lied; z.B. ein Song im Sinne B. Brechts; Lied (der U-Musik) [engl.]
**Son'nen'kol'lek'tor** (der, -s, -en) Anlage, mit der Sonnenstrahlen absorbiert und in Wärme umgewandelt werden
**Son'ny'boy** (der, -s, -s) junger Mann, der das Glück auf seiner Seite hat und dies auch ausstrahlt [engl.]
**So'no'gra'fie** *auch:* So'no'gra'phie (die, -, -n) Ultraschalluntersuchung; z.B. an Schwangeren [lat.-gr.]
**So'no'lu'mi'nes'zenz** (die, -, -en) Leuchtphänomen, das duch Schallwellen erzeugt wird (Phys.)
**so'nor** (Adj.) klangvoll, tief und wohltönend
**So'nor** (der, -s, -e) 1 stimmlicher Laut im Gegensatz zu den Geräuschlauten 2 stimmhafter Konsonant [lat.]

**Soˈnoˈriˈtät** (die, -, nur Ez.) Klangfülle eines Lautes, in der Sprachwissenschaft Grad der Stimmhaftigkeit [lat.]

**Soˈphia** (die, -, nur Ez.) nach Plato das nur von der Seele in seiner Reinheit erfahrbare Wissen von den göttlichen Ideen [gr.-lat.]

**Soˈphisˈma** (das, -s, -men) = Sophistik

**Soˈphisˈmus** (der, -, -men) Spitzfindigkeit; Scheinbeweis [gr.-lat.]

**Soˈphist** (der, -phisˈten, -phisˈten) spitzfindiger Mensch, Scheingelehrter [gr.]

**Soˈphisˈteˈrei** (die, -, -en) Spitzfindigkeit in der Argumentation

**soˈphisˈtiˈcaˈted** [səfɪstɪkeɪtɪd] (Adj.) überspannt; weltmännisch [engl.]

**Soˈphisˈtik** (die, -, nur Ez.) Argumentation eines Sophisten

**soˈphisˈtisch** (Adj.) spitzfindig, scheingelehrt [gr.]

**Soˈphroˈsyˈne** (die, -, nur Ez.) in der Antike die duch Vernunft und Besonnenheit erlangte Mäßigung und Beherrschung aller Begierden [gr.-lat.]

**soˈpiˈranˈdo** (Adv.) als Vortragsanweisung in Notentexten, seufzend [lat.-it.]

**soˈpoˈrös** (Adj.) stark benommen [lat.]

**soˈpra** (Adv.) oben; mit übergreifender Hand (auf dem Klavier) zu spielen [it.]

**Soˈpran** (der, -s, -e) höchste Stimmlage (bei Frauen und Knaben); höchstgestimmtes Instrument; z.B. Sopranflöte [it.]

**Soˈpraˈnist** *auch:* Soˈpraˈnist (der, -nisˈten, -nisˈten) Knabe, der im Sopran singt

**Soˈpraˈporˈte** *auch:* Suˈpraˈporˈte (die, -, -n) Verzierung über dem Türrahmen; z.B. in der Barockbaukunst [it.]

**soˈraˈbisˈtisch** (Adj.) die Sorabistik, die Wissenschaft von der sorbischen Sprache und Kultur [lat.]

**Sorˈbet oder** [-beː] (das oder der, -s, -s) eisgekühlter Fruchtsaft (mit Sahne); Halbgefrorenes [arab.-frz.]

**Sorˈbett** (der oder das, -(e)s, -e) = Sorbet [arab.-türk.-it.-fr.]

**Sorˈbit** (der, -s, nur Ez.) ein süßer, kristalliner Alkohol (der z.B. in Vogelbeeren vorkommt) [nlat.]

**Sorˈdiˈne** (die, -, -n) Dämpfer bei Musikinstrumenten; z.B. bei Blechblasinstrumenten [lat.-it.]

**Sorˈdiˈno** (der, -s, -ni) Dämpfer (bei Musikinstrumenten) [it.]

**sorˈdo** (Adv.) gedämpft, Anweisung im Notentext

**Sorˈdun** (der oder das, -s, -e) **1** Holzblasinstrument aus dem 16./17. Jahrhundert mit Doppelrohrblatt von dumpfem Klang **2** dunkel klingendes Orgelregister

**Soˈre** (die, -, -n) Diebesgut [hebr.]

**Sorˈgho** (der, -s, -s) = Sorghum [it.]

**Sorˈghum** *auch:* Sorˈgho (das, -s, -s) ein afrikanisches Getreide, Möhrenhirse [lat.]

**Soˈroˈrat** (das, -(e)s, nur Ez.) bei nordamerikanischen Indianern verbreitete Sitte, dass ein Witwer die jüngere Schwester seiner verstorbenen Frau heiratet [lat.]

**Sorpˈtion** (die, -, -tiˈoˈnen) Aufnahme eines Gases durch einen flüssigen Stoff und eines gelösten Stoffes durch einen festen [lat.]

**Sorˈte** (die, -, -n) **1** Art, Gattung, Güteklasse, Qualität **2** ausgelesene Pflanzenart oder Frucht **3** Devisen (nur Mz.)

**Sorˈtes** (nur Mz.) in der Antike für Orakel verwendete Eichenstäbchen oder Bronzeplättchen [lat.]

**sorˈtieˈren** (V.) ordnen, nach gleichen Eigenschaften zusammentun [it.]

**Sorˈtieˈrer** (der, -s, -) = Sortiermaschine

**sorˈtiert** (Adj.) **1** die verschiedensten Waren anbietend **2** ausgesucht, erlesen, von hoher Qualität

**Sorˈtiˈleˈgiˈum** (das, -s, -giˈen) durch Werfen von Losen ermittelte Weissagung [lat.]

**Sorˈtiˈment** (das, -(e)s, -e) **1** Warenangebot, -auswahl **2** Ladenbuchhandlung mit Lager [it.]

**Sorˈtiˈmenˈter** (der, -s, -) jmd., der in einem Sortiment (2) arbeitet

**Sorˈtiˈmentsˈbuchˈhanˈdel** (der, -s, -) Zweig im Buchhandel, der in Ladengeschäften eine breite Auswahl von Titeln aus verschiedenen Fachbereichen und Verlagen anbietet

**Sorˈtiˈta** (die, -, -ten) Auftrittsarie der Heldin in altitalienischen Opern [it.]

**SOS** [ɛsoːɛs] (das, -, nur Ez.) angeblich Abk. für „**S**ave **O**ur **S**ouls", internationaler Notruf [engl.]

**So|ße** *auch:* Sau|ce (die, -, -n) **1** gewürzte (gebundene) Flüssigkeit (als Beigabe zu Speisen) **2** schmutzige, unappetitliche Flüssigkeit (ugs.) [frz.]
**sos|te|nu|to** (Adv.) getragen (bei Musikstücken) [it.]
**Sos|te|nu|to** (das, -s, -s oder -ti) mäßig langsames Musikstück [lat.-it.]
**So|ter** (der, -, -e) Erlöser, Retter (bes. als Beiname Christi) [gr.]
**So|te|rio|lo|gie** (die, -, nur Ez.) Lehre von einem Soter; Heilslehre
**so|te|rio|lo|gisch** (Adj.) die Soteriologie betreffend
**Sot|tie** (die, -, -s) possenähnliches Theaterstück in Frankreich (15./16. Jahrhundert), das sich meist gegen den Papst richtete [frz.]
**Sot|tise** (die, -, -n) Narretei (veraltet) [frz.]
**sot|to** (Adv.) unten (bei gekreuzten Händen auf der Klaviertastatur) [it.]
**sot|to vo|ce** [-voːtʃɛ] mit halber Lautstärke (Mus.)
**Sou** [suː] (der, -, - oder -s) französische Münze (früher); 5-Centime-Stück (ugs.)
**Sou|bret|te** [su-] (die, -, -n) heitere, komische Sopransängerin [frz.]
**Sou|che** [suʃ] (die, -, -n) zur Überprüfung der Echtheit zurückbehaltener Teil eines Wertpapiers [frz.]
**Sou|chong** (der, -s, -s) Teesorte mittlerer Qualität [frz.-chin.]
**Souf|flé** *auch:* Souf|flee [suf-] (das, -s, -s) lockerer Auflauf, Mehlspeise mit Ei (Gastronomie) [frz.]
**Souf|fleur** [sufløːʁ] (der, -s, -e) jmd., der beruflich soufflierte
**souf|flie|ren** [suf-] (V.) den Rollentext im Theater zuflüstern
**Sou|fla|ki** [zuːflaːki] (der, -(s), -(s)) griechisches Gericht, das in Form kleiner Fleischspießchen serviert wird
**Soul** [saʊl] (der, -(s), nur Ez.) eine Stilrichtung der Rockmusik, wie sie von Farbigen in den USA gespielt wird [engl.]
**Sound** [saʊnd] (der, -s, -s) Klang [engl.]
**Sound|check** [saʊndtʃek] (der, -s, -s) Überprüfen der Anlage, Stimmen der Instrumente (einer Band vor dem Auftritt) [engl.]
**Sound|kar|te** [saʊnd-] (die, -, -n) Computerchip, der verschiedene Klänge erzeugt, um auf bestimmte Ereignisse akustisch hinzuweisen
**Sound|track** [saʊndtræk] (der, -s, -s) Filmmusik, Tonstreifen [engl.]
**Sou|per** [supeː] (das, -s, -s) festliches Abendessen [frz.]
**sou|pie|ren** [su-] (V.) ein Souper einnehmen
**Sour** [saʊə] (der, -(s), -s) saures Mixgetränk auf der Basis von Likör und Mineralwasser [engl.]
**Source|pro|gramm** [sɔːs-] (das, -s, -e) in einer höheren Programmiersprache oder in Assembler geschriebenes Computerprogramm, Quellprogramm [engl.]
**Sou|sa|fon** *auch:* Sou|sa|phon [suːzafoːn] (das, -s, -e) nach dem amerikanischen Komponisten J. Ph. Sousa benanntes, tief klingendes Blechblasinstrument, das im nordamerikanischen Jazz verwendet wird [amerik.]
**Sous|chef** [suː-] (der, -s, -s) die rechte Hand des Küchenchefs [frz.]
**Sou|ta|che** [sutaʃ] (die, -, -n) schmaler, kordelähnlicher Besatz [frz.]
**sou|ta|chie|ren** [sutaʃiː-] (V.) mit einer Soutache verzieren
**Sou|ta|ne** *auch:* Su|ta|ne [su-] (die, -, -n) langes, enges Gewand kath. Geistlicher; z.B. die schwarze Soutane eines Pfarrers [it.-frz.]
**Sou|ta|nel|le** [su-] (die, -, -n) nur knielange Soutane
**sou|te|nie|ren** [-niː-] (V.) veralteter Begriff für: unterstützen, behaupten [lat.-frz.]
**Sou|ter|rain** [sutɛrɛ̃] (das, -s, -s) Kellergeschoss [frz.]
**Sou|ti|en** [sutjɛ̃] (das, -, -s) **1** veraltet für Beistand, Unterstützung **2** veraltet für Unterstützungstruppen [frz.]
**Sou|ve|nir** [suvə-] (das, -s, -s) Gegenstand als Andenken
**sou|ve|rän** [suvə-] (Adj.) überlegen; unumschränkt (herrschend) [frz.]
**Sou|ve|rän** [suvə-] (der, -s, -e) **1** Herrscher **2** alle Stimmbürger (schweiz.) [frz.]
**Sou|ve|rä|ni|tät** [suvə-] (die, -, nur Ez.) **1** das Souveränsein **2** Herrschergewalt **3** Unabhängigkeit

S

**Sovereign** [sɒvrɪn] (der, -(s), - oder -s) eine englische Goldmünze
**Sow'chos** (der, -, -e) = Sowchose
**Sow'cho'se** *auch:* der Sow'chos (die, -, -n) landwirtschaftliches Staatsgut (in der ehem. Sowjetunion) [russ.]
**So'wjet oder** [sɔ-] (der, -s, -s) russ. für: Rat; Regierungs- bzw. Verwaltungsbehörde (in der ehem. Sowjetunion)
**so'wje'tisch** (Adj.) zur Sowjetunion gehörig, den Sowjet betreffend
**So'wjet'uni'on** (die, -, nur Ez.) Kurzwort für die Union der sozialistischen Sowjetrepubliken (= UdSSR); europäisch-asiatischer Staatenbund (1922–1991), gegründet von Lenin
**So'zi** (der, -s, -s) = Sozialdemokrat (ugs., oft abwertend)
**So'zia** (die, -, -s) scherzhaft für eine Motorradbeifahrerin [lat.]
**so'zi'a'bel** (Adj.) gesellschaftlich anpassungsfähig, umgänglich [frz.]
**So'zi'a'bi'li'tät** (die, -, nur Ez.) das Soziabelsein
**so'zi'al** (Adj.) **1** gesellschaftlich; z.B. seine sozialen Kontakte richten sich nur auf Gleichgesinnte **2** gemeinnützig; z.B. sozialer Wohnungsbau; mitfühlend; z.B. ein sozialer Helfer **3** gesellig lebend; z.B. eine soziale Wespenart [lat.]
**So'zi'al'de'mo'krat** (der, -en, -en) Angehöriger einer Partei, die soziale Gerechtigkeit mithilfe der Demokratie anstrebt
**So'zi'a'li'sa'ti'on** (die, -, -en) Einordnungsprozess (insbesondere von Heranwachsenden) in die Gesellschaft, Normen-, Werteübernahme [lat.]
**so'zi'a'li'sie'ren** (V.) **1** verstaatlichen **2** eine Sozialisation durchmachen
**So'zi'a'lis'mus** (der, -, -men) **1** (nur Ez.) Lehre des Karl Marx; Vorstufe des Kommunismus **2** eine politische Bewegung, die versucht, die kapitalistische Ordnung zu verändern
**So'zi'a'list** (der, -lis'ten, -lis'ten) Anhänger des (eines) Sozialismus
**so'zi'a'lis'tisch** (Adj.) zum Sozialismus gehörig
**So'zi'e'tär** (der, -s, -e) Angehöriger einer Sozietät
**So'zi'e'tät** (die, -, -en) **1** Gesellschaft, Verein **2** Verband von Lebewesen [frz.]
**So'zio'ge'ne'se** (die, -, nur Ez.) Entstehung und Entwicklung milieubedingter Umstände; z.B. Krankheiten [lat.-gr.]
**So'zio'gra'fie** *auch:* So'zio'gra'phie (die, -, nur Ez.) Wissenschaft von den einzelnen Gesellschaftsformen (in verschiedenen Gebieten) [lat.-gr.]
**So'zio'gramm** (das, -s, -e) grafische Darstellung der Beziehung zwischen Einzelnen in einer Gruppe [lat.-gr.]
**So'zio'lekt** (der, -(e)s, -e) Gruppensprache; z.B. der Jargon der Mediziner [lat.-gr.]
**So'zio'lin'gu'is'tik** (die, -, nur Ez.) Teilgebiet der Linguistik, das sich mit der sozialen Bedingtheit des Sprachverhaltens befasst [lat.]
**so'zio'lin'gu'is'tisch** (Adj.) die Soziolinguistik betreffend
**So'zio'lo'ge** (der, -n, -n) Soziologiewissenschaftler
**So'zio'lo'gie** (die, -, nur Ez.) Wissenschaft von der Gesellschaft [lat.-gr.]
**so'zio'lo'gisch** (Adj.) zur Soziologie gehörig
**So'zio'lo'gis'mus** (der, -, nur Ez.) Neigung, alle geistigen und kulturellen Phänomene als Produkt gesellschaftlicher Zustände zu erklären; Überbewertung der Soziologie
**So'zio'me'trie** (die, -, nur Ez.) Analyse sozialer Beziehungen in kleinen Gruppen [lat.-gr.]
**so'zio'me'trisch** (Adj.) die Soziometrie betreffend; in der Art der Soziometrie
**so'zio'morph** (Adj.) gesellschaftsgeformt
**So'zio'the'ra'pie** (die, -, -pi̲en) Behandlung, die darauf zielt, den Patienten wieder in die Gesellschaft einzugliedern
**So'zi'us** (der, -, -se oder -zien/-zii) **1** Teilhaber **2** Beifahrersitz [lat.]
**So'zi'us'sitz** (der, -es, -e) Rücksitz eines Motorrades
**Spa'da** (die, -, -s) ein Degen [span.]
**Spa'gat** (der oder das, -(e)s, -e) Spreizen der Beine mit durchgedrückten Knien, sodass sie am Boden eine Gerade bilden [it.]
**Spa'ghet'ti** *auch:* Spa'ge̲t'ti (nur Mz.) sehr lange, dünne Nudeln [it.]

**Spa'gi'rik** (die, -, nur Ez.) 1 Alchimie 2 Zubereitung von mineralisch-chemischen Medikamenten [gr.-lat.]

**Spa'gi'ri'ker** (der, -s, -) Goldmacher, Alchimist

**spa'gi'risch** (Adj.) alchimistisch; spagirische Kunst: Alchimie

**Spa'gno'lett** [spaɲolɛt] (der, -(e)s, -e) 1 angerauter Baumwollstoff in Leinwandbindung [span.-it.-frz.]

**Spa'hi** (der, -s, - s) Angehöriger einer aus Nordafrikanern bestehenden französischen Kavallerieeinheit (früher) [pers.-türk.-frz.]

**Spa'lett** (das, -(e)s, -e) hölzerner Fensterladen [österr.]

**Spa'lier** (das, -s, -e) 1 gitterartiges Gestell, an dem Pflanzen emporwachsen; z.B. ein Spalier für Birnen; die Pflanzen selbst 2 Doppelreihe von Personen, Menschengasse (zur Ehrung einer Persönlichkeit) [it.]

**Spa'lier'obst** (das, -es, nur Ez.) Früchte von Baumpflanzen, die an Gittern hochgezogen werden

**Span'dril'le** (die, -, -n) Bogenzwickel in der Architektur [lat.-roman.]

**Spa'ni'el** (der, -s, -s) mittelgroßer Hund mit langen Schlappohren (ursprünglich Stöberhunde; z.B. Cockerspaniel, King Charles Spaniel) [frz.-engl.]

**Spa'ni'er** (der, -s, -) Ew. Spaniens

**Spa'ni'o'le** (der, -n, -n) Nachkomme der im 15. Jh. aus Spanien vertriebenen Juden, Sephardim

**spa'nisch** (Adj.) zu Spanien gehörig

**Spar'ring** (das, -s, nur Ez.) Übungsboxkampf mit Kopfschutz [engl.]

**Spar'ta'ki'a'de** (die, -, -n) einer Olympiade ähnliche Sportveranstaltung des ehem. Ostblocks

**Spar'ta'kist** (der, -kis'ten, -kis'ten) Angehöriger des radikalsozialistischen Spartakusbundes, des Vorläufers der KPD

**Spar'ta'kus'bund** (der, -es, nur Ez.) 1917 gegründete, stark links orientierte Bewegung, die sich ab 1918 „Kommunistische Partei" nannte

**Spar'ta'ner** (der, -s, -) Ew. des altgriechischen Stadtstaates Sparta

**spar'ta'nisch** (Adj.) 1 zu Sparta, den Spartanern gehörig 2 überaus einfach; z.B. eine spartanische Wohneinrichtung, spartanisches Essen

**Spar'te** (die, -, -n) Abteilung, Fach [it.]

**Spar'te'rie** (die, -, nur Ez.) aus Span oder Bast hergestelltes Flechtwerk [gr.-lat.-frz.]

**spar'tie'ren** (V.) ein Musikstück aus einzelnen Stimmen für Orchester arrangieren [lat.-it.]

**spas'ma'tisch** (Adj.) = spasmisch

**spas'misch** (Adj.) krampfartig [gr.]

**spas'mo'disch** (Adj.) = spasmisch

**spas'mo'gen** (Adj.) einen Krampf auslösend; z.B. Wirkung eines Arzneimittels

**Spas'mo'ly'ti'kum** (das, -s, -ka) krampflösendes Mittel [gr.]

**Spas'mus** (der, -, -men) Muskelkrampf [gr.-lat.]

**Spas'ti'ker** (der, -s, -) jmd., der durch Spasmus gelähmt ist

**spas'tisch** (Adj.) = spasmisch

**Spa'tha** (die, -, -then) 1 Blatt von Palmen- und Aronstabgewächsen, das den Blütenstand umschließt 2 zweischneidiges germanisches Langschwert [gr.-lat.]

**spa'ti'o'nie'ren** (V.) mit Spatium setzen

**spa'ti'ös** (Adj.) geräumig, weit (vom Druckbild)

**Spa'ti'um** (das, -s, -ti'en) Abstand zwischen Druckbuchstaben [lat.]

**spa'zie'ren ge'hen** (V.) ohne Ziel im Freien ein Stück Weg zu Fuß gehen

**Spea'ker** [spiː-] (der, -s, -) Sprecher, Sitzungsleiter; z.B. im englischen Unterhaus

**spe'die'ren** (V.) absenden; befördern (von Frachtgut) [it.]

**Spe'di'teur** [-tøːɐ] (der, -s, -e) jmd., der beruflich Frachtgut befördert, Umzüge ausführt [it.-frz.]

**Spe'di'ti'on** (die, -, -ti'o'nen) 1 das Spedieren 2 Frachtunternehmen; Versandabteilung

**spe'di'tiv** (Adj.) zügig (schweiz.) [it.]

**Speech** [spiːtʃ] (der, -es, -e oder -es [is]) Ansprache [engl.]

**Speed** [spiːd] 1 (der, -s, -s) Spurt, Temposteigerung 2 (das, -s, -s) Aufputschmittel (ugs.) [engl.]

**Speed'ball** [spiːdbɔl] (der, -s, -s) Drogengemisch, das aus Heroin und Kokain besteht [engl.]

S

**Speed'way** [spi:dweɪ] (der, -s, -s) Autorennstrecke [engl.]
**Spek'ta'bi'li'tät** (die, -, -en) Hochschuldekan (als Anrede; veraltet) [lat.]
**spek'ta'bel** (Adj.) veraltet für: sehenswert [lat.]
**Spek'ta'kel** **1** (der, -s, -) Aufruhr; Lärm **2** (das, -s, -) Aufsehen erregender Vorgang, Schauspiel [lat.]
**spek'ta'keln** (V.) Aufruhr, Lärm machen [lat.]
**spek'ta'ku'lär** (Adj.) Aufsehen erregend [frz.]
**spek'ta'ku'lös** (Adj.) geheimnisumwittert, seltsam (veraltet) [lat.]
**Spek'ta'ku'lum** (das, -s, -la) scherzhaft für Anblick, Schauspiel [lat.]
**Spek'ta'tor** (der, -s, -toren) Zuschauer [lat.]
**spek'tral** (Adj.) zum Spektrum gehörig, das Spektrum betreffend
**Spek'tral'ana'ly'se** (die, -, -n) chemische, physikalische Stoffanalyse mithilfe des ausgesandten Spektrums (Chemie, Astronomie)
**Spek'tral'ap'pa'rat** (der, -(e)s, -e) Apparat, um Lichtstrahlen in das Spektrum zu zerlegen
**Spek'tral'far'ben** (nur Mz.) die bei der spektralen Zerlegung von Licht entstehenden sieben Farben
**Spek'tral'li'nie(die,** -, -n) in einer bestimmten Wellenlänge abgespaltetes Licht, das daher einfarbig ist
**Spek'tro'graf** *auch:* Spek'tro'graph (der, -en, -en) Vorrichtung, die eine Strahlung in ihr Spektrum zerlegt
**Spek'tro'me'ter** (das, -s, -) Gerät zum Ausmessen eines Strahlenspektrums [lat.-gr.]
**Spek'tro'skop** (das, -s, -e) Gerät zur Beobachtung und Untersuchung eines Strahlenspektrums zur Bestimmung der Wellenlängen von Spektrallinien [lat.-gr.]
**Spek'trum** (das, -s, -ren/-tren/-tra) **1** durch prismatische Lichtzerlegung entstandenes farbiges Band von Rot bis Violett **2** bunte Vielfalt; z.B. das ganze Spektrum der Wissenschaften [lat.]
**Spe'ku'lant** (der, -en, -en) jmd., der spekuliert, gewagte Geschäfte, Handlungen ausführt
**Spe'ku'la'ti'on** (die, -, -ti'o'nen) das Spekulieren
**Spe'ku'la'ti'us** (der, -, -) flaches, hartes Gewürzgebäck in Form von Figuren [lat.]
**spe'ku'la'tiv** (Adj.) **1** nur gedanklich, vage **2** waghalsig [lat.]
**spe'ku'lie'ren** (V.) **1** versuchen, durch Ausnutzen von Preisschwankungen Geschäfte zu machen; riskante Geschäfte machen **2** mutmaßen **3** berechnend auf etwas warten (ugs.) [lat.]
**Spe'ku'lum** (das, -s, -la) Gerät mit kleinem Spiegel zum Untersuchen von Körperhöhlen, die mit bloßem Auge unzugänglich sind, einfaches Endoskop [lat.]
**Spe'läo'lo'gie** (die, -, nur Ez.) Höhlenforschung [gr.]
**spe'läo'lo'gisch** (Adj.) die Speläologie betreffend [gr.-lat.]
**Spe'lun'ke** (die, -, -n) verrufene, schmutzige Kneipe [gr.-lat.]
**spen'da'bel** (Adj.) großzügig [dt.-französisierend]
**spen'die'ren** (V.) in spendabler Weise geben, schenken
**Spen'ser** (der, -s, -) = Spenzer
**Spen'zer** *auch:* Spen'ser (der, -s, -) eng anliegendes Jäckchen; z.B. über einer Trachtenbluse zu tragen
**Spe'renz'chen** *auch:* Spe'ren'zi'en (nur Mz.) **1** ugs. für Ausflüchte, Umstände **2** ugs. für besonders teure Vergnügungen oder Gegenstände [lat.-dt.]
**Sper'ma** (das, -s, -men oder -ta) Samenzellen und Sekrete der Samenblase, Samen(flüssigkeit) [gr.]
**Sper'ma'ti'de** (die, -, -n) bei Mensch und Tier noch unreife männliche Samenzelle [gr.-lat.]
**sper'ma'to'gen** (Adj.) **1** männliche Samenzellen bildend **2** dem Samen entstammend
**Sper'ma'to'ge'ne'se** *auch:* Sper'mi'o'ge'ne'se (die, -, -n) Spermabildung (in den Hoden) [gr.]
**Sper'ma'to'pho're** (die, -, -n) Samenpaket (das z.B. Molchweibchen bei der Paarung aufnehmen) [gr.]
**Sper'ma'to'phy'ten** (nur Mz.) Oberbegriff für Samenpflanzen
**Sper'ma'tor'rhö** (die, -, -en) unwillkürlicher Samenfluss [gr.]

**Sper'ma'to'zo'on** (das, -s, -zoen) Samenzelle [gr.]
**Sper'ma'ze'ti** *auch:* Sper'ma'zet (das, -s, nur Ez.) Walart [gr.-lat.]
**Sper'mi'o'ge'ne'se** (die, -, -n) = Spermatogenese
**Sper'mi'um** (das, -s, -mi'en) Samenzelle (bei Mensch und Tier) [nlat.]
**Spe'sen** (nur Mz.) Auslagen, Unkosten (bei der Erledigung eines Geschäftsauftrags) [it.]
**Spe'ze'rei** (die, -, -en) Gewürze (veraltend); Kolonialwaren (österr.) [it.]
**Spe'ze'rei'wa'ren** (nur Mz.) **1** veraltet für Lebensmittel **2** in der Schweiz Gemischtwaren
**spe'zi'al** (in zusammengesetzten Wörtern) = speziell
**Spe'zi'a'li'en** (nur Mz.) veraltet für Besonderheiten
**Spe'zi'a'li'sa'ti'on** (die, -, -tionen) = Spezialisierung [lat.-frz.]
**spe'zi'a'li'sie'ren** (V.) sich auf ein besonderes (Sach-, Wissens-)Gebiet beschränken, konzentrieren [frz.]
**Spe'zi'a'li'sie'rung** (die, -, -en) Konzentration auf ein bestimmtes Fachgebiet, wobei man besondere Kenntnis darin erlangt
**Spe'zi'a'list** (der, -listen, -listen) **1** jmd., der sich spezialisiert hat, umfassende Kenntnisse auf einem Gebiet hat **2** Lebewesen mit eingeschränkten Ansprüchen; z.B. ein Nahrungsspezialist
**spe'zi'a'lis'tisch** (Adj.) in der Art eines Spezialisten
**Spe'zi'a'li'tät** (die, -, -en) Besonderheit [frz.]
**spe'zi'ell** (Adv.) besonders, eigens
**Spe'zie'rer** (der, -s, -) in der Schweiz: Gemischtwarenhändler [lat.-it.]
**Spe'zies** [-tsie:s] (die, -, -) Art [lat.]
**Spe'zi'fi'ka'ti'on** (die, -, -tionen) das Spezifizieren
**Spe'zi'fi'kum** (das, -s, -ka) Besonderheit [lat.]
**spe'zi'fisch** (Adj.) kennzeichnend, eigentümlich, arteigen, spezifisches Gewicht: Gewicht eines Stoffes im Verhältnis zum Volumen [lat.]
**Spe'zi'fi'tät** (die, -, -en) **1** Besonderheit **2** in der Chemie eine charakteristische Reaktion
**spe'zi'fi'zie'ren** (V.) näher bezeichnen, im einzelnen aufzählen [lat.]
**Spe'zi'men** (das, -, -mi'na) Probearbeit [lat.]
**spe'zi'ös** (Adj.) **1** ansehnlich **2** scheinbar [lat.-frz.]
**Sphä're** (die, -, -n) **1** Himmelsgewölbe (veraltet) **2** Bereich, Umfeld, Wirkungskreis [gr.]
**Sphä'ren'har'mo'nie** (die, -, nur Ez.) harmonische Töne, die durch die Bewegung der Planeten entstehen, für den Menschen jedoch nicht hörbar sind (nach der Lehre des griechischen Philosophen Pythagoras)
**Sphä'ren'mu'sik** (die, -, nur Ez.) = Sphärenharmonie
**sphä'risch** (Adj.) die Himmelskugel betreffend; kugelig gewölbt [gr.]
**Sphä'ro'id** (das, -(e)s, -e) nahezu kugelförmiger Körper; Rotationsellipsoid [gr.]
**sphä'ro'i'disch** (Adj.) kugelähnlich
**Sphä'ro'lith** (der, -s oder -en, -e oder -en) strahlenförmig angeordnete Verklitterung von verschiedenen Mineralien
**sphä'ro'li'thisch** (Adj.) radialstrahlig zusammengefügt (bei manchen glasigen oder kristallinen Gesteinen)
**Sphä'ro'lo'gie** (die, -, nur Ez.) der Bereich der Geometrie, der sich mit der Kugel befasst
**Sphä'ro'me'ter** (das, -s, -) Gerät zum Messen der Krümmung von Kugelflächen, Linsen [gr.]
**sphe'no'id** (Adj.) keilförmig [gr.]
**sphe'no'i'dal** (Adj.) keilförmig
**Sphe'no'ze'pha'lie** (die, -, -n) keil- oder eiförmige, von der Norm abweichende Kopfform
**Sphink'ter** (der, -s, -tere) Schließmuskel [gr.]
**Sphinx** (die oder der, -, Sphingen oder -e) Fabelwesen mit Frauenkopf und geflügeltem Löwenleib; rätselhafte, geheimnisvolle Person (scherzhaft) [ägypt.-gr.]
**Sphra'gis'tik** (die, -, nur Ez.) Siegelkunde [gr.]
**sphra'gis'tisch** (Adj.) siegelkundlich
**Sphyg'mo'graf** *auch:* Sphyg'mo'graph (der, -en, -en) Pulsschreiber [gr.]

**Sphyg'mo'gramm** (das, -s, -e) durch einen Apparat aufgezeichnete Grafik, die die Pulsfrequenz in Kurven angibt
**Sphyg'mo'ma'no'me'ter** (das, -s, -) Blutdruckmesser [gr.]
**spi'a'na'to** (Adj.) Anweisung im Notentext: schlicht, einfach [lat.-it.]
**spic'ca'to** (Adv.) scharf getrennt, stakkato (von Violintönen) [it.]
**Spi'der** [spaɪ-] (der, -s, -) offenes, zweisitziges Sportauto [engl.]
**Spie'lo'thek** (die, -, -en) Einrichtung zum Leihen von Spielen
**Spikes** [spaɪks] (nur Mz.) **1** in Laufsportarten verwendete Turnschuhe mit Metallstiften an der Sohle **2** früher verwendete Winterreifen für Kraftwagen, die mit Stiften versehen waren [engl.]
**Spil'la'ge** [spilaːʒ] (die, -, -n) Einbuße, die durch die unsachgemäße Verpackung trockener Erzeugnisse bedingt ist
**Spin** (der, -s, -s) Drehimpuls der Eigenbewegung (eines Elementarteilchens) [engl.]
**Spi'na** (die, -, -nae [-nɛː]) Knochenfortsatz (an den Wirbeln) [lat.]
**spi'nal** (Adj.) zum Rückenmark, zur Wirbelsäule gehörig; z.B. die spinale Kinderlähmung
**Spi'nal'gie** (die, -, -n) in der Medizin Druckempfindlichkeit der Wirbel [lat.-gr.]
**Spi'na'li'om** (das, -s, -e) Stachelzellen-, Hornkrebs (Erkrankung)
**Spi'nat** (der, -(e)s, -e) ein Gänsefußgewächs; dessen Blätter als Gemüse [arab.-it.]
**Spi'nell** (der, -(e)s, -e) ein Mineral, Schmuckstein [it.]
**Spi'nett** (das, -(e)s, -e) klavierähnliches Instrument, dessen Saiten mit Federspulen angerissen werden [it.]
**Spin'na'ker** (der, -s, -) großes, halbrundes Jachtvorsegel [engl.]
**spi'nös** (Adj.) knifflig, heikel, sonderbar (im Umgang) [lat.]
**spin'ti'sie'ren** (V.) umgangssprachlich für fantasievoll, aus- und abschweifend reden und denken
**Spi'on** (der, -s, -o'ne) **1** jmd., der (im Auftrag einer feindlichen Staatsmacht) politische, wirtschaftliche u.a. Geheimnisse auszuspähen versucht **2** Guckloch (in Wohnungstüren) [germ.-it.]
**Spi'o'na'ge** [-ʒə] (die, -, nur Ez.) Tätigkeit eines Spions
**spi'o'nie'ren** (V.) politische, wirtschaftliche oder auch private Geheimnisse auskundschaften
**Spi'rä'e** (die, -, -n) Spierstrauch [lat.]
**spi'ral** (Adj.) schneckenförmig gedreht [gr.-lat.-nlat.]
**Spi'ra'le** (die, -, -n) **1** Kurve, die sich um eine Achse windet, Schnecken-, Schraubenlinie **2** so geformter Gegenstand; z.B. ein in die Gebärmutter eingelegtes Pessar [gr.]
**spi'ra'lig** (Adj.) wie eine Spirale
**Spi'rans** (der, -, -ran'ten) = Spirant
**Spi'rant** *auch:* Spi'rans (der, -en, -en) Reibelaut; z.B. „ch" [lat.]
**spi'ran'tisch** (Adj.) Spiranten betreffend
**Spi'ril'le** (die, -, -n) schraubenförmiges Bakterium [gr.-nlat.]
**Spi'rit** (der, -s, -s) Geist [lat.-frz.-engl.]
**Spi'ri'tis'mus** (der, -, nur Ez.) Geisterlehre, Bewegung, die mit dem Jenseits Verbindung aufnimmt [lat.-engl.]
**Spi'ri'tist** (der, -tis'ten, -tis'ten) Anhänger des Spiritismus
**spi'ri'tis'tisch** (Adj.) den Spiritismus betreffend
**spi'ri'tu'al** (Adj.) auf den (Heiligen) Geist bezogen; geistig, übersinnlich
**Spi'ri'tu'al** (der, -s oder -en, -en) geistlicher Berater (in Priesterseminaren) [lat.]
**Spi'ri'tu'al** [-tʃʊəl] (das, -s, -s) geistliches Lied nordamerikanischer Neger [lat.-engl.]
**Spi'ri'tu'a'li'en** (nur Mz.) geistliche Sachen und Einrichtungen (in der kath. Kirche) [lat.]
**spi'ri'tu'a'li'sie'ren** (V.) vergeistigen [lat.]
**Spi'ri'tu'a'lis'mus** (der, -, nur Ez.) philosophische Lehre, nach der alles Bestehende geistig ist (im Unterschied zum Materialismus) [lat.]
**Spi'ri'tu'a'list** (der, -lis'ten, -lis'ten) Anhänger des Spiritualismus [lat.]
**spi'ri'tu'a'lis'tisch** (Adj.) den Spiritualismus betreffend
**Spi'ri'tu'a'li'tät** (die, -, nur Ez.) Geistigkeit
**spi'ri'tu'ell** (Adj.) geistig [lat.]
**spi'ri'tu'os** (Adj .) = spirituös
**spi'ri'tu'ös** *auch:* spi'ri'tu'os (Adj.) alkoholisch [frz.]

**Spi'ri'tu'o'se** (die, -, -n) Getränk mit hohem Alkoholgehalt [lat.]
**spi'ri'tu'o'so** (Adv.) lebhaft, feurig (bei Musikstücken) [it.]
**Spi'ri'tus** (der, -, nur Ez.) **1** [spiː-] Hauch, Geist **2** [ʃpɪ-] vergällter Alkohol; z.B. Brennspiritus [lat. ]
**Spi'ro'er'go'me'trie** (die, -, -ri̲en/-tri̲'en) Messung der Sauerstoffkapazität: Messung, wie viel Sauerstoff der Organismus im Ruhezustand und nach körperlicher Belastung aufnehmen kann [lat.-gr.]
**Spi'ro'me'ter** (das, -s, -) Gerät zur Messung des Atemvolumens [lat.-gr.]
**Spi'ro'me'trie** (die, -, nur Ez.) Messung und Aufzeichnung der Atmung
**Spi'tal** (das, -s, -tä̲ler) in bestimmten Regionen: Krankenhaus, Armenhaus, Altenheim
**Splanch'no'lo'gie** (die, -, nur Ez.) Teil der Medizin, die mit den Eingeweiden befasst ist
**Spleen** [spliːn] oder [ʃpliːn] (der, -s, -s oder -e) verschrobene Eigenart, Schrulle [engl.]
**splee'nig** [spliː-] oder [ʃpliː-] (Adj.) voller Spleens
**Splen** (der, -s, nur Ez.) Milz [gr.]
**splen'did** (Adj.) **1** glanzvoll; großzügig **2** mit großen Abständen zwischen den Zeilen (im Druckwesen) [lat.]
**Splen'di'di'tät** (die, -, nur Ez.) das Splendidsein
**Sple'n'ek'to'mie** (die, -, -n) operative Entfernung der Milz [gr.-lat.]
**Sple'ni'tis** (die, -, -ti'den) Entzündung der Milz (Med.)
**split'ten** (V.) aufspalten [engl.]
**Split'ting** (das, -s, nur Ez.) Zusammenrechnung der Einkünfte von Eheleuten und Anwendung des Einkommensteuertarifs auf jeden Partner zur Hälfte [engl.]
**Spo'du'men** (der, -s, -e) ein Mineral, Schmuckstein [gr.]
**Spoi'ler** (der, -s, -) Luftleitblech (an schnellen Autos) [engl.]
**Spo'li'um** (das, -s, -li'en) Bruchstück eines antiken Bauwerks, das in einen Kirchbau eingefügt wurde [lat.]
**spon'de'isch** (Adj.) **1** den Spondeus betreffend **2** in Spondeen verfasst [gr.-lat.]
**Spon'de'us** (der, -, -de̲'en) Versfuß aus zwei langen Silben [gr.-lat.]
**Spon'dy'l'ar'thri'tis** (die, -, -ti'den) Entzündung der Wirbelgelenke (Med.)
**Spon'dy'li'tis** (die, -, -li'ti̲'den) Wirbelentzündung [gr.]
**spon'gi'ös** (Adj.) schwammartig (bes. in der Medizin) [gr.-lat.]
**Spon'sa** (die, -, -sae) in Kirchenbüchern die Bezeichnung für Braut [lat.]
**Spon'sa'li'en** (nur Mz.) Geschenke zur Verlobung
**spon'sern** (V.) durch einen Sponsor unterstützen, bezahlen
**Spon'sor** (der, -s, -so̲'ren) **1** Gönner, Mäzen **2** jmd., der eine Sendung (im Fernsehen) finanziert und sie zu Werbezwecken nutzt [lat.-engl.]
**Spon'sus** (der, -, -si) in Kirchenbüchern die Bezeichnung für Bräutigam [lat.]
**spon'tan** (Adj.) aus eigenem Antrieb, von selbst [lat.]
**Spon'ta'ne'i'tät** *auch:* Spon'ta'ni'tä̲t [-neːi-] (die, -, -en) das Spontansein
**Spon'ta'ni'tät** (die, -, -en) = Spontaneität
**Spon'ti** (der, -s, -s) jmd., der linksgerichtet ist und sich spontan an (politischen) Aktionen beteiligt; z.B. die kessen Sprüche der Spontis an den Hauswänden
**Spoon** [spuːn] (der, -s, -s) ein bestimmter Golfschläger [engl.]
**spo'ra'disch** (Adj.) hin und wieder, vereinzelt, zerstreut [gr.]
**Spo'r'an'gi'um** (das, -s, -gi'en) Sporenbehälter (bei blütenlosen Pflanzen) [gr.]
**Spo're** (die, -, -n) **1** bei Pflanzen: ungeschlechtliche Fortpflanzungszelle **2** Dauerform von Bakterien [gr.]
**Spor'ko** (das, -s, nur Ez.) Bruttogewicht [lat.-it.]
**spo'ro'gen** (Adj.) Sporen erzeugend [gr.-lat.]
**Spo'ro'phyt** [-fyːt] (der, -en, -en) Pflanze mit Sporangium (Alge, Farn, Moos, Pilz) [gr.]
**Spo'ro'zo'on** (das, -s, -zo̲'en) ein Einzeller, Sporentierchen [gr.]
**Sport** (der, -(e)s, -e, Mz. selten) **1** körperliche Betätigung, wobei durch Wettkämpfe der Geschickteste, Stärkste, Schnellste herausgefunden wird **2** Gesamtheit der verschiedenen kör-

S

perlichen Übungen **3** eine einzelne Sportart **4** Liebhaberei **5** Spielart, neu entstandene Pflanzen- oder Tierart [lat.-vulgär-lat.-frz.-engl.]

**Sporˈtel** (die, -, -n) Gebühr eines Amtsträgers [lat.]

**sporˈtiv** (Adj.) sportlich wirkend [frz.]

**Sportˈler** (der, -s, -) jemand, der (professionell) Sport treibt

**sportˈlich** (Adj.) **1** den Sport betreffend **2** körperlich durchtrainiert **3** die Regeln einer Sportart einhaltend, sich fair verhaltend **4** für Kleidung: zweckmäßig; der Sportbekleidung ähnlich

**Spoˈsaˈliˈzio** (das, -, nur Ez.) Motiv der Vermählung Marias und Josefs in der italienischen Kunst

**Spot** (der, -s, -s) **1** kurze Szene; z.B. im Werbefernsehen **2** = Spotlight [engl.]

**Spotˈlight** [-laɪt] (das, -s, -s) gebündeltes Punktlicht (das z.B. auf einen Showstar gerichtet ist) [engl.]

**Spray** [spreɪ] oder [ʃpreː] (der oder das, -s, -s) Flüssigkeit, die durch einen Zerstäuber (mit Treibgas) versprüht wird [engl.]

**sprayˈen** [spreɪ-] oder [ʃpreː-] (V.) ein Spray anwenden

**Sprinkˈler** (der, -s, -) **1** Anlage, die ab einer bestimmten Temperatur Wasser versprüht, um das Ausbreiten von Bränden zu verhindern **2** Rasensprenger **3** Anlage zum Feuchthalten der Luft in Spinnereien [engl.]

**Sprint** (der, -s, -s) das Sprinten

**sprinˈten** (V.) eine Strecke in Höchstgeschwindigkeit durchlaufen, mit dem Rad durchfahren [engl.]

**Sprinˈter** (der, -s, -) Kurzstreckenläufer [engl.]

**Sprit** (der, -s, -e) **1** Treibstoff (ugs.) **2** hochprozentiger Alkohol [lat.]

**spriˈtig** (Adj.) spritähnlich

**Spuˈmanˈte** (der, -s, -s) italienischer Schaumwein

**Spund** (der, -s, -en) **1** Holzpflock **2** junger Bursche (ugs.)

**Spurt** (der, -(e)s, -s oder -e) das Spurten

**spurˈten** (V.) das Tempo jäh beschleunigen, sich sehr beeilen; z.B. bei einem Laufwettbewerb [engl.]

**Sputˈnik** (der, -s, -s) erster künstlicher Satellit im Weltraum [russ.]

**Spuˈtum** (das, -s, -ta) schleimiger Auswurf, der durch Husten aus den Atemwegen entfernt wird [lat.]

**Square** [skweə] (der oder das, -s, -s) englische Bezeichnung für Quadrat, Platz

**Squash** [skwɒʃ] **1** (das, -, nur Ez.) Sportart, bei der ein Vollgummiball nach bestimmten Regeln in einem von vier Wänden begrenzten Spielfeld an die Wand geschlagen wird **2** (das, -s, Squaˈshes) [skwoschis] Getränk aus zerquetschten Früchten; z.B. Melonen [engl.]

**Squatˈter** [skwɒttə] (der, -s, -) amerikanischer Siedler, der sich ohne Besitzrecht auf einem Stück unbebauten Landes niedergelassen hat [lat.-frz.-engl.]

**Squiˈre** [skwaɪə] (der, -(s), -s) Gutsherr [engl.]

**Staˈbat Maˈter** (das, - -, - -) ein kath. Kirchengesang, Mariensequenz [lat.]

**Staˈbelˈle** (die, -, -n) Schemel (schweiz.) [lat.]

**staˈbil** (Adj.) fest; belastbar [lat.]

**Staˈbiˈliˈsaˈtor** (der, -s, -toˈren) etwas, das die Stabilität erhöht; z.B. ein chemischer Zusatz; eine mechanische Vorrichtung

**staˈbiˈliˈsieˈren** (V.) stabil machen, festigen

**Staˈbiˈliˈsieˈrung** (die, -, -en) **1** Erwirken eines bestimmten dauerhaften Zustandes **2** das Entfernen von leicht verdampfenden Stoffen aus Treibstoffen

**Staˈbiˈliˈtät** (die, -, nur Ez.) das Stabilsein, Beständigkeit, Festigkeit

**stacˈcaˈto** (Adv.) in Stakkato gespielt [it.]

**Staˈdiˈon** (das, -s, -diˈen) große, ovale Wettkampfanlage im Freien mit ansteigenden Zuschauersitzreihen [gr.]

**Staˈdiˈum** (das, -s, -diˈen) Abschnitt, Entwicklungsstufe [gr.-lat.]

**Staˈfetˈte** (die, -, -n) **1** reitender Eilbote, Kurier **2** Staffel [it.]

**Staffˈaˈge** [-ʒə] (die, -, -n) schmückender Bestandteil, Beiwerk, Nebensächliches [frz.]

**Stagˈflaˈtiˈon** (die, -, -tiˈonen) Kunstwort aus Stagnation und Inflation, das den Stillstand des Wirtschaftwachstums bei gleichzeitiger Geldentwertung bezeichnet

**Sta'gio'ne** [stadʒoːne] (die, -, -n) **1** die Saison am italienischen Operntheater **2** italienisches Opernensemble [lat.-it.]
**Stag'na'ti'on** (die, -, -tio̲nen) das Stagnieren [lat.]
**stag'nie'ren** (V.) stocken, nicht weitergehen; stehen
**Stakes** [steɪks] (nur Mz.) **1** Einsätze beim Pferderennen, durch die die Pferde die Startberechtigung erlangen **2** Pferderennen, die mit Einsätzen finanziert werden [engl.]
**Sta'ket** (das, -(e)s, -e) Lattenzaun [germ.-frz.]
**Stak'ka'to** (das, -s, -s oder -ti) durch Punkte über den Noten angezeigte Anweisung, die Noten nur kurz und abgehackt zu spielen [germ.-it.]
**Sta'lag'mit** (der, -en oder -s, -en oder -e) von unten nach oben wachsender Tropfstein [gr.]
**sta'lag'mi'tisch** (Adj.) geformt wie ein Stalagmit
**Sta'lak'tit** (der, -en oder -s, -en oder -e) von oben nach unten wachsender Tropfstein [gr.]
**sta'lak'ti'tisch** (Adj.) geformt wie ein Stalaktit
**Sta'li'nis'mus** (der, -, nur Ez.) **1** totalitäre Diktatur J. Stalins (1879–1953), die 1936–1939 in der Ermordung von Millionen Menschen gipfelte **2** Versuch, den Sozialismus mit Gewaltakten umzusetzen [russ.-nlat.]
**Stal'king** ['stɔːkɪŋ] (das, -, nur Ez.) von engl. „to stalk“ (anpirschen); fortgesetzte Verfolgung und Belästigung einer Person (durch Anrufe, Briefe, Auflauern), die deren Privatsphäre verletzt und z.T. mit Drohungen und/oder tätlichen Angriffen verbunden ist
**Stan'dard** (der, -s, -s) Richtschnur, Normalausführung, festgelegtes Durchschnittsmaß
**stan'dar'di'sie'ren** (V.) nach einem Standard vereinheitlichen
**Stan'dar'te** (die, -, -n) **1** kleine Flagge; z.B. die Standarte am Auto des Bundespräsidenten **2** Fuchs-, Wolfsschwanz **3** Einheit (der SA und SS) [germ.-frz.]
**Stan'ding** [stændɪŋ] engl. für: Rang, Ansehen, Name
**Stan'ding Ova'tions** [stændɪŋoːveɪ̲ʃns] (nur Mz.) vor Begeisterung Ovationen im Stehen geben [engl.]
**Stan'nin** (das, -s, nur Ez.) Zinnkies [nlat.]
**Stan'ni'ol** (das, -s, -e) Zinnfolie, Silberpapier [nlat.]
**Stan'num** (das, -s, nur Ez.) Zinn [lat.]
**stan'te pe'de** lat. für: „stehenden Fußes“, sofort [lat.]
**Stan'ze** (die, -, -n) eine achtzeilige Strophenform [it.]
**Sta'phy'lo'kok'kus** (der, -, -ken) ein Kugelbakterium (aus einem traubigen Gebilde, das diese Bakterien formen) [gr.]
**Star** (der, -s, -s) berühmte (darstellende) Persönlichkeit [engl.]
**Star'let** *auch:* Sta̲r'lett (das, -s, -s) Frau, die versucht, ein Filmstar zu sein [engl.]
**Star'lett** (das, -s, -s) = Starlet
**Sta'rost** (der, -ro̲s'ten, -ro̲s'ten) polnischer Landrat, Kreisvorsteher (früher)
**Stars and Stripes** [straɪps] (nur Mz.) Nationalfahne der USA [engl.]
**Start** (der, -(e)s, -s) Ausgangspunkt; Beginn [engl.]
**START-Ab'kom'men** (das, -s, nur Ez.) Abk. für **St**rategic **A**rms **R**eduction **T**alks, Abrüstungsvertrag zwischen den USA und den UdSSR-Nachfolgestaaten [engl.]
**star'ten** (V.)**1** beginnen; an den Start gehen **2** in Bewegung setzen
**Star'ter** (der, -s, -) **1** Unparteiischer, der das Startzeichen für ein Rennen oder einen anderen Wettkampf gibt **2** Teilnehmer an einem Wettkampf **3** Anlasser bei einem Motor [engl.]
**Sta'se** (die, -, -n) Blutstauung [gr.]
**Sta'si'mor'phie** (die, -, -n) das Ausbleiben der Organausbildung bei Pflanzen (Bio.)
**State De'part'ment** [steɪtdɪ-] (das, - -, nur Ez.) US-Außenministerium [engl.]
**State'ment** [steɪt-] (das, -s, -s) **1** Erklärung, Verlautbarung **2** EDV-Anweisung [engl.]
**Sta'tik** (die, -, nur Ez.) **1** Lehre vom Gleichgewicht der Kräfte, die auf starre Körper einwirken **2** Ermittlung der auf ein Bauwerk einwirkenden Kräfte **3** statischer Zustand, das Ruhen [gr.]
**Sta'ti'ker** (der, -s, -) jmd., der beruflich die Statik berechnet

**Station** (die, -, -tionen) 1 Haltestelle; Aufenthalt 2 Abteilung; z.B. eines Krankenhauses; Abschnitt [lat.]
**stationär** (Adj.) 1 mit Klinikaufenthalt verbunden; stationäre Behandlung 2 ortsfest [frz.]
**stationieren** (V.) an einen Ort bringen und dort verweilen lassen; z.B. Truppen stationieren [frz.]
**statisch** (Adj.) 1 zur Statik gehörig 2 ruhend, undynamisch
**Statist** (der, -tisten, -tisten) ungenannter Schauspieler in einer Nebenrolle ohne Sprechpart [nlat.]
**Statisterie** (die, -, -n) Gruppe der Statisten
**Statistik** (die, -, -en) systematische Zahlendarstellung aus repräsentativen Einzeldaten, Zahlenerhebung, Zahlenübersicht [nlat.]
**Statistiker** (der, -s, -) jmd., der (beruflich) Statistiken erstellt (und sie auswertet)
**statistisch** (Adj.) zu einer Statistik gehörig, aufgrund von Statistiken
**Stativ** (das, -s, -e) dreibeiniges, zusammenschiebbares Gestell (zum Festschrauben von Kameras, Fernrohren u.a.) [lat.]
**Statolith** (der, -en oder -s, -en oder -e) Gehörsteinchen [gr.]
**Stator** (der, -s, -toren) Maschinenständer [lat.]
**Statoskop** (das, -s, -e) Messgerät für Höhendifferenzen beim Flug
**statuarisch** (Adj.) statuenhaft
**Statue** (die, -, -n) Standbild; Bildhauerplastik [lat.]
**Statuette** (die, -, -n) kleine Statue [lat.-frz.]
**statuieren** (V.) aufstellen, festsetzen; bestimmen; ein Exempel statuieren: eine warnende Einzelbestrafung vornehmen [lat.]
**Statur** (die, -, -en) Gestalt, Wuchs [lat.]
**Status** (der, -, -) 1 Lage, Zustand 2 Rang, Stellung [lat.]
**Status quo** (der, - -, nur Ez.) gegenwärtiger Zustand [lat.]
**Statussymbol** (das, -s, -e) Gegenstand, der die Zugehörigkeit zu einer bestimmten, hoch bewerteten gesellschaftlichen Gruppe anzeigen soll
**Statut** (das, -(e)s, -en) Satzung [lat.]
**statutarisch** (Adj.) zu einem Statut gehörig, satzungsgemäß
**Staurothek** (die, -, -en) Behältnis für eine Reliquie des heiligen Kreuzes
**Steadyseller** [stædisælə] (der, -s, -) andauernder Verkaufsseller, Dauerseller
**Steak** [steɪk] (das, -s, -s) kurz gebratene Fleischscheibe (bes. vom Rind) [engl.]
**Stealthbomber** [stɛlθ-] (der, -s, -) Tarnkappenbomber [engl.]
**Stearin** (das, -s, -e) weißliche, wachsähnliche Masse (zur Herstellung von Kerzen, Lippenstiften u.a.) [gr.-nlat.]
**Steatit** (der, -s, -e) Speckstein [gr.-nlat.]
**Steatom** (das, -s, -e) Talggeschwulst (Med.)
**Steatopygie** (die, -, nur Ez.) Fettsteiß [gr.]
**Steelband** [stiːlbænd] (die, -, -s) karibische Musikgruppe, die unterschiedliche leere Ölfässer als Instrumente benutzt [amerik.]
**Steeplechase** [stiːpltʃeɪs] (die, -, -n) Hindernisrennen, Jagdrennen zu Pferde (Sport) [engl.]
**Stegodon** (das, -s, -donten) ein fossiler Elefant [gr.]
**Stele** (die, -, -n) frei stehender Steinpfeiler (reliefgeschmückt oder mit Inschrift; als antikes Grabmal) [gr.]
**Stellage** [-ʒə] (die, -, -n) Gestell [dt.-frz.]
**stellar** (Adj.) zu den Fixsternen, zu einem Sternsystem gehörig [lat.]
**Stellarator** (der, -s, -toren) Versuchsgerät zur Erzeugung von Kernverschmelzungen [engl.]
**Stemma** (das, -s, -ta) 1 Stammbaum 2 grafisches Schema zur Verdeutlichung der Beziehungen innerhalb eines Satzes (in der Linguistik) 3 Verwandtschaft unterschiedlicher Handschriftenfassungen (in der Textkritik) [gr.]
**stemmatologisch** (Adj.) Stammbaumuntersuchungen betreffend [gr.-lat.]
**Steno** 1 (die, -, nur Ez.) = Stenografie 2 (das, -s, -s) = Stenogramm [Kurzwort]
**Stenografie** *auch:* Stenographie (die, -, nur Ez.) Kurzschrift [gr.]
**stenografieren** *auch:* stenographieren (V.) Stenografie schreiben

S

**Ste'no'gramm** (das, -s, -e) in Stenografie Geschriebenes
**ste'no'gra'phie'ren** (V.) = stenografieren
**ste'n'ök** (Adj.) mit eingeschränkten, ganz speziellen Lebensraumansprüchen (Bio.) [gr.]
**Ste'no'kar'die** (die, -, -n) Herzbeklemmung [gr.]
**ste'no'phag** (Adj.) auf ganz spezielle Nahrung angewiesen; z.B. der Koalabär [gr.]
**Ste'no'se** *auch:* Ste'no'sis (die, -, -n) Einengung von Körperkanälen, -strömungsbahnen [gr.]
**Ste'no'sis** (die, -, -sen) = Stenose
**ste'no'therm** (Adj.) empfindlich auf Temperaturschwankungen reagierend; z.B. bestimmte Fischarten, Tropenpflanzen [gr.]
**ste'no'top** (Adj.) kaum verbreitet (Bio.)
**Ste'no'typ'is'tin** (die, -, -nen) Büroangestellte, die Kenntnisse in Stenografie und Maschineschreiben besitzt
**Sten'tor'stim'me** (die, -, -en) nach dem stimmgewaltigen Helden aus der Ilias benannt: laute, gewaltige Stimme
**Stepp** (der, -s, -s) Tanz, bei dem mit eisenbeschlagenen Schuhen ein Hacken-, Fersenrhythmus akustisch betont wird [engl.]
**Step'pe** (die, -, n) weite Grasebene [russ.]
**Ster** (der, -s, -e oder -s) ein altes Holzmaß, Raummeter [gr.-frz.]
**Ste'ra'di'ant** (der, -en, -en) Einheit des Raumwinkels [gr.-lat.]
**Ste're'o** (das, -s, -s) = Stereofonie [Kurzwort]
**Ste're'o'akus'tik** (die, -, nur Ez.) Wissenschaft vom räumlichen Hören
**Ste're'o'film** (der, -(e)s, -e) dreidimensionaler Film
**ste're'o'fon** (Adj.) *auch:* ste're'o'phon (Adj.) zur Stereofonie gehörig, zweikanalig hörbar
**Ste're'o'fo'nie** *auch:* Ste're'o'pho'nie (die, -, nur Ez.) Aufnahme und Wiedergabe von Tonträgern mit zwei Mikrofonen, über zwei Kanäle, die so angebracht sind, dass eine vom Ort abhängige Lautstärkeverschiedenheit wahrnehmbar ist [gr.]
**Ste're'o'g'no'sie** (die, -, -n) Fähigkeit, Gegenstände nur mit dem Tastsinn zu erkennen
**Ste're'o'me'trie** (die, -, nur Ez.) Geometrie räumlicher Körper [gr.]
**ste're'o'phon** (Adj.) = stere'fon
**Ste're'o'pho'nie** (die, -, nur Ez.) = Stereofonie
**Ste're'o's'kop** (das, -s, -e) Gerät zum Betrachten räumlicher Bilder [gr.]
**Ste're'o's'ko'pie** (die, -, nur Ez.) Gesamtheit der Verfahren zur Aufnahme und Wiedergabe dreidimensionaler, raumgetreuer Bilder
**ste're'o's'ko'pisch** (Adj.) räumlich wirkend, dreidimensional wiedergegeben [gr.]
**ste're'o'typ** (Adj.) feststehend, unveränderlich; abgedroschen; mit fest stehenden Schrifttypen gedruckt [gr.]
**Ste're'o'typ** (der oder das, -s, -en) **1** immer wieder auftauchendes Vorurteil, feste Vorstellungsklischees innerhalb einer Gruppe **2** Stereotypie [gr.-engl.]
**Ste're'o'ty'pie** (die, -, -n) **1** ein Druckverfahren, bei dem Matern ausgegossen werden **2** krankhafte, sinnlose Wiederholung (von Gesten, Wörtern) [gr.]
**ste're'o'ty'pie'ren** (V.) Stereotypien herstellen
**ste'ril** (Adj.) **1** keimfrei **2** unfruchtbar; zeugungsunfähig **3** übertrieben intellektualisiert [lat.]
**Ste'ri'li'sa'ti'on** (die, -, -ti'o'nen) das Sterilisieren, sterilisiert werden
**Ste'ri'li'sa'tor** (der, -s, -to'ren) Apparat zum Sterilisieren, Keimfreimachen
**ste'ri'li'sie'ren** (V.) steril machen
**Ste'ri'li'tät** (die, -, nur Ez.) das Sterilsein
**Ste'rin** (das, -s, -e) eine Zellsubstanz, Kohlenwasserstoff; z.B. Cholesterin [gr.]
**ster'ko'ral** (Adj.) kothaltig, kotig [lat.]
**Ster'let** *auch:* Ster'lett (der, -s, -s) im Schwarzen und im Asowschen Meer und in der Donau vorkommender bis zu einem Meter langer Stör [russ.]
**Ster'ling** [stɜːr-] (der, -s, -e) altenglische Silbermünze, Pfund Sterling: die britische Währungseinheit
**ster'nal** (Adj.) zum Sternum gehörig
**Ster'n'al'gie** (die, -, -n) Schmerz im Brustbein

**Ster'num** (das, -s, -na) Brustbein [gr.lat.]
**Ste'ro'id** [-roi:d] (das, -s, -e) eine organische Verbindung, Sterinabkömmling; z.B. viele Hormone [gr.]
**Ster'tor** (der, -s, nur Ez.) röchelndes Atmen [lat.]
**Ste'tho'skop** (das, -s, -e) Schlauch mit Hörmuschel (zum Abhorchen der Atem-, Herzgeräusche) [gr.]
**Stet'son** (der, -s, -s) breitkrempiger Filzhut, Cowboyhut (Warenzeichen) [amerik.]
**Ste'ward** [stju:əd] (der, -s, -s) Reisebetreuer (auf Schiffen, in Flugzeugen) [engl.]
**Ste'war'dess** [stjuədes] (die, -, -sen) Flugbegleiterin [engl.]
**Sthe'nie** (die, -, nur Ez.) Kraftfülle [gr.]
**sthe'nisch** (Adj.) kraftvoll [gr.]
**Sti'bi'um** (das, -s, nur Ez.) = Antimon [gr.-lat.]
**Sti'cho'man'tie** (die, -, -n) Weissagung aus einer zufällig aufgeschlagenen Buchseite heraus [gr.-lat.]
**Sti'cho'my'thie** (die, -, -n) zeilenweiser Wechsel von Rede und Gegenrede (im Dramendialog) [gr.]
**Stick** [stik] (der, -s, -s) **1** salziges Knabbergebäck in Form schmaler Stängel **2** Kosmetikstift
**Sti'cker** (der, -s, -) Aufkleber, Anstecknadel
**stie'kum** (Adj.) heimlich, leise [jidd.]
**Stig'ma** (das, -s, -men oder -ta) **1** kennzeichnendes Mal; Wundmal (Christi) **2** Tracheenöffnung (der Gliedertiere) **3** Narbe, oberster Teil des Fruchtknotens (bei Pflanzen) [gr.]
**Stig'ma'ti'sa'ti'on** (die, -, -ti'o'nen) Auftreten der fünf Wundmale Christi (bei religiösen Hysterikern) [gr.-lat.]
**stig'ma'ti'sie'ren** (V.) jmdn. brandmarken [gr.-lat.]
**stig'ma'ti'siert** (Adj.) durch Stigmatisation gekennzeichnet
**Stil** (der, -s, -e) **1** Eigenart im Ausdruck (eines Künstlers; z.B. Baustil, Schreibstil), persönliche Formgebung **2** Ausübungsart, Technik; z.B. Fahrstil, Laufstil **3** (nur Ez.) richtige Form, (angemessene) Art [lat.]
**Sti'lett** (das, -s, -e) kurzer Dolch; Schnappmesser [it.]
**sti'li'sie'ren** (V.) auf das Wesentliche hin, kunstgerecht vereinfachen [lat.]
**Sti'list** (der, -lis'ten, -lis'ten) jmd., der den sprachlichen Stil beherrscht; Ausdruckskünstler
**Sti'lis'tik** (die, -, nur Ez.) sprachliche Stillehre; Analyse sprachlicher Ausdrucksmittel
**sti'lis'tisch** (Adj.) zum Stil, zur Stilistik gehörig
**Stil'ton** (der, -s, -s) nach dem Herstellungsort Stilton benannter Schimmelweichkäse
**Sti'lus** (der, -, -li) antiker Schreibgriffel [lat.]
**Sti'mu'lans** (das, -, -lan'tia oder -lan'zi'en) Anregungsmittel [lat.]
**Sti'mu'la'ti'on** (die, -, -ti'o'nen) das Stimulieren
**sti'mu'lie'ren** (V.) anregen; reizen [lat.]
**Sti'mu'lie'rung** (die, -, -en) Erregung, Anregung, Reizung
**Sti'mu'lus** (der, -, -li) Anreiz; Auslöser (eines Verhaltens) [lat.]
**Stint** (der, -s, -e) **1** ein Fisch **2** einfältiger Kerl
**Sti'pen'di'at** (der, -en, -en) jmd., der ein Stipendium erhält
**Sti'pen'dist** (der, -dis'ten, -dis'ten) = Stipendiat (österr.)
**Sti'pen'di'um** (das, -s, -di'en) finanzielle Beihilfe zum Studium [lat.]
**Sti'pu'la'ti'on** (die, -, -ti'o'nen) wie ein Vertrag geltende mündliche Vereinbarung
**sti'pu'lie'ren** (V.) vereinbaren
**Stoa** (die, -, nur Ez.) altgriechische Philosophenschule, die Selbstbestimmung und Gleichgültigkeit gegenüber Äußerlichkeiten lehrte
**Sto'chas'tik** (die, -, nur Ez.) statistische Untersuchung zufallsabhängiger Erscheinungen
**sto'chas'tisch** (Adj.) zufallsabhängig [gr.]
**Stö'chio'me'trie** (die, -, nur Ez.) Wissenschaft von der mengenmäßigen Zusammensetzung chemischer Verbindungen, rechnerische Ermittlung ihrer Gewichtsverhältnisse [gr.]
**Stock'car** (der oder das, -s, -s) getuntes Serienauto zum Rennen fahren [engl.]
**Stock Ex'change** [stɔkikstʃeındʒ] Londoner Börse [engl.]

**Stock'job'ber** *auch:* Stock-Job'ber [-dʒɔbə] (der, -s, -s) Spekulant an der Londoner Börse [engl.]
**Stoi'ker** (der, -s, -) **1** Angehöriger der Stoa **2** jmd., der unerschütterlich gelassen ist
**stoi'sch** (Adj.) wie ein Stoiker
**Stoi'zis'mus** (der, -, nur Ez.) Art, Lebenshaltung eines Stoikers
**Sto'la** (die, -, -len) **1** langer, breiter (Pelz-)Schal **2** schalartiges, über den Schultern gekreuztes Kleidungsstück kath. Priester [gr.]
**Stol'ge'büh'ren** (nur Mz.) Gebühren für die Verrichtung geistlicher Amtshandlungen
**Sto'ma** (das, -s, -ta) **1** Mund **2** Spaltöffnung (bei Pflanzen) **3** künstlicher (Darm-)Ausgang [gr.]
**sto'ma'chal** (Adj.) zum Magen gehörig [gr.]
**Sto'ma'chi'kum** (das, -s, -ka) appetitanregendes und verdauungsförderndes Mittel [gr.-lat.]
**Sto'ma'ti'tis** (die, -, ti'ti'den) Mundschleimhautentzündung [gr.]
**Sto'ma'to'lo'gie** (die, -, nur Ez.) Wissenschaft von den Mundhöhlenkrankheiten [gr.]
**stoned** [stəʊnd] (Adj.) berauscht (durch Haschisch; Jargon) [engl.]
**stone'washed** [stəʊnwɒʃt] (Adj.) über Kieselsteinen gewaschen (und deshalb dunkel- und hellblau marmoriert; bei Bluejeans) [engl.]
**stop!** *auch:* stopp! (Interj.) halt! [engl.]
**Stop-and-go-Ver'kehr** [stɔpændgəʊ-] (der, -s, nur Ez.) Verkehr, der sich durch ständige, aber nur kurze Staus auszeichnet [engl.]
**Stopp** (der, -s, -s) **1** Ball, der unmittelbar hinter dem Netz herabfällt; z.B. im Tennis **2** ausgeprägter Stirnabsatz (bes. bei bestimmten Hunderassen) [engl.]
**Stop'per** (der, -s, -) **1** jmd., der mit der Stoppuhr die Zeit nimmt **2** Fußballer im Mittelfeld **3** Anhalter
**Sto'rage** [stɔrɪdʒ] (das, -s, nur Ez.) Lagerung [engl.]
**Store** [stɔːr] (der, -s, -s) durchsichtiger Vorhang (über die ganze Fensterfront) [frz.]
**stor'nie'ren** (V.) ein Storno vornehmen
**Stor'no** (der oder das, -s, -ni) **1** Rücknahme einer Buchung **2** Erlöschen der Leistungspflicht einer Versicherung [it.]
**Sto'ry** (die, -, -s) **1** (unglaubwürdige oder ungewöhnliche) Geschichte; Zeitungsbericht **2** Handlung (eines Films) [engl.]
**Sto'ry'board** [stɔːribɔːd] (das, -s, -s) filmische Reihenfolge von Einzelbildern, um ein Drehbuch zu erklären
**Sto'tin'ka** [sto-] (die, -, -ki) kleinste bulgarische Währungseinheit
**Stout** [staʊt] (der, -s, -s) dunkles, bitteres Starkbier (aus England) [engl.]
**Stra'bis'mus** (der, -, nur Ez.) das Schielen
**Stra'bo'to'mie** (die, -, -n) Operation, mit der eine Fehlstellung der Augen behoben wird (Med.)
**Strac'chi'no** [strakiːno] (der, -(s), nur Ez.) italienischer Weichkäse
**Strac'cia'tel'la** [stratʃatɛla] (das, -(s), nur Ez.) Milchspeiseeis, das kleine Schokoladenstückchen enthält [it.]
**Strad'dle** [strædl] (der, -s, -s) Hochsprung, bei dem man den Körper seitwärts über die Latte wälzt [engl.]
**Stra'di'va'ri** *auch:* Stra'di'va'ri'us (die, -, -(s)) Violine aus der Werkstatt des italienischen Geigenbauers Antonio Stradivari (1644–1737) aus Cremona [it.]
**Stra'di'va'ri'us** (die, -, -) = Stradivari
**Stra'gu'la** (das, -s, nur Ez.) ein glatter Kunststoff-Bodenbelag (Warenzeichen) [lat.]
**Strah'len'the'ra'pie** (die, -, -n) Therapie, die die Heilwirkung von Licht- und Wärmestrahlen nutzt
**straight** [streɪt] (Adj.) **1** heterosexuell **2** geradlinig, ohne Abschweifung [engl.]
**Stral'zio** (der, -s, -s) Liquidation [österr.]
**Stra'min** (der, -s, -e) Gitterleinen (als Untergrund für Stickerei) [lat.-ndrl.]
**Strange'ness** [streɪndʒnɪs] (die, -, nur Ez.) Fremdartigkeit, ungewöhnliches Verhalten [engl.]
**Stran'gu'la'ti'on** (die, -, -ti'o'nen) das Strangulieren
**stran'gu'lie'ren** (V.) durch Abschnüren der Luftröhre töten, erdrosseln [lat.]
**Stran'gu'rie** (die, -, -n) Harnzwang [gr.]
**Stra'pa'ze** (die, -, -n) Anstrengung, Mühsal

S

**stra'pa'zie'ren** (V.) **1** übermäßig benutzen, beanspruchen **2** (sich) überanstrengen [it.]
**stra'pa'zi'ös** (Adj.) anstrengend, voller Strapazen
**Strap'pa'tu'ra** (die, -, nur Ez.) Werg des italienischen Hanfes [germ.-it.]
**Straps** (der, -es, -e) Strumpfhalter(gürtel)
**stra'sci'nan'do** [straʃiando] (Adj.) Anweisung im Notentext für: schleppend, getragen [lat.-it.]
**Strass** (der, - oder -es, nur Ez.) billige Imitation von Edelsteinen unter Verwendung von bleihaltigem Glas
**Stra'te'ge** (der, -n, -n) jmd., der sich auf Strategie versteht; Heerführer
**Stra'te'gie** (die, -, -n) Vorgehenstechnik (bes. in der Kriegsführung) [gr.-frz.]
**stra'te'gisch** (Adj.) zur Strategie gehörig
**Stra'ti'fi'ka'ti'on** (die, -, -ti'o'nen) das Stratifizieren
**stra'ti'fi'zie'ren** (V.) **1** Schichten bilden (von Gestein) **2** Samen in feuchten Sand betten (als Keimvorbehandlung) [lat.]
**Stra'ti'gra'fie** *auch:* Stra'ti'gra'phie (die, -, nur Ez.) Schichtenkunde (als Teilgebiet der Geologie) [lat.-gr.]
**Stra'to'ku'mu'lus** (der, -, -li) Schichtwolke [lat.]
**Stra'to'skop** (das, -s, -e) Spiegelteleskop, das mit einem Ballon in die Höhe befördert, Aufnahmen von der Sonne macht
**Stra'to'sphä're** (die, -, nur Ez.) mittlere Schicht der Atmosphäre [lat.-gr.]
**Stra'tum** (das, -s, -ta) bestimmter Teil des Lebensraums in einem Biotop (Bio.)
**Stra'tus** (der, -, -ti) niedere Schichtwolke; abgehobener Bodennebel [lat.]
S
**Straz'ze** (die, -, -n) Kladde
**Strea'mer** [striːmə] (der, -s, -) Haken zum Lachsangeln, der durch angebrachte Federn einer Fliege ähnelt [engl.]
**Stream of Con'scious'ness** [striːmɔfkonʃnɪsnɪs] (der, -, nur Ez.) Erzähltechnik, bei der statt Erklärungen aneinandergereihte Vorstellungen gesetzt werden [engl.]
**Street'ball** [striːtbɔl] (der, -s, nur Ez.) Sportart, bei der Basketball auf der Straße gespielt wird [amerik.]
**Street'wear** [striːtwɛə] (die, -, nur Ez.) lockere Straßenbekleidung [engl.]
**Street'wor'ker** [striːtwɜːkə] (der, -s, -) Sozialhelfer, der Jugendliche außerhalb der Amtsräume betreut [engl.]
**Stre'nu'i'tät** (die, -, nur Ez.) veraltet für Tapferkeit; Unternehmungslust [lat.-dt.]
**Strep'to'kok'kus** (der, -, -ken) *auch:* Strep'to'kok'ke (die, -, -n) kugelförmiges Bakterium (im Kettenverband mit anderen) [gr.-nlat.]
**Strep'to'my'zin** *auch:* Strep'to'my'cin [-tsiːn] (das, -s, nur Ez.) ein Antibiotikum (gegen Tuberkulose) [gr.-nlat.]
**Stress** (der, -es, -e) übergroße körperlich- seelische Dauerbelastung [engl.]
**stres'sen** (V.) Stress ausüben, als Stress wirken
**Stres'sor** (der, -s, -so'ren) Stressursache
**Stretch** [stretʃ] (der, -(e)s, -es) sehr elastisches Garn; Kleidungsstück daraus [engl.]
**Stret'ta** (die, -, -s) glanzvoller (im Tempo gesteigerter) Schlussteil eines Musikstücks [it.]
**stret'to** (Adj.) Vortragsanweisung: eilig, gedrängt; bei einer Fuge: in Engführung
**Stria** (die, -, -i'ae) Dehnungsstreifen auf der Haut (Med.)
**Stri'dor** (der, -s, nur Ez.) pfeifendes Atemgeräusch (Med.) [lat.]
**Stri'du'la'ti'on** (die, -, -ti'o'nen) das Stridulieren
**stri'du'lie'ren** (V.) zirpen (von Heuschrecken, Zikaden u.a.) [lat.]
**Strike** [straik] (der, -s, -s) **1** Abräumen aller Kegel mit einem Wurf **2** beim Baseball ordnungsgemäß geworfener Ball, der aber nicht ordnungsgemäß gespielt wird
**strikt** (Adj.) peinlich genau; sehr streng [lat.]
**strik'te** (Adv.) aufs Genaueste; strengstens
**Strik'ti'on** (die, -, -ti'o'nen) Zusammenziehung [lat.]
**Strik'tur** (die, -, -en) ausgeprägte Verengung (eines Hohlorgans, Körperkanals) [lat.]
**String** (die, -, -s) Schnur, Reihe, Kette [engl.]
**strin'gen'do** [-dʒen-] (Adv.) drängend, eilend (bei Musikstücken) [it.]
**strin'gent** (Adj.) zwingend beweiskräftig [lat.]

**Stringenz** (die, -, nur Ez.) zwingende Beweiskraft [lat.]
**stringieren** (V.) zusammenziehen [lat.]
**Strip** (der, -s, -s) **1** Wundpflasterstreifen **2** = Striptease [engl.]
**strippen** (V.) **1** einen Striptease vorführen **2** unterschiedliche Bildteile mit einem Spezialfilm montieren [engl.]
**Striptease** [-tiːz] (der oder das, -, nur Ez.) Entkleidungsvorführung (in Nachtlokalen u.a.) [engl.]
**strisciando** [striʃando] gleitend, fließend (Mus.) [it.]
**Strizzi** (der, -s, -s) **1** gedankenloser, unverantwortlicher Mensch **2** Zuhälter [österr.]
**Strobelight** [strəʊblait] (das, -s, -s) schnell und grell flackerndes Licht (z.B. für Effekte in Diskotheken) [engl.]
**Stroboskop** (das, -s, -e) **1** Gerät zum Messen rascher Bewegungsabläufe **2** Figurentrommel, die durch Schlitze betrachtet den Eindruck bewegter Bilder vermittelt (Vorläufer des Films) [gr.]
**Strontium** (das, -s, nur Ez.) ein Element, Erdalkalimetall [nlat.]
**Strophanthin** (das, -s, nur Ez.) ein aus den Samen des Hundsgiftgewächses Strophantus gewonnenes Mittel gegen Herzschwäche [gr.-nlat.]
**Strophe** (die, -, -n) Verbindung mehrerer Verszeilen, Gedicht-, Liedabschnitt [gr.]
**strophisch** (Adj.) in Strophen abgefasst
**Struktur** (die, -, -en) Aufbau, Gliederung [lat.]
**Strukturalismus** (der, -, -men) Richtung der Linguistik, die nicht zur historisch-vergleichenden Betrachtungsweise gehört, sondern Äußerungen innerhalb eines strukturbestimmenden Systems sieht [nlat.]
**Strukturalist** (der, -listen, -listen) Anhänger, Verfechter eines Strukturalismus
**strukturalistisch** (Adj.) zum Strukturalismus gehörig
**Strukturanalyse** (die, -, -n) Untersuchung der Struktur verschiedener Körper
**strukturell** (Adj.) strukturgemäß
**strukturieren** (V.) in eine Struktur bringen; die Struktur ermitteln
**Struma** (die, -, -men) Kropf [lat.]
**Strumektomie** (die, -, -n) Kropfoperation (Med.)
**Strumitis** (die, -, -tiden) Kropfentzündung (Med.)
**Strychnin** (das, -s, nur Ez.) giftiges Alkaloid; der Samen tropischer Brechnussbäume [gr.]
**Stuck** (der, -s, nur Ez.) angerührter Brei aus Gips, Kalk und Sand, mit dem Ornamente für Zimmerdecken angefertigt werden
**Stuckateur** [-tøːɐ] (der, -s, -e) Handwerker, der Stuckarbeiten macht
**Stuckatur** (die, -, -en) Stuckarbeit
**Studie** [-diə] (die, -, -n) Vorarbeit, Entwurf; Kurzdarstellung [lat.]
**Studienassessor** (der, -s, -en) offizielle Betitelung eines Anwärters auf das höhere Lehramt
**studieren** (V.) lernen; untersuchen [lat.]
**Studio** (das, -s, -s) **1** Künstlerwerkstatt **2** Aufnahme-, Senderaum **3** kleines Experimentiertheater **4** Einzimmerwohnung [it.]
**Studiosus** (der, -, -si) Student (scherzhaft) [lat.]
**Studium** (das, -s, -dien) das Studieren [lat.]
**Studium generale** (das, - -, nur Ez.) allgemein bildende Vorlesungen [lat.]
**Stunt** [stʌnt] (der, -s, -s) vom Stuntman ausgeführte gefährliche, akrobatische Filmszene
**Stuntman** [stʌntmən] (der, -(s), -men) jmd., der gefährliche Szenen für einen Schauspieler übernimmt [engl.]
**Stupa** (der, -s, -s) kuppelförmiger buddhistischer Steintempel [sanskr.]
**stupend** (Adj.) erstaunlich [lat.]
**stupid** *auch:* stupide (Adj.) dumm, geistlos; stumpfsinnig [lat.]
**stupide** (Adj.) = stupid
**Stupidität** (die, -, nur Ez.) das Stupidsein
**Stupor** (der, -s, nur Ez.) krankhafte Reglosigkeit [lat.]
**stuprieren** (V.) vergewaltigen [lat.]
**Stuprum** (das, -s, -ra/-pra) Vergewaltigung [lat.]
**stygisch** (Adj.) schaurig, unheimlich [gr.]

**Styˈling** [staɪ-] (das, -s, -s) Formgebung, Gestaltung [engl.]
**Styˈlist** [staɪ-] (der, -lisˈten, -lisˈten) jmd., der beruflich das Styling entwirft
**Styˈlit** (der, -en, -en) Säulenheiliger [gr.]
**Styˈloˈgraˈfie** *auch:* Styˈloˈgraphie (die, -, nur Ez.) Anfertigung von Kupferdruckplatten [lat., gr.]
**Styˈlus** (der, -, -li) **1** Griffel am Fruchtknoten von Blüten **2** griffelartiges Überbleibsel, das am Hinterleib mancher Gliedertiere vorhanden ist
**Stypˈtiˈkum** (das, -s, -ka) **1** blutstillendes Mittel **2** Medikament gegen Durchfall [lat.]
**Styˈrax** *auch:* Stoˈrax (der, -(es), -e) harzig-zimtähnlich riechender Balsam, der von Bäumen warmer Länder gewonnen wird [gr.]
**Styˈrol** (das, -s, nur Ez.) farblose, zu den Kohlenwasserstoffen gehörige Flüssigkeit, aus der viele Kunststoffe hergestellt werden [Kunstwort]
**Styˈroˈpor** (das, -s, nur Ez.) ein leichter Hartschaumstoff aus zusammengepressten Kügelchen (Warenzeichen) [Kunstwort]
**Styx** (der, -, nur Ez.) Fluss der Unterwelt in der griechischen Mythologie
**Suˈaˈda** *auch:* Suˈade (die, -, -den) Redefluss, Wortschwall [lat.]
**Suˈaˈde** (die, -, -n) = Suada
**Suˈaˈheˈli** *auch:* Swaˈhiˈli **1** (der, -(s), - oder -s) Angehöriger eines Mischvolks der ostafrikanischen Küste **2** (das, -(s), nur Ez.) dessen zur Bantugruppe gehörige Sprache
**suˈaˈsoˈrisch** (Adj.) zur Überredungskunst gehörig
**suˈaˈve** (Adj.) lieblich, wohltuend
**subˈaˈkut** (Adj.) schwächer verlaufend (Med.)
**subˈalˈpin** *auch:* subˈalˈpiˈnisch (Adj.) **1** räumlich direkt an die Alpen anschließend **2** bis zur Baumgrenze gehend
**subˈalˈtern** (Adj.) untergeordnet; unterwürfig [lat.]
**subˈaˈtoˈmar** (Adj.) kleiner als ein Atom
**Subˈbotˈnik** (der, -(s), -s) jmd., der ehrenamtliche Arbeiten ausführte, um bei dem „Aufbau des Sozialismus" mitzuhelfen [russ.]
**Subˈdoˈmiˈnanˈte** (die, -, -n) vierte Stufe der diatonischen Tonleiter; darauf aufgebauter Dreiklang [lat.]
**subˈduˈral** sich unter der festen Haut befindend (Med.)
**subˈfeˈbril** (Adj.) mäßig erhöht, aber nicht fiebrig (Med.)
**subˈfosˈsil** (Adj.) in geschichtlicher Zeit ausgestorben
**subˈglaˈziˈal** (Adj.) sich unter dem Gletschereis befindend (Geol.)
**suˈbiˈto** plötzlich, mit einem Mal, schlagartig (Mus.)
**Subˈjekt** (das, -(e)s, -e) *auch* [sub-] **1** auf die Frage „wer oder was?" antwortender Satzteil, Satzgegenstand **2** nichtswürdiger Mensch **3** das erkennende, handelnde Ich (Philosophie) [lat.]
**Subˈjekˈtiˈon** (die, -, -tiˈoˈnen) das Stellen einer Frage, auf die keine Antwort erwartet wird
**subˈjekˈtiv** (Adj.) zu einem Subjekt gehörig, persönlich; voreingenommen
**Subˈjekˈtiˈvisˈmus** (der, -, -men) **1** (nur Ez.) Auffassung, das Subjekt sei Maßstab alles Bewertbaren **2** Ichbezogenheit [lat.]
**subˈjekˈtiˈvisˈtisch** (Adj.) zum Subjektivismus gehörig
**Subˈjekˈtiˈviˈtät** (die, -, nur Ez.) **1** das Subjektsein **2** (persönl.) Eigenart
**Subˈkonˈtiˈnent** (der, -(e)s, -e) Teil eines Kontinents, d. durch Ausmaß und geografische Lage nahezu selbstständig ist
**subˈkrusˈtal** (Adj.) unter der Erdkruste gelegen (Geol.)
**Subˈkulˈtur** (die, -, -en) nicht öffentlich geförderter Teil des Kulturlebens [lat.]
**subˈkuˈtan** (Adj.) unter der Haut befindlich; unter die Haut verabreicht (Spritzen) [lat.]
**subˈlim** (Adj.) geistig hochstehend; nur feinem Verständnis zugänglich [lat.]
**Subˈliˈmat** (das, -(e)s, -e) durch Sublimieren entstehender Stoff [lat.]
**Subˈliˈmaˈtiˈon** (die, -, -tiˈoˈnen) das Sublimieren
**subˈliˈmieˈren** (V.) **1** ins Erhabene, Sublime steigern, verfeinern **2** einen Stoff unmittelbar aus dem festen in den gasförmigen Aggregatzustand überführen
**Subˈliˈmiˈtät** (die, -, nur Ez.) das Sublimsein

**sub|ma|rin** (Adj.) unterseeisch [lat.]
**sub|mers** (Adj.) untergetaucht (lebend) [lat.]
**Sub|mer|si|on** (die, -, -en) veraltete Bezeichnung für Überschwemmung
**Sub|mis|si|on** (die, -, -en) **1** veraltete Bezeichnung für Ehrerbietigkeit **2** Vergabe eines Auftrags an denjenigen, der die geringsten finanziellen Forderungen stellt
**sub|ni|val** (Adj.) direkt unter der Schneegrenze gelegen (Geo.)
**sub|or|bi|tal** (Adj.) keine Umlaufbahn erreichend
**Sub|or|di|na|ti|on** (die, -, -ti|o|nen) **1** sich unterordnender (Dienst-)Gehorsam **2** Unterordnung eines Satzes, Satzglied [lat.]
**sub|or|di|nie|ren** (V.) unterordnen [lat.]
**Su|b|row|ka** (der, -(s), -s) polnischer Schnaps mit Cumarin aus einem Büffelgrashalm
**sub|se|quent** den weichen Gesteinsschichten folgend (Geo.)
**sub|si|di|är** (Adj.) behelfsweise, unterstützend [lat.]
**sub|si|di|a|risch** (Adj.) = subsidiär
**Sub|si|di|a|ri|täts|prin|zip** (das, -s, -i|en) Prinzip, bei dem der Staat den Bürgern hilft, wenn andere Sicherungssysteme wegfallen
**Sub|si|di|um** (das, -s, -di|en) Hilfszahlung [lat.]
**Sub|sis|tenz** (die, -, -en) **1** (nur Ez.) die selbstständige Seinsweise, das Bestandhaben **2** Lebensunterhalt (veraltet) [lat.]
**sub|sis|tie|ren** (V.) **1** durch, aus sich selbst bestehen (in der Philosophie) **2** sein Auskommen, seinen Lebensunterhalt haben (veraltet) [lat.]
**Sub|skri|bent** (der, -en, -en) jmd., der etwas subskribiert
**sub|skri|bie|ren** (V.) sich durch Unterschrift verpflichten, etwas zu kaufen (bes. eine neue, noch nicht erschienene Buchreihe), vorbestellen [lat.]
**Sub|skrip|ti|on** (die, -, -ti|o|nen) das Subskribieren
**sub|so|nisch** (Adj.) mit einer Geschwindigkeit fliegend, die unterhalb der Schallgeschwindigkeit liegt
**Sub|spe|zi|es** (die, -, -) Unterart, Rasse [lat.]
**Sub|s|tan|ti|a|li|tät** (die, -, nur Ez.) = Substanzialität
**sub|s|tan|ti|ell** (Adj.) = substanziell
**sub|s|tan|ti|ie|ren** (V.) = substanziieren
**Sub|s|tan|tiv** (das, -s, -e) Ding-, Hauptwort [lat.]
**sub|s|tan|ti|vie|ren** (V.) als Substantiv gebrauchen
**sub|s|tan|ti|visch** (Adj.) wie ein Substantiv, haupt-, dingwörtlich
**Sub|s|tanz** (die, -, -en) **1** Materie, Stoff **2** das Wesenhafte, der Kern von etwas **3** Grundstock, fester Bestand **4** das für sich Seiende; unabhängig Seiendes (Philos.) [lat.]
**Sub|s|tan|zi|a|li|tät** *auch:* Sub|s|tan|ti|a|li|tät (die, -, nur Ez.) **1** das Substanziellsein, **2** substanzielles Wesen, das Substanzsein (Philos.)
**sub|s|tan|zi|ell** *auch:* sub|s|tan|ti|ell (Adj.) wesenhaft, wesentlich, stofflich, die Substanz betreffend [lat.]
**sub|s|tan|zi|ie|ren** *auch:* subs|tan|ti|ie|ren (V.) durch Tatsachen belegen, mit Substanz erfüllen [lat.]
**Sub|s|ti|tu|ent** (der, -en, -en) Atom oder Molekül, das eine andere Einheit in chemischen Verbindungen ersetzt ohne diese zu verändern [lat.]
**sub|s|ti|tu|ie|ren** (V.) austauschen, ersetzen, z.B. Begriffe
**Sub|s|ti|tut** (der, -en, -en) **1** Ersatzperson, Stellvertreter **2** Assistent, Vertreter eines Verkaufsleiters [lat.]
**Sub|s|ti|tu|ti|on** (die, -, -ti|o|nen) das Substituieren, Austausch
**Sub|s|trat** (das, -(e)s, -e) **1** Grundlage, das einer Sache Zugrundeliegende **2** Nährboden **3** überlagerte Sprachschicht, die auf die herrschende Sprache einwirkt [lat.]
**Sub|s|truk|ti|on** (die, -, -en) Unterbau, Grundbau
**sub|su|mie|ren** (V.) begrifflich unterordnen; zusammenfassen [lat.]
**Sub|sum|ti|on** (die, -, -ti|o|nen) das Subsumieren **1** Unterordnung von Begriffen unter einen Oberbegriff **2** Unterordnung von Sachverhalten unter eine Rechtsnorm
**sub|sum|tiv** (Adj.) subsumierend
**sub|ter|ran** (Adj.) unterirdisch [lat.]

**sub'til** (Adj.) verfeinert, genau ausgeführt; kompliziert; unterschwellig [lat.]
**Sub'ti'li'tät** (die, -, nur Ez.) das Subtilsein
**Sub'tra'hend** (der, -en, -en) Zahl, die von einer anderen abgezogen wird [lat.]
**sub'tra'hie'ren** (V.) abziehen (in der Mathematik) [lat.]
**Sub'trak'ti'on** (die, -, -ti'onen) das Subtrahieren
**Sub'tro'pen** (nur Mz.) sich in Richtung auf den Nord- oder Südpol an die Tropen anschließendes Gebiet [lat.-gr.]
**Su'burb** [sʌbɜb] (die, -, -s) Vorstadt [engl.]
**Su'bur'bia** [sʌbɜːbiaː] (die, -, nur Ez.) alle Vorstädte zusammen, die um eine große Industriestadt herum liegen [engl.]
**Sub'ven'ti'on** (die, -, -ti'onen) das Subventionieren
**sub'ven'ti'o'nie'ren** (V.) mit öffentlichen Finanzmitteln (regelmäßig) unterstützen; z.B. die Landwirtschaft, das Theater [lat.]
**Sub'ver'si'on** (die, -, -si'onen) auf Regierungsumsturz gerichtete Tätigkeit, staatsuntergrabende Handlung [lat.]
**sub'ver'siv** (Adj.) Subversion treibend
**sub vo'ce** [-tsə] unter dem Stichwort, Thema [lat.]
**Sub'way** [sʌbweɪ] (die, -, -s) Untergrundbahn [engl.]
**Su'cre** *auch:* Su'cre (der, -, -) Währungseinheit in Ecuador [span.]
**Su'da'ne'se** (der, -n, -n) Ew. des Sudans; Angehöriger einer afrikanischen Völkergruppe
**su'da'ne'sisch** (Adj.) zum Sudan, zu den Sudanesen gehörig
**Su'da'ti'on** (die, -, -ti'onen) das Schwitzen [lat.]
**Su'da'to'ri'um** (das, -s, -ri'en) Schwitzbad
**Sud'den Death** [sʌdəndɛθ] (der, -s, nur Ez.) Spielverlängerung beim Eishockey, in der der nächste Punkt oder Treffer das Spiel entscheidet [engl.]
**Su'dor** (der, -s, nur Ez.) Schweiß (Med.)
**Süf'fi'sance** [-zãːs] (die, -, nur Ez.) = Süffisanz
**süf'fi'sant** (Adj.) aufreizend selbstgefällig, genüsslich überlegene Distanz zeigend [frz.]
**Süf'fi'sanz** *auch:* Süffi'sance (die, -, nur Ez.) das Süffisantsein
**Suf'fix** [-fɪks] (das, -es, -e) bedeutungstragende Nachsilbe am Wortende; z.B. das „-e" als Zeichen für die Mehrzahl [lat.]
**suf'fi'zi'ent** (Adj.) ausreichend, hinlänglich [lat.]
**Suf'fi'zi'enz** (die, -, -en) das Suffizientsein
**Suf'fo'ka'ti'on** (die, -, -en) Erstickung (Med.)
**Suf'fra'gan** (der, -s, -e) einem Erzbischof unterstehender Diözesanbischof [lat.]
**Suf'fra'get'te** (die, -, -n) Emanzipationskämpferin (um die Jahrhundertwende in England und den USA) [frz.]
**Suf'fu'si'on** (die, -, -si'onen) flächiger Bluterguss
**Su'fi** *auch:* Su'fist (der, -(s)/-en, -s/-en) islamischer Mystiker [arab.]
**Su'fis'mus** (der, -, nur Ez.) Richtung des Islam, die die Kluft zwischen Gott und Mensch durch Meditation, Askese u.a. zu überwinden versucht [arab.-nlat.]
**Su'fist** (der, -fis'ten, -fis'ten) = Sufi
**sug'ge'rie'ren** (V.) seelisch-geistig beeinflussen, etwas einreden; vorgaukeln [lat.]
**sug'ges'ti'bel** (Adj.) leicht beeinflussbar, der Suggestion zugänglich
**Sug'ges'ti'bi'li'tät** (die, -, nur Ez.) das Suggestibelsein
**Sug'ges'ti'on** (die, -, -ti'onen) das Suggerieren, Willensbeeinflussung; manipulierende Wirkung
**sug'ges'tiv** (Adj.) beeinflussend, suggerierend
**Sug'ges'ti'vi'tät** (die, -, nur Ez.) Fähigkeit zu Suggestion
**Sug'ges'to'pä'die** (die, -, nur Ez.) Lernverfahren, bei dem eine Fremdsprache durch kreativ-spielerische Weise rasch erlernt wird
**Su'gil'la'ti'on** (die, -, -en) Blutunterlaufung (Med.)
**sui ge'ne'ris** durch seine Eigenart [lat.]
**Sui'te** [sɥiːt] (die, -, -n) **1** Zimmerflucht (im Hotel) **2** mehrsätziges Instrumentalstück [frz.]
**Su'i'zid** (der oder das, -(e)s, -e) Selbstmord [lat.]
**Su'jet** [syʒeː] (das, -s, -s) Gegenstand, Thema (künstlerischer Gestaltung) [frz.]
**Suk'ka'de** (die, -, -n) kandierte Fruchtschale; z.B. einer Zitrone [frz.]

**Sukkubus** (der, -, -kuben) Weibsteufel, der Liebschaften mit Schlafenden hat [lat.]
**sukkulent** (Adj.) mit verdickten, Wasser speichernden Blättern oder mit aufgetriebenem, blattlosen Stamm; z.B. Kakteen [lat.]
**Sukkulente** (die, -, -n) Fettpflanze, sukkulente Pflanze [lat.]
**Sukkulenz** (die, -, nur Ez.) das Sukkulentsein
**Sukkurs** (der, -es, -e) Unterstützung (veraltet) [lat.]
**sukzedan** aufeinander folgend (Med.)
**sukzedieren** (V.) nachfolgen (in einem Amt oder einer Funktion) [lat.]
**Sukzession** (die, -, -sionen) Nachfolge, Abfolge; Thronfolge [lat.]
**sukzessiv** (Adj.) allmählich, nach und nach, schrittweise aufeinander folgend [lat.]
**sukzessive** (Adv.) allmählich, sukzessiv eintretend
**Sulfat** (das, -(e)s, -e) Salz oder Ester der Schwefelsäure [nlat.]
**Sulfid** (das, -(e)s, -e) Salz oder Ester des Schwefelwasserstoffs [nlat.]
**Sulfit** (das, -s, -e) Salz oder Ester der schwefligen Säure [nlat.]
**Sulfonamid** (das, -(e)s, -e) die Gruppe –S02NH2 enthaltende Verbindung (als Bakterien hemmendes Arzneimittel) [Kunstwort] [nlat.]
**Sulfur** (das, -s, nur Ez.) Schwefel [lat.]
**Sulky** [sʌl-] (das, -s, -s) zweirädriger Trabrennwagen [engl.]
**Sultan** (der, -s, -e) islamischer Herrscher (bes. im früheren osmanischen Reich) [arab.]
**Sultanat** (das, -(e)s, -e) Herrschaft(sgebiet) eines Sultans
**Sultanine** (die, -, -n) gelbe Rosine [arab.-frz.]
**Sumach** (der, -s, -e) kleiner nordamerikanischer Baum, Ziergehölz; z.B. der Essigbaum [arab.]
**Summa** (die, -, -men) **1** Gesamtdarstellung (eines Wissenszw.) **2** Summe (veraltet) [lat.]
**summa cum laude** mit höchstem Lob (als beste Note der Doktorprüfung) [lat.]
**Summand** (der, -en, -en) Zahl, die zu einer anderen hinzugezählt wird [lat.]
**summarisch** (Adj.) kurz zusammengefasst, gerafft dargestellt [lat.]
**Summary** [sʌməriː] (das, -s, -s) die Zusammenfassung eines Schriftstücks
**summa summarum** insgesamt [lat.]
**Summation** (die, -, -tionen) das Summieren, Summenbildung
**Summe** (die, -, -n) **1** Additionsergebnis **2** Geldbetrag [lat.]
**summieren** (V.) eine Summe bilden; sich ansammeln
**Summum Bonum** (das, - -, nur Ez.) höchstes Gut [lat.]
**Sumo** (das, -, nur Ez.) jap. Ringkampf
**Sumotori** (der, -, -s) Sumoringer
**Sunna** (die, -, nur Ez.) gesammelte Äußerungen Mohammeds (als islamische Verhaltensvorschriften) [arab.]
**Sunnit** (der, -en, -en) Anhänger der Sunna (im Unterschied zum Schiiten) [arab.-nlat.]
**Suomi** (ohne Artikel) Finnland [finn.]
**super** **1** (Adj.) sehr gut **2** (Adv.) überaus (ugs.) [lat.]
**Super** (das, -s, nur Ez.) Benzin mit hoher Oktanzahl [lat.]
**Superarbitrium** (das, -s, -ien) Überprüfung, Oberentscheidung [lat.]
**superb** [sʏ-] (Adj.) = süperb
**süperb** *auch:* superb (Adj.) vorzüglich [frz.]
**Superfekundation** (die, -, -en) Befruchtung zweier Eier derselben Periode durch verschiedene Väter [lat.]
**Superfetation** (die, -, -en) Befruchtung zweier Eier aus zwei aufeinander folgenden Zyklen
**superfiziell** (Adj.) oberflächlich [lat.]
**Superintendent** (der, -en, -en) evangelischer Geistlicher, der einen Kirchenbezirk beaufsichtigt [lat.]
**Superintendentur** (die, -, -en) Amtssitz eines Superintendenten
**Superior** (der, -s, -en) Kloster-, Ordensvorsteher [lat.]
**Superiorität** (die, -, nur Ez.) Überlegenheit [lat.]
**Superlativ** (der, -s, -e) **1** höchster Steigerungsgrad (des Adjektivs), Meiststufe; z.B. „am höchsten" **2** etwas Unüberbietbares **3** Ausdruck voll höchstem Wert, Lob

**su'per'la'ti'visch** (Adj.) 1 zum Superlativ gehörig 2 übertrieben [lat.]
**Su'per'la'ti'vis'mus** (der, -, -men) dauernde Suche nach Anwendung von Superlativen; Übertreibung [lat.]
**Su'per'lear'ning** [-lɜː-] (das, -, nur Ez.) Lernmethode, bei der auch die musisch-kreative Gehirnkomponente (durch Alpha-Entspannung) aktiviert werden soll [engl.]
**Su'per'no'va** (die, -, -vae [vɛː]) Stern mit besonderer Helligkeitszunahme [lat.]
**su'per'so'nisch** schneller als Schallgeschwindigkeit
**Su'per'star** (der, -s, -s) außergewöhnlich bekannter Star (ugs.)
**Su'per'strat** (das, -(e)s, -e) überlagernde Sprachschicht, Erobererersprache (in Wechselwirkung zu einem Substrat) [lat.]
**Su'per'vi'si'on** (die, -, -si'o̱nen) Überwachung (veraltet) [lat.]
**Su'per'vi'sor** [suːpəvaɪzə] (der, -s, -(s)) 1 Aufsichtsperson 2 Überwachungsgerät [lat.-engl.]
**Su'pi'num** (das, -s, -na) lateinisches Verbalsubstantiv
**Sup'per** [sʌpə] (das, -(s), -) Abendessen [engl.]
**Sup'ple'ant** (der, -en, -en) Stellvertreter in einem Amt
**Sup'ple'ment** (das, -(e)s, -e) 1 Ergänzung, Nachtrag 2 Winkel, der einen anderen zu 180 Grad ergänzt [lat.]
**sup'ple'men'tär** (Adj.) ergänzend [lat.]
**Sup'pli'kant** (der, -en, -en) Bittsteller (veraltet) [lat.]
**sup'pli'zie'ren** (V.) ein Bittgesuch einreichen (veraltet)
**sup'po'nie'ren** (V.) voraussetzen [lat.]
**Sup'port** (der, -s, -e) verschiebbare, das Werkstück tragende Vorrichtung (an Drehmaschinen) [frz.]
**Sup'po'si'ti'on** (die, -, -ti'o̱nen) Voraussetzung
**Sup'po'si'to'ri'um** (das, -s, -ri'en) Zäpfchen
**Sup'pres'si'on** (die, -, -si'o̱nen) 1 Unterdrückung, Hemmung 2 Zurückdrängung [lat.]
**sup'pres'siv** (Adj.) unterdrückend, zurückdrängend [lat.]
**sup'pri'mie'ren** (V.) unterdrücken, zurückdrängen [lat.]
**Su'pra'lei'ter** (der, -s, -) Material, das unterhalb einer bestimmten Temperatur Strom ohne Widerstand leitet
**Su'pra'na'tu'ra'lis'mus** *auch:* Su'per'na'tu'ra'lis'mus (der, -, nur Ez.) Denkweise, die die Natur und das Natürliche überschreitet (Philos.)
**Su'pra're'nin** (das, -s, nur Ez.) geschützter Begriff für ein künstliches Adrenalin (Warenzeichen)
**Su'pre'mat** (der oder das, -(e)s, -e) Oberherrschaft, Oberhoheit [lat.]
**Su'pre'ma'tie** (die, -, -n) = Supremat
**Sur'di'tas** (die, -, nur Ez.) Taubheit (Med.) [lat.]
**Sur'do'mu'ti'tas** (die, -, nur Ez.) Taubstummheit (Med.) [lat.]
**Su're** (die, -, -n) Korankapitel [arab.]
**Surf'board** [sɜːfbɔːd] (das, -s, -s) = Surfbrett
**Surf'brett** [sɜːf-] (das, -s, -t'ter) stromlinienförmiges Brett aus Holz oder Kunststoff zum Surfen
**sur'fen** [sɜː-] (V.) 1 auf einem stromlinienförmigen Brett stehen und sich über ein großes, verstellbares Segel vom Wind übers Wasser treiben lassen 2 im Internet wahllos oder gezielt Informationen suchen, abfragen [engl.]
**Sur'fing** [sɜː-] (das, -s, nur Ez.) das Surfen; Windsurfen [engl.]
**Sur'plus** [sɜːpləs] (das, -, -) Überschuss [engl.]
**Sur're'a'lis'mus** (der, -, nur Ez.) realistische Darstellung von Traumvisionen, logisch Unvereinbarem (in der Malerei, Literatur, im Theater) [frz.-nlat.]
**Sur're'a'list** (der, -li̱s'ten, -li̱s'ten) Surrealismus-Künstler
**sur're'a'lis'tisch** (Adj.) zum Surrealismus gehörig
**Sur'ro'gat** (das, -(e)s, -e) Ersatz; Ersatzmittel, -stoff [lat.]
**Sur'ro'ga'ti'on** (die, -, -ti'o̱nen) Ersatz eines nicht mehr vorhandenen Gegenstands, Vermögenswertes (Juristensprache) [lat.]
**Sur'vey** [sɜːrveɪ] (der, -(s), -s) 1 Umfrage zur Markt- und Meinungsforschung 2 Vermessung [engl.]

S

**Survivals** [sɜːrvaɪvəls] (nur Mz.) Überbleibsel vergangener Kulturformen, die heute noch im Volksglauben vorhanden sind
**Survivaltraining** *auch:* Survival-Training [sɜːrvaɪvəl-] (das, -s, -s) Überlebensübung in unwegsamem Gelände
**suspekt** (Adj.) verdächtig
**suspendieren** (V.) **1** des Amtes, Dienstes entheben **2** (für eine gewisse Zeit) ungültig erklären **3** als Suspension aufschwemmen
**Suspension** (die, -, -sionen) **1** das Suspendieren **2** Flüssigkeit mit darin fein verteilten, schwebenden Festteilchen
**suspensiv** (Adj.) suspendierend, (zeitweilig) aufhebend
**Suspensorium** (das, -s, -rien) Trageverband (für den Busen, den Hodensack) [lat.]
**suszeptibel** (Adj.) veraltete Bezeichnung für empfindlich [lat.]
**Sutane** (die, -, -n) = Soutane
**Sutra** (das, -s, -s) kurzer Lehrsatz (in der indischen Literatur); eine der Lehrreden Buddhas [sanskr.]
**Sutur** (die, -, -en) **1** Knochennaht (Med.) **2** zackige Naht im Kalkgestein [lat.]
**suum cuique** jedem das Seine [lat.]
**Swami** (der, -s, -s) Lehrer, Meister (als Anrede für indische religiöse Führer) [sanskr.]
**Swamps** [svɔmps] (nur Mz.) Sumpfwald an subtropischen Küsten
**Swastika** (die, -, -ken) altindisches Sonnensymbol, Hakenkreuz [sanskr.]
**Sweater** [swe-] (der, -s, -) = Pullover [engl.]
**Sweatshirt** [swetʃɜːt] (das, -s, -s) weiter (Baumwoll-)Pullover [engl.]
**Sweepstake** [swiːpsteɪk] (der oder das, -(s), -s) Verlosung, bei der die Gewinnlose bereits festgesetzt wurden [engl.]
**Swimmingpool** [-puːl] (der, -s, -s) Schwimmbecken [engl.]
**Swing** (der, -s, -s) **1** schwingender, gelassener Jazzrhythmus; Big-Band-Jazz **2** Kreditgewährungsspielraum [engl.]
**swingen** (V.) Swing spielen, tanzen
**Switchboard** [swɪtʃbɔːd] (das, -s, -s) Schalttafel [engl.]
**switchen** [swɪtʃən] (V.) ein Switchgeschäft abwickeln [engl.]
**Switchgeschäft** [swɪtʃ-] (das, -(e)s, -e) ein Außenhandelsgeschäft über ein drittes Land tätigen
**Sybarit** (der, -en, -en) Schlemmer [gr.]
**sybaritisch** (Adj.) schwelgerisch [gr.]
**Syenit** (der, -s, -e) Tiefengestein
**Sykomore** (die, -, -n) Maulbeerfeige [gr.]
**Sykophant** (der, -en, -en) Verleumder [gr.]
**syllabisch** (Adj .) silbenweise [gr.]
**Syllabus** (der, -, - oder -bi) Verzeichnis [gr.- lat.]
**Syllepse** *auch:* Syllepsis (die, -, -sen) unkorrekte Beziehung eines Prädikats auf unterschiedliche Subjektive, die in verschiedenen Genera oder Numerie stehen
**Syllogismus** (der, -, -men) logische Schlussfolgerung aus zwei Aussagen [gr.-lat.]
**syllogistisch** (Adj.) zu einem Syllogismus gehörig
**Sylphe** (die, -, -n) elfenähnlicher Luftgeist
**Symbiont** (der, -en, -en) Lebewesen in Symbiose mit einem anderen
**Symbiose** (die, -, -n) Zusammenleben von Lebewesen zu beiderseitigem Nutzen; z.B. Ameise/Blattlaus = Beschützer/Sekretlieferant [gr.]
**symbiotisch** (Adj.) zur Symbiose gehörig, in Symbiose (lebend)
**Symbol** (das, -s, -e) **1** Sinnbild **2** Formelzeichen [gr.]
**Symbolik** (die, -, nur Ez.) Sinnbildlichkeit, symbolische Bedeutung, Darstellung
**symbolisch** (Adj.) zu einem Symbol gehörig, sinnbildlich
**symbolisieren** (V.) durch ein Symbol darstellen, versinnbildlichen
**Symbolismus** (der, -, nur Ez.) Ausdrucksform, die Sinnbilder (und Wortklänge) verwendet (als Kunstströmung um 1890)
**Symbolist** (der, -listen, -listen) Symbolismuskünstler
**symbolistisch** (Adj.) zum Symbolismus gehörig

**Sym|me|trie** (die, -, -n) Aufbau aus zwei spiegelbildlich gleichen Hälften, Ebenmaß [gr.]
**Sym|me|trie|ach|se** (die, -, -n) Achse, die einen Körper symmetrisch aufteilt
**sym|me|trisch** (Adj.) Symmetrie zeigend, spiegelbildlich
**sym|pa|the|tisch** (Adj.) geheimkräftig [gr.]
**Sym|pa|thie** (die, -, -n) Zuneigung, Seelenverwandtschaft [gr.]
**Sym|pa|thi|kus** (der, -, nur Ez.) auf die Organleistung einwirkender Teil des vegetativen Nervensystems [gr.-lat.]
**Sym|pa|thi|sant** (der, -en, -en) **1** jmd., der einer Sache mit Wohlwollen gegenübersteht **2** jmd., der extremistische politische Gruppen unterstützt [frz.]
**sym|pa|thisch** (Adj.) **1** Sympathie erweckend **2** zum Sympathikus gehörig
**sym|pa|thi|sie|ren** (V.) als Sympathisant unterstützen, sich zuneigen
**Sym|pho|nie** (die, -, -n) = Sinfonie
**Sym|pho|nik** (die, -, nur Ez.) = Sinfonik
**Sym|pho|ni|ker** (der, -s, -) = Sinfoniker
**sym|pho|nisch** (Adj.) = sinfonisch [gr.-lat.-it.]
**Sym|po|si|on** (das, -s, -si|en) = Symposium
**Sym|po|si|um** *auch:* Sym|po|si|on (das, -s, -si|en) wissenschaftliche Tagung [gr.-lat.]
**Symp|tom** (das, -s -e) Anzeichen; z.B. für eine Krankheit [gr.]
**symp|to|ma|tisch** (Adj.) bezeichnend, typisch [gr.]
**Symp|to|ma|to|lo|gie** (die, -, nur Ez.) Wissenschaft von den Krankheitsanzeichen, den Symptomen = Semiotik
**Syn|a|go|ge** (die, -, -n) jüdisches Gotteshaus [gr.-lat.]
**Syn|al|gie** (die, -, -n) Schmerzempfindung in Körperteilen, die nicht erkrankt sind
**Syn|ap|se** (die, -, -n) Verbindungsstelle, die der Reizübermittlung im Nervensystem dient (Bio., Med.)
**Syn|ar|thro|se** (die, -, -n) Knochenfuge (Med.)
**Syn|äs|the|sie** (die, -, -n) **1** Mitreizung eines anderes Sinnesorgans; z.B. Hörempfindung bei bestimmten Farben **2** (Stilkunde) sprachliches Bild, das scheinbar unvereinbare Sinneseindrücke benutzt; z.B. ein knallendes Gelb [gr.]
**syn|äs|the|tisch** (Adj.) zur Synästhesie gehörig [gr.]
**syn|chron** [-kro:n] (Adj.) gleichlaufend; gleichzeitig, zeitlich übereinstimmend
**Syn|chro|nie** [-kro-] (die, -, nur Ez.) Sprachzustand zu einer bestimmten Zeit [gr.]
**Syn|chro|ni|sa|ti|on** [-kro-] (die, -, -ti|o|nen) das Synchronisieren
**syn|chro|ni|sie|ren** [-kro-] (V.) **1** auf Gleichzeitigkeit abstimmen **2** Wörter und Mundbewegungen in Übereinklang bringen (bei fremdsprachigen Filmen, denen ein deutscher Text gegeben wird) **3** Umlaufgeschwindigkeiten einander angleichen [gr.]
**Syn|chro|tron** [-kro-] (das, -s, -e) (Kernphysik) ein Teilchenbeschleuniger [gr., Kunstwort]
**Syn|dak|ty|lie** (die, -, -n) Verwachsung von Fingern oder Zehen [gr.]
**Syn|des|mo|se** (die, -, -n) Verbindung zwischen Knochen, die durch Bindegewebe entstanden ist (Med.)
**syn|de|tisch** (Adj.) durch eine Konjuktion, ein Bindewort verbunden [gr.]
**Syn|di|ka|lis|mus** (der, -, nur Ez.) eine sozialistische Arbeiterbewegung (in romanischen Ländern zu Anfang des 20. Jh.) [gr.-nlat.]
**Syn|di|ka|list** (der, -lis|ten, -lis|ten) Anhänger des Syndikalismus
**Syn|di|kat** (das, -(e)s, -e) **1** Kartell mit gemeinsamer Verkaufsorganisation; gewerkschaftsähnliche Vereinigung **2** Verbrecherorganisation [frz.]
**Syn|di|kus** (der, -, -se oder -di|zi) jmd., der die Rechtsangelegenheiten (eines Großunternehmens) besorgt [gr.-lat.]
**syn|di|zie|ren** (V.) zu einem Syndikat zusammenfassen
**Syn|drom** (das, -s, -e) **1** Krankheitsbild, das sich erst aus der Summe verschiedener charakteristischer Symptome ergibt **2** Negativkomplex [gr.]
**Syn|e|chie** (die, -, -n) Verwachsung zwischen Regenbogenhaut und Augenlinse (Med.)

**Sy|ne|dri|um** (das, -s, -i|en) Oberster hoher Rat im alten Jerusalem
**Sy|n|ek|do|che** (die, -, -do|chen) Umschreibung eines Begriffs durch einen seiner Teile; z.B. „Berlin beschließt …" für „die Regierung beschließt" [gr.]
**sy|n|er|ge|tisch** (Adj.) zusammenwirkend, mitwirkend
**Sy|n|er|gie** (die, -, -n) das Zusammenwirken, Potenzial für einen Synergieeffekt
**Sy|n|er|gie|ef|fekt** (der, -(e)s, -e) vorteilhafte Wirkung des Zusammenschlusses oder Zusammenarbeit zweier Firmen; Summe positiver Ergebnisse, die größer ist, als die Summe der einzelnen Beiträge
**Sy|n|e|sis** (die, -, -sen) sinngemäß richtige Wortfügung, die nicht mit den grammatischen Regeln übereinstimmt
**Syn|ki|ne|se** (die, -, -n) Mitbewegung (Med.)
**Syn|kli|na|le** *auch:* Syn|kli|ne (die, -, -n) Mulde (in der Geologie) [gr.]
**Syn|kli|ne** (die, -, -n) = Synklinale
**Syn|ko|pe** (die, -, -n) **1** Vokalausfall im Wortinnern; z.B. „heil'ger" **2** Betonung eines üblicherweise unbetonten Taktteils [gr.]
**syn|ko|pie|ren** (V.) **1** durch Synkope tilgen **2** durch Synkope verschieben
**Syn|kre|tis|mus** (der, -, nur Ez.) Vermischung mehrerer Religionsformen, Lehren u.a. [gr.-nlat.]
**Syn|kre|tist** (der, -tis|ten, -tis|ten) jmd., der den Synkretismus befürwortet, Vertreter des Synkretismus
**syn|kre|tis|tisch** (Adj.) zum Synkretismus gehörig
**Syn|kri|se** *auch:* Syn|kri|sis (die, -, -sen) Vergleich, Beschaffenheit (Philos.)
**sy|n|o|dal** (Adj.) zu einer Synode gehörig, eine Synode betreffend
**Sy|n|o|da|le** (der oder die, -n, -n) Synodenmitglied
**Sy|n|o|de** (die, -, -n) evangelische Kirchenversammlung; Konzil [gr.]
**Sy|n|ö|ko|lo|gie** *auch:* Sy|n|ö|kie (die, -, nur Ez.) Lehre von den biologischen Lebensgemeinschaften
**sy|n|o|nym** (Adj.) bedeutungsgleich [gr.]
**Sy|n|o|nym** (das, -s, -e oder -ma) Wort, das bedeutungsgleich mit einem anderen Wort ist; z.B. „Mostrich" und „Senf" [gr.]
**Sy|n|o|ny|mik** (die, -, nur Ez.) das Synonymsein; Lehre von den Synonymen (Teilgebiet der Linguistik)
**Sy|n|op|se** *auch:* Sy|n|op|sis (die, -, -n) vergleichende Nebeneinanderstellung, Zusammenschau; knappe Zusammenfassung [gr.]
**Sy|n|op|sis** (die, -, -sen) = Synopse
**sy|n|op|tisch** (Adj.) in Form einer Synopse, übersichtlich zusammengestellt
**Sy|n|o|via** (die, -, nur Ez.) Gelenkschmiere (Med.)
**Sy|n|ö|zie** (die, -, -n) Zusammenleben zweier Organismen, sodass nur ein Organismus einen Nutzen daraus zieht
**Syn|tag|ma** (das, -s, -men oder -ta) **1** Wortgruppe zu der Wörter verknüpft sind **2** (veraltet) Sammlung von Schriften [gr.]
**syn|tak|tisch** (Adj.) zur Syntax gehörig
**Syn|tax** (die, -, nur Ez.) Satzlehre [gr.]
**Syn|the|se** (die, -, -n) **1** Verbindung von Gedankenteilen, Verknüpfung von These und Antithese **2** künstliche Herstellung von chemischen Stoffen aus vorhandenen Verbindungen [gr.]
**Syn|the|si|zer** [sɪnθəsaɪzə] (der, -s, -) elektronisches Musikinstrument mit zahlreichen Möglichkeiten zur Frequenzmodulation [engl.]
**Syn|the|tics** (nur Mz.) Kunstfasern, Textilien daraus [engl.]
**Syn|the|tik** (die, -, nur Ez.) synthetische Betrachtungsweise
**syn|the|tisch** (Adj.) **1** zur Synthese gehörig, zusammenfügend **2** zur Synthese gehörig, künstlich
**syn|the|ti|sie|ren** (V.) künstlich herstellen
**Syn|tro|pie** (die, -, -n) gleichzeitiges Vorhandensein zweier verschiedener Krankheiten
**Sy|phi|lis** (die, -, nur Ez.) eine durch Geschlechtsverkehr übertragene, gefährliche Infektionskrankheit [lat.]
**Sy|phi|li|ti|ker** (der, -s, -) Syphiliskranker
**sy|phi|li|tisch** (Adj.) zur Syphilis gehörig, an ihr leidend
**Sy|rer** (der, -s, -) Ew. Syriens
**Sy|rinx** (die, -, -rin|gen) unterer Kehlkopf, Stimmorgan der Vögel [gr.]

S

**sy'risch** (Adj.) zu Syrien gehörig
**Sys'tem** (das, -s, -e) **1** planvoll gegliedertes Gefüge, Wissenschaftsaufbau, Lehrgebäude **2** Regierungsform; z.B. das demokratische System [gr.]
**Sys'te'ma'tik** (die, -, -en) **1** planmäßige Darstellung, gegliederte Ordnung **2** Einteilung der Lebewesen in Gruppen, die Verwandtschaft aufzeigen sollen (in der Biologie) [gr.]
**Sys'te'ma'ti'ker** (der, -s, -) **1** jmd., der nach einem System vorgeht **2** Spezialist auf dem Gebiet der Systematik
**sys'te'ma'tisch** (Adj.) zu einem System gehörig, planmäßig
**sys'te'ma'ti'sie'ren** (V.) in ein System bringen
**sys'tem'kon'form** (Adj.) mit einem bestehenden politischen System übereinstimmend
**Sys'tem'soft'ware** [-sɔftwɛə] (die, -, nur Ez.) Software, die zu einem bestimmten EDV-System gehört
**Sys'to'le** (die, -, -n) **1** die rhythmische Zusammenziehung des Herzens **2** Kürzung wegen Verszwangs (antike Metrik) [gr.]
**Sze'nar** (das, -s, -e) = Szenarium
**Sze'na'rio** (das, -s, -ri'en) **1** = Szenarium **2** Planspiel; modellhafter Aufbau [it.] **3** Szenerie, Bild, Ambiente
**Sze'na'ri'um** *auch:* Sze'nar, Sze'na'rio (das, -s, -ri'en) **1** Szenenfolge im Drama **2** Bühne, Schauplatz **3** Drehbuchentwurf [gr.-lat.]
**Sze'ne** (die, -, -n) **1** Schauplatz, Handlungsort, Teil eines Bühnenaktes **2** heftige Vorwürfe [gr.-lat.]
**Sze'ne'rie** (die, -, -n) Bühnenbild; Landschaftshintergrund [gr.-frz.]
**Szi'en'tis'mus** (der, -, nur Ez.) **1** Anschauungsweise, die sich nur auf Wissen und Wissenschaft stützt **2** Lehre der Glaubenssekte Christian Science, wonach durch Gebet zu Gott Sünde, Krankheit, Tod überwunden werden können

# T

**Tab** [tæb] (der, -s, -e) oben herausragender Kennzeichnungsteil (einer Karteikarte)
**Tabakose** (die, -, -n) Tabakstaublunge [span.-nlat.]
**Tabasco** (der, -s, nur Ez.) äußerst scharfe Tropfwürze aus roten Chilies (Warenzeichen) [mexikan.]
**Tabatiere** [-tjɛːrə] (die, -, -n) Schnupftabakdose; Tabaksdose [frz.]
**tabellarisch** (Adj.) in Tabellenform
**tabellarisieren** (V.) etwas übersichtlich anordnen; z.B. in Form einer Tabelle [nlat.]
**Tabellarium** (das, -s, -ria) Übersicht in Form einer Tabelle [nlat.]
**Tabelle** (die, -, -n) Übersicht, Verzeichnis in Spalten [lat.]
**Tabernakel** (das oder der, -s, -) Hostienschrein [lat.]
**Tabes** (die, -, nur Ez.) Schwindsucht (des Rückenmarks) [lat.]
**Tabeszenz** (die, -, -en) Auszehrung des Körpers [nlat.]
**Tabetiker** *auch:* Tabiker (der, -s, -) jmd., der an Rückenmarksschwindsucht leidet [nlat.]
**tabetisch** (Adj.) die Rückenmarksschwindsucht betreffend
**Tabiker** (der, -s, -) = Tabetiker
**tabisch** (Adj.) zur Tabes gehörig, daran leidend
**Tablar** (das, -s, -e) Regalbrett (schweiz.) [frz.]
**Tableau** [-bloː] (das, -s, -s) **1** wirkungsvoll angeordnetes Bühnenbild **2** übersichtliche Darstellung, Tabelle **3** in der Reproduktionstechnik eine Zusammenstellung von Vorlagen für eine Gesamtaufnahme im gleichen Maßstab [frz.]
**Tableau économique** [-ekonomik] (das, - -, -x -s [-blosekonomik]) volkswirtschaftlicher Kreislauf nach Quesnay, bildlich dargestellt [frz.]
**Tabletop** [teɪbltɒp] (das, -s, -s) Anordnung von Gegenständen für Stilllebenfotografie oder Trickfilme [engl.]
**Tablet-PC** (der, -(s), -(s)) tragbarer, flacher Computer mit Touchscreen [engl.]
**tablettieren** (V.) etwas in Tablettenform bringen [frz.-lat.]
**Tablewater** [teɪblwɔːtə] (das, -s, -s) englische Bezeichnung für Tafelwasser
**tablieren** (V.) siedenden Zucker für die Herstellung von Bonbons und Konserven umrühren [frz.-lat.]
**Tabor** (der, -s, -s) Volksversammlung [tschech.]
**Taborit** (der, -en, -en) Mitglied einer radikalen Gruppe der Hussiten (nach der tschech. Stadt Tabor) [nlat.]
**Taborlicht** (das, -(e)s, nur Ez.) der Gott eigene, ungeschaffene Lichtschein (Mystik der orthodoxen Kirche)
**Täbris** (der, -, -) ein nordwestiran. Teppich mit Medaillonmuster
**tabu** (Adj.) einem Tabu unterworfen
**tabuieren** (V.) = tabuisieren
**tabuisieren** *auch:* tabuieren (V.) zum Tabu machen
**tabuistisch** (Adj.) in der Art eines Tabus
**Tabula gratulatoria** (die, - -, -lae -rixae) Liste der Gratulanten [lat.]
**Tabula rasa** **1** „reiner Tisch", ermöglichter Neubeginn **2** unbeeinflusste Seele (in der Philosophie) [lat.]
**Tabulator** (der, -s, -toren) Vorrichtung an Schreibmaschinen zum Tabellenschreiben
**Tabulatur** (die, -, -en) **1** eine alte Notenschrift; Griffschrift **2** Tafel mit den Regeln des Meistersangs [lat.]
**Taburett** (das, -(e)s, -e) niedriger Hocker (schweiz.) [frz.]
**tacet** [-tsɛt] schweigt (als Anweisung für das Pausieren eines Musikinstruments) [lat.]
**Tacheles** (ohne Artikel) mit jmdm. Tacheles reden: jmdn. zurechtweisen; jmdm. die Meinung sagen [jidd.]
**Tachina** (die, -, -nen) Gattung der Raupenfliegen [gr.-lat.]

**tachinieren** (V.) faulenzen, unbeschäftigt herumstehen
**Tachismus** [-ʃɪs-] (der, -, nur Ez.) spontanes Aufbringen von Farbflecken (als Richtung gegenstandsloser Malerei) [frz.-nlat.]
**Tachist** [-ʃɪst] (der, -chisten, -chisten) Tachismusvertreter
**Tachistoskop** (das, -s, -e) Gerät zur Vorführung optischer Reize im Rahmen v. psychologischen Tests [gr.-lat.]
**Tachograf** *auch:* Tachograph (der, -en, -en) Messgerät, das Geschwindigkeiten aufzeichnet, Fahrtenschreiber [gr.-lat.]
**Tachograph** (der, -en, -en) = Tachograf
**Tachometer** (der oder das, -s, -) Geschwindigkeitsmesser [gr.]
**Tachygrafie** *auch:* Tachygraphie (die, -, -n) Kurzschriftsystem aus dem Altertum [gr.-lat.]
**Tachykardie** (die, -, -n) Herzjagen, Pulsbeschleunigung [gr.]
**Tachymeter** (das, -s, -) Messgerät für Entfernungen, Höhenunterschiede und Richtungen (in der Vermessungstechnik) [gr.]
**Tachyon** (das, -s, -en) Elementarteilchen, angeblich mit Überlichtgeschwindigkeit
**Tachyphagie** (die, -, nur Ez.) krankhaftes, hastiges Essen [gr.-lat.]
**Tachyphylaxie** (die, -, -n) nachlassende Wirkung von Medikamenten trotz gesteigerter Dosis [gr.-lat.]
**Ta'chy'pnoe** (die, -, nur Ez.) Kurzatmigkeit [gr.-lat.]
**ta'chy'seis'misch** (Adj.) schnell bebend (in Bezug auf Erdbeben)
**Ta'cker** (der, -s, -) Handgerät zum Anbringen von Heftklammern [engl.]
**Tack'ling** [tæk-] (das, -s, -s) harter Körperangriff (im Eishockey, Fußball) [engl.]
**Täcks** *auch:* Täks (der, -es, -e) Nagel; in der Schuhherstellung gebräuchlich [engl.]
**Tac'tus** (der, -, nur Ez.) Tastsinn [lat.]
**Tae'k'won'do** [tɛ-] (das, -, nur Ez.) koreanische Kampfsportart
**Tael** [tɛːl] (das, -s, -s) alte chinesische Gewichts- und Münzeinheit
**Taft** (der, -(e)s, -e) steifer, glänzender Seidenstoff [pers.-it.]
**Tag** [tæg] (der, -, -s) **1** Kleidungsetikett **2** improvisierter Schluss beim Jazz [engl.]
**Ta'ga'log** (das, -, nur Ez.) die Staatssprache der Philippinen [malai.]
**Ta'ge'tes** (die, -, nur Ez.) ein Korbblütler, Studentenblume [lat.]
**Ta'gli'a'ta** [taljaːta] (die, -, -s) spezieller Fechthieb [lat.]
**Ta'gli'a'tel'le** *auch:* Ta'gli'a'ti [talja-] (nur Mz.) italienische Bandnudeln
**Tag'mem** (das, -s, -e) Einheit der Tagmemik [gr.]
**Tag'me'mik** (die, -, nur Ez.) linguistische Theorie im Bereich der Syntax
**Ta'gu'an** (der, -s, -e) indisches Flughörnchen
**Ta'hin** (das, -, nur Ez.) Paste aus fein vermahlenem Sesam [arab.]
**Tahr** (der, -s, -s) indische Halbziege
**Tai-Chi** [-çiː] (das, -, nur Ez.) chinesisches Schattenboxen
**Tai'fun** (der, -s, -e) Wirbelsturm (in Ostasien) [chines.]
**Tai'ga** (die, -, nur Ez.) Nadelwald-Sumpfgürtel (in Sibirien) [türk.-russ.]
**Tai-ki** (das, -, nur Ez.) Uranfang in der chin. Philosophie [chin.]
**Tail'gate** (der, -s, nur Ez.) Posaunenstil im Jazz [engl.]
**Tail'le** [tɑjə] (die, -, -n) **1** Gürtellinie **2** tiefere Tenorlage bei Instrumenten **3** abschließendes Aufdecken der Spielkarten [lat.-frz.]
**Tail'leur** [tɑjœːr] (das, -s, -s) tailliertes Kostüm (schweiz.) [frz.]
**tail'lie'ren** [tɑjiː-] (V.) auf Taille arbeiten, in der Taille enger schneidern
**tai'lor'made** [teɪləmeɪd] vom Schneider gefertigt
**Tai'pan** (der, -s, -s) in Australien und Neuguinea existierende Giftschlange [austral.]
**Ta'ka'ma'hak** (der, -s, nur Ez.) Harz eines Tropenbaums [indian.-span.]
**Take** [teɪk] (der oder das, -s, -s) Einstellung (der Filmkamera) [engl.]
**Ta'ke'la'ge** [-ʒə] (die, -, -n) Segelausstattung eines Schiffes
**Take-off** *auch:* Take'off [teɪk-] (der, -s, -s) Abheben eines Flugkörpers [engl.]
**Takt** (der, -(e)s, -e) **1** (nur Ez.) Feingefühl **2** regelmäßige Gliederung (eines Gedichts, Tonstücks)

**tak'tie'ren** (V.) **1** den Takt schlagen **2** planvoll vorgehen
**Tak'tik** (die, -, -en) Kunst der Kriegs-, Truppenführung, geschicktes, planmäßiges Vorgehen [gr.]
**Tak'ti'ker** (der, -s, -) jmd., der nach einer Taktik vorgeht
**tak'til** (Adj.) zum Tastsinn gehörig [lat.]
**tak'tisch** (Adj.) zu einer Taktik gehörig, planvoll
**Ta'kyr** (der, -s, -e) Salztonebene in der turkmenischen Wüste
**Ta'l'al'gie** (die -, -n) Fersenschmerz (Med.) [gr.-lat.]
**Ta'lar** (der, -s, -e) schwarzes, langes Gewand mit weiten Ärmeln (als Kleidungsstück von Geistlichen, Richtern, als Tracht von Hochschullehrern bei feierlichen Anlässen) [it.]
**Ta'la'yot** (der, -s, -s) steinerner Bau auf den Balearen aus der Bronze- und frühen Eisenzeit [arab.-span.]
**Tal'bo'ty'pie** [tɔːlbət-] (die, -, nur Ez.) erstes fotografisches Negativ-Positiv-Verfahren für Lichtbilder nach Talbot [engl.-gr.]
**Ta'lent** (das, -(e)s, -e) **1** altgriechische Geld-, Gewichtseinheit **2** Begabung
**ta'len'tiert** (Adj.) begabt [gr.-lat.]
**ta'le qua'le** Bezeichnung für die Qualität einer Ware; so, wie es ist [lat.]
**Ta'li'on** (die, -, -li'o'nen) Vergeltung von Gleichem mit Gleichem [lat.]
**Ta'li'pes** (der, -, nur Ez.) Klumpfuß [nlat.]
**Ta'lis'man** (der, -s, -e) Glücksbringer (der im Unterschied zum Amulett nicht am Körper getragen wird), Maskottchen [gr.-arab.-span.]
**Tal'je** (die, -, -n) Flaschenzug [lat.-niederl.]
**Talk** [tɔːk] (der, -s, -s) **1** lockeres Gespräch [engl.] **2** (nur Ez.) [talk] Mineral [arab.- span.-frz.]
**Talk'er'de** (die, -, nur Ez.) Magnesia
**Talk'mas'ter** [tɔːk-] (der, -s, -) Interviewer in einer Talkshow [engl.]
**Talk'show** [tɔːkʃəʊ] (die, -, -s) unterhaltsames Fernsehinterview [engl.]
**Tal'kum** (das, -s, nur Ez.) zermahlener Speckstein, Talk [arab.-lat.]
**Tal'lith** *auch:* Tal'lit, Tal'lis (der, -, -) jüdischer Gebetsmantel
**Tal'ly'mann** (der, -s, -leute) Kontrolleur beim Be-, Entladen von Schiffen [engl.-dt.]
**Tal'mi** (das, -s, nur Ez.) **1** Kupfer-Zink-Legierung **2** falscher Schmuck; Tand
**Tal'mud** (der, -(e)s, -e) jüdische Überlieferungssammlung (religiösen Inhalts); das Buch selbst [hebr.]
**tal'mu'disch** (Adj.) zum Talmud gehörig
**Tal'mu'dis'mus** (der, -, nur Ez.) auf dem Talmud aufbauende Lehre
**Tal'mu'dist** (der, -dis'ten, -dis'ten) Kenner des Talmuds
**Ta'lon** [-lɔ̃] (der, -s, -s) **1** nicht ausgeteilter Spielkartenstoß **2** Erneuerungsschein (bei Wertpapieren) [frz.]
**Ta'ma'rak** (das, -s, -s) Holz einer nordamerikanischen Lärche
**Ta'ma'ri** (die, -, -s) Sojasoße aus Sojabohnen und Meersalz, würziger und dickflüssiger als Shoyu [japan.]
**Ta'ma'rin'de** (die, -, -n) ein tropischer Hülsenfrüchtler, dessen Frucht [arab.-lat.]
**Ta'ma'ris'ke** (die, -, -n) Wärme liebendes Bäumchen mit immergrünen Schuppenzweigen [it.]
**Tam'bour** [-buːɐ] (der, -s, -e) **1** Trommler; Ausbilder der Spielleute **2** zylindrischer Kuppelunterbau [pers.-frz.]
**Tam'bour'ma'jor** (der, -s, -e) Leiter eines Spielmannszuges
**Tam'bur** *auch:* Tam'bu'rin (der, -s, -e) Sticktrommel [pers.-frz.]
**Tam'bu'rin** *oder* [-riːn] (das, -s, -e) **1** flache Handtrommel mit Schellen **2** = Tambur [frz.]
**Tam'bu'riz'za** (die, -, -zen) serbokroatische Mandoline
**Ta'mil** (das, -(s), nur Ez.) Sprache der Tamilen
**Ta'mi'le** (der, -n, -n) dunkelhäutiger, drawidischer Ew. Südindiens und Sri Lankas
**Tamp** (der, -s, -s) Seilende (Schifffahrt)
**Tam'pi'ko'fa'ser** (die, -, -n) Agavenfaser
**Tam'pon** [-pɔ̃] (das oder der, -s, -s) **1** feste Watterolle zum Aufsaugen von (Menstruations-)Blut **2** Ballen zum Einfärben einer Druckform [frz.]
**Tam'po'na'de** (die, -, -n) **1** das Ausstopfen mit Tampons; z.B. nach einer Nasenoperation **2** Abdichtung eines Bohrlochs

T

**tam'po'nie'ren** (V.) eine Tamponade machen
**Tam'tam** (das, -s, -s) **1** indonesischer Gong **2** (nur Ez.) aufwendiges, lärmvolles Getue; Trommelei [Hindi]
**Ta'na'gra'fi'gur** *auch:* Ta'na'gra-Fi'gur (die, -, -en) bemalte Tonfigur, meist weiblich [altgr.]
**Tan'bur** *auch:* Tam'bur (der, -s, -e) arabisches Lauteninstrument
**Tan'dem** (das, -s, -s) **1** Fahrrad mit zwei Sitzen und vier Pedalen **2** zwei hintereinander geschaltete Antriebe für eine Welle [lat.- engl.]
**Tan'ga** (der, -s, -s) Bikini mit äußerst knapp geschnittenem Gesäßteil [Tupi-portugies.]
**Tan'ga're** (die, -, -n; meist Mz.) mittel- und südamerikanischer Singvogel
**Tan'gens** (der, -, -) eine Winkelfunktion, Verhältnis von Gegenkathete zu Ankathete
**Tan'gen'te** (die, -, -n) **1** Gerade, die eine Kurve (einen Kreis) in einem Punkt berührt **2** Ortsumgehungsstraße [lat.]
**tan'gen'ti'al** (Adj.) als Tangente berührend
**tan'gie'ren** (V.) **1** berühren; das tangiert mich nicht: das macht mich nicht betroffen **2** ein Rastermuster auf eine Flachdruckplatte anbringen [lat.]
**Tan'go** (der, -s, -s) ein (argentinischer) Gesellschaftstanz [span.]
**Tan'go're'zep'to'ren** (nur Mz.) berührungsempfindliche Sinnesorgane, die auf mechanische Reize reagieren [nlat.]
**Tan'gram** (das, -s, nur Ez.) asiatisches Konzentrationsspiel, bei dem aus geometrischen Formen vorgegebene Figuren gebildet werden [chin.-engl.]
**Tä'nie** (die, -, -n) Bandwürmer
**Tan'ka** (das, -, -) **1** japan. Kurzgedichtform **2** alte ind. Gewichtseinheit
**Tan'nat** (das, -(e)s, -e) Salz der Gerbsäure
**Tan'nin** (das, -s, -e) Gerbsäure [frz.]
**Tan'sa'ni'er** (der, -s, -) Einwohner des ostafrikanischen Staates Tansania
**Tan'tal** (das, -s, nur Ez.) ein Element, Hartmetall [gr.-nlat.]
**Tan'ta'lus'qua'len** (nur Mz.) Leiden durch die Unerreichbarkeit eines nahe geglaubten Ziels (aus der gr. Mythologie)
**Tan'ti'e'me** [-tjeːmə] *auch* [tɑ̃tjɛm] (die, -, -n) Gewinnanteil [frz.]
**tan'to** (Adv.) viel, sehr [lat.]
**Tan'tra** (das, -s, nur Ez.) Lehrsystem aus der ind. Philosophie [sanskr.]
**Tan'tris'mus** (der, -, nur Ez.) religiöse indische Lehre, die u.a. den Einklang mit dem Kosmos erstrebt [sanskr.-nlat.]
**Tan'ya** [tanja] (die, -, -s) Einzelgehöft in Ungarn
**Tao** (das, -, nur Ez.) tiefster Grund des Seins (in der chinesischen Philosophie)
**Tao'is'mus** (der, -, nur Ez.) Lehre vom Tao [chines.-nlat.]
**Tao'ist** (der, -is'ten, -is'ten) Anhänger des Taoismus
**Ta'pa** (die, -, -s) Stoff aus Bastfasern [polynesisch]
**Tape** [teɪp] (das oder der, -, -s) Tonband (-streifen) [engl.]
**Tape'deck** (das, -s, -s) Gerät zum Abspielen von Tonkassetten ohne eigenen Verstärker [engl.]
**Ta'pei'no'sis** (die, -, nur Ez.) Verwendung eines milderen oder erniedrigenden Begriffs
**ta'pen** [teɪpən] (V.) etwas mit festem Gewebeverband verkleben
**Ta'pet** (das, -s, nur Ez.) Konferenztischdecke; etwas aufs Tapet bringen: etwas zur Sprache bringen [lat.]
**Tape'ver'band** [teɪp-] (der, -s, -bän'de) Verband aus festem, selbstklebendem Gewebe
**ta'pe'zie'ren** (V.) mit Tapete auskleiden, bekleben
**Ta'pe'zie'rer** (der, -s, -) jmd., der beruflich tapeziert
**Ta'pi'o'ka** (die, -, nur Ez.) Stärkemehl aus der Maniokknolle [Tupi]
**Ta'pir** (der, -s, -e) schweinähnlicher Unpaarhufer mit Rüsselschnauze; z.B. der Schabrackentapir der Urwälder Indonesiens [Tupi]
**Ta'pis'se'rie** (die, -, -n) **1** Wandteppich (aus Wolle) **2** Handarbeitsladen (veraltet) [frz.]
**Ta'po'te'ment** [-mɑ̃] (das, -s, -s) Massage durch Klopfen und Klatschen mit den Händen [frz.]
**Ta'ra** (die, -, -ren) **1** Verpackungsgewicht **2** Verpackung [it.]

**Taˈranˈtas** (der, -, -) ungefederte russische Kutsche
**Taˈranˈtel** (die, -, -n) südeuropäische Wolfsspinne [it.]
**Taˈranˈtelˈla** (die, -, -s auch -len) schneller süditalienischer Tanz
**Tarˈbusch** (der, -s, -e) = Fes [pers.-arab.]
**tarˈdanˈdo** (Adj.) sich verlangsamend (in der Musik) [it.]
**Tarˈdeˈnoiˈsien** [-nwazjɛ̃] (das, -s, nur Ez.) Kulturstufe der Mittelsteinzeit [frz.-lat.]
**tarˈdiv** (Adj.) sich zögernd entwickelnd (in Bezug auf Krankheiten) [nlat.]
**tarˈdo** (Adj.) langsam (in der Musik)
**Tarˈget** (das, -s, -s) Auffangsubstanz für energiereiche Elementarteilchen [engl.]
**Tarˈhonˈya** (die, -, nur Ez.) ungarische Beilage aus Mehl und Eiern
**taˈrieˈren** (V.) **1** das Gewicht der Tara ermitteln **2** auswägen
**Taˈrifˈauˈtoˈnoˈmie** (die, -, nur Ez.) Befugnis, Tarifverträge abzuschließen oder zu kündigen
**Taˈriˈfeur** [-føːɐ] (der, -s, -e) jemand, der Preise schätzt oder festlegt
**taˈriˈfieˈren** (V.) den Tarif festsetzen
**Taˈrifˈverˈtrag** (der, -s, -träˈge) Vertrag zwischen Arbeitnehmern und Arbeitgebern
**Tarˈlaˈtan** (der, -s, -e) durchsichtiger Stoff
**Taˈro** (der, -s, -s) Wurzelstück eines tropischen Aronstabgewächses [polynes.]
**Taˈrock** (der oder das, -s, -s) ein (in Österreich noch gespieltes) Kartenspiel [it.]
**Táˈroˈgaˈtó** [taːrogɔtoː] (das, -s, -s) ungarisches Holzblasinstrument
**Taˈrot** [-roː] (der oder das, -s, -s) ein Kartenlegespiel zur mystischen Bildmeditation [viell. ind.]
**Tarˈpan** (der, -s, -e) ponyähnliches europäisches Steppenwildpferd [russ.]
**Tarˈpauˈlin** [tɑːpɔːlɪn] (der, -s, nur Ez.) Jutegewebe [engl.]
**Tarˈpun** (der, -s, -s) Knochenfisch, ähnlich dem Hering
**Tarˈraˈgoˈna** (der, -s, -s) spanischer Dessertwein
**tarˈsal** (Adj.) zur Fußwurzel gehörend [gr.-nlat.]
**Tarˈsiˈtis** (die, -, -siˈtiˈden) Entzündung des Lidknorpels
**Tarˈsus** (der, -, -sen) **1** Fuß (der Gliederfüßer) **2** Fußwurzel **3** Lidknorpel [gr.]
**Tarˈtan** (der, -s, -s) **1** Wollstoff in Schottenmuster **2** (nur Ez.) ein Kunststoff (als Oberflächenbelag von Laufbahnen; Warenzeichen) [engl.]
**Tarˈtar** (der, -en, -en) = fälschl. für: Tatar
**Tarˈtaˈros** (der, -, nur Ez.) = Tartarus
**Tarˈtaˈrus** (der, -, nur Ez.) **1** *auch:* Tartaros Schattenreich der griechischen Sage **2** Weinstein
**Tarˈtˈrat** (das, -s, -e) Weinsäuresalz [gr.-nlat.-frz.]
**Tarˈtüff** (der, -s, -e) Heuchler (nach einer Komödie des frz. Dichters Molière)
**Taskˈforce** *auch:* Task-Force [taːskfɔːrs] (die, -, -s) fachlich qualifiziertes Team zur Lösung bestimmter Probleme [engl.]
**TASS** (die, -, nur Ez.) ehem. staatliche sowjetische Presseagentur [russ., Kurzwort]
**Tasˈtaˈtur** (die, -, -en) alle Tasten (eines Klaviers, Schreibgerätes) [it.]
**Taˈtar 1** (der, -en, -en) Angehöriger eines türkisch-mongolischen Mischvolks in der Sowjetunion **2** (das, -s, nur Ez.) roh durch den Wolf gedrehtes mageres Rindfleisch, das z.B. mit einem Ei, Salz und Pfeffer u.a. vermischt gegessen wird
**taˈtauˈieˈren** (V.) = tätowieren
**täˈtoˈwieˈren** (V.) Bilder, Ornamente durch Einritzen der Haut und Einbringen von Farbe schaffen [polynes.]
**Tatˈterˈsall** (der, -s, -s) Reitschule mit Pferdeverleih; die dazugehörige Reithalle, -bahn [engl.]
**Tatˈtoo** [-tuː] (das, -s, -s) **1** auf die Haut tätowierte Zeichnung **2** Zapfenstreich [engl.]
**Tau** (das, -s, -s) neunzehnter Buchstabe des griechischen Alphabets
**Tauˈkreuz** (das, -es, -e) T-förmiges Kreuz nach dem Hl. Antonius
**taupe** (Adj.) [toːp] braungrau [lat.-frz.]
**Tauˈroˈboˈliˈum** (das, -s, -en) antikes Stieropfer [gr.-lat.]
**Tauˈroˈmaˈchie** (die, -, -n) **1** Stierkampf **2** (nur Ez.) Stierkampftechnik [gr.-span.]
**tauˈschieˈren** (V.) Edelmetalle in unedle einhämmern
**Tauˈtaˈzisˈmus** (der, -, -men) zu vermeidende Häufung von gleichen Lauten in aufeinander folgenden Wörtern [gr.-lat.]

**Tau|to|gramm** (das, -s, -e) Gedicht mit gleichlautenden Wort- oder Zeilenanfangsbuchstaben
**Tau|to|lo|gie** (die, -, -n) Aufeinandertreffen doppelter (Wort-)Bedeutungen; z.B. „weißer Schimmel" [gr.]
**tau|to|lo|gisch** (Adj.) in der Art einer Tautologie, überflüssig doppelt ausgedrückt
**Tau|to|me|rie** (die, -, -n) Auftreten zweier isomerer Molekülformen, die im chemischen Gleichgewicht stehen, aber verschieden reagieren [gr.]
**Ta|ver|ne** (die, -, -n) Weinschenke [it.]
**Ta|xa|me|ter** (der oder das, -s, -) Kilometerzähler in Taxis, der zugleich den Fahrpreis angibt [lat.-gr.]
**Ta|xa|ti|on** (die, -, -ti|o|nen) Schätzung [lat.]
**Ta|xa|tor** (der, -s, -to|ren) Schätzer [lat.]
**Ta|xe** (die, -, -n) **1** festgesetzte Gebühr, Preisordnung **2** = Taxi [lat.]
**Ta|xem** (das, -s, -e) kleinste syntaktische Einheit ohne semantischen Wert als Teil eines Tagmems
**Ta|xi** *auch:* Ta|xe (das, -s, -s) Mietauto [lat., Kurzwort]
**Ta|xi|der|mie** (die, -, nur Ez.) das Ausstopfen (von Tieren) [gr.]
**Ta|xie** (die, -, -n) = Taxis
**ta|xie|ren** (V.) schätzen, einschätzen, abschätzend betrachten [lat.]
**Ta|xis** (die, -, -xes) durch Außenreiz erzeugte Richtungsbewegung; z.B. bei Einzellern, Bodenlebewesen; siehe Tropismus [gr.]
**Tax|kurs** (der, -es, -e) geschätzter Kurs [lat.]
**Ta|xo|die** (die, -, -n) *auch:* Ta|xo|di|um (das, -s, -ien) amerikanische Sumpfzypressengattung
**Ta|xon** (das, -s, -xa) Gruppe von Lebewesen innerhalb einer biologischen Systematik [gr.]
**Ta|xo|no|mie** (die, -, -n) **1** die Einordnung der Lebewesen in Gruppen (innerhalb der biologischen Systematik) **2** Segmentierung und Klassifikation (der Einheiten) einer Sprache (im Strukturalismus) [gr.]
**Ta|xus** (der, -, -) die Eibe (zu den Nadelhölzern gehörend) [lat.]
**Tay|lo|ris|mus** [teılə-] (der, -, nur Ez.) Methode der Betriebsführung um betriebswirtschaftliche Abwicklungen zu optimieren
**Ta|zet|te** (die, -, -n) Narzissenart, die in Südeuropa heimisch ist [it.]
**T-Bone-Steak** [tiːbəʊnsteık] (das, -s, -s) Steak mit T-förmigem Knochenstück, das Filet und Lende trennt [engl.]
**Teach-in** *auch:* Teach|in [tiːtʃ-] (das, -s, -s) Informationsveranstaltung (von Studenten) über einen Missstand [engl.]
**Teak** [tiːk] (das, -s, nur Ez.) ein tropisches Hartholz; z.B. für Möbel [malai.-engl.]
**Team** [tiːm] (das, -s, -s) Mannschaft; Arbeitsgemeinschaft [engl.]
**Team|tea|ching** *auch:* Team-Tea|ching [tiːmtiːtʃıŋ] (das, -s, -s) gemeinsame Vorbereitung des Unterrichts durch Lehrergruppe [engl.]
**Team|work** [tiːmwɜːrk] (das, -s, nur Ez.) positive Zusammenarbeit (einer Arbeitsgemeinschaft) [engl.]
**Tea|room** [tiːruːm] (der, -s, -s) Teestube; Café, in dem nur alkoholfreie Getränke erhältlich sind (schweiz.) [engl.]
**Tea|ser** [tiːzə] (der, -s, -) Werbemittel, das die Aufmerksamkeit des Betrachters auf sich zieht [engl.]
**Tech|ne|ti|um** (das, -s, nur Ez.) ein radioaktives Element, Metall [gr.-nlat.]
**tech|ni|fi|zie|ren** (V.) technische Erfindungen auf etwas anwenden
**Tech|nik** (die, -, -en) **1** (nur Ez.) praktische Anwendung naturwissenschaftlicher Gesetze **2** (nur Ez.) die Ingenieurwissenschaften **3** Anwendung eines Regelsystems, Kunstfertigkeit; z.B. die Technik des Aquarellierens **4** Ausstattung mit Geräten, das Funktionieren eines Geräts; z.B. ein Auto mit veralteter Technik [gr.]
**Tech|ni|ker** (der, -s, -) **1** Spezialist auf einem Gebiet der Technik **2** jmd., der eine Technik besonders gut beherrscht
**Tech|ni|kum** (das, -s, -ka) technische Fachschule [gr.-lat.]
**tech|nisch** (Adj.) zur Technik, zu einer Technik gehörig
**tech|ni|sie|ren** (V.) technisch machen, auf Geräteeinsatz umstellen

**Techˈniˈzisˈmus** (der, -, -men) **1** technische Ausdrucksweise **2** Glaube an den technischen Fortschritt als Grundlage der menschlichen Entwicklung
**Techˈno** (der oder das, -, nur Ez.) stark rhythmisierte, schnelle, elektronische Musik
**techˈnoˈid** (Adj.) technoartig
**Techˈnoˈkraˈtie** (die, -, nur Ez.) **1** Beherrschung einer Gesellschaft durch Techniker (Ingenieure) **2** Wirtschaftslehre, die den technischen Fortschritt über Wirtschaft und Politik stellt [gr.]
**techˈnoˈkraˈtisch** (Adj.) zur Technokratie gehörig, übermäßig ingenieurtechnisch bestimmt
**Techˈnoˈlekt** (der, -(e)s, -e) Fachsprache [gr.-nlat.]
**Techˈnoˈloˈge** (der, -n, -n) Spezialist in einer Technologie
**Techˈnoˈloˈgie** (die, -, -n) Wissenschaft von der Entwicklung technischer Produkte; die Produktion selbst [gr.]
**Techˈnoˈloˈgieˈpark** (der, -s, -s) großes Gelände um den Technologietransfer zu fördern
**Techˈnoˈloˈgieˈtransˈfer** (der, -s, -s) Weitergabe von technischen und betriebswirtschaftlichen Kenntnissen
**TED** (der, -s, nur Ez.) Abk. für **Te**le**d**ialog, die Möglichkeit, telefonische Stimmabgaben per Computer zu registrieren
**Tedˈdy 1** (der, -s, -s) Stoffbär als Spielzeug [engl.] **2** engl. Kurzform von Theodor
**Teˈdeˈum** (das, -s, -s) kath. Lobgesang [lat.]
**Tee** (der, -s, -s) **1** immergrüner ostasiatischer Strauch, dessen weiter verarbeitete Blätter; Getränk daraus **2** heiß aufgegossenes Getränk aus Pflanzenteilen; z.B. Kamillentee [chines.]
**Teenˈager** (der, -s, -) *auch:* Teen (der, -s, -s) jmd., der über 12, aber noch nicht 20 Jahre alt ist [engl.]
**Teeˈnie** *auch:* Teeˈny [tiːnɪ] (der, -s, -s) = jüngerer Teenager [Kurzwort]
**Teff** *auch:* Tef, Taf (der, -s, nur Ez.) nordafrikanische Getreidepflanze
**Teˈfilˈla** (die, -, nur Ez.) jüdisches Gebetsbuch [hebr.]
**Teˈfilˈlin** (nur Mz.) Lederriemen, die beim jüdischen Gebet über Kopf und Arme gelegt werden [hebr.]
**Teflon** (das, -s, nur Ez.) ein Kunststoff; z.B. zur Bratpfannenbeschichtung (Warenzeichen) [Kunstwort]
**Tefˈsir** (der, -s, -s) wissenschaftliche Auslegung des Korans
**Teiˈchopˈsie** (die, -, -n) bei Augenflimmern Zacken sehen [gr.-lat.]
**Teiˈchoˈskoˈpie** (die, -, nur Ez.) dramatisches Mittel, durch die Schilderung eines Schauspielers Geschehnisse darzustellen, die scheinbar außerhalb der Bühne stattfinden; Mauerschau [gr.]
**Teˈin** *auch:* Theˈi̱n (das, -s, nur Ez.) im Tee enthaltenes Koffein
**Teint** [tɛ̃ː] (der, -s, -s) Beschaffenheit, Farbe der Gesichtshaut [frz.]
**tekˈtieˈren** (V.) fehlerhaft Gedrucktes durch Überkleben unkenntlich machen [lat.]
**Tekˈtoˈgen** (das, -s, -e) einheitlich verschobener Teil der Erdkruste [gr.-lat.]
**Tekˈtoˈgeˈneˈse** (die, -, nur Ez.) alle tektonischen Vorgänge, die die Erdkruste betreffen (Geol.)
**Tekˈtoˈnik** (die, -, nur Ez.) **1** Wissenschaft vom Bau der Erdkruste **2** Baukonstruktionslehre [gr.]
**tekˈtoˈnisch** (Adj.) zur Tektonik gehörig, tektonisches Beben: Erdbeben durch Verschiebung der Erdkruste
**Tekˈtur** (die, -, -en) Deckblatt (eines Buchs)
**Teˈla** (die, -, -len) Gewebe, Bindegewebe [lat.]
**Teˈlaˈmon** (der oder das, -s, -mo̱ˈnen) **1** Leibgurt für Waffen **2** Plastik als Träger von Bauteilen; z.B. Herkules oder Atlas [gr.-lat.]
**Teˈlanˈthroˈpus** (der, -, -pi) Frühmensch, aus Südafrika stammend
**Teˈlaˈriˈbühˈne** (die, -, -n) Bühne aus der Renaissance mit perspektivisch gemaltem Bühnenbild
**Teˈle** (das, -s, -s) = Teleobjektiv (ugs.)
**Teˈleˈbanˈking** [-bæŋkɪŋ] (das, -s, nur Ez.) Methode, Bankgeschäfte über Telekommunikation zu bewerkstelligen
**Teˈleˈbrief** (der, -(e)s, -e) Mitteilung, die über einen Telekopierer übertragen und per Eilboten zugestellt wird

T

**Telefax** (das, -, -(e)) aus tele [gr.: weit] und Faksimile; Fernkopie mittels eines Faxgeräts

**Telefonat** (das, -(e)s, -e) Telefonanruf, -gespräch

**Telefonie** (die, -, nur Ez.) 1 Fernsprechwesen 2 Sprechfunk

**telefonieren** (V.) über das Telefon miteinander sprechen

**Telefonist** (der, -nisten, -nisten) Angestellter im Telefondienst

**Telefotografie** *auch:* Telephotographie (die, -, -n) Fotoaufnahme entfernter Motive mithilfe eines Teleobjektivs

**telegen** (Adj.) bei Fernsehaufnahmen hübsch aussehend [gr.]

**Telegraf** *auch:* Telegraph (der, -en, -en) Fernschreiber [gr.]

**telegrafieren** *auch:* telegraphieren (V.) durch Fernschreiber mitteilen, drahten [gr.]

**Telegramm** (das, -s, -e) über einen Telegrafen vermittelte Nachricht

**Telegraph** (der, -en, -en) = Telegraf

**telegraphieren** (V.) = telegrafieren

**Telekamera** (die, -, -s) Fotoapparat mit Teleobjektiv

**Telekinese** (die, -, nur Ez.) Bewegung von Gegenständen durch paranormale Kräfte

**Telekommunikation** (die, -, nur Ez.) Kommunikation mithilfe der Nachrichtentechnik

**Telekonverter** (der, -s, -) Vergrößerung der Brennweite eines Kameraobjektivs durch Einsatz eines Linsensystems zwischen Objektiv und Kamera

**Telekopierer** (der, -s, -) Fernkopierer, der an eine Telefonleitung angeschlossen eine Vorlage an ein zweites Gerät sendet, das eine Kopie ausgibt



**Telemark** (der, -s, -s) Skischwung quer zum Hang [norweg.]

**Telematik** (die, -, nur Ez.) Wissenschaft, die die gegenseitige Einflussnahme nachrichtentechnischer Disziplinen untersucht

**Telemeter** (das, -s, -) Entfernungsmesser [gr.-nlat .]

**Telemetrie** (die, -, nur Ez.) Übertragung von Messwerten aus dem Weltraum; deren Ortung [gr.]

**Telenzephalon** (das, -s, -la) 1 Großhirn 2 beim Embryo vorderer Abschnitt des ersten Hirnbläschens

**Teleobjektiv** (das, -s, -e) Kameraobjektiv mit langer Brennweite (für Fernaufnahmen) [gr.-lat.]

**Teleologie** (die, -, nur Ez.) Lehre, dass alle Entwicklung (in der Natur, im Kosmos) zweckbestimmt ist [gr.]

**Teleonomie** (die, -, -n) charakteristische Eigenschaft

**Teleosaurus** (der, -, -rier) Riesenechse (ausgestorben)

**Telepathie** (die, -, nur Ez.) Gedankenlesen, Gedankenübertragung [gr.]

**telepathisch** (Adj.) zur Telepathie gehörig

**Teleplayer** (der, -s, -) Videorekorder

**Teleprocessing** (das, -(s), nur Ez.) Datenverarbeitung über Fernleitung [engl.]

**Teleprompter** (der, -s, -) für den Zuschauer nicht sichtbare Textanzeige der Fernsehsprecher (Warenzeichen)

**Teleshopping** (das, -s, nur Ez.) Möglichkeit, über das Fernsehen einzukaufen

**Teleskop** (das, -s, -e) stark vergrößerndes Fernrohr (zur Betrachtung des Sternenhimmels) [gr.]

**Teleskopantenne** (die, -, -n) zusammenschiebbare Antenne aus Metallröhrchen

**Teleskopie** (die, -, nur Ez.) 1 Wahrnehmung verborgener Dinge in der Ferne 2 Verfahren zur Feststellung der Einschaltquoten bei Sendungen im Fernsehen [gr.-nlat.]

**Teletest** (der, -s, -s) Befragung von Fernsehzuschauern über die Beliebtheit von Sendungen

**Teletext** (der, -s, nur Ez.) elektronische Textübermittlung auf (Fernseh-)Bildschirm

**Teletypesetter** [-taipsɛtə] (der, -s, -) Setzmaschine [engl.]

**Television** (die, -, nur Ez.) Fernsehen [gr.-lat.-engl.]

**Telex** (das, -, -e) Nachricht über öffentliche Fernsprech- oder Telegrafenleitung [engl. Kurzwort]

**Telkie** (die, -, -n) Ochsenauge (eine Zierstaude)

**Telˈlur** (das, -s, nur Ez.) ein Element, Halbmetall [lat.]
**telˈluˈrisch** (Adj.) zur Erde gehörig (in der Geologie) [lat.]
**Telˈluˈrit** (das, -s, -e) Salz der tellurischen Säure [nlat.]
**Telˈluˈriˈum** (das, -s, -riˈen) Gerät aus der Astronomie zur modellhaften Darstellung der Drehung von Erde und Mond um die Sonne
**Teˈloˈdenˈdron** (das, -s, -ren/-dren) feinste Fortsätze der Nervenzellen [gr.]
**Teˈloˈphaˈse** (die, -, -n) Endstadium der Kernteilung von organischen Zellen
**Teˈlos** (das, -, nur Ez.) das Endziel des Seins in der Philosophie [gr.]
**telˈquel** *auch:* tel quel [-kɛl] ohne Gewähr (für eine bestimmte Warenqualität) [frz.]
**Teˈmeˈnos** (das, -, -ne) heiliger, abgegrenzter Bereich des altgriechischen Tempels
**Temˈmoˈku** (das, -, nur Ez.) chinesisch-japanische Töpferei der Sungzeit (10.–13. Jh.) [jap.]
**Temˈpeh** (das, -, nur Ez.) hocheiweißhaltiges, fermentiertes Sojaprodukt, das in fingerdicken Scheiben in Öl gebraten wird [malai.]
**Temˈpel** (der, -s, -) **1** höchstes Gotteshaus des Judentums in Jerusalem **2** nicht christlicher Kultbau für eine Gottheit **3** weihevolle Stätte (auch ironisch)
**Temˈpeˈra** (die, -, -s) eine Deckfarbe; die Malerei damit [it.]
**Temˈpeˈraˈfarˈbe** (die, -, -n) Malfarbe für Künstler, die z.B. mit Eigelb gebunden ist
**Temˈpeˈraˈment** (das, -(e)s, -e) typische Reaktionsweise, Gemüt; Munterkeit, Schwung [frz.]
**Temˈpeˈranˈtiˈum** (das, -s, -tia) med. Beruhigungsmittel
**Temˈpeˈrenz** (die, -, nur Ez.) Mäßigkeit [lat.-engl.]
**Temˈperˈguss** (der, -es, -güsˈse) schmiedbar gemachtes Gusseisen durch spezielles Gussverfahren
**temˈpeˈrieˈren** (V.) **1** die Temperatur regeln **2** mäßigen [lat.]
**temˈpern** (V.) erhitzen, wärmebehandeln [engl.]
**Temˈpest** (die, -, -s) Zweimannsegelboot (eine Bootsklasse) [nlat.]
**temˈpesˈtoˈso** (Adj.) stürmisch, heftig (in der Musik) [ital.]
**Temˈpi pasˈsaˈti!** Das ist vorbei! (italienisch für: „Vergangene Zeiten!") [it.]
**Temˈpleiˈse** (der, -n, -n) Gralsritter der Parzivalsage (MA) [frz.-lat.]
**Tempˈler** (der, -s, -) Mitglied eines mittelalterlichen Ritterordens
**Temˈpo** (das, -s, -s oder -pi) Geschwindigkeit(smaß); Schnelligkeit [it.]
**Temˈpoˈliˈmit** (das, -s, -s) Geschwindigkeitsbeschränkung [it.-engl.]
**temˈpoˈral** (Adj.) **1** zum Tempus gehörig, zeitlich **2** zur Temporalis, Schläfe gehörig
**Temˈpoˈraˈlis** (die, -, -les) Schläfe [lat.]
**Temˈpoˈralˈsatz** (der, -es, -sätˈze) Umstandssatz der Zeit; z.B. „Er kam, während sie telefonierte"
**Temˈpoˈralˈvaˈriˈaˈtiˈon** (die, -, -tiˈoˈnen) jahreszeitlich bedingter Wechsel des Aussehens bestimmter Tierarten
**temˈpoˈrär** (Adj.) vorübergehend [frz.]
**Temˈpus** (das, -, -poˈra) Zeitform (des Verbs) [lat.]
**Teˈmuˈlenz** (die, -, nur Ez.) Trunkenheit, Taumeln [lat.]
**Teˈnaˈkel** (das, -s, -) Manuskripthalter (für den Schriftsetzer) [lat.]
**Teˈnalˈgie** (die, -, -ien) Sehnenschmerz (Med.) [gr.-nlat.]
**Teˈnaˈziˈtät** (die, -, nur Ez.) **1** Zähigkeit (als Materialeigenschaft) **2** Beharrlichkeit, Ausdauer [frz.]
**Tenˈdenz** (die, -, -en) Entwicklungsrichtung, Streben; Grundstimmung [frz.]
**tenˈdenˈziˈell** (Adj.) einer Tendenz entsprechend
**tenˈdenˈziˈös** (Adj.) weltanschaulich beeinflusst, voreingenommen [frz.]
**Tenˈder** (der, -s, -) **1** Eisenbahnanhänger (zur Versorgung mit Kohlen, Wasser) **2** Begleit-, Versorgungsschiff [engl.]
**tenˈdieˈren** (V.) eine Tendenz haben, hinneigen
**Tenˈdiˈniˈtis** (die, -, -niˈtiˈden) Sehnenentzündung [nlat.]
**Tenˈdoˈvaˈgiˈniˈtis** (die, -, -niˈtiˈden) Sehnenscheidenentzündung [nlat.]

**te'ne'ra'men'te** (Adj.) zärtlich (Musikanweisung)
**Te'nes'mus** (der, -, nur Ez.) schmerzhafter Stuhl- oder Harndrang [gr.-nlat.]
**Ten'nis** (das, -, nur Ez.) ein Rückschlagspiel [engl.]
**Ten'no** (der, -s, -s) der japanische Kaiser
**Te'nor** (der, -s, -nöre) hohe Männerstimmlage; mittlere Tonlage (eines Musikinstruments) [it.]
**Te'nor** (der, -s, nur Ez.) Fassung, Wortlaut [it.]
**Te'no'ra** (die, -, -s) Oboe aus Katalonien
**Te'nor'buffo** (der, -s, -s) **1** zweiter Tenor an einem Opernhaus **2** Tenor für heitere Rollen [ital.]
**Te'no'rist** (der, -ris'ten, -ris'ten) Sänger mit Tenorstimme
**Te'no'tom** (das, -s, -e) Messer für Sehnenschnitte (Med.) [gr.-nlat.]
**Ten'sid** (das, -(e)s, -e) = Detergens [nlat.]
**Ten'si'on** (die, -, -si'onen) Spannung (eines Gases), Dampfdruck [lat.]
**Ten'sor** (der, -s, -soren) **1** ein verknüpfter Vektor **2** Spannmuskel [lat.]
**Ten'ta'kel** (der oder das, -, -n) **1** Fangarm (eines Nesseltiers u.a.) **2** Drüsenhaar (einer Fleisch fressenden Pflanze) [lat.]
**Ten'ta'men** (das, -s, -mi'na) **1** Vorprüfung **2** med. Versuch
**ten'ta'tiv** (Adj.) versuchsweise [nlat.]
**ten'tie'ren** (V.) beabsichtigen (österr); versuchen (veraltet) [frz.]
**te'nu'is** *auch:* te'nue (Adj.) zart, dünn (Med.)
**Te'nu'is** (die, -, -nu'es) stimmloser Verschlusslaut; z.B. „p, t" [lat.]
**te'nu'to** (Adv.) ausgehalten, getragen (bei Musikstücken) [it.]
**Ten'zo'ne** (die, -, -n) provenzalischer Streitgesang im MA
**Te'o'cal'li** (der, -s, -s) pyramidenförmiger Tempel der Azteken
**Te'phi'gramm** (das, -s, -e) grafische Aufzeichnung von Wetterdaten
**Te'ph'rit** (der, -s, -e) Ergussgestein [gr.-nlat.]
**Te'phro'it** (der, -s, -e) Mineral
**Te'pi'da'rium** (das, -s, -ri'en) lauwarmer Raum in römischen Thermen
**Te'qui'la** [-ki:-] (der, -s, -s) mexikanischer Agavenschnaps
**Te'ra...** das 1012-fache, Billionenfache (als Vorsilbe vor Maßeinheiten) [gr.]
**te'ra'to'gen** (Adj.) auf das Ungeborene schädlich wirkend (Med.)
**Te'ra'to'lo'gie** (die, -, nur Ez.) Teilgebiet der Medizin für körperliche Missbildungen
**Te'ra'tom** (das, -s, -e) angeborene Geschwulst (aus allen drei Keimblättern) [gr.]
**Ter'bi'um** (das, -s, nur Ez.) ein Element, Metall [nlat.]
**Te're'bin'the** (die, -, -n) Terpentinpistazie [gr.]
**Te're'bra'tel** (die, -, -n) Armfüßer (Fossil) [nlat.]
**Term** (der, -s, -e) **1** Bezeichnung, Name; z.B. ein mathematischer, linguistischer Term **2** Energielinie (eines atomaren Systems) [engl.]
**ter'mi'nal** (Adj.) zum Ende gehörend
**Ter'mi'nal** [tɜ:mɪnl] (der oder das, -s, -s) **1** Abfertigung(shalle); z.B. an den Terminal im Flughafen gehen **2** EDV-Dateneingabe-, -ausgabe [engl.]
**Ter'mi'na'ti'on** (die, -, -ti'onen) Begrenzung, Beendigung [lat.]
**ter'mi'na'tiv** (Adj.) die den Anfangs- oder Endpunkt einer Handlung beinhaltenden Verben; z.B. holen, bringen
**Ter'mi'na'tor** (der, -s, -toren) Grenze zwischen heller und dunkler Seite des Mondes
**Ter'mi'ner** (der, -s, -) Verantwortlicher für die Terminplanung eines Produktionsablaufs
**Ter'min'ge'schäft** (das, -(e)s, -e) Geschäft mit späterem Liefertermin zum Kurs bei Vertragsabschluss
**ter'mi'nie'ren** (V.) **1** begrenzen, zeitlich festlegen **2** in bestimmten Gebieten Almosen sammeln
**Ter'mi'nis'mus** (der, -, nur Ez.) Lehre vom Denken als Rechnen mit Begriffen, ähnlich dem Nominalismus [nlat.]
**Ter'mi'no'lo'ge** (der, -n, -n) Fachmann, der wissenschaftliche Begriffe und Terminologien erstellt [gr.-lat.]
**Ter'mi'no'lo'gie** (die, -, -n) Fachsprache [lat.]
**ter'mi'no'lo'gisch** (Adj.) fachsprachlich [lat.-gr.]

**Ter'mi'nus** (der, -, -ni) Fachausdruck [lat.]
**Ter'mi'te** (die, -, -n) Staaten bildendes, ameisenähnliches Tropeninsekt [lat.]
**Ter'mon** (das, -s, -e) hormonähnlicher Wirkstoff, der bei Gameten das Geschlecht bestimmt [Kunstwort]
**ter'när** (Adj.) dreifach [frz.]
**Terp** (die, -, -en) künstlich aufgeworfener Hügel über Flutwasserhöhe für Siedlungen an der Nordseeküste [niederl.]
**Ter'pen** (das, -s, -e) organische Verbindung mit ätherischen Ölen [gr.-lat.]
**Ter'pen'tin** (das oder der, -s, -e) Kiefernharz (aus dem durch Destillation Terpentinöl hergestellt wird) [lat.]
**Ter'ra** (die, -, nur Ez.) Erde, Land [lat.]
**Ter'rain** [-rɛ̃] (das, -s, -s) Gelände [frz.]
**Ter'ra in'co'gni'ta** „unbekanntes Land", etwas völlig Unbekanntes, Fremdes; z.B. mit einer Forschung Terra incognita betreten [lat.]
**Ter'ra'kot'ta** *auch:* Ter'ra'kot'te (die, -, -ten) gebrannter Ton; Gegenstand daraus [it.]
**Ter'ra'kot'te** (die, -, -n) = Terrakotta
**Ter'ra'ma're** (die, -, -n) Siedlung in der Poebene aus der Bronzezeit [lat.]
**Ter'ra'ri'um** (das, -s, -ri'en) Glasbehälter mit einem Miniaturbiotop (zur Haltung von Echsen, Schlangen) [lat.]
**Ter'ra ros'sa** (die, -, -) roter Tonboden [ital.]
**Ter'ra si'gil'la'ta** (die, -, -) Tongeschirr aus der römischen Kaiserzeit, mit Verzierungen [lat.: gesiegelte Erde]
**Ter'ras'se** (die, -, -n) **1** balkonähnliche Plattform (vor einem Gebäude) **2** Geländestufe; z.B. eine Schotterterrasse [frz.]
**ter'ras'sie'ren** (V.) terrassenartig, gestuft anlegen; z.B. Felder, Weinberge
**Ter'raz'zo** (der, -s, -zi) fugenloser Fußboden aus aneinandergelegten Gesteinsbruchstücken [it.]
**Ter're des Hom'mes** [tærdɛsɔm] (die, -, nur Ez.) internationale Kinderhilfsorganisation
**ter'res'trisch** (Adj.) **1** erdbewohnend, zur Erde gehörend (nicht aquatisch) **2** (geologische Vorgänge) auf dem Festland gebildet (nicht marin) [lat.]
**Ter'ri'er** (der, -s, -) ursprünglich für die Erdjagd gezüchteter kleiner bis mittelgroßer Hund; z.B. Foxterrier, Scotchterrier, Yorkshireterrier [engl.]
**ter'ri'gen** (Adj.) vom Festland stammend [gr.-lat.]
**Ter'ri'ne** (die, -, -n) Suppenschüssel, Soßenschale [frz.]
**Ter'ri'ti'on** (die, -, nur Ez.) Vorzeigen der Folterinstrumente in mittelalterlichen Prozessen
**ter'ri'to'ri'al** (Adj.) zu einem Territorium gehörig, ein Territorium beanspruchend
**Ter'ri'to'ri'a'li'tät** (die, -, nur Ez.) Zugehörigkeit zu einem Territorium
**Ter'ri'to'ri'a'li'täts'prin'zip** (das, -s, nur Ez.) Rechtsgrundsatz, wonach für eine Person das Recht des Landes gilt, in dem sie sich aufhält; Ggs. Personalitätsprinzip
**Ter'ri'to'ri'al'staat** (der, -(e)s, -en) der kaiserlichen Zentralgewalt nicht unterstellter Staat zur Zeit des Feudalismus
**Ter'ri'to'ri'um** (das, -s, -ri'en) Land, (Hoheits-, Staats-)Gebiet [lat.]
**Ter'ror** (der, -s, nur Ez.) große Angst infolge von (angedrohter) Gewalt; Schreckensherrschaft [lat.]
**ter'ro'ri'sie'ren** (V.) eine Schreckensherrschaft ausüben, stark einschüchtern [lat.]
**Ter'ro'ris'mus** (der, -, nur Ez.) Versuch, politische Ziele durch Terror zu erreichen
**Ter'tia** (die, -, -ti'en) **1** achte und neunte Klasse (des Gymnasiums) **2** Schriftgrad von 16 Punkt [lat.]
**Ter'ti'a'na'fie'ber** (das, -s, nur Ez.) Dreitagewechselfieber
**Ter'ti'a'ner** (der, -s, -) Schüler der Tertia
**ter'ti'är** (Adj.) **1** drittrangig **2** zum Tertiär gehörig
**Ter'ti'är** (das, -s, nur Ez.) Abschnitt der Erdgeschichte, Formation vor der gegenwärtigen Stufe [lat.]
**Ter'ti'um Com'pa'ra'ti'o'nis** (das, -s, -ia-) Gemeinsamkeit zweier Sachverhalte oder Gegenstände im Vergleich [lat.]
**Ter'ti'us gau'dens** (der, -, nur Ez.) der lachende Dritte [lat.]
**Terz** (die, -, -en) **1** dritter Ton der diatonischen Tonleiter; Intervall von drei

Tönen **2** eine Klingenhaltung (beim Fechten) [lat.]

**Ter'zel** (der, -s, -) männlicher Falke [lat.]

**Ter'ze'rol** (das, -s, -e) kleine Pistole [it.]

**Ter'ze'ro'ne** (der, -n, -n) Person männl. Geschlechts mit einem schwarzen und drei weißen Großelternteilen [lat.-span.]

**Ter'zett** (das, -(e)s, -e) Musikstück für drei gleiche Instrumente, für drei Singstimmen; die Personengruppe selbst [it.]

**Ter'zi'ar** (der, -s, -en) Mitglied einer an einen Mönchsorden angeschlossenen Gemeinschaft

**Ter'zi'ne** (die, -, -n) Strophenform aus drei jambischen elfsilbigen Zeilen [it.]

**Te'sching** (das, -s, -e oder -s) kleine Handfeuerwaffe

**Tes'la** (das, -, -) Maßeinheit der magnetischen Induktion (benannt nach dem amerikan. Physiker N. Tesla)

**Tes'la'strom** (der, -s, nur Ez.) Hochfrequenzstrom mit sehr hoher Spannung

**tes'se'lie'ren** (V.) ein Mosaik anfertigen

**tes'sel'la'risch** (Adj.) gewürfelt [Kunstwort] [gr.-lat.]

**Test** (der, -(e)s, -s oder -e) Versuch, der praktische Erfahrungswerte liefern soll [engl.]

**Tes'ta'ment** (das, -(e)s, -e) **1** letztwillige Verfügung **2** Bibelteil: Altes, Neues Testament [lat.]

**tes'ta'men'ta'risch** (Adj.) durch Testament verfügt

**Tes'tat** (das, -(e)s, -e) Bescheinigung, Zeugnis [lat.]

**Tes'ta'tor** (der, -s, -to̲ren) jmd., der ein Testament macht oder ausstellt

**Tes'ta'zee** (die, -, -n) Amöbenart [lat.]

**tes'tie'ren** (V.) **1** ein Testament anfertigen **2** etwas bestätigen [lat.]

**Tes'ti'kel** (der, -s, -) Hoden [lat.]

**Tes'ti'kel'hor'mon** (das, -s, -e) männliches Keimdrüsenhormon

**Tes'ti'mo'ni'al** [-məʊnɪəl] (das, -s, -s) Empfehlungsschreiben eines Kunden oder Prominenten als Teil einer Anzeige [engl.]

**Tes'ti'mo'ni'um** (das, -s, -ni'en oder -nia) Zeugnis (veraltet) [lat.]

**Tes'tis** (der, -, -tes) Hoden [lat.]

**Tes'to** (der, -, -ti) Erzähler in einem Oratorium [lat.]

**Tes'to's'te'ron** (das, -s, nur Ez.) in den Hoden gebildetes männliches Geschlechtshormon [lat.-gr.]

**Tes'tu'do** (die, -, -di'nes) **1** Laute **2** Verband zur Ruhigstellung eines gebeugten Gelenks [lat. für „Schildkröte"]

**Te'ta'nie** (die, -, -n) Dauerkrampf bestimmter Muskelgruppen; z.B. im Gesicht [gr.]

**te'ta'nisch** (Adj.) zum Tetanus gehörig

**Te'ta'nus** (der, -, nur Ez.) Wundstarrkrampf

**Te'te** [tɛt] (die, -, -n) „Kopf", Spitze (einer Truppe; veraltet) [frz.]

**Tete-a-tete** *auch:* Tête-à-tête [tɛtatɛt] (das, -, -s) Schäferstündchen [frz.]

**Te'thys** (die, -, nur Ez.) *auch:* Te̲'thysmeer (das, -es, nur Ez.) Mittelmeer aus der Zeit vom Paläozoikum bis zum Alttertiär [gr.-lat.]

**Te'tra'chlor'koh'len'stoff** (der, -s, -e) nicht entflammbares Lösungsmittel

**Te'tra'de** (die, -, -n) Vierheit, aus vier Einheiten bestehendes Ganzes [gr.]

**Te'traeder** (der, -s, -) Vierflächner; dreiseitige Pyramide [gr.]

**Te'tra'e'drit** (der, -s, -e) metallisch glänzendes Mineral

**Te'tra'gon** (das, -s, -e) Viereck [gr.]

**te'tra'go'nal** (Adj.) viereckig, das Tetragon betreffend [gr.]

**Te'tra'gramm** (das, -s, -e) *auch:* Te'tragra̲m'ma'ton (das, -s, -ta) die vier hebräischen Konsonanten des Gottesnamens aus dem Alten Testament J-H-W-H [sprich: Jahwe] [gr.]

**Te'tra'kis'he'xa'eder** (das, -s, nur Ez.) Pyramidenwürfel mit 24 Flächen, insbesondere Kristallform [gr.-nlat.]

**Te'tra'kort** (der, -s, -e) Folge von vier aufeinander folgenden Tönen einer Oktave [gr.-lat.]

**Te'tra'lo'gie** (die, -, -n) Werk aus vier zusammengehörigen Teilen (Dichtwerke, Kompositionen) [gr.]

**Te'tra'me'ter** (der, -s, -) Versmaß aus vier Versfüßen [gr.]

**Te'tra'morph** (der, -s, -en) frühchristliche Darstellung eines Engels mit vier verschiedenen Köpfen als Sinnbild der vier Evangelisten [gr.]

**te'tra'pe'ta'lisch** (Adj.) vier Blumenblätter aufweisend

T

**Te'tra'ple'gie** (die, -, nur Ez.) Lähmung aller Gliedmaßen
**Te'tra'po'de** (der, -n, -n) **1** Vierfüßer **2** vierfüßiges, klotzförmiges Gebilde als Sperre oder Wellenbrecher
**Te'tra'po'die** (die, -, nur Ez.) vierfüßige Verszeile (gr. Metrik)
**Te'trarch** (der, -en, -en) über den vierten Teil eines Gebietes herrschender Fürst (in der Antike) [gr.]
**Te'trar'chie** (die, -, -n) Gebiet oder Herrschaft eines Tetrarchen
**te'tra'to'gen** (Adj.) Missbildungen verursachend [gr.]
**Te'tryl** *auch:* Te'tryl (das, -s, nur Ez.) giftiger, hochexplosiver Stoff
**Tex** (das, -, -) Maß für textile Garne und Fasern [lat.]
**Te'xas'fie'ber** (das, -s, nur Ez.) Rindererkrankung, der Malaria ähnlich
**Te'xo'print'ver'fah'ren** (das, -s, nur Ez.) Herstellungsverfahren für Schriftvorlagen im Offset- und Tiefdruck
**tex'ten** (V.) einen Text machen
**tex'tie'ren** (V.) ein Bild mit einer Unterschrift versehen [nlat.]
**tex'til** (Adj.) zur Textilindustrie, -technik gehörig
**Tex'ti'li'en** (nur Mz.) Faserstoffartikel; z.B. Gewebtes, Synthetics, Wirkwaren [lat.]
**Text'kri'tik** (die, -, nur Ez.) Prüfung verschiedener handschriftlicher Fassungen, um dem Urtext nahezukommen
**Text'lin'gu'is'tik** (die, -, nur Ez.) Teilgebiet der Linguistik, die sich mit Wesen, Aufbau und Inhalt von Texten beschäftigt
**Tex'tur** (die, -, -en) inneres Gefüge, Aufbau, Anordnung [lat.]
**tex'tu'rie'ren** (V.) synthetischen Geweben Textileigenschaften geben
**TGV** [-teːʒeːveː] (der, -s, -s) französischer Hochgeschwindigkeitszug [frz.]
**Thai** **1** (der, -s, -s) Ew. Thailands **2** (das, -s, nur Ez.) dessen Sprache
**Tha'la'mus** (der, -, -mi) Gehirnregion, in der sich alle zum Großhirn führenden Nervenbahnen sammeln, Sehhügel [gr.-lat.]
**Tha'las'so'gra'fie** *auch:* Tha'las'so'graphie (die, -, nur Ez.) Meereskunde [gr.-nlat.]
**Tha'las'so'me'ter** (das, -s, -) Meerestiefenmesser
**Tha'las'so'pho'bie** (die, -, nur Ez.) Angst vor größeren Wasserflächen [gr.-nlat.]
**Tha'li'do'mid** (das, -s, nur Ez.) bestimmter Wirkstoff in Medikamenten, der schädliche Nebenwirkungen hat [Kunstwort]
**Thal'li'um** (das, -s, nur Ez.) ein Element, Schwermetall [gr.-nlat.]
**Thal'lo'phyt** (der, -en, -en) Lagerpflanze [gr.]
**Thal'lus** (der, -, -li) fädig-flächiger Körper der Thallophyten [gr.-lat.]
**Tha'na'tis'mus** (der, -, nur Ez.) Lehre von der Sterblichkeit der Seele [gr.-nlat.]
**Tha'na'to'lo'gie** (die, -, nur Ez.) Wissenschaft vom Sterben und vom Tod [gr.]
**Tha'na'to'ma'nie** (die, -, -n) Bereitschaft zum Selbstmord
**Tha'na'tos** (der, -, nur Ez.) Todestrieb [gr.]
**Thanks'gi'ving Day** [θæksgɪvɪŋdeɪ] (der, -s, -s) Erntedanktag [amerik.]
**Thar'ge'li'en** (nur Mz.) altgriechisches Erntefest zu Ehren Apollos
**Thau'ma'to'lo'gie** (die, -, nur Ez.) Lehre von den Wundern
**Thau'ma'turg** (der, -en, -en) Wundertäter [gr.]
**Thea** (die, -, nur Ez.) Teegewächs
**The'a'ter** (das, -s, -) **1** Schaubühne; das Gebäude dafür; die Darstellung des Bühnenstücks **2** Getue (ugs.) [gr.]
**The'a'tra'lik** (die, -, nur Ez.) gespreiztes, übertriebenes, schauspielerisches Gehabe [gr.]
**the'a'tra'lisch** (Adj.) **1** zur Theatralik gehörig **2** zum Theater gehörig, bühnengerecht
**The'a'trum Mun'di** (das, -s, nur Ez.) das Welttheater [lat.]
**The'in** (das, -s, nur Ez.) = Tein
**The'is'mus** (der, -, nur Ez.) Glaube an einen persönlichen Schöpfergott und Weltenlenker [gr.-nlat.]
**The'ist** (der, -is'ten, -is'ten) Anhänger des Theismus
**the'is'tisch** (Adj.) zum Theismus gehörig
**The'ka** (die, -, -ken) Fach des Staubblattes mit zwei Pollensäckchen [gr.-lat.]
**The'ke** (die, -, -n) Laden-, Schanktisch [gr.]

**The|ken|dis|play** [-dɪspleɪ] Werbung, bei der Ware auf der Theke bildlich dargestellt wird
**The|lal|gie** (die, -, -n) Schmerzen in den Brustwarzen
**The|le|ma** (das, -s, -le|ma|ta) Wille [gr.]
**The|le|ma|to|lo|gie** (die, -, nur Ez.) *auch:* The|le|ma|tis|mus (der, -, nur Ez.) Lehre vom Willen
**the|le|ma|to|lo|gisch** (Adj.) die Thelematologie betreffend
**The|li|tis** (die, -, -li|ti|den) Brustwarzenentzündung
**The|ly|ge|nie** *auch:* The|ly|to|kie (die, -, -n) Erzeugung ausschließlich weiblicher Nachkommen; Ggs. Arrhenogenie, Arrhenotokie (Bio.)
**The|ma** (das, -s, -men oder -ta) **1** Leitgedanke **2** Untersuchungsgegenstand **3** in einem Text Vorerwähntes [gr.]
**The|ma-Rhe|ma** (das, -, nur Ez.) Begriffspaar zur Satzanalyse
**The|ma|tik** (die, -, -en) **1** Themenstellung, -verarbeitung **2** Leitgedanke
**the|ma|tisch** (Adj.) zum Thema gehörig, themagemäß
**the|ma|ti|sie|ren** (V.) zum Thema machen
**The|ma|vo|kal** (der, -s, -e) Vokal zwischen Wortstamm und Endung bei der Bildung von Verben
**The|nar** (das, -s, -e) Daumenballen [gr.]
**Theo|bro|ma** (das, -s, nur Ez.) Kakaobaum [gr.-nlat.]
**Theo|bro|min** (das, -s, nur Ez.) Alkaloid der Kakaobohnen
**The|o|di|zee** (die, -, -ze|en) philosophische Rechtfertigung Gottes [gr.]
**The|o|do|lit** (der, -(e)s, -e) ein Winkelmessgerät; z.B. zur astronomischen Ortsbestimmung, in der Geodäsie [viell. arab.]
**Theo|gno|sie** *auch:* Theo|gno|sis (die, -, nur Ez.) Gotteserkenntnis [gr.]
**Theo|gno|sis** (die, -, nur Ez.) = Theognosie
**Theo|go|nie** (die, -, -n) Lehre von der Abstammung der Götter [gr.]
**Theo|kra|tie** (die, -, -n) Herrschaftsform, die auf göttlichen Willen zurückgeführt wird [gr.]
**Theo|lo|ge** (der, -en, -en) Theologiewissenschaftler
**Theo|lo|gie** (die, -, -n) Wissenschaft von der (christlichen) Religion; Lehre von Gott [gr.]
**theo|lo|gisch** (Adj.) zur Theologie gehörig
**Theo|lo|gu|me|non** (das, -s, -na) theologischer Lehrsatz, der nicht zur eigentlichen Glaubenslehre gehört [gr.-lat.]
**Theo|ma|nie** (die, -, -n) religiöser Wahnsinn
**Theo|man|tie** (die, -, -n) Weissagen durch göttliche Eingebung
**theo|morph** (Adj.) in göttlicher Gestalt erscheinend
**Theo|no|mie** (die, -, nur Ez.) Unterwerfung unter Gottes Gesetz
**Theo|pha|nie** (die, -, -n) Gotteserscheinung [gr.]
**theo|phor** (Adj.) einen Gottesnamen tragend
**theo|pho|risch** (Adj.) Gott tragend (in einer Prozession)
**The|o|phyl|lin** (das, -s, nur Ez.) Alkaloid aus Teeblättern
**Theo|pneus|tie** (die, -, nur Ez.) göttliche Eingebung [gr.-nlat.]
**The|or|be** (die, -, -n) Laute aus dem Barock mit zwei Hälsen und doppeltem Wirbelkasten [frz.]
**The|o|rem** (das, -s, -e) Lehrsatz [gr.]
**The|o|re|ti|ker** (der, -s, -) jmd., der Probleme rein gedanklich untersucht; Nichtpraktiker
**the|o|re|tisch** (Adj.) zu einer Theorie gehörig, rein gedanklich, unrealistisch, unpraktisch
**the|o|re|ti|sie|ren** (V.) wirklichkeitsfremde Theorien aufstellen; theoretische Überlegungen anstellen
**The|o|rie** (die, -, -n) rein gedankliche Untersuchung, Lehrmeinung, systematische Darstellung eines Wissensbereichs [gr.]
**Theo|soph** (der, -en, -en) Anhänger der Theosophie
**Theo|so|phie** (die, -, -n) mystische Gottesschau [gr.]
**theo|so|phisch** (Adj.) zur Theosophie gehörig
**Theo|xe|ni|en** (nur Mz.) altgriechischer Kult um die Götterbewirtung
**theo|zen|trisch** (Adj.) Gott in den Mittelpunkt stellend

**Theˈraˈpeut** (der, -en, -en) behandelnder Arzt [gr.]
**Theˈraˈpeuˈtik** (die, -, nur Ez.) Wissenschaft von den Therapien
**Theˈraˈpeuˈtiˈkum** (das, -s, -ka) medizinisches Heilmittel [gr.-lat.]
**theˈraˈpeuˈtisch** (Adj.) zu einer Therapie gehörig, zu Heilzwecken
**Theˈraˈpie** (die, -, -n) Heilbehandlung [gr.]
**theˈraˈpieˈren** (V.) eine Therapie anwenden, heilbehandeln
**Theˈriˈak** (der, -s, nur Ez.) opiumhaltiges Arzneimittel im MA [gr.-lat.]
**theˈriˈoˈmorph** (Adj.) tiergestaltig (Götter) [gr.]
**theˈriˈoˈphor** (Adj.) einen Tiernamen tragend [gr.]
**therˈmakˈtin** (Adj.) auf dem Wärmeaustausch zweier Körper beruhend
**therˈmal** (Adj.) zur Wärme gehörig, durch die Wärme (einer Therme)
**Therˈmalˈquelˈle** (die, -, -n) warme Quelle
**Therˈme** (die, -, -n) **1** Thermalquelle **2** (nur Mz.) römisches Bad [lat.]
**Therˈmiˈdor** (der, -(s), -s) elfter Monat des Franz. Revolutionskalenders [frz. für „Hitzemonat"]
**Therˈmik** (die, -, nur Ez.) aufsteigende Warmluft; z.B. die Thermik über einer sommerlichen Wiese [gr.]
**Therˈmiˈon** (das, -s, -miˈonen) aus einer Glühkathode austretendes Ion [gr.]
**therˈmisch** (Adj.) zur Thermik gehörig, die Wärme betreffend
**Therˈmisˈtor** (der, -s, -en) Heißleiter [gr.-engl.]
**Therˈmoˈcheˈmie** (die, -, nur Ez.) Untersuchung von chemischen Vorgängen nach Wärmeumsätzen
**Therˈmoˈchroˈmie** (die, -, nur Ez.) Farbänderung einer Substanz durch Temperatureinwirkung (Chem.)
**Therˈmoˈchroˈse** (die, -, nur Ez.) Farbgebung durch Wärme (Chem.)
**Therˈmoˈdruˈcker** (der, -s, -) Drucker, bei dem Texte und Bilder durch Hitze erzeugt werden
**Therˈmoˈdyˈnaˈmik** (die, -, nur Ez.) Wärmelehre [gr.]
**Therˈmoˈkauˈter** (der, -s, -) elektrisches Glüheisen für Operationen (Med.)
**Therˈmoˈkraft** (die, -, nur Ez.) elektromotorische Kraft, die bei Auftreten von Temperaturschwankungen im Stromleiter elektrischen Strom erzeugt
**therˈmoˈlaˈbil** (Adj.) nicht wärmebeständig [nlat.]
**Therˈmoˈluˈmiˈnesˈzenz** (die, -, nur Ez.) charakteristisches Aufleuchten eines Stoffes bei Erhitzen
**Therˈmoˈmeˈtaˈmorˈphoˈse** (die, -, nur Ez.) Gesteinsumwandlung durch Erhöhung der Temperatur im Gestein
**Therˈmoˈmeˈter** (das oder der, -s, -) Temperaturmesser [gr.]
**Therˈmoˈmeˈtrie** (die, -, -n) Temperaturmessung (bes. Meteor.)
**therˈmoˈmeˈtrisch** (Adj.) die Thermometrie betreffend
**Therˈmoˈmorˈphoˈse** (die, -, -n) (meist Mz.) temperaturabhängige Veränderung der Gestalt bei bestimmten Tieren und Pflanzen
**therˈmoˈnuˈkleˈar** (Adj.) die Wärme betreffend, die bei einer Kernreaktion auftritt
**therˈmoˈoxiˈdiert** (Adj.) durch Wärmeeinfluss in eine Sauerstoffverbindung überführt (Chem.)
**therˈmoˈphil** (Adj.) Wärme liebend; z.B. von Kleinstlebewesen [gr.]
**Therˈmoˈphiˈlie** (die, -, nur Ez.) Bevorzugung warmen Lebensraums
**Therˈmoˈphor** (der, -s, -e) **1** isolierendes Gefäß aus Metall **2** Wärmflasche (österr.) [gr.]
**Therˈmoˈplast** (der, -(e)s, -e) bei Wärme verformbarer Kunststoff [gr.]
**therˈmoˈplasˈtisch** (Adj.) formbar in erwärmtem Zustand
**Therˈmosˈflaˈsche** (die, -, -n) isolierendes, doppelwandiges Gefäß für Speisen und Getränke
**Therˈmoˈskop** (das, -s, -e) Gerät zur Feststellung von Temperaturunterschieden ohne Messwertanzeige
**therˈmoˈstaˈbil** (Adj.) wärmebeständig
**Therˈmoˈstat** (der, -(e)s oder -en, -e oder -en) Temperaturregler (für Räume) [gr.]
**Therˈmoˈstrom** (der, -s, nur Ez.) Strom, hervorgerufen durch Thermokraft
**Therˈmoˈtheˈraˈpie** (die, -, -n) medizinische Wärmebehandlung [gr.]

**The'ro'phyt** (der, -en, -en) einjährige Pflanze [gr.]
**the'sau'rie'ren** (V.) **1** eine Wortsammlung erstellen **2** Geld oder Edelmetall anhäufen
**The'se** (die, -, -n) zu beweisender Lehrsatz [gr.]
**The'sis** (die, -, -sen) Taktteil [gr.-lat.]
**Thes'mo'pho'ri'en** (nur Mz.) altgriechisches Fruchtbarkeitsfest zu Ehren der Göttin Demeter
**The'ta** (das, -s, -s) achter Buchstabe des griechischen Alphabets
**The'tik** (die, -, nur Ez.) Wissenschaft von den Thesen
**the'tisch** (Adj.) wie eine These, behauptend
**The'urg** (der, -en, -en) Götterbeschwörer [gr.]
**Thi'a'min** (das, -s, nur Ez.) Vitamin B1 [gr.-nlat.]
**Thi'a'mi'na'se** (die, -, -n) Enzym, das Vitamin B1 spalten kann
**Thig'mo'ta'xis** (die, -, -xen) Orientierungsbewegung durch Berührungsreiz
**Thi'o'nal'farb'stoff** (der, -s, -e) Farbstoff des Schwefels
**Thi'o'phen** (das, -s, nur Ez.) schwefelhaltige Verbindung [gr.-nlat.]
**Thi'o'säu're** (die, -, -n) Sauerstoffsäure mit Schwefelatomen
**thi'xo'trop** (Adj.) Thixotropie aufweisend [gr.-nlat.]
**Thi'xo'tro'pie** (die, -, -ien) Eigenschaft gewisser Gele, sich durch Rühren, Schütteln u.Ä. zu verflüssigen
**Tho'los** (die oder der, -, -len oder -loi) Rundbau mit Säulengang [altgr.]
**Tho'ma'ner** (der, -s, -) Mitglied des Thomanerchors
**Tho'mas'kan'tor** (der, -s, -en) Leiter des Thomanerchors und Kantor der Leipziger Thomaskirche
**Tho'mis'mus** (der, -, nur Ez.) Lehre des Thomas von Aquin (1225–1274)
**Tho'mist** (der, -mis'ten, -mis'ten) Anhänger des Thomismus
**Tho'ra** (die, -, nur Ez.) die fünf Bücher Mosis [hebr.]
**tho'ra'kal** (Adj.) zum Thorax gehörig
**Tho'ra'ko'plas'tik** (die, -, -en) Operationstechnik bei Lungenerkrankungen
**Tho'ra'ko'skop** (das, -s, -e) Instrument zur Ausleuchtung der Brustfellhöhle (Med.)
**Tho'ra'ko'to'mie** (die, -, -n) Öffnung der Brusthöhle (Med.)
**Tho'ra'ko'zen'te'se** (die, -, -n) Bruststich (Med.)
**Tho'rax** (der, -(es), -e oder -ra'ces) **1** Brustkorb **2** mittlerer Körperabschnitt; z.B. bei Insekten [gr.]
**Tho'ri'um** *auch:* Thor (das, -s, nur Ez.) ein radioaktives Element, Weichmetall [nlat.]
**Tho'ron** (das, -s, nur Ez.) ein Radonisotop; Zeichen: Tn
**Throm'b'as'the'nie** (die, -, -n) verminderte Funktionstüchtigkeit der Blutplättchen (Thrombozyten) (Med.)
**Throm'bin** (das, -s, nur Ez.) Blutgerinnungsenzym [gr.-nlat.]
**Throm'bo'ar'te'ri'i'tis** (die, -, -i'ti'den) Entzündung einer Arterie
**Throm'bo'gen** (das, -s, nur Ez.) Faktor der Blutgerinnung
**Throm'bo'pe'nie** (die, -, -n) Blutplättchenmangel
**Throm'bo'se** (die, -, -n) Pfropfbildung in einem Blutgefäß, Blutgerinnselkrankheit [gr.]
**Throm'bo'zyt** (der, -en, -en) Blutplättchen [gr.]
**Throm'bo'zy'to'ly'se** (die, -, -n) Zerfall der Blutplättchen
**Throm'bo'zy'to'se** (die, -, nur Ez.) krankhafte Vermehrung der Blutplättchen
**Throm'bus** (der, -, -ben) Thrombose bewirkendes Blutklümpchen [gr.-lat.]
**Thu'ja** *auch:* Thu'je (die, -, -jen) Lebensbaum [gr.]
**Thu'ja'öl** (das, -s, nur Ez.) ätherisches Öl des Lebensbaums
**Thu'je** (die, -, -n) = Thuja
**Thu'li'um** (das, -s, nur Ez.) ein Element, Metall [nlat.]
**Thun** *auch:* Tun (der, -s, -e) großer warmblütiger Meeresfisch [frz.]
**Thu'rin'git** (der, -s, -e) Mineral, zu den Chloriten gehörend [nlat.]
**Thyl'le** (die, -, -n) Tüpfelbläschen im Kernholz bestimmter Bäume [gr.-nlat.]
**Thy'mi'an** (der, -s, -e) aromatisch duftender Lippenblütler; dessen Blätter als Gewürz [gr.]

**Thymitis** (die, -, -mitiden) Entzündung der Thymusdrüse
**Thymoleptikum** (das, -s, -ka) Arzneimittel zur Behandlung von endogenen Depressionen [gr.-nlat.]
**Thymom** (das, -s, -e) Geschwulst, von der Thymusdrüse ausgehend
**Thymopath** (der, -en, -en) ein Gemütskranker
**Thymopathie** (die, -, -n) Gemütskrankheit
**Thymopsyche** (die, -, nur Ez.) gemüthafter Teil des Seelenlebens
**Thymose** (die, -, -n) Gefühlsschwankungen unterworfener Gemütszustand in der Pubertät
**Thymus** (der, -, nur Ez.) *auch:* Thymusdrüse (die, -, -n) Wachstumsdrüse; z.B. das Bries bei Kälbern [gr.]
**Thyratron** (das, -s, -e) Schaltelement, bestehend aus einer mit Edelgas gefüllten Röhre
**thyreogen** (Adj.) von der Schilddrüse verursacht [gr.-nlat.]
**Thyreoidea** (die, -, nur Ez.) Schilddrüse
**Thyreoidektomie** (die, -, -n) Entfernung der Schilddrüse (Med.)
**Thyreoiditis** (die, -, -ditiden) Schilddrüsenentzündung
**Thyreostatikum** (das, -s, -ka) ein die Schilddrüsenfunktion hemmender Stoff [gr.-nlat.]
**Thyreotoxikose** (die, -, -n) krankhafte Überfunktion der Schilddrüse
**Thyristor** (der, -s, -toren) ein Halbleiterbauelement [gr.-nlat.]
**Thyroxin** (das, -s, -e) ein Schilddrüsenhormon [gr.-nlat.]
**Thyrsos** (der, -, -soi) *auch:* Thyrsus (der, -, -si) weinumwundener Stab des Dionysos [gr.]
**Tiara** (die, -, -ren) Papstkrone (früher) [gr.]
**Tibet** (der, -s, -e) Kammgarnstoff aus Tibet- oder Schafwolle
**Tibetaner** (der, -s, -) Ew. Tibets
**tibetanisch** (Adj.) zu Tibet gehörig
**Tibeter** (der, -s, -) = Tibetaner
**tibetisch** (Adj.) = tibetanisch
**Tibia** (die, -, -biae) Schienbein [lat.]
**Tic** (der, -s, -s) nervöses Muskelzucken [frz.]
**Tick** (der, -(e)s, -s) **1** = Tic **2** sonderliche Eigenart (ugs.)
**Ticker** (der, -s, -) Fernschreiber
**Ticket** (das, -s, -s) Fahrkarte (bes. im Flugverkehr), Eintrittskarte [engl.]
**Tickfever** *auch:* Tick-Fever (das, -s, nur Ez.) Infektionskrankheit; Zeckenfieber [engl.]
**Tiebreak** *auch:* Tie-Break (der oder das, -s, -s) Punktezählung im Tennis, um bei Unentschieden eine Entscheidung herbeizuführen [engl.]
**Tierra caliente** (die, - -, nur Ez.) unterste von drei klimatischen Höhenstufen der Gebirgsländer Süd- und Mittelamerikas [lat.-span.]
**Tierra fria** (die, - -, nur Ez.) oberste von drei klimatischen Höhenstufen der Gebirgsländer Süd- und Mittelamerikas [lat.-span.]
**Tierra templada** (die, -, nur Ez.) mittlere von drei klimatischen Höhenstufen der Gebirgsländer Süd- und Mittelamerikas [lat.-span.]
**Tiersétat** *auch:* Tiers État (der, - (-)), nur Ez.) dritter Stand der frz. Gesellschaftsordnung nach Adel und Klerus (vor der Frz. Revolution)
**Tigon** (der, -s, -) Kreuzung aus einem Tigermännchen und einem Löwenweibchen [engl. Kurzwort aus tiger und lion]
**tigroid** (Adj.) ähnlich gestreift wie ein Tiger
**Tikal** (der, -(s), -(s)) thailändische Münzeinheit
**Tiki** (der, -s, -s) großes Götterbild in Polynesien und Neuseeland
**Tilbury** [-bərɪ] (der, -s, -s) zweirädriger Einspänner mit Klappverdeck [engl.]
**Tilde** (die, -, -n) **1** Aussprachezeichen; z.B. zur Angabe der Nasalierung eines Vokals „ã, õ“ **2** Wortauslassungszeichen: ~; z.B. die Wörterbuch~ [span.]
**Tilia** (die, -, nur Ez.) Linde (als Heilpflanze; z.B. Tiliae flos: Lindenblüten) [lat.]
**Tiliazeen** (nur Mz.) Gruppe der Lindengewächse
**Tillandsie** (die, -, -n) auf Bäumen wachsende Luftnelke (Ananasgewächs)
**Tillit** (der, -s, -e) verfestigte Lehmschicht
**Timbales** (nur Mz.) Trommelpaar (südamerikanisch)

**Timbre** [tɛ̃:brə] (das, -s, -s) angenehme Klangfarbe (einer Stimme) [frz.]
**timbriert** [tɛ̃-] (Adj.) mit Timbre
**Timelag** [taɪmlæg] (der, -s, -s) Zeitverschiebung [engl.]
**timen** [taɪ-] (V.) die Zeit berechnen, messen; einen Zeitpunkt festsetzen [engl.]
**Time-out** (das, -s, -s) Spielunterbrechung, Auszeit
**Timer** [taɪmə] (der, -s, -) Zeitschaltuhr [engl.]
**Timesharing** [taɪmʃeərɪŋ] (das, -s, -s) computergesteuerte Zeitteilung für mehrere Benutzer, die gleichzeitig an eine EDV- (Groß-)Anlage angeschlossen sind [engl.]
**Timing** [taɪ-] (das, -s, -s) das Timen
**Timokratie** (die, -, -n) Gewährung politischer Rechte abgestuft nach Vermögen [gr.]
**Timotheusgras** *auch:* Timotheegras, Timothygras (das, -es, nur Ez.) Futterpflanze
**Timpano** (der, -s, -ni) Kesselpauke
**tingieren** (V.) färben, eintauchen
**Tinktion** (die, -, -tionen) chemisches Färben
**Tinktur** (die, -, -en) Auszug aus tierischen oder pflanzlichen Stoffen [lat.]
**Tinnef** (der, -s, nur Ez.) Plunder; Blödsinn [jidd.]
**Tinnitus** (der, -, -) andauerndes Ohrgeräusch (Med.)
**Tipi** (das, -s, -s) spitzkegeliges Stangenzelt (der Prärieindianer) [Sioux]
**Tipp** (der, -s, -s) Hinweis, Wink, Vorhersage [engl.]
**tipptopp** (Adj.) tadellos (ugs.) [engl.]
**Tipster** (der, -s, -) jmd., der berufsmäßig Wetttips vergibt [engl.]
**Tirade** (die, -, -n) **1** Wortschwall, langweilige und weitschweifige Rede **2** Lauf von Tönen [frz.]
**Tirailleur** [tirajø:ʀ] (der, -s, -e oder -s) in geöffneter Schlachtordnung kämpfender Soldat (veraltet) [frz.]
**Tiramisu** (das, -, -s) eine Süßspeise, Löffelbiskuits mit Mascarpone und Likör sowie einer Kakaoschicht darüber [it.]
**Tirass** (der, -es, -e) Deckgarn für den Fang von Felshühnern
**tironische Noten** (nur Mz.) römische Kurzschrift
**Titan 1** (der, -en, -en) altgriechische Sagengestalt; Riese [gr.] **2** (das, -s, nur Ez.) ein Element, Hartmetall
**titanisch** (Adj.) riesenhaft [gr.]
**Titanit** (der, -s, -e) titanhaltiges Mineral
**Titanomachie** (die, -, nur Ez.) griechische Sage vom Kampf der Titanen mit Zeus
**Titanstahl** (der, -s, nur Ez.) sehr harter, titanhaltiger Stahl
**Titel** (der, -s, -) **1** Name eines Buches **2** Beruf, Stand, Würde, Rang **3** Verwendungszweck von bestimmten Staatsausgaben **4** durch Gerichtsbeschluss rechtmäßiger Anspruch auf etwas [lat.]
**Titelei** (die, -, -en) erste Seiten eines Buches mit allen Titelangaben
**titeln** (V.) (einem Film) einen Titel geben
**Titelpart** (der, -s, -s) Titelrolle eines Stücks
**Titer** (der, -s, -) Gehalt einer Lösung an aufgelöster Substanz [frz.]
**Tithon** (das, -s, nur Ez.) Übergang zwischen Jura und Kreidezeit
**Titlonym** (das, -s, -e) Autorenname, der sich auf vorherige Veröffentlichungen oder eine Berufsbezeichnung bezieht
**Titration** (die, -, -tionen) das Titrieren; Ausführung einer chemischen Maßanalyse
**titrieren** (V.) den Titer ermitteln
**Titrimetrie** (die, -, -n) chemische Maßanalyse [frz.-gr.]
**Titular** (der, -s, -e) **1** Titelträger (veraltet) **2** jmd., der ein Amt nur dem Titel nach ausübt; z.B. der Bürgermeister einer zerstörten Stadt [gr.-lat.]
**Titulatur** (die, -, -en) das Titulieren
**titulieren** (V.) mit einem, allen Titeln anreden
**titulo pleno** mit vollem Namen [lat.]
**Titulus** (der, -, -li) **1** mittelalterliche Bildunterschrift in Versform **2** Ehrenbezeichnung
**Tivoli** (das, -s, -s) **1** Vergnügungsstätte (bes. in Kopenhagen) **2** italienisches Kugelspiel
**tizian** (Adj.) kurz für tizianblond, tizianrot

**Tjä|le** (die, -, -) Dauerfrostboden
**Tjalk** (die, -, -en) einmastiger Küstensegler
**Toast** [təʊst] (der, -s, -s oder -e) **1** Trinkspruch **2** geröstete Weißbrotscheibe [engl.]
**toas|ten** [təʊ-] (V.) **1** einen Trinkspruch ausbringen **2** eine Weißbrotscheibe rösten [engl.]
**Toas|ter** (der, -s, -) elektrischer Brotröster [engl.]
**To|bog|gan** (der, -s, -s) **1** Schlitten mit hochgebogenem Vorderteil (bei kanad. Indianern) **2** große Rutsche, auf die man über ein Fließband hochgezogen wird (auf Volksfesten) [Algonkin]
**Toc|ca|ta** (die, -, -ten) = Tokkata
**Toe|loop** *auch:* Toe-Loop (der, -s, -s) Drehsprung im Eiskunstlauf [engl.]
**Tof|fee** [-fɪ] (das, -s, -s) weiches Sahnebonbon [engl.]
**To|fu** (der, -s, nur Ez.) aus geronnener Sojamilch gewonnener Sojabohnenquark [japan.]
**To|ga** (die, -, -gen) weites, weißes Männerobergewand (im alten Rom) [lat.]
**To|ga|ta** (die, -, -ten) altrömische Komödie mit römischem Thema und Kostüm [engl.]
**To|go|er** (der, -s, -) Einwohner des westafrikanischen Staates Togo
**To|hu|wa|bo|hu** (das, -s, -s) Durcheinander, schlimmer Verhau [hebr.]
**Toile** [twal] (der, -s, -s) Seidengewebe [lat.-frz.]
**To|i|let|te** [twa-] (die, -, -n) **1** WC (mit Waschraum) **2** Gesellschaftsaufmachung von Frauen; in großer Toilette erscheinen; das Ankleiden, Frisieren (dafür); der Spiegeltisch (dafür) [frz.]
**To|ka|dil|le** (das, -s, nur Ez.) Brettspiel
**To|kai|er** *auch:* To|ka̲|jer oder [to:-] (der, -s, -) dunkelgelber ungarischer Süßwein
**Tok|ka|ta** *auch:* Toc|ca̲|ta (die, -, -en) frei gestaltetes Musikstück (für Tasteninstrumente) [it.]
**tok|kie|ren** (V.) mit kurzen Pinselstrichen malen [Kunstwort]
**To|ko|go|nie** (die, -, -n) geschlechtliche Fortpflanzung [gr.-nlat.]
**To|ko|lo|gie** (die, -, nur Ez.) Lehre von Geburt und Geburtshilfe
**To|la** (das, -s, -s) indisches Gewicht
**to|le|ra|bel** (Adj.) tolerierbar, erträglich
**to|le|rant** (Adj.) duldsam; andere Denkweisen gelten lassend [lat.]
**To|le|ranz** (die, -, -en) **1** (nur Ez.) das Tolerantsein **2** zulässige Abweichung, Messspielraum **3** begrenzte Widerstandsfähigkeit
**To|le|ranz|do|sis** (die, -, -sen) maximal zulässige Dosis an radioaktiver Strahlung
**to|le|rie|ren** (V.) **1** dulden, gelten lassen **2** technische Abweichungen zulassen [lat.]
**To|lu|bal|sam** (der, -s, nur Ez.) Duftstoff
**To|lu|i|din** (das, -s, nur Ez.) Amin zur Farbherstellung
**To|lu|ol** (das, -s, nur Ez.) ein aromatischer Kohlenstoff; z.B. als Lösungsmittel [nlat.]
**To|ma|hawk** [-hɔ:k] (der, -s, -s) Streitaxt nordamerikanischer Indianer [Algonkin-engl.]
**Tom|bak** (der, -s, nur Ez.) weiche Kupfer-Zink-Legierung [malai.]
**tom|ba|ken** (Adj.) **1** aus Tombak hergestellt **2** unecht
**Tom|ba|le** (die, -, -n) Pastetenart
**Tom|ba|sil** (das, -s, nur Ez.) siliziumhaltiger Tombak
**Tom|bo|la** (die, -, -s oder -len) große Verlosung [it.]
**Tom|my** (der, -s, -s) englischer Soldat (in den beiden Weltkriegen; ugs.)
**To|mo|gra|fie** *auch:* To|mo|gra|phi̲e (die, -, -n) Aufnahme verschieden tiefer Organschichten [gr.]
**To|mus** (der, -, -mi) Band (einer Buchreihe, veraltet) [gr.-lat.]
**to|nal** (Adj.) auf eine Grundtonart bezogen, nicht atonal [frz.]
**To|na|li|tät** (die, -, nur Ez.) das Tonalsein
**Ton|do** (das, -s, -s) kreisförmiges Bild, besonders in der Florentiner Kunst (15. u. 16. Jh.)
**To|ner** (der, -s, -) Druckfarbpulver [engl.]
**Ton|ga|ner** (der, -s, -) Einwohner des Königreichs Tonga in Ozeanien [polynes.]
**To|nic** (das, -(s), -s) **1** mit Chinin und Kohlensäure versetztes Wasser; z.B. zum Verdünnen von Gin **2** Haarwasser [engl.]

**To|ni|ka** (die, -, -ken) Grundton einer Tonart; Dreiklang auf der ersten Stufe [gr.-it.]
**To|ni|kum** (das, -s, -ka) Stärkungsmittel
**to|nisch** (Adj.) **1** stärkend **2** die Tonik betreffend
**to|ni|sie|ren** (V.) den Tonus erhöhen; z.B. die Rückenmuskulatur
**Ton|ka|baum** (der, -(e)s, -bäu|me) südamerikanischer Baum aus der Gattung der Schmetterlingsblütler
**Ton|na|ge** [-ʒə] (die, -, -n) Rauminhalt eines Schiffes (in Bruttoregistertonnen), Gesamtschiffsraum einer Flotte [frz.]
**To|no|gra|fie** *auch:* To|no|gra|phie (die, -, nur Ez.) Messung des Augeninnendrucks
**To|no|me|ter** (der, -s, -) **1** Messgerät für den Blut- oder **2** Augeninnendruck [gr.-nlat.]
**Ton|phy|sio|lo|gie** (die, -, nur Ez.) physikalische Betrachtungsweise des Hörens und der Töne
**Ton|sil|le** (die, -, -n) Gaumen-, Rachenmandel [lat.]
**Ton|sil|li|tis** (die, -, -li|ti|den) Mandelentzündung [lat.-gr.]
**Ton|sil|lo|tom** (das, -s, -e) Instrument zur Entfernung der Mandeln (Med.)
**Ton|sur** (die, -, -en) rund ausrasierte Stelle am Oberkopf (früher bei Mönchen) [lat.]
**To|nus** (der, -, -ni) **1** Ganzton **2** nervlich gesteuerter Spannungszustand der Muskeln [lat.]
**Tool** [tuːl] (das, -s, -s) Hilfsprogramm, das einem die Arbeit am Computer erleichtert (EDV) [engl.]
**Tool|box** [tuːl-] (die, -, -en) Sammlung verschiedener Tools (EDV) [engl.]
**Tool|kit** [tuːl-] (das, -, -s) = Toolbox
**Top** (das, -s, -s) Oberteil mit Trägern [engl.]
**Top Act** [-ækt] (der, -s, -s) die Hauptattraktion [engl.]
**To|pas auch** [toː-] (der, -es, -e) ein Mineral, Schmuckstein [gr.]
**to|pa|sie|ren** (V.) Quarz zu Topas brennen
**To|pa|zo|lith** (der, -s, -en) Mineral
**To|phus** (der, -, -phi) Knoten (Med.)
**To|pik** (die, -, nur Ez.) **1** Lehre von den Topoi (siehe Topos) **2** Lehre von der Anordnung der Organe im Körper
**to|pi|kal** (Adj.) gegenstandsbezogen
**To|pi|ka|li|sie|rung** (die, -, nur Ez.) Hervorhebung eines Satzglieds durch besondere Stellung im Satz
**To|pi|nam|bur** (der, -s, -s oder -e) eine nordamerikanische Sonnenblume; deren kartoffelähnliche Knolle (die etwa wie eine Möhre schmeckt) [indian.]
**to|pisch** (Adj.) **1** einen Topos behandeln **2** äußerlich, örtlich (Med.)
**Top|la|der** (der, -s, -) von oben zu füllende Waschmaschine [engl.]
**Top|ma|nage|ment** [-mænɪdʒmənt] (das, -s, -s) oberste Unternehmensleitung [engl.]
**Top|ma|na|ger** [-mænɪdʒə] (der, -s, -) Spitzenmanager
**To|po|al|gie** (die, -, -n) Schmerz an einer klar umrissenen Stelle [gr.-nlat.]
**to|po|gen** (Adj.) von einer bestimmten Stelle ausgehend
**To|po|graf** *auch:* To|po|graph (der, -en, -en) Ingenieur für Vermessungstechnik
**To|po|gra|fie** *auch:* To|po|gra|phie (die, -, nur Ez.) **1** Beschreibung kleinräumiger Gebiete der Erdoberfläche **2** Beschreibung der Lage von Organen
**to|po|gra|fisch** *auch:* to|po|gra|phisch (Adj.) zur Topografie gehörig [gr.]
**To|po|lo|gie** (die, -, nur Ez.) Geometrie der Lage [gr.]
**To|po|ny|mie** (die, -, nur Ez.) Bestand an Ortsnamen einer Region
**To|pos** (der, -, -poi) feststehende Redewendung, formelhafter sprachlicher Ausdruck [gr.]
**top|pen** (V.) **1** übertreffen **2** Benzin durch Destillation von Rohöl abtrennen
**top|se|cret** [-siːkrɪt] (Adj.) streng geheim [engl.]
**Top|spin** (der, -s, -s) Ball, der so geschlagen wurde, das er sich um seine waagrechte Achse in Flugrichtung dreht; z.B. beim Tischtennis [engl.]
**Top|star** (der, -s, -s) Spitzenstar
**Top Ten** (die, - -, - -s) die ersten Zehn, z.B. bei den bestverkauften CDs
**Toque** (die, -, -s) [tɔk] kleiner Damenhut in Barettform

**Tor'dalk** (der, -s, -en) arktischer Seevogel [schwedisch]
**tor'die'ren** (V.) verdrehen [lat.-frz.]
**To're'a'dor** (der, -s oder -en, -en) Stierkämpfer zu Pferd [span.]
**To're'ro** (der, -s, -s) Stierkämpfer [span.]
**To'reu'tik** (die, -, nur Ez.) Kunst der Metallbearbeitung; z.B. das Ziselieren [gr.]
**To'rii** [toriːi] (das, -s, -s) frei stehendes Tor in Schintotempeln Japans
**to'risch** (Adj.) wulstförmig [nlat.]
**Tor'kret** (der, -s, nur Ez.) geschützter Begriff für einen spritzfähigen Beton, den man zum Verputzen von Wänden verwendet
**Tor'men'till** (der, -s, nur Ez.) ein Fingerkraut, die Blutwurz (als Arzneipflanze) [lat.]
**Törn** (der, -s, -s) Segelbootfahrt, -reise [engl.]
**Tor'na'do** (der, -s, -s) **1** Wirbelsturm (in Nordamerika) **2** Doppelrumpfjolle (im Segelsport) [span.]
**Tor'nis'ter** (der, -s, -) Ranzen, tragbarer Behälter [slaw.]
**To'ross** (der, -, -en) Packeis [russ.]
**tor'pe'die'ren** (V.) **1** mit einem Torpedo beschießen **2** schwer stören; z.B. eine Sitzung torpedieren
**Tor'pe'do** (der, -s, -s) **1** Unterwassergeschoss mit Eigenantrieb und Sprengladung in der Spitze **2** Zitterrochenart [lat.]
**tor'pid** (Adj.) **1** regungslos **2** stumpfsinnig (Med.) **3** unbeeinflussbar (Med.)
**Tor'pi'di'tät** (die, -, nur Ez.) **1** Starrheit **2** Stumpfsinn **3** Unbeeinflussbarkeit [nlat.]
**Tor'ques** [-kvɛs] (der, -, -) offener Hals- oder Armring aus Metall [lat.]
**tor'quie'ren** (V.) **1** drehen, krümmen **2** foltern
**Torr** (das, -(s), -) Maßeinheit für den Luftdruck (früher) [it.-nlat.]
**Tor'ren'te** (der, -, -n) Bach, der nur nach heftigem Regen Wasser führt [ital.]
**Tor'se'lett** (das, -s, -s) Unterhemd mit Strapsen
**Tor'si'o'graf** *auch:* Tor'si'o'graph (der, -en, -en) Messgerät für Torsionsschwingungen [lat.-gr.]
**Tor'si'on** (die, -, -si'o'nen) Verdrehung (um die eigene Längsachse) [lat.]
**Tor'si'ons'waa'ge** (die, -, -n) Messgerät zur Bestimmung winziger elektromagnetischer Kräfte durch Verdrehung eines elastischen Fadens
**Tor'so** (der, -s, -s oder -si) Statue mit fehlenden Gliedmaßen oder fehlendem Kopf; etwas Bruchstückhaftes, Unvollendetes [it.]
**Tort** (der, -(e)s, nur Ez.) Kränkung [frz.]
**Tor'te'lett** *auch:* Tor'te'let'te (das, -(e)s, -s) Törtchen, mit Früchten u.a. belegtes Mürbteigschälchen [frz.]
**Tor'te'let'te** (die, -, -n) = Tortelett
**Tor'te'li'no** (der, -s, -ni) gefüllter Nudelteigring [ital.]
**Tor'ti'kol'lis** (der, -, nur Ez.) Schiefhals
**Tor'til'la** [-tɪlja] (die, -, -s) **1** Maismehlpfannkuchen (bes. in Mexiko) **2** Omelett mit verschiedenen Füllungen [span.]
**Tor'tur** (die, -, -en) Folter, Qual [lat.]
**To'rus** (der, -, -ri) Kreiswulst; Säulenwulst [lat.]
**To'ry** (der, -s, -s oder -ies) britischer Konservativer [engl.]
**To'rys'mus** *auch:* To'ry'is'mus (der, -s, nur Ez.) polit. Richtung der Torys
**to'rys'tisch** *auch:* to'ry'is'tisch (Adj.) die Torys betreffend
**tos'to** (Adj.) eilig, sofort [ital.]
**to'tal** (Adj.) ganz, völlig [lat.]
**To'ta'le** (die, -, -en) Kameraaufnahme von der gesamten Szene [lat.]
**To'ta'li'sa'tor** (der, -s, -to'ren) **1** Sammelgefäß für Niederschlagsmessungen **2** Wetteinrichtung (auf Pferderennbahnen) [frz.]
**to'ta'li'tär** (Adj.) allumfassend, überall regelnd und eingreifend (von politischen Systemen) [frz.]
**To'ta'li'ta'ris'mus** (der. -, -men) das Totalitärsein [nlat.]
**To'ta'li'tät** (die, -, -en) Gesamtheit, Vollständigkeit [frz.]
**to'ta'li'ter** (Adv.) gänzlich [lat.]
**To'tem** (das, -s, -s) **1** Stammeszeichen (bei nordamerikanischen Indianern) **2** Wesen oder Ding, das als Verkörperung der Ahnen verehrt wird [Algonkin]
**To'te'mis'mus** (der, -, nur Ez.) religiöse Bindung an ein Totem, einen Schutzgeist [Algonkin-nlat.]

**To|tem|pfahl** (der, -s, -pfäh|le) geschnitzer Pfahl der Ahnenverehrung bei Indianern
**to|ti|po|tent** (Adj.) noch nicht festgelegte Differenzierung
**To|to** (der oder das, -s, -s) Sportwette (auf Fußball-, Pferderennergebnisse) [frz. Kurzwort]
**To|tum** (das, -s, -ta) das Ganze
**Touch** [tʌtʃ] (der, -s, -s) besondere Note (ugs.) [engl.]
**tou|chant** [tuʃɑ̃] (Adj.) bewegend, rührend [frz.]
**tou|chie|ren** [tuʃiː-] (V.) leicht berühren [frz.]
**Touch|screen** [tʌtʃskriːn] (der, -s, -s) Bildschirm, der auf Berührung reagiert [engl.]
**Tou|pet** [tupeː] (das, -s, -s) künstliches Haarteil [frz.]
**tou|pie|ren** [tu-] (V.) Haarsträhnen durch kurze Kammbewegungen in Richtung Kopfhaut aufbauschen [frz.]
**Tour** [tuːɐ] (die, -, -en) **1** Wegstrecke; Ausflug **2** (nur Mz.) Umdrehungen; z.B. auf Touren kommen **3** (abgedroschene) Art und Weise (ugs.); z.B. immer dieselbe Tour versuchen [frz.]
**Tour de Force** (die, - - -, -s - -) Gewaltaktion [frz.]
**Tour d'Ho|ri|zon** [-dɔrizɔ̃] (die, - -, -s -) Rundblick [frz.]
**tou|ren** (V.) **1** unterwegs sein **2** eine Tournee machen
**Tou|ris|mus** [tu-] (der, -, nur Ez.) Fremdenverkehr [engl.-nlat.]
**Tou|rist** [tu-] (der, -ris|ten, -ris|ten) Urlaubsreisender [engl.-nlat.]
**Tou|rist|class** [tuːrɪst-] (die, -, nur Ez.) preiswertere Reiseklasse bei Schiffen oder Flugzeugen [engl.]
**Tou|ris|ten|klas|se** (die, -, nur Ez.) = Touristclass
**Tou|ris|tik** [tu-] (die, -, nur Ez.) Fremdenverkehrswesen [engl.-nlat.]
**tou|ris|tisch** [tu-] (Adj.) zum Tourismus, zur Touristik gehörig
**Tour|nant** (der, -(s), s-) Aushilfskraft im Hotelgewerbe
**Tour|ne|dos** [turnədoː] (das, -, -) garniertes Lendensteak auf Toast [frz.]
**Tour|nee** [turneː] (die, -, -ne|en oder -s) Gastspielreise (von Künstlern) [frz.]
**Tour|ni|quet** [-keː] (das, -s, -s) **1** Drehkreuz **2** Aderpresse **3** spiralförmiges Blätterteiggebäck [frz.]
**To|wa|rischtsch** (der, -(s), -i oder -s) Genosse (als russ. Anrede)
**To|wer** [taʊ-] (der, -s, -) Kontrollturm auf Flughäfen [engl.]
**Tow|garn** (das, -s, nur Ez.) Garn aus Flachsabfall
**To|x|al|bu|min** (das, -s, -e) Eiweißstoff (giftig)
**To|x|ä|mie** *auch:* To|x|hä|mie (die, -, -n) Blutvergiftung
**to|xi|gen** *auch:* to|xo|gen (Adj.) **1** durch Vergiftung verursacht **2** Giftstoffe erzeugend
**To|xi|ko|den|d|ron** (der, -s, -ren/-dren) Giftbaum (südafrikanisch)
**To|xi|ko|lo|gie** (die, -, nur Ez.) Wissenschaft von den Giften, Vergiftungen [gr.]
**To|xi|ko|ma|nie** (die, -, -n) Medikamentensucht
**To|xi|ko|se** *auch:* To|xi|ko|no|se, To|xo|no|se (die, -, -n) Erkrankung durch im Körper selbst entstandene Giftstoffe [gr.]
**To|xi|kum** (das, -s, -ka) Gift [gr.-lat.]
**To|xin** (das, -s, -e) organischer Giftstoff, der von Kleinstlebewesen herrührt [gr.-nlat.]
**to|xisch** (Adj.) giftig [gr.]
**To|xi|zi|tät** (die, -, nur Ez.) das Toxischsein, Giftigkeit
**To|xo|id** (das, -s, -e) entgiftetes Toxin
**To|xon** (das, -s, -e) lähmendes Diphteriegift
**To|xo|pho|bie** (die, -, -n) krankhafte Angst, sich zu vergiften
**To|xo|plas|mo|se** (die, -, -n) durch Protozoen hervorgerufene Krankheit, die die Leibesfrucht schädigt (und z.B. von Haustieren übertragen wird) [gr.]
**Toy** (das, -s, -s) Objekt, das man zur sexuellen Stimulation benutzt [engl.]
**Tra|bant** (der, -en, -en) **1** = Satellit **2** abhängiger Begleiter [tschech.]
**Tra|ban|ten|stadt** (die, -, -städ|te) sehr große selbstständige Wohnsiedlung am Rande einer Großstadt
**Tra|be|kel** (die, -, -n) Längswulst aus Muskelfasern [lat. für „Bälkchen"]
**Tra|cer** [treɪsə] (der, -s, -) ein Radioindikator, radioaktiver Stoff, dessen Weg

T

(z.B. im Organismus) verfolgt werden kann [engl.]

**Trachea** (die, -, -cheen) Luftröhre [gr.]

**tracheal** (Adj.) zur Luftröhre gehörend [gr.-lat.]

**Trachee** (die, -, -n) **1** eine von vielen Atmungsröhren, die den Körper z.B. von Insekten durchziehen **2** eines von vielen Leitgefäßen, die den Pflanzenkörper mit Wasser und Mineralsalzen versorgen [gr.]

**Tracheitis** (die, -, -itiden) Luftröhrenentzündung [gr.]

**Tracheomalazie** (die, -, nur Ez.) Luftröhrenknorpelerweichung

**Tracheoskop** (das, -s, -e) Luftröhrenspiegel (Med.)

**Tracheoskopie** (die, -, -n) Luftröhrenspiegelung (Med.)

**Tracheostenose** (die, -, -n) Luftröhrenverengung (Med.)

**Tracheozele** (die, -, -n) Luftröhrenbruch

**Trachetomie** (die, -, -n) Luftröhrenschnitt

**Trachom** (das, -s, -e) schwere Augenbindehautentzündung, ägyptische Augenentzündung [gr.]

**Trachyt** (der, -s, -e) Ergussgestein

**Track** [træk] (der, -s, -s) **1** Schifffahrtsweg zwischen zwei Häfen **2** Bahn, Spur [engl.]

**Trackball** [trækbɔːl] (der, -s, -s) mit den Fingern zu bewegende Kugel, die als Steuerung auf dem Computerbildschirm verwendet wird

**Tractus** (der, -, -) = Traktus

**Trademark** [treɪd-] (die, -, -s) Schutzmarke, Warenzeichen [engl.]

**Tradeskantie** (die, -, -n) amerikanisches Commelinengewächs, Zierpflanze mit hängenden Trieben [engl.-nlat.]

**Tradeunion** *auch:* Trade Union [treɪdjuːnjən] (die, -, - -s) Gewerkschaft [engl.]

**Tradeunionismus** (der, -, nur Ez.) engl. Gewerkschaftsbewegung

**tradieren** (V.) überliefern [lat.]

**Traditionalismus** (der, -, nur Ez.) bewusstes Festhalten der Tradition

**Traditionalist** (der, -listen, -listen) Anhänger des Traditionalismus

**traditionell** (Adj.) traditionsgemäß

**Traduktionym** (das, -s, -e) Deckname eines Autors durch Übersetzung des Namens in eine Fremdsprache

**Trafik** (die, -, -en) = Kiosk; Tabakverkaufsstelle (österr.) [it.]

**Trafikant** (der, -en, -en) Besitzer, Betreiber einer Trafik

**Trafo** (der, -s, -s) = Transformator [Kurzwort]

**Tragant** (der, -(e)s, -e) Gattung der Schmetterlingsblütler; aus bestimmten Arten hergestellte Schleimsubstanz [gr.-lat.]

**Tragelaph** (der, -en, -en) ein Fabeltier, Bockhirsch [gr.]

**Tragik** (die, -, nur Ez.) erschütterndes Leid, Unglück; tragische (Bühnen-)Handlung [gr.]

**Tragiker** (der, -s, -) Tragödiendichter

**Tragikomik** (die, -, nur Ez.) halb tragische, halb komische Wirkung [gr.-nlat.]

**Tragikomödie** (die, -n, -n) Drama mit enger Verknüpfung von Tragik und Komik

**tragisch** (Adj.) voller Tragik, erschütternd; zur Tragödie gehörig

**Tragöde** (der, -n, -n) Tragödienschauspieler

**Tragödie** (die, -, -n) **1** Schauspiel voller Tragik, Trauerspiel **2** erschütterndes Leid, Unglück [gr.]

**Trailer** [treɪ-] (der, -s, -) **1** werbender Vorfilm **2** Vorschau **3** Wagenanhänger [engl.]

**Train** [trɛ̃ː] oder [treːn] (der, -s, s) Nachschubtruppe (veraltet) [frz.]

**Trainee** [treɪniː] (der, -s, -s) Hochschulabsolvent, der in einem Unternehmen umfassend ausgebildet wird [engl.]

**Trainer** [trɛː-] (der, -s, -) jmd., der Sportler trainiert

**trainieren** [trɛː-] oder [treː-] (V.) das sportliche Leistungsvermögen durch körperliche Übungen verbessern, aufrecht erhalten [engl.]

**Training** [treɪ-] (das, -s, -s) das Trainieren

**Training on the Job** [treɪnɪŋ ɔn ðə dʒɔb] (das, -s - - -, -s - - -) Aneignen beruflicher Fähigkeiten durch sofortigen Einsatz am Arbeitsplatz [engl.]

**Trajekt** (das oder der, -(e)s, -e) Eisenbahnfähre [lat.]

**Tra'jek'to'rie** (die, -, -n) Linie, die unter gleichbleibendem Winkel jede Kurve einer ebenen Kurvenschar schneidet
**Tra'kas'se'rie** (die, -, -n) Quälerei [frz.]
**Trakt** (der, -(e)s, -e) **1** lang gestreckter Gebäudeteil **2** Strecke (Verdauungstrakt) **3** Landstrich [lat.]
**Trak'ta'ri'a'nis'mus** (der, -, -nur Ez.) katholisierende Bewegung in der Anglikanischen Kirche im 19. Jh.
**Trak'tat** (der oder das, -(e)s, -e) Abhandlung, religiöse Schrift [lat.]
**trak'tie'ren** (V.) misshandeln; im Übermaß anbieten, fordern, geben
**Trak'ti'on** (die, -, -ti'o'nen) Zugkraft
**Trak'tor** (der, -s, -to'ren) landwirtschaftliche Zugmaschine, Trecker [nlat.]
**Trak'to'rist** (der, -ris'ten, -ris'ten) Traktorfahrer
**Trak'trix** (die, -, -ri'zes/-tri'zes) ebene Kurve, deren Tangenten von einer Leitlinie im gleichen Abstand vom Tangentenberührungspunkt geschnitten werden
**Trak'tur** (die, -, -en) auszulösender Zug des Regierwerks einer Orgel [lat.]
**Trak'tus** (der, -, -) Bußpsalm für die Fastenzeit
**Tral'je** (die, -, -n) Gitterwerk
**Tram** (die, -, -s) Straßenbahn (bayr.-österr.) [engl.]
**Trame** [tra:m] (die, -, nur Ez.) Schussfaden aus Naturseide
**Tra'me'lo'gö'die** (die, -, -n) Kunstgattung zwischen Tragödie und Oper
**Tra'met'te** (die, -, -n) grobe Schussseide
**Tra'mi'ner** (der, -s, nur Ez.) **1** Südtiroler Wein **2** Rebsorte
**Tra'mon'ta'na** *auch:* Tra'mon'ta'ne (die, -, -nen) oberital. Nordwind
**Tramp** [træmp] (der, -s, -s) **1** Landstreicher **2** unregelmäßig verkehrender Flussdampfer [engl.]
**tram'pen** [træm-] (V.) durch eine bestimmte Handgeste zeigen, dass man von einem Auto mitgenommen werden möchte; per Anhalter fahren [engl.]
**Tram'per** [træm-] (der, -s, -) jmd., der trampt
**Tram'po'lin** [-lin] (das, -s, -e) Federsprungtuch in einem festen Rahmengestell [it.]
**Tram'way** [-weɪ] (die, -, -s) Straßenbahn [österr.]
**Tran'ce** [trɑ̃:s] (die, -, -n) Zustand verminderten Bewusstseins und eingeschränkter Willensfreiheit, Dämmerzustand; z.B. nach Hypnose [frz.-engl.]
**Tranche** [trɑ̃:ʃ] (die, -, -n) **1** fingerdicke Fleischscheibe **2** Anleihenteilbetrag [frz.]
**tran'chie'ren** [trɑ̃ʃi:-] (V.) = transchieren [frz.]
**Tran'qui'li'tät** (die, -, nur Ez.) Gelassenheit, Ruhe
**Tran'qui'li'zer** [trækwɪlaɪzə] (der, -s, -) Beruhigungsdroge [engl.]
**tran'quil'lo** *auch:* tran'quil'la'men'te (Adj.) ruhig (bei Musikstücken) [it.]
**Tran'quil'lo** (das, -s, -li oder -s) ruhiges Spiel (Musik)
**Trans'ak'ti'on** (die, -, -ti'o'nen) großes Finanzgeschäft [lat.]
**trans'al'pin** *auch:* trans'al'pi'nisch (Adj.) jenseits der Alpen (von Rom aus) [lat.]
**Trans'a'mi'na'se** (die, -, -n) ein Enzym
**trans'at'lan'tisch** (Adj.) jenseits des Atlantiks (von Europa aus gesehen), amerikanisch
**tran'schie'ren** *auch:* tran'chie'ren [trɑ̃ʃi:-] (V.) Fleisch, Geflügel kunstgerecht aufschneiden, zerlegen [frz.]
**Trans'duk'ti'on** (die, -, -ti'o'nen) Übertragung (von Erbfaktoren) [lat.]
**Trans'duk'tor** (der, -s, -to'ren) magnetische Verstärkerschaltung [lat.]
**Tran'sept** (der oder das, -(e)s, -e) Querschiff (einer Basilika) [frz.]
**tran'se'unt** (Adj.) über etwas hinausgehend [lat.]
**Trans'fer** (der, -s, -s) **1** Übertragung, Überführung (ins Ausland; z.B. von Geld) **2** bezahlter Vereinswechsel (eines Profifußballers) [lat.-engl.]
**trans'fe'ra'bel** (Adj.) in andere Währung umwechselbar [engl.]
**Trans'fe'renz** (die, -, -en) Einfluss einer Fremdsprache auf die Muttersprache
**trans'fe'rie'ren** (V.) einen Transfer machen
**Trans'fer'stra'ße** (die, -, -n) Fließband mit vollautomatischer Fertigung
**Trans'fi'gu'ra'ti'on** (die, -, -ti'o'nen) Verklärung Christi [lat.]
**trans'fi'nit** (Adj.) im Unendlichen liegend
**Trans'flu'xor** (der, -s, -xo'ren) elektron. Bauelement aus magnetisierbarem Material

**Trans'fo'ka'tor** (der, -s, -to'ren) Objektiv mit verstellbarer Brennweite [nlat.]
**Trans'for'ma'ti'on** (die, -, -ti'onen) das Transformieren
**Trans'for'ma'ti'ons'gram'ma'tik** (die, -, nur Ez.) Grammatik, die mit mathematischen Methoden allgemeine Regeln der Satzbildung aufstellt
**Trans'for'ma'tor** (der, -s, -to'ren) Gerät zur Umwandlung in eine höhere oder niedrigere Wechselspannung [lat.]
**trans'for'mie'ren** (V.) umformen, umwandeln; z.B. mit dem Transformator
**trans'fun'die'ren** (V.) eine Übertragung vornehmen (Med.)
**trans'fu'sie'ren** (V.) eine Transfusion machen
**Trans'fu'si'on** (die, -, -si'onen) Blutübertragung [lat.]
**trans'ga'lak'tisch** (Adj.) jenseits der Milchstraße befindlich
**Trans'gen** (das, -s, -e) Teil der Erbinformation eines Tieres, der in eine befruchtete Eizelle übertragen wird [gr.-lat.]
**trans'gre'di'ent** (Adj.) etwas überschreitend (Philos.)
**trans'gre'die'ren** (V.) große Teile des Festlandes überfluten
**Trans'gres'si'on** (die, -, -si'onen) langsame Überflutung von Festland; z.B. durch Abschmelzen von Gletschereis oder Vordringen des Meeres [lat.]
**trans'hu'mant** (Adj.) mit den Herden wandernd [lat.-span.-frz.]
**Trans'hu'manz** (die, -, -en) **1** Almwirtschaft **2** Wanderschäferei
**tran'si'ent** [-ziɛnt] auf der Transiente beruhend
**Tran'si'en'te** (die, -, -n) **1** plötzliche Spannungs- und Stromstärkeveränderung im lokalen Stromversorgungsnetz **2** (in Kernkraftanlagen) vorübergehende Abweichung vom Normalbetrieb
**tran'si'gie'ren** (V.) einen Vergleich erreichen [lat.]
**Tran'sis'tor** (der, -s, -to'ren) Halbleiterverstärker [lat.]
**tran'sis'to'rie'ren** *auch:* tran'sis'to'ri'sie'ren (V.) mit Transistoren ausstatten
**Tran'sit** (der, -s, -e) Durchfuhr (durch ein Drittland) [lat.]
**tran'si'tie'ren** (V.) durchqueren, durchführen [nlat.]
**Tran'si'ti'on** [-tsjoːː] (die, -, -ti'onen) Übergang
**tran'si'tiv** (Adj.) ein direktes Objekt nach sich fordernd (von Verben; z.B. „begrüßen", im Gegensatz zu „schlafen") [lat.]
**Tran'si'tiv** (das, -s, -e) transitives Verb
**tran'si'ti'vie'ren** (V.) ein Verb transitiv machen
**Tran'si'ti'vi'tät** (die, -, nur Ez.) **1** transitive Eigenschaft eines Worts **2** Eigenschaft bestimmter Relationen (Math.)
**tran'si'to'risch** (Adj.) vorübergehend [lat.]
**Tran'si'to'ri'um** (das, -s, -ri'en) Ausgabenbewilligung im Staatshaushalt für die Dauer des Ausnahmezustandes
**Tran'si'tron(das,** -s, -e) Kippschaltung zur Erzeugung von Sägezahnspannungen
**Tran'sit'vi'sum** (das, -s, -sa oder -sen) Durchreisevisum
**trans'kon'ti'nen'tal** (Adj.) einen Kontinent bereisend
**tran'skri'bie'ren** (V.) **1** in eine andere Schrift übertragen; z.B. von der arabischen in die lateinische Schrift **2** (ein Musikstück) für eine andere Besetzung umschreiben **3** die genetische Information der DNA in die RNA umbauen [lat.]
**Tran'skript** (das, -(e)s, -e) **1** in eine andere Schrift Übertragenes **2** Musikstück, das durch Transkription in eine anders instrumentierte Fassung od. auf ein anderes Tonstück übertragen wurde
**Tran'skrip'ti'on** (die, -, -ti'onen) das Transkribieren; die Umschrift selbst
**trans'kris'tal'lin** (Adj.) (Gusstechnik) mit Stängelkristallen versehen
**trans'ku'tan** (Adj.) durch die Haut (Med.)
**Trans'la'ti'on** (die, -, -ti'onen) **1** Übersetzung, Übertragung **2** geradlinige Bewegung (eines Körpers; in der Physik) **3** Reliquienüberführung **4** Umbau der durch Transkribieren übertragenen genetischen Information in Aminosäuren [lat.]
**Trans'la'tiv** (der, -s, -e) Fall, der eine bestimmte Richtung angibt (finnougrisch)
**Trans'la'tor** (der, -s, -to'ren) Übersetzer [lat.]

**Trans|li|te|ra|ti|on** (die, -, -ti|o̲nen) buchstabengetreue Übertragung in eine andere Schrift; z.B. die Transliteration des kyrillischen Buchstaben mit dem Lautwert „schtsch“ in sˇcˇ [lat.]
**trans|li|te|rie|ren** (V.) durch Transliteration (Umschrift) in ein (der jeweiligen Übersetzersprache ähnelndes) anderes Schriftsystem bringen [lat.]
**Trans|lo|ka|ti|on** (die, -, -ti|o̲nen) eine Mutationsform, Umlagerung ganzer Chromosomenabschnitte [lat.]
**trans|lo|zie|ren** (V.) eine Translokation durchmachen
**trans|lu|nar** *auch:* trans|lu|na̲|risch (Adj.) jenseits des Mondes liegend [nlat.]
**trans|lu|zid** *auch:* trans|lu|ze̲nt (Adj.) durchscheinend [lat.]
**Trans|mis|si|on** (die, -, -si|o̲nen) **1** Übertragung mechanischer Kraft auf mehrere Maschinen **2** Strahlendurchgang ohne Frequenzänderung [lat.]
**Trans|mit|ter** (der, -s, -) Umformer; Übertrager [lat.-engl.]
**trans|mit|tie|ren** (V.) übertragen [lat.]
**trans|mon|tan** (Adj.) jenseits der Berge liegend
**Trans|mu|ta|ti|on** [-tsjoːn] (die, -, -ti|o̲nen) Genumwandlung [nlat.]
**trans|mu|tie|ren** (V.) umwandeln
**trans|neu|ro|nal** (Adj.) durch das Neuron verlaufend [gr.-nlat.]
**trans|ob|jek|tiv** (Adj.) über den Gegenstand hinausgehend (Philos.)
**trans|ozea|nisch** (Adj.) jenseits des Ozeans liegend
**trans|pa|da|nisch** (Adj.) von Rom aus jenseits des Po liegend
**trans|pa|rent** (Adj.) durchsichtig, klar verständlich [lat.]
**Trans|pa|rent** (das, -(e)s, -e) **1** Spruchband **2** Bild auf lichtdurchlässigem Material; z.B. eine Umrisszeichnung zum Auflegen auf eine Karte [lat.]
**Trans|pa|renz** (die, -, nur Ez.) Durchsichtigkeit; klare Verständlichkeit [lat.]
**Trans|phras|tik** (die, -, nur Ez.) Teil der Sprachwissenschaft, der Text und Satz in Abhängigkeit zueinander sieht
**trans|phras|tisch** (Adj.) die Transphrastik betreffend
**Tran|spi|ra|ti|on** (die, -, nur Ez.) das Transpirieren; Hautausdünstung, Wasserdampf
**tran|spi|rie|ren** (V.) **1** schwitzen, ausdünsten **2** Wasserdampf (durch die Blätter) abgeben; z.B. bei Feuchtigkeitspflanzen [lat.]
**Trans|plan|tat** (das, -(e)s, -e) zu verpflanzendes Gewebestück, Organ [lat.]
**Trans|plan|ta|ti|on** (die, -, -ti|o̲nen) das Transplantieren
**trans|plan|tie|ren** (V.) **1** ein Gewebestück, Organ verpflanzen **2** ein Edelreis aufsetzen; pfropfen [lat.]
**Trans|pon|der** (der, -s, -) Anlage zur Aufnahme, Verstärkung und Weitergabe von Funksignalen [engl. Kunstwort aus transmitter und responder]
**trans|po|nie|ren** (V.) in eine andere Tonart umsetzen [lat.]
**trans|por|ta|bel** (Adj.) beförderbar [frz.]
**Trans|por|teur** [-tøːʁ] (der, -s, -e) **1** jmd., der etwas transportiert **2** Winkelmesser
**trans|por|tie|ren** (V.) befördern [frz.]
**Trans|po|si|ti|on** (die, -, -ti|o̲nen) das Transponieren
**Trans|ra|pid** (der, -s, nur Ez.) geschützter Begriff für Magnetschwebebahn
**Trans|se|xu|a|lis|mus** (der, -, nur Ez.) Wunsch, dem anderen Geschlecht anzugehören [lat.]
**trans|so|nisch** (Adj.) oberhalb der Schallgeschwindigkeit befindlich [nlat.]
**Trans|sub|stan|ti|a|ti|on** (die, -, -ti|o̲nen) („Wesensverwandlung“) Verwandlung von Brot und Wein in Leib und Brot Christi (beim kath. Abendmahl) [lat.]
**Trans|su|dat** (das, -(e)s, -e) abgesonderte Flüssigkeit bei Transsudation
**Trans|su|da|ti|on** (die, -, -ti|o̲nen) das Sichergießen von seröser Flüssigkeit in Körperhöhlen; z.B. bei Bauchwassersucht [lat.]
**Trans|uran** (das, -s, -e) radioaktives Element mit höherer Ordnungszahl als Uran [nlat.]
**trans|ura|nisch** (Adj.) chemische Grundstoffe, im Periodensystem hinter dem Uran stehend
**trans|ver|sal** (Adj.) **1** quer, schräg laufend **2** senkrecht zur Ausbreitungsrichtung (einer Welle) [lat.]

**Trans|ver|sa|le** (die, -, -n) Gerade, die ein Drei- oder Vieleck durchschneidet [lat.]
**trans|ves|tie|ren** (V.) Kleidung des anderen Geschlechts aus triebhaftem Bedürfnis anziehen (Psych.)
**Trans|ves|tis|mus** (der, -, nur Ez.) triebhaftes Bedürfnis, sich wie das andere Geschlecht zu kleiden und zu benehmen [lat.]
**Trans|ves|tit** (der, -en, -en) jmd., der durch Transvestismus gestört ist
**tran|s|zen|dent** (Adj.) **1** = transzendental **2** über das Algebraische hinausgehend
**tran|s|zen|den|tal** *auch:* tran|s|zen|dent (Adj.) **1** jenseits des sinnlich Erfassbaren, übersinnlich **2** zur Erkenntnismöglichkeit vor aller Erfahrung gehörig (bei Kant) [lat.]
**Tran|s|zen|den|ta|lis|mus** (der, -, -nur Ez.) System der Transzendentalphilosophie (Kant) [nlat.]
**Tran|s|zen|den|tal|phi|lo|so|phie** (die, -, nur Ez.) erkenntniskritische Wissenschaft nach Kant
**Tran|s|zen|denz** (die, -, nur Ez.) das Transzendentsein, das Überschreiten normaler Bewusstseinsformen
**tran|s|zen|die|ren** (V.) normale Bewusstseinsformen überschreiten, in eine andere Form übergehen [lat.]
**Trap** (der, -s, -e) Verschluss, um Gerüche abzuhalten
**Tra|pa** (die, -, nur Ez.) Wassernuss [nlat.]
**Tra|pez** (das, -es, -e) **1** Viereck mit zwei parallelen, jedoch ungleich langen Seiten **2** Schaukelreck (für Artisten) **3** Haltevorrichtung, mit der sich ein Segler über den Außenbordrand lehnen kann [gr.]
**Tra|pe|zo|eder** (das, -s, -) ein von gleichschenkligen Trapezen begrenzter Körper [gr.-nlat.]
**Tra|pe|zo|id** (das, -s, -e) Viereck, das keine zueinander parallell liegenden Seiten hat
**Trap|per** (der, -s, -) Fallensteller, Pelztierjäger [engl.]
**Trap|pist** (der, -pis|ten, -pis|ten) Angehöriger eines Mönchsordens mit äußerst strengen Regeln; z.B. striktem Schweigegebot [frz.]
**Traps** (der, -(es), -e) Geruchsverschluss bei einem Ausguss
**tra|sci|nan|do** [traʃi-] (Adj.) zögernd (Musik)
**Tra|sci|nan|do** (das, -s, -s oder -di) schleppendes Spiel (Musik)
**Trash** [træʃ] (der, -s, nur Ez.) engl. für „Müll", Massenware [engl.]
**Trass** (der, -es, -e) vulkanischer Tuff [it.]
**Tras|sant** (der, -en, -en) Wechselaussteller
**Tras|sat** (der, -en, -en) Bezogener (eines Wechsels) [it.]
**tras|sie|ren** (V.) **1** eine Trasse festlegen **2** einen Wechsel ausstellen
**trä|ta|bel** (Adj.) fügsam, umgänglich [lat.-frz.]
**trä|tie|ren** (V.) behandeln
**Trat|te** (die, -, -n) gezogener Wechsel [it.]
**Trau|ma** (das, -s, -men oder -ta) **1** schwere Gewalteinwirkung auf den Körper, Unfallverletzung **2** seelische Erschütterung [gr.]
**Trau|ma|tin** (das, -s, nur Ez.) pflanzlicher Stoff zur verstärkten Zellteilung
**trau|ma|tisch** (Adj.) zum Trauma gehörig, wie ein Trauma; z.B. das traumatische Erlebnis der eigenen Geburt
**Trau|ma|ti|zin** (das, -s, nur Ez.) Wundmittel aus getr. Pflanzenmilch zum Verschließen kleiner Wunden
**Trau|ma|to|lo|ge** (der, -n, -n) Spezialist für Wundbehandlung
**Trau|ma|to|lo|gie** (die, -, nur Ez.) Wissenschaft von der Wundversorgung
**Trau|to|ni|um** (das, -s, -i|en) Musikinstrument, das elektronisch Töne erzeugt (Warenzeichen)
**Tra|vée** [-veː] (die, -, -n) Gewölbeteil [frz.]
**Tra|vel|ler** [trævlə] (der, -s, -s) **1** Reisender [engl.] **2** Vorrichtung, auf der die Schot des Großsegels gezogen wird (Seemannssprache)
**tra|vers** (Adj.) quer gestreift [frz.]
**Tra|vers** (der, -, nur Ez.) Seitengang beim Dressurreiten
**Tra|ver|sa|le** (die, -, -n) Schrägverschiebung beim Dressurreiten
**Tra|ver|se** (die, -, -n) etwas quer Verlaufendes; z.B. ein Bauträger, Flussdamm [frz.]
**Tra|vers|flö|te** (die, -, -n) Querflöte

T

**tra|ver|sie|ren** (V.) **1** durch-, überqueren; z.B. eine Felswand **2** in der Diagonale reiten (Dressurreiten) **3** ausweichen durch seitwärts wegtreten beim Fechten [frz.]
**Tra|ver|tin** (der, -s, -e) ein Tuffstein, gelblicher Kalksinter [it.]
**Tra|ves|tie** (die, -, -n) Darbietung eines literarischen Werks in satirisch-unangemessener Form [frz.]
**tra|ves|tie|ren** (V.) durch eine Travestie lächerlich machen
**Trawl** [trɔːl] (das, -s, -s) Schleppnetz (in der Küstenfischerei) [engl.]
**Traw|ler** [trɔː-] (der, -s, -) Fischereifahrzeug mit Trawl
**Treat|ment** [triːt-] (das, -s, -s) Drehbuchvorstufe mit schriftlichen Ausarbeitungen [engl.]
**Tre|cen|to** [-tʃɛn-] (das, -(s), nur Ez.) das 14. Jahrhundert (als italienische Kunstepoche)
**Tre|cking** (das, -s, -s) = Trekking
**trei|fe** (Adj.) den jüdischen Speisevorschriften nicht entsprechend, unkoscher; z.B. die Kombination Kalbfleisch/Milchprodukt [jidd.]
**Trek|king** *auch:* Tre|cking (das, -s, -s) Bergwanderung durch schwieriges Gelände
**Trek|king|bike** *auch:* Tre|cking|bike [-baik] (das, -s, -s) Fahrrad für längere Touren mit Gepäck
**Tre|ma** (das, -s, -s oder -ta) **1** liegender Doppelpunkt über einem von zwei Vokalen (als Zeichen für getrennte Aussprache; z.B. Citroën [-rɔ̃ɛ̃ː] **2** Lücke zwischen den mittleren oberen Schneidezähnen [gr.]
**Tre|ma|to|de** (die, -, -n) Saugwurm [gr.]
**trem|blie|ren** [trɑ̃bliː-] (V.) eine gewellte Linie gravieren [frz.-lat.]
**tre|mo|lan|do** (Adj.) zitternd (Musik)
**tre|mo|lie|ren** *auch:* tre|mu|lie|ren (V.) mit Tremolo singen, spielen
**Tre|mo|lo** (das, -s, -s oder -li) Beben, Zittern eines Tons, einer Tonfolge; z.B. vibrierendes, fehlerhaftes Singen, schnelles Wiederholen von Mandolinakkorden [it.]
**Tre|mor** (der, -s, -mo|res) krankhaftes Zittern [lat.]
**Tre|mu|lant** (der, -en, -en) Vorrichtung an der Orgel für ein vibratoähnliches Schwanken [lat.]
**Trench|coat** [trentʃkəʊt] (der, -s, -s) leichter Stoffregenmantel (mit Schulterklappen), Wettermantel [engl.]
**Trend** (der, -s, -s) Entwicklungsrichtung (in der Gesellschaft, Mode u.a.) [engl.]
**Trend|set|ter** (der, -s, -) Person oder Sache, die einen Trend auslöst [engl.]
**tren|dy** (Adj.) im Trend liegend
**Trente-et-qua|rante** [trɑ̃tekarɑ̃ːt] [lat-frz. für: „dreißig und vierzig“] Kartenspiel
**Trente-et-un** [trɑ̃teœ̃] [lat.-frz. für: „einunddreißig“] Kartenspiel
**Tre|pan** (der, -s, -e) Bohrer für Schädeldeckenöffnung (Med.)
**Tre|pa|na|ti|on** [-tsjoːn] (die, -, -ti|o|nen) Schädelöffnung (Med.) [gr.-lat.]
**Tre|pang** (der, -s, -e oder -s) getrocknete Seegurke [malai.-engl.]
**tre|pa|nie|ren** (V.) mit dem Trepan die Schädeldecke öffnen
**Tre|phi|ne** (die, -, -n) Säge zur Entnahme von Gewebeteilchen (Med.) [lat.-engl.]
**Tre|sor** (der, -s, -e) Geldschrank, [gr.-frz.]
**Tres|se** (die, -, -n) Bordüre aus Gold- oder Silberfäden gewirkt [frz.]
**tres|sie|ren** (V.) kurze Haare für eine Perücke aneinander knüpfen
**très vite** [trɛviːt] sehr schnell (Vortragsanweisung in der Musik) [frz.]
**Treu|ga Dei** (die, -, nur Ez.) Gottesfriede [germ.-lat.]
**Tre|vi|ra** (das, -s, nur Ez.) eine Kunstfaser aus Polyester (Warenzeichen) [Kunstwort]
**Tri** (das, -s, nur Ez.) farblose, giftige Flüssigkeit; z.B. zum Reinigen von Druckklischees aus Metall, Trichloräthylen (ugs.) [lat.]
**Tri|a|de** (die, -, -n) Dreiergruppe, Dreiheit
**Tri|a|ge** [triaːʒ] (die, -, -n) Aussortierung, Einteilung [frz.]
**Tri|a|kis|do|de|ka|eder** (das, -s, -) Körper, von 36 Flächen begrenzt (Math.)
**Tri|a|kis|ok|ta|eder** (das, -s, -) Körper aus 24 Flächen mit einer aufgesetzten Pyramide je Oktaederfläche [gr.-nlat.]
**Tri|al** [traɪəl] (das, -s, -s) Prüfung der Fahrtechnik im Gelände (im Motorradsport) [engl.]

T

**Tri|al-and-Er|ror** [traɪələnderə] (ohne Artikel) das Lernen aus den Irrtümern, die bei verschiedenen Problemlösungsversuchen gemacht werden [engl.]
**Tri|a|lis|mus** (der, -, nur Ez.) Lehre, wonach in der Welt das Dreiteilungsprinzip vorherrscht; z.B. Leib–Seele–Geist (Philos.)
**tri|a|lis|tisch** (Adj.) den Trialismus betreffend [nlat.]
**Tri|an|gel** (der oder das, -s, -) (lat. »Dreieck)« **1** zu einem geöffneten „Dreieck" gebogener Stahlstab, der mit einem Klöppel zum Klingen gebracht wird; z.B. in der Musik **2** dreieckiger Stoffeinriss (ugs.) [lat.]
**tri|an|gu|lär** (Adj.) dreieckig [lat.]
**Tri|an|gu|la|ti|on** (die, -, -tionen) **1** Theodolitvermessung zwischen drei Festpunkten, Dreiecksaufnahme **2** Veredelungsmethode bei Gehölzen [lat.]
**Tri|an|gu|la|tur** (die, -, nur Ez.) Konstruktionsweise (besonders in der Gotik), bei der spitzwinklige oder gleichseitige Dreiecke als Maßgrundlage verwendet werden
**tri|an|gu|lie|ren** (V.) mit dem Schema der Triangulatur vermessen
**Tri|an|gu|lie|rung** (die, -, -en) = Triangulatur
**Tri|ar|chie** (die, -, -en) = Triumvirat
**Tri|a|ri|er** (der, -s, -, meist Mz.) in der dritten Schlachtreihe kämpfender, altgedienter Soldat Roms [lat.]
**Tri|as** (die, -, -) **1** ein Abschnitt der Erdgeschichte, älteste Formation des Mesozoikums **2** = Triade [gr.]
**tri|as|sisch** (Adj.) zur Trias gehörig
**Tri|ath|let** (der, -en, -en) Dreikämpfer
**Tri|ath|lon** (das, -s, -s) gr. für „Dreikampf" **1** Abfolge von drei Wettkampfarten, die nacheinander an einem Tag zu bestreiten sind: Schwimmen, Radfahren, Laufen oder **2** Skilanglauf, Schießen, Riesenslalom
**Tri|ba|de** (die, -, -n) das gleiche Geschlecht liebende Frau [gr.-lat.]
**Tri|ba|die** (die, -, nur Ez.) *auch:* Tri|ba|dismus (der, -, nur Ez.) gleichgeschlechtliche Liebe bei Frauen [gr.-lat.]
**Tri|ba|lis|mus** (der, -, nur Ez.) Stammesbewusstsein (in Afrika) [engl.-nlat.]
**Trib|ble** (der, -s, -s, meist Mz.) pelziges Lebewesen, dessen Gurren beruhigend auf das menschliche Zentralnervensystem wirkt (Bio.) [engl.]
**Tri|bo|elek|tri|zi|tät** (die, -, nur Ez.) entgegengesetzte Aufladung von zwei verschiedenen Isolatoren, die entsteht, wenn man sie aneinander reibt [gr.-nlat.]
**Tri|bo|lo|gie** (die, -, nur Ez.) Erforschung von Reibung, Verschleiß und Schmierung gegeneinander bewegter Körper
**Tri|bo|lu|mi|nes|zenz** (die, -, -en) Leuchten von bestimmten Stoffen beim Zerbrechen oder Auskristallisieren
**Tri|bo|me|ter** (das, -s, -) Messgerät zur Ermittlung des Reibungswerts [gr.-nlat.]
**Tri|bra|chys** (der, -, -) aus drei Kürzen bestehender Versfuß in der Antike [gr.-lat.]
**Tri|bu|la|ti|on** (die, -, -tionen) Drangsal, Quälerei [lat.]
**tri|bu|lie|ren** (V.) quälen, durch ständiges Fragen plagen
**Tri|bun** (der, -s oder -en, -e oder -en) altrömischer Beamter, Offizier [lat.]
**Tri|bu|nal** (das, -s, -e) **1** altrömischer Gerichtsplatz; hohes Gericht **2** öffentliche Verhandlung, Anklage (außerhalb der Gerichtsbarkeit) [lat.]
**Tri|bu|nat** (das, -(e)s, -e) Amt, Würde eines Tribuns
**Tri|bü|ne** (die, -, -n) erhöhte Zuschauerbühne; Rednerbühne [frz.]
**tri|bu|ni|zisch** (Adj.) den Tribun betreffend [lat.]
**Tri|bus** (die, -, -) **1** Wahlbezirk im römischen Reich **2** Kategorie der biol. Systematik zwischen Gattung und Familie
**Tri|but** (der, -(e)s, -e) Vermögensabgabe (im alten Rom); Zahlung (an die Siegermacht); Tribut zollen: seine Hochachtung zeigen [lat.]
**Tri|ch|al|gie** (die, -, -en) Berührungsschmerz, der im Bereich der Kopfhaare auftritt (Med.)
**Tri|chi|a|sis** (die, -, -sen) krankhaftes Wachsen der Wimpern nach innen, sodass sie am Augapfel reiben
**Tri|chi|ne** (die, -, -n) ein Fadenwurm, der u.a. im Muskelfleisch von Schweinen parasitiert; durch infiziertes Fleisch Übertragung auf den Menschen [gr.]
**tri|chi|nös** (Adj.) voller Trichinen

T

**Tri|chi|no|se** (die, -, -n) durch Trichinen verursachte schwere Krankheit mit Magen-Darm-Beschwerden, Muskelsteifheit u.a. [gr.]

**Tri|chit** (der, -s oder -en, -en) kleinstes, nicht mehr bestimmbares Mineralteilchen

**Tri|chlor|äthy|len** *auch:* Tri|chlor|äthen (das, s, nur Ez.) unbrennbares Lösungsmittel; Narkosemittel [gr.-nlat.]

**Tri|chom** (das, -s, -e) durch heftige Verlausung hervorgerufene Verfilzung der Haare

**Tri|cho|mo|nas** (die, -, -na|den) ein Geißeltierchen, das sich in der Scheide ansiedelt und Ausfluss verursacht [gr.]

**Tri|cho|mo|nia|se** (die, -, -n) durch Trichomonaden verursachte Erkrankung

**Tri|cho|phy|tie** (die, -, -ien) Scherpilzflechte

**Tri|cho|phy|to|se** (die, -, -n) Allgemeininfektion des Körpers, die aus einer Trichophythie hervorgeht

**Tri|cho|p|te|re** (die, -, -n) Köcherfliege

**Tri|cho|p|ti|lose** (die, -, -n) Brüchigkeit der Haare (Med.)

**Tri|cho|se** (die, -, -n) ungewöhnliche Behaarung (Med.)

**Tri|cho|spo|rie** (die, -, -n) Pilzkrankheit der Haare (Med.)

**Tri|cho|te|pha|lus** (der, -, -li) Peitschenwurm (Bio.)

**Tri|cho|to|mie** (die, -, nur Ez.) gr. für „Dreiteilung“ **1** = Trialismus **2** Dreiteilung des Erdenmenschen in Leib, Seele und Geist **3** Einteilung von Straftaten in Übertretungen, Vergehen und Verbrechen **4** (die, -, -ien) Haarspalterei

**Tri|cho|ze|pha|lus** (der, -, -li oder -len) Peitschenwurm (Bio.)

**Tri|chu|ri|a|sis** (die, -, nur Ez.) eine Wurmerkrankung des Körpers (Med.)

**Tri|chu|ris** (die, -, nur Ez.) Gattung der Fadenwürmer (Bio.)

**Tri|ci|ni|um** (das, -s, -ia oder -ien) dreistimmiger Satz für Singstimmen, meist kontrapunktisch (Musik)

**Trick** (der, -s, -s) verblüffende, täuschende Handlung, Kunstgriff, Kniff [engl.]

**Trick|ski** (der, -(s), -) Sportart, bei der man mit Skiern artistische Bewegungen ausführt

**Trick|s|ter** (der, -s, -) mystisches Wesen mit schelmischem Charakter

**Trick|track** (das, -s, -s) französisches Brettspiel

**tri|cky** (Adj.) trickreich [engl.]

**Tri|dent** (der, -(e)s, -e) Dreizack [lat.]

**tri|den|ti|nisch** (Adj.) zur Stadt Trient gehörig

**Tri|du|um** (das, -s, -du|en) Bezeichnung für drei Tage dauernde katholische Veranstaltungen

**Tri|dy|mit** (der, -s, -e) **1** Mineral **2** Modifikation von Siliciumoxid [gr.-nlat.]

**Tri|eder|bi|no|kel** (das, -s, -) Doppelfernrohr [gr.-lat.-frz.]

**tri|en|nal** (Adj.) drei Jahre dauernd; alle drei Jahre [lat.]

**Tri|en|na|le** (die, -, n) Veranstaltung, die alle drei Jahre statfindet

**Tri|en|ni|um** (das, -s, -ni|en) Zeitraum von drei Jahren

**Tri|e|re** (die, -, -n) antikes Kriegsschiff mit drei Ruderreihen übereinander [gr.]

**Tri|eur** [-øːɐ] (der, -s, -e) Maschine zur Getreidereinigung, die nach Körnungsgröße trennt [lat.-frz.]

**Tri|fle** [traɪfl] (das, -(s), -s) englische Süßspeise [engl.]

**Tri|fo|kal|glas** (das, -es, -glä|ser, meist Mz.) Brillenglas für drei Entfernungen [nlat.-dt.]

**Tri|fo|li|um** (das, -s, -li|en) **1** Klee(blatt) (Schmetterlingsblütler) **2** drei Freunde, die ständig zusammen sind [lat.]

**Tri|fo|ri|um** (das, -s, -ien) Wandgliederung in gotischen Kirchen

**Tri|ga** (die, -, -s oder -gen) Dreigespann (als Gefährt; für eine Personengruppe) [lat.]

**Tri|ge|mi|nus** (der, -, -ni) ein Gehirnnerv, der das Gesicht versorgt, Drillingsnerv [lat.]

**Trig|ger** (der, -s, -) elektronischer Schaltauslöser; der Impuls selbst [engl.]

**Tri|glyph** (der, -s, -e) Dreischlitz (an dorischen Tempeln) [gr.]

**Tri|gon** (das, -s, -e) Dreieck [gr.]

**tri|go|nal** (Adj.) dreieckig [gr.]

**Tri|go|no|me|trie** (die, -, nur Ez.) Dreiecksberechnung (als Teilgebiet der Mathematik) [gr.]

**tri|go|no|me|trisch** (Adj.) zur Trigonometrie gehörig, mithilfe von Winkelfunktionen; die Trigonomie betreffend

**tri'klin** *auch:* tri'klinisch (Adj.) mit drei verschieden langen Achsen, die nicht aufeinander senkrecht stehen (als Eigenschaft eines Kristallsystems) [gr.]
**tri'kli'nisch** (Adj .) = triklin
**Tri'kli'ni'um** (das, -s, -ni'en) altrömisches Speisebett, Raum mit drei solchen, hufeisenförmig um einen Esstisch angeordneten Liegestätten [gr.-lat.]
**Tri'ko'li'ne** (die, -, nur Ez.) rispartiger Oberhemdenstoff [Kunstwort]
**Tri'ko'lon** (das, -s, -s oder -la) aus drei Doppelpunkten zusammengesetzes Satzgefüge [gr.-lat.]
**Tri'ko'lo're** (die, -, -n) dreifarbige Fahne; die Nationalflagge Frankreichs [frz.]
**Tri'kom'po'si'tum** (das, -s, -ta) dreigliedrige Zusammensetzung
**Tri'kot** [-koː] *oder* [trɪko] (das oder der, -s, -s) **1** elastische Wirkware; eng anliegendes (Sport-)Kleidungsstück daraus **2** Sporthemd in besonderer Farbe zur Kennzeichnung des Etappensiegers bei Radrennen [frz.]
**Tri'ko'ta'ge** [-taːʒə] (die, -, -n) gewirkte und gestricke Unter- und Oberbekleidung [frz.]
**Tri'ko'tine** [-tiːn] (der, -s, -s) gewebter, trikotartiger Wollstoff
**Tri'kus'pi'dal'klap'pe** (die, -, -n) Herzklappe zwischen rechtem Herzvorhof und rechter Herzkammer
**tri'la'te'ral** (Adj.) dreiseitig
**Tri'lem'ma** (das, -s, -s oder -ta) dreiteilige Annahme in der Logik [gr.-nlat.]
**Tri'lith** (der, -s oder -en, -en) gr. für: „dreisteinig", Steindenkmal aus der Bronze- und jüngeren Steinzeit
**Tril'li'ar'de** (die, -, -n) tausend Trillionen, 1021 [frz.]
**Tril'li'on** (die, -, -li'onen) eine Million Billionen, 1018 [frz.]
**Tri'lo'bit** (der, -en, -en) ein Urkrebs des Paläozoikums, Dreilapper [gr.]
**Tri'lo'gie** (die, -, -n) dreiteiliges Werk (der Literatur) [gr.]
**Tri'ma'ran** (das oder der, -s, -e) offenes Segelboot mit drei Rümpfen [lat.-engl.-tamilisch]
**tri'mer** (Adj.) dreiteilig (in Bezug auf Fruchtknoten, die aus drei Fruchtblättern hervorgegangen sind) [gr.]
**Tri'mes'ter** (das, -s, -) ein Drittel eines Studienjahres; drei Monate [lat.]
**Tri'me'ter** (der, -s, -) antiker Vers, aus drei Versmaßen bestehend [gr.-lat.]
**Trimm** (der, -s, nur Ez.) Schwimmlage eines Schiffes
**trim'men** (V.) etwas auf eine bestimmte Art und Weise einstellen
**tri'morph** *auch:* tri'mor'phisch (Adj.) dreigestaltet (in der Botanik) [gr.]
**Tri'mor'phie** (die, -, nur Ez.) *auch:* Trimorphis'mus (der, -, nur Ez.) Dreigestaltigkeit
**Tri'mur'ti** (die, -, nur Ez.) Dreiheit von Brahmah, Wischnu und Schiwa im Hinduismus [sanskr.]
**tri'när** (Adj.) dreifach [lat.]
**Tri'na'ti'on** [-tsjoːn] (die, -, -ti'onen) dreimalige Lesung der Messe durch den gleichen Priester an hohen kirchlichen Feiertagen
**Tri'ni'ta'ri'er** (der, -s, -) **1** Angehöriger eines kath. Bettelordens **2** Bekenner der christlichen Dreieinigkeit von Vater, Sohn und Heiligem Geist [lat.]
**Tri'ni'tät** (die, -, nur Ez.) Dreieinigkeit [lat.]
**Tri'ni'ta'tis** (das, -, nur Ez.) Fest der Dreifaltigkeit am Sonntag nach Pfingsten [lat.]
**Tri'ni'tro'phe'nol** (das, -s, nur Ez.) = Pikrinsäure [Kunstwort]
**Tri'ni'tro'to'lu'ol** (das, -s, nur Ez.) stoßunempfindlicher Sprengstoff
**Tri'nom** (das, -s, -e) dreigliedriger Ausdruck (in der Mathematik) [gr.]
**Trio** (das, -s, -s) Musikstück für drei verschiedene Instrumente, für drei Singstimmen; die Personengruppe selbst [it.]
**Tri'o'de** (die, -, -n) Verstärkerröhre mit drei Elektroden [gr.-nlat.]
**Tri'o'le** (die, -, -n) Gruppe von drei Tönen im Taktwert von vier oder zwei (Musik)
**Tri'o'lett** (das, -(e)s, -e) Gedichtform, bei der in einer achtzeiligen Strophe die erste Zeile als vierte und als letzte (zusammen mit der zweiten) wiederkehrt [frz.]
**Tri'o'lis'mus** (der, -, nur Ez.) Geschlechtsverkehr zu dritt [nlat.]
**Tri'ö'zie** (die, -, nur Ez.) Dreihäusigkeit von Pflanzen [gr.-nlat.]
**Trip** (der, -s, -s) **1** kurze Reise **2** Drogenrausch; z.B. auf dem Trip sein; eine

Dosis LSD; z.B. einen Trip einschmeißen (ugs.) 3 etwas, das in lästiger Weise überbetont wird (ugs); z.B. er ist immer noch auf dem sozialen Trip, Ökotrip u.a. [engl.]

**Tri'pal'mi'tin** (das, -s, nur Ez.) Bestandteil von tierischen und pflanzlichen Fetten

**Tri'pel** (das, -s, -) Dreiheit [frz.]

**Tri'pel'al'li'anz** (die, -, -en) Bund von drei Staaten

**Tri'pel'fu'ge** (die, -, -n) streng schematisiertes Musikstück mit drei selbstständigen Themen (Musik)

**Tri'pel'kon'zert** (das, -(e)s, -e) Konzert für drei Soloinstrumente und Orchester

**Tri'ph'thong** (der, -s, -e) drei eine Silbe bildende Vokale [gr.-nlat.]

**Tri'pi'ta'ka** (das, -, nur Ez.) Lehre des Buddhismus, die sich aus drei Abschnitten zusammensetzt [sanskr.]

**Tri'plé** [-ple:] (das, -s, -s) Zweibandenspiel beim Billardspiel

**Tri'plett** (das, -s, -e oder -s) 1 optisches System aus drei Linsen 2 Zusammenstellung von drei aufeinander folgenden Basen einer Nukleinsäure als Schlüssel für den Aufbau einer Aminosäure (Bio.) 3 drei miteinander verbundene Serien eines Linienspektrums (Physik)

**Tri'plet'te** (die, -, -n) geschliffener Schmuckstein, der aus drei Teilen zusammengesetzt ist

**tri'plie'ren** (V.) verdreifachen

**Tri'plik** (die, -, -en) Antwort des Klägers auf eine Duplik des Beklagten in Gerichtsverfahren (Rechtspr., veraltend)

**Tri'pli'kat** (das, -(e)s, -e) dritte Ausfertigung eines Schriftstücks

**Tri'pli'ka'ti'on** [-tsjo:n] (die, -, -ti'o'nen) dreimaliges Wiederholen einer Wortgruppe in der Rhetorik

**Tri'plit** (der, -s, -e) Eisenpecherz, Mineral [gr.-nlat.]

**Tri'pli'zi'tät** (die, -, -en) dreifaches Vorkommen [lat.]

**tri'plo'id(Adj.)** einen dreifachen Chromosomensatz aufweisend (von Zellen) [gr.-nlat.]

**Tri'plum** (das, -s, -la) ein Dreifaches (veraltet) [lat.]

**Trip'ma'dam** (die, -, -en) eine gelb blühende Fetthenne, Gewürzpflanze [frz.]

**Tri'po'die** (die, -, -n) gr. für „Dreifüßigkeit", Verstakt aus einer Verbindung von drei Versfüßen

**Trip'ton** (das, -s, nur Ez.) feinster Detrius

**Trip'ty'chon** (das, -s, -chen) dreiteiliges (Altar-)Bild [gr.]

**Trip'tyk** (das, -s, -e) dreiteiliger Passierschein für Kraft- und Wasserfahrzeuge [gr.- frz.-engl.]

**Tri'pus** (der, -, -po'den) dreifüßiges Gestell für Gefäße [altgr.]

**Tri're'me** (die, -, -n) = Triere

**Tri'ro'tron** (das, -s, -s oder -ro'ne/-tro'ne) mit beschleunigten Elektronen arbeitender Hochfrequenz-Hochleistungsverstärker [gr.]

**Tri'sek'ti'on** [-tsjo:n] (die, -, nur Ez.) Dreiteilung (Math.)

**Tri'sek'trix** (die, -, -tri'zes oder tri'zen) Kurve, die zur Dreiteilung eines Winkels verwendet wird (Math.)

**Tri'set** (das, -(s), -s) 1 drei Dinge, die zusammengehören 2 zwei Eheringe und ein dritter Ring mit Schmucksteinen für die Ehefrau [lat.-frz.-engl.]

**Tris'ha'gi'on** (das, -s, -ien) gr. für „dreimal heilig", dreimalige Anrufung Gottes in der orthodoxen Liturgie

**Tris'kai'de'ka'pho'bie** (die, -, nur Ez.) Angst vor der Zahl 13 [gr.]

**Tris'mus** (der, -, -men) Kiefersperre, Krampf der Kaumuskeln (Med.)

**Tri'so'mie** (die, -, -n) eine Chromosomenanomalie, drei- statt zweifaches Vorhandensein eines Chromosoms in einer Zelle; z.B. Trisomie 21 [gr.]

**trist** (Adj.) öde, trostlos [frz.]

**Tris'tesse** [tristɛs] (die, -, -n) Traurigkeit, Schwermut

**tri's'tich** (Adj.) dreizeilig (Botanik)

**Tri's'ti'chi'a'sis** (die, -, nur Ez.) Augenlid mit drei Wimpernreihen als Geburtsfehler (Med.) [gr.-nlat.]

**Tri's'ti'chon** (das, -s, -chen) Versgruppe aus drei Versen

**Tris'ti'en** (nur Mz.) Trauergedichte

**tri'syl'la'bisch** (Adj.) dreisilbig [lat.]

**Tri'ta'go'nist** (der, -nis'ten, -nis'ten) dritter Schauspieler im antiken griechischen Theater [gr.]

**Tri'ta'no'pie** (die, -, -n) Unfähigkeit, die Farbe Violett zu sehen

**Trilteirilum** (das, -s, nur Ez.) = Tritium
**Trithelislmus** (der, -, -nur Ez.) Annahme von drei getrennten göttlichen Personen im Gs. zur christlichen Dreieinigkeitslehre [gr.-nlat.]
**Trilthelmilmelres** (die, -, -) Verszäsur in der antiken Metrik nach dem dritten Halbfuß im Hexameter [gr.]
**Trilticum** (das, -s, nur Ez.) lat. für „Weizen", Gattung von Getreidearten
**Trilti|um** (das, -s, nur Ez.) radioaktives, schwerstes Wasserstoffisotop [gr.-nlat.]
**Triltoljelsalja** (der, -, nur Ez.) Verfasser von Jesaja, Kapitel 56–66
**Trilton** (der, -tonen, -tonen) **1** altgriechischer Meeresgott **2** Salamandergattung **3** Atomkern des Tritiums [gr.-nlat.]
**Triltonslhorn** (das, -s, -hörlner) Meeresschnecke mit spindelförmigem Gehäuse
**Triltolnus** (der, -, nur Ez.) übermäßige Quarte (Intervall von drei Ganztönen) (Musik)
**Trilturaltilon** [-tsjoːn] (die, -, -tilonen) Pulverisierung (Med.)
**Trilumph** (der, -(e)s, -e) **1** Erfolg, Sieg; Genugtuung **2** Einzug eines siegreichen Feldherrn im alten Rom [lat.]
**Trilumlphaltor** (der, -s, -toren) **1** jubelnder Sieger **2** siegreicher, in Rom einziehender Feldherr
**Trilumphlbolgen** (der, -s, nur Ez.) steinernes Ehrentor, durch das die Feldherren einziehen
**trilumlphielren** (V.) jubeln; über jemanden siegen
**Trilumlvir** (der, -s oder -n, -n) Triumviratmitglied
**Trilumlvilrat** (das, -(e)s, -e) Gremium aus drei Personen; altrömische Dreimännerherrschaft [lat.]
**trilvallent** (Adj.) dreiwertig (Chemie)
**trilvilal** (Adj.) alltäglich, äußerst einfach (bezüglich geistigen Anspruchs) [lat.]
**Trilvilallität** (die, -, -en) das Trivialsein; etw. Alltägliches [lat.]
**Trilvilallliltelraltur** (die, -, nur Ez.) Unterhaltungsliteratur ohne hohen künstlerischen Anspruch
**Trilvilum** (das, -s, -nur Ez.) lat. für „Dreiweg", die drei unteren der sieben Lehrfächer, Grammatik, Rhetorik, Dialektik (MA)
**Trilxoltrolpie** (die, -, nur Ez.) Eigenschaft eines Gels, sich bei mechanischer Einwirkung zu verflüssigen
**Trilzeps** (der, -(es), -e) Streckmuskel des Unterarms, der in drei Teilen an der Schulterregion ansetzt [lat.]
**Trolchanlter** (der, -s, -) Rollhügel
**Trolchälus** (der, -, -chälen) Versfuß aus einer langen (betonten) und kurzen (unbetonten) Silbe [gr.]
**Trolchit** (der, -en, -en) Stiel von Seelilien (ausgestorben)
**Trolcholilde** (die, -, -n) spezielle zyklische Kurve (Math.)
**Trolcholphora** (die, -, -phoren) Ringelwürmerlarve
**Trolcholzelphallie** (die, -, -en) anormale Rundform des Schädels
**Trolglodyt** (der, -en, -en) Höhlenmensch [gr.-lat.]
**Trolgon** (der, -s, -s oder -onten) südamerikanischer, bunt gefiederter Urwaldvogel [gr.]
**Troilka** (die, -, -s oder -ken) **1** russische Gespannform, Dreigespann **2** Dreierbündnis; z.B. das antitrotzkistische Bündnis der 20er-Jahre [russ.]
**trolja|nisch** (Adj.) die Stadt Troja betreffend; das Trojanische Pferd: großes hölzernes Pferd, das der Sage nach mit griechischen Kriegern gefüllt von den Trojanern in die Stadt gebracht wurde und die Eroberung Trojas ermöglichte
**Trolkar** (der, -s, -e oder -s) hohle Punktionsnadel mit Dreikantspitz für chirurgische Eingriffe [frz.]
**trolkielren** (V.) Waren austauschen
**Troll** (der, -s, -e) skandinavischer Kobold
**Trollleylbus** [trɒlɪ-] (der, -ses, -se) Oberleitungsbus (schweiz.) [engl.]
**Tromlba** (die, -, -ben) ital. für Trompete
**Tromlba malrilna** (die, - -, -be -ne) Streichinstrument aus dem MA mit langgestrecktem, dreieckigem Körper [it.]
**Tromlbe** (die, -, -n) kleiner Luftwirbel [frz.]
**Tromlbildiolse** *auch:* Tromlbilkulolse (die, -, -n) juckende Hautkrankheit, durch Milben verursacht [gr.- nlat.]
**Tromlbolne** (der, -, -ni) italienisch für Posaune

**Trom'pe** (die, -, -n) Bogen zwischen zwei rechtwinklig aneinander stoßenden Mauern [germ.-frz.]
**Trompe-l'œil** [trɔ̃plœj] (das, -s, -s) frz. für „Augentäuschung", Maltechnik, bei der ein Gegenstand originalgetreu abgebildet wird
**Trom'peu'se** [trɔ̃mpøːzə] (die, -, -n) frz. für „Betrügerin", den Halsausschnitt bedeckendes Tuch (um 1800)
**Troos'tit** [truːstiːt] (der, -s, -e) **1** ein Mineral (nach dem amerikanischen Geologen Troost, 1776–1850) [nlat.] **2** [troːstiːt] feines perlitisches Gefüge des Kohlenstoffs (nach dem französischen Chemiker Troost, 1825–1911) [nlat.]
**Tro'pae'o'lum** (das, -s, nur Ez.) Familie der Kapuzinerkressengewächse [gr.-nlat.]
**Tro'pa'ri'on** (das, -s, -ri'en) kurzer Hymnus der orthodoxen Liturgie [gr.]
**Tro'pa'ri'um** (das, -s, -ri'en) **1** römisch-katholisches Chorbuch mit Gesangsformeln des gregorianischen Gesangs (Tropen) **2** Tier- oder Pflanzenhaus mit künstlich erzeugtem tropischen Klima in zoologischen Gärten [gr.-nlat.]
**Tro'pe** (die, -, -n) bildlicher Ausdruck, übertragene Wortbedeutung; z.B. „Löwe im Kampf" statt „guter Kämpfer" [gr.]
**Tro'pen** (nur Mz.) heiße Zone beiderseits des Äquators [gr.]
**Tro'phäe** (die, -, -n) Siegeszeichen; Teil eines Tieres, das nach erfolgreicher Jagd aufbewahrt wird [gr.-lat.]
**Tro'pho'bi'o'se** (die, -, -n) Ernährungsgemeinschaft; z.B. Blattläuse und Ameisen, besondere Form der Symbiose
**Tro'pho'blast** (der, -las'ten/-blas'ten, -las'ten/ -blas'ten) Hülle, die das Embryo ernährt (Med.)
**Tro'pho'lo'gie** (die, -, nur Ez.) Ernährungswissenschaft [gr.]
**Tro'pho'neu'ro'se** (die, -, -n) Form der Neurose, die Schwunderscheinungen an Organen durch mangelhafte Ernährung zur Folge hat (Med.)
**Tro'pho'phyll** (das, -s, -e) ein nur der Assimilation dienendes Blatt bei Farnpflanzen
**Tro'pi'cal** [trɔːpɪkəl] (der, -s, nur Ez.) luftiger Anzugstoff
**Tro'pi'ka** (die, -, nur Ez.) Malaria in schwerer Form (Med.) [gr.-lat.-engl.-nlat.]
**tro'pisch** (Adj.) **1** zu den Tropen gehörig, von dort stammend; feuchtheiß **2** bildlich (in der Sprachwissenschaft)
**Tro'pis'mus** (der, -, -men) zielgerichtete Bewegung von festsitzenden Pflanzen und Tieren durch äußeren Reiz [gr.-nlat.]
**Tro'po'pau'se** (die, -, nur Ez.) Grenze zwischen Tropo- und Stratosphäre
**Tro'po'phyt** (der, -en, -en) Pflanze, die in der Lage ist, auf Boden mit stark wechselndem Wasserhaushalt zu leben
**Tro'po'sphä're** (die, -, -n) unterste Schicht der Erdatmosphäre, Wetterschicht der Lufthülle [gr.]
**trop'po** (Adv.) zu sehr; non troppo: nicht zu sehr (bei Musikstücken) [it.]
**Tro'pus** (der, -, -pen) **1** = Trope [gr.-lat.] **2** Gesangsformel für das Schlussamen und Ausschmückung von Texten im gregorianischen Gesang
**Tross** (der, -es, -e) **1** Versorgungsteil einer ziehenden Armee **2** Anhängsel, Gefolge [lat.-frz.]
**Trot'teur** [-tøːʁ] (der, -s, -s) **1** bequemer, aber eleganter Schuh **2** kleiner Damenhut (veraltet) [frz.]
**Trot'ti'nett** (das, -s, -e) Kinderroller (Schweiz)
**Trot'toir** [-twaː] (das, -s, -s) Gehsteig [frz.]
**Tro'tyl** (das, -s, nur Ez.) = Trinitrotoluol [Kunstwort]
**Trotz'kis'mus** (der, -, nur Ez.) ultralinke kommunistische Strömung [russ.-nlat.]
**Trotz'kist** (der, -kis'ten, -kis'ten) Anhänger des Trotzkismus
**Trou'ba'dour** [trubaduːr] (der, -s, -e oder -s) provenzalischer Minnesänger; romantischer Sänger (ugs.) [frz.]
**Trou'ble** [trʌbl] (der, -s, nur Ez.) Ärger, Schwierigkeiten (ugs.) [engl.]
**Trou'ble'shoo'ter** (der, -s, -) jmd., der die Aufgabe hat, ein aktuelles Problem zu lösen [engl.]
**Trou'pi'er** [trupjeː] (der, -s, -s) erfahrener Soldat (veraltet)
**Trou'vail'le** [truvajə] (die, -, -n) erfreuliche Fund [frz.]

T

**Trouvère** [truvɛːr] (der, -s, -s) nordfranzösischer Minnesänger im MA
**Troygewicht** (das, -(e)s, -e) Gewicht für Edelsteine und -metall in England und USA [engl.-dt.]
**Trucker** [trʌ-] (der, -s, -) engl. für „Lastwagenfahrer"
**Trucksystem** (das, -s, nur Ez.) Entlohnungsform, bei der das Gehalt durch Waren ausbezahlt wird
**Truismus** (der, -, nur Ez.) banale Aussage; z.B. man wird nicht jünger [engl.-nlat.]
**Trullo** (der, -s, Trulli) rundes Wohnhaus mit konischem Dach (in Apulien)
**Trumeau** [trʏmoː] (der, -s, -s) Pfeiler zwischen zwei Fenstern [germ.-frz.]
**Trust** [trʌst] (der, -(e)s, -s oder -e) marktbeherrschender Unternehmenszusammenschluss [engl.]
**Trustee** [trʌstiː] (der, -s, -s) Treuhänder [engl.]
**Trypanosoma** (das, -s, -men) Schraubengeißeltierchen, Krankheitserreger [gr.]
**Trypanosomiasis** (die, -, -miasen) Schlafkrankheit (Med.)
**Trypsin** (das, -s, nur Ez.) Bauchspeicheldrüsenenzym [gr.]
**Tryptophan** (das, -s, nur Ez.) Aminosäure, die in den meisten Eiweißstoffen zu finden ist
**Tsatsiki** (der oder das, -s, -s) = Zaziki
**Tschader** (der, -s, -) Einwohner der Republik Tschad in Zentralafrika
**Tschador** *auch:* Tschadyr (der, -s, -s) Kopf und Körper bedeckender Schleier persischer Frauen [pers.]
**Tschaja** (der, -s, -s) Schopfwehrvogel (Südamerika) [span.-indianisch]
**Tschako** (der, -s, -s) **1** zylinderförmige Kopfbedeckung mit Schirm und nach hinten abflachendem Runddeckel (bei bestimmten Polizeieinheiten nach 1918) **2** Husarenhelm [ungar.]
**Tschakra** (das, -(s), -s) Schleuderwaffe (altindisch)
**Tschamara** (die, -, -s) Jacke der tschechischen und polnischen Tracht
**Tschan** (das, -s, nur Ez.) chinesische Richtung des Buddhismus
**Tschandu** (das, -s, nur Ez.) Opium, das geraucht wird [Hindi]
**Tschanoju** (das, -, nur Ez.) japanische Teezeremonie
**Tschapka** (die, -, -s) lederner Ulanenhelm mit quadratischem Deckel [frz.-poln.]
**Tscharda** (die, -, -s) = Csárda
**Tschardasch** (der, -, -) = Csárdás
**Tscharka** (das, -s, nur Ez.) altes russisches Flüssigkeitsmaß (= 123 ml)
**Tschausch** (der, -, -) **1** ehemals türkischer Polizist, Amtsvogt, Unteroffizier **2** Spaßmacher auf serbischen Hochzeiten [türk.]
**Tscheche** (der, -n, -n) Ew. der Tschechischen Republik
**tschechisch** (Adj.) zu den Tschechen gehörig
**Tscheka** (die, -, nur Ez.) politische Polizei der Sowjetunion (bis 1922) [russ.]
**Tscherkesska** (die, -, -s oder -ken) nach dem Volk der Tscherkessen benannte Nationalkleidung der kaukasischen Völker, ein langer Leibrock mit Gürtel und Patronentaschen [russ.]
**Tschernosem** [-zjɔm] *auch:* Tschernosjom (das, -s, nur Ez.) Schwarzerde [russ.]
**Tschernosjom** (das, -s, nur Ez.) = Tschernosem
**Tscherwonez** (der, -, -wonzen) altrussische Goldmünze, 10-Rubelstück (früher)
**Tschibuk** (der, -s, -s) lange türkische Tabakspfeife mit kleinem Kopf [türk.]
**Tschick** (der, -s, -s) Zigarettenstummel (österr.) [it.]
**Tschiftlik** (das, -s, -e) türkisches Landgut [türk.]
**Tschikosch** (der, -, -) = Csikós
**Tschinelle** (die, -, -n, meist Mz.) Becken (Musik)
**Tschisma** (der, -s, -men, meist Mz.) niedriger, farbiger Stiefel aus Ungarn [ung.]
**Tschitraka** (das, -s, -s) täglich neu aufgemaltes (Sekten)Zeichen auf der Stirn von Hindus [Hindi]
**Tschorten** (der, -, -) tibetischer Stupa
**Tschusch** (der, -en -en) Südosteuropäer (österr.; abwertend) [slaw.]
**Tsetsefliege** (die, -, -n) Stechfliege im tropischen Afrika, die die Schlafkrankheit überträgt [Bantusprache-dt.]

T

**T-Shirt** [tiːʃɜːt] (das, -s, -s) (kurzärmeliges) Trikothemd mit rundem Ausschnitt [engl.]
**Tsuba** (das, -(s), -ben) Stichblatt japanischer Schwerter [jap.]
**Tsuga** (die, -, -s oder -gen) Schierlingstanne [jap.-nlat.]
**Tsunami** (der, -, -s) Flutwelle, ausgelöst durch Veränderungen des pazifischen Meeresbodens [jap.]
**Tuareg** 1 (Pl. von Targi) Berber der Westsahara 2 (das, -s, nur Ez.) deren Sprache
**tua res agitur** lat. für „das ist deine Sache", das geht dich an [lat.]
**Tub** [tʌb] (das, -s, -s) Gewichtsmaß für Tee (= 27,216 kg), Butter (= 38,102 kg) [niederl.-engl.]
**Tuba** (die, -, -ben) 1 tiefes Blechblasinstrument mit nach oben geöffnetem Schallrohr 2 Ohrtrompete; Eileiter [lat.]
**Tubargravidität** (die, -, -en) Eileiterschwangerschaft [lat.]
**Tübbing** (der, -s, -s) gusseiserner Ring, der wasserdichte Schächte abstützt
**Tuberkel** (der oder die, -s oder -, - oder -n) Hautgeschwulst, Knötchen; z.B. bei Tuberkulose [lat.]
**tuberkular** (Adj.) tuberkelartig
**Tuberkulid** (das, -s, -e) Hauttuberkulose (gutartig) (Med.)
**Tuberkulin** (das, -s, nur Ez.) Nachweispräparat aus Tuberkelbakterien
**Tuberkulom** (das, -s, -e) tuberkulöse Gewebegeschwulst (Med.)
**tuberkulös** *auch:* tuberkulos (Adj.) zur Tuberkulose gehörig, daran erkrankt
**Tuberkulose** (die, -, -n) eine chronische Infektionskrankheit; z.B. Lungentuberkulose [lat.-gr.]
**tuberös** *auch:* tuberos (Adj.) geschwulstartig, knotenartig (Med.)
**Tuberose** (die, -, -n) ein Agavengewächs, Parfümpflanze [lat.]
**Tubifex** (der, -, -bifices) ein Ringelwurm (als Futter für Aquarienfische) [lat.]
**tubulär** *auch:* tubulös (Adj.) röhrenförmig (in der Medizin) [lat.]
**tubulös** (Adj.) = tubulär
**Tubus** (der, -, -se oder -ben) lat. für „Röhre" 1 linsenfassendes Rohr bei optischen Geräten 2 Rohransatz bei Glasgeräten 3 Röhre zum Einführen in die Lunge (Med.) 4 Fernrohr
**Tuchent** (die, -, -en) Federbett (österr.)
**Tudorbogen** (der, -s, -) Spitzbogen aus der engl. Spätgotik [engl.-dt.]
**Tudorstil** (der, -s, nur Ez.) Bez. für den Stil der engl. Spätgotik (1485–1558) [engl.-dt.]
**Tuff** (der, -s, -e) 1 Gestein aus verfestigtem vulkanischen Material 2 abgesetztes Calciumcarbonat, Sinter [lat.]
**Tuftingware** (die, -, nur Ez.) [tʌf-] Teppiche, bei denen Schlingen in ein Grundgewebe eingenäht werden [engl.-dt.]
**Tugh** (der, -s, -s) ehem. militärisches Ehrenzeichen in der Türkei (Rossschweif) [türk.]
**Tughra** (die, -, nur Ez.) Namenszug des Sultans auf Münzen, Orden und Urkunden
**Tugrik** (der, -, -) Währungseinheit der mongolischen Volksrepublik, 100 Mongos
**Tuismus** (der, -, nur Ez.) veraltet für Altruismus [lat.]
**Tukan** (der, -s, -e) Tropenvogel mit riesigem, leicht gebogenem Schnabel, Pfefferfresser
**Tularämie** (die, -, -n) Hasenpest (Med.) [nlat.-gr.]
**Tumba** (die, -, -ben) 1 sarkophagartiger Überbau eines Grabes mit Grabplatte 2 Scheinbahre bei katholischem Totengottesdienst [gr.-lat.]
**tumbeln** [tʌm-] (V.) Wäsche im Tumbler trocknen [engl.]
**Tumbler** (der, -s, -) elektrischer Wäschetrockner [engl.]
**Tumeszenz** (die, -, -en) Anschwellung (Med.)
**Tümmler** (der, -s, -) Sammelbegriff für bestimmte Zahnwale
**Tumor** (der, -s, -moren auch -more) Geschwulst [lat.]
**Tumulant** (der, -en, -en) Ruhestörer, Unruhestifte
**Tumult** (der, -(e)s, -e) Aufruhr, Lärm, Unruhe [lat.]
**tumultuarisch** (Adj.) mit Tumult einhergehend
**tumultuös** *auch:* tumultuos (Adj.) = tumultuarisch

**tu'mul'tu'o'so** (Adj.) stürmisch, heftig (als Musikanweisung) [ital.]
**Tu'mu'lus** (der, -, -li) vorgeschichtlicher Grabhügel [lat.]
**Tun** (der, -s, -e) = Thun
**Tun'dra** (die, -, -ren/-dren) Kältesteppe [finn.-russ.]
**Tu'nell** (das, -s, -e) = Tunnel
**tu'nen** [tju:-] (V.) einen Motor auf höhere Leistung bringen [engl.]
**Tu'ner** [tju:-] (der, -s, -) gutes Radio; Frequenzabstimmer [engl.]
**Tu'ne'si'er** (der, -s, -) Einwohner des nordafrikanischen Staates Tunesien
**Tung'baum** (der, -(e)s, -bäu'me) chinesische Baumart
**Tung'öl** (das, -s, -e) Holzöl, das aus dem Tungbaum gewonnen wird
**Tun'gu'se** (der, -n, -n) Angehöriger eines ostsibirischen Volks
**tun'gu'sisch** (Adj.) zu den Tungusen gehörig
**Tu'ni'ca** (die, -, -cae) **1** dünne Gewebsschicht der Haut **2** äußere Schicht des Vegetationskegels (bei Pflanzen) [semit.-lat.]
**Tu'ni'ka** (die, -, -ken) altrömisches hemdähnliches (Unter-)Gewand [lat.]
**Tu'ning** [tju:-] (das, -s, -s) das Tunen
**Tu'ni'zel'la** (die, -, -len) liturgisches Obergewand des katholischen Subdiakons [lat.]
**Tun'nel** *auch:* das Tu'nell (der, -s, - oder -s) unterirdischer (als Verkehrsweg ausgebauter) Gang [engl.]
**Tu'pa'ma'ro** (der, -s, -s) Stadtguerilla (in Uruguay) [indian.]
**Tu'pe'lo'holz** (das, -es, nur Ez.) Holz des Tupelobaums [indian.-dt.]
**Tu'pe'lo'stift** (der, -(e)s, -e) Quellstift aus aufquellendem Tupeloholz
**Tu'pi** **1** (der, -s, -s) Angehöriger eines Indianervolkes der tropischen Ostküste Südamerikas **2** (das, -s, nur Ez.) dessen Sprache
**Tu'ras** (der, -, -se) großes Kettenrad
**Tur'ba** (die, -, -bae) in die Handlung eingreifender Chor in geistlichen Schauspielen und Oratorien [lat.]
**Tur'ban** (der, -s, -e) um den Kopf gewickelte Schärpe (als indische und muslimische Kopfbedeckung) [pers.-türk.]
**Tur'bel'la'rie** (die, -, -n) Strudelwurm
**Tur'bi'ne** (die, -, -n) Maschine, die strömende Energie in nutzbare Bewegungsenergie umsetzt; z.B. Dampfturbine, Wasserturbine [lat.]
**Tur'bo** (der, -s, -s) Auto mit einer von Abgasen betriebenen Turbine [lat.]
**Tur'bo'dy'na'mo** (der, -s, -s) Generator, der mit einer Turbine verbunden ist
**Tur'bo'ge'ne'ra'tor** (der, -s, -to'ren) = Turbodynamo
**Tur'bo'la'der** (der, -s, -) Vorrichtung zum Aufladen eines Motors, die mit einer Abgasturbine arbeitet
**Tur'bo'mo'tor** (der, -s, -en) **1** mit einer Gasturbine arbeitendes Triebwerk **2** Motor mit Turbolader
**Tur'bo-Prop-Flug'zeug** (das, -(e)s, -e) Flugzeug mit kombiniertem Düsen- und Propellerantrieb [Kurzwort]
**Tur'bo'ven'ti'la'tor** (der, -s, -en) Klimaanlage mit Kreiselllüftung
**tur'bu'lent** (Adj.) unruhig, stürmisch [lat.]
**Tur'bu'lenz** (die, -, -en) **1** (nur Ez.) das Turbulentsein **2** ungeordnete Strömung; z.B. die Turbulenzen eines Höhenwinds
**Turf** [tɜːf] (der, -s, nur Ez.) Pferderennbahn; Pferderennen [engl.]
**Tur'ges'zenz** (die, -, -en) Anschwellung von Gewebe oder Organen durch vermehrten Blut- oder Flüssigkeitsgehalt [nlat.]
**Tur'gor** (der, -s, nur Ez.) Spannungszustand (einer Zelle); Druck des Zellinhalts [lat.]
**Tu'ring'ma'schi'ne** [tjʊərɪŋ-] (die, -, -n) mathematisches Modell eines Rechners des brit. Mathematikers A.M. Turing (1912–1954)
**Tu'ri'o'ne** (die, -, -n) Überwinterungsknospe von Wasserpflanzen [lat.]
**Turk'baff** (der, -(s), -s) kurz geschorener Teppich mit Sternmotiv in der Mitte [pers.]
**Tür'ke** (der, -n, -n) **1** Ew. der Türkei; Angehöriger eines Turkvolks **2** etwas Vorgetäuschtes; einen Türken bauen (ugs.)
**Tur'key** [tɜːkɪ] (der, -s, -s) Entzugserscheinungen (bei Drogensüchtigen) [engl.]
**tür'kis** (Adj.) blaugrün [frz.]
**Tür'kis** (der, -es, -e) blaugrünes Mineral, Schmuckstein [frz.]

T

**tür'kisch** (Adj.) zu den Türken (1) gehörig

**tür'ki'sie'ren** (V.) türkisch machen [türk.-nlat.]

**Turk'me'ne** (der, -n, -n) turkmenischer Teppich, benannt nach dem vorderasiatischen Volk der Turkmenen

**Tur'ko** (der, -s, -s) farbiger Soldat des französischen Kolonialheeres [türk.-it.-frz.]

**Tur'ko'lo'gie** (die, -, nur Ez.) Wissenschaft von den türkischen Sprachen, Literaturen und Kulturen [nlat.-gr.]

**Tur'ma'lin** (der, -s, -e) ein Mineral, Schmuckstein [singhales.-frz.]

**Turn** [tɜːn] (der, -s, -s) **1** Flugkurve (ugs.) **2** positiv empfundener Drogenrausch (ugs.) [engl.]

**Tur'na'round** [tɜːnaraʊnd] (der oder das, -s, -s) Kehrtwendung [engl.]

**Tur'nier** (das, -s, -e) Kampfspiel, Wettkampf über einen längeren Zeitraum gehend [frz.]

**Tur'nus** (der, -, -se) regelmäßiger Ablauf, Wechsel [gr.-lat.]

**Tu'ron** (das, -s, nur Ez.) zweitälteste Stufe der oberen Kreide

**Tur'ri'ze'pha'lie** (die, -, -n) Turmschädel, Auftreten einer abnorm hohen Schädelform (Med.)

**Tur'zis'mus** (der, -, -men) türkische Spracheneigenheit, die in einer nichttürkischen Sprache verwendet wird

**tu'schie'ren** (V.) Metalloberflächen durch mit Tusche bestrichenen Platten ebnen

**Tus'ku'lum** (das, -s, -la) gemütlicher Landsitz

**Tus'sah'sei'de** (die, -, nur Ez.) Wildseide des Tussahspinners [Hindi]

T

**Tus'si'la'go** (die, -, nur Ez.) Huflattich (als Heilpflanze) [lat.]

**Tus'sis** (die, -, nur Ez.) Husten (Med.)

**Tu'tand** (der, -en, -en) von einem Tutor betreuter Studienanfänger [lat.]

**Tu'tel** (die, -, -en) Vormundschaft [lat.]

**tu'te'la'risch** (Adj.) vormundschaftlich

**Tu'ti'o'ris'mus** (der, -, nur Ez.) Haltung, immer die sichere von zwei Alternativen zu wählen (Philos.)

**Tu'tor** (der, -s, -to̲ren) Studienbetreuer [lat.-engl.]

**Tu'to'ri'um** (das, -s, -ri'en) Übungskurs an einer Universität, meist ein Seminar begleitend [lat.]

**tut'ta la for'za** mit voller Kraft (Vortragsanweisung in der Musik) [ital.]

**tut'ti** (Pronomen) alle (Musikinstrumente, Stimmen) [it.]

**Tut'ti'frut'ti** (das, -(s), -(s)) **1** Süßspeise, Eis mit vielen verschiedenen Früchten **2** zu buntes Gemisch (ugs.) [it.]

**tut'ti quan'ti** alle zusammen [ital.]

**Tu'tu** [tʏtʏː] (das, -s, -s) kurzes Röckchen (im klassischen Ballett) [frz.]

**TV** Abk. für **Tele**vision, Fernsehen

**Tweed** [twiːd] (der, -s, -s oder -e) ein grober Wollstoff; z.B. für Mäntel [engl.]

**Twen** (der, -s, -s) jmd., der über 19, aber noch nicht 30 Jahre alt ist [engl.]

**Twill** (der, -s, -s oder -e) geköperter Seiden- oder Baumwollfutterstoff [engl.]

**Twin'set** (der oder das, -s, -s) Zwillingsgarnitur, Pullover mit Jacke aus gleichem Material in gleicher Farbe [engl.]

**Twist 1** (der, Twi̲s'tes, Twi̲s'te) locker gedrehtes Baumwollgarn **2** (der, -s, -s) ein Modetanz der 60er-Jahre [engl.]

**twit'tern** (V.) über das Internet Kurznachrichten versenden [engl.]

**Two'stepp** [tuː-] (der, -s, -s) ein foxtrottähnlicher schneller Gesellschaftstanz [engl.]

**Ty'coon** (der, -s, -s) [taɪkuːn] **1** Wirtschafts- oder Industriemagnat **2** mächtiger Führer (politisch) [engl.-jap.-chin.]

**Tym'pa'non** *auch:* Ty̲m'pa'num (das, -s, -na) geschmücktes Bogenfeld (über Kirchenportalen) [gr.]

**Tym'pa'num** (das -s, -na) **1** = Tympanon **2** Paukenhöhle (des Mittelohrs) [gr.-lat.]

**Tyn'dall'ef'fekt** (der, -(e)s, nur Ez.) Streuung des Lichts an winzigen Partikeln

**Typ** *auch:* Ty̲pus (der, -s, -en) **1** Grundform, Urbild **2** Menschenschlag **3** männliche Person **4** Bauart [gr.]

**Ty'pe** (die, -, -n) **1** Druckbuchstabe; Schreibmaschinenbuchstabe **2** auffallender, komischer Mensch [gr.-frz.]

**Ty'pen'psy'cho'lo'gie** (die, -, nur Ez.) Richtung der Psychologie, die versucht, Menschen nach Persönlichkeit, Charakter und Körperbau zu beschreiben

**Typenraddrucker** (der, -s, -) Schreibmaschine, bei der sich die Buchstaben auf einem Rad angeordnet befinden
**Typhlitis** (die, -, -tiden) Blinddarmentzündung (Med.) [gr.]
**Typhlon** (das, -s, -e) Blinddarm [gr.]
**Typhon** (das, -s, -e) mit Druckluft betriebene Schiffssirene [gr.]
**typhös** (Adj.) typhusartig, zum Thyphus gehörend (Med.)
**Typhus** (der, -nur Ez.) schwere Infektionskrankheit mit blutigen Durchfällen [gr.-lat.]
**Typik** (die, -, -en) psychologische Typenlehre; Typologie
**typisch** (Adj.) kennzeichnend [gr.]
**typisieren** (V.) nach Typen einteilen; das Typische hervorheben
**Typizität** (die, -, -en) charakt. Eigenart
**Typogenese** (die, -, -n) Ausbildung bestimmter Formen im Laufe der Stammesgeschichte (Bio.)
**Typografie** *auch:* Typographie (die, -, nur Ez.) Buchdruckerkunst; Auswahl, Gestaltung des Schriftsatzes [gr.]
**typografisch** *auch:* typographisch (Adj.) zur Typografie gehörig
**Typologie** (die, -, -n) = Typik [gr.]
**Typometer** (das, -s, -) durchsichtiges Speziallineal zum Messen der Buchstabengrößen, Wortlängen u.a. [gr.]
**Typoskript** (das, -s, -e) maschinengeschriebenes Manuskript [gr.-lat.]
**Typus** (der, -, -pen) **1** prägende Gestalt **2** = Typ
**Tyrannis** (die, -, nur Ez.) Gewaltherrschaft
**tyrannisch** (Adj.) wie ein Tyrann, gewalttätig unterdrückend
**tyrannisieren** (V.) gewalttätig unterdrücken, anderen den eigenen Willen aufdrängen [frz.]
**Tyrosis** (die, -, nur Ez.) Verkäsung (Med.)

# U

**Uakari** (der, -s, -s) kleine Affenart aus Südamerika, Scharlachgesicht [Tupi]
**Übermikroskop** (das, -s, -e) = Elektronenmikroskop
**ubi bene, ibi patria** wo es mir gut geht, da ist mein Vaterland (nach einem Ausspruch von Cicero) [lat.]
**Ubiquist** (der, -quisten, -quisten) Lebewesen, das nahezu überall vorkommt [lat.]
**ubiquitär** (Adj.) nahezu überall vorkommend (von Tieren und Pflanzen) [lat.]
**Ucha** (die, -, nur Ez.) russische Fischsuppe mit Graupen [russ.]
**Ud** (die, -, -s) arab. für „Holz", persische Laute mit vier bis sieben Saitenpaaren
**Uditore** (der, -n, -ri oder -n) päpstlicher Richter, Auditor [lat.-ital.]
**Udometer** (das, -s, -) Regenmesser (Meteor.) [lat.-gr.]
**UFO** *auch:* Ufo (das, -(s), -s) engl. Abk. für **U**nidentified **F**lying **O**bject; unbekanntes Flugobjekt [engl.]
**Ugander** (der, -s, -) Einwohner des ostafrikanischen Staates Uganda [Bantu]
**Ukas** (der, -ses, -se) **1** Befehl, Anordnung **2** Erlass des Zaren [russ.]
**Ukelei** (der, -s, -s oder -e) Weißfisch, seine Schuppen dienen zur Gewinnung von Perlmutterlack [slaw.]
**Ukulele** (die, -, -n) kleine Hawaiigitarre [polines.-engl.]
**UKW** Abk. für **U**ltra**k**urz**w**elle
**Ulan** (der, -en, -en) poln. Lanzenreiter (früher); preuß. Kavallerist (bis 1918) [türk.-poln.]
**Ulema** (der, -s, -s) islamischer Theologe und Rechtsgelehrter [arab.]
**Ulitis** (die, -, -litiden) Entzündung des Zahnfleisches (Med.) [gr.-nlat.]
**Ulkus** (das, -, -zera) Geschwür [lat.]
**Ulmazee** (die, -, meist Mz.) Ulmengewächse [lat.-nlat.]
**ulnar** (Adj.) zur Elle gehörend (Med.) [lat.-nlat.]
**Ulose** (die, -, -n) Narbenbildung (Med.) [gr.-nlat.]
**Ulster oder** [ʌl-] (der, -s, -) weiter Herrenmantel aus dickem, gerauten Wollstoff (nach der gleichnamigen historischen irischen Provinz) [engl.]
**Ultima** (die, -, -mä oder -men) letzte Wortsilbe [lat.]
**Ultima Ratio** (die, - -, nur Ez.) äußerstes Mittel, letzte Zuflucht [lat.]
**ultimativ** (Adj.) als Ultimatum (angesagt), nachdrücklich fordernd
**Ultimatum** (das, -s, -ten) befristete, letzte Aufforderung unter Bekanntgabe der Folgen der Nichtbeachtung [lat.]
**ultimo** (Adv.) am letzten Tag (einer Frist, eines Monats) [it.]
**Ultra** (der, -s, -s) jmd., der jenseits einer gemäßigten politischen Richtung steht; Extremist [lat.]
**Ultrafax** (das, -, -e) Gerät und Methode zur drahtlosen Übertragung von Bildern in Originalgröße [lat.-nlat.]
**Ultrafiche** (der oder das, -s, -s) [-fiʃ] Mikrofilm mit sehr starker Verkleinerungsmöglichkeit [lat.-frz.]
**Ultraismo** (der, -s, nur Ez.) ihre Wirkung nur auf bildhafter Sprache aufbauende Lyrik in Spanien und Lateinamerika um 1920 [lat.-span.]
**ultramarin** (Adj.) kornblumenblau [lat.]
**ultra posse nemo obligatur** es kann niemand verpflichtet werden, Unmögliches zu leisten (Grundsatz des römischen Rechts) [lat.]
**ultrarot** (Adj.) = infrarot
**Ultraschall** (der, -(e)s, nur Ez.) vom Menschen nicht mehr wahrnehmbarer Schall mit Frequenzen von mehr als 20 Kiloherz [lat.-dt.]
**Ultrasonoskop** (das, -s, -e) Gerät für medizinische Untersuchungen, das mit Ultraschallwellen arbeitet
**ultraviolett** (Adj.) jenseits von Violett im Farbspektrum, von kurzer Wellenlänge und für Menschen unsichtbar [lat.]
**Ulzeration** (die, -, -tionen) das Ulzerieren, Geschwürbildung

**ul'ze'rie'ren** (V.) einen Ulkus, ein Geschwür bilden
**ul'ze'rös** (Adj.) geschwürig [lat.]
**Um'bel'li'fe're** (die, -, -n) Doldengewächs
**Um'ber** (der, -s, nur Ez.) = Umbra
**Um'bra** *auch:* Um'ber (die, -, nur Ez.) **1** dunkler Sonnenfleckenkern **2** dunkelbrauner Farbstoff (aus manganhaltigem Eisenerz), Malfarbe [lat.]
**Um'bra'glas** (das, -es, -glä'ser) Schutzglas gegen ultraviolette und ultrarote Strahlung für Sonnenbrillen (Warenzeichen) [lat.-dt.]
**UN** [uːɛn] (nur Mz.) engl. Abk. für **U**nited **N**ations; Vereinte Nationen [engl.]
**un'a'nim** (Adj.) einmütig, einhellig [lat.-frz.]
**Una Sanc'ta** (die, - -, nur Ez.) heilige Einheit (der kath. Kirche, der christlichen Bekenntnisse; Selbstbezeichnung der römisch-katholischen Kirche) [lat.]
**Un'cle Sam** [ʌ˜klsæm] (ohne Artikel) die (Regierung der) USA, US-Amerikaner (symbolisiert durch einen alten Herrn mit Zylinder und Ziegenbart) [engl.]
**Un'der'co'ver'agent** [ʌndəkʌvə-] Geheimagent, der mithilfe einer Tarnidentität Zugang zu der Gruppe erhält, die er überwachen soll [engl.]
**Un'der'dog** [ʌndə-] (der, -s, -s) Massenmensch; potenzieller Verlierer [engl.]
**Un'der'flow** (der, -s, -s) Auftreten einer Zahl, die kleiner ist, als die kleinste darstellbare Zahl (bei Rechnern) [engl.]
**Un'der'ground** [ʌndəgraʊnd] (der, -s, nur Ez.) gegen etablierte Kunst- und Gesellschaftsformen gerichtete Bewegung [engl.]
**Un'der'state'ment** [ʌndəsteɪtmənt] (das, -s, -s) Untertreibung, bewusstes Tiefstapeln
**Un'de'zi'me** (die, -, -n) der elfte Ton vom Grundton an (Musik) [lat.]
**Un'di'ne** (die, -, -n) weiblicher Wassergeist
**Un'du'la'ti'on** (die, -, -ti'o'nen) wellenförmige Bewegung [lat.]
**un'du'la'to'risch** (Adj.) wellenförmig [lat.]
**UNESCO** (die, -, nur Ez.) Abk. für **U**nited **N**ations **E**ducational, **S**cientific and **C**ultural **O**rganization; Sonderorganisation der UN für Erziehung, Wissenschaft und Kultur [engl.]
**Un'gar** (der, -n, -n) Ew. Ungarns
**un'ga'risch** (Adj.) zu Ungarn gehörig
**Un'gu'en'tum** (das, -s, -ta) Salbe [lat.]
**uni** [yniː] (Adj.) einfarbig [frz.]
**Uni** (die, -, -s) = Universität (ugs.) [Kurzwort]
**UNICEF** [uːnitsɛf] (die, -, nur Ez.) Abk. für **U**nited **N**ations **I**nternational **C**hildren's **E**mergency **F**und; internationales Kinderhilfswerk der UN [engl.]
**uni'e'ren** (V.) vereinigen; z.B. kirchliche Splittergruppen u. [lat.]
**Uni'fi'ka'ti'on** (die, -, -ti'o'nen) das Unifizieren
**uni'fi'zie'ren** (V.) vereinheitlichen [lat.]
**uni'form** (Adj.) einförmig, einheitlich; eintönig [lat.]
**Uni'form oder** [uni-] (die, -, -en) einheitliche Dienstkleidung [lat.]
**uni'for'mie'ren** (V.) uniform machen; mit einer Uniform einkleiden
**Uni'for'mis'mus** (der, -, nur Ez.) = Uniformität
**Uni'for'mi'tät** (die, -, -en) übertriebene Einheitlichkeit, Eintönigkeit [lat.]
**uni'kal** (Adj.) einzigartig, beispiellos
**Uni'kat** (das, -(e)s, -e) einzige Ausfertigung (eines Kunstwerks, Schriftstücks u.a.) [lat.]
**Uni'kum** (das, -s, -ka oder -s) **1** etwas nur einmal Vorhandenes **2** schrulliger Mensch
**uni'la'te'ral** (Adj.) einseitig [lat.-nlat.]
**Uni'on** (die, -, -en) Bund, Vereinigung; die CDU/CSU [lat.]
**Uni'o'nist** (der, -nis'ten, -nis'ten) Anhänger einer Union
**Uni'on Jack** [juːnjən dʒæk] (der, - -s, - -s) die Nationalflagge Großbritanniens [engl.]
**uni'pe'tal** (Adj.) einblättrig (Bot.) [lat.-gr.-nlat.]
**uni'po'lar** (Adj.) elektrischen Strom nur in einer Richtung leitend, einpolig
**Uni'sex** (der, -(es), nur Ez.) Aufhebung der Unterschiede zwischen Geschlechtern im äußeren Erscheinungsbild
**uni'so'no** (Adv.) im Einklang (zu spielen, singen); einstimmig; z.B. etwas unisono fordern [it.]

U

**Uni'so'no** (das, -s, -s oder -ni) Einklang (in der Musik, von Meinungen) [it.]
**Unit** [juːnɪt] (die, -, nur Ez.) **1** Unterrichtseinheit **2** fertige Einheit eines Geräts **3** Team [engl.]
**uni'tär** (Adj.) = unitarisch
**Uni'ta'rier** (der, -s, -) Protestant, der die Lehre von der Dreifaltigkeit ablehnt [lat.]
**Uni'ta'ris'mus** (der, -, nur Ez.) **1** die Richtung der Unitarier **2** Streben nach einem (nicht föderalistischen) Einheitsstaat [lat.]
**Uni'ta'rist** (der, -ris'ten, -ris'ten) Anhänger des Unitarismus
**uni'ta'ris'tisch** (Adj.) zum Unitarismus gehörig
**Uni'tät** (die, -, -en) Einheit; Einzigartigkeit [lat.]
**Uni'ted Na'tions** [juːnaɪtɪd neɪʃnz] (nur Mz.) = UN [engl.]
**uni'va'lent** (Adj.) einwertig (Chemie)
**uni'ver'sal** *auch:* uni'ver'sell (Adj.) allgemein, umfassend [lat.]
**Uni'ver'sal'emp'fän'ger** (der, -s, -) Träger der Blutgruppe AB, dem man Blut mit beliebiger Blutgruppe übertragen kann (Med.)
**Uni'ver'sal'epis'ko'pat** (der oder das, -(e) s, -e) oberste päpstliche Gewalt über die katholische Kirche
**Uni'ver'sal'ge'nie** (das, -s, -s) jmd. der auf vielen Gebieten hochbegabt ist
**Uni'ver'sa'lis'mus** (der, -, nur Ez.) **1** philosophische Lehre, die das Allgemeine, Ganze gegenüber dem Besonderen, Einzelnen betont **2** christliche Lehre, dass Gott letztendlich alle Menschen erlöst **3** universelles Wissen [lat.]
**Uni'ver'sa'li'tät** (die, -, nur Ez.) das Universalsein, Universalismus
**Uni'ver'sal'spen'der** (der, -s, -) Träger der Blutgruppe 0, der (mit Einschränkungen) jedem Träger auch anderer Blutgruppen Blut spenden kann (Med.)
**Uni'ver'sal'suk'zes'si'on** (die, -, -si'o'nen) Erbfall mit einem oder mehreren Universalerben, die das Gesamtvermögen erben
**uni'ver'sell** (Adj.) = universal
**Uni'ver'si'tät** (die, -, -en) Hochschule (zur Pflege aller Wissenschaften; Gebäude dafür) [lat.]
**Uni'ver'sum** (das, -s, nur Ez.) Weltall [lat.]
**uni'vok** (Adj.) einstimmig, eindeutig
**UNIX** [juːniks] (das, -, nur Ez.) ein Betriebssystem für den Computer [Kunstwort]
**Unk'ti'on** (die, -, -ti'o'nen) Einreibung (mit einem Unguentum)
**UNO** (die, -, nur Ez.) = UN [engl.]
**uno ac'tu** lat. für „in einem Akt", ohne Unterbrechung [lat.]
**un'plugged** [ʌnplʌgd] ohne elektronische Verstärkung [engl.]
**un po'co** ein wenig (bei Musikstücken) [it.]
**un'ter'mi'nie'ren** (V.) etwas bekräftigen
**unus pro mul'tis** lat. für „einer für viele" [lat.]
**Un'ze** (die, -, -n) **1** altes (Apotheker-)Gewicht, rund 30 Gramm **2** = Ounce [lat.]
**Un'zi'a'le** (die, -, -n) abgerundete, aus römischen Buchstaben entwickelte Schrift (des frühen Mittelalters) [lat.]
**Upa'ni'schad** (die, -, -scha'den) altindischer philosophisch-mystischer Text [sanskr.]
**Up'date** [ʌpdeɪt] (das, -s, -s) überarbeitete, aktualisierte Fassung eines Softwareprogramms oder einer Datei (EDV) [engl.]
**Upe'ri'sa'ti'on** [-tsjoːn] (die, -, -ti'o'nen) Kurzwort aus Ultrapasteurisation
**Up'grade** [ʌpgreɪd] (das, -s, -s) verbesserte Version [engl.]
**UPI** [juːpiːaɪ] (die, -, nur Ez.) eine US-Presseagentur [engl., Kurzwort]
**Up'load** [ʌpləʊd] (das oder der, -s, -s) Übertragung von Daten
**Up'per'class** [ʌpəklaːs] (die, -, nur Ez.) Oberschicht
**Up'per'cut** [ʌpəkʌt] (der, -s, -s) Aufwärtshaken (beim Boxen) [engl.]
**up to date** [ʌptədeɪt] auf dem neuesten Stand [engl.]
**Ur'ä'mie** (die, -, -n) Harnvergiftung [gr.]
**Uran** (das, -s, nur Ez.) ein radioaktives Element, Schwermetall [gr.-nlat.]
**Ura'nis'mus** (der, -, nur Ez.) männliche Homosexualität (veraltet) [gr.-nlat.]
**Ura'no'gra'fie** *auch:* Ura'no'gra'phie (die, -, nur Ez.) Beschreibung des Himmels [gr.]

U

**Uranometrie** (die, -, -n) Bemessung von Himmelserscheinungen
**Uranoskopie** (die, -, nur Ez.) Beobachtung des Himmels
**Uräusschlange** (die, -, -n) afrikanische Giftnatter [gr.-nlat.]
**urban** (Adj.) 1 städtisch 2 weltgewandt [lat.]
**urbanisieren** (V.) 1 städtisch machen, städtebaulich erschließen 2 (durch kulturellen, technischen Fortschritt) verfeinern [lat.]
**Urbanistik** (die, -, nur Ez.) Wissenschaft der Stadtentwicklung
**Urbanität** (die, -, nur Ez.) das Urbansein
**urbi et orbi** (Adj.) der Stadt Rom und dem Erdkreis (als Formel für den vom Papst allen Katholiken gespendeten Segen) [lat.]
**Urbs aeterna** (die, - -, nur Ez.) lat. für „die ewige Stadt", Beiname Roms
**Urdu** (das, -(s), nur Ez.) Staatssprache Pakistans
**Urea** (die, -, nur Ez.) der Harnstoff [gr.-nlat.]
**Ureter** (der, -s, -/-teren) Harnleiter [gr.]
**Urethra** (die, -, -ren/-thren) Harnröhre (Med.) [gr.]
**Urethritis** (die, -, -tiden) Harnröhrenentzündung [gr.]
**urgent** (Adj.) dringend [lat.]
**Urgenz** (die, -, -en) Dringlichkeit [lat.]
**urgieren** (V.) drängen (österr.) [lat.]
**Urian** (der, -s, -e) unangenehmer Mensch
**Uriasbrief** (der, -(e)s, -e) Brief, der dem Boten (Uria) Unglück beschert (nach Uria aus 2. Samuel 11)
**Urin** (der, -s, -e) Harn [gr.-lat.]
**Urinal** (das, -s, -e) Harnflasche, -gefäß; Urinierbecken (in Herrentoiletten)
**urinieren** (V.) harnen [gr.-lat.]
**urinös** (Adj.) urinähnlich; harnstoffhaltig
**Urne** (die, -, -n) 1 Gefäß für die Asche eines Feuerbestatteten 2 Stimmzettelkasten [lat.]
**urogenital** (Adj.) zu den Harn- und Geschlechtsorganen gehörig [gr.]
**Urolith** (der, -s oder -en, -en) Harnstein [gr.]
**Urologe** (der, -n, -n) Urologiefacharzt
**Urologie** (die, -, nur Ez.) Wissenschaft von den Erkrankungen der Harnorgane und der männlichen Geschlechtsorgane [gr.]
**Uroskopie** (die, -, -n) Harnuntersuchung (Med.)
**Ursulinerin** *auch:* Ursuline (die, -, -nen oder -n) Angehörige eines katholischen Nonnenordens
**Urtikaria** (die, -, nur Ez.) Nesselsucht [lat.]
**Urubu** (der, -s, -s) Rabengeier Südamerikas [indian.-span.]
**Usance** *auch:* Usanz [yzɑ̃s] (die, -, -(e)n) Geschäfts-, Handelsgepflogenheit [frz.]
**Usanz** (die, -, -en) = Usance (schweiz.)
**USB** (der, -(s), -s) (Abk.) **U**niversal **S**erial **B**us. Leitung zur Datenübertragung [engl.]
**USB-Stick** (der, -s, -s) kleines USB-Gerät, das als Datenspeicher dient [engl.]
**Uschanka** (die, -, -s) mit Ohrenklappen versehene Pelzmütze [russ.]
**Uschki** (nur Mz.) russische Pasteten [russ.]
**User** [juːzə] (der, -s, -) engl. für „Benutzer", Anwender; z.B. von Computern; auch Drogenabhängiger (Szenejargon) [engl.]
**usuell** (Adj.) gebräuchlich [frz.]
**Usukapion** (die, -, -en) Erwerb von Eigentum durch langen Eigenbesitz
**Usurpation** (die, -, -tionen) das Usurpieren
**Usurpator** (der, -s, -toren) jmd., der (den Thron) usurpiert hat, Thronräuber
**usurpieren** (V.) unrechtmäßig aneignen; den Thron rauben [lat.]
**Usus** (der, -, nur Ez.) Brauch [lat.]
**Ususfruktus** (der, -, nur Ez.) Nießbrauch von etwas
**Utensil** (das, -s, -silien) Hilfsmittel, Gebrauchsgegenstand [lat.]
**uterin** (Adj.) zum Uterus gehörig
**Uterus** (der, -, -ri) Gebärmutter [lat.]
**utilitär** (Adj.) nur auf den Nutzbrauch gerichtet
**Utilitarier** (der, -s, -) = Utilitarist
**Utilitarismus** (der, -, nur Ez.) Nützlichkeitsdenken [lat.]
**Utilitarist** (der, risten, -risten) Nützlichkeitsdenker [lat.]

**uti|li|ta|ris|tisch** (Adj.) zum Utilitarismus gehörig, nützlichkeitsdenkend; nutzbringend
**Uti|li|ty** [juːtɪlɪtɪ] (die, -s, -s) Zweck, Möglichkeit
**Uto|pia** (das, -(s), nur Ez.) Land der Wunschträume [gr.]
**Uto|pie** (die, -, -n) Wunschbild; unrealistischer Plan [gr.]
**uto|pisch** (Adj.) wie eine Utopie, unerfüllbar
**Uto|pis|mus** (der, -, -men) Hang zu Utopien, utopische Vorstellung
**Utra|quis|mus** (der, -, nur Ez.) Bildungskonzept, das Geistes- und Naturwissenschaften im gleichen Maße vermittelt; Lehre der Utraquisten [lat.-nlat.]
**ut su|pra** lat. für „wie oben", wie vorher (Musik) [lat.]
**Uva|chro|mie** (die, -, nur Ez.) veraltetes Verfahren für Dreifarbenkopien; z.B. Herstellung von naturfarbenen Diapositiven [lat.-gr.]
**UV-Strah|len** (nur Mz.) ultraviolette Strahlen
**Uvu|la** (die, -, -lae [-lɛː]) Gaumenzäpfchen [lat.]
**Uvu|lar** (der, -s, -e) Gaumenzäpfchenlaut; z.B. das „r" am Wortanfang, das „k" im Arabischen [lat.]

# V

**Vabanque** *auch:* va banques [vabɑ̃:k] alles auf eine Karte; Vabanque spielen: alles riskieren [frz.]
**vacat** es fehlt (für leere Buchseiten); pausierend (in der Musik) [lat.]
**Vacheleder** [vaʃ-] (das, -s, -) Rindsleder für Schuhsohlen [frz.]
**vacillando** [vatʃi-] (Adj.) schwankend; Vortragsanweisung (Musik) [ital.]
**Vademekum** (das, -s, -s) kleiner Ratgeber (in Buchform) [lat.]
**Vadium** (das, -s, -dien) Anzahlung
**vados** (Adj.) versickert, in der Erdkruste zirkulierend (von Oberflächenwasser) [lat.]
**vae victis!** [vɛ:-] wehe den Besiegten! [lat.]
**vag** (Adj.) = vage
**Vagabund** (der, -en, -en) Herumtreiber; Landstreicher [lat.]
**vagabundieren** (V.) das Leben eines Vagabunden führen, sich herumtreiben [lat.]
**Vagant** (der, -en, -en) umherziehender Sänger (im Mittelalter); Straßenliterat [lat.]
**vage** *auch:* vag (Adj.) unbestimmt, verschwommen
**vagieren** (V.) umherschweifen [lat.]
**vagil** (Adj.) fähig, sich frei zu bewegen
**Vagina** [-gi:-] (die, -, -nen) weibliche Scheide [lat.]
**vaginal** (Adj.) zur Vagina gehörig; z.B. vaginaler Orgasmus
**Vaginismus** (der, -, -men) Scheidenkrampf [lat.]
**Vaginitis** (die, -, -nitiden) Scheidenentzündung [lat.-gr.]
**Vagotomie** (die, -, -n) Durchtrennung des Vagus, des Hauptnervs des parasympathischen Nervensystems (Med.)
**Vagotonie** (die, -, -n) erhöhte Erregbarkeit des parasympathischen Nervensystems (Med.)
**vagotrop** (Adj.) auf den Vagus wirkend (Med.)
**Vagus** (der, -, nur Ez.) der zehnte Gehirnnerv [lat.]
**vakant** (Adj.) frei, offen; z.B. vakante Lehrstellen [lat.]
**Vakanz** (die, -, -en) **1** das Vakantsein **2** Ferien (veraltet) [lat.]
**Vakat** (das, -(s), -s) leere Seite (eines Druckbogens) [lat.]
**Vakuole** (die, -, -n) Zellplasmabläschen, das mit Flüssigkeit angefüllt ist; z.B. bei Einzellern [frz.]
**Vakuum** (das, -s, -kua oder -kuen) nahezu luftleerer Raum, leerer (Zeit-)Raum [lat.]
**Vakuummeter** (das, -s, -) hochsensibler Luftdruckmesser [lat.-gr.]
**Vakuumpumpe** (die, -, -n) Pumpe, die einen luftleeren Raum erzeugen kann
**Vakzination** (die, -, -tionen) immunisierende Impfung [lat.]
**Vakzine** (die, -, -n) Impfstoff [lat.]
**vakzinieren** (V.) immunisierend impfen [lat.]
**vale!** leb wohl! [lat.]
**Valediktion** [-tsjo:n] (die, -, -tionen) Abschiedsrede [lat.-nlat.]
**Valenz** (die, -, -en) Wertigkeit (eines chemischen Stoffes, eines Verbs) [lat.]
**Valenzelektron** (das, -s, -en) Elektron in der Schale eines Atoms, das dessen Eigenschaften bestimmt (Chem.)
**Valenzgrammatik** (die, -, -en) Grammatik, bei der die Wertigkeit des Verbs bei der Bestimmung der Satzstruktur im Mittelpunkt steht (Sprachwissenschaft)
**Valenzzahl** (die, -, -en) Wertigkeit eines Atoms (Chem.)
**Valeriana** (die, -, -nen) Baldrian (als Heilpflanze); z.B. Valerianae radix: die getrocknete Baldrianwurzel [lat.]
**Valet** (das, -s, -s) Lebewohl [lat.]
**Valeur** [valœr] (der, -s, -s) **1** Wertpapier **2** Farbwert, Hell-Dunkel-Abstufung
**valid** (Adj.) genau, gültig; wirkungsvoll; z.B. ein valides Verfahren zur wissenschaftlichen Aussagenbildung [frz.]
**Validation,** (die, -, -en) Gültigkeitserklärung
**validieren** (V.) die Aussagekraft feststellen

**Va'li'di'tät** (die, -, nur Ez.) das Validsein
**Va'lin** (das, -s, nur Ez.) Aminosäure des Nerven- und Muskelsystems (Med.)
**Va'lo'ren** (nur Mz.) Wertpapiere; Wertsachen [lat.]
**Va'lo'ri'sa'ti'on** (die, -, -ti'o̱nen) das Valorisieren
**va'lo'ri'sie'ren** (V.) aufwerten, den Preis anheben (um den Erzeuger von Staats wegen zu stützen) [lat.]
**Val'po'li'cel'la** [-tʃɛl-] (der, -(s), nur Ez.) italienischer Rotwein aus dem Gardaseegebiet
**Va'lu'ta** (die, -, -ten) 1 ausländische Währung 2 Verzinsungs-, Zahlungstermin 3 (nur Mz.) Zinsscheine auf ausländische Währungen [it.]
**Va'lu'ta'klau'sel** (die, -, -n) 1 Klausel, wonach der Wechselnehmer in bar bezahlen muß 2 Wertsicherungsklausel, wonach der Betrag in einer ausländischen, inflationssicheren Währung ausgedrückt wird
**Val'va'ti'on** (die, -, -ti'o̱nen) Wertbestimmung (im Finanzwesen) [frz.]
**Vamp** [væmp] (der, -s, -s) extravagant-dämonische Frau [engl.]
**Vam'pir** (der, -s, -e) 1 Toter, der nachts aus dem Grab steigt, um an Schlafenden Blut zu saugen 2 Blut leckende südamerikanische Kleinfledermaus [slaw.]
**Va'na'din** (das, -s, nur Ez.) = Vanadium
**Va'na'din'stahl** (der, -s, nur Ez.) durch Vanadium gehärteter Stahl
**Va'na'di'um** *auch:* Va'na'di̱n (das, -s, nur Ez.) ein Element, Hartmetall [nlat.]
**Van-Car'ri'er** [væn-kærɪə] (der, -s, -) Gerät zum Be- und Entladen von Schiffen [engl.]
**Van'da'le** *auch:* Wan'da'le (der, -n, -n) 1 Angehöriger des germanischen Stammes der Wandalen 2 ein wild zerstörender Mensch
**Van'da'lis'mus** *auch:* Wan'da'li̱s'mus (der, -, nur Ez.) blinde Zerstörungswut [nlat.]
**Va'nil'le** [-niːjə] oder [-nɪlə] (die, -, nur Ez.) eine tropische Orchidee; deren Fruchtkapseln als süß-aromatisches Gewürz [span.-frz.]
**Va'nil'lin** (das, -s, nur Ez.) ein (synthetisch hergestellter) Aldehyd (als Hauptbestandteil fermentierter Vanillefrüchte) [nlat.]
**va'ni'tas va'ni'ta'tum** alles ist eitel (nichtig) [lat.]
**Va'peurs** [vapøːr] (nur Mz.) 1 Blähungen 2 üble Laune [frz.]
**Va'po'ri'me'ter** (das, -s, -) Gerät zur Messung der Alkoholkonzentration in Flüssigkeiten
**Va'po'ri'sa'ti'on** (die, -, -ti'o̱nen) das Vaporisieren
**va'po'ri'sie'ren** (V.) 1 verdampfen 2 den Alkoholgehalt bestimmen [lat.]
**Va'ria** (nur Mz.) Verschiedenes; z.B. Bücher über Wissensgebiete, die sich nicht den Großgruppen zuordnen lassen [lat.]
**va'ri'a'bel** (Adj.) veränderlich, veränderbar [frz.]
**Va'ri'a'bi'li'tät** (die, -, nur Ez.) das Variabelsein
**Va'ri'a'ble** (die, -n, -n) veränderliche Größe (in der Mathematik) [frz.]
**va'ri'ant** (Adj.) veränderlich (unter bestimmten Voraussetzungen) [frz.]
**Va'ri'an'te** (die, -, -n) Abart, Spielart; Abweichung; z.B. einer Textfassung [frz.]
**Va'ri'anz** (die, -, nur Ez.) Merkmalsstreuung [frz.]
**Va'ri'a'ti'on** (die, -, -ti'o̱nen) Abweichung, Veränderung, Abwandlung; z.B. eines musikalischen Themas [lat.]
**Va'ri'a'ti'ons'rech'nung** (die, -, -en) Berechnung der Minimal- und Maximalwerte einer Funktion (Math.)
**Va'ri'el'le** (die, -, -n) Pocke (Med.)
**Va'ri'e'tät** [-riə-] (die, -, -en) geringfügiger Merkmalsunterschied; Spielart; z.B. die rote und die schwarze Varietät des Eichhörnchens
**Va'ri'e'tee** *auch:* Va'ri'e'té̱ [-rjeteː] (das, -s, -s) bunt wechselnde Bühnenschau (mit Tanz, Gesang, Akrobatik u.a.) [frz.]
**va'ri'ie'ren** (V.) abwandeln, verändern; abweichen [lat.]
**va'ri'kös** (Adj.) mit Varizen, krampfaderähnlich
**Va'ri'o'la** *auch:* Va'ri̱'o'le (die, -, -lae [-lɛː] oder -ri'o̱'len) Pocken [lat.]
**Va'ri'o'la'ti'on** (die, -, -en) Pockenimpfung (Med.)
**Va'rio'me'ter** (das, -s, -) 1 feiner Luftdruckmesser, der Sink-und Steigge-

V

schwindigkeit anzeigt (in Flugzeugen) **2** verstellbare Spule [lat.-gr.]
**Va'ri'o'ob'jek'tiv** (das, -s, -e) Objektiv mit stufenlos verstellbarer Reichweite
**Va'ris'zit** (der, -s, -e) Mineral
**Va'ri'typer** [veərɪtaɪpə] (der, -s, -) Setzmaschinentyp, der auf dem Prinzip der Schreibmaschine beruht [engl.]
**Va'rix** (die, -, -ri̱zen) Krampfader [lat.]
**Va'ri'ze** (die, -, -n) = Varix
**Va'ri'zel'len** (meist Mz.) Windpocken [lat.]
**va'sal** (Adj.) zu den Blutgefäßen gehörig [lat.]
**Va'sall** (der, -en, -en) Lehnsmann; Anhänger [kelt.-frz.]
**Va'sal'len'staat** (der, -es, -en) offiziell unabhängiger, wirtschaftlich oder politisch aber von einer Großmacht abhängiger Staat
**Va'se** (die, -, -n) **1** antikes getöpfertes Gefäß **2** Ziergefäß (für Schnittblumen) [frz.]
**Va'sek'to'mie** (die, -, -n) operative Entfernung eines Samenleiterstücks (zur Unfruchtbarmachung) [lat.]
**Va'se'lin** (das, -s, nur Ez.) = Vaseline
**Va'se'li'ne** *auch:* das Va'se'li̱n (die, -, nur Ez.) Paraffin-Mineralölsalbe [Kunstwort] [dt.-gr.]
**vas'ku'lär** *auch:* vas'ku'lar (Adj.) zu einem (Blut-, Lymph-) Gefäß gehörig [lat.]
**Vas'ku'la'ri'sa'ti'on** (die, -, -en) Bildung von Blutgefäßen (Med.)
**vas'ku'lös** (Adj.) reich an Blutgefäßen (Med.)
**Va'so'di'la'ta'tor** (der, -s, -to'ren) die Durchblutung förderndes Medikament
**Va'so'kon'strik'tor** (der, -s, -to'ren) die Durchblutung hemmendes Medikament (Med.)
**Va'so'li'ga'tur** (die, -, -en) Abklemmen von Blutgefäßen (Med.)
**va'so'mo'to'risch** (Adj.) die Gefäßnerven betreffend
**Va'so'ple'gie** (die, -, -n) Gefäßlähmung (Med.)
**Vas'ta'ti'on** [-tsjoːn] (die, -, -ti'o̱nen) Verwüstung [lat.]
**Va'ti'kan** (der, -s, nur Ez.) die päpstliche Residenz [lat.]
**va'ti'ka'nisch** (Adj.) zum Vatikan gehörig
**Va'ti'ka'num** (das, -s, nur Ez.) allgemeines Konzil der katholischen Kirche, das im Vatikan stattfindet
**Vau'de'ville** [vodvil] (das, -s, -s) komisches Singspiel (früher) [frz.]
**Ve'da** (der, -(s), -den oder -s) = Weda
**Ve'du'te** (die, -, -n) naturgetreues Bild von einer Stadt (Landschaft) [it.]
**ve'gan** (Adj.) den Veganismus betreffend
**Ve'ga'ner** (der, -s, -) Vegetarier, der auch keine tierischen Produkte wie z.B. Eier isst
**Ve'ga'nis'mus** (der, -, nur Ez.) Form des Vegetarismus, des fleischlosen Essens, die gänzlich auf tierische Produkte wie z.B. Eier verzichtet
**ve'ge'ta'bil** (Adj.) = vegetabilisch
**Ve'ge'ta'bi'li'en** (nur Mz.) essbare Pflanzen (-teile) [lat.]
**ve'ge'ta'bi'lisch** (Adj.) zu den Vegetabilien gehörig
**Ve'ge'ta'ri'er** (der, -s, -) jmd., der sich ausschließlich von Pflanzen, Pflanzenprodukten (und Eiern, Milcherzeugnissen) ernährt [lat.]
**ve'ge'ta'risch** (Adj.) zum Vegetarismus gehörig, in seinem Sinn; pflanzlich
**Ve'ge'ta'ris'mus** (der, -, nur Ez.) weltanschaulicher Verzicht auf Fleischnahrung [lat.]
**Ve'ge'ta'ti'on** (die, -, -ti'o̱nen) Pflanzengemeinschaft (eines Lebensraums); Pflanzendecke; Pflanzenwuchs [lat.]
**Ve'ge'ta'ti'ons'pe'ri'o'de** (die, -, -n) Wachstumszeitraum von Pflanzen
**ve'ge'ta'tiv** (Adj.) **1** zur Vegetation gehörig, pflanzlich **2** ungeschlechtlich; z.B. vegetative Vermehrung **3** nicht vom Willen gesteuert, zum Nervensystem gehörig, vegetative Dystonie: Fehlsteuerung verschiedener (Kreislauf-)Organe [lat.]
**ve'ge'tie'ren** (V.) armselig-bedrückt dahinleben [lat.]
**ve'he'ment** (Adj.) heftig, ungestüm [lat.]
**Ve'he'menz** (die, -, nur Ez.) Heftigkeit, Ungestüm [lat.]
**Ve'hi'kel** (das, -s, -) **1** schlechtes, schrottreifes Fahrzeug **2** Möglichkeit, etwas zu erreichen; z.B. eine Arbeit als Vehikel
**Vek'tor** (der, -s, -to̱ren) durch einen Pfeil dargestellte gerichtete Größe (in der Mathematik) [lat.]

**Vek'tor'kar'dio'gra'fie** *auch:* Vek'tor'kar'dio'gra'phie (die, -, -n) Messung des Verlaufs der Herzmuskeltätigkeit (Med.)
**Vek'tor'kar'dio'gra'phie** (die, -, -n) = Vektorkardiografie
**Vek'tor'rech'ner** (der, -s, -) elektronischer Rechner, der parallele Operationen durchführen kann
**ve'lar** (Adj.) am Gaumensegel gebildet; velarer Laut [lat.]
**Ve'lar** (der, -s, -e) Gaumensegellaut; z.B. das „ch" in Docht [lat.]
**Ve'lin** [velɛ̃] (das, -s, nur Ez.) pergamentartiges Papier [frz.]
**Vel'le'i'tät** (die, -, -en) unwirksames Wünschen [frz.]
**Ve'lo** (das, -s, -s) Fahrrad (schweiz.) [frz.]
**ve'lo'ce** [veloːtʃe] (Adv.) schnell (bei Musikstücken) [it.]
**Ve'lo'drom** (das, -s, -e) Hallenradrennbahn mit höher gebauten Kurvenrändern [lat.-gr.]
**Ve'lour** [-luːɐ] (das, -s, -s) = Velours
**Ve'lours** *auch:* das Ve'lour [-luːɐ] (der, -, -) ein samtartiger Stoff [frz.]
**Ve'lours'le'der** [vəlu̲ːr-] (das, -s, -) Leder mit samtartiger Oberfläche [frz.]
**Ve'lou'tine** [vəluːtiːn] (der, - oder -s, -s) weicher Halbseidenrips
**Ve'lo'zi'ped** (das, -(e)s, -e) Fahrrad [frz.]
**Ve'lum** (das, -s, -la) **1** Schultertuch kath. Priester, Tuch zum Bedecken der Abendmahlsgeräte **2** weicher Gaumen, Gaumensegel **3** Stiel und Hut bedeckende Hülle (junger Blätterpilze) [lat.]
**Vel'vet** (der oder das, -s, -s) Baumwollsamt [engl.]
**Ven'det'ta** (die, -, -ten) Blutrache [it.]
**Ve'ne** (die, -, -n) Blutader [lat.]
**Ve'ne'fi'ci'um** (das, -s, -cia) Giftmord [lat.]
**Ve'n'ek'ta'sie** (die, -, -n) Venenerweiterung durch Erschlaffen der Gefäßwände (Med.) [lat.-gr.]
**ve'ne'nös** (Adj.) giftig
**Ve'ne'num** (das, -s, -na) Gift (Med.) [lat.]
**ve'ne'ra'bel** (Adj.) ehrwürdig (veraltet) [frz.]
**Ve'ne'ra'bi'le** (das, - oder -s, nur Ez.) Allerheiligstes [lat.]
**ve'ne'risch** (Adj.) zu den Geschlechtskrankheiten gehörig [lat.]
**Ve'ne'ro'lo'ge** (der, -n, -n) Facharzt für Geschlechtskrankheiten (Med.) [lat.-gr.]
**Ve'ne'zi'a'ner** (der, -s, -) Ew. von Venedig
**ve'ne'zi'a'nisch** (Adj.) zu Venedig gehörig
**Ve'ne'zi'a'nisch'rot** (das, -(e)s, nur Ez.) = Caput mortuum, Eisenoxid, das als Malerfarbe und zum Polieren von Eisen und Glas verwendet wird
**Ve'ne'zo'la'ner** (der, -s, -) Ew. des südamerikanischen Staates Venezuela
**ve'ne'zo'la'nisch** (Adj.) zu Venezuela gehörig, von dort stammend
**Ve'nia Le'gen'di** (die, - -, nur Ez.) Lehrberechtigung für Universitäten [lat.]
**ve'ni, vi'di, vi'ci** [-tsi] ich kam, sah und siegte [lat.]
**Ve'no'le** (die, -, -n) kleinste Vene (Med.)
**ve'nös** (Adj.) zu den Venen gehörig; z.B. venöses Blut
**Ven'til** (das, -s, -e) **1** Vorrichtung zur Steuerung und Absperrung des Durchflusses von Gasen, Luft, Wasser **2** Möglichkeit, etwas loszuwerden (ugs.); z.B. Musik als Ventil angestauter Aggressionen [lat.]
**Ven'ti'la'ti'on** (die, -, -ti̲o̲nen) das Ventilieren
**Ven'ti'la'tor** (der, -s, -to̲ren) Raumbelüfter mit Motorpropeller [lat.]
**ven'ti'lie'ren** (V.) **1** lüften **2** erörtern [lat.]
**ven'tral** (Adj.) bauchwärts, zur Bauchseite gehörig, dahin gerichtet [lat.]
**Ven'tri'kel** (der, -s, -) Herz-, Hirnkammer; bauchartige Ausstülpung von Organen
**ven'tri'ku'lar** *auch:* ven'tri'ku'la̲r (Adj.) zum Ventrikel gehörig, kammerförmig [lat.]
**Ven'tri'lo'quist** (der, -qui̲s'ten, -qui̲s'ten) Bauchredner [lat.]
**Ve'ran'da** (die, -, -den) überdachter (verglaster) An-, Vorbau [Hindi-engl.]
**Verb** (das, -s, -en) Zeitwort [lat.]
**ver'bal** (Adj.) **1** als Verb gebraucht **2** mündlich
**Ver'bal'ad'jek'tiv** (das, -s, -e) von einem Verb abgeleitetes Adjektiv; z.B. zahlbar; Verbform, die als Adjektiv verwendet wird; z.B. leuchtend (Partizip)
**Ver'ba'le** (das, -s, -li'en) von einem Verb abgeleitetes Wort; z.B. „Schreiber" von „schreiben" [lat.]

**Ver'bal'ero'ti'ker** (der, -s, -) jmd., der ständig über Sex redet, ihn aber wenig vollzieht (Psych.)
**Ver'bal'in'ju'rie** (die, -, -n) mündliche Beleidigung [lat.]
**ver'ba'li'sie'ren** (V.) **1** zu einem Verb umbilden; z.B. „vergrößern" zu „groß" **2** in Worte fassen [frz.]
**Ver'ba'lis'mus** (der, -, nur Ez.) Wortemacherei [lat.]
**Ver'ba'list** (der, -lis'ten, -lis'ten) Wortemacher, Sprücheklopfer [lat.]
**ver'ba'lis'tisch** (Adj.) zum Verbalismus gehörig
**ver'ba'li'ter** (Adv.) wörtlich [lat.]
**Ver'bal'kom'po'si'tum** (das, -s, -ta) Verb, das aus mehreren anderen selbstständigen Verben zusammengesetzt ist
**Ver'bal'kon'kor'danz** (die, -, -en) Konkordanz mit einem alphabetischen Verzeichnis gleicher oder ähnlicher Wörter oder Textstellen
**Ver'bal'kon'trakt** (der, -(e)s, -e) Vertrag in mündlicher Form
**Ver'bal'no'te** (die, -, -n) mündlich zu übermittelnde, vertrauliche diplomatische Note [lat.]
**Ver'bal'phra'se** (die, -, -n) Wortgruppe, bestehend aus einem Verb und von ihm abhängigen Satzgliedern; z.B. „kam schnell zu ihm" (Sprachwissenschaft)
**Ver'bal'stil** (der, -(e)s, nur Ez.) Schreib- und Redestil, bei dem Verben bevorzugt werden
**ver'bar'ri'ka'die'ren** (V.) sich oder etwas zum Schutz verrammeln
**Ver'bas'kum** (das, -s, -ken) Königskerze
**Ver'be'ne** (die, -, -n) Eisenkraut (Bio.)
**ver'bi cau'sa** lat. für: zum Beispiel; Abk.: v. c.
**Ver'bo'si'tät** (die, -, nur Ez.) Wortfülle
**Ver'bum** (das, -s, -ba) = Verb
**Ver'dikt** (das, -(e)s, -e) Urteil [lat.]
**Ver'du're** [verdy:r] (die, -, -n) Wandteppich in vornehmlich grünen Farbtönen [lat.-frz.]
**Ver'genz** (die, -, -en) Richtung des Faltenwurfs bei Gebirgen (Geol.)
**Ve'ri'fi'ka'ti'on** (die, -, -ti'o'nen) das Verifizieren
**ve'ri'fi'zie'ren** (V.) die Richtigkeit darlegen, bestätigen [lat.]
**Ve'ris'mo** (der, -, nur Ez.) Richtung der Literatur und des Films, die sich mit sozialen Problemen beschäftigt [it.]
**Ve'ris'mus** (der, -, nur Ez.) die Wirklichkeit deutlich, schonungslos darstellende Kunstrichtung (in der italienischen Literatur, Malerei, Musik u.a.) [it.-nlat.]
**ve'ris'tisch** (Adj.) zum Verismus gehörig
**ve'ri'ta'bel** (Adj.) wahrhaft [frz.]
**ver'klau'su'lie'ren** (V.) etwas durch Vorbehalte einschränken
**ver'ma'le'dei'en** (V.) verfluchen
**Ver'meil** [vɛrmɛj] (das, -s, nur Ez.) leicht vergoldetes Silber [frz.]
**ver'mi'zid** (Adj.) wurmtötend
**Ver'mi'zid** (das, -s, -e) wurmtötendes Arzneimittel (Med.)
**ver'mu'ren** (V.) ein Schiff vertäuen [engl.]
**Ver'nis'sa'ge** [-ʒə] (die, -, -n) Veranstaltung, bei der geladene Gäste in einen Ausstellungsraum kommen, um neue Kunstwerke zu betrachten und darüber zu diskutieren [frz.]
**Ver'ril'lon** (das, - oder -s, -s) Glasglockenspiel [frz.]
**Ver'ru'ca** (die, -, -cae) Warze (Med.)
**ver'ru'kös** (Adj.) warzenförmig [lat.]
**Vers** [fɛrs], österr. [vɛrs] (der, -es, -e) **1** gebundene, gegliederte Zeile (einer Dichtung) **2** = Strophe [lat.]
**Ver'sal** (der, -s, -sa'li'en) Großbuchstabe [lat.]
**Ver'sal'schrift** (die, -, nur Ez.) Schrift nur aus Großbuchstaben
**ver'sa'til** (Adj.) beweglich
**Vers blanc** [vɛrblɑ̃] (der, - -, - -s) reimloser Vers [frz.]
**Ver'set'to** (das, -s, -s oder -ti) kurzes Orgelzwischenspiel (Mus.)
**Vers'fuß** (der, -(e)s, -füße) aus Hebungen und Senkungen bestehende rhytmische Einheit eines Verses
**ver'siert** (Adj.) gute Kenntnisse besitzend, beschlagen, bewandert [frz.]
**Ver'si'fi'ka'ti'on** (die, -, -ti'o'nen) das Versifizieren
**ver'si'fi'zie'ren** (V.) in Verse bringen [lat.]
**Ver'si'on** (die, -, -si'o'nen) **1** Fassung, Lesart **2** Übersetzung (einer Fremdsprache in die eigene Sprache) [frz.]
**ver'slu'men** [-slʌmən] (V.) verelenden von Stadtteilen

V

**ver'snobt** (Adj.) hochnäsig (ugs.)
**Ver'so** (das, -s, -s) Rückseite eines (Buch-, Papier-)Blattes [lat.]
**ver'sus** (Präp.) gegen [lat.]
**ver'ta'tur** man wende (als Korrekturanweisung, wenn Druckbuchstaben auf dem Kopf stehen) [lat.]
**ver'te wende** (das Notenblatt) [it.]
**ver'te'bral** (Adj.) zu einem Rückenwirbel, zur Wirbelsäule gehörig, von dort herrührend, aus Wirbeln bestehend [lat.]
**Ver'te'brat** (der, -en, -en) Wirbeltier [lat.]
**Ver'tex** (der, -, -ti'ces) der höchste Punkt eines Schädels (Med.)
**ver'ti'gi'nös** (Adj.) schwindelig, mit Schwindelgefühlen verbunden [lat.]
**ver'ti'kal** (Adj.) senkrecht [lat.]
**Ver'ti'ka'le** (die, -, -n) Senkrechte [lat.]
**Ver'ti'ka'lis'mus** (der, -, nur Ez.) die Gliederung eines Bauwerks stärker vertikal als horizontal ausrichten
**Ver'ti'ko** (das oder der, -s, -s) kleiner Schrank mit zwei Türen, darüber eine Schublade und ein Aufsatz
**ver'ti'ku'tie'ren** *auch:* ver'ti'ku'li'e'ren (V.) zur Lockerung des Bodens die Grasnarbe eines Rasens aufreißen [lat.-frz.]
**Ver've** [vɛrvə] (die, -, nur Ez.) Begeisterungsfeuer, Schwung [frz.]
**Ve'si'ca** (die, -, -cae [-tsɛ:]) Blase; z.B. Vesica fellea: Gallenblase; Vesica urinaria: Harnblase [lat.]
**Ve'si'kans** (das, -, -kan'tia oder -kan'zi'en) Blasen ziehendes Mittel [lat.]
**Ve'si'ka'to'ri'um** (das, -s, -ri'en) = Vesikans
**ve'si'ku'lär** (Adj.) bläschenartig
**Ves'per** [fɛs] (die, -, -n; bes. in Süddeutschland das, -s, -) Vormittagsimbiss (in Südwestdeutschland)
**ves'pern** (V.) eine Mahlzeit am Nachmittag einnehmen
**Ves'ta'lin** (die, -, -nen) altrömische jungfräuliche Priesterin, Hüterin des heiligen Feuers der Schutzgöttin Vesta [lat.]
**Ves'ti'bül** (das, -s, -e) Vorhalle, Kassenhalle (im Theater) [frz.]
**Ves'ti'bu'lar'ap'pa'rat** (der, -(e)s, -e) Gleichgewichtsorgan (Med.)
**Ves'ti'bu'lum** (das, -s, -la) **1** Vorhalle (altrömischer Häuser) **2** Vorhof, Vorraum (des Ohrlabyrinths, der Scheide) [lat.]
**Ve'su'vi'an** (der, -s, -e) ein Mineral, Schmuckstein [lat.]
**Ve'te'ran** (der, -en, -en) altgedienter Kämpfer [lat.]
**Ve'te'ri'när** (der, -s, -e) Tierarzt [lat.]
**Ve'to** (das, -s, -s) Einspruch [lat.]
**ve'xie'ren** (V.) necken; plagen [lat.]
**Ve'xier'bild** (das, -(e)s, -er) Bilderrätsel
**Ve'xier'glas** (das, -es, -glä'ser) seltsam geformtes Trinkgefäß, das zum Trinken Geschicklichkeit erfordert
**Ve'xier'rät'sel** (das, -s, -) Bilderrätsel, Suchbild
**Ve'xier'spie'gel** (der, -s, -) Zerrspiegel
**Ve'xil'lo'lo'gie** (die, -, nur Ez.) Lehre von der Bedeutung von Fahnen und Flaggen
**Ve'xil'lum** (das, -s, -la oder -len) altrömische Fahne [lat.]
**VGA** Abk. für **V**ideo **G**raphic's **A**rray, ein Grafikstandard (EDV)
**VHS** Abk. für **V**ideo **H**ome **S**ystem, ein System der Videoaufzeichnung
**via** (Präp.) über, auf dem Weg über; durch; z.B. etwas via Steuerberater erledigen [lat.]
**Via** (die, -, nur Ez.) Vorgehensweise [lat.]
**Via'dukt** (das oder der, -(e)s, -e) Talbrücke [frz.]
**Vi'a'ti'kum** (das, -s, -ka oder -ken) Sterbekommunion; „Wegzehrung" [lat.]
**Vi'bra'fon** (das, -s, -e) *auch:* Vi'bra'phon (das, -s, -e) Metall-Xylophon mit Resonanzröhren [lat.-gr.]
**Vi'brant** (der, -en, -en) Laut, für dessen Erzeugung Zunge und Zäpfchen schwingen
**Vi'bra'phon** (das, -s, -e) = Vibrafon
**Vi'bra'ti'on** (die, -, -ti'o'nen) **1** das Vibrieren; Beben, Erschütterung **2** [vaɪbreɪʃn] Schwingung (zwischen Personen gleicher „Wellenlänge"); positive, negative Ausstrahlung (die von einem Gegenstand ausgeht) [lat. bzw. engl.]
**Vi'bra'tions** [vaɪbreɪʃəns] (nur Mz.) **1** Bezeichnung für Empfindungen beim Drogenrausch **2** jmds. Ausstrahlung (ugs.) [engl.]
**vi'bra'to** (Adv.) bebend, schwingend (bei Musikstücken) [it.]
**Vi'bra'to** (das, -s, -s oder -ti) vibrato gesungenes, gespieltes Stück

**Vi'bra'tor** (der, -s, -to'ren) Schwingungserzeuger, Vibrationsmassagegerät (auch zur sexuellen Stimulation) [lat.]
**vi'brie'ren** (V.) leicht schwingen, kleine (akustisch wahrnehmbare) Erschütterungen bewirken, beben [lat.]
**Vi'brio** (der, -, -o'nen) Kommabakterie, Choleraerreger (Med.)
**Vi'bro'graf** *auch:* Vi'bro'graph (der, -en, -en) Messgerät zum Erfassen der Schwingungen bei Gebäuden, Brücken und Schiffen
**Vi'bro'graph** (der, -en, -en) = Vibrograf
**vi'ce ver'sa** [-tsə-] umgekehrt [lat.]
**Vi'chy** [viʃiː] (der, -, nur Ez.) karierte Stoffart [frz.]
**Vi'comte** [vikɔ̃t] (der, -s, -s) franz. Adelstitel (zwischen Baron und Graf, „Vizegraf")
**Vi'com'tesse** [vikɔ̃tɛs] (die, -, -n) weiblicher Vicomte
**Vi'deo** (das, -s, -s) **1** (nur Ez.) Verfahren zur Bild- und Tonaufzeichnung, Fernsehtechnik **2** Gerät, das nach einem dieser Verfahren arbeitet; Kassette für das Gerät [lat.-engl.]
**Vi'deo'clip** (der, -s, -s) Hit als Kurzfilm (auf Videokassette) [engl.]
**Vi'deo'de'co'der** (der, -s, -) Gerät, das den Empfang von Videotext beim Fernsehen möglich macht
**Vi'deo'kon'fe'renz** (die, -, -en) Besprechung, Sitzung, deren Teilnehmer sich an verschiedenen Orten aufhalten, aber durch vernetzte Videokameras einander sehen und hören können
**Vi'deo're'kor'der** *auch:* Vi'deo're'cor'der (der, -s, -) Gerät zum Be- und Abspielen von Videokassetten u.a. [engl.]
**Vi'deo'tech'nik** (die, -, nur Ez.) alle Aufzeichnungsverfahren für Bild und Ton mittels Videorekorder
**Vi'deo'te'le'fon** (das, -s, -e) Telefon, das neben der Stimme auch das Bild des Gesprächspartners liefert
**Vi'deo'text** (der, -(e)s, -e) von Fernsehsendern angebotene abrufbare Informationstafeln für den Fernsehbildschirm; Bildschirmtext
**Vi'deo'thek** (die, -, -en) **1** Sammlung von Videofilmbändern **2** Geschäft, das Spielfilme auf Videokassetten gegen Gebühr verleiht
**Vi'di** (das, -(s), -(s)) Bestätigung, etwas gesehen zu haben; z.B. ein Kürzel als Vidi unter ein Manuskript setzen [lat.]
**Vi'di'ma'ti'on** (die, -, -en) Beglaubigung [lat.]
**Vi'et'cong** [viːɛt-] (der, -s, -s) kommunistischer südvietnamesischer Guerilla
**Vi'et'na'me'se** [viːɛt-] (der, -n, -n) Ew. des südostasiatischen Staates Vietnam
**vif** (Adj.) aufgeweckt, lebhaft [frz.]
**Vi'gil** (die, -, -gi'li'en) Tag vor einem hohen kath. Kirchenfest [lat.]
**vi'gi'lant** (Adj.) erhöht reaktionsbereit, pfiffig [lat.]
**Vi'gi'lie** (die, -, -n) Nachtwache [lat.]
**Vi'gnet'te** [-ɲɛtə] (die, -, -n) **1** kleinformatiger (ornamentaler) Bildschmuck; z.B. am Anfang eines Buchkapitels **2** Schablone, die (zur Erzielung besonderer Effekte) einem Kameraobjektiv aufgesetzt wird **3** Gebührenmarke zur Autobahnnutzung [frz.]
**Vi'gor** (der, -s, nur Ez.) Lebenskraft (veraltet) [lat.]
**vi'go'ro'so** (Adv.) kraftvoll (bei Musikstücken) [it.]
**Vi'kar** (der, -s, -e) Stellvertreter (eines kath. Geistlichen); evangelischer Theologe, der von einem Pfarrer für die Praxis vorbereitet wird, Pfarrstellenanwärter [lat.]
**Vi'ka'ri'at** (das, -(e)s, -e) **1** Amt eines Vikars **2** praktische Ausbildungszeit für Pfarrer
**vi'ka'ri'ie'ren** (V.) jmdn. vertreten
**Vik'ti'mo'lo'gie** (die, -, nur Ez.) Teilgebiet der Kriminologie, das die Beziehungen des Opfers zu Tat und Täter untersucht [lat.- gr.]
**Vik'to'ria** (ohne Artikel) Sieg (als Freudenruf) [lat.]
**vik'to'ri'a'nisch** (Adj.) den Viktorianismus betreffend
**Vik'to'ri'a'nis'mus** (der, -, nur Ez.) sachliche Richtung in der englischen Kunst und Literatur Ende des 19. Jahrhunderts, benannt nach Königin Viktoria (1819–1901)
**Vik'tu'a'li'en** (nur Mz.) Lebensmittel (veraltet) [lat.]
**Vi'kun'ja** (das, -s, -s) wild lebende Art der Lamas mit hellrotbraunem Fell [Ketschua]

**Vil'la** (die, -, -len) prunkvolles (von einem weiten Garten umgebenes) Wohnhaus (Vorortvilla, Stadtvilla) [lat.]
**vil'lös** (Adj.) viele Zotten aufweisend (Med.)
**Vi'nai'gret'te** [vinɛgrɛt] (die, -, -n) Kräuter-Essig-Soße [frz.]
**Vin'ku'la'ti'on** (die -, -en) Erklärung, dass Aktien nur mit Einverständnis der Aktiengesellschaft verkauft werden dürfen
**Vi'no'thek** (die, -, -en) **1** kostbare Weinsammlung **2** Weinkeller mit Ausschank
**Vi'nyl** (das, -s, nur Ez.) die chemische Gruppe $CH_2 = CH$- (als Kunststoffbestandteil)
**Vin'zen'ti'ner** (der, -s, -) = Lazarist
**Vi'o'la** (die, -, -len) = Bratsche [it.]
**Vi'o'la'ti'on** (die, -, -ti'o'nen) gewalttätige Verletzung, Missbrauch, Schändung [lat.]
**Vi'o'le** (die, -, -n) Reviermarkierungsdrüse des Fuchses [lat.]
**vi'o'lent** (Adj.) heftig, gewaltsam [lat.]
**vi'o'lett** (Adj.) blaurot, fliederfarben, veilchenblau [frz.]
**Vi'o'lett** (das, -(s), -s, meist Ez.) violette Farbe
**Vi'o'li'ne** (die, -, -n) Geige [it.]
**Vi'o'lon'cel'lo** [-tʃɛl-] (das, -s, -s oder -li) violinähnliches, zwischen den Knien gespieltes Musikinstrument [it.]
**Vi'o'lo'ne** (der, -(s), -s oder -ni) Kontrabass
**VIP** Abk. für **V**ery **I**mportant **P**erson, eine sehr wichtige Person
**Vi'per** (die, -, -n) Giftschlange, Otter [lat.]
**vi'ral** (Adj.) verursacht durch ein Virus (Med.)
**Vi'ra'gi'ni'tät** (die, -, nur Ez.) männliches Sexualgefühl (bei Frauen) [lat.]
**Vi're'ment** [virmɑ̃] (das, -s, -s) unerlaubte Übertragung eines Haushaltsbetrages auf einen anderen, von einem Etatjahr auf das nächste [frz.]
**Vir'ga'ti'on** (die, -, -en) Auseinanderdriften von Gebirgsfalten (Geol.)
**Vir'gel** (die, -, -n) Schrägstrich (/) [lat.]
**Vir'gi'nal** (das, -s, -e) Musikinstrument, ähnlich dem Cembalo
**Vir'gi'ni'tät** (die, -, nur Ez.) Jungfräulichkeit [lat.]

V

**vi'ril** (Adj.) männlich, zu den männlichen Geschlechtsmerkmalen gehörig [lat.]
**Vi'ri'lis'mus** (der, -, nur Ez.) Vermännlichung (bei Frauen) [lat.]
**Vi'ri'li'tät** (die, -, nur Ez.) Männlichkeit [lat.]
**Vi'ro'lo'gie** (die, -, nur Ez.) Wissenschaft von den Viren [lat.-gr.]
**vi'rös** (Adj.) durch Viren hervorgerufen
**Vi'ro'se** (die, -, -n) Viruserkrankung
**Vir'tu'a'li'tät** (die, -, -en) Kraft, Energie
**Vir'tu'al Re'a'li'ty** [vɜːtʃʊəl riælɪtɪ] (die, -, -, nur Ez.) dreidimensionale Simulation von realen Objekten durch den Computer (EDV) [engl.]
**vir'tu'ell** (Adj.) scheinbar (vorhanden) [frz.]
**vir'tu'os** (Adj.) wie ein Virtuose
**Vir'tu'o'se** (der, -n, -n) jmd., der eine Kunstfertigkeit, Technik vollendet mühelos beherrscht; z.B. ein Geigenvirtuose [it.]
**Vir'tu'o'si'tät** (die, -, nur Ez.) Können, Meisterschaft eines Virtuosen
**vi'ru'lent** (Adj.) ansteckend, krank machend
**Vi'ru'lenz** (die, -, nur Ez.) Grad der Ansteckungsfähigkeit [lat.]
**Vi'rus** (das auch der, -, -ren) krankheitserregender Kleinstorganismus, der nur in lebenden Zellen Lebensfunktionen äußert [lat.]
**Vi'sa'ge** [-ʒə] (die, -, -n) abstoßendes, widerliches Gesicht [frz.]
**Vi'sa'gist** (der, -gis'ten, -gis'ten) Experte für das Schminken des Gesichts
**vis-a-vis** *auch:* vis-à-vis [-viː] (Adv.) gegenüber [frz.]
**Vis'ce'ra** (nur Mz.) = Viszera
**Vis'con'te** (der, -, -ti) italienischer Adelstitel (siehe Vicomte)
**Vis'con'tes'sa** (die, -, -se) italienische Adelige zwischen Gräfin und Baronin
**Vis'count** (der, -s, -s) englischer Adelstitel (siehe Vicomte)
**Vis'coun'tess** [vaɪkaʊntɪs] (die, -, -es) englische Adelige zwischen Gräfin und Baronin
**vi'si'bel** (Adj.) sichtbar [lat.]
**Vi'sier** (das, -s, -e) **1** Helmgitter, Gesichtsschutz mit senkrechten Schlitzen (an Ritterrüstungen) **2** Zieleinrichtung (an Gewehren, Geschützen) [frz.]

**vi|sie|ren** (V.) anzielen [frz.]
**Vi|sier|li|nie** (die, -, -n) Linie zwischen Kimme und Korn bei einer Schusswaffe
**Vi|si|on** (die, -, -si|o̲nen) übersinnliche Wahrnehmung; Traumvorstellung [lat.]
**vi|si|o|när** (Adj.) wie eine Vision, zu ihr gehörig, seherisch
**Vi|si|ta|ti|on** (die, -, -ti|o̲nen) **1** Abtastung, Untersuchung (der Kleider, des Körpers, von Sachen), um etwas Verborgenes zu finden **2** prüfender Vorgesetztenbesuch [frz.]
**Vi|si|ta|tor** (der, -s, -to̲ren) jmd., der eine Visitation macht
**Vi|si|te** (die, -, -n) **1** regelmäßiger Besuch eines behandelnden Arztes am Klinik-Krankenbett **2** kurzer Besuch [frz.]
**Vi|si|ten|kar|te** (die, -, -n) kleine Karte mit aufgedrucktem Namen, Adresse und eventuell Beruf oder Firma
**vis|kos** *auch:* vis|kö̲s (Adj.) seimig, zähflüssig [lat.]
**vis|kös** (Adj.) = viskos
**Vis|ko|se** (die, -, nur Ez.) zähflüssige Zellulosemasse; daraus hergestellter Kunststoff [lat.]
**Vis|ko|si|me|ter** (das, -s, -) Gerät zum Messen der Zähflüssigkeit von Flüssigkeiten (Phys.)
**Vis|ko|si|tät** (die, -, nur Ez.) das Viskossein
**Vis ma|jor** (die, - -, nur Ez.) höhere Gewalt
**Vis|ta** (die, -, nur Ez.) Vorzeigen eines Wechsels [it.]
**vi|su|a|li|sie|ren** (V.) für das Auge gefällig gestalten [lat.-engl.]
**Vi|su|a|li|zer** [vɪʒʊəlaɪzə] (der, -s, -) Werbegrafiker [lat.-engl.]
**vi|su|ell** (Adj.) zum Sehen gehörig, sichtbar, optisch bestimmt [lat.]
**Vi|sum** (das, -s, -sa oder -sen) Sichtvermerk; z.B. ein Stempel im Reisepass, der zur Ein- und Ausreise berechtigt [lat.]
**Vi|sus** (der, -, nur Ez.) Gesichtssinn [lat.]
**Vis|ze|ra** *auch:* Vis|ce|ra (nur Mz.) Eingeweide [lat.]
**vis|ze|ral** (Adj.) die Eingeweide betreffend (Med.)
**Vis|ze|rop|to|se** (die, -, -n) Senkung der Eingeweide (Med.)
**Vi|ta** (die, -, -tae [-tɛː] oder -ten) Lebensbeschreibung, Lebenslauf [lat.]
**vi|tae, non scho|lae dis|ci|mus** für das Leben, nicht für die Schule lernen wir [lat.]
**vi|tal** (Adj.) lebenskräftig lebensnotwendig, unerlässlich [lat.]
**Vi|tal|funk|ti|on** (die, -, -ti|o̲nen) lebenswichtige Aufgaben des Körpers; z.B. Atmung
**Vi|ta|li|en|brü|der** (Mz.) Seeräuber in der Nord- und Ostsee im 14. und 15. Jh. (bekanntester Vertreter: Klaus Störtebeker)
**Vi|ta|lis|mus** (der, -, nur Ez.) philosophische Lehre von einer besonderen (nicht naturwissenschaftlich erklärbaren) Lebenskraft [lat.]
**vi|ta|lis|tisch** (Adj.) zum Vitalismus gehörig
**Vi|ta|li|tät** (die, -, nur Ez.) das Vitalsein
**Vi|tal|ka|pa|zi|tät** (die, -, -en) der Luftvolumenunterschied der Lunge zwischen aus- und eingeatmetem Zustand (Med.)
**Vit|amin** (das, -s, -e) biochemisch wirksamer (meist mit der Nahrung zugeführter) organischer Stoff, der in Milligramm-Mengen zum Tagesbedarf eines Menschen (Tieres) gehört; z.B. Vitamin A, B, C [nlat.]
**vit|a|mi|ni|e|ren** (V.) mit Vitaminen anreichern [nlat.]
**vit|a|mi|ni|sie|ren** (V.) = vitaminieren
**Vi|ti|li|go** (die, -, -gi|nes) Pigmentfehler auf der Haut, hell erscheinender Fleck (Med.)
**vi|ti|ös** (Adj.) fehlerhaft, bösartig [lat.]
**Vi|ti|um** (das, -s, -tia) Fehler (Med.) [lat.]
**Vi|tri|ne** (die, -, -n) Glasschrank, Schaukasten [frz.]
**Vi|tri|ol** (das, -s, -e) Schwefelsäuresalz eines zweiwertigen Metalls in wässriger Lösung; z.B. Kupfervitriol [frz.]
**Vi|trum** (das, -s, -tra) Arzneiflasche [lat.]
**vi|va|ce** [-ʃe] (Adv.) lebhaft (bei Musikstücken) [it.]
**Vi|va|ri|um** (das, -s, -ri|en) Behälter zum Halten kleiner Tiere, z.B. ein Terrarium oder ein Aquarium
**Vi|vat** (das, -s, -s) Hochruf [lat.]
**Vi|vi|a|nit** (das, -s, -e) (auch Zahntürkis) ein Mineral, Blaueisenerz; [engl.-nlat.]
**vi|vi|par** (Adj.) lebend gebärend [lat.]

**Vi|vi|sek|ti|on** (die, -, -ti|o|nen) am lebenden Tier vorgenommener operativer Eingriff [lat.]
**vi|vi|se|zie|ren** (V.) eine Vivisektion machen
**Vi|ze** [fiː-], österr. [viː-] (der, -s, -s) jmd., der in einer Rangfolge an zweiter Stelle steht, Stellvertreter (ugs.) [lat.]
**Vi|ze|kanz|ler** (der, -s, -) Stellvertreter des Bundeskanzlers
**Vi|ze|prä|si|dent** (der, -en, -en) Stellvertreter eines Präsidenten
**vi|zi|nal** (Adj.) nachbarlich
**Vlies** (das, -es, -e) **1** Schaffell **2** Rohwolle des Schafes
**Vo|ce** [voːtʃe] (die, -, -ci) it. für: Singstimme
**Vo|co|der** (der, -s, -) elektronisches Gerät zur Erzeugung/Veränderung menschlicher Sprache [engl. Kurzwort aus voice coder]
**Vogue** [vɔg] (die, -, nur Ez.) Ansehen [frz.]
**voi|là!** [vwala] (Interj.) hier ist (er, sie, es)!, sieh her! [frz.]
**Voile** [vwal] (der, -, -s) schleierartiger Seidenstoff, transparentes Gewebe [frz.]
**Vo|ka|bel** (die, -, -n) einzelnes (zu erlernendes) Wort (einer Fremdspr.); hochtrabendes Wort; z.B. die Vokabeln der Tagespolitik [lat.]
**Vo|ka|bu|lar** (das, -s, -e) Vokabelverzeichnis; Wortschatz
**vo|kal** (Adj.) zur Singstimme gehörig, gesanglich [lat.]
**Vo|kal** (der, -s, -e) Selbstlaut; z.B. „a, e, i, o, u, ä, ö, ü" [lat.]
**vo|ka|lisch** (Adj.) zu einem Vokal gehörig, vokalähnlich; z.B. das „r" am Wortende vokalisch aussprechen
**vo|ka|li|sie|ren** (V.) **1** mit Vokalzeichen versehen (eine Konsonantenschrift) **2** als Vokal aussprechen
**Vo|ka|lis|mus** (der, -, nur Ez.) Vokalbestand, -entwicklung (einer Sprache)
**Vo|kal|mu|sik** (die, -, nur Ez.) Musik für Gesang ohne Instrumentalbegleitung
**Vo|ka|ti|on** (die, -, -ti|o|nen) Berufung (in ein Amt) [lat.]
**Vo|ka|tiv** (der, -s, -e) Anrede-, Anrufungskasus; z.B. polnisch panje „O Herr", zu pan „Herr" [lat.]

V

**Vo|lant** [vɔlɑ̃] (der, -s, -s) **1** Rüschenbesatz **2** Lenkrad (eines Rennsportwagens) [frz.]
**vo|la|til** (Adj.) verdunstend, flüchtig (Chem.)
**Vol-au-Vent** [vɔlovɑ̃] Blätterteigpastete, mit Ragout gefüllt [lat.-frz.]
**Vo|li|e|re** [vɔljɛːrə] (die, -, -n) großer Vogelkäfig, Flugkäfig [frz.]
**vo|li|tiv** (Adj.) willentlich; die Willensfähigkeit betreffend (Psych.)
**vol|ley** [vɒlɪ] (Adv.) im Flug (gespielt); eine Flanke volley nehmen [engl.]
**Vol|ley|ball** (der, -s, -bäl|le) **1** (nur Ez.) Mannschaftspiel **2** Ball für das Volleyballspiel
**Vo|lon|tär** (der, -s, -e) jmd., der (ohne Auszubildender zu sein) in einem journalistischen oder kaufmännischen Beruf ausgebildet wird [frz.]
**Vo|lon|ta|ri|at** (das, -(e)s, -e) Ausbildungszeit oder Stelle eines Volontärs [lat.-frz.-nlat.]
**vo|lon|tie|ren** (V.) als Volontär arbeiten
**Volt** (das, -(s), -) Maßeinheit der elektrischen Spannung [it.-nlat.]
**Volt|am|pere** (das, - oder -s, -) Einheit der elektrischen Arbeit (Phys.)
**vol|tie|ren** (V.) = voltigieren
**Vol|ti|geur** [-ʒøːɐ] (der, -s, -e) voltigierender Artist
**vol|ti|gie|ren** [-ʒiː-] (V.) auf einem gemächlich laufenden Pferd turnen [frz.]
**Volt|me|ter** (das, -s, -) Spannungsmesser [it.-nlat.-gr.]
**Volt|se|kun|de** (die, -, -n) Einheit des elektrischen Flusses (Phys.)
**Vo|lu|men** (das, -s, - oder -mi|na) **1** Rauminhalt **2** Umfang **3** Buchband [lat.]
**Vo|lum|pro|zent** *auch:* Vo|lu|men|pro|zent (das, -s, -e) Anteil eines Stoffes in 100 Kubikzentimeter einer Lösung (Prozentsatz vom Rauminhalt, Abk.: Vol.) [lat.]
**vo|lu|mi|nös** (Adj.) umfangreich, sehr viel [frz.]
**Vo|lun|ta|ris|mus** (der, -, nur Ez.) philosophische Lehre, nach der der Wille alles Tun bestimmt [nlat.]
**Vo|lun|ta|rist** (der, -ris|ten, -ris|ten) Anhänger des Voluntarismus
**vo|lun|ta|ris|tisch** (Adj.) zum Voluntarismus gehörig

**vo'lun'ta'tiv** (Adj.) den Willen betreffend (Philos.)
**vo'lup'tu'ös** (Adj.) begierig, wollüstig [frz.]
**Vo'lu'te** (die, -, -n) Schnecken-, Spiralornament [lat.]
**vol'vie'ren** (V.) überlegen, durchdenken, genau ansehen
**Vol'vox** (die, -, nur Ez.) Kugelalge
**Vol'vu'lus** (der, -, -li) Darmverschlingung
**vo'mie'ren** (V.) erbrechen [lat.]
**Vo'mi'tiv** (das, -s, -e) *auch:* Vo'mi'ti'vum (das, -s, -va) Brechmittel [lat.]
**Vo'mi'to'ri'um** (das, -s, -ri'en) Raum, in dem man sich nach übermäßigem Essen erbricht (im alten Rom) [lat.]
**Voo'doo** [vuduː] (der, -, nur Ez.) = Wodu
**Vo'ra'zi'tät** (die, -, nur Ez.) Gefräßigkeit [lat.]
**Vo'tant** (der, -en, -en) jmd., der ein Votum abgibt
**Vo'ta'ti'on** (die, -, -ti'o'nen) das Votieren
**vo'tie'ren** (V.) abstimmen, wählen, für oder gegen etwas, jmdn. stimmen [frz.]
**Vo'tiv** (das, -s, -e) mit einem Gelübde verbundene oder als Dank gespendete Gabe
**Vo'tiv'ka'pel'le** (die, -, -n) als Zeichen des Dankes gestiftete kleine christliche Kirche
**Vo'tiv'mes'se** (die, -, -n) katholischer Gottesdienst mit einem bestimmten Anlass
**Vo'tum** (das, -s, -ta oder ten) **1** Meinungsäußerung (zu einer öffentlichen Fragestellung) **2** Gelübde (veraltet) [lat.]
**Vou'cher** [vaʊtʃə] (der oder das, -s, -s) Buchungsbestätigung (in der Touristik) [engl.]
**Vou'te** [vuːtə] (die, -, -n) Gewölbe [frz.]
**Vox** (die, -, Vo'ces [-tseːs]) Stimme [lat.]
**Vo'yeur** [vwajøːɐ] (der, -s, -e oder -s) jmd., der sich durch Zusehen beim Geschlechtsverkehr oder beim Anblick Nackter befriedigt, Spanner [frz.]
**vo'zie'ren** (V.) berufen, vorladen
**V.S.O.P** Abk. für **V**ery **S**uperior **O**ld **P**roduct, Gütezeichen bei Weinbrand, Cognac
**vul'gär** (Adj.) **1** völlig unschicklich, schmutzig **2** gewöhnlich, unwissenschaftlich [lat.]
**Vul'ga'ri'tät** (die, -, -en) das Vulgärsein, vulgäre Äußerung
**Vul'gär'la'tein** (das, -s, nur Ez.) die Umgangssprache des Latein
**Vul'ga'ta** (die, -, nur Ez.) von der kath. Kirche als verbindlich erklärte lateinische Bibelfassung [lat.]
**vul'go** (Adv.) gemeinhin, gewöhnlich (bekannt als); z.B. Robert Zimmermann vulgo Bob Dylan [lat.]
**Vul'kan** (der, -s, -e) Feuer speiender Berg [nlat.]
**Vul'ka'ni'sa'ti'on** (die, -, -ti'o'nen) das Vulkanisieren
**vul'ka'nisch** (Adj.) zu einem Vulkan gehörig, im Gefolge von Vulkanismusvorgängen entstanden
**vul'ka'ni'sie'ren** (V.) die elastischen Eigenschaften von Kautschuk (durch Schwefelzusatz) verbessern [nlat.]
**Vul'ka'nis'mus** (der, -, nur Ez.) das Hervortreten glutflüssiger Massen (Magma) und von Gasen aus dem Erdinnern [nlat.]
**Vul'ka'nit** (der, -s, -e) erstarrtes Magma, vulkanisches Ergussgestein
**Vul'ka'no'lo'gie** (die, -, nur Ez.) Wissenschaft vom Vulkanismus [nlat.-gr.]
**vul'ne'ra'bel** (Adj.) verletzlich (Med.) [lat.]
**Vul'va** (die, -, -ven) äußere weibliche Geschlechtsteile (bes. bei Tieren) [lat.]
**Vul'vi'tis** (die, -, -ti'den) Entzündung der äußeren weiblichen Geschlechtsteile, der Vulva (Med.)
**Vul'vo'va'gi'ni'tis** (die, -, -ti'den) Entzündung der weiblichen Geschlechtsteile Vulva und Vagina (Med.)
**vu'o'ta** auf leerer Saite spielen (Mus.) [it.]

# W

**Wa'di** (der, -s, -s) nach Regengüssen Wasser führendes Flusstal (in Nordafrika) [arab.]
**Wa'fer** [weɪfə] (der, -s, -) Siliziumscheibe für einzelne Chips [engl.]
**Wag'gon** *auch:* Wa'gon [-gɔ̃] oder [-gɔ̃] (der, -s, -s) Eisenbahnwagen, Güterwagen [dt.-engl.-frz.]
**Wake'board** [weɪkboad] (das, -s, -s) Brett für Wasserschi und Wellenreiten [engl.]
**wake'boar'den** [weɪkboadən] (V.) Wasserschi fahren und Wellen reiten [engl.]
**Wal'kie-Tal'kie** [wɔːkɪtɔːkɪ] (das, -s, -s) tragbares Funksprechgerät [engl.]
**Wal'king** [wɔːkɪŋ] (das, -s, nur Ez.) schnelles Gehen zu Trainingszwecken [engl.]
**Wal'king'bass** *auch:* Wal'king Bass (der, -, nur Ez.) fortlaufende, gleichförmige Basslinie (Mus.) [engl.]
**Walk'man** [wɔːkmən] (der, -s, -s oder -men) kleiner Kassettenrekorder mit Kopfhörern (zum Musikhören unterwegs) (Warenzeichen) [engl.]
**Wal'kü're** (die, -, -n) altnord. für „Totenwählerin" aus der nordischen Sage, die die gefallenen Krieger nach Walhall führt
**Wal'la'by** [wɒləbɪ] (das, -s, -s) **1** (meist Mz.) kleine Kängurugattung **2** Fell bestimmter Känguruarten
**Wan'da'le** (der, -n, -n) = Vandale
**Wan'da'lis'mus** (der, -, nur Ez.) = Vandalismus
**Wa'pi'ti** (der, -s, -s) große nordamerikanische Rothirsch-Unterart [Algonkin]
**Wa'ran** (der, -s, -e) spitzköpfige, große Echse warmer Länder [arab.]
**War'dein** (der, -(e)s, -e) Münzprüfer
**war'die'ren** (V.) Münzen auf den Edelmetallgehalt prüfen (veraltet) [germ.-frz.-niederl.]
**Wa're'ni'ki** (nur Mz.) russ. Pasteten [russ.]
**Warm-up** [wɔːrm ʌp] (das, -s, -s) Aufwärmphase beim Sport, Warmlaufenlassen von Motoren beim Motorsport [engl.]
**Warp'an'ker** (der, -s, -) kleiner Anker
**War'rant** (der, -s, -s) Lagerschein, Optionsschein
**War've** (die, -, -n) Bänderton, Sedimentschicht, die aus einer hellen Sommer- und einer dunklen Winterschicht besteht (Geol.)
**War'vit** *auch:* War'wit (der, -s, -e) Bänderton älterer Eiszeiten (Geol.)
**Was'ser'stoff'per'oxid** (das, -s, nur Ez.) Bleich- und Oxidationsmittel (Chemie)
**Was'ser'stoff'su'per'oxid** = Wasserstoffperoxid
**water'proof** [wɔtpruːf] (Adj.) wasserdicht [engl.]
**Watt** (das, -s, -) Maßeinheit der elektrischen Leistung [engl.]
**Watt'me'ter** (das, -s, -) Messgerät für elektrische Leistung
**Web** (das, -s, nur Ez.) = Internet (EDV) [engl.]
**Web'sei'te** (die, -, -n) Seite im Internet mit Informationen oder Services (EDV)
**We'da** *auch:* Ve̲da (der, -s, -den) altindische religiöse Schrift [sanskr.]
**Wedge** [wedʒ] (der, -s, -s) engl. für „Keil", besonders breiter Golfschläger
**we'disch** (Adj.) zu den Weden (siehe Weda) gehörig
**Week'end** [wiːk-] (das, -s, -s) Wochenende [engl.]
**Well'ness** (die, -, nur Ez.) Fitness, Gesundheit durch sportliche Betätigung [engl.]
**Wer'be'spot** (der, -s, -s) kurzer Film zu Werbezwecken
**Werst** (die, -, -en) altes russisches Längenmaß (etwas mehr als ein Kilometer)
**We'sir** (der, -s, -e) islamischer Minister (früher) [arab.]
**Wes'ting'house'brem'se** [-haus-] (die, -, -n) Eisenbahnbremse, die mit Luftdruck funktioniert (Warenzeichen) [engl.]
**Whig** (der, -s, -s) britischer Liberaler [engl.]
**Whip** (der, -s, -s) Angehöriger des britischen Unterhauses [engl.]

**Whippet** [wipat] (der, -s, -s) Windhundrasse [engl.]
**Whirlpool** (der, -s, -s) Badebassin, in das ein Luftstrom geleitet wird, der das Wasser zum Sprudeln bringt (Warenzeichen) [engl.]
**Whiskey** (der, -s, -s) amerikan. oder irischer Whisky
**Whisky** (der, -s, -s) dunkelgelber Kornbranntwein [gäl.]
**Whistler** [wislə] (der, -s, -) durch Blitze ausgestrahlte elektromagnetische Wellen
**White-Collar-Kriminalität** [waitkɔla-] (die, -, nur Ez.) gewaltfreie Verbrechen, meist Steuerkriminalität oder Bestechung [engl.]
**WHO** (die, -, nur Ez.) Abk. für **W**orld **H**ealth **O**rganization, engl. für Weltgesundheitsorganisation; 1948 gegründete Organisation der UNO zur Verbesserung der Gesundheitsversorgung
**Who's who** [huːzhuː] (das, - -, - -s) Buch mit Angaben über Persönlichkeiten (Adressen, Fachgebieten u.a.) [engl.]
**Wigwam** (der, -s, -s) Indianerrundhütte, Indianerzelt [Algonkin]
**Wiking** (der, -s, -er) = Wikinger
**Wikinger** (der, -s, -) nordgermanischer Seefahrer
**Wildcard** *auch:* Wild Card [waɪld-] (die, (-) -, (-) -s) Berechtigung zur Teilnahme an einem Tennisturnier nicht durch Qualifikation, sondern durch Losverfahren [engl.]
**Wildlife** [waɪldlaif] (das, -s, nur Ez.) Leben in der Wildnis [engl.]
**Windjammer** (der, -s, -) Großsegelschiff [engl.]
**Wobbler** (der, -s, -) Gerät, dessen Frequenz (zu Meßzwecken) regelmäßig verändert werden kann [engl.]
**Wodka** (der, -s, -s) polnischer, russischer Kartoffelschnaps (mit Zusätzen; z.B. Büffelgraswodka) [russ.]
**Wodu** *auch:* Voodoo, Voudou, Wudu (der, -, nur Ez.) religiöser Kult aus Westafrika
**Woiwode** (der, -n, -n) **1** polnischer Herzog **2** oberster Provinzbeamter in Polen
**Woiwodschaft** (die, -, -en) polnischer Verwaltungsbezirk
**Wok** (der, -, -s) breite chinesische Rührpfanne mit halbhohem Rand
**Wombat** (der, -s, -s) Beuteltierart in Australien
**Women's Lib** [wimənslɪb] (die, - -, nur Ez.) amerikanische Frauenrechtsbewegung [engl.]
**Woodoo** [wuːduː] (der, -s, nur Ez.) christlich-animistischer (Tanz-)Kult (in Südamerika)
**Wood** (der, -s, -s) Holzschläger beim Golf (Sport) [engl.]
**Workaholic** [wɜːkəhɒlɪk] (der, -s, -s) jmd., der arbeitssüchtig ist [engl.]
**Workflow** [wɜːkfləʊ] (der, -s, -s) Arbeitsablauf und -organisation [engl.]
**Work-out** *auch:* Workout [wɜːkaʊt] (das, -s, -s) Leistungstraining (Sport) [engl.]
**Workshop** [wɜːkʃɔp] (der, -s, -s) Diskussionskreis (zur Ausarbeitung eines Themas) [engl.]
**Workstation** [wɜːksteɪʃn] (die, -, -s) leistungsfähige Computeranlage am Arbeitsplatz (EDV) [engl.]
**Worldcup** [wɜːldkʌp] (der, -s, -s) Weltmeisterschaftswettbewerb; z.B. ein Skirennen, das zum Worldcup zählt [engl.]
**WWF** (der, -s, nur Ez.) Abk. für **W**orld **W**ildlife **F**und, Stiftung zum Schutz natürlicher Lebensräume und ihrer Tier- und Pflanzenarten [engl.]
**Wurlitzerorgel** *auch:* Wurlitzer-Orgel (die, -, -n) = Kinoorgel
**WWW** Abk. für **W**orld **W**ide **W**eb
**Wyandotte** (die, -, -n) großes Fleisch- und Legehuhn, (weiße) Haushuhnrasse [engl.]

# X/Y/Z

**x-Ach'se** (die, -, -en) = Abszissenachse
**Xan'th'e'las'ma** (das, -s, -ta oder -men) gelbe Flecken oder Knötchen am Augenlid (Med.)
**Xan'then** (das, -s, nur Ez.) eine aromatische Verbindung (als Ausgangsstoff für Textilfarben u.a.) [gr.-nlat.]
**Xan'thip'pe** (die, -, -n) zänkisches Weib [gr.]
**Xan'tho'der'mie** (die, -, -n) Gelbfärbung der Haut (Med.) [gr.]
**Xan'to'phyll** (das, -s, nur Ez.) ein gelbbrauner Naturfarbstoff [gr.]
**X-Chro'mo'som** [ɪkskro-] (das, -s, -en) eines der beiden Geschlechtschromosomen, das in der Samenzelle das Geschlecht des Kindes als weiblich bestimmt
**Xe'nie** [-niə] (die, -, -n) kurzes Sinngedicht; Spottgedicht (bei Schiller und Goethe) [gr.]
**Xe'ni'on** (das, -s, -ni'en) = Xenie
**Xe'no'ga'mie** (die, -, -n) Kreuzbestäubung [gr.]
**Xe'no'glos'sie** (die, -, -n) unbewusstes Reden in einer unbekannten Sprache
**Xe'no'kra'tie** (die, -, -n) Fremdherrschaft
**Xe'no'lith** (der, -s oder -en, -e oder -en) eingeschlossenes Gestein in erkaltetem Magma (Geol.)
**Xe'no'mor'phie** (die, -, nur Ez.) Mineralien, die in ihrem Wachstum gehemmt wurden und untypische Erscheinungsformen aufweisen (Geol.)
**Xe'non** (das, -s, nur Ez.) ein Element, Edelgas [gr.]
**xe'no'phil** (Adj.) fremdenfreundlich [gr.]
**xe'no'phob** (Adj.) fremdenfeindlich [gr.]
**Xe'no'pho'bie** (die, -, -n) Fremdenfeindlichkeit [gr.]
**Xe'ro'der'mie** (die, -, -n) Hauttrockenheit
**Xe'ro'gra'fie** *auch:* Xe'ro'gra'phie (die, -, -n) ein Trockendruckverfahren, danach hergestellte Kopie [gr.]
**xe'ro'gra'fie'ren** *auch:* xe'ro'gra'phie'ren (V.) durch Xerografie kopieren
**Xe'ro'ko'pie** (die, -, -n) durch Xerografie hergestellte Kopie
**xe'ro'morph** (Adj.) Schutzvorrichtung gegen Austrocknung besitzend (Bio.)
**xe'ro'phil** (Adj.) trockenheitsliebend (von Pflanzen); trockenheitsbedingt (von der Pflanzendecke) [gr.]
**Xe'roph'thal'mus** (der, -, -men) *auch:* Xe'roph'tha'mie (die, -, -n) Austrocknung der Binde- und Hornhaut des Auges (Med.)
**Xe'ro'phyt** (der, -en, -en) Trockenheitspflanze [gr.]
**Xe'ro'se** (die, -, -n) Trockenheit von Schleimhäuten der oberen Luftwege oder Geweben (Med.)
**Xe'ro'sto'mie** (die, -, -n) abnorme Trockenheit der Mundhöhle (Med.)
**xe'ro'tisch** (Adj.) trocken [gr.]
**Xi** (das, -s, -s) vierzehnter Buchstabe des griechischen Alphabets
**XL** Abk. für **X-L**arge, große Konfektionsgröße [engl.]
**XL-Ka'me'ra** (die, -s, -s) Filmkamera für Aufnahmen bei wenig Licht [engl. Kurzwort aus existing light]
**XS** Abk. für **X-S**mall, sehr kleine Konfektionsgröße [engl.]
**XXL** Abk. für **XX-L**arge, übergroße Konfektionsgröße [engl.]
**Xy'lo'fon** *auch:* Xy'lo'phon (das, -s, -e) Schlaginstrument aus tischartig angebrachten Holzstäben, die nach der Tonleiter gestimmt sind [gr.]
**Xy'lo'gra'fie** *auch:* Xy'lo'gra'phie (die, -, -n) Holzschneidekunst
**Xy'lo'me'ter** (das, -s, -) Messgerät zur Größenbestimmung von unregelmäßigen Hohlräumen in Hölzern
**Xy'lol** (das, -s, nur Ez.) eine aromatische Kohlenstoffverbindung (u.a. in Lösungsmitteln), Wohngift [gr.-nlat.]
**Xy'lo'phon** (das, -s, -e) = Xylofon
**Xy'lo'se** (die, -, nur Ez.) Holzzucker mit fünf Atomen Kohlenstoff [gr.]
**y-Ach'se** (die, -, -n) = Ordinatenachse
**Yak** (der, -s, -s) = Jak
**Ya'ki** (das, -s, nur Ez.) keramische Erzeugnisse (jap.)

**Yakuza** (die, -, nur Ez.) japanische Verbrecherorganisation
**Yamashita** (der, -s, -s) Sprung am Pferd (Sport)
**Yang** (das, -, nur Ez.) das Helle, Männliche (als Grundprinzip der chinesischen Kosmologie, im Unterschied zum Yin)
**Yankee** [jæŋkɪ] (der, -s, -s) US-Amerikaner (als Spottname) [engl.-amerik.]
**Yankee Doodle** [jæŋkɪduːdl] (der, -, -s) marschähnliches amerikanisches Lied (in volkstümlich-nationaler Stimmung) [engl.-amerik.]
**Yard** (das, -s, - oder -s) angelsächsisches Längenmaß, rund 90 Zentimeter [engl.]
**Yawl** (die, -, -e oder -s) kleiner zweimastiger Segler
**Y-Chromosom** (das, -s, -en) Geschlechtschromosom, das das Geschlecht des gezeugten Kindes als männlich bestimmt (Bio.)
**Yellow Press** [jɛləʊ-] (die, - -, nur Ez.) Boulevardpresse [engl.]
**Yen** (der, -(s), - oder -s) japanische Währungseinheit
**Yeoman** (der, -, -men) britischer Leibgardist [engl.]
**Yeti** (der, -s, -s) sagenumwobener Himalaya-Schneemensch [tibetan.]
**Yin** (das, -, nur Ez.) das Dunkle, Weibliche (als Grundprinzip der chinesischen Kosmologie im Unterschied zum Yang)
**Ylang-Ylang** [iːlã-iːlã] (das, -s, -s) ein tropisches Blütenöl, Parfümgrundstoff [malai.]
**YMCA** [waɪemsiːeɪ] (der, -, nur Ez.) Abk. für **Y**oung **M**en's **C**hristian **A**ssociation, Christlicher Verein junger Menschen (internationale Jugendorganisation) [engl.]
**Yoga** *auch:* Joga (das oder der, -(s), nur Ez.) ein Übungssystem zum Körper-und Geistestraining, Atem-, Entspannungs-, Konzentrationstechnik mit Gymnastik [sanskr.]
**Yogi** *auch:* Yogin, Jogi, Jogin (der, -s, -s) Yogameister
**Yohimbin** (das, -s, nur Ez.) ein durchblutungsförderndes Aphrodisiakum [afrikan.]
**Yorkshireterrier** [jɔrkʃə-] (der, -s, -) Hunderasse, Zwergterrier [engl.]
**Yoruba** **1** (der, -(s), -s) Angehöriger eines westafrikanischen Volkes (vor allem in Nigeria) **2** (das, -, nur Ez.) dessen Sprache
**Youngster** [jʌ˜stə] (der, -s, -(s)) jmd., der jung und unerfahren ist [engl.]
**Ypsilon** [ʏp-] auch: [ɪp-] (das, -(s), -s) **1** drittletzter Buchstabe des lateinischen Alphabets **2** zwanzigster Buchstabe des griechischen Alphabets
**Ysop** [iːzɔp] (der, -s, -e) ein Lippenblütler, Würzkraut [gr.]
**Ytong** [ʏːtɔ̃] (der, -s, nur Ez.) ein Leichtbeton; z.B. als Mauerstein (Warenzeichen) [schwed.]
**Ytterbium** (das, -s, nur Ez.) ein Element, Metall [schwed.-nlat.]
**Yttrium** (das, -s, nur Ez.) ein Element, Metall [schwed.-nlat.]
**Yuan** (der, -(s), -(s)) chinesische Währungseinheit, 10 Jiao, 100 Fen
**Yucca** (die, -, -s) Palmlilie
**Yuppie** (der, -s, -s) Kurzwort für **Y**oung **U**rban **P**rofessional; erfolgreicher Jungmanager [engl.]
**Zabaione** *auch:* Zabaglione [dzabaioːne] (die, -, -s) Weinschaumcreme, Weinschaumsoße [it.]
**Zaddik** (der, -s, -im) hebr. für „der Gerechte", Lehrer des Chassidismus
**Zairer** [zaiː-] (der, -s, -) Einwohner des zentralafrikanischen Staates Zaire [portugies.- afrikan.]
**Zäkum** *auch:* Zökum (das, -s, -ka) Blinddarm (Med.) [lat.]
**Zambo** [sam-] (der, -s, -s) Mischling aus je einem indian. u. negriden Elternteil [span.]
**Zampano** (der, -s, -s) Angeber, Großsprecher
**Zänogenese** *auch:* Zänogenesis (die, -, -nesen) das Vorkommen von Eigentümlichkeiten bei der stammesgeschichtlichen Evolution von Tieren (Bio.)
**Zantedschia** [-skja] (die, -, -chien) Aronstabgewächs
**Zanza** (die, -, -s) afrikanisches Zupfinstrument [arab.]
**Zapateado** (der, -s, -s) spanischer Tanz für eine Person im Dreiertakt, wobei Steppschritte überwiegen; Steppschritte des Flamencotanzes [span.]

**zap|pen** [zɛpən] (V.) mit der Fernbedienung von einem Fernsehprogramm zum anderen schalten [engl.]
**Zap|ping** [zɛpɪŋ] (das, -s, -s) das Umschalten von Fernsehprogrammen mit der Fernbedienung [engl.]
**Za|re|witsch** (der, -(es), -e) russischer Zarensohn, Kronprinz
**Za|rew|na** (die, -, -s) russische Zarentochter
**Za|ris|mus** (der, -, nur Ez.) Herrschaft eines russischen Kaisers [lat.-slaw.]
**za|ris|tisch** (Adj.) zur Zarenherrschaft gehörig, zarentreu
**Za|ri|za** (die, -, -s oder -zen) Zarengemahlin
**Zä|si|um** *auch:* Cä|si|um, Cae|si|um (das, -s, nur Ez.) ein Alkalimetall (mit radioaktiven Isotopen) [lat.]
**Zas|ter** (der, -s, nur Ez.) Geld (ugs.)
**Zä|sur** (die, -, -en) Einschnitt [lat.]
**Za|zi|ki** *auch:* Tsa|tsi|ki (der oder das, -s, -s) fetter Joghurt mit ausgedrückter, zerriebener Salatgurke und Knoblauch [neugr.]
**Ze|ba|oth** *auch:* Ze|ba|ot (ohne Artikel) Gott (als Beiname im Alten Testament); der Herr Zebaot [hebr.]
**Ze|bra** (das, -s, -s) schwarzweiß gestreiftes afrikanisches Wildpferd [viell. lat.]
**Ze|bra|no** (das, -s, nur Ez.) ein gestreiftes afrikanisches Holz [portugies.]
**Ze|bro|id** (das, -s, -e) Kreuzung Zebra/Pferd oder Esel [nlat.-gr.]
**Ze|bu** (der oder das, -s, -s) asiatisch-afrikanisches Hausrind mit Fetthöcker, Buckelrind [viell. tibetan.-frz.]
**Ze|chi|ne** (die, -, -n) alte Goldmünze, venezianischer Dukaten [arab.-it.]
**Ze|dent** (der, -en, -en) Gläubiger, der seine Forderung an einen Dritten überträgt [lat.]
**Ze|der** (die, -, -n) Kieferngewächs des Mittelmeerraumes; z.B. Libanonzeder [gr.-lat.]
**ze|die|ren** (V.) als Zedent etwas abtreten
**Ze|in** (das, -s, nur Ez.) Protein eines Maiskorns [gr.-lat.]
**Ze|le|bra|ti|on** (die, -, -ti|o|nen) das Zelebrieren
**ze|le|brie|ren** (V.) feierlich vollziehen; z.B. eine kath. Messe [lat.]
**Ze|le|bri|tät** (die, -, -en) **1** Feierlichkeit (veraltet) **2** jmd., der berühmt ist [lat.]
**Zell|mem|bran** (die, -, -en) die den Zellkern und das Plasma umhüllende Schicht einer Zelle (Bio.) [lat.]
**Zel|lo|bi|o|se** (die, -, nur Ez.) Doppelzucker, der beim Abbau von Zellulose gebildet wird
**Zel|lo|phan** *auch:* Cel|lo|phan (das, -s, nur Ez.) durchsichtige, dehnbare Folie (Verpackungsmaterial) (Warenzeichen)
**zel|lu|lär** *auch:* zel|lu|lar (Adj.) zur (lebenden) Zelle gehörig, zellenförmig [lat.]
**Zel|lu|lar|pa|tho|lo|gie** (die, -, nur Ez.) Theorie, nach der Krankheiten aufgrund gestörter Zellfunktionen entstehen (Med.)
**Zel|lu|lar|the|ra|pie** (die, -, nur Ez.) Behandlung von Krankheiten durch das Einspritzen von Frischzellen (Med.)
**Zel|lu|li|tis** *auch:* Cel|lu|li|tis, Cel|lu|li|te (die, -, -ti|den) übermäßige Vermehrung des Unterhautfettgewebes [lat.-gr.]
**Zel|lu|loid** *auch:* Cel|lu|loid (das, -s, nur Ez.) ein durchsichtiger, elastischer Zellulose-Kunststoff, Zellhorn [nlat.-gr.]
**Zel|lu|lo|se** *auch:* Cel|lu|lo|se (die, -, -n) aus vielen untereinander verknüpften Glucoseresten bestehendes Kohlenhydrat, Bestandteil der Pflanzenzellwände [lat.-gr.]
**Ze|lot** (der, -en, -en) Glaubenseiferer [gr.]
**ze|lo|tisch** (Adj.) voller Glaubenseifer, fanatisch religiös [gr.]
**Ze|lo|tis|mus** (der, -, nur Ez.) Glaubenseifer [gr.]
**Ze|ment** (der, -(e)s, -e) Baustoff aus feinem Kalk und Ton [lat.]
**ze|men|tie|ren** (V.) **1** lose Bestandteile mit Zement verkitten, verbinden **2** einen Standpunkt starr vertreten
**Zen** [zɛn] (das, -, nur Ez.) eine buddhistische Meditationsform [sanskr.-chines.-japan.]
**Ze|na|na** *auch:* Se|na|na (die, -, -s) Fremden nicht zugängliche Wohnräume der Frauen in Indien
**Ze|nit** (der, -s, nur Ez.) **1** Scheitelpunkt der Sonnenbahn senkrecht am Himmel **2** Entwicklungshöhepunkt [arab.-it.]
**Ze|nit|al|re|gen** (der, -s, -) im Bereich der Passatwinde fallender Regen (Geo.)
**Ze|nit|dis|tanz** (die, -, nur Ez.) Distanz eines Sternes vom Zenit
**Ze|no|taph** (der, -s, -e) = Kenotaph [gr.]

**zen'sie'ren** (V.) 1 der Zensur (1) unterwerfen 2 eine Zensur vergeben [lat.]
**Zen'sor** (der, -s, -en) altrömischer Sittenrichter; jmd., der die Zensur (1) ausübt, Bewerter
**Zen'sur** (die, -, -en) 1 staatliche Bewertung, Überprüfung, um zu verhindern, dass Unerwünschtes an die Öffentlichkeit gelangt 2 Schulnote 3 Zensorenstelle [lat.]
**zen'su'rie'ren** (V.) = zensieren (österr., schweiz.)
**Zen'sus** (der, -, -) statistische Datenermittlung, Volkszählung [lat.]
**Zent** (die, -, -en) Unterbezirk einer Grafschaft im Mittelalter [lat.]
**Zen'taur** *auch:* Ken'taur [-taur] (der, -en, -en) altgriechisches Fabelwesen, Pferd mit Männeroberkörper
**Zen'te'nar** (der, -s, -e) Hundertjähriger [lat.]
**Zen'te'na'ri'um** (das, -s, -ri'en) Hundertjahrfeier [lat.]
**Zen'te'si'mal'waa'ge** (die, -, -n) Brückenwaage, auf der das Gleichgewicht durch ein Hundertstel der Last gehalten wird [lat.-dt.]
**Zen'ti'li'ter** (der oder das, -s, -) Hundertstelliter [lat.-frz.]
**Zen'ti'me'ter** (der oder das, -s, -) Hundertstelmeter [lat.-gr.]
**zen'tral** (Adj.) 1 in der Mitte (liegend) 2 übergeordnet, wesentlich [lat.]
**Zen'tra'le** (die, -, -n) Hauptstelle; Mittelpunkt [lat.]
**Zen'tra'li'sa'ti'on** (die, -, -en) das Zentralisieren
**zen'tra'li'sie'ren** (V.) in einer Zentrale zusammenziehen
**Zen'tra'lis'mus** (der, -, nur Ez.) Streben nach zentraler Regierungs-, Verwaltungseinheit
**zen'tra'lis'tisch** (Adj.) zum Zentralismus gehörig
**Zen'tral'ko'mi'tee** (das, -s, -s) leitender Ausschuss (einer kommunistischen Partei) [lat.-frz.]
**Zen'tral'kraft** (die, -, -kräf'te) Kraft, die ununterbrochen an einem einzigen Punkt ausgerichtet ist
**Zen'tral'ner'ven'sys'tem** (das, -s, -e) von Gehirn und Rückenmark gebildeter Teil des Nervensystems [lat.-gr.]
**Zen'tral'per'spek'ti've** (die, -, nur Ez.) räumliche Darstellung von Gebilden mittels Strahlen, die von einem zentralen Punkt ausgehen [gr.-lat.]
**Zen'tral'ver'schluss** (der, -es, -schlüs'se) Verschluss an Kameras, der in der Objektivmitte angebracht ist [gr.-lat.-dt.]
**zen'trie'ren** (V.) zur Mitte hin ausrichten, auf die Mitte einstellen [lat.]
**zen'tri'fu'gal** (Adj.) vom Mittelpunkt wegstrebend [lat.]
**Zen'tri'fu'gal'kraft** (die, -, kräfte) Fliehkraft (nach außen gerichtet z.B. Drehung um eine Achse) (Phys.)
**Zen'tri'fu'ge** (die, -, -n) Trennschleuder (für Flüssigkeiten, unter Ausnutzung der Fliehkraft) [frz.]
**zen'tri'pe'tal** (Adj.) zum Mittelpunkt strebend [lat.]
**Zen'tri'pe'tal'kraft** (die, -, -kräf'te) bei der Bewegung eines Körpers auf einer gekrümmten Bahn zum Mittelpunkt hin gerichtete Kraft (Phys.)
**zen'trisch** (Adj.) zum Mittelpunkt gehörig, von ihm ausgehend; mittig, in der Mitte befindlich [lat.]
**Zen'tro'mer** (das, -s, -e) Stelle am Ansatz der Spindelfaser am Chromosom bei der Zellteilung (Bio.)
**Zen'trum** (das, -s, -ren/-tren) 1 Mitte, Mittelpunkt; Brennpunkt 2 Innenbezirk; zentrale Stelle [lat.]
**Zen'tu'rie** *auch:* Cen'tu'rie (die, -, -n) altrömische Hundertschaft [lat.]
**Zen'tu'rio** *auch:* Cen'tu'rio (der, -s, -s) Führer einer Zenturie
**Ze'phir** *auch:* Ze'phyr (der, -s, -e) 1 (nur Ez.) lauer Wind (veraltet) 2 ein feinfädiges Baumwollgewebe [gr.]
**Zep'ter** (der oder das, -s, -) Stab des Herrschers als Symbol von Macht, höchster Gewalt und Führungsanspruch [gr.-lat.]
**Ze'rat** (das, -(e)s, -e) Wachssalbe [lat.-nlat.]
**Zer'be'rus** *auch:* Cer'be'rus (der, -, -se) Höllenhund; strenger Torwächter [gr.-lat.]
**Ze're'a'lie** (die, -, -n) Feldfrüchte [lat.]
**Ze're'bel'lum** *auch:* Ce're'bel'lum (das, -s, -la) Kleinhirn [lat.]
**ze're'bral** (Adj.) zum Großhirn gehörig, gehirnlich

**Ze're'bral** (der, -s, -e) Laut, der mit der Zungenspitze am Gaumendach gebildet wird (Sprachwissenschaft)
**Ze're'bral'skle'ro'se** (die, -, -n) Verhärtung der Gehirnmasse (Med.)
**ze're'bro'spi'nal** (Adj.) Gehirn, Rückenmark betreffend (Med.)
**Ze're'brum** *auch:* Ce're'brum (das, -s, -ra/-bra) Gehirn [lat.]
**Ze're'mo'nie** [-mo:niə] (die, -, -n) feierliche, nach vorgegebenen Regeln ablaufende Handlung [frz.]
**ze're'mo'ni'ell** (Adj.) wie eine Zeremonie, förmlich-feierlich
**Ze're'mo'ni'ell** (das, -s, -e) Ablauf einer Zeremonie; einzelne Zeremonienregel, alle Zeremonienregeln
**Ze're'mo'ni'en'meis'ter** (der, -s, -) Hofbeamter, der für das Hofzeremoniell verantwortlich ist
**ze're'mo'ni'ös** (Adj.) gemessen, steif [frz.]
**Ze're'vis** (das, -, -) besticktes, schirmloses Käppchen (von Burschenschaftlern) [nlat.]
**Ze'rin** (das, -s, nur Ez.) Fettsäure, die Bestandteil des Bienenwachses ist [lat.-nlat.]
**zer'nie'ren** (V.) umzingeln, umschließen (einen Gegner) [lat.-frz.]
**Ze'ro** [ze:-] (das oder die, -s, -s) Null (im Roulette); Raketenstartzeitpunkt [arab.-it.]
**Ze'ro'graf** *auch:* Ze'ro'graph (der, -en, -en) Hersteller von Wachsgravierungen [gr.]
**Ze'ro'plas'tik** (die, -, -en) Wachsbildnerei, -bild [lat.-gr.]
**Ze'ro'tin'säu're** (die, -, nur Ez.) = Zerin [gr.-lat.-dt.]
**Zer'ti'fi'kat** (das, -(e)s, -e) Bescheinigung, Beglaubigung, Diplom, (Ursprungs-) Zeugnis; Anteilschein [lat.]
**zer'ti'fi'zie'ren** (V.) ein Zertifikat ausstellen, bescheinigen
**Ze'ru'men** *auch:* Ce'ru'men (das, -s, nur Ez.) Ohrenschmalz (Med.) [lat.]
**Zer've'lat'wurst** *auch:* Ser've'lat'wurst (die, -, würs'te) eine Hartwurstsorte [it.]
**zer'vi'kal** (Adj.) den Hals angehend, den Gebärmutterhals angehend (Med.) [lat.]
**Zes'si'bi'li'tät** (die, -, nur Ez.) das Abtreten von Ansprüchen
**Zes'si'on** (die, -, -en) Abtretung eines Rechtsanspruchs [lat.]
**Zes'to'de** (die, -, -n) Bandwurm [gr.-lat.]
**Ze'ta** (das, -(s), -s) sechster Buchstabe des griechischen Alphabets
**Ze'ta'zee** (die, -, -n) Wal
**Ze'ta'zis'mus** (der, -, -men) **1** fehlerhafte Aussprache des Z-Lautes **2** Lautentwicklung von k zu z vor hellem Vokal (Sprachwissenschaft)
**Ze'te'ti'ker** (der, -s, -e) = Skeptiker
**Zeug'ma** (das, -s, -s oder -ma'ta) Redefigur, bei der Satzteile, die zweimal gesetzt werden müssten, nur einmal gesetzt werden; z.B. „mach's gut, aber nicht zu oft" [gr.]
**Zi'be'be** (die, -, -n) Rosine [arab.]
**Zi'be'li'ne** (die, -, nur Ez.) dunkler Wollstoff, der mit hellen Fasern versehen ist [slaw.-it.-frz.]
**Zi'bet** (der, -s, nur Ez.) das Drüsensekret der Zibetkatze, Parfümgrundstoff [arab.-it.]
**Zi'bo'ri'um** (das, -s, -ri'en) **1** verzierter Hostienkelch mit Deckel **2** säulengetragener Baldachin [gr.-lat.]
**Zi'cho'rie** (die, -, -n) Abart der Wegwarte; deren geröstete Wurzel als Kaffeeersatz, „Blümchenkaffee" [gr.-it.]
**Zi'der** (der, -s, -) = Cidre [frz.]
**Zif'fer** (die, -, -n) Schriftzeichen für Zahlen [lat.-arab.]
**Zi'ga'ret'te** (die, -, -n) in Papier gerollter Tabak [frz.]
**Zi'ga'ril'lo** (der oder das, -s, -s, auch die, -, -s) kleine Zigarre [span.]
**Zi'gar're** (die, -, -n) **1** in ein Deckblatt aus Tabak gewickelter Presstabakstab **2** strenger Tadel; jmdm. eine Zigarre verpassen [indian.-span.]
**Zi'ka'de** (die, -, -n) Insekt aus der Gruppe der Gleichflügler, Zirpe [lat.]
**Zik'ku'rat** [-ra:t] (die, -, -s) assyrischer, babylonischer Stufenturm
**zi'li'ar** ( Adj.) zu den Wimpern gehörig [lat.]
**Zi'li'ar'mus'kel** (der, -s, -) Muskel, der die Augenlinse zur Fokussierung von nahen Gegenständen wölbt [lat.-dt.]
**Zi'li'ar'neu'ral'gie** (die, -, -n) schmerzende Augenhöhle (Med.)
**Zi'lie** [-liə] (die, -, -n) Wimperfortsatz (zur Fortbewegung von Einzellern) [lat.]

**Zi'li'zi'um** (das, -s, -zi'en) israelitisches Bußgewand aus Ziegenhaar
**Zim'bal** (das, -s, -s oder -e) stehendes Hackbrett; z.B. in der ungarischen Folklore [lat.- ungar.]
**Zim'bel** (die, -, -n) Schlaginstrument (Mus.)
**Zi'me'lie** *auch:* Zi'me'li'um (die, -, -n) bibliophiles oder kirchliches Kleinod [gr.-lat.]
**Zi'me'li'um** (das, -s, -li'en) = Zimelie
**Zi'mier** (das, -s, -e) Schmuckdekor am Helm eines Ritters [gr.-lat.]
**Zi'mo'lit** (der, -s, nur Ez.) hellgrauer Ton
**Zin'der** (der, -s, -, meist Mz.) ausgeglühte Steinkohle [engl.]
**Zi'ne'ra'ria** (die, -, -ri'en) = Zinerarie
**Zi'ne'ra'rie** *auch:* Zi'ne'ra'ria (die, -, -n) leuchtend gefärbtes Kreuzkraut, Zierblume [nlat.]
**Zin'ga'res'ca** (die, -, -s) Tanzlied der Zigeuner
**Zin'gu'lum** (das, -s, -la) Gürtel der Albe
**Zink** (das, -(e)s, nur Ez.) graubläuliches Metall
**Zin'ko** (das, -s, -s) = Zinkographie
**Zin'ko'gra'fie** *auch:* Zin'ko'gra'phie (die, -, -n) Zinkätzung
**Zin'ko'gra'phie** (die, -, -n) = Zinkografie
**Zink'oxid** *auch:* Zink'oxyd (das, -s, nur Ez.) Zinkweiß
**Zin'na'mom** (das, -s, nur Ez.) Zimt, der Zimtbaum [semit.-gr.-lat.]
**Zin'nie** [-niə] (die, -, -n) ein Korbblütler, Zierblume [nlat.]
**Zin'no'ber** **1** (der, -s, -) gelbrotes Mineral, Quecksilbersulfid **2** aufwendiger Unsinn; Zeug (ugs.) **3** (das, -s, nur Ez.) gelbrote Farbe [pers.-gr.-lat.]
**Zi'o'nis'mus** (der, -, nur Ez.) national-jüdische Bewegung [hebr.-nlat.]
**Zi'o'nist** (der, -en, -en) Anhänger des Zionismus
**zi'o'nis'tisch** (Adj.) zum Zionismus gehörig
**Zi'pol'le** (die, -, -en) Zwiebel [lat.-roman.]
**Zip'pus** (der, -, -pi oder -pen) Grenzstein der Antike [lat.]
**zir'ka** *auch:* cir'ca (Adv.) rund, ungefähr; Abk. = ca. [lat.]
**Zir'kel** (der, -s, -) **1** Gerät zum Zeichnen von Kreisen **2** Ring, Kreis **3** enger Personenverbund [gr.-lat.]
**Zir'kel'de'fi'ni'ti'on** (die, -, -en) Begriffserklärung, die einen Begriff aufweist, der schon mit dem erklärenden Begriff definiert wurde
**Zir'kel'ka'non** (der, -s, -s) Kanon, der beliebig oft wiederholt werden kann (Mus.)
**Zir'kel'trai'ning** (das, -s, -s) Sportübung an verschiedenen in Kreisform aufgebauten Geräten
**Zir'kon** (der, -s, -e) ein Mineral, Zirkoniumsilicat, Schmuckstein [pers.]
**Zir'ko'ni'um** *auch:* Zir'co'ni'um (das, -s, nur Ez.) ein Element, Hartmetall [pers.-nlat.]
**Zir'ku'lar** (das, -s, -e) Rundbrief
**Zir'ku'lar'no'te** (die, -, -n) an mehrere Staaten gerichtete Mitteilung gleichen Inhalts
**Zir'ku'la'ti'on** (die, -, -en) das Zirkulieren
**zir'ku'lie'ren** (V.) sich im Kreis, in einem Kreislauf bewegen; umlaufen [lat.]
**Zir'kum'fe'renz** (die, -, -en) Umfang, Ausdehnung [lat.]
**Zir'kum'flex** (der, -es, -e) = Accent circonflexe [lat.]
**zir'kum'po'lar** (Adj.) um einen Mittelpunkt herum
**zir'kum'skript** (Adj.) abgegrenzt (Med.)
**Zir'kum'skrip'ti'on** (die, -, -en) Umschreibung, Umgrenzung; Abgrenzung kirchlicher Gebiete
**Zir'kum'zi'si'on** (die, -, -en) Beschneidung des Penis (Med.) [lat.]
**Zir'kus** *auch:* Cir'cus (der, -, -se) **1** Unternehmen zur Vorführung von Tierdressuren, Akrobatik u.a. (in einem transportablen Rundzelt) **2** Trubel (ugs.) [lat.]
**Zir'rho'se** (die, -, -n) Schrumpfung und Verhärtung eines Organs infolge chronischer Entzündung (bes. Leberzirrhose) [gr.]
**Zir'ro'ku'mu'lus** (der, -, -li) Schäfchenwolke
**Zir'ro'stra'tus** (der, -, -ti) Schleierwolke, überwiegend aus Eiskristallen bestehend [lat.]
**Zir'rus** (der, -, - oder -ren) hohe, zerfledderte Wolke (bei heftigen Winden in den oberen Luftschichten) [lat.]
**zir'zen'sisch** (Adj.) zum Zirkus gehörig
**zis'al'pin** *auch:* zis'al'pi'nisch (Adj.) diesseits der Alpen (von Rom aus betrachtet) [lat.]

**Zi'se'leur** [-løːɐ] (der, -s, -e) jmd., der (beruflich) ziseliert
**zi'se'lie'ren** (V.) Metallflächen (durch Sticheln u.a.) dekorativ bearbeiten [frz.]
**Zis'sa'li'en** (nur Mz.) fehlerhafte Münzplatten oder Münzen, die eingeschmolzen werden [lat.-galloromanisch-frz.]
**Zis'ta** *auch:* Zis'te (die, -, -ten) **1** Bronzegefäß mit reichen Verzierungen **2** etruskische Urne in Zylinderform [gr.-lat.]
**Zis'ter'ne** (die, -, -n) großer Sammelbehälter für Regenwasser [lat.]
**Zis'ter'zi'en'ser** (der, -s, -) Angehöriger eines z.B. in der Seelsorge tätigen Mönchsordens [frz.-nlat.]
**Zi'ta'del'le** (die, -, -n) Stadtfestung; Festungsinnenwerk [it.-frz.]
**Zi'tat** (das, -(e)s, -e) wörtlich übernommener Ausspruch, Rede-, Textteil [lat.]
**Zi'ta'ti'on** (die, -, -en) das Zitieren
**Zi'ther** (die, -, -n) Zupfinstrument [gr.-lat.]
**zi'tie'ren** (V.) **1** (einen Ausspruch, Rede-, Textteil) wörtlich übernehmen **2** vorladen; z.B. jmdn. vor Gericht zitieren [lat.]
**Zi'trat** *auch:* Ci'trat (das, -(e)s, -e) Salz der Zitronensäure
**Zi'trin** *auch:* Ci'trin (der, -s, -e) hellgelbes Mineral, als Schmuckstein verwendet
**Zi'tro'nat** (das, -(e)s, -e) kandierte, dicke Zitronenschale [it.-frz.]
**Zi'tro'ne** (die, -, -n) ein Rautengewächs [gr.-it.]
**Zi'trus'frucht** (die, -, -früch'te) Frucht einer Zitruspflanze mit hohem Vitamingehalt [lat.-dt.]
**zi'vil** (Adj.) **1** nicht militärisch **2** angemessen; zivile Preise [lat.]
**Zi'vil** (das, -s, nur Ez.) nicht militär. Kleidung
**Zi'vil'cou'ra'ge** [-kuraʒə] (die, -, nur Ez.) Mut, für das einzutreten, was man für richtig hält, ohne Angst vor Restriktionen
**Zi'vil'dienst** (der, -es, nur Ez.) Wehrersatzdienst, den Kriegsdienstverweigerer anzutreten haben (meist im sozialen Bereich)
**Zi'vil'ehe** (die, -, -n) nicht kirchlich, sondern standesamtlich geschlossene Ehe
**Zi'vi'li'sa'ti'on** (die, -, -ti'o'nen) das Zivilisieren; technisierte Kultur [frz.]
**Zi'vi'li'sa'ti'ons'krank'heit** (die, -, -en) Krankheit, die aufgrund der Lebensweise einer Kultur verstärkt auftritt
**zi'vi'li'sa'to'risch** (Adj.) zur Zivilisation gehörig
**zi'vi'li'sie'ren** (V.) eine andere Kulturform dazu bringen, die Normen der technisierten Welt zu übernehmen
**Zi'vi'list** (der, -en, -en) jmd., der nicht zum Militär gehört
**Zi'vil'kam'mer** (die, -, -n) Abteilung des Landgerichts für privatrechtliche Prozesse
**Zi'vil'pro'zess** (der, -es, -e) Gerichtsverfahren auf der Grundlage des Privatrechts
**Zi'vil'stand** (der, -es, nur Ez.) der Familienstand [schweiz.]
**Zlo'ty** [zlɔtɪ] (der, -s, - oder -s) polnische Währung
**Zo'bel** (der, -s, -) wertvoller Pelz des Marders
**zo'di'a'kal** (Adj.) zum Zodiakus gehörig
**Zo'di'a'kal'licht** (das, -(e)s, -er) Tierkreislicht
**Zo'di'a'kal'zei'chen** (das, -s, -) Tierkreiszeichen
**Zo'di'a'kus** (der, -, nur Ez.) zwölf Sternbilder, Tierkreis [gr.-lat.]
**Zoff** (der, -s, nur Ez.) Streit, Ärger, Unfriede (ugs.) [hebr.-jidd.]
**Zo'i'di'o'ga'mie** *auch:* Zo'i'di'o'phi'lie (die, -, nur Ez.) Bestäubung von Blüten durch Tiere [gr.-lat.]
**Zo'i'di'o'phi'lie** (die, -, nur Ez.) = Zoidiogamie
**Zö'len'te'rat** (der, -en, -en, meist Mz.) Hohltier [gr.-lat.]
**Zö'les'tin** (der, -s, -e) Mineral [lat.]
**Zö'li'bat** (der oder das, -(e)s, nur Ez.) verordnete Ehelosigkeit (kath. Geistlicher) [lat.]
**zö'li'ba'tär** (Adj.) zum Zölibat gehörig, im Zölibat (lebend)
**Zö'lom** (das, -s, -e) Hohlraum im Körper (Med.) [gr.]
**Zö'lo'stat** (der, -s oder -en, -en) das Lenken von Sternenlicht in die stets gleiche Richtung durch Spiegel [lat.-gr.]
**Zom'bie** [-bi] (der, -s, -s) umherziehende „lebende Leiche“, Wiedergänger [antillenkreol.]
**Zö'me'te'ri'um** (das, -s, -ri'en) Ruhestätte, Friedhof

**Zö'na'kel** (das, -s, -) Raum zum Speisen in Klöstern [lat.]

**zo'nal** *auch:* zo'nar (Adj.) zu einer Zone gehörig

**zo'nar** (Adj.) = zonal

**Zo'ne** (die, -, -n) **1** eingegrenzter Landstreifen; Gebietsteil mit Sonderregelung **2** kleine Unterabteilung; z.B. eine Entfernungsstufe im Nahverkehrstarif [lat.]

**Zo'nen'zeit** (die, -, nur Ez.) = Normalzeit

**zonked** [zɔ̃kt] (Adj.) im Drogenrausch (ugs.) [engl.]

**Zö'no'bit** (der, -en, -en) in der Klostergemeinschaft lebender Mönch (im Unterschied zum Einsiedler) [lat.]

**Zö'no'bi'um** (das, -s, -bi'en) **1** Kloster **2** Zellvereinigung (Bio.) [frz.-lat.]

**Zö'no'karp** (das, -s, -e) Fruchtknoten, der aus vielen Fruchtblättern zusammengewachsen ist (Bio.) [gr.-lat.]

**Zoo'cho'rie** (die, -, nur Ez.) Samenverbreitung durch Tiere (Bio.)

**zoo'gen** (Adj.) aus tierischen Überbleibseln gebildet (Geol.)

**Zoo'geo'gra'fie** *auch:* Zoo'geo'gra'phie (die, -, nur Ez.) Biologierichtung, die sich mit der Verteilung von Tieren auf geografische Räume beschäftigt

**Zoo'geo'gra'phie** (die, -, nur Ez.) = Zoogeografie

**Zoo'la'trie** [tsoːo-] (die, -, -n) Tierkult, Verehrung von Göttern in Tiergestalt [gr.]

**Zoo'lith** (der, -s oder -en, -e oder -en) Gestein, das aus Tierresten besteht

**Zoo'lo'ge** (der, -n, -n) Zoologiefachmann, -wissenschaftler

**Zoo'lo'gie** (die, -, nur Ez.) Wissenschaft von den Tieren [gr.]

**zoo'lo'gisch** (Adj.) zur Zoologie gehörig, tierkundlich

**Zoom** [zuːm] (das oder der, -s, -s) Objektiv mit (durch Knopfdruck) stufenlos verstellbarer Brennweite [engl.]

**zoo'morph** (Adj.) in der Gestalt eines Tieres [gr.]

**Zoo'no'se** [tsoːo-] (die, -, -n) von Tieren auf Menschen übertragbare Krankheit [gr.]

**Zoon po'li'ti'kon** (das, - -, nur Ez.) der Mensch als Gemeinschaftswesen; nach Aristoteles [gr.]

**Zoo'pa'ra'sit** (der, -en, -en) Schmarotzer, der in Symbiose mit Tieren lebt [gr.-lat.]

**zoo'phag** [tsoːofaːg] (Adj.) Fleisch fressend (von Pflanzen) [gr.]

**Zoo'pho'bie** (die, -, -n) Angst vor Tieren

**Zoo'plank'ton** [tsoːo-] (das, -s, nur Ez.) tierisches Plankton; z.B. Muschellarven, Krebschen [gr.]

**Zoo'se'man'tik** (die, -, nur Ez.) Teilgebiet der Zoologie, die die tierische Zeichensprache untersucht

**Zoo'sper'mie** (die, -, -n) Präsenz von beweglichen, lebensfähigen Samenfäden in der Samenflüssigkeit

**Zoo'spo're** (die, -, -n) bewegliche Fortpflanzungszelle niederer Pflanzen

**Zoo'tech'nik** (die, -, nur Ez.) Methoden der Tierhaltung

**Zoo'to'mie** (die, -, nur Ez.) Anatomie der Tiere

**Zoo'to'xin** (das, -s, -e) tierisches Gift

**Zoo'zö'no'lo'gie** (die, -, nur Ez.) Verhaltenserforschung des sozialen Verbunds von Tieren

**Zo'pho'rus** *auch:* Zo'pho'ros (der, -, -en) mit Reliefs verzierter Fries der antiken griechischen Baukunst [gr.-lat.]

**zop'po** (Adj.) schleppend (Vortragsanweisung in der Musik) [ital.]

**Zo'res** (der, -, nur Ez.) Durcheinander, Wirrwarr (ugs.) [hebr.-jidd.]

**Zo'ril'la** (der, -s, -s) afrikanische Marderart

**Zo'ro'as'tris'mus** (der, -, nur Ez.) altpersische, von Zarathustra gestiftete Religion [pers.-gr.-nlat.]

**Zo'te** (die, -, -n) unanständiger Witz, grobe Redensart

**Zu'a've** (der, -n, -n) algerischer Berber als französischer Infanterist (bis 1939)

**Zuc'chet'to** [zukɛto] (der, -s, -ti) = Zucchini [it.]

**Zuc'chi'ni** (die, -, -) = Zucchino

**Zuc'chi'no** *auch:* Zuc'chi̲'ni [tsukiːno] (der, -s, -ni; meist Mz.) gurkenähnlicher Gemüsekürbis [it.]

**Zu'lu 1** (der, -s -s) südafrikanischer Bantu **2** (das, -s, nur Ez) dessen Sprache

**Zy'an** (das, -s, -e) toxische Kohlenstoff-Stickstoff Verbindung

**Zy'an'ka'li** *auch:* Zy'an'ka'li'um (älter) (das, -s, nur Ez.) hochgiftiges Blausäuresalz, Kaliumcyanid [gr.-arab.]

**Zyanometer** (das, -s, -) Skala zur Bestimmung der Blaufärbung des Himmels [gr.-nlat.]
**Zyanophyzee** (die, -, -n) Blaualge
**Zyanopsie** (die, -, -n) Sehfehler, bei dem nur die Farbe Blau gesehen werden kann; Blausehen (Med.)
**Zyanose** (die, -, -n) violette Hautverfärbung infolge Blutsauerstoffmangels, Blausucht [gr.]
**Zyanotypie** (die, -, -n) Blaupause
**Zygäne** (die, -, -n) Kleinschmetterling mit keulig verdickten Fühlern, Widderchen [gr.]
**Zygoma** (das, -s, -ta) Jochbein [gr.]
**Zygote** (die, -, -n) Zellverschmelzung von Keimzellen [gr.]
**zyklam** *auch:* zyklam (Adj.) rosaviolett, lilarot leuchtend [gr.-lat.]
**Zyklamat** (das, -s, -e) künstlicher Süßstoff
**Zyklame** (die, -, -n) = Zyklamen (österr.)
**Zyklamen** (das, -s, -) Alpenveilchen [gr.-lat.]
**Zykliker** (der, -s, -) Mitglied einer Gruppe altgriechischer Dichter, deren Epen zu einem Zyklus zusammengefasst wurden
**zyklisch** (Adj.) **1** zu einem Zyklus gehörig **2** ringförmig [gr.-lat.]
**Zyklogenese** (die, -, -n) die Entstehung von tropischen Wirbelstürmen
**Zykloide** (die, -, -n) Rollkurve (in der Mathematik) [gr.-lat.]
**Zyklolyse** (die, -, -n) die Auflösung von tropischen Wirbelstürmen
**Zyklometer** (das, -s, -) Apparat zur Messung der Drehungen eines rollenden Rades
**Zyklon** (der, -s, -e) tropischer Wirbelsturm (Meteor.) [gr.-lat]
**Zyklone** (die, -, -n) Tiefdruckgebiet (Meteor.) [gr.-lat.]
**Zyklop** (der, -en, -en) altgriechische Sagengestalt, einäugiger Riese
**Zyklophorie** (die, -, -n) eine Art des Schielens [gr.-lat.]
**zyklopisch** (Adj.) wie ein Zyklop, riesenhaft [gr.-lat.]
**zyklothym** (Adj.) periodisch heiter und gesellig bzw. depressiv und zurückgezogen (Med., Psych.) [gr.-lat.]
**Zyklotron** (das, -s, -e) Teilchenbeschleuniger für geladene Elementarteilchen (in der Kerntechnik) [gr.-lat.-engl.]
**Zyklus** (der, -, -len) **1** Kreislauf, regelmäßige Wiederkehr; z.B. der Menstruation **2** Abfolge, Reihe (zusammengehöriger Kunstwerke) [gr.-lat.]
**Zylinder** (der, -s, -) **1** eine geometrische Figur, Röhre mit zwei Deckeln **2** hoher Herrenhut mit schmaler, gebogener Krempe **3** röhrenförmiger Hohlraum, in dem sich ein Kolben bewegt [gr.-lat.] **4** Teil einer Pumpe (Stiefel)
**Zylinderprojektion** (die, -, -en) Projektion der Erdoberfläche auf die Innenfläche eines Zylinders zur Darstellung von Karten
**zylindrisch** (Adj.) wie ein Zylinder geformt, walzenförmig
**Zylindrom** (das, -s, -e) Geschwulst an Drüsen der Mundhöhle (Med.)
**Zymase** (die, -, nur Ez.) Enzymgemisch aus Hefe, das die Gärung zu Alkohol anregt [gr.-lat.]
**Zymbal** (das, -s, -s oder -e) = Zimbal
**Zymologie** (die, -, nur Ez.) Teilgebiet der Chemie, das Gärungsvorgänge untersucht
**Zymotechnik** (die, -, nur Ez.) Gährungstechnik [gr.-nlat.]
**Zynegetik** (die, -, nur Ez.) das Abrichten von Jagdhunden [gr.-nlat.]
**zynisch** (Adj.) höhnisch-spottend [gr.-lat.]
**Zynismus** (der, -, -men) zynische Äußerung, Grundhaltung
**Zyperkatze** (die, -, -n) getigerte Hauskatze
**Zypresse** (die, -, -n) säulenförmiger immergüner Baum (des Mittelmeergebiets) [gr.-lat.]
**Zypriot** (der, -en, -en) Ew. Zyperns
**zypriotisch** (Adj.) zu Zypern gehörig, Zypern betreffend
**Zystalgie** (die, -, -n) Schmerzen in der Harnblase (Med.) [gr.-lat.]
**Zystektomie** (die, -, -n) Entfernung der Gallenblase, Harnblase oder einer Zyste durch Operation (Med.).
**Zystitis** (die, -, -tiden) Blasenentzündung [gr.-lat.]
**Zystizerkose** (die, -, -n) Bandwurmbefall von Organen

**Zystopyelitis** (die, -, -tiden) Entzündung der Blase und des Nierenbeckens (Med.) [gr.-nlat.]
**Zystospasmus** (der, -, -men) Blasenkrampf (Med.)
**Zystotomie** (die, -, -n) chirurgischer Eingriff zur Öffnung der Harnblase
**Zystozele** (die, -, -n) Blasenvorfall (Med.)
**Zytoblast** (der, -en, -en) Zellkern (Med., Bio.) [gr.-lat.]
**Zytoblastom** (das, -s, -e) bösartige Geschwulst (Med.)
**Zytochrom** (das, -s, -e) ein Zellfarbstoff mit Enzymwirkung [gr.-lat.]
**Zytodiagnostik** (die, -, -en) Untersuchung von Körpergeweben und -ausscheidungen auf anomale Zellformen mit dem Mikroskop (Med.)
**zytogen** (Adj.) von einer Zelle gebildet
**Zytogenetik** (die, -, nur Ez.) Forschungszweig der Biologie, der die Beziehung zwischen Feinbau der Zelle und erblichem Verhalten untersucht
**Zytologie** (die, -, nur Ez.) Wissenschaft von den (lebenden) Zellen [gr.-lat.]
**Zytolyse** (die, -, nur Ez.) Auflösung von Zellen
**Zytoplasma** (das, -s, -men) Zellplasma
**Zytosom** (das, -s, -e) Zelle, Zellkörper
**Zytostatikum** (das, -s, -ka) Stoff, der die Zellzunahme und Kernteilung hemmt
**Zytostom** *auch:* Zytostoma (das, -s, -ta) Mund zur Nahrungsaufnahme von Einzellern
**Zytotoxin** (das, -s, -e) Zellgift [gr.-lat.]

# Wissenswertes über Fremdwörter

# Inhalt

# Was ist ein Fremdwort?

Es gibt in allen Sprachen der Welt Wörter, die aus anderen Sprachen übernommen wurden. Die Gründe für solche Übernahmen sind unterschiedlich. Häufig finden sie in Sprachgrenzräumen statt, wie z. B. in Norddeutschland aus dem Dänischen, im Alpenraum aus dem Italienischen oder Rätoromanischen sowie im Rheinland aus dem Französischen (sogenannte Grenzentlehnungen).

Außerdem führt die Vorreiterrolle, die eine Kultur zu einem bestimmten Zeitpunkt einnehmen kann, zur Übernahme von Fachbegriffen aus ihrer Sprache. Solche kulturellen Übernahmen fanden im Deutschen in der Vergangenheit stets aus dem Lateinischen statt, epochenweise auch aus dem Französischen. Heute stammen sie überwiegend aus der englischen Sprache.

Die Fremdwörter in der deutschen Sprache erkennt man an folgenden Merkmalen:

- Sie weisen nicht muttersprachliche Silben auf, besonders am Wortanfang und am Wortende:
  *Hydrophobie, expressiv, Kontemplation, Stalking, Proportion, studieren*
- In Fremdwörtern treten im Deutschen fremde Laute und Lautkombinationen auf:
  *Etui, Genre, Team*
- Laute werden in einer für das Deutsche unüblichen Weise verschriftlicht:
  *Boom, Friseur, Philharmonie*
- Es treten Laut- und Buchstabenkombinationen auf, die es im Deutschen nicht gibt:
  *Skonto, Gnosis, Tsatsiki*
- Fremdwörter werden im alltäglichen Sprachgebrauch eher selten genutzt.

Obgleich viele Fremdwörter eine Kombination der genannten Merkmale aufweisen, sind diese keine eindeutigen Indikatoren. Denn einerseits sind auch manche deutschen Wörter selten und andererseits sind viele Fremdwörter durch eingedeutschte Schreibweisen nicht mehr auf den ersten Blick als solche erkennbar (französisch: *choc*, deutsch: *Schock*).

Zudem hat sich die Aussprache vieler Fremdwörter von der Ursprungssprache entfernt und deutschen Aussprachegewohnheiten angepasst (*Balkon*, *Sport*).
Schließlich können bestimmte Silben sowohl fremd- als auch muttersprachlich sein, wie etwa *ab-* oder *-ieren*.

Fremdwörter werden stets in verschiedenen Graden in die aufnehmende Sprache integriert. Wörter aus dem Englischen etwa werden im Deutschen nach den deutschen Grammatikregeln gebeugt, nicht nach den englischen (englisch: *updated*, deutsch: *upgedated*). Der Grad der Angleichung an das deutsche Sprachsystem ist von Fremdwort zu Fremdwort unterschiedlich und stellt einen nicht abgeschlossenen Prozess dar.

So stammt das Wort *Schule* ursprünglich aus dem Griechischen, wurde von dort ins Lateinische übernommen und bereits in germanischer Zeit in die deutsche Sprache integriert. Heute ist das Wort *Schule* kein Fremdwort mehr.

Ähnlich steht es mit Begriffen wie *Fenster* oder *Wall*, die schon so lange im Deutschen gebraucht werden, dass ihre lateinische Herkunft dem alltäglichen Sprachbenutzer gar nicht mehr bewusst ist.

Die Grenzen zwischen Fremdwort und heimischem Wort sind also fließend.

## Deutsche Fremdwortgeschichte in aller Kürze

### Antike bis Mittelalter

In germanischer Zeit bis zum Entstehen des Althochdeutschen, also von der Antike bis kurz nach der Spätantike, finden zahlreiche Entlehnungen aus dem Lateinischen statt. An der Grenze von germanischem Gebiet und Römischem Reich lebt eine germanisch-römische Mischgesellschaft, in deren Klima diese Entlehnungen stattfinden. Die Begriffe dringen vor der zweiten Lautverschiebung in die deutsche Sprache ein, werden von ihr erfasst und umgeformt (lateinisch: *tegula*, neuhochdeutsch: *Ziegel*; lateinisch: *fenestra*, neuhochdeutsch:

*Fenster*). Im Laufe der Christianisierung durch angelsächsische und irische Mönche dringen weitere lateinische Begriffe aus dem kirchlichen und klösterlichen Bereich (Schriftwesen, Volksbildung, Obst- und Gartenbau) in das Deutsche vor.

Im Hochmittelalter, zur Zeit der höfischen Ritterkultur, entlehnen der deutsche Adel und das deutsche Rittertum zahlreiche Begriffe der ritterlichen Kultur aus dem Französischen (neuhochdeutsch: *Lanze*, *Abenteuer*, *Preis*, *tanzen*, *Turnier*).

Zur Zeit der Medici werden kaufmännische Ausdrücke aus dem Italienischen entlehnt: *Konto*, *Saldo*. Das Italienische prägt auch die Kunst (*Torso*, *Fresko*) und die Musik (*forte*, *andante*).

Die Wiederentdeckung der antiken Schriften in der deutschen Renaissance bedingt zahlreiche Entlehnungen aus dem Lateinischen im Zeitalter des Humanismus ab dem 15. Jahrhundert. Diese Begriffe haben oft wissenschaftliche, philosophische oder abstrakte Bedeutungen (*Professor*, *Sekunde*, *Addition*).

## Barock/Absolutismus/Aufklärung

Während der kulturellen sowie politischen Vorherrschaft Frankreichs im 17. und 18. Jahrhundert wächst der Einfluss des Französischen auf das Deutsche. Französisch ist in Deutschland die Sprache der Politik und der Kultur. Es gilt sogar als unfein, sich in der eigenen Muttersprache auszudrücken.

In dieser Zeit entstehen auch die ersten Bestrebungen zur Reinhaltung der deutschen Sprache. Sogenannte Sprachpuristen, wie Philipp von Zesen (1619–1689) oder Christian Wolff (1679–1754), versuchen, französischen Fremdwörtern neue deutsche Begriffe entgegenzusetzen – oft mit Erfolg:
*Abstand* für *Distanz*, *Anschrift* für *Adresse*, *Augenblick* für *Moment*, *Bücherei* für *Bibliothek*, *Gesichtskreis* für *Horizont*, *Leidenschaft* für *Passion*, *Mundart* für *Dialekt*, *Rechtschreibung* für *Orthografie*, *altertümlich* für *antik*, *herkömmlich* für *konventionell*, *Erdgeschoss* für *Parterre*, *Lehrgang* für *Kursus*, *Stelldichein*

für *Rendezvous*, *tatsächlich* für *faktisch*, *Voraussage* für *Prophezeiung*, *Wust* für *Chaos*.

### Neuzeit

Bis heute sind die meisten deutschen Fremdwörter französischen Ursprungs. Allerdings ist seit etwa 1900 der Zustrom aus dem Französischen versiegt, inzwischen hat das Englische bzw. Amerikanische die Stelle des Französischen als Hauptfremdwortlieferant der deutschen Sprache eingenommen. Der technische und industrielle Siegeszug der USA ist einer der Hauptgründe für diese Entwicklung.

So stammen viele Fremdwörter, die aus der englischen Sprache übernommen wurden, aus dem technischen Bereich, wie *Computer*, *Software* oder *Tool*.

## Fremdwort – Lehnwort – Erbwort

Es gilt zu unterscheiden zwischen den Begriffen *Fremdwort*, *Lehnwort* und *Erbwort*. Die folgende Tabelle gibt die klassischen Definitionen wieder:

| | |
|---|---|
| **Fremdwort** | aus einer anderen Sprache unverändert übernommenes, in Aussprache, Schreibweise oder Flexion noch nicht angeglichenes Wort |
| **Lehnwort** | der einheimischen Sprache in Lautung, Schreibung und Flexion angepasstes Fremdwort |
| **Erbwort** | aus älteren Sprachstufen übernommenes Wort, das sich in verwandten Sprachen findet |

In der aktuellen Sprachwissenschaft ist die Verwendung dieser drei Begriffe unüblich geworden. Letztlich bezeichnen sie lediglich unterschiedliche Stufen eines fortlaufenden Prozesses.

Dieser Prozess der Übernahme von Begriffen aus einer Gebersprache in eine Nehmersprache wird heute allgemein *Entlehnung* genannt. Da dieser Prozess stets fließend ist, hat sich eine strenge Begriffstrennung als sprachwissenschaftlich wenig sinnvoll und praktikabel erwiesen.

Für den nicht wissenschaftlichen Gebrauch kann die Klassifizierung in die drei Begriffe jedoch hilfreich sein. Ein Fremdwörterbuch soll schließlich dem Sprachbenutzer im Alltagsgebrauch Worterklärungen liefern.

Obgleich also viele Erbwörter ihrem Ursprung nach Entlehnungen sind, findet man sie nicht (mehr) in Fremdwörterbüchern.

## Deutsche Wörter in anderen Sprachen

Es wurden nicht nur Wörter aus anderen Sprachen ins Deutsche übernommen. Ebenso wurden deutsche Wörter an andere Sprachen weitergegeben und werden dort als Fremdwörter verwendet.

Meist bezeichnen diese Wörter Sachverhalte, die in Deutschland ihren Ausgang nahmen und dann internationale Bedeutung erlangten. Da es in anderen Sprachen für diese Phänomene noch keine Begriffe gab, übernahm man den deutschen Begriff.

**Im Englischen**

| | |
|---|---|
| angst | kindergarten |
| blitzkrieg | poltergeist |
| bratwurst | sauerkraut |
| doppelgänger | stillstand |
| ehrgeiz | übermensch |
| fräuleinwunder | wunderkind |
| hinterland | zeitgeist |

| Im Niederländischen | Im Französischen | Im Italienischen |
|---|---|---|
| Einzelgänger | bunker | Leitmotiv |
| salonfähig | leitmotiv | Weltanschauung |
| sowieso | waldsterben | Wurstel |
| | weltanschauung | |

| Im Spanischen | Im Russischen |
|---|---|
| hinterland | Butterbrot |
| kinder | Eisberg |
| kitsch | Glasur |
| kuchen | Graf |
| leitmotiv | Halstuch |
| weltanschauung | Landschaft |
| zeitgeist | Schlagbaum |
| fuss, platz, sitz (= Hundekommandos) | Zeitnot |
| | Zirkel |
| | Zugzwang |

## Wird Deutsch zu Denglisch?

Nach ersten Wortübernahmen ab der Mitte des 17. Jahrhunderts wurde der englisch-deutsche Sprachkontakt seit der Mitte des 19. Jahrhunderts intensiver. Damals, während der von England ausgehenden Industrialisierung, waren es englische Begriffe aus den Bereichen Parlamentarismus, Industrie, Ökonomie, Bankwesen und Sport, die Eingang in das Deutsche fanden.

Inzwischen ist Englisch die Verkehrssprache der globalisierten Welt. Daher

stammen seit dem Beginn des 20. Jahrhunderts die meisten neuen Fremdwörter im Deutschen aus dem Englischen.
In Bereichen wie der Telekommunikation oder Informationstechnologie kann dies zu Texten führen, die ein des Englischen Unkundiger nicht versteht. Und auch die Werbesprache sowie die Jugendsprache sind durchsetzt von englischen Begriffen.

Neben dezidiert englischen Wörtern (*Baby, Kid, cool*) finden sich immer häufiger hybride Formen, d. h. Kombinationen von deutschen und englischen Wörtern (*Talkrunde, BahnCard, Upgrade-Verfahren, Einkaufscenter, Reiseshop, Open-Air-Gefühl, Instant-Kaffee*).
Zudem werden mit englischem „Baumaterial" Wörter gebildet, die es so, oder mit dieser deutschen Bedeutung, im Englischen gar nicht gibt (*Dressman, Showmaster, Public-Viewing, Handy, Body*).

Außerdem lässt sich ein latenter englischer Einfluss auf den Satzbau beobachten. So werden Zeitangaben wie im Englischen üblich am Ende des Satzes angehängt (*Ich bin in die Stadt gefahren heute Morgen*). Auch werden Verben aus dem englischen Sprachgebrauch ins Deutsche übertragen (*Das macht* [statt: *hat*] *keinen Sinn.* Nach dem englischen *It doesn't make sense!*)
Ist also die deutsche Sprache auf dem Weg, eine Hybridform des Englischen zu werden? Werden wir etwa bald alle „Denglisch" sprechen?

Ja und Nein. Zur Zeit des Humanismus besaß das Lateinische eine ähnliche Funktion für das Deutsche, wie sie heute das Englische innehat. Latein war die Sprache der Gelehrten, der Schriftlichkeit und der Politik. Wissenschaftliche Bücher wurden nur in Latein veröffentlicht. Und auch im mündlichen Sprachgebrauch vermischte sich Latein mit dem Deutschen, ganz ähnlich dem Englischen heute.

Und genauso hat sich die Übernahme von lateinischen Wortbildungsmustern und Suffixen zur Zeit des Humanismus auf das Deutsche ausgewirkt. Mithilfe dieser Baupläne hat das Deutsche neue Wörter geschaffen, die mit dem vorhandenen, deutschen Baumaterial so nicht möglich gewesen wären (*multilateral, Automobil, nuklear, Psychoanalyse, operieren, Schlendrian, Grobian, Marxist, Assistent, Atheismus*).

Obwohl also das Lateinische durchaus tief in das System des Deutschen eingedrungen ist, wurde es schließlich von der deutschen Sprache aufgesogen. Seitdem gibt es zusätzliche hilfreiche Begriffe und dennoch sprechen die Deutschen, fünfhundert Jahre nach dem Humanismus, immer noch eindeutig Deutsch.

Die „Gesellschaft für deutsche Sprache“ schrieb hierzu im Jahr 1999: „Die Dominanz des Englischen hat dazu geführt und wird weiter dazu führen, dass diese Sprache das Deutsche – wie auch andere Sprachen – beeinflusst. Wie weit dieser Einfluss geht, entscheiden die Deutschsprechenden selbst.“

## Fremdwörter sind gefährlich – Malapropismen und andere Verwechslungen

Mit Fremdwörtern bezeichnen wir in der Regel Dinge, für die es kein geeignetes deutsches Wort gibt. Gleichzeitig lassen aber Fremdwörter unsere Sprache in den Ohren anderer auch gelehrt klingen, weil sie oft über Fachsprachen ins Deutsche gelangen und ihre Verwendung also auf eine hohe Bildung des Sprechers schließen lässt – vorausgesetzt, die Fremdwörter werden korrekt verwendet.

Der Gebrauch von Fremdwörtern kann nämlich auch gefährlich sein: Werden die Fremdwörter falsch benutzt, kehrt sich der Effekt zumeist ins Gegenteil: Der Sprecher macht sich lächerlich, offenbart seine Unbildung und sein „Imprägniergehabe“.

Die falsche Verwendung von Fremdwörtern bezeichnet man als Malapropismus (aus dem Englischen *malapropos: unangemessen*, aus dem Französischen *mal à propos: unzweckdienlich*), benannt nach der Figur der Mrs. Malaprop aus Richard Brinsley Sheridans (1751–1816) Komödie *The Rivals*, die höchst komisch daran scheitert, mit Fremdwörtern Gelehrsamkeit vortäuschen zu wollen.

Oftmals werden bei Fehlverwendungen die Fremdwörter nicht allein, sondern als Teil einer festen Wendung gebraucht. Besonders anfällig für Malapropismen sind Showstars und häufig Fußballer, die gerne Ergebnisse „*hochsterilisieren*“ (*hochstilisieren*), im Leben eine „*Zensur*“ (*Zäsur*) machen, die Konkurrenz „*debütieren*“ (*düpieren*), mit Gesprächspartnern „*chloroform*“ (*konform*) gehen, den Gegner nur ganz leicht „*retouchieren*“ (*touchieren*) oder eine gut „*intrigierte*“ (*integrierte*) Truppe sind.
Einige weitere Beispiele für Fremdwortverwechslungen und den falschen, mitunter sehr peinlichen Gebrauch von Fremdwörtern, sind:

| falsch | richtig |
|---|---|
| das Amphibientheater | das Amphitheater |
| für karikative Zwecke spenden | für karitative Zwecke spenden |
| sich aus der Atmosphäre ziehen | sich aus der Affäre ziehen |
| die Wände mit Dispositionsfarbe streichen | die Wände mit Dispersionsfarbe streichen |
| wie ein Emerit in der Wüste leben | wie ein Eremit in der Wüste leben |
| in die Patrouille geraten | in die Bredouille geraten |
| eine Konifere sein | eine Koryphäe sein |
| lebende Orgasmen | lebende Organismen |
| jemandem imprägnieren | jemandem imponieren |
| der domänische Einfluss | der dämonische Einfluss |
| ein Exempel stationieren | ein Exempel statuieren |
| die Flambiermeile | die Flaniermeile |

## Fremdwörter als Epochenspiegel

Sprachen übernehmen Wörter aus anderen Sprachen, um damit etwas zu bezeichnen, was der eigenen Sprachgemeinschaft zum Zeitpunkt der Entlehnung wichtig ist. Mit Fremdwörtern lassen sich also Dinge benennen, für die das vorhandene Sprachinventar keine geeigneten Begriffe zur Verfügung hat.

Führt man sich außerdem vor Augen, aus welcher Quellsprache die übernommenen Begriffe stammen, so kann man daraus Rückschlüsse ziehen, welche Kultur zur Zeit der Entlehnung vorherrschend war. Fremdwörter geben also Aufschluss über kulturgeschichtliche Entwicklungen, sie liefern eine kleine Kulturgeschichte im Brennglas.

Beispielsweise gehört die *Scholastik* ins Mittelalter, *Inkunabeln* erinnern an die Anfänge des Buchdrucks in der frühen Neuzeit, das *Ancien Régime* stammt aus der Zeit vor der Französischen Revolution und der *New Deal* verweist auf die USA der 1930er-Jahre. *AIDS*, *WLAN-Party*, *Key-Account-Manager* oder *Download* hingegen sind Entlehnungen vom Ende des 20. Jahrhunderts.

Alle Begriffe eint, dass zur Zeit der Entlehnung ein einheimisches Wort die entsprechenden Bedeutungen nicht ausreichend abbilden konnte. Die historische Betrachtung der Fremdwörter lässt also zumeist durchaus Rückschlüsse auf die jeweilige Entlehnungsepoche zu.

Der französische Spracheinfluss etwa beginnt mit dem Dreißigjährigen Krieg im militärischen Sektor (übernommen werden Wörter wie *Appell*, *Blessur*, *Bombardement*) und wird später, im 17. und 18. Jahrhundert, unter der Hegemonie des französischen Hofes, auf den gesellschaftlichen Bereich ausgedehnt (die Begriffe *Diskurs*, *Amusement*, *galant*, *Etikette*, *Kompliment* werden in die deutsche Sprache übernommen). Die Aufklärung wiederum liefert Wörter wie *Genie*, *Passion*, *Esprit*.

Im Zeitalter der Industrialisierung sieht man viele neue technische Ausdrücke auftauchen: *Zement*, *Polytechnikum*, *Industrieller*, *Fotografie*. Zudem sind zahlreiche Begriffe aus dem Bereich des Verkehrs der neuen Mobilität geschuldet: *Automobil*, *Billett*, *Omnibus*, *Kondukteur*.

Das 20. Jahrhundert zeigt sich im Spiegel seiner Fremdwörter als kriegerisch (*Molotowcocktail*, *Atombombe*) und im Widerstreit politischer Systeme

(*Demokratisierung, Bolschewismus, Faschismus, Perestroika*). Schlaglichtartig bilden die Begriffe *Klimakatastrophe, Mafia, Energiekrise, Inflation, Antibiotikum, Apartheid, Automatisierung, Radar, Beton* und *Relativitätstheorie* eine komprimierte Kulturgeschichte des 20. Jahrhunderts.

Die Globalisierung sowie die sich aktuell auf dem Vormarsch befindende Kommunikations- und Informationsgesellschaft schlägt sich in den Fremdwörtern nieder, die in den letzten Jahrzehnten aufgekommen sind: *Computer, Internet, Handy*.
Arbeitsrealität, Alltag, Kunst und Popkultur scheinen auf in Begriffen wie *Bikini, Camping, Comic, Rock 'n' Roll, Sex, Single, Stress.*

## Sprachpurismus

Fremdwörter polarisieren in allen Sprachen. Einerseits werden Entlehnungen leicht angenommen und häufig verwendet, andererseits lösen sie jedoch auch Überfremdungsängste und Abwehrmechanismen aus.

Besonders im 19. und frühen 20. Jahrhundert war Fremdwortpurismus, also möglichst eine Eindeutschung aller Fremdwörter durch etymologisch deutsche Wörter, im Deutschen Reich daher auch ein Thema der Politik.

Vor dem Hintergrund einer politischen wie kulturellen Hegemonie Frankreichs und den weitreichenden Einflüssen der Industrialisierung versuchte sich die junge deutsche Nation, auch auf sprachlichem Feld national abzugrenzen.
Begriffe aus dem öffentlichen Leben (*Postwesen, Verkehr, Arbeitswelt*), der Kultur und Kunst, aber auch aus dem Sport wurden germanisiert. So gehen auf „Turnvater" F. L. Jahn (1778–1852) die sportlichen Fachausdrücke *Reck, Hantel, Barren, Rad, Schraube, Wippe, Felge, Welle, Schnelllauf* und *Wettlauf* zurück, die allesamt französische Begriffe ersetzten.

Doch auch schon im Zeitalter der Aufklärung und des Barock gab es einen deutschen Sprachpurismus. Bis heute bekannt sind die Eindeutschungsversuche des Barockgelehrten und Schriftstellers Philipp von Zesen (1619–1689). Nach wie vor Bestandteil der deutschen Sprache und somit erfolgreiche Neuschöpfungen von Zesens sind beispielsweise folgende Wörter:

*Ableitung* für *Derivation*, *Abstand* für *Distanz*, *Angelpunkt* für *Pol*, *Anschrift* für *Adresse*, *Augenblick* für *Moment*, *Ausflug* für *Exkursion*, *Beifügung* für *Apposition*, *Beistrich* für *Komma*, *Besprechung* für *Rezension*, *Blutzeuge* für *Märtyrer*, *Bücherei* für *Bibliothek*, *Emporkömmling* für *Parvenü*, *Entwurf* für *Projekt*, *Farbgebung* für *Kolorit*, *Freistaat* für *Republik*, *Gesichtskreis* für *Horizont*, *Glaubensbekenntnis* für *Credo*, *Gotteshaus* für *Tempel*, *Grundstein* für *Fundament*, *Kerbtier* für *Insekt*, *Kreislauf* für *Zirkulation*, *Leidenschaft* für *Passion*, *Letzter Wille* für *Testament*, *Mundart* für *Dialekt*, *Nachruf* für *Nekrolog*, *Rechtschreibung* für *Orthografie*, *Sinngedicht* für *Epigramm*, *Sterblichkeit* für *Mortalität*, *Verfasser* für *Autor*, *Vollmacht* für *Plenipotenz*, *Wahlspruch* für *Devise*, *Weltall* für *Universum*.

Andere Fremdwortübersetzungen von Zesens haben sich nicht in der Sprachgemeinschaft durchgesetzt und wirken heute kurios, wie z. B.:
*Blitzfeuererregung* für *Elektrizität*, *Dörrleiche* für *Mumie*, *Entgliederer* für *Anatom*, *Erzvater* für *Papst*, *Gottestum* für *Religion*, *Jungfernzwinger* für *Kloster*, *Kirchentisch* für *Altar*, *klägeln* für *querulieren*, *Krautbeschreiber* für *Botaniker*, *Leuthold* für *Patriot*, *Lotterbett* für *Sofa*, *Lusthöhle* für *Grotte*, *Lustkind* für *Amor*, *Meuchelpuffer* für *Pistole*, *Schalksernst* für *Ironie*, *Scheidekunst* für *Chemie*, *Spitzgebäude* für *Pyramide*, *Spottnachbildung* für *Parodie*, *Tageleuchter* für *Fenster*, *Weiberhof* für *Harem*, *Zeugemutter* für *Natur*.
Der von Zesen häufig zugeschriebene *Gesichtserker* (anstelle von *Nase*) ist allerdings keine Wortschöpfung von ihm, sondern eine verballhornende Erfindung seiner Kritiker.

## Fremdwörter – Fluch oder Segen?

Jede Sprache profitiert im Grunde vom Einsatz von Fremdwörtern, denn sie wird dadurch um neue Varianten und Synonyme oder auch gänzlich neue Begriffe bereichert. Historisch gesehen führten diese Entlehnungen nur in den seltensten Fällen zur Verdrängung der aufnehmenden Sprachen oder zur Hybridisierung, also zur Kombination der Sprachen.

Zu beobachten waren solche Prozesse in der Vergangenheit allenfalls im Rahmen von Sprachkontakten in der Kolonialzeit. In Südostasien oder auch in der Karibik entstanden sogenannte Pidgin- oder Kreolensprachen. Dabei handelt es sich um Mischformen aus dem Französischen, Englischen oder Spanischen mit den Sprachen der indigenen Bevölkerung, die den Kolonisatoren in allen gesellschaftlichen und kulturellen Belangen wenig entgegenzusetzen hatte.

Eine vergleichbare Entwicklung ist für das Deutsche oder andere Sprachen der entwickelten Welt allerdings nicht zu erwarten oder zu befürchten.

Zum regelrechten Untergang dieser Sprachen oder zur Herausbildung neuer Mischsprachen wird es nicht kommen. Dies lässt sich sprachwissenschaftlich historisch belegen, denn bislang sind Entlehnungen aus anderen Sprachen immer in das deutsche Sprachsystem absorbiert worden.

Gleichwohl macht die Entwicklung des 20. Jahrhunderts, die geprägt ist von der Europäisierung sowie der Globalisierung und der damit verbundenen Etablierung des Englischen als Globalisierungssprache, Sorgen.
Weniger die Durchsetzung der Alltagssprache mit englischen Begriffen, die manchem Sprecher sauer aufstößt, stellt dabei das Hauptproblem dar. Es ist vielmehr so, dass das Deutsche (und mit ihm viele andere Muttersprachen) beginnt, sich aus wichtigen Sprachbezirken zu verabschieden. Das Deutsche verliert für den Sprecher an Prestige, besonders in der Wissenschaft und der Wirtschaft.

Das Phänomen einer internationalen Brückensprache ist dabei nicht neu; diese Rolle, die heute das Englische spielt, hatte zuerst das Lateinische, sodann das Französische inne, ohne dass daran allerdings die anderen europäischen Sprachen zugrunde gegangen wären.

Ohne Frage war der Geltungsradius dieser Brückensprachen jedoch viel begrenzter als der des Englischen heute. Anders als das Latein des Mittelalters, das damals als Kunstsprache der Gelehrten fungierte, durchdringt das Englische heute das Deutsche viel tiefer und breiter.

Deutsche Universitäten lehren in manchen Fachbereichen ausschließlich auf Englisch, Studenten verfassen ihre *Papers* und *Dissertations* zunehmend in dieser Sprache. Der deutsche wissenschaftliche Fachwortschatz jedoch geht dadurch verloren.

Die Reduzierung des Deutschen auf das Alltäglich-Private sowie die Einmottung des reichen Fachschrifttums – das sind die wahren Bedrohungen, die für die deutsche Sprache von der sprachlich-englisch globalisierten Welt ausgehen. Mit der Europäisierung und Globalisierung ist eine neue Situation in der Sprachenwelt eingetreten. Wie die Entwicklung tatsächlich verlaufen wird, lässt sich heute noch nicht vorhersagen.